Meilensteine der Geschichte

Vom Pharaonenstaat bis zur Demokratisierung Osteuropas

Konzeption und Redaktion für
die Jahre 1980-1990:
Frank Trümper, Frankfurt

Neubearbeitete und ergänzte Fassung des Werkes
© »Milestones of History« 1990
George Weidenfeld and Nicolson, London
deutschsprachige Ausgabe
© Manfred Pawlak Verlagsgesellschaft mbH, Herrsching
Alle Rechte vorbehalten
Umschlaggestaltung: Adolf Bachmann
Printed in Italy
ISBN 3-88199-748-2

Inhalt

Teil 1

Vom Bau der ersten Pyramiden bis zum Fall von Jerusalem 19

Zeit	Thema	Autor	Seite
3000 v. Chr.	Gaben des Nil	Leonard Cottrell	21
3000–1750 v. Chr.	Sumer · Babylon · Indus-Kultur		28
1750 v. Chr.	Der erste Gesetzes-Codex	Jean Bottéro	30
1450–1400 v. Chr.	Großmacht Ägypten · Vorderasien		38
1280 v. Chr.	Das Auserwählte Volk	James Parkes	41
1400–1191 v. Chr.	Ägypten · Das jüngere Reich der Hethiter · Seevölker		46
1191 v. Chr.	Sieg Ramses' III. über die Seevölker	Marcel Brion	48
1191–524 v. Chr.	Assyrer · Skyten · Meder · Perser		54
um 524 v. Chr.	Buddha, der Prophet des Ostens	Trevor Ling	57
800–480 v. Chr.	Griechische Kultur im Mittelmeer-Raum		62
480 v. Chr.	Das siegreiche Athen	Peter Green	64
480–323 v. Chr.	Griechenlands klassische Zeit · Makedonien		72
323 v. Chr.	Tod Alexanders des Großen	George Woodcock	75
1500–221 v. Chr.	China – Reich im Osten		82
seit 221 v. Chr.	Die Große Mauer	D. Howard Smith	84
um 900–217 v. Chr.	Das westliche Mittelmeer-Gebiet · Roms Anfänge · Kämpfe mit Epirus und Karthago		90
218 v. Chr.	Hannibals Herausforderung an Rom	Gilbert Charles Piccard	93
217–73 v. Chr.	Roms Kampf um die Weltherrschaft		98

73 v. Chr.	Aufstand des Spartakus	Jack Lindsay	100
73–31 v. Chr.	Der Verfall der römischen Republik		106
31 v. Chr.	Oktavians Sieg bei Aktium	Michael Grant	109
31 v. Chr.–9 n. Chr.	Neuordnung des Römischen Reiches unter Augustus		114
9 n. Chr.	Schlacht im Teutoburger Wald	Michael Grant	116
34–4 v. Chr.	Der Osten des Römischen Reiches vor dem Auftreten des Christentums		122
30 n. Chr.	Jesus von Nazareth	S. George Frederick Brandon	125
4 v. Chr.–44 n. Chr.	Die Juden unter römischer Herrschaft		130
70 n. Chr.	Zerstörung Jerusalems	S. George Frederick Brandon	132

Die Anfänge des christlichen Zeitalters

143

312	Sieg Konstantins des Großen an der Milvischen Brücke	Robert Browning	147
300–600	Der Ferne Osten · Das Christentum im Römischen Reich		154
451	Schlacht auf den Katalaunischen Feldern	Jean Favier	156
451–650	Westgoten und Ostgoten im Römischen Reich		162
520	Die Klosterregel des heiligen Benedikt	M. David Knowles	164
527–630	Das Zeitalter Justinians · Neuordnung des Byzantinischen Reiches		170
794	Konsolidierung der japanischen Selbständigkeit	Geoffrey Hindley	172

486–774	Japan · Das Reich der Langobarden · Aufstieg der Franken		178
800	Kaiserkrönung Karls des Großen	Friedrich Heer	180
814–886	Das Reich der Franken · England und die Wikinger		186
886/887	Gründung eines angelsächsischen Reiches – Staatenbildung in West-Europa	Jack Lindsay und Lorenz Weinrich	188
920–962	Die Araber in Spanien · Kirche und Klöster · Deutschland		194
955	Schlacht auf dem Lechfeld	Friedrich Heer	196
um 800–1085	Ungarn · China unter der Sung-Dynastie · Die Wikinger		202
982	Entdeckungsfahrt nach Grönland	Renée Watkins	204
910–1066	Vorherrschaft Frankreichs in Europa · England vor der normannischen Eroberung		210
1066	Wilhelm der Eroberer in England	Richard Winston	212
1087–1189	England · Kaiser und Papst vor dem Investiturstreit · Die Normannen in Sizilien		218
1077	Gang nach Canossa	Peter Munz	220
1077–1100	Religiöse Erneuerungsbewegungen · Reconquista in Spanien · Der Erste Kreuzzug		226
1194	Ein neuer Stil: Chartres	Yvan Christ	229
1015–1204	Rußland · Der Dritte Kreuzzug und die europäische Staatenwelt		234
1204	Eroberung Konstantinopels	Peter Munz	236

Das Zeitalter der großen Entdeckungen 245

1240	Sieg Alexander Newskijs	Constantine de Grunwald	248
1211–1250	Innozenz III. · Neue Mönchsorden · Friedrich II.		254
1275	Begegnung zwischen Ost und West	Ronald Latham	257
1240–1275	Frankreich und England · Die Scholastik · Das Interregnum in Deutschland		262
1320	Die »Göttliche Komödie«	G. A. Holmes	264
1267–1355	England im Kampf mit Schottland und Frankreich · Das Deutsche Reich		270
1348	Der Schwarze Tod	Philip Ziegler	273
1346–1400	Deutschland · Das Papsttum in Avignon und Rom · Italien · Wiclif und Chaucer		278
1431	Die Jungfrau von Orléans	Régine Pernoud	280
1431–1453	Die letzten Jahre des Hundertjährigen Krieges · Burgund und Florenz · Das Konzil zu Basel		286
1453	Das Ende Konstantinopels	John Julius Norwich	289
1453–1492	Griechische Kultur und Renaissance · Die Rosenkriege · Frankreich und Burgund · Das Reich der Habsburger		294
seit 1492	Überseeische Entdeckungen – Handel mit fernen Ländern	John Horace Parry	297
1492–1512	Entdeckungsreisen in ferne Länder · Italien zwischen Krieg und Kunst · Die Begründung des Habsburgischen Weltreiches		306
1512	Apotheose des Menschen	Jean Delumeau	309
1509–1521	Kämpfe um Italien · Herrschaftsantritt Karls V. · Humanismus und Reformation		314

1521	Die Eroberung Mexikos	John Julius Norwich	317
1520–1531	Europäische Politik in Italien · England unter Kardinal Wolsey · Ausbreitung der Reformation · Skandinavien		322
1522/1534	Eine Bibel für das Volk	Richard Friedenthal	325
1525–1543	Spanisch-Amerika · Wiedertäufer · Reformation in England		330
1543	Das neue Weltbild	Colin Ronan	332
1534–1587	Gegenreformation · Europa und das Reich Karls V.		338
1571	Seeschlacht bei Lepanto	Jean Descola	340
1572–1593	Die Niederlande · Heinrich IV. von Frankreich · Deutschland und Europa		346
1588	Die spanische Armada	Neville Williams	348

Die entscheidenden beiden Jahrhunderte bis zur Französischen Revolution 357

1601	Shakespeares Theater	Ivor Brown	359
1580–1609	Spaniens goldenes Zeitalter		364
1609	Unabhängigkeit für die Niederlande	Charles Wilson	366
1600–1620	Zersplitterung Europas im 17. Jahrhundert		370
1631	Plünderung Magdeburgs	Maurice Ashley	372
1640–1661	Frankreichs Weg zu einer zentralistischen Monarchie		377
1661	Ludwig XIV. und die absolute Monarchie	Philippe Erlanger	379
1640—1670	Hollands goldenes Zeitalter		385

Teil 2

1666	Das junge Genie von Cambridge	Colin Ronan	389
1650–1700	Kämpfe um die italienischen Staaten		395
1683	Wien im Belagerungszustand	V. J. Parry	397
1680–1700	Frankreich auf dem Gipfel seiner Macht		402
1713/1714	Friede in Europa	Jacques Madaule	404
1630–1720	Frankreichs klassische Zeit in Kultur und Kunst		410
1751	Ein Werk des Geistes und der Aufklärung	Richard Friedenthal	412
1740–1763	Preußens Aufstieg unter Friedrich dem Großen		418
1755	Das Erdbeben von Lissabon	Suzanne Chantal	420
1720–1751	Das europäische Zeitalter der Aufklärung		426
1770	»Terra Australis Incognita«	Roderick Cameron	429
1762–1796	Rußlands Aufstieg zur Großmacht in Europa unter Katharina der Großen		434
1776	Die Unabhängigkeitserklärung	Arnold Whitridge	437
1776–1789	Auseinandersetzung zwischen Frankreich und England · Revolutionäre Spannungen in Europa		442
1789	»Liberté, Égalité, Fraternité«	Jacques Godechot	444

Das moderne Zeitalter beginnt 453

1804	Beethovens Meisterstück mit neuer Widmung	H. C. Robbins Landon	455
1804–1811	Napoleons Kriege in Mittel-Europa · Seeherrschaft Englands		460

1811	Grundlagen des industriellen Zeitalters · Arbeiterunruhen in England	W. H. Chaloner	462
1812-1815	Wirtschaftliche Lage Englands · Krieg mit Amerika		466
1812	Der Feldzug gegen Rußland	Jean Tulard	469
1812-1821	Der Wiener Kongreß · Neuordnung Europas		474
1824	Lord Byron in Griechenland	Peter Quennell	476
1809-1825	Unabhängigkeit für Süd-Amerika		482
1829	Ein Präsident des Volkes	Francis Russell	484
1829-1831	Juli-Unruhen in Europa · Ende der Tory-Herrschaft in England		490
1830	Revolutionierung des Verkehrswesens	W. H. Chaloner	493
1830-1848	Reformen in England · Europas Weg in die Revolution		500
1848	Das Kommunistische Manifest	Jean-Jacques Chevallier	502
1848-1860	Revolutionen in Europa und Amerika · Handel mit China · Einheitsbestrebungen in Deutschland		508
1854	Japan und die Vereinigten Staaten	G. Richard Storry	511
1854-1856	Das russische Reich als Großmacht · Krimkrieg und Friede zu Paris		516
1856	Italiens Weg zur Einheit	Maurice Vaussard	519
1840-1860	Auswanderungswelle nach Amerika · Politische und wirtschaftliche Entwicklung der englischen Kolonien		524
1857	Aufruhr in Indien	Taya Zinkin	526

1855–1870	Das Viktorianische England · Geistige und wissenschaftliche Auseinandersetzungen		532
1859	Affe oder Engel?	John W. Burrow	535
1859–1880	Entwicklung der Natur- und Geisteswissenschaften		540
1863	Eine geteilte Nation	Robert Conquest	543
1862–1870	Preußisches Ringen um Deutschlands Einheit · Kriege um Paraguay und Mexiko · Glanz des französischen Kaiserreiches		552
1871	Die große Zeremonie in Versailles	Georges Roux	555
1871–1890	Das deutsche Reich nach dem Krieg		560
1881	Die Ermordung Alexanders II.	Ronald Hingley	562
1871–1890	Entwicklung der parlamentarischen Verfassungen · Kulturkampf in Preußen · Frankreichs Dritte Republik		568
1882	Das Geschäft mit flüssigem Gold	Charlotte Erickson	570
1880–1890	Vermassung der Bevölkerung durch Industrialisierung · Fortschritt im Bildungswesen		576
1886	Gold aus Transvaal	G. H. Le May	579
1890–1900	Politik des Gleichgewichts der Kräfte in Europa · Soziale Unruhen		584
1897	Der erste Zionistenkongreß in Basel	Michael Bar-Zohar	586

Die Zeit der Technik und Geschwindigkeit

593

1903	Ein Flugzeug über Kitty Hawk	Charles Gibbs-Smith	595
1900–1911	Revolutionen im Osten · Bündnisse im Westen · Konflikt um den Balkan		600

1908	Ein Automobil für das Volk	Mervyn Kaufmann	602
1908–1911	Europa an der Schwelle des Ersten Weltkrieges · Revolutionäre Unruhen · Balkankrise		608
1914	Beginn des Ersten Weltkrieges	Brian Grogan	610
1914–1917	Der Erste Weltkrieg		616
1917	»Friede, Land und Brot«	Joel Carmichael	618
1917–1922	Der Vertrag von Versailles · Ende des Kolonialismus		624
1922	Marsch der Schwarzhemden auf Rom	Christopher Hibbert	627
1919–1929	Krisen nach dem Krieg · Verständigungsbemühungen · Aufstieg der Sowjetunion		632
1929	Der Schwarze Donnerstag	George Bull	634
1928–1933	Auswirkungen der Wirtschaftskrise in Europa, Amerika und Asien · Die Sowjetunion unter Stalin		640
1933	Reichstagsbrand und Nationalsozialismus	Friedrich Zipfel	643
1933–1936	Deutschlands Weg in die Diktatur · Wirtschaftspolitik in Amerika · Terror in Rußland		648
1936	Bürgerkrieg in Spanien	Brian Crozier	650
1936–1940	Weltpolitische Konstellationen am Vorabend des Zweiten Weltkrieges und Beginn der Kämpfe		656
1940	Schlacht um England	Nigel Nicolson	658
1940–1942	Der Zweite Weltkrieg		664
1942	Entscheidung bei Midway	Stephen W. Sears	667
1942–1945	Nationalsozialistische Vernichtungspolitik · Krieg und Politik im Pazifik und in Europa		672
1943	Kapitulation in Stalingrad	Antony Brett-James	674

1945	Ein Feuerball über Hiroshima	David Divine	680
1945–1948	Ende der Allianz der Sieger · Die Welt nach dem Krieg		686
1948	Rückkehr nach Zion	Michael Bar-Zohar	688
1948	Mord am Mahatma	Louis Fischer	694
1948–1958	Krisen- und Friedenspolitik der Sowjetunion und der Vereinigten Staaten		700
1949	Roter Sieg in China	Jacques Marcuse	702
1962–1969	Internationale Entspannung · Innenpolitische Unruhen in Amerika und Rußland · Krisen um Vietnam und die Tschechoslowakei		708
1958	De Gaulles Rückkehr an die Macht	Édouard Sablier	710
1957–1970	Zeitalter der Weltraumfahrt · Unabhängigkeitskämpfe in Afrika · Vietnam		716
1962	Krise um die Raketen auf Kuba	Adrian Berry	718
1970–1976	Krisen lösen Krisen aus		724
1979	Der gewaltige Irrtum	Julius M. Doll	726
1977 und 1978	Das Jahr des Terrors und das Jahr der Päpste		732
1980/81	Solidarität begraben durch Soldaten	Jan Michell	734
1979 und 1980	Die beiden unruhigen Jahre		740
1979	Der Einmarsch der Roten Armee in Afghanistan	Florian Büchner	742
1981/1982	Zwei Jahre der Gewalt und der Rezession		746
1982	Die große Lösung?	Danny Leilah	748
1983/1984	Angst um Frieden und soziale Sicherheit		754

1985	Der zweite Aufbruch einer Weltmacht	Florian Büchner	756
1985/1986	Probleme der Armen und Ärmsten		762
1986	Naturbeherrschung - Naturzerstörung	Florian Büchner	764
1987/1988	Globale Entspannung und regionale Gewalt		770
	Krieg ohne Fronten	Florian Büchner	772
1989/1990	Friedliche Revolution und gewaltsame Gegenrevolution		776
	Ende der Geschichte?	Florian Büchner	778
	Synchronoptische Übersicht		785
	Register		816
	Quellenverzeichnis der Abbildungen		830

Autoren und Übersetzer

Vom Bau der ersten Pyramiden bis zum Fall von Jerusalem
Die Anfänge des christlichen Zeitalters

Jean Bottéro, Directeur d'Études, Paris; Professor Samuel George Frederick Brandon, University of Manchester; Marcel Brion, Membre de l'Académie Française, Paris; Professor Robert Browning, University of London; Yvan Christ, Schriftsteller; Leonard Cottrell, Schriftsteller, Andoversford bei Cheltenham; Professor Jean Favier, École Pratique, Paris; Professor Michael Grant, Lucca, Italien; Peter Moris Green, Doctor of Philosophy, Athen; Professor Dr. Friedrich Heer, Universität Wien; Geoffrey Hindley; Professor M. David Knowles, University of Cambridge; Jack Lindsay, Schriftsteller, Halstead, Essex; Trevor Ling, Senior Lecturer at Leeds University; Professor Peter Munz, Victoria University of Wellington, N.Z.; Reverend James William Parkes, Hon. Doctor of Letters, Blandford, Dorset; Professor Gilbert Charles Piccard, Sorbonne, Paris; D. Howard Smith, Lecturer at the University of Manchester; Renée Watkins; Richard Winston, Schriftsteller; George Woodcock, Lecturer at the University of British Columbia.

Übersetzung der englischsprachigen Beiträge ins Deutsche: Trevor Ling von Ulrike Herrmann, Berlin; S. George F. Brandon, Leonard Cottrell, Michael Grant, Peter Green und George Woodcock von Dr. Elfriede R. Knauer, Berlin; D. Howard Smith von Franziska Müller, Berlin; Jean Bottéro, S. George F. Brandon, James Parkes und Jack Lindsay von Dr. Margarete Privat, Berlin; Renée Watkins von Christel Spanos, Berlin; Robert Browning, Geoffrey Hindley, M. David Knowles, Jack Lindsay, Peter Munz und Richard Winston von Professor Dr. Lorenz Weinrich, Berlin. Übersetzung der französischsprachigen Beiträge ins Deutsche: Marcel Brion und Gilbert Charles Piccard von Margit Heiber, Berlin; Yvan Christ von Rita Klunkert; Jean Favier von Veronika und Professor Dr. Jürgen Miethke.

Das Zeitalter der großen Entdeckungen
Die entscheidenden beiden Jahrhunderte bis zur Französischen Revolution

Maurice Percy Ashley, Research Fellow in Department of Social Sciences and Economics, Loughborough University, Ruislip, Middlesex; Professor Ivor John Carnegie Brown, Schriftsteller und Journalist, London; Roderick Cameron; Suzanne Chantal; Professor Jean Delumeau, Universität Rennes; Jean Descola, Schriftsteller und Journalist, Paris; Philippe Erlanger, Historiker und Journalist, Paris; Richard Friedenthal, Schriftsteller, London; Professor Jacques Godechot, Universität Toulouse; G. A. Holmes; Ronald Latham; Professor Jacques Madaule, Homme de Lettres, Paris; John Julius Norwich, Schriftsteller, London; Professor John Horace Parry, Harvard University, Cambridge, Mass.; V. J. Parry; Régine Pernoud, Docteur de Lettres, Paris; Colin Ronan; Arnold Whitridge; Neville Williams, Assistant Keeper at the Public Record Office, London; Professor Charles Henry Wilson, Universität Cambridge; Philip Ziegler.

Übersetzung der englischsprachigen Beiträge ins Deutsche: Colin Ronan von Professor Dr. Michael Erbe, Berlin; Roderick Cameron, Richard Friedenthal und Arnold Whitridge von Susanne DeGasperi, Göppingen; Ivor Brown und Charles Wilson von Bärbel und Professor Dr. Ernst Laubach, Münster; Maurice Ashley und V. J. Parry von Susanne Lüthke, Berlin; Ronald Latham und Neville Williams von Professor Dr. Bernhard Schimmelpfennig, Berlin; John Julius Norwich und John Horace Parry von Christel Spanos, Berlin; Richard Friedenthal, G. A. Holmes, Colin Ronan, Neville, Williams und Philip Ziegler von Professor Dr. Lorenz Weinrich, Berlin. Übersetzung der französischsprachigen Beiträge ins Deutsche: Suzanne Chantal, Philippe Erlanger, Jacques Godechot und Jacques Madaule von Professor Dr. Michael Erbe; Jean Descola von Rita Klunkert, Berlin; Régine Pernoud von Veronika Miethke, Berlin; Jean Delumeau von Dr. Reinhart Schleier, Münster.

Das moderne Zeitalter beginnt
Die Zeit der Technik und Geschwindigkeit

Michael Bar-Zohar, Schriftsteller und Journalist; Adrian Berry, Schriftsteller und Journalist; Antony Brett-James, Dozent an der Royal Military Academy Sandhurst; George Bull, Journalist; John W. Burrow, Dozent an der East Anglia University; Joel Carmichael, Schriftsteller; W. H. Chaloner, Dozent an der Universität Manchester; Professor Jean-Jacques Chevallier, Paris; Robert Conquest, Dozent am Russian Institute London; Brian Corzier, Schriftsteller und Dozent; David Divine, Journalist; Julius M. Doll, Schriftsteller; Charlotte Erickson, Dozentin an der London School of Economics; Louis Fischer, Dozent an der Princeton University, New Jersey; Erik W. Geer, Journalist; Charles Gibbs-Smith, Keeper at Department of Public Relations, Victoria and Albert Museum, London; Brian Grogan; Professor A. R. L. Gurland, München; Christopher Hibbert, Schriftsteller und Lehrer am Radley and Oriel College, Oxford; Ronald Hingley, Lehrer am St. Anthony's College, Oxford; Anthony Howard, Journalist; Mervyn Kaufman, Schriftsteller; Danny Leilah, Korrespondent; G. H. Le May, Lehrer am Worcester College, Oxford; Jacques Marcuse; Jan Michell, Journalist; Nigel Nicolson, Schriftsteller; Alan Palmer, Dozent an der Highgate School, London; Peter Quennell, Schriftsteller; H. C. Robbins Landon, Schriftsteller; Professor Georges Roux, Paris; Francis Russell, Schriftsteller; Édouard Sablier, Journalist; Stephen W. Sears, Schriftsteller; G. Richard Storry, Lehrer am St. Anthony's College, Oxford; Professor Hugh Thomas, Reading University, Berkshire; Jean Tulard; Maurice Vaussard, Journalist; Taya Zinkin, Journalist; Professor Dr. Friedrich Zipfel, Freie Universität Berlin.

Ergänzung 1980-1990: Florian Büchner, Schriftsteller.

Übersetzung der englischsprachigen Beiträge ins Deutsche: Adrian Berry und Anthony Howard von Sybille Erbe, Berlin; G. H. Le May von Susanne DeGasperi, Göppingen; Charles Gibbs-Smith, Mervyn Kaufman und Hugh Thomas von Sabine Hammer, Berlin; George Bull, Joel Carmichael, Brian Crozier und Nigel Nicolson von Susanne Lüthke, Berlin; Brian Grogan und Christopher Hibbert von Professor Dr. Bernhard Schimmelpfennig, Berlin; Antony Brett-James, John W. Burrow, W. H. Chaloner, Robert Conquest, David Divine, Charlotte Erickson, Louis Fischer, Ronald Hingley, Jacques Marcuse, Alan Palmer, Peter Quennell, H. C. Robbins Landon, Francis Russell, Stephen W. Sears, G. Richard Storry und Taya Zinkin von Christel Spanos, Berlin. Übersetzung der französischsprachigen Beiträge ins Deutsche: Michael Bar-Zohar, Jean-Jacques Chevallier, Georges Roux, Édouard Sablier, Jean Tulard und Maurice Vaussard von Professor Dr. Michael Erbe, Berlin. Deutschsprachige Fassung der Übersichten: Susanne DeGasperi, Sabine Hammer, Bärbel und Professor Dr. Ernst Laubach, Dr. Margarete Privat und Professor Dr. Lorenz Weinrich.
Die Vereinheitlichung der Namen und Begriffe: Dr. Eva Nagel-Strommenger und Professor Dr. Lorenz Weinrich.

Vorwort

Was ist Geschichte? Auf diese Frage sind schon viele Antworten gegeben worden. Die meisten verstehen darunter zweifellos die Aufzeichnung vergangener Ereignisse. Aber schon bei kurzer Überlegung wird deutlich, daß es sich nicht um die Aufzeichnung allen Geschehens handeln kann, sei es nun die Geschichte der gesamten Menschheit oder eines Volkes, die einer Religion oder einer Institution. Geschichte, wie sie vom Chronisten festgehalten oder vom Historiker dargestellt wird, macht es zwangsläufig nötig, gegenüber der Gesamtheit des innerhalb eines bestimmten Gebietes Geschehenen gewisse Ereignisse als besonders wesentlich auszuwählen. Auswahl bedeutet auch, daß Interpretationskriterien eine Rolle spielen: Welche Ereignisse sind bedeutungsvoll? Es werden mit anderen Worten aus dem Komplex vergangener Ereignisse bestimmte als historisch wichtig ausgesondert. Dieser Auswahl- und Interpretationsprozeß ist höchst kompliziert und hat begonnen, nachdem der Mensch Vergangenes aufgeschrieben hat – seit dem Anfang des 3. vorchristlichen Jahrtausends.

Die Auswahl eines historischen Ereignisses bedeutet auch, daß ein Abstraktions- und Verdichtungsprozeß stattfindet, der etwas Künstliches an sich hat, aber dem Menschen angeboren ist und einen Grundbestandteil seiner Rationalität ausmacht. Das setzt voraus, daß ein Zeitablauf als eine Kette von Ereignissen gesehen wird, von denen jedes deutlich faßbar ist. Bei genauer Prüfung jedoch ist diese Voraussetzung schwer zu rechtfertigen. Das, was wir »Zeit« nennen, ist in seinem Wesen rätselhaft. Zeit ist eine wesentliche Kategorie unseres Bewußtseins, wir können nicht aus ihr heraustreten und sie objektiv beurteilen. Zeit stellt sich uns vornehmlich im sich stetig wandelnden Rahmen unserer Erfahrung dar. Wären wir uns dieses Wandels nicht bewußt, ließe es sich schwer vorstellen, wie wir der Zeit gewahr werden sollten. Aber obwohl wir uns ständig des Zeitablaufes bewußt sind, betreffen uns bestimmte Phänomene mehr als andere, und wir verleihen ihnen besondere Bedeutung; wir wählen aus einer zusammenhängenden Folge einen bestimmten Abschnitt aus und isolieren ihn als einschneidendes Ereignis. Der Teil, den wir so aussondern, mag sich über mehrere Jahre erstrecken. So wird die Französische Revolution als ein entscheidendes Ereignis innerhalb der französischen Geschichte bezeichnet. Gewöhnlich veranlaßt uns unser Instinkt, ein noch schärfer abgrenzbares Ereignis auszuwählen, dem wir besondere Bedeutung verleihen: Der Sturm auf die Bastille am 14. Juli 1789 gilt als Beginn der Französischen Revolution, als ein Meilenstein der französischen Geschichte.

Der große Historiker Leopold von Ranke hat es als die Aufgabe des Geschichtsforschers bezeichnet, so zu schreiben, »wie es eigentlich gewesen ist«. Seine Definition wird zweifellos stets als das Ideal einer wissenschaftlich objektiven Geschichtsschreibung Bestand haben, auch als Warnung gegen eine propagandistische Geschichtsschreibung oder eine, die der Verteidigung nationalistischer, politischer oder religiöser Ziele dient. Inzwischen ist man sich allerdings klar darüber, daß diese Definition ein Ideal darstellt, das nicht zu erreichen ist. Eine Auswahl und Interpretation bestimmter wichtig erscheinender geschichtlicher Tatsachen wird von Menschen vorgenommen, die ihrerseits von zahlreichen Faktoren geformt und beeinflußt sind: von Erziehung, Religion und Volkszugehörigkeit und von persönlichen Interessen und Zielsetzungen. Durch die gesamte hebräische Geschichtsschreibung läßt sich die Überzeugung verfolgen, daß Zeit ein gradliniger Prozeß sei, in dessen Verlauf sich die Vorsehung Yahwehs, des Gottes Israels, schrittweise als Geschichte des auserwählten Volkes, der Kinder Israels, enthüllt. Im Gegensatz dazu ist in der Vorstellung der Hindus und Buddhisten die empirische Welt keine Wirklichkeit, sondern nur ein in der Einbildung ablaufender Prozeß von Erscheinungen, der aus sich unendlich wiederholenden Zyklen besteht, so daß Geschichte letztlich keine Bedeutung hat.

Obwohl Rankes Ideal von Geschichtsschreibung unerreichbar bleibt und alle Dokumente der Vergangenheit einen unveränderbaren Faktor persönlicher Färbung enthalten, besteht die tiefverwurzelte Überzeugung, daß Geschichte wichtig und der Erforschung wert sei. Diese Vorstellung beruht darauf, daß man meint, der Mensch habe wesentlichen Anteil an der Formung seines Schicksales. Obgleich die marxistische Betrachtung der Geschichte als zwangsläufige Erfüllung bestimmter ökonomischer Grundgesetze heute weithin als logisch anerkannt wird, hält uns eine realistische Einschätzung der Tatbestände davon ab, Vergangenheit und Gegenwart lediglich als Resultate einer wirtschaftlichen Vorbestimmtheit aufzufassen. Uns allen sind die letzten Jahrzehnte hinreichend gegenwärtig, um zu wissen, daß zu den ökonomischen ganz unwägbare Faktoren treten, die verhindern, daß Geschichte nach einem vorbestimmten Muster abläuft, das man voraussagen könnte wie etwa Astronomen die zukünftige Position von Planeten. Obwohl die Situation Europas nach dem Ersten Weltkrieg den vorausschaubaren Keim eines zweiten in sich barg, konnte niemand die Rolle ahnen, die Adolf Hitler in den zwanziger und in den frühen dreißiger Jahren gespielt hat. Eine ganze Reihe von Ereignissen des Zweiten Weltkrieges, deren Ausgang kaum vorhersehbar war, wie 1940 die Schlacht um England, 1942/43 die Niederlage bei Stalingrad oder eine in einem anderen Land hergestellte erste Atombombe, können rückblickend zu Recht Abenteuer der Geschichte genannt werden. Jede philosophische Definition historischer Fakten oder der Geschichte selbst wird zweifellos eingestehen müssen, daß manche Ereignisse in der Geschichte des Menschen beunruhigender oder entscheidender für sein Schicksal gewesen sind als andere. Es dürfte eine schrittweise Untersuchung solcher Stationen der Geschichte sozusagen eine synoptische Tabelle der Vergangenheit des Menschengeschlechts ergeben, etwa so, wie sich auf anatomischen Diagrammen die Nervenzentren des Körpers darstellen. Die Einheit der Darstellung von Kultur und Zivilisation des Menschen sowie der synchronoptischen Übersicht zeigt ein Bild des Abenteuers Weltgeschichte, das sowohl anregend wie lehrreich ist, weil es Faktoren festhält, die unsere heutige Welt mitgeformt haben.

SAMUEL GEORG FREDERICK BRANDON

Teil 1

Vom ersten Staat der Pharaonen zum Heiligen Römischen Reich

Der erste Teil dieses Bandes behandelt die Zeit, die sich auf die Jahre von etwa 3000 v. Chr. bis 70 n. Chr. verteilt. Die Kürze des zur Verfügung stehenden Raumes hat notgedrungen zum Ausschluß vieler Episoden geführt, die in einem weiteren Rahmen durchaus eine Behandlung verdient hätten. Sie finden jedoch in den verbindenden Übersichten Erwähnung. Die Auswahl der ersten Ereignisse hat insofern ein Problem dargestellt, als Geschichtsschreibung ungefähr gleichzeitig in Ägypten und Sumer entstanden ist. So hat ein bedeutender Kenner der sumerischen Kultur, S. N. Kramer, ein Buch geschrieben, dessen deutsche Übersetzung 1959 unter dem Titel »Geschichte beginnt in Sumer« erschienen ist. Darin betont Kramer die Priorität dieser Kultur. Der zeitliche Vorrang der sumerischen Kultur läßt sich nach neuesten Forschungen in der Tat vertreten, aber während die Sumerer zu Ende des 4. Jahrtausends v. Chr. kleine Stadtstaaten in Süd-Mesopotamien errichtet hatten, entstand um 3000 v. Chr. in Ägypten ein erster Staat mit zentralistischer Verwaltung. Von diesem Zeitpunkt an stehen die kulturellen Errungenschaften Ägyptens durchaus auf einer Stufe mit denen von Sumer, wenn sie sie nicht gar übertreffen. Auf jeden Fall gingen der Errichtung dieser ersten Kulturstaaten im Nil-Tal und in der Ebene zwischen Euphrat und Tigris Jahrtausende einer langsamen Kulturentwicklung der menschlichen Rasse voran. Obgleich es keinerlei Aufzeichnungen gibt, die Aufschluß über wichtige Ereignisse geben könnten, muß man doch einige wesentliche Entdeckungen, die während dieser langen und weit zurückliegenden Periode gemacht worden sind, als Grundlagen für spätere Errungenschaften der Zivilisation ansehen.

Die frühesten Skelettfunde des Homo sapiens, die die Archäologie zusammen mit Resten seiner Kultur freigelegt hat, sind etwa 30000 Jahre alt. Aus den Fundumständen geht hervor, daß bereits damals bestimmte grundlegende Entdeckungen gemacht worden waren. Die Verwendung des Feuers kann bis etwa 300000 v. Chr. zurückverfolgt werden. Anzeichen dafür haben sich in den Höhlen von Chou K'ou Tien gefunden, die der sogenannte Peking-Mensch, ein menschenartiger Vorläufer des Homo sapiens, benutzt hat. Wie diese Fähigkeit, die kein anderes Tier besitzt, von den Urmenschen erworben wurde, die noch als Vorläufer der Ahnen der menschlichen Rasse bezeichnet werden müssen, ist unbekannt. Aber sie war von grundlegender Bedeutung für die Eroberung der natürlichen Umgebung des Menschen. Auch die Fähigkeit zur Herstellung von Werkzeugen und Waffen hat eine ähnlich lange, uns unbekannte Entwicklungsreihe. Obgleich manche Tiere Materialien für Zwecke verwenden, die über die Fähigkeiten eines einzelnen Tieres hinausgehen – etwa die in Gemeinschaftsarbeit errichteten Dammbauten von Bibern –, ist es nur dem Menschen gegeben, seine Werkzeuge und Waffen ständig zu verbessern und dadurch laufend Vorteile gegenüber Tieren zu gewinnen, die stärker und schneller als er selbst sind. Während der Altsteinzeit entwickelte sich der Mensch sogar zum Künstler, was sich eindrucksvoll an den Höhlenmalereien in Frankreich, Spanien und anderen Ländern ablesen läßt. Diese Kunst scheint nicht von ästhetischen Forderungen, sondern von magischen Vorstellungen inspiriert zu sein. Auch viele andere paläolithische Gebräuche beweisen, daß sich der Mensch bereits damals sowohl natürlicher wie übernatürlicher Probleme bewußt war, die er mit magisch-religiösen Praktiken zu lösen versuchte. So muß er empfunden haben, daß die Toten besonderer Aufmerksamkeit bedürfen. Er begrub sie sorgfältig und gab ihnen Speisen, Werkzeuge und Schmuck mit, was nahelegt, daß er an eine Existenz nach dem Tod geglaubt hat. Er schnitzte Figuren, die Frauen darstellen, deren Geschlechtsmerkmale grob übertrieben sind, während die Gesichter ungeformt blieben. In Laussel im Gebiet der Dordogne hat sich eine solche Figur gefunden, deren Lage vermuten läßt, daß sie ein Kultgegenstand gewesen ist, in dem die Mutter als Quelle von Fruchtbarkeit und Leben angebetet wurde.

Während der Altsteinzeit war der Mensch Jäger und Sammler, während der Jungsteinzeit (etwa 8000 v. Chr.) begann er Ackerbau zu treiben. Wir wissen jedoch nicht genau wie und wo. Dieser Vorgang ist zu Recht die »Neolithische Revolution« genannt worden. Damals wurden die Grundlagen der Zivilisation gelegt. Parallel mit der Entwicklung des Ackerbaus lief die Domestizierung der Haustiere, die Erfindung der Töpferei und der Weberei. Bald entstanden die ersten bäuerlichen Siedlungen mit Häusern aus Stein und mit Befestigungen, so in Jericho im Jordan-Tal und Tschatalhüyük in Anatolien; sie gehen ins 7. Jahrtausend v. Chr. zurück. Es entwickelte sich eine Fruchtbarkeitsreligion, in deren Mitte eine Muttergottheit und die Zeugungskraft des Stieres standen. Die Vielschichtigkeit dieser neolithischen Kultur setzt die Entstehung der Sprache als Kommunikationsmedium voraus. Wie und wann Sprache zuerst entstanden ist, entzieht sich unserer Kenntnis. Aber komplexe Unternehmen wie die Höhlenkunst lassen vermuten, daß Sprache schon im Paläolithikum existiert hat.

Während dieser langen dunklen Perioden, die der Zeit vorausgehen, in der menschliches Denken und Tun schriftlich festgehalten wurden, ereignete sich sicher manches, das als Meilenstein in der Entwicklungsgeschichte des Menschen gelten könnte. Wer das erste Samenkorn säte, wer das erste Tongefäß formte, wer zuerst Metall bearbeitete, wer das erste Schiff steuerte, wer das erste Rad konstruierte, werden wir nie erfahren. Dennoch haben diese Taten, denen neue Erfindungen und die technische Fertigkeit, diese in brauchbare Wirklichkeit zu übersetzen, zugrunde liegen, eine lange technologische Entwicklung in Gang gesetzt, die alle späteren Errungenschaften der Kultur und Zivilisation ermöglicht hat. Es hat schon manche Ereignisse in der Geschichte des Menschen gegeben, lange bevor Geschichte als solche begann.

SAMUEL GEORG FREDERICK BRANDON

Gaben des Nil

3000 v. Chr.

Wenn man auf dem Westufer des Nil von Kairo aus nach Süden reist, erscheint links ein hellgrüner Streifen von Vegetation, der zuweilen von schattigen Palmenhainen unterbrochen wird und plötzlich an dem breiten, langsam fließenden, schlammbraunen Strom abbricht. Jenseits beginnt die westliche Wüste, ein Rücken goldenen, vom Winde zusammengewehten Sandes, hier und da vom Wetter angegriffene Felsen, die aussehen, als seien sie in der scharfen Sonne gebacken und zerbrochen worden.

Die Straße biegt nach rechts ab und führt zu dem Wüstenkamm hinauf. Plötzlich sieht man eine mächtige Stufenpyramide vor sich, die von einem Hof und einer hohen Mauer umgeben ist. Aber nicht nur diese, sondern zahllose andere Pyramiden erheben sich auf dem Plateau aus sandigen Wellen, die sich endlos nach Westen erstrecken, unfruchtbar und feindlich wie in den Tagen der Pharaonen. Es ist der fünftausend Jahre alte Friedhof von Sakkara, Begräbnisplatz für Generationen von Königen, Adligen und hohen Beamten, der über tausend Jahre lang benutzt worden ist.

Die Stufenpyramide für den Pharao Djoser (um 2800 v. Chr.) ist eines der ältesten großen Steinmonumente der Erde, aber sie ist längst nicht die älteste Grabstätte von Sakkara. Etwas nördlich von ihr liegen die Trümmer einer Reihe großer Lehmziegelbauten, die Mastaba, rechteckige, schrägabgeböschte Grabbauten. Einer von ihnen, der den Archäologen unter dem prosaischen Namen Grab 3357 bekannt ist, enthielt einst die Grabbeigaben und vielleicht den Leichnam des ersten Pharao der ersten Dynastie, eines Herrschers, der vor Djoser gelebt hat. Sein Grab oder Kenotaph – das steht nicht sicher fest – ist verschieden datiert worden; es gehört jedenfalls in die Jahre zwischen 3200 und 3000 v. Chr. Einer seiner Namen – die Pharaonen trugen immer mehrere – war Hor Aha, er war der erste Herrscher des vereinigten Ägypten.

Die Regierung Hor Ahas und seines Vorgängers Narmer stellt einen Wendepunkt der Geschichte dar, den Punkt, an welchem Ägypten, das bislang aus Kleinstaaten bestanden hatte, die lose zu zwei Königreichen zusammengefaßt waren, wirklich zu einem zentralisierten Staat unter der Herrschaft eines vergöttlichten Königs, des Pharao, wurde. Die Vereinigung geht wahrscheinlich auf Narmer zurück, der aus Süd- oder Ober-Ägypten stammte, und wurde durch Hor Aha gefördert, der auch den Namen Min oder Men trug. Es ist bezeichnend, daß die griechischen Historiker der klassischen Zeit, die Zugang zu ägyptischen Tempelüberlieferungen hatten, welche heute längst verloren sind, schreiben, daß der Gründer Ägyptens Menes hieß, offenbar die griechische Form für Men oder Min. Die Ägyptologen sind sich noch nicht einig, ob Hor Aha oder Narmer mit Menes gleichzusetzen ist. Vielleicht flossen im Bewußtsein des Volkes beide Könige zu einer Gestalt zusammen. Es scheint jedoch gewiß zu sein, daß Hor Aha der erste König der ersten Dynastie war und daß er irgendwann zwischen 3200 und 3000 v. Chr. regiert hat, nachdem sein Vorgänger Narmer die Grundlagen für die Vereinigung geschaffen hatte. Die Erfindung der Schrift scheint in den Zeitraum kurz vor Narmers Eroberung zu fallen. Die erhaltenen Zeugnisse sind klein an Zahl und lückenhaft, und wir müssen uns auf Ergänzungen und Hypothesen stützen.

Hierakonpolis mag die ursprüngliche Hauptstadt Narmers im Süden gewesen sein. Anders als Unter-Ägypten, das hauptsächlich das flache, höchst fruchtbare Nil-Delta umfaßt, ist Ober-Ägypten ein rauheres Land, das möglicherweise kühnere Volksstämme hervorbrachte. Schon um 3200 v. Chr. befanden sich die Einwohner von Ober- und Unter-Ägypten auf einer recht hohen Zivilisations-Stufe. Sie verstanden sich auf die Herstellung von Kupfer- und Steinwaffen. Sie konnten schreiben. Sie verfertigten Kunstwerke wie die Schiefer-Palette des Narmer und die berühmte Zeremonial-Keule aus Hierakonpolis. Beide sind mit Relief-Szenen bedeckt, die offenbar Narmers Eroberung von Unter-Ägypten darstellen.

Die Schiefer-Palette des Narmer, die in Hierakonpolis gefunden wurde, ist eines der wichtigsten historischen Zeugnisse Ägyptens. Die Szene der einen Seite

König Djoser. Kalkstein-Sitzbild aus Sakkara, 3. Dynastie

Stufenpyramide des Königs Djoser bei Sakkara. Die Begräbnisstätte des Pharao, 3. Dynastie, um 2800 v. Chr.

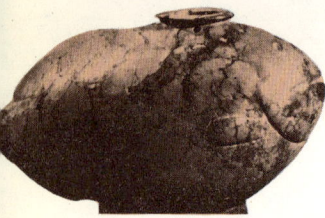

Steingefäß in Form eines Fisches. Wahrscheinlich aus Ober-Ägypten, prädynastische Zeit

Mutter und Kind. Terrakotta, wahrscheinlich aus Ober-Ägypten, prädynastische Zeit

König Narmer mit der Krone Unter-Ägyptens. Reliefierter steinerner Keulenkopf aus Hierakonpolis, Beginn der Frühzeit

zeigt Narmer in einer Prozession, ihm gehen seine Diener voraus. Auf demselben Abschnitt sind Reihen geköpfter Feinde dargestellt; auf einem anderen erscheint der Pharao in Gestalt eines Stieres, der eine feindliche Festung zerstört. Die andere Seite zeigt Narmer in der typischen Haltung, die spätere Pharaonen übernommen haben: Eine Hand greift in das Haar eines knieenden Gefangenen, die andere hält eine Keule. Darunter sieht man die Feinde des Königs auf der Flucht. Die Palette ist zwischen 3200 und 3000 v. Chr. entstanden und die primitiven Hieroglyphen des Steines sind »Nar-Mer« zu lesen.

Ebenso wichtig ist der Keulenkopf Narmers. Er zeigt den König auf einem Thron sitzend, die »rote Krone« Unter-Ägyptens auf dem Haupt. Über ihm schwebt die Geiergöttin Nechbet von Hierakonpolis; vor ihm marschieren die Standartenträger seiner siegreichen Armee. Auch ist die kleine Gestalt einer Frau in einer Sänfte zu sehen. Man meint, daß sie eine Prinzessin aus dem besiegten Königreich Unter-Ägypten darstelle, die Narmer später geheiratet hat – vielleicht die Königin Neithotep, deren überreich geschmücktes Grab in Naqadah gefunden worden ist. Die primitiven Hieroglyphen nennen deutlich den Namen Nar-Mer, sie sind von einem Rahmen, dem Serech, umgeben, der vielleicht die Fassade seines Palastes darstellt. Verschiedene Zahlzeichen zeigen an, daß in dem Krieg hundertzwanzigtausend Mann, vierhunderttausend Rinder und fast anderthalb Millionen Ziegen erbeutet worden sind.

Daß Narmer ein großer Eroberer war, kann nicht bezweifelt werden. Bisher sind allerdings noch keine größeren Bauwerke aus dieser Periode nördlich von Tarkhan gefunden worden. Narmers Gemahlin wurde in Naqada begraben. Ein nicht besonders bemerkenswertes Grab, Nr. B 10 in Abydos im Süden, ist als das seinige identifiziert worden. Aber da die Könige damals und auch später noch je ein Grab im Süden und im Norden des Landes hatten, um damit ihre Herrschaft über die beiden Königreiche anzudeuten, ist es durchaus möglich, daß das wirkliche Grab Narmers noch der Entdeckung harrt.

Hor Aha, der Nachfolger Narmers und der erste Herrscher über das vereinte Ägypten, trug einen Namen, der »kämpfender Falke« bedeutet. Dieser war sein Horus-Name als Herrscher Ober-Ägyptens. Um seine Herrschaft über Unter-Ägypten anzuzeigen, benutzte er den Nechbet-Namen Men oder Min, der »gegründet« bedeutet. Die Beziehung beider Namen zueinander wurde durch den Fund einer Elfenbeintafel im Grab der Königin Neithotep bewiesen, auf der sich beide Namen fanden. Auf dieser Tafel ist außerdem eine sehr bedeutsame Szene dargestellt: die Vereinigung der beiden Königreiche.

Hor Ahas Feldzüge richteten sich erfolgreich gegen die Nubier jenseits des ersten Kataraktes. Sicher hat er auch an anderen Grenzen gekämpft, und auf Grund dieser Feldzüge und des ererbten Titels gilt er als erster König des vereinten Ägypten. Seine größte Tat war die Gründung einer neuen Hauptstadt, von den Griechen »Memphis« genannt, die ein wenig südlich vom heutigen Kairo liegt. Da hier die natürliche Grenze zwischen Norden und Süden lag, war der Ort klug gewählt. Zur Gründung war es nötig, den

Nil abzuleiten, wie wir von Herodot wissen. Das Land wurde entwässert und ein großer Deich gebaut.

Die ersten neolithischen Stämme, die in Ägypten zweitausend Jahre vor Hor Ahas Zeit eingewandert waren, waren von dem wohltätigen Nil mit seinem jährlichen Geschenk fetten, fruchtbaren Schlammes und dem Überfluß von Wild an seinen Ufern angelockt worden. Anders als ihre schweifenden Jäger-Vorfahren konnten sich diese neolithischen Stämme dauerhaft an einem Ort ansiedeln. Sie und ihre Nachkommen lebten zusammengewürfelt in kleinen Stammesstaaten, die über Ober- und Unter-Ägypten zerstreut waren, und es war vor allem die Anlage von Memphis an einem Platz, der die Kontrolle über ein Gebiet vom Delta bis zum ersten Katarakt fast tausend Kilometer stromaufwärts erlaubte, durch die es Hor Aha und seinen Nachfolgern gelang, ein vereintes Ägypten zu schaffen und zu erhalten.

Sakkara war der Friedhof von Memphis, und wenn man vom Rande des Plateaus hinüberschaut, kann man jenseits des Stromes inmitten von Palmenhainen auf dem Ostufer ein paar Hütten aus Lehmziegeln sehen. Das ist alles, was von der einstmals reichsten und mächtigsten Stadt der Erde übriggeblieben ist. Sie erstreckte sich über 16 Kilometer auf dem Ostufer bis nach Kairo und darüber hinaus. Dort lagen der Königspalast und die Häuser der Adligen und der hohen Beamten des Pharao, dort erhoben sich die Tempel ihrer Götter, vielsäulig und prächtig. Sie alle waren aus Lehmziegeln gebaut, weil die Ägypter damals (um 3200 v. Chr.) noch nicht verstanden, Steinbauten zu errichten. Wie diese Bauwerke aussahen, wissen wir aus vereinfachten Darstellungen auf Elfenbein- und Schiefer-Tafeln, die in den Gräbern der ersten und der zweiten Dynastie

König Narmer mit der Krone Ober-Ägyptens bei der Gefangennahme eines Feindes. Reliefierte Schiefer-Palette aus Hierakonpolis, Beginn der Frühzeit

König Narmer mit der Krone Unter-Ägyptens bei einer Prozession der Standartenträger und enthauptete Feinde. Detail der Schiefer-Palette, Beginn der Frühzeit

Ägypter bei der Jagd. Detail einer reliefierten Schiefer-Palette aus Ober-Ägypten, Beginn der Frühzeit

Marmor-Gefäß. Wohl aus Ober-Ägypten, prädynastische Zeit (?)

Bedjmes der Schiffbauer. Granit-Sitzbild wohl aus Ober-Ägypten, 3. Dynastie

gefunden worden sind. Später, als die Ägypter der dritten Dynastie (um 2800 v.Chr.) ihre ersten großen Steinbauten errichteten, nämlich die Stufenpyramide des Djoser mit ihrem Mauerring, ihren Höfen und Tempeln, da ahmten sie in Stein die Gebäudetypen nach, die sie früher aus Balken und Lehmziegeln hergestellt hatten.

Es ist merkwürdig, daß diese Gebäudetypen mit ihren charakteristischen Nischen-Fassaden schon etwas früher auch im alten Sumer im südlichen Mesopotamien vorkommen. Außerdem scheinen manche der ägyptischen Hieroglyphen aus dieser Zeit von Sumer beeinflußt zu sein. Diese Ähnlichkeiten haben einige Ägyptologen, besonders Walter Emery, zu der Annahme geführt, daß die Begründer der ägyptischen Kultur und des Einheitsstaates einer fremden Rasse angehört haben, deren Heimat vielleicht in Süd-Mesopotamien lag und deren Kultur sich sowohl im Osten, in Sumer, wie im Westen, in Ägypten, bemerkbar gemacht habe. Nur genauere archäologische Untersuchungen werden diese Theorie bestätigen oder entkräften können. Die Mehrheit der Forscher nimmt an, daß die ersten Herrscher Ägyptens einem einheimischen Volk entstammten, obgleich sie gewiß von der Kultur beeinflußt worden sind, die im südlichen Mesopotamien entstanden war.

Es ist kaum anzunehmen, daß in der Zeit Narmers und seiner unmittelbaren Nachfolger sich die Wirkung dieser Einigung des Landes weithin bemerkbar machte. Die einzig vergleichbare Kultur, die von Sumer, war weit entfernt von Ägypten, und es scheinen nur wenige, wenngleich wichtige Kontakte bestanden zu haben – es sei denn, man akzeptierte die Theorie von Emery. Wie dem auch sei, die in den Gräbern gefundenen Gegenstände, die aus der Zeit Hor Ahas und seiner Nachfolger stammen, beweisen, daß die ägyptische Kultur zwischen 3200 und 2800 v.Chr. in schneller Entwicklung begriffen war. Herrliche Steingefäße bezeugen die Fähigkeiten der ägyptischen Steinmetze, Fähigkeiten, die ihre schönste Entfaltung dann bei dem Bau von Pyramiden, Gräbern und Tempeln aus Haustein zeigen sollten. Holz-, Gold- und Kupferarbeiten verdeutlichen, daß sich

Ägypten schon in diesem weit zurückliegenden Zeitraum, noch ehe die erste Pyramide errichtet worden war, auf der Schwelle einer lang anhaltenden Kulturentwicklung befand.

Während der ersten Jahrhunderte nach Hor Aha lag der Nachdruck auf der innerpolitischen Einigung und dem Ausbau des einheitlichen Staatsgefüges. Die Gebiete der Stammesgruppen wurden zu Provinzen, Nomoi, mit eigenen Hauptstädten. Der Ackerbau blühte, nachdem die Ägypter gelernt hatten, wie sie ihren großen Strom und seine Überschwemmungen regulieren mußten, um Nahrungsmittelüberschüsse zur Ernährung einer ständig wachsenden Bevölkerung zu schaffen. Ein großes, stehendes Heer wurde ins Leben gerufen. Eine gut organisierte Beamtenschaft verwaltete das Königreich. Expeditionen wurden gen Süden nach Nubien gesandt, teils mit Eroberungsabsichten, teils um des Handels willen, desgleichen nach Libyen in die westliche Wüste.

Die Schrift, eine der größten Erfindungen des Men-

Ägyptische Bäcker und Bauern. Bemalte Holzmodelle, Grabbeigabe zur Versorgung der Verstorbenen im Jenseits, frühes Mittleres Reich

Pflügendes Ochsengespann. Bemaltes Holzmodell, frühes Mittleres Reich

Hesire, Beamter des Königs Djoser. Detail eines Holz-Reliefs aus Sakkara, 3. Dynastie

schen, entwickelte sich schnell zu einem kultivierten Ausdrucksmittel. Schreiberschulen wurden eingerichtet und den Tempeln angegliedert. Schriftkundige Priester und ihre Helfer bildeten einen Stand von Steuereinnehmern, Staatsangestellten und Beamten, die die Wirtschaft und die anderen Bereiche des neugeschaffenen Königreiches verwalteten. Um 2700 v. Chr. erbaute der Pharao Chufu, griechisch »Cheops« genannt, ein steinernes Denkmal, die Große Pyramide, die so riesig ist, daß man gesagt hat, die Zahl ihrer Steine reiche für zwei Drittel des Erdumfanges aus. Cheops' Nachfolger haben ähnliche Pyramiden errichtet, vor allem in Sakkara, Abusir und Daschur. Sie waren alle dazu bestimmt, die Leichname ihrer toten Bauherrn aufzunehmen.

Nach Bürgerkriegen und innerem Aufruhr, deren Ursachen wir nicht kennen, gelangte das Land unter einer neuen Dynastie von Pharaonen im Mittleren Reich (2100–1700 v. Chr.) zu neuer Blüte. Die wachsende Macht der Monarchen oder Provinzialstatthalter wurde eingeschränkt, aber partikularistische Kräfte bedrohten die Zentralgewalt und schwächten die Macht der Pharaonen. Eine Gruppe von westasiatischen Stämmen, die von späteren Historikern »Hyksos« oder »Hirten-Könige« genannt worden sind, nutzten die Zeit der Schwäche zur Besetzung von Teilen Unter-Ägyptens. Ihre Anführer erklärten sich zu Pharaonen, so daß es zeitweilig zwei Könige von Ägypten gab, einen Hyksos, der in Auaris im Delta regierte, und einen einheimischen Pharao, der in Theben in Ober-Ägypten residierte.

Die Tradition der staatlichen Einheit, die Narmer und Hor Aha errichtet hatten, war jedoch so stark, daß es schließlich einer neuen, der achtzehnten Pharaonen-Dynastie gelang, die Eindringlinge zu vertreiben und das Neue Reich zu gründen (1570–1085 v. Chr.). Die ersten drei Jahrhunderte dieser Periode bedeuten einen Höhepunkt der Macht und des Einflusses Ägyptens. Ägyptische Armeen drangen nicht nur bis in den Libanon, nach Palästina und Syrien, sondern sogar in den Nordteil Mesopotamiens ein. Ägyptische Kolonien entstanden längs der Mittelmeerküste und an strategisch bedeutsamen Punkten im Hinterland; alle wurden von Statthaltern regiert.

In der Folgezeit hat der ihnen angeborene Konservativismus die Ägypter im Vergleich zu anderen Völkern in ihrer Entwicklung gehemmt. So haben sie die Verwendung von Pferd und Wagen in der Kriegführung erst von den Hyksos übernommen, als diese sie um 1720 v. Chr. mit eben jener Waffe besiegt hatten. Die Ägypter fuhren fort, sich auf Bronzewaffen zu verlassen, während in anderen Ländern in steigendem Maße Eisen verwendet wurde, und sogar noch in Ptolemäer-Zeit, seit dem 4. Jahrhundert v. Chr., beharrten sie auf ihren alten Gebräuchen. Allerdings zeigen die Hieroglyphen-Inschriften an den Tempelwänden manche Fehler, was beweist, daß die Steinmetze die alte Schrift kaum mehr verstanden – sie waren einfache Kopisten. Dies könnte man für ein Symbol der ägyptischen Kultur nehmen. Großartig und glänzend in ihren Anfängen, hatten doch die folgenden Generationen die Neigung, die überkommenen Muster zu übernehmen, die ihre Vorfahren entwickelt hatten. Noch als Ägypten im 1. Jahrhundert v. Chr. eine Provinz des römischen Weltreiches geworden war, wurden die Caesaren an den Tempelwänden in der Tracht dargestellt, wie sie die traditionellen Zeremonien der Pharaonen vorschreiben, genau wie einst Narmer und Hor Aha. Und bis zum Ende ihrer Kultur, die sich noch durch das griechisch-römische Altertum am Leben erhielt, haben die Ägypter die Fiktion von den zwei Königreichen aufrechterhalten, dem Nord- und dem Süd-Reich, die

Schreiber mit entrolltem Papyrus. Bemaltes Kalkstein-Sitzbild aus Sakkara, 5. Dynastie

Rede des Gottes Ptach. Beischrift in Hieroglyphen zu einer Figur, Neues Reich

vor den Eroberungszügen Narmers und Hor Ahas existiert hatten. Der Pharao hieß bis in die Römerzeit »König von Ober- und Unter-Ägypten«.

Dennoch verdanken West-Asien und Europa Ägypten unendlich viel. Die alten Griechen, vielleicht das intelligenteste Volk, das je existiert hat, haben diese Schuld dankbar anerkannt. Seit ihre Kauffahrer Handelsniederlassungen in Ägypten einzurichten begannen (7./6. Jh. v. Chr.), waren die Griechen von Ägypten fasziniert, wie Herodot und Diodors Schriften beweisen. Die griechische Kunst der Archaik ist deutlich von der ägyptischen Plastik beeinflußt, die in ihren besten Werken kaum ihresgleichen hat. Die Griechen übernahmen die ägyptische Medizin und Chirurgie und betrachteten auch auf vielen anderen Gebieten die ägyptischen Priester als ihre Lehrmeister. Ein Ägypter soll einmal zu einem wissensdurstigen Griechen gesagt haben: »Ihr Griechen seid wie Kinder, ihr stellt ständig Fragen.«

Indem Narmer und seine Nachfolger alle Hilfsquellen des Landes unter die Herrschaft eines einzigen stellten, erreichten sie etwas unendlich Wichtiges. Ägypten war nämlich eines der fruchtbarsten Länder der Erde und von seinen Möglichkeiten her eines der reichsten. Aus diesen Anfängen sind große Städte entstanden, Armeen aufgestellt und ausgebildet, Handel und Gewerbe gefördert worden, und mehr und mehr Macht sammelte sich in der göttlichen Gestalt des Pharao, der behauptete, der Sohn des Re zu sein, des Sonnengottes, des Schöpfers und des Erhalters aller lebenden Wesen. Der Zusammenschluß Ägyptens legte den Grund für die kulturelle und militärische Vormachtstellung, die Ägypten weit über seine Grenzen hinaus Einfluß verschafft hat.

LEONARD COTTRELL

Sumer. Babylon. Indus-Kultur

Von den Ägyptern kann man behaupten, sie hätten als erstes Volk einen Einheitsstaat geschaffen. Aber ein anderes Volk der alten Welt kann das Verdienst für sich in Anspruch nehmen, noch vor den Ägyptern auf gewissen Gebieten künstlerischen Schaffens Schöpfer einer Hochkultur gewesen zu sein und städtisches Leben entwickelt zu haben. Das waren die Bewohner des alten Mesopotamien, des heutigen Irak, des Landes, durch das Euphrat und Tigris fließen. Den südlichen Teil nannten seine Bewohner Sumer. Ausgrabungen haben ergeben, daß zu einer Zeit, da die Ägypter noch einfache Fischer waren und in Fachwerkhütten hausten, Waffen aus Feuerstein benutzten und ihr Getreide in Körben aufbewahrten, im Euphrat-Tal Menschen ansässig waren, die es schon zu einer gewissen Verfeinerung der Lebensformen gebracht hatten und in ummauerten Ortschaften wohnten, die wir als Städte bezeichnen können. Sie hatten eindrucksvolle Türme und Tempel aus Lehmziegeln errichtet, die mit Mosaiken und Fresken verziert waren, und hatten in der Steinschneidekunst, der Metallverarbeitung und der Töpferei eine beachtliche Meisterschaft erworben. Die bemerkens-

Urnansche von Lagasch

wertesten Zeugnisse dieser städtischen Kultur stammen aus Warka, etwa 300 Kilometer von der heutigen Lagune des Persischen Golfs entfernt, der Stätte des antiken Uruk, des biblischen Erech. Ähnliche Überreste aus der Mitte des 4. Jahrtausends v. Chr. sind in Ur, Nippur, Eridu, Lagasch und vielen anderen Stellen in Sumer gefunden worden, auch weiter nördlich bei Mari, das am Euphrat dicht bei seinem Zusammenfluß mit dem Chabur liegt, und bei Tell Braq in seinem Quellgebiet.

Das Leben in Sumer

Ackerbau und Milchwirtschaft bilden die Lebensgrundlage in Sumer. Die Anschwemmungen der Flüsse sind sehr fruchtbar, und die Ertragfähigkeit des Landes ist bemerkenswert hoch. Gerste und Weizen waren die Hauptgetreidesorten, aber auch Dattelpalmen und Wein wurden angebaut. Fische waren reichlich vorhanden und eine wichtige Nahrungsquelle ebenso wie verschiedene Arten von Schafen und Ziegen. Aber die Flüsse, deren jährliche Überschwemmungen die Felder befruchteten, stellten auch eine ständige Gefährdung ihrer Sicherheit dar. In der Überlieferung lebt die Erinnerung an eine verheerende Flut fort, die einst nahezu die ge-

Wagen mit Onagern

samte Menschheit vernichtet hatte. Der Held Ziusudra, der in einem Schiff aus Pech und Schilf mit dem Leben davonkam, das er auf Befehl des Wassergottes Enki erbaut hatte, war ein Vorläufer Noahs.

Die Erfindung der Schrift

Zu den folgenreichsten Ereignissen in der Geschichte der Menschheit gehört die Erfindung einer Schrift. Die frühesten Tontafeln sind einfache Verzeichnisse, Listen von Gegenständen, Personen oder Tieren, jedes durch eine Umrißzeichnung oder ein Piktogramm dargestellt, dem eine Reihe numerischer Zeichen oder Zahlen folgt. Sie sind

Frühsumerische Schrift

in der Tat wenig mehr als Rechnungen, die auf kleine rechteckige Tonkissen eingeritzt sind. Allmählich jedoch wurde die Bilderschrift mehr und mehr stilisiert, und die Linien, die schnell mit dem abgeschrägten Ende eines Rohrgriffels eingeritzt worden waren, wurden keilförmig, also zu Keilschriftzeichen. Das Schriftsystem entwickelte sich so weit, daß damit auch abstrakte Begriffe ausgedrückt werden konnten.

Die Herkunft der Sumerer

Die sumerische Sprache ist in ihrem Aufbau und Wortschatz ganz verschieden von jeder anderen bekann-

Zikkurrat

ten Sprache der alten Welt. Versuche, die Herkunft der Sumerer auf Grund von linguistischen Erwägungen von einer Ur-Heimat im Kaukasus oder auf der iranischen Hochebene abzuleiten, sind bisher fehlgeschlagen. Auch die archäologischen Funde helfen nicht viel weiter. Man hat vermutet, daß der merkwürdige Tempelturm, die Zikkurrat – das Wahrzeichen sumerischer Städte –, ein Beweis dafür ist, daß die Sumerer ihre Götter einst auf den Bergspitzen verehrten. Vielleicht waren viele Fäden miteinander verknüpft, die das Gewebe der sumerischen Kultur hervorbrachten. Schon in der Frühzeit mag ein semitisches Element in der Bevölkerung Mesopotamiens vorhanden gewesen sein – sicherlich im Norden in Mari; denn die Fürsten von Mari hatten semitische Namen, wenngleich sie die Lammfellröcke und ledernen Mäntel der Sumerer trugen und an den gleichen materiellen Errungenschaften ihrer Kultur teilhatten. Ein Semit war es auch, ein Mann namens Sharrukkin oder Sargon, der Mundschenk des Königs von Kisch bei Hillah wurde und schließlich die Macht in der Stadt an sich brachte. In einer Reihe glänzender Feldzüge entriß er den Sumerern die Oberherrschaft über die damals führende Stadt Umma und gründete um etwa 2370 v. Chr. seine neue Hauptstadt Akkade in Akkad, nicht weit von Kisch. Von da an regierte er als König von Sumer und Akkad. Seine Nachfolger nahmen für sich den Titel »Könige der vier (Welt-) Ufer« in Anspruch. Sowohl er selbst als auch sein Enkel Naramsu'en führten Armeen nach Nord-Syrien und Anatolien, wo sich Vorkommen an Kupfer, Blei, Silber und Gold befanden. Sie fällten Nadelhölzer auf dem Amanus und flößten die

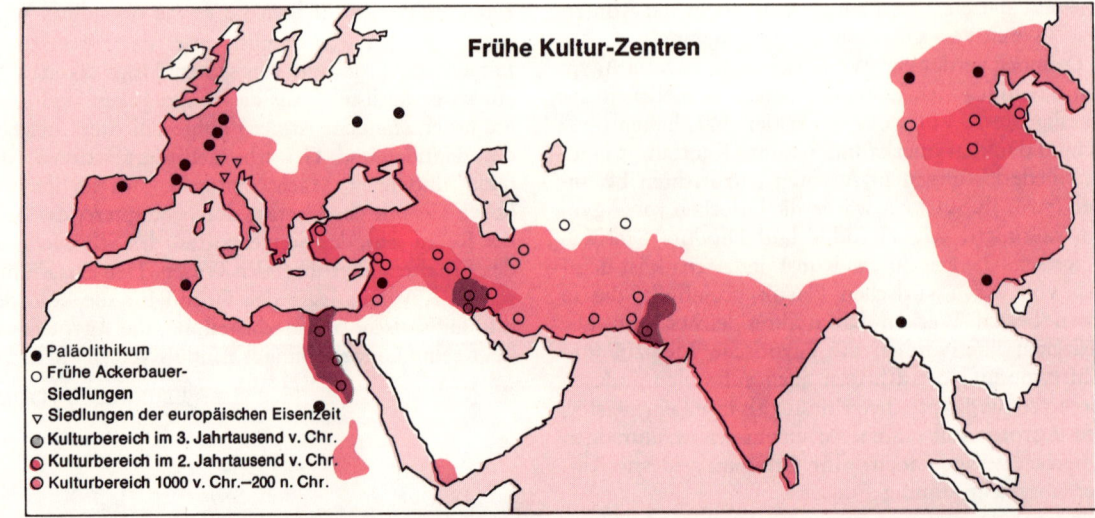

Frühe Kultur-Zentren

- Paläolithikum
- ○ Frühe Ackerbauer-Siedlungen
- ▽ Siedlungen der europäischen Eisenzeit
- Kulturbereich im 3. Jahrtausend v. Chr.
- Kulturbereich im 2. Jahrtausend v. Chr.
- Kulturbereich 1000 v. Chr.–200 n. Chr.

3000–1750 v. Chr.

Sargon von Akkade (?)

Götter im Boot

Die Kultur des Indus-Tales

Im Nord-Westen des indischen Kontinents hatte sich zu diesem Zeitpunkt im Indus-Tal eine bedeutende Kultur entwickelt. Ihre beiden wichtigsten Städte, das heutige Mohendjo Daro und Harappa, lagen etwa siebenhundert Kilometer voneinander entfernt. Beide waren Meisterwerke der Stadtplanung mit rechtwinkligen Häuserblocks, die durch Straßen getrennt waren, gerade breit genug für die Durchfahrt eines Ochsenkarrens mit Scheibenrädern. Wohnhäuser und öffentliche Gebäude waren aus gebrannten Ziegeln errichtet – eine Notwendigkeit in einem Land, das Monsun-Regen ausgesetzt ist, während in Sumer ungebrannte Ziegel genügten. Es gab auch ein sorgfältig erdachtes und geschickt an-

Ochsenkarren

gelegtes Kanalsystem, durch das Abwässer und Regenwasser abliefen. In jüngster Vergangenheit sind reiche Funde der Indus-Tal-Kultur an das Licht gekommen, die die Existenz von Häfen und Handelsniederlassungen im Golf von Kambay und an der pakistanischen Küste nördlich von Karatschi, ja sogar an der Südküste von Makran, selbst in dieser Zeit bezeugen. Siegel und andere Erzeugnisse der Kunstfertigkeit der Indus-Tal-Kultur sind von Ausgräbern mesopotamischer Orte der reichs-akkadischen Periode gefunden worden und beweisen, daß zwischen Sumer und dem Indus-Tal Beziehungen bestanden haben. Einige Forscher neigen sogar zu der Annahme, daß die Kultur von Mohendjo Daro und Harappa entweder direkt auf der sumerischen basiert oder wenigstens von der sumerischen Kultur einer früheren Periode beeinflußt worden ist. Allerdings bestehen zwischen beiden Kulturen viele entscheidende Unterschiede, und die piktographische Schrift des Indus-Tales, die noch nicht entziffert ist, hat, soviel wir sehen, der sumerischen Keilschrift nichts zu verdanken. Überdies gehören die Tiere auf den schön geschnittenen Specksteinen ganz und gar der indischen Fauna an: der Büffel, die Elefanten und das Rhinozeros, von denen

Stämme den Euphrat hinunter, als Baumaterial für ihre Paläste. Zum erstenmal war Mesopotamien geeint unter einer einzigen starken Verwaltung, und die reichs-akkadischen Könige beherrschten den Westen Vorderasiens. Die Schiffe der Kaufleute von Akkad segelten vom Hafen von Ur nach Süden durch den Persischen Golf nach Tilmun, von dem man annimmt, daß es der Insel Bahrain entspricht, und weiter südlich in die Länder Makkan und Meluchcha. Makkan, welches möglicherweise die »Makran« genannte Küste Persiens ist, umfaßte vielleicht auch die Küste von Uman auf der anderen Seite der Meerenge und war ein Gebiet reich an Kupfer und Stein. Denn Makkan versorgte die Sumerer mit dem harten schwarzen Stein für ihre Statuen, mit Kupfer und mit Lapislazuli, dem wertvollen blauen Stein, der für Einlegearbeiten und in Schmuckstücken verwendet wurde. Er wurde aus den viele hundert Kilometer entfernten Bergwerken von Afghanistan eingeführt. Meluchcha lag noch weiter entfernt, und viele Forscher nehmen an, daß dies der sumerische Name für Indien ist.

Tributbringer

keins in Sumer bekannt war. Und während nicht bestritten werden kann, daß direkte oder indirekte Kontakte zwischen den beiden Gebieten bestanden haben – vielleicht während eines langen Zeitraumes bis zum Ende der ersten Dynastie von Babylon –, muß den Einflüssen, die die Kultur des Indus-Tals inspiriert haben, erst noch nachgegangen werden.

Die Niederlage Naramsu'ens

In Mesopotamien wurde die sumerische Sprache in offiziellen Schriftstücken schrittweise durch das semitische Akkadisch ersetzt, wenngleich das Sumerische in den Tempeln bestehen blieb. Die Verwaltung des Landes war zentralisiert, und an die Stelle der alten Bürgerwehr der sumerischen Staaten trat eine Truppe von Berufssoldaten, die im Gebirgskrieg ausgebildet waren. Für eine solche Armee bestand ein Bedürfnis, denn Feinde begannen in das Königreich von Akkade einzudringen. Naramsu'en selbst erlag einer Zusammenrottung von Gebirgshäuptlingen im Norden seines Königreiches, und obwohl seine Nachfolger noch eine Zeitlang die

Festmahl

Katastrophe aufhalten konnten, eroberten die Gutäer, die aus dem Zagros im Nordosten des Irak eingedrungen waren, Akkade und bemächtigten sich des Landes.

Im Süden dagegen scheinen die alten sumerischen Städte von der Gutäer-Herrschaft wenig betroffen worden zu sein, und in diesen alten Kulturzentren, Uruk und Ur, schloß sich endlich das Volk zusammen, um mit Waffengewalt die Eindringlinge zu vertreiben. Unter den tüchtigen Herrschern der dritten Dynastie in Ur wurde das Land wieder vereinigt, und der Wohlstand kehrte zurück. Durch die Unterwerfung von Elam wurden einträgliche Handelsbeziehungen mit dem Innern des Landes gesichert. Schiffe fuhren wieder durch den Persischen Golf, und unter den Schätzen, die sie heimbrachten, befanden sich geschnitzte Elfenbeinfiguren und Perlen. Dies war das goldene Zeitalter der sumerischen Kultur. Die Tempel wurden in bedeutenderem Maße als je zuvor wiedererrichtet, darunter die große Zikkurrat in Ur, die ein in weitem Umkreis sichtbares Wahrzeichen wurde. Die Literatur blühte unter der Schutzherrschaft des Königs, und eine Gesetzesordnung wurde kodifiziert.

Die Bedeutung der sumerischen Kultur beruht nicht nur auf ihrem hohen Alter und auf ihren großen Errungenschaften, sondern darauf, daß sie von ihren Nachfolgern, den Babyloniern und Assyrern, übernommen und ihren Bedürfnissen angepaßt worden ist. Sie übernahmen die sumerische Götterwelt und ordneten sie so, daß sie ihre eigenen Wüsten- und Himmelsgötter darin unterbringen konnten. Sie übernahmen die sumerische Schrift und richteten sie für ihre eigene Sprache ein, behielten aber das Sumerische als Sprache des Kultus bei. Nach einer Zeit der Unruhe ordneten sich die alten Stadtstaaten neu unter neuen Führern, den Amoritern, einem semitischen Volk.

Der erste Gesetzes-Codex 1750 v. Chr.

Brief Hammurapis an einen Beamten. Tontafel aus Babylonien, zwischen etwa 1780 und 1696 v. Chr.

Gegen das Ende seiner Regierungszeit ließ König Hammurapi von Babylon (etwa 1792–1750 v. Chr.) seinen Gesetzes-Codex auf einer großen Stele aus Diorit niederschreiben. Es war weder das erste noch das letzte Dokument dieser Art in Mesopotamien; wenigstens sechs ähnliche Codices sind uns bekannt, deren ältester vom Ende des 3. vorchristlichen Jahrtausends stammt. Aber keiner von ihnen verdient als klassisches Beispiel angesprochen zu werden, keiner umfaßt ein so weites Gebiet der Rechtsprechung, keiner ist so vollendet im gedanklichen und sprachlichen Ausdruck.

In dem Codex hat Hammurapi einen kurzen Überblick über die Geschichte seiner Regierungszeit gegeben und ihr gleichzeitig ein triumphales Denkmal gesetzt. Erst gegen sein Lebensende fühlt ein Monarch das Bedürfnis, ein Verzeichnis seiner Erfolge aufzustellen und eine Übersicht über seine Erfahrungen und Einsichten zu verfassen, in der Absicht, bei kommenden Geschlechtern mit dem Willen, ihm nachzueifern, auch Bewunderung für seine Herrschaft zu erwecken. Wir wissen, daß das babylonische Reich, so wie es sich in dem Codex darstellt, nur in den letzten Jahren des großen Königs existiert hat. In dem Prolog erwähnt Hammurapi Siege, die er erst im 35. oder 38. Jahr seiner vierzigjährigen Regierungszeit errungen hat. Da diese Regierung einen Höhepunkt in der Geschichte Mesopotamiens darstellt, einer Kultur, die mindestens drei oder vier Jahrtausende fortbestanden hat, ist dieser Codex ein so wichtiges urkundliches Zeugnis, für dessen besseres Verständnis ein Rückblick angebracht erscheint.

In den Jahrhunderten vor der Herrschaft Hammurapis war das Zweistromland, besonders der südliche Teil dieses Gebietes zwischen Baghdad und dem Persischen Golf, die Heimat einer Kultur geworden, die man, verglichen mit anderen, weniger bedeutenden prähistorischen Kulturen, als die älteste der Welt bezeichnen kann. Die mesopotamische Gesellschaft beruhte auf einer systematischen Nutzung des Landes: Der Boden wurde intensiv bewirtschaftet und seine Ergiebigkeit, an sich schon beträchtlich, durch ein Kanalsystem, das eine wirksame Bewässerung gewährleistete, noch gesteigert. In den Gebieten, die nicht für den Ackerbau und die Anpflanzung der Dattelpalme beansprucht wurden, gedieh die Aufzucht von Schafen und Ziegen, auch Eseln, Rindern und anderem Vieh. An den mannigfaltigen Arbeitsprozessen war die ländliche wie die städtische Bevölkerung beteiligt. Ihre Verwaltung erforderte eine spezialisierte Beamtenschaft, die in der Stadt nahe bei dem Palast und den Tempeln wohnte. Denn dort hatten die wahren Herrscher, die Götter, und ihr Stellvertreter, der König, ihren Wohnsitz.

Die Erde und alles, was sie hervorbrachte, gehörte den Göttern, ebenso wie die Arbeiter, die ihre Diener waren. Daher wurden am Erntedankfest die Feldfrüchte und die Erzeugnisse der Viehzucht, besonders Wolle und Häute, zum Verkauf in die Tempel gebracht und in ihren Vorratshäusern gestapelt. Wenn genügend Waren verteilt worden waren, um die Bedürfnisse aller Bürger entsprechend ihrer sozialen Stellung zu befriedigen, diente der Rest als Kapital und Kredit für ausgedehnte Handelsunternehmungen.

Schon seit den frühesten Zeiten war Handel mit benachbarten und sogar fernen Ländern betrieben worden – vom Libanon und von Kleinasien bis nach Persien, entlang der Küste und im gebirgigen Innern des Landes bis zur Westgrenze Indiens. Der Handel war für Mesopotamien lebenswichtig, weil es zwar einen Überschuß an Getreide und tierischen Erzeugnissen hatte, ihm aber gewisse Rohstoffe, die für eine zivilisierte Lebensführung notwendig waren, gänzlich fehlten. Der Boden gab nur Lehm, Bitumen und Schilf her. Es fehlten Holz, Stein und Metalle, obwohl die Techniker mindestens vom 4. Jahrtausend ab ein Verfahren zur Herstellung von Bronze entwickelt hatten. Eingeführte Rohmaterialien wurden von gelernten, künstlerisch oft hochbegabten Handwerkern bearbeitet, die nicht nur Werkzeuge für Bauern und Viehzüchter herstellten, sondern auch Schmuckgegenstände für Tempel und Paläste. Diese Fertigwaren gelangten häufig als Exportgüter ins Ausland. Daraus kann man erkennen, wie gut orga-

nisiert, wie lebhaft und ausgedehnt die Wirtschaft Mesopotamiens war und wie straff sein gesellschaftliches Gefüge.

Die sachgerechte Verwaltung solcher Unternehmungen wurde um die Wende zum 3. vorchristlichen Jahrtausend durch eine schlechthin geniale Leistung beträchtlich vereinfacht: die Erfindung eines Schriftsystems aus Bild- und Symbolzeichen. Es war zunächst recht kompliziert und blieb lange Zeit im selben Stadium. Nur Spezialisten konnten es verstehen und handhaben, aber sie waren dazu bestimmt, den Boden zu bereiten, auf dem sich eine wahrhaft geistige Kultur entwickeln sollte. Die Schrift wurde anfangs ausschließlich für die Buchhaltung in den Tempeln benutzt. Erst später wurde sie vereinfacht und biegsamer gestaltet und zur Zusammenstellung von Zeichenlisten in sachlicher Anordnung verwendet, die alle Bild- und Symbolzeichen enthielten. Als nächstes wurden die Handlungen und Taten der Könige, religiöse Bräuche und Mythen aufgezeichnet, die die Philosophen und die Theologen jener Zeit erdacht hatten, um die großen, ewigen Probleme der Existenz und der Bestimmung des Menschen zu erklären. Schließlich diente die Schrift dazu, eine Anzahl wissenschaftlicher Vorstellungen und Theorien zum Ausdruck zu bringen, die das Ergebnis ständiger Beobachtungen und eines tiefempfundenen Bedürfnisses waren, das All als ein geordnetes Ganzes anzusehen, je nachdem, ob man es aus der Sicht der Weissagungskunde, der Mathematik, der Medizin oder der Rechtswissenschaft betrachtet.

Diese Hochkultur, die bereits seit dem 3. Jahrtausend v. Chr. bestand, war die Schöpfung einer Mischbevölkerung, deren größter und für uns am leichtesten faßbarer Bestandteil Semiten und Sumerer waren. Die Semiten gehörten einer Rasse halbnomadischer Hirten an, die seit dem Anbruch der Geschichte an den Ausläufern der großen syrischen und arabischen Wüsten gelebt haben. Bei ihren dürftigen Lebensbedingungen lockten die Güter des Kulturlandes sie immer wieder. Zeiten der Überbevölkerung zwangen sie auch zur Landnahme. Die Sumerer, deren Herkunft unbekannt ist, die aber spätestens im 4. Jahrtausend vielleicht vom Osten oder Südosten her eingewandert sind, scheinen alle Bande mit ihrer früheren Heimat und ihren Stammesgenossen abgebrochen zu haben. In Mesopotamien haben sie niemals den Zufluß frischen Blutes erhalten, der den semitischen Teil der Bevölkerung ständig genährt und gestärkt hat. Daraus ergab sich, daß die Sumerer, die offenbar in der ersten Zeit der Geschichte Mesopotamiens bis zum Ende des 3. Jahrtausends als handelnde, erfinderische und schöpferische Kräfte die Entwicklung der Kultur vorangetrieben haben und anfangs auch einflußreicher auf dem Gebiet des staatlichen Lebens waren, sich allmählich von den Semiten verdrängt sahen.

Politisch war das Land in eine Anzahl kleiner Staaten aufgeteilt, jeder um eine Stadt gruppiert, mit einer semitischen Mehrheit im Norden. Diese Stadtstaaten verbündeten sich manchmal miteinander, gelegentlich bekämpften sie sich gegenseitig, und zuweilen wurden sie zu größeren Königreichen zusammengefaßt, wenn dieser oder jener das Übergewicht über

Gesetze des Hammurapi. Schematische Zusammenstellung von Ereignissen als Beispiel für die Rechtsprechung

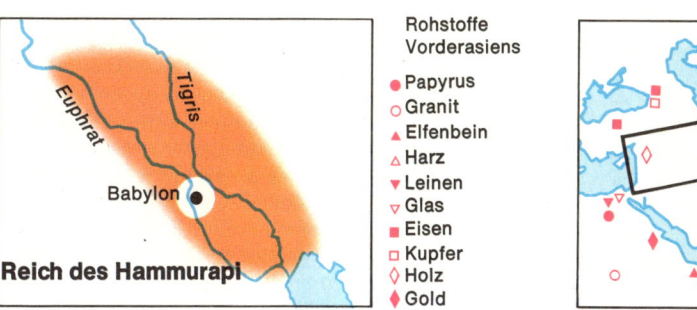

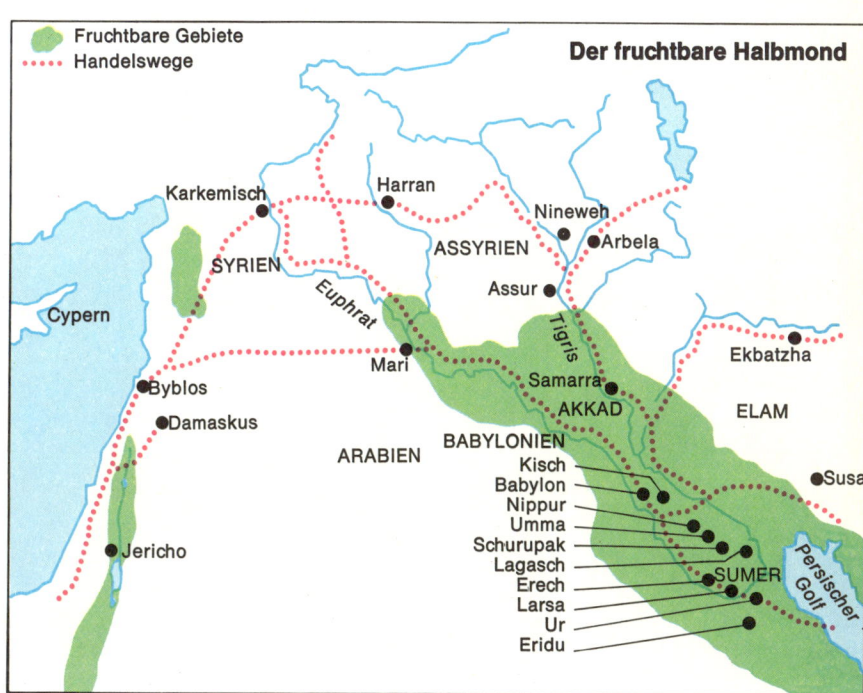

die anderen errungen hatte. Im 3. vorchristlichen Jahrtausend waren es die Semiten, die wohl die stärksten Bündnisse geschaffen haben, zuerst im Bereich der Stadt Kisch und später, um 2350 v. Chr. und während der folgenden anderthalb Jahrhunderte, im Gebiet der Stadt von Akkade. Zu Beginn des 2. Jahrtausends gewann eine neue semitische Wanderbewegung vom Westen her in Mesopotamien an Bedeutung. Das neue Bevölkerungselement machte das Gebiet von Babylon für die Dauer von drei Jahrhunderten (etwa 1900 bis 1600 v. Chr.) zum Mittelpunkt seiner Macht. Die Uneinigkeit der semitischen Dynastien, die in einzelnen Landesteilen herrschten, nahm ihr bedeutendster Herrscher zum Anlaß, ein drittes semitisches Reich zu gründen. Die Sumerer waren als herrschendes Element endgültig verschwunden, nur ihre Kultur, die zwei Jahrtausende hindurch gewachsen und gediehen war, vermochte weiter zu wirken und der Macht des neuen Königs Glanz zu verleihen. Dieser König war Hammurapi.

Hammurapis eindrucksvolles Gesetzeswerk umfaßt etwa 3500 Zeilen in Keilschrift und ist in drei Abschnitte geteilt. Der Mittelteil ist in schlichter, klarer, schmuckloser Prosa abgefaßt. Dieser Abschnitt wird von einem etwa 300 Zeilen langen Prolog und einem 500 Zeilen langen Epilog umrahmt, die in einer erhabenen und lyrischen Tonart gehalten sind und in Wortwahl und Redewendungen mehr an eine Dichtung gemahnen.

Seine Entzifferer bezeichneten den mittleren Abschnitt dieses Denkmals als Codex. Er enthält eine Reihe von Regeln, im ganzen 282, die sich mit den verschiedensten weltlichen Vorgängen befassen. Einige dieser Vorschriften, hier zitiert nach W. Eilers: Die Gesetzesstele Chammurabis, Leipzig 1932, betreffen Verbrechen und ihre Bestrafung: »Wenn ein Bürger einen Bürger bezichtigt und Mordschuld auf ihn geworfen hat, es ihm aber nicht beweist, so wird, der ihn bezichtigt hat, getötet.« (1)

Andere Vorschriften beziehen sich auf Fragen der Verwaltung und auf eine angemessene Geschäftsführung: »Wenn ein Kaufmann einem Beutelträger Getreide, Wolle, Öl und sonstige Habe zum Verschleiß gegeben hat, so reiht der Beutelträger das Geld auf und führt es an den Kaufmann ab; der Beutelträger nimmt eine Siegeltafel über das Geld, das er dem Kaufmann hingibt.« (104)

Eine Aufzählung der behandelten Gegenstände mag erläutern, wie weit der Kreis ist, den diese Vorschriften umspannen. Sie betreffen falsche Zeugenaussage, Diebstahl, königliche Lehen (Land, das von dem Herrscher Angehörigen seiner Umgebung zugeteilt worden ist unter der Bedingung, daß sie den Ertrag mit ihm teilen), Landwirtschaft, Stadtplanung, Han-

Sieg des Königs Naramsu'en von Akkade und seiner Krieger über ein iranisches Bergvolk. Detail einer Sandstein-Stele des Naramsu'en aus Sippar, etwa 2320 v. Chr.

Reste eines Palastes des Königs Nebukadnezar II. in Babylon über der noch nicht ausgegrabenen Stadt des Hammurapi. 6. Jahrhundert v. Chr.

Gudea, der Ensi oder Herrscher von Lagasch. Oberteil einer Diorit-Statuette aus Tell Loh, zwischen etwa 2290 und 2255 v. Chr.

del, Hinterlegungen und Pfänder, Heirat, Scheidung, die Rechte der zweiten Frau, die gemeinsame Verantwortlichkeit der Ehegatten für Schulden, Vorbereitungen zur Heirat, Veräußerung von Wertgegenständen nach dem Tod eines Ehegatten oder Elternteils, Wiederverheiratung einer Witwe oder die Eheschließung einer Priesterin, Adoption, Nähren durch eine Amme, Angriff oder Körperverletzung und Regelung bestimmter Berufe der Geistes- wie der Handarbeiter und die Sklavenhaltung.

Nicht alle Seiten des öffentlichen Lebens sind in dieser Liste berücksichtigt; so werden Steuern nicht erwähnt.

Betrachtet man den Codex genauer, so wird man gewahr, daß sich alle Paragraphen mit besonderen Einzelfällen beschäftigen, so daß man sie nicht als Gesetze im eigentlichen Sinne, nämlich als wirklich abstrakte und allgemeingültige Thesen bezeichnen kann. In dem ersten zitierten Paragraphen bezieht sich die Frage der falschen Beschuldigung eines Kapitalverbrechens nur auf Mord, während viele andere Taten wie Verrat und Gotteslästerung ebenfalls hätten berücksichtigt werden müssen. In dem zweiten zitierten Paragraphen hätte die Notwendigkeit einer gewissenhaften beglaubigten Buchführung auch auf andere Geschäftsvorgänge ausgedehnt werden müssen.

Es ist daher falsch, sich auf einen Codex zu berufen, wenigstens wenn wir das Wort zur Bezeichnung einer Zusammenstellung der gesamten Gesetzgebung eines Landes gebrauchen wollen. Wir haben es vielmehr mit einer Sammlung von Urteilen zu tun, die ursprünglich gefällt worden sind, um tatsächliche Fälle zu entscheiden, und die später in eine Art Abhandlung über Rechtsprechung eingeordnet wurden, um sie durch Beispiele zu erläutern. Wir müssen uns darüber klar sein, daß die alten Mesopotamier noch nicht fähig waren, abstrakte und allgemeingültige Grundsätze, wie Gesetze, zu formulieren. Sie zogen es daher vor, bei der Unterweisung in Methoden zur Aufrechterhaltung der Ordnung in der Gesellschaft typische Beispiele aus einer hinreichend umfassenden Auswahl tatsächlich verhandelter Fälle zu formulieren – so, wie wir noch heute unsere Kinder Grammatik und Rechnen lehren. Der Codex des Hammurapi ist also gleichzeitig ein Handbuch der Kunst des Rechtsprechens und eine Abhandlung über Rechtswissenschaft.

Prolog und Epilog erklären die Bedeutung, die nach dem Willen des Verfassers sein bedeutendes Werk haben soll. Im Prolog vertraut uns Hammurapi die Vorstellung von seiner Person und der Rolle an, die er zu spielen hat. Er stellt sich dar als von den Göttern beauftragt, königliche Gewalt über sein Volk auszuüben, und er schmeichelt sich, sich dieser großen Verpflichtung zur Vollkommenheit entledigt zu haben:

»Als Anum, der Hehre, / König der Anunnaki, / Und Ellil, Herr von Himmel und Erde, / Bestimmer der / Geschicke des Landes, / Dem Marduk, Eas Erstlingssohn, / die Gottesvormacht über / das All der Menschen bestimmte, / Über die Igigi ihn großmachte, / seinen hehren Namen Babylon kundtat, / innerhalb der Weltenden es übermächtig werden ließ, / In seiner Mitten ein ewiges Königtum, / mit Grundfesten, gleich Himmel und Erde verankert, ihm festigte – /

Damals haben Hammurapi, / Den ehrfürchtigen Fürsten, / dienend den Göttern, mich, / Gerechtigkeit / im Lande / sichtbar zu machen, / Den Ruchlosen / und Bösen / zu vernichten, / Vom Starken / den Schwachen / nicht entrechten zu lassen, / Gleich der Sonne / den Schwarzhäuptigen aufzugehen / und das Land zu erleuchten, / Haben Anum und Ellil / den Menschen zum Wohlgefallen meinen Namen kundgetan: /

Hammurapi, der Hirte, / Der Berufene Ellils bin ich. / Häufer von Hülle und Fülle, / Vollbringer von Jeglichem für Nippur-Duranki; / Der ehrfürchtige Heger von Ekur.« (I)

Zum Beweis seines Erfolges zählt der Herrscher sodann seine Errungenschaften auf außen- und innenpolitischem Gebiet auf. Das Verzeichnis der ersteren ist kürzer und weniger detailliert: Es erinnert daran, wie er die früher autonomen Städte, aus denen Mesopotamien sich zusammengesetzt hatte, nacheinander unterwarf und sie in einem großen Reich mit Babylon als Mittelpunkt vereinigte.

In Hammurapis Augen ist jedoch seine größte Errungenschaft, die edelste und den Göttern am meisten willkommene, daß er als Verwalter sein Land in Ordnung und daher in einem Zustand des Wohlergehens und Gedeihens gehalten hat. Das ist der Grund, warum er die 282 Paragraphen aufgezeichnet hat, die nicht nur seine Entscheidungen und weisen Grundsätze unsterblich machen, sondern auch seine wirkliche Kenntnis des Gesetzes und seine angeborene Begabung für die Rechtsprechung beweisen sollen.

Nach dieser langen Aufzählung verweilt der Herrscher im Epilog bei seiner hohen Auffassung vom Königtum und dem Eifer, mit dem er sich seiner göttlichen Sendung hingegeben hat. Er stellt sich als das Muster eines Königs dar und überliefert seine Lebensführung, seine Erfahrung und seine Weisheit jedem künftigen Herrscher, der dieses Namens würdig ist, als eine Quelle der Belehrung und Eingebung:

»Bis zum Ende der Tage, / für immerdar / Bewahre der König, / der im Lande ersteht, / Die Worte der Gerechtigkeit, / die ich auf meinen Denkstein geschrieben habe. /

Das Recht des Landes, / das ich gegeben habe, / Die Entscheidungen des Landes, / die ich gefällt habe, / Soll er nicht beiseite tun, / soll meine Aufzeichnungen nicht / verächtlich behandeln./

Wenn dieser Mann / Bedacht hat und sein Land recht zu ordnen vermag, / So achte er auf die Worte, die ich auf meinen Denkstein geschrieben habe. /

Wandel und Weg, / Das Recht des Landes, / das ich gegeben habe, / Die Entscheidungen des Landes, /

Mythologische Szene. Abrollung eines Siegels aus Mesopotamien, 2. Viertel des 3. Jahrtausends v. Chr.

Götter im Boot. Abrollung eines Siegels aus Mesopotamien, 3. Viertel des 3. Jahrtausends v. Chr.

Ackerbau. Abrollung eines Siegels aus Mesopotamien, 3. Viertel des 3. Jahrtausends v. Chr.

Festaufzug der königlichen Familie zur Zeit des Sargon von Akkade. Abrollung eines Siegels aus Mesopotamien, zwischen etwa 2414 und 2358 v. Chr.

Tischler, Opfernder mit Ziege, Mutter mit Kind, Harfenspieler, Göttin mit Symbolen und hockendem Affen, göttliches oder menschliches Paar. Reliefierte Terrakotta-Platten aus Babylonien, zwischen etwa 2000 und 1600 v. Chr.

Goldener Kopf eines Stieres. Goldblech, Verzierung an der Vorderseite einer Leier aus dem Grab der Königin Puabi in Ur, zwischen etwa 2685 und 2645 v. Chr.

die ich gefällt habe, / Weise ihm dieser Denkstein. /

Seine Schwarzhäuptigen leite er recht, / Ihr Recht wende er an, / ihre Entscheidung fälle er, / Aus seinem Lande tilge er den Ruchlosen und Bösen, / seinen Menschen schaffe er Wohlgefallen. /

Hammurapi, / der König der Gerechtigkeit, / Dem Schamasch das Rechte / geschenkt hat, / bin ich.«

(XXV)

Nach dem Ende der Dynastie Hammurapis änderte sich das politische Gleichgewicht grundlegend: Von da an kämpften die Semiten im Süden des Landes im Gebiet von Babylon mit denen im Norden im Raum von Assur und später von Nineweh um die Oberherrschaft. Diese Machtkämpfe dauerten wenigstens ein Jahrtausend lang an. Mesopotamien kam unter die Herrschaft erst von Persien (539 v. Chr.) und dann von Alexander dem Großen und seinen Nachfolgern (330 v. Chr.). Etwa im Jahre 1200 v. Chr. verschleppte der elamische König Schutruknahhunte, der Babylon erobert und zerstört hatte, die Stele, in die der Codex eingemeißelt war, in seine Hauptstadt Susa als Kriegstrophäe. Hier fanden sie Archäologen 1902 in drei Stücke zerbrochen und teilweise beschädigt. Als Werk der Literatur blieb der Codex jedoch bis zum Ende der Geschichte Mesopotamiens erhalten. Er wurde ständig studiert und wieder und wieder gelesen und abgeschrieben als eines der unsterblichen, klassischen Werke der Literatur.

JEAN BOTTÉRO

Großmacht Ägypten. Vorderasien

Nach dem Fall von Babylon im Jahr 1530 v. Chr. und dem Zusammenbruch des amoritischen Königreiches waren fremde Völkerschaften verschiedener Rassen in das Gebiet des Euphrat und das von Nord-Syrien eingedrungen, und eine neue Form der Besiedlung hatte sich entwickelt. Im 16. und 15. vorchristlichen Jahrhundert entstanden in Syrien und in Palästina neue Königreiche mit teils semitischer, was in der Bibel »kanaanäisch« heißt, teils hurrischer Bevölkerung, die vorwiegend von einer indogermanischen Adelsschicht beherrscht wurde. Die Geschichte dieser Reiche ist eng mit der Ägyptens verbunden, das in jener Zeit über seine Grenzen hinauswuchs und zu einer Großmacht mit weitreichendem Einfluß und verzweigten Handelsbeziehungen wurde.

Nubische Bogenschützen

Die Ägypter im Libanon

Der schmale, langgestreckte Landstrich am mittleren Teil der syrischen Mittelmeer-Küste, das spätere Gebiet der Phönikier, und das Hinterland bis zum Bikaa, dem Tal zwischen den Gebirgszügen des Libanon und des Antilibanon, hatte bereits seit einigen Jahrhunderten in Beziehung zu der Kultur des Nil-Tales gestanden. Ursprünglich hatte sich der Einfluß Ägyptens auf Byblos, einen wichtigen, nördlich der heutigen Stadt Bairut gelegenen Hafen, und die bewaldeten Hänge des Libanon beschränkt. Von dort schafften die Ägypter, seit sie Schiffahrt trieben, die langen Fichten- und Zedernstämme herbei, die sie für ihre ersten Großbauten und den Schiffbau benötigten, da ihr Land keine Waldungen besaß. Während des Mittleren Reiches hatte ihr Interesse sich auch auf die übrigen Teile des Libanon ausgedehnt, um die Handelsbeziehungen zu erweitern. In Palästina hatten sie während der zwölften Dynastie zeitweise eine Art militärischer Oberherrschaft errungen.

Der ägyptische Einfluß hatte sich jedoch mit dem Ende der strengen Herrschaft der Pharaonen der zwölften Dynastie vermindert. Ägyptische Armeen zogen nicht mehr nach Norden, und als schließlich die zentralistische Macht des Königtums zerfiel und sich Fürstentümer im Land bildeten, brachen sogar die Seeverbindungen mit Byblos ab. Die Festungen, die die östlichen Grenzen beschützt hatten, wurden bedeutungslos. Beduinenstämme drangen über die Grenzen ein und unterwanderten das Gebiet des Nil-Deltas. Das kleine Königreich, das die Wüstenscheiche, die Hyksos oder Hirtenkönige, wie sie die Griechen nannten, im östlichen Delta gegründet hatten, wuchs an Macht, bis es den Hyksos gelang, ganz Unter-Ägypten zu beherrschen. Etwas über ein Jahrhundert lang, ungefähr zwischen 1720 und 1600 v. Chr., war das Niltal zwischen den asiatischen Hyksos im Norden, den eingeborenen Ägyptern in Ober-Ägypten und den Nubiern im Süden über den 1. Nilkatarakt hinaus aufgeteilt. Erst den Herrschern der achtzehnten Dynastie, einer im Gebiet von Theben ansässigen Fürstenfamilie, gelang es, die Hyksos zu vertreiben, ihre Hauptstadt Auaris zu erobern und sie bis nach Palästina zu verfolgen. Die Könige dieser Dynastie einten Ägypten erneut und begründeten

Besiegte Nubier

das Neue Reich. Nubien wurde zurückerobert, das schon während der Herrschaft der zwölften Dynastie bis zum 2. Katarakt zu Ägypten gehört hatte, und ägyptische Armeen drangen darüber hinaus tiefer in Afrika ein. Gleichzeitig zogen ägyptische Heerscharen nach Norden, was zur Eroberung von Syrien und Palästina führte und sie in Kämpfe mit den Hurritern und endlich den Hethitern verwickelte.

Offenbar erfolgte die Begegnung nicht unmittelbar. Thutmosis I. scheint ungehindert bis zum Euphrat marschiert zu sein. Nach seinem Rückzug kam der größte Teil Nord-Syriens und sogar der Osten Kilikiens unter die Oberherrschaft der Könige des Mitanni-Reiches. Saussatattar, der bedeutendste von ihnen, beherrschte auch Assyrien. Sein Machtbereich dehnte sich bis zu dem östlich des Euphrat gelegenen Kirkuk aus. Fünfzig Jahre nach dem überraschenden Vorstoß Thutmosis' I. sahen sich die Ägypter erneut herausgefordert. Dieses Mal aber war ihren Armeen der Weg versperrt. Die Mitanni hatten die zahlreichen kleinen Stadtstaaten Syriens, die aus einer hurrisch-se-

Thutmosis III. mit unterworfenen Asiaten

mitischen Mischbevölkerung bestanden, aufgerufen, ihnen Hilfe zu leisten. Thutmosis III., unter dem das ägyptische Weltreich seine größte Ausdehnung erreichte, hatte schwere Kämpfe zu bestehen. In sieben Feldzügen, von 1480 bis 1454 v. Chr., focht er in Retenu, wie die Ägypter Syrien und Palästina nannten, eroberte Städte, verwüstete das Land und strafte rebellierende Fürsten, die ägyptische Garnisonen vertrieben hatten. Zu Beginn der Kämpfe stellte der Pharao die Hauptmacht der Mitanni und ihrer Verbündeten zum Kampf und zerschlug in der Schlacht am Megiddo-Paß die feindliche Koalition. Seine Erfolge sind in erhaltenen Annalen-Auszügen verzeichnet. Am Ende seiner Regierungszeit hatte er Saussatattar aus Nord-Syrien vertrieben und die Grenzen seiner Macht bis zum Euphrat ausgedehnt.

Bau eines Schiffes in Ägypten

1450 – 1400 v. Chr.

Kolonialverwaltung

Auf Thutmosis III. sind auch die ersten Anfänge einer kontinuierlichen Verwaltung der eroberten Gebiete zurückzuführen. Die eingeborenen Fürsten wurden in der Herrschaft über ihre Stadtstaaten belassen und durch einen feierlichen Vasalleneid an ihren Herrn, den Pharao, gebunden. Sie waren verpflichtet, eine hohe Kriegsentschädigung zu zahlen und einen jährlichen Tribut zu entrichten, der in Sachwerten festgesetzt wurde: Große Mengen an Kupfer, Gold und anderen Metallen, Vieh und landwirtschaftliche Erzeugnisse wie Honig, Wein und Öl wurden nach Ägypten geliefert. Die Söhne der Herrscher und der Adligen nahmen die Ägypter als Geiseln für das loyale Verhalten ihrer Väter gefangen und gaben ihnen eine ägyptische Erziehung, die sie darauf vorbereitete, die Herrschaft in ihrer Heimat zu übernehmen. Die Töchter der Vasallen kamen in den Harem des Pharao. Ägyptische Garnisonen wurden an strategisch wichtigen Punkten belassen, Festungen wurden gebaut, und syrische Häfen wurden mit einheimischen Arbeitskräften als Versorgungsbasen ausgerüstet.

Machtentfaltung Ägyptens

Dies war eine Zeit großen Wohlstandes für Ägypten. Als während der Regierungszeit Amenophis' II., seines Sohnes, Thutmosis' IV., und seines Enkels, Amenophis' III., das Reich auf dem Höhepunkt seiner Machtentfaltung stand, strömten große Reichtümer nach Ägypten. Die Goldminen Nubiens wurden ausgebeutet, und Karawanen brachten die exotischen Erzeugnisse des Sudan in die Schatzkammern des Königs: Elfenbein und Ebenholz, Pantherfelle, Weihrauch und Myrrhe. Tribute wurden aus Retenu einge-

Syrische Tributbringer

Mutter des Achetaton

trieben, und wertvolle Geschenke wurden von den Herrschern Vorderasiens gesandt, den Kassiten-Königen von Babylonien, den assyrischen und mitannischen Königen, den Herren von Cypern und von Kreta und von den ägäischen Inseln. In den Gräbern hoher Beamter in Theben, der Großwesire, der Schatzkanzler und Vizekönige, deren Pflicht und Privileg es war, fremde Gesandte zu empfangen und ihre Geschenke entgegenzunehmen, sind viele Malereien erhalten, manche noch in ihren ursprünglichen leuchtenden Farben, auf denen solche Zeremonien dargestellt sind. Hier sieht man, wie der König von Tunip seinen kleinen Sohn auf dem Arm trägt, der in Ägypten erzogen werden soll. Ihm folgen Syrer, deren bunt gemusterte Röcke von den fließenden, weißen Gewändern der Ägypter abstechen. Hier erkennt man auch Mitannis, würdevolle, bärtige Gestalten, in weite Mäntel gehüllt, und Männer in mykenischer Tracht, die als Ankömmlinge »von den Inseln im Großen Grünen (Meer)« bezeichnet werden. Sie tragen Trinkbecher in Form von Stierköpfen und andere ägäische Gefäße, die uns von den Ausgrabungen H. Schliemanns, Sir A. Evans' und anderer Gelehrter auf Kreta und auf dem griechischen Festland vertraut sind. In einigen Gräbern in Theben aus der Zeit Thutmosis' III. sind Keftiu oder Kreter dargestellt mit über der Stirn gelocktem Haar, mit offener Brust und kurzen Lendenhöschen. Sie sind sicher identisch mit den Minoern. Auch sie kamen, um über die Pracht des Pharao zu staunen und in ehrfürchtiger Bewunderung auf seine gewaltigen Tempel und weitläufigen Paläste zu schauen, die von Gold und Edelsteinen glitzerten und im Entwurf und Stil so ganz anders waren als ihre kühlen, mit Wandmalereien geschmückten Hallen.

Der abgefallene König

Als der Wohlstand des Reiches seinen Höhepunkt erreicht hatte, brach im Innern des Landes eine Krise aus, die die Aufmerksamkeit des Königs für längere Zeit beanspruchte und weitere Eroberungszüge ausschloß. Es war eine seltsame Krise, eine der merkwürdigsten Episoden in der Geschichte der Alten Welt, deren Ursachen und Folgeerscheinungen wir noch nicht ganz übersehen. Ihre Entstehung lag in der Persönlichkeit eines einzelnen Menschen begründet – des Sohnes und Erben Amenophis' III., der den gleichen Namen wie sein Vater trug und ihm etwa 1380 v. Chr. auf dem Thron folgte. Um die Gestalt dieses Königs hat sich eine leidenschaftliche Kontroverse entwickelt. War er ein Genie oder ein Wahnsinniger? War seine religiöse Reformation, beeinflußt durch den Monotheismus, dichte-

Familie Achetaton und der Gott Aton

rische Inspiration oder politische Berechnung? Im Gegensatz zu der mächtigen und reichen Priesterschaft der Staatsreligion des Gottes Amun führte Amenophis IV. den alten Kult des Sonnengottes wieder ein, verlieh ihm aber eine neue, sichtbare Ausdrucksform in Gestalt der Sonnenscheibe, deren Strahlen, in kleinen Händen endend, Segen und Licht auf den König und die Königin ausgossen. Er bestand darauf, daß die Verehrung ausschließlich seinem Sonnengott Aton gelten sollte. Andere Kulte wurden verboten oder vernachlässigt. Er änderte seinen Namen in Achetaton, »Der dem Aton lieb ist«, und gründete eine neue Hauptstadt in Tell el Amarna, die er »Horizont des Aton« nannte. Hier konnte er gemeinsam mit seiner Gemahlin Nofretete ihren neuen Gott verehren. Einige Gelehrte meinen, die Reformation des Achetaton habe den Monotheismus des Volkes Israel vorweggenommen, ihn vielleicht sogar direkt beeinflußt. Es gelang ihm aber nicht, das ägyptische Volk für seinen Glauben zu gewinnen. Nach seinem Tod machten die Priester des Amun wieder ihren Einfluß geltend. Der junge König Tutanchamun, der bei seiner Geburt im Glauben an Aton den Namen Tutanchaton erhalten hatte, änderte ihn in Tutanchamun und kehrte schon als Kind nach Theben zurück, richtete die vernachlässigten Tempel wieder auf und setzte Amun von neuem als Staatsgottheit ein. Wenige Jahre nach dem Tod Achetatons war die Erinnerung an ihn ausgelöscht; seine Hauptstadt wurde verlassen und nicht wieder besiedelt. Das Ansehen Ägyptens hatte während dieses Zwischenspiels im Ausland sehr gelitten. Erst die Ramessiden-Könige haben Ägyptens Machtstellung in Palästina und Syrien wiederhergestellt.

Tutanchamun in siegreichem Kampf

Das Auserwählte Volk

1280 v. Chr.

Die Israeliten waren Nomadenstämme, von denen einige in Ägypten seßhaft wurden. Der Ausdruck »Hebräer«, wie die Angehörigen der Stämme Israels häufig genannt werden, weist sie zunächst nicht als eine ethnische Gruppe aus, sondern bezeichnet ihren sozialen Status als fremde Dienstleute in einem einheimischen Gemeinwesen. Die Israeliten verehrten ihren eigenen Gott, Yahweh (Jehova), der von keiner lokalen Bedeutung war wie andere Gottheiten. Er war der Schöpfer der Welt, der die Stämme Israels zu seinem Volk erwählt hatte. Ihr durch keine Geschichtsforschung und durch keine rationale Überlegung zu erhellendes, unfaßbar nahes Verhältnis zu Gott, dem einen Gott, macht ihre Bedeutung unter den Völkern des Altertums aus. Die einheitliche und genealogisch geschlossene Geschichte Israels, wie sie die Bibel darstellt, darf nicht unter dem Bestreben verstanden werden, historische Wahrheit im heutigen Sinn aufzuzeichnen, sondern das Handeln Gottes an seinem Volk wird begreiflich gemacht.

Die Israeliten waren wohl ein Teil jener Völkerschaften, die mit den Aramäern, jener semitischen Einwanderungswelle, seit der Mitte des 2. vorchristlichen Jahrtausends aus der arabischen Wüste langsam in das Gebiet des Fruchtbaren Halbmondes eindrangen und schließlich im Westen, abgedrängt nach Palästina, heimisch wurden. Um 1650 v. Chr. suchte eine schwere Hungersnot das Land heim. Einige Stämme fanden neue Lebensgrundlagen in der Umgebung von Kanaan, dem Kernland Palästinas. Andere wanderten auf der Suche nach Nahrung bis nach Ägypten und blieben dort als Knechte des Pharao, wo sie bei der Errichtung von Großbauten Dienste leisteten und an Bewässerungsanlagen arbeiteten. Durch ihr Sklavendasein blieben ihnen ägyptische Kultur und Lebensweise fremd. Ihre Selbständigkeit bewahrten sie sich durch den Glauben an den unabbildbaren Gott der Gerechtigkeit Yahweh (Jehova), der in unüberbrückbarem Gegensatz zu den Götterkulten ihrer Umwelt stand.

Etwa vierhundert Jahre lang lebten israelitische Stämme in Ägypten, dann flohen sie unter ihrem Führer Moses aus dem Land. Nach der Bibel hatte Moses lange mit dem Pharao verhandelt, um für seine Stammesgenossen die Erlaubnis für den Zug in die Wüste zu erhalten. Wahrscheinlich geschah dieses zur Zeit Ramses' II. oder seines Nachfolgers Merenptah. Bald reute es den Pharao, seine Genehmigung gegeben zu haben, und er verfolgte die flüchtenden Stämme, bis das Wunder am »Schilfmeer«, einer nicht zu lokalisierenden Stelle am Roten Meer, die ägyptischen Streitkräfte vernichtete. Dieses Ereignis ist auf Grund anderer Quellen nicht zu belegen; immerhin kann sich eine solche Begebenheit in der ersten Hälfte des 13. vorchristlichen Jahrhunderts zugetragen haben. Denn die nomadisierenden Stämme, die der Reichtum Ägyptens anlockte, haben immer wieder versucht, das Land wegen der harten Lebensbedingungen im Frondienst zu verlassen. Die Glaubensanhänger feiern die Errettung aus der ägyptischen Gefangenschaft noch heute mit dem Passah-Fest. In der Tradition dieses Festes wird die Erinnerung an ein tatsächliches Geschehen erkennbar. An der Flucht aus Ägypten war nur eine kleine Gruppe Israeliten beteiligt. Auch die anderen Ereignisse aus der Frühzeit des Auserwählten Volkes fußen auf einer Vielzahl einzelner Stammesüberlieferungen ohne direkten genealogischen Zusammenhang. Erst nach der Gründung des »Zwölfstämmeverbandes« um 1200 v. Chr. sieht sich grundsätzlich ganz Israel an dem Heilsgeschehen von den Erzvätern bis auf Moses beteiligt. Lange Zeit galten die Berichte der Bibel, wenn sie ihres religiösen Charakters entkleidet wurden, als Erfindungen einer späteren Zeit. Erst die Erschließung des alten Orients durch Ausgrabungen und die Kenntnis neuer Quellen haben uns gelehrt, daß die Menschen, die die Geschichte ihrer Vorfahren erzählten und aufschrieben, sich eine lebendige Erinnerung an frühere Zeiten erhalten hatten. Das Wort des Gottes Israel an den Pharao »Laß mein Volk ziehen« (1. Mos. 5,1) leitete die Geschichte des Auserwählten Volkes ein. Nach der Flucht aus Ägypten folgten Jahrzehnte eines Beduinenlebens in der Wüste Sinai. Hier bildete sich die Einheit von Religion und Volk, die charakte-

Berg des Sinai, vermutlicher Schauplatz der göttlichen Offenbarung an Moses

Ausgedörrter Boden in der Wüste Negev, wohl Durchzugsgebiet der Stämme Israels auf der Suche nach dem Gelobten Land

Pharao Setos I. auf einem Streitwagen bei der Abführung hethitischer Gefangener. Relief aus dem Amun-Tempel in Karnak, zwischen etwa 1304 und 1290 v. Chr.

ristisch für das Judentum bis in die neueste Zeit bleiben sollte. Der überragende Führer, der das Volk in der Zeit des Aufbruchs einte und unter die Offenbarung Yahwehs stellte, war Moses. Seine Gestalt kann historisch nicht belegt werden. Manche Erzählungen der Bibel über sein Leben, die Legende und Wirklichkeit untrennbar vermischen, finden sich auch in Sagen und Mythen anderer Völker des Orients. Einzig die Ergebenheit der Israeliten in seine Führerschaft, die trotz aller Entbehrungen während der Wüstenwanderung und schwerer Anfechtungen im Glauben in ihm Gottes Handeln erkannten, machen Moses zu einer historischen Größe.

In der Wüste schloß Israel den Bund mit seinem Gott und empfing die Gesetze Yahwehs. Sie erhielten die Ordnung für ihr religiöses Leben und kamen zu einer für damalige Verhältnisse völlig neuen, rein geistigen Gottesverehrung. Gott durfte nicht abgebildet werden, und Brandopfer oder Schlachtopfer wurden ihm nicht dargebracht.

Auf dem Berg Sinai oder Horeb, beide heute nicht mehr identifizierbar, empfing Moses in einer Offenbarung die Gesetze Yahwehs. Die Bibel erzählt, wie Moses auf die Spitze des Berges stieg und der Stimme seines Gottes folgte. Das Volk wartete unten in ehrfürchtiger Scheu vor den Blitzen und den donnernden Gewitterwolken, die den Berg verhüllten, bis Moses herabstieg und Gottes Willen kundtat. Die Zehn Gebote – welche die Anbetung nur des einen Gottes gebieten, den heiligen Sabbath einsetzen, die Verehrung der Eltern befehlen und Mord, Ehebruch, Diebstahl, Lüge und Neid verbieten – sind der Kern eines großen Gesetzeswerkes, das die Bibel überliefert.

Von besonderem Interesse sind die »Heiligkeitsgesetze«, die nicht durch Strafen aufrechterhalten werden, sondern durch die Erinnerung an den Bund, den Gott mit Israel geschlossen hat, und die Verpflichtung zur Treue, die daraus erwächst. Bezeichnende Gesetze dieser Art betreffen die Armen und Schwachen:

»Wenn du dein Land einerntest, sollst du nicht alles bis an die Enden umher abschneiden, auch nicht alles genau aufsammeln. Also auch sollst du deinen Weinberg nicht genau lesen noch die abgefallenen Beeren auflesen, sondern dem Armen und dem Fremdling sollst du es lassen; denn ich bin der Herr, euer Gott.« (3. Mos. 19,9 und 10.)

»Du sollst dem Tauben nicht fluchen und sollst vor dem Blinden keinen Anstoß setzen; denn du sollst dich vor deinem Gott fürchten, denn ich bin der Herr.« (3. Mos. 19,14.)

Im Mittelpunkt der Lehre steht keine bestimmte Reihe von Regeln, wohl aber die Überzeugung des ganzen Volkes, daß es die Verpflichtung auf sich genommen hat, nach dem Gesetz zu leben, im Gehorsam nicht zu einem irdischen Herrscher, sondern zu dem mit Gott geschlossenen Bund.

Folgende Worte, erst Jahrhunderte später aufgezeichnet und dennoch dem Volk Israel auch in mündlicher Überlieferung gegenwärtig, sprechen den Wesensgehalt des Bundes aus:

»Siehe, ich habe dir heute vorgelegt das Leben und das Gute, den Tod und das Böse, der ich dir heute gebiete, daß du den Herrn, deinen Gott, liebest und wandelst in seinen Wegen und seine Gebote, Gesetze und Rechte haltest und leben mögest und gemehrt werdest, und dich der Herr, dein Gott, segne in dem Lande, in das du einziehst, es einzunehmen. Wendest du aber dein Herz und gehorchst nicht, sondern lässest dich verführen, daß du andere Götter anbetest und ihnen dienest, so verkünde ich euch heute, daß ihr umkommen und nicht lange im Lande bleiben werdet, dahin du einziehst über den Jordan, es einzunehmen.« (5. Mos. 30,15–18.)

Die weitere Geschichte der Kinder Israels berichtet von ständiger Erinnerung an die wahre Bedeutung des Bundes, von ewigem Kampf gegen Götzenanbetung und soziale Ungerechtigkeit, die dem Bund zuwiderliefen.

Etwa vierzig Jahre nach der Gesetzgebung gaben die Kinder Israels ihr Nomadenleben in der Wüste Sinai auf und zogen nach Palästina. Es war das Gelobte Land, das ihnen von Gott verheißen worden war. Das Palästina jener Zeit bestand aus einer Anzahl von Stadt-Staaten, kleinen Königreichen und halbnomadischen Stämmen verschiedenen ethnischen Ursprungs. Unter ihnen versprengt lebten noch den Israeliten verwandte Völkerschaften, die, gleich ihnen, ihren Ursprung von Abraham herleiteten und bis zu einem gewissen Grad an der Verehrung des einen Gottes festgehalten hatten. Aber sie hatten dem Kult von Lokalgöttern und den Fruchtbarkeitsriten ihrer Nachbarn nicht gänzlich widerstanden.

Die Landnahme der Neuankömmlinge stellt sich in der Bibel als ein einheitliches, kriegerisches Ereignis dar, dem eine Landverteilung folgte. In Wirklichkeit vollzog sie sich aber in einem langandauernden und weitgehend friedlichen Siedlungsprozeß. Spätere Jahrhunderte ließen die Urbevölkerung von Palästina, die die lange Zeit der Erniedrigung in ägyptischer Knechtschaft nicht durchgemacht hatte, dieses Erlebnis als das ihrer eigenen Vorfahren annehmen. Die Naturfeste, die sie mit den Völkern ihrer Nachbarschaft gefeiert hatten, wurden in Erinnerungsfeste an wirkliche Ereignisse umgedeutet und zum Gedenken an den Tag des Auszuges aus Ägypten, an das Erlebnis am Sinai und an die Schließung des Bundes mit Yahweh umgeformt. Diese Bezeichnung des namenlosen Gottes wurde den eingesessenen Stammesgenossen von denen zugetragen, die die Not der ägyptischen Gefangenschaft und die Unbilden der Wüste erduldet hatten.

Mit der Seßhaftigkeit in Palästina und unter verhältnismäßig gefahrlosen, geregelten Lebensumständen verfiel der Glaube. Das Volk verlor sein unmittelbares Verhältnis zu Gott. Die Propheten wurden die Sendboten Gottes und die Mahner und Bewahrer der Rechtgläubigkeit. Sie brandmarkten soziale Ungerechtigkeit und Abgötterei. Es bedurfte ihrer Beredsamkeit, um dem Volk die Erkenntnis der wahren Bedeutung des Bundes nahezubringen und ihm zu predigen, daß er eher Verpflichtungen als Privilegien enthielt.

»Aus allen Geschlechtern auf Erden habe ich allein euch erkannt, darum will ich auch euch heimsuchen in all eurer Missetat« (Amos 3,2), verkündet Gott durch seinen Propheten Amos. Die Propheten mußten auch ihr Volk darüber belehren, daß das Wort »euch allein habe ich erkannt« nicht hieß, daß Gott für seine übrige Schöpfung keine Sorge trüge, und wiederum sprach Amos: »Seid ihr Kinder Israel mir nicht gleichwie die Mohren? spricht der Herr. Habe ich nicht Israel aus Ägyptenland geführt und die Philister aus Kaphtor und die Syrer aus Kir?« (Amos 9,7.)

Der sakrale Zwölfstämmeverband der ersten Siedlungszeit entwickelte sich bald unter dem Druck auswärtiger Feinde, besonders unter den Angriffen der Philister aus der süd-palästinensischen Küstenebene, zu einem fest organisierten Staatsgebilde. Ein Königtum wurde begründet, das sich unter dem großen König David um 1000 v. Chr. zu einem israelitischen Großstaat entwickelte. Nach dem Tod seines Nachfolgers, Salomon, führten Thronstreitigkeiten zum Zerfall des Reiches. Es entstanden die Königreiche Israel und Judah (Juda). Die Tradition der Stammesverbände in beiden Staaten blieb dadurch erhalten, daß in Israel sich zehn Stämme vereinigten, während in Judah zwei Stämme unter der Dynastie des David weiterlebten. Das nördliche Königreich Israel mit der Hauptstadt Samaria wurde um 721 v. Chr. von den Assyriern erobert, und die Angehörigen der herrschenden Klasse wurden nach Nord-Syrien verschleppt. Fünf Generationen später, im Jahr 587 v. Chr., wurde das südliche Königreich Judah mit der Hauptstadt Jerusalem von den Babyloniern unterworfen und die Oberklasse des Volkes ebenfalls in das Exil verschleppt. Erst als Babylon seinerseits von den Persern unterjocht wurde, erließ der Perserkönig Kyros II. im Jahr 538 v. Chr. ein Edikt, das den Abkömmlingen aller Verbannten aus Judah die Rückkehr gestattete. Im Mittelpunkt des südlichen Königreiches hatte der Stamm Yehudah gestanden, daher wurden seine Einwohner Yehudahiten genannt, auf hebräisch Yehudim, auf lateinisch Judaei.

Obwohl die Geschichte sich von jetzt ab mit »Juden« beschäftigt, ist es möglich, daß auch Abkömmlinge der Bevölkerung des nördlichen Königreiches, die Yahweh treu geblieben waren, aus Nord-Mesopotamien nach Palästina zurückkehrten.

Asiatischer Gefangener. Fayence-Kachel aus einem Gebäude Ramses' III. in Tell el Yahudiyyah am Nil, zwischen etwa 1224 und 1165 v. Chr.

Wettergott, bewaffneter Mann und nackte Frau. Metall-Figuren aus Syrien, 2. Jahrtausend v. Chr.

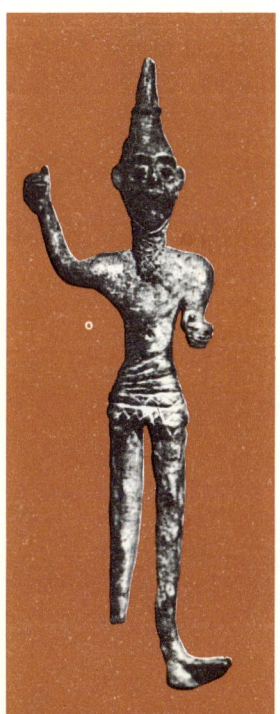 

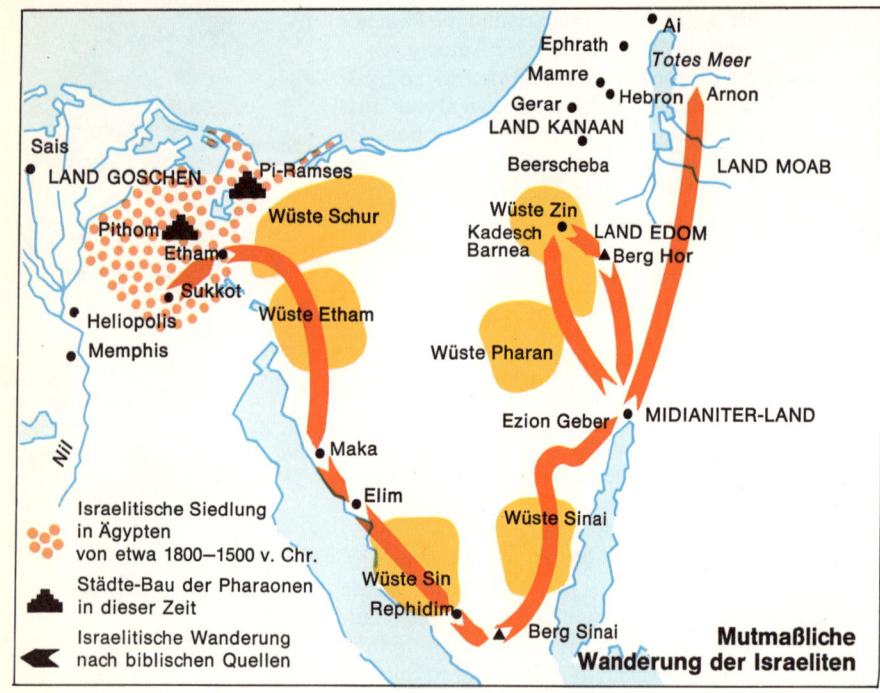

Mutmaßliche Wanderung der Israeliten

Fürstliches Siegesfest mit Gefangenenvorführung. Elfenbein-Platte aus Megiddo zwischen etwa 1350 und 1150 v. Chr.

Während der Jahre in der babylonischen Gefangenschaft, bevor Kyros II. ihnen ihre Heimkehr gestattete, hatten die Verbannten die Grundlage für ihre Selbständigkeit in der Zukunft in zwei entscheidenden Punkten gestaltet. Einmal hatten sie, die ihres Tempels in Jerusalem beraubt waren, Sabbath für Sabbath eine opferlose Form des Gottesdienstes entwickelt. Wo immer Juden lebten und leben, hat sich dieser Ritus, der Gottesdienst in der Synagoge, bewahrt. Er vollzieht sich ohne priesterliches Opfer und Ritual in Gebet, Lobgesang und Belehrung, in deren Mittelpunkt die Heilige Schrift steht. Die zweite Leistung der Verbannten betrifft die Sammlung und Niederlegung der Zeugnisse ihrer Geschichte als Volk Gottes, der Worte der Propheten, der Psalmen und heiligen Lieder, aus denen der Kanon des Alten Testamentes zusammengestellt wurde. Was an dieser Sammlung besonders auffällt, ist, daß die gesamte jüdische Geschichte als eine Geschichte des Bundes mit Gott dargestellt wird. Könige, die durch ihre Siege das Land um weite Gebiete und die Abgaben unterworfener Völker bereicherten, werden in wenigen Versen mit den Worten erwähnt, daß sie »Böses taten im Angesicht des Herrn«. Könige wie David, die tiefe Liebe und Bewunderung genossen, werden geschildert, ohne daß ihre Schwächen verborgen werden. Dagegen die Worte der Propheten, die niemanden mit ihren Anklagen verschonen, mit äußerster Sorgfalt überliefert.

Die Bücher des Alten Testamentes enthalten die Überlieferungen und die Chroniken von über einem Jahrtausend. In ihnen wurde nachgewiesen, daß die Treue zu dem Bund das wahre Ziel im Leben des Volkes war. Erst nach der Vollendung dieser Bücher erhielten die späteren Ereignisse und Kämpfe für den rechten Glauben in dem Anhang zum Alten Testament, der Apokryphen, ihr Denkmal. Judah erlangte keine Unabhängigkeit mehr. Dennoch scheiterten Versuche, wie sie Antiochos von Syrien im Jahr 166 v. Chr. unternahm, Israel zum Abfall von seinem Gott zu bringen.

»Aber viele vom Volk Israel waren beständig und wollten nichts Unreines essen und ließen sich lieber töten, denn daß sie sich verunreinigten, und wollten nicht vom heiligen Gesetz Gottes abfallen; darum wurden sie umgebracht.« (I. Makk. 1,65–67.)

Sie waren die ersten Märtyrer in der langen Geschichte der Judenverfolgungen.

Die Rückkehr in das Gelobte Land war ein bedeutendes Ereignis. In Babylon hatten die Juden Wohlstand und Selbstverwaltung besessen. Sie bewohnten ein fruchtbares Gebiet, welches bessere Lebensmöglichkeiten bot als die unfruchtbaren Hügel und zerstörten Städte und Dörfer um Jerusalem. Aber Jerusalem und das »Land Israels« hatten die stärkere Tradition. Babylonien bedeutete Fremde – trotz sei-

Tischler bei der Arbeit. Ägyptische Wandmalerei, Neues Reich

Ägyptische Ziegelstreicher. Bemaltes Holzmodell, Grabbeigabe zur Versorgung der Verstorbenen im Jenseits, frühes Mittleres Reich

nes Reichtums –, wovon der Psalmist beredtes Zeugnis ablegt:

»An den Wassern zu Babel saßen wir und weinten, wenn wir an Zion gedachten. / Unsere Harfen hingen wir an die Weiden, die daselbst sind. / Denn dort hießen uns singen, die uns gefangen hielten, und in unserm Heulen fröhlich sein: /›Singet uns ein Lied von Zion!‹ / Wie sollten wir des Herrn Lied singen in fremden Landen? / Vergesse ich dein, Jerusalem, so werde meiner Rechten vergessen.« (Psalm 137, 1–5.)

Die Rückkehr aus dem Exil vollzog sich stufenweise, in einer Reihe von Karawanenzügen. Der erste jüdische Führer in der wiedergewonnenen Heimat kam mit einer der späteren Gruppen. Er hieß Esra und sicherte durch seine weise Führung die Zukunft des Judentums und des jüdischen Volkes. Die Einrichtung der Synagoge blieb auch jetzt bestehen, und die Heiligen Schriften wurden aus der Fremde mitgebracht. Esra regelte eine Art der Erwachsenenerziehung, durch welche das ganze Volk immer wieder im Gesetz der Bibel unterwiesen wurde.

Nachdem Jerusalem neu erbaut und der Tempel wieder der Mittelpunkt des Gottesdienstes geworden war, veranstaltete Esra eine feierliche Verlesung des gesamten Gesetzbuches »vor dem Wassertor« (Nehemia 8,1). Die Vorlesung dauerte mehrere Tage. Anschließend erneuerte das ganze Volk seinen Bund mit Yahweh. Aber Esra las nicht nur vor, sondern belehrte auch. »Und sie lasen im Gesetzbuch Gottes klar und verständlich, daß man verstand, was gelesen ward.« (Nehemia 8,8.) Die Lesungen über das Gesetz wurden beibehalten, nicht nur zu besonderen Gelegenheiten, sondern sie wurden in jeder Stadt Woche für Woche durch geschulte Lehrer fortgesetzt, die anfangs ortsansässigen Priesterfamilien entstammten.

Der Judaismus und das Judentum konnten sich, so gerüstet, am Leben erhalten, nachdem der Tempel und der Staat in den Kämpfen mit Rom endgültig zerstört worden waren.

JAMES PARKES

Ägypten. Das jüngere Reich der Hethiter. Seevölker

Obwohl der Auszug der »Kinder Israel« aus Ägypten mit Recht als einer der bedeutendsten Meilensteine der Geschichte der Menschheit angesehen werden kann, muß er zu ihren Lebzeiten als ein unbedeutendes, alltägliches Ereignis gegolten haben. Die Ägypter haben darin wohl nur eine ärgerliche Episode in einer ständig sich wiederholenden Wanderbewegung gesehen. Jahrhundertelang war es den Beduinenstämmen des Sinai und Palästinas von Zeit zu Zeit gestattet worden, ihre Herden auf der Suche nach Weideland in die Ausläufer des fruchtbaren Deltas zu treiben. Jedesmal wenn Hungersnot in der Steppe herrschte, machte das Gerücht die Runde: »Es gibt Korn in Ägypten.« Und von Zeit zu Zeit, wenn die Zahl der Nomaden angewachsen war und sie versuchten, tiefer in das Land einzudringen und seßhaft zu werden, wurde das Heer des Pharao ausgesandt, um sie wieder aus den Grenzen zu vertreiben: Sie waren länger als erwünscht geblieben.

Ägypter bei der Ernte

Sitzbilder Ramses' II.

Die archäologischen Untersuchungen haben bis jetzt noch keine Funde erbracht, die Licht auf die Geschichte des Aufenthalts israelitischer Stämme in Ägypten und auf ihren Auszug werfen. Die ausführlichen Angaben über diese Ereignisse in den Erzählungen der Bibel und die Kenntnis größerer geschichtlicher Zusammenhänge aus zeitgenössischen ägyptischen Quellen lassen vermuten, daß Joseph und Moses im Ägypten der neunzehnten Dynastie gelebt haben. Damals war die Residenz der Pharaonen weder Theben noch Memphis, sondern die Pi-Ramses im östlichen Delta, vielleicht dieselbe Stadt Raemses, von der es heißt,

die Hebräer hätten bei ihrem Bau mitgewirkt und deren Gründung und Bau Ramses II. zu danken war.

Die Regierung Ramses' II.

Ramses II. ist eine der eindrucksvollsten Gestalten der Geschichte Vorderasiens im Altertum. Seine lange, siebenundsechzigjährige Regierung, er wurde neunzig Jahre alt, brachte großen Wohlstand für Ägypten. Die Bodenschätze des Landes wurden ausgebeutet, Handel und Handwerk blühten, und riesige Tempelbauten wurden ausgeführt. In den Städten Ägyptens und Nubiens wuchsen die Denkmäler des Pharao heran. Steinbrüche und Bergwerke wurden erschlossen und Brunnen in den Wüstenorten gegraben, um den Bau- und Bergleuten eine Lebensmöglichkeit zu geben. Vor dem wunderbaren Tempel von Abu

Ramses II.

Simbel, der in den lebenden Fels gehauen ist, sitzen vier Kolossalfiguren, die nicht die großen Götter der Ägypter darstellen, sondern der König selbst thront dort in vierfacher Majestät, sein Gesicht der aufgehenden Sonne zugewandt. In der hohen Halle dieses Tempels und an den Wänden anderer im Land ließ Ramses II. in überladenem Detail und überlebensgroß Szenen aus dem großen Sieg darstellen, den er im vierten Jahr seiner

Hethitisches Königspaar

Regierung (1300 v. Chr.) über die vereinten Heere der Hethiter und ihrer Verbündeten erfocht. Die Schlacht fand nahe der Stadt Kadesch in Syrien statt. In eigener Person war der Pharao, wenn seine Berichte glaubwürdig sind, gegen den Feind mit seinem Streitwagen angestürmt und hatte die Fliehenden in den Orontes getrieben. Sieg über Feinde war ein Thema, dessen die Hofdichter und Bildhauer niemals müde wurden. Obwohl der König behauptete, einen großen Erfolg errungen zu haben, scheint dieser Feldzug unentschieden ausgegangen zu sein. Ein größerer Triumph war der Bruderschafts-

vertrag, den er nach jahrelangen Verhandlungen mit dem hethitischen König Chattusili III. abschloß (um 1267 v. Chr.) und der sich als dauerhaft erwies. Der Text dieses Vertrages in der ägyptischen und der hethitischen Fassung ist erhalten. Der eine ist in Hiero-

Hethitischer Streitwagen

glyphen auf einer steinernen Stele im Tempel von Karnak eingemeißelt, der andere in Keilschrift auf Tontafeln, die in der hethitischen Hauptstadt Chattusa, dem heutigen Boghasköy, gefunden worden sind.

Der Vertrag wurde durch die Heirat von Ramses II. mit der Tochter des Hethiter-Königs besiegelt. Sie wurde mit großem Geleit nach Ägypten gesandt und von einer Eskorte des Pharao eingeholt, wie es einer so wichtigen Reisenden zukam. Es heißt in den Texten, ihr Zug sei von dem Wettergott begünstigt worden, der den Winterschnee vom Libanon schmelzen und die Sonne scheinen ließ, als sie vorüberkam. Der Vertrag mit den Hethitern brachte eine lange Friedenszeit zwischen beiden Staaten. Die Hethiter waren zunehmend damit beschäftigt, ihr Reich in Anatolien aufrechtzuerhalten und ihre Stellung in Nord-Syrien zu wahren, während Ägypten im Besitz der phönikischen Küste, ganz Palästinas und vielleicht auch des Transjordan-Landes blieb. Wenn die Völkerschaften Israels unter Führung Josuas und Gideons zu dieser Zeit

Zug von zwölf hethitischen Göttern

1400–1191 v. Chr.

Wettergott auf einem Stier

in das »Land von Milch und Honig« einrückten, so müssen sie sich in einem Gebiet befunden haben, das wenigstens dem Namen nach ägyptisch und teilweise von ägyptischen Garnisonen besetzt war.

Das Land Kanaan

Auffälligerweise sind die archäologischen Zeugnisse für eine Zerstörung der Städte in Palästina durch eine kriegerische Landnahme der Israeliten, wie sie die Bibel schildert, recht unergiebig. Die dramatische Erzählung vom Fall Jerichos kann heute nicht durch die Reste gestürzter Mauern bestätigt werden. Keramische Funde aus Lachisch und Hazor, beides mächtige kanaanäische Festungen, deuten auf eine Eroberung im späten 13. Jahrhundert v. Chr. Auch Tell Bait Mirsim, vermutlich die alte Stadt Kirjath Sepher, fiel etwa um dieselbe Zeit. Aber in diesen Fällen ist kein Bruch in der Kultur zwischen den Schuttschichten der Zerstörung und denen des Wiederaufbaus darüber nachweisbar. Möglicherweise war Merenptah, der Sohn und Nachfolger Ramses' II., für die Verwüstungen verantwortlich. In einer seiner Inschriften behauptet er, einen Aufstand unterdrückt zu haben: »Kanaan ist geplündert, Askalon ist eingenommen und Geser besetzt. Das Volk Israel ist betrübt und hat keinen Samen. Palästina ist verwitwet für Ägypten.« Diese einmalige Erwähnung Israels in ägyptischen Inschriften läßt vermuten, daß um 1230 v. Chr., dem ungefähren Zeitpunkt für die Datierung der erwähnten Ereignisse, Israeliten bereits im Gelobten Land seßhaft geworden waren.

Bedrohung der Hethiter

Seit der Mitte des 13. vorchristlichen Jahrhunderts begann der Niedergang des hethitischen Königreiches. Die Assyrer zogen nach Westen und bedrohten Syrien. Die aufrührerischen Gasgas (Kaschkäer), Barbaren aus dem nordöstlichen Gebirge, stellten eine ständige Gefahr für die Hethiter dar. Chattusili III. hatte beide Bedrohungen durch militärische Unternehmen bannen können, aber nach seinem Tod im Jahr 1250 v. Chr. sah sich sein Sohn, Tutchaliya IV., noch den Angriffen von dritter Seite ausgesetzt. Die bisher friedlichen Nachbarn an der ägäischen Küste, die Achchiyawäer, be-

Eroberung von Troia

drohten die Hethiter. Das Land Achchiyawa ist nicht genau zu lokalisieren. Manche Gelehrte vermuten, daß die Achchiyawäer mit den Achaiwoi oder Achäern der homerischen Epen gleichzusetzen sind, jenen kriegerischen Griechen

Phrygische Soldaten

vom Festland und den Inseln, die ihre Schiffe versammelten und unter der Führung des Agamemnon zum Angriff gegen Troia zogen. Die Geschichte der zehnjährigen Belagerung Troias durch die Achäer bildet den Inhalt der »Ilias«. Nach der geographischen Verteilung der vereinigten Städte und der Bekleidung und Ausrüstung der Krieger zu urteilen, die bis auf Homer und in seinen Dichtungen überliefert sind, ist es sicher, daß die Achäer das Volk der Mykener sind. Sie waren eine griechisch sprechende kriegerische Rasse, die Kreta und die Dodekannes-Inseln nach den Zerstörungen von Knossos im 15. Jahrhundert v. Chr. in Besitz nahmen. Als seefahrende Kaufleute gründeten sie im östlichen Mittelmeer-Raum Kolonien und drangen sogar westlich von Sizilien bis zu den Küsten Italiens, Frankreichs und Spaniens vor. Mykenische Keramik findet sich in Ägypten, in den Siedlungen auf den ägäischen Inseln, selbst an der West-Küste Kleinasiens. Die Achchiyawäer können sehr wohl achäische Griechen gewesen sein, deren Land an den westlichen Ausläufern des hethitischen Reiches, vielleicht in Karien oder auf Rhodos gelegen hat. In einem Vertrag zwischen Tutchaliya IV. und einem seiner Vasallen, dem König von Amurru, nennt der hethitische König »die Könige, die auf gleicher Stufe stehen wie ich: den König von Ägypten, den König von Babylon, den König von Assyrien und den König von Achchiyawa«. Die Worte »den König von Achchiyawa« wurden später absichtlich auf der Tafel gelöscht, sind aber gerade noch zu entziffern.

Das Ende des hethitischen Reiches

Unter der Regierung von Tutchaliyas IV. Nachfolger, Arnuwanda III., wurden die Hethiter erneut bedroht: ein Rebell machte mit den Achchiyawäern gemeinsame Sache und besetzte weite Gebiete im Süd-Westen Kleinasiens. Der feindliche Angriff eines Mita oder Midas läßt vermuten, daß auch die Phryger sich gegen die Hethiter verbündet hatten. In Inschriften aus dieser Zeit finden sich erste Anzeichen einer großen Völkerbewegung, deren Ursprung und Richtung noch unbestimmt sind. Der Seevölker-Sturm brachte das große Reich der Hethiter zu Fall und veränderte die Machtverhältnisse in Vorderasien entscheidend.

Das Ende kam unter der Regierung von Arnuwandas Bruder, Schuppiluliuma II. Bei seiner Thronbesteigung, um 1200 v. Chr., mußte

Hethitischer Gott

die Streitmacht der Hethiter schon um ihre Existenz ringen. Die Archive von Boghasköy berichten von Seeschlachten. Tafeln aus Ugarit, damals noch eine hethitische Kolonie, spiegeln die Einwirkung eines ungenannten Feindes wider: Sie sind in einem Töpferofen gefunden worden, in den sie zum Brennen eingeschichtet worden waren. Aber die Zeit hatte nicht gereicht, sie herauszunehmen, bevor die Stadt zerstört wurde. Ugarit wurde geplündert und niemals wieder aufgebaut. Anderen Städten in Anatolien und Syrien widerfuhr ein gleiches Schicksal. Chattusa selbst erlitt eine große Feuersbrunst. Wo immer Ausgrabungen an hethitischen Stätten gemacht wurden, ist eine gewaltsame Zerstörung nachzuweisen. Die Katastrophe war so vernichtend, daß keine schriftliche Urkunde darüber existiert. Nur Ägypten konnte sich erfolgreich den Angreifern widersetzen.

Sieg Ramses' III. über die Seevölker 1191 v. Chr.

Gefangene Nubier. Detail einer reliefierten Stein-Platte, 20. Dynastie, zwischen 1200 und 1085 v. Chr.

Kampf zwischen Ägyptern und Libyern. Detail eines Reliefs im Totentempel von Medinet Habu, zwischen 1198 und 1166 v. Chr.

Ramses III., einer der bedeutendsten Pharaonen der ägyptischen Geschichte, bewahrte sein Land vor der Invasion der Seevölker. Die Zeit ägyptischer Oberherrschaft in Vorderasien aber näherte sich ihrem Ende. Neuauftretende Völker machten Geschichte und nahmen Ägyptens Stelle in.

Im achten Jahr seiner Regierung, 1191 v. Chr., mobilisierte Ramses III. sein gesamtes militärisches Potential: Ägyptische Truppen, Söldner, Hilfsvölker und Verbündete wurden gerüstet, um den Einbruch der Seevölker Einhalt zu gebieten. Denn Ägypten sah sich einem seiner erbittertsten Feinde in der Geschichte gegenüber. Wer waren diese Angreifer, die in den Urkunden unter der nicht näher bestimmbaren Bezeichnung »Seevölker« bereits im Zusammenhang mit den Feldzügen unter Setos I., Ramses II. und Merenptah erwähnt werden?

Die aus verschiedenen Gebieten stammenden Völkerschaften hatten sich zusammengeschlossen, um Raubzüge durchzuführen. Unter ihnen begegneten die Aqaiwascha, wahrscheinlich Achäer, die Turscha oder Tyrrhener, die Schakalscha oder Zakar, die aus Sizilien kamen; ferner die Schirdana oder Scherden, die in Sardis oder möglicherweise in Sardinien beheimatet waren, die Denen oder Danaer aus Griechenland, die Peleset, die die Bibel als Philister kennt, und die Luka oder Lykier. Sie alle verbanden trotz ihres verschiedenen Ursprungs indogermanische Rassenmerkmale, die den Ägyptern seltsam erschienen: Die Siegesinschriften Setos' I. in seinem Tempel in Karnak bezeichnen sie als »Nordische Völker, die aus verschiedenen Ländern kommen und blondes Haar und blaue Augen haben«.

Die Seevölker waren Nomaden oder, genauer gesagt, sie wurden durch die großen Wanderungen um 2000 v. Chr. zum Nomadenleben gezwungen. Diese Wanderbewegungen bewirkten in Vorderasien ebenso große Veränderungen wie im 4. Jahrhundert n. Chr. die Einfälle der Hunnen in Europa, die die ihrer natürlichen Heimat beraubten Slawen und später Germanen bis nach West-Europa vor sich her trieben, bis sie schließlich im Römischen Reich geschlagen wurden. In ähnlicher Weise zeigte der Einfall der Indogermanen in Griechenland, Asien und teilweise auch in Indien zerstörerische Auswirkungen. So ließen sich die Peleset aus Kreta zunächst in West-Syrien, später in Palästina nieder, wo sie die Israeliten bekämpften. Andere Stämme besetzten das Flußgebiet des Orontes und eroberten das Königreich der Amoriter.

Die Einfälle der Seevölker vom Mittelmeer her in Unter-Ägypten und ihre Siege über die Hethiter brachten die Ägypter in eine bedrohliche Lage, denn das breite und verzweigte Nil-Delta, das der große Strom mit seinen zahlreichen Armen bildete, war für die Kriegsschiffe der neuen Angreifer, die die See beherrschten, leicht zugänglich. Im Lauf der Zeit traten einige von ihnen in die Dienste der Pharaonen, die ihre militärische Stärke erkannten und sie gern als Söldner verwendeten. Zu ihnen gehörten die Schakalscha, die Schirdana und die Luka. Andere Stämme wie die Aqaiwascha waren neu hinzugewandert. Die Niederlassung der Seevölker in West-Syrien, der offenkundige Eroberungsdrang, den sie ihren Nachbarländern gegenüber entfalteten, und ihr gleichzeitiges Eindringen in Libyen, wo sie die einheimischen Stämme überwältigten, beunruhigten bereits Setos I. So war es das Hauptziel seiner libyschen Feldzüge, ihre Macht zu brechen, was ihm auch gelang. Er verschaffte Ägypten für lange Zeit Ruhe vor diesen Feinden. Erst gegen Ende der Herrschaft seines Nachfolgers Ramses II. wurden die Seevölker den Pharaonen wieder gefährlich. In Ost-Europa, vornehmlich auf dem Balkan und an den Küsten des Schwarzen Meeres, kam es zu einem völligen Umbruch der bestehenden Besiedlungsverhältnisse. Nomadenstämme zogen nach Kleinasien, Griechenland und den ägäischen Inseln, schließlich auch wieder nach Libyen und damit in die unmittelbare Nachbarschaft Ägyptens. Der Pharao entschloß sich, die Grenzen des Landes zu befestigen und die Nomaden anzugreifen, bevor ihre Macht unüberwindlich wurde.

Ramses II. konnte seine lange Regierungszeit noch in Frieden beenden. Als er 1238 v. Chr. starb, herrschte an den Grenzen seines Reiches Ruhe. Doch

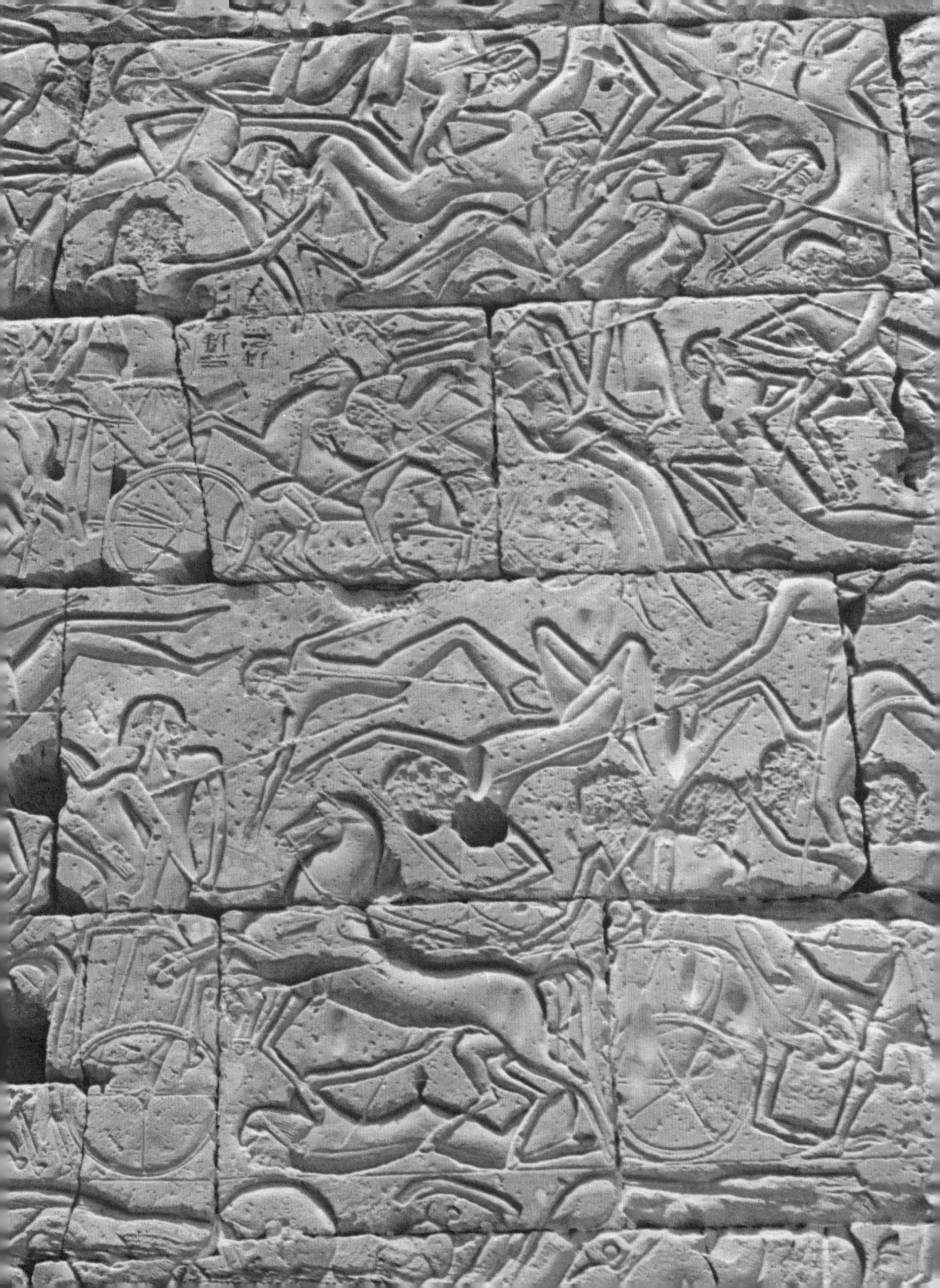

Acht Philister als Flehende vor dem Pharao. Detail eines Reliefs im Totentempel von Medinet Habu, zwischen 1198 und 1166 v. Chr.

Mehrmals Ramses III. Kolossal-Statuen am Tempel des Amun zu Karnak, zwischen 1198 und 1166 v. Chr.

sein Sohn Merenptah wurde 1227 v. Chr., im 5. Jahr seiner Regierung, von Libyen bedroht. Ein Bund mehrerer libyscher Stämme mit den Seevölkern unter Führung eines Fürsten Maraye, der vermutlich aus dem Kyrenaika-Gebiet stammte, versuchte in das fruchtbare Nil-Tal einzudringen.

Eine im Tal der Könige gefundene Inschrift, die als »Israel-Stele« bekannt wurde, bezeugt diesen Feldzug und den Sieg Merenptahs; weitere Berichte liefern die Mauerinschriften im Tempel von Karnak. Die Auseinandersetzung fand im Delta bei Per-Ir, nördlich von Memphis, statt. Nach einer mehrstündigen Schlacht flohen die Seevölker. Sie mußten über sechstausend Tote und über neuntausend Gefangene zurücklassen. Noch einmal hatte Ägypten seine Macht bewiesen. Feldzüge in Vorderasien hat Merenptah wahrscheinlich nicht geführt, wenn auch die Stele solches berichtet: »Israel ist zerstört, und sein Volk existiert nicht mehr«; denn zu den Hethitern wurden freundschaftliche Beziehungen gepflegt.

Nach diesem Sieg hatten die Pharaonen für einige Jahrzehnte Ruhe vor den Seevölkern. Die Niederlage hatte sie vorsichtig gemacht. In den Jahren nach dem Tod Merenptah (1219 v. Chr.) zerrütteten innere Wirren Ägypten. Unter der Herrschaft des letzten Pharaonen der neunzehnten Dynastie gab es keine Taten über Ägyptens Grenzen hinaus. Erst Sethnacht und sein Sohn Ramses III., die Begründer der zwanzigsten Dynastie, konnten die Verhältnisse durch Reformen von Verwaltung und Heer festigen und Ägypten für eine aktive Außenpolitik rüsten.

Ramses III. galt zu Recht als der letzte große Herrscher des Neuen Reiches. Er war dem nun einsetzenden Völkersturm gewachsen. Libyen hatte seine alte Macht wiedergewonnen, und die Seevölker planten trotz ihrer Niederlage bei Per-Ir einen neuen Angriff gegen Ägypten.

Ihre Taktiken hatten sich jedoch geändert. Sie versuchten, in kleinen Gruppen, meist in der Größe von Familienverbänden, in das Delta einzudringen und nach Süden zu wandern. Sie gründeten kleine, offensichtlich friedliche Siedlungen im Land, die gefährlich werden konnten, sobald sich ihre Bewohner zusammenschlossen. Vom Delta her, wo ihr Einsickern wenig auffiel, bewegten sich diese vorgeschobenen Posten südwärts. Die alte ägyptische Gewohnheit, Fremde als Soldaten oder Arbeiter in ihren Diensten zu beschäftigen, begünstigte die Einwanderung ethnisch fremder Stämme, die sich nach und nach mit den Einheimischen vermischten.

In dem großen Schmelztiegel afro-asiatischer Wanderungen fanden sich Beduinen, Syrer, Kreter, Lyder und Kanaaniter. Sie bildeten eine uneinheitliche, keiner Staatsordnung unterzuordnende Bevölkerung, die in jedem Land weitgehend Fremdkörper blieb, weil sie sich keinem Gesetz verbunden fühlte. Die Völker bildeten für Ägypten eine besondere Gefahr, da zu jener Zeit in Palästina, Syrien, Naharain, Kilikien, Cypern und im Gebiet der Amoriter bereits die Seevölker herrschten, deren Ansturm selbst die mächtigen Festungen der Hethiter nicht widerstanden hatten.

Jedoch in dem weisen und wagemutigen Pharao Ramses III. fanden die Seevölker ihren Meister. Die Reliefs im Tempel von Medinet Habu berichten in epischer Breite und mit eindrucksvollen Bildern von den Heldentaten Ramses' III., der auf seinem Streitwagen die besiegten Feinde überrollt. Die Darstellung der großen Schlachten, die das Ende der Seevölker bedeuteten, nimmt eine Länge von fast 70 Metern ein. Wie konnte ein Feind, dessen Stellungen an den ägyptischen Grenzen und im Nil-Tal selbst stark und sicher gefügt waren, so vernichtend geschlagen werden, daß er nie wieder zu einer ernsteren Gefahr für Ägypten wurde?

Ramses III. wehrte die Invasionsversuche der Seevölker im Nil-Delta dreimal erfolgreich ab. Von der nicht ganz sicheren Chronologie der Siegesreliefs von Medinet Habu ausgehend, kann man seine früheste Expedition in die ersten fünf Jahre seiner Regierung datieren. Er zog gegen die Amoriter. Inschriftlich ist bezeugt: »Die Hauptstadt liegt in Trümmern, das Volk wurde in die Gefangenschaft geführt, sein Stamm ist ausgerottet.« Er hatte dann mit Libyern und Asiaten zu kämpfen, die früher Ägypten verwüstet hatten. Auch zwei Invasionsversuche von See her brachte er zum Stillstand.

Die Angreifer waren noch nicht allseits geschlagen. Im fünften Regierungsjahr Ramses' III. taten sich in Libyen feindlich gesonnene Stämme zusammen, unter anderen traten die Meschwesch und in geringerer Zahl die Seped und Libu auf. Die Angriffslust der Libyer reichte bis auf Setos I. und Ramses II. zurück. Letzterer hatte zwar, um seine Herrschaft in jenem Gebiet zu festigen, einen in Ägypten erzogenen libyschen Prinzen als König eingesetzt, der dem Pharao treu ergeben war. Aber schon bei Regierungsantritt Ramses' III. beseitigten Anhänger der rechtmäßigen libyschen Dynastie das ägyptenfreundliche Herrscherhaus und riefen verstreute Stämme der Seevölker zu Hilfe, um die ägyptischen Garnisonen, vermutlich bei Kanopus, anzugreifen und nach Memphis vorzustoßen.

Ramses III. trat den Eindringlingen entgegen und besiegte sie gründlich. Die Ägypter wurden ihres Sieges jedoch nicht froh, denn kaum drei Jahre später, 1191 v.Chr., griffen die Denen, Schakalscha, Peleset und Waschasch das Land erneut an. Sie wurden wie früher schon von der einheimischen Bevölkerung Libyens, den Tehenu, unterstützt. Dieser Krieg erschöpfte die Kräfte der Seevölker und ließ ihre Einheit zerbrechen. Die asiatischen Stämme, die Ägypten über See erreichten, fanden das Nil-Delta von einem umfangreichen ägyptischen Geschwader geschützt. Wenn man den Schlachtberichten Glauben schenken darf, war jeder Nil-Arm durch Schiffe blockiert, deren Flanken aneinander stießen. An der Grenze nach Palästina waren Festungen errichtet, geschützt von Fußvolk und Streitwagen. Alle Zugänge nach Ägypten waren gesichert.

Der Ansturm der leichten und beweglichen Truppen der Feinde scheiterte an den Mauern der Festungen. Die entmutigten und geschwächten Angreifer wurden in die Flucht geschlagen. Die Reliefs des Totentempels des Pharao in Medinet Habu bezeugen auch die Heftigkeit der Seeschlacht: Die mit Tierköpfen versehenen Schiffe der Seevölker wurden von ägyptischen Galeeren gerammt und versenkt, während ägyptische Seeleute die Besatzungen mit Lanzen durchbohrten. Die indogermanischen Stämme tragen hier Hörnerkappen, wie sie viel später für die germanischen Stämme der Völkerwanderungszeit charakteristisch waren.

Da die Eindringlinge an den Grenzen Ägyptens nach Palästina erfolglos blieben und auf dem Meer durch eine kriegstüchtige Flotte geschlagen wurden, flohen sie. Auf den Schlachtfeldern blieben mehr als zwölftausend Tote und etwa tausend Gefangene zurück. Die Zählung der Toten erfolgte nach einer merkwürdigen Methode: Soldaten schnitten dem getöteten Gegner eine Hand oder die Genitalien ab, sofern er nicht einem Volk angehörte, bei dem die Beschneidung Brauch war, und brachten sie den für die Zählung und Belohnung zuständigen Schreibern.

Ramses III. wollte seine Ruhmestaten für alle Zeiten an den Wänden seines Totentempels festgehalten wissen. Diesem Wunsch verdanken wir die großartigen und realistischen Schilderungen der Schlachten: Der Pharao erscheint nach hierarchischer Darstellungsart als halbgöttliches Wesen, das nach dem Tod als Gott weiter verehrt wurde, in Überlebensgröße. Er durchbohrt seine Gegner mit der Lanze und zermalmt sie mit Keulenschlägen. Bei der Charakterisierung der gegen Ägypten kämpfenden Völkerschaften hat der Künstler ethnische und bekleidungsmäßige Merkmale herausgearbeitet: die vorstehenden Kiefer der afrikanischen Neger, die gekrümmten Nasen der Semiten, den Federkopfschmuck der Philister, die wohl blonden Bärte und die Hörnerkappen der Völker aus dem Norden. Sie alle sind zu einer kläglichen, demütig um Gnade flehenden Gruppe zusammengefaßt. An einer anderen Stelle steht Ramses III. vor einer Art Tribüne und nimmt Huldigungen und die Berichte seiner Feldherren entgegen, während in einiger Entfernung Beamte die Toten zählen.

Man könnte meinen, der siegreiche Pharao habe seinen Triumph aufgebauscht. Aber aus dem Text des Papyrus Harris und den Inschriften von Medinet

Ramses III. in siegreichem Kampf mit einem seiner Feinde. Detail eines Reliefs im Totentempel von Medinet Habu, zwischen 1198 und 1166 v.Chr.

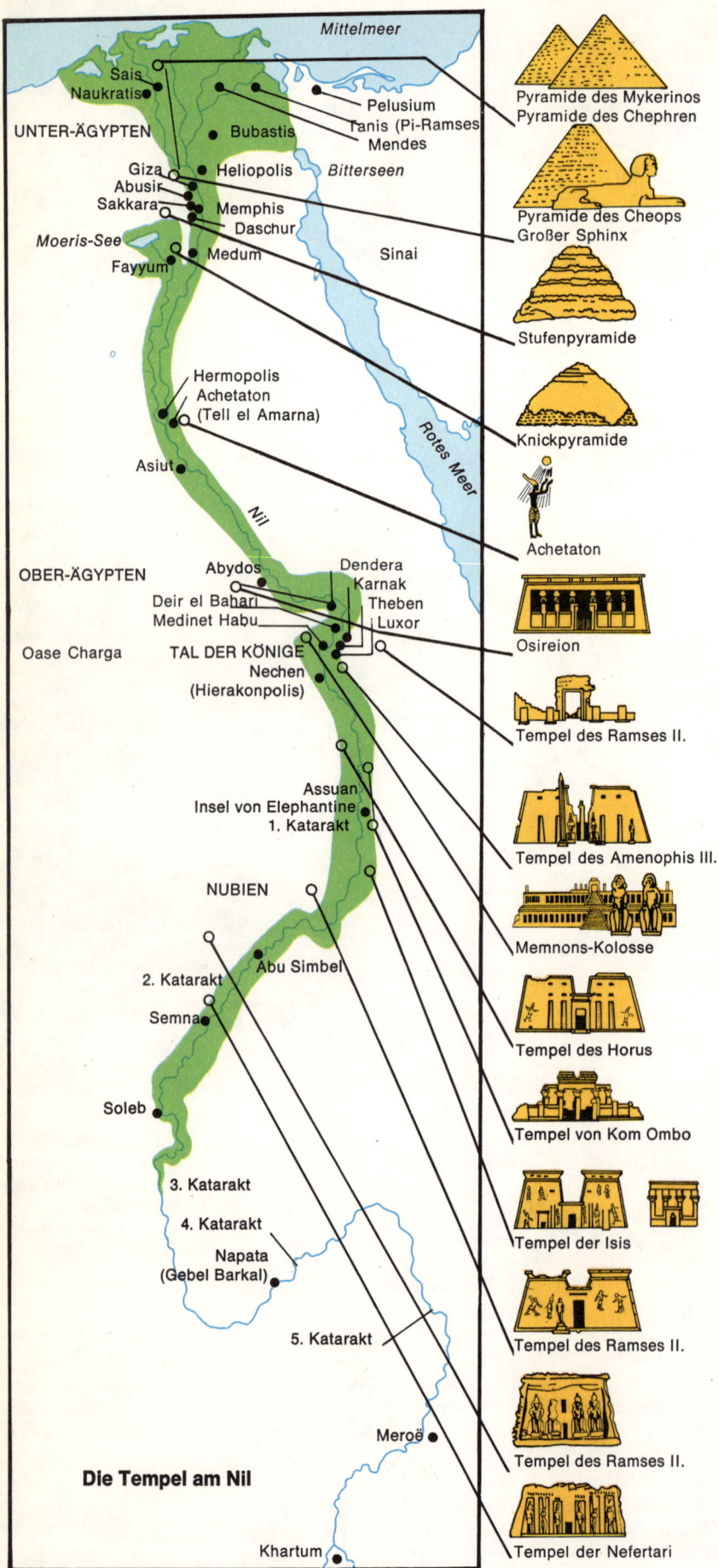

Die Tempel am Nil

Habu geht hervor, daß Ramses III. Ägypten vor einer Katastrophe bewahrt hat. Vergleichbare Angriffe der Seevölker führten zum Untergang der Hethiter. Ein entscheidender Sieg war errungen worden, der Ägypten jedoch nicht unüberwindbar machte. Im elften Jahr seiner Regierung mußte Ramses III. erneut gegen die Meschwesch in Libyen zu Felde ziehen. In einer harten Schlacht wurden sie vernichtet.

Nachdem die Meschwesch Libyen erobert und die dort heimischen Tehenu unter ihre Gewalt gebracht hatten, wählten sie den tapferen und klugen Stammesfürsten Keper zum König. Zunächst vereinigte er alle kleineren, in Libyen ansässigen indogermanischen Stämme und zwang dann die Tehenu, sich ihm anzuschließen. Darauf zog er gegen die ägyptischen Grenzfesten und drang weit in das Nil-Gebiet ein, bevor er durch die Streitwagen des Pharao aufgehalten wurde. Wieder konnte Ramses III. seinem Siegesdenkmal eine Triumphinschrift hinzufügen: »Die Stämme, die mein Land bedrohten, sind vernichtet, sie wurden zu Staub, und ihre Herzen und Seelen vergingen für immer.«

Aus den Inschriften von Medinet Habu wissen wir, daß mehr als zweitausend Meschwesch im Kampf fielen und die Überlebenden über viele Kilometer hin verfolgt wurden. Unter den Gefangenen war auch Prinz Meschescher, der die Invasoren angeführt hatte. Als der besiegte König Keper Ramses III. bat, das Leben seines Sohnes zu schonen, wurde der Prinz vor den Augen des Vaters hingerichtet. Keper selbst wurde in Ketten gelegt und in die Sklaverei geschickt. Die Gefangenen dieser Feldzüge im fünften, achten und elften Regierungsjahr Ramses' III. erbrachten zehntausende Sklaven für den König, die er bei dem Bau und der Instandhaltung seines Totentempels beschäftigte.

Die aufrührerischen Nachbarn des Pharaonen-Reiches waren von nun an machtlos. Nur ihr Zusammenschluß hatte die Seevölker so gefährlich gemacht. Nachdem sie aus Ägypten vertrieben und zerstreut worden waren, übten sie nur noch vereinzelt Seepiraterie aus, und auf dem Lande kehrten sie zum Nomadendasein zurück.

Ramses III. genoß höchstes Ansehen und Autorität. Aus den unterworfenen Ländern flossen von neuem Tribute, und die Seewege standen dem Handel wieder offen. Der Pharao sicherte seine Erfolge, indem er die Amoriter endgültig unterjochte und die in Syrien verbliebenen Hethiter unter seine Botmäßigkeit brachte. Die nubischen Beduinenstämme machte er sich durch zeitweilige Strafexpeditionen gefügig. Bis zum Tod Ramses' III. im Jahr 1166 v. Chr. wurden Blüte und Macht Ägyptens nicht mehr bedroht.

Sein eigenes Leben verlief dagegen nicht so glücklich. Obwohl sein Volk ihm vieles zu verdanken hatte und er es mit Pracht und Wohltaten überhäufte, sind zahlreiche Anschläge auf sein Leben verübt worden, an denen auch sein eigener Wesir beteiligt war. Teje, eine seiner Nebenfrauen, die den Ehrgeiz und die Habgier ihres Sohnes unterstützen wollte, wandte sich schließlich an einen Magier, der von Zauberformeln und wahrscheinlich von Gift Gebrauch machte, um den Pharao zu beseitigen. Die Verschwörung wurde erst aufgedeckt, als ihr der Pharao bereits zum Opfer gefallen war. Man verurteilte etwa sechzig Menschen, darunter sechs Frauen, zum Tode. Einigen gewährte man die Gnade, sich selbst das Leben zu nehmen, die anderen wurden gehenkt oder lebendig begraben. Stand und Ämter der Verschwörer sind überliefert: ein General mit Namen Païs, Anführer der nubischen Bogenschützen, fünf hohe Beamte, drei königliche Schreiber, fünf Bildhauer, der Magier Panhuibin und einige Haremsdamen. Ramses III. hatte einunddreißig Jahre und vierzig Tage regiert.

MARCEL BRION

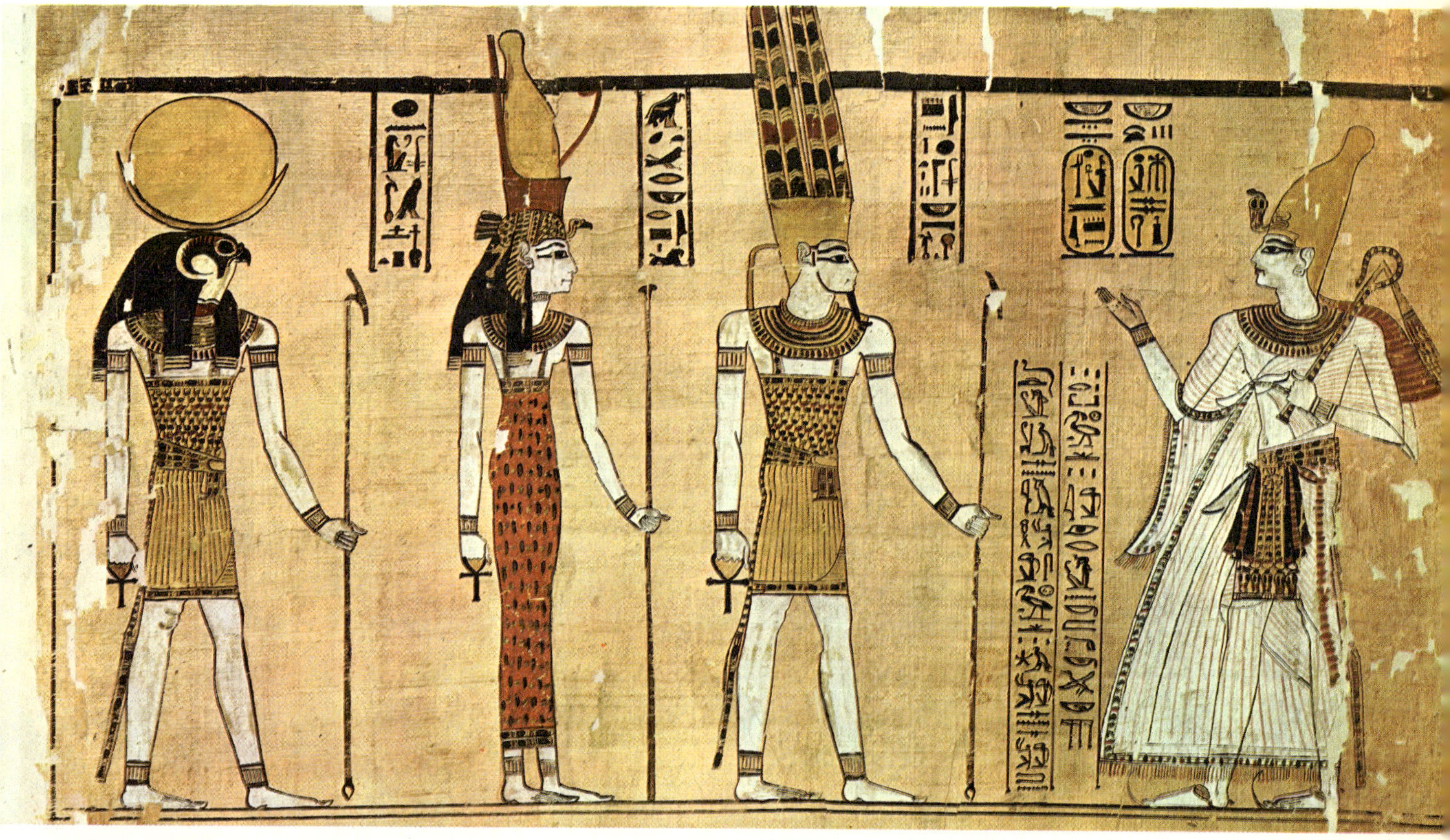

Ramses III. vor den Göttern Amun, Mut und Chons. Malerei auf dem Papyrus Harris, zwischen etwa 1166 und 1159 v. Chr.

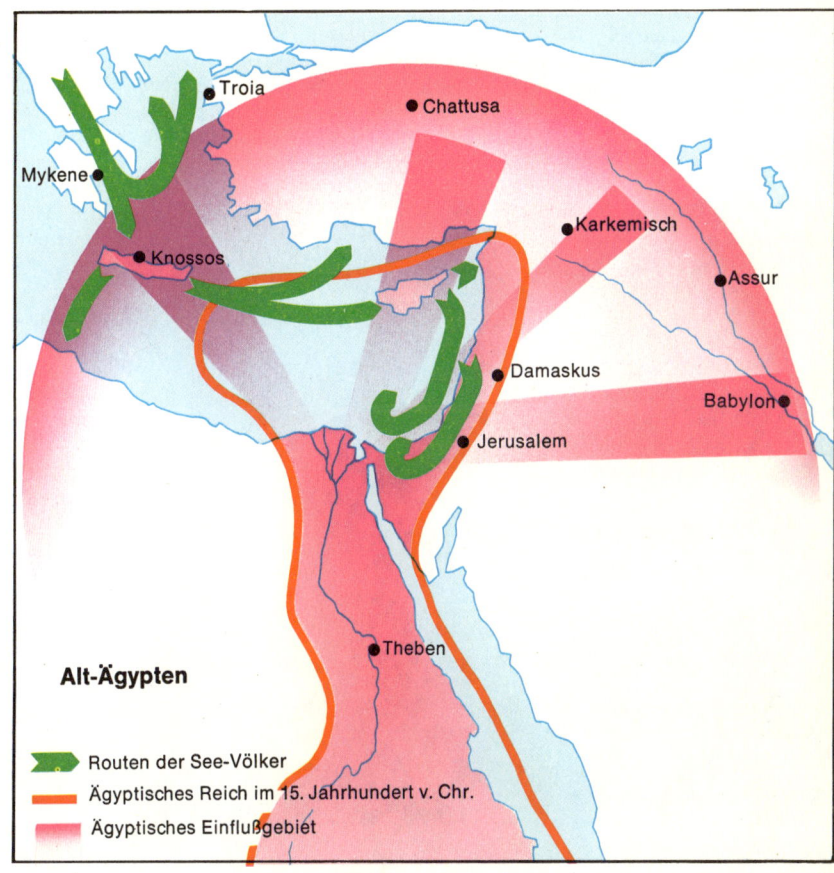

Troia
Chattusa
Mykene
Karkemisch
Knossos
Assur
Damaskus
Babylon
Jerusalem
Theben
Alt-Ägypten
Routen der See-Völker
Ägyptisches Reich im 15. Jahrhundert v. Chr.
Ägyptisches Einflußgebiet

Assyrer. Skythen. Meder. Perser

Hethitische Hieroglyphen

König Assurbanaplu auf der Löwenjagd

Die verwüsteten Gebiete in Kleinasien und in Syrien, die der Durchzug der Seevölker hinterlassen hatte, wurden bald wieder von neuen Völkerschaften in Besitz genommen. Einige Städte, wie Alalach und Ugarit, wurden niemals wieder aufgebaut, andere erstanden von neuem aus der Asche. Phrygische Stämme aus Europa und ihre Verwandten, die Muschki oder Moschoi, besiedelten die anatolischen Hochebenen. Aber Reste hethitischer Völkerschaften hielten sich unter ihrer Herrschaft. Andere, die außerhalb des phrygischen Einflußkreises blieben, bewahrten sich ihre alten Überlieferungen und ihre Selbständigkeit in Süd-Ost-Anatolien, im Taurus und in den nordsyrischen Ebenen. Hier errichteten sie den alten Göttern des hethitischen Reiches Tempel. Die Inschriften an ihren Palästen sind in Hieroglyphen verfaßt, der alten Schrift, die von Anfang an in Anatolien neben der Keilschrift bestanden hat. In vielen dieser spätethitischen Fürstentümer war die herrschende Oberschicht jedoch semitischen Ursprungs; sie hatte infolge der aramäischen Wanderungen seit der Mitte des 2. Jahrtausends v. Chr. dort Fuß gefaßt. Nomadisierende Stammesgenossen zogen auf Kamelen aus der nord-arabischen Wüste in die besiedelten Gebiete ein, bemächtigten sich der Städte und gründeten eine Reihe von politischen Staaten. Nachdem sie einmal seßhaft geworden waren, trieben sie einen blühenden Handel, indem sie die Rolle von Zwischenhändlern zwischen dem Seehandel an den Küsten des Mittelmeeres und den Städten Babyloniens und Assyriens übernahmen. Gegenseitiger Konkurrenzkampf sollte jedoch die Ursache ihres Niederganges werden. Die kleinen Stadt-Staaten erwiesen sich als unfähig, ihre Kräfte zu vereinigen. In ihren historischen Inschriften feiern sie Siege über ihre nächsten Nachbarn, ohne die assyrische Bedrohung zu gewahren.

Assyrischer Machtzuwachs

Die Assyrer waren jetzt, nach einer Zeit der Ohnmacht, seit der Mitte des 12. Jahrhunderts v. Chr. erneut darauf bedacht, ihren Machtbereich auszudehnen. Sie gründeten eine leistungsfähige Streitmacht. Ein aramäischer Stadt-Staat nach dem anderen wurde bei dem Vormarsch des assyrischen Heeres zerschlagen und erobert. Eine nordsyrische Stadt nach der anderen ergab sich, Karkemisch und Arpad, Hamath und Damaskus, und die Königreiche Israel und Judah (Juda) wurden tributpflichtig. Die reichen Küstenstädte Phöniziens erkauften sich für einige Zeit ihre Freiheit, aber auch sie wurden besetzt, und im 7. Jahrhundert v. Chr. geriet selbst Ägypten unter die Gewalt Assyriens. Noch selten hatte die Welt ein Großreich von solcher Machtfülle gekannt. Das einzige Königreich, das trotz wiederholter Feldzüge der Besetzung widerstand, war das im Norden Assyriens gelegene Gebirgsland von Urartu. Die an dem Ufer des Van-Sees gelegene Hauptstadt von Urartu widerstand den Angriffen der assyrischen Belagerungsmaschinen unerschütterlich. Die Urartäer, verwandt den Hurritern, hatten in ihrer Hügelfeste eine eigene Kultur entwickelt, deren bessere Kenntnis sich jetzt anbahnt, da Ausgrabungen an Plätzen in Süd-Rußland und der nord-östlichen Türkei ihre Tempel und Paläste freilegen. Urartu lag im Verlauf seiner Geschichte immerzu mit Assyrien in Fehde, das vor allem an den Erzlagern in jenem Gebiet interessiert war. Nur einmal, im Jahr 1714 v. Chr., wurde Urartu erobert und dem assyrischen Reich eingegliedert. Hundert Jahre später, am Ende des 7. Jahrhunderts v. Chr., nachdem Urartu noch einmal unabhängig geworden war, eroberten Völkerschaften aus dem Norden beide Reiche.

Seit Jahrhunderten strömten immer wieder Nomadengruppen, einige davon nach Sprache und Brauchtum indogermanischen Ursprungs, über die Berge von Norden herein und ließen sich in Anatolien, in Mesopotamien, in Iran und in Nord-Indien nieder. Diese Wanderungen wurden aus den Steppenlanden Zentral-Asiens gespeist, das ein unerschöpfliches Sammelbecken nomadischer Völkerschaften blieb. In Abständen veranlaßten sie Hungersnöte, Überbevölkerung und kriegerische Verwicklungen der einander benachbarten Stämme, so daß sogar die Kulturländer von China im Osten bis nach Europa im Westen heimgesucht wurden. Um 1000 v. Chr.

Babylonischer Dämon

begannen indogermanische Gruppen erneut vom Kaukasus her Nord-Iran zu überrennen. Ihre bronzenen Pferdegeschirre und Waffen sind in den Steingräbern von Luristan gefunden worden. Einige waren iranische Stämme, Vorläufer der Meder und Perser. Andere Eindringlinge wanderten langsamer. Um 800 v. Chr. fielen Nomaden, die den klassischen Schriftstellern als Kimmerier, Thraker und Illyrier bekannt sind, in die Ebenen nördlich des Schwarzen Meeres und in das Donau-Becken ein. Wenig später versetzten weißhäutige Reiterscharen, die Yüehchih (Tocharer), China in Unruhe.

Skythische Angriffe

Die Kimmerier, die im 8. Jahrhundert v. Chr. in Kleinasien einfielen,

Einwohner der besiegten Stadt Lachisch

König Kanischka I.

flohen, wie Herodot berichtet, vor den Skythen. Über die Skythen sind wir gut unterrichtet, da mehrere griechische Schriftsteller ihre äußere Erscheinung, ihr Brauchtum und ihre Lebensgewohnheiten beschrieben haben. Sie waren ein bärtiges Volk, klein von Wuchs, das Überrock und bauschige, weite Hosen trug. Ihre Planwagen wurden von Ochsen gezogen und dienten ihnen als Wohnstätte. Sie waren glänzende Reiter, geschickte Bogenschützen; sie betrieben Zauberei, und ihre Religionsform beruhte auf der Vorstellung der Herrschaft dämonischer Geister. Sie tranken aus Schalen, die aus den Schädeln ihrer Feinde gefertigt waren. Sie brachten, was den Kimmeriern nicht gelungen war, das phrygische Königreich in Kleinasien zu Fall. Fünfzig oder vielleicht sogar hundert Jahre lang wurde ihr Vormarsch im Westen durch die Macht der Lyder und im Süden durch die der Urartäer und Assyrier aufgehalten. Wellen skythischer Angriffe prallten vergeblich gegen die felsigen Bollwerke am Van-See an. Aber schließlich fiel das Königreich von Urartu, nachdem seine Macht durch die Angriffe und Eroberungen der Kimmerier und Assyrier geschwächt war. Bei Karmir Blur, einer Felsenfestung nahe der heutigen russisch-türkischen Grenze, haben sich Anzeichen eines letzten Widerstandes gefunden: halbverzehrte Mahlzeiten, umgestürzte Weinkrüge und Pfeilspitzen skythischer Herkunft, die in den Skeletten der in den Straßen oder auf den Brustwehren Gefallenen saßen.

Meder und Perser

Auch die Assyrier wurden besiegt. Im Jahr 612 v. Chr. verbündeten sich die Skythen mit zwei Feinden der Assyrier, den Medern und Babyloniern. Niniweh fiel, und das Großreich wurde unter die Sieger aufgeteilt. Es waren jedoch weniger die wilden Skythen, die ihre Herrschaft nur einige Jahrzehnte aufrechterhalten konnten, als die höher entwickelte Militärmacht der Meder, in deren Hand der nördliche Teil des Reiches fiel, während Babylonien sich Arabien, Phönikien und Palästina einverleibte.

Die Meder wurden zum erstenmal im 8. Jahrhundert v. Chr. in assyrischen Inschriften genannt, als die »Madayya« und »Parsua« (Perser) dem König Salmanasar III. Tribute entrichteten. In dieser Zeit hatten die Meder ihren Schwerpunkt im Gebiet südlich des Urumiyyah-Sees im Norden Irans,

Nord-assyrischer Kamelreiter

wo sie vermutlich seit dem Ende des 2. vorchristlichen Jahrtausends siedelten. Später zogen sie weiter nach Süden und machten Ekbatana, das heutige Hamadan, zu ihrer Hauptstadt. Weiter südlich in Fars, dem heutigen Gebiet von Schiras, herrschte damals Kyros I., König von Parsua, ein Abkömmling des Hachamanisch oder Achaimenes, der sich als Verbündeter des Assurbanaplu (Assurbanipal), des letzten Großkönigs von Assyrien, vergeblich der Oberhoheit der Meder zu erwehren suchte. Die Perser blieben auch nach dem Fall von Ninive Vasallen des medischen Reiches. Erst Kyros II., der Große, erreichte Persiens Unabhängigkeit und begründete das iranische Großreich. Im Jahr 539 v. Chr. vereinigte Kyros II., nachdem er Ekbatana besetzt hatte, die Meder und Perser unter seiner Herrschaft, eroberte Babylon und unterwarf Lydien und die griechischen Kolonien in West-Kleinasien. Diese Ereignisse setzten der langen Vorherrschaft der mesopotamischen Reiche in Vorderasien ein Ende. Der Iran übernahm die Führerrolle. Unter den achaemenidischen Königen verbreitete sich der persische Einfluß über die damals bekannte Welt bis in Gebiete, die bis dahin außerhalb der Kulturbereiche lagen. Der Fruchtbare Halbmond, Ägypten und die ganze kleinasiatische Halbinsel wurden unterworfen. Im Osten wurden weite Gebiete einschließlich Baktrien und dem Raum von Hindu Kusch, ja sogar das Industal, tributpflichtig gemacht. Dieses riesige Reich blieb zwei Jahrhunderte bestehen, bis es von dem jungen makedonischen König Alexander dem Großen vernichtet wurde.

Die Entstehung Persiens

Der Erfolg der Dynastie der Achaemeniden war vielleicht ihrer Aufgeschlossenheit für das Neue, ihrer jugendlichen Tatkraft und ihrer Unabhängigkeit von den Fesseln der Überlieferung zu danken. Teilweise mag er auch dem Erschöpfungszustand und dem Niedergang der alten Kultur in Vorderasien zuzuschreiben sein, die durch innere Zwietracht zerrissen war und immer wieder von äußeren Feinden bedroht wurde. Vor allem aber war der Aufstieg des Perserreiches das Werk der weisen und großzügigen Politik der Achaemeniden, einer Politik der Anpassung und Versöhnlichkeit, wodurch alte und neue Staaten zu einer Einheit zusammengeschlossen werden konnten. Die Perser achteten die örtlichen Überlieferungen, hielten die Götter der unterworfenen Völker in Ehren und mischten sich so wenig wie möglich in die inneren Angelegenheiten ihrer Vasallen ein. Ihre freisinnige Haltung stand durchaus im Einklang mit der sittlichen Aufgeklärtheit und der ethischen Ausgeglichenheit, die das Wesen ihrer religiösen Anschauung kennzeichnete.

Denn neben ihren politischen Errungenschaften haben die Achaemeniden gerade auf religiösem Gebiet der Welt eine heute noch wirksame Glaubenslehre hinterlassen. Der Reformator Zarathuschtra

Pferd und Rind

Axtblatt mit Fischdämon

oder Zoroastres, wie die Griechen ihn nannten, ersetzte die polytheistische Naturreligion des alten Iran durch eine moralische Religion, die nur einen Gott kannte. Ihm verdankt auch die persische Literatur ihre erste Blüte, seine Aussprüche, die Gathas, bilden den ältesten Teil einer Heiligen Schrift, der Awesta. Die Gathas sind schwer zu deuten. Über das Leben des Zoroastres ist kaum etwas bekannt. Viele angesehene Gelehrte nehmen an, daß er am Hof des Hystaspes, des Vaters Dareios' I., Schutz und Förderung genossen hat. Andere

Ahura Masda in der Flügelsonne

vermuten, daß er mehrere Jahrhunderte früher gelebt hat und der Einfluß seiner Lehre erst später fühlbar wurde. Auch die Frage, ob die persischen Könige Anhänger Zoroastres waren, ist umstritten. Nur so viel ist sicher, daß sie Zoroastres Lehre von einem Gott hochhielten: den Glauben an Ahura Masda, die Verkörperung der Tugend, Weisheit und Wahrheit. Der Einfluß Zoroastres erstreckte sich weit über die Grenzen Irans hinaus.

Buddha, der Prophet des Ostens um 524 v. Chr.

In den bewaldeten Vorbergen des Himalaya, im heutigen zentralen Nepal, wurde um 563 v. Chr. ein Mann geboren, dessen Leben und Lehren in ganz Asien einen bedeutenden Einfluß gewinnen sollten. Sein persönlicher Name war Siddhartha; der Name der Familiengruppe, der er angehörte, Gautama. Die Familie Gautama gehörte dem Geschlecht der Sakyas an, welches einer der vielen Familienverbände war, die das Gebiet zwischen dem Ganges und dem Himalaya, nord-östlich und nord-westlich der heutigen Patna, bewohnten.

Der junge Gautama, später auch »Sakyamuni« oder der »Weise der Sakya« genannt, wuchs in dem Bergdorf Kapilavastu auf. Als Sohn des Fürsten Suddhodana führte er ein unbeschwertes und sorgloses Leben. Die buddhistische Überlieferung sagt, daß er von den Fährnissen des Daseins bewahrt blieb. Sein Vater soll ihn bewußt in der Abgeschiedenheit erzogen und ihn von den Unbilden des Lebens ferngehalten haben, da dem Kind bei der Geburt prophezeit worden war, es werde ein bedeutender Herrscher oder ein großer Asket; sein Vater war überzeugt, daß ersteres eintreffen werde.

Die Wahrheit über die Bedingungen des menschlichen Daseins konnte jedoch vor dem jungen Gautama nicht verborgen werden, und er erkannte, daß ein Leben in sozialer Abgeschiedenheit nicht den Bedürfnissen des Menschen entsprach. Die Überlieferung berichtet von vier Begegnungen, die ihn zu dieser Einsicht brachten: Zuerst traf er einen alten Mann, »gebeugt, altersschwach, auf einen Stock gestützt, unsicheren Ganges, niedergeschlagen...«; bei seinem Anblick stellte er die Überlegung an, daß dieses Schicksal jeden Menschen erwartet. Darauf begegnete er einem kranken Mann, der, unter großen Schmerzen und Qualen leidend, der Pflege und Fürsorge bedürftig, sich nicht erheben konnte; dem jungen Gautama wurde bewußt, welche Leiden jeden treffen konnten. Wieder ein anderes Mal beobachtete er, wie ein Leichnam, umgeben von Trauernden, zum Scheiterhaufen getragen wurde; er sah, daß alle Menschen des Todes gewärtig sein müssen. Schließlich traf er einen Samana, einen asketischen Heiligen, in gelbem Gewand und mit rasiertem Haupt. Gautama befragte ihn über seine Lebensweise und fühlte sich von der Hoffnung auf ein heiliges Leben gepackt.

Im Nachdenken über die vier Begebenheiten gelangte Gautama zu der Überzeugung, eine Erlösung für den Menschen von dem Leiden des Lebens und des Sterbens finden zu müssen. Er beschloß, den vergänglichen und falschen Freuden seines bevorzugten Standes in Kapilavastu zu entsagen und die Erlösung im Nachdenken in der Einsamkeit zu suchen.

Noch unterschied nichts den jungen Gautama von anderen Samanas, die mit ihrer Lebensweise Befreiung von dem Bösen der Welt suchten. Das asketische Leben befriedigte ihn nicht und verhalf ihm zu keiner Lösung. Er unterwarf sich den strengsten Entbehrungen und Kasteiungen; er magerte fast zum Skelett ab, aber er fand keine zufriedenstellende Antwort auf seine Fragen. Daraufhin wandte er sich von der Askese ab und nahm wieder Nahrung auf. Er wanderte an einen Ort am Ufer des Nerandjara, eines Nebenflusses des Ganges, wo er einen großen Baum erblickte, den die Buddhisten später »Bodhi« oder »Baum der Erleuchtung« nannten. Hier ließ er sich nieder und versank in lange und tiefe Meditationen. Während seiner Übungen wurde er von Mara, dem Bösen, dem »Zerstörer« oder »Herrn des Todes«, heimgesucht. Mara versuchte, den um Erleuchtung Ringenden durch verschiedene Listen vom Weg abzubringen. Da er ihn nicht einschüchtern konnte, schickte Mara seine drei Töchter, die Gautama verführen sollten. Aber alle Anstrengungen waren wirkungslos. Die frühen buddhistischen Schriften in Pali stellen die Versuchung durch Mara als physische und psychische Angriffe der Elementarkräfte auf das sterbliche Leben dar, der Kräfte des Kamadhatu aus der sinnlichen Sphäre, die letztlich eher zum Tod als zum Leben führen. In späteren Berichten wird die Versuchung mit vielen Legenden über Mara, den Aufzug seiner Armee und über die verführerischen Tücken seiner Töchter ausgeschmückt; sie ist zu einem beliebten Thema für buddhistische Kloster- und Tempel-

Schakravartin, das Rad der Leere zur Erlösung aller Existenz. Detail eines Marmor-Reliefs aus Amaravati, 1./2. Jahrhundert

Der Angriff Maras auf den durch einen Thron symbolisierten Buddha. Detail eines Marmor-Reliefs aus Amaravati, 1./2. Jahrhundert

malereien in Indien und Süd-Ost-Asien geworden. Die Darstellung des »Buddha-rupa« oder des »Buddha-Abbildes«, die ihn sitzend in Meditation versunken, mit einer Hand auf den Boden weisend, zeigt, wird teilweise die »Mara-Entsagung« genannt.

Nachdem er eine ganze Nacht in tiefen Meditationen verbracht hatte, erhielt er die Erleuchtung, die ihm das wahre Wesen aller Dinge offenbarte. Als der Tag dämmerte, war er der »Erwachte« oder »Buddha«. Buddha ist kein persönlicher Name, denn nach buddhistischer Auffassung gab es vor Gautama und wird es nach ihm andere Buddhas geben. Der Titel Buddha, der »Erwachte« oder der »Erleuchtete«, bezeichnet einen geistigen oder ontologischen Status, eine Form des Seins. In diesem Zustand begriff Buddha die Vergänglichkeit des sterblichen Lebens und das endgültige Erlöschen aller Existenz, das im Sanskrit »Nirvana« genannt wird.

Eine Woche lang setzte Buddha seine Meditationen unter dem Baum Bodhi fort. Noch einige Male soll Mara sich ihm genähert und ihn bedrängt haben, sein sterbliches Leben aufzugeben und ganz in das Nirvana einzutreten. Buddha widerstand auch diesen hinterlistigen Versuchen des Mara, ihn zu vernichten. Buddha antwortete, daß er dieses Leben nicht verlassen könne, ohne die offenbarte Wahrheit anderen weiterzugeben und eine Mönchsgemeinschaft gegründet zu haben. Mit dieser Mission, wobei Mara alles daransetzte, um ihn zu behindern, verbrachte Buddha die letzten vierzig Jahre seines Lebens.

Um die Bedeutung der Lehre Buddhas und der neuen religiösen Gemeinschaft, die er errichtete, erfassen zu können, ist es erforderlich, das Indien zu kennen, in dem er geboren wurde. Unser Wissen fußt überwiegend auf der alten Pali-Literatur der Buddhisten, aus der man ein größeres Geschichtsverständnis ablesen kann als aus den vedischen Texten der Hindu oder aus den Pakrit-Texten der Djains; beides waren religiöse Sekten dieser Zeit.

Um die Mitte des 1. vorchristlichen Jahrhunderts fand im Nord-Osten Indiens eine Zusammenfassung der politischen Kräfte statt. Der Schwerpunkt der arischen Herrschaft hatte sich endgültig in das Flußgebiet des Ganges bis hinauf zum Himalaya verlagert. Kleinere Stammesstaaten, die teilweise Republiken waren, wie der der Sakya, die Heimat Buddhas, sahen sich den Angriffen mächtiger, monarchisch organisierter Staaten ausgesetzt. Besonders Magadha und Kosala erweiterten mit wechselndem Erfolg ihren Machtbereich auf Kosten ihrer schwachen Nachbarn. Vermutlich wurde zu Lebzeiten Buddhas das Gebiet der Sakya von diesen Ereignissen noch nicht berührt.

Es war eine Zeit sozialer und politischer Unruhen und folglich eine Zeit geistiger Auseinandersetzung. Die Menschen fragten mit erneuter Dringlichkeit nach dem Sinn der Existenz und der Bestimmung des Menschen. Die Zerstörung der alten republikanischen Sippschaften bedeutete, daß die Menschen unter die unpersönliche, autokratische Organisation einer Monarchie gezwungen wurden. Sie konnten sich nicht länger auf den Familienverband verlassen, der ihr Leben

Traum der Königin Maya, der Mutter Buddhas (oben rechts), Deutung des Traumes durch einen Weisen, Geburt Buddhas (unten rechts), seine Übergabe in den Schutz der Sakyas. Detail eines Marmor-Reliefs aus Amaravati, 1./2. Jahrhundert

Buddha als Prinz Siddharta mit seinem Vater und Gefolge. Detail eines Marmor-Reliefs aus Amaravati, 1./2. Jahrhundert

in geordneten Bahnen geleitet hatte. Das Individuum wurde sich seiner Isolation bewußt und fand sich Problemen des persönlichen Verhaltens gegenübergestellt, auf die es die althergebrachten Normen nicht mehr anwenden konnte. Wo, so lautete die bohrende Frage, liegt die Quelle für die Schmach und die Ungerechtigkeit, die der einzelne erleiden muß? Wie soll ein Mensch sich verhalten? Gab es möglicherweise ein anderes Ziel, als nur aus dem irdischen Leben das Beste zu machen und sich dem leiblichen Genuß hinzugeben? Die Fragestellungen waren nicht neu in Indien, und Buddha war auch nicht der erste, der Antworten zu geben versuchte. Die Notwendigkeit von Lösungen stellte sich jedoch dem einzelnen jetzt dringlicher; und Buddha bot eine Lehre an, die sich bedeutsam von allen herkömmlichen unterschied.

In Indien bestanden zu dieser Zeit zwei Hauptrichtungen in der Religionsphilosophie. Ihre Unterschiede lassen sich an Hand der beiden Religionsträger unter der Bevölkerung, der Brahmanen und der Samana, erklären. Die Brahmanen waren Priester, die ungefähr tausend Jahre früher mit der arischen Invasion in das Land gekommen waren. Sie betrachteten sich selbst als eine heilige Elite, der es oblag, die ererbten Riten des Opfersystems auszuüben, durch das das Bestehen des Kosmos bewahrt werden sollte. Das Wirken der Brahmanen nahm jedoch wenig Bezug auf die persönlichen Belange der einfachen Bevölkerungsschichten.

Die Samana wandten sich eben an diese. Ihre metaphysischen Ansichten und die asketischen Übungen, die sie vorschrieben, waren verwirrend und oft widersprüchlich; aber allen gemeinsam war der Glaube an die Befreiung der Seele oder des Ichs von den Widrigkeiten des Lebens mittels persönlicher Disziplin, Askese und geheimer Meditationsübungen. Dieses erfordert die Aufgabe des gewohnten Lebenswandels und äußerst strenge Übung in Selbstkasteiung, um die seelischen Kräfte zu stärken, die den Übergang vom irdischen Leben in Sphären der übernatürlichen Glückseligkeit ermöglichen sollen.

Dies war der Hintergrund für Buddhas Lehre oder Dharma, sein religiöses Grundprinzip, das er in einem Park in der Nähe von Benares entwickelte. Im Gegensatz zu anderen Religionen verlangte der Buddha-Dharma nicht den Glauben an einen höchsten und allmächtigen Gott und Schöpfer, noch bezog er sich auf andere überirdische Wesen. Seine Lehre bestand aus einer Aufschlüsselung der Bedingungen des menschlichen Lebens, das als gegeben vorausgesetzt wurde und das im Nachdenken über den Ursprung des Kosmos geklärt werden mußte. Diese Art der Spekulation entsprach auch den Anschauungen der Brahmanen. Nur lehnte Buddha ihre Theorie über die Bedeutung des Opferdienstes und ihren elitären Anspruch ab: Seine Lehre umfaßte alle Menschen und galt für jedermann.

Es gibt verschiedene Methoden, den Buddha-Dharma zu erklären. Die eine ist in den »Vier heiligen Wahrheiten« zusammengefaßt. Erstens: Alles menschliche Leben hat unter den Verwirrungen und den Unvollkommenheiten seiner irdischen Existenz zu leiden. Man kann dafür auch Begriffe wie »Krankheit«, »Unzufriedenheit« und »Qualen« setzen. Zeitweilig ist man sich der Leiden nicht bewußt; doch manchmal drängen sie sich unmittelbar auf. Zweitens: Die Ursache des Übels sind unstillbare Begierden nach allem, was man nicht hat. Drittens: Der Zustand des Leidens, wie er durch Geiz, Zorn oder Wahn entsteht, endet mit jeglichem Verlangen. Die Befreiung von den Leidenschaften erfolgt im Nirvana, dem Endziel aller Buddhisten. Viertens: Den Weg zur Erlösung aus dem Leiden hat Buddha bereitet; alle können ihm folgen, wenn sie seinem Wissen vertrauen. Der Glaube an die Erlösung ist keine blinde Zuversicht, sondern ein »Glaube an das Finden der Wahrheit«. Wer Buddhas Weg beschreitet, gelangt an das Ziel. Buddhas Aufforderung »ehi passako«, »komm und versuche«, bedeutet, daß jeder selbst die Wahrheit finden kann.

Zu seiner Charakterisierung des menschlichen Daseins als Leidensprozeß betont Buddha auch dessen Vergänglichkeit. Im irdischen Leben ist kein Seins-

Das Rad des Gesetzes, Symbol für die erste Predigt Buddhas im Gazellen-Hain von Benares. Relief auf einer achtkantigen Kult-Säule aus Amaravati, 1./2. Jahrhundert

Auszug Buddhas mit Gefährten aus seiner Heimat. Detail eines Marmor-Reliefs aus Amaravati, 1./2. Jahrhundert

Verehrung des Baumes Bodhi. Stein-Medaillon aus Bharhut, zwischen dem 2. Jahrhundert v. Chr. und 1. Jahrhundert n. Chr.

Das Wunder von Scharawati, Buddha im Strahlenkranz. Relief aus Hadda, 4./5. Jahrhundert

zustand fortdauernd; alles nimmt einen bestimmten Verlauf, nichts hat Bestand. Ein weiteres Merkmal der Existenz ist das Fehlen eines fortlebenden individuellen Ichs. Hier tritt der Unterschied zwischen Buddhas Lehre zu der der Samana und der der Brahmanen deutlich hervor. Diese predigten die Existenz eines beharrenden Selbst oder Atman in jedem Individuum. Jeder einzelne sollte in den tiefen Gründen seines Atman die letzte Wahrheit erforschen. Buddhas Lehre wurde von den orthodoxen Vertretern als Nairatmya, als Doktrin des »Nicht-ich« verschrien. Buddha lehrte jedoch, daß erst durch die Negation der Vorstellung einer ewigen Seele, der soviel Wichtigkeit beigemessen wurde und die die Trennung innerhalb der Menschen durch die Idee von »ich« und »mein« verursacht hatte, die wahre Erleuchtung gefunden werden könne. Zerstört die egozentrische Weltanschauung, predigte Buddha, und geht in ein freieres und unbeschränkteres Reich, ins Nirvana, ein. Dies war ein Vorgang, der nur durch ein Leben in einer Gemeinschaft Erfolg haben konnte, die sich mit der Abschaffung des egoistischen Prinzips befaßte. Eine solche buddhistische Mönchsgemeinschaft war der Buddha-Sangha.

Der Sangha oder Orden der Bhikkhus (Bettler) lieferte die besten Bedingungen für eine buddhistische Lebensweise. Diese Gemeinschaft, die entstanden war, nachdem Buddha einige Jünger um sich gesammelt hatte, war einzigartig. Die Samana schlossen sich manchmal während der Regenperiode zusammen, wenn das Umherwandern unmöglich war und sie eine feste Unterkunft benötigten. Aber diese Gruppen hatten temporären Charakter. Buddha und seine Schüler dagegen bildeten eine dauernde Gemeinschaft, die ihre Existenzberechtigung in dem Bemühen sah, dem Buddhismus zu leben.

Als die Schar der Jünger Buddhas anwuchs, wurde ein Sittencodex ausgearbeitet, der später in den Schriften als Vinaya (Disziplin) verankert wurde. Die alten Aufzeichnungen, die der Überlieferung dienen sollten, bestanden zum größten Teil aus dem Dharma, was, neben der Lehre, die gesammelten Abhandlungen Buddhas bezeichnete. In ihnen waren Parabeln, Allegorien, Diskussionen, Geschichten und Verse niedergeschrieben, um die Lehre so eingehend wie möglich zu erläutern. Buddhas Werk war für alle Menschen ohne Standesunterschiede bestimmt. Innerhalb des Sangha gab es keine Hierarchie. Nur die, die bereits eine größere geistige Vollkommenheit erreicht hatten, standen höher. Alle sozialen Unterschiede wurden aufgehoben durch die Mitgliedschaft in dieser Gemeinde.

Auf diese Weise stellte der Sangha einen Ersatz für das Gemeinschaftsleben dar, das mit der Auflösung der republikanischen Gesellschaftsform verlorengegangen war. Später sollte er eine weitaus größere Bedeutung bekommen. Es gab viele Beweggründe für einen Menschen, im Sangha Hilfe zu suchen. Die Grundregel, die von den Buddhisten als einfaches Glaubensbekenntnis gebraucht wurde und die heute noch allgemein verbreitet ist, lautet: »Bei Buddha suche ich Zuflucht; beim Dharma suche ich Zuflucht; beim Sangha suche ich Zuflucht.«

Unter den ersten Mitgliedern des Sangha, die Buddha auf seinen zahlreichen Reisen durch Nord-Ost-Indien und Nepal begleiteten und die sich seiner Mission widmeten, finden wir bekannte Namen wie Ananda, der oft als Lieblingsjünger bezeichnet wird, Sariputta und Maha Kassapa. Ananda hatte Buddha die Bitte der weiblichen Schüler vorgetragen, einen Orden für Frauen einzurichten. Nach einigem Zögern soll Buddha zugestimmt haben; dieser Nonnenorden, der seine eigenen Regeln und Vorschriften hatte, entwickelte sich zu einem charakteristischen Merkmal des Buddhismus.

Im Alter von achtzig Jahren hatte Gautama das Ende seiner irdischen Existenz erreicht, und er ging vom Zwischenstadium des Buddha zum letzten und vollkommenen Nirvana oder Parinirvana über. Seine sterblichen Überreste wurden in großer Feierlichkeit verbrannt, und die Asche wurde auf mehrere Gruppen verteilt, die eine heilige Reliquie beanspruchten. Einer der längsten Pali-Texte, der Parinirvana Sutta, beschreibt diese Zeremonie. Über jedem Ascheteilchen soll ein Gedenkstein, ein Stupa, errichtet worden sein. Der Stupa ist ein halbkugelförmiger Bau aus Stein, in dessen Mitte die Reliquie aufbewahrt wurde. Für die Buddhisten wurde dieses Denkmal zum Symbol des Erwachten, der als erster das Dharma gelehrt hatte. In ihrer späteren, weiterentwickelten Form sind die Stupa (in Ceylon werden sie Dagoba oder Pagoden genannt) ein charakteristisches Merkmal der asiatischen Länder, in denen die buddhistische Lehre, von Missionaren verbreitet, fortlebt. Die Schriften, die die Anhänger Buddhas über ihren Meister und sein Wirken verfaßten, bilden neben dem heilsgeschichtlichen Charakter, den sie für die Religion des Buddhismus haben, eine kulturgeschichtliche Quelle von hoher Aussagekraft. Schon bald nach dem Tod des Religionsstifters war seine Gestalt von Sagen umwoben und sein Leben mit wunderbaren Geschichten geschmückt. Trotz des Fabuliercharakters der Erzählungen geben sie ein aufschlußreiches Bild vom Leben seiner Zeitgenossen, des Volkes und des Adels.

In Indien vergrößerte sich allmählich die Mönchsgemeinschaft des Sangha und dehnte seinen Wirkungsbereich von Patna in nord-westlicher Richtung nach Pandjab und Kaschmir aus, wo die Mönche im Königreich Baktrien, an der nord-westlichen Grenze Pakistans, auf griechisch-römische Kulturelemente stießen. Hier entstand rund fünf Jahrhunderte nach Buddhas Tod eine neue Richtung des Buddhismus, Mahayana genannt (das »große Fahrzeug« zum Heil). Diese Entwicklung fußt vermutlich teils auf griechisch-römischem Einfluß, teils auf der zunehmenden Zahl von Brahmanen, die seit der Regierung des buddhistischen Kaisers Aschoka im 3. Jahrhundert v. Chr. in größerem Umfang dem Orden beigetreten waren. Die einfache und nüchterne Form des Buddhismus wurde wesentlich bereichert.

Die Brahmanen gaben nicht leicht ihren Standpunkt und ihre Anschauung auf, wenn sie das gelbe Kleid der buddhistischen Mönche anlegten. Die buddhistische Gemeinschaft wurde zu spekulativem Philosophieren und zur Einführung nicht-buddhistischer Kulthandlungen verleitet, wodurch bis zum Jahr 1200 n. Chr. die ursprünglichen Grundzüge des Buddhismus in Indien verlorengingen. Seit dieser Zeit aber gewann der Buddhismus an Einfluß in Ceylon, Tibet, Burma, Thailand, Laos, Kambodja, Vietnam, auch in China und Japan, wo er bereits viele Anhänger hatte. In Indien selbst war die buddhistische Lehre in der Entwicklung der Philosophie, der Ethik und der religiösen Einrichtungen ein bestimmender Faktor und führte schließlich zur Entstehung des Hinduismus. Heutzutage hat man in Indien die ursprüngliche Richtung der Lehre wieder aufgegriffen, und die buddhistische Gemeinschaft steht am Beginn einer neuen Blüte.

TREVOR LING

Tor der Stupa I, des Aufbewahrungsortes buddhistischer Reliquien in Santschi. Skulptierte Innenseite, 2./1. Jahrhundert v. Chr.

Dagoba. Buddhistischer Tempel im Thuparama auf Ceylon, 3./4. Jahrhundert

Griechische Kultur im Mittelmeer-Raum

Die Zerstörung von Knossos im Jahr 1450 v. Chr. beschleunigte das Ende der kretischen Kultur. Das Machtzentrum verlagerte sich in der Folgezeit auf das griechische Festland, in die befestigten Städte Mykene und Tiryns. Die Erinnerung an diese Städte lebt in den homerischen Dichtungen, den Sagen der Ilias und Odyssee, fort. Was aber die Gelehrten nur für Mythen gehalten hatten, erwies sich durch Ausgrabungen, die H. Schliemann, ein Kaufmann, der sich zum Archäologen herangebildet hatte, seit dem Jahr 1876 an der Stätte des homerischen »schätzereichen Mykene« vornahm, als geschichtliche Tatsache. Seine Entdeckungen brachten die mykenische Kultur ans Licht, die etwa zwischen 1400 und 1200 v. Chr. über ganz Griechenland verbreitet war. Sie war das Werk indogermanischer Siedler, die sich auch Kretas bemächtigten, was durch gleichzeitiges Auftreten ein und derselben Schrift auf Kreta und auf dem Festland bezeugt ist.

Die große Völkerbewegung, die zwischen dem 13. und dem 11. vorchristlichen Jahrhundert die Gebiete um das östliche Mittelmeer erfaßte, das Großreich der Hethiter stürzte und Ägypten bedrohte, zerstörte in Griechenland die kretisch-mykenische Staatenwelt mit ihrer hochentwickelten Kultur und ihren weitverzweigten Handelsbeziehungen. Dieser Vernichtungswelle folgten, wahrscheinlich etwa seit 1100 v. Chr., neue Völkerschaften, die Dorer, nach Griechenland. Die Einwanderung der Dorer war ein langandauernder Vorgang, der in mehreren Schüben erfolgte und sich über Generationen hinzog. Die einheimische Bevölkerung wurde teilweise verdrängt: Ionier aus Attika flohen auf die Inseln und an die Küste des mittleren und westlichen Kleinasiens. Bewohner aus Peloponnes zogen nach Pamphylien und Cypern. Äolische Griechen aus Thessalien und Mittel-Griechenland siedelten an der nördlichen

Das hölzerne Pferd der Griechen vor Troia

West-Küste Kleinasiens. Seit der dorischen Einwanderung begann sich in Griechenland die politische Ordnung zu entwickeln, die bis auf Alexander den Großen, König von Makedonien, vorherrschte.

Der Stadt-Staat

Die Grundlage der kulturellen und politischen Entwicklung des Griechentums ist die Stadt als staatliches Gemeinwesen, die Polis. Die geographische Struktur Griechenlands, schmale Ebenen, von Hügeln und steilen Bergzügen getrennt, haben die Bildung einzelner Gemeinwesen mit einem verhältnismäßig beschränkten ländlichen Einzugsgebiet begünstigt. Im Schutz einer Befestigungsanlage oder Burg, der Akropolis, kamen Siedlungen auf, die meist unabhängig waren und sich demokratisch regierten. Anders als im übrigen Mittelmeer-Raum war die Polis kein Bestandteil einer größeren Einheit, etwa einer Provinz oder eines Königreiches.

Nicht ganz Griechenland war in selbständige Poleis organisiert. Manche Polis stand unter der Herrschaft mächtiger Nachbarn oder nicht-griechischer Fremdherrschaft. Auch gab es aus älterer Zeit überkommene Reste von Stammesstaaten. Aber entscheidend für die klassische griechische Kultur wurde die Polis.

Dank einem großen wirtschaftlichen Aufschwung und einer verhältnismäßig langen Friedenszeit erlebte Griechenland in den folgenden Jahrhunderten eine hohe Kulturblüte und bot seinen Bewohnern eine gesicherte Existenz. Die Bevölkerung in den Städten wuchs so beträchtlich an, daß sie schon im 8. Jahrhundert v. Chr. ein Problem wurde. Eine neue Wanderungswelle kam in Gang. Diesesmal war es keine Bewegung ganzer Stämme, sondern der geplante Zug von Kolonisten. Sie nahmen Richtung auf Italien und Sizilien, Kleinasien und die Küsten des Schwarzen Meeres, jede Gruppe unter einem Oikistes,

dem offiziellen »Gründer« der neuen Stadt. Die Kolonisation war anders als in der Neuzeit, wo das Mutterland seine Kolonien beherrschte. Die griechischen Siedler waren in ihrem neuen Gebiet auf sich selbst gestellt und nahezu unabhängig von ihrer Mutterstadt. In vielen Fällen wurden jedoch regelmäßige Handelsbeziehungen unterhalten, da die Stadt in der Fremde die Verbindung mit ihrer jeweiligen Heimatstadt bevorzugte. Der Reichtum einer Stadt wie Korinth wurde durch den Handel mit ihren zahlreichen Kolonien gesteigert. So wurde die korinthische Niederlassung in Syrakus eine der größten aller griechischen Städte. Die Kolonisation dauerte etwa zwei Jahrhunderte lang, vom 8. bis zum 6. Jahrhundert v. Chr. Am Ende dieser Zeit hatten Geschäfts- und Handelsinteressen den ursprünglichen Kolonisationswillen verdrängt.

Die politische und wirtschaftliche Folge der Kolonisation für den Mittelmeer-Raum war, daß sich die griechische Einfluß- und Interessensphäre erheblich ausgeweitet hatte und die Gebiete der verschiedensten Völker berührte. Süd-Italien wurde im wesentlichen griechisch

Kopf eines mykenischen Kriegers

und hieß zusammen mit Sizilien »Megale Hellas«, »Magna Graecia«. Entlang den Küsten Kleinasiens lagen griechische Siedlungen. Griechen drangen sogar in Ägypten ein, errichteten Handelsniederlassungen in Naukratis, Syrien und gründeten eine Kolonie in Al Mina.

Kultureller Austausch

Kolonisation war in diesen Jahrhunderten nicht das alleinige Werk von Griechen. Ihren Siedlungen auf

Gestempelte bildartige Schrift

Linear-B-Schrift aus Knossos

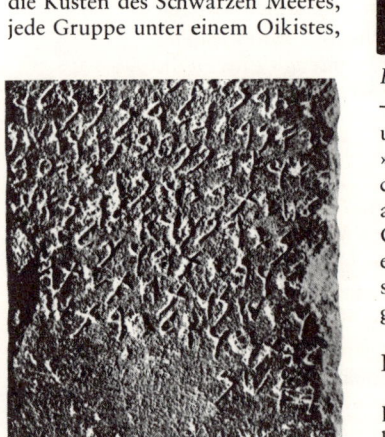

Aramäische Schrift

800 – 480 v. Chr.

Etruskische Herrin der Tiere

Sizilien wurden durch die Kolonisationsbestrebungen der Phönikier, dem großen Seefahrervolk der Alten Welt, die den heutigen Libanon bewohnten, Grenzen gesetzt. Sie gründeten mehrere bedeutende Städte an den Küsten Nord-Afrikas und Spaniens. Ihre bedeutendste Niederlassung wurde die Stadt Karthago in Nord-Afrika.

Dem griechischen Expansionsbedürfnis in Süditalien begegneten die Etrusker in Mittelitalien im 7. und 6. Jahrhundert v. Chr. Etruskische Könige herrschten im 6. Jahrhundert in der damals noch kleinen Siedlung Rom. Die Geschicke der Griechen, der Karthager und der Etrusker waren vor allem durch gemeinsamen Handel miteinander verflochten. Politische Auseinandersetzungen zwischen diesen Machtgruppen fanden zwar statt, blieben aber von untergeordneter Bedeutung. Einen Schlüssel zu den regen kulturellen Beziehungen der Mittelmeer-Völker liefert die Verbreitung des phönikischen Alphabets. Die Schriftsysteme der Kreter und ihrer Nachbarn, die sich seit dem 20. vorchristlichen Jahrhundert über mehrere Entwicklungsstufen hin ausgebildet hatten, waren mit dem Untergang der kretischen und mykenischen Kultur am Ende des 13. Jahrhunderts v. Chr. verlorengegangen. Erst im 8. Jahrhundert v. Chr. kamen die Griechen zu einer eigenen Schriftlichkeit: Sie übernahmen das phönikische Alphabet und entwickelten es ihrer Sprache entsprechend. Seit dem 7. Jahrhundert v. Chr. benutzten auch die Etrusker ein dem phönikischen und griechischen verwandtes Alphabet. Ob das lateinische Alphabet aus dem etruskischen entwickelt wurde, ist strittig.

Kultureller Austausch, durch Handelsbeziehungen begünstigt, erfolgte auch mit den griechischen Kolonien im Osten. Die Griechen dort waren den Einflüssen fremder Kulturen aufgeschlossen. Orientalisierende Motive fanden sich in der Keramik des 8. Jahrhunderts v. Chr., die der syrischen und phönikischen Kunst entlehnt waren. Auch die Etrusker lernten vieles von den italischen Griechen, entwickelten es aber selbständig weiter. Von ihnen erbten die Römer ihre Aufgeschlossenheit für die griechische Kultur.

Die kulturellen und wirtschaftlichen Beziehungen im Zeitalter der Kolonisation zogen politische Auseinandersetzungen nach sich. Die Städte in Griechenland wurden gezwungen, sich zusammenzuschließen, um dem mächtigen Perser-Reich entgegentreten zu können.

Politische Organisation

In Griechenland hatten sich mit dem Ende der Siedlungszeit und der Begründung der Polis bis zum 5. Jahrhundert v. Chr. die Stadt-Staaten individuell entwickelt. In Sparta gab es an der Spitze des Staates zwei Könige. Ihnen zur Seite stand der Rat der Alten, die Gerusia. Die eigentliche Regierungsgewalt lag bei den Ephoren. Alle entstammten sie der herrschenden Schicht der Spartiaten. Eine untergeordnete Rolle spielten die unfreien Heloten und die freien Periöken, die nur minderes Recht besaßen. Während der archaischen Zeit wurden die meisten griechischen Städte vom Adel, der Aristokratie, Herrschaft der Besten, regiert. Mit zunehmendem Wachstum der einzelnen

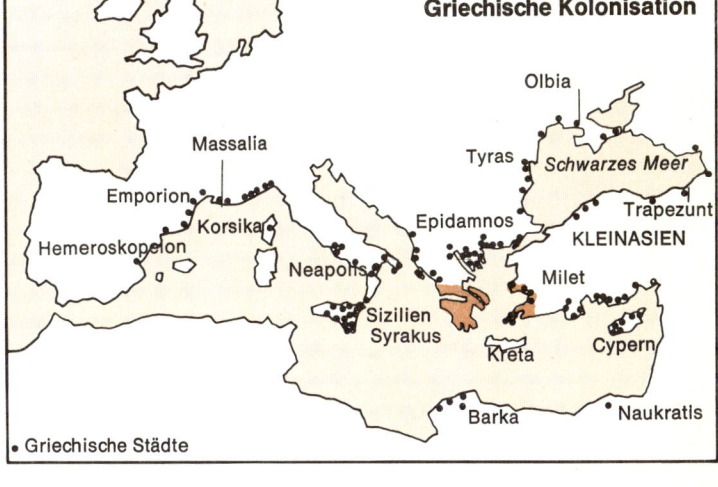

Städte und neuen Handelsbeziehungen gewannen einige wenige immer mehr an Einfluß. Es kam zu einer Oligarchie, Herrschaft der Wenigen. Diese Machtverschiebung war von einer Verbesserung der Gerichtsbarkeit begleitet, da die Verwaltung des Lebens in der Stadt der Willkür des Adels entzogen war und der relativen Unparteilichkeit eines geschriebenen Rechtes unterworfen wurde. Der politische Umbildungsprozeß wurde im späten 7. und im 6. Jahrhundert v. Chr. durch das Auftreten von Tyrannen gefördert, die sich als Führer von meist adliger Herkunft breiterer Schichten der herrschenden Aristokratie widersetzten. Tyrannen – erst in späterer Zeit wurden sie zum Symbol der Unterdrückung – erhoben sich hauptsächlich in den Küstenstädten Griechenlands und Kleinasiens mit Handelsinteressen. Die ersten Tyrannen traten in Sikyon und Korinth auf. Auch in Athen versuchte ein Adliger namens Kylon im Jahr 630 v. Chr., die reformbedürftigen Verhältnisse in der Stadt durch seine Tyrannis zu lösen, was ihm jedoch nicht gelang. Erst die überragende Persönlichkeit eines Solon vermochte die politische und soziale Struktur Athens zu reformieren. Das Werk dieses hervorragenden Bürgers und Gesetzgebers verhalf neuen Kräften in Athen zu politischer Anerkennung, und sein Gesetzeswerk überdauerte spätere Krisen. Dreißig Jahre danach kam erneut ein Tyrann, Peisistratos, zur Macht. Er festigte seine Herrschaft so gut, daß ihm seine Söhne in der Regierung zu folgen vermochten. Athen genoß unter den Peisistratiden eine politische und wirtschaftliche Stabilität. Nach ihrem Sturz war Athens Weg zur Demokratie geebnet. In der griechischen Politik folgte auf einen Tyrannen, einen Einzelherrscher, in der Regel die gemeinsame Herrschaft von bedeutenden Männern, den Oligarchen. Nach der Beseitigung des letzten Tyrannen kämpften in Athen zwei Gruppen um die Macht, von denen die eine, an deren Spitze Kleisthenes stand, die Unterstützung des Volkes gewonnen hatte. Als Kleisthenes die Macht übernommen hatte, reformierte er die athenische Verfassung von Grund auf und beschränkte die Rechte der Adligen auf ihre Mitgliedschaft im Areopag, dem Rat vom Areshügel. An die Spitze von Athen rückte der Rat der Vierbeziehungsweise Fünfhundert. Die Demokratie, die Herrschaft des Volkes, war begründet und hat hier vielleicht die vollkommenste Verwirklichung gefunden, die überhaupt möglich war.

Bei Salamis traten die demokratisch gewählten Führer des athenischen Volkes der Streitmacht eines orientalischen Autokraten gegenüber, der Flotte Xerxes' I., des Großkönigs von Persien. Das Reich, das er beherrschte, war aus denen der Assyrer und Meder hervorgegangen. Die Perser wurden von Kyros II. (559–529 v. Chr.) geeint; unter seiner Herrschaft erlangte das Achämeniden-Reich seine Größe. Lydien wurde erobert; die Perser drangen bis an die Küsten des Mittelmeeres vor, bedrohten und eroberten die Städte der griechischen Kolonien; Karien, Lykien und Kilikien kamen unter persische Oberhoheit, Babylon fiel, Syrien und Palästina wurden zu persischen Provinzen. Ägypten wurde nach Kyros' II. Tod von seinem Sohn Kambyses II. (525 v. Chr.) erobert. Der ganze Osten des Mittelmeer-Raumes war in persischer Hand.

Nur die Vorstöße des Großkönigs nach Nubien und Libyen mißlangen. Erst in Griechenland wurde der persische Expansionsdrang nach Europa eingedämmt.

Frauenköpfe aus Italien, Karthago und Nimrud

Das siegreiche Athen 480 v. Chr.

Themistokles, der Sieger in der Schlacht bei Salamis. Kopf einer Statue, wohl aus Magnesia, 460 v. Chr., römische Marmor-Kopie

Die Pnyx in Athen mit Blick auf die Akropolis, Platz der Volksversammlung

Abschied der Krieger. Detail, Malerei auf einer griechischen Vase aus Vulci, Mittel-Italien, 2. Hälfte des 6. Jahrhunderts v. Chr.

Griechenland wurde durch das Vordringen der Perser bedroht. Aber selbst angesichts einer solchen Gefahr war es den Griechen nicht möglich, eine politische Einheit zu bilden, denn die Grundlage ihres Lebens war die Polis, der Stadt-Staat. Die Vorstellung von einer Nation war den Griechen fremd. So kam nur ein Bund der Städte zustande, der von Sparta und Athen angeführt wurde.

Die Perserkriege entzündeten sich zunächst im Streit Persiens um seinen Einfluß in den griechischen Kolonien Kleinasiens. Die Weltmachtstellung des persischen Großkönigs kannte nach assyrischer Tradition keine Grenzen für sein Reich. Grundsätzlich sollte ihm der ganze bewohnte Erdkreis untertan sein.

Seit der Thronbesteigung des Königs Darius I. im Jahr 522 v. Chr. war Europa von persischen Eroberungen bedroht. Ägypten und Libyen waren schon 525 v. Chr. gefallen; ebenso waren einige wichtige Inseln in der östlichen Ägäis erobert worden. Kühn hatte Darius I. 513/12 v. Chr. den Bosporus überquert, Thrakien unterworfen, und Makedonien mußte die persische Oberhoheit anerkennen, die bis 479 v. Chr. währte. Ein Aufstand in den ionischen Städten Kleinasiens und Cyperns gegen die von den Persern gestützten Tyrannen im Jahr 500 v. Chr. bot Darius I. einen willkommenen Anlaß, seinen Machtbereich auf die Griechen auszudehnen. Obwohl Athen den Ioniern Hilfe gewährte, hatten die Perser sie schon 496/95 v. Chr. niedergeworfen. Die Unterstützung der Aufständischen durch Athen erforderte die Eroberung des griechischen Festlandes. Als 490 v. Chr. der persische Angriff erfolgte, wurde er von den Athenern in der Ebene von Marathon siegreich zurückgeschlagen. Durch Aufstände in Ägypten und Babylonien und durch den Tod Darius' I. im Jahr 486 v. Chr. wurden weitere kriegerische Unternehmungen verhindert. Der nächste Feldzug wurde jahrelang vorbereitet. Zu den Rüstungen gehörte auch der Bau eines Kanals für die Flotte durch das Athos-Gebirge. Der neue Großkönig, Xerxes I., Sohn Darius' I., stützte seine Strategie vor allem auf eine materielle Überlegenheit gegenüber den Griechen. Übertriebene Gerüchte schätzten Xerxes' Flotte auf über zwölfhundert Schiffe und sein Heer auf weit über eine Million Soldaten. Die Streitmacht hat jedoch höchstens sechs- bis siebenhundert Schiffe und sechzig- bis hunderttausend Mann betragen.

Inzwischen hatte der bedeutendste Staatsmann dieser Zeit, Themistokles, sich gegen konservative Kräfte in Athen durchgesetzt. In den Jahren 483/82 v. Chr. wurden die Parteigänger einer auf Frieden mit den Persern gestellten Politik verbannt. Themistokles gewann freie Hand, um die Strategie der Griechen grundlegend zu ändern. Seiner Weitsicht war es zu danken, daß die Griechen ihre Verteidigung auf einer starken Seemacht aufbauten. Noch in die Schlacht bei Marathon war eine Bürgerarmee aus wohlhabenden und adligen Männern, die sich ihre eigene Ausrüstung leisten konnten, gezogen, um ihre Stadt und ihr Land zu verteidigen. Jetzt konnte keine Fußtruppe der Griechen allein die drohende Invasion aufhalten. Die einzige Aussicht auf Erfolg lag in einer Seeschlacht gegen die Perser. Mittels Gesetzeskraft wurde der Erlös aus den neu erschlossenen Silberadern der Bergwerke von Laurion zum Bau von zweihundert Kriegsschiffen verwandt.

Als der persische Angriff auf das griechische Festland unmittelbar bevorstand, schlossen sich Ende des Jahres 481 v. Chr. Sparta, Athen und andere perserfeindlich gesonnene Poleis zu einem Hellenen-Bund zusammen. Im folgenden Jahr stand Athens Flotte bereit, und auch die Heere der Verbündeten waren gerüstet. Der Bund hatte beschlossen, Griechenland so weit nördlich wie möglich zu verteidigen.

Eine Abteilung von zehntausend Mann wurde zur Verteidigung des Tempe-Passes in Nord-Griechenland entsandt. Themistokles hatte eingewilligt, den Befehl zu übernehmen. Das Unternehmen schlug fehl, da seine Verteidigungspolitik zur See sich hier kaum entfalten konnte. Wegen der Steilküsten war kein wirksames Zusammengehen mit der Flotte möglich. Auch vermochte Xerxes das Landheer ohne Mühe in Mittel-Griechenland zu überflügeln. Denn die Thessalier, auf deren Unterstützung sie sich verlassen hatten, gingen zum Feind über.

Unter dem Eindruck dieses Rückschlags hielt Themistokles eine große Rede vor der athenischen Volksversammlung. An traditionellem Ort, auf der Pnyx, einem Hügel westlich der Akropolis, setzte er seine Pläne auseinander und erhielt schließlich auch ihre Zustimmung, die Gesetzeskraft erlangte. Kein Bericht über die Rede, die er in diesem historischen Augenblick hielt, ist erhalten. Nur eine 1959 in Troizen entdeckte Inschrift des 4. Jahrhunderts v. Chr. überliefert uns die Kopie der vom Rat und der Volksversammlung auf Vorschlag des Themistokles erlassenen Verfügung mit Maßnahmen zum Schutz der Bevölkerung vor den Kriegen der Perser vom Juni 480 v. Chr. Sie beweist, daß die Perser keinen unvorbereiteten Gegner trafen. Alle Maßnahmen zum Schutz der Bevölkerung und alle militärischen Bewegungen waren von langer Hand durchdacht und geplant: Die Bevölkerung Attikas und Athens wurde nach Troizen, süd-östlich von Argolis, und nach der Insel Salamis, im sarronischen Meerbusen, evakuiert. Alle wehrfähigen Männer wurden zu Diensten auf der Flotte eingereiht. Nur auf der Akropolis von Athen verblieb eine Besatzung.

Wenige Tage später fand eine Versammlung des Hellenen-Bundes am Isthmos von Korinth statt. Themistokles setzte auch hier sein Konzept durch. Diesmal handelte es sich um wohlabgestimmte Verteidigungsaktionen zu Land und See am Thermopylen-Paß und in den Gewässern um das Vorgebirge von Artemision, Nord-Euböa. Bei Marathon waren die Spartaner zur Schlacht zu spät gekommen. Jetzt neigten sie dazu, nur die Landenge am Isthmos zu halten und alles Land im Norden dem Feind preiszugeben. Denn Xerxes hatte öffentlich erklärt, das Ziel seines Feldzuges sei, die Athener für die perserfeindliche Rolle zu strafen, die sie vor Jahren bei dem Aufstand der Ionier in Kleinasien gespielt hatten. Allen anderen Griechen sollte Schonung gewährt werden.

Themistokles' Maßnahmen stimmten nicht mit den herkömmlichen Vorstellungen einer Verteidigung von Heim, Herd und den Stätten der Götter, an denen die Vorfahren verehrt wurden, überein. Jetzt behauptete er, daß die »Hölzerne Mauer«, die dem delphischen Orakel zufolge Athen in der Stunde der Not beschützen sollte, sich nur auf Schiffe beziehen könne. Die See- und Landstreitkräfte zogen gen Norden, um die Thermopylen-Artemision-Linie zu besetzen. In der Armee, die von dem Spartanerkönig Leonidas befehligt wurde, kämpften etwa viertausend Lakedaimonier, von denen nur dreihundert spartanische Vollbürger waren. Das weitaus größte Flottenkontingent stellte Athen: hundertsiebenundvierzig von zweihunderteinundsiebzig Trieren. Die delphischen Priester gaben den Griechen den Rat, zu den Winden zu beten. Währenddessen wälzte sich das Heer des Großkönigs nach Süden.

Ende Juli des Jahres 480 v. Chr. standen die griechische Flotte und das Heer an der vereinbarten Linie. Am 12. August lag die persische Flotte in kleineren Häfen, auf Reeden um das Kap Sepias und längs der Halbinsel Pallene vor Anker. Durch Feuerzeichen wurde ihr Standort nach Artemision gemeldet. Um Zwietracht zu vermeiden, hatte Themistokles den Oberbefehl an den Spartaner Eurybiades abgegeben, dennoch behielt er die Fäden für jede Entscheidung in der Hand. Die griechische Flotte zog sich nach Chalkis an die Meerenge von Euböa zurück: Themistokles hoffte, die Perser zu einer Schlacht auf beschränktem Raum verleiten zu können. Xerxes hatte seine Flotte auf dem Strand von Doriskos überholen können. Die Griechen wagten solches nicht, weil die Gefahr eines Überraschungsangriffs zu groß war. So waren die persischen Schiffe schneller und manövrierfähiger als die ihrer Gegner. Dieser Nachteil mußte ausgeglichen werden.

Am Morgen des 13. August setzte der Meltemi, ein jahreszeitlich gebundener Nord-Ost-Sturm, ein. Darum lag während der folgenden drei Tage die persische Flotte fest und erlitt schwere Verluste. Schon am folgenden Tag erhielten die griechischen Flottenbefehlshaber Nachricht von diesem Unglück und die Kunde, daß sich die Landmacht der Perser den Thermopylen näherte. Die Flotte kehrte nach Artemision zurück, um die der See zugewandte rechte Flanke der Verteidigungsstellung des Königs Leonidas zu decken. Entscheidend war ein enger Kontakt zwischen See- und Landstreitkräften.

Der Sturm legte sich am 16. August, und die stark angeschlagene persische Flotte zog sich in den Hafen von Pagasai zurück. Für den folgenden Tag aber bereitete Xerxes den Angriff vor. Eine Abteilung von zweihundert Schiffen segelte um Euböa herum, um die griechische Flotte im Rücken zu fassen. Daraufhin entschlossen sich die Griechen am 18. August zu einem ersten Seegefecht. Dieser Zusammenstoß erfolgte am selben Tag wie der erste Angriff auf die griechischen Stellungen bei den Thermopylen. Beide Treffen endeten unentschieden.

Das Beten zu den Winden schien höchst erfolgreich. Xerxes' Geschwader im Süden von Euböa lag in starkem Regen fest und erlitt weitere Verluste. Nachdem das Überflügelungsmanöver gescheitert war, verstärkten die Griechen ihre Flotte bei Artemision durch dreiundfünfzig Schiffe, die sie von dem Geschwader vor der attischen Küste abzogen. Sie hofften, eine Entscheidungsschlacht zu erzwingen. Am 20. August entbrannte ein heftiges Gefecht mit der Flotte des Xerxes. Sein Ausgang blieb wiederum unentschieden, aber die Griechen konnten wenigstens die Meerenge halten.

König Darius I. von Persien auf der Löwenjagd. Abrollung eines Siegels aus Persien, zwischen etwa 521 und 486 v. Chr.

»Die verschiedenen Gefechte«, schreibt Plutarch, »...waren aber doch für die Griechen insofern sehr nützlich, daß sie mitten unter Gefahren durch die Tat selbst belehrt wurden, daß weder die Menge der Schiffe, noch deren prachtvolle Verzierungen am Vorderteil, noch das prahlerische Geschrei und die Schlachtgesänge der Barbaren für Männer, die mit kühnem Mut zu streiten und den Feinden unter die Augen zu treten wissen, etwas Furchtbares haben; daß man vielmehr dergleichen Dinge verachten, den Feinden selbst zu Leibe gehen und mit dem Schwert in der Faust gegen sie streiten müsse.« Aber während das Seegefecht bei dem Kap Artemision stattfand, hatte sich die berühmte und heldenhafte Schlacht auf dem Paß der Thermopylen zugetragen.

Zwei Tage lang hielten König Leonidas von Sparta und seine an Zahl weit unterlegenen Truppen den Paß gegen die Angriffe von Xerxes' Fußtruppen. Dann zeigte ein Verräter den Persern einen verborgenen Pfad durch die Berge, über den sie den Spartanern in den Rücken fielen. Die Abteilung, die diesen Weg schützen sollte, floh, vielleicht sogar auf Verabredung mit den Persern. Die Quellen geben hierüber keine eindeutige Auskunft. Bei der Nachricht vom Fall des Passes zog sich die Hauptmacht der Peloponnesier nach Süden zurück. Konnte die persische Kavallerie erst einmal durch den Paß ziehen, würde sie das im Rückzug begriffene griechische Heer gänzlich vernichten. Darum entschloß sich Leonidas mit seinen getreuen Spartiaten, die Stellung bis zum äußersten zu halten. Die Spartaner fochten bis zum Tod ihres letzten Mannes. Als ihre Speere zerbrochen waren, kämpften sie mit den Schwertern weiter und danach mit Händen und Zähnen. Als alle gefallen waren, lag die Paßstraße nach Süden offen. Die Schlachten an den Thermopylen und am Kap Artemision waren keineswegs sinnlose Opfer. Ihre Wirkung auf die griechische Kampfmoral kann nicht hoch genug eingeschätzt werden. Zudem wurde durch sie der persische Vormarsch genügend lange aufgehalten, um Heer und Flotte der Griechen für den zu erwartenden Entscheidungskampf in strategisch günstige Ausgangsstellungen zu bringen. Noch wichtiger waren die Verluste der Perser an Schiffen und Mannschaften, die schon durch die Stürme der vorangegangenen Tage recht beträchtlich gewesen waren. Xerxes zögerte, seine Streitkräfte jetzt noch zu teilen, was ihm vermutlich den Sieg gebracht hätte. Demaratos, der übergelaufene spartanische König, der dem Großkönig als Berater diente, drängte Xerxes, eine Vorhut von dreihundert Schiffen zur Peloponnes zu entsenden und gleichzeitig Athen anzugreifen. Aber Achaimenes, der Bruder des Xerxes, verhinderte den Plan: Schon zu viele Schiffe waren verlorengegangen.

Die ebenfalls stark angeschlagene Flotte der verbündeten Griechen zog sich im Schutz der Nacht nach Süden zurück, um sich bei Salamis mit dem dortigen Geschwader zu vereinigen. Etwa die Hälfte der athenischen Schiffe war kampfunfähig. Sie konnten noch nach Phaleron segeln, um die Evakuierung der Bevölkerung Attikas zu beenden. Die Nachrichten von die-

Zwei Adlige der persischen Leibgarde, links ein Fußsoldat, rechts ein Reiter. Detail von einem marmorartigen Kalkstein-Fries der Apadana in Persepolis, 1. Hälfte des 5. Jahrhunderts v. Chr.

Darius III. mit seinem Hofstaat bei einem Empfang. Malerei auf der Darius-Vase aus Canossa, Ober-Italien, etwa 330 v. Chr.

sen Ereignissen erreichten Themistokles und seine Mannschaften in Athen. Einige hofften, man könnte mit Hilfe der Spartaner die Kithairon-Parnes-Linie im Norden von Attika halten. Themistokles übersah die Lage besser und handelte schnell und entschieden. In Attika wurde dank seinen umsichtigen Vorbereitungen in achtundvierzig Stunden die Räumung beendet. Nur auf der Akropolis blieb eine kleine, aber wohlgerüstete Besatzung zurück. Die Verbündeten hatten sich auf Salamis verschanzt. Allein die peloponnesischen Vertreter im Kriegsrat stimmten wieder dafür, sich auf eine Verteidigungslinie am Isthmos von Korinth zurückzuziehen.

Inzwischen zog die persische Armee südwärts, ohne auf nennenswerten Widerstand zu stoßen. Delphi wurde erstaunlicherweise von einer Eroberung verschont. Vielleicht sollte es für die den Persern günstigen Orakelsprüche belohnt werden. Böotien unterwarf sich und stellte Hilfstruppen. Die Perser erreichten Attika und verheerten das Land. Um den 27. August gelangte Xerxes' Vorhut nach Athen und besetzte die verlassene Stadt und eroberte die Akropolis; seine Flotte lief zwei Tage später in Phaleron ein, nachdem zahlreiche Küstenorte niedergebrannt worden waren. Anfang September langte das persische Hauptheer an. Späher sahen von Salamis aus über der brennenden Akropolis Rauchschwaden hängen.

Es herrschte Untergangsstimmung bei den Griechen. Einige der Heerführer waren so beklommen, daß sie den Kriegsrat verließen und die Segel zu schleuniger Flucht hissen wollten. Es wurde erneut davon geredet, sich bis an den Isthmos zurückzuziehen. Themistokles teilte dem Eurybiades unter vier Augen mit, daß bei einem Abrücken der Landstreit-

Kronprinz Xerxes. Detail von einem marmorartigen Kalkstein-Fries, dem Audienz-Relief aus dem Schatzhaus von Persepolis, kurz vor 485 v. Chr.

Griechisches Kriegsschiff. Graeco-persischer Chalcedon-Scarabäoid, wahrscheinlich aus Kleinasien, etwa 6. Jahrhundert v. Chr.

Die Inseln Psyttaleia, Salamis und das Festland um Piräus. Schauplatz der Schlacht im Jahr 480 v. Chr.

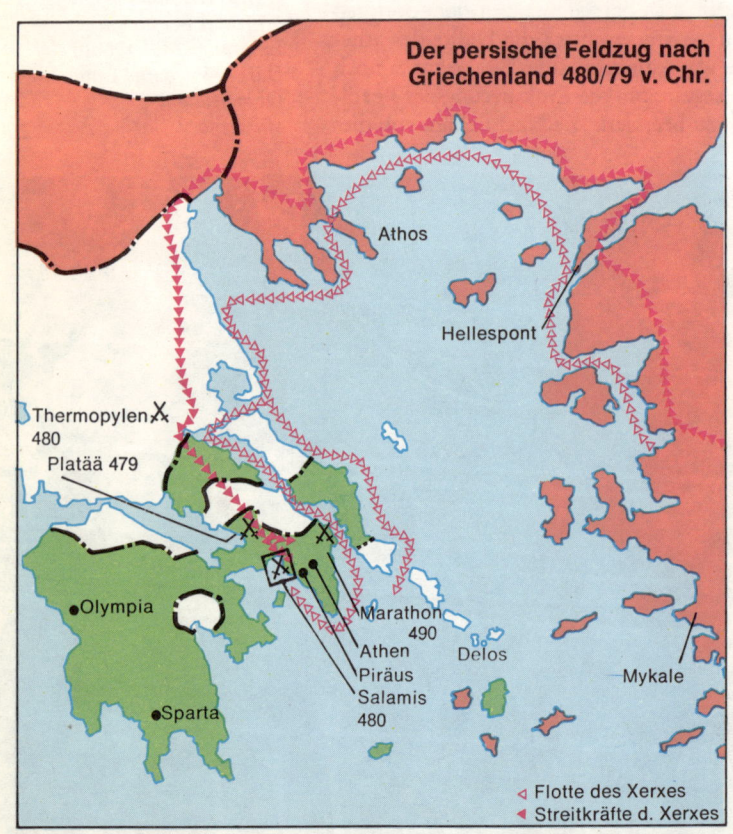

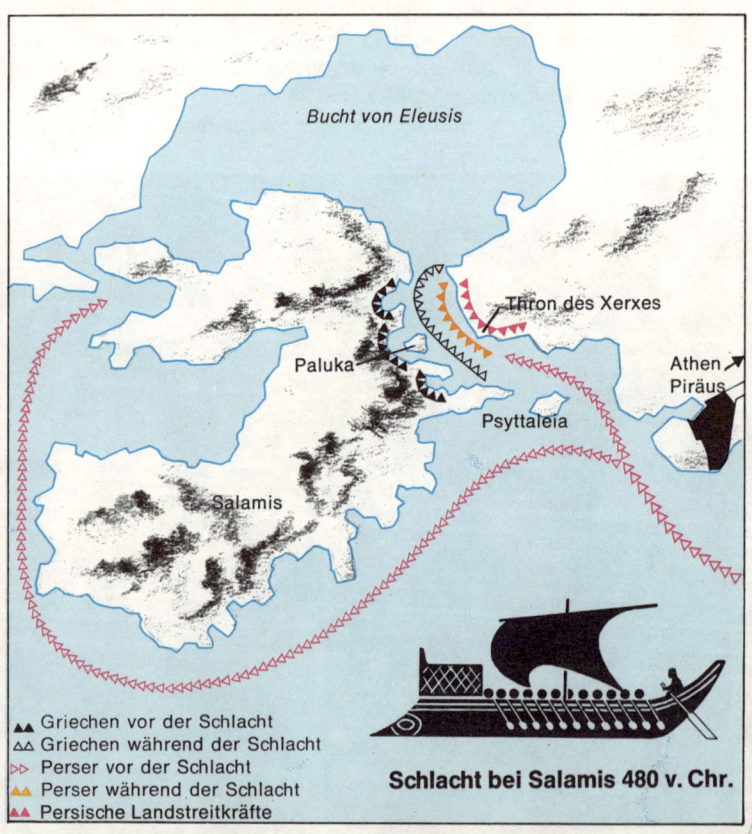

Schlacht bei Salamis 480 v. Chr.

Kampf der Götter gegen die Giganten. Detail eines Marmor-Frieses aus dem Schatzhaus der Stadt Sphinos in Delphi, kurz vor 525 v. Chr.

kräfte die Einheit der verbündeten Flotten auseinanderbrechen würde. Öffentlich erklärte Themistokles jedoch, daß See- und Landstrategie unauflöslich miteinander verbunden seien und der einzige Vorteil für die Griechen in einer Schlacht in der Meerenge um Salamis läge. Auf beschränktem Raum würde allein Taktik vor Zahl oder Geschwindigkeit der Schiffe entscheiden. Schließlich drohte Themistokles: Sollten sich die Verbündeten weigern, bei Salamis zu kämpfen, dann werde er das gesamte athenische Kontingent zurückziehen. Daraufhin gab Eurybiades nach, und die anderen Anführer schlossen sich an.

Xerxes konnte keinen Angriff zur See auf die Peloponnes wagen, solange er eine feindliche Flotte bei Salamis wußte. Wozu auch immer er sich entschließen würde, es mußte schnell gehandelt werden: Es war schon Mitte September, und Herbststürme konnten in naher Zukunft den Persern gefährlich werden. Themistokles war ein hervorragender Menschenkenner, er spürte, daß der Großkönig alles unternehmen würde, was schnellen Erfolg versprach. Darum sandten die Athener den Erzieher der Kindes des Themistokles, einen asiatischen Griechen namens Sikinnos, heimlich mit einem Brief zu Xerxes. In diesem Brief sprach Themistokles von Zerwürfnissen unter den Verbündeten und behauptete, daß, wenn es zur Schlacht käme, viele Griechen überlaufen würden und daß jetzt schon einige planten, sich zum Isthmos abzusetzen. Er riet dem Großkönig, die beiden Ausgänge der Meerenge zu blockieren und den Kampf zu eröffnen; dann könnte er die gesamte griechische Flotte kapern oder zerstören. Was Themistokles schrieb, war glaubwürdig und in mancher Hinsicht wahr. Es paßte in das Konzept des Xerxes, und darum gelang die Täuschung. Der König handelte sofort. Das ägyptische Geschwader wurde zur Sperrung der westlichen Meerenge zwischen Salamis und dem Festland entsandt. Ein starker Trupp persischer Infanterie landete auf der Insel Psyttaleia am Eingang des Sunds zwischen Salamis und Piräus. Andere persische und phönikische Geschwader fuhren an der attischen Küste hinauf. Der Aufmarsch dauerte die ganze Nacht hindurch. Am Morgen waren die Streitkräfte ziemlich erschöpft. Aber die Blockade war vollständig. Es blieb nur abzuwarten, ob Xerxes auf einer Schlacht in der Meerenge bestehen würde. Die Rettung ganz Griechenlands stand damals auf des Messers Schneide.

Im Morgengrauen des 29. September ordneten die Griechen ihre Schiffe. Themistokles hielt seine berühmte Rede über das Thema »Alles steht auf dem Spiel«. Er befeuerte die Herzen seiner Männer. Hochgemut und siegesgewiß ruderten die Matrosen dem Feind entgegen. Aber um den Sieg zu erringen, bedurfte es mehr als vaterländischer Gefühle, und die Berichte über die Schlacht zeugen davon, daß sie äußerst sorgfältig geplant war.

Die Kontingente der Verbündeten lagen an drei Plätzen versammelt: im Hafen von Salamis und in zwei flachen Buchten nördlich der Stadt. In Salamis lagen die Elitegeschwader von Aigina und Megara und wurden, unabhängig von der Schlachtordnung, dort in Reserve zurückgehalten. Am nördlichsten standen die Korinther, die Befehl hatten, die Bucht von Eleusis gegen einen Überraschungsangriff der Ägypter von Westen im Kanal von Megara zu schützen. Das Zentrum der Verbündeten – die Spartaner auf dem rechten, südlichen, die Athener auf dem linken, nördlichen Flügel – legte vom Ufer ab, um jenseits der Insel Paluka Stellung zu beziehen. Zunächst liefen die Schiffe nach Norden, was ein sorgfältig vorbereitetes Täuschungsmanöver war, um den Feind vollends in die Meerenge zu locken. Als die Perser gewahrten, daß der Hauptteil der Flotte nach Norden auswich, glaubten sie an eine Flucht der demoralisierten Griechen und handelten entsprechend. Sie bewegten ihre Schlachtreihe ebenfalls nördlich durch die Meerenge in den Sund hinein. Von seinem goldenen Thron aus, der auf einem Vorsprung auf dem attischen Ufer inmitten seines Landheeres errichtet war, beobachtete Xerxes den Vorstoß. Zunächst erfüllte ihn Stolz, dann geriet er in steigende Unruhe, und schließlich packten ihn Angst und Verzweiflung. Da sich eine immer größere Anzahl seiner Schiffe in der Meerenge zusammendrängte, behinderten sie sich bald gegenseitig. Ganze Abteilungen mußten aus der Schlachtreihe zurückgezogen werden und verursach-

Grabmal der Krieger Chairedomos und Lykeas. Marmor-Stele aus Salamis, etwa 420 v. Chr.

Theater des Dionysos in Athen, Blick von der Akropolis. Steinbau zwischen dem 5. und 4. Jahrhundert v. Chr. mit Umbauten aus hellenistischer und römischer Zeit

Reiter im Festzug des attischen Volkes bei den Panathenäen. Detail vom Marmor-Fries der Cella des Parthenon auf der Akropolis von Athen, etwa 440 v. Chr.

ten so ein großes Durcheinander. Es war unmöglich, den Vormarsch in geordneter Weise zum Stehen zu bringen.

Die vorderen persischen Geschwader mußten ihre Geschwindigkeit verringern, als die nun in Schlachtordnung aufgefahrenen und von Mutlosigkeit weit entfernten Griechen in ausholender Halbmondformation auf sie zukamen. Eine der Ursachen für die Unordnung unter den Persern war, daß der persische Oberbefehlshaber gleich zu Anfang gefallen war und seine Offiziere begannen, einander widersprechende Befehle zu geben. Nach kurzer Zeit war die Meerenge verstopft. Den Persern blieb nur noch der Angriff. Aber die Griechen, die mehr Raum zum Entfalten ihres Aufmarsches hatten, drängten die Feinde noch dichter zusammen. Sie setzten Schiff auf Schiff außer Gefecht, indem sie sie mit ihren erzenen Bugschnäbeln rammten oder ihnen die Ruder zerstörten. Während die eingekeilten persischen Schiffe versuchten, sich zurückzuziehen, kam das aiginetische Reservegeschwader aus Salamis, um sie in der Flanke zu fassen.

Als die Schlacht in wilde Flucht überging, sprang Xerxes in qualvoller und ohnmächtiger Wut von seinem Thron auf. Aischylos, der bei Salamis mitgekämpft hat, beschwor später die Szene in seinem Drama »Die Perser«:

»..., und es drehte sich / der Schiffe Bauch nach unten, und das Meer entschwand, / erfüllt von Schiffes Trümmern und der Männer Mord. / Gestad und Klippen füllten sich mit Leichen an, / im Fliehen ungeordnet rudert jedes Schiff, / soviel noch übrigblieben von der Barbaren Heer. / Und wie des Thunfischs Scharen man mit Spießen wirft, / so schlugen die mit Ruderstangen, schleuderten / Gebälk, zertrümmernd alles, Ächzen lagert sich / zugleich mit Weheschreien auf dem salzigen Meer, / bis es hinweg das Auge trank der schwarzen Nacht.« (Vers 419 bis 428.)

Griechenland war vor der gewaltigen Übermacht der Perser gerettet. Selbst die Feinde des Themistokles in Athen konnten nicht leugnen, daß er der Retter war. Die persische Strategie hatte auf dem engen Zusammenwirken von Landmacht und Flotte beruht. Nun war die Flotte zum größten Teil vernichtet. Ihr angeschlagener Rest zog sich nach der Insel Samos zurück, um das Verhalten der kleinasiatischen Griechen zu beobachten und rechtzeitig den Nachschubweg für das persische Heer über den Hellespont gegen athenische Angriffe zur See schützen zu können. Dem Heer blieb nur die Verwüstung des entvölkerten Attika und der Rückzug. Xerxes begab sich mit seiner Streitmacht nach Sardes, während sein Schwager, Mardonios, mit etwa sechzigtausend Mann in Thessalien überwinterte. Mit diesem Heer rückte er im nächsten Jahr, 479 v. Chr., erneut nach Süden vor und besetzte Athen, das die Bevölkerung wiederum geräumt hatte. Die vereinigten Griechen standen westlich des Isthmos von Korinth. Unter dem Befehl des

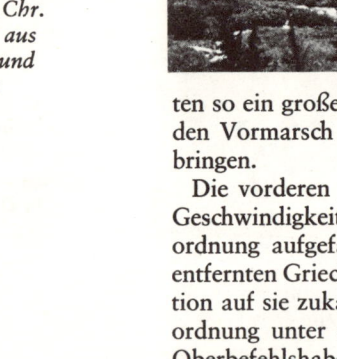

spartanischen Regenten Pausanias rückten sie vor, den Persern entgegen. Bei Platää in Süd-Böotien kam es zur Schlacht. Die Perser wurden vernichtend geschlagen, nachdem ihr Führer, Mardonios, gleich zu Beginn der Schlacht gefallen war. Die Reste des besiegten Heeres zogen sich nach Kleinasien zurück. Die Feindseligkeiten zwischen Griechenland und Persien hielten noch über Jahrzehnte an, aber die Gefahr einer Invasion war seit Salamis und Platää gebannt. Das griechische Festland war befreit.

In seinem bedeutenden und bewegenden Essay über Leonidas an den Thermopylen spricht W. Golding das aus, was gleichermaßen für Themistokles bei Salamis und alle heldenhaft kämpfenden Griechen gilt: „Wenn Du ein Perser gewesen wärest, hätten weder Du und Leonidas noch irgend jemand voraussehen können, daß hier in dreißig Jahren der Glanz Athens, die Blüte griechischer Kultur, ja die ganz Europas gewonnen worden war. Es ist Leonidas zu danken, daß ich hingehen kann, wohin immer ich will, und daß ich schreiben kann, was immer ich im Sinn habe. Er hat zu unserer Freiheit beigetragen." Salamis bedeutete den Triumph freier Menschen über ein autokratisch regiertes Weltreich.

Die gewaltigen militärischen Anstrengungen dieses Krieges und der Erfolg, der den Griechen beschieden war, ermöglichten Athen und Sparta einen großen machtpolitischen und wirtschaftlichen Aufschwung. Vor allem Athen erlebte gleichzeitig eine beispiellose kulturelle Blüte. All das, was wir am klassischen Griechenland verehren, entstand in dem Jahrhundert nach den Perserkriegen: das demokratische Staatswesen, die unvergleichlichen Werke der bildenden Kunst und der dramatischen Dichtung. Unter persischer Oberherrschaft hätte Athen sicher manches erreicht, aber gewiß nicht in solcher Vollkommenheit und gewiß nicht in solchem Geist.

Den großen Strategen des Krieges war kein Erfolg mehr beschieden. Schon wenige Jahre nach Platää wurde Themistokles nach Argos verbannt. Aber auch dort ließen ihn die Umtriebe seiner Feinde nicht ruhen. Er mußte sich an den Hof des Perserkönigs flüchten, wo er den Rest seines Lebens verbrachte. Pausanias wurde in Sparta des Staatsumsturzes bezichtigt und von seinen Landsleuten getötet. Unter neuen Führern begann Athen, seine Herrschaft in der Ägäis und in Kleinasien aufzubauen. Das 5. Jahrhundert, über dem die Sonne so hell aufgegangen war, endete im verhängnisvollen Bruderkrieg zwischen Athen und Sparta. Doch auch diese Ereignisse haben ihre Moral. Freiheit bedeutet letzten Endes die Freiheit, auf eigene Weise unterzugehen.

PETER GREEN

Perikles, der große Demokrat unter den Staatsmännern Athens. Kopf einer Statue von Kresilas, etwa 420 v. Chr., römische Marmor-Kopie

Griechenlands klassische Zeit. Makedonien

Als Beginn des klassischen Zeitalters in Griechenland, das die schönsten Erzeugnisse der griechischen Kultur hervorbrachte, gilt der Sieg über die Perser. Sein Ende führten die Makedonier herbei, als sie unter König Philipp II. Griechenland zu unterwerfen begannen. Die siegreichen makedonischen Feldzüge in Griechenland bildeten die Grundlage und Voraussetzung für die Weltreichpläne Alexanders des Großen. Seine Eroberungszüge veränderten das gesamte Antlitz der östlichen Welt. Im Westen waren die politischen Ereignisse in diesem Jahrhundert von geringerer Bedeutung, obwohl die Griechen in Sizilien im Jahr der Schlacht bei Salamis, 480 v. Chr., einen größeren Angriff der Karthager abzuwehren hatten.

Achilleus und Patroklos

Der Seesieg bei Salamis war das Werk des Themistokles. Der Landsieg bei Plataä, 479 v. Chr., der den persischen Feldzug in Griechenland beendete, war das Verdienst der Spartaner unter ihrem Befehlshaber Pausanias. Daraufhin wurde Pausanias beauftragt, mit den verbündeten Griechen die ionischen Küstenstädte in Kleinasien von den Persern zu befreien. Aber Streitigkeiten in Sparta und ein zwielichtiges Verhalten des Pausanias in diesem Feldzug führten dazu, daß er seines Amtes als Oberbefehlshaber enthoben wurde und die spartanischen Truppen in die Heimat zurückberufen wurden. Athen setzte die Kriegführung allein fort und schloß die Inseln und Städte unter seiner Führung zu dem Attischen Seebund zusammen. Sein Mittelpunkt und Sitz des Bundesrates wurde Delos.

Die Mitglieder beteiligten sich vor allem durch Zahlung von Geldmitteln an den Rüstungen, die hauptsächlich von Athen durchgeführt wurden. Bei der Vormachtstellung Athens innerhalb des Bundes war es nur eine Frage der Zeit, wann daraus ein attisches Reich entstehen würde. Die gemeinsame Zugehörigkeit aller Mitglieder zum ionischen Stamm mag die Erwartung gestützt haben, daß sich auf dieser Grundlage ein festeres Band knüpfen lassen werde, aber die Tradition der Polis war unvereinbar mit der Idee einer »Nation«, wie wir sie heute verstehen. Ein Bündnis kam der griechischen Vorstellung von einem nationalen Zusammenschluß noch am nächsten. Erst durch die Eroberungen Alexanders des Großen wurde Griechenland zu einem einheitlichen Begriff, wenn auch nur durch seine provinzielle Bedeutungslosigkeit innerhalb einer größeren Ordnung.

Der Attische Seebund spaltete Griechenland in zwei Machtgruppen: den Peloponnesischen Bund mit Sparta an der Spitze und Athen mit seinen Verbündeten. Zwischen beiden Gruppen entwickelten sich feindliche Auseinandersetzungen, die vor allem auf den unterschiedlichen politischen Systemen Spartas und Athens beruhten.

Athen hatte während dieser Zeit den Höhepunkt der griechischen Demokratie erreicht. Sie war allerdings keineswegs vollkommen in unserem Sinn. Ein großer Teil der

Demeter und Kore mit einem Knaben

Bevölkerung war versklavt oder mit beschränkten politischen Rechten bedacht. Dennoch war in Athen die Volksvertretung in höherem Maß verwirklicht worden, als es vielleicht in einer Stadt oder einem Staat je geschehen kann.

Im Gegensatz dazu wurde Sparta theoretisch noch von zwei Königen, denen der Rat der Alten zur Seite stand, regiert. Die Macht im Staat lag jedoch bei den Ephoren, die aus den Reihen der allein vollberechtigten Bürger, den Spartiaten, gewählt wurden. Die unfreien Heloten bildeten mit den zwar freien, aber ohne Bürgerrecht begabten

Trauernde Athena

Periöken die breite Bevölkerung. Hier war die Oligarchie, Herrschaft der wenigen, die Grundlage des Staates.

Während die persische Bedrohung den Attischen Seebund unter der Führung Athens zusammenhielt, kam es noch zu keinem Bruch mit den Spartanern. Ein persischer Angriff wurde im Jahr 451 v. Chr. bei Salamis auf Cypern erneut zurückgeschlagen. Die Perser schlossen im Jahr 449 v. Chr. mit den Griechen endgültig Frieden. Der Attische Seebund hatte jetzt, da die persische Gefahr abgewandt war, wenig Existenzberechtigung. Aber Athen war nicht gewillt, seine Vormachtstellung aufzugeben. Athenische Bürger, die Kleruchoi, gründeten Niederlassungen an lebenswichtigen Plätzen in verbündeten Gebieten, um die Versorgungswege nach

Leonidas

Athen zu überwachen und zu schützen.

Dieser Ausbau einer zeitweiligen militärischen Führerschaft zu einer dauernden Herrschaft über die Bundesgenossen fand unter Leitung des großen Perikles statt, der um 495 geboren wurde und bis 429 v. Chr. lebte. Die Stabilität, die vorhielt, solange die Oberhoheit Athens durch seine Flotte in der Ägäis unangefochten blieb, schuf die Voraussetzungen für eine beispiellose Entfaltung des kulturellen Lebens. Athen selbst war der strahlende Mittelpunkt geistiger und künstlerischer Tätigkeit. Im 5. Jahrhundert wurde es zu einem Anziehungspunkt für die Philosophen aus der ganzen griechischen Welt. Während die Griechen viele Erkenntnisse, besonders auf dem Gebiet der Mathematik und der Astronomie, vom Osten übernahmen, entwickelten sie eigene Methoden in der wissenschaftlichen Forschung und im Philosophieren. Die Fähigkeit vernunftmäßigen Denkens führte zu der In-Frage-Stellung gängiger Vorstellungen vom Leben und von der Gesellschaftsordnung. Die Sophisten, die für eine kritische Anwendung der durch Nachdenken gewonnenen Erkenntnisse eintraten, forderten eine starke Reaktion seitens der mehr konservativ denkenden Kreise in Athen heraus.

Sokrates, der große Lehrer und Philosoph, wurde berühmt für seine Fähigkeit, alles und jedes kritisch zu durchdenken, während er in Wahrheit den spitzfindigen und unüberschaubaren Skeptizismus der Sophisten angriff. Dennoch wurde er das Opfer des Übermaßes an philosophischen Verdrehungen der Sophisten und wollte lieber sterben als seine Lehren widerrufen. So ernsthaft war das Anliegen der Philosophie allseitig in Athen.

Die Philosophie verzichtete nicht auf die Götter, die ein wesentlicher Bestandteil der griechischen Welt waren. Da im Mittelpunkt der Religion strenge Kulthandlungen für bestimmte Götter und Göttinnen standen, waren die Dienste in den Tempeln viel wichtiger als die Lehre. Darum war das Philosophieren keine echte Alternative zum Glauben. Die Religion war unauflöslich mit dem Leben in der Polis verbunden. Große Geldmittel wurden ausgegeben, um den Gottheiten Tempel zu errichten. Die Bauten für die Götter gewährten dem schöpferischen Geist der Griechen die beste Ausdrucksmöglichkeit. Die Architektur und Plastik dieses Zeitalters hat die europäische Kultur bis zum heutigen Tag nachhaltig beeinflußt.

480 – 323 v. Chr.

Sokrates   *Ein Gott*   *Herodot*

Die Griechen brachten in dieser Zeit eine bedeutende neue Literaturgattung hervor. Sie schufen das abendländische Theater durch die beiden Formen des Dramas, die Tragödie und die Komödie. Aus religiösen Motiven entwickelt, fanden sie ihren Platz im Leben Athens. Das Drama erreichte einen ersten Höhepunkt in den Werken des Dichters Aischylos, die zur Zeit der Perserkriege entstanden. Er starb 456 v. Chr. Sophokles und Euripides führten die Tradition des attischen Dramas weiter. Ihr Schaffen hat das Zeitalter des Perikles mitgeprägt; beide lebten bis 406 v. Chr. Aristophanes gilt als der Vollender der altattischen Komödie; er dichtete köstliche Lustspiele, voll von Witz und gespickt mit scharfen Hieben auf seine Zeitgenossen. Als

Schauspieler in einer Komödie

der Philosoph Platon ihm um 370 v. Chr. im »Symposion« ein literarisches Denkmal setzte, war er wohl schon ein Jahrzehnt tot.

Sokrates' nur mündlich überlieferte Lehren wurden von Platon in eine elegante und kraftvolle Sprache gekleidet. In zweien seiner Werke, musterhaften Beispielen in durchdachter Klarheit und stilistischer Vollkommenheit, wird seine politische Theorie dargelegt: Es sind dieses der »Staat« und die »Gesetze«.

Das Bedürfnis der Athener, die Wahrheit zu erforschen, war leidenschaftlich und pragmatisch. Platon prüfte in seinen Werken die reale Welt der griechischen Polis. Er bemühte sich, eine ideale Lösung der Probleme des Lebens in der Stadt zu formulieren, und erprobte seine Theorien auch am praktischen Versuch. Der Tyrann Dionysios II. von Syrakus wurde auf eigenen Wunsch von Platon sorgfältig zum »idealen Herrscher«, zum weisen Philosophenkönig Platons, herangebildet. Der Versuch mißlang, da Dionysios sich als zu leicht durch menschliche Schwächen verführbar erwies. Aber es zeigt die außerordentliche Bedeutung, die der Philosophie im Leben der Griechen zukam.

Die Politik des perikleischen Zeitalters übte einen nachhaltigen Einfluß auf die Geschichtsschreibung ebenso wie auf andere Literaturgattungen aus. Herodot von Halikarnass, der »Vater aller Geschichtsschreibung«, erforschte in seinen Werken die Geschichte der Perserkriege und wandte als erster eine echte historische Analyse an, während bisher nur eine stark verzerrte Geschichtsschreibung in Form von Inschriften, allein zum Lob der Herrscher und Götter, oder eine unkritische Aufzählung von Ereignissen üblich waren.

Athens feste Stellung in der Ägäis und sein zunehmender machtpolitischer und wirtschaftlicher Aufschwung brachten es in Konflikt mit der anderen, älteren griechischen Großmacht, Sparta. Im Jahr 431 v. Chr. kam es zum Krieg, in dessen Verlauf Athens Vormachtstellung zu Fall kam. Ein Ereignis von solcher Tragweite veranlaßte Thukydides, über die Gründe der Katastrophe mit methodischer Strenge und gewissenhafter Objektivität nachzudenken. Sein Werk über den Peloponnesischen Krieg, den Niedergang Athens und den am Ende zweifelhaften Sieg der Spartaner, da auch ihre Erschöpfung ihnen nicht erlaubte, den erstrebten Nutzen aus diesem Triumph zu ziehen, gehört zu den kunstvollsten Darstellungen, die die Geschichtsschreibung kennt.

Das siegreiche Sparta

Aus dem Peloponnesischen Krieg ging Sparta als Sieger hervor. Athens Flotte und seine Verteidigungsanlagen waren zerstört. Sparta erfreute sich nur für kurze Zeit der Hegemonie in Griechenland. Der Krieg wurde im Jahr 404 v. Chr. beendet. Schon drei Jahre später war es in einen Krieg mit den Persern verwickelt und sah sich in Griechenland dem Angriff seiner Bundesgenossen gegenüber, die mit ihrer Behandlung seitens Sparta unzufrieden waren. Ein erneuter Bruderkrieg folgte.

Theben

Die Stadt Theben, wo der begabte Heerführer Epaminondas eine

Kopf des delphischen Wagenlenkers

schlagkräftige Armee herangebildet hatte, ging zunächst als Sieger aus dem Kampf hervor, nachdem er die Spartaner im Jahr 371 v. Chr. bei Leuktra vernichtend geschlagen hatte. Der Sieg brachte Theben die Führung über die anderen griechischen Städte. Aber seine Vorherrschaft galt als ebenso unerträglich wie früher die Spartas und Athens. Dauernde kriegerische Auseinandersetzungen in den folgenden Jahrzehnten um die Vorherrschaft über immer wieder erneuerte Städtebündnisse boten ein Bild ständig wachsender Zerstörungen. Der wirtschaftliche und politische Niedergang Griechenlands war unaufhaltsam. Die hoffnungslose Lage in Griechenland wurde von äußeren Feinden ausgenützt. Die karthagische Einflußsphäre griff in gefährlicher Weise auf die griechischen Niederlassungen im Mittelmeer-Raum über. Im Osten flammte der persische Machtanspruch wieder auf.

Makedonien

Im Norden von Griechenland lag das Königreich Makedonien mit einer Bevölkerung von »Barbaren«, wie die Griechen sie nannten, während die königliche Familie als griechische anerkannt wurde. Örtliche feudale Streitigkeiten und Kriege mit den benachbarten Illyrern hatten bisher Makedonien nicht über seine Grenzen hinaus Bedeutung gewinnen lassen. Erst unter dem tatkräftigen König Philipp II. erstarkte der Staat. Er hatte einige Zeit als Geisel in Theben verbracht und sich Kenntnisse griechischer Lebensart angeeignet und, was wichtiger war, bei den berühmten thebanischen Truppen das Kriegshandwerk erlernt. Philipp II. reformierte das makedonische Heer und erhob sein Land in wenigen Jahren zu einer bedeutenden Macht in der griechischen Welt.

Das Aufkommen eines starken Staates im Norden rief in Griechenland unterschiedliche Reaktionen hervor. Der Redner Demosthenes sah in den Makedoniern die Bedroher der Freiheit Griechenlands. Ein anderer Redner, Isokrates, hingegen beschwor in Philipp II. den neuen Führer aller Griechen herauf, der sie einen und von den politischen und militärischen Wirren befreien konnte.

Wohl Philipp II. von Makedonien

Aber eine Entscheidung der Griechen selbst hatte ohnehin kaum noch Bedeutung. Philipp II. erstrebte die Führerschaft von ganz Griechenland. Es folgte die erste kriegerische Auseinandersetzung mit Makedonien, und das einzige griechische Heer von Bedeutung, das Thebens, wurde zusammen mit athenischen Hilfstruppen bei Chaironeia im Jahr 338 v. Chr. besiegt. Philipp trat die Hegemonie über ein neues Bündnis an, das alle griechischen Städte außer Sparta einschloß, dessen Außenseiterstellung bedeutungslos war, weil es machtlos geworden war. In der Schlacht bei Chaironeia spielte Philipps Sohn, Alexander, eine entscheidende Rolle.

Tod Alexanders des Großen

323 v. Chr.

Zwölf Jahre waren vergangen, seit Alexander III., der Große, der junge König der Makedonier und Führer des Bundes von Korinth, am Steuerruder seines Schiffes gestanden und es über den Hellespont an die Küste Asiens gesteuert hatte. Zwölf Jahre lang hatte er Asiens Straßen durchmessen und Zehntausende von Kilometern zurückgelegt. Nun, im Jahr 323 v. Chr., lag er, der die Welt erschüttert und verändert hatte, sterbend in seinem Palast zu Babylon. An den Toren verlangten die Soldaten, ihren König zu sehen. Ein Gerücht hatte sich verbreitet, daß Alexander bereits gestorben sei und daß man seinen Tod verheimlichte. Schließlich wurden die rauhen makedonischen Reiter und Lanzenträger vorgelassen. Mit bestürzten Gesichtern zogen sie am Lager ihres Herrn vorbei. Sie sahen ihn hoch fiebernd, unfähig, ein Wort zu sprechen. Mit letzter Kraft zwang er sich, sein fahles Antlitz zu heben, um ihnen einen letzten Gruß zu gewähren.

In jener Nacht gingen seine Generäle Peithon und Seleukos, um das Orakel des Serapis zu befragen, ob sie den König in den Tempel bringen sollten. Der Gott antwortete, er solle in seinem Palast ruhen bleiben. Dort starb Alexander der Große. Die Malaria, an der er schon oft erkrankt war, hatte ihn dahingerafft. Das Leiden war durch einen zügellosen Lebenswandel verschlimmert worden. Die ungeheuren Anstrengungen eines ruhelosen Feldherrndaseins hatten ihn frühzeitig erschöpft.

Alexander starb sieben Jahre nach dem Großkönig Darius III., den er vom Thron des persischen Reiches gestürzt hatte. Der letzte Herrscher aus dem Haus der Achämeniden hatte ein unrühmliches Ende genommen.

Seit nahezu zweihundert Jahren waren die Geschicke Persiens und Griechenlands miteinander eng verwoben: seit die ionischen Städte in Kleinasien unter Kyros II., dem Großen, mit Persien in Berührung gekommen waren. In der Folgezeit wurde Darius I. 490 v. Chr. bei Marathon von den Griechen besiegt. Seinen Nachfolger Xerxes I. ereilte 480 v. Chr. vor der Insel Salamis und 479 v. Chr. bei Plataä das gleiche Schicksal. Aber die Perser gaben sich nicht ganz geschlagen. Durch diplomatisches Geschick im Gegeneinander von Sparta und Athen gelang es ihnen immer wieder, in die Belange der griechischen Staaten einzugreifen. Vielfältig waren auch die kulturellen und wirtschaftlichen Beziehungen zwischen Griechen und Persern: Viele Griechen taten Dienst in Persien, etwa als Söldner und Künstler oder als Kaufleute und Handwerker. Sie halfen beim Bau der großen Paläste von Susa und Persepolis, und griechische Söldnereinheiten waren die verläßlichsten Truppen im riesigen und schwerfälligen Heer des persischen Königs.

Als Söldner wurden die Griechen auch in Machtkämpfe innerhalb Persiens verwickelt. Die Thronstreitigkeiten zwischen dem Großkönig Artaxerxes II. und seinem Bruder, Kyros dem Jüngeren, wurden zehntausend griechischen Söldnern zum Schicksal. Mit ihrer Hilfe hatte Kyros in der Schlacht bei Kunaxa im Jahr 401 v. Chr. zwar gesiegt, selbst aber den Tod gefunden. Das herrenlose Heer, das auch seiner griechischen Führer beraubt war, zog unerschrocken mitten durch Feindesland von Babylonien bis' zum Schwarzen Meer und gelangte allen Entbehrungen zum Trotz nach Sparta. Die Griechen hatten zu ihrem Führer Xenophon gewählt, der gewissermaßen als unbeteiligter Schlachtenbummler den Feldzug begleitet hatte und ohne jede strategische Erfahrung war. Er führte das Heer mit Umsicht und Tatkraft der Heimat entgegen. Der Zug der Zehntausend, die »Anabasis«, wurde durch seine Feder zu einem literarischen Meisterwerk. Die Söldner fanden neue Dienste in Sparta bei König Agesilaos II., der sich Hoffnungen machte, die persische Herrschaft in Kleinasien zu brechen. Aber sein Feldzug 395/94 v. Chr. endete erfolglos.

Der große attische Rhetoriker Isokrates, der von 436 bis 338 v. Chr. lebte, beschwor in seinen Reden nicht nur die Einheit der griechischen Welt, er forderte den Kriegszug gegen Persien, ihren natürlichen Feind. Da ihm im eigenen Land niemand einer solchen Aufgabe gewachsen schien, richtete er seine Hoffnung auf Philipp II. von Makedonien, einen »Barbaren« zwar,

Alexander der Große. Marmor-Kopf aus Ägypten, 3. Jahrhundert v. Chr.

Alexander der Große zu Roß. Detail eines Mosaikes aus der Casa del Fauno in Pompeii, etwa 100 v. Chr.

Kampf eines persisch gekleideten Fürsten, wahrscheinlich des Abdalonymos von Sidon, gegen Griechen. Schmalseite des Marmor-Frieses am Alexander-Sarkophag aus Sidon, zwischen 330 und 320 v. Chr.

aber dennoch der Überlieferung nach dem Achilles, Herakles und Perseus verwandt. Philipp II. warf sich zum Schutzherrn aller Griechen auf. Im Jahr 338 v. Chr. schloß er mit ihnen den Bund von Korinth und übernahm den Oberbefehl über eine vereinigte griechische und makedonische Armee, mit der er Persien zu bekriegen dachte. Doch bevor er zu Feld ziehen konnte, wurde er ermordet. 336 v. Chr. folgte ihm sein zwanzigjähriger Sohn Alexander III. auf dem makedonischen Thron und als Führer des korinthischen Bundes.

Er war der Mann, der der Forderung der Stunde besser genügte – einer Stunde, zu der eine ganze Welt auf Erneuerung zu warten schien. Alexanders in späterer Zeit idealisierter Schönheit und Charakterfestigkeit hat nicht der Wirklichkeit entsprochen, sondern war das Werk der von seinen Taten begeisterten Künstler und Geschichtsschreiber. Aber an seiner genialen Begabung kann kein Zweifel bestehen. Sein strategischer Einfallsreichtum, seine taktische Erfindungskraft und seine Kenntnisse von Festungsbau und Belagerungskunst sind unbestreitbar. Der wilde Mut des Soldaten Alexander wurde von einer verstandesmäßigen Kühnheit im Gleichgewicht gehalten. Der Einfluß seines Erziehers Aristoteles wirkte sich fruchtbar aus. Alexanders aufbrausende Rücksichtslosigkeit war makedonisches Erbe. Seine intellektuelle Neugier und seine geistige Toleranz waren griechisch geprägt. Mehr als andere große Tatmenschen, mit Ausnahme vielleicht des Perikles, verkörperte er den forschenden Geist der Griechen. »Wahrlich, wenn ich nicht Alexander wäre, möchte ich wohl Diogenes sein«, soll er bei der Begegnung mit diesem Philosophen ausgerufen haben. Gerade die Verbindung von Tatmensch und Philosoph machte Alexander zu einer faszinierenden und bedeutenden Erscheinung. Als Entdecker ferner Länder beschäftigte er Generationen von Geographen. An der Planung seiner Feldzüge beteiligte er Philosophen, Naturwissenschaftler, Topographen und Techniker. Kunst und Kultur fanden in seinem Wirken neue Anregungen und Ausdrucksmöglichkeiten.

Nachdem er in Griechenland den letzten Widerstand gegen seine Vorherrschaft mit der Zerstörung Thebens gebrochen hatte, begann er im Jahr 334 v. Chr. seine Eroberungen in Asien. Von der makedonischen Hauptstadt Pella, in die er nicht heimkehren sollte, brach er mit seinem Heer nach Kleinasien auf, schlug die Perser in der Schlacht am Granikos und gewährte den ionischen Städten Freiheit. In einem raschen Marsch entlang der Küste rückte er bis nach Phönikien vor, wo er 333 v. Chr. bei Issos den persischen Großkönig Darius III. und seine Hauptarmee glänzend besiegte. Bei der Belagerung und Zerstörung von Tyros und Gaza verweilte er einige Monate. Dann besetzte er kampflos Ägypten, ließ sich zum Sohn des Gottes Amun erklären und krönte sich zum Pharao. Um den Griechen im eroberten Land einen Sammelpunkt zu geben, gründete er im westlichen Nil-Delta die Hafenstadt Alexandrien, die erste seiner zahlreichen Städtegründungen, die zur Königin der hellenistischen Städte werden sollte.

In kühnem Vormarsch und ohne Rücksicht auf die noch kaum erschütterte Macht der Perser in seinem Rücken hatte Alexander in fast drei Jahren das ganze westliche Perserreich unterworfen. Im Herbst 331 v. Chr. zog er nach Mesopotamien und stieß über den Euphrat und Tigris vor. Bei Gaugamela kam es zur Schlacht mit den Persern. Darius III. hatte alle Macht aufgeboten und ein riesiges Heer aus den entferntesten Orten des Achämeniden-Reiches zusammengezogen. Aber selbst Elefanten und Sichelwagen nützten dem Großkönig nichts angesichts der makedonischen Kavallerie und Phalanx. Der geschlagene Darius III. floh nach Baktrien. Alexander triumphierte als Sieger in Babylon und in Susa. Unangefochten rückte er in die Persis vor, die Herz und Wiege der Macht Darius' III. war. Im Palast von Persepolis bestieg Alexander den Thron der Großkönige, den einst ionische Handwerker erbaut hatten. Der Führer Griechenlands wandelte sich zum Beherrscher Asiens; dennoch blieb er Vorkämpfer griechischer Kultur. Es wurde zu seinem bestimmenden Wunsch, das Hellenentum mit orientalischer Machtfülle zu verbinden.

Darius III. wurde verfolgt und schließlich von seinen eigenen Satrapen gefangengenommen und ermordet. Alexander aber ließ die Mörder seines Gegners hinrichten und seinen Leichnam mit königlichen Ehren beisetzen. In den folgenden Jahren eroberten die Makedonier ganz Persien. Die Verwaltung des Reiches blieb meist in den Händen persischer Beamter, wodurch das Land rasch und wirksam befriedet wurde. Alexander fühlte sich jetzt ganz in der Rolle eines orientalischen Potentaten, was zu ernsthaften Zerwürfnissen mit seinen Gefährten führte. Mehrere seiner Freunde und Feldherren mußten ihr Aufbegehren gegen das orientalische Zeremoniell und die damit verbundene neue geistige Haltung am Hof mit dem Leben bezahlen. Der König suchte den inneren Schwierigkeiten seiner Herrschaft mit einem neuen Eroberungszug zu begegnen. Die Einheit von Feldherr und Heer sollte den Makedoniern ihr altes Vertrauensverhältnis zu ihrem König wiedergeben. Im Jahr 327 v. Chr. brach Alexander nach Indien auf.

Seine ins Maßlose gesteigerten Pläne scheiterten. Die menschliche Leistungsfähigkeit seiner Untergebenen war erreicht. Nach ersten Erfolgen im Pandjab gebot 326 v. Chr. eine Meuterei der eigenen Leute an den Ufern des Ihelum (Hyohasis) dem König Einhalt. Sein Wunsch, zum Ganges vorzustoßen, mußte unerfüllt bleiben. »Ein Heerführer wie Du, mit einer Armee wie der unseren, hat von keinem Feind auf dieser Erde etwas zu befürchten«, sagte sein General Koinos zu ihm, »aber vergiß nicht, daß sich das Schicksal nicht vorausbestimmen läßt, und niemand kann sich schützen vor dem, was es bringt.« Der unbeugsame Machtwille Alexanders hatte ihn nach Persepolis auf den Thron der Großkönige geführt, weiter nach Baktrien und in das Pandjab. Über den Hindu Kusch hinweg hoffte er den großen Ozean-Fluß zu finden, der den Saum des Himalaya umspülen sollte. Nach den Vorfällen am Ihelum wandte er sich südwärts und marschierte das Indus-Tal abwärts. Beinahe wäre er an einem Pfeilschuß gestorben, den er beim Angriff auf die Festung eines wilden Stammes in Sindh erhalten hatte. Ein Teil des Heeres segelte

Paß von Issos am Golf von Alexandrette. Schauplatz der Schlacht im Jahr 333 v. Chr.

Kampf eines persisch gekleideten Fürsten mit einem Panther. Schmalseite des Alexander-Sarkophags, zwischen 330 u. 320 v. Chr.

Stier und Löwe. Detail eines marmorartigen Kalkstein-Reliefs aus Persepolis, 4. Jahrhundert v. Chr.

Ruinen in Persepolis. Residenz der Achaimeniden, zwischen dem 6. und 4. Jahrhundert v. Chr.

über das Meer zur Mündung des Euphrat, während Alexander mit der Hauptmacht den Weg durch die Wüste von Gedrosien nahm, wo der König durch die Strapazen erhebliche Verluste an Menschen und Vieh erlitt. Im Frühjahr 324 v. Chr. trafen die wiedervereinigten Truppenteile in Susa ein. In Babylon mußte er entdecken, daß viele seiner Leute, denen er wichtige Aufgaben anvertraut hatte, seine Abwesenheit ausgenutzt hatten, um ihre Stellungen nur zu ihrem Vorteil zu mißbrauchen. Selbst Harpalos, sein Gefährte seit Kindertagen, hatte sich an Unterschlagungen beteiligt. Auf der Flucht vor Alexanders Zorn kam er durch die Hände eines Genossen auf dem Weg nach Griechenland um. In Opis erhoben sich die makedonischen Veteranen gegen ihren Herrn, weil sie heimgesandt und durch Perser ersetzt werden sollten. Dreizehn seiner Leute wurden wegen der Meuterei hingerichtet. Hierauf begab Alexander sich nach Ekbatana in Medien, wo sein geliebter Freund Hephaistion von einem Fieber dahingerafft wurde. Alexanders Trauer war groß. Nach allem Mißgeschick beschloß der König im Frühjahr 323 v. Chr. wiederum einen Feldzug, der seinen Ruhm als Heerführer erneuern und sein Verlangen, Unbekanntes zu ergründen, stillen sollte. Das Ziel war, Arabien zu unterwerfen und zu erforschen, was gleichzeitig Ersatz für den Fehlschlag in Indien bieten konnte. Zu den umfangreichen Vorbereitungen gehörte der Bau eines Hafens am Euphrat, in dem Hunderte von Schiffen Platz fanden. Die versammelte Flotte wurde mit phönikischen und ionischen Seeleuten bemannt. Die Truppen stammten aus Persien, Lydien und Karien. Alexander der Große war nicht mehr der Anführer eines Makedonen-Heeres, sondern einer Armee, die alle Völkerschaften seines Reiches vereinte. Der 7. Juni 323 sollte der Tag des Aufbruchs sein. Schon fünf Tage vorher begann Alexander mit dem Opfern, um die Götter seines Unternehmen günstig zu stimmen. Er ließ Wein an seine Leute austeilen und feierte aus-

Reste einer Wohnstadt in Susa nahe des Perser-Palastes. 2. Jahrtausend v. Chr.

giebig mit seinen Gefährten. Auf einem Gelage seines Freundes Medios, der unter den Höflingen seit des Hephaistions Tod bei Alexander am meisten galt, befiel ihn das Fieber, das ihn aufs Krankenlager warf. Alexander bestand während der nächsten Tage darauf, die Opfer fortzusetzen, und ließ sich hintragen, um ihnen beizuwohnen. Mit seinem Admiral Nearchos besprach er weitere Vorbereitungen für den Feldzug. Aber sein Zustand wurde ernster. Ein Wechsel seines Lagers vom Sommerhaus am Flußufer in die Kühle des Palastes linderte das Fieber nicht. Bald versagte ihm die Sprache. Elf Tage nach Ausbruch des Fiebers starb Alexander der Große, dreiunddreißig Jahre alt. Zwölf Jahre und acht Monate hatte er regiert. Der Feldzug nach Arabien wurde aufgegeben.

Zu Lebzeiten schienen Alexander und sein Reich den Griechen und seinen makedonischen Gefolgsleuten ein beunruhigendes Rätsel zu sein. Erinnerten sie sich an den Heerführer, der bei Issos seine Männer mit dem Ruf »Wir sind frei, jene sind Sklaven!« angefeuert hatte, so mußte es sie sonderbar anmuten, daß Alexander an seinem Hof in Persien die Proskynese (Fußfall) auch von seinen Landsleuten forderte. Als der Philosoph Kallisthenes das öffentlich tadelte und eine göttliche Verehrung Alexanders ablehnte, mußte er seine Haltung mit dem Leben bezahlen. Alexanders Gefährten murrten verärgert, wenn besiegte Perser als Gleiche unter Gleichen am Hof aufgenommen wurden. Eines Nachts schließlich, nach einem schweren Trinkgelage, geriet Alexander mit Kleitos, der ihm in der Schlacht am Granikos das Leben gerettet hatte, in Streit und tötete den Freund. Am Gegensatz von Alexanders unmäßigem Ehrgeiz und den Grenzen menschlicher Leistungsfähigkeit seiner Gefolgsleute scheiterte der Feldzug nach Indien und entzündete sich der Aufstand der Makedonier in Opis. Viele Griechen meinten, daß er sich von Hellas abgewandt hatte, um ein orientalischer Herrscher zu werden.

Dieses traf in mancher Hinsicht zu. Der Wendepunkt kam im Frühling 330 v. Chr. in Ekbatana, als Alexander die griechischen Soldaten des Bundes von Korinth als Verbündete entließ und nur diejenigen neu verpflichtete, die als Söldner zu bleiben wünschten. Er vertauschte sein Amt als Führer von Griechenland mit dem des Herrschers über sein erobertes

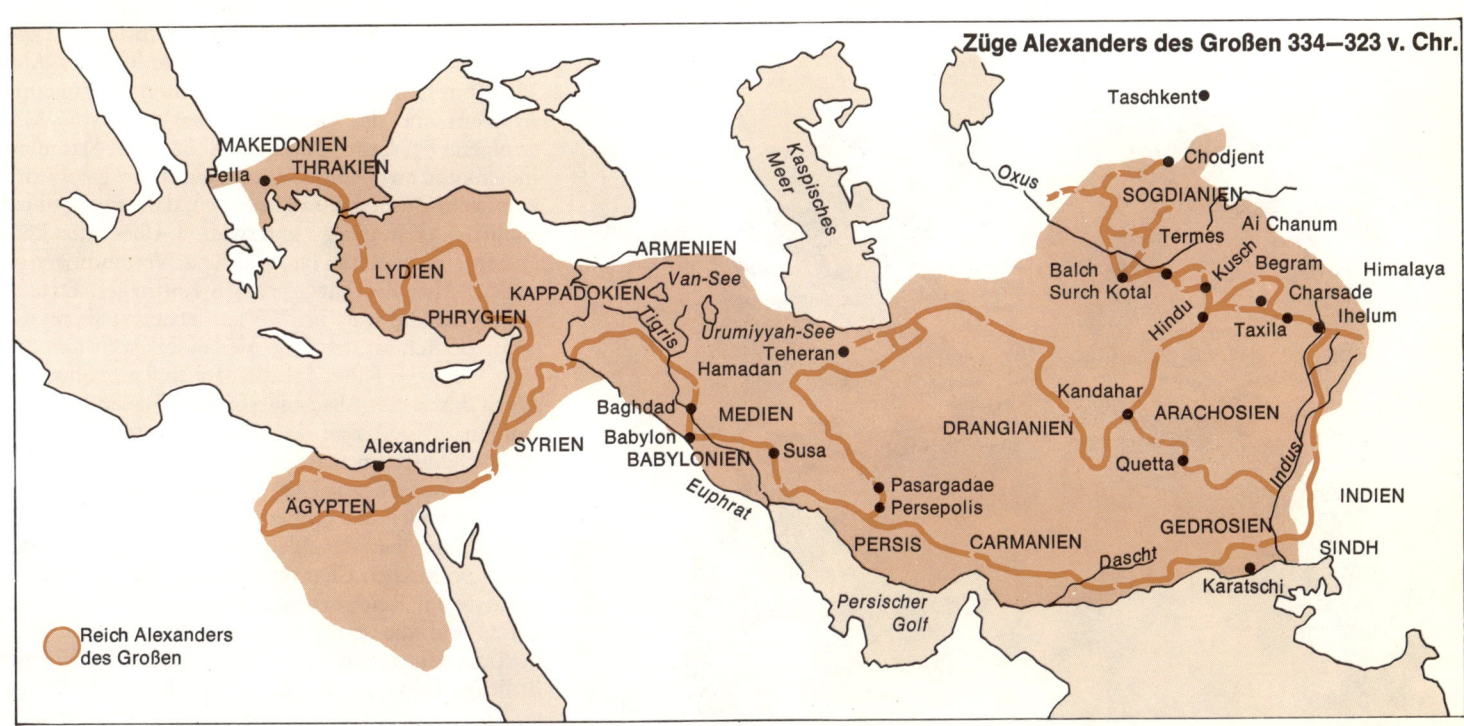

Reiche der Diadochen

- Königreich des Ptolemäus I.
- Königreich des Seleukos I.
- Verbündete des Antigonos
- Königreich des Antigonos
- Königreich des Lysimachos
- Königreich des Kassander, Sohn des Antipater
- Der Nesioten-Bund, gegründet 315 v. Chr.

Armreif mit Fabelwesen. Gold, aus einem Schatz aus dem Flußgebiet des Oxus in Turkestan, etwa 5. bis 4. Jahrhundert v. Chr.

Reich. Schon im ersten Winter nach Beginn seines Feldzuges hatte er persische Rekruten in sein Heer aufgenommen, die nach makedonischen Regeln ausgebildet wurden. Alexander suchte seine Herrschaft durch eine völkische Verschmelzung zwischen seinen Griechen und Makedoniern zu festigen. Beispielhaft sollte hier seine Hochzeit mit der persischen Prinzessin Roxane wirken, der Tochter des baktrischen Häuptlings Oxyartes. Im Jahr 324 v. Chr. feierte er seinen Sieg über das Perserreich mit einer Massenhochzeit zwischen Griechen und Perserinnen in Susa. Er selbst ehelichte eine zweite Frau, die Tochter des Darius. Achtzig seiner nächsten Gefährten überredete er, Töchter iranischer Adliger zu heiraten. Nach dem Aufstand in Opis wurde ein Versöhnungsfest gefeiert: Von griechischen Priestern und persischen Magiern angeleitet, beteten die versammelten Gäste darum, daß Griechen und Perser in einem Reich gemeinsam und in Eintracht leben möchten.

Diodorus Siculus, ein Zeitgenosse Julius Caesars, schrieb, daß Alexander eine wahrhafte Einigung zwischen den Menschen in Asien und Europa vorschwebte. Aber seine Geschichtsauffassung ist naturgemäß von den Gleichheitsvorstellungen der Stoiker und Epikuräer geprägt. Die Frage, ob Alexander ein wirkliches Konzept für ein Weltreich im Auge gehabt hat, ist viel diskutiert worden, muß aber offenbleiben, da er sich kaum zu seinen Plänen geäußert hat. Nur seine Eroberungen und Eroberungsabsichten lassen sich abstecken. Nachdem der größte Teil der Alten Welt ihm bereits untertan war, sollten die Einnahme Arabiens und der Gebiete um das Kaspische Meer erfolgen. Er hatte Garnisonen im Fünf-Stromland Indiens und an der Indus-Mündung zurückgelassen. Es kann kein Zweifel daran bestehen, daß er gehofft hat, endlich auch Indien zu unterwerfen. Über seine Pläne im Mittelmeer-Raum lassen sich nur Vermutungen anstellen. Aber die Tatsache, daß Karthager, Etrusker und sogar die weit im Westen lebenden Iberer Gesandtschaften an den Hof Alexanders schickten, legt den Gedanken nahe, daß sie drohenden Eroberungszügen durch den Abschluß von Bündnissen begegnen wollten. Als Arrian in der römischen Kaiserzeit (2. Jahrhundert n. Chr.) sein Epos über Alexander dichtete, sprach auch er von dem unstillbaren Eroberungswillen des großen Königs.

Alexander hat der Welt, die er unterwarf, einen neuen politischen Charakter aufgeprägt. Als er starb, erstarrte sein Reich in den Grenzen, die er ihm gesteckt hatte, und die einzige Ausweitung, die die hellenistische Herrschaft noch erfuhr, spielte sich in jenen östlichen Gebieten ab, die er nur durchzogen hatte.

Zweihundert Jahre nach seinem Tod schickten die griechischen Könige von Baktrien ihre Kundschafter an die Grenzen des chinesischen Reiches, und um die Mitte des 2. vorchristlichen Jahrhunderts erfüllte Menander, der griechische König im Pandjab, der ein philosophierender Soldat vom Temperament des Alexander war, die ehrgeizigen Pläne seines Vorläufers. Er führte sein Heer das Ganges-Tal hinunter, um Pataliputra, die Hauptstadt von Hindustan, zu erobern.

Nach dem Tod Alexanders entstand in seinem Reich Uneinigkeit. Sein Erbe war der nachgeborene Sohn der Roxane, Alexander IV. Er und seine Mutter waren jahrelang Spielball in den Händen der Diadochen, bis beide schließlich 311 v. Chr. von Kassander ermordet wurden. Dieser war ein Sohn des Antipater, der unter Alexander Statthalter in Makedonien und Griechenland war und nach seinem Tod versucht hatte, Reichsverweser zu werden. Aber die Einheit zerfiel im Kampf der Generäle. Die Nachfolger, die Diadochen Alexanders des Großen, Seleukos, Ptolemäos, Antigonos, Lysimachos und Eumenes, teilten das Reich untereinander. Ptolemäos ergriff die Macht in Ägypten. Er ließ den Leichnam seines großen Königs in Alexandrien beisetzen. Im Jahr 306 v. Chr. machten sich die Diadochen zu Königen. Nur einer von ihnen, Ptolemäos, starb eines natürlichen Todes, die übrigen brachten einander im bitteren Zwist um. Allein Antigonos, der Beherrscher Makedoniens, Griechenlands und weiter Teile Kleinasiens, schien zeitweise mächtig genug, das Reich erneut zu einen. Aber Ptolemäos und Seleukos konnten sich behaupten. Die hellenistische Welt blieb geteilt – Makedonien unter den Antigoniden, Ägypten unter den Ptolemäern und Syrien mit Persien und Mesopotamien unter den Seleukiden. Im Schatten dieser Königreiche gediehen auch kleinere, wie Pergamon, Rhodos und Byzanz. Sie entwickelten sich zu eigenen Wirtschaftsmächten.

Trotz der Zersplitterung in einzelne Staaten war die hellenistische Welt von lebendiger Kultur. Sie bildete ein überraschend einheitliches Zeitalter. Die kleinasiatischen Königreiche von Pontus, Bithynien und Kappadokien übernahmen mit der hellenistischen Kultur auch ihr politisches System, und selbst die parthischen und skythischen Herrscher, die sich im griechischen Baktrien niederließen, wurden hellenisiert.

Aber der Hellenismus darf nicht als Folgeerscheinung der Eroberungszüge Alexanders des Großen betrachtet werden. Im kulturellen Bereich hat er nichts Neues geschaffen. Lange vor seinem Auftreten waren die griechische Sprache und Kultur weitverbreitet und kamen erst in den Reichen der Diadochen zur bedeutenden Blüte. Die herrschenden Schichten in den hellenistischen Reichen bestanden entweder aus Griechen und Makedoniern oder aus hellenisierten Angehörigen der einheimischen Aristokratie. Diese Elite bewohnte ihre eigenen Enklaven, typisch griechische Städte mit demokratischen Verfassungen, und ihre Siedlungen nahmen Menschen aller Schichten auf, die während des 3. und 2. Jahrhunderts v. Chr. aus dem überbevölkerten griechischen Mutterland abwanderten. Die Eingeborenen lebten in Dörfern und behielten ihre eigene Kultur bei. Auf diese Weise entwickelte sich eine starke horizontale Spaltung zwischen Griechen und Asiaten.

Im Gegensatz zu Rom haben die Griechen der Diaspora niemals den Begriff des allgemeinen, auf ihre ursprüngliche Heimat ausgerichteten Bürgerrechtes entwickelt. Sie waren Bürger ihrer jeweiligen Gemeinden, Untertanen ihrer Könige, aber das, was einen Mann aus Alexandrien in Ägypten mit einem aus Alexandria Boukephala im nördlichen Pandjab verband, war kultureller und nicht politischer Natur. Am langlebigsten waren diejenigen hellenistischen Staaten, die sich den einheimischen Kulturen nicht ganz entzogen und sie respektierten.

GEORGE WOODCOCK

Königin Maya bei der Geburt Buddhas. Graeco-indisches Relief aus Gandhara, hellenistische Zeit

Priester mit seiner Familie auf einer Kline. Skulpturen aus der West-Exedra des Hypogäum des Jarhai in der Nekropole von Palmyra, 2. Hälfte des 2. Jahrhunderts n. Chr.

China – Reich im Osten

Kyros und Xerxe beherrschten ein riesiges Reich, das von Ägypten bis zum östlichsten Iran und vom Schwarzen Meer bis zum Persischen Golf reichte. Das Reich, das Alexander bei seinem Tod hinterließ, war größer, aber ein keineswegs gefestigter Staat, darum überlebte es seinen Schöpfer nicht. Es fehlte an einer umfassenden Einheit, die die verschiedenen Völkerschaften und politischen Traditionen in dem Gebiet dauerhaft zusammenhielt. Die wenigen Jahre der Herrschaft Alexanders in Asien reichten nicht aus, um eine leistungsfähige Zentralgewalt zu schaffen. Seine Autorität beruhte nur auf seiner unumschränkten, als göttlich verehrten Herrscherstellung.

Der Aufbau eines dauerhaften Reiches durch eine festgefügte und durchgreifende Verwaltung gelang im China des 3. vorchristlichen Jahrhunderts. Unter dem ersten Herrscher der Ch'in-Dynastie wurde das ganze chinesische Kulturgebiet zu einem Staat so geeint, daß er über seinen Sturz hinaus lebensfähig blieb. Ähnlich wie es nach der Schlacht bei Aktium, 31 v. Chr., Augustus verstand, dem römischen Staat durch straffe Organisation von Verwaltung und Gesetzgebung eine leistungskräftige Grundlage zu geben. Hingegen waren Alexanders des Großen Nachfolger nur damit beschäftigt, sein Erbe untereinander zu teilen. Zweifellos bestanden schon seit Jahrhunderten Beziehungen zwischen Vorderasien und China. Einige Gelehrte vermuteten meso-

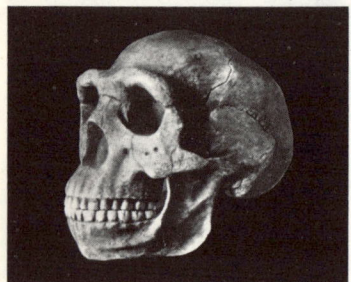

Schädel des Sinanthropus pekinensis

potamische Einflüsse in den frühen chinesischen Kulturen. Der Ursprung chinesischer Kultur reicht bis zum Beginn des 2. vorchristlichen Jahrtausends zurück. Reste von Steinzeitkulturen seit etwa 10000 v. Chr. finden sich über das ganze heutige China verbreitet.

Das prähistorische China

In China hat auch einer der ältesten Vorläufer der menschlichen Rasse

Der mythische Urkaiser Chinas

gelebt. In den Jahren seit 1927 wurden bei einem Dorf 40 Kilometer süd-westlich von Peking die Reste von rund 40 menschlichen Lebewesen, des Peking-Menschen, der dem Pithecanthropus verwandte Sinanthropus pekinensis, gefunden. Sein Hirnraum betrug etwa zwei Drittel von dem des Homo sapiens. Er verfertigte bereits Steinwerkzeuge und kannte Feuer. Trotz dieses frühen Anfangs einer menschlichen Entwicklung in China im Pleistozän, in der Eiszeit, läßt sich keine Kontinuität menschlicher Siedlung und Entwicklung zu den Steinzeitsiedlungen und den ersten Anfängen einer chinesischen Kultur nachweisen, wahrscheinlich weil nur wenige archäologische Ausgrabungen stattgefunden haben.

Erst seit der Shang-Dynastie, die etwa von 1500 v. Chr. bis 1027 v. Chr. herrschte, ist die Kultur Chinas durch archäologische Grabungsergebnisse belegt. Die chinesische Literatur umfaßt eine reiche Mythologie, die bis in das Jahr 2356 v. Chr. zurückrechnet und von zahlreichen Fürsten oder Kaisern berichtet. Vergleichbar den Aufzeichnungen anderer alter Völker, so den Königslisten der Sumerer oder den Erzählungen von den Erzvätern in der Bibel, werden den Herrschern, die wohl Kult-Heroen waren, unglaublich lange Regierungszeiten zugeschrieben. Viele Sagen von Sintfluten weisen die frühesten Kulturzentren in das Gebiet des Unterlaufs des Gelben Flusses.

Der »Große Shang«

Die besten Zeugnisse der Shang-Dynastie entstammen Ausgrabungen in ihrer Hauptstadt »Große Schang« bei An-yang im Norden von Honan, die zwischen dem 12. und 11. Jahrhundert v. Chr. erbaut wurde. Der großartigste Fund waren die Königsgräber, die sich durch Reichtum der Beigaben und Zahl der Bestatteten auszeichnen. Die Überreste von Wagen und Pferden mit ihren Lenkern zeugen von einem Glauben an ein Weiterleben des Menschen im Jenseits. Ein hochentwickeltes Kunsthandwerk hat schöne bronzene Kultgegenstände hervorgebracht, deren Hauptmerkmale die berühmte T'ao-t'ie-Ornamentik sind. Sie weisen bereits ausgeprägte Wesenszüge der chinesischen Kunst auf.

Die Orakelknochen

Von großem geschichtlichem Quellenwert sind die »Weissagungsknochen«. In An-yang war es Brauch, daß Wahrsager mit erhitzten Bronzewerkzeugen Tierknochen berührten. Die dann durch die Hitze entstandenen Sprünge wurden als Antworten des Orakels auf bestimmte Fragen gedeutet. Fragen und Antworten wurden auf die Knochen niedergeschrieben. Es sind die frühesten überlieferten Zeugnisse einer chinesischen Schrift. Die Orakelbefragung veranschaulicht, wie eng sich Diesseits und Jenseits im Denken der Menschen verflochten.

Ahnenkult

In China spielten den Ahnenkult und eine tiefe Anhänglichkeit an die Erde eine wichtige Rolle. Be-

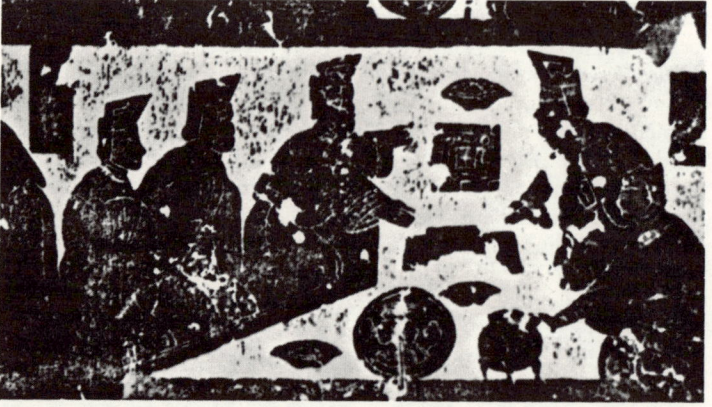

Kultische Handlung

sonders geheiligt war der Boden, auf dem die Familie lebte. Es war Brauch, neugeborene Kinder und sterbende Menschen auf die Erde zu legen, um sie in beiden entscheidenden Höhepunkten des Lebens ihr möglichst nahezubringen. In den einfachen Landgemeinden war es Sitte, das eheliche Lager in der Süd-West-Ecke des Hauses zu richten, wo auch Getreidesamen aufbewahrt wurden. Auch die Toten begrub man neben dieser Stelle. Diese Gebräuche entsprangen dem Glauben, daß die Familie sich so lange erhalten würde wie die Erde, auf der sie wohnte. Die noch lebenden Mitglieder der Familie bildeten gewissermaßen die oberirdische Spitze des bereits begrabenen Stammes.

Um die Toten täglich im Bewußtsein zu haben, wurden ihnen zum Andenken Tafeln in einem Ahnenschrein aufbewahrt. Dem Sohn fiel die Pflicht zu, der Hauptleidtragende seines verstorbenen Vaters zu sein und das Totenritual zu vollziehen, während der Enkel seinen toten Großvater bei der Zeremonie vertrat. Der Ahnenkult im Feudalstaat des alten China bezog an erster Stelle die Familie des Fürsten ein. Als Landesherr und oberster Priester vertrat er alle Familien im Staat. Die Vorstellung von der Bindung des Menschen an die Erde wurde dadurch sorgfältig gepflegt, daß der Ahnentempel in der Stadt des Herrschers nahe bei dem Altar der Götter des Bodens und der Ernte errichtet wurde. Diese religiösen Vorstellungen entstanden etwa zwischen dem 8. und 5. vorchristlichen Jahrhundert.

Yin und Yang

Ein auf die gesamte Welt bezogenes Denken entwickelte sich in der späten Feudalzeit der Chou-Dynastie, etwa seit dem 3./4. Jahrhundert v. Chr. Es bildete sich eine Kosmologie heraus, in der zwei Urkräfte, Yin und Yang, mit den fünf Elementen, den vier Jahreszeiten und Himmelsrichtungen zusammenwirkten. Alles Geschehen der sichtbaren Welt wurde als Ergebnis eines wechselseitigen Rhythmus der beiden sich ergänzenden schöpferischen Kräfte verstanden. Die Yin-Kraft oder das Yin-Prinzip galt für weiblich; ihm entsprach das Dunkle, Weiche, Feuchte und Schwache. Yang, das männliche Prinzip, zeichnete sich durch Licht, Härte, Stärke und Aktivität aus. Es symbolisierte die Himmelskräfte, während Yin der Erde verbunden war.

Die menschliche Natur

Der Dualismus von Yin und Yang erklärte auch die menschliche Natur. Der Mensch wurde mit zwei Seelen geboren, die ihn zusammen mit dem Körper zu einem lebenden Wesen machten. Die Yin-Seele wurde mit dem primitiven Kuei gleichgesetzt, weil sie irdischen Ursprungs und vom Augenblick der Empfängnis an mit dem Körper verbunden war. Zu Lebzeiten des Menschen hieß die Yin-Seele »P'o«. Erst nach dem Tod wandelte sie sich zu Kuei und verweilte noch einige Zeit nahe dem Grab, um allmählich in das Nichts dahinzuschwinden. In der Yang-Seele erkannte man das belebende Prinzip, das als Luft und Atem vom Himmel kam. Er kündigte sich in dem ersten Schrei des Neugeborenen an und verließ den Körper im Tod als letzter Atemzug. Ein besonderes Ritual der Verwandten des Gestorbenen sollte diese Seele nahe beim Körper halten, denn sie durfte sich nicht zu weit entfernen. Die Yang-Seele wurde während des Lebens »Hun« genannt und nach dem Tod »Shen«.

Sakralgefäß

Konfuzius

Eine der großen Gestalten des chinesischen Geisteslebens war K'ung Fu-tzu, dessen Name im Lateinischen zu Konfuzius wurde. Um 551 v. Chr. geboren, hat er bis etwa 479 v. Chr. gelebt. Seine Heimat war die kulturell hochstehende Provinz Lu, Westshantung, wo er wahrscheinlich die meiste Zeit seines Lebens verbracht hat. Obwohl seine Lehre, der Konfuzianismus, häufig für die traditionelle Religion Chinas gehalten wird, war er kein Prophet oder Religionsstifter wie Moses, Zarathuschtra (Zaroastres) oder Buddha. Der Überlieferung nach weigerte er sich vielmehr, religiöse oder metaphysische Fragen über göttliches Wesen oder den

Konfuzius

Sinn menschlichen Lebens zu erörtern. Das Denken des Konfuzius war im wesentlichen ethisch ausgerichtet und auf Tugenden wie Nächstenliebe, Sittlichkeit, Weisheit und Treue gestellt. Erst in Verbindung mit dem Taoismus gewinnt seine Lehre religiöse Bedeutung. Konfuzius lehrte, daß der Mensch dem göttlichen Gebot des Tao folgen müsse, damit die Harmonie, auf der das Glück und Wohlergehen der Menschheit beruhen, erhalten bliebe.

Die Liebe zu alten Riten

Der große Denker lebte in einer Zeit des Verfalls der alten Feudalordnung. In dieser Zeit des Umbruchs und im Rückblick auf das vermeintlich goldene Zeitalter der Chou-Dynastie hat Konfuzius das Heil des Menschen in der rechten Beobachtung der alten Riten und Sitten gesehen, um zu einem geordneten Leben zu kommen. Die hohe Meinung von einer besseren Vergangenheit hatte tiefen Einfluß auf die älteste chinesische Geschichtsschreibung, besonders die der Chou-Dynastie. Sie bestand größtenteils aus idealisierenden Darstellungen der alten Sitten und Gebräuche.

T'ien

Konfuzius schien im wesentlichen die Vorstellung von einer unpersönlichen Gottheit gehabt zu haben. Statt des alten Shang-ti, des höchsten Ahnengeistes oder Gottes der Shang-Dynastie, wählte er T'ien, den Himmel. Er verband allerdings T'ien mit sittlichen Eigenschaften, so daß es nicht mehr ein kaltes kosmisches Wesen war. Ein Ritual mit verschiedenen Erscheinungsformen im öffentlichen Leben, angefangen bei den offiziellen vom Herrscher dargebrachten Gaben an die Toten, bildete sich heraus. Der Opferkult war ein wesentlicher Bestandteil der Tugend.

Konfuzianismus

Konfuzius erzielte zu seinen Lebzeiten nur wenig Erfolg. Aber sein Weg des Lebens entsprach der geistigen Haltung der Chinesen. Nach seinem Tod wuchs sein Ruhm, bis er als größter Weiser Chinas galt. Er wurde durch hochklingende Titel geehrt, Tempel wurden ihm geweiht, und manche sahen ihn sogar als Gottheit an. Die Frage, ob man den Konfuzianismus als Religion betrachten soll, ist vielfach erörtert worden, da ihm viele dafür charakteristische Merkmale fehlen. Manche Gelehrte nennen ihn daher eine sittlich-politische Philosophie.

Taoismus

Die Vorstellung vom Tao oder Weg, dem Konfuzius eine neue Richtung wies, war alt und ein grundlegender Bestandteil des chinesischen Volksglaubens. Vielfältige und verwickelte Einflüsse haben die göttliche Ordnung des Taoismus geprägt, die nur unzureichend erklärt werden kann. Seine reiche Götterwelt lebte in mehreren Himmeln und Höllen; dem Menschen war Seelenwanderung beschieden. Konfuzius wollte das Tao als göttlichen Weg für ein Zusammenleben der Menschen verstanden wissen. Seine Ideen von einem allumfassenden kosmischen Vorgang wurden von anderen Weisen als ein rivalisierender Glaube und Brauch betrachtet und weiterentwickelt.

Auch ein anderer großer chinesischer Denker, Lao-tzu, der im 6. bis 4. Jahrhundert v. Chr. lebte, sah

Grabkammer bei Lo-yang

im Taoismus den Weg des Menschen zum Heil. Seine Gebote gipfeln in einem handlungslosen Verharren, um allen Dingen ihren eigenen Lauf in der Natur zu gestatten. Mit der Zeit brachte die taoistische Lehre eine Art von Naturmystizismus hervor, der auch die Malerei zu Schöpfungen von großer Schönheit anregte, in denen der taoistische Weise in einer Landschaft von mystischer Lieblichkeit aufgeht. Der Taoismus verlangte von seinen Anhängern ein hohes Maß an intellektueller Begabung und Aufnahmebereitschaft für Mystizismus. Da aber solche Eigenschaften selten zu finden waren, glitt die Bewegung schnell in volkstümlichen Aberglauben ab. Der Taoismus bereitete aber auch dem Einzug des Buddhismus in China den Weg.

Das 6. vorchristliche Jahrhundert war Zeuge des Beginns von mehreren großen Religionsbewegungen in der Menschheit: Gautama Buddha lebte etwa 563 bis 483 v. Chr.; Zarathuschtra wurde um 570 und Konfuzius um 551 v. Chr. geboren; die Grundlagen des Kultus der Juden wurden nach ihrer Rückkehr aus der babylonischen Gefangenschaft gelegt. Im 6. Jahrhundert v. Chr. erwachte auch eine ganz andere Art menschlichen Denkens, die dazu bestimmt war, die Religionen zu beeinflussen, zu untergraben oder zu stützen: die griechische Philosophie. Nach griechischer Tradition begann die Philosophie mit den naturwissenschaftlichen Forschungen des Thales und des Pythagoras in der ersten Hälfte des 6. Jahrhunderts v. Chr. Zu der Erforschung der Welt trat die Ethik, um den Menschen zu bestimmen, und die Logik zur Beweisführung im philosophischen Denken.

Die Große Mauer seit 221 v. Chr.

Wachtturm. Tonmodell, Han-Zeit, zwischen 2. Jahrhundert v. Chr. und 2. Jahrhundert n. Chr.

Die Chinesische Mauer. Heutige Form aus der Zeit der Ming-Kaiser, 15. Jahrhundert

Die Chinesische Mauer ist die größte Wehranlage der Welt; sie dürfte das einzige Bauwerk sein, das man vom Mond aus wahrnehmen kann. Wan-li Ch'ang-ch'eng, die Mauer der zehntausend Li, wie sie im Chinesischen heißt, bildet die nördliche Landesgrenze und erstreckt sich rund 2450 Kilometer weit. Vom Golf von Liao-tung im Osten verläuft sie bis zu den Quellen des Wei fern im Westen und endet bei Kao-ch'üch in der Provinz Kansu.

Noch heute, Jahrhunderte nachdem die Mauer erbaut wurde, empfindet man Bewunderung bei ihrem Anblick. Über alle Geländehindernisse durch Täler und Schluchten, über Bergketten und Flüsse, durch trostlose Wüsteneien zieht sich die Mauer in zahllosen Windungen dahin, so daß ihre tatsächliche Länge fast 5000 Kilometer erreicht. Als Baumaterial diente im Westen und Süden die Erde des Lößbodens, der nur gestampft zu werden brauchte, um Festigkeit zu erhalten. Hiervon sind heute nur noch geringe Bodenwellen in der Landschaft auszumachen. Der nord-östliche Abschnitt wurde in Stein gebaut und ist auf Hunderte von Kilometern ausgezeichnet erhalten. Die durchschnittliche Höhe der Mauer in diesen Abschnitten beträgt rund 16 Meter, an ihrem Fuß ist sie 8 Meter und an der Krone 5 Meter breit. Sechs Reiter konnten oben nebeneinander Platz finden.

Ihre heutige Form erhielt die Mauer im 15. Jahrhundert n. Chr. während einer Restauration durch die Kaiser der Ming-Dynastie, die von 1368 bis 1644 herrschte. Die chinesischen Quellen schreiben den ursprünglichen Bau Shih Huang-ti aus der Ch'in-Dynastie zu. Seine Regierungszeit als Kaiser dauerte nur elf Jahre, von 221 bis 210 v. Chr., aber schon seit 242 v. Chr. herrschte er als König über den Grenzstaat Ch'in im Nord-Westen Chinas. Mit Energie und Umsicht gelang es ihm, die wirtschaftliche und militärische Macht seines Landes so zu stärken, daß er seine benachbarten Reiche unterwerfen konnte. 211 v. Chr. besiegte Shih Huang-ti die letzten Feudalstaaten, die in China jahrhundertelang selbständig gewesen waren. Er rief sich zum ersten Kaiser von China aus und nahm den bis 1911 gebräuchlichen Titel »Huang-ti«, »Erlauchter Kaiser«, an. Die ausgedehnten Gebiete seines Reiches faßte er unter einer wirksamen Zentralgewalt zusammen und beendete so den Jahrhunderte währenden Streit der rivalisierenden Staaten. Eine dauernde Einheit und ein sicherer Friede konnten seinem Reich nur dann beschieden sein, wenn die nördlichen Grenzen geschützt wurden, die ständig durch die Einfälle von Chinas traditionellen Feinden, den kriegerischen turko-mongolischen Nomaden, gefährdet waren. Diese Stämme, die die nordwestlichen Steppen bewohnten, besaßen keine befestigten Wohnorte und kannten keine Landwirtschaft. Gerade in diesen Jahrzehnten begannen sie sich unter den Hsiung-nu, den hunnischen Stammesgenossen, zusammenzuschließen.

Seit Beginn seiner Regierungszeit war Shih Huang-hi gezwungen, mit seinen Truppen immer wieder die beweglichen Hunnen zurückzuwerfen, die sich nach jedem Angriff den chinesischen Verfolgern durch geschicktes Ausweichen in die weiten mongolischen Ebenen entzogen. Die Mongolen zu besiegen, erwies sich als unmöglich. Die Chinesen konnten lediglich hoffen, sie von ihren eigenen Grenzen fernzuhalten. Um das zu gewährleisten, wurde die Chinesische Mauer gebaut.

Shih Huang-ti plante, eine Kette starker Festungen und Wachttürme entlang der ganzen Nord-Grenze zu bauen und sie dann mit einer massiven Mauer zu verbinden. 215 v. Chr. schickte er seinen Heeresbefehlshaber Meng Tien mit einer Armee von einigen hunderttausend Arbeitern, unter ihnen viele politische Gefangene, verurteilte Verbrecher und andere Teile der Bevölkerung, die als gefährlich oder unproduktiv galten, zur Nord-Grenze. Dort gab es bereits eine Reihe von älteren Verteidigungsanlagen, die die Staaten Ch'in Chao, Wei und Yen errichtet hatten, um sich vor den Hunnen und den östlichen Hu-Stämmen zu schützen. Jene Befestigungen erneuerten und verstärkten die Pioniere Meng Tiens einfach und verbanden sie durch neue Bauten miteinander.

Wenn es auch wenig zuverlässige Nachrichten gibt, so zeugen doch manche Erzählungen von den un-

Kopf eines Sängers. Ton, Chan-kuo-Zeit, zwischen dem 5. und 3. Jahrhundert v. Chr.

Zierstück mit kämpfenden Tieren. Bronze, wohl späte Chou-Zeit, etwa 8. Jahrhundert v. Chr.

geheuren Schwierigkeiten dieser Aufgabe, den Tributen an Menschenleben, die sie forderte, den Leiden, die sie verursachte, und der rücksichtslosen Eile, mit der der Bau vorangetrieben wurde. Die Mauer erhielt fünfundzwanzigtausend Wachttürme, die auf Sichtweite voneinander entfernt standen und von denen jeder hundert Mann Besatzung fassen konnte. Zwischen den Wachttürmen wurden zwei parallellaufende Gräben aus dem Boden, auch aus massivem Fels, ausgehoben. Sie bildeten das Fundament für quadratische Granitblöcke, auf denen zwei Ziegelmauern errichtet wurden. Der Zwischenraum wurde mit Erde aufgefüllt, die festgestampft wurde. Oft haben Ziegen die schweren Felssteine auf nahezu unerreichbare Bergrücken geschleift. Man schätzt, daß etwa ein Drittel aller arbeitsfähigen Männer des Reiches damit beschäftigt war, die Mauer zu bauen, sie zu verteidigen oder Versorgungsvorräte in die unwirtlichen Gebiete zu schaffen, durch die der Bau geführt wurde.

Solange die Mauer mit genügend vielen Soldaten besetzt war, bot sie den fruchtbaren landwirtschaftlichen Ebenen Nord-Chinas erfolgreich Schutz vor den Einfällen der Hunnen. Sie erwies sich aber auch als wirksames Hindernis für einheimische Völker im Reich, die unterdrückt worden waren und zum Feind überlaufen wollten. Chinesische Gelehrte und Bauern konnten den weniger kultivierten, nördlichen Barbaren viel politische und wirtschaftliche Fachkenntnisse vermitteln. Darum war Shih Huang-ti entschlossen, alle Überlaufversuche einzelner oder größerer Gruppen zu vereiteln.

Die Mauer löste noch ein anderes innenpolitisches Problem. Die ununterbrochene Kriegführung gegen die Nomaden aus Zentral-Asien hatte zur Bildung eines großen stehenden Heeres geführt. Die kampferprobten Soldaten, die über das Land verstreut lebten, konnten sich schnell zur Bedrohung der kaiserlichen Herrschaft zusammenrotten. Dem wurde dadurch begegnet, daß eine verhältnismäßig große Truppe die Mauer besetzt hielt. Sie bot dem Land ausreichenden Grenzschutz und hielt gleichzeitig einen Großteil des Heeres ständig in einiger Entfernung von der Hauptstadt fest. Auch wurden viele landlose Vagabunden, Gefangene und Gelehrte mit unliebsamen Meinungen zum Dienst an die Grenze verbannt. Die Versorgung der Truppen mit Nahrung und Kriegsmaterial bedeutete eine schwere Belastung der wirtschaftlichen Mittel des Reiches. Bis auf den Gelben Fluß waren nur wenige der Gewässer Nord-Chinas über größere Strecken hin schiffbar, und die schwerbeladenen Kähne mußten flußaufwärts reißende Strömungen überwinden. Lastkarren, die durch öde Gebiete zogen, verbrauchten oft viel der von ihnen mitgeführten Ware, bevor sie ihr Ziel erreichten. Shih Huang-tis Bemühungen, die Truppen, die der Mauer entlang stationiert waren, zu versorgen, war eine der Ursachen für den raschen Zusammenbruch des Reiches unter seinem Sohn und Nachfolger.

Dennoch blieb die Chinesische Mauer ein sichtbares Herrschaftssymbol, ein Zeichen dafür, daß zum erstenmal in der ost-asiatischen Geschichte unter der einheitlichen Führung eines Monarchen eine Großmacht aufgetreten war. Fast alles, was Shih Huang-ti unternahm, war eine Absage an das jahrhundertealte Feudalsystem. Er betrachtete sich selbst als den Begründer eines neuen Zeitalters; rücksichtslos zerstörte er die feudalen Herrschaftssysteme der alten Staaten und bekämpfte ihre Herrscher. Der Kaiser unterteilte sein Reich in sechsunddreißig, später einundvierzig Gaue, die durch Beamte aus dem Militär verwaltet wurden. Auf diese Weise konnte der Einfluß konfuzianischer Gelehrter stark eingeschränkt und eine Tradition ausgerottet werden. 213 v. Chr. beeinträchtigte der Kaiser die Macht alter Gelehrsamkeit noch mehr, indem er eine »Bücherverbrennung« jener konfuzianischen Schriften befahl, die die Gelehrten als »Spiegel der vergangenen goldenen Zeit des allgemeinen Wohlstands unter weisen Königen, die nicht durch Gewalt, sondern durch Tugend regierten«, verehrten. Ebenso wurde die Geschichtsschreibung bis auf die der Ch'in-Zeit und Schriften anderer Philosophenschulen verboten, wenn sie nicht unmittelbar der Verwaltungspraxis des Reiches dienten.

Das konfuzianische Ideal einer Ordnung durch Sitte und Anstand und die Berufung auf frühe Vorbilder wurden durch kodifizierte Gesetze ausgeglichen, die auf alle anwendbar waren. Die Bauern erhielten das Recht, Land zu besitzen, zu kaufen und zu verkaufen. Die Landwirtschaft wurde gefördert, ein Fernhandel jedoch, den Shih Huang-ti als unproduktiv betrachtete, unterdrückt. Währung, Maße und Gewichte wurden vereinheitlicht. Die Spurweite der Wagen wurde auf eine bestimmte Breite festgelegt und das auf die Hauptstadt ausgerichtete Straßennetz entsprechend ausgebaut. Wichtig war, daß eine einheitliche Schriftform eingeführt wurde, eine Maßnahme, die wahrscheinlich mehr als alles andere die Kontinuität der chinesischen Kultur gewährleistete.

Um Aufstände zu erschweren, wurden Waffen, die früher den Feudalherren gehörten, eingeschmolzen und deren örtliche Festungen zerstört. Barbarenstämme, die seit Generationen Nord-China bewohnten, wurden vertrieben, während südliche barbarische Stämme, die in den heutigen Provinzen Kuangsi und Kuangtung lebten, der chinesischen Verwaltung und Gerichtsbarkeit unterstellt wurden. Zur Erschließung dieses Gebietes wurde ein rund 30 Kilometer langer Kanal gegraben, der die großen Flußgebiete Zentral- und Süd-Chinas verbinden sollte.

Der Bau der Chinesischen Mauer war nicht der einzige große Bau des ersten Kaisers. Er setzte Hunderttausende von Sträflingen ein, um eine Hauptstadt zu erbauen, Hsien-yang in der Provinz Shensi, eine Stadt von solchem Umfang und solcher Pracht, wie sie China bisher noch nicht gesehen hatte. Wie chinesische Geschichtsschreiber berichten, sollen Tausende der reichsten und mächtigsten Familien des Reiches in der neuen Hauptstadt angesiedelt worden sein. Um jene Familien für sich zu gewinnen, ließ der Kaiser ihnen ihre heimischen Paläste nachbauen, wie sie sie verlassen hatten, und überhäufte sie mit Titeln und Würden, die aber nur repräsentativen Zwecken dienten. Für sich selbst baute Shih Huang-ti einen riesigen Palast in der Nähe der Hauptstadt sowie eine Grabstätte am Fuß des Berges Li. Alleen, die etwa fünfzig Schritte breit waren, zogen sich sternförmig von Hsien-yang bis in alle Teile des Reiches.

Shih Huang-ti unternahm häufig Reisen durch sein Reich. Oft bestieg er heilige Berge in abgelegenen Gegenden, um religiöse Opfer darzubringen. Äußerst abergläubisch und von krankhafter Todesfurcht besessen, suchte der Kaiser nach dem Elixier des langen Lebens, das Unsterblichkeit verleihen sollte, und geriet so unter den Einfluß taoistischer Magier. Sein Wesen war leidenschaftlich, despotisch und unberechenbar grausam. Er glaubte, ein Halbgott zu sein und errichtete Steintafeln im ganzen Reich zu seiner Verherrlichung. Allmählich wurde er selbst seinen engsten Vertrauten gegenüber so mißtrauisch, daß er sich von seinen Ministern absonderte und jede Nacht seine Schlafstätte wechselte. So geschah es, daß

Chinesinnen. Ton, Han-Zeit, zwischen dem 2. Jahrhundert v. Chr. und 2. Jahrhundert n. Chr.

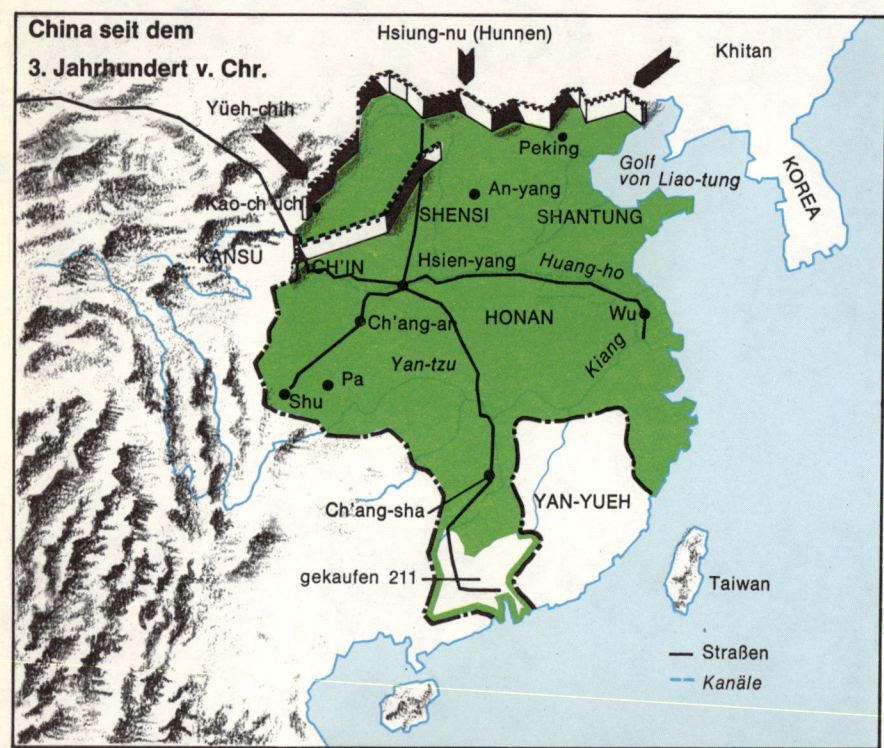

Dolch und Scheide. Bronze, wohl späte Chou-Zeit, etwa 8. Jahrhundert v. Chr.

gegen Ende seines Lebens der Herrscher über ganz China nicht aufgefunden werden konnte, wenn wichtige Entscheidungen zu treffen waren.

Bald nach dem Tod des Kaisers brachen Aufstände aus, und nach vier Jahren, 206 v. Chr., nahm die Ch'in-Dynastie ein unrühmliches Ende. Aber das geeinte Reich Chinas, dem alle Menschen, die südlich der Mauer lebten, untertan waren, blieb bestehen und überdauerte die Zeiten des Zusammenbruchs der Dynastie. Eine zentrale Regierung, mit wirtschaftlichen Privilegien und Monopolen ausgestattet, eine einheitliche Währung und Schriftsprache sowie ein großes stehendes Heer gewährleisteten die Einheit.

Der erste Herrscher der nun folgenden Han-Dynastie war klug genug, die meisten Maßnahmen des ersten Kaisers beizubehalten und weiterzuentwickeln. Dadurch, daß der neue Monarch seinen Verwandten und Günstlingen wiederum Lehen gewährte, geschah eine gewisse Rückkehr zum alten Feudalsystem. Durch den Bedarf an fähigen Beamten gelangten auch wieder konfuzianisch geschulte Männer in die Verwaltung. So kam während der Han-Dynastie die alte Gelehrsamkeit wieder zur Geltung.

Die Hunnen, die gegen den ersten Kaiser nichts hatten ausrichten können, übten erneuten Druck auf das Land aus. Sie durchbrachen die Mauer, überrannten die Ebene des Gelben Flusses und konnten nur durch reiche Geschenke an Seide, Wein, Getreide und hohe Tributzahlungen zum Abzug bewogen werden. Erst unter dem Kaiser Wu-ti, der von 140 bis 87 v. Chr. regierte, erlangten die Chinesen erneut die Vorherrschaft über die nördlichen Barbaren und dehnten ihr Reich sogar weit über die Mauer hinaus nach Korea und im Westen nach Asien hin aus.

Die Wirksamkeit der Mauer als Verteidigungswall ist häufig bezweifelt worden. Immer wieder gelang es den Reiterhorden der mongolischen Ebenen, unbewachte oder schwach verteidigte Stellen zu entdecken und in die nordchinesische Ebene einzudringen, wo sie die schlimmsten Verwüstungen anrichteten. Für diese, ein vergleichsweise hartes Leben gewohnten Stämme der unwirtlichen, nördlichen Steppen boten die wohlhabenden Städte und gepflegten Siedlungen südlich der Mauer einen dauernden Anreiz zur Plünderung. Ihr Eindringen nach China konnte zeitweise in Grenzen gehalten, aber nicht ganz verhindert werden. Nur durch ständige Reparatur der Mauer und durch Stationierung kampferprobter und loyaler Truppen konnte der Kaiser hoffen, die Eindringlinge vom Reich fernzuhalten. Während der Regierung starker Herrscher, der größten Han-, T'ang- und Ming-Kaiser, war die Mauer eine sichere Bastion gegen Invasoren. Doch zu Zeiten innerer Schwäche bot sie kaum wirksamen Schutz.

Der Zerfall der Han-Dynastie begann mit einer langanhaltenden Periode von Bürgerkriegen, 168 bis 220 n. Chr., und endete mit einer Teilung des Reiches, die von 220 bis 580 n. Chr. währte: Die erstarkten Randvölker Chinas besetzten den Norden des Reiches und begründeten dort eine Fremdherrschaft, während sich im Süden ein neues chinesisches Kernland entwickelte. Außerhalb Chinas hatten sich im 5. und in der ersten Hälfte des 6. Jahrhunderts n. Chr. die Awaren, ein mongolisches Volk, nördlich der

Chinesischen Mauer ein Reich aufgebaut, das sich von Korea bis zum Balchasch-See erstreckte, von wo aus sie China ständig bedrohten. Im Jahr 607 wurde die Mauer mit gewaltigem Aufwand erneut befestigt. In jenem Jahr soll eine Million Menschen während des Sommers zehn Tage lang gearbeitet haben und die Hälfte von ihnen umgekommen sein.

Die Mauer diente nicht nur dazu, das chinesische Volk zu einer »Nation« zusammenzufassen, an ihr erstarkten auch die Steppenvölker mit ihrem Eroberungswillen zu einer politischen und militärischen Macht. Diese Mauer hat die Geschichte ganz Asiens beeinflußt. Ihre Existenz hat möglicherweise schon die Hunnen veranlaßt, sich nach ihrer Niederlage an Chinas Grenze, 36/35 v. Chr., nach Westen zu wenden und im 5. Jahrhundert Europa zu überrennen. Seit die Hunnen ihre Herrschaft über das Gebiet nördlich der Mauer, von Korea bis nach Mittelasien, errichtet hatten, bildeten sich ständig neue Machtkonstellationen, um das unermeßlich große Gebiet zu beherrschen. Keine von ihnen blieb jedoch unberührt von den kulturellen Einflüssen Chinas. Die Stabilität, die sich in China herausgebildet hatte, war so stark, daß selbst in der Zeit, als der nördliche Teil des Reiches von Stämmen aus dem Norden abhängig war, jene Eroberer chinesische Kultur und chinesische Bräuche annahmen und sich den Besiegten assimilierten. Dasselbe geschah, als die Mongolen China eroberten und ihre eigene Dynastie gründeten. Die chinesische Kultur wurde durch diese Vermischung mit Völkern jenseits der Mauer fruchtbar bereichert. Die Struktur der chinesischen Verwaltung und der chinesische Lebensstil blieben jedoch in ihrer ursprünglichen Form erhalten.

Im 13. Jahrhundert begann erneut ein großer Sturm auf die Mauer. Mongolische Stämme Mittel-Asiens hatten sich zu einem Bund zusammengeschlossen, dessen erster großer Führer Djenghis Khan war. Nach jahrzehntelangen Kämpfen gelang es den Mongolen, in China einzudringen und eine Fremdherrschaft zu errichten. Damals wurde Peking Hauptstadt des mongolischen Teils des Reiches, und China erhielt seine heutige Gestalt.

Seit dem 17. Jahrhundert war die Mauer von keinerlei militärischer Bedeutung mehr. Das Reich der Manchu, die 1644 in China die Herrschaft antraten, war im Norden nicht mehr durch die Mauer begrenzt; die Manchurei, die Mongolei, Sinkiang und Tibet waren alles Gebiete, die außerhalb lagen. Andere Feinde von See her nahmen die Aufmerksamkeit Chinas immer mehr in Anspruch; die Mauer, die nun nicht mehr mit Soldaten besetzt war, wurde vernachlässigt und begann zu verfallen. Teile davon wurden sogar abgetragen, um die Steine bei dem Bau der Gräber für die Kaiser zu verwenden. Was heute noch von der Chinesischen Mauer übriggeblieben ist, steht als Zeugnis für den Verteidigungswillen der Chinesen.

D. HOWARD SMITH

Chinesische Landschaft mit Hängeterrassen an den Hügeln bei Sian

Fensteröffnung in einem Wachtturm der Großen Mauer. 15. Jahrhundert

Das westliche Mittelmeer-Gebiet. Roms Anfänge.

An den großen politischen Auseinandersetzungen der Perser mit der griechischen Welt und an den Kämpfen der Griechen untereinander waren die Bewohner des westlichen Mittelmeer-Gebietes nur am Rande beteiligt. Im westlichen Mittelmeer befand sich eine Kultur in den ersten Anfängen ihrer Entwicklung. Zunächst waren es die Phönikier und die Griechen, die in diese Gebiete vorstießen und den von ihnen besiedelten Ländern ihr Gepräge gaben.

Phönikier und Griechen

Die Phönikier hatten um 1100 v. Chr. begonnen, Kolonien für ihren Handel an den Küsten Nord-Afrikas und Süd-Ost-Spaniens zu gründen. Unter dem Druck der Assyrer, in deren politische Abhängigkeit sie im 9. vorchristlichen Jahrhundert gerieten, begannen die Phönikier mehr und mehr in ihre Kolonien abzuwandern; neue Handelsniederlassungen entstanden. Die bedeutendste Gründung zwischen 850 und 800 v. Chr. wurde Karthago, die Stadt, die in den nächsten Jahrhunderten die führende Rolle unter allen phönikischen Handelsniederlassungen einnahm und sie in Nord-Afrika und Spanien zu einem Herrschaftsbereich zusammenfaßte.

Im 8. Jahrhundert v. Chr. leiteten soziale Not und Überbevölkerung in Griechenland und Kleinasien die griechische Kolonisations-Bewegung nach Westen ein. Auf Sizilien und in Süd-Italien entfalteten sich die griechischen Gründungen zu bedeutenden Handelsstädten mit politischer Macht. Bei der Ausweitung des Siedlungsgebietes auf Sizilien und nach Süd-Frankreich bis West-Spanien kam es im 6. Jahrhundert v. Chr. zu Auseinandersetzungen mit den Karthagern, die gemeinsam mit den Etruskern gegen Griechen vorgingen.

Kapitolinische Wölfin

Etrusker

Neben den Stadt-Staaten der Phönikier und Griechen, deren Größe in ihrem Fernhandel zur See lag, wuchsen die Etrusker in Nord- und Mittel-Italien zu einer Macht heran. Sie waren im 9. Jahrhundert v. Chr. eingewandert und hatten die italischen Stämme unterworfen, die vor ihnen, wahrscheinlich mit der großen illyrischen Wanderbewegung um 1200 v. Chr., nach Italien gelangt waren. Auch die Siedlungen in Latium am Tiber, die etwa aus dem 10. vorchristlichen Jahrhundert stammten, gelangten unter etruskische Herrschaft.

Rom

Die Griechen besaßen nur geringe Kenntnisse von ihren Ursprüngen, obwohl sich aus den homerischen Epen eine gewisse Geschichtlichkeit herauskristallisieren läßt. Der Ursprung Roms verliert sich ganz in Sagen von unbestimmbaren historischem Gehalt. Die Griechen verknüpften nach Tradition der homerischen Dichtung die Gründung Roms mit dem troianischen Helden Äneas. Nach römisch-lateinischer Überlieferung gelten Romulus und Remus als erste Erbauer der Stadt. Später wurden beide Sagen chronologisch verbunden, so daß der Ort des Romulus nach einer Zeit der Verödung von Äneas wiedererrichtet worden sein soll. Das legendäre Gründungsjahr 753 v. Chr. wurde im 1. vorchristlichen Jahrhundert berechnet. Tatsächlich war der Palatin in Rom schon seit dem 9. Jahrhundert v. Chr. besiedelt. Diese älteste Niederlassung verschmolz mit den umliegenden in der Mitte des 7. Jahrhunderts v. Chr. zur Stadt Rom. Rom erweiterte sein Gebiet und machte sich zur Herrin über die benachbarten Städte.

Die erste Staatsform dieser Siedlungen in Latium war das Königtum: Sieben Könige, teilweise etruskischer Herkunft, sollen in Rom regiert haben, bis mit der Vertreibung des letzten, Tarquinius Superbus, durch L. Junius Brutus etwa 509 v. Chr. die Republik eingeführt wurde. Mit dem Ende der Monarchie ging auch der etruskische Einfluß in Latium zurück. Eine Niederlage der Etrusker gegen die Griechen in Süd-Italien 474 v. Chr. verminderte weiter ihren Einfluß in Mittel-Italien. Rom konnte jetzt an eine eigene Macht-

Etruskischer Gott

erweiterung denken. Es festigte seine Herrschaft in Mittel-Italien durch Bündnisse mit seinen Nachbarn. Das 4. vorchristliche Jahrhundert war bestimmt durch

Etokles und Polyneikes

Kämpfe mit den Etruskern und durch Abwehr der in Nord-Italien eingedrungenen Gallier. Auch mußte Rom sich gegenüber anderen italischen Stämmen, wie den Oskern und Samniten, durchsetzen. In diese Zeit fallen auch Roms erste Bündnisse mit Karthago.

Der römische Staat

Roms Bevölkerung setzte sich aus Familien verschiedener Herkunft

Etruskisches Ehepaar

zusammen. Aber nur die Angehörigen einiger einflußreicher Geschlechter, die Patrizier, konnten Staatsämter oder Priesterstellen bekleiden. Ihre Häupter, die Patres, bildeten den Ältestenrat, den Senat. Zur Zeit der Monarchie stand er dem König ratgebend zur Seite, der auch aus ihren Reihen gewählt wurde. Neben diesen großen Familien gab es die ärmeren, weniger angesehenen, die Plebeier. Nach der Vertreibung des Königs wurden zwei gleichberechtigte Beamte, die Praetores, auf ein Jahr gewählt, die später »Consules« genannt wurden. Die Bezeichnung des Königs wurde nur noch im religiösen Bereich verwandt: Der Rex sacrorum hatte den Vorrang vor allen anderen Priestern, war selber aber ohne Macht. Selbst die unumschränkt herrschenden römischen Imperatoren versuchten, den Schein einer Republik zu wahren, und haben nie den Titel Rex benutzt.

Die Kriege mit äußeren Feinden waren von einem oft harten, bürgerkriegsähnlichen Ringen um die Verfassung des Staates begleitet. Die Plebeier führten einen lange währenden Kampf gegen die Patrizier um ihre politische Gleichberechtigung, bis schließlich im Jahr 287 v. Chr. die Rechtsverbindlichkeit ihrer Beschlüsse für das ganze Volk gesetzlich festgelegt wurde. Die Plebeier erzwangen die Anerkennung ihrer eigenen Beamten, der Tribuni plebis, die ihren festen Platz im römischen Staat erhielten. Die Entwicklung fand ihren Höhepunkt in der Secessio plebis, im Auszug der Plebeier aus Rom, um ihren Forderungen Nachdruck zu verleihen.

Die beschlußfassende Körperschaft war die Comitia, eine Volksversammlung, in der einzelne Bevölkerungsgruppen korporativ auftraten und abstimmten. Die politische Macht lag weitgehend beim Senat, der durch seine auf Lebenszeit aufgenommenen Mitglieder die Kontinuität der Staatsführung garantierte. Rom war keine Demo-

Kämpfe mit Epirus und Karthago
um 900 - 217 v. Chr.

kratie im Sinne Athens, sondern eher eine Oligarchie. Durch die ungewöhnliche Disziplin, mit der die Senatoren eigene Ansprüche dem Staat unterordneten, erzielte Rom seine innere Stabilität und Kontinuität. Den Vorsitz im Senat führten die jährlich neu gewählten Konsuln.

Römisches Bürgerrecht

Im Gegensatz zu den griechischen Stadt-Staaten begnügte sich Rom nicht mit der zeitweiligen Herr-

Römischer Patrizier mit seinen Ahnen

schaft über benachbarte Länder. Die Griechen, die immer das Ideal der autonomen Stadt hochhielten, hatten keine Vorstellung von einer größeren Einheit. Die Römer eroberten Städte und assimilierten die von ihnen unterworfenen Stämme, indem ihnen in Abstufungen das römische Bürgerrecht gewährt wurde. Als Verbündete Roms konnten ganze Völkerschaften gewisse Rechte der römischen Bürger erlangen. Die daraus folgende politische Einheit sollte zum Rückgrat des römischen Reiches werden.

Pyrrhus von Epirus

Die erste kriegerische Auseinandersetzung mit der hellenistischen Welt hatte Rom mit Pyrrhus I., dem König der Molosser in Epirus. Im Streit zwischen den griechischen Städten Thurii und Tarent hatte Rom für erstere Partei ergriffen, während letztere sich der epirotischen Hilfe versichert hatte. Pyrrhus I. hatte es verstanden, durch diplomatisches Geschick und Kriegsglück sich in Epirus ein starkes Königtum aufzubauen. Sein Bestreben, auch in Makedonien Fuß zu fassen, scheiterte. Darum war ihm der Hilferuf der Griechen, die von Rom bedroht wurden, ein willkommener Anlaß, seine Macht nach Italien auszudehnen. Seinem Feldzug verlieh er durch geschickte Propaganda vor der Barbarengefahr einen panhellenischen Charakter. Denn Rom versuchte durch seine erstarkte Stellung in Italien, auch auf die griechischen Kolonien Einfluß zu nehmen und die Rolle eines Schiedsrichters und Schutzherrn zu spielen.

Im Jahr 280 landete Pyrrhus I. mit seiner Armee in Italien. Roms erste Begegnung mit den kampferprobten hellenistischen Söldnern verlief nicht günstig. Nach ihren Niederlagen bei Heraklea und Ausculum 280/279 v. Chr. wurden die Römer nach Latium zurückgeworfen. Die unmittelbare Bedrohung Roms spornte die Römer zu kompromißlosem Handeln an, zumal sich zahlreiche Stämme und Städte in Süd-Italien dem Pyrrhus I. anschlossen. Er hatte in diesen Kämpfen so schwere Verluste erlitten, daß er den Sieg nicht nutzen konnte und es nicht wagte, Rom direkt anzu-

Kriegselefant

greifen. Sein nicht ausnutzbarer Erfolg wurde sprichwörtlich zum »Pyrrhus-Sieg«. Er setzte nach Sizilien über, um für die griechischen Städte gegen die mit Rom verbündeten Karthager zu kämpfen. Sein strenges Regiment in Sizilien, wo er zunächst als König umjubelt worden war, führte zu Spannungen mit den Griechen, so daß er sich wieder nach Süd-Italien begab. Im Jahr 276 v. Chr. brachten ihm die Römer eine schwere Niederlage in der Nähe von Benevent bei. Pyrrhus I. mußte nach Epirus zurückkehren. Bei Kämpfen auf der Peloponnes ist er 273 v. Chr. gefallen.

Rom und Karthago

Auf dem Hintergrund dieser Feldzüge führten politische Gegensätze

Pyrrhus von Epirus

zu einem direkten Zusammenstoß zwischen Rom und Karthago. Die Macht Karthagos war jahrhundertelang mit wechselndem Erfolg von den Griechen in Sizilien und Süd-Italien bekämpft worden. Rom war der traditionelle Bundesgenosse Karthagos. Seit den Jahren 508/507 v. Chr. hatten beide immer wieder Verträge miteinander geschlossen. Zuletzt hatten sie gemeinsam gegen Pyrrhus I. gekämpft. Roms Expansionsbedürfnis mußte aber zwangsläufig zu einer Überschneidung der Interessensphären führen. Der Konflikt brach aus, als die Römer sich zu einer bewaffneten Intervention zugunsten der Griechen in Messina auf Sizilien entschlossen. Die nun folgenden Kriege entwickelten sich zu einem unerbittlichen Existenzkampf zwischen Rom und Karthago. Die drei Punischen Kriege währten mit Unterbrechungen über hundert Jahre. Die Bezeichnung »Punier« für Karthager kommt vom lateinischen »Poeni« und bedeutet »Phönikier«; denn Karthago war die größte und schon früh selbständig gewordene Kolonie der Phönikier im westlichen Mittelmeer-Raum. Die Basis ihrer Stärke war eine wohlgerüstete Flotte. Rom war gezwungen, fast über Nacht eine Seemacht zu werden, um Karthago die Stirn bieten zu können. Ein reiches Hinterland, das sich im Westen bis zur Meerenge von Gibraltar erstreckte, einschließlich seiner Besitzungen auf Sizilien und auf Sardinien verlieh Karthago ein großes wirtschaftliches und politisches Gewicht.

Der Erste Punische Krieg mit Karthago endete mit der Abtretung Siziliens an Rom, seiner ersten überseeischen Erwerbung und der Begründung seines Reiches. Der Zweite

Phönizische Galeere und Hippokamp

Punische Krieg brachte den Karthagern, wenn sie auch besiegt wurden, dauernden Ruhm durch den Marsch Hannibals über die Alpen nach Italien. Die Begegnung zwischen Rom und Karthago gewann durch das harte Ringen um Sieg oder

Klagefrauen am Sarkophag

Untergang im Denken der Römer schicksalhaften Charakter. Vergil, der seine »Äneis« unter der Regierung des Kaisers Augustus dichtete, sah das Schicksal Roms und Karthagos schon in homerischer Vergangenheit miteinander verwoben. In seinem Epos verläßt der Held, Äneas, die Trümmer des eroberten Trojas und gelangt nach abenteuerlichen Irrfahrten nach Italien, um ein neues Troia auf den sieben Hügeln am Tiber zu gründen. Sein Weg hatte ihn auch an die Küste Nord-Afrikas verschlagen, wo er der Königin Dido beim Bau ihrer Hauptstadt Karthago half. Er gewann ihre Liebe. Aber die Götter gemahnten ihn an seine Aufgabe, den Troern eine neue Heimat zu gründen, und Äneas verließ die Königin. Darum schwor die Verschmähte den Nachkommen des Äneas ewige Rache und beging Selbstmord. Im Ersten Punischen Krieg errangen die Römer in wechselvollen Kämpfen ihre ersten beiden Seesiege über Karthago: Schlacht bei Mylae, 260 v. Chr. und Schlacht bei den Aegatischen Inseln, 241 v. Chr. Die unbestrittene Großmacht zur See im westlichen Mittelmeer wurde erstmals von einem bisher nur als Landmacht aufgetretenen Feind besiegt. Karthago verlor Sizilien und zahlte 3200 Talente Kontribution. Am Ende dieses Krieges 241 v. Chr. war Italien weitgehend unter römischer Herrschaft geeint. Es konnte jener stetige Kampf um die Weltherrschaft beginnen, der für zweieinhalb Jahrhunderte die Ereignisse im Mittelmeer-Gebiet beherrschen sollte.

Opfer des Äneas

Hannibals Herausforderung an Rom 218 v. Chr.

Im 3. vorchristlichen Jahrhundert standen sich zwei Mächte im Kampf um die Herrschaft im westlichen Mittelmeer-Gebiet gegenüber: Karthago und Rom. Die Karthager waren darauf bedacht, getreu ihrer Tradition als phönikisches Handelsvolk ihre wirtschaftliche Macht zu wahren und ihre Handelsniederlassungen auszubauen. Kriegerische Unternehmungen erfolgten nur zum Schutz und zur Verteidigung des Handels. Rom aber führte seine Kämpfe um der politischen Macht willen zur Vergrößerung seines Staates. Darum gestalteten sich die Auseinandersetzungen mit Karthago so unerbittlich hart bis zur Vernichtung des Gegners.

Nach langjährigen Vorbereitungen begannen die Karthager den Zweiten Punischen Krieg mit einer Offensive gegen Rom. Im Frühling des Jahres 218 v. Chr. versammelte sich in Neu-Karthago, dem heutigen Cartagena an der spanischen Süd-Ost-Küste, ein mächtiges Heer, dessen Befehlshaber der noch nicht dreißigjährige Barkide Hannibal war. Die Soldaten rekrutierten sich aus den kriegerischen Stämmen der Iberischen Halbinsel und Nord-Afrikas; die Anführer entstammten dem alten Volk der Phönikier, die in ihren Kolonien die herrschende Schicht bildeten. In zwei Jahren vollbrachte dieses Heer eine der erstaunlichsten Leistungen in der Geschichte der Kriegskunst. Es marschierte mehr als 2000 Kilometer durch feindliche, unwirtliche Länder, überquerte breite Flüsse und zwei der höchsten Gebirge Europas. Am Ende dieses beschwerlichen Weges in Ober-Italien hatte Hannibals Heer nahezu die Hälfte seiner Truppen und fast den ganzen Troß verloren. Eine der besten Armeen der Zeit war an den Rand ihrer Existenz geraten.

Die Karthager hatten die Niederlage zu rächen, die Rom ihnen vor dreiundzwanzig Jahren im Ersten Punischen Krieg bereitet hatte. Durch eine offensive Kriegführung hofften sie, Rom im eigenen Land niederzuwerfen. Das große Wagnis setzte Hannibals Zeitgenossen und seine Nachfahren in Erstaunen. Der geniale Gedanke, der diese Tat trug und sie zum Erfolg brachte, hat die wohldurchdachte Gründlichkeit, mit der das Unternehmen geplant und durchgeführt wurde, überstrahlt. Die Ereignisse sind uns hauptsächlich von dem griechischen Geschichtsschreiber Polybios überliefert, der trotz seiner Bewunderung für Roms Größe eine objektive Schilderung des Krieges gibt. Hannibals Feldzug war nicht der Laune eines unbesonnenen, jungen Heerführers entsprungen, sondern von einem großen Strategen vorbereitet und durchgeführt worden. Das Unternehmen, das mit der Niederlage Hannibals endete, hat die kulturelle und politische Entwicklung im westlichen Mittelmeer-Gebiet entscheidend beeinflußt.

Gegen Ende des 4. Jahrhunderts v. Chr. besaß Karthago ein weitverzweigtes Handelsreich, und die Stadt lebte in großem Wohlstand. Die Macht der Karthager reichte von Libyen bis zur Süd-Ost-Küste Spaniens; die Inseln der Balearen, Korsika, Sardinien und große Teile von Sizilien waren ihnen untertan. Sie hatten Forschungsexpeditionen nach dem tropischen Afrika und den europäischen Grenzgebieten ausgesandt. Die karthagische Vorherrschaft im westlichen Mittelmeer-Gebiet war unumstritten. Da Karthago nur auf die Sicherheit seines Handels bedacht war, erkannte es in der kriegerischen, römischen Republik so lange keinen Feind, als sie seine Interessen nicht berührte. Während Rom seine Macht auf ganz Italien ausdehnte, verweigerten die Karthager sogar ihren alten Verbündeten, den Etruskern, Unterstützung, mit denen sie früher gemeinsam gegen die Griechen in Süd-Italien und auf Sizilien vorgegangen waren. Die Landbewohner Latiums sahen keinen Grund, mit den karthagischen Kaufleuten in Konflikte zu geraten, und die noch primitive römische Wirtschaft konnte mit dem hochentwickelten Handels- und Agrarsystem der afrikanischen Länder nicht konkurrieren. Das änderte sich, als im späten 4. Jahrhundert v. Chr. die Römer ihre Aufmerksamkeit auf Sizilien lenkten. Die Insel galt als Kornkammer des westlichen Mittelmeeres und als bedeutendes Kulturzentrum. Sie wurde von Karthagern und Griechen beherrscht. Im Jahr 263 v. Chr. folgten die Römer einem Hilferuf Messinas und besetzten die Stadt. Damit kontrollierten sie die Meerenge zwischen Italien und Sizilien. Diesen Übergriff in seinen Interessenbereich konnte Karthago nicht dulden, und es

Hannibal und ein Elefant. Vorder- und Rückseite (links) eines silbernen Doppelschekels der Münzstätte Neu-Karthago, zwischen 220 und 218 v. Chr.

kam zum Ersten Punischen Krieg. Zunächst war die militärische Überlegenheit der Römer zu Lande offenkundig, und auch die römische Flotte konnte sich behaupten. Mit Hilfe von Syrakus wurden die Karthager bis auf zwei westliche Stützpunkte aus Sizilien verdrängt. Als 256 v. Chr. eine von M. Atilius Regulus geführte römische Landung in Afrika scheiterte, gerieten die Kampfhandlungen ins Stocken. Der anhaltende Krieg wirkte sich jedoch auf den karthagischen Handel unheilvoll aus. Nach einer Niederlage zur See im Jahr 241 v. Chr. verzichtete Karthago auf alle sizilischen Ansprüche und suchte den Frieden. Der Staat wurde weiter geschwächt durch einen Aufstand seiner Söldner, aus denen fast das gesamte punische Heer bestand. Die Regierung wurde gestürzt, und eine Volkspartei übernahm die Macht, die sie an Hannibals Vater, Hamilkar Barkas, delegierte. Dem jungen Feldherrn, der sich bereits in den Feldzügen gegen die Römer ausgezeichnet hatte, gelang es, den Aufstand der Söldner niederzuwerfen. Er begann mit umfangreichen militärischen Rüstungen, um die Niederlage gegen Rom zu rächen. Zunächst ging er an die Eroberung Spaniens, das ihm als Operationsbasis gegen Rom dienen sollte. Rom hatte die Schwäche Karthagos weiterhin genutzt und die Insel Sardinien annektiert.

Hamilkar verfolgte im wesentlichen drei Ziele: Er erstrebte politische Handlungsfreiheit ohne den Zwang der Verantwortlichkeit gegenüber der karthagischen Regierung; ferner ausschließliche Verfügungsgewalt über die wirtschaftlichen Möglichkeiten Spaniens, um mit dieser Hilfe seine strategischen Pläne zu verfolgen und eine wirksame Außenpolitik gegen Rom zu führen; schließlich beabsichtigte er, ein gutausgebildetes, leistungsfähiges Heer aufzubauen, das ihm persönlich ergeben war. Auf Grund der Eroberung des südlichen Spaniens, das er zu einem faktisch unabhängigen Reich machte, erreichte er seine Ziele in weniger als zehn Jahren. Die andalusischen Gebirge enthielten die reichsten Silber- und Erzminen des Mittelmeer-Gebietes, die genug einbrachten, um die in Friedensverträgen mit Rom festgelegten Reparationen zu leisten, außerdem die Partei der Barkiden in Karthago zu finanzieren und griechische Fachleute zu dingen, die für die technische Verwirklichung seiner großen Pläne notwendig waren. Die kriegerischen kelt-iberischen Stämme stellten tapfere Soldaten, deren Raubgier durch glühende Ergebenheit für ihren Anführer kompensiert wurde. All dies geschah in einem Randgebiet der damaligen Kulturwelt.

Hamilkar fiel in einem Feldzug 229 v. Chr. gegen die Iberer. Da sein ältester Sohn Hannibal noch zu jung war, übernahm sein Schwiegersohn Hasdrubal die Macht, der den Aufbau des Reiches in Spanien fortführte. Rom verfolgte die Vorgänge in Spanien aufmerksam, erkannte aber die Gefährlichkeit der Rüstungen kaum. Es begnügte sich damit, in einem Vertrag 226 v. Chr. den Ebro als Grenze beider Machtbereiche festzulegen. Nur die Griechen in Massilia (heute Marseille) und Emporien (Ampurias) in Katalonien, ebenfalls alte Feinde der Phönikier, beobachteten mit Sorge das Anwachsen des Barkiden-Reiches. Im Gegensatz zu Hasdrubal, der 221 v. Chr. ermordet wurde, verfolgte Hannibal tatkräftig eine auf Expansion gerichtete Politik. Um seine Herrschaft über Spanien zu festigen und seinen Feinden zu verdeutlichen, daß Rom ihnen keine Hilfe bringen konnte, griff er die spanische Stadt Saguntum an und zerstörte sie, obwohl sie einen Bündnisvertrag mit Rom hatte. Der römische Senat unternahm nichts, um die Bewohner von Saguntum zu schützen, sondern begnügte sich nur mit einer protestierenden Botschaft an Karthago. Die Karthager erklärten, daß das Barkiden-Reich auf der Iberischen Halbinsel seine eigene Verwaltung habe und dieses den Römern seit den Unterhandlungen mit Hasdrubal bekannt sei. Rom konnte nur noch den Krieg erklären.

Der Zweite Punische Krieg war von Hannibal provoziert worden. Nach den Jahrzehnte währenden Vorbereitungen schien ihm die Zeit für einen Krieg mit Rom gekommen. Sein Vater hatte vor allem versucht, die innenpolitischen Verhältnisse zu ordnen und zu

Picenisch-sabellischer Krieger. Kalkstein-Statue aus Capestrano, Aquila, Mitte des 6. Jahrhunderts v. Chr.

Etruskische Krieger mit einem Toten. Bronze, Deckelfiguren von einer Ciste aus Palestrina, Latium, 5. Jahrhundert v. Chr.

stärken. Hannibal war griechisch erzogen; er überschaute die mittelmeerische Welt, auch die Länder der Barbaren, und kannte ihre Probleme. Kaum ein anderer Staatsmann seiner Zeit war so weitblickend. Karthagos weitverzweigte Handelsbeziehungen erschlossen ihm auch vorzügliche Informationsquellen. Er kannte auch die Herrschaftsverhältnisse in Italien. Einer der wichtigsten Verbündeten Roms war Capua. Die römische Militärmacht ergänzte sich vorzüglich mit dem Handelspotential Campaniens. Beiden Seiten erwuchsen große Vorteile daraus, denn die römischen Legionen bildeten das stärkste Heer im Mittelmeer-Raum, und die campanischen Kaufleute und Handwerker hatten bedeutenden Anteil am Markt von Gibraltar bis zur Adria. Der Erfolg bewirkte jedoch Rivalitäten zwischen den Partnern. Die politischen Entscheidungen wurden in Rom oder seiner unmittelbaren Umgebung getroffen. Die Capuaner aber waren nicht gewillt, sich bevormunden zu lassen. Es ist durchaus wahrscheinlich, daß sie vor dem Ausbruch des Zweiten Punischen Krieges mit Karthago Kontakte aufgenommen hatten.

In Unteritalien lagen auch die Basen der römischen Seemacht, die für die Verteidigung von Sizilien und Sardinien unentbehrlich waren. Jedoch wagte es niemand, Rom entgegenzutreten, solange seine Legionen das Land beherrschten. So mußte ein Gegengewicht gefunden werden, mit dessen Hilfe man das römische Heer neutralisieren konnte. Hannibal hoffte, in Gallien entsprechende Kräfte mobilisieren zu können. Lange Zeit hindurch hatten die Kelten den Karthagern Söldner gestellt, aber nie waren sie als eine politische Macht behandelt worden. Schon im Ersten Punischen Krieg hatten die Karthager den Fehler begangen, die Gallier in der Po-Ebene nicht gegen Rom mobilisiert zu haben. Sie waren erst 222 v. Chr. von den Römern unterworfen worden. Hannibal war entschlossen, diesen Fehler nicht zu wiederholen, und entsandte Boten in das keltische Gebiet, um sich ihrer zu versichern.

Bis zu dieser Zeit hatten die Gallier über ihr eigentliches Gebiet hinaus den Osten und Norden des heutigen Frankreichs, Hollands sowie West- und Süd-Deutschlands besiedelt. Kämpfe mit den Germanen zwangen die Kelten östlich des Rheins, nach Westen und Süden zurückzuweichen, und brachten andere Stämme, die vorher im Westen ansässig gewesen waren, in Bewegung. Die Wanderung erfolgte um 230 v. Chr., in dieser Zeit wurden die Gallier seßhaft und gründeten feste Siedelplätze.

Die Auswirkungen dieses Umbruchs verspürte man auch in Norditalien. Im Jahr 225 v. Chr. standen die Römer germanischen Völkerschaften gegenüber, die mit zisalpinen Galliern vermischt waren. Aus dieser Lage ergaben sich Vorteile für Hannibal. Er konnte kriegstüchtige Hilfstruppen aus Gallien gewinnen und sich einen sicheren Landweg von Spanien nach Italien schaffen. Denn bis zu dieser Zeit war die Mittelmeer-Küste Frankreichs von iberischen und ligurischen Stämmen beherrscht, die durch dreihundertjährige Handelsbeziehungen zu Griechenland zum Teil hellenisiert waren. Die Massilier hätten aus ihren eigenen Reihen ohne Schwierigkeit eine Truppe bilden können, die sich Hannibals Durchzug entgegengestellt hätte. Mit den keltischen Volskern, die um 230 v. Chr. das Gebiet zwischen den Pyrenäen und der Rhône erobert hatten, traf Hannibal eine Vereinbarung, die ihm nicht nur das Recht auf freien Durchzug, sondern auch die Anlage von Stützpunkten erlaubte. Hierfür bieten archäologische Funde in Ensérune Anhaltspunkte, wo eine Statuette des Baal und Münzen den Durchzug der Punier bezeugen. Die befestigten Orte ermöglichten es Hannibal, die Verbindungen nach Spanien zur Versorgung seiner Truppen aufrechtzuerhalten. Zugleich verhinderte er, daß ein römisches Heer die Iberische Halbinsel vom Land her angriff.

Hannibals Entscheidung, in Italien einzufallen, entsprach seiner realistischen Einschätzung der Lage und geschah keineswegs aus Tollkühnheit oder Verzweiflung. Der Gegner, dessen Verteidigungsstellungen unüberwindbar waren, mußte dort gefaßt werden, wo er es am wenigsten erwartete. Das größte Problem stellte die Versorgung der Truppe dar. Die Verluste durch Hunger, Feinde und schwierige Wegstrecken wurden

Brustpanzer. Bronze aus Nord-Afrika, etwa 3. Jahrhundert v. Chr.

Keltiberischer Krieger. Sandstein-Relief aus Osuna, Süd-Spanien, 1. Jahrhundert v. Chr.

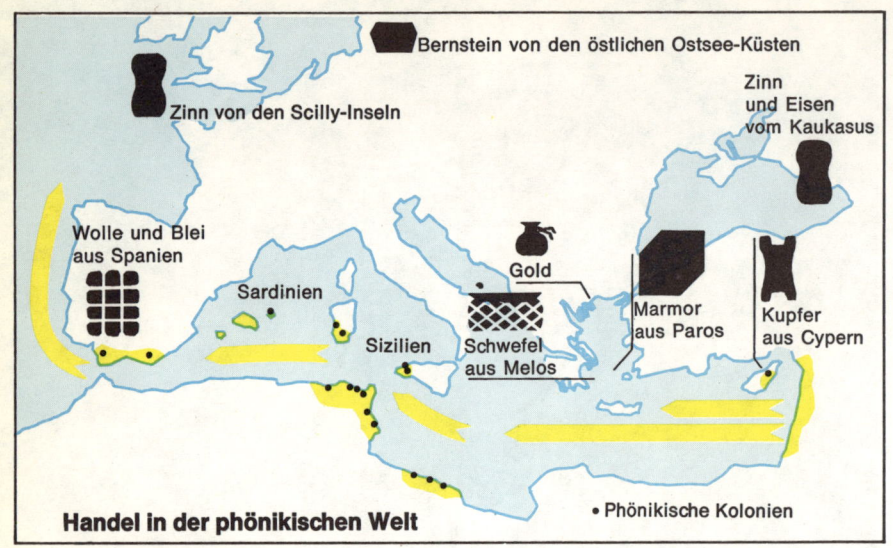

Handel in der phönikischen Welt

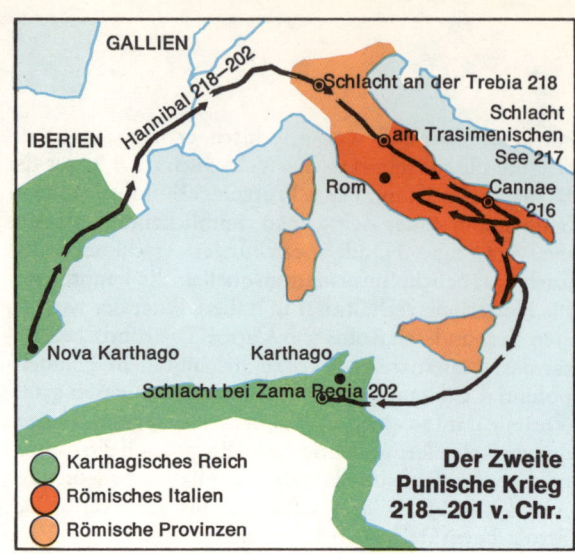

Der Zweite Punische Krieg 218—201 v. Chr.

durch den Überraschungseffekt kompensiert. Hannibal, der sich der Bedeutung von Propaganda bewußt war, nutzte den Eindruck, den sein außergewöhnliches Unternehmen auf die Freunde und Feinde Roms machte.

Hannibals Weg über die Alpen läßt sich nicht mit Sicherheit feststellen. Wahrscheinlich passierte er das Isère-Tal, das heutige St.-Jean-de-Maurienne und Mt. Cenis. Zuverlässige Überlieferung besteht nur für eine Tatsache: Er durchquerte das Gebiet der Allobroger. Sein Plan sah zunächst die Zerstörung der römischen Militärmacht und den Abfall der Verbündeten Roms vor. Seine militärischen Erfolge waren überwältigend: Noch im Jahr 217 v. Chr. besiegte er die Römer in den Schlachten am Trasimenischen See und an der Trebia. Ungehindert zogen die Punier nach Süd-Italien. Sie beherrschten aber nur das offene Land; keine bedeutende Stadt kam in ihre Hände. Hannibal gelang es nicht, römische Bundesgenossen auf seine Seite zu ziehen, um sich eine Operationsbasis im Feindesland zu schaffen. Die Römer suchten im nächsten Jahr den Krieg noch einmal durch eine Schlacht zu entscheiden und stellten ein riesiges Heer von achtzigtausend Mann auf. Bei Cannae am 2. August 216 v. Chr. wurden sie vernichtend geschlagen und verloren fast ihre gesamte Streitmacht. In den folgenden Wochen fielen einige Gaue und Städte Apuliens und Campaniens, Capua, Tarent und Syrakus von Rom ab. Bei diesen wenigen Ausnahmen blieb es jedoch. Hannibals Plan, Campanien zu einer Stellung für seine Kriegführung auszubauen, scheiterte am Widerstand der Städte Neapel, Cumae und Nola.

In diesem Augenblick wandelte sich das Kriegsglück. Die Gründe für den Umschwung sind viel verwickelter als die Ursachen für Hannibals Erfolg. Man kann Hannibal von dem Vorwurf freisprechen, der gegen ihn erhoben wird, es habe ihm an Entschlossenheit gemangelt und er habe es versäumt, die Römer unmittelbar nach der Schlacht von Cannae in Rom selber anzugreifen. Tatsächlich aber war die militärische Position Roms so stark, daß eine Belagerung für eine bereits dezimierte und in feindlichem Gebiet befindliche Truppe außerordentlich riskant gewesen wäre. Dagegen trugen die karthagischen Feldherren und die Führer verschiedener Aufstände gegen Rom die Verantwortung dafür, daß sie ihre Anstrengungen nicht koordinierten und es darum Rom ermöglichten, jede Rebellion im Keim zu ersticken. Hannibal unterschätzte die Widerstandskraft des römischen Staates, der, von den Bergen Latiums und dem Sabiner-Gebirge geschützt, in der Ebene lag. Er durchzog fünfzehn Jahre lang vergeblich Italien, ohne daß die Römer sich zur Schlacht stellten. Allmählich rissen die Römer die Initiative wieder an sich. Sie begegneten erfolgreich den Einkreisungsversuchen der Karthager, indem sie sich seiner Gegner versicherten. Hannibals Bündnis mit König Philipp V. von Makedonien wurde durch Roms Vertrag mit dem Ätolischen Bund neutralisiert. Dennoch dauerte der Erste Makedonische Krieg zehn Jahre, der im Frieden von Phoinike im Jahr 205 v. Chr. beendet wurde. Der Status quo blieb erhalten. Ein Sieg war keiner der beiden kämpfenden Parteien beschieden. Das von Rom abgefallene Syrakus wurde zurückerobert. Nach dem Zwei-

Bug eines karthagischen Schiffes. Marmor-Stele, 3./2. Jahrhundert v. Chr.

ten Punischen Krieg wurde Sizilien eine römische Provinz. Schließlich erlag das Barkiden-Reich in Spanien dem ersten Angriff der Römer. Im Jahr 204 v. Chr. konnten es die Römer unter P. Cornelius Scipio Africanus maior wagen, in Afrika zu landen und Karthago anzugreifen. Hannibal mußte Italien räumen und wurde 202 v. Chr. in der letzten Schlacht des Krieges von Scipio bei Zama besiegt. 201 v. Chr. wurde der Friede geschlossen: Karthago verlor Spanien und das Recht, selbständig Kriege zu führen. Durch umfangreiche Abrüstung des karthagischen Heeres und der Flotte sicherte sich Rom eine dauerhafte Kontrolle über seinen großen Gegner.

Mit dem machtpolitischen Sieg gewann in Rom auch das kulturelle Leben an Bedeutung. G. Naevius war der erste bedeutende lateinische Dichter. Er starb nach dem Ende des Zweiten Punischen Krieges, 201 v. Chr. Mit seinen Schauspielen, die ein zeitkritisches Kolorit tragen, begründete er die lateinische Komödie. Sein Epos über den Ersten Punischen Krieg stellt das Volk von Rom erstmals in weltgeschichtliche Zusammenhänge. Abgesehen von dem mythischen Teil haben seine historischen Schilderungen einen chronikalen Charakter und für die Nachwelt einen hohen Quellenwert.

Hannibal war das Opfer einer Erziehung, die auf hellenistischem Gedankengut aufbaute. Er glaubte, daß Geschichte von wenigen außergewöhnlichen Menschen gemacht würde und daß man wirtschaftliche, soziale und kulturelle Faktoren bei den zu beherrschenden Völkern außer acht lassen könnte. Die Barkiden hatten den zahlreichen verschiedenen Stämmen auf der Iberischen Halbinsel ihr eigenes politisches Gefüge aufgezwungen. Dagegen war der römische Staat stetig und organisch gewachsen; seine Angehörigen besaßen nicht nur römisches Staatsbewußtsein, sondern der Wachstumsprozeß hatte ihr Wesen verändert und zu echten Untertanen gemacht. Hannibals gewaltsames Vorgehen konnte diese Entwicklung nicht hemmen, sondern hat sie eher begünstigt, denn er zerstörte den Rahmen, in dem sie sich bis dahin abgespielt hatte, und wies Rom den Weg über Italiens Grenzen hinaus. Schon im Ersten Makedonischen Krieg gegen König Philipp V. zeichnete sich eine deutliche Machtverschiebung im Osten ab. Nach der Niederlage Karthagos wurde Rom auch für die hellenistische Welt eine Macht, die in das politische Kalkül einbezogen werden mußte.

GILBERT CHARLES PICCARD

P. Cornelius Scipio Africanus maior (?). Marmor-Büste zwischen etwa 235 und 183 v. Chr.

Ruinen der Stadt Karthago in Tunis

Roms Kampf um die Weltherrschaft

Nach der Niederlage bewies Hannibal noch einmal seine Größe. Als einer der höchsten Beamten Karthagos versuchte er, durch einschneidende Reformen die Wirtschaft zu retten und dem Staat neue Kraft zu geben. Im Jahr 196 v. Chr. mußte er den Intrigen seiner Neider weichen und den Rest seines Lebens als Gejagter in der Verbannung verbringen. Immer wieder schmiedete er Pläne, um Roms Gegner zum Kampf zu bewegen. Aber die Schergen Roms verfolgten ihn, wo immer er auch weilte. Der Hof Antiochos' III. war seine erste Zuflucht. Nach dessen Niederlage gegen die Römer floh er nach Kreta und schließlich an den Königshof zu Bithynien, wo er sich durch Selbstmord 183 v. Chr. seinen Verfolgern entzog. Rom war nun Herr über das westliche Mittelmeer-Gebiet.

Rom und der Osten

Die Gefahren, denen Rom aus der griechischen östlichen Welt ausgesetzt war, nämlich den Einfällen Pyrrhus' I. von Epirus in Italien und den Kriegen mit Philipp V. von Makedonien, machten es notwendig, den Osten zu befrieden. Es ging daran, systematisch dem Aufstieg jedes Rivalen in Griechenland zuvorzukommen, indem es sich bei politischen Streitigkeiten auf die Seite des schwächeren Gegners stellte, um ein Gleichgewicht der Kräfte aufrechtzuerhalten. König Philipp V. von Makedonien, der stärkste Machthaber in Griechenland, wurde in zwei Kriegen besiegt. Nach seinem Tod führte ein dritter Krieg zur Aufteilung Makedoniens, das 148 v. Chr. endgültig römische Provinz wurde. Auch Antiochos III. von Syrien erlitt ein gleiches Schicksal. Er wurde von einer römischen Armee nach Kleinasien zurückgetrieben und besiegt. Der römische Einfluß breitete sich auf Pergamon aus. In Syrien wurde die Zwietracht im Land so geschürt, daß die Außenpolitik zum Erlahmen kam. In Ägypten erhielten die ptolemäischen Könige den Schutz Roms. Diese lose Angliederung blieb bestehen, bis Ägypten nach der Schlacht bei Aktium römische Provinz wurde.

Als Rom allmählich das Vakuum zu füllen begann, das durch den Zerfall der hellenistischen Staaten entstand, bahnte sich der Aufstieg einer Weltmacht an, der zum ersten Mal in der Geschichte der gesamte Mittelmeer-Raum untertan sein sollte.

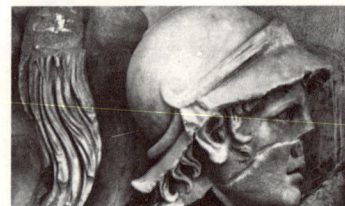
Gigant Otos, Gegner der Artemis

So wie der Zusammenbruch des attischen Reiches Thukydides Anlaß gegeben hatte, über die Wechselfälle politischer Macht nachzudenken, wurden auch dieses Mal Historiker dazu angeregt, die Ursachen für den stetigen Aufstieg Roms zur Weltmacht zu suchen. Wegen ihrer politischen und wirtschaftlichen Unbeständigkeit konnten die hellenistischen Reiche keine dauerhafte Herrschaft begründen. Die Existenz dieser Staaten war nur auf die Fähigkeiten des einzelnen Fürsten gestellt. Die zeitgenössischen Historiker hatten für Roms Erfolge eine grundlegende Erkenntnis gewonnen. Sie führten den Aufstieg Roms auf die Unversehrbarkeit seiner Verfassung zurück. Mit dem der griechischen Staatstheorie eigenen Sinn für Ordnung betont der Historiker Polybios, der die Folgen der römischen Ausbreitung in Griechenland selber erlebt hatte, ihre gemischte Form: Durch die halb-königliche Gewalt des höchsten Amtes, des Konsulates, verbunden mit der oligarchischen Komponente des Senates und der demokratischen der Volksversammlung, hatte Rom die Möglichkeit eines Streites zwischen Oligarchen und Demokraten oder das Übergewicht einzelner Personen ausgeschlossen. Diese idealisierende Analyse der römischen Verfassung sah die Verhältnisse sicherlich zu optimistisch. Die Taten eines Caesars und eines Augustus' zeigten, daß Roms Geschick auch der Hand einzelner anheimfallen konnte. Aber die konsularische Verfassung hat doch wesentlich zu Roms innerer Stabilität und zur Dauerhaftigkeit seiner staatstragenden Einrichtungen beigetragen und es den Römern erlaubt, einen stetigen Kampf um die Weltherrschaft zu führen.

Begründung der Herrschaft außerhalb Italiens

Wenn man den Aufstieg eines klei-

Kornspeicher in Ostia

nen Stadt-Staates zur führenden Macht im Mittelmeer-Gebiet binnen zweieinhalb Jahrhunderten beobachtet, stellt sich die Frage, ob und von welchem Zeitpunkt an in Rom eine bewußte Großmacht-Politik betrieben worden ist. Zögernd nur geriet Rom in den Ersten Punischen Krieg, machte aber Sizilien gleich zu einer eigenen Provinz, als ihm die wirtschaftlichen und strategischen Möglichkeiten dieser Insel unentbehrlich zu sein schienen. Locker gegliederte Schutzherrschaften statt einer straffen Provinzialverwaltung deuten darauf hin, daß Rom anfänglich in erster Linie ein Mächte-Vakuum zu einer eigenen Sicherheit füllen wollte. Manchmal genügten den römischen Machtansprüchen nur diplomatische Be-

Schiffe im Hafen

ziehungen, wie sie zu Pergamon unterhalten wurden. Wenn aber unmittelbar ein wirtschaftlicher Gewinn zu erwarten war oder eine Gefahr drohte, gliederte sich Rom ein Gebiet auf dauerhafter Basis an. So wurde die Vergrößerung der Herrschaftsbereiche flexibel betrieben. Rom entwickelte besonderes Geschick darin, die jeweils vorteilhafteste Art der Eingliederung fremder Länder in seinen Staat zu wählen. Es war zunächst kein Streben nach Macht als vielmehr die Folge der Verteidigung einmal errungener Positionen, die Roms Kampf bestimmte.

Das Heerwesen

Der erbitterte Kampf gegen Karthago hatte das römische Heerwesen erheblich verbessert. Die Kriege außerhalb Italiens erforderten ein stehendes Heer, das aus der Staatskasse besoldet wurde. In der Zeit des Königtums und der frühen Republik entsprach die Entwicklung vom Ritterheer, dem nur Patrizier angehören durften, zum Bürgerheer weitgehend den Verhältnissen in Griechenland. Seit dem 4. vorchristlichen Jahrhundert bildeten die in Centurien gegliederten Legionen das römische Heer. Sie wurden, da eine allgemeine Dienstpflicht bestand, nach Bedarf aus der Bürgerschaft rekrutiert. Dieses mili-

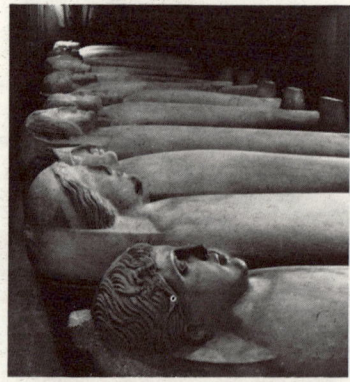
Anthropoide Sarkophage, Sidon

Athene im Kampf mit Giganten

Landschaft mit heiligem Baum

tärische System blieb bis zu den Reformen des G. Marius bestehen.

Roms Bemühungen um einen Frieden in Griechenland nahmen eine aggressivere Form an. Der makedonische Einfluß wurde im Jahr 168 v. Chr. durch die Schlacht bei Pydna endgültig ausgeschaltet. Der Versuch der Griechen, mit dem Aufstand des Achäischen Bundes die Freiheit zu verteidigen, endete 148 v. Chr. mit der Zerstörung von Korinth, das der römischen Provinz Makedonien angegliedert wurde. Die Partei im Senat, die jahrelang die Zerstörung Karthagos forderte, um seinem erneuten wirtschaftlichen Aufschwung zu begegnen, setzte sich schließlich durch. Der Dritte Punische Krieg endete mit der Zerstörung Karthagos durch P. Cornelius Scipio Aemilianus. Auch Nord-Afrika wurde römische Provinz.

Sklaven

Eine der Folgen der Machterweiterung und der Eroberungen in diesem Zeitalter war der Zufluß von Beutestücken und Geld nach Rom. Die Mittel, die die Kriege gegen Hannibal verschlungen hatten, waren um das Jahr 187 v. Chr. reichlich ersetzt, und die Staatskasse zeigte einen bedeutenden Überschuß. Die Investitionen in Italien auf wirtschaftlichem Gebiet wuchsen erheblich an. Ihr Hauptteil lag im Ankauf von Land; einer solchen Kapitalanlage wurde schon immer größte Sicherheit nachgesagt. Dies war auch für den Stand der Senatoren die günstigste Gelegenheit, ihren Reichtum zu sichern, da ihnen Geldgeschäfte verboten waren. Das zunehmende Interesse für Grundbesitz brachte eine erhöhte landwirtschaftliche Produktion in Gang, um die städtischen Märkte beliefern zu können. Das bedeutete, daß mehr Arbeitskräfte verlangt wurden.

Die Nachfrage nach Arbeitskräften wurde durch Sklaven befriedigt. Sklaven konnten nach Italien eingeführt werden, wann immer sie gebraucht wurden.

Es war üblich, daß Eroberung meist zur Versklavung der besiegten Bevölkerung führte. Die Vorstellung, daß ein menschliches Wesen wie eine Handelsware behandelt wurde, mag heute unbegreiflich und verabscheuungswürdig klingen, aber im Altertum war die Sklaverei eine selbstverständliche Einrichtung. Auch in einem so demokratischen Staat wie Athen war ein großer Teil der Bevölkerung unfrei. Rom begann zur Zeit der Republik, die herkömmliche Methode der Versklavung unterworfener Völker zu intensivieren. Ein Aufstand in Sardinien im Jahr 176 v. Chr. endete mit der Versklavung der meisten der Bewohner. Im Jahr 167 v. Chr. wurden hundertfünfzigtausend Einwohner von Epirus in Griechenland versklavt. Ein solches Vorgehen führte zur Überschwemmung Roms mit Sklaven. Die große Zahl von Sklaven in Italien, die in allen Wirtschaftszweigen Verwendung fand,

Gladiator im Kampf mit Löwen

machte eine strenge, oft unerbittliche Aufsicht, wo sie nötig. Der römische Dichter M. Porcius Cato berichtet erschreckende Wahrheiten über die Art der Sklaverei. Er sagt, es sei billiger gewesen, die Sklaven sich totarbeiten zu lassen und durch andere zu ersetzen, als durch eine menschlichere Behandlung sie weniger auszubeuten. Sklaven fanden auch bei den Gladiatoren-Kämpfen Verwendung. Sie wurden ausgebildet, gepflegt und gut ernährt bis zu den kurzen Augenblicken in der Arena, wo sie um des Vergnügens der Römer willen im Kampf starben.

Nicht jeder Sklave war der Ausbeutung restlos ausgeliefert. Als Kriegsgefangene kamen auch hochgebildete und kultivierte Leute in die Sklaverei. Die Kinder der vor-

Griechische Freigelassene

nehmen Römer lernten von gebildeten Sklaven die feinen Sitten der hellenistischen Kultur. Römische Senatoren, die vom Geschäftsleben ausgeschlossen waren, benutzten Sklaven als Unternehmer. Da Sklaven nach dem Gesetz kein Eigentum besitzen durften, flossen die Einkünfte ihrer wirtschaftlichen Tätigkeit in die Taschen ihrer Herren. Ein tüchtiger Sklave durfte Anteile seines Verdienstes benutzen, um sich schließlich seine Freiheit zu erkaufen. Die Bande persönlicher Loyalität, die sich zwischen dem Sklaven und seinem Herrn knüpften, ermöglichten ihnen sogar, in der Verwaltung des römischen Kaiserreiches nützlich zu sein; oft trat ein Sklave als Vertreter des Kaisers auf. Die Freilassung eines Sklaven war ein Rechtsakt. Er konnte aber nur durch den einseitigen Willen des Herrn und Besitzers erfolgen. In Rom mußte den Akt der Prätor genehmigen. Der Sklave selbst hatte niemals die Möglichkeit, aus eigenem Willen die Freiheit zu erlangen, auch wenn er ein oder Dritte die Mittel für einen Freikauf aufgebracht hatte.

So konnte also die gesetzliche und soziale Institution der Sklaverei als Folge kriegerischer Eroberungen Menschen aller Klassen umfassen. So wie sie als allgemeine Wirtschaftskraft in der römischen Republik gehandhabt wurde, brachte sie

Römischer Markt

eine starke Ausbeutung der unteren Schichten mit sich. Die Sklaven gehörten einer genau gekennzeichneten sozialen Gruppe an, der jedoch ein Gruppen-Bewußtsein fehlte.

Römischer Tuchladen

Aufstand des Spartakus 73 v. Chr.

Als Roms Armeen siegreich durch die Welt marschierten und seine Flotte im Mittelmeer kreuzte, wurden Sklaven zu Hunderten und zu Tausenden als Arbeitskräfte nach Italien verschifft. Da es sich meist um Neuversklavte, ehemals Freie aus den von den Römern eroberten Gebieten handelte, ergaben sich soziale Probleme, die manchmal Revolten auslösten. Im Jahr 73 v. Chr. brach ein Aufstand unter der Führung des Thrakers Spartakus aus, der zwei Jahre lang den Römern schwer zu schaffen machte.

Eines Tages im Juni 73 v. Chr. flohen vierundsiebzig Sklaven aus der Gladiatorenschule in Capua in Süd-Italien. Sie versahen sich mit Waffen, die für ihre Ausbildung und den Kampf in der Arena bestimmt waren, bahnten sich den Weg durch die Stadt und entkamen zum Vesuv. Nahe beim Gipfel schlugen sie ein Lager auf. Bald sammelten sich andere entlaufene Sklaven aus Stadt und Land um sie. Ihre Anführer waren der Thraker Spartakus und zwei gallische Kelten, Crixus und Oenomaus; darum erhielten sie auch viel Zulauf von Kelten und Germanen. Von Anfang an war Spartakus der führende Kopf des Unternehmens; er hatte zweifellos den Ausbruch in Capua organisiert.

Ein römisches Heer unter dem Prätor G. Claudius Glaber wurde von den Aufständischen aus ihrer günstigen strategischen Stellung an den Hängen des Vesuv geschlagen. Darauf dehnte sich die Bewegung auf ganz Süd-Italien aus. Den Römern gelang es nicht, der Lage Herr zu werden. Die Aufständischen schlugen mehrere Truppenabteilungen. Bald waren Spartakus und seine Leute Herr über den ganzen Süden und hatten vierzigtausend Mann um sich versammelt. Unstimmigkeiten mit Spartakus führten dazu, daß Crixus sich mit seinen keltischen und germanischen Genossen absonderte. Sie waren vor allem daran interessiert, die reiche Gegend zu plündern, ohne an die Zukunft zu denken.

In einem Aufstand von solchen Ausmaßen waren die Sklaven nur so lange stark, wie sie zusammenhielten. Sie mußten versuchen, über ein ganzes Gebiet zu verfügen, damit sie sich versorgen und verteidigen konnten, oder einen Weg finden, in ihre Heimat zurückzukehren. Spartakus wußte, daß er nur mit einer großen Streitmacht dem Angriff römischer Truppen widerstehen und Italien verlassen konnte. Nur so war es möglich, sich in abgelegene Gebiete zu flüchten oder überhaupt aus dem römischen Reich zu entkommen.

Der römische Senat erkannte, daß schnell und wirksam gehandelt werden mußte. Jeder der beiden Konsuln des Jahres 72 v. Chr., L. Gellius Publicola und Gn. Lentulus Clodianus, wurde mit einem Heer ausgerüstet. Der Gallier Crixus wurde mit seinen Leuten am Monte Gargano in die Enge getrieben und besiegt; er selber fiel im Kampf. Spartakus entwickelte mehr taktisches Geschick und schlug die konsularischen Armeen nacheinander vernichtend. Daraufhin versuchte er, nach Norden über die Alpen zu entkommen. Bei Mutina und in Picenum wurden erneut zwei Schlachten geschlagen. Nacheinander besiegte Spartakus Gn. Lentulus Clodianus und L. Gellius Publicola. Der Senat enthob beide Feldherren ihres Amtes, und Spartakus zog wieder ungehindert durch Nord-Italien. Die Römer wagten keine offene Schlacht mehr.

Damals gab es scharfe Auseinandersetzungen in Spartakus' Lager: Sollten sie sich in kleine Abteilungen auflösen und versuchen, über die Alpen zu entkommen, oder sollten sie weiterhin zusammenhalten, damit sie die Legionen sprengen konnten? Man beschloß, die Einheit zu wahren und in Italien zu bleiben. Die Aufständischen wandten sich wieder nach Süden. Spartakus soll einen Angriff auf Rom erwogen haben. Ein solches Abenteuer konnte aber keinen Erfolg haben. Auf Sizilien dagegen bestand die Möglichkeit, daß noch mehr Sklaven zu ihm stoßen würden. Er hegte den Plan, dort einen eigenen Staat zu gründen.

Der Senat ernannte nun den Prokonsul M. Licinius Crassus, einen reichen und skrupellosen Mann, zum Befehlshaber, der eine rege wirtschaftliche und politische Tätigkeit hinter sich hatte, als Feldherr aber keinerlei Erfahrung besaß. Er beschloß, so wenig wie möglich zu wagen und Spartakus ohne eine entscheidende Schlacht in die Enge zu manövrieren. Mit den Überresten von vier Legionen und sechs noch intakten schickte er sich an, Spartakus von der Straße von Messina abzuschneiden. In diesen Kämpfen gaben

Gn. Pompeius magnus. Marmor-Kopf, Kopie nach einem Bildnis um 53 v. Chr., etwa Mitte des 1. Jahrhunderts

Gladiatoren im Kampf.
Detail eines
Marmor-Reliefs aus
Latium, etwa
frühes 3. Jahrhundert

Das Amphitheater in
Pompeii mit Blick
auf den Vesuv.
1. Jahrhundert v. Chr.

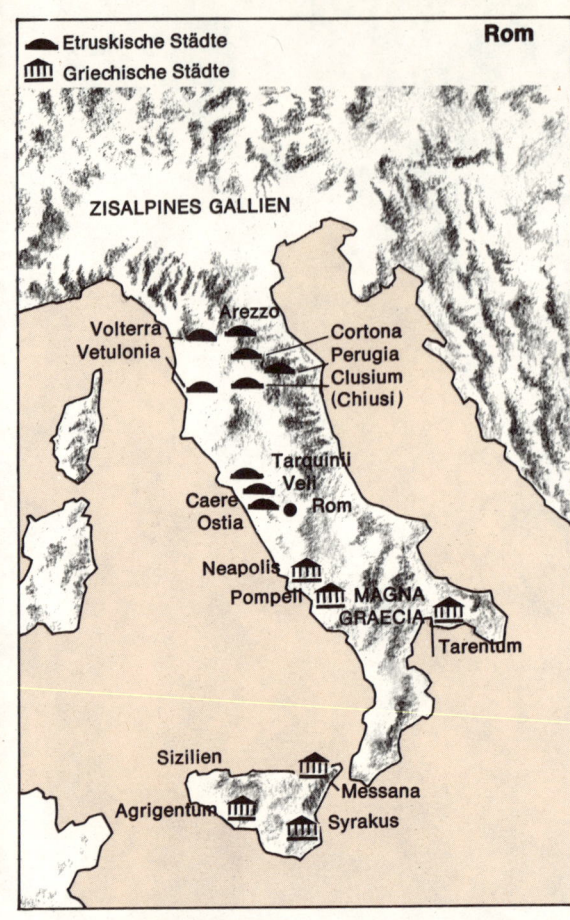

Sklaven an einer Winde zur Errichtung eines Grabmales. Detail eines Marmor-Reliefs vom Grabmal der Haterier von der Via Labicana vor der Porta Maggiore bei Rom, etwa 90 v. Chr.

Zum Gedenken an einen Seesieg. Rückseite eines silbernen Denars aus der Münzstätte Rom, etwa 54 v. Chr.

die disziplinierten Truppen den Ausschlag. Spartakus gelang es, sich nach Rhegium zurückzuziehen, er konnte aber nicht nach Sizilien übersetzen. Von der Größe des Heeres, das der vorsichtige Crassus aufgeboten hatte, zeugten seine ausgedehnten Schanzarbeiten: Er zog einen rund 60 Kilometer langen Wall quer durch das zerklüftete Bruttium, der Stiefelspitze von Italien, hinter dem er die Aufständischen einschließen und aushungern wollte. Aber Spartakus, der seine Leute an einem Platz zusammengezogen hatte, durchbrach die Stellungen der Römer.

Nun erhielt Crassus von einem wirklich fähigen Feldherrn, Gn. Pompeius magnus, Unterstützung. Seit Jahren hatte er erfolgreich Aufstände in Spanien bekämpft und war 72 v. Chr. nach Rom zurückgekehrt. Der Senat beauftragte ihn, Crassus zu Hilfe zu eilen. Spartakus hoffte, den Hafen von Brundisium erreichen und aus Italien entkommen zu können. Aber sein Vorhaben wurde zunichte gemacht, da L. Licinius Lucullus mit seiner Flotte das östliche Mittelmeer beherrschte.

In dieser schwierigen Lage kam es unter den Revoltierenden zu Meinungsverschiedenheiten. Zwei Gallier stellten eine eigene Truppe auf, und Spartakus konnte sie nicht vor den Folgen ihres unüberlegten Handelns retten. Nachdem die beiden Gallier in den Bergen zwischen Paestum und Venusia besiegt worden waren, wandte sich Spartakus wieder nach Süden. Ermuntert durch einen kleinen Erfolg, verlangten seine Leute nach einer Schlacht in der Hoffnung, endlich den entscheidenden Sieg zu erringen. Die Aufständischen wurden von Crassus endgültig geschlagen, und Spartakus fand auf dem Schlachtfeld den Tod. Die Bewegung brach zusammen. Sechs Monate nach seiner Ernennung zum Feldherrn vollzog Crassus die Bestrafung der gefangenen Sklaven. Sechstausend wurden an der Via Appia zwischen Rom und Capua gekreuzigt. Nach römischem Recht war die Kreuzigung die entehrende Strafe für Schwerverbrecher, die nicht das Bürgerrecht besaßen.

Es war bezeichnend, daß den letzten großen Ausbruch von Sklaven Männer leiteten, die sich weigerten, Gladiatoren zu bleiben; denn gerade in den blutigen Kämpfen in der Arena kam eine der grausamsten Seiten römischer Lustbarkeiten zutage. Sie hatten ihren Ursprung in etruskischen Spielen zu Ehren Verstorbener und wurden bei den Römern zu einem festen Bestandteil der Zirkusspiele.

Die geschickte Kriegführung des Spartakus machte diesen Aufstand besonders gefährlich, aber schon vor dieser Erhebung hatte es andere und auch größere gegeben. Die Mittelmeer-Welt befand sich in einer akuten Krise, als das von Alexander dem Großen geschaffene Reich nach seinem Tod zerbrach und Rom den Platz eines Einigers der Mittelmeer-Welt einnahm. Bereits im 3. Jahrhundert v. Chr. hatte auf Chios ein Sklavenaufstand stattgefunden, und im Jahr 279 v. Chr. setzte eine Bewegung ein, die die reichen Bürger zwingen wollte, ihren Besitz aufzugeben, wogegen aber die Makedonier erfolgreich einschritten. Ähnliche Konflikte in Griechenland führten zeitweise zu Bemühungen, Sklaven für den Kriegsdienst freizulassen. Im Jahr 132 v. Chr. brach in Pergamon eine Erhebung aus, die unter dem Einfluß stoischen Gedankengutes stand. Der

Führer des Aufstandes, Aristonikos, nannte seine Anhänger Heliopolites, Sonnenbürger. Er wurde von den Römern besiegt und in Rom getötet.

In Italien wurde im 2. Jahrhundert, bedingt durch die große Zahl versklavter Kriegsgefangener, die Lage gefährlich. Die ersten Unruhen brachen in den überwiegend landwirtschaftlich genutzten Landstrichen des Südens aus. In Apulien, wo viele Sklaven als Hirten arbeiteten, die kaum überwacht werden konnten, kam es zu Zusammenrottungen und Wegelagerei.

Dann aber brach ein Sturm auf Sizilien los. Sein Anfang liegt im Dunkel; vermutlich gingen einfache Räubereien dem eigentlichen Aufstand voraus. Die unwirtlichen Gebirgsgegenden Siziliens ließen die Sklaven hoffen, untertauchen zu können, um von Überfällen zu leben. Diese Aussicht zog Verbrecher und Feinde der römischen Gesellschaftsordnung, wie Juden und Chaldäer, die ihrer religiösen Riten wegen aus Rom vertrieben worden waren, auf die Insel. Selbst aus Spanien kamen Freischärler.

Zu den Flüchtlingen, Banditen und meuternden Hirten stießen viele Sklaven, die in Sizilien massenweise bei der Feldarbeit eingesetzt waren. Die Grundbesitzer beschäftigten in jener Zeit keine freien Arbeiter mehr, sondern kauften Sklaven, die billigere Arbeitskräfte waren. Die oft unerträglichen Lebensbedingungen erhöhten aber die Gefahr einer Revolte.

Die Hoffnung der Geächteten richtete sich auf einen Syrier mit Namen Eunus, der im Ruf eines Zauberers und Wahrsagers stand. Er behauptete, er könne die Götter sehen und ihm sei die Zukunft verkündet worden.

Im Jahr 135 v. Chr. brach die offene Rebellion aus. Die Stadt Enna im Inneren Siziliens wurde gestürmt. Damophilus, einem besonders verrufenen Sklavenhalter, wurde im Theater der Prozeß gemacht. Als er zu seiner Rechtfertigung sprach, wurde er von zwei Anführern noch vor dem gerichtlichen Urteil niedergeschlagen. Die Versammlung rief Eunus zum König aus. Er nannte sich jetzt Antiochos. Die Werkstätten und Schlafräume der Sklaven wurden gewaltsam geöffnet. Die Aufständischen behandelten ihre Gefangenen meist menschlich und haben sich im ganzen wohl maßvoll benommen. Die kleinen Bauern aber waren auf Rache an ihren Gutsherren bedacht.

Der Aufruhr griff auf West-Sizilien über. Unter der Führung des Hirten Kleon nahmen die Sklaven Agrigentum ein. Entgegen der Hoffnung Roms kam es zu keinem Zusammenstoß zwischen den beiden aufrührerischen Gruppen; ja, sie arbeiteten sogar Hand in Hand. Kleon erkannte Eunus als König an und zog mit seinem Bruder und etwa fünftausend Bergbewohnern nach Enna. Ein aus Rom abgesandter Prätor hob ein Heer von nahezu achttausend Mann aus, wurde aber von den Sklaven geschlagen. Eunus-Antiochos prägte eigene Münzen mit dem Bild der Göttin Demeter auf der einen und einer Kornähre auf der anderen Seite. Er organisierte ein regelrechtes Heer. Tauromenium, wo die Römer die Stadtumwallung hatten verfallen lassen, wurde eingenommen. Mangelnde Versorgung

Der Sklavenaufseher Gaius Septimus. Marmor, reliefierte Grabstele aus Vulci, 1. Jahrhundert v. Chr.

Verstorbene auf einer Kline im Jenseits mit ihren drei toten Kindern und einer alten Amme beim Opfern, links viersäuliger Schrein. Detail eines Reliefs vom Grabmal der Haterier von der Via Labicana vor der Porta Maggiore bei Rom, etwa 90 v. Chr.

Feldarbeit und Landschaft. Mosaik aus Brado, Tunesien, 2./3. Jahrhundert

zwang die Sklaven, die Belagerung von Syrakus einzustellen. Aber sie eroberten die Hügelfestung Morgantia. Einer der Konsuln des Jahres 134 v. Chr. übernahm den Oberbefehl auf Sizilien, konnte aber den Aufstand nicht unterdrücken. In ganz Italien wurden die Sklaven durch die Nachricht von der erfolgreichen Erhebung aufgerüttelt. In Rom wurde eine Verschwörung von etwa hundertfünfzig Männern unterdrückt. Mit strengen Maßnahmen mußte gegen Unruhen in Minturnae und Sinuessa vorgegangen werden. In Sizilien gingen die Kämpfe weiter, bis im Jahr 133 v. Chr. ein anderer Konsul den Oberbefehl übernahm. Schleudergeschosse mit seinem Namen, die in Enna gefunden worden sind, lassen vermuten, daß er dort einen Angriff versuchte. Aber erst im Jahr 132 v. Chr. eroberten die Römer Tauromenium zurück und belagerten Enna. Kleon fiel, während ein anderer Führer der Aufständischen, Achaeus, bereits verschwunden war. Bald wurde auch Eunus gefangengenommen. Bis zu seinem Tod lebte er als Gefangener in Morgantia. Vielleicht wurde er nicht hingerichtet, weil er vorgab, aus religiösen und sozialen Gründen gehandelt zu haben. Die Strafkommandos der Römer durchkämmten die Insel. Etwa zwanzigtausend Sklaven sollen gekreuzigt worden sein. Während des ganzen Feldzuges hatten die Sklaven nicht versucht, Sizilien zu verlassen. Ihr Plan war es, dort einen unabhängigen Staat zu gründen, was durch die Prägung eigener Münzen zum Ausdruck kommt.

Eine Generation lang herrschte Ruhe. Dann rief der Schrecken der Germanen-Einfälle im Jahr 104 erneut Empörungen hervor. Sklaven erhoben sich in Nuceria und bei Capua, als ein römischer Ritter seine Sklaven bewaffnete. Der Feldherr G. Marius, der in seinem Abwehrkampf gegen die Germanen Soldaten brauchte, nahm in sein Heer außer römischen Bürgern erstmals Freiwillige auf. Er zwang den Senat zu beschließen, daß alle Angehörigen verbündeter Staaten, die als Sklaven in den Provinzen gehalten wurden, freigelassen werden sollten, um als Söldner in die Dienste der Republik zu treten. Die sizilischen Grundbesitzer widersetzten sich diesem Plan; und nach kurzer Zeit weigerte sich der Statthalter Nerva, die Aktion fortzuführen. Das gab der Revolte der Sklaven neuen Auftrieb. Ein kleiner Aufstand im Westen wurde durch Verrat gebrochen. Dann schlugen die Sklaven an der Südküste eine römische Streitmacht, warben sechstausend Mann an und bildeten ein richtiges Heer. Salvius, den sie zu ihrem Führer gewählt hatten, nahm den Königstitel an und bedrohte Morgantia. Die Stadt wurde gerettet. Aber der römische Befehlshaber Nerva hielt sein Versprechen nicht, alle loyalen Sklaven dort zu befreien. Sie verließen die Stadt, um sich Salvius anzuschließen. Mittlerweile brach ein neuer Aufstand im Westen unter der Führung Athenions aus, der, obwohl besiegt, sich mit Salvius verbündete und eine erhebliche Bedrohung blieb.

Zunächst waren nur römische Garnisonen in die Kämpfe auf Sizilien verwickelt gewesen, nun schickte der Senat eine siebzehntausend Mann starke Armee unter dem Befehl eines neuen Statthalters, in der Soldaten aus so entfernten Gegenden wie Thrakien und Bithynien dienten. Obwohl die Sklaven den Römern noch immer an Zahl überlegen waren, wurden sie schließlich von den besser trainierten Legionen geschlagen. Athenion entging der Gefangenschaft nur dadurch, daß er sich tot stellte. Das Zaudern der Römer nach dem Sieg gab den Überlebenden Zeit, neuen Mut zu schöpfen, sich zu sammeln und die Legionen zurückzuschlagen. Im Jahr 101 v. Chr. war auch die Germanen-Gefahr im Norden gebannt, und M'. Aquilius, ein energischer und erfahrener Feldherr, wurde nach Sizilien entsandt. Salvius lebte nicht mehr, und Athenion war alleiniger Führer des Aufstandes. Aber auch er wurde getötet, und Aquilius rottete die flüchtigen Sklaven erbarmungslos aus. Gefangene, die nach Rom geschickt werden sollten, töteten sich lieber gegenseitig, als daß sie mit wilden Tieren in der Arena kämpften. Danach gab es keine Aufstände mehr auf Sizilien.

Nur auf dem Festland wuchs die Unrast. Um 73 v. Chr. sahen einige Sklaven die Gelegenheit gekommen, sich aus den Fesseln der Knechtschaft zu befreien. Über ein halbes Jahrhundert etwa war der römische Staat durch heftige innere Kämpfe zerrüttet. Zwischen 132 v. Chr. und 82 waren sieben Konsuln, ein Prätor und vier Tribunen ermordet worden oder im Bürgerkrieg gefallen. Im Jahr 90 v. Chr. brach der Bundesgenossen-Krieg aus, ein Aufstand der Italer, die das Bürgerrecht von Rom verlangten. Erst 82 v. Chr. beendeten Sullas Diktatur und seine Reformen den Zustand der Unsicherheit in Rom und Italien. Aber schon Sullas Rücktritt und Tod im Jahr 79/78 v. Chr. brachten neue politische Konflikte.

Gleichzeitig war Rom auch von auswärts bedroht. Um die Jahrhundertwende erfolgten die großen Germaneneinfälle der Kimbern und Teutonen. In Spanien stand Q. Sertorius an der Spitze einer Widerstandsbewegung. Von Nord-Afrika her führte er den Freiheitskampf spanischer Stämme. Als Gn. Pompeius auf dem Weg war, um ihn zu bekämpfen, mußte er zunächst im Jahr 77 v. Chr. einen Aufstand im transalpinen Gallien ersticken. Zur See war Rom in Kriege mit Seeräubern verwickelt. Pompeius schlug sie 67 v. Chr. so vernichtend, daß es jahrhundertelang keine Piraterie im Mittelmeer gab. Im Osten wurde Rom von Mithridates VI., König von Pontos, herausgefordert, der in drei Kriegen zwischen 88 v. Chr. und 63 v. Chr. besiegt wurde. Überdies war der wirtschaftliche Verfall des freien Bauerntums durch die Aushebungen für die Legionen und den immer mehr sich ausbreitenden Landbesitz der Grundherren der Anlaß zu innerpolitischen Kämpfen in Rom. Diese Zeiten konnten Sklaven wohl ermuntern, aus dem Zustand der Unfreiheit auszubrechen und ihren Herren zu entfliehen.

Doch auch der Aufstand eines so begabten Führers wie Spartakus schlug fehl. Ein starkes, entschlossenes Aufgebot von Sklaven konnte wohl anfänglich Erfolge erzielen, aber es hatte wenig Aussicht in einem langen Kampf gegen ausgebildete Soldaten, denen die Hilfsquellen der Republik zur Verfügung standen.

Hatten nun die Sklaven, die jahrelang rebellierten, ein soziales Reformprogramm, außer dem Wunsch, ihre Freiheit wiederzugewinnen? Man hat behauptet, sie hätten auf Sizilien durch die Wahl ihrer Könige bewiesen, daß sie nur das Ziel hatten, eine Gesellschaftsordnung aufzubauen, wie sie auch in der übrigen Welt bestand. Aber Eunus war von prophetischer Natur, und seine Anhänger haben vielleicht das Wort »König« nur in der Bedeutung eines Anführers gebraucht. Eunus' Münzen mit der Ähre, dem Symbol blühender Landwirtschaft, versinnbildlichen das Ideal eines Paradieses auf Erden, das, zusammen mit seinen Prophezeiungen, seine Gefolgschaft begeistert haben muß. Offenbar fürchteten die Römer seine Propaganda; denn nach dem Tod des Eunus schickte der Senat eine Gesandtschaft nach Enna, um die Göttin Demeter zu besänftigen. Der Tempel des Jupiter Aetnaeus wurde mit einer Mauer umgeben, wohl um die Sklaven einer Stätte ihrer religiösen Schwärmerei zu berauben.

Im zweiten sizilischen Aufstand kämpften die Sklaven unter der Ägide der Palici, einem göttlichen Zwillingspaar, dessen Heiligtum in der Vorzeit gegründet worden war und nur auf Sizilien vorkommt. Aus vielen Quellen läßt sich nachweisen, daß die unteren Klassen immer wieder von Weltuntergangs- und Welterneuerungsträumen bewegt wurden. Solche Vorstellungen werden wohl auf Sizilien und in den Lagern von Spartakus die aufständischen Sklaven beeinflußt haben. Zweifellos haben aber auch rein materielle Dinge bei vielen von ihnen eine große Rolle gespielt.

Die Sklavenaufstände hatten nur geringe politische Folgen. Ihre Wirkung auf sozialem und wirtschaftlichem Gebiet war ebenfalls unerheblich, denn es kam zu keinen Reformen, die die Stellung der Sklaven verbessert hätten.

JACK LINDSAY

Das Amphitheater in Pompeii. Wandmalerei aus einem Haus in der Strada del Amfiteatro in Pompeii, etwa 60

Zweigespann. Rückseite eines silbernen Denars aus einer italischen Münzstätte, etwa 105 v. Chr.

Verfall der römischen Republik

Opfertiere und Soldaten

Das günstige Urteil, das der Historiker Polybius über die römische Verfassung fällte, die er wegen ihrer Mischung aus demokratischen, oligarchischen und monarchistischen Zügen bewunderte, darf man wohl nach dem Aufstand des Spartakus als eine optimistische Betrachtungsweise ansehen. Der römische Staat war durch eine Reihe von heftigen und erbitterten sozialen Unruhen erschüttert, die nur durch das Eingreifen von zwei Männern behoben werden konnten, deren Machtbefugnis, obwohl sie sich theoretisch in verfassungsmäßigen Grenzen hielt, so groß war, daß der Senat mit einem Gefühl des Unbehagens erfüllt wurde. Der im wirtschaftlichen und politischen Leben so erfolgreiche M. Licinius Crassus und der volkstümliche Heerführer und große Stratege Gn. Pompeius magnus waren dort siegreich gewesen, wo die gewählten Konsuln versagt hatten. Die ihnen übertragenen Kommandos schufen Präzedenzfälle, so daß auch der römische Staat von fähigen und mächtigen Einzelpersönlichkeiten abhängig werden konnte. Daß solche Männer immer wieder Einfluß nahmen, bis Octavian durch seinen Sieg bei Aktium den Machtkampf entschied und ein einzelner im dauernden Besitz unbeschränkter Gewalt blieb, deutet darauf hin, daß der römische Staat vor Aufgaben gestellt war, die auf dem Weg des herkömmlichen verfassungsmäßigen Verfahrens nicht mehr gelöst werden konnten. In der Frühzeit der Republik hatte der Senat die Feldherren angesichts einer ernsten militärischen Bedrohung mit besonderer Befehlsgewalt ausgestattet, hatte sie aber genau begrenzt und war stark genug gewesen, um sie unter Kontrolle zu halten. Wenn wir die Zeit von Roms Kampf um die Herrschaft im Mittelmeer-Raum überblicken, sehen wir, daß der Senat in der Tat an Stärke zugenommen hatte, daß aber sein wachsender Einfluß auf die Regierung auch einzelnen die Gelegenheit bot, auf die Staatsgeschäfte einzuwirken.

Der römische Senat

Während Rom in Kriege verwickelt und auf die Ausdehnung seiner Macht bedacht war, hatte seit den Punischen Kriegen der Senat auch

Römischer Censor und Bürger

größere Verantwortung bei politischen Entscheidungen übernommen. Er setzte sich aus Männern zusammen, deren Erfahrung, Stand und Urteilsfähigkeit es ihnen ermöglichte, in Zeiten drohender Not und Gefahr lebenswichtige Entschlüsse zu fassen. Von seiner ursprünglichen Bestimmung als ein Rat von Männern, der eine allgemeine Aufsicht über das staatliche Leben ausübte, entwickelte sich der Senat zu einer regierenden Körperschaft, die sich in erster Linie aus gewesenen Beamten, den Magistraten, zusammensetzte. Wenn die Amtszeit eines Konsuls abgelaufen

Scipio Africanus

war, wurde auch er in den Senat aufgenommen. Daher rührte die enge Verbindung zwischen diesen beiden Gewalten der römischen Verfassung. Die Staatsführung lag in den Händen einer Oligarchie. Das römische Volk fällte in seinen Versammlungen, den Comitien, zwar noch bestimmte Entscheidungen, hatte aber keinen direkten Einfluß auf die Regierungsgeschäfte.

Innerhalb des Senats gab es keine Fraktionen. Dennoch fanden sich oft Gruppen mit gleichen Interessen zusammen, die danach trachteten, die Staatsführung zu beherrschen. Der Held der Punischen Kriege, P. Cornelius Scipio Africanus maior, mußte sich schließlich aus dem öffentlichen Leben zurückziehen, weil eine Anzahl von Senatoren, die ihm und seinem Kreis von Verwandten und Freunden feindlich gesinnt waren, erfolgreich gegen ihn intrigierten. Oft waren es familiäre Interessen, die die Angehörigen einzelner mächtiger Geschlechter zusammenführten, um im Senat die Oberhand zu gewinnen. Die

Hermes und Herakles

Zahl der Mitglieder des Senats wuchs unter L. Cornelius Sulla von dreihundert auf sechshundert an. G. Iulius Caesar erweiterte ihn um weitere dreihundert Senatoren. Der Senat konnte von den Konsuln und Prätoren einberufen werden.

Reform des Heeres

Solange das römische Heer aus

G. Marius

Italern aufgestellt wurde, die nach Bedarf für einen Feldzug ausgehoben und entlassen wurden, war die Ergebenheit der Truppen gegenüber den einzelnen Feldherren begrenzt. Da jedoch Rom beinahe ständig in Unternehmungen zur

Römische Soldaten beim Bau eines Lagers

Aufrechterhaltung des Friedens oder in Kriege verwickelt war, bedurfte es eines stehenden Heeres. Vom militärischen Standpunkt aus gesehen bedeutete dieses die Umstellung des Heeres auf das Berufssoldatentum. Diese Reform wurde von G. Marius seit seinem Krieg gegen Jugurtha durchgeführt. Nachdem ein Feldzug beendet war, wurden die Soldaten nicht wie früher entlassen, um in ihre Städte und Dörfer an ihre Arbeitsplätze zurückzukehren, sondern sie blieben zusammen als eine berufsmäßig kämpfende Einheit und wurden regelmäßig entlohnt. Naturgemäß standen sie in einem besonderen Treueverhältnis zu ihrem Befehlshaber, auch wenn sie nicht auf ihn vereidigt waren. Damit gelangte ein neuer Unsicherheitsfaktor in das römische Staatswesen. Ähnlich den Feldherren der hellenistischen Welt versuchte das Militär, Einfluß auf politische Entscheidungen zu gewinnen. Das Problem, was man mit einem stehenden Heer anfangen sollte, wurde zwar erst im römischen Kaiserreich akut, als in Zeiten des Friedens die Berufssoldaten nicht genügend beschäftigt werden konnten. Der Ursprung dieser Gefahr lag schon in der Heeresreform des Marius. Zunächst begegnete man der Gefahr einer Söldnerherrschaft dadurch, daß man die Truppen in Garnisonen an den Grenzen des Reiches stationierte. Im 3. nachchristlichen Jahrhundert aber ging das Reich durch eine schwere Krise, als der schnelle Wechsel von Kaisern, die vom Heer gewählt und abgesetzt wurden, den Niedergang Roms beschleunigte.

73 – 31 v. Chr.

Römische Soldaten auf dem Marsch

Münze Iulius Caesars

Innere Reformen

Die Herausforderung der Autorität des Senats durch einzelne Politiker kam nicht aus den eigenen Reihen noch von seiten des Militärs. Vielmehr bot der Volkstribun dem Senat die Stirn. Die Einrichtung des Tribunats war ursprünglich von den Plebeiern zum Schutz von Leben und Eigentum erzwungen worden. Die Entscheidungen der Volksversammlung erhielten durch den Tribunus plebis mehr Nachdruck, und das Amt bildete ein Gegengewicht gegen die Macht des Adels. Die beiden Brüder Tiberius und Gaius Sempronius Gracchus entwickelten ein umfangreiches Programm zu einer Reform des Staates, was beinahe einer Revolution gleichkam. Als Volkstribun im Jahr 133 v. Chr. prangerte Tiberius Gracchus schwere Mißstände in der Regierung an und bemühte sich, seine Pläne über eine Agrarreform zu verwirklichen. Um seine Vorschläge im Senat durchzusetzen, mußte er den Widerstand der Senatsmehrheit mit Gewalt brechen. Er wurde von der Opposition im Senat als Aufwiegler abgestempelt, der sich autokratische Rechte anmaßte. Die Furcht vor der Autokratie, wobei unwillkürlich der traditionelle Haß gegen das Königtum mitgespielt haben dürfte, rief bei den Römern eine stürmische Reaktion hervor. Tiberius wurde ermordet. Das gleiche Schicksal traf seinen jüngeren Bruder, Gaius Gracchus, der sich die Sache seines Bruders zu eigen machte und den Kampf für das Volk und den Ritterstand, gegen das Patriziat, fortsetzte. Die unerhörte Heftigkeit dieses Kampfes um Reformen mußte allen, die uneinsichtig an überholten Formen auf Kosten breiter Bevölkerungsschichten festhielten, ein Warnungssignal sein. Die große Welle volkstümlicher Begeisterung, die zeitweilig die Gracchen auf die Höhe ihrer Macht getragen hatte, bildete ihnen eine große Stütze für ihr Reformwerk. Der einzelne konnte zwar den Staat ins Wanken bringen und die Richtung der römischen Staatsführung trotz ihres scheinbar festen Gefüges beeinflussen, der leidenschaftliche Respekt der Römer aber, der sich zweifellos in dem ihnen angeborenen Sinn für Stabilität widerspiegelt, schränkte jeden Versuch ein, eine grundlegende

G. Iulius Caesar

Umwälzung herbeizuführen. Marius, der es vom einfachen Ritter zum Feldherrn gebracht hatte, beherrschte schließlich mit Hilfe einer alten angesehenen Senatoren-Familie, den Meteller, und der Unterstützung des Volkes sowie seines Heeres den römischen Staat. Die bürgerkriegsähnlichen Verhältnisse, die er und seine Anhänger heraufbeschworen hatten, wurden von Sulla nach dem Tod des Marius 86 v. Chr. beendet. Er stellte die Autorität des Senats wieder her. Während seiner Diktatur festigte er durch ein konservatives Reformprogramm das römische Staatswesen. Den Veteranen schuf er eine Lebensgrundlage, indem er ihnen Siedlungsland in Italien gab. Roms militärische Macht baute Sulla aus durch die Anlage strategischer Stützpunkte in den außeritalischen Herrschaftsbereichen. Im Vertrauen darauf, daß die römische Republik ohne die führende Hand eines Autokraten bestehen werde, trat er freiwillig von seiner Diktatur zurück. Obwohl dem äußeren Anschein nach die verfassungsmäßige Regierung des Staates wiederhergestellt war, konnte tatsächlich ohne das Militär keine Entscheidung gefällt werden. Dies trat klar zutage, als etwa zwanzig Jahre nach Sullas Reformen Gn. Pompeius siegreich von seinen Feldzügen im Osten zurückkehrte. Er hatte die aufständischen Gebiete dort befriedet und den Grundstein für ihre Verwaltung als römische Provinzen gelegt. Dauernde Annexion trat jetzt fast überall in der römischen Welt an die Stelle von Bündnissen und Schutzherrschaften. Seine außerordentlichen Verfügungen in den von ihm befriedeten Gebieten und seine Pläne zur Ansiedlung seiner Veteranen fanden nicht die Zustimmung des Senats. Er konnte keinen Druck ausüben, weil er sein Heer bereits entlassen hatte. Erst mit Hilfe G. Iulius Caesars, mit dem er sich verbündete und der über ein Heer verfügte, erreichte er die Ratifizierung seiner Maßnahmen.

Octavian

Das Zeitalter der späten Republik neigte sich dem Ende zu. Militärische Macht gewann immer größere Bedeutung. In den Jahrzehnten vor der Schlacht bei Aktium, beherrschte Feldherrn-Politik den Staat.

Censor beim Opfer

Octavians Sieg bei Aktium

31 v. Chr.

Im Spätsommer des Jahres 31 v. Chr. lagen sich zwei große Flotten vor der West-Küste Griechenlands gegenüber. Die vier- bis fünfhundert Kriegsschiffe des Marcus Antonius, von denen sechzig Kleopatra, die römische Vasallenkönigin Ägyptens, gestellt hatte, wiesen mit dem Bug in die Ionische See. Ihnen gegenüber hielt eine Flotte von ähnlicher Stärke, die der junge Octavian, G. Julius divi filius Caesar, der Großneffe Caesars, von Italien herangeführt hatte. Um den Bürgerkrieg zu vermeiden, hatte er Kleopatra zur Landesfeindin erklärt, wohl wissend, daß er damit Marcus Antonius traf, ihren Gemahl nach ägyptischem, jedoch nicht nach römischem Recht. Das Aufgebot auf jeder Seite betrug über hunderttausend Mann.

Hinter den Schiffen des Marcus Antonius, an den Ufern des schmalen Kanals, der in den Golf von Ambrakia hineinführt, standen die beiden feindlichen Heere einander gegenüber, jedes mehr als achtzigtausend Mann stark. Octavians Truppen waren aus Italien gekommen und in einem Hafen im Epirus gelandet, von dort waren sie nach Süden gezogen, um die nördliche Landzunge an der Durchfahrt zum Golf von Ambrakia zu besetzen. Nur fünfhundert Meter entfernt, auf der Halbinsel Aktium, jenseits des Kanales, standen die Truppen des Marcus Antonius.

Seit mehreren Jahren regierte Octavian mit Energie und Umsicht alle römischen Besitzungen westlich der Ionischen See und der Adria: Italien, Gallien, Spanien und Teile Nord-Afrikas, während der kühne, aber selbstherrliche Marcus Antonius den Osten des Römischen Reiches beherrschte. Sein Lebensstil entsprach den Bräuchen der hellenistischen Könige; und seine Handlungen wurden von der Leidenschaft zu Kleopatra geleitet.

Der ehrgeizige Wettstreit und die gegensätzlichen Naturen der beiden Männer führten zu der Auseinandersetzung um die Alleinherrschaft im Römischen Reich.

Um dem Ansturm Octavians begegnen zu können, hatte Marcus Antonius seine Streitkräfte an der griechischen West-Küste in Stellung gebracht. Dabei schützte ihn die Flotte. Die stärksten Abteilungen waren um Aktium stationiert. Die ehrgeizige Kleopatra sah in dieser Auseinandersetzung die Möglichkeit, die Macht der Ptolemäer-Dynastie zu erneuern. Sie hatte Marcus Antonius die Reichtümer Ägyptens zur Verfügung gestellt, die den Hauptteil seiner Hilfsmittel bildeten. Sie bestimmte Marcus Antonius entgegen dem Rat seiner Feldherren, die Schlacht zur See und nicht zu Lande zu schlagen. Auch bestand sie darauf, selber daran teilzunehmen, obwohl die Anwesenheit einer Frau am Ort der Kampfhandlungen auf Ablehnung der Militärs stieß. Aus dieser Lage zog Octavians Admiral M. Vipsanius Agrippa Nutzen. Er war ein glänzender Taktiker, und es gelang ihm, Marcus Antonius' Position noch vor dem entscheidenden Treffen erheblich dadurch zu schwächen, daß er einige wichtige Offiziere des Feindes veranlaßte, die ihnen anvertrauten Schlüsselstellungen längs der griechischen Küste im Stich zu lassen. So waren Marcus Antonius' Versorgungswege nach Ägypten und zum Osten hin nicht nur bedroht, sondern teilweise unterbrochen. Trotzdem hielt er an dem ursprünglichen Plan fest, die Entscheidung bei Aktium zu suchen.

Die Schlacht bei Aktium entwickelte sich zu einer der großen Entscheidungen der Weltgeschichte. Viele Einzelheiten sind in der Flut bruchstückhafter und widersprüchlicher Überlieferung verlorengegangen oder verdunkelt worden. Aber geduldige Forschungsarbeit hat es ermöglicht, den Verlauf des Kampfes in seinen wesentlichen Phasen zu klären. Octavians Kriegsziele waren einigermaßen klar: Vernichtung des Feindes, Eroberung der östlichen Provinzen und endgültige Unterwerfung Ägyptens. Marcus Antonius' Pläne sind weniger deutlich zu ermitteln. Natürlich hat auch er gehofft, seinen Feind zu vernichten. Er war ein viel zu guter Stratege, als daß er nicht bemerkt hätte, daß seine Lage sich verschlechtert hatte. Darum entschloß er sich zu einer Änderung seines Planes. Bei einem Sieg Octavians mußte er versuchen, dessen Linien zu durchbrechen, um nach Süden zu segeln und nach Osten zu entkommen. Unter diesen Umständen wäre er wenigstens in der Lage gewesen, seine östlichen Besitzungen zu beschützen und Ägypten, das Land seiner Geliebten,

Apollo von Aktium. Rückseite eines silbernen Denars des Augustus aus der Münzstätte Rom, etwa 16 v. Chr.

Königin Kleopatra VII. Vorderseite einer Bronze-Münze aus der Münzstätte Alexandria, zwischen 47 und 30 v. Chr.

Römisches Kriegsschiff. Teil eines Marmor-Frieses aus Palestrina, Latium, 1. Hälfte des 1. Jahrhunderts v. Chr.

für sich zu retten. Außerdem waren ihm die Hilfsmittel dieses Gebietes unentbehrlich.

Für diesen Notfall gab Marcus Antonius zwei ungewöhnliche Befehle: Der Kriegsschatz mußte vom Land auf das Flaggschiff der Kleopatra gebracht werden, und die gesamte Flotte mußte die Segel an Bord nehmen. Die geheime Überführung des Schatzes dürfte kaum Aufmerksamkeit erregt haben, aber die Verladung der Segel beunruhigte die Mannschaften ganz erheblich. Es mußte ihnen scheinen, als erwäge Marcus Antonius bereits die Flucht. Obwohl ihnen gewiß gesagt wurde, daß die Segel nur der siegreichen Verfolgung dienen sollten, wirkte dies sicher nicht überzeugend.

Nach mehreren Tagen schlechten Wetters brach ein ruhiger 2. September an, und die Flotte des Marcus Antonius lief aus, während das Geschwader der ägyptischen Königin im Hintergrund gehalten wurde, um als Reserve zu dienen und Flüchtende abzufangen. Marcus Antonius bezog Stellung am äußersten rechten Flügel direkt gegenüber dem Admiral Agrippa. Beide Befehlshaber hofften, einander zu überflügeln. Sie erwarteten den Nachmittag, weil dann erfahrungsgemäß ein Wind aus Nord-West im Ionischen Meer aufkam. Der Wind drehte, und es kam zum Kampf. Als die Schlacht tobte, wurde Marcus Antonius Zeuge einer furchtbaren Entwicklung: Plötzlich ließen drei seiner sechs Geschwader vom Kampf ab und zogen sich auf den Hafen zurück. Zweifellos war Verrat im Spiel, denn die Verläßlichkeit der Mannschaften war schon vorher durch feindliche Propaganda untergraben worden. Für Marcus Antonius und Kleopatra in der Nachhut bedeutete dieser Rückzug eine unmittelbare und schwere Bedrohung. Wenig später verließ das Geschwader der Ägypter, geführt von Kleopatras Flaggschiff mit vergoldetem Heck und Purpursegeln, seine Stellung und segelte der offenen See zu. Alle, denen die Königin verhaßt war, deuteten dieses damals und später als Feigheit und Verrat.

Wahrscheinlich folgte Kleopatra nur einem vorher mit Marcus Antonius abgesprochenen Plan, der für den Fall einer Niederlage galt. Jedenfalls fällte auch er jetzt die schicksalhafte Entscheidung, die seine Niederlage besiegelte. Sein Flaggschiff war derart in den Kampf verwickelt, daß es sich nicht zurückziehen konnte, aber es gelang ihm, auf ein anderes Schiff überzusetzen, und mit etwa vierzig Schiffen entkam er auf hohe See, wo er mit Kleopatra zusammentraf. Während sie südwärts nach Ägypten flohen, setzten die restlichen Schiffe die Schlacht fort. Ohne Führer und Hoffnung wurden schließlich alle zerstört oder aufgebracht. Nach einer Woche ergab sich auch das Heer, das vom Ufer her Zeuge dieser Niederlage gewesen war. Marcus Antonius fühlte, daß sein Traum von der Weltherrschaft ausgeträumt war.

Nach Vergil, einem leidenschaftlichen Parteigänger der siegreichen Seite, war der Ausgang dieser Schlacht bereits seit mythischer Zeit vorherbestimmt, als nämlich der Gott Vulcan die bedeutendsten Ereignisse der Geschichte Roms auf einem Schild eingraviert hatte, der für Äneas, den Gründer Roms, bestimmt war:

»Gegen die Mitte gewahrt das Aug erzfunkelnde Flotten, / Aktiums Schlacht: am Riff der umbrandeten, steilen Leucate / Fuhren die Schlachtreihn auf, von Gold erstrahlte die Meerflut. / Hier hält Caesar August und führt die Römer ins Treffen, / Mit ihm Väter und Volk, die Penaten und großen Götter. / Steht auf dem Achterverdeck, ihm flammt von heiterer Stirne / Zwillingslicht; der Stern des Vaters blinkt ihm zu Häupten. / Drüben mit günstigem Wind und gewogenen Göttern Agrippa / Führt die Geschwader heran; des Tapferen Stirne verherrlicht, / Von Schiffsschnäbeln durchblitzt, des Seesiegs prangende Krone. / Dort Antonius führt, mit dem scheckigen Heer der Barbaren / Siegreich kehrend vom Strand der morgenländischen Meere, / Ganz Ägypten, die Kraft des Orients bis zu den fernsten / Baktrern, gefolgt – o Schmach! – von dir, aegyptische Gattin. / Sieht's und spannt seinen Bogen der actische Phoebus Apollo / Hoch in Lüften, da schrickt und flieht Aegypter und Inder, Flüchtet Arabien, kehrt Sabaeas Horde den Nacken.« (VIII, 675-688.)

Obwohl sich keine indischen Truppen im Heer des Marcus Antonius befanden, sahen Vergil und viele andere die Schlacht im Licht der vielhundertjährigen Auseinandersetzung zwischen Ost und West. Aktium schien auch an die Abwehr der Perser durch die Griechen zu gemahnen, die viereinhalb Jahrhunderte zurücklag.

Das besiegte Paar fand keine Ruhe mehr. Schon im Sommer des nächsten Jahres landete Octavian in Alexandrien. In einem letzten, verzweifelten Versuch, die Stadt seiner königlichen Gemahlin zu retten, stellte sich Marcus Antonius dem Octavian entgegen. Aber angesichts des zahlenmäßig so viel stärkeren Feindes liefen die Truppen des Marcus Antonius zum Gegner über. Als er in die Stadt floh und das Gerücht vernahm, Kleopatra sei tot, verübte er Selbstmord. Ohne Widerstand zu finden, drang Octavian in Alexandrien ein. Kleopatra versuchte, auch den neuen Herrscher für sich zu gewinnen, so wie sie es einst vermocht hatte, Iulius Caesar und Marcus Antonius für sich einzunehmen. Aber die Hoffnung trog. Octavian plante vielmehr, seine hohe Gefangene den Römern im Triumphzug zu zeigen. Sie aber entzog sich der Demütigung und ließ sich eine Giftschlange bringen, um durch ihren Biß als

Marcus Antonius. Rückseite eines silbernen Tetradrachmons, wohl aus einer Münzstätte Syriens oder Phoenikiens, 34 v. Chr.

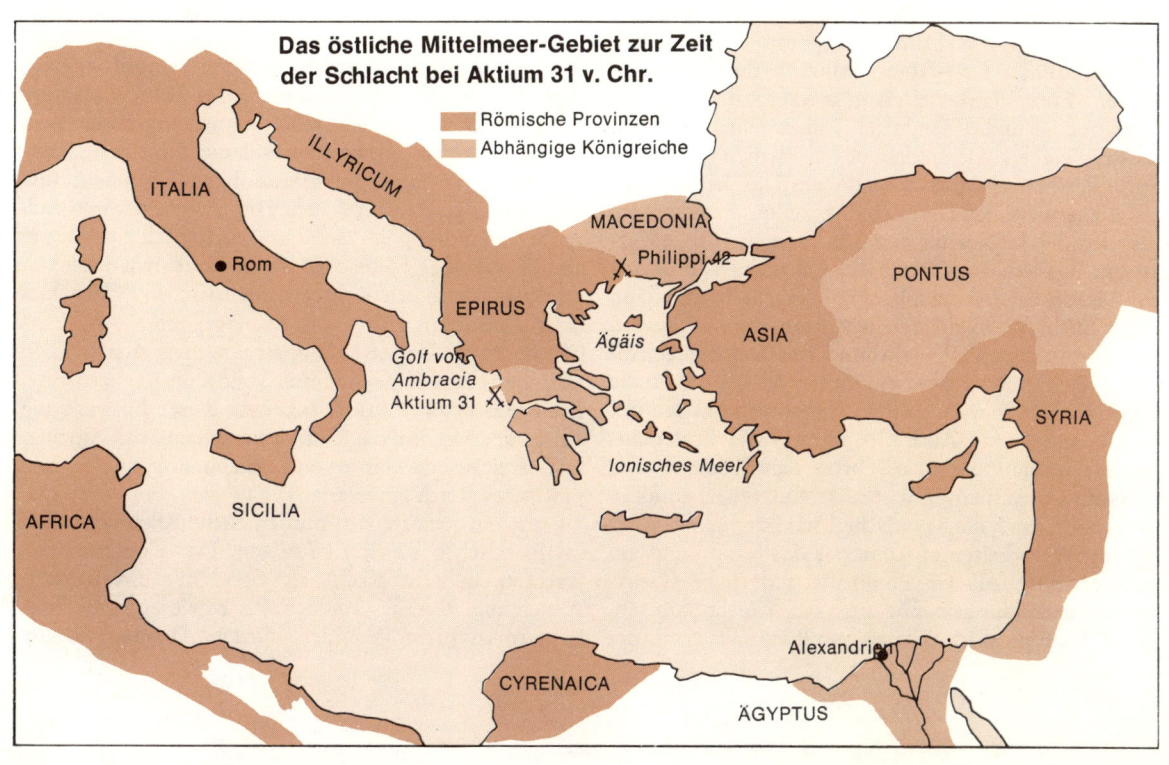

Augustus als Neptun in einem vierspännigen Wagen. Graeco-römische Chalcedon-Kamee, wahrscheinlich aus Hadrumentum, Tunis, zwischen 31 und 27 v. Chr.

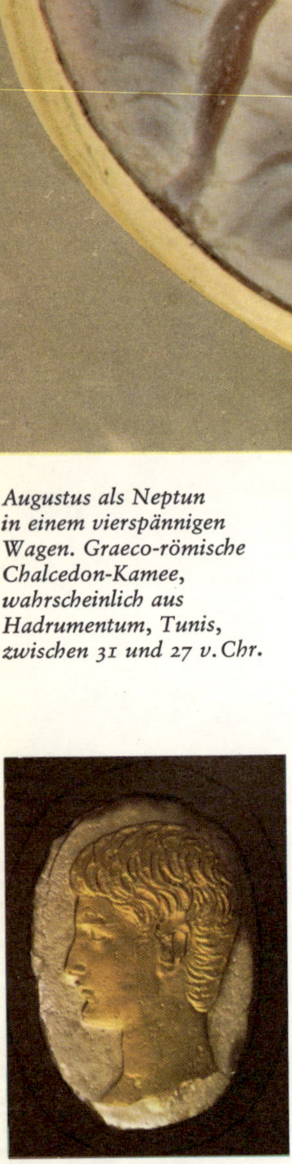

Augustus. Graeco-römische Glas-Kamee aus Italien, etwa 1. Hälfte des 1. Jahrhunderts

Königin zu sterben. Ihr Tod bedeutete einen letzten Sieg, denn nach ägyptischem Glauben verlieh der Biß einer giftigen Natter Unsterblichkeit. Horaz zollte ihrer Tat eine gewisse Bewunderung:

»Um sich mit fester Hand die Natter / Gegen den eignen Leib gerichtet, / Die – wilder noch im selber gewählten Tod – / Es nicht gegönnt dem dreisten Liburnerschiff, / Gen Roms Triumph die Thronverwaiste, / Frau, die das Höchste gewagt, zu tragen.«

Ägypten fiel in die Hände der Römer. Das Königtum, das der Feldherr Alexanders des Großen, Ptolemaios, begründet hatte, wurde aufgehoben. Das letzte Reich aus Alexanders Erbe erlosch. Makedonien war dem Ansturm der Römer als erstes erlegen. Es folgte Pergamon, das sich vom Reich der Seleukiden in Syrien und Mesopotamien unabhängig gemacht hatte; dann waren auch die Seleukiden besiegt worden. Ägypten war seit fast eineinhalb Jahrhunderten in lockerer Abhängigkeit von Rom gewesen. Immer wieder hatten die ptolemäischen Pharaonen ihre Thronstreitigkeiten mit Hilfe Roms geregelt. Auch Kleopatras Vater, Ptolemäus Auletes, verdankte seinen Thron den Römern. Die römische Unterstützung war nicht nur teuer, sondern beschränkte auch die ägyptische Unabhängigkeit. Aber auch in Streitigkeiten in Rom war das ferne Land am Nil verwickelt. Als Gn. Pompeius und Iulius Caesar ihren Entscheidungskampf um die Macht führten, endete das Ringen in Ägypten, wo Pompeius ermordet wurde und Caesar das Land in Abhängigkeit von Rom brachte. Der Alexandrinische Krieg dauerte von 48 bis 47 v. Chr. Damals begegnete Caesar Kleopatra, die er in ihre Herrschaftsrechte wieder einsetzte, nachdem sie den Intrigen des Hofes hatte weichen müssen. Es ist jedoch nicht erwiesen, daß er ihr das unabhängige Königtum zugesichert hat. Caesar nahm Kleopatra mit sich nach Rom. Sie kehrte nach seiner Ermordung nach Ägypten zurück und behauptete, ihr Sohn Caesarion stamme von Caesar, was schon damals umstritten war. Später versuchte sie, gestützt auf die Zuneigung Marcus Antonius' und die Stärke seiner Truppen, ihre Selbständigkeit zu erreichen. Die politischen und kultischen Handlungen des Paares entfernten sich immer weiter von der römischen Regierungsform und verstärkten den orientalisch-hellenistischen Charakter ihrer Herrschaft. Auch die Münzprägungen verdeutlichen diesen Prozeß. Kleopatra nannte sich offiziell »Königin der Könige und ihrer Söhne, die Könige sind«. Die Schlacht bei Aktium bereitete dieser Entwicklung ein Ende. Mit kurzen Unterbrechungen war Ägypten fast dreitausend Jahre lang ein unabhängiges und mächtiges Reich gewesen.

Octavian schickte sich nun an, seine Alleinherrschaft im Römischen Reich zu festigen. Das Königtum betrachtete man in Rom seit alters mit unverrückter Abneigung. Caesars Ende hatte bewiesen, daß auch Diktatoren nicht geduldet wurden. Dennoch wußte

Octavian mit Geschick die Sehnsucht aller nach Frieden und Ordnung auszunutzen, um seine Alleinherrschaft auszubauen, was ihm unter Wahrung der republikanischen Institutionen hervorragend gelang. Im Jahr 27 v. Chr. legte er feierlich alle seine Machtbefugnisse nieder und übergab den Staat dem Senat und Volk von Rom. Gleichzeitig ließ er sich dazu bestimmen, die Regierung des Reiches weitgehend zu behalten. Als Princeps wußte er es einzurichten, daß er immer nur als der erste unter gleichen auftrat.

Den Schlüssel zum Reich bildete das Heer. Nach der Schlacht von Aktium stieg die Zahl der Legionen auf sechzig, einschließlich derer, die Octavian von Marcus Antonius übernommen hatte. So viele Truppen unter den Waffen zu halten, schien nicht nur übertrieben, sondern auch gefährlich für den Staat. Darum reduzierte Octavian das Heer auf achtundzwanzig Legionen, die etwa hundertfünfzigtausend Mann umfaßten. Die Mehrzahl dieser Berufssoldaten waren Italer oder stammten aus dem Westen. Weitere hundertfünfzigtausend Mann Hilfstruppen rekrutierten sich aus anderen Völkerschaften des Imperiums. Sie wurden gewöhnlich in ihrem Heimatland eingesetzt.

Aber nicht nur auf das Heer beschränkte sich die Neuordnung der Verwaltung. Auch die zivile Regierung wurde den vielfältigen Aufgaben des Imperiums angepaßt. Die Mitgliederzahl des Senats wurde wieder von neunhundert auf sechshundert herabgesetzt, und die Konsuln übernahmen neue richterliche Pflichten. Diese Pflichten, die in Zusammenarbeit mit dem Princeps abgewickelt wurden, machten allmählich die Institution der alten Gerichtshöfe überflüssig. So wurde das überkommene Regierungs- und Rechtswesen reformiert, das Tacitus als »durch Gewalt, Günstlingswirtschaft und vor allem Bestechung zur Unfähigkeit verdammt« beschreibt. Octavian wurde bei der Aufrechterhaltung der Ordnung in diesem, viele Völker umfassenden Reich von den Senatoren unterstützt, die die Hauptprovinzen in Abhängigkeit von ihm verwalteten.

Ägypten nahm eine Sonderstellung ein. Nach dem Ende des Königtums wurde das Land römische Provinz, die aber im Eigenbesitz des Octavian verblieb. Als Statthalter wirkte dort nicht ein Senator, sondern ein römischer Ritter, also ein Angehöriger des Mittelstandes. Der Ritterstand war im Zuge der Umgestaltung Roms zum Imperium zu Wohlstand gelangt; dennoch hatten die Ritter, da sie nicht zum Patriziat gehörten, bisher kein Regierungsamt bekleiden können. Unter Octavian begann die Entwicklung des Ritterstandes zur kaiserlichen Beamtenschaft. Sie wurde mit der Steuereintreibung betraut, und ihre Mitglieder konnten Offiziere der Vigiles, der städtischen Polizei und der Feuerwehr, werden. Letztere bestand aus siebentausend Freigelassenen. Als Befehlshaber der Prätorianergarde dienten Ritter. Ihnen unterstand auch die lebenswichtige Getreideversorgung Roms.

Darum war ein Ritter mit der Kontrolle der ungeheuren Reichtümer beauftragt, die Octavian nach Aktium in Ägypten als Beute zugefallen waren. Denn Ägypten war, trotz seines politischen Niederganges, immer noch ein außerordentlich reiches Land. Sein wichtigstes Produkt war Getreide. Die Ptolemäer hatten ein zentralisiertes Wirtschaftssystem entwickelt, das ihnen den Hauptteil der Reichtümer des Landes sicherte. Octavian war so fest entschlossen, sich diesen Gewinn zu erhalten, daß er jedem römischen Senator verbot, ohne seine persönliche Erlaubnis Ägypten zu bereisen.

Nicht zum erstenmal hatte sich Roms finanzielle Lage durch die Erwerbung ungewöhnlich reicher Gebiete verändert. Im Jahr 133 v. Chr. war Pergamon im westlichen Kleinasien zur Provinz geworden, und siebzig Jahre später nahm Pompeius dem letzten Nachkommen des Seleukos Syrien ab. Nun besaß man Ägypten. Rom selbst war weitgehend zu einer Stadt geworden, die auf auswärtige Unterstützung angewiesen war und durch die außeritalischen Provinzen ernährt wurde. Von der Kornversorgung hingen die Beliebtheit und der Erfolg der römischen Herrscher ab. Seit Generationen hatten die römischen Politiker den hellenistischen Brauch übernommen, an das Volk große Mengen Getreide unter dem Marktpreis oder kostenlos abzugeben.

Ägypten wurde fortan zu einer der wichtigsten Machtgrundlagen des Imperiums. In den folgenden Jahrhunderten trug die wirtschaftliche Abhängigkeit der Stadt Rom von den Lieferungen aus den Provinzen zur Entwicklung rivalisierender Machtzentren außerhalb Italiens bei. Zahlreiche Stimmen beklagten den Parasiten-Charakter der Metropole. Aber unter Octavian blühten der gesamte Handel, das Gewerbe und der Verkehr, dank der Friedenszeit, der das Römische Reich entgegenging. Zum ersten Male in seiner Geschichte beherrschte Rom den ganzen Umkreis des Mittelmeeres und hatte ihn befriedet. Nun hieß es zu Recht »Mare Nostrum«.

MICHAEL GRANT

Krokodil, das Symbol für Ägypten. Rückseite eines Aureus des Augustus aus einer östlichen Münzstätte, etwa 27 v. Chr.

Teil einer römischen Villa bei Utica, Tunesien. Zwischen dem 1. Jahrhundert v. Chr. und dem 1. Jahrhundert n. Chr.

Neuordnung des Römischen Reiches unter Augustus

Im August des Jahres 29 v. Chr. hielt Octavian dreifachen Triumph in Rom: Die Türen des Ianus-Tempels wurden geschlossen. Diese traditionelle Handlung bedeutete, daß im Römischen Reich Friede

Tempel des Ianus

herrschte. Das Ende der zahllosen Feindseligkeiten wurde mit größter Freude und Dankbarkeit begrüßt. Seit der Ermordung Caesars im Jahr 44 v. Chr. war das Reich von Bürgerkriegen heimgesucht worden. Von diesen langen Kämpfen hatte schließlich Octavian durch seinen Sieg bei Aktium und den Tod des Marcus Antonius und der Kleopatra den römischen Staat erlöst. Der Senat und das Volk von Rom umjubelten den Mann, der ihnen Frieden gebracht hatte, und erkannten seine Führerschaft an.

Ende der Bürgerkriege

Octavian wußte die Stärke seiner Stellung zu nutzen. Mit Scharfsinn und Vorsicht entwickelte er sein staatsmännisches Geschick, indem er das künftige Wohlergehen Roms mit seiner Person zu verknüpfen

Augustus und die Göttin Roma

gedachte. Sein Großonkel G. Iulius Caesar, von hitzigerem Temperament als er, hatte im Augenblick seiner höchsten Machtfülle das republikanische Gefühl der Römer verletzt und war durch die Dolche republikanischer Verschwörer gefallen. Der Bürgerkrieg hatte der römischen Oligarchie schwere Schäden zugefügt, aber noch im Jahre 29 v. Chr. war Rom offiziell und im Sinne einer langen, ehrwürdigen Tradition eine Republik. Diese Tatsache ließ auch ein Octavian nicht außer acht.

Der Bürgerkrieg und der voraufgegangene Kampf zwischen Pompeius und Caesar hatte die Schwächen der republikanischen Verfassung enthüllt. Sie war der neuen Lage nicht gewachsen, welche die Erwerbung eines Weltreiches für Rom mit sich gebracht hatte. Die Eroberung ganzer Länder und ihre Beherrschung ließen die beteiligten Feldherren unvermeidlich zu großem Ruhm gelangen und über eine militärische Macht verfügen. Die Heere, die sie befehligten, waren ihnen persönlich ergeben. Die Soldaten erwarteten ihren Sold eher von ihnen als von dem weit entfernten Senat in Rom.

Solche Kommandos spornten den Ehrgeiz und das Machtstreben der Beteiligten an. Das führte zu persönlichen Bereicherungen und Kämpfen, die den Interessen der Republik zuwiderliefen. Es kam zu Parteiungen auch in Rom selbst, weil die erfolgreichen Feldherren sich vor einer Abberufung zu bewahren trachteten. Jeder versuchte, seine Amtszeit zu verlängern. Die Laufbahnen von Pompeius und Caesar hatten die Gefahren gezeigt, die solche Zustände in sich bargen. Auch der Kampf zwischen Marius und Sulla trug persönliche Züge. Der Ehrgeiz und die Ränke des Marcus Antonius und der Kleopatra hatten sogar die Souveränität von Rom selbst bedroht.

Das Problem, dem Octavian sich nach der Schlacht bei Aktium gegenübersah, war die Wiederherstellung der verfassungsmäßigen Republik in einer Form, die die republikanische Tradition wahrte, aber ihre Schwächen beseitigte, indem er, anders als seine Vorgänger, behutsamer die tatsächliche Macht an sich zog. Vom Senat ließ er sich verschiedene wichtige Ämter übertragen. Gleichzeitig bemühte er sich, als der Beschützer der republikanischen Verfassung aufzutreten. 27 v. Chr., zwei Jahre nach seinem triumphalen Einzug in Rom, wollte Octavian mit einer dramatischen Geste vor versammeltem Senat auf alle Ämter und Sondervollmachten, die er seit 43 v. Chr. bekleidete, verzichten. Der Senat aber drängte ihn, für die nächsten zehn Jahre das Prokonsulat über die noch nicht befriedeten oder neuerworbenen Provinzen Ägypten, Syrien, Gallien und Spanien zu übernehmen. Damit erreichte er praktisch die Befehlsgewalt über alle römischen Truppen. Gleichzeitig überhäuften die Senatoren Octavian mit außergewöhnlichen Huldigungen. Sie verliehen ihm den Ehrennamen Augustus und widmeten ihm einen Ehrenschild, auf dem Octavian durch die klassischen Tugenden verherrlicht wurde. Aus diesen Auszeichnungen entwickelte sich die römische Kaiser-Ideologie.

Der Titel »Augustus« ist schwer zu deuten. Nach dem griechischen Geschichtsschreiber Dio Cassius von Nicaea bezeichnete er jemanden, »der mehr als menschlich ist«. G. Suetonius Tranquillus berichtet, Octavian habe auch den Namen Romulus, als zweiter Gründer Roms, annehmen wollen, diesen Gedanken jedoch verworfen, weil Romulus ein König war und Octavian niemals mit diesem Amt oder Titel in Verbindung gebracht werden wollte. Im Gegenteil, er war peinlich darauf bedacht, keinen besonderen Titel für sich in Anspruch zu nehmen. Er nannte sich »Princeps« als der erste Bürger im Staat und um seine Stellung vom Königtum abzuheben. Auch behielt er die militärische Bezeichnung »Imperator« bei, die ihm als dem Oberbefehlshaber der römischen Heere zukam. Es wurde der Titel dessen, der an der Spitze des römischen Staates stand.

Reformen des Augustus

Augustus traf Maßnahmen, die das Wohlergehen des Staates in sozialer, moralischer und wirtschaftlicher Beziehung förderten und die ständische Verfestigung von Senatoren und Rittern sicherten. Durch Ehegesetze strebte er eine Geburtenzunahme in den Familien von echt römischer Herkunft an. Auch versuchte er, mit einer konservativen Sittengesetzgebung, die im Religiösen begründet war, die altehrwürdigen römischen Tugenden zu erneuern und die moralische Haltung der Gesellschaft zu heben.

Alte Priesterschaften wie die des Flamen Dialis und der Fratres Arvales, deren Tradition auf Romulus zurückgingen, wurden wieder eingesetzt und neue Tempel

Erzpriester der Kybele.

errichtet: so der des Apollo auf dem Palatin als Weihegabe an den Apollo von Aktium, der, wie man glaubte, Augustus zum Sieg verholfen hatte, und der des Mars Ultor, dem Rächer an Caesars Mördern in der Schlacht bei Philippi. Augustus selber ließ sich das Amt des Pontifex Maximus, des höchsten Priesters, übertragen, das auf alle nachfolgenden Kaiser überging. Schließlich übernahm der christliche Bischof von Rom, als der weltliche und geistliche Thron der Kaiser im westlichen Teil des Reiches verwaist war, als oberster Priester der Kirche Gottes den Titel »Pontifex Maximus«. Vergil und Horaz haben mit ihren Dichtungen Augustus in seinen Bestrebungen auf religiösem Gebiet unterstützt. Solchen Maßnahmen haftet leicht das Ansehen einer gekünstelten Altertümlichkeit an, denn obwohl die Riten genauestens befolgt wurden, war die ursprüngliche Lebendigkeit der alten Kulte nicht wiederzuerwecken.

Prozession im Isis-Kult

31 v. Chr. bis 9 n. Chr.

Iupiter

Kaiserkult

In dieser Zeit bahnte sich eine neue Entwicklung der Staats-Religion an, die dazu bestimmt war, schwerwiegende Auswirkungen, besonders auf das junge Christentum, zu haben. Im alten Orient herrschte seit langem der Brauch, den Königen und Herrschern göttliche Ehren zu erweisen. So wurde der ägyptische Pharao als Sohn des Sonnen-Gottes Re angebetet. Alexander der Große hatte sich für göttlich gehalten, und viele östliche Völker, die ihm untertan waren, beteten bereitwillig einen Mann, der solche Erfolge und so erstaunliche Geistesgaben aufwies, als Gott an.

Im Zeitalter der Republik entsprachen solche Vorstellungen nicht der Geisteshaltung der Römer. Die Umwälzungen des Bürgerkrieges hatten einer gewissen Sinnesänderung den Weg gebahnt. Iulius Caesar war nach seinem Tod vergöttlicht worden. Ihm wurde im Jahr 29 v. Chr. als dem »Divus Iulius« feierlich ein Tempel geweiht. Auf Grund der Vergöttlichung erhielt Augustus als Erbe Caesars den Titel »Divi filius«. Sein Titel Augustus verstärkte noch die Vorstellung, in ihm ein mit übermenschlichen Kräften begabtes Wesen zu erblicken. Trotzdem verhinderten die nahen Beziehungen zwischen Göttlichkeit und Königtum, daß

Octavian

die Verehrung des Augustus zu seinen Lebzeiten in Rom und in Italien zu echten Gottesdiensten ausartete.

In den Provinzen lagen die Dinge anders. In Pergamon und Nikomedia wurden Augustus schon zu Lebzeiten Tempel gewidmet. Im Jahr 12 v. Chr. weihte Drusus im gallischen Lugdunum, dem heutigen Lyon, der Roma und dem Augustus einen Altar. Die Gedankenverbindung zwischen der Stadtgöttin Roms und dem Imperator wurde für die Kaiser-Ideologie bedeutungsvoll; denn der gemeinsame Kult beider kam der Identifizierung des Staates mit der Person des Herrschers gleich. Am 17. September 14 n. Chr., kaum vier Wochen nach seinem Tod, beschloß der Senat, Augustus zu den Göttern zu erheben. Sein goldenes Standbild wurde im Mars-Tempel errichtet und genoß göttliche Verehrung.

Der Baumeister des Römischen Reiches

Man hat Augustus den »Baumeister des Römischen Reiches« genannt. Dieser Titel hat seine volle Berechtigung, denn in allen Bereichen des politischen und wirtschaftlichen Lebens trug sein Wirken zur Macht und Größe Roms bei. Ebenso konnte er sich seiner Bautätigkeit rühmen: »Er habe eine Stadt aus Lehmziegeln vorgefunden und eine marmorne zurückgelassen.« Er

Traian mit seinem Heer

hätte auch sagen können: »Ich fand eine Stadt als republikanische Ruine vor und hinterlasse ein starkes monarchisches Reich.« Wenn er es auch verschmähte, ja, sich davor hütete, sich mit dem Titel und dem Amt des Königtums zu schmücken, hatte Augustus doch die tatsächliche und absolute Macht in seiner Hand zusammengefaßt. Aus dem Chaos des Bürgerkrieges, dessen Erbe er angetreten hatte, formte er das kaiserliche Rom, das während der nächsten vierhundert Jahre über die Alte Welt herrschte. Kraft der Tradition dieses Kaisertums lebte das Römische Reich unter Herrschern ganz anderer Provenienz bis in die neueste Zeit fort. Die Hände, in denen diese ungeheure Machtfülle lag, mußten stark sein, und der Geist, der über sie verfügte und sie leitete, weitblickend und fest. In diesen hohen Anforderungen an die menschlichen Fähigkeiten lag gleichzeitig der Kern für die Krisen des Reiches.

Die Stellung des Heeres

Augustus konnte nicht garantieren, daß sein Nachfolger ein gleiches überragendes Können bewies. Ihm gelang es noch, die Macht des Heeres zu zügeln. Das mußte sich bei schwachen Herrschern bald ändern. Schließlich hing das Schicksal Roms von der Armee ab, die sich nicht mehr allein auf die Verteidigung der Grenzen des Reiches gegen barbarische Völker beschränkte, sondern ein Instrument im innenpolitischen Machtkampf wurde. Die Zukunft des Reiches und damit die Kultur der Alten Welt beruhte auf zwei unsicheren Faktoren: der Leistungsfähigkeit des Kaisers und der Loyalität und Schlagkraft des Heeres.

Das späte Kaiserreich

Die weitere Geschichte des römischen Imperiums ist von der Wirkung und Wechselwirkung dieser beiden Faktoren bestimmt. Das wachsende Bewußtsein des Heeres verleitete seine Führer, Kaiser zu erheben und zu stürzen oder selber alle Gewalt an sich zu reißen. Der mörderische Kampf, der daraus entsprang, erschöpfte die wirtschaftlichen und militärischen Kräfte des Reiches.

Kampf zwischen Römern und Dakiern

Der Zusammenbruch kam langsam, aber unaufhaltsam. Die Stadt Rom wurde zweimal von barbarischen Heeren geplündert, ehe mit der Absetzung des Kaisers Romulus Augustulus im Jahr 476 n. Chr. die römische Macht im westlichen Reich teilweise für immer gebrochen war. Die Erhebung von Byzanz zur neuen Hauptstadt des Imperiums sicherte den Bestand des Reiches.

Tempel der Vesta

Schlacht im Teutoburger Wald 9 n. Chr.

Augustus. Rückseite eines Aureus des Augustus aus der Münzstätte Lugdunum (Lyon), etwa 8 v. Chr.

Augustus hatte die Grenzen des Römischen Reiches fast in jede Himmelsrichtung erweitert. Er war jedoch während der fünfundvierzig Jahre seiner Alleinherrschaft gezwungen, ständig Kriege zu führen und oft an mehreren Schauplätzen gleichzeitig zu kämpfen, um die erworbenen Gebiete zu halten. Besondere Unruhe herrschte am Rhein zwischen der Provinz Gallien und dem noch barbarischen Germanien. Die römische Streitmacht, die das Gebiet befrieden und die Grenze des Reiches bis zur Elbe ausdehnen sollte, wurde von einem römisch geschulten Germanen, dem Cherusker Arminius, in Schach gehalten. Arminius, den Tacitus den »im Kriege unbesiegbaren Befreier Germaniens« nannte, war nicht der erste Germane, der Rom bedroht hatte.

Seit etwa 120 v. Chr. war der germanische Stamm der Kimbern langsam aus seinen Siedlungsgebieten im nördlichen Jütland nach Süden gewandert. Zeitweilig gesellten sich die ebenfalls germanischen Stämme der Ambronen und Teutonen zu ihnen. Wahrscheinlich hatten Naturkatastrophen sie aus ihrer ursprünglichen Heimat vertrieben. In Noricum, südlich der Donau, erreichten sie erstmals römisches Gebiet und erfochten bei der Hauptstadt der Provinz, Noreia, ihren ersten Sieg. Dann wandten sie sich westwärts und schlugen in den Jahren zwischen 113 und 105 v. Chr. gemeinsam mit anderen heimatlosen Stämmen die Römer. Diese erlitten ihre größte Niederlage bei Arausio, dem heutigen Orange an der Rhône. Nachdem die Kimbern vergeblich versucht hatten, in Spanien Fuß zu fassen, vereinigten sie sich wieder in Gallien mit den Ambronen und Teutonen, um die Römer in Italien heimzusuchen. Doch brachte Marius, der inzwischen das römische Heerwesen neu geordnet hatte, sie zum Stehen. 102 v. Chr. wurden die Teutonen in Narbonensis bei Aquae Sextiae von ihm besiegt. Die Kimbern konnten zwar noch bis in die Po-Ebene vordringen, wurden aber im folgenden Jahr von Marius bei Vercelli vollständig besiegt und aufgerieben.

Die germanische Kampfeslust machte auf die Römer einen starken Eindruck, was sogar sprichwörtlich wurde: Einen Mann von wilder und grausamer Gemütsart nannte man »Cimber«, und man sprach noch lange Zeit nach dem Untergang des Stammes vom »Furor Teutonicus«. Obwohl die Germanen damals weit davon entfernt waren, sich zu einer Einheit zusammenzuschließen, schien den Römern die Menge germanischer Stämme in Nord-Europa höchst bedrohlich. Die Grenze zwischen den Kelten in Gallien und den Germanen in Mittel-Europa war fließend. Germanische Einwirkung machte sich, auch blutsmäßig, bei den Kelten links des Rheines bemerkbar.

Im Jahr 58 v. Chr. begann G. Iulius Caesar, Gallien zu unterwerfen. Er hatte es verstanden, sich für fünf Jahre als prokonsularische Provinz Gallia cisalpina, Narbonensis und Illyrien zusprechen zu lassen. Caesar folgte dem Ruf gallischer Stämme, sie von der Fremdherrschaft der Germanen unter dem König Ariovist zu befreien. Acht Jahre kämpfte Caesar in Gallien, bis das Land zur römischen Provinz wurde. Er setzte den Rhein als Grenze zwischen römischem und nichtrömischem Gebiet fest: Für fast fünfhundert Jahre bildete er die Scheide zwischen dem unterworfenen Gallien und dem freien Germanien im Osten.

Ein halbes Jahrhundert später erweiterte Augustus das Römische Reich bis zur Donau. Die Grenze, die nun dem Rhein und der Donau folgte, war gewunden, lang und strategisch ungünstig. Sie bildete am Oberlauf beider Flüsse einen rechten Winkel. Eine Elb-Donau-Grenze hingegen wäre erheblich kürzer, die Verbindungen wären vorteilhafter gewesen. Das Siedlungsgebiet für feindliche Stämme, die auf Landsuche gingen, wäre größer gewesen, was mehr Sicherheit für die römischen Kernlande bedeutet hätte. Daher sandte Augustus seinen jüngeren Stiefsohn Nero Claudius Drusus Germanicus nach Gallien, wo er am Rhein auf breiter Basis den Feldzug gegen die Germanen vorbereitete. In vier Feldzügen stieß er siegreich bis zur Weser und schließlich im Jahr 9 v. Chr. bis zur Elbe vor. Während des Rückzuges starb Drusus. Die Römer legten zwischen Rhein und Elbe Befestigungen an, um das Gebiet zu einer neuen Provinz zu machen. Die Germanen lebten überwiegend von Ackerbau und Viehzucht. Tacitus beschreibt sie in seiner »Germania« sehr lebendig mit ihren wilden, blauen Augen, ihrem rötlichen Haar und

Augustus beim Empfang seines Stiefsohnes Tiberius und Soldaten beim Aufrichten eines Tropaion nach dem Sieg des Tiberius in Dalmatien. Onyx-Kamee aus Italien, etwa 10 n. Chr.

Bärtiger Barbar mit Feldzeichen. Rückseite eines silbernen Denars des Augustus aus der Münzstätte Rom, etwa 12 v. Chr.

M. Vipsanius Agrippa (Mitte) in einer Prozession. Detail des Marmor-Frieses der Ara Pacis in Rom, zwischen 13 und 9 v. Chr.

P. Quinctilius Varus. Rückseite einer Bronze-Münze aus Aduilla in Byzancene, Afrika, etwa 7/6 v. Chr.

ihren ungeschlachten Leibern. Sie galten als politisch unzuverlässig, streitsüchtig und arbeitsscheu. Die Römer fanden die neue Provinz, »die von Wäldern starrte und von fauligen Sümpfen durchzogen war«, unheimlich. Nur langsam wurden die Germanen von der römischen Kultur erfaßt, obwohl ein lebhafter Handel mit den Römern bestand.

Ein römischer Statthalter nach dem anderen mußte schwierige Feldzüge führen, um das Neugewonnene zu erhalten und zu befrieden. Der größte Nachteil lag darin, daß die Elb-Donau-Grenze nicht geschlossen werden konnte, ehe nicht Böhmen erobert war. Dieses Land hielt aber König Marobod mit seinem Stamm der Markomannen besetzt. Er war in Rom erzogen und militärisch ausgebildet worden. In den Jahren 8 bis 6 v. Chr. errichtete er seine Herrschaft nach römischem Muster. Obwohl er sich gegen Rom neutral verhielt, sollte auch seine Macht gebrochen werden. Im Jahr 6 v. Chr. wurden unter dem Oberbefehl von Augustus' älterem Stiefsohn und designiertem Nachfolger Tiberius Caesar Iulius zwölf Legionen ausgerüstet, die in drei Keilen in das Land Marobods vorstoßen sollten. Diese Pläne vereitelte ein großer Aufstand in Pannonien. Die Legionen mußten dorthin geschickt werden. Marobod schloß einen Vertrag mit Rom, er wurde als König und Freund des römischen Volkes anerkannt. Drei volle Jahre währte die Niederwerfung des pannonischen Aufstandes, die schwerste Bedrohung, die Rom seit den Tagen Hannibals erlebt hatte.

In der neuen Provinz Germanien wurden diese Ereignisse mit steigender Erregung verfolgt. Die Römer waren doch nicht unbesiegbar. Marobod hatte seine Unabhängigkeit gewahrt. Widerstand gegen die römische Macht schien Erfolg zu versprechen. Die ungeschickte Verhaltensweise des neuen Statthalters in Germanien, P. Quinctilius Varus, begünstigte die feindliche Stimmung gegen die Eroberer unter den Germanen. Als Gemahl der Großnichte des Augustus gehörte Varus zum engsten Freundeskreis des Imperators. Ihm ging der wohlverdiente Ruf voraus, ein Mann von Entschlossenheit und Ordnungswillen zu sein. Die Verhältnisse in Germanien schätzte er allerdings falsch ein. Er betrachtete das Land als befriedet und führte verfrüht römische Steuer- und Verwaltungsmethoden durch. Dio Cassius, ein griechischer Geschichtsschreiber des 3. Jahrhunderts, auf den der einzige ausführliche Bericht von der Schlacht zurückgeht, schildert die Lage folgendermaßen:

»Die Römer besaßen einige Bezirke in Germanien, nicht beisammen, sondern wie sie gerade erobert worden waren, weshalb ihrer auch die Geschichte nicht erwähnt. Ihre Soldaten überwinterten daselbst und legten Städte an, und die Barbaren fügten sich bereits nach römischer Sitte, kamen auf die Marktplätze und pflegten friedlichen Umgang mit ihnen. Sie konnten aber doch ihrer Väter Sitten, ihre Landesbräuche, ihre ungebundene Lebensweise, ihre Waffenmacht nicht vergessen. Bis jetzt sollten sie sich nur allmählich und unter Anwendung großer Behutsamkeit derselben entwöhnen, fanden sich auch unmerklich in ihre neue Lebensweise und hatten die mit ihnen vorgehende Veränderung selbst nicht gefühlt. Als aber Quinctilius Varus, nach seiner Statthalterschaft in Syrien, Germanien als Provinz erhielt, so stimmte er einen zu hohen Ton an, wollte alles zu rasch umformen, behandelte sie herrisch und erpreßte Tribut wie von Untertanen; und dies wollten sie sich nicht gefallen lassen. Die Häupter des Volkes strebten nach der früheren Herrschaft; die Menge fand die hergebrachte Verfassung besser als fremde Zwingherrschaft. Weil sie aber am Rhein und im eigenen Lande die Streitkräfte der Römer zu stark fanden, so empörten sie sich vorerst nicht offen, nahmen vielmehr den Varus auf, als ob sie alle seine Forderungen erfüllen wollten und lockten ihn vom Rhein in das Land der Cherusker und an die Weser. Hier lebten sie mit ihm auf völlig friedlichem, freundlichem Fuße und ließen ihn glauben, daß sie selbst ohne Gewalt der Waffen seinen Befehlen demütigst nachkommen würden.«

Schon im Jahr 4 n.Chr. hatte Tiberius, der damals Statthalter von Germanien war, dem westgermanischen Stamm der Cherusker den Status eines Verbündeten des Imperiums eingeräumt. Mitgliedern der herrschenden Schicht, unter ihnen dem jungen Fürsten Arminius, wurde das römische Bürgerrecht verliehen. Arminius diente im römischen Heer und erhielt den Rang eines Ritters.

Die Cherusker, deren Gebiet von der mittleren Weser bis an die Elbe reichte, nutzten die bei den Römern erworbenen Kenntnisse und gründeten mit anderen germanischen Stämmen ein Bündnis, das an römischen Verwaltungsmethoden orientiert war. Wie seine Vorgänger überwinterte Varus am Rhein und verbrachte den Sommer auf vorgeschobenem Posten in der Provinz Germanien. Im Jahr 9 n.Chr. errichtete er ein Sommerlager für seine drei Legionen und Hilfstruppen mit etwa achtzehntausend Mann auf cheruskischem Gebiet. Zwei Legionen blieben am Rhein zurück. Sein Hauptquartier befand sich am West-Ufer der Weser. Varus zeigte sich den cheruskischen Führern gegenüber freundschaftlich. Unter ihnen befand sich auch Arminius, der bereits eine Verschwörung gegen Varus anzettelte.

Einige der Cherusker, an der Spitze der Schwiegervater des Arminius, Segestes, benachrichtigten den Statthalter von der drohenden Gefahr. Varus aber schlug alle Warnungen in den Wind und folgte den Wünschen der Verschwörer. Er sonderte Truppen ab, um Posten fern seiner Stellungen zu besetzen, damit der Nachschub für die Römer gesichert war. Arminius überredete Varus, als dieser sich über Winter an den Rhein zurückziehen wollte, einen anderen Weg zu nehmen und gegen einen abgefallenen Stamm zu Felde zu ziehen. Sein Umweg führte nach Nord-Westen durch schwieriges und dichtbewaldetes Gelände. Die Verschwörer bei der römischen Hauptarmee im Sommerlager an der Weser baten um Erlaubnis, sich zu ihren Stammesgenossen begeben zu dürfen, unter dem Vorwand, dort Männer auszuheben, die den vorgeblichen Aufstand niederwerfen sollten. Das römische Heer bewegte sich nur langsam vorwärts, es war durch einen umfangreichen Troß behindert, den auch Frauen, Kinder und Diener begleiteten. Während sie das rauhe Land durchzogen und oft Bäume fällen mußten, um sich den Weg zu bahnen, wurden sie unvermutet von den Germanen angegriffen. Die Römer hatten kaum Hilfstruppen, Reiterei, Bogenschützen und Schleuderer, um sich wirkungsvoll zur Wehr zu setzen. Die Legionäre wurden vom Wind, vom Regen und Schlamm behindert. Sie konnten nur vorwärtsdrängen in der Hoffnung, den nächsten befestigten Platz zu erreichen. Das war Aliso, ein heute nicht mehr lokalisierbarer Stützpunkt im Fluß-Gebiet der Lippe, den schon Drusus angelegt hatte.

Noch waren die Römer diszipliniert genug, um ein festes Nachtlager aufzuschlagen. Wagen und Gepäck wurden verbrannt oder aufgegeben. Am nächsten Morgen ging der Marsch weiter. Die Legionen zogen wohlgeordnet durch offenes Land, waren aber dabei den

Botschaft für Augustus mit der Nachricht vom Sieg des Tiberius über die Vindelicier. Bronze-Detail von der Scheide mit Stichschwert (unten), dem sogenannten Gladius des Tiberius aus Mainz, etwa 15 v.Chr.

germanischen Angriffen vermehrt ausgesetzt und wichen darum in die Wälder aus, wo sie sich durch unwegsames Gelände kämpfen mußten. Sie erlitten schwere Verluste, die sie zum Teil selber verschuldet hatten, weil es nicht immer möglich war, Freund von Feind zu scheiden. In der kommenden Nacht drängten sich die Römer in einem Notlager zusammen, das von einem völlig ungenügenden Wall umgeben war.

Als der Morgen des zweiten Tages anbrach, regnete es immer noch, ein eisiger Wind blies. Die Germanen hatten Verstärkung erhalten. Der Befehlshaber der kleinen Abteilung römischer Reiterei verlor die Nerven und floh mit seinen Untergebenen auf eigene Faust in der Hoffnung, den Rhein allein erreichen zu können. Der verwundete Varus war sich seiner verzweifelten Lage und dessen bewußt, was ihn erwartete, wenn er in die Hände der Germanen fallen sollte. Um diesem Schicksal zu entgehen, legte er selber Hand an sich. Einige seiner Offiziere folgten diesem Beispiel, und die beiden Führer, die nun den Oberbefehl übernahmen, konnten das Schicksal der Römer nicht mehr wenden. Der eine bot den Germanen die Kapitulation an, woraus sich ein Gemetzel unter den Römern entwickelte, der andere fiel im Kampf, als die Germanen in das Lager einbrachen. Bis auf wenige Legionäre, die im Schutz der Dunkelheit entkamen, wurde die gesamte römische Streitmacht gefangengenommen oder niedergemacht.

Sechs Jahre später unternahm ein anderer römischer Heerführer, Iulius Caesar Germanicus, der Sohn des Drusus, der seit 13 n.Chr. Befehlshaber am Rhein und Statthalter in Gallien war, einen neuen Vorstoß nach Germanien. Er suchte mit seinen Truppen auch das Feld der Varus-Schlacht auf. Diese Begebenheit schildert uns Tacitus:

»Man näherte sich nun dem Teutoburger Wald, wo – wie es hieß – die sterblichen Überreste der Legionen und ihres Feldherrn Varus unbestattet lagen. Germani-

Barbaren bei der Belagerung einer römischen Festung. Detail des Marmor-Frieses von der Säule des Traian in Rom, 113

Römischer Krieger. Bronze-Statuette, 1. Jahrhundert

cus empfand den Wunsch, den Soldaten und dem Feldherrn die letzten Ehren zu erweisen; auch war das gesamte Heer im Andenken an die gefallenen Verwandten und Freunde und angesichts der Wechselfälle des Kriegsglücks und des menschlichen Lebens überhaupt in wehmütiger Stimmung. Caecina wurde vorausgesandt, um die dunklen Wälder zu erforschen und Brücken und Dämme über die trügerische Oberfläche des feuchten Sumpflandes zu bauen. Dann gelangte das Heer zu der traurigen Stätte.

Der Anblick entsprach den furchtbaren Erinnerungen. Das erste große Lager des Varus in seiner weiten Erstreckung und deutlichen Abgrenzung offenbarte, daß das ganze Heer daran gearbeitet hatte. Am halb eingefallenen Wall und dem flachen Graben sah man, daß sich dort die Übriggebliebenen zusammengefunden hatten. Im offenen Feld lagen bleichende Knochen umher, verstreut, wo die Männer auf der Flucht, dichter, wo sie Widerstand leistend gefallen waren. Daneben lagen zerbrochene Waffen und Pferdeskelette, auch fanden sich menschliche Schädel, die an Bäumen befestigt waren. In den umgebenden Wäldern erhoben sich die Altäre, wo die Germanen die römischen Hauptleute und Unterführer abgeschlachtet hatten.

Überlebende der Katastrophe, die aus der Schlacht oder aus der Gefangenschaft entkommen waren, wiesen nun die Stellen, wo die Anführer gefallen und wo die Feldzeichen verlorengegangen waren, wo Varus seine ersten Wunden empfangen hatte und wo er von eigner Hand sein Ende fand, und sie wiesen auf die Tribüne hin, von der aus Arminius gesprochen und hochmütig die Adler und Feldzeichen beleidigt hatte, und zeigten die Galgen und Gruben für die Gefangenen.«

Den genauen Ort, an dem die römische Armee vernichtet wurde, kennen wir nicht, obwohl zahlreiche Versuche gemacht worden sind, ihn zu lokalisieren. Seit dem frühen 16. Jahrhundert wurde der Lippische Wald wieder Teutoburger Wald genannt, Teuteburgensis saltus, wie ihn Tacitus bezeichnete. Heute erhebt sich bei dem mutmaßlichen Schlachtfeld ein Denkmal für Arminius.

Die siegreichen Germanen stürmten zum Rhein. Mit Ausnahme von Aliso fielen alle vorgeschobenen Posten östlich des Flusses. Dem Befehlshaber von Aliso und einer Truppe von Bogenschützen gelang es auszuhalten, bis auch ihre Vorräte erschöpft waren. Dann schlichen sie alle in einer dunklen Nacht hinaus, mit Frauen, Kindern und allem Besitz, und schlugen sich in das Winterlager, Castra Vetera am Rhein, durch. Dort fanden sie die beiden Legionen vor, die Varus' Neffe, der Legat Lucius Asprenas, eilig von Mainz nach Norden geführt hatte.

Dieses Unglück traf Augustus tief, mehr als irgendeine andere Niederlage in seinem langen Leben, und er leitete alle erdenklichen Gegenmaßnahmen ein. So entließ er die Germanen und Gallier aus seiner Leibwache. Auch bemühte er sich, die verlorenen Legionen zu ersetzen, aber es gab kaum Rekruten in dienstfähigem Alter. Schließlich wurde Tiberius, dem Adoptivsohn und designierten Erben des Augustus, der aus Dalmatien herbeigeeilt war, eine Streitmacht anvertraut, die hauptsächlich aus wiedereinberufenen Veteranen und

Triumphbogen in Orange, Süd-Frankreich. Wahrscheinlich für Tiberius, zwischen etwa 21 und 27

Freigelassenen bestand. Am Rhein beschränkte er sich darauf, die Grenze zu sichern.

Die Germanen brachten es nicht fertig, bis ganz an den Rhein vorzustoßen. Durch Lucius Asprenas abgeschreckt und vor den Wällen von Aliso aufgehalten, verpaßten sie die Gelegenheit zu einem Überraschungsangriff. Arminius mißglückte ein Versuch, den Kampf zu einer völkischen Bewegung der Germanen gegen die Römer auszuweiten. Ein Aufstand hing von der Unterstützung des Marobod ab, der nicht willens war, sich seinen Nachbarstämmen anzuschließen. Er empfand keinen Drang, sich in die ehrgeizigen Pläne des Arminius einspannen zu lassen, und er hielt an seinem Vertrag mit Rom fest.

Fünf Jahre nach der Schlacht starb Augustus. Kurz vor seinem Tod entsandte er seinen begabten Großneffen, Germanicus, als Oberbefehlshaber an den Rhein. In den ersten drei Regierungsjahren führte er Feldzüge in Germanien, befreite den römerfreundlichen Segestes und nahm die Gemahlin des Arminius, Thusnelda, gefangen. Es kam zu einer großen Schlacht zwischen Arminius und den Römern bei Idistaviso im Raum der Weser. Der Sieg der Römer war mit so hohen Verlusten erkauft, daß sie zum Rückzug gezwungen waren. Die Germanen waren noch längst nicht unterworfen. In den Jahren 17–19 führte Arminius gegen Marobod Krieg. Es kam zur Schlacht. Obwohl der Ausgang unentschieden war, brach die Macht Marobods zusammen. Er büßte sein böhmisches Königreich ein. Da Tiberius ihm Hilfe verweigerte, floh er und verbrachte den Rest seines Lebens in Ravenna. Seine eigenen Standesgenossen lehnten sich gegen ihn auf.

Tacitus hat Arminius den Befreier Germaniens genannt. Aber er war kein Held aller Germanen. »Er war nur«, wie ein Historiker schreibt, »der Anführer einer bestimmten Gruppe unter seinen Stammesgenossen, nicht ein Vorkämpfer aller Germanen, denn einen Zusammenschluß aller Germanen gab es nicht. Selbst ihr Name war jungen Datums und ein Fremdwort, und unter den Germanen bestand kaum ein Gefühl für einen gemeinsamen Ursprung, geschweige denn für ein gemeinsames Interesse.«

Dennoch ist es nur Arminius' Geschick und seinem Mut zu danken, daß die Römer seit seiner Zeit von den rechts-rheinischen Gebieten abließen. Mit Ausnahme eines Küsten-Streifens und eines Abschnitts am Oberlauf des Rheins und der Donau wurde die Provinz aufgegeben. Rom beschränkte sich darauf, die Germanen mehr oder minder erfolgreich durch Verträge zu binden und Handelsbeziehungen zu pflegen.

MICHAEL GRANT

Der Osten des Römischen Reiches vor Auftreten des Christentums

Das Gemetzel, mit dem Arminius die Legionen des Varus vernichtete, brachte die Machtausbreitung Roms im Nord-Osten zum Stehen. Das Reich hatte die Ausdehnung erreicht, die weitgehend für die nächsten Jahrhunderte unverändert erhalten bleiben sollte. Der Kaiser Traian unterwarf zwar noch die Provinz Dakien am Ende des 1. Jahrhunderts, aber das Zeitalter des unaufhaltsamen Anwachsens eines kleinen Stadt-Staates in Mittel-Italien zum Herrn der Welt war abgeschlossen. Der Sieg der germanischen Waffen über die geballte Kraft der straff organisierten Legionen war ein erstes Vorzeichen für spätere Zeiten, da das Reich von der ungebrochenen Stärke fremder Völker abhängig wurde. Rom mußte die höchsten Befehlsstellen mit Barbaren besetzen und seine Truppen aus fremden Ländern rekrutieren. Seine eigene bewaffnete Macht hatte ihre Schlagkraft verloren.

Der Sieg des Arminius gab Augustus zu bedenken, daß die dringendste Aufgabe die Konsolidierung der Macht war. Die Eroberungsheere dienten von nun an der Sicherung des Reichsgebietes und wurden an strategisch wichtigen Punkten seiner Grenzen stationiert. Die Gebiete, die mit dem Schwert erobert worden waren, wurden endgültig in Provinzen umgewandelt. Neue Städte wurden gegründet, die mit allen Systemen von Institutionen der griechisch-römischen Kultur ausgerüstet worden waren, was binnen eines Jahrhunderts bewirkte, daß die fremden Völkerschaften weitgehend assimiliert wurden. Das römische Bürgerrecht wurde nicht automatisch auf

Grabstein eines römischen Centurion

alle Bewohner einer Provinz ausgedehnt, sondern es wurde dem einzelnen oder städtischen Gemeinden verliehen, die dieser Ehre für würdig befunden wurden, weil sie der römischen Sache besonders zugetan waren. Die Römer erkannten örtliche Sonderrechte an. Ein Mann aus Syrien blieb ein syrischer Bürger, auch wenn er das römische Bürgerrecht besaß. Örtliche Eigenheiten wurden gewöhnlich nicht unterdrückt, solange sie keine grundsätzliche Bedrohung der römischen Herrschaft darstellten. Sie wurden aber oft freiwillig aufgegeben im Bestreben, sich dem Haupt des Reiches anzupassen. Zum mindesten wurden sie nicht abgeschafft. Die Annahme eines gewissen Maßes an römischer Kultur und die Einhaltung der römischen Gesetze, was zu der nun einmal gegebenen römischen Herrschaft mit dazugehörte, das war alles, was man von den Bewohnern einer Provinz erwartete. Es war einfacher, sich primitive barbarische Stämme anzugleichen und sie der römischen Kultur einzuordnen. Wenn erst einmal ihr politischer und militärischer Widerstand gebrochen war, lag der Weg zu den Errungenschaften der Zivilisation offen vor ihnen. Ihnen waren bei dem Eingliederungs-Prozeß keine eigenen tiefwurzelnden kulturellen Überlieferungen im Wege.

Der römische Osten

Anders lag das Problem, das sich dem neuen Reich in seinen östlichen Provinzen stellte. In den Ländern am östlichen Mittelmeer hatten bereits Tausende von Jahren, bevor Rom auf dem Schauplatz er-

Kaiser Traian

schien, Kulturen existiert. Die Griechen und die Völker Klein- und Vorderasiens haben zweifelsohne in Rom nicht mehr gesehen als einen der zahlreichen fremden Eroberer. Der letzte große Eroberer, Alexander, hatte auf seinen Zügen viele Völker unterworfen, von denen manche mehr griechisch gebildet waren als er selbst. Die römische Oberhoheit war nur eine neue Form der politischen Beherrschung und nicht etwa eine neue Kultur- Herrschaft. Die römische Kultur war anti-nationalistisch insofern, als das Römertum sich über alle nationalen und lokalen Eigenheiten hinwegsetzte, ja, sie duldete. Die Römer griffen nur dort in die einheimischen Lebensformen ein, wo die wenigen Grundprinzipien der römischen Oberherrschaft nicht anerkannt oder verletzt wurden.

Das jüdische Volk

Das jüdische Volk stellte eine solche Bedrohung dar. Seine Religion war entschieden ethisch, exklusiv und fest in seiner Orthodoxie verankert. Es bestand keine Aussicht, daß in einem Synkretismus Raum für die Aufnahme des offiziellen Kaiserkultes und der damit verbundenen Handlungen sein konnte. Dieses Verhalten führte die Zerstörung des Tempels und den Untergang der Heimat des jüdischen Volkes herbei. Es bestimmt auch die erste Entwicklung des Christentums. Auch den Christen war es unmöglich, den Kaiserkult auszuüben.

Herodes der Große

Die jüdische Geschichte der vier Jahrzehnte, die der Geburt Jesu von Nazareth vorausgingen, ist durch die Regierung Herodes' des Großen gekennzeichnet. Er stammte aus einer alten und einflußreichen Familie aus Idumäas, südlich von Judaea. Die Bevölkerung dieses Landes war etwa hundert Jahre zuvor von dem König in Juda, Johannes Hyrkanus I., gewaltsam zum Judentum bekehrt worden.

Die schwankenden Machtverhältnisse in den Reichen der Seleukiden und Ptolomäer hatten es dem Königreich Judah ermöglicht, seit der Mitte des 2. vorchristlichen Jahrhunderts die religiöse und politische Unabhängigkeit zurückzugewinnen und für knapp hundert Jahre ihre Selbständigkeit mit wechselndem Erfolg zu wahren. Thronstreitigkeiten in Jerusalem führten zum Eingreifen der Römer in Palästina

Germanisches Paar

Iupiter (Zeus)

Meister mit Schülern

34 bis 4 v. Chr.

Ägyptisches Mumien-Bildnis

die zunächst die alte Dynastie der Haschmonäer mit dem Beinamen Makkabäer stützten.

Der König von Judah hatte den Großvater des Herodes, Antipater, zur Befriedung der Idumäer und Nabatäer eingesetzt und zum Statthalter in diesen Gebieten gemacht. Sein Sohn Antipater bekleidete dasselbe Amt und wurde Parteigänger der Römer. Von Caesar erhielt er das römische Bürgerrecht und die Prokuratur über den neu gebildeten Bezirk Judaea, der die Bekenner zum jüdischen Kultus erfaßte. Im Kampf gegen die rechtmäßige Dynastie in Jerusalem fiel Antipater. Sein Sohn Herodes trat die Nachfolge an und wurde als Rex socius der Römer im Jahr 37 v. Chr. Herrscher über Judaea. Er erfreute sich der Freundschaft Augustus', der seine Fähigkeit bewunderte und seine Brauchbarkeit erkannte. Da Judaea ein wichtiges strategisches Bindeglied der Verteidigung von Syrien und Ägypten bildete, war es für die Römer wichtig, es sicher in der Hand zu halten. In Herodes fand Augustus einen Klientel-König, dessen Ergebenheit er trauen konnte und der, wie er annahm, ein starkes und festes Regiment führen würde.

Der Tempel des Herodes

Herodes war zweifellos der fähigste König in dieser Spätzeit des jüdischen Königtums. Er förderte den Wohlstand seines Landes, baute seine Städte wieder auf, legte in Caesaraea einen prächtigen Hafen an und förderte den Handel. Seine Außenpolitik nützte den Juden in der Diaspora. Er richtete auch den Tempel in Jerusalem wieder auf. Doch haßten die Juden trotz aller seiner Leistungen Herodes wegen seiner idumäischen Herkunft und seines heidnischen Geschmackes. Sie haßten ihn auch wegen der düsteren Tragödien, die sein häusliches Leben trübten. Sein angeborenes Mißtrauen veranlaßte ihn, die Ermordung der Mitglieder der haschmonäischen Familie zu befehlen, mit der er durch Heirat verwandt war, deren Stellung er sich aber widerrechtlich angemaßt hatte. Unter denen, die ihm zum Opfer fielen, waren auch seine Gemahlin Marianne, die Tochter des letzten Haschmonäer-Königs, und ihre Söhne.

Herodes' Politik

Herodes' heidnische Neigungen waren ein Teil seiner Hellenisierungs-Politik, mit der er Ziele auf lange Sicht verfolgte. Er bekannte sich zum jüdischen Glauben und stellte ihn unter seinen besonderen

Münze Herodes des Großen

Schutz, wofür der Wiederaufbau des Tempels sichtbarer Ausdruck war. Aber er kannte auch den Fana-

Römischer Legionär

Ägyptisches Mumien-Bildnis mit Göttern

tismus, der dem Judentum anhaften konnte, und sah die damit verbundene Gefahr eines Zusammenstoßes mit Rom. Darum förderte er die griechisch-römische Lebensform, indem er dem Augustus geweihte Tempel errichtete und Theater, Amphitheater und Stadien baute. Die Juden sollten mit der großen Kultur vertraut gemacht werden, ohne den Zwang, sie anzunehmen. Nach seinem Tod im Jahr 4 v. Chr. schienen die Juden noch viel fanatischer gestimmt zu sein. Möglicherweise hatte gerade der Stolz auf ihren eigenen Tempel sie ermutigt, sich wieder mehr auf ihr Volkstum und ihren Glauben zu besinnen. Die geschickte Regierung des Herodes hatte sie drei Jahrzehnte lang vor der harten Wirklichkeit einer direkten römischen Herrschaft bewahrt. Aber wegen ihres Glaubens bekamen sie schon bald deren ganze Härte zu spüren. Schon bald sah sich Augustus veranlaßt, die Prokuratur Judaea zu errichten mit dem Amtssitz in Caesarae.

Römischer Steuereinnehmer

Jesus von Nazareth

Für die Römer, die um das Jahr 30 lebten, waren Leben und Tod Jesu Christi bedeutungslos. Andere Ereignisse bewegten seine Zeitgenossen. Dennoch war es der Botschaft des Heilands bestimmt, das Römische Reich in einem Glauben zu einen.

Der römische Historiker des frühen 2. Jahrhunderts, Cornelius Tacitus, berichtet, wie Kaiser Nero verdächtigt wurde, im Jahr 64 die Stadt Rom in Brand gesteckt zu haben. Um sich von der Anschuldigung zu reinigen, schob der berüchtigte Kaiser »die Schuld auf andere und bestrafte sie mit den ausgesuchtesten Martern. Es waren jene Leute, die das Volk wegen ihrer Schandtaten haßte und mit dem Namen ›Christen‹ belegte. Dieser Name stammte von Christus, der unter Tiberius vom Prokurator Pontius Pilatus hingerichtet worden war. Dieser verderbliche Aberglaube war für den Augenblick unterdrückt worden, trat aber später wieder hervor und verbreitete sich nicht nur in Judaea sondern auch in Rom... Man faßte also erst diejenigen, die sich öffentlich als Christen bekannten, dann, auf deren Anklage hin, eine gewaltige Menge Menschen. Sie wurden weniger der Brandstiftung als des Hasses gegen das ganze Menschengeschlecht überführt.«

Diese wichtige Stelle aus den »Annalen« des Tacitus (XV, 44) zeigt, was ein gebildeter Römer über das Christentum etwa achtzig Jahre nach seiner Entstehung wußte und dachte. Für ihn war es eine gefährliche, umstürzlerische Bewegung, deren Gründer wegen aufrührerischer Umtriebe von dem römischen Prokurator von Judaea zum Tode verurteilt worden war. Der Tod dieses Mannes hatte die Bewegung nicht aufgehalten; sie hatte sich von Judaea über Kleinasien und Griechenland bis nach Rom ausgebreitet.

Die Bemerkung des Tacitus über das Christentum ist jedoch eines der entscheidenden historischen Zeugnisse für die Existenz Jesu Christi, ganz besonders deshalb, weil es das erste aus einer nichtchristlichen Quelle ist, während die übrigen Kenntnisse dem christlichen Schrifttum entstammen, das vor allem von theologischen Gesichtspunkten beeinflußt ist. Die christlichen Evangelisten hatten die Aufgabe, das Leben Jesu auf Grund seiner heilsgeschichtlichen Mission zu bekunden.

In ihren Schriften ist Jesus nicht nur ein Mensch, sondern der Sohn Gottes, den er in die Welt sandte, um die Menschheit zu erlösen. Die enge Verflechtung vom Glauben mit historischen Tatsachen kann der objektive Geschichtsschreiber, der den Ursprüngen des Christentums nachgeht, nur als einen unlösbar zusammenhängenden Fragenkomplex betrachten.

Theologische und geschichtliche Vorstellungen bilden die Grundlage des christlichen Glaubens. Die Erscheinung des Christus ist einer der wichtigsten Meilensteine der Weltgeschichte. Der Historiker muß versuchen zu erklären, wie die Vorstellungen entstanden sind, um darzustellen, wie sich aus ihnen das Christentum entwickelt hat, wer Jesus war und wie er als historische Persönlichkeit lebte und wirkte. Es hat Denker gegeben, die die Existenz Jesu überhaupt geleugnet und ihn zu einer mythologischen Figur erklärt haben. Diese Ansicht wird von verantwortungsbewußten Gelehrten nicht mehr vertreten, aber die Meinungen darüber, was an historischen Gegebenheiten der Person und dem Leben Jesu zugeordnet werden kann, gehen weit auseinander.

Klarheit herrscht nur darüber, daß Jesus von den Römern wegen aufrührerischer Umtriebe gegen ihre Herrschaft in Judaea gekreuzigt worden ist. Der römische Prokurator Pontius Pilatus, der das Amt von 26 bis 36 innehatte, befahl seine Hinrichtung. Dieses Ereignis ist historisch faßbar, weil es nicht nur von dem römischen Historiker Tacitus berichtet wird, sondern auch von den vier Evangelisten, die diese Verurteilung aber unter heilsgeschichtlichen Gesichtspunkten sehen. Denn daß Jesus als überführter Aufrührer gekreuzigt worden war, mußte für seine Lehre eine Belastung bedeuten: Desselben konnten in der Folge auch seine Anhänger beschuldigt werden.

Die frühen Christen versuchten zu beweisen, daß Jesus in Wahrheit unschuldig gestorben war. In allen vier Evangelien ist dem Prozeß und der Kreuzigung Jesu viel Raum gewidmet. Markus, dessen Evangelium vermutlich zeitlich am frühesten entstanden ist, bemüht sich nachzuweisen, daß gewisse jüdische Kreise gegen Jesus vorgingen und seine Verurteilung bewirkt hatten.

Inschrift mit »Tiberius« und »Pontius Pilatus, Praefectus Judaea«. Stein aus Caesarea, 1. Hälfte 1. Jahrhundert

Kreuzigung Christi. Carneol-Kamee aus Constanza, Rumänien, 3. Jahrhundert

Blick aus dem Glockenturm der St.-Katharina-Kirche in Bethlehem auf die Geburtskirche Jesu, 326, Turm 1882

Tiberius und Pax-Iustitia mit Lanze und Ölzweig. Vorder- und Rückseite eines silbernen Denars aus der Münzstätte Lugdunum (Lyon), zwischen 14 und 37

Von dem jüdischen Rat der Ältesten, dem Sanhedrin, wurde er wegen Gotteslästerung zum Tode verurteilt. Da die Juden aber nicht befugt waren, Todesurteile zu vollstrecken, übergaben sie Jesus der Gerichtsbarkeit des Pontius Pilatus und bezichtigten ihn des Aufstandes gegen Rom. Pilatus fand keine Schuld an ihm und versuchte, Jesus freizusprechen. Seine Bemühungen wurden aber von den jüdischen Hohen Priestern vereitelt. Sie stachelten die Volksmenge an, die Kreuzigung Jesu zu verlangen. Pilatus gab nach und befahl schließlich die Hinrichtung. Demnach war Jesus das Opfer der Intrigen der jüdischen Führer und der Charakterschwäche des Pilatus.

Das christliche Zeugnis gibt also zu, daß Jesus wegen aufrührerischer Umtriebe gegen Rom hingerichtet worden war, macht jedoch geltend, daß er unschuldig war. Die Diskrepanz in der Verstrickung von Schuld und Unschuld im Sterben Jesu bietet den Schlüssel zu seinem Verständnis als geschichtliche Größe. Wenn er sich wirklich gegen das römische Regime in Judaea erhoben hätte, wäre er sehr verschieden von der Gestalt gewesen, die Nächstenliebe und Gewaltlosigkeit gepredigt hat. Andererseits wäre er vermutlich historisch leichter zu fassen gewesen, weil bei seinen jüdischen Zeitgenossen ein bitterer Haß gegen die römische Fremdherrschaft bestand. Sie war eine Beleidigung für ihre Religion, da sie unverbrüchlich glaubten, daß sie das Auserwählte Volk ihres Gottes Yahweh waren, der ihnen verboten hatte, heidnischen Götzen zu dienen. Für sie war Judaea das Heilige Land; seine Erzeugnisse durften nicht den römischen Caesaren als Tribute dargebracht werden.

Viele Juden weigerten sich daher, den Römern untertan zu werden, und starben lieber den Märtyrertod für ihren Glauben. Die Römer bestraften üblicherweise einen Aufständischen mit dem Tod durch Kreuzigung. Starb Jesus auch als Märtyrer für Israels Freiheit? Oder war er Rom gehorsam, wie die Evangelien es darstellen, und ist seine Kreuzigung nur auf den Neid der jüdischen Führer zurückzuführen?

Die Berichte der Evangelien über den Prozeß Jesu verraten eine stark apologetisch gefärbte Begründung. Die frühen christlichen Schriftsteller waren offenbar eifrig darum bemüht, die Verantwortung für die Kreuzigung Jesu von den Römern auf die Juden abzuwälzen. Der Zweck, den sie damit verfolgten, ergab sich aus der Lage, in der sich die Christen im Jahr 70 befanden: ein vierjähriger jüdischer Aufstand gegen Rom endete mit der endgültigen Zerstörung Jerusalems. Die antijüdischen Gefühle waren bei den Römern leidenschaftlich angewachsen. Daher befanden sich die Christen in einer gefährlichen und verzwickten Lage. Der jüdische Ursprung ihrer Religion war allgemein bekannt, nicht weniger als die Verurteilung und Hinrichtung ihres Heilands Jesus als Aufrührer. In den Augen der römischen Obrigkeit und des römischen Volkes standen alle Christen im Verdacht, mit dem jüdischen Nationalismus und seinem messianischen Glauben verbunden zu sein. Das Lukas-Evangelium, das später als das des Markus geschrieben wurde, enthält Hinweise (Luk. 21,20) auf diese gefährliche Lage, in der sich die Christen im Jahr 71 nach der Besiegung der Juden befanden. Aber der Versuch, Pilatus in einen Zeugen für die Unschuld Jesu zu verwandeln und die Juden für seinen Tod verantwortlich zu machen, hält der kritischen Analyse nicht stand. Dies trifft auch für die Berichte der anderen Evangelisten über den Prozeß zu. Die Römer haben Jesus verurteilt, weil sie ihn des Aufruhrs für überführt hielten.

Diese Schlußfolgerung wird zudem durch zahlreiche Zeugnisse aus anderen Quellen erhärtet. Einiges vom Leben und Wirken des historischen Jesus kann durch eine kritische Analyse der Evangelien rekonstruiert werden. Er wurde in Nazareth in Galilaea geboren und scheint mit Johannes dem Täufer in Verbindung gestanden zu haben. Johannes verkündete in Übereinstimmung mit der jüdischen Prophetie, daß das Reich Gottes nahe bevorstünde. Er versuchte, die Juden auf das schicksalhafte Geschehen durch die Bußtaufe vorzubereiten. Jesus führte, vielleicht nach der Verhaftung Johannes' des Täufers durch Herodes Antipas, dessen Sendung weiter. Er hatte auch einigen Erfolg in Galilaea, stieß aber bald auf den Widerstand der jüdischen Obrigkeit. In ihm wuchs die Überzeugung, daß gerade diese Obrigkeit die Vorbereitung der Juden auf das Reich Gottes verhinderte.

Seine Jünger und zahlreichen Anhänger erkannten in Jesus den Messias, den von Gott gesandten Erlöser des Volkes Israel und der Welt. Zweifellos war er sich seiner Mission bewußt. Zu dieser Zeit war Jesus vielleicht mehr besorgt über seine jüdischen Glaubensgefährten, die ihn nicht erkennen wollten, als um die Römer. Denn in Galilaea herrschte damals der jüdische Fürst Herodes Antipas, Sohn Herodes' des Großen, und Jesus kam mit den Römern nur in Berührung, wenn er in das in Judaea gelegene Jerusalem ging. Denn die jüdischen

Behörden in Galilaea arbeiteten zwar eng mit der römischen Verwaltung von Judaea zusammen, genossen aber eine gewisse Selbständigkeit. Jerusalem war auch das religiöse Zentrum aller Juden und darum den Römern besonders wichtig. Tatsächlich wurde der Hohe Priester von dem römischen Prokurator ernannt, um die heimischen Angelegenheiten zu regeln und die Ordnung unter dem Volk aufrechtzuerhalten. Sie und die Sadduzäer, die Priesteraristokratie und ihre Anhänger, beobachteten argwöhnisch jede Volksbewegung, die den Frieden stören könnte. Die von Jesus geführte Bewegung schien solche Unruhe zu verbreiten.

Der Pharisäerorden, eine jüdische Laienbewegung, die sich die heilige Durchdringung des Alltags zum Ziel gesetzt hatte, mit dem Hohen Priester an der Spitze, hatte die Macht im Tempel Yahwehs in Jerusalem. Ihre Stellung sicherte den Pharisäern eine beträchtliche Befugnis, verbunden mit einem reichlichen Einkommen. Da Jesus in ihrem selbstgerechten und mit Standesdünkel behafteten Verhalten das Haupthindernis für eine Bekehrung des Volkes Israel sah, stellte er ihr Verfügungsrecht über den Tempel in Frage. Am Passahfest zog er in messianischer Weise mit seinen Jüngern und galiläischen Anhängern in Jerusalem ein und fand jubelnden Zulauf. Er brandmarkte das Krämerwesen im Tempel. Dieses Markttreiben war eine vorteilhafte Einnahmequelle der priesterlichen Aristokratie. Jesus griff offenbar in eine sehr viel ernstere Angelegenheit ein, als es nach der Darstellung der Evangelien den Anschein hat. Es ist sogar möglich, daß Jesus beabsichtigte, den Tempel zu besetzen und das Priestertum zu reformieren, wie es die Zeloten, jene römerfeindlichen Nationaljuden, im Jahr 66 taten. Das Ergebnis seines kühnen Schritts ist schwer abzuschätzen. Wahrscheinlich hatte er keinen vollen Erfolg. Wegen seiner vielen Anhänger und wegen des Zulaufs, den er aus dem Volk erhielt, wagten es die jüdischen Führer nicht, ihn in aller Öffentlichkeit zu verhaften.

Nach der »Reinigung des Tempels« blieb Jesus in Jerusalem, verließ aber jeden Abend die Stadt. Er scheint sich über seinen nächsten Schritt nicht klargewesen zu sein. Ungewiß bleibt auch, ob das Vorgehen Jesu mit einem Unternehmen der Zeloten in Verbindung stand. Denn die Evangelien berichten, daß sich an diesem Passahfest auch ein bewaffneter Aufstand gegen die Römer unter der Führung eines Barabbas ereignet hatte (Matt. 27,16; Mark. 15,6–11; Luk. 23,18–19; Joh. 18,40), in den allem Anschein nach die Zeloten verwickelt waren. Daß am selben Passahfest zwei Erhebungen gegen die jüdische Obrigkeit und die Römer stattfanden, ist immerhin auffallend und läßt vermuten, daß zwischen beiden Ereignissen ein Zusammenhang bestanden hat.

Jesus blieb bis zum Abend des Passah-Mahles, das er mit seinen Jüngern einnahm, in Jerusalem. Damals hatte er möglicherweise schon eingesehen, daß sein Versuch, sich mit den Priestern auseinanderzusetzen, gescheitert war und daß es vielleicht klüger sei, sich nach Galilaea zurückzuziehen.

Die christliche Überlieferung berichtet, daß Jesus in jener Nacht die Qual der Ungewißheit erlitt. Inzwischen hatten seine Feinde gehandelt. Einer seiner Jünger,

Passions-Zyklus. Reliefierter Elfenbein-Deckel eines Reliquien-Schreines aus Brescia, 4. Jahrhundert

Sogenannte Ställe des Salomon. Grüfte unter der Tempel-Plattform, Jerusalem, Zeit Herodes' des Großen und 12./13. Jahrhundert

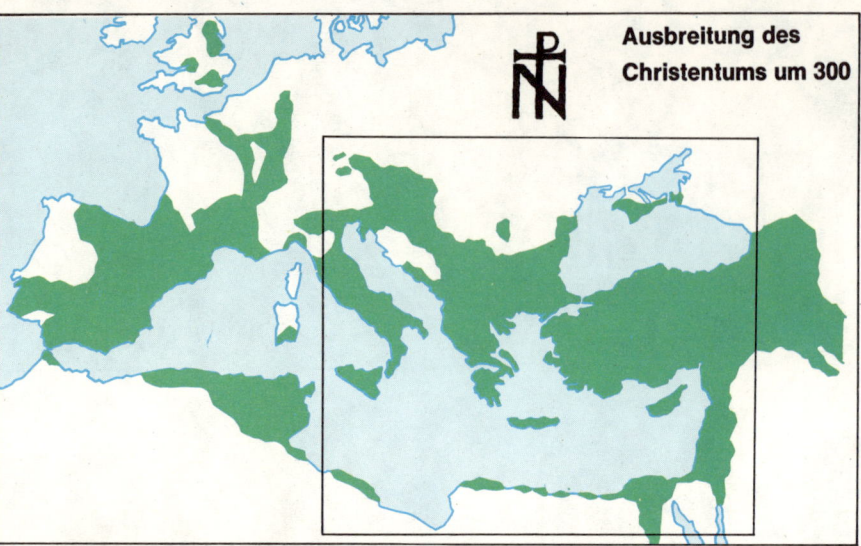

Der Gekreuzigte mit Eselskopf. Geritzte Karikatur auf einer Wand des Palatin in Rom, 3. Jahrhundert

Judas Ischariot, war von ihm abgefallen und hatte seinen Aufenthaltsort den jüdischen Führern verraten. Unverzüglich ließen sie Jesus von einer bewaffneten Schar verhaften. Nach einem kurzen Kampf in der Dunkelheit flohen die Jünger, und Jesus wurde gefaßt. Während der restlichen Nacht verhörten die jüdischen Priester ihn und seine Jünger über ihre Ziele, um Anklage gegen ihn zu erheben, bevor sie ihn den Römern übergaben. Der Hohe Priester erfüllte so seine Pflicht gegenüber der römischen Regierung. Er klagte Jesus aufrührerischer Umtriebe an, besonders weil er den Anspruch erhob, der messianische König Israels zu sein: Möglicherweise beschuldigte er ihn auch, um Barabbas zu entlasten, die jüngste Erhebung gegen die Römer angeführt zu haben. Es ist wahrscheinlich, daß Jesus die Leitung eines zweifachen Aufstandes zur Last gelegt wurde, wobei die eine Spitze sich gegen die jüdische Geistlichkeit im Tempel und die andere sich gegen die Römer in der Burg Antonia und in der Oberstadt richtete. Jedenfalls steht es fest, daß Pilatus Jesus verurteilte, und die Schrift, die er über seinem Kreuz anbringen ließ, zeugt von dem politischen Charakter des Prozesses: »Jesus von Nazareth, der Juden König« (Joh. 19,19).

Im Licht des zeitgenössischen Geschehens war die Kreuzigung Jesu kein ungewöhnliches Ereignis. Tausende von Juden kamen auf ähnliche Weise um, weil sie einen Aufstand entweder angeführt oder unterstützt hatten. Von diesem Zeitpunkt an macht die christliche Überlieferung die Suche nach der historischen Wahrheit noch schwieriger. Es war üblich, daß Verbrecher nach der Hinrichtung in einem gemeinsamen Grab beigesetzt wurden. Nach den Evangelien geschah dies mit dem Leichnam Jesu nicht, vielmehr erbat sich einer seiner Anhänger mit Namen Joseph von Arimathaea ihn von Pilatus und beerdigte ihn in seinem eigenen, in einen Fels gehauenen Grab. Drei Tage später war das Grab leer. Mehrere Gesichte, die etliche der Jünger von dem gekreuzigten Jesus hatten, überzeugten sie davon, daß ihr Meister von den Toten auferstanden sei. Bezeichnenderweise beschränkten sich diese Erscheinungen nur auf die Jünger. Zu dieser Zeit hatte noch keiner außerhalb ihrer Gemeinschaft ein ähnliches Erlebnis gehabt. Nach der christlichen Überlieferung ereigneten sich diese Erscheinungen des Auferstandenen innerhalb von vierzig Tagen nach dem Passahfest.

Es ist schwer, den Wert dieser Überlieferung richtig einzuschätzen. Denn obwohl sie die körperliche Auferstehung Jesu betont, wird nirgends behauptet, daß er sein irdisches Leben wiederaufgenommen habe, vielmehr sei er gen Himmel gefahren. Was immer an der Überlieferung über die Auferstehung wahr sein mag, es kann kein Zweifel darüber bestehen, daß aus jenem Glauben der Jünger das Christentum geboren wurde.

Als seine engeren Jünger davon überzeugt waren, daß er von den Toten auferstanden sei, lebte ihr Glaube an seine messianische Sendung wieder auf. Im Licht ihrer wiedergewonnenen Überzeugung mußten sie ihre eigenen jüdischen Glaubensvorstellungen damit in Einklang bringen. Sie verkündeten in seinem Namen, daß der Messias die Unterdrücker des Volkes überwältigen und das Königreich Israel neu errichten werde. Wenn aber Jesus von den Unterdrückern Israels hingerichtet worden war, wie konnte er dann der Messias sein? Seine Jünger fanden die Lösung der Frage in der Heiligen Schrift. Der Prophet Jesaja hatte von den Leiden des Knechtes Gottes gesprochen (Jes. 41), und die Jünger bezogen seine Worte auf Jesus. Wegen der Sünden Israels war er den Opfertod gestorben, aber Gott hatte ihn erhöht. Er werde bald, mit übermenschlicher Macht versehen, wiederkehren, um seine messianische Sendung zu erfüllen und Israel zu erlösen.

Das Christentum der ersten Jünger Jesu war im wesentlichen auf dem jüdischen Glauben begründet. Sie übersahen es zunächst, daß daraus ein neuer, vom Judentum deutlich unterschiedener, selbständiger Glaube entstand.

Die Deutung des Christentums aus einer messianischen Sekte in eine weltumfassende Erlösungsreligion ist Paulus zu verdanken. Er entstammte einer orthodox-jüdischen Familie und war in der Diaspora in Tarsus aufgewachsen. Paulus hatte dem Kreis der von Jesus erwählten Jünger niemals angehört, vielmehr anfänglich das Juden-Christentum leidenschaftlich abgelehnt und verfolgt, weil es einen gekreuzigten Messias predigte, was einem frommen Juden ein unerträglicher Gedanke sein mußte. Eines Tages jedoch hatte er ein tiefgreifendes geistiges Erlebnis, das er als Handeln Gottes betrachtete. So klar wie keiner der Jünger Jesu erfaßte er, daß die Offenbarung des Gekreuzigten den Heiden in der Welt ebenso galt wie den Juden. Ihnen lag der Gedanke noch fern, daß ihr Glaube an Jesus den jüdischen Glauben voraussetzte und nur auf diesem Weg auf Nicht-Juden übertragen werden sollte.

Die Lehre des Paulus von der Sendung Jesu war stärker von hellenistischen philosophischen Vorstellungen als vom Judentum beeinflußt. Die gnostische Philosophie, die in Syrien, Alexandrien und in Ländern weiter östlich zahlreiche Anhänger hatte und in den ersten Jahrhunderten immer wieder bedeutenden Einfluß auf das Christentum nahm, vertrat die Auffassung, daß die ganze Menschheit sich in der Gefangenschaft dämonischer Mächte befinde, und lehrte, daß Gott Jesus auf die Welt entsandt habe, um die Menschen zu erlösen.

Es war eine sehr esoterische Doktrin, aber die griechisch-römische Gesellschaft jener Zeit konnte sie be-

greifen und würdigen. Paulus stellte Jesus als den Erlöser-Gott hin, der in die Welt gekommen, gestorben und auferstanden war für das Heil der Welt. Im Sakrament der Taufe wurde der Mensch von der Sünde gereinigt und zu einem Leben in Christus wiedergeboren (Röm. 6). Im Abendmahl, der letzten Tischgemeinschaft des Herrn mit seinen Jüngern, wurde die kommende Erlösung der Gläubigen von Leid und Tod begründet und der »Neue Bund« geschlossen (1. Kor. 11,23–25).

Die Juden-Christen in Jerusalem lehnten das neue Evangelium des Paulus ab. Sie bestritten ihm das Recht, von sich zu behaupten, er sei ein Apostel. Sie schickten Boten zu den von ihm Bekehrten, um ihr eigenes Evangelium als die wahre und echte Form des Christentums der Lehre des Paulus gegenüberzustellen. Seine Theologie hätte leicht den Vorstellungen der Urgemeinde in Jerusalem erliegen können und wäre verlorengegangen, wenn jene nicht selbst bei der Zerstörung der Stadt durch die Römer im Jahr 70 vernichtet worden wäre. So wurde das Christentum aus seiner anfänglichen Bindung an das Judentum befreit und lebte in der von Paulus geprägten Form weiter, die das Vorbild für das christliche Glaubensbekenntnis wurde.

Schon vor der Zerstörung Jerusalems hatte sich das Christentum auch außerhalb Palästinas ausgedehnt. Die Botschaft verbreitete sich über Syrien und Kleinasien nach Griechenland und Italien, sie hatte aber auch in Ägypten frühzeitig fruchtbaren Boden gefunden. Von den Fesseln seines jüdischen Ursprungs befreit, paßte sich das Christentum schnell den Bedürfnissen der griechisch-römischen Gesellschaft an und überlebte den Zusammenbruch der römischen Herrschaft im Westen.

Die christliche Zeitrechnung, die die Jahre seit der Geburt Jesu zählt, bezeugt auch in einer nichtkirchlichen Welt die entscheidende Bedeutung dieser Religion, obwohl sie, einem Rechenfehler zufolge, jenes Ereignis um vier bis sieben Jahre zu spät ansetzt. 525 ließ der Papst das Jahr der Geburt des Herrn errechnen und bestimmte die »Anni ab incarnatione domini« zur Grundlage unserer Zeitrechnung.

SAMUEL GEORGE FREDERICK BRANDON

Heilige und Symbole. Wandmalereien in einer Höhlen-Kirche von Göreme, Türkei, zwischen dem 7. und 9. Jahrhundert

Einer der Felsen mit Eingängen in die Höhlen-Kirchen und -Wohnungen von Göreme, Türkei, zwischen dem 7. und 9. Jahrhundert

Die Juden unter römischer Herrschaft

Herodes der Große starb im Jahr 4 v. Chr. Sein Tod gab Anlaß zu einem plötzlichen Ausbruch lang aufgestauter Haßgefühle der Juden gegen die römische Fremdherrschaft. In mehreren Teilen des Landes gab es Aufstände unter verschiedenen Führern. Ein römischer Prokurator, Sabinus, zog mit einem Heer heran, um das beträchtliche Eigentum des Herodes für Kaiser Augustus zu sichern. In Jerusalem, das mit Wallfahrern überfüllt war, die zum Passahfest gekommen waren, ereigneten sich bewaffnete Zusammenstöße. Die Aufständischen forderten von den Römern, sich zurückzuziehen »und nicht den Männern im Weg zu stehen, die nach langer Zeit im Begriff seien, ihre alte nationale Unabhängigkeit wiederzugewinnen«.

Diese Ziele der Juden, die der jüdische Historiker Flavius Josephus überliefert, sind bezeichnend für ihren Nationalismus, denn in ihnen verkörperte sich der Geist der Erinnerung an die heroischen Zeiten Davids und der Makkabäer. Der Wille zur Freiheit war tief in der jüdischen Religion verwurzelt. Jeder Jude wuchs in dem Glauben auf, der täglich durch das Studium der Torah und die peinliche Treue zum Gesetz der Heiligen Schrift gefestigt wurde, daß Yahweh, der Gott Israels, seinem Volk Kanaan als Heiliges Land gegeben habe, wo es ihm treu dienen sollte. Das Volk betrachtete seinen Staat als Theokratie. Er war das Eigentum Yahwehs und der sein oberster Herr, von dem Hohen Priester auf Erden stellvertreten. Diese Auffassung setzte die Freiheit des jüdischen Volkes voraus, denn es konnte nur Gott untertan sein.

Judaea unter römischer Herrschaft

Der jüdische Aufstand, der offenbar nicht einheitlich geleitet war, wurde schließlich von P. Quinctilius Varus,

Römische Soldaten

Inschrift der X. Legion

dem römischen Legaten in Syrien, unterdrückt. Er intervenierte mit zwei Legionen und vernichtete die Aufrührer rücksichtslos. Zweitausend von ihnen ließ er kreuzigen. Über die künftige Gestaltung des Reiches des Herodes entschied Augustus. Er respektierte zunächst das Testament des Königs und teilte die Herrschaft unter dessen drei Söhnen: Archelaus wurde zum Ethnarchen von Judaea, Samaria und Idumäa ernannt; Herodes Antipas wurde Tetrarch von Galilaea und Peräa und dadurch Landesherr von Jesus; der dritte der Brüder, Philipp, erhielt die Tetrarchie Batanäa im südlichen Syrien, die außerhalb des eigentlichen Palästinas lag. Die Unfähigkeit des Archelaus veranlaßte Augustus im Jahr 6 Judaea, Samaria, Idumäa und das Küstenland bei Caesaraea zu der Prokuratur Judaea zusammenzufassen. In Jerusalem wurde die alte Hohe-Priester-Verfassung wiederhergestellt.

Mit dieser Neuordnung erkannten die Römer den Hohen Priester als Haupt und Bevollmächtigten des jüdischen Volkes an. Er erhielt das Aufsichtsrecht über die Verwaltung und die Gerichtsbarkeit in Sachen des jüdischen Volkes. Die Haltung der jüdischen Priesteraristokratie gestaltete sich dadurch römerfreundlich, denn die fremden Herren boten ihr Gewähr für die Sicherheit ihrer bevorzugten Stellung im jüdischen Staat. Im eigenen Volk stieß sie auf Ablehnung und wurde ihrer Haltung wegen getadelt.

Tribute an Rom

Eine der ersten Maßnahmen, die die Römer in Judaea trafen, war eine Volkszählung, um die Steuer festsetzen zu können. Die Juden hatten auch an Herodes Abgaben leisten müssen. Zwar war er nicht beliebt, aber er war ein jüdischer König, und ihre Steuern dienten dem jüdischen Staat. Tributzahlungen an die Römer hingegen widersprachen im höchsten Grade ihren religiösen Grundsätzen.

Judas, ein Priester aus Galilaea, unterstützt vom Pharisäer Sadduq, wies zu Beginn der römischen Herrschaft sofort darauf hin und erklärte, daß die Leistungen an Rom einen Abfall von Yahweh bedeuten. Entgegen dem Rat des Hohen Priesters, Joazar, daß sie sich den Forderungen unterwerfen sollten, folgten viele Juden den Ermahnungen des Judas und empörten sich. Unerbittlich wurden sie aber zum Schweigen gebracht und Judas von Galilaea und viele seiner Anhänger hingerichtet.

Seine Lehre und sein Beispiel blieben den Rechtgläubigen im Gedächtnis. Viele flohen in die Wüste von Judaea, um von dort aus einen Zermürbungskrieg gegen die Römer zu beginnen. Die Mitglieder dieser Widerstandsbewegung, deren Anführer die Söhne des Judas von Galilaea waren, hießen Zeloten, Eiferer im Glauben.

Pontius Pilatus

Der Beginn der römischen Herrschaft in Judaea stand unter keinem günstigen Stern. Den ersten Schwierigkeiten folgten zwanzig Jahre inneren Friedens. Auch Josephus weiß über diese Zeit nichts zu berichten. Vielleicht hatte die harte Unterdrückung des Aufstandes vom Jahr 6 die Juden eingeschüchtert. Erst als Pontius Pilatus zum Prokurator in Judaea ernannt wurde, lebten die Unruhen wieder auf. Da das Wirken Jesu und sein Kreuzestod in seine Amtszeit fielen, die von 26 bis 36 währte, gewinnt seine Statthalterschaft weltgeschichtliche Bedeutung.

Unsere Kenntnisse von seiner Laufbahn schöpfen wir aus dem »Bellum Judaicum« und den »Antiquitates« des Flavius Josephus sowie einer Schrift des Philo von Alexandrien. Die Berichte des Josephus sind fragwürdig, weil er aus der zehnjährigen Amtszeit des Pilatus nur drei Ereignisse erzählt. Auch Philo bietet als Quelle gewisse Schwierigkeiten, weil der von ihm beschriebene Vorfall bei Josephus nicht erwähnt wird.

Josephus beginnt seinen Bericht über Pilatus mit einem Ereignis, das sich kurz nach seinem Amtsantritt in Judaea zugetragen haben muß. Frühere Statthalter hatten offenbar der religiösen Empfindlichkeit der Juden gegen Götzenbilder Schonung angedeihen lassen und den nach Jerusalem in Stellung gehenden Soldaten geboten, die Kaiserbilder oder Kultsymbole von ihren Feldzeichen zu entfernen, bevor sie die Stadt betraten. Pilatus machte diese Verfügung rückgängig. Als die Juden diese Bilder auf den Standarten sahen, waren sie entsetzt. Laut Josephus strömten sie in Caesarea zusammen und bestürmten Pilatus, den Befehl zu widerrufen. Pilatus aber blieb unerbittlich und versuchte, sie mit Drohungen zum Gehorsam zu bewegen. Angesichts ihrer Bereitschaft jedoch, für ihre religiöse Überzeugung jede Strafe auf sich zu nehmen, gab er schließlich nach. Wie Josephus es darstellt, hat Pilatus in dieser Sache in eigener Verantwortung gehandelt. Es besteht aber auch Grund zur Annahme, daß er Befehle aus Rom befolgte.

Gefangene Barbaren vor dem Kaiser

4 v. Chr. – 44 n. Chr.

Jüdisches Beinhaus

Der nächste Zusammenstoß, von dem Josephus berichtet, ereignete sich beim Bau eines Aquädukts. Weil Jerusalem mehr Wasser brauchte, ließ Pilatus eine Leitung bauen, deren Kosten er aus dem jüdischen Tempelschatz deckte. Da dieses Geld geheiligt war, entstand ein großer Aufruhr, den Pilatus unterdrückte; er fügte den Juden hohe Verluste zu.

Josephus berichtet von noch einem Zwischenfall, den Pilatus provozierte, um die religiösen Gefühle der Juden zu verletzen. Der Prokurator ließ dem Kaiser Tiberius geweihte, vergoldete Schilde im Palast des Herodes in Jerusalem aufhängen, den die Römer zu ihrem Verwaltungssitz benutzten. Dagegen verwahrten sich die Juden. Da die Schilde keine bildlichen Darstellungen trugen, nahmen sie wahrscheinlich an den darauf angebrachten Inschriften Anstoß, die sich auf die Göttlichkeit des Kaisers bezogen. Nach Vorstellungen der Juden bei Pilatus, die mit einem heftigen Wortwechsel endeten, und einer Eingabe nach Rom ordnete Kaiser Tiberius die Überführung der Schilde in den Tempel des Augustus in Caesarea an.

Josephus nennt als Grund für das Ende der Laufbahn des Pilatus in Judaea sein grausames Vorgehen gegen die Samaritaner. Sie waren ursprünglich in das Gebiet der von den Assyrern deportierten jüdischen Bevölkerung des Königreiches Israel angesiedelt. Dort hatten sie den jüdischen Glauben angenommen und eine besonders strenge und orthodoxe Lehre entwickelt. Nach der Rückkehr der Gefangenen aus Mesopotamien hielten sie an ihrer Glaubens-Tradition fest und gerieten in Gegensatz zu den Heimgekehrten. Die Samaritaner erkannten Jerusalems führende Stellung in Glaubensdingen nicht an und stritten sich wiederholt mit den Juden. Unter den Römern wurden die Samaritaner ebenso bedrängt wie die Juden. Im Jahr 36 hatten sich die Samaritaner auf Betreiben eines messianischen Propheten bewaffnet und sich auf ihrem heiligen Berg Garizim versammelt. Pilatus, der einen Aufruhr befürchtete, griff sofort mit Waffengewalt ein und richtete ein großes Gemetzel unter ihnen an. Die samaritanischen Führer intervenierten bei dem Legaten von Syrien, Vitellius, der die Abberufung des Pilatus veranlaßte und ihn nach Rom beorderte, wo er sich vor dem Kaiser verantworten sollte. Bevor er dort anlangte, war Kaiser Tiberius gestorben. Über das weitere Schicksal des Pilatus ist nichts überliefert.

Caligulas Drohung

Diese Berichte über die Beziehungen zwischen Pilatus und den Juden enthüllen, auch wenn man die offensichtlichen Verzerrungen in den Mitteilungen des Josephus und des Philo in Betracht zieht, den grundsätzlichen Gegensatz der Juden zu der römischen Herrschaft, da ihre Religion ihnen eine Unterwerfung unmöglich machte.

Im Jahr 39 kam es erneut zu einer schweren Provokation. Kaiser Caligula, der in seinen Wahnvorstellungen von der Göttlichkeit seiner Person durchdrungen war, ließ in Alexandrien seine Standbilder in den Synagogen aufstellen. Als die Juden dem Kaiser die göttliche Verehrung verweigerten, kam es zu schweren Ausschreitungen gegen sie. Als die heidnischen Einwohner der jüdischen Stadt Jamnia am Meer dem Kaiser einen Altar errichteten, wurde er von den Juden zerstört. Caligula, wütend über die Mißachtung, befahl Petronius, dem Legaten von Syrien, sein goldenes Ebenbild in der Gestalt des Zeus im Tempel von Jerusalem aufzustellen. Petronius verzögerte den Befehl aus Angst, daß die Juden dieses Sakrileg mit einem fanatischen Aufstand des ganzen Volkes beantworten würden. Die Ermordung des Caligula in Rom bewahrte die Juden vor einer ernsthaften Auseinandersetzung um den Kaiserkult.

Der Tempel schien durch ein Wunder vor einer Schändung bewahrt geblieben zu sein, einer Entweihung, die an die »Greuel der Verwüstung« (Matth. 24,15) unter Antiochos IV. Euergetes im Jahr 167 v. Chr. erinnerte.

Caligula

Caligula vor Legionären

König Agrippa

Der Tod Caligulas brachte den Juden noch einmal ihre Unabhängigkeit unter einem jüdischen Herrscher. Kaiser Claudius ernannte seinen Günstling Herodes Agrippa, einen Sproß der Herodeer-Dynastie, zum König von Judaea. Obwohl er in Rom aufgewachsen und römisch erzogen worden war, trat er zum jüdischen Glauben über. Seine Ergebenheit gegenüber dem Judentum gewann ihm die Neigung seiner Untertanen. Schon nach vier Jahren, 44, starb Herodes Agrippa. Claudius machte Judaea wieder zu einer Prokuratur. Der Sohn des Herodes Agrippa, Agrippa II., wurde mit der Herrschaft Chalkis, östlich des Libanon-Gebirges, abgefunden. Der Kaiser übertrug ihm außerdem die Oberaufsicht über den Tempel in Jerusalem.

Claudius

Diese Ereignisse, so bedeutungsvoll sie für das jüdische Volk und die christliche Heilsgeschichte waren, haben die Politik der Römer und den Aufbau ihres Reiches nicht gehemmt. Die Herrschaft der Kaiser war im unruhigen Palästina zu keiner Zeit ernsthaft in Frage gestellt. Die zur Befriedung des Landes aufgebotenen Mittel waren gering, gemessen an dem Potential des Reiches. Die erste Hälfte des 1. nachchristlichen Jahrhunderts war mit der Konsolidierung und der Neuordnung des Imperiums ausgefüllt. Die Provinzialverwaltung wurde gegliedert und die Grenzen des Reiches ausgedehnt und gesichert. Dank des allgemeinen Friedens im Mittelmeer-Raum entwickelte sich auch die Wirtschaft in gesicherten Bahnen.

Fahrbarer Schrein: Bundeslade

Siebenarmiger Leuchter: Menoah

Zerstörung Jerusalems

Grabstein eines Legionärs der X. Legion aus Judaea. 1. Jahrhundert

Blick auf Jerusalem und den Ölberg von Südosten

Jüdisches Beinhaus mit griechischer Inschrift. 1. Jahrhundert v. Chr.

Die Mißwirtschaft der römischen Verwaltung in Judaea und der immer mehr anwachsende Radikalismus jüdischer religiöser Kreise führten schließlich zu der entscheidenden Auseinandersetzung zwischen Juden und Römern. Rom versuchte in den Jahren nach dem Tod des Herodes Agrippa, den Kaiserkult endgültig durchzusetzen. Dadurch wuchs die auflehnende Stimmung unter den Juden. Die Zeloten erhielten starken Zulauf und arbeiteten darauf hin, die politische und religiöse Unabhängigkeit aller Juden mit Gewalt zu erzwingen. Im Sommer des Jahres 66 weigerten sich die Priester des Yahweh-Tempels in Jerusalem, die täglichen Opfer für das Wohlergehen des römischen Kaisers darzubringen. Diese Opfer galten als Unterpfand der Ergebenheit Israels gegenüber Rom. Ihre Verweigerung kam einer Kampfansage gleich. Die beteiligten Priester gehörten dem niederen Stande der Tempelgeistlichkeit an und bekannten sich zum Zelotismus.

Der niedere Priesterorden stand im Gegensatz zu der Priesteraristokratie, an deren Spitze der Hohe Priester war. Die Oberschicht des Judentums unterstützte die römische Herrschaft in Judaea, weil sie ihre eigene soziale und wirtschaftliche Stellung garantierte. Aber die politische und religiöse Haltung der Priesteraristokratie machte sie beim Volk, besonders bei der niederen Geistlichkeit unbeliebt. Ihnen war die Freiheit Israels oberstes Gesetz. Um die Angehörigen der niederen Priesterschaft unter Kontrolle zu halten, hatte der Hohe Priester ihre Besoldung reduziert oder eingestellt. Diese Entscheidung fiel, als Eleazar, ein junger Aristokrat und Oberster des Tempels, zum niederen Tempeldienst übertrat. Durch seinen Abfall erwuchs den national Gesonnenen ein fähiger, kraftvoller Führer, der sie zum Aufstand verleitete.

In Jerusalem brachen Kämpfe aus. Der Hohe Priester und seine Anhänger, verstärkt durch Truppen, die der Fürst Herodes Agrippa II. aus Chalkis geschickt hatte, suchten den Tempel in ihre Gewalt zu bringen. Ihnen leistete der niedere Orden, dem sich die Sicarier, der extreme Flügel der Zeloten, angeschlossen hatten, heftigen Widerstand. Mittlerweile hatte Menahem, ein Sohn des Judas von Galilaea und Führer der Zeloten, die Garnison der Römer in der großen Festung Masada am Toten Meer angegriffen und vernichtet. Er rüstete seine Anhänger mit Waffen aus dem römischen Arsenal aus, rückte schnell nach Jerusalem vor und übernahm die Führung des Aufstandes. Die Streitkräfte des Hohen Priesters und Agrippas waren bald besiegt. Viele ihrer Anhänger wurden ermordet.

Menahem scheint sich zum König, vielleicht als der Messias-König, aufgeworfen zu haben, aber seine Herrschaft dauerte nur kurze Zeit. Eleazar, der den Aufstand ins Rollen gebracht hatte, fühlte sich in der Führung zurückgesetzt und zettelte eine Revolte gegen das Leben des Menahem an. Nur wenige seiner Anhänger, darunter ein Verwandter namens Eleazar ben Djair, entgingen dem Blutbad und konnten sich nach Masada retten.

Durch den Tod des Menahem verlor der Aufstand sein Haupt. Er war der Kopf der zelotischen Bewegung und in weiten Kreisen als wundertätiger Führer von Israels Erhebung gegen Rom anerkannt worden. Kein anderer besaß das Ansehen und die Autorität unter den zelotischen Scharen und den anderen aufständischen Gruppen. Der Aufstand entbehrte einer einheitlichen Führung und nahm anarchistische Ausmaße an. Die Römer wurden weiterhin im Land und in Jerusalem angegriffen und auch besiegt. Als Vergeltung dafür richteten die heidnischen Einwohner von Caesarea, der römischen Hauptstadt in Palästina, unter den Juden des Ortes ein Blutbad an. Josephus berichtet, daß damals zwanzigtausend von ihnen umkamen. Dieses Gemetzel beantworteten die Juden mit ähnlichen Ausschreitungen in anderen heidnischen Städten von Palästina und der Gaulanitis nord-östlich vom See Genezareth. Unter solchen Verhältnissen hatten auch die vielen Juden in der Diaspora zu leiden.

Der Prokurator von Judaea, Florus, scheint in der ersten Zeit die Gefährlichkeit des Aufruhrs nicht erkannt zu haben. Jedenfalls ergriff er zunächst keine energischen Gegenmaßnahmen, um die römische Herrschaft zu schützen. Josephus behauptet, er habe die Revolte sogar begrüßt, um seine Mißwirtschaft vertuschen zu können, die noch weit schlimmer als die

Die Stadt Jerusalem. Detail aus dem Mosaik der Palästina-Karte im Fußboden der Basilika zu Madaba, Transjordanien, 6. Jahrhundert

Feinde und Rebellen gegen Rom

SPQR

- Boudicca 61 n. Chr.
- Cassivellaunus 54 v. Chr.
- Caratacus 51 n. Chr.
- Civilis 70 n. Chr.
- Ambiorix 54 v. Chr.
- Arminius 9 n. Chr.
- Vindex 68 n. Chr.
- Marobod 10–19 n. Chr.
- Ariovist 71 v. Chr.
- Vercingetorix 52 v. Chr.
- Viriathus 150–139 v. Chr.
- Kimbern und Teutonen 113 v. Chr.
- Demetrius 220 v. Chr.
- Hannibal 202 v. Chr.
- Rom
- Sertorius 80–72 v. Chr.
- Spartacus 73–71 v. Chr.
- Philippi 168 v. Chr.
- Tigranes 83–66 v. Chr.
- Parther 53 v. Chr.
- Mithridates 66 v. Chr.
- Tacfarinas 17–24 n. Chr.
- Antiochus 193–189 v. Chr.
- Judaea 66–70 n. Chr.
- Jugurtha 112–105 v. Chr.
- Kleopatra 31 v. Chr.

seiner Amtsvorgänger gewesen sein soll. Durch seine anfängliche Untätigkeit verschlechterte sich die Lage in Judaea so sehr, daß die römischen Truppen im Land dem Aufstand nicht mehr gewachsen waren. Die nächst höhere Verwaltungsbehörde des Römischen Reiches, die nun intervenieren mußte, saß in Syrien. Um das Ansehen der römischen Landeshoheit wiederherzustellen, sammelte der Legat von Syrien, Cestius Gallus, Truppen für eine Strafexpedition. Sein Heer bestand aus der zwölften Legion mit besonders ausgewählten Verstärkungen aus anderen Legionen: sechs Kohorten und anderen Einheiten zu Fuß, vier Reiterabteilungen und etwa vierzehntausend Hilfstruppen. Den wohlorganisierten und taktisch ausgebildeten römischen Soldaten standen die in Auflösung befindlichen und undisziplinierten jüdischen Aufständischen gegenüber.

Die römische Armee drang von Norden in das Land ein, brach jeden Widerstand, den die Juden ihr im flachen Land entgegensetzten, und belagerte Jerusalem. Die Römer konnten auch bald in die Stadt eindringen und den Sturm auf den Tempel Yahwehs vorbereiten. Der Tempelbezirk, der eine beherrschende Stellung einnahm und durch massive Mauern hervorragend befestigt war, bildete die Schlüsselstellung zur Verteidigung der Stadt. Überdies war er der heiligste Platz im ganzen Land, und es stand zu erwarten, daß die Juden ihn zäh verteidigen würden.

Sie kämpften mit dem Mut der Verzweiflung. Aber der Kriegskunst der Römer waren sie nicht gewachsen und gaben bald alle Hoffnung auf einen Entsatz von der Belagerung auf. Da befahl Cestius Gallus plötzlich und aus unerklärlichen Gründen, die Kampfhandlungen einzustellen, und zog seine Truppen auf den benachbarten Berg Scopus zurück. Am nächsten Tag sahen die Juden, daß die römische Armee sich nach Norden absetzte und offensichtlich die Belagerung abgebrochen hatte. Sie befürchteten eine Kriegslist, aber dann sahen sie, daß die Römer tatsächlich abrückten. Ihre Freude und ihr Jubel kannten keine Grenzen. Ihr Gott Yahweh hatte ihnen beigestanden und sie befreit. Ihm zu Ehren hatten sie die Macht des kaiserlichen Rom herausgefordert, und in letzter Stunde hatte er auf wunderbare Weise eingegriffen und ihre gefürchteten Feinde in die Flucht geschlagen. Die Juden machten sich an die Verfolgung der zurückweichenden Römer, holten sie bei dem Paß von Beth-Horon ein und brachten sie in Bedrängnis. Nur unter Opferung seiner Nachhut und Zurücklassung seiner schweren Ausrüstung konnte Cestius Gallus seine Streitkräfte retten und sich nach Syrien durchkämpfen.

So endete das erste bewaffnete Treffen zwischen dem winzigen Israel und dem mächtigen Rom mit einem Sieg der Juden. Die Aufständischen hatten ihr Vertrauen mehr auf Gott als auf ihre militärischen Fähigkeiten gesetzt. An der Stärke Roms gemessen war ihre Lage hoffnungslos. Dennoch hatten sie ein Heer von Legionären geschlagen. Schon die Stätte ihres Sieges, der Paß von Beth-Horon, bedeutete ein gutes Omen: Hier hatte Josua die Amoriter geschlagen, und hier hatte Judas Makkabäus über die seleukidische Armee unter Seron triumphiert. Yahweh war der Gott der Schlacht: Er hatte ihren Vorfahren den Sieg verliehen, als sie gegen eine ungeheure Übermacht zu Feld gezogen waren, und auch dieses Mal hatte er ihnen zum Sieg verholfen. Angesichts des wunderbaren Beweises der göttlichen Hilfe wurden auch die Vorsichtigen und Zaudernden zum Kampf für Israels Freiheit gewonnen. Eigene Münzen wurden geprägt, auf denen der Jubel und der Glaube der Juden zum Ausdruck kamen. Sie trugen Inschriften wie »Jerusalem das Heilige«, »Befreiung Zions« und »Erlösung Jerusalems«.

Die Niederlage des Cestius Gallus war ein schwerer Schlag für das Ansehen der Römer. Judaea nahm eine für die Römer lebenswichtige Stellung zwischen Syrien und Ägypten ein. In Mesopotamien lebte eine große jüdische Bevölkerung, von der zu befürchten war, daß sie sich aus Solidarität dem Aufstand anschließen würde. Auch die traditionellen Feinde Roms, die Parther, waren jeden Augenblick bereit, bei dem geringsten Anzeichen seiner Schwäche einen Überfall zu wagen.

Kaiser Nero beschloß, energisch die Befriedung von Judaea zu betreiben, und ernannte den Feldherrn Titus Flavius Vespasianus zum Oberbefehlshaber der Strafexpedition. Vespasianus hatte als Verwaltungsbeamter und Militär unter den Kaisern Claudius und Nero reiche Erfahrungen sammeln und seine Fähigkeiten in harten Kämpfen im süd-westlichen Britannien schulen können. Vespasianus zog mit einem schlagkräftigen Heer, bestehend aus drei Legionen und einem starken Aufgebot von Hilfstruppen, in den Kampf.

Trauernde Judaea unter einer Palme und ein Gefangener. Rückseite eines messingnen Sesterzen des Vespasian aus der Münzstätte Rom, etwa 71

(1) *Domitian. Vorder- und Rückseite einer Bronze-Münze Agrippas II., wohl aus der Münzstätte Caesarea-Paucas, 95.* (2) *Prägung Bar-Kochbas. Vorder- und Rückseite eines silbernen Tetradrachmon, etwa 133.* (3) *Tiberius. Vorder- und Rückseite einer Bronze-Münze aus der Münzstätte Antiochia, etwa 31/32.* (4) *Prägung Herodes' des Großen. Vorder- und Rückseite einer Bronze-Münze zwischen 37 und 4 v. Chr.* (5) *Prägung aus der Zeit des ersten jüdischen Aufstandes. Vorder- und Rückseite (links) eines silbernen Schekels, 66.* (6) *Prägung des Hasmonäer Antigonos Mattaias. Vorder- und Rückseite einer Bronze-Münze aus der Münzstätte Jerusalem, zwischen 40 und 37 v. Chr.*

Ruinen des römischen Augustus-Tempels in Samaria. Aus der Zeit Herodes des Großen

Das Theater in Caesarea. 1./2. Jahrhundert

Der Felsen von Masada. Schauplatz der letzten Kämpfe zwischen Römern und Juden im Jahr 73

Die Lage in Jerusalem zu diesem Zeitpunkt ist schwer zu beurteilen, da die Darstellung des Josephus wegen der zweideutigen Rolle, die er selbst bei den Ereignissen gespielt hat, stark apologetisch gefärbt ist. Zwar stellt seine Darstellung unsere Hauptquelle dar, sie ist aber überall da, wo es sich um Angelegenheiten handelt, in die er persönlich verwickelt war, mit Vorsicht zu betrachten. Josephus wird an diesen Stellen seiner Erzählung ausweichend und bewußt undeutlich. Nach seinen häufig sich widersprechenden Berichten hat es den Anschein, als ob eine gemäßigte Partei versuchte, in Jerusalem die Führung zu gewinnen und die Kräfte der Nation für den bevorstehenden Kampf mit Rom zusammenzufassen und zu organisieren. Wahrscheinlich war er Befehlshaber der Städte in Galilaea und hatte die Aufgabe, sie zum Schutz gegen einen Vormarsch der Römer von Syrien her zu befestigen. Jedenfalls erzählt Josephus, wie beharrlich und klug er diese Aufgabe durchgeführt habe, und betont die schändlichen Zwistigkeiten gewisser Rebellenscharen, besonders die des Zeloten-Führers Johannes von Giskala, ausführlich. Aber der Verlauf der Ereignisse läßt vermuten, daß Johannes schon damals an Josephus' Aufrichtigkeit gegenüber der jüdischen Sache zweifelte.

Im Frühling des Jahres 67 war Vespasianus gerüstet. Der Feldzug begann. Der neue Feldherr begegnete sehr viel schwierigeren Verhältnissen, als sie Cestius Gallus noch im vergangenen Herbst zu bewältigen hatte. Sein Weg nach Jerusalem, dem Zentrum des Aufruhrs, war durch mehrere befestigte Städte gesperrt. Sie mußten zuerst bezwungen werden, ehe sich die Römer an die Belagerung der Hauptstadt wagen konnten. Das war eine schwere und langwierige Aufgabe, da die Juden zäh und unnachgiebig jedes ihrer Bollwerke verteidigten. Obwohl sie außerstande waren, den römischen Legionären im offenen Feld erfolgreich begegnen zu können, kämpften sie ausgezeichnet im Schutz von Festungen. Bei dieser Art Kriegführung konnten ihr Todesmut und die Erfindungsgabe einzelner es mit der Disziplin und Kriegskunst der Römer aufnehmen. Diese Art des Kampfes forderte furchtbare Opfer: nicht nur wurde jede unterworfene Besatzung ausnahmslos niedergemacht, sondern auch die Einwohner wurden von den Römern nicht geschont, da sie über den langen Widerstand und die eigenen Verluste erbittert waren.

Während des Jahres 67 eroberte Vespasianus mehrere Städte in Judaea, darunter Jotapata. Hier war Josephus Oberbefehlshaber. Nach eineinhalb Monaten Belagerung ergab er sich, um dem Tod zu entgehen. Als er vor Vespasianus geführt wurde, gab er sich prophetisch und weissagte ihm das römische Kaisertum. Er blieb als Gefangener im römischen Lager und wurde nicht wie die anderen Besiegten nach Rom geschickt.

Im Jahr 68 starb Nero. Der letzte Herrscher aus dem iulisch-claudischen Haus hatte auf der Flucht vor einer Verschwörung der Statthalter von Gallien und Spanien sich selbst den Tod gegeben. Im Kampf um die Macht folgten Galba, Otho und Vitellius einander als Kaiser. Im Juli 69 wurde Vespasianus von seinen Soldaten in Alexandrien zum Imperator ausgerufen. Er gewann die Unterstützung der Legionen in Gallien und im Donau-Raum, die Rom von den Anhängern des Vitellius befreiten. Ende des Jahres erkannte auch der Senat

Vespasianus als Kaiser an. Im jüdischen Krieg übernahm sein ältester Sohn, Titus Flavius Vespasianus, den Oberbefehl. Josephus' Glück war gemacht. Er diente zunächst als Verbindungsoffizier im Stab des Titus. Nach der Zerstörung Jerusalems ging Josephus mit seinen Beschützern nach Rom und schrieb dort seine Geschichtswerke.

Die Erfolge der Römer in Galilaea scheinen schwere Auseinandersetzungen unter den Aufrührern in Jerusalem hervorgerufen zu haben. Nach der Darstellung des Josephus verlor die gemäßigte Partei unter dem früheren Hohen Priester Ananus an Einfluß, als zelotische Gruppen aus Galilaea sich in Jerusalem versammelten. In Jerusalem übernahm Johannes von Giskala die Führung der Zeloten, und unterstützt von idumäischen Rebellen überwältigten sie schließlich die Gemäßigten und töteten Ananus und viele seiner Anhänger. Der Tempel gelangte vollkommen in die Hand der Zeloten. Sie knüpften an alte Traditionen an und wählten einen neuen Hohen Priester durch das Los. Zweifellos beabsichtigte man, der Priesteraristokratie das Monopol zu entziehen. Die Zeloten verbrannten auch die offiziellen Archive, die auch die Bücher der Geldverleiher enthielten. Dadurch hofften die Zeloten, die Armen zu ermutigen, sich gegen die Reichen zu erheben.

Der Feldzug vom Jahr 68 war darauf berechnet, die Zentren des Aufstandes außerhalb Jerusalems aufzureiben. Wahrscheinlich wurde bei diesen Operationen auch die klösterliche Niederlassung von Qumran im Raum von Jericho zerstört. Die Angehörigen der Gemeinde hatten den Angriff erwartet und ihre heiligen Schriften in den Höhlen der nahen Berge verborgen, wo sie bis zu ihrer Entdeckung im Jahr 1947 ruhten. Sie wurden als die »Schriften vom Toten Meer« berühmt.

Als Vespanianus Palästina verließ, um in Rom seinen Anspruch auf den Kaiserthron durchzusetzen, verblieben außer Jerusalem nur die Festungen Herodium, Masada und Machaerus in jüdischer Hand.

Die Unterbrechung des Krieges in Judaea während des Jahres 69 brachte den Juden wenig Vorteile. Josephus schildert den harten Kampf um die Vorherrschaft unter den Aufständischen in Jerusalem. Er beschuldigt ihre Anführer furchtbarer Ausschreitungen, deren Opfer die Einwohner von Jerusalem waren. Daß sein Bericht aus persönlichen Gründen verzerrt ist, liegt auf der Hand. Sein Ziel war es, die Zeloten für alle Mißerfolge verantwortlich zu machen, um sein Überwechseln in das römische Lager zu rechtfertigen. Tatsächlich läuft die Tendenz seiner Geschichtsschreibung

Vorhof der Zitadelle von Jerusalem im Westen der Stadt am Jaffa-Tor. Auf den Grundmauern des Palastes Herodes' des Großen

darauf hinaus, daß ein friedliches Volk ins Verderben gezogen wurde von Straßenräubern und fanatischen Heißspornen, von den Zeloten. Er verschweigt oder umgeht die religiösen Ideale der Zeloten; denn sie hatten den Glauben, der ihm fehlte. Josephus bedachte ziemlich klar die Realität der römischen Macht und teilte nicht die religiöse Ergebenheit der Zeloten gegenüber Yahweh.

Im Frühling des Jahres 70 waren die Römer wieder für den Feldzug gegen das aufständische Jerusalem gerüstet. Titus zog sein Heer in Ägypten zusammen und rückte von dort aus nach Judaea vor. Sein Heer bestand aus vier Legionen, darunter auch die zwölfte, die von Rache für ihre Niederlage im Jahr 66 angespornt wurde. Wieder unterstützten starke Hilfstruppen die Legionen.

Der Anmarsch der Römer kurz vor dem Passahfest des Jahres 70 vereinte sofort alle Parteien in Jerusalem. Johannes von Giskala hielt den Tempel besetzt, und Simon Bar Giora organisierte die Verteidigung der Stadt. Jerusalem besaß innerhalb seiner Mauern drei befestigte Bollwerke: den Tempel, die Antonia-Festung und den Palast des Herodes in der Oberstadt, der durch massive Türme geschützt war. Jeder der Teile konnte selbständig verteidigt werden und mußte einzeln eingenommen werden. Im Osten überragte der Ölberg die Stadt; dazwischen lag das tiefe Kidron-Tal und machte sie von dieser Seite her fast uneinnehmbar. Die Nord-Seite war die schwächste Stelle im Verteidigungsgürtel, trotz der Anstrengungen, sie zu verstärken. Darum begann Titus seinen Angriff von Norden her.

Die Belagerung beschreibt Josephus, der sie im Stab von Titus als Augenzeuge erlebte, in lebhaften Farben. Die Lage der Juden war hoffnungslos. In der Stadt drängten sich Flüchtlinge und Truppen. Bald wurde Hunger eine schlimmere Geißel als die Beschießung durch Wurfmaschinen. Sogar von Kannibalismus wurde berichtet. Die Römer schlossen die Stadt völlig ein und umgaben sie mit einem eigenen Wall, um die Einfuhr von Nachrichten und Lebensmitteln zu unterbinden und das Entweichen von Flüchtlingen zu verhindern. Jerusalem war eingeschlossen.

Die Römer brachen schrittweise in die äußere und innere Befestigung der Stadt ein. Die jüdischen Patrioten verteidigten verbissen jeden Stein. Der Kampf war äußerst erbittert; Gefangene auf beiden Seiten wurden grausam behandelt. Die Antwort des Johannes von Giskala auf ein römisches Übergabeangebot offenbarte den Geist, der die Verteidiger noch in tiefster Not beseelte. Das letzte Lamm war im Tempel dargebracht worden, und das tägliche Opfer an Yahweh mußte eingestellt werden. Der Befehlshaber der Zeloten aber antwortete, daß er niemals eine Einnahme fürchten werde, denn es sei die Stadt Gottes.

Am 29. August drangen die Legionäre in den Tempel ein. Die Vorhöfe waren mit Flüchtlingen gefüllt, die auf ein göttliches Wunder harrten. Sie endeten durch die Schwerter der Legionäre. Laut Josephus geriet der Tempel aus Unvorsichtigkeit in Brand. Obwohl Titus sich darum bemühte, das berühmte Heiligtum zu retten, konnte er die Legionäre in ihrer Mord- und Zerstörungslust nicht zurückhalten. Tausende von Juden kamen um. Viele Priester retteten sich auf die Dächer, von wo sie die Verzierungen der Brüstungen auf die Römer hinabschleuderten und sich schließlich in die Flammen des brennenden Allerheiligsten stürzten. Als wieder Ruhe eingetreten war, richteten die siegreichen Legionäre ihre Feldzeichen in den Tempelhöfen auf und opferten vor ihnen. Das war eine seltsame Erfüllung des Propheten-Wortes, das die Juden lange gefürchtet hatten: »Und mitten in der Woche wird das Opfer und Speisopfer aufhören. Und bei den Flügeln [des Tempels] werden stehen Greuel der Verwüstung, bis das Verderben, welches beschlossen ist, sich über die Verwüstung ergießen wird.« (Dan. 9,27 und 12,11).

Die Einnahme des Tempels bedeutete das Ende des Aufstandes. Heftige Kämpfe tobten noch in der Oberstadt. Aber am 26. September war ganz Jerusalem in römischer Hand und hatte sich in einen rauchenden Trümmerhaufen verwandelt. Titus gab Befehl, alles, was noch stand, dem Erdboden gleichzumachen, außer den drei großen Türmen vom Palast des Herodes, die er als Mahnmal an die einstige Stärke Jerusalems

Mauerwerk der Tempel-Plattform in Jerusalem. Bau aus der Zeit Herodes' des Großen, seit 20/19 v. Chr.

stehenließ. Die Verluste der jüdischen Bevölkerung waren groß: Josephus gibt über eine Million Tote an. Er hat sicher stark übertrieben. Aber die Zahl muß sehr hoch gewesen sein; denn die Belagerung hatte lange gedauert, die Hungersnot war schwer, und es war erbittert um jedes Haus gekämpft worden. Die Gefangenen des ganzen Krieges schätzt Josephus auf siebenundneunzigtausend, von denen viele später bei den Zirkusspielen im Reich umkamen.

Titus kehrte nach Rom zurück. Dort feierte Vespanianus mit seinem Sohn den Sieg über das aufständische Judaea mit einem Triumph. Die siegreichen Legionäre marschierten durch die Straßen Roms, während zahllose jüdische Gefangene die reiche Beute, vor allem die Schätze aus dem Tempel, zur Schau trugen. Ihnen folgten die stolzen Befehlshaber. Der Höhepunkt des Triumphes waren die Hinrichtung des Simon Bar Giora als Hauptanführer des Aufstandes und ein Dankopfer für den Sieg an den Jupiter Capitolinus. Auf dem Bogen des Titus auf dem Forum Romanum halten zwei Reliefs die Erinnerung an den Triumph fest: die Legionäre tragen die große Memorah, den siebenarmigen Leuchter, aus dem Tempel, die silbernen Trompeten und die Tafel der Schaubrote, während eine geflügelte Viktoria Titus bekränzt.

Auch nach dem Fall von Jerusalem gaben die Zeloten den Kampf noch nicht auf. Einige von ihnen entkamen nach Ägypten, wo sie die Juden von Alexandrien zum Aufstand aufzuwiegeln versuchten. Sie wurden gefangengenommen und gefoltert, um sie zu zwingen, dem Kaiser als Gott zu opfern. Da sie unbeugsam blieben, wurden sie hingerichtet. In Masada am Toten Meer hielt die Besatzung unter Eleazar ben Djair bis zum Jahr 73 stand. Der römische Befehlshaber Silva machte sich mit der zehnten Legion daran, die Festung zu erobern. Die Römer umgaben das ganze Felsplateau mit einem Wall und waren entschlossen, niemanden entkommen zu lassen. Die Belagerung war eine Meisterleistung römischen Befestigungsbaus in der wasserlosen Wüste. Auf einer großen Rampe brachten die Legionäre ihre Sturmböcke in Schußweite der Festungsmauer in Stellung. Aber die Zeloten verteidigten sich hartnäckig, bis sie einsahen, daß weiterer Widerstand unmöglich war.

In der Nacht vor dem letzten Ansturm töteten die jüdischen Kämpfer ihre Familien und nahmen sich selbst das Leben, um der Schmach der Gefangenschaft zu entgehen. Als die Römer am nächsten Tag die Befestigungen durchbrachen, zeugten neunhundertsechzig Leichname in den Ruinen von dem Glauben und dem Mut der Zeloten.

Die Zerstörung Jerusalems im Jahr 70 bedeutete das Ende des jüdischen Staates.

SAMUEL GEORGE FREDERICK BRANDON

Bekränzte Römer im Triumphzug mit den kostbaren Geräten des jüdischen Tempels aus Jerusalem. Marmor-Relief am Triumphbogen des Titus am Anfang der Via sacra des Forums Romànum zu Rom, nach 81

Titus Flavius Vespasianus, der Eroberer von Jerusalem. Oberteil einer Marmor-Statue aus Rom, 2. Hälfte des 1. Jahrhunderts

Römischer Kaiser, wohl Claudius, als neuer Gott Triptolemos mit der Göttin Ceres und der Personifikation der Erde (unten). Silberner Prunkteller aus Aquileia, 1. Jahrhundert

Lamm Gottes in einem symbolischen Kranz der vier Jahreszeiten und Szenen aus dem Leben der Maria und Christi. Vorderdeckel eines fünfteiligen Elfenbein-Diptychons aus dem Domschatz zu Mailand, zweite Hälfte 5. Jahrhundert

übernächste Seite:
Überreichung der Standarte an Karl den Großen und des Palliums an Papst Leo III. durch den Apostel Petrus. Mosaik vom Speisesaal des alten Lateranpalastes in einer Freilichtapsis an der Piazza di Porta S. Giovanni in Rom, um 800

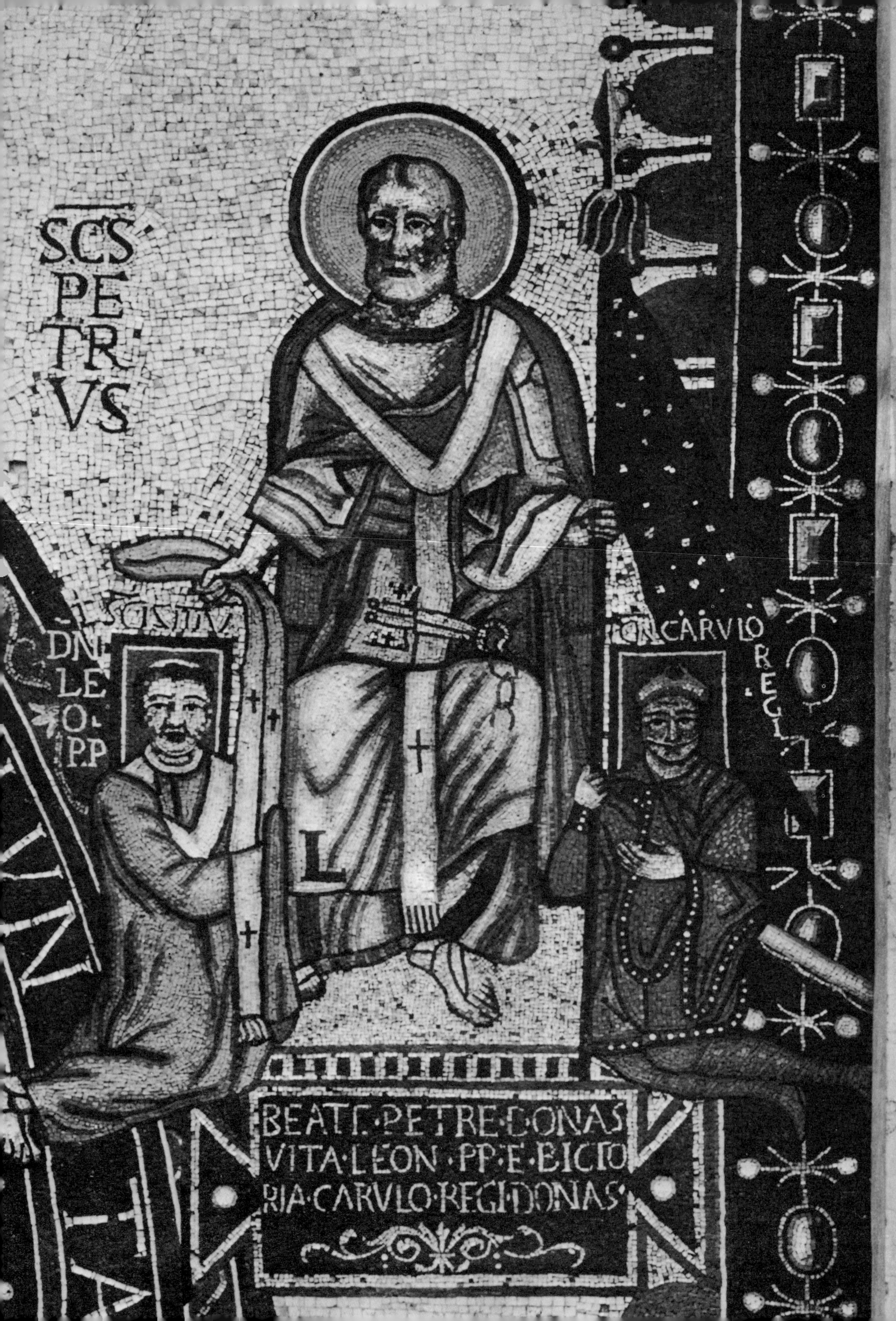

SCS PETRVS

DN LEO PP

CARVLO REGI

BEATE PETRE DONAS
VITA LEON PP E BICTO
RIA CARVLO REGI DONAS

Die Anfänge des christlichen Zeitalters

Die ersten Jahrhunderte unserer Zeitrechnung stehen im Zeichen des Glaubens. Feuer des Glaubens setzen manchen Meilenstein der Geschichte. Sie entzünden die Menschen zu enthusiastischen Taten; sie verbrennen alte Götter und Kulturen, ja, sie verbrennen andere Menschen, die als »Kinder Gottes« ihre Gefährten sein sollten.

Der Aufstieg des Christentums zur Reichskirche des Kaisers Konstantin des Großen wird von Feuern überschattet, in denen Tempel und andere Schätze der antiken Kultur untergehen. So geht die Bibliothek von Alexandrien in Flammen auf. Mit Mohammed und dem Islam scheinen Feuer aus der Wüste die Gärten der Spätantike, in denen noch die Vasen und Skulpturen der hellenistischen Vergangenheit standen, zu verschlingen. Im Ausgang dieser Epoche plündern und brandschatzen die Kreuzfahrer 1204 Konstantinopel und zerstören vorübergehend das Reich der Romäer, der Romaioi, der »letzten Römer«: das byzantinische Kaiserreich. Konstantinopel, »das Paris des Frühmittelalters«, erscheint im Glanz seiner Paläste, seiner Bäder, seiner Kunstschätze, seines Luxus den Barbaren als ebenso begehrenswert wie den ottonischen Deutschen des 10. Jahrhunderts und den »Franken«, den lateinischen Christen von 1204.

Helle Brände der Verwüstung, Explosionen des Fanatismus, permanente Kriege und Fehden erfüllen diese Epoche. Gab es auch nur ein Jahr in dieser Zeit, in dem Friede herrschte, vergleichbar jener »Pax Romana«, die Augustus erträumte, und jener »Pax Mongolica«, welche die Großchane der Mongolen auf dem Höhepunkt ihrer Macht von China bis Indien schufen? Die Antwort muß wohl »nein« lauten. Das alles darf uns nicht übersehen lassen, daß die Feuer des Glaubens nicht nur Vernichtung, sondern auch Leben schufen. In diesen Jahrhunderten wurden die spezifische Dynamik der »Westlichen Welt« und die Grundlagen der europäischen Kultur bis zum Beginn des Zeitalters der Kybernetik und der nuklearen Wissenschaften geschaffen.

In den Missionaren, die zu den Britischen Inseln kommen, in den iro-schottischen Mönchen, die von diesen Inseln dann den Kontinent missionieren, brennen stille Feuer, die nicht den Tod, sondern ein neues Leben bringen wollen. Schon im 8. Jahrhundert weiß sich England dem Kontinent als ein »Alter orbis«, eine eigene Welt, gegenüberstehend.

Wir wissen viel und wir wissen wenig von Konstantin, dem die Kirche den Aufstieg zur Macht verdankt. Bis 1969 tragen Kirchenfürsten als »Eminenzen« und »Exzellenzen«, als römisch-katholische Kardinäle und Bischöfe, die Amtstitel der hohen Bürokratie des Römischen Reiches. Die liturgische Kleidung des Klerus beruht heute noch auf der Amtstracht der kaiserlichen Beamten. Wir wissen viel von Konstantin, von seinem äußeren Leben, von seiner Politik, von dem, was er für die Kirche getan hat, und daß er sich als »dreizehnter Apostel« verehrt sehen wollte. Wir wissen wenig vom Inneren dieses Mannes, der wohl auf seine Weise fromm war: fromm wie Menschen, die seit archaischen Tagen der Menschheit in Sorge und Hoffnung auf »Zeichen« des Heiles, des Numinosen, des Göttlichen warteten.

Mit der keltischen Mission um den heiligen Patrick beginnt ein spezifisch europäisches Mittelalter: Die Aktivität sehr individueller, sehr individualistischer Mönche, Missionare, beginnt, die von Insel zu Insel ziehen, immer weiter hinauf nach Norden, um dann in großem Schwung Mittel-Europa zu erobern. Ein keltisches Europa entsteht. Gegenüber römischem Zentralismus und einer gewissen Uniformität zeichnet sich diese Welt durch eine Vielfalt höchst eigenwilliger Persönlichkeiten aus. Die Menschen von den Britischen Inseln sind sehr freiheitsdurstig, neugierig, geistig höchst regsam. Morgan, »der Mann vom Meer«, wird als Pelagius der große Gegenspieler des heiligen Augustinus. Die Häresie des Pelagianismus wird für über tausend Jahre in Rom als eine sehr große Gefahr erachtet. Pelagius sieht den Menschen als ein von Gott zur Freiheit und zur Vernunft bestimmtes Geschöpf, das sein Leben in eigener Verantwortung gestalten muß. Neugierig fragt im 8. Jahrhundert der erste Salzburger Erzbischof, Virgil, der von den Britischen Inseln stammt, ob es nicht Antipoden gebe: Menschen auf der anderen Hälfte der Erdkugel.

Das karolingische Bildungswerk, die durch Karl den Großen und seine Söhne und Enkel geschaffene karolingische Kultur, die breite und sichere Grundlage der europäischen Kultur bis zum 18. Jahrhundert, wäre undenkbar ohne die gebildeten Geistlichen von den Britischen Inseln. Diese Kleriker sind die ersten Intellektuellen, Beamten und Schulmeister des europäischen Kontinents.

Dieses werdende Europa erlebt einige große Invasionen. Die Hunnen-Schlacht auf dem Campus Mauriacus bei Troyes 451 und die Schlacht auf dem Lechfeld von 955 werden oft als Wendepunkte angesprochen. Diese beiden Schlachten haben eine große Ähnlichkeit, ja innere Verwandtschaft. Sie sind nicht einfach, wie man allzulange annehmen wollte, Abwehrschlachten des Westens gegen den Osten. Vielmehr zeigen sie die tiefe Verwobenheit von Ost und West. Die Fronten gehen quer durch die östlichen und westlichen Heere. Feldherren und Politiker der gleichen Provenienz finden sich in beiden Lagern.

Vielleicht hat nichts mehr als das benediktinische Mönchtum zur inneren Befriedung Europas, zur Bildung eines seelisch ausgeglichenen Menschentumes beigetragen. Das rechte Maß, ein weiser Ausgleich von körperlicher und geistiger Betätigung, Absage an jeden Fanatismus, aber auch jede übertriebene Askese, das sind Maximen in den benediktinischen Klöstern, die in schöner Selbstherrlichkeit, souverän unter ihren Äbten, Europa in den »benediktinischen Jahrhunderten« kultivieren. Die benediktinische Humanität hat Unersetzliches geleistet in einem immer unruhigen, immer aufgewühlten Europa.

Mit der Hedschra, dem Auszug, nicht der Flucht Mohammeds aus Mekka nach Medina, beginnt der Aufstieg des Islams. Eine neue Welt entsteht – eine in sich geschlossene Hemisphäre, die von Baghdad bis Cordoba, ja bis Toledo reicht. Allzulange glaubte man nur »Allahs Geißel über dem Abendland« zu spüren; heute sehen wir »Allahs Sonne über dem Abendland«. So drückt es S. Hunke aus. Arabische und im Gefolge der arabischen Fürsten, jüdische Ärzte, Handwerker, Philosophen, Naturwissenschaftler, Dichter haben, in Öffnung zur hellenistischen Antike im Nahen Osten, eine Kultur geschaffen, ohne die Europas Bildung im Hochmittelalter nicht zu denken ist. Der wissenschaftliche Disput, die Kunst des Dialoges, des Streitgespräches ist ein Kind der »Welt der drei Ringe«, in der arabischen Glanzzeit der Iberischen Halbinsel. Die Leuchten des christlichen Hochmittelalters, Albert der Große, Thomas von Aquin, Dante sind geistige Söhne dieser arabisch-hellenistischen intellektualen Kultur.

Die Jahre um 800 bringen eine gewisse »Achsenzeit«. Den japanischen Reformen entspricht die karolingische Renaissance. Kurzlebig ist die politische Einung Europas im Reich Karls des Großen. Langlebig bis zur Französischen Revolution und zu Napoleon, der sich selbst als neuer Charlesmagne sieht, sind die gesellschaftlichen, kirchlichen und kulturellen Grundlagen, die Karl mit Hilfe seiner Mitarbeiter aus Spanien, Ober-Italien und vor allem von den Britischen Inseln geschaffen hat.

Was Karl für den Kontinent bedeutet, ist Alfred der Große für England. Dieser Herrscher, der 886 London den Dänen abringt, gründet wahrhaftig die englische Nation. Alfred schafft die englische Flotte als ein Mittel der Politik. Man kann in gewissem Sinne die »Fleet in being« bis 1914 auf alfredinische Grundlagen zurückführen. König Alfred fördert die englische Literatur in der Kontinuität der lateinischen Antike. Der Scholar, das spezifisch englische Bildungswesen mit seiner offenen antik-humanistischen Tradition, zu der Männer wie Thomas Morus und Henry Newman zählen, wird zu der von Alfred dem Großen eingewurzelten Erudition. Alfred selbst übersetzt Boëthius in das Englische. Die großen Trost-Schriften der Philosophie, die dem Menschen eine »Via media«, zwischen Leben und frühem Tod, ein Maß der Mitte, der Selbstbehauptung, weisen wollen, setzen hier an.

Das angelsächsische England wird nach der Schlacht von Hastings, 1066, durch die Normannen dem Kontinent verbunden. Eine anglofranzösische Hemisphäre wird durch die reichen Besitzungen der Könige Englands auf dem Festland gebildet. Französisch ist die Sprache des Richard Löwenherz, Französisch ist die Hofsprache bis in das Hochmittelalter. Die Normannen verbinden England mit Frankreich. Im Ersten und Zweiten Weltkrieg kämpfen die Sprößlinge der Ritter von Hastings als Verbündete ihrer französischen Waffenbrüder. Ein Winston Churchill ist im letzten Sproß dieser mit Wilhelm dem Eroberer nach England gekommenen Familien.

In dem »dunklen 10. Jahrhundert«, dem Saeculum obscurum, in dem der Kontinent schwer unter Einfällen von Normannen, Arabern und Ungarn leidet und Rom in der Pronokratie adeliger Sippen, die mit Gift und Dolch um den Papstthron kämpfen, unterzugehen droht, da geschieht durch Otto I. im zerrissenen deutschen Raum eine Konsolidierung. Otto I. wird Kaiser, Kaiser des »Römischen Reiches«, das in staufischer Zeit als »Heiliges Römisches Reich«, erst seit dem 15. Jahrhundert durch Humanisten als »Heiliges Römisches Reich deutscher Nation« namhaft wird.

Die ottonischen Könige und Kaiser werden zu großen Förderern einer Reformation in Rom. Seit dem Ende des 11. Jahrhunderts wird das cluniazensische Reform-Mönchtum eine der wichtigsten Hilfen der Reichskirche. Mit dem unglücklichen Heinrich IV. beginnt ein zweihundertjähriger Kampf, in dem Kaiser und Päpste um die Macht in dieser Welt ringen. Dem Investiturstreit in Deutschland und Italien in der Epoche Heinrichs IV. und Heinrichs V. folgen Auseinandersetzungen zwischen den Königen von England und Frankreich mit dem Papsttum im 13. und 14. Jahrhundert. Aus den langwierigen Kämpfen zwischen Kaiser, König und Papst entsteht einerseits der weltliche Staat, der sich dann seine Kirche unterwirft, andererseits entsteht im Sieg über das staufische Kaisertum eine imperiale Papstkirche: Der Papst wird von seinen Kanonisten als »der wahre Kaiser«, Herr über alle Könige und Fürsten, Gebieter des Erdkreises, proklamiert. Erst im II. Vatikanischen Konzil werden – vorzüglich von Theologen aus den Kernländern des Heiligen Römischen Reiches – die Ideologie, die Politik und der Machtanspruch dieser Papstkirche als unbiblischer »Triumphalismus«, »Juridismus« und »Imperialismus« zur Debatte gestellt.

Das 12. Jahrhundert bringt Europa im Aufstieg der Städte, in der Ausbildung der Universität, in der Bildung des gotischen Stiles einen seit der Antike nicht mehr erlebten kulturellen Aufschwung. Frankreich, genauer die Kronlande der französischen Könige mit ihrem Kerngebiet um Paris, und der anderssprachige provençalische Süden – die Wiege der höfischen Welt, einer Kultur der Frau, der Minne, eines verfeinerten Lebensstiles – werden zu einem Bildungszentrum Europas, das Studenten und Professoren aus ganz Europa anzieht.

Dieses lateinisch geprägte Europa tritt gleichzeitig als »der Westen« explosiv zu großen Auseinandersetzungen mit dem »Osten« an: Wobei wir heute Byzanz, die politische Kultur des Oströmischen Reiches, seine Intelligentsia, Bürokratie und Bildung eng zusammen sehen müssen mit der islamischen Welt in Outremer, im Heiligen Land. Der Kaiser in Konstantinopel gratuliert Saladin zur Eroberung Jerusalems, der heiligen Stadt der Juden, Christen und Muslim. »Franken«, so heißen noch jahrhundertelang in Nah- und auch Fern-Ost die West-Europäer. Die Kreuzzüge müssen ebensosehr als Fortsetzungen der Fahrten der Wikinger, die wohl früh auch Amerika erreichen, wie als ein Vorspiel der kolonialen Expansionen eben dieses West-Europas gesehen werden.

Die Kreuzfahrten führen über das Zeitalter der Feuer des Glaubens hinaus: an die Stelle der älteren christlichen Religion und ihrer Missions-Züge treten die jüngeren politischen Religionen mit ihren militärischen und wirtschaftlichen Missions-Feldzügen...

Dieses Europa von 1200 weiß wenig von den Vorgängen in den anderen Kontinenten. Buddha ist im Abendland nur in der Legende von Barlaam und Josaphat präsent, verkleidet als ein christlicher Heiliger. Mohammed wird als eine Art Teufel, als Antichrist und diabolischer Betrüger ersehen. China, Indien, Japan sind fern. Nur in Visionen, Träumen, Legenden weht die Ahnung einer größeren Welt.

Dieses Europa von 1200 bildet jedoch in seinen süd-westlichen Städten bereits jene Dynamik aus, die schon bald, im 13. und 14. Jahrhundert, franziskanische Mönche nach Afrika und Asien, bis nach China und tief in die Mongolei hinein führen wird. Sie tragen die christliche Botschaft in alle Welt und predigen den wahren Glauben.

Das expansive, in der Fülle seiner Vitalität nach innen und außen explodierende Europa, das dann im Ersten Weltkrieg zerbricht, ist ein Kind der Väter und Mütter, die in seinem ersten Jahrtausend seine Nationen geschaffen haben.

FRIEDRICH HEER

Sieg Konstantins des Großen an der Milvischen Brücke

312

Das Römische Reich stand am Ende des 3. nachchristlichen Jahrhunderts vor dem Zusammenbruch. Kämpfe zwischen rivalisierenden Kaisern führten immer wieder zu Bürgerkriegen, während Barbarenhorden die Grenzen bedrohten. Zu Beginn des neuen Jahrhunderts proklamierte sich der Sohn des Augustus Constantius Chlorus, Konstantin, zum Kaiser und schickte sich an, seinen Anspruch mit militärischen Unternehmungen zu festigen, die ihn im Sommer 312 bis vor die Mauern Roms brachten.

Das 3. nachchristliche Jahrhundert war eine Zeit voller Widrigkeiten. Seit dem Kaiser Augustus hatte das Römische Reich den äußeren Frieden weitgehend aufrechterhalten und den Wohlstand gefördert, jetzt aber war es im Niedergang. Die stabile Zentralgewalt war zusammengebrochen. Statt dessen zogen plündernde Heere, deren Feldherren sich zu Kaisern ernannt hatten, kreuz und quer durch das Reich. Sie waren nur darauf bedacht, die Macht zu ergreifen und sie gegen Rivalen zu behaupten. Manchmal führten die Legionen fast einen Ausverkauf der Reichsgewalt herbei. Gleichzeitig konnte es drei oder vier Kaiser geben. Keiner von ihnen hielt sich lange.

In dieser Zeit ging es der Masse der Bevölkerung immer schlechter. Die Unsicherheit wuchs und führte zu wirtschaftlichem Zerfall. Städte wurden geplündert, offene Dörfer ausgeraubt und Besitztümer enteignet, damit die unersättliche Soldateska bezahlt werden konnte. Geldentwertung und Sperrung der Handelswege führten zur Inflation. Die geistreiche und hoch entwickelte Kultur der Städte verschwand unter einer Flut von Spießertum und bäurischer Brutalität; die Menschen endeten in einem trostlosen Existenzkampf.

Konfrontiert mit der Unsicherheit des Lebens, wandten sich die Menschen dem Magischen und dem Aberglauben zu. Sie versuchten, den rätselhaften Willen jener Macht zu verstehen, die das Universum regierte. Oder sie wandten sich solchen Religionen zu, welche den Menschen, die das Rechte taten oder den rechten Glauben hatten, Erlösung in einer künftigen Welt versprachen. In den Herzen der Menschen verdrängte der eine allmächtige Gott die Göttergemeinschaft des Olymp. Einige nannten diese Gottheit Apollo, andere Mithras, manche »die unbesiegliche Sonne«.

Gegen Ende des Jahrhunderts versuchte der erfolgreiche Soldatenkaiser Diokletian die römische Gesellschaftsordnung neu zu festigen. Um das Problem der politischen Macht in diesem riesigen Reich zu lösen, gliederte er es in vier Verwaltungseinheiten: Zwei Augusti ernannten je einen Caesar, die nach Abdankung der Augusti in deren Stellung aufrücken sollten. Die Einheit des Reiches wurde durch die Herrschaft der Tetrarchen nicht angetastet. Um die Wirtschaft zu stabilisieren, erließ der Kaiser ein Höchstpreisgesetz. Das System führte nicht zum gewünschten Erfolg. Auch seine Vorkehrungen für die Nachfolge in der Tetrarchie wurden nicht verwirklicht. Schon nach dem Rücktritt der Augusti, Diokletian und Maximian, kam es zu rivalisierenden Kämpfen. Bald gab es sechs oder sieben selbsternannte Kaiser, die in verschiedenen Provinzen herrschten. Alle schienen darauf hinzuarbeiten, daß das Chaos des vergangenen Jahrhunderts wiederkehrte.

Einer der Anwärter auf die Macht, der Augustus Constantius Chlorus, herrschte in Britannien und Gallien. Er starb im Juli 306 im Legionslager von York. Sein ältester Sohn Konstantin besaß die Unterstützung der Armee und traf ein Abkommen mit dem neuen Augustus, Severus, der in Italien und Afrika herrschte. Sein Plan, im Westen zu regieren, war nur kurzlebig: Nach wenigen Monaten schon war Severus durch Maxentius, den Sohn von Diokletians Mitkaiser Maximian, vom Thron gestürzt. Konstantin spürte, daß auch seine Stellung bedroht war und proklamierte sich im Jahr 307 zum einzigen rechtmäßigen Kaiser des Westens.

Zunächst mußte Konstantin germanische Einfälle an der Rhein-Grenze abwehren. Nach ungefähr zwei Jahren kriegerischer Unternehmungen konnte er sich seines Hinterlandes sicher sein. Im Jahr 310 rückte er nach Spanien vor, besiegte dort die Legionen des Maxentius und erlangte die Kontrolle über die dortigen Provinzen. Doch das war ihm nicht genug. Der Schlüssel zu dauernder und stabiler Macht lag in Italien, zumal in Rom. Konstantins Heer war eine disziplinierte Streitmacht

Allegorie einer römischen Provinz. Marmor-Relief von der Säulenhalle des Tempels des vergöttlichten Kaisers Hadrian im Marsfeld zu Rom, geweiht 145

Konstantin der Große. Marmor-Kopf einer kolossalen Sitzstatue aus der Basilika des Konstantin zu Rom, um 313

Eunuchen-Priester der Magna Mater Cybele mit den Zeichen seiner Würde. Marmor-Relief aus Rom, 1. Hälfte des 2. Jahrhunderts

Die Tetrarchen. Porphyr-Gruppe an der Kirche S. Marco in Venedig, ursprünglich aus dem Orient, Anfang des 4. Jahrhunderts

mit guter Kampfmoral und an Siege gewöhnt. 312 entschloß sich der Feldherr, nach Italien zu ziehen.

Im Spätsommer 312 marschierte Konstantin mit seinem Heer über die Alpen. Es war keine große Streitmacht, denn er konnte es nicht wagen, die Rhein-Front von allen Truppen zu entblößen. Obwohl Maxentius' Streitkräfte zahlenmäßig um ein Mehrfaches überlegen waren, erwies sich dieser nicht als Soldat; vielmehr wartete er unentschlossen in Rom und überhäufte die heidnischen Götter mit Opfern und Feiern von Mysterien-Kulten. Konstantin war wie immer ein entschlossener, rasch zugreifender Mann mit ausgeprägtem Machtinstinkt. Am Ausgang der Alpen-Pässe wurde Susa im Sturm genommen. In Turin konnte er nach einer Reiterschlacht einziehen. Ohne Rast einzulegen, drang er rasch bis Mailand vor. Nur wenige Ruhetage gönnte er dort seinen ermüdeten, aber gutgelaunten Truppen. Dann rückte er auf die stark befestigte Stadt Verona vor, die das Etsch-Tal beherrschte. Vor den Wällen der Stadt wartete Maxentius' nord-italienische Streitmacht. Die Schlacht wurde lange und hart ausgefochten, aber Disziplin und echte Führerschaft obsiegten. Am Abend war das Feld des Kampfes mit Leichen übersät, und Konstantin war Herr von Verona. Dem Eroberer war nun der Weg frei für seinen Marsch auf Rom.

Während seines Zuges nach Süden hatte Konstantin eine bedeutsame Vision. Es war dies nicht seine erste Vision. Schon einige Jahre zuvor war ihm in Gallien der Sonnengott Apollo erschienen. Mehr noch als die meisten seiner Zeitgenossen war er gegenüber dem Wunderbaren aufgeschlossen. Nach Jahren berichtete er Eusebius, dem Bischof von Caesarea, was er auf der Straße nach Rom an jenem Herbsttag des Jahres 312 gesehen hatte. Eusebius zeichnete die Geschichte so auf: »Er rief zu Gott mit ernsten Gebeten, er möge ihm offenbaren, wer er sei; er möge ihm seine helfende Rechte zu dem gefährlichen Unternehmen leihen. Während er noch betete, erschien ihm ein überaus wunderbares Zeichen vom Himmel. Er versicherte, er habe gegen Mittag mit eigenen Augen am Himmel ein Kreuz aus Licht gesehen, das über der Sonne schwebte, und es habe die Inschrift getragen: ›In diesem Zeichen wirst Du siegen‹. Über diese göttliche Erscheinung habe ihn und das ganze Heer, das ebenfalls Zeuge des Wunders war, Staunen ergriffen.«

Der Charakter von Konstantins Vision ist jahrhundertelang diskutiert worden. Die plausibelste Erklärung ist die, daß er ein Sonnenhalo sah, das manchmal Kreuzesform hat. Die Inschrift war vielleicht das Produkt seiner eigenen überhitzten Phantasie. Konstantin jedenfalls glaubte, daß der Christengott sich ihm als ein treuer Gott geoffenbart und ihm den Sieg versprochen habe.

Als er während der folgenden Nacht in seinem Zelt schlief, hatte er den Traum, ihm sei Christus mit demselben Zeichen erschienen und habe ihm aufgetragen, dieses Emblem nachzubilden und in der Schlacht als Standarte zu verwenden. Gleich im Morgengrauen befahl er, das Labarum herzustellen, eine christliche Version der traditionellen römischen Standarte, die nun am oberen Ende mit dem Monogramm Christi in einem Kranz versehen war. Kaiser und Heer standen vor aller Öffentlichkeit unter dem Schutz des Christen-

gottes. Seiner Bestimmung sicher, zog Konstantin rasch gegen Rom.

Erst jetzt, als sich sein Feind näherte, traf Maxentius einige Vorkehrungen. Seine Streitkräfte übertrafen die des Konstantin weit an Zahl, aber Armee und Bevölkerung waren durch eine Hungersnot und die launenhafte Barbarei der Herrschaft dieses Kaisers demoralisiert. Und letztlich war Maxentius ein schwacher Stratege. Ermuntert durch ein doppeldeutiges Orakel, das ihm prophezeit hatte, der Feind der Römer werde untergehen, hatte er sein Heer an der Milvischen Brücke aufgestellt, wo die Via Flaminia den Tiber überquert, ungefähr drei Kilometer nördlich der römischen Stadtmauer. Das Heer stand mit dem Rücken zum Fluß in ziemlich unvorteilhafter Stellung. Um leichter Nachschub und Verstärkungen über den Fluß holen zu können, hatte er neben der Steinbrücke eine zweite Brücke aus Booten und Pontons bauen lassen.

Am 26. Oktober 312 erreichte Konstantin die Stellungen seines Gegners. Sofort begann er den Angriff. Die schlecht vorbereiteten und mutlosen Truppen des Maxentius brachen bald auseinander. Als Konstantin seine Reserven in die Bresche warf, fürchteten die Leute des Maxentius' in der ganzen Breite der Schlachtreihe, sie könnten abgeschnitten werden; deshalb machten sie kehrt und flohen. Die Auflösung war allgemein. Kaiser und Heer suchten zum Fluß zu entkommen, voller Hoffnung, das andere Ufer und die Sicherheit der Stadtmauern erreichen zu können. Doch als Maxentius auf der Pontonbrücke war, brach sie zusammen. Es ging damals das Gerücht, sie sei so gebaut worden, daß sie als Falle für Konstantin einstürzen sollte, jedoch dürfte dies eine nachträgliche Erklärung für das Geschehene sein. Die flüchtenden Soldaten überfiel eine Panik; bei dem Gedränge wurde Maxentius in den Fluß gestoßen. Am nächsten Tag fand man seinen Leichnam. Der Kopf wurde abgeschnitten und auf einer Speerspitze nach Rom getragen.

Nun gab es keinen weiteren Widerstand gegen Konstantin. Er schritt über die Milvische Brücke und betrat die Stadt am nächsten Tag durch die Porta Flaminia. Senat und Volk von Rom waren zum jubelnden Empfang versammelt. Konstantin hatte die ganze westliche Hälfte des Römischen Reiches unter seiner Herrschaft geeint.

Genauso bedeutend war Konstantins Überzeugung, daß der Gott der Christen seine Macht bewiesen habe, indem er ihm den versprochenen Sieg verlieh. Daher spürte er die Verpflichtung, die christliche Kirche zu unterstützen. Diese Kirche, eine bislang unterdrückte, arme und gelegentlich sogar verfolgte Minderheit von niedrigem sozialem Stand, fand sich plötzlich zu den Höhen der Macht und der Protektion erhoben.

Nach kurzem Aufenthalt in Rom kehrte Konstantin nach Mailand zurück. Dort hatte er ein Treffen mit dem Caesar Licinius, der die Balkan-Provinzen innehatte. Es lag in beider Interesse, gemeinsam gegen Maximinius Daia, den Augustus über Kleinasien und den Osten, vorzugehen. Ihr Bündnis wurde durch eine Heirat des Licinius mit Constantia, einer Schwester Konstantins, besiegelt. Zur selben Zeit verkündeten beide das berühmte Mailänder Toleranz-Edikt von 313: »Wir haben Uns entschlossen, den Christen und allen anderen die Freiheit zu geben, der Religion zu folgen, die sie wünschen, damit auf dem himmlischen

Heilige. Wandmalerei, gekontert, im Saal der fünf Heiligen in den Calixtus-Katakomben an der Via Appia bei Rom, Ende des 3. Jahrhunderts

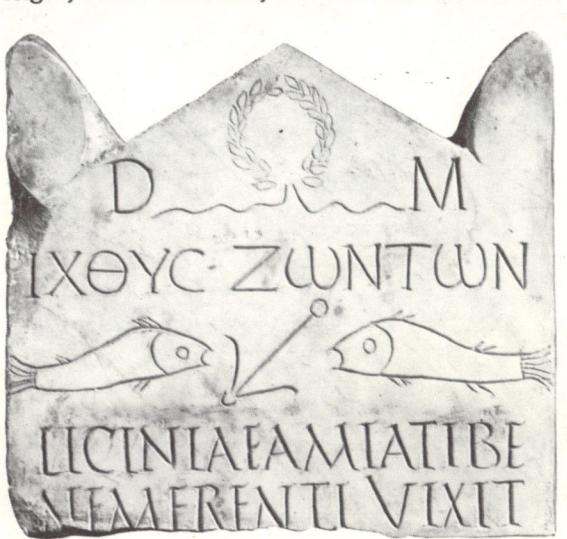

»Fisch der Lebendigen« mit Fisch und Ankerkreuz. Marmor, frühchristliche Grabinschrift aus Rom, 1. bis 3. Jahrhundert

Die Milvische Brücke vor den Toren Roms für die Via Flaminia über den Tiber. 109 v. Chr.

Schlacht an der Milvischen Brücke. Marmor-Relief am Konstantin-Bogen zu Rom, zwischen 312 und 315

Throne das göttliche Wesen – welches es auch sein mag – Uns und allen Menschen, die Unserer Macht untergeben sind, gnädig und gewogen sein möge.« Weitere Bestimmungen verkünden die Einzelheiten eines Programms der Toleranz und verordnen die Rückgabe von enteigneten christlichen Kirchengebäuden.

Das Mailänder Edikt stellte den Triumph der Christenheit über die Verfolgungen dar und hob sie auf eine Stufe mit den anderen anerkannten Religionen. Das Christentum wurde nicht zur offiziellen Religion Roms, doch in den nächsten Jahren folgten eine Reihe von Erlassen, welche die Christen begünstigten. Die Mitglieder des Klerus wurden von den hohen staatlichen Steuern befreit. Die wohlhabenden und sozial höher gestellten Schichten begannen von nun an, christliche Priester und Bischöfe zu stellen. Aus staatlichen Pfründen erhielt die Kirche regelmäßige Zahlungen. Der Sonntag wurde für das Heer als Feiertag eingeführt: für die einen als Fest Christi, für die anderen als Tag des Sonnengottes. Die Kirchen wurden als juristische Personen anerkannt, sie durften Stiftungen erhalten und Eigentum verwalten. Den Entscheidungen der Bischöfe wurde im bürgerlichen Recht dieselbe Rechtskraft zugesprochen wie den staatlichen Gerichten. Die Freiheit zu heidnischen Opfern war von der Gesetzgebung eingeschränkt. Einige heidnische Tempel wurden geschlossen und ihr Besitz eingezogen.

Konstantin und Mitglieder seiner Familie opferten freigebig für die Errichtung von Kirchen im ganzen Reich. Als die Kirche selbst sich in Parteiungen spaltete, so wie in Afrika wegen des Verhaltens von einzelnen während der Verfolgungen oder wegen dogmatischer Streitigkeiten, da schritt Konstantin als Schiedsrichter ein. Er veranstaltete Synoden und Konzile und wandte scharfen Druck an, damit die Leute der Kirche Entscheidungen trafen; als letztes Hilfsmittel verwandte er den Arm weltlicher Macht, um die Beschlüsse der Kirche durchzusetzen.

Konstantin, der die absolute Herrschaft in einer gewalttätigen Zeit ausübte, dürfte viele Sünden im christlichen Sinn begangen haben. Seine Hände waren voll von Blut; nicht zuletzt war es das Blut seines Sohnes Crispus, den die Kaiserin Fausta wegen eines Angriffes auf ihre Tugend angeklagt hatte. Fausta selbst wurde wegen falscher Anklage das nächste Opfer. Mögen die wahren Tatsachen des Falles unbekannt sein, so geschah doch die Hinrichtung beide Male auf Konstantins Befehl. Seine Annäherung an das Christentum war schrittweise und von fast krankhaften Aversionen begleitet. Im Jahr 312 wußte er sicher wenig über die Theologie und noch weniger über Geschichte und Organisation der Kirche. Einige Jahre später konnte er eine Osterpredigt halten, in der er viele der dornenvollsten Probleme der christlichen Dogmatik berührte. Er liebte es, von sich als dem Bischof der Menschen außerhalb der Kirche zu sprechen: Indem er den römischen Staat unter Beachtung christlicher Grundsätze führte, sicherte er für die Römer insgesamt den göttlichen Schutz und Schirm, auch für diejenigen, die das Christentum nicht annahmen.

Konstantins Bekehrung hat jahrhundertelang die Historiker und Psychologen fasziniert. Noch immer ist

sein Verhalten nicht ganz geklärt, weil die Schwierigkeiten doppelter Art sind: Zunächst ist uns die Gedankenwelt des frühen 4. Jahrhunderts fremd. Viele Grundtatsachen sind uns unbekannt und verschlossen. Ferner besteht das Problem, wie man in das Herz dieses für uns und seine Zeitgenossen ungewöhnlichen Mannes schauen soll. Obwohl er selber fast ungebildet war, genoß er die Gesellschaft von Wissenschaftlern; er gab sich freundlich und human und schreckte dennoch nie vor einem Kampf oder auch vor einem Mord zurück; abergläubisch und jenseitsgerichtet, blieb er immer ein realistischer Politiker und ein kühner und entschlossener Reformer – Konstantin der Große war ein Mann mit vielseitigen Fähigkeiten.

Heute wissen wir mehr über das 4. Jahrhundert als die Wissenschaftler noch vor einer Generation. Vielleicht haben wir ihnen gegenüber auch ein besseres Verständnis von Psychologie im allgemeinen und von religiöser Psychologie im besonderen. Eine lange herrschende Ansicht kann jetzt berichtigt werden. Nach dieser Theorie war Konstantins Bekehrung nur ein politischer Schachzug, sorgfältig und kühl geplant, der ihm die Hilfe einer zahlenmäßig starken und bedeutenden sozialen Gruppe sichern sollte. Doch die Christen waren weder zahlreich noch bedeutend, und das galt besonders für die westliche Hälfte des Reiches.

Es ist richtig, daß die christlichen Gemeinden in einigen östlichen Provinzen größer waren. Aber im Jahr 312 gehörten die östlichen Teile des Reiches nicht zu Konstantins Herrschaft. Auch dort waren die Christen weit davon entfernt, eine Mehrheit zu bilden. Es ist unwahrscheinlich, daß die Christen im besten Falle mehr als zehn Prozent der Bevölkerung ausmachten. Was nun ihre Bedeutung anlangte, so gab es natürlich

Opfer des Kaisers vor der Göttin Diana. Rundes Marmor-Relief am Konstantin-Bogen zu Rom, ursprünglich an einem Denkmal des Kaisers Hadrian, 1. Hälfte des 2. Jahrhunderts

auch in den oberen Schichten Anhänger des Christentums, doch die Masse der Christen in den Gemeinden dürfte zu der sogenannten Mittelklasse in den Städten gehört haben: Händler, Handwerker, kleine Landbesitzer und »kleine Rentner«, deren Einfluß auf den Lauf der Politik unbedeutend war. Nirgends war die Landbevölkerung christlich. Und das Heer, dessen Unterstützung eine der wichtigsten Aufgaben für Konstantin bildete, bis er seine Rivalen ausgeschaltet hatte, war und blieb lange Zeit heidnisch. Wenn Konstantins Bekehrung eine Sache der Berechnung war, so war sie schlecht berechnet und ohne Anteil an seinem Erfolg.

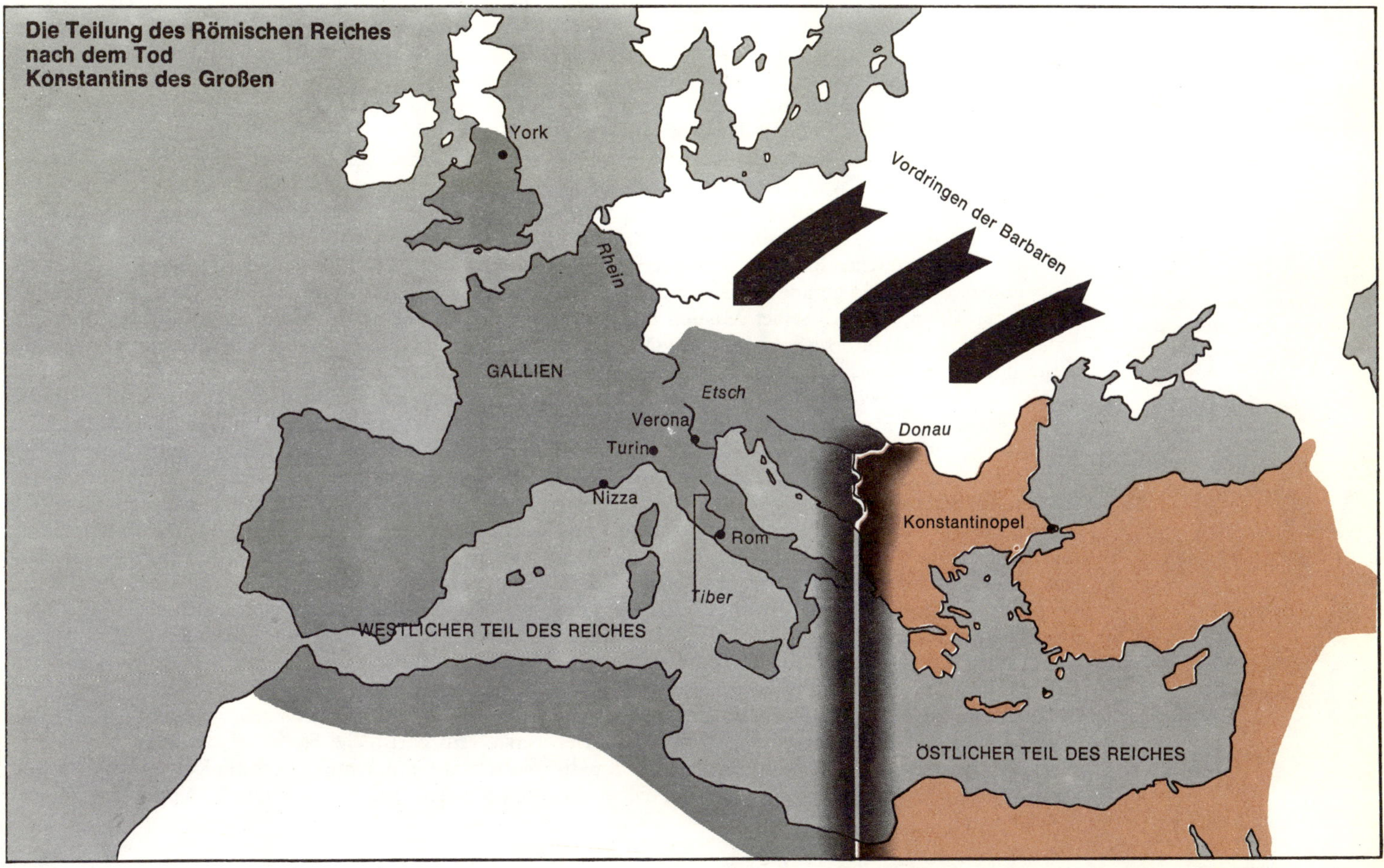

Triumphbogen Konstantins des Großen in Rom. Zwischen 312 und 315

Inneres des Mausoleums der Constantina. S. Costanza zu Rom, 2. Viertel des 4. Jahrhunderts

Konstantin der Große. Vorderseite eines goldenen Solidus der Münzstätte Ticinum (Pavia), um 316

Konstantin der Große war nach den Kategorien des 4. Jahrhunderts offensichtlich ein religiöser Mann, denn er war besorgt, das Allerhöchste, das über die Welt herrscht, zu erkennen und sich selbst in das richtige Verhältnis zu ihm zu bringen. Er war ebenfalls ein ehrgeiziger Mann, einer, der entschlossen war, die kaiserliche Macht in seiner Person zu konzentrieren und dann seinen Söhnen zu hinterlassen. Er bemühte sich auch, mit seiner Person unnachsichtig diszipliniert zu sein. Er war kein Maxentius, der unfähig war, außerhalb der Kategorien von Erpressung und Ausschweifung zu denken. Er war in der Tat in seiner eigenen Lebensführung eher streng und nüchtern. Für ihn bedeutete Macht die Fähigkeit, das Chaos in Ordnung zu verwandeln, die Wirren im Römischen Reich zu beenden. Er wollte Gott finden, doch nicht gerade im Geiste der Demut; er war ein Mann, der sich seiner Mission und seiner Fähigkeit, das Ziel zu erreichen, voll bewußt war — wenn ihm nur die Macht, die das All regiert, zu Hilfe käme.

Der Krieg mit Maxentius war ein verzweifeltes Hasardspiel gewesen. Als Konstantin durch Etrurien marschierte, der entscheidenden Schlacht an der Milvischen Brücke entgegen, muß er ängstlich auf eine Offenbarung gehofft und um sie gebetet haben. Unter diesen Umständen ist es nicht überraschend, daß ihm eine Vision gewährt wurde. Er hatte Christen in seiner Umgebung, unter ihnen seine Mutter Helena, die später als Heilige verehrt wurde. Von seinem Vater wegen einer dynastischen Heirat verstoßen, war sie eine fromme Christin, die in ihrem hohen Alter noch eine Wallfahrt in das Heilige Land unternahm, wo sie der Überlieferung nach das wahre Kreuz Christi fand. Der Gott der Christen war für Konstantin einer der Kandidaten für die höchste Macht im Kosmos. In einem Zustand emotionaler Verzückung konnte er ein natürliches Phänomen für ein göttliches Zeichen halten. Daß seine Vision durch einen Traum in der folgenden Nacht bestätigt wurde, braucht niemanden zu wundern. Was Konstantin in seiner Annahme bestärkte, daß der Christengott der wahre Gott, ja daß er, Konstantin, sein auserwähltes Werkzeug sei, das war der Sieg an der Milvischen Brücke, ein Sieg, der das Antlitz der Welt veränderte.

Konstantin der Große lebte und regierte nach 312 noch 35 Jahre. Im Jahr 324 fiel er in das Gebiet des Augustus Licinius ein, voll Vertrauen darauf, daß er Schutz und Hilfe des Allmächtigen genösse. Eine Seeschlacht im Bosporus und eine Landschlacht bei Chrysopelis auf der kleinasiatischen Seite besiegelten das Schicksal des Licinius. Wieder hatte der Gott der Christen seinem Diener den Sieg verliehen, und Konstantin hielt nun das ganze wiedervereinigte Weltreich in seiner Hand.

Zu dieser Zeit gründete Konstantin die alte griechische Stadt Byzanz neu, er nannte sie »Stadt des Konstantin«, Konstantinopel, und machte sie zur zweiten Hauptstadt des Reiches, zu einem neuen Rom. Konstantinopel lag an einer der bedeutendsten Heerstraßen des Reiches, die von den Grenzen am Rhein und an der Donau bis nach Persien führte. Auch das wirtschaftliche und bevölkerungsmäßige Schwergewicht des Reiches lag in den östlichen Provinzen. Doch nicht diese Überlegungen führten Konstantin dazu, eine neue Hauptstadt zu gründen und sie mit Beutestücken aus dem Reich auszustatten. Er selbst sagte, er habe der Stadt auf Befehl Gottes den Namen gegeben. Sie sollte die erste rein christliche Stadt auf der Erde werden, geschmückt mit prächtigen, auf des Kaisers Befehl gebauten Kirchen, jedoch ohne einen heidnischen Tempel.

Konstantin hatte die Stadt gewiß als ein Symbol und ein Denkmal seines in der Nähe errungenen Endsieges auserkoren. In der Zwischenzeit hatte der Kaiser angesichts der wegen dogmatischer Fragen erfolgten Spaltung der Kirche im Osten wieder in den theologischen Disput der Christen eingegriffen. Das Konzil von Nicäa im Jahr 325, auf dem er selbst den Vorsitz führte, definierte die Glaubensartikel der Kirche. Der Kaiser verordnete, man habe diesen zu folgen, und stellte das volle Gewicht des Staates hinter die kirchliche Autorität bei ihren Aktionen gegen Andersdenkende. Konstantin schien es seine klare Pflicht zu sein, die Gottesverehrung in einer Weise feiern zu lassen, die dem Allmächtigen gefalle. Obwohl die Mehrheit der Römer noch Heiden waren, obwohl Konstantin selbst noch das alte heidnische Amt des Pontifex maximus beibehielt und obwohl weiterhin heidnische Symbole auf seinen Münzen erschienen, war dies ein neuer Schritt auf dem Wege zu einer Fusion von Staat und christlicher Kirche.

Die Verwaltung des Reiches wurde grundlegend reorganisiert, zivile und militärische Gewalt streng voneinander getrennt. Eine bewegliche strategische Reserve wurde gebildet; und eine neue, dem Kaiser selbst verantwortliche Beamten-Hierarchie geschaffen.

Als Konstantin der Große Pfingsten 337 auf dem Totenbett lag, zuletzt noch getauft und dadurch volles Mitglied der christlichen Kirche, konnte er in der Gewißheit die Augen schließen, er habe die verfassungsmäßigen, militärischen und wirtschaftlichen Probleme des Reiches gelöst. Auch konnte er rückschauend sagen, er habe dem Reiche eine neue Hauptstadt und eine neue Religion gegeben.

Des Kaisers Neuerung, die Institutionalisierung der christlichen Kirche, ist noch immer lebendig, und ohne sie wäre europäische Kultur undenkbar. Es war Konstantin, der die Christenheit auf den Pfad der Macht gewiesen hat. In dem halben Jahrhundert zwischen der Schlacht an der Milvischen Brücke und dem Tod Constantius wandelte sich die christliche Kirche entscheidend. Aus einer verfolgten, nach innen gekehrten Minorität wurde eine selbstbewußte und starke Majorität. Nicht nur war im Jahr 361 die Zahl der Christen weit größer als 312, die Kirche konnte jetzt auch viele Anhänger in den einflußreichen oberen Schichten zu den ihren zählen. Sie hatten das geistige Erbe Griechenlands und Roms übernommen und umgeformt. Ihre Kirchen wurden die prächtigsten Bauwerke in den Städten, und ihre Bischöfe waren führende Bürger. Die Kirche hatte Ansehen gewonnen, Reichtum und Macht sowie ein Netz von Kommunikation, das sich in jedes Dorf des Reiches erstreckte. Kaiser Julian Apostatas Versuch in den Jahren 361–363, die alte Götterwelt erneut zu beleben, mußte scheitern.

Das Christentum hatte einen missionarischen Impetus – doch den hatten andere Religionen auch. Ohne die Unterstützung eines erfolgreichen Herrschers hätte es nicht die führende Geistesrichtung des Reiches werden können, was ein Blick auf Roms Nachbarn, Persien, beweist. Dort waren die Christen eine aktive, gelegentlich verfolgte Minderheit. Und das blieb so, bis sie von den Arabern überrannt wurden. Kein Kaiser schenkte ihnen je besondere Beachtung. Alleingelassen, fehlte ihnen deren leidenschaftliche und mächtige Unterstützung.
ROBERT BROWNING

Kaiser Justinian I. als Herrscher des Erdkreises. Elfenbein-Diptychon, wohl aus Italien, 1. Hälfte des 6. Jahrhunderts

Kirche der heiligen Irene in Konstantinopel. 532, erneuert nach 740

Der Ferne Osten. Das Christentum im Römischen Reich

Das 4. Jahrhundert, das mit dem Triumph des Christentums im Römischen Reich begann, schloß mit den Anfängen des Saeculum obscurum, dem dunklen Zeitalter, das einen durch die Völkerwanderung und den inneren Zerfall des Römischen Reiches hervorgerufenen Niedergang der Kultur besonders im Westen nach sich zog. Die Führer der germanischen Stämme, die sich außerhalb der Reichsgrenzen sammelten, hatten viele Gefährten auf hohen Posten in der kaiserlichen Verwaltung. Die alte Ordnung der römischen Reichsverfassung, welche gegen Ende des 3. Jahrhunderts schon gefährlich geschwächt und nur teilweise durch die Reformen Diokletians wiederhergestellt war, brach während der Jahre nach Konstantins des Großen Tod Stück für Stück auseinander. So wurde die Kluft deutlich zwischen dem Osten, wo die Reichsordnung erhalten blieb, und dem Westen, wo die Verhältnisse anarchistische Formen annahmen. Der Zerfall des Westens in eine Anzahl kleinerer Einheiten kündigte sich schon an.

Die Welt des Orients

Im Fernen Osten war im frühen 3. Jahrhundert das ehemals große chinesische Reich der Han-Dynastie zusammengebrochen. China sollte nun lange Zeit in einem Zustand politischer Wirren verharren. Dann folgte im Jahr 265 die Errichtung der Chin-Dynastie. Ungefähr zu dieser Zeit begann auch in Nord-China eine neue Kraft spürbar zu werden. Während des 4. und 5. Jahrhunderts dehnten die Chin ihre Macht nach Süd-Osten aus. Damit wurde eine neue Epoche in der Sozial- und Kulturgeschichte Chinas eingeleitet.

Zunächst wurde die Macht der Chin im Norden durch die Grenzeinfälle hunnischer Stämme aus Zentral-Asien sehr beeinträchtigt. Eine Anzahl kriegerischer barbarischer Herrscherhäuser setzte sich im Norden fest. Sie wurden jedoch um 430 hier im Norden von der Wei-Dynastie verdrängt.

Trotz der Wirren, den Anfängen der Chin vorausgingen, wurde die Zeit der »Drei Reiche« im 3. Jahrhundert von den folgenden Generationen als ein Zeitalter des Rittertums betrachtet, dessen Andenken in dem großen Roman »Geschichte der Drei Reiche« aus dem 14. Jahrhundert gefeiert wird. Darüber hinaus ließ das 4. Jahrhundert trotz der Fortdauer von Bürgerkriegen und fremden Einfällen einen Aufschwung des kulturellen Lebens und bemerkenswerten technischen Fortschritt erkennen. Die heimische chinesische, religiöse Philosophie des Taoismus erfreute sich erneuter Beliebtheit, und der Kult des indischen Buddhismus machte beträchtliche Fortschritte. Die Menschen suchten im von Kriegen erschütterten China wohl aus resignierender Haltung heraus bei der taoistischen Ethik Zuflucht, einer Ethik, die das persönliche Streben und Wetteifern verwarf und statt dessen glaubte, es sei die Aufgabe des Herrschers, für ein Minimum an guter Verwaltung zu sorgen. Die Dogmen des Konfuzianismus, die auf einem durchorganisierten und wohlgeordneten Staat basierten, wurden zurückgedrängt.

Für mehrere Jahrhunderte reichten die Handelsbeziehungen zwischen China und Europa nicht aus, um auch nur geringe kulturelle Kontakte zu halten. Aber beide, Europa und China, obwohl so weit voneinander entfernt, hatten unter derselben Geißel hunnischer Beutezüge zu leiden. Da ihr Versuch, ganz China zu überrennen, mißglückte, zogen sich diese kriegerischen Nomaden in die Steppen Asiens zurück, von wo aus sie im 5. Jahrhundert in Europa einfielen.

Die Horden barbarischer Nomadenstämme, die unter dem Begriff »Hunnen« bekannt sind, waren im 4. und 5. Jahrhundert in vielen Gegenden ein Schrecken für die kultivierten Völker. Annähernd gleichzeitig mit ihren Angriffen auf China erfolgten die Einfälle nach Nord-Indien, die sich während des 5. Jahrhunderts noch verstärkten. Doch zunächst konnten diese Krisen an Indiens Nord-Grenze noch nicht die Zeit des Friedens, der Wohlfahrt und der Einheit stören, die als das Goldene Zeitalter der alten indischen Kultur angesehen wird. Es war die Zeit der Gupta-Dynastie, die seit etwa 310/320 im Norden zu herrschen begann – wenige Jahre also, bevor Kaiser Konstantin der Große seine Alleinherrschaft über das ganze Römische Reich proklamierte.

In den ersten fünfzig Jahren ihrer Herrschaft einten die Gupta das ganze nördliche und nord-westliche Indien und konnten bald die Huldigung der Reiche des Südens entgegennehmen. Einen Höhepunkt dieser Periode der Einheit und kulturellen Entfaltung bildete die Regierungszeit Chandraguptas II. (380 bis 415). Der Wohlstand seines Reiches wurde in dem Tagebuch des chinesischen Buddhistenmönches Fa-hsien beschrieben, der sich von 405 bis 411 in Indien aufhielt,

Taoistische Stele

um buddhistische und andere religiöse Texte zu erforschen und zu sammeln. Chandragupta II. und seine Nachfolger verkündeten ein Gesetzbuch für ganz Indien und schickten sogar Gesandte bis nach Rom. Auch für die Künste war diese Periode ein Goldenes Zeitalter. Zeugen dafür sind die ältesten Wandmalereien in den Ajanta-Höhlen sowie das Leben des Sanskrit-Dramatikers Kalidasa.

Wie China unter den religiösen

Bodhisattva

König Shapur II. von Persien

Einfluß des indischen Buddhismus geriet, so erfuhr auch seine Kultur während des 4. Jahrhunderts durch die Berührung mit persischen wie mit indischen Händlern eine Bereicherung. Gleich Indien erfreute sich Persien im 4. Jahrhundert einer Periode großer Macht und reichen Wohlstandes unter der Herrschaft der Sassaniden. Seit der Begründung ihrer Macht und der Eroberung von Ktesiphon im Jahr 226 hatten die Sassaniden sich erfolgreich in ganz Persien durchgesetzt und sogar römische Heere besiegt. Während der Herrschaft Schapurs II. (309–379) bildete Persien erneut eine ernstere Bedrohung der östlichen Grenzen Roms, das einen erneuten schweren Rückschlag erlitt, als Kaiser Julian Apostata im Jahr 363 besiegt wurde und auf dem Schlachtfeld fiel. Der Konflikt zwischen den beiden Reichen, der sich auf den Streit um Armenien konzentrierte, wurde in den letzten Jahrzehnten des 4. Jahrhunderts zeitweilig durch die Teilung dieses Landes gelöst. Die Armenier hatten das Christentum angenommen und waren dementsprechend der Verfolgung durch ihre persischen Herrscher ausgesetzt; dieses bildete in der Zukunft einen Vorwand für das Eingreifen Ostroms.

Das christliche römische Reich

Als Konstantin der Große seinem Sieg an der Milvischen Brücke das Edikt von Mailand folgen ließ, eröffnete er eine neue Ära der europäischen Geschichte. Das Christentum wurde zwar nicht offizielle Reichsreligion, dennoch wußte die kräftige und wohlorganisierte christliche Kirche ihren neuen Status im nun folgenden Jahrhundert voll auszunutzen. Um seine eigenen Ziele durchzusetzen, bediente sich Konstantin der wachsenden Macht und des Einflusses seines neuen Verbündeten. Er sah genau, daß sein eigenes Amt ihm auch Autori-

Vergöttlichung eines Kaisers

des Kaisers Theodosius, der gezwungen war, in der Kathedrale von Mailand vom Bischof Ambrosius öffentlich seine Absolution zu erbitten.

Um drei Streitpunkte ging es: Wer sollte die letzte Entscheidung in Fragen des Glaubens haben, die Kirche oder der Kaiser? War es die Kirche, mußte dann der Anspruch der Bischöfe von Rom auf die oberste Autorität in der Kirche anerkannt werden? Schließlich war es noch nicht geklärt, wie der Glaube definiert werden sollte. Die Kirche war in einen Machtkampf mit dem Kaiser verwickelt, während ihre innere Lage selbst unsicher war.

Als die Kirche mit dem Mailänder Edikt aus dem Schatten der Ungnade und der Bedrängnis heraustrat, wurden erschreckend viele widersprüchliche Ansichten über

Aus dem Leben Moses'

Theodosius I. der Große

tät in Fragen der Kirchenpolitik gewährte. Nach seinem Sieg über Licinius, wodurch er zum alleinigen Herrn im Reich wurde, hatte er das Konzil von Nicäa einberufen. Es war das erste allgemeine Konzil der Kirche, das viele bedeutende Angelegenheiten des Glaubens und der Kirchenverfassung entschied. Die Kaiser hatten stets kraft ihres Amtes die Stellung eines Pontifex Maximus innegehabt und waren die oberste Autorität in der religiösen Angelegenheiten des Reiches; Konstantin hatte daher keineswegs die Absicht, diese wichtige Stellung seiner Vorgänger aufzugeben. Er verknüpfte die kirchliche Hierarchie mit der staatlichen Verwaltung; er stärkte so nicht nur die Bürokratie, indem er ihr einen mächtigen geistlichen Verbündeten gab, auch der Klerus erhielt dadurch einen Machtzuwachs, weil der Herrscher ihm Einfluß außerhalb des eigentlich geistlichen Bereiches gab.

Auf geistlichem Gebiet übte die Kirche unumschränkte Macht aus. Am Ende des Jahrhunderts hatte sie auch die alte Autorität des kaiserlichen Pontifex Maximus nahezu vollständig übernommen. Der Höhepunkt kam in der Regierungszeit

das Wesen des Glaubens sichtbar, vor allem über das Wesen Christi. Die verbreitetste Meinung war, daß Christus, ungeachtet seiner menschlichen Erscheinung, von derselben Substanz sei wie die anderen Personen der Trinität, der mystischen und unteilbaren Einheit Gottes. Doch ein alexandrischer Presbyter namens Arius lehrte es anders: Gottvater habe seinen Sohn Christus erschaffen, der, obwohl der Erste der Schöpfung, dem Vater nicht wesensgleich sei. Die arianische Häresie, die wohl die ernsteste Bedrohung des Glaubens der Christenheit vor der Reformation war, breitete sich so weit in den östlichen Teilen des Reiches aus, daß sie den politischen wie den religiösen Frieden gefährdete. Um dieser Bedrohung zu begegnen, hatte Konstantin der Große das Konzil von Nicäa einberufen; dort fand die römisch-katholische Orthodoxie ihren Vorkämpfer in der Gestalt des Diakons und späteren Bischofs von Alexandrien, Athanasius. Doch obwohl die Beschlüsse von Nicäa das trinitarische Dogma proklamierten, blieb der Arianismus während des ganzen 4. und 5. Jahrhunderts einflußreich. Die Germanen übernahmen die Lehre des Arius, als sie in den Bereich des Imperiums kamen; sogar einige Kaiser fanden sich unter seinen Anhängern.

Durch alle Jahrhunderte der religiösen Auseinandersetzung blieben die Bischöfe von Rom fest in ihrer Opposition gegen den Arianismus.

Theodosius, damals Kaiser im Osten, verurteilte offiziell den Arianismus und machte den Glauben an die Gleichheit der trinitarischen Personen zu einem Prüfstein der Rechtgläubigkeit.

Des Kaisers Edikt von 380 »De fide catholica« bestätigte die dogmatische Haltung Roms mit Hilfe der kaiserlichen Autorität. Doch die Kirche im Westen wertete dieses nicht als Rechtfertigung der kaiserlichen Ansprüche auf Autorität über sie. Im Gegenteil predigte der Bischof von Mailand, Ambrosius, offen, daß der Kaiser in der Kirche stehe, nicht aber über ihr.

In der Glaubenslehre und weit spürbarer noch in Fragen der christlichen Disziplin hatte die westliche Kirche am Ende des 4. Jahrhunderts sogar ihre Forderungen weitgehend durchgesetzt. Obwohl die arianische Häresie für Jahrhunderte in den Königreichen der Germanen weiterlebte, blieb sie doch als Irrlehre gebrandmarkt. Der römische Standpunkt war dagegen unverändert beibehalten worden. Später im Mittelalter sollten die römischen Päpste allerdings ihre Position durch die weltliche Gewalt erneut bedroht finden. Diese Stellung und ihre Autorität waren schon im 4. Jahrhundert festgelegt worden. In den Zeiten der Umwälzungen und Wirren, die im Westen folgten, sollten die geistlichen Herrscher zu Rom die einzige ungebrochene Verbindung mit der glorreichen Vergangenheit des Imperium Romanum bilden. Als daher nach den Einfällen der Barbaren neue germanische Reiche entstanden, empfingen sie Christentum und römische Bildung von der Kirche. Sie fanden sich in der päpstlichen Kanzlei einer hochentwickelten und wohldurchdachten diplomatischen Verwaltung und politischen Körperschaft gegenüber. – Die weltliche Macht der Päpste war unter Gregor I. (590–604) fest etabliert. Sie trieben realistische Politik.

Der Papst ordnete auch die Verwaltung des Kirchenwesens und des päpstlichen Besitzes und schuf damit die Grundlagen des Kirchenstaates, des Patrimonium Petri. Im Gegensatz zum Bischof von Konstantinopel, der sich »Ökumenischer Patriarch« nannte, nahm der Papst in Rom den Titel »Servus servorum dei« an.

Kreuzigung Christi

Schlacht auf den Katalaunischen Feldern 451

Um die Mitte des 5. Jahrhunderts übernahmen zahlzahlreiche feindliche Barbarenstämme, die als Söldner in Dienst gestellt worden waren, die Verteidigung des Römischen Reiches. Sie alle verband die gemeinsame Furcht vor den Hunnen. Als Attila, die legendäre »Geißel Gottes«, in Gallien einfiel, brachte der Oberbefehlshaber des römischen Heeres Aëtius den Feind zum Stehen. Auf den Katalaunischen Gefilden im Süd-Osten von Paris behauptete er im Kampf das Schlachtfeld.

In Wahrheit hat es sich jedoch ganz anders verhalten: Hinter Attila und seinen Hunnen stand ein Haufe mehr oder weniger vollständig unterworfener Völkerschaften aus Mittel-Europa, wie Ruler, Heruler, Gepiden, Ostgoten und Langobarden. Der Patricius Aëtius, der letzte große Römer, wie er gelegentlich genannt wurde, versammelte zur Verteidigung seines Reiches ebenfalls eine bunt zusammengewürfelte Schar von Barbaren, deren Bündnistreue zweifelhaft war: Franken, Burgunder, Alanen, Sarmaten und Westgoten. Es waren Germanen, die im Römischen Reich eine neue Heimat zu finden hofften. Nur wenige Gallo-Romanen, römische Bürger, taten Dienst in den Legionen, um ihre Heimat zu verteidigen. Allen Leuten des Aëtius war nur eines gemein: die Furcht vor den Hunnen.

Seit zwei Jahrhunderten strömten Slawen und Germanen der Donau und dem Rhein zu auf der Suche nach Land und ungefährdeter Existenz. Zuweilen drang ein Trupp von ihnen auf römisches Gebiet vor und plünderte einen Landstrich, bevor er sich, reich an Beute und Gefangenen, wieder zurückzog.

Für die Verteidigung des Reiches konnte man auf die römischen Bürger der Provinzen nicht mehr zählen, da ihnen die Gesetze die Möglichkeit einräumten, sich weitgehend dem Militärdienst zu entziehen. So sahen sich die Kaiser gezwungen, die Verteidiger der Grenze aus denjenigen Völkerschaften zu rekrutieren, die das Land bedrohten. Zuerst wurden kleinere Gruppen angeworben, später ganze Stämme. Germanen erreichten sogar höchste militärische Ehren und nahmen Schlüsselpositionen in Verwaltung und Heerwesen ein, wie der Wandale Stilicho und später der Suebe Rikimer.

Der Einbruch der Hunnen führte seit 375 zur Zerschlagung des Gotenreiches in Süd-Rußland und setzte damit die germanische Völkerwanderung in Bewegung. Die römische Militärmacht allein reichte nicht aus, sich dieses Ansturmes fremder Völker zu erwehren. Teilweise mußten sie in den Reichsverband aufgenommen werden. Einige begehrten auf und forderten Landzuweisungen für ihren Lebensunterhalt, so die Westgoten, die im Jahr 376 in den Dienst des oströmischen Kaisers getreten waren, sich aber bald empörten. Sie plünderten unter Führung ihres Königs Alarich die griechischen Provinzen und fielen in Italien ein. Rom wurde von ihnen im Jahr 410 verwüstet. Nach dem Tod ihres Königs zogen sie über die Alpen, um sich in Aquitanien niederzulassen.

Im Jahr 407 erlebte Gallien einen besonders heftigen Ansturm von Germanen. Alanen, Sueben und Wandalen hatten auf der Flucht vor den Hunnen ihre asiatische Heimat verlassen und ganz Europa durchquert. Die ersteren zerstreuten sich schließlich im Pyrenäen-Gebiet; die anderen gründeten in der Gegend des Douro im Norden des heutigen Portugal ein Königreich. Die Wandalen durchzogen ganz Spanien, setzten nach Afrika über und begründeten ein Königreich.

Auf den Spuren dieser wilden Eindringlinge wagten auch die bislang auf den Raum zwischen Elbe und Rhein beschränkten Völkerschaften ihrerseits vorzustoßen. Burgunder, Alemannen, Franken und ripuarische Franken setzten sich links-rheinisch fest und erhielten Föderatenstatus. Zur gleichen Zeit besetzten nacheinander Angeln, Jüten und Sachsen den östlichen Teil der britischen Inseln. Im Rücken der Germanen standen die verschiedenen hunnischen Stämme, die aus den asiatischen Steppen nach Indien, Persien, Ost- und Mittel-Europa vordrangen.

Als Aëtius erfuhr, daß die Hunnen den Rhein überschritten hatten, stellte er in höchster Eile jene aus Barbaren bestehende Streitmacht auf, deren Soldaten erst seit einem halben Jahrhundert in Gallien seßhaft waren. Noch vor wenigen Jahren mußte er seine Hauptstadt Arles gegen die Expansionsversuche der Westgoten verteidigen, denen das Gebiet von Aquitanien nicht mehr

Theodosius I. Detail auf einem Silber-Missorium, wohl aus Konstantinopel, zwischen 379 und 395

Stilicho, seine Gemahlin Serena und sein Sohn Eucherius Elfenbein-Diptychon aus Ober-Italien, um 396

Byzantinisches Schwert, hunnischer Helm und ein Schildbuckel. Waffen aus Gallien und Mähren, Zeit der Völkerwanderung

genügte. Fünfzehn Jahre zuvor hatte er die Burgunder am Rhein nahezu vernichtet und die Franken auf die Schelde-Grenze zurückgeworfen. Nun waren diese Barbaren dem Reich verpflichtet mittels brüchiger Verträge. Sie waren aber nicht nur die letzten Verteidiger Roms, sondern sie kämpften auch für ihre eignen Lebensinteressen. Die zuerst gekommenen sahen sich einer neuen Welle von Eindringlingen gegenüber. Der Unzuverlässigkeit seiner Truppen versuchte Aëtius dadurch zu begegnen, daß er die Alanen des Königs Sagiban mit den ihm persönlich ergebenen Soldaten umstellte.

Attila war nicht auf Landgewinn aus, sondern auf Siege und Beute. Diesen Mann berauschte vor allem die eigene Macht; und begierig trachtete er nach Ruhm. Mit wacher Intelligenz bewies er politisches Geschick. Seine Kämpfe und Kriegszüge brauchte er, um sich seine eigene Größe immer neu zu bestätigen.

Der hervorstechendste Zug seines Charakters war ein außergewöhnlicher Ehrgeiz gepaart mit grausamer Härte. In dem ausgedehnten Gebiet zwischen den Ost-Alpen und dem Ural zwang der Hunnenkönig alle Völker unter sein Joch. Elf Jahre nach dem Tod seines Onkels und Vorgängers, des Königs Rugila (434), hatte Attila seinen Bruder und Mitherrscher, Bleda, ermorden lassen, um alleiniger König zu sein. In der ungarischen Ebene vor den Grenzen Ostroms entfaltete er seine Herrschaft und entwickelte eine gewisse zentrale Verwaltung. Auf seinen Raubzügen kam es immer wieder zu Zwistigkeiten mit Byzanz. Attila vermied aber die direkte Konfrontation.

Das Römische Reich übte auf diesen Barbaren eine wahre Faszination aus. Man möchte fast glauben, daß er selbst hätte Römer sein wollen. Mit den Römern tauschte er Gesandtschaften und Geiseln aus, die den Friedenswillen beider sicherstellen sollten. Dieser Reitersoldat lebte in einem Palast, der aus Holz errichtet war. Ihn schmückten prachtvolle Teppiche. Auch entbehrte der Asiat nicht die Annehmlichkeit römischer Thermen. Nach dem Vorbild der Römer ließ er sich, auf einem Prunkbett hingestreckt, in glänzenden Festgelagen feiern, wo das Gold der Tafelgeschirre erstrahlte. Seine Kanzlei besorgten römische Schreiber. Einer seiner Sekretäre war der Vater des letzten Kaisers im Westen, Romulus Augustulus. Aber dieses Reich war für die Hunnen in ihrer von ständiger Wanderschaft bestimmten Geschichte nur eine kurze Episode. Im Jahr 445 brach Attila mit den Seinen nach dem Westen auf.

Krieg oder Verhandlungen, darauf kam es dem Hunnenkönig wenig an, wenn er nur seine Überlegenheit wahren konnte. Dieser verschlagene Kopf aus dem Osten verstand es, zur rechten Zeit einzulenken.

Der schwache Kaiser in Konstantinopel, Theodosius II., mußte ihm Tribut leisten, was aber seine Beutezüge nicht aufhalten konnte. Erst 450 hielt Attila die Zeit für gekommen, sich auch nach Westen, nach Rom zu wenden. Zunächst trat er als Freund auf: er hielt um die Hand der Schwester des Kaisers Valentinians III. an und forderte die Beteiligung an der Herrschaft im westlichen Reich. Valentinian III. erteilte dem Prätendenten eine Abfuhr.

Im Frühjahr 451 marschiert er zum Rhein, wo er sich in die Angelegenheit der ripuarischen Franken einmischte und ankündigte, daß er seine flüchtigen Sklaven, die Westgoten, die bereits in Aquitanien siedelten, bestrafen wollte.

Der Mann, der damals Gallien verwaltete, war vielleicht unter allen Römern derjenige, der Attila am besten kannte. Sohn eines römischen Offiziers aus einer Adelsfamilie vom Balkan, hatte Aëtius einen Teil seiner Jugend als Geisel am Hofe Rugilas zugebracht und war ein Gefährte Attilas gewesen. Besser als irgendeiner wußte Aëtius, wie stark das hunnische Reich wirklich war. Inmitten der verängstigten Barbaren, die vor dem nahenden Hunnensturm erzitterten und die doch als einzige Gallien verteidigen mußten, kannte allein Aëtius die Persönlichkeit von Attila. Er hatte die kriegerischen Fähigkeiten der Hunnen schätzengelernt. Seine Leibgarde und seine Eliteverbände rekrutierten sich aus Hunnen. Mit Unterstützung hunnischer Hilfstruppen brachte er 436 die Burgunder wieder unter römische Botmäßigkeit. Ihr Versuch, aus der Gegend zwischen Worms und Mainz in die römische Provinz Belgica vorzudringen, endete mit dem Untergang der Burgunder und ihrem König Gunther. Jene Hunnen, deren Andenken die Nibelungensage bewahrte, waren nicht die Krieger des Attila, sondern die des Aëtius. Die Reste dieses Volkes wurden 443 im heutigen Savoyen angesiedelt.

Jetzt aber galt es, den feindlichen Hunnen zu begegnen. Schon hatten sie Trier, Metz und Reims niedergebrannt. Die Horden zogen in einiger Entfernung an Paris vorbei, wo die heilige Genoveva das Volk beschwor, Ruhe zu bewahren und nicht zu fliehen. Im Mai 451 begann die Belagerung der Stadt Orléans, aus der Bischof Aignan rechtzeitig hatte entkommen können, um Hilfe zu erflehen.

Aëtius bot die in Gallien siedelnden Föderaten auf und marschierte auf Orléans. Attila wich mit den Seinen zurück, denn er war auf Beute aus und trachtete nicht nach großen Schlachten.

Aber auf dem Campus Mauriacus stieß Aëtius wieder auf die Hunnen. Dieses Mal entbrannte eine Schlacht, die die Legende als ein Blutbad schilderte und die in der Tat furchtbar gewesen sein muß. Der König der Westgoten, Theoderid, fiel im Kampf. Doch blieb die Schlacht im Grunde unentschieden, weder die Truppen Attilas noch die des Aëtius wurden vernichtet. Dadurch jedoch, daß die Römer das Feld behaupteten, wurde dem weiteren Vordringen der Hunnen Einhalt geboten. Attila, der den Kampf nicht gesucht hatte, konnte sich unbehelligt über den Rhein zurückziehen. Aëtius fühlte sich nicht stark genug, die Hunnen auf ihrem Rückmarsch zu verfolgen. Der Abzug der Feinde war ihm Erfolg genug.

Man hat über diese Entscheidung vielfach gerätselt: Weil Aëtius an der Grenze des Römischen Reiches einen möglichen Eindringling beließ, der jederzeit in der Lage war, seine Raubzüge wieder aufzunehmen. War es Furcht? Aëtius war ein entschlossener Mann, seine glänzenden Feldzüge in Afrika und seine Verwaltung von Gallien bewiesen es zur Genüge. Man hat mitunter an die alte Freundschaft gedacht, die die beiden Gegner und Jugendfreunde von einst verband. Es ist jedoch unwahrscheinlich, daß Aëtius einem privaten Gefühl Vorrang vor den Interessen des Reiches gegeben hätte.

Der Patricius kannte die Psychologie des Hunnenkönigs gut. Bei seinem Ehrgeiz und Hochmut war er in seiner Unstetigkeit keine dauerhafte Bedrohung. Die Angst vor den Hunnen war stärker als ihre Gefährlichkeit.

Darüber hinaus wußte er, daß die innere Auflösung durch die unsicheren Herrschaftsverhältnisse und eine geschwächte Zentralverwaltung die Existenz Roms viel eher in Frage stellten als der äußere Feind. Die Rivalität der kaum seßhaft gewordenen Völkerschaften innerhalb der Grenzen des Reiches bescheinigten den Zerfall der Einheit der römischen Welt. Lange Jahre hindurch hat der römische Heermeister in ganz Gallien das Banditenunwesen der Bagauden bekämpft und die Grenzen nicht aus den Augen gelassen, deren Schutz jenen unvermeidlichen Gästen, den Föderaten, anvertraut war.

Attila vernichten, das hieß, die Völkerschaften, die das Römische Reich verteidigten, ihren Streitigkeiten und Aufständen zu überlassen. Besser schien es, einen Asiaten jenseits des Rheins zu ertragen und dafür die Verbündeten in Gallien in Kampfbereitschaft zu halten; so war der Friede nach innen und die Verteidigung nach außen gesichert. Die Furcht vor den Hunnen diente der Politik des Aëtius gegenüber Burgundern, Westgoten und Franken.

Nachdem Attila in Gallien auf so entschlossenen Widerstand gestoßen war, schickte er sich an, in Italien einzufallen. Schon ein Jahr später, 452, gerieten Aquileia, Pavia und Mailand in seine Hand. Aus Furcht vor der Macht des Aëtius verzichtete Kaiser Valentinian III. darauf, den Patricius zu Hilfe zu rufen und zog sich nach Rom zurück, um von dort aus Verhandlungen mit dem Hunnenkönig aufzunehmen. Papst Leo I. vermittelte. Gegen Lösegeld verließ Attila Italien, er hatte Beute gemacht und Rom gedemütigt. Der plötzliche Tod des Hunnenkönigs im Jahr 453 bewahrte Italien vor weiteren Verwüstungen. Die Macht der Hunnen aber zerfiel unter den Streitigkeiten der Söhne des Attila. Die unterworfenen Völker erhoben sich und erlangten ihre Selbständigkeit wieder.

Auch in Rom zerfiel die kaiserliche Herrschaft unaufhaltsam. Valentinian III. ermordete Aëtius, in dem er einen Usurpator vermutete. Der Kaiser selbst endete unter den Messerstichen der Genossen des Aëtius. In Gallien gewannen Westgoten und Burgunder die Un-

Wandalischer Edelmann. Detail eines Mosaikes aus Karthago, um 500

Die Völkerwanderung

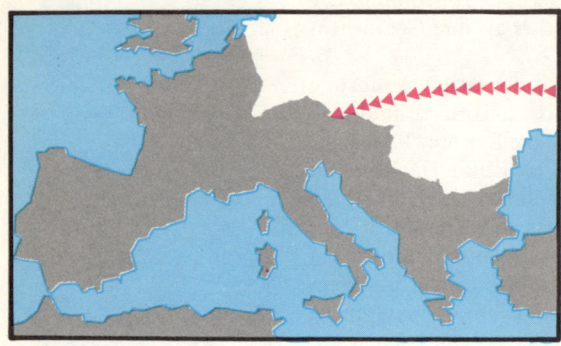

▶ *Wanderung der Hunnen von Süd-Ost-Europa nach West-Europa im 4. und 5. Jahrhundert*

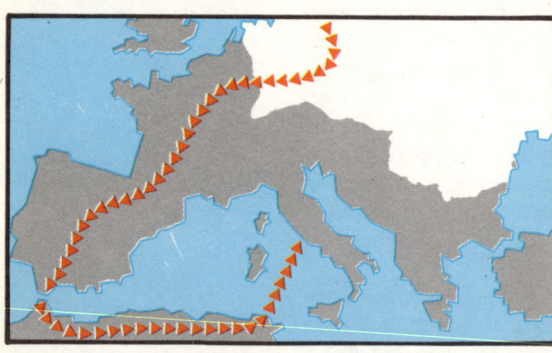

▶ *Wanderung der Wandalen von Ost-Europa über Gallien und Spanien nach Nord-Afrika während der 1. Hälfte des 5. Jahrhunderts*

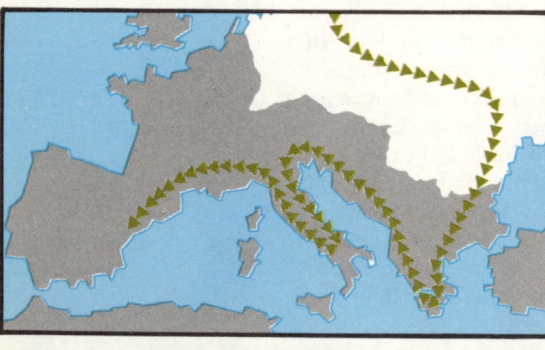

▶ *Wanderung der Westgoten von Süd-Rußland über den Balkan und Italien nach Süd-Gallien und Spanien vom Ende des 4. Jahrhunderts bis zur Mitte des 5. Jahrhunderts*

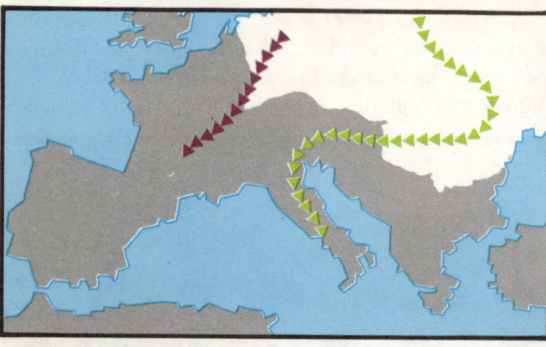

▶ *Wanderung der Ostgoten von Süd-Rußland über den Balkan nach Italien von etwa 375 bis 493*

▶ *Wanderung der Burgunder und Alemannen von Mittel-Europa nach Gallien im 5. Jahrhundert*

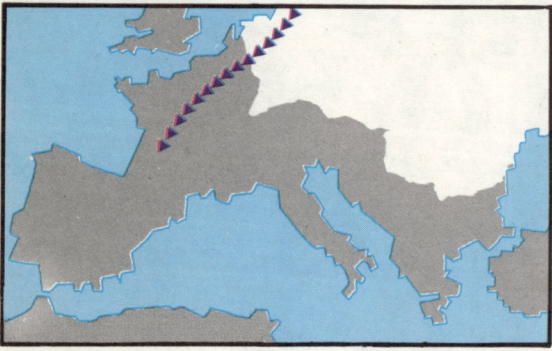

▶ *Wanderung der Franken von Nord-Mittel-Europa nach Gallien seit etwa 450*

Das Römische Reich

abhängigkeit. Ihre Könige erließen sogar Gesetze, die auch für Römer galten.

An der Nord-Grenze begannen die Franken ihre Bewegung hin nach Belgien. Romulus Augustulus, der letzte Kaiser im westlichen Reich, wurde von dem Heerkönig der Heruler, Odoaker, entthront. Fortan führte dieser im Namen des Kaisers in Konstantinopel die Regentschaft. Als Odoaker dem Kaiser Zenon zu selbständig zu werden drohte, wurde Theoderich, König der Ostgoten, zum Heermeister von Italien und Patricius ernannt. Er eroberte Italien und ermordete Odoaker. Die Ostgoten, einst Untertanen der Hunnen, hatten jetzt ihr unabhängiges Reich. In Franken machte Chlodwig aus dem Geschlecht der Merowinger sich zum alleinigen Herrn. Bischof Gregor von Tours feierte ihn als »neuen Konstantin«.

Seit Attilas Tod entfaltete sich eine neue Welt. Die Westgoten, die Burgunder und die anderen Föderaten waren gerufen worden, um Rom zu verteidigen. Sie schützten in der Tat ihre neue Heimat und schufen sich eigene Königreiche. Der Okzident war nur noch bedingt römisch, denn die Barbaren standen nur in lockerer Abhängigkeit zu Konstantinopel.

Sie löschten aber die Kultur nicht aus, die sie im Reich vorfanden. Die Germanen erlagen, wenn auch in unterschiedlicher Intensität, der gleichen Faszination des Römischen wie Attila. Mit Römern besetzte König Theoderich seine Verwaltung, deren Strukturen und Amtsbezeichnungen er übernahm. Er verschmähte es nicht, sich mit gelehrten Beratern zu umgeben. Der berühmteste von ihnen war der Senator Cassiodor. Der König der Westgoten Athaulf trug die römische Leinentoga und heiratete 414 die römische Prinzessin Galla Placidia, die er aus Italien entführt hatte. Seine Nachfolger siedelten sich mit ihrem Volk nach der Vertreibung aus Gallien durch Chlodwig in Spanien an, wo sich in Toledo ein glänzender Hof entfaltete.

Im gesamten Westreich gewann allmählich die Religion der Römer, das Christentum, die Oberhand über den heidnischen Glauben. Heiraten zwischen Barbaren und Römern, die sich von Generation zu Generation häuften, verwischten die völkischen Unterschiede.

Dem sozialen und kulturellen Erbe des antiken Rom fügten die Germanen ihr eigenes hinzu. Sie brachten eine unterschiedliche Auffassung davon mit, wie gesellschaftliche und familiäre Verhältnisse zu ordnen seien. Ihre Grundordnung war der Familienverband, die Sippe, auf der die Bindungen des Gefolgschaftswesens sowie die Privatisierung der öffentlich-rechtlichen Gewalt in der Grundherrschaft basierten. Für ein Jahrtausend wurden in einem Teil Europas die Macht des Königs, die sozialen Beziehungen der Menschen und die Eigentumsverhältnisse germanischer Sitten entsprechend gestaltet. Ohne eigentlich die Schriftlichkeit als Mittel der Verwaltung zu mißachten, hatten die Barbaren das mündliche Wort – als Zeugenaussage oder Willenserklärung – zum grundlegenden Beweismittel im west-europäischen Rechtssystem gemacht. Weil ihre Vorfahren Krieger und Nomaden gewesen waren, erschien ihnen der Waffendienst der Feldarbeit an Würde überlegen.

Neue Techniken wurden von ihnen in Europa eingeführt. Besondere Fertigkeiten entwickelten sie in der Metallverarbeitung, in der Waffen- und Goldschmiede-

rei. Desgleichen haben sie die Kunst mit ihren eigenen schöpferischen Einfällen und bevorzugten Themen bereichert.

Die politische Einheit der westlichen Welt aber ging trotz der Anstrengungen des Patricius Aëtius dahin. Bisher hatte das Römische Reich schon zahlreiche Aufstände erlebt, aber fast alle waren Usurpationen gewesen, die Rom selbst galten und deren Ziel der Kaiserthron war. Nun aber wurde die römische Herrschaft von einzelnen Völkerscharen usurpiert und aufgeteilt.

Das Ende des 5. Jahrhunderts wurde Zeuge des Aufstieges von Chlodwig, der das Reich der salischen Franken über die nördliche Hälfte Galliens ausdehnte, auf Kosten der letzten römischen Territorien und der anderen fränkischen Stämme. Im Jahr 507 brach das aquitanische Reich der Westgoten unter den Angriffen des fränkischen Königs zusammen. Seine Söhne unterwarfen wenige Jahre später das Reich der Burgunder im Gebiet der Rhône. Jedoch schon war es so weit gekommen, daß die Franken sich untereinander aufspalteten und gegenseitig umbrachten. Neustrien, Austrien, Burgund und Aquitanien gerieten unaufhörlich miteinander in Streit bis hin zum Auftreten der Pippiniden am Ende des 7. Jahrhunderts. Vereint oder auch im Alleingang führten die Franken den Kampf gegen die Völkerschaften Germaniens, gegen die Thüringer und besonders die Bayern.

Fast ganz Italien mußte Kaiser Justinian I. der Herrschaft der Langobarden überlassen, die sich gegen Mitte des 6. Jahrhunderts im Norden und in der Mitte der Halbinsel niedergelassen hatten.

Europa begann sich aus einer Reihe von Einzelstaaten zu konstituieren. Die karolingische Einheit sollte nicht länger als eine Herrschergeneration dauern. Allein die lateinische Sprache überdauerte und wurde von den Fremden aufgenommen. Aber jedes Volk begann, sie selbständig weiterzuentwickeln. Als Faktor der Einheit, der die Verbindung zwischen dem Reich Konstantins des Großen und dem Karls des Großen herstellte, blieb nur der christliche Glaube.

JEAN FAVIER

Palast Theoderichs des Großen. Detail eines Mosaik-Frieses in der Kirche S. Apollinare Nuovo zu Ravenna, 1. Viertel des 6. Jahrhunderts

Grabmal Theoderichs des Großen in Ravenna. 1. Viertel des 6. Jahrhunderts

Krönung Agilulfs zum König der Langobarden im Jahr 590. Vergoldete Platte, wohl eine Helmzier, aus Italien, Anfang des 7. Jahrhunderts

Votivkrone des Königs der Westgoten Rekkeswind. Gold mit Edelsteinen und Perlen aus dem Schatzfund bei Fuente de Guarrazar in der Nähe von Toledo, ursprünglich im Besitz einer westgotischen Kirche, 2. Hälfte des 7. Jahrhunderts

Westgoten und Ostgoten im Römischen Reich

Die Schlacht auf den Katalaunischen Feldern brachte dem Besiegten wie dem Sieger nur Unglück. Attilas Reich brach nach seinem Tod im Jahr 453 auseinander, nicht nur infolge der Fehden unter seinen Nachfolgern, sondern auch wegen eines erfolgreichen Aufstandes seiner germanischen Untertanen. Für den siegreichen römischen Feldherrn Aëtius war der Ausgang der Schlacht noch viel katastrophaler. Er wurde das Opfer einer Palastverschwörung seiner Feinde, die sein gestiegenes Ansehen fürchteten. Kaiser Valentinian III. soll sich gegenüber einer Dame am Hofe mit der Beseitigung des mächtigen und populären Heermeisters gebrüstet haben. Ihre lakonische Antwort war: »Du hast dir mit der linken deine rechte Hand abgeschlagen.«

Mit der Plünderung Roms durch die Scharen des Wandalen Geiserich wurde im Jahr 455 die ganze Schwäche Westroms offenbar. Der Einfluß der Barbaren am kaiserlichen Hofe war dominierend, mochte er auch vorher schon beträchtlich gewesen sein. Seit seinem Sieg über das Heer der Wandalen (456) war der suebische Heerführer Rikimer bis zu seinem Tod (472) Herrscher über die Geschicke des Westens. Nördlich der Alpen blieben nur die Gebiete des Syagrius in Nord-Gallien unter römischer Herrschaft und bildeten wegen ihrer Isolierung ein praktisch unabhängiges Reich, das allerdings schon 486 durch Chlodwig zerstört wurde. Während der kurzen Regierungszeit des Kaisers Maiorian (457 bis 461) wurden die besten Traditionen des Reiches durch diesen fähigen und gewissenhaften Herrscher wieder neu belebt. Doch sein wachsendes Ansehen war eine Bedrohung für Rikimer, der ihn daher absetzen und ermorden ließ. Für weitere fünfzehn Jahre hielt man die Fiktion eines weströmischen Kaisers aufrecht. 476 wurde der Kaiser mit dem Spottnamen Romulus Augustulus durch die Soldaten des Odoaker zur Abdankung gezwungen. Odoaker war ein anderer erfolgreicher germanischer Heerführer, der wie Rikimer nunmehr das Zepter der Macht im Westen innehatte.

Im Osten blieb dank der entschlossenen Anstrengungen der Kaiser weiterhin der Einfluß der Barbaren im Heer und in der Hauptstadt niedrig. Trotz der mißglückten Expedition, die Kaiser Leo I. im Jahr 468 gegen die Wandalen unternahm, konnte die östliche Hälfte des Reiches im wesentlichen erhalten werden. Leos I. Schwiegersohn und Nachfolger Zenon mußte zunächst Odoakers Staatsstreich akzeptieren; später befreite er sich geschickt von den ostgotischen Scharen auf dem Balkan, indem er ihnen den Auftrag gab, Odoakers Regime in Italien ein Ende zu machen.

Die Westgoten in Gallien und Spanien

In der Schlacht bei Adrianopel 378 besiegte das Heer der Westgoten den Kaiser Valens. 410 plünderten die Westgoten unter Alarich Rom. Drei Jahrhunderte später – und hier zeigt sich der inzwischen vollzogene Wandel der Weltgeschichte – waren es die Westgoten, die bei dem Versuch, ihre römisch-christlichen Traditionen zu verteidigen, von einer Woge barbarischer Eindringlinge vernichtet wurden.

Bis zum Jahr 415 hatten Alarichs Nachfolger die Westgoten durch Gallien nach Spanien geführt. Dort fochten sie eine ganze Reihe von Schlachten aus. Offiziell handelten sie im Auftrag des Kaisers, vertrieben frühere germanische Siedler und brachten die Iberische Halbinsel wieder unter römische Oberhoheit. Als Bundesgenossen Roms erhielten sie schließlich Land zwischen Loire und Garonne zugewiesen. Dieses westgotische Königreich breitete sich unabhängig vom Römischen Reich bis nach Spanien hin aus. Unter seinem bedeutenden König Eurich (466–486) erstreckte es sich von der Loire bis nach Gibraltar. Die Herrschaft der Westgoten umfaßte ganz Süd-Frankreich westlich der Rhône und ganz Spanien mit Ausnahme der baskischen Kleinstaaten und des suebischen Königtums im Nord-Westen. Dieses mächtige Reich mit seiner Hauptstadt Toulouse wurde von Chlodwig und seinem Heer der Franken in der Schlacht bei Vouillé im Jahr 507 überwältigt. Infolgedessen wurden die Westgoten für den Rest ihrer Geschichte auf Spanien beschränkt und behielten nur einen schmalen Streifen an der Mittelmeer-Küste in Gallien. Nur die Rückendeckung, die sie von den Ostgoten aus Italien erhielten, verhinderte ihre vollständige Niederlage durch die Franken. Denn der ostgotische König Theoderich der Große beobachtete mit Unruhe den Machtzuwachs der Franken. Er führte zwischen 507 und 526 die Regentschaft im Reich der Westgoten, was wesentlich zur Festigung ihrer Zukunft beitrug.

Ein wichtiger Brauch noch aus den frühen Tagen des Gotenvolkes, der letztlich mit zu seinem Untergang beitrug, war der des Wahlkönigtums. Diese Herrschaftsverfassung fand sich gewiß bei allen germanischen Königreichen, doch die innere Schwäche und Spaltung, die durch eine Wahlmonarchie verursacht wurden, machten sich besonders negativ bei dem auf der Halbinsel exponierten Königreich der Westgoten bemerkbar. Der militärische Erfolg des Kaisers Justinian I. in Spanien war auch auf die Zwietracht über die Besetzung des westgotischen Thrones um die Mitte des 6. Jahrhunderts zurückzuführen. Weil die römisch-iberische Bevölkerung den katholisch-orthodoxen Glauben des byzantinischen Reiches dem Arianismus der germanischen Eroberer vorzog, stärkte dies die Position der Byzantiner ebenso wie die Tatsache, daß sich die Sueben im Nord-Westen zum Katholizismus bekehrt hatten. Doch trotz dieser religiösen Unterschiede zwischen der unterworfenen und der herrschenden Bevölkerung konnte der bedeutende König Leovigild (569–586) die Oströmer weitgehend aus ihren Besitzungen verdrängen und auch die Sueben unterwerfen. Außerdem entschärfte Leovigild den Glaubenskonflikt, indem er ein Gesetz zugunsten der Mischehen zwischen Arianern und Katholiken erließ. Sein Nachfolger Rekkared brachte die Entwicklung zu ihrem logischen Ende: Unter seinem Vorsitz erklärte im Jahr 589 die Dritte Synode von Toledo das orthodoxe Christentum zur Staatsreligion. Doch die Wirkung der arianischen Epoche war auch weiterhin zu spüren. Der König besaß immer noch eine entscheidende Stimme in religiösen Angelegenheiten – ein Faktum, das im Leben Spaniens bedeutsam bleiben sollte. In der Tat war im 16. Jahrhundert die berüchtigte spanische Inquisition ein Organ der königlichen Politik. Unter den Westgoten waren die regelmäßigen Synoden in Toledo gleichzeitig die Versammlungen eines nahezu theokratischen Staates.

Eine der bedeutenden Folgen der Annahme des Katholizismus durch die Westgoten war der Zusammenschluß der verschiedenen ethnischen Verbände der Iberischen Halbinsel zu einem Volk. Hierzu trug auch das großartige Gesetzeswerk des Königs Rekkeswind bei, das er in den fünfziger Jahren des 7. Jahrhunderts verkündete. Das lateinisch verfaßte Gesetzbuch war nicht nur der erste große Rechts-Codex, der von Germanen im Römischen Reich aufgezeichnet wurde, sondern er vereinigte auch das römische und das westgotische Recht zu einem einzigen Rechts-System. Zu Beginn des 8. Jahrhunderts unterwarfen die Araber das Reich der Westgoten.

Germanischer Krieger zu Pferde

Westgotische Inschrift

Die Ostgoten in Italien

Das Italien, wie es der heilige Benedikt kannte, war das des Ostgoten Theoderich – eines Herrschers über Barbaren, der unbeirrbar und großartig die Traditionen des alten Rom fortsetzte. Theoderichs des Großen Position in der politischen Welt der Spätantike war die eines germanischen Heerkönigs und römischen Reichsregenten im Westen. In einem Brief an den Kaiser Anastasius erkannte er den Vorrang des Kaisers an und gab zu, daß sein eigener Hof nur versuchen könne, die Herrlichkeit und Pracht Konstantinopels nachzuahmen; dennoch geht aus dem Ton dieses Schreibens und aus einer Analyse seiner gesamten Politik hervor, daß der Ostgoten-Herrscher sich als freier Herr in ganz Italien betrachtete, was sich auch in seinen Handlungen gegenüber den germanischen Königreichen im Norden ausdrückt.

Theoderich hatte sein Volk kurz vor 490 auf ausdrückliche Einladung des Kaisers Zenon nach Italien geführt. Zenon verfolgte einen doppelten Zweck damit: Er wollte den Balkan von den Beutezügen der Goten befreien und in Italien eine Macht einsetzen, die zumindest die Oberhoheit des Römischen Reiches anerkannte. Seit dem Jahr 476 stand Italien unter der Herrschaft Odoakers. Germanische Truppen unter seinem Kommando hatten gegen die schwächliche Autorität der letzten weströmischen Kaiser rebelliert und als Bezahlung für ihren Dienst Land gefordert. Als man ihre Forderungen abwies, wurde der junge Kaiser Romulus Augustulus von ihnen abgesetzt. Gesandte wurden nach Konstantinopel geschickt. Odoaker erlangte die Anerkennung als Statthalter des Kaisers in Italien. Als Odoaker jedoch einem für den Kaiser unannehmbaren Papst und schließlich sogar einem Prätendenten auf den Kaiserthron seine Unterstützung lieh, waren seine Tage gezählt. Fünf Jahre kämpfte Theoderich in Italien gegen Odoaker. Odoaker selbst ergab sich nach dreijährigem Widerstand in der von Sümpfen umgebenen Stadt Ravenna. Theoderich brach den Vertrag, in dem Odoaker sich den Ostgoten unterworfen hatte, und ermordete seinen Rivalen.

Theoderich der Große hatte Italien im Namen des Kaisers zurückgewonnen. Doch nunmehr regierte er – mit Unterstützung der mächtigen landbesitzenden Bürokratie und mit der Autorität seines Heeres, das er freigebig mit Land ausstattete – als König von Italien und Dalmatien. Dem Kaiser gegenüber war seine Herrschaft dadurch legitimiert, daß er römischer Heermeister und Patricius war.

Während seiner Regierung erfreute sich Italien einer Zeit gleich einem milden und schönen Spätsommer voll Frieden und Wohlstand. Sogar ein byzantinischer Geschichtsschreiber bemerkte, daß Theoderich gegenüber allen seinen Untertanen ein gerechter und guter Herrscher war. Dennoch versuchten einige Mitglieder des römischen Adels, unter ihnen orthodoxe Christen und Gegner der arianischen Ostgoten, ohne Theoderichs Wissen Verhandlungen mit dem byzantinischen Hof anzuknüpfen. Der König, der ihr Vorgehen als Verrat wertete, befahl die Hinrichtung einer Anzahl von Senatoren. Unter ihnen war sein früherer Ratgeber und Freund Boëthius.

Boëthius, den der englische Historiker E. Gibbon als »letzten Römer« charakterisiert, »den Cato oder Cicero als ihren Landsmann anerkannt hätten«, war ein Mann, dessen Philosophie einen bedeutsamen Grundstein für das ganze Mittelalter legen sollte. Er schrieb in der strengen altklassisch-heidnischen Bildungstradition. Sein berühmtestes Werk »Über den Trost der Philosophie« war im Abendland bis zur Renaissance sehr verbreitet. Geschrieben, während er im Gefängnis seine Hinrichtung erwartete, bildete es einen Dialog zwischen Boëthius und der Philosophie, die in der Person einer würdevollen und schönen Frau auftrat.

Boethius als Konsul

Taufe Christi

Boëthius, ein einflußreicher Ratgeber am Hof Theoderichs des Großen, war im Jahr 510 Konsul gewesen. Noch zu seinen Lebzeiten konnte er sehen, wie auch seine Söhne Konsuln wurden. Er war überzeugt, daß die falschen Anklagen gegen ihn – Verrat an Theoderich durch ein Komplott mit Kaiser Justin zur Beseitigung des Königs und Restauration der alten Freiheiten des Senats – von einflußreichen Männern vorgebracht worden waren, die er sich durch sein Eintreten für die Rechte der Armen zu Feinden gemacht hatte. Boëthius, der später heiliggesprochen wurde, galt fälschlicherweise als Vorkämpfer der trinitarischen Orthodoxie gegen die vom ostgotischen Hof begünstigten arianischen Irrlehren. Tatsächlich dürfte ein kaiserlicher Erlaß des Justin gegen die Ernennung von Heiden, Häretikern und Juden zu staatlichen Beamten den Verdacht und den Ärger des alten Theoderich erregt haben.

Die religiöse Kluft zwischen den orthodoxen Kaisern und ihren arianischen ostgotischen Beauftragten in Italien war eine der Ursachen für die wachsende Verschlechterung der Beziehungen beider Seiten. Nach Theoderichs Tod folgte seine Tochter Amalaswintha auf den Thron. Ihre Bewunderung und Loyalität gegenüber dem kaiserlichen Rom waren wohlbekannt. Das jedoch führte zu einer Entfremdung des ostgotischen Adels; darum wurde sie 535 gestürzt und ermordet. Dieses Ereignis bildete den Vorwand für ein Eingreifen Ostroms in Italien. Die ersten Feldzüge von Justinians Heerführern kündigten das Ende der Ostgotenherrschaft in Italien an.

Die Regierungszeit Theoderichs war die erste großartige Periode in der Geschichte des frühmittelalterlichen Italien. In seiner Hauptstadt

Theoderich der Große

Ravenna ließ Theoderich ein glanzvolles Palatium im Stil des Palastes von Kaiser Diokletian in Spalato an der dalmatinischen Küste erbauen.

Zu den großen Bauwerken der Ostgoten-Zeit, die sich bis auf unsere Tage erhalten haben, gehören die Kirche San Apollinare Nuovo und das stolze Mausoleum Theoderichs des Großen.

Die Heiligen Drei Könige

Die Klosterregel des heiligen Benedikt

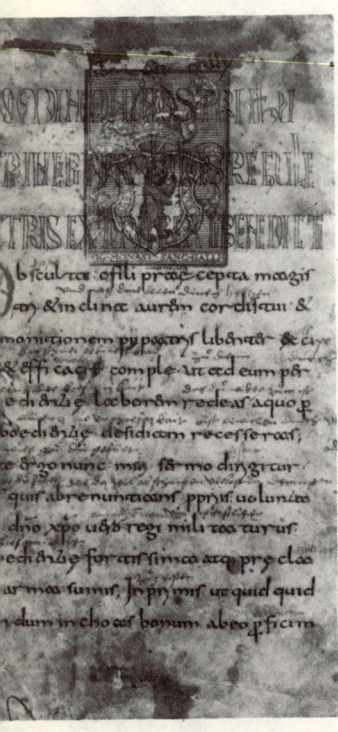

Die »Regula« des heiligen Benedikt. Seite in der Pergament-Handschrift 914 des Klosters St. Gallen in der Schweiz, um 817

Stifter mit dem Modell seiner Kirche. Wandmalerei in der Kirche des heiligen Benedikt zu Mals im Vintschgau, Süd-Tirol, 9. Jahrhundert

Das abendländische Mönchtum war das Werk Benedikts von Nursia. Bevor er im Jahr 520 ein Kloster auf dem Monte Cassino in Capua gründete, gab es zahlreiche andere Gruppen von Mönchen in Europa, die alle nach eigenen monastischen Regeln lebten. Doch die für seine Anhänger geschaffene Klosterregel Benedikts fand als erste allgemeine Anerkennung und Verbreitung. Sie bot ein Ideal des Mönchtums. Mit ihr schuf er eine wohldurchdachte Ordnung für alle Bereiche des klösterlichen Gemeinschaftslebens. In den Klöstern, die sich nach dieser Regel richteten, überlebten die klassische Bildung und Literatur das »Saeculum obscurum«. Vielleicht mehr als jede andere Kraft brachte die Klosterregel des heiligen Benedikt dem heranwachsenden Abendland eine Botschaft des christlichen Lebens.

Ungefähr 150 Kilometer süd-westlich von Rom sieht der Reisende auf dem Weg nach Neapel auf dem Plateau eines hoch aufragenden Berges ein breites, burgähnliches Gebäude mit der Kuppel einer Kirche in der Mitte: die Abtei Monte Cassino. Im frühen 6. Jahrhundert war hier eine abgelegene Gegend, durch die nur Hirten zogen, die immer noch Heiden waren. Auf dem Gipfel des Berges standen die Ruinen eines Apollo-Tempels bei den Trümmern einer alten Burg. Um das Jahr 520 kam der damals ungefähr vierzig Jahre alte Abt Benedikt mit einer kleinen Gruppe von Mönchen nach Monte Cassino. Vielleicht wurde er von der Einsamkeit dieses Hügels angezogen. Möglicherweise spielte bei der Wahl dieses Platzes auch das Baumaterial der umliegenden Ruinen eine Rolle.

Benedikt entstammte einer Familie von höherem sozialem Rang, vielleicht war er der Herkunft nach ein Stadt-Römer. Als junger Mann studierte er zunächst in Rom, verließ die Stadt aber, ohne seine Ausbildung beendet zu haben, um ein Leben als Einsiedler zu führen. Später, als Abt einer Gruppe von kleineren Eremitenklöstern bei Subiaco im südlichen Sabiner-Gebirge, hatte er wiederholt Schwierigkeiten mit aufsässigen Mönchen. So verließ er diese Stätte und führte eine treue Gruppe von Schülern nach Monte Cassino. Das neue Kloster erregte sogar die Aufmerksamkeit des Gotenkönigs Totila, der im Jahr 542 Benedikt besuchte. Fünf Jahre darauf starb der Abt. Weder Benedikt noch seine Zeitgenossen haben geahnt, daß Monte Cassino noch über tausend Jahre als die Wiege der mittelalterlichen Kultur und er selbst von einem Papst als »Vater des Abendlandes« gefeiert werden sollten. Was ihm die bleibende Wertschätzung sicherte, war seine Klosterregel aus den Jahren zwischen 530 und 540, eine Richtschnur für den Lebenswandel seiner geistlichen Söhne in der Abtei.

Benedikts Kloster ließ zunächst nichts von dem großen und genau geplanten Gebäudekomplex einer späteren Abtei mit Kirche, Wohntrakt, Kreuzgang und Wirtschaftsgebäuden ahnen. Es wird nur wenige niedrige, hüttenartige Baulichkeiten aus Stein und aus Holz gegeben haben. Zu den ersten Häusern haben gewiß eine Kapelle, ein Refektorium (Eßraum) und ein Dormitorium (Schlafraum) gehört. Die Kapelle bestand aus einem einfachen Raum mit hölzernen Bänken oder Stühlen und einem steinernen Altar. In dem Tal unterhalb der Siedlung kultivierten die Mönche Wein und Oliven und bebauten Felder mit Korn und Gemüse. Das Leben entsprach einer kleinen, einfachen christlichen Gemeinde frommer Laien.

Den abendländischen Klöstern um das Jahr 500 fehlte jeder festere Zusammenhalt. Einige, wie das St. Martins-Kloster in Marmoutier bei Tours in Frankreich, waren bischöfliche Gründungen; doch standen die meisten außerhalb der kirchlichen Organisation. Die bevorzugte Anlage von Klöstern und besonders von Einsiedeleien in der Wildnis oder an anderen unzugänglichen Flecken, weit entfernt vom Einflußbereich eines Bischofs, erschwerten die Bindungen zur offiziellen Kirche noch mehr. Außerdem gab es keinerlei Organisierung zu Gruppen oder Gemeinschaften, also auch keine Orden oder Kongregationen. Jedes Kloster war – mit Ausnahme der losen Formierung zu kleineren Gemeinschaften wie in Subiaco – eine selbständige Einrichtung unter einem eigenen Abt. Schließlich gab es auch keine allgemein anerkannte Klosterregel. Die vorhandenen Anweisungen waren entweder bloße Verordnungen zur Liturgie und Buße oder sehr ausführliche

Kloster Monte Cassino in Benevent. Gründung des heiligen Benedikt etwa 529, Neubau im 17. Jahrhundert und 1950–1954

Gruppe von Klöstern bei Subiaco. Bauten seit dem 11. Jahrhundert

Zusammenstellungen von Vorschriften wie die zeitgenössische Regula Magistri. Die Mönche konnten von einer Klause zur anderen ziehen; einige verbrachten ihr ganzes Leben auf diese unstete Weise.

Gegenüber solchen Zuständen erkannte Benedikt seine persönliche Aufgabe. Obgleich kein geübter Schriftsteller oder Theologe, war er doch bestens mit der Bibel, den Schriften der Wüsten-Väter, den Werken von Basileios, Leo dem Großen und Augustinus, vor allem aber mit den »Collationes« und »Institutiones« des Johannes Cassian vertraut. Die Frucht seines Lesens und Meditierens wurde ein literarisches Denkmal, das in seiner geistlichen Weisheit, seiner umfassenden Sicht und klaren Knappheit eine selbständige Leistung darstellt. Die Mönchsregel ist verhältnismäßig kurz. Rechnet man die liturgischen Anweisungen und Bibelzitate nicht mit, so umfaßt sie nur wenige Absätze. Sie steckte den Rahmen für das ganze Leben des Klosters, für Verwaltung, Wirtschaftsführung und Ordnung im Bereich der alltäglichen und der geistlichen Tätigkeiten der Mönche ab. Die Klosterregel sah eine patriarchalische Leitung vor, bei der die volle Führung und Verantwortung einem gewählten Abt übertragen wurde. Die Mönche, die sich zu dieser Klosterregel bekannten, mußten an einem Ort wohnen bleiben, gehorsam sein und mönchische Tugend in ihrem Leben verwirklichen. Die Hauptaufgabe der Mönche sowie Herz und Mitte der Gemeinschaft bildete das Heilige Officium, die Ordnung der über den Tag verteilten Gottesdienste, von denen Arbeit, Studium, Gebet und Meditation inspiriert wurden, mit denen der Rest des Tages angefüllt war. Der Besitz war allen gemeinsam. Doch gab es kein besonderes Armutsgelübde, was große Bedeutung für das Ausführen von Werken der Barmherzigkeit gewann. Die Mönchsregel enthielt auch kurze, aber kluge Anweisungen, die praktische Vernunft mit geistlicher Weisheit verbanden. Für diese Lebensform bildeten Abt und Regula die beiden Pfeiler. Der Eid zur Stabilitas, Beständigkeit an einer Stelle, den Benedikt einführte, gab der Gemeinschaft den inneren Halt.

Von der Mönchsregel hat sich die Urschrift oder eine fast gleichzeitige Kopie nicht erhalten. Doch gibt es erwartungsgemäß sehr viele Handschriften mit ihrem Text. Ihre Anzahl übertrifft wahrscheinlich die aller anderen Werke aus der Antike, ausgenommen die Heilige Schrift. Das älteste bekannte Exemplar ist eine um das Jahr 700 in England geschriebene, wahrscheinlich aus Worcester stammende Fassung, die sich heute in der Bodleian Library der Universität Oxford befindet. Sie bietet jedoch keinen besonders zuverlässigen Text. Dem Original am nächsten steht das Manuskript 914 der alten Stiftsbibliothek von St. Gallen in der Schweiz. Der berühmte Paläograph L. Traube zeigte 1898, daß die Handschrift aus St. Gallen um das Jahr 817 geschrieben wurde. Sie ist eine nahe, wohl unmittelbare Abschrift des Codex, welcher 787 aus Monte Cassino zu Karl dem Großen nach Aachen gebracht wurde, damit er im ganzen Reich verbreitet würde. Karls des Großen Text dürfte eine getreue Abschrift

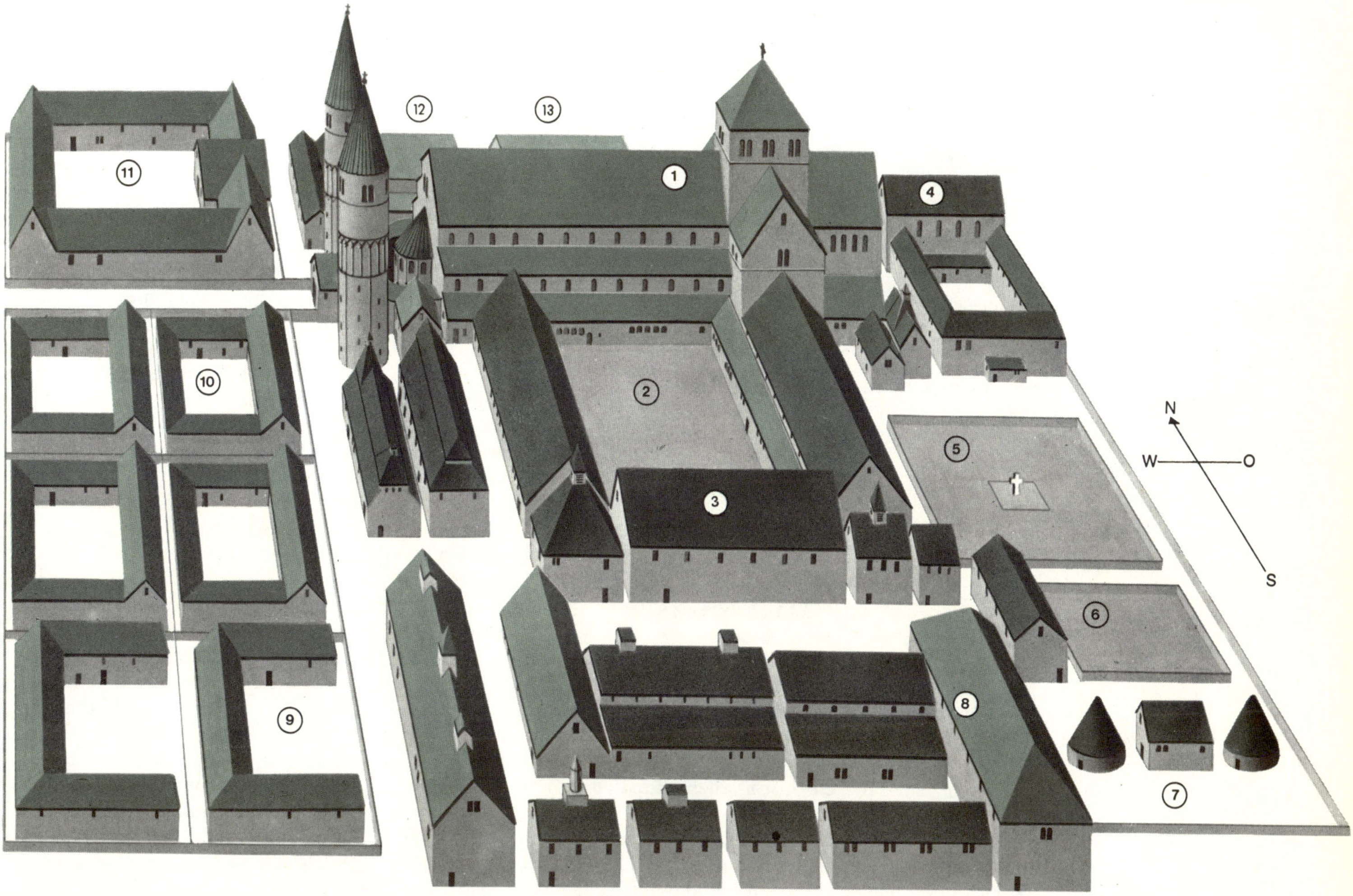

Modell eines karolingischen Benediktiner-Klosters. Nach einer Grundrißzeichnung aus dem Skriptorium der Reichenau, zwischen etwa 816/817 und 823
1 Basilika mit Querschiff, dem Plan nach wohl ohne Vierungsturm, zwei Apsiden an den Enden des Langhauses und zwei gesonderten Rundtürmen im Westen
2 Kreuzgang mit Klostergebäuden: im Osten (rechts) das Dormitorium (Schlafsaal der Mönche), im Westen das Haus mit Vorratsräumen
3 Refektorium (Speisesaal der Mönche) auf der Südseite des Kreuzganges
4 Wohnung der Novizen und Krankenhaus mit je einem Kreuzgang
5 Friedhof und Obstgarten
6 Gemüsegarten
7 Hühner- und Gänseställe
8 Wirtschaftsgebäude für Handwerk und Landwirtschaft im Süden des Klosters (Vordergrund)
9 und 10 Stallungen für Pferde und Vieh
11 Wahrscheinlich Haus für des Kaisers Gefolgschaft
12 Pilgerherberge
13 Häuser für vornehme Gäste, den Abt und die äußere Schule im Norden des Klosters

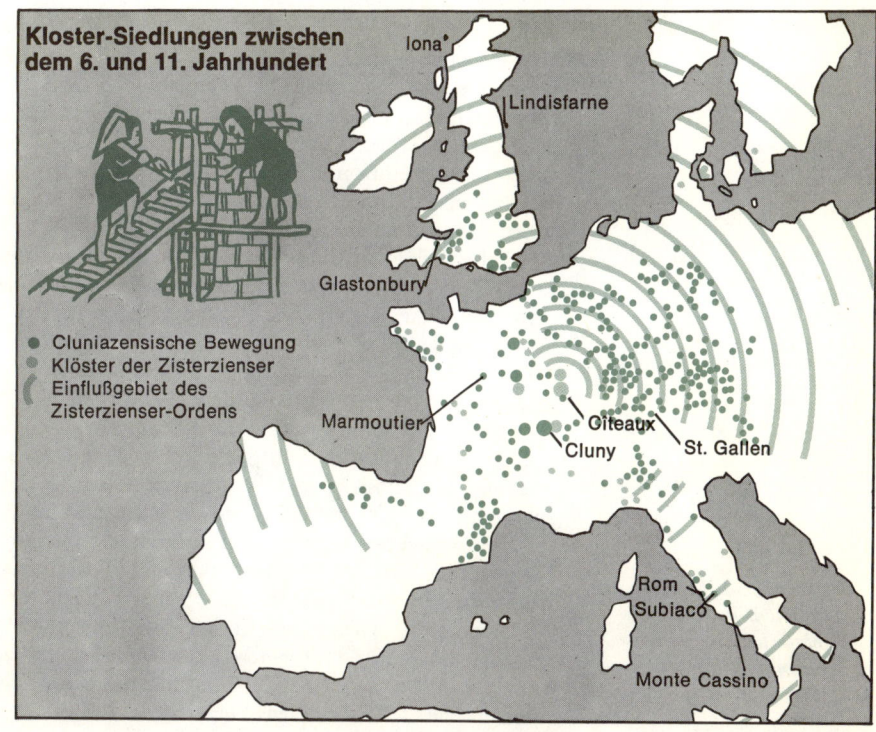

Kloster-Siedlungen zwischen dem 6. und 11. Jahrhundert

• Cluniazensische Bewegung
• Klöster der Zisterzienser
) Einflußgebiet des Zisterzienser-Ordens

aus dem Urexemplar gewesen sein. Sein Wortlaut weicht erheblich von der geglätteten, damals weitverbreiteten Normalfassung ab, in der aus praktischen Gründen Formen und Konstruktionen der spätlateinischen Umgangssprache des Originals beseitigt worden waren.

Bis zum Ende des 5. Jahrhunderts hatten Formen und Institutionen des verfallenden kaiserlichen Systems ihre Funktion bewahrt, wenn auch in gewandelter Form. Damals endete auch für die römische Kirche ein Goldenes Zeitalter der Liturgie, der musikalischen Entfaltung und der Rechtswissenschaft. Schon fünfzig Jahre später war das alles untergegangen. Gewiß lebte Rom noch weiter, aber die alte gebildete Führungsschicht in der Bürokratie war verschwunden. Papsttum

Tod des heiligen Benedikt. Malerei auf Pergament in einem Lektionar aus Monte Cassino, um 1071

Prophet Esra. Malerei auf Pergament im Codex Amiatinus aus Wearmouth-Jarrow in Durham, Nord-England, vor 716

und Geistlichkeit hatten ihrerseits begonnen, die entstandene Lücke in der Verwaltung auszufüllen. Das Rom der Päpste war an die Stelle des Roms der Kaiser getreten. In Italien hatte die antike literarische Bildung und Gedankenwelt aufgehört zu existieren.

Diesen einzigartigen historischen Einschnitt umspannte das Leben des heiligen Benedikt. Als er die Klosterregel aufzeichnete, kämpften die Heere der Germanen und Byzantiner um die Beherrschung oder die Zerstörung Roms. Zusammen mit anderen Zeitgenossen gehörte er zur Gruppe derer, die den Historikern als »Begründer des Mittelalters« vertraut sind. Selber Erben der antiken Überlieferung, brachten sie diese von ihnen neu durchdachten Werte in eine Form, die der sich neu entwickelnden mittelalterlichen Welt einen geistigen Grund verlieh. So faßte Benedikt die monastischen Lehren aus Ägypten und Kleinasien, die schon von Johannes Cassian nach dem Abendland gebracht worden waren, in seiner schlichten, einfachen Regel zusammen. Er fügte die römische Tradition von straffer, aber gerechter Herrschaft hinzu und übergab dieses Erbe einer Institution, die für die abendländische Geschichte von nachhaltigster Bedeutung werden sollte.

Benedikt verlieh dem Mönchtum durch sein Wirken eine Lebensfähigkeit, die es bislang nicht besessen hatte. Er faßte es außerdem materiell und spirituell so zusammen, daß seine weitere Existenz gesichert war. Rom hatte in all den Jahrhunderten seiner Vorherrschaft den Mittelpunkt für Regierung und Verwaltung sowie das einzige Zentrum des wirtschaftlichen und finanziellen Lebens im Reich gebildet. Zahllose Talente waren dorthin zusammengeströmt: Buchstäblich und im übertragenen Sinn führten alle Wege nach Rom. In den späteren Jahrhunderten des Römischen Reiches erhielten alle Formen der Regierung, alle Handelswaren vom Kochtopf bis hin zum Mosaik, von den Villen zu den Amphitheatern und militärischen Einrichtungen ihre Norm in Rom. Vieles wurde in den Provinzen kopiert und als Massenprodukt gefertigt. Materiell gesehen hatte dieser Umstand zur Ausbreitung des Christentums und des Mönchswesens beigetragen.

Die Verlegung der Hauptstadt nach Konstantinopel und besonders die Einfälle der Germanen während der Völkerwanderung schwächten die zentrale Verwaltung und brachten das politische Leben zum Zusammenbruch. Zersplitterung trat an die Stelle von Festigung; die einzige intakte politische Einheit war im wesentlichen das sich selbst erhaltende Dorf oder das Gutswesen. Dieser Welt war das Kloster nach der Benediktregel im besten Sinne angepaßt: Es bildete eine feste wirtschaftliche Einheit, die vollkommen in sich geschlossen und autark war. Seine Bewohner hielten sich mit selbst angebautem Getreide und heimischem Vieh, mit eigenem Handwerk und Gewerbe unabhängig von der Umwelt. Da die Mönche meist einen kleinen Überschuß produzierten, entstand oft ein Markt in der Nähe, so daß notwendige Dinge wie Metallwaren und Salz gekauft werden konnten.

Die fromme Gemeinschaft war bei ihrer ganzen Lebensweise in sich geschlossen. Die Mönche lebten, beteten und studierten in ihrem Kloster und arbeiteten in dessen Häusern und Gärten. Sie übernahmen keine Beschäftigung oder Aufgaben, die sie aus ihrer Abgeschlossenheit herausgeführt hätten, denn das wäre, wie die Regel es sagte, schädlich für ihre Seelen gewesen. Gewiß konnten sie für Botengänge und Wege zum Markt oder in Geschäften des Klosters außer Hauses geschickt werden, doch geschah das nur gelegentlich, und nach der Heimkehr wurde darüber nicht mehr gesprochen. Sie hatten außer dem Abt keinen Herrn über sich und keine Verbindung mit einem anderen Konvent. Nur im Hintergrund stand die schützende und strafende Gewalt des Bischofs.

Der Nachwuchs an Mönchen kam auf zweierlei Art: einmal waren es Erwachsene, vielleicht Kleriker oder Mönche aus anderen Gegenden, Adlige, Bürger, Bauern oder Freigelassene aus der einheimischen Bevölkerung, zum anderen waren es Kinder, die von ihren Eltern Gott übergeben wurden, damit sie im Kloster eine Erziehung erhielten und dann im allgemeinen Mönche blieben. Daher waren alle Altersgruppen und alle Bildungsschichten vertreten.

Anders als bei dem römischen Staatsmann und Gelehrten Cassiodor, der ein Kloster Vivarium gründete, um die antike Literatur und Wissenschaft zusammenzutragen und zu bewahren, findet sich in der »Regula« des Benedikt kein Hinweis auf die Verpflichtung der Mönche, Handschriften abzuschreiben und das klassische Bildungserbe zu retten und zu erhalten. Sie enthält nur die schlichte Anweisung, für sich allein und während der Liturgie zu lesen. Das aber setzte Bücher voraus. Genauso mußten die Kinder im Kloster erzogen werden. Wenn die Klosterregel auch Lehren und Lernen vorschrieb, so stellte sie die Mönche doch vor Aufgaben, die diese Verpflichtung in sich bargen. Das sorgfältige Abschreiben und Herstellen von Büchern mit ihrer für die Liturgie und für die Bibliothek gedachten verschwenderischen Aufmachung, Ornamentierung und Illustration nahm unvermeidlich größeren Raum ein. Ohne Zweifel waren, als Benedikt schrieb, viele dieser Aktivitäten und Tendenzen schon in unterschiedlichem Maße in Klöstern vorhanden, doch ohne die »Regula« hätte alles im persönlichen Belieben des Abtes gestanden. Er allein hatte zu entscheiden, ob er eher ein strenges, mehr auf Buße gerichtetes Leben mit längeren Gebeten, oder aber ein weniger abgewogenes und in sich geschlossenes Gemeinschaftsleben befürwortete oder anordnete.

Im Gegensatz zu ehrwürdigen Legenden der Geschichte der Benediktiner, wonach die Klosterregel sich schon bald weithin durchsetzte, reichte ihr Einfluß ein Jahrhundert lang nicht über Monte Cassino hinaus. Eine Generation nach Benedikts Tod wurde sein Kloster 581 durch die Langobarden geplündert. Die Erzählung, daß eine Gruppe von Mönchen nach Rom wanderte und daß dort von Gregor I. dem Großen Klöster gegründet wurden, die nach der Benediktinerregel lebten, hat keine gesicherte Überlieferung. Papst Gregor I. kannte freilich die »Regula« und verfaßte eine Lebensbeschreibung des heiligen Benedikt, doch eine weitere Erwähnung seines Namens gibt es erst ein Jahrhundert nach dem Tod des Abts. Ungefähr zweihundert Jahre lang schien die »Regula« nur eine unter vielen gewesen zu sein; sie wurde in den Klöstern, die sich im Abendland verbreiteten, ausschließlich oder kombiniert mit anderen verwandt. Die praktischen und religiösen Vorzüge der Klosterregel wurden nur schrittweise erkannt, bis sie ausschließliches Vorrecht genoß. So konnte Karl der Große, der eigentlich kein besonderer Förderer des Mönchtums war, fragen, ob es überhaupt noch eine andere Regel gäbe. Sein Sohn Ludwig der Fromme versuchte im Jahr 817, die Benedikt-Regel als das einzige Gesetzbuch für alle Klöster seines Reiches durchzusetzen.

Seither war die »Regula« mit Ausnahme der keltischen Gebiete für zweihundert Jahre einzig maßgebend für die Klöster. Auch als im 11. Jahrhundert neue Orden entstanden, folgten die meisten, vor allem aber die Zisterzienser, der Benediktinerregel, wenn sie auch in der Praxis verschiedene Modifikationen in Richtung auf größere Strenge, ein Eremitenleben oder größere Aktivität nach außen vornahmen. Während dieser Zeit folgten alle Frauenstifte der Benediktinerregel. So weit ging die Bedeutung des Mönchsordens, daß man die Jahre zwischen 600 und 1150 das Benediktinische Zeitalter genannt hat. Es ist unzweifelhaft wahr, daß in dieser Epoche nahezu alle Mönche der

Musikanten. Malerei auf Pergament in einer Handschrift mit dem Leben des heiligen Benedikt von Papst Gregor I., dem Großen aus Monte Cassino, 11. Jahrhundert

»Regula« folgten und daß die besonderen Qualitäten der Regel alle Mönche und endlich die gesamte abendländische Kirche durchdrang.

Diese Qualität war in ihrer Schlichtheit begründet. Wenn das monastische Leben eine gültige Form christlicher Hingabe ist, dann erscheint die »Regula« als die einfachste Anwendung der Lehre Christi auf das Leben. Sie beinhaltet anpassungsfähige Disziplin, das Fehlen von Zerstreuung und die elementaren christlichen Pflichten des Gebetes, der Selbstkontrolle, des Dienstes und der gegenseitigen Hilfe. Dieses Dasein, gelebt im Geist des heiligen Benedikt, besitzt die Regelmäßigkeit und Vielseitigkeit als Voraussetzung für eine erfolgreiche Integration von Körper und Geist.

Es ist eine Regel für das Leben. Im Gegensatz zu vielen religiösen Verordnungen wird der Tod nur selten erwähnt, auch gibt es keine Anweisungen für die Sterbestunde und für die Beerdigung eines Mönchs. Benedikt dachte nur an die Lebenden. Im Jenseits gedenkt er allein des Jüngsten Gerichtes, das immer wieder als Warnung für den unbeschränkt mächtigen Abt genannt wird. Hat der Mönch auch die Welt verlassen — so hat er sich dennoch nicht von seinen christlichen Mitbrüdern abgewandt; seine Gottesliebe kann sich erfüllen und kann erprobt werden an seiner Liebe zu den Brüdern, die vielleicht hinfällig sind oder wenig anziehend in Körper und Geist.

Obwohl Benedikt außerhalb des Klosters keinerlei Arbeiten für andere Leute vorgesehen hat, wurden seine Mönche in der Entwicklung des mittelalterlichen Europa Helfer von großer Bedeutung. Da viele erfahrene und gebildete Köpfe des Abendlandes in den Klöstern lebten, gingen zahlreiche führende Bischöfe und Ratgeber von Kaisern und Königen aus ihnen hervor.

Sie alle waren Söhne des heiligen Benedikt, folgten seiner Regel. Die bedeutendste Leistung der Regel des heiligen Benedikt dürfte es gewesen sein, dem heranwachsenden Europa eine Botschaft des christlichen Verhaltens gegeben zu haben. Sie stand an Einfluß nur der Bibel nach.

MICHAEL DAVID KNOWLES

Das Zeitalter Justinians. Konsolidierung des byzantinischen Reiches

Im Westen war das 6. Jahrhundert eine Zeit, in der die Saat neuer monastischer Lebensformen und einer kirchlich orientierten Kultur mit den ersten Anfängen der mittelalterlichen Staatenwelt zu keimen begann, während das Oströmische Reich und sein persischer Rivale eine Zeit größten Glanzes erlebten. Trotz der Schließung der platonischen Akademie in Athen durch Justinian I. (529) gab es niemals einen Bruch in der Tradition klassischer Bildung der Laien. Die arabische Kultur, die sich in Ägypten, Syrien und Persien ausbreitete, nahm diese Tradition auf und entfaltete sie sogar weiter. Die Leichtigkeit, mit der die Araber Persien überwältigten und große Gebiete Ostroms eroberten, beruhte weithin auf dem großen religiösen Fanatismus des islamischen Glaubens.

Kaiser Justinian I.

Das Oströmische Reich war während der Wirren der Einfälle germanischer Stämme nicht unbehelligt geblieben; doch während im Westen dem Reich teilweise für immer verlorenging, konnte sich der Osten wieder erholen. Nach einer Periode, in der die Barbaren im Dienst des Kaisers den Gang der Ereignisse in Konstantinopel bestimmt hatten, folgte 476 der bedeutende und tüchtige Kaiser Zenon. Obwohl selbst orthodox, war er willens, einen Kompromiß mit der mächtigen monophysitischen Häresie zu versuchen. Der Monophysitismus leugnete die beiden Naturen Christi als Mensch und Gott und behauptete, Christus habe nur eine, die göttliche Natur. Zenons Nachfolger Anastasius I. ordnete die zerrüttete Finanzwirtschaft des Staates neu und legte den Grund für die Prosperität des 6. Jahrhunderts. Doch seine monophysitischen Neigungen wurden mit Unmut registriert. Sein Nachfolger, der betagte, doch energische Befehlshaber der kaiserlichen Garde, Justin I., gab sich nicht mit halben Maßnahmen zufrieden. Seine Verfolgung der Monophysiten war unerbittlich. Er erließ ein kompromißloses Edikt gegen Heiden und Häretiker. Mochte Justin I. auch in Sachen der Religion sehr hellhörig und aufmerksam sein, so war er noch mehr Soldat und kannte seine eigenen Grenzen. Die Regierungsgeschäfte vertraute er mehr und mehr seinem Neffen Justinian an, der ihm 527 als Kaiser nachfolgte.

Damals war den Menschen durchaus nicht klar, daß Roms Macht im Niedergang begriffen war. Keines

Kaiser Justinian I.

der eindringenden germanischen Königreiche hatte eine eigene stabile Verwaltung errichtet, und sowohl Theoderich wie auch der Frankenherrscher Chlodwig hatten sich weiterhin der römischen Beamten bedient, ja sogar Ehrentitel vom Kaiser angenommen. Als Justinian I. den Thron bestieg, sahen sich die Ostgoten in Italien nach dem Tod Theoderichs großen Schwierigkeiten gegenüber, und auch bei den Franken gab es Anzeichen für innere Spaltungen. Überall im mittelmeerischen Raum waren die Staaten der Emporkömmlinge anscheinend reif für eine Eroberung.

Nur durch Wissen, das eine Rückschau bietet, können wir heute sehen, daß das Römische Reich der Antike unwiderruflich gespalten war und daß die Bevölkerung in Italien, Nord-Afrika und Spanien die Regierung einer weitentfernten Hauptstadt mit ihren sterbenden Idealvorstellungen weder brauchte noch wollte. Nichtsdestoweniger hatte Justinian I. am Ende seiner Herrschaft dank des Talents seiner fähigen Heerführer Belisar und Narses nicht nur den persischen Vormarsch aufgehalten, sondern auch das Mittelmeer wieder zu einem römischen Gewässer gemacht.

Als erstes wurde das Wandalenreich in Nord-Afrika, Sardinien und Korsika von den Byzantinern erobert. Wenige Zeit später wurde den Ostgoten Sizilien abgenommen. Die Eroberung Italiens selbst zögerte sich noch hin. Um die Mitte des Jahrhunderts glückte den oströmischen Heeren die Rückeroberung Süd-Spaniens aus der Hand der Westgoten. Gemessen an ihrer Zielsetzung war Justinians Politik erfolgreich, aber die Hilfsquellen des Reiches wurden dadurch übermäßig beansprucht. Die wirtschaftliche und strategische Stabilität Ostroms litt allzusehr durch die einseitige, weitgehend auf den Westen des Reiches ausgerichteten Politik des Kaisers. Schon innerhalb eines Jahrhunderts nach Justinians Tod durchbrachen slawische und avarische Invasoren die schlecht verteidigte Donau-Grenze, einen der schwächsten Punkte im strategischen Konzept des Kaisers. Während sie einen Großteil des Balkans eroberten, gingen auch die meisten

Hagia Sophia, Konstantinopel

von Justinians westlichen Eroberungen wieder verloren. Die große Wende hing mit dem erstaunlich raschen Aufschwung des Islam zusammen.

Mochte Justinian I. auch einen beträchtlichen Gewinn an Territorien aufweisen können, so mußte er doch den Staatsschatz übermäßig beanspruchen und dem Land immer neue Steuern auferlegen. Nur auf diese Weise konnte er sein ehrgeiziges Programm öffentlicher Bauvorhaben durchführen, das Rom, den orthodoxen Glauben und den Kaiser selbst verherrlichen sollte. Das Hauptwerk war die große Kirche der Hagia Sophia in Konstantinopel, eine der bemerkenswertesten Leistungen in der Architektur. Der Kaiser soll zu Pferd jubelnd vor den Hauptaltar der Basilika geritten sein und den Ruf ausgestoßen haben: »O Salomon, ich habe dich übertroffen!«

Dank der ehrgeizigen Pläne und

Kaiserin Theodora

großen Qualitäten Justinians erfreute sich das Reich im Osten für ein halbes Jahrhundert einer der großartigsten Epochen seiner Geschichte. Doch die Risse im Mauerwerk des Staatsgefüges gingen bis unter die Oberfläche und traten besonders in den religiösen Streitigkeiten hervor. Der Kaiser als das Haupt des Staates und der Kirche mußte die religiöse Einheit und die Loyalität der häretischen Provinzen gleichzeitig erhalten. Justinians Versuche, einen religiösen Kompromiß zu finden, machten ihn selbst der Häresie verdächtig. Die Irrlehre wurde in den Grenzgebieten, wie in Ägypten und in Syrien, als Ausdruck ihrer Opposition gegenüber der Regierung in Konstantinopel übernommen. Das Patriarchat von Alexandrien schloß sich in seinem Kampf um die Unabhängigkeit von Konstantinopel dem Monophysitismus an.

Der orthodoxe Kaiser fand eine ernste Opposition in der Anhängerschaft seiner schönen Gemahlin Theodora, die die Sache der Monophysiten unterstützte. Die Parteikämpfe am Kaiserhof haben zu dem modernen Schlagwort »Politik wie in Byzanz« als einem Synonym für Intrigen und Korruption geführt. Prokop, dessen offizielle Geschichtsschreibung unsere beste Quelle für diese Zeit ist, schrieb außerdem noch eine mit Skandalen gefüllte »Geheimgeschichte«. Darin greift er, der selbst ein Repräsentant der alten Aristokratie war, den Kaiser und die Kaiserin als Emporkömmlinge an und macht ihnen ihre einfache Herkunft aus der Welt des Soldatentums und der des Zirkus zum Vorwurf. Doch Theodora war eine Frau voller Mut und politischem Scharfsinn. In einem Regime, wo die Stimme des Volkes keine verfassungsmäßige Ausdrucksmöglichkeit fand, konnten

Wagenrennen

die Parteiungen der »Blauen« und der »Grünen« des Hippodroms, die bei den Pferderennen im Brennpunkt des Interesses standen, etwas von den Charakteristika politischer Gruppierungen annehmen. Die »Blauen« waren die Partei des Kaisers und des orthodoxen Glaubens; die »Grünen« bildeten die Partei der Kaiserin und waren monophysitisch ausgerichtet. Diese beiden Parteien standen sich stets als Rivalen gegenüber, nur bei dem berühmten Nika-Aufstand des Jahres 532 gingen sie gemeinsam vor. Justinian I. wollte vor dem aufständischen Mob fliehen, doch Theodora und die Generale blieben fest und konnten die Ordnung wiederherstellen.

Für die folgenden Generationen stellte diese Periode mit ihren Anstrengungen, ihrem Selbstvertrauen und ihrer Lebendigkeit eine kaum für möglich gehaltene Zusammenfassung der verschiedensten Elemente dar. Doch kann kein Zweifel über die Erfolge bestehen: Das größte Denkmal dieser Zeit, das »Corpus Juris Civilis«, die Kodifizierung der gesamten römischen Rechts, sollte einen kaum abschätzbaren Einfluß auf spätere Jahrhunderte haben und die bleibende Grundlage aller Rechtssysteme des heutigen Europa werden.

Von Ostrom nach Byzanz

Nach Justinians Tod unternahmen die äußeren Feinde des Reiches schwere Einfälle. Der allmähliche, aber stetige Fortschritt gegen diese Bedrohungen unter der Herrschaft des Soldatenkaisers Mauritius führte im Jahr 602 zu einem endgültigen Sieg unter dem Usurpator Phokas. Die Beseitigung des Mauritius diente dem persischen König als Vorwand für viele erfolgreiche Eroberungszüge, die er angeblich aus Rache für den Ermordeten unternahm. Auch das Vordringen der Avaren erhielt dadurch einen neuen Anstoß. Den Bürgerkrieg,

den die Erhebung des Phokas entfesselt hatte, beendete erst Heraklius im Jahr 610 mit der Absetzung und Hinrichtung des Phokas. Doch der Gegenschlag gegen die äußeren Feinde konnte erst nach einem Jahrzehnt erfolgen. Während dieser Zeit nahmen die Perser Jerusalem ein und führten als Beute eine der wertvollsten Reliquien der Christenheit mit sich: das wahre Kreuz Christi.

Heraklius begann 622 mit einem großangelegten Feldzug die triumphale Rückeroberung der von den Persern geraubten Gebiete. Im Jahr 630 endete der Krieg mit der Kapitulation von Roms Erbfeind. Während der Kaiser in Vorderasien weilte, mußte sich die Hauptstadt Konstantinopel sogar der gleichzeitigen Belagerung von seiten der Heere der Avaren wie der Perser erwehren. Das Jahr 622, in dem Heraklius seinen Kampf begann, war gleichzeitig das Jahr der Hedschra. Der Islam begann also seinen Siegeszug zu einer Zeit, in der Kaiser und Reich von den Plünderungen und Anstrengungen der vorausgegangenen Generation erschöpft waren. Die unter großen Opfern zurückgewonnenen Provinzen, darunter die wichtigsten Stätten griechisch-römischer Kultur wie Caesarea, Antiochien und Alexandrien, gingen bald wieder durch die Blitzfeldzüge des Moslems verloren. Jedoch kann die Bedeutung dieser Eroberungen für die Entwicklung der später glanzvollen Kultur der arabischen Welt kaum zu hoch veranschlagt werden.

Allgemein datieren die Historiker den Beginn der byzantinischen Ära in die Regierungszeit des Heraklius; dabei setzen sie diese Epoche von der oströmischen ab, die noch als Fortsetzung des antiken Roms betrachtet wird. Auf dem Gebiet der Verwaltung ist der Wechsel durch eine neue Organisation der Provinzialverwaltung gekennzeichnet, so daß die seit den Tagen des Diokle-

tian getrennte zivile und militärische Gewalt nunmehr wieder vereinigt wurde. Zur selben Zeit führte der Kaiser eine dem späteren europäischen Lehnssystem verwandte Landverfassung ein: jede Provinz war für die Aufstellung und Versorgung einer Truppeneinheit selbst verantwortlich; die Soldaten erhielten eine Landzuweisung als Entgelt für ihren militärischen Dienst. Mehr und mehr wurde Griechisch statt Lateinisch die Amtssprache des Reiches. Ägypten, Syrien, Spanien und Nord-Afrika gingen verloren, und die Besitzungen des »Römischen« Kaisers in Italien selbst wurden auf kleine Gebiete an den Küsten reduziert. Nach der Zeit des Heraklius bekam das Oströmische Reich einen mehr mittelalterlichen Charakter.

Das Ende des persischen Reiches

Im 5. Jahrhundert wurden in Persien die schwachen und erfolglosen

Persische Tempel-Ruinen

Nachfolger des Sassaniden Schapur gezwungen, dem Barbarenkönigtum der Hephthaliten ihren Tribut zu zollen. Zu diesem äußeren Feind kam im Innern noch die umstürzlerische Sekte Mazdaks, der eine

religiöse Lehre predigte, die in vielem von Mani abhängig war und sozial-revolutionäre Elemente enthielt, wie das Gemeineigentum von Grundbesitz und Frauen. Obwohl diese Lehre an den Gründen des hierarchischen und aristokratischen Gesellschaftsaufbaues rührte, wurde sie dennoch von König Kavadh I. angenommen. Ihm war sie wahrscheinlich eine willkommene Waffe gegen den übermächtigen Adel und eine Hilfe gegen den Einfluß der Magier sowie den der Hierarchie der Zoroastres-Priester am Hof. Kavadh I. konnte tatsächlich die Grundlagen für ein Wiederaufleben persischer Macht legen, indem er gegen die antimonarchischen Kräfte im Staate vorging, die Lage der Bauern verbesserte und die Verwaltung zu einem wirksamen Arm königlicher Herrschaft umformte. Sein Sohn Chosrau I. (531–579) baute diese Errungenschaften der Regierung seines Vaters noch weiter aus und führte das wieder erstarkte Reich zu einem siegreichen Krieg gegen seine Feinde.

Nach der ruhmreichen Herrschaft Chosraus I., die sich noch heute in den Ruinen der reichen und glanzvollen Denkmäler und Paläste seiner Hauptstadt Ktesiphon zeigt, folgte eine Periode innerer Wirren und Aufstände. Erst mit der vom byzantinischen Kaiser Mauritius unterstützten Thronbesteigung seines Enkels Chosrau II. schien die Größe des persischen Reiches wiederzukehren. Doch das einst mächtige persische Reich fiel, erschöpft durch die ehrgeizigen Unternehmungen Chosraus II., niedergeschmettert durch die von Kaiser Heraklius zugefügten Niederlagen und geschwächt durch neuen Bürgerkrieg und innere Spaltung, als billige Beute in die Hand der Moslems. Ihr Heer bemächtigte sich im Jahr 637 der Hauptstadt Ktesiphon.

Ruine des Palastes in Ktesiphon

Konsolidierung der japanischen Selbständigkeit

794

Einer der »Zwölf Göttlichen Generale«, Beschützer des Yakushi Nyorei, des Buddhas des Heilens. Bemalte Ton-Figur aus dem Shinyakushiji-Tempel in Nara, um 726–749

Torstraße zum Schrein der Füchsin in Heian (Kyoto)

Seit dem Ende des 4. Jahrhunderts wurde Japan unter einer Erbmonarchie von einer kaiserlichen Familie regiert. Zunächst bildete der japanische Hof seine Grundsätze in Politik, Ethik und Religion sowie sein Schriftsystem und seine ganze Kultur nach dem Vorbild der Chinesen. Erst seit dem Jahr 794, als die Hauptstadt von Nara nach Heian, dem heutigen Kyoto, verlegt wurde, entwickelten die Japaner eine eigene nationale Kultur. Um das Jahr 1000 schrieb die Hofdame Murasaki Shikibu die erste Novelle der Weltliteratur, »Die Geschichte des Genji«, ein Meisterwerk literarischer Erfindungsgabe, das das großartige Leben am Heian-Hof widerspiegelte.

Während der ganzen japanischen Geschichte hat die legitime Macht bei einer einzigen kaiserlichen Familie gelegen, die seit dem Ende des 4. Jahrhunderts in Erbfolge den Thron besaß. Die eigentliche politische Führung aber übte der landbesitzende Adel aus. Im Gegensatz zu Maßnahmen des 7. Jahrhunderts, die einen kaiserlichen Anspruch auf alles Land behaupten sollten, sammelten die mächtigen Familien große Grundherrschaften und gewannen im Lauf der Zeit auch Immunität von der Steuerpflicht. Es liegt eine Paradoxie darin, daß die Macht der Familie der Fujiwara gerade auf dieser Art von Steuer-Immunität beruhte, denn sie schwächte die Macht des Kaisers und folglich auch die Macht der Fujiwara selbst. Das Prinzip der Erbfolge in der Monarchie war in der japanischen Gesellschaft so tief verwurzelt, daß die Fujiwara niemals versuchten, den Kaisertitel für sich zu usurpieren, doch wirkten sie als Regenten. Der Kaiser gab ihrem Regiment die Legitimation und war gleichzeitig die Quelle der Ehre, aus der sie die Titel und Ämter ableiten konnten, mit denen sie ihre Familie und ihre Parteigänger ausstatteten.

Die wirklichen Herrscher Japans duldeten über sich eine höhere, wenn auch im allgemeinen einflußlose legale Autorität, was eine große Bedeutung für die Geschichte des Landes hatte. In allen Staaten und zu allen Zeiten hatte Palastpolitik eine bedeutende Rolle gespielt; doch im Heian-Japan war dies praktisch die einzige Aktivität der Regierung. Einige der Regenten waren begabte Organisatoren und Verwaltungsfachleute, die das allgemeine Wohl des Volkes im Sinn hatten. Doch ihre Machtstellung verdankten sie ihrer geschickten Manipulation der Verhältnisse am Hof. Die mächtigsten Männer Japans widmeten sich lange Zeit hindurch nicht der Staatsverwaltung, sondern der Sicherung ihrer Stellung in einer Hofgesellschaft, die immer geringere Kontakte mit dem Land hatte, über das sie eigentlich herrschen sollten.

Während der meisten Zeit des 9. Jahrhunderts waren die Fujiwara nur die mächtigsten Minister der Krone. Von 900 bis 1068 erlangten sie praktisch unbegrenzte Macht. In diesen siebzig Jahren wurden die Kaiser, die offiziell zurückgetreten waren, um als Väter ihrer zum Herrscher erhobenen Söhne von ihrer Privatresidenz aus die Regierungsgeschäfte wahrzunehmen, von den Fujiwara-Ministern ausgeschaltet. Schließlich wurde die Familie durch Klans von Militärs, die sie selbst zu Hilfe gerufen hatten, weitgehend verdrängt. Denn oftmals bedrohten Aufstände im Land die Macht der Fujiwara. Nur weil die führenden Generalsfamilien loyal zu den Regenten standen, konnten diese Unruhen unterdrückt werden.

Dank dem inneren Frieden brauchte das Reich kein stehendes Heer. Keine Streitmacht gebot den Übergriffen der großen Landbesitzer Einhalt. Daher wurde das Land am Ende des 9. Jahrhunderts zumeist von umfangreichen Grundherrschaften regiert, die außerdem Steuerfreiheit genossen. Unter den Gründen für diese Entwicklung waren zwei besonders bedeutsam: einmal brachten die drückenden Frondienste manchen Armen dazu, sich in die Abhängigkeit eines mächtigen Nachbarn zu begeben. Zum anderen waren von der Regierung große Steuervergünstigungen gewährt worden, die theoretisch nur für eine begrenzte Zeit zum Zweck der Besiedlung und Erschließung von Neuland gegeben wurden, das für die Ernährung der ständig wachsenden Bevölkerung benötigt wurde. Nicht nur die Regierung zeigte sich machtlos, diese Privilegien zu widerrufen, sondern auch die großen wie die kleinen Landbesitzer selbst täuschten nur wegen dieser Steuervergünstigung vor, weite Gebiete schlechten und unkultivierbaren Bodens urbar gemacht zu haben. Auch

Phoenix-Halle, Hoodo, des Klostertempels Byodoin am Uji-Fluß bei Heian. Holz-Bau, 1053

Minamoto Yoritomo. Malerei auf Seide, gekontert, aus dem Jingoji-Tempel von Heian, 12. Jahrhundert

hierbei war sich der kleine Bauer seiner schwachen Position beim Erheben von Anspruch auf solche Art Land bewußt. Er begab sich in die Abhängigkeit eines mächtigeren Nachbarn, der ihm gegen eine jährliche Rente Schutz vor den kaiserlichen Behörden gewährte. In dieser Atmosphäre von Aufsässigkeit und Gesetzlosigkeit gewannen die großen Militärfamilien an Einfluß. Die Zentralgewalt sah sich genötigt, ihre Gouverneure und Polizeikräfte in den Provinzen aus dem einheimischen Adel zu nehmen. Sie wurden sogar beansprucht, um Aufstände in der Hauptstadt Heian zu unterdrücken.

Die Macht der Fujiwara beruhte auf den Heiraten, die sie für ihre Töchter arrangierten. Sogar auf der Höhe ihres Einflusses mußten sie ihren Anspruch auf Macht in erster Linie auf ihre Verwandtschaft mit der kaiserlichen Familie gründen. Im Jahr 986 legte Fujiwara Yoritada, der Schwiegervater des zur selben Zeit gestorbenen Kaisers, die Regentschaft nieder. Da seine Tochter, die Kaiserinwitwe, keinen Thronerben geboren hatte, konnte er nicht länger Anspruch auf eine Verbindung mit der Kaiserfamilie erheben. Solch eine Haltung, die für chinesische Verhältnisse unverständlich war, schien in Japan unvermeidlich zu sein, wo die Achtung vor dem Erbprinzip übermächtig war.

Und hier wurde die grundsätzliche Schwäche offenbar, die der Versuch, chinesische Regierungsgrundsätze auf das mittelalterliche Japan zu übertragen, mit sich brachte. Vom 7. Jahrhundert an wurden Rechtsbücher, die diese Grundsätze enthielten, herausgegeben und immer wieder revidiert. Doch dieses Verfassungssystem und die Wirklichkeit wollten nicht in Übereinstimmung kommen. In der chinesischen Staatstheorie war die Idee eines absoluten Erbrechtes durch die Lehre vom Auftrag des Himmels an den Herrscher abgelöst worden. Jedes neue Kaisergeschlecht leitete seine Rechtfertigung aus seinem Erfolg ab, den es als Unterstützung der himmlischen Mächte interpretierte. Für den Chinesen war das leitende Prinzip im Staatsleben wie im privaten Bereich das Prinzip des »Li«, durch das die Harmonie zwischen Himmel und Erde und somit menschliches Glück und politische Stabilität möglich wurde. In diesem System war es eine Hauptpflicht des Kaisers, das korrekte rituelle Verhalten bei seinen Aufgaben zu beachten und das »Li« angemessen zu befolgen. Die Japaner übernahmen diese Idee genauso wie eine strenge Hierarchie in der Verwaltung, die für einen Staat geeignet war, in dem die Zentralgewalt alles Leben beherrschte. Das System war jedoch für ein Land, das eine Zentralgewalt praktisch nicht kannte, völlig nutzlos. Darüber hinaus waren die Japaner unfähig, das verbindende Glied mitzuübernehmen, das die konfuzianische Lehre des »Li« und eine wohldurchdachte Staatsform in praktische Politik verwandelte: In China wurden Männer auf Grund einer Staatsprüfung und entsprechend den Fähigkeiten in ein Amt berufen. Mit solch einer Beamtenschaft konnte es sich der chinesische Kaiser leisten zu glauben, daß die Stabilität seiner Macht auf der harmonischen Ausgeglichenheit der ewigen Prinzipien des »Yin und Yang« beruhte.

Die japanische Verwaltung, die in ein Religionsministerium und in ein Staatsministerium aufgeteilt war, bei dem das erstere dem zweiten übergeordnet war, wurde durch die Anweisungen des Yin-Yang-Büros geleitet. Die Leute, die diese Anweisungen verfaßten, waren für gewöhnlich nur adlige Höflinge. Die Heian-Gesellschaft war ungeachtet ihrer Eleganz und Formbedachtheit von Unordnung und Gefahr umlauert. Sogar am Hof selbst wurde oftmals das Zeremoniell sehr oberflächlich gehandhabt. Der Heian-Hof war allen Aspekten des menschlichen Lebens gegenüber einzigartig empfindsam: gegenüber Etiketten, Kleidung, Bildung und echten Herzensregungen. Von einem Liebenden erwartete man, daß er seine Liebeswerbung in eleganten eigenen Versen mit passenden Zitaten aus chinesischen Klassikern vornahm.

Das Wachsen der Lebenskraft der bodenständigen japanischen Künste wurde an der Architektur der neuen Hauptstadt von Heian gut sichtbar. Das Gitterraster des Stadtplans von Nara kopierte recht genau das Vorbild der T'ang-Hauptstadt von Ch'ang-an in China; auch die Architektur war im wesentlichen chinesisch. Die Räume wurden mit Steinplatten ausgelegt, die Decken durch bemalte Holzpfeiler gestützt, und die Dächer bestanden aus halbtransparenten grünglasierten Ziegeln. In Heian jedoch zeigte sich eine Tradition bodenständiger und heimischer japanischer Architektur. Die Pfeiler und anderes Holzwerk waren aus unbemaltem dunklem Holz, die Dächer waren mit Hinoki-Rinde gedeckt, Streifen der japanischen Zeder, während die Böden aus Holz gefertigt waren, die sich auf Pfählen über das Niveau der Erde erhoben. Der Hof kehrte auch zu der traditionellen japanischen Sitte zurück, nicht auf Stühlen zu sitzen, sondern auf Binsenmatten zu hocken.

Die Architektur von Heian besaß noch andere besondere Charakteristika. Eine adlige Familie bewohnte einen Komplex von Gebäuden. Der »Shinden« oder Hauptpavillon war von mehreren kleineren Pavillons umgeben, die miteinander und mit dem Zentrum durch Korridore und Brücken verbunden waren. Das Ganze befand sich in einem Park. Der Garten selbst, der zunächst beliebte Landschaftsszenen in kleinen Imitationen enthielt, wurde nach strengen Gesetzen gestaltet, so daß er nicht nur zu einem Objekt ästhetischer, sondern auch metaphysischer Kontemplation wurde, das man von einem Fenster aus betrachtete, jedoch nicht betrat.

Im Inneren der japanischen Häuser wurden die Räume durch Schiebetüren abgeteilt. Daneben benutzte man freistehende Faltwände, um den Raum zu variieren. Man setzte sie auch zwischen die Teilnehmer eines Gespräches, wenn die Etiketten es verboten, daß sie einander anschauten. Der junge Genji in der Novelle der Dame Murasaki durfte das Gesicht seines verehrten Mädchens erst am Schluß bei der Liebeswerbung sehen. Bei einem Gespräch war das Mädchen so scheu, daß schließlich eine seiner Dienerinnen auf Genjis Komplimente hinter einem dezenten Bambusvorhang antwortete. Entzückt von ihrer schönen Stimme, preßte er sein Gewand; als er endlich seine Prinzessin sah, war er erschrocken über ihre Häßlichkeit.

Genji jedoch konnte sich zumindest an den Werken der besten Maler und Dichter vom Hof ergötzen, denn die Faltwände und Vorhänge waren mit erlesenen Gemälden und kalligraphischen Inschriften bedeckt. Oft bildete ein Vers oder eine Zeile aus einem chinesischen oder späterhin japanischen Gedicht die Inspiration des Künstlers. Dann wurde dieser Vers als Kartusche auf den Rand des Gemäldes geschrieben – so kam zur Schönheit des Gemäldes noch die literarische Anmut des Textes und die Pracht der Kalligraphie. Allmählich ersetzte die heimische japanische Dichtungsart des »Waka« die chinesischen Formen. Ebenso änderte sich auch das vorherrschende Thema: Aus dem Besingen einer Ideallandschaft mit schroffen Felsen, wie sie von den chinesischen Künstlern bevorzugt wurde, wandten sich die Dichter zu Szenen, in denen wellige Hügel mit der Fülle blühender Kirschbäume und purpurblättrigem Feldahorn geschmückt sind. Die Poesie wurde urbaner. Die Figuren der chinesischen Sagenwelt wurden durch alltägliche Szenen aus dem Leben des japanischen Adels oder auch des einfachen Volkes ersetzt.

Wahrscheinlich hat Murasaki ihre Beschreibung eines frühen Morgens in einem Dorfe eher nach dem Bild auf einem Wandschirm als aus eigener Beobachtung einer solchen Szene gedichtet: den Bleicher bei der Arbeit mit seinem Schlegel oder die Dreschmühlen, wie sie am Beginn des neuen Tages mit dem Mahlen beginnen. Ein Hofdichter des 10. Jahrhunderts schrieb eine Serie von Wandschirmgedichten über die Arbeiten der zwölf Monate oder über den Charakter der vier Jahreszeiten. Andere Gedichte waren berühmten und schönen Flecken in der Provinz gewidmet oder gefeierten Wanderern auf der Straße, dem Leben der Bauern oder der Adligen, die den Hoffreuden wie Falkenbeizen oder Bewundern von Blumen und Bäumen nachgehen. Die Maler liebten es, Leute in ihre Landschaften zu setzen. In ihrem Tagebuch bemerkte Murasaki, daß eine der Prinzessinnen bei Hof es liebte, auszugehen und am Abend dem Untergang der Sonne zuzuschauen, am frühen Morgen den Mond verschwinden zu sehen oder der Nachtigall durch die Wälder zu folgen. In der Tat ist es bemerkenswert, daß in einer Gesellschaft, die so tief den urbanen Freuden des Hofes und den Annehmlichkeiten der Hauptstadt zugetan war, das Stadtleben den Dichtern so wenig Inspiration gab.

Buddhistischer Text Japanische Schriftzeichen aus der Zeit der Fujiwara

Szene aus der »Geschichte des Genji«. Tusch-Zeichnung aus Heian, 12. Jahrhundert

Musizierender Buddha. Detail von einer Bronze-Laterne aus dem Todaiji-Tempel in Nara, Ende des 8. Jahrhunderts

Nichtsdestoweniger haben sich Verse erhalten, die schmerzvoll die Pein eines aus der Hauptstadt Verbannten erzählen, denn während der Heian-Periode war Verbannung die empfindlichste Strafe für Umsturzversuch oder auch für politisches Versagen.

Hand in Hand mit der glänzenden Blüte der Künste, die durch den Bau der neuen Hauptstadt ermuntert wurde, ging die Entwicklung eines stärker nationalen Stiles in der Malerei. Mit dem »Yamoto-e« oder der »Japanischen Malerei« war der soziale Aufstieg der Maler verbunden. Am Ende des 9. Jahrhunderts finden wir zum ersten Male Namenslisten von Künstlern; der berühmteste unter ihnen war Kanaoka. Ihn hält man für den ersten Künstler, der statt nur imaginärer Landschaften die japanische Natur malte.

Mit der Erfindung einer Art Silbenschrift im späten 8. und frühen 9. Jahrhundert wurde es verhältnismäßig einfach, Japanisch zu schreiben. Das Ergebnis war nicht nur, daß die Dichter sich zunehmend des Chinesischen entledigten, sondern daß sie eine Prosaliteratur entwickelten: Novellen, Memoiren und Tagebücher. Große Staatsmänner hinterließen ihre Tagebücher aber noch auf chinesisch. Chinesisch sollte in den kommenden Jahrhunderten die Sprache der Wissenschaft bleiben. Doch die glänzende, gefühlvolle, vielleicht etwas gekünstelte Gesellschaft des Japan der Heian-Periode lebte in den japanischen Novellen und Memoiren. Diese frühen japanischen Werke, die zu den entzückendsten Büchern der Weltliteratur gehören, reichen von der Märchen-Atmosphäre des »Taketori monogatari« – es erzählt davon, wie fünf Edelleute und sogar der Kaiser selbst versuchen, ein hübsches Mädchen zu freien, und dann merken, daß sie ein Geist ist, dessen Wohnung auf dem Mond liegt – bis zu dem wahrhaft glühenden »Genji monogatari«, der »Geschichte des Genji«. Das Genus der Prosaromane erreichte am Beginn des 11. Jahrhunderts seine höchste Blüte in den Händen von Dichterinnen. Außer dem Werk der Murasaki Shikibu, die ein bewunderungswürdiges Tagebuch sowie ihre berühmte Novelle schrieb, gab es das Tagebuch der Izumi Shikibu, die ihre zahlreichen amourösen Abenteuer erzählt, sowie das »Kissen-Buch« der Hofdame Sei Shonagon, das vor dem Einschlafen gelesen werden sollte.

Hauptsächlich dank des chinesischen Einflusses erhielten Wahrsagen und Orakel einen wichtigen Platz im japanischen Leben. Das »Yin-Yang«-Büro und seine Amtsstellen wurden nicht nur über die Auspizien für Staatszeremonien konsultiert, sondern auch vom Adel in den detailliertesten Fragen des Lebens um Rat gebeten. Für das Volk gab es eine große und einträglich verdienende Kaste von Wahrsagern. Das vielleicht Merkwürdigste einer Vielfalt von Aberglauben war die Vorstellung, daß mächtige Geister draußen umhergingen und daß es Unglück bedeute, »ihren Weg« zu kreuzen. In der Tat war die Welt so erfüllt von Gefahren, daß es das sicherste war, daheim zu bleiben. Doch auch in dieser völligen Zurückgezogenheit, »Nonoimi« genannt, konnte man nicht unbegrenzt sicher sein, denn alle sechzig Tage vermochte man am Tag des Affen Gefahr nur dann bannen, wenn man die ganze Nacht hindurch wachsam blieb und sich an einem neutralen Ort aufhielt. Im Jahr 1104 verbrachte der »zurückgezogen lebende« Kaiser Shirakawa die Nacht des Affen in seiner Sänfte auf einem Stadttor und kehrte erst bei Tagesanbruch in seinen Palast zurück. Wenn ein Mann an einem ungünstigen Tag ausgehen mußte, so trug er zumeist die Plakette, »Imifuda«, an seinem Hut, um die Leute, denen er begegnete, zu warnen, sie sollten sich ihm nicht nähern. Die Liebe der Japaner für Zeremoniell und Schaustellungen jeder Art war so groß, daß wir zeitgenössische Aufzeichnungen

von großen Versammlungen und Festen besitzen, bei denen einige der Zuschauer ihre Imifuda schwenkten, ängstlich darauf bedacht, nicht die Zeremonie zu versäumen und sich dennoch auf diese Weise vor bösen Mächten zu schützen. Einige der großartigsten Schaustellungen waren jene, die von den Buddhisten inszeniert wurden.

Der Buddhismus kam während des 6. Jahrhunderts nach Japan. Sein ungeheurer Einfluß in der Hauptstadt während der Nara-Periode dürfte ein entscheidender Faktor bei der Verlegung der Residenz nach Heian gewesen sein. Doch der Buddhismus sollte einen tiefen und dauernden Einfluß auf die japanische Kultur haben. Sein breiter und nicht exklusiver Zug befähigte ihn, die lokalen Geister und Götter des Shinto-Kultes als Beschützer der Bodhisattvas des Buddhismus zu assimilieren. Der alte Glaube behielt seinen Platz als wesentlicher Teil der Religion von Staat und Volk.

Im frühen 9. Jahrhundert erhoben sich die Sekten von Tendai und Shingon, beides Modifikationen solcher, die sich in China schon etabliert hatten. Das Zentrum des Tendai-Buddhismus war das Kloster Enryakuji, das auf dem Hiyiei Berge oberhalb von Heian erbaut worden war. Im Verlauf des Jahrhunderts wurden beide Sekten zunehmend esoterisch. Am Ende des 10. sowie im 11. Jahrhundert trat in gewisser Hinsicht der Kult des gnädigen Buddha Amida an ihre Stelle. Er entwickelte sich um den Glauben an eine unmittelbare Wiedergeburt im Paradies von Amida.

Die vielleicht einflußreichste aller Lehren des Buddhismus war der Glaube an die Wiedergeburt und vor allem die Idee des Karma, die man grob als den Glauben an die unausweichliche Ursache-Wirkung-Relation in Vergangenheit, Gegenwart und Zukunft bezeichnen kann, sowie die Überzeugung, daß das Menschenleben in jeder Lage durch Ereignisse seiner früheren Leben beeinflußt wurde. Ein solcher Glaube stand mit der stark fatalistischen Strömung im japanischen Denkengut in Einklang. Der quietistische Aspekt des Buddhismus bildete einen willkommenen Kontrast zu der Gewaltsamkeit des Lebens selbst. Doch die buddhistischen Klöster waren weit davon entfernt, quietistisch zu sein. Reich und befreit von der Steuerlast, unterhielten sie bald eigene Scharen von Kriegern.

Vor allem der Kontrast zwischen diesen Extremen in der Gesellschaft des mittelalterlichen Japan befremdet so stark. In diesem Land entstand eine Kultur von bemerkenswertem Empfindungsvermögen und ästhetischen Errungenschaften. Der Hof des Herrschers wurde von einem umständlichen und eleganten Zeremoniell beherrscht. Die Gesellschaft zeichnete sich durch ein vorzügliches Erkennen der Nuancen sozialen Verhaltens und menschlicher Feinfühligkeit aus.

GEOFFREY HINDLEY

Reitender Mönch. Malerei, 11. Jahrhundert

Amida, Buddha, in Meditationshaltung auf neunfachem Lotossitz. Vergoldete Holz-Figur in der Phoenix-Halle des Byodoin-Tempels in Nara, 1053

Linke Seite: Todaiji-Tempel in Nara. Gegründet 733

Die Shinto-Göttin Nakatsu Hime Zo. Bemalte Holz-Figur vom Hachimangu-Schrein aus Nara, 8. Jahrhundert

Japan. Das Reich der Langobarden. Aufstieg der Franken

Etwa dreieinhalb Jahrhunderte nach der Gründung Heians besaßen der kaiserliche Hof und die Reichsverwaltung in Japan eine hochentwickelte Kultur, die bis in unsere Tage den Charakter dieses asiatischen Volkes geprägt hat. Die Macht lag in der Hand der Fujiwara-Familie, die mit dem Kaiserhaus durch Heiraten verbunden war und die die Regenten für die unmündigen Kaiser stellte. Der Kaiser wurde eine idealisierte Figur, geschützt vor den kompromittierenden Folgen der Ausübung politischer Macht. Die empfindsame und stilvolle, doch etwas formalistische Geisteshaltung der Heian-Periode unter den Fujiwaras, deren größter Einfluß von der Mitte des 10. zur Mitte des 11. Jahrhunderts dauerte, fand auch in dem literarischen Meisterwerk der Zeit ihren eindrucksvollen Niederschlag.

In scharfem Kontrast zu dem vornehmen, mehr kraftlosen als schöpferischen Leben in der Hauptstadt stand das Leben in den großen, weitgehend unabhängigen Grundherrschaften. Die reichen Landbesitzer erlangten schrittweise Steuerfreiheit. Auf solche Weise entwickelte sich ein Feudalsystem ähnlich dem in Europa.

Als die Fujiwaras den Griff lockerten, mit dem sie die Zügel der Politik führten, brach ein Bürgerkrieg zwischen den rivalisierenden Parteien der Familie aus. Im 12. Jahrhundert riefen sie zwei der mächtigsten Familien mit ihren Privatheeren aus der Provinz zu Hilfe. Als sich die Verhältnisse nach einer langen Zeit der Anarchie geklärt hatten, sahen die Fujiwaras, daß ihre militärischen Berater sie aus der Macht verdrängt hatten. Als 1166 die Taira-Familie die Macht übernahm, wurde Japan zum ersten Mal in drei Jahrhunderten Zeuge politischer Morde. Ungefähr zwanzig Jahre später wurden die Tairas von dem bedeutenden Minamoto Joritomo gewaltsam verdrängt. 1185 geriet Japan unter eine Militärherrschaft. Das Zeitalter des eleganten höfischen Lebens wurde durch die Zeit der Samurai abgelöst. Durch den Kampf zwischen Taira und Minamoto war die große Zeit des japanischen Rittertums eingeleitet worden. Das Soldatentum sollte für die Regierung Japans in den kommenden sieben Jahrhunderten bestimmend werden.

Die Langobarden in Italien

Das Jahrhundert, das dem Zeitalter Justinians I. folgte, war durch den raschen Verfall der römischen Herrschaft in West-Europa gekennzeichnet. Die Erfolge, die Justinian verzeichnen konnte, hatten keinen Bestand. Die Rückeroberung Italiens durch die Feldherren Belisar und Narses endete zwar nach langwierigen Kämpfen mit der Errichtung einer römischen Provinz. Aber schon unter den Nachfolgern des Kaisers verloren die Byzantiner große Teile von Italien an die Langobarden und erlitten auf dem Balkan Niederlagen gegen die Avaren.

Wie alle germanischen Stämme, die in das Römische Reich eindrangen, stammten die Langobarden aus dem Norden. In der Mitte des 6. Jahrhunderts hatten sie sich in einem Gebiet niedergelassen, das Teile des heutigen Österreich und Ungarn umfaßte. Dort wirkten sie als Verbündete Justinians I. und halfen den kaiserlichen Heeren gegen die Gepiden, einem anderen germanischen Stamm, der die Donaugrenze bedrohte. 566 bereiteten ihnen die Langobarden, gemeinsam mit den Avaren, eine vernichtende Niederlage. Schon zwei Jahre später kündigten die Langobarden ihr Bündnis mit dem Kaiser auf und zogen unter Führung ihres Königs Alboin über die Alpen nach Nord-Italien, wo sie innerhalb einer Generation heimisch wurden. Die Hauptstadt ihres neuen Reiches wurde Pavia, eine Stadt im Herzen der Landschaft, die heute noch nach den Langobarden Lombardei heißt. Im Süden bildeten sich die beiden mächtigen langobardischen Herzogtümer Benevent und Spoleto und erhielten ihre Freiheit vom byzantinischen Kaiser. Auch waren diese Herrschaften während der meisten Zeit von den langobardischen Königen im Norden unabhängig.

Während des 7. und 8. Jahrhunderts beherrschten Italien vorwiegend drei Mächte: die Langobarden im Norden und in Mittel-Italien, die römischen Päpste und das byzantinische Exarchat von Ravenna, zu dem auch Calabrien in Süd-Italien und Sizilien gehörten. Der römische Kirchenstaat stand zunächst unter der Oberhoheit des Kaisers in Konstantinopel. Mit dem zunehmenden Verfall der byzantinischen Macht in Italien aber gewann auch das Patrimonium Petri immer mehr an Selbständigkeit.

Die Langobarden waren zunächst eine herrschende Minorität von Kriegern, die von ihren Untertanen nicht nur durch Rasse und Sprache getrennt waren, sondern auch einer anderen Glaubensrichtung anhingen. Soweit sie das Christentum angenommen hatten, bekannten sie sich zu der Lehre des Arius. Die Unabhängigkeit verschiedener langobardischer Herzogtümer wie Spoleto und Benevent erklärt sich nicht nur aus ihrer geographischen Entfernung von der Hauptstadt, sondern war auch in der Verfassung der Langobarden begründet, die den Führern einzelner Volksteile, den Herzögen, eine beträchtliche Freiheit von der königlichen Autorität einräumte. Sie konnten sich auch auf die unbedingte Treue ihrer Gefolgsleute stützen. Tatsächlich wurde Italien nach dem Tod des Königs Alboin, des Führers bei der Landnahme, zehn Jahre lang von sechsunddreißig Herzögen regiert. Doch der

Evangeliar der Theodolinde

Druck von seiten der byzantinischen und fränkischen Militärmacht zwang das Volk zur Einheit unter dem Königtum. Danach wurde das Reich mit einem System königlicher Beauftragter überzogen. Die einzelnen Landesteile mußten sich immer mehr der zentralen Verwaltung unterordnen.

Um die Mitte des 7. Jahrhunderts wurde in lateinischer Sprache das langobardische Volksrecht im »Edictus Rothari« aufgezeichnet. Es spiegelt germanische und römische Rechtspraxis wider. Ungeachtet der fortwährenden Zersplitterung der langobardischen Krieger-Aristokratie läßt sich ein wachsender römischer Einfluß in Kunst und Verwaltung feststellen. Auch die katholische Kirche in Rom setzte sich in zunehmendem Maß unter der arianischen Bevölkerung durch, ebenso das Konnubium, die Heiraten zwischen der langobardischen und der römischen Bevölkerung.

Der Gipfel langobardischer Macht lag in der Regierungszeit des Königs Liutprand (712–744), der

Minamoto Yoritomo

Weibliche Heilige

»Eiserne Krone« von Monza

die Angriffe auf byzantinisches Gebiet fortsetzte und auch die Hoheit der langobardischen Macht im Norden auf die Herzogtümer Benevent und Spoleto ausdehnen konnte. Während dieser Zeit begann der bedeutende langobardische Historiker Paulus Diaconus seine berühmte »Geschichte der Langobarden«, die er bis in die Zeit der Herrschaft Liutprands führte. Sie stellte die früheste Volksgeschichte eines germanischen Stammes dar, die von einem Germanen geschrieben war.

Liutprands Nachfolger versuchten, die Verbindung zwischen den langobardischen Landesteilen im Norden und Süden herzustellen. König Aistulf eroberte in den Jahren zwischen 751 und 753 das Exarchat Ravenna, wodurch die byzantinische Herrschaft in Mittel-Italien endete. Als dem Papst ein gleiches Schicksal drohte, wandte sich Stephan II. um Hilfe an seine »Katholischen Söhne« in Franken.

Im Jahr 754 zwang Pippin der Jüngere die Langobarden, das eroberte päpstliche Gebiet herauszugeben, und bestätigte das Eigentumsrecht des Papstes. Auf dem Reichstag zu Quierzy machte der karolingische Hausmeier dem Papst territoriale Versprechungen in Mittel-Italien. Die »Pippinsche Schenkung« bildete die Rechtsgrundlage für den Kirchenstaat. Rund zwanzig Jahre später bat ein anderer Papst, Hadrian I., den Sohn Pippins, Karl den Großen, um Hilfe. Nach einem siegreichen Feldzug in Italien machte sich Karl im Jahr 774 in Pavia zum König der Langobarden. Seit dieser Zeit beanspruchten die Nachfolger Karls des Großen Herrscherrechte in Italien.

Das Reich der Franken

Während der Einfluß des römischen Kaisers in Ravenna erlosch und während die Päpste zu Rom das Beste aus ihrer schutzlosen Lage zwischen den arianisch-häretischen Königen und Herzögen der Langobarden sowie den Ansprüchen der byzantinischen Kaiser zu machen suchten, erhob sich im 6. Jahrhundert nördlich der Alpen eine neue Macht: das fränkische Reich Chlodwigs und seiner Nachfolger. Mit seinem Sieg bei Soissons über Syagrius 486 hatte Chlodwig im Alter von erst 20 Jahren die letzten Reste römischer Herrschaft in Gallien beseitigt. In den folgenden zwanzig Jahren überwältigte der Führer dieses bisher unbedeutenden germanischen Stammes die meisten seiner mächtigen Nachbarn. Er besiegte die Thüringer, die Alemannen und vor allem die Westgoten 507 bei Vouillé.

Das vielleicht bedeutendste Ereignis in Chlodwigs Herrschaft war seine Bekehrung zum katholischen Christentum. Durch seine Taufe schuf Chlodwig für sich und seine Nachfolger die Grundlage zum Aufstieg des Reiches der Franken zur ersten Macht in West-Europa. Dieser Akt sicherte dem König die Unterstützung der einheimischen gallo-römischen Bevölkerung, die Hilfe der Kirche und die Anerkennung durch den Kaiser, der ihm den Titel eines Patricius und Konsuls verlieh. In den Jahren nach seinem Tod 511 dehnte sich das fränkische Reich weiter aus, obwohl es unter Chlodwigs vier Söhnen aufgeteilt war. Das Königreich der Burgunder zwischen Rhône und Loire wurde erobert. Der Herzog von Bayern erkannte die fränkische Oberhoheit an. Als Verbündete Justinians I. unternahmen die Franken Einfälle in das ostgotische Italien.

Die Hausmeier

Im frühen 7. Jahrhundert entwickelte sich in Gallien eine neue politische Struktur, wobei das Königreich in zwei Teile, Neustrien und

Segnender Christus

Krönung Karls des Kahlen zum König von Lothringen

Austrasien, zerfiel. Dazu gehörten noch das abhängige Königreich Burgund und das Herzogtum Aquitanien. In den letzten zwanzig Jahren des 7. Jahrhunderts wurden Neustrien und Austrasien, wo die Nachkommen Chlodwigs aus dem Geschlecht der Merowinger nur noch nominell regierten, von dem eigentlichen Herrn des Frankenreiches geeint: Pippin der Mittlere, der Hausmeier des Königs von Austrasien, schlug den Hausmeier von Neustrien und trat an die Spitze des Frankenreiches. Ihm folgte sein natürlicher Sohn, Karl Martell, als Herrscher und erreichte auch die Unterwerfung von Aquitanien und Burgund.

Obwohl er nicht den Königstitel annahm, war die Fiktion einer Herrschaft der Merowinger während seiner Regierungszeit nur noch schwer aufrechtzuerhalten. Zehn Jahre nach dem Tod Karl Martells vollzog Pippin der Jüngere die Absetzung des letzten rechtmäßigen Merowingers und machte sich mit Zustimmung des Papstes zum König. Als Gegenleistung erhielt Rom Unterstützung gegen die Langobarden in Italien.

Kaiserkrönung Karls des Großen 800

Als Karl der Große im Jahr 814 stirbt, erstreckt sich sein Reich von der Elbe bis zu den Pyrenäen. Nur die Gascogne und Bretagne haben eine gewisse Selbständigkeit gewahrt. Die Pyrenäen bilden die Grenze gegen die Welt des Islam. In Spanien hat sich nach der Eroberung der Halbinsel durch die Araber nur das kleine westgotische Königreich von Asturien und Galicien gehalten. Im Nord-Osten gründet Karl die Spanische Mark, die bis zum Ebro reicht. Im Süden laufen die Grenzen des Karls-Reiches entlang des Meeres bis in die Gegend von Terracina, südlich von Rom; auch Korsika ist in den Händen der Franken.

In Italien reicht der fränkische Einfluß bis zum Süden, wo der Herzog von Benevent aus einer langobardischen Dynastie unter fränkischer Oberherrschaft steht. Der Rest von Unter-Italien, Sizilien, Sardinien und Venedig sind byzantinisch. Das Oströmische Reich hält seine Ansprüche aufrecht. Es möchte große Teile Italiens wieder unter seine Herrschaft bringen.

In Ost-Europa reicht die karolingische Macht nach Unterwerfung der Sachsen bis zur Elbe. Die Tschechen in Böhmen und Mähren anerkennen eine gewisse Oberhoheit der Franken. Südlich von Böhmen liegt das damalige Kärnten. Die Karantanen bewohnen südlich der Donau, am linken Ufer der Enns, Teile des heutigen Österreich, so die Steiermark und Kärnten.

Es hatte guten Sinn, daß zeitgenössische Poeten und Chronisten Karl als »königlichen Vater Europas«, als »Gipfel Europas« ansprechen, daß sein Reich das »Königreich Europa« genannt wird. Seit dem Zerfall des spätrömischen Reiches hatte es in Europa keine derartige Konzentration politischer Macht mehr gegeben.

Europa, das bedeutete: lateinische Christenheit, abgesetzt gegen die griechische Hemisphäre. Dieses Europa beruht in der Überzeugung Karls auf der Kraft der Franken, auf ihrer ihnen von Gott und dem heiligen Petrus übertragenen Mission. Dieses Europa ruht in der Erfahrung seiner Zeitgenossen auf der Kraft der Persönlichkeit Karls. Nach seinem Tod beginnt seine Schöpfung zu zerfallen, prägt aber noch in seiner hundert Jahre währenden Auflösung die Nachfolgestaaten, vorzüglich Frankreich und Deutschland.

Der fränkische Riese Karl ist 1,92 Meter groß, von breiter Gestalt. Karl besitzt eine helle Stimme, ist sehr jovial, redselig, hat Freude an Streitgesprächen. Er trinkt wenig, ißt sehr viel, verabscheut den Luxus seidener Kleider. Karl trägt das Hemd und den Leinenwams des fränkischen Volkes, Hosen mit Binden, im Winter einen Pelz aus dem Fell von Fischottern, Marder oder Zobel. Er trägt einen Mantel aus blauer Serge und an der Seite ein kurzes Schwert, dessen Griff aus Silber oder Gold ist. Karl liebt die Jagd, das Reiten und Schwimmen; er liebt die Frauen; neben den ihm kirchlich angetrauten Gemahlinnen besitzt er Frauen in germanischen Friedelehen und noch vier Konkubinen. Karl liebt Bildung, was die Bildung des Klerus heißt; er selbst versteht das Lateinische, kann jedoch nicht schreiben. Mühsam krümmen sich seine Finger zur Unterschrift.

Dieser lebensfrohe, sich seiner Vollkraft bewußte Mann weiß sich ganz als Franke. In Aachen, nahe den geliebten heißen Quellen, wird die Aachener Pfalzkapelle als Oktogon erbaut. Die Jerusalemer Grabkirche ist wahrscheinlich das Vorbild. Karl will das »Alte Rom« nach Aachen verlegen. Hier gibt es neben dem Münster und dem »Sacrum palatium«, in dem der fränkische König leben will, ein drittes, »Lateran« genanntes Gebäude. Wie Konstantinopel, so soll Aachen das zweite Rom sein. Ein Hofdichter besingt das »kommende Rom«, das Karl in Aachen errichtet.

Dieser große Plan Karls ist dem Papst Leo III. bei seinem Besuch in Paderborn im Sommer 799 bekanntgeworden. Die Römer haben Leo vertrieben; dieser sucht Hilfe bei dem »Schutzherrn der Römer«, Karl. Der Vater Karls hatte sich noch gesträubt, diesen Titel eines »Patricius Romanorum« zu verwenden. Der Sohn führt ihn seit 774. Für Karl sind Römertum (Romanitas) und Christentum (Christianitas) identische Begriffe religiöser Art. Etwas ganz anderes bedeuten »Römertum« und »Christentum« einerseits für den Papst, andererseits für den Kaiser in Konstantinopel. Der Kaiser in Konstantinopel versteht sich als einziger legitimer römischer Kaiser: sein orthodoxes Christentum ist die einzig wahre römische Kirche. Der Papst ver-

Thron Karls des Großen. Marmor-Sessel im Münster zu Aachen, Ende des 8. Jahrhunderts

Karl der Große. Bronzene Reiterstatuette, gekontert, aus Metz, 9. Jahrhundert

*Karl der Große.
Vorderseite eines silbernen
Pfennigs der Münzstätte
Frankfurt, nach 804*

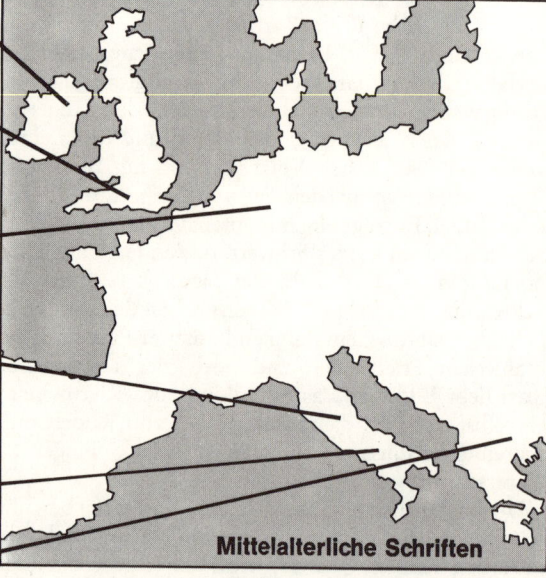

Irische Halbunziale. 7. Jh.

Minuskel der Winchester-Schule. 11. Jh.

Gotische Buchschrift. 15. Jh.

Spätrömische Kursive. 4. Jh.

Beneventanische Schrift aus Monte Cassino. 11. Jh.

Griechische Unziale des Codex Sinaiticus. 4. Jh.

Musteralphabet der Capitalis im Stil der römischen Kaiserzeit. Seite in einer Pergament-Handschrift des »Calculus Victorii Aquitani« (Rechenbuch), wohl aus Fulda oder Seligenstadt, Hessen, um 836

steht sich als Nachfolger des heiligen Petrus, als der wahre Römer. Sein Römertum bedeutet für ihn den Anspruch, das päpstliche Rom als Achse der christlichen Welt zu »erneuern«.

Der Plan Karls, Aachen zum zweiten Rom zu machen, muß Papst Leo III. aufhorchen lassen. Hier ist eine Vorstufe zur Kaiserkrönung von 800 zu ersehen. Liegt nicht dies bereits in der Luft: eine Überführung des Papstes von Rom nach Aachen? Dort wäre der Papst vor den Augen aller Welt der »Primus inter pares«, der erste der fränkischen Reichsbischöfe gewesen. Fünfhundert Jahre später bewegen französische Könige, die Karl den Großen als ihren Ahnen verehren und ihm jährlich an sein Grab nach Aachen Geschenke – Weihegaben – übersenden, ihre französischen Päpste, in Avignon Residenz zu halten. Das ist »die babylonische Gefangenschaft« der Kirche. Napoleon, der sich als neuer Karl der Große und Schirmherr der französisch geführten Weltkirche lateinischer Prägung weiß, überführt einen Papst nach Paris, wo er als erlauchter Statist der Selbstkrönung Napoleons zum Kaiser der Franzosen beizuwohnen hat.

In der Kaiserkrönung am Weihnachtstag des Jahres 800 stoßen vier Ansprüche agonal aufeinander: ein fränkischer, ein päpstlicher, ein stadtrömischer und ein byzantinischer Anspruch. Der wohl nie zu Ende kommende Streit der Historiker um die »rechte« Deutung dieses religiös-politischen Aktes, in dem man eine sakrale und politische Konstitution des lateinischen Europa ersehen kann, basiert im letzten auf der konkreten Konfliktsituation der damaligen Zeit. Sieger des Tages bleibt damals Karl der Große. Für ihn, seine Franken, seine langobardischen, seine angelsächsischen, irischen, spanischen ideologischen Mitarbeiter, seine Kleriker und Hofhumanisten, bedeutet die Kaiserkrönung von 800: Krönung durch Gott. Karl ist als König und Priester Nachfolger des Priesterkönigs des Alten Bundes »in der Ordnung des Melchisedech«. Karl, der »neue David«, thront in Aachen auf einer sakralen Nachbildung des Salomonischen Thrones. Karl weiß sich auch als Nachfolger Justinians I., dessen Gesetzgebungswerk er fortsetzt. Karls Kaiserkrönung ist für die germanischen Völker, die »sein starker Arm« unterwirft oder wiedergewonnen hat, die heilsrichtige, göttliche Bestätigung des großen Siegers, den Gott zunächst auf dem Schlachtfeld zum »Imperator« macht.

Karl und seine Berater möchten in der Kaiserkrönung von 800 nicht einen päpstlichen Anspruch auf eine Ober-Autorität geistlicher, kirchlicher, spiritueller Art über die Würde und das Amt des Kaisers sehen. Karl möchte zudem eine Herausforderung des römischen Kaisers in Byzanz vermeiden.

Sehr anderes plant der Papst, der »zweite Sieger« von 800. Leo III., persönlich eine sehr problematische, zwielichtige Erscheinung, weiß sich in einer großen Tradition stehen, die dann im hohen 9. Jahrhundert mächtig ausholt und direkt über Gregor VII. zu den Papst-Kaisern des Hochmittelalters, Innozenz III. und Innozenz IV., führt. Päpste und ihre ideologischen Helfer weben das große Gewebe, in dem später das westliche Kaisertum erdrosselt wird. Der Papst ist, seit Konstantin dem Großen, der Herr Roms. Der Papst überträgt das Kaisertum auf seinen Kandidaten, nachdem die Würde des Kaisertums von Konstantinopel auf Rom übertragen wurde.

Leos III. Krönung Karls, die diesen überrascht und erbittert wie ein Akt des Überfalls, ist gegen den Kaiser in Konstantinopel, gegen den fränkischen König und sogar gegen die Römer gerichtet, die von dem Papst als Assistenz benötigt werden: sie haben die römischen Akklamationen, die feierlichen Huldigungsrufe der alten kaiserlichen Liturgie, gleich nach der Krönung auszurufen, um sie rechtsgültig zu machen. Die stadtrömischen Mitarbeiter Leos III. glänzen dadurch im ewigen Kampf der Römer mit ihrem Papst und hoffen, sich ein Recht der Mitbestimmung einhandeln zu können. Papst Leo denkt ihnen jedoch nur eine Assistentenrolle zu: den Franken fällt, sehr zu ihrem Groll, nur eine Statistenrolle zu; sie haben bei dieser Krönung nichts zu tun und nichts zu sagen.

Papst Leo III. hätte seine Kaiserkrönung von 800 – nie zuvor hatte ein Papst einen Kaiser gekrönt – sehr gern noch erhöht durch eine zweite Krönung: durch die von ihm geplante Vermählung Karls des Großen mit der Kaiserin Irene. Wenn ihm dieses gelungen wäre, hätte er schon damals jenen Welt-Primat errungen, den das Papsttum als Führer Europas in der Epoche der Kreuzzüge anstrebt: Oberherr der lateinischen und griechischen Christenheit zu werden.

Der Vorgänger Leos III., Hadrian I., hatte bereits erklärt, daß die römische Kirche »Caput totius mundi«, Haupt des Erdkreises sei.

Warum ließ sich Karl auf ein gewisses Mitspiel, auf Rom, ein? Warum ging er überhaupt nach Rom? Warum setzte er sich dem Risiko aus, das auf der Hand lag: daß der Papst die Krönung ganz an sich risse?

Karl wollte durchaus eine Kaiserkrönung. Nur sollte diese in seiner eigenen Regie liegen, wohl vorbereitet von seinen politischen und kirchlichen Beratern. Am 23. Dezember 800 überreichen in Rom Legaten des Patriarchen von Jerusalem Karl Schlüssel und eine Fahne, als Symbole der Übergabe der heiligen Stätten im Heiligen Lande an ihn als den Herrn, den Schutzherrn der Christenheit.

Für Karl gibt es nur eine rechtgläubige Christenheit, das ist die von Rom, die vom Papst kirchlich geführte lateinische Christenheit. Die fränkische Kirche ist streng auf Rom hin konzentriert. Alter fränkischer Rom-Glaube bindet sich an das Heil des heiligen Petrus und des Papstes. Karl der Große ist der Vater des lateinischen Westens, der lateinischen Bildungswelt, ihrer Schulen, Hochschulen, bis zum heutigen Tag. Der »Clerc«, der Gebildete, der Schriftkundige, der Lehrer, Professor und Literat, der Rechtskundige, der »Intellektuelle« ist, bis heute, ein Urenkel des karolingischen »Clericus«, der karolingischen Hofhumanisten und Äbte der »Karolingischen Renaissance«.

Die karolingische Minuskel, Produkt einer Schriftreform und einer karolingischen Bildung, ist bis heute die Mutter der europäischen Schriften. Gewiß: die lateinische und auch eine griechische Bildung wurden im Reich Karls des Großen weit einflußreicher und produktiver durch Englands Schulkultur präsentiert als durch das dürftige, abgesunkene Rom, das zu Karls Zeiten bildungsarm, spirituell verkommen und politisch der Tummelplatz adeliger Cliquen war und sich in keiner Weise mit der reichen, griechisch inspirierten Kultur des italischen Südens oder der langobardischen Bildungswelt vergleichen kann.

In England haben sich seit Theodor von Tarsus und Benedict Biscop Bildungsschätze angehäuft, die den Franken zugute kommen. Englands Schulen und Bibliotheken stehen den Männern vom Kontinent offen, etwa dem Friesen Liudger, der in York studiert und viele Bücher heimbringt. England hat das ganze 8. Jahrhundert hindurch unermüdlich die besten und gebildetsten seiner geistlichen Söhne als Glaubensboten und Lehrer über den Kanal entsandt. Die fränkische Reichskirche beruht, zwischen Bonifatius und Alkuin, weithin auf der missionarischen Leistung von Mönchen aus den Britischen Inseln.

Auch diese aber verweist auf Rom. Karl der Große kann sich das mühselige Einigungswerk, die politische Unifizierung der sehr verschiedenartigen Stämme und Völker und Landschaften seines Reiches nur vorstellen als getragen von römischer, das heißt für ihn lateinisch-christlicher Glaubens- und Bildungsmacht. Sein Titel »Imperator Romanum gubernans imperium«, den er ausweichend dem Titel »Imperator Romanorum« vorzieht, bedeutet ihm vorzüglich, als Kaiser die lateinische Christenheit zu regieren. Diese lateinische Christenheit bildet die einzige gottgewollte rechtgläubige Kirche. Die Griechen sind immer in Gefahr, als Häretiker, irrgläubige Querulanten betrachtet zu werden.

In diesem Sinn braucht Karl den römischen Papst gegen die Griechen. Karl der Große denkt an eine Koexistenz der beiden Reiche, er erstrebt Gleichheit in Rang und Würde mit dem östlichen Kaiser, den er jedoch als rechtmäßigen Kaiser anerkennt. In einer nachahmenden Rivalität wird in Anpassung an das Byzantinische Karls Hof als »sakral« (sacer) bezeichnet. Griechische Elemente werden in die karolingische Bildung aufgenommen. Das sichtbarste Zeichen der Angleichung an Byzanz ist die Adoration, die der Papst nach der Krönung Karl erweist. Leo III. krönt Karl stehend, nachdem sich dieser vom Gebet erhoben hat, und wirft sich nach byzantinischem Ritus zur Adora-

Kaiser Leo VI. vor dem thronenden Christus. Mosaik über dem Kaiserportal im Narthex der Hagia Sophia zu Konstantinopel, um 900

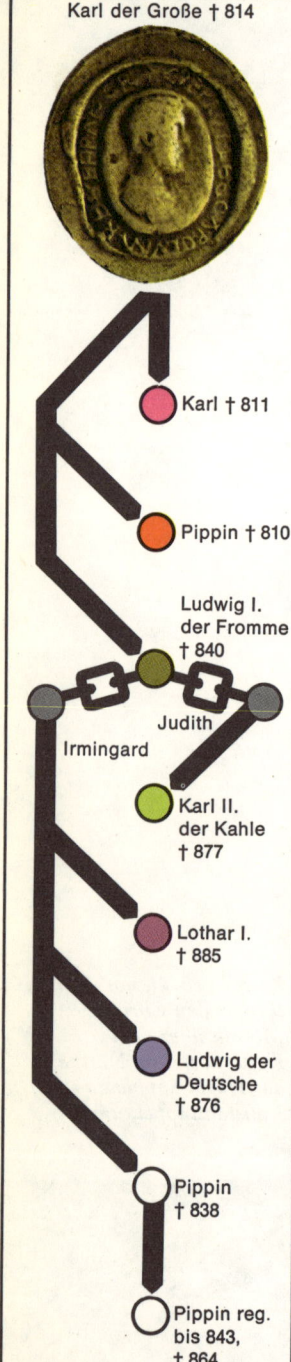

Oben:
Karl der Große.
Abdruck eines Siegels

● Ludwig der Stammler †879
● Ludwig II., Kaiser †875
● Ludwig III. i. Westen †882
● Ludwig III. i. Osten †882
● Karlmann †884
● Boso von Burgund †887
● Karl III. der Dicke †888

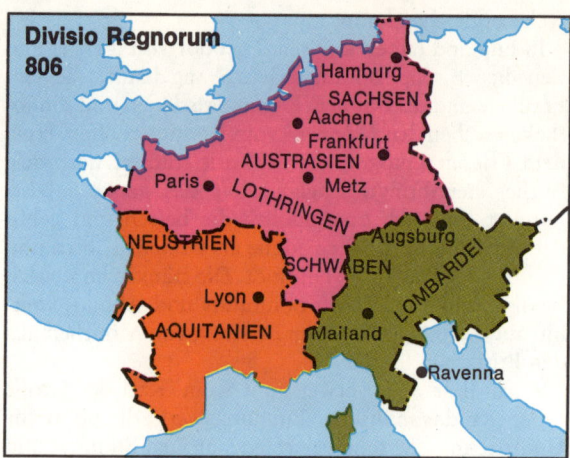
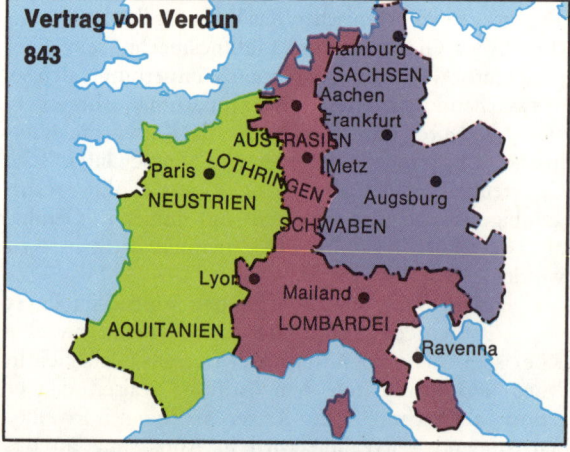
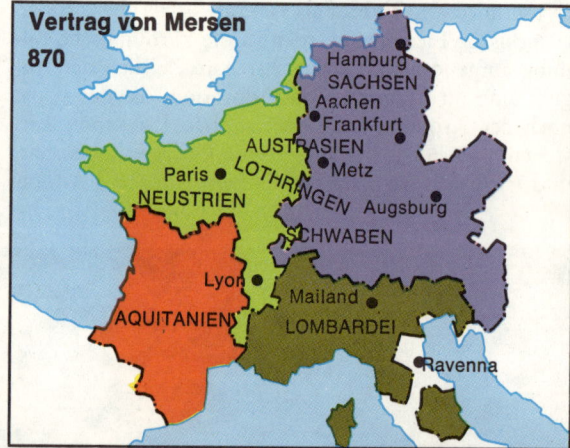
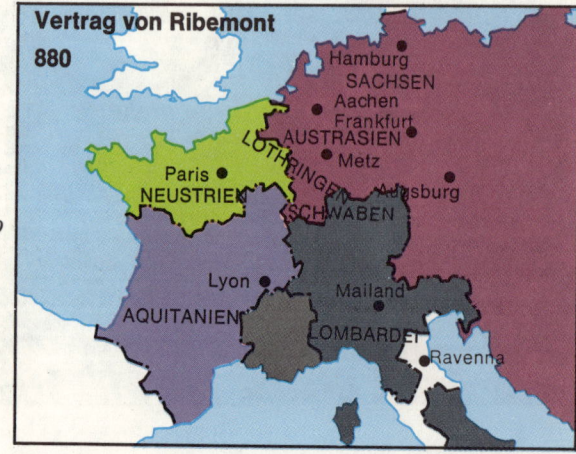

tion, zur sakralen Verehrung des Gekrönten, vor Karl nieder. Diese Adoration erschien späteren Päpsten als eine Ungeheuerlichkeit und wurde nie mehr geleistet, denn nach ihrer Auffassung macht Petrus, also der Papst, den Kaiser.

Die Kaiserkrönung des Jahres 800 muß auf jeden Fall als ein entscheidender Schritt in der Ausfaltung des großen Ost-West-Konflikts gesehen werden, der seit der Spätantike Europa überschattet: Das ist der Kampf zwischen griechischem und lateinischem Genius, zwischen griechischer und lateinischer Kirche, zwischen Konstantinopel und Rom, zwischen oströmisch-byzantinischem und lateinischem Reich.

Ein unmittelbares Vorspiel zu 800 ist in der Frankfurter Synode von 794 zu sehen: diese sucht nachzuweisen, daß die griechische Kirche sich vom wahren christlichen Glauben entfernt und durch Irrlehren in der Bilderfrage sich zu dem widerchristlichen Reich der Bosheit geschlagen habe. Das rechtgläubige Konzil von Frankfurt bedeutet den Versuch, die zweite Synode von Nicäa (737) und damit das byzantinische Kaisertum zu diskreditieren. Frankfurt wertet das Material aus, das in den »Libri Carolini«, die wahrscheinlich Theodulf von Orléans verfaßte, vorbereitet worden war. Die Franken werfen den Byzantinern eine götzenhafte Bilderverehrung vor. Der Streit um die richtige Verehrung der Heiligenbilder zieht sich in Byzanz durch Jahrhunderte hin. Frankfurt zielt auf das oströmische Kaisertum: Den byzantinischen Herrschern wird vorgeworfen, sie hätten sich selbst zu Abgöttern erhoben, die »mit Gott zusammen regieren« und »göttlich« sein wollen, ja, man schäme sich im bösen Byzanz nicht, von den »göttlichen Ohren« der Herrscher zu sprechen. Nicht den Aposteln gleich seien diese, sondern sie seien sterbliche Menschen, die dem Irdischen und Zufälligen nachjagen.

Dieser theologische Angriff kam den Intentionen des römischen Papstes entgegen, der im 9. Jahrhundert dabei ist, die sakrale Stellung des römischen Kaisers im Osten zu erobern. Das Papsttum übernimmt dann im steten Ringen mit den Kaisern im Westen alle sakralen Titel und Ansprüche aus Byzanz, ja übersteilt diese noch weit: bis zum »Papa-deus«, zum »Papst-Gott« in kurialen Ideologien des 13. und 14. Jahrhunderts.

In der theologischen und religiös-politischen Rivalität der karolingischen Theologen und Politiker bekundet sich zudem der alte Minderwertigkeitskomplex römischer und spezifisch lateinischer Kleriker und Theologen dem viel gebildeteren Osten gegenüber. Die römischen, lateinischen Theologen des 8. Jahrhunderts sind spirituell, geistig und geistlich den Denkern der Ostkirche weit unterlegen. Im 4. Jahrhundert verstand kein einziger Theologe des Westens die subtilen geistigen Auseinandersetzungen im Osten, in der griechischen Kirche, um die Fragen der Dreifaltigkeit. Jetzt, im Ausgang des 8. Jahrhunderts, hat der Westen aufgeholt, vor allem dank der Theologen von den Britischen Inseln und aus Spanien. Von einer kulturellen, bildungsmäßigen Ebenbürtigkeit der Franken mit der Kultur des byzantinischen Reiches konnte jedoch nicht gesprochen werden. Das wissen zutiefst die Hoftheologen Karls: sie wissen, daß sie in Konstantinopel als Barbaren gelten. Wenn sie wohl auch nicht erfahren, daß der einzige Bericht eines byzantinischen Chronisten über die Vorgänge des Weihnachtstages 800 in Rom diese lächerlich macht: Leo III. habe Karl »vom Kopf bis zu den Füßen« gesalbt, in roher Unkenntnis des wahren Zeremoniells also nichts anderes vorgenommen als eine Letzte Ölung.

Die Synode von Frankfurt versucht nicht weniger als aufzuzeigen, daß nur mehr die lateinische Kirche die volle Rechtgläubigkeit garantiere. Die Griechen werden zu »falschen«, »irrgläubigen«, »unzuverlässigen«, »boshaften«, »schwatzhaften«, »treulosen« Menschen denunziert.

Papst Leo III. und Kaiser Karl wissen, daß mit theologischen Angriffen die byzantinische Realität nicht aus der Welt zu schaffen ist. Karl der Große läßt, nachdem er Kaiser geworden ist, den Bilderstreit begraben. Kaiser Karl bemüht sich um freundschaftliche Beziehungen zum Hof in Byzanz. Zwei Jahre vor Karls Tod kommt es endlich zu einem Vergleich. Eine neue byzantinische Gesandtschaft leistet die feierliche »Akklamation« Karls als »Kaiser«, nicht als römischer Kaiser. Kaiser der Römer bleibt weiterhin nur der griechische Basileus. Kaiser dem Namen nach kann es der byzantinischen Reichslehre nach durchaus mehrere geben. So wird später auch ein Kaiser der Bulgaren anerkannt.

Karl verzichtet seinerseits auf die Forderung, seine Herrschaft über den Osten zu erstrecken. Dies kann ihm leichtfallen: er hat bis zu seinem Tod genug zu tun, um die Stämme und Völker in seinem Reich einigermaßen friedsam zu halten. Nach seinem Tod beginnt der Zerfall. Das Papsttum holt sofort zu einer Machtübernahme aus: Diese demonstriert die Kaiserkrönung Ludwigs des Frommen 816 in Rom. Der Papst verbindet hier erstmalig die Salbung mit der Krönung. Die Assistenten von 800, die Römer, werden nun bereits ganz ausgeschaltet. Ihre Heilsrufe werden eliminiert. Die neue, erstmalige Liturgie dieser Kaiserkrönung erklärt: Der heilige Petrus macht den römischen Kaiser. Rom, das päpstliche Rom, ist der Mittelpunkt der gesamten christlichen Welt.

Auf die Kaiserkrönung am Weihnachtstag 800 sehen im Jahrtausend nach Karl dem Großen Könige, Kaiser, Fürsten aus Ost und West, Nord und Süd. Karl der Große, Charlesmagne, wird weit in den Osten hinein – über Rußland hinaus und bis Jerusalem und Bagdad – zu einer mythischen Verkörperung des großen Herrschers.

FRIEDRICH HEER

Evangelist Matthäus und der Beginn seines Evangeliums »Christi autem generatio...« Malerei auf Pergament in einem Evangeliar, dem Codex Aureus aus Canterbury, um 750

Das Reich der Franken. England und die Wikinger

Während des 9. Jahrhunderts löste sich das Reich Karls des Großen auf, und Europa als Einheit lebte nur in der Idee weiter. Im späten 10. Jahrhundert waren die östlichen und westlichen Teile des fränkischen Reiches jeweils in der Grundstruktur zu den künftigen Königreichen von Frankreich und Deutschland zusammengewachsen. Die spanische Mark war ausgeschieden, und das baskische Königreich von Navarra sowie die Grafschaft Barcelona waren daraus hervorgegangen. Die italienische Halbinsel war zersplittert in eine Anzahl schwacher Königreiche und stand in nomineller Abhängigkeit zum Kaiser.

Franken im 9. Jahrhundert

Nach dem Tod Karls des Großen

Kaiser Ludwig der Fromme

814 folgte ihm sein einziger noch lebender Sohn Ludwig der Fromme, ein liebenswürdiger und gebildeter Mann. Zum Regieren dieser gewaltigen Erbschaft fehlten ihm Willensstärke und Weitblick. Auch vermochte er seine Familie nicht in Frieden zusammenzuhalten. Die einseitige Bevorzugung seiner zweiten Gemahlin, der schwäbischen Welfentochter Judith, und ihres Sohnes Karls des Kahlen führte zu ständigem Streit mit seinen anderen Söhnen, die ihre Auseinandersetzungen erst 843 – drei Jahre nach Ludwigs Tod – im Vertrag von Verdun beendeten. Eine Einigung war seit den Straßburger Eiden von 842 in Sicht, die eine fränkische und eine romanische Fassung hatten und als eine der frühesten Aufzeichnungen in den sich entwickelnden Volkssprachen gelten. Dieser Vertrag von Verdun gab den Kaisertitel und die Kaiserorte Rom und Aachen an den ältesten Sohn Lothar, der einen langen Streifen Landes erhielt, der sich von den Niederlanden quer durch Europa bis nach Mittel-Italien erstreckte. An Ludwig den Deutschen fiel das östliche Gebiet, und Karl der Kahle bekam den Westen. Verdun war die unausweichliche Konsequenz aus der fränkischen Praxis, den Besitz des

Kelch des Herzogs Tassilo von Bayern

Vaters aufzugliedern. In den folgenden Jahren zeigte das Geschlecht der Karolinger einen solchen Mangel an Familienzusammenhalt, daß dies sogar die Zeitgenossen bemerkenswert fanden. Der Vertrag von Verdun wurde 870 durch den Vertrag von Mersen abgeändert: Das lotharingische Mittelreich wurde zwischen Ost- und Westfranken geteilt. Die neue Grenzziehung sollte über tausend Jahre lang eine reiche Quelle für Konflikte zwischen den Nachfolgestaaten Deutschland und Frankreich bilden.

Die rivalisierenden Machtkämpfe unter den Karolingern wurden durch die wachsende Macht territorialer Herren ergänzt. Einige hatten ihr Gebiet als Lehnsleute des königlichen Hauses erhalten; andere von ihnen beanspruchten für sich die Rechte der alten vorkarolingischen Herzogtümer Bayern, Aquitanien und Burgund, während wieder andere als Nachkommen der von Karl dem Großen eingesetzten Reichs-Aristokratie an die Macht gekommen waren.

Die Karolingerherrschaft im Osten ging mit der Regierung Ludwigs des Kindes zu Ende. Ihm folgte Konrad, Herzog von Franken, als deutscher König. Die ständigen Zwistigkeiten in seiner Regierungszeit mit den erstarkten Stammesherzogtümern schwächten die Macht des Königs auch gegenüber den fortwährenden Beutezügen der Ungarn. Das ganze 9. Jahrhundert über litt Europa ständig unter den Einfällen auswärtiger Feinde.

Im Jahr 911 wurde die Herrschaft der eingedrungenen Wikinger durch den karolingischen König Karl III. den Dicken vom Fränkischen Reich anerkannt. Er überließ ihrem Führer Rollo im Norden seines Landes ein Gebiet, aus dem sich das Herzogtum Normandie entwickelte. Die Karolinger in Frankreich waren durch die Opposition des mächtigen Adels stark behindert. Der Hauptrivale war seit dem späten 9. Jahrhundert die Familie Roberts des Tapferen, dessen Sohn Odo sogar eine Zeitlang König war. Odos Sohn Hugo der Große starb 956 als der eigentliche Herrscher Frankreichs. Dreißig Jahre später starb der letzte Karolinger, Ludwig V., kinderlos. Hugo Capet, der Enkel Hugos des Großen, wurde zum König gewählt.

Das Lehnswesen

Eine bestimmte Art von Abhängigkeit hatte sich über die politische Zersplitterung gelegt, die sich während des 10. Jahrhunderts entwickelt hatte. Dadurch hatten die De-facto-Herrscher in Europa bis auf wenige Ausnahmen eine, wenn auch oft theoretische Unterordnung unter andere Herren gefunden und anerkannt. Denn während des 9. Jahrhunderts hatte die Gesellschaft des mittelalterlichen Europa eine soziale Form angenommen, die spätere Historiker als Lehnswesen bezeichnet haben. Nimmt man den Ausdruck Feudalsystem zu eng, so ist er irreführend, weil das feudale Europa aus einem buntscheckigen Konglomerat oft rivalisierender Abhängigkeiten bestand. Trotzdem lassen sich einige allgemeine Feststellungen treffen: Zunächst beruhte Macht auf Landbesitz; weiterhin lag dem – ganz gleich, wie die Praxis aussehen mochte – die Auffassung zugrunde, daß Macht und Dienstpflicht untrennbar sind. Der Lehnsherr erhielt sein Land vom König unter der Bedingung, daß er bei einem Aufgebot dem Heer des Königs eine bestimmte Anzahl Bewaffneter zu stellen hatte. Doch auch der König selbst, der das Recht auf bestimmte »Hilfen«, auch Geldzahlungen, hatte, war seinerseits verpflichtet, seinen großen Lehnsträgern gegenüber ein guter Herr zu sein. Umgekehrt hatten die großen Herren die niederen Leute mit Land zu »belehnen«, die dadurch ihrerseits ähnliche Verpflichtungen übernahmen. Auf der untersten Ebene übergaben dann die Bauern teils freiwillig, teils durch die Verhältnisse gezwungen, ihre Besitzungen an einen großen Herrn – als Ausgleich für dessen Schutz gegen die Zentralgewalt und gegen Räuber.

Das Lehnswesen war eng verbunden mit einem bestimmten System der Landwirtschaft, das man grob als Gutsbetrieb bezeichnet. Dabei wurde die Dorfflur in zwei oder drei große offene Felder geteilt, die von den Dorfbewohnern gemeinsam bestellt wurden. Die Kosten für die größer werdenden gemeinsamen schweren Eisenpflüge und das wertvolle Ochsengespann konnten von einer Einzelfamilie nicht getragen werden. Bei dieser Wirtschaftsart erhielt jeder Bauernhaushalt einen Streifen des gemeinsamen Bodens zugeteilt und hatte dementsprechend für den Hof des Herrn bestimmte Hand- und Spanndienste zu leisten.

So hatte sich Europa im 10. Jahr-

Bauer beim Pflügen

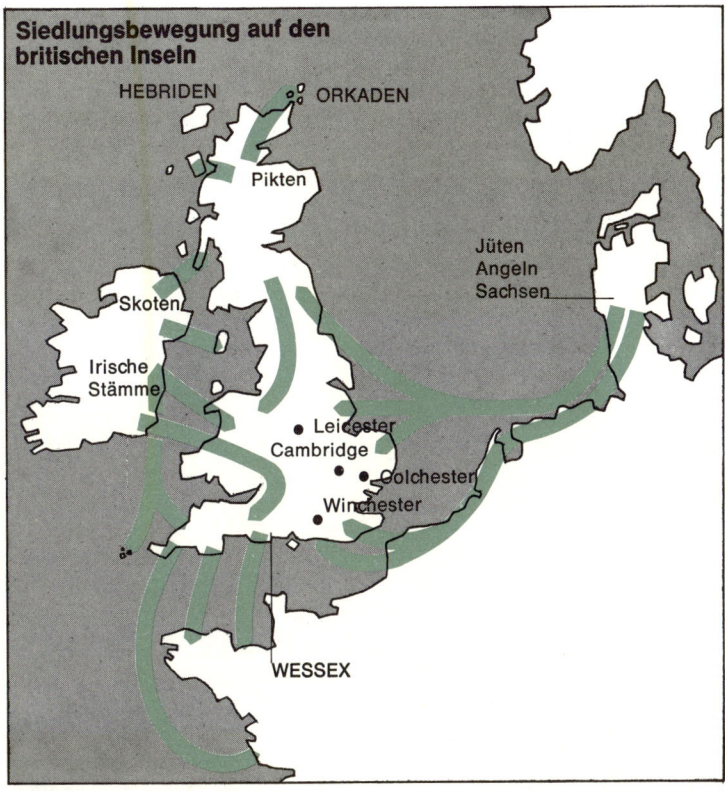

Siedlungsbewegung auf den britischen Inseln

hundert, ungeachtet der nahezu vollständigen politischen Anarchie, die Grundlage für ein politisches, soziales und ökonomisches System geschaffen, in dessen Rahmen die Geschichte für Generationen ablaufen sollte.

England

Vor der Herrschaft Alfreds des Großen war England religiös geeint, aber politisch in verschiedene Herrschaften gespalten.

Das zentrale Königreich Mercien wurde vom heidnischen König Penda beherrscht, dessen Regierung im Jahr 633 mit der Besiegung des christlichen Königs Edwin von Northumbrien begann. Das Christentum wurde im nördlichen Königreich unter der Führung des Königs Oswald und des Priesters Aidan wiederhergestellt. Doch 651 stürzte Penda erneut seinen Rivalen im Norden. Schon drei Jahre später verlor der heidnische König seine Herrschaft endgültig. Mit Hilfe König Oswins, einem Bruder Oswalds, konnte das Christentum in Northumbrien festen Fuß fassen.

Die noch ungesicherten politischen Erfolge Northumbriens wurden durch das Wirken seiner Kleriker auf kulturellem Gebiet weit in den Schatten gestellt. Benedikt Biscop, ein Geistlicher aus dem Adel, unternahm sechs Reisen nach Rom. Durch Gründung der Benediktinerabteien Wearmouth und Jarrow sorgte er für kulturelle Zentren, die sich glänzend entwickelten. Der heilige Willibrord aus Ripon sollte der erste einer langen Reihe englischer Missionare werden, die sich für die Bekehrung der heidnischen Länder im Norden und Osten des fränkischen Reiches einsetzten. Willibrords Werk wurde von einem Mann aus dem Südwesten Englands großartig fortgesetzt: Der heilige Bonifatius wurde der erste Erzbischof von Mainz und päpstlicher Vikar für das deutsche Missionsgebiet. Er erlitt 754 den Märtyrertod bei den heidnischen Friesen. Die eigentliche Blüte des northumbrischen Christentums war das Werk der daheimgebliebenen Wissenschaftler und Künstler: der anonymen Schöpfer des Lindisfarne-Evangeliars und des Book of Kells. Vor allem anderen war es das Werk Bedas Venerabilis. Sein »Chronicon de sex aetatibus mundi« hat wichtigen Einfluß auf die Geschichtsschreibung des Mittelalters ausgeübt.

Nahezu gleichzeitig mit dieser kulturellen Blüte im Norden, die in Europa alles weit überstrahlte und die durch Alkuin von York wesentlich zum Erwachen der Kultur in Europa beigetragen hat, entwickelte die Kirche im Süden Englands ihre Verfassung. Nach der Synode von Whitby sandte Rom den griechischen Mönch Theodor von Tharsos nach England, der die Hierarchie dieser neuen römischen Kirchenprovinz nach einem umfassenden Plan errichten sollte. In den Tagen seines Todes bald nach 690 hatte Theodor seine Aufgabe erfüllt. Obwohl politischer Druck im folgenden Jahrhundert einige Änderungen an seinem Plan nötig machte, wurden doch die wesentlichen Grundzüge beibehalten. Der vielleicht dramatischste Einbruch in dieses System war die kurze Periode, in der Lichfield einen bischöflichen Stuhl besaß, der auf die Forderung des mächtigen Königs Offa von Mercien hin errichtet worden war.

Der Sieg über König Penda hatte keineswegs die Macht des zentralen Königreiches Mercien beendet. Während des 8. Jahrhunderts beherrschte es unter seinen beiden bedeutenden Königen Ethelbald und Offa – ihre Regierung dauerte von 715 bis 796 – die politische Bühne. König Offa war einer der bedeutendsten Herrscher des 8. Jahrhunderts. Gewiß herrschte er gewalttätig; doch sein Rechtsbuch fand noch die Bewunderung von König Alfred. Seine Goldmünzen, die man nach dem Vorbild der Münze des Kalifen von Damaskus geprägt hatte, waren die ersten in England. König Offas Ansehen wurde durch einen mit Karl dem Großen abgeschlossenen Handelsvertrag noch gestärkt.

Dennoch sollte die Zukunft bei Wessex liegen. Unter Egbert, der 839 starb, war die Oberhoheit von Mercien schon teilweise bedroht; so standen die Könige von Kent und Essex unter der Herrschaft von Wessex. Nur im Norden übte das Königreich wenig wirksamen Einfluß aus und konnte sich das Wohlverhalten seiner mächtigen Vasallen nur durch Zugeständnisse erkaufen. In Wirklichkeit waren es die Wikinger, die Wessex stärkten. Nur infolge von deren Angriffen, hauptsächlich aus dem Norden und dem Osten, erlangte das Land im Westen strategische Bedeutung. In Wessex wurde damals der größte aller angelsächsischen Herrscher König: Alfred der Große, der von 871 bis 899 regierte.

Münzen der Könige Offa und Halfdan

Die ersten Scharen von Plünderern aus Skandinavien landeten im Jahr 800 an der Küste von Wessex in der Nähe von Portland.

Nach dreißig Jahren hatte sich der Charakter der Angriffe gewandelt. Statt einfache Beutezüge zu unternehmen, beabsichtigten die Dänen jetzt, in England zu siedeln. In siegreichen Kämpfen gewannen die Dänen eine führende Stellung. Im Todesjahr des jungen Aethelred (870) wurde Wessex von den Dänen besiegt. Unter solch ungünstigen Vorzeichen begann König Alfred seine Herrschaft.

Handschrift aus Wearmouth-Jarrow

Löwe, Symbol des Evangelisten Matthäus

Gründung eines angelsächsischen Reiches – Staatenbildung in West-Europa

886/887

»The Alfred Jewel«, wohl Bekrönung eines Zepters. Bergkristall mit Email in goldener Fassung aus England, zwischen 871 und 899

Frühere Invasoren der Britischen Inseln waren assimiliert worden; doch den ständigen Angriffen der Dänen am Ende des 8. Jahrhunderts waren die englischen Königreiche nicht gewachsen. Erst hundert Jahre später gelang es Alfred, dem König von Wessex, die Eindringlinge in vielen Schlachten, deren manche er verlor, zu besiegen.

Als König Alfred von Wessex im Jahr 886 London einnahm, führte er mehr als nur einen schweren Schlag gegen die dänischen Invasoren. Er hatte eine Hauptstadt gewonnen und gab so dem zukünftigen Reich der Angelsachsen einen Sammelpunkt. Dadurch wurde er der erste König von England und schuf erstmalig einen englischen Nationalgedanken. Seine Tat gab den Engländern im ganzen Land neuen Mut; sie spürten, daß die Dänen schließlich doch zu besiegen waren. Indem sie Alfred jetzt als ihren einzigen Herrn ansahen, befreiten sie sich aus der Gebundenheit einer Treue, die auf den lokalen oder regionalen Herrn beschränkt und eingeengt gewesen war. Als Alfred starb, war er der König aller Engländer, die das Recht besaßen, ihm freiwillig ihre Untertanentreue zu schenken.

Im Herbst des Jahres 865 erschien ein großes Heer der Dänen in Ost-Anglien; unter diesen Leuten befanden sich viele Adlige, die den Anspruch erhoben, aus alten, den Göttern verwandten Sippen zu stammen. Ihre Führer waren Ivar Knochenlos und Halfdan, Söhne des bedeutenden Wikingers Ragnar Lodbrok.

Die Dänen verbrachten ein ganzes Jahr in Ost-Anglien und zwangen die Einwohner, den Frieden durch Tribute zu erkaufen. Erstmals überwinterten sie auf der britischen Insel. 866 zogen sie nach York, das sie am Allerseelentag einnahmen und unbehindert vier Monate lang besetzt hielten. Denn in Northumbrien herrschte ein Bürgerkrieg. Die rivalisierenden Könige konnten sich erst im nächsten Frühjahr einigen. Am 21. März 867 überfielen sie die überraschten Dänen und brachen in York ein. Bald darauf wurden die Engländer wieder vertrieben. Im Kampf fielen acht Grafen und ihre beiden Könige. Auch die Northumbrier mußten den Frieden teuer bezahlen. Die Dänen begannen allmählich im Land Fuß zu fassen und eine dauerhafte Herrschaft auszubauen. Mehrere Jahre zogen sie plündernd durch Ost-Anglien, Mercien und Wessex. Die zersplitterten englischen Königreiche sahen keinen Weg zum gemeinsamen Handeln gegen diesen Schrecken. Allein Wessex vermochte es, seine Kräfte zu sammeln und der Invasion der Dänen endlich Widerstand zu leisten. Aethelred, König von Wessex, der mit seinem jüngeren Bruder Alfred an der Spitze eines Heeres erschien, versuchte, die Dänen zu einer Schlacht zu stellen; aber sie wichen ihm aus.

Die beiden Brüder fochten jahrelang mit wechselndem Erfolg gegen die Eindringlinge. Der entscheidende Sieg aber blieb ihnen versagt. Auch als Alfred im Jahr 871 König wurde, überschatteten die Kämpfe mit den Dänen seine erste Regierungszeit. Immer wieder mußte er den Frieden erkaufen. In jenen Jahren verschwand Ivar Knochenlos und ist als Führer der Dänen in den Quellen nicht mehr nachweisbar. Sie unterstanden fortan allein Halfdan. Im Herbst 873 zog er mit seinen Leuten aus Wessex ab, das vier Jahre lang Ruhe hatte. Die Aktionen der Feinde beschränkten sich auf Northumbrien und Mercien. Weil das seit langem immer wieder durch Plünderungen verwüstete und durch Tributzahlungen geschwächte England den Dänen keine genügende Lebensgrundlage bot, begannen sie eine eigene ständige Siedlung einzurichten. Im Jahr 876 führte Halfdan die erste der drei großen Landzuweisungen durch und teilte den Dänen mehr als ein Drittel Ost-Angliens zu. Doch bis zum Beginn des 10. Jahrhunderts gab es noch keine größere dänische Einwanderung nördlich des Flusses Tees und westlich des Gebirges Pennine Chain. Bei einem Raubzug in Nord-Irland fiel Halfdan im Jahr 877.

Inzwischen setzte eine neue Invasion dänischer Einwanderer nach England ein. Auch Alfreds Königreich wurde überrannt und sein Heer geschlagen. Der König floh mit wenigen Getreuen in die dichten uralten Sumpf-Wälder bei Athelney. Die Dänen hielten nun alles Land in ihrer Hand. Es schien, als ob auch Wessex das Schicksal der anderen englischen Königreiche erleiden würde.

Alfreds Mut und taktisches Geschick meisterten die

Die fünf Sinne.
Nielliertes Silber,
die Fuller-Brosche aus
England, 9. Jahrhundert

Alfred der Große.
Vorder- und Rückseite
einer silbernen Münze,
zwischen 871 und 899

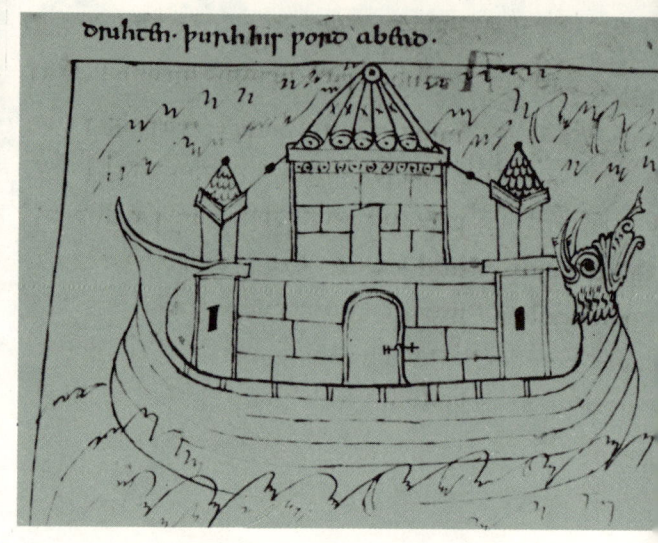

Königliche Hofhaltung und Arche Noah. Zeichnung auf Pergament zur Illustration des 1. Buches Moses in der Junius-Handschrift aus England, 10. Jahrhundert

Schwert eines Wikingers. Aus England, 10./11. Jahrhundert

Lage. Dort in der Wildnis gelang es ihm, eine beträchtliche Streitmacht zu sammeln. Bei Edington, östlich Bath, traf er auf den Feind und errang einen entscheidenden Sieg. Wessex hatte als einziges der englischen Königreiche die dänischen Angriffe überlebt. In dem Gebiet, das früher Mercien, Northumbrien und Ost-Anglien gewesen war, hatten sich drei große Heere der Dänen angesiedelt. Es sollte noch etwa siebzig Jahre dauern, um dort in ständigen Kämpfen die englische Herrschaft über die verlorenen Gebiete wiederherzustellen. Doch erwies es sich als unmöglich, die soziologischen Gegebenheiten der Siedlung in diesem weiten Gebiet Englands auszulöschen: Es erhielt nun den Namen »Danelag«, das »Gebiet dänischen Rechts«.

Aber Alfred hatte mit seinem Sieg eine ganz neue Lage geschaffen. Die Dänen zogen unter ihrem König Gunthrum im November 879 nach Holland ab. Wenige Jahre später, nachdem Gunthrum erneut Beutezüge durch England wagte, nahm Alfred London ein. Es war ein Ereignis von überragender Bedeutung, wenn es auch kaum Quellen darüber gibt. Nach diesem Sieg führte Alfred den Titel König von England. Er zeigte, daß er die Traditionen jeder Gegend achten wollte, die unter seine Oberhoheit kam: Da London seit 150 Jahren zu Mercien gehört hatte, gab er die Stadt an Aethelred, den dortigen Herrscher, der fortan sein treuer Verbündeter und Parteigänger blieb. Das Abkommen, das den Krieg von 886 beendete, ist in dem Vertrag zwischen Alfred und den Ratsmännern des ganzen englischen Volkes sowie den Leuten von Ost-Anglien unter dem Dänenkönig Gunthrum erhalten.

Der Vertrag zwischen diesen gleichberechtigten Mächten legte bestimmte Grenzen fest. Alfred beanspruchte keine Oberhoheit über Gunthrums Gebiet, doch spürte er ohne Zweifel, daß der Vertrag ihm die Möglichkeit bot, die Rechte der Engländer in diesem Gebiet zu sichern. Seine Macht reichte nunmehr bis zum Humber im Norden.

Der Frieden sollte nicht lange bestehenbleiben. Schon im Jahr 892 sammelte sich ein großes Heer, das in den Niederlanden besiegt worden war, um in England plündernd einzufallen. Die Dänen in Ost-Anglien unterstützten die Ankömmlinge. Alfred wurde sich bewußt, daß er eine starke Flotte ebenso brauchte wie eine Kette von Festungen. Die Kontingente der Grafschaften waren nicht mehr ausreichend. Um ein stehendes Heer zu erhalten, wurde nur eine Hälfte der Bauern ausgehoben, während die andere alles Land bestellen mußte. Auf diese Weise gelang es ihm, sich eine gute Armee zu schaffen, die er über längere Zeiträume beisammen halten konnte. Er legte Burgen an und sorgte für Fluchtmöglichkeiten der bedrohten Bevölkerung. Am Anfang des 10. Jahrhunderts lag kein Dorf in Sussex, in Surrey und in Wessex östlich des Tamar-Flusses weiter als 30 Kilometer von einer Burg entfernt. So wurde ein zusammenhängendes Verteidigungssystem errichtet, das aber erst unter seinem Sohn Eduard voll nutzungsfähig wurde. König Alfred versuchte, den Dänen auch zur See zu begegnen: Er befahl den Bau von Kriegsschiffen, die schneller und stabiler als die seiner Feinde waren.

Zwischen 894 und 897 kam es noch einmal zu schweren Kämpfen mit verschiedenen dänischen Heeren. Das strategische Ziel Alfreds war es, zu verhindern, daß die Feinde ihre Streitkräfte vereinigten. Angesichts der Kühnheit und Entschlossenheit des englischen Königs schien nun zum erstenmal die Dänen der Mut zu verlassen. Viele von ihnen verließen England, einige zogen sich nach Ost-Anglien zurück. Alfred konnte zumindest das Gefühl haben, daß ein vereintes und friedliches England im Bereich der Möglichkeit lag.

Diese etwas langatmige Aufzählung der englischen und dänischen Kriegshandlungen schien nötig, um klarzumachen, mit welch wechselhaften und mannigfachen Bedrohungen Alfred zu rechnen hatte und wie er mit flexibler Kraft den vielen Bedrohungen zu begegnen wußte. So wurde eine Flotte als Mittel einer dauerhaften Politik erkannt und eingesetzt. Als König Alfred der Große am 26. Oktober 899 starb, waren die Engländer noch in der Verteidigung. Doch war ein fester Grund gelegt, um die Dänen aufzuhalten.

JACK LINDSAY

Der Reichstag von Tribur südlich von Rüsselsheim im November 887 schien der abendländischen Einheit den Todesstoß versetzen zu wollen: Der kranke Kaiser

Karl III., den man nur wenige Jahre vorher erwartungsvoll zur Herrschaft über das gesamte karolingische Reich in West- und Ostfranken sowie in Italien berufen hatte, wurde von den aufständischen Adligen zum Rücktritt gezwungen. Für den Ostteil wählten die Führer der Stämme in Arnulf von Kärnten, dem Neffen des abgesetzten Kaisers, einen eigenen deutschen König. Wer sich gerade von Kaiser Karl III. dem Dicken ein Privileg hatte ausstellen lassen, beeilte sich nun, die Unterschrift auszuradieren und vom neuen Machthaber eine Bestätigung zu erlangen.

Bald wählten auch die anderen Reichsteile ihrerseits neue Könige. Die Tendenz zur Aufteilung schien siegreich. Damals entstanden jedoch dauerhafte staatliche Einheiten, die während der weiteren Jahrhunderte in der abendländischen Geschichte eine führende Rolle spielen sollten. Die Zukunft gehörte nicht den Großreichen, sondern den kleineren nationalen Staaten. Andererseits kam es doch nicht mehr zu einer Zersplitterung in kleinste, ethnisch bedingte Staatswesen. Auch England fand damals vielmehr unter denselben äußeren Bedingungen wie das Frankenreich zu einem ersten nationalen Königreich der Angelsachsen unter König Alfred dem Großen.

Karls des Großen Kaiserreich war gewiß eindrucksvoll gewesen und hatte das Abendland kulturell und politisch zu einer Einheit zusammengeführt, aber es war nur durch seine starke Herrscherpersönlichkeit zusammengehalten worden. In seiner verwaltungsmäßigen Struktur war das Reich so schlecht organisiert, daß es Erschütterungen von außen und innen nicht lange standhalten konnte. Während die Karolinger bei ihren ständigen dynastischen Reichsteilen ihre Herrschaft nach germanischer Tradition als Familienbesitz behandelten, hatte sich doch gleichzeitig in diesen Teilgebilden ein neues Staats- und Zusammengehörigkeitsgefühl gebildet, wie es sich besonders in der Weiterexistenz Lothringens zeigte.

Lebendig blieb auch nach dem Auseinanderbrechen des Gesamtreiches die von Karl dem Großen bewußt aufgenommene antike Tradition eines über den ethnischen Gruppen bestehenden Staates mit großräumiger Verwaltung und einheitlichem Recht. In den Gebieten Frankreichs und Italiens verschwanden zudem im 9. Jahrhundert die sprachlichen und volkstumsmäßigen Gegensätze zum germanischen Bevölkerungsteil. Die in diesen Gegenden ohnehin zahlenmäßig schwache germanische Bevölkerung wurde dem romanischen Volkstum assimiliert. Um so stärker sollte sich in den folgenden Jahrhunderten der Gegensatz des aquitanisch-provençalischen Südens, der Langue d'oc, gegen den französischen, also »fränkischen« Norden, der Langue d'oil, auswirken. Im Jahr 887 trennte sich Hochburgund als selbständiges Königreich ab, Niederburgund war dem schon vorausgegangen. Italien besaß nur eine nominelle Monarchie, tatsächlich herrschte dort eine Adelsanarchie. Wegen der widerstreitenden Interessen in- und ausländischer Mächte konnte es damals nicht zur Ausbildung eines geschlossenen Nationalstaats kommen.

Als letzte schwache Klammer des bisherigen Gesamtreiches hat man mit Recht die Vasallität angesehen. Am Ende des 9. Jahrhunderts schien jedoch das Lehnswesen ein unbrauchbares Instrument zur Herrschaftsausübung zu sein. Im Heerwesen hatten die Könige Schwierigkeiten, den Heerbann aufzubieten und längere Zeit zusammenzuhalten, weil die niederen Vasallen sich auf die Verpflichtungen gegenüber ihren Herren beriefen. Auch im Rechtswesen war der König als oberste Rechtsinstanz weitgehend zurückgedrängt. Lehnsgerichte, in denen die Herren mit ihren Vasallen richteten, entschieden immer selbständiger. Aber nicht ohne Grund hatten die früheren karolingischen Könige und Kaiser diese Feudalisierung gefördert; schließlich stärkte sie den staatlichen Zusammenhalt auf den unteren Ebenen und in den weit entfernten Gebieten. Nur hatte jetzt die Zentralgewalt nicht den unmittelbaren Vorteil. Ebenso war es mit der Erblichkeit der Lehen, besonders in Westfranken. Dort entzog sie die Verwaltungsdistrikte dem direkten Zugriff des Königs. Dafür bot sie den betroffenen Lehnsträgern größere soziale Sicherheit.

Kirche des heiligen Laurentius in Bradford-on-Avon, Northumbrien. Frühes 10. Jahrhundert

Die Kirche war ebenfalls in diesen Umbruch einbezogen. Hatte sie sich in der Zeit Karls des Großen für die politische Einheit des Reiches eingesetzt, so stützte sie nunmehr auch die neuen lokalen Mächte, weil sie den unmittelbaren Schutz des Friedens besser garantieren konnten. Dennoch blieb sie ein einigendes Band im Abendland. Weiterhin betonte sie neben dem religiös fundierten Amtscharakter der Herrschaft besonders auch ihren Bildungsauftrag in der Gesellschaft.

Seit Karl dem Großen hatten die Bischöfe zur oberen Schicht innerhalb der Reichsaristokratie gehört. Nun bestand für sie die Gefahr, von den erstarkten Führern der Herzogtümer und Stämme »mediatisiert« zu werden; darum ihr erfolgreicher Kampf gegen ein ihnen übergeordnetes Herzogsamt. Nach vielen schlechten Erfahrungen in der Vergangenheit fürchtete die Kirche, daß die zumeist auch ungebildeten Adligen ihre Rechte als Eigenkirchenherren selbstsüchtig zum Schaden der Kirche ausnutzen würden. Vom Papsttum in Rom war dabei kaum Hilfe zu erwarten. Die mächtige Persönlichkeit Papst Nikolaus' I. (858–867) war eine Ausnahme im 9. Jahrhundert gewesen. Nunmehr sollte es nach dem Tod des persönlich integren, aber machtlosen Papst Formosus in Rom zu einer Katastrophe kommen. Im Frankenreich versagte sich der Episkopat durchaus nicht dem Appell des Königtums zur Hilfe gegen den äußeren Feind: In den beiden Jahrzehnten nach 887 sind sogar zehn Bischöfe im Kampf gegen die Wikinger und die Ungarn gefallen.

Während Kaiser Karl III. sich sehr auf die Kirche gestützt hatte – noch in den letzten Tagen des Aufruhrs hatten Bischöfe zu vermitteln versucht –, regierte der neue König Arnulf von Kärnten zunächst nur mit Hilfe des weltlichen Adels, der ihn auch auf den Thron erhoben hatte. Doch diese Aristokratie, die mehr an ihren Stammesfürstentümern orientiert war, versagte sich dem König, als er die Macht des Reiches in seiner Hand zu vereinigen suchte, um den äußeren Feinden wirksam entgegentreten zu können. Arnulf brauchte wie Karl der Große die Hilfe der Kirche; sie salbte 895 seinen Sohn Zwentibold zum König und half Arnulf im folgenden Jahr beim Erwerb der Kaiserkrone in Rom.

All diese Wandlungen hatten sich darum nicht in Ruhe vollziehen können, weil von Skandinavien aus die letzten Wellen der Völkerwanderung gegen den Kontinent brandeten. Gewiß hatte sich das Frankenreich in der Vergangenheit gegen die moslemischen Sarazenen im Süden und die heidnischen Avaren im Südosten siegreich behaupten können. Gegen die von See her operierenden Leute aus dem Norden war die fränkische Landmacht zunächst ohne Gegenwehr. Diese Normannen oder Wikinger machten sich außerdem die innere Schwäche des Reiches zunutze, wie sie sich aus dem Zwist in der Königsfamilie ergeben hatte. Waren es zunächst die Kämpfe der Söhne Ludwigs des Frommen gegen den Vater gewesen, so nach 843 der

Ruine der Kirche auf dem Hügel »The Mump« auf der Insel Athelney, Somerset, Ende des 9. Jahrhunderts

Kreuzigung Christi. Reliefierte Elfenbein-Platte aus England, 10. Jahrhundert

Streit Karls des Kahlen um Aquitanien – immer griffen die dänischen Wikinger in die Kämpfe ein, als Söldner im Dienst einer der Parteien oder als selbständige Plünderer.

Als sich Kaiser Lothar im Mittelreich durch Vergabe Frieslands an einen dänischen Grafen Ruhe erkauft hatte, wandten sich die Wikinger mit um so voller Wucht gegen das Westfrankenreich Karls des Kahlen. Erst nach schweren Verlusten des offenen Landes infolge der alljährlichen Einfälle gelang Kaiser Karl dem Kahlen eine Gegenwehr: Er ließ die Seine durch Festungen sperren. Nur brauchte dieses Abwehrsystem einen ständigen Oberbefehlshaber mit besonderen Vollmachten. Mit der Ernennung Roberts des Tapferen – des Stammvaters der Kapetinger – zum Markgrafen in Franzien legte Karl jedoch gleichzeitig den Grund zur wachsenden Macht dieses Hauses in diesem so wichtigen Herzogtum. Schon das Jahr 887 brachte den ersten Versuch, die karolingische Dynastie auch im Westfrankenreich durch die Kapetinger abzulösen. Aber noch hatte das Geblütsrecht nicht ganz seine Kraft verloren.

Der vom Königtum und territorialen Machthabern geführte Widerstand ließ die Normannen im Jahr 866 nach England ausweichen. Ihre Hoffnung auf eine Schwäche des dortigen Königs war allerdings eine folgenschwere Fehleinschätzung der Lage.

Als sich das Große Heer – diese beutelustige Gemeinschaft skandinavischer Adliger, die sich durch die königliche Ordnung in ihrer Heimat frustriert fühlten – nach einem Jahrzehnt wieder gegen das Frankenreich wandte, in dem damals gerade Ludwig III. der Jüngere (876–882) und Ludwig III. (879–882) als Könige regierten, mußte es zunächst schwere Niederlagen hinnehmen. Doch nach dem Tod der Könige vergab Karl der Dicke, dem man gerade zum Schutz vor den Wikingern zum Kaiser über das Gesamtreich gemacht hatte, durch schwächliches Zurückweichen das Ansehen der Dynastie und der Zentralgewalt. Dagegen war die heldenhafte Verteidigung von Paris im Jahr 885 allein das Verdienst des Kapetinger-Herzogs Odo. So hatte sich die Beschwörung des Kaisertums Karls des Großen und seines gesamtfränkischen Reiches als ein Fehlschlag erwiesen. Konsequenterweise wählten die westfränkischen Großen nun 887 den Nichtkarolinger und Normannenbesieger Odo zum französischen König.

Nach Abzug des Großen Heeres aus dem Frankenreich blieben nur kleinere normannische Kriegergruppen zurück. Sie wurden bald Siedler wie ihre Landsleute im ost-anglischen Danelaw. Ihre Übernahme des Christentums wirkte sich auf die Christianisierung Skandinaviens günstig aus, so daß sich bis zum 12. Jahrhundert auch der Norden in das christliche Abendland friedlich eingliederte.

LORENZ WEINRICH

Waylands Bruder Egil im Kampf. Detail von einer reliefierten Walzahn-Büchse aus Northumbrien, um 700

Nach der Regierung des großen Abd ar-Rahman III. war das islamische Spanien zunehmend ein Opfer innerer Spaltungen, und die Beseitigung des Kalifats von Cordoba im Jahre 1013 erlaubte es den Christen, die wichtige Stadt Toledo zu erobern. Die spanischen Araber riefen nun die jüngst zum Islam bekehrten und fanatischen nordafrikanischen Berberstämme, die Almoraviden, zu Hilfe. Zu Beginn des 12. Jahrhunderts hatten diese Verbündeten, deren Machtgrundlage Marokko war, das ganze islamische Spanien unter ihre Kontrolle gebracht. Innerhalb von siebzig Jahren fielen dann auch sie einer noch puritanischeren Sekte, den Almohaden, zum Opfer. Im Jahr 1195 brachten die Almohaden dem Heer Alfons' VIII. eine blutige Niederlage bei. Doch wurde dies durch den großen Sieg des vereinigten Königreiches von Kastilien, Leon, Navarra und Aragon 1212 auf dem Feld von Las Novas de Tolosa wieder ausgeglichen.

Nach dieser Niederlage erlangten die Araber in Spanien nie wieder ihre alte Macht zurück. Unter dem Kalifat von Cordoba trug sowohl der wirtschaftliche Eifer der maurischen Eindringlinge wie ihre religiöse Toleranz gegenüber den unterworfenen Christen und den früher verfolgten Juden wesentlich zu der großen kulturellen Blüte dieser Zeit bei. Den Mozarabern, den spanischen Christen, die ihren Glauben durch die Zahlung jährlicher Steuern erhalten konnten, waren eigene Kultstätten zugebilligt worden. Während der gesamten islamischen Periode, bis auf die wenigen Jahre vor der Rückeroberung, gab es in Toledo eine Kathedrale, einen Erzbischof und eine mozarabische Liturgie. Ungeachtet der strengen religiösen Grundsätze der marokkanischen Herrscher des 12. Jahrhunderts und der Flucht zahlreicher Mozaraber in die christlichen Königreiche des Nordens, war die kulturelle Tradition der früheren Jahre weiterhin stark. Es war das Werk von Männern wie Avempace, die die aristotelischen Kommentare Al-Farabis von Damaskus aus dem 10. Jahrhundert und besonders die seines großen Nachfolgers Averroës benutzten, von dem so wesentliche Beiträge zu dem geistigen Gärungsprozeß des Abendlandes im 12. Jahrhundert ausgingen.

Kirchenreform in Europa

Das 9. Jahrhundert war eine Zeit scharfer Auseinandersetzungen um die Zentralgewalt und eines heftigen und brutalen Kampfes kleinerer Potentaten um die Unabhängigkeit von dieser Macht, ebenso eine Zeit der Einfälle nach Europa von außerhalb. Doch allmählich entwickelten sich bei den Laien Grundsätze für ein gesellschaftliches Zusammenleben und rechtmäßiges Verhalten. Diese gewannen langsam an Boden, und schließlich, nach vielen Generationen stetiger Wirksamkeit, erlangten sie allgemeine Anerkennung.

Das 9. Jahrhundert war eine Zeit der Auseinandersetzungen um die weltliche Macht. Die beherrschende Stellung, die die Kirche in der abendländischen Gesellschaft erlangen sollte, erkämpfte sie sich erst im 11. Jahrhundert. Am Beginn des 10. Jahrhunderts war die Kirche in all ihren Bereichen auf einem Tiefpunkt angelangt. Viele der bedeutenden Bischofsstühle in Europa waren zu Erblehen der lokalen großen Familien geworden. Wenn diese Familien den Stuhl nicht selbst mit ihren Angehörigen besetzten, ließen sie ihn wenigstens durch einen Mann ihres Vertrauens besetzen. Bei anderen Bischofsstühlen nahm der König die Ernennung vor. Was Ehrgeiz und moralische Grundsätze betraf, machten die Bischöfe keine Ausnahme von den weltlichen Herrschern.

Ähnlich wie bei den Laien erwartete man auch von ihnen, daß sie ihrem Eigenkirchenherrn eine beträchtliche Geldsumme für den Eintritt in das geistliche Amt zahlten. In der Lehnsterminologie war dies eine Ablösungssumme, die jeder Erbe seinem Oberherrn bei der Übernahme seiner Erbschaft zu zahlen hatte, um die noch offenen Verpflichtungen seines Vorgängers zu begleichen und als Anerkennung dafür, daß er das Lehen von einer übergeordneten Gewalt erhalten hatte.

In kirchlicher Terminologie gehörten diese Zahlungen zur Sünde der Simonie. Der Begriff war von dem Namen des Zauberers Simon Magus aus Samaria abgeleitet, der nach dem Bericht der Apostelgeschichte den Aposteln Christi die geistliche Gewalt abzukaufen suchte. Praktisch gesehen führte die Simonie zu einer Kettenreaktion: Der Bischof, der eine hohe Summe für seinen Amtsantritt gezahlt hatte, hielt sich auf Grund des Rechtes auf Ordination seiner niederen Geistlichen durch deren Leistungen schadlos; diese wiederum nahmen von den Gläubigen Gebühren für die Spendung der Sakramente. So war die Erbitterung der Kirchenreformer gegen diesen Handel verständlich. Doch den Königen und Magnaten des frühmittelalterlichen Europa schien es völlig in Ordnung zu sein, daß die Bischöfe, die ja schließlich Großgrundbesitzer waren, denselben Verpflichtungen wie die Laien unterliegen mußten. Nicht nur hatten sich die Bischöfe der Lehnszeremonie für die Verleihung des Landbesitzes von seiten ihres Herrn zu unterziehen, sondern seit dem 9. Jahrhundert investierte der König auch die Bischöfe mit Ring und Stab, den Symbolen ihrer geistlichen Macht. So waren die kirchlichen Ämter kaum noch von den großen weltlichen Gewalten zu unterscheiden, denen sie im Reichtum oftmals glichen. Die Verweltlichung des Kirchenbesitzes ging bis zur untersten Ebene. Die Pfarrkirche war gewöhnlich das persönliche Eigentum des örtlichen Landbesitzers, der über die Kirche nach seinem Gutdünken verfügte; oft betrachteten die Geistlichen – viele von ihnen waren verheiratet, denn das Zölibat wurde wenig geachtet – ihre Pfarrstellen als Erbstellen und vergaben Kirchenland an Laien, um durch Geldzahlungen die Einkünfte ihrer Familien zu verbessern.

Die Zustände in den Klöstern waren nicht so verweltlicht. Die Zentren monastischen Lebens, die ihren Ursprung der großen Bewegung verdankten, die der heilige Benedikt im 6. Jahrhundert eingeleitet hatte, waren Erben der großen Tradition eines Lebens der Frömmigkeit und des Weltentsagens. Im Verlauf der Jahrhunderte waren sie durch fromme Stiftungen reich geworden, die sie von ihren Wohltätern erhielten. Dadurch wurden sie aber wiederum zu Opfern der Habsucht der Laienaristokratie. Es bildete keine Ausnahme mehr, wenn reiche Klöster von Laienäbten ausgebeutet wurden, die auf Kosten des Klosters skrupellos die Einkünfte ihres Hauses vermehrten. In anderen Fällen wandelten die Insassen selbst ihr Kloster zu einem Kanonikerstift um, lösten sich von ihrem Mönchsgelübde und gaben ihr gemeinsames Leben in Armut auf, um mit Weib und Kind in eigenen Häusern zu leben. Die Einkünfte des Klosters verbrauchten sie für eigene Bedürfnisse.

Als die Ereignisse so weit gediehen waren, beschleunigte der Charakter der Benediktinerregel den Zerfall eher, als daß er ihn gebremst hätte. Benedikts Klosterregel war nur eine Verhaltensregel für die Mitglieder von Institutionen gewesen, die keine zentrale Organisation kannten. In der Vergangenheit war die Autonomie jedes einzelnen Klosters ein Element der Stärke gewesen. Die Befolgung der Mönchsregel war in den Klöstern durch Visitationen der örtlichen Bischöfe gesichert worden. Doch in einer Welt, wo der Episkopat selbst eine Reform nötig hatte, war das abendländische Mönchtum ohne Wächter und Beschützer. Es gibt genügend Berichte aus dem 9. und 10. Jahrhundert sowie noch aus späterer Zeit, daß reformwillige Äbte von den Insassen der Häuser, die sie zu reformieren suchten, mißhandelt und vertrieben wurden.

Die Achtung vor den Idealen des Mönchtumes war jedoch nicht gänzlich tot, und es fanden sich Laien und Geistliche zu ihrer Rettung zusammen. Doch die Kirche als Organisation war in verzweifelter Lage; sie brauchte einen Führer von außen, der half, ihr eigenes Haus wieder in Ordnung zu bringen. Im 11. Jahrhundert sollte sogar selbst das Papsttum die starke Hand eines frommen Kaisers zu seiner Reform bedürfen.

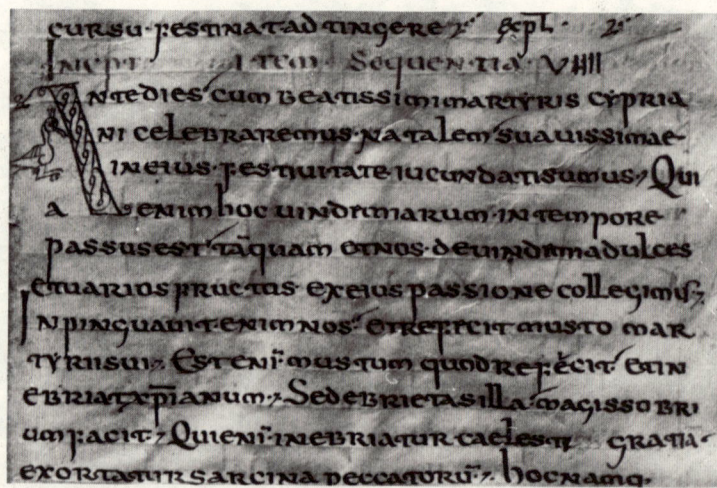

Handschrift aus dem Kloster Luxeuil

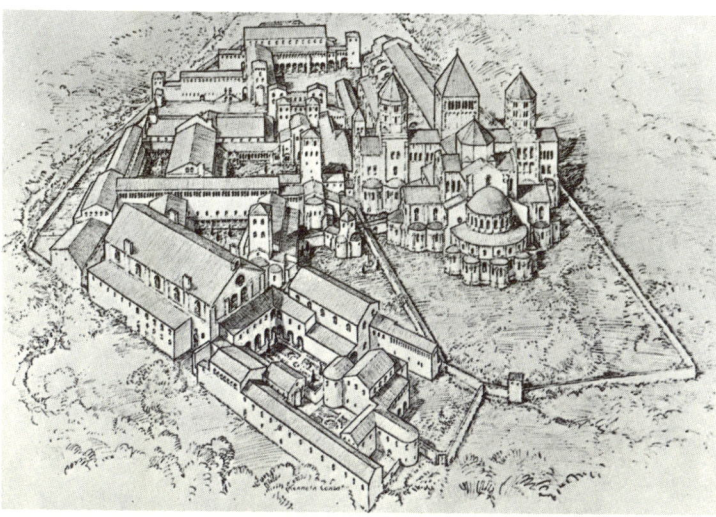

Rekonstruktion der Abtei Cluny

Die Klosterreform

In den ersten Jahren des 10. Jahrhunderts verdankte die Klosterreformbewegung, die für die ganze Kirche so bedeutsam wurde, den Beginn ihrer Wirksamkeit der Initiative eines Laienfürsten. Im Jahr 910 gründete Herzog Wilhelm I. der Fromme von Aquitanien in der französischen Provinz Burgund ein Kloster zu Cluny. Möglicherweise hätte diese Initiative wenig bleibende Erfolge gezeitigt, wäre nicht die mächtige Persönlichkeit des zweiten Abtes Odo gewesen. Während seiner Amtszeit von 927 bis 942 machte Odo das Kloster Cluny zum Führer einer Reformbewegung, die überall in Europa an Einfluß gewann. Herzog Wilhelm I. hatte seiner neuen Gründung einen Vorteil gewährt, der Cluny seit seiner Gründung zu einer so denkwürdigen Einrichtung machte: Der Herzog verzichtete für sich und seine Erben auf alle Rechte, die ihm als Gründer zustanden.

So war Cluny von allen gefährlichen Verknüpfungen mit dem Laienadel befreit – eine Abhängigkeit, die so manchem Kloster in der Vergangenheit den Untergang beschert hatte. Abt Odo erreichte noch eine weitere bedeutende Garantie der Unabhängigkeit des Klosters, als er für Cluny und alle seine Tochtergründungen Befreiung von bischöflichen Visitationen durchsetzte; dafür unterstellte er Cluny formal dem Papst. Auf diesen Grundlagen und mit Hilfe seines eigenen Ansehens konnte Odo einen Prozeß einleiten, der unter der autokratischen Herrschaft einer Reihe bedeutender Äbte tatsächlich zu einem völlig neuen Orden führte. Odo wurde von Hugo dem Großen, dem eigentlichen Herrscher Frankreichs, eingeladen, das Kloster Fleury an der Loire zu reformieren. Auch dieses sollte seinerseits ein Zentrum der Reform werden.

Am Ende des 10. Jahrhunderts begann die Herrschaft des Abtes Odilo (994–1048). Unter ihm und seinem Nachfolger Hugo (1049 bis 1109) erreichte Cluny den höchsten Stand seines Einflusses und seines Reichtumes. Die Stärke der Reform beruhte nicht nur auf den Qualitäten dieser bedeutenden Äbte, sondern in weit stärkerem Maße auf

Eva im Paradies

der festen Organisation, bei der Cluny die Kontrolle über alle Niederlassungen behielt, die einen Beauftragten Clunys zur Reform aufnahmen oder unter Beihilfe Clunys neu gegründet wurden. Jedes Jahr trafen sich die Prioren der clunyazensischen Häuser, von denen es im späten 11. Jahrhundert über zweihundert gab, in Cluny unter dem Vorsitz des dortigen Abtes. Der Erfolg dieser jährlichen Versammlungen wurde noch durch ein wohlorganisiertes System von Visitationen gestützt, für das die zu Cluny gehörenden Ordenshäuser in zehn Provinzen eingeteilt waren.

So wurde in zwei Jahrhunderten das Ansehen des abendländischen Mönchtums, das bisher so gering gewesen war, gewaltig gesteigert. Seine führenden Persönlichkeiten waren von beträchtlichem Einfluß in kirchlichen und weltlichen Angelegenheiten. Doch war es vielleicht nicht verwunderlich, daß eine Organisation, die so mächtig wie Cluny begann, ihrerseits den Kontakt mit der Reformbewegung verlor. Bauten und Ausstattung der Abtei verkündeten großen Reichtum. Gewiß konnten luxuriöse Schnitzereien und mit Gold und Edelsteinen besetztes Schmuckwerk als ein Feiern der Herrlichkeit Gottes angesehen werden. Doch die Kritiker betrachteten sie als

König Heinrich I.

einen Verrat am Mönchsgelübde der Armut. So führte Cluny selbst erneut zu einer anderen, die Armut Christi betonenden Reformbewegung des abendländischen Mönchtumes im 13. Jahrhundert.

Die sächsischen Herrscher

Als der Leib der Kirche durch die Klosterreform wieder neue Lebenskraft gewann, sammelte auch die größte Macht in Mittel-Europa, das deutsche Reich, seine Kräfte. Als sein Gründer gilt Heinrich I., der Herzog von Sachsen, der im Jahr 919 nach dem Tod Konrads I. zum König gewählt wurde. Der

Herzog Heinrich der Zänker von Bayern

deutschen Sage ist er als Heinrich der Vogler bekannt.

Während seiner Regierungszeit gelang es Heinrich I., Lothringen, den wichtigsten Teil des alten Mittelreichs, aus der französischen Abhängigkeit zurückzugewinnen. Nachdem er gezwungen worden war, fünf Jahre lang den Ungarn Tribute zu zahlen, besiegte er sie im Jahr 933 in der Schlacht bei Riade an der Unstrut. Er festigte die Ost-Grenze des Reiches gegen die heidnischen Wenden durch die Anlage befestigter Plätze. Auch führte er Reformen in der Gliederung des Heerwesens durch.

Im Inneren konnte er nichts unternehmen, um die Macht der alten Stammesherzogtümer zu beschneiden. Er herrschte über ein Gebilde, das man eher als Staatenbund denn als Bundesstaat bezeichnen könnte. Nichtsdestoweniger sicherte er seinem Sohn Otto I. die Nachfolge im Herrscheramt. Im Jahr 936 wurde Otto I. deutscher König.

Er ist oft als der wirkliche Gründer des mittelalterlichen Kaiserreiches angesehen worden, das universale Ansprüche, besonders auf Rom und Italien, erhob.

Die Monarchie war ein Wahlkönigtum. In der zweiten Hälfte des 10. Jahrhunderts war die Macht der territorialen Fürstentümer und der anderen Großen des Reiches so konsolidiert, daß sie eine ständige Bedrohung für die zentrale Gewalt des Königs bedeuteten. Die ottonische Kirchenverfassung betraute Bischöfe und Äbte, die dadurch erst zu »Kirchenfürsten« wurden, mit der Verwaltung ganzer Herzogtümer.

Schlacht auf dem Lechfeld 955

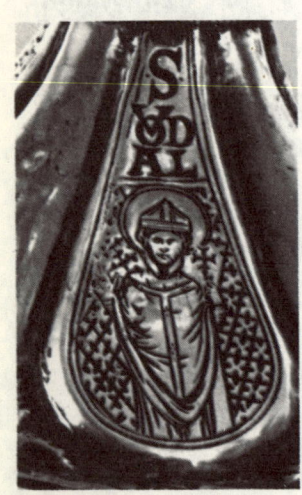

Bischof Ulrich von Augsburg. Detail vom Ulrichs-Kelch aus Augsburg, 10. Jahrhundert

Thronender Christus mit Maria und dem heiligen Mauritius und einem ottonischen Kaiser mit Familie, wahrscheinlich Otto II., Theophanu und Otto III. Reliefierte Elfenbein-Platte aus Mailand, zwischen 980–983

Die Schlacht auf dem Lechfeld bei Augsburg am Laurentius-Tag 955 besitzt eine europäische Bedeutung. Mit dem Siege des Königs Otto I. ist die Begründung seines Kaisertumes verbunden und die endgültige Konstitution der deutschen Reichskirche als einer politischen Macht ersten Ranges. Mit diesem Sieg ist die Neubegründung der bayerischen Ostmark – Österreich – und wenige Jahrzehnte später die Errichtung des ungarischen Reiches der Stephanskrone verbunden.

Von alledem weiß der Bischof von Augsburg, Udalrich (Ulrich) nichts, der da, angetan mit der Stola, ohne Schild, Helm, Brünne und Schwert am Ost-Tor der Stadt Augsburg, wo der Ansturm am bittersten tobt, die Seinen zwischen 9. und 12. August 955 ermuntert, standzuhalten. Nachdem dieser Sturm abgeschlagen ist, verbringt Udalrich die Nacht im Gebet. Betend und singend läßt er die Nonnen die Stadt durchziehen. Er selbst liegt, ausgestreckt, ganz Hingabe, im Dom auf dem Boden und bittet Maria um Schutz seines Volkes, um die Befreiung der Stadt. Am nächsten Morgen reicht er den Seinen die Kommunion. Die Ungarn brechen den Sturm auf die Stadt ab, da ihnen der Sohn des Pfalzgrafen Arnold, Berthold, die Nachricht vom Herannahen Ottos I. bringt.

Man hat oft die Lechfeld-Schlacht mit der Hunnenschlacht auf den Katalaunischen Feldern verglichen, ebenso mit Karl Martells Sieg über die Sarazenen und mit der Abwehr der Mongolen im 13. Jahrhundert. Diese Vergleiche stimmen nicht recht. Hunnen, Awaren, Mongolen kommen als Orkane und vergehen, wie der Schnee schmilzt im Frühling. Sarazenen, Mauren, Ungarn und Türken gehören einer anderen, geschichtlich viel wirkmächtigeren Kategorie an: Es sind Kämpfe mit Völkern in Europa, die Europa aufbauen zu dem, was es im folgenden Jahrtausend geworden ist.

Die Ungarn, diese seltsamen »Erbfeinde« (Hostes antiqui), sind bereits tief verflochten in die Innenpolitik des deutschen Raumes, als sie sich 955 dem Heerbann Ottos I. stellen. Bei zeitgenössischen Chronisten spiegelt sich noch der Schock, den das Volk beim Anblick dieser Fremden erfahren hat; noch im 11. Jahrhundert werden die Ungarn als »grausamer denn alle Bestien« bezeichnet. Widukind von Corvey läßt Heinrich I. vor der Schlacht bei Riade 933 die Ungarn als »die Feinde Gottes und der Menschen« und als die »Feinde Christi« namhaft machen. Das ist ein Reflex des Schreckens, den die mongolisch aussehenden Ungarn auf ihren Raubzügen durch West-Europa in dem halben Jahrhundert vor der Lechfeld-Schlacht erwecken.

Wer sind die Ungarn, die Magyaren? Die jahrhundertelang im süd-russischen »Lebedien«, zwischen Don, Donez und Dnjepr, ansässigen Magyaren werden 889 von den Petschenegen aus dem Atelkuz-Gebiet verdrängt. Auf byzantinische Aufforderung hin fallen sie 894 in Bulgarien ein, werden von Simeon 897 abgewehrt, gelangen über den Veretzker-Paß in ihre heutige Heimat. Unter der Führung Arpads setzen sich sieben magyarische Stämme und als achter Stamm die chazarischen Chabaren an der Theiss und mittleren Donau fest. Die ungarische Tiefebene bietet diesen Nomaden einen Sammelplatz, von dem aus sie ihre Raubzüge ausführen. Nach dem Tod Arnulfs von Kärnten 899 dringen sie in das fränkische Transdanubien ein und zerstören das Großmährische Reich. 896 bis 955 führen sie Feldzüge nach Mittel- und West-Europa. Zweiunddreißigmal fallen sie in ostfränkisches Gebiet ein. 907 wird Bayern, 918 Franken, 920 Lothringen, 924 Sachsen angegriffen. 899, 921, 947 dringen sie in Italien ein. Sie verbrennen Pavia und gelangen bis Spoleto. Sie plündern 937 und 951 Burgund, West-Franken und Schwaben, 943 erreichen sie Spanien. Die Schlacht auf dem Lechfeld wirft sie nach Ungarn zurück: die Magyaren sind nun ein seßhaftes Volk. Der Sohn des Urenkels Arpads, Geza, der junge Vajk, wird 955 mit Gisela von Bayern vermählt und auf den Namen des Schutzheiligen von Passau, Stephan, getauft.

Die laut Widukind von Corvey von Otto I. als »Feinde Christi« (Hostes Christi) angesprochenen Magyaren haben seit dem 6. Jahrhundert Kenntnis vom Christentum durch alanische und armenische Nachbarn, durch byzantinische Verbindungen und durch ihre Landsleute im römischen Sold. Otto I. läßt den großen Heerführer der Magyaren, den Horka Bulcsu, auf dem Lechfeld hängen, um ihm seine Heils-

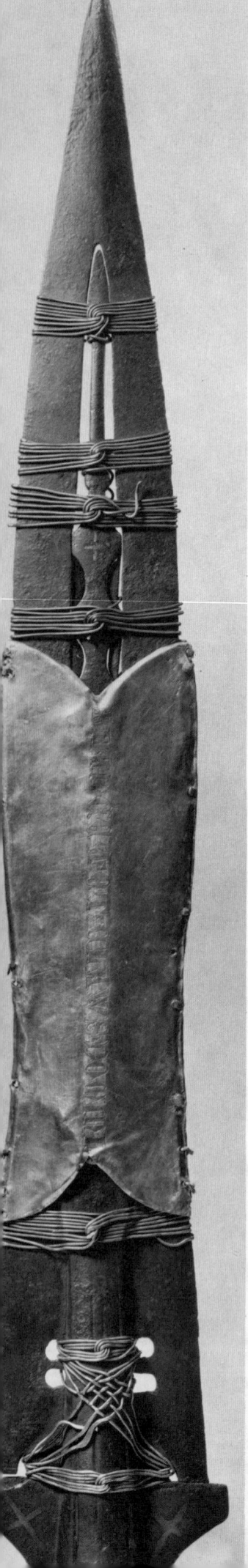

kraft zu rauben. Der Horka Bulcsu war, wie der zweite mächtige Fürst der Ungarn, Gyula, in Konstantinopel getauft worden und hatte den hohen Titel eines Patricius des Römischen Reiches getragen. Im Hintergrund der Schlacht auf dem Lechfeld steht auch der Kampf zwischen Byzanz und der Kirche in Rom, um die religiöse und politische Herrschaft in jenen Gebieten in Mittel- und Ost-Europa, die immer wieder, bis heute, im Zerrfeld des Ringens zwischen dem Westen und dem Erben der byzantinischen Politik, Rußland, liegen. Im frühen 10. Jahrhundert suchen die Bulgaren Hilfe gegen den byzantinischen Imperialismus im Westen, in Rom, die Mährer suchen aus Furcht vor dem Imperialismus der Karolinger, der fränkischen und der bayerischen lateinischen Kirche Hilfe bei Byzanz. Bayerische Herzöge haben lange vor 955 Schutz für ihre Kirche und damit für ihre politische Eigenständigkeit in Rom vor den Franken und der fränkischen Reichskirche gesucht.

Ein bayerischer Adliger, Berthold, benachrichtigt die Ungarn, die vor Augsburg stehen, über das Herannahen Ottos I. Die bayerischen Verbindungen mit den Ungarn führen direkt zur Lechfeld-Schlacht; diese Schlacht wächst mitten heraus aus dem innerdeutschen Bürgerkrieg, bildet dessen Höhepunkt und Überwindung. Otto I. ist in den Jahren vor 955 in Kämpfe mit seinen Brüdern, dann mit seinen Söhnen verwickelt. Im Jahr vor der Lechfeld-Schlacht stehen die gegen Otto aufständischen Herzöge und die Großen in Schwaben, Bayern und Lothringen durch die Vermittlung des bayerischen Pfalzgrafen Arnulf in Verbindung mit den Ungarn. Liutolf, der Sohn Ottos I., gibt dem Horka Bulcsu Führer nach Franken mit, weist ihm den Weg zu den Herrschaftsgebieten des Vaters. In Bayern kämpfen Oheim und Neffe, Herzog Heinrich und Liutolf, um die Macht. Widukind weiß zum Jahr 953 zu berichten: »Auch die Bischöfe zeigten sich nicht wenig schwankend, indem sie beiden Parteien sich zuwandten«. Im Frühjahr 955, wenige Monate vor der Lechfeld-Schlacht, läßt Herzog Heinrich, Parteigänger seines Bruders Otto I., dem Erzbischof Herold von Salzburg das Augenlicht nehmen und sendet den Geblendeten als Gefangenen nach Säben in Süd-Tirol. Heinrich und Liutolf beschuldigen sich gegenseitig, die Ungarn in das Land gerufen zu haben.

Der größte Sieg für König Otto I. wird bereits vor der Schlacht errungen. Unter dem Eindruck des verheerenden Zuges der Ungarn 954 durch weite Teile Deutschlands gelingt es ihm, den Bürgerkrieg zu beenden. Franken, Schwaben, Bayern und Böhmen vereinen sich in seinem Heerbann. Betroffen sehen sich die Ungarn einer unerwartet großen Koalition gegenüber. Sie waren bis dahin Nutznießer der innerdeutschen Kämpfe gewesen. Abseits von der Schlacht stehen die Sachsen, gebunden durch die Slawen zwischen Elbe und Oder, die Lothringer, dann Heinrich von Bayern, der noch an einer Wunde krankt, die er einst im Kampf gegen seinen Bruder Otto I. erhalten hat, und der Sohn Liutolf, der ausgeschaltet worden ist.

Der Sieg in der Lechfeld-Schlacht sichert Ottos Königsheil. Widukind läßt König Otto auf dem Schlachtfeld von seinen Truppen zum Imperator und Vater des Vaterlandes proklamieren. Dem Volksglauben nach legitimiert den Kaiser der Schlachtensieg, der als Gottesurteil galt. Die Kaiserkrönung Ottos I. in Rom am 2. Februar 962 ist eine unmittelbare Folge der Lechfeld-Schlacht. Hier beginnt Deutschland: als eine prekäre Konsolidierung deutscher Stämme, nach permanentem Kampf der Stämme, die im Zusammenbruch des karolingischen Reiches um Selbstbehauptung ringen. Hier beginnt das »Heilige Römische Reich deutscher Nation«, das bis 1806 dauerte. Wobei erinnert werden muß: der Beiname »römisch« stammt erst von Otto II., der Beiname »heilig« aus dem 12. Jahrhundert (Friedrich Barbarossa), der Zusatz »deutscher Nation« kommt erst im 15. Jahrhundert auf. Otto I. und seine Nachfolger beanspruchen nicht die Stellung Karls des Großen. Als Herrscher über Deutschland, über große Teile Italiens und seit 1033 auch über Burgund, haben diese deutschen Kaiser als Schirmherren von Kirche und Papsttum eine Sonderstellung; der Kaiser hat einen Ehrenvorrang unter den abendländischen Königen, wenn ihm dieser auch oft bestritten wird, jedoch keine Oberherrschaft oder Befehlsgewalt.

Die Sicherung einer deutschen Mitte durch den Sieg von 955 erlaubt es Otto I. im Süden, in Italien, und nach dem Nord-Osten vorzustoßen. Italien liegt immer noch im Kräftefeld des byzantinischen Gegners, der

Lanzenblatt der heiligen Lanze. Eisen mit silberner Hülse aus Italien, erster nachweisbarer Bestandteil der Reichskleinodien seit der Zeit König Heinrichs I., 8./9. Jahrhundert

Illustration zu dem 43. Psalm. Detail einer Zeichnung auf Pergament im Utrecht-Psalter aus Reims, um 830

hinter dem Horka Bulcsu unsichtbar auf dem Lechfeld zugegen ist: Byzanz kann immer noch hoffen, in Ungarn, Böhmen und Mähren, in Polen seine Kirche und damit seinen politischen Einfluß vorzutreiben. Olga, die Witwe des Fürsten Igor von Kiew, des Sohnes Ruriks, trat 953 in Byzanz zum Christentum über. Olga von Kiew tritt mit Otto I. in Verbindung: 961 sendet der deutsche König, am Vorabend seiner Kaiserkrönung in Rom, den Mönch Adalbert als Missionsbischof nach Kiew. Adalbert scheitert, Byzanz setzt sich in Kiew durch. Adalbert wird von Kaiser Otto zum Erzbischof des zehn Tage nach der Kaiserkrönung gegründeten Erzbistums Magdeburg gemacht. Magdeburg soll als Hauptort des deutschen Ostens keine Grenzen seines Missionsgebietes nach Osten haben. Die Gründungsurkunde statuiert anspruchsvoll, Otto habe die Slawen-Völker für Christus gewonnen; in Magdeburg sollten sie ihr kirchliches Oberhaupt haben. Papst Johann XIII. bestimmt 968 die Oder als Grenze für Magdeburg.

Im Jahr der Ungarn-Schlacht unterwirft Otto die Slawen bis zur Oder durch seinen Sieg an der Recknitz in Mecklenburg. Vor der Lechfeld-Schlacht hat Otto gelobt, im Fall des Sieges dem heiligen Laurentius ein Missionsbistum, Merseburg, zu gründen. Es ist sehr wahrscheinlich, daß Otto I. die Eingliederung der Slawen im Norden und Osten in sein Reich als seine Lebensaufgabe ersehen hat. Die Lechfeld-Schlacht bietet durch die Abschirmung des Süd-Ostens die militärischen Voraussetzungen dafür, die inneren soll Rom schaffen: das Kaisertum mit seinem Auftrag, Vogt der Kirche, Schirmherr der Christenheit zu sein, und ein Papsttum, das diese Mission legitimieren soll. Mit Slawen sind Ottos stärkste Jugenderlebnisse verbunden. Der junge Mann nimmt bereits an den Slawenkriegen der Jahre 928/29 teil; er spricht slawisch; eine slawische Adlige gebiert ihm seinen Sohn Wilhelm, den späteren Erzbischof von Mainz. Bekehrung erfolgt mit dem Schwert: der »deutsche Gott«, der Deus teutonicus, bezeugt sein Heil durch den Erfolg in der Schlacht. 938 bis 950 wird mit aller Grausamkeit von den Markgrafen Hermann und Gero und von Otto I. selbst der Krieg gegen die Slawen geführt. Widukind bezeugt die sächsische Bewunderung für die tapferen Slawen. Sächsische Adlige sind oft Verbündete heidnischer Fürsten und auch mit ihnen versippt. Die Slawen erleiden furchtbare Verluste, werden nach der Niederlage oft gehängt. Widukind von Corvey berichtet zum Jahr 939: »Jene aber wählten dennoch lieber Krieg als Frieden und schätzten alles Elend gering gegenüber der teuren Freiheit: denn dieser Menschenschlag ist hart und müheduldend, die einfachste Nahrung gewöhnt, und was den unsern schwerste Last zu sein pflegt, das halten die Slawen für eine Art Vergnügen.«

Mit Otto I. beginnt jene deutsche Ost-Expansion, die im 12. und 13. Jahrhundert bis Riga und Reval vorstößt. Sie stößt im 10. Jahrhundert auf bedeutende Widerstände: der sächsische Adel will von einer deutschen Siedlung östlich der Elbe nichts wissen, weil er von christlichen Bauern nicht ebenso hohe Abgaben eintreiben kann wie von heidnischen Slawen. Analog verhält sich der Deutsche Orden in Preußen im Hochmittelalter. Deutschland besitzt zudem bevölkerungsmäßig und wirtschaftlich nicht die Kräfte zu einer großzügigen Ost-Siedlung. Erst mehr als zweihundert Jahre später stoßen aus Deutschland und dem Westen Siedler in die Räume vor, die das deutsche Schwert solange vergeblich umkämpft hat. Am Vorabend des Zweiten Weltkrieges, 1938, legt der deutsche Historiker Schünemann eine Bilanz deutscher Feldzüge im Osten vor: von 175 Feldzügen zwischen 789 und dem ersten Polenzug Kaiser Friedrichs I. Barbarossa haben ein Drittel ihr nächstes militärisches Ziel einigermaßen erreicht, ein Viertel brachte halbe Erfolge ein, der Rest ist gescheitert. Zwanzig Feldzüge endeten mit totalen Katastrophen der deutschen Heere.

Otto I. versteht selbst seine politische Expansion in den Osten Europas als eine missionarische Verpflichtung, den christlichen Glauben auszubreiten. 955, wohl gleich nach der Lechfeld-Schlacht, trägt Abt Hadamar von Fulda im Auftrag des Königs dessen Magdeburger Plan dem Papst Agapitus II. vor, der die Errichtung neuer Bistümer ganz in das Ermessen des Königs stellt. Magdeburg soll ein »deutsches Rom« werden. Auf der Synode von Ravenna, 967, werden der neuen Metropole als Suffragane die Bistümer Havelberg und Brandenburg sowie die neuen Bistümer Merseburg, Zeitz und Meißen zugewiesen. Dazu kommt das neugegrün-

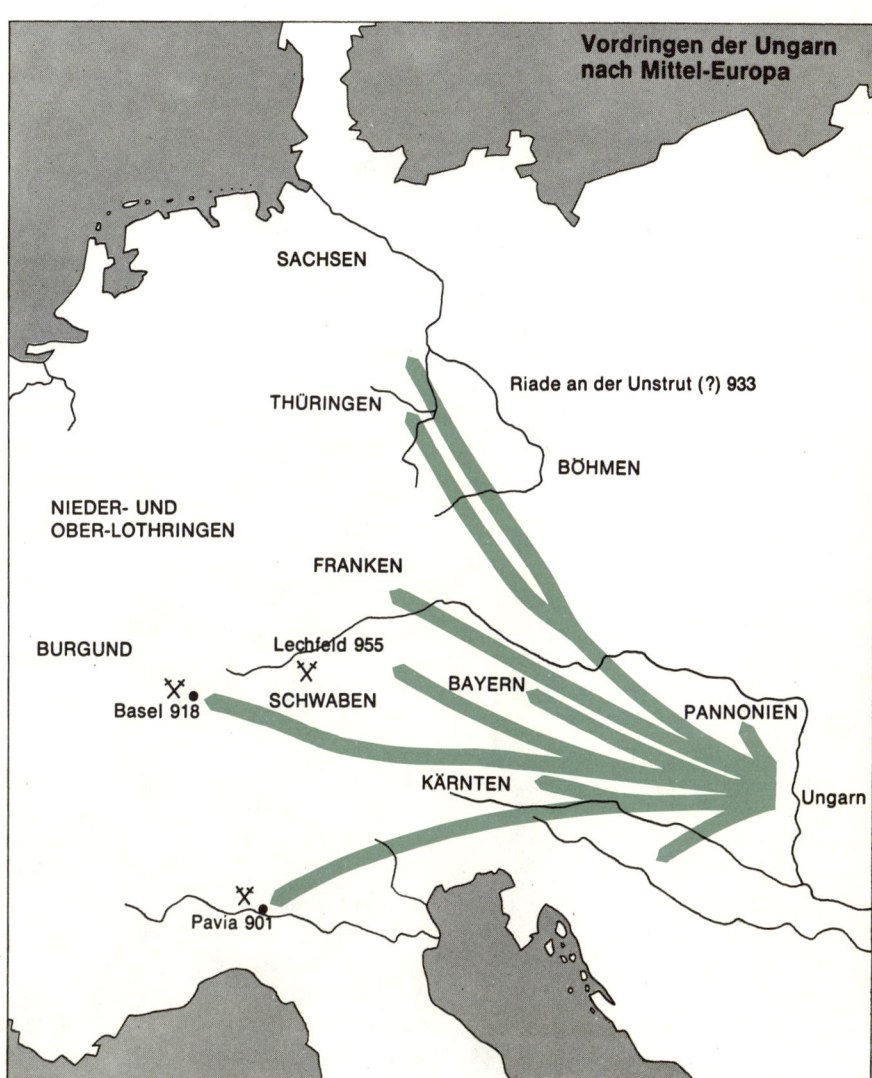

Otto I. der Große als König Abdruck eines Siegels, vor 962

Maiestas Domini mit kaiserlichem Stifter und Heiligen. Elfenbein-Platte, wohl aus Mailand, letztes Drittel des 10. Jahrhunderts

dete polnische Bistum Posen. Otto I. denkt auch noch an Prag. Magdeburg soll den Primat unter allen rechtsrheinischen Kirchen erhalten und nach römischem Muster mit zwölf Kardinalpriestern, zwölf Kardinaldiakonen und vierundzwanzig Kardinalsubdiakonen ausgestattet werden.

Das war ein gigantisches Unternehmen, das, realisiert, ein riesiges deutschgeführtes Ost-Europa geschaffen hätte. Dieser Plan kann nicht verwirklicht werden. Die deutsche Kirche besitzt weder personell noch spriituell genügend Kräfte, solch eine Mission zu tragen. Otto I. hatte bereits 959 größte Mühe, einen Bischof und einen Priester für die Rußlandmission zu finden. Ein Gegenstück zu den Plänen des Königs im Nord-Osten bildet der ehrgeizige Bischof Pilgrim von Passau mit seinen Bestrebungen im Süd-Osten. Durch ein umfassendes Fälschungswerk will er sich urkundlich als Erzbischof von Pannonien ausweisen und Passau als Erbe von Lorsch darstellen. Erzbischof Friedrich von Salzburg verteidigt sich und seine Kirche dagegen mit einer eigenen Fälschung. Pilgrim hat größte Mühe, für eine Mission unter den Ungarn in seiner Passauer Diözese zwei Missionare zu finden. Zwei Schweizer, Wolfgang, dann Prunwart, übernehmen schließlich die Aufgabe.

Die stärksten Widerstände gegen Ottos allzu weit ausholende Mission kommen aus Mainz und Rom. Erzbischof Wilhelm von Mainz, der erste Bischof Deutschlands, Sohn Ottos I., erhebt in einem Brief an den Papst Einspruch: er bezeichnet die Erklärung seines Vaters Otto I., hier handele es sich um die Ausbreitung des Christentums, als einen Vorwand. Der Sohn sucht den Königsgedanken des Vaters, Christianisierung der Slawen, als eine Ideologie zu entlarven: als bloßen Vorwand für die politische Unterwerfung. Was für ein Schauspiel! Wilhelm hält an diesem Einspruch bis zu seinem Tod fest. Papst Johann XIII. bestimmt 968 die Oder als Grenze des Magdeburger Erzbistums. Das Papsttum will hier als Schutzmacht und Bundesgenosse der von der Übermacht der Deutschen bedrängten, bisher selbständigen Völker auftreten: es möchte, wie der Kaiser, ein lateinisches Europa – einen Westen, gegen den heidnischen und griechisch-byzantinischen Osten: nicht jedoch ein deutsches Ost-Imperium.

Ottos I. größte Pläne im Osten scheitern. Magdeburg wird erst Jahrhunderte später, durch sein Stadtrecht, durch seine bürgerlichen Freiheiten tief hinein wirken in den Osten. Der große Slawenaufstand 983 beseitigt das Christentum und die deutsche Herrschaft östlich

der Elbe. Zeitgenössische Zeugen, wie Thietmar von Merseburg und Adam von Bremen sehen im gewalttätigen Auftreten deutscher Fürsten den unmittelbaren Anlaß der Slawen-Erhebung. Thietmar klagt zudem, daß sogar Christen sich über das Wiedererstarken des Heidentums bei den Slawen freuen.

Dann aber wagt es der Enkel Ottos I. des Großen, der junge Otto III., die Arbeit, Leistung und Not Ottos I. zu retten. Durch eine große europäische Konzeption, die der Lechfeld-Schlacht und der Ost-Mission der Deutschen eine positive Wendung abgewinnen sollte. Otto III. wagt es, das Reich nicht als eine militärische Allianz eines Dutzend deutscher großer Herren und mehr als eines Dutzend deutscher Prälaten zu begreifen, die ihre Herrschaft im Osten ausdehnen wollen, sondern er versucht das Reich zu realisieren als eine Föderation der lateinisch-christlichen Völker. Darum ernennt er Herzog Boleslaw Chrobry von Polen zum »Bruder und Mitarbeiter des Reiches« (Frater et cooperator Imperii). Gegen schwerste innerdeutsche und auch römische Widerstände gelingt es Otto III. mit Hilfe seiner slawischen Freunde, Polen und Ungarn, wo er ebenfalls eine eigenständige Kirche begründen hilft, einer wirklichen Christianisierung zuzuführen und damit für den Westen zu gewinnen. Der große Freund Ottos III., der Bischof von Prag, Vojtsch-Adalbert, wird in Verbindung mit dem Kaiser und mit Rom der große Slawen-Apostel.

Adalbert stirbt 997 bei den Preußen den Märtyrertod. An seinem Grabmal in Gnesen kommt es zu einer großartigen Demonstration: Kaiser Otto III. pilgert im Jahr 1000 zu Adalberts Märtyrer-Grab. Hierbei verselbständigt er die polnische Kirche und gründet zu Ehren Adalberts das Erzbistum Gnesen.

Hätten die Magyaren auf dem Lechfeld gesiegt, wäre mit ihnen der byzantinische Osten tief in das Herz Mittel-Europas vorgestoßen. Der Sieg Ottos I. ermöglicht die Gewinnung Ungarns, Polens, die Sicherung von Böhmen und Mähren für die lateinische Kirche. Byzanz gewinnt Rußland und hält sich auf dem Balkan.

FRIEDRICH HEER

Wiperti-Kapelle. Krypta der Stiftskirche des heiligen Servatius zu Quedlinburg, Sachsen-Anhalt, wahrscheinlich 9. Jahrhundert

Huldigung Ottos III. durch Sclavania, Germania, Gallia und Roma, die vier personifizierten Teile des Römischen Reiches (links). Der thronende Kaiser Otto III. zwischen zwei Bischöfen, dem geistlichen, und zwei Kriegern, dem weltlichen Stand. Malerei auf Pergament, Doppel-Seite aus dem Evangeliar Ottos III. von der Reichenau, Ende des 10. Jahrhunderts

Ungarn. China unter der Sung-Dynastie. Die Wikinger

Die Geburt Ungarns

Die Schlacht auf dem Lechfeld, die für den Westen so eminent wichtig war, hatte einen ebenso tiefen Einfluß auf die Geschichte Mittel- und Ost-Europas. Nach der fast völligen Vernichtung ihres Heeres unternahmen die Magyaren nur noch wenige Kriegszüge. Die Epoche des Nomadentums war für sie endgültig vorbei, das Bauerntum entwickelte sich, und schon sechzig

Krone des heiligen Stephan von Ungarn

Jahre nach der Niederlage auf dem Lechfeld nahmen die Ungarn das Christentum an. Unter König Stephan I. (997–1038), der später kanonisiert wurde, empfingen sie das Christentum aus Rom. Dieser Prozeß hatte schon unter Stephans Vater, dem Herzog Geza, begonnen. Der neue König nahm nicht nur den Glauben, sondern auch den Königstitel und die Krone aus der Hand des Papstes Silvester II. an. Obwohl er mit Widerstand aus den Reihen seines heidnischen Adels zu kämpfen hatte, konnte er doch seine religiösen Absichten durchsetzen sowie die Grundlagen für eine königliche Verwaltung eng nach dem Muster seines deutschen Nachbarn legen. Während des 11. Jahrhunderts verlor das neue Königreich, dessen Drang nach dem Westen aufgehalten worden war, auch im Süd-Osten Teile seines Gebietes an die nomadischen Petschenegen. Dieser Verlust wurde eine Zeitlang durch eine ungarische Eroberung ausgeglichen, die dem neuen Staat ein wichtiges Gebiet an der adriatischen Küste sicherte. So waren im frühen 11. Jahrhundert die wesentlichen Konturen des mittelalterlichen Europa festgelegt worden.

Das China der Sung

Das Reich Ottos I. des Großen und seiner sächsischen Nachfolger existierte fast gleichzeitig mit einer neuen Periode voller Glanz und Wohlstand in dem großen Land im Osten Asiens: in China. Im späten 9. Jahrhundert hatte der Reichtum der T'ang-Dynastie zu inneren Spaltungen und zu Angriffen asiatischer Barbaren auf das chinesische Reich geführt. Nach der Absetzung des letzten T'ang-Kaisers im Jahr 907 folgte eine Periode von fünfzig Jahren, die Zeit der Fünf Dynastien. Das größte Territorium lag im Norden. Es bildete den Schauplatz immer neuer Rivalitäten kurzlebiger Kaiser, die teils entfernt verwandt mit den T'angs, teils barbarischer Herkunft waren. Doch die wirklichen Erben und Bewahrer der T'ang-Kultur waren die Staaten im Süden, die schon in den letzten Jahren des 9. Jahrhunderts ihre Unabhängigkeit erklärt und teilweise auch behauptet hatten. Sie waren zumeist gut verwaltet und frei von innerem und äußerem Hader. Der Norden mußte in dieser Periode die Abtretung des weiten Gebietes zwischen der Großen Mauer und Peking an die Nomadenstämme der Ch'itan hinnehmen. Diese Übergabe wurde durch die auf Konsolidierung und Frieden bedachte Sung-Dynastie bestätigt. Das Gebiet war für weitere drei Jahrhunderte verloren, bis ganz China unter die Herrschaft der Mongolen kam.

Die Sung-Dynastie führte eine der glanzvollsten Zeiten der chinesischen Geschichte herauf. Ihre Herrschaft begann, als sich die

Chinesische Landschaft mit Palast

Chinesen ihrer Nationalität und Einheit voll bewußt waren. Dieses Gefühl der Zusammengehörigkeit beruhte auf einer gemeinsamen Schriftsprache, auf einer alten Tradition, daß das Land des Mittelreiches nur von einem Herrscher regiert werden sollte, auf einer Verwaltung mit einheitlicher Ausbildung und auf einer gemeinsamen Ergebenheit gegenüber den religiösen und philosophischen Lehren, die im Konfuzianismus zusammengefaßt waren. Die Wirren der Zeit der Fünf Dynastien wurden allgemein als ungerechtfertigte Verwirrung der natürlichen und angemessenen Ordnung angesehen. Die Sung kamen durch einen Staatsstreich an die Macht. Schon der erste Sung-Kaiser Chao K'uangyin war ein Mann von ungewöhnlichem Format. Die Kraft und Besonnenheit seines Charakters befähigten ihn, ein Massaker an der abgesetzten kaiserlichen Familie zu verhindern und sich vor einem drohenden Aufstand des Militärs dadurch zu schützen, daß er an die führenden Offiziere seiner Armee großen Landbesitz weit von der Hauptstadt entfernt verteilte. Dadurch mußten die hohen Militärs ihre Kommandoposten aus der Hand geben. Danach reformierte er die Zivilverwaltung. So begann eine Periode, die durch und durch von kluger Mäßigung gekennzeichnet war. Innerhalb von dreißig Jahren hatten die Herrscher der südlichen Dynastien mit verhältnismäßig wenig Opposition die neuen Herrscher aus dem Norden anerkannt. Das 11. Jahrhundert wurde eines der Goldenen Zeitalter der chinesischen Geschichte.

China, das von einem Kaiserhaus regiert wurde, dessen Hauptinteresse der Aufrechterhaltung des Friedens und der wirksamen Verwaltung der unerschöpflichen Hilfsquellen des Reiches galt, war frei von Aufständen oder auch nur von Anzeichen dazu, während solche Unruhen unter der dynamischen, aber repressiven Herrschaft der T'ang zu etwas Alltäglichem geworden waren. Diese Periode war eine Zeit des erneuten Studiums der chinesischen Klassik sowie ein Zeitabschnitt, in dem versucht wurde, fremde geisteswissenschaftliche Systeme, wie den indischen Buddhismus, zu übernehmen und zu einem einzigen, allumfassenden allgemeinen System zu integrieren, das auf einem radikalen Durchdenken des Konfuzianismus begründet war. Der Fortschritt der Wissenschaft wurde erheblich dadurch erleichtert, daß gerade unter den Fünf Dynastien dank der Erfindung der Buchdruckerkunst die chinesische klassische Literatur zum ersten Mal gedruckt wurde. Ihre nun erfolgende Verbreitung und Verfügbarkeit führten zu einer intensiven Kommentierung und Durchforschung, die man mit guten Gründen mit dem Einfluß des Buchdruckes von christlichen Texten auf das Zeitalter der Reformation im Europa des 16. Jahrhunderts vergleichen kann.

Nach einem mißglückten Versuch in den ersten Jahren des 11. Jahrhunderts, die Ch'itan zu vertreiben, fand sich der dritte Kaiser der Sung-Dynastie mit den Gegebenheiten ab und stimmte zu, jährlich eine große Kontribution an die nomadischen Herren zu zahlen. Das Ergebnis war für die Chinesen ein Jahrhundert des Friedens und für die Ch'itan selbst ein Jahrhundert der Konfrontation mit der Kultur Chinas. In einer Zeit, in der die seßhafte Bevölkerung des Fernen Ostens stets den Beutezügen barbarischerer und aggressiverer Nachbarn ausgesetzt war, sollten die Ch'itan das Schicksal der Chinesen erleiden und den Heeren ihrer früheren Untertanen zum Opfer fallen: den rauhen Stämmen der Kin oder Chin, der »Goldenen Horde«. Da die Sung den Ernst

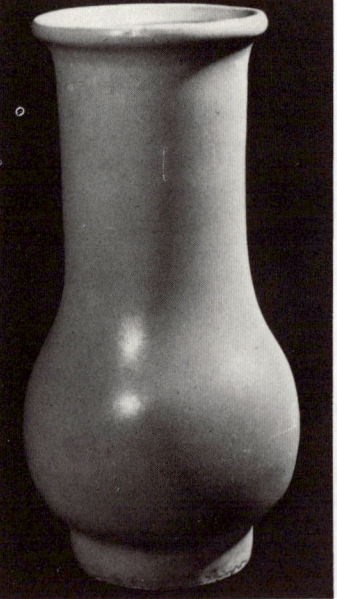

Chinesische Sung-Vase

dieser neuen Bedrohung nicht richtig einschätzten, war ein großer Verlust von Gebieten im Norden des Reiches nicht zu verhindern.

Chinas goldenes Zeitalter

Trotz des verkleinerten Staatsgebietes konnte sich China dank der friedlichen Politik der Sung-

Kaiser einer steigenden Bevölkerungszahl erfreuen, die weit über die in den Tagen der Vorgänger hinausging und die weit größer war als die irgendeines Landes außerhalb Chinas. Man hat auf Grund der zeitgenössischen kaiserlichen Listen für die Kopfsteuer geschätzt, daß im Jahr 1124 die Bevölkerung Chinas schon an die Einhundert-Millionen-Grenze herankam. Der Wohlstand im Reich ging sowohl auf die lange Friedensperiode zurück wie auch auf die besonnene Politik seiner Herrscher.

Wang An-shih, der Finanzminister des Kaisers Shen-tsung (1068–1085), war überzeugt, daß Chinas Reichtum auf seinen Bauern beruhte, daher strebte er nach einer Verminderung der von den Provinzen der Zentrale geschuldeten Steuern. Indem er Geldabgaben durch Arbeitsverpflichtung ersetzen ließ, schwächte er die Macht der Geldverleiher.

Die neuen Gesetze wurden sicherlich nicht wegen der sozialen Gerechtigkeit eingeführt, sondern eher, um eine größere Wirksamkeit und Anpassungsfähigkeit der kaiserlichen Finanzverwaltung zu erzielen. Wang An-shih gehörte zu der Partei der Erneuerer, und die politischen Auseinandersetzungen zwischen ihnen und ihren Gegnern, den Konservativen, trugen zur Schwächung der Kaisermacht bei und beschleunigten die Kapitulation vor den Chin. Der Sieg der Konservativen, die ihre Politik auf eine strenge Übereinstimmung mit den Lehren des Konfuzianismus und die Kontinuität mit den Gebräuchen der Vergangenheit gründeten, beeinflußte alle Bereiche der chinesischen Kultur. Gewiß dämpfte dieses die Ursprünglichkeit des Ausdruckes in den herkömmlichen Kunstgattungen, so in der Bronzeschmiede. Nur bei der relativ jungen Kunst der Porzellanherstellung, die bis zum 8. Jahrhundert noch nicht entdeckt war, erfreuten sich die Künstler und Handwerker einer größeren Freiheit. Die Sung-Porzellane gelten als die kostbarsten der je in China hergestellten Waren.

Die Welt der Wikinger

Die Entdeckungsfahrten Eriks des Roten, so bemerkenswert sie auch waren, bildeten nur einen Teil der Geschichte der Fahrten und Eroberungen der Wikinger. Der seßhaften Bevölkerung Europas von Schottland bis in das Mittelmeergebiet brachten die Plünderer zu See einen schrecklichen und blutigen Terror. Von den beutegierigen Angriffen der Wikinger schien den

Kopf eines Wikingers

neuen Ansätzen einer Kultur gänzliche Vernichtung zu drohen. So war die Verheerung der heiligen Insel Lindisfarne vor der Nord-Ost-Küste Englands im Jahr 793 ein Vorbote des großen Sturmes. Abenteurer aus Dänemark und Norwegen setzten in Irland und auf der Insel Man eigene Königreiche ein, die über fast das gesamte Gebiet des Nordens und Ostens Englands die Herrschaft gewannen. Sie ließen sich in Nord-Frankreich nieder, plünderten im Mittelmeer-Gebiet und schufen sich in Süd-Italien ein Königreich.

Für Jahrhunderte hatten die skandinavischen Völker mit der römischen Welt Handelsbeziehungen unterhalten; dabei führte einer ihrer wichtigsten Handelswege auf den Flüssen des europäischen Rußland nach Byzanz. Die berühmte Waräger-Leibwache der oströmischen Kaiser rekrutierte sich tatsächlich aus norwegischen Abenteurern. Im 9. Jahrhundert errichteten schwedische Führer eine Anzahl warägischer Fürstentümer, deren Hauptorte Kiew und Nowgorod waren. Unter dem Wikinger Rjurik von Nowgorod und unter Igor von Kiew blühten der nach Norden führende Handel mit Luxusgütern und die nach Süden gehenden Transporte mit Sklaven und Pelzen, so daß die neuen Staaten rasch an Reichtum und Macht gewannen. Am Ende des 9. Jahrhunderts waren sie unter den Großfürsten von Kiew vereinigt. Mit der Besiegung der Magyaren und türkischen Petschenegen wurde die Vormachtstellung des warägisch-slawischen Fürstentums Kiew vom Schwarzen Meer bis zum Baltikum gesichert.

Ungeachtet des wohlbegründeten Rufes besonderer Grausamkeit und eines Wandalismus in der Fremde hatten die Skandinavier einen eigenen starken und selbstbewußten künstlerischen Stil entwickelt. Sie waren zum Beispiel Meister in einer hervorragenden und einzigartig

Kopf eines Fabelwesens

schönen Kunstform von Tierschnitzerei und produzierten für ihre Waffen und Schiffe Meisterstücke der Schmiedekunst. Das Schiff war Mittelpunkt im Leben der Wikinger. Es war nicht nur ein Transportmittel, sondern spielte auch eine bedeutende Rolle im Totenkult und in ihren Vorstellungen vom Leben im Jenseits. Noch heute fesselt die atemberaubende Schönheit der Linienführung bei diesen langen, schmalen und überaus eleganten Fahrzeugen die Phantasie. Die Boote waren ihrer Funktion vollkommen angepaßt. Denn nach Reisen über das offene Meer folgten auch Zeiten, in denen es auf Flüssen zu navigieren galt. So waren diese Wikingerschiffe ein Beweis für das künstlerische und technisch-konstruktive Geschick dieses wilden und grausamen, aber hochbegabten Volkes.

Doch das heroische Epos von Entdeckungsfahrten, Raubzügen und Eroberungen begleitete auch friedlicher Handel, der die Wikinger sogar bis an die Grenzen Persiens führte. Während die Abenteurer die Meere durchkreuzten, entwickelten sich in ihrer Heimat skandinavische Königreiche zu Staatsgebilden. Unter Harald Blauzahn, der 985 starb, war Dänemark schon ein christliches Land. Obwohl es unter seinem Sohn und Nachfolger Sven Gabelbart noch einmal zu einem Rückfall in das Heidentum kam, stellte Knut der Große nicht nur die christliche Kirchenverfassung wieder her, sondern sicherte auch die früheren Eroberungen. Er herrschte über ein Reich, das England, Norwegen und Dänemark umfaßte.

Dieses Reich fiel nach Knuts Tod wieder auseinander, doch seine Nachfolger konnten gegenüber dem großen südlichen Nachbarn, dem deutschen Reich, ihre Unabhängigkeit behaupten. Unter der Herrschaft Waldemars I. erlangte Dänemark die Grenzen, die es im ganzen Mittelalter behielt.

Ungefähr zur gleichen Zeit nahm Erich IX. von Schweden den heiligen Krieg zum Vorwand, um das Land der heidnischen Finnen an seiner östlichen Grenze zu erobern. Das erste skandinavische Land, das einen gewissen Grad nationaler Einheit erreichte, war Norwegen unter Harald Schönhaar, der bis 933 lebte. Seine erfolgreichen Züge gegen kleinere Königreiche veranlaßten viele zur Flucht nach Island. Dort wurde im Jahr 930 das erste noch heute bestehende europäische Parlament einberufen: das isländische Allthing in Thingvellir.

Entdeckungsfahrt nach Grönland 982

Vor tausend Jahren brandschatzten und plünderten die Nordländer oder Wikinger weite Teile Europas. Zuerst beschränkten sie sich hauptsächlich auf Raubzüge und Zerstörung, wobei ihnen die Beherrschung der See vortrefflich zustatten kam. Mit der Zeit siedelten sie sich jedoch auf den Britischen Inseln, auf Island und auf Grönland an. Das schneebedeckte und von Eis umgebene Land im hohen Norden wurde von Erik dem Roten als erstes kolonisiert. Eriks Sohn Leif führte das Christentum auf Grönland ein und erreichte auf einer Reise, die ihn noch weiter westlich führte, ein Land, das reich an Trauben war und von ihm »das gute Weinland« genannt wurde. Fünfhundert Jahre später entdeckte ein anderer nach Westen fahrender Seemann, Christoph Kolumbus, den Kontinent noch einmal, und die Welt nannte diesen Erdteil Amerika.

Die Küsten Grönlands mußten einem Norweger heimatlich anmuten. Im Jahr 982 ruderten Erik der Rote und seine kleine Gefolgschaft von Wikingern an einem Fjord entlang und fanden hinter den kahlen Felsen versteckt Hügel und Täler, wo das Gras während der langen arktischen Tage üppig wuchs.

Erik war vermutlich nicht der erste Nordländer, der Grönland bereiste. Etwa achtzig Jahre vorher war ein Isländer namens Gunbjorn an der eisbedeckten Ost-Küste der Insel vorbeigesegelt. Gunbjorn jedoch hatte das Land für unbewohnbar angesehen. Erik segelte weiter westlich und verbrachte drei volle Jahre mit der Erforschung des Landes.

Erst nach dieser langen Expedition konnte Erik nach Island zurückkehren, denn die Zeit seiner Verbannung war verstrichen. Er wurde der Rote genannt nicht nur, weil er rotes Haar hatte, sondern weil Blut an seinen Händen klebte. Sogar in einem Volk, das wie die Wikinger mit dem Schwert und mit der Streitaxt leichtfertig umging, waren Erik und seine Familie wegen ihrer Fehden berüchtigt. Als sein Vater wegen eines Mordes aus Norwegen vertrieben wurde, wanderte die Familie nach Island aus. Dort gerieten einige seiner Leibeigenen mit einem Nachbarn in Streit und wurden erschlagen. Erik übte Rache an dem Nachbarn und tötete ihn. Darum mußte er auch dieses Land verlassen.

Erik war mit Thjodhilde, der Tochter eines reichen Mannes aus einem anderen Teil Islands, vermählt. Bei seinem Schwiegervater fand er Unterschlupf. Während er sein Haus aus Steinen und Rasenstücken erbaute, vertraute er seinem Nachbarn Holzbalken an, die in einem holzarmen Land einen Schatz bedeuteten. Als er sie zurückverlangte, verweigerte der Nachbar sie ihm. Es entwickelte sich eine Schlägerei, und Erik tötete zwei Söhne des Nachbarn. Auf der im Frühjahr stattfindenden Volksversammlung der freien Männer Islands, auf der auch Gericht gehalten wurde, wußte Erik die Familie seiner Frau und andere mächtige Freunde hinter sich. Die Strafe für diesen Doppelmord war gering: Sie lautete drei Jahre Exil.

Er verbrachte diese Jahre auf Erkundungsreisen. Sein Einfall, der neuen Insel den trügerischen Namen »Grönland«, »grünes Land«, zu geben, war genial. Bei seiner Heimkehr nach Island lud er seine Landsleute ein, ihm zu folgen und die fruchtbaren Täler Grönlands zu besiedeln, wobei er meinte, daß die Menschen viel lieber dorthin gehen würden, wenn das Land einen attraktiven Namen erhielte. Erik war offensichtlich ein begabter Organisator. Er überredete etwa fünfhundert Leute, mit ihrem Vieh und Hausrat über das gefährliche Meer zu segeln, um seine Kolonie in einem Land zu gründen, das sie nie gesehen hatten. Von den fünfundzwanzig Schiffen, die Island in diesem Sommer verließen, kamen nur vierzehn an ihr Ziel. Die anderen wurden entweder zur Rückkehr gezwungen oder gingen auf der Reise unter.

Die Schiffe der Wikinger gehörten damals wohl zu den seetüchtigsten und wendigsten Booten auf den Meeren. Die Handwerker wußten, wie man die schmale Beplankung am Schiffsrumpf anbringen mußte, um Schnelligkeit, Kraft und Wasserdichte zu erhalten. Weil die Planken nur einen Zoll dick waren und damit gut biegsam, hielten sie dem Wellenschlag des Atlantik stand. Die Schiffsbaumeister hatten Handwerkzeug aus Eisen und Stahl, jedoch wurde beim Zusammenbau des Schiffes kein Eisen benutzt. Die Rippen und Planken wurden mit Zapfen aus Fichtenwurzeln zusammengehalten. Mittschiffs breit und niedrig mit

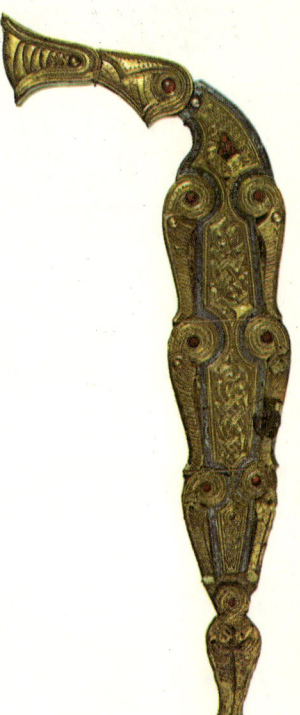

Stilisierter Drache. Holz mit Bronze-Auflage vom Bug eines Schiffes aus dem Grab eines sächsischen Fürsten in Sutton Hoo bei Woodbridge, Suffolk, England, 2. Drittel des 7. Jahrhunderts

Schiffsgrab der Wikinger. Anordnung der Steine in Form eines Schiffes, Dänemark, etwa 9. Jahrhundert

Bug eines Wikinger-Schiffes. Holz, aus dem Grab einer norwegischen Königin zu Oseberg in Norwegen, 9. Jahrhundert

tiefen Kielen und noch tiefer gehenden Seitenrudern, konnten diese Schiffe den Meeresströmungen standhalten und beinahe direkt vor dem Wind segeln. Bug und Heck erhoben sich hoch über dem Wasser, überragt von einem glänzenden Drachenkopf und dem gezackten, radähnlichen Drachenschweif, der dazu bestimmt war, menschliche Feinde und auch böse Geister abzuschrecken.

Die Siedler in Grönland gingen bei der Landnahme auf verschiedene traditionelle Weisen vor. Einige riefen das Schicksal an, warfen Holzstäbe über Bord und siedelten sich dort an, wo sie an das Ufer trieben. Erik ließ sich an dem fruchtbarsten Platz der ganzen Insel nieder, denn er war kein Mann, der irgend etwas dem Zufall überließ. Sein Gut nannte er Brattahlid, was soviel wie steiler Hügel bedeutet. Es wurde eine Art Hauptort der Kolonie.

Eriks Sohn Leif führte das Christentum auf Grönland ein. Auf einer Fahrt nach Norwegen kam er vom Kurs ab und landete auf den Hebriden, wo er einen Winter verbrachte und dort wahrscheinlich auch zum Christentum bekehrt wurde. Als er schließlich Norwegen erreichte, wurde er am Hof König Olaf Tryggvasons getauft, der selbst erst vor kurzer Zeit den neuen Glauben angenommen hatte. Das Christentum verdrängte nach und nach die nordischen Götter, aber für lange Zeit blieben die alten Bräuche und nordländischen Gesellschaftsformen mit nur geringen Veränderungen bestehen. Das Volk glaubte weiterhin an Zaubereien, Weissagungen und Hexerei. Die Menschen schienen manchmal den neuen mit dem alten Glauben vereint zu haben, denn es sind Grabsteine in der Form eines christlichen Kreuzes gefunden worden, die mit Gebeten beschrieben sind, die um die Aufnahme des toten Kriegers in Walhalla flehen. Im abgelegenen Grönland zogen ungeweihte Laien den Zehnten ein und erteilten sogar die Sakramente. Wenn aber ein Mensch ohne priesterliche Weihe begraben werden mußte, »dann wurde ein Pfahl auf die Brust des Toten gesetzt, und wenn Priester des Weges kamen, dann wurde das Holz herausgezogen, und diese Stelle wurde mit Weihwasser begossen, und es wurde eine Messe gelesen«.

Während des ersten Jahrhunderts als christliche Kolonie war Grönland Teil der weitentfernten Diözese Hamburg—Bremen. Erst im Jahr 1126 bekam Grönland einen eigenen Bischof, der dort Priester weihen konnte. Der erste Bischof Arnald lehrte die Grönländer heiligen Wein aus Heidelbeeren herzustellen, die es auf den Hochflächen in großen Mengen gab. Er erbaute einen Dom bei Gardar. Grönland besaß schließlich sechzehn Gemeinden mit vielen Kirchen, einem Mönchs- und einem Nonnenkloster. Die Kirchen wurden aus riesigen Steinblöcken in einem zyklopischen Baustil gebaut, der in Norwegen und Island unbekannt war. Offensichtlich übernahmen die Grönländer diese Technik von den Schotten.

Die Kolonie gedieh und erreichte Eigenständigkeit. Die Menschen lebten von Fisch, Milch und Fleisch aus ihrem Viehbestand und von Gemüse, das in dem kurzen arktischen Sommer nur spärlich gedieh: hauptsächlich Brassica, Porree und Radieschen. Es war äußerst schwierig, Getreide anzubauen, und sie mußten ohne Bier und Brot auskommen, bis ein Handelsschiff aus Island, England, Norwegen oder Irland kam. Was die Kaufleute anlockte, waren Elfenbein von Walrossen, Pelze und festes Friesgewebe, das aus der Wolle der Schafe hergestellt wurde. Aus Speckstein und Holz schnitzten die Leute Gegenstände. Sie stellten auch kleine Walrosse und Boote, Schachfiguren, Damebrettsteine und anderes Spielzeug her.

Handel und Wandel mit der Außenwelt nahmen im 12. und 13. Jahrhundert so stark zu, als wäre die Kolonie auf etwa zwei- bis dreitausend Menschen angewachsen. Eine solche zahlreiche Bevölkerung mußte jedes Stück Land, das als Weide oder Acker verwendbar war, besiedeln. Im 12. und 13. Jahrhundert war Elfenbein von Walrossen ein höchst wertvolles Handelsgut. Gesandte des Papstes reisten von Lucca nach Grönland, um es statt des in bar zu zahlenden Zehnten zu empfangen. Im 14. Jahrhundert setzten das afrikanische Elfenbein und die englischen und flämischen Stoffe den Export aus Grönland herab. Mit der sinkenden Nachfrage ließ der Handel nach, und die Verbindung mit der Außenwelt riß nahezu ab. Es wurden noch Bischöfe für Grönland ernannt, aber selten hatten sie ihren Sitz im Land. Ein päpstliches Schreiben aus dem Jahr 1492 besagte, daß die Isländer nur eine Altardecke zur Verehrung benutzten, da sie keine Priester hatten.

Diese kurze Anmerkung ist die letzte Nachricht über die Kolonie auf Grönland in den Archiven West-Europas. Was war dieser Gemeinschaft, die seit fünfhundert Jahren so fest gefügt dort lebte, zugestoßen, daß sie vollkommen ausgelöscht wurde? Legenden der Isländer und der Eskimos erzählten von Gefechten mit nomadischen Jägern aus dem hohen Norden, die die Grönländer »Skraelingen« nannten. Diese griffen den östlichen Teil der Kolonie im Jahr 1360 an und zerstörten ihn. Gemäß ihren eigenen Erzählungen zerstörten die Eskimos schließlich auch die Siedlung im Westen. Die letzte Gruppe von Grönländern soll mit ihrer Kirche verbrannt worden sein. Was den Siedlern schon vorher zu schaffen gemacht hatte, sie dezimierte und hilflos werden ließ, war die wachsende

Strenge des Klimas. Die letzten Siedler waren noch immer bis zu einem gewissen Grad mit Europa verbunden; denn Gräber aus dem 15. Jahrhundert ergaben, daß ihre Kleidung der europäischen Mode entsprach: langer Rock, kurze Jacke und Kappe. Ihre Gebeine aber zeigten, daß ihre Körper durch Unterernährung und Skorbut verkrüppelt waren. Ein Gletscherberg, der sich in die Fjorde gedrängt hatte, schnitt sie von der Jagd auf See ab. Die auf ihren Äckern immer höher anwachsende feste Eisschicht zerstörte ihre Ernten. Die Natur zwang somit alle, die es den Skraelingen nicht gleichtaten und ein Nomadenleben aufnahmen, nach Island oder Norwegen zurückzukehren. Im Jahr 1540 fand ein Isländer, der sich John Greenlander nannte, an der Stätte der westlichen Küstensiedlung nur den Leichnam eines Mannes, der eine Kappe und Frieskleidung trug. Bei ihm lag sein Eisenmesser, das verbogen und beinahe verrostet war. Die Natur setzte dem Kolonisations-Drang der Nordländer ihre Grenze.

In dem gleichen Jahr 1492, als die Verbindung zwischen Grönland und West-Europa abriß, entdeckte Christoph Kolumbus Amerika wieder. Denn ein Grönländer hat bereits fünfhundert Jahre früher den amerikanischen Kontinent entdeckt. Es war der Sohn Eriks des Roten, Leif, der von Grönland aus weit nach Westen und Süden segelte und im Jahr 1000 ein Land erreichte, das er nach seinem Weinreichtum Vinland nannte.

Das gute Weinland nannten es die Sagen. Heute kann die Lage des Landes nicht mehr lokalisiert werden. Es steht wohl fest, daß Leif auf den Norden Amerikas stieß. Als erster ging sein Bruder Thorstein Erkundungen nach und erreichte Amerika drei bis sechs Jahre später. Dann verbrachte noch ein Häuptling Karlvesne einen Winter in Vinland. Für einen Grönländer war das neue Land näher gelegen als Norwegen. Karlvesne begegnete vielen Skraelingen – die Grönländer scheinen zwischen Indianern und Eskimos keinen Unterschied gemacht zu haben – und handelte leuchtend roten Stoff für Felle ein. Irgendwann aber gerieten die Kolonisten und die Eingeborenen in Streit. Die Indianer kamen »in vielen Booten« angefahren, und obwohl der Angriff zurückgeschlagen werden konnte, sahen die Wikinger ein, daß sie in der Minderzahl waren, um ein feindliches Land zu erobern. Sie segelten nach Grönland zurück. Es gibt keine Berichte über eine Siedlung in Amerika. Aber die Grönländer besuchten Amerika weiterhin, um Handel zu treiben. Vielleicht suchten sie hauptsächlich nach Holz. Einige ihrer Särge waren aus Lärchenholz gezimmert, das wohl von der amerikanischen Küste stammte.

Sowohl die Siedlung Eriks des Roten in Grönland als auch die Entdeckung Amerikas durch Leif Erikson hatten seltsamerweise keine nachhaltige Wirkung. Hunderte von Kolonisten waren bereit, Island zu verlassen, um sich im weitab gelegenen und unwirtlichen Grönland anzusiedeln. Das viel reichere »Vinland« war nur eine kurze Strecke entfernt. Jedoch wurde dort niemals eine feste Kolonie errichtet. Die Quellen fließen so spärlich, daß Gründe dafür nicht gefolgert werden können. Die Wikinger zeigten keine Angst vor langen Seereisen oder feindlicher Bevölkerung. Ihr Hauptbetätigungsfeld für Unternehmungen blieb Europa.

Wikinger-Schiff mit Mannschaft. Detail eines reliefierten Steines von der Insel Gotland, um 900

Die Wikinger plünderten Klöster und brandschatzten friedliche Wohnstätten. Sie beraubten die reichen Schatzkammern der mittelalterlichen Kultur. Sie waren gleich den Eroberern der Völkerwanderung schreckliche und grausame Kämpfer. Dennoch waren auch sie nicht ohne Kultur. Als kluge Handelsleute und Handwerker mit großen Fähigkeiten waren sie der christlichen Welt oft überlegen. Obwohl die Wikinger des Schreibens und Lesens unkundig waren, zeugt ihre reiche und schöpferische Epik, die sich in mündlicher Tradition erhielt, von einem regen geistigen Leben.

Die Norweger begannen mit ihren Einfällen nach Nord-England im Jahr 787. In der folgenden Zeit wiederholten sie oder ihre dänischen Vettern die Raubzüge. Zuerst erschienen sie nur im Sommer, dann bauten die Nordländer Festungen, so daß sie im Land überwintern konnten. Später besetzten sie ganze Gebiete von England. Andere Wikinger vertrieben die keltischen Einsiedler aus ihren Niederlassungen hoch im Norden und von den westlichen Inseln. Schließlich wurde auch Irland überrannt. Dublin und Limerick fielen in feindliche Hände. Während einiger Jahre – von 834 bis 841 – regierten die Nordländer ein vereinigtes Irland. Eine einheitliche Herrschft setzte sich nicht durch; die Norweger hielten das Land nur gebietsweise unter ihrer Kontrolle. Nach 845, so sagt ein Chronist, »kamen große vom Meer herangetragene Fluten von Fremden« nach Irland.

Im Jahr 842 plünderten die Dänen London und Rochester: Sie vergrößerten das »Danelag« – Länder, in denen die dänische Rechtsprechung vorherrschte. Zur gleichen Zeit legten andere Dänen in Friesland und in Holland Stützpunkte an, um von dort aus weitere Einfälle in das Frankenreich zu machen. Sie plünderten Utrecht, Nantes, Bordeaux und Paris, um nur einige der gefährdetsten Orte zu nennen. In den sechziger Jahren des 9. Jahrhunderts fiel Paris noch einmal in die Hände der Feinde: »Die Zahl der Schiffe wird größer«, schrieb der Chronist, »der endlose Strom von Wikingern hört nicht auf zu wachsen. Die Christen werden überall zu Opfern von Mord, Verbrennungen und Plünderungen.«

Die Wikinger plünderten die Stadt, ließen sich auf einer Seine-Insel nieder und wurden dann von anderen Wikingern wieder vertrieben, die von fränkischen Adligen angeworben waren. Im Jahr 886 wurde Paris wieder besetzt: »Die Stadt zittert, und Hörner erklingen, die Mauern sind in Tränenfluten gebadet, das ganze Gebiet wehklagt, vom Flusse her hört man die Hörner blasen.«

Während die Wikinger so auf den Flüssen des Frankenreiches von der Nordsee und vom Atlantik her vorstießen und das Land, besonders die Städte, verwüstet zurückließen, umsegelten andere Nordländer Gibraltar und drangen in das Mittelmeer ein. Im Jahr 860 eroberten sie Pisa und Lucca. Die Städte wurden geplündert und ihrem Schicksal überlassen. Eine andere Schar plünderte um die gleiche Zeit Lissabon und Cadiz. Diese Wikinger ruderten zweimal den Guadalquivir hinauf und plünderten Sevilla. Schließlich wurden sie vertrieben und verloren viele Schiffe und Menschen. Die Überlebenden sammelten sich im Westfrankenreich und zogen mit einigen maurischen Gefangenen nach Irland weiter. Inzwischen wandten sich die Schweden ostwärts, um »das Land der Städte«, das sie im westlichen Rußland an der Neva und am Dnjepr fanden, zu erobern und zu beherrschen. »Wir riefen sie herbei, um unsere Streitigkeiten durch sie schlichten und uns von ihnen regieren zu lassen«, erklärte später ein slawischer Chronist. Tatsächlich einigten die Eroberer als erste das Land. Im Jahr 865 bauten schwedische Fürsten eine Flotte auf, die unter dem Namen »Ros« in die Geschichte einging und die den Dnjepr flußabwärts bis zum Schwarzen Meer segelte, um Konstantinopel anzugreifen. Nur ein Sturm rettete die östliche Hauptstadt der Christenheit vor dem Verderben.

Die Wikinger sahen manchmal von Plünderung ab, wenn ihnen dafür ein regelmäßiger Tribut gezahlt wurde. Schon im Jahr 810 fiel Gottfried von Dänemark mit einer Flotte von etwa zweihundert Schiffen nach Friesland ein und zerstörte die von Karl dem Großen aufgebauten Festungen. Er zwang die ortsansässigen Lehnsherren, einen Tribut von hundert Silberpfunden zu entrichten. Bei weiteren Angriffen auf die Länder im Frankenreich wurden erhebliche Summen an Tributen eingetrieben. Im Jahr 926 hatte das fränkische Königreich dreizehn Dänensteuern bezahlt. Die regelmäßigen Erhebungen von Tributen wurden in England nach fränkischem Muster vollzogen. Um die Forschungen der Angreifer zu erfüllen, belegten die angelsächsischen Könige ihre Untertanen mit der ersten regelmäßigen Steuer in der englischen Geschichte.

Die Wikinger konnten jedoch nicht immer auf diese Weise abgefunden werden, denn oft regte der Tribut die Beutelust erst an. Die Könige und Häuptlinge hatten wenig Macht über ihre jungen Krieger, die die Plünderungen durchführten. Solche Expeditionen bil-

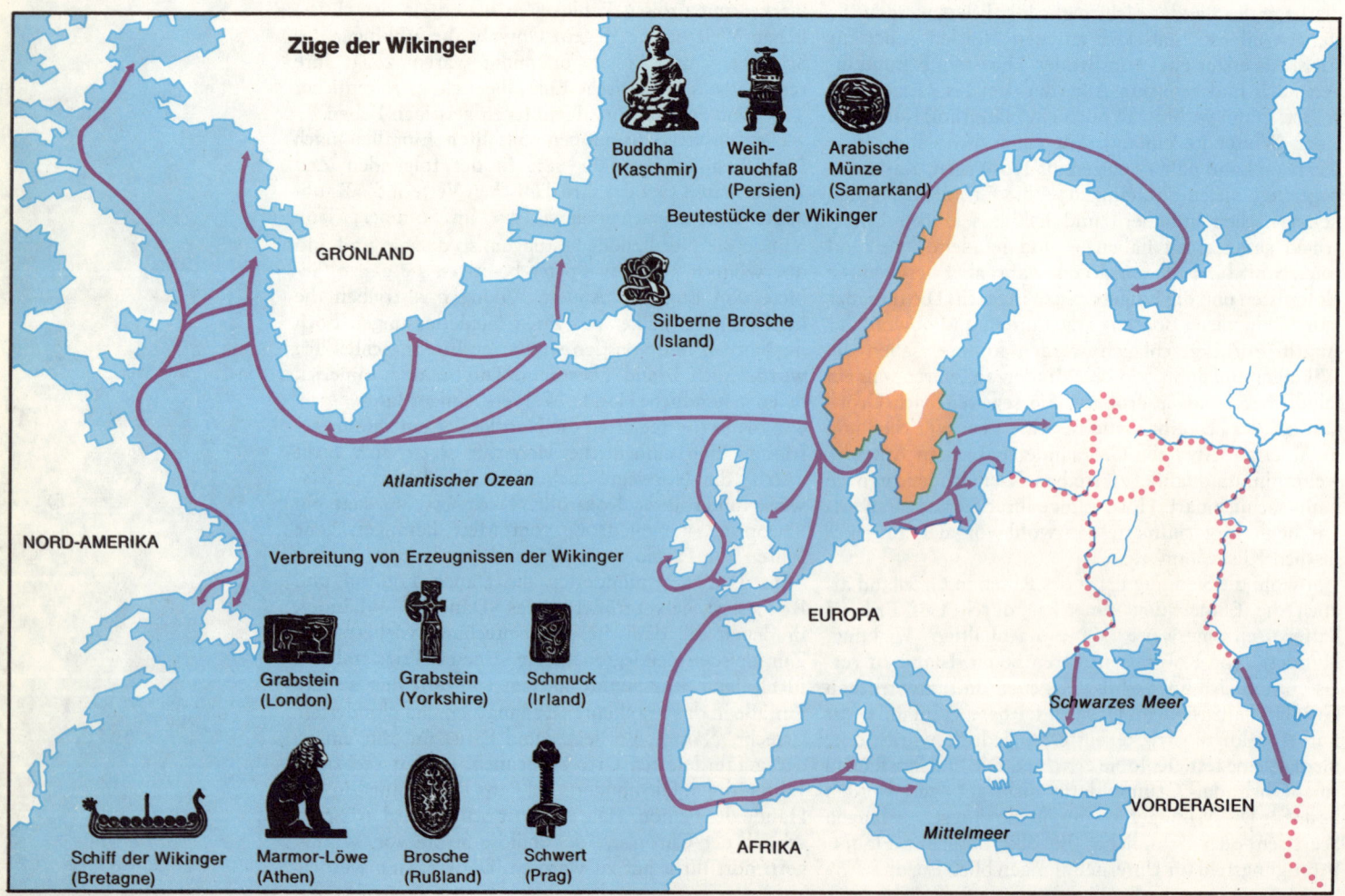

deten einen Teil der Ausbildung eines jungen skandinavischen Aristokraten. Auf diese Weise sammelte er oft die Grundlage seines späteren Vermögens. Die Sagen erklären die Eroberungsfahrten nach England und Irland als Taten von Vasallen, die gegen die Feudalherrschaft der Könige im Land rebellierten. Solche Deutungen stammten aus einem Zeitalter, in dem die feudalen Verpflichtungen strenger waren. Die ursprüngliche Bewegung war jedoch ziellos und ungleich. Die Nordländer wurden von der politischen Schwäche des karolingischen Reiches angezogen. Einmal wurden sie von zwei Söhnen Karls des Großen eingeladen, um deren dritten Bruder zu bekämpfen. Gewöhnlich jedoch warteten sie nicht auf Einladungen, noch gehorchten sie, wenn ihre Könige Frieden geboten. Die Raubzüge schienen die Antwort der nordländischen Aristokraten auf Landhunger und den Druck von Überbevölkerung gewesen zu sein. Die Expansion der Wikinger war eine Völkerwanderung zur See.

Im Jahr 875 hielten die Nordländer Europa nahezu umzingelt. Sie griffen von fast allen Seiten an und schienen auf dem besten Weg zu sein, den gesamten Kontinent zu erobern. Dem Jahrhundert der Überfälle folgte ein Jahrhundert, im Lauf dessen sich die Angreifer in die Gesellschaft, die sie besiegt hatten, einordneten. Im Westen wurden sie Fürsten von Friesland, Flandern, der Normandie und dem größten Teil Englands und Irlands. Im Osten führten sie in Rußland eine politische Einheit herbei. Die Wikinger übernahmen Sprache und anderes von der slawischen Kultur. Im Jahr 1000 waren die nordländischen Fürsten und die russische Bevölkerung durch byzantinische Missionsarbeit zum Christentum übergetreten.

West-Europa konnte gegen die Invasoren erst mit einem erstarkten Königtum erfolgreich Widerstand leisten. Unabhängig von der zerfallenden Struktur des karolingischen Machtbereichs wurden neue Königreiche gegründet und die Nordländer abgeriegelt. Durch die Vertreibung der Dänen über den Humber wurde Alfred von Wessex der erste König, der den Eindringlingen hatte die Stirn bieten können. Die Wiedereroberung der meisten von Dänen beherrschten Länder durch Alfreds Söhne und Enkel führte zur Begründung einer englischen Monarchie, der Angelsachsen und zum Christentum bekehrte Dänen untertan waren. Im Westfrankenreich schlug Graf Odo von Paris im Jahr 887 die Belagerungstruppen der Wikinger nach Burgund zurück. Dieser Erfolg ebnete den Weg zu dem berühmten Vertrag zwischen Rollo dem Normannen und Karl dem Einfältigen im Jahr 911: Rollo erhielt das gesamte Gebiet an der unteren Seine unter der Bedingung, daß seine Männer das Land verteidigten, sich taufen ließen und Karl als ihrem Oberlehnsherrn huldigten. Damit war das Herzogtum Normandie begründet.

Der Vertrag schloß stillschweigend ein, daß die Nordländer ihre Angriffe auf die Bretagne fortsetzen durften. Die Bretonen mußten ihre Verteidigung selbst übernehmen. Die Normannen übernahmen bald die Sprache und die Religion ihrer Untertanen. Sie wurden ausgezeichnete Reiter und Erbauer von Festungen. Da sie durch die feudalen Bande der Lehnspflicht fest gebunden waren, suchten sie sich für ihre Kämpfe ein

Tierkopf wohl von Zaubergeräten. Geschnitztes Holz mit Metall aus dem Grab einer norwegischen Königin zu Oseberg in Norwegen, 9. Jahrhundert

Betätigungsfeld außerhalb des Frankenreiches. So kam es im 11. Jahrhundert zur Eroberung Englands. Zur gleichen Zeit sandten sie eine Expedition nach Sizilien, die mit dem Segen des Papstes die Insel den Mauren entriß und in Süd-Italien ein Königreich begründete. Wie an anderen Orten hinterließ die angeborene Gabe der Wikinger für Kriegshandwerk und Verwaltung noch ihre Spuren, lange nachdem sie selbst Sprache und Kultur ihrer neuen Heimat übernommen hatten. Auch in Irland war der gleiche Vorgang zu beobachten. Dort besiegte im Jahr 1014 Brian von Munster die nordischen Könige von Dublin. Danach wurden die Nordländer ein Teil der stammesgebundenen Gesellschaft Irlands. Sie beherrschen noch einige Städte, aber ihre Rolle als fremde Herren war beendet.

Zu dieser Zeit fielen die Dänen wieder in England ein und hätten England beinahe eine »Pax normana« gegeben. In den Jahren 1013 bis 1042 zerstörten König Knut und seine Söhne das Werk Alfreds des Großen. Sie versuchten, die unter dänischem Recht verbliebenen Gebiete, das angelsächsische England, Schottland und Dänemark unter der Herrschaft eines skandinavischen Königs zu vereinen.

RENNÉE WATKINS

Vorherrschaft Frankreichs in Europa. England vor der normannischen Eroberung

Die Weltgeschichte des 11. Jahrhunderts wurde im fernen Osten vom Glanz des Sung-Reiches in China beherrscht. Begründet in den letzten Dekaden des vorausgegangenen Jahrhunderts, erreichte es im Verlauf des 11. Jahrhunderts seinen Höhepunkt. Dieses Sung-Reich hat eine der hervorragendsten Epochen in der Geschichte der Kultur hervorgebracht. Europa war damals von den ottonischen Kaisern und dem Erstarken des deutschen Reiches beherrscht. Der Ehrgeiz der Kaiser wie eine immer noch zunehmende Macht der großen Lehnsträger führten – neben vielen anderen Gründen – zu einem Niedergang der kaiserlichen Gewalt, den auch die Herrschaft der bedeutenden Kaiser aus dem staufischen Herrscherhaus im 12. und 13. Jahrhundert nicht entscheidend aufhalten konnte. Um das Jahr 1200 war die Macht in Europa den deutschen Königen entglitten und auf das zentrale Königtum Frankreichs übergegangen.

Der Werdegang Frankreichs zur führenden Macht in der europäischen Geschichte des Mittelalters beruhte keineswegs auf einer folgerichtigen Entwicklung. Für die Augenzeugen der Krönung Hugo Capets zum König im Jahr 987 dürfte die Tragweite dieses Ereignisses durchaus nicht absehbar gewesen sein. Nur langsam ging der Aufstieg vor sich. Erst nach zweieinhalb Jahrhunderten voller ständiger Kämpfe und Kriege rückte der Aufstieg des französischen Königtums in das Bewußtsein der Zeitgenossen.

Die französische Monarchie

Zur Zeit seiner Krönung war Hugo Capet wohl der bedeutendste Mann in Frankreich. Sein Geschlecht, das ein Jahrhundert zuvor von Robert dem Starken begründet worden war, hatte bereits zwei Könige während der von Wirren erfüllten Jahre der späten Karolinger gestellt. Ihr Kronland, das sich um die wichtigen Städte Paris und Orléans konzentrierte, hatte eine vorzügliche strategische Lage. Unter den großen Lehnsleuten der Familie befanden sich die mächtigsten Männer des Reiches. Hugo selbst erfreute sich der Unterstützung durch die Kirche. Ihr verdankte er hauptsächlich seine Wahl. Doch gab es mehrere andere Geschlechter mit ausgedehntem Landbesitz. Am Beginn des 11. Jahrhunderts mußten sich die Kapetinger erheblicher Bedrohungen von seiten anderer Territorialgewalten erwehren.

Im Süden lagen das Herzogtum Gascogne und die Grafschaft Toulouse. Nördlich von diesen erstreckte sich das große Herzogtum Aquitanien, das in der Hand des Hauses Poitou lag; den Nord-Westen umfaßte die Bretagne, die selbst Karl der Große nie richtig hat unterwerfen können und die sich ihrer alten Unabhängigkeit erfreute; östlich an die Bretagne schloß sich das mächtige Herzogtum Normandie an, das bald durch die starke Hand Herzog Wilhelms zu einer der bedeutendsten Provinzen Frankreichs werden sollte. Im Verlauf des Jahrhunderts wurden die Gebiete zwischen der Normandie und Aquitanien langsam in die Gewalt der kleinen, aber dynamischen Grafschaft Poitou gebracht.

Überall in Frankreich mußten die großen Herren, die den König bedrängten, ihrerseits ihre anspruchsvollen niederen Vasallen im Zaum halten. Nirgendwo in Europa ließen sich die Wirkungen des Lehnswesens so rasch und tiefgreifend spüren wie in Frankreich. Bei der Menge von Magnaten versuchte jeder, seine Stellung im Herzogtum beizubehalten, jeder trachtete danach, seine Macht auf Kosten der Nachbarn zu verbessern. Das gelang nicht immer; so mißglückte es den Herzögen von Burgund, sich der königlichen Lehnsherrschaft zu entziehen. Die Könige aus kapetingischem Hause gehörten in territorialer Hinsicht zu der schwächeren Gruppe im Königreich. Ihre Erwerbungen waren unklarer Herkunft, aber, wie sich schließlich herausstellte, von wesentlicher Bedeutung. Der Wechsel der Königskrone von den Karolingern auf die Kapetinger schwächte das Ansehen des Königtums im Lande keineswegs. Da sich die großen Lehnsträger des Reiches wohl bewußt waren, daß ihre Macht über ihre eigenen Vasallen oft wenig stärker war als ein lockeres Band der Lehnsverpflichtung, waren sie eifrig darauf bedacht, die theoretische Oberhoheit des Königs anzuerkennen, aus der ihre eigene Autorität letztlich hervorging.

Der König war daher der Herr aller; er war niemandem außer Gott verpflichtet. Auch erfreuten sich die Monarchen der Unterstützung der Kirche. Sie pflegte die Beziehung zu ihr eifrig, was im Verlauf des Jahrhunderts von wachsender Bedeutung werden sollte. Die Dynastie selbst konnte zur Stabilität ihrer Herrschaft wesentlich dadurch beitragen, daß sie dreieinhalb Jahrhunderte lang eine ununterbrochene Linie von männlichen Nachkommen aufwies. Jeder Kapetinger sorgte eifrig dafür, daß rechtzeitig vor dem eigenen Tod sein Sohn zum König gekrönt wurde. Das alte Prinzip des Wahlkönigtums, das in Deutschland nie verlorenging, wurde in Frankreich kraft Gewohnheitsrechtes allmählich durch das der Erbmonarchie ersetzt.

Schließlich versuchten die Kapetinger, anders als ihre karolingischen Vorgänger, niemals in großem Maße, die volle, theoretisch auch vorhandene Gewalt ihres Amtes für sich zu beanspruchen.

König Philipp I. von Frankreich

Sie waren es zufrieden, daß sie über ihr eigenes Kronland und dessen Vasallen absolute Herrscher waren.

Die Könige mußten umsichtig vorgehen. In der Mitte des Jahrhunderts versuchte Heinrich I., seine Stellung während der Fehden zwischen seinen beiden Vasallen Wilhelm von der Normandie und Gottfried von Anjou zu bewahren; deshalb bemühte er sich immer wieder, Verträge zwischen diesen zu stiften, mußte aber zwei demütigende Niederlagen durch Wilhelm entgegennehmen. Sein Sohn und Nachfolger Philipp I., der von 1060 bis 1108 regierte, zeigte mehr Umsicht und Willen, seinen Vorteil im günstigsten Augenblick wahrzunehmen. Es glückte ihm, das königliche Gebiet um kleine, doch bedeutsame Erwerbungen auszudehnen und aus den Bürgerkriegen, die zwischen den Söhnen Wilhelms des Eroberers in der Normandie ausbrachen, einige Vorteile zu schlagen.

Während der Herrschaft Ludwigs VI. wandte sich schließlich das

Ein König mit seinem Sohn als Mitherrscher

Königin Eleonore von Aquitanien

Blatt. Nach einem Jahrhundert des Gewährenlassens waren die Kapetinger, trotz ihrer gewiß vorhandenen Schwäche, zum Kern eines aufkeimenden Nationalbewußtseins geworden. Ludwig VI., der unermüdlich daran arbeitete, die kleinen Herrschaften der Barone in seinem Domanialland zu beseitigen, und im Ausland nachdrücklich seine Rechte als König von Frankreich betonte, hinterließ seinem Sohn ein stärker als je zuvor zentral regiertes Land. Noch be-

Die heilige Etheldreda

deutender war es, daß er durch die Vermählung seines Sohnes mit Eleonore, der Erbin von Aquitanien, der französischen Krone eine solide Grundlage verschaft zu haben schien, von der aus die Macht im ganzen Land gesichert werden konnte. Es ist eine der Tragödien der französischen Geschichte, daß der schwächliche Ludwig VII. die Bedeutung der Hausmacht seiner Gemahlin verkannte und sie, da sie ihm nur Töchter geboren hatte, verstieß. Auch Aquitanien ging damit den Kapetingern verloren.

England vor der normannischen Eroberung

Das Reich Knuts des Großen, des Königs von Dänemark, Norwegen und England, fiel nach seinem Tod im Jahr 1035 auseinander. Für England hatte seine Herrschaft eine Zeit des Friedens und des Wohlstandes gebracht; doch seine Söhne waren unfähig, die Tradition ihres Vaters fortzusetzen. 1042, als der letzte von ihnen starb, riefen die Engländer das älteste lebende Mitglied des Hauses Wessex aus dem Exil in der Normandie zurück. Eduard, der Sohn Ethelreds und seiner normannischen Frau Emma, war vierzig Jahre alt, als er den Thron bestieg. Er war im Ausland aufgewachsen und fand sich jetzt in einem Lande, wo sich die großen Familien während der Jahre der Thronwirren fest etabliert hatten und wenig Interesse an der Wiederkehr eines mächtigen Königtums zeigten.

Die führende Familie war die des Grafen Godwin, der den König sogar zu einem Heiratsvertrag mit seiner Tochter Edith zwingen konnte. Diese Heirat war eine reine Formsache, denn Eduard hatte das Gelübde des Zölibates abgelegt. Trotz einer Zeit der Verbannung und Ungnade, während der der König die Stellung seiner vielen normannischen Freunde und Minister am Hof festigen konnte, gewann das Haus Godwins im Jahr 1052 wieder seine Macht. Im selben Jahr tat Eduard einen unpopulären Schritt, als er seinem Vetter Wilhelm von der Normandie den Thron versprach – ein Versprechen, dessen Verwirklichung über seine Macht und seine verfassungsmäßigen Rechte hinausging. God-

Eduard der Bekenner

win, der im folgenden Jahr starb, und danach seine Söhne, erlangten bald die Kontrolle über die Regierungsgeschäfte. Infolge Eduards zölibatärem Leben in der Ehe gab es keinen natürlichen Erben. Alle Zweige des alten königlichen Hauses Wessex waren aber bis auf einen ausgestorben.

Als König Eduard im Januar 1066 starb, folgte ihm Harald Godwinsson. Wie es hieß, auf Grund einer Wahl des Witans, des königlichen Rates, und der Billigung des sterbenden Königs. Der schon zu Lebzeiten wegen seines frommen Charakters verehrte und in späterer Zeit seliggesprochene und zum Heiligen kanonisierte Eduard der Bekenner erhielt sein Grab in der Abtei von Westminster; sie war seine Gründung, ihr hatte er sich die meiste Zeit während seiner letzten Lebensjahre hingebungsvoll gewidmet.

Man wird Eduard dem Bekenner nicht gerecht, ihn als schwachen und unfähigen König zu bezeichnen. Tatsächlich fehlte ihm die verschlagene und aggressive Grausamkeit, wie sie im 11. Jahrhundert von einem erfolgreichen Herrscher gefordert wurde. Aber die mächtige Stellung, die sich die englischen Grafen verschafft hatten, bevor der neue König vom Festland eintraf, machte ein wirksames Regieren nahezu unmöglich. Der Herrscher wurde nur als der Vertreter eines »Steuern eintreibenden Königtums« betrachtet. Außerdem hatte Eduard damals schon die besten Jahre seines Lebens hinter sich. Noch bedeutender war jedoch folgendes: Eduard hatte freiwillig dem Herzog von der Normandie das stärkste Anrecht auf den Thron gegeben. Trotz der ungeheuren Macht und des Ansehens der verhaßten Familie Godwins stieß Eduard während der letzten zehn Jahre seines Lebens seine Wahl nicht wieder um, vielmehr tat er alles in seiner Macht Stehende, um die Verwirklichung dieser Thronfolge durch die englischen Grafen zu sichern, bei denen diese Wahl so unpopulär war. Obwohl unzweifelhaft Haß gegen den Klan Godwins mitsprach, war Eduards Entscheid weise für England. Er wählte zu seinem Erben einen der eindrucksvollsten und erfolgreichsten Herrscher in einem Europa, das genügend übermächtige Vasallen und unfähige Könige besaß.

Das Dänengeld

Eines der bemerkenswertesten Rechte der englischen Monarchen war die Erhebung des Danegeldes, einer allgemeinen Steuer, die von der gesamten Bevölkerung geleistet werden mußte. Diese wurde für die ersten normannischen Könige eine wertvolle Einnahmequelle. Das Königtum besaß dadurch einen finanziellen Rückhalt wie kaum ein anderer Staat.

Eduard der Bekenner auf dem Thron in Westminster

Wilhelm der Eroberer in England 1066

Kreidefelsen der süd-englischen Steil-Küste

König Harald von England auf dem Thron in Westminster (oben). Wilhelm der Eroberer, Herzog von der Normandie, und Gefolge (unten). Leinwand-Teppich mit farbiger Wollstickerei aus England für die Kathedrale von Bayeux, Normandie, spätes 11. Jahrhundert

Nach dem Tod Eduards des Bekenners brachte die umstrittene Thronfolge England neue Invasionen und neue Kriege. Dann entschieden zwei große Schlachten im Herbst 1066 das Schicksal des Landes. Bei Stamford Bridge besiegte König Harald von England seinen gleichnamigen Vetter, Harald von Norwegen. Seine Freude dauerte nur kurze Zeit: Unmittelbar nach der Schlacht erfuhr König Harald, daß ein anderer den Kanal überquert habe und nur 150 Kilometer weit entfernt gelandet sei. Durch den jüngsten Sieg mutig geworden, eilte Harald nur mit der Hälfte seines Heeres nach Süden und wurde von Wilhelm bei Hastings vernichtend geschlagen. Wilhelms Invasion geschah mit Zustimmung des Papstes und war in gewissem Sinn die letzte normannische Eroberung.

Gegen 9 Uhr am Morgen des 14. Oktober 1066 standen zwei Heere von ungefähr gleicher Größe einander gegenüber. Vor ihnen lag nur die Talsenke zwischen Telham Hill und einer anderen namenlosen Anhöhe, die durch einen »prächtigen Apfelbaum« gekennzeichnet war, nahe der heutigen Stadt Battle. Wilhelm, der Herzog von der Normandie, befehligte ein bunt gemischtes Heer von normannischen Lehnsleuten, bretonischen Verbündeten und flämischen Söldnern. Die meisten von ihnen waren Abenteurer, die er geworben hatte, die Meerenge für Beutegut und Beuteland zu überqueren. Wilhelms Heer wird auf sechs- oder siebentausend Mann geschätzt, wobei die geringere Zahl die wahrscheinlichere ist. Gegen zwölfhundert von ihnen waren gewappnete Ritter, die ihre Pferde auf den Schiffen mitgebracht hatten. Der Rest bestand aus Fußvolk mit einem ungewöhnlich großen Anteil an Bogenschützen. Die Reiter trugen schwere ederne Panzerhemden, die mit Metallringen besetzt waren und bis zu den Knien reichten; die Beine waren durch hohe Lederstiefel geschützt. In der Schlacht benutzten sie Schwerter und Lanzen. Die Geistlichen unter ihnen, wie Wilhelms Halbbruder Odo, der Bischof von Bayeux, trugen Keulen. Eine Keule konnte nämlich den Schädel eines Kriegers »sine effusione sanguinis« zerschmettern, also »ohne Blutvergießen«, das die Kirche den Klerikern verboten hatte.

Harald II. von Wessex, König von England, besaß vielleicht tausend Leute mehr als der Herzog. Er hatte sie in dichter Schlachtordnung um seine beiden Standarten geschart, um den Drachen von Wessex und um sein eigenes Banner, den Kämpfer. Den Kern seiner Streitmacht bildeten Berufskrieger: Haralds Leibwache, die »Hauskarls«, die in gleicher Art wie die Normannen bewaffnet waren. Seit der Herrschaft Eduards des Bekenners, der in der Normandie aufgewachsen war, hatte es in England einen starken normannischen Einfluß gegeben. Auch die englischen Waffenschmiede hatten viel von ihren Kollegen jenseits des Kanals gelernt. Doch Harald hatte seine Berufskrieger absitzen lassen, um mit ihnen den Schildwall der unerfahrenen Leute seines Aufgebotes zu verstärken, das er aus London und der Umgebung zusammengezogen hatte. Diese Abteilung hatte sich selbst bewaffnet: Sie trug Schleudern, Äxte, Spieße, sogar Schmiedehämmer, aber auch so gefährliche Waffen wie Streitäxte und Speere, die sie als Spieße zum Schleudern oder als Lanzen benutzte, um die gepanzerten Pferde zu treffen und Reiter aus dem Sattel zu heben.

Haralds Mannschaft war von einem Gewaltmarsch von über 100 Kilometern ermüdet. Die Soldaten waren in zwei Tagen von London bis nach Hastings marschiert und hatten erst in der vergangenen Nacht ihre Stellungen bezogen. Harald und seine Hauskarls waren noch erschöpfter. Sie hatten im Verlauf des letzten Monats mehr als sechshundert Kilometer zurückgelegt. Denn in dieser Zeit hatten sie in York eine große Schlacht geschlagen. Im Jahr 1066, »dem Jahr des Kometen«, hatte England neben dem Einfall Herzog Wilhelms noch andere Invasionen gesehen.

Nach der mittelalterlichen Auffassung verkündete ein »geschweifter Stern« den Tod eines Königs oder die Vernichtung eines Reiches. Sicherlich rechtfertigte der Halleysche Komet, der Ende April 1066 am Himmel Englands erschien, alle Befürchtungen. König Eduard der Bekenner war Anfang Januar gestorben, und Harald Godwinsson war am Tag der Bestattung des Königs als Eduards Nachfolger gekrönt worden. Der neue Herrscher mußte den Anspruch auf den Thron

Wandaufbau im Mittelschiff der Abtei-Kirche von Romsey in Hampshire, England. 12. Jahrhundert

erst durchsetzen. Denn es gab zumindest drei ernsthafte Kandidaten für die Nachfolge Eduards. Am nächsten in der Abstammung sowohl auf seiten der englischen Könige wie der normannischen Herzöge stand Edgar Aethling, doch er war noch ein Knabe. Ein anderer Prätendent, Harald Hardrada, der König von Norwegen, der mit Harald Godwinsson Bruder Tostig ein Bündnis geschlossen hatte, wollte versuchen, sich England untertan zu machen. Tostig war erst vor kurzem als Graf von Northumbrien abgesetzt worden; Rachsucht trieb ihn zum Bruderkrieg. Er besaß einen verräterischen und lasterhaften Charakter und hatte das ganze Land gegen sich aufgebracht. Den stärksten Anspruch auf den Thron erhob der Bastard Wilhelm von der Normandie. Auch er stammte von den englischen Königen ab und war der festen Überzeugung, daß König Eduard ihm die Nachfolge versprochen hatte.

Während Eduards letzter Lebensjahre war jedoch Harald der wirkliche Herrscher in England. Dies war auch der Grund dafür, warum er so rasch den Thron übernehmen konnte, und die neun Monate und neun Tage seines Königtums reichten hin, seine Beliebtheit beim Volk zu festigen. Sein Chronist berichtet: »Er beseitigte ungerechte Gesetze und schuf statt dessen gute; er war Schützer der Kirchen und Klöster und zeigte sich allen Menschen als frommer, demütiger und leutseliger Mann.«

Harald bewies auch, daß er ein bemerkenswert guter Kriegsmann und umsichtiger Organisator war. Als kurz nach Erscheinen des Kometen sein Bruder Tostig die Insel Wright besetzte und plünderte und danach die Süd-Küste Englands verheerte, eilte Harald von London nach Sandwich und vertrieb ihn. Sobald er hörte, daß Wilhelm in der Normandie Truppen sammelte, um seinen Anspruch auf den Thron durchzusetzen, verteilte König Harald überall entlang der Kanal-Küste Schiffe und Truppen und hielt sie dort während des ganzen Sommers auf Posten. Doch wenige Heerführer und Könige beherrschten damals die Gesetze der Logistik für große stehende Heere. Anfang September waren die Vorräte erschöpft. Außerdem schien nun die Gefahr gebannt; denn die Zeit, in der Könige zu Kriegen in das Feld zogen, waren Frühjahr und Sommer. Harald erlaubte den Leuten des Fyrd, des nationalen Aufgebotes aus dem angelsächsischen England, am 8. September wieder nach Hause zu gehen. Er selbst kehrte mit seiner Flotte nach London zurück. Auf dieser Fahrt verlor er viele Schiffe durch einen verheerenden Sturm. Es war dasselbe Unwetter, das Wilhelm zunächst daran hinderte, den Kanal zu überqueren.

Die Auflösung des Heeres und der Flotte erfolgte im ungünstigsten Augenblick. Kaum nach London zurückgekehrt, erfuhr Harald, daß sein Namensvetter aus Norwegen, Harald Hardrada, nach Nord-England eingefallen war. Tostig eilte mit seinen Streitkräften dem Feind entgegen. In einer Schlacht bei Fulford hatten der englische Verräter, der norwegische König und eine gemischte Streitmacht von Norwegern und flämischen Söldnern die Engländer, die sich unter den Grafen von Mercien und Northumbrien verteidigten, völlig aufgerieben. Süd-England schien schutzlos den Invasoren ausgeliefert.

Harald machte sich sofort mit seinen Hauskarls auf den Weg nach dem Norden. Unterwegs holte er wohl den nach Hause wandernden Fyrd wieder ein, denn als er York erreichte, soll er ein Heer von vielen Tausend wohlbewaffneten Streitern gehabt haben. Er legte mehr als dreihundert Kilometer mit solcher Geschwindigkeit zurück, daß er die nichtsahnenden Nordmänner und ihre Verbündeten völlig überraschte. Am 25. September 1066 trafen die Heere bei Stamford Bridge aufeinander. Die Nordmänner leisteten erbitterten Widerstand, obwohl sie in der für beide Seiten verlustreichen Schlacht bei Fulford geschwächt worden waren. Doch Harald errang einen vollständigen Sieg für die Engländer. Tostig und König Harald Hardrada fielen, und die Feinde wurden nahezu vernichtet. Der Komet hatte zu Recht den Tod von Königen vorausgesagt, doch sein Einfluß war noch nicht erloschen. Harald hatte ebenfalls viele seiner besten Leute verloren. Mitten in seinem Triumph erfuhr er, daß der Herzog von der Normandie bei Pevensey gelandet war. Mit seinen berittenen Hauskarls kehrte Harald in Eilmärschen nach London zurück und ließ das übrige Heer folgen.

Wilhelm von der Normandie ging damals auf sein 40. Lebensjahr zu. Brutal, habgierig, unbarmherzig und voll brennendem Ehrgeiz, war er doch ein erfolgreicher Führer, großartiger Politiker, frommer Christ und guter Herrscher, der die Gewaltherrschaft benutzte, um das Ziel einer unerbittlich strengen Gerechtigkeit zu erreichen. Er hatte den Makel seiner unehelichen Geburt und eine gräßliche Jugend unter harter Vormundschaft überwunden und sich seinen Weg zu unangefochtener Macht in einem Herzogtum gebahnt, das von Zwiespalt und Verrat erschüttert war. Zwei Jahre zuvor hatte er Harald Godwinsson zum Schwur überlistet oder gezwungen, seinen Anspruch auf den englischen Thron zu unterstützen. Sobald Harald die Krone erlangt hatte, begann Wilhelm mit einem geschickten Propagandafeldzug an allen Höfen Europas und klagte den neuen König des Meineides an. Er versicherte sich des Segens des Papstes für seine Unternehmung, den Eidbrecher zu bestrafen. Er sammelte sofort Leute und baute Schiffe für eine Invasion Englands. Anders als Harald glückte es ihm, seine Streitkräfte sechs Wochen lang zusammenzuhalten, während er darauf wartete, daß die widrigen Winde umschlügen und ihm mit seinem Heer die Überfahrt über den Ärmel-Kanal ermöglichten. Seine großen und schweren Schiffe, die zum Transport von Pferden und schwerer Ausrüstung konstruiert waren, konnten nur durch Segel, nicht aber durch Ruderkraft vorwärts getrieben werden.

Wilhelm konnte nicht ahnen, daß die Verzögerung schicksalhaft war. Wäre er nach Abschluß der Vorbereitungen gleich in See gestochen, hätte er auf eine intakte englische Flotte und die kampfbereite Küstenwache treffen müssen, und es wäre wahrscheinlich gar nicht zur Landung gekommen. Als nun aber endlich der Wind nach Osten drehte und die Normannen in Pevensey von Bord gingen, trafen sie auf keinen Widerstand. Als Harald auf diese Nachricht hin mit verhängnisvollem Ungestüm auf die Ebene von Sussex mit seinen verfügbaren Leuten zustrebte, obwohl die Hälfte seines Heeres noch nicht zu ihm gestoßen war, wie ein Chronist behauptet, erwartete Wilhelm seinen Widersacher schon. Trotzdem hatten die Normannen einen Nachteil des Geländes in Kauf zu nehmen, denn sie mußten die Engländer gegen den Hang angreifen. Doch

Wilhelm konnte das Wagnis nicht auf sich nehmen, die Schlacht zu vermeiden, weil Haralds Heer die Straße nach London versperrte. Außerdem wären die Engländer mit jedem Tag, der verstrich, nur stärker geworden. Auch kämpften sie im eigenen Land und besaßen die bei weitem stärkeren Hilfsquellen. Ein klarer Kopf hätte Harald nur dazu drängen können, nach Möglichkeit zu warten, zurückzuweichen und die Normannen tiefer in das feindliche Land hineinzulocken. Doch Harald wählte den raschen Kampf, vielleicht im Übermut nach seinem jüngsten Sieg, vielleicht auch, um sein Land vor weiteren Plünderungen und Brandschatzungen zu bewahren.

Es geht die Sage, daß der erste Schlag auf seiten der Normannen durch den Sänger Taillefer geführt wurde, der in der Vorhut ritt, Kunststücke mit seinem Schwert vollführte und »von Karl dem Großen und all seinen Leuten sang«. Vielleicht trug er eine frühe Fassung des »Rolandsliedes« vor. Die normannischen Ritter bildeten hoch zu Roß die Mitte, so wie die Engländer ihre Hauskarls in der Mitte der Schlachtreihe hatten. Zu Wilhelms Linken standen die Bretonen, zur Rechten Robert von Beaumont, einer der Helden des Tages, mit einer gemischten Streitmacht von Flamen und Franzosen. Das Fußvolk rückte zunächst vor und sandte einen Hagel von Pfeilen auf den englischen Schildwall. Als Antwort erhielten sie alle Arten von Wurfgeschossen. Dann griff die normannische Reiterei an. Aber sie tat sich schwer, weil sie hügelaufwärts und gegen eine zahlenmäßige Übermacht ankämpfen mußte: Die Reihen der Engländer standen fest. Das furchtbarste Gemetzel, die Grausamkeit eines Kampfes Mann gegen Mann, die Erschlagenen, denen man mitten im Blutbad ihre Waffen geraubt hatte – all dieses schildert in lebendigen Bildern der Teppich von Bayeux.

Nachdem Wilhelms Streitkräfte schwere Verluste erlitten hatten, brachen sie auseinander und zogen sich in voller Verwirrung eiligst zurück. Wilhelm selbst wurde das Pferd unter dem Sattel getötet; er verlor drei Pferde im Verlauf dieses Tages. Es verbreitete sich

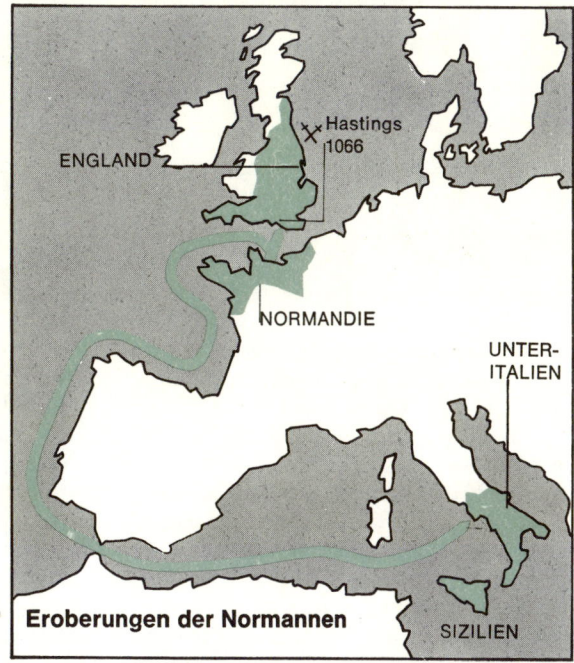

Abtei-Kirche St. Etienne zu Caen in der Normandie. Um 1065–1081

das Gerücht, der Herzog sei gefallen. Haralds undiszipliniertes Aufgebot brach aus der Schlachtordnung, um den fliehenden Feind zu verfolgen. In dieser Krise riß Wilhelm seinen Helm herunter, um sich seinen Mannen zu zeigen. »Ihr verschenkt den Sieg!«, rief er, und zusammen mit seinem Bruder Odo gelang es ihm, die Reiter wieder zu sammeln. Die berittenen Normannen mit ihrer größeren Beweglichkeit umzingelten rasch die isolierten Gruppen der Engländer und machten sie nieder. Dieser Erfolg gab Wilhelm den Schlüssel zum Sieg in die Hand. Jetzt erteilte er seinen Leuten den Befehl, eine Flucht vorzutäuschen, und wieder glückte die Kriegslist. Dann nahmen die Normannen erneut den Kampf mit den lichter gewordenen Reihen der Engländer auf. Im letzten Ansturm ließ Wilhelm seine Bogenschützen so hoch zielen, daß die Pfeile über

Abtei-Kirche St. Alban in Hertfordshire, England. Ende des 11. Jahrhunderts, geweiht 1115

den schützenden Wall der Schilde der Hauskarls flogen. Gleichzeitig griff die Reiterei erneut ein. Noch fochten die Engländer weiter, bis Harald selbst im Kampfe fiel. Vielleicht wurde er im Handgemenge getötet, vielleicht auch von einem verirrten Pfeil im Auge getroffen. Seine beiden Brüder waren schon gefallen. Als sie ihre Führer verloren hatten, verließ die Engländer der Mut. In der Dämmerung begannen sie in Unordnung zu fliehen. Der Kampf, der über Englands Schicksal entschieden hatte, war vorüber.

Die Schlacht bei Hastings bedeutete nicht das Ende des englischen Widerstandes. Sie trug aber dem Herzog von der Normandie den Beinamen »der Eroberer« ein. Wilhelm rückte weiter vor, um London zu umzingeln. Er schnitt die Hauptstadt gänzlich vom übrigen Land ab, bis der Stadt keine andere Wahl blieb, als sich zu ergeben. Am Weihnachtstag wurde er vom Erzbischof von York zum König gekrönt. Damit knüpfte er bewußt an die Tradition der Kaiserkrönung Karls des Großen in Rom an.

Nach seinem Sieg und seiner Krönung konsolidierte Wilhelm rasch seine Herrschaft. Er belohnte seine normannischen Barone, die an seiner Seite gefochten hatten, indem er unter ihnen das Land aufteilte, das im Besitz von Engländern gewesen war, die in der Schlacht gefallen waren oder die später rebelliert hatten. Wie die Angelsächsische Chronik bitter berichtet, »gab er jedermanns Land weg«. Innerhalb von zwanzig Jahren nach der Eroberung wechselten neun Zehntel des englischen Bodens den Besitzer. Indem er die Besitzungen seiner neuen Großen über das ganze englische Land verteilte, verschaffte er den Herren Reichtum, behielt aber die eigentliche Macht in seiner Hand. Durch diese geschickte Politik errichtete er die stärkste und dauerhafteste Monarchie in Europa.

Das von Wilhelm dem Eroberer angewandte System der Landleihe war streng feudalistisch. Der König selbst blieb der Oberherr und Eigentümer des ganzen Grund und Bodens, so daß selbst die mächtigsten Adligen seine Hintersassen blieben. Da Wilhelm in einem neuen Land einen neuen Beginn setzte, konnte er die feudale Lehns-Pyramide nach logischen Gesichtspunkten errichten. Den historisch gewachsenen Verhältnissen, wie sie in der Normandie herrschten, brauchte er in England nicht Rechnung zu tragen. England hatte auch schon vor der Eroberung auf eine feudale Gesellschaft zugesteuert. Der allgemeine Grundsatz »Kein Mann ohne seinen Herrn« hatte sich voll durchgesetzt. Doch die richtige Entwicklung des Feudalismus mit all ihren Folgerungen kam erst mit der Ankunft Wilhelms des Eroberers und mit seiner Verteilung des Bodens in Fluß.

Eine nebensächliche Wirkung von Wilhelms Sieg war die Heimkehr der Bretonen nach England, Abkömmlingen von Familien, die durch die angelsächsische Invasion vor fünfhundert Jahren aus England über den Kanal vertrieben worden waren. Es gab viele Bretonen im normannischen Heer, und sie wurden angemessen belohnt. Männer wie Alan der Rote, Ralf von Gael und Judhael von Totnes erhielten weite Landgebiete, hauptsächlich in Süd-West-England, wo noch Gälisch gesprochen wurde. Es berührt merkwürdig, zu einem späteren Datum Bretonen und Sachsen gemeinsam als Rebellen gegen die Normannen zu finden. Denn es gab Aufstände, besonders unter den Dänen in Nord-England. Wilhelm unterdrückte sie mit eiserner Faust. Durch dieses »Verheeren des Nordens« löschte er die Bevölkerung des Yorker Tales fast vollständig aus. Zwanzig Jahre später, als er jede Hütte und jede Hufe Land im Königreich zählen ließ, damit er als König wissen konnte, was ihm gehörte und wer ihm Steuern zahlen mußte, war das Yorker Tal noch immer wüst. Dieses mittelalterliche Landkataster war so genau und vollständig, daß man es mit dem Jüngsten Gericht verglichen hat. Die Aufzeichnung ist daher unter dem Namen »Domesday Book«, Buch des Gerichtstages, bekanntgeworden. Die Landzählung verursachte viel Ärger und sogar örtliche Aufstände. Doch Wilhelm und seine Nachfolger konnten trotzdem das Vertrauen ihrer Untertanen gewinnen. Schon Wilhelms Sohn, Wilhelm der Rote, war überzeugt, sich darauf verlassen zu können, daß das englische Aufgebot ihn gegen seine eigenen normannischen Barone verteidigen werde.

Wilhelm war mit Zustimmung des Papstes nach England gekommen, er führte bei Hastings ein päpstliches Banner mit und trug um den Hals die heiligen Reliquien, bei denen Harald ihm angeblich Lehnstreue geschworen hatte. Sobald er im Besitz der Macht über England war, ging er daran, die Prinzipien der gregorianischen Reform auch in der englischen Kirche einzuführen. Er versuchte, die Erziehung des Klerus zu verbessern und den Zölibat der Priester durchzusetzen. Mit Hilfe des bedeutenden Theologen und Kirchenfürsten Lanfrank, den er zum Erzbischof von Canterbury ernannte, förderte er die Bildung in der englischen Kirche. Englische Bischöfe und Äbte wurden durch gelehrte Franzosen und Italiener ersetzt. Er trennte die weltlichen und geistlichen Gerichte, um die Immunität der Geistlichen frei von weltlicher Einmischung zu sichern. Dieser Schritt hatte für seine Nachfolger weitreichende und oft ungünstige Folgen. Wilhelm stimmte der Zahlung des »Peterspfennigs« an die Päpste zu. Doch zur selben Zeit wies er energisch die Bemühungen Gregors VII. zurück, eine Lehnsoberhoheit über die englische Krone zu behaupten, und er achtete darauf, daß die Oberaufsicht über die englische Kirche fest bei ihm allein blieb. Appellationen nach Rom und der Besuch päpstlicher Legaten in England waren ohne seine Einwilligung verboten, und er widersetzte sich allen Bemühungen des Papstes, das Vorrecht des Königs zu beschränken, der die hohen Prälaten der englischen Kirche selbst ernannte. Seine kluge Standhaftigkeit verlieh England eine privilegierte Stellung, die es auch unter Wilhelms Nachfolgern beibehielt. Wegen seiner Politik brach der Investiturstreit, der Mittel-Europa erschütterte, nicht mit seiner ganzen Schärfe über England herein. Der Kampf zwischen der englischen Kirche und dem Königtum wurde um ein Jahrhundert verschoben. Als es schließlich zu der Auseinandersetzung kam, fand sie ihren erschütternden Höhepunkt in der Ermordung des Erzbischofs Thomas Beckett. Aber das Königtum ging aus diesem Streit mit unverminderter Macht über die englische Kirche hervor.

Die normannische Eroberung bildet einen gewissen krönenden Abschluß der großen Welle der Expansion, die die Seeräuber der skandinavischen Welt nach Island, Grönland und vielleicht sogar an die Küsten Nord-Amerikas verschlug. Ihr Tatendrang befähigte sie, das russische Großfürstentum zu begründen und als Leibgarde die Kaiser in Konstantinopel zu bewachen. Auch die Normandie war schließlich eine skandinavische Niederlassung gewesen. In der Kindheit Wilhelms des Eroberers wurde in Bayeux noch Altnorwegisch gesprochen. Doch die Mehrheit der normannischen Siedler in der Normandie hatte die Sprache und die lateinische Kultur ihrer Umgebung übernommen. Was sie nach England brachten und ebenso zu ihren weit ausgedehnten Niederlassungen auf Sizilien und im Heiligen Land, waren französische Sprache und römische Tradition in Verfassung, Recht und Kirchenwesen. Hand in Hand damit gingen die Energie und das organisatorische Talent der Wikinger. Die Nachkommen der Wikinger-Piraten brachten das, was man die skandinavische Periode der englischen Geschichte nennen könnte, zu Ende. Bis 1042 war ein Däne König von England gewesen; nach 1066 hatte England ein zu stark zentralistisches Königtum, als daß weitere Einfälle aus dem Norden möglich gewesen wären.

RICHARD WINSTON

White Tower in London. Turmburg Wilhelms des Eroberers, um 1078–1097

Wilhelm der Eroberer als thronender König. Abdruck des ersten Siegels des Herrschers, nach 1066

England. Kaiser und Papst vor dem Investiturstreit. Die Normannen in Sizilien

Wilhelm II. der Rote

Wilhelm I. hatte in England und in der Normandie regiert. Nach seinem Tod wurde die Erbschaft geteilt. Das Herzogtum auf dem Festland ging an seinen ältesten, ziemlich unfähigen Sohn Robert, das neueroberte Königreich an seinen zweiten Sohn Wilhelm II. den Roten. Für England war diese Ordnung segensreich, ungeachtet der Tatsache, daß Wilhelm II. sich als eine etwas zwielichtige Persönlichkeit erwies. Aber welches auch seine menschlichen Schwächen gewesen sein mögen, Wilhelm II. der Rote bewahrte die königliche Autorität ungeschwächt. Er unterdrückte nach dem Tod Wilhelms I. des Eroberers die Aufstände der Barone und sicherte die Grenze nach würfe machte, sondern noch stärker wegen seiner Weigerung, die vakanten Bischofsstühle neu zu besetzen, während er deren Einnahmen dem königlichen Schatz hinzufügte. Tatsächlich stammt vieles von Wilhelms II. üblem Ruf in der Nachwelt aus Verleumdungen, die er durch kirchliche Chronisten erfuhr. Wilhelm II. hatte während einer Krankheit, die ihm tiefe Todesfurcht eingeflößt hatte, Anselm von Laon zum Erzbischof von Canterbury gemacht. Sein Vater Wilhelm I. hatte es dem englischen Klerus verboten, ohne königliche Genehmigung an die römische Kurie zu appellieren. Sein Bruder und Nachfolger hatte hart, aber im wesentlichen erfolgreich darum gekämpft, daß der Anspruch des Königs auf die Investitur der

Robert von der Normandie

Königtum in England während der ersten siebzig Jahre seines Bestehens bei drei eigenwilligen und erfolgreichen Königen lag, deren Hauptgegner die Kirche sowie unzufriedene Leute unter ihrem eigenen Amtsadel waren. Dieser Widerstand der Engländer, wie er nun aufflackerte, wurde wirksam eingedämmt. Zumeist aber scheint die unterworfene Bevölkerung die Unterdrückung durch ihren König den Gefahren der Herrschaft eines unkontrollierten Adels vorgezogen zu haben. Nicht nur daß der junge Heinrich die Ansprüche seines älteren Bruders Robert auf das Königtum abwehren konnte, auch gewann er 1106 mit einem Heer, dessen Hauptmacht aus angelsächsischem Fußvolk bestand, in dem Sieg von Tinchebrai die endgültige Herrschaft über das Herzogtum Normandie. Dennoch mußte Heinrich I. während seiner weiteren Regierungszeit mehreren Bedrohungen seiner Stellung in der Normandie entgegentreten.

In England führte Heinrich I. mit Hilfe so bedeutender Kanzler wie Roger, dem Bischof von Salisbury, eine Finanz- und Gerichtsverfassung ein. Diese Reformen gaben dem englischen Leben für Jahrhunderte ihr Gepräge. Der Schatzkanzler, dessen Amt von Heinrich I. begründet wurde, übte eine größere Macht über die Beamten und die Finanzen des englischen Königs aus als jeder andere europäische »Souverän«. Die Qualität der königlichen Rechtsprechung war derartig bedeutend, daß sogar die Mitglieder des Adels bereit waren, dafür beträchtliche Beiträge zu zahlen. Sobald das System der das Land bereisenden königlichen Richter eingeführt war, kam dem ganzen Land die Bedeutung des königlichen Gerichts zum Bewußtsein.

Doch um der Wirksamkeit und Stärke seines Königtums willen zielte Heinrich I. nicht darauf hin, den kleinen Amtsadel und die Kirche zu beseitigen, denn sie waren die Hauptstützen einer feudalen Monarchie. Die Qualität der mittelalterlichen Regierung hing von der Stärke des Königs ab, und als Heinrich I. am Jahresende 1135 starb, ging mit ihm eine Ära starker Herrschaft zu Ende. Nach Heinrichs I. Plan sollte ihm seine Tochter Mathilde, die verwitwete Gemahlin Kaiser Heinrichs V., nachfolgen. Er hatte seine führenden Untertanen gezwungen, ihr den Lehnseid zu schwören. Doch Mathildes Anspruch auf den Thron wurde unmittelbar nach Heinrichs I. Tod von ihrem Vetter Stephan von Blois, einem der mächtigsten Männer in England, bekämpft. Der englische Adel wurde nun mit der Aussicht auf eine Weiberherrschaft konfrontiert. Auch konnte man sich schlecht mit der herrschsüchtigen und überheblichen Art der Kaiserin befreunden. Andererseits kannte man genau den geschmeidigen und konzilianten Charakter Stephans. Darum widerrief die Adelsversammlung den der Mathilde geleisteten Lehnseid. Nachdem Stephan der Kirche einen Freibrief ausgestellt hatte, der weit über alle bisherigen Privilegien hinausging, wurde er von Papst Innozenz II. als König anerkannt. Doch Mathilde gab ihren Anspruch nicht auf. Daraus folgte ein Jahrzehnt innerer Wirren, die im Gedächtnis Englands einen unauslöschbaren Stempel hinterließen. Stephans eigene Schwäche und Ritterlichkeit wurden schadenfroh mißbraucht. Der englische Adel nutzte die Parteiungen im Bürgerkrieg schamlos aus, um von den beiden rivalisierenden Prätendenten Privilegien zu erlangen.

Galiläa-Kapelle in der Kathedrale von Durham

Schottland. Im Vergleich zu den mächtigsten Königreichen auf dem Kontinent erfreute sich England einer echten Zentralgewalt. In zwanzig Jahren hatte sich Wilhelm I. immer unangreifbarer gemacht, und sein Sohn war stark und intelligent genug, um daraus Nutzen zu ziehen. Doch die Mittel, die er dabei anwandte, sowie der Druck auf seine Hofbeamten provozierten eine tiefe Empörung beim Adel und auch beim Volk. Des Königs Stellung festigte sich 1096 noch mehr, als er die Normandie zurückgewann, da sein verarmter Bruder dem König das Herzogtum verpfändete, um seine Teilnahme am Kreuzzug zu finanzieren.

Wilhelm der Rote hatte keinen härteren Gegner als die Kirche, die ihm nicht nur wegen seines unmoralischen Lebenswandels Vorbischöfe erhalten blieb. Wilhelm II. der Rote hielt in unbeugsamem Widerstand gegen Anselm und gegen das Papsttum standhaft die Rechte der Krone aufrecht.

Heinrich I. von England

Wilhelm II. wurde, als er am 2. August 1100 in New Forest jagte, durch einen Pfeil getötet, den einer seiner Begleiter abgefeuert hatte. Die Raschheit, mit der sein jüngerer Bruder die Wendung der Dinge zu seinen Gunsten auszunutzen verstand, hat den Verdacht genährt, daß Heinrich auf das Geschehnis vorbereitet gewesen sein könnte. Die Herrschaft Heinrichs I. war segensreich und von bleibendem Vorteil für England. Es ist ein bemerkenswertes und entscheidendes Faktum, daß das normannische

Inneres der Kathedrale von Canterbury

Gottfried V. von Anjou-Plantagenet

Ohne Zweifel wird die Düsternis dieser Periode noch durch die Dürftigkeit und Voreingenommenheit der Quellen unterstrichen. Dennoch war es unzweifelhaft eine verworrene Zeit, die erst endete, als Mathilde sich im Jahr 1147 in die Normandie zurückzog, die ihr zweiter Ehemann, Gottfried von Anjou, erworben hatte. 1153 ging ihr 25 Jahre alter Sohn Heinrich, Herzog von der Normandie, von Anjou und von Maine sowie von Aquitanien nach England, wo er viele Parteigänger fand. König Stephan, durch den Tod seines ältesten Sohnes innerlich gebrochen, erkannte Heinrich II. als Erben seines Thrones an. Im folgenden Jahr starb Gottfried. Die Krone ging an den jungen Prinzen über, der als König Heinrich II. von Anjou-Plantagenet einer der bedeutendsten Herrscher Englands wurde.

Kaiser und Papst vor dem Investiturstreit

Dank der harten Politik Wilhelms I. des Eroberers und seiner Nachfolger konnte England gegenüber den Ansprüchen des Reformpapsttums hart bleiben. Im Jahr 1106 erreichte Heinrich I. einen Kompromiß, der zugunsten des englischen Königtums ausgefallen war. Im römisch-deutschen Reich dauerte der Streit länger und wurde erheblich erbitterter geführt, denn die Macht des Kaisers berührte die Vielfalt der päpstlichen Herrschaft in weit höherem Maß. Dabei liegt in den Ereignissen, die zum Gang nach Canossa führten, eine gewisse Tragik, weil das Papsttum, das Kaiser Heinrich IV. eine solche Demütigung zufügte, rund dreißig Jahre früher von Heinrich III. aus eigener Hilflosigkeit und Entartung gerettet worden war. Die höchst anstößige Korruption des monastischen Armes der Kirche war während des 10. Jahrhunderts durch die große Reformbewegung langsam ausgemerzt worden, die sich hauptsächlich in der Abtei von Cluny entwickelt hatte. Doch ungeachtet dessen, auch ungeachtet der wachsenden Woge tiefer Frömmigkeit bei allen Völkern des Abendlands blieb das Papsttum in einem kritischen Zustand. Für die ersten vierzig Jahre des 11. Jahrhunderts war es ein dynastisches Spielzeug in den Händen der römischen Aristokratie. Und die Sünde der Simonie war bei den Papstwahlen durchaus nichts Ungewöhnliches.

So war eine Intervention der Laien nötig, wenn eine Reform in dem Bereich des Weltklerus erfolgreich sein sollte, vor allem, da doch Bischöfe und Geistliche so sehr in weltliche Händel verstrickt waren.

König Roger II. von Sizilien

Kaiser Heinrich II. hatte im Bewußtsein seiner Macht über Staat und Kirche eine Reihe von Synoden gefördert, um die Kirchenreform in Gang zu bringen. Diese Bewegung wurde unter der Regierung Konrads II. unterbrochen, doch von dessen Sohn Heinrich III. wurde die Reform des Papsttums durchgeführt. Heinrich III. glückte es, die Wahl seines Vetters zum Papst durchzusetzen, des später heiliggesprochenen Papstes Leo IX. Er entwickelte sich zu einem eifrigen Verfechter der Reformkirche, die aber wiederum die Ansprüche der Kaiser in Frage stellte.

Die Normannen

Sechs Jahre, bevor Herzog Wilhelm von der Normandie sich zu der folgenschweren Invasion des christlichen England mit dem Segen des Papstes auf seinem Banner einschiffte, hatten zwei Mitglieder einer Familie aus dem niederen normannischen Adel mit der Eroberung der islamisch besetzten Insel Sizilien begonnen. Hier gewährte der Papst mit seinem Segen ebenfalls Hilfe. Ungeachtet ihrer bescheidenen Herkunft wurden Robert und Roger von Hauteville zu Begründern einer Mittelmeer-Macht, die während des ganzen 12. Jahrhunderts die Streitkräfte des Papstes und des abendländischen Kaisers bedrohte und sich auch dem Kaiser in Konstantinopel als gefährlicher Feind erwies.

Die normannische Präsenz in Süd-Italien begann nach 1010, als eine Gruppe von normannischen Pilgern für die ständigen Kämpfe zwischen den letzten Vorposten des byzantinischen Reiches, den langobardischen Fürstentümern und den unabhängigen Städten unter Führung Neapels, als Söldner angeworben wurde. Um das Jahr 1030 hatte der Führer der Normannen vom Fürsten von Salerno die Grafschaft Aversa am Golf von Neapel zu Lehen erhalten. In den vierziger Jahren erschien Robert Guiscard aus der Familie der Hauteville in Kalabrien, um eine Laufbahn als gnadenloser, aber großartiger Abenteurer zu begin-

Kaiserin Konstanze mit ihrem Sohn Friedrich II.

nen, der 1059 das widerstrebende Papsttum auf der Synode von Melfi zwang, ihn als Herzog von Apulien und Kalabrien anzuerkennen. In den achtziger Jahren ließ Robert seinen Bruder Roger I. die Eroberung Siziliens allein vollenden und bereitete selbst einen Feldzug gegen das Byzantinische Reich vor. Er starb, bevor er seine Pläne verwirklichen konnte.

Roger I., der erst 1101 starb, konnte ein wohlgeordnetes und mächtiges Reich auf Sizilien hinterlassen. Dieses Königreich erlangte größte Macht und höchstes Ansehen unter der Herrschaft seines zweiten Sohnes Roger II. (1105 bis 1154). Als ein echter Hauteville in seinem Ehrgeiz und seiner Unbarmherzigkeit schätzte Roger II. die Realitäten der Macht in seinem Königreich richtig ein: Eine kleine Gruppe von Eroberern fand sich als Herren über eine buntgemischte Bevölkerung, in der Katholiken aus Frankreich und Italien Seite an Seite mit byzantinisch-orthodoxen Christen und islamischen Sarazenen lebten. So übten die Herrscher des normannischen Sizilien, die auch Apulien und Kalabrien ihrem Königreich einfügten, ein hohes Maß an religiöser Toleranz. Roger II. hinterließ ein mächtiges Königreich, dessen eklektische Kultur einen beträchtlichen Beitrag zur »Renaissance« des 12. Jahrhunderts leisten sollte.

Rex rogat Abbatem, Mathildim supplicat atq;

Der Gang nach Canossa

1077

Drei Tage lang stand König Heinrich IV. im Januar 1077 barfuß in der Kälte im Hof der Burg von Canossa. Er wartete darauf, bei Papst Gregor VII. vorgelassen zu werden, um von der harten Strafe der Exkommunikation befreit zu werden. Heinrichs Bußgang war der Höhepunkt im Konflikt zwischen Kaiser und Papst, der sich seit Jahrhunderten angebahnt hatte. Mittelalterliche Herrscher waren es bis in die Mitte des 11. Jahrhunderts gewohnt, ihre Bischöfe als ihre Lehnsleute anzusehen, und erwarteten von ihnen, daß sie sich ganz dem Gedeihen des Reiches widmeten. Einige geistliche Herren aber wünschten nur, ihr religiöses Amt als Bischof zu erfüllen. Sie wollten von allen Verpflichtungen und Privilegien einer weltlichen Herrschaft befreit sein. Der Sieg des Papstes, als Heinrich IV. sich vor ihm in Canossa demütigte, löste den Konflikt nicht.

Im Januar des Jahres 1077 war Papst Gregor VII. in Canossa eingetroffen, einer Burg am Nord-Hang der Apenninen, die zu den Besitzungen der Gräfin Mathilde von Tuszien gehörte. Am 25. des Monats erschien König Heinrich IV. vor der Burg. Da die Burg von drei Ringmauern umgeben war, gewährte man ihm bis zum zweiten Mauerring Einlaß. Seine Begleitung mußte er vor der Festung zurücklassen. Er stand barfuß, ohne königliche Gewänder und ohne die Insignien seiner Würde; er fastete vom Morgen bis zum Abend und wartete auf den Entscheid des Papstes. So tat er auch am zweiten und dritten Tag. Am vierten endlich wurde er vom Papst empfangen und durfte die Bedingungen, unter denen er aus der Exkommunikation gelöst würde, erfahren.

Der Chronist, dem wir diese eingehende Beschreibung verdanken, Lambert von Hersfeld, zählte sodann die Bedingungen auf: Der König sollte sich einer genauen gerichtlichen Untersuchung stellen, bei der sich entscheiden würde, ob er das Reich behalten könne; er müsse sich von einigen, dem Papst unliebsamen Ratgebern trennen, denn ihres Einflusses wegen habe er ihn exkommunizieren müssen. Danach feierte der Papst ein Hochamt, und während dieser Messe erklärte er, seine Unschuld gegenüber den gegen ihn vorgebrachten Anklagen beweisen zu wollen, die von Mord und Ehebruch bis hin zu Häresie und Simonie reichten. Daher werde er jetzt die eine Hälfte der Hostie zu sich nehmen, und er bitte Gott, dieser möge ihn sofort töten, wenn er doch schuldig sei. Dann lud er den König ein, ebenso zu handeln. Doch Heinrich war offenbar unsicher, ob über seine Unschuld oder die Wirksamkeit dieses Gottesurteiles, läßt sich schwer sagen. Verwirrt und bleich, so hören wir, stammelte er Entschuldigungen und bat schließlich den Papst, nicht darauf zu bestehen; da seine Ankläger nicht anwesend seien, habe der Beweis keine Kraft. Gregor stimmte dem zu, der kritische Augenblick war vorüber, und der Papst lud Heinrich sogar zu einem Essen ein. Heinrich IV. dürfte erleichtert aufgeatmet haben. Doch als die Nachricht von der Versöhnung mit dem Papst im Land bekannt wurde, versammelten sich einige Bischöfe voller Empörung. Sie hatten Heinrich im Kampf mit dem Papst unterstützt. Nun fühlten sie sich verlassen und drohten, den König abzusetzen. Sie geleiteten seinen gleichnamigen Sohn, der noch minderjährig war, nach Rom, wo er den Papst absetzen sollte. Nur mit größtem diplomatischem Geschick wurde der Ausbruch einer Empörung verhindert. Schließlich stimmten die Bischöfe zu, mit ihrer Entscheidung bis zur Reichsversammlung zu warten, auf der Heinrich sich rechtfertigen wollte.

Der Tag von Canossa schien ein großer Sieg des Papsttums zu sein, und als solcher wurde er sprichwörtlich. Doch in Wirklichkeit erhielt der König mehr als der Papst. Indem Heinrich IV. Buße tat, verpflichtete er Gregor VII., die Exkommunikation aufzuheben. Dadurch befreite er sich zu neuer Handlungsfähigkeit. Heinrich konnte nun seine Parteigänger wieder sammeln und im Jahr 1081 sogar nach Italien ziehen, um nach langen Kämpfen in Rom einen Papst seiner Wahl einzusetzen: Wibald, der Erzbischof von Ravenna, bestieg als Clemens III. den Stuhl Petri.

Papst Gregor VII. hielt sich in der Engelsburg verschanzt, während Heinrich IV. am 31. März 1084 in der Peterskirche vom Gegenpapst zum Kaiser gekrönt wurde. Schließlich eilten die Normannen aus Sizilien unter ihrem Herzog Robert Guiscard dem Papst zu Hilfe. Der Kampf in Rom war schwer, und die Stadt

Kaiser Heinrich IV., König Heinrich V., Kanzler Eberhard, erster Bischof von Bamberg und Ramwold, Abt von St. Emmeran in Regensburg. Malerei auf Pergament im Evangeliar Heinrichs IV. oder V. aus Regensburg, um 1100

König Heinrich IV., Abt Hugo von Cluny und Gräfin Mathilde von Tuscien auf der Burg Canossa. Malerei auf Pergament in der Handschrift »Vita Mathildis« des Donizo von Canossa aus Ober-Italien, um 1114

Der Ost-Chor des Doms zu Speyer, nach 1082

Grabkrone und Brustkreuz Kaiser Heinrichs IV. Vergoldetes Kupferblech aus dem Grab des Kaisers im Dom zu Speyer, 1106

erlitt große Schäden. Da es zu keiner Entscheidung kam, nahmen die Normannen bei ihrem Rückzug Gregor VII. mit sich nach Süden. Dort starb er am 25. Mai des nächsten Jahres in Salerno. Seine letzten Worte waren eine bittere Variation von Psalm 44,8: »Ich habe die Gerechtigkeit geliebt und das Unrecht gehaßt; darum sterbe ich in der Verbannung.«

Der Zusammenstoß zwischen König Heinrich IV. und Papst Gregor VII. war der Höhepunkt einer langen Entwicklung, die jedoch ohne das jugendlich unbeherrschte Temperament Heinrichs und die glühende Intoleranz Gregors nicht diese Schärfe erlangt hätte. Seit Jahrhunderten hatte sich ein Streit zwischen Kirche und Staat vorbereitet. Von den germanischen Einfällen in das römische Reich war im 5. und 6. Jahrhundert die Kirche wohl am stärksten betroffen. Die eindringenden Völker waren alle christlich, doch ihre Bekehrung zum neuen Glauben war ein Massenakt gewesen. Sie folgten lediglich ihrem König. So vollzog sich die Christianisierung, ohne daß es zu einer eigentlichen religiösen Vertiefung gekommen wäre. Die Germanen brauchten nur ein gemeinsames Ritual, das ihnen verlorengegangen war, seit sie ihre Heimat verlassen hatten. Außerdem war der wirtschaftliche Niedergang des römischen Reiches, der schon vor der Völkerwanderung eingesetzt hatte, im wesentlichen ein Verfall des städtischen Lebens und der städtischen Kultur.

Mit der fortschreitenden Verbäuerlichung der Reichsgebiete verschwand auch die wirtschaftliche und verwaltungsmäßige Grundlage der Kirche. Die christlichen Gemeinden in den Städten und ihre Bischöfe nahmen an Zahl und Bedeutung ab. Im 7. Jahrhundert waren die Bischöfe weniger Diener der Kirche als vielmehr Besitzer großer Landgüter. Sie glichen sich zunehmend den Gewohnheiten der Großgrundbesitzer an. Sie leisteten dem König militärischen Dienst. All dies war nicht so sehr ein Zeichen sinkender Frömmigkeit, sondern bedingt durch die wirtschaftlichen und sozialen Wandlungen im Frühmittelalter. Während die Zentren der kirchlichen Organisation verfielen, hörten auch die Bildungsstätten auf, ihr Wissen von der Bibel, der Theologie und einer differenzierten Liturgie den Gläubigen zu vermitteln. Die christlichen Seelsorger dieser Jahrhunderte leisteten mit ihrer unreflektierten Abneigung gegen die heidnische Kultur Roms und Griechenlands dem Bildungsverfall unbewußt Vorschub, weil sie vor literarischem Studium warnten.

Erst Karl der Große belebte Bildung und Wissenschaft neu, was eine nachhaltige, langdauernde Wirkung behielt. Noch im Verlauf des 10. Jahrhunderts begannen die Menschen, eine Sehnsucht nach Transzendenz, geistlicher Erbauung, asketischer Moral und ethischer Lebensführung zu pflegen. So entstand zunächst im lothringisch-burgundischen Raum, also dem Grenzbereich von Deutschland und Frankreich, eine neue monastische Bewegung unter der Führung der Klöster Cluny, Gorze und später Hirsau. Diese reformierten Zweige des alten Benediktinerordens forderten und förderten die Idee, daß das Leben der Mönche in der Abgeschlossenheit von der Welt vor sich gehen müßte. Der fromme Mensch sollte sich ganz dem Gebet und der Arbeit widmen. Der Einfluß dieser Klöster war ungeheuer. Sie errichteten eine große Zahl von Tochterklöstern in Mittel-Europa, Hunderte von Novizen traten dort ein. Die Reformbewegung reorganisierte auch die alten Ordenshäuser. So zog im frühen 11. Jahrhundert eine Welle religiöser Aktivität über das Abendland hin.

Eine der Regelungen, die von Cluny eingeführt wurde, war, daß ein Reformkloster von der Jurisdiktion des örtlichen Bischofes und natürlich auch des Eigenkirchenherrn befreit war. Da Bischöfe einen starken Einfluß besaßen, kam die lothringische Reform sogar im Zusammenwirken mit den Bischöfen und dem weltlichen Adel zustande. Im 11. Jahrhundert sprachen sich einige Äbte von reformierten Klöstern wie Poppo von Stablo, Odilo von Cluny and Suger von Saint-Denis gegen die Tätigkeit der Bischöfe als Berater und Kanzler der Kaiser und Könige aus. Denn auch die weltlichen Herrscher suchten sich von dem Einfluß der Bischöfe zu lösen.

Der erste Monarch, der dem Rechnung trug, war Kaiser Heinrich III.; er regierte von 1039 bis 1056. Allerdings war Heinrichs Verhältnis zu den Großen des

Kaiser Heinrich IV. Vergoldete Bronze, Oberteil einer Statuette am Schrein Karls des Großen in Aachen, zwischen 1200 und 1215

Aus dem Leben Papst Gregors VII.: Heinrich IV. mit dem Gegenpapst Wibert von Ravenna und Vertreibung Gregors VII. aus Rom (oben); Gregor VII. als Verbannter im Kreis von Bischöfen und Tod Gregors. Zeichnung auf Pergament in einer Handschrift der Chronik Ottos von Freising, aus Süd-Deutschland, um 1140

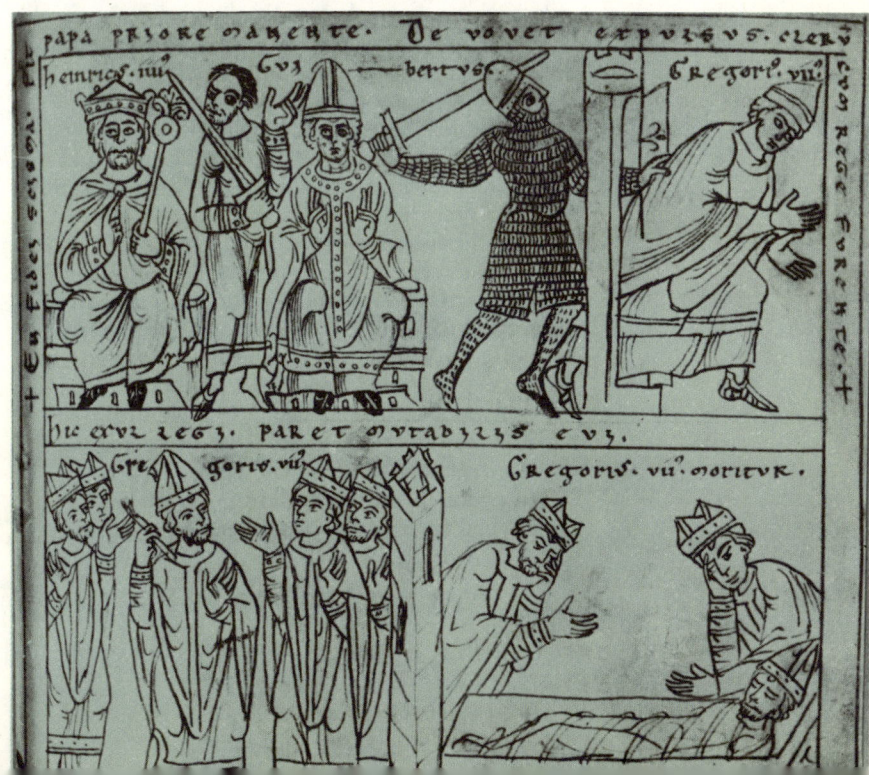

Reiches gespannt. Im Jahr 1047 wäre es sogar fast zur Ermordung des Kaisers gekommen, als er Adalbert, den Erzbischof von Hamburg-Bremen, aufsuchte. Adalbert war ein sehr fähiger Verwaltungsmann in der Organisation seiner nordischen Kirchenprovinz und versuchte, in Deutschland seine Erzdiözese auch zu einem politisch geschlossenen Territorium nach Art eines Herzogtums auszubauen. Darüber empörte sich der sächsische Adel, und als das gute Einvernehmen Adalberts mit Heinrich III. bekannt wurde, kam es zu dem Attentatsversuch. Ebenso rief Heinrichs enges Verhältnis zum bayerischen Episkopat eine Auflehnung Konrads, des welfischen Herzogs von Bayern, hervor. Vor des Kaisers Strafexpedition konnte Konrad entkommen. Er schmiedete für 1055 mit größerer Unterstützung einen neuen Mordplan gegen seinen Herrn. Auch mit Herzog Gottfried II. dem Bärtigen von Lothringen hatte Heinrich einen langwierigen Konflikt auszutragen, da er ihm einen Teil des vom Vater vererbten Herzogtums vorenthielt. Gottfried heiratete schließlich die Markgräfin Mathilde von Tuszien. Ihre Erbschaft

*Die ersten 10 von 27 Artikeln des »Dictatus Papae« zur Priorität des Papsttums vor weltlicher Herrschaft.
Seite in einer Handschrift des »Registrum Gregorii VII.« aus Rom, 1075*

Maria mit König Heinrich III. und Königin Agnes als Stifter. Malerei auf Pergament im Evangeliar für den Dom zu Speyer, aus Echternach, zwischen 1043 und 1046

diente Gottfried dazu, die Stellung des Kaisers in Italien zu erschüttern.

Angesichts der vielen Bedrohungen seiner Herrschaft suchte und fand Heinrich III. Unterstützung bei der Kirche. Er stellte nicht nur das ganze Gewicht seiner kaiserlichen Autorität hinter die Kirchenreform, sondern gab der Bewegung auch organisatorischen Rückhalt, damit sie überall wirksam werden konnte. Als scharfsinniger Staatsmann erkannte Kaiser Heinrich, daß die Reform auch bis zum römischen Stuhl selbst getragen werden müsse, denn er war ja der erste Bischofssitz der Christenheit.

Die Bischöfe von Rom waren während der zweiten Hälfte des 10. und in der ersten Hälfte des 11. Jahrhunderts bis zu den Tagen Heinrichs III. kaum in der Lage, ihrer päpstlichen Aufgaben gerecht zu werden. Der Papst, der auch die Regierung über die Stadt Rom innehatte, war oft genug nur noch eine Marionette in den Händen der großen Adelsfamilien in Rom. Dieser Adel lieferte sich sogar regelrechte Schlachten um das höchste Amt der Christenheit. Unbequeme Kandidaten wurden durch Erpressung oder Mord beseitigt. Fast alle höheren Amtsinhaber der päpstlichen Hierarchie stammten aus römischen Familien. Ihrem Ehrgeiz und ihrer Gesinnung nach waren sie an lokaler Macht und nicht am Wohl der Kirche interessiert.

Im Jahr 1046 intervenierte Heinrich III. auf der Synode von Sutri gegen die unhaltbaren Zustände in Rom. Auf sein Eingreifen hin erklärte die Kirchenversammlung der drei rivalisierenden Päpste, unter ihnen Gregor VI., für abgesetzt. Heinrich III. sorgte auch für eine rasche Neuwahl. Bischof Suitbert von Bamberg, der erste einer Reihe deutscher Kirchenfürsten, bestieg als Clemens II. den Stuhl Petri. Alle, die unter kaiserlichem Patronat das Papstamt übernahmen, waren eifrige Anhänger der Reformen. So kam der Geist der Erneuerung von auswärts nach Rom, denn mit den Päpsten kamen ausländische Geistliche in die Stadt, von denen die Reformbewegung weitergetragen wurde.

Mit seiner Tat hatte Kaiser Heinrich III. jedoch auch den Grund für einen späteren Konflikt zwischen dem Reich und der Kirche gelegt. Sein Vorwurf gegen die abgesetzten Päpste baute auf dem Grundsatz, daß Simonie als Sünde galt. Kein Mensch durfte mehr ein geistliches Amt durch materielle Leistungen wie Geldzahlungen oder Privilegien erwerben. Die kirchliche Reformpartei nutzte die Gelegenheit, in Rom Fuß zu fassen, um von dort her der Christenheit ihre Ideen zu verkünden. Gleichzeitig mußte aber die Tatsache, daß sie ihre Stellung dem Kaiser verdankte, zu einem Problem werden. Denn es war mehr und mehr Ziel der Reformbewegung, die Kirche dem Einfluß der Laien zu entziehen und darauf zu dringen, daß für sie nur noch kanonisches Recht galt. Doch solange die Reformpartei in Rom ihre Stellung dem Kaiser verdankte, konnte die Kirche kaum unabhängig handeln.

Schließlich waren Kaiser und Könige keine ausgesprochenen Laien. Sie waren durch kirchliche Salbung auf den Thron erhoben, trugen einen Ornat liturgischen Gepräges und besaßen als bedeutungsvolles Sinnbild ihrer Herrschaft eine Krone. Gewiß kann man in einer Krone auch nur eine besondere Art Helm sehen; doch ihr Glanz von Gold und Edelsteinen machte sie zu einem Symbol der Sonne. Ein gesalbter Herrscher wurde zu einem neuen David und besaß göttliche Würde. Sein bestimmender Einfluß in der Kirche und sein Schutz der Rechtgläubigkeit brauchten darum nicht notwendigerweise als Einflußnahme eines Laien in der Kirche gewertet zu werden.

Unter Papst Leo IX., der von 1049 bis 1054 regierte, machte die Reformbewegung rasche Fortschritte. Er brachte eine große Anzahl Freunde und Parteigänger nach Rom und verwandte viel Zeit für Visitationsreisen. Mit seiner Autorität bewog er simonistische Bischöfe und Äbte zurückzutreten, vakante Bischofsstühle wurden mit Anhängern der Reform besetzt. Die Parteigänger des Papstes in Rom gaben der Kirchenreform ein dauerhaftes organisatorisches Rückgrat. Die Geistlichen der Kurie unterwarfen sich der neuen Ordnung. Sie wählten auch einen gleichgesinnten Nachfolger. Einige Jahre später schuf Papst Nikolaus II. das Kardinalskollegium, um ständig ein Beratergremium um sich zu haben, das auch die Wahl des Papstes vornehmen sollte. Sowohl das Ansehen als auch der Einfluß der römischen Kurie stiegen während dieses Jahrzehnts gewaltig; das spiegelte sich in dem neuen Kirchenrecht, der »Sammlung in 74 Titeln«, wider, das dem gesetzgeberischen Vorrecht des päpstlichen Stuhles ein so großes Übergewicht zusprach.

Der Tod Heinrichs III. im Jahr 1056 traf die Reform hart, denn des Kaisers Sohn und Nachfolger, Heinrich IV., den die Fürsten schon 1053 zum deutschen König gewählt hatten, war erst 6 Jahre alt. Während der Regentschaftszeit erhielt der Knabe eine wenig ausgewogene Erziehung, da seine Vormünder ihn weitgehend zur Legitimation ihrer eigenen Regentschaftsansprüche in ihre Obhut nahmen. Die Regentschaft lag nacheinander in den Händen der Kaiserin-Witwe Agnes, des Erzbischofs Anno II. von Köln und des Erzbischofs Adalbert von Bremen-Hamburg. Der junge König fand zu keiner klugen und ausgewogenen Lebensanschauung. Doch wurde gerade in seiner Lage ein sicheres und reifes Urteil gebraucht. Das enge Zusammenwirken von Kaiser Heinrich III. und der kirchlichen Reformpartei beruhte auf gegenseitigem Vertrauen. Doch hatte es mit innerer Notwendigkeit zu einer starken Betonung des Primats des römischen Stuhles geführt. Solchen Primat im Hinblick auf die Kirche zu betonen, war nur die eine Seite; ein Zusammenstoß, eine Rivalität zwischen Papst und Kaiser um den Primat konnte leicht zu der Frage werden, wer nun der Herr sei, Kaiser oder Papst. Da es zu diesem Komplex bisher nur unklare Äußerungen gegeben hatte, war das Problem nicht gelöst worden, was zu Konflikten führen konnte. So entstanden bildhafte Theorien über die weltliche und geistliche Gewalt wie der berühmte Vergleich von den zwei Schwertern: eines in der Hand des Papstes, das andere in der des Kaisers; oder die Metapher, daß Kirche und Staat sich wie Seele und Leib zueinander verhielten. Bisher hatte es noch keine offene Konfrontation gegeben. Jeder zog wohl die gnädige Unbestimmtheit einer definitiven Antwort vor.

König Heinrich IV. wurde 1065 volljährig. In den nächsten zehn Jahren mußte er den aufständischen sächsischen Adel bekämpfen. 1075 glaubte er seine Macht gefestigt zu haben. In diesem Jahr gab es einen Streit um die Nachfolge im Erzbistum Mailand. Heinrich IV. und Papst Gregor VII. unterstützten eigene Kandidaten. Als Heinrich IV. sich weigerte, seinen Anwärter fallenzulassen, erhielt er am Neujahrstag 1076 einen ultimativen Brief von Gregor VII., in dem er den König gemahnte, daß er dem Papst Gehorsam schulde. Angesichts der Tatsache, daß Gregor VII. einen schweren Stand in der Stadt Rom hatte, und selbstbewußt wegen des kürzlichen Triumphes über die Sachsen war Heinrich IV. entschlossen, nach Jahren der Ohnmacht seine Macht voll zur Geltung zu bringen. Auf dem Reichstag und der Synode zu Worms 1076 wurde Gregor VII. als illegaler und unmoralischer Eindringling bezeichnet und für abgesetzt erklärt. Ebenso ermunterte Heinrich das Volk von Rom, gegen seinen Bischof vorzugehen. Darauf exkommunizierte Gregor VII. den König, erklärte ihn ebenfalls für abgesetzt und entband seine Untertanen von ihrem Eid.

Diese Situation war durch das Temperament der beiden Protagonisten heraufbeschworen worden. Es gab einige Präzedenzfälle für die Absetzung eines Papstes durch den König. Aber noch nie hatte ein Papst versucht, einen König und Kaiser zu entthronen. Diese revolutionäre Maßnahme war nur eine folgerichtige Weiterführung der kirchlichen Reform, so daß zu den Vorrechten des Heiligen Stuhles nun auch das Recht zur Absetzung von Königen gehörte. Gregor VII. hatte kurz zuvor, noch in friedlicher Zeit, seine Stellung in den Kanzlei-Grundsätzen, in dem »Dictatus Papae«, abgesichert. Darin betonte er, daß der Römische Bischof allein universale Macht besitze und nicht der Kaiser. Die abendländischen Könige dieser Zeit waren bis auf Wilhelm den Eroberer argwöhnisch gegenüber Gregor VII. und neigten dazu, den Primat des weltlichen Herrschers zu verfechten. Nur die deutschen Fürsten nutzten die Ohnmacht des Königs, um gegen ihn zu rebellieren. Da Heinrich IV. exkommuniziert war, konnte er nichts unternehmen; allein der demütige Gang nach Canossa stand ihm noch offen.

Canossa selbst wurde noch nicht der Wendepunkt im Streit um die Investitur. Gregor VII. starb in der Verbannung. Aber auch Heinrich IV. konnte das Reich nicht mehr befrieden. Die offen zutage getretene Meinungsverschiedenheit um den Primat des Kaisers oder des Papstes wurde niemals ganz ausgetragen. Doch in dem langen Krieg in Deutschland zwischen den Fürsten und dem Herrscher wurde das Königtum im nächsten halben Jahrhundert immer mehr geschwächt.

PETER MUNZ

Kaiser Heinrich IV. bei der Belehnung seines Sohnes, Heinrichs V., mit den königlichen Insignien zu Aachen 1099

Heinrich V. beim Empfang der kaiserlichen Insignien während der Krönung durch Papst Paschalis II. in Rom 1111. Malerei auf Pergament in der Kaiserchronik des Ekkehard von Aura, wahrscheinlich aus dem Kloster Urach, Schwaben, um 1114

Religiöse Erneuerungsbewegungen. Reconquista in Spanien. Der Erste Kreuzzug

Die Ereignisse von Canossa und die Verurteilung des Peter Abaelard, für die hauptsächlich Bernhard von Clairvaux verantwortlich war, bildeten deutliche Siegeszeichen des Papsttums und der orthodoxen Lehre im Abendland. Gleichzeitig bedeutete die Einnahme von Jerusalem während des Ersten Kreuzzuges einen freudigen Gewinn für die gesamte abendländische Christenheit. Doch während der dreiundsechzig Jahre zwischen Canossa und der Synode von Sens tauchten neue Kräfte auf, die den geistlichen Status der kirchlichen Hierarchie in Frage stellten, ja sogar über fundamentale Glaubenslehren wurde diskutiert. Inzwischen ließen die Erfolge der Kreuzfahrer nach. Die lateinischen Staaten, die sie in der Levante errichtet hatten, gerieten in Verfall.

Zehn Jahre nach Heinrichs IV. Gang nach Canossa starb Papst Gregor VII. fern von Rom im Exil bei den Normannen, die seine letzten Bundesgenossen waren. Obwohl die Regierungszeit seines großen Gegners unter dem Druck einer päpstlichen Partei endete, die von seinem Sohn Heinrich V. angeführt wurde, forderte dieser Sohn bald seinerseits das Recht auf die Investitur der Geistlichen, wie sie sein Vater beanspruchte. Erst das Wormser Konkordat von 1122

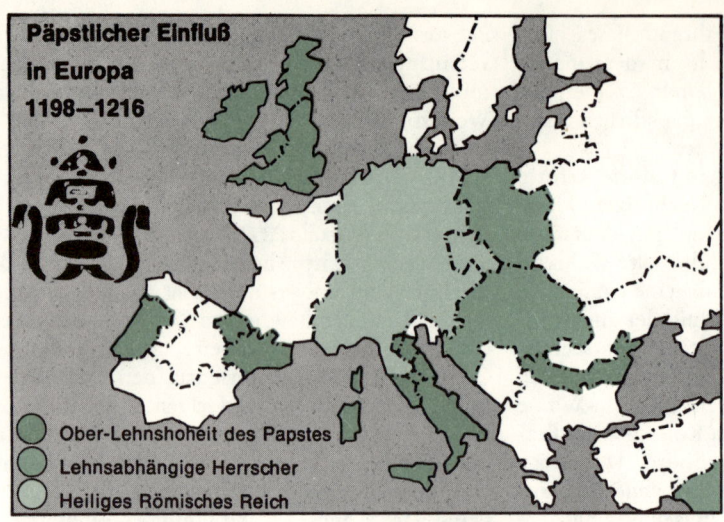

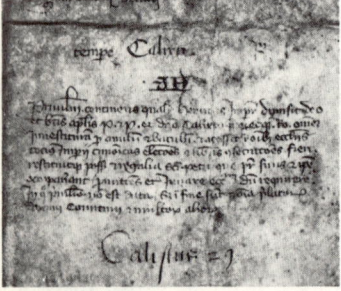

Dorsalnotiz über das Wormser Konkordat

beendete den Streit. Die Bedingungen des Abkommens ähnelten denen, die der Schwiegervater des Kaisers, König Heinrich I. von England, fünfzehn Jahre zuvor mit dem Papst ausgehandelt hatte. Zum Ausgleich für den Verzicht auf die Investitur der Bischöfe mit den Symbolen des geistlichen Amtes erreichten die Herrscher Anerkennung eines Mitspracherechtes bei der Bischofswahl. Doch Unstimmigkeiten zwischen Kirche und weltlichen Gewalten blieben auch in den folgenden Generationen vorhanden; die Gefahr eines neuen offenen Streites war weiter gegeben.

Arnold von Brescia

Während des 11. Jahrhunderts war in der Lombardei eine Bewegung entstanden, die sich einem asketischen und urkirchlichen Christentum hingab. Sie wurde unter dem Namen »Patarier« bekannt. Die öffentliche Meinung gegen die wachsende Verweltlichung der Kirche verkörperte sich in dramatischer Weise in dem Aufstieg Arnldos von Brescia.

Wahrscheinlich war er ein Schüler Abaelards und mit diesem zusammen in Sens verurteilt worden. Arnold predigte, daß nur die Laiengewalt Eigentum besitzen und verwalten dürfe. In den letzten Jahren seines Lebens, vor seiner 1155 vom Römischen Stuhl veranlaßten Hinrichtung, leitete Arnold in Rom eine republikanische Stadtregierung. Seine Ideen waren zwar politisch revolutionär, aber keine solch ernste Bedrohung der Autorität der Kirche, wie sie die geistige Unrast draußen im Land während des 12. Jahrhunderts bedeutete. Für diese Zeit des Aufbruches war das Leben des Peter Abaelard bezeichnend. Arnold wurde nicht als Häretiker verurteilt. Auch waren die Patarier, die eigentlich nur die Rückkehr zu der Ursprünglichkeit der Lehre Christi gefordert hatten, zunächst nicht von der Anklage der Häresie bedroht. Anders stand es mit der Sekte der Katharer, deren Nachfolger die Albigenser und Waldenser in Süd-Frankreich waren. Die Lehre der Katharer bedeutete weniger eine Häresie innerhalb der christlichen Kirche als vielmehr eine rivalisierende Theologie. Ihre Lehre bedeutete eher eine ernsthafte Manifestation neuer Ideen im Abendland des 12. Jahrhunderts. Die Katharer hatten ihren Ursprung in dem damals zum byzantinischen Reich gehörenden Bulgarien, und ihr Glaube zeigte starke Einflüsse östlichen Denkens, wie es sich in den Lehren des Persers Mani findet. Sie sahen in der Welt einen Kampfplatz zweier gleichstarker Mächte, des Guten und des Bösen. Die physisch-materielle Erschaffung der Welt betrachteten sie als ein Werk des Bösen. Daher leugneten sie die Rolle Gottes bei der Schöpfung und verwarfen damit eine der fundamentalen Lehren des Christentums. Die Spekulationen eines Abaelard, die demütigen Absichten der Patarier und der Humiliaten waren durch eine Welt von der extrem antichristlichen Einstellung der Katharer geschieden. Doch ihre bohrenden Fragen nach dem Wesen des rechten Glaubens bedeuteten für manchen Geistlichen eine Bedrohung des Platzes der Kirche im Weltgefüge. Sie lag in einem ständigen politischen Disput mit der Macht der Laien und war daher stets wachsam gegenüber einer Untergrabung der Lehre durch eine Häresie. Die Kirche duldete keine Lehre, die ihrem Dogma widersprach.

Kathedrale von Albi

Die Bedrohung durch den Islam

Im 12. Jahrhundert konnte die religiöse Spekulation, wie sie Bernhard von Clairvaux vorausgesehen und deren Richtung er gefürchtet hatte, nicht leicht unterdrückt werden. Dabei leisteten die Mohammedaner zu diesen Spekulationen einen wesentlichen Beitrag. Gewiß hatte in Spanien die islamische Kultur schon seit Jahrhunderten auf europäischem Boden geblüht. Doch erst das neu gewonnene Selbstvertrauen der Gesellschaft des 12. Jahrhunderts erlaubte es den Menschen, nunmehr aus dem reichen Arsenal arabischer Bildung, wie es sich schon seit Jahrhunderten vor ihrer Tür befand, Nutzen zu ziehen. Die Bewegung hatte im ganzen vorausgehenden Jahrhundert an Schwung gewonnen. Jetzt wurde der arabische Einfluß allgemein hingenommen und akzeptiert.

Der Mönch Gerbert von Aurillac, der als Papst Silvester II. von 999 bis 1003 das Pontifikat innehatte, war der erste Europäer, der die arabischen Ziffern verwandte. Wahrscheinlich hat er auch das Astrolabium, einen Winkelmesser, für die astronomischen Berechnungen nach Europa eingeführt. In Salerno und dann in Monte Cassino wurden dank der Schriften des Constantinus Africanus die Grundlagen griechisch-arabischer Medizin studiert und so dem Abendland fruchtbar gemacht. Arabisches Gedankengut, das auf den Werken des Aristoteles und Plato sowie der Weisheit Indiens beruhte, war im frühen 12. Jahrhundert von bedeutendem Einfluß auf die Schule von Chartres. Für weltliche Gelehrte wie Jakob von Venedig, die in Konstantinopel forschten, ergab sich ein direkter Kontakt zu den griechischen Texten der antiken Philosophen. Doch die Haupt-

Aus einem früh-byzantinischen Pflanzenbuch

anregung kam vom Islam, besonders von den kosmopolitischen Höfen Spaniens. Dort fanden sich Araber, Christen und Juden zusammen und leiteten eine Revolution in der Mathematik ein, die am Ende des Jahrhunderts mit Leonhard von Pisa ihren Höhepunkt erreichen sollte. Der weitgereiste englische Gelehrte Adelard von Bath verbrachte viele Jahre in Syrien und Spanien. Zu seinen zahlreichen bedeutenden Übersetzungen gehörte die erste lateinische Version des Euklid. Adelard brachte auch die neuen arabischen Schriften über Alchimie nach dem Abendland, woraus sich die europäische Wissenschaft von der Chemie entwickelte. Europas Kontakte mit dem Osten und der arabischen Welt waren wahrscheinlich auch für die Entwicklung der Gotik in der Architektur von entscheidender Bedeutung.

Reconquista in Spanien

Es ist interessant, daß der Einfluß arabischer Kultur auf das abendländische Denken zu einer Zeit am stärksten wirksam wurde, als die christlichen Königreiche in Spanien die größten Erfolge bei der Reconquista hatten. Toledo, die alte westgotische Hauptstadt, wurde im Jahr 1085 zurückerobert. Während um 1100 das vereinigte Königreich von Kastilien und Leon seine Grenze südlich des Tajo verlegt hatte, war Aragon über den Ebro vorgestoßen. Der Vormarsch stockte im 12. Jahrhundert, als die maurischen Emirate in Spanien unter der Almohaden-Dynastie vereinigt wurden.

Die Kreuzzüge

Die spanischen Siege waren eindrucksvoll, doch stellten sie keinen Ausgleich dar für den schweren Schlag, den das Christentum im Osten im Jahr 1071 mit der Schlacht von Manzikert in Armenien hinnehmen mußte. Hier wurde der byzantinische Kaiser Romanos IV. durch das Heer der türkischen Seldschuken besiegt. Ganz Anatolien, das lebenswichtige Kernland Konstantinopels und Bollwerk des östlichen Christentums, geriet plötzlich in Gefahr. Die Niederlage war zum Teil auf Verrat zurückzuführen, denn ein Bürgerkrieg vermehrte noch die Schwierigkeiten des römischen Reiches. Auch die normannischen Fürstentümer in Süd-Italien bedrängten die Byzantiner mit Feindseligkeiten.

Der innere Konflikt des oströmischen Reiches endete im Jahr 1081 mit der Thronbesteigung des Alexios Comnenos. Er konnte die Normannen durch diplomatisches Taktieren ungefährlich machen. So durch einen Vertrag mit Venedig, der der aufstrebenden Macht weitgehende Handelsrechte einräumte. Doch Konstantinopel selbst wurde von Beutezügen nomadischer Stämme aus den Steppen Asiens bedroht. Dennoch schien es am Anfang der neunziger Jahre des 11. Jahrhunderts, daß dank der umsichtigen Regierung des Alexios das Reich, wenn auch durch die Einbrüche der letzten zwanzig Jahre um wesentliche Gebiete verkleinert, den Sturm überstanden hatte.

Am Anfang seiner Regierungszeit hatte Alexios auf der Suche nach Verbündeten im Westen dort auch versucht, Söldner zu werben. Vor allem hoffte er, den Zug der Kreuzritter durch die Provinzen des byzantinischen Reiches zu seinem Vorteil nutzen zu können. Im Jahr 1095 fand sich Alexios aber einer Streitmacht gegenüber, die sein Land mehr zu unterdrücken als zu unterstützen drohte. Statt einer Schar Söldner, wie sie Byzanz gesucht hatte, war ein Heer von landlosen Baronen und Abenteurern gekommen, die nur vom Haß gegen die Ungläubigen erfüllt waren. Voller Hoffnung auf die ewige Seligkeit hatten sie kaum Verständnis für den schismatischen christlichen Kaiser im Osten. Die Gläubigen des ersten Kreuzzuges standen unter der Führung ehrgeiziger Fürsten. Unter ihnen weilte auch Alexios' alter Feind, der Normanne Bohemund von Tarent. Dennoch gelang es dem Kaiser, das Heer der Kreuzfahrer an seiner Hauptstadt vorbei nach Palästina zu geleiten. Zusätzlich erreichte er von den meisten Führern einen Lehnseid für alle byzantinischen Gebiete, die sie zurückerobern würden.

Unter denen, die schworen, befand sich Bohemund; doch sein Wunsch, Antiochien als ein unabhängiges Fürstentum zu behalten, führte dazu, daß er sogar zu einem Kreuzzug gegen den christlichen Kaiser in Konstantinopel aufrief. Solch eine Verkehrung der geistlichen Ideale des Kreuzzugs bedeutete während aller Kreuzfahrten eine ständige Versuchung und Bedrohung. Denn seit Anfang der Bewegung waren die Motive der Teilnehmer gemischt.

Ohne Zweifel war der religiöse Impuls stark. Der Kreuzzug zur Befreiung der Heiligen Stätten war aus dem aufrüttelnden Ruf des Papstes Urban II. auf dem Konzil von Clermont 1095 entstanden. Während Jerusalem noch durch die arabischen Fatimiden beherrscht wurde, war der Zutritt zu diesen Stätten für die christlichen Pilger aus aller Herren Länder verhältnismäßig gefahrlos gewesen.

Doch mit der Eroberung Palästinas durch die fanatischen Seldschuken nach ihrem Sieg bei Manzikert wurden die Pilgerstraßen versperrt. Obgleich die religiösen Absichten Urbans II. nicht in Abrede gestellt zu werden brauchen, dürfte er doch mit einem großen Anwachsen des päpstlichen Ansehens gerechnet haben, das sich aus der Rückeroberung Jerusalems unter päpstlicher Oberleitung ergeben würde. Urbans Ruf scholl durch das Abendland und wurde durch Wanderprediger wie Peter dem Eremiten verbreitet. Dieser Peter von Amiens führte die bei weitem zügelloseste Schar einfacher Leute auf den Kreuzzug. Ungeachtet seiner eigenen dunklen und niederen Herkunft, erfreute er

Muttergottes mit den ersten Äbten von Cîteaux

sich einigen Ansehens beim Heer. Während die späteren Kreuzzüge von Königen und Kaisern geführt wurden, war dieser erste Zug unleugbar eine Volksbewegung, wenn auch viele der adligen Führer weitreichende politische Interessen verfolgten.

Wirtschaft im 10. und 11. Jahrhundert

So entscheidend auch der religiöse Idealismus und der landhungrige Ehrgeiz vieler für den Erfolg des Kreuzzugs waren, lag der Suche nach neuem Siedlungsgebiet unbestreitbar auch die Tatsache zugrunde, daß seit mehr als einem Jahrhundert die Bevölkerung in West-Europa sprunghaft zugenommen hatte. Eine allgemein verbesserte Lebenshaltung mag hierzu beigetragen haben. Man kann gewiß einen Anstieg der Dynamik und der expansiven Kraft des europäischen geistigen und politischen Lebens konstatieren, aber es ist unmöglich, die Bevölkerungs-Expansion exakt in ihrer Größenordnung zu bestimmen. Im 10. und 11. Jahrhundert wurden im traditionellen Gebiet des Christentums weite Wald- und Sumpfgebiete neu unter den Pflug genommen. Der große historische Prozeß der Siedlung im slawischen Osten des deutschen Reiches begann, nachdem im 12. Jahrhundert die Möglichkeiten zur Gründung weiterer Siedlungen im Land selbst weitgehend erschöpft waren.

Das Anwachsen der Bauernbevölkerung war für diesen Vorgang von besonderer Bedeutung.

Ritter bei der heiligen Kommunion

Ein neuer Stil: Chartres

1194

Die Kathedrale Notre-Dame in Chartres ist vielleicht das schönste Zeugnis jener Bewegung in der Baukunst, die dem Europa des 13. Jahrhunderts ihr Siegel aufprägte. Nach der Brandkatastrophe des Jahres 1194 wiederaufgebaut, weist dieser »Palast der Jungfrau« ein Maß an Einheitlichkeit auf, wie wir es bei kaum einer anderen gotischen Kathedrale finden. Auf den kunstvollen Glasfenstern von Chartres werden in leuchtenden Farben Szenen aus dem Alten und dem Neuen Testament lebendig, während die Gewölbe und Säulenreihen die Augen der Menschen zum Himmel emporziehen.

Am 10. Juni 1194 fiel die Kathedrale Notre-Dame einem gewaltigen Brand zum Opfer, der das erst vor wenigen Jahrzehnten errichtete Bauwerk fast völlig zerstörte. Schon 1134 hatte eine Feuersbrunst den romanischen Bau des Bischofs Fulbert aus der ersten Hälfte des 11. Jahrhunderts vernichtet. Vom Bau des 12. Jahrhunderts blieben nur die Krypta, die Vorhalle und die beiden Westtürme mit dem Königsportal von den Flammen verschont. Aus den Trümmern dieser Katastrophe sollte sich eine Kirche erheben, die durch ihren architektonischen Entwurf und ihre bildnerische Gestaltung eines der ersten Zeugnisse des rein gotischen Stiles darstellte.

Notre-Dame wurde in einem Vierteljahrhundert wiederaufgebaut. Die Kraft des mittelalterlichen Glaubens ermöglichte es, innerhalb einer so kurzen Zeitspanne ein solches Werk zu vollbringen. In dem zeitgenössischen »Buch über die Wunder der heiligen Jungfrau Maria« spiegelte sich die Begeisterung des christlichen Volkes wider, das tatkräftig am Wiederaufbau der Kathedrale mitwirkte. Über die weiten Flächen der Beauce schafften die Menschen die Materialien heran, die zum Bau der riesigen Kirchenschiffe bestimmt waren, spannten sich selbst vor die mit Kalk, Holz und Steinen beladenen Wagen.

Alle Kräfte waren darauf gerichtet, den Neubau der Kathedrale voranzutreiben. Dabei konnte man auf die Freigebigkeit zahlloser Gläubiger aus der Diözese von Chartres und dem ganzen französischen Norden, auf die Spendefreudigkeit hoher und mächtiger Adliger inner- und außerhalb Frankreichs zählen. Einer von ihnen war König Richard Löwenherz von England, der, obwohl er gegen König Philipp Augustus von Frankreich Krieg führte, durch seine Spenden zur Wiedererrichtung des berühmten Heiligtums der Jungfrau Maria beitrug. Die Einheit der Christenheit war kein leeres Wort.

Schon im Jahr 1220 konnte in dem neuen Langhaus Gottesdienst gefeiert werden. Am 1. Januar 1221 wurde dem Domkapitel der Chor übergeben. Zwischen 1230 und 1235 vollendete man die oberen Teile des Querhauses. Bei der feierlichen Weihe im Jahr 1260 stand nahezu der ganze Bau.

Der geniale Erbauer der neuen Kathedrale, dessen Name nicht überliefert ist, stammte wohl aus der Gegend um Laon oder Soissons, also aus dem Norden Frankreichs, wo die Gotik gerade das volle Ausmaß ihrer schöpferischen Kühnheit gewonnen hatte. In der Abteikirche von Saint-Denis, die am 11. Juni 1144 geweiht wurde, hatte der neue Stil seinen ersten Ausdruck gefunden. Die entscheidende Rolle, die diese von dem Abt Suger geschaffene Kirche für die Entstehung der Gotik gespielt hatte, wurde auch im Bau von Chartres, der nach der Katastrophe von 1134 ausgeführt wurde, deutlich. Das erhaltene Kreuzrippengewölbe in den Türmen und das von Saint-Denis beeinflußte Königsportal bezeugen die Verbreitung einer frühen Gotik.

Die zweite Hälfte des 12. Jahrhunderts war dann die Epoche äußerst fruchtbarer und vielversprechender architektonischer Experimente. In diesen Zeitraum fiel die Erbauung der Kathedralen von Laon, Paris, Sens, Noyon und Senlis. Laon erhielt einfache, Paris doppelte Seitenschiffe. In Sens verzichtete man auf ein Querhaus, in Noyon ließ man die Querarme halbkreisförmig abschließen. In Senlis wurde der Chorumgang mit einem Kapellenkranz umgeben. Bis auf Sens besitzen alle diese Kirchen oberhalb ihrer Seitenschiffe geräumige Emporen, und bei allen einschließlich Sens wird das Hauptschiff von sechsteiligen Gewölben gedeckt.

Der Meister von Chartres kopierte nicht einfach die eine oder andere dieser architektonischen Schöpfungen. Zudem mußte er die noch erhaltene weiträumige

Engel. Stein-Figur auf dem Firstende des Chores der Kathedrale in Chartres, 1. Hälfte des 13. Jahrhunderts

Die Kathedrale Notre Dame in Chartres. 1. Hälfte des 13. Jahrhunderts

Krypta berücksichtigen, die nach dem Brand von 1020 erbaut worden war. Sein Einfallsreichtum überwand alle Schwierigkeiten, ja, wurde durch sie nur um so mehr herausgefordert. Dank der Zügigkeit, mit der die Bauarbeiten voranschritten, bietet der 130,20 Meter lange Innenraum der Kathedrale ein Bild vollendeter Einheit. Das Mittelschiff ist mit 16,40 Metern breiter als das aller seiner Vorläufer, wofür die Abmessungen der romanischen Krypta ausschlaggebend waren. Das Langhaus gliedert sich in sieben Joche, wobei zwei weitere zwischen den beiden Türmen im Westen nicht mitgerechnet sind; es wird, ebenso wie die Querarme der Kathedrale, von einfachen Seitenschiffen flankiert. Das Querhaus springt mit seiner Länge von über 62 Metern besonders weit vor. Der Chor schließlich umfaßt vier rechteckige Joche und endet in der Apsis mit sieben offenen Bogenstellungen, die zu einem doppelten Chorumgang mit sieben Apsiskapellen von unterschiedlicher Tiefe überleiten.

Das Gewölbe erreicht die stattliche Höhe von 37 Metern und überragt damit die der Kathedralen von Senlis, Laon und Paris. Erst die Kirchenschiffe von Reims, Amiens und vor allem Beauvais, jener verwegensten Konstruktion gotischer Baumeister, sollten Chartres an Höhe übertreffen. Der Weg dahin war jetzt frei, dank dem Erfindergeist jenes geheimnisvollen Unbekannten, der am Ausgang des 12. Jahrhunderts lebte und wirkte.

Chartres markiert einen entscheidenden Wendepunkt sowohl in ästhetischer wie in geistig-religiöser Hinsicht, eine selbstbewußte Entfaltung, die allen anderen vorangehen sollte. Das rein gotische System ist durch den Meister von Chartres verwirklicht worden. Statt der breiten Joche unter sechsteiligen Gewölben errichtete er im Mittelschiff querrechteckige Joche. Statt Emporen, die den Lichteinfall beträchtlich vermindert hätten, ließ er oberhalb der großen Arkaden von Schiff und Chor eine einfache Galerie umlaufen: das Triforium. Die hohen schmalen Fenster des 12. Jahrhunderts gliederte er durch große, von einer Rose gekrönte Doppelfenster, die das Mauerwerk weitgehend auflösten. Die Rundpfeiler, wie sie noch in Laon oder Paris verwendet wurden, ersetzte er durch kantonnierte, mit schmalen Schäften umstellte Pfeiler. Im Außenbau verwandte er, um den Druck der Gewölbe aufzufangen und abzustützen, als erster Baumeister systematisch den Strebebogen, der vom Kreuzrippengewölbe nicht zu trennen war. Ein vollkommeneres Zusammenspiel der Kräfte als bei dieser kühnen Konstruktion ist nicht vorstellbar.

Diese neue Vorherrschaft des »Leeren« über das »Volle« wurde mit derselben Meisterschaft in die Querschiffassaden umgesetzt, die von fünf großen Lanzettenfenstern unter einer leuchtenden Rose durchbrochen waren – ein Prinzip, das Chartres von Laon übernahm und weiterentwickelte und das Paris bald zu voller Blüte bringen sollte. Laon diente dem Baumeister von Chartres auch als Vorbild für die Planung neuer Türme. Neben denen der West-Fassade aus dem 12. Jahrhundert sollten jetzt auch je zwei weitere die Querschiffe flankieren. Einer karolingischen Tradition gemäß waren außerdem zwei Türme über dem Anfang der Apsis vorgesehen. Die einen wie die anderen blieben unvollständig.

Ein französischer König (oben). Ein Handwerker beim Kirchenbau (oben rechts). Ein gepanzerter Ritter mit zwei gefangenen Königen Stein-Figuren an der Kathedrale zu Chartres, 1. Hälfte des 13. Jahrhunderts

Mit Chartres war eine »klassische« Kathedrale geschaffen, wie sie sich in den Vorstellungen der Christenheit des 13. Jahrhunderts fest verankern sollte. Die Entwicklung zielte hin zum Licht; dem Fenster wurde möglichst viel Fläche eingeräumt. Das lichtdurchflutete Mauerwerk sollte die Materie überwinden. Die vollendete Harmonie dieser Kirche umschloß den Geist eines ganzen Zeitalters.

Die weiten Öffnungen wurden mit farbenprächtigen Vorhängen, den Glasfenstern, verkleidet. Abt Suger von Saint-Denis, der Erbauer der Klosterkirche, hatte diesen Weg vorgezeichnet. In den immer größer werdenden Fenstern und Rosen der Kathedralen des 13. Jahrhunderts, die die Wände mehr und mehr auflösten und schließlich auf steinerne Gerüste reduzierten, sollte das Glasgemälde jene überragende Bedeutung finden, die bereits in Saint-Denis angeklungen war und in Chartres ihre erste Blüte und zugleich stärkste Ausdruckskraft erreichte. Als Endpunkt dieser Entwicklung gilt die Sainte-Chapelle des Palastes Ludwigs IX., des Heiligen, in Paris, die 1248 geweiht wurde.

Aller Schmuck in mittelalterlichen Kirchen diente der Ehre Gottes und war zugleich ein Werkzeug theologischer Unterweisung des gläubigen Volkes. Nichts war zufällig, alles war mit Bedacht auf jene zugeschnitten, die, wie der Scholastiker Johannes Gerson sagte, »nicht lesen können, was sie glauben sollen«. So waren im Skulpturen-Programm der Portale Altes und Neues Testament nahe zusammengerückt, um von der Erfüllung göttlicher Verheißung Zeugnis abzulegen. Dem Mysterium der heiligen Jungfrau, der Patronin von Chartres, sind die Fenster des Hochchores sowie die Rose des Nord-Portales gewidmet, in der Maria als Mutter Gottes verherrlicht und von den Königen und Propheten des Alten Bundes verkündet wird.

Die Süd-Rose zeigt den thronenden Christus, die Majestas Domini, wie sie die Offenbarung des Johannes beschreibt. Ihm zur Seite erscheinen die Propheten, die die Evangelisten tragen, was die Erfüllung der Worte des Alten Testamentes symbolisiert. Einen wichtigen Platz in den Darstellungen nimmt das Leben der Heiligen ein. Viele der Fenster in den Wänden der Seitenschiffe, wo sie bequem gesehen werden konnten, wurden von den Zünften der Stadt gestiftet. Schmiede, Kürschner, Bäcker, Schankwirte, Geldwechsler, Angehörige zahlreicher Berufe und Stände wurden auch als Stifter auf den Bildern dargestellt. Sie alle brachten Gott ihre Arbeit dar und hatten so, nach den Lehren der Scholastik, Anteil am Werk der Erlösung.

Als Frucht einer begeisterten und unermüdlichen Zusammenarbeit aller Gläubigen war die Kathedrale des 13. Jahrhunderts Haus Gottes und Haus seines Volkes. Ihre Pracht diente der Ehre des Herrn. Die Kirchen von Chartres, Paris, Amiens, Reims, Bourges und Straßburg und all die Gotteshäuser, die über die Grenzen des Reiches König Ludwigs IX., des Heiligen, hinaus zu Verkündern der gotischen Botschaft wurden, waren Ausdruck dieser Partnerschaft, die dem christlichen Europa des Mittelalters ihr Gepräge gab.

Das 13. Jahrhundert muß als eine Ära der Synthese von Theologie und Philosophie, von Geschichtsschreibung, Literatur und Ästhetik verstanden werden. Die Kathedrale ist das materielle und geistige Spiegelbild der scholastischen »Summa« eines Thomas von Aquin oder eines Albertus Magnus; sie ist steinernes Abbild jenes »Speculum maius« eines Vincenz von Beauvais, der in seinem Werk die Schätze der Natur, die Taten des menschlichen Geistes, den Sieg der Tugenden über die Laster, den göttlich gelenkten Weg der Menschheit vom Alten zum Neuen Bund zu einem geschlossenen Weltbild zusammenfügte. So gibt die Kathedrale gleichsam einen Abriß der Wunderwerke dieser Welt und ist damit Verkünderin jenes mittelalterlichen Humanismus, der bestrebt war, zu einem Ausgleich zwischen Natur und Vernunft zu gelangen. Dieses ethische Prinzip konnte nur in eine Ästhetik einmünden, wie sie im gotischen Genius ihre Vollendung gefunden hatte.

Unter dem Einfluß der Bibel mahnte die Kathedrale in ihrem Figurenschmuck unablässig an die Einheit und den Fortbestand der christlichen Botschaft. Der bildnerische Schmuck sollte die göttliche Wahrheit lehren und bezeugen.

Da die Kathedrale zum irdischen Wohnsitz göttlicher Majestät und Allmacht bestimmt war, wurde im ikonographischen Programm der Portale, die sich wie die Seiten einer Enzyklopädie auftaten, das Thema des Jüngsten Gerichtes immer wieder aufgegriffen und mit großer Eindringlichkeit gestaltet. Daneben spielte die Verherrlichung der Jungfrau Maria in Tod, Auferweckung und Krönung eine wichtige Rolle. Die meisten in Stein gemeißelten Szenen waren ursprünglich farbig bemalt, was einem Streben nach Realismus entsprang, um den Gläubigen die Verkündigung der christlichen Lehren besonders zu veranschaulichen. Ähnlich müssen im 5. vorchristlichen Jahrhundert die Skulpturen des Parthenon in Athen dem Betrachter erschienen sein. Auch das rein Menschliche, Alltägliche hat in der Kirche seinen Platz. Es begegnet uns in Darstellungen aus dem einfachen Leben. Die täglichen Verrichtungen in Stadt und Land verliehen nach dem Willen des Schöpfers dem Dasein der Geschöpfe ihren Rhythmus. Die Natur, von einem Franz von Assisi so eindrucksvoll besungen,

Elemente der gotischen Architektur:
1. Kreuzgratgewölbe,
2. Kreuzrippengewölbe mit Rippen, Gurt- und Mauerbögen, 3. Strebepfeiler und
4. Strebebogen zur Stützung des Gewölbedruckes,
5. Aufriß einer dreigeschossigen Kirche mit Arkaden (unten), Triforium und Fensterzone

erscheint in all ihrer Lieblichkeit und Frühlingsfrische: Kresse, Eiche, Farn, Erdbeerstaude, Weinstock und Rosenstrauch ersetzten im Repertoire der Bildhauer die konventionellen Akanthusblätter, die von den romanischen Künstlern aus der antiken Ornamentik übernommen worden waren. Wenn uns neben Gott, dem in der Kathedrale Allgegenwärtigen, und dem Menschen immer wieder Bilder von Heiligen begegnen, so, um deutlich zu machen, daß sie der triumphierenden Kirche unerläßliche Mittler zwischen Himmel und Erde sind, die den Gläubigen den Weg in die himmlische Herrlichkeit eröffnen sollen.

Die Kathedrale war das sichtbare Glied des von Gott vor ewigen Zeiten zu den Menschen geknüpften Bandes. Sie duldete keinen Vergleich mit dem heidnischen, ja nicht einmal mit dem jüdischen Tempel, die fast ausschließlich der Gottheit und ihren Priestern vorbehalten waren. Als Gottes Haus war sie Seele, Herz und Hirn der christlichen Stadt, war Tempel und Zufluchtsstätte zugleich. Hier konnte man beten, weinen und lachen, da sie die Fülle des Lebens umschloß. Als Stätte höchster liturgischer Prachtentfaltung, Hüterin der »Cathedra«, des Bischofsstuhles, war die Kathedralkirche nicht nur bischöfliches Heiligtum, sondern das der ganzen Diözese. In der dem 13. Jahrhundert eigenen Tendenz zum Universellen stand sie darüber hinaus all denen offen, die aus der Fremde zu ihr hinpilgerten, um ihre ehrwürdigen Reliquien zu verehren und ihre Pracht zu schauen. Die riesigen Ausmaße der mittelalterlichen Kathedralen standen meist in keinem Verhältnis zu der Einwohnerzahl der Städte, die sie überragten. Sie waren Geschenk an Gott und zugleich auch an sein Volk.

Das politische Leben, das unlösbar mit dem religiösen Bereich verbunden war, nahm in der Kathedrale seinen Aufschwung. In den Kathedralen wurde das korporative Leben sich seiner Rolle bewußt. Unter ihren Gewölben, vor ihren Portalen erfuhren Schauspielkunst und Musik eine Wiederbelebung, konnte die Volkskunst sich in ausgelassenen Narren- und Maskenfesten frei entfalten. In ihrem Schatten vollzog sich ein neuer Aufbruch des geistigen Lebens, der das System der Universitäten vorbereitete. Es entstanden berühmte Domschulen, und die Armenpflege vervollkommnete sich langsam. Die christliche Kirche war nationaler Tempel, Festsaal, Hort der Wissenschaften, Zuflucht der Leidenden. Sie wurde als wahrhaftes Gemeindehaus und Bundeslade des Neuen Testaments verstanden.

Gotische Kunst wurde von den Zeitgenossen französische Kunst, »Opus francigenum«, genannt. Man könnte hinzufügen: capetingische Kunst; denn die Entstehung und Entwicklung der Gotik ist eng mit der Geschichte der capetingischen Monarchie verbunden. Der verächtlich gemeinte Begriff des »gotischen«, des »barbarischen«, prägte erst die italienische Renaissance, die als Schöpferin einen neuen Humanismus berufen war, das Mittelalter abzulösen.

Gotische Kunst war gleichzeitig städtische Kunst. Seit der Mitte des 12. Jahrhunderts machte Europa einen tiefgreifenden wirtschaftlichen und sozialen Wandel durch. Die Herrschaft des Bürgertums begann. »Das alte soziale Gefüge gerät aus der Form und wartet nur auf seinen Zusammenbruch; die großen Lehensherrschaften verlieren an Bedeutung, Besitz- und Nutzungsrechte an Grund und Boden geraten ins Wanken; die Städte blühen auf.« So charakterisierte P. Gaxotte diese Zeit. Der weltliche Klerus legte einen Unternehmergeist an den Tag, der jenen Kräften, die das Wachstum der Städte vorantrieben, an Dynamik nicht nachstand. Mächtig, erfinderisch und ehrgeizig bauten die Bischöfe als Neuerbauer ihrer Kathedralen ihre Herrschaft aus. Auch das Mönchtum gewann an Expansion. Außer den Zisterziensern, denen die Gotik einen Großteil ihrer Ausstrahlung verdankt, schickten sich im Europa des 13. Jahrhunderts Franziskaner und Dominikaner an, ihre Botschaft in die Welt zu tragen. Der Geist tätigen, weltzugewandten Ordenslebens trat im Zeitalter der Gotik in einen siegreichen Wettstreit mit dem auf Gebet und innere Einkehr ausgerichteten Ordensgeist, wie er in romanischer Zeit vorherrschend war.

»Frankreich«, erklärte ein päpstlicher Gesandter des 13. Jahrhunderts, »ist der Ofen, in dem das geistige Brot der Menschheit gebacken wird«. Gotische Kunst aus Frankreich fand weltweite Verbreitung. Den Universalismus der gotischen Botschaft gestaltete und interpretierte jede christliche Nation nach eigenen

Portale an der West-Front der Kathedrale zu Reims. 13. Jahrhundert

Traditionen und eigenem Temperament, wie es die Bauten von Canterbury bis Lincoln und Westminster, von Marburg bis Köln, von Toledo bis Leon, von Genua bis Siena und Orvieto bezeugten; auch die Werke der Kreuzfahrer von Nikosia bis Famagusta und Jerusalem, überall dort, wo das Kreuz den Sieg über den Halbmond errang, zeigen gotische Stil-Elemente.

Die Gotik verwirklichte im 13. Jahrhundert eine Einheit auf ästhetischem und geistig-religiösem Gebiet. Durch ihr immerwährendes Beispiel technischer Virtuosität und bildnerischer Vollkommenheit, durch ihren leuchtenden Humanismus, durch die von ihr immer neu zur Anschauung gebrachte subtile Verbindung von Realismus und Idealismus, durch ihre lyrische Kraft und ihr trotz Lichtfülle gewährtes Mysterium vermittelte die Kathedrale eine, wie P. Gaxotte es ausdrückte, »Periode der Allmacht, jener vergleichbar, die Griechenland in seiner Apotheose erreichte«.

IVAN CHRIST

Gewölbe des Chores der Kathedrale Notre Dame in Amiens. 2. Drittel des 13. Jahrhunderts

Thronende Muttergottes. Farbiges Glas-Fenster im Norden der Kathedrale in Chartres, 1. Hälfte des 13. Jahrhunderts

Inneres der Sainte-Chapelle. Aufbewahrungsort der heiligen Dornenkrone, im ehemaligen königlichen Palast zu Paris, vollendet 1249

Rußland. Der Dritte Kreuzzug und die europäische Staatenwelt

Das erste Jahrzehnt des 13. Jahrhunderts war für die Kultur im Abendland eine wahrhaft kritische Zeit. Im Westen der Welt verwüsteten die Europäer in der Nachfolge ihrer barbarischen Vorfahren die größte Stadt der Welt, während im Fernen Osten der Mongolen-Chan Temüdschin einen großen Reichstag abhielt, um Pläne für die Eroberung des Erdkreises zu beschließen; hierbei legte er sich den Namen Djenghis Chan zu, was vielleicht »Höchster Herrscher« bedeutete.

Rußland

In den Jahren nach 1260 eroberten Djenghis Chans Nachfolger das

Ein byzantinischer Kaiser

Sung-Reich in China, zuvor waren bis 1242 die christlichen Staaten Rußlands den Mongolen anheimgefallen. Die russischen Fürsten hatten zwei Jahrhunderte früher unter der Herrschaft des Großfürsten und späteren Heiligen, Wladimir von Kiew, der 1015 starb, das orthodoxe Christentum von Byzanz übernommen. Wladimir heiratete damals die Schwester des Kaisers Basilios II. und ließ sich taufen. Kiew wurde Metropolitansitz für Rußland. Unter dem Großfürsten Jaroslaw dem Weisen (1019 bis 1054) erfreute es sich eines goldenen Zeitalters, dessen Herrlichkeit ein Abglanz von Byzanz war. Jaroslaws Sohn heiratete die Tochter König Haralds von England, und eine Tochter des Großfürsten wurde Königin von Frankreich.

Nach Jaroslaw dem Weisen jedoch schwächten die türkischen Kumanenstämme an der süd-russischen Grenze sowie die Verträge zwischen Byzanz und Venedig die Handelsposition Kiews. Die Nachfolger Jaroslaws errichteten zudem eine Anzahl von Fürstentümern, über die der Großfürst von Kiew, später der von Wladimir, nur eine theoretische Oberhoheit behielt. Die wichtigsten Fürstentümer waren einmal Kiew selbst, dann im Norden Nowgorod und das Fürstentum Susdal. Während des 11. und 12. Jahrhunderts festigte sich die russische Gesellschaftsordnung. Es bildeten sich die Stände des Adels, der Kaufmannschaft, deren wohlhabende Mitglieder oft in die Aristokratie aufrückten, und schließlich der Bauern. Diese ausgeprägte Sozialstruktur, in der die kirchliche Hierarchie eine bedeutende Rolle spielte, führte zu Konflikten zwischen den Fürstentümern, die oft die dynastische Politik der Herrscher beeinflußten.

In dieser Zeit wandten sich die Chronisten gegen die mörderischen Kriege zwischen christlichen Herrschern und beschworen sie, sich gegen die heidnischen Feinde an den Grenzen zu vereinigen, so gegen die Kumanen und den mächtigen Staat der Wolga-Bulgaren. Die Eröffnung neuer Handelswege nach dem Norden und die allmähliche Herausbildung differenzierter Nationalitäten – Großrussen im Norden, Weißrussen im Westen und Ukrainer um Kiew – führten zu neuen Spannungen zwischen den Staaten.

In der Mitte des 12. Jahrhunderts wurde das nur noch schwache Kiewer Reich von den Heeren des Fürsten von Susdal überrannt. Die Hauptstadt wurde verwüstet. Der Sieger behielt seine eigene Hauptstadt in Wladimir bei, übernahm aber die Kiewer Ansprüche auf Oberhoheit über die anderen russischen Fürstentümer. Seither beanspruchten die Großfürsten von Wladimir – später nannten sie sich Großfürsten von Moskau – ihre Führungsrolle in Rußland.

Kaufleute - eine neue Macht

Obwohl man in Nowgorod die

St. Demetrius in Wladimir

Oberhoheit der Fürsten von Wladimir theoretisch anerkannte, lag die tatsächliche Macht bei der adligen Kaufmannschaft. Nowgorod war der natürliche Knotenpunkt für die sich kreuzenden Handelswege vom Baltikum nach Asien und vom Norden auf den russischen Flüssen nach Kiew bis hin zum Schwarzen Meer. Außerdem blieb Nowgorod im wesentlichen von den Beutezügen der asiatischen Nomaden verschont, die die Staaten im Süden so hart bedrängten. Nach Norden bis zum Weißen Meer erstreckte sich ein wüstes unkultiviertes Hinterland, das zu gering bevölkert war, als daß es irgendeine politische Bedeutung gewinnen konnte. Andererseits war es ein an Pelzen und Walroßelfenbein reiches Land und trug zum Wohlstand Nowgorods bei. Die Oligarchie der Kaufleute wurde außerdem in ihrer Unabhängigkeit durch die Verbindung mit den deutschen Kaufleuten der Hanse gestützt.

Städtewesen

Der große und wachsende Reichtum der italienischen Städte – allen voran der alten Rivalen Venedig und Genua – beruhte auf den Handelsbeziehungen zu Byzanz. Überall in Europa wuchs die Macht der Städte. London war im 12. Jahrhundert ein blühendes Handelszentrum. Noch bedeutender war der wirtschaftliche Einfluß, den die deutschen Kaufleute der Hanse im Baltikum erlangten. Auch der Wachstum des Handels, verbunden mit der Wollindustrie der flämischen Städte, belebte den Fernhandel in Europa erheblich. Der Handel beherrschte in immer stärkerem Maß das Leben der Menschen im Abendland. Der Norden und der Süden entwickelten jeweils Zentren, zwischen denen Handelswege bestanden, die auch die Großen Messestädte berührten.

Im Zusammenhang mit dieser reichen wirtschaftlichen Entfaltung versuchten die politisch führenden Familien der Städte, sich dem Einfluß ihrer aristokratischen Herren zu entziehen. So gewannen die ober-italienischen Städte einen Sieg über den Kaiser. Friedrichs I. Barbarossas Politik führte zu einem Zerwürfnis mit dem Papst, der ihn exkommunizierte und damit eine offene Opposition der lombardischen Städte gegen den Kaiser ermöglichte. Das kaiserliche Heer wurde von der Lombardischen Liga besiegt. Barbarossa mußte sich den Bedingungen des Papstes beugen und den Forderungen der Städte nachgeben. Sein Sohn Heinrich VI.

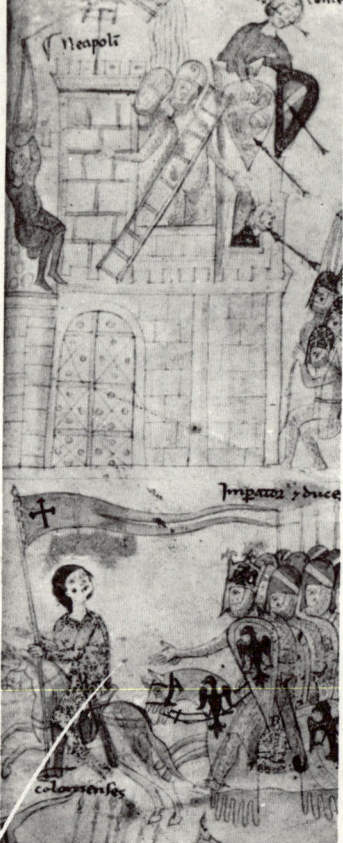

Kaiser Heinrich VI. oder VII. bei der Belagerung Neapels

vertrat die Ansprüche und Rechte des Kaisertums nachdrücklich und erfolgreich. Er konnte seine Macht noch erweitern. Das normannische Königreich Sizilien eroberte er und besiegte die Verbündeten des Papstes. Nach Heinrichs VI. allzufrühem Tod 1197 und den zeitweilig bedeutenden Erfolgen seines Sohnes, Friedrichs II., hat kein Kaiser jemals wieder wirkliche Macht über die ober-italienischen Kommunen ausgeübt.

Frankreich und England

Im Jahr 1187 waren die Streitkräfte des Königreiches Jerusalem in der Schlacht von Hattin durch das Heer des tapferen und genialen Sultans Saladin vernichtet worden. Die Stadt Jerusalem ging verloren, und das Königreich wurde auf einen schmalen Küstenstreifen Palästinas beschränkt. Ein letztes Mal wurde die Christenheit Zeuge, wie sich die Heere des römischen Kaisers, des englischen und des französischen Königs zum Kreuzzug auf den Weg machten, um die Wiege ihres Glaubens zu befreien. Der betagte Kaiser Friedrich I. Barbarossa brach mit einer gut gerüsteten und wohldisziplinierten Ritterschaft auf, die Saladin tatsächlich Furcht einflößen konnte. Doch zwischen Barbarossa und dem byzantinischen Kaiser wurden bald Mißhelligkeiten offenkundig. Als Barbarossa im Jahr 1190 auf dem Zug starb, verloren die Deutschen ihre Bedrohlichkeit und ihre Schlagkraft.

Im Jahr 1191 landete der englische König Richard I. Löwenherz mit seinem Heer vor der belagerten Stadt Akkon, um die sein bitterer Rivale, König Philipp II. August von Frankreich, seit einigen Monaten ein Lager aufgeschlagen hatte. Neu gekräftigt durch die Verstärkung und ermutigt durch die beherzte Führung Richards, gewannen die christlichen Heere eine Reihe von Siegen, die sie bis vor die Tore Jerusalems brachten. Doch

Ritterliches Turnier

dann zwangen politische Schwierigkeiten in England den König, einen Waffenstillstand mit Saladin zu schließen und nach Europa zurückzukehren. Daheim verbrachte Richard I. Löwenherz nur kurze Zeit in seinem Königreich und zeigte als Herrscher keine der Fähigkeiten seines Vaters, Heinrichs II. Sein begabter Bruder Johann ohne Land war skrupellos ehrgeizig. Während Richards I. Zug in das Heilige Land versuchte er, den Thron seines Bruders zu erlangen. Schließlich wurden die Schwierigkeiten in England noch durch die Bedrohung durch Frankreich vermehrt.

König Philipp II. August, der das Fundament zu Frankreichs Größe im Spätmittelalter legte, war entschlossen, den angevinischen Territorialbesitz in Frankreich zu gewinnen. Er hatte aus dem Konflikt zwischen Heinrich II. von England und seinen Söhnen wie auch aus Johanns Illoyalität gegenüber König Richard I. seinen Nutzen gezogen. In fünf Jahren aber gewann Richard I. fast alle Eroberungen Philipps II. August wieder zurück und verstärkte sogar Englands Präsenz in Frankreich durch den Bau der mächtigen Burg Château Gaillard in der Normandie. Die Kunst des Festungswesens hatte im 12. Jahrhundert beträchtliche Fortschritte gemacht, und Richard I. war vielleicht der bedeutendste Festungsbaumeister seiner Zeit. Durch Richards I. Tod im Jahr 1199 und den wachsenden Unmut des englischen Adels über die ständigen Kriege um das Erbe der Anjous in Frankreich wurde das englische Königtum hart bedrängt. Verglichen mit der Katastrophe am Bosporus im Jahr 1204 kam der Einnahme des Château Gaillard durch die Franzosen im gleichen Jahr gewiß nur eine geringe Bedeutung in der damaligen Geschichte Europas zu, doch beschleunigte dieses Ereignis den Verfall der englischen Herrschaft in Nord-Frankreich.

Das Rittertum

Die Schwächen König Richards I. Löwenherz als Mensch und als Herrscher wurden ihm von der Nachwelt wegen des militärischen Glanzes vergeben, der seinen Namen umgab. In dieser Hinsicht war sein Lebenslauf der folgerichtige Abschluß eines Jahrhunderts, in dem sich das Rittertum aus dem blutigen Geschäft selbstsüchtiger Kriege und Fehden erhoben hatte. Der Spielraum zu privaten Kriegen wurde dem unruhigen Adel in Europa in dem Maße eingeschränkt, wie die feudalen Herrschaften an Macht gewannen. Während die Gesellschaft überhaupt friedliche Kulturformen entwickelte, begann auch die Ritterschaft bestimmte, Regeln einer geordneten Kriegführung zu beachten. Mehr und mehr wurde der Drang zur Aggression in bestimmte Bahnen gelenkt. Die Lehnsherren selbst machten sich die militärischen Fähigkeiten ihrer Ritter zunutze. Auch ein Kreuzzugsgelübde beendete manche Fehde. Schließlich erhielt der ritterliche Kampf in dem Sport des Turniers eine friedliche Form.

Byzanz

Das Byzantinische Reich war durch Kaiser Alexios I., der 1118 starb, zu einer Eroberung verlorener Gebiete gerüstet worden; Alexios I. entriß nicht nur weite Teile Anatoliens den türkischen Seldschuken, sondern zügelte auch den Ehrgeiz der ersten Kreuzfahrer. Zur inneren Stabilität des Reiches trug seine Neuordnung der Finanzen wesentlich bei. Sein Nachfolger Johannes II. behauptete die einmal erreichte außenpolitische Position erfolgreich. Doch wurde Byzanz in Kriege mit starken und entschlossenen Gegnern verwickelt. Der

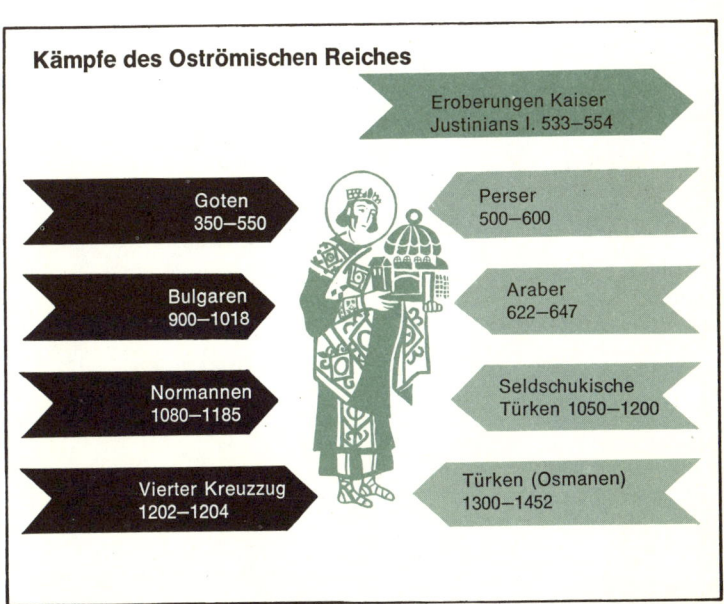

türkische Sieg bei Myriokephalon über Kaiser Manuel I. im Jahr 1176 brachte dem Sieger zwar schwerste Verluste, zwang aber Byzanz, alle Hoffnungen auf den Besitz Anatoliens endgültig aufzugeben. Damals ging die eigentliche Bedrohung des Byzantinischen Reiches vom Abendland aus. Immer wieder hatten die normannischen Herrscher Siziliens versucht, das christliche Reich im Osten zu erobern; im Jahr 1195 hatte Kaiser Heinrich VI. einen Zug nach Konstantinopel vorbereitet, der nur durch seinen Tod verhindert wurde. Doch unabhängig von diesen militärischen Bedrohungen schwächten die Privilegien für die venezianischen Händler die Wirtschaft des Reiches.

Diese Vorrechte waren von Alexios I. wegen der Allianz mit Venedig gegen die Normannen gewährt worden. Sie gaben den venezianischen Kaufleuten eine weit

Christus

freiere Position in Konstantinopel als den eigenen griechischen Händlern. Das Reich verlor die Kontrolle über den Güterverkehr seiner eigenen Erzeugnisse und die Einkünfte aus den bisherigen Zöllen. Versuche der Kaiser, diese Freiheiten zurückzunehmen – 1171 verhaftete Kaiser Manuel I. alle Venezianer und beschlagnahmte ihre Waren –, provozierten nur unerschlossenen Widerstand. Ungeachtet der Verschlechterung der politischen Lage seit der Mitte des Jahrhunderts, erfreuten sich die byzantinische Kunst und Literatur während dieser Periode einer hohen Blüte. Sie brachte auch ein unverkennbares Wiederaufleben der klassisch-griechischen Wissenschaft und Literatur, das in seiner Brillanz ein Gegenstück zur Bildungsblüte des 12. Jahrhunderts im Abendland war.

Bei einem kurzen Überblick über die Gesellschaft des 12. Jahrhunderts beeindrucken deren Lebendigkeit und auch die deutlichen Anzeichen neuer Standes- und Herrschaftsformen. Die europäische Stadt entwickelte verschiedene Systeme von Selbstverwaltung im Inneren sowie von Bünden mit anderen Städten. Auch auf geistigem Gebiet setzte ein fruchtbarer Prozeß wissenschaftlichen Schaffens ein. Lebendigkeit und rastloses Forschen wurden Schritt für Schritt institutionalisiert. Die Statuten, die ein päpstlicher Legat im Jahr 1215 der Universität Paris gab, kündigten ein Zeitalter an, in dem die einst so freien großen Zentren geistigen Lebens nicht nur die Macht zur Herrschaft über ihre eigenen Mitglieder erhielten, sondern selbst auch immer leichter der Kontrolle fremder Gewalten unterworfen wurden.

Eroberung Konstantinopels 1204

Kaiser Johannes II. Komnenos. Detail eines Mosaiks in der Kirche Hagia Sophia zu Konstantinopel, um 1118–1122

Gepanzerter Ritter. Bronze-Statuette, aus Frankreich, 12. Jahrhundert

Die Pilger des Vierten Kreuzzuges aus dem Abendland folgten dem Aufruf Papst Innozenz' III. und hatten gelobt, das Heilige Land aus der Hand der Ungläubigen zu befreien. Zum Sammelplatz des christlichen Heeres war Venedig ausersehen. Die Führer hatten im Jahr 1201 mit dem Dogen Enrico Dandolo einen Vertrag geschlossen, in dem Venedig sich verpflichtet hatte, gegen hohe Bezahlung die Kreuzfahrer nach Ägypten überzusetzen. Denn die Herrschaft der Aiyubiden am Nil bildete eine besonders starke Bedrohung des Heiligen Landes durch die Moslems. Der Feldzug war aber so unzureichend vorbereitet, daß die Forderungen der See-Republik nicht erfüllt werden konnten. Den Rittern und Mannschaften, die aus Glaubenseifer zur Befreiung der heiligen Stätten der Christenheit ausgezogen waren, mangelte es an materiellen Mitteln. Sie gerieten in Abhängigkeit zu Venedig und mußten den Kompromiß des Dogen annehmen, der die Kampfeskraft der Pilger für die Politik der Republik einsetzte. Mit Hilfe der Kreuzfahrer eroberte Venedig die abtrünnige Stadt Zara an der dalmatinischen Küste. Es war ein ungeheures Unterfangen, daß Krieger unter dem Kreuzzugs-Gelübde gegen Brüder in Christo kämpften. Unter Venedigs Führung, das jetzt die Gelegenheit wahrnahm, seine Machtstellung gegenüber dem Byzantinischen Reich zu festigen, zogen sie nach Konstantinopel.

Seit dem Sommer des Jahres 1203 umlagerten die Kreuzritter Konstantinopel. Ihr eigentliches Anliegen, die Befreiung des Heiligen Landes aus den Händen der Ungläubigen, hatten sie jedoch zurückstellen müssen, denn immer noch besaßen sie nicht das nötige Geld, um den Venezianern die Schiffspassage zu bezahlen. In Alexios, dem Sohn des gestürzten Kaisers Isaak II. Angelos, hatten sie einen neuen Helfer gewonnen. Ihm wollten sie zum byzantinischen Thron verhelfen, um als Gegenleistung die Bezahlung ihrer Schulden an Venedig zu erhalten. Alexios und sein Vater waren die Opfer einer Palastrevolution gewesen: Der Bruder des Kaisers, Alexios III., hatte den Thron usurpiert und seinen Widersacher nach byzantinischer Art geblendet. Nur dem Sohn des Gestürzten gelang es zu fliehen. Er suchte Hilfe am Hof seines Schwagers, des deutschen Königs Philipp von Schwaben. Wegen der deutschen Thronstreitigkeiten konnte dieser keine Unterstützung gewähren. Der König verwies ihn an die mittellosen Kreuzfahrer, die das Angebot des Alexios annahmen, um dann mit den Mitteln des rechtmäßigen Kaisers doch noch in das Heilige Land zu gelangen.

Im Juli 1203 begann die Belagerung Konstantinopels. Der Usurpator Alexios III. floh, und der alte Kaiser Isaak II. wurde aus dem Gefängnis befreit. Am 1. August wurde sein Sohn als Alexios IV. in der Basilika Hagia Sophia feierlich gekrönt.

Alexios IV. konnte seine Verpflichtungen nicht erfüllen. So blieben die Kreuzfahrer weiterhin bei Konstantinopel, weil ihnen die Schiffe zur Weiterfahrt fehlten. Die Beziehungen zu den Byzantinern wurden immer gespannter. Sie stellten im Februar 1204 ein Ultimatum, um nach Kleinasien übergesetzt zu werden. In der Stadt kam es zu einer neuen Palastrevolution; Alexios IV. wurde abgesetzt. Die Kreuzfahrer beschlossen nun, einen ihrer Führer als Kaiser einzusetzen. Sie bestürmten die Stadt und führten Mitte April ihre erste erfolgreiche Landung am Goldenen Horn durch. Ein Brand in der Stadt machte eine Verteidigung unmöglich. Die kaiserliche Familie, viele Adlige sowie der Patriarch flohen, und binnen kurzer Zeit drangen der Doge Enrico Dandolo und andere Führer des Kreuzzuges in den kaiserlichen Palast ein. Das Kriegsvolk plünderte die Stadt.

Das Rauben und Morden währte drei Tage. Weder die Venezianer noch die Kreuzfahrer hatten jemals solche Reichtümer gesehen. Trunken vor Habgier, verloren sie jede Selbstbeherrschung. Sie stahlen, was ihnen wertvoll zu sein schien, zerstörten mutwillig, was sie nicht hinwegschleppen konnten. Sie durchwühlten die Paläste und Wohnhäuser; sie marterten und töteten unschuldige Menschen. Unzählige Bücher und Kunstwerke wurden zerstört, die im Lauf der Jahrhunderte Konstantinopel zur größten und prächtigsten Stadt der Christenheit gemacht hatten. Am 16. Mai wurde Graf Balduin von Flandern und

*Kaiser Friedrich I.
Barbarossa
mit Krone und Reichsapfel
als Kreuzfahrer, neben ihm
Propst Heinrich von
Schäftlarn.
Zeichnung auf Pergament,
Widmungsblatt in einer
Handschrift der »Historia
Hierosolymitana« des
Robert von St. Remi aus
Süd-Deutschland, um 1189*

*Sultan Saladin von Ägypten
und Syrien. Malerei,
Ende des 12. Jahrhunderts*

*König Richard I.
Löwenherz.
Liegende Stein-Plastik
von seinem Grabmal in der
Kirche der Benediktiner-
Abtei Fontevrault,
Mittel-Frankreich, Anfang
des 13. Jahrhunderts*

Hainault zum ersten Kaiser von Romania, des Lateinischen Kaiserreiches, gewählt. Seine Macht war gering. Konstantinopel lag in Trümmern. Die Venezianer und die Fürsten teilten das Reich untereinander, während entferntere byzantinische Gebiete an Mitglieder der früheren kaiserlichen Familie fielen.

Der Plan, den Kreuzzug fortzusetzen, wurde endgültig aufgegeben. Der päpstliche Legat löste alle Kreuzfahrer von ihrem Gelübde, für die Befreiung des Heiligen Landes aus der Hand der Moslems zu kämpfen.

Die Stadt Konstantinopel hatte der römische Kaiser Konstantin der Große in den Jahren 328 bis 337 nach Christi Geburt als Hauptstadt gegründet und am 11. Mai 330 als das Neue Rom eingeweiht – eine Stadt, die keine Spuren des alten Heidentums besaß. Der Platz war wegen seiner wirtschaftlichen und militärischen Bedeutung günstig gewählt worden, denn hier am Bosporus trafen Asien und Europa zusammen. Eine der wichtigsten Handelsstraßen des Reiches überquerte hier die Meerenge. Auch für den See-Weg zwischen dem Mittelmeer und Schwarzen Meer bedeutete der Hafen von Byzanz eine wichtige Station. Viele Kirchen wurden errichtet und das Stadtbild mit Brunnen und Standbildern reich geschmückt. Byzanz wurde das administrative und wirtschaftliche Zentrum des Oströmischen Reiches.

Kaum hundert Jahre nach der Gründung des Neuen Rom wurde die Stadt am Tiber von germanischen Plünderern heimgesucht. Bald führte Konstantinopel allein die Tradition Roms weiter.

Im Osten verdrängte die griechische Sprache das Lateinische im amtlichen Gebrauch. Ein kulturelles Gemisch orientalischer und griechischer Einflüsse formte die römisch-byzantinische Kultur. Der Osten des alten Römischen Reiches entwickelte Form und Inhalt des Christentums nach Prinzipien, die dem Abendland fremd waren. Auch der Patriarch von Konstantinopel, der über seine Kirche unter den Augen des Kaisers regierte, wurde zum Oberhaupt der Ostkirche und löste sich mehr und mehr vom Bischof von Rom, dem Nachfolger des heiligen Petrus. Im Osten traten die jüdische Tradition eines kompromißlosen Monotheismus und der Vorbehalt gegenüber religiösen Bildern häufig in den Vordergrund. Es gab Strömungen eines kosmischen Mystizismus, der in Gestalt der Liturgie greifbar wurde, vielleicht auch in der Form des Kreuzes, das in der griechischen Kirche vier gleichlange Arme hat.

Als das Zentrum des Reiches nach Byzanz verlegt wurde, war die Bedrohung des Landes aus Mittel-Europa nur von peripherer Bedeutung. In der Völkerwanderungszeit fanden byzantinische Diplomaten Mittel und Wege, die germanischen Invasoren westwärts zu lenken, hin nach Italien, Gallien und Spanien. Während des 7. und 8. Jahrhunderts erhob sich gegen das Oströmische Reich eine gefährliche Bedrohung, die es an den Rand seiner Existenz brachte. Die Germanen hatten neben einer gewissen Achtung vor der römischen Tradition auch das Christentum angenommen. Sie schufen damit die Grundlage für ihre künftige

Kreuzritter zu Pferd im Kampf. Wandmalerei aus romanischer Zeit

Assimilierung. Doch als im 7. und 8. Jahrhundert die zum Islam bekehrten Araber nach Vorderasien vordrangen, rührten sie mit der Eroberung Ägyptens, Palästinas und Syriens an den Grundfesten des Byzantinischen Reiches.

Der Islam war erheblich gewaltsamer, prophetischer und missionarischer als das Christentum. Eine Assimilierung war kaum möglich. Die Kaiser in Konstantinopel mußten erleben, wie ihre Provinzen in Feindeshand fielen. Sie kämpften heroisch, und solange sie den Bosporus fest in der Hand hatten, behielten sie ihre wirtschaftlich bedeutende Stellung zwischen Abend- und Morgenland. Im Verlauf des 11. Jahrhunderts rückte eine neue Welle asiatischer Eindringlinge näher: Die Türken unter den Seldschuken, eine Horde von Nomaden, kamen aus den Steppen von Turkestan. Sie eroberten Syrien und Palästina. Obwohl sie der Macht des islamischen Kalifats einen schweren Schlag versetzten, paßten sie sich bald ihren arabischen Untertanen an, weil auch sie sich zum Islam bekannten. Bei ihrem Vordringen nach Kleinasien begegneten sie dem byzantinischen Heer, das auf der Ebene von Manzikert im Jahr 1071 entscheidend geschlagen wurde.

Zehn Jahre später brachte eine Palastrevolution in Konstantinopel Alexios I. Komnenos an die Macht, einen intelligenten und tatkräftigen Kaiser aus einem Geschlecht, das über ein Jahrhundert in Byzanz herrschen sollte. Im Zusammenhang mit seinem Programm innerer und äußerer Erneuerung schrieb er einen Brief an Papst Urban II., in dem er um militärische Hilfe aus dem Westen bat, weil er Unterstützung bei der Verteidigung der östlichen Christenheit vor den Moslems brauchte. Zu dieser Zeit stand das Papsttum unter dem Eindruck der Gregorianischen Kirchenreform; daher begrüßte Urban II. freudig diese Gelegenheit, als Führer der gesamten Christenheit aufzutreten, und appellierte an den neuerwachenden religiösen Eifer der Völker.

Natürlich war die Einladung des Papstes, auf Kreuzfahrt zu gehen, wie er sie im November 1095 in Clermont in Frankreich predigte, nicht gedacht, um Alexios I. Komnenos zu retten und das schwankende Reich in Konstantinopel zu stützen. Die Kreuzfahrer sollten gegen die Moslems kämpfen, nicht aber die Dynastie der Komnenen retten. Die unterschiedliche Auffassung zwischen Byzantinern und Kreuzfahrern über Organisation und Ziel des Kreuzzuges führte bald zu unheilbaren Zerwürfnissen.

Der Aufruf des Papstes erhielt eine enthusiastische Antwort aus allen Schichten des Volkes. Die Christen in Europa spürten die wohltuende Befreiung, die von einem missionarischen Aufbruch ausging. Religion hatte bisher für sie vielleicht nur eine Aufforderung an die Mönche bedeutet oder nur Verehrung von Reliquien und das Absolvieren bestimmter gemeinschaftlicher Zeremonien bei der Feier der Messe. Die Geistlichkeit war kaum fähig, geistige Nahrung und volkstümlich fromme Erbauung irgendwelcher Art zu geben. Daher entzündete der päpstliche Appell, der von zahllosen Predigern in alle Lande getragen wurde, die bisher nur latent vorhandene religiöse Begeisterung. Die Leute strömten zusammen, um Jerusalem zu befreien. In der Tat war die Eroberung des Heiligen

Kreuzritter beim Lehns- und Treueeid. Zeichnung in einer Handschrift aus England, um 1250

Das Goldene Tor in Konstantinopel. Feldseite der Stadtmauer, 5. Jahrhundert

Landes ein erregendes Ziel. Es wurde durch die Idee des Papstes religiös untermauert: Ein Kreuzzug bedeutete, »das Kreuz auf sich zu nehmen« und Buße zu tun. Das Gelübde des Kreuzfahrers konnte ihm die ewige Seligkeit sichern.

Die Pilgerfahrt in das Heilige Land zur Tilgung der Sünden war alte abendländische Tradition, obwohl die islamische Eroberung Jerusalems solche Reisen erheblich erschwert hatte. Nun empfing diese Tradition neue Lebenskraft: Der pilgernde Kreuzfahrer wurde zum Streiter für Gott; der kämpfende führte einen heiligen Krieg.

Der Erste Kreuzzug, der im Jahr 1096 begann, nahm seinen Weg über den Balkan. Eine große Zahl armer Leute folgte einem verschwommenen religiösen Gefühl. Schlachtenbummler, Bettler, Landstreicher, Huren und nicht zuletzt viele Berufskrieger hatten sich zusammengefunden. Doch religiöser Eifer allein bedeutete noch keine Grundlage für eine militärische Expedition. Die Scharen, die nach dem Orient marschierten, waren ohne Nachschub und Verpflegung, ohne Führer und ohne Disziplin. Die Begeisterung der kleinen Leute verlor sich bald, wenn sie gefangengesetzt wurden, weil sie geplündert hatten. Die Strapazen waren groß; viele starben schon auf dem Marsch. Die Ritter hatten es erheblich besser. Doch auch sie wurden zu Opfern einer merkwürdigen Mischung von religiöser Begeisterung und materieller Habgier. Schon früh beschlossen sie, im Orient Land zu erwerben und unabhängige Herrschaften zu begründen.

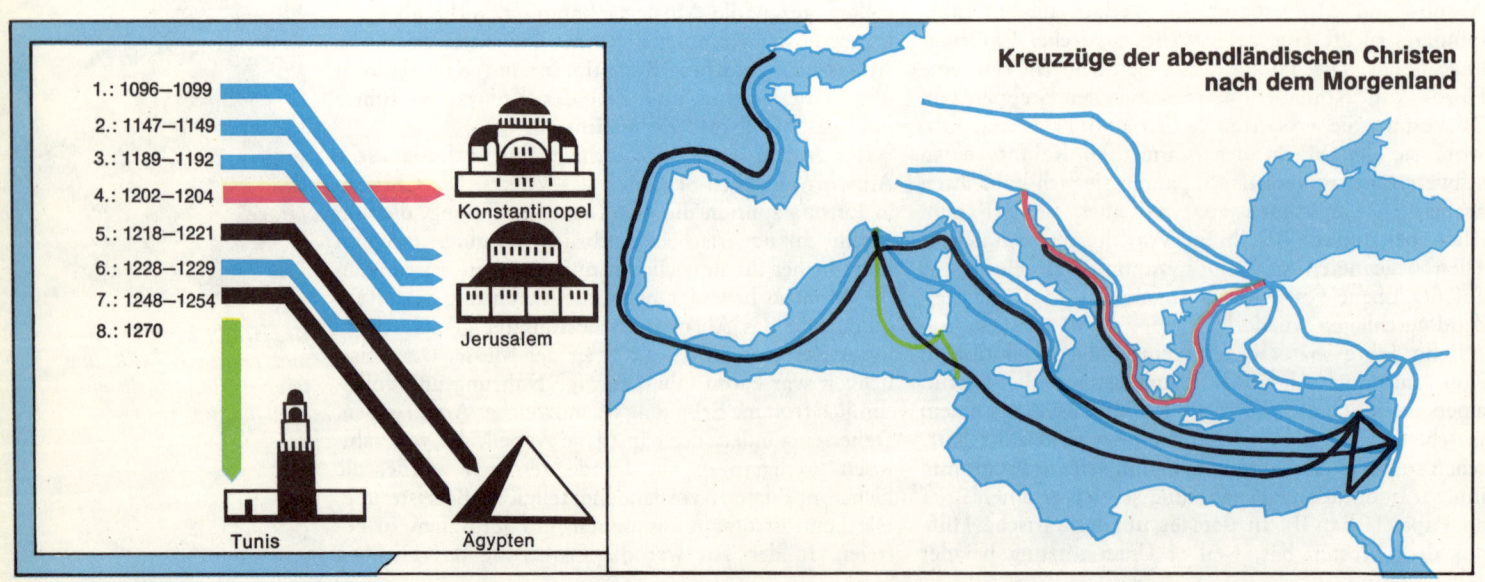

Es war überraschend, daß der Erste Kreuzzug überhaupt sein Ziel erreichte. In Kleinasien eroberten die Kreuzfahrer die Küsten-Gebiete von den Türken und gestatteten Kaiser Alexios I., einige der bedeutendsten Städte wieder in Besitz zu nehmen. Schließlich brachen die Ritter in Syrien und Palästina ein: Sie eroberten Antiochien und dann im Jahr 1099 Jerusalem. Mit der Öffnung der Häfen in der Levante für den christlichen Handel begannen nun auch italienische Schiffe dort vor Anker zu gehen,

Die Beziehungen zu Byzanz wurden immer schlechter. Alexios I. stand in der Schuld bei den Kreuzfahrern. Doch umgekehrt war es nicht anders, weil der Kaiser sie mit Nachschub, Rat und Geleit ausgestattet hatte. Als sich die abendländischen Ritter jedoch in Jerusalem festgesetzt hatten, weigerten sie sich, Alexios I. die eroberten Gebiete vertragsgemäß herauszugeben. Statt dessen errichteten sie das Königreich Jerusalem, empfingen einen päpstlichen Legaten und verpflichteten die christlichen Einwohner ihres neuen Königreiches, vom griechischen Ritus abzulassen. Wenn Alexios I. die Befreiung vom Druck durch die Moslems mit Erleichterung empfunden haben sollte, so wurde ihm bald bewußt, daß der Kreuzzug keine wirkliche Hilfe für das Kaiserreich dargestellt hatte. Er mußte seine italienischen Territorien endgültig aufgeben und die Unabhängigkeit von Jerusalem sowie die der anderen Fürstentümer in Syrien und Kleinasien anerkennen.

Abgesehen von der politischen und kirchlichen Krise, an der alle Seiten beteiligt waren, vergrößerten starke soziale und geistige Kräfte die Spannungen. Die Kreuzfahrer hatten den abendländischen Feudalismus in den Orient gebracht. Das Königtum, das sie in Palästina und Syrien einsetzten, ähnelte mehr dem in England der Normannen als der zentralistischen Bürokratie von Byzanz. Die theologischen und liturgischen Differenzen unterstrichen noch den Gegensatz. Am Beginn des 12. Jahrhunderts war das Abendland noch weithin unbelastet von Gedanken der Dialektik und Scholastik, und die unbekümmerte Aussagefreudigkeit der römischen Kirche wirkte auf die byzantinischen Theologen, die in den subtilen Traditionen griechischer Gelehrsamkeit ihre Erziehung und Ausbildung erhalten hatten, nur als provinzielle Anmaßung.

Die christlichen Ritter in ihrem Königreich Jerusalem bedienten sich gierig des orientalischen Luxus', der sie umgab, und berauschten sich an der Macht ihrer neuen Besitzungen. Gleichzeitig erholten sich die Moslems von dem Schock der ersten Niederlagen. Der Sieg der Kreuzfahrer ließ sie frische Kräfte sammeln; eine notwendige Neuorganisation fand statt. Sultan Zengi von Mosul eroberte Aleppo und Edessa, sein Sohn Nureddin Damaskus und Ägypten. Schließlich siegte Sultan Saladin im Jahr 1187 in der Schlacht bei Hattin über die Christen und gewann Jerusalem für die Moslems zurück.

Personifikation der Stadt Konstantinopel. Rückseite einer medaillenförmigen Silbermünze aus der Münzstätte Konstantinopel, vor 337

Erzengel Michael. Goldene Platte mit Zellenschmelz, Perlen und Steinen von der Pala d'oro in S. Marco zu Venedig, ursprünglich wohl aus dem Pankrator-Kloster in Konstantinopel, 12. Jahrhundert

Krak des Chevaliers. Burganlage der Kreuzfahrer im Libanon, 12. Jahrhundert

Jerusalem mit den heiligen Stätten. Zeichnung auf Pergament, Karte in der »Historia Anglorum« von Matthew Paris, 1250–1259

Hilferufe um Unterstützung wurden nach dem Abendland gesandt. Italienische Kaufleute waren bereit, gegen Bezahlung Schiffe zu stellen. Doch die neuen Kreuzfahrer aus dem Abendland waren bestürzt, ihre Kameraden und Verwandten in Palästen voll orientalischen Glanzes leben zu sehen, mit orientalischen Speisen und Gewürzen, Weihrauch und kostbaren Gewändern, was weder an die strengen Burgen in Flandern und Lothringen erinnerte noch tiefen religiösen Eifer spüren ließ.

Obgleich die Byzantiner mit der Entwicklung der Dinge unzufrieden waren, so hatten sie immerhin von der neuen Lage im Orient profitiert, denn die Aufmerksamkeit der Moslems war von dem Königreich Jerusalem und den anderen Fürstentümern gefesselt und nicht mehr allein auf das Kaiserreich gerichtet gewesen. In Europa selbst führte die wachsende Bedrohung der Christen im Heiligen Land zu weiteren Anstrengungen für eine Rettung des dortigen Königreiches. Eine gewisse apokalyptische Stimmung während des 12. Jahrhunderts förderte den religiösen Eifer. Im Jahr 1147 predigte Bernhard von Clairvaux einen neuen Kreuzzug und feuerte die Massen durch wirkungsvolle, glühende Predigten an, die eine merkwürdige Verbindung von kriegerischer Aggressivität und dem Verlangen nach ethischer Läuterung waren. Der unmittelbare Erfolg seines Einsatzes war der Zweite Kreuzzug, der von dem deutschen König Konrad III. und König Ludwig VII. von Frankreich geführt wurde. Der Zug endete als völliger Fehlschlag. Viele Ritter starben schon in Kleinasien, bevor sie überhaupt das gefährdete Heilige Land erreicht hatten. Nach der Schlacht bei Hattin und dem Fall Jerusalems machte sich im Jahr 1189 Kaiser Friedrich I. Barbarossa auf den Weg zum Dritten Kreuzzug. Es war geplant, daß die Könige Richard I. Löwenherz von England und Philipp II. Augustus von Frankreich in Palästina zu ihm stoßen sollten. Dieses Mal wurden recht umfangreiche Vorbereitungen getroffen. Die Kreuzfahrer sollten ihrem Herrn Jesus Christus als Vasallen dienen, was ein deutliches Abrücken von einem undifferenzierten religiösen Enthusiasmus und dem allgemeinen Versprechen der ewigen Seligkeit bedeutete.

Nach einem langwierigen Marsch donauabwärts überquerten die Kreuzfahrer zu Ostern 1190 die Dardanellen und durchzogen Kleinasien. Der Kaiser aber ertrank beim Bad im Fluß Saleph. Viele Kreuzfahrer starben an Hunger und Durst und im Kampf gegen die Türken. Nur eine Nachhut des Heeres erreichte Antiochien. An eine Rückeroberung Jerusalems war nicht zu denken.

Mit der Organisation und der offiziellen Leitung des Kreuzzuges durch weltliche Herrscher hatte sich eine ernsthaftere, militärische Planung durchgesetzt, die Perspektive des Unternehmens hatte sich verschoben. Unter der Führung von Königen war ein Kreuzzug weit mehr ein politisches als ein religiöses Ereignis. Schon 1190, als Friedrich I. Barbarossa den Winter in Süd-Griechenland verbrachte, wurde er sehr gedrängt, Konstantinopel zu erobern. Viele seiner Ritter hofften, dort eher Reichtümer erwerben zu können wie im fernen Palästina. Friedrich I. mußte seine ganze Autorität einsetzen, um sie von diesem Plan abzubringen. Sein eigener Entschluß wurde durch die Überzeugung bestärkt, daß der Zug nach Jerusalem ein notwendiger Teil der apokalyptischen Vision des Kosmos sei, bei der am Ende der Zeiten der letzte Kaiser nach Jerusalem zieht, um dort Schild und Lanze an den dürren Baum auf dem Ölberg zu hängen.

Nach Friedrichs I. Tod gewannen dynastische Ambitionen der anderen die Oberhand. Richard I. Löwenherz war ein verantwortungsloser Abenteurer, und Philipp II. Augustus hatte daheim größere Sorgen: Der zusammengeschrumpfte Torso des Königreiches Jerusalem erhielt von keinem der beiden Unterstützung.

In den ersten Jahren des 13. Jahrhunderts suchte Papst Innozenz III. zur Hebung seines Prestiges eine Wiederbelebung des Kreuzzugsgedankens. Doch obwohl sein Appell ein enthusiastisches Echo fand und sich ein großes Heer von Rittern in Venedig sammelte, um sich gen Osten einzuschiffen, gewannen politische Gesichtspunkte die Oberhand. Der Mangel an Geld für die Passage lieferte die Kreuzfahrer der Gnade der Venezianer aus. Da der deutsche König Philipp von Schwaben mit der Schwester Alexios IV., dem vertriebenen Prätendenten für den Kaiserthron von Byzanz, verheiratet war, wurde schließlich das Kreuzfahrerheer zur Eroberung Konstantinopels gebracht, und zwar mit dem Ziel, Alexios IV. zu seinen Rechten zu verhelfen. Alexios IV. hatte den Geldmangel der Kreuzfahrer geschickt ausgenutzt: Er versprach ihnen reichen Lohn aus den Schatzkammern von Konstantinopel. Der Kaiser konnte jedoch nicht zahlen. So holten sie sich selbst ihren Anteil.

Der Fall Konstantinopels und die Errichtung des Lateinischen Kaiserreiches schwächten dieses Bollwerk der Christenheit, das dem Abendland Schutz vor dem Islam gewährt hatte. Keiner der byzantinischen Nachfolgestaaten in Kleinasien noch das im Jahr 1261 wieder eingesetzte byzantinische Kaisertum unter dem Geschlecht der Paläologen waren wirtschaftlich noch militärisch dauerhaft lebensfähig. Die Türken wurden immer mächtiger. In der Mitte des 15. Jahrhunderts umklammerten sie die Kaiserstadt am Goldenen Horn und drangen auf den Balkan und bis zum Ägäischen Meer vor. Im Jahr 1453 eroberten sie Konstantinopel, und das Oströmische Reich erlosch. Bald darauf schickten sich die Türken an, in das Herz Europas vorzurücken.

PETER MUNZ

Kreuzfahrer auf dem 4. Kreuzzug. Detail eines Mosaiks in der Kirche S. Giovanni Evangelista zu Ravenna, 1213

Unbekannter Kreuzritter. Oberteil einer liegenden Stein-Figur von einem Grabmal in der Kirche der Abtei Dorchester, Oxfordshire, Ende des 13. Jahrhunderts

Das Zeitalter der großen Entdeckungen

Zwischen dem 13. und 14. Jahrhundert erweitert sich das Weltbild des Menschen.

In der Wirtschaftsgeschichte des 14. Jahrhunderts war der englische Bauernaufstand ein Fehlschlag, dennoch hat diese Erhebung zu ähnlichen Rebellionen in Frankreich und in Flandern geführt und zu einem tiefgreifenden Wandel der Sozialstruktur im Feudalismus Europas beigetragen. Die Magna Charta, ein Privileg, das aus zeitbedingtem Anlaß gewährt wurde, gewann durch spätere Interpretation eine einzigartige Bedeutung für die verfassungsmäßige Entwicklung von Monarchie und Demokratie. Die Meilensteine der Kulturgeschichte werden durch Dante Alighieris »Göttliche Komödie« repräsentiert. Sein Werk steht stellvertretend für manch andere große Dichtung im Abendland. Dantes Epos vermittelt weit mehr über den christlichen Geist des Mittelalters, als es die rein historischen Quellen können.

Von der Mitte des 13. Jahrhunderts an dehnte sich der intellektuelle Horizont der Menschen bedeutend aus. Die philosophischen Abhandlungen eines Roger Bacon und die rasche Entwicklung des Humanismus, der seinen Einfluß auf Kunst, Literatur und letztlich auf jedes Gebiet menschlichen Lebens und Wirkens geltend machte, räumten den Weg frei für die Epoche der Renaissance. Die Wiederentdeckung des Griechischen fügte den klassischen Wissenschaften eine neue Dimension hinzu, denn sie beseitigte die bisherige Begrenzung auf die lateinisch-römische Kultur. Die humanistische Weltsicht oder Weltanschauung, die sich einem furchtlosen Forschen nach der Wahrheit und dem Schönen verschrieben hatte, stellte die bisherigen Antworten auf das fundamentale Problem über die Bestimmung des Menschen in Frage. Dieses Suchen und Infragestellen mußte unausweichlich zu einer Auseinandersetzung mit der Autorität führen, besonders mit der Kirche. Die neuen theologischen Antworten eines Luther, Zwingli und Calvin brachten genauso eine Erweiterung des Lebensraumes und des Weltbildes wie die Fahrten des Christoph Columbus oder wie die Theorie vom Universum, die Nikolaus Kopernikus aufstellte. Auch die erneuerte Theologie des Katholizismus, wie sie auf dem Konzil von Trient im 16. Jahrhundert erarbeitet wurde, erweiterte das mittelalterliche Denk-System, das Thomas von Aquin so meisterlich ausgebildet hatte. Sowohl die Zurückhaltung und der Relativismus in den theologischen Streitigkeiten, wie Erasmus von Rotterdam sie führte, als auch die etwas spöttische Unvoreingenommenheit in religiösen Fragen eines Montaigne dürften ein Beweis für die Erweiterung, ja die Erneuerung der Weltanschauung sein, die in den Tagen des Papstes Innozenz III. wohl als häretisch verdammt worden wäre.

Mit dem Zeitalter der Entdeckungen endet jene Epoche, in welcher Europa nur auf das Mittelmeer und den Kontinent hin orientiert war. Eine Verlagerung des Schwergewichtes nach dem Süd-Westen und dem Nord-Westen Europas ist unübersehbar. Die Erschließung neuer Handelswege förderte Antwerpens raschen Aufstieg nicht nur zur wirtschaftlichen Hauptstadt der Welt, sondern auch zu einem Zentrum der Banken und des Finanzwesens. Der neue Kapitalismus der Antwerpener Geldbörse sowie das Finanzgebaren so bedeutender europäischer Handelshäuser wie das der Fugger in Augsburg weiteten das mittelalterliche Kreditsystem aus, das die jüdischen Geldleiher und die Banken von Florenz eingerichtet hatten. Die Gesellschaft war zwar in Klassen eingeteilt, doch hatten sich die Übergänge noch nie so fließend gezeigt: Im Dienst der Fürsten standen an einflußreicher Stelle oft Leute aus niederen sozialen Schichten.

Bei der Fülle des zu bewältigenden Stoffes kann die Darstellungsweise nicht anders als exemplarisch verfahren. In der Sixtinischen Kapelle zu Rom wird nur ein Teil der Hochrenaissance faßbar; an Luthers Bibelübersetzung lassen sich die diffizilen Probleme der Reformation Europas nur bedingt darlegen. Daher werden in den verbindenden Übersichten die historischen Vorgänge ergänzt und abgerundet. Charakteristische Erscheinungen und Strömungen dieser Jahrhunderte wie das Rittertum oder der Antiklerikalismus erfahren ebenso ihre Würdigung wie die Entwicklung der Universitäten und der Literatur in den Nationalsprachen, der Humanismus und die Forderungen nach Kirchenreform. Die Aufhellung wirtschaftlicher und sozialer Wandlungen, die den Hintergrund zu bedeutenden politischen Ereignissen geben, runden das Bild einer ausgewogenen Geschichtsschreibung ab. Um einige Beispiele dafür zu nennen: Die Hinrichtung des auf dem Konzil von Konstanz wegen Häresie angeklagten Jan Hus war gewiß die Geburtsstunde des tschechischen Nationalismus, doch das Martyrium des Jan Hus hatte nur wenig dauerhaften Einfluß auf die Entwicklung Europas. Das Erbe des Heiligen Römischen Reiches könnte gering erscheinen, obwohl die Zeitgenossen Kaiser Friedrichs II. den Staufer noch als »Weltwunder« empfunden hatten. Das Lebenswerk von Papst Bonifaz VIII. sehen manche Forscher als wenig konstruktiv an. Selbst der Sieg Heinrich Tudors auf dem Felde von Bosworth dürfte kaum mehr als ein Ereignis englischer Geschichte gewesen sein, das lediglich einen Dynastie-Wechsel mit sich brachte.

Auf ihren eigenen Wissenschaftszweig bezogen, waren Tycho

Brahes Himmelskarten und Andreas Versalius' anatomische Forschungen über den menschlichen Körper wichtig und bahnbrechend, doch können beide nicht als epochemachende Ereignisse im weiten historischen Sinn klassifiziert werden. Mit dem Ende des Mittelalters beschleunigt sich das Tempo der menschlichen Entwicklung; die bedeutenden Ereignisse verdichten sich. Die Größe des Erdballs schrumpft im selben Maß, wie das Wissen des Menschen über das Weltall wächst. In den Wirren der Reformation befreien sich Kunst und Wissenschaft aus der Zwangsjacke kirchlicher Bindung. Das Christentum muß sich schwerster Angriffe von innen wie von außen erwehren. Die Nationalstaaten festigen sich unter der Herrschaft starker und energischer Könige. Europa wird in eine nicht abreißende Folge dynastisch bedingter Kriege gestürzt, deren Ende erst im Jahr 1763 abzusehen war.

Mit fortschreitender Lektüre verläßt der Leser allmählich eine Welt, die sich in Chroniken von Geistlichen und Laien erhalten hat, deren Handschriften in gotischer Schrift geschrieben und kostbar illustriert sind. Er betritt dafür eine Welt, in der gedruckte Bücher mit sorgfältigen Holz- und Kupferstichen eine Selbstverständlichkeit sind. Es gibt weiterhin Kriege: die Kreuzzüge gegen die Türken, den Hundertjährigen Krieg zwischen England und Frankreich, die Religionskriege, Bürgerkriege und Revolutionen. Alle Kämpfe zwingen zu der Feststellung, daß die so gebildete und hochentwickelte Menschheit im Grunde genommen politisch nicht fortgeschritten war und einen besseren, moralischen Stand nicht hat erreichen können.

Wie in den vorangegangenen Jahrhunderten wechseln Herrscherhäuser, werden Ländergrenzen verschoben. Unternehmergeist ersetzt das Ideal der Ritterlichkeit, und die modernen Schriftsprachen gewinnen Gestalt. Es entwickelt sich ein neuer Forschergeist im Menschen, während er danach trachtet, das Unbekannte zu erkennen, seine Umwelt zu nutzen, den Sinn des Lebens zu verstehen und die Wirklichkeit zu erfassen.

NEVILLE WILLIAMS

Die Magna Charta von 1215, eines der vier erhaltenen Originale. Pergament-Urkunde

König Johann Ohneland von England. Detail der Grabplastik des Herrschers in der Kathedrale von Worcester, zwischen 1225 und 1230

Sieg Alexander Newskijs

1240

Erzengel Michael. Detail einer georgischen Ikone, 10./11. Jahrhundert

Der heilige Boris und der heilige Gleb. Ikone der Moskauer Schule, etwa 1340

Seit der Begründung eines ersten Staatswesens erschien Alt-Rußland als eine europäische Macht. Für seine Geschichte war die Annahme des byzantinischen Christentums von entscheidender Bedeutung. Das Großfürstentum Kiew, die Wiege des russischen Reiches, wurde im 9. Jahrhundert von Normannen und Slawen indo-europäischer Abstammung entlang den großen Strömen zwischen Ostsee und Schwarzem Meer gegründet. Schon bald entstanden rund um Kiew eine Reihe von Fürstentümern, die sich unter Führung des Hauses Rurik schließlich zu einem Land vereinigten. Nachdem Wladimir von Kiew im Bündnis und mit Hilfe des Byzantinischen Reiches zum christlichen Glauben bekehrt wurde, entwickelte sich der Kiewer Staat zu einem Bollwerk der Christenheit gegen die Steppennomaden Asiens und bildete zugleich einen bedeutenden Kristallisationspunkt europäischer Kultur, wobei rege Handelsbeziehungen zum Abendland ein wichtiges Bindeglied abgaben.

Die Anfänge des Heiligen Rußland, von einem Nimbus strahlender Reinheit verklärt, verschwimmen in der Vorstellung der Chronisten und Volksdichter mit dem Goldenen Zeitalter der Menschheit schlechthin. Zahlreiche lyrische Gedichte erzählen von dem legendären Land mit seinen weiten grünen Matten und tiefblauen Seen, den Städten im Schutz zinnenbewehrter Mauern und von goldglänzenden Kuppeln der Kirchen und Klöster gekrönt – ein Land, das bewohnt war von jungen Kriegern in schimmernden Rüstungen und von Prinzessinnen mit langen blonden Zöpfen, die in weißes Leinen gekleidet waren. Durch den Mongoleneinbruch zu Beginn des 13. Jahrhunderts wurde die friedliche Entwicklung gewaltsam unterbrochen. Fast zwei Jahrhunderte lang beherrschen Asiaten Rußland. Nach dem Fall Kiews und der Plünderung der Dnjepr-Ufer mußte ein Großteil der Bevölkerung in die Nord- und Ost-Gebiete fliehen, wo der Urwald den Feind am Vordringen hinderte. Die Großfürsten, Nachfahren der Rurik-Dynastie, ließen sich im Gebiet der oberen Wolga und der Oka in den Fürstentümern Rostow, Wladimir und Susdal nieder.

Die Völkerbewegung infolge der Mongolenstürme erschütterte das Leben in den russischen Teilreichen. Die Vermischung der Emigranten aus dem Süden mit den einheimischen finnischen Stämmen im Norden brachte die Rasse der Großrussen hervor, bärtiger, flachnasiger Männer, die ein anspruchsloses Leben führten und hart arbeiteten. Sie waren es, die das neue Reich aufbauten. Mit Ausnahme der großen Handelsmetropole Nowgorod, die später mit der Hanse in Verbindung stand, bewahrten die Städte, wie die im Gebiet von Susdal, die abseits der großen Handelswege lagen, einen ausgesprochen provinziellen Charakter. Die Fürsten selbst waren zu reichen Grundbesitzern abgesunken, die vor allem darauf bedacht waren, ihre Güter zu verwalten. Ihre Besitzungen wandelten sie allmählich in Erblehen um und festigten so ihre Autorität.

Aber schon bald drohten ihnen von allen Seiten ernste Gefahren. Als Vasallen der Mongolen mußten die Fürsten von Susdal regelmäßig vor den Vertretern des Großkhans an der unteren Wolga erscheinen, um ihre Huldigung zu leisten und ihre Tribute darzubringen. In dem riesigen Land, das vom Finnischen Meerbusen bis zum Weißen Meer reichte, war die Macht des Großfürsten von Susdal kaum anerkannt. Vielmehr herrschte hier der Einfluß der freien Handelsstadt Nowgorod vor. Die reichen Kaufleute, die die Geschicke dieser Patrizierrepublik lenkten, ernannten oder verjagten ihre Fürsten nach eigenem Ermessen. Es kam ihnen vor allem darauf an, die Handelswege zu verteidigen. Sie gaben meist den Fürsten von Kiew den Vorzug, deren Machtlosigkeit sie geschickt zu nutzen verstanden. Hinzu kam noch die wachsende Bedrohung des neuen Rußland durch seine westlichen Nachbarn, die Schweden und den Orden der Schwertbrüder.

Zu jener Zeit gab es nur eine einzige Macht, die einen Faktor der Einheit inmitten allgemeiner Zerrissenheit verkörperte: die orthodoxe Kirche. Die mongolischen Eroberer wußten Toleranz zu üben. Nach den ersten Massakern gestanden sie den Christen Freiheit in der Ausübung ihres Glaubens zu und respektierten die großen Kirchengüter. So hatte Rußland zwar seine

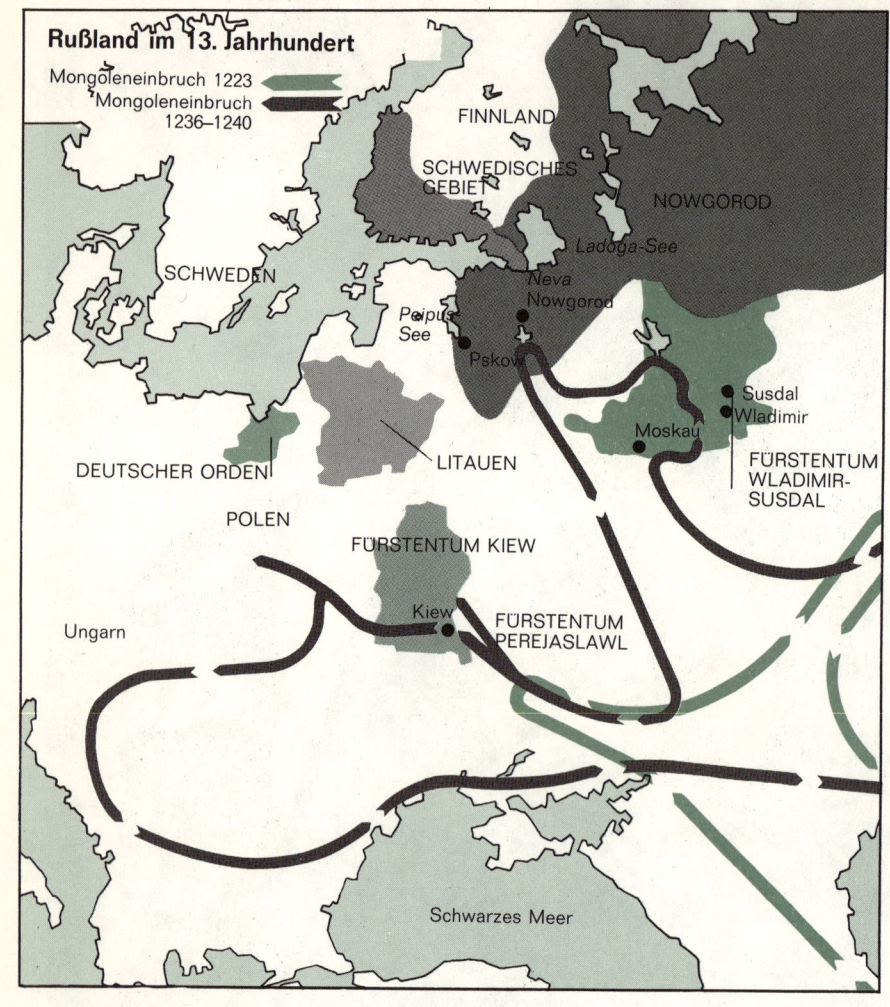

Rußland im 13. Jahrhundert
Mongoleneinbruch 1223
Mongoleneinbruch 1236–1240

Kupferkreuz. Russische Arbeit des 13. Jahrhunderts

noch zu kurzen Besuchen. Theodor verstarb sehr jung. So erhielt Alexander, als sein Vater 1236 die Erbfolge im Großfürstentum Kiew antrat und damit Herr in fast ganz Rußland wurde, das Lehen von Nowgorod.

Der Jüngling sah sich plötzlich einer großen Verantwortung gegenüber. Schon im darauffolgenden Jahr brachen die Mongolen in den Norden Rußlands ein. Aber wie durch ein Wunder wurden die asiatischen Horden im März 1238 vor den Mauern Nowgorods aufgehalten und zogen sich in die Steppen zurück. Alexander wurde mit einem Schlag zum Regieren und Kämpfen aufgerufen. Von nun an widmete er sein ganzes Leben dem Dienst an seinem Land.

Sechzehn Jahre dauerte sein erfolgreiches Regiment in Nowgorod. Alexander war bestrebt, die verfeindeten Gruppen innerhalb der Stadt zu befrieden, die Verbindung zur Zentralgewalt zu stärken und die wirtschaftliche und politische Macht der Bojaren, der Adligen des Landes, zu schwächen. Aber vor allem die Wahrung des geistigen und materiellen Erbes Rußlands hat seinen Namen unsterblich gemacht: sein siegreicher Widerstand gegen die Schweden, den Orden der Schertbrüder in Livland und die Litauer. Ebenso bedeutend war sein Ausgleich mit den Mongolen, den er zu erreichen vermochte, als er Großfürst wurde.

Sein erster Sieg, den er 1240 an den Ufern der Newa errang, erregte weltweites Aufsehen und brachte ihm den Beinamen »Newskij« ein, mit dem er in die Geschichte einging. Um die der mongolischen Herrschaft entgangenen Gebiete Rußlands an sich zu bringen und Nowgorod von der Ostsee abzuschneiden, hatte König Erik von Schweden ein großes Heer aufgeboten und seinem Schwiegersohn Birger Jarl anvertraut. Er wurde in seinem Vorhaben von Papst Gregor IX. bestärkt, der 1237 dem Bischof von Uppsala aufgetragen hatte, die Schweden zu einem Kreuzzug gegen die Finnen aufzurufen, die unter dem Einfluß ihrer Nachbarn, der Russen, vom katholischen Glauben abgefallen waren.

Um der Gefahr aus dem Westen zu begegnen, hatte Alexander 1239 die Verteidigung der von Nowgorod zum Meer führenden Straßen angeordnet und beiderseits des Finnischen Meerbusens Beobachter stationiert. Pelgus, ein einheimischer Stammesfürst, der zum Christentum übergetreten war, meldete ihm im Sommer 1240 die Landung der Schweden an den Ufern der Newa. Unverzüglich rüstete Fürst Alexander zum Kampf. Vor der Schlacht trat er noch einmal zu seinen Soldaten und sprach ein Wort, das er den Psalmen entlehnte und das bis auf den heutigen Tag berühmt blieb: »Gott ist nicht auf der Seite der Stärke, sondern auf der Seite der gerechten Sache.« ... der »Prawda«. Dieses Wort ist nicht klar zu übersetzen. Es bedeutet Wahrheit und zugleich Gerechtigkeit, auch soziale Gerechtigkeit, die gerechte Sache überhaupt; es verkörpert die tiefste Sehnsucht des russischen Volkes.

Die Schlacht begann bei Sonnenaufgang. Die Schweden waren überrascht, auf starken russischen Widerstand zu stoßen, da sie überzeugt waren, daß die Streitkräfte Nowgorods ohne den Beistand der unlängst von den Mongolen vernichteten Armee Susdals nicht in der Lage wären, Widerstand zu leisten. Birger Jarl hielt sich wie die meisten seiner Ritter unter einem goldgewirkten Zelt auf, während der Großteil seiner Truppen noch nicht an Land gegangen war.

politische Unabhängigkeit verloren, seine geistige Freiheit jedoch bewahrt. Großfürst Alexander von Wladimir war dann der Mann, der der Kirche den Beistand des weltlichen Schwertes lieh, als sie die Stunde ihrer größten Not erlebte. Durch seine körperliche Schönheit und seine Geisteskraft, die Kühnheit seines Blickes und die Reinheit seiner Seele verkörperte er den idealen, schon zu Lebzeiten legendären Fürsten, wie ihn das mittelalterliche Rußland sich erträumt hatte. In ihm verbanden sich patriotisches Gefühl und christlicher Glaubenseifer.

Alexander wurde im Mai des Jahres 1219 auf Perejaslaw, einem Lehensgut seines Vaters, der dem Hause des Großfürsten von Susdal angehörte, geboren. Als der Knabe kaum drei Jahre alt war, wurde sein Vater zum Fürsten von Nowgorod gewählt. Seine Residenz lag wenige Meilen von der durch Unruhen erschütterten Stadt entfernt. Zwietracht herrschte in dieser merkwürdigen Republik; es kam zu immer neuen Streitigkeiten zwischen den reichen Kaufleuten und den Mitgliedern der Zünfte, zwischen den Adligen und dem Fürsten. Schon als Kind erlebte Alexander heftige Auseinandersetzungen zwischen den Bürgern und den Leuten seines Vaters. Im Alter von neun Jahren blieb er unter dem Schutz einiger Adliger mit seinem ältesten Bruder Theodor allein in Nowgorod zurück. Sein Vater, den sein Amt wenig interessierte, kam nur

Die Russen gingen blitzschnell zum Angriff über. Während Alexander durch einen Schleuderwurf Birger Jarl verwundete, zerstörten seine Männer die Laufbrücken, die die Schiffe mit dem Ufer verbanden. Die Schweden wurden von Panik ergriffen, und die Schlacht endete für sie mit einer völligen Niederlage. Die Legende berichtet, daß die Erzengel vom Himmel herabgestiegen seien und die schwedischen Ritter auf das andere Ufer eines Nebenflusses der Newa zurückgeworfen hätten.

Nach seinem Sieg über die Schweden wollte Alexander Newskij der Stadt Pleskau zu Hilfe eilen. Die Ritter des Schwertbrüderordens hatten Isborsk unter ihre Herrschaft gebracht und bedrohten Pleskau. Die Bojaren verhinderten jedoch das Unternehmen. So zog sich Alexander zu seinem Vater nach Perejaslaw zurück. Schon nach kurzer Zeit aber wurde er von seinen Untertanen, die den Ernst der Gefahr zu begreifen begannen, zurückgerufen. Im darauffolgenden Jahr, im April 1242, bereitete Alexander Newskij den Rittern des Schwertbrüderordens, die mit den Schweden im Bund standen, eine Niederlage. Die Schlacht wurde am 5. April auf dem Eis des Peipus-Sees ausgefochten. Die Ritter hatten sich auf die Eisdecke des Sees zurückgezogen, um den Feind in den Flanken fassen zu können. Die nachstoßenden Russen trugen einen überwältigenden Sieg davon. Dem Vorstoß des Ordens nach Osten wurde Einhalt geboten.

Um die Unverletzlichkeit der Grenzen Nowgorods zu sichern, mußte Alexander Newskij sich noch der Überfälle der Litauer erwehren, die immer häufiger in ungenügend verteidigte Gebiete eindrangen. Angesichts der ständig wachsenden Bedrohung schlug Alexander Newskij im Jahr 1242 nacheinander sieben litauische Heere, wobei er die ihm eigene Taktik anwandte, aus der Defensive heraus Blitzangriffe zu führen. 1245, nach einem letzten Einfall, war die Gefahr endgültig gebannt: Litauen verzichtete von nun an darauf, seine Nachbarn zu behelligen. Nach 1246 sah sich Alexander vor neue Aufgaben gestellt, die den Rest seines Lebens ausfüllten. Sein Augenmerk wandte er dem Osten zu.

Sein Vater starb auf der Rückkehr von einer Reise nach Karakorum, wohin er sich auf Geheiß des Großkhans begeben hatte. Wahrscheinlich war er dort vergiftet worden. Das Problem der Nachfolge konnte nicht ohne die Mongolenführer gelöst werden. Alexander Newskij und sein Bruder Andrej mußten den mongolischen Herrscher aufsuchen. Alexander sah sich einer ernsten Entscheidung gegenüber. Der Sieger über die Schweden und die Ordensritter, der Held von der Newa und vom Peipus-See sollte die Stellung eines Vasallen annehmen und den Verlust der Unabhängigkeit Rußlands offen eingestehen? Alexander war ein russischer Fürst, ein orthodoxer Christ. Für ihn zählte

Djenghis Khan. Miniatur, erste Hälfte des 13. Jahrhunderts

Alexander Newskij mit seinem Heer in einer Schlacht. Miniatur, etwa 13. Jahrhundert

Nowgorod. Miniatur des 13. Jahrhunderts

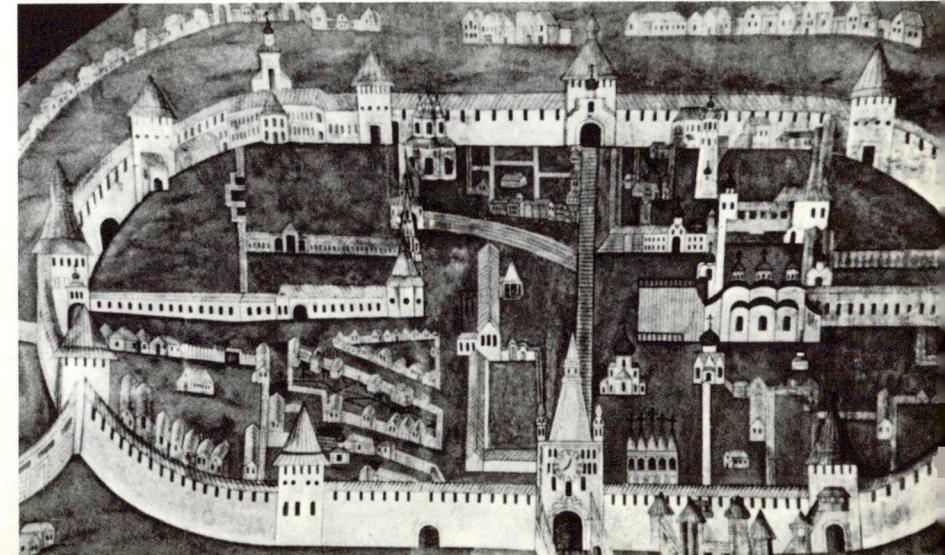

Alte Kathedrale von Perejaslaw aus der Mitte des 12. Jahrhunderts und eine Denkmalbüste Alexander Newskijs aus dem Ende des 19. Jahrhunderts

Bärenjagd. Malerei in der Sophien-Kathedrale zu Kiew, etwa 11./12. Jahrhundert

einzig das Wohl seines Volkes, darum beugte er sich dem göttlichen Willen. Er holte den Rat des höchsten kirchlichen Würdenträgers in Rußland ein. Der Metropolit Kyrill gab seine Zustimmung zur Unterwerfung unter die Mongolen unter der Bedingung, daß Alexander Newskij keinen Götzendienst verrichtete und den rechten Glauben an Christus nicht verleugnete.

Schon bald erkannten die Russen, welchen großen Dienst Alexander ihnen erwiesen hatte, als er seinen Stolz der Sache des Vaterlandes opferte. Die Mongolen waren tief beeindruckt von dem Auftreten des Mannes, dessen heldenhafter Ruf schon zu ihnen gedrungen war. Sie empfingen ihn mit den seinem Rang gebührenden Ehren und ersparten ihm die Götzenanbetung. Sie nötigten ihn jedoch, die endlose Reise nach Karakorum durch die Wüsten und Steppen Asiens auf sich zu nehmen, bevor sie ihm nach drei Jahren die Rückkehr in seine Heimat gestatteten. Dann mußte sich Alexander Newskij noch einmal in das mongolische Lager nördlich des Asowschen Meeres begeben, um die Vasallenschaft zu regeln und die Eroberer um Milde für sein Volk zu bitten. Der zweite Bruder Alexanders, Andrej, hatte rebelliert und nach einem Aufstandsversuch fliehen müssen. So wurde Alexander Newskij Großfürst von Wladimir. Er war von nun an bestrebt, künftige Überfälle auf sein Land zu verhindern, das Vertrauen des Großkhans zu gewinnen und als Vermittler zwischen den Mongolen und den Russen zu dienen.

Diese großen Aufgaben wurden durch einen erneuten Angriff der Schweden erschwert, der Alexander Newskij im Jahr 1258 zwang, einen zweiten, wiederum siegreichen Feldzug gegen sie zu führen. Die anhaltende Unruhe Nowgorods und die offene Feindschaft der Stadt gegenüber den Mongolen drohten, eine Katastrophe heraufzubeschwören. Nur das persönliche Eingreifen des Großfürsten vermochte ein schreckliches Blutvergießen zu verhindern. Alle Schwierigkeiten entmutigten Alexander Newskij nicht. Er legte seine Residenz in Wladimir an, einer Stadt, die wegen ihrer zahlreichen Kirchen berühmt war. Er besiedelte verlassene Dörfer neu, ließ Kirchen und Klöster wiederaufbauen und setzte Gerichtshöfe ein.

Im Jahr 1262 führte die mongolische Unterdrückung zu einem neuen Aufstand des Volkes. Alexander Newskij mußte zum vierten Male die Reise in das Hauptquartier der Mongolen antreten, um eine Strafexpedition abzuwenden. Ein ganzes Jahr lang bot er alles Geschick auf, um den Großkhan und seine Feldherren zu beschwichtigen. Es gelang ihm sogar, die Tartaren davon abzubringen, russische Truppen für einen Krieg gegen Persien auszuheben. Die Anstrengungen hatten an seinen Kräften gezehrt. Auf der Rückreise von Karakorum, die über unwegsame, von den Herbstregen aufgeweichte Straßen führte, starb er im November 1263 in einem Kloster. In seiner Sterbestunde verzichtete er auf alle äußeren Zeichen seines hohen Amtes und ließ sich ein Mönchskleid anlegen.

Die Beisetzung Alexander Newskijs begleitete große Feierlichkeit. Schon bald geschahen Wunder an seinem Grab. Im Jahr 1380 wurde er, zunächst für den Ort seiner letzten Ruhe, dann auf der Kirchenversammlung von 1547 für die gesamte orthodoxe Kirche heiliggesprochen. Fünf Jahrhunderte nach dem Tod Alexander Newskijs beschloß Peter der Große, der gerade seinen entscheidenden Sieg über die Schweden errungen hatte, die sterblichen Reste seines Vorgängers nach der neuen Residenz St. Petersburg zu überführen, wo sie noch heute in dem Kloster seines Namens ruhen.

Die Herrschaft Alexander Newskijs stellt einen Wendepunkt der russischen Geschichte dar. Dank seiner klugen Politik und seiner glänzenden Siege hat er die Sicherheit seines Landes gefestigt.

CONSTANTINE DE GRUNWALD

Entschlafen der Gottesmutter. Russische Ikone der Nowgoroder Schule, frühes 13. Jahrhundert

Drachenwunder des heiligen Georg. Detail der Wandmalerei, gekontert, in der Georgs-Kirche zu Staraja Ladoga, etwa 1167

Innozenz III. Neue Mönchsorden. Friedrich II.

Fünf Monate, nachdem König Johann Ohneland gezwungen worden war, auf Runnymede die Magna Charta zu erlassen, eröffnete Papst Innozenz III. – damals auf der Höhe seiner Macht – in Rom das Vierte Laterankonzil. Als junger Mann hatte Innozenz mit großem Erfolg scholastische Philosophie in Paris, danach kanonisches Recht in Bologna studiert. Während seines Pontifikats in den Jahren 1198 bis 1216 bewies er, daß er auch ein Mann der Tat war. 1215 schien es, als ob der fünfundvierzigjährige Papst in den kommenden Jahren alle Staaten des Abendlandes beherrschen würde. Der Herrgott habe dem heiligen Petrus nicht nur die Leitung der Kirche hinterlassen, sondern die der ganzen Welt, verkündete Innozenz III., und manchem schien es, als wolle er diesen Auftrag als päpstlichen Anspruch durchsetzen. »Fürsten haben Macht über die Länder und die Reiche; die Geistlichen haben sie über die Seelen. Im selben Maß wie die Seele wertvoller ist als der Leib, gebührt auch dem Priester eine höhere Stellung als dem Fürsten«, predigte er.

Die Einheit der Christenheit war Innozenz' III. hohes Ideal; um sie zu erreichen, förderte er den Vierten Kreuzzug, forderte ein hartes Vorgehen gegen die Häresie der Albigenser und versammelte tausendfünfhundert Bischöfe und andere Würdenträger zum Konzil in Rom, um ihnen seine Pläne zur Kirchenreform darzulegen. Seine Konzilsvorlagen, die zumeist ohne weitere Diskussion gebilligt wurden, betonten die Universalität der Kirche und die Bedeutung der Sakramente, sie definierten einige Dogmen neu, legten Einzelheiten für die Bischofswahlen fest und regelten Fragen des Mönchstums und der theologischen Ausbildung der Geistlichen. Der Papst erwartete, daß diese Beschlüsse das geistliche Leben bedeutend fördern würden. Das Konzil endete im Juni 1216 mit der Planung eines Kreuzzuges. Die Vorbereitungen erlahmten bald, da Papst Innozenz III. wenige Wochen später starb.

Die Franziskaner

Durch die Anerkennung der Bettelorden der Franziskaner und Dominikaner verband Innozenz III. die neuen geistigen Bewegungen mit dem Papsttum. Innozenz' Bündnis mit den neuen Orden Franz von Assisi und Dominikus' kann kaum überbewertet werden, denn durch sie gewann das Volk eine neue, starke Bindung an die Kirche, und durch sie wurde das religiöse Leben im Abendland verändert. Franz von Assisi – sein Taufname war Giovanni Bernardone – war der Sohn eines reichen toskanischen Kaufmannes. Er lebte von 1182 bis 1226. Seine Spielgefährten gaben ihm den Spitznamen Francesco, weil er mit Vorliebe französische Ritterromane, Romanzen und Troubadourgedichte las.

Nach seinem zwanzigsten Lebensjahr machte Franz eine Sinnesänderung durch. Er erzählte seinen Freunden, er beabsichtige, »eine weit schönere Braut zu heiraten, als sie je eine gesehen hätten, die alle an Schönheit überträfe und an Tugend überstrahle«. Er meinte die Signora Povertà, die Frau Armut. Seine irdischen Güter gab er auf, um nun ein Leben der Armut und

Reliquiar des heiligen Franz von Assisi

der Andacht in den Bergen zu führen. Schon bald fesselte er eine Schar von Jüngern an sich, die er »Fratres minores« nannte. In Lumpen gehüllt und barfuß pflegte er Aussätzige, sammelte Almosen für die Armen, predigte Bruderschaft zwischen Mensch und Tier und übertrug die Botschaft des Evangeliums in die Sprache der Troubadoure. Die Frau Armut schien den Franziskanerbrüdern eine natürliche Fröhlichkeit des Herzens zu bringen, darum trug sie diesen toskanischen Bettlern den Beinamen »Brüder Immerfroh« ein.

Innozenz III. gab diesem Orden der Minderen Brüder, der Bettelmönche, zunächst vorsichtigerweise nur eine mündliche Bestätigung. Daraufhin kehrte Franz nach Assisi zurück, um in seiner Heimat ebenfalls Gemeinschaften zu gründen. Solche Mönchsgruppen bildeten sich rasch im ganzen Abendland. Franz wanderte unermüdlich – er predigte sein Anliegen sogar vor dem Sultan in Ägypten –, bevor er im Jahr 1220 die Leitung des Ordens seinem Ordensbruder Elias von Cortona überließ, um sich selber wieder schlichteren Aufgaben widmen zu können.

Eine der letzten Taten des großen Ordensgründers war die Abfassung der Klosterregel für seine Freundin im Glauben, Clara, und ihre Minderen Schwestern. Die Klarissen waren ebenfalls von Almosen abhängig, doch wie alle Nonnen – und damit anders als die Franziskaner – lebten sie streng in Klausur. Schon zwei Jahre nach seinem Tod wurde Franz von Assisi durch den Papst heiliggesprochen. In Assisi begann man mit einem gewaltigen Kirchenbau. Es liegt wohl eine Paradoxie darin, daß zu Ehren des Apostels der Armut diese Kirche unvergleichlich reich ausgestattet wurde und von den bedeutendsten italienischen Künstlern eine besonders prächtige Ausschmückung erhielt.

Die Dominikaner

Im zweiten Jahrzehnt des 13. Jahrhunderts gewann auch der Orden des Spaniers Domingo de Guzman Gestalt. Dominikus, der von 1170 bis 1221 lebte, war in die Provence geschickt worden, um bei der Wiederbekehrung der häretischen und schismatischen Albigenser zu wirken. Wenn man erfolgreich gegen die Häresie vorgehen wolle, so sagte sich Dominikus, dann mußten gebildete Prediger in den Städten den rechten Glauben lehren. Daher wurde das Studieren eine Hauptverpflichtung im Gelübde der Dominikaner-Mönche. Während der heilige Franz es sogar ablehnte, ein Kruzifix als Eigentum zu besitzen, bestand Dominikus darauf, daß allen Ordensbrüdern Bücher gehören sollten.

Heinrich III. von England

König Heinrich III. war bei seiner Thronbesteigung erst neun Jahre alt, daher wurde die Führung der Regierungsgeschäfte in die Hand des Grafen Wilhelm von Pembroke gelegt. Nach Pembrokes Tod wurde der päpstliche Legat Pandulph zum Regenten bestimmt. Erzbischof Stephan Langton überredete jedoch den Papst, Pandulph abzuberufen. Danach ging die Macht auf Hubert von Burgh über, Englands Oberrichter, der eifrig darauf bedacht war, die Monarchie zu stärken und England von Eingriffen fremder Herren und Mächte zu befreien. Als Heinrich III. volljährig war, entließ er Hubert und versuchte, England allein zu regieren. Törichter-

Elefant, Geschenk für König Heinrich III. von England

weise ernannte er den Franzosen Pierre des Roches zum Oberrichter. Dieser berief sofort seine Landsleute in hohe Ämter. Die Maßnahmen provozierten die englischen Barone, ihrem König die Lehnstreue aufzukündigen. Heinrichs III. Lage wurde bedrohlich. Der fromme Erzbischof Edmund Rich verfolgte die Politik Stephan Langtons und warnte den König, daß sein Versuch, das Königreich ohne die Mitwirkung der Barone zu regieren, mit einer Katastrophe enden würde. Klugerweise entließ Heinrich daraufhin die französischen Reichsbeamten.

Heinrich III. erfüllte mit der Errichtung der Gebäude von Westminster seine religiösen Ideale. Die neuerbaute Abtei, in der die Gebeine von Heinrichs Vorbild, Eduard dem Bekenner, ruhten, war das erste Bauwerk in England, das doppelte Schwibbögen und Fenster mit Maßwerk besaß. »Was die Rose unter den anderen Blumen ist«, so lautet eine Inschrift auf einer Tafel am Kapitelsgebäude, »das ist dieses Bauwerk unter den übrigen Häusern.« Das nahe gelegene Schloß Westminster war nicht weniger großartig aufgeführt. Sein Prachtraum war die Gemalte Kammer,

König Heinrich III. von England

ein gewaltiger, reich dekorierter Raum, der auf Befehl des Königs zu einem bestimmten Tag fertig sein mußte. Heinrich III. hatte zu seinem Baumeister gesagt: »Auch wenn du jeden Tag tausend Handwerker anheuern mußt!«

Merkwürdigerweise zeigte Heinrich III. bei seinen eigentlichen Regierungshandlungen keine solche Eile, obwohl ihm in König Philipp II. August von Frankreich ein energischer und machtbewußter Rivale gegenüberstand. Während

König Philipp II. August von Frankreich

der langen Regierungszeit des Franzosen von 1180 bis 1223 verdreifachte sich die Größe des Königreiches Frankreich. Die Normandie und das Poitou wurden französisch. Philipp II. August reformierte Finanzverwaltung und Rechtsprechung in seinem Reich grundlegend, indem er eine Berufsbeamtenschaft aufbaute. Dadurch, daß er die großen feudalen Herren gegeneinander ausspielte, verminderte er gleichzeitig die Macht der Barone. Infolgedessen wurde das Herrenrecht im Lehnssystem Frankreichs wieder gestärkt und auch die militärischen Verpflichtungen der Lehnsträger gegenüber der Krone gefestigt. Der König ließ Paris mit Wällen und Mauern umgeben, baute den ersten Palast des Louvre als festungsartiges Schloß und stiftete die Kathedrale von Notre Dame. In der Tat prägte er das Stadtbild so, wie es im wesentlichen bis in das 19. Jahrhundert erhalten blieb.

In dieser Zeit blühten der französische Roman, die höfische Minne und das Rittertum. Die Fabeln eines Chretien de Troyes in der Champagne, das Rolandslied, die Troubadoure und die Trouvers, die ihre Lieder als Spiele zwischen dem Vortrag von Prosastücken improvisierten und vorsangen, waren Zeugen einer hohen Kultur. Diese Lai-Gesänge waren musikalisch und im Strophenbau stark von den Sequenzen beeinflußt, die als lateinische Strophenlieder während der Messe gesungen wurden. Die Schulen von Paris, die erst am Anfang ihrer Entwicklung standen, brachten neben scholastischen Disputationen auch Trinklieder hervor. Die Kreuzzüge waren im Zeitalter des Glaubens ebenso prickelnde Abenteuer an den fernen Grenzen Europas wie Feldzüge gegen die gefürchteten Ungläubigen.

Das Heilige Römische Reich

Der plötzliche Tod Kaiser Heinrichs VI. im Jahr 1197 stieß Deutschland und Italien in Thronwirren von vierzehnjähriger Dauer. Der Kampf um den Besitz der Königswürde wurde erst im Jahr 1211 entschieden, als die deutschen Fürsten den bereits exkommunizierten Welfen-Kaiser Otto IV. absetzten und den achtzehnjährigen Friedrich II. von Hohenstaufen einluden, deutscher König zu werden. Friedrich, der Sohn Heinrichs VI. und der Constanze von Sizilien, Erbe des normannischen Reiches in Unter-Italien und Sizilien, stand seit dem Tod seiner Mutter unter der Vormundschaft des Papstes Innozenz III.

Ungeachtet einer früheren Zusicherung, er würde das Kaiserreich nicht mit den ererbten Königreichen Sizilien und Neapel vereinigen, betrieb Friedrich II. schon bald eine enge Verflechtung der Verwaltung seiner Herrschaftsgebiete, wodurch der Kirchenstaat bedrohlich umklammert wurde. Darüber hinaus weigerte sich Friedrich, die Privilegien der deutschen Kirche zu bestätigen, die Otto IV. dem Papst in Rom zugebilligt hatte. Weitere Spannungen mit dem Papst erwuchsen aus der Nichterfüllung des Kreuzzugsgelübdes Friedrichs. Bei seiner Kaiserkrönung in Rom 1220 erneuerte Friedrich sein Versprechen, Jerusalem aus der Hand der Ungläubigen zu befreien. Doch er fand in Neapel und Sizilien so ungünstige Verhältnisse vor, daß er sich gezwungen sah, dort für Ruhe und Ordnung zu sorgen, bevor er zu einem Kreuzzug ausziehen konnte. Im Jahr 1227 setzte er die Segel und nahm Kurs auf das Heilige Land. Aber schon wenige Tage später mußte er wegen eines heftigen Fiebers an Land zurückkehren. Mit der Behauptung, Friedrichs Krankheit sei nur vorgetäuscht, exkommunizierte ihn Papst Gregor IX.

Zwei Jahre später brach der gebannte Kaiser erneut zum Kreuzzug auf. Friedrichs II. erfolgreiche Operationen im Heiligen Land und seine Beherrschung der arabischen Sprache befähigten ihn, von Sultan al-Kamil von Ägypten einen zehnjährigen Waffenstillstand zu erreichen. Kampflos erlangten die Christen die Herrschaft über Jerusalem, Bethlehem und Nazareth. Auf Papst Gregors IX. Befehl weigerte sich der lateinische Patriarch von Jerusalem, in Friedrichs II. Gegenwart einen Gottesdienst zu zelebrieren. Dennoch krönte sich der Kaiser selbst in der Grabeskirche zum König von Jerusalem.

Friedrichs II. Streit mit der Kurie wurde noch erbitterter, als im Jahr 1243 Innozenz IV. den Stuhl Petri bestieg. Der Papst mußte 1245 aus Rom fliehen und in Frankreich, in Lyon, Schutz suchen. Dorthin lud er ein Konzil, forderte Friedrichs Absetzung und bestimmte einen eigenen Kandidaten für das Amt des Kaisers. Ungeachtet eines Versöhnungsangebotes Friedrichs II. wollte der Papst nicht nachgeben und ging sogar so weit, einen Kreuzzug gegen den Staufer zu predigen.

Bekannt als »Stupor mundi«, als »Wunder der Welt«, setzte Friedrich II. seine Zeitgenossen ebenso in Verwunderung wie er der Nachwelt Rätsel aufgab. Sicherlich war Friedrich als Reformer des süditalienischen Königreiches mit seinen bemerkenswerten Gesetzeswerken sowie seiner Begeisterung für die Naturwissenschaften ein Vorläufer der autokratischen Fürsten der Renaissance. Andererseits beließ Friedrich Deutschland fast so, wie er es übernommen hatte: Jenseits der Alpen blieb ein Konglomerat feudaler Fürstentümer ohne Interessen an einem zentralen Reich bestehen.

Kaiser Friedrich II.

Hochmeisterpalast der Marienburg

Der Kaiser war ein brillanter Sprachkenner und voll ernsthafter Begeisterung für naturwissenschaftliches Forschen und künstlerisches Gestalten. Er fühlte sich in der Philosophie des Aristoteles ebenso zu Hause wie in den griechischen und arabischen Naturwissenschaften. Er schrieb ein grundlegendes Werk »Über die Falkenjagd«, übersetzte arabische Werke und bot den provençalischen Dichtern, die während des Albigenserkreuzzugs vertrieben wurden, Asyl an seinem Hof. Nach seinem eigenen Kreuzzug stationierte er in Italien sarazenische Soldaten, und sein Hof war den ästhetischen Einflüssen der islamischen Kultur aufgeschlossen. Die Binnenhöfe seiner Paläste waren mit Springbrunnen geschmückt, die Räume mit dem Luxus Arabiens ausgestattet. Er wandelte seinen Hof von Palermo in eine Akademie um und vermerkte, daß »die Wissenschaften Hand in Hand mit Regierung, Gesetzgebung und Kriegführung arbeiten müßten«. Er gründete die Universität von Neapel, die erste Hochschule, die ihre Entstehung einer königlichen Initiative verdankte, und stattete die medizinische Hochschule in Salerno, die auch weibliche Studenten zuließ, reich aus.

Der Deutsche Ritterorden, den der Kaiser im Jahr 1226 in der Goldenen Bulle von Rimini mit der Eroberung des heidnischen und daher als herrenlos dem Kaiser verfallenen Landes Preußen beauftragte, führte die deutschen Siedler weit in den Osten Europas. Wenige Jahre später fielen die Mongolen in Süd- und Zentral-Rußland ein. 1241 erreichten sie Schlesien und siegten bei Liegnitz. Ohne den Erfolg auszunutzen, kehrten sie nach Asien zurück.

Begegnung zwischen Ost und West

1275

Die Menschen im Europa des 13. Jahrhunderts hatten nur vage Kenntnisse über das große Reich des Fernen Ostens, das sie Cathay nannten. China seinerseits besaß kaum Wissen vom Westen.

Jedes Jahr, Anfang Juni, verließ Kublai Khan, König der Könige, »der mächtigste Mensch, der jemals auf der Welt war seit unserem Urvater Adam«, seinen Winterpalast in Peking, um drei Monate lang Ferien in seinem Sommerpalast zu Shang-tu (Xanadu) zu machen. Dieses fürstliche Gebäude aus »Marmor und anderen kostbaren Steinen, wunderbar angelegt und reich geschmückt, mit vergoldeten Hallen und Zimmern«, stand am Eingang eines ausgedehnten Wildparkes, dessen Tiere den kaiserlichen Falken zur Nahrung dienten. In einem lieblichen Hain inmitten der Parke stand ein anderer weiträumiger Palast. Er war als transportabler Bau auf gespaltenen Bambuspfählen errichtet, die von mehr als zweihundert seidenen Seilen gehalten wurden. Dieser Palast war »auf vergoldeten und lackierten Pfeilern errichtet, auf denen jeweils ein Drache stand, der den Pfeiler mit seinem Schwanz umschlang und die Decke mit seinen ausgestreckten Gliedern stützte«.

Hier geschah es, daß Kublai eines Sommertages des Jahres 1275 von drei Reisenden besucht wurde: den Brüdern Niccolò und Maffeo Polo, Kaufleuten aus Venedig, und Niccolòs Sohn Marco. Die älteren Polos waren dem Khan nicht fremd. Etwa zehn Jahre früher hatten sie seinen Hof als Gesandte von Kublais Bruder Hülagü, dem Il-Khan von Persien, aufgesucht. Den Brüdern Polo war versichert worden, daß Kublai niemals vorher einen »Lateiner« gesehen hatte und sehr begierig war, Männern aus Europa zu begegnen. Sie wurden königlich empfangen und mit Fragen überhäuft: »über die Kaiser, die Regierung ihrer Länder und die Pflege der Gerechtigkeit, dann über Könige, Fürsten und Adlige, über den Papst und alle Eigenheiten der römischen Kirche und die Lebensgewohnheiten der Lateiner«. Der Großkhan, dessen Wißbegierde noch unbefriedigt war, schickte die älteren Polos nach Europa als Sonderbotschafter an den Papst mit der Bitte zurück, »er möge etwa hundert Leute schicken, wohlunterrichtet in den sieben freien Künsten und fähig, Bilderanbetern und anderen einsichtig zu machen, daß der christliche Glaube besser als andere Religionen sei«.

Für eine Missionierung solchen Ausmaßes war von einem Papst kaum Unterstützung zu erwarten. Nach einiger Verzögerung, die durch die zweijährige Sedisvakanz nach dem Tod Clemens' IV. im Jahr 1269 bedingt war, gab dessen Nachfolger, Gregor X., dem Projekt seinen Segen und beauftragte zwei gelehrte Dominikaner, die Mongolen zu bekehren. Aber schon nach kurzer Zeit gaben die beiden Kleriker auf. Die Polos reisten allein weiter. Wenn auch der Versuch unterbleiben mußte, den Großkhan zum christlichen Glauben zu bekehren, so würde es ihm nicht an Instruktoren über die Vorteile des Ost-West-Handels fehlen. Falls Kublai über die unvollständige Antwort auf seinen Appell enttäuscht war, so war er zu höflich, als daß er es sich anmerken ließ. Marco berichtet, daß nach den zeremoniellen Präliminarien im Jahr 1275 sein Vater ihn dem Khan vorstellte: »Er sei sein Sohn und zugleich Diener des Großkhans, worauf der Großkhan ihn willkommen hieß und ihm sein Wohlgefallen zeigte.«

Diese Episode und viele andere Erlebnisse der Polos im Fernen Osten sind in Marcos Reisebericht enthalten: »Die Wunder der Welt«. Marco diktierte seinen Bericht Rustichello von Pisa, einem professionellen Romanschreiber, während beide 1298/99 in Genua als Kriegsgefangene festgehalten wurden. Es überrascht, zu entdecken, daß die oben beschriebene Hofszene fast Wort für Wort einen früheren Bericht wiederholt, den Rustichello anläßlich der Vorstellung Tristans vor König Artus in Camelot verfaßt hatte. Es gibt noch andere Passagen in dem Buch, die mit einiger Wahrscheinlichkeit eher dem Roman-Autor als dem Reisenden zuzuschreiben sind. Aber das Werk als Ganzes überzeugt, nicht nur durch seinen Reichtum an Details – vieles wird voll gestützt durch zeitgenössische chinesische Berichte –, sondern auch durch seinen nüchternen Stil. Ein großer Teil von Polos Erzählung ist kaum mehr als eine katalogartige Aufzählung blendender

Kublai Khan, Enkel Djenghis Khans und Kaiser von China. Wohl zeitgenössische Miniatur

Venedig. Miniatur in der Pariser Handschrift von »Les Livres du Graunt Caam«, etwa 1400

*Niccolò und Maffeo Polo mit dem Missionsgesuch Kublai Khans vor Papst Gregor X.
Miniatur in der Pariser Handschrift mit dem Reisebericht Marco Polos, etwa 1400*

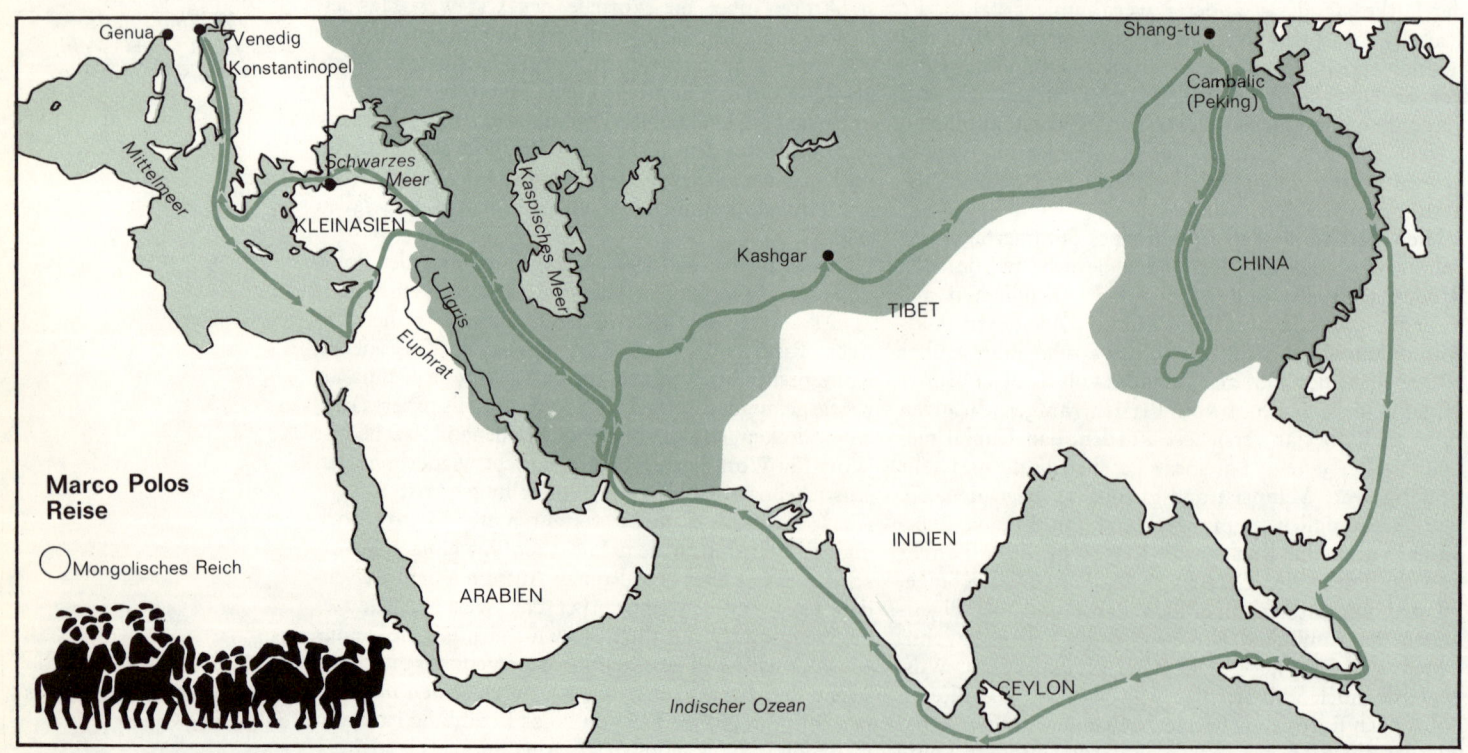

Schätze: Gold und Rubine, Seide und Zobel, Wohlgerüche und Gewürze, exotische Gewohnheiten und geheimnisvolle Künste werden beschrieben. Das Werk wurde in einer franco-italischen Mischsprache verfaßt und schon bald ausgiebig kopiert und übersetzt. Die »Wunder der Welt« verbreiteten ein verführerisches und märchenhaftes Bild eines prächtigen Ostens in Europa. Marco Polos Schilderungen prägten das geographische Bild der Europäer für die nächsten zwei Jahrhunderte bis in das Zeitalter der Entdeckungen.

Vor dem 13. Jahrhundert hatten die Menschen im Abendland nur vage Begriffe davon, daß kostbare Güter aus dem Fernen Osten wie Seide und Gewürze aus dem Land der Serer stammten. Seit 1127, als Nord-China unter die Herrschaft eines Nomadenvolkes, der Kitai, geriet, nannte man in Europa die Länder im Osten Cathay. Die Chinesen waren, wohl dank arabischer Händler, besser über den Westen, vor allem das Byzantinische Reich, unterrichtet. Der Handel mußte die islamischen Reiche des Mittleren Ostens und Zentral-Asiens passieren. Diese Staaten errichteten mit Bedacht eine Barriere vor direkten Handelsbeziehungen. Besonders die unternehmungslustigen Kaufleute der Republik Venedig waren bestrebt, den Zwischenhandel zu durchbrechen. Seit der Einnahme Konstantinopels im Verlauf des Vierten Kreuzzuges im Jahr 1204 beherrschten die Venezianer den Handel auf dem Schwarzen Meer und errichteten eine Faktorei in Sudak auf der Krim. Die Gelegenheit zur Ausweitung ihres Handels nach Osten kam mit dem Aufstieg der Mongolen in Asien.

Vor 1206 hatten die Mongolen keine besondere Stellung unter den zahlreichen umherschweifenden Nomadenstämmen der asiatischen Steppen erringen können. Ihre periodischen Eruptionen beunruhigten zwar schon seit Jahrhunderten ihre seßhaften Nachbarn. Aber erst in diesem Jahr, zu einer Zeit, als soziale und ökonomische Bewegungen alte Stammesbindungen zerstörten, erstand den Mongolen ein Führer, der fähig war, einen zusammengewürfelten Haufen von schnell reitenden und scharf schießenden Hirten in eine unbesiegbare Armee zu verwandeln, deren Zahl mit jedem Sieg zunahm. Dieser Mongolenfürst, der den Titel Djenghis Khan annahm, eroberte Nord-China und schickte sich bald darauf an, die ganze Welt zu erobern.

Bis 1259, als die Würde des Großkhans auf Djenghis Khans vierten Nachfolger, Kublai, überging, erstreckten sich die Herrschaftsgebiete der Mongolen vom Pazifik im Osten bis zum Mittelmeer und Schwarzen Meer im Westen. Die westlichen Territorien wurden von drei untergeordneten Khanen regiert, deren Residenzen in Rußland, in Persien und in Bukhara im Herzen Asiens lagen und die praktisch unabhängig herrschten. Die europäischen Völker gerieten zum erstenmal in direkte und bedrohliche Nähe zu einem Reich des Fernen Ostens.

Mongolischer Bogenschütze

Besiegte mongolische Truppen auf dem Rückzug aus Persien. Kriegselefanten der Mongolen im Kampf (unten). Miniaturen von Rashid el Din in der Edinburger Handschrift der »Geschichte der Mongolen«, Anfang des 14. Jahrhunderts

Marco Polo beschreibt Kublai als »den weisesten und in jeglicher Hinsicht fähigsten Menschen, den besten Herrscher über seine Untertanen und über sein Reich sowie den Menschen mit dem erhabensten Charakter aller, die aus der Geschichte der Tartaren bekannt sind«. Tartaren wurden in Europa die Mongolen genannt. Wassaf, ein persischer Geschichtsschreiber, erklärte, daß Kublais Ruhm als Herrscher alles übertraf, was die Geschichte von den Kaisern in Rom überlieferte. Selbst die chinesischen Annalen, die einem fremden Eroberer gegenüber naturgemäß voreingenommen waren, priesen ihn als einen weisen Richter der Menschen, einen Förderer der Literatur und einen Herrscher, der seine Untertanen wirklich liebte.

Unter Kublais Schutz durften sich die Polos in ganz China frei bewegen, das seit 1279 vollständig von den Mongolen beherrscht wurde. Marco und die beiden älteren Polos konnten so die alte und technisch vollkommene Kultur Chinas erkunden. Als Europäer gelang es ihnen aber nicht, sich vollständig in Leben und Kultur des chinesischen Volkes einzufühlen.

Was die Polos wirklich während ihres zwanzigjährigen Aufenthalts im Fernen Osten taten, ist schwer zu erforschen. In den chinesischen Quellen gibt es keine authentischen Berichte über sie, und die wenigen persönlichen Details, die Marco in seiner Beschreibung anführt, enthalten zum Teil Behauptungen, die wohl eher von Rustichello als von Marco stammen und nicht wörtlich verstanden werden dürfen. Doch Kublai, der es sich nicht erlauben konnte, ganz von der Loyalität seiner chinesischen Untertanen abhängig zu sein, beschäftigte viele Fremdlinge in Vertrauensstellungen, und es liegt daher kein Grund vor anzuzweifeln, daß Marcos ausgedehnte Reisen im Machtbereich des Großkhans und auch außerhalb, so in Indien und Ceylon, in offiziellem Auftrag unternommen wurden. Dennoch muß eine gewisse Übertreibung in den Berichten vermutet werden:

»Nach nur kurzer Zeit, die er am Hof des Großkhans verbrachte, hatte Marco die Sitten der Tartaren und ihre verschiedenen Sprachen in Wort und Schrift gelernt. So wurde er ein gelehrter und über die Maßen wertvoller Mann. Als der Großkhan seine bedeutenden Fähigkeiten erkannte, schickte er ihn als Gesandten zu einer Stadt, wohin die Reise sechs Monate dauerte. Wohlbehalten kehrte Marco zurück und berichtete von seinem Auftrag und anderen Neuigkeiten, nach denen man ihn fragte. Er hatte nämlich erlebt, daß andere Boten von ihren Missionen in andere Länder zurückgekommen waren und nichts zu berichten wußten als das, was man ihnen aufgetragen hatte. Das verdroß den Großkhan, der mehr an Berichten über Leben und Bräuche der Länder interessiert war als an den Ergebnissen seiner Aufträge. Da Marco dies wußte, lernte er möglichst alles genau, um es dem Großkhan berichten zu können.«

Schon hier zeigt sich die talentvolle Beobachtungsgabe der Venezianer, deren Gesandtschaftsberichte aus anderen Ländern in späteren Zeiten zu einer der zuverlässigsten und aufschlußreichsten Quellen wurden.

Vermutlich vergaßen die Polos nicht, daß sie Kaufleute waren und ihre Reise in kirchlichem Auftrag begonnen hatten. Es gibt kleine Anzeichen dafür, daß

Karawane auf dem Weg nach Cathay, dem Fernen Osten. Detail der katalanischen Weltkarte von Abraham Cresques, 1375

sie in beiderlei Hinsicht Erfolge erzielten. Bruder Odorico von Pordenone, der China einige Zeit nach 1320 besuchte, behauptete, von vielen Leuten aus Venedig zu wissen, daß sie tatsächlich Kinsai, die alte Hauptstadt Süd-Chinas, Hang-chou, gesehen hätten. Das Handbuch eines Kaufmanns von Francesco Pegolotti aus dem Jahr 1349 macht die überraschende Aussage, daß der Landweg nach Cathay vollkommen sicher sei bei Tag und bei Nacht. Marco Polos Wissen von chinesischen Christen beweisen zahlreiche Angaben über nestorianische Gemeinden. Eine lebendige Schilderung widmet er einer vermutlich christlichen Sekte, die er und sein Onkel Maffeo in Foochow entdeckt hatten. Dieses Interesse muß geholfen haben, die Anfänge westlicher Missionsversuche in China zu fördern, die 1307 zur Ernennung Giovanni di Monte Corvinos zum ersten katholischen Erzbischof von Peking führten.

China war unter Kublai fremden Einflüssen offen, wie es niemals vorher war und für Jahrhunderte auch nach ihm nicht mehr sein sollte. Der aufgeklärte Mongolenherrscher, der Fachleute aus Ägypten beschäftigte, die die Bevölkerung von Fukien eine bessere Methode der Zuckerraffination lehren sollten, mag bereitwillig genug gewesen sein, jede praktische Anregung der Polos aufzunehmen.

Als die Abenteurer 1295 nach Venedig zurückkehrten, nachdem sie über Ceylon eine Braut für den Il-Khan von Persien eskortiert hatten, waren die Gegenstände, die sie den Berichten zufolge heimbrachten, höchst kurios: Proben von Sago, einer stärkenden Nahrung, die aus dem Mark von Palmen hergestellt wurde; Haare des Yak, den getrockneten Kopf eines Moschustieres, einige Brasilholzsamen, die nie keimten, und Erde vom Schrein des Apostels Thomas aus der Nähe von Madras. Überdies waren Marcos Beschreibungen von der Herstellung von Asbest, Porzellan und Palmwein nicht technischer Art und konnten schwerlich zum praktischen Gebrauch anleiten. Einige Erfindungen der Chinesen, einschließlich der des Schießpulvers und der der Uhr, wurden um diese Zeit im Westen bekannt; doch wohl nicht durch die Polos. Falls Marco Polo die Bedeutung der chinesischen Druckkunst erkannt hätte, könnte er Gutenbergs Erfindung um mehr als ein Jahrhundert vorweggenommen haben. Aber seine Beschreibung erwähnt diese Kunst nicht. So haben die Polos ihre europäischen Zeitgenossen kaum etwas aus der fremdartigen Welt ihrer Reisen gelehrt.

Jede unmittelbare Frucht aus dieser Begegnung von Ost und West wurde durch den Zerfall der mongolischen Macht in den Jahren nach Kublais Tod (1294) im Keim erstickt. Im Westen wurden die Mongolen durch den Islam absorbiert, der militant und christenfeindlich war. Im Osten wurden sie in China 1368 durch die nationalbewußte Ming-Dynastie verdrängt.

Es gab bedeutende und rastlos forschende Geister im Westen, an denen die in Marco Polos Beschreibung enthaltenen Berichte nicht verschwendet waren. Sein Buch blieb ein fruchtbares Element im Drängen nach Erforschung ferner Länder, das zwei Jahrhunderte später zu einer anderen, umwälzenden Reise führte.

RONALD LATHAM

Kublai Khan bei der Verleihung eines Geschenkes. Festtafel am Hof Kublai Khans (Mitte). Perlenfischerei (unten). Miniaturen in der Pariser Handschrift von »Les Livres du Graunt Caam«, etwa 1400

Frankreich und England. Die Scholastik

König Ludwig IX., der Heilige, von Frankreich

Die Franzosen schauen auf die Regierungszeit Ludwigs IX., die von 1226 bis 1270 währte, als eine der Goldenen Zeiten des französischen Königtums zurück. Wenige Könige von Frankreich wurden von ihren Untertanen so geliebt und erlangten unter den zeitgenössischen Königen und Fürsten ein so hohes Ansehen wie König Ludwig IX., der Heilige. Die strenge Erziehung, die er durch seine Mutter Blanca von Kastilien erfuhr, die während der Minderjährigkeit des Königs auch Regentin von Frankreich war, und seine natürliche Frömmigkeit brachten Ludwig dazu, sein Leben nach dem Ideal eines christlichen Ritters zu gestalten; darum auch war er zeit seines Lebens mit Kreuzzügen gegen die Ungläubigen beschäftigt. Seine strategischen Fähigkeiten entsprachen allerdings nicht seinem Enthusiasmus. Seine Unternehmungen schlugen meist fehl.

Die Kreuzzüge Ludwigs IX.

Zur Vorbereitung seines ersten Feldzuges, dem Siebenten Kreuzzug, legte Ludwig IX. Stadt und Hafen Aigues-Mortes an der Rhône-Mündung in der Languedoc an. Im Jahr 1248 verließ das französische Heer zu Schiff den neuen Hafen und segelte nach Ägypten. Im Handstreich wurde die Stadt Damiette eingenommen. Doch als Ludwig nach Kairo vorrückte, wurde er mit vielen Gefährten gefangengenommen. Der Rest des Heeres fand im Kampf den Tod. Der französische König zahlte dem Sultan von Ägypten ein hohes Lösegeld, um sich und die christlichen Gefangenen loszukaufen. Nach wiedererlangter Freiheit unternahm Ludwig IX., der Heilige, eine längere Pilgerfahrt nach Jerusalem und verschob darum seine Rückkehr nach Frankreich um vier Jahre. 1270 begann Ludwig seinen zweiten Kreuzzug, der der letzte der Christenheit zur Befreiung der heiligen Stätten sein sollte. Wahrscheinlich auf Drängen von Ludwigs IX. Bruder, Karl von Anjou, war das erste Ziel des Zuges Tunis. Der französische König mußte mit seinen Rittern durch die Sand-Wüsten Nord-Afrikas ziehen. Eine Seuche rieb fast das ganze Heer auf, und auch Ludwig IX. starb, noch immer davon überzeugt, daß er den Emir von Tunis zum Christentum bekehren könnte. Sofort begannen sich Berichte von Wundern um den toten König zu ranken, die sich an seinen Gebeinen ereignet und durch sein Wirken haben sollten. Schon siebenundzwanzig Jahre später wurde Ludwig IX. vom Papst heiliggesprochen.

Frankreich

Als der heilige Ritter der Christenheit war Ludwig IX. ein Hauptförderer des Friedens in Europa gewesen. So hatte er König Heinrich III. von England unter der Bedingung mit den Gebieten Limousin und Perigord belehnt, daß Heinrich sein Vasall für die verkleinerten Herzogtümer Aquitanien und Gascogne würde und auf alle englischen Ansprüche in Maine, Anjou, Poitou und der Normandie verzichtete. Der Vertrag von Paris vom Jahr 1259, der diese Abmachung bestätigte, barg dennoch die Ursachen zum Hundertjährigen Krieg zwischen England und Frankreich.

Menschen und Völker wandten sich an Ludwig IX., den Heiligen, und machten ihn zum Schiedsrichter in ihren Streitigkeiten. Er gab im Jahr 1264 durch das Gebot von Amiens sein Urteil zur Nachfolge in der Grafschaft Flandern und entschied zugunsten Heinrichs III. gegen die englischen Barone. Die königliche Macht und sein Einfluß auf die Regierungsgeschäfte wuchsen während seiner Regierungszeit in Frankreich. Wirtschaftlich aber geriet das Land an den Rand des Bankrotts. Ludwig, der der französischen Monarchie ein bedeutendes Prestige verschaffte, konnte nur darum mit dem Kreuz in der Hand auf Kreuzfahrt ziehen und Schlachten schlagen, weil sein Großvater Philipp II. August die königliche Regierung im Land so unerschütterlich gestärkt hatte.

Die Universitäten

Das 13. Jahrhundert sah die Konsolidierung der Universitäten, die aus unsicheren Anfängen heraus gewachsen waren, um zu einem wesentlichen Unternehmen des mittelalterlichen Staates zu werden. Die Pariser Schulen hatten in den Tagen des Peter Abaelard alle anderen Lehrstätten überstrahlt. Doch erst im Jahr 1200 erhielt die Universität von Paris ein königliches Privileg, in der die Professorenschaft als Korporation anerkannt wurde. Im Gegensatz dazu besaß Bologna, die Keimzelle des juristischen Studiums, eine Studentenkorporation. Paris wurde bald als Zentrum der Theologie anerkannt. Dort gründete der Beichtvater Ludwigs IX., des Heiligen, Robert von Sorbon, im Jahr 1257 ein Kolleg, wo Professoren und Studenten sich der scholastischen Theologie widmeten. Der Name des Stifters ging bald auf die ganze Universität über. Junge Leute aus allen Ländern Europas strömten an der Sorbonne zusammen, um dort zu Füßen so namhafter Professoren wie Wilhelm von St. Amour und Pierre d'Ailly zu sitzen und ihren Vorlesungen zu lauschen.

Oxford hatte schon sein anerkanntes Studium Generale, ein Haus für Professoren, Magister und Studenten, als die Schulen in Paris wegen des Streites Heinrichs II. mit Erzbischof Thomas Becket für Engländer gesperrt wurden. Eine Studentenrevolte in Oxford führte 1209 zur Errichtung einer zweiten Universität in Cambridge. Hier wie in Oxford spielten die Franziskanerbrüder eine führende Rolle. Der erste Rektor der Franziskaner in Oxford war Robert Grosseteste, Kanzler und später Bischof von Lincoln, der Diözese, in der Oxford lag. Er wurde ein unerschütterlicher Verteidiger der Freiheiten der Universität gegenüber dem König, den Baronen und dem Bürgertum.

Nach einer siebenjährigen Ausbildungszeit erhielt ein Student an jeder englischen Universität, die er besuchte, den Grad eines Magisters. Als öffentlicher Beweis für seine Lehrbefähigung hielt er eine Antrittsvorlesung und bekam die Lehrbefugnis für jede andere Universität. In dieser Zeit vor der Gründung fester Universitätskollegien gab es eine bemerkenswerte Freizügigkeit unter den wandernden Studenten des Abendlandes, denn politische Ereignisse zwangen gelegentlich einen gesamten Lehrkörper, für ein Semester zu einer anderen Lehrstätte auszuweichen. Als Walter de Merton im Jahr 1266 sein Kolleg in Oxford gründete, erwarb er vorsichtshalber auch ein Grundstück in Cambridge, das im Fall einer Lehrbehinderung eine Ausweichmöglichkeit bieten sollte.

Um die Mitte des 13. Jahrhunderts wurden in England die ersten Kol-

Bibliothek des Merton College in Oxford

legien gegründet: Wilhelm von Durhams Große Universitäts-Halle, das spätere Universitäts-Kolleg, das Balliol- und das Merton-College in Oxford sowie im Jahr 1284 das Peterhouse-College in Cambridge. Als Lehr-, Lern- und Wohngemeinschaften dienten sie den unmittelbar dort Arbeitenden; aber auch für die Kirche und den König waren sie von großer Bedeutung.

Thomas von Aquin

Der Italiener Thomas von Aquin – er lebte von 1224 bis 1274 –, der hochgeachtete mittelalterliche Phi-

Heilige über dem West-Portal der Kathedrale von Salisbury

Das Interregnum in Deutschland

1240–1275

losoph, trat dem Dominikanerorden bei, um unter dem Kölner Scholastiker Albertus Magnus in Paris zu studieren. Thomas, der die meiste Zeit seines Lebens in Paris, in Rom und in italienischen Städten lehrte, beherrschte die scholastische Philosophie mit seinem enzyklopädischen Wissen und durchdringenden Verstand. Sein Hauptverdienst bestand darin, ein durchgearbeitetes System aufgebaut zu haben, daß die reine Philosophie mit dem kirchlichen Dogma versöhnte und den bisherigen Platonismus durch den Aristotelismus als die eigentliche christliche Philosophie ersetzte. Obwohl Thomas aus den lateinischen Fassungen der Texte des Aristoteles viele Fehler ausmerzte, die sich in den Jahrhunderten durch die Kommentatoren der Werke eingeschlichen hatten, war seine Übernahme des Aristoteles doch unkritisch.

Kern des Thomismus war der Gedanke, daß Philosophie und Theologie selbständige Disziplinen innerhalb ihrer eigenen Grenzen sind: Aufgabe der Philosophie ist es, die natürliche Ordnung im Licht der Vernunft zu prüfen, während es Pflicht der Theologie ist, die übernatürliche Ordnung, wie sie in Gottes Wort offenbart ist, zu erforschen. Für Thomas waren Glaube und Vernunft verschiedene Phänomene, die ein rechtgläubiger Denker zufriedenstellend in Einklang bringen muß. Er war zutiefst davon überzeugt, daß der Glaube vernünftig und die Vernunft göttlich sei.

In seiner »Summa theologica«, einem Handbuch der gesamten Theologie, versuchte Thomas von Aquin, ein vollkommenes, allumfassendes System zu schaffen, in dem er alles darlegte, was über die Beziehungen zwischen Gott und Menschen bekannt war. Thomas' literarische Methode war die der dialektischen Disputation, eine an den Universitäten wohlvertraute Form der Argumentation. Er begann damit, daß er Fragen stellte wie die, ob es einen Gott gäbe, ob dieser vollkommen sei, ob ewig. Danach löste er gewissenhaft alle Einwände und Widersprüche, bevor er von einem Punkt der Untersuchung zum nächsten überging.

Die »Summa theologica«, ein monumentales Werk, das schon wegen seiner Wissenschaftlichkeit und gedanklichen Schärfe eindrucksvoll ist, vereinigte unwiderruflich die Philosophie mit der mittelalterlichen Kirche. Darum hat man Thomas von Aquin als den repräsentativsten und ausgeglichensten Scholastiker angesehen.

Roger Bacon

Ein systematischer Denker ganz anderer Art als Thomas war der englische Franziskanerbruder Roger Bacon, der von 1214 bis 1292 lebte. »Verdächtige Neuartigkeiten« in seinen Vorlesungen zu Paris und zu Oxford führten dazu, daß er von seinem Orden ein Disziplinarverfahren erhielt. In der Tat lag die Bedeutung von Bacons Werk gerade in der Modernität, für die er gerügt wurde. Er gab das Lehren der aristotelischen Philosophie auf, um, wie er sagte, »Wissen in allen Wissensgebieten zu erwerben, und es auf dem Felde der Theologie zu verwerten«. Er arbeitete zwanzig Jahre an der Durchführung dieses Programms. Während dieser Zeit verbrauchte Bacon nahezu fünfundzwanzigtausend Mark für »geheime Bücher, Instrumente verschiedener Art, Tische und andere Dinge«. Für ihn war die Mathematik das Alphabet der Philosophie, und das Experiment, nicht die Spekulation, bildete für ihn den Schlüssel zur Naturwissenschaft. Obwohl Bacon nicht die Brillengläser erfand, so experimentierte er schon mit konvexen Linsen, um die Sehkraft zu verbessern; obwohl er nicht mehr als Erfinder des Schießpulvers gefeiert wird, machten ihn doch seine Beiträge zum naturwissenschaftlichen Denken, wie er es in seinen großen enzyklopädischen Abhandlungen niedergelegt hat, zu einer singulären Erscheinung unter den mittelalterlichen Denkern und Schriftstellern.

Während Bacons Zeitgenossen mit metaphysischen Disputationen befaßt waren, beschrieb und definierte er das, was er »experimentelle Naturwissenschaft« nannte. »Experimentelle Wissenschaft allein«, so schrieb er, »kann bis zur Vollkommenheit bestätigen, was durch die Natur erreicht wird, was durch Geschicklichkeit und was durch Betrug. Sie allein lehrt, wie all die Torheiten der Zauberkünstler zu bewerten sind, geradeso wie die Logik eine Behauptung prüft.« Bacon zahlte einen hohen Preis für seine Rolle in der Übertragung griechischen und arabischen Wissens in die abendländische Bildung und Gelehrsamkeit. Mehrere Jahre lang mußte er unter strenger Geheimhaltung arbeiten. Seine geistlichen Ordensoberen beschuldigten ihn, er triebe »schwarze Magie«; er wurde aus seiner Heimat England verbannt und verlor die finanzielle Unterstützung seiner Familie. Papst Clemens IV. erkannte jedoch schließlich den ge-

König Albrecht I.

nialen Denker an: Ihm wurde gestattet, in seine Heimat zurückzukehren.

Das Interregnum

Im Jahr 1250 war Kaiser Friedrich II. in Apulien gestorben und hatte das Kaisertum seinem Sohn Konrad IV. hinterlassen. Sizilien aber erbte sein illegitimer Sohn Manfred. Deutschland und das süd-italienische Königreich wurden bald in schwere Kriege verwickelt. Manfred glückte es zwar zunächst, Sizilien und Neapel zu behaupten; doch im Jahr 1266 nahm Karl von Anjou, der Bruder König Ludwigs IX., des Heiligen, begierig das Angebot des Papstes an und erwarb die sizilianische Krone.

In Deutschland wirkte sich das nach dem Tod Kaiser Konrads IV. im Jahr 1254 entstandene Interregnum, das bis 1273 währte, katastrophal auf König- und Kaisertum aus, denn es bedeutete den Niedergang einer wirksamen politischen Zentralgewalt im Reich. Die merkwürdige Doppelwahl von 1257, bei der die rivalisierenden Kronprätendenten, Graf Richard von Cornwall, der Bruder König Heinrichs III., und König Alfons X. von Kastilien, jeweils die Mehrheit der sieben Kurstimmen für sich in Anspruch nahmen, diskreditierte alle Beteiligten. König Ottokar II. von Böhmen hatte seine Kurstimme vorübergehend beiden Kandidaten gegeben. Alfons setzte seinen Fuß nie nach Deutschland, während Richard sich zwar mit seinem Titel »Römischer König« brüstete, es aber versäumte, seine Macht zumindest in den Gebieten durchzusetzen, wo er über einen starken Anhang verfügen konnte.

Anfänge des Parlamentes

Während seines Kampfes mit den Hohenstaufen hatte Papst Alexander IV. dem englischen König Heinrich III. für dessen zweiten Sohn Edmund Crouchback das Königreich Sizilien gegen Zahlung einer beträchtlichen Summe angeboten. Das »sizilianische Geschäft« erwies sich als ein Fiasko, doch der Papst beharrte auf seiner Forderung nach Bezahlung. Bevor Heinrich die Bewilligung zum Er-

Simon von Montfort

heben einer Steuer für den Papst erhielt, mußte er den Forderungen der Barone auf Beteiligung an der Regierung zustimmen. Der Reformplan der Barone wurde in den Provisionen von Oxford des Jahres 1258 in der Weise ausgedrückt, daß dreimal im Jahr die Versammlung, das »Parlament«, zusammentreten sollte, um die Staatsgeschäfte zu besprechen und die Beschwerden der Untertanen abzustellen. Doch erwies es sich als unmöglich, den Plan der Barone durchzuführen, solange persönliche Feindschaften unter ihnen herrschten. Ein Bürgerkrieg brach aus. Der Führer der Opposition der Barone, Simon von Montfort, besiegte seinen königlichen Schwager im Jahr 1264 in der Schlacht von Lewes. Fünfzehn Monate war er Herrscher in England. Die Ereignisse nach der Unterzeichnung der Provisionen von Oxford beeinflußten hinfort die Entwicklung der englischen Verfassung, denn sie begründeten die Tradition des englischen Parlamentes.

Die »Göttliche Komödie« 1320

Papst Bonifaz VIII. Marmor-Sitzbild in Florenz, Anfang des 14. Jahrhunderts

Dante Alighieri und Brunetto Latini. Detail der Wandmalerei »Il Paradiso« von Giotto di Bondone in Florenz, nach 1334

Im Jahr 1302 mußte Italiens größter Dichter, Dante Alighieri, seine Heimatstadt Florenz verlassen. Seine politischen Gegner hatten dort die Oberhand gewonnen. Sie verurteilten Dante sogar zum Tod, was für den Dichter Verbannung und Jahre unruhiger Wanderschaft durch Italien bedeutete. Dennoch war es eine Zeit voll fruchtbaren Schaffens, die in der »Commedia« gipfelte, jenem allegorischen Werk von der Welt des Jenseits, das die Nachwelt »Divina Commedia – Göttliche Komödie« nannte.

An einem Karfreitag verirrte sich der Dichter in seiner Phantasie in einem dunklen Wald. Auf der Flucht vor seinen Feinden begegnete er dem Geist des von ihm hochverehrten lateinischen Dichters Vergil. Der Römer erzählte Dante, daß er aus dieser finsteren Welt nur entkommen könne, wenn er den Weg durch die Hölle nähme. Von dort werde er durch das Fegefeuer bis zum Paradies gelangen. Mit Vergil als seinem Führer überquerte Dante den Fluß Acheron und begann seinen grauenerregenden Abstieg in das Reich des Bösen. Die Hölle glich einer gewaltigen, trichterartigen Höhle mit Felsklippen ringsum, auf denen die Seelen der Sünder Strafen erduldeten, die den Verbrechen ihrer Erdenzeit angemessen waren.

Als Dante diese Felsengänge hinabkletterte, erkannte er neben unbedeutenden Florentiner Zeitgenossen auch Gestalten der christlichen und antiken Vergangenheit. Er sah Kaiphas, den jüdischen Hohenpriester, der dem Hohen Rat vorstand, als Jesus Christus zum Tod verurteilt wurde, und Odysseus, den wandernden Helden des homerischen Epos. Auf jeder Stufe seines Weges in die Tiefe konnten Dante und sein Seelenführer Sünder mit größerer Schuld zählen. Am oberen Rand fanden sie noch die Menschen, die nur lasterhafte Gedanken gehegt hatten. Im Fortschreiten begegneten sie Häretikern, Verführern, Meineidigen und Verrätern; zuletzt trafen sie auf Judas, den Verräter Christi, und auf Brutus, den Mörder Julius Cäsars. Beide wurden von Satan selbst in der kalten Mitte der Erde gepeinigt. Vergil führte Dante durch einen dunklen Tunnelgang; dann entstiegen sie der Hölle und befanden sich auf der anderen Seite der Welt.

Beide gelangten an den Fuß des Läuterungsberges, der in seiner Form das genaue Gegenstück zur Hölle, nämlich einen Kegel, bildete. Wie die Hölle war der Berg von einer Spirale umkreist, auf der die Seelen derer wohnten, die nur lässliche Sünden begangen hatten: jene, die schwerer gesündigt hatten, saßen unten nahe dem Grund; jene, die sich Leichteres hatten zuschulden kommen lassen, staffelten sich zum Gipfel hin. Anders als die verlorenen Seelen in der Hölle arbeiteten alle Bewohner des Läuterungsberges, um an der Tilgung ihrer Sünden zu wirken. Als Dante den Gipfel erreichte, konnte er jenseits des Flusses Lethe das irdische Paradies sehen, in dem die ersten Menschen sich ihrer ursprünglichen Unschuld erfreut hatten. Der Heide Vergil konnte nicht in dieses Gebiet eintreten. An seine Stelle trat als Führerin der Schatten der Beatrice, einer Frau, die Dante schon als Knabe in Florenz kennengelernt und bewundert hatte und die seither für ihn ein Symbol der Vollkommenheit geblieben war. Nachdem die Seele der Beatrice Dante wegen seines sündigen Lebenswandels heftig getadelt hatte, geleitete sie ihren Freund in das Paradies hinein.

Sobald sich Dante in den himmlischen Regionen befand, wurde sein Fortschreiten zu einem schwerelosen Steigen durch die Reiche der Lüfte und des Lichtes. Mit Beatrice an seiner Seite zog er an den Räumen des Weltalls über der Erde vorbei, die die Sonne, die Planeten und die Sterne enthielten. Dort traf er die Seelen, deren irdisches Leben schon eine Hierarchie der Tugenden verkörpert hatten. Er wurde vor die Apostel Petrus und Johannes getragen, die sein Verständnis der christlichen Tugenden von Glaube, von Hoffnung und von Liebe prüften. Schließlich wurde der Sohn aus Florenz in den Lichthimmel Gottes und der Heiligen eingelassen, wo er einen neuen Führer, den heiligen Bernhard, erhielt. Dante wurde der Jungfrau Maria ansichtig, durch deren Fürsprache er einen Blick in das Licht der Dreifaltigkeit tun durfte.

Dies ist in dürren Worten die Geschichte, die in Dantes »Divina Commedia« erzählt wird. Das Werk selbst ist eines der bedeutendsten epischen Gedichte und eine der größten christlichen Allegorien der

Literaturgeschichte. Seine hundert Gesänge sind in drei gleiche Abschnitte geteilt: das Inferno, das Vergils und Dantes Abstieg in die Hölle darstellt, das Purgatorio, das vom Aufstieg der beiden Dichter auf den Läuterungsberg handelt, und das Paradiso, das Dantes Reise durch die verschiedenen Himmel beschreibt und deren Höhepunkt die Schau des Empyräums, des Lichthimmels Gottes, bildet.

Trotz ihrer Länge und trotz des philosophischen Inhaltes hatte die »Göttliche Komödie« eine breite Leserschicht. Zu diesem Erfolg hat auch der Umstand beigetragen, daß Dante sein Meisterwerk in der Volkssprache, also auf Italienisch, abgefaßt hat und nicht auf Lateinisch. Die Wahl der Sprache hat gewiß manche gelehrten Dichter seiner Zeit verdrossen, doch sie machte das Epos zu einem volkstümlichen Werk. Außerdem war die »Göttliche Komödie« durchsetzt mit Anspielungen auf Zeitgenossen, Mitglieder der päpstlichen Kurie, Florentiner Beamte, Freunde und Gegner des Dichters. Dies machte das Lesen des Buches fesselnd und anschaulich. Die Lebendigkeit wurde noch durch den Terzinen-Reim verstärkt, ein rhythmisches Schema (aba, bcb, cdc, ded, ... yzy, z), das jede Strophe mit der folgenden verband und dem Erzählstil einen leichten Fluß gab.

Die »Göttliche Komödie« war vor allem anderen der Bericht von der großen eigenen Bekehrung ihres Verfassers, von seinem Gang in die Hölle bis zu seiner Erhebung in den Himmel. Im Purgatorio, dem Fegefeuer, porträtiert sich Dante als reuiger Sünder, der den Makel der Sünden abwirft, während er durch die Hügel erfolgreicher Buße emporklimmt. Der römische Dichter Vergil und Dantes Gefährtin Beatrice waren Inspirationen seines wirklichen Lebens, zugleich auch dichterische Symbole der natürlichen Vernunft und der göttlichen Gnade. So hat Dante vieles von den Qualen und Ängsten seines irdischen Lebens in die wenigen Tage seiner geistlichen Odyssee einströmen lassen. Wir wissen nicht viel über die Bekehrung des Dichters. Doch verglichen mit anderen großen Poeten, etwa mit Homer oder Shakespeare, ist Dantes Lebenslauf recht gut bezeugt. Die Ereignisse seines Lebens geben einige

Dante, sein Epos und die Stadt Florenz (rechts). Wandmalerei von Domenico de Michelino im Dom zu Florenz, 1465

266

Dantes Hölle. Wandmalerei von Nardo di Cione in der Strozzi-Kapelle der Kirche S. Maria Novella zu Florenz, etwa 1357

Schematische Darstellung der Hölle Dantes

Dunkler Wald
Tor zur Hölle
Fluß Acheron

Limbus, der erste Höllenkreis

Sünden gegen Enthaltsamkeit
und Sünden der Wollust

Styx
Höllenstadt Dis
Häresie

Sünden der Gewalt
Phlegethon

Wasserfall

Sünden einfachen Betruges
Sünden schweren Betruges

Giganten

Untere Hölle

Obere Hölle

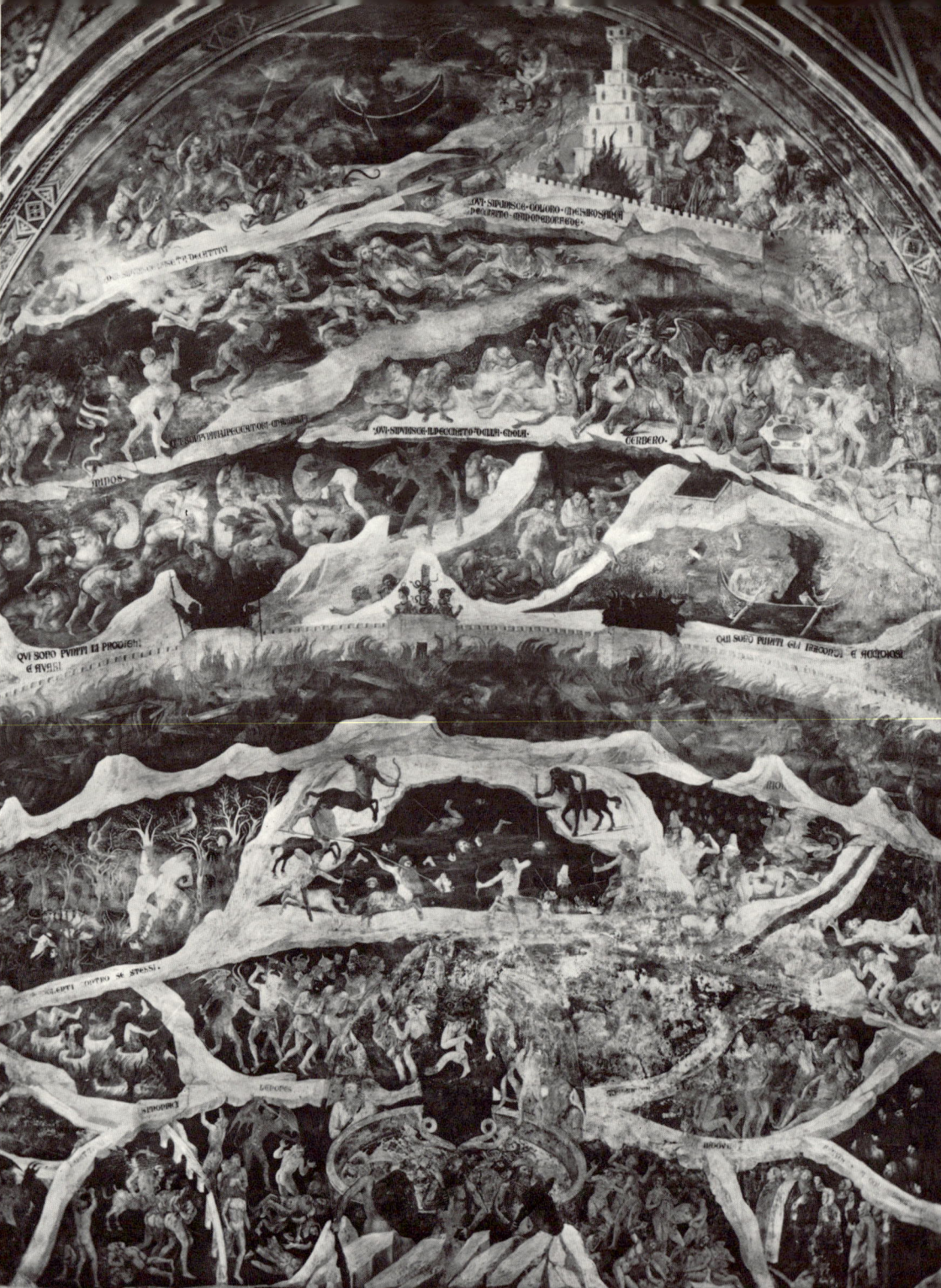

Hinweise auf die Gründe, warum Dante den Bericht seiner eigenen zentralen religiösen Erfahrung mit dem kunstvollen Ausdruck einer umfassenden religiösen und ethischen Weltschau sowie mit einem Kommentar über die bedeutenden Persönlichkeiten und hervorragenden Ereignisse seines Lebens verschmolzen hat.

Dante Alighieri wurde im Jahr 1262 in Florenz als Sohn eines niederen Adligen geboren. Er wuchs in der bedeutenden Stadt auf. Sicher konnte er erwarten, hier sein ganzes Leben zu verbringen — an einem Ort, der zu den erregendsten, reichsten und prächtigsten Hauptstädten des Abendlandes zählte. Als junger Mann wurde er ein guter lyrischer Dichter und verfaßte zahlreiche Liebesgedichte in einem neuen italienischen Versstil. Er verliebte sich in das Mädchen Beatrice, die aber einen anderen heiratete und schon in jugendlichem Alter, als Dante fünfundzwanzig Jahre alt war, starb. Seit dieser Zeit verlor Dante die Freude an Liebesdichtungen, mehr und mehr fesselten ihn Fragen der Philosophie und Theologie.

Dante fügte sich in die Verpflichtungen seines Standes und spielte eine durchaus bedeutende Rolle in der Politik seiner Vaterstadt. Florenz war damals eine unabhängige Republik, deren Führung zumeist in der Hand wohlhabender Bürger lag. Für einen Mann mit Prinzipien ist die politische Welt gefährlich. Dantes Zeit der politischen Aktivität, die im Jahr 1295 begann, als er dreißig Jahre alt war, fiel in eine Periode des erbitterten Kampfes zwischen den Parteien der »Schwarzen«, der Guelfen, und der »Weißen«, der Ghibellinen.

Letztere bildeten die führende Macht in Florenz. Von auswärts wirkte sich das Pontifikat Bonifaz' VIII., dieses wohl angriffslustigsten mittelalterlichen Papstes, der sich auf der Seite der »Schwarzen« in die Florentiner Angelegenheiten einmischte, verhängnisvoll auf Dantes Stellung aus. Im Jahr 1302 rissen die »Schwarzen« die Macht in der Stadt an sich, gerade während Dante, der ein »Weißer« war, sich mit einer Friedensgesandtschaft zum Papst begeben hatte. Der Dichter gehörte zu jenen, die auf Lebenszeit aus Florenz verbannt wurden. Er verbrachte die letzten zwanzig Jahre seines Lebens – es waren Jahre wachsenden Ruhmes – »verdammt«, wie er sagte, »zu Exil und Armut«. »Als ein Schiff ohne Segel und Ruder« zog er durch ganz Ober-Italien vom Hof eines Mäzens zum anderen.

Viele seiner bedeutenden Schriften wurden erst jetzt während seiner Verbannung verfaßt. Es überrascht daher nicht, daß die politischen Umstände seines Lebens, deren Opfer Dante in so augenfälliger Weise wurde, in seinem großen Gedicht eine so beherrschende Rolle spielten. Florenz stand während Dantes Leben auf dem Gipfel seiner materiellen Größe. Das 13. Jahrhundert war in ganz Europa eine Periode auffälliger wirtschaftlicher Expansion. Die großen italienischen Wirtschaftszentren hatten hierzu wesentlich beigetragen. Die Textilindustrie Italiens versorgte Europa ebenso, wie die bedeutenden Kaufleute und Bankiers die Finanzwirtschaft weltweit beherrschten. Im Jahr 1252 wurde mit dem Gulden, dem Florin, die erste Goldmünze seit dem Ende des Römischen Reiches in West-Europa geprägt. Dante selbst gehörte nicht einer großen Kaufmannssippe an. Vielmehr schaute er eher mit Wehmut auf die Tage seines Vorfahren Cacciaguida zurück, der im viel schlichteren Florenz des 12. Jahrhunderts gelebt hatte. Beatrices Ehemann jedoch war ein Angehöriger der Bardi, der berühmten, mit England und Frankreich Handel treibenden Großkaufleute.

Tuchindustrie und internationaler Handel hatten es Florenz und vielen anderen größeren italienischen Städten ermöglicht, unabhängige Republiken zu werden und den Geist der Stadtstaaten des alten Hellas und Roms neu zu beleben. Am Ende des 13. Jahrhunderts hatten die Handelsleute, Handwerksmeister und Kaufleute in Florenz ihre Freiheit vor dem Einfluß der großen Adelshäuser gesichert, die aber in Stadt und Land weiterhin eine starke Stellung besaßen. Diese Entwicklung wurde zu der Zeit, als Dante in die Politik eintrat, durch die Rechtsordonanzen von 1293 bestätigt. Sie bildeten eine Art von Verfassung, die die Regierung der Stadt den Gilden übertrug, jenen Handelsvereinigungen der ordentlichen Bürger. Eine Volksregierung brachte notwendigerweise Parteiungen hervor. Während des ganzen 13. Jahrhunderts wurde Florenz durch den Streit der Guelfen und Ghibellinen erschüttert, die im wesentlichen die Parteigänger des Papstes und des Kaisers waren. Diese Fehde leitete sich traditionell von dem Jahr 1215 her, als ein Mitglied einer Adelsfamilie eine andere dadurch tödlich beleidigte, daß er seine Beziehungen zu einem Mädchen aus dem Haus der letzteren abbrach. Doch, wie Dantes Vorfahr Cacciaguida sagte: »Viele könnten glücklich sein, die jetzt traurig sind.« Rivalität zwischen den Guelfen und den Ghibellinen wurde ein beherrschender Bestandteil des Florentiner Lebens. Am Ende des Jahrhunderts hatten die Ghibellinen aufgehört, in der Stadt eine größere Rolle zu spielen. Doch die Fehden zwischen den Anhängern der »Schwarzen« und der »Weißen«, die den ursprünglichen Streit fortsetzten, führten zu dem katastrophalen Wendepunkt in Dantes Leben.

Die Orte Italiens außerhalb von Florenz, in denen Dante die Jahre seiner Verbannung verbrachte, waren in seinen Augen politische »Herbergen des Jammers, Schiffe ohne Steuermann in großem Sturm, ...« Anders als weite Teile Europas, die zu ausgedehnten politischen Einheiten wie die Königreiche von England und Frankreich zusammengewachsen waren, besaß Oberitalien keine dominierende Macht. Dies ganze Gebiet teilten sich kleine Staaten, die entweder als republikanische Gemeinwesen wie Florenz regiert wurden oder von großen Herren wie Cangrande de la Scala, dem Dante gastfreundlich gesonnenen Herrscher von Verona; ihm widmete der Dichter sein »Paradiso«. Aus heutiger Perspektive erscheint das politische Chaos Italiens als eine der Vorbedingungen der Renaissance. Es war notwendig für die freie und mannigfaltige Entwicklung des Lebens und Denkens. Doch für Dante, der so sehr unter den Wirkungen der Uneinigkeit seines Landes leiden mußte, war die Vision einer einheitlichen stabilen Ordnung faszinierend. Es existierte keine Macht in Italien, die über die Mittel und das Ansehen verfügt hätte, die Einheit Italiens durchzusetzen. Daher wandte Dante wie viele seiner Zeitgenossen den Blick hoffnungsvoll auf den deutschen König, den Anwärter auf die römische Kaiserkrone.

In seiner Kaiserhoffnung gab sich Dante Alighieri wie auch in manchem anderen Illusionen hin. Während er im Exil lebte, schrieb er sein Buch »Monarchia«, in dem er unter Verwendung philosophischen und historischen Gedankengutes klassischer Werke darlegte, die Menschen sollten sich der Macht eines Herrschers unterwerfen: dem von Gott eingesetzten römischen Kaiser.

Die Hauptgegner der Ansprüche der deutschen Könige in Italien waren naturgemäß die Päpste, besonders Papst Bonifaz VIII., dessen Parteigänger in Florenz für Dantes Verbannung verantwortlich waren. In der »Divina Commedia«, deren Abfassung der Dichter wohl 1307 oder 1311 begann, wird Bonifaz VIII. schon drei Jahre vor seinem Tod im achten Ring der Hölle erwartet. Dieser Hieb einer literarischen Rache ist Teil einer höchst kritischen Sicht des Papsttums als Institution, die Dantes ganzes Werk durchzieht. Die frühmittelalterlichen Päpste waren gewiß als Nachfolger des heiligen Petrus hochverehrt worden, doch hatten sie nicht soviel Macht, vor allem keine weltliche, besessen. Der Übergang vom Machtanspruch zu ihrer tatsächlichen Ausübung vollzog sich im wesentlichen im Jahrhundert vor der »Divina Commedia«, als das Papsttum sich auf Kosten des Kaisertums entfaltete.

Das Papsttum war nicht die einzige Macht, die an der Wende des Jahrhunderts ihre Stellung zu festigen suchte. Der mächtigste Mann im Abendland war zu dieser Zeit Philipp IV., der Schöne, König von Frankreich. Noch seine Nachfolger sollten indirekt Dantes Leben beeinflussen. Eine der bedeutendsten Entwicklungen während der Lebenszeit des Dichters war die

Allegorie des Glaubens. Wandmalerei von Giotto di Bondone in der Cappella degli Scrovegni zu Padua, Anfang des 14. Jahrhunderts

Der heilige Apostelfürst Petrus. Bronze-Sitzbild in der Peters-Kirche zu Rom, 13. Jahrhundert

Allegorie des Guten Regimentes und die Stadt Siena. Gemälde von Ambrogio Lorenzetti, um 1338

sich anbahnende Verbindung zwischen dem Papsttum und der französischen Monarchie. Eine Mischung von Zuneigung und Rivalität verband beide Institutionen mit den größten Machtansprüchen in der christlichen Welt. Papst Bonifaz VIII. lud Karl von Valois, den Bruder König Philipps IV., ein, mit einem Heer nach Italien zu kommen. Gerade als die Anhänger des Papstes in Florenz durch die zeitweilige Anwesenheit von Karls Heer gestärkt wurden, kam es zur Verbannung Dantes. Der Dichter hatte daher genügend Grund, das französische Königshaus zu hassen. Den Ahnherrn dieses Geschlechtes, Hugo Capet, verwies er in das »Purgatorio«.

Bald aber trat eine Wandlung ein. Bonifaz VIII. war schließlich gezwungen, lange Zeit seines Pontifikats dem erbitterten Kampf mit Philipp IV., dem Schönen, zu widmen. Der Streit wurde das zentrale Ereignis in der politischen Geschichte Europas dieser Zeit. Die Ansprüche des Papstes auf das Recht, nördlich der Alpen Steuern zu erheben und die kirchliche Rechtsprechung wahrzunehmen, brachten ihn in Konflikt mit dem anmaßenden und grausamen französischen König. Bonifaz veröffentlichte seine berühmte päpstliche Bulle »Unam sanctam« vor allem gegen Philipp. In seiner Empörung schickte Philipp ein kleines Heer nach Anagni, der Sommerresidenz des Papstes vor den Toren Roms, und ließ ihn im Jahr 1303 gefangennehmen. Den grausamen und rücksichtslosen Akt verurteilte sogar ein so scharfer Gegner des Papstes wie Dante als Werk eines neuen Pilatus, der den Stellvertreter Christi ans Kreuz schlägt.

Bevor Dante seine »Göttliche Komödie« beendete, hatte der französische König die Wahl eines Franzosen zum Papst erzwungen: Durch Clemens V. setzte er die Errichtung der päpstlichen Kurie in Avignon an der Rhône durch, wo sie bis zum Jahr 1377 blieb. Ob dies ein Vorteil oder ein Nachteil für das Papsttum war, sei dahingestellt. Jedenfalls ließ die »Babylonische Gefangenschaft des Papsttums« Italien wieder ohne einen politischen Führer. Daher begrüßte Dante im Jahr 1308 aus der Verbannung enthusiastisch die Wahl Graf Heinrichs von Luxemburg zum deutschen König. Er galt als gerecht und großherzig. Doch besaß er Ehrgeiz genug, um dem Kaisertum in Italien neues Ansehen zu verschaffen. Heinrich VII. kam im Jahr 1310 nach Italien und blieb drei Jahre. Seine Pläne zerrannen angesichts der Unmöglichkeit, seine Gegner, besonders in Florenz, zu überwinden. Der Kaiser starb zu früh, im Jahr 1313, an einem Fieber. Es liegt vielleicht eine gewisse Tragik darin, daß Dantes politischer Idealismus, wie er ihn in seiner »Monarchia« ausgedrückt und im »Paradiso«, wo er Heinrich VII. einen Platz im Empyräum verspricht, bekräftigt hat, einem schwachen Repräsentanten des Kaisertums galt.

Obwohl die Umstände Dante an die Brennpunkte der italienischen Politik gezogen haben, gilt das Hauptinteresse der Nachwelt an ihm nicht so sehr dem politischen Beobachter Dante, sondern vielmehr dem überragenden Exponenten und Interpreten mittelalterlicher Geistigkeit. Der Dichter spürte die Ideen und Ideale seiner Zeit mit vollem Herzen; er war ein fast übermenschlich interessierter Mann, der alle wich-

tigen Wissensgebiete beherrschte. Die »Divina Commedia« ist das Werk eines Mannes, der sein ganzes Leben hindurch nach dem Sinn der Welt forschte und der nur unter großem persönlichem Einsatz zu einer Antwort kam. Darum auch ist die »Göttliche Komödie« ein Handbuch mittelalterlicher Geisteshaltung.

Die physikalisch-materielle Welt, in die hinein das Gedicht verpflanzt wird, ist ein äußerst sorgfältig gezeichnetes Gemälde des Universums, so wie es von mittelalterlichen Menschen vor der kopernikanischen Wende verstanden wurde. Die Erde steht in der Mitte; der Mond, die Planeten, die Sonne und die Sterne bewegen sich in festen Bahnen um sie herum. Die Gebiete der Engel und des Himmels liegen jenseits von diesem System. Das vereinfachte Bild der Welt war nicht nur von physikalischer Bedeutung, denn der Aufstieg von der Erde zum Himmel wurde sowohl physisch wie geistlich verstanden.

Schon als junger Dichter und Gelehrter hatte sich Dante den neuesten philosophischen Erkenntnissen seiner Zeit gewidmet. Das sich daraus ergebende Paradoxon seines geistigen Habitus war die Überzeugung, daß der christliche Glaube mit einer nachdrücklichen Bewunderung für die heidnische klassische Literatur einhergehen könne. Indem Dante sich Vergil zum Führer auf seiner Reise durch die Hölle und den Läuterungsort wählte, erkannte er den Wert der noch nicht durch die christliche Offenbarung erleuchteten natürlichen Vernunft an, deren sich die edelsten Heiden bedient hatten. Es ist schwierig zu entscheiden, ob die »Divina Commedia« mehr der christ-

Dantes Geburtshaus in Florenz

lichen Erzählung von Christi Abstieg zur Hölle und Auffahrt in den Himmel verdankt oder etwa der von Vergil in der Äneis geschilderten Reise in die Unterwelt. Während des 13. Jahrhunderts war das christliche Denken von der wiederentdeckten Kenntnis der aristotelischen Schriften erschüttert worden. Sie berühren in meisterlicher Art nahezu alle Gebiete der Wissenschaften und hatten bei Europas führenden Gelehrten einen tiefen und nachhaltigen Eindruck hinterlassen. Als Dante sich um eine vernunftgemäße Erklärung uralter Fragen, wie dem Einfluß der Sterne oder dem Beginn politischen Lebens, bemühte, studierte er die Schriften der Pariser Philosophen, besonders die Alberts des Großen und die Thomas von Aquins. Daneben las er auch die heidnischen Philosophen. Er wählte sorgsam die Argumente aus ihren Werken, um sie zu einer eigenen Synthese zusammenzubringen.

Dantes »Divina Commedia« gab jedoch nicht eine philosophische, politische und religiöse Synthese des 13. Jahrhunderts wie ein Spiegel wieder, schon weil es eine solche Synthese nicht geben konnte. Sein umfassendes Denken und Gestalten war ganz persönlicher Natur. Zu den Seelen, die der Dichter in den Sonnenhimmel versetzte, gehörten nicht nur die großen rechtgläubigen Kirchenlehrer, sondern auch Siger von Brabant und Joachim von Fiore, die man gemeinhin als gefährliche Häretiker betrachtete. So bot die »Göttliche Komödie« eine hervorragende Einführung in das Denken des 13. Jahrhunderts.

Anders als die sachlich unpersönliche Analyse bei den zeitgenössischen Scholastikern ist Dantes Werk ein in hohem Maße persönliches Kunstwerk. Und ungeachtet der Tatsache, daß Dante bei den Florentinern verhaßt war, ist es auch ein Produkt der weltoffenen Stadt, nicht etwa das mönchischer Abgeschiedenheit. Die Dichtung muß an Michelangelos Gemälde in der Sixtinischen Kapelle erinnern, einem ähnlichen Versuch, die christliche und die heidnische Welt zusammenzufassen. Das Streben, solch eine Synthese zu erreichen, war eine der zentralen und immer wiederkehrenden Ziele der Florentiner Renaissance. Dante Alighieris »Göttliche Komödie« war der erste Versuch, diese Synthese zu schaffen. Sie wurde allen gebildeten Florentinern eine ständige Quelle der Inspiration.

G. A. HOLMES

England im Kampf mit Schottland und Frankreich.

Auch in der ersten Hälfte des 14. Jahrhunderts erschütterten Kriege das Abendland. König Eduard I. von England, der 1307 starb, verfolgte eine imperialistische Politik, die ganz Britannien unter sein Zepter bringen sollte; der Erfolg seiner schottischen Feldzüge führte jedoch zu einer festen Allianz zwischen Frankreich und Schottland, die bis zum Jahr 1560 dauerte. Die Intervention der walisischen Fürsten in die englische Politik erreichte während des Kriegs der Barone den Höhepunkt. Im Vertrag von Shrewsbury wurde 1267 der unabhängige Fürst Llewelyn als Prinz von Wales anerkannt. Doch schon 1272 weigerte er sich, König Eduard I. von England den Lehnseid zu schwören. In dem nun folgenden Krieg fiel der walisische Fürst 1382, und Wales wurde dem englischen Reich einverleibt.

Schottland

Als Alexander III. von Schottland im Jahr 1286 starb und mit ihm das alte schottische Königshaus erlosch, sollte ihm seine Enkelin, eine junge norwegische Prinzessin, auf den Thron folgen. König Eduard plante, seinen Sohn Eduard von Carnavon mit ihr zu vermählen, um auf diese Weise die schottische Krone mit der englischen zu vereinigen. Doch die königliche Braut aus Norwegen starb 1290 auf ihrer Fahrt nach Schottland. Den vakanten Thron beanspruchten zehn Prätendenten. Um einen Bürgerkrieg zu vermeiden, stimmten die Schotten dem Schiedsspruch Eduards I. zu, daß John Balliol die königliche Würde erhalten sollte. Der einheimische Adel jedoch nahm Balliol allen Einfluß und schloß sogar ein eigenes Bündnis mit Philipp IV., dem Schönen, von Frankreich, mit dem sich England wegen der Ansprüche auf die Gascogne in Süd-Frankreich im Krieg befand. Eduard I. führte im Jahr 1296 ein Heer nach Norden, um die Schotten zu unterwerfen. Auf seinen Befehl hin wurde der heilige Stein von Scone, auf dem traditionsgemäß die schottischen Könige gekrönt wurden, in die Abtei von Westminster gebracht. Bald nachdem Eduards Heer aus Schottland abgerückt war, kam es zu mehreren Volkserhebungen. Die Aufständischen schüttelten unter Führung des tüchtigen William Wallace das englische Joch ab. Schottlands Unabhängigkeit währte nur kurze Zeit. Die Engländer besiegten Wallace mehrmals. Im Jahr 1304 nahmen sie ihn gefangen und richteten ihn hin.

Dann griff Robert Bruce ein und nahm den Freiheitskampf wieder auf. Er wurde 1306 zum König von Schottland gekrönt. Eduard I. starb kurz darauf, ohne den Norden Englands befriedet zu haben. In den nächsten Jahren eroberte Bruce den größten Teil des Königreiches zurück, indem er fast alle von englischen Truppen besetzten Burgen in seine Gewalt brachte. Als die letzte Festung, Stirling, fiel, begann Eduard I. von England, mit einem großen Heer gegen Bruce zu ziehen. Am 24. Juni 1314 gewannen die Schotten bei Bannockburn eine

Schlacht bei Crécy im Jahr 1346

entscheidende Schlacht, die ihnen die Unabhängigkeit sicherte.

England

Die Niederlage bei Bannockburn lieferte den schwächlichen König Eduard II. der Gnade seiner Barone aus. Nach dem Sturz ihres Führers Thomas von Lancaster im Jahr 1322 fand sich keiner, der die Regierung allein weiterführen konnte. Die Opposition der Barone, die sich bei einem Angriff auf den Günstling des Königs, Piers Gaveston, gebildet hatte, beschränkte sich in späteren Tagen des Königs darauf, die neuen Favoriten, Hugo Despenser und seinen Sohn, zu vertreiben. Königin Isabella zog mit ihrem Sohn, dem Thronfolger Eduard, in ihr Geburtsland Frankreich, wo sie sich mit dem verbannten Roger Mortimer, dem Grafen von March, verbündete. Im Jahr 1326 landeten sie in England, um den Tod Lancasters zu rächen. Beide Despenser wurden erschlagen und Eduard II. gefangengesetzt. Das Parlament erkannte seinen noch unmündigen Sohn als König an. Ein Jahr später wurde der entthronte König in der Burg Berkeley grausam ermordet. Die Macht übernahm Isabella, die Königinmutter, mit ihrem Geliebten Roger Mortimer.

Eduard III. war erst siebzehn Jahre alt, als er Mortimer entließ und seine Mutter von den Regierungsgeschäften ausschloß, um alleiniger Herrscher Englands zu werden. Energisch und begierig, auf dem Schlachtfeld wie im Turnier zu glänzen, wurde Eduard III. bald ein beliebter König. In ihm erwuchs der Krieger, der sein Volk zu nationaler Größe führte. Obwohl der weitgespannte Ehrgeiz des Monarchen darauf zielte, die englischen Herzogtümer in Frankreich zu vergrößern, nahm er doch zunächst Rache für die demütigende Niederlage bei Bannockburn, indem er die Schotten im Jahr 1333 bei Halidon Hill nahe Berwick am Tweed besiegte. Eduard setzte John Balliol wieder auf den schottischen Thron und erreichte für England größere Gebietsabtretungen. Robert Bruces junger Sohn David, der rechtmäßige König, entkam nach Frankreich, wo Philipp VI. offen für ihn Partei ergriff.

Der Hundertjährige Krieg

Der Grund für die Erbfeindschaft zwischen England und Frankreich war die ungeklärte Erblage in der Gascogne, dem letzten Lehen Englands auf dem Kontinent. Eduard III. weigerte sich, das Herzogtum aufzugeben. Die Nachfolger Ludwigs IX., des Heiligen, bemühten sich weiterhin, die Engländer aus Süd-West-Frankreich zu vertreiben. Aus diesem Konflikt erwuchs der Hundertjährige Krieg, der, von kurzen Zeiten des Waffenstillstandes abgesehen, von 1337 bis 1453 dauerte.

Bis zum Tod Karls IV., des Schönen, im Jahr 1328 hatten die Kapetinger dreieinhalb Jahrhunderte lang den französischen Thron innegehabt. Karl IV. hatte keinen männlichen Erben. Die Krone ging auf seinen Vetter Herzog Philipp von Valois über. Im folgenden Jahrzehnt beanspruchte Eduard III. als Sohn der Schwester Karls IV. die französische Krone. König Philipp VI. beantwortete die Forderung mit der Konfiskation der Gascogne. Eduard III. festigte die Allianzen mit dem Grafen von Flandern und dem Kaiser, während Philipp VI. in Italien Söldner warb. Die englischen Herolde überbrachten Philipp die Aufforderung, einen Zeitpunkt für eine Entscheidungsschlacht zu benennen. Der französische König aber, der von dem berühmten Astrologen Robert von Sizilien gewarnt wurde, sich auf einen Kampf einzulassen, solange Eduard Befehlshaber war, blieb in abwartender Stellung.

Eduard III. fiel im Sommer 1346 in die Normandie ein. Sein Heer marschierte auf dem rechten Seine-Ufer von Rouen auf Paris, wo Philipp VI. ein großes Heer zusammengezogen hatte, um die Hauptstadt zu verteidigen. Die Engländer mußten sich angesichts der Übermacht zurückziehen, während die Franzosen ihnen siegessicher auf dem Fuß folgten. Bei Crécy siegte Eduard im August desselben Jahres. Unter Anwendung ihrer taktischen Erfahrungen aus den Kriegen mit Wales und mit Schottland schlugen die mit Langbogen ausgerüsteten englischen Bogenschützen die französische Kavallerie. Der sechzehnjährige, älteste Sohn des englischen Königs, Eduard, Prinz von Wales, der den Vortrab kommandierte, war mit

Die Bürger von Calais vor König Eduard III. von England

Das Deutsche Reich 1267–1355

König Johann II. von Frankreich

einem schwarzen Panzer ausgerüstet, was ihm den ritterlichen Namen Schwarzer Prinz eintrug. Der Sieg bei Crécy brachte den englischen Truppen großen Ruhm ein, während der französische Adel sich durch diese Niederlage entehrt sah, weil sie von englischen Bauersleuten herrührte, die mit den Waffen eines Robin Hood kämpften.

Philipps VI. schottische Verbündete, die England im Jahr 1346 überfielen, wurden zu Neville's Cross bei Durham besiegt, und David II., der noch während der Schlacht in Gefangenschaft geriet, wurde erst elf Jahre später gegen Lösegeld freigelassen. Nun begann Eduard III. mit der Belagerung von Calais, das hauptsächlich wegen der Tatkraft seines Bürgermeisters Jean de Vienne über ein Jahr Widerstand leistete, bis die hungernde Stadt schließlich zur Übergabe gezwungen wurde. Der König versprach, die Bürger zu schonen, wenn ihre Führer barfuß und mit Stricken um den Nacken zu ihm kämen, um ihm die Schlüssel der Stadt zu überbringen. Das Leben der sechs tapferen Bürger, die freiwillig diese Aufgabe übernommen hatten, wurde auf Fürsprache der Königin Philippa geschont. Binnen kurzem entwickelte sich Calais zur führenden Stadt im englischen Wollhandel. Sie behielt diese Stellung bis zu ihrer Rückeroberung durch die Franzosen im Jahr 1558.

Johann II., der seinem Vater Philipp VI. im Jahr 1350 nachfolgte, verschlechterte die französische Währung, um seine Krönung in Reims zu finanzieren. Auch im folgenden Jahr sah er sich genötigt, nicht weniger als achtzehn Ordonnanzen herauszugeben, die jeweils weitere Abwertungen ankündigten, um seine Rüstungen gegen England zu bezahlen. Johann II. brannte darauf, einen ritterlichen Sieg über den Schwarzen Prinzen zu erringen; deshalb führte er 1356 ein gewaltiges Heer gegen ihn in die Gascogne. In einer harten Schlacht bei Maupertuis nahe Poitiers hätte er sein Ziel fast erreicht. Die Truppen kämpften mit aufopferndem Mut. Aber die Führer hatten nicht bedacht, daß die Engländer fast dieselbe Taktik anwandten, mit der sie schon bei Crécy Erfolg hatten. Johanns Streitkräfte verloren das Treffen, als Truppen aus der Gascogne sie umzingelten und von hinten angriffen. Der französische König und einer seiner Söhne wurden gefangengenommen. Viele Angehörige des hohen französischen Adels fielen in dieser Schlacht.

Der gefangene König wurde im gleichen Jahr nach London gebracht, und sein älterer Sohn, der spätere König Karl V., wurde Regent in Frankreich. Der mächtigste Mann in Frankreich war zu dieser Zeit der Vorsteher der Pariser Kaufmannschaft, Etienne Marcel, der die Zusammenkünfte der Etats-Généraux überwachte, die im Jahr 1357 zur Stabilisierung der Finanzen des Landes einberufen wurden. In diesen kritischen Zeiten erhob sich eine Gruppe von Anarchisten in Frankreich, die unter dem Namen Jacquerie bekannt wurde. Die Bewegung leitete diese Bezeichnung von dem Spitznamen »Jacques Bonhomme« her, den die französischen Grundherren ihren hörigen Bauern gegeben hatten, um deren Geduld zu verspotten, mit der sie alle Bedrückungen hinnahmen.

Der Schrei »Tod den Rittern« erhob sich, und die Bauern begannen, zu den Waffen zu greifen. Überall im Land kam es zu Grausamkeiten. Etienne Marcel versuchte, mit Hilfe der Jacquerie sein Ziel, die Verminderung der Macht und des Ansehens der Aristokratie, zu erreichen. Doch wurde er am 31. Juli 1358 ermordet, als er sich anschickte, Karl von Navarra in Paris zu empfangen. Nun kehrte der Dauphin nach Paris zurück, unterdrückte den Aufstand und versuchte, Friedensgespräche mit England zu führen. Als es Eduard III. im Jahr 1360 weder gelang, Chartres einzunehmen, noch die Franzosen zu einer offenen Feldschlacht zu zwingen, wurde, da auch beide Länder vom langen Krieg erschöpft waren, in Brétigny nahe Chartres ein Friedensvertrag unterzeichnet. Nach den Bedingungen des Vertrages verzichtete Eduard III. auf seine Ansprüche auf die französische Krone und gab sich mit den Herzogtümern Aquitanien einschließlich seiner Nebenländer sowie Calais, Ponthieu und Guisnes zufrieden. Die Franzosen verpflichteten sich, für König Johann II. drei Millionen Goldkronen Lösegeld zu zahlen. Doch der Friede von Brétigny war nur mehr ein Waffenstillstand. Die Franzosen wiederholten überall die Worte der Bürger von La Rochelle: »Wir erkennen die Engländer mit unseren Lippen an, aber niemals mit unseren Herzen.«

Deutschland

Deutschland war der Schauplatz für die immer wieder erneuerten Kriege zwischen dem Wittelsbacher Kaiser Ludwig dem Bayern und den habsburgischen Gegenkönigen. Nach einem langen Streit um die Bestätigung Ludwigs des Bayern als König durch den Papst, belegte ihn Johannes XXII. 1324 mit dem Bann. Ludwig antwortete mit der Anrufung eines Konzils, worauf Johannes XXII. ihn für abgesetzt erklärte. Der avignoneser Papst wurde wegen seiner weltlichen Herrschaftsansprüche von zwei Geistlichen angegriffen, die die Partei des Kaisertums unterstützten: Marsilius von Padua und Wilhelm von Ockham. Sie wiesen dem Nachfolger Petri in ihren

Ansicht der Stadt Rom

Schriften nur noch geistliche Funktionen zu. Ein Jahr vor dem Tod Ludwigs wurde sein Gegner Karl von Luxemburg, der König von Böhmen, mit Unterstützung Papst Clemens' VI. und den Stimmen der meisten Kurfürsten zum Gegenkönig gewählt.

Aufstand in Rom

Zu Pfingsten 1347 führte der Sohn eines römischen Gastwirts, Cola di Rienzo, der sich zum päpstlichen Notar hochgedient hatte, eine Revolution gegen die Aristokratie in Rom an. Nach einem Marsch auf das Kapitol berief Rienzo einen Volkssenat, schuf die Einrichtung des bisherigen Senators ab und nannte sich Volkstribun und Befreier der Heiligen Römischen Republik. Rienzo, eine Führernatur, aber ein Phantast, suchte ganz Italien unter seine Herrschaft zu bringen. Nicht durch Eroberung, wie es Robert von Sizilien versucht hatte, wollte er ans Ziel kommen, sondern im Einverständnis mit der Bevölkerung. Abgesandte vieler Städte versammelten sich in Rom, um das »Fest der italienischen Einheit« zu feiern. Rienzo verkündete, daß Rom ein neues Imperium des Abendlandes errichten würde, womit die Träume eines Dante und eines Petrarca Gestalt angenommen hätten. Papst Clemens VI. in Avignon drängte die vertriebenen römischen Patrizier, Rienzo abzusetzen, doch der Volkstribun besiegte mit Unterstützung eines ungarischen Heeres die Truppen des abgesetzten Patriziats. Dennoch mußte Rienzo am Ende des Jahres Rom verlassen. Er begab sich nach Prag und bat König Karl IV. um Schutz und Hilfe. 1354 sandte ihn, nachdem er in Avignon vom Papst Verzeihung erlangt hatte, Innozenz VI. im Rang eines Senators wieder nach Rom. Er scheiterte abermals und wurde noch im selben Jahr ermordet.

Kasimir III. von Polen

In Polen rettete König Kasimirs III. kluge und weitsichtige Politik das Königreich vor der Teilung und stärkte dessen Stellung wesentlich. Er gewährte Böhmen freie Hand in Schlesien und schloß mit dem Deutschen Ritterorden einen vorteilhaften Frieden. Kasimir ließ das geltende Recht aufzeichnen, reformierte die Verwaltung und belebte den Handel dadurch, daß er die Juden privilegierte. Weil er keinen unmittelbaren Erben besaß, bestimmte er, daß den Thron nach seinem Tod sein Neffe Ludwig bestimmte er, daß den Thron nach seinem Tod sein Neffe Ludwig I. von Ungarn einnehmen solle.

Als Ludwig im Jahr 1370 König von Polen wurde, hatte er sich schon als Kriegsmann, Herrscher und Förderer der Bildung einen guten Namen gemacht. Er hatte an dem Gemahl der Königin Johanna von Neapel als dem Mörder seines Bruders Andreas Rache genommen, indem er im Jahr 1347 das Königreich in Süd-Italien überfiel. Doch verweigerte ihm der Papst die Bestätigung als König Beider Sizilien. Ludwigs langer Kampf gegen Venedig, der mit Unterbrechungen von 1345 bis 1381 dauerte, brachte ihn in den Besitz vieler Städte an der dalmatischen Küste.

Der Schwarze Tod

1348

Um das Jahr 1345 herrschte auf den See-Wegen zwischen Europa und der Levante ein reger und blühender Handelsverkehr. Die Kauffahrteischiffe brachten ganze Ladungen von Gewürzen, Seide und feinem Porzellan – aber auch ansteckende Krankheiten aus den fernen Ländern des Ostens nach dem Abendland. Die Ratten an Bord der Schiffe beherbergten in ihren Nestern auch Fliegen, die ihrerseits Träger der »Pasteurella Pestis« waren, des Bazillus, der die Beulenpest verursacht. Die Schiffsleute, die Dockarbeiter und die Einwohner der Hafenstädte wurden häufig von Würmern, von schweren Hauterkrankungen und vom Typhus befallen. Die durch Fliegen übertragenen Krankheiten lauerten an Karawanenwegen und an Schiffspassagen. Seit Beginn des 13. Jahrhunderts verbreiteten sich häufig kleinere Epidemien. Die Infektionen folgten den Ratten als Wirtstieren weiter westwärts: Um 1346 waren Seuchen in Kleinasien virulent; etwa zwei Jahre später hatten sie Sizilien und den Kontinent erreicht: Der »Schwarze Tod« raffte die Menschen dahin und stürzte die Überlebenden ins Elend.

Für die Europäer des 14. Jahrhunderts war er eine von Gott gesandte Strafe für den sündhaften Lebenswandel seiner Kinder. Gelegentlich hieß es, die Seuche sei sichtbar als Nebelwolke oder schwarzer Rauchschwaden hereingebrochen. Dennoch blieb die Krankheit in Entstehung und Ablauf mysteriös. Die Ärzte waren machtlos und konnten sie nicht unter Kontrolle bringen. Sie verordneten eine Menge geheimer Rezepte zur Vorbeugung und zur Heilung. Die meisten Mediziner waren sich ihrer Hilflosigkeit bewußt, und auch die Patienten hatten wenig Vertrauen in die Wirksamkeit der Arzneien. Die beiderseits fehlende Zuversicht war mehr als gerechtfertigt, denn es wären ganz andere Methoden einer Diagnose nötig gewesen, als sie ein mittelalterlicher Arzt beherrschte, um die drei tödlichen Arten der reinen Pest zu identifizieren und zu bekämpfen: Beulenpest, Lungenpest und Sepsispest. Tatsächlich sind erst in den letzten Jahrzehnten Mittel entwickelt worden, um solch eine Epidemie einzudämmen und zu vernichten.

Sobald das europäische Festland erreicht war, verbreitete sich die Seuche mit furchtbarer Schnelligkeit. Die Menschen jener Zeit fühlten sich hoffnungslos verloren, da nichts das Vordringen dieser Krankheit aufhalten konnte, bis das letzte Lebewesen gestorben war. Es scheint heute noch wie ein Wunder zu sein, daß damals nicht die gesamte Bevölkerung an der Beulenpest zugrunde gegangen ist.

In Italien lassen sich heute kleinere Dörfer aus jener Zeit nicht mehr finden, da ihre Bewohner dahingerafft und die Orte nie wieder besiedelt wurden. Italien war das erste Land auf dem Kontinent, das vom Schwarzen Tod überfallen wurde. Florenz, eine der größten Städte Europas, besaß um das Jahr 1348 zwischen neunzig- und hunderttausend Einwohner. Von diesen blieb, nach einem zeitgenössischen Chronisten, »nicht einer von zehn lebend zurück«, nachdem die Seuche wieder verebbt war. In einer eindrucksvollen Beschreibung der Epidemie, die sich in der Einleitung zum »Dekamerone« findet, sagt Boccaccio, daß nahezu alle Florentiner während der Epidemie starben. Solche Feststellungen sollten nicht in konkrete Zahlen umgerechnet und als präzise Angaben gewertet werden. Vielmehr waren sie der übersteigerte Ausdruck eines Augenzeugen über die Ungeheuerlichkeit seiner Erfahrung. – Für die Nachwelt waren Zahlenangaben ziemlich bedeutungslos, wie beispielsweise die Behauptung eines päpstlichen Beamten, daß der Schwarze Tod genau 42 836 486 Menschen in der Welt das Leben gekostet habe.

Von Italien aus verbreitete sich das Übel über Land nach Norden hin und zu Schiff entlang den europäischen Küsten. Auf dem Land, wo das Vordringen der Krankheit vom Wandern der Ratten oder der Reise infizierter Menschen abhing, schritt sie nur langsam fort. So ist es bemerkenswert, daß der Schwarze Tod Moskau zwar von der Krim her erreichte, doch nicht über die kürzesten Landstraßen, sondern auf dem Umweg über Italien, Frankreich, England und die Hansestädte an der Ostsee. In Süd-Deutschland dagegen verbreitete sich die Seuche hauptsächlich über Land, durch das Mosel-Tal donauabwärts, durch Bayern bis in den Balkan hinein.

Boccaccio. Wandmalerei von Andrea del Castagno aus der Folge berühmte Männer in der Villa Carducci zu Florenz, 1446

Siegesritt des Todes. Detail der Wandmalerei im Dom zu Palermo, spätes 14. Jahrhundert

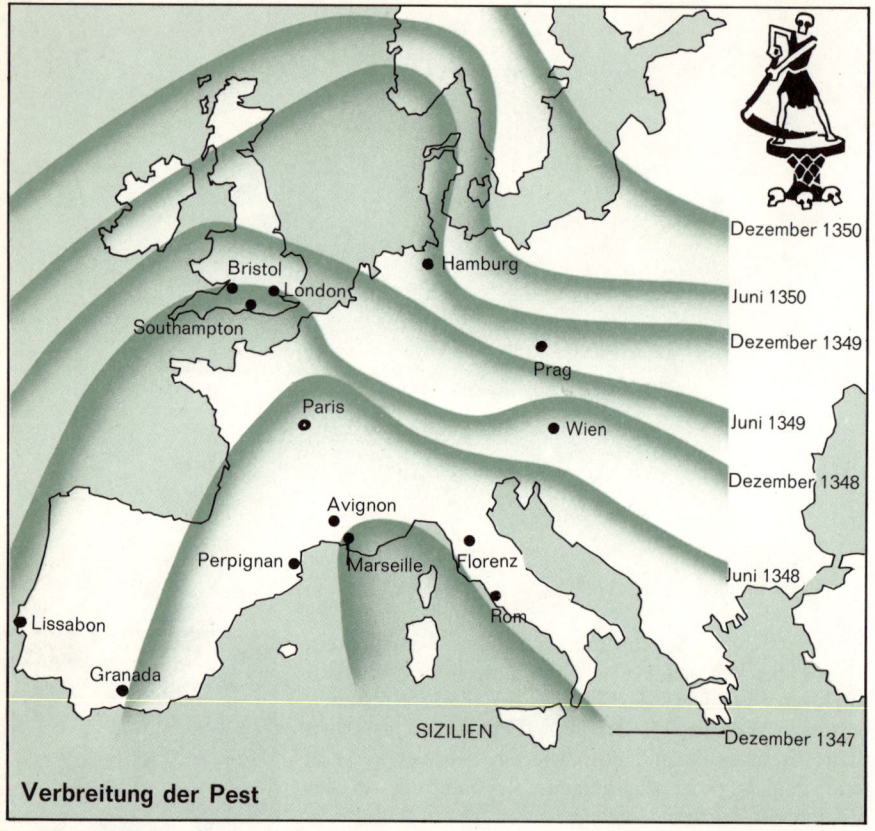

Verbreitung der Pest

Das furchtbare Leiden wurde noch durch grausame Judenpogrome verschlimmert. Die mittelalterlichen Menschen fühlten einen verzweifelten Drang, für eigenes Leiden Schuldige außerhalb ihrer Gemeinschaft zu suchen. Die Juden mußten immer wieder spüren, daß sie eine andersgläubige Minderheit waren, die zwar aus wirtschaftlichen Gründen geduldet wurde und auch königlichen Schutz besaß, aber dennoch oft für Mißgeschicke, die die Christen befielen, verantwortlich gemacht wurden. Einigen wenigen preßte die Folter ein Geständnis ab, sie hätten Brunnen vergiftet, und sofort wurden alle ihre Glaubensgenossen schuldig gesprochen. In Deutschland erhielt wegen der Pest auch die Vereinigung der Flagellanten-Brüder starken Zulauf. Sie versuchten, durch Selbstkasteiung die Sünden der Welt zu mildern. Die Büßer peitschten sich in Gottesdiensten und auf langen Prozessionen, bis sie in ekstatische Raserei gerieten.

Marseille scheint die erste französische Stadt gewesen zu sein, die von der Pest befallen wurde. Die Seuche erreichte bald Avignon, wo die Bevölkerung besonders heftig durch die Beulenpest geplagt wurde. Papst Clemens VI. jedoch verschonte sie. Er zog sich in seine Gemächer zurück und suchte zwischen zwei großen Feuern Schutz. Daß der Papst von der Pest frei blieb, war jedoch nichts Außergewöhnliches. Obwohl viele bedeutende Persönlichkeiten in ganz Europa dahingerafft wurden, litten die Reichen, die aus den Städten fliehen und in ihren geräumigen und verhältnismäßig hygienischen Häusern auf dem Land Zuflucht suchen konnten, erheblich weniger unter der Seuche als ihre ärmeren Zeitgenossen, die oft auf engem Raum zusammengedrängt lebten.

Aus Frankreich gibt es, wie auch aus dem übrigen Europa, nur wenige Quellen mit genauen Hinweisen, welchen Lauf die Pest im Land nahm. Die meisten Angaben sind unsicher und beruhen auf Vermutungen. So berichten die Aufzeichnungen aus Perpignan, daß von hundertfünfundzwanzig Schreibern und Gerichtsleuten, die vor der Zeit des Schwarzen Todes dort arbeiteten, nur vierundvierzig überlebten; sieben von acht Ärzten der Stadt verschwanden; von achtzehn Barbieren und Quacksalbern überlebten nur zwei.

Der erste Fall von Beulenpest in England ereignete sich wohl im Juni oder Juli 1348 in Melcombe Regis in Dorset. Andere Hafenstädte jedoch wetteifern noch heute um die zweifelhafte Ehre, das erste Opfer gehabt zu haben. Bristol und Southampton müssen binnen weniger Wochen nach dem ersten Ausbrechen der Epidemie befallen worden sein. Das Auftreten der Krankheit in den ersten Monaten läßt sich wie eine militärische Invasion verfolgen: Der erste Angriff richtete sich gegen die Häfen in Dorset; dann folgte ein schwerer Vorstoß gegen das Land an der Nord-Küste; von See her wurden mehrere Landeoperationen in verschiedenen Hafenstädten vorgenommen; um eine Verteidigung durch Flankenstöße zu verhindern, geschahen Säuberungsangriffe in Devon und Cornwall; schließlich führte ein letzter Vorstoß das Themse-Tal aufwärts in Richtung auf London. Seit April 1349 läßt sich diese Analogie mit dem Krieg nicht weiter verfolgen. Die Epidemie breitete sich willkürlich in die verschiedensten Richtungen aus und tauchte gleichzeitig an vielen Orten auf. Zum Jahresende hatte nahezu jedes Dorf in England, Schottland und Wales Verluste zu beklagen.

Allerdings ist es möglich, die Verbreitung des Schwarzen Todes in England mit größerer Genauigkeit zu beschreiben als auf dem Kontinent. Denn es haben sich zahlreiche grundherrschaftliche und kirchliche Akten erhalten. Trotzdem dürfen auch hier die Angaben nicht verallgemeinert werden. Wenn im Dekanat Henley 25% der Kleriker starben, während im Dekanat Oxford 43% umkamen, so läßt das keineswegs den Schluß zu, daß in diesen Gebieten mit demselben Prozentsatz von Verlusten bei der Gesamtbevölkerung gerechnet werden kann. Dennoch ergeben die Quellen genügend Anhaltspunkte für einen allgemeinen Überblick: Ost-Anglien und Süd-West-England sind wahrscheinlich am schlimmsten verheert worden. London, wo der Schwarze Tod während des ganzen Jahres 1349 grassierte, scheint bei einer Gesamtbevölkerung von ungefähr siebzigtausend Menschen zwischen zwanzig- und dreißigtausend Einwohnern verloren zu haben. Dies sind gewaltige Zahlen, wenn sie sich auch bescheiden neben den hohen Zahlenschätzungen zeitgenössischer Chronisten und einiger Historiker des 19. Jahrhunderts ausnehmen.

Bis zum Dezember 1350 hatte die Epidemie ganz Europa wie mit einem Leichentuch bedeckt. Erst ein Jahr später kam die Seuche tatsächlich zum Stillstand. Einige Gebiete wie Böhmen, große Teile von Polen, abgelegene Regionen in Deutschland, in Frankreich und in den Niederlanden sowie manche Pyrenäen-Täler blieben von der Seuche nahezu verschont.

Ein Versuch, die gesamte Todesrate zu schätzen, ist gefährlich und bleibt spekulativ. Noch am ehesten kann in England ein einigermaßen zuverlässiges Er-

gebnis errechnet werden. Aber auch hier weichen die errechneten Zahlen stark voneinander ab, wenn sie nicht durch eine Reihe von Kontrollmessungen abgesichert werden können. Nach zuverlässigen Quellen hat England um die Mitte des 14. Jahrhunderts eine Bevölkerung von zweieinhalb bis vier Millionen Menschen gehabt. Sie soll, so meint man, im Jahr 1400 auf 50% abgesunken sein. Als Erfahrungssatz ist die Feststellung durchaus zuverlässig, daß grob gerechnet gegen 33% der Bevölkerung Europas an der Pest starben, bevor die Seuche abklang. Diese Summe kann sich um 10% erhöhen oder senken; doch das sind dann gewiß die extremsten Werte.

Der Verlust rund eines Drittels der Bevölkerung des Kontinents in wenigen Jahren zeitigte für das Wirtschafts- und Sozialleben katastrophale Folgen. Im Europa des 14. Jahrhunderts wurde die negative Wirkung des großen Sterbens zunächst dadurch gemildert, daß das Abendland an einer Überbevölkerung litt. Denn die wirtschaftliche Entwicklung hatte mit dem Anwachsen der Bevölkerung nicht Schritt halten können. Die rückständigen Methoden der Landwirtschaft und des Handwerks konnten die Menschen nicht mehr ernähren. Die große wirtschaftliche Expansion während des 13. Jahrhunderts war schon vor dem Schwarzen Tod in eine Rezession übergegangen.

Allgemeine Arbeitslosigkeit verbreitete sich, bis die Pest alles veränderte. Das plötzliche Verschwinden von rund einem Drittel der Arbeitskräfte änderte unvermeidlich die sozialen Verhältnisse wie die Beziehungen zwischen den Herren und ihren Hörigen sowie Untergebenen. Um sich die verbleibenden Arbeitskräfte zu sichern oder um sie vom Nachbarn abzuwerben, war der Grundherr, Unternehmer oder Handwerker gezwungen, einen erheblich höheren Lohn zu zahlen; oder er mußte niedrigere Abgaben und verminderte Hand- und Spanndienste hinnehmen.

In der Theorie war ein Stellungswechsel der Arbeiter nicht unbeschränkt möglich. Die Hörigen konnten ihren Herrn nicht wechseln und die Handwerker nicht ohne weiteres ihren Meister verlassen. Doch in dem von der Pest verursachten Chaos ließen sich Grundsätze kaum aufrechterhalten. Die wirtschaftlichen Gegebenheiten machten sich innerhalb des feudalistischen Rahmens geltend. Die Preise für Handwerkserzeugnisse stiegen. Tuche, Eisenwaren und Salz verteuerten sich zwischen 1347 und 1350 um mehr als das Doppelte. Zur selben Zeit sanken die Viehpreise bedenklich. Im Ergebnis mußte ein Grundherr mehr für seine Anschaffungen zahlen, als er für seine landwirtschaftlichen Erzeugnisse erhielt. Auch erbrachten seine Pachthöfe geringere Zinsen. Es galt, gleichzeitig höhere Kosten bei niedrigerer Arbeitsproduktivität aufzufangen. Viele gerieten daher in schwere wirtschaftliche Not. Große Teile bebauten Landes verödeten, was zu gewichtigen Veränderungen in der Sozialstruktur der europäischen Landwirtschaft führte.

Die Wirkung des Schwarzen Todes auf die Kirche war vielleicht noch bedeutender. Für den niederen Klerus trifft es buchstäblich zu, daß jeder, der seinen geistlichen Pflichten gewissenhaft nachging, kaum eine Überlebenschance hatte. Dort wo es sich um die be-

Flagellanten. Holzschnitt in einem Druck der Chronica von Hartmann Schedel, Nürnberg 1493

Unsere Liebe Frau von der Immerwährenden Hilfe mit den Nothelfern. Gemälde aus Nord-Italien 1464

Ein Heiligenbildchen gegen Pestilenz, Teuerung und Krieg. Anonymer deutscher kolorierter Holzschnitt, 15. Jahrhundert

Anfall eines epileptischen Mönches bei einer Bittprozession Papst Gregors I. Miniatur von den Brüdern Limburg in der Handschrift des Stundenbuches »Très riches heures du Duc de Berry«, 1413–1416

sonders ansteckende Lungenpest handelte, bedeutete der Kontakt mit Kranken schon fast den sicheren Tod. Unter solchen Umständen konnte nur ein Priester, der seiner seelsorgerischen Verantwortung auswich, hoffen, der Epidemie zu entgehen. In Deutschland und wahrscheinlich in allen von der Seuche befallenen Ländern Europas kam ungefähr die Hälfte des Klerus seiner Pflicht bis zum letzten nach. Doch obwohl die Geistlichkeit mehr unter der Krankheit zu leiden hatte als die Laien, kam bei den Zeitgenossen der Eindruck auf, sie hätten versagt. Jedenfalls sank das Ansehen der Kirche mit dem schnellen Sterben ihrer Priester. Im Jahr 1351 hat die katholische Kirche durch die Pest ihre fähigsten Mitglieder verloren.

G. M. Trevelyan hat behauptet, daß der Schwarze Tod ein so bedeutendes Ereignis war wie die industrielle Revolution im 19. Jahrhundert, daß aber letztere in ihren Wirkungen weniger auffallend war, weil sie nicht wie die Pest »ein zufälliges Hindernis war, das in den Strom des Lebens fiel und für eine Zeit seinen Lauf hemmte«. »Das Jahr des Schwarzen Todes«, schrieb E. Friedell, »war das Jahr der Entstehung des modernen Menschen.« Heute fühlt man weniger bestimmt, daß die Jahre des Schwarzen Todes in der Tat eine Scheide bildeten. Auch sollte nicht vergessen werden, daß die Pest von 1348 nur die erste in einer Reihe von ähnlichen Epidemien war, die bis zum Beginn des 18. Jahrhunderts überall in Europa hervorbrachen.

Ferner ist es schwierig, irgendeine bedeutendere Entwicklung auszumachen, die durch den Schwarzen Tod eingeleitet wurde, statt sie nur zu verstärken. Der Ersatz von Hand- und Spanndiensten durch Geldrenten und durch Entlohnung hat sicher mit der Katastrophe der Seuche eine größere Durchschlagskraft erhalten. Doch handelt es sich hier um einen Prozeß, der vor 1347 in einigen Gebieten schon vorangeschritten war. Die folgenden fünfzig Jahre bezeugen ohne Zweifel die stetig fortschreitende Entwicklung bis hin zum Verschwinden jeglicher feudaler Beziehungen. Es war in der unmittelbaren Nachwirkung des Schwarzen Todes für einen Hörigen ohne Frage leichter, seinen Grundherrn zu verlassen. Auch dieses Recht hatten viele Grundherren in den Jahren des Arbeitskräfteüberschusses vor der Pest bereits stillschweigend zugestanden. Der Mangel an Arbeitskräften nach 1350 machte es hingegen einem Bauern oft schwer, einen neuen Arbeitsplatz zu suchen und in ein neues Heim umzuziehen. Sogar in Bereichen der Kunst, besonders der Architektur, wo die Verknappung der Facharbeiter infolge der Epidemie den Übergang von der eigentlichen Gotik zur sogenannten Spätgotik rechtfertigen sollte, zeichneten sich die Grundlagen für den Wandel schon lange ab, bevor der erste Steinmetz an der Pest starb. So wurden Querschiff und Chor der Kathedrale von Gloucester im spätgotischen Perpendikularstil schon im Jahr 1332 vollendet.

In der zweiten Hälfte des 14. Jahrhunderts wurde die Stellung der Hörigen im Vergleich zu ihren Grundherren ständig verbessert, ebenso auch die Entlohnung rasch und entschieden entwickelt hätten, wenn die »Pasteurella pestis« nicht aus Mittel-Asien gekommen wäre.

Paradoxerweise sah das Jahrzehnt nach der Seuche nicht nur einen Vertrauensschwund der Kirche und ein Absinken der geistlichen Autorität, sondern auch das Wachsen einer neuen und radikalen Infragestellung der religiösen und kirchlichen Zustände, die auf Desillusionierung und Enttäuschung beruhen. In Italien war diese Periode durch die große Zeit der Fraticelli, der oppositionellen Franziskaner, gekennzeichnet, die einst vom Papst als Häretiker bezeichnet wurden, jetzt aber ihrerseits das Oberhaupt der Kirche als Häretiker verdammten. In England war diese Ära die Zeit des Wiclif und der Lollarden, eine Periode eines neuen und aggressiven Antiklerikalismus, der seine Stärke aus der allgemeinen Unzufriedenheit und dem Zweifel der Leute an der geistlichen Autorität speiste. Es war ein Zeitalter der geistigen Unruhe, ein ständiges Infragestellen des Wertes der Kirche und ihres Verhaltens in der Welt, eine Zeit der Geringschätzung überkommener Werte.

Solch ein Geist wäre auch verbreitet gewesen, wenn die Beulenpest nicht die Länder Europas heimgesucht hätte. Der Schwarze Tod kann kaum für das Wachsen der Zweifel an der Lehre von der Transsubstantiation verantwortlich gemacht werden. Doch schuf er eine Geisteshaltung, in der Lehrsätze und Dogmen leichter bezweifelt werden konnten. Wiclif war gewissermaßen ein Kind des Schwarzen Todes, da er zu einer Generation gehörte, die schreckliche Leiden durchmachen mußte und die dabei lernte, die Voraussetzungen, auf denen die Kirche und die Gesellschaft sich gründeten, in Frage zu stellen. Die Kirche selbst wurde ein Opfer des Schwarzen Todes. Eine große Zahl ihrer aufopferungsfreudigen Geistlichen ging zugrunde, Ansehen und Autorität der Kirche aber verfielen. Die Reformation war unvermeidbar, aber sie wäre nicht so schnell gekommen und auch nicht so heftig und gewalttätig, wenn die Wälle des etablierten Glaubens nicht zuvor durch die Heimsuchung der Seuche unterminiert worden wären.

Kann man also mit Berechtigung sagen, daß das Jahr des Schwarzen Todes das Jahr der Entstehung des modernen Menschen war? Solche schillernden Verallgemeinerungen dürfen nur mit Vorsicht aufgegriffen werden, denn selten enden und beginnen weltgeschicht-

liche Perioden mit logischer Folgerichtigkeit. Der Schwarze Tod hat indessen den Verfall der Werte und den Zusammenbruch von bestimmten Verhaltensregeln beschleunigt, die seit langer Zeit unangefochten gegolten hatten. Er öffnete den Verstand der Menschen, vertrieb ihre Illusionen und erweckte ihre Zweifel. Er spielte eine wichtige Rolle für jene Zeit, die wir mit J. Huizinga »Herbst des Mittelalters« nennen.

PHILIP ZIEGLER

Der heilige Rochus, Nothelfer gegen die Pest. Holzschnitt auf einem der Heintzschen »Pestblätter«

Deutschland. Das Papsttum in Avignon und Rom. Italien.

Nach der Absetzung Kaiser Ludwigs des Bayern wählten die deutschen Kurfürsten im Jahr 1346 Karl IV., den Kandidaten des Papstes, zum deutschen König. Karl war am französischen Königshof erzogen worden, hatte dort Papst Clemens VI. getroffen und erhielt nun den Spitznamen »Pfaffenkaiser«. Entsprechend den Wünschen des Papstes beseitigte er die antipäpstlichen Gesetze und lehnte es ab, in italienischen Angelegenheiten zu intervenieren. Ein Hauptereignis der Regierung Karls IV. war die Veröffentlichung der Goldenen Bulle. Der Wert dieses Erlasses, der auf den Reichstagen zu Nürnberg und Metz im Jahr 1356 verabschiedet wurde, bestand darin, daß hier in einer Verfassungsordnung die Interessen der Fürsten mit denen des Königs und Kaisers abgestimmt wurden.

Wegen der unklaren und lockeren Gliederung des Wahlgremiums, des Kurfürstenkollegs, das den König zu wählen hatte, war es während des voraufgegangenen Jahrhunderts zu Doppelwahlen, Gegenkönigen und inneren Wirren gekommen. Nach den neuen Bestimmungen von 1356 wurde die Zahl der Kurfürsten endgültig auf sieben festgesetzt. Zur Wahl waren die Erzbischöfe von Mainz, Trier und Köln sowie der König von Böhmen, der Pfalzgraf bei Rhein, der Herzog von Sachsen und der Markgraf von Brandenburg berechtigt. Der Papst von der deutschen Königswahl ausgeschlossen. Obwohl Innozenz IV. protestierte, mußte er die Goldene Bulle hinnehmen. Bedeutender war es jedoch, daß die anderen deutschen Fürsten jeglichen unmittelbaren Einfluß auf die Wahl ihres Königs und Kaisers verloren.

So war der Nachfolger Karls des Großen de facto ein gewählter Herrscher. Daher konnte ein späterer Kaiser des Heiligen Römischen Reiches Karl IV. als den »Vater Böhmens und Stiefvater des Reiches« bezeichnen, denn wie die Kurfürsten gehofft hatten, konzentrierte Karl seine Anstrengungen und seine Aufmerksamkeit zunächst auf sein Königreich an der Moldau. Während seiner Herrschaft erwarb Karl die Niederlausitz und die Mark Brandenburg. 1348 gründete er die Universität Prag, die erste und älteste deutsche Universität. Bei seinem Tod im Jahr 1378 erbte sein Sohn Wenzel Böhmen. Zum deutschen König war er schon 1376 gewählt worden.

Das Papsttum in Avignon

Die Ausgaben der Päpste in Avignon hatten sich während des Exils beträchtlich erhöht, denn sie mußten eine Reihe von Kriegen in Italien finanzieren, um dort die Reste ihres Kirchenstaates zu sichern. Um die notwendigen Einkünfte zu erhalten, mußte die Finanzverfassung der abendländischen Kirche grundlegend reformiert werden. Weil neuartige Abgaben wie Annaten und der kirchliche Zehnt erhoben wurden, mußte von Avignon aus ein verwickeltes Netz von Kontrollinstitutionen verwaltet werden. Auch die abendländischen Staaten entwickelten damals ein neues Finanzgebaren. Das Papsttum mit seiner fein durchorganisierten Kurialverwaltung war dabei der Schrittmacher. Es wurde erheblich mehr Geld eingenommen, als man für möglich gehalten hatte. Der päpstliche Hof in Avignon wuchs und entwickelte ein großes Gepränge. Die Kardinäle, die an der neugeordneten Kurie wachsenden Einfluß erlangten, lebten in größerem Komfort, als ihn ihre Vorgänger in Rom hatten. Alle Päpste in Avignon waren in Süd-Frankreich geboren. Die Franzosen dominierten auch im Kardinalskollegium. Von hundertvierunddreißig Angehörigen des päpstlichen Hofes waren immerhin hundertdreizehn Franzosen. Unter diesen Umständen konnte auch kein Papst als Vermittler zwischen England und Frankreich im Hundertjährigen Krieg auftreten.

Viele Herrscher, unter ihnen auch Kaiser Karl IV., drängten den Papst, nach Rom zurückzukehren. Katharina von Siena, die Papst Gregor XI. aufforderte, die Angelegenheit unparteiisch zu betrachten, erinnerte ihn daran, daß es »für einen Papst nötiger sei, Seelen zu gewinnen, als frühere irdische Besitzungen zurückzuerobern«. Gregor XI. kam im Jahr 1377 nach Rom, doch war dort sein Leben ständig in Gefahr. Nach seinem Tod, ein Jahr später, versuchte Karl IV. mit allen Mitteln die Wahl eines Nicht-Franzosen durchzusetzen. Während die Kardinäle sich im Konklave trafen, rief die Menge vor dem Vatikan in Sprechchören: »Wir wollen einen Römer, einen Italiener!« Urban VI., der dann gewählt wurde, war ein Italiener und ein unbestrittener Feind der Franzosen. Die französischen Kardinäle zogen sich daraufhin aus Rom nach Neapel zurück. Sie erklärten Urban für abgesetzt und wählten Kardinal Robert von Genf zum Gegenpapst Clemens (VII.).

Kaiser Karl IV. starb, bevor der Streit um den Stuhl Petri entschieden war. Das Große Schisma, währenddessen die italienischen Päpste in Rom und die französischen in Avignon residierten, dauerte vierzig Jahre. Das Skandalon der Kirche wurde erst 1414 durch das Konstanzer Konzil beendet. Durch das Schisma wurde auch die katholische Christenheit gespalten. Frankreich und sein Verbündeter Schottland sowie Spanien und Neapel unterstützten Avignon, während der Kaiser, England und die skandinavischen Königreiche die Päpste in Rom als rechtmäßig anerkannten.

Venedig und Genua

In den Gewässern des östlichen Mittelmeeres ging der Streit zwischen Venedig und Genua weiter. Der Genueser Admiral Luciano Doria segelte mit einer Kriegsflotte in die Adria, besiegte den Venezianer Vittorio Pisano bei Pola auf Istrien und belagerte Venedig von See her. Die Stadt, die auf die Einfuhr von Nahrungsmitteln angewiesen war, wurde bald vom Hunger bedroht. Als die Genueser Flotte sogar in die Lagunen eindrang, schienen Venedigs Tage als große Seemacht gezählt zu sein.

Francesco Petrarca

Schließlich gelang es Pisano, den Kanal freizukämpfen, der von den Lagunen auf die offene See führte. Durch diesen meisterlichen Schlag wandte sich das Blatt. Die Genueser fanden sich ihrerseits in der Defensive und vom Hunger bedroht. Im Juni 1380 erklärte Genua sogar seine Übergabe. Es erholte sich nicht von dieser Niederlage. Venedig wurde die unbestrittene Herrin des Handels mit dem Vorderen Orient.

Das Reich der Osmanen

Es bedeutete einen schweren Schlag für die Völker des Abendlandes, als im Jahr 1345 türkische Truppen erstmals auf die europäische Seite der Dardanellen übersetzten und sich auf der Halbinsel Gallipoli niederließen. Dieses Ereignis leitete eine neue Etappe in der Expansion des ottomanischen Reiches nach Westen hin ein. Als im Jahr 1360 die Stadt Adrianopel in die Hände der Türken fiel, wurde sie ihre Hauptstadt. In dasselbe Jahr fiel auch die Bildung der Garde der Janitscharen, der Elitetruppe der Sultane. Diese Krieger eroberten bald große Teile von Bulgarien und Mazedonien und begannen mit Plünderungszügen nach Ost-Griechenland und nach Albanien.

Petrarca

Wenn Wiclif als der »Morgenstern der Reformation« gilt, muß Petrarca als der »Morgenstern der Renaissance« betrachtet werden.

Kaiser Karl IV. und sein Sohn Wenzel bei König Karl V. von Frankreich

Wiclif und Chaucer 1346–1400

Als junger Mann verschmähte der hochbegabte Florentiner eine juristische Karriere, um sich den »Humaniora«, der Literatur, zu widmen. Er lebte von 1304 bis 1374. Seine Zuwendung zu den Schriften der antiken Klassiker war eine Flucht vor seiner Zeit, die er abstoßend fand. Im Alter von zweiundzwanzig Jahren erhielt Petrarca die niederen Weihen. Die ihm von der Familie der Colonna zugewandten Pfründen sicherten seine Existenz und ermöglichten ihm weite Reisen.

Petrarca war in doppelter Hinsicht ein bedeutender Mann: Er wirkte nicht nur als unabhängiger

Alkazar von Sevilla

Gelehrter, der eine Bibliothek der klassischen Autoren sammelte und beachtliche Schriften über Cicero und Augustin verfaßte, sondern auch als großer Dichter, dessen italienische Liebesgedichte für Laura in den unübertroffenen lyrischen Versen seines »Canzoniere« veröffentlicht wurden. Viele seiner gelehrten Zeitgenossen kritisierten Petrarcas italienische Gedichte, weil es vulgär sei, in der Volkssprache zu schreiben. Gelegentlich wurden Studenten mit Strafen belegt, wenn sie beim Lesen dieser Gedichte ertappt wurden. Petrarcas Verurteilung erfolgte im Jahr 1341, als er vom römischen Senat mit der Dichterkrone ausgezeichnet wurde. Die klassischen Autoren konnten nicht mehr länger blindlings wegen jedes ihrer Worte verehrt werden. Petrarca hatte das drückende Übergewicht ihrer Autorität durch seine feinsinnigen Dichtungen erschüttert. Trotzdem hat sein Werk wesentlichen Einfluß auf die Wiederbelebung klassischer Gelehrsamkeit.

Boccaccio

Eine von Petrarcas letzten Arbeiten war die lateinische Fassung von Boccaccios Geschichte der Griselda. Giovanni Boccaccio, der von 1313 bis 1375 lebte, war ein geborener Novellenerzähler, dessen »Decamerone« dem Pfad seiner frühen Romane folgte. Er war der Vater der italienischen Prosa und vielleicht der erste Schriftsteller, der nur auf Grund seiner literarischen Werke schon zu Lebzeiten Berühmtheit erlangte. Er war kein Politiker wie Dante, kein Beamter wie Chaucer, sondern nur ein Dichter. Er lebte mit Maria zusammen, der illegitimen Tochter König Roberts von Neapel. Sie diente ihm als Vorbild für Fiametta, den alles leitenden Genius der Festlichkeiten, die den Hintergrund des »Decamerone« bilden.

König Karl V. von Frankreich

In Frankreich erwies sich Karl V. (1364–1380) als ein fortschrittlicher Staatsmann. Er war entschlossen, die Kontrolle über die Finanzverwaltung in die Hand zu nehmen, die die Ständeversammlung der Etats-Généraux eingerichtet hatte, um die höheren Einkünfte aus den Salz- und Herdsteuern für allgemeine Reformen und Verbesserungen im Land sowie für die Organisierung eines stehenden Heeres zu verwenden.

Spanien

Der wachsende Konflikt zwischen den kastilischen Parteigängern Peters des Grausamen, der 1369 starb, und denen seines Stiefbruders Heinrich von Trastamara führte schließlich zu einem Bürgerkrieg, in den auch Frankreich und England hineingezogen wurden. Eine französische Truppe von Freiwilligen unter dem Söldnerführer Bertrand de Guesclin zwang Peter ins Exil. Er floh nach Bordeaux in das Herrschaftsgebiet des Schwarzen Prinzen. Der englische Thronfolger, der Peters Sache unterstützte, fiel in Kastilien ein und besiegte in der Schlacht bei Najera 1367 den Kronprätendenten und seine französischen Verbündeten. Peter bestieg wieder den Thron. Bald kam es zu einem Zerwürfnis mit den Engländern. Heinrich konnte im Jahr 1369 nach Kastilien zurückkehren und unangefochten die Herrschaft übernehmen. Er vollendete den Alcazar von Sevilla, den Palast, der im Jahr 1181 während der Maurenherrschaft begonnen wurde.

Wiclif und Chaucer

Zu dem Kreis um Johann von Gent gehörten zwei der berühmtesten Männer des englischen Mittelalters, John Wiclif und Geoffrey Chaucer. Wiclif war Rektor in Lutterworth, einer Pfarrei unter dem Patronat des Regenten. Er verbrachte seine meiste Zeit in Oxford, wo er das Leben der Universität beherrschte. Er glaubte, die wohlhabende Kirche seiner Zeit habe den Kontakt zu den Menschen durch die großen Veränderungen in der Gesellschaftsordnung verloren. Von allen Seiten riefen die Menschen nach einer Kirchenreform. Darum sammelte er eine Gruppe armer Prediger, Gelehrter, die ihre Freizeit damit verbrachten, das Evangelium auf Marktplätzen und Dorfangern zu predigen, wie es die Mönche der Bettelorden in ihrer Blütezeit getan hatten. Seine Wirkung erzielte er dadurch, daß er zu einer englischen Übersetzung der Bibel anregte, der »Lollarden-Bibel«. Wiclifs Ansichten über die Sakramente führten zu seinem Sturz. Er griff die Praxis der Ohrenbeichte an und lehnte die orthodoxe Lehre von der Transsubstantiation in der Messe ab. Hier sahen seine Gegner, die schon im Jahr 1376 vergeblich versucht hatten, ihn vor Gericht zu bringen, eine Gelegenheit zum Erfolg. Der Bauernaufstand von 1381 wurde ihm zum Verhängnis. Seine Lehren wurden verdammt.

Geoffrey Chaucer, der im Jahr 1400 starb, war der erste konsequent in englischer Sprache schreibende Dichter. Er stammte aus

König Richard II. von England

London und verbrachte sein Leben als Diplomat und Zollbeamter im Dienste des Königs. Sein erstes Hauptwerk »Troilus und Cressida«, das die alte Troja-Sage in die mittelalterliche Tradition aufnahm, baute hauptsächlich auf Boccaccios »Il Filostrato« auf. Chaucer entwickelte seinen eigenen Stil in den »Canterbury Tales«, einem in Verse gefaßten »Decamerone« über die englischen Pilger. Das englische Volk außer dem hohen Adel war in diesen Geschichten mit scharfer Beobachtungsgabe getreulich dargestellt. Brillant schilderte er die Charakteristika einzelner Stände.

Geoffrey Chaucer bei der Lesung seiner Werke

Die Jungfrau von Orléans

1431

Johanna von Orléans mit ihrem Banner. Miniatur in der Pariser Handschrift des Parlamentsregisters von Clément de Fautembergue, 1429

»Seid Ihr der Bastard von Orléans?«

»Ja, der bin ich, und ich freue mich über Euer Erscheinen.«

»Also seid Ihr es auch, der geraten hat, ich möge diesseits des Flusses hierherziehen und nicht auf direktem Wege dorthin, wo Talbot und die Engländer stehen?«

»Ich selbst und auch andere besonnene Männer haben diesen Rat gegeben, weil er in der Tat der beste und sicherste ist.«

»Im Namen unseres Gottes, der Ratschluß des Herrn im Himmel ist weiser und gewisser als der Euere. Ihr habt geglaubt, mich täuschen zu können, und doch seid Ihr es selbst vor allem, die Ihr Euch täuscht, denn ich bringe Euch wirksamere Hilfe als Euch von irgendeinem Soldaten und jedweder Stadt geboten worden ist: den Beistand des himmlischen Königs.« —

Leicht verblüfft über diesen Ausbruch sah Johann, Bastard von Orléans, jene an, die sich mit diesen Worten ohne jeglichen Anflug von Ergebenheit an ihn wandte: Jeanne d'Arc, ein junges Mädchen, beinahe ein Kind noch, siebzehn Jahre alt, ein offenes Gesicht unter der Sturmhaube, deren Visier sie hochgeklappt hat, im übrigen kaum zu unterscheiden von den anderen Soldaten in gleicher Rüstung. Allein die Fahne, die sie in Händen trug, hob sie hervor, jenes Lilienbanner, von dem sie sich niemals trennte. Ihre frische Stimme war schon die einer Frau, und mit Ungezwungenheit drückte sie sich trotz ihres lothringischen Akzentes aus — eines Dialektes, der dem der Ile-de-France, wie man ihn bei Hof sprach, recht verwandt war. Wegen ihres bedeutendsten Sieges ging Jeanne d'Arc als Johanna von Orléans in die Geschichte ein.

Zu jedem anderen Zeitpunkt hätte der Bastard Johann, der als Befehlshaber von Orléans mit der Verteidigung des Lehens seines königlichen Halbbruders beauftragt war, angesichts dieses zornigen jungen Mädchens die gleiche Reaktion von Gereiztheit und Ironie gezeigt, wie sie die Hauptleute an sich hatten, vor die Johanna zuerst getreten war. Aber die Johanna dieser Begegnung brachte bereits ein Ansehen mit, das ihm Zurückhaltung gebot. Dem kleinen Landmädchen war es Zug um Zug gelungen, erst Robert von Baudricourt, den Befehlshaber von Vaucouleurs, von dem das Wohl und Wehe ihres Heimatdorfes abhing, zu überzeugen, sodann die Soldaten, die Baudricourt ihr als Geleitschutz mitgegeben hatte, damit sie in Chinon den Dauphin von Frankreich aufsuchen konnte. Und sie verstand es, auch ihn auf ihre Seite zu ziehen. Obwohl sie fast einen Monat lang von Kirchenoberen, Gelehrten und Klerikern befragt und geprüft wurde, hatte sie diese alle mit ihrer unerschütterlichen Gewißheit und gleichermaßen durch ihre Einfalt entwaffnet. Endlich stand sie nun hier in schimmernder Rüstung. Ihr gelang die erste Großtat, in einem Land, das hoffnungslos der Mutlosigkeit anheimgefallen war, einen plötzlichen Aufschwung neuer Kräfte anzufachen. Auf ihren Appell hin hatten der Dauphin und seine Ratgeber zugestimmt, einen letzten Versuch zur Befreiung Orléans zu unternehmen, das seit mehr als sechs Monaten belagert wurde und am Ende seiner Widerstandskraft stand. Orléans, ein Lehen Karls von Orléans, eines Neffen des Königs, war unter Mißachtung der Gesetze ritterlichen Kriegswesens angegriffen worden, während sich sein Herr in Gefangenschaft befand. Der Bastard Johann, Halbbruder Karls, dem seine früheren Siege viel Ruhm eingetragen hatten, war nicht in der Lage, Orléans zu verteidigen. Am 12. Februar 1429 wurden seine Truppen von einer kläglichen Nachhut des englischen Heeres schimpflich geschlagen. Es konnte offensichtlich nichts mehr den Siegeslauf der Feinde aufhalten. Orléans, das eine Schlüsselstellung im Land einnahm, da es den Weg in den Süden Frankreichs versperrte, wohin sich der rechtmäßige Thronanwärter geflüchtet hatte, schien unausweichlich dem Untergang geweiht.

In dieser Lage begannen Gerüchte über ein geheimnisvolles junges Mädchen umzulaufen, das mit dem Anspruch auftrat, dem Dauphin den Beistand des Himmels zuzutragen. Jeanne d'Arc fühlte sich berufen, Frankreich von der englischen Fremdherr-

Johanna von Orléans vor König Karl VII. von Frankreich. Miniatur in der Rouener Handschrift der »Grandes Chroniques de France«, 15. Jahrhundert

- 🔴 Englischer Besitz
- 🔴 Burgundisches Gebiet
- 🔴 Englisch-Burgundische Allianz
- ⚪ Parteigänger der Englisch-Burgundischen Allianz
- 🔵 Gebiet des französischen Königs
- 🟢 Französisches Lehen
- 🟡 Neue französische Gebiete

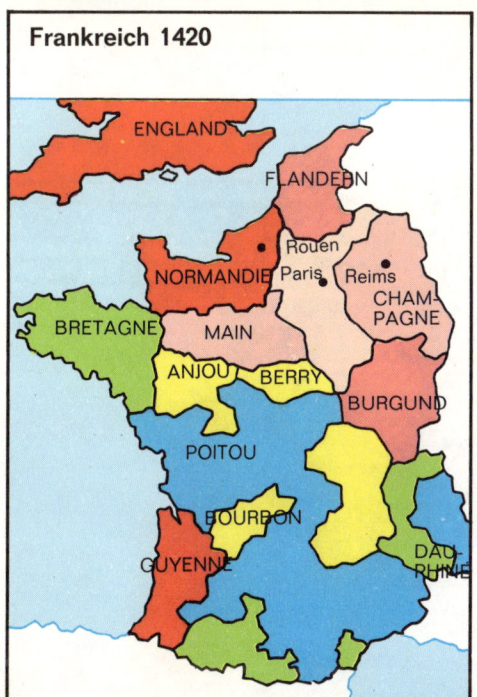

Frankreich 1420

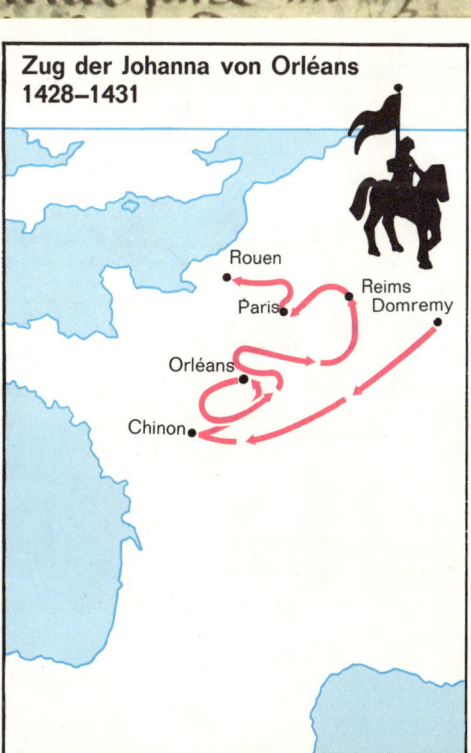

Zug der Johanna von Orléans 1428–1431

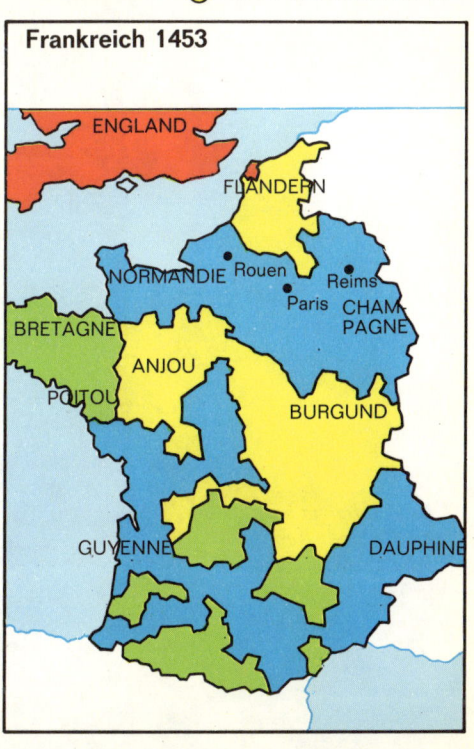

Frankreich 1453

Herzog Johann von Bedford. Miniatur in der Pariser Handschrift des Stundenbuches des Herzogs, etwa 1430

schaft zu befreien. Mit unerschütterlicher Zuversicht und kraft ihrer mitreißenden Persönlichkeit errang sie für Karl VII. bedeutende Erfolge, die ihm schließlich das Königtum einbrachten. Gleich bei ihrem ersten Auftreten vor dem Dauphin in Chinon hatte sie ihm und seiner Umgebung neuen Mut und neues Selbstbewußtsein eingeflößt.

Seit geraumer Zeit schon schien die ganze Welt zerrüttet. Mehr als das übrige Europa litt Frankreich in damaliger Zeit unter kriegerischen und sozialen Unruhen. Auch über Frankreich war zunächst die grausame Epidemie des Schwarzen Todes hereingebrochen, nach deren Abklingen die mittelalterliche Welt ihre ursprüngliche Kraft nicht wiedererlangen konnte. Es hatte, wie in vielen anderen Ländern des Westens, auch soziale Kämpfe und Aufstände gegen die überkommenen Gesellschaftsverhältnisse gegeben. Darüber hinaus entzweite sich Frankreich mit England so heftig wie nie zuvor. Im Jahr 1340 erklärte sich zum erstenmal ein englischer Herrscher vor aller Welt zum König von Frankreich.

Gegen Ende des Jahrhunderts schien der Friede wiederhergestellt. Aber Frankreich fehlte eine starke Führung, die allgemeine Ruhe aufrechtzuerhalten. Der unglückliche König von Frankreich, Karl VI., verfiel 1392 dem Wahnsinn. Die Krankheit trat in Abständen auf und lähmte seine Regierungsfähigkeit. Der wirkliche Zustand des Reiches, seine innere Schwäche, wurde erst in jener Nacht des 23. November 1407 vollends offenbar, als sich die bestürzende Kunde verbreitete, daß Ludwig von Orléans, des Königs eigener Bruder, auf Veranlassung seines Vetters Johann Ohnefurcht, des Herzogs von Burgund, ermordet worden war. Die Prinzen des königlichen Hauses machten sich den Wahnsinn Karls für ihre eigenen Zwecke zunutze. In erbarmungslosen Kämpfen stritten sie um die Macht, ohne Rücksicht auf das durch Abgaben und Steuern ohnehin bedrückte Volk. Sie provozierten auf diese Weise einen förmlichen Bürgerkrieg, nur um ihren Ehrgeiz zu befriedigen und das Königtum in ihre Gewalt zu bekommen.

Auch Heinrich V. von England machte alte Ansprüche auf den französischen Thron geltend. Sein Vater Heinrich Bolingbroke, Herzog von Lancaster, hatte 1399 Richard II., den letzten Plantagenet, zur Abdankung gezwungen und als Heinrich IV. die Herrschaft ergriffen. Mit ihm begann das Haus Lancaster zu regieren, eine Nebenlinie der Plantagenets.

Am 14. August 1415 landete König Heinrich V. am Steilufer von Sainte-Adresse bei Le Havre auf dem Festland. Kaum zwei Monate später besiegte sein kleines Heer auf dem Schlachtfeld von Azincourt die mächtige Elite der französischen Streitkräfte. Das Ausmaß dieser Niederlage spottete jeder Vorstellung, denn die Verluste der Engländer mögen nur vier- bis fünfhundert Mann betragen haben, während die Gegner annähernd siebentausend Gefallene zu beklagen hatten.

Was waren die Gründe für dieses außerordentliche Mißverhältnis? Ohne Zweifel hatte die technische Überlegenheit der Engländer gesiegt. Die französische Armee blieb der alten Tradition treu, gemäß der ein Angriff der Reiterei den Ausgang einer Schlacht bestimmte. Doch wandelten sich die Bedingungen des Krieges im Laufe des 14. Jahrhunderts, das das Aufkommen des Schießpulvers erlebte. Um den Reiter zu schützen, machte man ihn zu einer wandelnden Festung, dank eines Schuppenpanzers aus sorgfältig ineinandergefügten Eisenplättchen, der ihn zwar vor Verwundung schützte, ihn aber zu vollständiger Hilflosigkeit verurteilte, sobald er vom Pferd stürzte.

Die französischen Ritter setzten ihr Zutrauen in die altmodische Ausrüstung und in ihre unerschütterliche Tapferkeit. Sie verachteten eine Unterstützung durch

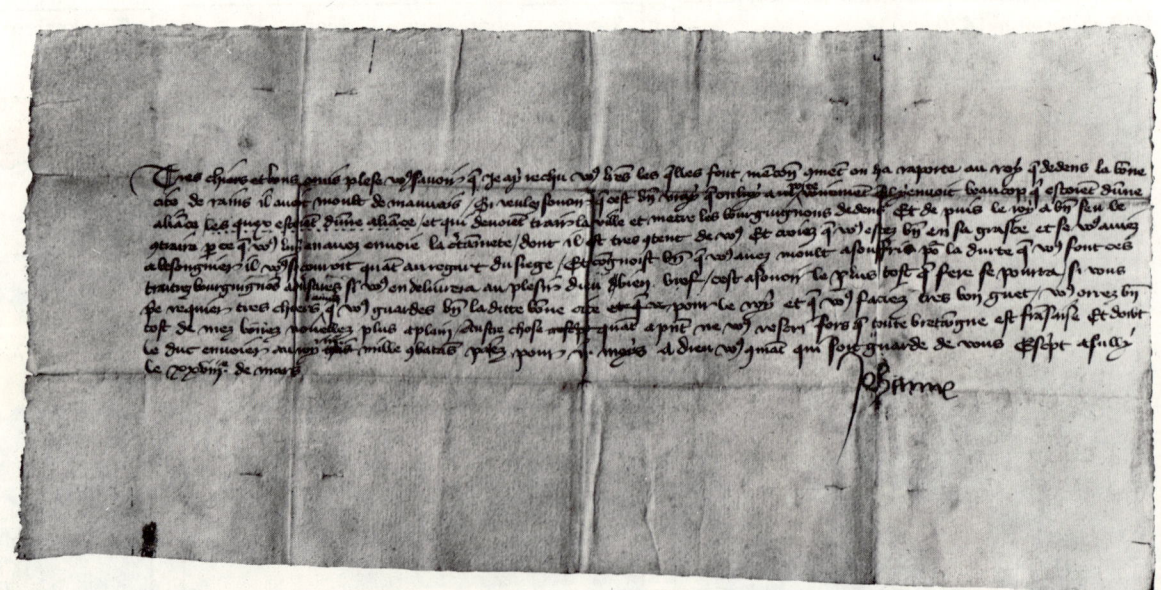

Brief Johanna von Orléans' an die Stadt Reims vom 12. März 1430

Krönung Karls VII. zum König von Frankreich in Reims am 16. Juli 1429.

Johanna von Orléans bei der Erstürmung des Tores St. Honoré vor Paris im Jahr 1429 (Mitte).

Gefangennahme Johanna von Orléans' durch burgundische Truppen bei Compiègne im Jahr 1430 (unten). Miniaturen in der Pariser Handschrift der »Vigiles de Charles VII.«, 1484

Fußvolk, durch die mit schwerer Armbrust ausgerüsteten Kämpfer zu Fuß. Auch hatten sie für Vorsichtsmaßnahmen, wie eine genaue Geländebeobachtung, nur Geringschätzung übrig, zumal wenn sie, wie es bei Azincourt der Fall war, über eine beträchtliche zahlenmäßige Überlegenheit verfügten. Die englische Streitmacht setzte, ohne daß sie die Geschütze vernachlässigte, ihr Vertrauen in eine strenge Disziplin und in eine den jeweiligen Gegebenheiten angepaßte Bewaffnung. Die Überlegenheit der Engländer machte ihr mit Langbogen, deren Tragweite sehr erheblich war, ausgerüstetes Fußvolk aus. Sie konnten zehn bis zwölf Pfeilschüsse in der Minute abgeben, während in der gleichen Zeit selbst der geschickteste Armbruster nur zwei Bolzen abziehen konnte. Der Langbogen bestand seine Probe bei Azincourt erfolgreich, ebenso wie er schon im vorangegangenen Jahrhundert bei Crécy, bei Calais und bei Poitiers zum Sieg beigetragen hatte.

Der französische Adel verlor in dieser Schlacht seine bedeutendsten Köpfe. Die meisten fielen im Kampf; fünfzehnhundert Ritter wurden als Gefangene nach England geführt. Unter ihnen befand sich Karl von Orléans, einer der Führer der französischen Opposition gegen England. Der königliche Vetter in Burgund, Herzog Johann Ohnefurcht, hatte sehr bald begriffen, daß seine Interessen auf der Seite des jugendlichen Siegers, Heinrich V., lagen. Dieser betrieb planmäßig die Eroberung der Normandie, die er als altes englisches Erbe beanspruchte. Im Jahr 1418 öffnete ein Handstreich den Engländern und den von nun an mit ihnen verbündeten Burgundern die Tore von Paris. Der glücklose König Karl VI. von Frankreich war nur noch ein Schatten seiner selbst; sein Sohn Karl, der Dauphin, entkam nur mit knapper Not einer Gefangenschaft. Er versuchte, sich mit Johann Ohnefurcht zu verständigen, dessen gewaltige Territorialmacht von Burgund bis an die Nordsee reichte. Eine Zusammenkunft fand am 10. September 1419 auf der Brücke von Montereau an der Yvonne

statt. Sie endete tragisch: Der Herzog von Burgund wurde von einem der Gefolgsleute des Dauphins ohne dessen Wissen ermordet. Diese Tat trieb den Sohn Johanns Ohnefurcht, Philipp den Guten, vollends in die Arme Englands. Dem Dauphin blieb nichts anderes übrig, als Paris aufzugeben und sich eilends bis jenseits der Loire zurückzuziehen. Der Vertrag von Troyes, der am 21. Mai 1420 zwischen Heinrich V. von England, Philipp dem Guten und Isabella von Frankreich geschlossen wurde, bestätigte die englischen Ansprüche auf die Krone Frankreichs: Heinrich V. heiratete die Tochter König Karls VI., Katharina, und wurde als dessen Nachfolger sowie als Regent zu seinen Lebzeiten anerkannt. Nur der Süden Frankreichs blieb dem legitimen Erben der Krone, dem Dauphin Karl, treu.

Zwei Jahre später, auf dem Höhepunkt seiner Macht, raffte der Tod Heinrich V. dahin. Er stand im blühenden Alter von fünfunddreißig Jahren. Auch Karl VI. starb wenige Wochen später. Als Gegner blieben der Dauphin Karl zurück und auf Englands Thron ein Kind von neun Monaten. Der Knabe Heinrich VI. sollte als Sohn Heinrichs V. und Katharinas die Kronen Frankreichs und Englands tragen. Die Macht war eindeutig auf seiner Seite, denn Karl verfügte nur über geringen Anhang im Süden Frankreichs.

Im Jahr 1428 hatte Herzog Johann von Bedford, der englische Regent in Frankreich seine Herrschaft nördlich der Loire so ausreichend gesichert, daß er offensiv werden konnte. Sein erstes Ziel war Orléans. Den Engländern gelang es, die Stadt so einzukreisen, daß sie nach und nach von der Außenwelt völlig abgeschnitten wurde. Vom Hunger überwältigt, begriff die Bevölkerung mittlerweile, daß sie vom eigenen Herrscher, der keinen mächtigen Rückhalt besaß sowie ohne persönliche Energie und Selbstvertrauen war, keine Hilfe erwarten konnte.

Um so erstaunlicher war es für alle Beteiligten, daß ein junges, unbekanntes Mädchen die ersehnte Hilfe leistete. Mit nur wenigen Soldaten, die der Dauphin unter äußerster Anstrengung für sie hatte aufbieten können, hielt Johanna ihren Einzug in Orléans.

Einen Monat zuvor hatte Johanna ein Gesuch an den Regenten Bedford und sein Gefolge mit der Bitte gesandt, das Unternehmen kampflos abzubrechen. Die Botschaft hatte, auch nach zweimaliger Wiederholung, nur Hohn und Gelächter hervorgerufen. Aber die Belagerung mußte nach nur drei Gefechten aufgehoben werden. Zeugen des Kampfes waren sich einig darin, daß der Sieg dem persönlichen Einsatz Johannas und ihrer Ausdauer zu verdanken war. Orléans war befreit, weil es nun mit dem Gebiet jenseits der Loire Verbindung hatte. John Talbot, der Graf von Shrewsbury und Befehlshaber der Engländer, gab am 8. Mai 1429 die Belagerung auf.

Nun drängte Johanna von Orléans Karl, nach Reims zu ziehen, damit er dort zum König gesalbt werde. Der Marsch nach Reims, mitten durch englisch-burgundisches Gebiet, war unter strategischen Gesichtspunkten ein tollkühnes Wagnis. Dennoch gelangte Karl zum Ziel, wo er am Sonntag, dem 17. Juli 1429, als Karl VII. zum König von Frankreich gesalbt und gekrönt wurde.

Hexen auf Besenstielen. Miniatur in einer französischen Handschrift, 15. Jahrhundert

Königliches Gericht. Miniatur in der Pariser Handschrift der »Grandes Chroniques de France«, 15. Jahrhundert

Eine derartige Wende der allgemeinen Lage erschien den Zeitgenossen fast unglaublich. So bedurfte es nur eines Schrittes, um jene, die diesen Umschwung heraufbeschworen hatte, der Zauberei zu bezichtigen. Ohne Bedenken sprach die englische Propaganda von Hexerei und von Ketzerei. Bald erhoben sich auch im Freundeslager Stimmen gegen die eindeutig militante Haltung der Jeanne d'Arc.

Schließlich war es Karl VII. selbst, der dem Vorhaben Johannas, zum Sturm auf Paris anzusetzen, Hindernisse in den Weg legte. Später unternahmen die Franzosen nichts, als Johanna 1430 bei Compiègne von burgundischen Truppen gefangengenommen und gegen Zahlung einer erheblichen Summe Geldes an die Engländer ausgeliefert wurde. Sie machten der Jeanne d'Arc den Prozeß. Sie wurde in Rouen verurteilt und am 30. Mai 1431 hingerichtet.

Das Leben und Wirken der Johanna von Orléans hatte in einer Zeit größter Unruhe und Verwirrung Klarheit und Entschiedenheit aufleuchten lassen. Heute noch erlaubt der nüchterne Text ihrer Prozeßakten Einblick in ihr außergewöhnliches Wesen, das sie allen in spontaner Zuneigung, so wie damals dem Dauphin und dem Volk, als eine Heldin und eine Heilige erscheinen läßt.

REGINE PERNOUD

Verbrennung Johanna von Orléans' in Rouen am 30. Mai 1431. Miniatur in der Pariser Handschrift der »Vigiles de Charles VII.«, 1484

Papst Kalixt III. Detail eines Gemäldes von Sano di Pietro, etwa 1456

Die letzten Jahre des Hundertjährigen Krieges. Burgund und Florenz.

Die Engländer hofften ernsthaft, daß die Zaubereien der Hexe Jeanne d'Arc aufgehoben seien, als sie auf dem Scheiterhaufen starb. Die Eroberung Frankreichs sollte nun rasch erfolgen. Als Legitimation der englischen Gebietsansprüche auf dem Kontinent und um die Krönung Karls VII. in Reims zu diskreditieren, krönte Kardinal Heinrich Beaufort, der Bischof von Winchester, den zehnjährigen Heinrich VI. im Dezember 1431 in Paris zum König von Frankreich. Die Kämpfe der nächsten Jahre brachten keiner der beiden Mächte einen durchschlagenden Erfolg.

Frankreich und England

Zur selben Zeit unterminierten Intrigen Herzog Humphreys von Gloucester, des Regenten in England, die Autorität Herzog Johanns von Bedford in Frankreich und zwangen ihn, nach England zu kommen. Während seiner Abwesenheit vom französischen Kriegsschauplatz sammelten die Franzosen ihre Kräfte neu. Binnen kurzem wurde der englische Einfluß in Nord-Frankreich auf Paris und die Normandie beschränkt. Auch nach Bedfords Rückkehr hatten die Engländer nur Mißerfolge. Herzog Philipp der Gute von Burgund kündigte sein Bündnis mit England und berief 1435 einen Friedenskongreß nach Arras ein. Dort erkannte Philipp Karl VII. als König an und erhielt eine Anzahl Städte an der Somme. Auch die politische Selbständigkeit des Herzogs von Burgund bestätigte Karl.

In Arras wurde England die Normandie und das Herzogtum Gascogne mit seinen Nebenländern angeboten, wenn es Karl VII. als König eines verkleinerten Frankreich anerkennen würde. Bedford, der immer noch auf sein Kriegsglück baute, wies diese Bedingungen zurück. Als er ein Jahr später starb, zerbrach die englische Macht in Frankreich. 1436 besetzte Karl VII. Paris. Die Engländer nutzten einen Aufstand in der Bretagne, in Alençon und in Bourbon unter der Führung des Dauphins Ludwig und eroberten Harfleur. Doch weil Herzog Richard von York, der Nachfolger Bedfords, es versäumte, diesen Sieg auszunutzen, besetzten die französischen Truppen wieder große Teile der Gascogne. Im Jahr 1444 waren beide Seiten so erschöpft, daß ein Waffenstillstand geschlossen wurde, der durch die Heirat des englischen Königs Heinrich VI. mit Margarete, der Tochter des Herzogs von Anjou, besiegelt wurde.

Fünf Jahre später stand England am Rand eines Bürgerkrieges, als Frankreich den Waffenstillstand brach und die Herausgabe der Normandie forderte. So begann der Krieg erneut. Die Heeresreform, die Karl VII. 1445 mit der Aufstellung von regelmäßig besoldeten, berittenen Abteilungen begonnen hatte, ermöglichte es den französischen Truppen, jetzt erfolgreicher als ihre Gegner zu operieren. Bordeaux fiel im Juni 1451. Doch die Einwohner der Stadt, die seit Jahrzehnten privilegierte Untertanen des englischen Königs waren, zeigten sich nicht geneigt, französische Steuern und Militärlasten zu tragen. Darum forderten sie im folgenden Jahr ein englisches Heer auf, die Stadt erneut zu übernehmen. Margarete von Anjou wies daraufhin John Talbot, den Grafen von Shrewsbury, an, die ganze Provinz

Kapelle des King's College in Cambridge

zu besetzen. Im Frühjahr 1453 kam es bei Castillon zur Entscheidung. Die Engländer verloren die Schlacht; Talbot fiel, und seine Leute flohen.

Karl VII. zog am 19. Oktober 1453 im Triumph in Bordeaux ein. Dieses Ereignis bedeutete das eigentliche Ende des Hundertjährigen Krieges. Die Engländer konnten lediglich Calais und einige Nachbarorte behaupten. Zu einem formellen Friedensschluß kam es jedoch erst 1475 im Vertrag von Picquigny. Die englischen Könige aber führten noch bis 1802 den Titel eines Königs von Frankreich.

Während der Unmündigkeit Heinrichs VI. nahm ein Kronrat die Regierungsgeschäfte wahr, der unter gemeinschaftlicher Führung Herzog Johanns von Bedford und Herzog Humphreys von Gloucester stand. Im Verlauf des Kampfes mit Frankreich, den Bedford führte, spaltete sich der Kronrat in zwei Parteien. Gloucester und sein Anhang plädierten für eine Fortsetzung des Krieges. Für einen Frieden, der England den Besitz der Normandie und der Gascogne gesichert hätte, stimmten Kardinal Heinrich Beaufort und sein Neffe Edmund Beaufort, der 1448 Herzog von Somerset wurde. König Heinrich VI. besaß kein Talent zum Regieren. Er fühlte sich zwar eher zur Friedenspartei hingezogen, konnte sich aber nicht durchsetzen. Seine Interessen lagen im geistigen Bereich und fanden ihren Ausdruck in der Gründung der King's Colleges in Eton und in Cambridge. Nach dem Tod Herzog Humphreys im Jahr 1447 wurde Herzog Richard von York Führer der Kriegspartei und galt als erster Anwärter auf den Thron, da Heinrich VI. noch kinderlos war. Nach dem Tod Kardinal Beauforts gewann der Herzog von Suffolk, Wilhelm de la Pole, die Gunst des Königs. Als man ihn für die englischen Niederlagen in Frankreich verantwortlich machte und ihn der Mißwirtschaft und Korruption bezichtigte, ließ der schwächliche König seinen Günstling fallen. Suffolk wurde im Jahr 1450 verbannt und bald darauf in Calais ermordet. An seine Stelle trat Edmund Beaufort, der ein ernster Rivale Richards von York wurde. Die Krisen um das Königtum führten schließlich zu den »Rosenkriegen« zwischen den Häusern Lancaster und York.

Philipp der Gute von Burgund

Unter Philipp dem Guten, der von 1419 bis 1467 regierte, konsolidierte sich Burgund als mächtiges »Mittelreich« zwischen Frankreich und Deutschland. Vom Herzogtum Bourgogne und seinen Erblanden Flandern, dem Artois und der zum Deutschen Reich gehörigen Freigrafschaft Burgund aus erweiterte er seine Herrschaft zu einem Territorialstaat von europäischer Bedeutung. Sein Bündnis mit den Engländern brachte ihm Boulogne ein. In den Jahren 1428 bis 1433 erwarb er Teile der deutschen Niederlande: Namur durch Kampf, Brabant und Limburg durch Erbschaft; den Hennegau, Holland und Seeland nahm er mit Gewalt. Sein Plan, die Regierung dieser Ländereien von heterogener Struktur zu zentralisieren, verwirklichte er dadurch, daß er die selbständigen Stadtgemeinden in den Gebieten zwang, sich seiner Herrschaft unmittelbar zu unterstellen. Jahrelang widersetzte sich Gent. Erst 1453 konnte er die Stadt nehmen. Obwohl der Vertrag von Arras ihm nicht den nationalen Einfluß in Frankreich gebracht hatte, den er anstrebte, blieb Philipp der mächtigste Mann im Land. Seine Hofhaltung setzte neue Maßstäbe für adlige Sitten und fürstliches Zeremoniell. Die burgundischen Lebensformen übernahmen bald viele europäische Höfe. Im Jahr 1430 stiftete Philipp der Gute den Orden vom Goldenen Vlies, l'Ordre de la Toison d'or. In ihm vereinigte der Herzog Adlige seines Hofes und seiner Länder. Der Ordensherr erhob die Mitglieder an seine Seite und begründete durch

Bibliothek der Universität Oxford

Das Konzil zu Basel 1431–1453

diese Auszeichnung ein besonderes Treueverhältnis, das die Ritter über die Untertanenschaft hinaus an den Herzog band.

Flämische Mystik

Die Mitte des 15. Jahrhunderts brachte der flämischen Mystik eine Periode hoher Blüte. Sie wurde durch die zweite Generation der »Devotio moderna« beherrscht, jener Bewegung der »Neuen Frömmigkeit«, die das Werk Gerard Groots war, eines Karthäusermönches, der die Kongregation der »Brüder vom Gemeinsamen Leben« gründete. Er starb 1384. Die Regel dieser Klosterbrüder und ihre mystisch orientierte Theologie hatten kritische Stimmen in der Kirche gefunden. Die Dominikaner behaupteten von ihnen, daß einige ihrer Lebensgewohnheiten häretisch seien. Das Konzil von Konstanz hingegen billigte ihre Satzungen. Thomas von Kempen, der bis 1471 lebte, hatte sich den Idealen Gerard Groots verschrieben. Seine Wirkungsstätte fand er im neuen Augustinerkonvent seiner Vaterstadt Kempen. Dort verbrachte Thomas seine Tage damit, Missalien und fromme Bücher abzuschreiben. Er selbst verfaßte zahlreiche erbauliche Traktate und Sermone. Seine bedeutendste Schrift, die »Nachfolge Christi«, schildert in einfacher Sprache ein geistliches, frommes Leben. In den folgenden Jahrhunderten wurde diese Abhandlung immer und immer wieder gelesen. Zahlreiche Übersetzungen aus dem Lateinischen verhalfen dem Werk zu einer solchen Verbreitung, die nur durch die Bibel übertroffen wurde.

Die Flämische Malerschule

Der burgundischen Kultur verliehen die Brüder Hubert und Jan van Eyck einen hohen künstlerischen Rang. Beide begründeten die einzigartige Flämische Malerschule, die reich im Detail und in der Farbgebung war. Vieles in ihrem Werk spiegelte den Glanz am Hof Philipps des Kühnen wider. Aber auch ihre religiöse Malerei drückte eine solche Tiefe des Gefühls aus, daß sie den Schriften des Thomas von Kempen ebenbürtig zur Seite steht.

Italien

Das Geschäft der Florentiner Bank der Familie Medici war lange Zeit mit den päpstlichen Finanzen verknüpft. Die erfolgreichen Finanzaktionen erweckten auch politische Ambitionen. Im Jahr 1433

Heinrich der Seefahrer, Infant von Portugal

zwang Cosimo de' Medici die mächtige Familie der Albizzi in Florenz, einen Krieg gegen Lucca zu führen. Als die Florentiner eine Niederlage erlitten, wechselte Cosimo die Fronten und schloß sich der öffentlichen Meinung an, die gegen den Krieg sprach. Allein wegen dieser Doppelzüngigkeit wurde er verbannt. Die Albizzi spürten jedoch bald, daß sie ohne die Hilfe der Medici-Bank ihre Regierungsmaßnahmen nicht finanzieren konnten. Im September 1434 ordnete daher die neugewählte Signorie von Florenz die Rückberufung Cosimos an.

Cosimo erzwang nun seinerseits die Verbannung derer, die seinen Herrschaftsansprüchen entgegentreten konnten. Obgleich er niemals den Titel eines Fürsten oder Herzogs annahm, wurde Florenz von ihm bis zu seinem Tod 1464 zwar klug, aber dennoch autoritär regiert. Cosimo, der in den Jahren 1444, 1457 und 1458 Verschwörungen erbarmungslos unterdrückte, bemühte sich besonders darum, als Freund der Bauern und der Künstler aufzutreten. Er verwandte einen beträchtlichen Teil seines Reichtums zur Förderung von Kunst und Literatur. Cosimo de' Medici legte eine große Sammlung von Handschriften an, die er als erste private Bibliothek der Allgemeinheit zugänglich machte.

Künstler und Gelehrte, die während der Mitte des 15. Jahrhunderts in Italien lebten, erfreuten sich eines reichen Mäzenatentums. Die Medici in Florenz und die Sforzas in Mailand wetteiferten untereinander und mit den Päpsten in Rom um die Dienste der größten italienischen Künstler.

Mit dem Tod Königin Johannas II. von Neapel aus dem Haus Anjou 1435 begann ein Kampf um die Erbschaft zwischen König Alfons von Aragon-Sizilien und René von Anjou. Alfons machte schließlich Neapel zum Mittelpunkt eines aragonesischen Großreiches im Mittelmeer. An seinem Hof blühten der Humanismus und die Künste.

Prinz Heinrich der Seefahrer

Prinz Heinrich der Seefahrer gründete in seiner Residenz in der portugiesischen Hauptstadt Algarve eine neue Seemannsschule. Sein Ziel war es, eine Schiffahrtsroute nach dem Osten zu finden, um die islamische Welt meiden zu können. Jedes Jahr drangen seine Expeditionen weiter an der West-Küste Afrikas vor. Gerade in den Tagen von Heinrichs Tod im Jahr 1460 hatten portugiesische Seefahrer die Flüsse Senegal und Gambia sowie die Kapverdischen Inseln erforscht. Sie brachten Gold und Sklaven nach Lissabon. Im Abendland zeichnete sich ein neues Zeitalter der Entdeckungen ab.

Das Baseler Konzil

Eine radikal-reformerische Partei auf dem Konzil von Basel setzte einen Beschluß durch, daß es Häresie sei, wenn der Papst den Dekreten eines allgemeinen Konzils widerspräche. Eugen IV., dessen Pontifikat von 1431 bis 1447 dauerte, widersprach sofort diesem Konzilsbeschluß. Außerdem wuchsen die Differenzen über die Unionsverhandlungen mit der griechisch-orthodoxen Kirche des Byzantinischen Reiches. Im Jahr 1434 verlegte Eugen seinen Hof nach Florenz, wo er neun Jahre lang unter dem Schutz Cosimo de' Medicis residierte. Damals regierte während mehrerer Jahre der despotische Kardinal Vitelloschi als Eugens Statthalter den Kirchenstaat. Um das antipäpstliche Konzil in Basel aufzulösen, berief Eugen IV. im Jahr 1438 ein Konzil nach Florenz ein. Doch die Väter der Kirche in Basel weigerten sich, ihre Sitzungen abzubrechen, solange sie ihren Auftrag nicht erfüllt sahen.

Das Papsttum war um die Mitte des 15. Jahrhunderts an einem Tiefpunkt seines Ansehens angelangt. Lorenzo Valla hatte gerade damals nachgewiesen, daß die Konstantinische Schenkung, jenes Dokument, auf der der Rechtsanspruch des Papsttums auf das Patrimonium Petri rings um Rom basierte, eine Fälschung war. In Frankreich hatte eine Nationalsynode die Pragmatische Sanktion von Bourges gutgeheißen, einen Erlaß, in dem viele der antipäpstlichen Dekrete des Baseler Konzils aufgenommen wurden. Außerdem beschränkte die Sanktion die Einkünfte des Papsttums in Frankreich. Ein Jahr später beschloß das Deutsche Reich Ähnliches. Der Reichstag von Mainz übernahm 1439 in der »Mainzer Akzeptation« einige Beschlüsse der Pragmatischen Sanktion. Die Zahlung der Annaten und die päpstlichen Provisionen auf Pfründen im Reich sollten abgeschafft werden. Der unübersehbare Niedergang des Ansehens des Papsttums wurde schließlich durch die gewandte Diplomatie des Enea Silvio di Piccolomini, des künftigen Papstes Pius II., aufgehalten. Er verstand es sogar, die päpstliche Stellung wieder zu stärken. Das Wiener Konkordat, das 1448 zwischen Kaiser Friedrich III. und Papst Nikolaus V. ausgehandelt wurde, gewann Deutschland dem Papst zurück. Es galt bis 1806.

Kaiser Friedrich III. bei der Krönung Enea Silvios de Piccolomini zum Dichter

Die orthodoxe Kirche

Johannes VIII. Palaiologos, der Kaiser von Konstantinopel, reiste im Jahr 1439 nach Italien, um dort über eine Vereinigung der griechischen und der lateinischen Kirche zu verhandeln. Vor seiner Rückreise nahm er die Bedingungen des Papstes an, um das seit 1054 dauernde Schisma zwischen Byzanz und Rom zu beenden. Johann VIII. und sein Nachfolger sahen sich jedoch außerstande, die Union zu verwirklichen, weil die Untertanen Widerstand leisteten.

Nikolaus V., der von 1447 bis 1455 den Stuhl Petri innehatte, gilt als einer der bedeutendsten Päpste des 15. Jahrhunderts. Er war ein toskanischer Gelehrter, der Rom zur Hauptstadt eines Reiches der Kunst und Literatur machen wollte.

Le siege du grant turc auec ij. de ses principaulx consseilles
Le siege du capiteine gnal de la turquie

Das Ende Konstantinopels

1453

Der Reisende aus dem Westen, der Konstantinopel in den ersten Jahrzehnten des 15. Jahrhunderts besuchte, war erschrocken, ja vielleicht sogar entsetzt über den Zustand, in dem er die hochberühmte Stadt vorfand. War er doch aufgewachsen mit den Erzählungen über die verschwenderische Pracht, den Reichtum und die Macht jenes zweiten Roms am Goldenen Horn, das die Hauptstadt eines Reiches war, das seit mehr als tausend Jahren die Tradition des alten Imperium Romanum pflegte und sich der ältesten Monarchie in der Geschichte der Christenheit rühmen konnte. Der Reisende fand jetzt nur noch einen kümmerlichen Abglanz jener Herrlichkeiten vergangener Jahrhunderte. Die Stadt drohte in zerfallenden Ruinen zu versinken und war halb verlassen. Allenthalben hatte sich Verzweiflung ausgebreitet. »Es gibt nur wenige Einwohner«, schrieb Pedro Tafur, ein junger Spanier, der 1437 in Konstantinopel weilte, »sie sind nicht gut gekleidet, sondern elend und arm, gezeichnet von der Härte ihres Schicksals ... Der Palast des Kaisers muß großartig gewesen sein, aber jetzt ist er in einem solchen Zustand, daß an ihm wie auch an der Stadt sich das Unglück enthüllt, welches die Menschen erlitten haben und noch immer ertragen ... Das Gebäude ist innen, abgesehen von den Teilen, wo der Kaiser und die Kaiserin mit dem Hofstaat residieren, und sogar sie sind räumlich beengt, in schlechtem Zustand. Der kaiserliche Hofstaat ist dennoch von einer verblassenden Pracht erleuchtet, denn das alte Zeremoniell beherrscht ungebrochen das Leben ...«

Die Beschreibung Tafurs schilderte die Wirklichkeit. Das einst mächtige Oströmische Reich, das sich von Spanien bis an den Kaukasus und von Gallien bis nach Mesopotamien und Afrika erstreckt hatte, reichte nunmehr wenig über die Mauern Konstantinopels hinaus. Jahrhundertelang bildete das Reich ein Bollwerk gegen den Ansturm des Islams. So hatte die Christenheit Gelegenheit, in Ost-Europa Wurzeln zu schlagen. Selbst nachdem die anatolische Ebene im 11. Jahrhundert an die Seldschuken verlorenging, blieb das Imperium reich und mächtig. Im Hafen von Konstantinopel ankerten Schiffe aus aller Herren Ländern, und Kaufleute von drei Kontinenten bevölkerten die Basare. Auf den Ladeplätzen und in den Lagerhäusern der Stadt stapelten sich kostbare Waren, während unter den mit Mosaiken geschmückten und nach außen in Gold strahlenden Kuppeln ihrer zahllosen Kirchen einige der heiligsten Reliquien des Christentums verehrt wurden.

Der Wohlstand Konstantinopels erweckte während seiner ganzen Geschichte den immer regen Neid und die Habgier der Völker am Rande des Reiches. Zuerst waren es die Barbaren der Völkerwanderungszeit, die an die Existenz des Imperium Romanum rührten. Dann suchten die fanatischen Scharen des Islams das mächtigste Reich der Christenheit zu vernichten. Schließlich zogen die eigenen Glaubensgefährten aus dem Westen heran: Den Kreuzfahrern erlag die große Stadt. Nach dem Intermezzo des Lateinischen Kaisertums in Konstantinopel hat das Reich seine alte Größe nicht mehr erreicht.

Nicht lange nachdem Kaiser Michael VIII. Palaiologos 1259 in seine zerstörte Hauptstadt zurückkehrte, begründete Sultan Osman I. in den in türkischer Hand befindlichen Landen jenseits des Bosporus eine neue Dynastie: das Haus der Osmanen. Dieser bedeutende Herrscher regierte von 1288 bis 1326.

Unter Osman I. und seinen Nachfolgern schritten die Türken von Sieg zu Sieg. Um 1340 befand sich nahezu ganz Kleinasien in ihrer Gewalt. In den nächsten fünfundzwanzig Jahren überquerten sie die Dardanellen, begründeten ihre Hauptstadt in Adrianopel und machten sich zum Herrscher über das westliche Thrakien. Ihr Sieg auf dem Amselfeld in Süd-Jugoslawien 1389 gewann ihnen Serbien und große Teile des Balkans. Während der Kaiser in Konstantinopel von Feinden umzingelt war, erschütterten Palastrevolutionen seinen Thron und plagten Pestepidemien das Volk. Das Byzantinische Reich war gezwungen, den türkischen Sultan als Oberlehnsherrn anzuerkennen. Es blieb nur eine Hoffnung: Eine große christliche Allianz zur Befreiung des Reiches und zur Errettung Europas vor dem islamischen Eindringling mußte gegründet werden.

Ein Janitschar. Zeichnung von Gentile Bellini aus der zweiten Hälfte des 15. Jahrhunderts

Belagerung Konstantinopels durch die Türken im Jahr 1453. Miniatur in einer Handschrift der »Voyage d'outremer de Bertandon de la Brocquière«, Mitte des 15. Jahrhunderts

Konstantinopel. Zeichnung im »Liber insularum archipelagi« von Christopherus de Bondelmontibus, 1422

Die Aussichten auf ein solches Bündnis waren gering. Die Ost- und die West-Römische Kirche waren schon lange gespalten. Darum schien es unwahrscheinlich, daß der Papst zu einem Kreuzzug zur Befreiung von Ketzern, die sein Primat nicht anerkannten, aufrufen würde. Die katholischen Fürsten des Westens, in diesem Fall ohne Sinn für Realitäten, neigten dazu, die türkischen Eroberungen als Gottesstrafe für jene anzusehen, die das wahre Christentum ablehnten. War Konstantinopel eine Messe wert? Sein Kaiser glaubte es. Im Jahr 1439 wurde in Florenz in Anwesenheit Johannes' VIII. Palaiologos und des Patriarchen von Konstantinopel die Union beider Kirchen geschlossen. Theoretisch war die Christenheit wieder vereinigt; in der Praxis aber bestand das Schisma fort. »Lieber sehe ich den türkischen Turban als den Kardinalshut in der Stadt«, erklärte der byzantinische Geistliche Lucas Notaras. Die Mehrzahl seiner Landsleute dachte gleich ihm. Als Johannes im Jahr 1448 starb, hinterließ er seinem Bruder Konstantin XI. Palaiologos eine über die Kirchenunion verbitterte und zerstrittene Stadt. Die erhoffte Hilfe aus dem Abendland gegen die Türken blieb aus.

Über den letzten byzantinischen Kaiser berichten die Quellen nur spärlich. Als er die Thronfolge antrat, war er dreiundvierzig Jahre alt. Obwohl keine zuverlässigen Bilder von ihm überliefert sind, scheint er groß und ziemlich dunkelhäutig gewesen zu sein. Er galt als ein wenig phantasielos, hatte aber einen aufrichtigen und ehrlichen Charakter. Er war ein fähiger Sachwalter seines Amtes und vor allem ein tapferer Soldat. All diese Eigenschaften konnten das Reich nicht vor dem Untergang retten. 1451 starb Sultan Murad II. in Adrianopel. Sein Nachfolger war ein junger Mann von kriegerischer Wesensart. Obwohl erst einundzwanzig Jahre alt, hatte Sultan Mohammed II. schon charakterliche Eigenschaften bewiesen, die Respekt und Furcht verbreiteten. Er war ein gebildeter Mann, der sechs Sprachen beherrschte, wozu auch Latein und Griechisch gehörten. Seine Natur war introvertiert und verdrießlich, ja beinahe pathologisch verschlossen. Ein Anflug von Grausamkeit versetzte seine Untertanen oft in Schrecken. Von Kindesbeinen an haßte Mohammed die Christen, und mit zunehmendem Alter erwuchs daraus ein einziger brennender Wunsch: Konstantinopel zu erobern. Jetzt, da er Sultan war, trachtete er nur noch danach, seinen ehrgeizigen Plan durchzuführen.

Als die byzantinischen Botschafter kamen, um ihm zu seiner Machtübernahme zu gratulieren, versicherte er sie seiner friedlichen Absichten und versprach scheinheilig, das Territorium des Kaisers zu respektieren. Innerhalb weniger Monate aber hatte er Architekten und Bauherren aus allen Teilen des Reiches zusammengerufen. Am 15. April 1452 wurde, nur wenige Kilometer von Konstantinopel entfernt, der Grundstein zu einer großen Festung gelegt, dort, wo der Bosporus am schmalsten ist. Kirchen und Klöster der Umgebung wurden zerstört, um Baumaterial zu gewinnen. Nur vier und einen halben Monat später, am letzten Tag des Monats August, wurde das Werk, Rumeli Hisar, fertiggestellt. Konstantin XI. entsandte Botschafter, um Mohammed II. nach seinen Absichten zu fragen, obwohl er sie nur zu gut kennen mußte. Die Antwort des Sultans war eindeutig: jeder Botschafter aus Konstantinopel wurde enthauptet.

Aber noch immer hatte Europa nicht begriffen, welch grundsätzliche Bedeutung die Existenz des Byzantinischen Reiches hatte. Der Papst war ehrlich betroffen, aber er brachte den Mut nicht auf, eine Hilfsaktion ins Leben zu rufen. Im November 1451 wurde ein venetianisches Schiff, das sich weigerte anzuhalten, als es von Rumeli Hisar aus dazu aufgefordert wurde, von türkischen Kanonen versenkt, seine Mannschaft enthauptet und sein Kapitän öffentlich aufgespießt. Aber die Handelsrepublik, die in den osmanischen Häfen gute Geschäfte abwickelte, wünschte nicht in einen teuren Krieg verwickelt zu werden und beschloß, den Zwischenfall zu ignorieren. Genua verhielt sich in gleicher Weise. Der gesamte Stadtteil Pera in Konstantinopel war bis zum Osten des Goldenen Horns eine genuesische Kolonie, deren sicherste Hoffnungen auf Bestand darauf zu beruhen schienen, lieber mit den Türken ein Abkommen zu schließen, als gegen sie zu Felde zu ziehen. Frankreich und England hatten sich im Hundertjährigen Krieg erschöpft und konnten kaum auswärtige Feldzüge unternehmen. Die anderen Herrscher Europas gaben auf die byzantinischen Hilferufe nur ausweichende Antworten. Im März des Jahres 1453, als ein gewaltiges osmanisches Heer von weit über hunderttausend Mann sich in Adrianopel gesammelt hatte und auf den Bosporus zumarschierte, stand es fest, daß das Überleben der Stadt nur an der Tapferkeit seiner Bewohner hing.

Der Kaiser rief alle wehrfähigen Männer einschließlich der Mönche zu den Waffen. Das Ergebnis war niederschmetternd: Nachdem die Stadt in weniger als einem Jahrhundert neunmal von der Pest heimgesucht worden war, hatte Konstantinopel etwa vierzig Prozent seiner Bevölkerung verloren. Es gab jedoch viele fremdländische Einwohner in der Stadt: die venetianische und genuesische Kolonie sagten Unterstützung für den bevorstehenden Entscheidungskampf zu. Das Hauptkontingent stellten die Genueser unter ihrem erfahrenen Führer Giovanni Giustiniani Longo. Über die Gleichgültigkeit seiner Regierung entrüstet, rief Giustiniani eine eigene Armee von siebenhundert Mann zusammen. Konstantin XI. bereitete ihr einen begeisterten Empfang. Aber auch mit den fremden Hilfstruppen besaß er weniger als siebentausend Mann, um die Land- und Seeseiten der Stadt zu verteidigen.

Die Befestigungen waren zum größten Teil in vorzüglichem Zustand. Die Wälle, die am Goldenen Horn angelegt waren, bedurften keiner bedeutenden Verteidigung, da die Einfahrt von einer starken Kette versperrt wurde, die von der Akropolis, dem kaiserlichen Palast, im Norden Konstantinopels über das Wasser bis zum Ufer von Pera am Stadtteil Galata reichte. Die Mauern am Marmara-Meer im Süden und Osten der Stadt erhoben sich direkt aus dem Meer und wurden von gefährlichen Sandbänken geschützt, die sie für Landungsversuche unzugänglich machten. Der Schwerpunkt des türkischen Angriffs wurde daher vom Land her erwartet. Hier verlief ein dreifacher Schutzwall von etwa sieben Kilometern über die Landenge der Halbinsel hinweg, auf der die Stadt erbaut war. Er wurde von dem kaiserlichen Palast in Blachernae im Norden und dem Marmara-Wall bei dem Studios-Kloster im Süden abgeschlossen. Diese Befestigung war seit ihrer Erbauung durch Kaiser Theodosius II. vor über tausend Jahren nie zerstört worden.

Am Ostermontag des Jahres 1453 wurden die ersten Vorposten von Mohammeds II. Heer von den byzantinischen Spähern gesichtet. Sofort ließ der Kaiser alle

Feldseite der Stadtmauer von Konstantinopel. Anlage des 5. Jahrhunderts

Festung Rumeli Hisar auf der europäischen Seite des Bosporus. Anlage Sultan Mohammeds II., 1452

Tore der Stadt schließen, die Brücken, die über den Stadtgraben führten, zerstören und das Goldene Horn sperren. Innerhalb von drei Tagen umstellte die türkische Armee alle Befestigungen. Mitten unter den Truppen stand das rotgoldene Zelt des Sultans, in dessen unmittelbarer Nachbarschaft seine Kerntruppen, die Janitscharen, kampierten. Mohammed war besonders stolz auf seine Kanonen, eine verhältnismäßig neue Waffe, die er gut zu nutzen plante. Drei hatten bereits große Erfolge von Rumeli Hisar aus errungen. Der Sultan hatte noch einige andere aus Adrianopel herbeischaffen lassen, die ein übergelaufener ungarischer Geschützingenieur für ihn gegossen hatte. Das größte Geschütz war eine siebenundzwanzig Fuß lange Riesenkanone, die Kugeln von einer halben Tonne Gewicht hundert Meter weit schießen konnte. Die Mauern hielten dem Beschuß zunächst stand.

Auf See hatte ebenfalls ein heftiger Kampf begonnen. Die osmanische Flotte war durch die Dardanellen in das Marmara-Meer gesegelt und lag nun am Eingang zum Bosporus, ungefähr einen Kilometer von der Mündung des Goldenen Hornes entfernt. Mohammeds Flotte machte keine Fortschritte. Wiederholte Versuche, die Sperre zu sprengen, waren durch eine wirksame Kombination von Pfeilgeschossen und dem Einsatz des Griechischen Feuers, einem Stoff, der noch auf der Wasseroberfläche brannte, vereitelt worden. Am 20. April entwickelte sich ein Seegefecht, aus dem die genuesischen Galeeren und die kaiserlichen Schiffe siegreich hervorgingen.

Diese Schlappe spornte Mohammed II. zu beschleunigtem Handeln an. Er befahl, den von ihm in den ersten Tagen der Belagerung ausgearbeiteten Plan sofort durchzuführen: den Bau eines Dammes von dem Ufer des Bosporus über Land, an der genuesischen Vorstadt Galata vorbei, bis an die Gewässer des Goldenen Hornes. Am Sonnabend, dem 22. April, wurde Konstantinopel Zeuge eines außergewöhnlichen Schauspiels: Unzählige Ochsengespanne schleiften etwa siebzig Schiffe auf Radgestellen über Land, die dann am Goldenen Horn zu Wasser gelassen wurden. Das Erstaunen der Griechen ging in Verzweiflung über. Sie konnten sich nicht länger auf den sicheren Ankerplatz ihrer Flotte verlassen. Noch bedeutender aber war, daß sie eine weite Flucht von Wällen mit Verteidigern bemannen mußten.

Es verging noch ein Monat, bis die Versorgung mit Nahrungsmitteln kritisch wurde. Die Befestigungen begannen unter dem unaufhörlichen Beschuß der türkischen Kanonen zu zerfallen. Für Kaiser Konstantin XI. wurde es immer schwieriger, die Moral seiner Untertanen zu stützen. Am 23. Mai erloschen die letzten Hoffnungen der Christen auf Entsatz. Während des vorhergehenden Winters hatten die Venetianer in Konstantinopel einen dringenden Appell an ihre Republik gerichtet und Venedig um eine Intervention zugunsten Konstantins gebeten. Schließlich hatten sie Anfang Mai heimlich eine Brigantine ausgesandt, um nach den Hilfstruppen Ausschau zu halten. Das Schiff hatte das Ägäische Meer vergeblich abgesucht. Von der erwarteten Flotte war keine Spur zu finden. Die Mannschaft, die wußte, daß ihre Rückkehr nach Konstantinopel fast mit Sicherheit den Tod bedeuten würde, überbrachte dennoch die Hiobsbotschaft dem Kaiser.

Den Belagerten schien es, daß Christus selbst die Stadt verlassen habe, was die Strenggläubigen damit erklärten, daß zu Beginn des Jahres 1453 in der Hagia Sophia ein Wiedervereinigungsgottesdienst mit Rom abgehalten worden war. Seitdem mieden die Orthodoxen diese Kirche. Aber in dieser letzten Schicksalsstunde wurden die dogmatischen Differenzen vergessen. Am Abend des 28. Mai, da feststand, daß Mohammed II. einen großen Sturm auf die Mauern Konstantinopels vorbereitete, zog der Kaiser mit seinen Untertanen in die prächtige Kirche, wo orthodoxe und römisch-katholische Priester gemeinsam den letzten christlichen Gottesdienst zelebrierten.

Am nächsten Morgen befahl der Sultan den Angriff. Der plötzliche Kriegslärm, der die Stille brach, wurde von allen Glocken der Stadt beantwortet, um alle wehrfähigen Männer auf ihre Posten zu rufen. Obwohl jeder einzelne geahnt haben mußte, daß die Stadt verloren war, fochten sie erbittert. Zwei türkische Angriffe wurden zurückgeschlagen. Den dritten Angriff führten Mohammeds Elitetruppen, die Janitscharen. Es entwickelte sich ein Nahkampf über

Kaiser Konstantin VIII. Palaiologos. Detail der Wandmalerei von Benozzo Gozzoli »Zug der Heiligen Drei Könige« im Palazzo Medici zu Florenz, 1459

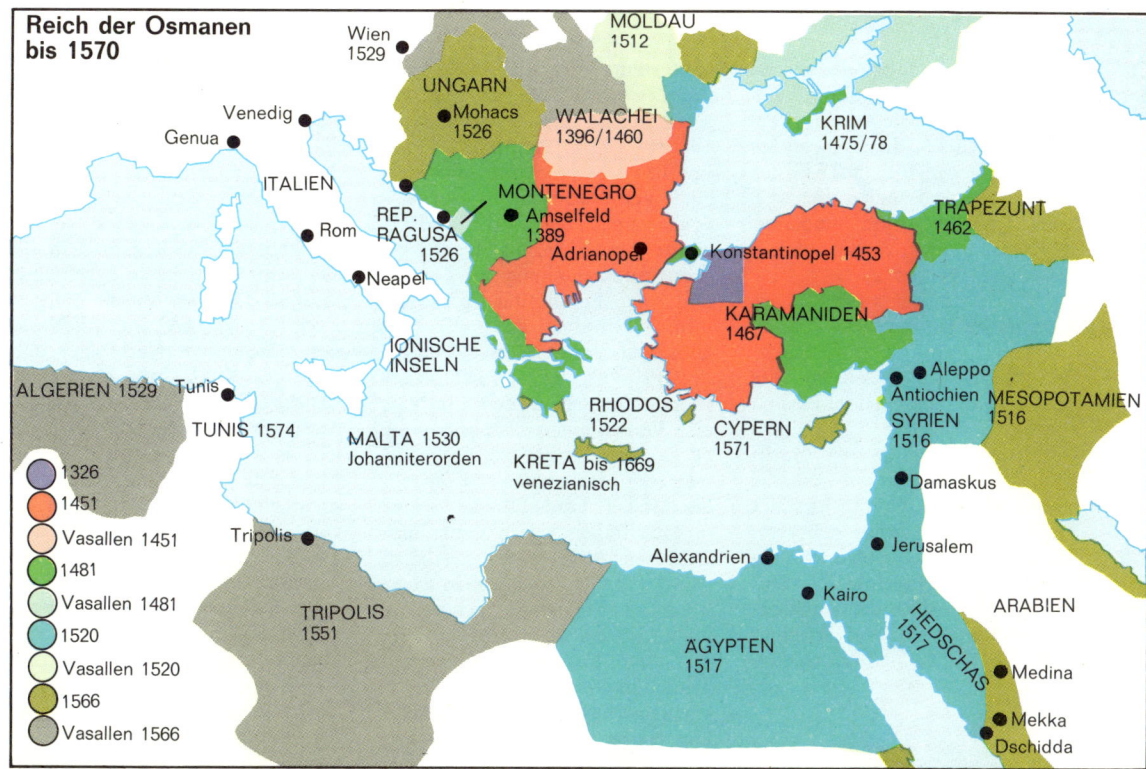

mehrere Stunden hin, ohne daß den Angreifern ein wesentlicher Vorstoß gelang. Erst als der an der Seite des Kaisers fechtende Giustiniani fiel und vom Feld getragen wurde, schwand die Zuversicht der genuesischen Soldaten. Die Türken nutzten die Verwirrung und drangen in die Stadt ein.

Im gleichen Augenblick geschah eine noch größere Katastrophe. Im Norden der Wälle, wo diese mit dem kaiserlichen Palast Blachernae verbunden waren, befand sich eine kleine Seitentür, von der aus die Verteidiger gelegentlich Ausfälle unternommen hatten. Diese Tür war unverschlossen geblieben; die Türken entdeckten sie und brachen auch hier in die Stadt ein. Das Byzantinische Reich war verloren. Kaiser Konstantin XI. fiel im Kampf.

Die siegreichen Türken stürmten über die Wälle durch die Straßen und richteten ein entsetzliches Gemetzel unter der Bevölkerung an. Mohammed II. gab die Stadt drei Tage lang zur Plünderung frei. Der Sultan erschien in der Stunde seines höchstens Triumphes in einer seltsam ruhigen und bedrückten Stimmung. Erst am späten Nachmittag betrat er Konstantinopel und ritt zur Hagia Sophia, wo er vor dem Hochaltar das erste mohammedanische Gebet in diesem Raum sprach.

So wich der letzte Rest des Imperium Romanum dem osmanischen Reich. Die Kunde vom Fall Konstantinopels wurde von den Menschen im Abendland mit Schrecken vernommen, denn ihnen wurde bewußt, was dort verlorengegangen war. Auch zum Schluß noch hätten die christlichen Fürsten durch entschlossenes und gemeinsames Handeln das Unabwendbare verhindern können. Aber ihr Denken hatte sich allzusehr auf Streitereien untereinander beschränkt.

Der Fall Konstantinopels war nicht von direkter politischer Bedeutung für Europa, wie man einst zu glauben meinte. Viele große Entwicklungen, die dem Untergang des Byzantinischen Reiches zugeschrieben wurden, hatten bereits früher begonnen. Forscher und Seefahrer suchten seit langem neue Handelsrouten nach Indien. In Italien stand die Renaissance in ihrer ersten Hochblüte. Byzantinische Gelehrte weilten dort schon seit mehr als fünfzig Jahren und vermittelten die Geheimnisse der griechischen Kultur dem Westen. Es kann auch bestritten werden, daß Mohammeds II. Sieg Europa einer türkischen Invasion öffnete, denn die Türken hatten ihre Herrschaft auf dem Balkan längst begründet.

Griechen und Türken erinnern sich heute noch jährlich des 29. Mai 1453 als des Tages ihrer größten Niederlage und des ihres höchsten Triumphes. Denn seit diesem Ereignis wandelte sich die Geschichte beider Völker grundlegend. Für die Griechen begannen Jahrhunderte der Unterdrückung, in denen die Kirche der einzige Kristallisationspunkt für ihr Volkstum war. Die Türken andererseits erblickten in der Vernichtung ihres Erzfeindes die Vollendung ihres Imperiums.

Nach fünfhundert Jahren können wir eine nüchterne Betrachtung wagen. Wir können Beifall zollen dafür, wie die neue Stadt sich wie ein Phönix aus der Asche erhob. Reiche dieser Welt bestehen nicht ewig. Auch das der Osmanen mußte in unserem Jahrhundert einem modernen Staat weichen. Byzanz hat über tausend Jahre hin den griechischen Geist erhalten und gepflegt, während West-Europa durch das Mittelalter tappte und antike Traditionen unter anderen Vorzeichen bewahrte. Als Konstantinopel fiel, wurde die Welt ärmer.

JOHN JULIUS NORWICH

Sultan Mohammed II., der Eroberer von Konstantinopel. Detail des Gemäldes von Gentile Bellini, 1479/80

Der Fall Konstantinopels erlaubte es den Türken, ihre Kämpfe auf dem Balkan wieder aufzunehmen. Sultan Mohammed II., der sich für einen neuen Alexander hielt, führte seine Heerscharen nach Bosnien, Albanien und Serbien, wo ihnen im Jahr 1456 Johann Hunyadi durch seine heldenhafte Verteidigung Belgrads eine vernichtende Niederlage beibrachte. Hunyadis Truppen waren durch einen Kreuzzugsaufruf des Wanderpredigers Johann von Capistrano zusammengebracht worden. Als der Peloponnes den türkischen Eindringlingen zum Opfer fiel, war die Herrschaft der Palaiologen in Griechenland zu Ende. Mit der Eroberung von Trapezunt 1461 durch die Türken verlor der letzte griechische Staat seine Selbständigkeit.

Mohammed II. wandte nun sein Augenmerk auf die genuesischen und venezianischen Stützpunkte in der Ägäis. Papst Pius II. versuchte daraufhin 1464, die abendländischen Herrscher zu einem großen Kreuzzug, an dem er auch selbst teilnehmen wollte, zu bewegen. Pius II., Enea Silvio de Piccolomini, war schon vor Antritt seines Pontifikates 1458 als ungewöhnliche Persönlichkeit berühmt. Als Laie hatte er im Dienst mehrerer Kirchenfürsten diplomatisches Geschick und wissenschaftliche Fähigkeiten gezeigt. Die europäischen Fürstenhöfe faszinierte er mit seinem Charme, seinen brillanten Versen und geistreichen, aber auch sittlich freimütigen Novellen. Kaiser Friedrich III. krönte ihn in Deutschland zum »Poeta laureatus«. Dann aber ging ein tiefer Wandel in ihm vor. Er »verließ Venus und Bacchus« und wurde ein bedeutender Kirchenfürst. Als Papst predigte er die sittliche Pflicht, gegen die Ungläubigen zu kämpfen. Nur Ungarn und Venedig folgten seinem Aufruf. Sein plötzlicher Tod begrub alle Hoffnungen auf einen Kreuzzug gegen die Ungläubigen.

Die türkische Flotte entriß bald den Venezianern Scutari und Euböa. Im Jahr 1478 erreichten türkische Piraten schon die Umgebung von Venedig. 1479 unterzeichnete die Republik in ihrer ausweglosen Lage einen Friedensvertrag mit Mohammed II., durch den die meisten venezianischen Vorposten in Albanien an die Türken verlorengingen und die Zahlung eines jährlichen Tributes für die Handelsprivilegien in der Levante versprochen wurde. Die Türken griffen Süd-Italien an, plünderten Kärnten und die Steiermark und belagerten die Insel Rhodos, die sich im Besitz des Johanniterordens befand. Nur der Tod des Sultans im Jahr 1481 und die Auseinandersetzungen um seine Nachfolge retteten die christlichen Teile auf dem Balkan und Italien vor weiteren Angriffen. 1512 eroberten die Osmanen unter Sultan Selim I. Syrien und Ägypten.

Griechische Kultur

Die griechischen Gelehrten, die nach Italien und Mittel-Europa flohen, als die Heere des Sultans ihre Heimatländer besetzten, brachten kostbare Manuskripte mit, die bislang zu den Bibliotheken des Byzantinischen Reiches gehörten. Während der folgenden fünfzig bis sechzig Jahre erfuhr das Studium aller Bereiche der klassisch-antiken Kultur eine Revolutionierung. Die humanistische Grund-

Lorenzo de' Medici, il Magnifico

einstellung zu Kunst und Literatur, das furchtlose Suchen nach der Wahrheit und dem Schönen, das sich bisher auf die römisch-lateinische Kultur beschränkt hatte, erhielt durch die Wiederentdeckung des Griechischen eine neue Dimension. Die humanistische Weltanschauung, die jeden Lebensbereich berührte und die sogar die Grundlagen der menschlichen Existenz, nämlich den Zweck des Daseins, in Frage stellte, mußte notwendigerweise zu einem Konflikt mit den Autoritäten führen, besonders mit der Kirche. Die Erfindung der Buchdruckerkunst in dieser Zeit ermöglichte eine rasche Verbreitung der Ergebnisse dieses geistigen Gärungsprozesses im ganzen Abendland.

Lorenzo il Magnifico

Unter Cosimo de' Medici, der 1464 starb, ging die Regierungsform von Florenz aus einer Oligarchie in eine Autokratie über. Lorenzo de' Medici il Magnifico, der Prächtige, der die Zügel der Herrschaft von 1478 bis 1492 fest in der Hand hielt, rühmte sich, nur ein »privater Bürger« seiner Stadt zu sein, obwohl er eine fürstliche Heirat mit Clarissa Orsini eingegangen war. Lorenzo überlebte im Jahr 1478 eine Verschwörung, in der sein Bruder ums Leben kam, und benutzte diese Gelegenheit geschickt dazu, seine Stellung zu festigen und seine Popularität zu verbessern. Nach dem Abschluß eines günstigen Vertrages mit Venedig ließ er sich als »Retter von Florenz« feiern. Zur selben Zeit führte er eine Verfassungsreform durch. Ein »Rat der Siebzig« wurde eingesetzt, der aber unter der Kontrolle des Medici stand. Lorenzo wurde in ganz Italien wegen seiner meisterlichen Diplomatie geschätzt, besonders auch, als es ihm in seinen letzten Lebensjahren gelang, in Italien Frieden zu stiften.

Lorenzos Regierung erschien freiheitlich im Vergleich mit den Herrschaftsmethoden zeitgenössischer Fürsten, so im Königreich Neapel und im Herzogtum Mailand. Der gewissenlose König Ferdinand I., der von 1453 bis 1494 die Krone von Neapel trug, mußte während all dieser Jahre um die Anerkennung seines umstrittenen Anrechts auf den Thron kämpfen und sich der ständigen Intrigen seines Adels erwehren. Die Regierung der Familie Sforza in Mailand war von Unterdrückung, von Usurpationen und von Mordtaten gekennzeichnet. Ludovico Sforza, der seinen Neffen im Jahr 1479 aus dem Herzogtum verdrängte, stand wegen seiner rücksichtslosen Gewaltherrschaft in ungesicherter Position. Seine Furcht um den Thron zog schließlich ganz Italien in einen Krieg mit den Franzosen. Seltsamerweise blühte die Kunst der Renaissance ungeachtet solch unsicherer und bedrängter politischer Verhältnisse.

Die Rosenkriege

Die Niederlage des englischen Heeres bei Chatillon und der Tod des Heerführers John Talbot im

König Eduard IV. von England

Jahr 1453 beendeten die Kämpfe des Hundertjährigen Krieges. Nur Calais verblieb den Engländern aus der Erbschaft der Eleonore von Aquitanien erhalten. Der endgültige Friedensschluß erfolgte 1475 in Picquigny. In England begann im Streit um die Regentschaft für den schwächlichen und zeitweise kranken Heinrich VI. ein Bürgerkrieg. Herzog Richard von York, der präsumptive Nachfolger und Erbe des Königs aus dem Haus Lancaster, wurde 1450 zum Reichsprotektor ernannt. Heinrich genas jedoch wieder, und seine Gattin Margarete von Anjou gebar ihm sogar einen Erben. Doch Richard von York war entschlossen, nun um den schon sicher geglaubten Thron zu kämpfen.

Der Führer der Lancaster-Partei, Edmund Beaufort, Herzog von Somerset, wurde im Jahr 1455 bei St. Alban's von den Anhängern Yorks besiegt und getötet. Das war der Beginn der Rosenkriege zwischen den Häusern Lancaster mit dem Zeichen einer roten Rose und York mit einer weißen Rose. Das Fehlen einer echten Regierungsgewalt und der äußerliche Zusammenbruch der Feudalordnung hatten einen Bürgerkrieg unvermeidlich werden lassen. Die zahlreichen, kampfgewohnten Ritter, die aus Frankreich heimkehrten, wo sie nur das Kriegshandwerk kennengelernt hatten, schürten alle ge-

König Heinrich VII. von England

waltsamen Auseinandersetzungen. Im Grund setzte sich Richard von York für die Wiederherstellung von Recht und Ordnung ein und kämpfte gegen die Unfähigkeit der Krone. Er erhielt mehr Unterstützung vom niederen Adel als seine Gegner. Die Mehrzahl der Bevölkerung blieb dem Kampf gegenüber indifferent. Nach Jahrzehnten erbitterten Ringens landete 1485 Heinrich Tudor, Graf von Richmond und Erbe der Lancaster, von der Bretagne aus in England. Sein Sieg

und Burgund. Das Reich der Habsburger 1453–1492

Elisabeth von York

bei Bosworth kostete Richard III., dem letzten König aus dem Hause York, Krone und Leben. Heinrich VII. Tudor bestieg den Thron und versöhnte durch seine Heirat mit Elisabeth von York, der Tochter Eduards IV., beide Häuser.

Frankreich unter Ludwig XI.

König Ludwig XI. regierte von 1461 bis 1483 in Frankreich. Als Prinz hatte seine Neigung zu rebellischen Taten zur Verbannung in die Dauphiné geführt, wo er unter dem Schutz des Herzogs von Burgund stand. Die umsichtige Verwaltung dieses Fürstentums erwies sich als eine unschätzbar wichtige Vorbereitung auf sein Königsamt und brachte ihm wegen seiner diplomatischen Geschicklichkeit den scherzhaften Namen »Spinne« ein. Bei seinem Regierungsantritt ergriff er mit sicherer Hand die Geschäfte des Staates und verlangte unbedingte Loyalität von seinen Untergebenen. Er achtete jedoch das Recht und forderte andere zu einem selbständigen Urteil heraus. Bei seinem Krönungsmahl setzte er die Festgesellschaft in Verwunderung, als er sich seiner unbequemen Krone entledigte. Seine Hofleute gewöhnten sich rasch an sein plumpes Auftreten, seine grobe Sprache und seine Neigung, in abgerissener Kleidung und mit einem alten Filzhut durch das Land zu reiten. Hier regierte ein Renaissancefürst wie ein Tyrann durch persönliche Dekrete. Aber er war ganz anders als seine italienischen Zeitgenossen. Er lehnte es strikt ab, etwa Seide zu tragen, betrachtete Vergoldung als verschwenderischen Luxus und gab kein Geld zur Förderung der Künste aus. Er hielt es für klug, sich der Gunst der Kirche zu versichern, darum gebärdete er sich als ein frommer Mann.

Ludwig XI. brach die Macht der großen Feudalherren Frankreichs und beendete die damit verbundene Anarchie. In der Außenpolitik befreite er das Land endgültig von der englischen Bedrohung. Er erweiterte die Hausmacht der Krone Frankreichs und schuf eine einheitliche Verwaltung im Königreich. Nur noch die Bretagne und Lothringen nahmen eine Sonderstellung ein.

Burgund

Herzog Karl der Kühne, der Sohn Philipps des Guten von Burgund, der 1467 bis 1477 herrschte, plante, die verschiedenen Teile seines Herrschaftsgebietes zu einem Königreich zusammenzufassen, das sich von der Nordsee bis zum Mittelmeer erstrecken sollte. Doch suchte Ludwig XI. dies durch eine geschickt geschmiedete Koalition zu verhindern. Der Burgunder war dem französischen König letztlich nicht gewachsen. Indem sich Ludwig die Neutralität Englands erkaufte, entzog er Karl seinen natürlichen Verbündeten. Karl konnte zwar die Stadt Lüttich bändigen und die Provinz Geldern seiner Herrschaft einverleiben, doch gelang es ihm nicht, 1473 bei einer Zusammenkunft mit Kaiser Friedrich III. in Trier die Königskrone zu erlangen. Die Errichtung einer eigenen Zentralbehörde für seine Lande brachte den Konflikt mit seinen Lehnsherren, dem König von Frankreich und dem Kaiser. Nach mehreren Niederlagen im Feld, auch gegen die Schweizer Eidgenossen, überwältigten diese im Januar 1477 das burgundische Heer bei Nancy. Karl der Kühne fiel in dieser Schlacht.

Ludwig XI. zog das Herzogtum Bourgogne und die Picardie als erledigte Lehen ein und besetzte die Franche-Comté, die Freigrafschaft Burgund. Karls flandrische Besitzungen, die ebenfalls einer französischen Annexion gewärtig sein mußten, erkannten Karls einzige Erbin, seine Tochter Maria, an, die ihnen ihre Privilegien bestätigte. Die Freiheit ihres Erbes sollte dadurch gesichert werden, daß sie Maximilian von Österreich heiratete. Damit begann die habsburgische Herrschaft in den Niederlanden.

Das habsburgische Kaiserreich

Als Friedrich III. von Papst Nikolaus V. 1452 in Rom zum Kaiser gekrönt wurde, herrschte er schon seit zwölf Jahren im Deutschen Reich und sollte noch weitere vier Jahrzehnte diese Bürde tragen. Friedrichs Sohn Maximilian wurde im Jahr 1486 zum deutschen König gewählt und führte neben dem alternden Kaiser die Herrschaft. Kaiser Friedrich III. war kaum wie ein anderer von der hohen Würde seines Amtes durchdrungen und hegte den festen Glauben an die künftige Größe seines Hauses. Darum ist man auch geneigt, seine berühmten Initialen A E I O U folgendermaßen aufzulösen: »Austriae est imperare orbi universo – Österreich ist dazu bestimmt, über den ganzen Erdkreis zu herrschen.« Friedrichs Vision wurde schon nach einer Generation Wirklichkeit. Den Grundstein legte Maximilians Heirat mit Maria von Burgund.

Matthias von Ungarn

Matthias Hunyadi, genannt Corvinus, wurde 1458 im Alter von fünfzehn Jahren zum ungarischen König gewählt. In diesen unruhigen Jahren war das Land tief gespalten und wäre fast den Türken ganz in die Hände gefallen. Matthias aber erwies sich als tüchtiger Herrscher und fähiger Kriegsmann. Er bildete ein stehendes Heer und schuf die Reiterei der Husaren, die eine weit gefürchtete Truppe wurden. Die Armee und die Donauflotte rüstete er mit Kanonen aus. Dank seiner tatkräftigen Führung mißlang den Türken die Eroberung Ungarns; die Tschechen wurden aus dem Norden des Königreiches und die Habsburger aus dem Westen vertrieben. Matthias förderte die Künste großzügig; er errichtete eine große Bibliothek und gründete im Jahr 1467 die Universität Preßburg. Seine Aufzeichnung des ungarischen Rechts im Jahr 1486 brachte ihm den Beinamen »der Gerechte« ein.

Die Buchdruckerkunst

Marco Polos Reiseberichte, die am Ende des 13. Jahrhunderts veröffentlicht wurden, waren die ersten abendländischen Texte, in denen von der bedruckten Papierwährung Chinas gesprochen wurde. Zu dieser Zeit war die Buchdruckerkunst im Abendland noch unbekannt. Ein Jahrhundert später wurden Holztafeln in Venedig und in den Niederlanden dazu benutzt, um Spielkarten und Heiligenbildchen herzustellen. Den entscheidenden Schritt aber in der Entwicklung des Buchdruckes tat um das Jahr 1454 der Mainzer Goldschmied Johann Gensfleisch, genannt Gutenberg: Er erfand die beweglichen Lettern.

König Ludwig XI. von Frankreich

Der Drucker William Caxton vor König Eduard VI.

OLOMBVS • • LYGVR • NO
RBIS • REPTO

Überseeische Entdeckungen: Handel mit fernen Ländern

seit 1492

Das Patent der katholischen Könige Ferdinand und Isabella in Spanien gab dem Kapitän zur See aus Genua Christoph Kolumbus den Auftrag, »Inseln und Festland auf den Ozeanen zu entdecken und zu erwerben«. Als er in den unbekannten Atlantik auslief, war der kühne Seemann auf der Suche nach der westlichen Seeroute nach Indien, Japan und China. Nachdem die Erkenntnis von der Kugelgestalt der Erde sich durchgesetzt hatte, war es nur eine Frage der Zeit, bis sich die Seefahrt diese Entdeckung zunutze machte.

Als Christoph Kolumbus im August 1492 mit drei Schiffen von Palos an der atlantischen Süd-West-Küste Spaniens aus in See stach, um einen Seeweg nach dem Osten zu entdecken, landete er schließlich auf den Bahama-Inseln. Weder Kolumbus noch seine Zeitgenossen ahnten, daß ein neuer Kontinent entdeckt war. Bis zu seinem Tod 1506 glaubte er, nur einen günstigen Seeweg nach Indien gefunden zu haben. Der fremde Kontinent war aber seit Jahrhunderten von Völkern bewohnt, die über den Pazifik eingewandert waren.

Von dem Volk, das als erstes von Asien aus nach Amerika über die Beringstraße kam, ist so gut wie nichts überliefert. Die Menschen waren zweifellos primitive Jäger und Sammler auf einer geringen Kulturstufe. Sie entwickelten mit beinahe bestimmter Gewißheit die für sie charakteristischen Kulturen erst in Amerika. Möglicherweise wurden sie durch nachfolgende transpazifische Einwanderungen verstärkt. Dafür gibt es aber keine bestimmten Beweise. Kolumbus war also nicht der erste Mensch, der in Amerika landete. Wahrscheinlich war er nicht einmal der erste Europäer. Isländer und Grönländer haben vermutlich schon fünfhundert Jahre früher die kühne Fahrt zum Norden Amerikas gewagt. Dennoch entdeckte Kolumbus eine neue Welt, da erst in jener Zeit das Bewußtsein des Abendlandes sich einer solchen Nachricht aufgeschlossen zeigte.

Die Bedeutung der historischen Ereignisse muß nach ihren Folgen gemessen werden. Er machte seine Reise zu einer Zeit, da es möglich war, durch neu entwickelte Schiffsbautechnik und Navigationsinstrumente den Kontakt mit entdeckten Ländern aufrechtzuerhalten. Seine Expedition war die erste transatlantische Seereise, die sofortige, bedeutende und bleibende Ergebnisse zeitigte. Seit dieser Zeit zog ein ständiger Strom von Menschen, Pflanzen und Tieren von Europa nach Amerika und wieder zurück. Christoph Kolumbus brachte Amerika fest in den europäischen Wirkungsbereich.

Die festen Ziele der ersten Reise von Kolumbus sind nie genau bezeichnet worden. Nach den Bestimmungen seines Abkommens mit den spanischen Monarchen sollte Kolumbus »Inseln und Festland auf dem Ozean entdecken und erwerben«. Diese Formel würde offensichtlich die legendäre Insel Atlantik oder Antilla einschließen, wenn eine solche existierte. Aber sie schloß auch Indien und den Fernen Osten ein.

Theoretisch war an dem Plan, Ost-Asien über eine West-Passage zu erreichen, nichts Phantastisches, da die Menschen anerkannten, daß die Erde rund war. Nur erwartete niemand einen dazwischenliegenden Kontinent. Nach Asien zu gelangen, war von Winden und Strömungen abhängig. Entscheidend war die Entfernung. Konnten ein Schiff und seine Mannschaft solange durchhalten; gab es Vorräte für eine so weite Reise? Kolumbus glaubte, daß es möglich sei. Was er vorhatte, falls das ferne Land wirklich erreicht wurde, erklärte er nie. Seine Schiffe waren so gut wie unbewaffnet, sie trugen wenige Handelswaren und keine Geschenke für Fürsten. Er nahm nur einen Brief für den »Großen Khan« mit. Aber als Kolumbus einmal das ferne Land erreicht hatte, machte er keinen ernsthaften Versuch, Häfen zu finden und anzulaufen. Statt dessen zog er auf den Inseln herum, um nach Gold zu suchen. Schließlich segelte er, als er sein Admiralsschiff verloren hatte, heimwärts.

Kolumbus kehrte im Jahr 1493 nach Spanien zurück, überzeugt, daß er die dem Archipel vorliegenden Inseln gefunden hatte, zu denen Japan gehören sollte. Ein solches Archipel wurde auch von dem deutschen Kartographen Martin Behaim auf seinem Glo-

Flaggschiff Christoph Kolumbus' »Santa Maria«. Holzschnitt auf einem anonymen Baseler Flugblatt mit dem Bericht des Kolumbus über die Entdeckung der Neuen Welt, 1494

Christoph Kolumbus, der Entdecker der Neuen Welt. Detail eines Gemäldes von de Orchi, Mitte des 16. Jahrhunderts

Landung Christoph Kolumbus' auf der Insel Hispaniola (Haiti) am 6. Dezember 1492. Holzschnitt auf einem anonymen Baseler Flugblatt, 1494

bus aus dem Jahr 1492 aufgezeichnet. Kolumbus untermauerte seine Behauptung, indem er Marco Polos Schätzung der Ost-West-Entfernung bis Asien, die sich als Überschätzung erwies, und Polos Bericht über die Entfernung von Japan bis zum asiatischen Festland, die wiederum zu groß angegeben war, mit Ptolemäus' Berechnung des Erdumfanges, die zu gering ausfiel, verband. Kolumbus nahm an, daß die Länge des äquatorialen Längengrades um zehn Prozent kürzer sei, als es Ptolemäus gelehrt hatte, was dreiviertel der tatsächlichen Länge entspricht. Nach dieser Berechnung mußte die Entfernung von Spanien westwärts nach Japan weniger als dreitausend Seemeilen betragen. Die wirkliche Entfernung des großen Umkreises beträgt aber zehntausend Seemeilen. Somit lagen nach Kolumbus' Berechnungen Haiti und Kuba etwa dort, wo Japan hätte liegen müssen, und die Ost-Küste des Festlandes von Hinter-Indien und China mußte in greifbarer Nähe liegen. Kolumbus hielt an dieser Überzeugung bis an sein Lebensende mit leidenschaftlicher Beharrlichkeit fest.

Konnte man Kolumbus glauben? Der König von Portugal und seine Berater, die viel über Forschungsreisen wußten, dachten offensichtlich, man könnte es nicht. Hätten sie Kolumbus' Pläne für annehmbar gehalten, dann hätten sie ihm nicht ihre Hilfe versagt. Die Portugiesen suchten bereits seit längerer Zeit, Indien über einen Weg um Afrika herum zu erreichen. Sie hatten daher gute Gründe, Kolumbus zu diskreditieren. Andererseits wollten sie die Spanier vom östlichen Atlantik fernhalten und waren es zufrieden, als diese sich dem unbekannten Westen zuwandten. Die Portugiesen hielten ihre Pläne geheim und erhoben nur halbherzig Ansprüche auf die Entdeckungen von Kolumbus.

Die Überlegungen von Kolumbus, die ihn zu der Überzeugung brachten, daß es einen neuen Weg nach dem Fernen Osten geben müsse, klangen nicht unwahrscheinlich. Sie konnten mit den damaligen wissenschaftlichen Erkenntnissen über die Gestalt der Erde durchaus in Einklang gebracht werden. Kolumbus war ein Autodidakt und ein äußerst überzeugender geographischer Theoretiker. Er war ein fähiger Kapitän und ein sorgfältiger, wenn auch etwas bedächtiger Steuermann. Bei Verhandlungen erwies er sich als realistischer Partner; ihn als einen unrealistisch denkenden Schwärmer darzustellen, hieße ihn karikieren.

Als Christoph Kolumbus' Bemühungen um Unterstützung für seine Pläne am portugiesischen Königshof endgültig abgewiesen wurden, begab er sich nach Spanien. Hier mußte er acht Jahre ausharren, ehe er bei den spanischen Herrschern, König Ferdinand dem Katholischen von Aragon, und Isabella I., Königin von Kastilien, Gehör fand und sie mit seinen Berichten genügend beeindruckte, um die Mittel zur Ausführung seiner Pläne zu erhalten. Im Dienst der Könige segelte Kolumbus 1492 nach Westen zur Erkundung des Seeweges nach Indien und landete nach mehreren Wochen auf der Bahama-Insel Guanahami, dann auf Kuba und Haiti. Das Festland erreichte er auf dieser Reise noch nicht.

Im nächsten Jahr nahm Papst Alexander VI. eine Teilung der neuen Welt zwischen Spanien und Portugal vor: In der Bulle »Inter caetera divinae« wurden mit einer Linie, die hundert Meilen westlich der Azoren in Nord-Süd-Richtung verlief, alle noch nicht unter christlicher Herrschaft stehenden Gebiete geteilt. Spanien sollte alle westlich der Demarkation liegenden Länder und Portugal die östlichen erhalten. Der Vertrag von Tortesillas, den Spanien und Portugal 1494 unterzeichneten, verlegte die Linie noch weiter nach Westen und garantierte die portugiesische Einwilligung zu einem Preis, der Spaniens Verzicht auf den östlichen Weg nach Indien und jeglichen Anspruch auf Brasilien einschloß. Inzwischen segelte Kolumbus diesesmal mit einer größeren Flotte und einer zahlreichen Mannschaft wiederum nach Haiti, um die dortigen Goldminen zu besetzen und seine Suche nach dem asiatischen Kontinent fortzusetzen.

Infolge von Kolumbus Fehleinschätzung seiner Entdeckung ergab sich eine Zweideutigkeit in der spanischen Kolonialpolitik: sollte das neue Indien als wertvolles Besitztum betrachtet werden, oder sollte es nur als Zwischenstation der Schiffahrt dienen, um die Handelszentren des Ostens zu erschließen? Als Kolumbus nach seiner zweiten Reise darauf bestand, daß Kuba wirklich eine dem Festland von Indien vorgelagerte Insel sei, fühlte sich niemand getäuscht. Die Erkundungsfahrten eines Amerigo Vespucci und anderer Seefahrer offenbarten, daß westlich von Kuba ein von Land eingeschlossenes Meer, die Karibische See, lag und daß sich im Süden ein großer Kontinent erstreckte. Nirgends aber gab es Inseln oder ein Festland, die nur im entferntesten den Reichen und seinen Bewohnern glichen, die von Marco Polo oder seinem Landsmann, dem Venetianer Niccolo de' Conti, beschrieben waren.

Die neuen Gebiete übten auf Abenteurer und Siedler eine starke Anziehungskraft aus. Sie boten freies Land, genug Arbeit und Reichtümer wie Gold und Perlen. Aber auch die staatliche Verwaltung zog bald ein und erhob Steuern. Die Seefahrten, unternommen, einen westlichen Seeweg nach Asien zu finden, kosteten viele Menschenleben und beträchtlichen materiellen Aufwand und brachten manchmal auf Jahre hin-

Amerigo Vespucci inmitten von Allegorien. Kupferstich in »Americae partes« von Theodor de Bry, Frankfurt am Main 1590

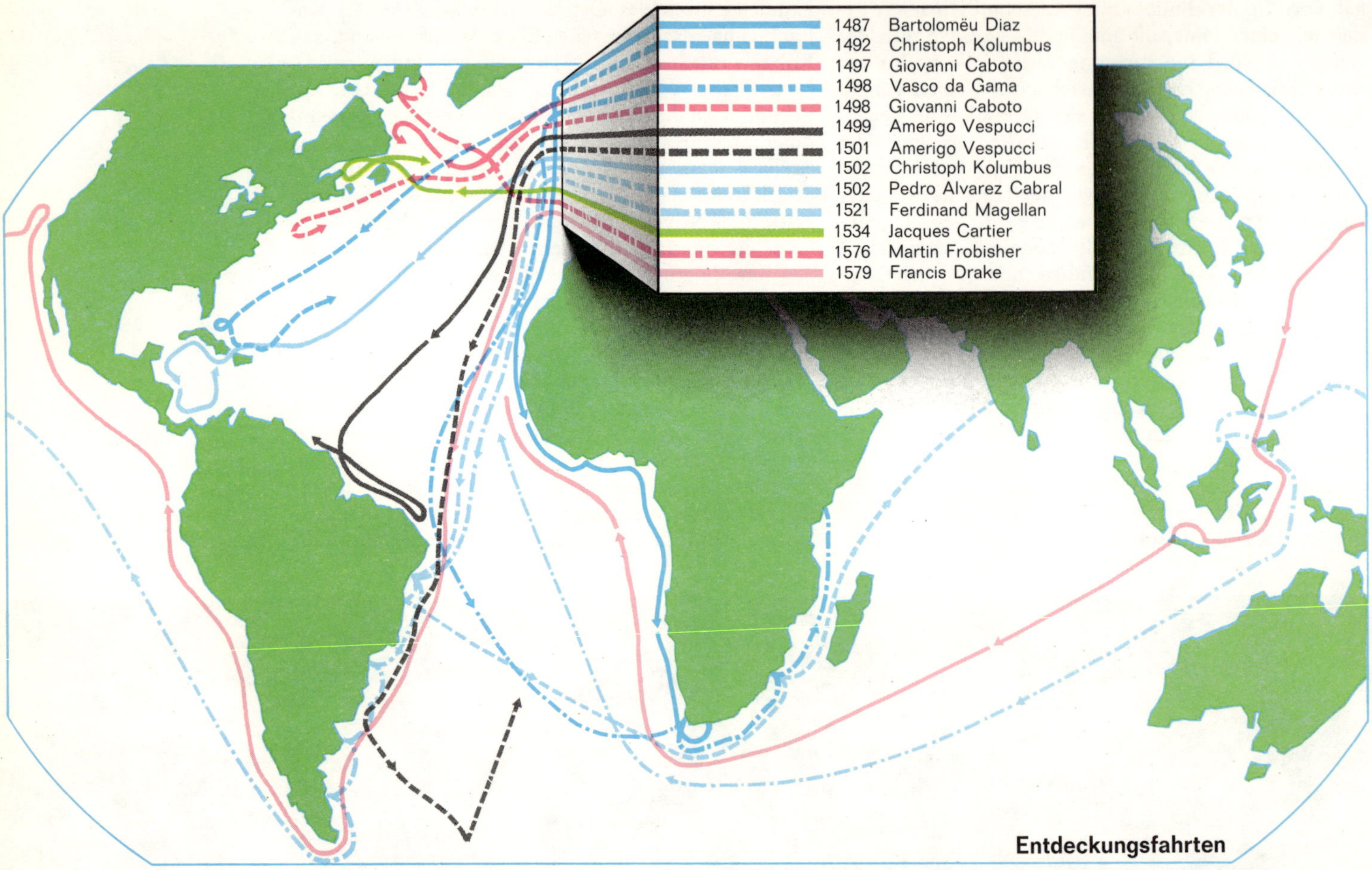

1487	Bartolomëu Diaz
1492	Christoph Kolumbus
1497	Giovanni Caboto
1498	Vasco da Gama
1498	Giovanni Caboto
1499	Amerigo Vespucci
1501	Amerigo Vespucci
1502	Christoph Kolumbus
1502	Pedro Alvarez Cabral
1521	Ferdinand Magellan
1534	Jacques Cartier
1576	Martin Frobisher
1579	Francis Drake

Entdeckungsfahrten

aus nur Enttäuschungen ein. Während die Suche der Spanier nach einer Passage nach Indien von beständigem Mißerfolg begleitet war, kämpften und handelten die Portugiesen in allen Teilen des Orients und machten Lissabon zu einem der größten Handelszentren in Europa.

Die Geschehnisse von 1519–1521 machten dieses asiatisch-amerikanische Dilemma deutlich. 1519 begann der Portugiese Ferdinand Magellan in spanischen Diensten seine große Weltumsegelung, auf der er bewies, daß es einen reinen Seeweg nach Asien gab, aber auch, daß er lang, gefährlich und kaum wirtschaftlich war. Magellans Expedition erbrachte weiterhin, daß der südliche Ozean nicht nur ein Golf war, sondern ein riesiges Meer, breiter als der Atlantik. Im gleichen Jahr, da Magellan einen Stützpunkt auf den Molukken oder Gewürzinseln errichtete, machte sich Hernando Cortes auf, um Mexiko zu erobern. Das Reich der Azteken glich keinem der Gebiete, die die Spanier in der Neuen Welt entdeckt hatten, und seine zahlreiche Bevölkerung mit hochentwickelter Kultur und reger Wirtschaft machte Mexiko zu begehrenswertem Gebiet, das ernsthaft den Königreichen des Ostens vergleichbar war.

Cortes hoffte entsprechend der Tradition von Kolumbus, die Suche nach dem Fernen Osten auf Schiffen, die an der pazifischen Küste gebaut wurden, fortzusetzen. Aber im Jahr 1527 – sechs Jahre nachdem Cortes Mexiko für Spanien unterworfen hatte – ent-

Kaiser Karl V. Detail eines Gemäldes von Tizian, 1548

Akbar bei einem religiösen Streitgespräch mit Jesuiten. Miniatur in der Dubliner Handschrift mit einer Lebensbeschreibung des Großmoguls von Abu'l Fazl

schied Kaiser Karl V., Spaniens Ansprüche auf den Gewürzhandel mit Asien aufzugeben. Die Entfernungen und Gefahren waren zu groß und die Portugiesen zu mächtig: Im Vertrag zu Saragossa 1529 trat Karl V. den Portugiesen alle Rechte ab.

Die neuen Entwicklungen in West-Indien schienen die Weisheit seiner Entscheidung zu bestätigen. In den dreißiger Jahren des 16. Jahrhunderts wurde ein zweites und noch größeres Eingeborenenreich entdeckt, erobert und tributpflichtig gemacht: das der Inka in Peru. In den vierziger Jahren des 16. Jahrhunderts wurden außerordentlich reiche Silberminen in Mexiko und in Peru gefunden. Innerhalb eines Jahrzehnts flossen Ströme von Edelmetall in die spanischen Schatzkammern. Die Pfefferprofite Portugals erschienen vergleichsweise unbedeutend. In der Mitte des Jahrhunderts konzentrierten sich die spanischen Interessen in Übersee auf den Aufbau eines Imperiums in der Neuen Welt und nicht auf eine kommerzielle Herrschaft in Asien.

Die ersten Siedlungen Spaniens in Amerika sollten Vorposten auf dem Weg nach Osten sein. Spanien gewann, als es diesen Weg nicht gab, ein Imperium. Die Einflußsphären waren abgegrenzt, und man hatte einen fairen Ausgleich erhalten. Jedoch kann man die ineinander verflochtene Geschichte der europäischen Kolonisation von Ost- und West-Indien nicht voneinander trennen. Der Vertrag von Saragossa hielt die Spanier zwar von den Molukken fern, aber die Portugiesen erhoben keinen Einspruch, als der Spanier Miguel Lopez de Legazpe im Jahr 1564 auf den Philippinen landete und sieben Jahre später Manila zur spanischen Kolonie erhob. Chinesische Dschunken und portugiesische Schiffe aus Macao trieben dort bald Handel, und Manila wurde ein einzigartiger Verbindungsplatz zu der abgeschlossenen und fremdenfeindlichen Welt der späten Ming-Dynastie in China. Es verband eine Gesellschaft, in der eine starke Nachfrage nach Edelmetallen bestand, mit einer, in der diese billig und in Fülle zu haben waren. Die spanischen Schiffe, die Silber von Acapulco nach Manila brachten, kehrten mit Seide, Porzellan, Schmuck und anderen Kostbarkeiten zurück. Als der Manila-Handel auf seinem Höhepunkt stand, erreichte er den Wert des transatlantischen Handels von Sevilla. Die Gallonen von Manila befuhren den gefährlichen, aber ergiebigen Handelsweg bis zum Jahr 1815.

Die Geschichte von Ost- und West-Indien ist auch in einem anderen und weiteren Sinn miteinander verbunden, denn während des 17. Jahrhunderts wurde das portugiesische Monopol über den europäisch-asiatischen Handel von holländischen, englischen, französischen und anderen europäischen Handelsgesellschaften gebrochen und der Handelsumfang beträchtlich erweitert. Da wenige europäische Waren im Osten zu verkaufen waren, exportierten die Gesellschaften Silber, um damit den Kauf von Gewürzen, Seiden, Kattun und später Kaffee und Tee zu finanzieren. Ein großer Teil des Edelmetalles kam aus Amerika. Sein Einfluß auf das Geld- und Preissystem West-Europas war bedeutend. Er machte Spanien zeitweise zur größten Wirtschaftsmacht der Welt. Die Verwendung des amerikanischen Silbers außerhalb Europas ist nicht so notwendig, und seine Wirkung wurde oft überschätzt. Während des 17. Jahrhunderts und im 18. Jahrhundert waren die spanischen und mexikanischen Piaster die am meisten benutzten und geschätzten Münzen bei Geschäftsabschlüssen zwischen Asiaten und Europäern im ganzen Orient. Piaster wanderten ostwärts nicht nur über den Pazifik und von Manila aus, sondern auch über den Atlantik und um das Kap Horn herum, wobei sie bereits unterwegs eine Rolle im europäischen Handel gespielt hatten. Ohne diesen Silberstrom hätten die Erfolge der verschiedenen ost-indischen Gesellschaften kaum eine solche Bedeutung erlangt.

Das Silber war nicht das einzige Produkt der Neuen Welt, das den Lauf der Geschichte des Abendlandes mitbestimmte. Europäische Siedler benutzten das nahezu endlose Land von Süd- und Nord-Amerika, um die Produkte ihrer alten Heimat zu erzeugen. Sie erhöhten damit die Nahrungsmittelversorgung der Welt beträchtlich. Zur gleichen Zeit brachten Händler einheimische amerikanische Erzeugnisse nach Europa, Afrika und Asien. Kartoffeln, die ursprünglich in einem begrenzten Gebiet der Anden wuchsen, wurden zu einem unentbehrlichen Nahrungsmittel in Europa. Der Mais, ursprünglich in Mittel-Amerika zu Hause, hatte sich schon vor der Ankunft von Kolumbus über den Kontinent verbreitet. Auch er wurde bald in Europa, West- und Zentral-Afrika und, was vielleicht von größter Bedeutung ist, in China angebaut. Er trug wesentlich zum schnellen Anstieg der chinesischen Bevölkerungszahl im 18. Jahrhundert bei, dort wo Reis nicht gedieh. Selbst die bescheidene Cassava, ein geschmackloses Nahrungsmittel der Eingeborenen des nördlichen Süd-Amerika und der Antillen, wurde von Sklavenhändlern nach West-Afrika gebracht, wo es zum Hauptnahrungsmittel für die Eingeborenen wurde. Damit sicherte die Pflege dieser weltweiten Handelsverbindungen in Europa, Afrika und Asien die Ernährung der rasch anwachsenden Bevölkerung.

Mit den neuen Nahrungsmitteln übernahm Europa neue Genußmittel und neue soziale Gewohnheiten von Amerika. Kakao und damit Schokolade galt in Amerika als ein königliches Getränk und Nahrungsmittel. Beides war ein Tauschgut für gesellschaftliche Rituale im alten Mexiko. Im 17. Jahrhundert kam Kakao in Europa in Mode. Die Plantagenbesitzer Venezuelas verdienten seit dieser Zeit mit dem Anbau von Kakaobohnen ein Vermögen.

Der Tabak gewann auch einen tiefgreifenden Ein-

Siedler bei ihrer Landung in Virginia. Kupferstich von Thomas Hariot in »Report of the new found land of Virginia«, Frankfurt am Main 1590

fluß auf die Alte Welt. Die amerikanische Tabakpflanze wurde schon von den Eingeborenen in beinahe allen bekannten Arten verwandt. Er erregte noch im Jahrhundert der Landung Kolumbus' in Amerika das Abendland, rief Neugier, Begeisterung oder Entrüstung hervor, wo immer er in Gebrauch kam. Ob Laster, Trostmittel oder Gift: er hat wahrscheinlich mehr Menschen ein Vermögen eingebracht, als alles Gold und Silber der Indianer.

Der Einfluß all dieser Dinge auf die Wirtschaftsverhältnisse Europas kann kaum überschätzt werden. Auch war die Entdeckung von geistiger und ideengeschichtlicher Bedeutung. Innerhalb eines Zeitraumes von hundert Jahren erweiterten die europäischen Seefahrer ihre geographischen Kenntnisse in einer Weise, die in ihren Ausmaßen ohnegleichen ist.

Den Entdeckern begegneten seltsame Tiere, unbekannte Pflanzen und fremdartige Naturerscheinungen in einer solchen Fülle, daß die unglaublichsten Phantasiegeschichten bald nicht mehr von den wahren Erzählungen der nüchternen Reisenden zu trennen waren. Das Wissen, das sie nach Hause brachten und das später durch die Buchdruckkunst rasch verbreitet wurde, berührte jeden Aspekt des europäischen Lebens und Denkens. Die geographische Forschung ist die Wissenschaft, die mehr als alle anderen auf Erfahrungen von Augenzeugen beruht. Einfache Seefahrer stellten die Theorien von hochgelehrten Kosmographen auf die Probe und bewiesen ihre Rich-

Maria als Beschützerin der Seefahrer. Rechts im Vordergrund Christoph Kolumbus. Gemälde von Alejo Fernández in der Kathedrale zu Sevilla, zwischen 1531 und 1536

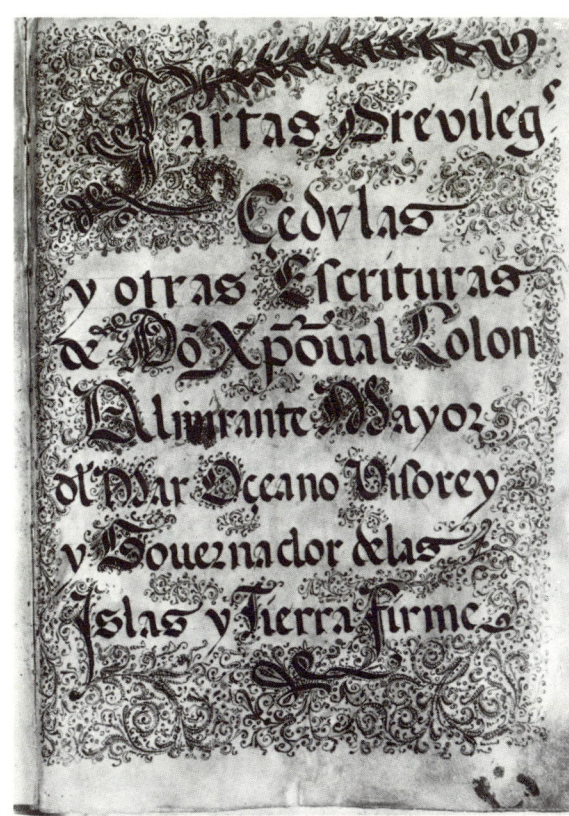

Wappen Christoph Kolumbus' und Titelblatt der Genueser Handschrift des Buches der Privilegien für Christoph Kolumbus. 1493

tigkeit oder ihre Haltlosigkeit.

Die Entdeckung neuer menschlicher Gesellschaftsordnungen brachte die Europäer dazu, ihre eigenen mit kritischen Augen zu betrachten und neu zu durchdenken. Zögernd nur entwickelten einige hervorragende Männer Gedanken, daß es jenseits des Horizontes der Klassik, der alten Philosophie und der Lehre der Offenbarungsreligion ein neues Reich der Gelehrsamkeit geben könnte.

J. H. PARRY

Ferdinand und Isabella, die katholischen Könige von Spanien, beim Einzug in die Stadt Granada. Relief von Felipe de Borgoña am Portal der Kathedrale zu Granada, 1. Viertel des 16. Jahrhunderts

Weltkarte des Paolo del Pozzo Toscanelli. Malerei auf Pergament 1457

Entdeckungsreisen in ferne Länder. Italien zwischen Krieg und Kunst.

Die Jahre zwischen der Entdeckung Amerikas durch Christoph Kolumbus und der ersten Weltumsegelung Ferdinand Magellans 1519 bis 1521/22 waren mit wichtigen Erfolgen anderer Seefahrer angefüllt. Kolumbus selbst unternahm insgesamt vier Reisen, bei denen er die Kolonie Hispaniola errichtete sowie Kuba, Puerto Rico, Jamaica und Trinidad entdeckte. Der Genuese Giovanni Caboto, der als John Cabot in England lebte, überzeugte König Heinrich VII., daß er die »Insel Brasilien« erreichen könne. Im Jahr 1497 segelte er mit der königlichen Order westwärts, »neue Länder jenseits des Ozeans zu entdecken und zu besiedeln«. Cabots Reise erfolgte trotz der Bulle von Papst Alexander VI., der im Jahr 1493 die neuen Erdteile Spanien und Portugal zugesprochen hatte. Der furchtlose Genuese erreichte die Insel Cape Breton und segelte südwärts entlang der Küste von Neufundland. John Cabot war überzeugt, »das Land des Großkhans« gefunden zu haben. Doch das wirtschaftliche Interesse der Engländer an Cabots Entdeckungen versiegte bald, weil es in dieser Gegend keinen Gewürzhandel gab.

Die Portugiesen waren erheblich erfolgreicher. Bartolomëu Diaz umsegelte im Jahr 1487 während eines so heftigen Sturmes das Kap der Guten Hoffnung, daß die Matrosen ihn zwangen, sofort nach Lissabon zurückzukehren. Zehn Jahre darauf steuerte sein Landsmann Vasco da Gama wieder gen Süden, um auf den Spuren von Diaz den Seeweg nach Indien zu suchen. Im Mai 1498 erreichte er Kalkutta an der Malabar-Küste. Damit war binnen zweier Generationen das ehrgeizige Ziel Heinrichs des Seefahrers erreicht. Ein Jahr nach Vasco da Gamas Rückkehr sammelte Pedro Alvarez Cabral eine Flotte und eröffnete den Handelsverkehr mit den neuentdeckten Stützpunkten in Indien. Er segelte zunächst nach Brasilien, wo er sich zehn Tage aufhielt. Dann fuhr er zum Kap der Guten Hoffnung und in den Indischen Ozean. An der Malabar-Küste belud er dreizehn Schiffe mit Pfeffer und anderen Gewürzen und brachte sie sicher nach Portugal zurück. Dank der neuen Seeroute fiel im Jahr 1503 der Pfefferpreis in Lissabon um vier Fünftel der bisher in Venedig gezahlten Summe.

Spanische und portugiesische Entdecker in der Neuen Welt erforschten unermüdlich die Küsten, die Flußmündungen und die Inseln Mittel- und Süd-Amerikas. Im Jahr 1501 unternahm der Italiener Amerigo Vespucci für den portugiesischen König eine Fahrt, die ihm die Erkenntnis brachte, daß die brasilianische Küste Teil der Neuen Welt war und nicht eine entlegene Gegend Asiens. Der deutsche Geograph Martin Waldseemüller schlug daher vor, daß der neue Kontinent nach Amerigo Vespucci den Namen »Amerika« bekommen sollte.

Am 26. September 1513 überquerte Vasco Nuñez de Balboa den Isthmus von Panama und erblickte als erster Europäer den Pazifischen Ozean. Sechs Jahre später begann Magellan seine Reise um den Erdball. Sie führte ihn von Spanien nach Brasilien; von dort segelte er die süd-amerikanische Küste entlang durch die Meerenge, die heute seinen Namen trägt, in den großen Ozean hinaus, den er »Paccifico« nannte. Nach entbehrungsreichen Wochen erreichte er die Philippinen. Dort wurden die Spanier in Kämpfe verwickelt und Magellan getötet. Nur eines seiner Schiffe setzte die Fahrt westwärts fort und landete 1522 wieder in Spanien.

Alexander VI.

Die Monarchen Europas wandten

Papst Alexander VI. Borgia

zu dieser Zeit ihre Aufmerksamkeit Italien zu, denn die Wiege der Renaissance war ein Konglomerat gegeneinander Krieg führender Staaten, die reif zum Untergang schienen und zur Intervention geradezu einluden. Mit dem Tod Lorenzos il Magnifico in Florenz im Jahr 1492 trat der einzige Herrscher von der politischen Bühne Italiens ab, der fähig gewesen wäre, einen umfassenden Frieden zu stiften. Im selben Jahr erfolgte die Wahl Rodrigo Borgias, Lorenzos altem Rivalen, zum Papst, was befürchten ließ, daß Italien schwere Krisen bevorstanden. Papst Sixtus IV., der 1484 starb, hatte schon die moralische Autorität des Papsttums dadurch untergraben, daß er, um seine territoriale Macht zu festigen, mehr Familienpolitik trieb, als seines geistlichen Amtes zu walten. Sein Nachfolger Innozenz VIII. war korrupt und unfähig. Als nun Kardinal Borgia als Alexander VI. den Stuhl Petri bestieg, hatte er sein Amt nur mit offener Bestechung erreichen können. Das wohl skandalöseste Kapitel der Papstgeschichte begann.

Alexander VI. baute in kurzer Zeit eine Borgia-Herrschaft in Mittel-Italien auf, indem er für seine von mehreren Mätressen geborenen sieben Söhne Sinekuren einrichtete. Sein zweiter Sohn Cesare wurde im Alter von sechzehn Jahren Erzbischof und zwei Jahre später Kardinal. Seine Tochter Lukrezia wechselte ihre Ehemänner wie es der Politik ihres Vaters angemessen schien. Gift wurde zu einer gebräuchlichen politischen Waffe, die das Haupt der Kirche in brutaler Offenheit gegen die Häuser Orsini und Colonna in Rom anwandte. Tief getroffen von der Ermordung seines Sohnes, des Herzogs von Gandia, ernannte Alexander VI. einen Kardinalsausschuß, der Reformpläne auch für die Kurien ausarbeiten sollte. Doch bald gerieten die guten Vorsätze in Vergessenheit und Alexander löste das Reformgremium wieder auf.

Der Papst, der wie ein weltlicher Monarch mit aller Pracht in Rom residierte, gab ein Vermögen zur Förderung der Künste aus. Alexander befahl, das Jahr 1500 als ein Heiliges Jahr der Kirche zu feiern. Daraufhin strömten zahllose Pilger nach Rom, wo die Almoseneinnehmer das Geld säckeweis scheffelten. Die Pilger aber sahen auch den Tiefstand der Kirche.

Savonarola

Der schärfste Kritiker Alexander VI. war Girolamo Savonarola, der von 1452 bis 1498 lebte. Schon in jugendlichem Alter trat er dem Do-

Girolamo Savonarola

minikanerorden bei und wurde ein eifriger Bußprediger. Er geißelte die Korruption des Papsttums, die Fehler der Medici-Herrschaft in Florenz und das Heidentum der Renaissance. Als die Florentiner Piero de' Medici in den Wirren nach der französischen Invasion von 1491 verbannten, wandten sie sich an Savonarola, um mit seiner Hilfe ein demokratisches Regiment in der Stadt zu errichten. Obgleich er ein Amt in der nun christlich-frommen Republik Florenz ablehnte, die weitgehend nach seinen Ideen eingerichtet wurde,

Niccolo Macchiavelli

blieb er doch ihr geistiger Führer. Die Gerichtsverfassung wurde neu geordnet und auch eine Armenfürsorge eingeführt.

Savonarola forderte nun die Reform der Kirche in Rom. Er drängte Alexander VI. inständig, ein allgemeines Konzil zu berufen, aber sein Ruf verhallte ungehört. Durch Exkommunizierung Savonarolas und Bedrohung Florenz' erreichte der Papst dessen Verurteilung und Verbrennung als Ketzer.

Macchiavelli

Niccolo Macchiavelli, ein Florentiner, der bis zum Ersten Sekretär der Republik aufstieg, wurde durch seine Beobachtungen der Herrscher und ihrer Herrschaftsmethoden dieser Zeit dazu angeregt, ein Handbuch der Staatskunst, »Il Principe«, zu schreiben. Diplomatische Missionen hatten ihn mit Cesare Borgia, den Tyrannen der Romagna, zusammengebracht. Macchiavelli bewunderte Borgias politischen Realismus ohne Einschränkung. Darum wurde Cesare Vorbild und Held für das Werk des Florentiners.

Kriege um Italien

Seit 1494 nahm der Krieg auf italienischem Boden kein Ende mehr. Piero de' Medici, der seinem Vater Lorenzo in Florenz nachfolgte, unterzeichnete im Jahr 1492 einen

Die Begründung des Habsburgischen Weltreiches 1492–1512

Geheimvertrag mit König Ferdinand von Neapel. Sie planten, Mailand zu überfallen, das von Ludovico Sforza regiert wurde. Sforza versicherte sich daraufhin der Hilfe König Karls VIII. von Frankreich und forderte die Franzosen auf, ihre Ansprüche auf Neapel mit Nachdruck zu vertreten. Nach Ferdinands Tod im Januar 1494 rüstete Karl zum Krieg und rückte in Italien ein. Im Februar 1495 besetzte er Neapel.

Nach Karls VIII. Tod 1498 bestieg sein Vetter, der Herzog von Orléans und der letzte Sproß in

Einleitung zu »The recuyell of the Historyes of Troy«, Brügge 1474

Herzog Ludovico Sforza von Mailand

direkter Linie aus dem Haus Valois, als Ludwig XII. den Thron. In Frankreich sicherte er seine Stellung durch die Vermählung mit Karls Witwe Anna von der Bretagne, was ihm gleichzeitig auch dieses Herzogtum einbrachte. Danach zog auch er nach Italien. Als Enkel Valentin Viscontis erhob er Ansprüche auf Mailand. Mit spanischer Hilfe gelang ihm im September 1499 die Vertreibung Ludovico Sforzas aus Mailand. Ludovico erlangte zwar mit Hilfe schweizerischer und deutscher Söldner sein Herzogtum zurück, doch geriet er bald darauf in Gefangenschaft und wurde nach Frankreich gebracht.

Leonardo da Vinci

Leonardo da Vinci kann wohl mit einigem Recht der charakteristischste Heros der Renaissance genannt werden. Er war eine universale Persönlichkeit, deren hohe Begabung alle Bereiche der Künste und Wissenschaften umfaßte. In ihm verband sich eine überragende künstlerische Begabung als Maler und Bildhauer mit einer außerordentlichen wissenschaftlichen Gelehrsamkeit in einem solchen Maß, wie es bisher noch kein Mensch besessen hatte. Zu Vinci im Arno-Tal im Jahr 1452 geboren, schloß sich in Florenz der Künstlergilde von St. Lukas an und lernte unter Andrea del Verocchio, bevor er nach Mailand zog. Dort entwickelte sich das vielseitige Genie unter der Schirmherrschaft Ludovico Sforzas. Während dieser Zeit schuf Leonardo genaue Zeichnungen für ein bronzenes Reiterstandbild von Ludovicos Vater, Francesco Sforza. Das Vorhaben gedieh aber nicht über das Stadium eines Tonmodelles für das Pferd hinaus.

Nach Vollendung der »Jungfrau in der Grotte« malte Leonardo das »Letzte Abendmahl« auf der Wand des Refektoriums im Konvent von Santa Maria delle Grazie in Mailand. Mit diesem Werk, das er auf Mörtel mit Öl statt al fresco malte, erprobte Leonardo eine gänzlich neue Maltechnik. Das Bild wurde für die Christen auf der ganzen Welt zur klassischen Darstellung des Abendmahles Christi und seiner Jünger.

Während all dieser Jahre füllte Leonardo seine Skizzenbücher mit exakten Zeichnungen, die seine Fähigkeit als konstruktiven Techniker und schöpferischen Gestalter offenbarten. Die Skizzen zeigten seine scharfe Naturbeobachtung, seinen erfinderischen Genius und die außerordentliche Vielfalt seiner Interessen. Er zeichnete kühne Flugmaschinen, gepanzerte Kampffahrzeuge und ein Unterseeboot. Er studierte Anatomie und Optik, beobachtete die geologischen Formationen der Gesteinsschichten und konstruierte Bewässerungsanlagen und Festungssysteme. In seinen Gemälden verwandte er seine Theorien über Perspektive, Licht und Schatten, so wie er sie in seinen Tagebüchern ausgearbeitet hatte.

Die Wiedergeburt der klassischen Wissenschaft

Am Ende des 15. Jahrhunderts wurden immer neue Druckerpressen in Italien, Deutschland, den Niederlanden und England gebaut. Eine der bedeutendsten Druckereien war die des Theobaldus Manutius oder Aldo Manuzio in Venedig. Vor 1493 gab es kaum einen anderen gedruckten griechischen Text als Homers populäre Epen. Aldo Manuzio versammelte daher als seine »Akademie« hervorragende Gelehrte um sich, die ihn bei der Auswahl der Texte und ihrem Druck beraten sollten. An seinem Lebensende hatte Aldo achtundzwanzig Ausgaben griechischer und lateinischer Klassiker herausgegeben, darunter im Jahr 1495 die Werke Aristoteles' und 1513 die Platons. Seine Editionen machten die antike griechische Philosophie erstmals einem größeren Kreis von Gelehrten des Abendlandes zugänglich.

Die Wiedergeburt des klassischen Gelehrtentums breitete sich weit über die Grenzen Italiens aus. Neue Universitäten entstanden, so in Aberdeen und Wittenberg. Erasmus von Rotterdam wurde im Jahr 1511 in Cambridge Professor für Griechisch. In London gründete der Humanist John Colet die St. Pauls School.

Heinrich VII. von England

Die Angriffe auf König Heinrichs VII. Tudor Thronanspruch endeten damit, daß die letzten Versuche der Partei des Hauses York, dem Prätendenten Perkin zur Macht zu verhelfen, 1497 niedergeschlagen wurden. Der König festigte seine Macht dadurch, daß er seinen ältesten Sohn Arthur mit Katharina von Aragon und seine Töchter mit den Königen von Schottland und Frankreich verheiratete. Margaretes Vermählung mit Jakob IV. von Schottland im Jahr 1502 führte schließlich zur Union beider Länder.

Maximilian I.

Unter Maximilian I. festigte das Haus Habsburg seine Herrschaft in Deutschland, indem der Kaiser seine Stellung durch eine Reichsreform verbesserte und durch eine Reihe von dynastischen Heiraten seiner Familie den Einfluß in Europa stärkte. Im Jahr 1495 erließ Maximilian auf dem Reichstag zu Worms den »Ewigen Landfrieden«, der den Reichsständen das private Fehdewesen untersagte.

Durch seine Heirat mit der Tochter und einzigen Erbin Herzog Karls des Kühnen von Burgund erwarb Maximilian die Niederlande und damit den Schlüssel zur Stadt Antwerpen. Seinen einzigen Sohn Philipp den Schönen verheiratete er im Jahr 1496 mit Johanna von Kastilien. Deren Sohn Karl erbte das spanische Reich, die burgundischen Besitzungen und die habsburgischen Lande in Deutschland und Ost-Europa.

Die Erneuerung des Papsttums zu Beginn des 16. Jahrhunderts wird zum großen Teil Papst Julius II. zugeschrieben. Als Kriegsmann führte er im Jahr 1506 ein Heer gegen Perugia und eroberte mit französischer Hilfe Bologna. Als Fürst des Kirchenstaates schloß er sich der Liga von Cambrai an, in der sich Maximilian I., Ludwig XII. und Ferdinand der Katholische gegen Venedig vereint hatten.

Leonardo da Vincis Skizze für ein Reiterdenkmal

Apotheose des Menschen

1512

Als Ausdruck seiner Bewunderung für die Decke der Sixtinischen Kapelle schrieb Tramezino in seiner »Roma trionfante« (1544): »Alle denkbaren Zustände des menschlichen Körpers und alle Leidenschaft der Seele sind dort ... auf so natürliche, lebendige und wirkliche Weise zum Ausdruck gebracht, daß sich fast sagen ließe, die Natur selbst habe sich mit der Kunst vermählt.« Drei Jahrhunderte später wird Lamartine dem titanischen Aspekt eines Werkes sehr viel empfänglicher sein, das in jeder Hinsicht das gewöhnliche Maß übersteigt. »Die Wirkung beginnt mit Unruhe«, sagte er in seinem »Cours familier de la littérature«, »sie erreicht Begeisterung und endet mit Vernichtung. Michelangelo hat den Menschen übertroffen.« Diese beiden Ansichten sind nicht unversöhnbar. Sie geben Ausdruck von der grundlegenden Ambivalenz der Kunst des zur Reife gelangten Michelangelo: Keiner hat besser als er den menschlichen Körper gekannt und gemalt, doch hat er ihn größer als die Natur erscheinen lassen. Michelangelo war der geniale Dichter eines heroischen Humanismus.

Als er sich 1508 bereit fand, das Gewölbe der Sixtinischen Kapelle auszumalen, nahm er eine Herausforderung an. Dreiunddreißig Jahre alt, war er vor allem Bildhauer, den die »Pietà von St. Peter« und der »David« von Florenz berühmt gemacht hatten. Obwohl mehrere malerische Aufgaben hinter ihm lagen — darunter der »Tondo Doni« und die »Schlacht von Cascina« —, zog er den Meißel dem Pinsel vor. Selbst als er schon ganz von seiner Arbeit an der Sixtinischen Decke in Anspruch genommen war, gestand er noch: »Ich bin weder an angenehmem Ort, noch bin ich ein Maler.« Bei seiner Rückkehr nach Rom im April oder Mai 1508, nach seiner Versöhnung mit Papst Julius II., hoffte er, sich dem gigantischen Papstgrabmal widmen zu können, das der Heilige Vater und der Künstler einige Jahre früher gemeinsam geplant hatten. Mit den Skulpturen der Sklaven, Viktorien und Propheten für dieses Grabmahl hätte Michelangelo das Ausmaß seines Genies offenbart. Doch hatte Julius II. seine Pläne geändert. Er wünschte nun von Buonarroti die Ausmalung der Decke in der Kapelle Sixtus' IV., ein ungeheures Unternehmen, das Bramante in hinterlistiger Absicht nahegelegt hatte. Der große Architekt leitete die Arbeiten am Neubau der Peterskirche und beriet den Papst in künstlerischen Dingen. Kein Freund der Florentiner, begegnete er Michelangelo mit Eifersucht, sah nur ungern dessen Rückkehr nach Rom und suchte, es erneut zum Bruch zwischen Michelangelo und Julius II. kommen zu lassen. So drängte er den Papst, Michelangelo zu zwingen, die Ausmalung der Sixtinischen Decke zu übernehmen. Sollte der Künstler sich weigern, so wäre der Papst gewiß ungehalten, nähme er jedoch an, so werde er an der Aufgabe scheitern, die seiner bildhauerischen Anlage so wenig entsprach. Solch eine Schlappe würde den Fortgang des Florentiners nach sich ziehen, für dessen Stelle Bramante einen Nachfolger vorzuschlagen hatte: seinen Verwandten Raffael.

Das Risiko, das Michelangelo auf sich nahm, war um so größer, als einerseits Raffael zur selben Zeit mit der Ausmalung der berühmten »Stanzen« des Vatikan begann, andererseits die Wände der Sixtinischen Kapelle schon mit Wandbildern, Darstellungen aus dem Leben Moses' und Christi, ausgestattet waren, die den besten Fresko-Malern des Quattrocento verdankt wurden: Botticelli, Perugino, Ghirlandaio, Rosselli und Signorelli. Aber äußere Schwierigkeit steigert geniale Begabung. Der Künstler gab sich nicht mit dem einfachen Entwurf Julius' II. zufrieden, der für die Lünetten die Figuren der zwölf Apostel, für den Mittel- und Hauptteil Ornamente mit geometrischen Motiven vorsah. Es gelang ihm, dieses Projekt auf drei Ebenen übereinander durch eine Komposition von außergewöhnlicher Weite zu ersetzen: das Werk, das man heute sieht. Es gibt nicht nur die Summe der biblischen Kosmogonie, sondern stellt zugleich die Vorläufer des Erlösers dar, die direkten leiblichen Vorfahren Christi, Propheten und Sibyllen, welche seine Ankunft voraussagten. Als habe diese Welt historischer Figuren die schöpferische Phantasie des Künstlers entflammt, erfand Michelangelo die be-

Michelangelo Buonarroti. Gemälde von Jacopino del Conte

Vertreibung Adams und Evas aus dem Paradies. Detail der Deckenmalerei von Michelangelo in der Sixtinischen Kapelle im Vatikan, zwischen 1508 und 1510

Daten zur Renaissance

um 1305	Giotto di Bondone: Wandmalerei in der Arena-Kapelle zu Padua
1304–1321	Dante Alighieri: »Divina Comedia«
1348–1351	Der Schwarze Tod in Europa
1348–1353	Giovanni Boccaccio: »Decamerone«
1405	Aretino: Übersetzung der Werke Platons
1416	Donatello: Bronze-Standbild des heiligen Georg
1418–1436	Filippo Brunelleschi: Kuppel des Domes zu Florenz
1440	Nikolaus von Kues: »De docta ignorantia«
1455	Johannes Gutenberg: Erster Bibel-Druck mit beweglichen Lettern
1454–1465	Piero della Francesca: Wandmalerei in S. Francesco zu Arezzo
1459	Gründung der Platonischen Akademie in Florenz
1466	Straßburg: Erster Bibeldruck in deutscher Sprache
1469	Beginn der Herrschaft Lorenzo de'Medicis, il Magnifico, in Florenz
um 1477/78	Sandro Botticelli: Allegorie »Primavera« in Florenz
1480	Beginn der Spanischen Inquisition
1481–1483	Wandmalereien in der Sixtinischen Kapelle im Vatikan
1492	Christoph Kolumbus: Entdeckung Amerikas
1494	Aldus Manutius: Druck der ersten Taschenbücher
1498	Albrecht Dürer: Holzschnitte zur Apokalypse
1498	Verbrennung Girolamo Savonarolas in Florenz
1506	Baubeginn der Peters-Kirche in Rom nach Plänen Bramantes
1508–1512	Michelangelo Buonarroti: Deckenmalerei der Sixtinischen Kapelle im Vatikan
1509–1511	Raffael Santi: Wandmalerei in den Stanzen im Vatikan
1510	Erasmus von Rotterdam: »Institutio Christiani principis«
1513	Nicolo Macchiavelli: »Il Principe«
1517	Kaiser Maximilian I. und Melchior Pfinzing: »Theuerdank«
1523–1526	Hans Holbein d.J.: Holzschnitte des Totentanzes
1532 und 1534	François Rabelais: »Gargantua« und »Pantagruel«
1534	Martin Luther: Vollständige deutsche Bibelübersetzung
1543	Nikolaus Kopernikus: »De revolutionibus orbium coelestium«
1545–1549	Erste Periode des Konzils zu Trient
1548	Tizian Vecellio: »Karl V.«
1550	Giorgio Vasari: Lebensbeschreibungen von Künstlern
1568	Gerhard Mercator: Weltkarte
1580	Michel Montaigne: »Les Essais«

rühmten »Ignudi« als Verbindung der biblischen Szenen in der Deckenmitte mit der Zwischenzone – ein dichterisches Werk, das dem Ruhm des männlichen Körpers gewidmet ist.

Der Künstler traf auf erhebliche Schwierigkeiten. Seine Gehilfen erwiesen sich als untalentiert; einige schickte er zurück, die übrigen setzte er nur für untergeordnete Aufgaben ein. Er mußte mit der Ungeduld Julius' II. und dem Ehrgeiz Raffaels rechnen, der seinen Platz einzunehmen strebte. Außerdem stieß er auf technische Hindernisse, vor allem auf die Bildung von Schimmel, worauf Giorgio Vasari hinwies und was durch neue Untersuchungen bestätigt wurde.

Dieses großartige Werk war eine gewaltige körperliche Leistung. Die malerische Verwirklichung wurde spät im Jahr 1508 oder Anfang 1509 begonnen und war Allerheiligen 1512 vollendet. Mit mächtiger, kühner Begabung nahm Michelangelo einen Weg, der von dem seiner Vorgänger abwich, die absichtsvoll die Form und das Gewicht der Gewölbe mittels illusionistischer Spiele verbargen. Er dagegen machte dem Betrachter das Gewicht der Decke durch das Volumen seiner Figuren und das Relief der gemalten Architektur deutlich; dabei geben die Doppelbalken Ausdruck von der Kraft der Ausdehnung, die Seitensimse von der Kraft der Kohäsion. Innerhalb dieser gewaltigen Strukturen vollzieht sich eine Symphonie, die die gewiß sehr schönen Werke der Kapellenwände zurücktreten läßt. Immer wieder bestechen die Neuartigkeit der Komposition, die Natürlichkeit der dargestellten menschlichen Figuren, die Qualität der Zeichnung – einer Krönung Florentiner Bemühungen um das Lineare –, die wissenschaftliche Anwendung der Verkürzung, die außergewöhnliche Verbindung von Kohärenz und Bewegung. Erst in jüngerer Zeit hat man wahrgenommen, daß Michelangelo an der Sixtinischen Decke auch Zeugnis eines großen Koloristen abgelegt hat. Zu viele Restaurationen haben den Fresken des großen Künstlers die ursprüngliche Frische genommen. Angesichts der »Sibyllen Cumaea und Persica« kann von »Großtaten der Farbe« gesprochen werden.

Die Fresken der Kapellendecke mußten sich notwendig in Themenwahl und Ordnung auf die beiden Zyklen einstellen, die auf den seitlichen Wänden die Geschichte der Menschheit »sub lege«, Szenen aus dem Leben Moses', und »sub gratia«, Szenen aus dem Leben Christi, darstellen. Michelangelos Themenwahl zielte auf die Geschichte der Welt »ante legem«, in den neun großen biblischen Szenen der Deckenmitte, und auf die Ankündigung des Erlösers durch seine Vorfahren seit Abraham und durch die Seher. Auch mußte er wie seine Vorgänger die Bildfolge gemäß einer alten christlichen Tradition von der Altarwand her auf die Eingangswand hin entwickeln. Darum verläuft an der Decke der chronologische Fortgang vom ersten Tag der Schöpfung oberhalb des Altars bis zur »Verhöhnung Noahs« auf der anderen Seite der Kapelle.

Vermutlich wurde dem Künstler ein theologisches Programm auferlegt. Fest steht, daß die Bibel die große literarische Quelle bildete, die Michelangelos Komposition inspiriert hat. Die durchgehende Beziehung auf die Heilige Schrift gibt den Malereien einen christlichen Akzent und ein religiöses Feuer, die in den vorangehenden Werken Michelangelos fehlen. Weder der Christus der »Pietà von St. Peter«, eine Gestalt eher aus einer Totenklage Apolls, noch der »David«, weniger ein Vorfahre Christi als ein antiker Heros von idealer Schönheit, scheinen aus der bewegenden und strengen biblischen Geschichte genommen. Der »Kentaurenkampf«, frühestes Werk Michelangelos, der »Trunkene Bacchus« und die »Schlacht von Cascina« vermittelten vor allem die Vorliebe des jungen Künstlers für Ästhetik.

Die Sixtinische Decke dagegen hat die Erbsünde zum zentralen Thema und stellt einen leidenschaftlichen Appell an den Erlöser dar. Die Bilder sind Ausdruck einer Glaubensunruhe, die sich für Michelangelo in der Entstehungszeit des »Jüngsten Gerichtes« in den Jahren zwischen 1536 und 1541 und während der Bekanntschaft mit Vittoria Colonna sich noch verstärken wird. 1538 werden die Dichterin und der Künstler die »Paulus-Briefe« gemeinsam lesen.

Das menschliche Schuldgefühl ist nicht nur christlich, sondern auch platonisch geprägt. Erfuhr doch Michelangelo seine Ausbildung in Florenz zu einer Zeit, als der Neuplatonismus die von den gebildeten Kreisen bevorzugte Philosophie war. Michelangelo blieb von ihr tief erfüllt, so daß E. Panofsky aussprechen konnte, Michelangelo sei der einzige Künstler der Renaissance gewesen, der den Neuplatonismus nicht nur in einigen seiner Aspekte, sondern in ganzem Umfang annahm. So wird verständlich, daß Ch. de Tolnay vorschlug, die Sixtinische Decke in platonischer Interpretation zu lesen und dabei nicht mehr von der Altarseite, sondern vom Eingangsportal auszugehen. Nach dieser Deutung, deren philosophischer Kern dem christlichen Inhalt nicht widerspricht, stellt die erste Szene, die »Verhöhnung Noahs«, die Gefangenschaft der Seele im Körper und die Ketten des irdischen Lebens dar. Das folgende Bildfeld, die »Sintflut«, symbolisiert die Verzweiflung einer Menschheit, die den diesseitigen Leidenschaften untertan ist. Dagegen bezeichnet das »Opfer Noahs« den Augenblick, in dem die Seele ihrer Existenz gewärtig wird und durch ein Opfer mit Gott in Verbindung zu treten sucht. Daß aber diese Selbsterkenntnis zugleich das Bewußtsein von Sünde einschließt, drückt der »Sündenfall« aus. Die übrigen biblischen Darstellungen — die »Erschaffung Evas«, die »Beseelung Adams«, die »Erschaffung der im Meere wohnenden Tiere«, die »Erschaffung von Sonne, Mond und Vegetation« und »Es werde Licht« — bezeichnen den Aufstieg der menschlichen Seele von der Körperlichkeit bis zur höchsten Geistigkeit ihrer endlichen Vergöttlichung. Durch diese »Rückkehr« hat sie zu ihrer eigenen Quelle zurückgefunden. Diese platonische Thematik bestimmte auch die Entwürfe Michelangelos für das Julius-Grab und später die Konzeption der Medici-Kapelle in Florenz.

Der Neuplatonismus ist einer der Schlüssel, die die Welt der Renaissance eröffnen. Sie war trotz des Rationalismus der »Schule von Padua« ganz eine »inspirierte Epoche«. Der offenbare heidnische Charakter vieler Werke dieser Zeit hat lange den Blick getäuscht. Der Zauber der Formen verbarg eine hohe

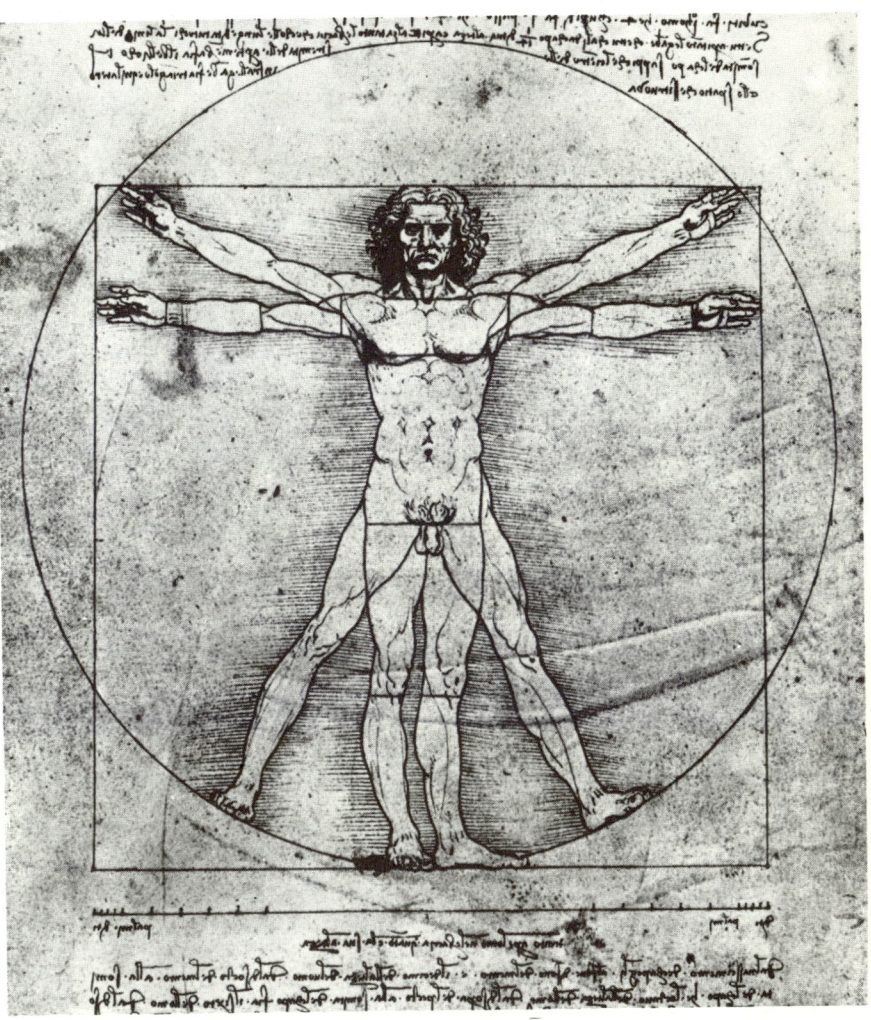

Der Mensch nach Vitruv. Federzeichnung, Proportionsstudie von Leonardo da Vinci, Anfang des 16. Jahrhunderts

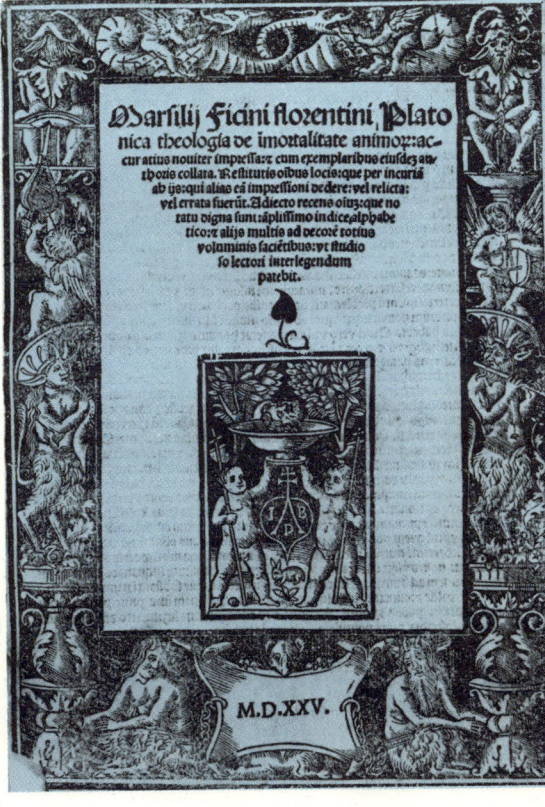

Titelblatt der Abhandlung des Marsilio Ficino »Über die Unsterblichkeit der Seelen«, Paris bei Jodocus Badius 1525

Pietà. Marmor-Gruppe von Michelangelo in der Peters-Kirche zu Rom, zwischen 1496 und 1501

Delphische Sibylle. Deckenmalerei von Michelangelo in der Sixtinischen Kapelle im Vatikan, zwischen 1508 und 1510

Sintflut. Detail der Deckenmalerei, gekontert, von Michelangelo in der Sixtinischen Kapelle im Vatikan, zwischen 1508 und 1510

Philosophie zu einer Zeit, da für Eingeweihte Nacktheit die Bedeutung von Wahrheit und Reinheit hatte. Das gilt für Sandro Botticelli und ebenso für Tizians »Himmlische und Irdische Liebe«.

Die Aufforderung zur Askese ist der eigentliche Kern platonischen Denkens: Die Seele kann sich Gottes nur erinnern und zu ihm aufsteigen, wenn sie die Ketten zerbricht, mit denen sie als Gefangene in der Höhle des Irdischen gefesselt ist. In seiner »Theologia platonica« von 1474, einer der bedeutendsten Schriften der Renaissance, führt Marsilio Ficino aus, daß »das irdische Leben eine Krankheit der Seele ist, die sich quält und träumt. Unsere Bewegungen, Handlungen und Leidenschaften sind nur Schwindelanfälle von Kranken, sind Alpträume und Delirien.« Aus der Liebe müssen alle Reizungen verbannt werden, die

mehr als den Gesichts- und Geschmackssinn vermitteln. »Das Verlangen der übrigen Sinne führt zum Stoff, zur Masse, zur Schwere und Formlosigkeit, es ist nicht die Liebe, sondern ein geistloser, drückender und überaus schwächlicher Trieb.« Diese Lehre hat die ganze Renaissance beeinflußt. Sie findet sich bei Pietro Bembo und bei Baldassare Castiglione ebenso wie bei Maurice Scève und bei Margarete von Navarra. Sie verachtet das Fleischliche und erhebt doch die irdische Schönheit, da sie in ihr die erste Stufe auf der »wunderbaren Leiter« erkennt, die zu Gott führt.

In anderer Wendung des Problems muß man fragen: Hätte diese Epoche im ästhetischen Bereich so viele bewundernswerte Werke schaffen können, wenn sie sich nicht zuvor eine »religiöse« und zutiefst optimistische Konzeption gegeben hätte?

Da Gott wahrhaft, schön und wohlgefällig ist, hat die neuplatonische Renaissance gefolgert, daß die Schönheit »Blume des Guten« sei. In jener enthüllt sich uns diese. »Wir wüßten nicht, was das Gute ist«, schreibt Ficino, »und wir erstrebten es nicht und es bliebe uns doch verborgen, würden wir nicht zu ihm durch die Zeichen und Eigenschaften der Schönheit und der Liebe, ihrer Begleiterin, geführt.« Ein halbes Jahrhundert später nimmt Castiglione dieses Thema auf: »Nur selten wohnt eine häßliche Seele in einem schönen Körper. Denn die äußere Schönheit ist das wahre Zeichen für das innewohnende Gute. Schön und gut sind in gewisser Weise dasselbe. Und dies ist insbesondere für den menschlichen Körper richtig, dessen Schönheit nach meiner Ansicht ihre Hauptsache in der Schönheit der Seele hat, denn diese hat teil an der wahren Schönheit – der Schönheit Gottes – und erhebt und verschönt, was sie berührt.«

Als Schöpfer ist der Mensch zugleich das schönste der Geschöpfe. Mit dieser Aussage gab der Neuplatonismus der Renaissance einmal mehr der ästhetischen Funktion ihre bevorzugte Stellung.

Dennoch bleibt er Sünder. Aber der Erlöser hat ihn begnadigt, und die Menschheit wurde auf dem Weg zu ihm immer von der Offenbarung gestützt, einer Offenbarung, deren selbst die heidnischen Völker der Antike zumindest partiell teilhaftig waren, was die Sibyllen an der Sixtinischen Decke zum Ausdruck bringen. Sie, wie auch die Propheten, verkündeten die Ankunft Christi. Die Humanisten folgten überaus häufig dem Gedanken, daß eine natürliche Hinneigung zu Gott in jeder menschlichen Seele beheimatet sei, und entdeckten in jeder Religion eine Manifestation des Dranges zum Göttlichen.

Der Optimismus der platonischen Renaissance löste sich im Sturm der Religionsunruhen des 16. Jahrhunderts auf. Luther und Calvin bestanden auf dem ganzen Umfang der Erbsünde und warfen alle Philosophen und Philosophien des Altertums in die Hölle zurück. Selbst im Katholizismus, dessen Theologie sich weniger pessimistisch gab, gewann der Augustinismus viel über die guten Geister und überdeckte mit seinem Schatten die klassische Epoche.

JEAN DELUMEAU

Erschaffung des Menschen. Ein Ignudi (unten). Detail der Deckenmalereien von Michelangelo in der Sixtinischen Kapelle im Vatikan, zwischen 1508 und 1510

Kämpfe um Italien. Herrschaftsantritt Karls V.

Papst Leo X. Medici

Papst Julius II. sah in einem Zukunftsbild Rom als die künstlerische Hauptstadt der Welt. Sein Nachfolger Leo X., der Sohn Lorenzos de' Medici des Prächtigen aus Florenz, sollte die Vision seines Vorgängers in die Wirklichkeit umsetzen. Leo spürte aber eine starke Konkurrenz in Europas weltlichen Fürsten: Isabella d'Este aus Mantua lud »die besten Maler Italiens« ein, ihren Palast auszumalen; Franz I. lockte Leonardo da Vinci nach Frankreich; und Kaiser Karl V. ernannte den Venezianer Tizian zu seinem Hofmaler.

Raffael, den eine Generation von Leonardo da Vinci trennte und der noch acht Jahre jünger als Michelangelo war, erhielt zahlreiche päpstliche Aufträge und entwickelte sich zu einem führenden Künstler der Hochrenaissance. Während Michelangelo die Decke der Sixtinischen Kapelle ausmalte, arbeitete Raffael an den Fresken der Stanza della Segnatura im Vatikan und an der Sixtinischen Madonna.

Ein literarisches Beispiel der italienischen Kultur dieser Zeit war Ludovico Ariostos »Rasender Roland«, der 1516 nach einem Dutzend Jahren dichterischen Schaffens veröffentlicht wurde. Das Epos verband die karolingische Rolandsage mit den Geschichten um König Artus. Es handelt von Rolands unglücklicher Liebe, von den Kämpfen der Ritter Karls des Großen gegen die Heiden und den sagenhaften Ahnen des Hauses Este, in dessen Diensten der Dichter stand.

Drei junge Könige

In England, Frankreich, Spanien und Deutschland trat die alte Garde von Königen innerhalb weniger Jahre ab. Drei jugendliche Monarchen ergriffen die Zügel auf Europas politischer Bühne. Heinrich VIII. folgte 1509 seinem Vater im Alter von achtzehn Jahren auf dem englischen Thron. Sechs Jahre später wurde der neunzehnjährige Herzog von Angoulême als Franz I. König von Frankreich. Der Habsburger Karl erbte 1516 den Thron der vereinigten spanischen Königreiche, als sein Großvater Ferdinand I. der Katholische starb. Drei Jahre später, erst neunzehnjährig, folgte er seinem anderen Großvater, Maximilian I., als deutscher König und als Kaiser des Heiligen Römischen Reiches nach. Jeder der drei Fürsten war hochbegabt und von Ehrgeiz und Machtstreben beherrscht. So entstanden persönliche Rivalitäten, in die die päpstliche Politik nach Gesichtspunkten ihrer Vorteile eingriff. Die daraus erwachsenden wechselvollen Kämpfe bestimmten das Geschehen der nächsten Jahrzehnte in Europa.

König Franz I. von Frankreich

Kämpfe um Italien

Heinrich VIII. begann im Jahr 1511 mit seiner europäischen Politik, als er sich der Heiligen Liga anschloß, die zwischen Papst Julius II., Ferdinand dem Katholischen, Venedig, der Schweiz und Maximilian I. geschlossen war, um die Franzosen aus Italien zu vertreiben. Die englische Flotte beherrschte während dieser Zeit den Ärmelkanal und setzte wiederholt Leute an der französischen Küste ab, die Ortschaften plünderten und niederbrannten. Im Jahr 1513 unterzeichnete Heinrich ein Angriffsbündnis mit Spanien, das einen Einfall in Frankreich vorbereiten sollte. Der König führte sein Heer selbst an, um auch mit den Streitkräften des Kaisers zusammenzutreffen. Die Verbündeten besiegten die Franzosen in der »Sporenschlacht« bei Guinate im Artois.

Im Sommer 1515, wenige Monate nach seiner Thronbesteigung, zog Franz I. mit einem Heer nach Ober-Italien, um das Herzogtum Mailand zu besetzen. Er hatte es sich zum Ziel gesetzt, ganz Italien zu unterwerfen und sogar nach Konstantinopel überzusetzen. Daher vermied er den Kampf mit den Schweizern, indem er nicht die übliche Route über den Mont Cénis nach Italien benutzte. So kam er unbehelligt bis Villafranca, wo er die Mailänder schlug. Als einige Tage später Schweizer Fußvolk das französische Lager bei Marignano angriff, geriet Franz I. in schwere Bedrängnis. Doch sein Feldherr Gian Trivulzio hielt stand, bis die Venezianer zu Hilfe eilten. Den vereinigten Streitkräften gelang es schließlich, die Schweizer zu besiegen. Die Schlacht bei Marignano bedeutete das Ende einer Epoche europäischer Kriegsführung, denn bis zu dieser Niederlage galten die Schweizer Söldner als unbesieglich.

Ein unmittelbares Ergebnis von Franz' I. erstem Feldzug war die Unterzeichnung des Konkordates von Bologna mit Rom im Jahr 1516. Es berechtigte Franz, die französischen Bischöfe und Äbte zu ernennen und befreite die französische Kirche von der unmittelbaren päpstlichen Kontrolle. Zum Ausgleich dafür bewilligte Franz die Zahlung der Annaten nach Rom.

Karl V.

Vor seinem Tod im Januar 1519 traf Kaiser Maximilian I. Anstalten für die Nachfolge seines Enkels Karl I. von Spanien in seinen habsburgischen Landen. Franz I. war jedoch entschlossen, sich ebenfalls um die deutsche Königswürde und damit das römische Kaisertum zu bewerben. Sowohl Papst Leo X. wie König Heinrich VIII. versprachen ihm ihre Unterstützung. Später erklärte der englische König sogar seine eigene Kandidatur. Um Karls Wahl zu sichern und um die Kurfürsten günstig zu beeinflussen, mußten Karls Beauftragte in Deutschland in einer Wahlkapitulation die Wahrung der Belange des Reiches und der Stände garantieren. Die sieben Kurfürsten wählten schließlich Karl hauptsächlich darum einstimmig zum deutschen König, weil sie keinen starken Herrscher, wie es Franz I. zu werden drohte, an der Spitze des Reiches wissen wollten. Am 23. Oktober 1520 wurde Karl in Aachen gekrönt.

Der König und erwählte römische Kaiser vereinigte unter seinem Zepter das Deutsche Reich, Spanien, Sizilien, Neapel, Sardinien, die Niederlande sowie die habsburgischen Länder und Besitzungen in Ober-Deutschland und Österreich, ferner die meisten der neuentdeckten Gebiete jenseits des Atlantischen Ozeans. Die Spannung, die sich wegen des hinausgezögerten Wahlentscheids gebildet hatte, entlud sich schließlich in zwei Kriegen: einen gegen Frankreich und einen in Deutschland selbst.

Das Treffen von Val d'Or

Die Könige von England und Frankreich planten schon lange eine Begegnung. Beide hatten sie geschworen, sie wollten sich den Bart nicht eher scheren, bevor sie nicht einander getroffen hätten. Die Vorbereitung für das Treffen lag in den Händen von Kardinal Thomas Wolsey, des Erzbischofs von York, der seit 1515 Lordkanzler von England war. Wolsey, der sich zu einem Schiedsrichter Europas aufgeworfen hatte, arbeitete den Frieden von London aus, ein Übereinkommen, von dem er hoffte, es würden ihm England, Frankreich, das Deutsche Reich, Spanien und das Papsttum beitreten.

Das Val d'Or südlich von Calais sollte Schauplatz des Gipfeltreffens sein, um den Frieden in Europa zu beschließen und zu garantieren. König Heinrichs Quartier lag in Guînes; die Franzosen nahmen in Ardres Wohnung. Auf halbem Weg zwischen Guînes und Ardres liegt das Val d'Or. Dort waren

Krönung Karls V. durch Clemens VII., 1530

Humanismus und Reformation 1509–1521

Treffen Heinrichs VIII. und Franz' I. in Val Drap d'Or im April 1527

Pavillons und Säulenhallen errichtet, von denen aus man auf einen Turnierplatz schauen konnte.

Mehr als fünftausend Leute begleiteten Heinrich VIII., als er den Kanal überquerte und nach Val d'Or zog. Die Begegnung vollzog sich nach höfischem Zeremoniell: Beide Könige ritten, geleitet von den bedeutendsten Adligen ihrer Reiche, bis an den Beginn des Turnierfeldes; als die Fanfaren ertönten, galoppierten Franz I. und Heinrich VIII. allein vorwärts zu einem abgesteckten Platz und umarmten sich dreimal hoch zu Roß. Es folgten drei Wochen Turniere, Bankette, Tanzfeste und Theatervorführungen. Am Ende der Festlichkeiten beschloß ein feierliches Hochamt, das Thomas Wolsey unter freiem Himmel zelebrierte und bei dem die eigens hierfür komponierte Musik Robert Fairfax' gesungen wurde, die Begegnung. Viele Zeitgenossen bewunderten das Fest der Herrscher als ein achtes Weltwunder, denn es war eine Art Renaissance des Rittertums. Bemerkenswert vor allem war die Tatsache, daß sich die Könige der beiden Länder, die seit langem verfeindet waren, unter so herzlichen Bedingungen trafen. Der Vertrag, der während dieser Zeit ausgehandelt wurde, sah eine Heirat zwischen der jungen Maria Tudor und dem Dauphin von Frankreich vor und sollte die französischen Einmischungen in die schottischen Angelegenheiten beenden. Vor dem Treffen von Val d'Or und unmittelbar danach begegnete Heinrich VIII. und Karl V. einander in Dover und in Gravelines. Karl aber konnte Heinrich nicht zu einer Allianz gegen den französischen König bewegen.

Erasmus von Rotterdam

Erasmus von Rotterdam, der von 1466 bis 1536 lebte, gilt als der größte christliche Humanist dieser Zeit. Sein höchstes Ziel war es, Gott mit immer weiter vertieftem Wissen zu dienen. Im Jahr 1492 erhielt er die Priesterweihe, doch das Leben bei den Augustinern entsprach ebensowenig seiner Veranlagung wie später das Leben bei Hof. Als er am Ende des 15. Jahrhunderts John Colet in Oxford kennenlernte, versprach Erasmus, sich dem Studium der Theologie zu widmen. Er suchte die besten Griechischlehrer in Europa auf und bereitete sich so auf eine Neuedition des griechischen Textes des Neuen Testamentes vor. Die meiste Arbeit für diese Ausgabe leistete er, während er in Cambridge lehrte. Die reich mit Anmerkungen versehene Ausgabe erschien 1516 in Basel.

Erasmus hoffte mit ganzer Seele, daß, wenn die Theologen Zugang zu philologisch exakten Ausgaben der Heiligen Schrift gewönnen, die religiösen Streitigkeiten aufhören würden. Statt dessen gaben seine Forschungen den Anstoß zu weiteren theologischen Kontroversen, denn sein Text zeigte der Christenheit, daß die lateinische Vulgata nicht frei von Fehlern war. In diesem Sinn ging schon zu seinen Lebzeiten ein treffendes Sprichwort um: »Erasmus legte das Ei, welches Luther dann ausbrütete.« Eine Rückkehr zu biblischer Verkündigung in der Theologie brachte der Kirche einige Verwirrung. Erasmus hegte keine Bedenken, in seinem Werk »Lob der Torheit« die mittelalterliche Scholastik lächerlich zu machen und über Papst und Prälaten zu spötteln. Seine Loyalität zur römischen Kirche war dennoch nie in Frage gestellt. Er betrachtete Luther als einen gefährlichen Propheten, und am Ende seines Lebens schrieb er: »Ich verabscheue die Evangelischen, denn durch sie geht es mit der Schrift überall abwärts.« Erasmus war ein Literat, der wegen seiner Toleranz, seines Esprits und seines Fleißes allenthalben bewundert wurde und seine Zeitgenossen turmhoch überragte. Die Vielfalt seiner Interessen und die Höhe seiner Gelehrsamkeit lassen sich am besten aus seinen zahlreich erhaltenen Briefen ablesen, die er an seine Zeitgenossen schrieb: an Humanisten wie Thomas Morus, an Könige und Päpste sowie an einen geistig überaus lebendigen Freundeskreis. Neben seinen Ausgaben der Kirchenväter und einer lateinischen Neuübersetzung des Neuen Testamentes veröffentlichte er zwei Bände Bibelkommentare, die seine liberale philosophische Haltung zeigen. Seine meistverbreitetsten Werke waren die »Sprichwörter« und die »Colloquia«. Beide Werke beherrschten ein Jahrhundert lang den Unterricht in Schulen und an Universitäten.

Luther und die Reformation

Im Jahr 1517 zog ein päpstlicher Prediger namens Johannes Tetzel durch die Lande, um den Menschen ihr Seelenheil gegen bare Münze zu verkaufen. Der materielle Vertrieb göttlicher Gnade sollte den Neubau der Peterskirche in Rom finanzieren helfen. Diese Praxis des Ablaßhandels, bei dem den Gläubigen vorgegaukelt wurde, sie könnten Seelen aus dem Fegefeuer freikaufen und ohne ihr eigenes Seelenheil ohne wirkliche Reue und Buße nur durch ein Geldopfer verschaffen, hatte sich zu einem einträglichen Finanzierungsinstrument der Kirche entwickelt. Tetzel, der in seinen populären Predigten einen gesunden Geschäftssinn entwickelte, empörte besonders den Wittenberger Exegeten und Augustinermönch Martin Luther. Am 31. Oktober 1517 schlug er fünfundneunzig Thesen gegen den Mißbrauch des Ablaßhandels an das Portal der Schloßkirche zu Wittenberg. Seine Tat, die nur eine wissenschaftliche Disputation über die Erlangung göttlicher Gnade anregen sollte, führte zur Reformation der abendländischen Kirche, aber auch zu ihrer Spaltung.

Martin Luther trat 1505 im Alter von 22 Jahren in das Kloster der Augustinereremiten in Erfurt ein und wurde bald als Lektor an die Universität Wittenberg geschickt, wo er selbst noch Theologie studierte. Schon in diesen Jahren, vielleicht 1512 bei seiner Vorlesung über den Römerbrief, kam Luther durch die Lehren des Apostels Paulus zu einer Überzeugung, die ihm den Schlüssel zu allen christlichen Dogmen lieferte: die Rechtfertigung des Menschen allein durch den Glauben an Christus. Luther folgerte aus den Schriften Paulus', daß die sogenannte »Werkheiligung« durch keine göttliche Offenbarung gerechtfertigt werden könne. In diesem Stadium der Entwicklung hatte der Mönch Luther nicht die Absicht, seine Bande zur Kirche zu lockern, geschweige denn zu lösen.

Der Thesenanschlag Luthers löste mehr als nur eine Diskussion über den Ablaßhandel aus. Er brachte schließlich die Menschen zum Nachdenken über die Mißstände in der Kirche schlechthin. Kurz zuvor hatte Tetzel noch erklärt, der Mensch werde durch die Gnade der Lossprechung wieder mit Gott versöhnt, also gerechtfertigt. Er betonte, es bestehe keine Notwendigkeit zu besonderer Buße, voraus-

Erasmus von Rotterdam

gesetzt, ein Mensch gebe alle seine Habe fort; seine Zuhörer konnten sich sogar das Recht auf künftige Sünden erkaufen. Klagen wegen des Widerstandes eines Mönchs gegen die Ablaßlehre erreichten Papst Leo X. Ein theologischer Streit begann und breitete sich rasch aus.

Durch Luthers Tat fand ein allgemeines Unbehagen an der Kirche, das sich im Abendland an der Wende zum 16. Jahrhundert gebildet oder zumindest verstärkt hatte, ihre Artikulation. Vielerlei Auffassungen flossen in der reformatorischen Bewegung zusammen; sie führte auch in den einzelnen Ländern zu unterschiedlichen Ergebnissen.

Die Eroberung Mexikos

1521

Zu Beginn des sechzehnten Jahrhunderts stand die westliche Kultur an der Schwelle eines neuen Zeitalters — eines Zeitalters der Entdeckung, der Eroberung und der Herausforderung. Grenzen fielen, und ferne, nie erträumte Horizonte wurden erreicht.

Amerika war zwar entdeckt, aber der Kontinent blieb zunächst unerforscht. Der Wandel trat im Jahr 1519 ein, als ein Mann von kühner und rastloser Wesensart die Ufer Mexikos betrat. Sein Name war Hernando Cortes. In weniger als drei Jahren gelang es ihm durch geniale Führerschaft, übermenschlichen Mut und beinahe unglaubliches Glück das Reich der Azteken und seinen Herrscher Montezuma zu überwältigen. Dieses war die erste große Konfrontation der Alten mit der Neuen Welt.

Cortes, der Sohn eines einfachen Landedelmannes aus Estremadura in Süd-Spanien, hatte seine Heimat mit sechzehn Jahren verlassen, um das Abenteuer zu suchen. Drei Jahre später landete er auf Haiti. In den folgenden Jahren erwarb er verschiedene große Güter auf Kuba und wurde ein reicher Mann. Trotz des guten Lebens begann ihn das Dasein zu langweilen. Durch Beziehungen, Intrigen und Bestechung erlangte er 1518 das Kommando über eine Expedition in den Westen. Am 10. Februar des folgenden Jahres stach er in See. Zwei Aufgaben galt es zu erfüllen: eine materielle und eine geistliche. Das materielle Ziel war seit Jahren dasselbe: Gold sollte gefunden werden. Der geistliche Beweggrund für alle Eroberungen lag in der Bekehrung der Heiden zum wahren Glauben. Die Konquistadoren mögen Räuber gewesen sein, die Mission erfüllte sie aber ebenso.

Die Ausrüstung des Kommandos war dürftig. Nur elf Schiffe segelten mit einer Besatzung von knapp siebenhundert Mann ab. Cortes führte aber zwei Waffen mit sich, die den amerikanischen Ureinwohnern unbekannt waren: Handfeuerwaffen und einige kleine Kanonen sowie einige Pferde. Cortes setzte beides gleich bei seinem ersten Zusammenstoß mit den Bewohnern des Festlandes ein. In einer Schlacht bei Tabasco im süd-östlichen Mexiko widerstanden die von Angst geschüttelten Indianer tapfer den Kanonen, aber die Pferde boten ihnen einen zu furchterregenden Anblick. Anfangs hielten sie Roß und Reiter für ein einzigen, riesiges Wesen, das über sie herfiel. Die Eingeborenen flohen in panischem Schrecken. Cortes schritt zu dem nächsten Baum, versetzte ihm einen heftigen Schlag mit seinem Schwert und forderte das ganze Land für Spanien. Die Eroberung Mexikos hatte begonnen.

Am nächsten Morgen entsandten die Tabascaner Mayas Friedensvermittler in das spanische Lager, die mit Geschenken für die Fremden reich beladen waren. Unter den Gesandten befand sich eine junge Eingeborene, die den Namen Marina erhielt. Dieses Mädchen, das Bernal Diaz als hübsch und intelligent beschreibt, war wahrscheinlich das bedeutendste Gottesgeschenk, das Cortes jemals erhalten hat. Sie wurde nach einiger Zeit die Geliebte des Eroberers und Mutter seines Kindes, und, was besonders wichtig war, sie beherrschte sowohl die Sprache der Eingeborenen als die der Spanier. Seit Marina bei ihm weilte, hatte Cortes keine Sprachschwierigkeiten mehr.

Die Spanier begaben sich wieder an Bord ihrer Schiffe und gingen zweihundert Meilen nördlich von Tabasco wieder an Land. Hier kamen sie an die Grenzen des kriegerischen Aztekenreiches des Herrschers Montezuma.

Wenn die Azteken Krieg führten, töteten sie ihre Feinde nicht, sondern machten Gefangene, um sie dann den Göttern opfern zu können. Während der vier Tage, in denen der große Tempel in Tenochtitlan seine Weihe erhielt, wurden nicht weniger als achtzigtausend Opfer auf den Altären dem Tod übergeben. Das Gemetzel vollzog sich nach uraltem Ritus: Die Brust des Gefangenen wurde mit einem Messer aus Feuerkiesel aufgeschlitzt, das noch schlagende Herz herausgerissen und den Göttern übergeben.

Unter den Göttern der Azteken gab es auch einen, der einer befiederten Schlange glich. Mit ihm, dem Gott des Planeten Venus, Quetzalcoatl verband sich eine Legende, die phantastische Zufälle enthüllt und die Geschichte der Eroberung Mexikos mehr wie ein

Hernando Cortes. Gemälde von N. Medellin

Xochpili, der Aztekengott für Poesie, Musik, Theater und Tanz. Stein-Plastik aus Mexiko, 15. Jahrhundert

Landung einer spanischen Flotte bei einer Indianersiedlung. Miniatur in der Handschrift des Codex Florentinus, Anfang des 16. Jahrhunderts

Maske des Sonnengottes Tonantiun, 15. Jahrhundert

Märchen erklingen läßt. Vor langer Zeit, so erzählt die Legende, weilte Quetzalcoatl als Mensch auf Erden, weißhäutig und mit schwarzem Bart. Eines Tages segelte er ostwärts über das große Meer. Es wurde verheißen, daß er einstmals schwarzgekleidet wiederkehren werde, um die Herrschaft im Reich anzutreten. Seine Wiederkunft sollte in einem »Ein-Ried-Jahr« geschehen, und sie sollte Leid und Elend mit sich bringen. Nach dem Kalender der Azteken kehrte das »Ein-Ried-Jahr« in einem Zyklus von zweiundfünfzig Jahren wieder. Es hatte in den Jahren 1415 und 1467 ein solches gegeben. Das nächste fiel auf das Jahr 1519.

Darum fürchtete Montezuma jede Ankunft von Fremden schon, ehe er von der Landung Cortes' hörte. Als daher seine Späher von einer Gruppe geheimnisvoller Fremdlinge berichteten, die von einem Mann angeführt wurden, der ein ungewöhnlich bleiches Gesicht und einen schwarzen Bart zur Schau trug und der von Kopf bis Fuß schwarz gekleidet war, schienen die alten Prophezeiungen in Erfüllung zu gehen. Die Eindringlinge konnten nur Quetzalcoatl und seine Gefährten sein.

Montezuma glaubte, Quetzalcoatl durch Geschenke von der Hauptstadt fernzuhalten. Er entsandte Botschafter mit Versöhnungsgaben zur Küste. Dieser Schritt bewirkte das Gegenteil und beschleunigte den Untergang der Azteken. Der Anblick der Reichtümer, denn jeder einzelne Gegenstand war aus Gold, überzeugte Cortes, daß er an der Schwelle des langersehnten El Dorados stand. Ohne Zögern beschloß er, seine wenigen Soldaten gegen Montezumas mächtiges Reich zu führen. Cortes wußte, daß die Behörden in Kuba niemals ein so gefährliches Unternehmen unterstützen würden, bevor er nicht eine befestigte und unabhängige Kolonie auf dem Festland gegründet hatte. Darum errichtete der Konquistador dort, wo er die Botschafter der Azteken zum erstenmal empfangen hatte, eine neue spanische Kolonie. Zu Ehren seiner Landung am Karfreitag 1519 nannte er die Siedlung Villa Rica de Vera Cruz, die reiche Stadt des wahren Kreuzes, womit er die beiden Hauptziele der spanischen Kolonisation charakterisierte: Gold und Evangelium.

Während der Vorbereitungen für den Marsch in das Innere des Landes traf eine weitere indianische Gesandtschaft ein. Der friedliche Totonaca-Stamm lud Cortes und seine Männer ein, seine Stadt Cempoallan zu besuchen, die ungefähr dreißig Kilometer entfernt lag. Die Eingeborenen erklärten, daß sie von den Azteken unterworfen wären und den verhaßten Eroberern einen drückenden Tribut entrichten müßten. Die Totonacaner boten daher den Spaniern ihre Hilfe gegen die Azteken an. Cortes nahm die Einladung an und willigte ein, sie gegen ihre Feinde zu führen, wenn sie ihren Ritus der Menschenopfer aufgäben und sich zum Christentum bekehren ließen.

Bevor er den Feldzug begann, traf Cortes eine Entscheidung, die allein ihrer kaltblütigen Kühnheit wegen als die bedeutsamste seines Lebens gelten muß: Er ließ die Schiffsrümpfe anbohren, um die Schiffe dann unter dem Vorwand, sie seien nicht mehr seetüchtig, versenken zu können. Von diesem Zeitpunkt an gab es, was auch immer geschah, kein Zurück in die Heimat.

Im August 1519 machte sich Hernando Cortes auf, ein unbekanntes Land, ohne Karten, ohne die geringste Kenntnis von Land und Leuten, zu unterwerfen, das offensichtlich ein Reich von großer Macht und unerschöpflichem Reichtum beherbergte. Niemals wußten die Spanier, was für Gefahren hinter dem nächsten Berg lauerten, außer daß sie eines Tages auf die feindlichen Heere der wilden und kühnen Eingeborenen treffen würden, die wohl um vieles stärker und zahlreicher waren als ihre Mannschaften. Cortes' Streitkräfte setzten sich aus etwa fünfhundert spanischen Musketieren, ein paar Pferden, einigen leichten Geschützen und ungefähr tausend Freiwilligen des Totonaca-Stammes zusammen. Eine starke Garnison blieb in Vera Cruz zurück.

Den ersten Widerstand leisteten die Bewohner von Tlaxcallan, einer Stadt und einem gleichnamigen Gebiet zwischen Vera Cruz und der Stadt der Azteken, Tenochtitlan. Sie lehnten eine friedliche Unterwerfung ab und leisteten leidenschaftlichen und heldenhaften Widerstand. Erst nach drei Wochen und vier größeren Gefechten gaben sich die Tlaxcallaner geschlagen und ließen die Spanier in ihre Stadt ein. Sie boten jetzt ihre Freundschaft an und wurden von da an die vertrauenswürdigsten Verbündeten ihrer Besieger. Eine große Anzahl ihrer Krieger begleitete Cortes auf der Fortsetzung seines Zuges, der ihn zur heiligen Stadt Cholula führte. Obwohl die Eingeborenen dort zunächst keinen Widerstand leisteten und die Spanier unbehelligt in Cholula einzogen, wurden sie dennoch argwöhnisch, weil viele der Straßen mit Barrikaden versperrt und auf den Dächern der Häuser Steinhaufen sichtbar waren. Cortes' Mißtrauen steigerte sich noch, als er nirgendwo Frauen und Kinder entdecken konnte. Schließlich fand die treue Marina die Wahrheit heraus: Die Cholulaner planten, die Spanier und ihre Verbündeten am nächsten Tag aus dem Hinterhalt zu überfallen und sie alle Montezuma als Opfer für die Götter zu überbringen. Cortes handelte schnell und entschlossen. Am nächsten Morgen rief er möglichst viele Cholulaner im spanischen Lager zusammen. Dann ließ er ihnen erklären, daß er ihre Pläne kenne und auch wisse, was in ihren Herzen vor sich ginge. Auf Cortes' Befehl eröffneten in diesem Augenblick die spanischen Musketiere das Feuer von den Dächern der umstehenden Häuser aus. Nach Cortes' eigenem Eingeständnis starben in den nächsten zwei Stunden mehr als dreitausend Indianer. Wegen dieses Blutbades ist er hart verurteilt worden. Dennoch hätte seine aussichtslose Lage ihm schwerlich einen anderen Weg gelassen, um zu überleben. Cortes war durchaus kein blutrünstiger Mensch und hat niemals unnötig Gewalt angewandt.

Der Marsch von Cholula zur Hauptstadt der Azteken muß der beschwerlichste von allen bisherigen gewesen sein. Als sich endlich jenseits eines hohen Passes die Straße bergab neigte, hatten sie ihr Ziel vor Augen. Die Spanier sahen plötzlich einen riesigen See in der Sonne glitzern. In seiner Mitte lag die Stadt Tenochtitlan, die mit den Ufern durch drei schmale Dämme verbunden war.

Am 8. November 1519 führte Hernando Cortes vierhundert müde und verschmutzte Soldaten auf dem südlichen Damm in die aztekische Hauptstadt. Aus der entgegengesetzten Richtung nahte eine feierliche Prozession. Der Herrscher der Azteken selbst kam in einer goldenen Sänfte, um dem Gott aus der Fremde zu begegnen. Es muß eine seltsame Szene gewesen sein: »Der große Montezuma entstieg seiner Sänfte, und die anderen großen Häuptlinge beschirmten ihn mit einem Baldachin aus grünen Federn, der mit Gold, Silber und Perlen verziert war... und da waren noch mehr große Fürsten, die vor dem großen Montezuma hergingen und Decken zu seinen Füßen ausbreiteten, damit seine Füße nicht den Boden berührten. Niemand wagte, die Augen zu ihm aufzuheben.« Cortes stieg von seinem Pferd und ging lächelnd auf den Kaiser zu. Zwei Welten standen einander gegenüber.

Diese erste Begegnung machte einen tiefen Eindruck auf die Spanier. In seiner Empfangsrede grüßte der Herrscher der Azteken Cortes als einen König und Gott, machte Versprechungen und Prophezeiungen. Dem spanischen Anführer schien der Thron von Mexiko sicher zu sein. Trotz Montezumas überschwenglicher Gastlichkeit blieb Cortes auf der Hut. Obwohl er einen Ehrenplatz einnahm, hatte er nicht vergessen, daß er sich auf einer Inselfestung befand, in einem fernen Land, mit nur einer Handvoll von Männern und ohne Verbindung zur Außenwelt. Er folgte Montezuma in einen großen Palast, der für seinen Empfang hergerichtet war.

Montezuma war zweiundfünfzig Jahre alt, groß und schlank mit schönen Augen und, wie Bernal Diaz sich ausdrückte, »einem zugleich sanften wie ernsten Gesichtsausdruck«. In den folgenden Wochen lernten die Spanier den aztekischen Herrscher lieben und respektieren, nicht nur wegen seiner erstaunlichen Großzügigkeit, sondern mehr noch wegen seines ihm angeborenen Anstandes und Charmes. Montezuma kannte die Spanier bald bei Namen, und sie behandelten ihn ebenfalls in einer Weise, die seinem Rang entsprach. Cortes hatte Montezuma inzwischen von seinem König Karl erzählt, dem Herrscher, dem die Azteken von nun an zur Untertänigkeit verpflichtet waren. Sie schienen diese Bedingung willig anzunehmen. Nur als sich das Gespräch der Religion zuwandte, veränderte sich Montezumas Gesichtsausdruck. Trotzdem ging er wohlwollend auf Cortes' Bitte ein, daß ihm erlaubt werden möge, den großen Tempel zu besuchen.

Dieser Besuch war ein Erlebnis, das keiner von Cortes' Männern jemals wieder vergaß. »Die Wände des Schreines«, schrieb Bernal Diaz, »waren mit Blut verkrustet, und der Boden war so darin gebadet, daß der Geruch schlimmer war als in irgendeinem Schlachthaus in Spanien.« Im obersten Heiligtum vor den Götterbildern lagen fünf Menschenherzen noch warm und dampfend. Um den Altar standen die Priester mit von geronnenem Blut verklebtem Haar, die die Opfer hinrichteten und feierlich deren Glieder verzehrten.

Montezuma, der den Umschwung der Gefühle seiner Gäste nicht zu verstehen schien, blieb inmitten dieser Schreckenskammer voller Leichen sanft und würdevoll. Cortes sah ein, daß der aztekische Herrscher, auch wenn er dem Thron Spaniens Lippendienst leistete, nicht die Absicht hatte, seinen alten Göttern zu entsagen. Seine Autorität mußte untergraben werden, während des Ansehen der spanischen Besatzung wachsen sollte. Cortes unternahm daher einen Schritt, den wenige in einer so ungesicherten Lage gewagt hätten. Er machte Montezuma zu seiner Geisel. Cortes war geschickt genug, ihm zu erklären, daß er nicht sein Gefangener sei. Der Aufenthalt des Herrschers inmitten der Spanier sei nur ein Ortswechsel. Die täglichen Regierungsgeschäfte lagen nach wie

Messer eines Aztekenpriesters. Stein und Holz mit Mosaik, 15. Jahrhundert

Angriff spanischer Truppen in Tenochtitlan. Zeichnung nach dem Leinentuch von Tlaxcala, Anfang des 16. Jahrhunderts

Spanischer Artillerist mit einer Arkebuse. Miniatur in der Handschrift des Codex Florentinus, 1560

Der mexikanische Vizekönig de Mendoza beim Empfang eines Zeremonienbuches. Miniatur in der Escorialer Handschrift des Codex Mendoza mit einer Beschreibung Yukatans, 1560

Titelblatt des Codex Mendoza. Miniatur in der Escorialer Handschrift, 1560

vor in den Händen des Azteken und seiner Hofbeamten.

Anfang des Jahres 1520 schien die Eroberung Mexikos abgeschlossen zu sein. Aber Cortes' Schicksal begann sich zu wenden, als die spanischen Behörden in Kuba, über seine mangelnde Ergebenheit der Obrigkeit gegenüber empört und voll Eifersucht über seine Erfolge, ihm eine Strafexpedition nachschickten. Cortes mußte die Hauptstadt der Azteken verlassen.

Inzwischen hatte sich dort ein Unglück ereignet. Während eines religiösen Festes im Mai argwöhnten die zurückgebliebenen Spanier einen Anschlag auf ihre Garnison. Der Befehlshaber verlor den Kopf und drang mit seinen Männern in die Tempelumfriedung ein. Mehr als tausend Eingeborene, auch die Blüte des jungen aztekischen Adels, wurden ermordet. Die Stadt geriet in Aufruhr. Von nun an waren die Spanier in ihrem Palast gefangen. Dank Montezumas Eingreifen gab es kein weiteres Blutvergießen. Aber der friedliche Einfluß des Herrschers nahm ab. Eine Gegenpartei hatte sich gebildet, die entschlossen war, Mexiko von den Spaniern für immer und ewig zu befreien. Am gleichen Abend, als Cortes in die Hauptstadt zurückkehrte, hatte ein Konzil der Azteken Montezuma abgesetzt und seinen Neffen, Cuauhtemoc, zum Nachfolger gewählt.

Am nächsten Morgen hatte sich die Lage der Spanier geändert. Aus passivem Trotz der Azteken war aktive Feindseligkeit geworden. Vier Tage lang verteidigten sich die Spanier so gut sie konnten gegen die unaufhörlichen Angriffe. Am fünften Tag, als Cortes sah, daß die Lage hoffnungslos zu werden drohte, sandte er eine Nachricht an Montezuma und bat ihn, einen Waffenstillstand zu vermitteln. Der spanische Bote fand Montezuma in Verzweiflung versunken. Er behauptete, nichts unternehmen zu können. Seine Freundschaft zu Cortes hatte ihn die Macht gekostet, und seine Untertanen gehorchten ihm nicht mehr. Er versprach jedoch, einen Versuch zu machen. Ein letztes Mal legte er das Prachtgewand seiner Herrschaft an und trat auf die Terrasse seines Palastes, die über einem großen Platz lag, hinaus.

Als Montezuma erschien, wurde die lärmende Menschenmenge zunächst von einer spontanen Sympathie zu ihrem entthronten Monarchen erfaßt. Aber dann ergoß sich ein Hagel von Steinen über den Herrscher. Montezuma stürzte getroffen zu Boden. Er wurde in seine Räume getragen; Cortes selbst eilte an sein Lager. Die Wunden waren nicht besonders schwer. Aber der Lebenswille Montezumas war gebrochen. Gegen Einbruch der Nacht starb er.

Montezuma war eine edle und tragische Persönlichkeit. Er hatte in seiner Weise, anders als Cortes, vorausgesehen, daß der Fall des Reiches unvermeidlich und endgültig war. Obwohl ihn sein Glaube, daß Cortes ein Gott sei, fehlleitete, hätte Montezuma die Eroberung des Landes auch unter anderen Vorzeichen nicht verhindern können.

Seine Freundschaft zu Cortes, die ihn schließlich Thron und Leben kostete, begründete sich nicht auf Feigheit, sondern auf Weisheit, denn er ahnte, daß sich die Macht der Spanier durchsetzen würde. Weniger als ein Jahr nach seinem Tod erwiesen sich seine Vorahnungen als richtig.

Cortes' letzte Hoffnung, in der Hauptstadt bleiben zu können, ging mit Montezumas Tod unter. Er mußte sich schnell zurückziehen. In der Todesnacht des Herrschers, als die aufgeregte Menge sich zerstreut hatte, verließen er und seine Soldaten leise ihre Quartiere und setzten sich auf dem westlichen Damm in Marsch. Dieser Damm war kürzer als der südliche, und er sollte auch weniger bewacht sein. Die Azteken waren jedoch auf der Hut. Die Stille wurde plötzlich vom Lärm einer Muscheltrompete zerrissen. Das Wasser zu beiden Seiten des Walles wimmelte von Kriegs-

kanus, deren Besatzungen die zurückweichenden Spanier mit Pfeilen beschossen. Bei dem folgenden Chaos und Gemetzel verlor Cortes mehr als die Hälfte seiner Leute. Viele starben nicht an ihren Wunden, sondern ertranken, hinabgezogen von ihren mit aztekischem Gold gefüllten Taschen, das mitzunehmen sie nicht hatten widerstehen können. Mit dieser furchtbaren Nacht begann eine entbehrungsreiche Zeit für die Spanier. Als sie endlich festen Boden erreichten, lag der restlichen Truppe ein Weg von Hunderten von Kilometern bis Vera Cruz bevor. Nach zwölf qualvollen Tagen standen die Spanier in der Ebene von Otumba einer riesigen aztekischen Armee gegenüber. Wie durch ein Wunder siegte Cortes und erreichte sicher das befreundete Tlaxcallan.

Wenige Feldherren hätten es nach einem solchen Zusammenbruch gewagt, den Kampf fortzusetzen. Aber Cortes war noch immer entschlossen, im Triumph in die Hauptstadt zurückzukehren. Er machte sich sofort ans Werk, die Kräfte seiner Soldaten zu stärken und Hilfstruppen zu sammeln. Die Nacht des Auszuges der Spanier aus Tenochtitlan hatte Cortes gelehrt, daß er die Dämme niemals wieder betreten dürfe. Daher begann er in Tlaxcallan, dreihundert Kilometer von der See entfernt und viele hundert Meter über dem Meeresspiegel, eine Flotte von dreizehn flachliegenden Brigantinen zu bauen, die so konstruiert waren, daß sie in leicht transportable Teile zerlegt werden konnten und erst am Ufer des Sees, der Tenochtitlan umgab, zusammengebaut wurden. Ende Dezember 1520 begann der neue Feldzug. Cortes führte fünfhundertfünfzig Spanier zurück in das Tal von Mexiko; ungefähr die gleiche Anzahl, wie sie ihn auf seiner ersten Expedition begleitet hatte, aber diesmal durch zehntausend indianische Verbündete und vierzig Pferde verstärkt. Ein Hauptlager wurde in Tezcuco am Ost-Ufer des Sees angelegt. Während die Brigantinen kampfbereit hergerichtet wurden, sandte der spanische Führer Botschaften an den neuen Herrscher, Cuauhtemoc, die ihn zur Unterwerfung aufforderten.

Mit der Entschlossenheit der Spanier sank der Mut der Azteken. Die Hauptstadt wurde von einer neuen und furchtbaren Plage heimgesucht, die beinahe mit Gewißheit die Eroberer eingeschleppt hatten; es herrschten die Pocken. Da ihre Körper keine Abwehrkräfte gegen diese Krankheit besaßen, starben die Indianer zu Tausenden.

Der letzte Angriff auf die aztekische Hauptstadt begann im April 1521. Der Sieg war weit schwieriger zu erringen, als die Spanier erwartet hatten. Die Brigantinen bewährten sich zwar, konnten aber nicht gleichzeitig überall sein. Ein Angriff nach dem anderen wurde zurückgeschlagen. Schließlich sah Cortes nur eine Lösung, der Feinde Herr zu werden: die langsame, aber systematische Vernichtung der Stadt. Er befahl seinen Männern, die Häuser und Straßen nacheinander zu zerstören, wobei der Schutt zum Füllen der Kanäle diente. Die Azteken kämpften verbissen. Ende Juli war die südliche Stadt nur noch ein Trümmerhaufen. Die südlichen und westlichen Stoßtruppen der Spanier trafen sich schließlich auf dem großen Marktplatz.

Nahe ihm befand sich der hohe Tempel, durch

Tod des Aztekenkönigs Montezuma. Miniatur in der Escorialer Handschrift des Codex Mendoza, 1560

den Montezuma Cortes vor weniger als zwei Jahren geführt hatte. Eine Gruppe von Spaniern kletterte auf seine Spitze und setzte die heiligen Schreine in Brand, sie warf die Götterbilder die Treppen hinunter und richtete ihre Fahnen auf. Als die Azteken das spanische Zeichen von ihrem höchsten Heiligtum wehen sahen, wußten sie, daß sie verloren hatten. Cuauhtemoc jedoch ergab sich nicht. Statt dessen versuchte er, auf das Festland zu entkommen, um von dort den Widerstand fortzusetzen. Erst als die schnellste der Brigantinen ihn einholte, wurde er gefangengenommen.

So fiel die Stadt Tenochtitlan schließlich am 13. August 1521, und mit ihr fiel das Reich der Azteken.

In der modernen Stadt Mexiko gibt es kein Denkmal des Eroberers. Aber auf dem »Platz der drei Kulturen«, dem Ort, wo Cuauhtemoc das Ende seines Reiches erlebte, kündet eine Marmortafel von dem Ereignis: »Es war weder Sieg noch Niederlage. Es war die schmerzensreiche Geburt eines Mischvolkes, welches das Mexiko von heute ist.«

JOHN JULIUS NORWICH

Europäische Politik in Italien. England unter Kardinal Wolsey.

Einzug Papst Hadrians VI. in Rom, 1522

Optimisten in Europa glaubten, ein tatkräftiger Papst könne Italien den Frieden bringen, die religiöse Frage in Deutschland regeln und das Abendland zu einer festen Haltung gegen die Türken einen. Als nun im Jahr 1522 Adriaan Floriszoon aus Utrecht zum Nachfolger Leos X. gewählt wurde, erneuerten sich diese Hoffnungen. Hadrian VI. besaß bei seiner Thronbesteigung schon ein großes Ansehen als Staatsmann und Gelehrter. Als Erzieher des späteren Kaisers Karl V. hatte er den Kardinal Francisco Ximenes de Cisneros als Statthalter des Königs in Spanien abgelöst. Seine Wahl auf den Stuhl Petri überraschte Adriaan, doch sie schreckte ihn nicht. Sofort begann er mit einer Reihe dringend notwendiger Reformen. Er wollte den Mißständen ein Ende setzen, die das Wort Korruption zu einem Synonym für das Renaissancepapsttum hatten werden lassen.

Die italienischen Kardinäle gewannen kein Verhältnis zu dem holländischen Theologieprofessor aus dem Norden, den sie für unkünstlerisch und ungebildet hielten. Ihrer Abneigung kam es daher sehr gelegen, daß Papst Hadrian VI. schon wenige Monate nach seiner Konsekration starb. Der Verlust traf die Kirche darum besonders schwer, weil Hadrians persönliche Qualitäten so bedeutend waren, daß sein Pontifikat bei längerer Dauer sicherlich zu einer durchgreifenden Kirchenreform geführt hätte. Sein Nachfolger Clemens VII. war im Haus des großen Lorenzo de' Medici aufgewachsen. Ihm glückte es, während des Pontifikates seines Bruders, Papst Leos X., die führende Stellung im Kardinalskollegium zu erlangen. Er herrschte als erfolgreicher zweiter Mann im Kirchenregiment. Als Papst schien er sich nicht nur um seine weltlichen Besitzungen, sondern um die Herrschaft über ganz Italien zu bemühen.

Ein grundlegendes Problem der Politik der damaligen Zeit bildeten die französischen Machtansprüche in Italien. Kaiserliche und päpstliche Truppen vertrieben im Jahr 1521 die Franzosen aus Mailand, um die Sforzas wieder in ihr Herzogtum einzusetzen. Die Niederlage des französischen Heeres forderte aber König Franz I. nur noch mehr heraus. In den folgenden Unternehmungen war es für den französischen König von größtem Nachteil, daß Herzog Karl von Bourbon, ein Vetter Franz' I., zu Karl V. überging. Ein französisches Heer mußte daher im Jahr 1524, bevor es die Lombardei überfiel, den Herzog von Bourbon in die Flucht schlagen, die Provence besetzen und Marseille belagern. Noch im selben Winter überquerte Franz I. den Mont Cénis, nahm Mailand ein und eröffnete die Belagerung von Pavia.

Im Februar 1525 führte Karl von Bourbon eine wohlgerüstete Armee von Spaniern und Kaiserlichen zur Entlastung Pavias heran. Die Franzosen samt ihren Schweizer Verbündeten wurden in die Flucht gejagt. Ihre Verluste betrugen weit mehr als die in der Schlacht bei Marignano zehn Jahre zuvor. Ungefähr vierzehntausend Mann fielen, was besonders darauf zurück-

Papst Clemens VII.

zuführen war, daß hier zum erstenmal in der Kriegführung Musketen angewandt wurden. Franz I. geriet in Gefangenschaft und wurde nach Madrid gebracht. Im Frieden von Madrid, der im Januar 1525 zwischen Karl V. und Franz I. geschlossen wurde, mußte der französische König für seine Freilassung auf die Lehensrechte in Flandern, Artois und auf das Herzogtum Burgund verzichten. Er erklärte den Vertrag aber sogleich für nichtig und verbündete sich in der Heiligen Liga von Cognac mit Papst Clemens VII. und Francesco II. Sforza von Mailand, Venedig und Florenz gegen Karl V.

Im August 1526 waren aller Augen auf Rom gerichtet: Kardinal Pompe Colonna besetzte die Stadt und zwang den Papst, in der Engelsburg Zuflucht zu suchen. Im Mai 1527 rückte ein meuterndes Heer von deutschen und spanischen Landsknechten unter dem Herzog von Bourbon heran und eroberte Rom. Nachdem Karl von Bourbon gefallen war, kam es zu einer zügellosen und grausamen Plünderung der Ewigen Stadt, die das Ende der großen Epoche der Renaissance in Rom bedeutete.

Der Papst hatte sich im letzten Augenblick in Sicherheit bringen können. Sechs Monate wurde er in der Engelsburg am Tiber belagert. Schließlich willigte er in die vom Kaiser gestellten Friedensbedingungen ein. Unter anderem versprach er, Karl zum Kaiser zu krönen und ein allgemeines Konzil einzuberufen, um die Unruhen der Reformation Luthers im Reich zu beenden. Einen Tag vor seiner vereinbarten Entlassung aus der Engelsburg entwich Clemens jedoch nach Orvieto. Erst im Juni 1529 kam es zu einem endgültigen Vertrag mit Karl V. Den Medici wurde die Rückkehr nach Florenz gestattet, und auch die Sforzas erhielten wieder das Herzogtum Mailand; außerdem sollten die Städte im Kirchenstaat sich wieder der Botmäßigkeit des Papstes unterwerfen.

Sechs Monate später mußte Frankreich den Frieden von Cambrai unterzeichnen, den »Damenfrieden«, weil ihn Karls Tante, Margarete von Österreich, und Louise von Savoyen, die Königinmutter von Frankreich, vermittelt hatten. Der Vertrag bestätigte den Frieden von Madrid, also die Herrschaft der Habsburger in Italien; Frankreich behielt aber Burgund.

Thomas Wolsey

In diesen Jahren war Thomas Wolsey, Kardinal und Erzbischof

Kardinal Thomas Wolsey

von York, die beherrschende Persönlichkeit in der englischen Politik. Seine Macht fand ihren sichtbaren Ausdruck in seinen beiden Residenzen Hampton Court und York Place (Whitehall). Beide Schlösser erbaute er mit Hilfe seiner kirchlichen Einkünfte und der reichen Dotationen, die Thomas als Lordkanzler erhielt. Kein Engländer hatte je solche Macht im Staat ausgeübt, denn Wolsey war sowohl der leitende Minister König Heinrichs VIII. als auch Legat des Papstes, was eine einmalig hohe Machtkonzentration bedeutete. Sein selbstherrliches Regiment erstickte jeden Widerstand der englischen Kirche gegen königliche Forderungen; dadurch wurde das Laienvolk der Kirche entfremdet. Eine allgemeine, antipäpstliche, ja sogar antiklerikale Stimmung machte sich breit.

Im Jahr 1527 war Wolsey in Verhandlungen mit dem Papst verstrickt, der die Ehe zwischen Heinrich VIII. und Katharina von Aragon aufheben sollte. Katharina hatte ihrem Gemahl nicht den erwarteten männlichen Thronerben geboren, darum sollte eine Scheidung erfolgen, die aber nur Rom vornehmen konnte. Weil aber Karl V. Katharinas Neffe war und ihre Partei ergriff, sanken die Aussichten, von Clemens VII., diesem vom Kaiser so abhängigen Papst, eine Entscheidung im Sinn des Königs zu erhalten. An diesem Problem scheiterte Thomas Wolsey. Seine Hoffnung, 1521 und 1524 selbst Papst zu werden, zerrann endgültig, als Clemens VII. von einer schweren Krankheit genas. Da der Lordkanzler seinen König nur zu gut kannte, wußte er, daß

Ausbreitung der Reformation. Skandinavien 1520–1531

seine Tage im Amt gezählt waren. Die Tatsache, daß er Heinrichs Wunsch nicht erfüllen konnte, ließ Wolsey in Ungnade fallen. Er ging aller Ämter verlustig und behielt nur das Erzbistum York. Nach einigen Monaten wurde er sogar unter dem Verdacht des Hochverrates gefangengesetzt und starb auf dem Weg nach London.

Nach Jahren des Schwankens entschloß sich Heinrich VIII., gestützt auf die antiklerikale Haltung der landbesitzenden Bevölkerung und mit Hilfe des Parlamentes, die englische Kirche von Rom zu lösen und als König Oberhaupt der englischen Kirche zu werden. Dadurch erreichte er auch seine Scheidung durch ein englisches Gericht.

Bauernkriege

Im Juni 1524 brach ein Krieg ganz anderer Art aus, als die Bauern im Stühlinger Land der Schwarzwald-Grafschaft Lupfen zu den Waffen griffen, um Leibeigenschaft, Frondienste und Kirchenzehnt abzuschaffen und freie Jagd und Fischerei zu erreichen. Die Bewegung breitete sich rasch im Rheinland aus und griff nach Schwaben und nach Franken über. Später gab es ähnliche Unruhen in Bayern, in Tirol und im Elsaß. Die »Zwölf Artikel der Bauernschaft« in Schwaben wurden zum Manifest aller Aufständischen und verschafften den Gewalttätigkeiten, die später in Morden und in Plündern ausarteten, eine gewisse Rechtfertigung. Thomas Münzer, ein sächsischer Geistlicher, der seine Erlasse mit »Das Schwert des Herrn und Gideons« unterzeichnete, versuchte, die aufrührerischen Gruppen zu ordnen und den Bewegungen ein gemeinsames Ziel zu geben. Doch nach anfänglichen Erfolgen wurden die Bauern in mehreren Schlachten besiegt. Im Mai 1525 geriet Thomas Münzer in Gefangenschaft und starb auf dem Schafott. Martin Luther, der manche Forderungen der Aufständischen als berechtigt anerkannte, predigte entschieden gegen deren politische Ansprüche.

Zwingli in Zürich

Kurz nachdem Luther seine Thesen in Wittenberg veröffentlicht hatte, begann ein Reformer ganz anderer Art dem Leben in Zürich neue Impulse zu geben. Nach seinem Studium an der Universität Wien, wo er wegen ungebührlichen Verhaltens ein Disziplinarverfahren bekommen hatte, erhielt Huldrych Zwingli die heiligen Weihen und widmete sich der humanistischen Gedankenwelt. Erasmus' griechisches Neues Testament gab Zwinglis Theologie eine neue Vertiefung. Zu der Zeit, als er zum Leutpriester am Großmünster in Zürich ernannt wurde, baute er seinen Glauben allein auf die Bibel.

Ungeachtet seiner zarten Stimme war Zwingli ein vielbeachteter Prediger. Er klagte den Ablaßhandel an, das Fasten, den Priesterzölibat und die Verwendung von Söldnerheeren, in denen so viele Männer aus den Schweizer Kantonen in fremden Landen Dienst taten. Die erste Züricher Disputation im Januar 1523 veranlaßte Zwingli dazu, seine grundlegenden Artikel über den Glauben schriftlich niederzulegen. Der Rat der Stadt Zürich entschied sich für Zwingli und seine Reformen. Der reine Glaube wurde dadurch demonstriert, daß man alle Bilder aus den Kirchen entfernte und sich weigerte, die bischöfliche Jurisdiktion anzuerkennen. Im Jahr 1525 vollendete Zwingli seine Liturgiereform, indem er die lateinische Messe durch einen Gottesdienst ersetzte, der als Mahlfeier an das letzte Abendmahl Christi erinnern sollte.

Als geistlicher Führer Zürichs hatte Zwingli seine Stadt als Schlüsselstellung für einen weitreichenden evangelischen Bund ausersehen. Im Jahr 1527 gründete er die Liga der »christlichen Burgrechte« als ersten Schritt auf dieses Ziel hin. Bern und Konstanz schlossen sich der Liga an, später auch Straßburg, Basel und St. Gallen. 1529 führte die Liga einen Krieg mit den fünf katholischen Waldstätten, den Kantonen am Vierwaldstätter See. Diese wurden besiegt und mußten ihre Verbindung zu Österreich aufgeben. Im selben Jahr reiste Zwingli auf Einladung des Landgrafen Philipp von Hessen nach Marburg und führte ein Religionsgespräch mit Martin Luther. Philipp hoffte, hierbei eine Versöhnung der beiden Reformatoren zu erreichen. Aber die Kluft zwischen den beiden Auffassungen in der Abendmahlsfrage und über die Erreichung geistlicher Ziele mit politischen Mitteln erwies sich als zu tief.

Zwinglis militante Haltung provozierte im Jahr 1531 noch einen zweiten Krieg mit den katholischen Waldstätten, in dessen entscheidender Schlacht bei Kappel Zwingli tödlich verwundet wurde. Der folgende Friede teilte die Schweizer Eidgenossenschaft in protestantische und katholische Kantone.

Katharina von Aragon, Gemahlin Heinrichs VIII.

Die Reformation in Skandinavien

Im Vergleich zur Schweiz machte die protestantische Reformation in Skandinavien bedeutendere Fortschritte. Entsprechend dem Vertrag der Kalmarer Union von 1396 beanspruchten die dänischen Könige die Oberhoheit über die drei skandinavischen Königreiche. Doch die Opposition gegen die dänische Herrschaft in Schweden war nachhaltig. Die dänischen Könige bürdeten dem schwedischen Adel schwere Steuern auf, um den dänischen Anspruch auf den Thron Schwedens durchzusetzen. Christian II., der im Jahr 1513 dänischer König wurde, entschloß sich, seinen Anspruch mit Gewalt durchzusetzen. Er besiegte im Januar 1520 ein schwedisches Bauernheer auf dem Eis des Asunden-Sees. Sten Sture, der Führer und schwedische Reichsverweser, kam in der Schlacht um. Doch seine Witwe Christina verteidigte Stockholm acht Monate lang, bevor die Übergabe erfolgen mußte. Christian II. versprach der Stadt eine Amnestie. Nach seiner eilig durchgeführten Krönung berief er eine Ständeversammlung ein und verkündete dort mit Unterstützung des schwedischen Erzbischofs Gustav Trolle Vergeltungsmaßnahmen gegen Christina Sture, zwei Bischöfe, viele Adlige und die führenden Bürger von Stockholm. Trolle brannte nur darauf, sich an der nationalen Partei, die ihn im Jahr 1517 abgesetzt hatte, dadurch zu rächen, daß er eine große Geldbuße forderte. König Christian II. aber veranstaltete einen Häresie-Prozeß, in dem etwa neunzig führende Schweden verurteilt und auf dem Stockholmer Marktplatz hingerichtet wurden.

Dieses Ereignis, das »das Blutbad von Stockholm« genannt wurde, brachte seinem Urheber den Namen »Christian der Tyrann« ein; es führte zu einem Aufstand unter dem jungen Adligen Gustav Wasa. Sein Vater und andere Verwandten waren 1520 in Stockholm umgebracht worden. Ein Jahr zuvor hatten sich Wasas Anhänger gesammelt, um Schweden aus der Kalmarer Union zu lösen. Er war dabei in die Hände Christians II. gefallen, hatte jedoch bald entkommen können.

Im Januar 1521 kehrte Gustav Wasa in die Provinz Dalarna zurück, die seit langem ein Zentrum national-schwedischen Widerstandes war. Er wurde zum Führer eines Bauernheeres erkoren, das mit der Schleifung von Burgen mit dänischer Besatzung begann.

Die Anhängerschaft Gustav Wasas nahm schnell zu. Nur Stockholm blieb neutral. Ein Aufstand in Dänemark gegen Christians II. drückende Steuerpolitik und gegen seinen Streit mit der Kirche kostete ihn den Thron. Der König dankte zugunsten seines Oheims Friedrich von Holstein ab. Nun konnten auch die Schweden endgültig die dänische Herrschaft abschütteln. Der Reichstag wählte Gustav

Huldrych Zwingli

Wasa zum König von Schweden.

Gustav I. Wasa begründete das moderne Schweden. Auf Jahre hinaus mußte sich der Staat starker Angriffe der skandinavischen und baltischen Nachbarn erwehren. Das bedeutendste Ereignis der Regierungszeit Gustavs kam im Jahr 1527, als er die schwedische Kirche von Rom trennte und die Reformation einführte. Die Schweden kannten nur eine Wahlmonarchie. Da Gustav I. fürchtete, daß sein Werk durch Parteikämpfe gefährdet sei, machte er Schweden 1544 zu einem erblichen Königreich.

Eine Bibel für das Volk

1522/1534

Während der letzten Septembertage des Jahres 1522 wurde im sächsischen Wittenberg, einer Stadt von etwa dreitausend Einwohnern, ein bemerkenswertes Buch veröffentlicht. Sein kurzer Titel lautete in reichverzierten gotischen Buchstaben: »Das Newe Testament Deutzsch. Vuittenberg.« Kein Erscheinungsjahr war angegeben, auch der Name des Übersetzers fehlte. Ebenfalls vermißte man die des Druckers Melchior Lotter d. J., des Verlegers und der Holzschneider Lukas Cranach d. J. und seines Schülers Christian Döring. Das Format war schmales Folio. Das Buch enthielt auch einundzwanzig Holzschnitte, die ausschließlich dem letzten Buch des Neuen Testamentes, der »Geheimen Offenbarung«, gewidmet waren. Die Auflage betrug dreitausend Exemplare; jedes kostete einen halben Gulden, was damals ungefähr dem Wochenlohn eines gutbezahlten Handwerkers entsprach.

Druck und Herausgabe dieses undatierten deutschsprachigen Neuen Testamentes waren in großer Hast und unter strengstem Stillschweigen vorgenommen worden. Der Übersetzer, der Wittenberger Augustiner-Mönch und Professor Martin Luther, stand unter der Reichsacht Kaiser Karls V., die zu Bann und Exkommunikation durch den Papst verhängt war. Keiner der an dem Werk Beteiligten wollte genannt sein, aus Furcht, daß das kaiserliche Edikt, das jedermann die Unterstützung eines verurteilten Häretikers verbot, gegen ihn oder die ganze Stadt wirksam werden könnte. Ungeachtet dessen war die erste Auflage dieser ersten vollständigen Übersetzung des Neuen Testamentes aus der griechischen Ursprache in die deutsche Volkssprache bald vergriffen. Noch im Dezember des gleichen Jahres wurde ein Nachdruck mit Berichtigungen veranstaltet. Zur selben Zeit erschien in Basel, dem größten Zentrum des Druck- und Verlagswesens in Europa, ein nichtautorisierter Raubdruck.

Während der nächsten Jahre veröffentlichte Luther einzelne Teile des Alten Testamentes, die er mit Hilfe von Mitarbeitern aus dem hebräischen Original übersetzte. Im Jahr 1534 war auch dieses Werk vollendet. Die erste deutschsprachige Ausgabe der ganzen Bibel aus dem Urtext druckte Hans Lufft in Nürnberg. Dieser Mann diente Luther als Hauptdrucker seiner Werke, was den Nürnberger zu einem der reichsten Männer der Stadt machte. Luther selbst erhielt niemals ein Honorar von den nahezu hunderttausend Exemplaren seiner »Luther-Bibel«, die bei Hans Lufft erschien.

Neben den Ausgaben bei Lufft gab es autorisierte und nichtautorisierte Fassungen von Luthers Übersetzung. Raubdrucke überwogen die rechtmäßigen Auflagen im Verhältnis vier zu eins. Eine Art Copyright, das durch ein besonderes Privileg des jeweiligen Landesherrn gewährt wurde, gab es zwar schon in dieser Zeit, nur hatte es in Luthers Fall lediglich für das Herzogtum Sachsen Gültigkeit – genaugenommen nur für die Gebiete Sachsens, über die Luthers Schirm- und Landesherr, Kurfürst Friedrich der Weise, regierte. In den anderen sächsischen Landen, in denen Luthers Gegner, Herzog Georg, herrschte, waren seine Bücher verboten, und seine Bibelausgabe wurde sogleich durch eine andere Ausgabe ersetzt. Der Text dieser Version, die anscheinend von dem Hofkaplan Emser eingerichtet war, entstammte fast vollständig der Übersetzung Luthers. Nur einige Stellen hatten »Berichtigungen« erfahren. Manche andere katholische Ausgabe dieser Zeit wandte ein ähnliches Verfahren an.

Das Heilige Römische Reich hatte im frühen 16. Jahrhundert nur eine schwache zentrale Autorität. Die Zergliederung des Reiches in selbständige Fürstentümer, freie Reichsstädte und Grafschaften und unabhängige geistliche Herrschaften im Besitz der Erzbischöfe, Bischöfe und Fürstäbte, wobei jeder seine Rechte oder seine Freiheiten zäh verteidigte und zu erweitern suchte, ermöglichte es, daß überall Druckereien entstanden, die nahezu jedes Buch publizierten, auch wenn es sich um ein gefährliches oder revolutionäres Werk handelte. Gewiß gab es neben einer kirchlichen auch eine staatliche Zensur. Sie konnte aber nur in ihrem jeweiligen Herrschaftsbereich wirksam werden. Sie trug jedoch erheblich zum erstaunlichen Aufschwung des Buchdruckes im Europa des

Titel zu Luthers deutscher Übersetzung des Neuen Testamentes. Die sogenannte September-Bibel, Wittenberg bei Michael Lotter 1522

Luther in der Kutte der Augustinereremiten. Kolorierter Holzschnitt von Lucas Cranach d. Ä., 1520

16. Jahrhunderts bei. Insbesondere wurde der Druck einer Bibel in der Volkssprache zur Alltäglichkeit, obwohl manche Kirchenstellen dies argwöhnisch beobachteten.

Luther selbst genoß den großen Erfolg seiner Übersetzung und schrieb: »Es ist gut Pflügen, wenn der Acker gereinigt ist. Aber den Wald und die Stubben ausroden und den Acker zurichten, da will niemand heran. Es ist bei der Welt kein Dank zu verdienen...« Er war jedoch empört, wenn seine Qualifikation als Bibelwissenschaftler in Frage gestellt wurde. Dann entgegnete er: »Sie sind Doctores? Ich auch. Sie sind gelehrt? Ich auch. Sie sind Prediger? Ich auch. Sie sind Theologi? Ich auch. Sie sind Disputatores? Ich auch. Sie sind Philosophi? Ich auch. Sie sind Dialectici? Ich auch. Sie sind Dozenten? Ich auch. Sie schreiben Bücher? Ich auch. Ich kann Psalmen und Propheten auslegen. Das können sie nicht. Ich kann dolmetschen. Das können sie nicht.« Als fehlerhaft gedruckte und entstellte Ausgaben seines Werkes in rascher Folge erschienen, schimpfte er, daß es den Leuten nur ums Geld gehe.

In der Tat verstand es Luther, wirklich zu übersetzen. Mit der Zeit wurde sein Werk als entscheidendes Ereignis in der Entwicklung der neuhochdeutschen Sprache angesehen. Während seines Wirkens wurde Luthers Bibel zu einem Eckpfeiler der reformatorischen Bewegung. Nach Luthers Überzeugung sollte die Heilige Schrift in Sachen des Glaubens die einzige Lehrmeisterin und höchste Autorität sein. Diese Lehre stand in scharfem Gegensatz zur Grundauffassung der römisch-katholischen Kirche, deren Miteinbeziehung der Tradition von Luther so gedeutet wurde, daß hier der Papst über die Schrift gestellt werde, wenn man behaupte, dieser könne nicht irren.

Dieses Prinzip der »Sola scriptura« — der Schrift allein — war Luthers Richtschnur und Waffe vom Anbeginn seiner Auflehnung gegen den Zwang der Kirche. Im Jahr 1521, also dem Jahr vor der Veröffentlichung seines Neuen Testamentes, reiste Luther nach Worms, wo er auf Ladung des Kaisers seine Ansichten vor dem Reichstag verteidigte. In seiner berühmten Schlußerklärung vor Karl V. und den versammelten geistlichen und weltlichen Fürsten des Reiches erklärte Luther: »Wenn ich nicht durch Zeugnisse der Schrift und klare Vernunftgründe überzeugt werde..., so bin ich überwunden in meinem Gewissen und gefangen in dem Wort Gottes.« Der empörte Kaiser veröffentlichte ein Edikt, das Luther als Häretiker und Rebellen gegen die Autorität in die Reichsacht tat. Sein Dekret war das umfassendste Edikt allgemeiner Zensur in neueren Zeiten. Es verhängte eine strenge Überwachung aller religiösen Druckerzeugnisse, einschließlich Flugblätter, Plakate, Holzschnitte und Bilder. Niemand durfte ohne bischöfliche Genehmigung solche Schriften abfassen, schreiben, drucken, malen, verkaufen, kaufen oder heimlich besitzen. Luther antwortete darauf mit der Herausgabe seiner Bibel im Jahr 1522 und dann besonders 1534.

Bei seiner Rückkehr aus Worms wurde Luther durch die Abgesandten seines Schirmherrn, des Kurfürsten von Sachsen, gefangen und insgeheim auf die Wartburg gebracht. Dort schrieb er dann innerhalb weniger Wochen den ersten Entwurf seiner Bibelübersetzung.

Es müssen noch einige Worte über die außergewöhnlichen Umstände gesagt werden, unter denen ein Werk von so großer Bedeutung und Schwierigkeit unternommen wurde. Luther arbeitete ohne auswärtige Hilfe. Er hatte nur eine Handvoll Bücher zur Hand und besaß keinen Zugang zu Bibliotheken, abgesehen von seinen eigenen Büchern. Während dieser Zeit gab sich Luther als »Junker Jörg« aus. Er trug einen Bart und hatte stets einen Degen umgeschnallt. Zur großen Bestürzung seines Landesherrn und seiner Umgebung, die ihn lieber still und unauffällig gesehen hätten, schrieb Luther zahlreiche Briefe und Abhandlungen, die er von seinem Versteck aus in die Welt schickte.

Erst während der letzten Wochen seiner Abgeschiedenheit begann Luther mit der Übersetzungsarbeit. Er hatte als Arbeitsmittel nur das griechische Neue Testament in der damals acht Jahre alten Ausgabe des Erasmus von Rotterdam, seine lateinische Vulgata, die offizielle Bibelversion, die Luther seit seinen Tagen im Kloster nahezu auswendig kannte, und zwei oder drei Kommentare. Der Mönch brauchte nicht mehr als zehn Wochen, um die ganze Übersetzung niederzuschreiben. Allein ein Schreiber müßte sich bei einer Abschrift vom heute noch vorhandenen Originalmanuskript sehr beeilen; nur wenn er jeden Tag mindestens zehn Seiten schriebe, könnte er es in derselben Zeit wie Luther schaffen. Schnelligkeit war für Luther ein ernstes Anliegen, denn er wollte rasch wieder nach Wittenberg zurückkehren, wo es unter seinen Anhängern zu schweren Auseinandersetzungen gekommen war.

Luther brach daher aus seinem Gefängnis aus — in Mißachtung eines ausdrücklichen Befehls seines Lan-

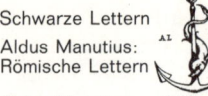
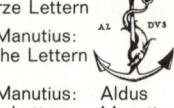

Schwarze Lettern

Aldus Manutius: Römische Lettern

Aldus Manutius: Kursive Lettern

 Aldus Manutius

 Johann Froben

 Geofroy Tory

Robert Estienne

Druckorte der Inkunabelzeit bis 1500

Druckorte vor 1471
Druckorte bis 1500

desherrn – und kam nach Wittenberg, wo er den rohen Entwurf seines Manuskripts mit Hilfe seines Freundes Philipp Melanchthon ausfeilte. Dieser damals fünfundzwanzigjährige Professor an der Universität Wittenberg hatte sich bereits als einer der hervorragendsten Philologen seiner Zeit hervorgetan. Während der Kampf der Meinungen die kleine Stadt zutiefst erschütterte, ging Martin Luthers Text gleichzeitig an drei Druckereien. Luthers Interesse für so detaillierte Dinge wie die Auswahl der Lettern für den Band brachte ihn dazu, seine etwas liederlichen bisherigen Drucker zu wechseln und seine Werke Melchior Lotter anzuvertrauen, der seine Arbeit so gut machte, daß die Druckfehlerliste am Ende der ersten Ausgabe von Luthers Bibel nur eine Handvoll kleinerer Fehler enthielt. Es gab hier nicht die schweren Setzerfehler, die die englische Bibel von 1631 enthielt, in der im Siebten Gebot das Wort »nicht« fehlte.

In den Augen der Kirche war es ein schwerer und unverzeihlicher Fehler, daß Luther sein Werk ohne Druckgenehmigung der kirchlichen Stellen veröffentlichte. Im übrigen galt der lateinische Text der Vulgata als der einzig authentische, und Übersetzungen in die Volkssprachen hielt man wegen willkürlicher Interpretationen der Übersetzer für gefährlich und möglicherweise häretisch. Tatsächlich hatten auch die großen schismatischen Bewegungen während der Kirchengeschichte immer wieder die Idee gehegt, die Bibel den Gläubigen in ihrer Volkssprache in die Hand zu geben. Die häretischen Sekten der Waldenser und Albigenser in Süd-Frankreich besaßen eigene Bibelübersetzungen. Die Kirche aber hatte sie verurteilt.

Die ersten deutschen Bibelübersetzungen im 14. Jahrhundert stammten aus Böhmen. Diese Handschriften wurden privat hergestellt und unter der Hand vertrieben. Von den Übersetzungen der Albigenser existiert kein Exemplar mehr. Von John Wiclifs Übertragung haben sich mehr als zweihundert Handschriften erhalten, die sämtlich dem Mittelalter entstammen. An deutschen Bibeln aus dem Mittelalter sind über achthundert Handschriften überliefert.

Die Veröffentlichung jeder dieser Ausgaben war ein religiöses, soziales und politisches Ereignis von größter Tragweite. Die ungebildeten Massen wollten Zugang zum Wort Gottes in ihrer eigenen Sprache haben. Die hussitische Bewegung des 15. Jahrhunderts brachte der Kirche wie auch den Regierungen das beängstigende Schauspiel einer gewaltigen Erhebung des gemeinen Volkes, das sich unter der Fahne biblischer Inspiration, verbunden mit starken nationalen und sozialen Anliegen, zusammenscharte. Luther war daher von seinen Gegnern zunächst als »Böhme« und »zweiter Hus« tituliert worden.

Verfolgungen religiöser Abweichler verbreiteten sich im ganzen Abendland. William Tyndale, der erste Übersetzer der Bibel in ein neueres Englisch, druckte sein Werk im Jahr 1525 in Köln und Worms, drei Jahre nach dem ersten Erscheinen von Luthers Neuem Testament. Tyndale, dessen Übersetzung stark von Luthers Version beeinflußt war, endete auf dem Scheiterhaufen. Nur drei Exemplare seines Werkes haben sich erhalten. Spätere Nachdrucke, von Antwerpen nach England eingeführt, wurden öffentlich am St.-Paulus-Kreuz verbrannt. Die Liste der häretischen »Bibelmärtyrer« und die Verbote ihrer Übersetzungen ist lang. In Spanien wurden auf den ersten von der Inquisition 1551 gedruckten Index der verbotenen Bücher alle Bibelübersetzungen in die Volkssprachen aufgenommen. Kurz nach Luthers Tod interpretierten die spanischen Vertreter auf dem Konzil von Trient jegliche Übersetzung der Bibel als »Mutter der Häresie«.

Luthers Unternehmen hatte auch noch eine andere Bedeutung. Sie gilt als krönende Tat der großen humanistischen Bewegung. »Ad fontes – Zurück zu den Quellen!« lautete das Gebot der Renaissancegelehrten. Zunächst entdeckte man die griechischen und lateinischen Klassiker nach dieser Methode neu, später dann das bedeutendste Denkmal aus der Antike: die Heilige Schrift. Es war natürlich bekannt, daß die Bibel ursprünglich auf Hebräisch und Griechisch niedergeschrieben war. Doch die katholische Kirche hatte nur die lateinische Vulgata zur offiziellen Version erklärt, die der heilige Hieronymus im 4. Jahrhundert verfaßt hatte. In den Jahren um 1500 druckten italienische Juden bereits den hebräischen Text des Alten Testamentes, und 1516 veröffentlichte Erasmus von Rotterdam sein griechisches Neues Testament. Erasmus' Schritt war kühn und vielleicht gefährlich, nur das beträchtliche Ansehen, das Erasmus als einer der größten Gelehrten seiner Zeit genoß, bewahrte ihn vor Verfolgung. Mit der Entwicklung der Textkritik wurden viele Abweichungen zwischen dem Original und der lateinischen Übersetzung aufgedeckt. Sie zeigten, wie viele verderbte Stellen sich im Lauf von mehr als tausend Jahren, trotz aller Bemühungen um einen reinen Text, in die offizielle Version der Bibel eingeschlichen hatten.

Vom Standpunkt der Kirche aus blieb jedes Wort

Philipp Melanchthon. Kupferstich von Albrecht Dürer, 1526

Martin Luther mit einem hebräischen Spruch. Gemälde von Lukas Cranach d.J., 1530

Die wahre Religion Christi und die falsche Lehre des Antichristen. Kolorierter Holzschnitt von Lucas Cranach d. J., 1545

der Bibel – das hieß praktisch, der Vulgata – geheiligt und unabänderlich. Die Bibel begründete weiterhin das Dogma der Kirche und die Riten der Gottesdienste bis hin zu den kleinsten Details. Beim Kirchenrecht, das auch auf der Vulgata fußte, war die authentische Interpretation allein den von der Kirche autorisierten Rechtsgelehrten vorbehalten. Ihr Werk bedurfte päpstlicher Bestätigung. Kritik am Text der Bibel wurde letztlich als Angriff auf die Tradition der Kirche und den rechten Glauben aufgefaßt. So kam es erst am Ende des 16. Jahrhunderts zu einer offiziellen Revision des alten lateinischen Textes der Vulgata, die schon früher mancher, wenn auch widerwillig, als unvermeidlich angesehen hatte. In einigen Fällen wurde hierbei jahrelang mit Gewissenhaftigkeit und allen nur möglichen Argumenten um die Setzung eines einzigen Kommas gekämpft.

Luther übersetzte den hebräischen und griechischen Text nach besten Kräften und mit einer fundierten Kenntnis der Bibelwissenschaft. Stil und Rhythmus seiner Sprache wurden sogar von seinen Gegnern geschätzt. Seine kräftige deutsche Sprache verdient Bewunderung – besonders darum, weil Luther von Kindesbeinen an hauptsächlich mit Latein vertraut war. Während seiner langen Zeit im Kloster und während seiner akademischen Lehrtätigkeit hatte der Mönch und Professor sich in dieser Sprache ausgedrückt. Wer nicht bedenkt, daß hierdurch das sprachliche Denken überhaupt gefördert wurde, für den bleibt es ein Wunder, wie Luther zu seinem reichen und biegsamen deutschen Vokabelschatz gekommen ist. Mit seinem fünfunddreißigsten Lebensjahr gab Luther das Schreiben in der lateinischen Gelehrtensprache auf, wenn er sich an das gewöhnliche Volk wandte. Sein kleiner »Sermon von Ablaß und Gnade«, der unmittelbar auf seine fünfundneunzig Thesen folgte, war Luthers erstes deutsches Werk.

Bei Luthers Bibelübersetzungen machte sich zum erstenmal der große Einfluß der Buchdruckerkunst als Massenmedium deutlich. Mit einem Schlag hatte Luther eine breite Öffentlichkeit erreicht, wie sie sich bisher noch kein Revolutionär oder Reformer erträumt hatte. Er setzte seinen Kampf mit Flugschriften und Büchern fort. Man schätzt, daß während des ersten Jahrzehnts seines öffentlichen Kampfes ungefähr ein Viertel aller Bücher, die auf den Markt kamen, aus seiner Feder stammten.

Ungeachtet des wirkungslosen Ediktes, das Kaiser Karl V. in Worms erlassen hatte, wuchs das Druckereiwesen in jenen Jahren sprunghaft an. Zu den Flugschriften, Plakaten, Traktaten und Büchern kam als wirkungsvolle Waffe der Propaganda noch das Bild.

Es zielte besonders auf die zumeist des Lesens unkundige Öffentlichkeit. Gerade in diesen Kreisen konnte Luther mit solchen Publikationsmitteln die meisten Erfolge erzielen. Der päpstliche Nuntius, der nach Worms gesandt war, um mit dem häretischen Wittenberger Mönch sanft zu verfahren, schrieb verzweifelt nach Rom. Er teilte dem Papst mit, daß schon neun Zehntel des Reiches lutherisch seien und der Rest gegen die »Tyrannei Roms« wettere. Der Veröffentlichung der Bibel Luthers war ohne Frage der größte und dauerhafteste Erfolg dieser Periode beschieden, und daher läßt sich das Datum des Septembers 1522 oder besser noch das des Jahres 1534 – des Erscheinungsjahres der ganzen Heiligen Schrift – als nicht weniger bedeutungsvoll ansehen als andere Ereignisse in seinem Leben, wie der Thesenanschlag 1517 oder das Auftreten vor dem Reichstag in Worms.

Statistische Zahlen über den Verkauf von Büchern sagen selten die ganze Wahrheit. Es stimmt einfach nicht, auch wenn man es allzuoft wiederholt hat, daß die Bibel vor Luthers Übersetzung praktisch unbekannt war. Ihr lateinischer Text war in den Jahren zwischen etwa 1450 und 1455 in der Druckerei Johann Gutenbergs und seiner Mitarbeiter in Mainz zum erstenmal gedruckt worden. Viele Ausgaben folgten. Ebenfalls hatte es seit dieser Zeit, also in der zweiten Hälfte des 15. Jahrhunderts, schon deutsche Übersetzungen der ganzen Bibel und auch einzelner Teile gegeben. Mehr als ein Dutzend dieser Ausgaben existieren heute noch. Ebenfalls gab es zahlreiche Homilien und Kommentare in der Volkssprache.

Dennoch war der Ruf nach dem ganzen, vollen Text, dem reinen und echten Wort Gottes, unüberhörbar und wurde immer lauter. Die älteren Ausgaben, besonders wenn sie lateinisch geschrieben oder in veraltetem und holperigem Deutsch abgefaßt waren, fanden wenig Anklang beim Volk. Diese Drucke waren für die Gebildeten gedacht; sie wurden von gutsituierten Bürgern oder den Besitzern großer Bibliotheken gekauft, denn ihr Preis war abschreckend hoch. So entsprach in frühen Zeiten der Preis eines einzigen Bandes dem Wert eines geräumigen Hauses in der Stadt. Es ist auffällig, daß sich eine große Anzahl dieser Bücher bis heute vorzüglich erhalten hat. Im Gegensatz dazu gibt es gegenwärtig nur noch wenige Exemplare der frühen Drucke von Luthers Bibel, und auch diese sind oft wegen ihrer häufigen Benutzung in einem schlechten Zustand.

Bibellesen der Laien war für die Kirchen kein unbedingter Segen. Die römische Kirche hatte Vorkehrungen über die individuelle Auslegung der Heiligen Schrift getroffen. Luther sah sich seit der Zeit des ersten Drucks seiner Übersetzungen immer wieder veranlaßt, gegen das, was er »himmlische Propheten« nannte, anzukämpfen – Leute, die den Text in ihrem eigenen Sinn interpretierten, so wie sie es von einer obskuren Offenbarung erfahren haben wollten. Viele Sekten und Bewegungen, wie die Spiritualisten und die Wiedertäufer, entwickelten sich in dieser Periode. Einige brachten es zu beachtenswerten eigenen Bibelausgaben. Das Bibellesen war nicht mehr allein eine Angelegenheit des Glaubens und der Frömmigkeit.

RICHARD FRIEDENTHAL

Verbrennung Jan Hus' nach seiner Verurteilung auf dem Konzil von Konstanz. Kolorierter Holzschnitt, 1415

Vorwort des Hieronymus zu den Sprüchen Salomonis. Oberteil einer Seite der Londoner zweiundvierzigzeiligen Gutenberg-Bibel, zwischen 1452 und 1455

Spanisch-Amerika. Wiedertäufer. Reformation in England

Die spanischen Abenteurer, die die West-Küste Süd-Amerikas seit Beginn des 16. Jahrhunderts erforschten, kehrten nach Panama mit Erzählungen zurück von einem Land Peru, dessen Bewohner, die Inkas,

Francisco Pizarro

in sagenhaftem Reichtum lebten. Die Entdecker stießen auf reges Interesse bei Francisco Pizarro, jenem Konquistador, der sich in Darien niedergelassen hatte, einem Hafen auf der pazifischen Seite des amerikanischen Kontinents. Zusammen mit Diego de Almagro erforschte Pizarro vier Jahre lang die Küste Perus, bevor er genügend Kenntnisse gesammelt hatte, um Kaiser Karl V. davon zu überzeugen, wie vorteilhaft eine Eroberung des Reiches der Inka sei. Pizarro reiste nach Europa und begab sich an den Hof Karls. Dort wurde gerade Hernando Cortès wegen seiner Siege über die Azteken in Mexiko gefeiert. Seine Vermittlung sicherte Pizarro eine gnädige Audienz. Der Kaiser stimmte den Plänen Pizarros zu und ernannte ihn zum Statthalter und Generalkapitän des zu erobernden Perus.

Pizarro segelte nach Amerika zurück und rüstete zu einer Expedition nach Peru. Im Januar 1531 stach er mit nur drei Schiffen, die mit hundertachtzig Mann, siebenundzwanzig Pferden und zwei Kanonen ausgerüstet waren, von Panama aus in See. Schon bald errichtete er einen Stützpunkt an der peruanischen Küste. Er fand das Land am Ende eines Erbfolgekrieges, in dem einer der Kronprätendenten, Atahualpa, schließlich seinen Rivalen niederwarf. Der Sieger verlegte die Hauptstadt von Cuzco, die noch eine Bastion seines Nebenbuhlers war, nach Cajamarca auf einem Hochplateau im Norden. Dort machte er sich zum Inka oder Kaiser von Peru. Unter dem Vorwand, eine Unterredung mit Atahualpa führen zu wollen, überfielen die Spanier am 16. November 1532 Cajamarca und nahmen den Inka gefangen. Diesen Akt der Gewalt brachte das ganze Inka-Reich an einem einzigen Tag in Pizarros Hand, wenn es auch noch zahlreiche Kämpfe bis zur endgültigen Unterwerfung des Landes gab.

In den dreißiger Jahren des 16. Jahrhunderts gründeten andere spanische Expeditionen Cartagena in Neu-Granada (Kolumbien), eroberten Yukatan (Honduras) und gründeten am Rio de la Plata Buenos Aires. Spanische Versuche, Florida zu einer Kolonie zu machen, scheiterten zunächst. Zwar versuchte Hernando de Soto, ausgestattet mit einem kaiserlichen Privileg, im Jahr 1539 in Florida Fuß zu fassen, aber seine Expedition endete nach einer Reise den Mississippi aufwärts bis nach Arkansas und Oklahoma.

Ein dauerhafter Versuch zur Kolonisation Floridas wurde 1564 von den Franzosen unternommen. Französische Fischer hatten in den ersten Jahren des Jahrhunderts schon Neufundland aufgesucht. Die erste planmäßige Expedition nach Amerika unternahm Giovanni da Verrazzano, den König Franz I. im Jahr 1524 beauftragt hatte, die Küste zwischen Cape Fear, im späteren North Carolina, und Neufundland zu erforschen. Zehn Jahre später unternahm Jacques Cartier die erste seiner drei Fahrten in die neue Welt.

Calvin in Genf

In der Zeit, da Luthers Bibelübersetzung erschien, hatte sich Johann Calvin in Paris niedergelassen und eine, wie er es nannte, »plötzliche Bekehrung« erlebt.

Im Alter von sechsundzwanzig

Johann Calvin

Jahren vollendete er die erste Fassung seiner »Institutio religionis Christianae«, ein Werk, das er im Lauf seines Lebens von sechs auf achtzig Kapitel erweiterte. Dieses Buch hatte einen ebenso tiefen Einfluß auf die Reformation wie auf Luthers Übersetzungstätigkeit. Calvins Stil war eindrucksvoll, und seine Vertrautheit mit den Werken der frühen Kirchenväter umfassend. Er verlieh der vom heiligen Augustin vertretenen Lehre von der Prädestination neuen Nachdruck, wobei er darlegte, daß ein strenger Moralkodex die Grundlage des christlichen Lebens sein müsse. In der calvinistischen Theologie bildete Disziplin einen fundamentalen Grundsatz.

In Genf konnte er seine Vorstellungen von einem christlichen Leben der Menschen verwirklichen. Unter einem theokratischen Regiment wurde die Stadt zur »vollkommensten Schule Christi«. Die Verfassung der Stadt wurde so verändert, daß eine Oberhoheit der christlichen Kirche entstand.

Die Wiedertäufer

Lutheraner wie Katholiken fanden einen gemeinsamen Gegner in den Wiedertäufern, den radikalen Verfechtern eines biblischen Christentums. Sie bestanden aus einer Reihe von Sekten, die ihre Feinde herabsetzend mit dem Ausdruck »Wiedertäufer« belegten, weil sie vor allem die Kindertaufe ablehnten. Die Wiedertäufer betrachteten das Sakrament der Taufe als einen persönlichen Bußakt der Erwachsenen. Da ihre Lehren die Fundamente eines Glaubens, der auf Offenbarung und Autorität aufbaute, bedrohten und ihre Anhänger sich mit revolutionärer Gewalt durchzusetzen versuchten, erlitten diese Gemeinden erbarmungslose Verfolgungen.

Zahlreiche Anhänger der Sekte aus Holland sammelten sich in Münster in Westfalen. Ihr Führer, Jan Bockelson aus Leiden, brachte im Februar 1534 die Stadt in seine Gewalt und errichtete dort ein sozial-revolutionäres Regiment, das – wenn auch zeitgenössische Berichte übertrieben haben mögen – in eine erbarmungslose Schreckensherrschaft ausartete. Weil in Münster das Zahlenverhältnis von Männern und Frauen eins zu vier war, gestattete Jan Bockelson die Polygamie; er selbst nahm sechzehn Frauen. Versuche aus den eigenen Reihen, ihn abzusetzen, scheiterten. Im Frühjahr 1535 gelang es dem Bischof von Münster, das Wiedertäufer-Regiment zu beseitigen. Er nahm die Stadt in Besitz. Die Führer der Sekte wurden hingerichtet.

Heinrich VIII. und die Reformation

Die Gesandten König Heinrichs VIII. von England konnten in Rom keinen Fortschritt in dem »großen Anliegen des Königs«, der Scheidung von seiner Gemahlin Katharina von Aragon, erzielen. Heinrichs Plädoyer für eine Berücksichtigung seiner besonderen Stellung – da er ja wegen seines Angriffs auf Luthers Lehren den päpstlichen Titel eines »Verteidigers des Glaubens« erlangt hatte – fruchtete in

Erzbischof Thomas Cranmer

Rom nicht. Die Anfertigung positiver Scheidungs-Gutachten, wie sie Thomas Cranmer von den Universitäten Europas erbeten hatte, wurde durch Papst Clemens VIII. untersagt. Heinrichs Sorge um den fehlenden männlichen Thronerben und die Gewissensbisse, daß er die Witwe seines Bruders geheiratet hatte, ließen ihm nur die Scheidung als Ausweg erscheinen. Es war das Werk von Thomas Cromwell, Heinrich davon zu überzeugen, daß er hierfür keiner päpstlichen Genehmigung bedürfe, sondern daß er den Akt selbst im Parlament verfügen könne.

In den Jahren 1532 bis 1534 löste Heinrich VIII. mit Hilfe des Parlaments die Kirche in England von Rom. Der Klerus erkannte den König als obersten Herrn an, »soweit es das Gesetz Christi erlaubt«. Um Clemens VIII. zu beweisen, daß es ihm mit seiner Entschlossenheit ernst war, zog Heinrich in einem demonstrativen Akt die Pfründen ein, die dem Papst zustanden. Heinrich beschränkte die Macht der kirchlichen Gerichtshöfe, deren Tätigkeit beim Landadel und Bürgertum unbeliebt war. 1533 verabschiedete das Parlament einen Beschluß, der Appellationen an die

Römische Kurie verbot. Damit wurde die Einmischung des Papstes in englische Angelegenheiten aufgehoben. Sobald das Gesetz in Kraft trat, eröffnete Thomas Cranmer, der seit 1532 Erzbischof von Canterbury war, ein Untersuchungsverfahren über die Gültigkeit der Ehe des Königs mit Katharina von Aragon. Die Ehe wurde geschieden, und Heinrich legalisierte seine Verbindung mit seiner Mätresse, Anna Boleyn. Fünf Monate später wurde ihre Tochter Elisabeth geboren. Zum endgültigen Bruch mit Rom kam es im Jahr 1535, als sich Heinrich den Titel eines Oberhaupts der englischen Kirche beilegte. Vom Klerus, dem Adel, den Mitgliedern des Parlamentes und den Staatsbeamten wurde ein Loyalitätseid für den König verlangt. Die Suprematie Heinrichs VIII. über die anglikanische Kirche war hergestellt.

Ungeachtet der Hoffnungen religiöser Eiferer änderte sich nach 1535 wenig im kirchlichen Leben Englands. Die »Sechs Glaubensartikel«, ein Beschluß von 1539, der die »Meinungsabweichungen« beseitigen sollte, bestätigte den alten Glauben, einschließlich der Lehre von der Transsubstantiation. Der Druck des reformbesessenen Protestantismus schwemmte jedoch bald die konservative Gesetzgebung hinweg. Erzbischof Cranmer war das Haupt der neuen kirchlichen Bewegung in England.

Als Stimme des Gewissens ließ sich in diesen Zeiten Sir Thomas More vernehmen, ein Humanist und Jurist, den Heinrich VIII. 1529 als Nachfolger Kardinal Thomas Wolseys, des Erzbischofs von York, zum Lordkanzler berufen hatte. Mores Vater hatte seinen Sohn von der Universität Oxford genommen, als er erfuhr, daß Thomas dort Griechisch lernte. Dies galt dem alten Herrn als ein gefährlicher Modernismus. Thomas wurde auf die Juristenschule Lincoln's Inn geschickt, damit er dort die Rechte studierte und sich auf den Dienst für den König vorbereitete. In seinem Werk »Utopia« verurteilte More den Mißbrauch der Macht und predigte die Toleranz. Als Sprecher des Unterhauses erwies er sich als gewandter und wirkungsvoller Gegner Wolseys. Sein Wohnhaus in Chelsea wurde zu einem kleinen Zentrum humanistischer Bildung in England. Erasmus, der gelegentlich dort als Gast weilte, bemerkte, daß »man in Mores Haus den Eindruck habe, als sei Platons Akademie neu belebt, nur mit dem Unterschied, daß die Gespräche in der Akademie damals die Geometrie und die Bedeutung der Zahlen betrafen, das Haus in Chelsea dagegen eine wirkliche Schule des christlichen Glaubens ist«.

More hatte die Stellung als Lordkanzler in der Annahme übernommen, daß er keine Rolle bei Heinrichs Scheidung spielen müsse. Im Jahr 1532 beherrschte aber dieser Fall so sehr die Politik, daß More sich gezwungen sah, sein Amt niederzulegen. Obwohl er den Schwur leistete, dem König und seinen Nachfolgern gegenüber treu ergeben zu bleiben, weigerte er sich wiederholt, Heinrich den vom Gesetz geforderten Suprematseid zu leisten. Daraufhin wurde er ein Jahr lang im Londoner Tower ge-

Thomas Cromwell

fangengehalten. Bei seinem Prozeß sprach Sir Thomas More dem Parlament das Recht ab, den König zum Oberhaupt der englischen Kirche zu machen. Im Juli 1535 wurde er als Hochverräter hingerichtet.

Noch während More im Gefängnis saß, ernannte Heinrich VIII. Thomas Cromwell zu seinem Generalvikar und beauftragte ihn mit der Visitation der Ordensniederlassungen und einer Untersuchung über deren Vermögen. Auf Grund von Cromwells Bericht wurden solche Häuser, deren Eigentum einen Ertrag von weniger als zweihundert Pfund Sterling jährlich erbrachte, aufgelöst. Dadurch erhielt die Krone Landbesitz mit jährlichen Erträgen von rund vierzigtausend Pfund. Diese Ländereien wurden aufgeteilt und als Lehen an Hofleute und als Pachtland an den niederen Adel in den Grafschaften vergeben. Die enteigneten Mönche erhielten Pensionen. Viele von ihnen wurden mit Pfründen ausgestattet und wirkten als Weltgeistliche.

Im Jahr 1539 befahl Heinrich VIII. die Auflösung auch der großen Klöster; die meisten ergaben sich ohne Widerstand wohl mehr aus Furcht, denn aus Überzeugung, da wenige Jahre zuvor die Äbte von Reading und Colchester hingerichtet worden waren. Sie hatten den Supremat des Königs über die Kirche abgelehnt. Ebenso hatte der Abt von Glastonbury die Weigerung, sein Amt niederzulegen, mit dem Leben bezahlen müssen. Die politisch engagierten Äbte in England übergaben bereitwillig ihren Besitz. So erhöhten sich die Einkünfte der Krone noch einmal um mehr als das Doppelte. Ein Bildersturm begleitete das Ende des englischen Mönchtums. Auch das Grabmal des heiligen Thomas Becket in Canterbury, jener bedeutende Mittelpunkt der mittelalterlichen Wallfahrten, wurde geplündert.

Die Synode von Canterbury bat Heinrich VIII. um eine offizielle englische Version der Bibel. Erzbischof Thomas Cranmer und Thomas Cromwell überzeugten den König, daß die Übersetzung von Bischof Miles Coverdale von Exeter – es war die erste vollständige Bibel in englischer Sprache – »ungeachtet der Tatsache, daß sie auf dem Kontinent hergestellt und in Zürich gedruckt war, keine Häresien enthalte«. Eine Verordnung des Jahres 1536 bestimmte, daß in jeder Kirche ein Exemplar dieser Bibel vorhanden sein sollte.

William Tyndale

Wissenschaft in dieser Zeit

In der ersten Hälfte des 16. Jahrhunderts begannen naturwissenschaftliche Gelehrte neue wissenschaftliche Methoden zu entwickeln; Fakten wurden selbständig und unabhängig untersucht. Viele unterzogen überkommene Deutungen einer Kritik, ohne dafür eine höhere Rechtfertigung zu suchen. Die bemerkenswertesten naturwissenschaftlichen Entdeckungen wurden in der Chirurgie und Anatomie gemacht. Theophrastus Paracelsus veröffentlichte im Jahr 1528 das erste Handbuch der Chirurgie. Andreas Vesalius revolutionierte das Studium der Anatomie, indem er die Methode des Sezierens anwandte und verteidigte. Zwei Bücher wurden zu Marksteinen der technischen Wissenschaften: Die »Pyrotechnica« Vanucci Biringuccios handelte über die Herstellung von Schießpulver und Glas; und das Werk »De re metallica« von Georgius Agricola beschrieb den Erzbergbau. Auch in der Astronomie kam es zu Fortschritten.

Sir Thomas More

Das neue Weltbild

1543

Nikolaus Kopernikus. Kopie eines zeitgenössischen Gemäldes von Lorman von Berlin

Arbeitsraum Nikolaus Kopernikus' zu Frauenburg im Ermland

Nikolaus Kopernikus, der Astronom, dessen Theorie von den Bewegungen der Planeten im späten 16. Jahrhundert das naturwissenschaftliche Denken revolutionierte, war am 19. Februar 1473 in Thorn geboren, einer alten Hansestadt, die seit einigen Jahren unter der Oberlehnsherrschaft des polnischen Königs stand.

Über die Jugendzeit des großen Gelehrten ist wenig bekannt. Sein Vater starb, als Nikolaus erst zehn Jahre alt war. Zusammen mit seinem Bruder Andreas und seinen beiden Schwestern wurde er von seinem Onkel Lukas Watzelrode, auch Waczenrode, adoptiert und erzogen. Watzelrode, der ein hochgebildeter Geistlicher war, stieg sechs Jahre nachdem er die Kopernikus-Kinder zu sich genommen hatte zum Bischof des Ermlandes auf. Zu dieser Zeit bildete das Bistum Ermland praktisch ein selbständiges Fürstentum, das ganz vom Gebiet des Deutschen Ritterordens umgeben war. Gewiß war das Territorium mit der polnischen Krone durch eine Union verbunden, doch der Bischof herrschte auch als weltlicher Fürst. Er residierte im alten Ordensschloß zu Heilsberg rund fünfundsechzig Kilometer südlich von Königsberg; seine Kathedralkirche stand in Frauenburg am Frischen Haff.

1494, als Nikolaus das achtzehnte Lebensjahr erreicht hatte, wurden er und sein Bruder auf die Universität Krakau geschickt, wo der junge Kopernikus seinen Interessen an der Astronomie nachging, die ihn schon während seiner Kinderzeit in Thorn gefesselt hatte. Die Universität Krakau – sie pflegte als eine der ersten Hochschulen im östlichen Mittel-Europa besonders die wiederentdeckten griechischen Wissenschaften – war wegen ihres hohen geistigen Ranges berühmt. Ständig lernten zahlreiche ausländische Studenten an ihr. Dort also studierte Nikolaus Kopernikus Mathematik und Astronomie.

Noch als Student begann er astronomische Bücher zu sammeln, wie sie ihn sein ganzes Leben begleiten sollten. Das Interesse des jungen Studenten für Astronomie beobachtete die Kirche mit Wohlwollen, denn zu dieser Zeit stand eine Kalenderreform zur Diskussion und die Wissenschaft von den Sternen in hohem Ansehen. Als Kopernikus Krakau verließ, wollte ihn sein Onkel zum Domherrn in Frauenburg machen. Doch dann hielt es der Bischof für besser, wenn sein Neffe erst noch den Grad eines Doktors im Kanonischen Recht erwürbe. Darum zog Nikolaus im Jahr 1496 nach Italien, um sich an der berühmten Rechtsschule in Bologna zu immatrikulieren.

Während dieses Studiums wohnte Kopernikus im Haus des Professors für Astronomie, Domenico Maria de Novara. Die beiden Männer beobachteten gemeinsam den Himmel und verbrachten viele Stunden mit Diskussionen über Verbesserungen, die nach ihrer Meinung bei den herrschenden Theorien über die Planetenbewegungen vorgenommen werden müßten. Nikolaus blieb dreieinhalb Jahre in Bologna; dann reiste er nach Rom, um an den Feierlichkeiten des fünfzehnhundertsten Jahrestages von Christi Geburt teilzunehmen. Er verweilte ein ganzes Jahr in der Ewigen Stadt. Während dieser Zeit machte er einige Beobachtungen, hauptsächlich über die Eklipse des Mondes, und hielt gelegentlich Vorträge über Astronomie und Mathematik.

Während dieser Studienjahre wurde in Frauenburg eine Domherrnstelle frei, auf die Nikolaus Kopernikus berufen wurde. Am 27. Juli 1501 wurde er feierlich in sein Amt eingeführt. Ihm wurde gleich Urlaub gewährt, um in Padua Medizin zu studieren und das Jurastudium zu beenden. Nikolaus zog es jedoch vor, sich in Ferrara im kirchlichen Recht prüfen zu lassen, und wurde dort im Jahr 1503 Doktor des Kanonischen Rechtes. Dann begab er sich an die Medizinische Fakultät in Padua.

In Italien war im 16. Jahrhundert die medizinische Ausbildung wie im übrigen Europa fast rein theoretischer Art. Die Lehre der Medizin beruhte auf bestimmten Sätzen, die Hippokrates, dem griechischen Arzt aus dem 5. vorchristlichen Jahrhundert, zugeschrieben wurden. Verbunden mit den Schriften des römischen Chirurgen Galenus, der 199 starb, und denen Avicennas, des arabischen Gelehrten aus dem 11. Jahrhundert, umfaßten sie das zeitgenössische medizinische Wissen. Eine besondere Behandlung erfuhr

Astrologen. Miniatur in der Londoner Handschrift des erdichteten Reiseberichtes »The Travels of Sir John Mandelville«, Anfang des 15. Jahrhunderts

dabei das Studium der Astrologie und Astronomie, denn es herrschte die Auffassung, daß die Himmelskörper Einfluß auf den menschlichen Körper und die Heilkräuter hätten, die als Medizin verschrieben wurden. Als Kopernikus, der nunmehr im dritten Jahrzehnt seines Lebens stand, im Jahr 1506 nach Heilsberg zurückkehrte, berief ihn sein Onkel zum Leibarzt. Mit seiner Hilfe beteiligte er sich auch an der Verwaltung des Bistums. Im März 1512 starb Bischof Watzelrode. Im Juni dieses Jahres trat Nikolaus seine Domherrnstelle in Frauenburg an. Kopernikus' Dankbarkeit für alles, was der alte Mann für ihn getan hatte, drückte er in einem Buch aus, das er drei Jahre vor dem Tod des Bischofs herausgegeben hatte: Dieses Werk, eine lateinische Übersetzung der Verse des Theophylakt, war Bischof Watzelrode gewidmet.

In Frauenburg nahm Kopernikus eine Reihe kirchlicher und weltlicher Aufgaben wahr. Er lebte bescheiden mit zwei Dienern und drei Pferden, wie es von Kanonikern erwartet wurde. Nur ein eigenes astronomisches Observatorium richtete er sich ein. Im Jahr 1514 wurde Kopernikus nach Rom eingeladen, um bei der Kalenderreform mitzuwirken. Doch er glaubte ablehnen zu müssen, weil er spürte, daß seine Ideen noch nicht ausgereift waren und noch genauere Forschungen über die Bewegungen von Sonne und Mond erforderten. Zwei Jahre später zog er nach Allenstein, um von dort aus die Güter des Domstiftes besser verwalten zu können. Kopernikus mußte nun längere Zeit sein Observatorium entbehren. Die Gelegenheiten, nach Frauenburg zu reisen, wurden seit 1519 selten, weil ein Krieg zwischen Polen und dem Deutschen Orden ausgebrochen war.

Als am Ende der Auseinandersetzung der neue Bischof von Ermland ernannt war, kehrte Kopernikus nach Frauenburg zurück. Seine letzten Lebensjahre widmete er der Astronomie. Er mußte aber auch den Bischof und seine Nachfolger ärztlich betreuen und das Armenwesen beaufsichtigen. Die Einwohner der Stadt brachten ihm herzliche Zuneigung entgegen. Überhaupt erlangte Kopernikus zu seinen Lebzeiten nicht wegen seiner astronomischen Forschungen Berühmtheit, sondern wegen seiner großen ärztlichen Fähigkeiten.

Nikolaus Kopernikus arbeitete immer dann an seinen astronomischen Berechnungen, wenn seine anderen Verpflichtungen ihm dafür Zeit ließen. In seiner Jugend war er wie viele andere Astronomen seiner Zeit unzufrieden mit der damals allgemein anerkannten Theorie vom Weltraum. Sie baute auf den Lehren der griechischen Philosophen auf und nahm die Erde als festen, unbeweglichen Mittelpunkt des Universums an. Um sie herum bewegten sich auf konzentrischen Bahnen Mond, Merkur, Venus, Sonne, Mars, Jupiter und Saturn. Jenseits des Saturns lag die Sphäre der Fixsterne, von denen man annahm, sie kreisten innerhalb von vierundzwanzig Stunden einmal um die Erde. Der Himmel lag fern hinter allen Sternen.

Das Problem bei dieser Theorie, das die Astronomen der beginnenden Neuzeit beunruhigte, lag darin, wie man die Bewegungen der Sonne, des Mondes und der Planeten exakt berechnen könne. Für den Lauf der Himmelskörper hatten die alten Astronomen drei grundlegende Axiome aufgestellt: erstens, daß um die Erde herum Bewegung sei, zweitens, daß ihre Geschwindigkeit gleichförmig sei, und drittens, daß alles in Kreisbahnen ablaufe. Die große Schwierigkeit war nur, daß die Sonne, der Mond und die Planeten nicht regelmäßig über den Himmel zogen. Zu manchen Zeiten liefen sie rascher als zu anderen. Besonders unverständlich war, daß einige Planeten auf ihrer Wanderung vor dem Hintergrund der Sterne große Schleifen am Himmel beschrieben; also zu bestimmten Zeiten rückläufig wurden.

Während der ganzen Antike waren immer wieder Lösungen vorgeschlagen worden, die jeweils einige oder alle diese beobachteten Unregelmäßigkeiten erklären sollten. So hatte im 2. nachchristlichen Jahrhundert der alexandrinische Astronom Claudius Ptolemäus ein umfassendes System der Planetenbewegung ausgearbeitet, das noch in den Tagen des Kopernikus galt. Ptolemäus erklärte den Lauf der Himmelskörper durch eine Zusammenfassung der Kreisbewegungen wie sie Apollonios von Perga im 4. Jahrhundert v. Chr. ersonnen hatte. Danach führte jeder Planet eine Eigenbewegung in einem kleinen Kreis aus, dem Epizyklus. Der Epizyklus wiederum lief über eine regelmäßige Bahn an der Peripherie eines größeren Kreises, dem Deferenten, in dessen Mittelpunkt die Erde lag. Ptolemäus modifizierte dieses System nicht nur zur Berechnung der Bahnschleifen der Planeten, sondern auch zur Erklärung der Wechsel in den Entfernungen einzelner Planeten zur Erde sowie für die Ungleichartigkeit ihrer Bewegung. Er tat dies, indem er die Deferenten aus dem Zentrum der Erde herausnahm, ein Schwanken von Deferenten und Epizyklen gestattete und mehr als einen Epizyklus für jeden Planeten annahm. Es war ein bestechendes System, und es blieb in seinem Grundkonzept nahezu vierzehnhundert Jahre in Gebrauch.

In den Tagen des Kopernikus war das System des Ptolemäus mit den Ideen des Aristoteles verwoben, der sich das Universum bestehend aus einer Reihe von konzentrischen Sphären, mit der Erde als Mittelpunkt, vorstellte. Viele Astronomen des 16. Jahrhunderts dachten sich die aristotelischen Sphären real, wenn auch durchsichtig und aus reinstem Kristall bestehend. Entsprechend den allgemein anerkannten Prinzipien der aristotelischen Physik vergingen Himmelskörper nie, da sie aus einer himmlischen Materie bestanden, die ganz anders als jeder Stoff auf Erden war. Den natürlichen Ort dieser Himmelsmaterie bildete die Luft. Schwere Körper fallen zu Boden, weil ihr natürlicher Ort das Zentrum des Weltalls, also der Mittelpunkt der Erde, ist. Diese Gesetze sollten einen bedeutenden Einfluß auf die Anerkennung der Hypothesen des Kopernikus haben.

Schon als Student zeigte Kopernikus sich in wachsendem Maß von den Anschauungen des Ptolemäus unbefriedigt. Er entschloß sich, die griechischen Autoren selbst zu lesen, um zu sehen, ob er einen Schlüssel zu einer anderen Erklärung für die Planetenbewegung finden könne. Das Verfahren, neue Ideen in alten Schriften zu finden, war durchaus üblich. Einerseits bestritt niemand, daß die griechischen Philosophen ein besonderes Wissen in naturwissenschaftlichen Fragen besaßen, andererseits galten aber auch alte Autoritäten wie die Heilige Schrift und die Lehren der Kirche. Bei seiner Lektüre griechischer Philosophen entdeckte Kopernikus, daß mehrere von ihnen die geozentrische Sicht des Weltalls nicht teilten. Zumindest ein kühner Denker war so weit gegangen, die Hypothese aufzustellen, daß Erde und Planeten um die Sonne kreisten. Gerade diese Ansicht belebte Kopernikus schließlich neu.

Die Entdeckung einiger unbekannter und unüblicher Spekulationen aus der Antike hätte aber nicht ausgereicht, Kopernikus berühmt zu machen, hätte er nicht Jahre damit verbracht, die mathematischen Aspekte der neuen Theorie zu vervollkommnen und sie durch exakte Zahlen zu belegen. Er berechnete auch zukünftige planetarische Konstellationen und stellte Beobachtungen an, die als zusätzliche Belege dienten. Er schuf eine sorgsame, lückenlose Beweiskette, um sein Modell eines neuen Himmelssystems zu stützen. Dabei gebrauchte er Argumente, die denen, die Aristoteles achtzehnhundert Jahre zuvor durchdacht hatte, eng verwandt waren. Nur kam Kopernikus zu einem entgegengesetzten Schluß. Im Jahr 1530 verfaßte Nikolaus, noch während er an seiner Theorie arbeitete und nicht alle Details seiner Beobachtungen durchgerechnet hatte, ein Werk mit den wesentlichen Tatsachen seiner Entdeckungen. Diese Schrift nannte er »Commentariolus«. Obwohl es keine graphischen Darstellungen oder genauen Beschreibungen enthielt, fand sein Inhalt erhebliche Beachtung. Im Jahr 1533 las Johannes Widmanstad, der päpstliche Sekretär, dem Heiligen Vater und einigen Kardinälen daraus vor und erläuterte die neuen Theorien. Opposition von kirchlicher Seite gegen die Lehre des Kopernikus von der Bewegung der Erde kam zu dieser Zeit nur von den Protestanten, die glaubten, die astronomische These sei mit einer Interpretation der Heiligen Schrift schlechthin unvereinbar.

Man drängte Kopernikus, seine wissenschaftliche Theorie vollständig zu veröffentlichen, doch glaubte er, sein Werk sei noch nicht reif. Den Bemühungen Georg Joachims ist es letztlich zu danken, daß Kopernikus seine Theorien und Berechnungen doch noch drucken ließ. Der junge protestantische Gelehrte, der besser unter seinem latinisierten Namen Rheticus bekannt ist, besuchte den Gelehrten in Frauenburg im Frühjahr 1539 und blieb nahezu drei Jahre bei ihm. Es sagt vieles über den Charakter dieser beiden Männer und über den Reiz, den wissenschaftliche Forschung auf sie ausübte, daß sie in einer Zeit der religiösen Streitigkeiten harmonisch zusammenarbeiten konnten.

Im Jahr 1540 überredete Rheticus seinen Gastgeber, eine Zusammenfassung seiner wissenschaftlichen Anschauungen veröffentlichen zu dürfen. Sie wurden in Nürnberg unter dem Titel »Narratio prima« — erster Bericht — gedruckt. Rheticus gab sich damit nicht zufrieden und drängte Kopernikus weiterhin, er solle seine Theorie im Detail darstellen. Schließlich hatte er Erfolg. Im Jahr 1543 ging ein vollständiges Manuskript bei Johann Petreius ein, dem Verleger in Nürnberg, der auch schon die »Narratio prima« gedruckt

Andreas Osiander. Kupferstich in »Icones vivorum omnium ordinum eruditione«, 1725

Das Kopernikanische Sonnensystem. Schaubild von Thomas Digges im immerwährenden Kalender »Prognostication Everlasting«, 1576

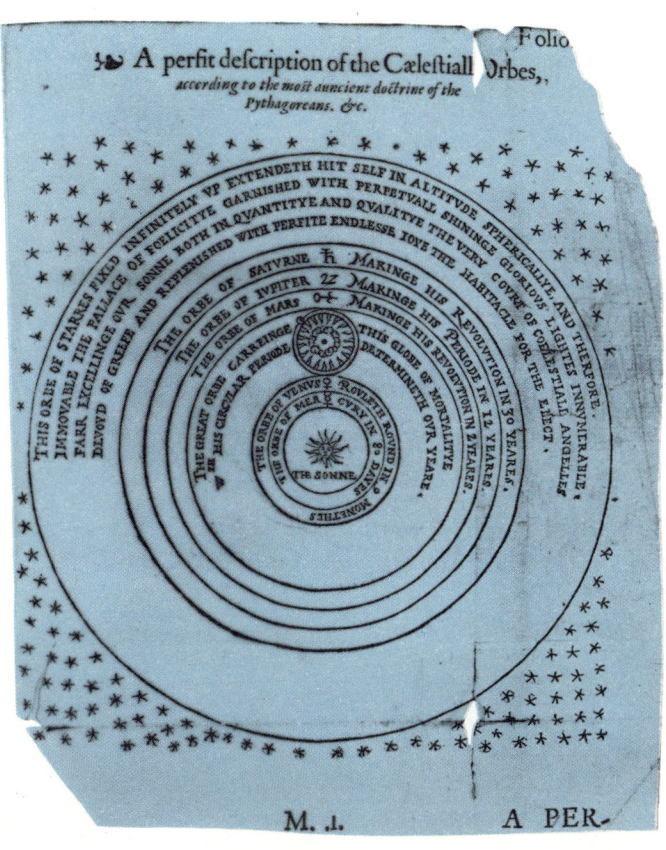

Astrolabium. Astronomisches Instrument aus dem 17. Jahrhundert

Seite aus »De revolutionibus orbis«. Autograph Londoner Originalmanuskript des Nikolaus Kopernikus

Titelblatt zu Nikolaus Kopernikus' »De revolutionibus orbis«. Erstausgabe, Nürnberg 1542

hatte. Leider folgte Georg Joachim wenig später einem Ruf als Professor an die Universität Leipzig. Darum überließ er die technischen Details der Herausgabe des Werkes seinem alten Lehrer Johannes Schoner und dem lutherischen Geistlichen Andreas Osiander.

Aus Furcht vor der Opposition der Theologen gegen das Werk des Kopernikus gab Osiander ohne Rücksprache mit dem Autor dem Buch von sich aus einen Titel. Kopernikus hatte sein Manuskript ohne Überschrift gelassen. Es erschien daher als »De revolutionibus orbium coelestium« — »Über die Umdrehungen der Himmelssphären« —, obwohl es eindeutig war, daß Kopernikus selbst nicht an die Existenz der aristotelischen Sphären glaubte. Bedeutender war es jedoch, daß Osiander ein anonymes Vorwort hinzufügte, in dem er den Anspruch auf eine physikalische Realität der Bewegung der Erde aufgab und Kopernikus' Theorie lediglich zu einem genialen Modell zur Berechnung künftiger Planetenstellungen erklärte. Das Buch erschien im Jahr 1543. Die Tradition will wissen, daß im Oktober dieses Jahres ein Exemplar Kopernikus noch auf dem Totenbett erreicht habe.

Nach der Theorie Kopernikus', wie sie in »De revolutionibus« dargelegt ist, steht die Sonne fest im Mittelpunkt des Universums, während die Planeten sie umkreisen. Die Erde ist somit von ihrer besonderen Stellung im Mittelpunkt der Schöpfung »entthront« und zu einem einfachen, wandernden Himmelskörper gemacht, der die Sonne umkreist und sich innerhalb von vierundzwanzig Stunden einmal um seine Achse dreht. Immerhin bleibt sie noch der Himmelskörper, um den herum der Mond seinen monatlichen Umlauf vollführt. Die Epizyklen und Deferenten der ptolemäischen Astronomie werden beibehalten, und an der aristotelischen Physik werden keine Änderungen vorgenommen. Kopernikus konnte sich nicht von dem Glauben der alten Griechen lösen, daß das Firmament unzerstörbar sei und die Bewegung am Himmel regelmäßig und kreisförmig sein müßte. Doch dieses System hatte nun sein Zentrum in der Sonne, anstelle ihrer exzentrischen Bewegung um die Erde, wie es noch Ptolemäus befürwortet hatte.

Für Kopernikus schien dieses neue Schema einen moralischen Sieg zu bedeuten, denn es bewahrte den echten Geist der griechischen Überzeugung von der Kreisbewegung. Darüber hinaus war dieses System mathematisch viel genauer, was auch die zeitgenössischen Mathematiker rasch feststellten, und es schien bessere Ergebnisse zu zeitigen, wenn man es für die Berechnung der Planetenkonstellationen heranzog.

Doch wenn das kopernikanische System auch in vielen Teilen Deutschlands und Europas positiv aufgenommen wurde, so blieb einiger Widerspruch nicht aus. Die Opposition beruhte auf wissenschaftlichen und religiösen Motiven. Der erste Einspruch baute auf Argumenten aus der aristotelischen Physik: Wie konnte ein Körper von der Schwere der Erde sich bewegen? Wenn sie sich aber drehte, wie konnten dann Körper zu Boden fallen und der Mond im Raum schweben? Wie war es möglich, daß die Erde sich einmal am Tag um ihre Achse drehte, ohne Gezeitenwellen und Sturmwinde zu verursachen, während sie durch die Luft raste? Ein weiteres bedeutendes wissenschaftliches Argument beruhte auf folgendem Phänomen: Wenn die Erde um die Sonne kreiste, dann müßte sie notwendigerweise näher an einige der feststehenden Sterne herankommen als an andere. Im Verlauf einer solchen Umkreisung müßten diese näherstehenden Sterne durch andere abgelöst werden. Dabei müßte auch eine gewisse Änderung der Lage der Sterne beobachtet werden können. Doch

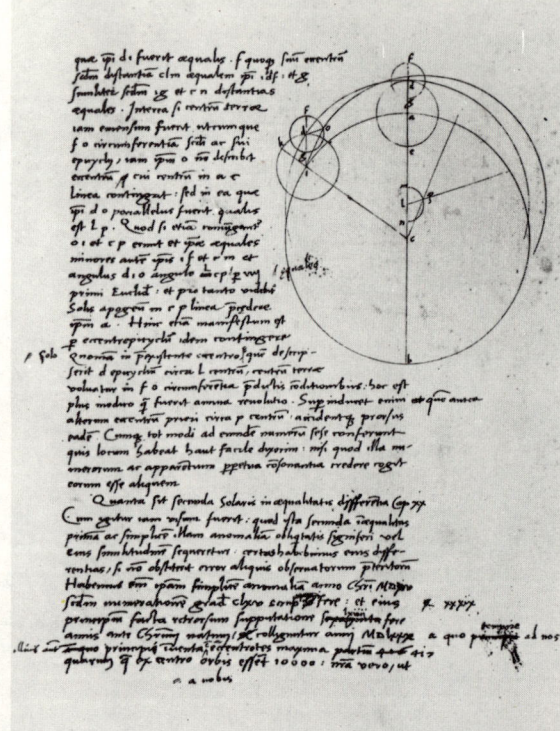

Himmelsglobus aus der Mitte des 16. Jahrhunderts

auch die sorgfältigsten Messungen am Himmel zeigten keine Änderung der Fixsterne. Kopernikus, der dieses Argument vorausgesehen hatte, beantwortete diese Frage damit, daß die Sterne zu weit von der Erdkreisbahn entfernt seien, als daß ihre Bewegung feststellbar wäre. Diese Begründung war richtig, wie wir heute wissen. Doch den Zeitgenossen erschien es sehr töricht, behaupten zu wollen, Gott habe das Weltall mit einem ungeheuren Abstand zwischen den Planetenbahnen und den Sternen geschaffen. Nur durch Fernrohrbeobachtungen seit Beginn des 17. Jahrhunderts, verbunden mit dem schrittweisen Verlassen der aristotelischen Physik, konnten diese Einwürfe entkräftet werden.

Einige protestantische Theologen verwarfen vom religiösen Standpunkt her die kopernikanische Theorie, indem sie die Bibel zitierten, die von einem Stillstand der Erde sprach. Andere waren jedoch nicht in einer so wörtlichen Interpretation der Heiligen Schrift befangen. Kopernikus hatte sein Werk Papst Paul III. gewidmet. Die römisch-katholische Kirche hatte keine Vorbehalte gegen seine These geäußert.

Obwohl die detaillierten Berechnungen der Planetenbewegung in den folgenden hundertfünfzig Jahren nach ihrer Veröffentlichung von der Wissenschaft aufgegeben werden mußten, war die Theorie des Kopernikus dennoch ein tiefgreifender Bruch mit der traditionellen Wissenschaft. Es war die erste dramatische neue Sicht des Weltalls seit fast zweitausend Jahren. Kopernikus' Werk diente den künftigen Gelehrten als fruchtbare Anregung; es ermutigte sie, die mit dem Weltall zusammenhängenden Fragen neu zu durchdenken. Die Gesetze der Planetenbewegung, wie sie von Johannes Kepler in den Jahren zwischen 1609 und 1621 beschrieben wurden, und manches in den »Discorsi e dimostrazioni matematiche« die Galileo Galilei 1638 veröffentlichte, war dem Geist von »De revolutionibus« zu verdanken.

COLIN RONAN

Gegenreformation. Europa und das Reich Karls V.

Die Antwort Roms auf Wittenberg und Genf bestand in einer großen religiösen Reform. Eigentlich hatte die Gegenreformation schon begonnen, als Luther seine fünfundneunzig Thesen veröffentlichte. Die Berufung des Laterankonzils von 1512 und das von Papst Hadrian VI. elf Jahre später begonnene Reformwerk waren mehr als nur ein Strohfeuer. Zu Beginn seines Pontifikats 1534 ernannte Paul III. eine Reformkommission, und ungeachtet seiner konservativen Einstellung ließ er sich von seinen Kardinälen dazu überreden, ein allgemeines Konzil zu berufen. Dieses Konzil versammelte sich im Jahr 1545 in Trient, um Ordnung und Lehre der Kirche festzulegen. Es beendete seine Arbeit unter Pius IV. in den Jahren 1562 und 1563. Die Durchschlagskraft erhielt die Gegenreformation aber mehr von neuen religiösen Orden als von Konzilen der Kirche.

Eine ganze Anzahl neuer Orden und Kongregationen bildeten sich in dieser Zeit, hauptsächlich in Italien. Paoli Guistiniani, ein Venezianer von adliger Abstammung, wählte im Jahr 1528 die Armut zum Lebensideal und gründete den Kapuzinerorden, dessen Mönche sich der Arbeit unter Kranken und Bedürftigen widmeten. 1535 errichtete Angela Merici den Ursulinenorden. Diese Frauenkongregation von Laien verpflichtete sich zu einem Leben der guten Werke. Und im Jahr 1575 rief Philippo Neri die Weltpriester-Kongregation der Oratorianer ins Leben.

Der berühmteste neue Orden war die Gesellschaft Jesu, die Societas Jesu, die Ignatius von Loyola stiftete. Der Baske Loyola – er lebte von 1491 bis 1556 – hatte bereits Jahre als spanischer Offizier und als Hofbeamter verlebt, als er,

Bulle Pius' IV., 1560

Ignatius von Loyola

während der Genesung von einer Verwundung, einen Sinneswandel durchmachte und seine »Exercitia spiritualia« – »Geistliche Übungen« – niederschrieb. Sein Lebenswandel änderte sich grundlegend. Nach einer Zeit in der Einsamkeit begann er zu studieren. Während eines Studienaufenthalts 1534 in Paris entsagte der junge Spanier zusammen mit gleichgesinnten Freunden allem weltlichen Besitz. Sie gelobten, ihr künftiges Leben dem Wort Gottes zu weihen, und planten, barfuß eine Pilgerfahrt nach Jerusalem zu unternehmen. Der Orden der Jesuiten wurde im Jahr 1540 von Papst Paul III. formell anerkannt. Die Satzungen enthielten den unbedingten Gehorsam gegenüber dem Papst. Überall wirkten die Jesuiten als Prediger und als Seelsorger der »streitenden Kirche« und betätigten sich, wohin sie auch gesandt wurden, vor allem missionarisch. Ihre wichtigste Aufgabe sahen sie vornehmlich darin, Gebiete des katholischen Glaubens, die an den Protestantismus verlorengegangen waren, wieder zur Konversion zu bringen und das Christentum unter den Heiden zu verbreiten.

Als Spanier waren Ignatius von Loyola und sein Landsmann Franz Xavier mehr unter den Heiden und den Ungläubigen der islamischen Welt zu Hause als bei den Lutheranern in Deutschland. Ihre Pläne zur Mission in Indien, Brasilien und dem Kongo erhielten von König Johann III. von Portugal Unterstützung. So brach Franz Xavier 1542 nach Goa in Indien auf. In Europa gewann die Gesellschaft Jesu rasch einen guten Ruf als Lehrorden mit hohen Ansprüchen auf Bildung in den humanistischen Fächern und in der Theologie. Die Jesuiten errichteten ihr erstes Kolleg in Padua, doch weit berühmter wurde das 1551 in Rom gegründete, das neben der eben erst begonnenen Kirche Il Gesù lag.

Um gegen die Häresien anzukämpfen, schuf Paul III. im Jahr 1542 in Rom die Inquisition und gab ungefähr fünfzehn Jahre später den ersten päpstlichen Index der verbotenen Bücher heraus. Die Dekrete der Dritten Sitzungsperiode des Konzils von Trient gaben dem Katholizismus neue Lebenskraft. Zu den wesentlichen Ergebnissen gehörte ein reformiertes Brevier und ein Missale. Die Arbeiten an der Peterskirche machten weitere Fortschritte nach Michelangelos Plänen, als bereits die Messen des großen Musikers und päpstlichen Kapellmeisters Giovanni Palestrina in der großen Vierung der Kathedrale erklangen.

England

Nachdem Anna Boleyn im Jahr

König Heinrich VIII. von England

1536 wegen Ehebruchs und Blutschande hingerichtet worden war, heiratete Heinrich VIII. Jane Seymour, die dem König auch den langersehnten Sohn schenkte, bevor sie selbst im Kindbett starb. Die Heirat des Königs mit Anna von Kleve im Jahr 1540 wurde durch Thomas Cromwell als Teil eines großen Bündnisses mit den deutschen protestantischen Fürsten in die Wege geleitet. Diese Verbindung dauerte aber nur sechs Monate. Sobald Heinrich sich wieder von Anna getrennt hatte, versuchte der Herzog von Norfolk, der inzwischen Cromwell mit einer Anklage auf Hochverrat aus den Ämtern des Lordsiegelbewahrers und Vizeregenten in geistlichen Angelegenheiten verdrängt hatte, dadurch seine Stellung zu festigen, daß er seine Nichte Katharina Howard mit dem König verheiratete. Schließlich mußte Katharina ebenfalls wie ihre Kousine Anna Boleyn als Verräterin den Weg zum Schafott antreten. Heinrich beendete im Jahr 1543 seine Heiratsabenteuer, indem er Katharina Parr ehelichte, die ihn sogar überlebte.

Heinrichs VIII. kaum zu bändigende Sucht nach militärischem Ruhm verleitete ihn dazu, seine finanziellen Hilfsmittel sinnlos zu vergeuden. Der Sieg des Königs über die Schotten bei Solway Moss im November 1542 wurde überschattet durch die erfolglosen Feldzüge der Engländer in Frankreich. Kaiser Karl V. schloß mit König Franz I. einen Waffenstillstand, ohne seinen englischen Verbündeten zu konsultieren. Alles, was Heinrich danach von seinen Eroberungen retten konnte, war Boulogne. Ungeachtet aller Ausschweifungen und Unmäßigkeiten in seinem Lebenswandel konnte Heinrich VIII. den Grund für einen starken nationalen Staat legen. Zum Erstaunen Europas hatte er dem Papst getrotzt und in England sowie in Wales Staat und Kirche sicher unter die zentrale Gewalt des Königtums gebracht.

Trotz aller Vorkehrungen, die für die Zeit bis zur Volljährigkeit des Thronfolgers, Prinz Eduard, getroffen wurden, riß dessen Onkel Eduard Seymour als Lordprotektor die Macht an sich, legte sich den Titel eines Herzogs von Somerset bei und gab den Weg für die reformatorischen Lehren frei. Als ein von Thomas Cranmer zusammengestelltes Prayer-Book im Jahr 1549 zur Grundlage der Liturgie erklärt und durch den Uniformitäts-Erlaß der englischen Kirche aufgezwungen wurde, erhob sich im Süd-Westen Englands die Forderung nach einer Rückkehr zur katholischen Liturgie und zur lateinischen Messe. Bevor Seymour die Erhebung niederschlug, führte Robert Kett in Norfolk einen Aufstand an, der einen Protest gegen die Einfrie-

Königin Maria Stuart von Schottland

dungskampagne darstellte. John Dudley, der bald darauf Graf von Northumberland werden sollte, besiegte Kett und arbeitete nun auf einen Sturz Seymours hin. Im Oktober 1549 mußte er die Regentschaft niederlegen. Der Graf von Northumberland übernahm die Kontrolle über die Regierung. Er behielt während der restlichen Regierungszeit

Eduards die Macht. Im Jahr 1552 wurde ein zweites, noch mehr am Protestantismus orientiertes Prayer-Book eingeführt.

Um die Macht über England fest in der Hand zu behalten und die Weiterexistenz des Protestantismus nach dem Tod des erst sechzehnjährigen Königs Eduard zu sichern, verheiratete der Graf von Northumberland seinen Sohn Guildford Dudley mit Lady Jane Grey, die älteste Kronprätendentin aus der Suffolk-Linie. Es glückte ihm noch, den sterbenden König so zu beeinflussen, daß er die Krone an Lady Jane vermachte und nicht an Prinzessin Maria Tudor, die Katholische, die rechtmäßige Erbin. Gegen ihren Willen wurde Jane im Juli 1553 zur Königin proklamiert. Ihre Regierungszeit dauerte ganze sechzehn Tage. Denn inzwischen hatten sich die Parteigänger Maria Tudors in Ost-Anglien versammelt. Als ein Heer, das diese angreifen sollte, desertierte und sich auflöste, gab der Graf von Northumberland auf.

Königin Maria I. Tudor führte, weil sie als Tochter Katharinas von Aragon eine katholische Erziehung genossen hatte, die römische Messe wieder ein und versöhnte die Kirche mit dem Papsttum. Die protestantischen Bischöfe, unter ihnen Erzbischof Thomas Cranmer von Canterbury, die einen Widerruf verweigerten, endeten auf dem Scheiterhaufen. Andere Protestanten flüchteten nach Zürich und nach Genf. 1554, ein Jahr nach ihrer Thronbesteigung, heiratete Maria die Katholische Philipp, den Sohn Kaiser Karls V. und Erben der spanischen Besitzungen der Habsburger. Doch als das Parlament sich seinen Plänen einer großen Allianz zwischen Spanien, den Niederlanden und England unter einer Krone widersetzte, verließ Philipp das Land. Er kehrte nur einmal zurück, um sicherzustellen, daß England sich dem spanischen Krieg gegen Frankreich anschließen würde. In diesem Krieg eroberten die Franzosen Calais, Englands letzten Brückenkopf auf dem Festland. Der Verlust dieser Stadt im Jahr 1558 beseitigte alle Hoffnungen Philipps, den englischen Thron doch noch zu erlangen.

Maria Tudor die Katholische trug der Tatsache, daß sie keine Aussicht auf eigene Kinder hatte, dadurch Rechnung, daß sie ihre Stiefschwester Elisabeth als Thronerbin anerkannte. Am 17. November 1558 wurde sie Königin. Die Protestanten erhofften den Beginn einer neuen Epoche. Elisabeth I. schlug in Sachen des Glaubens einen gemäßigten Kurs ein, um die Wunden der Zeit extremer Glaubensverfolgungen zu heilen.

Jakob V. und Maria Stuart

Auf Grund gegenseitiger Heiratsverbindungen und Erbansprüche blieb Schottland bis zum Jahr 1560 bei der »guten alten Allianz« mit Frankreich. Knapp ein Jahr nach dem Tod seiner ersten Frau, Magdalene von Frankreich, heiratete König Jakob V. von Schottland Maria von Guise. Fortgesetzte Grenzkämpfe mit den Truppen Heinrichs VIII. hatten im Jahr 1542 ihren Höhepunkt in der Niederlage der Schotten bei Solway Moss gefunden. Jakob V., der tödliche Wunden erlitt, hinterließ als Erbin nur seine sechs Tage alte Tochter Maria. Sie wurde im Juli 1543 im Friedensvertrag von Greenwich mit Eduard Tudor, den sechsjährigen Sohn Heinrichs VIII., verlobt. Doch wurde der Vertrag vom schottischen Parlament abgelehnt.

Die junge schottische Königin wurde mit dem Dauphin von Frankreich verlobt und an den französischen Hof gebracht. Die Regentschaft über Schottland führte ihre Mutter. Die »gute alte Allianz«

König Franz II. von Frankreich

schien für England nie so bedrohlich wie in diesen Jahren.

Der Dauphin folgte seinem Vater Heinrich II. im Jahr 1559 als Franz II. auf den Thron. Er regierte nur achtzehn Monate. Maria, die als Enkelin von Heinrichs VIII. älterer Schwester Margarete Rechte auf die englische Krone besaß, betrachtete Elisabeth als Usurpatorin und ratifizierte niemals den Friedensvertrag von Greenwich. Nach dem Tod Franz' II. kehrte sie nach Schottland zurück. Sie bemühte sich vergeblich, von Elisabeth die Versicherung zu erhalten, daß sie den englischen Thron erben würde.

Es kam zu mehreren Rebellionen im Land. Die Lords des protestantischen Bundes besiegten 1567 die Anhänger der Königin in der Schlacht bei Varberry Hill. Maria wurde in der Festung Lochleven Castle festgesetzt und gezwungen, zugunsten ihres minderjährigen Sohnes Jakob VI. abzudanken. Im Mai 1568 entkam Maria Stuart nach England, wo sie auf Unterstützung durch Elisabeth bei ihren Bemühungen auf Wiedererlangung des schottischen Thrones hoffte. Weil jedoch Elisabeth I. Marias katholischen Einfluß und ihre Erbansprüche fürchtete, setzte sie die schottische Königin gefangen. In einem langwierigen Prozeß wurde Maria Stuart wegen ihrer Verbindung mit einer Verschwörung zum Tod verurteilt und im Februar 1587 hingerichtet.

Das Reich Karls V.

In der Mitte der vierziger Jahre des 16. Jahrhunderts wandelte sich die europäische politische Szene. Martin Luther, Heinrich VIII. von England und Franz I. von Frankreich starben kurz hintereinander. Kaiser Karl V. schien auf der Höhe seiner Macht, als er im April 1547 die Schlacht bei Mühlberg gewann und seinen Krieg mit dem Schmalkaldischen Bund beenden konnte. Innerhalb weniger Jahre kam es jedoch in seinem Reich zu einem katastrophalen Umschwung.

Aus Furcht vor der Macht der Habsburger schlossen sich die protestantischen Reichsfürsten zu einem Schutzbund zusammen. König Heinrich II. von Frankreich trat dem neuen protestantischen Bund unter der Bedingung bei, daß er die Bistümer Metz, Toul und Verdun für seine Hilfe bei einem Feldzug gegen Karl erhielte. Heinrich besetzte 1552 die Bistümer. Herzog Moritz von Sachsen überfiel an der Spitze eines französischen Heeres den Kaiser in Tirol. Karl mußte aus Innsbruck fliehen und entkam nur mit Mühe der Gefangennahme. Im Jahr 1554 unternahm er mit Hilfe Fernando Alvares de Toledo, Herzogs von Alba, und des unberechenbaren Markgrafen Albrecht Alkibiades von Brandenburg-Bayreuth nochmals einen Versuch, das Reich zurückzuerobern. Die Niederlage des letzteren im Juni bei Schwarzach beendete den Kampf. Karl V. überließ es seinem Bruder, Erzherzog Ferdinand, dem König von Böhmen und Ungarn, die Reichsregierung zu übernehmen, und kehrte Deutschland den Rücken.

Achtunddreißig Jahre nach Luthers Thesenanschlag in Wittenberg wurde auf dem Reichstag zu Augsburg 1555 im Augsburger Religionsfrieden die lutherische Konfession neben der katholischen reichsrechtlich als gleichberechtigt anerkannt. Karl V. gab endgültig die Hoffnung auf, daß sein Sohn Philipp ihm als alleiniger Erbe im Reich und im übrigen Herrschaftsgebiet nachfolgen könnte, denn sowohl Ferdinand wie die Reichsfürsten wehrten sich dagegen. 1556 beschloß Kaiser Karl V., der weltlichen Herrschaft zu entsagen, und

Königin Maria Tudor von England und König Philipp II. von Spanien

dankte ab. Philipp II. übertrug er Spanien mit den Kolonien, die Niederlande und die italienischen Besitzungen; Ferdinand I. erhielt das römisch-deutsche König- und Kaisertum mit den habsburgischen Erblanden. In Italien blieb das Herzogtum Mailand Reichslehen. Der Kaiser starb 1558 beim Kloster San Yuste in Spanien.

Ein Friede zwischen Spanien und Frankreich wurde im April 1559 in Cateau-Cambrésis unterzeichnet: Frankreich behielt Calais und die Bistümer Metz, Toul und Verdun. Piemont fiel wieder an Savoyen. Frankreich sowie Spanien behielten dort aber an strategisch wichtigen Punkten weiterhin Garnisonen. Der spanische Besitz der Franche-Comté wurde bestätigt.

Gleich bei seiner Rückkehr nach Spanien 1558 bestimmte Philipp II. Madrid zu seiner Hauptstadt und begann in den einsamen Hügeln der Sierra de Guadarrama mit dem Bau einer Residenz und eines Klosters, dem Escorial. Vierzig Jahre lang regierte Philipp II. sein Reich von dort aus.

Philipp II. dachte realistisch genug, um bei Interessenkonflikten zwischen Religion und Politik der letzteren den Vorzug zu geben. Obgleich er ein frommer Katholik war, zeigte seine Politik ausgesprochen antipäpstliche Züge. Sein Bestreben aber war es stets, die politischen und nationalen Interessen seines Landes mit Kreuzzugsideen gegen Häretiker und Ungläubige zu verbinden.

Seeschlacht bei Lepanto 1571

Don Juan d'Austria, der Sieger von Lepanto. Gemälde eines unbekannten Meisters (Anthonis Mor?), nach 1566

Seeschlacht bei Lepanto, im Vordergrund die allegorischen Gestalten der Heiligen Allianz. Gemälde von Bruno del Priore

Am glühendheißen Morgen des 1. Juli 1571 herrschte Jubel in Barcelona. Siebenundvierzig Galeeren lagen im Hafen vor Anker, an ihrer Spitze die »Reale«. Don Juan d'Austria hatte sich an Bord begeben. Er hegte weniger die Absicht, die spanische Flotte zu inspizieren, als sich ihr bekanntzumachen. Die »Reale«, in den Werften von Barcelona erbaut, war ganz in den Farben Don Juans gehalten: Rot und Gold. Sie war reichverziert mit skulptierten Motiven, Allegorien, Laternen und Säulen, die aus dem soliden und zuverlässigen Schiff zugleich ein prachtvolles Flaggschiff machten.

Auf den Kais drängte sich das Volk und jubelte dem jungen Prinzen zu, der sich anschickte, mit seinen dreiundzwanzig Jahren eines der bedeutendsten Flottenunternehmen der Seekriegsgeschichte zu leiten. Von einem glänzenden Gefolge geleitet, schritt er über die Brücke der »Reale«, die mit bunten Wimpeln geschmückt war und deren Bordwände man mit rotem Samt bespannt hatte. Die Galeerensklaven stimmten ein klagendes Lied an, das die Kanonensalven der »Reale« übertönte, auf die die Geschütze der Flotte antworteten. Ein Imbiß aus Konfitüren und Früchten wurde der hohen Gesellschaft gereicht, dann besichtigte sie das Admiralsschiff und die Kajüte des Oberbefehlshabers mit den Deckengemälden zu Ehren Odysseus' und Jasons, Merkurs und Mars'.

Ein schöner Tag – doch er endete für den Helden mit einer Demütigung. Als Don Juan abends zum Palast des Vizekönigs, seinem Wohnsitz, zurückkehrte, fand er ein Schreiben Philipps II., seines königlichen Halbbruders, vor, der ihm untersagte, den Titel einer Hoheit zu führen, da seinem Stand nur der einer Exzellenz zukomme. Das war eine schroffe Erinnerung an seine uneheliche Herkunft: als Sohn Karls V. und einer Regensburger Bürgerstochter, Barbara Blomberg, galt Don Juan nur als ein Bastard. Doch er wies die Beleidigung scharf an den König zurück, indem er seine Antwort begann: »Gott hat mich als Eurer Majestät Bruder erschaffen...«

Wen wundert es da, daß die elegante und männliche Gestalt Don Juan d'Austrias in glänzender Rüstung und mit dem Ordenszeichen des Goldenen Vlies' an einer Kette über der Brust sich einem strahlenden Helden gleich vor dem Hintergrund des Meeres ausnahm? Er ist in die Geschichte als Sieger von Lepanto eingegangen. Aber er handelte nicht als einziger Akteur. Auch andere haben vor, während und nach der Schlacht, deren Vorspiel in Venedig begann, ihre Rollen gespielt. Denn handfeste wirtschaftliche Interessen verursachten letztlich dieses große religiöse Unternehmen.

Jm Jahr der Schlacht von Lepanto standen Philipp II. auf dem Gipfel seiner Macht und Spanien auf der Höhe seines Ruhms. Wenn der König auch nicht die Hegemonie in Europa geerbt hatte, die sein Vater, Kaiser Karl V., zwar erobert, aber wieder preisgegeben hatte, so regierte er doch ein Land, das nicht länger als Teil des Heiligen Römischen Reiches galt, sondern eine eigenständige Macht bildete. Ihm gehörten außerdem die Niederlande und in Amerika Mexiko und Peru. Zugleich herrschte er über Neapel und Sizilien. In Italien hatte er somit großen Einfluß. Eine eigenständige Politik vermochten nur noch Venedig, das seit dem 9. Jahrhundert und mit wechselndem Glück seine Geschicke allein steuerte, und der Kirchenstaat zu pflegen.

Die Geschichte Venedigs glich einem Kaufmannsepos. Sie schillert in den Farben von Seide und verströmt den Duft von Gewürzen. Die venezianischen Kaufleute, Erfinder eines robusten Handelsschiffstyps, der Galeazza de mercanzia, beherrschten das Geschäft der Ein- und Ausfuhr meisterhaft. Als Hauptlieferanten orientalischer Erzeugnisse an das Abendland und Gebieter der großen internationalen Märkte gelang es ihnen Jahrhunderte hindurch, oft nur mit Waffengewalt, ihrem mächtigen Gewerbe nachzugehen. Als Herrin eines See-Reiches, das sich über Istrien, die Küste Dalmatiens, die Ionischen Inseln und Kreta erstreckte, schlug Venedig im 15. Jahrhundert nicht mehr nur eine maritime, sondern auch territoriale Expansionspolitik ein.

Es erhielt vom türkischen Sultan in Istanbul das Handelsmonopol im Osmanischen Reich und annek-

König Philipp II. von Spanien. Detail eines Gemäldes von Alonso Sanchez Coello, um 1580

Fassade der Kirche San Lorenzo am Patio de los Reyes in El Escorial. Bau nach Plänen von Juan de Herrera, zwischen 1574 und 1595

tierte 1489 die Insel Cypern, die seit der Eroberung durch die Kreuzfahrer ein Zentrum christlicher und lateinischer Kultur im Orient und bedeutender Handelsplatz war. Seit diesem Jahr beherrschte Venedig das ganze östliche Mittelmeer, wodurch sein politisches Ansehen sich steigerte. Es bediente sich der Diplomatie und entsandte Botschafter an alle europäischen Höfe und apostrophierte sich im wahrsten Sinn des Wortes als »Serenissima Republica di Venezia«.

In der Türkei löste Selim II. seinen Vater, Suleiman II. den Prächtigen, auf dem osmanischen Thron ab. Ihn bewegte vor allem, daß Cypern von Christen besetzt gehalten wurde, die die Schiffahrt der Türken in ihren eigenen Gewässern behinderten. Den Venezianern sandte er ein Ultimatum: wenn sie die Insel nicht bereitwillig räumten, sollte die türkische Flotte dieses gewaltsam tun. In Venedig hielt man die Forderung für ungeheuerlich und für unannehmbar; empört wies man sie zurück, da sie im Widerspruch zu dem vor Jahren mit der Hohen Pforte geschlossenen Friedensvertrag stand. Im Juli 1570 führte ein türkisches Geschwader daraufhin einen heftigen Angriff gegen Cypern. Die Feindseligkeiten waren eröffnet.

Wie verhielt sich Spanien? Während die Venezianer nur darauf achteten, ihren territorialen Besitz im Mittelmeerraum zu verteidigen, trachtete Philipp II. danach, die Küsten-Gebiete Nord-Afrikas zu erobern. Obgleich beide Staaten sich nicht wohlgesonnen waren, einander mißtrauten und unterschiedliche Ziele in ihrer Politik verfolgten, bot die islamische Welt genügend Anlaß, die Voraussetzungen für ein Militärbündnis zwischen beiden zu schaffen. Um diese Interessengemeinschaft in einen echten Pakt zu verwandeln, fehlte es ihr nur noch an einer moralischen Rechtfertigung, die von einer unabhängigen und unbestrittenen Autorität ausgesprochen werden mußte. Papst Pius V. gab den Anstoß. Er wertete die Eroberungs- und Strafexpedition gegen die Türken, bei der der Glaubenseifer Philipps II. Pate stand, zu einem Kreuzzug gegen die Ungläubigen auf. So entstand die Heilige Liga.

Die Heilige Liga, der Vertrag zwischen Venedig und Spanien, der vom Papst — selbst vertragschließende Partei — gebilligt und gutgeheißen wurde, beinhaltete eine gemeinsame Kriegserklärung an das Osmanische Reich und die Barbaresken-Staaten Nord-Afrikas, Algier, Tunis und Tripolis. Er regelte die Modalitäten des Einsatzes der Streitkräfte der vertragschließenden Parteien und die Verteilung der Kosten. Der Feldzug sollte von drei Befehlshabern geleitet werden: einem Venezianer, einem Spanier und einem Vertreter des päpstlichen Stuhles. Auf ausdrücklichen Wunsch des Heiligen Vaters erhielt Don Juan d'Austria den Oberbefehl als »Dux Generalis«.

Am 20. Mai 1571 in Rom paraphiert, trat das Bündnis der Heiligen Liga zwei Monate später in Kraft: Am 11. und am 20. Juli lichtete die spanische Flotte in zwei aufeinanderfolgenden Abteilungen von elf und siebenunddreißig Galeeren in Barcelona die Anker und stach nach Genua in See. Dieser Hafen war für Don Juan nur eine Zwischenstation auf dem Weg nach Messina auf Sizilien, dem Sammelpunkt der verbündeten Geschwader.

Mehr als dreihundert Segelschiffe, dreißigtausend Soldaten, fünfzigtausend Ruderer und Matrosen versammelten sich dort im Hafen. Die Kampfeinheiten und die Galeeren stellten anteilmäßig Spanien, Venedig und der päpstliche Stuhl. Savoyen und der Malteserorden waren ebenfalls mit Kriegsschiffen vertreten. Don Juan hatte die Mannschaften gründlich inspiziert. Er hielt an Bord der »Reale« zahlreiche Konferenzen mit den Flottenführern ab: den Venezianern Sebastiano Venier, Agostino Barbarigo und Francesco Duodo, dem Beauftragten des Papstes Marcantonio Colonna, den Spaniern Gian Andrea Doria aus Ligurien und Luis de Requesens, und dem Freund und Gefährten seiner Kindertage, Alexander Farnese. Jeder Kapitän erhielt präzise und geheime Anweisungen über die von ihm zu beachtende Kampfaufstellung und seine besonderen Aufgaben. Don Juan ließ keine Einzelheit aus. Die alten, in so mancher Seeschlacht ergrauten Admirale und Kapitäne aber widersprachen oft den Plänen des jungen Prinzen. Die Vorbereitungen schleppten sich, durch Mißtrauen und Widerstände gelähmt, über Wochen hin, ehe sie abgeschlossen waren.

Zur gleichen Zeit hatte Pius V. in Rom mitten in der Meßfeier bei der Lesung der Heiligen Schrift innegehalten und zweimal die Worte wiederholt: »Es gab einen Mann, von Gott gesandt, der hieß Johannes.«

Freilich glich Don Juan weniger Johannes dem Täufer, denn dem Erzengel Michael, als er in seinem Prachtharnisch, ein Kruzifix in der Hand und das Goldene Vlies um den Hals, am 16. September der christlichen Flotte befahl, in See zu stechen.

Die Türken hatten inzwischen nach der grausamen Eroberung von Nikosia und Famagusta auf Cypern Korfu erreicht, das sie furchtbar verwüsteten. Don Juan ließ hier am 28. September Anker werfen. Am 30. befahl er, südlich zu segeln. Er hatte erkundet, wo die feindliche Flotte sich aufhielt: zwischen Kephalonia und Zante, unweit des türkischen Stützpunktes Lepanto, am nördlichen Ufer des Golfes von Patrá. Sie bestand aus zweihundertzwanzig Galeeren und sechsundsechzig weiteren Schiffen, die etwa mit neunzigtausend Mann besetzt und in drei Geschwader gegliedert waren.

Am 3. Oktober lief die christliche Flotte auf der Höhe der Insel Paxos an der west-griechischen Küste entlang und kreuzte während der folgenden Tage im Ionischen Meer. In der Nacht vom 6. zum 7. Oktober hielt sie auf Kephalonia zu. Dann ankerte sie in den Gewässern vor dem Golf von Patrá, unweit des Vorgebirges von Actium, wo Octavian und Marcus Antonius einst um das römische Weltreich kämpften. Am Sonntag, dem 7. Oktober, schritt Don Juan im Morgengrauen zu einer letzten Inspektion. Alles lief zufriedenstellend, zumal sich plötzlich ein Wind von Osten nach Westen erhob, der die christlichen Segel begünstigte. Eine Viertelstunde vor Mittag ließ Don Juan am Mast der »Reale« die Fahne der Heiligen Liga hissen. Die Kanonen begannen zu sprechen.

Wie sah die Schlachtordnung aus? Die christliche Flotte bestand aus hundertzweiundneunzig Galeeren, sechs Galeassen und etwa hundert leichten Booten. Drei Geschwader bildeten eine geradlinige Front: der Generalkapitän und Provveditore Agostino Barbarigo befehligte den linken Flügel, Admiral Gian Andrea Doria den rechten. In der Mitte lagen die Schiffe Don Juans, umgeben von den Galeeren Marcantonio Colonnas und des Generalkapitäns des Meeres, Sebastiano Veniers. Eine Galeere unter dem Befehl des Großkomturs Luis de Requesens hielt dicht bei der »Reale«. Ein viertes Geschwader führte als Nachhut der Marqués von Santa Cruz. Vor der Frontlinie lagen sechs mächtige venezianische Galeassen unter Francesco Duodo. Ihre Mannschaft umfaßte allein tausend Soldaten und vierhundertfünfzig Ruderer, dazu waren die Schiffe mit je hundertachtzig Geschützen bestückt.

Die osmanische Flotte bezog eine halbbogenförmige Stellung. Mohammed Schaulak, Statthalter von Alexandrien, und Uludsch Ali, Statthalter von Algier, befehligten den rechten und linken Flügel. Die Mitte nahm der Kapudan-Pascha Mu'essinsade Ali Pascha ein, dessen Admiralsschiff, die »Baschtarda«, der »Reale« gegenüberlag.

Der Kampf begann mit einer heftigen Attacke des türkischen Großadmirals auf das Flaggschiff der Christen. Ali Pascha trug einen mit Edelsteinen besetzten Kaftan aus weißem Brokat und einen Turban, der um einen stählernen Helm gewunden war. Ihn umringten dreihundert Janitscharen und hundert Bogenschützen. Nach einem Gefecht zwischen diesen und den sardinischen Scharfschützen Don Juans stießen die beiden Admiralsschiffe mit ohrenbetäubendem Lärm aneinander. Ali Pascha traf eine Kugel tödlich; die Spanier enterten sein Schiff. Ein Soldat trennte ihm das Haupt vom Leib und streckte es Don Juan hin. Auf eine Lanze gespießt, wurde es allen Kämpfenden zur Schau getragen. Da erhob sich ein doppeltes Geschrei: Freude bei den Christen, Verzweiflung bei den Türken.

Im Sonnenlicht leuchteten das Gelb, Grün und Rot der islamischen Standarten, blitzten die Helme der Ligasoldaten. Auf dem regungslosen, schieferfarbenen Meer tönten nur Krachen und Bersten, Trümmer und Blut bedeckten die Fluten.

Fünf Stunden dauerte die Schlacht, und bis zuletzt blieb ihr Ausgang ungewiß. Die »Reale« und die »Baschtarda« überrannten abwechselnd die Feinde, ohne daß eine Seite sich längere Zeit auf dem gegnerischen Schiff zu halten vermochte. Osmanen und Christen zeichneten sich gleichermaßen durch außergewöhnliche Waffentaten aus: Alexander Farnese kaperte allein die Galeere, auf der der Schatz der türkischen Flotte lagerte; der Soldat Miguel de Cervantes Saavedra kämpfte wie ein Löwe. Uludsch Ali nutzte eine offene Bresche im Flügel Dorias aus, um auf die Galeeren des Malteserordens zu stürmen. Dreißig Ritter und der Komtur fielen, und das Ordensbanner ging verloren. Ohne das Eingreifen der Reserve von Santa Cruz wäre das Kriegsglück wohl auf seiten der Türken gewesen.

Der Nachmittag rückte vor. Don Juan hatte endlich auf dem feindlichen Flaggschiff festen Fuß gefaßt. Damit war die Schlacht für die Heilige Liga entschieden. Colonna befreite die »Reale« von den sie umringenden Türken. Der Kampf endete mit einem

Andrea Doria von Genua. Detail eines Gemäldes von Sebastiano del Piombo, 2. Viertel des 16. Jahrhunderts

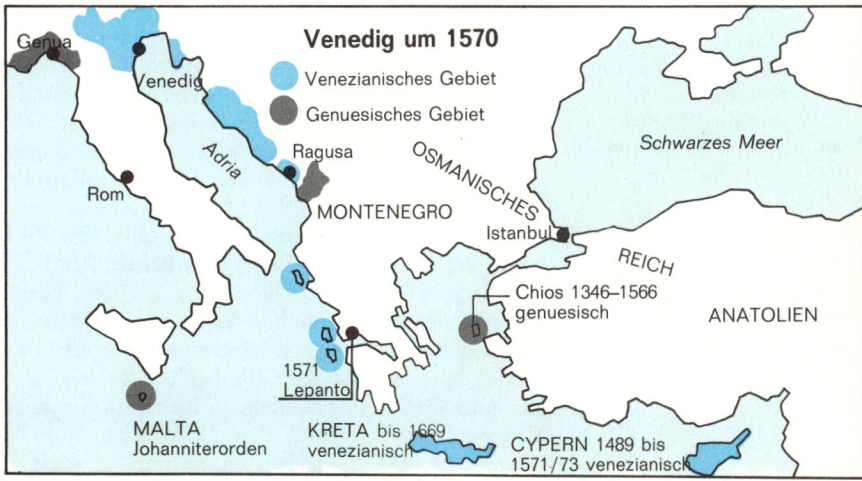

Herzog Alexander Farnese von Parma. Detail eines Gemäldes von Otto van Veen, um 1590

Seeschlacht bei Lepanto, Motto: »A domino factum est istud« (Ps. 117). Rückseite einer Medaille auf den Sieg, im Auftrag Papst Pius' V., 1571

Seeschlacht bei Lepanto. Gemälde von Antonio Vicentino, spätes 16. Jahrhundert

Massaker. Unter dem Geschützfeuer der christlichen Artillerie versanken zahlreiche türkische Galeeren; andere gingen in Flammen auf oder wurden gekapert. Die Offensiv- und Defensivkraft der Christen und die Überlegenheit ihrer Waffen hatten über die Mohammedaner gesiegt. Ihre Geschicklichkeit im Manövrieren nutzte ihnen nichts. An Mut fehlte es auf keiner Seite und auch nicht an Grausamkeit. Gegen fünf Uhr trat Ruhe ein. Am Mast der »Baschtarda« wurde das Kreuz gehißt.

Die militärische Bilanz nahm sich für die Türken verheerend aus. Während die Verluste der Liga sich auf etwa achttausend Mann und fünfzehn Schiffe beschränkten, beliefen sich die des Sultans auf hundertdreißig von den Christen gekaperte und vierundneunzig verbrannte und gesunkene Galeeren. Die Osmanen hatten etwa fünfundzwanzigtausend Tote zu beklagen, fünftausend Mann gerieten in Gefangenschaft, und etwa fünfzehnhundert christliche Galeerensklaven wurden befreit.

Aber wie sah die politische Bilanz aus? Zu Recht frohlockte die gesamte Christenheit bei der Nachricht vom Sieg bei Lepanto. Die Niederlage der Türken war evident und spektakulär. Es ist allerdings festzuhalten, daß nicht die ganze türkische Flotte vernichtet wurde, denn dem Algerier Uludsch Ali gelang es, an der Spitze von vierzig Schiffen zu fliehen. Einer seiner Waffengefährten drückte den Sachverhalt mit den Worten aus: »Man hat dem Sultan nur den Bart geschoren.« Wie ein Bart schnell und mühelos nachwächst, so konnten auch die leistungsfähigen osmanischen Werften die Galeeren ersetzen. Dennoch steht fest, daß dieser 7. Oktober 1571 ein denkwürdiges Datum war und daß die Seeschlacht von Lepanto für die beteiligten Mächte Folgen zeitigte, die in ihrer Bedeutung wechselnd und sehr unterschiedlich waren.

Am unmittelbarsten spürte die Republik Venedig die Befreiung von der türkischen Bedrohung. Gleichwohl hatte Venedig die Blüte seines Adels und seiner Flotte verloren. Es hatte zwar seine politische Unabhängigkeit bewahrt, seine beherrschende Handelsstellung jedoch eingebüßt. In den Jahren nach der Schlacht von Lepanto hörten die aus der Levante verdrängten venezianischen Galeeren auf, die Häfen des Nordens anzulaufen. Mittelbar förderte dies die Erweiterung des Handelspotentials Englands. Zehn Jahre nach Lepanto durchkreuzte regelmäßig eine britische Handelsflottille unter der Flagge der »Levant Company« das Mittelmeer, um mit dem Osmanischen Reich Geschäfte zu tätigen. Den Engländern schlossen sich bald die Holländer an, die ebenfalls mit dem Sultan handelseinig wurden. Venedig mußte zusehen, wie ihm Lieferanten und Kunden entgingen. Zum erstenmal in der Geschichte trieben die Nordländer Handel im Mittelmeer, das bisher den Anliegern vorbehalten war. In seinen wirtschaftlichen Grundlagen getroffen und seinen politischen Verfall vorausahnend, fürchtete Venedig noch immer die türkische Gefahr. Darum schloß die Republik schon wenige Monate nach Lepanto einen Separatfrieden mit dem Osmanischen Reich zu relativ ehrenhaften Bedingungen. Allerdings blieb Cypern türkisch.

Was Spanien betraf, so war es für lange Zeit von der Gefahr des Islam befreit. Die immer wieder gefürchtete Verbindung zwischen der türkischen und der französischen Flotte hatte Lepanto unmöglich gemacht. Die Tätigkeit der seeräuberischen Berber Algiers und Tunis' schränkte sich ein. Spanien sah seine Hegemonie und sein Ansehen auf dem Meer gestärkt.

Entgegen allen Vermutungen schien der Bruch der Heiligen Liga durch den Separatfrieden der Venezianer Spanien nicht zu verärgern, sondern seinen Plänen eher dienlich zu sein. Spanien — das war die Person Philipps II., dessen Politik so viele geheime Absichten durchdrangen, daß sie oft dem Nationalinteresse zuwiderzulaufen schienen. Philipp II. wünschte zwar den Sieg über die Türken, aber der Sieg sollte nicht zu aufsehenerregend sein. Er wollte Venedig zwar vor der osmanischen Gefahr retten, jedoch gleichzeitig sein Erstarken vermeiden, weil er hoffte, es später einmal seinen italienischen Besitzungen eingliedern zu können. Wen wunderte es darum, daß er die Nachricht von dem Separatfrieden zwischen Venedig und der Türkei so gelassen hinnahm?

Trotz seiner Sorge, nicht zu sehr in die Heilige Liga verwickelt zu werden, hatte Philipp II. den Hauptteil der Kosten für die Flottenrüstung übernommen. So war die spanische Staatskasse ziemlich erschöpft und durch kostspielige Anleihen bei Genueser Banken belastet. Die finanziellen Sorgen brachten den König von Spanien jedoch nicht von dem Ziel ab, das er sich beim Eintritt in die Heilige Liga gesetzt hatte: die Ungläubigen zu bekämpfen. Er vertrieb die Mauren und die Juden aus Spanien. Ein praktischer Hintergedanke beflügelte die Taten katholischen Glaubenseifers: Durch die Konfiszierung des Besitzes der Vertriebenen entschädigte er sich einigermaßen für seine ruinöse Finanzwirtschaft. Er machte sich den psychologischen Effekt des von Don Juan d'Austria erfochtenen Sieges zunutze und schickte den Helden auf einen Eroberungszug nach Tunis, um das seit langem vorlorene Gebiet zurückzugewinnen. In weniger als einem Monat besetzten die Spanier Tunis. Die Eroberung Don Juans war nur von kurzer Dauer. Ein Jahr später nahm Uludsch Ali Tunis wieder ein. Der militärische Nutzen, den Spanien aus der Schlacht von Lepanto und ihren Folgen zog, war also gering. Immerhin konnte Philipp II., nachdem er sich der Türkengefahr entledigt hatte, es nun mit England und den Niederlanden aufnehmen.

Der große Gewinner der Schlacht von Lepanto war letztlich das christliche Abendland. In den Gewässern des Ionischen Meeres hatte das Osmanische Reich den Schlag erhalten, der seinen Vormarsch in Europa entscheidend hemmte. Darüber hinaus war der psychologische und moralische Effekt dieses Sieges beachtlich, hatte er doch den Mythos von der Unbesiegbarkeit der Türken zerstört. Cervantes, Akteur und Zeuge dieses »großen und denkwürdigen Tages von Lepanto«, sprach in seinem Roman »Don Quijote« von »diesem so glücklichen Tag für die Christenheit...«, »weil alle Nationen der Welt von dem Irrtum erlöst wurden, der sie glauben machte, die Türken seien auf dem Meer unbesiegbar.«

JEAN DESCOLA

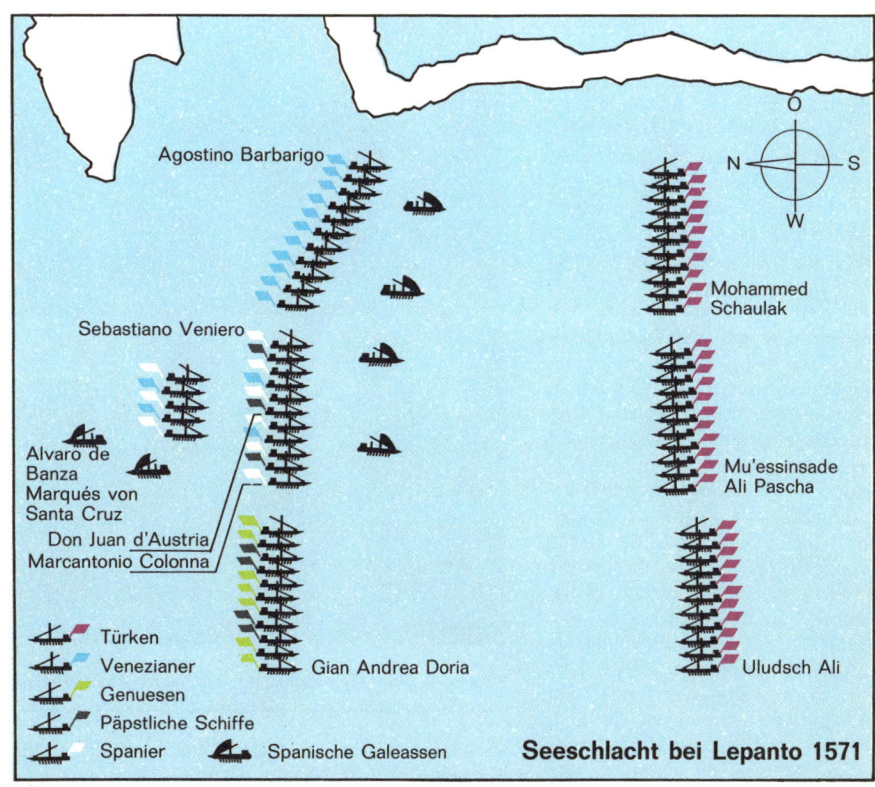

Seeschlacht bei Lepanto 1571

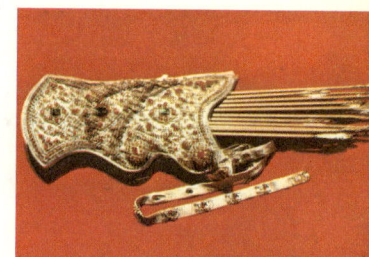

Türkischer Köcher mit Pfeilen. Mitte des 16. Jahrhunderts

Die Niederlande. Heinrich IV. von Frankreich. Deutschland

In den Jahren zwischen der Schlacht von Lepanto und der Niederlage der spanischen Armada verschob sich das Schwergewicht der europäischen Politik vom Mittelmeer nach den Niederlanden. Das Meer, dessen Bedeutung sich in diesen Seeschlachten zeigte, nahm einen tiefgreifenden Einfluß auf den Unabhängigkeitskampf der Holländer gegen die Spanier. Wilhelm von Oranien hatte den Geusen, wie sich die niederländischen Freiheitskämpfer nannten, Kaperbriefe ausgestellt. Die nationalen Freibeuter plünderten nun mit ihren kleinen Fahrzeugen die spanischen Schiffe, die sie im Kanal aufbrachten. Sie operierten ursprünglich von englischen Häfen aus. Doch als ihnen diese Basen genommen wurden, eroberten sie Brielle, einen holländischen Hafen zwanzig Kilometer westlich von Rotterdam, und benutzten ihn als Flottenstützpunkt. Seit dem Jahr 1572 konnte sich Wilhelm in den aufständischen Provinzen Holland, Seeland und Utrecht als Statthalter durchsetzen. Er versprach, die Niederlande aus den Händen des Herzogs von Alba zu befreien, und führte ein holländisches Heer gegen die Spanier. Obgleich Haarlem zu letzteren abfiel, glückte es ihnen nicht, die Stadt Alkmaar einzunehmen. Da Alba keine Aussicht auf Erfolg sah, bat er Philipp II. um den Abschied. Die

Einzug König Heinrichs IV. von Frankreich in Paris am 22. März 1594

Prinz Wilhelm von Nassau-Oranien

Holländer eroberten nun im Jahr 1574 Seeland zurück und retteten Leiden, indem sie die Deiche öffneten. Ein Jahr später unterbrach Don Luis Requesens y Zuñiga, Albas Nachfolger, die Verbindung zwischen Holland und Seeland. Daraufhin bot der verzweifelte Wilhelm von Oranien Elisabeth I. von England die Oberhoheit über die Niederlande an. Die Königin lehnte jedoch das Angebot mit Bedacht ab.

Der Unabhängigkeitskampf des Oraniers wurde zunehmend eine europäische Angelegenheit: Englische Abenteurer kämpften in Wilhelms Heer. Auch Herzog Franz von Anjou, der Erbe des französischen Thrones, und Johann Kasimir von der Pfalz, der sich der Sache der Protestanten verschrieben hatte, führten Söldnerscharen gegen die Spanier. Nach dem plötzlichen Tod Requesens', 1576, ernannte Philipp II. seinen Halbbruder Don Juan d'Austria, den Sieger von Lepanto, zum Generalstatthalter der Niederlande. Bevor Don Juan sein Amt antrat, meuterte die spanische Armee und plünderte Antwerpen, weil sie seit Monaten wegen der Erschöpfung der spanischen Staatsfinanzen keinen Sold mehr erhalten hatte. Noch im selben Jahr gelang es Wilhelm von Oranien, die südlichen und die nördlichen Provinzen der Niederlande zur Vertreibung der Spanier und Verteidigung der Privilegien

König Heinrich III. von Frankreich

in der Pazifikationsakte von Gent zu einigen. Die Vereinbarung forderte vom spanischen König, den die Niederländer immer noch als ihren Herrn anerkannten, den Rückzug seiner Soldaten und die Gewährung von Glaubensfreiheit.

Aber die Meinungsverschiedenheiten zwischen den flämischen Provinzen im Süden und den holländischen Provinzen im Norden wuchsen wegen der konfessionellen Gegensätze ständig. So kam es 1579 zur Utrechter Union, in der Utrecht, Holland, Seeland und vier weitere holländische Provinzen ein eigenes Verteidigungsbündnis gegen Spanien schlossen. Den konsequenten Schlußakt im Unabhängigkeitskampf unternahmen die sieben nördlichen Provinzen 1581 im Haager Manifest, in dem sie jegliche Untertanenpflicht gegenüber der spanischen Krone leugneten. Das bedeutete den verfassungsmäßigen Beginn der holländischen Republik.

Als Alexander Farnese, der Herzog von Parma, damals der bedeutendste spanische Feldherr, während dieser Zeit Fortschritte gegen Wilhelm von Oranien erzielte, unternahm der katholische Herzog und Dauphin Franz von Anjou auf Drängen von Elisabeth I., mit der er verlobt war, im Süden einige kurze Feldzüge zugunsten der Protestanten. Im Jahr 1583 plünderten seine Truppen mit solcher Brutalität Antwerpen, daß dieses Ereignis als die »französische Wut« sprichwörtlich wurde. Ein Jahr später starb Anjou, und der Herzog von Parma befreite Ypern und Gent. Am 10. Juli dieses Jahres wurde Wilhelm von Oranien, der Held des Aufstandes, auf Betreiben Philipps II. ermordet. Der Herzog gewann nun auch Antwerpen zurück.

Krieg der drei Heinriche

Mit dem Tod des Herzogs Franz von Anjou erweiterte sich der Kampf der Hugenotten um ihre Anerkennung zu einem Krieg um die Thronfolge in Frankreich. Denn da es feststand, daß König Heinrich III. kein Erbe beschieden war, rückte der Protestant König Heinrich von Navarra zum ersten Anwärter auf. Das Haus Guise vereinigte die verschiedenen katholischen Gruppen zu einer Liga, um sich diesen Ansprüchen zu widersetzen. Auch Philipp II. von Spanien war gegen territoriale Zugeständnisse bereit, ihren Kandidaten, einen Onkel Heinrichs von Navarra, Kardinal Karl von Bourbon, zu unterstützen. Als Heinrich III. vor dessen Forderungen kapitulierte und alle religiösen Freiheiten widerrief, geriet Frankreich in einen neuen Krieg: den Krieg der drei Heinriche.

Heinrich III. wandte sich schließlich gegen die Guises. Dennoch gelang es Herzog Heinrich von Guise, sich 1588 zum Herrn von Paris zu machen. Der König entkam und erkannte von Chartres aus die Forderungen der Liga an, die Generalstände einzuberufen. Doch als sich die États Généraux im Dezember in Blois versammelten, versuchte Heinrich III. sich der

und Europa

1572–1593

Katharina von Medici

Macht der Liga zu entziehen und ließ die Brüder Herzog Heinrich von Guise und Kardinal Ludwig von Guise ermorden. Katharina von Medici, die seit dem Tod ihres Gemahls, König Heinrichs II., immer wieder entscheidend in die französische Politik eingegriffen hatte, erlebte die Ermordung ihres dritten Sohnes, Heinrichs III., in Blois nicht mehr.

Der Tod Alexander Farneses 1592 beraubte die Liga in Frankreich ihres wichtigsten Rückhaltes. Obwohl die katholischen Truppen weiterhin Paris besetzt hielten, konnte Heinrich von Navarra ständig an Boden gewinnen. Im Jahr 1593 trat Heinrich zum katholischen Glauben über, was ihm die Tore von Paris öffnete und die Krönung zum König von Frankreich einbrachte.

Kalenderreform

Im Jahr 1582 ordnete Papst Gregor XIII. eine Reform des Kalenders an, die in allen katholischen Ländern den Julianischen Kalender ersetzte. Bei dem Gregorianischen Kalender folgte auf den 4. der 15. Oktober 1582. Damit fielen die Tage aus, die durch die Ungenauigkeit des Julianischen Kalenders in den vergangenen Jahrhunderten entstanden waren. Die meisten protestantischen Länder übernahmen bald den verbesserten Kalender. Nur Holland bis 1700, Großbritannien bis 1752 und Rußland sogar bis zur Revolution von 1917 blieben beim alten Stil.

So wie Gregor XIII. wegen der Neuberechnung des Jahres in die Geschichte einging, machte sich Papst Sixtus V. um die Reform des Kirchenstaates verdient. Er beseitigte das Banditenunwesen und verschaffte der päpstlichen Herrschaft neue Autorität, reformierte die Verwaltung der Kirche, begrenzte die Zahl der Kardinäle auf siebzig und verlangte von den Kandidaten für das Kardinalsamt eine höhere Qualifikation als bisher. In seinem kurzen Pontifikat, das von 1585 bis 1590 währte, baute er Straßen und Brücken, renovierte den Lateran und versuchte, die Pontinischen Sümpfe trockenzulegen. Er gab Rom eine neue Größe und förderte die rasche Vollendung der Peterskirche.

Deutschland und Europa

Deutschland litt wie Frankreich im 16. Jahrhundert unter schwachen Herrschern. Kaiser Rudolf II., ein gebildeter Mann mit besonderer Vorliebe für Astronomie und Astrologie, schien in den Regierungsstil Friedrichs III. zurückzufallen. Er war unfähig, wirklich zu herrschen, und stand unter dem Einfluß seiner Berater. Rudolf förderte die Jesuiten; unter seiner Leitung gewann die Gegenreformation in allen Ländern der Habsburger an Boden. Die Saat zum Dreißigjährigen Krieg wurde während Rudolfs langer Herrschaft gelegt, die von 1576–1612 reichte.

Im Jahr 1572 starb Sigismund II. August von Polen, der letzte König aus der Dynastie der Jagiellonen, die seit 1386 regierte. Polens Stände machten das Königreich zu einer Wahlmonarchie. Auf Betreiben Katharinas von Medici wurde ihr Sohn Heinrich unter der Bedingung zum König gewählt, daß er ohne Zustimmung der Stände weder heiraten noch Kriege erklären durfte. Nach einem Jahr kehrte er nach Frankreich zurück, um dort als Heinrich III. den Thron zu besteigen. Die Polen setzten den abwesenden König ab und wählten Stefan Báthory, den Fürsten von Siebenbürgen, zum König. Er war ein furchtloser Kriegsmann, der Polens erfolgreich gegen die Russen verteidigte.

1574 überfiel König Sebastian I. von Portugal Marokko, ohne das Land gewinnen zu können. Vier Jahre später wurde er bei einem weiteren Feldzug nach Afrika in der Schlacht bei Alcazar getötet und hinterließ den Thron seinem Onkel, dem Kardinal Heinrich. Nach dessen Ermordung im Jahr 1580 setzte Philipp II. seine Erbansprüche mit Waffengewalt durch und vereinigte Portugal in Personalunion mit Spanien. Der Herzog von Alba brach den Widerstand der Portugiesen in der Schlacht bei Alcantara nahe Lissabon.

Elisabeth I. von England

Königin Elisabeth I. wußte, daß zur nationalen Einheit eine religiöse Konformität gehörte. Indem sie eine nationale Kirche förderte, hoffte sie, die religiösen Kämpfe der letzten beiden Jahrzehnte zu beenden. Elisabeth betrachtete sich selbst als ein Werkzeug »der göttlichen Vorsehung«, doch sie hielt es nicht für ihre Aufgabe, die calvinistische Theologie oder die presbyterianische Kirchenverfassung in England einzuführen. Statt dessen betonte sie die Kontinuität der anglikanischen mit der mittelalterlichen Kirche und legte auf die Gleichartigkeit der Bischofsverfassung besonderes Gewicht.

Ursprünglich hatte Elisabeth weniger Ärger mit den eigentlichen Gegnern ihrer Kirchenpolitik als vielmehr mit jenen Puritanern und Katholiken im Parlament, die Druck auf sie ausübten, weil sie endlich die Frage der Nachfolge geregelt sehen wollten. Doch sie weigerte sich stets, einen Nachfolger zu benennen. Die Königin wußte aus der Zeit Marias der Katholischen, daß ein designierter Erbe unvermeidlich zum Zentrum der Opposition würde. Heiratsangebote kamen von vielen Fürsten, und Elisabeth ließ sich auf eine ganze Serie von längeren Bemühungen der Freier ein — zunächst mit dem Erzherzog Karl, später mit Franz, dem Herzog von Alençon und Anjou. Der letztere fand sogar Elisabeths Zuneigung. Doch die Schwierigkeiten bei der Wahl eines katholischen Gemahls erwiesen sich als unüberwindlich. Wenn die Gemahlin des Grafen Robert Dudley von Leicester nicht unter so merkwürdigen Umständen gestorben wäre, hätte Elisabeth womöglich Dudley geheiratet. Er blieb ihr Günstling, obwohl seine Stellung nacheinander von Walter Raleigh und Robert Devereux, dem Grafen von Essex, bedroht wurde.

Robert Dudley, Graf von Leicester

Während der meisten Zeit ihrer Regierung war England vom feindlich gesonnenen Kontinent isoliert. Die Königin setzte, soweit wie es ihr möglich schien, ihre Freundschaft mit Spanien aufs Spiel und gestattete ihren Seeleuten sogar, spanische Schiffe zu kapern. Solche Zwischenfälle führten zunächst nicht zu offenen Feindseligkeiten, wohl aber kam es dazu, als drei spanische Schatzschiffe aufgebracht wurden, die im Hafen von Plymouth Zuflucht gesucht hatten. Spanien brach von 1568 bis 1574 für sechs Jahre alle wirtschaftlichen Beziehungen zu England ab. Im Frühjahr 1572 unterzeichnete Elisabeth ein Verteidigungsbündnis mit Frankreich. Dieser Vertrag erwies sich als dauerhaft. Er überlebte das Gemetzel der Bartholomäusnacht, Elisabeths Verhaftung der Maria Stuart und Englands Hilfsgelder an die Hugenotten. Diese Ereignisse erhöhten die schon vorhandenen Spannungen zwischen Katholiken und Protestanten in Frankreich. Im Juli 1585 widerriefen die Herzöge Guise den Vertrag. Dennoch verschob seine Existenz den Tag der Abrechnung Spaniens mit England um mehr als ein Jahrzehnt.

Sir Francis Drakes Kaperfahrten vor dem spanischen Mutterland eröffneten ein neues Kapitel in der Geschichte der Seeräuberei. Im Jahr 1573 brachte er von seinen Plünderungen der Nombre de Dios ungefähr fünfzigtausend Pfund Sterling mit nach Hause, und vier Jahre später wurde Drake ein nationaler Held, als er die Erdkugel umsegelte. Nach seiner Rückkehr schlug Elisabeth I. »ihren Seeräuber« zum Ritter.

Im Jahr 1585 segelte Drake in die Karibische See und plünderte San Domingo und Cartagena. Die Königin hatte dafür zehntausend Pfund Sterling in bar und zwei ihrer Schiffe zur Verfügung gestellt. Dieses Unternehmen kam einer Kriegserklärung an Spanien gleich. Noch im selben Jahr kam es auf Sir Walter Raleighs Initiative hin zur Gründung der ersten englischen Kolonie in der Neuen Welt. Die Seefahrer benannten die Kolonie »Virginia«, in Verehrung der Königin Elisabeth I.

Die Frage der Nachfolge gestaltete sich im Jahr 1568 durch die Ankunft Maria Stuarts in England höchst problematisch. Denn ungeachtet einiger persönlicher Nachteile war Maria grundsätzlich Prätendentin auf dem englischen Thron, weil sie eine Urenkelin König Heinrichs VII. Tudor war.

Die spanische Armada 1588

Charles Howard von Effingham, Graf von Nottingham, Lord High Admiral. Gemälde von Daniel Mytens d.Ä., 1. Viertel des 17. Jahrhunderts

Königin Elisabeth von England inmitten von Allegorien. Kupferstich von William Roger, 1589

Ein langer Friede zwischen England und Spanien schien durch die 1554 vollzogene Heirat der katholischen Königin Maria und dem Habsburger Prinzen Philipp, dem designierten König von Spanien, gesichert. Nach vier Jahren aber starb Maria kinderlos. Auf dem englischen Thron folgte ihre Halbschwester, die dezidiert protestantische Elisabeth. Anfänglich hielt die neue Königin Frieden mit Philipp II., aber zwei Jahrzehnte später vollzog sie eine Wendung und verbündete sich mit den Bewohnern der Niederlande, die das spanische Joch abzuschütteln suchten. Im Jahr 1585 schickte Elisabeth ein Heer unter Führung von Robert Dudley, des Grafen von Leicester, das an der Seite der niederländischen Rebellen gegen Philipps Truppen kämpfen sollte. Die Fiktion des Friedens, der schon seit den Raubzügen von John Hawkins und von Francis Drake gegen Spaniens Besitzungen in der Neuen Welt in Frage gestellt war, konnte nicht länger aufrechterhalten werden.

Philipp II. konfiszierte alle in spanischen Häfen ankernden englischen Schiffe. Pläne für eine kombinierte See- und Landunternehmung wurden von Alvaro de Banza, dem Marqués von Santa Cruz, ausgearbeitet. Als die Nachricht von der Hinrichtung der Königin Maria Stuart von Schottland Spanien erreichte, befahl Philipp, die Kriegsvorbereitungen zu beschleunigen. Die Spanier sammelten eine große Flotte und rüsteten sie aus. Für etwa achttausend Seeleute und zweiundzwanzigtausend Söldner wurden Vorräte angelegt, die nach Calais transportiert werden mußten. Denn die Truppen des Generalstatthalters der Niederlande, Herzog Alexander Farneses von Parma, sollten mit der Flotte Hand in Hand operieren. Das Treffen mit Alexander Farnese erforderte einen genauen Zeitplan, falls das Unternehmen Erfolg haben sollte. Philipp setzte voraus, daß die vereinigte spanische Streitmacht von den immer noch zahlreichen englischen Katholiken als Befreier gefeiert würde. Prospanische Gefühle waren in der Tat in gewissen Gegenden wirksam. Es gab sogar Eisenhüttenbesitzer in Sussex und Gloucester, die Feldschlangen und schwere Geschütze nach Spanien schmuggelten.

England bereitete sich auf die Invasion durch Ausbildung von Landmilizen und durch Anlage eines Signalsystems entlang der Küsten-Gebirge vor, um das Nahen des Feindes rechtzeitig zu bemerken. Sir John Hawkins, der kluge Schatzmeister und Kontrolleur der königlichen Flotte, versicherte Elisabeth I., daß die Flotte zum Losschlagen bereit war. Aber die Königin, die es sich nicht erlauben konnte, ihre »hölzernen Mauern« ständig im Dienst zu halten, mußte darum die Mobilmachung bis zum letzten Augenblick hinauszögern. Vorerst schien Angriff die beste Verteidigung zu sein. Im Frühling 1587 führte Sir Francis Drake verwegen dreiundzwanzig Schiffe zum Hafen von Cadiz, wo die Engländer dreißig spanische Schiffe zerstörten. Auf dem Heimweg kaperte und verbrannte Drakes Flotte Tausende von leeren Fässern und anderen Böttcherwaren, die nach französischen Häfen zur Aufbewahrung von Lebensmitteln für die Armada verschifft wurden. Das Unternehmen zwang die Spanier, ihre Invasion um ein Jahr zu verschieben.

Europas Wahrsager hatten seit langem für das Jahr 1588 Furcht und Schrecken vorausgesagt: Weltreiche sollten untergehen, ja, vielleicht sogar der Tag von Armageddon (Offenbarung 16,16) heranrücken. Der vorzeitige Tod des Admirals Santa Cruz schien diese Anzeichen zu bestätigen. Der Verlust bedeutete für Philipp II. einen empfindlichen Rückschlag in seinen Rüstungen gegen England. Der König bestimmte Alonso Perez de Guzman el Bueno, den Herzog von Medina Sidonia, einen achtunddreißigjährigen Granden von Kastilien, zum neuen Oberbefehlshaber der Flotte. Obwohl unkundig der Seekriegsführung und anfällig für die Seekrankheit, bemühte sich Medina Sidonia, ein tapferer und umsichtiger Admiral seines Königs zu sein. Er nahm den Posten nur widerwillig an. Der neue Befehlshaber fand die Vorbereitungen für eine Invasion noch ungenügend, die Schiffe dürftig ausgerüstet und die Versorgung mit Lebensmitteln jämmerlich. So dienten Wasserfässer aus grünen, nicht abgelagertem Holz, in denen das Wasser bald verdarb, als Ersatz für die von Drakes Seeleuten verbrannten. Medina Sidonia verlangte mehr Zeit, aber

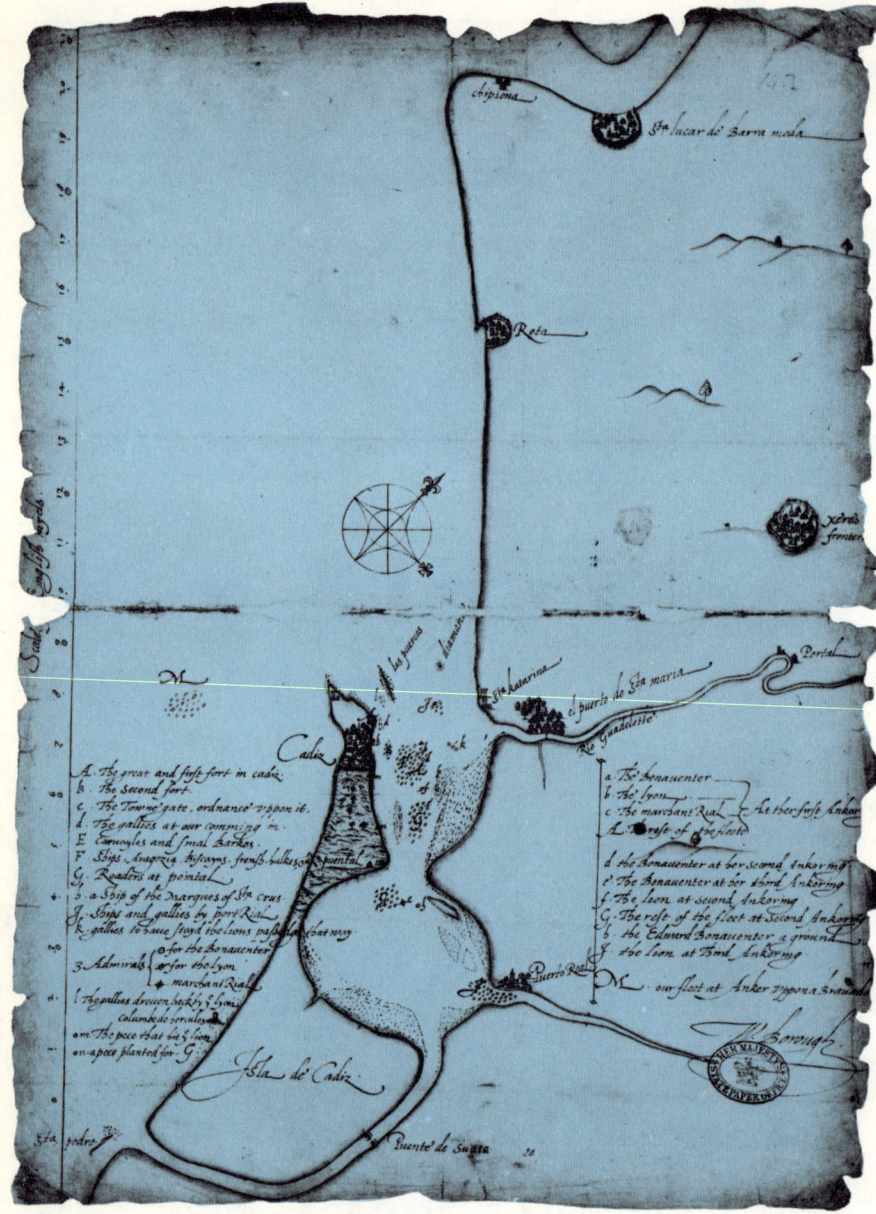

Hafen von Cadiz mit Eintragung der Stellungen der Spanier und der Engländer beim Angriff 1587. Zeitgenössische strategische Karte

Francis Drakes Siegesbericht vom Kampf vor Cadiz an den Prediger John Fox. Autograph von Anfang Mai 1587

Philipp, gewöhnlich von zauderndem Entschlußwillen, beharrte dieses Mal auf raschen Beginn des Unternehmens. Die Flotte bestand jetzt aus zweiunddreißig Linienschiffen, zwanzig Galionen, vier Mittelmeer-Galeeren, die später den Seeverhältnissen im Atlantik so wenig gewachsen waren, daß sie umkehren mußten, vier Galeassen und vier bewaffneten Kauffahrteischiffen. Diese Kriegsflotte, die sich in Geschwader gliederte, wurde von vierzig Kauffahrteischiffen und von dreiundzwanzig Frachtern als Versorgungsbasis begleitet sowie von zwei Dutzend Pinassen, die Kundschafterdienste leisteten.

Papst Sixtus V. hatte dem spanischen Unternehmen seinen Segen verliehen, aber eine finanzielle Hilfe zurückgehalten. Am 15. April 1588 wurden die Banner, die im Kreuzzug gegen die häretische Königin von England getragen werden sollten, in der Kathedrale von Lissabon geweiht; Offiziere und Mannschaften empfingen die Kommunion. Am 30. April war die Flotte bereit, auszulaufen. Doch Stürme verhinderten ein In-See-Stechen bis zum 20. Mai. Die Fahrt entlang der Küste war langwierig, und das Wetter blieb trügerisch. Am 9. Juni ging Medina Sidonia in dem spanischen Hafen La Coruña vor Anker, um auf Nachzügler zu warten. Da er die Sturmschäden als zu schwer und den Proviant als zu gering empfand, ließ er beim König anfragen, ob die Weiterfahrt sinnvoll sei. Der König bestand auf seinem Plan. So verließ die Armada La Coruña am 12. Juli. Die Truppen waren guter Dinge. Aber selbst prospanisch gesinnte Franzosen wetteten sechs zu eins, daß die Armada niemals Ushant, eine Insel vor der bretonischen Küste, passieren würde.

Die erste Linie der britischen Flotte bestand aus achtzehn Galionen und sieben kleineren Fahrzeugen. Die Schiffe waren schwerer bestückt als die ihres Gegners, und ihr längerer und schmalerer Rumpf verlieh ihnen größere Manövrierfähigkeit. Bewaffnete Kauffahrteischiffe in Privatbesitz und kleine Pinassen vergrößerten die Flotte auf hundertsiebenundneunzig Fahrzeuge.

Im Dezember 1587 hatte Elisabeth Lord Charles Howard von Effingham mit dem Kommando über die Seestreitkräfte betraut. Wie sein spanischer Kontrahent war Howard Aristokrat und besaß, ungeachtet seines Verwaltungsamtes als Lord High Admiral, kaum Kenntnisse von Seekriegstaktik. Doch war er in der Lage, dank seiner persönlichen Energie, eigenwillige Kapitäne wie Francis Drake, John Hawkins und Martin Frobisher zum Gehorsam anzuhalten. Anfänglich lagen Lord Howards Schiffe zur Verteidigung der Themse im Hafen von Queenborough. Der Oberbefehlshaber einer Abteilung, die in Dover lag, Lord Henry Seymour, patrouillierte im Kanal, während Drakes in Plymouth ankernde Flotte bereitstand, die westlichen Zugänge zum Kanal freizuhalten. Im Mai 1588 setzte Howard seine Hauptmacht in Bewegung, um sich mit Francis Drake im Sund von Plymouth zu vereinigen. Die Königin weigerte sich, ihnen geplante Plünderfahrten zu erlauben, vor allem wegen der Gefahr, die Armada könnte Howard umschiffen und den Kanal ungehindert passieren.

Als die Kunde vom Aufenthalt der Spanier in La Coruña England erreichte, erhielt Howard den Befehl,

Die »Arc Royal«, das Flaggschiff der elisabethanischen Flotte. Zeitgenössischer Kupferstich

Proviant an Bord zu nehmen, und einen Wink von der Königin, die Feinde in ihrem eigenen Hafen anzugreifen. Neunzig englische Schiffe verließen am 7. Juli Plymouth in Eile und segelten mit Hilfe eines kräftigen Nord-Ost zur Biskaya. Als sich Howards Schiffe der Nord-Küste Spaniens näherten, sprang der Wind plötzlich um und wehte aus Süden, so daß die Engländer unverrichteterdinge nach Plymouth zurückkehrten, wo sie am 12. Juli vor Anker gingen. Am gleichen Tag verließ Medina Sidonia La Coruña. Eine Woche später brachte der Kapitän eines Erkundungsschiffes die Nachricht, daß einige spanische Schiffe nahe bei den Scilly Inseln die Segel gestrichen hatten, um auf Verstärkung zu warten. Die Engländer verließen den Sund mit der Nachtflut und gingen im tiefen Wasser vor Anker. Am folgenden Morgen, Sonnabend, dem 20. Juli, führte Howard vierundfünfzig Schiffe zur Leeseite der Eddystone Rocks und segelte direkt nach Süden – ein prächtiges Manöver, das ihn befähigte, gegen den Feind kehrtzumachen.

Medina Sidonia formierte seine Flotte zu einem ausgedehnten Halbmond mit den größten Galionen an den Spitzen und Flanken und den schwächeren in der Mitte, so daß sie den Engländern wie ein imposanter Feind erschien »mit hohen Türmen, burgähnlich, von vorn wie ein zunehmender Mond«. Diese defensive Formation zwang Lord Howard, nur die stärksten Punkte der Armada anzugreifen.

Er mußte in eine Position gelangen, von der aus die Kanonen wirksam angewandt werden konnten, während die Spanier den Feind einschließen und entern mußten. Große Seeschlachten zwischen Flotten, deren Schiffe in gleicher Ausrichtung und Linie kämpften, waren in der Kriegskunst unerhört, und die Taktik war noch nicht beschrieben. Zunächst verliefen alle Bemühungen der Gegner, Vorteile zu erlangen, erfolglos. Angriffe der Engländer auf die Spitzen des Halbmondes kosteten kein Blut, und die einzigen Verluste der Spanier in den fünf Tagen auf hoher See waren zwei durch Zufall verlorengegangene Schiffe. Die Spanier hatten hunderttausend Kanonenkugeln ohne Ergebnis vergeudet, und auch den Engländern war die Munition ausgegangen.

Obwohl die Signalfeuer an Land erst seit dem 19. Juli in Betrieb waren, als die Armada auf der Höhe von Portland Bill stand, wenige Kilometer südlich von Weymouth an der Süd-Küste, erging schon vier Tage später die Order an die Hauptarmee, sich in Tilbury zu sammeln, und an ein zweites Heer, das die Person der Königin zu verteidigen hatte, nach

Navigationsinstrument Drakes, 16. Jahrhundert

Angriff der englischen Flotte auf die spanische Armada vor Calais in der Nacht vom 28. zum 29. Juli 1588. Zeitgenössisches Gemälde

St. James zu marschieren. An diesem Tag, dem 23. Juli 1588, wurde Graf Leicester zum Oberbefehlshaber der Landstreitkräfte des Königreiches ernannt. In ganz England begannen die gemusterten Truppen nach Süd-Osten zu ziehen. Sperren wurden auf der Themse angebracht, um eine Fahrt der Spanier auf London zu verhindern.

Medina Sidonia ankerte am 27. Juli vor Calais, lediglich um festzustellen, daß der Herzog von Parma keine flachbödigen Boote zum Transport der achtzehntausend zwischen Dünkirchen und Nieuport kampierenden Truppen für die Armada besaß. Auch Lord Howard war in Bedrängnis, denn er konnte nicht in Schußweite der Spanier gelangen. Er berief einen Kriegsrat, der beschloß, die Formation der Spanier dadurch aufzubrechen, daß man eine Flotte von großen Brandern mitten in die Armada schickte.

Drake stellte freiwillig sein eigenes Flaggschiff, die »Thomas«, zur Verfügung, und sieben andere Schiffseigner taten es ihm nach. Die Schiffe wurden mit allem, was brennbar war, gefüllt und ihre Kanonen doppelt geladen, so daß sie bei starker Hitze explodieren mußten. Die Spanier hatten den Einsatz einer Geheimwaffe befürchtet – hier war sie. Kurz nach Mitternacht näherten sich die zusammengebundenen Brander dem Ankergrund der Feinde und durchbrachen den Kordon der Pinassen. In großer Verwirrung ließen die spanischen Galionen ihre Ankertaue schießen und stachen in See. Keines von den Schiffen der Armada fing Feuer. Aber der uneinnehmbare Halbmond war zerbrochen.

Am Morgen des 28. Juli teilte Lord Howard seine Geschwader, um Fühlung mit dem zerstreuten Feind aufzunehmen. Francis Drake auf der »Revenge« sollte den Kampf leiten, und mit Hilfe von Martin Frobisher und John Hawkins bedrängte er das spanische Flaggschiff, dessen Verteidiger zu den Musketen greifen mußten. Howard trieb die führungslose »San Lorenzo« an Land. In dem folgenden Nahkampf erlitten die Spanier die größeren Verluste. Das Duell von Gravelines, einem französischen Hafen südwestlich von Dünkirchen, zeigte deutlich die Überlegenheit der Engländer im Gebrauch ihrer Fahrzeuge. Aber Medina Sidonia wollte noch nicht aufgeben. Stürme und dichter Regen bewahrten die Spanier zunächst vor einer sicheren Niederlage. Als das Wetter aufklarte, entdeckten die Engländer, daß die Spanier außer Schußweite lagen und die alte Halbmondformation erneuert hatten. Zwei spanische Schiffe waren jedoch gesunken und viele leck geschlagen. Da sein Munitionsvorrat fast erschöpft war, konnte Howard den Angriff nicht wiederholen. Doch verfolgte er den Feind nach Norden, entlang der niederländischen Küste.

Am 30. Juli, als es gewiß schien, daß die spanische Flotte auf die gefährliche Küste der Bänke von Seeland hintrieb, drehte der Wind plötzlich nach West-

Spanische Besitzungen 1588

- 🟠 Spanische Besitzungen
- 🟢 Portugiesische Besitzungen
- 🟡 Englische Besitzungen
- — Heiliges Römisches Reich Deutscher Nation

Süd-West, so daß die Spanier in das tiefere Wasser der Nordsee entkamen. In ihrem Kriegsrat beschloß man, falls der Wind erneut drehe, den Weg durch die Straße von Dover zu erkämpfen und einen englischen Hafen zu erobern. Falls sich der Wind aber halte, sollte die Flotte westwärts die britischen Inseln umsegeln.

Die Windrichtung änderte sich nicht, und Medina Sidonia, der schon sieben seiner Linienschiffe verloren hatte, wußte, daß er den Rest seiner angeschlagenen Flotte heimbringen mußte. Die lange, gewagte Fahrt um die Orkney- und Shetland-Inseln und westlich von Irland mußte mit geringeren Rationen durchgeführt werden. Siebzehn Schiffe brachen aus dem Flottenverband aus auf der verzweifelten Suche nach Nahrung und Wasser in Irland; alle bis auf zwei erlitten Schiffbruch. Die übrigen kämpften weiter. Aber sie rangen nur noch mit den Elementen, denn Howard hatte die Jagd nördlich von Berwick, an der schottischen Küste, am 2. August aufgegeben, als es feststand, daß der Feind keinen Landeversuch unternehmen würde.

Königin Elisabeth I. von England. Gemälde von Marc Gheeraerts, das »Armada-Porträt«, 1588

Sir Francis Drake. Gemälde eines unbekannten Meisters, 1591

Heer des Grafen Leicester. Spielkarte Herzkönig zur Verherrlichung des Sieges über die Armada, Ende des 16. Jahrhunderts

Der erste Angriff der Spanier vor Plymouth mit der Explosion auf der »San Salvador« (im Vordergrund Mitte links) am 21. Juli 1588. Kupferstich von J. Pine nach einem Wandteppich des Camaro de los Lores, 1739

Die Königin, von ihren Garden im St.-James-Palast zu London beschützt, entschloß sich zu einem Besuch in Tilbury. Graf Leicester hatte nicht den Mut, ihr davon abzuraten, und sie ging am 8. August von Bord, um die Truppen zu inspizieren. Angetan mit einem Stahlpanzer ritt sie durch die Reihen »wie eine Amazonenfürstin« und hielt eine Ansprache, die, wie Leicester sagte, »die Herzen ihrer armen Untertanen so entflammte, daß noch der Schwächste von ihnen, wie ich meine, dem stolzesten Spanier gleichkäme, der jetzt das Land herausfordert«:

»... Laßt Tyrannen fürchten. Ich habe mich selbst immer unter den Willen Gottes gestellt, meine Kraft fand ich in den loyalen Herzen und in der Zuneigung meiner Untertanen; und daher begebe ich mich in eure Mitte, wie ihr seht, zu dieser Zeit, nicht zu meiner Erholung und Belustigung, sondern entschlossen, in der Mitte und in der Hitze der Schlacht unter euch allen zu leben oder zu sterben, um vor Gott mein Königreich und vor meinem Volk meine Ehre und mein Blut niederzulegen. Ich habe zwar den Körper einer schwachen und zarten Frau, doch das Herz und den Mut eines Königs, eines Königs von England, und achte es für gering, daß Parmas Herzog und Spaniens König oder irgendein Fürst Europas es wagen wird, die Grenzen meines Königreiches zu überschreiten; gegen sie würde ich eher, als daß ich ohne Ehre bliebe, selbst die Waffen erheben ...«

Elisabeth versicherte den Truppen, sie für ihre Dienste zu belohnen, und versicherte, daß sie ohne Zweifel bald einen großen Sieg erringen würden. Es erscholl donnernder Beifall. Während des Nachtmahls in Leicesters Zelt kam die Nachricht, daß sich der Herzog von Parma in Dünkirchen eingeschifft hätte und gegen die Springtide kreuzen wolle. Sein Aktionseifer wurde jedoch enttäuscht: Parmas Chancen waren elf Tage vorher zerstört worden, als die britischen Brander die Armada zerstreuten.

Lord Howard wurde später kritisiert, weil er nicht mehr feindliche Schiffe zerstört hatte — obwohl die Engländer kein einziges Schiff und nicht mehr als hundert Mann während der ganzen Schlacht verloren hatten. Aber wenig hörte man über die Mannschaften, die noch an Bord waren. Viele von ihnen starben an Typhus, während ihre Offiziere um den Sold stritten.

Mitte September erreichte das spanische Flaggschiff »San Martin« Santander. Viele an Bord waren an Skorbut oder an Typhus gestorben. Der Herzog von Medina Sidonia lag im Delirium einer Ruhrerkrankung. Unter den Tausenden, die später noch starben, waren die Stützen der spanischen Marine. Der kranke Oberbefehlshaber war unfähig, seinen Leuten Hilfe zu bringen. Er kehrte niemals zur See zurück und konnte nicht die Schande vergessen, die wegen des gescheiterten Unternehmens unverdient auf ihm lastete. Philipp II. ertrug die Niederlage mit Würde, machte sich aber nie klar, daß die Armada ein unmöglicher Versuch gewesen war, schlecht vorbereitet und ungenügend gerüstet. Kein Mensch lobte Medina Sidonia für die erfolgreiche Heimführung von siebenundsechzig angeschlagenen Schiffen.

Legenden verdunkelten bald die Geschichte: Francis Drake wurde der Held der Kampagne, und der Königin wurde der Plan mit den Brandern zugeschrieben. Über allem stand jedoch der Wind als »Gottes Werkzeug« für Englands Sieg.

Niederlage der spanischen Armada. Niederländische Medaille auf den englischen Sieg, 1588

Die Kampagne machte Philipp II. nicht geneigt, Frieden mit England zu suchen oder die Unabhängigkeit der Niederlande anzuerkennen, noch beendete sie Englands Furcht vor einer Invasion. Die Aktion schwächte entscheidend das Reich Spanien, dessen Macht gleichermaßen seit der Schlacht von Lepanto und der Eroberung Portugals gewachsen war. Die Tatsache, daß das Unternehmen ein heiliger Kreuzzug war — und zwar ein erfolgloser —, bewies, daß die Gegenreformation und das Prestige Spaniens ihren Höhepunkt überschritten hatten. Französische Hugenotten glaubten nicht länger, daß die Welt mit der Bartholomäusnacht geendet hatte, und holländische Calvinisten wußten jetzt, daß ihre Hoffnung nicht mit Wilhelm von Oranien zu Grabe getragen war. Das Jahr 1588 schenkte den Protestanten neuen Mut für den Erfolg ihrer Sache.

NEVILLE WILLIAMS

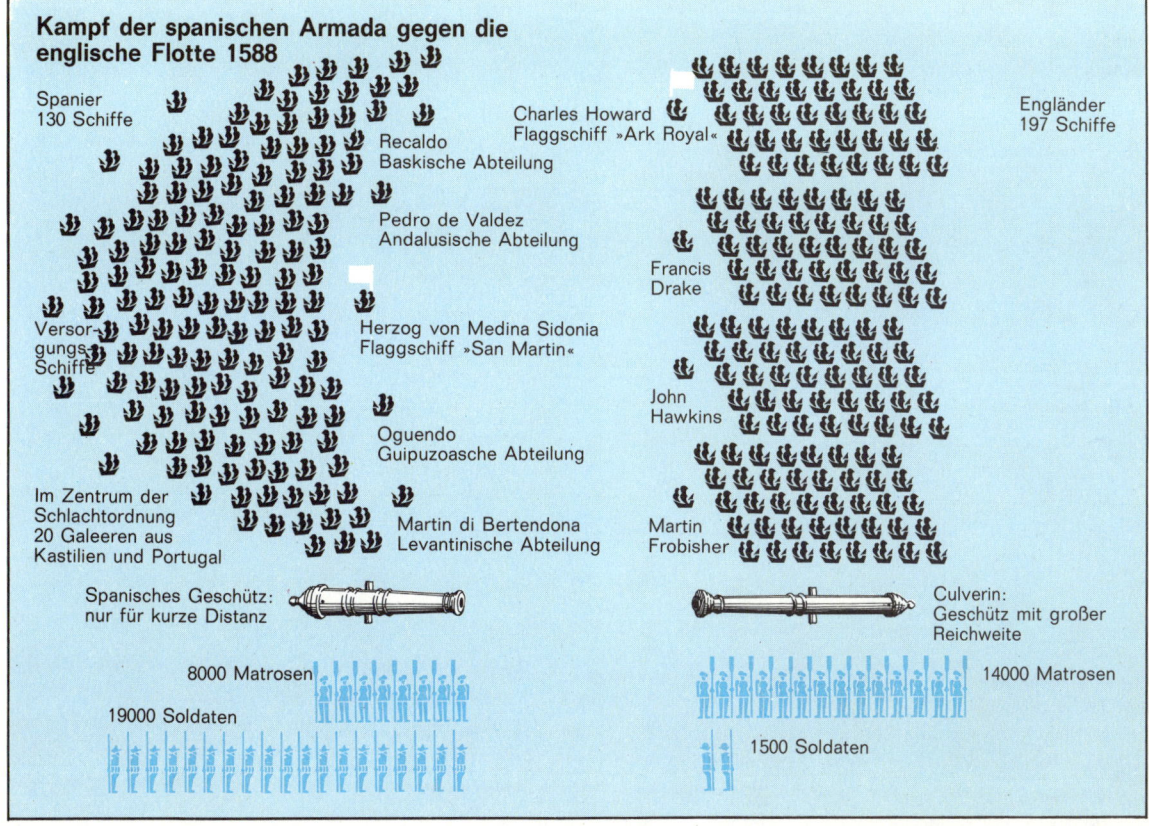

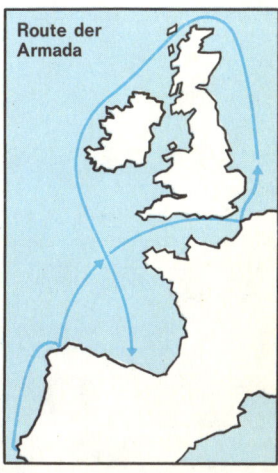

Die entscheidenden beiden Jahrhunderte bis zur Französischen Revolution

Vor dem Ausbruch der Französischen Revolution waren alle größeren Staaten Europas mit Ausnahme von Venedig Monarchien, und jeder Herrscher – römische Kaiser und der König von Polen ausgenommen – gelangte kraft seines Geburtsrechtes auf den Thron. Im sogenannten Zeitalter des Absolutismus konnte ein Herrscher den Anspruch erheben: »L'Etat c'est moi – ich bin der Staat.« Er konnte den Staat in seinem Testament seinen Söhnen so vererben, als ob es sich um sein persönliches Eigentum handele. Ebenso konnte ein Herrscher in diesem Zeitalter weite Ländereien und ungezählte bäuerliche Leibeigene seinen Günstlingen zuwenden.

Gleichwohl gab es zu Beginn des 18. Jahrhunderts in Europa und in der kultivierten Welt Anzeichen, daß die lange Ära des erblichen, unumschränkt herrschenden Fürstentums, einschließlich der sogenannten aufgeklärten Herrscher, die sich nach einem Wort Friedrichs des Großen als »erste Diener ihres Staates« betrachteten, zu Ende ging. Mit solch heiterem Vertrauen wie Kienlung, der Sohn des Himmels, sollte kein Kaiser China je wieder regieren; kein König von Frankreich sollte noch einmal den Glanz ausstrahlen wie der Sonnenkönig; und kein Schwedenkönig sollte mehr in der Weise Gustav Adolfs seine siegreichen Heere durch Deutschland führen.

Im 17. und 18. Jahrhundert kam jene langwierige Entwicklung zum Abschluß, durch die die zersplitterten Territorien des mittelalterlichen Europas zu einer kleinen Zahl von mächtigen, zentralistisch regierten Staaten vereint wurden. Europas dominierende Stellung in der Welt, zu der die Tüchtigkeit und der Wagemut der Seefahrer und Entdecker den Grund gelegt hatten, wurde befestigt. Während dieser Jahrhunderte einer allmählichen Konsolidierung änderte sich das Aussehen der Weltkarte: Manche Staaten wuchsen, andere schrumpften und einige wurden ganz ausgelöscht. Im Mittelmeer-Raum begann das alte osmanische Reich an Macht zu verlieren. Franzosen und Engländer kämpften in Indien und Nord-Amerika um alte und neue Kolonien. Im südlichen Pazifik wurde eine völlig neue Welt entdeckt. China wuchs unter einer landfremden Dynastie.

Als 1648 mit dem Westfälischen Frieden der Dreißigjährige Krieg beendet wurde, schien es so, als habe man in Europa eine völkerrechtliche Ordnung einrichten und die staatlichen Grenzen für die Zukunft sicher festlegen können. Bis zum Ende des nächsten Jahrhunderts jedoch – einer Zeit, die Goethe als Auftakt einer neuen Epoche der Weltgeschichte angesehen hat – wurde jene Völkerrechtsordnung immer wieder in Frage gestellt. Fast jede Grenze war von Europas regierenden Herrscherhäusern bei der Verfolgung ihrer ehrgeizigen, einander entgegengesetzten Ziele neu gezogen worden, bis die Truppenmassen der Revolution die wohlgedrillten Armeen der alten Ordnung überrannten.

Die Türken, 1683 vor Wien zurückgeschlagen, verloren Ungarn an Österreich und die Krim an Rußland. Sie hörten auf, für die christliche Welt eine Bedrohung zu sein. Spaniens europäisches Imperium zerfiel, als Sardinien an das Haus Savoyen, die Franche-Comté an Frankreich und die südlichen Niederlande an Österreich verlorengingen. Schwedens Macht hatte den Höhepunkt überschritten. Polen wurde bereits von seinen Nachbarn wesentlicher Gebiete beraubt und sollte bald gänzlich aufgeteilt werden. Zwei neue Mächte waren emporgekommen: Rußland, das nach Süden bis an das Schwarze Meer und nach Westen bis zur Ostsee vorgestoßen war, und Brandenburg-Preußen, das durch die Tatkraft des Hauses Hohenzollern geschaffen worden war. Von den großen Seemächten West-Europas hatte Frankreich seine beherrschende Stellung nicht wiedererlangen können. Hollands Macht ging infolge der Konkurrenz größerer Staaten zurück. England – nun unter dem Namen Großbritannien – schuf die Grundlage seines Übersee-Imperiums, das zum Schicksal für Nord-Amerika, für Australien und für den indischen Subkontinent werden sollte.

Ludwig XIV., dessen Herrschaft die Regenten Europas im 18. Jahrhundert nachhaltig beeinflußt hat, schrieb, Könige seien absolute Herren mit voller Gewalt über ihr Volk. Seine Ansicht wurde von Peter dem Großen wie von Friedrich dem Großen aufgegriffen, aber in entgegengesetzter Weise interpretiert. So glaubte Friedrich der Große, daß eine gut geführte Regierung ein ebenso zusammenhängendes System sein müsse wie eine Philosophie. Finanzen, öffentliche Ordnung und Armee müßten für dasselbe Ziel zusammenwirken, nämlich für die Sicherheit des Staates und die der Untertanen. Katharina die Große, die Peters Werk, Rußland zu modernisieren und dem Westen anzugleichen, fortführte, bestand auf der absoluten Herrschaft des Souveräns.

Die wirksame Ausübung der absoluten Gewalt verlangte ungeheuren Aufwand an Fleiß und Energie. Kaiser Joseph II. arbeitete mit so außergewöhnlichem Eifer, daß er es fertigbrachte, in den zehn Jahren seiner Regierung über sechstausend umfangreiche Verfügungen zu erlassen. Ludwig XIV. hatte eine ausgeprägte Begabung und ein Gespür für das Regieren: Seinen Ministern war es verboten, ohne seine Zustimmung etwas zu unterzeichnen oder zu siegeln.

Doch obwohl die absoluten Herrscher mit solcher Vitalität durch die Jahre schritten und im guten wie im schlechten ihre Zeit prägten, verdienten sie nur eine angemessene Bezeichnung: »Fürstendämmerung«. Zugleich aber war das Zeitalter des Absolutismus auch das Zeitalter der Vernunft, der Aufklärung und der großen naturwissenschaftlichen Entdeckungen. Newtons Forschungsergebnisse waren wichtiger als die Eroberungen Friedrichs des Großen, und Diderots »Enzyklopädie« hatte tiefere Wirkungen als die Triumphe Ludwigs XIV. Es war eine Epoche, in der sich der neue Skeptizismus ausbreitete und die Säkularisierung des Denkens wie der Gesellschaft nahezu vollendet wurde; eine Zeit, in der das Ideengut, das zu weltweiten Umwälzungen führen sollte, schon in der Luft lag.

CHRISTOPHER HIBBERT

Shakespeares Theater

1601

Kein Schauspiel hat eine so anhaltende Wirkung auf die Welt gehabt wie William Shakespeares »Hamlet«. Es wird in jedem Land aufgeführt, in dem ernsthaftes Interesse am Theater besteht. Führende Schauspieler auf der ganzen Welt haben sich darum bemüht, die Rolle des melancholischen Prinzen zu spielen. Für die Entwicklung des Dramas wie des Theaters ist Hamlet ein weltgeschichtliches Ereignis. Die Sage von dem dänischen Prinzen Amleth wurde zum erstenmal von dem dänischen Gelehrten Saxo Grammaticus im 12. Jahrhundert aufgezeichnet. Ihren Ursprung hat sie im skandinavischen Sagengut. In Saxos Erzählung ist die Ermordung von Amleths Vater durch seinen Onkel allgemein bekannt. Amleth täuschte Wahnsinn vor, um sein eigenes Leben zu retten, bis er Rache üben kann. Sie fiel heftig und blutig aus: Während die Angehörigen des Hofes auf eine falsche Nachricht hin Amleths Tod feiern, versetzte Amleth sie mit List in Trunkenheit, zündete die Halle an, tötete seinen Onkel und rief sich selbst zum König aus.

Im späten 16. Jahrhundert erschien in London ein englisches Schauspiel über Hamlet. Dieses Stück, wahrscheinlich von Thomas Kyd verfaßt, war ein altmodisches, blutrünstiges Melodrama, in dem ein Geist mit dem Klageruf »Hamlet, Rache« umging. Das Stück gehörte eine Zeitlang zum Repertoire der Chamberlain-Schauspieltruppe, die damals eine führende Rolle im künstlerischen Leben Londons spielte.

Dieser englische »Hamlet« diente William Shakespeare als Vorlage, als er sein eigenes Drama schuf. Die ersten glaubwürdigen Zeugnisse von Shakespeares Tragödie stammen aus dem Jahr 1602, während das genaue Entstehungsdatum unbekannt ist. Gewöhnlich wird 1601 angegeben, doch mag der Verfasser die Arbeit an dem Stück schon 1600 begonnen haben. Im Juli 1602 notierte die Buchhändlerbörse in London »ein Buch, betitelt: ›Die Rache Hamlets, des Prinzen von Dänemark‹, wie es kürzlich von der Truppe des Lord Chamberlain aufgeführt wurde«. Neue Bücher und auch Schauspieltexte wurden nach damaligem Brauch bei der Zentrale der Buchhändlervereinigung eingereicht, deren Mitglieder — alle Buchverkäufer und die meisten Drucker in London — das alleinige Publikationsrecht besaßen. Der Name des Autors ist in der Eintragung über das Druckrecht für »Hamlet« nicht enthalten. Vielmehr geht klar aus ihr hervor, daß das Stück schon bekannt war und die Chamberlain-Schauspieltruppe es spielte. William Shakespeare war ein führendes Mitglied dieser Truppe und während acht Jahren ihr Teilhaber. Shakespeares dichterische Begabung, die seine schauspielerische bei weitem übertraf, und das große Können des Richard Burbage, des ersten Schauspielers des Ensembles, schufen die Grundlage ihrer Blüte und ihres Ruhmes. Sie wurde von Königin Elisabeth begünstigt und besaß den Beifall der breiten Öffentlichkeit. Ein gereimtes Epitaph, das nach dem Tod von Burbage erschien, nannte »Hamlet« als eine seiner Hauptrollen.

Die berühmteste Shakespeare-Tragödie nahm also unter vorteilhaften Umständen ihren Anfang. Ihr Verfasser war schon durch seine Historien und Komödien und die Tragödie »Romeo und Julia« bestens ausgewiesen. Außerdem führte das Stück eine bekannte Truppe mit Burbage an der Spitze auf. Sofort zeichnete es sich ab, daß »Hamlet« eines jener seltenen Kunstwerke war, die Allgemeingültigkeit beanspruchen konnten. Das Stück entwickelte zwar auch melodramatisches Gepränge mit Gewalttätigkeit und mit Blut, doch der Inhalt erhielt höhere Bedeutung, denn Shakespeare nahm eine altbekannte Handlung und verlagerte das Gewicht von den äußeren Ereignissen auf Hamlets Charakter. Der Mensch, den er darstellte, gelähmt von Schwermut und Unentschlossenheit, hin- und hergerissen zwischen Fleisch und Geist, mit schwankenden Stimmungen, unkontrollierten Leidenschaften, scharfsinnigen Erkenntnissen und quälenden Ängsten, erwies sich als aufregend wirklichkeitsnah, nicht nur für das Publikum des 17. Jahrhunderts, sondern auch für jede spätere Generation.

Obwohl »Hamlet« das Publikum durch die Jahrhunderte hindurch beeindruckte und fesselte, bleibt es dennoch ein Schauspiel seiner Epoche. Als erste der vier großen Shakespeare-Tragödien offenbart »Hamlet« eine immer stärkere, düstere und pessimistische

Globe-Theater in London. Detail eines Kupferstiches von J. C. Visscher in »View of London«, 1616

William Shakespeare. Kupferstich von Martin Droeshout auf dem Titelblatt der ersten Folio-Ausgabe der Dramen Shakespeares, London 1623

Königin Elisabeth I. von England mit ihrem Gefolge vor dem Blackfriars-Theater auf dem Weg zum Dankgottesdienst nach dem Sieg über die spanische Armada. Detail eines zeitgenössischen Kupferstiches

Robert Devereux, Zweiter Graf von Essex. Detail eines Gemäldes eines unbekannten Meisters, 1597

Anschauung der menschlichen Natur. Shakespeare hat auch nach dieser Phase noch helle, romantische Stücke geschrieben. Aber er kehrte nie mehr zu der Fröhlichkeit seiner hohen und phantastischen Komödien zurück, deren glücklichste, beste, aber auch letzte Stunde in »Was Ihr wollt« schlug, die sehr wahrscheinlich noch im Jahr 1601 entstand.

Die ersten Jahre des 17. Jahrhunderts in England standen im Zeichen des von Unruhen und wirtschaftlichem Niedergang begleiteten Ausganges der Regierung der großen Königin Elisabeth I. Den Glanz ihrer Herrschaft trübte allmählich ihr Alter. Besonders schwer traf sie eine tollkühne Empörung, die im Februar 1601 ihr früherer Günstling, Robert Devereux, Graf von Essex, anzettelte. Zu seinen Parteigängern gehörte auch Shakespeares früherer Patron, der Graf von Southampton. Der Anschlag auf die Allgewalt der Königin fand wenig öffentliche Unterstützung und schlug erbärmlich fehl. Essex wurde des Hochverrats überführt und enthauptet. Southampton kam mit dem Leben davon, mußte aber im Londoner Tower schmachten. Einige der Aufrührer hatten Shakespeares Truppe durch besondere Zahlungen veranlaßt, König Richard II. im Globe-Theater wiederzuerwecken. Der Königin sollte gezeigt werden, wie erfolgreich die Absetzung eines Monarchen sein konnte. Die Schauspieler handelten mit dieser Inszenierung außerordentlich töricht. Ihre Haltung wurde gerichtlich untersucht, aber keiner erhielt eine Strafe; und sie gewannen rasch die königliche Gunst zurück. Eine spätere Bemerkung der Königin: »Wißt Ihr nicht, daß ich jener Richard bin?« zeigte, wie tief sie die Aufführung getroffen hatte.

Im März 1603 starb Königin Elisabeth I. In die Trauer des Volkes mischte sich Unruhe. Die protestantische Thronfolge war zwar gesichert, und ein Wiederaufleben des Bürger- und Religionskrieges, der Blut und Haß verbreitet hatte, war nicht zu befürchten. Aber niemand wußte, wie König Jakob VI. von Schottland sich als König Jakob I. von England verhalten würde. Zweifel und Ängste kamen zusammen. So wurde »Hamlet« gleichsam bei stürmischem Wetter, in einer wolkenverhangenen Landschaft geboren.

Einen Kult der Melancholie gab es schon früher, mitten in dem energiegeladenen und schöpferischen elisabethanischen Zeitalter. Er war eher eine Modeströmung als eine durchreflektierte Philosophie. Aber während der Regierungszeit des neuen Königs wuchs sie zu einer Welle des Pessimismus an. Sir Walter Raleigh bemerkte in seiner Weltgeschichte, daß »der lange Tag der Menschheit sich rasch dem Abend entgegenneigt und die Tragödie sowie die Zeit der Welt dem Ende nahe ist«. Raleigh saß in Gefangenschaft und mochte wissen, daß er verloren war, als er seine Geschichte schrieb. Aber auch Bischöfe und Geistliche, die nicht in politischer Gefahr lebten, predigten Niedergang und Unglück. John Donne, Dekan von St. Paul's, verkündete seiner Gemeinde in einer Predigt: »Die Sonne ist matt und kraftlos geworden, und die Menschen bleiben kleiner von Gestalt und leben kürzer als früher. Nichts vermehrt sich mit Ausnahme von immer neuen Arten von Würmern, Fliegen und Krankheiten, die jedes Jahr mehr Verderbnis verursachen.« Andere Diener Gottes drangen auf die

Rettung der Seelen, bevor die Dunkelheit sich verdichte.

Die trüben Ahnungen traten nach der Entstehung des »Hamlet« auf. Damals stand Shakespeare bereits in einer Phase, in der seine Verzweiflung am menschlichen Charakter und am Schicksal den Glauben an Nächstenliebe und die rettende Macht der Gnade verdrängt hatte. Diese Auffassung spiegeln seine letzten Stücke wieder. Wenn etwas faul war im Staate Dänemarks, dann lag der Geruch der Fäulnis auch in England in der Luft. Hamlets bitterer Kommentar zum Leben faßte eine allgemein empfundene Unsicherheit in Worte. Die selbstsichere Philosophie und die Glaubenswelt des Mittelalters war zerbrochen. Damals galt es als ungewöhnlich, ja sündhaft, die Autorität von Kirche und Staat in Frage zu stellen; jetzt geschah solches fast täglich. Auf der Bühne des nationalen Lebens agierten viele zweifelnde Hamlets.

Wäre »Hamlet« nicht mehr als eine Projektion düsterer Skepsis gewesen, hätte er niemals dieses Echo gefunden. Das Drama verdankt seine Lebenskraft der Spannung der stark bewegten Handlung, noch mehr aber dem Charakter des Prinzen, der so schillernd in seinen Stimmungen, so scharfen Geistes, voll tiefgründiger Reflexion und vor allem so gewandt im voll-

König Jakob VI. von Schottland (Jakob I. von England). Kopie des 19. Jahrhunderts nach einem Gemälde zwischen etwa 1595 und 1600
Heinrich Wriothesley, Dritter Graf von Southampton. Zeitgenössisches Gemälde eines unbekannten Meisters

Titelblatt der zweiten Quart-Ausgabe zum »Hamlet« von William Shakespeare. London 1604

William Kempe, ein berühmter Darsteller komischer Shakespeare-Rollen. Holzschnitt, etwa 1600

Richard Burbage, erster Hamlet-Darsteller. Detail eines zeitgenössischen Gemäldes

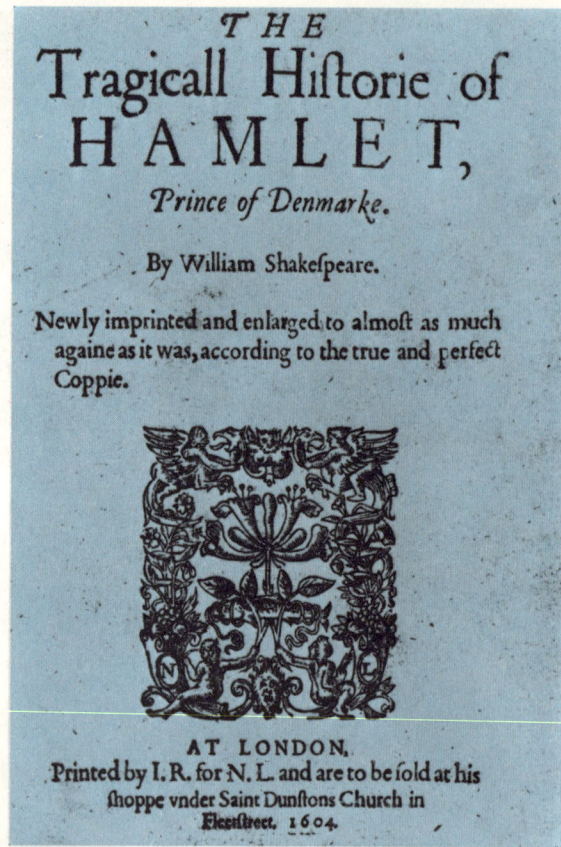

kommenen Ausdruck und treffsicher im Wort ist. In der Unterredung mit dem Geist verfügt Hamlet über eine donnernde Beredsamkeit; ebenso knapp wie beißend kann er sagen: »Der Rest ist Schweigen.« Und er stirbt mit einem Seufzer, nicht mit einem Schwanengesang. Seine Rolle wurde in der Abenddämmerung elisabethanischen Ruhmes, aber am hellen Mittag der englischen Sprache geschrieben, die ihren Gipfel an Aussagekraft und reicher Wortwahl in der autorisierten Version der Bibel erreichte, die von König Jakob I. angeregt und ihm gewidmet wurde. Schon das alte angelsächsische und das anglonormannische Englisch zeichneten sich durch besondere Kraft aus. Die klassische Kultur der Renaissance brachte neuen Schmuck in diesen urwüchsigen Rahmen hinein.

Zweifellos war das Stück ein großer Erfolg. Die Aufnahme »Hamlets« beim Publikum war sogar so günstig, daß 1603 ein erster Raubdruck entstand. Damals gab es keinen Urheberschutz für irgendwelche Kunstwerke. Die Schauspieltruppen hüteten die Manuskripte, die für sie geschrieben waren, ängstlich, um eine Aufführung durch Konkurrenten zu verhindern. War ein Stück volkstümlich, so fand ein oft verfälschter Text bald seinen Weg in die Öffentlichkeit. Meist verkauften ihn Schauspieler, die nur Nebenrollen innehatten und darum nicht zu den Teilhabern der Truppe gehörten. Angestellte Leute erhielten kümmerlichen Lohn und konnten darum leicht bestochen werden. Sie lieferten meist grobe Gedächtnisnachschriften. Es gab auch Kurzschriftkenner, die während der Aufführung heimlich mitschrieben, um den Text zu erhalten. Der Raubdruck von »Hamlet«, eine Verstümmelung und Entstellung des Stückes, ist als Erste Quartausgabe bekanntgeworden. In ihr wird Shakespeare als Autor genannt. Darum beschlossen er oder die Gesellschaft, den vollständigen und echten Text drucken zu lassen, was das Risiko einschloß, daß nun andere Schauspielgruppen das Stück aufführen konnten. Dem Autor lag offensichtlich eine genaue Fassung seines Werkes besonders am Herzen. So kam 1604 die zweite Quartausgabe heraus, die das Stück als »neugedruckt und erweitert und der wahren und vollständigen Fassung weitgehendst angenähert« preist. Im Jahr 1611 erschienen zwei weitere Nachdrucke.

John Heminges und Henry Condell, wie Shakespeare Teilhaber an der Chamberlain-Truppe, druckten 1623 eine leicht gekürzte Fassung der Zweiten Quartausgabe. Sie benutzten hierfür wahrscheinlich eine Bühnenfassung, in der einige Streichungen erfolgt waren, denn eine vollständige Aufführung dauert fast vier Stunden, also war beinahe doppelt so lang wie jene, die im Prolog zu »Romeo und Julia« erwähnt wird. »Hamlet« ist Shakespeares längstes Drama.

Die nicht autorisierte erste Ausgabe des Textes brachte zum Ausdruck, daß das Stück sowohl in London als auch in der Provinz zur Aufführung gelangt war. Ganz sicher hat »Hamlet« nicht nur gewöhnliche Theaterbesucher und die Studenten von Oxford und von Cambridge angesprochen: Als im Jahr 1607 Kapitän Keeling von der »Dragon« mit zwei anderen Schiffen der Ost-Indien-Gesellschaft, »Hector« und »Content«, ostwärts segelte, gerieten sie auf der Höhe von Sierra Leone in eine Flaute. Keeling berichtete in seinem Tagebuch von einem Besuch des Kapitäns Hawkins von der »Content«. Nach einem Fischessen wurde »Hamlet bei mir an Bord aufgeführt; ich erlaubte das, um meine Leute von Müßiggang, verbotenen Spielen und Schlaf abzuhalten«. Daß die Seeleute es bewerkstelligten, eine Bühne auf einem beengten Handelsschiff zu improvisieren, ist ebenso beachtlich wie die Tatsache, daß der Kapitän ein Exemplar des »Hamlet« mit sich führte. Die Aufführung durch die Besatzung, die ja nicht aus Liebe zu dem Drama, sondern um der Disziplin willen stattfand, dürfte recht grob gewesen sein. Aber sie zeugt von der weitreichenden Wirkung des Dramas.

Es wird nichts darüber berichtet, ob Aufführungen des »Hamlet« bei Hof angeordnet waren, obwohl König Jakob I. ständig die verschiedensten Stücke zu sehen wünschte. Sollte »Hamlet« am Hof niemals verlangt worden sein, so wäre das verständlich. Jakob war mit einer dänischen Prinzessin verheiratet; weder die Geschichte von Mord und Rache noch die Bemerkungen über die Trinkgewohnheiten der Dänen konnten Komplimente für die Heimat der Königin sein. Das Stück blieb im Repertoire der »Truppe des Königs«, wie sich die Schauspieler des Chamberlain seit der Thronbesteigung Jakobs I. nannten. Englische Komödianten reisten häufig durch Europa, wo sie hohes Ansehen genossen.

Die englischen Theater, die die Puritaner während des Bürgerkrieges und der Cromwell-Zeit für nahezu zwanzig Jahre geschlossen hatten, öffneten 1660 nach der Restauration der Monarchie wieder ihre Pforten. Sie spielten »Hamlet« als eines der ersten Stücke. Ein Zeitgenosse bemerkte, daß Thomas Betterton den Prinzen so gut dargestellt habe, daß es alle Vorstellungskraft übertraf. Noch niemand könne eine solche Leistung vollbracht haben. Das klassische Stück, wenn es auch oft den Launen eigenwilliger Interpretatoren ausgeliefert war, ist im Kostüm vieler Zeiten bis hin zu der unsrigen auf die Bühne gekommen. Der »Hamlet« wurde immer wieder neu gespielt, und immer wieder erschloß sich eine andere Gedankenwelt. Er hat alles überstanden und ist bis heute der Höhepunkt des englischen Dramas. Mehr als manches andere Shakespeare-Drama rechtfertigt er Ben Jonsons Wort vom Überleben des Dichters »nicht nur für ein Zeitalter, sondern für alle Zeit«.

IVOR BROWN

Thomas Betterton, ein Darsteller tragischer Shakespeare-Rollen. Zeitgenössisches Gemälde

Titelblatt zu den »Predigten« von John Donne. Kupferstich von Matthäus Merian d. J., London 1640

John Donne, Dichter und Geistlicher. Kopie des späten 17. oder frühen 18. Jahrhunderts eines zeitgenössischen Gemäldes von Isaak Oliver, 1616

Spaniens goldenes Zeitalter

Damals, als in London die ersten Aufführungen von »Hamlet« stattfanden, verfaßte ein verarmter Spanier, der früher als Soldat gedient und auch in spanischen Gefängnissen gesessen hatte, ein Buch, wie es nur in einem Kerker angeregt werden konnte. Der Dichter hieß Miguel de Cervantes Saavedra, und er schrieb mit »Don Quijote« den ersten modernen Roman. Cervantes' Werk stand in der Tradition des spanischen Schelmenromans, der etwa seit der Mitte des 16. Jahrhunderts mit dem »Leben des Lazarillo de Tormes mit seinen Glücks- und Unglücksfällen« eines anonymen Verfassers begann und in Spanien große Beliebtheit errang. Auf »Lazarillo de Tormes« folgten die ebenso populären Werke von Mateo Aleman, Augustin de Rojas und Francisco Lopez de Ubeda. Den Spaniern kam das Verdienst zu, den pikarischen Roman, eine Literaturgattung, die ihren Namen von dem spanischen Wort für Schelm, »Picaro«, trägt, geschaffen zu haben.

»Don Quijote« aber war mehr als ein Schelmenroman. Schon bald wurde Cervantes' Werk als der größte soziale Roman des frühen 17. Jahrhunderts gewertet. In dem zeitkritischen Meisterwerk verstand Cervantes es nicht nur, die im pikarischen Roman verbreitete Auffassung von Edelmut und Rittertum zu persiflieren, sondern er geißelte auch die Unsinnigkeit gesellschaftlicher Vorurteile und die hinter ihnen lauernden Gefahren: Sein Spott zielte auf die übertriebene Hochachtung vor adliger Geburt und die Reinheit des Blutes einerseits sowie andererseits auf die weitverbreitete Verachtung gewöhnlicher Arbeit. Cervantes Leben verlief entbehrungsreich und abenteuerlich. 1568, einundzwanzigjährig, verschrieb er sich dem Soldatentum. Er diente in Italien und focht in der Seeschlacht bei Lepanto mit, wo er schwer verwundet wurde. Auf der Heimfahrt nach Spanien geriet er in die Gefangenschaft algerischer Seeräuber. Fünf Jahre lang fristete er ein Sklavendasein in Algier. Dann wurde er freigekauft und konnte in sein Heimatland zurückkehren. Er versuchte vergeblich, sich als Bühnenschriftsteller durchzuschlagen, bis er schließlich eine Stellung als Verwalter von Ausrüstungsgegenständen und Lebensmitteln für die spanische Kriegsflotte fand. Nach der Niederlage der Armada im Jahr 1588 erhielt er einen schlecht bezahlten Posten als Steuereinnehmer. Doch führte seine wenig ökonomische Verwaltung der öffentlichen Gelder bald zu seiner Einkerkerung. Aus diesen Erfahrungen erwuchs seine große dichterische Schau der spanischen Gesellschaft im »Don Quijote«, den er im Jahr 1605 veröffentlichte. 1614 erschien eine unechte Fortsetzung, der Cervantes wenig später einen authentischen zweiten Teil folgen ließ. Am 23. April 1616 starb Miguel de Cervantes in Madrid, am selben Tag, an dem im englischen Stratford William Shakespeare die Augen schloß. Wie sein Zeitgenosse könnte Shakespeare Soldat gewesen sein, hätte auch gegen Cervantes' Landsleute in den Niederlanden kämpfen können, standen doch Spanien und England während des Lebens beider Autoren im Krieg gegeneinander. Im Jahr ihres Todes war der Streit zwischen beiden Mächten noch nicht ausgefochten.

Miguel de Cervantes

Spanien und Portugal unter Philipp II.

Das spanische Weltreich war zwar nicht mehr ganz so groß wie in den glänzenden Tagen Karls V., aber noch immer hatte es von allen Reichen Europas die größte Ausdehnung über den Erdball. Überall hielt Spanien Schlüsselstellungen inne, und zwar neben reichen Besitzungen in Italien und auf Sardinien der Franche-Comté und den Niederlanden, deren Provinzen seit Beginn des 15. Jahrhunderts durch Kauf, Heirat und Gewalt zu einem Gebiet zusammengekommen waren. Seit dem Regierungsantritt Philipps II. standen sie unter spanischer Herrschaft. Hinzu kamen die reichen Kolonien Spaniens jenseits der Ozeane.

Im Jahr 1581 annektierte Philipp II. mit Waffengewalt Portugal, nachdem er sich selbst zum Erben des ohne direkte Nachkommen gestorbenen König Heinrichs II. erklärt hatte. Neben ihm erhoben noch vier portugiesische Prätendenten Anspruch auf den Thron, die alle Enkel oder Urenkel des Königs Emanuel I. waren. Am gewichtigsten galt der Anspruch der Herzogin von Braganza, deren Vater ein jüngerer Sohn Emanuels gewesen war. Zwei andere Anwärter entstammten der weiblichen Linie des Herrscherhauses. Nur Don Antonio, der Prior von Crato, war illegitimer Abkunft. Die Kirche und mehrere prominente Mitglieder der Cortes, der Ständeversammlung, begünstigten indessen die Union mit Spanien. Der Erfolg der spanischen Partei schien gesichert, als es gelang, die Herzogin von Braganza durch die Übereignung größerer Ländereien und durch das Versprechen, ihr Gemahl solle, wenn Philipp II. König von Portugal geworden sei, zum König von Brasilien ernannt werden, für Spanien einzunehmen. Don Antonio konnte sich zwar zum König proklamieren und Lissabon besetzen, aber eine spanische Armee unter dem Kommando des Herzogs von Alba rückte in Portugal ein und besiegte die Truppen Don Antonios in der Schlacht bei Alcantara.

Nach seiner Krönung zum König von Portugal versprach Philipp, die verfassungsmäßigen Rechte des portugiesischen Volkes zu achten, insbesondere die der einflußreichen Hidalgos, der Adligen. Er sagte zu, die Cortes regelmäßig einzuberufen und einen portugiesischen Geheimen Rat einzusetzen, der für die inneren Angelegenheiten des Landes zuständig sein sollte. Die Besitzungen in Brasilien, Afrika und Asien sollten weiterhin zu Portugal gehören, das nicht als eroberte Provinz betrachtet wurde, sondern als ein mit Spanien in Personalunion verbundenes Königreich galt.

Nur wenige Zusagen wurden tatsächlich eingehalten. Die Cortes tagte nur ein einziges Mal. In die Verwaltung des Landes teilten sich habgierige Günstlinge des spanischen Hofes. Die Union mit Spanien — in Portugal als die »sechzig Jahre der Gefangenschaft« bezeichnet — führte zu dauernden kriegerischen Verwicklungen mit Spaniens Feinden zur See. Nach 1630 kam es zu zwei ernsthaften Aufständen. 1640 gelangte der Herzog von Braganza, ein Enkel

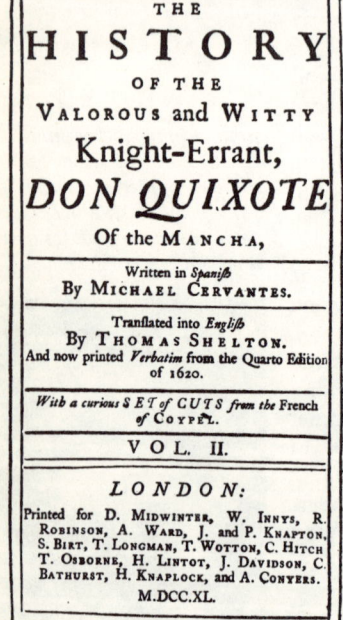
Cervantes, »Don Quijote«, englische Ausgabe

Fernando Alvarez de Toledo, Herzog von Alba

ris zu marschieren. Don Juan del Aguila wurde angewiesen, mit zweitausend Mann in der Bretagne zu landen. Die Aufhebung der Belagerung von Paris und auch von Rouen gelang; aber Parma, Philipps tüchtigster Feldherr, wurde bei einem Angriff auf Caudebec verwundet und starb am 2. Dezember 1592. Spätere Siege der Spanier, wie die Einnahme von Doullens und von Cambrai, die Widergewinnung von Calais und von Amiens, konnten König Heinrichs IV. von Frankreich überlegene diplomatische Geschicklichkeit nicht aufwiegen. Im Vertrag von Vervins, der im Mai 1598 abgeschlossen wurde, mußte Philipp II. das Scheitern seiner Pläne in Frankreich anerkennen und mit Ausnahme von Cambrai alle seine Eroberungen wieder herausgeben.

Philipp III.

Nur wenige Monate nach dem Friedensschluß von Vervins starb Philipp II. im Escorial. Sein Sohn und Nachfolger Philipp III. war ein bigotter, haltloser und politisch unfähiger Monarch, der die Regierung seinem Günstling Francisco Gomez de Sandoval y Rojas, dem Herzog von Lerma, überließ. Der skrupellose Herzog begünstigte die Ausschweifungen des Königs, während er für sich ungeheure Reichtümer zusammenraffte. Aus Furcht, sie könnten einen mohammedanischen Angriff auf Spanien unterstützen, vertrieb Lerma die Moriskos (die spanischen Mauren) aus dem Land. Diese Maßnahme wirkte sich für Spanien ähnlich katastrophal aus wie später die Vertreibung der Hugenotten durch Ludwig XIV. für Frankreich. Denn die halbe Million Morisken, die von Lerma zur Auswanderung gezwungen wurden, gehörten zu den tüchtigsten Gliedern der spanischen Gesellschaft. Außerdem stürzte Lerma das ausgeblutete Land in unglückliche außenpolitische Verwicklungen. So landete 1601 ein spanisches Heer in Irland, um eine Rebellion gegen Königin Elisabeth zu unterstützen und England einen Schlag zu versetzen. Doch die Intervention verlief erfolglos.

Die Thronbesteigung Jakobs I. in England, der von Natur aus eine Abneigung gegen Gewalttätigkeit besaß und schon allein den Anblick eines Soldaten ablehnte, brachte 1604 den Frieden mit Spanien. Danach wurden, obwohl in England die spanienfeindlichen Stimmen nicht schwiegen, die Beziehungen zwischen London und Madrid freundlicher. Philipps III. gewandter Gesandter, Graf Diego Gondomar, trug viel dazu bei, das freundschaftliche Verhältnis zu begründen und zu erhalten.

jener Herzogin, deren Ansprüche Philipp II. abgefunden hatte, auf einer Woge nationaler Unzufriedenheit auf den Thron und vertrieb als König Johann IV. die spanischen Besatzungen aus Portugal.

Spaniens Macht befand sich zu Beginn des 17. Jahrhunderts – ungeachtet der Größte seines Kolonialreiches – bereits im Verfall. Die Niederlage der Armada von 1588 hatte die Unzulänglichkeiten der spanischen Marine aufgedeckt und dem spanischen Selbstvertrauen einen schweren Stoß versetzt. Jetzt wurde immer deutlicher, daß Spanien nicht mehr die Kräfte besaß, um die Position zu behaupten, die es in der Welt beanspruchte. Der fortdauernde Krieg mit England überforderte Spanien restlos. Am Ende seiner Regierungszeit vermehrte Philipp II. die finanzielle Belastung seines Landes weiter, als er in Frankreich zugunsten der katholischen Liga gegen Heinrich von Navarra intervenierte. Alexander Farnese, der Herzog von Parma und Generalstatthalter der Niederlande, erhielt Befehl, quer durch Frankreich zur Befreiung von Pa-

El Escorial bei Madrid, Residenz und Kloster König Philipps II. von Spanien

Unabhängigkeit für die Niederlande 1609

Alexander Farnese, Herzog von Parma und Statthalter der Niederlande. Kupferstich, Ende des 16. Jahrhunderts

Die holländische Nation errang ihre Unabhängigkeit in einem achtzig Jahre währenden Kampf, der seit den Unruhen von 1566 und der Hinrichtung der Grafen Egmont und Hoorn tobte. Wenn man einen bestimmten Tag als den Wendepunkt in dieser langen Auseinandersetzung zu bezeichnen hätte, wäre es am ehesten der 9. April 1609, als die Spanier sich genötigt sahen, durch die Unterzeichnung eines Waffenstillstandes auf zwölf Jahre die Eigenständigkeit der Niederlande hinzunehmen. Mit dem Vertrag gestand Spanien de facto bereits das zu, was erst vierzig Jahre später de jure Anerkennung fand: Die niederländische Republik erhielt die volle Unabhängigkeit. Auch nach 1609 gab es immer wieder Kämpfe zwischen Spaniern und Niederländern, bis 1648 in Münster ein Sonderfrieden geschlossen wurde. Später gefährdete auch Frankreich den Frieden der Niederlande. Auch die Grenzen erfuhren durch kriegerische Eingriffe manche Veränderungen. Sieht man von diesen verhältnismäßig geringfügigen Verschiebungen im Besitzstand und der Rechtsstellung ab, so bezeichnete das Jahr 1609 die Geburt eines neuen europäischen Staates mit eigener Verfassung, Wirtschaft und Sozialstruktur, dessen Kernlande ursprünglich ihren Kampf zur Verteidigung althergebrachter Rechte begonnen hatten.

In der ersten Phase richtete sich der Widerstand gegen Philipp, der 1555 die burgundischen Niederlande von seinem Vater Kaiser Karl V. erhalten hatte, weil er die ständischen Freiheiten seiner Untertanen zu beschränken suchte. Kaum hatte Karl V. abgedankt und Philipp sein Erbe als König von Spanien angetreten, nahm der Konflikt ernste Formen an. Die großen Herren des niederländischen Adels empörten sich über Philipps II. Anspruch, daß er die Herrschaft über ihre Provinzen nach seinem Gutdünken ausüben wollte. Sie protestierten gegen die Anwesenheit spanischer Truppen auf niederländischem Boden, gegen die Verschärfung der Inquisition gegenüber dem Vordringen des Calvinismus, gegen die damit verbundene neue Einteilung der niederländischen Bistümer und gegen die allgemeine Mißachtung traditioneller Feudalrechte und Privilegien. Von ihren drei Wortführern, den Grafen Lamoral von Egmont und Philipp von Hoorn sowie dem Prinzen Wilhelm von Oranien, entwickelte besonders der letztere politische und militärische Führerqualitäten. Zunächst fruchteten Wilhelm von Oraniens angestrengte Bemühungen um vernünftige Beziehungen zu König Philipp II. und der Generalstatthalterin, seiner Stiefschwester, Herzogin Margarete von Parma. Er konnte es aber nicht verhindern, daß sich der Protest in den eigenen Reihen ausbreitete und gewalttätige Formen annahm. Verantwortlich dafür war vor allem eine Vereinigung von kleineren Edelleuten, die jeglichen Kompromiß ablehnten, und jene fanatischen Protestanten, die 1566 in den Kirchen Antwerpens und anderer Städte einen wüsten Bildersturm entfesselten.

Philipp entsandte daraufhin 1567 Fernando Alvarez de Toledo, den Herzog von Alba, nach den Niederlanden und ernannte ihn zum Generalstatthalter. Er sollte den Aufruhr unterdrücken. Ein Jahr später wurden die Grafen Egmont und Hoorn gefangengesetzt und enthauptet. Wilhelm von Oranien konnte sich nur durch Flucht einem gleichen Schicksal entziehen. Tausende nach ihnen starben auf dem Schafott. Sodann schrieb Alba eine neue Steuer aus, den »Zehnten Pfennig«, durch die er die einflußreichen städtischen Kaufherren in Antwerpen, in Gent und in Brügge gegen Spanien aufbrachte. Dennoch schienen Albas brutale Methoden ihren Zweck zu erreichen, bis 1572 eine Schar niederländischer Rebellen bei einem Überfall den holländischen Hafen Briel eroberten. Diese Wasser-Geusen, die See-Bettler, besetzten auch die umgebenden Orte, darunter Middelburg und Vlissingen, und gewannen rasch die Kontrolle über die ganze Scheldemündung und damit über die Zufahrtswege nach Antwerpen. Antwerpen aber war nicht nur der größte Umschlagplatz des Welthandels in Europa, sondern im Hinterland befand sich das Zentrum der spanischen Verwaltung in den Niederlanden. Der Rebellion schlossen sich die Provinzen Holland und Seeland an. Herzog Alba konnte zwar Haarlem zurückerobern, dagegen verlor Spanien fast ganz Holland und Seeland.

1573 wurde Alba abberufen; aber auch seinen beiden Nachfolgern, Luis de Requesens und Don Juan d'Austria, gelang es nicht, den Widerstand der Aufrührer zu brechen. Ebensowenig wurden sie der wegen ausbleibendem Sold ausbrechenden Meutereien in der eigenen Armee Herr. Während die Schwierigkeiten auf spanischer Seite wuchsen, suchte Oranien in den Jahren 1578 und 1579 die Streitkräfte der Aufständischen zusammenzufassen und ihren Rückhalt im Nord-Westen des Landes zu verstärken. Es war Oraniens Unglück, daß die nationale Einigung durch die religiösen Streitigkeiten zwischen niederländischen Katholiken, gemäßigten Erasmianern und radikalen Calvinisten nicht zustande kam. Die Hoffnung des Prinzen, einen schnellen Sieg zu erringen, wurde durch die Gegensätze in den eigenen Reihen vertan.

Im Jahr 1578 schickte Philipp II. zur Unterstützung Don Juans Alexander Farnese, den Herzog von Parma, der sowohl einer der bedeutendsten Feldherren seines Jahrhunderts als auch ein gewandter Diplomat war. Dank seiner militärischen Leistungen sowie geschickter Verhandlungen gewann Farnese einen großen Teil des Südens und des Ostens der Niederlande für Spanien zurück und schloß im Januar 1579 mit den führenden Vertretern der südlichen Provinzen den Vertrag von Arras. Er wurde durch Wilhelm von Oranien durch die Union von Utrecht beantwortet, der Vereinigung der nördlichen Provinzen und Städte, die als die Begründung der holländischen Republik gilt. Farnese drang immer weiter nach Norden vor und eroberte den größten Teil von Flandern, einschließlich der großen Städte Gent, Brügge und Antwerpen, für Spanien zurück. Doch als sein Vormarsch das Stromgebiet von Rhein und Maas, das die Niederlande von Osten nach Westen durchschneidet, erreichte, brachte ein Befehl seines Königs, Truppen für die Landung in England bereitzustellen, ihn zum Stehen.

Kurz vor der Einnahme Antwerpens war Wilhelm von Oranien, der große Führer der Freiheitskämpfer, von Mörderhand gefallen. Ihm folgte sein Sohn Moritz, der sich als ein noch bedeutenderer Feldherr erwies. Moritz konnte — politisch unterstützt von dem Ratspensionär der Provinz Holland, Jan van Oldenbarneveldt — im Süden und im Osten größere Teile des von Farnese eroberten Gebietes zurückgewinnen, wenn es auch nicht gelang, das belagerte Ostende zu entsetzen. Die Kapitulation dieser Stadt vor Ambrogio Spinola, einem ausgezeichneten General aus Italien im Sold Philipps II., stand am Ende der ersten Hälfte des Krieges, den der Waffenstillstand von 1609 beschloß.

Die Feindseligkeiten flackerten im Jahr 1621 wieder auf, verliefen aber ohne bedeutsame Folgen. In langwierigen und zähen Kämpfen gelang es den Holländern unter Moritz' Nachfolger, Friedrich Heinrich von Oranien, Maastricht, s'Hertogenbosch und das umliegende Gebiet zu besetzen. Weder ein Bündnis mit Frankreich noch die Vermählung der Tochter Friedrichs, Maria, mit Jakob, Herzog von York, versetzte sie in die Lage, mehr zu erreichen. Der Friedensvertrag von Münster 1648 teilte die Niederlande unwiderruflich in die katholischen Provinzen des Südens, die Spanien treu blieben, und die Republik der Vereinigten Niederlande. Historiker des 19. Jahrhunderts meinten, daß der Aufstand von protestantischen und freiheitlichen Ideen getragen worden sei und daß ein gewisses Ethos des »teutonischen« Nordens naturnotwendig die Niederlande aus dem dekadenten, unduldsam katholischen spanischen Reich herausgeführt habe. Zweifellos ist eine derartige Erklärung unzulänglich. In den frühen Etappen, eigentlich bis 1578, zog der Aufstand einen großen Teil seiner Kraft aus dem Süden: Die im südlichen Teil gelegene Stadt Gent war von Anfang an ein Mittelpunkt des leidenschaftlichen Calvinismus, wie ja der Calvinismus überhaupt von Süden her, aus Frankreich und über die wallonischen Provinzen, in die Niederlande gelangte. Das ursprüngliche Zentrum der Widerstandsbewegung um den Prinzen von Oranien lag in Brabant, um Brüssel herum, das im Süden und von Holland und von Seeland weit entfernt liegt. Die Wasser-Geusen erhielten viel Nachschub aus Flandern, Brabant und Wallonien. Viele katholische Adlige des Südens verteidigten ihre Privilegien nicht weniger energisch als ihre ärmeren Nachbarn im Norden, bis sie von Farnese in die Loyalität gegenüber Spanien zurückgekauft wurden.

Auf Grund dieser gegensätzlichen Tatsachen hat im 20. Jahrhundert der bedeutendste Erforscher der Geschichte des Aufstandes, Pieter Geyl, die »konfessionelle« wie die »rassische« Erklärung der Erhebung zugunsten einer neuen anderen zurückgewiesen. Die Niederlande, so argumentiert er, waren schon vor dem Aufstand zu einer natürlichen kulturellen Einheit zusammengewachsen; das ganze Land befand sich auf dem Wege zur politischen Einheit, als die Kämpfe ausbrachen. Die Erhebung begann mithin als ein mittelalterlich-feudaler Adelsprotest und endete mit der Eroberung des Nordens durch evangelische Kräfte. Die spanischen Rückeroberungsversuche konnte der Norden abwehren, weil die großen Ströme für ihn eine schützende Verteidigungslinie darstellten, die auch Farnese nicht zu überwinden vermochte.

Geyls Interpretation ist im wesentlichen zur allgemeinen Lehrmeinung geworden. Heute, nach rund vierzig Jahren, scheint sie uns zu sehr zu vereinfachen. Ohne Zweifel kamen die geographischen Gegebenheiten den Aufständischen zustatten. Jedoch müssen auch andere Faktoren in Betracht gezogen werden. Einmal kannte die Zeit keine bewegliche Kriegsführung, sondern bediente sich hauptsächlich der Belagerungsstrategie. Die Städte des Südens, Gent, Brügge, Antwerpen, waren stark befestigt und zur Selbstverteidigung durchaus in der Lage. Ferner ist das Modell auch für den Norden unzutreffend: das dort gelegene Haarlem wurde erobert; Amsterdam blieb katholisch und prospanisch bis zum internen Umsturz von 1578, der mit dem Übergang zu den Aufständischen endete. Tatsache ist auch, daß Antwerpen und die anderen Städte im Süden weniger durch Verteidigungsunfähigkeit als durch Parteihader, Bestechung und sinkende Moral unterlagen.

Auch einen anderen wichtigen Zug des Aufstandes sollte man nicht übersehen, der nicht zu der Theorie Geyls von einer lediglich durch die spanische Militärmacht auseinandergerissenen niederländischen Einheit paßt. Schon lange vor Philipps Thronbesteigung bestanden deutliche Unterschiede in der Sozialstruktur zwischen Süden und Norden. Der Süden war stärker kommerzialisiert und industrialisiert; der Wohlstand war dort größer, allerdings auch der Einfluß der feudalen Aristokratie stärker als im Norden, dessen im allgemeinen ärmere Gesellschaft von Schiffahrt und Fischfang abhängig war. Mit Beginn des Aufstandes aber setzte eine Wanderbewegung nach dem Norden ein. Wohl mit der Vermutung, daß man im Norden sicherer und dem Risiko fürstlicher oder adliger Ausplünderung weniger ausgesetzt sein würde, zogen Kaufleute, Handwerker und Arbeiter dorthin. Etwa ein Zehntel der Bevölkerung des Südens — von ihrem dynamischen Teil sogar ein wesentlich höherer Prozentsatz — wanderte in jenem Zeitraum aus und stellte im letzten Jahrzehnt des 16. Jahrhunderts eine bedeutende Gruppe unter den Professoren, Künstlern, Druckern, Tuchhändlern, Seidenwebern, Schiffsbauern und Überseekaufleuten in Amsterdam, Haarlem, Leyden, Middelburg und vielen anderen Städten und Häfen des Nordens dar.

Die Aristokratie des Südens konnte nur wenig zu dem Aufstand beitragen, da es ihr wegen der Festlegung des Vermögens in Landbesitz an Beweglichkeit fehlte. Eingeschüchtert blieb sie an Ort und Stelle, ließ sich aber die Erneuerung ihrer Treuebindung an Spanien abkaufen. Andererseits steht der fanatische Einsatz der Calvinisten im Süden außer Zweifel; sie gehörten vorwiegend zu den unteren oder mittleren Gesellschaftsschichten.

Die Gruppen, die die Erhebung trugen, waren alles

Franciscus Gomarus, Führer der radikalen Calvinisten. Zeitgenössischer Kupferstich

Holländischer Kaufherr mit seiner Gemahlin in Batavia auf Java. Gemälde von Aelbert Cuyp, zweite Hälfte des 17. Jahrhunderts

Der Bürgermeister von Delft. Gemälde 2. Hälfte des 16. Jahrhunderts

andere als homogen, und die Bestimmung ihrer Motive bereitet Schwierigkeiten. In der Ober- und Mittelklasse herrschte nackter Haß gegen die spanische Besatzung und die Verfolgungen der Inquisition. Außerdem wirkten sich die Unterdrückungen, der Krieg und die damit verbundenen Kosten nachteilig auf die Geschäfte aus. Andererseits wurden Unzufriedenheit und Mißtrauen durch eine neue Erscheinung des Zeitalters, von der Adel und Arbeiterschaft gleichermaßen betroffen wurden, durch eine beispiellose Inflation nämlich, gesteigert. Die Adligen, deren Einkommen sich aus mehr oder weniger feststehenden Renten zusammensetzte, fanden sich in einer Schere zwischen steigenden Kosten und sinkenden Erträgen, und das zu einer Zeit, in der Hofämter und Offiziersstellen an die Spanier fielen. Unter der niederen Bevölkerung sah sich eine steigende Zahl der Arbeitslosigkeit und dem Elend ausgesetzt, als die Industrie die alten, von den Zünften beherrschten Städte verließ und nach Flandern zog. So kam es, daß sich die niederländische Gesellschaft in ihrer Unzufriedenheit vereinigte und einhellig die politische und die religiöse Abspaltung unterstützte. Die an sich weniger verwundbare und sicherlich weitblickendere Mittelschicht schloß sich ihnen dennoch an. Ihre Angehörigen waren durch die Furcht vor grenzenloser und konfiskatorischer spanischer Besteuerung aufgeschreckt. Die ausschlaggebende Position in der neuen Republik erlangte die letztere Gruppe.

Diese Kombination von soziologischen und politischen Ursachen unterscheidet den Aufstand in den Niederlanden von den Adelsempörungen, Bauernunruhen und Protestantenerhebungen, die sich im späten 16. und frühen 17. Jahrhundert in Frankreich, England, Deutschland, Italien, Spanien und Skandinavien

Beeidung des Friedensvertrages zwischen Spanien und Holland zu Münster im Jahre 1648. Gemälde von Gerhard Terborch, 1648

ereigneten. Es ist bemerkenswert, daß das holländische Beispiel keine Schule machte: der Aufstand der niederländischen Kaufmannsrepublik blieb die einzige erfolgreiche Erhebung gegen den zentralistischen monarchischen Absolutismus, wie er sich in den Staaten des frühneuzeitlichen Europa manifestierte.

Die wirtschaftliche und kulturelle Entwicklung der Republik nahm einen raschen Aufschwung. Vor 1590 waren die nördlichen Provinzen ärmer als ihre südlichen Nachbarn. Bald schon überflügelten sie jene. Amsterdam rückte an die Stelle Antwerpens als größter Umschlagplatz der Welt. Mit einem neuen seetüchtigen, preiswerten unbewaffneten Schiff, dem holländischen »Fluit«, wurde eine technische Umwälzung im Schiffsbau eingeleitet. Die holländische Handelsflotte errang ein Monopol im Handel mit Getreide, Holz und anderen Schiffsgütern zwischen den Ostsee-Ländern und dem übrigen Europa.

Parallel zu dem wirtschaftlichen Aufschwung verlief die Entwicklung in Philosophie, Wissenschaft und Kunst. In dem vergleichsweise toleranten geistigen Klima Hollands fanden Philosophen wie René Descartes, Baruch Spinoza und John Locke Zuflucht. Die Grundsätze Hugo Grotius', der mehr als Sprecher, Verteidiger und Historiker der herrschenden Patrizierklasse auftrat, wurden von England und dann von der gesamten bürgerlichen Welt übernommen, darunter auch das Prinzip vom Mare liberum – von der Freiheit der Meere. Daß Grotius Anspruch auf den Titel eines Vaters des modernen Völkerrechts habe, ist bis vor kurzer Zeit unbestritten gewesen. Der größte unter den vielen hundert niederländischen Künstlern, deren Werke Bestandteil des kulturellen Erbgutes von ganz Europa geworden sind, Rembrandt, wohnte nicht weit von Spinoza entfernt im Amsterdamer Judenviertel. Wie viele Neuerungen der Holländer stand auch die niederländische Kunst unter starkem italienischen Einfluß, entwickelte dabei aber ihren eigenen, einzigartigen und unverwechselbaren Stil. Seegemälde, Landschaften, Blumen, häusliches Innenleben, Portraits – alle Themen zeigen in vielen großartigen Beispielen eine wundervolle Vertiefung ins Detail, die vorher und nachher nur wenig ihresgleichen haben. Die Fähigkeit, detaillierte Beobachtung mit bedeutsamem Allgemeinen zu verbinden, haben die niederländischen Künstler des 17. Jahrhunderts mit ihren naturwissenschaftlichen Zeitgenossen gemein: Männern wie Antony van Leeuwenhoek, Herman Boerhaave, Christian Huyghens und Simon Stevin, die in Biologie, Zoologie, Mikroskopie, Medizin, Astronomie, Nautik, Architektur und Ballistik wissenschaftliche Methoden einführten.

Mit dem 18. Jahrhundert setzte ein wirtschaftlicher Niedergang ein; die Konkurrenz größerer Staaten, hohe Verteidigungskosten und schwere Steuerlasten wirkten zusammen. Die holländische Wirtschaftsblüte begann zu welken, und Hollands Machtstellung verminderte sich. In ihrer großen Zeit aber waren holländisches Kapital, holländische Technologie und holländischer Unternehmungsgeist als Nebenergebnisse des Unabhängigkeitskampfes eine gewaltige Antriebskraft, die das noch überwiegend agrarische, halbfeudale Europa in Richtung auf die industrielle Revolution und die sozioökonomische Moderne vorwärtsgebracht hat.

CHARLES WILSON

Zersplitterung Europas im 17. Jahrhundert

Etwa zur Zeit des Waffenstillstandes zwischen Spanien und den aufständischen Holländern entwickelte König Jakob I. von England großartige, allerdings vage Vorstellungen von einer friedlichen Einigung ganz Europas und einem großen Konzil unter dem gemeinsamen Präsidium des Papstes und des Königs von England. Die ehrgeizigen Pläne Jakobs überstiegen bei weitem seine begrenzten Machtmittel und seine persönlichen Fähigkeiten. Das Europa des 17. Jahrhunderts blieb zersplittert wie seit Jahrhunderten.

Im Süden erstreckte sich das Osmanische Reich über die ganze nördliche Küste des Mittelmeeres von Algier bis Ägypten und Syrien und reichte nach Osten über Anatolien und den Bosporus entlang der Küsten des Schwarzen Meeres bis hin zur Krim; auf dem Balkan umfaßte es Griechenland, Bulgarien und Ungarn. Das riesige Reich beherrschte damals Sultan Achmed I., ein kränklicher

König Jakob I. von England und sein Sohn Karl

Fürst, der 1617 siebenundzwanzigjährig starb. Sein Reich hatte seit langem jene Vitalität eingebüßt, durch die es in den Tagen Suleimans des Prächtigen eine ständige Gefahr für die Christenheit bedeutete. Allenthalben walteten Verfall und Korruption. Dennoch bestand das Reich noch über drei Jahrhunderte.

Jenseits der nord-östlichen Grenzen des türkischen Reiches lagen drei der flächenmäßig größten Staaten Europas: Polen, Rußland und Schweden. Von ihnen nahm damals Schweden unter der straffen Herrschaft des energischen Königs Karl IX. die mächtigste Stellung ein. Im Jahre 1609 eroberte Karl Estland und verdrängte die Polen aus Livland und aus Ingermanland und damit aus dem nord-östlichen Baltikum.

Rußland

Rußland spielte damals in der europäischen Politik nur eine untergeordnete Rolle. Ständige Auseinandersetzungen mit Polen verhinderten weitgehend westliche Kontakte. Schweden hielt die Russen von der Ostsee fern, und im Süden schnitten die Türken sie vom Schwarzen Meer ab. Man stellte bei genauerer Betrachtung des Wesens und der Lebensgewohnheiten der »Moskowiter« fest, daß es nichts Barbarischeres geben könne als dieses Volk, schrieb ein deutscher Reisender; irgendwelche Studien, Wissenschaften und Künste würden nicht betrieben, die Leute seien im Gegenteil so unwissend, daß es ihnen unvorstellbar schiene, wie man einen Kalender machen könne, ohne mit dem Teufel im Bund zu stehen. Die wenigen Schulen, die es in dem dünn besiedelten, unterentwickelten Land gab, leiteten engherzige und abergläubische Mönche. Ein Parlament gab es ebensowenig wie eine Rechtsprechung, die europäischen Maßstäben entsprochen hätte. Von einem geistigen Leben oder einer wirtschaftlichen Entwicklung konnte nicht die Rede sein. Statt dessen herrschten Trägheit und Vorurteile, Korruption und Gewalttätigkeit, die durch Trunksucht gefördert wurden.

Iwan IV., der Schreckliche, der Großfürst von Moskau, der sich den Titel eines Zaren beigelegt und das russische Volk mit brutaler Gewalt unter sein drückendes selbstherrliches Regiment von despotischster Art gebeugt hatte, starb 1584. Sein schwacher Erbe war froh, die Regierung des Landes in den Händen seines Schwagers Boris Godunow zu wissen. Godunow erlangte bei dem landbesitzenden Adel dadurch große Beliebtheit, daß er den Bauern

Zar Iwan der Schreckliche

verbot, ihre angestammte Scholle zu verlassen. Damit lieferte er sie der Willkür ihrer Herren schutzlos aus, wodurch die Bauernschaft schließlich in die Leibeigenschaft absank. Godunow ernannte sich selbst zum Nachfolger seines Schwagers und wurde 1598 Zar von ganz Rußland. Die Thronbesteigung eines einfachen Bojaren erregte die Eifersucht und den Zorn seiner adligen Standesgenossen. So kam es zu einer Verschwörung, die Boris Godunow zu stürzen trachtete. Während der Adel konspirierte, terrorisierten Räuberbanden das flache Land, Hunderte von Quadratkilometern verödeten durch Hungersnot und durch Seuchen. Ein Mann aus Polen, der sich als der vor Jahren

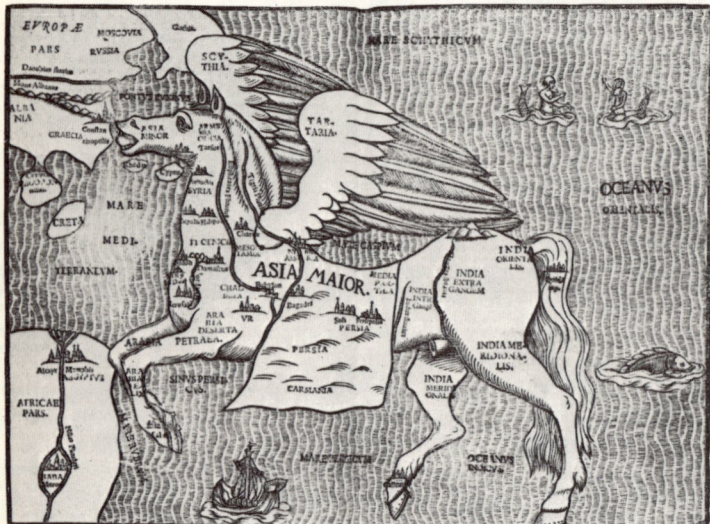

Europa und Asien. Karte des 17. Jahrhunderts

ermordete jüngere Sohn Iwans des Schrecklichen, Demetrius, ausgab, entfesselte einen Bürgerkrieg, der nach dem Tod Boris Godunows, 1605, noch bis 1613 tobte. Mit der Wahl Michael Romanows zum Zaren endeten die Wirren. Er begründete die Dynastie der Romanows.

Italien

Wie Deutschland war auch Italien lediglich das, was Metternich später einmal »einen geographischen Begriff« nannte. Im Nord-Osten lag die Republik Venedig, deren Besitzungen sich von Bergamo bis nach Istrien und an der Ostküste der Adria entlang erstreckten. Außerdem gehörte ihr die Insel Kreta, die erst Ende des 17. Jahrhunderts den Türken in die Hände fiel. Weite Teile Mittel-Italiens nahm der Kirchenstaat ein, der von Ancona bis Rom reichte und im Süden bei Terracina an das Königreich Neapel grenzte, das Süd-Italien, Sizilien und Sardinien umfaßte und mit der Krone Spaniens verbunden war. Im Nord-Westen des Kirchenstaates regierte die Familie Medici im Großherzogtum Toscana. Ebenfalls zum spanischen Weltreich gehörte das bedeutende Herzogtum Mailand im Norden der Halbinsel. Ihm benachbart waren im Osten Venedig, im Norden die Eidgenossenschaft, im Westen das Herzogtum Savoyen, im Süden die Republik Genua. Südlich des Po lagen die Herzogtümer Parma, in dem die Familie Farnese herrschte, Mantua unter den Gonzagas und das in den Händen der Este befindliche Modena. Zu Genua gehörte auch Korsika, bis es 1768 an Frankreich verkauft wurde.

Frankreich

In Frankreich herrschte König

Hinrichtung François Ravaillacs, des Mörders Heinrichs IV., im Jahr 1610

Heinrich IV., der bedeutendste Staatsmann seiner Zeit. Als Sohn des Herzogs von Vendôme, Anton von Bourbon, und der Königin von Navarra, Johanna (Jeanne d'Albret), war er protestantisch erzogen und hatte während der Religionskriege in Frankreich eine führende Rolle gespielt. Nach dem Tod seiner Mutter folgte er ihr 1572 als König von Navarra, und nach der Ermordung König Heinrichs III. von Frankreich gelangte er 1589 auf den französischen Thron. Zehn Jahre lang mußte Heinrich kämpfen, um sein Erbe zu sichern, obwohl er zum katholischen Glauben übergetreten war. Danach konzentrierte er sich auf die Wiederherstellung von Frankreichs Wohlstand, wobei ihn sein Freund, Maximilian de Béthune, der Herzog von Sully, tatkräftig unterstützte. Unter Mißachtung aller Kritik und Überwindung jeglicher Opposition führte Heinrich seine Reformen der Verwaltung, der Finanzen, des Gewerbes und der Armee durch. Paris schmückte er mit großartigen Bauwerken.

Seine Bemühungen, die Macht der Habsburger zu schwächen, veranlaßten ihn zu einer Reihe von Bündnissen mit den protestantischen Fürsten in Deutschland, mit dem König von Schweden, mit einigen italienischen Staaten, den Schweizer Eidgenossen und dem Herzog von Lothringen. Nach dem Tod seiner ersten Gemahlin, Margarete von Valois, einer Schwester Heinrichs III., heiratete Heinrich IV. die schwierige Maria de'Medici und gewann so die Gunst ihres Onkels, des Großherzogs von Toscana. Als Heinrich IV. im Mai 1610 ermordet wurde, hatte er Frankreich auf die Bewältigung großer Aufgaben bestens vorbereitet. Das Werk vollendeten Kardinal Armand-Jean Du Plessis, Herzog Richelieu, der leitende Staatsmann des Sohnes Heinrichs IV., Ludwig XIII., und Kardinal Jules Mazarin, der für den minderjährigen Ludwig XIV. die Regentschaft führte. Während Frankreich langsam zur vorherrschenden Macht in Europa emporstieg, verfiel die Spaniens immer mehr. Das Staatsgefüge war völlig erschöpft: Die Wirtschaft litt unter ständigen Schwankungen, die Finanzen waren zerrüttet. Der reiche Goldstrom, der aus Amerika in das Land gelangte, wurde denkbar schlecht verteilt. Nirgends in Europa herrschte solch ein Gegensatz zwischen dem Prunk der Reichen und der entsetzlichen Not der Armen.

England hatte sich bislang nur wenig an der Kolonisierung Amerikas beteiligt. Seine berühmten Seefahrer des 16. Jahrhunderts begnügten sich mit Entdeckungen und kühnen Abenteuern.

Es dauerte noch bis 1609, ehe mit der Gründung von Jamestown in Virginia das Zeitalter der englischen Kolonisation seinen eigentlichen Anfang nahm.

König Heinrich IV. von Navarra und von Frankreich

Maria von Medici mit ihrem Sohn König Ludwig XIII.

Plünderung Magdeburgs

1631

Musketier. Kupferstich von Jacob de Geyn in »Über den Gebrauch der Waffen«, den Haag 1607

Ursprünglich war Magdeburg ein römisch-katholisches Erzbistum. Die Stadt hatte sich jedoch schon früh der Reformation angeschlossen. Seit dem Tod des Erzbischofs Albrecht von Brandenburg im Jahr 1543 stritten Sachsen und Brandenburg um die Administration des Erzbistums, das seit dieser Zeit einen protestantischen Verweser hatte. Im Jahr 1629 forderte der katholische Kaiser Ferdinand II. im Restitutionsedikt die Herausgabe aller seit 1552 von den Protestanten eingezogenen geistlichen Territorien. Das wohlhabende Erzbistum Magdeburg sollte Ferdinands jüngerer Sohn Erzherzog Leopold erhalten. Als die Stadt sich weigerte, den Erlaß anzuerkennen, bekam Albrecht von Wallenstein, der kaiserliche Oberbefehlshaber, den Befehl, Magdeburg für Leopold zu erobern.

Sieben Monate lang belagerte Wallenstein an der Spitze von sechstausend Mann die Stadt. Seine Mühe war vergebens; die dreißigtausend Bürger Magdeburgs widersetzten sich den Belagerern erfolgreich. Wallenstein mußte schließlich unverrichteter Dinge abziehen. Ein Jahr später erzwang der Regensburger Kurfürstentag sogar vom Kaiser die Entlassung seines Feldherrn. Graf Johann Tserclaes von Tilly, der einundsiebzigjährige Generalissimus der Katholischen Liga, übernahm auch das Kommando über das kaiserliche Heer. Er war ein erfahrener und sieggewohnter Feldherr, der nicht nur den Kurfürsten Friedrich von der Pfalz, den »Winterkönig«, 1620 in der Schlacht am Weißen Berg zu Beginn des Dreißigjährigen Kriegs geschlagen, sondern 1626 auch König Christian IV. von Dänemark bei Lutter am Barenberg besiegt hatte, als dieser den deutschen Lutheranern zu Hilfe eilte. Tilly hatte sich schon im jugendlichen Alter dem Soldatentum und der Sache des Kaisers verschrieben.

Im Jahrzehnt nach der Schlacht am Weißen Berg änderte sich die militärische Lage völlig. Um 1630 bestand kaum eine Friedensmöglichkeit in Deutschland. Die Belagerung Magdeburgs war längst keine isolierte militärische Operation mehr, sondern Teil eines allgemeinen Krieges. Am 26. Juni 1630 landete König Gustav II. Adolf von Schweden in Pommern und verkündete den Protestanten seine Unterstützung. Während Gustav Adolf in Nord-Deutschland Fuß faßte und sich mit Pommern verbündete, nahm Markgraf Christian Wilhelm von Brandenburg, der protestantische Administrator Magdeburgs, der seit einiger Zeit in Schweden Zuflucht gesucht hatte, die Stadt Ende Juli 1630 wieder in Besitz. Unterstützt von schwedischen Soldaten erklärte er, daß er mit Gottes und des schwedischen Königs Hilfe das Erzbistum gegen alle Feinde verteidigen wolle. Seitdem stand Magdeburg isoliert zwischen den neutralen Gebieten der Kurfürsten Johann Georg von Sachsen und Georg Wilhelm von Brandenburg. Die Sicherheit der Stadt begründete auf der Anwesenheit des schwedischen Königs. Obgleich sie dem Protestantismus anhingen, hatten die beiden Kurfürsten ihrem Kaiser nie den Krieg erklärt.

Die Aufgabe, den schwedischen Vormarsch in Deutschland aufzuhalten, fiel Graf Tilly zu. Der alternde Feldherr hielt es für notwendig, nicht nur die strategisch wichtige Elbfurt zu sichern, sondern auch die in Magdeburg reichlich vorhandenen Vorräte zu beschlagnahmen, da die Heere der Katholischen Liga und des Kaisers in dem weitläufigen protestantischen Gebiet schwer mit Nachschub zu versorgen waren. Dennoch zögerte er, ob er Gustav Adolf in dem Brückenkopf an der Oder einschließen oder die von der Außenwelt abgeschnittene Festung Magdeburg erstürmen sollte, die sich zum ersten schwedischen Verbündeten erklärt hatte. Zunächst teilte Tilly seine Macht: Der Feldmarschall Graf Gottfried Heinrich zu Pappenheim erneuerte die Belagerung Magdeburgs, während er selbst unerwartete Angriffe auf die Linien des schwedischen Königs unternahm.

Gustav Adolf wußte um die strategische Bedeutung Magdeburgs, glaubte aber, daß die Stadt einige Monate ohne seine Hilfe standhalten könnte, denn sie war gut geschützt und mit Vorräten versorgt; dazu hatte der König seinen fähigsten Unterführer, Dietrich von Falkenberg, mit dreitausend Mann zu ihrer Verteidigung gesandt. Inzwischen zog Gustav Adolf mit einem schlagkräftigen Heer die Oder aufwärts, griff Frankfurt an und eroberte Landsberg an der Warthe.

Die Bürger Magdeburgs dachten nicht im entferntesten daran, ihre Stadt bis zum letzten Mann gegen die Übermacht vor ihren Toren zu verteidigen. Sie hatten über ein Jahr während der Belagerung durch die Kaiserlichen unter Wallenstein Hunger und Entbehrungen erduldet. Auch waren sie ihrem protestantischen Verweser aus Brandenburg nicht sonderlich ergeben. Hatten sich die Bürger doch erst kürzlich dem mächtigen Kurfürsten von Sachsen unterwerfen wollen. Aber sie mußten sich dem Druck Dietrich von Falkenbergs beugen; und er war fest entschlossen, die Stadt zu halten, bis sein Heer zu ihrer Befreiung herbeieilen konnte.

Tilly, der inzwischen auch vor Magdeburg gerückt war, suchte die Stadt im Sturm zu nehmen. Am 17. Mai, als die Inseln in der Elbe schon von den kaiserlichen Truppen besetzt waren, versuchte Pappenheim, die Stadt von der Flußseite her zu stürmen. Zwei Tage später erkannten die Verteidiger ihre aussichtslose Lage. Die Bürger verlangten die Übergabe. Dienstagmorgen, den 20. Mai, berief Falkenberg die Stadtältesten zu sich und drängte sie, weiterkämpfen zu lassen. Aber es war zu spät: Ohne Tillys ausdrücklichen Befehl führte Pappenheim inzwischen einen neuen Angriff durch, der siegreich endete.

Nach den herrschenden Kriegsgesetzen durfte eine Stadt, die eine Aufforderung zur Übergabe zurückgewiesen hatte, geplündert werden. Etwa fünfundzwanzigtausend Einwohner kamen ums Leben, als Magdeburg von der Soldateska verwüstet wurde. Tilly gelang es nicht, dem grausamen Treiben Einhalt zu gebieten. Er sorgte jedoch dafür, daß der Dom, der Tausenden von Flüchtlingen gemeinsam mit dem verwundeten Christian Wilhelm von Brandenburg Schutz bot, sowie fünf andere Kirchen der Stadt vor Zerstörung bewahrt blieben. Die restliche Stadt fing Feuer und brannte völlig nieder. Erst vier Tage nach dem Angriff gelang es Tilly, der Plünderung Einhalt zu gebieten. Die Körper der Toten wurden in den Fluß geworfen, um der Pest vorzubeugen. Was auch immer Tillys Leute inmitten von Feuer, Raub und Gemetzel an Beute gemacht haben mochten, das eigentliche militärische Ziel der Belagerung war nicht erreicht. Denn die Vorräte, mit denen er seine Heere versorgen wollte, waren der Disziplinlosigkeit der Eroberer zum Opfer gefallen. Gustav Adolf und sein Heer standen noch östlich von Potsdam, als sie die Nachricht von der Eroberung Magdeburgs erreichte. Nach den Erfolgen an der Oder hatte er sich nach Berlin

Albrecht von Wallenstein, Herzog von Friedland. Farbskizze von Anthonis van Dyck

Ermordung Wallensteins in Eger am 25. Februar 1634. Kupferstich von Matthäus Merian im »Theatrum Europaeum«, 1643

Graf Johann Tserclaes von Tilly bei der Belagerung von Magdeburg. Detail eines zeitgenössischen Kupferstiches

Kavallerist. Kupferstich von Jacob de Geyn in »Über den Gebrauch der Waffen«, den Haag 1607

gewandt, um seinen Schwager Kurfürst Georg Wilhelm von Brandenburg zu zwingen, ihm als Verbündeter zu folgen. Mit Brandenburgs Hilfe hatte er gehofft, Magdeburg zu retten. Nun war es zu spät.

Der Schauer des Schreckens, der das protestantische Europa bei der Nachricht von Magdeburgs Fall überkam, mischte sich in Deutschland mit Furcht vor jeder Verlagerung des Kriegsschauplatzes. Die nur am Rand der Feindseligkeiten lebenden protestantischen Fürsten sahen in dem schwedischen König ihren einzigen Retter, während die an der Route des kaiserlichen Heeres liegenden Gebiete unter der unbarmherzigen Grausamkeit der Kriegsmaschinerie zu leiden hatten und nur auf Frieden hofften. Tilly selbst hatte Befürchtungen wegen seines Erfolges: »Die Gefahr ist nicht gebannt, denn die protestantischen Stände werden ohne Zweifel davon in ihrem Haß nur bestärkt«, berichtete er dem Herzog von Bayern. Gustav Adolf erkannte seine günstige Lage. Auf seinem Weg nach Frankfurt an der Oder im Januar 1631 hatte er einen Subsidienvertrag mit Frankreich zu Bärwalde geschlossen. Der französische König hatte sich bereit erklärt, den Schweden Unterstützung zu gewähren. Als Gegenleistung versprach Gustav Adolf den Angehörigen der römisch-katholischen Kirche freie Gottesdienstausübung in den protestantischen Teilen Deutschlands.

Inzwischen bedachte der König — teils Träumer, teils schlauer Staatsmann — ernsthaft seine Politik. Er strebte nach einer Liga deutscher Fürsten unter seiner Führung. Als ihr Oberhaupt konnte er Nord-Deutschland beherrschen und den Kaiser demütigen. Als zentrales Problem stellte sich ihm die Frage, wie er mit den eigenwilligen Fürsten im Norden verfahren sollte. Johann Georg von Sachsen hatte zeitweise versucht, eine dritte Macht in Deutschland aufzubauen, die geeignet war, zwischen den kämpfenden Parteien zu vermitteln. Er berief Anfang 1631 eine Versammlung protestantischer Herrscher nach Leipzig ein. Sie stimmten der Aufstellung eines eigenen Heeres zu und legten dem Kaiser ein Memorandum über die schlechte Lage der Protestanten im Reich vor.

Johann Georg, der die einzige Armee von einiger Bedeutung in Nord-Deutschland besaß, hatte es abgelehnt, Magdeburg zu helfen oder sich mit dem schwedischen König zu verbünden; Brandenburg lag dem Schweden-König näher, und Kurfürst Georg Wilhelm besaß kein Heer, mit dem er seine Neutralität hätte behaupten können. Noch vor dem Fall Magdeburgs hatte er den Schweden gestatten müssen, in der Mark zu kampieren und die Festung Spandau zu besetzen. Jetzt, einen Monat nach Magdeburgs Fall, unterwarf er sich dem Ultimatum seines Schwagers Gustav Adolf und unterzeichnete einen Vertrag, der Brandenburg zum Aufmarschgebiet der Schweden machte. Die Festungen Spandau und Küstrin mußten abgetreten werden.

Während des Dreißigjährigen Krieges war die Haltung Kursachsens für Katholiken und Protestanten von entscheidender Wichtigkeit. Falls Gustav Adolf Johann Georg dazu bewegen konnte, den Plan einer dritten Macht aufzugeben und sich mit den Schweden zu verbünden, würde das alle Protestanten ins schwedische Lager ziehen. Gustav Adolf erkannte, daß er seinen Plänen nur mit militärischen Erfolgen Nachdruck verleihen konnte. Am 24. Juni 1631 entschloß er sich, von Spandau auf die Elbe vorzurücken. Der Graf zu Pappenheim stand noch mit dreizehntausend Mann bei Magdeburg. Demgegenüber war das schwedische Heer beträchtlich stärker. Gustav Adolf überquerte die Elbe etwa fünfundsiebzig Kilometer nördlich der Stadt und nahm Tangermünde ein. Nördlich der Elbe versuchte er Tilly zu treffen. Ende Juli trafen beide Armeen in der Nähe von Werben bei Tangermünde zusammen. Nachdem sich beide Seiten ein Artilleriegefecht geliefert hatten, zog Tilly sich zurück. Die Schweden trugen den moralischen Sieg davon.

Der Sieg bei Werben isolierte Johann Georg, den großen Neutralen, mehr und mehr. Sein Kurfürstentum drohte zwischen den kämpfenden Parteien aufgerieben zu werden. Mitte August sandte Tilly dem Kurfürsten ein Ultimatum, das ihn aufforderte, seinem kaiserlichen Herrn mit seinen Truppen zu dienen. Johann Georg widersetzte sich dem Befehl und wandte sich an Gustav Adolf um Hilfe. Am 11. September 1631 unterzeichneten beide Herrscher einen Bündnisvertrag. Der Kurfürst von Sachsen gab dem König von Schweden die Zusicherung, ihm an die Elbe zu folgen, auf seinem Gebiet für die Schweden Nahrung und Quartier bereitzustellen sowie keinen Separatfrieden zu schließen. Der Vertrag stellte einen Kompromiß dar, weil Johann Georg dennoch seine Unabhängigkeit bewahrte. Er hoffte, nur so lange unter dem Befehl des schwedischen Königs kämpfen zu müssen, bis den protestantischen Reichsständen vom Kaiser Gleichberechtigung eingeräumt würde. Aber was auch immer für Vorbehalte existierten, das sächsisch-schwedische Bündnis entschied über die Zukunft des Krieges. Zwei Tage nach Unterzeichnung des Vertrages erstürmte Tilly Leipzig. Gleichzeitig sammelten Gustav Adolf und Johann Georg ihre Kräfte für einen Marsch in den Süden des Reiches. Am Mittwoch, dem 17. September, fochten sie bei Breitenfeld gegen die

Kaiserlichen. Nach zweistündigem Gefecht schon zogen die Sachsen sich zurück; die Kaiserlichen wurden von den Schweden allein vernichtet. Nahezu zwanzigtausend der Mannen Tillys wurden getötet oder gefangengenommen. Diese Schlacht zerstörte endgültig die Hoffnung auf ein geeintes Heiliges Römisches Reich Deutscher Nation.

Der Krieg hatte 1618 als ein Aufstand protestantischer Adliger in Böhmen gegen die habsburgische Krone begonnen: Ferdinand II. wurde als König von Böhmen abgesetzt und Kurfürst Friedrich V. von der Pfalz auf den Thron berufen. Die Böhmen entschlossen sich zu diesem revolutionären Schritt, weil sie ihre Vorrechte, besonders die Freiheit der protestantischen Kirchen, bedroht sahen. Kaiser Ferdinand II. vertrieb Friedrich V. von der Pfalz aus Böhmen, nahm ihm die Kurwürde und entzog ihm seine Erblande, die er schließlich dem Führer der deutschen Katholiken, dem Herzog Maximilian I. von Bayern, übertrug. Die Könige Johann I. und Karl I. von England sowie Christian IV. von Dänemark wurden schließlich in die Auseinandersetzung verwickelt. Dennoch blieb der Krieg bis 1630 vorwiegend eine Angelegenheit der Reichsstände. Seit diesem Zeitpunkt aber griffen andere europäische Mächte aktiv und auch gegeneinander ein.

Über sechzig Jahre hatten die Vereinigten Niederlande um ihre Unabhängigkeit und ihre religiöse Freiheit gegen ihren Herrn, den spanischen König, gekämpft. Philipp IV. hoffte, daß sein kaiserlicher Vetter, Ferdinand II., zugunsten der katholischen Sache in den Niederlanden intervenieren würde. Dazu mußte aber in Deutschland Frieden herrschen.

Nachdem Markgraf Christian Wilhelm von Brandenburg, der Administrator des Erzbistums Magdeburg, nach Stockholm geflohen war, um dort Unterstützung zu suchen, betrat Schweden den Kriegsschauplatz. König Gustav II. Adolf hatte sein Eingreifen in Deutschland wohl bedacht, wenn auch seine Motive – protestantischer Glaubenseifer oder politisches

Belagerung und Eroberung Magdeburgs durch die kaiserlichen Truppen unter Graf Johann Tserclaes von Tilly und Graf Gottfried Heinrich zu Pappenheim 1631. Kupferstich von Matthäus Merian im »Theatrum Europaeum«, 1637

Graf Johann Tserclaes von Tilly. Farbskizze von Anthonis van Dyck

Deutsches Gewehr. Mitte des 17. Jahrhunderts

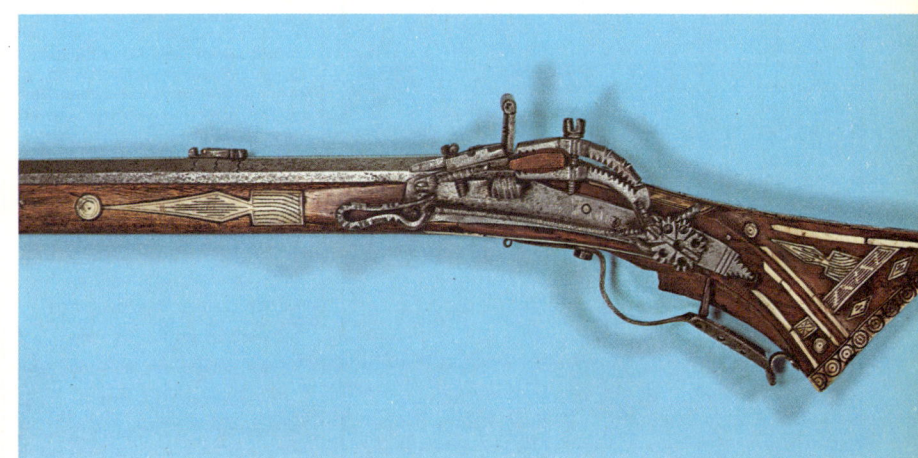

Dreißigjähriger Krieg 1618–1629

Kurfürst Friedrich von der Pfalz, Führer der protestantischen Union, wurde 1620 in der Schlacht am Weißen Berg von den Truppen Bayerns und Österreichs besiegt; mehrere protestantische Reichsstände hatten ihm ihre Hilfe versagt. Infolgedessen erlangten die Heere Bayerns unter Tilly und des Kaisers unter Wallenstein in Nord-Deutschland das Übergewicht.

- Protestantische Union 1608
- Katholische Liga 1609
- Habsburgisches Territorium
- Grenze des Römischen Reiches
- Zug der schwedischen Heere
- Zug der französischen Heere

Dreißigjähriger Krieg 1631–1647

Die Erfolge Kaiser Ferdinands II. zwangen die evangelischen Fürsten und Frankreich, König Gustav II. Adolf von Schweden um Hilfe zu ersuchen. Er besiegte Tilly bei Breitenfeld 1631 und Wallenstein bei Lützen 1632, wo Gustav II. Adolf fiel. Ohne ihn hatte die schwedische Armee keine Erfolge zu verzeichnen. 1634 wurde sie bei Nördlingen schwer geschlagen. Darauf erklärte Frankreich den österreichischen und spanischen Habsburgern den Krieg. Condé besiegte die Spanier bei Rocroi 1643, und Turenne war gegen die kaiserlichen Truppen in Süd-West-Deutschland erfolgreich.

Friede zu Münster und zu Osnabrück 1648

Der Friede des Reiches und des Kaisers mit Frankreich wurde in Münster und mit Schweden in Osnabrück geschlossen: Frankreich wurde im Besitz von Toul, Metz und Verdun sowie Teilen des Elsaß bestätigt. Schweden erhielt Vorpommern mit Wismar und Bremen-Verden. Die Unabhängigkeit der Schweiz wurde anerkannt. Der Augsburger Religionsfriede wurde wiederhergestellt und auf die Reformierten ausgedehnt. In einem Sonderfrieden mit Spanien erhielten die Niederlande volle Unabhängigkeit.

- Erwerbungen Brandenburgs
- Erwerbungen Schwedens
- Erwerbungen Frankreichs
- Erwerbungen Bayerns
- Erwerbungen Sachsens

Machtstreben — unklar blieben. Zum mindesten wußte er, aus der religiösen Auseinandersetzung machtpolitische Vorteile zu ziehen.

Als letzte europäische Großmacht trat Frankreich auf den Plan. Seit Jahrzehnten erschütterte der Machtkampf zwischen Bourbonen und Habsburgern Europa. Heinrich IV. hatte Frankreich aus der Umklammerung der Habsburger von Spanien und Deutschland her befreit. Sein Nachfolger, König Ludwig XIII., hatte, unterstützt von seinem leitenden Minister, Kardinal Armand-Jean Du Plessis, Herzog von Richelieu, diese Politik konsequent weiterverfolgt. Dennoch fiel es dem römisch-katholischen König zunächst schwer, sich mit ketzerischen Protestanten gegen den rechtgläubigen Kaiser zu verbünden. Richelieu versuchte, das Oberhaupt der Katholischen Liga in Deutschland, Herzog Maximilian I. von Bayern, gegen den Kaiser aufzubringen, da die bayerischen Wittelsbacher sich schon immer von den Habsburgern im Reich zurückgesetzt glaubten. Aber der Herzog und sein General, Graf Johann von Tilly, hielten ihr Bündnis mit dem Kaiser. Ihnen winkte reicherer Lohn, als die Franzosen bieten konnten. Widerwillig wandte Richelieu sich dem Protestanten Gustav Adolf zu.

Gustav Adolf hatte nicht die Absicht, eine Schachfigur in des Kardinals europäischem Spiel zu sein. Er bestand darauf, daß der französisch-schwedische Vertrag von Bärwalde öffentlich bekannt sein sollte. Damit wurden die Franzosen gezwungen, in Deutschland offen zu handeln. Die Vertragsbedingungen sahen nur Subsidiengelder für die schwedische Armee vor. Gustav Adolf hoffte, hierdurch sich seine Unabhängigkeit gegenüber den Franzosen zu wahren. Nachdem der schwedische König in der Schlacht bei Lützen, die den Protestanten einen großen Sieg brachte, gefallen war, entsandten die Franzosen doch ein Heer nach Deutschland.

Den Zeitabschnitt, der dem Untergang Magdeburgs folgte, kennzeichneten große internationale Kriege. Der Sieg der Katholischen Liga und der Kaiserlichen verdeutlichte die religiösen Widersprüche in Deutschland. Da Tilly die deutschen Protestanten außerordentlich gedemütigt hatte, vereinigten sie sich in Nord- und Mittel-Deutschland gegen ihren Kaiser. Gustav Adolf schwang sich zu ihrem Retter auf. Er stieß von der Oder zur Elbe vor und besiegte die Kaiserlichen. Auf diese Weise schuf Magdeburgs Untergang die Voraussetzungen für den Wiederaufstieg der Protestanten und sicherte ihre künftige Position. Tatsächlich war Schwedens widerspenstiger Bündnispartner, das protestantische Brandenburg, der Brennpunkt eines lutherisch regierten deutschen Reiches.

Die Belagerung Magdeburgs war darum so bedeutend, weil sie dazu beitrug, Deutschland zu europäisieren. Schließlich führten Calvinisten sowie Lutheraner die religiöse Gleichstellung in ihren Herrschaftsbereichen ein. Die Aussicht auf eine umfassende und vollständige Gegenreformation erlosch endgültig. Schweden und sein Zahlmeister Frankreich gingen siegreich aus dem Krieg hervor, nachdem sie Deutschland furchtbar verheert hatten.

MAURICE ASHLEY

Frankreichs Weg zu einer zentralistischen Monarchie 1640–1661

Am Tag nach dem Tod des Kardinals Richelieu am 5. Dezember 1642 ließ König Ludwig XIII. von Frankreich seine höheren Beamten anweisen, von nun an ihre Berichte einem anderen Kardinal zu senden: Jules Mazarin. Mazarin (Giulio Mazarini) war der Sohn eines Sizilianers; seine Mutter entstammte der alten römischen Adelsfamilie Colonna. Er wurde 1602 in den Abruzzen geboren, von Jesuiten in Rom und an der Universität Alcala in Spanien erzogen und hatte das dreißigste Lebensjahr noch nicht vollendet, als er sich bereits im diplomatischen Dienst Papst Urbans VIII. hervortat. 1634 stieg er zum päpstlichen Nuntius am französischen Hof auf. Sein gewinnendes Auftreten und sein ausgezeichneter Intellekt beeindruckten Richelieu derart, daß er ihn dazu überredete, in die Dienste Ludwigs XIII. zu treten und sich von nun an als Franzose zu verstehen. 1641 erhielt er den

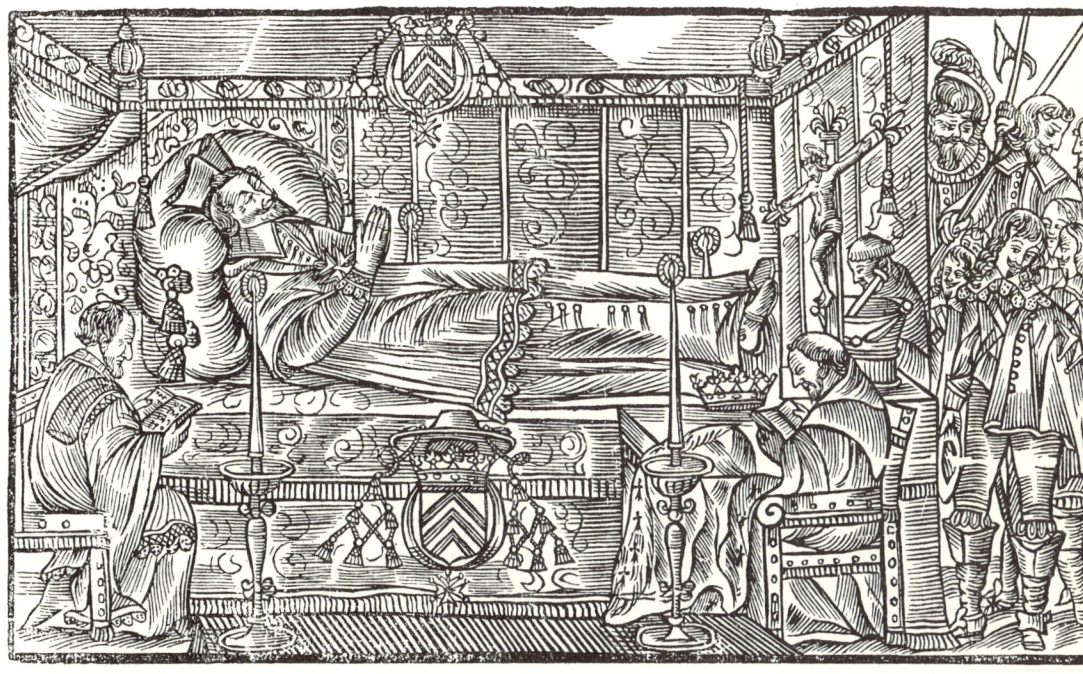

Tod des Kardinals Armand-Jean Du Plessis, Herzog von Richelieu, im Jahr 1642

Anna von Österreich, Regentin von Frankreich

Kardinalshut. Seinen ersten Erfolg in der französischen Politik errang er, als es ihm gelang, der Schwester Ludwigs XIII. nach dem Tod ihres Gemahls, des Herzogs von Savoyen, die Regentschaft über Savoyen zu verschaffen. Als er ein Jahr später Richelieus Nachfolger als leitender Minister Frankreichs wurde, war er erst neununddreißig Jahre alt.

Mazarin war eine ehrgeizige und habsüchtige Natur, listig bis zur Verschlagenheit und empfindlich. Aus der Erkenntnis heraus, daß der kranke und lethargische König Ludwig XIII. nicht mehr lange leben würde, bemühte sich der Kardinal, Vertrauen und Gunst der Königin Anna, der Tochter Philipps II. von Spanien, zu gewinnen. Anna war eine anziehende und verständige Frau; es fiel Mazarin nicht schwer, ihr Vertrauen und sogar ihre Verehrung zu erwerben. Nach dem Tod ihres Gemahls im Jahr 1643 erhielt sie die Regentschaft, was die Festigung der Stellung Mazarins als leitender Minister bedeutete.

Mit Umsicht und Entschlossenheit setzte Mazarin die Außenpolitik Richelieus fort. Geschickt steuerte er Frankreich durch die Schlußphase des Dreißigjährigen Krieges, vermied die ärgsten Vorteile, wobei der Kampf gegen Österreich fortgeführt wurde. Die Vereinbarungen, die er, als der Krieg 1648 beendet wurde, auszuhandeln verstand, hätten für Frankreichs politische Ziele in Europa schwerlich günstiger ausfallen können.

Fronde-Aufstand

Dennoch begegnete man in Frankreich Mazarin mit Mißtrauen und mit Haß: Man verabscheute ihn als einen Ausländer, verleumdete ihn, daß er ein Spieler und Schurke sei, und verurteilte ihn als den neuen und bösartigen Machthaber hinter dem Thron. Von seinem Einfluß auf die wenig beliebte Königinmutter Anna von Österreich wurde behauptet, daß er von ihren unnatürlichen physischen Neigungen herrühre. Die Adligen, die nur mit Hilfe seines Einflusses Ämter am Hof erlangen konnten, verachteten ihn; die übrige Bevölkerung verwünschte ihn als den für unerträgliche Kriegssteuern Verantwortlichen. Als der Dreißigjährige Krieg sich dem Ende zuneigte, stand Frankreich am Rand einer Revolution. Die allgemeine Ablehnung der Finanzpolitik Mazarins vereinigte Adel, Volk und das Parlament von Paris zu dem Versuch, den Kardinal zu stürzen und seine selbstherr-

Kardinal Jules Mazarin

Karikaturen auf Kardinal Jules Mazarin

liche Macht in Frankreich zu brechen. Provoziert hatte den Zusammenstoß Mazarin selbst, als er die Juristen des Parlamentes von Paris mit einer Steuer belegte. Weil sein Verlangen zurückgewiesen und mit Gegenforderungen beantwortet wurde, die auf Verfassungsreformen hinausliefen, befahl er die Verhaftung der Wortführer des Parlamentes. Daraufhin gingen die Pariser auf die Straßen und errichteten Barrikaden. Der Aufstand erhielt den Namen »Fronde« — »Schleuder«, als man den Parteigängern Mazarins Steine in die Fenster schleuderte.

Ludwig, Prinz von Condé, Herzog von Bourbon

Diese Vorkommnisse ereigneten sich im August 1648, als der Westfälische Friede noch nicht unterzeichnet und die Regierungstruppen, die unter dem Befehl des Prinzen Ludwig von Condé standen, von ihrem jüngsten Sieg bei Lens noch nicht zurückgekehrt waren. Der Hof konnte daher der Bedrohung durch die Frondeure nur unzureichend begegnen. Mazarin und die Königin ließen Häftlinge frei, versprachen Reformen und verließen fluchtartig Paris. Zwei Monate später enthob der Friedensschluß die Truppen Condés der Notwendigkeit, länger an der Grenze zu operieren. Sie marschierten direkt auf Paris und schlossen es ein. Am 11. März 1649 mußten sich die Frondeure zu dem Vertrag von Rueil bequemen.

So war Condé zum Retter des Hofes geworden. Jedoch trat schon bald danach eine Entfremdung ein. Condé hatte sich wohl als fähiger Heerführer erwiesen. Aber er war nicht nur als Besitzer großer Güter und Reichtümer das anerkannte Haupt des französischen Adels, sondern auch persönlich von unerträglicher Arroganz und darum äußerst unbeliebt. Der Königin bezeigte er ebenso seine Verachtung wie dem Kardinal von niederer Geburt, der die Bitte an den Prinzen um Hilfe gegen die Fronde als tiefe Demütigung empfunden hatte.

Darum bedeutete es eine ebenso schneidige als gewagte Aktion mit ähnlich provozierender Wirkung wie die Verhaftung der Führer des Pariser Parlamentes, als Mazarin überraschend die Festsetzung des ruhmreichen und stolzen Prinzen und seiner nächsten Anhänger — darunter den Bruder des Prinzen, Armand von Conti, und deren Schwager, den Herzog Heinrich von Longueville — anordnete. Das Land wurde dadurch von der Zweiten Fronde erschüttert; es kam zu Tumulten, unwürdigen Intrigen und schimpflichen Demütigungen. Die Anhänger Condés versuchten, die Verhafteten aus ihrem Gefängnis in Le Havre zu befreien. Die Herzogin von Longueville knüpfte mit Spanien Gespräche an, um von dort militärische Unterstützung zu erhalten. Tatsächlich rückte Marschall Henri Vicomte de Turenne, der im letzten Krieg der erfolgreichste Rivale Condés war, an der Spitze eines spanischen Heeres in die Picardie ein: Ein Schritt, der wohl ebensosehr von der unglücklichen Liebe Turennes zu der Herzogin von Longueville bestimmt gewesen sein dürfte wie von seiner Sympathie für die Erhebung. Im wesentlichen bestand die Geschichte der Zweiten Fronde aus Verschwörungen, Täuschungen, Betrug und Verrat. Sie war Tragödie und Farce zugleich, denn sie hatte keinen Helden. Der Ablauf der Ereignisse wurde selbst von den Personen, die in sie verwickelt waren, nicht durchschaut. Zeitweilig schien es, als werde der Geistliche Paul de Gondi, Baron de Retz, der die Volksmassen aufzuwiegeln verstand, die Regierung stürzen können. Durch die Zusage des Kardinalshutes gelang es Mazarin aber, de Gondi auf seine Seite zu ziehen. Das Heer Turennes wurde bei Rethel geschlagen. Mazarin ging zwar nach Brühl ins Exil, doch schien es nur so, als ob er seinen Einfluß eingebüßt hätte. Schon im Januar 1652 kehrte er an den Hof zurück; seine Macht war unerschüttert, sein Selbstbewußtsein gestärkt. Als Ludwig von Condé freigelassen wurde, versöhnte sich Turenne mit dem Hof.

Condé und seine Anhänger zogen mit einem Heer aus unzufriedenen Adligen und teils aus französischen, teils aus spanischen Soldaten zusammengewürfelt brandschatzend durch das flache Land. Im Juli 1652 standen sie nochmals vor den Toren von Paris. Mazarin begab sich vorsichtigerweise erneut für kurze Zeit ins Ausland. Daß er endlich siegen würde, wußte Mazarin, obgleich Condé im Triumph in Paris einmarschierte. Denn die Bevölkerung entrüstete sich über die Streiche der aufrührerischen Adligen und über die spanischen Soldaten in den Straßen von Paris, vor allem aber über die ständigen Störungen des Handelsverkehrs. Als Condé den Strom der öffentlichen Meinung gegen sich sah, zog er aus der Hauptstadt ab. Wenig später übernahm er in der spanischen Armee ein hohes Kommando.

Henri de La Tour d'Auvergne, Vicomte de Turenne

Krieg mit Spanien

Damit hatte die Zweite Fronde ihr Ende. Mazarin konnte sich darauf konzentrieren, Condé zu vernichten und Spanien zu besiegen. Wie sein Lehrmeister Richelieu stets bereit war, Bundesgenossen zu akzeptieren, wo immer er sie fand, so vereinigte jetzt Mazarin seine Kräfte mit denen des Lordprotektors, Oliver Cromwell, zu einem Krieg gegen den gemeinsamen Feind, Spanien. 1658 landete eine englische Armee in der Normandie, um zusammen mit den von Turenne befehligten Franzosen gegen die von Condé geführten Spanier zu kämpfen. Der Marschall glaubte fest an einen Sieg, und sein Vertrauen trog ihn nicht: In der Schlacht in den Dünen von Niewpoort im Juli 1658 wurden die Spanier entscheidend geschlagen. Im Pyrenäenfrieden, der im November 1659 abgeschlossen wurde, mußte Spanien den Engländern Dünkirchen überlassen und den Franzosen größere Gebietsstreifen entlang der niederländischen Grenze und im Süd-Osten abtreten.

Condé, der nun für den französischen Thron keine Bedrohung mehr bedeutete, wurde begnadigt. Solange Mazarin lebte, hielt er sich von der Politik fern. Der Kardinal aber konzentrierte seine Kräfte auf das Ziel, die spanischen Niederlande für Frankreich zu erwerben. Zu diesem Zweck bemühte er sich, zwischen der ältesten Tochter Philipps IV. von Spanien, Maria Theresia, und ihrem Vetter Ludwig XIV., der am 5. September 1659 21 Jahre alt geworden war, eine Heirat zu vermitteln.

Ludwig XIV.

Die Hochzeit Ludwigs mit Maria Theresia fand im Juni 1660 statt, und Ende August hielt der junge König seinen offiziellen Einzug in Paris.

Der noch nicht sechzigjährige Mazarin war damals bereits ein Sterbender.

Auf dem letzten Krankenbett hat er den jungen König dringend gemahnt: »Regieren Sie selbst... Lassen Sie den politischen Berater Diener sein, niemals Ihren Herrn. Wenn Sie die Regierung selbst in die Hand nehmen, können Sie an einem Tag mehr erreichen, als es ein Minister in sechs Monaten könnte, auch wenn er klüger wäre als ich.« Diesen Rat hat Ludwig XIV. befolgt.

Ludwig XIV. und die absolute Monarchie

1661

Anfang Februar 1661 mußte der bereits schwerkranke Kardinal Jules Mazarin wegen eines Brandes den Louvre verlassen und sich nach Vincennes begeben. Dort fanden etliche Unterredungen mit dem jungen König, seinem Patenkind und Schüler, statt. Begierig empfing Ludwig XIV. die letzten Belehrungen. Am 3. März verschlechterte sich der Zustand des Premierministers plötzlich. Von ihren Gemächern aus hörte die Königinmutter Anna von Österreich ihn schreien, ließ sich aber wider Erwarten ihren Schmerz nicht anmerken.

Auch Mazarin erweckte Verwunderung. Stets hatte man seiner Feigheit gespottet. Madame de Motteville, die ihn haßte, bezeugte, »daß er dem Tod mit solcher Festigkeit gegenüberstand, daß er Monsieur Joly, seinem Beichtvater, anvertraute, er habe Gewissensbisse, daß er ihn nicht genug fürchte«. Als Ludwig aus dem Sterbezimmer trat, weinte er sehr. Am Abend versammelte er zum erstenmal den Ministerrat. Die Minister bewunderten seine königliche Haltung, niemand ahnte, was in ihm vorging, jeder lauerte auf ein Zeichen, auf das er seine Zukunft zu gründen hoffte.

Am Abend des 8. März legte sich der König wie stets bei der Königin nieder und schlief ein, ohne die geringste Verwirrung zu zeigen. Zuvor hatte er seiner Amme Pierrette Dufour, die Zofe der Königin geworden war und gemäß der Etikette im selben Zimmer schlief, seine Weisungen erteilt.

Als Pierrette frühmorgens hörte, wie der König sich bewegte, gab sie ihm ein Zeichen. Kardinal Jules Mazarin war zwischen zwei und drei Uhr nachts gestorben.

Ludwig erhob sich, ohne die Königin zu wecken, kleidete sich an und begab sich in das Zimmer des Toten. Er schien niedergeschlagen. Der Hof erhielt den Befehl, Trauer anzulegen, eine Ehre, die nur Mitgliedern der königlichen Familie zustand. Manche sahen hierin einen Beweis für die heimliche eheliche Verbindung zwischen der Königinmutter und dem Kardinal. Wir glauben eher das Gegenteil. Hätte diese Heirat stattgefunden, dann hätte sich der König wohl gehütet, sie auf diese Weise zu bestätigen. — Sofort nach dem Abendessen begab er sich nach Paris.

Am folgenden Tag, dem 10. März, versammelten sich der Kanzler Pierre Séguier, die Minister und Staatssekretäre um sieben Uhr morgens im Louvre. Sie blieben um den Sessel des Königs stehen. Dieser nahm nicht Platz. Mit einem Gefühl, das von Neugierde bis zur Furcht reichte, durchforschten die acht Männer das Gesicht des Zweiundzwanzigjährigen, dessen Ausdruck rätselhaft war, Gefühlskälte und Eigensinn widerspiegelte. Der König wandte sich an den Kanzler mit dem Ton, den er bis zu seiner Sterbestunde beibehalten sollte, dem Ton eines Mannes, der »Herr über sich und das Universum« ist: »Mein Herr, ich habe Euch zusammen mit meinen Ministern und Staatssekretären rufen lassen, um Euch mitzuteilen, daß ich bis jetzt zwar meine Angelegenheiten durch den verstorbenen Herrn Kardinal habe leiten lassen. Doch ist es nun an der Zeit, daß ich selbst regiere. Ihr werdet mir mit Euerem Rat zur Seite stehen, wenn ich Euch darum ersuche... Ich bitte und befehle Euch, Herr Kanzler, keinen Erlaß zu siegeln, ohne mit mir darüber gesprochen zu haben und ohne daß mindestens ein Staatssekretär ihn Euch von mir überbracht hat. Und Euch, meinen Staatssekretären, befehle ich, nichts ohne meine Anordnung auszufertigen, auch keinen Paß oder Geleitbrief.«

Diese Worte stießen auf ungläubiges Staunen. Daß sie den Beginn einer umwälzenden Epoche der Geschichte Frankreichs und der Weltgeschichte einleiteten, ahnte niemand.

Welche Überlegungen brachten einen schüchternen, unreifen jungen Mann zu einer Entscheidung, die einem Staatsstreich gleichkam? Wir wissen es aus seinen »Mémoires«. Mazarin hatte ihn gelehrt: »Nehmt keinen Premierminister!«, und Ludwig hatte das zu seinem Beschluß erhoben, »da nichts unwürdiger ist, als daß einer alle königlichen Funktionen ausübt und der andere nur den Königstitel hat«. Er bedachte seine große Verantwortung, denn »bei dem hohen Rang, den wir innehaben, zeitigen die kleinsten Fehler stets die unheilvollsten Folgen«. Er kannte die Fran-

Kardinal Jules Mazarin. Kupferstich von Robert Nanteuil, 1659

zosen, wußte, wie ungern sie Steuern zahlten und wie gern sie Kritik übten und die Staatsgewalt verspotteten. Er kannte sein Königreich gut, wußte, in welch jammervollen Zustand es durch ein halbes Jahrhundert innerer und auswärtiger Kriege geraten war, wußte um das Chaos der Finanzen, um den Dschungel der Hofintrigen. Nach dem Wahnsinn der Fronde sehnte sich das Land nach Zucht und Ordnung. Und vor allem regte sich wie in einem Helden der Dramen Corneilles die Ruhmsucht in dem jungen König: »Großes Ansehen zog ich in meinem Herzen allem, selbst dem Leben, vor... Eine so beherrschende Leidenschaft wie die Sucht nach Ruhm erstickte in ihnen (den Königen) jede andere Passion.«

Unerschütterliche Sicherheit verlieh ihm die Überzeugung, daß die Autorität seines Königtums fest stand wie ein Dogma. Sie war die Grundlage seiner Gedankenwelt: »ER, der den Menschen die Könige gab, wollte, daß man sie achte als Seine Statthalter und Erden, und behielt Sich allein vor, ihren Wandel zu prüfen.«

Bis in das 20. Jahrhundert hinein rief die Idee der Revolution stets Bewegungen hervor, die vom Volk ausgingen und zumindest theoretisch den Anspruch erhoben, ihm zu dienen. Der tiefere Sinn des plötzlichen Umschwungs von 1661 ist verfälscht worden. Man kann es nicht deutlich genug sagen: Indem Ludwig XIV. sich entschloß, allein zu regieren, verhielt er sich nicht wie ein ehrwürdiger Herrscher in der Reihe seiner Ahnen. Er handelte vielmehr, wie ein Cäsar hätte handeln können. Obwohl er auf Mazarins Lehren fußte, war er in seiner Auffassung vom Königtum völlig originell. Diese Auffassung schloß die Errichtung einer Diktatur ein, wie sie Frankreich noch nicht gekannt hatte, die man jedoch zu Unrecht mit modernen Diktaturen gleichstellen würde.

Da ihn die Massen emporgetragen haben, muß der moderne Diktator stets den Volkstribunen spielen. Beständig hat er das Bedürfnis, seine Popularität zu wahren oder zu mehren, indem er Aufsehenerregendes vollbringt. Noch auf dem Gipfel seiner Macht bleibt er abhängig vom Wechselspiel des Glücks. Der Diktator, der sich auf das Gottesgnadentum beruft, braucht sich dagegen um das Hin und Her der öffentlichen Meinung nicht zu scheren, und das gibt ihm die heitere Gelassenheit und Geduld derer, die am Ewigen teilhaben.

Wie später Napoleon wollte Ludwig XIV. nicht nur der Regierung, sondern auch den verschiedenen Lebensbereichen seiner Nation, ja seinem Zeitalter den Stempel seiner Persönlichkeit aufdrücken. Alles wollte er regeln, angefangen von der Hofetikette bis zu den Bewegungen der Truppen und den Kontroversen der Theologen. Weder eine Heirat von gewisser Bedeutung für die Politik, noch der Bau einer Straße durften ohne seine Billigung entschieden werden. Die Einwirkung des einen Mannes auf sein Land war so gewaltig, daß man beide nicht mehr auseinanderhalten und sie, ohne in Verwirrung und Beklommenheit zu geraten, nicht mehr voneinander trennen konnte.

Doch hier enden die Analogien zum Bonapartismus. Niemand dachte daran, den Despoten, den »Sergent de Dieu«, abzusetzen, dessen Faust sich

Ludwig XIV. bei der Besichtigung einer Gobelin-Manufaktur. Kupferstich nach einem Gemälde von Charles Le Brun

anschickte, den Hader der Parteien zu unterdrücken und geistige Gegensätze zu verwischen, die den Franzosen trotz allem so teuer waren; denn dies geschah nicht durch Gewalt, sondern durch eine von oben ausgeübte Zucht, der man allgemein zustimmte.

Zwar sollte sich Ludwig XIV. einen guten Geheimdienst, ja sogar eine Polizei schaffen, doch nie hätte seine Autorität auf einem System polizeilichen Terrors beruht, wie das unter den totalitären Regimen des 20. Jahrhunderts der Fall war.

Wenn der König im übrigen behaupten konnte »L'Etat c'est moi« — ob er das gesagt hat, ist ja zweifelhaft —, so war sein Staat eine Festung, deren Mauern lauter Breschen aufwiesen. Frankreich war damals wie heute ein Land der Gegensätze. Zwar gab es keine persönlichen, doch dafür genug kollektive Freiheiten, welche die Zentralgewalt behinderten. Selbst die Beamten waren unabhängig von ihr, da sie ihre Ämter gekauft hatten; so kannten sie weder Beförderung noch Versetzung oder Entlassung.

In der Theorie kannte die Herrschergewalt keine Grenzen. In Wirklichkeit aber stieß sie überall auf Gewohnheitsrechte, Freiheiten und Privilegien. König und Minister sahen sich etwa denselben Schwierigkeiten gegenüber wie die heutige amerikanische Bundesregierung hinsichtlich der Eigengesetzbarkeit der einzelnen Bundesstaaten. Sie hatten keinerlei Kompetenz über das Unterrichtswesen. Das Wirtschaftsleben unterlag einer solchen Menge von Beschränkungen und Ausnahmebestimmungen, daß man nur von Anarchie sprechen konnte. Nur Jean Baptiste Colbert

König Ludwig XIV. von Frankreich, der Sonnenkönig. Farbige Wachsplastik von Antoine Bonoist mit einer echten Perücke des Königs, 1706

sollte es kaum einige Jahrzehnte lang gelingen, sie zu meistern.

Zahlreich waren auch die Überreste aus der Feudalzeit. Die Parlamente (Gerichtshöfe) erhoben den Anspruch, Zensoren der Staatsgewalt zu sein. Trotzdem war die Zentralisation und Vereinheitlichung des Königreiches beispiellos in Europa.

Ludwig XIV. wäre in dieser Lage mit seinem Unterfangen gescheitert, hätte dieses nicht dem Wunsch sowohl der geistigen Elite als auch der Masse des Volkes entsprochen. Die Franzosen verlangten nach Eintracht und fester Ordnung. Ludwig hielt aber einen noch wichtigeren Trumpf in der Hand: In seiner Person verkörperte er sehr genau eine Nation voller gesunder Lebenskraft, die ebenso begierig nach Größe wie nach Ruhm war.

Ludwig XIII., den grämlichen Stoiker auf dem Throne, hatte man nur aus der Distanz verehrt. Man hatte Richelieu geflucht und Mazarin verachtet. Welches Glück und welche Befreiung, nun plötzlich die höchste Autorität in diesem stolzen, schönen Jüngling verkörpert zu sehen, an dem nichts Niedriges war. Frankreich verliebte sich in seinen König: der Adel, der soeben noch der Fronde angehangen hatte, und das Volk, in dem sich bereits die Vorläufer der »Enragés« von 1793 fanden, sie wurden nicht plötzlich zu Königsdienern, sondern fügten sich in eine allgemeine Begeisterung für den König. Weniger dem Zwang entsprang ihr Gehorsam als einer Geisteshaltung, einer Mode. Bestürzend rasch vollzog sich mit dem Land unter dieser noch gänzlich unbekannten Regierung ein Wandel. Voltaire konnte später schreiben, Ludwig habe während des ersten Abschnittes seiner Herrschaft bewiesen, »daß ein absoluter König, der das Gute will, ohne Mühe mit allem fertig wird«.

Colbert führte, erfüllt von cartesianischer Logik, den Merkantilismus ein, eröffnete Manufakturen, schuf Anreize, mehr Kinder in die Welt zu setzen, und vollbrachte eine wahre Arbeitsmobilisierung. Man baute Straßen und Kanäle, stellte verfallene Häfen wieder her und gründete eine Handelsflotte. Die Zahl der Kriegsschiffe stieg von zwanzig auf dreihundert. Das Heer erhielt eine Ordnung, die einer Gartenanlage Le Nôtres glich. Die Verwaltung lief mit überraschender Wirksamkeit. Paris veränderte sein Gesicht, eine Polizei entstand, in allen großen Städten erhoben sich neue Gebäude: Louvre, Tuilerien, Saint-Germain veränderten sich, Versailles, das Trianonschloß und Marly schossen empor, der Genius Frankreichs erstrahlte im reinsten Glanze.

Binnen zwei Jahrzehnten hatten Frankreich, die absolute Monarchie und der König selbst den Höhepunkt ihrer Entwicklung erreicht. In Europa feuerte man keinen Kanonenschuß mehr ohne Erlaubnis Ludwigs XIV. ab. Fast gänzlich auf sich gestellt hatte Frankreich eine gewaltige Koalition zu Wasser und zu Land besiegt, Flandern, die Franche-Comté und Straßburg eingenommen, Lothringen besetzt und den Feinden den Frieden diktiert. Frankreichs Fahnen wehten in Afrika und in Amerika. Auf der Welt gab es damals nur einen wahrhaften König, und für ihn erschien das Symbol der Sonne nicht übertrieben. Die Sonne schien hell über den Geschicken Frankreichs.

In anderen Staaten verstand man diese Lehre wohl. Im europäischen Verfassungsleben bestanden seit Renaissance und Reformation zwei große Strömungen: Während die romanischen Mittelmeer-Völker den Sieg der katholischen Kirche und des monarchischen Zentralismus erlebten, wie das Riesenreich Philipps II. von Spanien, das sich lange vor Ludwig XIV. dem Absolutismus gebeugt hatte, übernahmen die nördlichen Gebiete unter germanischer oder angelsächsischer Herrschaft die verschiedenen Spielarten der Reformation und gaben dem politischen Leben entweder die Richtung zur konstitutionellen Monarchie (wie in England) oder zur republikanischen Staatsform (wie in den Niederlanden) oder zu Anarchie und zu Zersplitterung (wie im Reich).

Zur Zeit Ludwigs XIV. und unter seinem Einfluß übernahmen bestimmte Staaten das Prinzip der monarchischen Allgewalt, so das neu geschaffene Preußen, in dem die Hohenzollern regierten, so das entlegene Rußland, wo Peter der Große nach Vernichtung der Bojaren die zaristische Selbstherrschaft errichtete, so das katholische Österreich, dessen Gebiete sich unter dem Zepter der Habsburger wanden.

Das System des Absolutismus offenbarte schon bald einige Schwächen. Hauptschwäche — zugleich Hauptfehler Ludwigs XIV. — war es, aus dem Königtum eine Last gemacht zu haben, die ein einzelner nicht mehr zu tragen vermochte. Die Konzentration des Staates auf seine Person unterwarf diesen der Anfälligkeit der menschlichen Natur. Frankreich sank in dem Maß in sich zusammen, wie sein Herr und Meister alterte.

Die Ernennung des Grafen Louis Phelypeaux de Pontchartrain zum Kanzler im Jahr 1699. Zeitgenössischer Kupferstich von Huyot

Der Sieg des Prinzen Ludwig von Condé in der Schlacht bei Rocroi im Jahr 1643. Zeitgenössisches Gemälde

Salon de la Guerre im Schloß zu Versailles mit dem Reiterbild König Ludwigs XIV. Bau und Dekorationen von Jules Hardonin-Mansart und Charles Le Brun, Stuck-Relief von Antoine Coysevox, seit 1678

Die Aufgabe, zu der der Sonnenkönig seine Nachfolger durch sein Beispiel verpflichtet hatte, konnten diese nicht übernehmen. Ludwig XV. war zwar ein heller Kopf und arbeitsamer, als die Legende behauptet; er wäre sicherlich ein guter konstitutioneller Monarch gewesen. Doch seine Ängstlichkeit und mangelnde Entschlußfreude ermöglichten zwei verschiedene, revolutionäre Strömungen im Land, deren Nebeneinander schließlich die Explosion von 1789 auslöste: einerseits die Aufklärung, andererseits die sich von Generation zu Generation steigernde Unbotmäßigkeit der Privilegierten. Zur Zeit Ludwigs XV. traten die Dinge nicht so deutlich hervor. Zu seinem Unglück verwechselte das Land die von ihm erstrebten neuen Freiheiten mit unzeitgemäßen Privilegien. So schien der König wie ein Tyrann zu handeln, wenn er lediglich durchsetzen wollte, daß alle Steuern zahlten.

Ludwig XVI. wurde Opfer dieser Verwirrung und beging einen unheilvollen Fehler, als er glaubte, seine Pflicht sei es, eine Ordnung zu bewahren, die sich nicht mehr rechtfertigen ließ. Der gewissenhafte und tugendsame, aber willenlose Monarch verleugnete schon bei Regierungsantritt Ludwigs XIV. Auffassung vom Königtum, als er ausrief: »Welche Last! Es ist, als stürze das Weltall auf mich nieder!« — 1789 geschah das tatsächlich.

Zuvor jedoch hatte die absolute Monarchie, die in Frankreich von den Philosophen, den Parlamenten und dem größten Teil des Adels zugleich angegriffen wurde, in Europa einen Erfolg verbuchen können, der in der neueren Geschichte seinesgleichen sucht. Ludwig XIV. hatte kaum die Augen geschlossen, als das Europa, das ihm bekämpft, verflucht und gemeint hatte, ihn niederhalten zu müssen, sich von ihm inspirieren ließ. Sobald er keinen Zwang mehr

König Ludwig XIV. mit seinem Sohn Ludwig, Dauphin von Frankreich, seinem Enkel Ludwig und seinem Urenkel, dem späteren König Ludwig XV. Gemälde von Nicolas de Largillière, um 1710

ausübte, übernahm Europa widerspruchslos die französische Lebensart. Kein Fürst, der nicht in ähnlicher Form wie der große König sein Versailles, seine Etikette und seinen Hof haben wollte. Die Sprache aller Oberschichten wurde das Französische, die nun eigentliche Kultursprache. Nachdem die absolute Monarchie das noch unkultivierte Frankreich in eine Kulturnation verwandelt hatte, erhob sie es zum Beispiel des zivilisierten Westens, und das war ein größerer und dauerhafter Triumph als mancher militärische.

Diese Zugkraft Frankreichs und französischen Gedankenguts, die Gewohnheit, in Frankreich ein Orakel zu sehen, überstieg das, was sich Ludwig XIV. erhoffen konnte, noch weit.

Fast ganz allein England wurde davon nicht durchdrungen. Ende des 18. Jahrhunderts versuchte Georg III. den Traum der Stuarts zu verwirklichen und das Königtum aus der Vormundschaft des Parlaments zu befreien, um ein persönliches Regiment einzuführen. Die Starrheit seiner Grundsätze war eine der Ursachen für den Aufstand der amerikanischen Kolonien. Ludwig XVI. unterstützte die Vereinigten Staaten in ihrem langen Krieg um die Unabhängigkeit. Er ruinierte damit endgültig seine Finanzen, während seine Untertanen sich für George Washington, Benjamin Franklin, die Republik und die Verfassung begeisterten.

In Frankreich fegte die Revolution 1789 die absolute Monarchie hinweg. Im ürigen Europa dauerte es lange, bis sie verschwand. Die Zaren blieben Autokraten bis zur Revolution von 1917. In Österreich, Deutschland und Spanien ließen sich die Herrscher nach und nach andere Verfassungen abtrotzen, hielten jedoch beträchtliche Teile des monarchischen Absolutismus aufrecht, der auf dem Gottesgnadentum fußte.

PHILIPPE ERLANGER

Hollands goldenes Zeitalter

Zu der Zeit, als sich Ludwig XIV. anschickte, persönlich die absolute Regierungsgewalt in Frankreich zu übernehmen, stand einer von seinen entschiedensten späteren Gegnern, Prinz Wilhelm von Oranien, noch im Knabenalter. 1640 hatte Wilhelms Vater, selbst erst vierzehn Jahre alt, Maria, die älteste Tochter Karls I. von England und seiner französischen Gemahlin Henriette Maria, geheiratet. 1650 starb er als Statthalter der Niederlande eine Woche vor der Geburt seines Sohnes, des Prinzen Wilhelm.

Wilhelm wuchs in einer Welt auf, in der die Rivalität zwischen England und Holland, den beiden großen Seemächten im nord-westlichen Europa, das alles überschattende Problem darstellte. Seit den Anfängen ihrer Republik hatten Unternehmungsgeist und Energie der holländischen Seefahrer, Schiffsbauer und Kaufleute dem Staat der Vereinigten Niederlande weltweites Ansehen erworben. In

St. Paul's Kathedrale in London

Hälfte des 17. Jahrhunderts müssen im Rahmen der Auseinandersetzung zwischen den großen Rivalen betrachtet werden.

Eine Zeitlang hatte das gemeinsame protestantische Glaubensbekenntnis Engländer und Holländer auch politisch zusammengehen lassen. So hatte im Jahr 1588 eine holländische Flotte vor Dünkirchen Alexander Farnese, den Herzog von Parma, daran gehindert, den Angriff der spanischen Armada auf das elisabethanische England im entscheidenden Augenblick zu unterstützen. Seither hatten die Holländer ihre Tapferkeit zur See zweimal glänzend unter Beweis gestellt. 1639 besiegte Marten Harpertszoon Tromp, der aus Briel stammte, in der Seeschlacht bei den Dünen auf der Höhe von Gravelines eine starke spanische Flotte vollständig. Es war ein Schlag, von dem sich die spanische Seemacht nie richtig erholte und der anzeigte, daß Spaniens europäische Machtstellung ihren Höhepunkt endgültig überschritten hatte. Ein Jahr später zerschlug ein anderes holländisches Geschwader bei Itamarca vor der brasilianischen Küste eine spanisch-portugiesische Flotte, die den Atlantik überquert hatte, um in einem letzten verzweifelten Aufbäumen die vordringenden protestantischen Mächte von dem süd-amerikanischen Kolonialreich fernzuhalten.

Die Engländer bedauerten zwar den Zusammenbruch Spaniens nicht im geringsten, aber das Wachstum der Macht Hollands zur See beobachteten sie mit Besorgnis. Jene Schlacht vor den Dünen war in englischen Gewässern geschlagen worden, über die Tromp selbstherrlich wie über eigene verfügt hatte; erzürnte Briten nannten darum dieses Seegefecht den »Dünenskandal«. Aber die Engländer, die an der Schwelle des Bürgerkrieges standen, waren nicht in der Lage, die Übergriffe der »verdammten Holländer« zu zügeln. Während das beleidigte, doch einstweilen handlungsunfähige England zusehen mußte, fanden holländische Kapitäne Eingang auf Märkten in Übersee, die bislang den Engländern vorbehal-

Wilhelm II. Fürst von Nassau-Oranien und seine Gemahlin Maria von England

Europa bewunderte man die Leistungen der Holländer in Wirtschaft und Verwaltung und ihre technischen Errungenschaften. Die Erfolge der holländischen Handelsherren, besonders die der Ost-Indischen Gesellschaft, erregten den Neid der anderen west-europäischen Handelsnationen. Im australischen Raum erschlossen holländische Entdecker weite Gebiete für koloniale Ausbeutung.

Die Holländer gerieten durch ihre weitgreifende und tatkräftige, manchmal rücksichtslose Geschäftigkeit in Konflikte mit England und Spanien. Wesentliche europäische Ereignisse in der zweiten

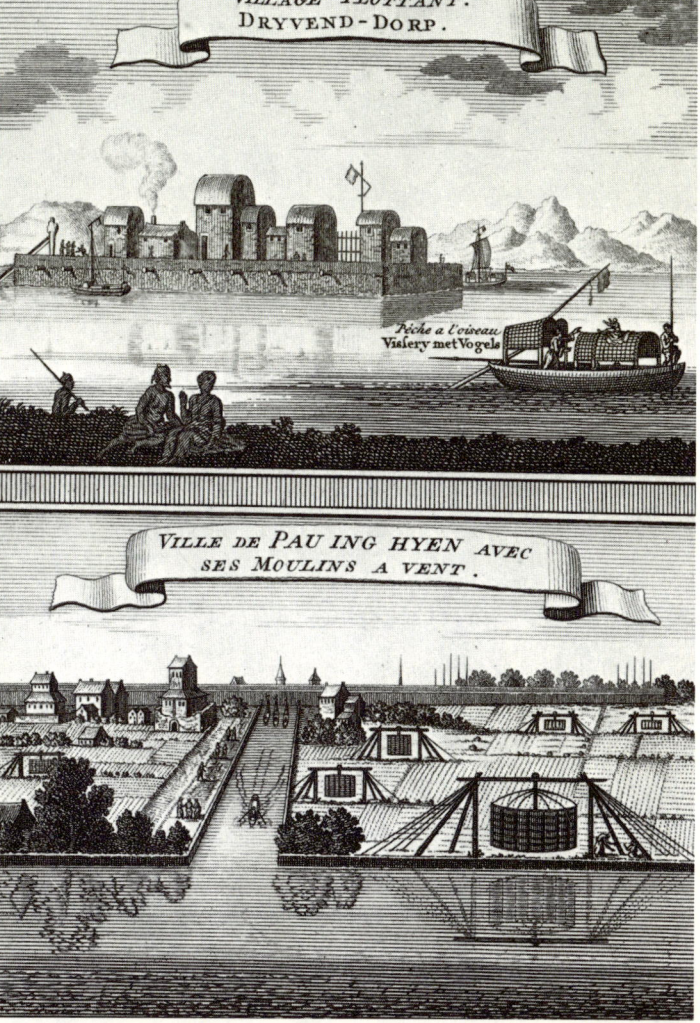

Holländische Handelsniederlassungen im Fernen Osten

ten waren. Das Ende des englischen Bürgerkrieges mit der Hinrichtung des Königs und der Machtübernahme Oliver Cromwells, Englands energischem und auf das Wohl seines Landes bedachten Lordprotektor, schuf dann die Voraussetzungen dafür, daß die Engländer handeln konnten.

Kriege zwischen England und Holland

Die ersten Schüsse in den Kämpfen zwischen England und Holland wurden von englischer Seite abgegeben. Durch die Navigationsakte, das Schiffahrtsgesetz

Michiel Adriaansz de Ruyter

von 1651, wurde die Einfuhr aller Waren aus Asien, Afrika und Amerika auf nichtbritischen Schiffen verboten; ferner untersagte das Gesetz Importe aus Europa in anderen als englischen oder Schiffen des Erzeugerlandes. Solange die Engländer noch nicht genügend Schiffe besaßen, um selber das holländische Zwischenhandelsmonopol zu durchbrechen, war dieses Schiffahrtsgesetz für die Holländer weniger eine ernsthafte Bedrohung als eine störende Herausforderung. Als aber die Engländer ihren Ansprüchen dadurch Nachdruck verliehen, daß sie sich das Recht nahmen, holländische Schiffe zu entern und nach französischen Waren zu durchsuchen, wurde der Krieg unvermeidlich. Und die Holländer, die seit über fünfzig Jahren die nördlichen Meere beherrschten, vermochten keinen vernünftigen Grund zu erkennen, warum sie den altmodischen Brauch beachten sollten, die englische Flagge zu grüßen. Sie verweigerten den Flaggengruß und eröffneten das Feuer.

Es wurde ein erbitterter und kostspieliger Krieg, in dem bald die eine, bald die andere Seite im Vorteil zu sein schien. Der englische Admiral Robert Blake und der Holländer Tromp konnten beweisen, daß sie zu den bedeutendsten Strategen der Seekriegsgeschichte zählten. Die Kämpfe wurden 1654 zunächst eingestellt, aber die Rivalität dauerte fort. Nach wie vor betrachteten die Engländer die Holländer mit jener Mischung aus Neid, Bewunderung und Abneigung, die sie auch den Franzosen gegenüber an den Tag legten. 1663 brach der Krieg erneut aus, als ein britisches Geschwader in West-Afrika in den Streit zwischen der Königlichen Afrika-Gesellschaft und holländischen West-Afrika-Kaufleuten eingriff. Die englische Flotte nahm mehrere holländische Besitzungen ein, die der holländische Admiral Michiel Adriaanszoon de Ruyter jedoch alsbald zurückeroberte. In

Katharina von Braganza, Gemahlin König Karls II. von England

den folgenden Jahren verlief der Krieg ähnlich kostspielig und unentschieden wie im Jahrzehnt zuvor. Eindrucksvoll wurde die anhaltende Stärke der holländischen Marine 1666 im Jahr des großen Londoner Brandes demonstriert, als Admiral de Ruyter die Engländer im Kanal zusammenschießen ließ. Im nächsten Jahr durchbrachen die Holländer die Sperren vor dem Hafen Chatham in Kent, verbrannten vier Linienschiffe, beschossen die Docks und krönten ihren Erfolg durch die Entführung des damals größten Schiffes der englischen Flotte.

Mit dem Vertrag von Breda, der am 31. Juli 1667 unterzeichnet wurde, fand der Zweite Englisch-Holländische Seekrieg sein Ende. Diesmal wurden einige gewichtige Streitpunkte zwischen beiden Nationen bereinigt. Aber gänzlich beigelegt waren ihre Rivalitäten damit noch nicht. Wohl vermochte die gemeinsame Furcht vor den Anschlägen Ludwigs XIV. England und die Niederlande zu einer zeitweiligen Allianz gegen Frankreich zu verbinden; doch gelang es Ludwig ohne große Mühe, Karl II. von England davon zu überzeugen, daß nicht die Franzosen, sondern die Holländer seine eigentlichen Feinde seien. So wurde im Jahre 1670 ein Bündnis zwischen Frankreich und England abgeschlossen, das einen Angriff auf Holland, die Zerstörung seiner Handelsmacht und die Teilung des Landes in Aussicht nahm.

Angesichts dieser bedrohlichen Gegnerschaft entwickelte die niederländische Republik erstaunliche Abwehrkräfte und Ausdauer. Es gelang den Engländern auch diesmal nicht, die holländische Flotte zu besiegen, und der französische Angriff auf Amsterdam kam zum Stehen, weil die Holländer die Deiche durchstachen und das Land unter Wasser setzten. Sechs Jahre dauerte der Krieg, und am Ende blieb Holland weiterhin Konkurrent Englands.

Holländischer Angriff auf Sheerness im Jahr 1667

Neue Wege der Naturwissenschaften

Der wirtschaftliche Niedergang Hollands wurde jedoch nicht von entsprechenden Erscheinungen in seinem geistigen Leben begleitet. Weiterhin übten holländische Künstler gewichtigen Einfluß auf die Entwicklung der Kunst in Europa aus, und Hollands Universitäten leisteten immer wieder entscheidende Beiträge zu der großen »Revolution der Naturwissenschaften«. Ein Wegbereiter dieses Umbruchs und wirklicher

René Descartes

Pionier der naturwissenschaftlichen empirischen Methode war Francis Bacon gewesen. Sein »Fortschritt der Forschung« erschien 1605, sein »Neu-Atlantis« kam 1627 heraus. Seine wiederholte Aufforderung zu vorurteilslosem Denken wurde zum Sammelruf eines Zeitalters. Zehn Jahre nach der Veröffentlichung von »Neu-Atlantis« ließ René Descartes, der »Vater der modernen Philosophie«, der auch ein bedeutender Mathematiker war – er entwickelte unter anderem die analytische Geometrie –, seinen »Discours de la méthode« drucken, in dem er das berühmte cartesianische Prinzip des methodischen Zweifels begründete. Zeitgenossen von Bacon und Descartes waren der deutsche Mathematiker und Astronom Johann Kepler und der so vielseitige italienische Naturwissenschaftler Galileo Galilei, der das in Holland erfundene Fernrohr vervollkommnete. Mit Hilfe dieses verbesserten Instrumentes gelang es Galilei, die Richtigkeit der Theorie des Kopernikus nachzuweisen. Im Jahre 1666 erfuhren die naturwissenschaftlichen Entdeckungen der ersten Hälfte des 17. Jahrhunderts eine neue bedeutsame Vertiefung, als der Cambridger Gelehrte Isaac Newton die Gravitationsgesetze fand.

Teil 2

Das junge Genie von Cambridge 1666

Isaac Newton, das vielleicht schöpferischste naturwissenschaftliche Genie überhaupt, ging vornehmlich durch seine Gravitationstheorie in die Geschichte ein, die 1687 veröffentlicht wurde und ein neues Kapitel in der Entwicklung der Naturwissenschaften einleitete. Die Theorie zeigte, daß sämtliche Bewegungen auf der Erde wie im All, die man zuvor als grundlegend verschiedene Vorgänge angesehen hatte und die auf mathematischem Weg bisher nicht erklärt werden konnten, auf das Prinzip der Schwerkraft zurückgingen. Newton entwickelte aber auch neue mathematische Methoden, wie die Differential- und Integralrechnung, entdeckte die Zusammensetzung des weißen Sonnenlichtes, begründete damit die wissenschaftliche Farbenlehre und konstruierte das erste brauchbare Spiegelteleskop.

Newton wurde Weihnachten 1642 in einem kleinen Bauernhaus im Dorf Woolsthorpe in der Grafschaft Lincoln geboren. Er war ein kränkliches Kind, gewann aber mit zunehmendem Alter Widerstandsfähigkeit. Um die nötigen Kenntnisse für die Übernahme des Familienhofes zu erwerben, besuchte er die Dorfschule. Aber für den Bauernberuf war er nicht geeignet, sondern interessierte sich mehr für Modellbau von Wasserrädern als für Schafzucht. Seine Mutter ließ sich vom Schulleiter überzeugen, daß es besser wäre, ihn auf die Universität zu schikken. Im Juni 1661 ging er nach Cambridge. Da die Familie nicht sehr bemittelt war, trat er in das Trinity College als »Subsizar« ein. Das hieß, daß er für seinen Lebensunterhalt selbst aufkommen wollte, indem er seinem Tutor zur Hand ging und auch andere Arbeiten übernahm.

Weder auf der Schule noch auf der Universität zeigte Newton außergewöhnliche Leistungen. 1663 geriet er unter den Einfluß des bedeutenden Mathematikers Isaac Barrow, der in Newton einige Fähigkeiten ahnte; auch wenn er – als er den jungen Mann 1664 prüfte – feststellen mußte, daß die Kenntnisse seines Schülers in der Geometrie – damals das A und O in der Mathematik – recht dürftig waren. Unter Barrows Anleitung interessierte Newton sich mehr und mehr für optische Versuche, besonders solche mit Linsen. 1665 erwarb er seinen ersten akademischen Grad, den Bachelor of Arts, allerdings ohne Prädikat.

1665 brach in London und – mit ebenso verheerenden Folgen – in Cambridge die Pest aus. Die Universität wurde geschlosssen, und die Studenten begaben sich in ihre Heimatorte. Newton kehrte nach Woolsthorpe zurück und begann hier in der Ruhe und Abgeschiedenheit seines väterlichen Hauses die Probleme anzugehen, die er später einer so brillanten Lösung zuführen sollte. Er baute seine Kenntnisse in der Mathematik aus und begann mit der Entwicklung der Methode zur Berechnung voneinander abhängiger veränderlicher Größen, die später als Differentialrechnung bezeichnet wurde. In seinen optischen Forschungen befaßte er sich zunächst mit geschliffenen Glaslinsen und stellte Versuche an, um ein besseres Fernrohr herzustellen. Außerdem untersuchte er das Verhalten von weißem Sonnenlicht, das durch ein Prisma läuft. Die Versuche zeigten, daß ein Prisma zwar das Sonnenlicht in ein Farbspektrum zerlegte, die einzelnen Farben sich aber nicht weiter zerlegen ließen, wenn man sie durch ein zweites Prisma lenkte, sie jedoch wieder zu weißem Licht vereinigt wurden, wenn man das Prisma drehte. Dieses war das »Experimentum crucis«. Newton vertrat daraufhin die Ansicht, daß weißes Licht in Wirklichkeit eine Mischung des Lichtes sämtlicher Farben sei. Er wich damit von der üblichen Auffassung ab, wonach farbiges Licht aus weißem Licht und verschiedenen Abstufungen von Dunklem bestehen sollte.

Zu dieser Zeit wurde auch das Problem der Gravitation, der Erdanziehungskraft, viel erörtert. Damit im Zusammenhang stand die Frage nach dem Grund der Bewegung der Planeten um die Sonne. Newton war an beidem höchst interessiert. Newton war sich dessen sicher, daß nur die Erdgravitation den Mond davon abhält, geradewegs ins All hinauszufliegen, und daß die zur Erde hin wirkende Kraft die Ursache dafür ist, daß die Mondbahn eine Kurve beschreibt, deren Mittelpunkt die Erde ist. Doch obgleich er dar-

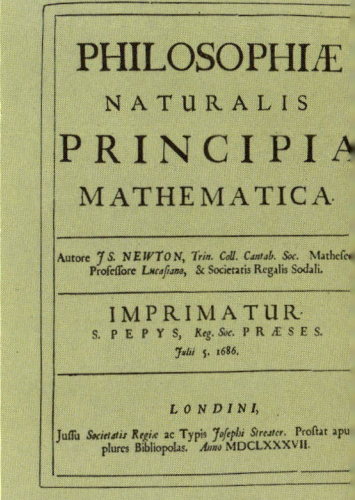

Titelblatt zu »Principia Mathematica« von Isaac Newton. London 1687

Sitzung der Royal Society mit Isaak Newton (vorn links). Zeitgenössischer Kupferstich

Spiegelteleskop Isaak Newtons von 1671

Arbeiter der Königlichen Münze. Kupferstich aus dem 18. Jahrhundert

über einige Berechnungen anstellte und mit diesen – wie er als alter Mann behauptete – den Tatsachen sehr nahe kam, hat die neuere Forschung gezeigt, daß er in Wollsthorpe von der endgültigen Fassung seiner Gravitationstheorie noch weit entfernt war.

Fußend auf den sehr genauen Beobachtungen und Aufzeichnungen der Planetenpositionen des dänischen Astronomen Tycho Brahe zwischen 1576 und 1597 hatte der deutsche Astronom Johannes Kepler die Planetenbahnen analysiert und war zu dem Schluß gelangt, daß die Planeten um die Sonne nicht – wie man bisher geglaubt hatte – in kreisförmigen, sondern in elliptischen Bahnen liefen. Kepler hatte ferner festgestellt, daß die Umlaufzeit von der Durchschnittsentfernung eines Planeten von der Sonne abhing und daß die Bahnbewegung nicht gleichförmig, sondern in größerer Sonnennähe beschleunigt ablief. Dies sind die drei Keplerschen Gesetze, die zwischen 1609 und 1621 veröffentlicht wurden. Man weiß heute, daß Newton in Woolsthorpe und noch einige Jahre später mit dem Gesetz von der ungleichförmigen Bahngeschwindigkeit noch nicht vertraut war.

Außer den Keplerschen Gesetzen hatte die Gelehrtenwelt um 1660 auch das Bild vom Aufbau des Alls beifällig aufgenommen, das Descartes 1644 veröffentlicht hatte. Vor allem in Cambridge hatte man Descartes gelesen, und Newton kannte dessen Theorie in allen Einzelheiten, so daß es wohl sicher ist, daß diese in den ersten Jahren auf seine Forschungen großen Einfluß ausübten. Nach Descartes bestand das gesamte All aus Materie, die in riesigen Wirbeln, »Vortices«, konzentriert war. Im Zentrum eines jeden dieser Materiewirbel sollte sich ein Stern befinden, um den sich kleinere Körper, Planeten, infolge des Wirbels bewegten. Diese Theorie erläuterte auch das Wesen der Materie und anderer Erscheinungen des Alls, so auch das Wesen des Lichtes. Da sie so umfassend war, übte sie einen nachhaltigen Einfluß aus, und es ist ziemlich sicher, daß Newton bei seinen Überlegungen in Woolsthorpe auf der cartesianischen Theorie fußte.

Bezeichnend ist, daß Newton, obwohl er später behauptete, daß er im wesentlichen die Gravitationstheorie schon in Woolsthorpe ausgearbeitet habe, davon erst zwanzig Jahre später der Öffentlichkeit Mitteilung machte. Gemeinhin wird angenommen, daß Newton in Woolsthorpe weder eine Ahnung von der genauen Größe der Erde und somit von der Entfernung des Mondes hatte, noch daß er beweisen konnte, daß die Erde auch auf Körper im All eine Anziehungskraft ausübte, so als sei die Gravitation in ihrem Mittelpunkt vereinigt. Die Befangenheit in der

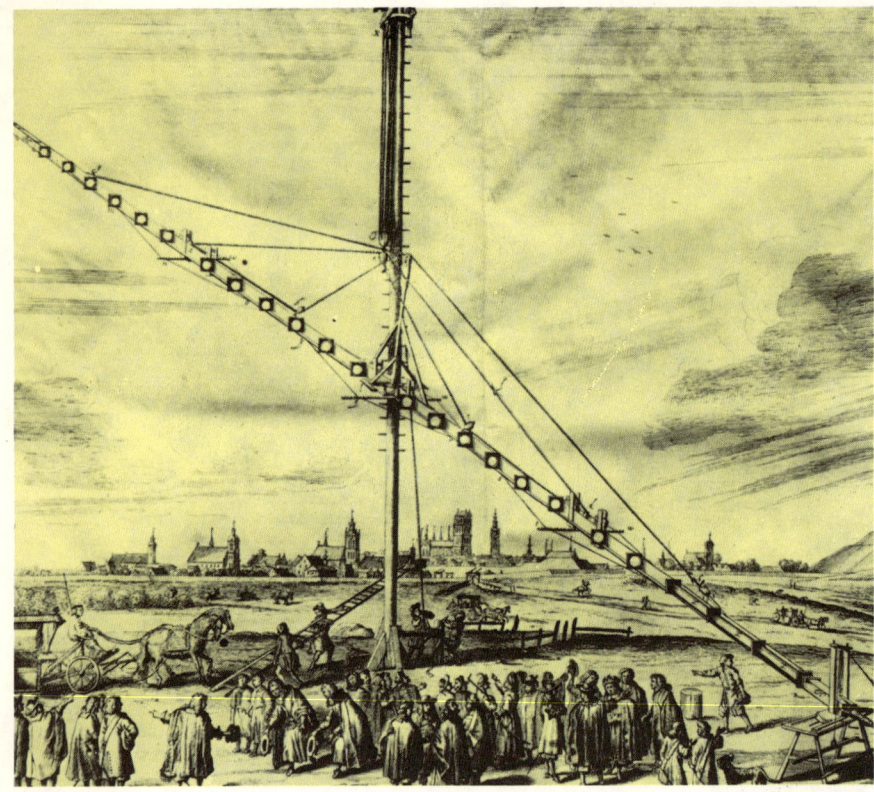

Linsenfernrohr (Refraktorteleskop) des Astronomen Johannes Hevelius von 1673. Zeitgenössischer Kupferstich

Isaak Newtons Haus in London am Leicester Square

John Flamsteed, königlicher Astronom. Zeitgenössischer Kupferstich

Theorie Descartes hat ihn höchstwahrscheinlich nur daran gehindert, schon damals eine sichere Lösung des Gravitationsproblems zu finden.

Ende März 1667 kehrte Newton nach Cambridge zurück und promovierte ein Jahr später zum Master of Arts. Er arbeitete mit Barrow zusammen und half diesem bei der Abfassung eines Werkes über die Optik, in dem aber auf seine Versuche in Woolsthrope nicht verwiesen wurde. Newton war eine zurückhaltende Natur und Kontroversen abhold, so daß er von sich aus mit seinen wissenschaftlichen Erfolgen nie an die Öffentlichkeit trat. Barrow hätte von den selbständigen Forschungen seines Schülers nie etwas erfahren, wenn er mit diesem nicht einst über Nicholas Mercators erfolgreiche Berechnung einer Fläche unter einer Hyperbel gesprochen hätte. Newton antwortete, daß er das Problem schon selbst gelöst habe, und zeigte Barrow seine Notizen, aus denen hervorging, daß er Mercator tatsächlich nachvollzogen hatte. Barrow machte bald auf das mathematische Genie Newtons aufmerksam und verzichtete 1669 zugunsten seines Schülers auf seinen Lehrstuhl am Trinity College.

Im 17. Jahrhundert gehörten zum Lehr- und Forschungsgebiet eines Mathematikprofessors auch physikalische Probleme wie Licht und Optik. Newton hielt über beide Bereiche oft Vorlesungen, doch scheinen diese nicht viel Aufsehen erregt zu haben. Er verwandte allerdings auch einige Zeit darauf, ein Spiegelteleskop zu konstruieren, und das Gerücht, daß er daran arbeitete, ging bald über den kleinen Kreis seiner Freunde hinaus. Die damaligen Fernrohre beruhten alle auf dem Refraktorprinzip. Sie besaßen zwei Linsen: eine große Sammellinse (Objektiv) auf der einen und ein kleines Okular auf der anderen Seite. Diese Fernrohre waren mit großen Mängeln behaftet.

So zeigten die anvisierten Objekte Farbränder. Das Gesichtsfeld war gering, und selbst um kleine Ergebnisse zu erzielen, benötigte man Geräte von fünfundvierzig bis sechzig Metern Länge. Newton hatte in Woolsthorpe festgestellt, daß die chromatischen Abweichungen in den herkömmlichen Instrumenten nicht zu beseitigen waren. Damit hatte er zwar unrecht, doch dieser Fehler veranlaßte ihn, den Bau eines Spiegelteleskopes zu versuchen, in dem das Objektiv des herkömmlichen Fernrohrs durch einen Hohlspiegel am entgegengesetzten Ende ersetzt wurde. Bereits 1663 hatte der schottische Mathematiker James Gregory den Plan eines Spiegelteleskopes veröffentlicht. Bisher hatte noch niemand ein solches Instrument konstruiert. Newton stellte zahlreiche Mängel an dem Plan fest, entwarf daher einen eigenen und baute ein kleines Modell, das — obwohl nur sechzehn Zentimeter lang — jedes herkömmliche Fernrohr von zwölffacher Länge in der Qualität übertraf.

In Cambridge blieb Newton einige Jahre. 1677 wurde einer seiner schärfsten Kritiker in der Fachwelt, Robert Hooke, Honorarsekretär der Royal Society und wandte sich an Newton, um zu versuchen, sich mit ihm auszusöhnen. Denn beide hatten sich heftig um das Wesen des Lichtes gestritten. Als dieser zusagte, mit ihm auch weiterhin über wissenschaftliche Probleme zu diskutieren, versuchte Hooke ihn auf das Gebiet der noch ungeklärten Planetenbewegungen zu lenken.

Hooke arbeitete an der Lösung dieses Problems nicht allein. In London erörterten mit ihm auch Sir Christopher Wren, zugleich Baumeister und Sternforscher, sowie der Astronom Edmond Halley diese Frage. Doch obwohl sie alle der Auffassung waren, daß die Planeten durch die Anziehungskraft der Sonne, die mit zunehmender Entfernung sich verminderte, auf ihrer Bahn gehalten wurden, vermochten sie den Beweis dafür nicht zu führen. Die Mathematiker wiesen ihnen immer wieder Fehler nach. Halley fragte Newton um Rat und besuchte ihn im August 1684 in Cambridge. Newton stimmte der Hypothese von der Anziehungskraft zu und meinte, daß er diese auch bereits bewiesen habe. Da er seine Notizen nicht zur Hand hatte, versprach er, seine Berechnungen noch einmal durchzuarbeiten und die Ergebnisse Halley mitzuteilen. Als Newton seine Beweise sandte, sah Halley, daß das, was vor ihm lag, in seiner Bedeutung weit über eine Klärung der Planetenbewegung hinausging. Er brachte Newton dazu, daß er seine Ideen über Bewegung und Schwerkraft in Buchform vorlegte, und erlangte die Zustimmung der Royal Society, die Verlagskosten zu übernehmen. Als das Buch erscheinen sollte, mußte Halley auch Zuschüsse aus eigenen Mitteln leisten.

Halley kostete die Publikation nicht nur Geld, sondern auch Ärger, da Hooke, während Newton noch an dem Buch schrieb, die Frage äußerte, ob ihm nicht die Anerkennung zuteil werden müsse, worauf Newton beschloß, nicht weiterzuschreiben. Halley mußte seine ganze Überredungskunst aufbieten, damit er seine Arbeit nicht einstellte. Er gab das Manuskript in die Obhut zweier Drucker, um jede Verzögerung zu vermeiden, und so erschien das Buch 1687 in London unter dem Titel »Philosophiae Naturalis Principia Mathematica« — »Die mathematischen Grundbegriffe der Naturphilosophie«. Dieses Werk erlebte zu Newtons Lebzeiten drei Auflagen und begründete seinen Weltruhm.

Das Buch ist ein ungemein umfassendes Werk. Es behandelt zunächst die Bewegungen von Körpern, und zwar sowohl auf der Erde als auch im freien Raum. Diese Bewegungen unterliegen sämtlich drei Gesetzen, den sogenannten Newtonschen Bewegungsgesetzen. Danach verharrt erstens ein Körper in Ruhelage oder gleichförmiger geradliniger Bewegung, solange nicht andere Kräfte auf ihn einwirken; zweitens ist die Änderung der Bewegung der wirkenden Kraft proportional und erfolgt in Richtung dieser Kraft; drittens gibt es zu jeder Kraftwirkung eine dieser gleichen Gegenwirkung. Newton erweiterte diese Gesetze zu einer vollständigen Theorie der Planetenbewegungen. Anschließend untersuchte er die Bewegung von Körpern in widerstehenden Medien wie Luft oder Wasser. Schließlich ging er zu den Folgerungen über, die sich aus seinen Behauptungen für die Praxis ergaben.

So umwälzend und so verbreitet das Werk auch war, so benötigte es doch geraume Zeit, bis die in ihm vertretenen Lehren voll anerkannt wurden. Das gilt vor allem für Frankreich, wo erst Voltaire sich das Verdienst erwarb, die Öffentlichkeit für Newtons Gravitationstheorie gewonnen zu haben. Das Buch hatte Newton geistig stark beansprucht. Nach seiner Vollendung wandte er sich vor allem Studien über Chemie und Alchimie zu. Da er als Unitarier bemüht war, seine wissenschaftlichen Ideen durch die Bibel zu erklären, befaßte er sich auch mit theologischen Fragen.

1693 erlitt Newton infolge von geistiger Über-

Isaak Newton. Gemälde von Godfrey Kneller, 1702

Isaak Newtons Geburtshaus in Woolsthorpe, Lincolnshire

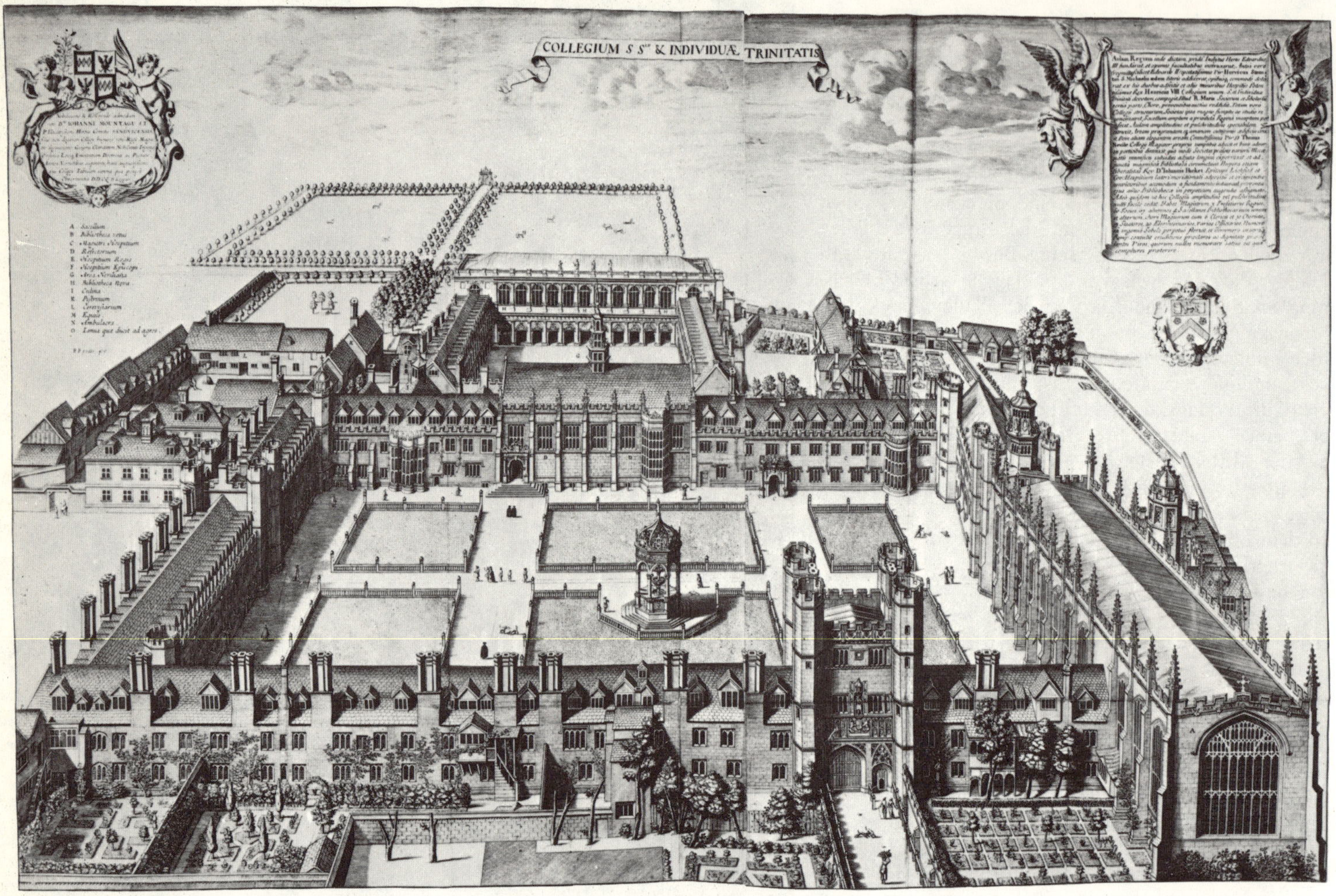

anstrengung einen Nervenzusammenbruch. Nach seiner Genesung beschäftigte er sich mit wissenschaftlichen Fragen nur noch wenig. Sein Freund und Förderer Charles Montagu erlangte für ihn den Posten eines Münzwardeins, den er von 1696 bis 1701 bekleidete.

1701 verzichtete Newton auf seinen Lehrstuhl in Cambridge. Zwei Jahre später wurde er zum Vorsitzenden der Royal Society ernannt, ein Ehrenamt, das er bis zu seinem Tod innehatte. Leider war Newton während dieser Zeit Mittelpunkt zweier erbittert geführter Kontroversen, in denen er sich einmal mit dem ersten königlichen Astronomen John Flaamsteed und außerdem mit dem deutschen Philosophen und Mathematiker Gottfried Wilhelm Leibniz auseinanderzusetzen hatte. Der Streit mit Flaamsteed erwuchs daraus, daß dieser seit seiner Ernennung zum königlichen Astronomen im Jahr 1675 nichts über seine Beobachtungen veröffentlicht hatte. Da Flaamsteed seine Instrumente selbst stellen mußte, meinte er, seine Forschungsergebnisse seien sein Eigentum, und wollte sie erst veröffentlichen, wenn sie so korrekt wie möglich seien. Newton und andere stimmten dem nicht zu. Schließlich erhielt Newton die königliche Erlaubnis für die Publikation und beauftragte Halley mit der Bearbeitung des Materials, das Flaamsteed bei der Royal Society hinterlegen mußte. 1712 wurden die Ergebnisse veröffentlicht. Mit Leibniz führte Newton eine Jahre dauernde Kontroverse um die Urheberschaft für das Konzept der Infinitesimalrechnung, die beide unabhängig voneinander entwickelt hatten. Die Priorität stand zwar Newton zu, doch hatte Leibniz seine Ergebnisse früher veröffentlicht. Die Mathematik verwendet noch heute seine Symbolik. Der unerfreuliche Streit war für beide Wissenschaftler kein Ruhmesblatt. Doch auch wenn Newtons Schwächen nicht geleugnet werden können, so haben seine Beiträge zum Fortschritt der Naturwissenschaften dies mehr als ausgeglichen.

COLIN RONAN

Trinity College, Cambridge. Kupferstich Isaak Barrow, Professor an Trinity College, Lehrer Isaak Newtons. Zeitgenössischer Kupferstich Sir Christopher Wren, Architekt und Mathematiker. Detail eines Gemäldes von Godfrey Kneller, 1711

Kämpfe um die italienischen Staaten

Während in Mittel- und Nord-Europa Religions-, Dynastie- und Bürgerkriege tobten, blieb es im südlich von Donau und Po gelegenen Europa verhältnismäßig ruhig, wenn auch nicht allenthalben friedlich. Italien wurde in dieser Zeit in wachsendem Maße das Ziel von Reisenden, die teils aus Norden über die Alpen kamen, teils in den Häfen der Adria oder des Tyrrhenischen Meeres an Land gingen und Ideen und Eindrücke von der Kunstwelt und den Lebensgewohnheiten dieses Landes mit nach Hause nahmen, die im nächsten Jahrhundert tiefgreifende Auswirkungen für den Charakter des Nordens zeitigen sollten. Für die adlige Kultur des 17. Jahrhunderts gehörte die »Große Reise«, die Bildungsreise nach Italien, bereits zum festen Bestandteil der Erziehung junger Menschen aus vornehmen Häusern. Gänzlich ungefährlich war die Reise freilich nicht. Die Reisenden mußten häufig ihre Route ändern, um lokalen Händeln zu entgehen.

Bis zum Beginn des 18. Jahrhunderts behauptete Spanien seine Vormachtstellung in Italien, dann wurde es von Österreich abgelöst. Vom spanischen König ernannte Vizekönige regierten das Königreich Neapel-Sizilien, das ganz Italien südlich der Abruzzen umfaßte. Gegen das drückende Regiment der Vizekönige kam es wiederholt zu Aufständen, so 1598

Tommaso Campanella

in Calabrien. Der geistige Kopf des erfolglosen, mit großer Härte niedergeschlagenen Versuches, Neapel von spanischer Tyrannei zu befreien, war der Philosoph Tommaso Campanella, der 1599 verhaftet wurde und die nächsten dreißig Jahre seines Lebens in Gefangenschaft verbringen mußte; erst 1529 erlangt er wieder die Freiheit.

Massaniello, Fischer aus Amalfi, Führer der Aufständischen in Neapel

Im Jahre 1647 brach in Sizilien ein größerer Aufstand aus. Der spanische Vizekönig mußte aus Palermo fliehen. Im selben Jahr noch griff die Revolte nach Neapel über, und der Vizekönig suchte Zuflucht in Castelnuovo. Der Schritt der Rebellen zu offener Gewalt wurde durch eine neue Nahrungsmittelsteuer, die vor allem die Armen traf, provoziert. Sie wählten einen Fischer aus Amalfi, Massaniello (eigentlich Tommaso Aniello), zu ihrem Befehlshaber. Als die Unruhen von der Stadt auf die umliegenden Dörfer und das Hinterland übergriffen, gab der Vizekönig nach und bewilligte die Forderungen der Aufständischen. Mit jener neuen Nahrungsmittelsteuer wurden auch alle anderen drückenden Steuern aufgehoben, und neben einigen anderen Konzessionen durften die Bürger solange unter Waffen bleiben, bis der König von Spanien die Abmachungen ratifiziert haben würde. Indessen wurde der Führer der Aufständischen am 16. Juli 1647 während einer Ansprache an seine Gefolgsleute auf dem Marktplatz von Neapel ermordet. Vor den erneut ausbrechenden Tumulten mußte sich der Vizekönig wieder nach Castelnuovo zurückziehen, während die Unzufriedenen in Gennaro Annese einen neuen Führer fanden. Als dieser erfuhr, daß aus Spanien Truppenverstärkungen abgegangen seien, ersuchte er Frankreich um Hilfe, und wirklich landete ein vom Herzog von Guise befehligtes Expeditionskorps in Neapel. Spanien berief nun den unbeliebten Vizekönig ab. Sein Nachfolger gelangte rasch zu neuen Vereinbarungen mit Annese. Später hat er ihn und alle anderen »Rädelsführer« hinrichten lassen.

Dreißig Jahre nach diesem Volksaufstand, der Spaniens Herrschaft über Neapel beinahe beendet hätte, kam es in Sizilien zu einer ähnlichen Erhebung. Wie damals die Neapolitaner riefen nun auch die Sizilianer Frankreich um Hilfe zur Vertreibung der Spanier an, während sich Spanien, als es ihm nicht gelang, des Aufruhrs aus eigener Kraft Herr zu werden, an die Holländer wandte.

Beide Länder reagierten: Sowohl eine französische Flotte als auch ein holländisches Geschwader segelten nach Sizilien. Jedoch überließ 1678 im Frieden von Nimwegen Ludwig XIV. die sizilianischen Rebellen der Rache der Spanier.

Erst im Jahre 1707 wurden die Spanier endgültig aus Neapel vertrieben, doch das geschah nicht durch ein neapolitanisches, sondern durch ein österreichisches Heer. Auf Grund der Bestimmungen des Friedens von Utrecht (1713) mußte Spanien auf Sizilien verzichten, das dem Herzog Viktor von Savoyen zugesprochen wurde. Fünf Jahre später gelangte Sizilien ebenso wie vorher schon Neapel an Österreich.

Nord-Italien

Im Norden des Königreichs beider Sizilien lag der Kirchenstaat, der in letzter Zeit durch den Heimfall zweier bedeutender Lehen, Urbino und Ferrara, sich vergrößert hatte. Der Versuch Papst Urbans VIII., seinen Besitz durch einen Angriff auf das Herzogtum Parma noch weiter auszudehnen, wurde aber von Toskana, Modena und Venedig vereitelt. Nach dem Westfälischen Frieden von 1648 mußte die Hoffnung auf Ausweitung des päpstlichen Territoriums begraben werden. Bis zur Ankunft Napoleons litt es unter ständiger finanzieller Überbeanspruchung und schlechter Verwaltung. Das große Herzogtum Mailand war von Spanien abhängig, seit 1535 mit dem Tod des Herzogs Franz die Dynastie der Sforzas erloschen war. Am Ende des spanischen Erbfolgekrieges wurde Mailand ebenso wie die spanischen Besitzungen in Süd-Italien an Österreich abgetreten. Im benachbarten Toskana herrschten die Großherzöge aus dem Haus der Medici, von denen einer so unfähig war wie der andere. Nach dem Tod des letzten Medici-Großherzogs im Jahr 1737 fiel dieser Staat an den Herzog Franz Stephan von Lothringen, den Gemahl Maria Theresias von Österreich, weil dieser sein Herzogtum dem aus seiner Heimat vertriebenen polnischen König Stanislaus I. Leszczynski abtreten mußte.

Dagegen haben die Herzöge von Savoyen es fertiggebracht, ihre Unabhängigkeit zu behaupten, obwohl sie mehrmals von ihren übermächtigen Nachbarn arg bedroht wurden. Im Pyrenäenfrieden zwischen Frankreich und Spanien (1659) erhielt Karl Ema-

Unterzeichnung des Friedens von Nimwegen im Jahr 1678

nuel II. die meisten der von Frankreich eroberten Städte zurück. Am Ende des spanischen Erbfolgekrieges, in dessen Verlauf Prinz Eugen von Savoyen bei der Belagerung von Turin die Franzosen 1706 entscheidend schlug, fiel dem Herzog von Savoyen das Königreich Sizilien zu, gegen das er 1718 von Österreich Sardinien eintauschte. Danach führten die Herzöge von Savoyen den Titel König von Sardinien.

Von den übrigen Fürstentümern in Nord-Italien wurde das Herzogtum Modena, das die Familie Este beherrschte, unter Ercole III. 1797 von Frankreich in die Cisalpinische Republik eingegliedert. Danach geriet es in Abhängigkeit von Österreich. Das Herzogtum Parma blieb bis 1731 im Besitz der Familie Farnese, dann ging es nach dem Tod des letzten Herzogs Anton ebenfalls in die Hände Österreichs über. Auch Mantua verlor mit dem Tod des letzten Herzogs aus dem Haus der Gonzaga 1708 die Selbständigkeit an Österreich.

Venedigs Niedergang

Um die Wende des 17. zum 18. Jahrhundert hatte die Republik Venedig den größten Teil ihrer früheren Macht und Vitalität eingebüßt. In jahrelangen Kämpfen mit den Türken und immer neuen Streitigkeiten mit den eifersüchtigen Nachbarn hatte sie die meisten Besitzungen im östlichen Mittelmeer verloren. Auf Cypern, das die Venezianer seit 1489 besaßen, war im Jahre 1570 eine türkische Armee unter Führung des Sultans Selim II. gelandet, hatte den größten Teil der Insel besetzt, Nikosia genommen und Tausende Bewohner umgebracht. Im August 1571 wurde auch Famagusta, das fast ein Jahr lang Widerstand geleistet hatte, zur Kapitulation gezwungen. Die Türken brachen dabei die Kapitulationsvereinbarung: Der Statthalter wurde bei lebendigem Leibe geschunden und seine mit Stroh ausgestopfte Haut nach Konstantinopel gebracht.

Wenige Monate nach der Eroberung Cyperns wurde zwar die türkische Kriegsflotte bei Lepanto vernichtend geschlagen, aber die Venezianer konnten aus diesem Erfolg keinen dauerhaften Gewinn ziehen. 1645 warfen die Türken ihr Augenmerk auf Kreta, das seit vier Jahrhunderten ein Stützpunkt Venedigs war. Im Jahr 1646 landete eine starke türkische Armee, besetzte Canea und nahm auch Retimo. Zwei Jahre später wurde Candia eingeschlossen. Die Belagerung dauerte über zwanzig Jahre, dann fiel Candia schließlich. Im September 1669 befand sich die ganze Insel in der Hand der Türken.

Venedigs Macht erlebte eine kurzfristige Regeneration, als 1684 während neuer Feindseligkeiten mit den Türken Francesco Morosini den Oberbefehl über die Streitkräfte Venedigs erhielt. Eine ernste Bedrohung für das türkische Reich bedeutete Venedig seither nicht mehr.

Wiedererstarken der Türken

Von 1648 bis 1687 herrschte im Osmanischen Reich Mohammed IV., aber das Hauptverdienst für das Wiedererstarken der türkischen Macht kommt seinem Großvezir zu, dem fähigen und energischen Albanier Mohammed Köprülü, der das hohe Amt von 1656–1661 innehatte. Köprülü reorganisierte die Flotte und gewann jene Inseln zurück, die Venedig erobert hatte. 1661 folgte ihm sein Sohn Ahmed Fazil Köprülü, der ein ebenso begabter Politiker war. 1663 griff er Österreich an, das eine größere Gefahr für das türkische Reich darstellte als die Republik Venedig. Nach einigen Siegen wurden Ahmeds Streitkräfte jedoch in der Schlacht bei St. Gotthard an der Raab so schwer geschlagen, daß er sich 1664 zum Abschluß des Vertrages von Eisenburg herbeilassen mußte.

Der Sultan hielt ihn acht Jahre lang, dann erklärte er dem polnischen König Michael Wisniowiecki den Krieg.

Dieses Mal war Ahmed Koprülü erfolgreicher: Seine Truppen eroberten Kamenez, Lemberg und Lublin. Im Vertrag von Buczacz 1673 wurde Podolien, das Gebiet zwischen der Ukraine und Moldau, an die Türkei abgetreten.

Cholera-Epidemie in Rom im 17. Jahrhundert: Fortschaffen der Toten und Ausräuchern der Häuser

König Johann III. Sobieski von Polen

Wien im Belagerungszustand 1683

Wien, die Hauptstadt des habsburgischen Kaiserreiches, zu Österreichs Blütezeit kultureller Mittelpunkt und Tor zum Herzen Europas, wurde im Juli 1683 zum Angriffsziel der Türken im Verlauf eines groß angelegten Feldzuges gegen Europa. In der Schlacht bei Mohacs im Jahr 1526 vernichtete Suleiman II., der Prächtige, der berühmteste der osmanischen Sultane, das mittelalterliche ungarische Königreich. König Ludwig II. von Ungarn fiel im Kampf, und das Land geriet unter türkische Herrschaft. Sein habsburgischer Schwager in Wien, Erzherzog Ferdinand, machte Erbansprüche auf die Krone des heiligen Stephan geltend. Der lange Zwist zwischen Österreich und den Türken um die Vorherrschaft auf dem Balkan begann. Seit dieser Zeit war Ungarn geteilt. Der türkische Teil lag um die großen Festungen Belgrad, Pest und Gran an der mittleren Donau; das christliche Ungarn umfaßte den nord-westlichen Teil des Landes mit der Hauptstadt Preßburg. Im Osten grenzte das christliche, zeitweise unter türkischer Oberhoheit stehende Fürstentum Siebenbürgen an Ungarn. Die Grenzen dieser Gebiete waren wegen der Kämpfe zwischen Christen und Türken dauernd in Bewegung.

1664 besiegten die Truppen des römisch-deutschen Kaisers aus dem Haus Habsburg, Leopold I., die Türken bei St. Gotthard an der Raab. Während des Feldzuges gewannen die Christen zum erstenmal eine größere Feldschlacht gegen die überwältigende Macht der Osmanen. Dennoch schloß der Kaiser noch im selben Jahr Frieden zu Eisenburg (Vaszar) und erkannte die türkische Tributherrschaft über Siebenbürgen und den Besitz von Neuhäusel und von Großwardein an.

Die in den ungarischen Gebieten der Habsburger herrschende Lage gebot den Staatsmännern in Wien, die Vereinbarungen von Eisenburg anzuerkennen. Die ungarischen Magnaten und Adligen schieden sich in zwei Parteien. Die eine unterstützte die Politik der Österreicher, die andere hegte tiefes Mißtrauen gegenüber allem, was aus Wien kam. Denn sie fürchtete, daß eine immer stärker zentralisierte administrative und politische Verwaltung den Verlust althergebrachter Privilegien bedeuten könnte. Spannungen gab es auch aus religiösen Gründen. Der Calvinismus besaß in Ungarn großen Einfluß, darum verhielten die Verfechter der Gegenreformation sich jeder eigenständigen Bewegung gegenüber mißtrauisch. 1678 übernahm Graf Imre Thököly, der zum Führer des ungarischen Widerstands gegen die Habsburger wurde, den Befehl über eine Gruppe von Aufständischen. Thököly wandte sich nach Istanbul um Hilfe; und im Jahre 1681 sandte der Großwesir Kara Mustafa Pascha den Ungarn Truppen zur Unterstützung. In der Hoffnung, sich mit den Rebellen zu einigen, berief Kaiser Leopold einen ungarischen Landtag nach Ödenburg. Aber Kara Mustafa Pascha veranlaßte Thököly, Leopolds Einlenkungsversuche zurückzuweisen und unterstützte ihn weiter mit aktiver Hilfe.

Kaiser und Reich lagen aber auch gleichzeitig in schweren Verwicklungen mit Frankreich unter Ludwig XIV. Darum gab es für Wien nichts Ungelegeneres als ein erneutes Aufflammen des Kampfes mit den Osmanen. Die Aussicht darauf ließ den Kaiser den Sultan um Verlängerung der Abmachungen von Eisenburg, die bis 1684 gelten sollten, ersuchen. 1681 verhandelte der österreichische Botschafter in Istanbul vergeblich. Auch ein Sonderbotschafter, den Wien 1682 entsandte, konnte den Bestand des Friedens nicht sichern. Kara Mustafa Pascha hielt den Zeitpunkt für einen Krieg mit Österreich gekommen. Im August 1682 erkannte Sultan Mohammed IV. Graf Thököly zum Fürsten von ganz Ober-Ungarn an – ein klarer Hinweis darauf, daß die Türken sich gegen den Frieden entschieden hatten.

Im Oktober 1682 verließ Mustafa Pascha Istanbul und begab sich nach Adrianopel. Die Vorbereitungen für den bevorstehenden Feldzug waren umfangreich und zogen sich über den Winter hin. Ende März 1683 brachen die osmanischen Truppen nach Belgrad auf, wo sie Anfang Mai ankamen und ihr Lager bei Semlin (Zemun), nördlich der Save aufschlugen. Schlechte Witterung und Ausbesserungsarbeiten an der großen Brücke über die Sümpfe bei Esseg (Osijek) behinderten den weiteren Vormarsch; erst im späten

Sultan Suleiman II. Türkische Miniatur, 2. Viertel des 16. Jahrhunderts

Wien während der Belagerung durch die Türken im Jahr 1683. Zeitgenössischer Kupferstich

Kaiser Leopold I. Allegorischer Kupferstich auf den Sieg bei St. Gotthard im Jahr 1664

Atti Bassa, Kommandant von Buda bis 1686. Zeitgenössischer Kupferstich

Juni drangen die Osmanen nach Stuhlweißenburg vor. Hier offenbarte der Großwesir dem Kriegsrat seinen Plan, Wien anzugreifen. Hier stießen auch tartarische Reiter von der Krim zum Heer. Anfang Juli hatte Mustafa Raab erreicht, eine der wenigen ungarischen Festungen, die sich noch in Händen der Habsburger befanden.

Der Kaiser scheute keine Mühe, sich der Hilfe der Fürsten des Reiches und anderer Staaten zu versichern. Im Januar 1683 bewilligte der Kurfürst von Bayern dem Kaiser militärische Unterstützung. Wichtiger noch war der mit Polen geschlossene Vertrag. Die Aktivität Thökölys und seiner Anhänger in den Karpaten sowie der sich daraus ergebende Verdacht, daß die Türken einen Angriff auf das Gebiet um Krakau beabsichtigen, veranlaßten den polnischen König, Johann III. Sobieski, sich im Herbst 1682 mit Kaiser Leopold I. zu verbünden: Österreich sollte versuchen, die Türken an der Donau aufzuhalten, während Polen sie in der Ukraine angriff; falls der gemeinsame Feind in Richtung Krakau vorstieß, wollte der Kaiser Hilfe schicken; gleichermaßen versprach der König von Polen, Österreich zu unterstützen, wenn Wien in Gefahr geriet. Die türkische Gefahr hatte die seit Jahren verfeindeten Reiche verbunden.

Im Frühjahr 1683 versammelte Herzog Karl von

Lothringen seine Truppen bei Preßburg und zog donauabwärts in die Gegend von Raab und weiter nach Komarno. Er hoffte, eine der beiden wichtigen, von den Türken besetzten Festungen, Gran oder Neuhäusl, zu erreichen. Meinungsverschiedenheiten im Oberkommando, unklare Anweisungen aus Wien und zu geringer Nachschub ließen den Feldzug jedoch scheitern. Herzog Karl mußte auf Raab zurückweichen und wenig später alles Land bis vor Preßburg räumen. Bald zerrann jede Aussicht, dem Vormarsch der Türken Einhalt zu gebieten. Am 5. Juli sandten die Österreicher einen Boten an Johann Sobieski mit der Nachricht, daß sich Kara Mustafa Pascha ohne jeden Zweifel die Eroberung Wiens zum Ziel gesetzt habe. Am 7. Juli wichen der Kaiser und der Hofstaat westwärts nach Linz und schließlich nach Passau aus. Als Befehlshaber Wiens blieb Graf Ernst Rüdiger von Starhemberg zurück. Karl von Lothringen und seine Kavallerie erreichten am 8. Juli die Hauptstadt. Sie errichteten ihr Lager im Vorort Leopoldstadt und auf den Donau-Inseln. Zwei Tage später traf die Infanterie ein. Um die Hauptstadt zu verteidigen, verfügte Starhemberg über elftausend Mann regulärer Truppen und über etwa fünftausend Helfer aus der Bevölkerung. Am 13. Juli wurden die Gebäude um die Wälle vor den Mauern Wiens niedergelegt, um den Türken keinen Unterschlupf zu geben. Am folgenden Tag gab die Kavallerie Karls von Lothringen die Leopoldstadt auf, zerstörte die Brücken über die Donau und bezog eine neue Stellung nördlich des Flusses. Am gleichen Tag erschien Kara Mustafa Pascha mit seinem Heer vor Wien. Eine zweimonatige Belagerung begann.

Die Verteidigungsanlagen von Wien bestanden aus einem schrägen Erdwall, hinter dem sich eine äußere Grabenböschung mit Palisaden und einem bedeckten Umgang befanden. Dieser war in Abschnitte aufgeteilt, von denen jeder einzelne als selbständige Einheit verteidigt werden konnte. Auf der Rückseite der äußeren Grabenböschung lag ein trockener Festungsgraben. Auf seiner Sohle standen Verschanzungen und Blockhäuser als weitere Verteidigungsanlagen. Hinter dem Graben erhoben sich die eigentlichen Mauern Wiens. Das Hauptziel der Osmanen war es, mit dem linken Flügel auf die südliche Flanke der Festung, gegenüber dem Löbel-Bollwerk, zuzudrängen. Ihr rechter Flügel blickte direkt auf die Burgfestung, während das Zentrum dem Burgravelin gegenüberstand.

Die Belagerer bauten ein ausgeklügeltes System von tiefen Gräben, die mit einem Sparrenwerk aus Holz bedeckt und mit Geschützstellungen versehen waren. Kara Mustafa Pascha führte eine ansehnliche Anzahl Kanonen mittleren und leichten Kalibers mit sich, er besaß allerdings keine großen Belagerungskanonen. Der Kampf spielte sich hauptsächlich im wechselseitigen Vortreiben von Gräben und von Minen ab.

Die Türken legten die ersten Gräben in der Nacht vom 14. zum 15. Juli an, um näher an die Stadt zu gelangen. Entlang der Böschung hinter den Gräben eröffneten ihre Sturmtruppen am Morgen das Feuer. Kara Mustafa, der darauf bedacht sein mußte, Wien vollständig einzuschließen, sandte eine starke Abteilung über den südlichen Arm der Donau mit dem Befehl, Leopoldstadt und die Inseln im Fluß einzunehmen. Nun konnten die Anstürmenden auch gegen die nördlichen Mauern der Stadt vorgehen. Zur gleichen Zeit schlugen die Osmanen oberhalb und unterhalb der Festungswerke Wiens Brücken über die Donau. Sie schnitten die Eingeschlossenen dadurch von jeglichem Nachschub über den Fluß ab.

Am 23. Juli explodierten die ersten Minen der Türken an dem Teil zwischen dem Löbel-Bollwerk und dem der Burg. Eine ganze Reihe von Angriffen und Gegenangriffen erfolgte daraufhin. Am 3. August hatten die Türken die äußere Grabenböschung gegenüber dem Burgravelin durchbrochen.

Die Osmanen nahmen nun die Verschanzungen und die Blockhütten im Festungsgraben unter Feuer. Nach neuntägigen heftigen Gefechten erreichten die Türken den Ravelin. Am 12. August sprengten die Osmanen eine Mine von außerordentlicher Größe ab und führten einen erbitterten Angriff, um sich in den Verschanzungen auf dem Ravelin festzusetzen.

Der Kampf zog sich erbarmungslos und mit wechselndem Erfolg über den ganzen August hin. Die Wiener konnten den stetigen Vormarsch des Gegners nur mühsam und nur abschnittsweise für kurze Zeit aufhalten, denn ihre Mittel erschöpften sich immer mehr. Am 3. September gab Starhemberg den Ravelin auf. Es kam noch schlimmer: Einen Tag später brachte eine weit vorgetriebene Mine Teile der Burg zum Einsturz, und auch der Löbelbastion wurde schwerer Schaden zugefügt. Krankheit, Verwundung und tödliche Verluste reduzierten die Garnison der Wiener auf etwa viertausend einsatzfähige Soldaten. Wenn nicht bald Hilfe kam, war die Stadt verloren.

Inzwischen hatte sich außerhalb der Festung Wichtiges ereignet. Karl von Lothringen hatte vor den Türken Leopoldstadt verlassen und sich nach Jedle-

Herzog Karl IV. Leopold von Lothringen. Zeitgenössischer Kupferstich

Belagerungsarbeiten der Türken vor Wien im Jahr 1683. Zeitgenössischer Kupferstich von Nicolaus Visscher

Belagerung Belgrads durch die Türken im Jahr 1521. Detail einer zeitgenössischen türkischen Miniatur

see nördlich der Donau begeben. Dort erreichte ihn die Nachricht, daß Imre Thököly mit einem Heer aus ungarischen und türkischen Soldaten westwärts entlang des nördlichen Donau-Ufers vorstieß. Er drohte die Verbindungslinie zwischen Österreich und Polen zu unterbrechen. Außerdem verkleinerte sein Vormarsch das Gebiet, aus dem die habsburgischen Truppen ihren Nachschub erhielten. Durch diese Gefahr alarmiert, stieß Karl von Lothringen auf Preßburg vor und trieb am 30. Juli Thököly und sein Aufgebot zurück. Drei Wochen später trotzte Karl bei Stammersdorf einem zweiten türkisch-ungarischen Angriff mit Erfolg. Die Wege für die Hilfe aus Polen und die Nachschubbasen blieben frei.

Schließlich sammelten sich auch die Verbündeten des Kaisers zur Befreiung Wiens. Mitte August trafen etwa elftausend Mann bayerischer Truppen südlich von Krems ein. Rund achttausend Soldaten aus Franken und Thüringen schlossen sich ihnen an. Gleichzeitig langten auch die Regimenter des Kaisers, die am Rhein gestanden hatten, vor Krems an.

Am 15. Juli sammelte König Johann Sobieski seine Truppen um Krakau. Aus Nord-Polen und aus der Ukraine rückten Streitkräfte an, die bereits Kampferfahrungen mit den Türken besaßen. Der polnische König begab sich Ende Juli nach Krakau. Er beriet sich mit seinen Generälen, welche Marschrouten man durch Schlesien, Mähren und Österreich nehmen sollte und wie man am besten die Sicherung des Nachschubes mit dem Heer des Kaisers abstimmte. Die Zeit drängte. Am 20. August waren die polnischen Truppen abmarschbereit. Zwei Tage später rückten sie nach Süden ab. Am letzten Augusttag vereinigten sich Johann Sobieski und Karl von Lothringen bei Oberhollabrunn, wo sie auch das Reichsheer trafen.

Am 7. September bezogen die vereinigten Heere von mehr als sechzigtausend Mann Stellungen südlich der Donau nahe bei Tulln und begannen ihren Marsch ostwärts durch den Wienerwald. Auf dem linken Flügel der Christen standen die habsburgischen und die sächsischen Truppen; die Bayern und die übrigen Kontingente des Reichsheeres hielten das Zentrum; den rechten Flügel befehligte Johann Sobieski. Innerhalb von drei Tagen langte die Armee auf dem Kahlenberg, wenige Kilometer vor Wien, an.

Kara Mustafa Pascha fühlte seine westliche Flanke bedroht. Auf zwei Kriegsräten entschied er, von der Belagerung etwa sechstausend Mann Infanterie und eine beträchtliche Anzahl Kanonen abzuziehen. Die Abteilungen verstärkte er durch zwanzigtausend Reiter. Diese verspäteten Maßnahmen sollten eine zunehmend kritischer werdende Situation verbessern. Denn Kara Mustafa waren beim Aufmarsch und Einsatz

seiner Truppen schwerwiegende Fehler unterlaufen. Er hatte es versäumt, in der Gegend von Krems und von Tulln Patrouillen auszusenden, an Straßen durch den Wienerwald Wachen aufzustellen und den Kahlenberg zu besetzen. Auch hatte er keine ausreichenden Verteidigungsanlagen zum Schutz des eigenen Lagers erstellt. Seine Nachlässigkeit kostete ihn einige Opfer.

Wien wurde am 12. September vor dem Untergang bewahrt. Ein Angriff der Osmanen in der Gegend von Nußdorf, unterhalb des Kahlenbergs, auf die heranrückende Entsatzarmee führte zu einem erbarmungslosen und unübersichtlichen Kampfgetümmel auf einem unebenen Gelände. Bis zum Mittag spielte sich der Hauptkampf auf der linken Seite der Schlachtfront der Christen ab. Die Türken mußten sich von Nußdorf abwenden und ließen auch den Weg nach Heiligenstadt frei. Das Vorrücken der Polen auf der rechten Seite war nicht ganz so erfolgreich. Schließlich erreichten Johann Sobieski und seine Soldaten die Böschungen oberhalb des Flusses Alsbach. Keine drei Kilometer vor ihnen lagen im flachen Gelände Wien und das Hauptquartier Kara Mustafa Paschas bei St. Ulrich.

Die Truppen der Christen formierten sich in zwei Schlachtreihen neu. Die Schlacht wogte gegen Süden und Osten. Die türkische Abwehr hielt nicht stand, wurde immer schwächer und brach bald darauf völlig zusammen. Wien war gerettet.

Nur eine sofortige Verfolgung der Feinde hätte einen vollen Erfolg gezeigt. Unüberwindliche Schwierigkeiten stellten sich dem entgegen. Wien konnte keinen Nachschub stellen; die Lande donauabwärts waren ausgeplündert. Trotzdem wollten Karl von Lothringen und Johann Sobieski weiter vordringen. Am 17. September setzte sich der Feldzug wieder in Bewegung. Bald konnte die wiederhergestellte Brücke über die Donau bei Preßburg überquert werden. Jetzt hatten die Christen zu dem Nachschub aus dem Gebiet von Schütt Zugang. Der Vormarsch richtete sich auf Parkany, wo eine Brücke zu der wichtigen, von Türken besetzten Festung Gran die Donau kreuzte. Hier sahen sich die deutschen und die polnischen Truppen einem osmanischen Heer gegenüber. Die Türken griffen hart an; es gelang ihnen nicht, durchzubrechen, und sie wurden zum Fluß-Ufer getrieben. Ein Teil der Brücke über die Donau stürzte durch Artilleriebeschuß der Christen ein. Fast neuntausend Türken fanden den Tod. In zwei Tagen hatten die Christen eine Schiffsbrücke erstellt, um die Donau zu überqueren. Die Belagerung von Gran begann. Die türkische Garnison, die keine Hoffnung auf Rettung mehr sah, ergab sich am 27. Oktober. Dieses Ereignis brachte den Feldzug von 1683 zu einem Ende.

Die Errettung Wiens wurde in ganz Europa gefeiert. Männer wie Graf Starhemberg und König Johann Sobieski führte dieser Krieg auf den Höhepunkt ihrer Karriere, während er Kara Mustafa Pascha den Tod brachte: Auf Befehl des Sultans wurde er hingerichtet.

Dieser Feldzug hatte bedeutenden Einfluß auf Politik und Kriegsführung der nächsten Jahre in Europa. Im März 1684 wurde zwischen Österreich, Polen und Venedig eine Heilige Liga gegen das Osmanische Reich geschlossen. Der Krieg währte bis 1699 und wurde im

Frieden von Karlowitz für die Christen erfolgreich beendet. Die Habsburger erhielten fast ganz Ungarn. Venedig besetzte den Peloponnes, den es allerdings schon 1718 wieder verlor. Polen gewann endgültig Podolien. Rußland, ein verspäteter Teilnehmer und dennoch Nutznießer des Krieges, annektierte Asow nahe der Mündung des Don. Die Befreiung Wiens leitete die Zeit der letzten großen Türken-Kriege ein. Während der erbitterten Kämpfe zwischen 1593 und 1606 zeigte es sich deutlich, daß das Reich der Osmanen die lebensfähigen Grenzen seiner Ausdehnung erreicht hatte. Jetzt stellten die Probleme der Zeit und der Entfernung in einem so weiten Gebiet jeglicher Ausdehnung nahezu unüberwindliche Schranken entgegen.

Fast wäre Kara Mustafa Pascha die Eroberung Wiens gelungen. Diese Tatsache beweist, was es heißt, daß Johann Sobieski nur vierundzwanzig Stunden nachdem seine Kavallerie die Verteidigungslinien der Türken durchbrochen hatte, mit tiefempfundenem Jubel an Papst Innozenz XI. schrieb: »Wir kamen, wir sahen und Gott siegte.« So mag auch manch anderer an jenem denkwürdigen 12. September 1683 gedacht haben.

V. J. PARRY

Janitscharen. Kupferstich im Trachtenbuch von Hans Weigel, 1577

Chaireddin Barbarossa, türkischer Herrscher in Algier. Türkische Miniatur, erste Hälfte des 16. Jahrhunderts

Frankreich auf dem Gipfel seiner Macht

Während die Aufmerksamkeit Kaiser Leopolds I. von dem türkischen Angriff auf Österreich beansprucht wurde, bedrängten französische Truppen die West-Grenzen des Reiches. König Ludwig XIV. von Frankreich war stolz auf seine Armee: Sie umfaßte etwa zwanzigtausend Mann und bestand überwiegend aus Infanterie, die mit Bajonetten, langen Spießen und fahrbaren Musketen sehr gut gerüstet war; taktisch war sie gut geschult, und es herrschte eine straffe Disziplin. Die Stärke und Schlagkraft seiner Armee verdankte Frankreich dem Kriegsminister Ludwigs XIV., Michel Le Tellier, und seinem Sohn, François Michel Le Tellier, Marquis de Louvois. Die hervorragenden Leistungen der französischen Truppen in der Belagerungs- und Pioniertechnik beruhten vor allem auf dem Genie des Marschalls von Frankreich, Sébastien le Prestre, Marquis de Vauban. Er legte auch den Gürtel von Befestigungen an, die zwischen 1678 und 1688 an den Grenzen des Landes entstanden und Meisterleistungen des Festungsbaus darstellten.

Die französischen Truppen besetzten in diesen Jahren Dünkirchen, die Franche-Comté und einige ausgedehnte Landstriche an der Ost-Grenze, die den Niederlanden streitig gemacht wurden und deren blühende Handelsstädte Ludwig XIV. stets ein begehrenswertes Ziel blieben. Im Regensburger Waffenstillstand von 1684 zwischen Frankreich, dem Kaiser und Spanien wurde den Franzosen der provisorische Besitz ihrer Eroberungen, darunter Straßburg und Luxemburg, zugestanden.

Sébastien Le Prestre, Marquis de Vauban

Frankreich unter Ludwig XIV.

Unter Ludwig XIV. erreichte Frankreich den Gipfel seiner Macht. Der Ehrgeiz des Königs kannte keine Grenzen. Im Jahr 1683 starb der leitende Minister und Generalkontrolleur der Finanzen, Jean Baptiste Colbert, der den Posten seit 1661 bekleidete. Seine zurückhaltende und geschickte Finanzpolitik hatte das Land saniert und eine schlagkräftige Kriegsflotte aufbauen helfen. Ludwig sann auf kriegerische Erfolge. Als 1685 Kurfürst Karl von der Pfalz-Simmern kinderlos starb, erhob Ludwig Anspruch auf das Land. Aber die Forderung brachte fast ganz Europa gegen ihn auf und führte 1686 zu der Augsburger Allianz zwischen dem Kaiser, Schweden, Spanien und mehreren Reichsfürsten. England nahm nicht an diesem Bündnis teil, denn sein König, der katholische Jakob II., setzte die Politik seines Bruders und Vorgängers Karl II. fort, gute Beziehungen zu Frankreich zu unterhalten. Allerdings war diese Politik in England so unpopulär, daß der französische Gesandte in London seinem Herrn berichtete, außer dem König besitze er in England keinen einzigen Freund. Nur dank französischer finanzieller Hilfen konnten die beiden letzten Stuarts den Krieg mit Frankreich vermeiden.

In der »Glorius Revolution« von 1688 verlor Jakob II. seine Krone an seinen protestantischen Gegenspieler, Prinz Wilhelm von Oranien, Statthalter der Niederlande. Nicht zuletzt darum, weil Jakobs Entschluß, seinem Volk mit verfassungswidrigen Methoden den Katholizismus aufzuzwingen, seine Untertanen veranlaßte, Wilhelm um Beistand zu ersuchen.

Wilhelm III. von Oranien

Wilhelms Ansprüche auf den englischen Thron waren zweifach begründet: Einmal war er der Sohn der ältesten Tochter Karls I., und zum anderen war er mit der Tochter Jakobs II., Maria, verheiratet. Als Wilhelm am 5. November 1688 an der Spitze eines starken Heeres von Engländern und Holländern bei Torbay in Devon landete, wurde er von der Bevölkerung begeistert empfangen. Jakob floh nach Frankreich, und das Parlament erklärte den Thron für erledigt. Am 13. Februar 1689 wurden Wilhelm und Maria zu König und Königin proklamiert.

Möglicherweise hätte Ludwig XIV. die Thronbesteigung Wilhelms, der einer seiner gefährlichsten Gegner war, verhindern können, wenn er ihn schon in den Niederlanden bekriegt hätte, bevor der Prinz nach England ging. Statt dessen aber hatte Ludwig seine Truppen in die Pfalz geschickt und damit die Augsburger Allianz provoziert, die nun auch noch von Holland, von Savoyen und natürlich von England unterstützt wurde.

Der Pfälzische Krieg

Der Krieg verlief trotz der Zahl und der Stärke seiner Gegner für Ludwig XIV. günstig. Sein Feldherr, der Herzog François Henri von Luxembourg, erwies sich als würdiger Nachfolger Condés und Turennes. 1690 schlug er die Truppen der Verbündeten unter dem Fürsten Georg Friedrich von Waldeck; ein Jahr später besiegten die Franzosen König Wilhelm III. von England bei Leuze. Auch Mons wurde von ihnen erobert, sowie 1692 Namur belagert und eingenommen. Zwei weitere Siege errang der Herzog von Luxembourg gegen Wilhelm 1692 bei Steenkirk und 1693 bei Neerwinden. Währenddessen eroberte Marschall Nicolas Catinat Nizza und überrannte Savoyen, dessen Herzog, Amadeus II., bei Staffarda und Marsaglia Niederlagen erlitt. Zur See zwang die französische Kriegsflotte auf der Höhe von Beachy Head 1690 Engländer und Holländer zu fluchtartigem Rückzug. Zwar verlor der französische Admiral Graf Anne Hilarion von Tourville in der Seeschlacht bei La Hogue fünfzehn Schiffe, verstand es aber, 1693 den Verbündeten im Mittelmeer eine vernichtende Niederlage beizubringen.

Der Krieg erschöpfte Frankreichs Hilfsquellen dermaßen, daß sich Ludwig XIV. trotz der anfänglichen Siege 1697 genötigt sah, Frieden zu schließen. Im Vertrag zu Ryswijk mußte er beinahe alle eroberten deutschen Gebiete bis auf Straßburg wieder herausgeben, das er schon früher besetzt hatte. Er mußte ferner den Holländern zugestehen, in die Grenzstädte der spanischen Niederlande Garnisonen zu legen. Frankreich erkannte jetzt auch Wilhelm III. von Oranien als englischen König an.

Kampf gegen die Hugenotten

Der Entschluß zum Krieg war

Treffen zwischen König Jakob II. und König Ludwig XIV.

nicht der einzige politische Fehler, den Ludwig XIV. in den achtziger Jahren des 17. Jahrhunderts beging. Im gleichen Jahr wie Colbert starb auch Ludwigs Gemahlin Maria Theresia, eine Prinzessin aus der spanischen Linie der Habsburger. Ludwig heiratete heimlich die Marquise Françoise de Maintenon, eine gläubige Anhängerin der katholischen Kirche. Zwar war sie nicht in dem Maße für die Religionspolitik Ludwigs verantwortlich, wie Zeitgenossen es vermutet haben, aber sie verhehlte ihre Befriedigung nicht, wenn gegen Protestanten vorgegangen wurde.

Françoise Marquise de Maintenon

Ludwig XIV. selbst war kein besonders religiöser Mensch, aber seine kirchlichen Pflichten beobtete er gewissenhaft. Fast täglich hörte er die Messe und glaubte, es gehöre zu seinen grundsätzlichen Aufgaben als König und als Haupt der katholischen Kirche in Frankreich, seine Untertanen dem katholischen Bekenntnis zuzuführen. Er trachtete, das Versprechen, das seit Heinrich IV. Bestandteil des Krönungseides war, einzulösen, jede von der Kirche als solche verurteilte Ketzerei ernstlich in seinem Land auszurotten. Um dieses Ziel zu erreichen, ging der König gegen die evangelischen Franzosen oder Hugenotten vor. Zunächst wurden in die Landschaften, in denen die Hugenotten besonders zahlreich waren, so in die Normandie, nach Poitou und in die Languedoc, Missionare entsandt. Ferner durften die Hugenotten keine öffentlichen Ämter mehr bekleiden. Bald kam es zu handgreiflichen Zusammenstößen, obwohl Gewaltanwendung verboten war. Maßnahmen aber, wie Truppeneinquartierungen in den Häusern der Protestanten, führten zu Streitigkeiten. Arme Leute konnten nicht die Kosten für Unterbringung und Verpflegung der Soldaten tragen. Die Reichen mochten die zügellose Soldateska nicht in ihren Häusern dulden. Hugenotten wurden von Dragonern zwangsweise zur Messe und zur Predigt der Missionare geschleift und mit Weihwasser besprizt.

Solche Methoden zeitigten durchschlagende Erfolge: In einigen Städten und Bezirken bekehrte sich die Bevölkerung zum Katholizismus, nachdem führende hugenottische Familien den Anstoß dazu gegeben hatten. Andere Städte verloren nahezu all ihre Einwohner, weil die Protestanten auswanderten. Ende 1685 lebte nur noch rund eine viertel Million Hugenotten in Frankreich, die ihrem Glauben unerschütterlich treu blieben und hartnäckig an ihren Gottesdiensten und Schulen festhielten. Sie beriefen sich auf den Schutz des 1598 erlassenen Edikts von Nantes, das ihnen freie Religionsausübung und bürgerliche Gleichberechtigung garantierte.

Die Aufhebung des Edikts von Nantes

Ludwig XIV. war entschlossen, sein Gelübde zu erfüllen, die Abtrünnigen in den Schoß der Kirche zurückzuführen und mit der Vernichtung der Hugenotten jede Erinnerung an Unheil, Verwirrung und Unruhen, die das Königreich durch die Hugenottenkriege erfahren hatte, zu tilgen. Am 18. Oktober 1685 hob er das Edikt von Nantes auf und unterzeichnete das Revokationsedikt von Fontainebleau. Die Kirchen der Hugenotten sollten niedergerissen, ihre Schulen geschlossen und ihre

Truppen des Herzogs von Guise bei der Bekämpfung von Hugenotten

Kinder katholisch getauft werden. Die Aufhebung wurde von der Mehrzahl der Katholiken in Frankreich begrüßt, denn sie erwarteten davon das Ende der bewaffneten religiösen Auseinandersetzungen. Die Hugenotten, die wegen ihrer Strebsamkeit, ihrer materiellen Erfolge und ihrer Sittenstrenge oft verhaßt waren, sollten weichen. Etwas Erfreulicheres habe noch kein König getan oder werde es wohl jemals tun können, meinte die Marquise Marie de Sévigné, und der Hofprediger Jacques-Bénigne Bossuet, der einst den Hugenotten Turenne bekehrt hatte, verglich Ludwig mit den großen Kaisern Konstantin, mit Theodosius und mit Karl.

Der weitgehenden Zustimmung in Frankreich stand die Empörung in der protestantischen Welt gegenüber, wo des Königs Vorgehen als Willkürakt verurteilt wurde.

König Wilhelm III. von England und seine Gemahlin Maria

Friede in Europa 1713/1714

König Philipp V. von Spanien. Zeitgenössisches Gemälde

John Churchill, Herzog von Marlborough, mit Gefolge in einer Schlacht. Detail eines Gobelins aus der Folge »Feldzüge Herzog Marlboroughs« für Schloß Blenheim von Judocus de Vos nach einem Karton von Lambert de Hondt, Anfang des 18. Jahrhunderts

Zwei Vertragswerke, die in Utrecht und Rastatt unterzeichnet wurden, beendeten 1713 und 1714 eine Reihe von Kriegen, in denen Ludwig XIV. seit 1668 fast ununterbrochen gegen die Großmächte Europas im Kampf gestanden hatte. Seit dem Pyrenäen-Frieden von 1659, in dem eine Heiratsverbindung mit Spanien vereinbart worden war, die eventuelle Rechte Ludwigs XIV. auf die spanische Krone begründet hatte, stellte der französische König seine gesamte Politik auf diese Erbfolge ab, die das französische Übergewicht in Europa endgültig gesichert hätte. Zweifellos hatte sich Ludwig XIV. seit dem Krieg gegen Holland 1672 und vor allem seit der Widerrufung des Edikts von Nantes 1685 das Ziel gesetzt, den Einfluß der protestantischen Mächte zu brechen, wenn nicht gar zu beseitigen. Aus diesem Grund war für ihn 1688 der Sturz Jakobs II. ein ebenso schwerer Schlag wie es hundert Jahre zuvor die Katastrophe der Armada für Philipp II. gewesen war. Unglücklicherweise stellte sich dem französischen König ein anderer katholischer Kandidat in Spanien entgegen: ein Wiener Habsburger, der den ausgehöhlten Titel eines Römischen Kaisers führte, aber im Kampf gegen die drohende französische Hegemonie der natürliche Verbündete der protestantischen Mächte in Deutschland und Europa war. England und Holland waren auch zur See die Rivalen Frankreichs und Spaniens, und so trat dieser Konflikt um die Beherrschung der Meere zum ideologischen Gegensatz und zum Kampf gegen die Hegemonie des Königs von Frankreich hinzu.

Ludwig XIV., der den Krieg gegen die Liga von Augsburg 1697 nur mit Mühe hatte beenden können, war in den letzten Jahren des 17. Jahrhunderts bereit, auf die spanische Erbfolge teilweise zu verzichten und durch ein Übereinkommen mit den Seemächten einen neuen Krieg zu vermeiden. Doch fehlte ihm der Mut, für seinen Enkel Herzog Philipp von Anjou die Thronfolge in sämtlichen spanischen Gebieten auszuschlagen, die das Testament des letzten spanischen Habsburgers, Karls II., der 1700 starb, anbot. Damit war ein Krieg unvermeidlich geworden, und er sollte sich beinahe zehn Jahre hindurch mit wechselndem Glück hinziehen. Von Anfang an wurden fast ebenso viele Verhandlungen geführt wie Schlachten geschlagen. Über die Koalition gegen Frankreich führte ein »Triumvirat« den Oberbefehl: John Churchill, der Herzog von Marlborough, als Vertreter Englands, der Ratspensionär Anthony Heinsius für Holland und Prinz Eugen von Savoyen für Österreich. Sie alle wollten den Krieg bis zur völligen Niederwerfung Frankreichs führen. Doch als Marlborough 1710 in London in Ungnade fiel, ging die Macht dort von der Partei der Whigs auf die der Tories über, die einem vernünftigen Frieden zuneigten. 1711 starb Kaiser Joseph I. und überließ den Thron seinem Bruder Karl VI., dem österreichischen Prätendenten der spanischen Krone. Ihm die Thronfolge in Spanien zu sichern, hätte die Wiederherstellung des Reiches und der Machtfülle Karls V. bedeutet. Dies lag nicht im Interesse Englands, das am 8. Oktober 1711 mit Frankreich einen Präliminarfrieden unterzeichnete. Der Krieg währte trotzdem noch fast zwei Jahre, da England weder allein unterhandeln konnte noch wollte und weder Prinz Eugen noch Heinsius die Hoffnung fahren ließen, Ludwig XIV. endgültig zu demütigen. Es bedurfte am 8. Juli 1712 des förmlichen Verzichts Philipps V. auf alle seine französischen Thronfolgerechte und am 24. Juli des französischen Sieges bei Denain, damit die Verhandlungen zu Utrecht zu Ende geführt werden konnten. Der Kaiser vermochte sich noch nicht zum Verzicht auf Spanien zu bequemen und schloß erst im folgenden Jahr zu Rastatt Frieden.

Durch die Verträge wurde ein neues europäisches Gleichgewicht begründet, das in großen Zügen bis zur Französischen Revolution bestand. Für England bedeuteten die Friedensschlüsse einen fast vollständigen Triumph, wenngleich sich auch die englische Öffentlichkeit dessen nicht sogleich bewußt wurde. Ludwig XIV. erkannte die protestantische Thronfolge in diesem Land an und sagte sich von dem Prätendenten aus dem Haus Stuart los. Der Verzicht Philipps V. auf die französische Krone sowie der der französischen Prinzen auf die Spaniens waren feier-

König Friedrich Wilhelm I. von Preußen. Zeitgenössischer Kupferstich

lich bekräftigt worden. Der König von Frankreich trat überdies an England die Hudson-Bay, Neu-Schottland, Neufundland und die Antillen-Insel St. Christopher ab. Der Hafen von Dünkirchen wurde zugeschüttet, seine Befestigungen geschleift. Von Spanien erhielt England wenig später Gibraltar und Menorca sowie vor allem das verbriefte Recht auf den Handel mit den spanischen Kolonien und das Privileg für deren Belieferung mit Negersklaven für dreißig Jahre. Hingegen zog Holland aus seinem erbittert geführten Kampf keinen Nutzen, wenn man davon absieht, daß Frankreich nunmehr auf seine Ansprüche auf die südlichen Niederlande verzichtete, die Österreich angegliedert wurden. Spanien verzichtete zugunsten Österreichs und des Herzogs von Savoyen, der König von Sizilien wurde, auf seine sämtlichen außerhalb der iberischen Halbinsel gelegenen europäischen Besitzungen. Zwar waren weder der Kaiser noch der König von Spanien damit zufriedengestellt, der erste, weil er auf Spanien hatte verzichten müssen, der letzte der territorialen Verluste wegen, doch konnte keiner von beiden den Krieg allein weiterführen. Es schien, als hänge der Frieden in Europa künftig vom Einvernehmen zwischen Frankreich und England ab. Holland sollte nur eine geringe Rolle in der Politik spielen. Die Zeit, da der Herrscher von Brandenburg-Preußen, der zu Utrecht gerade als preußischer König anerkannt worden war, das Schicksal Europas entscheidend mitgestalten sollte, war noch nicht angebrochen.

Der lebhafte Widerhall, den der Utrechter Friede in der englischen Öffentlichkeit fand, überrascht. Zweifellos ist er zu einem guten Teil auf die Opposition der Whigs zurückzuführen, die sich kaum zwanzig Jahre nach der von ihnen ausgelösten zweiten englischen Revolution, deren Früchte sie zu ernten gehofft hatten, ihrer politischen Macht beraubt sahen. Da er das Werk der Gegner war, konnte der Friede nur ein schlechter sein. Hinzu kam noch die Überlegung, ob der Geist der Revolution von 1688 nicht dadurch verraten worden war, daß der Friedensvertrag für die französische Monarchie fast keine Einbuße bedeutete und nicht an die Kolonien Spaniens rührte. Demgegenüber erschienen die Handelsvorteile gering. Ihr Wert zeigte sich erst allmählich. Und bestand nicht schließlich ein schreiender Widerspruch zwischen dem Einfluß, den englisches Denken auf dem Kontinent auszuüben begann, und der Milde, welche die Tories den beiden faktisch besiegten katholischen Monarchien gegenüber gezeigt hatte? Der unerwartete Tod der Königin Anna und der Regierungsantritt Georgs I. von Hannover, der die Whigs wieder ans Ruder brachte, schien auf den ersten Blick nicht einmal einen genügenden Ausgleich dafür zu bieten.

Gänzlich anders äußerte sich die öffentliche Meinung auf dem Kontinent, besonders in Frankreich. Wenn auch der greise Ludwig XIV. in seinem Absolutismus verharrte und 1713 – dem Jahr des Utrechter Friedens – vom Papst die Bulle »Unigenitus« erbat, jene Quelle unendlichen Streites, der bis zur Französischen Revolution währen sollte, so war doch jetzt schon jeder, der in Frankreich dachte oder schrieb, durchdrungen von dem subtilen Einfluß englischer Ideen, und seit 1715 leiteten der Regent Philipp von Orléans und Kardinal Guillaume Dubois eine Politik des Einvernehmens mit England ein, die später Robert Walpole unter Aufgebot all seines Ansehens in seltsamer Umkehrung der traditionellen politischen Positionen aufrechterhalten sollte. Die geistigen Beziehungen zwischen England und Frankreich wurden zu dieser Zeit immer enger und fruchtbarer. Charles de Montesquieu und Voltaire vor allem gingen ganz in englischer Bildung auf. Das England John Lockes, George Berkeleys, Daniel Defoes und Jonathan Swifts, später David Humes, Samuel Richardsons und Henry Fieldings gab im 18. Jahrhundert den Ton an, das das Jahrhundert der Philosophen wurde. Auf England und seine Literatur begründete Gotthold Ephraim Lessing in Deutschland den geistigen Widerstand gegen den französischen Kultureinfluß, der bisher passiv hingenommen wurde, und so die Bewegung der Aufklärung und des Sturms und Drangs auslöste.

Der Utrechter Frieden zeitigt eine Neugruppierung der politischen Mächte, die fast hundert Jahre lang gültig blieb. Zwar sind vom Spanischen Erbfolgekrieg

nur West- und Mittel-Europa betroffen worden, doch darf man die Ergebnisse und Konsequenzen nicht übersehen, die das Abenteurertum Karls XII. für Nord- und Ost-Europa und die Siege des Prinzen Eugen von Savoyen für das Osmanische Reich nach sich zogen. Alle diese Geschehnisse bedingten das Gleichgewicht der europäischen Mächte im 18. Jahrhundert. Das Scheitern Karls XII. im Osten machte den Weg für eine neue Großmacht, das Rußland Peters des Großen, frei, das sich in der neuen Hauptstadt St. Petersburg ein Tor zum Westen eröffnete und seinen Willen kund tat, nunmehr in den politischen Angelegenheiten Europas mitzusprechen. Rußland löste als Großmacht Polen ab, das durch innere Anarchie geschwächt war, und trat zugleich an die Stelle Schwedens, das infolge der wahnwitzigen Politik Karls XII. nun – ebenso wie Holland im Westen – zu einem Staat zweiten Ranges herabsank.

Der andere große Verlierer dieser Epoche war das Osmanische Reich, das zwar noch ein riesiges Gebiet beherrschte, für die österreichischen Staaten aber keine ernsthafte Bedrohung mehr darstellte. Das Österreich des Prinzen Eugen, Siegers über Ludwig XIV. und den Sultan, hatte seine Machtstellung an der Donau stärker denn je ausgebaut. Das von der türkischen Bedrohung befreite Ungarn zeigte sich bald als treuer Vasall der Habsburger und bewahrte den Thron Maria Theresias. Die Zeit, da Nationalgefühle den Vielvölkerstaat innerlich ausgehöhlt, ist noch nicht angebrochen. Die Habsburger liefen eher Gefahr, ihre Kräfte als Erben der meisten europäischen Besitzungen Spaniens zwischen allzu ehrgeiziger Außen- und bescheidenen Ansätzen zu einer für sie wichtigeren Innenpolitik zu zersplittern.

Im Reich füllte nach dem Verschwinden Schwedens aus der Reihe der Großmächte Preußen bald die entstandene Lücke aus. Zu Beginn des Jahrhunderts war es lediglich einer der wichtigeren deutschen Staaten, schuf sich allerdings bereits die Voraussetzungen, um in Europa eine bedeutendere Rolle zu spielen. Sachsen und Bayern schienen Brandenburg-Preußen noch ebenbürtig zu sein. Sachsen jedoch wurde von der Last der Krone Polens mehr gehemmt als gestärkt; und Bayern sollte im erfolglosen Ringen um die Kaiserkrone seine Kraft vergeuden. Hannover, dessen Kurfürst König von Großbritannien wurde, gab dem Vereinigten Königreich die Möglichkeit, sich in die innerdeutschen Angelegenheiten zu mischen. Das Reich – dieses undefinierbare Staatsgebilde, das die Bestimmungen des Westfälischen Friedens sorgsam bewahrte, gewann, politisch gesprochen, an Übersichtlichkeit, indes das deutsche Volk, das sich von den Folgen des Dreißigjährigen Krieges langsam erholt hatte, allmählich ein Eigenbewußtsein entwickelte.

Ähnlich war es in Italien, das im Norden, wo Venedig sich in unaufhaltsamem Verfall befand, von Österreich beherrscht wurde. Weder der Kirchenstaat noch das Königreich Neapel vermochten eine bedeutendere politische Rolle zu spielen. Das neue, piemontesische Königreich Sizilien, oder besser Sardinien, konzentrierte sich immer mehr auf die Po-Ebene und trieb eine Balancepolitik zwischen Bourbon und Habsburg.

Spanien hätte sich nach dem Verlust seines europäischen Besitzes einerseits inneren Reformen widmen und andererseits seine Kolonien ausnutzen können. Allein der Schmerz um die Verluste in Italien und der Ehrgeiz der Elisabeth Farnese, der zweiten Gemahlin Philipps V., gaben der spanischen Politik eine andere, unheilvolle Richung mit dem Ziel einer Revision der Verträge von Utrecht und von Rastatt. Dies war der große Plan des Kardinals Giulio Alberoni, mit sich zu ihrem Schaden Karl XII. und der Stuartprätendent verbündeten.

Frankreich schwankte nicht weniger zwischen Erinnerungen an die Vergangenheit und Zukunftsbetrachtungen. Die Ansichten waren zwischen den Anhängern einer anti-österreichischen Politik gespalten, die auf Franz I. und Richelieu zurückging, und den ultramontanen Katholiken, die eine Aussöhnung zwischen Bourbon und Habsburg anstrebten. Diese Politik setzte sich 1756 mit dem »Renversement des alliances« und den Heiratsverbindungen zwischen beiden Dynastien durch, während die Anhänger der zuerst genannten politischen Richtung Frankreich in den österreichischen Erbfolgekrieg verwickelten und 1792 der Kriegspolitik der Girondisten zum Durch-

Utrecht, der Ort der Friedensverhandlungen in den Jahren 1712 und 1713. Zeitgenössischer Kupferstich

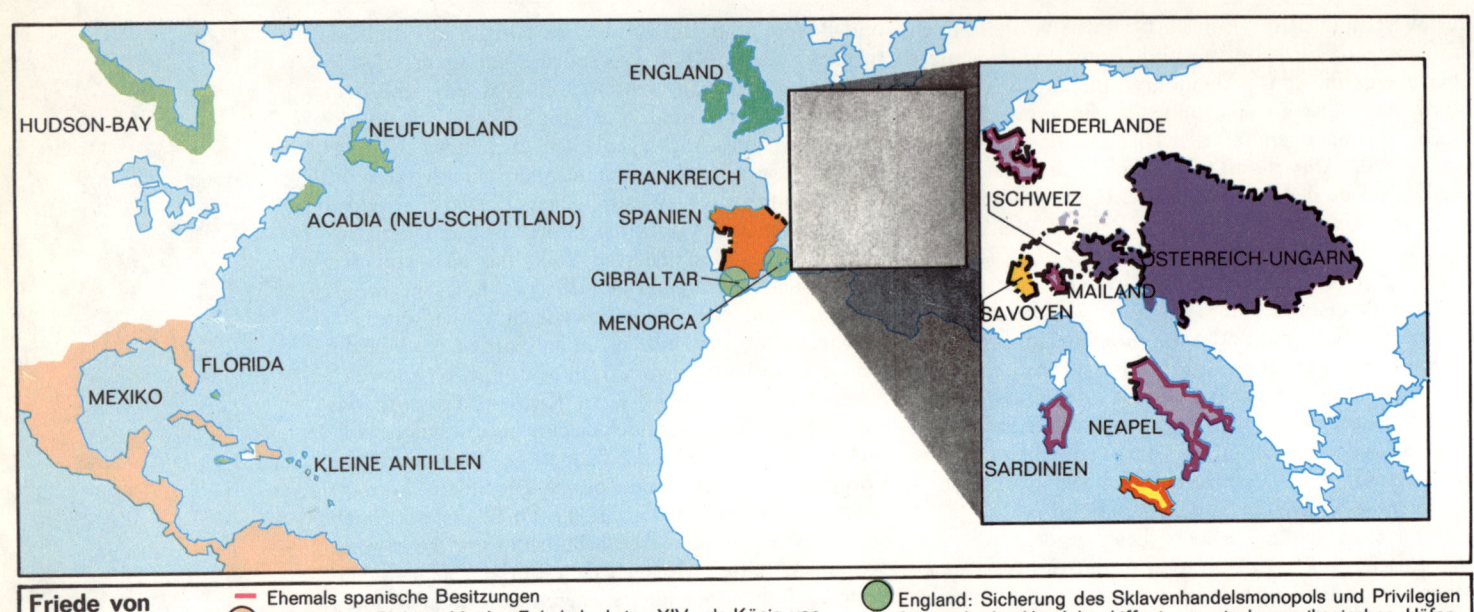

Friede von Utrecht 1713

- Ehemals spanische Besitzungen
- Bestätigung Philipps V., des Enkels Ludwigs XIV., als König von Spanien und in Spaniens Besitzungen in Amerika.
- Die Spanischen Niederlade, Sardinien, Neapel und ein Teil des Herzogtums Mailand an das Haus Habsburg.
- Sizilien an das Haus Savoyen.
- England: Sicherung des Sklavenhandelsmonopols und Privilegien für englische Handelsschiffe in spanisch-amerikanischen Häfen. Englische Erwerbungen von Frankreich: Hudsonbay, Akadien, Neufundland; von Spanien: Gibraltar, Menorca. Preußen: Anerkennung der Königswürde und Besitz von Nord-Geldern. Besatzungsrecht für Holland in den süd-niederländischen Grenzfestungen.

König Ludwig XIV. von Frankreich. Detail eines Gemäldes von Hyacinthe Rigaud

bruch verhalfen. Jedermann in Frankreich sah jedoch ein, daß der große Gegner England blieb. England zog aus allen europäischen Wirren Nutzen und entschied den Streit um See- und Kolonialherrschaft für sich. Der Frieden von Utrecht hatte die Stellung des Landes zweifellos verbessert, doch der entscheidende Sieg im Kampf um die See und die Kolonien war noch nicht errungen.

Diese rückblickenden Betrachtungen sind wohlbemerkt — wie die eines jeden Historikers — nur insofern von Wert, als wir den Gang der weiteren Ereignisse kennen. Die Zeitgenossen befanden sich in einer viel unbequemeren Lage. Im Nachhinein fällt es leicht, Gescheiterte zu tadeln und Erfolgreiche zu loben. Die Meinungen der Anhänger einer starren politischen Tradition — sie ging zumeist auf die Religionskriege zurück — und der einer neuen, gegenwartsnahen Politik sind allerdings nie so hart aufeinandergeprallt wie gerade nach dem Utrechter Frieden. Wo öffentliche Meinung sich artikuliert, bilden sich zwei Lager. Die Kabinettsentscheidungen des 18. Jahrhunderts jedoch nahmen — auch wenn sie materielle Interessen und ehrwürdige Traditionen keineswegs vernachlässigten — auf Sehnsüchte der Völker keinerlei Rücksicht. Während des Spanischen Erbfolgekrieges bezeigten die Katalanen dem österreichischen Prätendenten heroische Treue und traten dem kastilischen Zentralismus mit bitterer Feindschaft entgegen. In Deutschland bewiesen die Tiroler während der bayrischen Besetzung dem Haus Habsburg die gleiche Treue. Während der Friedensverhandlungen wurde jedoch dergleichen nicht erwähnt. Die Völker tauschten die Fürsten gemäß ihren Abmachungen untereinander aus, ohne sich um die Willensäußerungen der betroffenen Menschen zu scheren. So wurde Sizilien dem Herzog von Savoyen zugesprochen, um ihm wenige Jahre später wieder entrissen und gegen Sardinien ausgetauscht zu werden. Lothringen diente einem abgesetzten polnischen König als Entschädigung, dessen Herzog Toskana erhielt.

So verbissen und grausam die Kriege im 18. Jahrhundert auch waren, sie waren doch nur Hof- und Kabinettskämpfe, die lediglich das Interesse der Herrschenden befriedigten. Tiefe und Tradition politischer Realitäten wurden von Intrigen und theaterhaften Coups verschleiert. Die Erinnerung an die alten konfessionellen Gegensätze war nicht erloschen, doch spielte Leidenschaft dabei keine Rolle mehr. Die kriegerischen Auseinandersetzungen des 18. Jahrhunderts muteten wie ein glänzendes, fein ausgedachtes Zwischenspiel an. Sie bildeten ein Intermezzo zwischen den blutigen Religionskriegen des 16. und 17. Jahrhunderts und den nationalen Kriegen, die die Französische Revolution auslöste. Darum nahm die öffentliche Meinung Europas auch die polnische Teilung so ohne weiteres hin. Der Tatsache, daß es Nationen gab, war man sich noch nicht bewußt. Zwar betrachteten Franzosen und Engländer sich seit langem als Nationen; doch Italiener und Deutsche waren noch auf der Suche nach sich selbst. Sogar für wache Beobachter der Zeit bestand nur ein dunkles Chaos von Völkerschaften ohne Namen und ohne Geschichte.

Bemerkenswert war jedoch, daß einer der Mitarbeiter des Kardinals Melchior de Polignac bei den Utrechter Verhandlungen Charles Irénée Castel, Abbé de Saint-Pierre, war, der im Jahr des Friedensschlusses das Projekt einer ewigen Friedensordnung veröffentlichte. Man sah in dieser Schrift lange eine schöne Utopie, in der die Ideen der »Mémoires« des Herzogs Maximilian von Sully neu formuliert wurden. Hierin wie später mit der Gründung des »Club de l'Entresol« war Saint-Pierre aber nur der Protagonist einer Generation von Nationalökonomen und Philosophen, die im allgemeinen Wohlstand das beste Gegengewicht gegen den Krieg sahen und deren Einfluß weit über die Grenzen der damals fortschrittlichsten Staaten England und Frankreich hinausreichte. Im Anschluß an Vauban entwarf Saint-Pierre bereits das Programm eines »aufgeklärten Absolutismus«, der sich zwar immer noch nicht um den Willen der Völker kümmerte, sich aber um deren Wohl sorgte oder zumindest eine Bereicherung anstrebte, die der ganzen Welt zum Nutzen gereichen soll.

Das ist die geistige Welt, in deren Zusammenhang man den Utrechter Frieden sehen sollte, wenn man den wahren Geist eines Werkes erfassen will, das nicht nur einer Folge vernichtender Kriege ein Ende setzte, sondern neue Perspektiven eröffnete, die dem Geist des Hegemonialstrebens eines Ludwig XIV. vollkommen fremd waren. Dabei kann man – wie es Paul Hazard im Hinblick auf die Religion und die Literatur für dieses Zeitalter getan hat – von einer »Krisis des europäischen Bewußtseins« sprechen.

JACQUES MADAULE

John Churchill, Herzog von Marlborough. Gemälde von Godfrey Kneller

Schloß Blenheim, Dotation für den Herzog von Marlborough. Bau von John Vanbrugh, 1705–1724

Frankreichs klassische Zeit in Kultur und Kunst

Pierre Corneille

Die vielen Kriege, die im 17. Jahrhundert in Europa tobten, verhinderten nicht, daß während dieser Zeit Kunst und Kultur einen unvergleichlichen Aufschwung nahmen und eine Verfeinerung des Lebensstandards herbeiführten. Obwohl die meisten Staaten Europas irgendwann einmal Frankreich bekriegten, tat das dem Ansehen der französischen Kultur in der gebildeten Welt keinen Abbruch.

Die Genialität der französischen Dramatiker des 17. Jahrhunderts ist unbestritten. Pierre Corneille, dessen frühe Komödie »Mélite« 1629 in Paris große Begeisterung erweckte, verfaßte viele Schauspiele, darunter den meisterhaften »Cid«, der als Markstein am Beginn der großartigsten Periode des französischen Dramas steht, und »Le Menteur« — »Der Lügner«, eine Komödie von bemerkenswerter Originalität. Corneille gehörte einige Zeit zu den »Fünf Dichtern« Richelieus, die Stücke über Themen zu schreiben hatten, die ihnen der Kardinal vorschlug. Für diese zwar einträgliche, aber eingeengte Arbeit war Corneille zu selbständig und nicht geschmeidig genug. Er verstimmte seinen Auftraggeber dadurch, daß er sich nicht an die Richtlinien des Kardinals hielt. Unter den »Fünf Dichtern« hält nur einer einen Vergleich mit Corneille aus: Jean de Rotrou, der im Alter von vierzig Jahren an der Pest starb. Von seinen zahlreichen Theaterstücken verdienen nur vier Meisterwerke genannt zu werden: »Le Véritable Saint Genest«, »Don Bertrand de Cabrère«, »Venceslas« und »Cosroès«. Während »Cosroès« in Paris aufgeführt wurde, zog eine beliebte Theatertruppe durch die Provinzen, zu der der Schauspieler Jean Baptiste Poquelin gehörte. Sein Künstlername lautete Molière. Molière hatte eine gewisse Begabung als Komödiendichter schon bewiesen, als er im Jahre 1659 mit »Les Précieuses Ridicules« seinen ersten durchschlagenden Erfolg erzielte. Molière war ein echtes Genie, von persönlich schüchterner und liebenswürdiger Geisteshaltung. Als überaus fruchtbarer und einfallsreicher Komödiendichter gab er Generationen von Dichtern Anregungen. Doch seine Meisterschaft im kunstvollen Bau der Lustspiele und seine glitzernden Dialoge konnte niemand erreichen. Als er schon schwer lungenkrank war, bestand er dennoch darauf, die Titelrolle im »Eingebildeten Kranken« zu spielen. Während der vierten Aufführung dieses seines berühmtesten Werkes brach er auf der Bühne tot zusammen.

Auf gleicher Höhe wie Molière als Komödiendichter stand als Tragiker Jean Racine, dessen erstes Werk »Die Thebaïde oder die feindlichen Brüder« 1664 von Molières Truppe im Palais Royale aufgeführt wurde. In noch verhältnismäßig jungem Alter zog sich Racine vom Theater zurück, und nach 1677 hat er mit Ausnahme zweier religiöser Stücke für die Schulmädchen der Madame de Maintenon in Saint Cyr nichts mehr für die Bühne geschrieben. Seine besten Arbeiten entstanden in dem Dezennium zwischen 1667, als »Andromache« erschien, und 1677, dem Jahr der Uraufführung seiner »Phädra«.

Während in Frankreich Racine seine Tragödien schuf, wurde in London das englische Theater, das während des Protektorates geschlossen gewesen war, wieder eröffnet. Es war nun nicht mehr das Theater des Volkes, wie zu Shakespeares Zeiten. In der ersten Hälfte des 17. Jahrhunderts pflegte das englische Theater besonders Hofmaskenspiele, stilisierte, allegorische, prunkvolle Schaustücke. Auf diese Gattung verschwendeten Ben Jonson und Inigo Jones ihre dichterische und bühnenbildnerische Begabung. In der Restaurationsperiode erzielten englische

Jean Racine

Bühnenschriftsteller mehr Erfolge auf dem Gebiet der Komödie als auf dem der Tragödie.

Das Aufkommen der Oper

Die ersten Opern entstanden in Italien. Jacopo Peri und Giulio Caccini hatten mit »Dafne« und »Euridice« die Wege gebahnt. Claudio Monteverdi, der die letzten dreißig Jahre seines Lebens als Musikdirektor an der Markus-Kirche in Venedig verbrachte, wandte die Ideen der »Neuen Musik« an und baute sie aus. Sein »Orpheus«, 1607 in Mantua uraufgeführt, bedeutet einen wichtigen Fortschritt, und seine »Heimkehr des Odysseus« und »Die Krönung der Poppäa« trugen wesentlich zur Entwicklung des Musikdramas bei. Von den neuen italienischen Meistern wurde Henry Purcell beeinflußt, der mit »Dido und Aeneas« die Form der kleinen Oper entwickelte.

Im Jahre 1637 wurde in Venedig das erste öffentliche Opernhaus eröffnet. Andere folgten 1656 in London, 1669 in Paris, 1671 in Rom und 1678 in Hamburg. Mit der steigenden Zahl der Aufführungen blühte die Instrumentenherstellung auf. In Cremona in Ober-Italien begannen die Familien Amati, Guarneri und Stradivari mit dem Bau von Streichinstrumenten, vornehmlich von Geigen, deren Qualität unerreicht blieb.

Europäische Malerei und Baukunst

Wie die Musiker empfingen auch die Maler entscheidende Impulse aus Italien. Vor allem die niederländische Kunst entwickelte sich unter starken italienischen Einflüssen, bewahrte aber ihre Eigenständigkeit in Schönheit, in Stil und in der Liebe zum Detail. In dieser erstaunlich fruchtbaren Periode wirkten Frans Hals, Rembrandt Harmensz von Rijn, Gerard Ter Borch, Pieter de Hooch, Jan Vermeer van Delft, Carel Fabritius, Jakob van Ruysdael, Albert Cuyp und Meindert Hobbema, ferner Peter Paul Rubens, Jakob Jordaens und Anthonis van Dyck.

Spaniens künstlerischer Genius, El Greco, starb 1614, aber auch Francisco de Herrera, Francisco Pacheco, Diego Velazquez und Bartolomé Murillo schufen großartige Gemälde. In Frankreich wurden die höchst individuellen Werke der Brüder Antoine und Louis Le Nain ebenso bewundert wie die Arbeiten von Nicolas Poussin und Claude Lorrain, die alle als französische Landschaftsmaler in Rom arbeiteten.

Die Verfolgung der Protestanten in den spanischen Niederlanden und die Förderung, die man ihnen am englischen Hof zuteil werden ließ, führte viele holländische und flämische Maler nach England. Daniel Mytens arbeitete als Hofmaler bei Jakob I., und Cornelius Johnson bekleidete diese Stellung unter Karl I. Auch van Dyck und Rubens fanden in Karl I. einen tatkräftigen und verständnisvollen Förderer. Van Dycks englischer Schüler William Dobson folgte dem Meister im Amt des königlichen Hofmalers. Aus der Zeit Cromwells sind lediglich Samuel Cooper und Peter van der Faes (Peter Lely), der dem Beispiel van Dycks folgend nach London kam, als Maler von Bedeutung zu erwähnen. Nach der Restauration des Königtums wurde Lely bei Hof von Godfrey Kneller verdrängt, dessen Portraits bald die Wände in den Häusern der Gesellschaft Londons schmückten.

In der Hauptstadt Englands baute man jetzt im palladiani-

Molière in »Der Bürger als Edelmann«

William Congrave

John Dryden

schen Stil, den Inigo Jones nach ausgedehnten Reisen durch Italien in England einführte. Das Werk des berühmten italienischen Baumeisters Andrea Palladio erfüllte Jones mit solcher Bewunderung, daß er sich um direkte Nachahmung bemühte. Die von ihm begründete Tradition führte Roger Pratt fort. Nach dem großen Brand Londons im Jahre 1666 übernahm Christopher Wren, der schon mehrere Bauwerke in Oxford und in Cambridge errichtet hatte, die Aufgabe, einige Kirchen in der City neu zu erbauen. Zu seinen Werken gehört auch die St. Pauls Kathedrale.

Wenn diese Kirche als das berühmteste Denkmal für den Geist des Zeitalters in England gilt, so entsprechen dem Schloß und Garten von Versailles und das Paris Ludwigs XIV. Die Gärten in Versailles legte André de le Nôtre, der Vater der französischen Landschaftsarchitektur, an. Die beiden Lustschlösser Trianon in Versailles schuf Jules Hardouin-Mansard, ebenso wie das Schloß von Marly und in Paris die Anlagen des Place Vendôme und des Place des Victoires.

Finanzsystem John Laws

Alle Eleganz und Pracht in Paris konnten nicht darüber hinwegtäuschen, daß Frankreich am Ende des Spanischen Erbfolgekrieges vor dem finanziellen Zusammenbruch stand. Zwar gab es Reichtum genug, aber die Regierung hatte keinen Kredit mehr und konnte nur noch unter gewaltigen Kosten Anleihen erhalten. Ihre finanzielle Situation war so hoffnungslos, daß die Erklärung des Staatsbankrotts ernsthaft erwogen wurde.

Unter den verschiedenen Ratgebern des französischen Regenten befand sich der Schotte John Law of Lauriston, der sicher zu wissen vorgab, daß die Krise durch ein geeignetes Finanzsystem überwunden werden könne. Law, Sohn eines Goldschmieds in Edinburgh, war überdurchschnittlich intelligent und von umgänglichem Wesen, aber ein Abenteurer. Er hatte in London eine schwere Jugend verlebt und mußte, nachdem er im Duell einen Gegner tödlich verwundet hatte, nach Holland fliehen. Ausgedehnte Reisen führten ihn durch ganz Europa, während deren er die europäische Bankenwelt und Finanzwirtschaft studierte. Er schlug sich mit Spekulationen und Glücksspiel durch und versuchte, die Regierungen verschiedener Länder zur Übernahme seiner Projekte zu bewegen. Seine Überlegungen fußten auf der Erkenntnis, daß das Finanzwesen eine Wissenschaft sei, die auf gewissen Gesetzen beruhe, mit deren Hilfe eine kohärente Politik betrieben werden könne. Frankreichs Schwierigkeiten beruhten in vollem Umfang auf finanziellen Fehlleistungen in der Vergangenheit. Weil die Grundlage des Handels das Geld war, sah Law die Lösung des Problems darin, genügend Geld zu schaffen, um die augenblickliche Geldknappheit überwinden zu können. Es sollte ein so großer Vorrat an Geld angelegt werden, daß er nie durch Hortung aufgezehrt werden könne. Law zielte auf nichts anderes ab, als daß in Zukunft Papier — mit anderen Worten die Bürgschaft des Staates — als Geld gebraucht werden sollte.

John Law trug seine Theorie dem Regenten, Herzog Philipp von Orléans, vor. Er ließ sich von dem Selbstbewußtsein und den Argumenten des Finanzmannes beeindrucken und gestattete ihm, eine Privatbank mit dem Recht der Ausgabe von Banknoten zu gründen. Die Bank erzielte sofort großen Erfolg, denn ihr Papiergeld verband den Vorzug des festgelegten Wertes mit dem der Bequemlichkeit. Durch ein Dekret vom 10. April 1717 wurden die Steuereinnehmer angewiesen, sie in Zahlung zu nehmen und gegen Münzen umzutauschen.

Nach diesem Erfolg bei der Einrichtung seiner Bank erhielt Law die Erlaubnis, eine Handelskompanie aufzuziehen, die »Gesellschaft für Louisiana oder den Okzident«, mit dem Zweck, die nordamerikanischen Gebiete für den Handel zu erschließen und zu kolonisieren. Im Dezember 1718 wurde Laws Bank zur Königlichen Bank erhoben. Ihre Noten wurden im Namen des Königs garantiert und im ganzen Königreich zu gesetzlichen Zahlungsmitteln erklärt. Laws Handelskompanie verschmolz mit anderen Gesellschaften; unter einem neuen Namen, »Indien-Gesellschaft«, erlangte sie nahezu ein französisches Außenhandelsmonopol.

Die Indien-Gesellschaft fand sich bereit, der bankrotten französischen Regierung fünfzehn Millionen Livres zu einem Zinssatz von drei Prozent zu leihen. Durch das Ansteigen der einzelnen Aktie auf einen Wert von zwölftausend und schließlich sogar auf den von zwanzigtausend Livres wurden gewaltige Vermögen verdient. Law war der ungekrönte König in Paris.

Im März 1720 wurde der Titel des Superintendenten für Finanzen wiederbelebt und dem Schotten verliehen. Indessen hatte zu diesem Zeitpunkt der Verfall von Laws System bereits eingesetzt, denn jene Prosperität war nur künstlich gewesen, und die Gesellschaft sah sich außerstande, die angekündigten Dividenden auszuschütten. Immer mehr Leute verkauften ihre Aktien, um ihr Geld in Landbesitz oder harter Währung anzulegen. Der Kurs der Aktien sank rapide. Das Papiergeld verlor an Wert. Im Mai wurde der Wert der Banknoten auf die Hälfte herabgesetzt. Aus der Verwirrung wurde nun Panik. Die Polizei mußte die Spekulanten in den Pariser Straßen zerstreuen, als die Bank, die Indien-Gesellschaft und damit das ganze System zusammenbrachen.

John Law, schottischer Bankier in Frankreich

Ein Werk des Geistes und der Aufklärung 1751

Jean-Jacques Rousseau vor seinem Landhaus in Ermenonville. Kupferstich (gekontert) von H. nach Mayer, 1778

Denis Diderot. Gemälde von L. M. Van Loo, 1767

Bald nach der Veröffentlichung von Diderots »Encyclopédie« erschien ein unrechtmäßiger Nachdruck mit einigen ausgewählten Beiträgen, und er wurde dadurch angepriesen, daß er »die interessantesten, ansprechendsten, pikantesten und philosophischsten Artikel des Großen Wörterbuches« enthalte und deshalb weite Leserkreise, »ganz besonders die Männer von Welt«, interessieren würde. Die Anzeige sagte etwas über das Lesepublikum der »Encyclopédie« aus. Tatsächlich besaßen Männer von Welt, auch gekrönte Häupter vieler Länder, dieses Werk. Der Sultan in Istanbul wies seine Ingenieure an, die Illustrationen zur Verbesserung seiner Kanonengießerei auszuwerten; gebildete Leute in ganz Europa lasen in den Bänden, um ihr Wissen zu verbessern. Gelehrte verfaßten Gegenschriften und übten Kritik. Unter den verschiedenen Subskribenten befanden sich Armeeoffiziere, Juristen, Wissenschaftler und Geistliche. Kein anderes Buch hatte je einen so dramatischen Widerhall bei einer so vielschichtigen und einflußreichen Leserschaft gefunden.

Die große »Encyclopédie, ou Dictionnaire raisonné des sciences, des arts et des métiers par société de gens de lettres...«, herausgegeben von Denis Diderot und Jean Le Rond d'Alembert, ist ein Markstein in der Geschichte des menschlichen Geistes. Sie stellt eine ganze Bibliothek dar, und die lange Liste der Männer, die an ihr mitarbeiteten, enthält die berühmtesten Namen des Zeitalters. Die gesamte französische Literatur des 18. Jahrhunderts ist in den Bänden vertreten; nicht nur schöngeistige Literatur, sondern auch Schriften der Philosophie, Naturgeschichte, Wirtschaft, Politik und vieler anderer Themen. Was noch bedeutender ist, alle Mitarbeiter waren von dem gleichen Geist beseelt, ein neues und revolutionäres Denken ins Leben zu rufen, das helfen sollte, die immer noch vorherrschenden Traditionen in der Kirche, in der Politik und in beinahe allen Lebensbereichen zu reformieren. Neues Licht sollte verbreitet werden, und der Begriff »Aufklärung« wurde zum Losungswort für die gesamte Epoche. Die »Encyclopédie« war nicht das einzige Instrument dieser großen Bewegung, aber sie übte bei weitem den machtvollsten und entscheidensten Einfluß aus.

Der Krieg gegen die Tradition hatte schon im 17. Jahrhundert begonnen, als Wissenschaftler und Philosophen das anzugreifen begannen, was seit Jahrhunderten geheiligte Tradition für Europa war: eine privilegierte Kirche und eine erbliche Aristokratie, eine althergebrachte Gesellschaftsordnung mit ständischer Verfassung, ein Rechtssystem, mehr zugunsten von Klassen als von Einzelpersonen, und eine dezentralisierte Regierung mit beträchtlichen örtlichen Verschiedenheiten und mit regionalen Autonomien. Religion und Gesellschaftsordnung wurden in gutem Glauben als Gegebenheit hingenommen.

Außerdem fielen in das 17. Jahrhundert neue wissenschaftliche Entdeckungen – besonders Isaac Newtons Forschungen über die Bewegung –, die überraschende Änderungen im Denken mit sich brachten. Newtons Untersuchungen und die Gedanken von René Decartes, Francis Bacon und John Locke halfen, ein Naturrecht und eine universelle Ordnung zu entwickeln. Vor allem aber erweckten sie das Vertrauen, daß menschliche Vernunft mit Hilfe wissenschaftlicher Methoden die Wahrheit entdecken könnte.

Skeptizismus trat anstelle von blindem Glauben. Die alte Rechtgläubigkeit wurde in Frage gestellt; der Wechsel und der Fortschritt ersetzten das Vertrauen an die Beständigkeit. Die Natur hielten die neuen Rationalisten für mechanisch, für geordnet und unveränderlichen Gesetzen unterworfen. Der Mensch konnte durch den Gebrauch seiner Vernunft diese Gesetze entdecken. Fortschritt und Glück auf Erden sollten nur noch vom menschlichen Geist abhängen.

Im 18. Jahrhundert stand die Aufklärung, das Zeitalter der Vernunft, in voller Blüte. Die neuen Ideen waren bald weithin verbreitet und von den Philosophen, die sich an eine breite Öffentlichkeit wandten, dem Volk nahegebracht worden. Sie waren die Männer, die zu dem Buch beitrugen, das die Bibel der Aufklärung wurde: Diderots »Encyclopédie«. Das große Werk faßte den Rationalismus und den Skeptizismus der Zeit zusammen: Hier vereinten sich wissenschaft-

Knopfmacherei. Kupferstich von Defhert in der »Encyclopédie«, Paris 1752

liche Leistung und Fortschritt, industrielle Technik und Neuorientierung des Denkens. Sein Standpunkt war der der entschiedensten Aufklärer, und er stellte geheiligte und unantastbare Einrichtungen in Frage. Bezeichnend für seine Angriffe war eine verschleierte Kritik an der französischen Monarchie: »Ein Souverän, so absolut er auch sein mag, ist nicht befugt, das festgesetzte Recht eines Staates anzutasten, so wenig wie seine Religion ... Er ist verpflichtet, den Gesetzen der Gerechtigkeit und der Vernunft zu folgen.«

Mienenspiel Voltaires. Porträtskizzen von Jean Huber

In seiner berühmten Vorrede »Discours Préliminaire«, erkannte d'Alembert an, wieviel die Philosophen oder Enzyklopädisten ihren Vorgängern verdankten. Er nannte Francis Bacon, der, »geboren noch in der tiefsten Dunkelheit« des Mittelalters, der erste war, der die Ketten der Scholastik und der metaphysischen Spekulation gebrochen und die Wissenschaft auf Erfahrung begründet hatte. Erfahrung wurde auch das Losungswort der Enzyklopädisten. Es bedeutete, nicht nur den Geist zu erforschen, sondern alle Gebiete der Wissenschaft und der menschlichen Tätigkeit: Künste, Geographie, Zoologie, Botanik, Volkswirtschaft, Landwirtschaft, Chemie, Architektur – selbst Grammatik und Wortbedeutungslehre gehörten dazu. Die »Encyclopédie« steckte sich universale Ziele. Ihre Anfänge waren eher bescheiden. Ursprünglich beabsichtigte man nicht mehr, als Quäker Ephraim Chambers »Cyclopedia« ins Französische zu übersetzen, ein Werk, das einige Jahrzehnte zuvor in London veröffentlicht und seither in verschiedenen Ausgaben gedruckt worden war. Sie war wohl das Werk eines einzigen Mannes mit bescheidenen Zielen und manch nützlicher Information, aber sie hatte gezeigt, daß ein Lesepublikum für diese Art Lexikon vorhanden war. Ein kleines Konsortium führender französischer Verleger entschied sich für eine französische Ausgabe und übertrug die Redaktion Denis Diderot, der sich bei den Verlegern als Übersetzer anderer englischer Nachschlagewerke und als Autor von Büchern über mathematische Probleme, Naturgeschichte und ähnliche Gebiete bereits einen Namen gemacht hatte. Diderot änderte den Plan der Verleger, indem er ihn durch einen groß angelegten Entwurf ersetzte, der die Grundlage der »Encyclopédie« wurde. Es erschien ein Prospekt, der vom Zensor genehmigt wurde. Eine breite Öffentlichkeit zeigte sich begeistert. Nur wenige pessimistische Stimmen wurden laut.

Wie jeder Herausgeber eines Werkes solchen Ausmaßes mußte Diderot zunächst Mitarbeiter gewinnen. D'Alembert, ein führender Mathematiker und Mitglied internationaler Akademien, übernahm den mathematischen Teil und auch einige Artikel über andere Themen. Andere Freunde schlossen sich dem Unternehmen an: Jean Jacques Rousseau wollte Artikel über Bergbau und Geologie beisteuern; auch Voltaire verfaßte einige Artikel. François Quesnay, der Leibarzt bei Hof, schrieb über wissenschaftliche Themen aus seinem Forschungsbereich. Quesnay war einer der wertvollsten Mitarbeiter, sein Name tauchte in allen Bänden auf, die sich mit der Geschichte der Wirtschaft befaßten. Er gilt als einflußreicher Vorläufer von Adam Smith.

Aber die »Encyclopédie« begnügte sich nicht mit der Darstellung des Bekannten und der bisher gültigen Ansichten. Sie war an vielen Stellen höchst originell und ebnete den Weg für die weitere Entwicklung nicht nur im politischen und religiösen Denken, sondern auch auf bescheidenen Gebieten wie Tiermedizin. Fast kein Gebiet wurde übersehen. Als die Arbeit fortschritt, gingen Artikel in Form von »Briefen an den Herausgeber« ein, und sie wurden dankbar angenommen. Eine Dame, die ihren Namen nicht nannte, sorgte sogar für aktuelle Informationen über Halskrausen und Bänder. Diderot, der als Sohn eines Messerschmiedemeisters außerordentlich viel für Kunst- und Handfertigkeiten übrig hatte, verfaßte einen Artikel über Strümpfe und die Strickmethode mit verbesserten Maschinen.

1751 erschien der erste Band in Paris. Er kam in Folioformat heraus, doppelspaltig gedruckt und mit einem Umfang von fast tausend Seiten. Auf dem Titel wurde Diderot als Hauptherausgeber genannt und d'Alembert als verantwortlich für die mathematischen Artikel. Außerdem trug er die offizielle Genehmigung durch den Zensor: »Avec Privilège du Roi«. Ein weiterer Band folgte bald. Er wurde vom Publikum gut aufgenommen, aber von einflußreichen Vertretern der Kirche und der Tradition scharf kritisiert. Jetzt mischte sich der Zensor ein; die Druckgenehmigung wurde zurückgezogen und die Veröffentlichung des Werkes auf Befehl des Königs verboten.

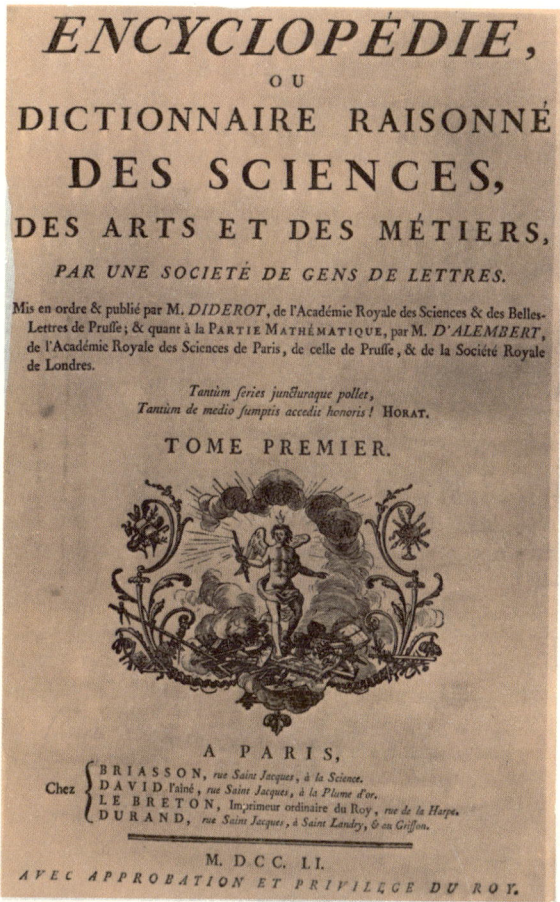

Titelblatt der ersten Auflage der »Encyclopédie«, Paris 1751–1780

Pierre Augustin Caron de Beaumarchais. Lithographie von Delepech

Die Enzyklopädisten beim Essen. Zeichnung von Jean Huber

Jean Le Rond d'Alembert. Gemälde von Maurice de Quentin La Tour, 1753

Jeanne Antoinette Poisson, Marquise de Pompadour vor einigen Bänden der »Encyclopédie«. Gemälde von Maurice Quentin de La Tour, 1756

Ein halbes Jahr später konnte das Unternehmen fortgesetzt werden, jedoch ohne amtliche Erlaubnis, aber mit stillschweigender Duldung, da der Chefzensor, Chrétien de Malesherbes, der für alle Publikationen verantwortlich war, im geheimen mit den Enzyklopädisten sympathisierte. So kamen die nächsten fünf Bände heraus. Die Zahl der Abonnenten wuchs auf viertausend, was einen großen Erfolg bedeutete, besonders wenn man den hohen Preis des Abonnements bedenkt.

1757 tauchten neue Schwierigkeiten auf, die nahezu eine Katastrophe für die Herausgeber heraufbeschworen. Der Generalstaatsanwalt prangerte das Werk an, als vom Standpunkt der Religion wie auch der Politik und der Moral gefährlich und umstürzlerisch. Auf Befehl des Staatsrates wurde die Herausgabe erneut verboten. Daraufhin zogen sich einige der wichtigsten Mitarbeiter zurück. D'Alembert gab seine Mitherausgeberschaft auf. Jean Jacques Rousseau, der als Freund Diderots zahlreiche Artikel beigetragen hatte, griff jetzt seine Gefährten öffentlich an. Die treue Schar, die das große Unternehmen zu einem solch einzigartigen Erfolg geführt hatte, fiel auseinander und zerstreute sich.

Nur Diderot blieb seinem Werk treu und beschloß es fortzusetzen. Viele ihm Wohlgesinnte rieten ihm, die »Encyclopédie« an einen sicheren Ort zu verlegen, etwa nach Berlin oder nach St. Petersburg, da sowohl Friedrich der Große als auch Katharina die Große beachtliches Interesse an dem Werk und seinem geistigen Inhalt zeigten. Aber Diderot blieb in Paris und hielt an dem Vertrag mit den ursprünglichen Verlegern fest. Unter seiner Schriftleitung wurden die letzten zehn Bände fertiggestellt und in Paris gedruckt. Auf der Titelseite jedoch stand statt Diderots Name nur »Monsieur...«. Im Impressum wurde eine unbekannte preußische Druckerei genannt.

Als die letzte Serie der Bände herauskam, entdeckte Diderot, daß der Verleger André-François Le Breton heimlich einen eigenen Zensor beschäftigt hatte, der viele Zeilen und Paragraphen mit zu gefährlichem Inhalt gestrichen hatte. Ebenso hatte Le Breton aus Vorsicht alle Manuskripte und Korrekturbögen vernichtet. Diderot konnte nur toben und fluchen. Aber, weil er sein Werk vollendet sehen wollte, gab er trotzdem eine weitere Serie von elf Bänden mit Stichen gewerblicher Herstellungsarten heraus. Diese vortrefflich gravierten Stiche, die das gesamte zu jener Zeit bekannte Gebiet der technischen Entwicklung behandelten, dienten nicht nur als Information für den Leser, sondern auch dazu, Fabrikbesitzer anzuleiten und zur Einführung neuer Methoden zu ermutigen.

Nach einundzwanzig Jahren fast ununterbrochener Bemühungen war die »Encyclopédie« 1772 abgeschlossen. Verschiedene Bände mit Ergänzungen und Stichen folgten. Schließlich umfaßte das Werk fünfunddreißig große Foliobände und füllte einen ansehnlichen Bücherschrank. Diderot lehnte es ab, an den Ergänzungsbänden oder an neuen Auflagen zu arbeiten. Er veröffentlichte in der Tat keine weiteren Bücher mehr. Die großartigen Dialoge und Novellen seiner späteren Jahre erschienen erst nach seinem Tod.

Für die Zeitgenossen, insbesondere für seine Feinde,

war es verwirrend, daß Diderots »Encyclopédie« endlich doch vollständig veröffentlicht wurde, trotz amtlicher Verurteilungen durch die Kirche, durch die höchsten Gerichtsbehörden und durch den Staatsrat. Das Werk verdankte seinen Erfolg den praktischen Anregungen, die viele Artikel enthielten, aber auch der weitgehenden Toleranz, die alle Wissenschaftsgebiete auszeichnete. Folgende Anekdote mag dieses illustrieren: Eines Tages, so wird gesagt, war im Salon der Marquise de Pompadour, des Königs allmächtiger Favoritin, eine Diskussion über die Herstellung von Puder im Gange. Da niemand hierüber etwas wußte, schaffte jemand den betreffenden Band der »Encyclopédie« herbei, der erschöpfende und äußerst lehrreiche Auskunft erteilte. Der Text wurde laut vorgelesen und mit allgemeinem Beifall aufgenommen. Man stellte fest, daß ein so nützliches Buch nicht verboten werden dürfe, sondern in die Hände eines jeden Wißbegierigen gehöre. Der König, der geistig träge Ludwig XV., stimmte zu, obgleich er es für unpassend hielt, einen amtlichen Befehl aufzuheben. Einer anderen Version nach handelte der Artikel von Schießpulver, was den Gefallen des Königs erregte, der ein großer Jäger war.

Was für eine Rolle als Schutzherrin für die Veröffentlichung die Marquise de Pompadour nun wirklich gespielt hat, bleibt im dunkeln. Sie mag wohl am besten mit »wohlwollender Neutralität« beschrieben werden. Diese Haltung der heimlichen Beherrscherin Frankreichs war von unschätzbarem Wert. Für eines ihrer Porträts, die La Tour gemalt hat, wünschte die Marquise, daß unter den zahlreichen Gegenständen, die auf dem Tisch lagen, um ihr kulturelles Interesse zu bezeugen, sich auch ein Band der »Encyclopédie« befand.

Die »Encyclopédie« übte auch dadurch einen mächtigen Einfluß aus, daß der Kampf gegen sie mit dem gegen den Jesuitenorden zusammenfiel. Die katholischen Länder – zuerst Portugal, dann Spanien und Frankreich – unterdrückten die Gesellschaft Jesu erbarmungslos, was seinen Höhepunkt in dem endgültigen Verbot des Ordens durch den Papst fand. Nachdem die beiden ersten Bände der »Encyclopédie« der Bann getroffen hatte, versuchten die Jesuiten, die Papiere an sich zu bringen und das Werk unter ihrer Aufsicht fortzuführen. Der Chefzensor, Malesherbes, verhinderte diese Intrige dadurch, daß er die Unterlagen in seine persönliche Obhut nahm und sie nach einiger Zeit an Diderot zurücksandte. Sechs Jahre später, als die Fortsetzung der »Encyclopédie« hoffnungslos erschien, traf die Gesellschaft Jesu ein gleich schwerer Schlag: Der Orden wurde in Frankreich verboten. Die aktivsten Gegner der »Encyclopédie« verstummten.

Der Streit währte lange über das Erscheinen des letzten Bandes hinaus und verstärkte die schon bestehende geistige Gärung, die zur Französischen Revolution führte. Die »Encyclopédie« mit ihrem beherrschenden intellektuellen Einfluß war einer der Wegbereiter zu jenem großen Ereignis.

Die Enzyklopädisten wurden als eine treue Schar von Brüdern gesehen oder als Sekte und als gefährliche Untergrundverschwörung verdächtigt. Aber sie bildeten keineswegs eine so geschlossene Bewegung wie sie später erschien. Sie hatten mit persönlichen

Auseinandersetzungen und wissenschaftlichen Kontroversen zu kämpfen. Voltaire, als der ungekrönte König dieser Bewegung, sandte seine Mahnung und fast militärisch anmutende Anweisungen von einem sicheren Ort an der Grenze zwischen Frankreich und der Schweiz: »Bildet ein Karee, Ihr Herren! Einigkeit, Ihr Brüder!« Er konnte jedoch nicht viel mehr tun, als Diderots Arbeit und Fleiß zu loben.

Die Enzyklopädisten übten nicht zu unterschätzenden Einfluß auf die geistige Welt des 18. Jahrhunderts aus. Ihr Werk kam zur richtigen Zeit heraus und fand die richtigen Leute als Mitarbeiter. Die Namen der Widersacher sind mit Recht vergessen; man findet sie nur in Darstellungen, die sich eingehend mit der Geschichte des Unternehmens befassen. Die Kirche hatte einen Stoß erhalten; die Monarchie und alle traditionellen Mächte gerieten ins Wanken. Ein halbes Jahrhundert später war es soweit, daß die Schüler der Enzyklopädisten für die Verteidigung einer neuen Geisteshaltung eintraten.

RICHARD FRIEDENTHAL

Abflug des Ballons der Brüder Jacques Etienne und Joseph Michel Montgolfier in Versailles am 19. September 1783. Zeitgenössische Zeichnung

Chrétien de Malesherbes. Zeitgenössischer Kupferstich

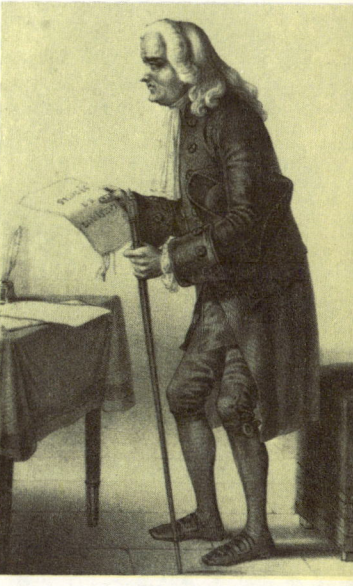

Preußens Aufstieg unter Friedrich dem Großen

Kein europäischer Monarch genoß in der französischen Geisteswelt größere Verehrung als König Friedrich II. von Preußen. Jean Le Rond d'Alembert, der Mathematiker und Philosoph, der zahlreiche Artikel für Diderots Enzyklopädie geschrieben hatte und teilweise sogar Mitherausgeber des Werkes war, urteilte, Friedrich sei als Fürst noch größer als sein Ruf, er sei ein Held und ein Philosoph, dennoch bescheiden, ein König, der eine Freundschaft wert sei, ein wahrer Weiser auf dem Thron.

Friedrich wurde am 24. Januar 1712 als Sohn Friedrich Wilhelms I. geboren. Sein Vater war ein gradliniger und religiöser

Friedrich der Große, König von Preußen

Mann und hatte kaum geistige Interessen. Seine Vorliebe galt der Ordnung, der Disziplin und dem militärischen Leben, was sich nicht nur in der Regierung und der Verwaltung seines Landes, sondern auch in der zweckmäßig gehaltenen baulichen Gestaltung seiner Residenzstädte niederschlug. Da er fest entschlossen war, aus seinem Sohn einen tüchtigen und kühnen Soldaten zu machen, verfügte Friedrich Wilhelm für ihn eine spartanische Erziehung, in der schöngeistige und wissenschaftliche Studien fehlten, denn diese erachtete der König für nebensächlich. Als der Sohn ein starkes Verlangen danach entwickelte, was der Vater zu unterdrücken suchte, betrachtete ihn der König als einen Taugenichts, dessen Charakter einzig durch härtere Disziplin in die rechte Bahn gelenkt werden mußte. Die Enttäuschung Friedrich Wilhelms über seinen Sohn steigerte sich zur Abneigung und schließlich zum Haß. Der König ließ seinen Unmut häufig — auch öffentlich — laut werden. Gewöhnlich sprach er mit verächtlicher Geringschätzung von seinem Nachfolger. So faßte der noch nicht zwanzigjährige Kronprinz den Entschluß zu fliehen und am englischen Hof Schutz zu suchen. Der Plan wurde entdeckt und Friedrichs Freund, der junge Offizier Hans Hermann von Katte, der ihm behilflich gewesen war, zum Tode verurteilt. Die Hinrichtung fand unter dem Fenster von Friedrichs Gefängnis statt; Friedrich Wilhelm zwang ihn zuzuschauen, weil dieses Erlebnis nach den Vorstellungen des Königs das Pflichtgefühl des Prinzen wachrufen mußte.

»Die ganze Stadt soll sein Gefängnis sein«, schrieb der König, als er erfuhr, daß sein Sohn nach der Exekution versprochen hatte, in Zukunft die Befehle des Vaters zu befolgen. »Ich werde ihn von morgens bis abends in der Kriegs- und Domänenkammer und in der Regierung beschäftigen.« Friedrich sollte Finanzfragen bearbeiten, Rechnungen prüfen, Berichte lesen und Vorschläge machen. »Aber wenn er sich aufbäumt oder ausschlägt, soll er die Thronfolge einbüßen und, wenn die Umstände es erfordern, auch das Leben.«

Da er seine Zukunft derart bedroht sah, widmete sich Friedrich seinen Aufgaben mit so gewissenhaftem Eifer und so deutlicher Begabung, daß sich die Einstellung des Vaters zu ihm wandelte. Zwar waren die Interessen des Kronprinzen an Literatur und Philosophie und seine Korrespondenz mit einem Mann wie Voltaire nicht geeignet, Friedrich Wilhelms I. Mißtrauen zu beseitigen, aber der praktische Sinn, den Friedrich bei den Regierungsgeschäften entwickelte, überzeugte den König, daß er sich seines Erben nicht zu schämen brauchte.

Friedrich wird volljährig

Seinerseits erkannte Friedrich, daß sein Vater ein pflichtbewußter und wirtschaftlich denkender Herrscher war, der für sein Land viel Gutes bewirkt hatte. So hatte Friedrich Wilhelm einen ansehnlichen Staatsschatz erwirtschaftet, ein straff organisiertes Steuersystem und leistungsfähige Schulen eingerichtet und eine gutgeschulte, schlagkräftige Armee aufgebaut. Preußens gesamte Verwaltung sei militarisiert, äußerte Friedrich, die Hauptstadt sei eine Festung des Mars. Alle Gewerbe, die den Belangen der Armee dienlich waren, blühten. In Berlin wurden Pulvermühlen, Geschützgießereien und

Kaiserin Maria Theresia

Gewehrfabriken errichtet. Der militärische Stil der Regierung wirkte sich auch auf Mode und Sitten aus. Die Gesellschaft erhielt einen militärischen Zuschnitt. Als Friedrich im Jahre 1740 den Thron Preußens bestieg, hatte er alle Ursache, seinem Vater für die starke Armee und die gesunden Finanzverhältnisse, die er ihm hinterlassen hatte, dankbar zu sein.

Nun war freilich Friedrich Wilhelm I. für dieses Erbgut nicht allein verantwortlich. Seinen Aufstieg zur europäischen Großmacht hatte Preußen bereits im 17. Jahrhundert unter Friedrich Wilhelm dem Großen Kurfürsten begonnen, dessen kraftvolle Regierungsweise in ganz Europa bewundert worden war. Der Sohn des Großen Kurfürsten, Friedrich III., krönte sich 1701 in Königsberg zum König in Preußen. Damals herrschten die Hohenzollern über eine Anzahl räumlich voneinander getrennter Gebiete: Das Zentrum bildete die Markgrafschaft Brandenburg, mit der die Vorfahren Friedrichs 1417 belehnt worden waren. Ihre Hauptstadt war zunächst Tangermünde, dann Berlin. Im Osten lag Preußen, das 1618 an Brandenburg gefallen war. Fern im Rheinland gehörten die Gebiete Cleve, Mark und Ravensberg den Hohenzollern. Im Süden herrschten sie in der Markgrafschaft Ansbach-Bayreuth.

Der junge König Friedrich II. war entschlossen, diese ererbten Besitzungen zu mehren und Preußen zu einer wichtigen Macht in Europa zu erheben. Die erste Gelegenheit, europäische Politik zu treiben, bot sich ihm fünf Monate nach dem Regierungsantritt, als am 20. Oktober 1740 Kaiser Karl VI. ohne männlichen Erben starb. Zwar hatten in der Pragmatischen Sanktion alle führenden Mächte Europas — mit Ausnahme Bayerns — das Thronfolgerecht der Tochter Karls, Maria Theresia, anerkannt. Aber als die Stunde der Erfüllung kam, mußte die Habsburgerin doch um ihr Erbe kämpfen. Maria Theresias Armee war zu schwach und der Staatsschatz zu erschöpft, so daß sie zunächst nicht in der Lage war, ihre Rechte mit Gewalt durchzusetzen.

Die schlesischen Kriege

Friedrich II. handelte sofort; noch im Spätherbst 1740 fiel er in Schlesien ein. Der Anspruch der Hohenzollern auf Schlesien stand auf schwachen Füßen. Friedrich hat selbst bekannt, daß sein Angriff eigentlich dazu dienen sollte, die Macht seines Staates zu beweisen und Ruhm zu erwerben. Nach einigen Rückschlägen erzielte er einen vollständigen Erfolg. Seine Truppen schlugen die Österreicher im Frühjahr 1741 bei Mollwitz, und nach weiteren preußischen Siegen bei Chotusitz, bei Hohenfriedberg, bei Soor, bei Henners-

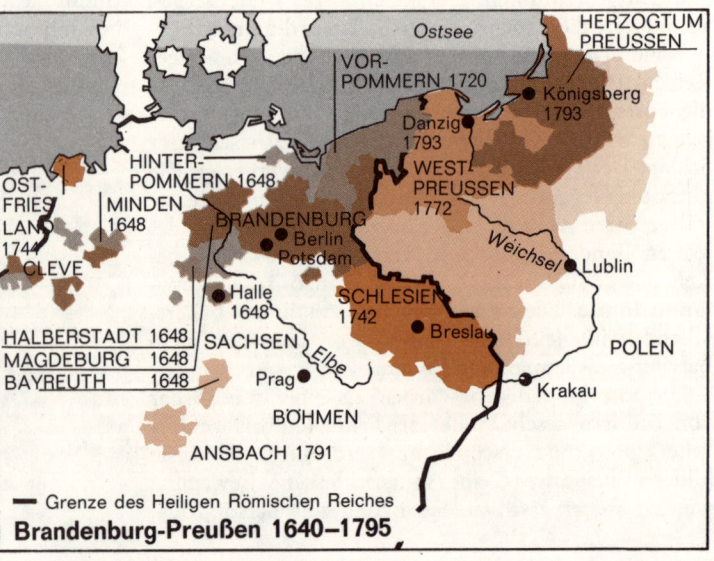

dorf und bei Kesselsdorf sah sich Maria Theresia gezwungen, das reiche Schlesien mit mehr als einer Million Untertanen an Preußen abzutreten.

Danach widmete sich Friedrich der Aufgabe, Preußen zu einem mächtigen und geachteten, wirtschaftlich gesunden und militärisch starken Staat auszubauen. Seine erstaunlichen Fähigkeiten auf mannigfaltigen Gebieten trugen ihm sowohl Bewunderung als auch Neid ein, während seine beißende Ironie, die er häufig auch gegen führende Damen Europas richtete, wie die Zarin Elisabeth von Rußland, die Madame de Pompadour und die Königin Maria Theresia, ihm die Verachtung und den Haß der Betroffenen einbrachte. Der hannoverische König von England gab einer verbreiteten Ansicht Ausdruck, als er Friedrich einmal als einen der gefährlichsten und das größte Unheil ersinnenden Fürsten in Europa bezeichnete. Weil manche europäischen Regenten mit dieser Meinung des englischen Königs übereinstimmten, fiel es Maria Theresia nicht schwer, eine Koalition mehrerer Staaten zusammenzubringen, um den Aufstieg Preußens zu hemmen: Rußland, Frankreich und Sachsen fanden sich zum Bündnis bereit. Friedrich erfuhr von den geheimen Maßnahmen, die zu seiner Vernichtung vorbereitet wurden, und suchte ihnen zuvorzukommen, indem er zum Angriff schritt. Im Sommer 1756 rückte er persönlich an der Spitze eines Heeres in Sachsen ein und eröffnete damit den Siebenjährigen Krieg, in dem sich Preußen nur von Feinden umgeben sah: Frankreich — in unnatürlicher Allianz mit Österreich —, Rußland, Schweden und Sachsen. Einen tüchtigen Bundesgenossen fand Friedrich indessen in England, das ja gleichzeitig in weltweiter kriegerischer Auseinandersetzung mit Frankreich stand. William Pitt der Ältere, der die Bedeutung Preußens für England in diesem Kampf erkannt hatte, versah Friedrich mit Subsidien und unterstützte seinen einzigen nennenswerten Bundesgenossen auf dem Kontinent, den Herzog von Braunschweig.

Der Siebenjährige Krieg

Im wesentlichen jedoch blieb der Krieg in Europa Friedrichs Aufgabe. Manchmal drohte ihn die Last der Verantwortung und des Alleinstehens zu überwältigen. Es gab Zeiten, in denen ihn nichts mehr vor dem endgültigen Zu-

Karikatur auf den Pariser Frieden im Jahr 1763

Treffen König Friedrichs des Großen mit Kaiser Joseph II. in Neiße im Jahr 1769

sammenbruch retten zu können schien. Nach Siegen in Sachsen und Böhmen erlitt er gegen die Österreicher die schwere Niederlage bei Kolin. Als seine Gegner nun zum mutmaßlichen Todesstoß anzusetzen schienen, erwog er, sich selbst das Leben zu nehmen. Aber innerhalb weniger Wochen erholten sich seine Armeen. Im November 1757 überraschte und besiegte er bei Roßbach die Franzosen und ein Reichsheer. Einen Monat später erfochten Friedrichs Truppen, obwohl sie an Zahl schwach und von dem langen Feldzug ermüdet waren, bei Leuthen ebenfalls einen glänzenden Sieg über die Österreicher.

Friedrich überließ es Ferdinand von Braunschweig, im Westen die Franzosen im Zaum zu halten und wandte sich selbst gegen die Russen, die er bei Zorndorf schlug. Weniger Glück hatte er bei Hochkirch gegen die Österreicher, und nach der schweren Niederlage bei Kunersdorf gegen die vereinigten Russen und Österreicher im August 1759 erreichte seine Verzweiflung erneut einen Tiefstand. Doch fand der niedergeschlagene Monarch bald seinen Lebensmut wieder. In den Schlachten bei Liegnitz und bei Torgau wendete er das Kriegsglück zu seinen Gunsten. Dennoch schien, als das Jahr 1761 zu Ende ging, Friedrichs Sache verloren. Sein Land war von russischen Truppen geplündert; die Städte erobert und nahezu zerstört. Sein Heer hatte entsetzliche Verluste erlitten, und er selbst war des langen unheilvollen Krieges überdrüssig. Seine Feinde warteten gespannt auf den endgültigen Zusammenbruch. Da rettete ihn der Tod der russischen Zarin Elisabeth. Ihr Nachfolger Peter III. war ein glühender Verehrer Friedrichs und zog die russischen Truppen zurück. Der Verlust der russischen Unterstützung, die Bedrohung ihrer Grenzen im Süd-Osten durch die Türken und der Sieg der preußischen Truppen über ihre Armee bei Freiberg — die letzte Schlacht des Siebenjährigen Krieges — nötigten Maria Theresia, im Februar 1763 den Frieden von Hubertusburg zu schließen. Wenige Tage vorher war der Friede von Paris zwischen England, Frankreich und Spanien unterzeichnet worden. Der Krieg in Europa und Übersee war beendet.

Alexander Pope

Das Erdbeben von Lissabon

1755

Sebastiao José de Carvalho Marquis de Pombal. Kupferstich von Carttinetti nach einem Gemälde von Parodi, 1759

Kirche Unsere Liebe Frau vom Berg Karmel in Lissabon. Bau von 1389, Ruine seit 1755

Später hieß es, daß es Vorzeichen gegeben habe: gekreuzte Schwerter seien am Himmel zu sehen gewesen und Prophezeiungen erfolgt. In Wirklichkeit jedoch war dieser 1. November des Jahres 1755 ein gewöhnlicher Feiertag. Gewiß, es wehte kaum ein Lufthauch, und die Tiere schienen etwas nervös zu sein, aber wen kümmerte das schon an jenem klaren Morgen von Allerheiligen? Alles war erfüllt vom Klang der Kirchenglocken, vom Hasten zum Gottesdienst, vom Treiben in der Stadt und im Hafen.

Der König und sein Hof waren in die Hieronymiten-Kirche von Belém zur Messe gegangen. Manche reichen Bürger ließen sich in ihren Privatkapellen die Messe lesen; die meisten zog es jedoch dorthin, wo die langen Messen gesungen wurden: nach Carmo oder Sao Roque.

Plötzlich, als man gerade in der Heiliggeist-Kirche das Meßopfer feierte, erfolgten unter fürchterlichem Getöse drei aus tiefsten Tiefen der Erde kommende Stöße. Die Erde tat sich auf, Mauern barsten, Gewölbe stürzten ein. Eine gewaltige Staubwolke nahm jede Sicht und verdunkelte den Himmel. Bald schlugen die ersten Feuer empor. Die Kerzen auf den Altären und in den Kapellen waren umgestoßen worden und setzten Vorhänge und vergoldete Holztäfelungen in Brand. Schornsteine und Kamine brachen auf, glühende Asche flog durch die Räume. Ein starker Wind kam auf; er wirbelte den Rauch empor und entfachte die Gluten zu Flammen.

Wen die Trümmer nicht erschlagen oder die Erdspalten nicht verschlungen hatten, der stürzte zum Tejo, um sich auf eines der in der Flußmündung ankernden Boote zu retten. Doch mit Grauen sahen die Menschen die Wasser des Flusses zurückfluten. Die Schiffe wurden gegeneinandergeschmettert, ihr Takelwerk verschlang sich, und sie versanken im Schlamm. Dann schwoll der Fluß wieder an, und die Fluten schlugen über die Ufer hinweg. Eine riesige Welle wirbelte Trümmer und Leichen durcheinander und spülte sie bis in die unterste Stadt.

Das Unheil war unbeschreiblich, der Schrecken vollkommen. Wieviele Opfer das Beben gefordert hatte, konnte nie ermittelt werden. Wieviele flohen und kehrten nie zurück? Wieviele verschütteten die Trümmer oder verbrannten lebendig? Wieviele wurden unkenntlich begraben oder in den Fluß geworfen, um Epidemien vorzubeugen? Man sprach anfangs von hunderttausend, später von vierzigtausend Toten; möglicherweise war auch diese Zahl übertrieben. Trotzdem war die Katastrophe von Lissabon eine Tragödie, wenn auch nicht in dem Ausmaß wie etliche Beben, die Jahrhunderte hindurch immer wieder Indien oder Japan heimgesucht hatten.

Dieses Erdbeben von 1755 war jedoch auf stärkeren Widerhall gestoßen, weil es ganz Europa erschütterte — die Erdbebenwellen liefen über die ganze Iberische Halbinsel und pflanzten sich bis nach Skandinavien hin fort, wo sich das Wasser in den Quellen trübte — und dies nicht nur, weil eine Stadt zerstört wurde, in welcher der europäische Handel mit dem aus Übersee zusammentraf, sondern weil sich die Ansicht verbreitete, daß Lissabon auserwählt und verdammt worden sei, den Zorn Gottes gegenüber der gesamten Christenheit zu erdulden. Wer furchtlos war, nahm das zum Anlaß ernsthafter Gewissensforschung. Der Gläubige geriet in eine wahre religiöse Hysterie. Alle Welt empfand Angst, schlug sich an die Brust und tat Buße.

Lissabon bedrückten dringendere Probleme, die keinen Aufschub duldeten. Ein Teil der Stadt war völlig zerstört, der Rest stark beschädigt. Bei jedem der Erdstöße, die noch monatelang in unvorhersehbarem Abstand und unvorhersehbarer Stärke erfolgten, drohte Gefahr. Trotz der Unbilden des Wetters und der Heimsuchung durch plündernde Banden zog es die Bevölkerung vor, sofern sie nicht für immer aufs Land gegangen war, unter freiem Himmel zu hausen; so lebte auch der König.

Dieser war mit seiner Familie und dem Hof — ebenso wie der Kirchturm von Belém — von dem Unheil verschont geblieben. Aber Joseph I., diese Jammergestalt von einem König, kümmerten Sicherheit und Heil seiner Seele nicht. Er überließ die Sorge, »die Toten zu begraben und die Lebenden zu pfle-

gen«, demjenigen, der schon in seinem Schatten die Macht ergriffen hatte, seinem Minister Sebastiao José de Carvalho, dem künftigen Marquis de Pombal.

1755 war Lissabon zwar eine reiche Stadt, aber die Hauptstadt eines verarmten Landes. Der Reisende wurde geblendet von den zahlreichen Palästen und den prächtigen Schätzen an seltenem Goldgeschmeide, an Seide und Porzellan, an Gemälden sowie an kostbaren Büchern. Im Palast des Königs gingen siebzigtausend Bände, zusammen mit Dokumenten von unschätzbarem Wert, in Flammen auf: Handschriften, nautische Aufzeichnungen, Archivalien, naturwissenschaftliche Beschreibungen.

Die Kirchen zeigten mit ihren riesigen Orgeln, den vergoldeten Holztäfelungen, ihren mit Fayencen ausgelegten Türfüllungen, ihren edelsteinbesetzten Leuchtern und den silbernen Reliquienschreinen den Reichtum noch offener. Den Kirchenbesitz mehrten die Portugiesen seit Jahrhunderten, seit sie als erste den See-Weg zu den Gewürz-Inseln fanden und in ihren Galionen Gold und Elfenbein aus Guinea, Seide und Pfeffer aus Asien und die Diamanten des »glitzernden Berges« in Brasilien heimbrachten.

Die reiche Beute des Jahrhunderts der Entdeckungen bescherte Lissabon und ganz Portugal wundervolle Denkmäler, die dem Meer geweiht wurden, das an die Küsten des Landes brandete, wie der Zierstil der Bauten von Belém, Batalha und Thomar zeigt.

Im Jahr 1755 befand sich das einstige Riesenreich König Manuels I. in voller Auflösung. Johann V., der letzte große König des Landes, gab das aus Brasilien kommende Gold mit vollen Händen aus, um Kirchen zu bauen, für seine Prälaten die Kardinalswürde zu erkaufen und den Gottesdienst mit heidnischer Pracht auszustatten.

Diese Reichtümer wurden nicht angelegt, um der Wirtschaft des Landes zu dienen. Lissabon erstickte unter ihrer Last. Das Land erstarrte in enger Devotion, absurden religiösen Gebräuchen und verharrte vor allem in Gleichgültigkeit gegenüber den eigenen Lebensinteressen, lieferte sich ohne Gegenwehr seinem mächtigen Verbündeten England aus, das es bei lebendigem Leibe zu verschlingen drohte. Die Meinung, der Vertrag zu Methuen, der 1703 den Warenaustausch zwischen beiden Ländern regelte, habe jeden Engländer dem portugiesischen König gleichgestellt, ist nicht übertrieben. Wer als Engländer nach Portugal kam, genoß Vorrechte, die jede portugiesische Initiative hemmte.

Schock oder plötzliche Aufregung vermögen einen Gelähmten zu heilen. Pombal sah voraus, daß das Erdbeben vielleicht die Energien des Landes wecken und es aus der Starre der Resignation reißen könnte. Kaltblütig und mit bemerkenswerter Klarsicht traf er sogleich die notwendigen Maßnahmen. Die Toten wurden ohne Feierlichkeiten begraben oder dem Wasser überantwortet, Furcht und Hungersnot überwunden und Plünderungen öffentlich blutig bestraft.

Klagen englischer Kaufleute, die bei der Katastrophe Warenlager und Kreditbriefe verloren hatten, fanden ein kühles Echo. Wer aufbegehrte, dem wurde bedeutet, daß niemand ihn an der Rückkehr nach England hindere; niemand entschloß sich dazu.

Pombal übersah die Lage und wußte wohl, unter welchen Mißständen Portugal litt und über welche Hilfsmittel es verfügte. Von niederer Geburt und von Haus aus unvermögend hatte er sich lange im Zwielicht abgemüht. Als Botschafter hatte er in London und in Wien eine Emsigkeit gezeigt, die den frommen Johann V., der ganz der Kirchenmusik und Ver-

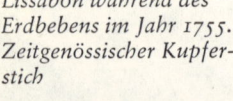

Lissabon während des Erdbebens im Jahr 1755. Zeitgenössischer Kupferstich

schwendung hingegeben war, arg ermüdete – dem gegenwärtigen Herrscher ließ sie Zeit zum Jagen.

Umgeben von einem Stab fähiger Beamter verfügte Pombal die »Providencias« (Maßnahmen), die ohne Wortspiel als »vorausschauend« bezeichnet werden können, sein Ansehen stärkten und seine Stellung unanfechtbar machten.

Er beschloß, auf den noch rauchenden Trümmern Lissabons, die Stadt an der alten Stelle wiederzuerbauen, auf den Hügeln, die die »Entrada do Tejo« beherrschen. Zwei Monate nach der Katastrophe waren die Pläne für das neue Lissabon fertig. Sie zeugten von besonnener Kühnheit, praktischem Sinn und planerischer Voraussicht.

Weit entfernt, das noch mittelalterliche Lissabon wiedererstehen zu lassen, eine Stadt, die einerseits eng am Hafen klebte und deren Häuser andererseits zwischen Klostermauern und Grundherrengut verstreut lagen, verwirklichte er den Plan einer modernen Stadt mit rechtwinklig zueinander verlaufenden Straßenfluchten, unter denen Abwässerkanäle angelegt waren. Die Hausfassaden wurden einheitlich, doch von würdigem Stil gestaltet. Das Lissabon Pombals wurde dem Handel geweiht, auf den der Marquis große Hoffnungen setzte, ebenso wie auf die Industrie, die er anregte und ermunterte.

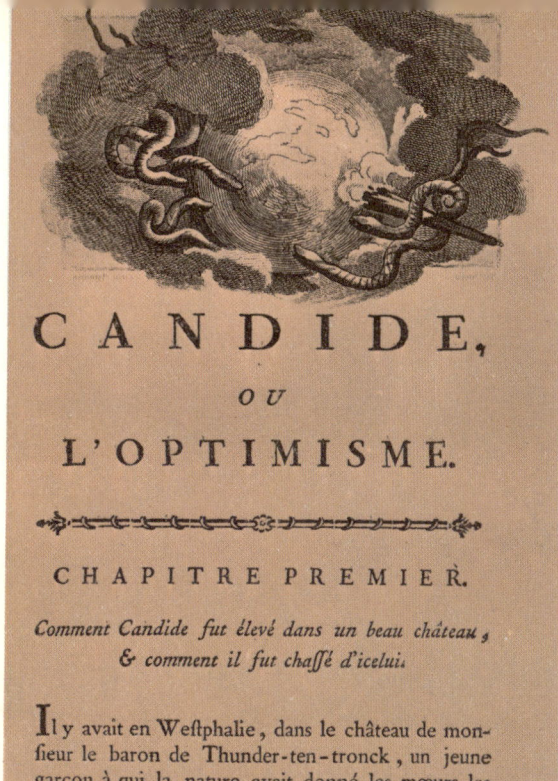

Titelblatt zu »Candide« von Voltaire. Paris 1759

Dieses Programm erweckte den Widerstand des Adels, der in Pombal einen Parvenu sah, sowie die Erbitterung der Kirche. Wie konnte man sich so schmählich den Geschäften hingeben, wo doch der Zorn des Himmels die Stadt dermaßen getroffen hatte? Sollte man nicht eher Gottes Gnade durch Ergebenheit und durch Buße suchen? Alle meinten, die Strafe sei verdient gewesen, doch jeder sah im Verbrechen des anderen den Grund dafür. Man klagte die Geistlichen der Simonie, den Adel der Korruption, das Bürgertum der Lauheit in der Religion und der Habsucht und das Volk der Lasterhaftigkeit an. Fanatiker sangen gleich Jeremia Klagelieder, prophezeihten neue Katastrophen, schleuderten den Bannstrahl gegen die Stadt, die zerstört bleiben müsse wie Sodom und Gomorrha.

Pombal bemühte sich, die Leute davon zu überzeugen, daß das Beben ein Naturereignis war, was sich als schwierig erwies, da die Naturwissenschaft, die seit einiger Zeit den Anspruch erhob, alleiniger Quell der Wahrheit zu sein, gleichfalls große Mühe hatte, eine Erklärung für das Erdbeben zu finden. Etliche sehr geachtete Wissenschaftler sprachen von Einflüssen des Mondes oder vom Feuer und den Wassern, die sich im Erdzentrum erhitzten, oder auch von jener unbekannten Kraft der Elektrizität. Ihre Erklärungen befriedigten niemanden. Das Ohr Orakeln und Predigten zu leihen, erschien einfacher.

Voller Mißtrauen gegenüber Pombal verfaßte und verbreitete der Jesuit Malagrida seine Schrift »Urteil über die wahren Ursachen des Erdbebens«. Danach war Lissabon, das schon im 16. Jahrhundert ein besonderes Einflußgebiet des Jesuitenordens gewesen war, dafür bestraft worden, daß es den Jesuiten in Maranhao, einem zwischen Brasilien und Paraguay strittigen Gebiet, Schaden zugefügt habe. Malagrida galt als ein Erleuchteter, und man hielt ihn für einen Propheten. Seine Worte drohten, abergläubische Angst

Lissabon nach dem Erdbeben im Jahr 1755. Zeitgenössischer Kupferstich

über das Land zu bringen. So wurde er nach Setubal verbannt. Dort versammelten sich um ihn getreue Anhänger. Man zettelte eine Verschwörung mit dem Ziel an, König Joseph I. zu töten und damit der Herrschaft seines Ministers ein Ende zu bereiten. Aber das Komplott wurde entdeckt, und das ermöglichte Pombal, alle seine Feinde – Jesuiten und Adel zugleich – vor Gericht zu ziehen. Bald füllten sich die Gefängnisse; die Inquisition verurteilte Malagrida dazu, erdrosselt und verbrannt zu werden. Unter dem Beil des Henkers rollten die edelsten Köpfe. Pombal schuf sich durch sein blutiges Regiment endlich freie Hand.

Er errichtete ein technokratisches Regime, gründete eine königliche Handels-Gesellschaft, um den Engländern die Verfügung über die Weinberge, von denen der begehrte Portwein kam, zu entreißen. Er heuerte in Frankreich, in Italien und in Deutschland Fach-

Der alte königliche Palast an der Terero do Paço (später Praça do Comerzio) in Lissabon. Kupferstich vor 1755

König Joseph I. von Portugal. Reiterstandbild von Joaquin Machado de Castro auf der Praça do Comerzio in Lissabon, 1775

arbeiter an, um die Industrie des Landes zu begründen oder auszubauen. Sein Glaube gehörte dem technischen Fortschritt, der Initiative des einzelnen, der Arbeit. Alles, was seinem Werk im Wege stand, mußte weichen. Der bloßgestellte und geschwächte Jesuitenorden wurde schließlich in Portugal verboten. Das ehrgeizige, strebsame und dem allmächtigen Minister ergebene Bürgertum eiferte darum, seinen großen Plänen zu dienen. Doch, um alles zu einem guten Ende zu bringen, fehlte die Zeit. Pombal sah zwar Lissabon wiedererstehen, aber 1777 fiel er in Ungnade, starb 1782 verarmt und verleumdet, und sein ganzes Werk wurde zunichte, weil seine Reformen und Pläne nicht fortgesetzt wurden.

Das todbringende Beben, das Lissabon zerstörte, erschütterte auch die Welt. Nicht nur Gebäudemauern zerbrachen damals, sondern Gewißheiten, und die Erdspalten, die sich auftaten, zeigten nicht nur Abgründe unter den Füßen der Betroffenen, sondern geistige Abgründe in denen, die sich am ausgeglichensten glaubten.

Gewiß rief ein Unglück, von dem ein fremdes Land betroffen wurde, das infolge der Arroganz und der politischen Ungeschicklichkeit seiner letzten Könige wenig Freunde besaß, bei vielen strenge Gedanken hervor. Die Protestanten sahen in dem Erdbeben die gerechte Strafe für papistische Götzendienerei. Die Jansenisten frohlockten über die Vernichtung der »Wiege der Jesuiten«. Andere erkannten darin die gerechte Sühne für die Verbrechen der Inquisition.

Auch das Mitleid war, wo es sich äußerte, etwas herablassend. Zuerst erfolgten großzügige Hilfeleistungen, doch dann erboste man sich über die Behauptung Pombals, sein Land könne sich aus eigener Kraft wiedererheben. Die Wissenschaftler verübelten Portugal die Verlegenheit, in die sie ein Naturereignis gebracht hatte, das sie nicht erklären konnten. Die Philosophen endlich zeigten sich völlig verwirrt.

Denn diese Katastrophe von Lissabon bedeutete für die optimistische Einstellung, die das leichtlebige Jahrhundert beherrschte, in dem die Naturwissenschaft die Zerstreuung des Studierzimmers und die Religion eine liebenswerte Versicherung für das Jenseits war, eine blutige Enttäuschung. Hatten die erlauchtesten Geister der Zeit nicht mit mathematischer Sicherheit festgestellt, daß »alles in dieser besten aller Welten zum Besten bestellt ist«? Gott war unfehlbar, gerecht und gut.

Wenn Er aber die Zerstörung Lissabons wollte, traf Er dann nicht – gleichgültig, wie groß die Sünden der Stadt waren – Schuldige und Unschuldige zugleich? Wo war dann Seine Gerechtigkeit und Seine Güte? Und hatte Er das Ereignis nicht gewollt, wo waren dann Seine Allmacht, Seine Weisheit und die Vollkommenheit Seiner Schöpfung?

Der Jansenist Rondet erklärte allerdings, daß jedermann einmal sterben müsse. Die Unschuldigen seien in den Himmel gekommen, die Hölle sei das Schlimmste.

Doch die These von der kollektiven Verantwortung, die so einfach die Unschuldigen opferte, fand keinen Beifall. Die Macht der Vorsehung wurde ernsthaft bezweifelt. Dem Menschen wurde seine Bedeutungslosigkeit schmerzlich bewußt. Das Gebet gab keine Sicherheit mehr.

Voltaire schrieb unter dem frischen Eindruck des Ereignisses ein Gedicht, das ein einziger langer Aufschrei der Verwirrung, des Mitleids und der Rebellion war.

Man entgegnete ihm, Katastrophen seien notwendig. Sie reinigten die Erde vom Schmutz, bestätigten die Macht Gottes, eröffneten neue Bodenschätze und seien verschleierte Wohltaten.

Ohne so weit zu gehen, gab Rousseau dem Menschen die Schuld an seinem Unglück. Hätte er als »guter Wilder« in freier Natur gelebt, anstatt sich mit anderen aus niedriger Profitgier in Städten zusammenzupferchen, so hätte es nicht so viele Opfer gegeben. Plötzlicher Tod bedeute für reine Seelen keine Verdammnis. Optimismus und Glaube gäben den Mut, die Prüfungen dieser Welt zu ertragen. Wichtig seien doch nicht die Opfer, sondern die Auswirkungen von sogenannten Katastrophen.

Angesichts dieser völligen Geringschätzung des Einzelschicksals wurden die Herzen zu Stein. Es entstand in den Menschen eine Hoffnungslosigkeit, und sie wurden sich ihrer unsicheren Existenz bewußt. Goethe, damals noch ein Kind, war erschüttert von dem blinden Zorn des allmächtigen Vaters, der ohne Unterschied Gute und Böse heimsuchte. Ist Gott ungerecht, der Himmel erbarmungslos, ist — wie Voltaire aufschreit — »auf Erden das Böse«, dann hat das Leben nichts Schönes mehr an sich.

Damit entschwand eine Denk-, Lebens- und Hoffnungsweise, und ein neuer Geist brach sich Bahn. Angesichts der Feindseligkeit einer grausamen Welt mußten die Menschen sich auf ihre Eigenverantwortung besinnen. Pombal zeigte ihnen, wie sie den Schrecken überwinden und Mut fassen konnten, um eine Stadt aufzubauen, schöner und reicher als die, die der Feuersbrunst anheimfiel.

Ein portugiesischer Dichter empfahl, »im Dorfe zu bleiben, die Herden zu hüten«. Jeder sollte sich mit dem, was er hatte, bescheiden, auf andere nicht rechnen und sich nicht in ihre Angelegenheiten mengen, eine Denkungsart, die bis heute Portugal beherrscht. Selbst mußte man sich helfen, auf den Beistand des Himmels konnte man nicht bauen.

In diesem Wirrwarr der Ideen verfiel die etablierte Ordnung. So wie die baufälligen Paläste und die goldverzierten Kirchen Lissabons untergegangen waren, brach eine ganze Welt in ihren Grundfesten zusammen.

Neue Gedanken entwickelten sich in dem noch unter dem Eindruck der Katastrophe stehenden Europa. Die Jesuiten mußten Frankreich verlassen. Der bittere Groll der dadurch ermutigten Jansenisten fügte der Kirche schweren Schaden zu. Ohne auf Widerspruch zu stoßen, ohne verboten zu werden, gingen die gewagtesten Ideen um und endeten schließlich in den Wirren einer großen Revolution.

Die Katastrophe von Lissabon gebar den Zweifel des Menschen an der Vorsehung und kennzeichnete damit das Ende eines Zeitalters, das vom kindlichen, passiven Vertrauen, vom Glauben und von der Achtung gegenüber der etablierten Obrigkeit geprägt war. Ein Zeitalter des oft zerstörenden Zweifels brach an, das nicht mehr Mitleid, Milde, Nächstenliebe, sondern seelenlose Spekulation und Verachtung des Lebens kennzeichnete. Denn dieses war nicht mehr einzigartig und kostbar, sondern nebensächlich und dem Zufall von Ursache und Wirkung unterworfen.

Heute wie damals findet menschliche Angst in ihrer Zerknirschung und ihrem lächerlichen Stolz ihren Ausdruck in den Versen Voltaires:

»Was bin ich? Wo bin ich? Wo komme ich her?/ Denkendes Atom, Atom, dessen Blicke, / geleitet vom Denken den Himmel durchmaßen?«

SUZANNE CHANTAL

Sitzung der Inquisition in einer Kirche. Kupferstich

Lissabon während des Erdbebens im Jahr 1755. Gemälde

Das europäische Zeitalter der Aufklärung

Als sich der Skandal um die Süd-See-Gesellschaft ereignete, war Ludwig XIV. schon seit fünf Jahren tot. Sein Neffe, Herzog Philipp von Orléans, führte die Vormundschaft über Ludwigs Urenkel, den zehnjährigen Ludwig XV. Zwar hatte zunächst Philipp V., ein Enkel Ludwigs XIV. und erster König aus dem Haus Bourbon in Spanien, unter Mißachtung der Bestimmungen des Friedens von Utrecht die Regentschaft für sich beansprucht. Aber mit Hilfe der Garantiemächte des Utrechter Friedens, Holland und England, hatte Orléans die Absichten seines spanischen Neffen zunichte gemacht.

Philipp V. provozierte im Jahre 1717 eine Allianz zwischen Österreich, England, Frankreich und Holland, als er es unter dem Einfluß seiner Gemahlin Elisabeth Farnese, die ihren Söhnen einträgliche Erbschaften zu sichern wünschte, wagte, Sardinien und Sizilien anzugreifen. Nachdem ein französisches Heer die Pyrenäen überschritten und eine englische Flotte die Spanier bei Messina vernichtet hatte, sah sich Philipp zum Frieden genötigt, wobei er seine Ansprüche auf die ehemals spanischen Besitzungen in Italien endgültig aufgeben mußte.

Eine weitere Niederlage erlitt Philipp, als Ludwig XV., der 1723 für volljährig erklärt wurde, die Hand seiner Cousine und Tochter des spanischen Königs verschmähte. Er heiratete die Tochter des Königs von Polen, Stanislaus Leszczynski, Maria. Anders als sein Urgroßvater überließ Ludwig XV. die Verantwortung für die Staatsgeschäfte seinen Beratern, besonders dem Kardinal André Hercule de Fleury, während er selbst der Jagd nachging und sich seinen Mätressen widmete, von denen die Marquise Jeanne Antoinette de Pompadour fast zwanzig Jahre lang die beherrschende Gestalt des Versailler Hofes war.

Ein Jahr vor Ludwig XIV. starb in England Königin Anna, die Tochter König Jakobs II. Da sie all ihre Kinder überlebt hatte, fiel die Krone an einen Urenkel Jakobs I., den Kurfürsten Georg I. von Hannover, der nach dem Thronfolgegesetz von 1701 zum König von Großbritannien und Irland gekrönt wurde. Sein Bestreben, dem Haus der Welfen den englischen Thron zu sichern, bestimmte weitgehend seine Politik. Diese Sachlage verschaffte der Adelspartei der Whig die ständige Beteiligung an der Regierung, während die Anhänger der Tories, die überwiegend Grundbesitzer waren, möglicherweise eine Restauration der Stuarts unterstützt hätten.

Ihre Erfolge während der im Jahre 1720 ausgelösten Vertrauenskrise verdankte die Regierung hauptsächlich Sir Robert Walpole. Walpole, der die englische Politik von 1721 bis 1742 leitete, führte das im Grund noch heute geltende Regierungssystem ein, bei dem das Kabinett als Gesamtheit für die Regierungspolitik verantwortlich zeichnet. Als erster Schatzlord baute er seine Stellung zu der eines überragenden Premierministers aus. Das Kabinett als Kollegium von Ministern, die alle dem Parlament angehörten und gemeinsam vor dem Ersten Minister ihre Handlungen verantworteten und von seiner Zustimmung abhingen, war in den nach der Revolution von 1688 erlassenen Gesetzen nicht vorgesehen, ebensowenig wie das Amt des Premierministers. Diese Einrichtungen entwickelten sich nach den Bedürfnissen des Landes in der Ära Walpole. Eine geschriebene Verfassung gab es nicht.

Voltaire und Montesquieu

Walpoles Regierungssystem erregte bei ausländischen Beobachtern höchste Bewunderung. Voltaire, der als Verkörperung der Aufklärung des 18. Jahrhunderts gilt, war von dem, was er sah, als er 1726 in England weilte, nachhaltig beeindruckt. Voltaire war damals einunddreißig Jahre alt, aber in Frankreich als Dichter und Dramatiker bereits wohlbekannt. Wegen seines satirischen Talentes wurde er vom französischen Hof verwiesen. Eine Schmähschrift gegen den Regenten Philipp brachte ihm sogar Gefängnis ein. Er mußte in England Zuflucht suchen, weil er törichterweise den Chevalier de Rohan-Chabot zum Duell gefordert hatte. Tief verbittert über die Tyrannei und die Ungerechtigkeit kehrte er seinem Heimatland den Rücken.

Die Angriffe Voltaires richteten sich gegen eine französische Regierung, die es versäumt hatte, ein gerechtes Steuersystem einzuführen. In dem Bestreben, die Unterstützung gewisser Teile der Gesellschaft zu gewinnen, genossen einige Bevölkerungskreise Steuerbefreiungen. Nicht nur der Adel und der Klerus, sondern auch ein großer Teil des Mittelstandes brauchten keine Besitzsteuer zu zahlen. Ganze Provinzen konnten finanzielle Nachlässe erhalten. Noch schlimmer aber war, daß die französische Regierung dieses System nicht zu reformieren vermochte.

Nach dem Tod Ludwigs XIV. erhielt das Parlament von Paris das Recht auf Remonstranz bei königlichen Edikten zurück. Aber seine Mitglieder waren — ebenso die der zwölf Provinzialparlamente — blind gegenüber Reformen und blockierten jede Neuerung. Eine repräsentative gesetzgebende Versammlung, die vom Volk gewählt und ihm verantwortlich sein würde, lag in Frankreich wie in allen Staaten Europas fern allen Überlegungen, so daß ein solcher Gedanke nirgends mit Überzeugungskraft vorgetragen wurde.

Voltaire

Charles de Montesquieu

Robert Walpole im Gespräch mit dem Speaker des Unterhauses

Auch Schriftsteller, die an der Selbstherrlichkeit der monarchischen Regierungen genug zu kritisieren hatten, empfahlen eher die Rückkehr zu alten Regierungsmethoden als fortschrittliche Neuerungen.

Auf Voltaire wirkte die Freiheit der Engländer so belebend wie eine Eingebung. In England gab es eine freie Presse, ein für französische Verhältnisse unvorstellbares Maß an religiöser Toleranz und ein parlamentarisches Regierungssystem. Die Folter, willkürliche Einkerkerung und ungesetzliche Besteuerung waren nur noch Schrecken der Vergangenheit. In seinen »Briefen über die Engländer«, einem Werk, das die Abneigung des französischen Hofes gegen ihn noch verstärkte, entwarf Voltaire für seine Landsleute das Bild einer glücklichen Gesellschaft.

Ebenso positiv wie das Urteil Voltaires fiel dasjenige Charles Montesquieus aus, der 1729 England besuchte, um dort die politischen und gesellschaftlichen Einrichtungen zu studieren. Montesquieu hatte in seinen »Persischen Briefen« eine beißende Satire auf die Zustände der französischen Gesellschaft verfaßt. Von England stellte er fest, es sei das freieste Land der Welt, keine Republik vermöge es darin zu übertreffen. »Und zwar nenne ich es darum frei, weil die Macht des Souveräns begrenzt ist und kontrolliert wird, so daß er niemandem etwas zuleide tun kann.«

John Locke

Voltaire und Montesquieu kannten beide die Schriften John Lokkes, des philosophischen Begründers des Liberalismus. Die Ideen Lockes hatten den Verlauf der englischen Revolution nachhaltig beeinflußt. Seine Werke hatten dem 18. Jahrhundert die unübertroffen wertbeständige Analyse der intellektuellen Umwälzungen des 17. Jahrhunderts beschert. In seinem »Brief über die Toleranz« verteidigte er die Freiheit des Glaubens; in den »Abhandlungen über Regieren« setzte er sich für politische Freiheit ein; und in seinem »Versuch über den menschlichen Verstand« beharrte er auf der Notwendigkeit intellektueller Freiheit.

Aller Begeisterung zum Trotz, die die englische Verfassung bei ausländischen Beobachtern auslöste, hatte sie erheblich mehr Mängel, als jene wahrzunehmen bereit waren. So war die religiöse Toleranz noch eng begrenzt. Nonkonformisten konnten nicht dem Parlament angehören und durften nicht an den Universitäten Oxford und Cambridge studieren. Die öffentliche Zelebrierung eines katholischen Gottesdienstes war bis 1779 verboten. Zum andern war die Regierung in England praktisch der Aristokratie vorbehalten,

Schlacht bei Cullodan im Jahr 1746

Newgate-Gefängnis in London

und der Adel beherrschte auch das Parlament. Viele Abgeordnete kamen durch Familienverbindungen oder auch durch Bestechung zu ihren Sitzen, und soziale Ungerechtigkeit dauerte unter ihrer Herrschaft fort. Auch das Strafrecht war barbarisch, obwohl es in der Praxis oft abgemildert wurde. Es wurden so viele Verbrechen mit der Todesstrafe bedroht wie kaum in einem anderen Land Europas. Allein während der Regierungszeit Georgs II. wurden dreiunddreißig Verbrechen zu Kapitaldelikten erklärt.

Grundsätzlich aber herrschte im England dieser Zeit Zufriedenheit. In den kleinen Städten waren Elendsviertel selten, und den Bauern ging es gut. Auf dem Lande blieb der Landedelmann unbestritten der für das Leben seiner Pächter und Knechte verantwortliche Herr. 1715 und noch einmal 1745 versuchten die sogenannten Jakobiten, Anhänger der vertriebenen Stuartkönige, das Haus Hannover zu stürzen. Die Engländer aber lehnten es ab, sich um einen romantisierenden Thronprätendenten zu scharen und die zuverlässige protestantische Monarchie aufs Spiel zu setzen. Am 16. April 1746 wurden die jakobitischen Hoffnungen bei Cullodan von der Armee des Königs für immer zerschlagen. So konnte um 1765 Horace Walpole schreiben, daß das Jakobitentum ausgestorben sei.

Der um die Mitte des 18. Jahrhunderts in England herrschende Optimismus wurde von den politischen Schriftstellern in Frankreich geteilt. Zwar hatten die französischen Intellektuellen den Glauben an die Dogmen der Kirche verloren und vertraten zum Teil einen leidenschaftlichen Antiklerikalismus, aber bewahrt hatten sie den Glauben an die Würde des Menschen. Von Natur aus sei der Mensch gut, und gute Gesetzgeber könnten ihn noch sehr viel besser machen; ebenso könne ihn steigendes Wissen verbessern und zugleich seine Umwelt veredeln. Von dieser Absicht ließ sich Denis Diderot leiten, als er im Jahre 1741 mit seinem großen Werk begann. Als Zweck der Enzyklopädie bezeichnete er die Sammlung des gesamten über die ganze Erde verstreuten Wissens, die Erläuterung seiner Struktur für die Zeitgenossen und seine Überlieferung an spätere Generationen.

»Terra Australis Incognita« 1770

Ursprünglich hatte sich James Cook an den Sternen orientiert, wodurch er an die Küsten von Australien gelangte. Ein seltenes Schauspiel, der »Durchgang der Venus«, sollte 1769 stattfinden. Die Venus erscheint dann zwischen der Erde und der Sonne und wandert als kleiner schwarzer Fleck über die Sonnenscheibe. Die Tabellen der Astronomen wiesen bisher nur zwei solcher Ereignisse aus, von denen das erste 1639 beobachtet wurde. Der nächste Durchgang fand 1761 statt, konnte aber nur ungenügend beobachtet werden. Darum wurde die seltene Konstellation von Venus und Sonne im Jahr 1769 mit großer Spannung erwartet, um sie auf einer Karte zum erstenmal richtig zu verzeichnen.

Die Royal Society, die sich der Aufklärung auf naturwissenschaftlichem Gebiet widmete, nahm an dem kommenden Durchgang lebhaftes Interesse und machte eine Eingabe an König Georg III., die Gelegenheit, den Ruhm der britischen Astronomie zu fördern, nicht zu versäumen, »einer Wissenschaft«, so stellten die Mitglieder heraus, »von der eine erfolgreiche Seefahrt abhänge«. Verschiedene europäische Staaten, darunter Rußland, wollten Beobachtungsposten einrichten, und England sollte hierin nicht nachstehen. Die Royal Society galt danach als der Welt vornehmste wissenschaftliche Vereinigung. Ihre Eingabe hatte Gewicht beim König, der besonders Wissenschaft und Forschung förderte.

Da es wesentlich war, daß die Beobachter den Durchgang von einem Punkt südlich der Äquinoktiallinie aus verfolgten, wurde die vor kurzem entdeckte Insel Tahiti als geeigneter Ort vorgeschlagen. Der König stimmte dem Projekt zu und genehmigte eine Expedition. Die Royal Society wandte sich an die Admiralität mit der Bitte um ein Schiff unter einem erfahrenen Seemann. Kapitän James Cook, der bereits die Küsten von Neufundland und Labrador kannte, wurde zum Kommandant von H. M. S. »Endeavour« ausersehen.

1768 brach die Expedition auf. Mit Cook reisten Joseph Banks, ein junger Naturwissenschaftler mit eigenem Vermögen, der später vom König geadelt wurde, Charles Green, ein Astronom, Daniels Karl Solander, ein Schwede und Schüler Karl von Linnés, und zwei Künstler, Sydney Parkinson und Hermann Dietrich Spöring. Letzterer kam in Capetown an Bord und fungierte anscheinend als Sekretär von Banks. In seinem Tagebuch verwies Cook immer auf Banks und seine Gefährten als »die Herren«.

Der Durchgang der Venus wurde von Tahiti aus erfolgreich beobachtet. Aber der Auftrag erwies sich als von sekundärer Bedeutung für die Expedition, da Cook von der Admiralität andere geheime Instruktionen erhalten hatte. Nach dem Aufenthalt auf Tahiti und der Erforschung benachbarter Inseln sollte er nach dem großen Land suchen, das man im südlichen Pazifik vermutete. Unter dem Namen »Terra Australis Incognita« — »Unbekanntes Südliches Land« war es auf vielen Karten als Gebiet um den Süd-Pol herum eingetragen.

Geographen war die Tatsache aufgefallen, daß, im Gegensatz zur nördlichen Hemisphäre, im Süden des Pazifiks keine großen Landmassen lagen. Das vertrug sich nur schlecht mit der Kugelgestalt der Erde. Denn um die Erde im Gleichgewicht zu halten, müßten die Festlandsmassen auf beiden Halbkugeln einander ungefähr entsprechen, also mußte es im Süden einen unbekannten Kontinent geben. Zeitgenossen vermuteten, daß der holländische Seemann Abel Tasman ihn berührt hatte, als er an den westlichen Küsten von Neuseeland entlang segelte, und sie glaubten, daß der portugiesische Seefahrer Pedro de Queiros noch einen anderen Teil gesehen hatte, als er 1606 auf den Neuen Hebriden landete. Über diese zufälligen und vagen Kenntnisse hinaus wußte niemand etwas Bestimmtes über den geheimnisvollen Kontinent.

Cook und Banks führten eine umfangreiche geographische Bibliothek an Bord. Unter den Büchern befand sich Charles de Brosses' nützliche »Histoire de Navigations aux Terres Australes«, die er 1756 in Paris veröffentlicht hatte. In seinem Werk erklärte er: »Ich nenne alles ›Australisches Land‹, was jenseits der drei südlichsten Punkte unserer bekannten Welt in Afrika, Asien und Amerika liegt.« Dem Text lagen Pläne von Robert de Vaugondy bei.

Känguruh. Kupferstich in »New System of Geography« von Joseph Banks, Ende des 18. Jahrhunderts

Kapitän James Cook. Wegdewood-Kamee, 1784

In eine seiner Karten zeichnete Vaugondy Tasmans Entdeckungen besonders ein: den südlichen Teil von Van Diemens Land (heute Tasmania) und den westlichen Teil der Nord-Insel von Neuseeland. Die imaginäre Ost-Küste von Neu-Holland (der frühere Name für Australien) wurde durch unklare Schraffierungen angezeigt und den Entdeckungen von de Queiros zugefügt, die westwärts verschoben wurden. Van Diemens Land wurde auch als mit dem Festland verbunden eingetragen.

Das war die ungeklärte geographische Lage, der sich die Mannschaft der »Endeavour« gegenübersah, als das Schiff von Tahiti aus in See stach. Cook verließ die Gesellschafts-Inseln im August 1769. Ende März des folgenden Jahres hatte er bereits Neuseeland in seiner Karte eingetragen und seine beiden Inseln umschifft, womit er bewies, daß keine Verbindung zu einem Kontinent bestand. Am 1. April drehte er nord-westlich auf Tasmania zu, aber starke Süd-Winde trieben die »Endeavour« nach Norden ab, so daß die Engländer zum Süd-Osten des australischen Festlandes kamen. Bei günstigerem Wetter hätte Cook sicher die Bass Strait entdeckt, die Australien von Tasmania trennt.

Am Mittwoch, den 18. April, sichteten die Seeleute Vögel – ein untrügliches Zeichen dafür, daß Land nicht mehr fern war. Am folgenden Tag machte Leutnant Hicks einen Hügel am Horizont aus, den Cook nach seinem Offizier benannte. Heute trägt er den Namen Kap Everard. Die »Endeavour« segelte nordwärts entlang der Küste, um nach einem günstigen Landeplatz zu forschen. Die ruhige Landschaft, die sich den Seefahrern auftat, hatte eine gewisse eigene wilde Schönheit. Grün und bewaldet, erhob sie sich hinter einer Küste aus weißem Sand. Dunkle Gestalten zeichneten sich von dem glitzernden Strand ab. Rauch stieg kräuselnd zwischen dem hängenden Blattwerk der Eukalyptusbäume auf und verlor sich im fahlen Himmel. Bei Nacht deuteten Feuer ein flaches Land an.

Cook, Banks, Solander und Tupaia, ein Häuptling aus Tahiti, den Banks überredet hatte, sich der Expedition anzuschließen, versuchten, in einer Jolle an Land zu gehen. Aber eine heftige Brandung hinderte sie daran. Banks bemerkte eine parkartige Landschaft. Die Bäume wuchsen weit auseinanderstehend; Unterholz schien es nicht zu geben. Bei der Erkundung der Küste überraschte ihn, daß die Eingeborenen keinerlei Notiz von den Fremden nahmen. Sie schienen die Jolle gar nicht zu bemerken, obgleich eine alte Frau, die Reisig sammelte und von drei Kindern begleitet war, oft in Richtung des Schiffes blickte, aber weder Überraschung noch Interesse zeigte. Am Sonntag, den 29. April segelte die »Endeavour« in die Botany Bay und warf Anker. Seekadett Isaac Smith, ein Vetter der Gemahlin Cooks und künftiger Admiral, war der erste, der an Land ging. Er erinnerte sich später, wie Cook in jenem Augenblick sagte: »Isaac, Du sollst der Erste sein.« Cook war gezwungen, eine Muskete abzufeuern, als Eingeborene die Fremden mit Speeren bedrohten.

Cook nannte ihren Ankerplatz ursprünglich Sting Ray Harbor »wegen der großen Menge Stachelrochen, die wir hier fanden«. Die erstaunlichen Funde neuer Pflanzen, die Banks und Solander machten, veranlaßte ihn später, der Bucht den Namen Botany Bay zu geben. Die Pflanzen wurden in nasse Tücher verpackt und in Zinnbehältern frischgehalten, während Parkinson und Spöring sie zeichneten. Banks bemerkte über die Eingeborenen: »Sie schienen immer nur ein Aufgebot von etwa vierzehn oder fünfzehn kampffähigen Männern zusammenzubekommen«. Auch über ihre Hautfarbe war er sich nicht im klaren: »Sie waren vollständig mit Schmutz überdeckt.« Bei einer Gelegenheit versuchte er ihn abzureiben. Damit veränderte sich die Farbe sehr wenig, und er kam zu dem Schluß, daß ihre Haut schokoladenbraun sein müsse.

Die »Endeavour« blieb in der Botany Bay eine Woche lang. Am 7. Mai nahm Cook seine Reise wieder auf. Einige Meilen nördlich fuhr er an dem heutigen Sydney Harbor vorüber, das er zu Ehren eines Sekretärs der Admiralität Port Jackson nannte. Cook arbeitete sich langsam in Richtung Norden voran und trug den Verlauf der Küste in seine Karte ein. Er landete des öfteren, aber er segelte niemals sehr weit, ohne Boote vorauszuschicken, um seine Vermessungen gut machen zu können.

Während der Weiterfahrt nach Norden ereignete sich ein Unglück, das die Reise beinahe beendet hätte. Das Schiff stieß etwa dreißig Kilometer vom Land entfernt auf ein Korallenriff. Cooks Seemannskunst gelang es jedoch, die »Endeavour« zu befreien. Schwer beschädigt und stark leckend, wurde sie den Mündungsarm eines kleinen Flusses hinaufgeschifft, wo man sie ans Ufer zog und reparierte. Dort sahen die Männer ihr erstes Känguruh. Während Cooks Aufenthalt kamen auch Eingeborene zum Lager.

Schließlich waren zwar die Reparaturen am Schiff beendet, aber nun brachte ein starker Wind eine weitere Verzögerung. Endlich gelang es Cook, sich hinauszumanövrieren und sich langsam durch den gewundenen Irrgarten des Great Barrier Riffs hindurchzuschlängeln. Die Seefahrer näherten sich dem nördlichsten Punkt von Australien, den Cook Kap York nannte zu Ehren des verstorbenen Bruders des Königs. Als sie nach Westen segelten, entdeckten sie die Meer-Enge von Torres wieder, und, ehe sie nach Batavia und England aufbrachen, landeten sie auf einer kleinen Insel auf der Höhe der Küste von Kap York. Cook erhob auf die Meer-Enge keinen Anspruch, aber er forderte das Land. Begleitet von Banks und Solander brach er zur Insel auf und bestieg die höchste Erhebung, von der aus er bis zum Nord-Westen viele Inseln liegen sah.

Cook gab zu, daß er westlich keine neuen Entdeckungen machen konnte, »die Ehre dieser Entdeckungen gebührt den holländischen Seefahrern; aber die Ost-Küste, dessen bin ich sicher, hat vor uns niemals ein Europäer gesichtet oder betreten«. Er hatte bereits verschiedene Landstriche entlang der Küste für England in Besitz genommen. Nun »hißte er noch einmal die englische Flagge und nahm im Namen Seiner Majestät, König Georgs III., Besitz von der ganzen östlichen Küste«, die er Neu-Süd-Wales taufte. An Land wurden drei Salven Salut abgefeuert, die das Schiff mit der selben Anzahl beantwortete.

Was sofort beim Betrachten früher Karten von Australien ins Auge springt, ist die ausgesprochen holländische Namensgebung. Denn die ersten Entdecker waren holländische Kapitäne, die im Dienst der Ost-Indien-Gesellschaft standen. Es mögen wohl etwa fünfzehn verschiedene Landungen gewesen sein, die während der ersten Hälfte des 17. Jahrhunderts stattgefunden haben. Erstmals erreichte 1606 die »Duyfken« unter dem Kommando von Willem Janz das heutige Kap York Peninsula. Er segelte die West-Küste entlang bis Capo Keer-Weer oder Kap Turn-Again. Zehn Jahre später betrat Dick Hartog die heutige Shark Bay, die er nach seinem Schiff »Eendracht« benannte. Zur Erinnerung an das Ereignis hinterließ Hartog am Landeplatz eine Zinnplatte, auf der die Namen der Männer und das Datum eingraviert waren. Das Denkmal existiert heute noch. 1619 sichtete Jacob Dedel das Festland in der Nähe von Perth, und 1622 entdeckte die »Leeuwin« den westlichsten Punkt Australiens. Zwanzig Jahre später unternahm Abel Janszoon Tasman seine erste Reise. 1644 segelte er an der Nord-Küste von Kap York bis zum Nord-West-Kap entlang.

Um die Mitte des 17. Jahrhunderts waren drei Viertel der Küste Australiens auf der Karte eingetragen. Aber erst fünfundzwanzig Jahre später vervollständigte Cook durch seine Forschungen den Umriß dieses Kontinents. Die Holländer betrachteten diese gewaltige Insel noch als vollkommen wertlos. Sie hatten keinen Platz gefunden, wo sie ihre Schiffe mit neuem Proviant hätten versorgen können, und wenn die Mannschaften auf der Suche nach Wasser im Sand gruben, so förderten sie nur ein übelriechendes Brackwasser zutage. Aus den Berichten jener Zeit entstand ein Bild von einer flachen, öden Küste, auf der an verschiedenen Stellen Feuer brannten, die aber sonst unbewohnt schien. Bei den seltenen Gelegenheiten, bei denen Eingeborene tatsächlich auftauchten, wurden sie als »eine Rasse von Wilden, elender als jegliche Kreaturen in der Welt« verurteilt. Entdeckungsfahrten schienen sich nicht zu lohnen, da die bisherigen Expeditionen keinen Nutzen eingebracht hatten. Es war offensichtlich, daß die Gründung von Kolonien in einem Land von dieser Größe ein zu gewagtes Unternehmen sein würde. Es hätte mehr erfordert, als die Ost-Indien-Gesellschaft oder selbst die Republik der Niederlande ermöglichen konnte.

William Dampier, der erste Engländer, der Australien aufsuchte, pflichtete den Holländern bei, daß die Küsten »Neu Hollands« von ungastlicher Natur wären. Als seefahrender Kaufmann wie auch als Freibeuter hatte Dampier Australien zweimal besucht: einmal 1688 mit der »Cygnet« und zehn Jahre später mit der »Roebuck«. Beide Male hatte er die unfruchtbare Nord-West-Küste des Landes berührt. Seine beiden berühmten Bücher »A New Voyage to New Holland«, die 1699 und 1703 erschienen, enthielten nichts, was das Interesse der britischen Regierung hätte erregen können. Niemand in London hielt etwas von Australien, bis Kapitän Cooks Expedition die gut bewässerte und einladende östliche Küste entdeckte. Sein Bericht lautete bei weitem günstiger und führte zu der Besitzergreifung des Kontinents durch die Briten.

Den ersten Vorschlag, eine pazifische Kolonie in Australien zu gründen, machte 1779 Joseph Banks vor

Sir Joseph Banks. Zeitgenössisches Gemälde

Zweig des Brotfruchtbaums. Zeichnung von Sidney Parkinson, einem Teilnehmer der Cook-Expedition

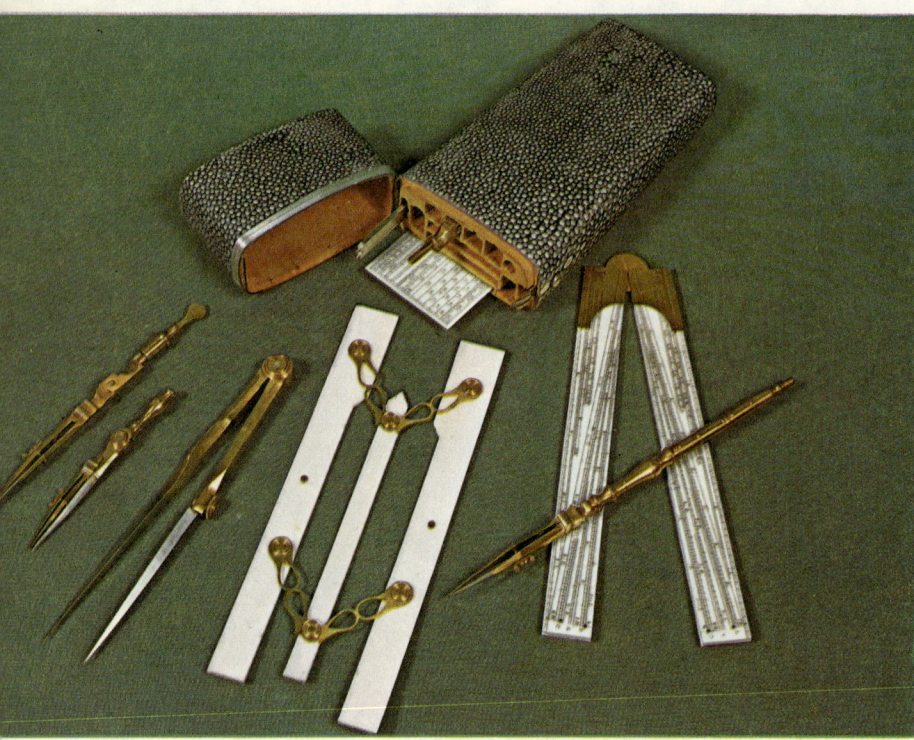

Navigationsinstrumente aus dem 18. Jahrhundert

Die »Endeavour«, Expeditionsschiff James Cooks während seiner Reise 1768–1770. Modell

einem Ausschuß des Unterhauses. 1776 hatten die Vereinigten Staaten ihre Unabhängigkeit erklärt, und der Verlust der amerikanischen Kolonien bedeutete für England, daß es seine Sträflinge nicht mehr über den Atlantik abschieben konnte. Dennoch verurteilten die Richter weiterhin Sträflinge zur Verbannung in die Kolonien. Die Gefängnisse füllten sich, da zunächst niemand eine Möglichkeit sah, solche Urteile zu vollstrecken.

Dann kam Banks und empfahl mit Feuereifer die Botany Bay für diesen Zweck: »Das Verhältnis des reichen Bodens ist klein im Vergleich zu der Wüste, aber ausreichend, um sehr viele Menschen zu ernähren. Außerdem ist das Land gut mit Wasser versorgt und es gibt keine Raubtiere.« Die Eingeborenen waren im Vergleich zu denen in Neuseeland friedlich. Banks betonte, daß jede Gruppe von Sträflings-Siedlern, die dort an Land ging, Vorrat für ein Jahr an Lebensmitteln, Kleidung, Werkzeugen und Vieh mitführen müßte. Cook hatte in seinen Tagebüchern ähnliche Ansichten geäußert: »Wir sollten berücksichtigen, daß wir dieses Land im reinen Naturzustand antreffen, keine kultivierte Hand hat diesen Boden je berührt, und doch finden wir dort Dinge, mit denen die Natur das Land reichlich gesegnet hat. In diesem ausgedehnten Gebiet kann kein Zweifel darüber bestehen, daß die meisten Arten von Getreide, Obst, Bodenfrüchten aller Arten gedeihen würden.«

1786 wurde Kapitän Arthur Philip, ein Mann mit einer ausgezeichneten Seefahrerlaufbahn, mit der Führung einer Flotte nach Botany Bay betraut. Sie bestand aus sechs Transportschiffen, drei Vorratsschiffen und zwei Kriegsschiffen, die über tausend Menschen an Bord hatten, von denen achthundertzwanzig Sträflinge waren.

Als Kapitän Philip die Bucht erreichte, stellte er fest, daß sie ungeschützt lag, eine schlechte Wasserversorgung hatte und daß Siedler dort im Elend enden mußten. Darum suchte er nach einem anderen Landeplatz und segelte einige Meilen nordwärts. Er legte endlich in Port Jackson an, dem heutigen Sydney. Philip meinte, den »schönsten Naturhafen der Welt, in den Tausende Segler in vollkommener Sicherheit einfahren konnten«, entdeckt zu haben.

Zu dieser Zeit erhob England noch keinen Anspruch auf ganz Australien, da es immer noch glaubte, Neu-Süd-Wales könne von dem, was die Niederländer New Holland nannten, getrennt werden. Es beschränkte sich vorläufig auf die Ost-Küste und die benachbarten Inseln. 1815 war der ganze Umfang Australiens bekannt, und seit 1820 betrachteten die Briten das ganze Land als ihren Besitz.

So brachten Cooks Forschungen Großbritannien einen neuen Kontinent ein. Dieses aber war nicht seine einzige Leistung in der südlichen Hemisphäre. Die Expedition von 1768 hatte bewiesen, daß Neuseeland eine Inselgruppe war, und hatte Australiens fehlende Küsten-Linien ergänzt.

Cooks zweite Reise begann 1772 und klärte die Frage nach dem südlichen Kontinent endgültig. Während dreier Jahre legte Cook zwischen sechzig- und siebzigtausend Seemeilen zurück. Abstecher führten in entlegene und unerforschte Teile des Pazifiks. Er drang dabei bis zum 70° 10' südlicher Breite vor, eine Leistung, die bis 1823 unübertroffen blieb. Während

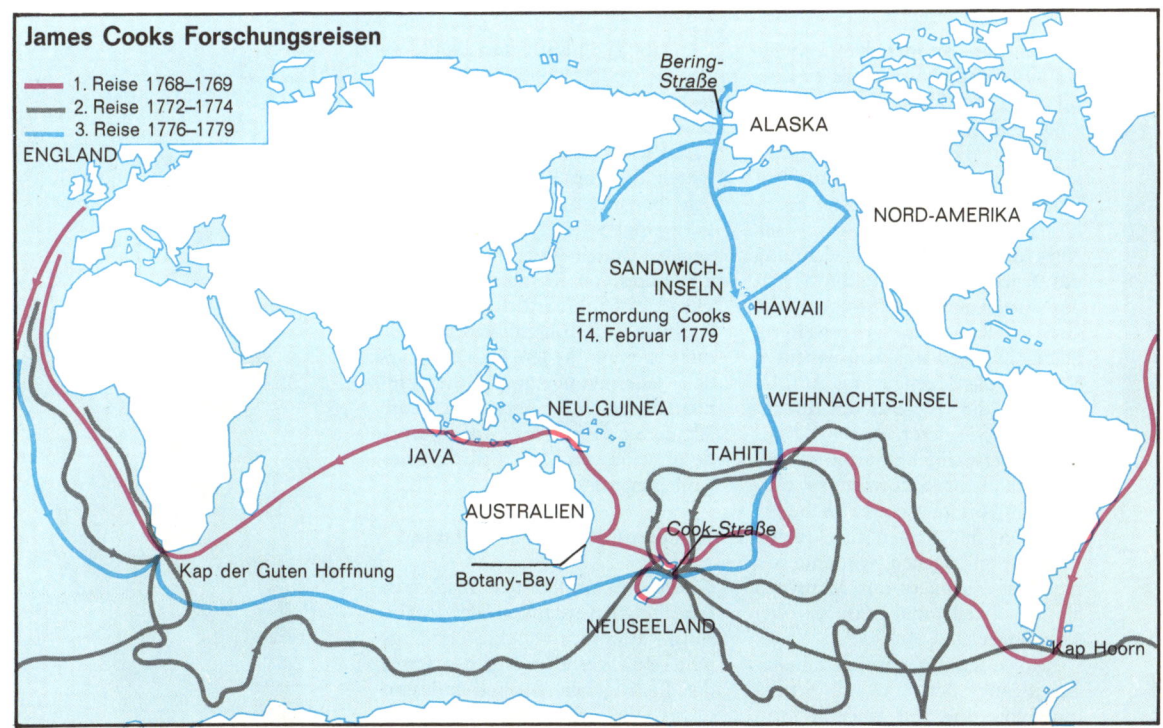

jener Fahrt machte er viele bedeutende geographische Entdeckungen, von denen eine Neu Kaledonien war, die nach Neuseeland die größte Insel im Süd-Pazifik ist. Zu den wichtigsten Ergebnissen jener Reisen aber zählte der überzeugende Beweis, daß es keinen großen südlichen Kontinent gab. Cook legte eine wesentliche Grundlage für die Kenntnis vom Süd-Pazifik. Tatsächlich haben die Karten von jenem Teil der Welt seit Cooks Zeiten nur unwesentliche Veränderungen erfahren.

RODERICK CAMERON

Ermordung von Kapitän James Cook auf Hawaii am 14. Februar 1779

Rußlands Aufstieg zur Großmacht in Europa

Zarin Katharina die Große

Während England sein Kolonialreich in Übersee ständig erweiterte, schob Rußland in Europa seine Grenzen vor. Im Siebenjährigen Krieg drangen russische Truppen als Bundesgenossen der Österreicher in Preußen ein und brachten Friedrich dem Großen die schwere Niederlage bei Kunersdorf bei. Die Russen besetzten das zu Preußen gehörende Hinterpommern und stießen bis nach Frankfurt an der Oder sowie bis nach Berlin vor. Friedrich verdankte es neben seiner unvergleichlichen Spannkraft und seinem Mut der Unfähigkeit der Russen, mit den Österreichern gemeinsame Pläne durchzuführen, daß ihn die Übermacht seiner Feinde nicht erdrückte. Der Tod der Zarin Elisabeth und die Thronbesteigung ihres Neffen, Peters III. aus dem Haus Holstein-Gottrop, Anfang 1762 hatten den Rückzug der russischen Truppen aus Preußen zur Folge.

Regierungsantritt Katharinas

Der neue Zar war ein schwacher und unfähiger Herrscher; schon wenige Monate nach seiner Thronbesteigung wurde er von Anhängern seiner temperamentvollen Gemahlin, der Prinzessin Katharina von Anhalt-Zerbst, umgebracht. Katharina bestieg den russischen Thron; sie wurde eine würdige Nachfolgerin Peters des Großen. In ihrer entschiedenen Absicht, Rußland zu modernisieren und am europäischen Lebensstil zu orientieren, war sie eindeutig von den Ideen der französischen Philosophen der Aufklärung beeinflußt. Die Zarin behauptete gern von sich, daß Voltaire ihr Lehrmeister und Diderots Enzyklopädie ihre Heilige Schrift sei. Aber die ungeheure Ausdehnung des Reiches, die politische Macht des Adels und ihr Streben, die Grenzen Rußlands zu erweitern, hemmten jeden konsequenten Versuch, das Ideengut der Aufklärung in die Wirklichkeit umzusetzen. Als Diderot, dessen Bibliothek sie erwarb, Katharina drängte, doch mehr Reformen zu tätigen, antwortete sie, er habe ja auch nur mit Papier als Arbeitsmaterial umzugehen, während sie, die arme Zarin, es mit Menschen zu tun habe, und das sei viel schwieriger.

Erfolge hatte Katharina mit der Beseitigung der meisten Staatsmonopole und mit einer Reform der russischen Provinzialverwaltung. Die Zahl der Gouvernements, in denen neben dem Gouverneur gewählte Gremien an der Verwaltung beteiligt waren, wurde vermehrt, um ihre Wirksamkeit zu erhöhen. Die orthodoxe Kirche mußte sich unter die Gewalt des Staates beugen, als Katharina Kirchengüter einzog und Glaubensfreiheit gewährte. Im Jahre 1773 wurde durch die Bulle »Dominus ac Redemptor« von Papst Clemens XIV. der Jesuitenorden aufgehoben; Katharina aber lehnte eine Ausweisung der Jesuiten aus Rußland ab.

Gemessen an den ehrgeizigen und liberalen Instruktionen der Zarin für die Kommission, die ein neues Gesetzbuch ausarbeiten sollte — das meiste übernahm sie aus Montesquieus »Der Geist der Gesetze« und aus Cesare Bonesana de Beccarias »Verbrechen und Strafen« —, waren die von Katharina tatsächlich bewirkten Gesetzesreformen geringfügig: Die Einrichtung eines neuen Gerichtssystems und die Trennung von Kriminal- und Zivilprozessen. Mehr Erfolg hatte die Zarin mit Einrichtungen im Bildungswesen: In den Städten wurden jedermann zugängliche Elementarschulen eingerichtet, die Akademie Peters des Großen wurde erweitert und ein medizinisches Kolleg gegründet.

Kosaken- und Bauernaufstand

Gewisse Schichten der russischen Gesellschaft verdankten der Regierung Katharinas verschiedene Vorteile. Zur Verbesserung des Loses der Leibeigenen geschah indessen nichts. Vielmehr vergrößerte sich ihre Zahl — nicht nur dadurch, daß große Landstriche zu Grundherrschaften zusammengefaßt wurden, sondern auch durch die Einführung der Leibeigenschaft in den von den Russen eroberten Gebieten. Das Ausmaß der bäuerlichen Mißstimmung offenbarte sich im Jahre 1773 auf dramatische Weise. Der Kosak Jemaljan Pugatschow behauptete, er sei der ermordete Zar Peter, und verkündete, er werde nach St. Petersburg ziehen, seine Gemahlin bestrafen und seinen Sohn Paul auf den Thron setzen. Pugatschow erhielt von Salzarbeitern, Kosaken und Bauern an der unteren Wolga so viel Zulauf, daß er mit seinen Anhängern mehrere Städte einnehmen und plündern konnte. Hunderte von Priestern, Offizieren und Verwaltungsbeamten ließ er aufhängen, bis er schließlich 1774 besiegt und gefangen wurde. Man brachte ihn in einem eisernen Käfig nach Moskau, wo er hingerichtet wurde. Die Mißstimmung aber hielt während der ganzen Regierungszeit Katharinas an und wurde durch ihre weit ausgreifende, aggressive Außenpolitik noch verschärft.

Großmachtpolitik

Bei ihrer Entschlossenheit, Rußland nach Westen und Süden auszudehnen, war ihr die Weigerung des Herzogs von Kurland, den aus dem Siebenjährigen Krieg heimkehrenden russischen Truppen den Durchmarsch durch sein Territorium zu erlauben, ein willkommener Vorwand für einen Angriff. Den Herzog, einen Sohn des

Jemeljan Pugatschow, Anführer eines Kosakenaufstandes 1773/74

König Stanislaus II. Poniatowski von Polen

Kurfürsten von Sachsen und polnischen Königs August III., ersetzte sie durch einen eigenen Kandidaten. Nach dem Tod Augusts III. im Jahre 1763 griff Katharina direkt in die polnischen Angelegenheiten ein. Sie erkor ihren Günstling, Stanislaus Poniatowski, zum Nachfolger Augusts. Da sie ein Vermögen an Bestechungsgeldern aufwandte und mit einer militärischen Intervention drohte, erreichte sie seine einstimmige Wahl zum König von Polen. Die territorialen Ziele Rußlands und die Freundschaft zwischen Katharina und Friedrich dem Großen beunruhigten die französische Regierung so stark, daß sie die Türkei zu einem Angriff auf Rußland bewog. Jedoch wurde die türkische Armee 1768 am Dnjepr geschlagen, die Russen eroberten Bukarest, besetzten Moldau und die Wallachei und rückten in die Krim ein. Die türkische Kriegsflotte wurde von der um West-Europa herum ins Mit-

unter Katharina der Großen 1762–1796

König Gustav III. von Schweden

telmeer gefahrenen russischen auf der Höhe von Chios besiegt. 1774, im Frieden von Kütschük-Kainardschi, mußte die Türkei Asow und Kertsch an Rußland abtreten, das dadurch seine Grenzen bis zum Schwarzen Meer und zum Unterlauf des Dnjepr vorschob. Der Sieg der Russen im zweiten Krieg mit den Türken bestätigte die Annexion der Krim durch Rußland und sicherte seine Stellung am Schwarzen Meer.

Die Erfolge gegen die Türkei wurden Katharina auch durch ihre Haltung im Bayerischen Erbfolgekrieg ermöglicht. Nach dem Tod des Kurfürsten Max Joseph im Jahre 1775 beanspruchte Kaiser Joseph II. Teile von Bayern für Österreich. Dem nächsten rechtmäßigen Erben aus dem Hause Wittelsbach, Kurfürst Karl Theodor von der Pfalz, bot er eine finanzielle Abfindung und die Versorgung seiner unehelichen Kinder an. Aber Friedrich der Große hatte den Neffen und legalen Nachfolger Karl Theodors, den Herzog von Pfalz-Zweibrücken, dazu be-

Emanuel Swedenborg

stimmt, die Vorschläge des Kaisers abzulehnen. Um die Pläne Josephs II. in Süd-Deutschland zu durchkreuzen, rückte Friedrich in Böhmen ein. Der Konflikt wurde im Frieden von Teschen beigelegt, durch den die Rechte des Kurfürsten von der Pfalz und des Herzogs von Zweibrücken auf Bayern gewährleistet wurden. Rußland wirkte in der Auseinandersetzung als Vermittler. Nachdem des Kaisers Versuch, Bayern zu Österreich zu schlagen, vereitelt worden war, glaubte er, daß ihm ein Bündnis mit Rußland den Gewinn etlicher türkischer Besitzungen einbringen könnte. So erlangte Katharina für ihre Wünsche gegenüber der Türkei die Unterstützung Josephs. Der russische Kriegsgewinn war bedeutend, während Josephs schlecht geführte und von Seuchen geplagte Armee eine Niederlage erlitt.

Teilung Polens

Mittlerweile wurde Katharinas Schützling in Polen, König Stanislaus II. Poniatowski, bei seinem

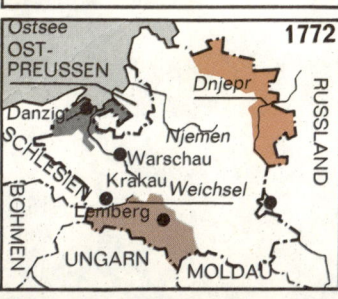

Versuch, als aufgeklärter Monarch zu regieren, von einer Verfassung eingeengt, die seine Initiativen erheblich beschnitt. Die Verfassung aber garantierten sowohl Katharina als auch Friedrich der Große, denn keiner von beiden wünschte das Wiedererstarken eines polnischen Staates. Anfang 1772 kamen Katharina und Friedrich überein, Polen aufzuteilen; im August desselben Jahres wurde der Teilungsvertrag unterzeichnet. Rußland besetzte Weißrußland östlich der Ströme Düna und Dnjepr; Preußen nahm Westpreußen; Österreich, das kurz zuvor die Zips annektiert hatte, erhielt Galizien.

Zwanzig Jahre später wurde den Polen ein zweiter Teilungsvertrag aufgezwungen. Rußland annektierte einen großen Teil von Ost-Polen, von Polozk bis zum Dnjepr, und Preußen bekam Danzig, den Warthe-Gau und einen großen Bezirk von West-Polen. Jedoch trieb diese Verminderung auf ein Drittel des früheren Besitzstandes die tapferen Polen zur Erhebung gegen ihre Bedrücker. Unter Führung des Nationalhelden Thaddäus Kosciuszko gewannen die Polen einige Gefechte gegen die Russen und eroberten das verlorene Gebiet teilweise zurück. Kosciuszko wurde zum Diktator ausgerufen; Warschau und Wilna konnten befreit werden. Nun aber eilten die Preußen den Russen zu Hilfe. Nach der Niederlage Kosciuszkos bei Maciejowice und dem Fall von Krakau und von Warschau kapitulierten im November 1794 die letzten Polen. 1795 erfolgte die restlose Aufteilung Polens. Rußland drang dadurch noch weiter nach Westen vor, denn es

Karikatur auf die erste Teilung Polens im Jahr 1772

besetzte die restlichen Teile Litauens; Österreich dehnte sich über Krakau hinaus bis zum Bug aus; Preußen besetzte den Rest einschließlich Warschaus. Polen hatte aufgehört, als selbständiger Staat zu existieren.

Schweden

Friedrich der Große und Katharina dachten auch an eine Aufteilung Schwedens. Schweden stand 1771, als Gustav III. den Thron bestieg, am Rand einer Anarchie.

Gustav ließ in einem unblutigen Staatsstreich die Mitglieder des Reichsrats verhaften, löste den Reichstag auf und verkündete eine neue Verfassung. Der König leitete Reformen ein, die die Agrarstruktur, den Handel, die Verwaltung und die Rechtsprechung betrafen, förderte die Wissenschaften und sorgte für den Aufbau einer schlagkräftigen und gut ausgerüsteten Armee und Marine.

1787 glaubte Gustav, daß seine Truppen für einen Krieg stark genug seien. Weil er argwöhnte, daß Katharina seine Gegner mit Subsidien unterstützte, griff er sie an, als die russischen Streitkräfte im zweiten Türkenkrieg vollauf beschäftigt waren. Seine Marine schlug sich ausgezeichnet. Das Heer traf Vorbereitungen für den Marsch auf St. Petersburg, als ein Angriff Dänemarks, dem Gustav Norwegen zu entwinden wünschte, den Schwedenkönig zwang, seine Truppen zur Verteidigung Göteborgs zurückzunehmen. Der Frieden wurde schließlich unter Vermittlung Preußens und Englands geschlossen, die beide die wachsende Macht Rußlands fürchteten.

Die Unabhängigkeitserklärung 1776

Die Unabhängigkeitserklärung war, im Unterschied zu der Verfassung der Vereinigten Staaten und zu den meisten grundlegenden Proklamationen das Werk nur eines Mannes. John Adams aus Massachusetts und Benjamin Franklin aus Pennsylvanien schlugen zwar einige Änderungen im Wortlaut vor, aber die Verantwortung für den Inhalt trug Thomas Jefferson aus Virginia, der besser als seine Gefährten das formulierte, was eine Nation wünschte und brauchte.

Jefferson war im Juni 1775 als einer der ersten Abgeordneten von Virginia zum Zweiten Kontinental Kongreß gekommen. Der Zweite Kongreß protestierte schärfer und radikaler als der Erste, der vom 5. September bis zum 6. Oktober 1774 in Philadelphia zusammengetreten war, gegen die britische Kolonialpolitik. Der Erste Kongreß hatte verschiedene Beschwerden an König Georg III. gesandt und die »Continental Association« gebildet, um die britischen Einfuhren in die Kolonien zu boykottieren und die Ausfuhren nach Großbritannien zu sperren. Aber obgleich der Erste Kongreß einen energischen Widerstand gegen England forderte, dachten nur wenige an einen ernsthaften Bruch mit dem Mutterland.

Als jedoch der Zweite Kongreß im Mai 1775 zusammentrat, hatte England die früheren Eingaben abgelehnt und beschlossen, das Aufbegehren mit Gewalt zu brechen. Es war bereits zu bewaffneten Zusammenstößen zwischen Kolonialmiliz und britischen Truppen in Lexington und in Concord gekommen. Die Radikalen im Kongreß hatten zugenommen. Die Abgeordneten beschlossen Maßnahmen, die sie unerbittlich zum endgültigen Bruch mit dem Mutterland treiben mußten. Die Bewohner der Kolonien stellten eine eigene Armee auf. Diplomatische Fühler wurden nach Frankreich ausgestreckt; die amerikanischen Häfen öffneten sich der fremdländischen Schiffahrt. Schließlich konstituierte sich im Juni 1776 ein Ausschuß, um eine formelle Erklärung der Unabhängigkeit der Kolonien von England zu entwerfen. Dem Ausschuß gehörten Adams, Franklin, Roger Sherman aus Connecticut, Robert Livingstone aus New York und Jefferson an.

Der große, sandblonde, linkische Jefferson hatte bei seiner Ankunft in Philadelphia keinen guten Eindruck gemacht. Seine Kleidung saß schlecht, und seine Art zu reden war so stockend und weitschweifig wie sein Gang. Aber die Fähigkeit, die Zuhörer mitzureißen, trug wesentlich zum Gelingen der vorgetragenen Sache bei. Sein Talent war mit anderen Eigenschaften gesegnet. Wenn er auch in öffentlicher Debatte nicht glänzte, zeigte er sich doch in der Ausschußarbeit gut informiert, offen und von messerscharfer Intelligenz. Offensichtlich verdiente er den guten Ruf, den er im »House of Burgesses« in Williamsburg erworben hatte.

Mit seinen dreiunddreißig Jahren war er einer der jüngsten Abgeordneten im Kongreß, eine seltsame Mischung der Alten und der Neuen Welt. Obwohl er am Rand der rasch aufblühenden westlichen Siedlungen aufgewachsen war – was seine heftige Opposition gegen eine Regierung, die Rang und Privilegien förderte, erklärt –, erbte er von seiner Mutter Jane Randolph, die aus einer der vornehmsten Familien in der Provinz stammte, den Sinn für eine kultivierte Lebensart. Als ein Liebhaber guter Bücher, guter Musik und gleichzeitig ein vollendeter Sprachkenner, ein Architekt und Farmer ebenso wie ein tüchtiger Verwaltungsmann, hätte sich der außerordentlich wendige Jefferson einen Namen in den verschiedensten Berufen erwerben können.

Ein Kritiker nannte Thomas Jefferson »ein Opfer der Allwissenheitskrankheit«. Aber, wie Menschen mit vielseitigen Talenten, beschäftigte er sich mit allen Wissensgebieten mehr oberflächlich. Doch zumindest einmal in seinem Leben – im Monat Juni 1776 – widmete er sich ausschließlich der ihm zugedachten Aufgabe. Livingstone und Sherman stimmten mit Adams und Franklin darin überein, die wörtliche Fassung der Erklärung dem jungen Abgeordneten aus Virginia zu überlassen. Jefferson zog sich in seine Wohnung in der Market Street zurück und ward erst wiedergesehen, als er den ersten Entwurf vollständig niedergeschrieben hatte.

Als er seinen Federkiel spitzte, mag er sich daran

Fünf-Schilling-Stempel der englischen nordamerikanischen Kolonien nach dem Steuergesetz, der »Stempelakte«, von 1765

Thomas Jefferson. Gemälde von Gilbert Stuart

*Die Unabhängigkeits-
erklärung der Vereinigten
Staaten von Amerika vom
4. Juli 1776 mit den Unterschriften der Delegierten der
dreizehn Staaten*

erinnert haben, daß der Hauptzweck des Schriftstückes, an dem er arbeitete, nicht in der Erklärung der Unabhängigkeit lag, sondern darin, der Welt darzulegen, was zu diesem Schritt drängte. Im Namen der Abordnung aus Virginia hatte Jeffersons Kollege, Richard Henry Lee, bereits eine Resolution dem Kontinental Kongreß vorgelegt, in der erklärt wurde, daß die Vereinigten Kolonien freie und unabhängige Staaten seien, entbunden von allen Verpflichtungen der britischen Krone gegenüber, und daß alle politische Verbindung zwischen ihnen und dem Staat Großbritannien gänzlich gelöst sei. Aber ehe Lees Resolution zur Abstimmung kam, hatte der Kongreß einen Vorbereitungsausschuß ernannt, der eine Rechtfertigung der Unabhängigkeit entwerfen sollte.

In dem Bewußtsein, daß er sich nicht nur an die Engländer und an die Amerikaner, sondern an die ganze kultivierte Welt wandte, begann Jefferson seine Rechtfertigung mit einer absichtlich stolzen Feststellung:

»Wenn es im Laufe der geschichtlichen Ereignisse für ein Volk notwendig wird, die politischen Bande zu lösen, die es mit einem anderen verknüpft haben, und unter den Mächten der Erde die gesonderte und gleichwertige Stellung einzunehmen, zu der die Gesetze der Natur und des Schöpfers es berechtigen, so erfordert eine geziemende Achtung vor der Meinung der Welt, daß es die Gründe angibt, die es zu der Trennung zwingen.«

Hier läßt nichts auf leidenschaftliche Rebellen schließen; tatsächlich hätte Jefferson bestritten, daß die Kolonisten in aufrührerischer Absicht handelten. Im Gegenteil, das freie Volk in Amerika verteidigte alteingewurzelte Rechte gegen die willkürlichen Anmaßungen eines Königs im fernen Europa.

Jefferson dachte beim Schreiben auch an Frankreich. Denn dessen Hilfe war für die Durchsetzung der Unabhängigkeit unerläßlich. Wenn die Kolonisten gegen rechtmäßige Autorität zu rebellieren schienen, würde kein Staat in Europa ihnen beistehen. Darum mußte Jefferson die Leser der Erklärung davon überzeugen, daß der Akt der Trennung von der englischen Krone rechtmäßig war – und mehr noch als das: Er mußte Mitgefühl für ein geknechtetes Volk, das seit vielen Jahren unter einer Tyrannei litt, erregen und Empörung über den Unterdrücker entfachen. Nur so durfte er hoffen, aktive französische Hilfe zu erhalten.

Allerdings erwartete man von einem französischen König zuviel, wenn man annahm, daß er der Theorie beipflichtete, die Vollmachten einer rechtmäßigen Regierung würden von der Zustimmung ihrer Untertanen abhängen. Die Erwartungen stützten sich eher auf machtpolitische Aspekte: Ludwig XVI. konnte eine Spaltung des britischen Reiches nur begrüßen.

Im zweiten Abschnitt der Erklärung formulierte Jefferson eine allgemeine politische Philosophie, um den speziellen Fall der Unabhängigkeit seines Heimatlandes zu stützen:

»Wir halten diese Wahrheiten für in sich einleuchtend: daß alle Menschen gleich geschaffen sind; daß sie von ihrem Schöpfer mit gewissen (angeborenen und) unveräußerlichen Rechten ausgestattet sind, darunter Leben, Freiheit und Streben nach Glück; daß zur Sicherung dieser Rechte Regierungen unter den Menschen eingesetzt sind, die ihre gerechten Vollmachten von der Einwilligung der Regierten herleiten; daß, wenn immer eine Regierungsform diesen Zielen zum Schaden gereicht, es das Recht des Volkes ist, sie zu ändern oder abzuschaffen, und eine neue Regierung einzusetzen, die sich auf solchen Grundsätzen aufbaut und ihre Macht in einer Weise organisiert, wie sie am geeignetsten erscheint, seine Sicherheit und sein Glück zu schaffen. In der Tat wird die Klugheit gebieten, daß seit langem bestehende Regierungsformen nicht aus geringfügigen und vorübergehenden Ursachen geändert werden sollten, und dementsprechend beweist alle Erfahrung, daß die Menschheit eher geneigt ist zu dulden, solange die Mißstände erträglich sind, als sich Recht zu verschaffen durch Abschaffung der Formen, an die sie gewöhnt ist. Aber wenn eine lange Kette von Mißbräuchen und Anmaßungen, stets das gleiche Ziel verfolgend, die Absicht enthüllt, ein Volk unter den unbeschränkten Despotismus zu beugen, so ist es sein Recht, ist es seine Pflicht, eine solche Herrschaft abzuschütteln und sich neue Bürgschaften für seine zukünftige Sicherheit zu verschaffen. Solcher Art ist das geduldige Leiden dieser Kolonien gewesen, und so zwingt sie jetzt die Notwendigkeit, ihr früheres Regierungssystem zu ändern. Die Geschichte des gegenwärtigen Königs von Großbritannien ist eine Geschichte wiederholter Beleidigungen und Anmaßungen, unter denen keine Einzeltatsache erscheint, die dem gleichförmigen Verlauf der übrigen Geschehnisse widerspricht, sondern die alle das direkte Ziel verfolgen, eine unbeschränkte Tyrannei über diese Staaten aufzurichten.«

Die Wahrheiten, die Jefferson selbstverständlich ausspricht, waren es weder für seine Zeitgenossen noch für die folgenden Generationen. Seine Feststellung, daß alle Menschen gleich geschaffen seien, gibt der Nachwelt noch heute Rätsel auf. Vor dem Angesicht Gottes dürfen alle seine Kinder auf die gleiche Gnade hoffen, aber in irdischer Hinsicht sind sie von unterschiedlichster Natur geboren. Vielleicht hätte er besser daran getan, den Satz seines Freundes George Mason in der Virginia Bill of Rights zu übernehmen:

»Alle Menschen sind gleich frei geboren.«

Bei aller Kritik aus heutiger Sicht darf nicht vergessen werden, daß Jefferson von einem Ideal beseelt war, das er und seine Gefährten zum erstenmal in der Geschichte für Menschen zu erreichen hofften. Er versuchte, die Formen menschlichen Zusammenlebens mit dem, was er für das moralische Sittengesetz hielt, in Einklang zu bringen. Wie jeder große Staatsmann wußte er gleichzeitig um die praktischen Dinge der Politik. Die Erklärung war nicht ein Dokument der Propaganda, das nur die Kräfte des Widerstandes stärken sollte. Neben der allgemeinen Darlegung der Menschenrechte enthielt sie ein politisches Programm.

Nachdem Jefferson das Recht zur Revolution unter gewissen Bedingungen verfochten und die Theorie von einer republikanischen Regierung für die Kolonie aufgestellt hatte, ging Jefferson dazu über, die Ausübung der grundsätzlichen Rechte im einzelnen zu begründen. Er stellte eine lange Liste von Beschwerden zusammen, die sich aber nicht gegen das Parlament richteten, wie man hätte annehmen können, da ja der Disput zwischen den Kolonien und dem Mutterland sich immer auf die Frage der parlamentarischen Autorität konzentriert hatte, sondern gegen den König. Das Parlament galt für den Kongreß in Amerika nur für eine gesetzgebende Körperschaft Großbritanniens.

Jefferson führte die Einmischung des Königs in die Befugnisse der Volksvertretung der Kolonien an, die Schroffheit, mit der er in kolonialen Angelegenheiten verfuhr, die Beschränkung bürgerlicher Rechte, die Stationierung von Truppen in den Kolonien und die einschränkenden Steuer- und Handelsmaßnahmen. Die Liste schloß auch einige unwahre Beschwerden ein, wie den Vorwurf, Georg III. habe den Sklavenhandel gegen die Wünsche der Kolonisten gefördert.

Dem Kongreß kam es gelegen, König Georg III. jede Verfehlung anzulasten. Aber da der Sklavenhandel durch Schiffseigentümer von Neu-England ausgeführt und von Käufern des Südens unterstützt wurde, hätte ihn Jefferson besser nicht erwähnt. John Adams, der als Jeffersons Sprecher im Kongreß auftrat, kämpfte schwer um die Beibehaltung der Stelle über Sklaverei. Der Kongreß entschied, die anstößige Stelle zu streichen. Das Wort »Sklaverei« erscheint daher nicht in der endgültigen Fassung. Es gab nur eine indirekte Anspielung darauf in der Anklage, daß der König bewußt den inneren Aufstand in Amerika geschürt habe, was sich entweder auf die Indianer oder auf die Neger bezog. Die Sklaverei war kein Diskussionsthema in einem Dokument, das die menschliche Freiheit verteidigte.

Es war eigentümlich, daß Jefferson den Abschnitt über Sklaverei angesichts seiner eigenen Haltung dieser Einrichtung gegenüber eingefügt hatte. Er stritt niemals ab, daß Sklaverei ein großes Übel sei, ebenso verderblich für den weißen Mann wie für den Neger, aber Jefferson hatte einen arglosen Optimismus, der ihm erlaubte zu denken, daß die Sklaverei eines natürlichen Todes sterben würde. Im Norden ging sie bereits zurück; später würde sie genauso in den Süd-Staaten aufhören, eine Rolle zu spielen. Es scheint ihn nicht bedrückt zu haben, daß er ein- bis zweihundert Sklaven besaß, während er gleichzeitig den Satz, daß alle Menschen gleich geschaffen sind, als absolute

Thomas Paine. Zeitgenössischer Kupferstich

König Georg III. von England. Gemälde von Allan Ramsay, etwa 1763

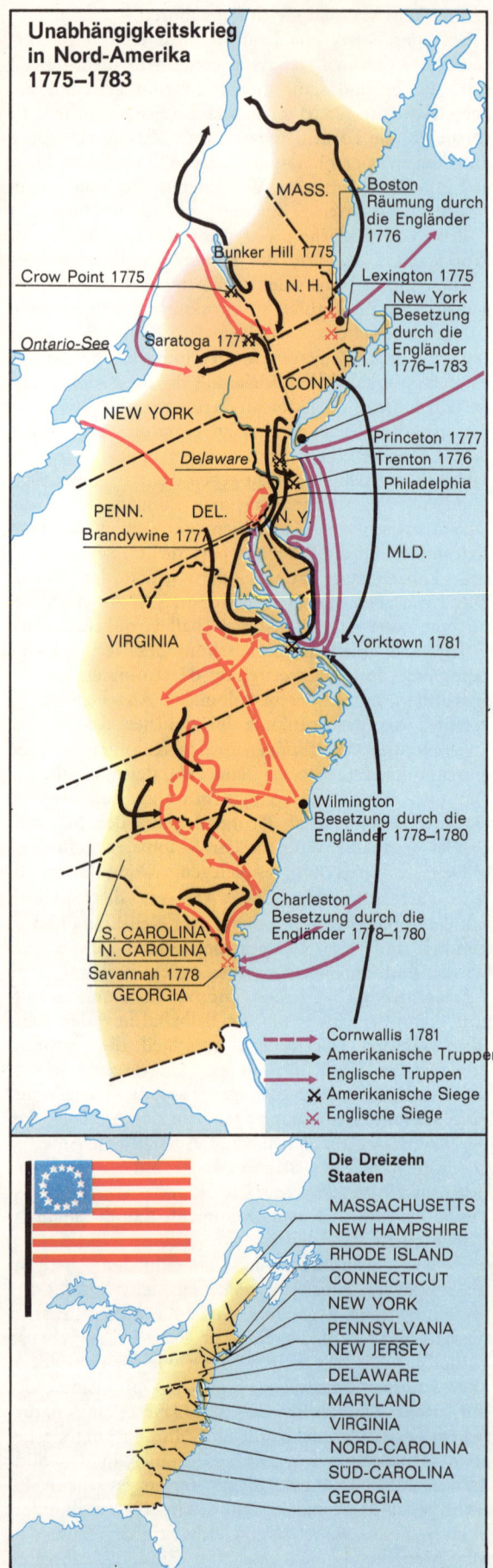

Wahrheit betrachtete. Er war ein gütiger Herr, und seine Sklaven waren ihm ergeben. Diese Tatsache mag erklären, warum er vom 4. Juli 1776 bis zum Tag seines Todes fünfzig Jahre später die zwiespältige Haltung eines sklavenhaltenden Verfechters der Freiheit innehatte.

In der Debatte über den Entwurf der Erklärung muß der Verfasser wahre Qualen ausgestanden haben. Der beratende Ausschuß war sehr entgegenkommend gewesen; er schlug nur einige Änderungen vor, die Jefferson sofort aufgriff. Aber die anderen Mitglieder des Kongresses waren nicht zufrieden. Sie strichen ein Viertel von dem, was er geschrieben hatte, änderten etwa zwei Dutzend Wörter und fügten zwei neue Absätze am Schluß ein, die sich auf »Allerhöchster Richter« — »Supreme Judge« und »Göttliche Vorsehung« — »Divine Providence« bezogen. Jefferson hatte Gott zweimal erwähnt, der Kongreß aber wollte den Allmächtigen auch am Schluß genannt wissen.

Lees Resolution zur Unabhängigkeit wurde am 2. Juli genehmigt, aber die Debatte über die Wortwahl in der Erklärung dauerte noch zwei weitere Tage. Jefferson selbst sagte nichts — er beschäftigte sich damit, Notizen über das Wetter und seine laufenden Ausgaben zu machen. Am Abend des 4. Juli wurde die Debatte abgeschlossen. Alle anwesenden Mitglieder außer John Dickinson aus Pennsylvanien unterzeichneten die Erklärung. Die dreizehn Kolonien erklärten sich zu dreizehn unabhängigen Staaten.

Es war Jefferson gelungen, einem Dokument mit zunächst nur nationalem Charakter einen zeitlosen und universalen Stempel aufzudrücken: Seine Kollegen im Kongreß spürten, daß sie weit mehr taten als einem König die Untertanenschaft zu kündigen: Sie gründeten eine neue Ordnung der Gesellschaft auf den Rechten freier Menschen. Jefferson baute sein Regierungsideal auf die Philosophie des Naturrechts auf. Dieser Philosophie nach lebte der Mensch ursprünglich in einem Naturzustand ohne eine Gesellschaftsordnung. Da er das Recht des Lebens, der Freiheit, des Besitzes und das Streben nach Glück sein eigen nannte, versuchte jeder Mensch, alles dieses für sich durchzusetzen. Da die Starken meistens aus der Schwäche der anderen ihren Vorteil zogen, kam die Zeit, da die Menschen froh waren, die Ordnungen der Zivilisation gegen den Naturzustand einzutauschen. Sie erkannten ihre Unfähigkeit an, ihre natürlichen Rechte selbst zu bewahren, wollten sie aber auch keinem anderen unterstellen. Da sie dieses kostbare Gut oft dem Willen Gottes gleichsetzten, durfte es ihnen kein Herrscher nehmen. Daher leiteten sich auch die Lehren über eine Mitbestimmung der Untertanen und über das Recht des Widerstandes gegen eine versagende Obrigkeit.

Die amerikanischen Kolonien hielten daran fest, daß ihre Philosophie ein Teil des Erbes sei, das die Schriften von John Milton und von John Locke enthielten. Dieser Gedankengang war den Gründungsvätern so selbstverständlich, daß John Adams sich in späteren Jahren manchmal über die Lobreden an Jefferson beschwerte und betonte, daß es in der Erklärung keinen Gedanken gäbe, der nicht schon seit zwei Jahren im Kongreß diskutiert worden wäre. Jefferson stritt dies nicht ab. Ihm kam es nicht auf

Originalität in Prinzip oder Gefühl an. Für ihn war es allein wesentlich, daß das Vernünftige der Sache der Menschheit in klaren und bestimmten Formulierungen aufgezeichnet sei, um den Status der Unabhängigkeit für seine Heimat zu rechtfertigen.

Während Jefferson recht hatte, daß das Hauptverdienst der Erklärung in ihrer Allgemeingültigkeit lag, dachten beide, John Adams und er, falsch, wenn sie meinten, daß die Erklärung nur ausdrücke, was jedermann wußte. Indem er die geläufigen Bezeichnungen »Leben, Freiheit, Besitz« gegen »Leben, Freiheit, Streben nach Glück« austauschte, trennte er sich von John Locke und den anderen Philosophen. Bisher hatte noch kein staatstheoretisches Schriftstück davon gesprochen, daß es eine der wesentlichen Aufgaben der Regierung sei, die Menschen glücklich zu machen, oder, daß eines der natürlichen Rechte des Menschen das Streben nach Glück sei. Das war in der Tat eine umwälzende Lehre.

Es könnte eingewandt werden, daß das »Streben nach Glück« schon in »Freiheit« inbegriffen sei. Wenn ein Mensch sicher Leben und Freiheit besitzt, kann er nach allem streben, was er möchte. Viele von Jeffersons Zeitgenossen mögen das Streben nach Glück für einen zu billigen Begriff gehalten haben, um in einer Proklamation der menschlichen Rechte erwähnt zu werden. Fraglos aber öffnete Jefferson damit Amerika die Tür zu einer Fülle von Möglichkeiten.

In mindestens einer Hinsicht war die Erklärung überraschend originell: nicht in dem, was sie sagte, sondern in dem, was sie ausließ. Sie erwähnte nichts von den Rechten der britischen Untertanen. Das war eine einschneidende Unterlassung, da jene Rechte die Hauptstütze auf amerikanischer Seite während des Streites zwischen den Kolonien und dem Mutterland gewesen waren, der mit der Auflage der Stempelsteuer 1764 angefangen hatte. »Keine Besteuerung ohne Vertretung.« Das Argument lautete, das Parlament habe kein Recht, britische Untertanen ohne ihre Zustimmung zu besteuern. Während seine Kollegen immer noch in diesem Sinne fochten, hatte Jefferson seinen Kampfplatz gewechselt. In seiner Schmähschrift gegen König Georg III. hob er hervor, daß der König ein schlimmeres Verbrechen begangen habe als nur die Rechte seiner Untertanen zu verletzen. Er habe die Rechte des Menschen verletzt. Jefferson verkündete von nun an ein höheres Rechtsgut.

Möglicherweise war er von Thomas Paine beeinflußt, einem Engländer, der erst seit kurzem in Amerika weilte und der sich der Sache der Kolonisten mit dem ganzen Eifer des Bekehrten annahm. In seiner Flugschrift »Gesunder Menschenverstand« hob er hervor: »Die Sache Amerikas ist in weitem Sinn die Sache der Menschheit.« Er zog viele durch seine Beredsamkeit auf seine Seite, blieb aber im Grund nur ein Aufwiegler. Thomas Jefferson hatte anderes Format.

Das Argument, das Jefferson vor den Schranken der Weltmeinung vorbrachte, ist immer wieder angegriffen worden, sei es aus Ärger, sei es aus Verachtung, von Freunden der amerikanischen Revolution ebenso wie von ihren Feinden. Die Kritiker haben weitgehend Rufus Choate beigestimmt, einem der großen rechtskundigen Staatsmänner des 19. Jahrhunderts, daß die Unabhängigkeitserklärung nichts anderes sei, als

Gemetzel von Boston am 5. März 1770.
Kupferstich von Paul Revere, 1770

»eine Reihe von glitzernden Gemeinplätzen«. Jeffersons Anhänger sind nicht weniger hartnäckig und wortreich gewesen. So sagte 1861 Abraham Lincoln auf dem Weg nach Washington, um die Präsidentschaft anzutreten:

»Ich habe in der Politik niemals Gefühle gehabt, die nicht denen entsprangen, die in der Unabhängigkeitserklärung zum Ausdruck gebracht werden... Etwas in dieser Erklärung spricht nicht nur dem amerikanischen Volk die Freiheit zu, sondern gibt auch der Welt Hoffnung für alle Zukunft... und daß alle eine gleiche Möglichkeit haben sollten...«

Jefferson mag mehr als optimistisch gewesen sein, als er in seinen alten Tagen John Adams schrieb, daß »die Flamme, die am 4. Juli 1776 entzündet worden ist, sich zu weit über den Erdball verbreitet hat, als daß sie mit den schwachen Werkzeugen der Gewaltherrschaft gelöscht werden könnte; im Gegenteil, sie wird jene Werkzeuge und alle, die sie bedienen, verzehren...« Leider sind die »Werkzeuge der Gewaltherrschaft« und jene, die sie bedienen, heute noch nicht verzehrt.

ARNOLD WHITRIDGE

Auseinandersetzung zwischen England und Frankreich

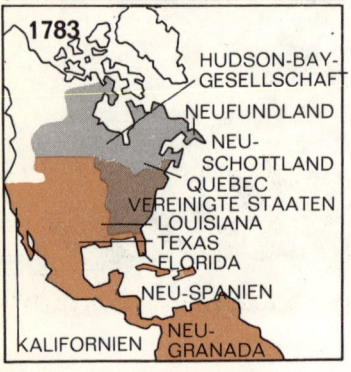

Mit dem Frieden, der im Januar 1783 in Paris geschlossen wurde, erkannte Großbritannien die Unabhängigkeit der Vereinigten Staaten an. William Petty-Fitzmaurice, Graf von Shelburne, der als Premierminister für die englischen Verhandlungen die Verantwortung trug, hatte sich bemüht, Amerika in der britischen Einflußsphäre zu halten. Er war bereit, den Amerikanern die Verantwortung für die Kolonien zu überlassen, und hoffte, daß Großbritannien und die Vereinigten Staaten Handelspartner würden, wobei England eine vermittelnde Stellung zwischen Amerika und dem übrigen Europa einnehmen sollte. Darum hatte sich Shelburne unablässig um das Wohlwollen der Amerikaner bemüht. Indem er ihnen die von ihnen beanspruchten Gebiete überließ, schuf er die Voraussetzungen für einen guten Absatzmarkt britischer Waren. Dieses Entgegenkommen erregte den Zorn der Kritiker des Premierministers, die seine wirtschaftlichen Erwägungen nicht verstanden. Ihre Angriffe entkräftete Shelburne dadurch, daß er auf die bedeutungslosen Zugeständnisse hinwies, die

er den Feinden Englands im jüngsten Feldzug gemacht hatte, Konzessionen, die angesichts des unglücklichen Kriegsverlaufs und der Erschöpfung, in der sich England befand, nicht schwer ins Gewicht fielen.

Den Krieg zwischen England und seinen amerikanischen Kolonien begrüßte Frankreich. Der Außenminister Ludwigs XVI., Charles Gravier Graf von Vergennes, hoffte, daß dieser Krieg den Vorsprung, den England im Siebenjährigen Krieg gegenüber den Franzosen gewonnen hatte, ausgleichen würde, um eine angemessene Position während der Friedensverhandlungen in Paris einnehmen zu können. Als am 17. Oktober 1777 General John Burgoyne bei Saratoga vor General Horatio Gates die Waffen strecken mußte, unterstützte Frankreich die Amerikaner längst mit Waffen. Im folgenden Jahr kam es zu einer offiziellen Kriegserklärung.

Ausweitung des Krieges

Frankreich war nur einer von Englands Feinden. Die Liga der Bewaffneten Neutralität, die sich 1780 bildete, um englische Schiffe

daran zu hindern, neutrale Schiffe nach Kriegskonterbande zu durchsuchen, umfaßte schließlich Rußland, Schweden, Österreich, Preußen, Dänemark, Spanien, Portugal, Holland und Frankreich. Spanien und Holland griffen auch aktiv in die Feindseligkeiten gegen ihren traditionellen Konkurrenten ein. Spanien erklärte im Juni 1779 England den Krieg, nachdem ihm Frankreich zugesagt hatte, ihm bei der Wiedergewinnung von Florida und von Gibraltar behilflich zu sein. England erklärte den Holländern den Krieg, als die Versuche, es vom Beitritt zu der Liga zurückzuhalten, vergeblich blieben.

Die englische Marine wurde durch die vielen Aufgaben dieses Krieges bis an die Grenze ihrer Leistungsfähigkeit beansprucht. Sie sollte Gibraltar entsetzen, die Truppen in Amerika unterstützen, den Kanal kontrollieren und mit den Franzosen in Mittel-Amerika kämpfen. Wenige Tage nach der spanischen Kriegserklärung 1779 fielen die Inseln der Kleinen Antillen St. Vincent und Grenada in die Hände der Franzosen. Im Januar 1780 besiegte zwar Admiral George Rodney ein spanisches Geschwader auf der Höhe von Kap Sao Vicente im Süd-Westen Por-

tugals und entsetzte für einige Zeit Gibraltar. Aber im weiteren Verlauf des Jahres schlugen sich Engländer und Franzosen in der Karibischen See dreimal, ohne daß es Sieger und Besiegte gegeben hätte; und im April 1781 eroberten die Franzosen Tobago. Eine französische Flotte vereitelte das englische Vorhaben, den holländischen Stützpunkt am Kap der Guten Hoffnung einzunehmen, und eroberten später einen von den Holländern an die Engländer verlorenen Hafen auf Ceylon zurück. Im Juli 1781 besetzten die Spanier Pensacola in Florida, und am 19. Oktober streckten bei Yorktown die Truppen Lord Charles Cornwallis' vor George Washington die Waffen.

Im Februar 1782 schien England am Rand des Zusammenbruchs zu stehen. Die Spanier hatten ihrem Sieg in Florida am 5. Februar die Eroberung der Balearen-Insel Me-

Thomas Paine

norca folgen lassen. Eine Woche später nahmen die Franzosen die Insel der Kleinen Antillen St. Christopher. Am 22. Februar wurde eine Resolution, die die Fortsetzung des Krieges in Amerika scharf kritisierte, im Unterhaus mit nur einer Stimme Mehrheit abgelehnt. Einen Monat später reichte Premierminister Lord Frederick North seinen Rücktritt ein.

Doch noch im Jahr 1782 begann sich das Kriegsglück zu wenden. Am 12. April schlug Admiral Rodney die Franzosen, eroberte de Grasse und rettete damit die restlichen Besitzungen Englands in West-Indien. Sieben Monate spä-

Nelson in der Seeschlacht bei St. Vincent im Jahr 1797

Revolutionäre Spannungen in Europa
1776–1789

ter konnte Lord William Howe Gibraltar endgültig entsetzen. In Paris wurden Friedensverhandlungen eingeleitet, an denen von amerikanischer Seite Benjamin Franklin, der Gesandte der Vereinigten Staaten in Paris, John Jay, der 1784 Außenminister wurde, und John Adams, seit 1797 zweiter Präsident der Vereinigten Staaten, teilnahmen.

Im Frieden von Versailles erhielt England seine west-indischen Besitzungen zurück und konnte Gibraltar behaupten. Frankreich behielt seine Handelsplätze in Indien, verzichtete aber auf alle anderen Ansprüche. In West-Indien erhielt es St. Lucia zurück und gewann Tobago hinzu; in Afrika bekam es Senegal und Gorée (Dakar). Außerdem sicherte es seine Fischereirechte bei Neufundland. Spanien gewann Florida und Menorca zurück. Holland erhielt in einem Sonderfrieden alle früheren Besitzungen zurück, einschließlich des Hafens Trincomalee auf Ceylon. Dafür gestand die Republik den Engländern Schiffahrtsrechte in den Gewässern der holländischen Gewürz-Inseln zu.

Zeitalter des Fortschritts

Im Jahr des Friedensschlusses von Versailles veröffentlichte Ludwig van Beethoven seine erste Komposition und Wolfgang Amadeus Mozart vollendete seine Messe in c-Moll. Immanuel Kant schrieb seine »Prolegomena zu einer jeden künftigen Metaphysik«. William Herschel entdeckte die »Eigenbewegung der Sonne und des Sonnensystems« und Moses Mendelssohn verfaßte sein »Jerusalem oder über religiöse Macht und Judentum«. Das viertel Jahrhundert zwischen dem Frieden von Paris und dem Ausbruch der Französischen Revolution war außerordentlich fruchtbar an philosophischer Auseinandersetzung, naturwissenschaftlichen Entdeckungen und künstlerischen Entwicklungen. Diese Jahre sahen nicht nur den Aufstieg von Voltaire, Jean Jacques Rousseau und Denis Diderot, sondern auch von Goethe und Schiller. Das dänische Theater erhielt von Johannes Ewald, das französische von Pierre Augustin de Beaumarchais, das italienische von Vittorio Alfieri und das Londoner von Richard Brinsley Sheridan Anregungen. In Italien wirkten die Maler Francesco Guardi und Jean Baptiste Greuze, in Frankreich Jean Honoré Fragonard und François Boucher, in England Thomas Gainsborough.

Christoph Willibald Gluck

Thomas Rowlandson und James Gillray hoben die Karikatur auf hohes künstlerisches Niveau. Die Söhne Bachs sowie Joseph Haydn, Ludwig van Beethoven, Christoph Willibald Gluck und Wolfgang Amadeus Mozart schufen unsterbliche Meisterwerke der Musik. Robert Adams und William Chambers gestalteten das Stadtbild Londons, und Jacques Ange Gabriel veränderte das Aussehen von Paris. In London versorgten George Hepplewhite, Thomas Sheraton und Thomas Chippendale die Häuser der wohlhabenderen Kreise mit prunkvollen Möbeln. 1768 wurde in London die Königliche Akademie gegründet, 1777 erhielt Lissabon ebenfalls eine Akademie der Wissenschaften. 1773 wurde in Stockholm ein Nationaltheater eröffnet. Ein Straßenneubau ermöglichte seit 1772 ständigen Wagenverkehr über den Brenner. 1770 erreichte der schottische Forschungsreisende James Bruce den Hauptlauf des Blauen Nil. 1783 erhoben sich in Annonay die Brüder Jacques-Etienne und Joseph-Michel Montgolfier in einem Warmluftballon vom Erdboden. Schon 1785 überflogen Jean Blanchard und John Jefferies in einem Ballon den Kanal. Und 1787 bestieg Horace de Saussure den Gipfel des Mont Blanc. Ähnlich bemerkenswert waren die technischen Fortschritte der Epoche. Zwischen 1764 und 1775 erfand James Hargreaves ein verbessertes Spinnrad; Joseph Priestley veröffentlichte seine »Geschichte der Elektrizität« und entdeckte den Sauerstoff, und James Watt verbesserte die Dampfmaschine.

Revolution!

Inmitten dieses intellektuellen Aufbruches erhob sich das Gespenst internationaler Unruhen. Vor 1789 gab es außerhalb Frankreichs mehrere Aufstände. 1775 ereignete sich eine ernsthafte Bauernrevolte in Böhmen, und 1780 erhob sich der schlimmste Aufruhr in der Geschichte Londons, als der Protestant, Lord George Gordon, eine wütende und fanatische Volksmenge zum Unterhaus führte, um gegen ein soeben verabschiedetes Gesetz zu protestieren, das den Katholiken einige Erleichterungen gewährte. Die mehrere Tage anhaltenden Tumulte kosteten fast siebenhundert Menschen das Leben. Besondere Zielscheibe des Volkszorns wurden zahlreiche irische Einwanderer. Es handelte sich um die Auflehnung der Armen gegen die herrschende Klasse. Man könnte in den Tumulten die ersten Anzeichen einer revolutionären Bewegung aufspüren, die das Ende des politischen Systems Georgs III. herbeiführen sollte. Ebenso gab es in den Niederlanden und in den Vereinigten Staaten während dieser Periode Unruhen. 1786 kam es zu einer Revolte in den Vereinigten Staaten. Ihr Anführer, der Veteran der Kontinentalarmee Daniel Shays, fand bei der Bevölkerung von Massachusetts weithin Unterstützung, denn man war über die offenkundige Unfähigkeit der Bundes- wie der Staatsregierung empört. Mit etwa tausend Gefolgsleuten verhinderte Shays im September den Zusammentritt des Obersten Gerichtshofes in Springfield; der Aufstand konnte erst niedergeschlagen werden, als der Gouverneur ein starkes Truppenkontingent zusammenzog. In Holland waren der schwache und unbeliebte Prinz Wilhelm V. von Oranien und seine Gemahlin, die verhaßte Friederike Wilhelmine von Preußen, Angriffspunkte einer Protestbewegung. Durch den letzten Krieg gegen England war Hollands Handel empfindlich geschwächt worden. Der Friedensschluß stärkte den Einfluß der oranierfeindlichen Patriotenpartei erheblich. Die beleidigende Haltung der Patrioten gegenüber Prinz und Prinzessin, deren Stellung 1787 unhaltbar wurde, veranlaßte den Onkel der Prinzessin, König Friedrich Wilhelm II. von Preußen, in Holland einzurücken, Wilhelm V. zurückzuführen und seine Position zu stärken, die Patriotenpartei aber aufzulösen. Auch in den österreichischen Niederlanden gab es Unruhen: Die willkürlichen Versuche des Kaisers, die Kirche und die Verwaltung zu reformieren, ohne Rücksicht auf die Eigenständigkeit der Flamen und der Wallonen zu nehmen, und seine Verachtung für den »vorsintflutlichen Unfug« der gehüteten Rechte und Privilegien des Volkes lösten leidenschaftliche Opposition aus. 1787 entlud sich die Mißstimmung in heftigen Tumulten, die den Kaiser zum Einlenken zwangen.

Zwei Jahre später kam es zu Unruhen in Schweden, wo der in immer stärkerem Maße autokratisch regierende König Gustav III. durch das Gesetz für Einheit und Sicherheit vom 17. Februar 1789 eine neue Verfassung erließ, mit der er sich nahezu absolute Gewalt verschaffte. Im Sommer 1789 begann in Frankreich jene Revolution, der Europa entgegenfieberte. Ein neues Zeitalter brach an.

Unruhen vor dem Newgate-Gefängnis in London im Jahr 1780

»Liberté, Egalité, Fraternité« 1789

König Ludwig XVI. und sein Sohn im Gefängnis. Zeitgenössischer Kupferstich

Sturm auf die Bastille am 14. Juli 1789. Gemälde eines unbekannten Meisters, Ende des 18. Jahrhunderts

Am Sonntag, den 12. Juli 1789, schien es noch gar nicht Sommer zu sein. Zwar herrschte an diesem Tag schönes Wetter, doch es war noch kühl und regnerisch. Das Volk in Frankreich war aufgewühlt und unruhig. Womit mag sich an diesem Sonntag der Uhrmachergeselle Jean-Baptiste Humbert beschäftigt haben? Jedenfalls wachte er von dem ungewohnten Lärm in der Rue Hurepoix auf, wo er über der Werkstatt seines Brotgebers, des königlichen Uhrmachermeisters Belliard, wohnte. Sicherlich schloß er sich bald der großen Menschenmenge an, die den Seine-Brücken zuströmte. Jacques Necker, der Lieblingsminister des Volkes, hieß es, sei entlassen worden, nachdem er den König dazu bestimmt habe, die Zahl der Abgeordneten des Dritten Standes bei der Generalständeversammlung zu verdoppeln. Was nun? Es mangelte bereits an Weizen. In Paris war das Brot, soweit man sich erinnern konnte, noch nie so teuer gewesen. Wollten die Aristokraten, die Volksfeinde, die Franzosen dem Hunger ausliefern, um sie noch mehr zu knechten? Oder stand der Staatsbankerott bevor? Oder sollten die Generalstände, die seit dem 5. Mai in Versailles tagten und ihre Beratungen gerade begonnen hatten, aufgelöst werden? Instinktiv drängte die Menge dem Palais-Royal zu, dem Mittelpunkt des Pariser Lebens, seit vor zehn Jahren der Eigentümer, der Herzog von Orléans, ihn der Öffentlichkeit weitgehend zugänglich gemacht hatte. Sicherlich folgte Humbert der Menge und gelangte mit ihr durch die Torgatter in die Gärten des Palastes. So dicht standen hier die Leute, daß man kaum noch vorwärtskam. Einige, die auf Tische gestiegen waren, hielten flammende Ansprachen. Um sie besser hören zu können, kletterten Neugierige auf die Kastanienbäume, ohne der Gefahr zu achten, daß die Äste brachen und sie auf die unter ihnen Versammelten hinabstürzen könnten. Die Redner riefen vor allem: »Zu den Waffen!« Obwohl er stotterte, schien einer von ihnen den größten Anklang zu finden, denn er war von mehr Zuhörern umlagert als die anderen. Er erklärte: »Wißt Ihr, daß die Nation verlangt hat, daß Necker im Amt bleibt? Verjagt hat man ihn! Kann man uns unverschämter herausfordern? Nach diesem Handstreich werden sie alles wagen. Für das Ende des Tages planen sie eine Bartholomäusnacht gegen die Patrioten. Zu den Waffen! Wir wollen alle grüne Kokarden anlegen, grün, die Farbe der Hoffnung! Die verruchte Polizei ist hier. Gut anschauen soll sie mich, mich genau beobachten! Ja, ich bin es, der seine Brüder zur Freiheit aufruft.« Darauf zog der Redner – sein Name ging durch die Menge: Es war Camille Desmoulins, ein brotloser Anwalt –, eine Pistole und rief: »Wenigstens sollen sie mich nicht lebendig fangen. Ich werde rühmlich zu sterben wissen. Nur ein Unglück kann mir widerfahren: zu sehen, wie man Frankreich knechtet!« Die Menge wiederholte: »Zu den Waffen! Zu den Waffen!« und strömte aus dem Park nach draußen. Humbert muß wie die anderen von dem Wirbel mit erfaßt worden sein. Ein gewaltiger Zug bildete sich und wandte sich den Theatern zu. Die Demonstranten drangen ins Théâtre Français ein und unterbrachen die Vorstellung. Niemand sollte sich zerstreuen, wenn der Nation eine Katastrophe drohte. Die Zuschauer verließen das Theater und schlossen sich der Menge an. Am Nachmittag hatte diese den Boulevard du Temple erreicht und befand sich vor dem Musée Curtius, in dem Wachsfiguren der berühmtesten Persönlichkeiten der Zeit ausgestellt waren. Einige Männer drangen in das Gebäude ein und kamen rasch mit den Büsten Neckers und des Herzogs von Orléans wieder heraus. Aufs neue wandte man sich dem Palais-Royal, dann den Tuilerien zu. Dort schrie eine erregte Menge: »Es lebe Necker!« und »Zu den Waffen!«. Plötzlich gab es eine Rempelei. Die Leute flohen. Rufe wurden laut, das Kavallerieregiment Royal-Allemand sei in die Gärten eingedrungen und schicke sich an, auf die Menge zu schießen. Um zu widerstehen, brauchte man Waffen. Das Gerücht ging um, man wolle eine Miliz bilden und ab morgen, also Montag früh, in den Büros der Pariser Bezirke Waffen und Munition verteilen. So werde man den König und dessen schlechte Ratgeber daran hindern, ihren Handstreich zu verüben, und sie zwingen, Necker zurückzurufen.

446

Sitzung der Etats généraux im Hotel des Menus-Plaisirs am 5. Mai 1789. Kupferstich von J. S. Helman nach einer Zeichnung von Ch. Monnet, 1789

Sturm auf die Bastille am 14. Juli 1789. Zeitgenössisches Gemälde

Paris 1789

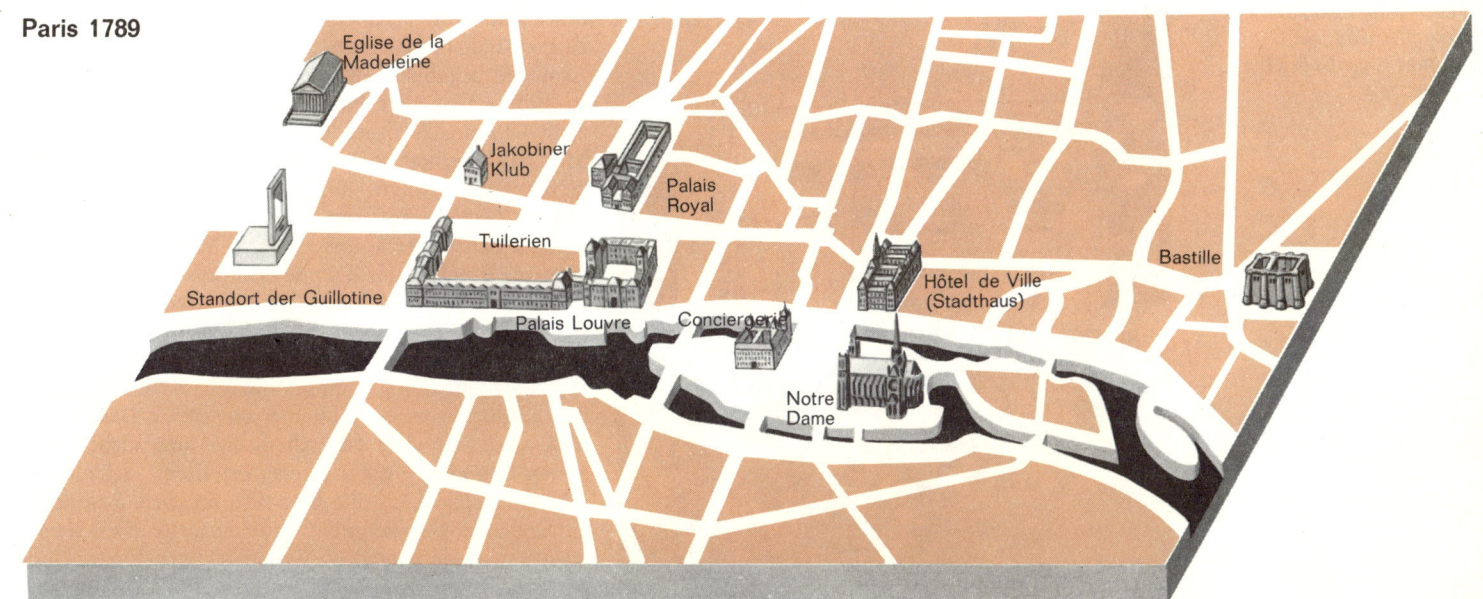

Montagmorgen begab sich Jean-Baptiste Humbert zum Versammlungsplatz seines Bezirks, der Pfarrkirche Saint-André des Arts. Hier beginnt der Bericht, den er einen Monat später verfaßt hat. Er war allerdings enttäuscht. Das Bezirksbüro besaß nur eine kleine Anzahl Gewehre und hatte sie bereits verteilt. Trotzdem meldete er sich freiwillig für die Bürgermiliz. Die »Wahlmänner«, die in den Bezirksversammlungen bestimmt worden waren, um ihrerseits die Pariser Abgeordneten für die Generalstände zu wählen, hatten sich gerade im Rathaus (Hôtel de Ville) versammelt und beschlossen, daß jeder Bezirk zweihundert Mann zu Fuß aufstellen sollte, was bei den sechzig Pariser Bezirken zwölftausend Mann ergab. Das war nicht viel, denn während der vergangenen Nacht waren die meisten der »Barrières d'octroi«, der Torwachen von Paris, geplündert und gebrandschatzt worden. Über den Außenvierteln der Stadt hingen noch die Rauchschwaden. Ein gleiches Schicksal erlitt das Kloster St. Lazare inmitten der Stadt, das von Weizen-, von Wein-, von Butter- und von Käsevorräten überquoll. Derartige Dinge durften sich nicht wiederholen. So patrouillierte Humbert, obwohl waffenlos, den ganzen Tag über durch die Straßen. Am Abend erhielt das Bezirksbüro den Auftrag, weitere sechshundert Mann Miliz aufzustellen. Die Wahlmänner waren beunruhigt und hatten beschlossen, die Stärke der Bürgerwehr auf 800 Mann pro Bezirk zu erhöhen. Hauptproblem waren die fehlenden Waffen. Würde der König sie zur Verfügung stellen? Diese Frage bewegte Humbert auf den Streifengängen durch die Gassen des Viertels St. André des Arts in der Nacht von Montag, den 13. auf Dienstag, den 14. Juli. In der Morgendämmerung kam Humbert mit seiner Streife totmüde zum Bezirksbüro zurück. Man riet ihnen, sich auszuruhen.

Nach kurzem Schlummer erhob sich Humbert und erfuhr, daß im Hôtel des Invalides Waffen verteilt würden. Er ging sogleich zu Monsieur Poirier, dem Befehlshaber der Bezirksmiliz, und verlangte, er solle seine Truppe zum Invalidenhotel führen, damit sie bewaffnet würde. Der von allen möglichen Problemen

Paris zur Zeit der Revolution

Befreiung eines Gefangenen in der Bastille. Zeitgenössischer Kupferstich

Abbruch der Bastille. Kupferstich, 1789

Petit Trianon im Park von Versailles. Bau von Jacques-Ange Gabriel, 1762—1764

Marsch nach Versailles am 1. Oktober 1789. Zeitgenössischer Kupferstich

bestürmte Poirier schien es mit dem Abmarsch nicht eilig zu haben. Humbert packte ihn ungeduldig beim Arm und begab sich mit fünf oder sechs Bürgern zum Invalidenhaus. Hier langte die kleine Gruppe gegen zwei Uhr an. Auf der Esplanade drängten sich die Massen. Humbert sah sich bald von seinen Gefährten getrennt und folgte der durch die Korridore des großen Gebäudes strömenden Menge. Er fand den Weg zu den Kellerräumen, wo die Waffen aufbewahrt wurden. Am Fuß der Treppe erblickte er einen Mann mit zwei Gewehren, nahm ihm eines ab und wandte sich zurück. Doch war es unmöglich, die Treppe wieder zu ersteigen. Die Menge drängte jeden zurück. Humbert wurde sogar umgestoßen und fiel die Stufen hinab; glücklicherweise blieb er unverletzt. Den Keller füllten jetzt so viele Menschen, daß man nicht mehr atmen konnte. Angstschreie ertönten. Schließlich pflanzten diejenigen, die Gewehre besaßen, Bajonette auf und zwangen die unbewaffneten Leute, die Treppe zu räumen. Sie trugen die Ohnmächtigen hinauf und betteten sie draußen auf dem Rasen. Während des Durcheinanders verließ Humbert das Invalidenhaus allein und begab sich zum Rathaus, wo er ein Viertelpfund Schießpulver erhielt, aber keine Kugeln. Die Uhr schlug drei. Vom Osten her ertönte Gewehrfeuer. »An der Bastille wird gekämpft«, hieß es. Darauf kaufte sich Humbert kleine Nägel, um sie als Geschosse zu verwenden. Jetzt sollte es auch am Rathaus Kugeln geben. Er ging zurück und bekam sechs große Schrotkugeln, lud sein Gewehr und begab sich zur Bastille. Am Arsenal traf er andere Freiwillige, die die Festung angreifen wollten. Ihnen schlossen sich vier Soldaten der Wache zu Fuß an, und da diese weder Kugeln noch Pulver hatten, legten alle für sie zusammen. Zudem wurden vor dem Hôtel de la Régie gerade zwei Kisten mit Kugeln aufgebrochen. Sie brauchten sich nur zu bedienen, füllten die Taschen und zogen weiter.

Eine halbe Stunde später langte Humbert an der Bastille an. Dort war die erste Zugbrücke von den Anstürmenden bereits niedergeholt worden, und man versuchte zwei Kanonen in den ersten Hof zu schieben. Humbert half mit und stand bald in der vordersten Reihe. Die Kanonen wurden auf das Tor gerichtet, dessen Zugbrücke noch oben war. Gewehrfeuer setzte ein, Humbert feuerte sechs Kartätschen ab. Plötzlich erschien in einer ovalen Maueröffnung eine Hand und schwenkte einen Zettel. Jemand holte einen Balken, warf ihn quer über den Graben und ein anderer balancierte hinüber, verlor das Gleichgewicht und stürzte hinab. Ein anderer — später hörte man, daß es ein Offizier des Regiments der Königin war — folgte, ergriff den Zettel und verlas laut: »Wir haben hier zweihundert Zentner Pulver und werden die Garnison samt dem Viertel in die Luft jagen, wenn ihr euch nicht ergebt. Gegeben in der Bastille, 5 Uhr abends am 14. Juli 1789. Launey, Festungskommandant.« Darauf erscholl ein einmütiger Schrei der Entrüstung: »Nieder mit den Brücken! Nicht ergeben!«, und man begann die Kanonen zu laden. Als man sich anschickte zu schießen, fiel die Brücke. Später stellte sich heraus, daß die Invaliden, die einen Teil der Garnison ausmachten, den Kommandanten gezwungen hatten, die Tore zu öffnen. Die Menge drang in die Festung ein.

Die Gefangennahme der königlichen Familie in Varenne am 22. Juli 1791. Zeitgenössischer Holzschnitt

Dies war Humberts Beitrag zur Einnahme der Bastille. Über neunhundert Handwerker, Kaufleute und Bürger, nicht alle aus Paris, sondern aus allen Teilen der Provinz, beteiligten sich an diesem Sturm und erwarben den Titel »Eroberer der Bastille«. Warum galt dies als ein so gewaltiges Ereignis?

Der Bau der Bastille begann 1370 unter der Herrschaft Karls V., um den Zugang nach Paris von der Vorstadt St. Antoine, also von Osten her, zu decken. Seit dem 17. Jahrhundert verlor sie an militärischer Bedeutung durch die Entwicklung der Artillerie. Kardinal Richelieu wandelte sie in ein Gefängnis um. Sie war jedoch kein gewöhnliches Gefängnis, sondern für Leute bestimmt, deren Vergehen nicht in den Bereich der gemeinen Justiz fielen. In dieses Staatsgefängnis gelangten Leute aufgrund von Briefen, die mit dem persönlichen Petschaft des Königs versehen waren, den »Lettres de cachet«, also nach der Willkür des Herrschers. So war die Bastille zu einem Symbol der königlichen Gewaltherrschaft mitten in Paris geworden. Zweifellos hatte sich die Anzahl der Gefangenen, die aufgrund von »Lettres de cachet« festgehalten wurden, vermindert. Saßen unter Richelieu in der Bastille im Durchschnitt ständig etwa fünfzig Häftlinge, so war der Jahresdurchschnitt zur Zeit Ludwigs XVI. auf etwa sechzehn gesunken. Als man sie am 14. Juli 1789 einnahm, fand man nur noch sieben Gefangene vor. Zweifellos waren diese auch keiner harten Behandlung ausgesetzt. Im 17. Jahrhundert besaß ein Häftling das Recht, sich eigene Möbel, seine Bediensteten und seine Mahlzeiten kommen zu lassen. Wer arm war, erhielt eine Summe, die seine Existenz sicherte.

Abschied Ludwigs XVI. von seiner Familie. Kupferstich von L. Schiavonetti

*Dauphin Ludwig XVII.
Zeitgenössisches Gemälde*

*Prozeß gegen die Königin
Marie-Antoinette. Zeitgenössischer Kupferstich*

Im 18. Jahrhundert wurden die Zellen von Staats wegen möbliert, doch hatten die Häftlinge die Möglichkeit, auch eigene Gebrauchsgegenstände aufzustellen. Die Kost war gut, und bisweilen lud der Kommandant seine Gefangenen zu sich ein. Allerdings gab es auch feuchte, unterirdische Verliese oder Turmzellen, die im Winter der Kälte und im Sommer der Hitze ausgesetzt waren. Doch wurden diese seit 1776 nicht mehr benutzt.

Trotzdem war die Bastille nicht weniger verhaßt, weil sie die absolute Gewalt des Königs in einem Bereich verkörperte, der am meisten den Stempel der Willkür trug und am meisten vom Geheimnis umwittert war. Die Häftlinge wurden heimlich verhaftet, mit verhängten Kutschen in die Festung gebracht, während die Wachen das Gesicht zur Wand kehrten. Die Schließer durften nicht mit den Gefangenen sprechen. Diese selbst wurden nicht sogleich verhört und wußten nie, wie lange ihr Aufenthalt dauern würde. Die Entlassung erfolgte nach einigen Wochen, nach einigen Monaten oder erst nach Jahren auf einen neuen »Lettre de cachet« hin, der ebenso willkürlich ausgestellt wurde wie der, welcher die Verhaftung verfügt hatte.

Gegen Ende des 18. Jahrhunderts waren die Bastillehäftlinge entweder Personen, die auf Bitten ihrer Familien hin in Haft genommen wurden, damit ein Skandal oder eine öffentliche Gerichtsverhandlung vermieden werden konnten, oder aber Gelehrte und Schriftsteller, die die Mißbräuche des Regimes gegeißelt hatten. Voltaire saß 1717/18 und 1726 in der Bastille, der Abbé André Morellet, einer der Führer des »Parti philosophique« wurde 1760 hier sechs Wochen lang in Haft gehalten und nutzte die Zeit für die Ausarbeitung eines »Traktats über die Pressefreiheit«, der Publizist Nicolas-Simon-Henri Linguet war hier zwei Jahre lang, 1780 bis 1782, gefangen und schrieb dort seine »Mémoires sur la Bastille«, die er nach der Entlassung veröffentlichte. So war die Bastille allen jenen ein Greuel, die frei denken, reden und schreiben wollten.

Seit Beginn der inneren Auseinandersetzungen in Frankreich, also seit 1787, betrachteten die Einwohner der Vorstadt St. Antoine, die vor allem das Möbelhandwerk betrieben, die Bastille mit Argwohn, weil der Kommandant die Kanonen der Festung auf die Vorstadt hatte richten lassen. Hier war bei einem Aufruhr, der vom 23. bis zum 28. April 1789 gedauert hatte, eine dem Unternehmer Réveillon gehörende Tapetenmanufaktur geplündert worden. Dabei hatte es dreihundert Tote gegeben, und das Volk war in dauernder Furcht vor den Kanonen der Bastille gewesen, da sich bei Beschuß von dort aus die Zahl der Opfer noch erhöht hätte. Die Bastille wurde am 14. Juli nicht nur deshalb angegriffen, weil die am Vortage aufgestellte Bürgermiliz sich von dort Waffen und Munition holen wollte, sondern weil die Bewohner der Vorstadt St. Antoine die Entfernung der Kanonen von den Schießscharten der Festung forderten. Das hatte der Kommandant mittags bei Verhandlungen mit einer Abordnung von Wahlmännern der Vorstadt auch versprochen.

Die Bastille war also sowohl das Symbol der königlichen Willkür als auch das des monarchischen Absolutismus, der Unterdrückung der Gedankenfreiheit, der Herrschaft des Königs über die Stadt Paris sowie über eine ihrer volkreichsten Vorstädte, des Faubourg St. Antoine.

Aber das alles ist keine ausreichende Erklärung dafür, daß die Einnahme der Bastille die Kapitulation der Monarchie und den Sieg der Revolution nach sich zog. In Wirklichkeit bedeutete der Fall der Bastille nur eine Episode, die besser als andere eine Tatsache verdeutlichte, die seit Tagen offenbar, aber so unerhört war, daß der König und seine Ratgeber sie nicht zu begreifen vermochten, nämlich daß die Armee gegen das in Aufruhr befindliche Volk nicht losschlagen wollte.

Schon während des Aufruhrs gegen Réveillon hatten

Polizei und Garde ein gewisses Zaudern an den Tag gelegt. Am 24. Juni hatten zwei Gardekompanien den Dienst verweigert. Am 28. legten weitere Kompanien die Waffen nieder, liefen zum Palais-Royal und versicherten der Menge, die dort zusammendrängte, daß sie nicht gegen die Pariser marschieren würden. Vierzehn Grenadiere wurden als Rädelsführer gefangengesetzt, aber von Demonstranten, die ihnen im Palais-Royal Herberge und Essen boten, rasch befreit. Am selben Tage gingen sie aufgrund der Zusicherung, daß sie straffrei bleiben würden, wieder in die Kaserne zurück. Aus dem Schweizer Regiment Salis-Samade desertierten in der ersten Juli-Hälfte auf Anstiften der Einwohner der Pariser Vorstädte fünfundsiebzig Mann.

Das Unerhörteste ereignete sich jedoch am Vormittag des 14. Juli, als die Menge das Invalidenhaus angriff, um sich der dort lagernden vierzigtausend Gewehre zu bemächtigen. Auf der Esplanade des Invalides — nur vierhundert Meter entfernt — lagerten fünftausend Mann gut bewaffneter Infanterie, Kavallerie und Artillerie. Ihr Kommandant, der Schweizer General Pierre Joseph Bésenval dachte zwar daran, die Truppe zum Schutz des Invalidenhauses einzusetzen und versammelte deswegen zu Beginn des Aufruhrs die Befehlshaber der einzelnen Abteilungen, doch diese erklärten, auf die Truppe sei kein Verlaß. Ein Augenzeuge, der sächsische Botschafter in Paris, Graf Salmour, schrieb: »Die Generäle waren sich in diesem Augenblick darin einig, daß es unmöglich war, Paris zu unterwerfen, und daß es am klügsten sei, wenn man sich zurückziehe.« Der Kommandant der Bastille, Launey, kapitulierte, weil er nicht mit Sicherheit auf Entsatz rechnen konnte und weil sich die Invaliden und die Schweizer Soldaten seiner Garnison weigerten, den Kampf fortzusetzen. Die Bastille fiel, weil die Truppen meuterten, nicht weil der Ansturm von außen unüberwindlich war.

Hatten sich bereits vor dem 14. Juli in verschiedenen französischen Städten revolutionäre Stadtverwaltungen und Bürgermilizen gebildet, so wirkte dieses Beispiel nach der Einnahme der Bastille im ganzen Land, ohne daß ihm Widerstand entgegengesetzt wurde. Die Bauern griffen die Schlösser der Grundherren an, legten bisweilen Feuer, ließen sich aber meist die alten Urkunden aushändigen, in denen ihre »feudalen« Verpflichtungen gegenüber den Herren aufgezeichnet waren. In den Städten bemächtigten sich an Stelle der Vertreter des Königs die Bürger der obersten Gewalt und bildeten zu ihrem Schutze Nationalgarden. Um die allgemeine Erregung zu dämpfen, mußten die in eine »verfassunggebende Nationalversammlung« umgewandelten Generalstände in der Nacht des 4. August die Abschaffung der »Feudalherrschaft« proklamieren und am 26. August eine »Erklärung der Menschen- und Bürgerrechte« veröffentlichen, welche die Grundlagen für die neue Staatsform bildete, nämlich Freiheit, Gleichheit, Unverletzlichkeit des Eigentums. Das Aufeinanderprallen der alten und der neuen Ordnung war von weitreichender Bedeutung. Nach dem 20. April 1792 nahm dieser Gegensatz die Gestalt eines internationalen Krieges an, der fast ohne Unterbrechung dreiundzwanzig Jahre währte.

JACQUES GODECHOT

Revolutionstribunal. Zeitgenössischer Kupferstich von P. G. Berthault

Das moderne Zeitalter beginnt

Das 19. Jahrhundert charakterisieren vier Bewegungen, die folgenschwere Veränderungen mit sich brachten: Eine politische Revolution drohte die alten Institutionen des Staates und der Gesellschaft im Namen des Volkes und der allgemeinen Bürgerrechte zu stürzen; mit dem Einsatz von Maschinen zur Fertigung von Wirtschaftsgütern begann eine technische Revolution, die sich mit der Nutzung der Dampfkraft in der Industrie und im Verkehr fortsetzte; der Geist in Wissenschaft und Kunst befreite sich von der Disziplin des Klassizismus und den Fesseln religiöser Engherzigkeit. Für die Bewohner unseres Planeten verdichtete sich die Welt dadurch, daß bessere und sicherere Verkehrsbedingungen entstanden und ganze Kontinente unter europäische Vorherrschaft gerieten.

Keine dieser vier Entwicklungen war neu. Die Idee von »Freiheit, Gleichheit, Brüderlichkeit« existierte schon lange, bevor sie zum Schlagwort der Pariser Revolutionäre wurde. Die erste der Erfindungen in der Textilindustrie, John Kays fliegendes Weberschiffchen, wurde bereits im Jahr 1733 patentiert und fand dreißig Jahre später allgemeine Anwendung. Die Schriften Rousseaus nahmen einige Aspekte der Romantik vorweg, während das Werk seines Zeitgenossen Diderot die Gedankenwelt der Obskuranten erfolgreich in Frage stellte. Seit mehr als drei Jahrhunderten besegelten die Nachfolger Kolumbus' und Magellans die Ozeane auf der Suche nach Handelsplätzen und Siedlungsland, um der Expansion Europas zu dienen.

Die Gesellschaft des 19. Jahrhunderts verwob besonders intensiv die Leitfäden der Geschichte zu einer Einheit. Die Fortschritte in der Technik ermöglichten es, den Stolz, den ein Volk empfand, wenn es sich als eine Nation identifizierte, in einen Glauben an staatliche Größe als Selbstzweck zu verwandeln. Der Triumph retrospektiven Gefühls über die Vernunft, das wesentliche Merkmal der romantischen Bewegung, führte zur Huldigung der Helden, die in der Dunkelheit einer Winternacht im großen Befreiungskrieg den Rhein überquerten, die die Trikolore an den Ufern des Weißen Nils oder das Sternenbanner auf der kubanischen Sierra hißten. Fortschritte in der Medizin und Hygiene beschleunigten das Wachstum der europäischen Bevölkerung mehr denn je zuvor. Die verbesserte Schiffahrt förderte die Auswanderung nach Übersee so bedeutend, daß sich die Zahl der Europäer in fernen Kontinenten zwischen 1801 und 1900 verzehnfachte. Die Menschen wurden zu weltlichen Missionaren, die Kultur und Zivilisation ihrer Heimat in alle Teile der Welt trugen. Das 19. Jahrhundert war das Zeitalter der europäischen Vorherrschaft, eine Zeitspanne, die vier Generationen umfaßte, in der dieser kleine Kontinent die Welt nach seinem Vorbild formte, wobei es im aggressiven Überschwang unterging, daß man durch diese Tat seine Seele der Industrie und dem Materialismus verkaufte.

1801, zu Beginn des Jahrhunderts, war die Führung Frankreichs in politischer und kultureller Hinsicht kaum in Frage gestellt. Die junge Republik hatte eine schlecht geführte Invasion im Jahr 1792 überlebt und die noch größere Bedrohung durch Korruption und Untüchtigkeit während des Direktoriums überwunden. General Buonaparte übernahm nach seiner Rückkehr aus Ägypten im Oktober 1799 die Macht als Erster Konsul. Nach kurzer Zeit beendete er den Bürgerkrieg im Land, stellte das Vertrauen des Volkes zur Regierung wieder her und ging siegreich gegen seine Feinde im zweiten Koalitionskrieg vor. Er besiegelte den Frieden zu Luneville und zu Amiens. Napoleon herrschte über mehr Gebiete, als irgendein König Frankreichs je besessen hatte.

Der Erfolg der Armeen Buonapartes wurde durch eine allgemein verbreitete Ehrfurcht vor Frankreichs friedlichen Künsten begleitet. Während der vierzehn Friedensmonate, die dem Vertrag zu Amiens folgten, strömten die Fremden nach Paris, um die Schätze der Kultur in den Galerien des Louvre oder im Musiksaal des Odéon zu bewundern. Der Einfluß Frankreichs erstreckte sich weit über seine Grenzen. Thomas Jefferson, der im Jahr 1801 Präsident der Vereinigten Staaten wurde, kehrte von seinen Europareisen mit einer grenzenlosen Bewunderung für den französischen Klassizismus zurück. Als der amerikanische Kongreß eine neue Hauptstadt an den Ufern des Potomac anzulegen wünschte, erschien es selbstverständlich, einen Franzosen mit der Planung zu beauftragen. Französische Kultur und Mode beherrschten auch das gesellschaftliche Leben Europas, trotz der Feindschaft, die die traditionellen Reiche gegenüber dem Staat der Revolution hegten. Denn die Guillotine stand immer noch in Paris. Buonaparte konnte erklären: »Ich bin die Revolution«, weil er die Struktur der Regierung während der fünf Jahre seines Konsulates entscheidender geändert hatte, als es in dem vorangegangenen Jahrzehnt geschehen war. Aber das politische und gesellschaftliche Gebilde, das Buonaparte in Frankreich errichtete und im Troß seiner siegreichen Armee durch Europa trug, hatte mit den Ideen von 1789 wenig gemein.

ALAN PALMER

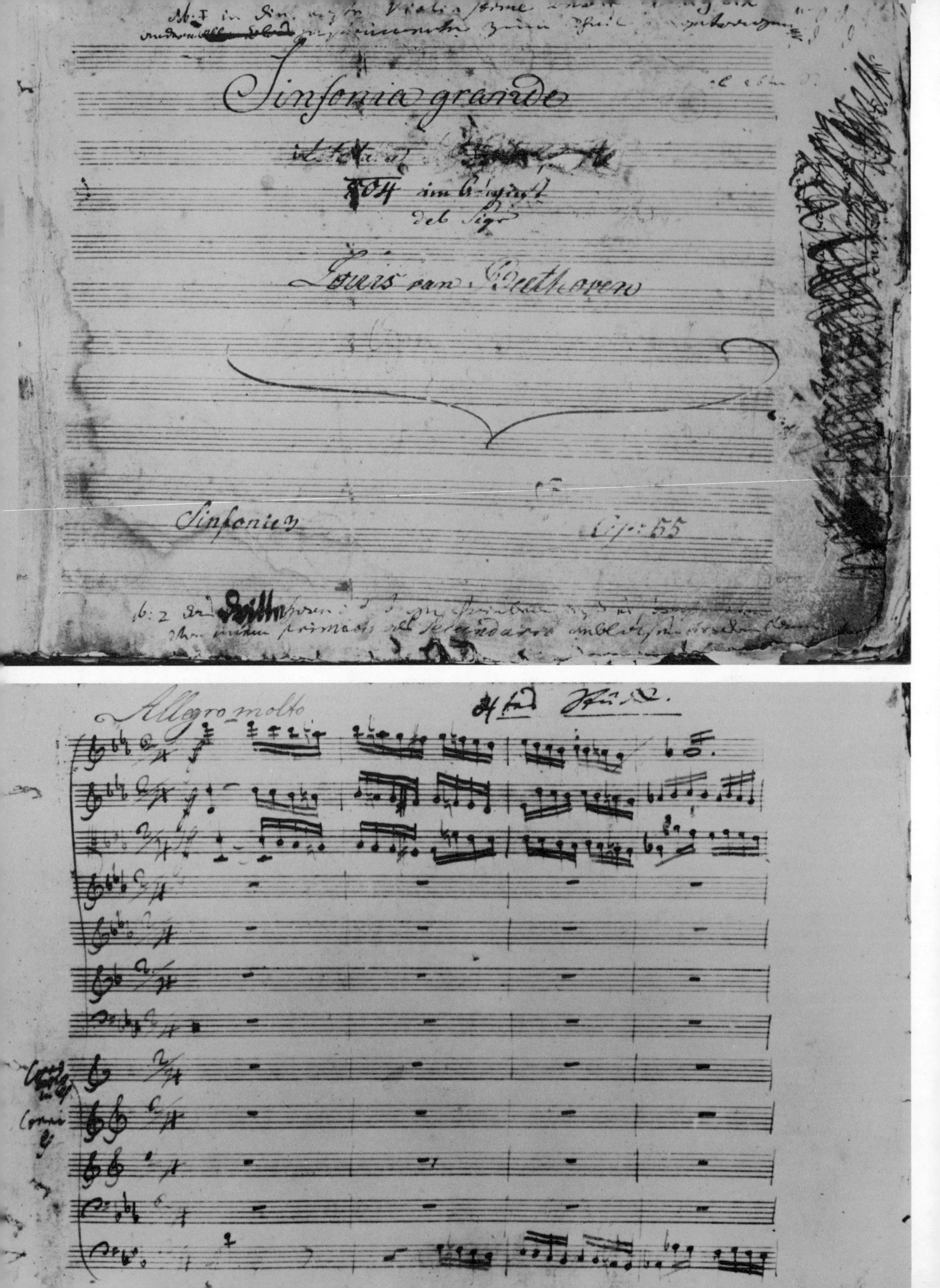

Beethovens Meisterstück mit neuer Widmung

1804

Ludwig van Beethoven war dreiunddreißig Jahre alt, als er 1803 eine neue Symphonie in Es-dur, die »Eroica«, zu entwerfen begann. Da das besondere Interesse des Künstlers dem politischen Zeitgeschehen galt, war es nur natürlich, daß auch Napoleons Taten seine Gedanken beschäftigten. Der Schüler des Komponisten, Ferdinand Ries, schrieb über das Werden der Symphonie:

»Im Jahre 1082 [richtig 1803] komponierte Beethoven in Heiligenstadt, einem anderthalb Stunden von Wien gelegenen Dorfe, seine dritte Sinfonie (jetzt unter dem Titel: Sinfonia eroica bekannt). Beethoven dachte sich bei seinen Kompositionen oft einen bestimmten Gegenstand, obschon er über musikalische Malereien häufig lachte und schalt, besonders über kleinliche der Art. Bei dieser Sinfonie hatte Beethoven sich Buonaparte gedacht, aber diesen, als er noch Erster Konsul war. Beethoven schätzte ihn damals außerordentlich hoch und verglich ihn den größten römischen Konsuln.

Sowohl ich als mehrere seiner näheren Freunde haben diese Sinfonie, schon in Partitur abgeschrieben, auf seinem Tische liegen gesehen, wo ganz oben auf dem Titelblatte das Wort ›Buonaparte‹ und ganz unten ›Luigi van Beethoven‹ stand, aber kein Wort mehr. Ob und womit die Lücke hat ausgefüllt werden sollen, weiß ich nicht. Ich war der erste, der ihm die Nachricht brachte, Buonaparte habe sich zum Kaiser erklärt, worauf er in Wut geriet und ausrief: ›Ist der auch nichts anders wie ein gewöhnlicher Mensch? Nun wird er auch alle Menschenrechte mit Füßen treten, nur seinem Ehrgeize frönen; er wird sich nun höher als alle andern stellen, ein Tyrann werden!‹ Beethoven ging an den Tisch, faßte das Titelblatt oben an, riß es ganz durch und warf es auf die Erde. Die erste Seite wurde neu geschrieben, und nun erst erhielt die Sinfonie den Titel: Sinfonia eroica.«

Das Originalmanuskript der Partitur ist verschollen, aber wir haben eine zeitgenössische Abschrift mit vielen Korrekturen und Einfügungen von Beethovens eigener Hand. Die Titelseite dieser Partitur enthält Beethovens Unterschrift und die heftig ausgestrichene Widmung an Napoleon. Diese frühe Kopie, die sich heute im Besitz der Gesellschaft der Musikfreunde in Wien befindet, datiert von 1804, dem Jahr, in dem Beethoven wahrscheinlich die erste Fassung der Symphonie vollendete. Als sie veröffentlicht wurde, stand auf der Titelseite lediglich der Satz: »Sinfonia Eroica composta per festeggiar il souvenire d'un grand uomo« – »Heroische Symphonie komponiert zur Erinnerung an einen großen Mann.«

Wie immer arbeitete Beethoven lange und angestrengt, bis er die endgültige Form für sein Werk gefunden hatte. Kürzlich ist in Rußland ein Skizzenbuch mit vielen seitenlangen Notizen und Entwürfen zur »Eroica« entdeckt und im Faksimile-Druck veröffentlicht worden. Viele der Hauptthemen und andere Teile des Werkes sind in diesem Buch erhalten geblieben, aber nicht alle Motive erscheinen hier zum ersten Mal. Beethoven änderte seine Musik oft, um sie anschaulicher und in geraffter Form zu gestalten. Eines der Grundmotive im Finale der Symphonie tauchte schon in zwei anderen Kompositionen Beethovens aus dem Jahr 1801 auf: in einem Satz von Tänzen und in dem Ballett »Die Geschöpfe des Prometheus«. Beethoven benützte es auch in Klaviervariationen. Aber so interessant seine Verwendung in anderen Werken auch ist, in der »Eroica« tauchte es in einem neuen Zusammenhang auf, was ihm eine andere Dimension verlieh.

Zu damaliger Zeit war eine Komposition durch kein Urheberrecht geschützt, darum verfiel Beethoven auf den Gedanken, das ausschließliche Aufführungsrecht von umfangreichen Werken auf einige Jahre an einen wohlhabenden Gönner zu verkaufen. Die »Eroica« erwarb Fürst Franz Josef von Lobkowitz, der eine entschiedene musikalische Begabung hatte. In seinem Stadtpalais in Wien fand die Uraufführung der »Eroica« noch im Dezember des Jahres 1804 statt.

Die Berichte über die Wirkung der Symphonie auf den ausgewählten Kreis von Zuhörern beim Fürsten sind nur bruchstückhaft überliefert. Aber zwei zeitgenössische Niederschriften lassen von der Erschütterung ahnen, die das erhabene Meisterwerk auslöste. Die eine stammt aus der Feder von Ferdinand Ries, der am besten über Beethovens Leben und Schaffen, sein Gehaben, seine Beziehungen unterrichtet war. Ries weilte in den Jahren zwischen 1801 und 1805 stets in seiner unmittelbaren Nähe. Er erzählt uns von der Horndissonanz kurz vor der Wiederholung im ersten Satz, worin das Horn den Anfang des The-

Ludwig van Beethoven. Nach einer zeitgenössischen Zeichnung

Titelblatt und Notenseiten aus einem zeitgenössischen Manuskript der Dritten Symphonie, der »Eroica«, von Ludwig van Beethoven

Jacques Louis David. Selbstbildnis

Krönung Josephines durch Napoleon I. am 2. Dezember 1804, dem Tag der Kaiserkrönung, in Notre Dame zu Paris. Gemälde von Jacques Louis David, zwischen 1805 und 1807

mas im Grundton beginnt, während die Saiteninstrumente noch in der Dominante tremolieren. Noch heute empfindet unser Ohr die Dissonanz:

»In dem Allegro der dritten Sinfonie ist eine böse Laune Beethovens für das Horn; einige Takte, ehe im zweiten Teile das Thema vollständig wieder eintritt, läßt Beethoven dasselbe mit dem Horn andeuten, wo die beiden Violinen noch immer auf einem Sekunden-Akkorde liegen. Es muß dieses dem Nichtkenner der Partitur immer den Eindruck machen, als ob der Hornist schlecht gezählt habe und verkehrt eingefallen sei. Bei der ersten Probe dieser Sinfonie, die entsetzlich war, wo der Hornist aber recht eintrat, stand ich neben Beethoven, und im Glauben, es sei unrichtig, sagte ich: ›Der verdammte Hornist! Kann der nicht zählen? Es klingt ja infam falsch!‹ Ich glaube, ich war sehr nahe daran, eine Ohrfeige zu erhalten. – Beethoven hat es mir lange nicht verziehen.«

An anderer Stelle berichtet er, wie Beethoven in Zorn geraten konnte, wenn die Musiker seine Noten nicht begriffen:

»Hier [im Palais Lobkowitz] geschah es, daß Beethoven, der selbst dirigierte, einmal im zweiten Teile des ersten Allegros, wo es so lange durch halbierte Noten gegen den Takt geht, das ganze Orchester so herauswarf, daß wieder von vorn angefangen werden mußte.«

Der kultivierte und charmante Prinz Louis Ferdinand von Preußen, der zu dieser Zeit in Wien weilte und dem Konzert beim Fürsten Lobkowitz beiwohnte, reagierte ganz anders. Als Klaviervirtuose und begabter Komponist zeigte er sich von Beethovens Symphonie überwältigt und bat um eine Wiederholung des Werkes.

Die neue Symphonie faszinierte alle ihre Hörer, verwirrte sie aber gleichzeitig. Georg August Griesinger, der Freund und Biograph Joseph Haydns, der als sächsischer Legationssekretär in Wien lebte und in ständigem Briefwechsel mit den Verlegern Breitkopf und Härtel in Leipzig stand, schrieb am 13. Februar 1805 aus Wien: »Soviel kann ich Ihnen sagen, daß die Symphonie in zwei Konzerten gegeben wurde, einmal bei Fürst Lobkowitz und dann von einem eifrigen Dilettanten namens Wirth, und mit viel Erfolg aufgenommen wurde. Ich höre beide, die Bewunderer und die Gegner Beethovens, sie als Werk eines Genies preisen. Die einen sagen, hier ist mehr als Mozart und Haydn, das symphonische Ideal ist auf eine höhere Ebene gebracht worden. Die anderen (die Gegner) vermissen eine gewisse allumfassende Geschlossenheit; sie nehmen an der Häufung von überwältigenden Einfällen Anstoß.« Die erste öffentliche Aufführung der »Eroica« fand anläßlich eines Wohltätigkeitskonzertes am 7. April 1805 im Theater an der Wien statt. Der Kritiker der von August von Kotzebue herausgegebenen Zeitschrift »Der Freimütige« hat über das Werk folgendes geschrieben:

»Die einen, Beethovens ganz besondere Freunde, behaupten, gerade diese Sinfonie sei ein Meisterstück, das sei eben der wahre Stil für die höhere Musik, und wenn sie jetzt nicht gefällt, so komme das nur daher, weil das Publikum nicht kunstgebildet genug sei, alle diese hohen Schönheiten zu fassen; nach ein paar tausend Jahren aber würde sie ihre Wirkung nicht verfehlen. Der andere Teil spricht dieser Arbeit schlechterdings allen Kunstwert ab und meint, darin sei ein ganz ungebändigtes Streben nach Auszeichnung und Sonderbarkeit sichtbar, das aber nirgends Schönheit oder wahre Erhabenheit und Kraft bewirkt hätte. Durch seltsame Modulationen und gewaltsame Übergänge, durch das Zusammenstellen der heterogensten Dinge ... könne zwar eine gewisse eben nicht wünschenswerte Originalität ohne viel Mühe gewonnen werden; aber nicht die Hervorbringung des bloß Ungewöhnlichen und Phantastischen, sondern des Schönen und Erhabenen sei es, wodurch sich das Genie beurkunde: Beethoven selbst habe durch seine früheren Werke die Wahrheit dieses Satzes erwiesen. – Die dritte, sehr kleine Partei steht in der Mitte: sie gesteht der Sinfonie manche Schönheiten zu, bekennt aber, daß der Zusammenhang oft ganz zerrissen scheint und daß die unendliche Dauer dieser längsten, vielleicht auch schwierigsten aller Sinfonien selbst Kenner ermüde, dem bloßen Liebhaber aber unerträglich werde ... Das Publikum und H. v. Beethoven, der selbst dirigierte, waren an diesem Abende [7. April 1805] nicht miteinander zufrieden. Dem Publikum war die Sinfonie zu schwer, zu lang, und Beethoven selbst zu unhöflich ...«

Wie des öfteren mit seinen wichtigen Kompositionen ließ Beethoven sich mit der ersten Veröffentlichung der »Eroica« Zeit. Zweifellos wurden die vielen Änderungen in dem Exemplar, das die Gesellschaft der Musikfreunde besitzt, aus den Erfahrungen der Aufführungen gemacht. Tatsächlich stimmte Beethoven erst im Herbst 1806 einer Publizierung des Werkes zu. Üblicherweise erschienen zunächst nur einzelne Teile der Symphonie. Die Widmung galt dem Fürsten Lobkowitz. Eine der Seiten des ersten Violinpartes enthielt interessante Bemerkungen zur Aufführungsweise des Werkes:

»Diese Symphonie, die ausdrücklich länger als üblich gedacht ist, sollte lieber zu Beginn als am Schluß eines Konzertes aufgeführt werden, kurz nach seiner Ouvertüre, einer Arie oder einem Concerto; denn, wenn sie im Programm erst später erscheint, wird sie ihre eigentliche und beabsichtigte Wirkung auf den von den vorhergehenden Darbietungen ermüdeten Zuhörer verlieren. Der Part des dritten Hornes ist so gedacht, daß er nach Belieben entweder vom ersten oder vom zweiten Hornisten ausgeführt werden kann.«

Beethoven selbst schätzte seine »Eroica« sehr hoch ein. Wieder berichtet Ries: »In späteren Jahren, als bereits alle übrigen Sinfonien bis auf die Neunte im Druck vorlagen, wurde Beethoven einmal von einem Bekannten gefragt, welche er am meisten schätze, worauf er antwortete: ›Die Eroika‹, und als der andere meinte, eher doch wohl die c-moll, wiederholte er: ›Nein, nein, die Eroika.‹«

In der Allgemeinen Musikalischen Zeitung erschien im Februar 1807 eine weit ausgreifende Besprechung der Eroika:

»...dieses merkwürdigen und kolossalen Werks, des weitläufigsten und kunstreichsten von allen, die Beethovens origineller, wunderbarer Geist geschaffen hat. ...Nun folgt ein großer Trauermarsch, aus c-moll, im Zweiviertel-Takt, den Rezensent ohne Bedenklichkeit, wenigstens von seiten der Erfindung und des Entwurfs, für Beethovens Triumph erklären möchte. Es läßt sich vielleicht denken, daß Komponisten von Talent, vielem Studium und unermüdlichem Fleiß etwas hervorbrächten, das Arbeiten wie jenem ersten Satz der Sinfonie an die Seite gesetzt werden könnte; Stücke wie dies zweite aber empfängt, gebiert und erzieht kein Mensch in solcher Vollkommenheit ohne wahres Genie, und jede, selbst die geschickteste Nachahmung, woran es nicht fehlen wird, wird sicher nicht gehört werden können, ohne an dies Original und dessen Superiorität zu erinnern. Feierlich und tief ergreifend ist das Ganze; edel klagend und düster das Minore, beruhigend und lieblich das Majore, wo Flöte Hoboe und Fagott – mit Luther zu reden – in süßen Melodien gleichsam einen himmlischen Tonreigen führen... Der Schluß des Marsches ist ganz so originell wie der Anfang; er stirbt hin wie ein Held.«

Die Form der Symphonie für ein größeres Tonstück war ein hochentwickeltes und schönes, symmetrisches Kunstwerk. Ihre Entstehung reicht bis in das 17. Jahrhundert nach Italien zurück, wo die »Sinfonia« zunächst im ursprünglichen Sinn des Wortes »Zusammenklang« für Kompositionen wie Sonaten, Oratorien, Kantaten oder Vor- und Zwischenspielen zu Opern in Gebrauch kam. Als selbständiges Instrumentalwerk gewann sie seit der Mitte des 18. Jahrhunderts immer größere Bedeutung.

1740 fügte ein unbedeutender österreichischer Komponist, Georg Matthias Monn, der bisher nur dreisätzigen Symphonie ein Menuett als vorletzten Satz ein. Diese

Ludwig van Beethoven. Gemälde von Joseph Stielers, 1821

Geburtshaus Ludwig van Beethovens in Bonn. Gartenseite

Orgelspieltisch mit Manuale und Pedal

Die »Burg«, das alte Hoftheater am Michaeler Platz in Wien. 1756 (abgerissen 1888), Stich, Anfang des 19. Jahrhunderts

Neuerung wurde bald ein integraler Bestandteil des symphonischen Aufbaues. In der folgenden Zeit waren es vor allem österreichische und deutsche Komponisten, die der endgültigen Form eines Symphonie-Typus zum Durchbruch verhalfen. Um 1750 war sie eine gutentwickelte Kunstform, die in ganz Europa und besonders in Paris blühte, das damals den Mittelpunkt der musikalischen Welt bildete.

Obgleich die Symphonie des frühen 18. Jahrhunderts manch liebenswerte Züge aufweist, denn sie war ein hochkultiviertes, äußerlich subtiles und sauber orchestriertes Musikstück, konnte sie doch nicht tief in den Gefühlsbereich eindringen. Die Zuhörer erwarteten eine heitere und fröhliche Musik. Die Melancholie beschränkte sich, wenn sie überhaupt anklang, auf die langsamen Sätze, die eine wohltätige Milde ausstrahlten. Offensichtlich bewegte dieser Mangel an Tiefe mehr als nur einen Komponisten. Denn seit der zweiten Hälfte der sechziger Jahre des 18. Jahrhunderts setzte in Europa eine Art musikalischer Revolution ein. Eleganz allein genügte jetzt nicht mehr. In Paris begann Franz Beck, ein Schüler von Johann Stamitz, der Symphonie neue geistige Tiefe zu geben. Er erweiterte den Durchführungsteil und verwandelte das Menuett zum Scherzo. Die Moll-Tonart nahm nun einen neuen, herzbewegenden Charakter an. Bisher hatten Italiener wie Antonio Vivaldi die Schlüssel in Moll in gleicher Weise angewandt wie die in Dur. In der neuen Sprache der Musik spielte der Moll-Schlüssel die entscheidende Rolle.

In Wien begannen junge Musiker, allen voran Joseph Haydn, mit turbulenten Symphonien in Moll zu experimentieren. G-moll-Symphonien komponierten Haydn, Johann Christian Bach und der für neue Eindrücke empfängliche junge Mozart, dessen »Kleine g-moll Symphonie« (Köchel-Verzeichnis 138) ein Ergebnis seiner Reise nach Wien im Jahr 1773 war. Einige Symphonien von Haydn aus dieser Zeit regen eine reiche Gefühlswelt an, was nicht nur für Haydns Kompositionsstil, sondern auch im ganzen 18. Jahrhundert einzigartig war. Aber nicht nur Symphonien wurden durch diese machtvolle Sprache beeinflußt, wir finden sie in Sonaten, in Opern und besonders in der neuen Form der Streichquartette, wie das Haydns aus dem Jahr 1772 (Opus 20). Beethoven beeindruckte das Fugenfinale in diesem Werk derart, daß er einen ganzen Satz zu Studienzwecken kopierte.

Die musikalische Bewegung fiel mit einer ähnlichen der deutschen Literatur, der Zeit des »Sturm und Drang«, zusammen. Ihr Name stammt von einem heute fast vergessenen Drama, das Friedrich von Klinger 1776 schrieb. Der musikalische Umbruch jedoch erfolgte einige Jahre früher. Haydn selbst verwarf später bis zu einem gewissen Grad seinen »Sturm-und-Drang-Stil«; in seinen nachmaligen Kompositionen kehrte er zu einer mehr ausgewogenen und weniger aufregenden Welt zurück.

In dieser Zeit reifte Mozart heran. Während seines Wiener Aufenthaltes erlebte seine Schaffenskraft ihren Höhepunkt. Die großen Symphonien dieser Jahre hinterließen in der musikalischen Welt einen nachhaltigen Eindruck. Ganz besonders schufen die vier letzten Symphonien Mozarts, die Prager Symphonie in D-dur (1787, KV 504), die in Es-dur (1788, KV 543), die in g-moll (1788, KV 550) und die Jupiter-Symphonie in C-dur (1788, KV 551) eine neue Atmosphäre, die ebenso tief ergriff wie seinerzeit die Sturm-und-Drang-Symphonien. Die g-moll-Symphonie führte die Entwicklung der Orchestermusik am Ende des 18. Jahrhunderts zu einem neuen Höhepunkt. Das geordnete Schema der Tradition schien zu zerfallen. Zu Beginn des zweiten Teiles des Finales der Symphonie experimentierte Mozart eifrig mit dem, was in Zukunft als das Zwölf-Noten-System bezeichnet wurde.

Haydns zwölf letzte Symphonien, die er zwischen 1791 und 1795 komponierte, folgten Mozarts Vorbild und übertrafen es an einigen Stellen in der äußeren Form und an brillanter Kraft. Beethoven achtete die grandiose symphonische Tradition sehr hoch, als er 1792 nach Wien kam, um bei Haydn zu lernen. Aber vor 1799 hat Beethoven keine Symphonie geschrieben. Seine Erste Symphonie widmete er Gottfried van Swieten, dem Gönner Haydns und Mozarts und dem Autor der Textbücher zu Haydns »Die Schöpfung« und »Die Jahreszeiten«. Chronologisch überschritt die Symphonie die Schwelle zum 19. Jahrhundert, war aber immer noch stark dem 18. Jahrhundert verhaftet. Zwar läßt die Komposition bereits die Hand eines großen Meisters ahnen, stößt aber noch nicht in eine neue Welt vor. Das gilt auch für Beethovens Zweite Symphonie aus dem Jahre 1802. Die schnellen Scherzos, die Beethoven anstelle des traditionellen Menuetts einfügte, wichen von Haydns späten Quartetten (Opus 76 und Opus 77) ab, in denen der Urtypus des schnellen Scherzos auftauchte. Beethovens Orchestrierung glich der des späten Haydn und Mozart.

Bemerkenswerterweise hat Haydn nach 1795 keine Symphonie mehr geschrieben und sogar verlockende Kompositionsaufträge abgelehnt. Er schien sein symphonisches Werk als abgeschlossen betrachtet zu haben. Auch anderen Komponisten blieb, wenn sie den von Haydn und Mozart vorgezeichneten Bahnen folgen wollten, kein anderer Weg, als Varianten zu schreiben.

Nachdem Haydn 1795 von seiner letzten Londoner Reise nach Wien zurückgekehrt war, komponierte er großangelegte Choralmusik. Er schuf die sechs letzten Messen und die Oratorien »Die Schöpfung« (1798) und »Die Jahreszeiten« (1801). Offenbar hatte Haydn an monumentalen Formen Interesse gewonnen, für die er die Symphonie als nicht geeignet empfand. Nach Beethovens eigenem Zeugnis hat er emsig Haydns späte Messen studiert. Die komplizierte, breite Anlage dieser Werke müssen Beethovens Phantasie erregt haben. Ein Satz wie das »Kyrie eleison« in der »Harmoniemesse« (1802), ein langes und kompliziertes langsames Stück, das eine neue Welt erschloß, mag Beethoven den Gedanken gegeben haben, daß eine Symphonie ähnlich aufgebaut werden könnte.

Es ist interessant, daß die »Eroica« länger ist, nicht nur wie Haydns und wie Mozarts Symphonien, sondern auch wie seine eigenen ersten beiden Versuche dieser Art. Einfache, goßartige Sätze bildeten den besseren Rahmen für seine grandiosen Einfälle. Das starke Ineinanderschieben von Themen, wie im ersten Satz von Haydns Symphonie Nr. 102, war eine der Grundregeln seiner symphonischen Kunst. Wenn Haydn in seinem Alter diese Kompositionsform nicht weiterentwickelte, dann mußte eine junge Generation auch eine neue Richtung ausbauen.

Die Frage, ob Beethoven ein Klassiker oder ein Romantiker war, ist viel diskutiert worden. Heute neigen wir dazu, in ihm einen Höhepunkt der klassischen Zeit zu sehen. Wenn aber etwas romantisch an dem Werk Beethovens ist, dann ist es die Macht seiner überragenden Persönlichkeit, die durch alle vier Sätze die absolute Gewalt über Form und Inhalt hat. Im Finale leuchtet noch am ehesten die musikalische Bewegung des 18. Jahrhunderts durch. Ihr stereotyper Charakter ist unverkennbar. Natürlich schrieben Haydn und Mozart verschiedenartigste Finale, in Rondo-, in Sonatenform und in brillanter Kombination beider Möglichkeiten. In einem von Haydns größten Schlußsätzen, dem in der Symphonie Nr. 101 von 1794, tritt in der Mitte des Sonatenrondos eine glänzende Doppelfuge auf. Mozarts Finale in der Jupiter-Symphonie wies den Weg zu einem bisher unbekannten, geistreichen und sophistischen Abschluß. Auch das Finale der »Eroica« hat seine charakteristische Besonderheit: Der langsame Teil vor dem Schlußakkord läßt das Mysterium von Beethovens Persönlichkeit erahnen.

Seitdem diese Noten geschrieben waren, erhielt die Symphonie einen unverwechselbaren individuellen Charakter. Die Komponisten der Zukunft maßen ihre Arbeit an Beethovens Werk. Johannes Brahms soll, als er seine Erste Symphonie in C-moll komponierte, gesagt haben: »Ich fühle seine Riesenschritte hinter mir.« Franz Schubert, Anton Dvořák, César Franck, Anton Bruckner, Gustav Mahler – sie alle schauten zurück auf die »Eroica«, die Symphonie, mit der ein neues musikalisches Zeitalter begann.

H. C. ROBBINS LANDON

Wolfgang Amadeus Mozart, Stich nach einem Gemälde von Thaddäus Helbling, 1768

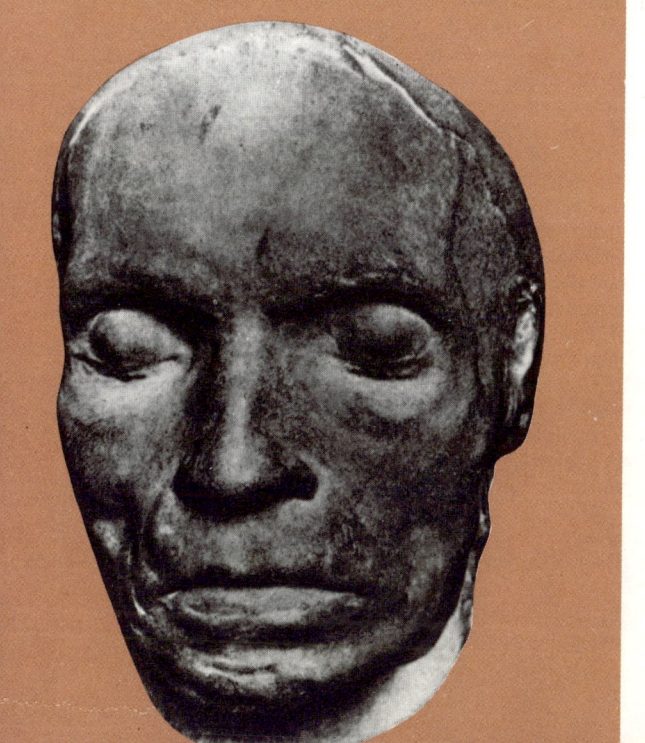

Ludwig van Beethoven. Totenmaske von Joseph Danhauser, 28. März 1827

Napoleons Kriege in Mittel-Europa. Seeherrschaft Englands

Am 18. Mai 1804 verkündete der Senat von Frankreich, daß unter dem Vorbehalt eines Volksentscheides »die Regierung der Republik einem erblichen Kaiser anvertraut wird«. Innerhalb weniger Wochen gab das französische Volk eine überwältigende Zustimmung zu der Errichtung des Kaisertums. Am 2. Dezember 1804 krönte sich Napoleon I. während einer prunkvollen Zeremonie in der Kathedrale Notre-Dame zu Paris zum Kaiser der Franzosen. Um zu verhüten, daß fromme Legitimisten die Handlung als Anmaßung eines Revolutionärs anzweifeln und verspotten könnten, hatte Papst Pius VII. aus Rom anreisen müssen, um den feierlichen Akt durch seine Gegenwart und seinen Segen zu weihen. Pathetisch suchte Napoleon eine Tradition zum Kaisertum Karls des Großen herzustellen, der einst die römische Kaiserkrone aus der Hand Papst

Zusammenkunft Kaiser Napoleons I. mit Zar Alexander I. auf der Memel bei Tilsit

Walter Scott

Leos III. empfangen hatte. Der junge Leutnant Bonaparte, der im August 1792 eine republikanische Meute die Tore der Tuilerien niederreißen sah, hatte in den seither verflossenen zwölf Jahren eine bedeutende Entwicklung zu einem machtvollen Herrscher durchgemacht.

Napoleons Siegeszug

Längst war bei vielen Bewunderern Napoleons eine Entfremdung eingetreten. Sie wurde durch die Krönung, die den revolutionären Gedanken verriet, nur noch vertieft. Doch in ihrem innersten Wesen entsprach die Tat des Ersten Konsuls dem Zeitgeist. Die Auflehnung der Romantiker gegen das Zeitalter der Vernunft wurde durch die Übernahme griechisch-römischen Denkens eingeleitet, und bezeichnenderweise trug Napoleon während der Zeremonie in Notre-Dame den Lorbeerkranz römischer Caesaren. Zu dieser Zeit entdeckten die Romantiker die mittelalterliche Vergangenheit neu und idealisierten sie zu einer heroischen Welt. In den Jahren 1802 und 1803 sammelte Walter Scott schottische Volksballaden und gab sie heraus. 1804 vollendete Friedrich Schiller sein Drama »Wilhelm Tell«. Bei deutschen und englischen Lesern fanden beide Dichter begeisterten Widerhall. Darum darf es nicht überraschen, daß Napoleons Krönungszeremonie das Ritual des »Reiches des Westens« aufgriff, des heroischen Zeitalters der »Chansons de geste«, jener historisierenden Dichtungen des französischen Mittelalters.

Innerhalb eines Jahrzehntes setzte die Romantik Deutschland und andere Länder mit nationalistischer Leidenschaft in Flammen. Die Völker besannen sich auf sich selbst und suchten die Befreiung vom napoleonischen Joch. Aber ein zeitlich zu früher Ansatzpunkt für die patriotische Gefühlsstimmung wäre verfehlt gewesen. Im Jahr 1805 und selbst noch im Sommer 1812 konnte der Kaiser der Franzosen immer noch junge Rekruten mit der Vorstellung begeistern, an einem großen Abenteuer teilzunehmen. »Wir gehen zum Größeren Indien. Es ist dreitausend Meilen von Paris entfernt«, schrieb ein neunzehnjähriger Füsilier, als er nach Moskau zog und in den Todeskampf an der Beresina geriet. Die Sprache der kaiserlichen Erlasse, die die Armeen der Gegenwart den siegreichen Heeren der Vergangenheit gleichstellten, erweckte bei seinen Untertanen den Glauben, mit dem Schicksal zu marschieren. Solange Napoleon »den Gott des Krieges und den Gott des Erfolges« zu seinen Waffenbrüdern zählte, sahen die Völker seines Reiches keinen Grund, ihrer eigenen Vergangenheit nachzuspüren und sich auf ihre nationalen Züge zu besinnen. Die Bewegung der Romantiker blühte als befreiende Macht in der Politik erst, als das Glück sich gegen Napoleon wandte und die Hohlheit seines Ideals enthüllte. Bezeichnenderweise sollte die gleiche Bewegung innerhalb eines Jahrzehntes nach Napoleons Tod der Metternich-Ära entgegenwirken und bei der Wiedergeburt der alten Kaiser-Idee in Deutschland mitwirken.

Die ersten Jahre des Kaiserreiches glichen einem einzigen Siegeszug. Im März 1805 begannen Napoleons Feinde, Rußland, Österreich, England und Schweden, den dritten Koalitionskrieg gegen Frankreich. Am 13. November zog Napoleon in Wien ein. Eine Woche später hatte Beethovens Oper »Fidelio«, in der die Ideale von 1789 leidenschaftlich gepriesen wurden, Premiere. Das Publikum bestand fast ausschließlich aus französischen Offizieren. Am ersten Jahrestag seiner Krönung vernichtete Napoleon die verbündeten Armeen von Österreich und Rußland bei Austerlitz. Im folgenden Oktober demütigte er die gemeinsam mit den Russen operierenden Preußen bei Jena und Auerstedt. Nach einem weiteren Sieg der Franzosen über die Russen bei Friedland in Ostpreußen im Juni 1807 mußte Zar Alexander I. von Rußland, der seit zwei Jahren Frankreichs unerbittlicher Gegner war, um Frieden nachsuchen. Napoleon I. sowie Alexander I. und Friedrich Wilhelm III. von Preußen trafen sich bei Tilsit und schlossen Frieden. Ein Plan zur Teilung Europas in eine westliche Einflußsphäre unter der Vorherrschaft Frankreichs und in eine östliche unter der Rußlands drohte Gestalt anzunehmen. Tilsit sollte der Höhepunkt in Napoleons Laufbahn sein. Die Große Armee erreichte zwar noch manchen Triumph – so besetzte sie Wien zum zweiten Mal im Mai 1809 und sah die goldenen Kuppeln von Moskau in der Septembersonne von 1812 glitzern –, aber nur in Tilsit hielt Napoleon die Karte Europas wirklich in seiner Hand. »Die Welt bat mich, sie zu regieren«, soll er in späteren Jahren gesagt haben.

Englands Seekrieg

Seit dem Bruch des Friedens von Amiens bis zum bitteren Ende des Kaiserreiches 1814 hatten die Engländer sich hartnäckig geweigert, mit den Franzosen Frieden zu schließen. Ihr militärischer Beitrag zu den Feldzügen jener Jahre war jedoch gering. Im Sommer 1808 landeten fünfzehntausend Soldaten unter dem General Arthur Wellesley, dem späteren Herzog von Wellington, in Portugal, um den Beutezügen der Franzosen unter General Andoche Junot auf der spanischen Halbinsel Einhalt zu gebieten. Sechs Jahre lang hielten Wellesleys Männer die Franzosen in den Kantabrischen Bergen und in Kastilien in Kämpfe verwickelt und standen den aufständischen spanischen Freischärlern bei, deren nationale Erhebung eine erste Bedrohung des Kaiserreiches Napoleons bedeutete. Aber obwohl Wellington die Pyrenäen überschritt und Toulouse erreichte, noch bevor der Kaiser abdankte, fiel der spanische Feldzug nicht wesentlich ins Gewicht. Hier war eine zweite Front, die nie zu einem entscheidenden Schlachtfeld wurde. Der spanische Krieg mag Napoleon geschwächt haben, aber er hat kaum zu seiner Vernichtung beigetragen.

Die Engländer trachteten vor allem, ihre Seeherrschaft im Atlantik und im Mittelmeer zu sichern. Denn wenn die Franzosen die Herrschaft über den Kanal erlangten, stand einer Landung Napoleons in Kent und in Sussex nichts im Weg. Die französischen Marineeinheiten waren auf die Stützpunkte Brest und Rochefort an der Atlantik-Küste und den Mittelmeerhafen Toulon aufgeteilt. Zwei Jahre lang seit der Wiederaufnahme des Krieges 1803 hielt die britische Flotte ein wachsames Auge auf diese Stützpunkte. Dreidecker-Linienschiffe, die schwimmenden Batterien mit hundert Geschützen glichen, und Fregatten, die mit zwei oder drei Dutzend Kanonen bestückt waren, trotzten den Stürmen in der Biskaya und im Mittelmeer, um die französisch-spanischen Seestreitkräfte in Schach zu halten.

Dennoch gelang es der französischen Flotte aus Rochefort auszubrechen. Ebenso konnte Anfang 1805 Admiral Pierre Charles Villeneuve der Blockade von Toulon entgehen. Die Franzosen suchten den Krieg nach den West-Indischen Inseln zu tragen, wohin sie die britischen Seestreitkräfte zu locken hofften, um den Kanal für Napoleons Invasionspläne frei zu bekommen. Der Plan mißlang. Die Atlantik-Flotte überfiel zwar erfolgreich Martinique, mußte aber bald nach Rochefort zurückkehren. Villeneuve wurde fünf Monate lang von Horatio Nelson gejagt, bis er endlich in Cadiz Zuflucht fand. Dort überholte er seine Schiffe, versorgte seine Leute und nahm Kriegsmaterial sowie Proviant an Bord.

Horatio Nelson

Trafalgar

Am 21. Oktober 1805 stach Villeneuve wieder in See. Er wurde von den Briten bei Kap Trafalgar abgefangen und verlor achtzehn seiner dreiunddreißig Schiffe. Über viertausend französische und spanische Seeleute verloren in dieser Schlacht und dem Sturm, der ihr folgte, das Leben. Die Engländer zählten nur vierhundertneunundvierzig Tote. Unter ihren Gefallenen war auch der Sieger, Admiral Horatio Nelson. Die Nachricht von Englands größtem Seesieg war von tiefer Trauer begleitet.

Die Schlacht bei Trafalgar bestätigte die Vorherrschaft der britischen Seemacht. Obgleich Napoleon seine Flotte schnell wieder aufbaute, konnte er zur See keine Erfolge erringen. Während des Jahrzehnts, das dem Sieg bei Trafalgar folgte, bestand die Kriegsführung zur See in der Hauptsache in Behinderung der Handelsschiffahrt. Der Zermürbungskrieg beanspruchte die Kräfte aller Beteiligten über die Maßen. Die Zustände auf den englischen Schiffen waren katastrophal. Im Lauf der Napoleonischen Kriege starben etwa zwölfmal soviel britische Seeleute an Krankheiten, als in den Seeschlachten fielen. Da die Sollstärke der Mannschaften nur durch gewaltsame Werbung aufrechterhalten werden konnte, stieg die Zahl der Deserteure in die Tausende. Nur hartgesottene Veteranen konnten mit ihrem Witz und ihrem Galgenhumor überleben. Denn mit zwei Schilling und sechs Pence Sold in der Woche, einer Verpflegung aus Salzfleisch und madigem Zwieback sowie der Drohung von fünfzig und mehr Stockschlägen bei Ungehorsam brauchten sie wahrlich ein sonniges Gemüt, um ihren Verstand zu behalten.

England

Als 1805 die Gefahr einer Invasion gebannt war, spürte das Volk auf den Britischen Inseln nur noch wenig von den Napoleonischen Kriegen. Jane Austens Novellen, von denen die meisten in dieser Zeit geschrieben wurden, während ihre Brüder als Seeoffiziere im Mittelmeer und im Atlantik dienten, spiegeln ein beschauliches, friedliches Leben höherer Gesellschaftskreise wider. Der spanische Krieg führte zu keiner ernsthaften

Die Dichterin Jane Austen

Schwächung der Armee. Wellingtons Verluste in den Jahren zwischen 1808 und 1812 waren niedriger als die des Generals Michael Kutusow in der Schlacht bei Borodino. Überdies vermehrte sich die Bevölkerung von England schnell. Sie stieg von zehneinhalb Millionen bei der Volkszählung 1801 auf beinahe zwölf Millionen im Jahr 1813. Medizinische Wissenschaft und Hygiene verlängerten das Leben. Es kam zu besorgten Spekulationen, wie dem Anwachsen der Bevölkerung zu begegnen sei. So wurde auch die Lehre von Thomas Malthus ernsthaft diskutiert, der in seinem »Essay of the Principle of Population« – »Essay über die Grundsätze der Bevölkerung« die Meinung vertrat, daß die Löhne die Höhe des Existenzminimums nicht überschreiten dürften, um den Bevölkerungszuwachs der arbeitenden Massen zu steuern.

Reaktion und Reform

Das Verhältnis der einzelnen Klassen

Verheerende Folgen des Krieges der Spanier gegen Napoleon I.

zueinander in England war in jenen Jahren gespannt. Die englischen Landedelleute profitierten vom Krieg, da Getreide für die Armee gebraucht wurde. Korn konnte aber wegen der Kontinentalsperre nicht eingeführt werden. Unternehmer zogen aus denselben Gründen Profit aus den fortdauernden Feindseligkeiten. Der Bedarf der Armeen von Großbritannien und seiner Verbündeten an Ausrüstungsgegenständen gab den neuen Fabriken einen künstlichen Aufschwung. Nur die arbeitende Bevölkerung mußte leiden. Die Lebenshaltungskosten stiegen dauernd; Lebensmittel verknappten; die Arbeitszeit in den Bergwerken und in der Industrie war unmenschlich lang. Viele Grundbesitzer befiel eine antijakobinische Hysterie. Sie benutzten die Not des Krieges, um ihre Aktionen gegen die sozial und politisch bedrückten Arbeiter zu rechtfertigen. 1799 und 1800 wurden alle radikalen Vereinigungen durch Parlamentsbeschlüsse unterdrückt, und alle Arbeiterverbindungen, die nur die Verbesserung der Lebensbedingungen ihrer Mitglieder anstrebten, wurden als illegal erklärt. Ein ähnliches Verbot von Arbeitervereinigungen, das »Loi de Chapelier«, hatte die französische gesetzgebende Versammlung 1791 erlassen, das in abgeänderter Form sogar in den Code Civil (Code Napoléon) übernommen wurde.

Als der Krieg mit Frankreich sich in die Länge zog, wurde die politische Freiheit in England und in Schottland zunehmend beschränkt. Reformer wurden zum Schweigen gebracht oder verfolgt, weil sie Aufruhr predigten. 1810 wurde William Cobbet, der patriotische und radikale Verfasser von Flugschriften, für zwei Jahre ins Gefängnis geworfen, weil er gegen das Auspeitschen von Leuten durch die Ortsmiliz protestierte.

Die Masse der Leute habe nichts anderes mit den Gesetzen zu tun, als ihnen zu folgen, hatte der Bischof von Norwich 1795 erklärt. Die jeden Kompromiß ablehnende Haltung beherrschte die Regierung der Tories ein viertel Jahrhundert lang und fand ihren Höhepunkt in den berüchtigten »Six Acts« von 1819, die die freie Rede und das freie Versammlungsrecht aufhoben sowie das gedruckte Wort zensierten.

Erst als Männer wie Robert Peel und William Huskisson, die Sprecher von Gewerbe und Handel, den inneren Ring der Tory-Partei während der zwanziger Jahre zu durchstoßen begannen, kehrte Vernunft im öffentlichen Leben ein. Erst dann sahen die Verantwortlichen ein, daß nicht das Gespenst der Revolution das Land heimzusuchen drohte, sondern die Not des Hungers und der Unsicherheit.

Grundlagen des industriellen Zeitalters – Arbeiterunruhen in England   1811

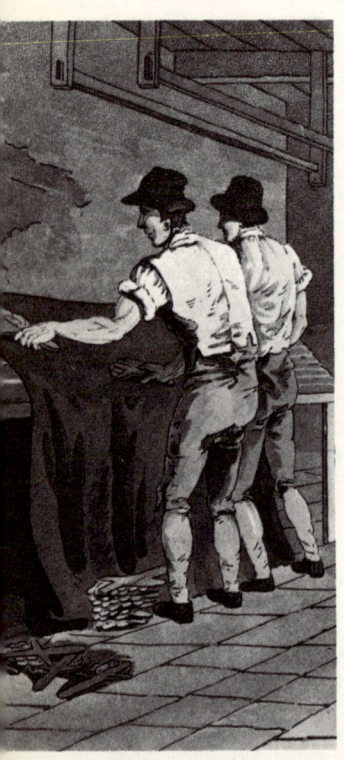

Arbeiter in einer Baumwollfabrik. Zeichnung, 1813

Das 19. Jahrhundert läuten Revolutionen ein, die das gesellschaftliche Zusammenleben der Menschen nach neuen Grundsätzen ordnen wollen. Die amerikanische Revolution verkündet, daß alle Menschen als Gleiche zur Welt kommen und daß ihr Recht auf Leben, Freiheit und das Streben nach Glück unveräußerlich ist. Die Französische Revolution folgt ihr mit der Verheißung der Freiheit, Gleichheit und Brüderlichkeit. Aber die Ära der Revolutionen bringt eine Kette von Kriegen hervor, die ein Menschenalter lang nicht abreißt. Die Zerstörungen und Verwüstungen der Kriegsepoche vernichten die Chance auf das zu erstrebende Glück und drosseln die Freiheit. Eine gegenrevolutionäre Welle läßt viel eher unerbittliche Kämpfe um die Menschenrechte vorausahnen als deren Verwirklichung.

Die ersten Revolutionen und die Kriege, die aus ihnen folgen, erschöpfen sich indes nicht in der Zerreißung der überlieferten gesellschaftlichen Bande. Sie sind zugleich der Motor neuer Entwicklungen in der Ebene der Technik und Wirtschaft. Je nachdem wie man den ursächlichen Zusammenhang begreifen will, erscheint die politische Revolution als Vorspiel oder als Begleiterscheinung der industriellen Revolution. Die industrielle Revolution aber, so segensreich ihre Fernwirkungen sein mögen, bringt zunächst unsagbares Elend. Ob sie es ist, die die traditionelle gesellschaftliche Verfassung des Dorfes umwälzt, ob umgekehrt erst diese agrarische Umwälzung die Voraussetzungen schafft für die Unterwerfung des menschlichen Daseins unter die Gebote der industriellen Technik oder ob beides so ineinandergreift, daß Ursache und Wirkung nicht mehr zu trennen sind, ist nur in der Abstraktion von Interesse. Wichtig ist, daß große Massen von Menschen, von der Scholle losgelöst und jeder Besitzgrundlage beraubt, ihr Glück in der Stadt suchen müssen.

Diesen entwurzelten Arbeitskräften brauchen nur Löhne gezahlt zu werden, die sie gerade vor dem Hungertod bewahren. Nicht nur Männer, sondern auch Frauen und Kinder sind zur Fabrikarbeit gezwungen. Menschen, die keine andere Existenz finden, kann man beliebig lange arbeiten lassen: der vierzehn- oder sechzehnstündige Arbeitstag ist keine Seltenheit. Werden große Menschenmassen in städtischen Siedlungen zusammengedrängt, deren Bevölkerung sich über Nacht verdoppelt, verdreifacht, verfünffacht, so ist an menschenwürdige Behausungen nicht zu denken. Die Tuberkulose grassiert. Aus jeder ansteckenden Krankheit wird eine Seuche. Unterernährt und überarbeitet, ohne Licht und Sonne dahinvegetierend, sind Menschen gebrechlich. Sie leben nicht lange. Solange sie leben, ist König Alkohol der große Tröster in ihrem freudlosen Dasein.

Immer mehr Menschen drängen in die Städte, in denen keine Nahrung wächst. Die Landwirtschaft geht zurück; ihre bedrängte Lage läßt keine Verbesserung der Betriebsverhältnisse und Anbaumethoden zu; immer weniger Nahrung läßt sich der erschöpfte Boden abringen. Die junge Wissenschaft der Nationalökonomie wächst in die Vorstellung hinein, daß sinkende Bodenerträge ein Naturgesetz sind. Zwei Jahre vor Beginn des neuen Jahrhunderts formuliert Thomas Robert Malthus, Pfarrer und Nationalökonom, sein Bevölkerungsgesetz, wonach die Bevölkerung in geometrischer, ihr Nahrungsspielraum aber nur in arithmetischer Progression zunehme. Entschließen sich die Menschen nicht, die Geburten einzuschränken, so sind sie zum Hungertod verdammt. Das ist schon fast eine apokalyptische Vision vom Weltuntergang. Aber die Fortschritte der Naturwissenschaft, die gerade erst zur Welteroberung ansetzt, verheißen eine strahlende Zukunft. Die Maschine verspricht gesteigerte Produktivität, Fortschritt, Reichtum. Kann der Weltuntergang doch verhindert werden?

Offenbar muß die Gesellschaft, wenn die Katastrophe abgewendet werden soll, anders organisiert werden. Gibt es eine solche Chance, so ist keine Zeit zu verlieren. Die Rettungsmission gebiert ihre Propheten, verleiht ihnen ein unerschütterliches Sendungsbewußtsein. Die Menschen, die ihnen folgen, sind Jünger eines neuen Glaubens. Das Schicksal der Menschheit ist in ihrer Hand. Sie ist verloren, wenn die Sehenden und Entschlossenen nicht in letzter Minute das Rad der Geschichte herumreißen. Das gibt ihnen einen Zusammenhalt, einen inneren Halt, der allen Gefahren und allen Verfolgungen trotzen kann. Als kleines Häuflein fangen sie an und wollen doch Mächte bezwingen, die alles hinter sich haben: die staatlichen und rechtlichen Institutionen, die Gewaltmittel der Herrschaft, den Reichtum, die Tradition, die hergebrachten Weltanschauungen, die religiöse Verankerung. All dem glaubt sich das kleine Häuflein kraft tieferer Erkenntnis überlegen.

Das finstere Zeitalter des apokalyptischen Untergangs wird zum Zeitalter des Fortschritts, an den die Pioniere glauben: die Pioniere der Maschine, der Technik, der Industrie ebenso wie die Pioniere der sozialen Befreiung, die ihre revolutionären Banner entrollen. Die an der Schwelle des Jahrhunderts geborene Zusammenbruchsvision verschmilzt mit dem optimistischen Fortschrittsglauben der Aufklärungsphilosophen der vorrevolutionären Zeit zu einem Missionsbewußtsein von neuem, seltsam automatischem Gepräge. Muß der Fortschritt nicht doch mächtiger sein als alles Beharrende?

Ein zwiespältiges Zeitalter! Es fängt mit Kriegen an und bringt hundert Jahre einer friedlichen Entwicklung mit sich, die lokal begrenzte Kriege vorübergehend aus dem Gleis werfen, ohne doch den normalen Geschäftsgang fühlbar zu unterbrechen. Es hält sich für eine Epoche der Revolutionen und gebiert große revolutionäre Bewegungen ebenso wie drakonische Unterdrückungsmaßnahmen gegen sie, stellt sich aber im Rückblick als eine Ära politischer Reformen dar, die immer größeren Bevölkerungsmassen Schritt für Schritt die Teilnahme an politischen Entscheidungen ermöglicht, die institutionellen Garantien der Minderheitsherrschaft zerschlägt und die staatliche Ordnung und das politische Geschehen fortschreitend demokratisiert. Es glaubt voller Schrecken an die schicksalhafte Verknappung der Daseinsmöglichkeiten der Menschen und macht eine ungeahnte Ausweitung dieser Daseinsmöglichkeiten zur Wirklichkeit. Es hebt die Ausweglosigkeit des Elendsdaseins der großen Masse und die Unausweichlichkeit einer radikalen Umwälzung der gesellschaftlichen Grundlagen ins allgemeine Bewußtsein, aber im flagranten Widerspruch dazu erhöht es den Anteil der Massen am gesteigerten Ertrag der gesellschaftlichen Arbeit.

Arcadius R. L. Gurland

Zu Beginn des Jahres 1811 bis in das Jahr 1813 hinein wurden mehrere industrielle Gebiete Englands von Arbeiteraufständen heimgesucht, wobei es zu Zerstörungen von Maschinen kam: Die Strickwarenbetriebe in Midland und die Spitzenindustrie in Leicestershire, in Derbyshire und in Nottinghamshire wurden ebenso in Mitleidenschaft gezogen wie die Produktionsstätten in West Riding in Yorkshire und die Baumwollfabriken in Lancashire und in Cheshire. Schließlich mußten zwölftausend Soldaten eingesetzt werden, mehr als Wellington zu Beginn seines Feldzuges in Spanien hatte, um die Aufstände niederzuschlagen. Ned Lud, ein Webergeselle aus Leicestershire, hatte einst, um die Mitte des 18. Jahrhunderts, zwei Webrahmen für Spitzen, die seinem Meister gehörten, zerschlagen. Seither bürgerte sich für die Zerstörung von Produktionsmitteln der Name Luddismus ein.

Der Zorn der Aufständischen richtete sich besonders gegen Textilmaschinen. Darum galt allgemein als unmittelbarer Anlaß der Aufstände die Einführung neuer arbeitsparender Maschinen in den betroffenen Industrien. Diese Ansicht aber simplifiziert die komplexe Situation. Nur in begrenztem Maß hatten die Aufständischen zwischen 1811 und 1812 sich die Zerstörung von Maschinen zum Ziel gesetzt, denn arbeitsparende Maschinen waren nicht neu. Die eigentlichen Gründe für die Unruhen waren die hohen Lebenshaltungskosten, der Zusammenbruch des britischen Exports nach den Vereinigten Staaten im Februar 1811 und die Auswirkungen der napoleonischen Kontinentalsperre, die englische Waren in ganz Europa boykottieren sollte.

Sowohl in Großbritannien als auch auf dem Kontinent hatten die Jahre 1812 und 1813 schlechte Ernten gesehen. Im August 1812 erreichte der Preis von Weizen in England die erschreckende Höhe von hundertsechzig Schillingen für einen Viertelzentner. Der Durchschnittspreis von 1792 lag bei dreiundvierzig Schillingen, die für Grundnahrungsmittel wie Hafergrütze und wie Kartoffeln stiegen ebenfalls, als das Volk sie als Ersatz für Weizen kaufte. Im Februar 1811 erklärten die Vereinigten Staaten, die sich verzweifelt bemühten, nicht in die Napoleonischen Kriege hineingezogen zu werden, daß das Einfuhrverbotsgesetz des Jahres 1809 von nun an nur für England gelte. Dieses Gesetz betraf ursprünglich auch Frankreich. Die Maßnahme verringerte den britischen Export nach den Vereinigten Staaten von elf Millionen Pfund im Jahr 1810 auf weniger als zwei Millionen Pfund im Jahre 1811. Die Gebiete der Textilindustrie traf der Ausfall ihres größten Marktes besonders hart.

Der Luddismus fand in den drei Grafschaften Nottingham, Derby und Leicester besonders fruchtbaren Boden, weil dort neunzig Prozent aller Webstühle für Strickwaren und Spitzen des Königreiches standen. Die Maschinen waren über Dörfer und Städte verbreitet. Sie gehörten den Verlegern, den reichen Webwarenhändlern, die Baumwoll-, Woll- und Seidengarne an die gelernten Strumpf- und Spitzenweber lieferten. Agenten und Mittelsmänner sammelten die fertigen Waren ein und verkauften sie an Großhandelsfirmen. Die Kaufleute nahmen außerdem noch Webstuhlmiete von den Webern.

Nach dem Zusammenbruch der einheimischen und der Exportmärkte im Jahr 1811 füllten sich die Lagerhäuser schnell, und bald arbeitete ein Fünftel der Webstühle in Midland nicht mehr. Viele andere Weber hatten nicht genügend Aufträge und mußten oft ungünstige Tarife akzeptieren. Das Elend der hohen Preise und der Arbeitslosigkeit brachte sie besonders gegen die Anwendung produktiverer Webstühle in Fabriken auf und verbitterte sie tief. Sie weigerten sich auch, Webwaren, die auf diesen Webstühlen hergestellt waren, weiterzuverarbeiten.

Vom März 1811 bis zum Februar 1812 zogen Banden junger Weber, die von älteren Handwerkern organisiert und bezahlt wurden, durch Nottinghamshire, Leicestershire und Derbyshire. Sie forderten Einlaß in die Häuser, wo Maschinen standen, um die großen Webrahmen zu zerstören. Die Weber, die diese Webstühle zu bewachen hatten, leisteten nur geringen Widerstand, weil sie nicht ihnen, sondern den Kaufleuten gehörten. Die Aufständischen handelten im Namen »General« Ned Luds. Die Teilnehmer an diesen nächtlichen Überfällen legten, wenn sie der Organisation beitraten, einen Eid zur Verschwiegenheit ab. Die Banden stahlen selten etwas außer Feuerwaffen. Der Zorn der Arbeiter richtete sich nicht so sehr gegen die modernen Maschinen als gegen ihre fabrikmäßige Verwendung. Erst nachdem Truppen eingesetzt wurden, ließen die Unruhen allmählich nach.

Wären die Zeiten günstiger gewesen, dann hätte sich der Triumph der Maschinen wahrscheinlich ohne negative Vorzeichen vollzogen, aber das Elend der Jahre 1811 und 1812 rief eine gewaltsame Reaktion hervor. Im Sommer 1812 brach die Kontinentalsperre zusammen, der Handel belebte sich, und die Unruhen gingen zurück. Je-

Die Dichterin Charlotte Brontë. Zeichnung von George Richmond, 1850

doch wurden in York noch 1813 siebzehn Aufständische zum Tod durch den Strang verurteilt.

Vierzehn Jahre später, 1826, gab es noch einmal Unruhen unter Arbeitern. Große Aufstände erschütterten Ost-Lancashire und führten auch zu Zerstörungen von mechanischen Webstühlen. Wiederum bestand ein enger Zusammenhang zwischen den Aufständen und der wirtschaftlichen Lage. Dem großen Konjunkturaufschwung der Jahre 1824 und 1825 folgte im Winter 1825/26 eine schwere Rezession, die in den Industriegebieten großes Elend hervorrief. Infolge der neuen Aufstände wurden zehn Personen zum Tod verurteilt, dann aber begnadigt und auf Lebenszeit des Landes verwiesen.

Erstaunlicherweise fand das letzte Aufflackern von Maschinenstürmen in der Landwirtschaft statt, wo der Mechanisierungsgrad niedrig war. Die Aufstände, die in den landwirtschaftlich orientierten Grafschaften Süd- und Ost-Englands stattfanden, wurden durch einen harten Winter verursacht. Die Preise für Nahrungsmittel stiegen während des ganzen Jahres 1830 unaufhörlich. Seit September bis in den Dezember hinein weiteten sich die Unruhen aus. Die Landarbeiter richteten ihre Angriffe vornehmlich gegen Dreschmaschinen, die sie in den langen Wintermonaten ihrer Arbeit mit dem Dreschflegel beraubten. Die Dreschmaschinen wurden anfangs von Pferden betrieben und später von kleinen Dampfmaschinen. Sie fanden schon während der Napoleonischen Kriege in Schottland, Nord-England und Nord-Wales eine weite Verbreitung.

Nach dem allgemeinen Frieden in Europa von 1815 schafften sich die wohlhabenden Bauern in den Weizenanbaugebieten West- und Süd-Englands Dreschmaschinen an, obwohl jetzt kein Mangel an Arbeitskräften herrschte. Nach harten, entbehrungsreichen Jahren kam es 1830 zum Aufstand. Bedroht von der Aussicht, während der Wintermonate wieder der Gnade der Armengesetze unterworfen zu sein, griffen Banden die Gehöfte der Bauern an, verbrannten Heuschober und zerstörten Dreschmaschinen in großem Ausmaß. Einige Bauern ließen ihre Maschinen absichtlich im Freien stehen, wo die Arbeiter sie leichter zerstören konnten, in der Hoffnung, sie so von den Häusern fernzuhalten.

Der letzte Aufstand in der Landwirtschaft, der größere Ausmaße annahm, geschah in den Jahren 1843 und 1844. Er war viel schwächer und weniger gewalttätig. Die Ereignisse von 1830 scheinen jedoch den Fortschritt der Mechanisierung in der Landwirtschaft nur geringfügig verzögert zu haben. Die Anwendung der Dreschmaschine und des mechanischen Mähers wurde nicht aufgehalten. Emigration nach Übersee und Abwanderung in die Städte innerhalb der nächsten vierzig Jahre lösten das Problem der Übervölkerung des Landes besser als alle Gewalttätigkeit.

Im 18. Jahrhundert und noch weit bis ins 19. hinein bestand der größere Anteil der britischen Industrie außer den Kohlenbergwerken, der Eisengewinnung und dem Schiffsbau aus einem vielfältigen System von Heimarbeiten. Der Arbeiter, der oft von Familienangehörigen unterstützt wurde, produzierte zu Hause Fertigwaren aus Material, das er entweder selbst kaufte oder von einem Fabrikanten und von einem Mittelsmann erhielt. Im letzteren Fall blieb das Material wie Garn, Eisen oder Leder Eigentum des Kaufherrn. Manchmal war die Arbeit, wie im Fall der Wollweberei, halbmechanisiert. So mußten Tuche zu einer mit Wasser betriebenen Spinnerei zur Reinigung und Verstärkung gebracht werden. Im »Black Country« und dem Gebiet von Sheffield arbeiteten Nagelschmiede und andere Metallarbeiter in ihren Häusern. In der Textilindustrie, die sich weit über das Land erstreckte, wurde das Spinnen von Wolle, Kammgarn und Baumwollgarnen bis in die achtziger und neunziger Jahre des 18. Jahrhunderts in Heimarbeit ausgeführt. Dann aber wandelte sich die Spinnerei schnell in eine fabrikmäßige Industrie, die von Wasserrädern und von Dampfmaschinen angetrieben wurde. Bis zu den Luddisten-Aufständen unterstanden alle Webarbeiten dem Heimarbeitersystem, obwohl ein Meister oft bis zu zwölf Webstühle besaß und angestellte Weber beschäftigte.

Relativ kleine, aber komplizierte Maschinen ergaben für die häusliche Fertigung wenig Probleme, obwohl die Webstühle selbst schwierig zu bedienen und zu warten waren, was von der Qualität und von der Eigenart des zu verarbeitenden Materials abhing. Der Webstuhl für die Strumpfwirkerei war vielleicht die komplizierteste Maschine, die Anfang des 18. Jahrhunderts in der britischen Industrie gebräuchlich war. Sie existierte jedoch in vielen Arbeiterhäusern. Wachsende Komplexität brachte noch andere Probleme als nur das des Aufbaues und der Bedienung mit sich. Die Arbeiterfamilien konnten sich wohl billige und einfache Spinnräder leisten; die Webstühle gehörten gewöhnlich denen, die an ihnen arbeiteten. Die komplizierteren und teureren Strumpf- und Spitzenwebrahmen aber, die zu einer Zeit, da ein Arbeiter rund dreißig Pfund im Jahr verdiente, zwischen zehn und dreißig Pfund kosteten, gehörten vorwiegend Textilkaufleuten.

Die Tatsache, daß Material und Maschinen geliehen waren, legte den Arbeitern Pfänder in die Hand. Unterschlagungen von Rohmaterial waren ein ständiges Problem. Die Gesetzgebung gegen solchen Diebstahl war hart. Immer wieder kam es zu Beschlagnahmen fertiger Produkte. Weigerungen, Gewebe auf dem Webstuhl fertigzustellen, und das Zerschneiden von unvollendeten Tuchstücken müssen bis zum Anfang des 18. Jahrhunderts beinahe an der Tagesordnung gewesen sein, wenn man nach der Gesetzgebung gegen solche Vergehen urteilt. Ein Aufstand unter den Arbeitern der Wollindustrie in Melksham in Wiltshire begann 1738 mit dem Zerschneiden aller Gewebe auf den Webstühlen des Kaufmanns Coulthurst, der den Stückpreis für Tuche gesenkt

Eine Tuchhalle in Yorkshire. Zeichnung, 1. Hälfte des 19. Jahrhunderts

Kohlengruben und Eisengießerei in Coalbrookdale in Staffordshire. Gemälde, 1. Hälfte des 19. Jahrhunderts

hatte. Der Luddismus begann schon 1775 seine Schatten zu werfen, als eine Bande von Londoner Webern die zugewanderten französischen Weber, die Bandwebstühle verwendeten, angriff. Die »Holländischen Maschinen« gaben einem Weber die Möglichkeit, sechzehn oder mehr Bänder gleichzeitig zu weben. Zerstörungen der Produktionsmittel beschränkten sich nicht auf die Heimarbeit. In den vierziger Jahren des 18. Jahrhunderts setzten aufständische Bergleute in den nord-östlichen Kohlenbergwerken Grubenkopfmaschinen in Brand, um Lohnerhöhungen durchzusetzen. Das Gesetzbuch des 18. Jahrhunderts enthält viele parlamentarische Erlasse gegen Brandstiftung im Bergbau, und noch im Jahr 1831 zerstörten streikende Bergleute in Bedlington in Northumberland eine Förderanlage.

Die große Streikbewegung des Jahres 1842, die »Plug-Plot-Aufstände«, ließ eine neue Taktik erkennen. Während dieser Aufstände in Lancashire, in Cheshire und in Nord-Staffordshire konzentrierten sich die Streiks mehr auf die Stillegung von Fabriken als ihre Zerstörung, indem man bleierne Sicherheitsstöpsel aus den Dampfmaschinenkesseln entfernte. Das Verhalten der Arbeiter schien gemäßigter gegenüber den Auswüchsen des Luddismus. Es zeichnete sich eine Methode ab, die versuchte, Lohnerhöhungen zu erzwingen; ebenso zeigte sich, bis zu welchem Maß die Arbeiter den neuen Industriekapitalismus von 1842 duldeten.

Die Wirtschaftswissenschaftler – unter ihnen Andrew Ure, dessen »Philosophy of Manufacturers« im Jahre 1835 erschien – versuchten, die Notwendigkeit einer Einführung verbesserter Maschinen aufzuzeigen, damit die Wettbewerbsfähigkeit der britischen Produktion auf dem Weltmarkt garantiert sei. Ure betonte auch die Nutzlosigkeit einer Opposition gegen die Anwendung von Erfindungen, die zur Arbeitsverkürzung führten. In diesem Zusammenhang erwähnte er Richard Roberts automatische Mouliné-Maschine aus den zwanziger Jahren des 19. Jahrhunderts. Die Erfindung von Roberts war besonders von den Baumwollfabrikanten begrüßt worden, um den Forderungen nach höheren Löhnen der Arbeiter in der Baumwollindustrie zu begegnen. Ures Thesen fielen mit der Verbesserung der Industrieverbindungen und des Lebensstandards zusammen. Gewerkschaften, die in den Jahren zwischen 1799 und 1824 verboten waren, erhielten 1824 widerwillig eine Anerkennung durch das Parlament. Ihre Existenz wurde gesetzlich verankert. Im Jahre 1851 entstand die erste Gewerkschaft moderner Prägung, die »Amalgamated Society of Engineers – Vereinigter Maschinistenverband«. Die neuen Verbände legten größten Wert auf eine gründliche, fachgerechte Lehrzeit der Arbeiter, was zur Folge hatte, daß die Löhne für den Kreis angemessen ausgebildeter Arbeiter stiegen. Die Lehrzeit sicherte den Arbeitern in den Industrien des Maschinenbaus, der Eisengießerei, der Druckerei und des Schiffsbaus einen gewissen Profit, der sich aus der Kapitalinvestition in neue Maschinen ergab. Diese Verhältnisse konnten kaum an- und ungelernten Industriearbeitern zugute kommen. Aber auch sie organisierten sich in den siebziger Jahren des 19. Jahrhunderts zu Gewerkschaften.

Der Luddismus überlebte als Sabotageakt bis in die heutige Zeit. Diese Methode des Arbeitskampfes trug zur Einführung besserer Arbeitsbedingungen bei.

W. H. CHALONER

Rawfords Mill, eine Textilfabrik bei Leeds in West Riding in Yorkshire, Angriffsziel aufständischer Textilarbeiter im Jahr 1812. Zeichnung, 1. Viertel des 19. Jahrhunderts

Wirtschaftliche Lage Englands. Krieg mit Amerika

Am Nachmittag des 11. Mai 1812, eines Montags, kurz nach 5 Uhr, wurde der ehrenwerte Spencer Perceval, der zweieinhalb Jahre lang Premierminister Seiner Majestät des Königs von Großbritannien gewesen war, in der Halle des Unterhauses von dem Handelsagenten John Bellingham, der in Konkurs geraten war, ermordet. Die Tat stand einzigartig da in der Liste der politischen Morde, schon wegen des hohen Ranges des Opfers und der Örtlichkeit des Verbrechens. Sie war zugleich der sinnfällige Ausdruck einer Verzweiflung, die die Geschäftswelt erfaßt hatte, über Lasten eines

Spencer Perceval

nicht endenwollenden Krieges. Bellingham war zwar geistig verwirrt, aber seine Überzeugung, daß die Regierung für die wirtschaftliche Rezession verantwortlich sei, wurde, wenn auch weniger handgreiflich, von Tausenden verarmter Fabrikbesitzer und Arbeiter geteilt.

Wirtschaftliche Lage Englands

Die Moral in England stand im Winter 1811/12 tiefer als zu irgendeinem anderen Zeitpunkt während der Napoleonischen Kriege. In diesen Monaten griffen die Zerstörungen an Maschinen von den Midlands nach Norden und von dort nach Lancaster und nach Cheshire über. Auch andere Faktoren außer der Hysterie der Ludditen trugen zu der allgemeinen elenden Lage bei. Nach zwei schlechten Ernten verknappten die Lebensmittel. Im Frühjahr 1812 lag der Preis für Weizen dreimal so hoch wie vor dem Krieg. Außerdem drosselten die Kämpfe auf dem Festland die Industrie jetzt fast vollständig, nachdem sie ihr zuvor zu einem Aufschwung verholfen hatten. England beantwortete die Kontinentalsperre Napoleons seinerseits mit einer Seeblockade. Ganz Nord- und West-Europa außer Portugal durfte keine englischen Güter einführen. Großbritannien stellte den Handel nicht nur mit dem Reich Napoleons ein, sondern auch mit jedem Staat, der die britische Blockade brach und die britischen Interessen schädigte. Da beide gegnerische Seiten versuchten, den Handel von Europa zu steuern, spürten die Fabrikanten beider Länder die Spannung. Am meisten waren die Gebiete Englands betroffen, wo die Kriegswirtschaft schnell große Profite erzielt hatte. In den Industriestädten Lancashire und Yorkshire waren die Lagerhäuser mit Exportgütern angefüllt, für die es keinen Markt gab. Mehrere Fabriken mußten schließen, und Arbeitslosigkeit breitete sich aus. Im August 1810 gingen nicht weniger als fünf Firmen in Manchester in Konkurs. Die Angst vor einem gleichen Schicksal beunruhigte die nördlichen Grafschaften länger als ein Jahr. In das graue Einerlei der allgemeinen Rezession schlug die Tat John Bellinghams wie ein Blitz ein und sicherte sich einen Platz am Rand der Geschichte. Zu dieser Zeit hatte die britische Regierung bereits beschlossen, die Handelsbeschränkungen, die in den »Orders of Council« – »Anordnungen des Kabinetts«, zusammengefaßt waren, abzubauen. Die Anordnungen hatten der Wirtschaft eine verheerende Bürde auferlegt. Sie hatten außerdem die königliche Marine ermutigt, amerikanische Schiffe nach verbotenen Waren zu durchsuchen, und hatten damit die Vereinigten Staaten so aufgebracht, daß Präsident James Madison den Engländern mit einem Krieg in Amerika drohte. Die Ermordung Percevals verzögerte den Widerruf dieser Anordnungen bis zur Neubildung der Regierung unter dem Premierminister

Präsident James Madison

Lord Liverpool. Am 16. Juni 1812 wurde endlich im Unterhaus die Zurücknahme der Vorschrift verkündet. Aber es war zu spät, um einen Krieg zu vermeiden.

Schiffe im Hafen von Liverpool

Krieg mit Amerika

Die Londoner Zeitungen, die durch Wellingtons Erfolge in Spanien verwöhnt waren, neigten dazu, die Amerikaner zu verspotten und die Bedeutung der Aktion Präsident Madisons herabzusetzen. Aber die Vereinigten Staaten waren 1812 eine weit größere und entwickeltere Republik als jene Konföderation, die 1783 die Anerkennung ihrer Unabhängigkeit erlangt hatte. Der kluge Rat Präsident George Washingtons und Alexander Hamiltons hatte die Unabhängigkeit der einzelnen Staaten erweitert und ihre unterentwickelten Industrien gefördert. Allerdings hatten die einzelnen Staaten unter Präsident Thomas Jefferson eifersüchtig ihre Rechte verteidigt und ihre grundsätzlich auf Agrarwirtschaft ausgerichtete Politik beibehalten. Aber Jefferson zeichnete auch für einen der größten Landerwerbe der Geschichte verantwortlich. Mit dieser Maßnahme hatte sich die Größe der Republik verdoppelt: 1803 erwarben die Amerikaner durch Kauf Ost-Louisiana und New Orleans von Frankreich. Für die Summe von fünfzehn Millionen Dollar hatten die Amerikaner ein Gebiet erworben, das viermal so groß war wie Frankreich.

Die Bevölkerung der Vereinigten Staaten wuchs von fast fünfeinhalb Millionen Einwohnern bei dem Amtsantritt von Jefferson auf etwa siebeneinhalb Millionen bis 1812. Die Siedlungen schoben sich nach Westen vor. Pioniere durchquerten das neu erworbene Gebiet und erreichten schließlich den Pazifik. Textilfabriken verbreiteten die Industrie über Neu-England und leisteten indirekt der Sklaverei Vorschub. Auf diese Weise stieg die Baumwollproduktion stark an. Das erste Dampfschiff von Robert Fulton, die »Clermont«, fuhr im Jahr 1807 den Hudson von New York bis nach Albany hinauf. Der Bau eines Kanals verband den Hudson bald mit dem Eriesee. Dadurch entstand eine durchgehende Wasserstraße bis hin zu dem Farmland im Ohio-Tal.

Unter solchen Umständen kam ein Krieg mit England manchen Amerikanern willkommen. Ein Sieg würde ihnen weitere Gebiete sichern, die von kühnen Pionieren kolonisiert werden könnten. Kanadas reiche Agrargebiete führten die Kriegspartei sehr in Versuchung, da sie die Ehre der Nation durch die englische Marine beleidigt sahen und besonders, weil man glaubte, daß die Engländer die kriegerischen Indianer im Gebiet des Ohio angestachelt hätten, sich gegen die Amerikaner zu erheben.

Trotz der Begeisterung der Kriegspartei war der anglo-amerikanische Krieg 1812 ein Fehler, wie viele Föderalisten in Neu-England erkannten. Theoretisch konnten die Vereinigten Staaten die Unterwerfung des oberen Kanadas erreichen, denn die Amerikaner übertrafen an Mannschaften die Kanadier um das Vierzehnfache. Solange wesentliche Kräfte der Engländer in Europa durch Napoleon gebunden waren, konnten sie nur geringe militärische Hilfe in Übersee gewähren. Aber auch die Amerikaner hatten schwierige Probleme zu meistern. Die geographischen Verhältnisse, vor allem die großen Seen im Norden, erschwerten eine sichere Verbindung zum Heimatland; die englische Flotte im westlichen Atlantik übertraf an Stärke die der Amerikaner; einzelne amerikanische Staaten widerstanden dem Krieg.

Der Feldzug erschöpfte sich in einer Reihe von Schiffsduellen und in schlecht aufeinander abgestimmten Operationen zu Land. Amerikanische Versuche, Kanada von Detroit, Niagara und Lake Champlain her zu überfallen, schlugen 1812 fehl. Im Oktober 1813 erreichten amerikanische Truppen einen Sieg zwischen dem Huron- und Eriesee. Sie setzten die Hauptstadt des oberen Kanadas, York (Toronto), in Brand. Dafür brannten die Briten Buffalo nieder.

Nach Napoleons Abdankung wurden englische Truppen aus Spanien nach Kanada verschifft. Ihre Versuche, südwärts zum Hudson vorzudringen, wurden zurückgeschlagen. Im Juni 1814 ging ein britisches Expeditionskorps in Bordeaux an Bord, landete in Chesapeake Bay, ohne auf nennenswerten Widerstand zu stoßen, und rückte bis zur Hauptstadt Washington vor, wo das Kapitol und die Residenz des Präsidenten sowie einige Verwaltungsgebäude in Brand gesteckt wurden. Die Engländer versuchten dann einen Angriff auf Baltimore, mußten aber vor den Kanonen von Fort McHenry zurückweichen. Ende 1814 wurde in Gent ein Friedensvertrag unterzeichnet, der den Vorkriegszustand zwischen den beiden Ländern wiederherstellte. Die Nachricht vom Friedensschluß erreichte Amerika erst sieben Wochen nach seiner Unterzeichnung. In dieser Zeit gewann General Andrew Jackson einen bedeutenden Sieg für die Amerikaner in New Orleans.

Der Krieg stellte die amerikanische Außenpolitik auf eine neue Basis. Als George Washington 1797 nicht ein drittes Mal für das Amt des Präsidenten kandidierte, trat er in seiner Abschiedsrede dafür ein, sich von europäischen Angelegenheiten fernzuhalten. Diese Politik befolgte auch sein Nachfolger, John Adams, trotz der Opposition Alexander Hamiltons und der Föderalisten. Ebenso, wenn auch mit gelegentlichen Ausnahmen, verhielt sich Thomas Jefferson, der von 1801–1809 Präsident war. Erst sein Nachfolger James Madison ließ es zu, daß das Kriegsfieber der Kongreßmänner des Hinterlandes die Vereinigten Staaten in einen Konflikt hineintrieb, dessen Ausgang hauptsächlich vom Kriegsverlauf in Europa abhing. Hätte der Vertrag von Gent beiden Seiten einen wirklichen Frieden bedeutet, wären die Amerikaner wohl für Generationen in die europäischen Angelegenheiten verwickelt worden. Dadurch, daß der Friede lediglich den Status quo ante wiederherstellte, enthielt er keinen Zündstoff für einen neuen Konflikt. Madison und sein Nachfolger James Monroe konnten die Republik vom Strudel der europäischen Ereignisse fernhalten.

Napoleon begrüßte natürlich den Abbruch der Beziehungen zwischen Großbritannien und den Vereinigten Staaten 1812. Achtzehn Monate zuvor hatte der Kaiser in einer Note an

Präsident James Monroe

den amerikanischen Präsidenten erklärt, daß er die Amerikaner liebe. Während des dramatischen Winters 1812/13 verfolgte Napoleon aufmerksam die amerikanischen Siege. Aber obgleich der anglo-amerikanische Krieg dem der Koalition parallel lief, waren beide in ihrem Wesen und ihren Zielen durchaus verschieden. Für Napoleon blieb Amerika eine Freistätte, zu der er eines Tages flüchten zu können hoffte. Aber als strategisches Gebiet hatte er es wohl nie eingeplant.

Napoleons Rußlandfeldzug

Jeder Machtzuwachs Frankreichs, wie die vergebliche Erhebung Österreichs im Jahr 1809, die mit einer weiteren Verkleinerung des Landes endete, oder die Eingliederung Hollands, Oldenburgs, Ost-Frieslands, Hamburgs, Bremens und Lübecks in das Kaiserreich, zielte letzten Endes auf einen Konflikt mit dem unversöhnlichen Rußland ab.

Im Frühsommer 1812 wurde es klar, daß ein Entscheidungskampf in Ost-Europa bevorstand. Schon ein halbes Jahr früher hatte ein kaiserlicher Bibliothekar den Auftrag erhalten, nach guten Büchern mit den besten Informationen über Rußland und seine Topographie und dem besten bis ins Detail gehenden Bericht über die Feldzüge Karls XII. in Polen und in Rußland zu suchen. Vier Monate lang weilte Napoleon in Paris und studierte äußerst sorgfältig Karten und Berichte. Er diktierte lange Instruktionen an seine Garnisonen, wie die Armee von Italien über die Alpen zu den pommerschen Sandhügeln verlegt werden sollte, wie die kaiserliche Garde aus der Sierra de Gata in Spanien nach Deutschland gelangen sollte, um in der letzten Woche des Mai 1812 an der Weichsel zu stehen, wie sechstausend Pferde von Jütland nach Ost-Preußen gebracht werden sollten und wie der Nachschub von Hamburg aus zu den Truppen organisiert werden sollte. Der Feldzug wurde bis in alle Einzelheiten geplant.

Die feine und präzise Militärmaschinerie des Kaisers trat noch einmal in Aktion. Marschall Louis Alexandre Berthier, der die Arbeit im Stab einer Armee als junger Offizier erlernt hatte, als er während des Unabhängigkeitskampfes in Amerika weilte, vertiefte sich in theoretische Probleme. Marschall Louis Nicolas Davout, der große Methodiker Napoleons, studierte durch ein besonders gefertigtes Glas die Musterungsrollen seines Armeekorps von siebzigtausend Mann aus sechs Nationen. General Jean-Baptiste Eblé, der unvergleichliche militärische Techniker, arbeitete Einzelheiten für Pionierbrücken aus, die über die Memel geschlagen werden sollten, den Grenzfluß zwischen Preußen und Rußland. Die Paladine des Kaisers, Marschall Michel Ney, Joachim Murat und viele andere, zogen zu den Birken- und Fichtenwäldern, entlang den Sümpfen und fruchtbaren Ebenen an Europas östlichen Grenzen. Niemand bezweifelte, daß Napoleon die bevorstehende Schlacht um Rußland als den Höhepunkt seiner Laufbahn betrachtete. Er verließ Paris am 8. Mai 1812, hielt Hof in Dresden für seine Verbündeten aus Wien und Berlin und erreichte am späten Abend des 21. Juni sein polnisches Hauptquartier in Kowno an den Ufern der Memel. Moskau lag Hunderte Kilometer östlich. »Ich lasse mich auf das größte und schwierigste Unternehmen ein, das ich bis jetzt versucht habe«, lauteten seine Worte, als er von Paris aufbrach.

Am 24. Juni 1812 überschritt Napoleon an der Spitze eines gewaltigen Heeres, wie es Europa nur selten gesehen hatte, die Memel. Sämtliche Staaten im Machtbereich Frankreichs, Satelliten wie Verbündete, waren durch Truppenkontingente vertreten: Die Armee aus zwanzig Nationen, wie man sie dereinst nennen wird, war ein getreues Abbild des napoleonischen Europas; in ihr marschierten Italiener, Belgier, Niederländer, Schweizer, Österreicher, Preußen. Der Kaiser spielte mit der Reitpeitsche und summte das Lied »Marlborough s'en va-t-en guerre«. Während einer der letzten Nächte hörten die Offiziere vom Dienst, die neben seinem Gemach wachten, mit Befremden, wie er die Strophen des »Chant de Départ« anstimmte. Die etwas erzwungene Fröhlichkeit schien eine gewisse Sorge des Kaisers nicht leugnen zu können.

Denn es waren nicht mehr die alten Soldaten von Marengo, Ulm und Jena. Die alten Garden standen in Spanien und waren größtenteils dort gefallen. Die in Deutschland stehende Armee war eine ganz neue Truppe. Ihr Geist war ein anderer geworden. Die höheren Offiziere sprachen sich laut gegen die Pläne des Kaisers aus. In der Öffentlichkeit konnte man in Frankreich auch solche Meinungen hören.

Das Weiße Haus in Washington vor dem Brand im Jahr 1814

Der Feldzug gegen Rußland

1812

Das Bündnis, das die beiden Großmächte Frankreich und Rußland 1807 in Tilsit geschlossen hatten, war bereits zur Zeit des Erfurter Fürstentages im Jahr darauf erschüttert, und die gegenseitige Verstimmung der beiden aufeinander eifersüchtigen Kaiser hatte es schließlich gegenstandslos gemacht. Ohne große Begeisterung war Rußland der Kontinentalsperre beigetreten, mit der der Absatz von englischen Industrieprodukten sowie von Rohstoffen aus den englischen Kolonien auf dem Festland unterbunden werden sollte. Während die russische Industrie unter dem Mangel an Baumwolle litt, brachte das Ausfuhrverbot von Holz und Hanf nach England der russischen Besitzerschicht große Schwierigkeiten. Die öffentliche Meinung in Rußland wandte sich scharf gegen die Allianz, die den Interessen des Zarenreiches zuwiderlief, und die englandfreundliche Partei schmiedete ein Komplott gegen Alexander I. Der Zar seinerseits war erbittert darüber, daß die Übereinkunft von Tilsit ihm kaum Vorteile eingebracht hatte. Zwar hatte er Finnland, Bessarabien und einen Teil von Galizien erwerben können, zugleich aber mitansehen müssen, daß der Plan einer Aufteilung des Osmanischen Reiches von Napoleon immer wieder aufgeschoben wurde. Bestimmte Neuerwerbungen schienen überdies inzwischen in Frage gestellt zu sein. Die Anwesenheit des französischen Marschalls Jean Baptiste Bernadotte, der für die schwedische Thronfolge vorgesehen war, in Stockholm bedeutete eine Bedrohung der russischen Stellung in Finnland. Die Bildung des Großherzogtums Warschau erschien als Schritt in Richtung auf die Wiederherstellung des ehemaligen Königreiches Polen, die Napoleon nur Vorteile bringen konnte. Die Annexion des Herzogtums Oldenburg schließlich, dessen Landesherr ein Verwandter des Zaren war, führte zum endgültigen Bruch.

Napoleon war gleichfalls zu einer gewaltsamen Auseinandersetzung entschlossen. Die zweideutige Haltung Alexanders während des Feldzuges von 1809 gegen Österreich hatte Napoleon schließlich davon überzeugt, daß von einer französisch-russischen Allianz nicht mehr die Rede sein konnte. 1812 war der günstige Augenblick gekommen, um zum Schlag gegen seinen Rivalen auszuholen. Napoleons Heirat mit der habsburgischen Prinzessin Marie Luise sicherte die Unterstützung aller deutscher Staaten. Außerdem konnte er damit rechnen, Rußland in einen Zweifrontenkrieg zu verwickeln, da die Türkei 1809 den Kampf gegen den Zaren wiederaufgenommen hatte. In Napoleons Augen bestand für Europa eine »russische Gefahr«. Schon während seines Feldzuges in Ägypten hatte ihn die Anwesenheit des russischen Feldherrn Alexander Suworow in Italien beunruhigt. 1812 sah er sich als Nachfolger der römischen Caesaren, der die Barbaren des Nordens in die Steppen Inner-Asiens zurücktreibt, als Verteidiger der europäischen Kultur gegen die Invasion Rußlands. Seinem damaligen Vertrauten Louis Narbonne-Lara soll er erklärt haben: »Marius bewirkte Caesar. Die Vernichtung der Kimbern war der Auftakt zur Gründung des Kaiserreiches, und in ähnlichen Kämpfen hat sich das Reich jedesmal wieder erneuert, unter Traian, unter Aurelian und unter Theodosius.« Und mit Bezug auf die Gegenwart fügte er hinzu: »Denken Sie an Suworow und seine Kosaken in Italien. Die Antwort ist, sie hinter Moskau zurückzuwerfen. Und wann sonst soll Europa dazu in der Lage sein, wenn nicht jetzt durch mich?«

Napoleon glaubte nicht, daß der Feldzug lange dauern würde. Zwar hat er ihn sorgfältig geplant, hat seinen Stab mit der Anfertigung genauer Karten von der Umgebung Moskaus und Petersburgs beauftragt und eine umfangreiche Materialsammlung über das Zarenreich erstellen lassen, doch war er trotzdem davon überzeugt, daß der russische Widerstand rasch zusammenbrechen und er die Karten und Statistiken gar nicht benötigen würde. Dies ist wohl auch die Erklärung für einige Mängel im Nachschub. Napoleon erörterte Narbonne seinen Plan folgendermaßen: »Die Barbaren sind dumm und abergläubisch. Ein furchtbarer Schlag gegen das Herz des Reiches, gegen das heilige, große Moskau, liefert mir augenblicklich diese blinde, passive Volksmasse aus. Ich kenne Alexander. Vielleicht fügt er sich bereits, wenn er nur das Riesenheer sieht, das ich zusammenziehe, und von der Heerschau Europas hört, die ich in Dresden abhalte.«

Der Kaiser blickte aber noch weiter. Er gedachte, seinen alten Traum seit dem Ägyptenfeldzug zu verwirklichen und die Macht Großbritanniens in Asien an der Quelle ihres Reichtums, in Indien, zu treffen. So soll er Narbonne

Zar Alexander I. von Rußland

Napoleon Buonaparte als Erster Konsul. Gemälde von Jean Auguste Ingres, 1803/04

anvertraut haben: »Nehmen Sie an, Rußland ist geschlagen, und sagen Sie mir, ob eine große Armee von Franzosen und Hilfstruppen nicht von Tiflis aus bis zum Ganges gelangen kann, dessen Wasser ein französischer Degen nicht nur zu berühren braucht, damit diese Handelsmacht in Indien in sich zusammenfällt.«

Das Heer, das nach Rußland einmarschierte, war wegen der Frontlänge in mehrere Korps aufgeteilt. Das Zentrum von zweihunderttausend Mann befehligte Napoleon selbst, den rechten Flügel bildeten Jérôme Bonaparte und die Österreicher, den linken Alexandre MacDonald und die Preußen, während schließlich Eugène Beauharnais die Reserve befehligte. Insgesamt waren die gegen Rußland aufgebotenen Truppen siebenhunderttausend Mann stark. Nachrichten- und Nachschubwesen funktionierten schlecht, und der Generalstab schien bald völlig überlastet zu sein.

Die Russen hatten zweihunderttausend Mann auf drei Armeen verteilt: Michael Barclay de Tolly stand nördlich der Memel mit hundertzwanzigtausend Mann, Peter Bagration am Bug mit vierzigtausend und Tormassow im Süden mit etwa der gleichen Anzahl. Die Verstärkung befehligten Tschitschakow und Graf Peter zu Sayn-Wittgenstein.

Die Meinung, daß die russische Strategie darin bestanden habe, Napoleon ins Innere des Landes zu locken, um dann dem Raum und dem Klima seine Vernichtung zu überlassen, ist falsch. Vielmehr hat die mangelnde Zusammenarbeit der russischen Generäle untereinander und ihre Furcht, sich dem Kaiser zur Schlacht zu stellen, sie zum Zurückweichen bewogen. Der Gedanke, die Weite des Landes und die strenge Winterkälte für sich auszunutzen, ist ihnen erst später gekommen. Karl von Clausewitz, der später das berühmte Buch »Vom Kriege« schrieb und damals unter dem Zaren diente, sagt kurz und bündig: »Der Rückzug der Russen entsprang nicht einem lange überlegten Plan. Wenn sie sich über eine so weite Strecke hin zurückzogen, so lag das vielmehr daran, daß sie sich immer dann, wenn sie die Schlacht annehmen wollten, für zu schwach hielten.«

Barclay räumte am 28. Juni Wilna. Hier empfing Napoleon einen Boten des Zaren, der ihm auf die Frage nach dem Weg nach Moskau antwortete: »Diesen Weg kann man beliebig wählen. Karl XII. nahm den über Poltawa.«

Barclay konnte sich noch einmal von Napoleon absetzen, der ihn in Smolensk überrumpeln wollte. Der Kaiser sah sich jetzt vor die Frage gestellt, ob er weiter in das Herz Rußlands vorstoßen oder bleiben und bis zum Frühjahr warten sollte. Louis Alexandre Berthier, Armand Augustin Caulaincourt und Narbonne plädierten für das letzte.

Flucht der Franzosen durch Leipzig am 19. Oktober 1813. Aquarell von Christian G. H. Geißler

Die Kavallerie hatte bereits die Hälfte ihrer Pferde eingebüßt, und die Zahl der Deserteure wuchs und wuchs. Doch Napoleon ließ sich nicht umstimmen. »Innerhalb eines Monats sind wir in Moskau. In sechs Monaten haben wir Frieden.«

Ohne jeglichen Widerstand konnten die Russen Napoleon nicht das heilige Moskau einnehmen lassen, und so kam es am 7. September zur Schlacht bei Borodino. Hinter seinen Schanzen trotzte Michael Kutusow dem Ansturm der Franzosen lange, mußte aber schließlich den Rückzug antreten. Napoleon setzte die Garde nicht ein und ließ sich damit die Gelegenheit entgehen, die Russen zu vernichten. Die französischen Verluste waren hoch: Sie beklagten den Tod von allein siebenundvierzig Generälen und hundert Obersten. Im Roman »Krieg und Frieden« stellt Leo Tolstoi die Schlacht als großen russischen Erfolg hin.

Trotzdem eröffnete sie am 15. September den Einzug Napoleons nach Moskau. »Die düsterste Stille lag über dieser von ihren Einwohnern verlassenen Stadt«, schreibt Caulaincourt. »Wir stießen auf unserem langen Zuge nicht auf einen einzigen.« Am nächsten Tage wurde die Hauptstadt eine Beute der Flammen. Der Kaiser zeigte sich völlig verwirrt. Ein Augenzeuge berichtete: »Langsam steigt er die Stufen des Iwansturms herab, von dem aus er die Feuersbrunst betrachtet hat, hinter ihm der Fürst von Neufchâtel und einige seiner Offiziere. Auf den Arm des Herzogs von Vicenza gestützt, überschreitet er die kleine Holzbrücke, die zum Ufer der Moskwa führt, wo sich die Pferde befinden.«

Trotz des Verlustes von Moskau schien der Zar nicht zu Verhandlungen bereit zu sein. Napoleon faßte daraufhin den Entschluß, sich auf St. Petersburg zu werfen. Allein der Plan wurde von seinen Beratern kühl aufgenommen. Bruno Daru und einige Offiziere des Stabes schlugen vor, in Moskau zu bleiben, wo große Vorräte lagerten. Allerdings konnte die Große Armee jeden Tag durch Bewegungen der Truppen von Tschitschakow und Wittgenstein auf die Beresina zu von ihren Nachschubbasen abgeschnitten werden. Am 19. Oktober verließ das französische Heer Moskau. Doch es war zu spät. Der erste Frost brach herein. Napoleons Hoffnung war, sich auf einer Straße südlich der des Vormarsches, wo besseres Wetter und reicherer Nachschub zu erwarten waren, zurückziehen zu können, doch Kutusow versperrte ihm am 24. Oktober bei Malo-Jaroslawetz den Weg. Der Kaiser mußte nach Smolensk ausweichen und durch ein von Russen und französischen Plünderern völlig verwüstetes Gebiet marschieren. Hunger und Kälte machten sich empfindlich bemerkbar. Schwärme von berittenen und mit Lanzen bewaffneten Kosaken setzten den Franzosen zu. Napoleons

Heer verlor alle militärische Ordnung. Unter Schneemassen bewegte sich nur noch eine unförmige Menschenmenge dahin, die Wagen, Artillerie und Leichen hinter sich zurückließ. Nur dreißigtausend Mann erreichten geschlossen die Beresina. Eine unübersehbare Schar von Nachzüglern schleppte sich über die weiten Ebenen.

Die Überlebenden ertranken beinahe im Fluß, als die Eisdecke plötzlich schmolz. Nur der heldenhafte Einsatz der Pioniere des Generals Jean-Baptiste Eblé, die im eisigen Wasser stehend zwei Brücken – eine für die Infanterie, die andere für die Wagen – errichteten, rettete ihnen das Leben.

Mitte Dezember überschritten die Trümmern der Großen Armee, die der Verfolgung durch das Heer Wittgensteins entronnen waren, wieder die Memel. Am 5. Dezember überließ Napoleon den Oberbefehl über die Überlebenden Joachim Murat und begab sich eiligst nach Paris. Denn dort hatte der General Claude-François Mallet eine Verschwörung angezettelt und verbreitet, der Kaiser sei vor Moskau gestorben. Auf diese Weise versuchte er, die Macht in der Hauptstadt an sich zu reißen. Napoleon ließ in Rußland vierhunderttausend Tote und hunderttausend Gefangene zurück. Nie zuvor war ein Heer so vernichtend geschlagen worden.

Bestürzt vernahm ganz Europa die Nachricht vom Untergang der Großen Armee, die das neunundzwanzigste Bulletin vom 3. Dezember 1812 aus Molodetschna bekanntgab.

Napoleons Scheitern in Rußland führte zum Zusammenbruch des »Grand Empire«. 1812 umfaßte dieses außer dem eigentlichen Frankreich Belgien, die Niederlande, das links-rheinische Deutschland, Katalonien, Nord-Italien, Rom und den Kirchenstaat sowie die Illyrischen Provinzen. Napoleon war Souverän von drei Staatsgebieten: des Königreiches Italien, das von Mailand aus ein Vizekönig verwaltete, der Schweizer Konföderation, als deren Mediator er fungierte, sowie des Rheinbundes, der Deutschland außer Österreich und Preußen sowie das Großherzogtum Warschau umfaßte und der Napoleon zum Protektor bestimmt hatte. In diesem gewaltigen Gebiet lebten etwa einundsiebzig Millionen Menschen. Dieser Reichsbildung schien kein leitendes politisches Prinzip zugrunde gelegen zu haben. Schaut man jedoch genauer auf die Landkarte, so fallen die Länge der Küsten und die von Frankreich kontrollierten Seehäfen ins Auge: Hamburg, Triest, Antwerpen, Amsterdam, Neapel und Barcelona. Hauptbeweggrund des Außenpolitik des Empire war von Anfang an der Krieg mit England. Um den Kontinent gegen englische Waren abzusperren und die Sterlingwährung mit Hilfe einer wirkungsvollen Wirtschaftsblockade zu ruinieren, wurde Napoleon in eine Reihe von Eroberungskriegen hineingezwungen, aus denen das Grand Empire erwuchs.

Die Politik Napoleons einte dieses Imperium. Überall wurde, wenn auch mit örtlichen Abweichungen, der »Code Civil«, das französische bürgerliche Gesetzbuch, eingeführt. Die Rechtsgrundsätze von gesellschaftlicher Gleichheit und bürgerlicher Freiheit traten an die Stelle der alten feudalen Gesellschaftsordnung. Seinem Polizeiminister Joseph Fouché schrieb Napoleon: »Ich brauche ein europäisches Rechts- und Gesetzbuch, einen Obersten Gerichtshof für ganz Europa sowie ein einheitliches Münz-, Maß- und Gewichtssystem.« Doch dieses alles sollte von Frankreich aus geregelt werden. »Wenn Sie alles unter sich vereinen«, erklärte der Kaiser vor dem Staatsrat, »von den Säulen des Herkules bis zur Halbinsel Kamtschatka, dann müssen überall die Gesetze Frankreichs gelten.«

Wie im Römischen Reich wurde das Straßensystem Grundlage für die Einheit des napoleonischen Europa. Damals wurden die großen Paßstraßen über den Simplon und den Sankt Gotthard angelegt. Gewaltige Bauarbeiten veränderten das Gesicht der alten Hauptstädte. So wurden bei Rom die Pontinischen Sümpfe trockengelegt. Das Militärwesen begünstigte das Zusammenleben verschiedener Bevölkerungsgruppen. Nicht einmal die Künste entgingen den Vereinheitlichungsbestrebungen. Die Gemälde eines Rubens aus Antwerpen oder die Meisterwerke aus italienischen und spanischen Sammlungen mußte man nunmehr im Louvre bewundern. Nicht nur die Zusammenfassung der Archive der Länder unter französischer Herrschaft in Paris wurde in Aussicht genommen, sondern Napoleon ging sogar so weit, daß er einen Orden einführte, der die alten europäischen Auszeichnungen ersetzen und die Verschmelzung der verschiedenen Länder mit dem Empire symbolisieren sollte: den Orden der »Réunion«, der durch Erlaß vom 18. Oktober 1811 gestiftet wurde.

War dieses Europa lebensfähig? Schon in dem Augenblick, als Napoleon sich auf den Rußlandfeldzug einließ, zeigten sich die ersten Risse in dem stolzen Gebäude. 1810 änderte Napoleon seine Einstellung zur Kontinentalsperre. Da er den Schmuggel nicht hatte unterbinden können, wollte er von ihm profitieren. So gestattete er die Einfuhr bestimmter englischer Waren, für die erhöhte Abgaben verlangt wurden. Diese ermöglichten dem Kaiser die Finanzierung des Rußlandfeldzuges. Allerdings blieb der ohnehin begrenzte Englandhandel auf die französischen Häfen beschränkt, von denen aus die eingeführten Produkte auf das übrige Europa verteilt wurden. Den Satelliten und den Verbündeten Napoleons war hingegen auch weiterhin jeder Handel mit London untersagt, ja bei ihnen wurde die Bekämpfung des Schmuggels verstärkt. Dies betraf vor allem Deutschland. So wurden in

Joachim Murat, Marschall von Frankreich und König von Neapel. Detail eines Gemäldes von François Gérard

Arthur Wellesley, Herzog von Wellington

Frankfurt am Main englische Waren im Wert von mehreren Millionen Franc verbrannt.

Nur mit Murren ertrug man auf dem Festland den Mangel an Zucker, Kaffee und Baumwolle, ertrug man eine Handelssperre, die überdies das Wirtschaftsleben zum Erliegen brachte. Die Unzufriedenheit verstärkte sich, als man sah, welche Vorteile Frankreich genießen durfte. Napoleon wollte durch ein System von Lizenzen für Frankreich und Restriktionen für die übrigen Gebiete, die die wirtschaftliche Entwicklung in manchen Regionen wie Italien ausgesprochen hemmten, aus Europa einen riesigen Markt für die französischen Kaufleute und Unternehmer machen. »Mein oberster Grundsatz heißt: Frankreich über alles«, verkündete er. Die Kontinentalsperre, die ursprünglich als Waffe gegen England gedacht war, wurde nach 1810 zum Instrument der Wirtschaftshegemonie Frankreichs über das europäische Festland.

In den verschneiten Steppen Rußlands verlor Napoleon den Ruf seiner Unbesiegbarkeit, und Europa ergriff die Gelegenheit, sich gegen ihn zu erheben. Die letzte Stunde des Kaiserreiches hatte geschlagen.

Die Bewegung ging von Preußen aus, wo Dichter, Geisteswissenschaftler und Staatsmänner eine patriotische Begeisterung entfachten, die ganz Deutschland ergriff. Für den Befreiungskrieg meldeten sich Freiwillige in großer Zahl, und sie legten die schwarz-rot-goldene Binde an. Österreich verbündete sich mit Preußen und Rußland. Napoleon erlitt im Oktober 1813 bei Leipzig die entscheidende Niederlage, die ihn Deutschland kostete.

Am 15. Oktober 1813 erhoben sich auch die Niederlande, verjagten die französische Besatzung und riefen die Oranier ins Land zurück. Die Helvetische Konföderation wurde ebenfalls abtrünnig und proklamierte ihre Neutralität. Murat, den sein Schwiegervater Napoleon zum König von Neapel erhoben hatte, verriet den Kaiser und versuchte zu seinem eigenen Nutzen die Einigung Italiens herbeizuführen. Truppenverschiebungen wegen des Rußlandfeldzuges hatten die französischen Kräfte in Spanien geschwächt. 1813 schlug Wellington sie mit Hilfe der Spanier bei Vitoria und vertrieb sie von der Halbinsel.

Die Katastrophe des Rußlandfeldzuges sprengte das Empire Napoleons, indem sie seit langem aufgestaute Unzufriedenheit gegen das französische Herrschaftssystem freisetzte. Sämtliche Staaten, die kurz in dem politischen Block aufgegangen waren, rekonstituierten sich und fanden ihre Einheit wieder.

Auf St. Helena hat Napoleon erklärt, daß seine Herrschaft dazu hätte beitragen können, Europa die Einheit zu bringen: »Es war eine meiner größten Ideen, die Völker, welche Revolutionen und der Lauf der Politik voneinander getrennt hatten, zu vereinen und zusammenzuführen. Es gibt in Europa auf mehrere Staaten verteilt mehr als dreißig Millionen Franzosen, fünfzehn Millionen Spanier, fünfzehn Millionen Italiener und dreißig Millionen Deutsche. Aus diesen Völkern hätte ich gerne eine einzige Nation gemacht.« Dies wäre nur der erste Schritt eines großen Planes gewesen. Denn Napoleon träumte außerdem von einer weitreichenden Föderation: »Mit Hilfe der überall vorhandenen großen Geister wäre für die europäische Völkerfamilie so etwas wie ein amerikanischer Kongreß oder eine griechische Amphiktyonenversammlung denkbar gewesen.«

War das wirklich ehrlich gemeint? Das »Mémorial de Sainte-Hélène« fand nichtsdestoweniger einen gewaltigen Widerhall. Die Napoleonlegende übertünchte in der Einbildung der Franzosen und anderer Völker die Katastro-

Schlacht bei Borodino am 7. September 1812

phe in Rußland. Damals hatten Napoleons Besieger auf dem Wiener Kongreß gerade die politische Landkarte Europas neu gezeichnet. Befangen von ihren Interessen, schenkten sie den nationalen Bewegungen, die der Rußlandfeldzug geweckt hatte, keine Beachtung. Doch durch diese Bewegungen war das Europa der Heiligen Allianz genauso zum Untergang verurteilt wie das Europa Napoleons. Auf den Zusammenbruch des Empire folgte in Europa eine Epoche der Spaltung, in der leidenschaftliche Nationalbewegungen, vor allem in Deutschland und in Italien, eine lange Reihe von Revolutionen und Kriegen nach sich ziehen sollten.

Dennoch ist die Bilanz der Ära Napoleons nicht völlig negativ. Die Katastrophe in Rußland hat die Veränderungen, die der Kaiser in West-Europa vorgenommen hatte – vor allem die Zerstörung der feudalen Gesellschaftsordnung – nicht in Frage gestellt. Napoleon hat außerdem die politische Landkarte Europas stark vereinfacht, und von ihm ist der seit Karl dem Großen nie wieder belebte Gedanke von der Einheit Europas ausgegangen, eines Europa allerdings, dem im Westen England und im Osten Rußland nicht angehören sollten.

JEAN TULARD

Klemens Wenzel Fürst von Metternich-Winneberg. Detail eines Gemäldes von Friedrich Lieder

Der Wiener Kongreß. Farbige Zeichnung von Jean Baptiste Isabey, 1815

Der Wiener Kongreß. Neuordnung Europas

Am 31. März 1814 zogen Zar Alexander I. von Rußland und König Friedrich Wilhelm III. von Preußen im vollen Glanz ihres Herrscheramtes als Sieger über Napoleon I. in Paris ein. Vierzehn Tage später folgte ihnen Kaiser Franz I. von Österreich. Seit den Tagen König Heinrichs V. von England waren sie die ersten Eroberer, die Paris betraten. Als die drei verbündeten Herrscher in der Hauptstadt Frankreichs weilten, kehrte auch Ludwig XVIII. nach Frankreich zurück und nahm den Thron seines Bruders, des 1793 hingerichteten Ludwigs XVI., ein, der ihm zwar nach dem Recht der Erbfolge, nicht aber nach dem Willen des Volkes zufiel. Die Außenminister von Österreich und Großbritannien, Metternich und Castlereagh, sowie Wellington beobachteten die Rückkehr der Bourbonen mit Besorgnis, denn sie befürchteten, daß das französische Volk den unbedeutenden Vertreter der alten Ordnung niemals in sein Herz schließen würde. »Er machte einen höchst peinlichen Eindruck auf mich«, schrieb Metternich später in seinen Memoiren.

Sieg der Verbündeten

Während Ludwig XVIII. seine Herrschaft in Paris stabilisierte, mußte Napoleon als Verbannter Frankreich verlassen, um die kleine Insel Elba zu regieren. Jeder fragte sich, wie lange er wohl diese Machtparodie spielen würde.

Der Sturz Napoleons bedeutete weit mehr als einen bloßen Wechsel der Souveräne, denn der Kaiser hatte Europa schneller und gründlicher verändert als je ein Herrscher in tausend Jahren. Jetzt war es die Aufgabe der Sieger, den kaiserlichen Regierungsapparat zu reformieren und das nationale Erwachen der Völker unter Kontrolle zu halten, das während der Revolutions- und Kriegsjahre auf dem ganzen Kontinent geschürt worden war. Gleichzeitig standen die Siegermächte vor der Aufgabe, eine Dauerregelung zu finden, die vor erneuten Angriffen Frankreichs schützen und ein Gleichgewicht der alliierten Mächte herstellen sollte, um jede militärische Vorherrschaft eines Staates in Europa zu verhindern. Die Regelung kam gerade rechtzeitig: Der siegreiche Vorstoß der Russen 1813/1814 nach Westen hatte bereits die Österreicher, die Preußen und die Engländer aufhorchen lassen. Ihr Mißtrauen wurde durch Talleyrand angefacht, der es in den letzten Kriegsmonaten verstanden hatte, aus dem Lager Napoleons in das Ludwigs XVIII. überzuwechseln. Sein diplomatisches Talent stand jetzt im Dienst der Bourbonen. Frankreich schloß am 30. Mai 1814 den ersten Pariser Frieden mit den verbündeten Gegnern Napoleons. Es mußte sich auf die Grenzen von 1792 beschränken.

Der Wiener Kongreß

Die Aufgabe, Europa neu zu ordnen, fiel dem Wiener Kongreß zu. In der Hauptstadt Österreichs versammelte sich eine erlauchte Gesellschaft von sechs Kaisern und Königen, zwei Dutzend deutscher Fürsten und einer Schar von Diplomaten. Sie tagten vom September 1814 bis zum Juni 1815. Das Übermaß gesellschaftlicher Veranstaltungen und die Klatschsucht ei-

König Ludwig XVIII. von Frankreich

ner großen Stadt brachten den Kongreß in den zweifelhaften Ruf der Frivolität und des Skandals, wovon das meiste unbegründet war. Die Staatsmänner leisteten schwere Arbeit, um ihr Hauptziel zu erreichen, die »allgemeine Ausgeglichenheit des europäischen Kontinents«. Sie waren trotz des großen Zwiespalts zwischen Rußland und seinen westlichen Verbündeten erfolgreich. Europa erhielt die Möglichkeit, sich zu erholen.

Die Verhandlungen wurden mit der Wiener Kongreßakte beendet. Ihre Bestimmungen suchten den Ausgleich aller europäischen Staaten herbeizuführen: Die Lombardei und Venetien kamen an Österreich, das auch in den anderen ober-italienischen Gebieten Einfluß erhielt; der Kirchenstaat wurde wiederhergestellt; Preußen wurde für den Großteil seiner polnischen Besitzungen durch die Rheinprovinz und sächsische Gebiete entschädigt; es erhielt im übrigen seine früheren Territorien zurück; aus Holland, Belgien und Luxemburg entstand das Königreich der Vereinigten Niederlande; die »Ewige Neutralität« der Schweiz wurde verbürgt; die alten Dynastien in Spanien, in Portugal, in Sardinien und in Neapel erhielten ihre Throne zurück; den Engländern wurde der Besitz Maltas, Helgolands, Ceylons und des Kaplandes bestätigt; Schweden und Norwegen wurden in Personalunion vereinigt; durch eine »Bundesakte« wurde der Deutsche Bund gegründet, dem fünfunddreißig Fürsten und vier Freie Reichsstädte angehörten; das Großherzogtum Warschau kam als Königreich an Rußland; Krakau wurde ein Freistaat unter russischem, österreichischem und preußischem Schutz; die Herrscher Rußlands, Österreichs und Preußens schlossen sich zur »Heiligen Allianz« zusammen, der später fast alle europäischen Staaten beitraten.

Die territorialen Entscheidungen nahmen, was nicht zu vermeiden war, wenig Rücksicht auf nationale Interessen der Völker, denn die Herrscher dachten immer noch in dynastischen Begriffen und sie setzten »Nationalismus« mit »Revolution« gleich. Sie sahen in ihm eine Quelle für aufständische Bewegungen. Das deutsche und das italienische Volk waren von der zu Wien getroffenen Regelung ebenso wie die Polen und die Belgier besonders enttäuscht. Aber als eine Übung in der Staatskunst wechselseitigen Ausgleichens hatte der Kongreß nichts seinesgleichen in der Geschichte der Diplomatie. Seine Prinzipien blieben für das ganze 19. Jahrhundert von wesentlicher Bedeutung. Fast vierzig Jahre herrschte in Europa Frieden, und erst neunundneunzig Jahre später brach der Erste Weltkrieg aus.

Der lange Friede war nicht nur das Verdienst der Staatsmänner von Wien. Aber es besteht kein Zweifel, daß sie sich der Notwendigkeit einer internationalen Ordnung bewußt waren, die eine anarchistische Rivalität einzelner Staaten verhindern helfen sollte. Sie wandten zum ersten Mal den Grundsatz der freien Schiffahrt auf den großen internationalen Wasserwegen an – so auf dem Rhein und auf der Mosel – und sie regelten die heiklen Fragen der diplomatischen Privilegien, was einen ersten Schritt zu einem geordneten System der diplomatischen Beziehungen bedeutete. Der Kongreß erkannte grundsätzlich die Menschenrechte an, verurteilte den Sklavenhandel und befürwortete größere Freiheiten für die Juden. Der Wiener Kongreß war, obgleich er von liberal Denkenden verurteilt wurde, nicht ohne moralische Würde.

Das Regiment der hundert Tage

In den letzten Monaten des Kongresses zog eine ernste Gefahr für Europa herauf: Im Februar 1815 entwich Napoleon von Elba. Drei Wochen später hielt er seinen Einzug in Paris. Ludwig XVIII. mußte ins Exil gehen. Frankreich jubelte erneut seinem Kaiser zu. Noch einmal bildeten die europäischen Staatsmänner ein Bündnis gegen »den internationalen Geächteten«. Wellington verließ Wien, um den Befehl über eine englisch-holländisch-deutsche Streitmacht in Belgien zu übernehmen. Marschall Blücher zog eine preußische Armee am Nieder-Rhein zusammen. Auch die Österreicher und Russen mobilisierten ihre bewaffneten Kräfte. Am 18. Mai schlug Wellington gemeinsam mit den Preußen unter Blücher die Franzosen bei Waterloo. Der Kaiser wollte trotz der Niederlage den Kampf fortsetzen, aber die Politiker in Paris verloren die Nerven, und Napoleon wurde zur Abdankung bewogen. Noch einmal betraten alliierte Truppen Paris. Nachdem der Kaiser vergeblich versucht hatte, nach Amerika zu fliehen, wurde er nach St. Helena, einer Insel im Süd-Atlantik, gebracht, wo er im Mai 1821 starb.

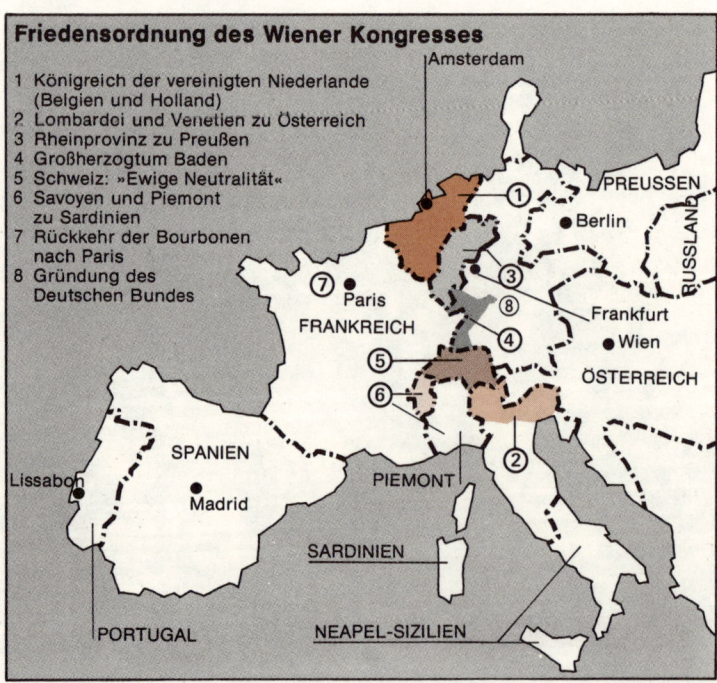

Friedensordnung des Wiener Kongresses

1. Königreich der vereinigten Niederlande (Belgien und Holland)
2. Lombardei und Venetien zu Österreich
3. Rheinprovinz zu Preußen
4. Großherzogtum Baden
5. Schweiz: »Ewige Neutralität«
6. Savoyen und Piemont zu Sardinien
7. Rückkehr der Bourbonen nach Paris
8. Gründung des Deutschen Bundes

Der Herzog von Wellington in der Schlacht bei Waterloo am 18. Juni 1815

Restauration in Europa

Der hunderttägigen Herrschaft Napoleons folgte der zweite Friede zu Paris am 20. November 1815. Jetzt mußte Frankreich auf die Grenzen von 1790 zurückweichen, und dem französischen Volk wurde eine Kriegsentschädigung von siebenhundert Millionen Franken auferlegt. Auch verblieben für einige Jahre verbündete Truppen in Frankreich.

Der zweite Pariser Frieden war indirekt auch eine Bestätigung dafür, daß eine internationale Zusammenarbeit zum Schutz des Friedens notwendig war. Castlereagh und Metternich glaubten, daß eine solche Zusammenarbeit am besten durch ein System der »Diplomatie durch Kongresse« erreicht werden könnte. Die rechtliche Grundlage hierfür bot die Quadrupel-Allianz, die dann auch die europäische Restauration bis 1848 bestimmte.

Zar Alexander aber wollte mehr. Ihm schwebte ein erhabenes Bündnis der Gerechtigkeit, christlichen Nächstenliebe und des Friedens vor: eine Heilige Allianz. Da sie schließlich aber doch nur ein Instrument der Machtpolitik war, wurde sie zur besonderen Zielscheibe des Spottes der Liberalen Europas und zum Inbegriff konservativer Unterdrückungspolitik.

Sie enthielt das Gedankengut der Restauration. Das staatliche Leben des Volkes sollte den Grundsätzen der christlichen Moral unterworfen werden. Die Obrigkeit sollte ein patriarchalisches Regiment ausüben. Der Monarch sollte allein dem Gottesgnadentum verantwortlich sein. Alle politischen Taten aber sollten dem Frieden und der gemeinsamen Existenz der Völker dienen.

»Im Namen der heiligen und unteilbaren Dreieinigkeit! Ihre Majestäten der Kaiser von Österreich, der König von Preußen und der Kaiser von Rußland haben infolge der großen Ereignisse, die Europa in den letzten drei Jahren erfüllt haben, und besonders der Wohltaten, die die göttliche Vorsehung über die Staaten ausgegossen hat, deren Regierungen ihr Vertrauen und ihre Hoffnungen auf sie allein gesetzt haben, die innere Überzeugung gewonnen, daß es notwendig ist, ihre gegenseitigen Beziehungen auf die erhabenen Wahrheiten zu begründen, die die unvergängliche Religion des göttlichen Erlösers lehrt. Sie erklären daher feierlich, daß die gegenwärtige Vereinbarung lediglich den Zweck hat, vor aller Welt ihren unerschütterlichen Entschluß zu bekunden, als die Richtschnur ihres Verhaltens in der inneren Verwaltung ihrer Staaten sowohl als auch in den politischen Beziehungen zu jeder andern Regierung allein die Gebote der Gerechtigkeit, der Liebe und des Friedens, die, weit entfernt, nur auf das Privatleben anwendbar zu sein, erst recht die Entschließung der Fürsten direkt beeinflussen und alle ihre Schritte lenken sollen, damit sie so den menschlichen Einrichtungen Dauer verleihen und ihren Unvollkommenheiten abhelfen.«

So lautete die Präambel des Vertragswerkes, dem später fast alle europäischen Staaten beitraten. Dennoch dachten Männer wie Castlereagh und Metternich ziemlich abfällig über den ideellen Wert der Heiligen Allianz.

Die Heilige Allianz wurde schon bald auf die ganze Unterdrückungspolitik der russischen, österreichischen und deutschen Herrscher angewandt. Das ursprüngliche Ideal, etwas zu schaffen, was über einer reaktionären oder verfassungsmäßigen Regierung stand, gelangte nicht zum Tragen, da sich das Gedankengut der Allianz in mystischer Unklarheit verlor.

Zunächst aber erwies sich das Kongreßsystem, für das Castlereagh und Metternich eintraten, als wirksam. Die erste Zusammenkunft in Aachen im Jahr 1818 war recht erfolgreich. Aber bei den folgenden Kongressen trat eine grundsätzliche Differenz zwischen Großbritannien und seinen alten Verbündeten auf. Die Österreicher und Russen glaubten, daß die großen Mächte das Recht und die Pflicht hätten, Unruhen in anderen Staaten zu verhindern oder auch tatkräftig zu unterdrücken. Die Engländer aber weigerten sich, Maßnahmen gegen liberale Bewegungen in Spanien und in Süd-Italien zu ergreifen. Auf den Kongressen in Troppau 1820 und in Laibach 1821 wurde keine Einigung erzielt, und als die Briten den Kongreß zu Verona verließen, brach das System zusammen.

Süd-Ost-Europa

Die Beharrlichkeit Englands, mit der es den Grundsatz der Intervention ablehnte, versetzte dem Kongreß den Todesstoß. Aber schon lange vorher wurden Anzeichen eines tiefen Risses zwischen den beiden großen Mitgliedern der Allianz, Rußland und Österreich, erkennbar. Schon in den ersten Sitzungen des Wiener Kongresses hatte Metternich versucht, Gespräche über Süd-Ost-Europa zu verhindern. Die schwache und unfähige Regierung der Osmanen war durch einen großen Aufstand in Serbien 1804 bedroht worden. Auch auf dem übrigen Balkan gärten Unabhängigkeitsbewegungen. Metternich wußte, daß die Russen bestrebt waren, am Bosporus Einfluß zu gewinnen, und er fürchtete, daß, wenn die Völker der europäischen Türkei die Freiheit erhielten, das österreichische Kaiserreich in Mitleidenschaft gezogen werden würde. Friedrich von Gentz, Metternichs einflußreichster Freund, schrieb 1815: »Das Ende der türkischen Monarchie könnte Österreich nur kurze Zeit überleben.«

Solange eine Drohung der türkischen Herrschaft nur von Serbien kam, hatte Metternich einige Hoffnung, die Ruhe auf dem Balkan zu erhalten, denn zwischen den führenden

Gebhard Leberecht Fürst Blücher von Wahlstatt

Totenschädel an einem Turm bei Nis in Jugoslawien zum Gedenken an den serbischen Aufstand gegen Napoleon I.

serbischen Familien bestanden bittere Fehden. Aber ein Geist nationaler, kultureller Erneuerung hatte das griechische Volk erfaßt und verbreitete sich nicht nur in den Ländern zwischen dem Ionischen und dem Ägäischen Meer, sondern auch in den türkischen Häfen Kleinasiens und sogar in Konstantinopel selbst. Die Aussicht auf einen Aufstand in Griechenland kam dem Zaren gelegen, sah er sich doch als Beschützer und oberster Herr der orthodoxen Christenheit. Neben den Russen fühlten sich auch andere den Griechen verwandt. Der romantische Geist, der die klassische Bildung idealisierte, begeisterte ganz West-Europa für die Freiheit der Griechen.

Am 6. April 1821 rief Erzbischof Germanos von Patras seine Landsleute auf, die türkische Herrschaft abzuschütteln. Der griechische Unabhängigkeitskampf hatte begonnen.

Dem Aufstand von 1821 gingen Jahre moralischer und zivilisatorischer wie auch praktischer Vorbereitung voraus. Literarische Klubs in Athen und anderwärts suchten das Selbstbewußtsein der Nation zu stärken. Den um Unabhängigkeit ringenden Völkern hatten die Griechen zwei Dinge voraus: die Magie ihres Namens und die strategische Mittelmeerposition.

Lord Byron in Griechenland 1824

Lord Byrons Namenszug auf einer Säule des Poseidontempels auf Kap Sunion an der Süd-Spitze Attikas in Griechenland

George Gordon Lord Byron im Kostüm eines griechischen Freiheitskämpfers. Gemälde von Thomas Phillips

Mitte Mai des Jahres 1824 erreichten Depeschen vom Golf von Korinth London, die die Nachricht verbreiteten, daß George Gordon Noël Lord Byron am 19. April in Missolunghi gestorben sei. Der erste, der die Depeschen öffnete, war Byrons Freund Douglas Kinnaird, der den Inhalt sofort an einen anderen alten Freund, John Cam Hobhouse, weitergab. »Ich bin kaum in der Lage zu schreiben, um Dir die Mitteilung zu machen«, berichtet Kinnaird, »aber es hat keinen Zweck, die Nachricht hinauszuzögern, und ich weiß nicht, wie ich Trost sprechen soll, wo nur Deine Seelenstärke allein vermag, es wie ein Mann zu tragen – Byron lebt nicht mehr...«

Die Nachricht, so schrieb Hobhouse in sein Tagebuch, ließ ihn in große Seelenpein geraten. Nicht weniger schmerzlich war sie für Augusta Leigh, seine unglückliche Schwester, die Byron allzusehr geliebt hatte. Ein Vetter berichtete, daß sogar Lady Byron, seine frühere Frau, sich in einem jammervollen Zustand befände und daß sie gesagt haben sollte, »sie habe kein Recht darauf, daß Lord Byrons Freunde sie achteten, aber sie könnte ihre Gefühle nicht meistern«. Aus des Dichters einstigem italienischen Freundeskreis erinnerte sich die verwitwete Mary Shelley seiner mit besonders tiefer Zuneigung. »Albe«, schrieb sie in ihr Tagebuch, »der liebe, kapriziöse, faszinierende Albe – hat diese untreue Welt verlassen! Hilf mir Gott, daß ich jung sterben möge!«

Inzwischen hatte sich die Geschichte von Byrons Tod »wie ein Erdbeben über London verbreitet«, und sie pflanzte sich über England fort. Für die Generation, die damals ihre Kinderschuhe ausgezogen hatte, schien es, als ob eine furchtbare Naturkatastrophe das Gerüst des Universums erschüttert habe. In Lincolnshire lief der fünfzehnjährige Alfred Tennyson zum kalten Flüßchen hinunter, das hinter seines Vaters Garten floß, und kratzte den erschütternden Satz »Byron ist tot« in den Sandstein. Jane Welsen schrieb ihrem ernsten, jungen Verehrer Thomas Carlyle, daß sie die Neuigkeit inmitten einer Menschenmenge erfahren hätte: »Mein Gott, wenn sie gesagt hätten, daß die Sonne oder der Mond vom Himmel gefallen wären, es hätte mir keine furchtbarere und düsterere Lücke in der Schöpfung einfallen können.«

Auch waren nicht nur Byrons Freunde oder diejenigen, die seine Werke bewunderten, voller Trauer. In Belvoir gab der Herzog von Rutland für seine ländlichen Nachbarn ein frohes Fest. Die Nachricht wurde ihm überbracht, als er zu Tisch saß; er erhob sich und forderte Ruhe. »Meine Herren«, rief er aus, »Lord Byron ist tot!« Ohne Worte zu verlieren, erhob sich die Gesellschaft von ihren Plätzen, rief nach Dienern und Wagen und begab sich still auf den Heimweg.

Wenige große Männer ließen in irgendeinem Land oder zu irgendeiner Zeit ein so heftiges Gefühl des Verlustes zurück, obwohl Byron acht Jahre zuvor, am 26. April 1816, England als ein Verbannter und von der Gesellschaft Geächteter verlassen hatte, als einer, der im Leben das gleiche tragische Schicksal erlitt, das er dichterisch so oft beschrieben hatte. Er war ein Einzelgänger wie sein Childe Harold, der Held vieler aufregender Geschichten, wie der Korsar oder der Giaour (Giaur). Eine schwere Wolke von Skandalen braute sich über seinem Haupt zusammen, und auf seinen Reisen wurde er von feindseligen englischen Touristen verfolgt und gequält. Sie starrten ihn schamlos an oder verfolgten seine täglichen Spaziergänge mit Operngläsern. In der Schweiz hingen einmal zufällig Tischtücher aus den Fenstern des Hotels, in dem Byron wohnte. Seine boshaften Landsleute vermuteten, daß das, was sie sahen, die Unterröcke der Damen aus dem Harem des Dichters wären.

Byron hat zu solchen Geschichten geradezu ermuntert. Der ausschweifende Lebensstil, dem er sich seit seiner Übersiedlung nach Venedig im Jahr 1817 hingab, entsprach tatsächlich dem, was boshafter Klatsch ihm nachsagte. Sogar die leichtfertigen Venezianer waren manchesmal ärgerlich, und murrend stellten sie fest, daß Mylord ein »Giavane stravagante«, ein wirklich sehr wilder junger Mann, sei. Seine Verbindung in Pisa und in anderen Orten mit dem berüchtigten Atheisten Percy Bysshe Shelley und anderen englischen Verbannten trug nicht dazu bei, seinen Ruf zu verbessern.

Er blieb jedoch der romantische Dichter schlechthin, der Künstler, der die verschwommenen Phantasien und rastlosen, ungestillten Wünsche der literarischen und politischen Gesellschaft auffing und darlegte. John Keats und Shelley wurden noch wenig gelesen. Der mächtige

*Lady Anna Isabella Byron.
Stich von Samuel Freeman*

Einfluß von Wordsworth und Coleridge beschränkte sich auf eine relativ kleine Gruppe literarisch Interessierter. Nur in Byron fanden die englischen Schriftsteller und Kritiker die vollkommene Personifikation der neuen Gefühlswelt, die in der zweiten Hälfte des 18. Jahrhunderts als eine befangene, literarische Bewegung begonnen hatte und die nun ihren Höhepunkt mit dem Erscheinen seines »Childe Harold« erreichte. Die hochdramatischen und lebhaft gezeichneten Verserzählungen »The Giaour«, »The Bride of Abydos«, »The Corsair«, »Lara«, »The Siege of Corinth« und »Parisiana« verfaßte Byron in atemberaubendem Tempo in den letzten drei Jahren seines Lebens in England.

Nichts konnte den berühmten »Childe Harold's Pilgrimage« übertreffen. Nachdem Byron sich in Italien niedergelassen hatte, wandte er sich einer anderen Form des Epos zu, und einige seiner Bewunderer, so auch Hobhouse, wurden ungeduldig. Byron selbst behauptete, daß »Don Juan«, den er in italienischer Sprache schrieb, weitaus bedeutender sei als irgendeines seiner früheren Gedichte. Aber Leser, die sein romantischer Prunk entzückt hatte, waren von dem »leise ironischen« Ton der strengen Mischung aus Geist und aus Gefühlsaufwallung, den er jetzt bei ernsten Themen anschlug, entsetzt. Sie langweilten sich bei den kunstvollen reimlosen Versdramen, die Byron für seine vollkommensten und unvergänglichsten Werke hielt. Seine Dramen wurden mit dürftigem Beifall aufgenommen. Als seine einfältige Geliebte, die italienische Gräfin Teresa Guiccioli, sich ablehnend über »Don Juan« geäußert hatte, weil er ihrem idealistischen Bild von Liebe widersprach, entschloß sich Byron, das Gedicht abzukürzen.

1823 lebte Byron in Genua als ein einsamer, gelangweilter und enttäuschter Mann. Mit fünfunddreißig Jahren fühlte er sich alt. Er sah seine Beliebtheit schwinden. Seine Liebe zu Teresa Guiccioli war längst erlahmt, obwohl sie ihm eine unzertrennliche Gefährtin blieb. Er erwog manchmal, Italien zu verlassen und jenseits des Atlantiks Zuflucht zu suchen. Vielleicht hoffte er, in den Vereinigten Staaten Ruhe zu finden, obwohl er den Amerikanern mißtraute, da er sie für Mitglieder einer ungebildeten Rasse hielt; vielleicht hätte er auch Venezuela gewählt. Die Süd-Amerikaner, glaubte er, könnten ihm gut gefallen. »Diese Burschen«, schrieb er Hobhouse, »sind so jung wie ihre Welt und so wild wie ihre Erdbeben . . .«

In den ersten Tagen des Jahres 1823 ereilte ihn eine aufmunternde Botschaft, die seine Gedanken froh stimmte. Hobhouse und andere englische Liberale hatten ein Komitee zur Unterstützung der aufständischen griechischen Patrioten gegründet. Seit fast zwei Jahren führten diese Griechen einen verzweifelten Kampf gegen die Heerscharen des Sultans am Bosporus. Was Byron über das Komitee und seine Ziele erfuhr, erregte sofort sein Interesse, und als Delegierte auf dem Weg nach Griechenland im April in Genua eintrafen, hieß er sie nicht nur freudig willkommen und sprach mit ihnen über ihre Pläne, sondern erbot sich, »im Juli in die Levante zu kommen, falls die provisorische griechische Regierung glaubt, daß ich ihr dienlich sein könnte«.

Seine Gründe für diesen Schritt waren verschiedener Natur. Für Byron hatte das »herzlich geliebte Griechenland« eine tiefe, gefühlsmäßige Bedeutung. In keinem anderen Land war er nach seinen späteren Worten je so vollkommen glücklich gewesen. Griechenland symbolisierte Jugend, Liebe, Frohsinn und sorgenfreies Leben. In seinen düstersten Augenblicken wandte sich Byrons Phantasie ständig zurück zu den felsigen, sonnenüberfluteten Inseln und der gefährlichen, schaumgekrönten See. Er sprach manchmal von dem »grauen griechischen Stein«, unter dem er, wenn er einmal seine Wanderungen beendet habe, zur letzten Ruhe gebettet zu werden hoffte.

Byrons Einstellung zu dem griechischen Anliegen war sowohl gefühlsbetont als auch uneigennützig. Einerseits sah er eine Möglichkeit, einen alten Traum wiederzubeleben und alle Müdigkeit abzuwerfen. Andererseits regten sich in ihm alle seine edelmütigsten Gefühle bei dem Gedanken an menschliche Freiheit. In »Childe Harold« hatte er dem griechischen Volk eine poetische Botschaft übermittelt, indem er es bat, sich seiner glanzvollen Vergangenheit zu erinnern und seine alte Würde zu erneuern. Jetzt dachte er an die praktische Seite des Problems: Was die Aufständischen an materieller Hilfe am meisten brauchten und was er selbst dazu beitragen konnte. Ende April erfuhr er, daß er in das Hobhouse-Komitee gewählt worden war, und Anfang Juni beschloß er, nach Griechenland zu reisen. Am 13. Juli 1823 ging er an Bord der »Herkules«; ihn begleiteten Teresa Guicciolas Bruder Pietro Gamba, der seltsame Raufbold Edward John Trelawny, sein Leibarzt Dr. Francesco Bruno, zwei Diener, sein englischer Kammerdiener William Fletcher und Tita, sein venezianischer Gondoliere. Endlich, am 15. Juli, stach die »Herkules« in See.

Als Byron die Ionischen Inseln Anfang August des Jahres 1823 erreichte, waren die Aufständischen hoffnungslos unter einem halben Dutzend Führern aufgespalten. Jeder eiferte danach, die Unterstützung des Engländers zu erlangen; und jeder war gleich entschlossen, die gut gefüllte Kriegskasse des Komitees in die Hände zu bekommen. Byron mußte beinahe bis zum Ende des Jahres auf der Insel Kephalenia bleiben, bevor er die verworrenen Verhältnisse durchschaute und Pläne für seine zukünftigen Unternehmungen machen konnte. Schließlich beschloß er, sich einem der tüchtigsten griechischen Führer, Alexander Mavrokordatos und seinen Verbündeten, die am Nord-Ufer des Golfes von Korinth lagerten, anzuschließen. Unter manchen Gefahren landete er Anfang Januar 1824 in der kleinen Stadt Missolunghi.

Während der drei Monate, die er in Missolunghi ver-

Lord Byron und Marianne

brachte, glich Byrons Leben einem Fegefeuer. Er hatte Griechenland als einen Ort unendlicher Schönheit in Erinnerung. Aber sein neues Hauptquartier, das in einem baufälligen Haus untergebracht war, lag an einer flachen und stillen Lagune, die von dem Meer durch eine aus Sand und Schmutz bestehende Düne getrennt war. Jenseits der verfallenen Stadt erstreckte sich düsteres und ungesundes Sumpfland. Byron aber war als Soldat nach Missolunghi gekommen und nicht als Reisender. Er richtete sich sofort in seiner unbequemen Unterkunft ein, wo er Gäste auf einer Matratze und einem Kissen im Türkensitz empfing. In seinem Schlafzimmer, dem einzigen Zimmer, in dem dieser anspruchsvolle und hochsensible Mann einige Stunden allein verbringen konnte, hatte er seine Bücher, Uniformen und einige Stücke seines liebsten Besitzes untergebracht.

Weit schlimmer als die Unbequemlichkeiten des Lebens war der Zwist, der in dem Lager der Griechen herrschte und gegen den Byron ankämpfen mußte.

Alexander Mavrokordatos besaß so gut wie keine Autorität über die Streitkräfte, die er führen sollte. Auch die malerisch gekleideten Männer des Souliotstammes, mit Waffen und mit Silberschmuck behangen, waren zügellos. Aus ihren Reihen wählte sich der Dichter einen persönlichen Leibwächter aus. Diese rauhen Kriegsleute waren in Byrons Haus einquartiert, wo sie ihre Gewehre verwahrten und sich in einem großen Außenraum mit ihren lauten Kartenspielen vergnügten. Sie erwiesen sich aber als beutegierige und treulose Leute. Im Januar und im Februar meuterten sie und erschossen einen ausländischen Offizier. Byron überstand die Krise »ruhigen Mutes«.

Inzwischen schlugen alle militärischen Pläne fehl. Byron und Mavrokordatos hatten einen Angriff auf Lepanto, die türkische Festung, die weiter östlich am Ufer des Golfes lag, geplant. Byron selbst ritt den Souliotten voran und erwartete gespannt seine erste Feuertaufe in einer Kampfhandlung. Aber das ungünstige Wetter – seit seiner Ankunft in Missolunghi hatte es fast unaufhörlich geregnet –, der Abfall der Griechen vom Souliotenstamm und die übereilte Abfahrt eines großen Teiles der englischen Techniker, die die Aufständischen so dringend für den Aufbau einer Artillerie benötigten, ließen seine hoffnungsvollen Pläne zerrinnen. Am 15. Februar war er einem Zusammenbruch nahe. An diesem Abend, als er sich bekümmert und niedergeschlagen in sein Zimmer zurückzog, bekam er plötzlich, wie seine Diener glaubten, einen epileptischen Anfall.

Nichts ist so bemerkenswert an Byrons Leben in Missolunghi wie der stolze Gleichmut, mit dem er die unaufhörlichen Ärgernisse des Alltags ertrug und bewältigte. Die Meutereien der Soulioten und die Flucht eines gestrandeten türkischen Schiffes, das eine leichte Beute zu sein schien, konnten ihm ebensowenig wie ein heftiges Erdbeben und die unbarmherzigen Regengüsse, die auf die schmutzigen Straßen niederprasselten, seine innere

Haltung rauben. Am 22. Januar 1824 feierte Byron seinen sechsunddreißigsten Geburtstag. Dieser Tag inspirierte ihn zu einigen Versen, die er für »besser als das, was ich gewöhnlich schreibe«, hielt:

Zeit war's, daß unbeweglich bliebe
Dies Herz in der Verbannung Joch,
Doch ob auch niemand mehr mich liebe,
   Ich liebe doch.
Ich sehe Griechenlands Gefilde,
Schwert, Banner in dem schönsten Licht,
Der Sparter, tot auf seinem Schilde,
   War freier nicht.
Laß nicht von Lüsten dich umfächeln,
Halt männlich deine Seele rein;
Gleichgültig muß der Schönheit Lächeln
   Und Groll dir sein.

Missolunghi am Golf von Patrā, Griechenland. Stich von Edward Finden nach einer Zeichnung von William Purser

Lord Byron in Missolunghi mit seinem Neufundländer Lyon

Das östliche Peristyl des Parthenon auf der Akropolis zu Athen. Stich, Anfang des 19. Jahrhunderts

Caroline Lamb, Dichterin und Freundin Byrons. Gemälde von Eliza H. Trotter, zwischen 1811 und 1814

Verbrennung der Leiche des Dichters Percy B. Shelley im Beisein Lord Byrons an der Küste des Ligurischen Meeres bei Viareggio in der Provinz Lucca, Italien, im August 1822

Stücke schneiden würde, als ihn von den Barbaren gefangennehmen zu lassen ... denn man weiß, was ihm das Schicksal bringen würde«.

Ein weiteres bedeutendes Zeugnis seiner Zuneigung für Lukas legte er in einem zweiten Gedicht ab, das nach seinem Tod unter seinen Papieren gefunden, aber erst 1887 gedruckt wurde. Der Dichter beginnt mit einer Aufzählung der Gefahren, die er an der Seite seines Freundes bestand, und fügt hinzu:

> Soviel und noch mehr; und doch liebst du mich nicht und nie wirst Du es tun, denn Liebe wohnt nicht in unserem Willen.
> Noch kann ich Dir Vorwürfe machen, obwohl es mein Schicksal ist,
> Dich noch immer heftig, ungeziemend, umsonst zu lieben.

In Missolunghi schien Byron, der immer so erfolgreich geliebt hatte, entdeckt zu haben, was es heißt, verschmäht zu werden.

Byrons Anfall am 15. Februar hatte ihn schwach und anfällig gemacht. Er begann, die Hoffnung aufzugeben, und Ende Februar meinte er, daß seine Lage unerträglich sei. Er konnte nur tatenlos auf seinem Posten ausharren. Auch den ganzen März hindurch blieb er grimmig standhaft, verteilte Vorräte, erörterte Probleme und gab Ratschläge. So oft es das Wetter erlaubte, machte er einen tapferen Versuch, die Moral der Griechen zu heben, indem er mit Dienern und Leibwache in das offene Land hinausritt, das hinter der Lagune lag. Auf einer dieser Expeditionen scheint Byron sich am 9. April erkältet zu haben. Obwohl er fieberte, ritt er am nächsten Tag wiederum aus. Doch bald mußte er sich in sein Haus zurückziehen, da er von Schüttelfrost und Gliederschmerzen befallen wurde. Er rief Dr. Bruno zu sich, der von Dr. Millingen begleitet wurde. Beide waren unerfahrene Ärzte, die den Kranken unglaublich falsch behandelten. Er weigerte sich, daß man ihn zur Ader ließ, stimmte dann aber doch zu und unterwarf sich einer sinnlosen Behandlung mit Aderlässen und Abführmitteln, die seine Wider-

> Reut dich die Jugend, warum leben.
> Stirb in dem Land, wo's rühmlich Brauch
> In Kampf und Schlachten aufzugeben
>   Den letzten Hauch!

Die Leser dieser Zeilen waren zunächst von des Dichters Hinweis auf seine wiederaufkommenden Leidenschaften verwirrt. Jedoch konnte er sich nicht einmal in Missolunghi der Liebe erwehren; die Gewohnheit, zu lieben, war zu tief in ihm verwurzelt. Es scheint kein Zweifel zu bestehen, daß Byrons letzte Leidenschaft seinem sechzehnjährigen levantinischen Pagen, Lukas Chalandritsanos, gehörte, der ein Jüngling von »höchst anziehendem Äußeren« war, wie ein Gefährte aus seinem Gefolge bemerkte. Die Sorge, die Byron um den Pagen trug, war seit langem bekannt. Schon auf seiner Seefahrt nach Missolunghi, als die Reisenden in türkische Hände zu fallen drohten, erklärte er, daß er »ihn und sich selbst eher in

standsfähigkeit weiterhin schwächten. Am 15. April schwebte er offensichtlich in Lebensgefahr, und sein Geist trübte sich.

In lichten Augenblicken sprach er davon, daß er sich von einer Hexe habe wahrsagen lassen. Er konnte die Prophezeiung einer Zigeunerin nicht vergessen, die ihm verkündet hatte, daß sein sechsunddreißigstes Lebensjahr gefährdet sei und daß er wahrscheinlich ein Opfer des bösen Blicks würde. Jedoch berichtet Dr. Millingen, daß er religiöse Dinge überhaupt nicht erwähnt habe. Er schien solche Gedanken wahrhaftig zurückzuweisen, indem er vor sich hinmurmelte, daß er nicht um Gnade flehen würde. Erinnerungen an seine Vergangenheit verfolgten ihn jedoch. Am Ostersonntag, dem 18. April, rief er William Fletcher an sein Lager und bemühte sich, eine wichtige Botschaft zu diktieren, die Fletcher an Lady Byron überbringen sollte. Der Dichter konnte sich jedoch nicht mehr recht verständlich machen. Später, als seine Freunde um sein Lager versammelt waren, ließen sich nur ein paar abgerissene Sätze unterscheiden. Am 19. April, als die Dämmerung hereinbrach, erschütterte ein Donnerschlag Himmel und Erde. Bald danach, wenig nach sechs Uhr, öffnete Byron ein letztes Mal die Augen, um sie für immer zu schließen.

Ein Fatalist wie er, dessen Charakter immer einen stark selbstzerstörischen Hang besaß, hatte gehofft, im Tod die Rechtfertigung seines Lebens zu finden, da es aufgehört hatte, ihm Stolz und Freude zu gewähren. Obwohl er auf seinen physischen Tod nicht vorbereitet war, war er die letzte moralische Rechtfertigung von des Dichters Leben. Sein Tod gewann ihm nicht nur sein persönliches Ansehen zurück und sicherte ihm einen festen Platz in den Herzen seiner Zeitgenossen, er brachte auch, wie nichts anderes es gekonnt hätte, die gerechte Sache der griechischen und europäischen Freiheit voran. Wie die weitberühmte Suche nach dem Glück war Nationalismus – das Recht eines jeden Volkes, sein eigenes Schicksal zu bestimmen – ein romantischer Begriff. Byron war einer der ersten und gleichzeitig einer der bedeutendsten der großen romantischen Befreier. Der politische Aspekt seines Lebens, nämlich die Mobilisierung der Salons im gebildeten Europa für den griechischen Freiheitskampf, machte Byron mehr als sein literarisches Wirken zu einem bedeutenden Mann. Ihm gelang es, das Interesse für nationale Bewegungen zu wecken, das immerhin so stark war, daß darüber die Heilige Allianz zerbrach. Byron nahm bei der Entstehung des europäischen Nationalismus eine Schlüsselstellung ein.

PETER QUENELL

Ihm hat Goethe ein literarisches Denkmal gesetzt, indem er mit der Gestalt des Euphorion im dritten Akt des »Faust II« auf den »Repräsentanten der neuesten poetischen Zeit« anspielt, auf Lord Byron, dessen Leben und Wirken er seit 1816 mit großer Anteilnahme verfolgt hat und der nach seiner Einsicht das auffälligste Talent des Jahrhunderts war. Aus Goethes Gespräch mit Eckermann am 5. Juli 1827 und den Versen, die Euphorion in den Mund gelegt sind, wird deutlich, daß aus dem Bund der klassischen und der romantischen Geisteswelt ein Wesen hervorgegangen ist, in dem sich Schönheit und Streben zur Höhe mit leidenschaftlichem Begehren und sehnsüchtigem Empfinden gefährlich mischen. Diese Eigenschaften treiben den Gefährdeten auf den höchsten Gipfel künstlerischen Schaffens und menschlichen Wollens; doch er vermag sich so hoch oben nicht zu halten und geht an der Überspannung seiner Kräfte schnell zugrunde.

Das hat Goethe als klare Allegorie in der Euphorion-Szene dargestellt; wenn nach dem Tod dieser tragischen Figur der Chor seinen Trauergesang anstimmt, gilt dieser nicht der allegorischen Gestalt, sondern Lord Byron unmittelbar.

Sterbendes Griechenland auf den Ruinen von Missolunghi (links). Gemälde von Eugène Delacroix, 1827

Das Gemetzel von Chios. Gemälde von Eugène Delacroix, 1824

Lord Byron. Marmorsitzbild von Bertel Thorvaldsen in der Bibliothek des Trinity College in Cambridge, 1829

Unabhängigkeit für Süd-Amerika

Im Dezember 1823 erklärte eine bedeutende Persönlichkeit des öffentlichen Lebens: »Die Erwähnung Griechenlands erweckt in uns Begeisterung, erfüllt unser Herz mit den schönsten Gefühlen, deren wir fähig sind, und läßt es höher schlagen«. Die Worte sprach kein anderer als James Monroe, der fünfte Präsident der Vereinigten Staaten. Sie bildeten einen Teil seiner berühmten Ansprache. Monroes Worte fielen auf fruchtbaren Boden: Die Begeisterung für demokratische Ideale war bei den Bürgern der jungen demokratischen Republik grenzenlos. Sie wußten sehr wohl, welch ein Kampf im fernen Griechenland ausgefochten wurde. In den größeren Städten gründeten die Bürger griechenfreundliche Gesellschaften. Eine Siedlung an der Grenze nach Michigan wurde Ypsilanti genannt im Gedenken an einen der ersten Helden des griechischen Unabhängigkeitskrieges. In Tennessee wurde die wichtigste Stadt in dem Gebiet, das die Indianer vor kurzem hatten abtreten müssen, mit dem Namen Athen geehrt.

Die heiklen Fragen der Machtpolitik, die die griechische Revolution aufgeworfen hatte, verstand das amerikanische Volk nicht. Allein der Widerstand gegen die Tyrannei leuchtete ihm ein. Es war von der Forderung beseelt, Amerika müsse sich, wenn die Monarchen Europas die demokratischen Bewegungen unterdrückten, ganz auf sich selbst zurückziehen, um den demokratischen Gedanken um so mehr in seiner Welt zu pflegen.

Francisco de Miranda

Kämpfe in Süd-Amerika

In Süd-Amerika entstanden zwischen 1810 und 1822 vom Rio Grande bis Tierra del Fuego neue unabhängige Republiken. Der Wunsch nach Selbständigkeit wurde bereits durch das Beispiel der nord-amerikanischen Kolonisten und ihren Kampf mit England erregt. Aber erst die Ereignisse in Europa zur Zeit Napoleons bestimmten den Zeitpunkt der einzelnen Aufstände. Besonders die französische Unterdrückungspolitik auf der Iberischen Halbinsel lockerte die Bande zwischen Spanien und seinen Kolonien. Nun, nachdem die spanische Verwaltung zusammengebrochen war, schien es ein leichtes, die Fesseln des Mutterlandes abzuschütteln.

Der Kampf erwies sich jedoch als schwierig. Die Kriege, die der dreihundertjährigen Herrschaft von Spanien und Portugal in Latein-Amerika ein Ende setzten, verliefen in zwei großen Phasen. Während der ersten von 1809 bis 1816 wurden die Erhebungen überall niedergeschlagen. Erst während der Jahre von 1816 bis 1825 erzielte die Unabhängigkeitsbewegung durchschlagende Erfolge. Die Kolonien schüttelten die ausbeuterische Herrschaft in einem Gebiet von etwa sechs Millionen Quadratkilometern des süd-amerikanischen Subkontinents ab. Das befreite Land war fünfmal so groß wie die englischen Kolonien, die König Georg III. vor einem halben Jahrhundert in die Freiheit entlassen mußte.

Der latein-amerikanische Aufstand war aber lediglich ein Kampf für die Befreiung von Spanien und nicht gleichzeitig einer für eine demokratische Grundordnung. Einige der neuen Regierungen waren ebenso reaktionär wie die Regierungen in europäischen Staaten. Augustin de Iturbide, der Mexikos Unabhängigkeit von Spanien 1821 ausrief, stützte sich auf die Kirche und die Grundbesitzer, um eine echte republikanische Bewegung zu unterdrücken und sich selbst einen Kaiserthron zu sichern. Brasilien, das sich 1822 von Portugal löste, behielt die monarchische Verfassung und hatte einen Angehörigen der portugiesischen Königsfamilie Braganza zum Kaiser.

Francisco de Miranda

Trotz dieser grundsätzlich konservativen Elemente sahen die Unabhängigkeitskriege drei echte Freiheitshelden an ihrer Spitze, die als die Väter Latein-Amerikas gelten: Francisco de Miranda, Simon Bolivar und Jose de San Martin. Miranda, ein Kreole aus Caracas in Venezuela, war zu seinen Lebzeiten kein Erfolg beschieden, aber er hat den revolutionären Weg gewiesen, den Bolivar dann ging, um Kolumbien und Venezuela zu befreien. Auch San Martin erhielt von Miranda die geistigen Impulse zur Befreiung von Chile und von Peru. Miranda wohnte als Zeuge dem Sieg der amerikanischen Kolonisten 1781 bei. Er diente in der Armee der Ersten Französischen Republik und avancierte bis zum General. In den langen Jahren seines Exils in London vermochte er William Pitt und Arthur Wellesley, den späteren Herzog von Wellington, für die Befreiung Süd-Amerikas zu interessieren. Er erhielt englisches Geld, und eine Zeitlang hoffte er auf ein Heer britischer Rotröcke. Aber 1811 sah er sich alleine ohne ausländische Hilfe als Führer der Aufständischen in Venezuela. Die Parteigänger Spaniens besiegten Miranda völlig, nahmen ihn gefangen und schickten ihn nach Spanien. Er starb 1816 in einem Burgver-

Simon Bolivar

lies zu Cadiz. Mit seinem Tod war die Sache der Aufständischen an einem Tiefpunkt angelangt. Bolivar, der an Mirandas Stelle getreten war, erlitt ebenfalls eine Niederlage und mußte in Jamaika Zuflucht suchen. Es schien, als ob die Zukunft Latein-Amerikas von den Truppen abhing, die San Martin unermüdlich an den Hängen der Anden im westlichen Argentinien sammelte.

Jose de San Martin

San Martin hatte als junger spanischer Offizier in Madrid gedient und in Afrika gekämpft. Im Alter von dreiundzwanzig Jahren quittierte er den Dienst und kehrte in seine süd-amerikanische Heimat zurück, um sich dem Freiheitskampf seiner Landsleute zu widmen. Wenige kriegerische Heldentaten im 19. Jahrhundert übertrafen die Leistung der »Armee der Anden«, die San Martin ausgebildet hatte. Sein unerschrockenes Heer von fünftausend Mann schleppte Wagen und Kanonen über den Kamm des Berges Aconcagua und über den Upsalla-Paß nach Chile. Es war ein harter Marsch, aber die Mühe wurde belohnt: Die Aufständischen überraschten und überwältigten die Spanier in der Schlacht bei Chacabuco am 12. Februar 1818 und besetzten Santiago, das spanische Hauptbollwerk. Dort wurde eine revolutionäre Regierung unter Bernardo O'Higgins, dem Kampfgefährten San Martins, gebildet. O'Higgins war der uneheliche Sohn des in spanischen Diensten stehenden irischen Gouverneurs von Chile. Am ersten Jahrestag der Schlacht von Chacabuco wurde die Unabhängigkeit Chiles offiziell ausgerufen. Zur selben Zeit kehrte Bolivar aus seinem Exil zurück, schuf sich eine Basis in Angostura und zog westwärts über die Anden, um die spanische Macht in Kolumbien zu brechen.

Simon Bolivar

Die Spanier gerieten in Gefahr, in eine Zangenbewegung zu geraten, wodurch das Zentrum der spanischen Macht in Peru und in Quito, dem späteren Ecuador, bedroht war. San Martin verfügte über eine Flotte, die der englische Abenteurer Lord Thomas Cochrane zusammengebracht hatte. Cochranes Schiffe beherrschten die pazifische Küste und konnten die Truppen San Martins nordwärts transportieren, so daß sie an jedem beliebigen Ort landen konnten, um

William Pitt der Jüngere

George Canning

den Feldzug vom Meer aus wirksam zu unterstützen. Der spanische Vizekönig mußte Lima räumen. Im Juli 1821 war auch Peru unabhängig. Zwei Jahre vorher hatte Bolivar die spanischen Truppen in Venezuela besiegt und die Vereinigte Republik von Kolumbien gebildet. Dieses Gebiet umfaßte den ganzen Nord-Westen des Subkontinentes. Die latein-amerikanischen Völker schienen nun endlich Herren ihres Schicksals zu sein.

Ende Juli 1822 sah der kleine Hafen Guayaquil in Ecuador eine historische Begegnung und gleichzeitig einen überraschenden Akt von Selbstverleugnung. In diesem dunstigen äquatorialen Ort trafen San Martin und Bolivar zusammen. Der bescheidene San Martin, der schon in Chile seinem Gefährten O'Higgins den Vortritt gelassen hatte, erkannte die Bedeutung des Freiheitskämpfers an, der den Norden befreit hatte; und er glaubte, daß Bolivars Pläne für eine breite Konföderation politisch weitreichender waren als das, was er bieten konnte. So zog San Martin sich aus dem politischen Leben zurück. 1850 starb er im freiwilligen Exil in Frankreich. Bolivar übernahm die Verantwortung über die Heere in Peru. Nach vier Monaten aufreibender Märsche führte er sie im Dezember 1824 zum Endsieg bei Ayacucho, das zweieinhalb Tausend Meter hoch in den Anden lag. Im folgenden Jahr gründete er eine neue Republik im Innern des Landes, die nach ihrem Befreier Bolivien genannt wurde. 1825 schien Bolivars Stern immer noch zu steigen. Er betrachtete sich selbst nicht mehr als Soldat, sondern als geistiger Führer und Gesetzgeber, der durch die Studien der Werke John Lockes und der der Aufklärung Erkenntnis gewonnen hatte, die er in die Praxis umzusetzen gedachte. Er war erst zweiundvierzig Jahre alt, als er über Peru, Kolumbien und Bolivien herrschte. Sein tätiger Geist plante bereits eine »Liga guter Nachbarn« mit der Bestimmung, den Frieden unter allen spanisch sprechenden Völkern zu erhalten.

Seine Ideen waren zu großartig für seine Landsleute. Bolivar starb 1830 verbittert und ohne Illusionen, nachdem er hatte erleben müssen, wie Groß-Kolumbien in einzelne Staaten zerfallen war. Separatistische Bewegungen und Verschwörungen unter seinen vertrautesten Untergebenen hatten ihm schon seit 1826 die Erkenntnis gebracht, daß sein Amerika nur von einem fähigen Gewaltherrscher regiert werden könnte. Bolivar glaubte, nichts als Anarchie um sich herum zu sehen, und ihm entschwand die Vision der Vereinigten Staaten in Latein-Amerika für alle Zeiten.

Bolivars grundsätzliche Leistungen aber waren niemals ernstlich gefährdet. Niemals konnte die alte Kolonialherrschaft zurückkehren. Die Russen boten dem König von Spanien einmal Schiffe für den Transport einer Strafexpedition zum Orinoco oder zum La Plata an. Aber weder die Engländer noch die Amerikaner hätten es zugelassen, daß sie den Atlantik überquerten. Denn, obgleich keine fremde Macht den spanischen Kolonisten bei ihren Aufständen offizielle Hilfe leistete, bestand über die Sympathien bei den Regierungen in London und Washington kein Zweifel. George Canning, der 1822 englischer Außenminister wurde, stimmte einer bedingten Anerkennung der Rebellenregierungen zu. Er hatte dabei wohl auch das englische Interesse im Auge, denn dadurch machte er es britischen Bankiers und Kaufleuten möglich, sich mit Handel und Gewerbe in Süd-Amerika einzunisten. Kurz danach folgten die Vereinigten Staaten dem englischen Beispiel und erkannten die neuen amerikanischen Staaten diplomatisch an.

Monroe Doktrin

Ende 1823 schlug Canning sogar eine gemeinsame anglo-amerikanische Aktion zur Sicherung der Grenzen und Unabhängigkeit der befreiten Kolonien vor. Hierzu bewog ihn ohne Zweifel das Interesse an einem freien Handel mit Spanisch-Amerika. Auch sollte eine Einmischung anderer europäischer Staaten verhindert werden. Aber Präsident Monroe und sein Staatssekretär, John Quincy Adams, mißtrauten Cannings Vorschlag. Die Nord-Amerikaner wollten nicht »eine Schaluppe im Kielwasser des britischen Kriegsschiffes sein«. Adams schlug eine Erklärung zur amerikanischen Politik vor. So verkündete Monroe im Dezember 1823 vor dem Kongreß die berühmte Monroe Doktrin: »In den Diskussionen, zu welchen dieses Interesse Veranlassung gegeben hat, und in den Arrangements, durch welche sie ein Ende finden mögen, ist die Gelegenheit für geeignet erachtet worden, als ein Prinzip, welches die Rechte und Interessen der Vereinigten Staaten enthält, zu erklären, daß die amerikanischen Kontinente, in Anbetracht der freien und unabhängigen Lage, die sie angenommen haben und aufrecht erhalten, hinfort nur als Gegenstände für zukünftige Kolonisation durch irgendwelche europäische Mächte zu betrachten sind...

Wir haben niemals teilgenommen an den Kriegen der europäischen Mächte wie an den Angelegenheiten, die sich auf dieselben beziehen, auch verträgt sich das nicht mit unserer Politik. Nur wenn unsere Rechte angegriffen oder ernstlich bedroht werden, rächen wir Beleidigungen oder treffen wir Vorbereitungen zu unserer Verteidigung. Mit den Bewegungen auf

Präsident John Quincy Adams

dieser Hemisphäre sind wir notwendigerweise unmittelbar verknüpft, und zwar aus Gründen, die allen erleuchteten und unparteiischen Beobachtern offenbar sein müssen. Das politische System der verbündeten Mächte ist in dieser Beziehung von dem Amerikas wesentlich verschieden. Dieser Unterschied ergibt sich aus demjenigen, der in ihren bezüglichen Regierungen vorhanden ist. Und der Verteidigung unserer eigenen Regierung, die durch den Verlust von soviel Blut und Vermögen hergestellt und durch die Weisheit der erleuchtetsten Bürger reif geworden ist, unter der wir beispielloses Glück genossen haben, hat sich diese ganze Nation geweiht. Wir sind es deswegen der Aufrichtigkeit und den freundschaftlichen Beziehungen schuldig, die zwischen den Vereinigten Staaten und jenen Mächten existieren, daß wir irgendwelchen Versuch ihrerseits, ihr System auf irgendeinen Teil dieser Hemisphäre auszudehnen, als gefährlich für unseren Frieden und unsere Sicherheit betrachten würden...«

Fast hundert Jahre blieben diese Grundsätze die Leitfäden der amerikanischen Außenpolitik, obgleich Canning damals behauptete, daß die junge Republik nur dank der königlich britischen Flotte eine solch stolze Isolation aufrechterhalten konnte.

Die wirkliche Bedeutung der Monroe Doktrin offenbarte erst die Zukunft, als die Flotte der Vereinigten Staaten einen Verteidigungsring um den ganzen Kontinent zog.

Ein Präsident des Volkes

1829

Schon Wochen vor dem rauhen Morgen des 4. März 1829, an dem der gewählte Präsident der Vereinigten Staaten in sein Amt eingeführt werden sollte, waren die Straßen nach Washington von einfach gekleideten Gestalten mit harten Gesichtszügen bevölkert. Farmer, Handwerker und kleine Handelsleute hatten sich auf den Weg in die noch im Bau befindliche Hauptstadt gemacht, um den Mann des Volkes, General Andrew Jackson, zu sehen, wie er als siebenter Präsident der Vereinigten Staaten den Amtseid leistete. Die Wahl des Generals im Jahr 1828 gestaltete sich zu einem erbitterten, persönlichen Kampf zweier Rivalen. Präsident John Quincy Adams, der die im Osten vorherrschende aristokratische Lebensweise vertrat, stand Jackson gegenüber, der als heldenhafter General aus dem Westen kam, als Symbol dessen, was Adams geringschätzig das »Gemeine« nannte. Intrigen überschatteten den Verlauf des Wahlkampfes im Jahr 1828, eines Kampfes, in dem erstmals zwei emporstrebende Parteien auftraten: Adams Nationale Republikaner und Jacksons Demokratische Republikaner, die beide aus Jeffersons alleiniger Gründerpartei, den Republikanern, hervorgegangen waren. Der asketische Adams wurde als Schlemmer, Verschwender, Monarchist, ja sogar als Zuhälter beschimpft; die Nationalen Republikaner wiederum setzten Jackson zum Spieler, Trunkenbold, Duellanten und Sklavenhändler herab. Sie deuteten sogar an, daß er unter einem geistigen Defekt leide.

Die erfolgreichste Propagandaleistung der Nationalen Republikaner war die »Coffin Handbill«, ein makabres Flugblatt, von Sargsilhouetten umrandet, das Jackson anklagte, er habe im Krieg von 1812 sechs Soldaten willkürlich als Deserteure erschießen lassen. Diese Machenschaft lag noch innerhalb der damals erlaubten Grenzen politischer Kampfmethoden. Aber Adams' Anhänger gingen noch weiter, als sie die Gemahlin des Generals angriffen, die er geheiratet hatte, nachdem ihre erste Ehe geschieden worden war. Jetzt, siebenunddreißig Jahre später, wurde behauptet, Jackson habe vor seiner Ehe schon ein Verhältnis mit dieser Frau gehabt. »Sollen eine überführte Ehebrecherin und ihr Mann, der vorher ihr Geliebter war, das höchste Amt dieses freien und christlichen Landes einnehmen?« fragte ein Flugblatt. Nur Jacksons Position als Präsidentschaftskandidat hielt ihn davon zurück, den Autor zum Duell zu fordern. »Wie schwer ist es, den Ochsenziemer nicht über diese Schurken schwingen zu können«, klagte er einem guten Freund.

Für die Gefährten Jacksons stand das Wahlergebnis nie in Zweifel, aber auch sie waren über das Ausmaß des Erfolges erstaunt. Der General triumphierte im Wählerausschuß über seinen Rivalen mit hundertachtundsiebzig zu dreiundachtzig Stimmen. »Das Ende unserer guten Sache«, nannte der geschlagene Präsident das Ergebnis.

Jacksons Triumph verwandelte sich im darauffolgenden Monat in Trauer, als seine geliebte Rachel starb. Er war überzeugt, daß sie die schmähliche Böswilligkeit in Adams' Flugblättern nicht hatte ertragen können. »In Gegenwart dieser lieben Heiligen kann ich und will ich meinen Feinden vergeben«, sprach er an ihrem Grab, »aber diese bösartigen Lumpen, die sie verleumdet haben, müssen Gott um Gnade bitten.«

Obwohl man es zu dieser Zeit nur mehr ahnte als bewußt erlebte, bedeutete die Wahl Jacksons eine dritte amerikanische Revolution. Die erste brachte die Unabhängigkeitserklärung hervor. Sie war mehr politischer als sozialer Natur und errichtete eine aristokratische Republik. George Washington wurde von einer reichen föderalistischen Minderheit zum Präsidenten gewählt. Mit seiner unnahbaren Würde, die er auf Staatsempfängen und im privaten Leben zur Schau trug, sah sich Washington als ein über dem allgemeinen Parteienstreit stehender, republikanischer Regent des ganzen Volkes. Jeffersons nur mit knapper Mehrheit gewonnene Wahl im Jahr 1800 gilt als die zweite amerikanische Revolution. »Eine wahre Revolution nach den Grundsätzen der Regierung«, folgerte Jefferson selbst. Daß das Besitzwahlrecht entscheidend geändert wurde und daß die Bürgerrechte der weißen männlichen Amerikaner eine ständige Erweiterung erfuhren, machten den Triumph der Republikaner Jeffersons über die Föderalisten unaufhaltbar.

Washingtons höfischen Pomp löste Jefferson durch volkstümliche Einfachheit ab, die so weit führte, daß er zu seiner eigenen Amtseinführung zu Fuß ging. Jefferson war seiner Natur nach ein doktrinärer Demokrat, von Hause aus aber ein Patrizier. In den ersten sechsunddreißig Jah-

General Andrew Jackson

Blockhäuser bei Nashville in Tennessee. Anfang des 19. Jahrhunderts

Landhaus Andrew Jacksons bei Nashville. Etwa 1819

»König Andrew I.« Karikatur auf Andrew Jackson aus der Zeit des Wahlkampfes im Herbst 1832

ren des jungen Staates leiteten, ausgenommen die einmalige Amtsperiode von John Adams, die aus Virginia stammenden politisch einflußreichen Familien, zu denen Jefferson gehörte, die Geschicke des Landes. Als ein eher aristokratischer Anhänger John Lockes blieb er ein schüchterner Theoretiker der Demokratie. Die amerikanischen Bürger mit beschränktem Einkommen und geringer Bildung, also die Masse des Volkes, die nicht länger von einer Gruppe Höhergestellter regiert werden wollte, scharte sich um ihn.

Wenn Jefferson noch der Sprecher des einfachen Mannes war, so war Jackson sein Inbegriff. Seine Wahl beendete nicht nur Adams' Regierung, sondern auch die der Virginia-Dynastien. Obwohl selbst ein reicher Gutsbesitzer aus dem Westen, personifizierte Jackson das radikale bürgerliche Element in der amerikanischen Politik. »Andy«, wie ihn seine Parteifreunde nannten, war der erste Präsident, der mit seinem Vornamen angesprochen wurde, und der erste »Self-made-man« im amerikanischen Sinn, der im Weißen Haus residierte. Die dritte amerikanische Revolution, die durch die Wahl Jacksons eingeleitet wurde, war in ihrem Kern eine Revolution des Volkes. Vor Jacksons Amtsantritt bemerkte ein Zeitgenosse über den ungestümen, eigenwilligen zukünftigen Präsidenten: »Er wird einen neuen Wind mit sich bringen. In welche Richtung dieser aber blasen wird, kann ich nicht sagen.«

Die ersten sechs Präsidenten nahmen durch Herkunft, gute Erziehung und Bildung eine besondere Stellung ein, mit Andrew Jackson aber, dem Sohn eines Gutspächters, konnte sich jeder aufrechte Mann aus dem Volk messen. Jacksons Vater war aus Nord-Irland eingewandert, um sich in Waxhaws, einem Hochland im Grenzgebiet von Nord- und Süd-Carolina, anzusiedeln, wo er 1767, einen Monat bevor sein Sohn Andrew zur Welt kam, starb. Andy wuchs zu einem dünnen, sommersprossigen Jungen mit rötlichem Haar heran, mit dem aufbrausenden Temperament dieses Menschenschlages. Er galt als ein heller Junge der örtlichen Kirchenschule, der mit den Fäusten ebenso sicher und schnell wie mit dem Kopf umzugehen wußte. Bald wechselten seine Interessen von den Büchern zu Pferderennen, Hahnenkämpfen und Faustkämpfen. Als die Zeitungen aus Philadelphia, die einmal wöchentlich mit der Post nach Waxhaws kamen, Neuigkeiten über die Revolution brachten, wurde der junge Jackson oft zum öffentlichen Leser gewählt, weil er »eine Zeitung von Anfang bis Ende lesen konnte, ohne heiser zu werden... und ohne anzuhalten, um die Wörter erst zu buchstabieren«.

Im Alter von dreizehn Jahren traten Andy und sein sechzehnjähriger Bruder Robert der Continental Army Washingtons bei. Andy wurde bald von den Engländern gefangengenommen. Ein arroganter englischer Offizier befahl dem halbwüchsigen Soldaten, ihm die Stiefel zu putzen, und als er sich weigerte, schlug der Offizier mit seinem Degen zu. Als Andy seine Hand erhob, um den Schlag abzuwehren, verletzte die Klinge ihn bis auf den Knochen, glitt ab und brachte ihm eine Wunde am Kopf bei. Jackson behielt eine weiße, zackige Narbe zurück und trug zeit seines Lebens einen Haß auf die Engländer.

Nach dem Krieg weilte Andy bei einem Freund der Familie in Charleston in Süd-Carolina, wo er sechs Monate lang das Sattlerhandwerk erlernte. Als er aus dieser halben Knechtschaft durch eine Erbschaft von ein paar hundert Pfund erlöst wurde, die ihm sein irischer Großvater hinterließ, führte Jackson das ausschweifende Leben eines Spielers und Reiters, bis seine Erbschaft verbraucht war. Von Charleston aus zog er nach Salisbury in Nord-Carolina, wo man sich seiner noch lange als eines lärmenden, ausgelassenen und mutwilligen Burschen erinnerte, der immer bei Spielen, Hahnenkämpfen und Pferderennen anzutreffen war. Er galt als Anführer der Raufbolde der Umgebung. Sein Ehrgeiz aber hielt ihn trotz seines Zeitvertreibes dazu an, mit seinem Freund John McNairy eifrig Jura zu studieren. Er bestand sein Abschlußexamen und ließ sich als Anwalt nieder.

Nord-Carolinas westlicher Bezirk erstreckte sich damals bis zum Mississippi, und als McNairy zum Richter am Obergericht des Distriktes gewählt wurde, ernannte er seinen Freund zum Staatsanwalt. Mit Bacons »Abridgement of the Law«, einem Gesetzesauszug, in der Satteltasche und einer Negerin, die er für zweihundert Dollar gekauft hatte, als Begleiterin, machte sich Andy im Jahr 1788 zur Überquerung der Blauen Berge auf. Auf dem Weg traf er McNairy. Beide schlossen sich den ersten Wagen über die neue Nashville-Straße an. Im Oktober erreichten sie die Cumberland River-Siedlung von Nashville, die aus zwei Gaststätten, einer Schnapsbrennerei, zwei Läden, einem baufälligen Gerichtsgebäude und einer Handvoll Hütten bestand. Alles umgab ein Drahtzaun, um die wilden Büffel fernzuhalten.

Jackson fand in Nashville eine Freistatt für Schuldner vor. Innerhalb eines Monats hatte der junge Staatsanwalt diesen Zustand geändert. Er erließ Vollstreckungsbefehle, die seit Jahren versäumt worden waren. Gläubiger und Leute, die ihr Eigentum bedroht fühlten, strömten in sein behelfsmäßiges Büro. Geld war knapp, Land aber war billig; die meisten seiner Gebühren wurden mit Grund und Boden oder Sklaven bezahlt. Bald sah sich der eifrige junge Staatsanwalt als Landbesitzer.

Andy wohnte anfangs im Blockhaus bei der Witwe Donelson an der Kentucky-Landstraße, etwa fünfzehn Kilo-

Rachel, Gemahlin Andrew Jacksons

meter von Nashville entfernt. Dort lernte er die schwarzäugige, verheiratete Tochter der Wirtin, Rachel Robards, kennen. Rachel lebte damals von ihrem Mann getrennt; als sie 1790 noch einmal zu ihm zurückkehrte, war dies ein kurzer Versöhnungsversuch. Jackson wurde von der Familie Donelson beauftragt, sie nach Hause zu holen. Der gekränkte Robards drohte, ihnen zu folgen. Aber Jackson versprach, ihm die Ohren abzuschneiden.

Nachdem Robards die Scheidung einreichte, floh Rachel nach Natchez, einer spanischen Stadt am Mississippi. Rund fünfundvierzig Kilometer nördlich von Natchez, in Bayon Pierre, hatte Jackson ein Blockhaus erbaut und eine Handelsniederlassung für den Verkauf von Sklaven und Proviant an die oft reichen, nach Westen ziehenden Siedler eingerichtet. Als er von der Scheidungsklage vernahm, reiste er zu Rachel nach Natchez. Beide heirateten im August 1791 in der Villa eines Freundes, obwohl das Scheidungsurteil erst nach zwei Jahren rechtskräftig wurde.

Jackson brachte seine junge Frau nach Nashville auf eine Farm, die er von seinem Bruder gekauft hatte. Beide ließen sich dort nieder. Jackson handelte jetzt nicht nur mit Baumwolle, Sklaven, Pferden und Land, sondern setzte auch seine Anwaltspraxis fort. Als der westliche Distrikt zum Bundesstaat wurde, soll er den Namen Tennessee vorgeschlagen haben. Der neue Gouverneur, John Sevier, einst der Führer des freien Staates Franklin, ernannte Jackson zu Tennessees erstem Mitglied in der gesetzgebenden Versammlung. Albert Gallatin, Jeffersons früherer Finanzminister, erinnerte sich des Abgeordneten von Tennessee als einer »großen, mageren, linkisch wirkenden Gestalt mit einem bis auf den Rücken hängenden, mit Aalhaut umwickelten Zopf, sonderbarer Kleidung und mit den Manieren eines Hinterwäldlers.« Nachdem er auch in den Senat der Vereinigten Staaten gewählt war, trat Jackson bald wegen finanzieller Schwierigkeiten zurück. Im Jahr 1798 wurde er Richter am Obergericht seines Heimatstaates.

Der Richter Jackson war gerecht und entschieden; doch machten ihn rechtliche Spitzfindigkeiten ungeduldig. Als Sevier nach einem Streit ihm einen Fehltritt mit der Frau eines anderen nachsagte, schlug ihn Jackson mit seinem Spazierstock nieder und forderte ihm zum Duell. Dieses Duell fand niemals statt. Aber einige Jahre später tötete er einen Mann im Duell, weil er über Rachel gelästert hatte. Er selbst wurde in Herznähe von einer Kugel getroffen, die ihm für den Rest seines Lebens Schmerzen bereitete. Noch während seiner Richterzeit unternahm Jackson einen Feldzug gegen die Creek-Indianer. Als sich während des Krieges von 1812 der Schauplatz der Kämpfe nach Süden verlagerte, leitete Jackson die Verteidigung von New Orleans gegen einen Angriff, der von Wellingtons Schwager, dem Generalmajor Edward Pakenham, geführt wurde.

Die Schlacht um New Orleans, die vierzehn Tage nach der Unterzeichnung des Friedens zwischen Engländern und Amerikanern in Gent ausgefochten wurde, machte »Old Hickory«, wie die Soldaten Jackson nannten, zur volkstümlichsten Persönlichkeit seit Washington. Die Legende feierte den amerikanischen Sieg als Triumph von Jacksons eisernem Willen und des Könnens seiner freiwilligen Schützen aus Kentucky, die die näherkommenden englischen Rotröcke ruhig beschossen, bis sie das Feld räumten. Die Tatsachen waren prosaischer. Das Vorgehen Pakenhams war ein Beispiel seltener militärischer Torheit: Er trieb seine Männer in enger Formation über ein großes Reisfeld zum Angriff, um einen Erdwall anzugehen. Die Amerikaner konnten beinahe direktes Kanonenfeuer aus ihrer vorteilhaften Stellung auf die Briten richten, und jene wurden buchstäblich in Stücke geschossen. Pakenham fiel, und über zweitausend Mann mit ihm. Jackson verlor nur acht Soldaten und hatte dreizehn Verwundete. Am Ende der Schlacht erhoben sich etwa fünfhundert Rotjacken, die sich klugerweise totgestellt hatten, wie Geister vom Feld, um sich zu ergeben.

»Ich kann nicht glauben«, bemerkte Henry Clay später über seinen Rivalen für das Präsidentenamt im Jahr 1824, »daß die Erschießung von zweieinhalbtausend Engländern vor New Orleans einen Menschen für die vielschichtigen und schwierigen Aufgaben des höchsten Amtes im Staat qualifiziert.« Immerhin festigte die Legende von der Schlacht Old Hickorys Ruf als Held der Nation und Freund des Volkes. Diese einzige Tat brachte ihm im Jahr 1824 bei den Präsidentschaftswahlen beinahe den Sieg und führte ihn vier Jahre später im Triumph in das Weiße Haus. Als er von den Feierlichkeiten zur Amtseinsetzung zu einem festlichen Empfang ritt, abgespannt aussehend und noch immer in Trauer um Rachel, folgte ihm das Volk zu Fuß. Niemand achtete darauf, ob er eingeladen war; die Menge drang in das Weiße Haus ein, warf das kalte Buffet um, zerschlug Gläser und stieg mit ihren schmutzigen Stiefeln auf die damastbezogenen Stühle und Sofas. Frauen fielen in Ohnmacht, Männer stritten sich, und der

John Quincy Adams

»Anti-Jackson«. Karikatur auf die Politik Andrew Jacksons, 1832

Branntwein floß in Strömen. Schließlich mußten sich Jacksons Freunde zusammenschließen, um ihn zu beschützen und vor seinen überschwenglichen Anhängern zu bewahren. »Die Herrschaft des Königs Mob scheint zu triumphieren«, bemerkte der Patrizier und Richter des Obersten Gerichtshofes Joseph Story.

Jackson besaß kein ausgearbeitetes Programm für seine Amtszeit. Er knüpfte das Band zwischen sich und dem gemeinen Volk; er fühlte, daß er zu ihm gehörte und daß es ihm folgen würde, wohin er es führte. Er hatte wenige und einfache Grundsätze. Er glaubte, daß die amerikanische Föderation unauflöslich sei, er mißtraute den Banken und dem Papiergeld, und setzte bedenkenlos voraus, daß die Interessen der Mehrheit das Maß für das nationale Wohl wären. Bei seinem Amtsantritt hatten viele seiner Anhänger Besen aus Hickoryholz als Zeichen für die Säuberung unter den bundesstaatlichen Beamten getragen, die sie von ihrem Führer erwarteten. Sie wurden nicht enttäuscht. Jackson gilt als der Mann, der das Futterkrippensystem (Spoils system) in die amerikanische Politik eingeführt hat.

Tatsächlich war die Praxis, mit jedem Amtswechsel auch die parteiegnehmen Beamten auszuwechseln, älter als die Republik. Aber Jackson wandte das System erstmals konsequent und unbarmherzig an. In seinem ersten Amtsjahr entfernte er ungefähr ein Zehntel der rund elftausend Staatsbediensteten, wobei er viele unter ihnen zu Recht der Gleichgültigkeit, Unfähigkeit, Korruption und Überalterung beschuldigte. Ein öffentliches Amt, glaubte er, war kein privates Recht, und er meinte, daß die Ernennungen nur für vier Jahre erfolgen sollten. Sein Angriff richtete sich gegen die festgesetzte und eingefahrene Bürokratie. Aber seine politische Reinigung erwies sich schlimmer als jene alteingefahrene Bürokratie: Er entließ aus parteipolitischen Erwägungen viele fähige Männer. Dadurch leistete er einer Günstlingswirtschaft Vorschub, die für eine ehrliche und tüchtige Regierung von Nachteil ist.

Politisches Billardspiel der europäischen Herrscher um das Osmanische Reich mit Amerikas Präsidenten als Zuschauer (Dritter von links). Karikatur, etwa 1829

Zwei Fragen dominierten während Jacksons beider Amtsperioden: die Macht der Bank der Vereinigten Staaten und die Spaltung der Föderation, die hauptsächlich von Süd-Carolina drohte. Die Bank der Vereinigten Staaten wurde nach dem finanziellen Chaos, das der Krieg von 1812 hervorgerufen hatte, gegründet. Ihre zahlreichen Zweigstellen dienten dem Land gut, sie unterstützten Handelsunternehmen und setzten eine gesunde Papierwährung in Umlauf. Die Bank diente oft der Öffentlichkeit, und einige Male tat sie es sogar auf Kosten der Aktionäre. Da sie nur ein Fünftel der Banknoten der Nation ausgab und nur ein Drittel der gesamten Bankeinlagen verwaltete, besaß sie nie ein Monopol, wie von ihren Feinden behauptet wurde. Immerhin war sie ein in Privathänden liegendes Unternehmen, das keinem staatlichen Zugriff unterlag. Die Institution steuerte den Kurs der Landesbanken und beherrschte den einheimischen Geld- und Devisenmarkt. Sie zögerte auch nicht, an verdiente Politiker Anleihen auszugeben. Für Jackson war die Bank eine »Schlange der Korruption«, den »Reichen und Mächtigen« gegenüber unterwürfig. Sie stand für »den Fortschritt weniger auf Kosten vieler«. Als Nicholas Biddle, der Präsident der Bank, sich bemühte, seine Amtsperiode im Jahr der Präsidentschaftswahl 1832 zu verlängern, wurde sein Antrag auf Wiederwahl, der von Henry Clay unterstützt wurde, von beiden Häusern des Kongresses ohne Schwierigkeiten genehmigt. »Die Bank versucht, mich umzubringen«, sagte Jackson zu seinem Vizepräsidenten Martin van Buren, als der Antrag durchkam, »aber ich werde sie umbringen!«

Die Wahl von 1832 wurde über die Bankfrage ausgefochten, mit John Floyd und William Wirt als Gegner von Old Hickory. Sie fiel mit einem überwältigenden Sieg für Jackson aus, der diesmal mit einer allgemeinen Mehrheit von zwei zu eins siegte. Da die Laufzeit der Bankverfassung noch bis 1836 dauerte, untergrub Jackson in wirksamer Weise ihre Macht, indem er die Regierungseinlagen einzog und sie den Landesbanken übergab. Jackson, der

beabsichtigte, die »Bank« zu zerstören, als sei sie ein Feind auf dem Feld der Ehre, war wirtschaftlich zu unbewandert, um die Auswirkungen seiner Handlungsweise übersehen zu können. Infolgedessen fielen die Vereinigten Staaten, die inzwischen eine führende Rolle im Bankwesen spielten, bald in die Rückständigkeit zurück. Inflation und Depression folgten.

Wenn Jackson auch ein sklavenhaltender Pflanzer aus dem Süden war, betrachtete er sich doch als ein treuer Anhänger des Unionsgedankens. Als John Calhoun aus Süd-Carolina aus Entrüstung über die hohen Schutzzölle das Recht für die einzelnen Bundesstaaten verlangte, Verordnungen der Bundesregierung nicht anzuerkennen, stellte sich der Präsident der Herausforderung auf einer Feier zu Jeffersons Geburtstag. Calhoun grimmig anstarrend, brachte Jackson den altbewährten Toast aus: »Unsere Union – sie muß erhalten werden!« Calhouns Finger zitterten so beim Trinken, daß er den Wein verschüttete.

Als die Bundesregierung mit der Drohung Süd-Carolinas konfrontiert wurde, aus der Union auszuscheiden und einen separaten Staat zu begründen, ließ Jackson keinen Zweifel darüber, daß er, wenn nur ein Tropfen Blut vergossen würde, den ersten Urheber einer Sessionsbewegung, der gefaßt würde, am nächsten Baum aufknüpfen ließe. Weder Amtswürde und Alter noch Trauer konnten seine kämpferische Natur bändigen. Einen Tag, nachdem er das Präsidentenamt aufgegeben hatte, bemerkte er, daß er nur zwei Dinge bedauere: »Ich habe Clay nicht erschießen und Calhoun nicht hängen können!«

Jacksons Vorgänger waren Neoklassizisten gewesen, die den Glauben der Aufklärung an die Vernunft und das Naturrecht teilten. Jackson erweckte die romantische Bewegung zu politischem Leben, er ersetzte Vernunft und Maßhalten durch Energie und Gefühl. Mehr instinktmäßig als absichtlich änderte er das Gesicht der amerikanischen Politik und bezog das Volk in das staatliche Leben ein. Er machte die Demokratischen Republikaner, die späteren Demokraten, zu einer Partei derer, die an gleiches Wahlrecht, freies Bildungswesen und gleiche Lebenschancen glaubten. Durch seine starke und impulsive Persönlichkeit vertrat er die führenden Ideen seines Zeitalters: Er forderte die ungehinderte Entwicklung des Individuums; er zweifelte, daß eine formelle Ausbildung und die traditionellen Lehren allein den Menschen förderten, und er ordnete die Tat dem Gedanken unter. Aber Jackson, der Freund des Volkes, hielt es nicht für angemessen, die Institution der Sklaverei in Frage zu stellen. Er war es, der weitgehend für einen nachtragenden Anti-Intellektualismus, das Mißtrauen gegenüber dem gebildeten Mann, verantwortlich war, das von nun an das politische Leben Amerikas durchziehen sollte.

In den letzten Monaten seines Lebens konzentrierten sich die Gedanken Jacksons auf Texas, wo, wie er fürchtete, die freien Siedler »Holzhauer und Wasserholer für die englischen Aristokraten« werden würden. Er erlebte es noch, wie das seit 1836 unabhängige Texas in die Union aufgenommen wurde. Der Richter John Catron, den Jackson an den Obersten Gerichtshof berufen hatte, schrieb über den ungestümen alternden Mann: »Wäre er aus den Wolken in eine brennende Stadt gefallen, dann hätte er innerhalb einer Stunde an der Spitze der Löschtruppe gestanden. Er hätte mit genau so wenig Bedenken einen Palast niedergerissen, um das Feuer zu dämmen, wie ein anderer zu einem Brett gegriffen hätte. Innerhalb eines Augenblicks hätte er es für richtig erklärt, und in zehn Minuten wäre die Sache erledigt gewesen... Es lag ihm immer fern, zurückzublicken. Er schaute in die Zukunft.«

FRANCIS RUSSELL

»Die Ratten verlassen das stürzende Haus«. Karikatur auf die Handelspolitik Andrew Jacksons, 1831

Juli-Unruhen in Europa. Ende der Tory-Herrschaft

Als das 19. Jahrhundert in sein viertes Jahrzehnt ging, änderte sich das Leben in Europa nicht weniger als in den Vereinigten Staaten. Revolution, Krieg und Nachkriegszeiten hatten der herrschenden Gesellschaftsschicht eine schwere, finanzielle Last aufgebürdet. Viele ihrer Mitglieder waren bei Banken oder Kreditinstituten zweifelhaften Rufes verschuldet. Verschwendungssucht und die Versuche, durch Spekulationen Besitztum zu vermehren, belasteten die wirtschaftlichen Verhältnisse nur noch mehr. Selbst Metternich, der jährliche Schenkungen vom Zaren, vom König von Neapel und von seinem eigenen Souverän erhielt, suchte finanziellen Rückhalt beim Bankhaus Rothschild, bei großen österreichischen und bei Schweizer Banken. Viele Menschen in Europa wurden von beinahe krankhafter Habgier befallen und erhoben den Gelderwerb zu einem wahren Kult, was zu unbesonnenen und übereilten Investitionen führte. Dieses Gebaren geißelte Honoré de Balzac in seinen Romanen mit scharfer Ironie.

Gesellschaftliche Gegensätze

Die Wirkung dieser Entwicklung ging weit über die Finanzwelt hinaus. Mitte

Zar Nikolaus I. von Rußland

der zwanziger Jahre des 19. Jahrhunderts begann der bürgerliche Mittelstand der Kaufleute, der Bankiers und der Unternehmer, einen von den alten Werten der aristokratischen Gesellschaft verschiedenen Kulturgeschmack zu entwickeln. Zwischen 1830 und 1848 drängte das aufstrebende Bürgertum in Frankreich, in Österreich, in Deutschland und in England seine Selbstzufriedenheit und geheuchelte Ehrbarkeit den gesellschaftlich höherstehenden Klassen auf. Diese kulturelle Entwicklung stand in auffälligem Gegensatz zu der Romantik, die immer noch das Gefühlsleben der intellektuellen Jugend beherrschte. Beide Ansichten gingen aber im gewissen Sinn an den Tatsachen vorbei. Die alte europäische Aristokratie lieferte ein hartnäckiges Nachhutgefecht, um ihre politischen und gesellschaftlichen Rechte zu wahren. In Wien glaubte Metternich immer noch daran, daß er die Geschicke Europas in seinen Händen hielt. Er saß jeden Morgen an dem Fenster seines Arbeitszimmers am Ballhausplatz, studierte Berichte von Geheimagenten oder von Botschaftern und war immer gewärtig, das Wiederaufleben des jakobinischen Übels zu verhindern.

Das autokratische Rußland

Zar Nikolaus I. – der als achtzehnjähriger Jüngling an der Seite seines Bruders Alexanders I. 1814 in Paris triumphiert hatte – herrschte seit 1825 in Petersburg auf eine Art, als ob das ganze Regieren aus einer endlosen Militärparade bestünde. Er konnte durch die Kraft seiner Persönlichkeit und eine gut funktionierende Bürokratie das Volk einschüchtern und autokratisch regieren. Im Sommer 1831 kam ihm dieser Umstand zustatten. 1830 erreichten den Zaren alarmierende Nachrichten von Unruhen aus Warschau, wo die Polen unter der unerbittlichen und grausamen Knechtschaft eines russischen Militärgouverneurs zu leiden hatten. Im November 1830 brach eine offene Revolte in Warschau aus. Die Polen konstituierten eine kurzlebige, selbständige Regierung. Nach einem Jahr aber hatten die Russen den Aufstand blutig niedergeschlagen und nahmen den Polen ihre autonome Verwaltung. Eine konsequente Russifizierung folgte.

Ganz Europa sah sich in den Jahren 1829 bis 1831 einer Welle revolutionärer Bewegungen gegen die Restauration ausgesetzt. Es gärte unter den Studenten in Italien und in Deutschland, wo nationalistische Gefühle zum Ausdruck kamen. Zu latenten Unruhen kam es auch in Brüssel. Die beiden bedeutendsten Verfechter aber eines konservativen Europas, Fürst Metternich und Zar Nikolaus, schauten am ängstlichsten nach Frankreich. Der österreichische Kanzler erklärte: »Wenn Paris niest, dann erkältet sich Europa«.

Juli-Revolution in Paris

Die politischen Verhältnisse in Frankreich schienen im Sommer 1830 so stabil zu sein wie seit sechs Jahren. Frankreich begann mit der Eroberung Algeriens unter dem Vorwand, eine Strafexpedition gegen den Seeräuberstaat zu unternehmen. Algier wurde mit Leichtigkeit erobert. Die Unterwerfung des Landes währte noch bis 1847. Die Einnahme Algiers war der letzte Sieg der Bourbonen. Ludwig XVIII. war 1824 gestorben. Ihm folgte sein Bruder Karl X. als König. Er galt als Vertreter eines starren Royalismus, war ein religiöser Frömmler und stand unter dem politischen Einfluß des Fürsten Jules von Polignac, der 1829 auch Ministerpräsident wurde.

Solange in Frankreich wirtschaftliche Stabilität herrschte, wie sie bis zum Ende der Regierung Karls X. währte, behandelte das Volk die Gesetze des Königs gegen Gottlosigkeit mit toleranter Verachtung und duldete sogar Maßnahmen zum Schutz adeligen Grundbesitzes. Aber auch liberal gesonnene Männer, die auf Reformen bedacht waren, lebten in Paris und erinnerten sich an Frankreichs große Zeit der Revolution und des Kaiserreiches. Marie-Joseph Lafayette, der an der Seite der Amerikaner für ihre Unabhängigkeit gekämpft hatte und der 1789 die französische Nationalgarde befehligte, war während der Restauration Führer der liberalen Opposition in der Nationalversammlung. Charles Maurice Talleyrand, der große Machtpolitiker und persönliche Opportunist, der vier Monate vor dem Sturm auf die Bastille zum Bischof von Autun geweiht worden war, hatte sowohl dem Direktorium als auch Kaiser Napoleon I. und König Ludwig XVIII. als ein immer die Interessen Frankreichs wahrender Außenminister gedient. Jetzt war er erneut bereit, die politische Bühne zu betreten. 1830 hielt Karl X. die Zeit für gekommen, seine absolutistische Politik voll durchzusetzen. Noch einmal, im Juli 1830, tauchten die »Dramatis personae« der Revolution auf und erschreckten ein Europa, das sie beinahe vergessen hatte. Am 26. dieses Monats versuchten Karl X. und Polignac einen kleinen Staatsstreich. Sie erließen die berüchtigten »Juli-Ordonnanzen«, Verordnungen, die die Kammer der Volksvertreter auflösten, die Freiheit der Presse aufhoben und die Wahlgesetze im Sinne des Königtums abänderten. Das Vorgehen brachte das Volk in Paris auf die Barrikaden. Ein mutiger Bürger hißte die Trikolore über Notre-Dame, der König entwich aus der Hauptstadt und trat eilends eine Reise nach Cherbourg an, die ihn ins Exil nach Edinburgh führte. Karl schickte einen Kurier in die entgegengesetzte Richtung, der das an Lafayette adressierte Abdankungsschreiben bei sich trug. Der revolutionäre Patriarch wurde wieder zum Herrn von Paris, als die Revolutionäre ihm den Befehl über die Nationalgarde gaben.

Louis Philippe, der Bürgerkönig

Obgleich Republikaner die neue Revolution angeführt hatten, blieb Frankreich eine Monarchie, da die radikale Partei nur ungenügend organisiert war und die Bonapartisten keinen eigenen Kandidaten aufstellen konnten. Lafayette, dem es leichter fiel, konstitutioneller Royalist als ein Republikaner zu sein, und Talleyrand, der wußte, daß Europa keine franzö-

Nicolas Jean Soult, Marschall von Frankreich

sische Republik dulden würde, drängten den Herzog von Orléans, den verwaisten Thron zu besteigen. Diese Wahl unterstützten auch jüngere Liberale wie Louis Thiers, François Guizot und auch der Bankier Jacques Lafitte. Herzog Louis Philippe von Orléans, ein Prinz aus einer Seitenlinie der Bourbonen, der als junger Mann in den Armeen der Ersten Republik gekämpft hatte, trat jetzt als konstitutioneller Monarch an die Spitze Frankreichs.

Unruhen in Europa

Wie Metternich gefürchtet hatte, veranlaßte der Sturz der Dynastie der Bourbonen einen liberalen Sturm in ganz Europa. Die Herrscher der deutschen Staaten Braunschweig, Hessen-Kassel und Sachsen mußten sich verpflichten, liberale Verfassungen einzuführen. Anfang 1831 breiteten sich

König Karl X. von Frankreich im Krönungsornat

in England 1829–1831

die Unruhen auch in Italien aus, wo Revolutionen in Modena, in Parma und im Kirchenstaat ausbrachen. Die Erhebungen dort richteten sich hauptsächlich gegen die österreichische Herrschaft auf der Halbinsel. Aber österreichische Truppen unterdrückten alle Aufstände. Zar Nikolaus I., der leidenschaftlichste Feind »dieser infamen Revolution«, rief die Höfe in Berlin und in Wien auf, bei der Verteidigung des monarchischen Prinzips zusammenzustehen und einen »Wall zu bilden gegen revolutionäre Doktrinen«; und Metternich ging gern auf diesen Gedanken ein.

Im westlichen Europa hatte die Juli-Revolution ihre größte Wirkung. Vier Wochen nach der Flucht Karls X. forderten gemäßigte Liberale in Brüssel eine autonome Verwaltung. Sie bestanden darauf, daß »Belgien keine niederländische Kolonie« sei, aber sie wurden von den Niederländern nicht gehört. Die Stimmung erhitzte sich immer mehr; in der letzten Septemberwoche 1830 brachen heftige Kämpfe in den Straßen von Brüssel aus. Die Entwicklung erreichte mit dem Rückzug der Truppen und der Proklamation eines unabhängigen Belgiens am 4. Oktober ihren Höhepunkt.

Der Bruch zwischen den Niederlanden und Belgien vertiefte sich, als drei Wochen später die niederländische Artillerie Antwerpen beschoß. Zu dieser Zeit befanden sich die Belgier in einer günstigen Lage: Der

Das Geburtshaus William Cobbetts in Farnham in Surrey

Adolphe Thiers

polnische Aufstand verhinderte ein gemeinsames Vorgehen der östlichen Mächte gegen die Revolutionäre in West-Europa. England und Frankreich aber unterstützten die belgische Sache. Noch vor Ende des Jahres trat eine Konferenz der fünf Großmächte England, Frankreich, Österreich, Preußen und Rußland in London zusammen, erkannte im Juli 1831 die belgische Unabhängigkeit an und verbürgte seine Neutralität. Das Land erhielt eine liberale Verfassung und erwählte Leopold von Sachsen-Coburg zum ersten König der Belgier.

Reformen in England

Belgiens Unabhängigkeit war der erste diplomatische Erfolg für Henry John Palmerston, der seit November 1830 im Kabinett von Charles Grey Außenminister war. Seine Ernennung zeigte, daß auch in England das politische Leben ebenso wie auf dem Festland unter dem Eindruck des Sturzes Karls X. stand. Mehr als dreiundzwanzig Jahre lang hatten die Tories die Mehrheit im Unterhaus gehalten, jener ehrenwerten aber keineswegs repräsentativen Einrichtung, deren Zusammensetzung die Reformer seit langem ändern wollten. Wenige Wochen nach der Juli-Revolution fand eine allgemeine Wahl statt, die die Tories fast dreißig Sitze kostete. Der Herzog von Wellington, Premierminister seit dem ersten Januar 1828, versuchte verzweifelt, die Whigs von der Regierung fernzuhalten, aber seine Regierung scheiterte an einer nebensächlichen Frage. Der König forderte Grey auf, eine Regierung zu bilden, die bereit war, parlamentarische Reformen vorzunehmen. Eine neue Zeit dämmerte in der britischen Politik herauf.

Die englische Öffentlichkeit beschäftigte in diesem Sommer nicht nur das Ende der Tory-Herrschaft, sondern auch die Reform des Bauerntums. Im Jahr 1828 hatte William Cobbett, der radikale Vorkämpfer eines freien Bauerntums, seine »Rural Rides – Ländliche Fahrten« vollendet. Cobbett erkannte als einer der ersten, wie mächtig die Städte sich über das Land ausbreiteten und wie zerstörend sie in das Leben der freien Bauern und ihrer Arbeiter eingriffen. Er hielt es für ein alarmierendes Vorzeichen, daß hungernde Feldarbeiter sich in den südlichen Grafschaften erhoben, um zwei Schilling und sechs Pence Tageslohn zu erhalten, und für diese Forderung bestraft wurden. Die Kluft zwischen den Klassen vergrößerte sich auch auf dem Land.

Im Jahr 1830 starb auch König Georg IV., der seit 1820 geherrscht und zuvor neun Jahre für seinen geisteskranken Vater die Regentschaft geführt hatte. Sein Bruder Wilhelm IV. folgte ihm auf den Thron. Gleich Louis Philippe in Frankreich hatte er eine volkstümliche Art im Umgang mit seinen Untertanen. Nur wenige Leute bedauerten den Tod Georgs IV. Er war ein Lügner, ein Geck und ein selbstsüchtiger Genießer, dessen Ausbrüche von Grobheit mehr im Gedächtnis haften blieben als sein gelegentlicher Charme. Doch zeigte er einen künstlerischen Sinn für Architektur. Schon früh – noch als Prince of Wales – hatte Georg IV. das Genie des Baumeisters und Städteplaners John Nash erkannt, der mit seinem Sinn für freie Grundrißgestaltung und asymmetrische Fassaden seit Beginn des Jahrhunderts Berühmtheit besaß. Unter seiner Planung entstanden Regent's Park und Regent's Street in London, die die damals größten und bahnbrechendsten städtebaulichen Projekte Europas waren. Aber schon während der letzten Jahre des Königs wurde die feine Verbindung von Heiterkeit und Klassizismus, die den Regent's-Stil auszeichnet, durch grobe und unmotivierte Verzierung entfremdet.

Der Übergang zu bourgeoisen Gewohnheiten war in London so deutlich sichtbar geworden wie in Paris oder in Wien. 1829 führte George Shillibeer den von Pferden gezogenen Omnibus auf den Straßen Londons ein, der bereits zum Straßenbild von Paris gehörte. Für einen Sixpence konnte jeder von der Bank von England bis zum Regent's Park in einer Kutsche fahren, deren Seitenwände reiche Verzierungen schmückten. Zu dieser Zeit begann in Lancashire eine große verkehrstechnische Revolution, die in wenigen Jahrzehnten das Gesicht des englischen Landlebens veränderte und soziale Umwälzungen beschleunigend vorantrieb.

Auf dem europäischen Festland vollzog sich die Entwicklung von Wirtschaft und Industrie langsamer. Darum forderte Friedrich List zunächst ein einheitliches Zollgebiet: »Vernünftige Freiheit ist die Bedingung aller physischen und geistigen Entwicklung des Menschen. Wie der menschliche Geist niedergehalten wird durch Bande des Gedankenverkehrs, so wird der Wohlstand der Völker gebeugt durch Fesseln, welche der Produktion und dem Verkehr materieller Güter angelegt werden... Achtunddreißig Zoll- und Mautlinien in Deutschland lähmen den Verkehr im Innern und bringen ungefähr dieselbe Wirkung hervor, wie wenn jedes Glied des menschlichen Körpers unterbunden wird, damit das Blut ja nicht in ein anderes überfließe. Um von Hamburg nach Österreich, von Berlin in die Schweiz zu handeln, hat man zehn Staaten zu durchschreiten, zehn Zollordnungen zu studieren...«

Bauten der Regent Street in London nach Plänen von John Nash

Revolutionierung des Verkehrswesens

1830

Alte und neue Verkehrsmittel in England: Postkutschen und Eisenbahnen. Lithographien von Henry Alken

Die ersten Eisenbahnzüge 1. und 2. Klasse auf der Strecke zwischen Liverpool und Manchester. Zeitgenössische Zeichnung

Die feierliche Eröffnung der Eisenbahnstrecke zwischen Liverpool und Manchester am Mittwoch, dem 15. September 1830, war der Höhepunkt einer achtjährigen Zeit beharrlichen Planens und Bauens. Die gewagten Konstruktionen stellten eine Leistung dar, die grundlegend die Entwicklung der allgemeinen Wirtschaft förderte. Der Herzog von Wellington, der Premierminister Seiner Majestät, hatte sich bereit erklärt, den Feierlichkeiten zur Eröffnung vorzustehen, die in der Presse als ein »großes nationales Fest« angekündigt wurden. Denn die erste englische Eisenbahnlinie verband zwei dicht besiedelte Städte. Die Eisenbahngesellschaft, die sie baute, erhielt 1828 eine Anleihe von hunderttausend Pfund von der öffentlichen Hand, um die Fertigstellung zu beschleunigen.

Das Wetter am Morgen dieses Tages war schön. Dank der geschickten Publizität versammelten sich große Menschenmengen an beiden Endstationen und entlang der Bahnstrecke. Henry Booth, der Schatzmeister der Gesellschaft, hatte eine ausgezeichnete illustrierte Darstellung des Projektes herausgegeben. Auch hatten die Direktoren mit ihren Familien und ihren Freunden die Strecke bereits befahren. Dem ersten Zug, »Northumbrian«, folgten sieben weitere; sie wurden von den Lokomotiven »Phoenix«, »North Star«, »Rocket«, »Dart«, »Comet« und »Meteor« gezogen.

An der Station Crown Street in Liverpool herrschte ein festliches Getriebe, als die Passagiere die Wagen bestiegen. In den ersten saßen nicht nur Würdenträger wie der Herzog, sondern auch Musiker. Etwa um 10 Uhr 40 begannen die Wagen durch ihr eigenes Schwergewicht durch den Tunnel zu rollen, der Liverpool und Edgehill verband. Hier wurden die Lokomotiven angekoppelt, und die Züge fuhren ab. Die Passagiere waren von den Arbeiten am Tunnel und an der Streckenführung durch Felsen und gefährlichen Schiefer tief beeindruckt. Die Eisenbahnüberführung über den Sankey und den parallel laufenden Sankey-Kanal, wo eine große Tribüne für etwa tausend Zuschauer errichtet worden war, erregte die besondere Aufmerksamkeit des Herzogs. Worte wie »großartig« und »überwältigend« hörte man immer wieder aus seinem Munde. Die Züge erreichten eine Geschwindigkeit von rund dreißig Kilometern pro Stunde und kamen bald in

George Stephenson. Detail eines Gemäldes von Henry William Pickersgill

Parkside an, das vierundzwanzig Kilometer von Liverpool entfernt liegt.

Zu diesem Zeitpunkt ereignete sich ein tragischer Unfall. Die Züge hielten an, um, wie vorgesehen, Wasser aufzunehmen. Trotz der zahlreichen Schilder, die die Passagiere baten, nicht auszusteigen, verließen viele ihre Plätze. Unter ihnen befand sich einer der beiden Parlamentsabgeordneten für Liverpool, die kurz nach der Berufung des Kabinetts Wellington im Jahre 1828 zurückgetreten waren, William Huskisson, ein liberaler Tory, der sich vom Herzog zurückgezogen hatte. Huskisson hatte gerade eine Operation hinter sich und litt ferner an der Lähmung eines Beines. Der Herzog, der klugerweise seinen Salonwagen nicht verlassen hatte, schüttelte mit einer Geste der Versöhnung Huskissons Hand. Plötzlich hörte man, wie sich die »Rocket«, die vierte der Lokomotiven auf der Fahrt nach Parkside, auf dem Nebengleis näherte. Der Herzog rief: »Huskisson, gehen Sie sofort auf Ihren Platz zurück, begeben Sie sich um Gottes willen zu Ihrem Wagen!« Aber Huskisson hielt die Tür für andere Passagiere auf, die herbeieilten, um in den Zug zurückzusteigen, und es gelang ihm nicht, vor der heraneilenden »Rocket« rechtzeitig in den Zug zu kommen. Er wurde entweder von der Lokomotive oder dem ersten Wagen erfaßt, stolperte und fiel schreiend auf die Gleise direkt vor den zweiten Wagen.

Graf Wilton eilte herbei und legte eine Aderpresse aus seinem Taschentuch an. Aber Huskisson schien zu wissen, daß seine Wunden tödlich waren, und verlangte nach seiner Frau. George Stephenson, der die »Rocket« konstruiert hatte, griff ein. Zwei Wagen wurden von der »Northumbrian« abgekoppelt; die übrigen dienten einer improvisierten Ambulanz. Der sterbende Politiker wurde so schnell wie möglich nach Eccles Bridge gefahren. Zwei zufällig anwesende Ärzte begleiteten ihn, und George Stephenson steuerte die Lokomotive persönlich. Huskisson wurde in das Pfarrhaus seines Freundes George Blackburne in Eccles gebracht, während George Stephenson mit der unfaßlichen Geschwindigkeit von fünfundvierzig Kilometern pro Stunde nach Manchester zurückkehrte, um vier weitere Ärzte nach Eccles zu holen. Trotz der Bemühungen starb Huskisson am gleichen Abend um 9 Uhr.

Der furchtbare Unfall hatte die gute Stimmung des Morgens vertrieben. Der Herzog wollte der Reise nach Manchester nicht weiter beiwohnen. Aber die Honoratioren aus Manchester und aus Salford drangen darauf, mit den Feierlichkeiten fortzufahren, denn sie befürchteten, daß die riesigen Menschenmengen, die sich an der Endhaltestelle Ordsall Lane in Manchester versammelt hatten, vor Enttäuschung randalieren könnten, besonders, da die Regierung des Herzogs nicht beliebt war. Darum stimmte Wellington der Weiterfahrt zu. Gelegentlich hörte man Rufe nach einer Parlamentsreform, Proteste gegen die Getreidezollgesetze und allgemeine Mißfallensäußerungen wie Zischen und Pfeifen. Die Gegenstimmen schienen hauptsächlich aus den unteren Schichten der Bevölkerung zu stammen. Auch das schöne Wetter in Liverpool war umgeschlagen und beeinträchtigte die

Jungfernfahrt des Zuges mit der Lokomotive »Rocket« von Liverpool nach Manchester. Zeitgenössischer Stich

frohe Stimmung des Morgens: Kalte Winde, Platzregen und Donner begrüßten die Lokomotiven in Manchester.

Der Herzog nahm Jubel und Schmährufe in seiner zurückhaltenden Art entgegen. Bei der Ankunft in Manchester blieben er und die wichtigsten Gäste in ihrem Wagen, während die übrige Reisegesellschaft an einem kalten Buffet im oberen Stockwerk des Lagerhauses der Eisenbahn teilnahm. Der Herzog isolierte sich jedoch nicht von dem Volk. Er übernahm das ermüdende Amt, mehr als ein und eine halbe Stunde lang Tausenden von Menschen über das Geländer des Wagens hin die Hände zu schütteln. Viele Frauen brachten ihre Kinder zu ihm, hoben sie zu ihm hinauf, damit er sie segne, was er auch tat. Während der ganzen Zeit hatte er kaum eine Ruhepause. Um 4 Uhr 30 am Nachmittag begann der Zug des Herzogs, nachdem ein Polizeioffizier gewarnt hatte, daß eine Kontrolle über die Massen nicht mehr gewährleistet sei, weiterzufahren. Die letzte Lokomotive erreichte Liverpool um 11 Uhr des Nachts. Die Reisenden entdeckten, daß die glänzenden Feste, die für den Abend und den folgenden Tag geplant waren, abgesagt oder sehr eingeschränkt worden waren. Politisch und gesellschaftlich war es ein unbefriedigender Tag. Vom Standpunkt des technischen Fortschritts aber bedeutete der Tag einen Wendepunkt.

Spurenbahnen auf hölzernen oder gußeisernen Schienen gab es für innerbetriebliche Zwecke bereits seit dem 16. Jahrhundert. So wurden schon seit etwa 1535 solche Gefährte in Deutschland im Bergbau verwendet. Auch überirdisch trugen primitive, vierrädrige Pferdewagen über kurze Strecken Kohle von den Bergwerken zu den Flüssen oder den Hauptstraßen zum Weitertransport. Zu Ende des 17. Jahrhunderts war die Konstruktion dieser Wagengleise bereits eine Aufgabe, die beträchtliches Kapital und technisches Geschick erforderte. Die ersten Schienen bestanden aus Hartholz. Mit Beginn des 18. Jahrhunderts wurde für Weichen und Schienenkreuzungen Gußeisen verwandt, da das Eisen die größere Haltbarkeit aufwies. In den Jahren 1767 und 1768, einer Zeit, da die Eisenpreise niedrig lagen, legte die »Coalbrookdale Iron Company« in Shropshire ein Wagennetz aus, für das nur gußeiserne Schienen benutzt wurden. Danach kamen hölzerne Schienen außer Gebrauch.

In den achtziger Jahren des 18. Jahrhunderts war die Dampfmaschine weit genug entwickelt, um die Konstruktion von Dampflokomotiven zu ermöglichen. Thomas Newcomen aus Dartmouth hatte die erste kommerziell nutzbare, stationäre Dampfmaschine zwischen 1705 und 1712 entwickelt. In den sechziger Jahren des 18. Jahrhunderts waren Hunderte von Newcomen-Maschinen zum Auspumpen von Wasser aus Kohlenbergwerken eingesetzt. 1769 patentierte James Watt seine berühmte Erfindung für getrennte Kondensatoren, eine Vorrichtung, die den Verbrauch des Brennmaterials in der Newcomen-Maschine wesentlich reduzierte. Watts zweites Patent, das er im Jahr 1781 anmeldete, ermöglichte es, eine verbesserte Dampf-Pumpmaschine für die Erzeugung von Drehbewegungen einzusetzen. Der Franzose Nicolas J. Cagnot baute unabhängig von Watt im Jahr 1769 einen kleinen dampfbetriebenen Wagen, entdeckte aber, daß die Betriebsenergie nicht ausreiche und daß er gefährlich war.

Schon 1784 hatte William Murdock, der begabte Vorarbeiter in den »Matthew Boulton and James Watt's Soho Engineering Works«, ein kleines Arbeitsmodell einer Straßenlokomotive entwickelt. Aber Watt ermutigte Murdock nicht zu weiteren Experimenten. Erst Richard Trevithick baute eine Hochdruck-Lokomotive (1801) und eine Zugmaschine für eine Eisenbahn (1804). Die Zeit begünstigte solche Erfindungen, denn in einem Bergwerk bildeten Pferde und ihr Futter einen beträchtlichen Teil der Betriebskosten. Während der napoleonischen Kriege und besonders seit 1808 stiegen die Preise für Pferde erheblich, weil die britische Kavallerie in Spanien einen hohen Bedarf hatte. Es ist daher nicht erstaunlich, daß die Bergbauunternehmer sich auf dampfbetriebene Maschinen umstellten.

George Stephenson konstruierte 1814 seine erste Lokomotive. Seine Maschine fuhr erstmals auf Kantenschienen und nicht, wie bisher, auf geflanschten Schienen. Bei Stephenson erhielt das Rad eine vorspringende Kante oder einen Flansch, um es auf einem einfachen Schienenstrang in der Spur zu halten. Bisher verfügten die Schienen über eine erhöhte Kante, und die Räder waren glatt. Die Waggonstrecken mußten technisch verbessert werden, da sie jetzt höheren Belastungen ausgesetzt waren als zu Zeiten der Pferdebahn. Zwischen 1815 und 1819 konzentrierte sich Stephenson auf die Verbesserung der Befestigung und der Verbindung von Schienen und die Struktur der Maschinenräder. Birkinshaws Patent aus dem Jahr 1820 ermöglichte es, Schmiedeeisen so vollkommen zu walzen, daß es statt des spröden Gußeisens verwandt werden konnte, was ebenfalls zum Erfolg der freibeweglichen Eisenbahn beitrug.

1825 erlebte Stephenson seinen großen Triumph mit der Eröffnung der ersten öffentlichen Dampfeisenbahnlinie zwischen Stockton und Darlington. Sie blieb bis 1833 nur dem Gütertransport vorbehalten. Obwohl Stephenson auch am Bau der Linie von Bolton nach Leigh, die 1829 eröffnet wurde, sowie an der Canterbury- und Whitestable-Linie, die seit 1830 betrieben wurde, mitarbeitete, erinnert man sich seiner nur wegen seines Beitrages zur Eisenbahnlinie von Liverpool nach Manchester. Dieses Projekt war schon 1822 diskutiert worden, seit die schnell wachsende Baumwollindustrie immer mehr Bedeutung gewann.

Die industrielle Revolution war in vollem Gang; die Produktion von Gütern und Dienstleistungen auf beinahe allen Gebieten stieg schnell an. Das bestehende Verkehrsnetz von Flüssen, Kanälen und Straßen mußte durch schnellere und sparsamere Transportmethoden ergänzt werden. Der Warenumschlag zwischen Liverpool und Manchester, der hauptsächlich aus ungesponnener Baumwolle und fertigen Baumwollartikeln bestand, umfaßte in den zwanziger Jahren des 19. Jahrhunderts pro Woche etwa tausend Tonnen und erhöhte sich in wenigen Jahren auf rund tausenddreihundert Tonnen. Der größte Teil mußte zu Wasser befördert werden, entweder auf den Flüssen Mersey und Irwell oder auf dem Kanalsystem, das unter der Treuhänderschaft des Herzogs von Bridgewater stand. Keines der beiden Systeme konnte weder die Fahrzeit für den Warenverkehr zwischen Liverpool und Manchester verringern, noch waren sie schließlich der ständig ansteigenden Warenmenge gewachsen. Darum schien eine Eisenbahn sich als Lösung der Probleme anzubieten.

Die Befürworter der Eisenbahn argumentierten außerdem, daß Kaufleute und Fabrikanten dann Fahrten zwischen beiden Städten unternehmen konnten, um ihren Geschäften ohne Hast nachzugehen und am frühen Abend wieder zu ihren Familien heimzukehren. Die Postkutsche brauchte wesentlich längere Zeit für die Strecke. Eine Dis-

»The Rocket«, eine der ersten Lokomotiven auf der Strecke zwischen Liverpool und Manchester. Konstruktion von 1830

Eisenbahnbrücke über dem Bridgewater-Kanal auf der Strecke von Liverpool nach Manchester

James Watt. Zeitgenössischer Stich.
Isambard Kingdom Brunel. Gemälde von John Callcott Horsley, 1857
William Huskisson. Zeitgenössischer Stich.
Georg Bradshaw. Gemälde von Richard Evans, 1841

kussion um den Personenverkehr spielte zunächst in den Debatten keine Rolle.

Kaufmänner, Bankfachleute und Wissenschaftler aus Liverpool stützten die Maßnahme des Parlamentes: Nach vierjährigem Planen und Ringen sowie nach manchen Enttäuschungen wurde im Jahr 1826 die »Liverpool and Manchester Railroad Company« gegründet. Zu dieser Zeit umfaßte die Gruppe der Förderer, die »Liverpool Party«, eine ansehnliche Minderheit in Manchester. Die Gruppe hatte feste Verbindungen zu den Geschäftsleuten unter den Quäkern, die die Eisenbahn zwischen Stockton und Darlington finanziert hatten. Es galt auch, viele technische Schwierigkeiten zu überwinden. Die Linie mußte über den gefährlichen Chat Moss bei Manchester geführt werden, was zusätzliche Kosten von dreißigtausend Pfund verursachte. Bei Liverpool waren kostspielige Ausschachtungen und Tunnel erforderlich. George Stephenson machte in einigen seiner Pläne schwere Fehler. 1828/29 fehlte noch immer eine Entscheidung darüber, ob die Linie von Lokomotiven oder von einer Reihe stationärer Dampfmaschinen, die die Züge mit einem Seil über kurze Entfernungen zogen, betrieben werden sollten. Stephenson bestand auf Lokomotiven. Um den Streit zu entscheiden, entschlossen sich die Direktoren zur Abhaltung der berühmten »Rainhill Trials« im Oktober 1829. Die Stärke und die Zuverlässigkeit von Stephensons »Rocket« bei diesen Untersuchungen entschieden die Frage eindeutig. Wie Stephenson vorausgesagt hatte, hielt die Lokomotive den höchsten Ansprüchen auf erhöhte Kraft und Geschwindigkeit stand. Die Eisenbahnen konnten nun nicht mehr allein als Verbindungslinien zwischen Flüssen, Kanälen und Straßen gelten, sondern auch als Sieger über die bisher schnellste Reisemöglichkeit, die Postkutsche.

Offizielle französische, preußische, österreichische und russische Beobachter, die im Auftrag ihrer Regierungen das außerordentliche Ansteigen des industriellen und technischen Umschwungs studierten, der sich in England nach den napoleonischen Kriegen vollzogen hatte, verfolgten den Bau der ersten englischen Eisenbahnen mit Interesse.

Bereits 1834 entwickelte der Nationalökonom und Politiker Friedrich List den genialen Plan eines gesamtdeutschen Eisenbahnnetzes in einem Aufruf für den Bau einer Bahn zwischen Leipzig und Dresden:

»Die Erfahrung anderer Nationen lehrt, daß ein gelungenes Unternehmen dieser Art eine Menge anderer ins Leben ruft; es wird dies hier um so mehr der Fall sein, als über hunderttausend Fremde im Jahre die Vorteile unseres Unternehmens in Augenschein nehmen werden und Leipzig im Herzen von Deutschland gelegen ist. Unsere Gewerbestädte im Erzgebirge werden sich uns anschließen. Hamburg, Berlin, Magdeburg, Frankfurt und Nürnberg werden sich mit uns in Verbindung setzen. Die dadurch entstehende Vermehrung des Handels und der Industrie, die größere Zufuhr an Materialien und Produkten, das größere Zusammenströmen von Waren und Menschen auf unseren Messen wird auf alle Geschäfte wohltätig wirken; unsere Industrie, unser Einkommen und unsere Bevölkerung wird sich in kurzer Zeit verdoppeln, aus demselben Grunde, weshalb die Zahl der Einwohner von Elberfeld in fünfzehn Jahren auf das Doppelte gestiegen ist...

Ganz Sachsen wird teilnehmen an dem Aufschwung der Industrie. Es wird die Riesen wecken, die jetzt in seinen Bergen schlafen, und sie zu seinem Dienst verwenden. Durch seine mineralischen Schätze wie durch seinen Gewerbefleiß berufen, in dieser großen Nationalangelegenheit das Panier zu tragen, wird es seine Bestimmung erfül-

Eisenbahntunnel aus dem Jahr 1831. Zeitgenössischer Stich

len, wenn jeder nur nach Kräften tut, was sein eigenes, wohlverstandenes Interesse erfordert.«

Der Fortschritt in der Eisenbahnkonstruktion erweckte auch in den Vereinigten Staaten lebhaftes Interesse, die sich mehr noch als die Europäer mit den Problemen riesiger Entfernungen auseinandersetzen mußten. Schon im Jahr 1840 bauten die Vereinigten Staaten nicht nur Eisenbahnstrecken, sondern sogar einige Lokomotiven selbst. 1837 wurde Birmingham der Eisenbahn von Liverpool und Manchester angeschlossen. Ein Jahr später schuf die Eröffnung der Strecke von London nach Birmingham die erste Hauptlinie in England.

In den vierziger Jahren des 19. Jahrhunderts weitete sich das Netz schnell aus. Zehn Jahre später erfaßte der Drang nach nationalen Eisenbahnen ganz Europa, nachdem schon 1835 die erste Bahn auf dem Kontinent zwischen Brüssel und Mecheln eröffnet worden war. Die erste deutsche Eisenbahn verkehrte seit demselben Jahr auf der Strecke von Nürnberg nach Fürth. Sie wurde von der von Stephenson konstruierten Lokomotive »Adler« gezogen. Drei Jahre später wurde der Eisenbahnverkehr zwischen Berlin und Potsdam eröffnet. Mit den Eisenbahnstrecken wurde der neue elektrische Telegraf eingeführt, der die Städte mit den Provinzen verband. Der Staat machte sich beides zunächst hauptsächlich für sein Militärwesen zunutze. Im Krimkrieg (1853–56) trat der erste Militärzug in Balaklava in Aktion. Der Bau eines strategischen Bahnnetzes setzte sich auch in Indien nach dem Aufstand von 1857 durch. Eisenbahnen förderten die Einigung Italiens entscheidend, denn 1859 reisten die Truppen von Napoleon III. auf dem Schienenweg von Frankreich nach Nord-Italien, um die Österreicher bei Magenta und Solferino zu besiegen.

Der Bürgerkrieg in den Vereinigten Staaten sah den ersten Großeinsatz der Eisenbahn für militärische Operationen. 1864, als General Sherman seinen Marsch durch Georgia unternahm, spaltete er die Süd-Staaten in wirksamer Weise durch die systematische Zerstörung von Eisenbahnstrecken und von rollendem Material. Während des Bürgerkrieges begann der Bau der ersten durchgehenden Eisenbahn vom Atlantik zum Pazifik. Die »Union Pacific Railroad Company« dehnte ihre Linie von New York nach Omaha weiter nach Westen aus, während die »Central Pacific Railroad Company« gleichzeitig ihre Strecke von Sacramento aus nach Osten weiterführte. Sie trafen sich am 10. Mai 1869 in Pormontory in Utah. Der erste durchgehende Zug von Sacramento erreichte New York am 29. Juli 1869 nach einer sechs und einen halben Tag währenden Fahrt. In den ersten siebziger Jahren des 19. Jahrhunderts wurden Bahnstrecken mit einer Geschwindigkeit von zehntausend Meilen pro Jahr gebaut.

Die Erschließung weiter Gebiete Argentiniens und

Eisenbahn. Gemälde von Joseph Mallord William Turner

Der Bahnhof von Paddington. Gemälde von William Frith, 1863

Uruguays durch Eisenbahnen, deren Bau hauptsächlich mit britischem Kapital finanziert wurde, brachte Fleisch und Weizen der Pampas und der Prärien zu den Häfen am Atlantik, um nach Europa verschifft zu werden. Ebenso günstig erwies sich das neue Verkehrsmittel für Australien, für Neuseeland und für Süd-Afrika. Es wurde allgemein zu einer unentbehrlichen Voraussetzung für die wirtschaftliche Entwicklung. Neue Konstruktionen machten die Lokomotiven größer und stärker. Die verbesserten Herstellungsmethoden für Stahl vervollkommneten die Eisenschienen und machten die Fahrt glatter und sicherer.

In den neunziger Jahren des 19. Jahrhunderts wurde Europa von einem komplexen und leistungsfähigen Eisenbahnnetz überzogen. Auf den Linien, die nach Hamburg, nach Bremen, nach Göteborg, nach Rotterdam, nach Liverpool und nach Le Havre führten, begannen die Menschen Europas ihren Weg in die Neue Welt. Russische Juden flohen vor den antisemitischen Pogromen mit der Eisenbahn. Sogar das rückständige Rußland war um 1900 mit einem verhältnismäßig umfangreichen Eisenbahnnetz versehen. Die Konstruktion der Transsibirischen Eisenbahn nach Wladiwostok, die das europäische Rußland mit seinen asiatischen Gebieten verband, wurde 1891 begonnen und 1904 während des Russisch-Japanischen Krieges beendet.

In der Zeit Eduards VII. erreichte das Eisenbahnzeitalter in England seinen Höhepunkt, da die Eisenbahnen als Transportmittel zu Land vorherrschten. Obwohl der von Benzin angetriebene Verbrennungsmotor nach 1906 die Konstruktion schnellerer, nicht schienengebundener Fahrzeuge ermöglichte, blieben sie vor 1914 für den Transport von Frachtgut und Passagieren auf den Straßen ohne nennenswerte Bedeutung.

Der Erste Weltkrieg förderte dann den Aufstieg von Personen- und Lastwagen. Denn die Anwendung von mit Benzinmotoren getriebenen Fahrzeugen bei militärischen Operationen ebnete den Weg für eine schnelle Expansion des Straßenverkehrs auf Kosten des Eisenbahnwesens in den zwanziger und dreißiger Jahren des 20. Jahrhunderts. Das Eisenbahnzeitalter, das knapp ein Jahrhundert währte, näherte sich seinem Ende. Zu dieser Zeit hatten sich Wirtschaft und Bevölkerung in einem nie gekannten Maß entwickelt.

W. H. CHALONER

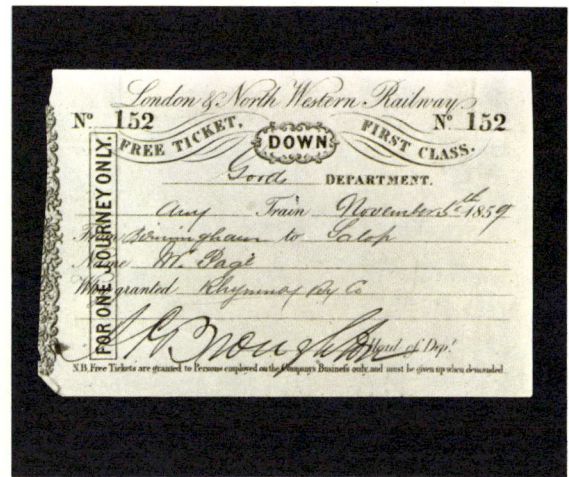

Fahrkarten verschiedener Eisenbahngesellschaften. 2. Drittel des 19. Jahrhunderts

Eisenbahnabteil der Viktorianischen Zeit. Gemälde von William Maw Egley, 1859

Reformen in England. Europas Weg in die Revolution

Die Eröffnung der Eisenbahn von Liverpool nach Manchester bedeutete mehr als eine Umwälzung in Transport und Verkehr, denn sie fiel mit dem Beginn einer Zeit staatlicher Reformen in England zusammen. Die Fahrgäste auf Stephensons neuer Eisenbahn begegneten auf ihrer Fahrt einem politischen Anachronismus jenes Zeitalters. An der Strecke zwischen Liverpool und Manchester lag Newton. Das Dorf Newton zählte nur wenige Einwohner, aber sie waren im politischen Leben besonders bevorzugt. Sie lebten in einer Enklave des ländlichen Lancashire, die bisher von den neuen Fabriken unberührt geblieben war. Ihnen standen zwei Sitze im Unterhaus zu. Dagegen besaß Manchester mit seiner Viertelmillion Einwohner kein einziges Mandat. Auch die anderen großen Industriezentren, Sheffield, Leeds und Birmingham, waren nicht in Westminster vertreten. Auch die drei bedeutenden Industriezentren Sheffield, Leeds und Birmingham waren nicht besser gestellt. Solche Ungerechtigkeiten ließen sich nicht länger aufrechterhalten, wenn in England die Unruhen vermieden werden sollten, die auf dem Kontinent

Brand von Bristol während der Unruhen Anfang der dreißiger Jahre des 19. Jahrhunderts

Charles Grey

jede ernsthafte Veränderung begleiteten.

Parlamentsreform

1831 und 1832 sah es aus, als ob das Volk in den größeren Städten Englands zum Aufstand bereit war. Die Regierung der Whigs unter Grey hatte sich entschlossen, das Wahlsystem zu reformieren und die Sitze im Parlament neu zu verteilen. Sie wollte erreichen, daß die Bevölkerung gleichmäßig – die Industriebezirke ebenso wie die schwach besiedelten Gebiete – vertreten war, darum sollten die Wahlkreise entsprechend der Einwohnerzahl angeordnet werden. Aber die radikalen politischen »Unionen«, die in Birmingham und in anderen Städten der Midlands entstanden waren, forderten mehr: Was sie wollten, war gleichzeitig eine großzügige Erweiterung des Wahlrechtes. Das von den Tories beherrschte Oberhaus lehnte jedoch das ganze Reformprogramm von Grey ab. Aufstände in Derby, in Nottingham und in Bristol waren die Folge.

Im Juni 1832 gelang es Grey und seinem Kabinett schließlich, ein abgeändertes parlamentarisches Reformgesetz durch das Oberhaus zu bringen. Aber die Änderungen standen weit hinter den Forderungen der Radikalen zurück. Das Wahlrecht war immer noch auf Steuerzahler mit einem gewissen Einkommen beschränkt, von denen die meisten Grundbesitzer waren. So war das reformierte Unterhaus, das 1833 zusammentrat, tatsächlich nur von einem Sechstel der erwachsenen Bevölkerung gewählt worden. Die Radikalen beklagten sich, das Gesetz habe lediglich die politische Macht von der alten Landaristokratie auf die neuen Oligarchen der Industrie und des Handels übertragen. Die Unruhe der Arbeiterklasse dauerte an. Nur die wahlberechtigten Klassen schienen es zufrieden zu sein, daß sie sich im Unterhaus vertreten sahen.

In dem Kabinett Grey und seit 1834/35 in dem von William Lamb, dem Viscount Melbourne, kamen die politischen Ideale der Whigs ein letztesmal deutlich zum Ausdruck. Freilich bestanden die beschränkten Vorurteile gegen Reformen, die ein wesentlicher Zug der Whigregierung waren, noch bis in die Mitte der sechziger Jahre fort. Allein der Glaube der Whigs an eine geordnete Freiheit, die man schon immer gewünscht hatte, erlaubte ihnen ein gewisses Maß an Reformen. So war ihre große Kampagne für die Freiheit der Sklaven erfolgreich, für die sie seit den Tagen William Pitts und Charles James Fox' mit Entschiedenheit eintraten. Im Jahr 1833 wurden durch Gesetz sämtliche Sklaven innerhalb des britischen Herrschaftsbereiches befreit.

Andere Einflüsse der Zeit verwandelten die Partei der Whigs langsam in die der Liberalen des Viktorianischen Englands. Jeremy Bentham, der 1832 in seinem 85. Lebensjahr starb, galt als der Patriarch der philosophischen Radikalen, der politischen Intellektuellen, die seit zwei Generationen versuchten, die Jahrhunderte alten Mängel im sozialen und wirtschaftlichen Leben des Volkes zu beheben. Diese Anhänger des Utilitarismus, jener Richtung in der Sozialethik, die dem materiellen Wohl der Menschen höchsten Wert beimißt, hatten die unfähigen Verwaltungen in kleineren und größeren Städten durch den »Municipal Corporation Act 1835« umgebildet. Sie waren es auch, die ernsthafte Angriffe gegen die seit Jahrhunderten als sakrosankt angesehene Kirche von England führten.

Die Utilitarier vermochten nicht alle Übel der Gesellschaft zu erkennen. Wohl forderten sie für Kinder, die in Fabriken arbeiteten, staatlichen Schutz, aber es fehlte ihnen an Gefühlswärme, und ihr Glaube an die Vorzüge schwerer Arbeit war so stark, daß sie die Härten, die die industrielle Entwicklung erwachsenen Arbeitern auferlegte, nicht sahen. Lord Anthony Shaftesbury, der zu dieser Zeit seinen zwanzigjährigen Feldzug zur Verbesserung der Zustände in den Fabriken begann, gewann mehr Unterstützung von den Whigs als Melbourne und Palmerston und der Parteigänger Benthams, Edwin Chadwick. Das charakteristischste Gesetz, das die

Jeremy Bentham

Benthamisten errichteten, war der »Poor Law Amendment Act 1834«. Durch dieses Gesetz wurde die öffentliche Unterstützung für Bedürftige durch die Einrichtung von Arbeitshäusern systematisch vereinheitlicht. Die hilfreich gedachten Häuser aber wurden bald zu wenig einladenden Orten heilsamen Zwanges und zu Schandflecken in den Städten, wie sie Dickens mit machtvoller Feder anprangern sollte.

Die Whigs trauten den Demokraten nicht weniger als den Despoten und betrachteten die Bewegungen, die im Volke Unruhe stifteten, mit Mißtrauen. Nur zehn Monate lang unterstützte 1834 eine Handelsvereinigung mit einer halben Million Mitglieder die Rechte der Arbeiter. Noch im selben Jahr wurden sechs Landarbeiter in Tolpuddle in Dorset wegen ihrer Mitarbeit in einer Gewerkschaft zu schweren Strafen verurteilt. Die Arbeiterklasse suchte bald andere Lösungen für ihre Probleme. So drängte 1838 bis 1842 die erste sozialistische Volksbewegung Englands, die der Chartisten, auf jährliche Parlamentswahl und forderte das allgemeine, gleiche und geheime Stimmrecht für Männer. 1839 erfolgten in Birmingham und in Newport heftige Unruhen, aber die Chartisten waren zu schwach geführt und in ihren Zielen zu verworren, um eine ernsthafte Gefahr für alteingewurzelte Interessen zu werden. Seit 1842 verlor die Chartistenbewegung an Anziehungskraft durch die aufkommenden Gewerkschaften, die Trade Union. 1848 gab es noch ein Nachspiel. Durch eine Frühjahrsdemonstration, die an einem verregneten Tag endete, verfiel die Chartistenbewegung der Lächerlichkeit.

Noch ein tieferer Grund war für das Scheitern des Chartismus verantwortlich als nur äußere Mängel. Das ganze 19. Jahrhundert hindurch zeigte sich das englische Volk allgemeinen, grundsätzlichen Ideen weit weniger zugänglich als die Bevölkerung im übrigen Europa. Es schien, als ob das Interesse der Engländer nur dann ein

Problem aufzugreifen begann, wenn sich eine praktische Lösung abzeichnete. Zu keiner Zeit wurde dieses deutlicher als in den wirtschaftlich und innenpolitisch schwierigen vierziger Jahren. Nach den schlechten Ernten 1839, 1840 und 1841 beschäftigten die Lebensmittelpreise die Leute der Mittelklassen und die Arbeiter am meisten. Sie strömten zu den Versammlungen der Bewegung, die in Manchester 1839 von Richard Cobden und John Bright ins Leben gerufen worden war und sich zum Ziel gesetzt hatte, alle Steuern auf eingeführtes Getreide abzuschaffen. Die einfache Klarheit dieser Forderung verschaffte ihr die ungewöhnliche Anziehungskraft. Die beiden Führer verstanden es mit ihren Anhängern, einen derartigen Druck auszuüben, wie ihn eine demokratische Gesellschaft noch nicht erlebt hatte. Die Toryanhänger, die 1841 unter Robert Peel die Regierung bildeten, konnten sich nicht gegen die Forderungen stellen.

Hungersnot in Irland

Im Sommer 1845 vernichtete endloser Regen die englische Ernte. In Irland

Robert Peel

war das Unglück noch größer. Dort waren die Kartoffelfelder von einer Krankheit befallen, eine Katastrophe, die die irische Bevölkerung eines ihrer Hauptnahrungsmittel beraubte. Als die Hungersnot sich in Irland ausbreitete und England bedrohte, bestand Peel im Juni 1846 auf einen Widerruf der Einfuhrbesteuerung von Korn und führte einen Preisstop ein. Darauf stiegen die Getreideeinfuhren sprunghaft. Innerhalb von fünf Jahren wurde Englands Brotversorgung zu einem Viertel aus überseeischer Einfuhr gedeckt. Nur in Irland forderte die Hungersnot weiterhin ihre Opfer.

Cobden und Bright hatten einen Sieg für den freien Handel errungen. Als die Engländer erkannten, daß sie mehr Fertigwaren verkaufen konnten, wenn sie Lebensmittel und Rohmaterialien ohne Zoll einführten, wurden alle Schutzzölle aufgehoben. Darüber spalteten sich die Tories hoffnungslos. Die Anhänger Peels, von denen Gladstone der bedeutendste war, taten sich mit den Liberalen zusammen. Der zusammengeschrumpfte Rest der Tories suchte unter Benjamin Disraeli nach einer neuen geistigen Grundlage für den konservativen Gedanken. Für die Konsolidierung der Parteien wurde 1846 in noch stärkerem Maß ein Jahr der Entscheidung als 1832, das Jahr des Reformgesetzes.

Reformbestrebungen in Europa

Viele der Probleme, welche den Parlamentariern von Westminster Kopfzerbrechen bereiteten, beschäftigten auch die herrschenden Kreise im übrigen Europa. Dies traf besonders auf Frankreich zu, wo die Regierung Louis Philippes nicht den revolutionären Erwartungen vom Juli 1830 entsprach. Das neue Wahlrecht, das von der Juli-Monarchie eingeführt wurde, gewährte nur wenig mehr Freiheit als das vorhergehende. Der Kammer in Paris gehörten engstirnige, bourgeoise Männer an. Die Forderungen der Arbeiter stießen auf taube Ohren, und die Wirtschaft krankte an dem System der Schutzzölle.

Die politischen Verhältnisse in Frankreich waren während dieser Zeit äußerst unbeständig. Innerhalb von acht Jahren gab es dreizehn Ministerpräsidenten. Dennoch konzentrierte sich die Macht in den Händen eines kleinen Kreises von Männern, die von einem Ministerressort in das nächste überwechselten. Die stärkste politische Figur war François Guizot, dessen engstirniger Konservatismus das Wahlrecht fest in den Händen des Mannes mit Besitz ließ und dadurch über neunzig Prozent der männlichen Bevölkerung vom politischen Leben fernhielt.

Radikale Aufstände wie in Lyon 1831 und in Paris sowie wiederum in Lyon 1834 wurden rigoroser unterdrückt als die Aufstände in England. Die Pressegesetze vom Jahr 1835 verhinderten eine Entwicklung liberaler Verbände und Bewegungen. Auch Frankreich litt unter den schlechten Ernten der vierziger Jahre sowie einer wirtschaftlichen Rezession, die die Folge von überstürzten Investitionen war. 1847 erlitt die Hochkonjunktur im Eisenbahnbau in England und in Frankreich schwere Rückschläge. Das bedeutete den Ruin für Tausende kleiner Spekulanten. Die Ungewißheit über die zukünftige Industrieentwicklung machte so das Leben für die Unternehmer schwer, schwieriger aber noch für die Arbeiter.

In dieser Zeit hatten auch die deutschen Staaten mit Preußen und Österreich unter den wachsenden Sorgen des industriellen Kapitalismus zu lei-

John Bright

den, obwohl in diesen Ländern noch immer eine agrarische Gesellschaft vorherrschte, die mit fast feudalem Zwang die arbeitende Bevölkerung ausnützte. In Berlin, in Frankfurt und in Wien verlangten junge Demokraten die Schaffung einer Volksvertretung. In Ungarn fachte der brillante Redner und Führer der Liberalen, Lajos Kossuth, bei seinen Landsleuten eine vaterländische Begeisterung an und forderte eine von Wien unabhängige Regierung. In vier der italienischen Staaten übten ebenfalls Liberale einen starken Druck auf ihre Regierungen aus, um eine Verfassung zu erzwingen. Ganz Europa geriet gegenüber der konservativen Starrheit der autokratischen Regierungssysteme in Unruhe. Der Inbegriff für die Lebensfähigkeit der alten Ordnung war immer noch der alternde Fürst Metternich in Wien, der seit 1809 Haus-, Hof- und Staatskanzler des österreichischen Kaisers war. »Wenn sie mich hinauswerfen, wird das ganze Gebäude fallen«, äußerte er zu Beginn des Jahres 1848 mit erhabener Gleichgültigkeit gegenüber den Anzeichen des herannahenden Sturmes.

Das Jahr 1848

Während der letzten Tage des Februars 1848 brach der Sturm los. Wieder griffen zuerst die Pariser zu den Waffen des Aufruhrs. Während einer Kampagne für die Erweiterung des Wahlrechtes war als Höhepunkt ein Reformbankett in der Hauptstadt vorgesehen, das aber von den Behörden verboten wurde. Empörung machte sich breit, und plötzlich standen Barrikaden in dem Straßengewirr der Stadt. Schüsse fielen, und die Stimmung der Pariser geriet zum Sieden. Louis Philippe erinnerte sich noch, daß sein Vater, obwohl er im Revolutionskonvent auf der äußersten Linken gesessen hatte, guillotiniert worden war; darum hielt es der König für klüger, abzudanken und nach England zu fliehen. Die seit 1846 schwelende Wirtschaftskrise ließ die revolutionären Unruhen nicht enden. In schweren Kämpfen behauptete sich das Bürgertum und die parlamentarische Regierung.

Als die Nachrichten aus Paris St. Petersburg erreichten, donnerte Zar Nikolaus I. die Offiziere seiner Garde an: »Meine Herren, satteln Sie Ihre Pferde! Frankreich ist eine Republik!« Es war ein verfrühter Alarm, denn in Paris wußte niemand so recht, wie es weitergehen sollte. Da saß der Dichter Alphonse Lamartine ziemlich hilflos hinter dem alten Schreibtisch von Talleyrand im französischen Außenministerium. Im Land herrschte weder jakobinische noch bonapartische Stimmung. Es bestand jedoch Gefahr für die autokratischen Grundsätze des Zaren, darum geriet er in Wut und sandte Botschaften an seine verbündeten königlichen Vettern, um eine Front gegen alle revolutionären Bestrebungen zu bilden. Aber in Wien wurde Metternich im März durch einen Volksaufstand vertrieben. In Deutschland, in Italien und in Ungarn schlug die nationale und liberale Begeisterung hohe Wellen. Zunächst schienen die liberalen Ideen in Preußen und den deutschen Klein- und Mittelstaaten zu siegen: Friedrich Wilhelm IV. berief eine preußische Nationalversammlung und stellte sich an die Spitze der gesamten Nation; in Frankfurt arbeitete die deutsche Nationalversammlung eine Verfassung aus. Ehe das Jahr zu Ende ging, standen in zwanzig europäischen Städten Barrikaden der Revolution von Sevilla in Spanien bis Posen in Preußen.

Metternichs Urteil war richtig gewesen: Das auf dem Wiener Kongreß so hoffnungsvoll errichtete Gebäude internationaler Zusammenarbeit war, nachdem es bereits zahlreiche Erschütterungen erfahren hatte, eingestürzt. Was sollte an seine Stelle treten? Eine Konföderation europäischer Republiken, wie sie Giuseppe Mazzini in Italien erhoffte? Unabhängigkeit für die nationalen Völker Europas, wie Kossuth in Ungarn glaubte? Es gab Lösungen ohne Zahl. Eine zumindest hatte den Vorzug seltener Originalität: Der Wunschtraum eines neunundzwanzigjährigen deutschen Emigranten, der ihn in einer seiner vielen Schriften dargelegt hatte, ging damals in Paris von Hand zu Hand.

Das Kommunistische Manifest 1848

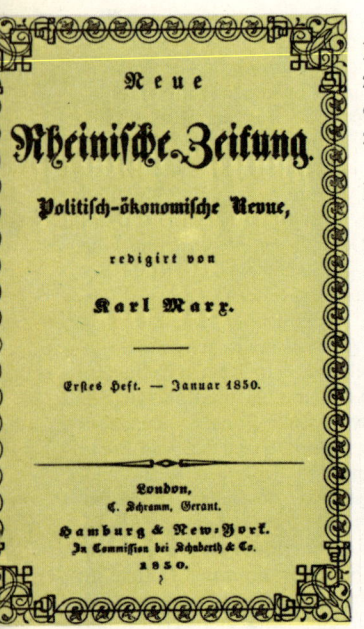

Titelblatt des ersten Heftes der »Neuen Rheinischen Zeitung«. Januar 1850

Karl Marx. Photographie, etwa 1875

»Ein Gespenst geht um in Europa – das Gespenst des Kommunismus. Alle Mächte des alten Europa haben sich zu einer heiligen Hetzjagd gegen dieses Gespenst verbündet, der Papst und der Zar, Metternich und Guizot, französische Radikale und deutsche Polizisten.«

Mit diesen Worten beginnt eine dreiundzwanzig Seiten lange, in deutscher Sprache verfaßte Schrift mit dem Titel »Manifest der Kommunistischen Partei«, die Ende Februar 1848 in London erscheint. Die Verfasser sind zwei junge Deutsche, beide sowohl politische Denker von Rang als auch leidenschaftliche Agitatoren: Karl Marx und Friedrich Engels. Der »Bund der Kommunisten« hat sie während seines letzten Kongresses an seinem Sitz zu London damit beauftragt, »vor der ganzen Welt« die Anschauungsweise, Zwecke und Tendenzen dieses Bundes darzulegen, »um dem Märchen vom Gespenst des Kommunismus ein Manifest der Partei selbst entgegenzustellen.« Genaugenommen ist der Bund nur eine von vielen der bestehenden sozialistischen Sekten. Er besteht aus Emigranten und politisch Verfolgten der verschiedensten Nationen, hauptsächlich aus dem Arbeiter- und Handwerkerstand, und wird im wesentlichen von Deutschen geleitet. Marx und Engels haben damals in der Welt der Arbeiterschaft noch kaum einen Namen.

»Bourgeois« (gleich Kapitalist), »Proletarier« und »Kommunist« sind die Hauptfiguren der zwangsläufigen historischen Entwicklung, die die Verfasser des Manifests voller Dramatik nachzeichnen und deren unwiderlegbare Gesetzmäßigkeit sie nach ihrem Grundsatz der historischen Entwicklung erklären: »Die Geschichte aller bisherigen Gesellschaft ist die Geschichte von Klassenkämpfen.« In der Gegenwart hatten sich die Klassengegensätze vereinfacht, doch der Unterschied zwischen Ausbeuterklasse und Klasse der Ausgebeuteten, zwischen Unterdrückern und Unterdrückten besteht nach wie vor. »Die ganze Gesellschaft spaltet sich mehr und mehr in zwei große feindliche Lager...: Bourgeoisie und Proletariat.«

Die Bourgeoisie hat die feudale Gesellschaft mit ihrer korporativen Ausbeutungsart in »einer Reihe von Umwälzungen in der Produktions- und Verkehrsweise« verdrängt. Die Welt verdankt der Bourgeoisie die Manufaktur und die auf höherer Stufe stehende moderne Industrie, die die Dampfmaschine ermöglichte, außerdem die Schaffung des Weltmarktes durch die unermeßliche Ausdehnung von Handel, von Schiffahrt und von Eisenbahn, während »an die Stelle des industriellen Mittelstandes die industriellen Millionäre, die Chefs ganzer industrieller Armeen, die modernen Bourgeois« treten. So hat der Bourgeois in der neueren Geschichte »eine höchst revolutionäre Rolle gespielt«, und dies in sämtlichen Lebensbereichen, eingeschlossen die der Politik und der Moral.

Doch diese Lobrede ist nur ein Grabgesang. Das Entwicklungsgesetz der Geschichte verurteilt die moderne Bourgeoisie zum Tod. Nicht genug damit, daß sich die Waffen der Technik, mit deren Hilfe die Bourgeoisie den Feudalismus zu Boden geschlagen hat, nunmehr gegen sie selbst richten – in Form einer Revolte der riesigen Produktivkräfte gegen die inzwischen zu engen Produktions- und Eigentumsverhältnisse, Ursache von Produktionskrisen, die sich zu wahren »Epidemien« auswachsen –, hat die Bourgeoisie auch »ihre eigenen Totengräber produziert«: »die modernen Arbeiter, die Proletarier«, »die diese Waffen führen werden«, mit denen die Bourgeoisie einst den Sieg errang.

Die Proletarier, deren Zahl wächst und wächst und die in immer größeren Massen auftreten, zugleich aber schlechter und schlechter entlohnt werden, sind sich ihrer wachsenden Stärke bewußt geworden. Sie haben gelernt, sich zu vereinigen, sich im Hinblick auf ihre historische Mission zu organisieren, um das Todesurteil zu vollstrecken, das das dialektische Entwicklungsgesetz über die Bourgeoisie gefällt hat. Die Proletarier sind die Klasse, die das künftige Geschick in den Händen hält, die einzige wirklich revolutionäre Klasse, denn »die Lebensbedingungen der alten Gesellschaft sind schon vernichtet in den Lebensbedingungen des Proletariats«, das eigentums-, familien- und heimatlos geworden ist. Für den Proletarier, der sich tagtäglich wie eine Ware verkaufen muß und der dem Kapital buchstäblich ausgeliefert ist, sind »die Gesetze, die Moral, die Religion ebensoviele bürgerliche Vorurteile, hinter denen sich ebensoviele bürgerliche Interessen verstecken«. »Die Proletarier haben nichts von dem Ihrigen zu sichern.« Ferner waren alle bisherigen Bewegungen die von Minderheiten, doch »die proletarische

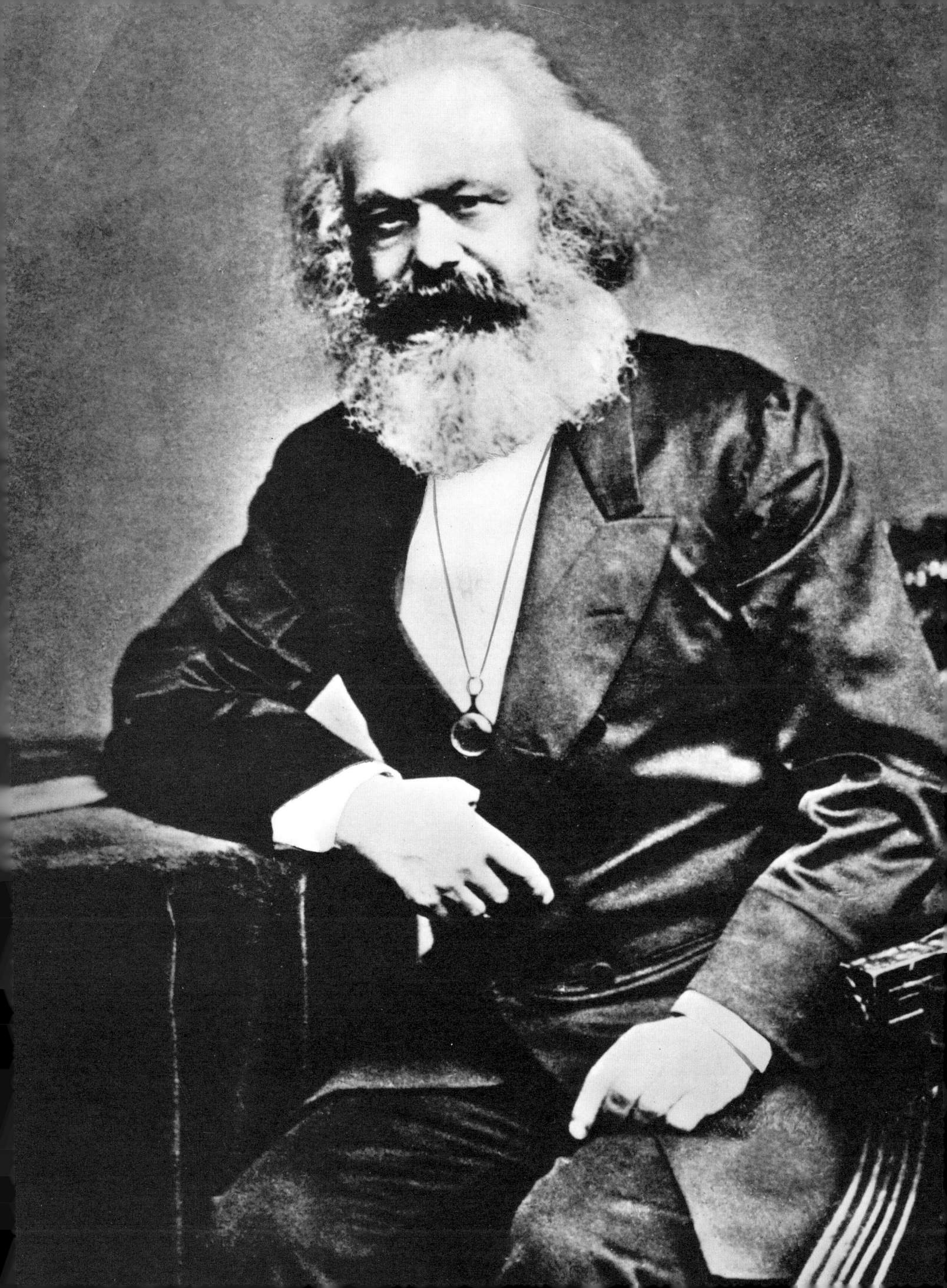

»The Red Republican« vom 9. November 1850 mit der englischen Fassung des Kommunistischen Manifestes von Karl Marx und Friedrich Engels

Bewegung ist die selbständige Bewegung der ungeheuren Mehrzahl im Interesse der ungeheuren Mehrzahl. Das Proletariat, die unterste Schicht der jetzigen Gesellschaft, kann sich nicht erheben, nicht aufrichten, ohne daß der ganze Überbau der Schichten, die die offizielle Gesellschaft bilden, in die Luft gesprengt wird.« Am Ende dieser vom Proletariat geprägten Entwicklung wird eine offene Revolution ausbrechen, durch die das Proletariat zur herrschenden Klasse wird und nach dem gewaltsamen Sturz der Bourgeoisie seine Herrschaft begründet.

Doch diese Diktatur des Proletariats gleicht keiner der bisherigen Klassenherrschaften. Sie kann nur ein Übergang sein, eine Etappe auf dem Wege zur endgültigen Aufhebung der Klassen und des Staates überhaupt, da jeder Staat nur Spiegel und Instrument der herrschenden Klasse ist. Sie entspricht nur einer vorübergehenden historischen Notwendigkeit. War alle bisherige Geschichte ein Kampf zwischen der Klasse der Unterdrücker und der Unterdrückten, so befindet sich dieser Klassenkampf nunmehr in seiner entscheidenden Phase. Die Unterdrückten werden sich jetzt von den Ausbeutern und Unterdrückern nicht befreien, »ohne zugleich und für immer die gesamte Gesellschaft von Ausbeutung, Unterdrückung und Klassenkämpfen zu befreien«.

Was ist also ein Kommunist, was sind seine Aufgaben, was ist seine Rolle? Kommunist ist, wer sich – ob Proletarier oder bürgerlicher Intellektueller – der wissenschaftlichen Wahrheit der Geschichte und damit der historischen Mission des Proletariats bewußt geworden ist. Nicht Prinzipien und Sozialreformpläne soll er aufstellen, sondern die wahren Bedingungen der bestehenden Klassenkämpfe ausdrücken sowie Weg und Ziel der proletarischen Bewegung mit wissenschaftlicher Klarheit bewußt machen. Den Proletariern der verschiedenen Nationen, die gleichfalls kampfbereit, aber zu wenig geeint sind, gibt der Kommunismus das nötige Rüstzeug. Er allein ist dazu imstande. Seine Eigenständigkeit gegenüber jeder anderen sozialistischen Sekte ist unbestreitbar.

Mit einem aggressiven Akkord klingt das Manifest aus: »Die Kommunisten ... erklären es offen, daß ihre Zwecke nur erreicht werden können durch den gewaltsamen Umsturz aller bisherigen Gesellschaftsordnung. Mögen die herrschenden Klassen vor einer kommunistischen Revolution zittern. Die Proletarier haben nichts zu verlieren als ihre Ketten. Sie haben eine Welt zu gewinnen. Proletarier aller Länder vereinigt Euch!«

Wie fügt sich diese Schrift nun in die Geschichte des Jahrhunderts und seiner Wirren ein? Warum war sein späterer Widerhall so groß? Wer waren die beiden Autoren, und worauf ist ihre Wirkung zurückzuführen? Dies gilt vor allem für Karl Marx, dessen Name einst der einer bedeutenden politischen Doktrin werden sollte.

Entstanden war der Sozialismus – und sein Ableger, der Kommunismus – im Frankreich und England der zwanziger Jahre, und zwar als geistiger und gefühlsmäßiger Protest gegen die paradoxe Tatsache des »Pauperismus, der dem Maschinismus entspringt«, wie es der Historiker E. Halévy formuliert hat. Daß Arbeiter in primitiver und instinktiver Reaktion Maschinen zerstörten, war keine Lösung. An das Phänomen des aufkommenden städtischen Proletariats in dürftiger Lebenslage, einer neuen Klasse, die doch Teil des historischen Gebildes »Nation« war, mußte man mit der Vernunft herangehen.

Die drei großen Vorläufer des Sozialismus zwischen 1820 und 1830, Gründer von Schulen oder Sekten, waren der Engländer Robert Owen sowie die Franzosen Claude-Henry de Saint-Simon und Charles Fourier. Sie wurden später als »utopische« Sozialisten bezeichnet. Der sozialen Fragen nahmen sie sich mit unermüdlicher Tatkraft an, träumten von vollkommenen Gemeinwesen ohne Ausbeutung, doch sie verniedlichten die Probleme von Staat und politischer Gewalt und setzten auf Überzeugung und nicht auf Umsturz. Im Gegensatz dazu war der französische Sozialismus, etwa Louis Auguste Blanquis, der siebenunddreißig Jahre seines Lebens in Gefängnissen zubrachte, bedingungslos republikanisch, egalitär, auf Umsturz bedacht und stand ganz in der Tradition von Gracchus (François Noël) Babeuf und seinen Mitverschwörern von 1796. Der Blanquismus zielte auf gewaltsame und direkte Aktion gegen die bestehende Ordnung. Seine Auffassung und sein Anhang standen den Arbeitern viel näher. Der Blanquismus war ein »Sozialismus der Arbeiter«, den die Arbeiterschaft gerne dem utopischen Sozialismus entgegenhielt, der mittlerweile salonfähig geworden und nicht zu Unrecht verdächtig war, eher das morsche Gebäude stützen, als es zum Einsturz bringen zu wollen, damit eine wahrhaft neue Welt entstehen könne.

Die Atmosphäre von Untergrund, Verschwörung und Aufruhr, das Kennzeichen der republikanischen Klubs unter der Regierung Louis Philippes, vor allem das der »Société des Saisons« von Blanqui und Armand Barbès, war für den noch recht wenig durchdachten Kommunismus von vor 1840 ungemein günstig.

Im Mai 1839 wurde der Aufstand der »Société des Saisons« in Paris von der Armee und der Nationalgarde blutig niedergeschlagen. In das Debakel wurde ein deutscher Geheimbund, der »Bund der Gerechten« (früher »der Verbannten«), hineingezogen, der sich der Bewegung angeschlossen hatte. Er bestand aus Handwerkern, Arbeitern und einigen fortschrittlichen Intellektuellen, zum Teil politischen Flüchtlingen, die notgedrungen mit den Pariser Kommunisten zusammenwirkten, ohne immer den Zielen Blanquis anzuhängen. Theoretiker und Haupt der »Gerechten« war der blonde Schneidergeselle Wilhelm Weitling, in dem sich der Glaube an die Macht des revolutionären Handstreiches mit dem glühenden Ideal evangelischer Brüderlichkeit verbanden. Die Devise des »Bundes der Gerechten« lautete: »Alle Menschen sind Brüder.«

Der Aufstand von 1839 sollte während der Regierung Louis Philippes bis 1848 der letzte sein. Die vierziger Jahre waren scheinbar ruhig, doch unter der Oberfläche brodelte es wild. Paris, die Hauptstadt der europäischen Revolutionen, wurde mehr und mehr zur Wiege sozialer Doktrinen und Utopien, zum Sammelplatz von Verbannten, Aufrührern und Agitatoren aller Klassen und aus aller Herren Ländern. Während sich der pazifistische Kommunismus eines Etienne Cabet vom Blanquismus durch seine utopische Träume deutlich abhob, gründete sich der Sozialismus eines Louis Blanc auf der »Organisation der Arbeit«, der große Anspruch, den die Arbeiter in jenen Jahren erhoben, und verschmähten es nicht, an den Staat zu appellieren, daß er Nationalwerkstätten finanziere. Und 1840 erregte dann Pierre Joseph Proudhon, der ehemalige Schriftsetzer und geniale Autodidakt, mit seiner Schrift »Premier Mémoire sur la propriété«, in der er zu dem Schluß kam: »Eigentum ist Diebstahl«, das Aufsehen der Öffentlichkeit. Er fühlte sich keinem der Kommunisten und Sozialisten vor ihm verpflichtet. 1846 erwuchs aus dem Strom seiner scharfen, wenn auch oft wirren Gedanken das Buch »Die ökonomischen Widersprüche« mit dem Untertitel »Die Philosophie des Elends«.

In dieses Paris der vierziger Jahre, in das Paris Pierre Joseph Proudhons, Louis Blancs, Cabets, Blanquis und vieler anderer Ausländer mit unruhigen Köpfen kam Ende Oktober 1843 ein Rheinländer namens Karl Marx. Marx war ein überaus begabter Philosoph aus der Schule Hegels und zählte damals sechsundzwanzig Jahre. Seine linksgerichteten Ansichten verbauten ihm in seiner Heimat Preußen die Laufbahn eines Universitätsprofessors, ja sogar die eines Journalisten und verdammten ihn zum Exil: nach Paris, Brüssel und dann bis zu seinem Tod 1883 London.

In Paris kam er vor allem mit dem Russen Michael Bakunin zusammen, einem gewaltigen Agitator, der als Anarchist geschworener Feind jedes gegenwärtigen und künftigen Staates war und der einst auch sein größter Gegner werden sollte. Mit leidenschaftlichem Lesehunger vertiefte sich Marx in das Studium der Französischen Revolution. Er entdeckte die Klassengegensätze, das Proletariat und die Arbeiterbewegung. Weniger dem Sozialismus, der ihm allzu bürgerlich oder kleinbürgerlich erschien, als vielmehr dem Kommunismus, der den Bestrebungen des Arbeiterproletariats eher entsprach, galt seine wahre Vorliebe jener Klasse von Sklaven und getretenen Opfern der gesellschaftlichen und wirtschaftlichen »Entfremdung«, jener Klasse, die dennoch berufen war, der ganzen Menschheitsgesellschaft die Freiheit zu bringen. Der Kommunismus, den seine damaligen Anhänger lehrten und verbreiteten, schien ihm in seiner Lehre nicht allzu gut fundiert zu sein. Marx selbst fehlte im übrigen noch zur Zeit seiner Anfänge in Paris die Einsicht in die politische Ökonomie, die dennoch so unabdingbar für das wissenschaftliche Verständnis der sozialen Welt ist. Diese Kenntnisse vermittelt ihm sein Landsmann Friedrich Engels.

Der um zwei Jahre jüngere Engels war wie Marx ein philosophischer Kopf und linksgerichteter Hegelianer. Sein Vater, ein reicher Spinnereifabrikant, hatte ihn nach England geschickt, damit er mit dem dortigen Geschäftsleben vertraut wurde. Was Paris für Marx, das wurde zur selben Zeit für Engels England. Erschüttert sah er zum ersten Mal das Elend des Proletariats. Er sann über die Chartisten nach, jene Massenbewegung, deren sozialistischen Charakter und deren Stoßkraft er überbewertete. Er stellte Vergleiche mit der Bewegung Owens an; studierte die klassischen Wirtschaftstheoretiker und stand gebannt vor dem Phänomen der periodischen Überproduktionskrisen. Zur selben Zeit, da sein Buch über »Die Lage der arbeitenden Klassen in England« (1845) erschien, entspann sich zwischen ihm und Marx eine Geistes- und Herzensfreundschaft, die ein Leben lang dauerte. Aufgrund ihrer gemeinsamen Kenntnisse und Erfahrungen gelangten sie zu der Überzeugung, daß sie die Schlüssel zum Verständnis der Zukunft der menschlichen Gesellschaft besäßen. Gemeinsam arbeiteten sie 1845 bis 1847 die »wahre« Lehre des Kommunismus aus. Marx wurde im Januar 1845 aus Frankreich ausgewiesen und ging nach Brüssel, wohin Engels ihm folgte.

Friedrich Engels. Zeitgenössische Photographie

François Guizot. Detail eines Stiches von Paul Delaroche

Dudley Street, Seven Dials, eines der Elendsviertel Londons. Zeichnung von von Gustave Doré, 1872

Das Britische Museum. Gemälde, Mitte des 19. Jahrhunderts

Tanzübung in einem Unterrichtssaal von New Lanark, einer Gründung von Robert Owens. Kupferstich, 1823

Die Lehre, die eins ist mit der Aktion zur Veränderung der Welt, sollte einerseits strikt proletarisch, andererseits in den Grundlagen ihrer Formulierungen streng »wissenschaftlich« sein. Ein Kommunismus neuen Stils sollte sich mit Nachdruck und aller Gewalt von alledem trennen, was nicht zu ihm gehört.

Marx bemühte sich um Proudhon, den er zunächst als Zerstörer der Eigentumsidee bewunderte. Aber Proudhon entzog sich ihm. Er wollte keine neuen Dogmen, keine neue Religion, keine neue Intoleranz und lehnte jede Gewaltaktion ab. Im Mai 1846 kam es zum Bruch. Im Juni 1847 erschien von Marx, dem zornigen Genie, ein Pamphlet mit dem sarkastischen Titel »Das Elend der Philosophie«, eine Parodie auf Proudhons Schrift »Philosophie des Elends«.

Kurz zuvor kam es zu einem Bruch von viel größerer Tragweite für die unmittelbaren Pläne von Marx und Engels, und zwar mit dem Schneider Weitling, dem Theoretiker der »Gerechten«. Seit dem mißglückten Pariser Aufstand von 1839 hatten seine Anhänger manches Ungemach erlitten und sich nach der Schweiz, nach Belgien und nach England verstreut. London wurde zum Zentrum der Bewegung, wo sich niederländische, ungarische, slawische und skandinavische Emigranten um einen Kern von Deutschen versammelten. Als die Leiter der Londoner Bewegung Marx und Engels darum baten, dem Bund beizutreten und ihn durch ihre militante Einstellung zu stärken, stellten sie die Bedingung, daß ihre Theorie anstelle der utopischen Weitlings zur Lehre des Bundes werden müßte. Ihnen ging es nicht mehr um Utopien, sondern um »Wissenschaft«, die von der ökonomischen Struktur der bürgerlichen Gesellschaft ausging. Es ging darum, »bewußt« am Prozeß der gesellschaftlichen Umwälzung teilzunehmen, der sich vor den Augen eines jeden klarblickenden Beobachters abspielte.

1846, wahrscheinlich im März, kam es in Brüssel zwischen ihnen und Weitling, der sich rechtfertigen wollte, zu einer Zusammenkunft, bei der sich die Spannungen entluden. Ein Augenzeuge, der Russe Anjenkow, berichtete: Engels, groß, aufrecht, distinguiert »wie ein Engländer«, Marx mit seinem Löwenhaupt, seinen behaarten Händen, im schiefgeknöpften Rock und mit schneidender, gebieterischer Stimme, die »seine tiefe Überzeugung, daß er die Geister beherrscht und ihnen die Gesetze des Denkens vorschreibt«, ausdrückt. Er wirft dem Schneidergesellen vor, er täusche das Volk, indem er es aufrühre, ohne ernsthafte Gründe für seine Aktion vorbringen zu können, und auf Weitlings rührselige Rechtfertigungen antwortet

Place de la Bastille in Paris mit der Colonne de Juillet zur Zeit der Kommune im Jahr 1871

er ihm, den er einst als »Zierde« des deutschen Proletariats gerühmt hat, indem er auf den Tisch schlägt, daß die Lampe schwankt, voller Wut: »Unwissenheit hat noch nie jemandem genützt.«

Von nun an haben Marx und Engels gewonnen. Der Bund der Gerechten machte sich ihre Lehre zu eigen. Er änderte im Sommer 1847 seinen Namen in »Bund der Kommunisten« und seine Devise »Alle Menschen sind Brüder« in »Proletarier aller Länder vereinigt Euch!«. Sodann wurde Marx zusammen mit Engels beauftragt, ein Manifest über die Ansichten und Ziele der neuen Kommunisten zu verfassen. Engels' Entwurf war ein Katechismus aus fünfundzwanzig Fragen und Antworten. Doch man gab der erzählenden Form eines historischen, ja beinahe kosmischen Dramas den Vorzug, und dieses sowie die ungewöhnliche schriftstellerische Begabung der Verfasser sicherte der Darstellung des Sozialismus oder Kommunismus, die sich als wissenschaftlich versteht, einen einzigartigen Zauber und eine seltsame mythische Größe.

Als das Kommunistische Manifest Ende Februar 1848 in London erschien, befand sich Paris bereits in den Wirren der Revolution. Überallhin breitete sich das Feuer aus. Die Revolutionen wurden, ob sie nun liberal, demokratisch, national oder sozialistisch waren, bald niedergeschlagen. Eine sozialistische Revolution gab es – zumindest in Ansätzen – nur in Frankreich, wo sich die sozialistischen Theoretiker wie Blanc, Pierre Leroux, Philippe J. B. Buchez und Proudhon mit mehr oder weniger Glück in der Politik versuchten. Das Ende glich einer Tragödie: Im Juni 1848 schlug der General Eugène Cavaignac in einer viertägigen Straßenschlacht den Aufstand des Pariser Proletariats mit Mühe nieder. Der vollständige Sieg der konservativen Kräfte nach 1850 schien die Arbeiter unentrinnbar in ihre Lebensbedingungen zu verstricken und die sozialistischen Theoretiker auf ihre utopischen Träume von vor 1848 zurückzuwerfen. Erst 1864 führte der Ruf des Kommunistischen Manifests »Proletarier aller Länder vereinigt Euch!« zu einem zaghaften Beginn, diese Devise zu verwirklichen: zur Gründung der »Internationalen Arbeiterassoziation«, aus der die »Erste Internationale« hervorging. Karl Marx entwarf ihre sogenannte Inauguraladresse, in der es heißt, die Emanzipation der Arbeiterklasse müsse das Werk der Arbeiter selbst sein. Zehn Jahre zuvor war Marx in der Auseinandersetzung mit den Anhängern Proudhons und später mit Bakunin um einige Erfahrungen reicher geworden.

Inzwischen war über Paris der Aufstand der Kommune von 1871 hereingebrochen. Der blutige Abschluß des deutsch-französischen Krieges zeigte das traurige Scheitern des Sozialismus. Für die Proletarier aller Länder wurde damit die Legende vom Sozialismus zum übertriebenen Mythos.

Der preußische Sieg über Frankreich, Grundlage der deutschen Einheit, wirkte sich für den deutschen Sozialismus positiv aus. Marx und Engels wußten diese Bewegung richtig zu steuern; die entstehende sozialdemokratische Partei machte sich die marxistische Lehre zu eigen. Das Kommunistische Manifest war nun nicht mehr nur einem kleinen Kreis von Kennern vertraut. So wie sich das Manifest verbreitete, entstanden innerhalb und außerhalb Europas sozialistische Parteien, eigentlich »sozialdemokratische« nach dem deutschen Vorbild und nach der Lehre von Marx ausgerichtet.

Die zunehmende Zahl sozialistischer Parteien erweckte in den achtziger Jahren den Gedanken an eine neue Internationale, die mächtiger und dauerhafter als die Erste sein sollte. 1889 wurde in Paris die Zweite Internationale gegründet. Am 1. Mai 1890 demonstrierten die kämpfenden Arbeiter Europas und Amerikas für die Einführung des achtstündigen Arbeitstages. Angesichts dieses Schauspiels, das so machtvoll den Marsch hin zur Einheit der Proletarier aller Länder versinnbildlichte, seufzte der greise Engels: »Stände nur Marx [er war 1883 gestorben] noch neben mir, dies mit eigenen Augen zu sehn!«

JEAN JACQUES CHEVALLIER

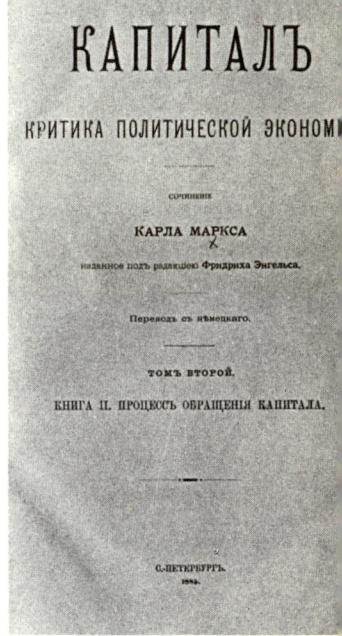

Titelblatt zum zweiten Band der russischen Ausgabe des Kapitals von Karl Marx. St. Petersburg 1885

Revolutionen in Europa und Amerika. Handel mit China

Ende 1848 war es klar, daß die alte Ordnung durch die Revolution zwar einen Stoß erhalten hatte, aber ein radikaler Umsturz ausblieb. Friedrich Wilhelm IV. regierte weiter in Berlin; und in Wien hatte der achtzehnjährige Franz Joseph den Thron bestiegen. Keine Aufrührer bedrohten den Zaren in Rußland. Um die Restaurierung des Kirchenstaates wetteiferten die katholischen Regierungen. Selbst die Franzosen mieden den konsequenten Sozialismus. Sie wählten Louis Napoleon Buonaparte zum Präsidenten ihrer Zweiten Republik. Er war der Neffe des großen Korsen und betrachtete sich als dessen Erbe. Mit seinem überwältigenden Wahlsieg zeigte es sich, welche Kräfte der Bonapartismus im Volk besaß.

Das Ende der Revolution

Um Weihnachten 1848 gab es nur noch wenige Gruppen entschlossener Rebellen in Europa, die auf den Resten ihrer Barrikaden unermüdlich für ihre Ideale kämpften. Die umgebildete Römische Republik von Mazzini und Giuseppe Garibaldi verlor nach wenigen Monaten ihre Unabhängigkeit durch eine Armee der Französischen Republik. Die Venezianer unter der Führung von Daniele Manin wahrten ihre Unabhängigkeit trotz der Belagerung durch die Österreicher bis August 1849.

Die Märzrevolution in Deutschland und Österreich brachte zunächst einen Sieg der liberalen Ideen. In Frankfurt

Lajos Kossuth

am Main trat eine deutsche Nationalversammlung zusammen und erarbeitete eine Verfassung. Erzherzog Johann von Österreich wurde zum Reichsverweser gewählt. Auch Friedrich Wilhelm IV. berief eine preußische Nationalversammlung ein und stellte sich an die Spitze der gesamten Nation. Aber schon Anfang 1849, als der König wieder Herr der Ereignisse war, löste er die Nationalversammlung auf und oktroyierte eine Verfassung. Im April dieses Jahres wurde eine Reichsverfassung in Frankfurt vollendet. Die Nationalversammlung bot dem König von Preußen die Kaiserkrone an, die dieser aber aus religiös-absolutistischen Gründen ablehnte. Darauf löste sich die verfassunggebende Versammlung allmählich auf, und Erzherzog Johann legte die Würde eines Reichsverwesers nieder.

In Ungarn tobte seit März 1848 ein bitterer Bürgerkrieg. Im April lösten sich die Ungarn aus dem österreichischen Staatsverband. Die slawische Bevölkerung versuchte unter Führung der Kroaten, die politische Gleichberechtigung gegen madjarischen Führungsanspruch mit Gewalt durchzusetzen. Hier wie in der ganzen habsburgischen Monarchie wurden schließlich die revolutionären Bewegungen niedergeschlagen, was jedoch in Ungarn nur mit Hilfe russischer Truppen gelang. So war in ganz Europa die Gegenrevolution im Spätsommer 1849 siegreich.

Ergebnisse der Revolution

Es wäre ein Fehler, die Revolutionen von 1848 als einen dramatischen Fehlschlag abzutun. Die Autorität der absoluten Monarchie ging in jedem der Hauptaufstandsgebiete zu Ende. So hat das Bürgertum in Frankreich sich unter dem Präsidenten Louis Napoleon behaupten können und das allgemeine Wahlrecht mit einer parlamentarischen Regierung durchgesetzt. Friedrich Wilhelm IV. von Preußen bestätigte zwar dem Landadel seine bevorrechtigte Stellung, aber er ließ gleichzeitig eine teilweise gewählte, gesetzgebende Versammlung zu. Fürst Felix zu Schwarzenberg, der erste Ministerpräsident der nach der Niederwerfung der Aufstände gebildeten

König Friedrich Wilhelm IV.

österreichischen Regierung, und sein Innenminister Alexander Bach standen zwar auf dem Boden zentralistischer machtstaatlicher Ideen, aber niemand dachte daran, der befreiten Landbevölkerung erneut feudale Lasten aufzuerlegen.

Gegen jede Form des Sozialismus herrschte Mißtrauen, dennoch erkannten die neuen Regierungen der Länder gewisse Verpflichtungen gegenüber dem Volk an. Der Natio-

Kaiser Franz Joseph I. von Österreich

nalismus schien sich als Irrweg zu erweisen, aber der Ruf von Garibaldi und von Kossuth hallte weit über die Grenzen ihrer eigenen Länder hinaus. Freiheit für Italien und für Ungarn wurde zum Losungswort aller Liberalen, so wie es einst die Freiheit für Griechenland in den Tagen Byrons gewesen war.

Weder auf England noch auf die Vereinigten Staaten hatten die Revolutionen von 1848 direkten Einfluß. Die Demonstration der Chartisten in London am 10. April war ein solcher Fehlschlag, daß der Historiker Thomas Carlyle, der Ereignisse von größerem Ausmaß in Frankreich aufzeichnete, seiner Frau zufrieden von einer »Nicht-Revolution, die wir gerade überstanden haben«, schrieb.

Amerika

Jenseits des Atlantiks beschäftigten andere Dinge die Gemüter. Neunzig Kilometer östlich von Sutters Fort in Kalifornien wurde im Januar 1848 Gold entdeckt, und im Staat New York führten okkultistische Versammlungen zum Entstehen des Spiritismus. Die Mormonen waren 1847 zum Großen Salzsee (Great Salt Lake) gezogen und bauten dort einen Tempel und ein Tabernakel am Fuß des Wasatch-Gebirges. General Zachary Taylor, der Sieger im Krieg mit Mexiko, wurde 1849 von der Nation, die immer noch ihrer Vorliebe für schlachterprobte Helden huldigte, zum Präsidenten gewählt.

Die Unruhen in Europa hatten auf Amerika nur insofern Einfluß, als im Jahr 1848 eine Einwanderungswelle ihren Höhepunkt erreichte. Iren, die vor der Hungersnot flohen, brachten den östlichen Städten einsatzbereite Arbeitskräfte für Industrie und Eisenbahnbau. Viertausend politische Flüchtlinge aus deutschen Ländern, die Vorhut einer Invasion, die innerhalb von zehn Jahren Milwaukee fast zu einer deutschen Stadt machte, siedelten sich in Wisconsin an. Der Einfluß dieser glühenden Idealisten auf das amerikanische Leben war beträchtlich. Carl Schurz, der erfolglose Verfechter demokratischer Ideen während der Revolution in Baden, wanderte 1852 nach den Vereinigten Staaten aus und engagierte sich sofort politisch, indem er sich für die Sklavenbefreiung einsetzte. Als inzwischen prominentes Mitglied der republikanischen Partei trat er seit 1858 so wirksam für Abraham Lincoln ein, daß dieser 1860 ins Weiße Haus gewählt wurde.

Lord Palmerston

In England hielt in jenen Jahren Henry John Temple Viscount of Palmerston die Zügel der Regierung in der Hand. Sein bedeutendes politisches Können hatte er erstmals 1830 als Außenminister Charles Greys bewiesen, als er die belgische Frage löste. Im Alter von einundsechzig Jahren 1846 kehrte er als Außenminister in das Kabinett von John Russell zurück, das nach dem Sturz Robert Peels gebildet wurde. Fast ununterbrochen gehörte Palmerston während der folgenden neunzehn Jahre der Regierung an. Mehr als die Hälfte dieser Zeit stand er ihr als Premierminister vor.

John Russell

Palmerstons robustes und ritterliches Temperament gewann ihm die Zuneigung und den Beifall des englischen Volkes, das seine farbenfrohen Westen und seinen flotten Hut bewunderte, ihn um den ausgezeichneten Zustand seiner Rennställe benei-

Einheitsbestrebungen in Deutschland

1840–1860

dete und sich über sein patriotisches Poltern auf der diplomatischen Bühne freute. Er teilte des Volkes Sympathie für Garibaldi und Kossuth und sein Mißtrauen allen fremden Souveränen gegenüber.

Leider wurde Palmerstons einst so scharfsinniges Urteilsvermögen in außenpolitischen Angelegenheiten mit zunehmendem Alter unbeweglich. Doch seine Beliebtheit verblaßte niemals. Es gab viele daheim und im Ausland, die in ihm den Inbegriff des »John Bull« sahen. Die Auswirkungen seiner Politik, die eine Atmosphäre des Mißtrauens unter den europäischen Mächten gegen England geschaffen hatte, zeigten sich seit 1862, als er in Bismarck einen ebenbürtigen Gegenspieler erhielt.

Der Kristallpalast in London. Pavillon für die Weltausstellung 1851

Henry John T. Palmerston

Weltausstellung in London

Palmerston war keinesfall typisch für das England der frühen Viktorianischen Zeit. Es fehlte ihm der ernste Wille seiner Zeit zur Selbsterziehung und die Entschlossenheit zu harter Arbeit. Das wichtigste Fest dieser Zeit, die erste Weltausstellung, die 1851 in London stattfand, stand eigentlich im Widerspruch zu seinem Wesen. Sie war ein Versuch, der Welt den materiellen Wohlstand zu zeigen, den die Industrie der letzten Jahre den Völkern gebracht hatte. Sie stellte zum ersten Mal die Wissenschaft in den Dienst des nationalen Ansehens. Nahezu sechs Millionen Menschen besuchten das Hauptgelände der Ausstellung, den Crystal Palace, den Joseph Paxton inmitten der Ulmen des Hydeparkes errichtet hatte. Er bedeckte eine Fläche von über sieben Hektar. Dort konnte man die neuesten technischen Errungenschaften, wie Präzisionswerkzeuge und Fabrikationsmaschinen bewundern. Als besondere Leistung galt das Telegrafenkabel, das noch im selben Jahr im Kanal verlegt wurde. Auch ausländische Produkte wetteiferten mit denen Englands. Die Besucher lernten Webstühle mit Kraftantrieb und arbeitssparende Geräte aus Amerika, Damenwäsche aus Frankreich, Glaswaren aus Böhmen und Stahlerzeugnisse der deutschen Firma Krupp kennen.

Die Idee einer solchen Ausstellung stammte von dem immer regen Geist des Prinzen Albert, dem Gemahl der Königin. Er hatte auch das Motto ausgewählt, das die erste Seite des vierbändigen amtlichen Katalogs schmückte: »Die Erde ist des Herrn und alles, was in ihr ist«. Die »Times« von London erfaßte den Geist der Eröffnung, als sie in ihrem Bericht sagte, daß die Ausstellung das Tor zu neuen Urteilen öffne.

Der Ferne Osten

Unter den vornehmen Besuchern, die in der Ausstellung herumgeführt wurden, weilte ein Chinese in vollständiger nationaler Tracht. Er war nicht, wie vermutet wurde, der offizielle Vertreter des chinesischen Kaisers, sondern der Herr einer chinesischen Dschunke, die in der Themse vor Anker lag. Doch das Aufsehen, das er erregte, bewies neuerwachtes Interesse für den Osten. Die Holländer und Portugiesen hatten seit dem 18. Jahrhundert entlang der chinesischen Küste Handel getrieben. Englische Schiffe waren schon 1637 den Hsi'Kiang bis Kanton hinauf gesegelt. Seit dem Ende des 17. Jahrhunderts bis 1833 besaß die Ost-Indien-Gesellschaft das Monopol für den chinesischen Seehandel. Im 18. Jahrhundert erweckten die Schilderungen Reisender vom Fernen Osten ein besonderes Interesse der Europäer an chinesischen Ziergärten und Einrichtungsgegenständen. Die Chinoiserie entwickelte sich im Rokoko zu einer weitverbreiteten Stilrichtung.

Im 19. Jahrhundert gewannen die wirtschaftlichen Interessen an China immer größere Bedeutung. Als der Handel, der von den Chinesen mit Mißtrauen beobachtet wurde, so skrupellose Formen annahm, daß die Engländer die zollfreie Einfuhr von Opium nach China als Bezahlung für den chinesischen Export forderten, kam es zum »Opiumkrieg« 1840–1842. Im Frieden zu Nanking mußte China Hongkong an England abtreten und seine Häfen dem westlichen Handel öffnen. Die Europäer hatten nun die rückständige chinesische Wirtschaft fest in der Hand. Auch die Vereinigten Staaten erwarben Konzessionen, die sie zur Verschiffung von Kulis nach Kalifornien mißbrauchten, um sie unter Bedingungen arbeiten zu lassen, die einer Sklaverei glichen.

Als die amerikanischen Schiffe den Pazifik überquerten, kamen sie nahe an den Inseln Japans vorbei. Jahrhundertelang hatten die Japaner die Isolierung ihres Landes konsequent aufrechterhalten. Sie vereitelten alle Versuche europäischer Nationen, Handelsplätze einzurichten. Aber als die chinesische Küste sich dem Außenhandel öffnete, wurde es für die Japaner immer schwieriger, ihre Politik der freiwilligen Absonderung beizubehalten.

Als amerikanische Kriegsschiffe 1846 und 1849 in japanische Gewässer fuhren, zeichnete sich eine gewaltsame Auseinandersetzung ab.

Während Frankreich, Großbritannien und Rußland ihre Stellungen als Weltmächte ausbauten, rangen die Deutschen noch um ihre Einheit.

Deutsche Einheitsbestrebungen

Die Rivalität Österreich–Preußen um die Vorherrschaft unter den deutschen Staaten schloß eine Vereinigung beider Mächte in einem Reich aus. Diese Erkenntnis bewog 1859 liberale Politiker, einen Deutschen Nationalverein zu gründen, dessen Programm von 1860 einen deutschen Bundesstaat ohne Österreich vorsah: »Wenn die preußische Regierung die Interessen Deutschlands nach jeder Richtung tatkräftig wahrnimmt und die unerläßlichen Schritte zur Herstellung der deutschen Macht und Einheit tut, wird gewiß das deutsche Volk vertrauensvoll die Zentralgewalt dem Oberhaupt des größten rein-deutschen Staates übertragen sehen. Der Nationalverein gibt keinen Teil des deutschen Bundesgebietes auf. Er erkennt die deutschen Provinzen Österreichs als natürliche Bestandteile des Vaterlandes an und wird mit Freude den Augenblick begrüßen, welcher den Anschluß dieser Provinzen an das geeinigte Deutschland möglich macht. Die Gemeinsamkeit des Blutes, der Interessen, weisen uns auf die innigste Verbindung mit ihnen hin, auf eine durch Übereinstimmung der politischen Institutionen und durch den wirtschaftlichen Verkehr inniger als bisher geknüpfte Verbindung. Der Verein wird aber auch, falls die Macht der Verhältnisse und unbesiegbare Hindernisse die deutschen Teile Österreichs vom gleichzeitigen Anschluß an den deutschen Bundesstaat abhalten, sich hierdurch nicht hindern lassen, die Einigung des übrigen

Straßenszene in Hongkong

Deutschlands anzustreben. Wie sich auch in der nächsten Zukunft das Verhältnis dieser Provinzen zu dem übrigen Deutschland gestalten mag: der Verein hält fest an der Zuversicht, daß jener unvertilgbaren inneren Gemeinschaft auch die rechte Form der äußeren politischen Einigung auf die Dauer nicht fehlen kann.«

Japan und die Vereinigten Staaten 1854

Am 8. Juli 1853 warfen vier Schiffe der Marine der Vereinigten Staaten vor dem Hafen Uraga am Eingang der Bucht von Yedo, dem heutigen Tokyo, Anker. Kommodore Matthew Calbraith Perry, ein großer und befehlsgewaltiger Mann, der allgemein unter dem Namen »Old Bruin« oder »The Old Hoss« bekannt war, führte den Verband.

Perry trug einen Brief an den Kaiser von Japan von dem Präsidenten Millard Fillmore bei sich. Dieser Brief wies darauf hin, daß Oregon und Kalifornien Japan gegenüberlägen und daß Dampfschiffe den Pazifischen Ozean innerhalb von achtzehn Tagen überqueren könnten. Der Präsident erklärte, daß es für Japan und die Vereinigten Staaten nützlich sein würde, miteinander Handelsbeziehungen aufzunehmen, und forderte, daß die alten japanischen Gesetze, die nur den Chinesen und den Holländern Handel mit dem Insel-Staat erlaubten, geändert werden müßten. Fillmore machte ein Angebot, das nur unaufrichtig gemeint sein konnte.

»Wenn Eure Majestät nicht davon überzeugt ist, daß es gut wäre, die althergebrachten Gesetze, die Außenhandel verbieten, zu ändern, könnten sie fünf oder zehn Jahre lang befristet aufgehoben werden. Wenn sich der Handel als nicht so günstig, wie man hoffte, erweisen sollte, werden die Gesetze wieder eingesetzt. Die Vereinigten Staaten begrenzen ihre Verträge mit ausländischen Staaten oft auf wenige Jahre und verlängern sie oder auch nicht, ganz wie es ihnen nützlich erscheint.«

Der Brief des amerikanischen Präsidenten fuhr fort mit der Bitte, schiffbrüchige amerikanische Matrosen, die an japanische Ufer verschlagen würden, gut zu behandeln, und schloß mit dem Ersuchen, amerikanischen Schiffen zu gestatten, in Japan zur Übernahme von Kohle, von Lebensmitteln und von Wasser vor Anker gehen zu dürfen.

Fillmores Schreiben klang durchaus versöhnlich, und sein höflicher Ton schien keine Drohung auszusprechen. Der Kommodore Perry hingegen hatte einen zweiten, eigenen Brief an den Kaiser aufgesetzt, der unmißverständliche Worte der Warnung an die Japaner enthielt. Perry erklärte, daß zwischen seinem Land und Japan keine Freundschaft bestehen könnte, »wenn Japan nicht aufhörte, die Amerikaner als Feinde zu behandeln«. Er gab der Hoffnung Ausdruck, daß auch die japanische Regierung notwendigerweise einen unfreundlichen Zusammenstoß beider Nationen verhindern wolle und darum auf die Vorschläge zu friedlichem Einvernehmen, die jetzt aufrichtig unterbreitet würden, eingehen werde. Dann fügte er hinzu:

»Viele der großen Kriegsschiffe, die auf der Reise nach Japan sind, haben diese Gewässer noch nicht erreicht, obwohl sie stündlich erwartet werden, und der Unterzeichnete ist zum Beweis seiner freundschaftlichen Absichten nur mit vier kleineren Schiffen gekommen, aber er plant, wenn es notwendig werden sollte, im kommenden Frühling mit einer weit größeren Flotte zurückzukehren.«

Perry lehnte die japanischen Aufforderungen ab, nach Nagasaki, dem einzigen Hafen, wo Fremde offiziell empfangen wurden, zu fahren. Er bestand entschieden darauf, nur von einem sehr hohen Beamten empfangen zu werden, und begegnete der japanischen Verzögerungstaktik mit der Forderung, daß der Brief seines Präsidenten innerhalb von drei Tagen formell entgegengenommen werden müsse. Kaum eine Woche nachdem der gefürchtete Kommodore in dem japanischen Hafen festgemacht hatte, ging er mit einer Eskorte von nahezu dreihundert Matrosen und Soldaten an Land. Nachdem er seine Botschaft überbracht hatte, verkündete er nochmals, daß er binnen eines Jahres mit einer größeren Truppe zurück sein werde, um die Antwort auf des Präsidenten Wünsche entgegenzunehmen. Bevor Perry wieder in See stach, drang er noch weiter in die Bucht von Yedo ein, bis er in Sichtweite des Regierungssitzes kam, wo die Shogune anstelle der machtlosen Kaiser herrschten.

Als die »Schwarzen Schiffe«, wie die Japaner sie nannten, im Februar 1854 zurückkehrten, waren es acht statt vier. Die Amerikaner und die Japaner begannen sofort zu verhandeln. Es wurde bald offenbar, daß letztere der überlegenen ausländischen Macht Schritt für Schritt weichen mußten. Die Japaner fochten hart gegen die Satzungen eines Handelsabkommens, und Perry bestand nicht auf der Unterzeichnung eines solchen. Aber er sicherte die Eröffnung der Häfen Shimoda und Hakodate als Schutzplätze für die Amerikaner und erhielt die Zusage, daß sich nach achtzehn Monaten ein amerikanischer Konsul in

Ein japanischer Provinzherrscher mit zwei Kriegern. Alte Photographie

Ein amerikanisches Schiff in der Bucht von Yedo (Tokyo). Farbiger Holzschnitt, etwa 1853

Verhandlungen der Amerikaner mit den Japanern im Jahr 1854. Zeitgenössische amerikanische Zeichnung

Shimoda niederlassen durfte. Perry setzte für sein Land noch eine Meistbegünstigungsklausel, »the most favoured nation clause«, durch:

»Wenn in Zukunft die Regierung Japans einer anderen Nation... Privilegien und Vorteile einräumt, die bisher den Vereinigten Staaten nicht gewährt wurden, ... so müssen dieselben Privilegien und Vorteile den Vereinigten Staaten und seinen Bürgern ohne Beratungen und ohne Verzögerungen gewährt werden.«

Perrys Vertrag, der in dem Fischerdorf Kanagawa bei Yokohama am 31. März 1854 unterzeichnet wurde, stellte das Ende der langen Periode japanischer Abgeschlossenheit vor allem Fremdländischem dar. Andere folgten den Amerikanern. Wenn Perry die Tür nach Japan nicht gewaltsam geöffnet hätte, wäre diese Aufgabe wohl von einem britischen oder einem russischen Flottenbefehlshaber übernommen worden. Japan konnte nicht für sich bleiben. Der Gedanke an ein unerschlossenes Land hätte die selbstbewußten amerikanischen oder europäischen Geschäftsleute jener Zeit nicht ruhen lassen. Innerhalb von fünf Jahren hatten die Engländer, die Russen, die Holländer und die Franzosen die Shogunenregierung dazu überredet, ebenfalls Handelsabkommen zu unterzeichnen. Der erste amerikanische Konsul, Townsend Harris, erweiterte den ersten Vertrag seines Landes der Meistbegünstigungsklausel entsprechend. Die Maßnahmen der Fremden, die die Japaner zwangen, gewisse Einfuhrzölle anzunehmen und exterritoriale Rechte an die Angehörigen von achtzehn Staaten zu vergeben, wurden von den Japanern mißtrauisch und feindlich betrachtet. Aber dem auswärtigen Druck schien man sich nicht entziehen zu können. Bereits im Jahr 1860 existierte eine Kolonie europäischer und amerikanischer Kaufleute bei Yokohama.

Die Erschließung fremder Länder bedeutete den Menschen Europas und Amerikas die Erfüllung ihres missionarischen Traumes. Nachdem in Kalifornien in den vierziger Jahren des 19. Jahrhunderts Gold entdeckt wurde, erhielt Ost-Asien einen neuen Reiz für den Amerikaner. China und Japan schienen nicht nur potentielle Märkte von großem Wert zu sein, sondern auch fruchtbare Gebiete für Missionare, für Ingenieure, für Lehrer und für Ärzte. Großbritanniens Sieg über China im Opiumkrieg und die Annexion Hongkongs flößten den Amerikanern Furcht ein und erweckten Neid auf die englische Expansion im Fernen Osten. Auch die Russen versuchten Einfluß auf Japan zu nehmen. Darum überrascht es nicht, daß Vertreter in politischen Ausschüssen, Geschäftsleute und auch Missionare den Kongreß bedrängten, Interessen in Ost-Asien zu fördern. Das erste Ergebnis dieser Bestrebungen war die Entsendung der Expedition unter Kommodore Perry nach Japan.

Für die Amerikaner entwickelten sich die Beziehungen fast ohne Ausnahme günstig. Der Bürgerkrieg, der sieben Jahre nach Perrys Vertragsabschluß ausbrach, schränkte nur für kurze Zeit die amerikanische Expansion ein. In den folgenden Jahrzehnten jedoch blühte der Handel zwischen den Vereinigten Staaten und Japan. Amerika entwickelte sich besonders für Seide zum größten Absatzgebiet der Japaner. Vor dem Zweiten Weltkrieg war der Handel zwischen Amerika und Japan viel umfangreicher als der mit China. Aber schon lange vor dem Krieg begann Japan Amerikas östlicher Alptraum zu werden: eine mögliche Bedrohung Kaliforniens, ein Schatten über den Philippinen und eine wirkliche Gefährdung der Interessen Amerikas in China.

Für die Japaner wirkten sich die direkten Folgen von Perrys Besuch und die darauffolgenden Abkommen zunächst im allgemeinen ungünstig aus. Die fremden, kulturellen Eindrücke hingegen versetzten ihnen einen Schock. Was auch immer die Japaner in späteren Jahren dachten, die, die Perry im Jahr 1853 begrüßten, befürchteten ohne Zweifel eine kriegerische Auseinandersetzung um ihre Heimat. Zwar hatten lange vor Perrys Ankunft einige wenige Gelehrte und Beamte öffentlich die Weisheit der Politik strikter Abgeschlossenheit in Zweifel gezogen, die im 17. Jahrhundert von Iemitsu, dem dritten Shogun der Tokugawa-Familie, eingeführt wurde. Sie wiesen darauf hin, daß von den westlichen Nationen viel zu lernen sei und daß im Handel mit ihnen Japan selbst so weit erstarken könnte, um sich in der Welt zu behaupten. Diejenigen, die für ein Öffnen des Landes eintraten, sahen in der Handlungsweise der Europäer und Amerikaner im Fernen Osten eine potentielle Bedrohung der Unabhängigkeit Japans. Eine engere Beziehung zu den »Barbaren« mochte unausweichlich sein; sie war nichtsdestoweniger bedauerlich. Alle konservativen Kreise, so auch die Samurai, verhielten sich ausgesprochen fremdenfeindlich. Noch Jahre nach Perrys Ankunft verharrten mächtige Elemente in Japan unversöhnlich gegenüber der Öffnung des Landes.

Zur Zeit von Perrys erster Reise unternahm die japanische Regierung den ungewöhnlichen Schritt, den Rat des

Japaner bei der Verschiffung von Reisbündeln im Hafen von Yokohama. Japanische Zeichnung

Provinz-Adels, führender Gelehrter und bedeutender Kaufleute einzuholen, was auf Präsident Fillmores Brief zu erwidern sei. Die Antworten, die die in Yedo Versammelten gaben, lauteten verschieden. Einige wollten Perry, sobald er wieder auftauchte, bekämpfen. Sie warnten vor Zugeständnissen, weil solche nur andere Leute aus dem Westen ermutigen würden, später weitere Konzessionen zu erlangen. Darum sollte die Politik der nationalen Isolierung fest und konsequent aufrechterhalten werden. Andere traten für ein befristetes Abkommen mit den Amerikanern ein, um Zeit für eine Stärkung der japanischen Abwehrkraft zu gewinnen. Sie vertraten die weit verbreitete Ansicht, daß Japan die organisatorischen und technischen Künste der Fremden studieren und meistern lernen müßte, um in der Zukunft der Ausländer Herr zu werden. Mit einem Wort, die Japaner verteilten sich im wesentlichen auf zwei Parteien. Die eine bestand aus fanatischen Isolationisten, die andere aus Pragmatikern. Allen gemeinsam aber war ihr unerschütterlicher Glaube an den besonderen Wert und die Bestimmung ihres Landes, das seit ewigen Zeiten von den einst von der Sonne herabgestiegenen Herrschern regiert wurde.

Das Land steuerte einer wachsenden politischen Verwirrung entgegen. Perrys Vertrag erschütterte das Prestige der Shogun-Regierung in Yedo. Der Titel Shogun bedeutete Feldherr. Wenn es einem von ihnen nicht gelang, diese grundsätzliche Pflicht zu erfüllen, mußte sich der seinem Amt gebührende Respekt notwendigerweise vermindern. In der Tat deutete die Reaktion des Shogun auf Perrys Besuch, indem er Rat von regierungsfremden Personen einholte, darauf hin, daß es ihm an Mut und an Entschlossenheit fehlte. Der seit Jahrhunderten machtlose Kaiser in seiner Residenz zu Kyoto begann sich wieder Geltung zu verschaffen und rügte die Regierung in Yedo wegen ihres Verhaltens gegenüber den Fremden. Einige Landesfürsten versuchten, die Eindringlinge mit Waffengewalt zu verjagen. Jedoch schlugen solche Unternehmungen fehl und zeigten nur die Überlegenheit der westlichen Mächte. Allmählich mußten auch die strengen Patrioten einsehen, daß die Fremden gekommen waren, um zu bleiben. Die Vorurteile wurden von Neugierde verdrängt, und besonders unter den jungen Japanern kämpften Bewunderung mit Ablehnung. Der Verlierer in dieser Zeit des Umbruches war die Familie Tokugawa, die das Shogunat seit 1603 innehatte. Ihre Herrschaft erwies sich als zu starr und konservativ, um einer modernen Politik gewachsen zu sein. Mit dem Prestigeverlust des Shogunats aber stieg das Ansehen der Monarchie.

Der Zusammenbruch kam 1867. In diesem Jahre starb der konservative Kaiser Komei. Sein Sohn Mutsuhito war intelligent und aufgeschlossen genug, um der Kaiserwürde neuen Inhalt zu verleihen. Der Kaisername Mutsuhitos, Meiji, bedeutete den Wendepunkt der Ereignisse, und die Restauration der kaiserlichen Herrschergewalt war das Vorspiel zu einem Modernisierungsprozeß, der die ganze Welt in Erstaunen setzte. Das Schlagwort der Meiji-Oligarchie, das mit Begeisterung als nationales Ideal aufgegriffen wurde, hieß: »Ein reiches Land mit stark gerüsteten Streitkräften.« Der zweite Teil des Satzes erlangte große Bedeutung. Vor der Entwicklung von Industrie, Transportwesen und Handel standen immer die Anforderungen der Armee und der Kriegsmarine. Das Erziehungsideal stellte die Pflichten des Menschen über seine Rechte. Daran war an sich nichts Revolutionäres. Eine einheitliche, ethnozentrische Militär-Gesellschaft, die von dem konfuzianischen Pflichtbegriff durchdrungen war, paßte sich der Machtpolitik der modernen Welt an und rüstete für zwei mächtige Aufgaben: Einmal sollten die »ungerechten« Verträge beseitigt, zum anderen sollte der Anschluß an die großen Weltmächte im Kampf um Märkte, um Einflußsphären und um Kolonien gefunden werden. Junge Samurais, die bei der Landung Perrys bei Uraga zu den Waffen gegriffen hatten, erlebten noch die Machtentfaltung des neuen Japans. Zu Beginn des 20. Jahrhunderts war Japan ein moderner, militärisch starker Industriestaat geworden.

Somit erwiesen sich Beleidigung und Demütigung, als die das fremde Eindringen dem Japaner des 19. Jahrhun-

Ein russisches Lazarett im Krieg 1904/05. Zeitgenössische japanische Zeichnung

Ein amerikanischer Geschäftsmann in Japan. Japanische Zeichnung, 1861

derts galten, letztlich als kraftentfaltende Herausforderung. Das 20. Jahrhundert hatte eben begonnen, als Japan sich als gleichberechtigter Partner mit Großbritannien verbündete. Japan wurde der gelehrige Schüler des Westens und bewies seine Stellung als Großmacht. Der Sieg über das russische Reich 1904/05 machte Japan zum Helden ganz Asiens vom Gelben bis zum Roten Meer.

Japanische Historiker, deren Theorien umstritten sind, behaupten, daß die Zeit seit dem Niedergang des Shogunats bis zur nationalen Katastrophe des Jahres 1945 als ein Hundertjähriger Krieg gegen den Westen anzusehen sei, in dem Japan Asien schließlich Frieden und Unabhängigkeit brachte. Nach dieser Deutung wurden die Kämpfe um nationale Freiheit in Indien, in Ceylon, Burma und dem übrigen Süd-Ost-Asien, ja selbst in China vom japanischen Einfluß geprägt.

Ihre Argumente lauten, daß Japan gezeigt hatte, wie ein asiatisches Land sich selbst modernisieren und mit geringer fremder Hilfe eine Industriemacht werden kann. Japan bewies durch seinen Sieg über Rußland im Jahre 1905, daß der weiße Mann im Krieg von Asiaten geschlagen werden kann. Die japanische Invasion in China gab den Chinesen Anlaß, sich die imperialistische Aggression zu vergegenwärtigen und zu einer nationalen Selbstbesinnung zu gelangen. Somit gilt Japan als der Schrittmacher eines neuen Zeitalters, als historische Notwendigkeit im Kampf Asiens gegen Ausbeutung und Fremdherrschaft. Der Prozeß, in dem Asien seine Unabhängigkeit zurückgewann, endete im Zweiten Weltkrieg, als Japans Eroberungen während der ersten Feldzüge das Prestige und das Regiment der Kolonialmächte zerstörten und die nominelle Befreiung der kolonialen Territorien ihre tatsächliche Unabhängigkeit nach dem Krieg unvermeidlich machte.

Eine so bemerkenswerte und auf den ersten Blick bizarre Theorie kann nicht von der Hand gewiesen werden. Sie verdient ganz Beachtung, denn ohne Zweifel hat Japan als Katalysator bei dem Wachstum und schließlichen Triumph des asiatischen Nationalismus gewirkt. Aber daß Japan allein diese Ehre gebührt, ist falsch, denn das hieße, den tiefen Einfluß solcher Kräfte wie den des Marxismus und des revolutionären Rußlands zu ignorieren. Die japanische Aggression in China, besonders seit 1937, brachte nur Chaos mit sich und förderte den Kommunismus im Land. Nur im negativen und zerstörerischen Sinn könnte Japan vielleicht als Geburtshelfer für Mao Tse-tungs Revolution gelten. Aber das war nicht die Rolle, in der Japan sich sah, denn die Japaner hatten keinen Grund, das Heranwachsen des kommunistischen Chinas mit Beifall zu begrüßen. Die für Japan so lebenswichtigen wirtschaftlichen Verbindungen zum asiatischen Festland rissen seit 1949 fast vollständig ab.

Die Ansprüche, die Japan auf seine Bedeutung in Asien während des Zweiten Weltkrieges erhob, verdienen mehr Beachtung. Die Erfolge der Alliierten in der zweiten Phase der Kämpfe und die schließliche Niederwerfung Japans haben das Asien europäischer Prägung nicht wiederherstellen können. Die Unabhängigkeit, die die Japaner aus machtpolitischen Erwägungen den von ihnen eroberten asiatischen Kolonien der Europäer gewährten, konnte in der Nachkriegszeit von den zurückkehrenden, ehemaligen Herren nicht wieder aufgehoben werden. Hier spielten die Japaner im Sinn des asiatischen Nationalismus eine ungewollt konstruktive Rolle.

Der Phoenix, der sich aus dem Schutt des zerstörten und total besiegten Japan von 1945 erhob, hat die Welt ein zweites Mal über die Kraft und die Fähigkeiten dieses Landes in Staunen versetzt. Im Jahr 2000 könnte Japan, das bereits die drittgrößte Wirtschaftsmacht der Erde ist, einen höheren Lebensstandard als irgendeine andere Na-

tion besitzen. Durch den Anschluß Japans an die Kultur- und Industriewelt Europas und Amerikas entwickelte das Land ungeheure Arbeitsfähigkeiten in allen Lebensbereichen. Dieses Potential aber entstammte einer früheren Zeit. Die Verschließung des Landes vor der Außenwelt durch das Shogunat im 17. Jahrhundert hatte es nur schlummern lassen. Wäre ihnen die Beschränkung nicht auferlegt worden, hätten die Japaner als hervorragende Seeleute weite Gebiete unseres Erdballs wie Australien und Neuseeland vielleicht vor den Europäern entdeckt und kolonisiert. Perry und diejenigen, die seinem Beispiel folgten, legten wirtschaftliche und politische Kräfte frei, die das Gesicht Asiens in weniger als einem Jahrhundert grundlegend änderten.

RICHARD STORRY

Japaner im Kampf gegen Chinesen im Krieg 1894/95. Zeitgenössische japanische Zeichnung

Der Bahnhof Mihorabashi. Farbiger Holzschnitt, 2. Viertel des 19. Jahrhunderts

Das russische Reich als Großmacht. Krimkrieg und Friede zu Paris

Die Vereinigten Staaten waren nicht die einzige große Macht, die in den fünfziger Jahren des 19. Jahrhunderts Interesse am Fernen Osten zeigte. Während dieses Jahrzehntes faßte das große, aber schwerfällige Reich der russischen Zaren die Erwerbungen früherer Jahrhunderte zu einem Ganzen zusammen. Schon in der Mitte des 17. Jahrhunderts waren einzelne russische Außenposten an den öden Küsten des nördlichen Eismeeres und des Ochotskischen Meeres gegründet worden. Aber erst zwei Jahrhunderte später, 1847, begannen die Russen den planmäßigen Vormarsch nach dem Osten.

Die Eroberung Sibiriens

Zar Nikolaus I. ernannte den jungen und energischen Grafen Nikolaus Murawjew zum Generalgouverneur von Ost-Sibirien. Innerhalb der nächsten vierzehn Jahre erstreckte sich das russische Interesse auf die Sicherung des Mündungsgebietes des Amurs und die Ausdehnung des russischen Einflusses in China.

Murawjews Politik erreichte 1858 mit der Gründung der Amur-Provinz ihren Höhepunkt. 1860 gründete er an einem natürlichen Hafenplatz des Japanischen Meeres eine Stadt, die den Namen Wladiwostok, »Beherrscherin des Ostens«, erhielt. Dieser Name war programmatisch für Rußlands Pläne im Fernen Osten, die eine Bedrohung der in jenen Gewässern Handel treibenden Europäer zu werden schienen. Aber in dem folgenden halben Jahrhundert waren nicht Engländer, Franzosen oder Amerikaner die Gegner Rußlands im Fernen Osten, sondern die Japaner.

Rußlands Ausdehnung nach Osten fiel mit Amerikas Kolonisierung seines Westens zusammen. Beide Nationen, das autokratische Reich des Zaren und die bewußte Republik der Vereinigten Staaten, waren von so gegensätzlichem Charakter, wie man sich nicht größer denken konnte. Zwar hing die Wirtschaft großer Gebiete in beiden Ländern von Zwangsarbeit ab; auch die Sklaverei im Süden der Vereinigten Staaten hatte viel mit der Leibeigenschaft in Rußland gemeinsam. Aber der industrielle Kapitalismus war in Amerika weit fortgeschrittener als in der vorwiegend agrarischen Gesellschaft im feudalen Reich des Zaren.

Rußlands Machtanspruch

Obwohl die russische Fahne in der Mitte des 19. Jahrhunderts über mehr als einem Sechstel der Erdoberfläche wehte, hatte Rußland nur fünfzehn Städte mit mehr als fünfzigtausend Einwohnern. Rußland blieb auch im Verkehrswesen und in der Industrie hinter den großen Staaten Europas zurück. Erst 1851, nach neunjähriger Bauzeit, war eine Eisenbahnverbindung zwischen Moskau und St. Petersburg vollendet worden. Sogar dieses Unternehmen mußte mit Hilfe amerikanischen Kapitals finanziert und der Bau von amerikanischen Ingenieuren überwacht werden.

Der Industrialisierungsprozeß hatte in Rußland noch längst nicht europäische Ausmaße erreicht. Wo aber Fabriken bestanden, waren die Arbeitsbedingungen hart. Noch 1860 stellten Leibeigene einen großen Teil der Arbeiter.

Doch trotz aller seiner Rückständigkeit blieb Rußland während des ganzen Jahrhunderts eine der größten politischen Mächte. Das militärische Potential des Zarenreichs mit seinen endlos weiten Landstrichen, in denen wilde kriegerische Stämme lebten, war mächtig und furchterregend. Nach dem Fehlschlag der achtundvierziger Revolutionen handelte Zar Nikolaus I. als strenger Hüter der alten Ordnung so selbstherrlich in Europa, daß seine Macht die Sicherheit des Gleichgewichts der Kräfte bedrohte. Um eine Ausweitung der russischen Machtsphäre auf den Balkan und auf die Türkei zu verhindern, kam es zum Krimkrieg.

Krieg auf der Krim

Die Ursachen des Krimkrieges liegen weit zurück im Zusammenstoßen verschiedener Interessen. Da die Regierung des Sultans in Istanbul offenkundig nicht imstande war, das türkische Reich zusammenzuhalten, entstanden daraus eine ganze Reihe von Problemen. Die Russen, die die Schwäche ihres türkischen Nachbarn kannten, hatten schon 1790 begonnen, ihre Grenzen nach Süden, um das Schwarze Meer herum, vorzuschieben. Mehrere Waffengänge zwischen beiden Reichen wurden von 1806 bis 1812 und von 1828 bis 1829 geführt und brachten keine Entscheidung. Für den seit 1852 als Kaiser der Franzosen herrschenden Napoleon III., der auf außenpolitischen Prestigegewinn äußerst bedacht war, bedeutete der sich abzeichnende Konflikt im fernen Asien einen willkommenen Anlaß, Frankreichs Macht und Größe zu demonstrieren.

Die Engländer beobachteten jede russische Bewegung mit Argwohn, denn jeder Machtzuwachs des Zaren bedeutete eine Gefahr für die Stabilität der Verhältnisse im Mittleren Osten und eine Bedrohung der englischen

Kaiser Napoleon III.

Handelsstraßen zu seinen Kolonien in Asien. Die Stützung des Osmanischen Reiches war ein Grundsatz der britischen Außenpolitik. Die Engländer achteten ängstlich darauf, daß kein russisches Kriegsschiff durch die Meerengen des Bosporus in das Mittelmeer gelangte. Einer der wichtigsten Drahtzieher in dem diplomatischen Spiel war der englische Botschafter bei der Hohen Pforte, Viscount Stratford Canning de Redcliffe. Der Diplomat weilte bereits seit 1824 in der türkischen Hauptstadt und vertrat dort geschickt und umsichtig die englischen Interessen. Letztlich ging es um die Integrität der Türkei. Großbritannien sah seine Interessen im Nahen Osten durch Rußland bedroht.

Der unmittelbare Anlaß des Krieges zwischen Rußland und der Türkei im Jahr 1853 war, daß der Sultan die Forderung des Zaren auf das Protektorat über alle in der Türkei lebenden Christen ablehnte. Aber die Türken allein hätten es niemals gewagt, Rußland den Krieg zu erklären, wären sie nicht der französischen und englischen Unterstützung sicher gewesen. Die französisch-russischen Beziehungen hatten sich wegen eines Streites um den Schutz der heiligen Stätten in Palästina ernstlich verschlechtert. Das Mißtrauen, mit dem England dem Zaren begegnete, war durch seine Vorschläge zu einer Aufteilung des »Kranken Mannes am Bosporus« hervorgerufen.

Der erste russische Sieg über die türkische Flotte im Hafen von Sinope beunruhigte die Franzosen und Engländer stark. Keine türkische Streitmacht schien einen Marsch der Russen auf Istanbul verhindern zu können. Französische und englische Geschwader wurden vorsorglich in das Schwarze Meer verlegt. Im März 1854 stellten London und Paris dem Zaren ein Ultimatum, und Ende des Monats traten Frankreich und England auf türkischer Seite in den Krieg ein. Dieser Konflikt war nicht so sehr durch gezielte Aggression entstanden als durch Furcht und Prestigestreben. Es gibt wenige Konflikte, die so leicht hätten vermieden werden können wie dieser.

Heerlager der Verbündeten im Krimkrieg

Hagia Sophia in Konstantinopel

Sewastopol unter Belagerung

Der Krimkrieg blieb auf engen Raum begrenzt. Die französischen und englischen Truppen dienten den Schlachtflotten zur Unterstützung. Ernsthafte Versuche, in das Innere Rußlands vorzudringen, hat es nicht gegeben. In der Ostsee und auf der Halbinsel Kamtschatka im Fernen Osten fanden Geplänkel statt. Bis zum September 1854 konzentrierte sich der Krieg auf eine Belagerung Sewastopols, des russischen Marinestützpunktes auf der Krim.

Die Belagerung der Stadt dauerte ein Jahr. Die beiden berühmtesten Schlachten des Feldzuges, bei Balaklawa und bei Inkerman, wurden in den ersten Monaten seit der Landung der Verbündeten geschlagen. Bei Balaklawa warf die englische Kavallerie einen russischen Angriff auf den englischen Stützpunkt zurück. Im Lauf der Schlacht gab es ein Mißverständnis über einen erteilten Befehl, und die »Light Brigade« ritt einen selbstmörderischen Angriff auf die russischen Geschützstellungen.

Bei Inkerman wurde eine der blutigsten Schlachten des Jahrhunderts ausgefochten. Nach sechs Stunden Kampf von Mann zu Mann bedeckten mehr als sechzehntausend Gefallene und Verwundete das Feld. Keine Seite trug den Sieg davon. Im folgenden harten Winter schrumpfte die Zahl der Belagerer durch Seuchen stark zusammen; das organisatorische Chaos vergrößerte sich. Die Schrecknisse des Krieges schilderte der junge Leo Tolstoij aus unmittelbarer Beobachtung: »Auf der ganzen Linie der Bastionen von Sewastopol, auf denen so viele Monate hindurch ein ungewöhnliches, tatkräftiges Leben gebrandet hatte, die so viele Monate hindurch sterbende Helden gesehen, die der Tod einer nach dem anderen abgelöst, die so viele Monate hindurch die Furcht, den Haß und zuletzt die Begeisterung der Feinde erregt hatten – auf den Bastionen von Sewastopol war nirgends mehr eine Seele zu erblicken. Alles war tot, wüst, entsetzlich, aber nicht still: Die Zerstörung dauerte fort. Auf der durch neue Explosionen abbröckelnden Erde lagen überall zerbogene Lafetten, die Menschenleiber – russische und feindliche – unter sich begraben hatten, schwere, für immer verstummte eiserne Kanonen, die mit gewaltiger Kraft in die Gräben hinabgeschleudert und zur Hälfte von Erde verschüttet waren, Bomben, Kugeln, wiederum Leichen, Gruben, Splitter von Balken und Blendungen, und wieder stumme Leichen in grauen und blauen Mänteln. Alles das erzitterte zuweilen noch und wurde durch die purpurroten Flammen der Explosionen erleuchtet, die die Luft nach wie vor erschütterten...

Das Heer von Sewastopol bewegte sich, wie ein Meer in einer windigen, düsteren Nacht zusammenflutend, auseinanderflutend und in seiner ganzen Masse unruhvoll erzitternd von dem Orte fort, wo es so viele tapfere Brüder zurückgelassen hatte – von dem Orte fort, der ganz von seinem Blut übergossen war – von dem Orte fort, der elf Monate hindurch gegen einen zwiefach überlegenen Feind gehalten worden war und jetzt, dem Befehl gemäß, ohne Kampf aufgegeben werden mußte.

Der erste Eindruck dieses Befehls war für jeden Russen ein unfaßbar schwerer. Das zweite Gefühl war die Furcht vor der Verfolgung. Die Leute fühlten sich schutzlos und bewegten sich in der Finsternis voller Unruhe... Obgleich jeder mit den verschiedenartigsten Dingen vollauf beschäftigt war, erfüllte das Gefühl der Selbsterhaltung und der Wunsch, so schnell als möglich von dieser furchtbaren Stätte des Todes fortzukommen, die Seele jedes einzelnen.« In diesem Krieg war der einzige menschliche Lichtblick, daß erstmals die verwundeten Soldaten größere Fürsorge erhielten. Das Werk der Florence Nightingale und ihrer Pflegerinnen in Skutari stellte schließlich das Lazarettwesen auf eine neue humanitäre Basis. Sie gewann so viel Ruhm und Achtung, daß sie nach ihrer Heimkehr weitere Reformen in der zivilen und militärischen Krankenpflege einleitete. Zu derselben Zeit organisierte die Großfürstin Elena Pawlowna die erste Vereinigung russischer Krankenschwestern für die Pflege der Verwundeten in Sewastopol.

Der Fall Sewastopols im September 1855 beendete die aktiven Kriegs-

Florence Nightingale

handlungen weitgehend, obgleich die Russen noch einen Sieg über die Türken errangen, als sie im November die Festung Kars weit südlich des Kaukasus einnahmen. Auf dem Hauptkriegsschauplatz schliefen die Kämpfe allmählich ein. Napoleon III. war bestrebt, das französische Kontingent zu reduzieren. Auf seiten der Türken und ihrer Verbündeten plante keiner der militärischen Führer einen ernstlichen Vorstoß nach Rußland.

Mit dem Tod Nikolaus' I. im März 1855 verlor die Kriegspartei in St. Petersburg an Boden. Sein Sohn und Nachfolger, Alexander II., war eine unkriegerische Natur. Er wollte den Krieg beenden. Als Österreich drohte, als Gegner in den Kampf einzugreifen, nahm der Zar den Vorschlag zu Friedensverhandlungen an. In Paris trat eine Friedenskonferenz zusammen. Sie tagte von Ende Februar bis Mitte April 1856.

Pariser Friede

Die wichtigsten Artikel im Pariser Frieden bestimmten die Neutralität des Schwarzen Meeres. Kriegsschiffe und Anlagen von Waffenplätzen waren verboten. Die Russen nahmen ihren Anspruch auf ein Protektorat über die christlichen Untertanen des Sultans zurück. Die Türkei erhielt den südlichen Teil Bessarabiens. Das Schwarze Meer wurde neutralisiert; Kriegsschiffe durften dort nicht mehr stationiert werden. Der Krimkrieg schien seine beiden unmittelbarsten Ziele erreicht zu haben.

Der Friede war jedoch keine gute Lösung, denn er zögerte Rußlands Vorstoß nach dem Süden nur hinaus. Die Neutralisierung des Schwarzen Meeres blieb nur so lange gültig, wie die Aufmerksamkeit Europas nicht von anderer Seite abgelenkt wurde. Als die Russen 1870 erklärten, daß sie sich nicht länger an die Demilitarisierungsklausel gebunden fühlten, waren die großen Mächte zu sehr mit dem Kampf zwischen Frankreich und Preußen beschäftigt, um mehr als nur einen schriftlichen Protest zu unternehmen. Solange die türkische Regierung Reformen ablehnte, sorgte das korrupte und grausame Gebaren türkischer Beamter in den Balkanländern dafür, daß Süd-Ost-Europa ein Unruheherd blieb. Der Krimkrieg hatte keine Lösung anstehender Probleme gebracht. Doch hatten sowohl der Krieg als auch der Pariser Kongreß langandauernde Wirkungen außerhalb der eigentlichen orientalischen Frage. Alexander II. sah, daß der Krieg grundlegende Schwächen im Aufbau des russischen Staates aufgedeckt hatte. Der Zar war als humaner Autokrat entschlossen, sein Reich zu modernisieren. Neun Monate nach der Unterzeichnung des Pariser Friedens führte er persönlich den Vorsitz in dem Ausschuß, der die Abschaffung der Leibeigenschaft in Rußland vorbereiten sollte. 1861 erließ er ein Edikt, das zwanzig Millionen Leibeigene befreite und ihnen Land gab, wofür die neuen Bauern eine über fünfzig Jahre verteilte Schuldenlast an ihre ehemaligen Herren zahlen mußten. Andere Reformen folgten. Ein Gesetzeskodex verbesserte das Justizwesen. Neue Eisenbahnen vervollkommneten die Verkehrsverhältnisse und erleichterten die Getreideausfuhr.

Während des Krimkrieges trat ein verhältnismäßig unbedeutender Staat an den Tisch der Großen: Im Januar 1855 schloß sich das nord-italienische Königreich Sardinien dem Kampf gegen Rußland an. Truppen aus Piemont nahmen an der Schlacht bei Ohernaya im August 1855 teil und hielten sich tapfer. »Aus diesem Sumpf wird ein Italien entstehen«, soll ein Soldat aus Piemont während des Kampfes erklärt haben. In gewisser Hinsicht behielt er recht. Bei den Verhandlungen in Paris trug der Ministerpräsident von Sardinien, Graf Camillo di Cavour, den Mächten die Frage nach der Einheit Italiens vor.

Italiens Weg zur Einheit

1856

Italiens »Risorgimento« ist von drei Männern vollbracht worden: Mazzini, Garibaldi und Cavour. Nur der letzte jedoch verfügte als Ministerpräsident des Königreiches Sardinien-Piemont über die politischen Mittel, den langgehegten, heißen Wunsch italienischer Patrioten zu verwirklichen. Frühere Bestrebungen nach Unabhängigkeit Italiens von Fremdherrschaft findet man bereits bei Niccolo Machiavelli, Vittorio Alfieri und Ugo Foscolo, sie äußerten sich drängender in Neapel, in Mailand und in Turin seit der Französischen Revolution und vor allem seit dem Zusammenbruch des napoleonischen Kaiserreiches; doch wurde die politische Einheit des Landes noch nicht ausdrücklich gefordert, da sie als unrealistisch erschien. Nur Mazzini trat für einen republikanischen Nationalstaat in Anlehnung an die Tradition des alten Rom ein, den er 1848 wiederzubeleben versuchte. 1848 erließ auch der König von Sardinien, Karl Albert, der zuvor absolut regiert hatte, eine Verfassung und leitete die ersten Maßnahmen zur Befreiung Italiens vom Joch der österreichischen Herrschaft ein. Seine militärischen Anstrengungen endeten jedoch in den Niederlagen bei Custoza und bei Novara.

Nach der Abdankung seines Vaters entschloß sich der junge König Viktor Emanuel II. dazu, dem Grafen Camillo Benso di Cavour 1852 die Leitung der Staatsgeschäfte zu übertragen. Der neue Ministerpräsident hatte bereits im Kabinett Massimo D'Azeglios staatsmännische Fähigkeiten gezeigt. Zwar fühlte sich der König keineswegs zu ihm hingezogen – Cavour sprach als Sohn einer Genfer Mutter Französisch besser als Italienisch und bewunderte Frankreich und England – er bemerkte aber bald, daß in ihm ein großer Staatsmann steckte.

Cavours erster außenpolitischer Schachzug war, seinen König zur Teilnahme am Krimkrieg zu veranlassen. Die Beziehungen zu den Großmächten Europas wurden dadurch enger. Österreichs Vermittlung führte rasch zur Beendigung der Feindseligkeiten. Der Friedenskongreß tagte 1856 in Paris. Auch Cavour begab sich dorthin, blieb aber mit Bedacht äußerst zurückhaltend. Sein Land war unter den vertretenen Mächten das kleinste, und Cavour bemühte sich vor allem darum, in privaten Gesprächen Sympathien zu sammeln. Der Triumph der antiliberalen Reaktion in den verschiedenen italienischen Staaten und vor allem in Rom hatte bereits einen äußerst schlechten Eindruck hinterlassen. Außerdem beabsichtigte Kaiser Napoleon III., seinem Verbündeten auf Kosten der Herzogtümer Parma und Modena territorialen Zuwachs zu verschaffen. Die unter österreichischem Schutz stehenden Herzöge sollten auf dem Balkan entschädigt werden. Wien wies einen solchen Gebietsaustausch entschieden zurück: Seine Vertreter mußten sich jedoch von dem britischen Außenminister George Villiers Clarendon und dem Kongreßvorsitzenden, dem französischen Außenminister Alexandre Colonna, Herzog von Walewski, sagen lassen, daß sie die reaktionäre Politik im Kirchenstaat sowie im Königreich beider Sizilien bedauerlich fänden, während Cavour selbst in einer sehr geschickten Rede bei aller bewußten Mäßigung die Bemerkungen seiner Kollegen durch den Hinweis auf die Gefahren unterstrich, die für Sardinien-Piemont wie für den Frieden in Europa durch die revolutionäre Agitation in Italien erwüchsen, an der die Blindheit der dortigen reformfeindlichen Herrscher die Schuld trage. Der Kongreß endete in einer Atmosphäre der Spannung, weil die Alliierten betonten, man werde, auch wenn Österreich sich sträube, baldige Reformen in Italien hinnehmen. Die italienische Frage war nunmehr vor die europäische Öffentlichkeit getreten. Cavour kehrte im Triumph in seine Heimat zurück.

Es galt nun, aus der unverhohlenen Sympathie Napoleons III. unverzüglich Gewinn zu ziehen. Cavour hatte den Kaiser davon überzeugt, daß nur ein Krieg die von der italienischen Bevölkerung erhoffte Erlösung bringen könne. Dies entsprach auch der Überzeugung Napoleons, der begierig war, dem Beispiel seines großen Onkels zu folgen, der 1797 nach dem Sieg über Österreich als Befreier Italiens aufgetreten war. Zwar hätten sich, erklärte Cavour vor dem sardischen Parlament, die Österreicher auf dem Kongreß höflich und korrekt verhalten, doch habe man sich getrennt »mit der tiefen Überzeugung, daß die Politik beider Länder weiter denn je von einem Einklang entfernt sei«.

In den Augen der Liberalen Italiens erschien Cavour als Vorkämpfer einer Sache, die zur Angelegenheit der Nation geworden war. Um Siegesaussichten zu haben, muß-

Papst Pius IX.

Guiseppe Garibaldi vor Capua. Gemälde von Gerolamo Induno, 1861

Camillo Graf Benso di Cavour. Photographie

ten jedoch zwei Vorbedingungen geschaffen werden: ein Militärbündnis mit Frankreich und eine Politik, die Österreich zu einer Kriegserklärung an Sardinien-Piemont verleitete, damit dieses nicht als Aggressor dastand. Dies war auch die Bedingung der mündlichen und geheimen Übereinkunft, zu der Cavour und Napoleon im Juli 1858 bei ihren Gesprächen in Plombières gelangt waren, in denen der Kaiser seine Hilfe zugesagt hatte.

Am 1. Januar 1859 ließ Napoleon auf dem Neujahrsempfang des diplomatischen Korps dem österreichischen Geschäftsträger gegenüber die dunklen Worte fallen: »Ich bedaure, daß die Beziehungen zwischen unseren Regierungen nicht mehr so gut sind wie früher.« Einige Tage später sprach König Viktor Emanuel vor dem Parlament in Turin von dem »Schmerzensschrei, der aus allen Teilen Italiens zu uns dringt«. Beides rief in Österreich wie in Italien den Eindruck hervor, daß die Würfel bereits gefallen und der Krieg zwischen Frankreich und Sardinien einerseits und der Donaumonarchie andererseits unausweichlich seien. Die Österreicher trafen jetzt ganz offen entlang der piemontesischen Grenze militärische Schutzmaßnahmen. Im Dezember desselben Jahres wurden die Vereinbarungen von Plombières in einem förmlichen Vertrag fixiert.

England und Rußland versuchten den drohenden Krieg zu verhindern und regten einen Kongreß an, den Österreich jedoch nur unter der Bedingung akzeptierte, daß territoriale Veränderungen nicht zur Debatte ständen und daß Sardinien-Piemont zuvor abrüstete. Napoleon III. selbst zögerte. Er gab viel auf die Meinung kirchlicher Kreise in Frankreich, die gegen einen Konflikt waren, der die weltliche Macht des Papstes nur untergraben konnte. Nur Cavour blieb unbeirrt auf seiner politischen Linie. Auch in Wien gewann die Kriegspartei um den jungen Kaiser Franz Joseph die Oberhand. Das österreichische Ultimatum, innerhalb von drei Tagen einseitig abzurüsten, führte am 25. April 1859 zum Ausbruch des Krieges.

Ebenso wie Bonapartes Feldzug von 1797 war der Krieg in Italien 1859 nicht ohne Überraschungen. Zunächst stießen die Österreicher sogar bis nach Chivasso, zwanzig Kilometer östlich von Turin, vor. Sie hofften damit, die Piemontesen zur Verteidigung ihrer Hauptstadt zu zwingen und sie vor ihrer Vereinigung mit den Franzosen vernichten zu können. Diese hatten wie 1796 die südliche Route über die Alpen gewählt. Als Napoleon III. am 12. Mai in Genua landete und zwei Tage später bei seinen Truppen vor Alessandria anlangte, vereinigten sie sich mit den Piemontesen auf dem rechten Ufer des Po. Im Nord-Osten der Ebene von Marengo kam es bei dem kleinen Dorf Montebello zur ersten Schlacht, die mit einem Sieg der Verbündeten endete. Die zurückweichenden Österreicher wurden am 4. Juni zwischen der Brücke von Buffalora und dem östlich des Grenzflußes Tessin gelegenen Dorf Magenta erneut zur Schlacht gestellt. Das Dorf mußte von den Franzosen Haus für Haus erobert werden. Ihr Oberbefehlshaber Marschall Patrice Maurice Mac Mahon wurde dafür mit dem Titel eines Herzogs von Magenta ausgezeichnet. Am 8. Juni zogen Viktor Emanuel und Napoleon III. im Triumph in Mailand ein. Die Österreicher zogen sich bis zum Mincio in den Schutz ihres berühmten lombardo-venetischen Festungsvierecks zurück.

Nach der Niederlage von Magenta hatte Kaiser Franz Joseph selbst den Oberbefehl über seine Truppen übernommen. Am 23. Juni bezogen die Österreicher auf dem Rückzug auf den Hügelketten südlich des Gardasees Stellung. Am Morgen des 24. Juni stießen die französisch-sardinischen Truppen überraschend auf den Feind. In der Sonnenglut des Tages entspann sich auf einer Linie von zwölf Kilometern eine furchtbare Schlacht, die vor allem um die Dörfer Solferino und San Martino tobte. Solferino wurde von den Franzosen und San Martino um sechs Uhr abends von den Piemontesen endgültig besetzt, während sich die Österreicher unter dem Schutz eines sintflutartigen Gewitterregens und fast völliger Dunkelheit auf die Festung Peschiera zurückzogen. Fünfundzwanzigtausend Tote und Verwundete bedeckten das Schlachtfeld.

Ganz Italien erwartete, daß der Krieg bis zur Befreiung Venetiens zu Wasser und zu Land fortgesetzt würde, da Venetien und die Lombardei nach den Bestimmungen des in Turin abgeschlossenen Vertrages zusammen mit Piemont ein nord-italienisches Königreich bilden sollten. Doch plötzlich verbreitete sich die Nachricht, am 8. Juli hätten sich in Villafranca bei Verona Napoleon III. und Franz Joseph getroffen und einen Waffenstillstand unterzeichnet. Die Lombardei sollte an Napoleon und von diesem an Sardinien-Piemont abgetreten werden. Die übrigen italienischen Staaten sollten einen Bund unter dem Vorsitz des Papstes bilden, dem das unter österreichischer Herrschaft verbleibende Venetien gleichfalls beitreten sollte.

Die Enttäuschung war unermeßlich. Napoleons Beliebtheit in Italien sank angesichts dieses Verrats dahin. Voller Verzweiflung begab Cavour sich an die Front, machte seinem König bittere Vorwürfe, daß er solche Bedingungen angenommen habe, und reichte seinen Rücktritt ein. Viktor Emanuel war einsichtiger. Für ihn war es unmöglich, sich von seinem Verbündeten loszusagen, der sich nur aus staatsmännischer Vernunft zu dieser Übereinkunft bereitgefunden hatte.

Für Napoleons Entschluß war eine ganze Reihe von Gründen maßgebend. Der Anblick des leichenübersäten Schlachtfeldes von Solferino hatte ihn zutiefst erschüttert, und er befürchtete schlimmere Verluste für den Fall, daß

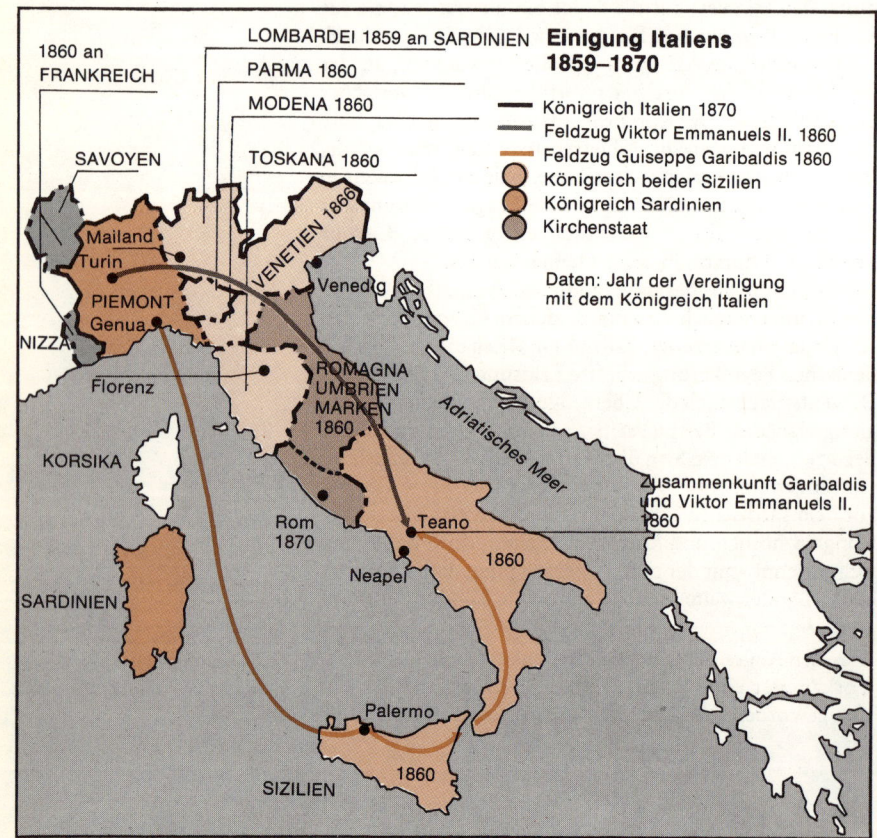

die Österreicher sich in ihrem Festungsviereck verschanzten. Ferner mußte er die Außenpolitik berücksichtigen, nämlich die drohende Haltung Preußens, das einen vollständigen Sieg Frankreichs nicht hinnehmen würde. Vor allem aber hielt ihn die wachsende Unzufriedenheit der kirchlichen Kreise Frankreichs, die das Ohr der Kaiserin besaßen, von der Fortsetzung des Krieges ab, und schließlich hegte er Bedenken gegen die Ausdehnung Italiens über »Alpen und Adria« hinaus. Er plante die Schaffung eines Territoriums, bestehend aus der Toskana, den Herzogtümern Parma und Modena sowie der zum Kirchenstaat gehörigen Romagna, für seinen Vetter Jérôme Napoléon, der an der Spitze einer Armee in Livorno stand, um den linken Flügel der sich zurückziehenden Österreicher zu binden. Doch Napoleons politisches Kalkül verkannte den wahren Stand der öffentlichen Meinung in den betroffenen Gebieten. In der Toskana war man froh, daß der habsburgische Großherzog geflohen war, und in Parma, in Modena sowie in der Romagna wünschte man nichts sehnlicher als die Vereinigung mit Sardinien-Piemont. Jérôme Napoléon erkannte das sehr rasch und beriet selbst die Politiker, welche eine Volksabstimmung für die Eingliederung dieser Gebiete in das Königreich Viktor Emanuels in die Wege leiteten. Der mit Österreich am 10. November 1859 in Zürich geschlossene Friede ging zwar noch von dem Plan eines italienischen Bundes aus, doch waren die ihrer Fürstentümer beraubten Herzöge nicht imstande, ihre Staaten mit Gewalt wiederzuerlangen, und Napoleon hatte den Grundsatz der Nichteinmischung fremder Staaten in die Angelegenheit Italiens vertraglich sanktioniert. Dennoch glaubte sich das Kabinett nicht autorisiert, die Pläne Cavours weiter zu verfolgen. Der König unterdrückte seinen Groll gegen Cavour und betraute ihn am 20. Januar 1860 erneut mit der Leitung des Kabinetts.

Nun stand an der Spitze der Einheitsbewegung wieder ein Staatsmann und ein Führer, der durch die provisorischen Regierungen in der Toskana und in der Emilia-Romagna rückhaltlos unterstützt wurde. Es kostete Cavour kaum Mühe, Napoleon III., der selbst durch Volksabstimmung an die Macht gekommen war, davon zu überzeugen, daß es für ihn moralisch unmöglich sei, sich einem in derselben Form kundtuenden Wunsch des italienischen Volkes zu widersetzen. Der Kaiser ließ sich um so leichter überzeugen, als nun auch die vereinbarte Abtretung Savoyens und Nizzas an Frankreich erfolgte.

Die größten Hindernisse auf dem Weg zur Einheit Italiens waren wie schon 1848/49 die militärische Macht Österreichs, der päpstliche Kirchenstaat und das Königreich beider Sizilien. Dagegen machte es keinerlei Schwierigkeiten, Nord-Italien mit der Toskana zu vereinigen.

Ein Angriff auf das Königreich beider Sizilien und mehr noch gegen den von Frankreich protegierten Kirchenstaat war für Sardinien-Piemont moralisch ausgeschlossen. Hier sollten der Mut und die Verschlagenheit Guiseppe Garibaldis Wunder vollbringen. Garibaldi konnte auf die Waffen- und Geldhilfe der italienischen Patrioten sowie auf das geheime Einverständnis Cavours bauen, der den Anhängern Garibaldis gestattete, sich zweier im Hafen von Genua ankernder Schiffe zu bemächtigen, um in der Nacht vom 6. zum 7. Mai 1860 nach Sizilien aufzubrechen, wo sie nahe des Hafens von Marsala landeten. Sie griffen die bourbonischen Truppen am 15. Mai auf halbem Wege nach Palermo siegreich an.

Innerhalb weniger Tage strömten Garibaldi auf seinem Marsch nach Palermo aus allen Teilen der Insel Freiwillige zu. Die Stadt fiel am 27. Mai durch Handstreich. Die letzten bourbonischen Truppen verließen sie am 6. Juni.

Nun, da sich der schon bald legendäre »Zug der Tausend« einem siegreichen Ende zuzuneigen schien, lieh Turin den Freischärlern seine Unterstützung. Aus Genua wurden über See Verstärkungen herangeführt. Der letzte Kampf fand am 20. Juli bei Milazzo statt, der mit dem Sieg Garibaldis endete. In der Nacht vom 19. zum 20. August landete Garibaldi in Kalabrien.

Cavour rechnete damit, daß wie in Sizilien sich auch im übrigen Königreich Neapel die Bevölkerung für Sardinien-Piemont erklären würde, und er ließ seine Emissäre dementsprechend wirken. Garibaldi eilte nach Neapel überall als Befreier umjubelt, und zog am 7. September im Triumph in die Hauptstadt ein. Am Abend zuvor hatte sich König Franz II. in die Seefestung Gaeta geflüchtet.

Begegnung König Viktor Emanuels von Sardinien mit Guiseppe Garibaldi in Teano bei Neapel am 26. Oktober 1860. Gemälde von Gerolamo Induno

Einzug König Viktor Emanuels in Brescia

Guiseppe Garibaldi. Photographie

Guiseppe Garibaldi im Kampfgetümmel. Gemälde von Gerolamo Induno, 1860

Patrice Maurice Mac Mahon, Marschall von Frankreich als Sieger in der Schlacht bei Magenta am 4. Juni 1859

Versammlung der Verschwörer. Zeitgenössische Karikatur auf die Feinde der Einheit Italiens

Auf den Rat von Giuseppe Mazzini, der, aus England kommend, sich gleichfalls nach Neapel begeben hatte und auf die Hoffnung hin, daß das italienische Volk mit flammender Begeisterung seine Befreiung vollzog, faßte Garibaldi den Plan, seinen Marsch nach Rom fortzusetzen, ungeachtet der diplomatischen Verwicklungen, die ein solches Unternehmen nach sich ziehen mußte. Cavour allerdings wollte hierbei die Initiative behalten. Ohne sich um die mißbilligende Haltung der europäischen Mächte zu kümmern, hatte er Viktor Emanuel veranlaßt, von nun an selbst zu handeln. Er rückte mit seinen Truppen siegreich in die zum Kirchenstaat gehörenden Marken und nach Umbrien vor. Am 1. Oktober fand am Ufer des Volturno die blutigste Schlacht des Feldzuges von 1860 zwischen den Verbänden Garibaldis und den bourbonischen Elitetruppen, die ihrem König Franz II. treu geblieben waren, statt. Die Bourbonen erlitten ihre endgültige Niederlage. Am 26. Oktober empfing Garibaldi am Kai von Neapel König Viktor Emanuel, übertrug ihm den Oberbefehl über seine Verbände und zog sich auf sein Gut auf der kleinen Insel Caprera zurück.

Im Februar 1861 trat in Turin das erste italienische Parlament zusammen, das am 14. März einstimmig die Annahme des Titels eines Königs von Italien durch Viktor Emanuel billigte. Noch aber gehörten Rom mit Latium sowie Venetien nicht zum neuen Königreich. Rom war das schwierigste Problem, da die Stadt unter dem Schutz Frankreichs stand. Cavour, der am 6. Juni 1861 durch einen allzu frühen Tod hinweggerafft wurde, hat noch die Grundlinien der künftigen Politik gegenüber dem Papst bestimmt. Die Ewige Stadt sollte gemäß der Logik der historischen Entwicklung Italiens zur Hauptstadt des Landes werden, doch mit dem Einzug sollte man warten, bis der Papst, der vorerst jeden Vergleich ablehnte, sich dazu bereitfände. Dieses war der Kern seiner Reden, die er 1860/61 vor dem italienischen Parlament hielt. Er hinterließ aus seiner Schule eine Reihe selbstloser, arbeitsamer und realistisch denkender Politiker, die dem Vaterland uneingeschränkt ergeben waren. Sie sollten sein Werk vollenden, hatten aber leider seine Genialität nicht geerbt.

Die Aufmerksamkeit der Regierung wandte sich zunächst Venedig zu. Bismarck, der den preußischen Angriff auf Österreich diplomatisch vorbereitete, schloß am 8. April 1866 in Berlin mit Italien einen geheimen Bündnisvertrag. Der Krieg brach am 20. Juni aus, doch infolge der Unfähigkeit der italienischen Führung erlitten Armee und Flotte nur Mißerfolge: Die Italiener verloren trotz zahlenmäßiger Überlegenheit die Schlacht bei Custoza; sie zogen auch in der Seeschlacht von Lissa am 16. Juli den Kürzeren. Dennoch brachte der entscheidende preußische Sieg bei Königgrätz Italien den Wiedergewinn Venetiens.

Garibaldi verfolgte den Plan eines Handstreiches gegen Rom ähnlich dem Zug der Tausend unablässig weiter. 1862 hielt es ihn nicht mehr auf seiner Insel. Im August landete er mit in Sizilien geworbenen Freiwilligen von Cataria her kommend in Kalabrien und durchzog Süd-Italien. Ministerpräsident Urbano Rattazzi hätte gern beide Augen zugedrückt; doch Napoleon III. ließ wissen, daß ein Angriff Garibaldis auf päpstliches Gebiet einer Kriegserklärung an Frankreich gleichkomme. Die Regierung mußte sich beugen, und ihre Truppen trieben Garibaldis Freischaren auf die Höhen von Aspromonte zurück. Garibaldi, der leicht verwundet worden war, wurde an der ligurischen Küste einige Zeit in Haft gehalten und durfte dann nach Caprera zurückkehren. Doch die aus Handwerkern, Klein- und Großbürgern sowie einem Teil

Triumphaler Einzug Garibaldis in Neapel am 7. September 1860. Zeitgenössische farbige Zeichnung

Franz II., König beider Sizilien

des Adels bestehende Aktionspartei hielt den Geist des Patriotismus weiter in Gärung. Auch in England, wo Garibaldi ungemein populär war, wurde die Agitation für Italiens Einheit aufrechterhalten. 1864 begab Garibaldi sich auf eine Reise nach den britischen Inseln, wo er überall begeistert empfangen wurde, während die Regierung ihrer Majestät sich zurückhaltend zeigte. Zu diesem Zeitpunkt traf Ministerpräsident Marco Minghetti in Turin, der seit einiger Zeit mit Paris über den Abzug der in Rom stationierten französischen Truppen verhandelte, eine Vereinbarung, wonach die Franzosen innerhalb von zwei Jahren gegen die formelle Versicherung Turins abziehen sollten, keinen Feldzug Garibaldis mehr zu gestatten; die italienische Hauptstadt sollte von Turin nach Florenz verlegt werden (Konvention vom September 1864). Der Auszug der Regierungsstellen rief in Turin einen Aufstand hervor. Auch der König war dagegen. Minghetti mußte zurücktreten. Sein Nachfolger wurde Alfonso Ferrero La Marmora.

Im September 1867, als Rattazzi abermals an der Spitze der Regierung stand, versuchte Garibaldi erneut, durch Propaganda im ganzen Land das Kabinett zu zwingen, sich Roms zu bemächtigen. Wieder erfolgte eine Warnung aus Paris. Doch als Napoleon III. sah, daß die italienische Regierung nicht in der Lage war, die Einsickerung revolutionärer Elemente in den Kirchenstaat, ja, nicht einmal die Flucht Garibaldis von der Insel Caprera, die doch unter Flottenbewachung stand, und seine Befehlsübernahme über die bereitstehenden Freischaren zu verhindern, entschloß er sich, selbst zu handeln, und entsandte im Oktober von Antibes aus zwei Schiffe nach Civitavecchia. Garibaldi erlitt nach seinem Sieg über die päpstlichen Truppen bei Monterotondo am 26. Oktober, wenige Tage später, am 3. November, durch die französische Übermacht bei Mentana eine vernichtende Niederlage.

Dieses Ereignis hinterließ in den Herzen der Italiener eine böse Erinnerung, die die Bündnispolitik Viktor Emanuels nach 1870 mitbestimmte. Der König hätte gerne in den deutsch-französischen Krieg an der Seite seines Verbündeten von 1859 eingegriffen, doch das Parlament verweigerte ihm die Gefolgschaft. Als die Franzosen nach ihren ersten Niederlagen gegen die deutschen Heere ihre Truppen aus Rom abzogen, brauchten sich die italienischen Verbände nur vor den Toren der Ewigen Stadt zu zeigen, um am 20. September 1870 durch eine in die Mauer geschossene Bresche an der Porta Pia einziehen zu können. Papst Pius IX. suchte jedes Blutvergießen zu vermeiden und leistete keinen Widerstand. Jedoch erkannte er das Protokoll einer Vereinbarung zwischen der Kurie und der italienischen Regierung nicht an. Bis zu den mit Mussolini 1929 geschlossenen Lateranverträgen betrachteten sich die Päpste als Gefangene im Vatikan.

Mit dem Jahr 1870 war Italiens Einigung in territorialer Hinsicht abgeschlossen. Allerdings sollte sich im Laufe der folgenden Jahrzehnte unter etlichen Nationalisten eine Ideologie entwickeln, wonach sämtliche Gebiete mit ethnisch gleicher Bevölkerung und gleicher Sprache vereint sein müßten. Hierzu gehörten Süd-Tirol, Triest sowie Dalmatien, das einmal zur Republik Venedig gehört hatte. Diese Ideologie fand weder Anhänger unter den unmittelbaren Nachfolgern Cavours bis 1876 – der Rechten – noch unter der Linken, die nach 1876 regierte. Italien trat dem Dreibund mit Deutschland und Österreich sowohl aus innenpolitischen als auch aus außenpolitischen Gründen bei. Infolge von Rückschlägen in der Kolonialpolitik in Ost-Afrika entwickelte sich gegen Ende des 19. Jahrhunderts eine nationalistische Bewegung mit Gebietsansprüchen, die nach dem Ersten Weltkrieg, in dem Italien allerdings beinahe die Ziele des Irredentismus dank seines Zusammengehens mit Großbritannien, Frankreich und den Vereinigten Staaten erreicht hatte, unter dem faschistischen Regime Mussolinis ins Ungemessene wuchs, Italien zu einem erneuten Umschwung in der Bündnispolitik und in die Niederlage von 1945 führte.

MAURICE VAUSSARD

Aufruf zum Eintritt in die Vogesen-Armee Garibaldis im deutsch-französischen Krieg 1870/71. Plakat aus Lyon, 23. Oktober 1870

Die Einigung Italiens verlief so dramatisch, daß die Zeitgenossen sie als einzigartig unter den nationalen Bewegungen des 19. Jahrhunderts ansahen. Sie wirkte auf die Einbildungskraft und das Mitgefühl aller freiheitlich gesonnenen Menschen. Die Mehrzahl von ihnen lebte fern von der Halbinsel, deren silbergrüne Olivenbäume und deren schlanke Zypressen sie wohl nie schauen sollten. Als Garibaldi 1864 London besuchte, jubelte ihm das Volk zu. Die Menschen waren außer sich vor Freude, einen Mann zu sehen, der ihre romantischen Träume verkörperte, die für sie eine Art Erlösung von dem Einerlei des Alltags bedeuteten. Die politischen Erwägungen eines Cavours oder der moralische Appell eines Mazzinis sagten ihnen nichts. Die Zuschauer waren zufrieden, daß es in einer Zeit fortschreitender Nivellierung noch einen Kriegshelden gab, der den Schwung eines ritterlichen Mannes mit bescheidener Einfachheit verband.

Die Auswanderer

Das Ungewöhnliche ergriff die Menschen und regte ihre Phantasie an. Aber in den Städten Europas und entlang der Ost-Küste der Vereinigten Staaten lebten viele Menschen, denen ihre Wachträume kein Ersatz für das reale Abenteuer boten. Auch in den ländlichen Bezirken Europas erfaßten Tausende, daß sie nur in neuen Ländern ihr Los verbessern konnten. Der Auswanderungsstrom von Europa in die Neue Welt erreichte in den fünfziger Jahren des 19. Jahrhunderts einen Höhepunkt. Die meisten Siedler gingen nach Nord-Amerika, wo die Expansion der Vereinigten Staaten nach Westen unzähligen Menschen eine neue Lebensgrundlage erschloß. Dieser Prozeß vollzog sich viel schneller als in Kanada, wo Winnipeg noch 1870 nur ein Außenposten mit zweihundert Einwohnern war. Während dieser Zeit siedelte sich eine

San Francisco im Jahr 1850

große Anzahl Englisch sprechender Einwanderer in Kalifornien und in den australischen Kolonien an. Eine Hauptanziehungskraft für die Abenteurer war die Suche nach Gold.

Das Goldfieber

Die Jagd nach Gold in Kalifornien begann im Dezember 1848, als Präsident James Knox-Folk frühere Berichte über das Vorkommen von Goldstaub und Goldklumpen in einer Botschaft an den Kongreß bestätigte. Doch schon hatten Gerüchte eine fieberhafte Aufregung in dem neuen Handelsplatz San Francisco hervorgerufen. Innerhalb eines Monats nach der Präsidentenbotschaft segelten mehr als sechzig Schiffe, die mit Glückssuchern überladen waren, um das Kap Horn nach San Francisco. Sobald der Winter zurückwich, brachen Tausende von Wagen nach Westen auf. Viele Menschen starben auf diesem Zug an Cholera, oder sie kamen durch ein geheimnisvolles Fieber in den Rocky Mountains um. Auch in Kämpfen mit Indianern fanden viele den Tod oder gingen in den furchterregenden Einöden der Sierra Hunger an Durst und Hunger zugrunde. Doch ehe das Jahr zu Ende ging, hatten mehr als achtzigtausend Reisende das armselige Hüttenlager, das sich San Francisco nannte, erreicht. Die Einwohnerzahl schnellte auf fünfundzwanzigtausend hinauf. Überwachungsausschüsse und das Lynchgesetz, beides gebräuchliche Formen des Rechtes in den Grenzgebieten, erwiesen sich zur Aufrechterhaltung von Recht und Ordnung als unwirksam. Aber selbst die Aufnahme Kaliforniens als 31. Land in die Vereinigten Staaten im Jahre 1856 brachte keine geordneten Verhältnisse.

In den folgenden zehn Jahren wurden in den lärmenden Hüttenstädten der Goldgräber zahllose Vermögen erworben und ebenso schnell wieder verloren. Die Entdeckung von Silber in Nevada lockte Schürfer nach Mount Davidson, und bald danach wurde Gold in Colorado gefunden. Aber der Reichtum war zu denen, die mit dem Sichertrog auf den Knien arbeiteten. Erfolgreicher waren wohlhabende Leute, die sich mit teuren Maschinen ausrüsten konnten. Die wahre Goldgräberfront, eine von roher Kraft strotzende Gesellschaft, in der es keine sozialen Unterschiede mehr gab, war ein Phänomen dieser Zeit.

Australien

Viele von den amerikanischen Zuständen wiederholten sich im August 1851 in Australien, als in einer Kolonie Gold gefunden wurde, die offiziell erst wenige Wochen vorher gegründet worden war und die nach der englischen Königin »Viktoria« benannt wurde. Die Menschen verließen derart überstürzt die Hauptstadt Melbourne, daß nur eine Handvoll Beamter und nicht mehr als zwei Polizisten zurückblieben, um die Scharen von Glücksjägern, die in Port Phillip Bay an Land strömten, zu überwachen.

Im Verlauf eines Jahrzehnts, seit 1852, verdreifachte sich die Bevölkerung von Australien. 1853 segelten etwa drei Schiffe täglich den Yarra River nach Melbourne hinauf. In dieser Zeit war Grundbesitz in der Stadt etwa fünffach so teuer wie in London. In manchen Orten fanden Schürfer nur wenige Zentimeter unter der Oberfläche des sandigen Bodens Goldklumpen. Trunkenheit, Spiel, Diebstahl und Mord waren in den Goldgräberlagern und in den Straßen von Melbourne an der Tagesordnung. Aber wie in Kalifornien triumphierte die Gesetzlosigkeit nur so lange, als der Goldstrom anhielt. Bergwerksgesellschaften bauten tiefe Schächte und stellten Arbeiter zu festen Löhnen ein. Sie verdrängten die mit Pickel und Schaufel arbeitenden Schürfer. Eine rauhe Disziplin überwand schließlich den Schrecken sozialer Anarchie. Ende 1854 war dennoch ein Aufstand deutscher und irischer Einwanderer in den Goldfeldern nicht zu verhindern. Viele der späteren Siedler verdingten sich nicht im Bergbau, dem zuliebe sie um die halbe Welt gefahren waren, sondern gingen auf Farmen, wo Wolle und Weizen ein stabileres Einkommen sicherten.

Die Jagd nach Gold in der Viktorianischen Zeit rundete eine Umwälzung in Australien ab, die schon 1815 in Neu-Süd-Wales mit der Gründung von Bathurst als der ersten Stadt im

Ein Goldgräber in Colorado

Innern des Landes begonnen hatte. Die Tatsache, daß Neu-Süd-Wales als Sträflingskolonie gedient hatte, brachte den Kontinent viele Jahre lang in Verruf. Von 1788 bis 1840 wurden Verbrecher nach Neu-Süd-Wales transportiert; und noch in späteren Jahren, von 1848 bis 1853, kamen Verbannte nach Australien. Obgleich die freien Bewohner den Sträflingen und den »Emanzipierten«, den ehemaligen Sträflingen, zahlenmäßig weit überlegen war, wurde die politische Entwicklung durch das Odium der Kriminalität belastet.

Das Mißtrauen der Verwaltungsbehörden gegenüber dem Bürger wurde auch dem ersten Entdecker von Gold in Ballarat zum Verhängnis. Weil er vorbestraft war, glaubte man, er habe das Gold gestohlen und eingeschmolzen, um mit Grundstücken zu spekulieren, und nur zum eigenen Schutz habe er die Entdeckung vorgespiegelt. Darum wurde er als ein Lügner ausgepeitscht. Erst als ein Geistlicher mit einem Goldklumpen Melbourne erreichte, erkannten die Behörden, daß es wirklich Gold entlang den Flüssen des Landes gab. Aber der Generalgouverneur versuchte die Nachricht zu verheimlichen, weil er die Auswirkungen auf die Bevölkerung fürchtete.

Die Haltung des Gouverneurs wurde von den begeisterten Mitgliedern der Nationalen Kolonialgesellschaft in London nicht geteilt. Gibbon

Der Broadway in New York. Mitte des 19. Jahrhunderts

und wirtschaftliche Entwicklung der englischen Kolonien 1840–1860

Sydney in Australien im Jahr 1860

Wakefield, der einflußreichste Befürworter der Auswanderung nach Australien, erklärte, daß mit der Zunahme der Siedler wegen der Nachricht vom Gold die Kolonie sich bald zu einer Nation wandeln werde.

Wakefield hatte recht. Das australische Kolonialgesetz räumte dem Land das Recht ein, sich auf freiheitlicher Grundlage Verfassung und Gesetze zu geben. Tatsächlich verwurzelte sich das Bewußtsein, die Unabhängigkeit und die Autorität zu besitzen, nach der Einwanderungsflut der fünfziger Jahre fest bei den Australiern. Neu-Süd-Wales gab sich 1855 eine Verfassung; Viktoria, Süd-Australien und Tasmania folgten bald diesem Beispiel. 1859 wurde Queensland zu einer Kolonie mit Selbstverwaltung. West-Australien, das schon seit 1829 den Status einer Kolonie besaß, war aber bis 1890 zu dünn bevölkert, als daß es sich selbst regieren konnte.

Trotz der Selbstregierungen behielt sich England ein Mitspracherecht vor. Englische Truppen weilten bis 1870 in den Kolonien. Vorschläge für einen Bundesstaat wurden abgelehnt, da man Australien für zu weiträumig hielt. Die einzelnen Gebiete hatten zu unterschiedlichen Charakter, als daß eine staatliche Einheit möglich wäre. Eine Föderation wurde erst 1900 durch das australische Commonwealth-Gesetz erreicht.

Melbourne und Sydney entwickelten sich zu eigenständigen Städten. Beide hatten eine Universität, Büchereien, Theater, breite Straßen mit Gasbeleuchtung und Villenviertel an der Wasserseite. Ihre Bürger pflegten ihre Leidenschaft für Sportwettkämpfe. Als das erste Krickettspiel zwischen Viktoria und Neu-Süd-Wales 1856 in Melbourne stattfand, zeigte die gesetzgebende Versammlung verständnisvolles Entgegenkommen und vertagte ihre Sitzung bis zum Ende des Spieles.

Bis 1856 hatten die Siedlungen immer nur den Rand des riesigen Kontinents berührt. Darin lag eine Herausforderung an den Wagemut des Menschen, wie ihn der amerikanische Westen gebildet hatte. Robert Burke und William Wills durchquerten Australien 1861 vom Süden nach Norden, überlebten jedoch die Rückreise nicht. John Stuart zog 1862 von Adelaide nach Darwin. Forscher ebneten die Wege, die Pioniere dann beschritten. Schiffe mit Einwanderern segelten von Europa noch jahrzehntelang nach Süden. Aber sie brachten weniger Leute nach Australien, als nach den amerikanischen Prärien zogen. Die australischen Kolonien erlebten nie wieder eine so schnelle und durchgreifende Wandlung wie in den goldenen fünfziger Jahren.

Auch in anderen Kolonien konnte das englische Volk seinen Hunger nach neuen Abenteuern stillen. Die Furcht vor der französischen Expansion im Süd-Pazifik veranlaßte 1840 die englische Regierung, Neuseeland zu annektieren. Der Vertrag von Waitangi, der die Besitznahme offiziell besiegelte, gab den eingeborenen Maori-Häuptlingen die feierliche Garantie am Besitz ihrer Länder als Gegenleistung für die Abtretung der Souveränität an England. Um die Mitte des 19. Jahrhunderts brachte die Schafzucht der südlichen Insel Wohlstand. Schon 1856 erhielt die Kolonie eine autonome Regierung. Aber Kriege mit den Maoris hemmten die Entwicklung der nördlichen Insel und schreckten Einwanderer ab. Die Entdeckung von Gold in Otago 1861 und in Westland 1865 lockte nur wenige Goldsucher an. Die Zahl der Siedler stieg bis 1870 auf etwa eine Viertelmillion. Aber Neuseeland übte nie eine solche Anziehungskraft auf Auswanderer aus wie Australien.

Kanada

Am Anfang des Jahrhunderts zogen die meisten Auswanderer nach Kanada. Im Lauf des Jahres 1832 fuhren rund fünfzigtausend Siedler, die überwiegend aus Schottland und Irland stammten, über den Atlantik. Ein Streit zwischen den amtlich ernannten gesetzgebenden Körperschaften und den vom Volk gewählten Vertretern führte 1837 zu einem bewaffneten Aufstand, der viele Einwanderer abschreckte. 1839 jedoch veröffentlichte Lord Durham einen Bericht über die Verhältnisse in Britisch-Nord-Amerika. In diesem Bericht schlug er vor, den Provinzen Autonomie zu gewähren. Seine Thesen zur Regelung der Verhältnisse zwischen Kolonie und Mutterland nahmen bereits wesentliche Gesichtspunkte der Organisation des Empires vorweg. Die Selbstverwaltung Kanadas seit 1840 gab dem Seehandel einen Aufschwung, wobei zugleich eine Abhängigkeit von den wirtschaftlich stärkeren amerikanischen Staaten im Süden vermieden wurde. 1857 wurde Ottawa in der Provinz Ontario Hauptstadt von Kanada. Eine Erschließung der Landesteile vom Atlantik bis zum Pazifik brachte die transkontinentale Eisenbahn, deren Eröffnung im Jahr 1867 erfolgte.

Süd-Afrika

Während dieser Jahre zogen weder die West-Indischen Inseln noch Süd-Afrika viele Siedler an. Die Abschaffung der Zuckerzölle war für die west-indischen Pflanzer ein schwerer Schlag. Die Inseln, die seit Jahrhunderten als eine Quelle des Reichtums galten, boten Einwanderern kein lohnendes Ziel mehr. Die Kap-Kolonie genoß ebenfalls nur wenig Beliebtheit, hauptsächlich weil die Auswanderer in den zwanziger Jahren des 19. Jahrhunderts dort zu unbefriedigende landwirtschaftliche Verhältnisse angetroffen hatten. Auch die stolze Unabhängigkeit der Buren, die sie zu dem großen Treck der Jahre 1835/36 und 1837/38 veranlaßten, um neuen Siedlungsraum, frei von englischer Unterdrückung, zu erschließen, ermunterte keinen Fremden, in das Land zu kommen. Während der wirtschaftlichen Depression 1841 verließen mehr als achtunddreißigtausend Menschen England, um nach Kanada oder Australien zu gehen. Aber nur hundertfünfzig wandten sich nach Süd-Afrika.

Im Jahr 1842 gründeten die Buren den Freistaat Oranje. Auch ihr Siedlungsgebiet im Transvaal wurde 1856 ein Freistaat. Neben den Kämpfen der weißen Bevölkerung, der Buren gegen die neuen englischen Kolonialherren, Süd-Afrikas untereinander mußten sie sich der Zulus erwehren. Der Kaffernstamm der Zulus war im Lauf des 19. Jahrhunderts im Osten Süd-Afrikas zu einem Großstaat erstarkt, der in zahlreichen Feldzügen die europäischen Kolonialgebiete ernsthaft bedrohte. Erst 1880 gelang es den Engländern, die Zulus zu unterwerfen.

Indien

Die Ost-Indien-Gesellschaft zehrte nur noch vom Ruhm ihrer früheren Herrschaft. Während der ersten Hälfte des 19. Jahrhunderts zwang das mächtige britische Handelsunternehmen den Einwohnern des indischen Subkontinents ein durchgreifendes Reformprogramm auf. Das Beharren der Briten auf gesetzlicher und sozialer Gleichberechtigung der einheimischen Bevölkerung bedrohte Indiens jahrhundertealtes Kastensystem schwer und erregte unter den hochgestellten Moslems und Hindus gleichermaßen tiefe Empörung. Einige Generalgouverneure hatten den Indern den Weg geebnet, bei der Verwaltung ihres Heimatlandes mitzuwirken. Die herrschenden Klassen in England waren auf die Schutzherrschaft, die sie in Indien ausübten, stolzer als auf alle neuen kolonialen Siedlungen.

Kriegstanz der Maori, der Ureinwohner Neuseelands

Aufruhr in Indien 1857

John Laird Mair Lawrence, dritter Vizekönig von Indien. Detail eines Gemäldes von George Frederick Watts, 1862

Britische Truppen bei der Erstürmung der Batterien bei Badle-Serai im Jahr 1857

Das Jahr 1857 begann für die Truppen der britischen Ost-Indien-Gesellschaft in Bengalen mit Mißerfolgen. Im Februar und noch einmal Anfang Mai entstanden Unruhen unter den eingeborenen Soldaten der englischen Armee, den Sepoys, die zunächst leicht befriedet werden konnten, aber am 10. Mai meuterten die Sepoys in der Garnison der Stadt Mirat. Sie ermordeten ihre Offiziere und begaben sich auf den Weg nach Delhi, wo der Großmogul Bahadur Schah II., der nominelle Herrscher über Indien, ein machtloses Schattendasein als Pensionär der Ost-Indien-Gesellschaft fristete. Jener fast achtzigjährige Greis schrieb schlechte Gedichte und gab sich mystischen Träumen hin, die ihn glauben ließen, daß er sich in eine Mücke verwandeln und weit entfernte Gegenden seines Reiches besuchen könnte. Seine Stellung bekleidete er als Nachfahr des großen Kaisers Akbar, der sein Reich in Indien in der zweiten Hälfte des 16. Jahrhunderts begründet hatte. Die Ost-Indien-Gesellschaft hatte seit dem 18. Jahrhundert ihre Macht durch die wirtschaftliche Expansion immer mehr auf die politische Herrschaft ausgedehnt. Am 12. Mai ernannten die Aufständischen den überraschten Bahadur Schah zum Kaiser von Indien. Aus der Meuterei war eine Rebellion geworden.

Zunächst breitete sich der Aufstand nur langsam aus. Es gab keine geplante Erhebung, sondern die Garnisonen meuterten ohne gemeinsame Absprachen zu verschiedenen Zeiten. Das bot der Ost-Indien-Gesellschaft zwei wichtige Vorteile: Einmal ging die Unruhe nie über die bengalische Armee hinaus. Die Truppen in Bombay und in Madras verhielten sich grundsätzlich loyal; ebenso blieben die kürzlich im Punjab ausgehobenen Soldaten ruhig. Zum anderen konnte die Gesellschaft außerhalb von Bengalen und den Vereinigten Provinzen um Delhi, den Heimatgebieten der bengalischen Sepoys, die Aufstände gleich zu Beginn lokalisieren und unterdrücken. In Schlüsselstellungen wie Lahore, Peschawar und Karatschi wurden die Sepoys mit Erfolg entwaffnet.

Die Aufständischen beherrschten jedoch Delhi seit Mai. Ende Juni fiel Kanpur. Der Kapitulation der Stadt folgte das berüchtigte Gemetzel in der britischen Garnison, währenddessen auch alle Frauen und Kinder ermordet wurden. Die Belagerung von Laknau begann Ende Juni. Anfang Oktober 1857 mußten die Rebellen Delhi zwar wieder räumen, aber sie kontrollierten weitgehend das Ganges-Tal, außer in Bengalen und in Teilen von Zentral-Indien. Einige indische Fürsten und viele Großgrundbesitzer hatten sich den Aufständischen angeschlossen. Die Fürsten revoltierten fast alle, wie etwa der Radscha von Dschansi in Dudh, nicht aus eigenem Antrieb, sondern weil sie unter dem Druck der Aufständischen standen. Die Landbesitzer gruppierten sich in Dudh, dem östlichen Teil der Vereinigten Provinzen, wo der Aufstand sich auf breite Bevölkerungskreise stützen konnte.

Im Oktober hatten die Inder den Höhepunkt ihres Erfolges erreicht. Während der nächsten neun Monate eroberten die Briten das von den Rebellen besetzte Gebiet nach und nach zurück. Im Dezember, in der zweiten Schlacht von Kanpur, gewann die Ost-Indien-Gesellschaft große Teile der zentralen Vereinigten Provinzen im Ganges-Tal wieder. Die Entsetzung der seit Monaten belagerten Stadt Sagar im Februar erneuerte die Ordnung in fast ganz Zentral-Indien. Als im März Laknau und im April Azimgarth erobert wurden, gelangten auch die östlichen Vereinigten Provinzen wieder unter die Herrschaft der Gesellschaft. Im April fiel Dschansi, so daß auch in den westlichen Vereinigten Provinzen die Amtsgewalt wiederhergestellt war.

Der Aufstand war damit unterdrückt. Es gab zwar im Juni 1858 in Gwalior noch ein letztes Aufflackern, aber danach brauchten nur noch Partisanen bekämpft zu werden, von denen das Land Ende des Jahres 1858 gesäubert war. Die letzte Gefahr einer Rebellion erlosch aber erst im April 1859, nachdem der große Führer der Inder, der Marathen Brahmane Tantia Topi, hingerichtet worden war.

Die Ursachen der Meuterei der Sepoy lagen in den Veränderungen, die während der letzten dreißig Jahre in Indien stattgefunden hatten. Die Engländer waren seit 1818 nach ihrem endgültigen Sieg über die Marathen, Hindu-Krieger, die die Macht der Moguln zurückgedrängt hatten, die unumstrittenen Herren Indiens. Sie begannen nun, die Gesellschaftsstruktur der indischen Bevölkerung nach europäischen Grundsätzen neu zu gestalten.

Indische Kavallerie im Kampf mit britischer Infanterie während des Aufstands im Jahr 1857

Es gab viele Reformen. Das erste Gesetz von 1813, das die Inder, die an ihren traditionsgebundenen Bräuchen festhielten, am meisten beunruhigte, war die Erlaubnis der unbeschränkten Einwanderung für Missionare. Ihr überstürzter religiöser Eifer bei der Bekehrung von Eingeborenen und ihre oft hemmungslosen Angriffe gegen den Hinduismus und den Islam erregten wachsende Unzufriedenheit. Die Engländer errichteten aber auch viele Schulen und Hochschulen und versuchten, soziale Reformen zu verwirklichen.

Die Maßnahmen der Engländer richteten sich besonders gegen Riten und Glaubensvorstellungen der Eingeborenen, die einem Europäer als unmenschlich und verbrecherisch erschienen. So wurde das Verbrennen einer Witwe bei lebendigem Leib mit dem Leichnam ihres Ehegatten verboten. Der Göttin Kali durften keine Menschenopfer mehr dargebracht werden. Hindu-Witwen konnten sich wieder verheiraten. Die zum Christentum übergetretenen Hindus erhielten das Recht, Familieneigentum zu erben.

Unter den Indern regte sich Argwohn, weil sie glaubten, die Engländer wollten sie christianisieren, um sie besser beherrschen zu können, was aber nur bedingt zutraf. Gelegentlich erwiesen sich Beamte oder Offiziere als eifrige Evangelisten, aber größtenteils stand die Regierung solchen Bemühungen distanziert oder sogar feindlich gegenüber. Im dritten Jahrzehnt des 19. Jahrhunderts begannen die Engländer den europäischen Einfluß auf Indien zu verstärken. 1833 berichtete Thomas McAulay, ein Historiker, der zu dieser Zeit Mitglied des Rates beim Generalgouverneur von Indien war, dem britischen Unterhaus folgendes:

»Wir müssen alles tun, um eine Klasse von Menschen zu schaffen, die vom Blut und von der Farbe her indisch, aber in ihrem Denken, ihrer Gesinnung, ihrer Moral und ihrer Urteilskraft englisch ist... Es könnte sein, daß wir unsere Untertanen durch ein gutes Regiment zu der Fähigkeit erziehen, eine bessere eigene Regierung zu besitzen, daß sie in der Zukunft europäische Institutionen fordern mögen... Wann auch immer dieser Zeitpunkt kommen wird, er wird der stolzeste Tag in der britischen Geschichte sein. Es würde wahrhaftig ein Ruhmesblatt sein, das nur wir uns verdient hätten, wenn ein großes Volk, das wir in den tiefsten Tiefen der Sklaverei und des Aberglaubens versunken fanden, so regiert hätten, daß es aller Privilegien der Menschen- und Bürgerrechte würdig wäre.«

McAulays Worte waren prophetisch: Indiens heutige Herrscher sind die Erben dieser Politik. Aber damals galten seine Worte vielen gebildeten Indern als Bedrohung. Die alte Kultur, die ihnen ihre Stellung geschaffen hatte, würde ihren Söhnen nicht mehr genügen. Die Macht, an die sie gewöhnt waren, würde in Zukunft den Fremden gehören.

Die Engländer bestanden auf Gleichberechtigung aller Inder, wodurch sich die Bevölkerung ernsthaft gefährdet

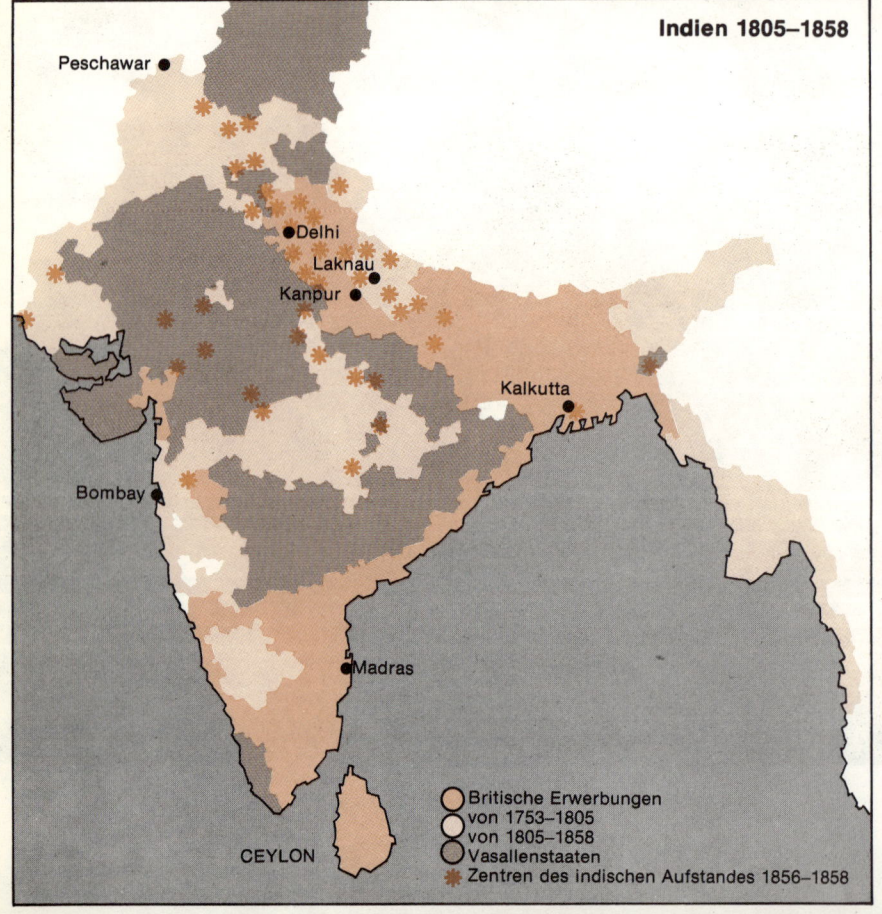

fühlte. Manche britischen Beamten achteten bei einem indischen Bewerber besonders auf einen Rang und eine alte, edle Herkunft, aber die Regierung bestand auf dem Nachweis fachlicher Qualifikationen, bevor jemand eine Stellung einnehmen konnte. Noch bedeutender war, daß nach dem britischen Gesetz alle Menschen vor Gericht gleich waren. Ein Brahmane konnte ebenso verurteilt werden wie ein Angehöriger einer niedrigen Kaste. Das Zeugnis eines Ungläubigen galt genausoviel wie das eines rechtgläubigen Mohammedaners. Auch der mächtigste Feudalherr konnte durch die Aussage des geringsten unter seinen Dienern zum Angeklagten und zum Verurteilten werden. In den neuen Eisenbahnen saß ein Paria neben einem Brahmanen, wenn er sich eine Fahrkarte gekauft hatte.

Aber erst die Annexionspolitik des Generalgouverneurs James Andrew Brown Ramsay of Dalhousie beunruhigte mehr noch als die britische Gesetzgebung weite Kreise der indischen Bevölkerung. Nachdem Dalhousie 1848 sein Amt angetreten hatte, machte er sich besonders eifrig daran, das Gebiet der Gesellschaft zu vergrößern. Er annektierte den Punjab und übernahm den Staat Oudh, obwohl dessen Fürsten den Engländern gegenüber loyal waren. Fürstentümer, die ohne natürliche Erben verwaist waren, zog er ein und enteignete Tausende von halbfeudalen Gutsbesitzern, vornehmlich in Dekhan und in Oudh, wenn sie keine ausreichenden Urkunden über ihren Besitz beibringen konnten. Dalhousie betrachtete den eingeborenen Fürsten und Gutsherrn als Unterdrücker und die Engländer als Befreier, und er hatte genug Beweise für seine Ansicht, besonders in Oudh. 1854 berichtete der britische Gouverneur in Laknau, der Hauptstadt von Oudh, über »das lasterhafte Leben des Königs, das Elend schutzloser Bauern, deren Dörfer jedes Jahr geplündert und gebrandschatzt würden«.

Dalhousie warnte den Fürsten von Oudh umsonst. Er und seine Vasallen änderten ihre Gepflogenheiten nicht. 1856 handelte Dalhousie und teilte dem Rat der Direktoren der Gesellschaft in London mit: »Mit demütigem Vertrauen auf den Segen des Allmächtigen muß ich meiner Pflicht genüge tun und, wenn auch nicht leichtherzig, die Annexion von Oudh betreiben, denn Millionen der Geschöpfe Gottes werden durch diesen Wandel ihr Glück finden. Ruhig und frei von Zweifeln sehe ich den Ereignissen entgegen.« Dalhousie bedachte auch die möglichen Konsequenzen: »Aufstand kann wie Nebel aus der Erde steigen, und grausame Gewalt, schlimmer als alle Auswüchse des Krieges, kann plötzlich von den Menschen angewandt werden, die bis auf diesen Tag, an dem sie in Blutraserei ausbrechen, als eine harmlose und schüchterne Rasse galten.«

Die Bedrohung der alten Gesellschaftsordnung Indiens durch die Briten war besonders für die Sepoys der bengalischen Armee einschneidend. Die meisten stammten aus Oudh und gehörten der Hindu-Kaste an oder waren Mohammedaner aus vornehmen Familien. Dalhousies Reformen halfen vor allem den niederen Bevölkerungsschichten und schienen die Sepoys sowie ihre Standesgenossen zu gefährden. Auch fühlten sich viele Inder in englischen Diensten treu dem traditionellen Fürstenhaus von Oudh ergeben, trotz der Schwäche und Unzulänglichkeit seiner Herrscher. Viele Sepoys hatten Verwandte unter den Höflingen, die durch die Annexion von Oudh ihrer Lebensgrundlage beraubt wurden.

Der zerstörte Palast in Laknau nach der Belagerung durch die Inder im Jahr 1857. Photographie

Ermordung einer englischen Familie durch aufständische Inder im Jahr 1857

Akute Schwierigkeiten verschärften die Probleme in der bengalischen Armee. Der Sold war im Rückstand. Einige britische Offiziere und Unteroffiziere legten eine unerträgliche rassische Intoleranz gegenüber ihren Untergebenen an den Tag. Viele achteten die Gefühle und auch die religiösen Ansichten der Sepoys gering. Darum führte die Affäre um ein neues Gewehr und die dazugehörigen Patronen zu ernsten Meutereien.

1856 wurde das 1853 entwickelte Enfield-Gewehr, ein Vorderlader mit gezogenem Lauf, in Indien eingeführt. Seine Geschosse, die Kartuschen, mußten, bevor sie in den Lauf gesteckt wurden, mit Hilfe der Zähne von einer Schutzhülle befreit werden. Die Kartuschen waren gegen Feuchtigkeit stark geölt. Unter den Sepoys verbreitete sich das Gerücht, daß hierzu Schweine- oder Rinderfett verwendet werde. Mohammedanern aber ist es verboten, Schweinefleisch zu essen, und den Hindus sind Rinder heilig. Das Gerücht beunruhigte die Sepoys zutiefst. Sie fühlten ihren Glauben bedroht. Vermutlich handelte es sich jedoch um Hammelfett. Die Regierung zögerte zu lange, um die Tatsachen klarzustellen. So unternahm der britische Oberbefehlshaber nichts gegen einen Unteroffizier seines eigenen Regiments, als dieser einige indische Unteroffiziere schmähte, daß sie mit dem Aufbeißen der Kartusche ihre Kaste verloren hätten. Als der Aufstand begann, kam jeder Einlenkungsversuch zu spät. John Lawrence, später Vizekönig von Indien, sagte: »Das Unglück der gegenwärtigen Lage ist, daß jeder Schritt, den wir für unsere Sicherheit tun, ein Schlag gegen den ordentlichen Sepoy ist. Er fühlt dies und geht von sich aus einen Schritt weiter, und das setzt sich fort, bis wir ihn entlassen oder vernichten, oder er meutert und tötet seine Offiziere.«

Ohne die Sepoy-Truppen hätte es keinen Aufstand gegeben. Die Motive der Rebellen, die sich den Meuterern in der bengalischen Armee anschlossen, waren vielschichtig. Sie hätten wahrscheinlich nicht die Initiative ergriffen. Dundha Panth (Nana Sahib), der ein Schreckensregiment in Kanpur errichtete, wurde wahrscheinlich zum Aufstand gezwungen. Er selbst hat vielleicht die Ermordung von Weißen nicht angeordnet. Der Landadel von Oudh wurde von einer Mischung aus Patriotismus, aus Entrüstung über den Verlust eigener Dörfer wegen der fehlenden Besitzurkunden, aus Loyalität gegenüber dem Fürstenhaus und von einem gewissen Hang zur Anarchie angetrieben. Die Bauern von Oudh folgten ihren einheimischen Herren, wie sie es immer getan hatten. Die Mogul-Fürsten nutzten die Gelegenheit, den Ruhm ihres Hauses wiederherzustellen.

Jede Partei verfolgte eigene Ziele. Weil es sich vor allem um eine Meuterei der Armee handelte, können die Kämpfe nicht als Unabhängigkeitskrieg bezeichnet werden. Die Inder, die gegen die Engländer zu den Waffen griffen, waren keine Vorläufer Mohandas Karamchand Gandhis oder Motilal Nehrus, die nach einem freien, vereinigten Indien strebten. Hier fochten reaktionäre Mitglieder einer hierarchischen Gesellschaftsordnung für ihre Privilegien und die Traditionen, die durch die Reformen der Ost-Indien-Gesellschaft bedroht waren. Der Aufstand hinterließ eine große Kluft zwischen Indern und Briten, so groß, daß zwei Generationen lang Männer wie Nehru und Maulana Azad ihn für eine große nationale Revolte gegen die Fremdherrschaft hielten. Die Kluft zwischen den Rassen ergab sich aus der Art des Krieges. Britische Offiziere waren unvermutet ermordet worden. Viele mißtrauten fortan jedem Inder. Die Artillerie war bei der Einschüchterung und Entwaffnung der meuternden Regimenter ausschlaggebend gewesen, darum blieb sie in Zukunft allein mit englischen Soldaten besetzt. Die Sepoys waren Hindus und Mohammedaner gewesen. Noch nach fünfzig Jahren hegten die Briten im Norden Indiens einen Argwohn gegen Hindus und gegen Mohammedaner. Die Inder hatten englische Frauen und Kinder ermordet, wodurch die Mär von der indischen Heimtücke in vielen Köpfen haften blieb.

Aber Greueltaten verübte nicht nur die eine Seite. Englische Offiziere und Soldaten verfuhren mit ihren Opfern nicht weniger grausam als Dundha Panth und seine Anhänger:

»Sie (die Briten) jagten nach Menschen aller Stände, die sie für Kriminelle hielten, und hängten sie mit so wenig Gewissensbissen auf, als wenn sie räudige Hunde, Schakale oder niederes Ungeziefer wären... Freiwillige Hinrichtungskommandos zogen durchs Land, und Amateure betätigten sich als Henker. Oft brüsteten sich die Weißen, auf welche kunstfertige Weise sie angebliche Verbrecher aufgeknüpft hätten. Mango-Bäume dienten ihnen als Galgen, und Elefanten rissen den in der Schlinge Gefangenen die Beine fort. Opfer dieser Lynchjustiz wurden wie zur Belustigung in Figuren zusammengehängt.«

Ein englischer Pfarrer berichtet, daß er mehrere Galgen gesehen habe, an denen ein energischer Hauptmann höchst persönlich einen Meuterer nach dem anderen aufhängte. Einmal wurden einige Kinder, die nur aus Spielerei die Rebellenfahne ergriffen hatten und trommelschlagend umhergelaufen waren, vernommen und zum Tod verurteilt.

Der Aufruhr erinnerte England auch daran, daß Indien

James Andrew Brown Ramsay of Dalhousie, Generalgouverneur von Indien. Detail eines Gemäldes von John Watson-Gordon, 1847

Feierlicher Einzug des ersten Vizekönigs von Indien, Charles John Earl of Canning, in Peschawar

Empfang des britischen Generalgouverneurs von Indien, Henry Hardinge, durch Wajich Ali Schah in Laknau. Gemälde eines indischen Meisters, zwischen 1844 und 1848

Aufständische Inder im Kampf mit dem britischen 9. Ulanenregiment. Zeichnung in »Campaign in India«, 1857/58

zwar mit dem Schwert erobert worden war, daß es aber ebenso durch das Schwert wieder verlorengehen konnte. In den Jahrzehnten nach der Meuterei, sogar in den friedlichen Tagen der achtziger und neunziger Jahre des 19. Jahrhunderts mißtrauten die Engländer immer wieder ihrer eigenen, festen Stellung in Indien. Der Argwohn, daß die großen ersten Eroberer rechtbehalten sollten, als sie eine zeitlich begrenzte englische Herrschaft prophezeiten, wirkte lange nach.

Das unheilvollste Ergebnis war sozialer Art. Das Verhältnis zwischen Indern und Engländern war zunächst von Vorurteilen ungetrübt gewesen. Die Beziehungen hatten sich eine Generation vor dem Aufruhr wesentlich verschlechtert. In Nord-Indien ließen sie in den folgenden fünfzig Jahren noch mehr nach. Das gesellschaftliche Leben der Weißen spielte sich innerhalb ihrer eigenen Kreise und Wohnbezirke ab. Der Engländer kannte zwar die einheimischen Soldaten und Bauern seines Distrikts; er sprach auch mit seinen Dienern und Untergebenen; er empfing vornehme Inder seiner Nachbarschaft, wenn sie ihn als Bittsteller aufsuchten – aber die gleichberechtigten gesellschaftlichen Verhältnisse früherer Tage zwischen Indern und Engländern kehrten nicht zurück.

Der Aufruhr hatte auch für die Verwaltung des Landes Konsequenzen. Die Ost-Indien-Gesellschaft wurde im August 1858 aufgelöst. Am 1. November gingen die indischen Angelegenheiten durch Erlaß der Königin Viktoria in die Hände der Krone von Großbritannien über. Allen indischen Untertanen wurde eine Amnestie gewährt. Die bengalische Armee wurde aufgelöst und die Zahl der Eingeborenen in der indischen Armee verringert. Das britische Kontingent wurde so weit verstärkt, daß von nun an zwei Inder einem Engländer zur Seite standen. Die loyalen Inder erhielten Belohnungen. Regimenter im Punjab, die nicht gemeutert hatten, blieben bestehen. Landadlige und Gutsbesitzer, die englischen Flüchtlingen geholfen hatten, erhielten weitere Dörfer zugeteilt. Die Sikhs, die zu den britischen Fahnen geeilt waren, wurden fortan bevorzugt. Die Mohammedaner in den Vereinigten Provinzen betrachtete man noch Jahre hindurch mit Argwohn. Bengalen, Konkan mit der Hauptstadt Bombay, das Gebiet um Madras und der Punjab machten soziale und wirtschaftliche Fortschritte; die Hindi sprechenden Gebiete in Zentral-Indien und im Ganges-Tal, die Zentren der Revolte, blieben rückständig.

Der Aufstand dämpfte den Reformeifer der Engländer. Die Regierung der Königin zeigte nichts von dem Radikalismus eines Lord Dalhousies. Die Annexionen von Fürstentümern wurden eingestellt. Der britische Vizekönig zögerte lange, bevor er in die inneren Angelegenheiten eines indischen Fürstentums eingriff, auch wenn es sich um ärgste Mißwirtschaft handelte. Die Freiheit aller Religionen wurde garantiert. Das Kastenwesen blieb bestehen, und Kinderehen wurden nicht verboten, bis die Inder selbst eine Änderung des Rechtes forderten. Die britische Regierung sorgte dennoch für Recht und Ordnung, baute Eisenbahnen, förderte die Wirtschaft und verteidigte die Grenzen des Landes. Sie versuchte nicht mehr, die indische Gesellschaftsstruktur zu ändern. Nur mit Hilfe von Schulen nahm sie langsam und indirekt Einfluß auf Erziehung und Bildung der höher gestellten Kreise Indiens.

Eine Herrschaft aber, die hauptsächlich von den wirtschaftlichen Interessen Großbritanniens geleitet wurde, zog es nach sich, daß alle Forderungen nach sozialen Reformen in Indien von Männern erhoben wurden, die gleichzeitig Autonomie und Freiheit von jeder Fremdherrschaft verlangten. Aber auch diese Männer hatten ihren Verstand an englischer Bildungs- und Denkungsart geschult. Der wahre Sieg der Engländer über den Aufruhr war, daß die Führer der nun folgenden indischen Unabhängigkeitsbewegung fast alle Reformer waren. Nicht ein einziger stammte von einem Meuterer des Jahres 1857 ab.

TAYA ZINKIN

Das Viktorianische England. Geistige und wissenschaftliche

Die Ausschreitungen der indischen Meuterer erschütterten die englische Gesellschaft. Sie störten die ruhige Beschaulichkeit des Viktorianischen Londons und erschütterten, wenn auch nur vorübergehend, den dünkelhaften Glauben der Engländer, daß ihre Herrschaft allen Völkern eine Wohltat sei. Es bestand ein erstaunlicher Gegensatz zwischen den Nachrichten aus Indien und den betont friedlichen Verlautbarungen der Regierung in Westminster. Noch vor kurzer Zeit hatten Mitglieder des Oberhauses gegen Offiziere gewettert, die ihren Regimentskapellen erlaubt hatten, am Sonntagnachmittag in den königlichen Parks Konzerte zu geben. Dann im November 1857 lasen dieselben Abgeordneten in den Zeitungen, wie Frauen und Kinder in Laknau im fernen Indien durch Töne britischer Marschtrommeln vernahmen, daß ihre Befreier nahten; auch jene Regimentskapelle hatte an einem Sonntag gespielt. Die Königin selbst schrieb von den Ereignissen in Kanpur, die sie als Schrecken, Schande und Entehrung bezeichnete, obgleich sie im Grunde der Meinung war, daß die detaillierten Berichte aus Indien hätten unterdrückt werden müssen, um den Daheimgebliebenen das furchtbare Wissen um das Leiden ihrer Angehörigen zu ersparen.

Viktorianische Kultur

In der Tat bestand ein Unterschied zwischen den Berichten aus Delhi und der üblichen Lektüre des englischen Bürgertums. Das Jahr des Aufruhrs in Indien sah die Veröffentlichung von Frances Trollopes »Barchester Towers«, George Henry Borrows »The Romany Rye« und Dinah Maria Mulocks »John Halifax, Gentleman«. Die jüngere Generation begeisterte sich an den moralischen Belehrungen in Thomas Hughes »Tom Brown's Schooldays«. Zu dieser Zeit kamen unzählige Romane in England und in den Vereinigten Staaten auf den Markt. Sie erschienen auch in monatlichen Fortsetzungen wie Charles Dikkens' »Little Dorrit«, William Makepeace Thackerays »The Virginians« oder »Scenes from Clerical Life« von der hochgepriesenen Romanschriftstellerin Mary Ann Evans, die sich George Eliot nannte. Alfred Tennyson, seit 1850 Poeta laureatus, dichtete die »Idylls of the King« um den sagenhaften König Artus und war weniger gefragt als Mathew Arnold, der als Professor für Dichtung an der Universität Oxford wirkte. John Ruskin überraschte 1856 seine Leser damit, daß er einen Band seiner »Modern Painters« mit einer Exkursion zum Krimkrieg beendete. Er fesselte seine Zuhörer in Manchester mit Vorträgen über Fragen der Politik und des sozialen Lebens in Verbindung mit der Kunst.

Der Kulturgeschmack dieses Jahrzehnts war gewiß eklektisch, obgleich vielleicht in seinem Urteil ein wenig dilletantisch, was sich aber auffallenderweise auf England beschränkte. Am Anfang und am Ende des Jahrhunderts war der englische Geist europäischem Gedankengut eher zugänglich. Während der zweiten Hälfte der fünfziger Jahre schien es beinahe so, als ob der insulare Geist eines Lord Palmerstons auch die Kultur beeinflußte. William Powell Frith bannte das berühmte Volksleben der Tage in Derby auf die Leinwand. Edwin Henry Landseer, der Lieblingskünstler der Königin und ihrer Untertanen, erregte Bewunderung durch seine gemalten und plastischen Tierdarstellungen, so den vier riesigen ruhenden Löwen zu Füßen der Nelson-Säule auf dem Trafalgar Square. Der mittelalterliche Einfluß auf die Kunst war, auch wenn sie frühe indische Elemente enthielt, recht national im Charakter und in den Einzelheiten orientiert. Nur die Architektur erhielt ihre Anregungen von allen Stilrichtungen vergangener Jahrhunderte, von Italien bis nach Flandern.

John Ruskins

Anfänge des Tourismus

Während der fünfziger und sechziger Jahre fingen auch die Angehörigen mittlerer Gesellschaftsschichten an, Reisen ins Ausland zu unternehmen. Im Jahr 1855 führte Thomas Cook, der seit einigen Jahren in Leicester Eisenbahnausflüge veranstaltete, Sonderfahrten nach Paris ein. Bald brachten Cooks Reisen englische Besucher nach der Schweiz, nach Italien und nach Frankreich. Schon vor 1870 entwickelten sich Vergnügungsreisen zu umfangreichen wirtschaftlichen Unternehmungen, die besonders nach 1871 schnell anwuchsen, als Schlafwagen, die eine amerikanische Erfindung waren, auch in Europa aufkamen.

Die Engländer übertrafen an Reiselust alle anderen Europäer. Aber auch die Deutschen strömten in Scharen nach Venedig, Florenz und nach Paris. Auf ihren Ausflügen begleiteten sie die Fremdenführer Karl Baedekers, der 1827 in Koblenz einen Reisehandbuchverlag gegründet hatte. Der Horizont des gebildeten Bürgertums weitete sich zwar, nationale und gesellschaftliche Vorurteile blieben aber fast überall bestehen.

Die Franzosen sahen im allgemeinen keine Veranlassung, ihr Heimatland zu verlassen, wenn nicht gerade, wie im Fall Victor Hugos, ihr politisches Gewissen sie ins Exil trieb. Wie in früheren Jahrhunderten bereisten nur wenige Franzosen fremde Länder und kommentierten ihre Eindrücke geistreich und mit scharfer Beobachtungsgabe. Hippolyte Taine weilte 1861 und 1862 in England. Seine Bemerkungen, daß die Engländerinnen zu lange Zähne hätten, weil sie zuviel Fleisch äßen, und daß ihre Füße nur darum so groß wären, weil sie immer wieder meilenweit über regendurchweichte Felder stapften, waren nicht gerade schmeichelhaft. Aber seine Beobachtungen der sozialen Verhältnisse bei der besitzenden Klasse und bei den Arbeitern beeinflußten wesentlich Karl Marx' Entschluß, London als den idealen Ort zum Studium des Kapitalismus zu wählen.

London in französischer Sicht

Taine beobachtete die aufwendigen Häuser wohlhabender Bürger, die sich kilometerlang an den Hügeln Süd-Londons hinzogen, und beschrieb die entschlossenen Mienen der Geschäftsleute, die, mit schwarzen Hüten und eingerollten Schirmen ausstaffiert, an jedem Morgen aus den Endstationen der Eisenbahn strömten. Er verglich den Wohlstand und die imposanten Plätze im italienischen Stil des Londoner Westens mit den ärmli-

Erstes Plakat des Reisebüros von Thomas Cook

chen Gassen auf den Kehrseiten der pompösen Straßen, wo bleiche Kinder auf schmutzigen Treppen hockten. Er hatte auch die armseligen grauen Häuser im ziehenden Nebel des Hafenviertels gesehen, eines Gebietes, das einer mittleren Stadt entsprach. Dort verbargen sich in verzweifelter Scham die Ärmsten der Armen.

Taine übertrieb ohne Zweifel: Bezirke mit Behausungen für Arbeiter gehörten ebenso zum industriellen Zeitalter wie die Dampfmaschine. Die grausamen und erniedrigenden Zu-

Königin Viktoria und der Prinzgemahl Albert von Sachsen-Coburg-Gotha

Auseinandersetzungen

1855–1870

Hippolyte Taine

stände in den Elendsvierteln Londons entsprachen denen von Paris haargenau, was Emile Zolas sozialkritische Romane beweisen. Die Sterblichkeitsziffer in den Armenvierteln von Berlin war höher als die in entsprechenden Gegenden Londons, Birminghams oder Liverpools. Das besondere Merkmal Londons im Viktorianischen Zeitalter war seine ständig wachsende Bevölkerung in allen Gesellschaftsschichten. Die kommerzielle Aristokratie ging eher in die Tausende als in die Hunderte. Um 1861 wurden die in chronischer Armut Lebenden in London auf eine Viertelmillion geschätzt.

Bis in die siebziger Jahre des 19. Jahrhunderts litt London an einem beklagenswerten Mangel in der Wasserversorgung. Ebenso fehlte es auch an einer leistungsfähigen Kanalisation. Die Folge war, daß der Gestank der Themse im Sommer 1858 so stark wurde, daß man es im Unterhaus fast nicht aushalten konnte. England wurde 1831 bis 1833, wie fast ganz West-Europa, von einer Choleraepidemie heimgesucht, aber erst, als die Krankheit in noch größerem Ausmaß 1865 und 1866 wiederkehrte, wurde eine königliche Kommission gebildet, um die Bedingungen für ein zivilisiertes soziales Leben zu ermitteln. Das Parlament übernahm für das nächste Jahrzehnt die Aufgabe, die örtlichen Behörden zur öffentlichen Gesundheitsfürsorge anzuhalten. Sauberkeit galt bald als notwendige Voraussetzung für eine ordentliche und erfolgreiche Lebensführung.

Heinrich von Treitschke bemerkte spöttisch: »Die Engländer denken, Seife sei Zivilisation.« Der Ausspruch charakterisiert treffend den oberflächlichen Dünkel englischen Zivilisationsgebahrens im Viktorianischen Zeitalter. Sauberkeit stand der Gottesfürchtigkeit am nächsten und war ein sichtbares Zeichen innerer Ehrbarkeit.

Geistige und religiöse Strömungen

Während der fünfziger Jahre beschäftigten religiöse Gedankengänge das geistige Leben Europas stark. Selbst Mazzini, der von der katholischen Kirche als ein roter Revolutionär angesehen wurde, behauptete, im Namen Gottes und des Volkes zu handeln. In seiner persönlichen Bekenntnisschrift »Die Pflichten des Menschen«, die er 1860 veröffentlichte, zählte er den Dienst an Gott neben dem an der Familie und an der Nation zu den ersten Pflichten eines guten Bürgers. Der Franzose Auguste Comte, einer der Begründer des Positivismus, lehrte, daß wissenschaftliche Gesetze nur von den natürlichen Gegebenheiten und Daseinsformen abgeleitet werden dürften. Die Metaphysik lehnte er ab und stellte einen positivistischen Katechismus für einen geordneten Lebenswandel zusammen.

Die römisch-katholische Kirche verharrte auf ihrem universalen Anspruch, die einzige rechtmäßige Kirche Christi zu sein, und war weniger als ihre Gegner gewillt, Kompromisse zu schließen. Papst Pius IX. bemühte sich, durch die Verkündung einiger Dogmen dem Widerspruch auch aus den eigenen Reihen zu begegnen: So wurde die unbefleckte Empfängnis der Jungfrau Maria zum Dogma erhoben. Die modernen Erkenntnisse in der Wissenschaft und die Ideen des Liberalismus, die der französische Priester Robert de Lamennais schon 1830 der Kirche anempfohlen hatte, blieben verdammt. Dieser konservative Katholizismus brachte viele aufrichtige Gläubige in ernste Gewissenskonflikte.

In England entflammte die Diskussion um religiöse Fragen und Dogmen Anfang der vierziger Jahre und verebbte in den folgenden Jahrzehnten nie ganz. Am Ende der napoleonischen Kriege nahm die Kirche von England ihre bevorzugte und traditionelle Stellung als Teil des Staates ein, ohne sich bei geistigen Auseinandersetzungen besonders zu engagieren, und vernachlässigte oft genug auch ihre geistlichen Verpflichtungen. Die religiösen Schrittmacher in den neuen Industriestädten waren entweder die Anhänger der Lehre John Wesleys, die Methodisten, oder die Vertreter der evangelischen Minderheit in der Staatskirche. Aus ihren Reihen stammten so gewissenhafte Männer wie William Wilberforce, der als erster entschieden gegen die Negersklaverei auftrat.

An der Universität Oxford entwickelte sich in den dreißiger Jahren eine Bewegung, die die Kirche von England auf ihr vorreformatorisches Erbe verwies und sie aus ihrer ausgesprochen protestantischen Tradition lösen wollte. Die Oxforder Bewegung wurde von John Keble, John Henry Newman und Edward Pusey geführt. Sie alle traten für ein Neuaufleben der liturgischen Gottesdienste ein, was aber noch lange in der Kirche von England ignoriert wurde. Neben der Bibel betrachteten die Männer der

Charles Lyell

Oxforder Bewegung die Tradition der Überlieferung, die wunderbare Kraft der Sakramente und die heilbringende Gewalt des bischöflichen Amtes, das auf apostolischer Nachfolge beruht, als die wesentlichen Elemente des christlichen Glaubens. In den Wohnbezirken der Arbeiterklasse sollten Gemeindezentren eingerichtet werden, wo die Kirche Trost und Hilfe spenden konnte, um das trübe Dasein der Armen zu lindern.

Die Oxforder Bewegung erweckte bei den konservativen Protestanten starke Opposition, die mißtrauisch betrachteten, was an die päpstliche Kirche erinnerte. Diese ablehnende Haltung trieb viele Anhänger Newmans in die Arme der römisch-katholischen Kirche. Newman selbst wurde 1845 katholischer Christ und erhielt 1879 den Kardinalshut. Keble und Pusey traten hingegen nie aus der Kirche von England aus. Die Bewegung wurde nicht unterdrückt, konnte ihre Vorstellungen und Forderungen aber auch nur bedingt verwirklichen. Viele bedeutende Zeitgenossen standen im Brennpunkt der Auseinandersetzungen. So schrieb Gladstone zwischen 1838 und 1858 etwa doppelt soviele Bücher und Aufsätze über religiöse Themen wie über politische Dinge.

Das Zeitalter der Maschine

Seite an Seite mit diesem Interesse an religiösen Fragen entwickelte sich die wissenschaftliche Forschung. Michael Faraday erschloß durch seine Erkenntnisse über das Prinzip der elektromagnetischen Induktion und seine Entdeckung des Diamagnetismus die elektrische Energie der Nutzbarmachung. James Joule legte die Grundlagen zur Konservierung von Energie fest und stellte 1841 das erste Gesetz der Thermodynamik auf. Acht Jahre später entdeckte William Thomson das zweite Gesetz der Thermodynamik, auf dem in Zukunft die meisten Entwicklungen in der physikalischen Chemie und in der Technik aufbauten.

Der wissenschaftliche Fortschritt fand in ganz Europa statt. Die Erkenntnisse von Hermann von Helmholtz vervollständigten die Untersuchungen von Joule und Thomson. Alessandro Volta, André Marie Ampère und Georg Simon Ohm erforschten wesentliche Grundsätze der Elektrizität. 1859 führten Robert Bunsen und Gustav Robert Kirchhoff chemische Spektralanalysen durch, mit deren Hilfe sie chemische Elemente und Verbindungen nachweisen konnten. Rudolf Virchow verlieh der wissenschaftlichen Medizin durch die Zellularpathologie neue Impulse, indem er das Wesen der Krankheit als Lebensstörung der Zellen erkannte.

Auch auf anderen Wissensgebieten wurden neue Forschungen betrieben. Die geologischen Studien von Charles Lyell stellten die Chronologie des Alten Testaments in Frage. Die Zellentheorie des lebenden Organismus von Mathias Schleiden bedeutete eine Revolution auf dem Gebiet der Biologie. Eine breite Öffentlichkeit hatte bisher nur sporadisch von diesen wissenschaftlichen Entwicklungen Kenntnis genommen. Lyell kleidete seine Theorien in eine Möglichkeitsform, um fromme Gemüter nicht zu erregen. Die Vorträge Joules gelangten nicht über einen beschränkten Kreis von Zuhörern in wissenschaftlichen Gesellschaften hinaus. Erst Charles Darwin forderte 1859 mit seinem »The Origin of Species« – »Der Ursprung der Arten« eine breite öffentliche Diskussion heraus. Die Wissenschaft stellte sich der öffentlichen Meinung.

Affe oder Engel

1859

Das Tagebuch Charles Darwins enthält für Ende Juli und Anfang August 1858 die lakonische Eintragung: »Begann Abriß des Buches der Arten.« Wie es seinem bescheidenen Charakter entsprach, wirkte auch diese beiläufige Anmerkung anspruchslos und nüchtern. Nur sein wissenschaftlicher Gedankenflug war von ungeahnter Kühnheit. Niemand vermutete, und Darwin selbst war es wohl noch nicht bewußt, daß er nach zwanzig Jahren geduldiger Vorbereitung Forschungsergebnisse niederzulegen begann, die die Erkenntnisse des Menschen über die Natur und die Entwicklung der Lebewesen in bisher nicht gekanntem Ausmaß revolutionieren sollten. Denn das Buch, an dem Darwin arbeitete, war »On the Origin of Species by Means of Natural Selection, or the Preservation of Favoured Races in the Struggle for Life« – »Die Entstehung der Arten durch natürliche Zuchtwahl, oder die Erhaltung der höheren Rassen im Daseinskampf«, ein Meilenstein der Naturwissenschaften. Die Veröffentlichung bescherte Darwin bleibenden Ruhm, brachte ihm zeitweise aber auch erniedrigende Verleumdung als »der gefährlichste Mann Englands«.

Es konnte kaum eine Persönlichkeit geben, die ungeeigneter für eine solche Anklage war als Darwin, der das Leben eines durchschnittlichen Landedelmannes führte. Seine Freunde kannten ihn als treusorgenden Gatten und Vater, der seine Umgebung durch eine beinahe kindliche Einfalt und Güte beeindruckte. Keiner der Gäste im King's Head Hotel auf der Insel Wight beargwöhnte den ebenfalls dort abgestiegenen Darwin, als er dort sein Buch zu schreiben begann, das ihm schließlich als Wissenschaftler einen bleibenden Platz neben Sir Isaac Newton einbringen sollte. Zunächst abe aber wurde »Darwinismus« praktisch gleichbedeutend mit militantem Atheismus, mit Rohheit und mit Aggressivität.

Alle, bis auf wenige seiner wissenschaftlichen Mitarbeiter, wären erstaunt gewesen, wenn sie herausgefunden hätten, daß der bescheidene und schweigsame, etwas schwerfällige Naturforscher eines der größten wissenschaftlichen Genies des Jahrhunderts war. Darwin hatte bereits einen Namen als Autor eines unterhaltsamen wissenschaftlichen Reisebuches »Zoology of the Voyage of H. M. S. Beagle« und galt als ein fähiger Geologe mit einer originellen Note und als unvergleichlicher Kenner von Entenmuscheln, die er acht Jahre lang studiert hatte. Nur wenige Auserwählte wußten, daß der geduldige, fleißige, wahrhaftig demütige Forscher ein wissenschaftlicher Revolutionär war – und das um so mehr, als er mit der Frage nach dem Ursprung der Arten ein Thema anschnitt, das die empfindlichste religiöse und moralische Seite seiner Zeitgenossen berührte.

Tatsächlich war vor dem Juli 1858 nur wenigen Darwins Genie bekannt. Die übrige Welt hätte wohl nie davon erfahren, wenn nicht am 18. Juni des Jahres eine wissenschaftliche Mitteilung Darwin gezwungen hätte, aus seiner langen Zurückgezogenheit herauszutreten. An diesem Tag erhielt er von Alfred Russel Wallace, einem jungen Naturforscher, aus Ost-Indien einen schriftlichen Beweis dafür, daß Wallace von sich aus auf die Grundidee von Darwins eigenem Werk gestoßen war. Darwin erschrak vor der Aussicht auf eine unerfreuliche Auseinandersetzung über Priorität, darum rief er die führenden Wissenschafter der Londoner Linneischen Gesellschaft zusammen, vor denen Wallace's Schriftstück und eines von Darwin aus dem Jahre 1844 verlesen wurden. Darwin hatte sich endlich der Öffentlichkeit gestellt.

Seltsamerweise erregten die von Darwin und Wallace vorgetragenen Thesen wenig Aufregung in der skeptischen Atmosphäre der gelehrten Gesellschaft. Abhandlungen über den Ursprung der Arten waren nichts Ungewöhnliches. Die Frage war, ob Darwins Theorie den Schlüssel zum Problem darstellte. Seine Beweise, die er in jahrelanger Forschung zusammengetragen hatte, bildeten die Grundlage für das Buch über die Arten, das er nun zu schreiben begann, während seine Familie sich ihrer Ferien am Meer erfreute.

Am 5. April 1859 sandte Darwin die ersten drei Kapitel des Werkes an seinen Verleger John Murray. Murray hegte Zweifel. Was würde »natürliche Auslese« für die Öffentlichkeit bedeuten? Warum hieß es im Titel »Ein Abriß«? Würde es sich verkaufen lassen? Einer seiner Mitarbeiter riet dazu, nur die Auszüge des Buches zu veröffentlichen, die sich mit Tauben befaßten, und eine kurze Zusammenfassung der Theorie anzufügen. Entgegen sonstiger Bescheidenheit widersetzte sich Darwin jedoch

Titelblatt zu »On the Origin of Species by Means of Natural Selection« von Charles Darwin. London 1859

Charles Robert Darwin. Gemälde von John Collier, 1883

Erasmus Darwin, der Großvater von Charles Darwin. Gemälde von Joseph Wright of Derby, 1770

Down House in Kent, langjähriger Wohnsitz Charles Darwins

Charles Kingsley, Professor der Geschichte in Cambridge. Gemälde von Lowes Cato Dickinson, 1862

glücklicherweise diesem Vorschlag. Murrays Zweifel an der Verkäuflichkeit erwiesen sich als unbegründet. Er druckte tausendzweihundertfünfzig Exemplare und publizierte sie im November 1859. Kurze Zeit später mußte eine zweite Auflage hergestellt werden.

Jahre vorher, als er seinem Freund, dem Botaniker Joseph Hooker, das Geheimnis enthüllte, hatte Darwin geschrieben, daß sein Glaubensbekenntnis an die Evolution oder Transmutation, wie sie damals genannt wurde, einem »Mordgeständnis« gleichkäme. Die spontane Reaktion auf »The Origin of Species« zeigte, daß Darwins Befürchtungen nur zu berechtigt waren. Um das Buch brach ein Sturm von Diskussionen los, von denen sich Darwin, so weit er konnte, distanzierte. Er hätte versucht, sagte er, sein Buch nicht unorthodoxer ausfallen zu lassen, als es das Thema zuließe. »Ich erhebe keine Diskussion um die Schöpfungsgeschichte«, fügte er hinzu, aber seine Beteuerungen waren umsonst. Darwins Theorie wurde von den orthodoxen Gläubigen leidenschaftlich verworfen. Ein bekannter Wissenschaftler, dem Darwin ein Exemplar des Buches geschickt hatte, schrieb zurück, daß er es schrecklich boshaft gefunden hätte und daß es sein moralisches Gefühl verletze. Eine Zeitschrift bemerkte, daß das Buch die Grundlage sowohl der Religion als auch der Moral untergrübe.

Das Umstürzlerische des Buches lag nicht einfach oder gar hauptsächlich in der Tatsache, daß es dem Wortlaut der biblischen Schöpfungsgeschichte widersprach, obwohl es Menschen gab, denen diese Tatsache allein verwerflich genug erschien. Die orthodoxe, gebildete Meinung hatte neuerdings gelernt, wenigstens einige Erzählungen in der Bibel über die Schöpfung im übertragenen Sinne zu verstehen. So legte die Wissenschaft von der Geologie unangefochten dar, daß die Bildung der Erdkruste ein Vorgang von Millionen Jahren war und nicht ein Ereignis von drei Tagen. »Tage« wurden zukünftig symbolisch als Epoche für eine riesige Zeitspanne interpretiert. Es war sogar möglich gewesen, daß die Idee der Evolution als wissenschaftliche Interpretation von Gottes Gebot »Die Erde bringe hervor lebendige Tiere, ein jegliches nach seiner Art: Vieh, Gewürm und Tiere auf Erden«, ohne Zweifel hätte akzeptiert werden können. Der entscheidende Kampf aber erhob sich um eine Kreatur, die in »The Origin of Species« nicht zur Diskussion stand, obwohl ihr Darwin in späteren Werken sehr wohl gerecht wurde, diese Kreatur war der Mensch.

Die neue Geologie hatte bisher nicht gewagt, irgendeine Bemerkung über den Menschen zu machen. Die Erde selbst mochte unvorstellbar alt sein. Die in der Erde verborgenen Beweise mochten andeuten, daß ganze Arten entstanden und wieder ausstarben. Aber der Mensch wurde noch immer als eine Kreatur hingenommen, deren Geschichte sich nur über rund sechstausend Jahre erstreckte. Adam war noch immer der Urahne des Menschengeschlechtes, und die Kenntnisse von der Vorgeschichte des Menschen basierten hauptsächlich auf dem Alten Testament. Die Menschheit als ein Produkt der Evolution aus niedrigen Tier- und Amphibienarten zu betrachten, als einen Vetter der Affen und Abkömmling beider Vorfahren anzusehen, hieße die menschliche Natur auf gotteslästerliche Weise herabzusetzen. Diese Auffassung verdammte den Darwinismus als umstürzlerisch. Die Kritiker nannten ihn »die Affentheorie«, eine niedrige materialistische Lehre, die behauptete, daß es keinen Gott gäbe und daß der Affe unser Adam wäre.

Darwin gewann bald berühmte Mitstreiter unter den führenden Wissenschaftlern, die von der Schlüssigkeit seiner Argumente und dem baren Gewicht der Beweise, auf die er sich stützte, beeindruckt waren. Jedoch waren nicht einmal Darwins engste Freunde leicht zu überzeugen gewesen. Der Glaube, daß Gott jede Art für alle Zeiten unveränderlich erschaffen hatte, wenn vielleicht nicht am sechsten Tag der Schöpfung, so doch aber zu einem bestimmten Zeitpunkt, war im Jahr 1859 nicht nur unter Laien, sondern auch unter Wissenschaftlern immer noch herrschende Meinung. Dieser Glaube war zwar schon ge-

John Murray, Verleger der Werke Charles Darwins. Gemälde von Charles Wellington Furse

legentlich angefochten worden. So machte 1844 die anonyme Schrift »Vestiges of Creation« – »Die Rudimente der Schöpfung« Sensation. Der Autor war vermutlich der schottische Verleger Robert Chambers, bei dem das Buch erschien. Aber wie viele solcher Herausforderungen war »Vestiges« wissenschaftlich nicht fundiert. Das Werk diente eher dazu, die Evolutionsforschung zu diskreditieren als zu fördern.

Darwin konnte ursprünglich mit der Einstellung derer sympathisieren, die Evolution aus wissenschaftlichen Gründen bezweifelten. Auch er betrachtete »Vestiges« als Unsinn. Er war dann aber – wider die Anschauungen der wissenschaftlichen Meinung und entgegen seiner früheren Billigung der Beständigkeit der Arten – mit einiger Schwierigkeit zu der Evolutionstheorie gelangt, und er hatte diese radikale Ansicht erst nach einer Reise um die Welt angenommen. Darwins Interesse an der Evolution erwachte in den späten dreißiger Jahren des 19. Jahrhunderts, während er als Naturforscher an Bord des Schiffes »Beagle« um Süd-Amerika segelte. Er erkannte damals, daß Vertreter verschiedener Arten unter denselben Lebensbedingungen ähnliche Eigenschaften entwickelten und sich auch physisch ihrer Umgebung anpaßten. Darwin zog aus dieser treffenden Beobachtung den nach heutigen Erkenntnissen voreiligen Schluß, daß diese Arten besonders nah verwandt sein müßten. Das gleiche folgerte er für bereits ausgestorbene Arten.

Darwin hat die Idee der Evolution nicht eingeführt. Schon die alten Griechen hatten sie erwogen; die Denker der Aufklärung im 18. Jahrhundert stellten Vermutungen über die Veränderlichkeit der Arten an. Erst im 19. Jahrhundert erlaubte es die Erforschung von Fossilien, aufeinander folgende und voneinander abhängige Lebensformen zusammenzustellen, so daß eine Evolutionstheorie gerechtfertigt war. Genauso gelang es erst im 19. Jahrhundert durch die neuen und drastisch veränderten Schätzungen des Erdalters, der biologischen Evolution genügend Zeit einzuräumen. Es erschien jetzt äußerst unglaubhaft, daß das Leben seine komplexen und verschie-

Daten zur Abstammungslehre

Um 1700 B. de Maillet (Telliamed): Erste fundierte Abstammungslehre

1721 Charles de Montesquieu: Vermutungen über die Veränderlichkeit der Arten

1753 Denis Diderot: Gedanken über die Möglichkeit einer Abstammung aller Lebewesen von einem gemeinsamen Vorfahren

1760 Carl von Linné: Naturwissenschaftliches System der Pflanzenwelt mit Betrachtungen über Erblichkeit und Zuchtwahl

1785 James Hutton: Neues System einer naturwissenschaftlichen Chronologie

1794 Erasmus Darwin: »Zoo no mia, or the laws of Organic Life«, naturwissenschaftliches Lehrgedicht mit einer Entwicklungstheorie

1809 Jean Baptiste de Lamarck: Erste genaue Klassifizierung der wirbellosen Lebewesen, neues System des Tierreiches mit stammbaumartigem Charakter der Evolution

1816–1819 William Smith: »Strata Identified by Organized Fossils«, Methode zur Identifizierung geologischer Schichten durch Reste eingeschlossener Lebewesen

1830–1833 Charles Lyell: »Principles of Geologie«, Wirken derselben geologischen Vorgänge und Kräfte zu allen Zeiten

1844 Robert Chambers(?): »Vestiges of Natural History of Creation«, Theorie einer Evolutionslehre

1858 Charles Robert Darwin und Alfred Russel Wallace: Unabhängig voneinander, Entwicklung einer Selektions- und Evolutionstheorie

1859 Charles Darwin: »On the Origin of Species by means of Natural selection«, deutsche Ausgabe 1893: »Die Entstehung der Arten durch natürliche Zuchtwahl«

1871 Charles Darwin: »The Descent of Man and Selection in Relation to Sex«, deutsche Ausgabe 1893: »Die Abstammung des Menschen und die geschlechtliche Zuchtwahl«

Thomas R. Malthus. Detail eines Gemäldes von John Linnel, 1833

Die »Beagle«, Reiseschiff Darwins während seiner Forschungen in Süd-Amerika

denen Formen in nur sechstausend Jahren entwickelt haben sollte, einem Zeitraum, der bisher als Alter der Erde galt. Die Tatsache, daß ein beträchtlicher Teil dieser sechstausend Jahre eine schriftliche Überlieferung kannte, die aber nichts über dramatische biologische Umwandlungen berichtete, bestätigte die Haltlosigkeit dieser Zeitrechnung.

Noch bedeutungsvoller war, daß die Idee der Evolution mit dem Fortschrittsglauben, der diese Zeit charakterisierte, einherging. Sie sprach auch viele Menschen an, weil sie wissenschaftlich besser fundiert schien als die Theorie der individuellen Schöpfungen. Seit dem 17. Jahrhundert hatten Physiker und Chemiker sich geweigert, Gottes Handeln als den direkten Grund der physikalischen Vorgänge anzusehen. Aber die Biologen erklärten immer noch, oft wider besseres Wissen, den Ursprung der lebenden Arten als wenn, wie Darwin sagte, »Urelemente plötzlich den Befehl erhalten hätten, sich in lebendes Gewebe zu verwandeln«. Erst wenn bewiesen werden konnte, daß die Arten im Gleichklang mit den Naturgesetzen eine organische Entwicklung durchmachten, dann durfte sich die Biologie von dem plötzlichen unerforschbaren Wirken Gottes befreit fühlen, um ihre Gesetze unabhängig aufzustellen.

Aber welches Entwicklungsgesetz konnte die Evolution erklären? Die Unzulänglichkeit aller Erklärungen vor Darwin war hauptsächlich an der Skepsis ernsthafter Wissenschaftler schuld. Der Mangel an fundierten Thesen ging Hand in Hand mit der Tatsache, daß die Aufstellung der Fossilien der Erdgeschichte zu fragmentarisch war, um zu beweisen, daß das Leben sich aus den einfachsten Formen zu komplexeren entwickelt habe. Evolutionäre Grundsätze bewegten sich auf der Ebene reiner Vermutungen. Der bedeutende Vertreter dieser Richtung, der Zoologe Jean Baptiste de Lamarck, hatte behauptet, daß die Kreaturen neue Organe erwarben, um neuen Ansprüchen zu genügen und die Modifikationen an ihre Nachkommen in der nächsten Generation weitervererbten. Es gab keinen Beweis für Lamarcks Theorie, und Darwin selbst hielt sie für unsinnig.

Fast alle Biologen des 19. Jahrhunderts glaubten wie Darwin, daß die Eigenschaften, die ein Tier während des Lebens erwarb, an die nächste Generation vererbt werden könnten. Darwin erkannte aber nur wenige zeitgenössische Erklärungen zur Evolution an. So verwarf er auch die von Robert Chambers, daß sich eine neue Art aus einer einzigen Mißgeburt ergeben könnte. Nach oberflächlicher Durchsicht von Darwins Werk nahm sein Verleger John Murray an, daß »The Origin of Species« eine Überarbeitung von Chambers »Vestiges« zu sein schien, denn er erklärte, Darwins Theorie sei absurd, etwa so, wie wenn man einen fruchtbaren Zusammenschluß zwischen einem Feuerhaken und einem Kaninchen erwägen würde.

Darwins eine große Leistung war es, eine annehmbare Erklärung der Evolution gegeben zu haben; die andere bestand in der beinahe übermäßigen gedanklichen Arbeit, mit der er zu erwartende Widersprüche gegen seine Theorie vorwegnahm und sie durch zahlreiche Hinweise auf einen großen Leitfaden von Naturbeobachtungen entkräftete. Er führte die evolutionäre Theorie auf einen vollkommen neuen Weg. Von diesem Zeitpunkt trat an die Stelle wilder Mutmaßungen eine überprüfbare Theorie.

In seiner Autobiographie erklärte Darwin, daß er seine Entdeckung vom Mechanismus der Evolution dem Sozialforscher Thomas Malthus verdanke, dessen Werk er kurz nach seiner Rückkehr von der Reise mit der »Beagle« gelesen hatte. Zu dieser Zeit beschäftigten ihn eine Fülle verwirrender Beweise für die Evolution, die er in Süd-Amerika entdeckt hatte. Malthus hatte auf die Diskrepanz zwischen der Kapazität der Bevölkerungsexplosion und ihrer beschränkten Nahrungsversorgung hingewiesen. Darwin wandte Malthus' Theorie auf das Problem der Arten an. Die Bevölkerungszahl wurde durch Ernährungsschranken begrenzt. Welche Elemente aber in der Bevölkerung überlebten und hinterließen Nachkommenschaft? In der Natur überlebten diejenigen, die sich ihrer Umgebung am besten angepaßt hatten, antwortete Darwin. Das war das Gesetz der natürlichen Auslese. Es führte zur Bildung neuer Arten durch die offensichtlich zufälligen Variationen, die unter den Nachkommen auftraten. Einige dieser Variationen gewährten den Lebewe-

sen bessere Überlebenschancen. Diese wenigen Auserlesenen sorgten für Fortpflanzung und Erhaltung der Art. Die Züchter von Rassen bestimmter Lebewesen machen sich dieses Prinzip zunutze. Darwin schrieb: »Aufgrund des Existenzkampfes wird jegliche Variation, und sei es die geringste, wenn sie in irgendeiner Beziehung für die Einzelwesen einer Art in ihrer komplexen Beziehung zu anderen Lebewesen und zur Umwelt nützlich ist, zur Erhaltung dieses Einzelwesens führen, und sie wird allgemein von seiner Nachkommenschaft ererbt.«

Der Begriff der natürlichen Auslese war Darwins bedeutendster Beitrag zur Evolutionstheorie; aber sie war ebenso der Punkt, der am heftigsten die traditionellen Ansichten über Gott und Natur erschütterte. Die Evolutionstheorie hätte weniger revolutionär gewirkt, wenn sie nur eine Entwicklung der lebenden Formen in die allgemeine Richtung größerer Komplexität und Spezialisierung festgestellt und die Entwicklung selbst in Beziehung zu einem über allem stehenden kosmischen Entschluß gesetzt hätte. Darwin wollte jedoch von einer planmäßigen Evolution nichts wissen. »Benutze niemals die Worte niedriger und höher«, schrieb er an den Rand seines Ex-

emplars von »The Vestiges of Creation«. Die Natur folgt keinem Plan. Soweit die Wissenschaft es erklären konnte, war die Schöpfung des Lebewesens Mensch nicht das Ergebnis einer lang vorbereiteten kosmischen Absicht. Die natürliche Auslese ergab sich aus einem Mangel, der aber dem blinden Zufall überlassen war, den Vorgang der zufälligen Variation in der Nachkommenschaft. Durch ihn wurde das ausgewählt, was in der Umwelt am lebensfähigsten war. Alles andere hörte auf zu existieren. Innerhalb des Bereichs der Darwinschen Theorie mußten sich nüchterne Wissenschaft und gefühlsmäßige Überzeugung trennen. Der Sinn des Menschen nach Zweckmäßigkeit konnte nicht auf die Natur übertragen werden; der Mensch selbst schien das zufällige Produkt einer blind kämpfenden Natur zu sein.

Die Theologen rechneten schnell mit der Darwinschen Welt ab. Charles Kingsley, ein Schriftsteller und Theologe, einer der ersten, der Darwins Theorie anerkannte, schrieb ihm: »Ich habe nach und nach verstehen gelernt, daß die Auffassung von einer Gottheit, die ursprüngliche, dabei zur Selbstentwicklung fähige Formen schuf, ebenso edel ist wie diejenige, die an einen neuerlichen Schöpfungsvorgang glaubt, um auftretende Lücken zu schließen.« Zoologen wie Julian Huxley, der Enkel von Darwins großem Zeitgenossen und Anhänger Thomas Huxley, sahen, daß die Evolution, wiewohl blind, mit dem Menschen eine Kreatur hervorgebracht hatte, die ihrem Wesen nach eine planmäßige Kontrolle über seine Umgebung und seine Lebensverhältnisse ausüben konnte. Immerhin ging der Gedanke an einen geordneten Kosmos, dem Gott seine harmonische Bestimmung verliehen hatte, zunächst verloren. Die göttliche Führung schien mit der Natur nicht mehr im Einklang zu stehen. Gedankengut und Philosophie des 20. Jahrhunderts wie der Existenzialismus und logischer Positivismus nahmen die Planlosigkeit der wahrnehmbaren Welt in einem Ausmaß an, wie es bisher undenkbar war.

Andere Denker dagegen sind von der Idee des Existenzkampfes angeregt worden. Manche sahen im Krieg eine biologische Notwendigkeit; die Konkurrenz im Geschäftsleben war Überleben des Fähigsten. Marx folgerte, daß »The Origin of Species« der Naturwissenschaft eine Grundlage für den Klassenkampf in der Geschichte erstellte. Die Darwinschen Erkenntnisse bildeten einen festen Bestandteil der nationalsozialistischen Auffassung von rassischer Überlegenheit. Solch einseitige Anwendung des Darwinismus wies die ernsthafte Wissenschaft von sich, denn die Probleme der menschlichen Gesellschaft sind zu komplex und ihre Lösungen sind von zu vielen Faktoren abhängig, als daß sie durch die einfache Formel vom Überleben des Fähigsten gelöst werden können.

Eine sich anschließende Entwicklung, die Darwin zweifellos erfreut hätte, ist die Entwicklung der Wissenschaft der Genetik gewesen. Für Darwin waren die Vorgänge der Mutationen, auf denen seine Theorie beruhte, noch ein Geheimnis. Erst sein jüngerer Zeitgenosse, Gregor Mendel, begründete durch seine Kreuzungsversuche verschiedener Pflanzenarten die wissenschaftliche Vererbungslehre. Die moderne Biologie beruht gleichsam auf der Mendelschen Erblehre und der Darwinschen Entwicklungstheorie durch natürliche Auslese.

JOHN W. BURROW

Alfred Russel Wallace. Malerei auf einer Photographie

Der Salonlöwe Herr Gorilla. Karikatur auf Darwins Abstammungslehre aus dem »Punch«

Samuel Wilberforce, Bischof von Oxford. Detail eines Gemäldes von George Richmond

Thomas Henry Huxley. Detail eines Gemäldes von John Collier, 1883

Entwicklung der Natur- und Geisteswissenschaften

Im November 1864 tat Benjamin Disraeli, einer der begabtesten britischen Staatsmänner, den Streit um Darwins Lehre in einer Rede in Oxford mit wenigen Worten ab. »Ist der Mensch ein Affe oder ein Engel?« fragte er und fügte hinzu: »Ich bin bei Gott auf der Seite der Engel.« So dachten die meisten seiner Zeitgenossen. In ihrem Stolz auf Fortschritt und auf Leistung bedauerten die Menschen die neuen Theorien, nach denen ihre Abstammung auf primitive Anthropoiden zurückging. Vertraute Begriffe, wie göttliche Offenbarung, hatten etwas Tröstliches und Stärkendes und ließen den Glauben an Evolution nicht nur blasphemisch sondern auch unmoralisch erscheinen. Die Möglichkeit, die biblische Schöpfungsgeschichte und die Abstammungslehre in Einklang zu bringen, überstieg das Denkvermögen der meisten Menschen.

Weiterentwicklung des Darwinismus

Aber der Darwinismus konnte nicht mit einem geistreichen Satz abgetan werden. Er versorgte die Denker, die

Herbert Spencer

nach einer wissenschaftlichen Erklärung der Vorgänge in der Natur suchten, mit neuen Erkenntnismöglichkeiten. Geschichtliche Analytiker und soziale Theoretiker forschten seit Jahren nach wissenschaftlichen Gesetzmäßigkeiten in den Naturwissenschaften. Darwins Theorie ermöglichte es ihnen, eine Synthese der Forschung, eine verstandesgemäße, befriedigende Hilfe für ihre geistige Arbeit zu gewinnen. Darum überraschte es kaum, daß Karl Marx »Das Kapital« Darwin widmen wollte, denn Marx glaubte mit einiger Berechtigung, daß er für die gesellschaftliche Struktur der Menschheit erkannt hatte, Darwins Entdeckungen in der Biologie entsprachen. Diese Ehre lehnte Darwin jedoch ab.

Die Prinzipien der Lehre von der Veränderlichkeit der Arten wurde auf andere Forschungsgebiete übertragen. Darwins Vetter, Francis Galton, wandte sie 1869 bei psychologischer Analyse der Beziehungen zwischen Erbgut und Umwelteinflüssen an. Edward Taylor bediente sich ihrer 1871 in der Antrophologie, Walter Bagehot ging 1873 sogar so weit, mit Darwinschen Erkenntnissen politische Geschichte erklären zu wollen. Der größte Vertreter des Darwinismus als Sozialphilosophie war Herbert Spencer, dessen »Programme of a System of Synthetic Philosophy« 1860 erschien. In den Vereinigten Staaten wirkte sich Spencers Einfluß unmittelbarer aus als der Darwins, dessen Theorien bis in das 20. Jahrhundert hinein Mißtrauen und Feindseligkeit bei vielen Glaubensgemeinschaften erweckten. Beide, Darwin und Spencer, beherrschten das Denken der Menschen ihrer Zeit so vollständig, wie einst die Gedankenwelt Francis Bacons und René Descartes' das späte 16. und das 17. Jahrhundert geprägt hatten.

Wenn auch das naturwissenschaftliche Zeitalter seinen Propheten in Darwin gefunden hatte, gab es auch andere anerkannte Gelehrte, die der Menschheit neue Erkenntnisse bescherten. Die Mediziner Joseph Lister, Louis Pasteur und Robert Koch brachten die Studien der Antisepsis und der Isolierung und Identifizierung gefährlicher Viren im letzten Drittel des Jahrhunderts vorwärts. Zur selben Zeit entstand die Wissenschaft der Bakteriologie und die Einführung vorbeugender Impfungen aus der Arbeit, der sich Louis Pasteur in Paris widmete.

Das öffentliche Erziehungswesen

Herbert Spencer, der beträchtlich optimistischer war als viele seiner Zeitgenossen, glaubte daran, daß menschliche Vollkommenheit letzten Endes erreichbar sei. Er hielt die Fortschritte der Technik für einen wesentlichen Beitrag zu einem vollkommenen Leben. Darum drängte er darauf, daß die Naturwissenschaft mehr noch als die Geisteswissenschaften die Grundlage der Erziehung bilden müßten. Seine Theorien eilten der Zeit weit voraus, wo in den Schulen die Jugend Europas noch mit vielen Rutenschlägen von der Schönheit der Epen Homers und von der Weisheit Ciceros erfuhren.

In Deutschland und in Frankreich gab es auch schon Gymnasien, die die

Louis Pasteur

neuen Naturwissenschaften in ihren Lehrplänen berücksichtigten. In den amerikanischen Schulen war der Unterrichtsstoff schon immer umfassender als in den »Public schools« Englands. Am Vorabend des Bürgerkrieges in den Vereinigten Staaten gab es an die sechstausend höhere Schulen, die fast alle private Einrichtungen waren und unter der Kontrolle von Treuhänderausschüssen standen. Hier wirkte die erzieherische Tradition eines Thomas Jefferson und eines Benjamin Franklin nach und trug wesentlich zu dem atemberaubenden Tempo bei, mit dem die Nation wuchs und sich ausbreitete. Soziale Probleme aber wurden vernachlässigt.

Stahl und Dampf

Viele der Erfindungen der ersten Hälfte des Jahrhunderts waren nicht den Köpfen anerkannter Wissenschaftler entsprungen, sondern gingen auf die praktische Tätigkeit begabter Mechaniker und Handwerker zurück. Nach 1850 verkomplizierte sich der Fortschritt der Technik mehr und mehr. Notwendigerweise wirkten einzelne Bereiche aufeinander ein. Das Anwachsen des Eisenbahnnetzes in der ganzen Welt verlangte die Zusammenarbeit von Männern, die Tunnel und Brücken bauten sowie Telegrafenleitungen legen konnten, die um ein Druck- und Spannungsverhältnis bei der neuartigen Verarbeitung von Eisen zu Stahl wußten.

Die Forschungsarbeiten der Physiker mußten dem Massenbedarf der Industrie angepaßt werden. Die Anwendung des Dynamos zur Erzeugung von Elektrizität erschloß neue Energiequellen.

Die zweite Phase der industriellen Revolution verlief nicht so dramatisch und einschneidend wie die erste. Aber ihre Wirkung war noch weitreichender. Die Erde selbst wurde von der technischen Entwicklung überrollt. Als es 1866 gelang, ein Kabel für einen elektrischen Telegrafen auf dem Grund des Atlantiks zu verlegen, brach ein neues Zeitalter im Verkehrswesen an.

Stahl als Baumaterial und Dampf als Antriebskraft setzten sich zunächst nur langsam durch. Britische Schiffswerke bauten mehr Schiffe in den sechziger und siebziger Jahren als je zuvor und überholten alle anderen europäischen Mächte mit ihrer Schiffsraumkapazität. Aber nur wenige Stahlschiffe liefen vom Stapel; die meisten Schiffe bis zur Mitte der achtziger Jahre wurden aus Holz und Eisen gebaut.

Die frühesten britischen Dampfschifflinien, die Peninsular and Oriental Steamship Company und die Dunard Steamship Company hatten 1839 beziehungsweise 1840 ihren Dienst aufgenommen. Aber erst 1883 überstieg die Tonnage der Dampfschiffe die der Segelschiffe. Bezeichnenderweise fiel diese Entwicklung mit dem Einsatz der ersten Schiffe mit einem ganzen stählernen Rumpf auf der Transatlantik-Route der Cunard Linie zusammen. Diese Schiffe waren schon von elektrischem Licht beleuchtet; ihre Maschinen arbeiteten mit bisher nicht gekannter Stärke.

Die Neuerungen im Schiffsbau hatten eben Fuß gefaßt, als das Segelschiff für kurze Zeit den Gipfel seiner Vollendung erreichte. Die stattlichsten und schnellsten Schiffe waren die langen schmalen Yankee Clipper der fünfziger Jahre, die mit riesigen Segeln an hohen Masten und mit elegant geschwungenem, konkaven Bug die Meere durchschnitten. 1854 segelte eines dieser Schiffe an einem Tag vierhundertvierundsechzig Seemeilen, was einer Durchschnittsgeschwindigkeit von zwanzig Knoten entsprach. Ein anderes fuhr von Boston nach Liverpool in der Rekordzeit von zwölf Tagen und sechs Stunden.

Eiserne, mit Schrauben angetriebene Schiffe verbannten schon bald wieder die Schnellsegler von den Weltmeeren. Die Segelschiffahrt erlitt mit der Eröffnung des Suez-Kanals, der in den Jahren 1859 und 1860 unter der Leitung von Ferdinand Lesseps angelegt wurde, einen schweren Schlag. Auf der Route nach Asien und Australien brauchte nicht mehr das Kap der Guten Hoffnung umschifft zu werden. Der neue Seeweg eignete sich für Dampfschiffe besser; dem Dampf gehörte die Zukunft.

1857 wurde die erste deutsche Dampfschiffahrtslinie, der Norddeutsche Lloyd, gegründet, die einen regelmäßigen Personen- und Frachtverkehr mit europäischen und transatlantischen Ländern aufnahm.

1859–1880

Der Suez-Kanal im Bau

Ideologische Gegensätze in Amerika

Das Amerika dieser Jahrzehnte war ein Land voller Hoffnungen und Verheißungen. Gleichzeitig kennzeichneten Widersprüche die Kultur sowie das wirtschaftliche und soziale Leben der Nation. Die literarische Führung konzentrierte sich in einem kleinen Gebiet von Massachusetts, wo Henry W. Longfellow, Oliver Wendell Holmes, Henry Thoreau und Nathaniel

Henry Wadsworth Longfellow

Hawthorne beinahe ganz im Schatten von Ralph Waldo Emersons Studien zum Transzendentalismus lebten. Emersons Wohnort Concord bei Boston wurde in jener besonderen Zeit zu einem intellektuellen Zentrum, das sich mit Paris oder Oxford messen konnte. Aber es bestand gleichzeitig eine starke Diskrepanz zwischen den großzügigen Ansichten der Intellektuellen in Neu-England und der engstirnigen Kleinbürgerlichkeit der ländlichen Bevölkerung. Durch die Wahlen im Jahre 1854 errang in Massachusetts eine Partei den überwältigenden Sieg im Wettlauf um die Sitze im Senat und im Repräsentantenhaus sowie um Gouverneursposten, die aus puritanischen Fanatikern bestand. Sie waren unerbittliche Gegner aller Einwanderer, Katholiken wie Liberaler, von denen ihr Verhalten als unamerikanisch verurteilt wurde.

Diese Partei der »Know-Nothings« – »Nichts-Wisser« – errangen weitere Gewinne in Maryland, im Staat New York und in Louisiana. Die Extremisten verstießen gemäßigt Denkende, die sich zu einem Kreuzzug für Humanität zusammengeschlossen hatten, aus ihren Reihen. Der Kreuzzug sollte die Lebensbedingungen der Menschen bessern und im Süden die Sklaverei beenden. In den Süd-Staaten aber begannen Redner wie William Yancey in Alabama und Journalisten wie Robert Rhett vom »Charleston Mercury« die Trommeln für eine Auflösung der Union zu rühren.

Um die Mitte des Jahrhunderts umfaßten die Vereinigten Staaten drei große Regionen unterschiedlichen Charakters: im Süden herrschten feudale Verhältnisse, die weitgehend von der Baumwollanpflanzung abhingen; im Norden hatte die Industrialisierung den bäuerlichen Charakter des Landes noch nicht zerstört; in den mittleren Gebieten Michigan, Ohio, Illinois Iowa, Indiana, Wisconsin und Minnesota, die beinahe ebenso bevölkert waren wie die beiden anderen, tat sich eine sprunghafte wirtschaftliche und kulturelle Expansion auf, die durch eine rege Anteilnahme an der Kolonialisierung des Westens gefördert wurde.

Die Ursachen, die die Nation spalteten, hatten ihren Ursprung in der grundlegend verschiedenen Geisteshaltung des Nordens und des Südens. Trotz der großen wirtschaftlichen Veränderungen in den mittleren Gebieten vermochten ihre Bewohner keine Vermittlerrolle einzunehmen. Die dortigen Staaten hielten nur ein lockeres Gleichgewicht zwischen den älteren Teilen. Hätte sich der nordwestliche Markt mehr am Mississippi und dem Süden orientiert, anstatt sich

Ralph Waldo Emerson

an die Eisenbahnen und den Norden zu hängen, so hätte die heraufziehende Krise in der amerikanischen Union wohl eine andere Lösung gefunden. Chicago, eine Stadt, die 1837 viertausend Einwohner zählte, hielt den Schlüssel zu Amerikas Zukunft in Händen. Hier zumindest schienen Hoffnung und Verheißung den Menschen eine ungetrübte Zukunft zu sichern.

Anfang der fünfziger Jahre stellte Cyrus Hall McCormick in seinem Industrieunternehmen, der größten Fabrik Chicagos, Mähmaschinen her. McCormick produzierte, was es bisher noch nicht gegeben hatte, zehn Maschinen am Tag. Er verkaufte sie an neue Farmer in den Great Plains durch schlaue Werbung und leichte Zahlungsbedingungen. In den zehn Jahren vor dem Bürgerkrieg halfen Männer wie McCormick, der die bekannteste Industriefamilie Chicagos gründete, die Stadt in die erste Metropole der Welt für landwirtschaftliche Erzeugnisse zu verwandeln. Die Gemeinde an der Küste wurde ein riesiger Umschlagplatz für Vieh und Getreide, Eisenbahnverbindungen aus allen Himmelsrichtungen liefen in seinen Viehhöfen zusammen.

Chicago stand mit seinem Wohlstand nicht allein da. In Milwaukee stieg der Umschlag von Weizen zwischen 1851 und 1860 um das Fünfzigfache. Der Handel auf dem Ohio und dem Mississippi erreichte 1860 einen solchen Höhepunkt, daß im letzten Friedensjahr etwa dreieinhalb Tausend Flußboote in New Orleans entladen wurden. Eine der bedeutendsten Entwicklungen jener zehn Jahre war der Ausbau der Eisenbahnstrecken in Illinois: Von rund zweihundertfünfzig Bahnkilometern im Jahre 1850 wuchs das Netz auf fast sechstausend Kilometer im Jahr 1860. So war es kein Wunder, daß die vor sechs Jahren gegründete Republikanische Partei im Mai 1860 ihren Konvent in Chicago abhielt. Im dritten Wahlgang wählte er den einzigen Repräsentanten, der fähig war Illinois zu vertreten, zum Präsidentschaftskandidaten: Abraham Lincoln aus Springfield.

Gefahr einer Session

In den fünfziger Jahren des 19. Jahrhunderts schienen Landwirtschaft, Industrie und Geschäftsleben außer in den älteren Sklavenstaaten überall zu blühen. Aber 1857 machte eine zyklische Depression, die als Folge von Landspekulationen und Überentwicklung der Eisenbahnen auftrat, die Wirtschaft unsicher. Eine Panik brach aus und zog wirkliche Not in den Industriestädten des Ostens nach sich. Für die Schafzüchter in Ohio begann eine harte Zeit. Nur die wachsende Produktivität der Weizenländer bewahrte sie weitgehend vor dem Rückschlag. Unglücklicherweise bestärkte die Depression auch die politischen Führer des Südens in ihrem Glauben, daß ihr Wohlstand, der auf Baumwolle fußte, von der Depression verschont bliebe.

Mit jedem Jahr wuchs die Kluft zwischen Norden und Süden. Es stand viel mehr auf dem Spiel als die Schande der Sklaverei. Zwei rivalisierende Gesellschaften konnten kein Verständnis für einander aufbringen. An einem sonnigen Frühlingstag 1861 kam es zur Explosion und damit zu einem tragischen und so unnützen Krieg. Der Befehlshaber eines kleinen unscheinbaren Forts der Union in den Gewässern des Hafens von Charleston gab den Anlaß zu der ersten feindlichen Auseinandersetzung, als er der Aufforderung Süd-Carolinas zur bedingungslosen Kapitulation trotzte. Zweieinviertel Jahre, nachdem die ersten Schüsse auf Fort Sumter vor Charleston gefallen waren, brach die konföderistische Armee über Gettysburg herein. Als sie nach der größten Schlacht des amerikanischen Bürgerkrieges über die Weizenfelder und durch Pfirsichplantagen zurückwich, um den Truppen der Union das Feld zu überlassen, war das Schicksal der Süd-Staaten besiegelt.

Eine geteilte Nation

1863

Von seinem überwältigenden Sieg bei Chancellorsville angespornt, plante der General der Süd-Staaten, Robert E. Lee Anfang Juni 1863 eine Invasion der dicht bevölkerten und stark industrialisierten Nord-Staaten. Lees Armee zog sich vor der pennsylvanischen Bauerngemeinde Gettysburg zusammen. Am letzten Tag des Monats Juni stießen seine Truppen mit General George G. Meades überlegenen Streitkräften der Union zusammen. Die Schlacht währte drei Tage, und sie schien sich am 3. Juli zugunsten Lees zu wenden, als die Männer General George Picketts die Linien der Union durchbrachen. Picketts Soldaten aber waren so geschwächt, daß sie den einmal gewonnenen Vorteil nicht halten konnten. Sie mußten wieder zurückweichen. In Washington, das neunzig Kilometer südlich lag, betete Präsident Abraham Lincoln für den Sieg: Die Nation, fühlte er, konnte keine weitere Niederlage wie die bei Fredericksburg oder bei Chancellorsville durchstehen. In dem hügeligen Gelände südlich vor Gettysburg entschied es sich, ob die Vereinigten Staaten als eine einzige Nation weiter fortleben würden.

Die dreizehn Kolonien, die im Jahr 1776 ihre Unabhängigkeit von England erklärten, erstreckten sich über die hunderte Kilometer lange Küste des Atlantiks. Ursprung und Interessen der Gebiete waren äußerst heterogen. In den ersten Jahren des Unabhängigkeitskampfes bildeten sie eine lockere Konförderation, denn sie begriffen nur schwer, wie wichtig eine Einheit für ihre Existenz war. 1789 erhielten die Vereinigten Staaten ihre bis heute gültige Verfassung. Während der folgenden siebzig Jahre stand es oft zur Diskussion, ob die Union nicht mehr sei als eine lose Verbindung zwischen Staaten, die sich jederzeit voneinander trennen konnten. Zunächst erwies sich die lokalgebundene Loyalität zum Einzelstaat als die größere politische Kraft. Präsident John Adams meinte, wenn er von »meinem Land« sprach, seine Heimat Massachusetts.

Im Norden überwogen bald die neuen Einwanderer, die das alte Kolonialgefüge des Landes nicht mehr kannten. Industrie und Verkehrswesen entwickelten sich rasch. Dem Süden aber, einem größeren und mehr landwirtschaftlich geprägten, weiträumigen Gebiet fehlte ein intensiver Zustrom fremder Menschen. Der Industrialisierung und dem Weizenbau im Norden standen die Baumwoll- und Tabakplantagen im Süden gegenüber. Nur selten diente eine Handels- oder Bankpolitik den Interessen beider. Als 1831 Süd-Carolina mit der Unionsregierung zusammenstieß, ging es nicht um Sklaverei, sondern um die Schutzzollpolitik. Die gesetzgebende Versammlung von Süd-Carolina bestand auf der Gesetzeshoheit des Landes und hob die Zollgesetze des Bundes auf. Präsident Andrew Jackson erklärte unmißverständlich, daß er den Bundesgesetzen mit allen Mitteln Geltung verschaffen werde. Süd-Carolina gab nach.

Der bedeutendste Punkt aber, an dem die Geister des Landes sich schieden, war die Neger-Sklaverei. Von Anfang an war die neue Gesellschaft mit diesem menschenunwürdigen Auswuchs belastet. Zunächst schien es möglich, die Sklaverei allmählich einzuschränken und dann aufzuheben. 1784 wurde eine Verordnung, die die Sklaverei im Gebiet jenseits der Appalachen bis zum Ohio verbieten sollte, im Kongreß mit einer Mehrheit von nur einer Stimme verworfen. Die sofortige Einstellung des Handels mit Menschen wurde 1787 von den gemäßigten Staaten des Nordens und des Südens wie Pennsylvania und Virginia beschlossen, von Süd-Carolina und von Massachusetts aber abgelehnt. In einem Kompromiß wurde der Handel schließlich auf zwanzig Jahre befristet, was einen sprunghaften Anstieg der Einfuhr von Negern mit sich brachte.

Im Jahr 1794, als der Süden die reichen, für den Baumwollanbau ausgezeichneten Niederungen von Alabama und von Mississippi zu erschließen begann, erfand Eli Whitney die Egreniermaschine, mit der die Baumwollfrucht entkörnt werden konnte, um die reine Baumwollfaser zu gewinnen. Innerhalb eines Jahrzehnts hatte das neue Material zur Herstellung von Textilien die Welt überschwemmt. Die Baumwolle anbauenden Länder wurden zu Hochburgen der Neger-Sklaverei.

In den ersten Jahrzehnten des 19. Jahrhunderts kam die Bewegung gegen die Sklaverei im Süden nur dort voran, wo keine Baumwolle angebaut wurde. 1831 veranlaßte ein kleiner Sklavenaufstand die gesetzgebende Versammlung Virginias, sich intensiv mit dieser Frage zu beschäftigen. Ein Antrag auf Abschaffung der Sklaverei wurde mit

Abraham Lincoln, Präsident der Vereinigten Staaten von Amerika. Photographie

Schlacht bei Gettysburg im Juli 1863

General Robert E. Lee im Kreis seiner Offiziere. Photographie

Soldaten der Konföderierten bei Rappahannock vor der Schlacht bei Fredericksburg. Zeitgenössische Zeichnung

dreiundsiebzig zu achtundfünfzig Stimmen abgelehnt; eine schrittweise Befreiung der Sklaverei wurde mit nur einer Stimme Mehrheit zurückgewiesen. Das blieb beinahe das letzte Zeichen einer ernsthaften Opposition gegen die Sklaverei im Süden. Im Norden hingegen gab eine kraftvolle Bewegung zu ihrer Abschaffung den Ton an. Die radikalen Gegner der Sklaverei, die Abolitionisten, muß man von den vielen Verfechtern einer gemäßigten Politik trennen. Die ersteren riefen zu einer Auflösung der Union auf, weil sie »ein Abkommen mit der Hölle und ein Bund mit dem Tode« sei, und sie sagten Ströme von Blut voraus.

Der Süden verteidigte nun, teilweise aufgrund dieser Agitation, seine Gesellschaftsordnung mit Fanatismus. Eine vernünftige Diskussion des Themas war nicht mehr möglich. Abraham Lincoln sagte: »Die Institution der Sklaverei beruht auf Ungerechtigkeit und auch auf schlechter Politik, aber die Abschaffungsdoktrinen neigen dazu, das Übel eher zu verschlimmern als zu verbessern.« Er hatte in jungen Jahren auf Sklavenauktionen in New Orleans den Menschenhandel zu verabscheuen gelernt.

Gleichzeitig übersah er nicht die Schwierigkeit einer plötzlichen und gewaltsamen Freilassung der Sklaven, die ein noch größeres Übel um der menschlichen Freiheit willen heraufbeschwören würde.

Immer wieder versuchte man das Problem durch Kompromisse zu lokalisieren. 1820 wurde Missouri als Sklaven-Staat zwar in die Union aufgenommen, die Sklaverei aber in allen übrigen neuen Gebieten nördlich des 36°30' Breitengrades verboten. Eine Generation lang war der Konflikt aus den Brennpunkten der Politik verdrängt. Der Mexikanische Krieg im Jahr 1848 und die Annexion riesiger neuer Gebiete im Süd-Westen erhoben die Frage des politischen Gleichgewichtes zwischen dem Süden und dem Norden. Ein weiterer Kompromiß erhielt den Frieden: Im Jahr 1850 wurde Kalifornien ein sklavenfreier Staat; in dem übrigen neuen Territorium, Neu Mexiko und Arizona, wurde die Sklaverei freigestellt.

1854 jedoch wurden die vorherigen Abkommen über die Gebiete durch die Kansas-Nebraska-Akte praktisch annulliert. Der Süden hob den Missouri-Kompromiß auf. Sklaverei sollte überall dort legalisiert werden, wo sie von der Mehrheit der Siedler befürwortet wurde. Dieses Vorgehen führte zu einer Radikalisierung der politischen Gegensätze. Viele gemäßigte Nord-Staatler sahen ein, daß sie den Ansprüchen der Süd-Staaten wirksam Einhalt bieten mußten. Aus diesem Anlaß entstand die neue Republikanische Partei, die mit einem gezielten Programm gegen jegliche Sklaverei auftrat.

1857 entschied der Oberste Bundesgerichtshof, daß der Kongreß nicht das Recht besitze, Sklaverei gebietsweise zu verbieten, und daß entflohene Sklaven nach dem Gesetz ihren Eigentümern überantwortet werden müßten. Diese Entscheidung bewog einige Nord-Staatler, dem Bundesgesetz aktiven Widerstand entgegenzusetzen. Diese Entwicklung verstärkte im Süden das Gefühl, daß die Union bereits eine Fiktion sei, die vom Norden aus reinem Eigennutz aufrechterhalten werde.

Einer der prominenten Terroristen unter den Abolitionisten, John Brown, nahm 1859 mit einer kleinen Schar von Anhängern das Zeughaus in Harpers Ferry an der Grenze zwischen Maryland und Virginia ein. Lincoln, der

den Angriff verurteilte, kommentierte ihn »als einen Versuch der Weißen, Aufruhr unter den Sklaven zu entfachen, an dem diese sich weigerten teilzunehmen«. Brown, der bald gefangengenommen und hingerichtet wurde, galt den Abolitionisten als ein Märtyrer und den Süd-Staatlern als ein Verkünder von Unheil.

Die Präsidentschaftswahl von 1860 gewann der Republikaner Abraham Lincoln. Die Demokraten hatten sich über die Frage der Sklaverei gespalten. Lincoln wurde von einer Minderheit der Wahlmänner mit relativer Mehrheit gewählt. Die feindliche Haltung des Südens nach der Wahl kündigte bereits die Spaltung der Union an. Lincoln aber betrachtete die Erhaltung der Vereinigen Staaten in ihrem vollen Umfang und die Durchsetzung der Bundesgesetze als eine unabdingbare Pflicht. Er bot dem Süden jede mögliche Garantie, daß der Bund sich nicht in seine internen gesellschaftlichen Verhältnisse einmischen werde. Die Extremisten in Süd-Carolina jedoch betrachteten schon die Wahl eines Republikaners als Grund zur Auflösung der Union. Im Dezember 1860 erließen sie eine Aufforderung zur Sezession. Während der nächsten sechs Wochen folgten ihr Mississippi, Florida, Alabama, Georgia, Louisiana und Texas. Sie wählten Jefferson Davis zum Präsidenten. Als Lincoln im März 1861 sein Amt antrat, hatten diese Staaten bereits die unabhängige »Confederate States of America« gegründet. Die Regierung wählte später Richmond, die Hauptstadt von Virginia, zum Amtssitz.

Der Krieg begann erst einige Wochen später. Süd-Carolina verlangte, daß die Bundestruppen die Handelsniederlassungen, die sie auf ihrem Territorium besetzt hielten, räumten. Lincoln aber entschloß sich nach einer Auseinandersetzung im Kabinett, Verstärkung nach Fort Sumter, das im Hafen von Charleston lag, zu entsenden. Am 14. April 1861 befahl der General der Süd-Staaten, Pierre Gustave Beauregard, die Bombardierung von Fort Sumter.

Die Sezession der Staaten war von Virginia, Nord-Carolina, Tennessee und Arkansas abgelehnt worden. Erst als Lincoln Truppen einberief, um die Abtrünnigen zu bezwingen, trat ein Meinungswandel ein. Die Staaten des mittleren Südens schlossen sich den Konförderierten an. Dennoch verblieben vier Sklaven-Staaten auf seiten der Union. Viele Offiziere aus den Gebieten der Konföderierten blieben im Dienst der Unionsarmee. Sowohl im Norden als auch im Süden, hier für die Union dort für die Sezession, entwickelte sich ein Patriotismus der Bevölkerung, der unter dem Druck des Krieges nur wenig nachließ.

General Ulysses Sidney Grant. Photographie

Nüchtern betrachtet, besaß der Süden keine Aussichten auf Sieg. Den zweiundzwanzig Millionen Bewohnern der dreiundzwanzig Nord-Staaten standen neun Millionen der elf des Südens, wovon ein gutes Drittel Neger-Sklaven waren, gegenüber. Ein fortschrittliches Industrieland kämpfte gegen ein Agrarland. Die Landwirtschaft der Süd-Staaten lebte vom Export und konnte sich nicht auf eine Kriegswirtschaft umstellen. Was die Konföderierten dennoch einem Sieg nahebrachte, war das militärische Genie Robert E. Lees. Da er als Feind der Sezession und der Sklaverei galt, hatte ihm Lincoln das Oberkommando über die Armee der Union angetragen. Aber Lee glaubte, nicht gegen seine Heimat Virginia kämpfen zu können, und trat in den Dienst des Präsidenten Jefferson Davis. Er war der einzige Feldherr, der dauernd Erfolg auf dem Schlachtfeld errang, bis alle Reserven erschöpft waren. Er focht immer mit zahlenmäßiger Minderheit gegen einen Feind, der überlegen ausgerüstet war. Auch die erbittertsten ideologischen Gegner des Südens konnten nicht umhin, ihm Anerkennung zu zollen, so schrieb Friedrich Engels an Karl Marx: »Sie kämpften ganz hervorragend.«

Der erste Versuch, die Rebellen zu schlagen, scheiterte bei Bull Run. Im folgenden Jahr schritten die Generale Lee und Stonewall Jackson von Sieg zu Sieg. Die Union besetzte dank ihrer Seeherrschaft New Orleans und eroberte den Osten von Tennessee. Die Gegenzüge des Südens erreichten aber nur Teilerfolge.

Lees erster Versuch einer Invasion des Nordens endete in der Niederlage am Antietam im September 1862. Lincoln nahm die Gelegenheit wahr, die »Emancipation Proclamation« zu verkünden: Alle Sklaven in Territorien, die unter der Kontrolle der Rebellen standen, nicht aber die in den Gebieten der Union, wurden zum Ende des Jahres 1862 zu freien Bürgern erklärt. Lincoln hatte einst die konservativen Anhänger der Union für sich gewonnen, weil er sich anfangs geweigert hatte, die Sklaverei aufzuheben, und weil er dem Zusammenhalt der Union Vor-

rang eingeräumt hatte. Nun zog er auch die radikaleren Gegner der Sklaverei auf seine Seite. Vor allem aber erschwerte die Proklamation, indem sie den Streitpunkt öffentlich in den Vordergrund rückt, es den Süd-Staaten, an die europäischen Mächte zu appellieren, deren lebenswichtige Unterstützung sie so sehr erhofften.

Das Jahr endete mit einem großen Sieg Lees an der Grenze von Virginia bei Fredericksburg. Im Mai 1863 scheiterte ein weiterer Versuch der Union, auf Richmond zu marschieren, an Lees Meisterstück bei Chancellorsville, wo, wie die New Yorker Zeitungen klagten, sechzigtausend hungernde Lumpen hundertdreißigtausend Mann der besten Armee auf Erden besiegten.

Am 2. Juni 1863 setzte Lee seine Streitkräfte in Bewegung, um in den Norden einzufallen, mit dem Ziel, bestenfalls die Unionsarmee aus ihrer uneinnehmbaren Position nördlich von Rappahannock zu verdrängen und in Washington den Frieden zu erzwingen. Mindestens aber wünschte er den Kampf von den verwüsteten Feldern Virginias hinwegzutragen. Ende Juni hatte er die Bundesstreitkräfte im Shenandoah-Tal in der zweiten Schlacht bei Winchester zerschlagen und war durch Maryland weit nach Pennsylvania eingedrungen. Seine Vorhut unter Richard S. Ewell stand bereits am Susquehanna. Auch die Unions-Armee hatte sich vom Potomac gewandt, um zwischen den Konföderierten und Washington zu bleiben.

Leben auf einer Baumwollplantage im Süden der Vereinigten Staaten

Landhaus des Generals Robert E. Lee in Virginia. Photographie

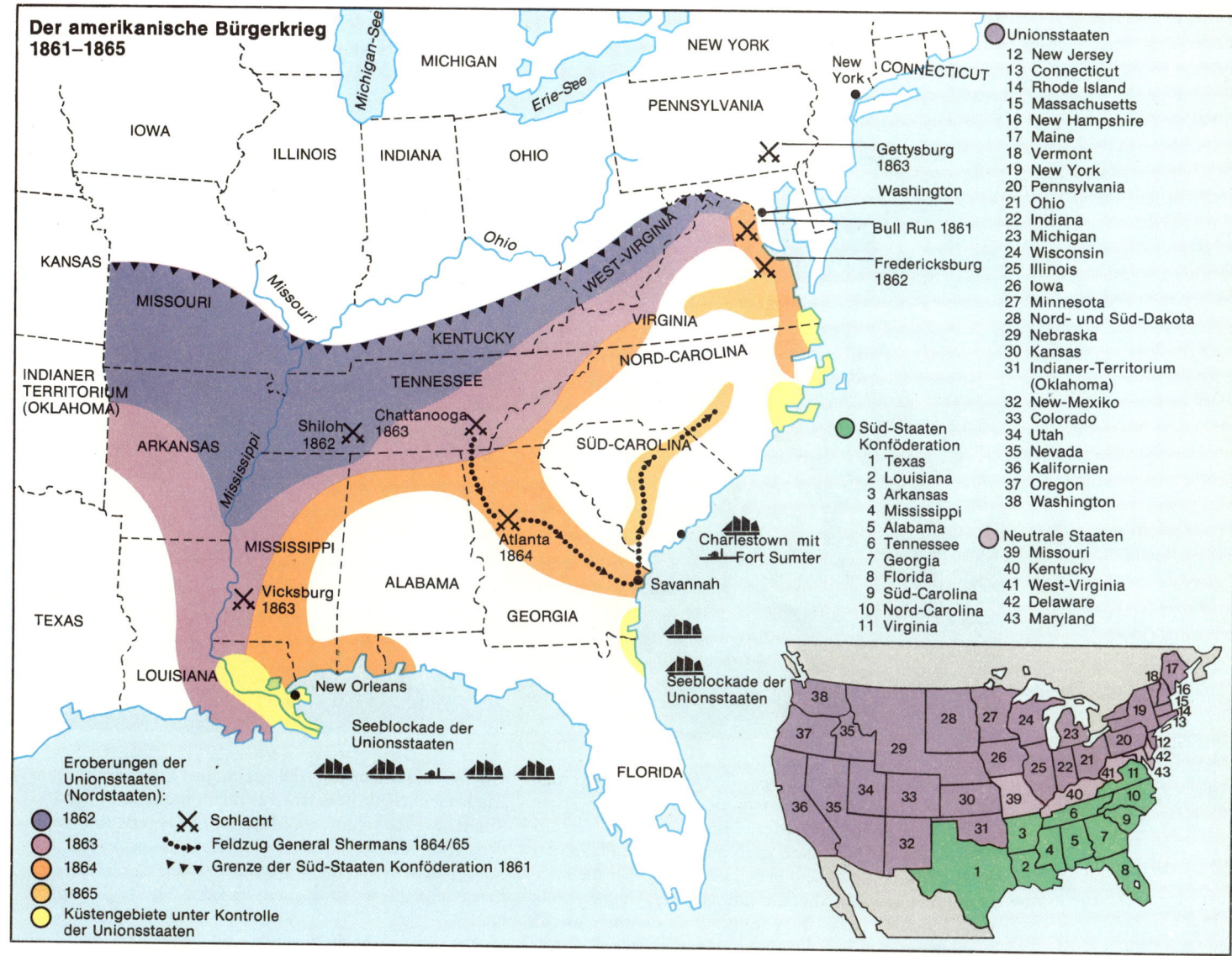

Ein erstes Reitergefecht bei Brancly Station verlor die Kavallerie der Konföderierten und schnitt sie von der Hauptarmee ab. Somit entbehrte Lee in dem fremden Land seiner Aufklärungstruppen. Am 30. Juni stieß eine seiner Brigarden südlich von Gettysburg auf die Kavallerie, die den linken Flügel der Union deckte. Am nächsten Tag erreichten zwei südliche Divisionen den Schauplatz, um die Stellungen auszubauen. Das erste nördliche Korps traf noch vor der südlichen Kavallerie ein. Die Schlacht hatte begonnen. Noch am selben Tag wurde das elfte Korps des Nordens, das von Osten anrückte, von Ewells Truppen, die südlich vom Susquehanna marschierten, nach Süden durch Gettysburg auf die Hügel hinauf abgedrängt.

Ewell, der den Befehl hatte, die Hügel zu nehmen, stieß nicht rechtzeitig nach; das war der erste einer langen Reihe taktischer Fehler. Georg Meade, der neue Oberbefehlshaber der Union traf in dieser Nacht ein. Er erkannte die strategische Bedeutung der Hügel und entschied, von dort aus die Schlacht zu entwickeln. Die Kämpfe des zweiten und des dritten Tages bestanden aus hauptsächlich im Nord-Osten geführten Gefechten. Die Position der Armee General Lees erstreckte sich südlich von Gettysburg und bildete von Nord-Osten bis Süd-Westen einen nach Norden gekrümmten Haken, der einer Hügelkette mit den hervorstechenden Höhen Culps Hill im Osten, Cemetery Hill, Little Round Top und Round Top im Süden folgte. Teilweise bestand dieses Gebiet aus zerklüfteten Felsen und Schluchten. Das Gelände fiel nach Westen zu einem aus dem Norden kommenden kleinen Flußlauf ab, um nach wenigen hundert Metern wieder zu sanften Hügeln aufzusteigen. Die Armee der Union hatte Stellungen parallel zu der der Konföderierten bezogen. Die Feinde trafen in west-östlicher Richtung aufeinander.

Lee hatte mit seinen sechsundsiebzigtausend Mann etwa die gleiche Truppenstärke wie Napoleon bei Waterloo. Die fünfundneunzigtausend Soldaten Meades entsprachen den Armeen Wellingtons und Blüchers. Die der Konföderierten besaß einen hohen Kampfwert, während die Artillerie der Union sowohl qualitativ wie quantitativ weit überlegen war.

Lees Plan sah vor, das Korps unter James Longstreet außer der Division George Picketts, die noch auf dem Marsch war, auf den linken, den südlichen Flügel der Union zu werfen. Die übrigen Kommandeure hatten Order, sich zunächst nur zu zeigen und ihren Angriff zu beginnen, wenn Longstreet im Kampf stand. Longstreet rückte langsam vor. Erst um vier Uhr nachmittags erreichte er den Little Round Top, der noch unbesetzt war. Kemble Warren, der Befehlshaber der Unions-Pioniere, der den Hügel zur Erkundung erklommen hatte, erkannte sofort die Krise: Das Zentrum der linken Flanke drohte verlorenzugehen und mit ihm die Schlacht. Auf eigene Faust kommandierte er in der Nähe stehende Einheiten

Gefallene Soldaten auf einem Schlachtfeld des Bürgerkrieges. Photographie

heran und warf sie zum Hügel, den sie nach erbittertem Kampf besetzen konnten. Inzwischen gewann Longstreet immer mehr an Terrain. Meade brachte so viel Verstärkung heran, daß nach und nach mehr als die Hälfte der Unions-Armee auf diesem Flügel kämpfte. Aber die Konföderierten nahmen die Ermüdung ihrer Gegner nicht wahr. Es wurde sechs Uhr, ehe eine Division unter Joseph E. Johnston aus dem Korps von Ewells einen Teil der feindlichen Stellungen auf Culps Hill eroberte, und erst gegen acht Uhr durchbrach ein Angriff die Linie am Cemetery Hill; doch die zunächst siegreichen Truppen mußten mangels ausreichender Hilfe zurückweichen.

Die Wahrscheinlichkeit auf einen Sieg verringerte sich für die Süd-Staaten mehr und mehr. Aber erst der dritte Tag brachte den Höhepunkt der Schlacht, wo der Sieg für General Lee noch einmal in greifbare Nähe rückte. Die Konföderierten bereiteten im Norden einen doppelten Schlag vor. Johnston und Longstreet sollten gleich morgens gemeinsam angreifen. Meade konzentrierte den Kampf auf Culps Hill. Nach wenigen Stunden mußte Johnston in seine Ausgangsstellung zurückweichen. Longstreets neun Brigaden aber führten bis in den Nachmittag hinein mutige und verzweifelte Angriffe. Er erhielt vor allem mangelhafte Flankenhilfe, dennoch brach die Abteilung unter George Pickett trotz mörderischen Sperrfeuers auf einer fast tausend Meter breiten Front in die Linien der Union ein. Nach einem kurzen und heftigen Nahkampf wichen die Konföderierten, nachdem nahezu alle ihrer Offiziere gefallen waren, zurück. Meade hatte keine Reservetruppen zur Hand, um dem geschlagenen Feind zu folgen. Mit diesem berühmten Gefecht endete die Schlacht. Es folgten nur noch unbedeutende Kavallerieattacken an beiden Flanken.

Gettysburg war kein Waterloo. Lee blieb noch am folgenden Tag auf dem Schlachtfeld bereit, um den Kampf erneut aufzunehmen. Aber er hatte sich bereits zum Rückzug entschlossen. Am 14. Juli überquerte er den Potomac. Meade folgte mit Abstand. Lee lagerte am Rapidan, während sein Gegner am Rappahannock Stellung bezog. In den nächsten Monaten kam es auf diesem Kriegsschauplatz zu keinen entscheidenden Kämpfen mehr.

Als Lee sich nach Virginia zurückzog, kam aus dem Westen die Nachricht, daß General Ulysses Grant Vicksburg am Mississippi erobert hatte. In einem brillanten Feldzug hatte er das Gebiet der Konföderation vom Norden durchquert und in zwei Teile gespalten. Der doppelte Rückschlag war auf lange Sicht tödlich. Noch aber gaben Präsident Davis und General Lee nicht auf. Im September konzentrierten sie noch einmal leicht überlegene Streitkräfte unter Longstreet im Tal des Chickamauga im nord-westlichen Georgia und gewannen einen überwältigenden Sieg. Grant aber konnte im November bei Chattanooga die Scharte wieder auswetzen. Ihm wurde dann der Oberbefehl über alle Streitkräfte der Union übertragen.

1864 standen William Tecunseh Sherman im Nord-Westen Georgias und Grant in Virginia den letzten Aufgeboten des Südens unter Joseph E. Johnston sowie unter Lee gegenüber. Johnston zog sich fechtend auf Atlanta zurück, während Lee in einem strategisch überlegenen Feldzug mehrere Verteidigungssiege gewann, die mit dem furchtbaren Blutbad bei Cold Harbor und bei Petersburg endeten, das beinahe den Kampfwillen des Nordens brach. Im August 1863 glaubte Lincoln, daß er die Wahl für 1864 nicht gewinnen könne. Aber der tote Punkt wurde mit der Eroberung Atlantas durch Sherman im September überwunden. Einige Siege im Shenandoah-Tal gaben dem Norden weiteren Auftrieb.

Im November gab es noch ein letztes Aufbegehren der

Vitaskop. Apparat für die Projektion kinetoskopischer Bilder von Thomas Alva Edison aus dem Jahr 1896, Holzschnitt

südlichen Armee unter John B. Hood, der wieder bis nach Tennessee vorrückte. Er wurde noch im Dezember 1863 dort geschlagen. Inzwischen marschierte Sherman durch Georgia bis an die Küste des Atlantiks bei Savannah und durchzog dann Süd- und Nord-Carolina. Lees Front blieb vor Richmond bestehen, aber das ganze Hinterland ging verloren. Schließlich mußte auch Lee seine Stellungen aufgeben. Nach verzweifeltem Kampf, als die Zahl seiner Infanteristen auf siebentausend herabgesunken war, ergab er sich General Grant im Gerichtsgebäude von Appomattox. Die anderen südlichen Armeen folgten seinem Beispiel; während der nächsten zwei Monate wurde der Krieg beendet.

Lincoln, der unerbittliche Verfechter der Union, war für eine Versöhnung mit dem Süden »ohne Bosheit gegenüber irgend jemanden«. Alle Staaten sollten sofort der Union beitreten können, wenn sie, was der Süden jetzt tat, die Sklaverei beendeten und der Sezession entsagten. Sein Nachfolger Andrew Johnson verfolgte die gleiche Politik, aber ihm fehlte das politische Geschick Lincolns, und er geriet bald mit den radikalen Republikanern in Konflikt. Ein hartes politisches Ringen um die Zukunft des Südens setzte ein. Es hinterließ größere Verstimmung als der Krieg und die Niederlage.

Zu Anfang des Jahres 1866 hatten alle Süd-Staaten neue Regierungen gewählt, und alle bis auf Mississippi hatten die Sklaverei abgeschafft, sogar bevor der dreizehnte Abänderungsantrag zur Verfassung Gesetz wurde. Aber die meisten von ihnen behielten verschiedene bürgerliche Disqualifikationen für Neger bei, wie übrigens auch mehrere nördliche Staaten. Die republikanischen Extremisten widersprachen einer gemäßigten Politik aus zwei Gründen, einem idealistischen und einem sachlichen. Sie fürchteten, daß der Süden eine Art von heimlicher Sklaverei weiterführen würde, und daß die Wiederaufnahme der Süd-Staaten unter weißer Vorherrschaft das Ende des republikanischen Einflusses im Kongreß bedeuten könnte. Schließlich gewährte 1866 eine vierzehnte Verfassungsergänzung jedem Staatsangehörigen der Vereinigten Staaten das volle Bürgerrecht. Die meisten der Süd-Staaten führten dieses Gesetz nur unvollkommen durch. Im März 1867 erlegte ein Aufbaugesetz ihnen allen außer Tennessee eine Militärregierung auf. Vielen weißen Bürgern wurde das Wahlrecht entzogen; die meisten der Süd-Staaten erhielten aufgrund der Wahlbeteiligung von Negern republikanische Regierungen. 1870 wurden sie wieder zur Union zugelassen. Sechs Jahre später erhielten sie auch durch einen Kompromiß ihren verfassungsgemäßen Status zurück: Die Demokraten des Südens akzeptieren die Wahl des Republikaners Rutherford B. Hayes zum Präsidenten, während er die Bundestruppen aus dem Süden abzog.

Das Ergebnis des Krieges hatte zwar die Sklaverei beendet, das Rassenproblem aber nicht gelöst, das heute noch eine wesentliche Belastung der amerikanischen Gesellschaft bedeutet. Nur die Einheit des Staates war fest und sicher bestätigt worden.

ROBERT CONQUEST

Versenkung der »Cumberland« der Union durch die »Virginia« der Konföderierten in der Schlacht bei Hampton Road an der Mündung des James im Jahr 1862

Der amerikanische Bürgerkrieg war das bedeutendste Ereignis für Nord-Amerika zwischen dem Zusammenbruch des napoleonischen Reiches 1814 und der Ermordung des Erzherzogs Franz Ferdinand in Sarajewo ein Jahrhundert später. Er war auch einer der längsten und blutigsten Konflikte, den der emporstrebende Staat durchzustehen hatte. Am Nachmittag des Palmsonntag 1865 ritt General Robert E. Lee in das Dorf Appomattox in Virginia und ergab sich General Ulysses S. Grant. Während dies geschah, bemerkten die Menschen, wie sich eine nicht mehr gekannte, tiefe Ruhe über die bewaldeten Hügel Virginias senkte. Nach vier tragischen und verlustreichen Jahren – mehr als sechshunderttausend Tote bedeckten die Schlachtfelder und verwüsteten Landstriche – war der Sezessionskrieg beendet. Auch General Grant wußte um die Wunden des Krieges und gewährte mit ritterlicher Geste den Offizieren seines Gegners ihre Degen sowie den Mannschaften ihre Pferde. Die Kapitulation aber erfolgte bedingungslos. Grant befahl seinen Soldaten, ihre Freude an der Demütigung ihrer Landsleute nicht zu zeigen, und für einen Augenblick schien Hoffnung auf Versöhnung zu bestehen, denn Präsident Lincoln bot dem Süden die großzügige Hilfe des Nordens zum Wiederaufbau an. Wenige Tage später, am Karfreitag 1865, wurde Lincoln im Ford-Theater zu Washington ermordet.

Es wäre irreführend, die Schuld an dem schnellen Verblassen des allgemeinen Mitgefühls, das Lees Übergabe hervorgerufen hatte, einer Laune des amerikanischen Volkes zuzuschreiben, denn strenge Vergeltung charakterisierte das Handeln der Staatsmänner in den sechziger Jahren. Zu keiner anderen Zeit im 19. Jahrhundert war der Mensch so empfänglich für die Realitäten des Krieges und so wenig in der Lage, seinen Drang nach Blutvergießen zu bezähmen. Aber es waren auch die Jahre der Genfer Konvention zum Schutz der Verwundeten und der Gründung des Roten Kreuzes. Der große russische Dichter Leo Tolstoj, der auf seinem Landgut an dem Roman »Krieg und Frieden« arbeitete, geißelte den Schlachtenruhm mit harten Worten. In dem ganzen Jahrzehnt blieben nur drei Monate ohne Berichte über militärische Feldzüge. Selbst diese wenigen Wochen waren Zeugen einer Strafexpedition englischer Truppen gegen die Maoris in Neuseeland.

Preußens Aufstieg

1862 brach zwischen dem König von Preußen und dem liberalen Landtag ein Verfassungsstreit wegen einer Heeresreform aus. Wilhelm I. berief daraufhin Otto von Bismarck zum Ministerpräsidenten und Außenminister, weil er sich bereit erklärte, des Monarchen Pläne auch gegen den Willen der Volksvertreter durchzusetzen. Im September dieses Jahres erklärte er vor einem Ausschuß des preußischen Abgeordnetenhauses: »Nicht durch Reden und Majoritätsbeschlüsse werden die großen Fragen der Zeit entschieden – das ist der Fehler von 1848 und 1849 gewesen – sondern durch Blut und Eisen.« Die Worte erschreckten seine Zeitgenossen, obwohl sie nicht als großsprecherische Drohung gemeint waren, sondern eine Tatsache festhielten, die in Europa und in Übersee Gültigkeit besaß.

Bismarcks feiner Nerv für politische Konstellationen verlieh der Politik Preußens in den sechziger Jahren des 19. Jahrhunderts ein neues Gewicht in Europa. In späteren Jahren warf Bismarck sich selbst vor: »Ohne mich wären drei große Kriege nicht geschehen und achtzigtausend Mann hätten ihr Leben nicht verloren.« Zur damaligen Zeit jedoch bewegten ihn andere Gedanken. Seiner Überzeugung nach mußte die deutsche Einheit herbeigeführt werden, die aber gleichzeitig nur unter der Führung Preußens geschehen konnte. Darum mußte die Frage des deutschen Dualismus, der Rivalität zwischen Österreich und Preußen, in der deutschen Politik entschieden werden.

1864 beteiligten sich Österreich und Preußen noch gemeinsam an dem

Graf Helmuth von Moltke

Krieg gegen Dänemark, als es versuchte die verfassungsmäßige Struktur von Schleswig-Holstein zu seinen Gunsten zu ändern. Die Dänen verloren, und die Herzogtümer Schleswig-Holstein und Lauenburg wurden fortan von Österreich und Preußen gemeinsam verwaltet. Unstimmigkeiten über diese Verwaltung und eine Reform des seit 1815 bestehenden Deutschen Bundes löste den Krieg zwischen Österreich und Preußen von 1866 aus. Der dänische Feldzug hatte zehn, der österreichische aber nur sieben Wochen gedauert.

Die leistungsfähige preußische Armee, die diese Siege errang, war das Werk des preußischen Kriegsministers Albrecht von Roon, der seit 1859 gemeinsam mit Wilhelm I. die Heeresreform durchführte. Der Generalstab, dem seit 1857 General Helmuth von Moltke vorstand, gewann erst in den Kriegen 1864, 1866 und 1870/71 seine beherrschende Stellung in der preußischen und später deutschen Militär-Maschinerie. Ihr Erfolg beruhte auf der Arbeit des Generalstabes, der den Krieg als eine exakte Wissenschaft und ein organisatorisches Problem betrachtete. Die Verwendung von Eisenbahnen für schnelle Truppenbewegungen trugen ebenso zu den künftigen Schlachtenerfolgen bei, wie die einschneidende Verbesserung der Handfeuerwaffen. Die preußische Armee hatte schon 1840 einen Hinterlader eingeführt, mit dem die übrigen Großmächte Europas ihre Heere erst zwischen 1866 und 1871 ausrüsteten.

Der Sieg Preußens über die Österreicher in der Schlacht bei Königgrätz im östlichen Böhmen am 3. Juli 1866 versetzte ganz Europa in Erstaunen. Das Pendel der Macht schwang entscheidend zu Preußens Gunsten aus. Bismarck schuf den Norddeutschen Bund, was das Ende des Deutschen Bundes bedeutete. Im besiegten Österreich führte der Ausgleich mit den Ungarn 1867 zur Errichtung der Doppelmonarchie Österreich-Ungarn. Die Auswirkungen der beiden siegreichen Kriege Preußens beschränkten sich nicht auf Mittel-Europa. Mit unheilverkündender Voraussicht erklärte ein Marschall Napoleons III.: »Frankreich ist es, das in Sadowa [Königgrätz] geschlagen worden ist.«

Krieg in Süd-Amerika

Während in Europa die Entwicklung in Deutschland das Mißtrauen Frankreichs erregte, trugen die Staaten Süd-Amerikas einen langwierigen und verlustreichen Krieg untereinander aus. Im März 1865 führte Francisco Solano Lopez, der Diktator von Paraguay, sein Land erneut in den Kampf gegen Brasilien, Argentinien und Uruguay. Dieser Krieg dauerte bis Lopez fünf Jahre später durch Selbstmord endete. Das Land war durch den Krieg nahezu vernichtet worden. Er kostete Paraguay das Leben von einer dreiviertel Million Menschen. Die Republik Paraguay, noch in den fünfziger Jahren ein wirtschaftlich durchaus gesundes Land, wurde eine Beute von Armut und inneren Unruhen. Daß es nach dem Vernichtungskampf überhaupt noch weiter existierte, verdankte es nur der Rivalität seiner Nachbarn und den Frieden stiftenden Schiedsrichtern in Washington.

Graf Leo Tolstoj

und Mexiko. Glanz des französischen Kaiserreiches 1862–1870

Kaiserreich Mexiko

Die Tragödie von Paraguay wurde in der übrigen Welt kaum beachtet. Das französische Abenteuer aber in Mexiko hatte seine Ursachen in Europa. Napoleon III., der dem angeschlagenen politischen Prestige Frankreichs neuen Glanz verleihen wollte, fachte den seit 1860 eingeschlafenen Bürgerkrieg in Mexiko wieder an. Als 1862 Präsident Benito Juarez die Tilgung ausländischer Schulden einstellte, entsandte Frankreich ein Expeditionskorps nach Übersee, das die royalistischen und reformfeindlichen Kreise im Kampf gegen die legale Regierung unterstützte. Auf Empfehlung Napoleons III. wählten sie 1864 Erzherzog Maximilian, den Bruder Franz Josephs I., zum Kaiser. Dieses mexikanische Reich sollte zwar unabhängig sein, aber dem französischen Handel und Kapital offenstehen. Maximilians Macht fußte auf französischen Bajonetten, vor denen sich Juarez und seine Anhänger zurückgezogen hatten. Drei Jahre später nahmen die Vereinigten Staaten eine so drohende Haltung gegen Frankreich ein, daß Napoleon III. seine Truppen zurückzog. Kaiser Maximilian konnte sich

Hinrichtung des Kaisers Maximilian von Mexiko am 19. Juni 1867

Präsident Benito Juarez

nicht im Land halten. Er wurde von Juarez gefangengenommen und erschossen.

Glanz des französischen Kaiserreiches

Die mexikanische Episode belastete Frankreichs Stellung in Europa schwer. In den Jahren nach dem Krimkrieg betrachtete sich »die Sphinx in den Tuilerien« als der natürliche Schiedsrichter in Fragen der Weltpolitik. Eine französische Garnison beschützte den Papst in Rom; französische Truppen standen seit 1860 als Ordnungshüter in Syrien und im Libanon, gesandt, als Unruhen die Levante erschütterten; eine französische Expedition marschierte an der Seite der Engländer nach Peking, um die europäischen Interessen zu schützen. Der Einfluß Napoleons III. hing nicht nur von militärischen Aktionen ab. Die Rumänen, ein romanisches Volk, konnten in ihrem Freiheitskampf gegen den Sultan auf seine Unterstützung rechnen; die polnischen Untertanen des Zaren besaßen seine Sympathie und hörten gelegentlich ermunternde Worte; Fürst Nikolaus (Nikita) von Montenegro, dessen Regierung länger als ein halbes Jahrhundert dauern sollte, verdankte seine Unabhängigkeit französischer Einmischung, als türkische Truppen einige Monate nach seiner Thronbesteigung 1860 in sein Land einmarschierten. Als 1916 die Österreicher Montenegro besetzten und Nikita vertrieben, hing immer noch ein Portrait Napoleons III. an einem Ehrenplatz im königlichen Palast.

Aber auf Dankbarkeit durfte kein Machtpolitiker rechnen. Königgrätz und Mexiko brachten die französische Vormachtstellung um ihren Nimbus, und Napoleon sah ein, daß er seine Mittel überschätzt hatte. Im Dezember 1866 zog er seine Garnison aus Rom zurück, wo französische Truppen sechzehn Jahre lang gelegen hatten. Obwohl die klerikalen Kreise Frankreichs ihn zwangen, sie zehn Monate später zurück zu schicken, schien seine Macht innen- wie außenpolitisch zu erlahmen. Als der Druck aus den Reihen der liberalen Opposition wuchs, vollzog er den Übergang von der Autokratie zum »Empire libéral«. In den ersten Monaten des Jahres 1870 wurde ein Parlament, dem der Ministerpräsident verantwortlich war, konstituiert.

Trotzdem besaß das französische Kaiserreich in den letzten Jahren eine glitzernde Fassade. Die Boulevards von Paris und die landschaftliche Gestaltung des Bois de Boulogne gaben der Hauptstadt eine Anmut, der andere vergeblich nacheiferten. Die Weltausstellung von 1867 in Paris überbot die von London an Pracht, auch der Bauten, bei weitem. Während das mexikanische Abenteuer seinem tragischen Ende entgegeneilte, spielte Napoleon den Gastgeber für die Gesellschaft der Welt. Der Zar von Rußland, der osmanische Sultan, der König der Belgier, die Könige von Dänemark, Griechenland, Preußen, Schweden und Spanien, der Prinz von Wales und zahlreiche Diplomaten und Staatsmänner – unter ihnen auch Bismarck – feierten einträchtig Feste.

Ernsthafte Besucher der gasbeleuchteten Hauptstadt fanden vieles in jenem Sommer frivol und vulgär. Das Unterhaltungsprogramm reichte von Revuen der Folies-Bergère über Maskenbälle und der Zauber von Offenbachscher Musik bis zu dem als Skandal empfundenen Cancan. Die Ausstellung strahlte den Geist des Kaiserreiches aus. Sie zeugte für den industriellen Fortschritt und bestätigte Frankreichs Ruf als künstlerischen Mittelpunkt Europas. Eine Kunstausstellung stellte Werke von Camille Corot und Jean Auguste Ingres aus. Am Rand des Ausstellungsfeldes wurden in den privaten Pavillons die Werke der neuen Impressionisten dem Publikum gezeigt, das sie nicht verstehen wollte. Auch soziale Probleme, die mit der Industrialisierung Hand in Hand gingen, waren in Abteilungen, die sich mit Wohn- und Lebensbedingungen der Fabrikarbeiter befaßten, berücksichtigt.

Frankreich behielt seine Fröhlichkeit noch drei Jahre lang. Am 25. Mai 1870 spendete ein elegantes Publikum der Premiere eines neuen Ballettes in der Oper begeisterten Beifall. Das Werk hatte den Titel »Coppelia«, und der Triumph des Abends gehörte Guiseppina Bozzacchi, einer blutjungen Italienerin. Sie wurde als die große Ballerina der Zukunft gefeiert. Aber ihre Laufbahn war wie die des Kaiserreiches dem Untergang geweiht. Nach zwei Monaten geriet Frankreich in einen Krieg mit Preußen. Im September wurde die Dritte Republik ausgerufen. Bald darauf umzingelten deutsche Truppen die Hauptstadt. Die Pariser ernährten sich von Hunden, Katzen und Ratten, und die junge Signorina Bozzacchi starb als Opfer des »Belagerungsfiebers«.

Das Jahrzehnt endete, wie es begonnen hatte, in Blut und in Zerstörung. Krieg, der den amerikanischen Süden um seine Existenz brachte und Paraguay in eine Wüstenei verwandelte, bedrohte nun Europa.

Frankreichs Taumel in den Krieg gegen Preußen und die deutschen Staaten vergleicht der Dichter Emile Zola in seinem Roman »Das Tier im Menschen« mit einem führerlos dahinbrausenden Eisenbahnzug: »Die Maschine rollte und rollte, der Zug kam mit großem Getöse aus dem Tunnel und setzte seinen Lauf durch das leere, öde Land fort... In Rouen sollte man Wasser fassen. Entsetzen machte den Bahnhof erstarren, als man diesen verrückten Zug in einem Wirbel von Rauch und Flammen vorbeifahren sah, diese Lokomotive ohne Führer und ohne Heizer, diese Viehwagen voller Truppen, die patriotische Lieder brüllten. Sie gingen in den Krieg, es war, als wollten sie schneller dort unten sein am Ufer des Rheins. Die Beamten gafften und bewegten die Arme. Sofort wurde das der allgemeine Schrei: würde dieser fessellose, sich selbst überlassene Zug heil bis in den Bahnhof von Sotteville durchqueren, der immer versperrt war, wo rangiert wurde? Man stürzte zum Telegraphen, man warnte. Gerade konnte ein auf dem Geleise stehender Güterzug noch in den Schuppen geschoben werden. Schon hörte man von fern das Rollen des losgelassenen Ungeheuers. Es hatte sich in die zwei neben Rouen liegenden Tunnel gestürzt und kam mit einem wütenden Galopp an, die übermäßige, unwiderstehliche Macht, die nichts mehr aufzuhalten vermochte... Wieder verschwunden, rollte und rollte er in die schwarze Nacht dorthin, man wußte nicht, wohin. Was kam es auf die Opfer an, die die Maschine auf dem Wege zermalmte! Ging sie nicht trotzdem der Zukunft entgegen, unbekümmert um vergossenes Blut? Ohne Führer, in der Dunkelheit wie ein blindes, taubes Tier, das man in das Sterben losgelassen hatte, rollte sie und rollte, bepackt mit diesem Kanonenfutter, den von Müdigkeit stumpfen, betrunkenen, singenden Soldaten.«

Die große Zeremonie in Versailles

1871

Im Herbst 1870 gingen die französischen Armeen zunächst bei Sedan, dann in Metz in die deutsche Gefangenschaft. Die Deutschen rückten, ohne Widerstand zu finden, vor, drangen tief in das besiegte Land ein und schlugen in Versailles ihr Hauptquatier auf.

Am 18. Januar 1871 marschierten deutsche Truppen in Paradeuniform hinter Musikzügen formiert rings um den Palast Ludwig XIV. auf. Ein »Deutsches Reich« sah seiner Gebursstunde entgegen. Man hatte dazu den 18. Januar ausersehen, weil an diesem Tage im Jahr 1701 der erste preußische König, Friedrich I., in Königsberg gekrönt worden war. Die Erinnerung an dieses Ereignis erlaubte es, sich des erstaunlichen Aufstieges der Hohenzollern von Duodezfürsten zu den mächtigsten Monarchen Europas zu erinnern.

Der Wille, die neue Stellung als europäische Großmacht kundzutun, führte zur Wahl eines bezeichnenden Rahmens, des prachtvollen Spiegelsaales, in dem einst der Sonnenkönig den Glanz seiner prunkvollen Feste entfaltet hatte.

Jetzt drängten sich in dem großen Raum die Abordnungen der deutschen Feldregimenter. Sie richteten ihre in Schlachten zerfetzten Fahnen zu einem bunten Wald empor. In der Mitte des Saales stand ein Altar, ihm gegenüber erhob sich eine um einige Stufen erhöhte Estrade.

Um zwölf Uhr mittags erschallte ein Trommelwirbel, ein kurzes Kommando hallte durch den Saal: Der König von Preußen trat ein, gefolgt von anderen deutschen Fürsten, Prinzen und Generälen. Er bestieg die kleine Rampe, ihm zur Rechten stellte sich Kronprinz Friedrich Wilhelm auf, ihm zur Linken der Kanzler Graf Otto von Bismarck. Sämtliche Anwesenden trugen Uniform. Eine Infanteriefanfare spielte leise einen Choral. Der Hofprediger hielt eine lange Predigt, in der er dem Allmächtigen dafür dankte, daß man diesen historischen Augenblick erleben durfte. Anschließend ertönte der Choral »Großer Gott, wir loben Dich«. Wilhelm I. dankte in einer kurzen Ansprache den Vertretern der deutschen Staaten, die ihm den Titel eines Kaisers angetragen hatten und erklärte, daß er ihn pflichtgemäß annehme. Dann verlas der Kanzler die Kaiserproklamation: »...Demgemäß werden Wir und unsere Nachfolger an der Krone Preußens fortan den Kaiserlichen Titel in allen unseren Beziehungen und Angelegenheiten des Deutschen Reiches führen und hoffen zu Gott, daß es der Deutschen Nation gegeben sein werde, unter dem Wahrzeichen ihrer alten Herrlichkeit das Vaterland einer segensreichen Zukunft entgegenzuführen. Wir übernehmen die Kaiserliche Würde in dem Bewußtsein der Pflicht, in deutscher Treue die Rechte des Reichs und seiner Glieder zu schützen, den Frieden zu wahren, die Unabhängigkeit Deutschlands, gestützt auf die geeinte Kraft seines Volkes, zu verteidigen...«

Darauf rief der hühnenhafte Großherzog Friedrich von Baden: »Es lebe Seine Majestät Kaiser Wilhelm I.« Die Versammelten brachen in begeisterte Hoch- und Hurrah-Rufe aus. Einige Offiziere schnallten die Degen ab und warfen sie in die Luft; gewaltiges Waffengeklirr begrüßte die Geburt des Reiches. Der Kronprinz küßte dem Vater, den die Fürsten ehrfürchtig beglückwünschten, die Hand. Danach verließ Wilhelm I. unter den Klängen eines Militärmarsches den Spiegelsaal durch ein Spalier von Fahnen, die sich vor ihm neigten. Er verhielt einige Male, um ein paar Generälen die Hand zu drücken oder mit hochdekorierten Soldaten zu sprechen. Schließlich trat er hinaus, wo ihm die auf der Esplanade aufmarschierten Truppen zujubelten.

Die Zeremonie – keine Kaiserkrönung, nur eine Proklamation – war beendet. »Ein historischer und zugleich ein Festtag«, notiert der Sekretär des Kanzlers in sein Tagebuch. »Die Zeremonie war eindrucksvoll. Alles spielte sich in militärischer Umgebung ab. Jeder, der dabei war, meint, es sei ein unvergeßliches Schauspiel gewesen.«

Das Ereignis hat tatsächlich das Los Deutschlands und die Landkarte Europas verändert, und es sollte auf dem Schicksal der Welt lasten. Am 18. Januar 1871 wurde der König von Preußen »deutscher Kaiser«. Das zuvor zersplitterte Deutschland hatte von nun an ein gemeinsames Staatsoberhaupt. Die Verwirklichung dieser Einheit erfüllte eine Sehnsucht, die – so paradox das klingt – noch nicht lange bestand. Zwar hatte es vom Mittelalter bis zum Jahr 1806 das Heilige Römische Reich Deutscher Nation gegeben, das als Ahnherr des deutschen Nationalstaates später als das »Erste Reich« bezeichnet werden sollte. Doch in Wirklichkeit hatte es mit dem neuen Staat

König Wilhelm I. von Preußen, deutscher Kaiser. Detail eines Gemälde von Franz von Lenbach, um 1888

Otto von Bismarck. Englische Zeichnung

Kaiser Napoleon III. als gleichgültiger Zigarrenraucher gegenüber dem Leiden seiner Soldaten. Anklagende Zeichnung aus einer französischen Zeitung nach der Schlacht bei Sedan

Kaiserproklamation im Spiegelsaal zu Versailles am 18. Januar 1871. Stich nach einem Gemälde von Anton von Werner

gen«, daß man in Deutschland bis zur Französischen Revolution keine Spur eines deutschen Nationalgefühls finde. Nationalgefühl und Nationalbestrebungen entstanden erst nach 1807. Im Frieden von Tilsit am 7. Juli 1807 hatte Napoleon Preußen, das die Hälfte seines Gebietes verlor, so gedemütigt, daß sich die Deutschen zum ersten Mal ihrer selbst bewußt wurden. Im Feuer des Hasses gegen die napoleonische Unterdrückung wurde der deutsche Nationalgedanke geschmiedet. Napoleon hat das deutsch-französische Verhältnis stark belastet und ist auch hierin für Europa ein Verhängnis geworden.

1808 entstand der erste patriotische Verein, der »Tugendbund«, dessen Anführer alle Deutschen aufforderte, sich ihm zum Widerstand gegen den Druck der Fremdherrschaft anzuschließen. Am 31. Dezember 1809 wurde der Bund auf Betreiben des französischen Kaisers aufgelöst. Dann aber kam die historische Wende: Napoleon I. scheiterte in Rußland. Ganz Deutschland erhob sich in den ersten Monaten des Jahres 1813. Der Abfall der verbündeten Fürsten besiegelte Napoleons Untergang. Die entscheidende Niederlage erlitt er im Oktober 1813 in der Völkerschlacht bei Leipzig. In dieser Schlacht verließen die mit ihm verbündeten Sachsen regimentweise sein Heer, um sich mit den Gesinnungsbrüdern Preußen, Österreichern und Russen zu vereinen. Im Herbst 1813 begann die deutsche Einheitsbewegung. Wenige Monate später, am 6. April 1814, mußte der Kaiser abdanken.

Am 13. April 1815 schrieb der Frankfurter Bankier Bethmann: »Die Erinnerung an die demütigende Fremdherrschaft, die Deutschland zehn Jahre hindurch ertragen hat, hat einen nationalen Geist erzeugt, vor dem sämtliche lokalen Eifersüchteleien dahinschwinden.« Die Idee eines deutschen Nationalstaates war geboren, und, bedingt durch den napoleonischen Machtanspruch, richtete sie sich auch gegen Frankreich. Im selben Jahr 1815 wurde der Deutsche Bund gegründet, dem auch Österreich angehörte. Er war der erste Versuch, den deutschen Staaten einen politischen Zusammenhalt zu geben.

1864 ging Preußen gemeinsam mit Österreich gegen Dänemark vor und legte die Hand auf Schleswig-Holstein. Seine Ausdehnungsbestrebungen riefen bei den süd-deutschen Staaten, die um ihre Unabhängigkeit

nichts gemein. Das Heilige Römische Reich konnte viele christliche Völker unter seiner Krone vereinen, da es sich auf die Tradition der römischen Caesaren und des christlichen Universalismus stützte. Der römische Kaiser erhob keinen Anspruch darauf, nur irgendein Stammes- oder Nationalgefühl zu verkörpern. Die Verfassungsstruktur behinderte alle Bestrebungen, eine starke zentrale Regierungsgewalt zu errichten, darum zersetzte sich das Heilige Römische Reich mit der fortschreitenden Verselbständigung seiner feudalen Glieder. 1789 bestand das, was man heute als Deutschland bezeichnet, aus einem Mosaik von mehr als dreihundertfünfzig voneinander unabhängigen Staaten, denen die Kaiserwürde nur noch eine Fiktion bedeutete.

Bismarck schrieb in seinen »Gedanken und Erinnerun-

fürchteten, lebhafte Abneigung hervor. Als 1866 der Konflikt zwischen Österreich und Preußen ausbrach, ergriff Bayern die Partei Österreichs und ließ seine Truppen gegen die Preußen marschieren. Die entscheidene Schlacht von Königgrätz verhinderte allerdings sinnloses Blutvergießen, bedeutete aber auch das Ende des Deutschen Bundes.

Berlin konnte nun die deutschen Staaten um sich sammeln. Am 25. Juni 1867 wurde der Norddeutsche Bund gegründet, zu dem Sachsen und die weniger bedeutenden nördlichen Fürstentümer gehörten. Preußens König wurde Präsident des Bundes.

Die übrigen deutschen Staaten hielten sich mit Bedacht abseits. Bayern, Württemberg, Baden und Hessen-Darmstadt zeigten immer mehr Abneigung gegenüber dem Führungswillen Berlins. Vor allem der württembergische König Karl IV., ein Schwager des russischen Zaren, war ein geschworener Feind Preußens. Als der preußische Prinz Friedrich Karl 1868 Württemberg besuchte, kam der kühle Empfang einem Affront gleich. Der König dachte sogar an einen Bund der süd-deutschen Staaten als Gegengewicht zum Norddeutschen Bund.

Mit allen Mitteln der Diplomatie konnte das vermieden werden. Bayern, Württemberg und Baden bekundeten zwar ihren Entschluß zur Unabhängigkeit, doch ging jeder Staat mit Berlin ein Militärbündnis gegen Angriffe Dritter ein. Die wirtschaftliche Integration war bereits so weit fortgeschritten, daß sämtliche süd-deutschen Staaten 1868 in das deutsche Zollparlament Abgeordnete entsandten. Es bestanden aber noch unüberbrückbare Gegensätze, als die französische Politik in seltsamer Verwirrung die Einheit Deutschlands erneut vorantrieb.

Anfang Juli 1870 erklärte der unbedeutende Leopold von Hohenzollern-Sigmaringen, daß er die verwaiste Krone Spaniens, die ihm angetragen worden war, annehmen werde. Der entfernte Vetter Wilhelms I. traf seine Entscheidung allerdings mit Einwilligung des Oberhauptes der Dynastie. Die Nachricht erregte ganz Frankreich. Ein Hohenzoller auf dem Thron in Madrid hieß Einkreisung Frankreichs. Diese »unerträgliche Provokation« durfte nicht hingenommen werden.

Der dreiundsiebzigjährige, friedfertige König war von der Heftigkeit dieser Reaktion betroffen. Er willigte ein, seinem Verwandten zu raten, auf die Thronkandidatur zu verzichten, was der Prinz auch tat. Für Frankreich bedeutete das einen diplomatischen Erfolg. Der Zwischenfall schien bereinigt zu sein, doch in Paris wollte man mehr und verlangte im Vollgefühl des Sieges Garantie für die Zukunft, daß ein solcher Vorfall sich nicht wiederholen werde. Der französische Botschafter, Graf Vincent Benedetti, sprach mehrmals bei dem König, der in Bad Ems zur Kur weilte, vor, doch dieser antwortete, daß der jetzige Thronverzicht genüge. Die Unterhaltungen verliefen durchaus höflich. Aus dem trockenen telegraphischen Bericht über die letzte Unterredung redigierte Bismarck eine knappe und entschieden gehaltene Fassung für die Öffentlichkeit. »Nachdem die Nachrichten von der Entsa-

»Paris schmort im eigenen Saft«. Französische Karikatur über die belagerte Stadt, 1871

Der alternde und ahnungslose Napoleon III. auf dem Weg in den Krieg. Karikatur auf das unvorbereitete Frankreich von 1870

Die zerstörte Eisenbahnbrücke bei Dijon mit einer Notkonstruktion von deutschen Pionieren

gung des Erbprinzen von Hohenzollern der kaiserlich französischen Regierung von der königlich spanischen amtlich mitgeteilt worden sind, hat der französische Botschafter in Ems an S. Maj. den König noch die Forderung gestellt, ihn zu autorisieren, daß er nach Paris telegraphiere, daß S. Maj. der König sich für alle Zukunft verpflichte, niemals wieder seine Zustimmung zu geben, wenn die Hohenzollern auf ihre Kandidatur wieder zurückkommen sollten. S. Maj. der König hat es darauf abgelehnt, den französischen Botschafter nochmals zu empfangen und demselben durch den Adjutanten vom Dienst sagen lassen, daß S. Maj. dem Botschafter nichts weiter mitzuteilen habe.«

Diese »Emser Depesche« wurde durch französische Übersetzungsfehler noch entstellt, so daß die Darstellung der Tatsachen doppelt verzerrt wirkte.

In Paris machte sich niemand die Mühe, die Richtigkeit der Nachricht zu überprüfen, der noch dazu jeder offizielle Charakter fehlte. Das fanatisierte Pariser Volk wollte auch nichts anderes mehr hören. Der alternde und kranke Kaiser Napoleon III. besaß nicht die Kraft, der allgemeinen Kampfstimmung zu begegnen. Am 16. Juli 1870 erklärte Frankreich Preußen den Krieg.

Der Form nach war Frankreich unbestreitbar der Angreifer, und damit traten die Militärbündnisse in Kraft, die 1867 zwischen den deutschen Staaten geschlossen worden waren. Ludwig II. von Bayern, der kein Preußenfreund war, entschloß sich erstaunlich rasch, den Bündnisfall als gegeben zu betrachten, und ordnete die Mobilmachung an. Die Bewegung erfaßte ganz Deutschland, und unerwarteterweise zogen die Deutschen gemeinsam in den Krieg gegen Frankreich.

Der französische Geschäftsträger bei der Freien und Hansestadt Hamburg schrieb in einem Bericht nach Paris: »Alles Unrecht ist heute auf unserer Seite. Man sieht noch die Beleidigung des Königs und die Herausforderung an Deutschland. Der Nationalstolz ist in heißer Aufwallung.« Die süd-deutschen Staaten Baden, Bayern, Hessen und Württemberg hatten zunächst neutral bleiben wollen, doch erklärten sie jetzt einmütig ihre Solidarität »mit Preußen, das zum Opfer von Frankreichs Größenwahn werden soll«. In weniger als zwei Tagen war Deutschland einer Meinung. Bestürzt erlebte Europa ein staunenswertes Schauspiel: Frankreich zimmerte mit eigenen Händen die deutsche Einheit.

»Ich nahm als sicher an«, schrieb Bismarck später, »daß der Krieg mit Frankreich auf dem Wege zu unserer weiteren nationalen Entwicklung... notwendig geführt werden müsse... Es war mir niemals zweifelhaft, daß der Herstellung des Deutschen Reiches der Sieg über Frankreich vorangehen mußte.« Paris lieferte mit unglaublichem Leichtsinn die ersehnte Gelegenheit. Bismarck brauchte nur zuzugreifen und die Aufwallung des deutschen Nationalgefühls in die Form des geeinten Reiches zu gießen.

Am 2. September 1870 mußte Napoleon III. in Sedan kapitulieren. Der Sieg war sicher, der Krieg praktisch gewonnen. Angesichts dieses Triumphes war der Augenblick gekommen, die verschiedenen souveränen deutschen Mächte zu einem Staatswesen zu vereinen. Ohne Zeit zu verlieren, machte sich Bismarck schon am Tag nach Sedan an die Arbeit. Er beauftragte einen seiner engsten Mitarbeiter, Rudolf von Delbrück, mit dem Entwurf einer Verfassung, die die Bildung eines »Deutschen Reiches« mit den bestehenden deutschen Staaten unter der Führung Preußens vorsah.

Seltsamerweise war mit dem Verfassungsentwurf gerade der König von Preußen, der von dem neuen Staat am meisten profitieren sollte, zunächst nicht einverstanden. Wilhelm I. hatte als strenggläubiger reformierter Christ mit dem an das Heilige Römische Reich erinnernden Kaisertitel nichts im Sinn. Er war mit der bereits erreichten Ordnung in Deutschland zufrieden, in die man die süddeutschen Staaten einfach einbeziehen konnte. Allenfalls wollte er sich dazu verstehen, »König der Deutschen« zu werden. Schließlich gab er nach, aber – wie sein Sohn sagte: »In dem Gefühl, mit einem Kreuz beladen zu sein...«

Kaum war das Hindernis überwunden, galt es, die Zustimmung der süd-deutschen Staaten zum Verzicht auf gewisse souveräne Rechte zugunsten des Bundes zu gewinnen. Die Verhandlungen gestalteten sich schwierig. Bismarck bot seine ganze staatsmännische Kunst auf. Da Württemberg am widerspenstigsten war, befaßte er sich zunächst mit Bayern, dessen Anschluß den der anderen nach sich ziehen mußte.

Es folgten langwierige Verhandlungen. König Ludwig II., schrieb Bismarck später, war »von national deutscher Gesinnung,..., wenn auch mit vorwiegender Sorge für die Erhaltung des föderativen Prinzips der Reichsverfassung und der verfassungsmäßigen Privilegien seines Landes. Als außerhalb des Gebietes politischer Möglichkeit lie-

Beschießung von Paris durch deutsche Artillerie

gend ist mir sein in den Versailler Verhandlungen auftauchender Gedanke erinnerlich, daß das Kaisertum zwischen dem preußischen und dem bairischen Hause erblich alternieren solle. Die Zweifel darüber, wie dieser unpraktische Gedanke praktisch zu machen, wurden überholt durch die Verhandlungen mit den bairischen Vertretern in Versailles...« Die Gespräche standen mehrmals vor dem Abbruch. Vom 16. bis zum 19. November fanden überhaupt keine statt. »Der Kanzler ist sehr beschäftigt«, notierte sein Sekretär. Glücklicherweise war Ludwig II. mehr Kunstfreund als Staatsmann und eher sensibel als fest in seinen Grundsätzen. Aber er war sich auch dessen bewußt, daß er sich der allgemeinen nationalen Stimmung in Deutschland nicht entgegenstellen konnte. So versuchte er nur noch, so viele Vorteile wie möglich zu gewinnen. Bayern genoß dadurch später einen Sonderstatus: Das Land behielt das Recht, weiterhin diplomatische Vertretungen zu unterhalten, es behielt seine eigene Postverwaltung, das Recht der Münzprägung, sowie die Militärhoheit. Am 23. November endlich konnte Bismarck aufatmen: »Nun wäre der bayerische Vertrag fertig und unterzeichnet. Die deutsche Einheit ist gemacht und der Kaiser auch.« Dann ließ er Champagner holen und meinte: »Die Zeitungen werden nicht zufrieden sein, und wer einmal in der gewöhnlichen Art Geschichte schreibt, kann unser Abkommen tadeln. Er kann sagen, der dumme Kerl hätte mehr fordern sollen; er hätte es erlangt, sie hätten gemußt... Mir aber lag mehr daran, daß die Leute zufrieden waren – was sind Verträge, wenn man muß! – und ich weiß, daß sie vergnügt fortgegangen sind. Der Vertrag hat seine Mängel, aber er ist so fester. Was fehlt, mag die Zukunft schaffen.«

Während der folgenden Tage war der Kanzler ständig bemüht, Bedenken Ludwigs II. zu zerstreuen. Am 24. Dezember versicherte er dem König erneut: »Eure Majestät setzen mit Recht voraus, daß auch ich von der Zentralisation kein Heil erwarte, sondern gerade in der Erhaltung der Rechte, welche die Bundesverfassung den einzelnen Gliedern des Bundes sichert, die dem deutschen Geiste entsprechende Form der Entwicklung und zugleich die sicherste Bürgschaft gegen die Gefahren erblicke, welchen Recht und Ordnung in der freien Bewegung des heutigen politischen Lebens ausgesetzt sein können.«

Trotz der reichlichen Versprechungen spürten die Fürsten wohl, daß sie nur noch Statisten eines neuen Staates sein sollten. Bis zum Schluß kam die Verbitterung immer wieder durch. Zur Zeremonie am 18. januar 1871 mochte Ludwig II. nicht persönlich erscheinen, sondern entsandte seinen Onkel Luitpold und seinen Bruder Otto, der sich später laut beklagte: »Ach, ich kann gar nicht sagen, mit welchem unendlichen Schmerz ich dieser Veranstaltung beigewohnt habe...« Auch der König von Württemberg verbarg seine Trauer nicht. Fürst Heinrich XXIII. von Reuß ließ wissen, er betrachte den Kaisertitel als bloße Dekoration, um die Würde des Präsidenten des Bundes zu heben.

Die Souveräne gaben sich keinen Illusionen hin. Bismarck selbst schien, indem er die Eigenarten des alten Deutschland provisorisch am Leben erhielt, dieses in Wirklichkeit nur als Übergangslösung betrachtet zu haben. Innerhalb kurzer Zeit machten die Berliner Behörden ihren Einfluß geltend. Bald mußte der König von Bayern sich persönlich an den Reichskanzler wenden. Er schrieb ihm am 31. Juli 1874: »Fest vertraue ich auf Sie, und glaube ich, daß Sie... Ihren politischen Einfluß dafür einsetzen werden, daß das föderative Prinzip die Grundlage der neuen Ordnung der Dinge in Deutschland bilde.« Doch alle Mühen waren vergebens. Die Zentralisation konnte nicht aufgehalten werden. Die kleineren, ohnmächtigen Staaten wurden von dem mächtigsten und dynamischsten immer mehr absorbiert. Das anfangs elastische System des Bundes wurde fester und härter. Bald galt der Satz: »Reichsrecht bricht Landesrecht.« Die Föderation wandelte sich zum Einheitsstaat.

Mit der Geburtsstunde des Reiches ging eine furchtbare Saat auf. Das Reich, im Krieg geplant und im Sieg geboren, wurde gegen den Willen einsichtiger politischer Kreise um Elsaß-Lothringen vergrößert. Elsaß-Lothringens Verlust war den Franzosen ein beständiger Dorn im Auge und erzeugte den Willen zur Revanche mit Deutschland. Zwischen beiden Ländern tat sich ein Abgrund von Haß auf, der die internationale Politik buchstäblich vergiftete.

Für Deutschland selbst wirkten sich die Bedingungen, unter denen das Reich entstand, nicht sehr segensreich aus. Die für den Gegner demütigende Kaiserproklamation am 18. Januar 1871 im besetzten Feindesland, vor historischer Kulisse, unter Säbelrasseln und militärischem Gepränge, diese kriegerische Atmosphäre sollte das neue Reich bestimmen, das bald, der allgemeinen Entwicklung folgend, ein militarisierter und imperialistischer Staat wurde. Alles dieses führte eines Tages unausweichlich in die Katastrophe des Ersten Weltkrieges. Die deutsche Einheit war ein legitimes Anliegen, doch die Form, in der sie verwirklicht wurde, führte zu einer Fehlentwicklung, die Deutsche und Franzosen nicht zu meistern vermochten.

GEORGES ROUX

Léon Gambetta

Der letzte deutsche Soldat in Paris. Französische Karikatur

Das deutsche Reich nach dem Krieg

Der preußisch-deutsche Sieg über Frankreich 1870/71 sicherte Bismarcks diplomatische Überlegenheit in der Welt für die nächsten zwei Jahrzehnte. Bei wichtigen internationalen Problemen wandte man sich an den deutschen Kanzler um Rat oder rief seine Vermittlung an. Als die Staatsmänner Europas sich 1878 anschickten, die Krise um die Türkei und die Balkanstaaten beizulegen, schien es natürlich, daß sie in der deutschen Hauptstadt unter dem vermittelnden Vorsitz von Bismarck tagten. Wiederum war es Berlin, wo vierzehn Nationen vom November 1884 bis zum Februar 1885 berieten, um die Grenzen der Kolonien in Zentral-Afrika zu bestimmen. Frankreich und Italien suchten Bismarcks Unterstützung, als sie zu Beginn der achtziger Jahre um nord-afrikanische Gebiete stritten. Des Kanzlers politische Meisterschaft machte jeden seiner Partner glauben, daß er allein seine Hilfe und Sympathie besäße.

Deutsches Geistesleben

Das Zeitalter Bismarcks aber bescherte der Welt mehr als nur den Triumph deutscher Staatskunst. In dieser Zeit erreichten deutsche Wissenschaft

Gottlieb Daimler

und Kultur einen Höhepunkt. Kritische Geister unterwarfen eine Reihe von Bibelstellen einer scharfen Analyse. Ernst Häckel stellte ein biogenetisches Grundgesetz auf und lehrte von dem einen Prinzip, auf das die Wirklichkeit des Universums zurückgeführt werden müsse. Wilhelm Wundt erforschte die physiologische Psychologie des Menschen methodisch und experimentell. Die Ingenieure Nikolaus Otto und Gottlieb Daimler konstruierten die ersten Verbrennungsmotoren. 1887/88 wies der Physiker Heinrich Hertz erstmals die Existenz elektromagnetischer Wellen nach, eine Entdeckung, die acht Jahre später von dem italienischen Funktechniker Guglielmo Marconi zum Senden der ersten drahtlosen Nachrichten verwandt wurde.

Die Musik der Romantik fand ihre großen Interpreten in Franz Liszt und Richard Wagner ebenso wie in Johannes Brahms und Anton Bruckner. Eine neue Generation von Geschichtsforschern folgte den Lehren Leopold von Rankes zu einer neuen Objektivität der Geschichtsbetrachtung. Heinrich Schliemann, der Kaufmann und Autodidakt der Archäologie, folgte dem aus romantischer Begeisterung geborenen Wunsch, die Stätten der griechischen Sagenwelt aufzuspüren, mit wissenschaftlicher Methodik und fand Troia und Mykene. Ausländische Sozialisten blickten mit Verehrung auf Karl Liebknecht und auf August Bebel. In Frankreich blühten die traditionellen Künste der Dichtung und der Malerei. Die Maler des Impressionismus und die Dichter des Naturalismus beherrschten die Pariser Salons der Dritten Republik.

Bismarcks Kanzlerschaft

Bismarck entwickelte sich zum Realpolitiker, der zwar den Traditionen eines Landadligen verhaftet war; dennoch aber führte er ohne doktrinäre Bindungen sicher und mit hohem diplomatischem Einführungsvermögen den Staat, den er geschaffen hatte und nun leitete. Während der neunzehn Jahre, in denen er deutscher Reichskanzler war, schützte er die bestehende Ordnung. Während seiner Amtszeit nahm das politische Gleichgewicht in Europa stabile Formen an und war ungleich ausgewogener als das System Metternichs in der ersten Hälfte des 19. Jahrhunderts.

Der Kanzler glaubte, daß Preußen in den Kriegen von 1864, 1866 und 1870/71 alle die Gebiete gewonnen hatte, die es ohne eine grundlegende Änderung einer sozialen Struktur aufnehmen konnte. Das Reich von 1871 war groß genug, um dem patriotischen Eifer des deutschen Volkes zu genügen, und doch wieder in seiner Ausdehnung genügend beschränkt, um die Furcht Europas vor einer deutschen Großmacht in Grenzen zu halten. Bismarck wußte, daß ein größeres Deutschland eine Illusion war, ein Traum, der am europäischen Gleichgewicht der Kräfte und an der Rivalität zwischen Preußen und Österreich bereits gescheitert war. Er widersetzte sich darum entschieden expansionistischen Tendenzen, ob sie nun von industriellen Magnaten oder vom Generalstab unterstützt wurden. Nie-

Guglielmo Marconi

mals hätte er eine imperialistische Außenpolitik getrieben. Doch konnte Bismarck sich neuen Bestrebungen nicht ganz verschließen. Er beugte sich widerstrebend der Forderung nach Kolonien und nahm in den achtziger Jahren die deutschen Ansiedlungen in Ost-Afrika, Kamerun und Süd-West-Afrika unter den Schutz des Reiches. Mit dieser Geste schickte sich der Kanzler in die Zeit und hoffte, seine Kritiker zu besänftigen, denn er erkannte, daß die unterentwickelten Gebiete nur teure und politisch gefährliche Spielzeuge für das deutsche Volk sein konnten.

Bismarcks Innenpolitik dieser Jahre bestimmte die Sozialpolitik. Erstmals wurde eine gesetzliche Kranken-, Unfall- und Altersversorgung für Industriearbeiter eingeführt. Während er gegen alle Formen einer Internationalisierung sozialpolitischer Probleme war, ob es sich nun um römisch-katholische oder sozialistische Reformbestrebungen handelte, erkannte er auch die Gefährlichkeit eines radikalen Nationalismus, wie er die jüngere Generation zu erfassen drohte. Solange Wilhelm I. regierte, besaß Bismarck vollen Rückhalt für seine Politik bei seinem Souverän. Die Thronbesteigung des bereits neunundzwanzigjährigen Wilhelm II. im Jahr 1888 änderte die Situation. Bismarcks Mangel an Verständnis für den Geist des neuen Deutschland und das sprunghafte Temperament seines neuen Herrn führten zwei Jahre später zur Entlassung des Kanzlers durch den jungen Kaiser.

Bismarcks Außenpolitik

Die deutsche Außenpolitik nach 1871 spiegelte Bismarcks Wunsch nach Stabilität wider. Er wollte Deutschland zu einem Pfeiler des Friedens machen, denn er fürchtete, daß jeder europäische Krieg, auch wenn das Reich nicht in ihn verwickelt wurde, das Verhältnis der großen Mächte zueinander verschoben hätte. Er wußte, daß der Gedanke an eine Revanche Frankreich beherrschte und eine latente Kriegsgefahr bedeutete. Die Franzosen aber konnten keinen Feldzug ohne Verbündete wagen. Also suchte er einer solchen Bedrohung zu begegnen, indem er die Dritte Republik diplomatisch isoliert hielt.

Der Schlüssel zu Bismarcks Außenpolitik lag nicht in einer negativen Haltung gegenüber Frankreich, sondern in der Bündnispolitik gegenüber seinem mächtigen Nachbarn im Osten. Gute Beziehungen zu Rußland bedeuteten gleichzeitig einen Schutz für die West-Grenze des Reiches. Denn die Rivalitäten im Osten mußten die Russen zu natürlichen Verbündeten der Franzosen machen. Abgesehen von der kurzen Zeit russischer Verstimmung über die Ergebnisse des Berliner Kongresses von 1878, die zu einer deutsch-russischen Entfremdung führte, bestand während der ganzen Bismarck-Ära ein freundschaftliches Verständnis zwischen Berlin und St. Petersburg.

Dem Kanzler lag auch an einer Zusammenarbeit mit Österreich-Ungarn, teils um einer Verbindung zwischen Paris und Wien zuvorzukommen, teils um die Spannung zwischen den Österreichern und den Russen in Süd-Ost-Europa im Zaum zu halten. Das Drei-Kaiser-Abkommen von 1873 zwischen Rußland, Deutschland und Österreich-Ungarn ermöglichte bis 1876 eine fruchtbare Zusammenarbeit. Es hielt aber den Belastungen der östlichen Krise zwischen 1876 und 1878 nicht stand. Erst 1881 wurde das Drei-Kaiser-Bündnis als geheimer Neutralitätsvertrag erneuert, 1887 aber wegen der russisch-österreichischen Spannungen auf dem Balkan nicht verlängert. Bismarck hielt an den engen Beziehungen zu Rußland fest und schloß den geheimen deutsch-russischen Rückversicherungsvertrag. Die komplizierte Bündnispolitik Deutschlands hing derart eng mit der Person Bismarcks und seinen weitreichenden Fähigkeiten zusammen, daß sein Nachfolger im Kanzleramt, Leo von Caprivi, sich 1890 nicht in der Lage sah, den Rückversicherungsvertrag zu erneuern.

Die Bismarcksche Diplomatie fußte nicht allein auf einem guten Verhältnis zu Rußland. Gleichzeitig baute der Kanzler ein Bündnissystem der Verteidigung auf, um sich der militärischen Hilfe anderer europäischer Staaten zu versichern, falls Deutschland von irgendeiner Seite angegriffen werde. 1879 kam ein geheimer Zweibund zwischen Deutschland und Österreich zustande, der 1882 durch den Beitritt Italiens zum Dreibund wurde. Dieses Bündnis der Großmächte Mittel-Europas hielt bis 1914, war aber der großen Krise um den Ausbruch des Ersten Weltkrieges nicht gewachsen. Die Italiener blieben zunächst neutral, um nach wenigen Monaten als Gegner Deutschlands und Österreichs den Krieg auszuweiten. Die Schwäche der Bündnissysteme Bismarcks war, daß hier ein Instrument hoher Staatskunst von seinen Nachfolgern nicht gehandhabt werden konnte.

Bismarck selbst war sich der Abhängigkeit seiner Bündnispolitik von machtpolitischen Konstellationen durchaus bewußt, wie es seine Betrachtungen über den Dreibund zeigen: »... Die Haltbarkeit aller Verträge zwischen Großstaaten ist eine bedingte, sobald sie ›in dem Kampf ums Dasein‹ auf die Probe gestellt wird. Keine große Nation wird je zu bewegen sein, ihr Bestehen auf dem Altar der Vertragstreue zu opfern, wenn sie gezwungen ist, zwischen beiden zu wählen. Das ultra posse nemo obligatur kann durch keine Vertragsklausel außer Kraft gesetzt werden; und ebensowenig läßt sich durch einen Vertrag das Maß von Ernst und Kraftaufwand sicherstellen, mit dem die Erfüllung geleistet werden wird, sobald das eigne Interesse des Erfüllenden dem unterschriebenen Text und seiner Auslegung nicht mehr zur Seite steht. Es läßt sich daher, wenn in der europäischen Politik Wendungen eintreten, die für Österreich-Ungarn eine antideutsche Politik als Staatsrettung erscheinen lassen, eine Selbstaufopferung für die Vertragstreue ebensowenig erwarten, wie während des Krimkrieges die Einlösung einer Dankespflicht erfolgte, die vielleicht gewichtiger war als das Pergament eines Staatsvertrages...

Die internationale Politik ist ein flüssiges Element, das unter Umständen zeitweilig fest wird, aber bei Veränderungen der Atmosphäre in seinen ursprünglichen Aggregatzustand zurückfällt... Der Dreibund ist eine strategische Stellung, welche angesichts der zur Zeit seines Abschlusses drohenden Gefahren ratsam und unter den obwaltenden Verhältnissen zu erreichen war. Er ist von Zeit zu Zeit verlängert worden, und es mag gelingen, ihn weiter zu verlängern, aber ewige Dauer ist keinem Vertrag zwischen Großmächten gesichert, und es wäre unweise, ihn als sichere Grundlage für alle Möglichkeiten betrachten zu wollen, durch die in Zukunft die Verhältnisse, Bedürfnisse und Stimmungen verändert werden können, unter denen er zustande gebracht wurde. Er hat die Bedeutung einer strategischen Stellungnahme in der europäischen Politik nach Maßgabe ihrer Lage zur Zeit des Abschlusses; aber ein für jeden Wechsel haltbares ewiges Fundament bildet er für alle Zukunft ebensowenig, wie viele frühere Tripel- und Quadrupel-Allianzen der letzten Jahrhunderte und insbesondere die heilige Allianz und der Deutsche Bund.«

Unruhen auf dem Balkan

Am 5. Dezember 1876 erläuterte Bismarck seine Ansicht zur Balkanpolitik vor dem Reichstag: »Ich werde zu irgendwelcher aktiver Beteiligung Deutschlands an diesen Dingen nicht raten, solange ich in dem Ganzen für Deutschland kein Interesse sehe, welches auch nur – entschuldigen Sie die Derbheit des Ausdrucks – die gesunden Knochen eines einzigen pommerschen Musketiers wert wäre.« Balkanprobleme beschäftigten die europäischen Kabinette in der Zeit zwischen 1870 bis 1914 immer wieder und führten die Völker schließlich in den Ersten Weltkrieg. Eine schlechte Regierung des Sultans in den Balkanländern rief 1876 Aufstände im türkischen Bulgarien hervor. Gleichzeitig führten Serbien und Montenegro Krieg gegen die Türkei. Die Revolten unterdrückten türkische Truppen erbarmungslos. Rußland, der alte Gegner des Osmanischen Reiches, ergriff für die unterdrückte slawische und christliche Bevölkerung Partei, nicht ohne sich zuvor in einer Geheimkonvention der Neutralität Österreich-Ungarns zu versichern, das die russische Zustimmung erhielt, Bosnien und die Herzegowina zu besetzen. Ein Jahr später standen die Russen kurz vor Istanbul. Serbien griff unter Bruch eines bereits geschlossenen Waffenstillstandes die Türkei erneut an. Der russisch-türkische Friede von San Stefano vom März 1878, der Rußland Gebiete in Armenien und die Dobrudscha einbrachte, beschwor die Gefahr eines Krieges zwischen Rußland und Großbritannien herauf, das den russischen Einfluß auf dem Balkan in diesem Ausmaß nicht dulden konnte.

Die Opposition gegen den Vertrag von San Stefano, der einen einzigen Triumph der Panslawisten darstellte, erhärtete sich auch in Wien, wo jetzt das neue, vergrößerte und unabhängige Bulgarien den österreichischen Interessen auf dem Balkan im Weg stand.

Der Berliner Kongreß

Die Kriegsgefahr bannte Bismarck auf dem Berliner Kongreß: Bosnien und die Herzegowina wurden unter österreichische Verwaltung gestellt, verblieben aber beim türkischen Reich. Die übrigen Balkan-Staaten blieben unabhängig; nur Bulgarien mußte noch Tribute an die Hohe Pforte zahlen. Rumänien erhielt die Dobrudscha und trat dafür Süd-Bessarabien an Rußland ab. England okkupierte die Insel Cypern. Wesentlich war, daß der Berliner Vertrag das Schicksal des Balkans für die kommenden dreißig Jahre bestimmte. Nur die Teilung Bulgariens wurde 1885 durch einen weiteren Aufstand beendet.

Der Panslawismus

Der Berliner Vertrag löste die Probleme auf dem Balkan weder gut noch gerecht, aber er war bemerkenswert

William Gladstone

wirksam. In Rußland enttäuschten seine Bedingungen und bedeuteten für die russische Politik einen ernsthaften Rückschlag und eine Verleugnung seiner geschichtlichen Mission. Das Werk der Panslawisten drohte zusammenzubrechen. Panslawismus war die ideologische Formel, durch die die Völker Rußlands, Österreich-Ungarns und des Balkans aufgerüttelt wurden. Die russische Presse und die russische Kirche, eine widersprüchliche Kombination zwischen dem Alten und dem Neuen, hatten die öffentliche Entrüstung über Unterdrückung der Brüder auch im Glauben durch die Türken angefacht. Schon vor Beginn des Krieges von 1877 rückten russische Freiwillige aus, um ihren slawischen Brüdern beizustehen. Als nun die Großmächte Rußland zwangen, die bereits geernteten Früchte des Sieges wieder herauszugeben, hatte das unvermeidbare Rückwirkungen auf die russische Innenpolitik. Während die panslawistische Bewegung ihren Höhepunkt erreichte, wurden Rufe nach einer Staatsverfassung, nach der Einsetzung von Volksvertretern und nach Einschränkung der autokratischen Macht des Zaren wach. Aber wenn zu diesem Zeitpunkt echter Liberalismus unter verantwortlichen Russen existierte, wurde Zar Alexander II. keine Gelegenheit gegeben, darauf einzugehen, denn im März 1881 starb er durch Mörderhand.

Die Ermordung Alexanders II. 1881

Nikolas Rysakow, der Mörder Alexanders II. Zeichnung, 1881

Zar Alexander II. von Rußland im Krönungsornat

Am Sonntag, dem 13. März 1881, unternahm Zar Alexander II. von Rußland am frühen Nachmittag nach einem Besuch auf dem Paradeplatz der Mikhaylowsky-Kavallerie eine Fahrt zum Winterpalais in St. Petersburg. Er saß allein in seinem Wagen. Ein livrierter Kutscher saß auf dem Bock; Kosaken in scharlachroten Uniformen ritten Eskorte; einige Offiziere folgten im Schlitten. Es war ein trüber Tag, und der prächtige Zug des Monarchen hob sich scharf von dem schmutzigen Schnee der Straße ab.

Revolutionäre Verschwörer beobachteten die Wege des Zaren seit einigen Monaten besonders aufmerksam, um die Route seiner Ausfahrten in der Hauptstadt kennenzulernen. Denn sie bereiteten ein Sprengstoff-Attentat auf den Monarchen vor. Die radikalen Feinde des Zarentums waren in Untergrundbewegungen mit unterschiedlichen ideologischen Programmen organisiert, die im westlichen Europa meist unter dem undifferenzierten Sammelbegriff Nihilisten liefen. Eine dieser terroristischen Gruppen, die »Narodnaja Wolja« – der »Volkswille«, hatte den Zaren Alexander im Spätsommer 1879 zum Tod verurteilt und seither verschiedene ernsthafte Anschläge auf sein Leben gemacht. Saboteure sprengten einen Zug, in dem sie den von der Krim heimkehrenden Herrscher vermuteten, in die Luft. Auch in der Residenz, dem Winterpalais in St. Petersburg, lösten sie eine große Explosion aus, die viele unschuldige Opfer forderte. Der Zar selbst aber blieb unverletzt.

Am 13. März 1881 wurden die fruchtlosen Versuche schließlich von Erfolg gekrönt. Als die Wagen des Kaisers westwärts auf der Pionierstraße am Katharinen-Kai vorbeijagten, stellte sich Sophia Perowskaja, Terroristin und qualifizierte Lehrerin, die den Anschlag leitete, auf die entgegengesetzte Seite des Kanals, wo sie das Herannahen des Zaren beobachten konnte. Sobald sie den kaiserlichen Aufzug sichtete, gab sie mit ihrem Taschentuch ein Signal. Vier junge Männer, die ihrem Kommando unterstanden und hinter der Kaimauer kauerten, um von der Straße aus nicht gesehen zu werden, machten sich zum Sprung bereit. Jeder hielt eine verhüllte schwerfällige Granate in der Hand.

Am Ende der Pionierstraße wandte die kaiserliche Karosse sich nördlich auf den Kai zu. Sie hatte etwa neunhundert Meter zurückgelegt, als der erste Attentäter, Nikolaus Rysakow, seine Bombe warf, die mit ohrenbetäubendem Lärm in der Nähe der Hinterachse explodierte. Das Fahrzeug erlitt nur geringen Schaden, und Alexander blieb unverletzt. Er hätte gut daran getan, in gestrecktem Galopp das Weite zu suchen. Statt dessen aber ließ er halten und stieg aus, um den Platz der Explosion zu besichtigen. Dort stand der bereits verhaftete Attentäter inmitten einer Gruppe von Soldaten und Zuschauern. Einige Worte wurden gewechselt, und als der Zar sich wieder seinem Wagen zuwandte, schlug ein zweiter Mörder, Ignatius Grinewetsky, plötzlich zu und warf seine Bombe aus geringer Entfernung direkt auf den Zaren. Alexander wurde gegen das Kanalgeländer geschleudert und tödlich verwundet. Sein Blut floß in Strömen über seine Kleidung in den Schnee. Mühsam bat er darum, rasch in den Palast gebracht zu werden, um dort zu sterben. Der Tod trat bald danach, kurz vor vier Uhr nachmittags ein; die Flaggen senkten sich auf Halbmast. Der Attentäter des Zaren starb als Opfer seiner eigenen Bombe.

Innerhalb weniger Tage verhaftete die Polizei viele der in die Verschwörung verwickelten Personen. Am 15. April wurden fünf verurteilte Terroristen der Gruppe »Volkswille«, unter ihnen Sophia Perowskaja und Rysakow, auf einem öffentlichen Schaffott, das auf dem Shuyonowsky-Paradeplatz errichtet worden war, gehängt. Der Hinrichtung, die von einem mit rotem Hemd bekleideten Henker unter Trommelwirbel vollzogen wurde, wohnten ausländische Diplomaten, russische Militärs und viele Schaulustige bei.

Die Ermordung des Zaren war der Höhepunkt eines Jahrzehnts wachsender revolutionärer Gewalttaten. Seit den siebziger Jahren des 19. Jahrhunderts nahm die russische Revolutionsbewegung bedenklich zu. Noch zählten die politischen Verschwörer nur Hunderte, und die meisten hegten friedliche Absichten. Viele hofften, einen Regierungswechsel durch die Bauern herbeizuführen. Diese unterdrückte und mißbrauchte, in elenden Verhältnissen lebende Bevölkerungsschicht schien zum Aufstand reif zu sein. – Sie war die denkbar geeignetste Kraft, den Zaren zu stürzen, zumal sie vier Fünftel des russischen Volkes ausmachte. Aber wie sollte man diesen unwissenden,

Das Winterpalais in St. Petersburg. Stich, Mitte des 19. Jahrhunderts

Sophia Perowskaja, Mitverschworene gegen das Leben Zar Alexanders II. Photographie

Attentat auf Zar Alexander II. Zeitgenössische Zeichnung in den »Illustrated London News«

rückständigen Menschen das Licht eines besseren Lebens zeigen und sie zu revolutionärem Handeln bewegen? Die idealistischen jungen Revolutionäre gingen in jenen Jahren oft hinaus auf das Land und versuchten, Rußlands Ärmste zum Aufstand zu bewegen. Aber sie hatten nur geringen Erfolg. Die meisten russischen Bauern waren der Krone treu ergeben. Da die Revolutionäre noch Atheisten waren, fanden sie schon aus diesem Grund bei den tiefgläubigen Bauern kein Verständnis und erregten nur Mißtrauen.

Als die Versuche der Revolutionäre, das ländliche Rußland aufzurütteln, fehlschlugen, wandten sie sich am Ende der siebziger Jahre den Städten zu. Sie organisierten eng verbundene Verschwörergruppen. Aber die Bedrückungen wuchsen weiter. Viele von ihnen wurden verhaftet und ohne Gerichtsurteil in Gefängnissen gehalten oder nach den einsamen Steppen Sibiriens deportiert. Die Kerkerzeit gab den Rebellen genug Gelegenheit, revolutionäre Pläne zu schmieden. 1879 gründete ein Teil von ihnen die Partei »Volkswille«, die sich besonders der Ausübung politischen Terrors durch Mord widmete. Der erfolgreiche Anschlag auf den Zaren im Jahr 1881 war nur der Höhepunkt einer Reihe von Attentaten, die schon das Leben prominenter Opfer gekostet hatten.

Die Bluttat an Alexander rief in der ganzen Welt ein lebhaftes Echo hervor. Nicht nur Konservative, auch Liberale beklagten den Tod eines weitblickenden und wohltätigen Herrschers. Republikanische und sozialistische Kreise zollten der Tat als einem schweren Schlag gegen das monarchische Prinzip Beifall. Es erschienen auch Lobreden auf Sophia Perowskaja. Marx und Engels sahen das Ereignis als einen Schritt auf dem Weg zum Sturz der kapitalistischen und imperialistischen Gesellschaftsordnung an.

Innerhalb Rußlands rief die Ermordung weder einen allgemeinen Aufstand hervor, noch hielt sie den Sohn Alexanders II., Alexander III., davor zurück, den liberalen Reformplänen seines Vaters zunächst wohlwollend gegenüberzustehen. Nach einer kurzen Zeit der Erregung fiel die Bevölkerung in politische Gleichgültigkeit zurück. Bald darauf verwarf der neue Zar die bereits beschlossenen, bescheidenen Ansätze zu einer Verfassung und verfiel in das unumschränkte Autokratentum seiner Vorfahren. Er stand unter dem Einfluß seines reaktionären und reformfeindlichen ehemaligen Erziehers, Konstantin Probedonoszew, dem Oberprokurator des Heiligen Synods. Mit Hilfe des Innenministers, Graf Dimitri Tolstoj, machte Alexander III. die fortschrittlichen Maßnahmen seines Vaters durch Gegenerlasse wirkungslos.

Die straff organisierte politische Polizei versuchte, die zersplitterten Reste des »Volkswillens« zu zerstören. Etli-

che Mitglieder wurden nach Sibirien geschickt, andere hinter Gefängnismauern gebracht. Einige wenige entkamen ins Ausland. Der kleine Rest aktiver Revolutionäre, die im russischen Reich blieben, gaben zunächst den politischen Mord als Taktik auf. Nur im Jahr 1887 kam es zur Planung eines Attentates auf Alexander III. Er sollte zur Wiederkehr des Todestages seines Vaters auf die gleiche Weise sterben. Die Polizei deckte die Verschwörung auf. Danach wurde auch Alexander Uljanow hingerichtet, was für seinen jüngeren Bruder Wladimir Iljitsch, der sich später Lenin nannte, das entscheidende Erlebnis auf seinem Weg zur Revolution war.

Obwohl die Ermordung am Katharinen-Kai sich für die Sache der Attentäter verheerend auswirkte, rüttelte sie am Selbstvertrauen der russischen Autokratie in einem größeren Ausmaß als alle anderen revolutionären Versuche des Jahrhunderts. Selbst der übereilte Versuch im Dezember 1825, gewaltsam eine Verfassung für das Reich durchzusetzen, hatte lediglich der Festigung des monarchischen Prinzips gedient.

Noch zu Lebzeiten Alexanders I. hatten sich junge, liberal gesonnene Gardeoffiziere verbunden, um der Selbstherrschaft des Zaren durch eine Verfassung ein Ende zu setzen. Der Thronanspruch Nikolaus' I. war umstritten, weil der freiwillige Verzicht seines älteren Bruders angezweifelt wurde. Darum hielten die Offiziere, die Dekabristen, ihre Stunde für gekommen und schlugen los. Sie zwangen die Mannschaften ihrer Einheiten zur Meuterei, führten einige tausend Mann zum Senatsplatz in St. Petersburg und hofften, daß ihre Tat einen allgemeinen Aufstand der Truppen nach sich ziehen würde. Fast den ganzen eiskalten Tag lang paradierten die Soldaten vor der Admiralität, unternahmen aber keine militärischen Handlungen. Alle Aufrufe der dem Zaren ergebenen Offiziere, sich zu entfernen, fruchteten nicht. Schließlich ließ Nikolaus I. Artillerie ausrücken und das Feuer auf die Versammelten eröffnen. Wer nicht durch die Kanonen starb, floh. Es war der erste revolutionäre Akt der russischen Geschichte, der sich nicht allein gegen die Person des Zaren richtete.

Eine durchgreifende Untersuchung und eine erbarmungslose Gerichtsverhandlung unterdrückten die Bewegung wirksam. Der neue Kaiser erhielt Gelegenheit, seine Autorität von Anfang an zu festigen. Er stellte Spezialeinheiten zur Sicherheit des Systems und zur Bekämpfung der Untergrundbewegungen auf. Eine strikte Zensur und die Oberaufsicht über das Erziehungssystem halfen ihm, das Land in eisernem Griff zu halten. Nikolaus I. war wie vor ihm Katharina die Große, Paul I. und Alexander I. von der Furcht besessen, daß in Rußland eine Revolution vom Ausmaß der Französischen von 1789 ausbrechen könnte. Die Ursachen und Aufstände, die in den Jahren 1830 und 1848/49 Europa erschütterten, veranlaßten den Zaren, der sich als einzig verläßlicher Hüter der alten Ordnung empfand, nur noch strenger zu regieren.

Der Tod von Nikolaus I. 1855 und die Thronbesteigung seines Sohnes Alexander II. ließen die Hoffnung weiter Kreise der russischen Gesellschaft auf einen Wandel zum Besseren wachsen. Auch der Zar, der schon im folgenden Jahr feierlich die Befreiung der Leibeigenen ankündigte, glaubte, daß Reformen von oben besser seien, als eines Tages dem revolutionären Druck von unten nachgeben zu müssen. Die Furcht vor einem Bauernaufstand mag diese Reform ausgelöst haben. Alexander II.

erließ auch andere bedeutende Gesetze, die viele Zweige der Verwaltung und des Bildungswesens betrafen. Eine Zeitlang schien es, als ob das berüchtigt rückständige russische Reich den politischen, sozialen und wirtschaftlichen Erfordernissen des Jahrhunderts Rechnung tragen wollte.

Da die Reformen nur bedingt eine Verbesserung der Lebensverhältnisse der Betroffenen mit sich brachten, setzte eine allgemeine Enttäuschung ein. Das Jahr der Bauernbefreiung 1861 sah viele Bauernunruhen. Die ersten bedeutenden Studentendemonstrationen fanden im gleichen Herbst in St. Petersburg statt. Nihilisten verteilten heimlich gedruckte Flugblätter, die zur Ermordung des Zaren aufriefen, während Feuersbrünste unbekannten Ursprungs, die aber einigen revolutionären Brandstiftern zugeschrieben wurden, Teile von St. Petersburg zerstörten. Zur Krönung dieser Katastrophen unternahm ein revolutionärer Student einen erfolglosen Versuch, den Zaren zu töten, indem er am 16. April 1866 in aller Öffentlichkeit auf ihn schoß. Ein Jahr später feuerte ein polnischer Freiheitskämpfer in Paris auf Alexander.

Aus Furcht vor Attentätern übergab Alexander Peter Schuwalow, dem Vorsitzenden der politischen Polizei von 1866 bis 1874, die eigentliche Kontrolle über die Innenpolitik des Reiches. Während des letzten Jahrzehnts seiner Regierungszeit erlahmte der Reformwille des Zaren. Erneut setzte eine schwere politische Reaktion ein. Trotzdem aber blieb Alexander II. der wirkungsvollste Förderer menschlicher Reformen unter den Herrschern Rußlands, darum traf es den friedlichen Fortschritt schwer, daß gerade er einer revolutionären Gewalttat zum Opfer fiel.

Die russische revolutionäre Bewegung sammelte nach der Ermordung Alexander II. langsam, aber stetig neue Kräfte. Seit den achtziger Jahren des 19. Jahrhunderts spielten russische Revolutionäre, die zeitweise oder dauernd im Ausland lebten, eine bedeutende Rolle bei der Entwicklung einer Doktrin zum Sturz der kaiserlichen Autokratie. Bis zur Jahrhundertwende wirkte die russische Revolutionsbewegung hauptsächlich durch theoretische Erörterungen und Propaganda. Sie konzentrierte sich mehr auf die Ausarbeitung ihrer Ideologien als auf konkrete Taten. Exil-Russen publizierten Flugblätter, Zeitschriften und Bücher, die meist außerhalb Rußlands erschienen und dann in die Heimat geschmuggelt wurden.

Hinrichtung der Terroristen im Jahr 1881

Wjatscheslaw Konstantinowitsch von Plehwe, russischer Innenminister von 1902 bis 1904. Photographie

Krönung des Zaren Alexander II. von Rußland im Jahr 1856

Barrikaden der Aufständischen während der Revolution im Jahr 1904/05

Während dieser Zeit riefen die Verbannten zu keinen Streiks, Straßendemonstrationen oder revolutionären Handlungen auf.

Wenn man von Splittergruppen absieht, können die russischen Revolutionäre um die Jahrhundertwende in zwei gegensätzliche Lager geteilt werden. Eine der beiden Gruppen waren die Sozialrevolutionäre, die auf der Ideenwelt der Narodniki fußten, die eine allseitige Verbesserung des Lebens des russischen Volkes, als dessen wichtigsten Vertreter sie den Bauern betrachteten, anstrebten. Diese Partei ergänzte ihr Programm einer Massenrevolution zu Beginn des 20. Jahrhunderts durch eine geheime, kleine und praktisch unabhängige Kampforganisation, die die Taktik des politischen Terrors in einem in Rußland bisher noch nicht bekannten Ausmaß praktizierte.

Der Terror begann 1901, als ein ehemaliger Student den Erziehungsminister Nikolaus Bogoljepow ermordete. Im nächsten Jahr wurde Dimitrij Sipjagin, der Innenminister, umgebracht, der auch die Verantwortung für die politische Polizei und die Zensur trug. Sein Nachfolger, Wjatscheslaw Plehwe, begegnete den revolutionären Gewalttaten durch verstärkte Unterdrückungsmaßnahmen. Trotz seines rücksichtslosen Durchgreifens oder gerade deswegen wurde Plehwe selbst das Opfer eines Attentates. Am 25. Juli 1904 riß eine Bombe seinen Wagen in Stücke.

Im folgenden Jahr brach die Revolution des Jahres 1905 aus. Weitverbreitete Meutereien der Soldaten und der Matrosen, Bauernaufstände und Streiks der Industriearbeiter verwickelten das durch den Krieg mit Japan geschwächte Land in blutige und grausame innere Kämpfe. Dieses Mal scheiterte die Revolution noch, weil ihr die zentrale Führung fehlte. Die großen Aufstände in Moskau und St. Petersburg führten zu einem kurzlebigen Wirken sowjetischer Arbeitervertretungen, die versuchten, Regierungsfunktionen auszuüben.

Inzwischen vergrößerte sich die Zahl der politischen Morde, denen höhere und niedrigere Polizeibeamte, der Generalgouverneur von Moskau, der Stadthauptmann von St. Petersburg und mehrere Provinzgouverneure zum Opfer fielen. Gegenmaßnahmen der Polizei und der Truppen gipfelten in summarischen Todesurteilen, die von Militärgerichten und Feldkriegsgerichten verhängt und vollzogen wurden. Gegenterror verfinsterte die letzten Regierungsjahre Alexanders III. mehr und mehr. Sein

Sohn und Nachfolger Nikolaus II. überlebte alle Anschläge auf sein Leben bis zur großen Oktoberrevolution von 1917. Der Polizei, die ein Netz von Spitzeln, die als Revolutionäre auftraten, auslegte, gelang es, den Untergrundbewegungen schwere Rückschläge zu versetzen. Im Jahr 1907 hatte die zaristische Regierung ihre Autorität so weit gefestigt, daß eine Änderung der Verhältnisse unmöglich erschien.

Die andere revolutionäre Gruppe dieser Periode war die russische marxistische Bewegung, die weniger in der Öffentlichkeit hervortrat als die Sozialrevolutionäre, was teilweise auf ihre Ablehnung von Attentaten zur Durchführung der Revolution zurückzuführen war. Sie lehnten den Terror nicht prinzipiell ab, sondern weil sie ihn unter den gegebenen Umständen für unwirksam hielten.

»Die Hoffnung der ›Narodnaja Wolja‹, Rußland ohne die Zwischenstufe des Kapitalismus zu einer neuen Lebensform zu führen, ist unmöglich geworden, der von Marx 1882 im Vorwort zur russischen Ausgabe des ›Kommunistischen Manifestes‹ geäußerte Gedanke, daß die Feldgemeinschaft die unmittelbare Vorstufe der Sozialisierung sei, überholt. So begrüßen die Anhänger des orthodoxen Marxismus die schnelle Industrialisierung, der nach ihrer Ansicht nur eine um so stärkere Reaktion folgen muß. 1896 kann in Samara die erste marxistische Zeitung, 1897 im ›Nowoje Slowo‹ das erste marxistische Journal in Rußland erscheinen. Streiks... zeigen den Massencharakter der Bewegung, deren Ziele bisher wirtschaftliche Besserung sind, so daß sie den Namen ›ökonomische Richtung‹ erhalten. ... Die auf dem geheimen Kongreß in Minsk im März 1898 gegründete ›Sozialdemokratische Partei Rußlands‹ erklärt der ökonomischen Richtung den Krieg. Die unmittelbar folgende Verhaftung der Teilnehmer zerschlägt die Parteiorganisation. So wird vom Ausland, besonders von der ›Gruppe der Befreiung der Arbeit‹, der politische Kampf aufgenommen. Die wirtschaftliche Krise um die Jahrhundertwende führt zum Bund zwischen Arbeiterschaft und Intellektuellen, besonders den Studenten, die in Streiks Freiheiten zu erringen suchen. Die liberalen Kreise schließen sich in der ›Gruppe der Semstwo-Konstitutionalisten‹ und im ›Befreiungsbund‹ zusammen, dem u. a. Paul N. Miljukow und Peter Struwe angehören. Nachdem Lenins 1902 erschienene Schrift ›Was tun‹ scharfe Kritik an der bisherigen russischen sozialistischen Bewegung geübt hat, bringt der Londoner Kongreß 1903 die Entscheidung: Während Lenin den Ausschluß aller Mitläufer aus der Partei fordert, um auf diese Weise ihre Stoßkraft zu erhöhen, während er eine schroff zentralistische Leitung, eine Parteidiktatur verlangt, fordern die Gegner für die lokalen Unterorganisationen größere Selbständigkeit. So trennt sich hier die Minderheit, die Menschewiki, von der Mehrheit, den Bolschewiki, unter Lenin. Der Versuch Georg W. Plechanows, auf dem Kongreß der ›Ausländischen Liga‹ in Genf zu versöhnen, scheitert. Vereint aber kämpfen beide in der Tendenz, daß erst eine Arbeiterpartei geschaffen werden müsse, ehe man die Auseinandersetzung wage, während die Sozialrevolutionäre an den Erfolg des Terrors glauben.« (Martin Winkler)

Die russische Geheimpolizei hielt zu dieser Zeit Lenin nicht für sonderlich gefährlich. Im Gegenteil, seine Gewohnheit, sich heftig mit den sozialdemokratischen Rivalen zu streiten, schien für die Behörden ein positiver Vorteil zu sein, weil sie einen bedeutenden Teil der revolutionären Bewegung spaltete und somit schwächte.

Obwohl Lenin die Ermordung Alexanders II. nicht unterstützt hätte, weil er solche Taten als falsche politische Taktik erachtete, war er grundsätzlich mit der Anwendung von Gewalt einverstanden. Sie mußte allerdings reale Aussicht auf politischen Erfolg haben. Die Ermordung von Zar Alexander II. gewinnt in der Tat neue Bedeutung, wenn man sie im Zusammenhang mit Lenins erfolgreichem revolutionären Umsturz vom November (Oktober) 1917 betrachtet. Zum Unglück für Rußland vollzogen sich politische Veränderungen, die in anderen Ländern durch friedliche, revolutionäre Mittel erreicht wurden, dort oft durch Gewalt. Die Mörder des auf Reformen bedachten Zaren erreichten lediglich eine Radikalisierung des autokratischen Prinzips.

RONALD HINGLEY

Zar Alexander III. von Rußland

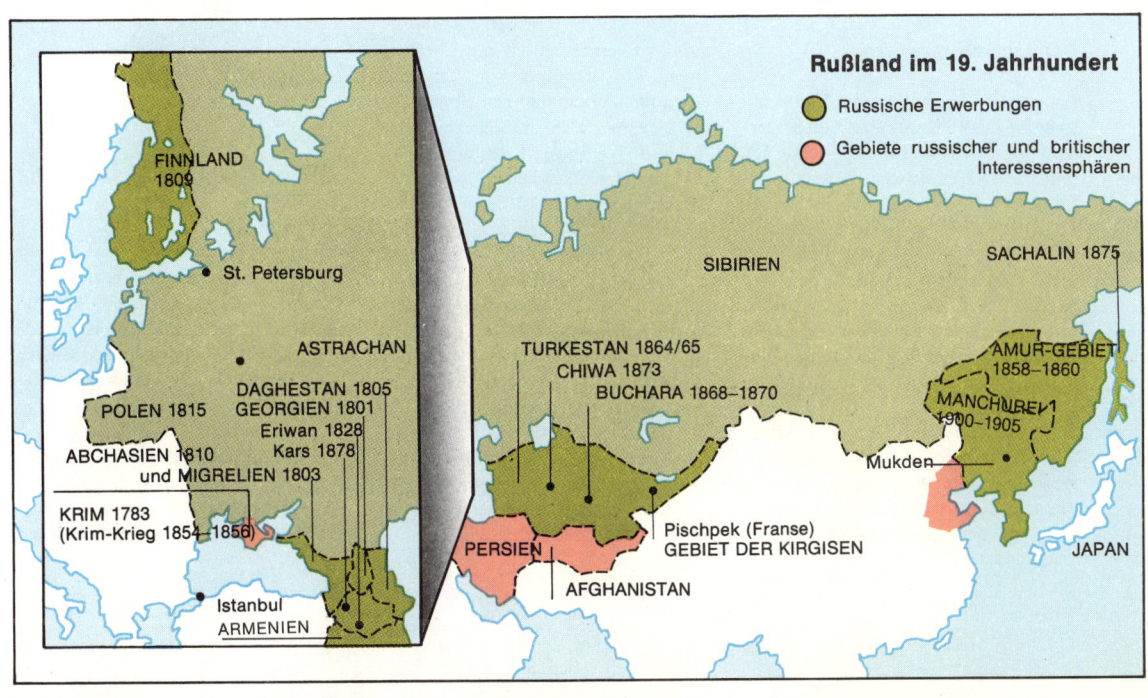

Entwicklung der parlamentarischen Verfassungen.

»Die Parlamente sind die großen Lügen unserer Zeit«, Konstantin Probedonoszew, der Oberprokurator des Heiligen Synods unter Alexander III., gab mit dieser scharfen Verallgemeinerung unabsichtlich eine Charakterisierung des Unterschiedes zwischen Rußland und den anderen Staaten Europas am Ende des 19. Jahrhunderts. Während im russischen Reich die Autokratie sich durch Zwangsmaßnahmen zu sichern suchte, gediehen Länder mit parlamentarischen Verfassungen auf einer weit breiteren Grundlage, als dieses noch in der Mitte des Jahrhunderts für möglich gehalten worden war.

Wahlrechtsreform

Die Beteiligung des Volkes an der Regierungsverantwortung wurde allenthalben eingeführt, wenn auch die verfassungsmäßigen Möglichkeiten der Volksvertreter meist noch sehr beschränkt waren. Ein allgemeines, gleiches und direktes Wahlrecht garantierten in Deutschland die Bundesbeziehungsweise Reichsverfassung von 1869 und 1871. Ein solches Wahlrecht erhielten in den nächsten Jahrzehnten Frankreich, die Schweiz,

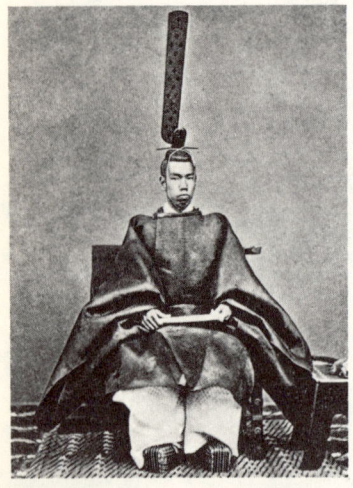

Kaiser Mutsuhito von Japan

Großbritannien, die Niederlande und Spanien. Die Verfassungsreformen in Preußen von 1849 und 1850 bestimmten das Dreiklassenwahlrecht, nach dem das Stimmrecht nach dem Steueraufkommen des Bürgers festgesetzt wurde. Auch Sachsen besaß seit 1896 dieses Wahlrecht, das 1909 durch das Mehrheitswahlrecht abgelöst wurde, durch das der Bürger kraft gewisser Eigenschaften Zusatzstimmen zugesprochen erhielt. Auch Belgien (1893/94), Oldenburg (1909) und Hessen (1911) führten das Mehrheitswahlrecht ein. Das Wahlrecht in Italien wurde zwar 1882 erweitert, blieb aber auf Besitzstand und Bildungsgrad beschränkt. Im englischen Unterhaus saßen schon seit 1832 Teile der Mittelklassen. Nach verschiedenen Übergangslösungen gab es seit 1884/85 auch in Großbritannien das allgemeine und gleiche Wahlrecht. Das Schlagwort von der Kontrolle der Regierung durch die Volksvertretung kannten auch die Balkan-Staaten. Aber in der politischen Wirklichkeit galten verfassungsmäßige Regeln nur wenig. Hier mag das Wort Probedonoszews berechtigt gewesen sein.

England erlebte im letzten Drittel des Jahrhunderts die klassischen parlamentarischen Duelle zwischen der Liberalen und der Konservativen Partei. Auch im übrigen Europa entwickelten die Parteien politische Aktivität. Die deutsche Zentrums-Partei, unter der Führung von Ludwig Windthorst, und die National-Liberalen, unter der von Rudolf von Bennigsen, sorgten dafür, daß sich im Reichstag ein lebendiges und kontroverses politisches Leben entwickelte. Männer wie Léon Gambetta, Jules Ferry und Georges Clemenceau prägten die geistigen und politischen Grundlagen der Dritten Republik.

Diese Entwicklungen waren aber nicht auf Europa begrenzt. Der Kongreß, die aus Senat und Repräsentantenhaus bestehende Volksvertretung der Vereinigten Staaten von Amerika, war mächtiger als der Präsident. Unter dem Einfluß von Hirobumi Ito, der zwischen 1885 und 1901 mehrmals Ministerpräsident war, wurde Japan 1889 konstitutionelle Monarchie. Die reaktionäre Regierung Sultan Abdul Hamids beschleunigte den Verfall der Türkei. Die politischen Auflagen, die ihm die Großmächte während des Berliner Kongresses abgenötigt hatten, führte er nicht durch. In Latein-Amerika verblieb die Macht in den Händen der Oligarchie, ungeachtet demokratischen Fortschrittes in der übrigen Welt. Das parlamentarische Leben blieb eine inhaltslose Formalität.

Der Liberalismus

Ein großer Theoretiker und Systematiker des Liberalismus war John Stuart Mill, der von 1806 bis 1873 lebte. In seiner programmatischen Schrift »On Liberty« – »Die Freiheit« trat er schon 1859 für die Rechte von Minderheiten ein. Obgleich Mill sich vor allem mit den englischen Verhältnissen befaßte, genoß er in ganz Europa hohe Achtung. In England beeinflußte Mill die beiden herrschenden Parteien: Der Konservative Disraeli setzte die zweite Parlamentsreform durch, die erstmals auch den Arbeitern in den Städten Stimmrecht brachte. Von der liberalen Regierung unter Gladstone stammte das dritte Reformgesetz von 1884, mit dem das allgemeine, gleiche Wahlrecht eingeführt wurde. Dennoch hatte auch Mills Einfluß Grenzen. Sein Antrag, den Frauen ebenfalls Stimmrecht zu verleihen, wurde im Unterhaus mit überwältigender Mehrheit abgelehnt. Die Forderung nach dem Wahlrecht für Frauen wurde im »Punch« geschmäht und verspottet. Im Jahr 1893 gewährte Australien als erstes Land den Frauen das Stimmrecht.

John Stuart Mill

Englands Innenpolitik

Die Jahre zwischen 1870 und 1880 sahen in England zahlreiche innenpolitische Reformen. Unter Gladstones Führung schufen die Liberalen die Grundlage für ein nationales Erziehungssystem, hielten den Alkoholismus in Grenzen durch die Überwachung des Verkaufs von geistigen Getränken, erkannten den Grundsatz der geheimen Wahl an, führten ein gerechteres System zur Erlangung höherer Posten im Staatsdienst sowie in der Armee ein und zentralisierten die Gerichtsbarkeit. Disraeli und die Konservativen zeichneten für die frühesten Bemühungen, die Elendsquartiere in den Städten zu beseitigen, verantwortlich. Die Regierung bot den lokalen Behörden bei ihrer Sorge für das Gesundheitswesen und bei sanitären Einrichtungen den nötigen Rückhalt und dämmte dadurch Seuchen wie die Cholera ein. Das Kabinett Disraeli gestattete auch erstmals den Gewerkschaften, während eines Streiks friedliche Streikposten aufzustellen.

Die irische Frage

In dieser Periode wurde die britische Politik durch die Unabhängigkeitsbestrebungen der Iren stark belastet. Das Parlament versagte bei der Beurteilung des irischen landwirtschaftlichen Pachtsystems. Gladstones Irish Land Act verbesserte zwar die Lage der Pächter, aber es war zu spät, um Gewalt und Ausschreitungen zu verhindern. Die brillante politische Taktik des Führers der Irischen Nationalpartei, Charles Stuart Parnell, hielt beinahe zehn Jahre lang das irische Problem der britischen Bevölkerung als vordringlichste Aufgabe vor Augen, bis die englische Regierung eine Selbstverwaltung für Irland gewährte. Gladstone scheiterte schließlich an der irischen Frage, und die liberale Partei spaltete sich. Erst nach dem Ersten Weltkrieg erhielt das südliche Irland eine eigene Regierung.

Der Kulturkampf

Irland war eines der wenigen Probleme in der britischen Politik, bei dem auch die christlichen Konfessionen eine Rolle spielten, denn die südlichen Iren bekannten sich überwiegend zur Römisch-Katholischen Kirche. Nur im Norden überwogen die Protestanten. In Deutschland, Frankreich und Italien beherrschte die Auseinandersetzung zwischen Staat und Kirche das politische Leben. 1871 entstand in Deutschland ein grundsätzlicher Konflikt zwischen Staat und Kirche. Während des Kulturkampfes versuchten die Behörden Preußens, verschiedene Lebensbereiche der Römisch-Katholischen Kirche staatlich

Charles Stewart Parnell

zu regeln. Unter anderem wurden der Jesuiten-Orden aufgehoben, kirchliche Schulen der Staatsaufsicht unterstellt; Priester durften von der Kanzel nicht gegen diese Maßnahmen Stellung nehmen. Mit den »Maigesetzen« von 1873 über die Vorbildung und Anstellung der Geistlichen verschärfte sich die Auseinandersetzung. Seit 1875 leistete der Staat keine Zahlungen mehr an die Kirche. Es folgten die

Kulturkampf in Preußen. Frankreichs Dritte Republik   1871–1890

Auflösung aller Klostergenossenschaften und die Einführung der Zivilehe. Nach langwierigen Verhandlungen mit Papst Leo XIII., der das Pontifikat seit 1878 innehatte, wurden die meisten staatlichen Maßnahmen aufgehoben und der Kulturkampf 1887 durch einen Kompromiß beendet.

Bismarcks Innenpolitik resultiert aus seiner Staatsauffassung und seiner Stellung zu den Parteien, wie sie Walter Goetz charakterisiert: »... Sicher gingen die großen Zeitströmungen auch durch seinen Geist und seine Seele hindurch. Wenn er sich dem bürgerlichen Liberalismus erst zu- und dann abwandte, wenn er den Kampf gegen die Papstkirche entbrennen und erlöschen ließ, vom Freihandel zum Schutzzoll übertrat und mit den sozialen Aufgaben und Gefahren zu ringen begann, die das erwachende Klassenbewußtsein des vierten Standes brachte, so stand er mit alledem nicht allein und auf ganz eigenem Boden. Wir finden mehr oder minder starke Analogien in den meisten europäischen Ländern. Dennoch will es scheinen, daß er dem jungen Deutschen Reich im Guten und weniger Guten den Stempel seiner gewaltigen Persönlichkeit aufdrückte, ähnlich wie Preußen immer das Preußen Friedrichs des Großen und die protestantische Kirche die Kirche Luthers gewesen war.

Seine Staatsauffassung lag in den Grundzügen seit der Frankfurter Zeit fest. Sie verlangte eine Mischung liberaler und konservativer Elemente, eine starke, aber keine unbeschränkte Monarchie. ›Mir hat‹, heißt es in den Gedanken und Erinnerungen, ›immer als Ideal eine monarchische Gewalt vorgeschwebt, welche durch eine unabhängige, nach meiner Meinung ständische oder berufsgenossenschaftliche Landesvertretung so weit kontrolliert wäre, daß Monarch oder Parlament den bestehenden gesetzlichen Rechtszustand nicht einseitig, sondern nur communi consensu ändern können, bei Öffentlichkeit und öffentlicher Kritik aller staatlichen Vorgänge durch Presse und Landtag.‹ Oder wie er es am häuslichen Tisch 1885 formulierte, die Regierung sollte die Initiative, das Parlament ein Veto haben.

Die Theorie war bestechend. In der Praxis aber mußte solch ausgesprochener Dualismus des Staatslebens zu Reibungen führen. Gerade Bismarck war wohl der Mann, die Initiative zu nehmen, aber nicht ein Veto zu ertragen. Stieß er auf Widerstände, faßte er auch nur eine Antipathie, so riß ihn die Kampfesleidenschaft nach rechts oder links über die mittlere Linie hinaus, die er sich vorgezeichnet hatte. Sein eigentlicher Sinn stand immer auf das, was sich dann 1887 im Kartell ver-

Georges Clemenceau

wirklichte, aber zunächst regierte er bis 1878 mit den Liberalen gegen die Konservativen und 1878 bis 1887 mit den Konservativen gegen die Liberalen. Die Verbindung mit den Liberalen war schon in den Jahren des Norddeutschen Bundes zu beobachten gewesen. Der Krieg von 1870/71 zog sie dann insofern enger, als die vielfach ärgerlichen Versailler Erfahrungen bei Bismarck den Wunsch nach einer Stütze gegen den Hof und das Militär verstärkten; vor allen Dingen aber war es der Kampf gegen die katholische Kirche und das Zentrum, der Kanzler und Liberale zusammenführte und durch Jahre zusammenhielt.«

Eine langwierige Diskussion um das kirchliche Recht in der öffentlichen Erziehung entstand in den achtziger Jahren in Frankreich und dauerte bis zum Ersten Weltkrieg an. Der linke Republikaner Jules Ferry setzte im März 1882 ein Gesetz durch, das die freie, nicht kirchlich gebundene und obligatorische Volksschulerziehung in Frankreich einführte. Radikale Politiker griffen immer wieder den katholischen Episkopat an, von dem sie glaubten, daß es antirepublikanische Bewegungen unterstützte. 1905 kündigte die französische Regierung sogar das Konkordat.

Die Dritte Republik

Die antiklerikalen Strömungen bewiesen das wachsende Selbstvertrauen der republikanischen Führer. 1871 sah es noch so aus, als ob der Dritten Republik nur eine kurze Lebensdauer beschieden sei. Die blutige Unterdrückung der Pariser Kommune im Mai 1871 und die harten Friedensbedingungen von Frankfurt lasteten schwer auf der französischen Politik. Der Sozialismus trat nach 1871 ganz in den Hintergrund. Die französischen Provinzen zwangen der schwergeprüften Hauptstadt eine sozial-konservative Regierung auf. Von 1871 bis 1876 besaßen die Monarchisten in beiden Kammern der Nationalversammlung die Mehrheit. Sie waren aber in Anhänger der Häuser Bourbon, Orléans und Bonaparte gespalten. Die französische Wählerschaft schickte sich schließlich in einen verhältnismäßig konservativen Republikanismus.

Die Amtszeiten der Kabinette der Dritten Republik waren auffallend kurz. Zwischen 1871 und 1914 gab es vierundfünfzig Regierungswechsel. Ein verwickeltes Proportional-Wahlrecht führte zu einer Vielzahl von po-

Georges Boulanger

litischen Parteien. Jede Regierung beruhte auf einer Koalition, die für einen bestimmten politischen Zweck zustandegekommen war. Wenn das Ziel erreicht war, fiel die Koalition bald wieder auseinander. Der Sturz einer Regierung zog nicht unweigerlich Neuwahlen nach sich, wie das in England der Fall war. Durch dieses System wurde starken Persönlichkeiten, die kein Bündnis mit einer anderen politischen Richtung eingehen wollten, der Zugang zum höchsten Regierungsamt verwehrt. So kam es, daß Léon Gambetta, der Urtyp des Republikaners der siebziger Jahre, nur neun Wochen Ministerpräsident war, und George Clemenceau, dessen scharfe Zunge mancher Regierung zum Verhängnis wurde, erst 1906 dieses Amt bekleidete, nachdem er bereits dreißig Jahre lang in der Kammer und im Senat hatte Erfahrungen sammeln können.

Kritiker der Republik nutzten Fälle von Korruption aus, um von Zeit zu Zeit eine Verfassungsreform zu fordern. Sie verlangten meistens eine starke Exekutive nach dem Vorbild der amerikanischen Präsidialverfassung. 1889 schien es, als ob sie sich durchsetzen sollten. In Paris bestand die Gefahr eines militärischen Staatsstreiches, denn die Verfechter politischer Rechte hatten zusammen mit anderen Gruppen Unzufriedener in General Georges Boulanger einen gewandten und populären Verteidiger gefunden. Doch der General konnte sich zur letzten Konsequenz nicht entschließen, und die republikanische Verfassung blieb grundsätzlich unverändert bis zur Katastrophe von 1940. Die Dritte Republik wies eine Beständigkeit auf, wie sie Frankreich seit der Revolution nicht erlebt hatte, und sicherte dem französischen Volk Wohlstand und Ansehen in der Welt, wie es nach der Niederlage von 1870 unerreichbar erschien.

Der Höhepunkt des Dampfzeitalters

Die politische Entwicklung ging Hand in Hand mit einem stetigen Anwachsen der wirtschaftlichen Produktivität. Die Stahlerzeugung in der Welt vervielfachte sich in den letzten zwanzig Jahren des Jahrhunderts um ein Siebenfaches. Die Produktion von Roheisen wurde mehr als verdoppelt. Zur selben Zeit ging das Zeitalter der Dampfmaschine seinem Höhepunkt entgegen. Die erste trans-kontinentale Eisenbahn in den Vereinigten Staaten wurde 1869 eröffnet.

Die rasch anwachsende Bevölkerung in den Städten Europas zog Nutzen aus der neuen Art der Lebensmittelversorgung. Aber die einheimische Landwirtschaft wurde unruhig. Eine Kornflut aus Amerika und die Erschließung der Agrargebiete des südlichen Rußlands durch Eisenbahnen beschworen Gefahren für die europäischen Landwirte herauf. Die Bauern forderten Unterstützung seitens der Regierung. Auch die Industriellen schienen darauf aus, ausländische Konkurrenz abzuwehren. 1879 errichtete Deutschland Zollmauern. 1881 und 1885 schützten Frankreich und Österreich-Ungarn ihre Wirtschaft durch gleiche Maßnahmen. Die Russen und die Spanier erhöhten ihre Zölle gegen Ende der siebziger Jahre. Italien richtete 1887 Schutzzölle ein; 1888 folgte Schweden und 1891 die Schweiz. Die Vereinigten Staaten antworteten mit Zöllen, die höher waren als alle europäischen. England, immer noch das größte Ausfuhrland industrieller Maschinen, blieb bei seinem Grundsatz des freien Handels trotz des Protestes der Gutsbesitzer und Bauern. Das Aufkommen der großkapitalistischen Unternehmen sollte bald die industrielle Gesellschaft verändern.

Das Geschäft mit flüssigem Gold 1882

John D. Rockefeller, Gründer der Standard Oil Trust

Verwaltungsgebäude der Standard Oil Trust am Broadway 26 in New York. Bau aus dem Ende des 19. Jahrhunderts nach einem zeitgenössischen Gemälde

Der Standard Oil Trust wurde im Januar 1882 gegründet, als die Aktionäre von vierzig Gesellschaften, die alle zu der Standard Oil Company in Ohio gehörten oder von ihr kontrolliert wurden, einen Vertrag unterzeichneten, nachdem sie ihre Aktien einem Gremium von neun Männern übergaben. Diese Sachwalter erhielten die Vollmacht, die Geschäfte der Firmen sowie die der Tochtergesellschaften zu führen. Die Unternehmungen der Firmen, von denen man nur wenige Aktienanteile besaß, sollten soweit als möglich beaufsichtigt werden. Als Entgelt erhielten die Aktionäre vom Trust Dividendenscheine.

Als das Abkommen unterzeichnet wurde, war die Standard Oil Company bereits ein umfangreiches Unternehmen, das in verschiedenen Staaten Nordamerikas arbeitete. Nach den Gesetzen der Vereinigten Staaten durften Korporationen eines Bundesstaates in einem anderen keine Aktien besitzen. Darum entwarf der Rechtsberater des im Jahr 1882 gebildeten Standard Oil Trusts, Samuel Todd, einen Plan, damit diese Vorschriften umgangen werden konnten. Die vereinigten Firmen erhielten eine zentrale Leitung durch den Trust, eine Treuhand- und Kapitalgesellschaft. Die Standard Oil Company übergab nach dem Abkommen die Kontrolle über alle Firmen, die ihr angehörten, den Treuhändern der Aktiengesellschaft. Diese Maßnahme hatte mehr theoretischen Charakter. Die eigentliche Leitung des gewaltigen Unternehmens lag weiterhin bei den Direktoren der Standard Oil.

Die Gründung des Trusts war der Höhepunkt eines Jahrzehnts voller Bemühungen von John D. Rockefeller und seinen Mitarbeitern, Ordnung und Stabilität in den jüngsten und noch ziemlich chaotischen amerikanischen Industriezweig zu bringen. Seit dem Augenblick, als Edwin Drakes berühmte Bohrausrüstung im August 1859 zum ersten Mal bei Titusville in Pennsylvania Öl aus der Erde schießen ließ, befiel die Umgebung des fündigen Gebietes ein hektisches Treiben. Ziellose Bohrversuche, optimistische Spekulationen, steigende Bodenpreise, sich schnell erhöhende Produktion und leichtfertige Verschwendungssucht veränderten rasch eine ganze Landschaft. Die Rivalität um die Verarbeitung von Rohöl sah ebensolche Auswüchse einer planlosen Jagd nach Verdienst. Im Jahr 1863, da Rockefeller sich der Ölindustrie widmete, konnten in Cleveland nur kleine Raffinerien für höchstens siebentausend Dollar gebaut werden. Am Ende des Jahrzehnts bestanden dort etwa sechsundzwanzig Raffinerie-Unternehmen. Weitere existierten in dem ölträchtigen Gebiet um Titusville und in Pittsburgh sowie in vielen der großen Verbrauchsgebiete des Landes. Auch in New York, Philadelphia und in Baltimore wurden Raffinerien gebaut, um den schnell ansteigenden Bedarf zu decken.

Die technische Entwicklung während der fünfziger Jahre des 19. Jahrhunderts zur Herstellung von brennbarem Öl aus Kohle in Europa und in Amerika hatte dazu beigetragen, die Märkte in der Welt auf den Absatz von Petroleum vorzubereiten. Der relativ billige neue Brennstoff ersetzte Öl aus Kohle, Kerzen und Walöl als Lichtquelle. Die Rohölproduktion stieg sogar schneller an als die Nachfrage. Im Jahr 1862, als die erste Ölquelle zu sprudeln begann, wurden zweitausend Faß produziert. Zehn Jahre später lag die Erzeugung bei viertausendachthundert und kletterte 1873 auf annähernd zehn Millionen Faß. Trotz dieses phänomenalen Anstiegs sanken zunächst die Preise ebenso wie die Profite.

Am Ende des Jahres 1860 stellte die Firma Rockefellers täglich dreitausend Faß raffiniertes Öl her, was ungefähr zehn Prozent der Produktion Clevelands ausmachte. Rockefeller besaß bereits die größte Raffinerie in der Stadt. Bis zu diesem Zeitpunkt wuchs die Firma durch Investitionen aus selbsterwirtschaftetem Kapital und aus Anleihen einer sorgfältig ausgewählten Gruppe von Geschäftsleuten, die mit Rockefeller eng zusammenarbeiteten. Nachdem die Firma jedoch als Standard Oil Company of Ohio 1870 mit einem Kapital von einer Million Dollar gegründet worden war, entwickelten Rockefeller und sein Partner Henry Flagler eine neue Strategie, um das Unternehmen zu vergrößern. Sie kauften konkurrierende Firmen in Cleveland auf. Als Kaufpreis boten sie entweder Anteile an der Standard Oil Company oder Bargeld an. Sie schätzten den Wert der Anlage nach den Produktionsmengen und nicht nach den Investitionskosten, die der frühere Eigentümer aufgewandt hatte. Am Ende des Jahres 1872 nannten sie vierunddreißig Firmen ihr eigen und besaßen fast die ganze Raffinerie-Kapazität Cleve-

Der Bohrturm an der Ölquelle von Drake zu Titusville in Pennsylvanien. 1861

lands. Bald drang die Standard Oil Company in die Ölgebiete von Pittsburgh, von New York und von West-Virginia vor. Wenige Jahre später waren sie eine zwischenstaatliche Unternehmergruppe, die die größten Raffinerien des Landes kontrollierte. Während der Jahre zwischen 1877 und 1881 trugen Rockefeller und Flagler einen harten Kampf mit ebenso ehrgeizigen und entschlossenen Konkurrenten aus. Die schließlich mächtigste Standard Oil Company kontrollierte auch die meisten Ölleitungen im Land.

Für Rockefeller und Flagler war der aggressive Kauf anderer Raffinerien in einer Zeit, da die Ölproduzenten große Schwierigkeiten zu überwinden hatten, ein konstruktiver Plan, um in die chaotischen Zustände dieses Industriezweiges Ordnung zu bringen. Aber viele Zeitgenossen verachteten das Geschäftsgebaren der beiden als eine üble Verschwörung. Tatsächlich konnten die Methoden, mit denen die Vereinigung zustandekam, kaum gebilligt werden. Standard Oil handelte hart um Rabatte und Nachlässe von den Eisenbahngesellschaften für ihre großen Ölladungen, bis Ölleitungen den Transport erleichterten. Sie ließ die Konkurrenz ausspionieren, um ihr die Kunden zu nehmen; sie setzte Preise herab, um Konkurrenten zum Verkauf zu zwingen; und sie wandte Bestechungen in freizügiger Weise an.

Den Erfolg der Standard Oil Company einfach der größeren Skrupellosigkeit seiner Inhaber zuzuschreiben, hieße ihre Geschäftstüchtigkeit auf einen zu einfachen Nenner bringen. Vor allem verwandten Rockefeller und Flagler weitsichtig und freizügig Bankdarlehen, um ihre Operationen zu finanzieren. Die Aufkäufe in den siebziger Jahren des 19. Jahrhunderts erforderten hohe Geldbeträge, weil viele Verkäufer Bargeld den Aktienanteilen der neuen Firma vorzogen, was sich später als unklug erwies. Rockefellers und Flaglers Bereitschaft, Schulden zu machen, spiegelte ihr Vertrauen in die Zukunft dieser Industrie wider und hob sich stark von den Prognosen vieler Industrieller ab. Rockefeller sagte einmal, daß er die Knie seiner Hosen bei seinen Bitten um Bankanleihen durchgescheuert habe. Der Ruf von großer Zuverlässigkeit, den Rockefeller in Cleveland erwarb, bevor er sich dem Ölgeschäft zuwandte, erleichterte ihm den Zugang zu Darlehen und damit die Möglichkeit, flexibel und kühn zu handeln.

Ein weiteres Charakteristikum für den Aufstieg von Standard Oil war die beständige und sorgfältige Suche nach fähigen Männern. Die Firma stellte schließlich auch anerkannt tüchtige und begabte Fachleute aus konkurrierenden Firmen an. Eine Seite von Rockefellers Organisationstalent war sein Geschick, hervorragende Männer für sich arbeiten zu lassen, die andere, seine Aufmerksamkeit der Besetzung insbesondere der hohen und der mittleren Managerposten zu widmen. Rockefeller übertrug einem neuen Mann sofort Verantwortung und vertraute darauf, daß er sie zu tragen wußte. Er hatte immer ein offenes Ohr für Ratschläge zum Nutzen der Firma und für Einwände

Arbeiter beim Montieren einer Bohrleitung. Etwa 1890

gegen seine eigenen Ansichten, und er bevorzugte Entscheidungen, die aufgrund von Besprechungen gefällt wurden. Einerseits zerstörte Standard Oil den Individualismus in der Ölindustrie und schuf die Grundlagen für bürokratisch organisierte Industriegiganten, andererseits aber war sein Unternehmen beispielhaft für die Zusammenarbeit von äußerst fähigen und sehr dynamischen Männern, denen ein großer Wirkungskreis für ihre individuellen Fähigkeiten offenstand.

Eine bedeutsame Entwicklung, die für den künftigen Konkurrenzkampf auf dem internationalen Ölmarkt ausschlaggebend war, setzte in den achtziger Jahren ein, als die Standard Oil Company sich bemühte, die Kontrolle über alle Phasen der Ölproduktion zu erlangen. Standard Oil beherrschte bereits vor 1882 einige Absatzmärkte und hatte auch Ölleitungen erworben oder gebaut. Bald waren nur noch ihre Produkte auf den Märkten des Inlandes, und sie begann, ausländische Gebiete für den steigenden Exporthandel zu erschließen. Dieser Übergang zum Direkthandel charakterisierte die Geschäfte vieler großer Firmen Amerikas in dieser Dekade, denn ein unerwartetes Anwachsen der Städte und die Ausdehnung des Eisenbahnnetzes boten den Produzenten einen großen Anreiz, traditionelle Zwischenhändler auszuschalten.

In einiger Hinsicht nahm Standard Oil niemals wieder eine so beherrschende Position auf dem Ölmarkt der Welt ein wie Mitte der achtziger Jahre: Als neue Produktionsstätten in Texas, in Oklahoma und in Kalifornien entstanden, war Standard Oil nicht in der Lage, sich so schnell zu vergrößern, daß sie auch hier eine beherrschende Kontrolle ausüben konnte. Neue Firmen wurden gegründet, um die Lücken zu füllen. Standard Oils weltweites Monopol erlitt während der letzten zwanzig Jahre des Jahrhunderts weitere Einbußen durch die Entdeckung von Öl in anderen Teilen der Welt. Indonesien, Rußland und Birma produzierten Öl, und in keinem dieser Gebiete konnte Standard Oil das Monopol über die Rohölgewinnung erlangen.

Zu dieser Zeit hatte der Standard Oil Trust guten Grund, nicht zu wünschen, daß er ohne Konkurrenz sei. Beinahe schon zu Beginn der kühnen Unternehmungen Rockefellers und Flaglers war die Aktivität der Firma von den Gesetzgebungsorganen und von den Gerichten angegriffen worden. Tatsächlich entstand durch parlamentarische Untersuchungen und durch Zivil- sowie Strafverfahren, die meist die um ihre Existenz ringenden Konkurrenten anstrengten, eine volkstümliche Meinung von dem industriellen Ungeheuer. Als das in der Öffentlichkeit am besten bekannte Unternehmen litt das Ansehen der Standard Oil nicht nur wegen der kargen Aussagen seiner Angestellten im Zeugenstand, sondern auch wegen Rockefellers Weigerung, durch Propagandaaktionen den Angriffen öffentlich zu begegnen. Inzwischen war 1894 Henry Damarest Lloyd's Buch »Wealth against Commonwealth« erschienen. Es nahm die Angriffe anderer Schnüffler nach Korruption vorweg, besonders die der Ida Tarbell in »History of the Standard Oil Company«. Die Verdächtigungen wurden in der nächsten Dekade zu einer alltäglichen Plage.

Red Hot in Pennsylvanien, Ölstadt der Pionierzeit. Zwischen 1869 und 1871

Geschäft eines kleinen Ölhändlers

Samuel Dodd, Geschäftspartner Rockefellers

Mit dem Machtzuwachs des Trusts stieg auch die Entrüstung der Öffentlichkeit gegen Rockefeller, denn eine solche Konzentration von Reichtum geriet mit der herkömmlichen Moral und mit der Ansicht der Amerikaner über sich selbst in Konflikt. Da die allgemeinen Rechtsverbote bezüglich der Handelsschranken nicht ausreichten, um die öffentliche Meinung zu beruhigen oder um den Handelskonzentrationen über die Staatsgrenzen hinaus Einhalt zu gebieten, wuchs die Forderung nach wirksamen gesetzlichen Einschränkungen. Als Ergebnis der Bemühungen wurde im Jahr 1890 die Sherman-Act erlassen. Dieses Anti-Trust-Gesetz erklärte es für unzulässig, Verbindungen oder Vereinigungen zu gründen, die den freien Wettbewerb behinderten.

Weil die Gesetzgebung der Einzelstaaten kompliziert und sehr unterschiedlich war, wirkte sich die Maßnahme zunächst gering aus, bis zwischen 1898 und 1904 eine große Welle von Trust-Bildungen einsetzte. Als die Anti-Trust-Verfahren einmal begonnen hatten, konnte auch Standard Oil der Verfolgung nicht entgehen. Die Entscheidung des Obersten Gerichtshofes von 1911 im Fall Standard Oil setzte einen Markstein auf der ständigen Suche amerikanischer Gerichte nach Richtlinien zur Behandlung von Großfirmen. Das Gericht verkündete die berühmte »Regel der Vernunft«, die besagte, daß eine Vereinigung dem Sherman-Gesetz dann zuwiderliefe, wenn sie Konkurrenten in unvertretbarer Weise störte. Dieser Beschluß konnte nicht über Nacht Wunder wirken. Noch während einer ganzen Zeit bestimmten gemeinsame Interessen das Handeln der einst zum Trust gehörenden Firmen. Im Jahr 1920 jedoch stand die Standard Oil of New Jersey, die noch immer eine der größten Ölgesellschaften der Welt war, im Konkurrenzkampf mit ihren früheren Mitgliedern.

Standard Oil diente sowohl dem Erlaß eines Anti-Trust-Gesetzes als auch dessen Vervollkommnung durch die ständige Rechtsprechung. Diese bewundernswerte Tat der Gesetzgebung verbesserte zweifellos die Geschäftspraktiken, indem sie Monopolstellungen innerhalb der Industrie eindämmte. Seit der Ernennung vom Thurman Arnolds zum Kronanwalt in der zweiten Hälfte der dreißiger Jahre unseres Jahrhunderts hat sich das Anti-Trust-Gesetz stark weiterentwickelt. Diese Wirtschaftspolitik gewann eine größere Bedeutung als die regulativen Kommissionen, wie die Federal Trade Commission (Kommission für Bundeshandel), die anfangs zur Beaufsichtigung von Unternehmungsballungen begründet wurden. Heute wären weder der Zusammenschluß mehrerer Firmen zum Standard Oil Trust noch die Produktion vom Rohstoff bis zum Enderzeugnis gestattet. Jedoch deutete kürzlich eine Auseinandersetzung um Zusammenschlüsse von Firmen, die nichtverwandte Industrien vertreten, an, daß in den sechziger Jahren des 20. Jahrhunderts wie um 1900 die Furcht der Öffentlichkeit vor wirtschaftlicher Macht größer ist als die Vorteile einer rationellen Arbeitsweise. Keine Firma ist vor Verfolgung sicher. Im 20. Jahrhundert hat sich die amerikanische Öffentlichkeit von den wirtschaftlichen Vorteilen großer Industrieunternehmen überzeugen lassen. Aber es ist nicht sicher, ob diese Vorteile notwendigerweise ohne Konkurrenz im Interesse der Öffentlichkeit ausgenutzt werden.

Die Firma Rockefellers blieb trotz der Wiederbelebung der Konkurrenz durch das Gesetz wie auch der Entstehung konzernfremder Firmen in den neu erschlossenen Ölgebieten weiterhin wohlhabend. Jedoch ergab sich nach Auflösung des Trusts im Jahr 1911 für die größte verbliebene Firma, die Standard Oil of New Jersey, eine Reihe von Problemen. Standard Oil of New York besaß die Verkaufsorganisation für Exporte nach Europa und Asien und unterhielt den Hauptteil der Tankerflotte der Organisation. Zu der abgetrennten Gesellschaft hingegen gehörten Raffinerien, aber kaum Einkaufsstellen und Vertriebsmöglichkeiten für Rohöl.

Die Furcht der Standard Oil of New Jersey, daß die wachsende Aggression gegen Trusts im Land zu Verfolgungen führen könnte, veranlaßte Rockefeller, das Schwergewicht der Firma ins Ausland zu verlegen. Hier traf er auf scharfe Konkurrenz, besonders den Royal-Dutch-Shell-Konzern. Dieses Unternehmen war 1907 aus einer niederländischen Erdölfirma und einer englischen

Ölfässer bereit zur Verschiffung

Wall Street in New York mit Blick auf die Dreifaltigkeits-Kirche und den Broadway. Gemälde von James H. Cafferty und Charles G. Rosenberg, 1857

Transport- und Handelsgesellschaft entstanden. Andere amerikanische Firmen, die ein Versiegen der inländischen Ölvorkommen befürchteten, widmeten sich ebenfalls der Jagd nach Konzessionen im Ausland. Während der nächsten Jahrzehnte blieben nur wenige Teile der Welt von den großen internationalen Ölfirmen unberührt. Trotz Konkurrenz arbeitete Standard Oil im Jahr 1966 in vierunddreißig Ländern, und vier Fünftel seiner Raffineriekapazität lagen außerhalb der Vereinigten Staaten. Sie war die größte unter den sieben ersten internationalen Ölgesellschaften.

Die großen internationalen Ölfirmen waren in ihrer Organisation beispielhaft für die Trennung zwischen Eigentümer und Verwaltung. Ihre führenden Angestellten, nicht die Aktionäre, entschieden über die Belange der Unternehmen, etwa darüber, wieviel vom Profit einzubehalten war, wieviel an Dividenden ausgeschüttet und welche Investitionen getätigt werden sollten. Die Entscheidungen dieser Männer beeinflußten den Lebensstandard der Menschen in weiten Gebieten der Welt sowohl direkt durch Produktionsverbesserungen, als auch indirekt durch Abgaben an die Regierungen in Form von Steuern. Da das Wirtschaftswachstum in den Industrienationen in steigendem Maß auf dem Fortschritt der Technik fußt, räumt die Förderung der Forschung auf der Suche nach neuen Erzeugnissen und Verbesserung der Produktionsmittel, des Transportes sowie des Absatzes den großen Ölfirmen eine Schlüsselposition in der Weltwirtschaft ein. Sie drangen in andere Industriezweige ein, die nur noch bedingt mit Öl zu tun hatten. So gewann Standard Oil of New Jersey weltweite Anteile an der Entwicklung der Petrochemie, an der Produktion synthetischer Chemikalien und Fasern, wie Plastikmaterial, synthetisches Gummi, Farb- und Petroleumharzen sowie Düngemitteln. Auch an Unternehmungen, die mit Öl nichts zu tun hatten, wie Herstellern von Industrieausrüstung und Hotelbetrieben, beteiligte sich Standard Oil.

Obwohl heute in den Vereinigten Staaten und West-Europa nur noch geringe Vorurteile gegenüber den Öl-konzernen bestehen, sind sie immer noch ein Symbol des wirtschaftlichen Imperialismus für den Sozialismus und für die unterentwickelten Länder mit reichen Ölvorkommen. Es ist nicht schwer, Parallelen zu der Feindseligkeit und dem Argwohn zu finden, denen Standard Oil im ausgehenden 19. Jahrhundert in Amerika begegnete. Eine Ursache für das allgemeine Mißtrauen sind Steuern: Überall, wo moderne Firmen arbeiten, werden sie besteuert, aber als integrierte, internationale Unternehmen entscheiden sie weitgehend selbst, wo sie ihre Steuern bezahlen. Ein weiterer Faktor, der Neid verursacht, ist die relative Stabilität der Ölpreise und der Ölversorgung über längere Zeitspannen hinweg trotz gelegentlicher Preiskriege unter den Giganten in Persien oder der Schließung des Suez-Kanals. Die großen Gesellschaften haben augenscheinlich zu bestimmten Zwecken immer zusammengearbeitet, so bei der gemeinsamen Ausbeutung von Ölkonzessionen oder der allgemeinen Preisgestaltung.

Doch bei all ihrer deutlichen Macht, die sie durch eine bemerkenswerte Stabilität ihres wirtschaftlichen Gebarens, trotz des rasant wachsenden Bedarfs an Öl und der Konkurrenz durch die Sowjet-Union als Ölexporteur beweisen, erfahren auch die internationalen Ölgesellschaften gewisse Einschränkungen ihrer Handelsfreiheit. So haben die Konzessionen gewährenden Regierungen immer größeren Anteil am Gewinn des Erdölgeschäftes. Die Firmen arbeiten heute auch dort, wo sie nicht von Verstaatlichung bedroht sind, innerhalb der diplomatischen Gepflogenheiten und befleißigen sich, die internationalen sowie die Landesgesetze peinlich einzuhalten. Das bedeutet oft Einschränkungen, die den Begründern des Standard Oil Trusts unbekannt waren. Heute unterstützen sie mit ihren Gewinnen die soziale Medizin, das Erziehungswesen, die allgemeine Verbesserung des Lebensstandards in unterentwickelten Ölländern und gewähren auch Mittel für andere Entwicklungsvorhaben. Für die wirtschaftliche Entwicklung aber wirkt sich das Wachstum der Ölindustrie in den unterentwickelten Ländern nicht so günstig aus. Im Verhältnis zum Umsatz beschäftigt eine Raffinerie nur wenige, qualifizierte Leute. Die Erdölproduktion vermag einer schnell ansteigenden Bevölkerung keine Arbeit zu beschaffen, wie es etwa die Bau- und Stahlindustrie oder die Produktion von Konsumgütern kann.

Die wirtschaftlichen Verhältnisse sind natürlich seit den Anfängen der modernen Ölindustrie nicht konstant geblieben. Die Bildung der Großfirma zeitigte einen Fortschritt, indem sie die Umwelt bezwang und Geldmittel für Gemeinschaftsprojekte einsetzte. Aber die Umwelt änderte sich weiter. Die bleibende Errungenschaft Rockefellers und seiner Mitarbeiter war nicht die Kontrolle über die Industrie, sondern die Organisation mächtiger Unternehmen und die Bewältigung von Finanzierungsproblemen, die sie arbeitsfähig machten. Um zu überleben, haben die Firmen flexibel und aggressiv bleiben müssen. Seit dem Ende der fünfziger Jahre des 20. Jahrhunderts hatten staatliche Maßnahmen neben neuen Energiequellen und jungen Firmen den Konkurrenzkampf zunehmend belebt, der sich in sinkenden Preisen widerspiegelte. Die Industrie hat gelernt, daß sie sich Erstarrung nicht leisten kann.

CHARLOTTE ERICKSON

Henry Flagler

Vermassung der Bevölkerung durch Industrialisierung.

Obgleich die Industrie den Charakter ganz West-Europas und den des Ostens der Vereinigten Staaten durch ihre Expansion in den achtziger Jahren des 19. Jahrhunderts veränderte, überwog nur in England die Zahl der Stadtbewohner die der Landbevölkerung. 1880 lebten noch zwei Drittel des französischen Volkes und etwas über siebzig Prozent der Bewohner der Vereinigten Staaten in Gemeinden von weniger als zweitausend Einwohnern. Am Ende des Jahrhunderts ergab sich bei den Ländern ein Verhältnis von etwa sechzig zu vierzig Prozent zugunsten ländlicher Siedlungen. Die Verhältnisse im Deutschen Reich entsprachen etwa diesen Prozentsätzen. Die Gesamtbevölkerung stieg von etwa einundvierzig Prozent im Jahr 1880 auf etwa vierundfünfzig Prozent im Jahr 1900. In anderen Ländern setzte trotz starker Industrialisierung der Zug nach der Stadt erst nach der Jahrhundertwende ein.

Folgen der Industrialisierung

Um 1880 hatten Fabriken und Massenproduktion ein gemeinsames Muster des sozialen Lebens, vorwiegend in der Stadt, in den meisten dieser Länder geschaffen. Dieses Muster zeigte sich in der Architektur der Zeit, als die Bauart öffentlicher Gebäude und privater Häuser auf einen Tiefstand phantasieloser Protzerei hinabsank. Die Architektur im Viktorianischen England war ebenso wie im übrigen Europa von häßlicher Gleichförmigkeit. Das neue Hôtel de Ville in Paris, das Kunstmuseum in New York, die Justizpaläste vieler Städte und die bürgerlichen Wohnhäuser in neu erschlossenen Stadtgebieten ahmten nur in Verständnislosigkeit frühere Stile nach.

In den meisten industrialisierten Nationen verloren Privatwohnungen viel von ihrem individuellen Charak-

William Morris

ter. Die örtlichen Bauvorhaben nahmen keine Rücksicht mehr auf Natur und Landschaftsbilder. Steinmauern und eintönige Dachkonstruktionen eroberten die Vorstädte der größeren Städte und die Dörfer, die in diesen Bereich gerieten. Die Bauherren folgten nur wirtschaftlichen und verkehrstechnischen Erwägungen. Die Möglichkeit, Brände zu bekämpfen, bildete fast die einzige Grundlage für baupolizeiliche Maßnahmen.

Es gab natürlich eine Anzahl von Künstlern und Schriftstellern, die sich gegen den Eingriff der Industrie wehrten. So war in England der Dichter und Maler William Morris bestrebt, den Geschmack der Öffentlichkeit durch die künstlerische Schöpfung von Möbeln, Dekorationsstoffen und Tapeten zu erziehen und seine Gesellschaft zum Schutz alter, wertvoller Gebäude begründete die Denkmalpflege. Es gab wenige Fabrikanten, die Morris' charmanten, naiven, ästhetischen Sozialismus teilten. Die Inneneinrichtungen der Arbeiterwohnungen litten ebenso sehr unter der Einförmigkeit wie die Architektur.

Zivilisatorischer Fortschritt

Die Verbraucher-Industrie benutzte zwar alte künstlerische Formen bei der Gestaltung billiger Massenwaren. Individuelle Handwerksarbeit aber wurde durch schnell und einfach zu produzierende Artikel ersetzt. Unter dem Proletariat mußte die Berufskleidung billigen Anzügen weichen, die denen der sozial höheren Schichten nachgeahmt waren. In ganz Europa wurden nationale Trachten bald zu Seltenheiten. Die Volkskunst pflegten nur wenige, die sich einen Sinn für das Erbe der Vorfahren bewahrten. Die technologischen Erfindungen zerstörten und verwirrten alle Künste. In den dreißiger Jahren hatte sich Ralph Waldo Emerson beklagt: »Die Maschinen sitzen im Sattel und beherrschen die Menschheit«. Das Tempo der Entwicklung war nur dazu geeignet, die erschreckende Weisheit seiner Worte zu betonen.

Zu der Zeit glaubten die Menschen, daß sie mehr denn je zivilisiert seien. Sklaverei existierte in den achtziger Jahren nur noch in wenigen rückständigen Gebieten. Man bekämpfte sich nicht mehr aus religiösem Eifer. In den Demokratien und konstitutionellen Monarchien der Welt gab es kaum noch politische Gefangene. Beinahe jede Regierung kannte ihre Verpflichtung, die schlimmsten Härten der Armut zu mildern, Fürsprecher einer Strafrechtsreform erreichten die Abschaffung der Reste eines mittelalterlich anmutenden Strafvollzuges. Seitdem die mit einer Hinrichtung verknüpfte Abschreckungstheorie aufgegeben worden war, wurde auch die Öffentlichkeit des Verfahrens, die mancherlei Mißbräuche zur Folge hatte, im allgemeinen eingestellt.

Bildungsstand

Der am meisten ermutigende Fortschritt in Europa und den Vereinigten Staaten im letzten Viertel des Jahrhunderts erfolgte auf dem Gebiete der Erziehung und der Bildung. Noch im Jahr 1850 waren über ein Drittel der erwachsenen Bevölkerung in England und in den deutschen Staaten sowie etwa die Hälfte aller Franzosen und aller Belgier Analphabeten. In Süd- und Ost-Europa lag der Bildungsstand weit niedriger. In den Vereinigten Staaten konnten sogar eine Million Menschen der weißen Bevölkerung weder lesen noch schreiben. In den nächsten dreißig Jahren änderte sich das Bild wesentlich: 1868 übernahm der Staat die Verantwortung für die Grundschulerziehung in Österreich. Innerhalb der nächsten zehn Jahre folgten England, die deutschen Staa-

Versammlung einer Burschenschaft

ten, die Schweiz, Italien, Frankreich, Belgien und die Niederlande diesem Beispiel. In dem Jahrzehnt nach dem Sezessionskrieg gewannen höhere Schulen in den Vereinigten Staaten schnell an Einfluß. Mit der Gründung eines Bundesamtes für Erziehung im Jahr 1867 erkannten die Einzelstaaten die Verantwortung der Regierung in Washington für das Erziehungswesen an, wenn auch die Verwaltung der Lehranstalten den örtlichen Behörden überlassen blieb.

Um 1900 sank in England, Frankreich, Belgien, Deutschland und Skandinavien die Zahl der Analphabeten auf weniger als fünf Prozent. In den Vereinigten Staaten gab es nur noch zehn Prozent der Gesamtbevölkerung, die des Lesens und Schreibens unkundig waren. Aber in Rußland, in den östlichen Provinzen von Österreich-Ungarn, in Spanien, in Portugal, in Italien und auf dem Balkan war das Analphabetentum noch hoch. In Latein-Amerika, weiten Teilen Asiens und Afrikas konnte nur ein Bruchteil der Bevölkerung Lesen und Schreiben.

Die Verbreitung des Lesens und

Hôtel de Ville in Paris. Neubau in den Jahren 1873–1882

Fortschritt im Bildungswesen   1880–1890

Andrew Carnegie

Schreibens in Europa und in den Vereinigten Staaten hatte tiefgreifende soziale Folgen. Eine volkstümliche, auf Breitenwirkung angelegte Presse kam in England, in Deutschland, in Italien und in Frankreich auf. Sie verdankte ihr Aufblühen dem Sensations-Journalismus, den Joseph Pullitzer Anfang der achtziger Jahre in Amerika populär machte und der später durch William Randolph Hearst extreme Auswüchse erreichte. Mehr Zeitungen als je zuvor wurden verkauft. 1900 stieg die Buchproduktion um das Doppelte gegenüber 1880. Die Errichtung öffentlicher Büchereien war die folgerichtige Konsequenz auf dem Weg zur allgemeinen Bildung des Volkes. Im letzten Jahrzehnt des Jahrhunderts traten die Industriemagnaten als Mäzene der Kultur für die Massen auf. Der gebürtige Schotte und amerikanische Stahlkönig Andrew Carnegie stattete großzügig Büchereien aus. Zwischen 1889 und 1919 wurden allein in Amerika an die dreitausend Bibliotheken durch seine Stiftung eingerichtet. Auch die Europäer zogen Nutzen aus der wohldotierten Carnegie-Stiftung. Andere Millionäre auf beiden Seiten des Atlantiks folgten diesem Beispiel, wenn auch viele ihre Wohltätigkeit auf die höheren Bildungsstufen beschränkten. Wohl in der Hoffnung, daß die Heranbildung von Ingenieuren und naturwissenschaftlichen Akademikern in einer zunehmend konkurrenzfreudigen Welt sich für ihre Industrie nutzbringend auswirken könnte.

Sport

Mit der Verbreitung von organisierter Arbeit war Sport nicht mehr ein zufälliges Spiel gelegentlicher Mußestunden, denn, sowohl die aktiven Teilnehmer als auch die Zuschauer hingen von dem durch die Beschäftigungszeit geregelten täglichen Leben ab. Der erste Verein von Fußballern 1863 in London war für England und für die Welt ein Ereignis von historischer Tragweite. Nach einem halben Jahrhundert verbreitete sich das System der Fußballvereine Englands über die ganze Welt.

Am Beginn der siebziger Jahre hörte dieses Spiel auf, nur ein Zeitvertreib höherer Gesellschaftsschichten Englands zu sein. Örtliche Kirchengemeinden gründeten Fußballklubs und setzten den Sport als gesunde Alternative zu familienzerrüttendem Zeitvertreib wie Kartenspiel in Kneipen. Professionelle Fußballspieler erkannten die Vereine 1885 an. Drei Jahre später schlossen sich zwölf Klubs in den englischen Midlands und in Lancashire zur ersten Fußball-Landesliga zusammen. Gleichzeitig nahm der Fußball in der Art, wie er ursprünglich in Rugby, in der Grafschaft Warwick, gespielt wurde, an Volkstümlichkeit zu. 1871 wurde die erste englische Rugby Union gegründet; das erste Länderspiel fand im selben Jahr zwischen England und Schottland statt. Der amerikanische Fußball organisierte sich ebenfalls in Vereinen. Seit 1873 gab es auch hier feste Regeln.

Die Sommersportarten wurden in den Vereinigten Staaten besser organisiert als in Europa. Die Regeln für Baseball wurden 1845 in New York aufgestellt. Schon vor dem Bürgerkrieg spielten fünfzig Klubs regelmäßig vor Eintritt zahlenden Zuschauern. Professionelle Mannschaften schossen nach 1869 aus dem Boden und 1876 vereinigten sie sich zu einer nationalen Liga. Rasentennis wurde als Sport 1877 anerkannt, in dem Jahr, in dem die erste Meisterschaft in Wimbledon bei London abgehalten wurde; seit 1881 gab es Tennis-Vereine. Golf, das in England in den achtziger Jahren schnell an Beliebtheit gewann, wurde 1887 auch in Amerika eingeführt.

William Gilbert Grace

Kricket galt in England schon seit langem als nationaler Sport. Aber erst die Geschicklichkeit eines W. G. Grace brachte eine genügend große Menge von Zuschauern auf die Sportplätze. Das erste Team, das zu einem Auslandsspiel reiste, besuchte 1859 die Vereinigten Staaten und Kanada. Aber die Sportart wurde in Amerika nie so recht heimisch. Australien brachte den Sport auf eine internationale Ebene. Die ersten Wettkämpfe zwischen England und Australien wurden 1876 und 1877 in Melbourne ausgetragen. Das Spiel gewann 1878 durch den erfolgreichen Besuch der australischen Mannschaft in England große Beliebtheit. Kricketklubs bestanden schon Anfang der sechziger Jahre in Paris, in Berlin, in Frankfurt und in anderen europäischen Städten. In England wurde Kricket bald zum Symbol der britischen Nationalität und Kricketplätze sollten ebenso wie einst die Straßen des römischen Reiches manch politischen Zusammenbruch überdauern und sich als ein segensreiches Erbe auf spätere Generationen auswirken.

Kolonialismus

Die Entwicklung der siebziger und achtziger Jahre regte die Phantasie der Massen, die eine neue Schulbildung durchlaufen hatten, durch ein erweitertes Weltbild an. Vor einem Vierteljahrhundert hätte man dies noch für unmöglich gehalten. Verbesserte Verkehrswege, medizinische Erkenntnisse, die Arbeit so unerschrockener Entdecker wie David Livingstone und Henry M. Stanley und die Erschließung neuer Rohstoffquellen für die Industrie führten diese Jahrzehnte in eine Epoche des Kolonialismus. Die Werke eines Charles Dilkes und eines John Seeleys gaben dem Kolonialgedanken einen mächtigen Auftrieb. Die Erwerbung, Verwaltung und Entwicklung fremder und unerforschter Gebiete wurden durch eine missionarische Ideologie des weißen Mannes begründet. Die Kolonien dienten Handelszwecken, dem Prestige und der militärischen Strategie. Tatsächlich hatte die koloniale Betätigung der europäischen und nord-amerikanischen Nationen mehr ausbeuterischen Charakter. In diesen Jahren erlebte vor allem Afrika seine Aufteilung.

1884 analysiert Stanley Bismarcks Kolonialpolitik folgendermaßen: »Die politischen Talente des deutschen Kanzlers Fürst Bismarck sind nicht gewöhnlicher Art. Diejenigen, welche den ausgetretenen Pfaden und vorgeschriebenen Regeln der diplomatischen Kunst, rein veralteten Prinzipien Machiavellis folgen, werden von der festen, geraden, standhaften Aufrichtigkeit, welche seine Politik beeinflußt, verwirrt und verlieren sich

Henry M. Stanley

in tiefen Spekulationen über seine Absicht, während sein Zweck in deutlichen Buchstaben, in lesbaren Briefen und verständlicher Sprache vor ihnen liegt. Deutsche Gelehrte hatten Gebiete, die von keiner Macht beansprucht wurden, erforscht, deutsche Kaufleute in ehrlicher Weise an gewissen Orten der westafrikanischen Küste sich niedergelassen... Als großer Staatsmann fühlte Fürst Bismarck diesen starken Pulsschlag des modernen deutschen Lebens... Er ist eifrig bei allem, was er unternimmt, und sucht Rat bei denen, welche fähig sind, ihn zu geben... Die Woermann und Meier aus Hamburg und Bremen wurden zum Fürsten nach Friedrichsruh berufen. Während ihres Besuches hat Fürst Bismarck durch seine Fähigkeit, alles in sich aufzunehmen, so umfangreiche Lokalkenntnisse von den wenig bekannten westafrikanischen Gebieten erworben, daß ich behaupten darf, wenige Minister des Auswärtigen haben je ähnliche Kenntnisse besessen.«

Der Imperialismus war in England am meisten ausgeprägt. Er ergriff aber auch Deutschland, Frankreich und Italien. Gladstone, der von seinen Gegnern zum kleinen Engländer abgestempelt wurde, sprach vom Britischen Empire als »einem Teil unseres Erbgutes«.

Im November 1885 reichte die Eisenbahn in Süd-Afrika von Kapstadt über rund siebenhundertfünfzig Kilometer bis nach Kimberley im Norden Kaplands.

Gold aus Transvaal

1886

Johannesburg verdankt seine Existenz einer zufälligen geologischen Entdeckung, nicht seiner geographischen Lage oder strategischen und politischen Erwägungen. Die süd-afrikanische Metropole wurde tatsächlich auf Gold gegründet und aus einer Goldgräbersiedlung systematisch und weiträumig im Schachbrettgrundriß zur Stadt ausgebaut. In den achtziger Jahren entdeckten weiße Siedler Felsen mit Goldadern an verschiedenen Plätzen des ländlichen Freistaates Transvaal, nördlich der Kapkolonie im Inneren Süd-Afrikas. Eine gut verbürgte Tradition besagt, daß dort Goldvorkommen seit den fünfziger Jahren des 19. Jahrhunderts bekannt waren. Die Funde wurden von der Regierung aber geheimgehalten, um dem Land Ruhe und Abgeschiedenheit zu bewahren. 1877 annektierten die Briten die Republik Transvaal. Nach der Erhebung der Buren im Jahr 1880 gegen die Fremdherrschaft und nach ihrem Sieg am Majuba-Berg erlangte Transvaal eine bedingte Unabhängigkeit unter der Souveränität der britischen Krone. 1884 erhielten die Buren in der Konvention von London eine autonome Selbstverwaltung, die ihre Unabhängigkeit in inneren Angelegenheiten verbürgte. Zu jener Zeit zählte die weiße Bevölkerung von Transvaal nahezu fünfzigtausend Seelen, von denen die meisten in der Hauptstadt Pretoria oder in den zwei kleineren Städten, Potchefstroom und Rustenburg, lebten. Etwa ein Dutzend Dörfer mit Viehfarmen lagen über das ganze Land verstreut; und ein Bergwerkslager, das künftige Johannesburg, war kürzlich im Osten aus dem Boden geschossen. Die Grenzen der Republik bildeten im Süden der Vaal und im Norden der Limpopo. Im Westen und im Osten verlor sich die Grenze im Betschuanaland und in Portugiesisch Ost-Afrika (Moçambique). Letztere Gebiete bewohnten etwa eine dreiviertel Million Angehörige afrikanischer Eingeborenen-Stämme. Das Staatseinkommen belief sich in dem Jahr vor der Gründung von Johannesburg auf hundertsiebenundsiebzigtausend Pfund Sterling.

1886 behaupteten mehrere Schürfer, zahlreiche Goldadern, die den Abbau lohnten, auf dem Witwatersrand, einem Höhenzug süd-westlich von Pretoria gefunden zu haben. Im Februar dieses Jahres stieß Georg Walker, ein Abenteurer, auf das, was später als Main Reef bezeichnet wurde, eine mit Gold angereicherte geologische Schicht, die sich mehrere Kilometer weit erstreckte. Der 8. September 1886, der Tag, an dem die Goldfelder des Main Reef zur öffentlichen Schürfung freigegeben wurden, gilt als Gründungsdatum von Johannesburg. Die Abgeschiedenheit Transvaals fand ihr Ende.

Der Witwatersrand wies einen verwickelten geologischen Bau auf. Wegen seines Goldgehaltes bildete das Main Reef die wichtigste Schichtfolge, die aus groben Geröllen und durch geologische Bindemittel verkittetem Gestein bestand. Das Gold verteilte sich gleichmäßig aber nicht hochprozentig über die ganze Schicht. Der Name Witwatersrand hatte nichts mit Wasser zu tun. Nur seine Glimmerlager im Felsen erweckten aus der Ferne den Eindruck von Wasserfällen.

Die Umgebung war kahl und öde, und das Gold konnte nur schwer abgebaut werden, weil es als feiner Staub oder vereinzelt in Form von Körnern im Gestein verbacken war. Hier durfte kein einsamer Schürfer hoffen, sein Glück zu machen. Die Entwicklung hing an der Tüchtigkeit von Ingenieuren, von Geologen und von Chemikern, die eine große Zahl von Arbeitskräften beschäftigen mußten und die ein stattliches Kapital stütze. Der Geologe S. E. Frankel charakterisierte das Gebiet mit folgenden Worten:

»Der geologische Charakter des Goldfeldes ist einmalig. Er ist durch die ungewöhnliche Ausdehnung in Länge und in Breite seiner Goldader geprägt. Die Geschichte des Rand ist die Geschichte der Anwendung moderner industrieller und finanzieller Methoden zum Abbau eines Minenfeldes, das den Fachmann immer wieder vor neue Probleme stellt, wo und wie die Arbeit am vorteilhaftesten angesetzt werden soll.«

Die Entdeckung der Goldfelder hatte weitreichende Folgen, die in der ganzen zivilisierten Welt spürbar waren. 1894 betrug das Gold des Main Rand mehr als ein Viertel der Weltproduktion. Innerhalb weniger Jahre war Transvaal mit den Geldmärkten der Welt wirtschaftlich verkettet. Kapitalkräftige Unternehmer aus Europa und Amerika witterten reiche Verdienstmöglichkeiten in jenem abgelegenen Gebiet Süd-Afrikas. Die industriellen Abbaumethoden führten zu einer Zusammenarbeit auf

Cecil John Rhodes. Detail eines Gemäldes von George Frederick Watts

Heimkehrende Buren mit Jagdbeute

Julius Wernher und Alfred Beit, wirtschaftliche Berater C. J. Rhodes'; John Xavier Merriman, Politiker in der Kap-Kolonie; Johannes Rissik, Bergbaufachmann in Johannesburg

höchster Ebene. Große Bergwerksfirmen tauchten auf. Viele der Randlords, wie man die Schürfmagnaten nannte, hatten schon in den siebziger Jahren ihr Glück bei der Ausbeutung der Diamantenfelder von Kimberley am Vaal, an der West-Grenze des Oranje-Freistaates gemacht. Abenteurer, Männer der Wirtschaft und Techniker eilten aus allen Erdteilen herbei, um an dem gefundenen Reichtum teilzuhaben. Ihre Herkunft war verschieden. Unter ihnen waren Männer wie Julius Wernher, der deutsch-englische Wirtschaftler Alfred Beit, Berater Cecil Rhodes', sowie der Spekulant und Minenbesitzer Barnett Barnato.

Im Gefolge der Großen kamen die kleineren Leute. Die Johannesburger Börse entwickelte sich zu einem lebhaften und manchmal überschäumenden Ort der Spekulation. John X. Merriman, der gemäßigte süd-afrikanische Politiker, beschrieb Johannesburg als »ein übergroßes Monte Carlo, das auf ein Sodom und Gomorrha gesetzt ist.« Mit dem Namen der Stadt wurden zwei ihrer Beamten der Pionierzeit geehrt: Johannes Rissik und Christian Johannes Joubert. Beide bekleideten hohe Posten in der Abteilung für Bergbau der Regierung der Republik. Man sagte, daß die weiße Bevölkerung der Siedlung im ersten Jahr auf dreitausend angestiegen sei. Die erste Volkszählung wurde erst 1896 vorgenommen. Danach zählte Johannesburg etwa fünfzigtausend weiße Einwohner und nach grober Schätzung ebenso viele Eingeborene, Inder und Mischlinge. Etwas weniger als siebentausend Weiße stammten aus Transvaal. Der Rest kam aus Großbritannien, den britischen Kolonien Süd-Afrikas, aus Rußland, aus Frankreich, aus Deutschland, aus Holland und aus den Vereinigten Staaten. Auf Johannesburgs Straßen hörte man ein buntes Sprachengewirr. Der ländliche und bescheidene Charakter trat zurück. Das Aussehen der ganzen Gegend drohte sich grundlegend zu ändern. Aus diesem Grund schlug die Gastfreundlichkeit, die die Re-

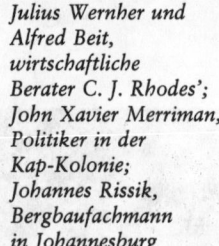

Goldgräber in Transvaal

gierung ursprünglich den auswärtigen Helfern bei der Industrialisierung des Goldbergbaues gegenüber an den Tag gelegt hatten, schnell in Mißtrauen um. Gleichzeitig verhalf der neue Reichtum, den die Goldfelder dem Schatzamt einbrachten, der Regierung zu nie gekannten finanziellen Mitteln. Die Staatseinkünfte stiegen innerhalb von vier Jahren um fast das Zehnfache. Die Republik war wirtschaftlich erstarkt. Aber in den Augen ihres Präsidenten, Paulus Krüger, bedrohte der neue Reichtum ernsthaft die Unabhängigkeit der Nation.

Die Geschichte der Buren während der zweiten Hälfte des 19. Jahrhundertes in Transvaal kennzeichnet ihren Kampf, der Kolonisierung durch Großbritannien zu entgehen. Ihre Vorfahren hatten in verschiedenen Zügen, dem großen Treck, zwischen 1836 und 1838 mit all ihrem Hab und Gut das Kapland verlassen, um dem Druck der englischen Verwaltung zu entgehen. Im Norden, jenseits des Vaal gründeten sie eine neue Heimat. Jetzt erweckte der wirtschaftliche Aufschwung wieder englische Annexionswünsche. Präsident Krüger versuchte, die Unabhängigkeit der Republik dadurch zu sichern, daß er den Bau einer Eisenbahnlinie zum Hafen von Lourenço Marques am Indischen Ozean vorantrieb. Dadurch erhielt Transvaal einen von den Briten unabhängigen Zugang zum Meer. Er betrachtete die Einwohner von Johannesburg als ausländische Glücksjäger, als – »Uitlanders« – »Menschen von draußen«, die nicht als den älteren Einwohnern gleichberechtigte Bürger der Republik auftreten durften.

In den achtziger Jahren konnten Einwohner ziemlich leicht die Staatsbürgerschaft von Transvaal erlangen. Sie mußten nur fünf Jahre im Land gelebt haben und eine Gebühr von fünfundzwanzig Pfund entrichten. Wer nicht der weißen Rasse angehörte, blieb politisch rechtlos und galt nicht als Bürger. Nur die Männer besaßen Stimmrecht und wählten den Volksraad, die gesetzgebende Versammlung sowie den Präsidenten der Republik und den Oberbefehlshaber des Heeres. 1890 wurde das Wahlgesetz dahingehend geändert, daß alle Wahlberechtigten einen Aufenthalt von mindestens vierzehn Jahren im Land und ein Alter von vierzig Jahren nachweisen mußten. Die Änderung entzog der Mehrheit der Uitlanders das Wahlrecht. Denn die Buren fürchteten ihre Unabhängigkeit durch Überfremdung zu verlieren. Neuankömmlinge konnten nach zwei Jahren Ansässigkeit an den Wahlen zu dem neugeschaffenen Zweiten Volksraad teilnehmen. Ein Charakteristikum Süd-Afrikas war, daß das Gebiet zwar ein geographischer Begriff war, aber eine vielrassige Gesellschaft beherbergte. Wie die Auseinandersetzungen um das Wahlrecht zeigten, lebten dort Leute verschiedener Herkunft, Sprache, Hautfarbe und Religion nebeneinander, ohne eine Gemeinschaft zu bilden. Uitlanders und Buren betrachteten einander mit feindseliger Verständnislosigkeit. Der englische Politiker und Schriftsteller James Bryce schrieb:

»Da sie nichts anderes als Englisch um sich sprechen hörten, und sich von englischen Lebensgewohnheiten umgeben sahen, alles holländische aber nur eine Minderheit betraf, war es für die meisten Uitlanders nur natürlich, sich in einem Land zu wähnen, das im wesentlichen englisch geworden war, und es für bare Unvernunft, ja sogar für grotesk zu halten, von einem kleinen Verband von Leuten regiert zu werden, denen sie in jeder Richtung überlegen zu sein glaubten.«

Flora Shaw, eine Journalistin mit gefürchtet spitzer Feder, schrieb 1892: »Johannesburg ist im Augenblick ohne Politik. Es ist viel zu sehr mit materiellen Problemen beschäftigt. Es ist häßlich und abscheulich; Luxus macht sich ohne Ordnung breit. Sinnliche Vergnügungen haben keinen Stil. Reichtum enbehrt jeder Vornehmheit. Aufwand kennt keine Würde.«

Die Johannesburger mögen keine Politik gehabt haben, aber sie glaubten, sich gegen die Art, wie sie regiert wurden, verwahren zu müssen. So hielten sie ihre Steuern für überhöht. Die Randlords stellten sich gegen die offizielle Politik, Monopole für die Herstellung von Dynamit zu erteilen. Denn Dynamit war ein lebenswichtiges Arbeitsmittel in den Bergwerken. Im Nachhinein erscheinen die Beschwerden klein. Aber manche meinten, wenn auch die Uitlanders unter der Benachteiligung Fremder litten, daß sie sich doch freiwillig um der reichen Gewinnchancen willen unter die nun geschmähte Regierung begeben hätten. Tatsache war, daß die plötzliche Industrialisierung eines kleinen Gebietes im Transvaal innerhalb kurzer Zeit störende geographische und bevölkerungspolitische Ver-

Eisenbahn-Station Old Park in Johannesburg

Simmonds Street, Zentrum des Börsenmarktes in Johannesburg

Paulus Krüger, Präsident der Republik Transvaal

Joseph Chamberlain. Detail eines Gemäldes von Francis Montague Holl, 1886

Leander Starr Jameson, englischer Kolonial-Politiker und Mitarbeiter C. J. Rhodes'

schiebungen verursachte. Neben sozialen Veränderungen wirkte sich der Zustrom Fremder wie eine Bevölkerungsexplosion aus. Zudem hatten die mit dem Bergbau beschäftigten Wirtschaftsleute und Techniker die Absicht, im Land zu bleiben, obwohl es einmal so schien, als ob die Goldfelder an Rentabilität nachließen.

Johannesburg und Pretoria lagen etwa fünfundvierzig Kilometer voneinander entfernt. Die kurze Distanz trennte aber zwei Welten. Zwei Arten von Nationalismus standen sich gegenüber. Ein selbstherrlicher Chauvinismus herrschte in Johannesburg, während ein menschenscheuer Fremdenhaß Pretoria prägte. 1895 brach ein ernster Konflikt aus, als in Johannesburg ein Anschlag auf die Unabhängigkeit der Republik ausgeheckt wurde. Einer Abteilung von Freischärlern unter dem Befehl von Leander Starr Jameson, dem Vertrauten Cecil Rhodes', fiel aus dem Gebiet der Britischen Süd-Afrikanischen Gesellschaft, dem späteren Rhodesien, nach Transvaal ein. Das Unternehmen scheiterte. Der englische Dichter und Weltreisende Wilfried Blunt nannte es »ein Geschwür des kolonialen Rowdytums«. Die Folgen waren jedoch tragisch. Das Aufgebot unter Jameson wurde fünfzehn Meilen vor Johannesburg von Truppen der Buren eingekreist und besiegt. Jameson selbst geriet mit mehreren seiner Leute in Gefangenschaft; alle wurden der britischen Regierung ausgeliefert, die ihnen den Prozeß machte.

Vier Mitglieder des Komplotts wurden wegen ihrer Teilnahme an dem mißglückten Staatsstreich zum Tod verurteilt, doch durften sie sich loskaufen. Cecil Rhodes, damals Ministerpräsident der Kapkolonie, war ebenso wie Joseph Chamberlain, der britische Kolonialminister, tief in die Affäre verwickelt. Beide standen unter dem Verdacht direkter Mitwisserschaft. Die Art der Prozeßführung in London, »der Lügenfabrik Westminster«, wie ein Skeptiker es beschrieb, hinterließ stark den Eindruck, daß sehr viel Material unterschlagen wurde. Der deutsche Kaiser sandte in seiner charakteristischen Impulsivität ein Glückwunschtelegramm an Präsident Krüger zur Zurückweisung der Invasion. Dadurch erlangte die Episode sofort internationale Bedeutung. In Süd-Afrika verschärfte sich die Abneigung zwischen Engländern und Buren. Es war ein Vorausscharmützel zu dem immer unvermeidlicher werdenden Krieg.

Im Burenkrieg, der 1899 ausbrach, ging es im Grund um den englischen Konflikt des imperialistischen Kolonialismus. Die Engländer fühlten ihre Kolonialherrschaft in Süd-Afrika bedroht. Der Streit wurde oft als eine Folge des Kapitalismus hingestellt. In diesem Sinn gab Johannesburg den Anstoß zu einer neuen Entwicklung der marxistischen Theorie. Der Vater dieser Theorie war J. A. Hobson, der seine Erkenntnisse aus dem süd-afrikanischen Konflikt zu einer Theorie des Imperialismus verallgemeinerte. Lenin, der auf Hobsons Grundlage aufbaute, stellte den Imperialismus als die letzte Stufe des Kapitalismus dar. Aber für die Männer, die damals die Entscheidungen trafen, war es vor allem eine politische und nicht eine wirtschaftliche Auseinandersetzung. Für Alfred Milner, dem Hohen Kommissar der Kapkolonie, lag die Bedeutung der Goldfunde in der Tatsache, daß die Republik Transvaal die Kapkolonie an Macht überflügelte. Hierin sah er eine Gefahr für die englische Herrschaft. Nach der Meinung des Hohen Kommissars wurde der Krieg geführt, um die imperiale Stellung des britischen Reiches zu erhalten und den separatistischen Nationalismus der Buren mit Gewalt zu brechen. England erreichte schließlich einen militärischen Sieg in Süd-Afrika. Aber gleichzeitig blieb bei den Unterlegenen der Wunsch nach Revanche bestehen.

Eine kurze Zeitlang nach dem Burenkrieg führte der englische Generalgouverneur von Transvaal, Alfred Milner, die Regierungsgeschäfte von Johannesburg aus. Er hätte auch Johannesburg zur Hauptstadt gemacht, wenn er dazu freie Hand gehabt hätte. »Je mehr ich von Pretoria sehe«, schrieb er, »desto mehr bin ich davon überzeugt, daß es zur Hauptstadt ganz ungeeignet ist ... es wird sicher niemals die Hauptstadt eines britischen Süd-Afrikas werden, sollte dieses Land ein Teil des britischen Reiches bleiben!« Die Regierung in London stimmte ihm nicht zu. Nach der Meinung Joseph Chamberlains kam Johannesburg wegen der überlegten Stellung der Bergwerksindustrie nicht in Frage. »Ich wünsche nicht«, schrieb er, »so verstanden zu werden, als ob ich die Moral der Gesellschaft in Johannesburg niederer als in einer ähnlichen Gesellschaft ansehe; mein Einwand ist nur, daß ihr notwendigerweise die bunte Mischung fehlt, welche in anderen großen Städten die öffentliche Meinung gesund und unparteiisch werden läßt.« So besteht der seltsame Dualismus bis heute fort: Der Reichtum liegt in Johannesburg, aber die politischen Entscheidungen werden in Pretoria getroffen.

G. H. LE MAY

Gehöft eines burischen Farmers in Transvaal

Buren auf dem Treck

Politik des Gleichgewichts der Kräfte in Europa.

Während des ganzen letzten Jahrzehnten des Jahrhunderts waren die internationalen Beziehungen einem ständigen Wechsel unterworfen, wobei neue Einflüsse traditionelle Rivalitäten zum Guten wie zum Schlechten gestalteten. Nach dem Rücktritt Bismarcks als deutscher Kanzler und preußischer Ministerpräsident im Jahr 1890 bestand ein militärisches Gleichgewicht in Europa zwischen dem Dreibund, den Deutschland, Österreich-Ungarn und Italien bildeten, einerseits und den sich seit 1891 annähernden Staaten Frankreich und Rußland andererseits.

Gleichgewicht der Kräfte

Bismarck hatte eine französisch-russische Verbindung immer gefürchtet und darum den Rückversicherungsvertrag, der aber 1890 nicht erneuert wurde, mit Rußland geschlossen. Nach seinem Sturz kam es zu einer immer enger werdenden Freundschaft zwischen der Republik und dem Reich des Zaren. Jede Gruppe verfolgte die Politik der anderen mit Mißtrauen und Argwohn. Die Franzosen dachten immer noch sehnsüchtig an eine Revanche für die Niederlage von 1871. Solange Straßburg, die zwar einst deutsche Stadt im Elsaß, zum Kaiserreich gehörte, war an eine Versöhnung der Nationen kaum zu denken. Die Russen mißtrauten den österreichischen Eisenbahnprojekten auf dem Balkan. Die Italiener duldeten nur widerwillig die französische Vorherrschaft an den Küsten des Mittelmeeres. Ältere Probleme harrten immer noch einer wirksamen Lösung: Die Türkei, seit einem halben Jahrhundert der »Kranke Mann am Bosporus«, lag immer noch im Interessenstreit der Großmächte. Das kriegsgerüstete Europa stand am Ende einer wirksamen Friedenspolitik. Nationales Prestige wie auch wirtschaftlicher Druck zwangen viele der großen Mächte, außer Österreich-Ungarn, in anderen Teilen der Erde nach einem Betätigungsfeld zu suchen. In den Jahren vor der Jahrhundertwende bis 1914 beherrschten imperialistische Unternehmungen in Afrika und dem Fernen Osten die Weltpolitik.

Das Britische Empire

Während dieser Jahre entwickelte sich Großbritannien zum kolonialen Weltreich. Der weitverbreitete Besitz in fernen Ländern und der traditionelle Einfluß Englands in Amerika und in Indien verschafften ihm wesentliche Vorteile gegenüber denjenigen, die erst in der zweiten Hälfte des 19. Jahrhunderts damit begannen, ihre Herrschaft in fremden Erdteilen aufzubauen. In dieser Lage konnte es England auch vermeiden, sich einem der Machtblöcke auf dem Festland anzuschließen. Die britische Politik pflegte den Grundsatz, niemals langfristige Verpflichtungen einzugehen. Darum konnte sie sich auch von allen ausländischen Einmischungsversuchen frei halten. Robert Cecil Lord Salisbury, der von 1886 bis 1892 und wieder von 1895 bis 1900 die konservative Regierung leitete, erklärte: »Die britische Politik soll sich

Charles G. Gordon

langsam den Strom hinuntertreiben lassen und nur gelegentlich zur Verhütung eines Zusammenstoßes zum Bootshaken greifen«.

Salisbury glaubte nicht daran, wie manchmal behauptet wird, daß »splendid isolation« England in allen Situationen dienlich sei, denn er war bereit, mit anderen Nationen für die Erhaltung des Friedens im Mittelmeer und im Fernen Osten zusammenzuarbeiten. Er mißtraute aber auch dem Bismarckschen Bündnissystem. Die britische Unabhängigkeit stützte sich auf die Seeherrschaft und die weltweite wirtschaftliche Unabhängigkeit. Zu diesem Zweck sollte die Flotte, was zum erstenmal 1889 öffentlich erklärt wurde, mindestens die Stärke der zwei nächststarken Seemächte des Kontinents haben. Von diesem wichtigen Grundsatz ging die britische Regierung bis 1912 nicht ab.

Von 1890 bis 1907 übertraf die Überlegenheit der englischen Schlachtenschiffe diese Rechnung sogar. Nur ein Bündnis, etwa zwischen Deutschland, Rußland und Frankreich, hätte der britischen Macht die Spitze bieten können. Ein solcher Plan tauchte zwar von Zeit zu Zeit auf, besonders die russische Seite brachte ihn ins Gespräch, aber die alten Gegensätze innerhalb Europas machten ihn unmöglich.

Afrika und Asien

Die Hauptgebiete, um die sich die europäischen Staaten in der Welt stritten, waren das südliche Afrika, Teile Nord-Afrikas und der Handel mit China. Die von Deutschland gezeigte Sympathie für die Republik der Buren im Transvaal führte 1896 zu einer ernstlichen Verstimmung in den deutsch-englischen Beziehungen. Auch während des Krieges, den die Engländer gegen die Buren von 1899 bis 1902 führten, war das deutsch-englische Verhältnis gespannt. Grundsätzlich aber sahen die Engländer in der französisch-russischen Entente eine größere Gefahr für ihre imperialistischen Pläne in Afrika und in Asien als im Dreibund.

Seit 1882 standen Truppen in Ägypten, und die Engländer übten einen starken politischen Einfluß auf das Land aus, das immer noch offiziell zum Osmanischen Reich gehörte. 1885 erhoben sich streng religiöse Mohammedaner im Sudan gegen die ägyptische und britische Herrschaft. Ihr Führer Mohammed Ahmed bezeichnete sich als Mahdi, als der vom Propheten für die Endzeit verheißene Erlöser. Der Sudan war ein Gebiet, dessen Schicksal durch den Nil untrennbar mit Ägypten verbunden war. Der Rückschlag, den die Briten durch den Mahdi-Aufstand erlitten, war um so schmerzlicher, als bei den Kämpfen um Khartum am Nil einer der fähigsten englischen Generäle der Kolonialzeit und Generalgouverneur der ägyptischen Äquatorial-Provinzen, Charles G. Gordon, fiel.

1898 zog eine französische Expedition unter Major Jean Baptiste Marchand vom Kongo aus quer durch Afrika, wo er im Juli des Jahres in Faschoda am Weißen Nil sechshundertfünfzig Kilometer südlich von Khartum die Trikolore hißte. Gleichzeitig unternahmen die Engländer unter Horatio Herbert Kitchener einen Feldzug, der die Herrschaft des Nachfolgers des Mahdi brechen sollte. Anfang September besiegte Kitchener die Derwische bei Omdurman und marschierte weiter den Nil aufwärts bis er vor Faschoda stand. Einige Wochen nahmen England und Frankreich wegen der Rivalität im Sudan eine drohende Haltung gegeneinander ein. Schließlich gaben die Franzosen nach

Afrika um 1900

○ Britisch
○ Französisch
○ Deutsch
○ Italienisch
○ Spanisch
○ Portugiesisch
○ Unabhängig oder unerschlossen

Präsident William McKinley

Soziale Unruhen　　1890–1900

und zogen sich zurück. Im März 1899 kam es zu einer Teilung der Interessensphären. Der französische Einfluß blieb auf den westlichen Sudan beschränkt.

Zur gleichen Zeit stand England fast vor einem Krieg mit Frankreichs Verbündetem, Rußland. Die Russen konnten als einzige Macht Europas ihre Truppen nach Asien transportieren, ohne von der britischen Regierung behindert zu werden, denn seit 1891 verband der stählerne Nerv der transsibirischen Eisenbahn Europa mit den Gebieten des Fernen Ostens. Einflußreiche Kreise in St. Petersburg wollten die russische Grenze nach Süden verlegen und die Manchurei sowie Korea erobern. Lord Salisbury hoffte, die englisch-russischen Spannungen durch eine Festlegung der gegenseitigen Einflußsphären zu beheben.

Friedrich Nietzsche

Amerikanischer Imperialismus

Das imperialistische Denken dieser Jahre beeinflußte auch die öffentliche Meinung der Vereinigten Staaten. Die jungen Politiker der Republikanischen Partei, die von einer einflußreichen Presse gestützt wurden, wollten die Macht der Vereinigten Staaten über den Pazifischen Ozean ausdehnen. Zur selben Zeit protestierten die Republikaner gegen die brutalen Unterdrückungsmaßnahmen der spanischen Kolonialverwaltung auf Kuba, wo 1895 ein Aufstand ausbrach. Im Februar 1898 explodierte das amerikanische Kriegsschiff »Maine« unter geheimnisvollen Umständen in Havanna. Präsident McKinley wartete nicht auf Beweise einer spanischen Mitschuld an dem Unglück. Trotz vermittelnder Vorschläge aus Madrid, die auch eine Reformierung der Kolonial-Verwaltung vorsahen, gaben die Amerikaner der allgemeinen Entrüstung nach und erklärten am 20. April 1898 an Spanien den Krieg. Im Verlauf der Auseinandersetzungen gewannen die Amerikaner mehrere Siege bei den Philippinen, die damals ebenfalls zu den spanischen Kolonien gehörten, und auf Kuba, wo eine militärische Expedition gelandet war. Nach sechs Wochen schon suchten die Spanier um Frieden nach. Die Vereinigten Staaten erhielten die Philippinen, Guam und Puerto Rico. Kuba wurde eine unabhängige Republik, die den USA jedoch gewisse Aufsichtsrechte einräumen mußte. Obgleich dieser kurze Krieg der Bekämpfung des Kolonialismus entgegenkam, zeigte er deutlich, daß auch die Amerikaner Interessen außerhalb ihres Kontinentes hegten. Die Erwerbung fremder Gebiete bedeutete einen größeren Wendepunkt in der amerikanischen Politik, als man es in Washington ahnte.

Soziale Unruhen

Die allgemeine Stimmung in Europa und in den Vereinigten Staaten entwickelte sich in den letzten Jahren des Jahrhunderts aggressiver. Die soziale Spannung zwischen den Gesellschaftsklassen stieg in den Industrienationen. Immer wieder gab es soziale Auseinandersetzungen. Bauernaufstände in Sizilien führten zu Verhaftungen von sozialdemokratischen Führern. Nach Erhebungen in Mailand 1897 verhängte die Regierung den Ausnahmezustand über Nord-Italien. Der Eisenbahner-Streik von 1894 in Illinois endete mit einem Zusammenstoß zwischen Bundesbehörden und der Union der Eisenbahner. Die Nationalgarde trat an, um die Streikenden niederzuhalten. Im November 1887 mußte die königlich-britische Garde eingreifen, um den Trafalgar Square in London von radikalen Demonstranten zu räumen. Es gab Hunderte von Verletzten und zwei Tote. Die Bitterkeit, die dieser »Blutige Sonntag« hinterließ, weckte in der jungen sozialistischen Bewegung einen kämpferischen Geist. Anarchismus und Streiks dämpften aber auch die industrielle Entwicklung in Frankreich und in Spanien.
1898 erlebte Frankreich eine heftige gesellschaftliche Krise, die durch den Antisemitismus in höchsten militärischen Kreisen ausgelöst wurde. Hauptmann Alfred Dreyfus wurde 1894 wegen Spionage für Deutschland verhaftet und in einem völlig regelwidrigen Kriegsgerichtsverfahren, in dem das Militär allein auf sein Prestige bedacht war, zu lebenslänglicher Deportation verurteilt. Die erregte öffentliche Meinung setzte schließlich die Revision des Verfahrens durch. Auch Emile Zola hatte sich in einem offenen Brief an den Präsidenten der Republik gegen die menschenunwürdige Behandlung der Affäre Dreyfus verwahrt. Aber erst 1906 gelang die Rehabilitierung des Offiziers; er wurde befördert und ausgezeichnet.

Die Gegensätze der Nationalitäten führten auch in dem Vielvölkerstaat Österreich-Ungarn zu gefährlichen Aufständen.

Der neue Internationalismus

Zahlreiche Intellektuelle und Persönlichkeiten des öffentlichen Lebens waren sich der Gefahren der kriegsträchtigen Atmosphäre bewußt. Sie bemühten sich, der feinseligen Stimmung innerhalb der europäischen Völker und Staaten entgegenzuwirken. 1872 erwachte das Bedürfnis nach einem internationalen Schiedsgericht. Damals brachte Gladstone einen englisch-amerikanischen Konflikt vor ein Tribunal mit Vertretern aus fünf Nationen. Es ging um Schäden, die in England gebaute Schiffe im Auftrag der Konföderierten im Handelskrieg gegen die Union verursacht hatten.

Die Gründung einer Interparlamentarischen Union und der Zweiten Sozialistischen Internationalen im selben Jahr wies den Weg zu engerer Zusammenarbeit zwischen den Völkern. In diesem Sinn belebte der französische Sportler Pierre Coubertin die Olympischen Spiele nach 1500 Jahren wieder neu: 1896 fanden die Ersten Internationalen Olympischen Spiele in Athen statt.

Der schwedische Chemiker und Industrielle Alfred Nobel, der Erfinder des Dynamites, der im Dezember 1896 starb, hinterließ sein Vermögen einer Stiftung, die jährlich Preise für Leistungen zur friedlichen Entwicklung der Menschheit verleihen sollte. Neben dem besten literarischen Werk wurden naturwissenschaftliche und medizinische Erfindungen ausge-

Niederschlagung sozialistischer Unruhen in London

zeichnet. Auch die beste Leistung für den Völkerfrieden wurde geehrt. Die ersten Preisträger (1901) waren der französische Dichter René-François Sully Prudhomme, der Mediziner Emil von Behring, der Physiker Wilhelm Conrad Röntgen und der niederländische Chemiker Jacobus Hendricus van t'Hoff; der Schweizer Henri Dunant und der Franzose Frédéric Passy erhielten den Friedensnobelpreis. Im August 1898 schlug Zar Nikolaus II. von Rußland eine internationale Konferenz zur Begrenzung der Rüstungen und zu einer Kontrolle etwaiger Kriegsgefahr vor. Die Motive des Zaren können nicht unbedingt als lauter bezeichnet werden. Rußland spürte allzusehr die schweren finanziellen Lasten einer großen Armee und einer modernen Flotte und fürchtete den überlegenen Fortschritt anderer Nationen. Eine Konferenz aus Vertretern von sechsundzwanzig Nationen trat 1891 zur Ersten Haager Friedenskonferenz zusammen. Sie beschloß einen ständigen internationalen Schiedsgerichtshof in Den Haag zu errichten.

Die Olympischen Spiele und die Haager Friedenskonferenz fanden starken Widerhall in der Presse. Eine andere Versammlung von großer Tragweite wurde kaum bemerkt. Während des 19. Jahrhunderts emanzipierten sich die Juden in Europa und begannen im politischen Leben eine Rolle zu spielen. Aber ihr Anteil an politischer Verantwortung stand selbst in Ländern, wo sie nicht unterdrückt wurden, in keinem Verhältnis zu ihrem Beitrag im kulturellen und wirtschaftlichen Leben. Seit etwa 1890 bemühten sich einige Juden um die Gründung eines jüdischen Nationalstaates. Die religiöse, von messianisch-eschatologischen Motiven geleitete Zionssehnsucht der Juden wurde nun zu einer politischen Ideologie umgeformt.

Der erste Zionistenkongreß in Basel 1897

Theodor Herzl, erster Präsident der zionistischen Weltorganisation

Der Rabbiner. Gemälde von Marc Chagall

Am 29. August 1897 hißte ein Mann mit kahler Stirn und Kinnbart über dem Kleinen Kasino in Basel eine seltsame und bisher unbekannte Flagge: Auf blauem Grund prangte ein weißer Davidsstern. Dann bestieg der Mann, sein Name war Isidor Schalit, im großen Saal vor bewegten Zuschauern die Rednerbühne und verkündete mit einem Holzhammer auf das Pult klopfend feierlich: »Der erste zionistische Kongreß ist eröffnet.«

Der erste Kongreß des Zionismus, der in Basel zu tagen begann, war zugleich die erste Versammlung jüdischer Deligierter aus aller Welt seit zweitausend Jahren Exil. Sie war einberufen worden, um auf die Lage der Juden in der Welt hinzuweisen und eine Lösung der jüdischen Frage vorzuschlagen. In dem Saal drängten sich zweihundertundzwei Delegierte, Hunderte von Interessenten und viele Journalisten. Die Tagung ging am 31. August zu Ende, und sie faßte die bedeutsamste Entschließung in der Geschichte des jüdischen Volkes: »Der Zionismus erstrebt für das jüdische Volk die Schaffung einer öffentlich-rechtlich gesicherten Heimstätte in Palästina. Zur Erreichung dieses Zieles nimmt der Kongreß folgende Mittel in Aussicht: 1. Die zweckdienliche Förderung der Besiedlung Palästinas mit jüdischen Ackerbauern, Handwerkern, Gewerbetreibenden. 2. Die Gliederung und Zusammenfassung der gesamten Judenschaft durch geeignete örtliche und allgemeine Veranstaltungen nach den Landesgesetzen. 3. Die Stärkung des jüdischen Volksgefühls und Volksbewußtseins. 4. Vorbereitende Schritte zur Erlangung von Regierungszustimmungen, die nötig sind, um das Ziel des Zionismus zu erreichen.«

Die Resolution war der Eckpfeiler des politischen Zionismus, dessen Bestrebungen 1948 in der Schaffung des Staates Israel gipfelten. Sie war vor allem das Ergebnis eines harten Kampfes, den der Wiener Journalist Theodor Herzl seit 1895 führte.

Der Gedanke war allerdings nicht neu. Seit der Verstreuung der Juden in alle Welt, seit der Zerstörung des zweiten Jerusalemer Tempels durch die Römer im Jahr 70 beherrschten Gebete und Träume die Sehnsucht der Juden, nach Zion heimzukehren. Von Zeit zu Zeit versuchten einzelne kleine Gruppen, in das Gelobte Land zurückzuwandern, aber die Unternehmen waren isoliert und hoffnungslos. Erst im 19. Jahrhundert wurde aus der Sehnsucht eine politische und soziale Ideologie; sie zeugte eine Bewegung nationaler Erneuerung und Befreiung, die im gewissen Maß das Ergebnis einer Enttäuschung der Juden war, die vergeblich versuchten, sich in einer nichtjüdischen Gesellschaft zu assimilieren. Alle Bemühungen scheiterten. Jüdische Denker wie Moses Hess und Peretz Smolenskin predigten im Namen eines vagen Nationalismus die Rückkehr nach Palästina. Wie durch einen Peitschenhieb wurde diese Bewegung noch durch den neu entstehenden Antisemitismus vorangetrieben. Im Jahr 1881 ging eine Welle von Pogromen durch das zaristische Rußland. Die ersten Ausschreitungen gegen Juden fanden im April in Jelissawetpol statt; im Mai tobten Pogrome in Kiew und in Odessa. Bis Weihnachten verwüstete die fanatisierte Menge mehr als fünfzig Orte in Rußland.

Kurz darauf zog ein jüdischer Arzt aus Odessa, Leon Pinsker, in einer Broschüre mit dem Titel »Autoemanzipation« (1882) Bilanz: Die Juden wären nicht assimilierbar. Die einzige Lösung des Problems sei die Errichtung einer jüdischen Heimstatt in Palästina. Eine Gruppe russisch-jüdischer Studenten wanderte nach Palästina aus. Dank der großzügigen Hilfe des Barons Edmond de Rothschild konnte sie die ersten Bauernkolonien auf palästinensischem Boden gründen. 1884 fand in Kattowitz unter Vorsitz von Pinsker der erste Kongreß einer jüdischen Vereinigung statt, die sich »Chowewe Zion« – »Zionsfreunde« – nannte. Ihr tragender Gedanke war die Rückkehr in den Nahen Osten, die Eroberung einer Heimat für die Juden. Allerdings sollte das mit dem friedlichen Mittel der Arbeit, Dorf- und Siedlungsgründung edfolgen. Noch wagte niemand an einen jüdischen Staat zu denken.

Das Wort »Judenstaat« prägte erst Theodor Herzl, dennoch war gerade er der letzte, der als Nationalist verdächtigt werden konnte. Herzl war Kosmopolit, durch und durch assimiliert. Er ging so weit, vorzuschlagen, man solle alle Kinder, ob Christen oder Juden, taufen, um sämtliche Rassenunterschiede zu beseitigen. Herzl war ein begabter Journalist und arbeitete als Pariser Korrespondent der großen Wiener Zeitung »Neue Freie Presse«. Er verkehrte mit französischen Schriftstellern und Künstlern und lebte in einer Welt, in der man von jüdischen Proble-

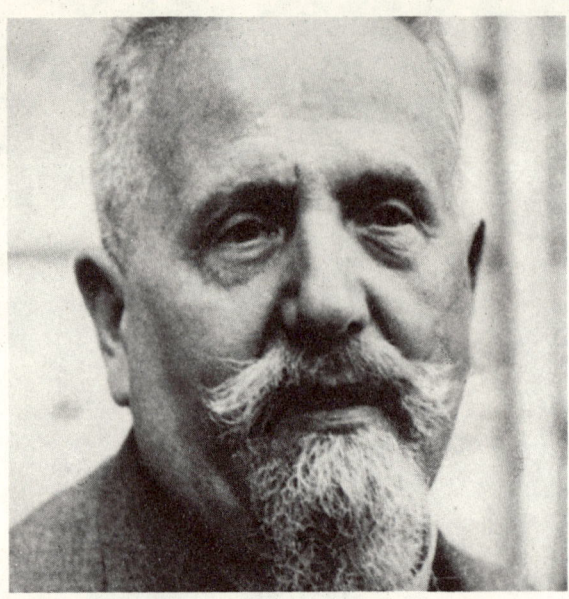

Isidore Schalit

Tor zum alten jüdischen Ghetto in Prag

men kaum sprach. Mit seiner majestätischen Gestalt, seinen dunklen, magnetisch wirkenden Augen und seinem langen schwarzen Bart war er eine markante Erscheinung in den Gängen des Palais Bourbon und in den literarischen Salons von Paris.

Doch auch er sah sich eines Tages hart mit der Wirklichkeit konfrontiert. Am 19. Dezember 1894 begann in Paris der Prozeß gegen Alfred Dreyfus. Herzl schrieb erschüttert: »Durch den Dreyfus-Prozeß wurde ich zum Zionisten. Ich sehe den Angeklagten immer noch vor mir, wie er, bekleidet mit seiner Artillerie-Uniform, den Saal betritt, indes die Wutschreie ›Tod den Juden!‹ der vor der Ecole Militaire versammelten Volksmenge mir noch in den Ohren hallen. Aber war er wirklich ein Verräter? Der Prozeß Dreyfus ist mehr als ein Justizirrtum. Er ist der Ausdruck des Wunsches der großen Mehrheit in Frankreich, einen Juden und durch ihn alle Juden zu verurteilen.«

Die allgemeine Wut ging Herzl unendlich nahe. Er zog sich für zwei Monate von der Welt zurück und legte als das Ergebnis seiner Abgeschiedenheit die kleine Schrift »Der Judenstaat« vor. »Die Judenfrage«, schrieb er, »ist eine nationale Frage, und um sie zu lösen, müssen wir sie vor allem zu einer Weltfrage machen, die im Rate der Kulturvölker zu regeln sein wird.«

Das Manuskript zeigte er seinem Freund, dem Journalisten Friedrich Schiff, der bei der Lektüre in Tränen ausbrach. Herzl glaubte, er weine vor Rührung, doch Schiff meinte, sein Freund sei verrückt geworden und riet ihm, zum Psychiater zu gehen. Herzl befolgte den Rat und ging zu Max Nordau, der in jüdischen Kreisen geistig wie moralisch großes Ansehen genoß. Nordau las die Schrift und meinte: »Wenn Sie verrückt sind, dann sind wir es beide. Ich bin auf Ihrer Seite.«

Die Idee war geboren. Herzl vernachlässigte zunächst seine beruflichen Pflichten, ließ die Schrift drucken und warf sich in den Kampf. Es war ein politischer Kampf, in dem es darum ging, die einzelnen Staatsoberhäupter davon zu überzeugen, daß sie dem jüdischen Volk in Palästina eine Heimat verschaffen müßten, und auch darum, den Juden diese Lösung glaubhaft zu machen.

Rückschläge und Enttäuschungen blieben nicht aus. Herzl begab sich zu Königen und zu Prinzen, zu Staatschefs und Ministern. Er traf Kaiser Wilhelm I., Sultan Abdul Hamid II., König Umberto I. von Italien und Papst Leo XIII. Seine Begeisterung, seine Bildung und seine Ausstrahlung öffneten ihm alle Pforten. Er verfiel auf den Gedanken, daß die Juden durch gewaltige finanzielle Anstrengungen den Staatshaushalt des Osmanischen Reiches, der sich in einem katastrophalen Zustand befand, sanieren sollten. Als Gegengabe erhoffte er die Schaffung einer nationalen Heimstätte für die Juden in Palästina.

Bei den Fürsten Europas wurde Herzl höflich empfangen, ja sogar warm begrüßt. Sie stellten ihm Hilfe in Aussicht; selbst der Sultan zeigte sich interessiert. Doch langjährige Reisen, Verhandlungen und Eingaben zeigten Herzl, daß seine Bemühungen umsonst waren. Palästina gab ihm niemand.

Enttäuschender noch reagierten die Juden. Die »Zionsfreunde« glaubten nicht an den Erfolg seines Lösungsvorschlages. Sie mißtrauten dem Mann, der an den europäischen Höfen den Diplomaten spielte, und predigten hartnäckig ihren Plan: Verpflanzung der Juden nach Palästina, Eroberung des Landes Scholle um Scholle, Dorf für Dorf durch den Pflug. Von politischer Aktion wollten sie nichts hören. Sie befürchteten noch Schlimmeres, daß Herzl ihrer Sache nur schade, weil er die jüdischen Probleme öffentlich und auf höchster weltpolitischer Ebene austrug. Diese Art von Juden, die stolz, distinguiert und ohne Minderwertigkeitskomplex auftraten und mit den Herrschern der Erde wie mit Gleichberechtigten verhandelten, kannten sie nicht. In ihren Augen konnte das Vorhaben nur gelingen, wenn es still und ohne Aufsehen durchgeführt wurde.

Auch andere Kreise waren gegen Herzl. Die religiösen Eiferer meinten, der Herr werde die Rückkehr der Verbannten erlauben, wenn es ihm gefiele. Mit welchem Recht spielte Herzl sich als Prophet auf und versuchte die Juden in das Heilige Land zurückzuführen?

Die Vertreter der Assimilation waren gleichfalls empört. Nur wenige Juden wagten es, einen eigenen Staat zu fordern. Doch in einem kleinen Gebetshaus im polnischen Plonsk erfuhr ein Junge von zehn Jahren in einer Vision, daß der wahre Messias erschienen sei. Er sollte groß und schön sein, hieß es, und einen langen Bart tragen; die Kinder Israels würde er in ihre Heimat führen. Das verwunderte Kind machte bald die Sache des Zionismus zu seiner eigenen. Sein Name war David Grün, der künftige David Ben-Gurion.

Trotz der Opposition, die ihm entgegenbrandete, beschloß Herzl 1897, einen Kongreß einzuberufen, der der zionistischen Bewegung die Bestätigung durch einen großen Teil der Judenheit geben sollte. Doch nun türmte sich Hindernis auf Hindernis. Der Kongreß sollte zunächst in München stattfinden, mußte aber wegen des heftigen Widerstandes der bayerischen Rabbiner, die eine Haßpropaganda gegen den Zionismus begannen, verlegt werden. In aller Hast wählte man Basel als Tagungsort aus. Man hatte für den Kongreß zwar ein großes Haus, aber würden Deligierte überhaupt erscheinen? Die Juden in aller Welt erhielten das Wahlrecht beim Kauf eines Stimmzettels, des Schekels. Die Einnahmen flossen in die Kasse der zionistischen Bewegung. Doch von den zwölf bis fünfzehn Millionen Juden, die es gab, wählten nur einige zehntausend. Nur zweihundertzwei Abgeordnete erschienen in Basel. Sie kamen vor allem aus Rußland, aus Polen, aus Rumänien, aus Österreich-Ungarn, aus Deutschland, aus Frankreich, aus Großbritannien und aus den Vereinigten

Staaten. Unter ihnen befanden sich einige der bedeutendsten jüdischen Persönlichkeiten der Zeit: Herzls Gesinnungsgenosse Max Nordau (Paris), der hervorragende Vertreter des Kulturzionismus, Achad Haam, die wichtigsten Führer aus Deutschland, Österreich-Ungarn und Rußland. Sie mußten ihre Reisekosten selbst bestreiten. Einige waren nur Geschäftsleute, die sich gerade in der Schweiz aufhielten, andere studierten an Schweizer Universitäten, und erhielten ihr Mandat von ihren weit entfernten Heimatländern. Während der Debatten blieb der Saal halb leer. Nur ein Wunder konnte noch für einen Erfolg sorgen.

Und dieses Wunder geschah dank Herzl. Als geschickter Psychologe bat er die Delegierten, sie möchten zur Eröffnungssitzung mit weißer Krawatte erscheinen. Die Eröffnung gestaltete sich in feierlichem würdigen Rahmen. Ein großes Schauspiel begann: Der weite Saal, nüchtern und doch elegant, die Fahnen Israels an den Wänden und das Gefühl, doch einem historischen Ereignis beizuwohnen, schufen eine günstige Atmosphäre. Herzl selbst, eine schöne und geradezu fürstliche Erscheinung, bestrickte die Abgeordneten. Ein Augenzeuge berichtete: »Es war außergewöhnlich. Was war geschehen? Dieser Mann war nicht der Dr. Herzl, den ich zuvor gesehen und mit dem ich noch in der letzten Nacht diskutiert hatte. Vor uns stand eine überlegene und bewundernswerte Persönlichkeit, von königlicher Haltung und Gestalt, in deren tiefdunklen Augen man gelassene Größe und unaussprechliche Trauer las. Das war nicht mehr der elegante Dr. Herzl aus Wien, sondern ein königlicher Sproß aus dem Haus Davids. Jeder saß atemlos wie vor einem Wunder... Dann brach stürmischer Beifall aus, volle fünfzehn Minuten lang klatschten die Delegierten in die Hände, schrien und winkten mit den Taschentüchern. Der Traum, der zweitausend Jahre lang gedauert hatte, stand kurz vor der Verwirklichung. Es war, als ob sich der Messias, der Sohn Davids, vor uns erhob. Und in diesem Freudensturm fühlte ich den unbezähmbaren Wunsch aufzuspringen und mit aller Kraft zu schreien, damit alle es hörten: ›Yehi hamelech!‹ ›Es lebe der König!‹

Gelassen und heiter bestieg Herzl die Rednerbühne. Als gewählter Präsident des Kongresses hielt er die Eröffnungsrede und legte seine Ideen über die Schöpfung eines jüdischen Staates in Palästina dar. Nach ihm beschrieb sein Freund und Vertrauter Max Nordau die Lage der Juden in der Welt.

Jüdische Siedler der Frühzeit in Palästina

Bedeutsamer war der zweite Tag, an dem das politische Programm diskutiert wurde. Am Abend nahm der Kongreß Herzls Projekt an, und am letzten Tage, dem 31. August, wurden Beschlüsse über die Finanzierungsmittel gefaßt, damit man an die Verwirklichung der zionistischen Pläne gehen konnte. Es sollten eine jüdische Kolonialbank sowie ein jüdischer Nationalfonds gegründet werden, dessen Aufgabe es sein sollte, in Palästina Land und Ausrüstungen für die jüdischen Einwanderer zu beschaffen.

Während der Schlußsitzung wurde Herzl von dem Delegierten Dr. Meir Avner angesprochen: »Der Kongreß war großartig, doch wir erwarteten von Ihnen eine besondere Erklärung.« Herzl erwiderte wütend: »Ihr Juden habt zweitausend Jahre gewartet, und nun könnt Ihr nicht einmal mehr zwei Jahre warten!«

Der Kongreß erzeugte bei den Juden weltweiten Widerhall. Der Zionismus bestimmte fortan den Weg des Judentums. Er gab der vagen Hoffnung einer romantischen Rückkehr nach Zion ein klar umrissenes Programm, das die Anstrengungen der selbstbewußten Juden koordinierte und der jüdischen Jugend den Weg wies.

Für Herzl bedeutete das noch nicht das Ende seiner Mühen. In den nächsten Jahren reiste er wieder wenn

Der zweite Zionistenkongreß in Basel im Jahr 1898

Arthur James Balfour. Gemälde von Laura Theresa Alma-Tadema, etwa 1891

auch erfolglos durch die Welt. Seine finanzielle Lage war kritisch, da er die meiste Arbeitszeit der von ihm ins Leben gerufenen zionistischen Zeitschrift »Die Welt« widmete. Die zionistischen Kongresse aber, die jetzt Jahr für Jahr stattfanden, gewannen in der Welt des Judentums einen festen Platz.

1903 geriet der politische Zionismus in eine erste große Krise. Am Ostersonntag brach in Kischinew in Rußland eine grausame Judenverfolgung aus. Bei diesem furchtbaren Pogrom kamen fünfundvierzig Menschen ums Leben, an die tausend erlitten Verletzungen, mehrere Hundert Häuser wurden zerstört. Unter diesem Eindruck suchten die zionistischen Führer nach einer raschen Lösung des Judenproblems. Herzl erwog einen Vorschlag der englischen Regierung, die Juden in Uganda anzusiedeln, ernsthaft. Jedoch betrachtete er ihn nur als vorübergehende Lösung, die den dringendsten Nöten abhelfen sollte. Er unterbreitete den Plan dem Zionistenkongreß. Die Delegierten, vor allem die aus Rußland, brachen in einen Sturm der Entrüstung aus. Für sie galt: »Palästina oder nichts!« Herzl erhob sich bleichen Gesichts und zitierte die Bibel »Vergesse ich dein Jerusalem, so werde ich meiner Rechten vergessen«.

Es gelang ihm, die russischen Juden von ihrer Abreise abzuhalten. Der afrikanische Plan wurde verworfen, als eine vom Kongreß nach Afrika entsandte Kommission einen negativen Bericht erstattete. Dennoch war die Erschütterung, die der Plan in den Herzen der Juden erzeugte, von großer Tragweite. Ein aus Rußland stammender Student versuchte sogar, Max Nordau, der für die Unterstützung des Siedlungsplans in Afrika eintrat und als Freund Herzls bekannt war, zu ermorden. Die Tat blieb vereinzelt; aber sie zeugte davon, wie tief sich trotz aller Schwierigkeiten und aller Skepsis die zionistische Idee in die Herzen vieler Juden gesenkt hatte.

Herzl starb 1904 krank und erschöpft im Alter von erst vierundvierzig Jahren. Dem Zionismus versetzte sein Tod einen schweren Schlag und bedrohte sogar den Bestand der zionistischen Bewegung. Die Nachricht weckte verzweifelte Trauer in den jüdischen Gemeinden der ganzen Welt. War es der Gnadenstoß für die zionistische Bewegung? David Grün schrieb seinem Freund Shmuel Fuchs einen pathetischen Brief: »Der Verlust ist so schwer und grausam wie die ewigen Leiden unseres unglücklichen Volkes.« Doch er verzweifelte nicht: »Die Sonne ist dahin, aber ihr Licht leuchtet ewig.«

»Unsere Bewegung«, schrieb er später einmal, »war zu Beginn das Ergebnis der Auflehnung gegen die elende jüdische Existenz, das entwürdigende Exil, die Bedeutungslosigkeit des jüdischen Sozialismus und die Sterilität des nur gepredigten Zionismus...« Einzelne Gruppen, ganze Vereinigungen sagten sich los. Der Führer des englischen Zionismus, Israel Zangwill, rief eine selbständige Bewegung ins Leben, die »Jewish Territorial Organization«, die sich in Palästina und überall dort, wo eine jüdische Kolonie gegründet werden konnte, niederlassen wollte. Die englische Organisation kehrte erst 1917 wieder zur Zionistischen Weltorganisation zurück.

Das Jahr 1917 gab die große Wende in der Geschichte des Zionismus: Der zweite große Führer des Zionismus, Chaim Weizmann, ergriff die Zügel. Der in Rußland geborene und in Manchester lebende Chemiker stellte sich in den Dienst der britischen Regierung. Während des Ersten Weltkrieges entwickelte er für das Land, das an Sprengstoffmangel litt, synthetisches Azeton, das eine kontinuierliche Munitionsherstellung ermöglichte. Großbritannien brauchte in dieser kritischen Phase des Krieges die Unterstützung der Juden. Man erhoffte von einflußreichen jüdischen Kreisen in den USA einen Druck auf die amerikanische Regierung, damit sie in den Krieg gegen die Mittelmächte eintrat. Auch bedeutete eine jüdische Besiedelung Palästinas unter britischem Schutz die Kontrolle dieses Gebietes durch die Regierung Seiner Majestät. Im Krieg fiel es leicht, Land in Gegenden zu verschenken, die noch nicht erobert waren. Am 2. November 1917 gab der britische Außenminister Arthur James Balfour folgende Erklärung ab:

»Lieber Lord Rothschild,
ich habe die große Freude, Ihnen im Namen der Regierung seiner Majestät die folgende Sympathie-Erklärung mit den jüdischen zionistischen Bestrebungen mitzuteilen, welche dem Kabinett vorgelegen hat und von ihm gebilligt worden ist.

Die Regierung Ihrer Majestät sieht mit Wohlwollen die Errichtung einer nationalen Heimstätte für das jüdische Volk in Palästina und wird ihr Bestes geben, die Verwirklichung dieses Planes zu erleichtern, unter dem Vorbehalt, daß nichts geschieht, was die bürgerlichen und religiösen Rechte nichtjüdischer Gemeinschaften in Palästina oder die Rechte und den politischen Status der Juden in anderen Staaten präjudiziert.

Ich wäre Ihnen dankbar, wenn Sie den zionistischen Kongreß von dieser Erklärung in Kenntnis setzen würden.«

Die Balfour-Deklaration wurde mit großer Freude, aber auch mit Überraschung aufgenommen, weil sie die kühnsten Hoffnungen der zionistischen Führer übertraf. Zum ersten Mal zeichnete sich ein Hoffnungsschimmer ab, daß der so sinnlos erschienene Traum Herzls verwirklicht werden könnte.

Dennoch freute man sich zu früh. Man glaubte, Eng-

Chaim Weizmann

Jerusalem. Gemälde von Edward Lear, zweite Hälfte des 19. Jahrhunderts

Land würde den jüdischen Staat auf einem Silbertablett servieren, sowie der Krieg gewonnen war. Unter den wenigen, die klarer sahen und kühles Blut bewahrten, befand sich auch Ben Gurion, der damals schrieb: »England hat uns Palästina nicht gegeben. Selbst wenn das Land ganz von England erobert würde, so erhielten wir es nicht... Das hebräische Volk allein kann sein Anrecht auf dieses Land in eine greifbare Tatsache verwandeln, und es muß mit Leib und Seele, mit Kraft und mit Kapital seine nationale Heimstatt erbauen und seine nationale Erlösung zu einem guten Ende führen.«

Nach dem Krieg errichtete Großbritannien das Mandat über Palästina. Die nationale Heimstatt der Juden wurde Wirklichkeit. In den folgenden drei Jahrzehnten führten Weizmann und Ben Gurion tatkräftig die Zionisten. Trotzdem differierten ihre Ansichten über die zu wählenden Mittel für die Schaffung eines Judenstaates. Weizmann sah sich als natürlicher Erbe Herzls. Auch er glaubte, durch diplomatische Aktion mit Hilfe der Großmächte die Ziele des jüdischen Volks zu erreichen. Ben Gurion kannte nur Realitäten. Er predigte die massenweise Einwanderung seiner Volksgenossen nach Palästina, die Besitznahme von Land, die Erbauung von Städten sowie die Errichtung einer wirtschaftlichen, gesellschaftlichen und militärischen Macht der Juden in Palästina. Er war sich über die verschiedenen Interessen Großbritanniens in der arabischen Welt im klaren, die irgendwann die prozionistische Politik Londons bremsen, ja umkehren könnte. Darum mußten die Juden in Palästina Fuß fassen, ihre Stellung sichern und sich zum Kampf gegen die Araber, ja auch gegen die Engländer rüsten, um ihren Staat aufzubauen.

Die Spannung zwischen Juden und Arabern wuchs von Tag zu Tag. Die Einheimischen reagierten mit Unruhe und Gewaltmaßnahmen auf die Landnahme fremder Eindringlinge. Blutige Zusammenstöße zwischen beiden Volks- und Religionsgemeinschaften erfolgten 1920/21, 1929/30 und 1936. Ben Gurion fürchtete, daß England, dessen proarabische Politiker ziemlich einflußreich waren, eines Tages seine zionistenfreundliche Haltung aufgeben würde. In der Tat zeichnete sich nach Jahren britischer Unterstützung für die jüdischen Bestrebungen 1936 ein Umschwung zugunsten der Araber ab. Weißbücher wurden veröffentlicht, die die jüdische Einwanderung begrenzen sollten. Nach dem Zweiten Weltkrieg gestalteten sich die Auseinandersetzungen zwischen der inzwischen auf sechshunderttausend Menschen angewachsenen jüdischen Bevölkerung einerseits und den Arabern sowie Engländern andererseits immer heftiger. Außer den arabisch-jüdischen Zusammenstößen kam es zu antibritischen Terrorbewegungen. Als die Lage unhaltbar wurde, verließen die Engländer ihr Mandatsgebiet und überantworteten das Land dem Kampf zwischen den beiden unversöhnlichen Volksgruppen, Juden und Arabern.

»In Basel habe ich einen jüdischen Staat geschaffen«, hatte Herzl 1897 geschrieben. »Wenn ich das heute öffentlich sagen würde, dann wäre allgemeines Lachen die Antwort. In fünf Jahren vielleicht, sicherlich aber in fünfzig Jahren wird die ganze Welt es begreifen.«

Fünfzig Jahre nach dem ersten Zionistenkongreß, am 29. November 1947, stimmte die Vollversammlung der Vereinten Nationen für die Errichtung eines jüdischen Staates.

MICHAEL BAR-ZOHAR

Unsere Zeit, beherrscht von Technik und Geschwindigkeit

Zu keiner Zeit in der Geschichte der Welt wurde das Leben der Menschen durch den Fortschritt auf naturwissenschaftlichem oder technologischem Gebiet so verändert wie in den ersten achtzig Jahren des 20. Jahrhunderts. Immer wieder hat es den Völkern und ihren Regierungen Schwierigkeiten bereitet, die politischen und die gesellschaftlichen Auswirkungen dieser Neuerungen zu bewältigen.

Zweifellos hat das Tempo der wissenschaftlichen Entwicklung die politischen Strukturen der Gesellschaft überfordert: Sie hat es nur unzureichend vermocht, diesen Prozeß einer lebensfähigen, menschenwürdigen und rationalen Planung zu unterwerfen. Zahlreiche Erfindungen und Entdeckungen haben das Alltagsleben der Bevölkerung in den hochzivilisierten Ländern derart verändert, daß ein sozialer Wandel auf breitester Front eintrat.

Die Errungenschaften haben aber auch Opfer gefordert. Die Möglichkeiten der Technik und die sozialen Erkenntnisse wurden immer wieder von Menschen des politischen Lebens und der Wirtschaft mißbraucht. Sie gerieten in den Dienst von Gewaltherrschaft, von Zerstörung und von Verbrechen. Dennoch kennzeichnen das 20. Jahrhundert Verbesserungen des Lebensstandards und erhöhtes Interesse der Regierungen an den sozialen Problemen der Bevölkerung. Darum wird es immer verschiedene Meinungen darüber geben, ob diese Zeit wirklich fortschrittlich genannt werden kann. Das große Unglück dieses Jahrhunderts – darüber besteht kein Zweifel – ist jene leichtfertige Bedrohung der menschlichen Lebensgrundlage durch unkontrollierte Rüstung zur Erhöhung eines prestigebehafteten Kriegspotentials und durch eine ebenso unkontrollierte industrielle Produktion schädlicher Abfallstoffe.

Es ist nicht einfach, die politischen Meilensteine des 19. und 20. Jahrhunderts mit den naturwissenschaftlichen, medizinischen oder technologischen Errungenschaften in Beziehung zu setzen, wenn auch einige Neuentwicklungen auf militärischem Gebiet, wie der Tank oder die Atombombe, ihr Dasein unmittelbar politischen Entscheidungen verdanken. Die Geschichte dieser Epoche kennzeichnen die Anstrengungen von Regierungen, herrschenden Klassen, revolutionären Gruppen und Institutionen wie der Kirche, sich den neuen technischen Möglichkeiten anzupassen oder Vorteile aus ihnen zu ziehen. Sie haben jedoch fast alle vor den komplexen menschlichen Problemen dieser Aufgabe kapituliert. Die alten Machtverhältnisse, die auf der wirtschaftlichen und militärischen Stärke Europas beruhten, wurden während des Ersten und des Zweiten Weltkrieges zerstört. Das neue weltpolitische System aber, das auf der amerikanisch-russischen Rivalität basiert, ist um nichts stabiler als jenes vor dem Ersten Weltkrieg.

Das Versagen der europäischen Großmächte, denen es 1914 nicht gelang, den Krieg abzuwenden, bildete den ersten entscheidenden politischen Wendepunkt. Noch folgenschwerer war später das Unvermögen der kriegführenden Parteien, einen Waffenstillstand zu erzielen, als es offenbar wurde, daß keine Macht einen schnellen Sieg erringen konnte. Die Schuld daran trug ohne Zweifel auch Deutschland, das sich im Verlauf der ersten Kriegsmonate, was immer vorher seine Absichten gewesen sein mögen, eindeutig dazu entschloß, mittels territorialer Annexionen die Vorherrschaft in Europa zu erringen. Die Fortführung des Krieges machte die Aushebung einer ungeheuren Anzahl von Soldaten und die Mobilisierung der Zivilbevölkerung erforderlich, die man durch beispiellose Propagandakampagnen erreichte. Der Krieg zeitigte in Europa und Rußland weitverbreitete Hungersnöte. Er trug zum Ausbruch der russischen Revolution und zum Zerfall des österreich-ungarischen Reiches bei und veranlaßte die Vereinigten Staaten, auf seiten Frankreichs und Großbritanniens in den Krieg einzutreten. Dieses letzte Ereignis führte schließlich zum Waffenstillstand und zur Revolution in Deutschland, in deren Verlauf die deutsche Monarchie durch eine von Sozialdemokraten geführte Republik abgelöst wurde.

Das Scheitern der Alliierten bei ihren Bemühungen um einen vernünftigen Frieden führte zur Schaffung eines neuen weltpolitischen Systems, das sich im wesentlichen auf die geschwächten westlichen Demokratien England und Frankreich stützte. Dieses System überlebte die kurze Entspannungsperiode nach Kriegsende nicht. Angst vor Revolutionen nach russischem Vorbild beherrschten den europäischen Kontinent und veranlaßten zuerst in Italien und dann in Deutschland das Bürgertum, sich den neuen faschistischen Bewegungen anzuschließen.

Der Zweite Weltkrieg entstand aus einem wiedererwachten, aber falsch verstandenen deutschen Nationalismus unter der demagogischen Führung eines Diktators. Während er die Wirtschaftskrise in Deutschland mittels eines Aufrüstungsprogramms und staatlicher Arbeitsvergabe löste, betrieb er gleichzeitig eine expansionistische Außenpolitik, die er mit den offensichtlichen Ungerechtigkeiten des Versailler Friedensvertrages rechtfertigte. Hitlers Vorgehen war aber dermaßen irrational, daß ein Krieg unvermeidlich zu werden drohte. Als England und Frankreich erkannten, daß jede Beschwichtigungspolitik gegenüber Hitler unwirksam bleiben mußte, konnte der Frieden nicht mehr erhalten werden.

Der Zweite Weltkrieg begann für Deutschland und seine italienischen und japanischen Verbündeten fast überall siegreich. Erst als die beiden nichteuropäischen Weltmächte Amerika und Rußland in den

Krieg eingriffen, war sein Ausgang entschieden. Dennoch hielten die Deutschen und die Japaner bis 1945 durch. Im Fernen Osten beendeten die Alliierten den Krieg durch den Abwurf der ersten Atombomben auf Hiroschima und auf Nagasaki.

Lange Zeit galt die Anwendung der Atombombe durch die Vereinigten Staaten als einer der Gründe für den nun eintretenden »Kalten Krieg« in den Jahren seit 1945, da die Existenz dieser Waffe das schon pathologische Mißtrauen der Sowjets dem Westen gegenüber vertiefte. Der eigentliche Grund aber für den »Kalten Krieg« waren die Unbeweglichkeit des sowjetischen Systems und der Wunsch Stalins, in Ost-Europa einen Kordon von Satellitenstaaten zu errichten.

Durch den Zusammenbruch der europäischen Kolonialreiche entstanden zahlreiche neue Staaten in Asien und Afrika, die auf ausländische Hilfe angewiesen waren und die sich in der Organisation ihrer Gesellschaft und ihrer politischen Institutionen labil und wankelmütig zeigten. Darum sind sie oft genug zu einem Schauplatz der Rivalität der Großmächte in Ost und West geworden.

Die größte Bedrohung der Welt stellt immer noch das Wettrüsten der Großmächte dar, das mit der Produktion von Atombomben begann. Nach 1949 erzeugten Amerika und Rußland bereits Wasserstoffbomben. Großbritannien, Frankreich und das kommunistische China folgten ihrem Beispiel. Das Wettrüsten erstreckte sich bald auf die Träger dieser Waffen, was konsequenterweise zu einem Raketenwettrüsten führte. Der Erfolg des ersten russischen Erdsatelliten Sputnik im Jahr 1957 brachte eine weitere Dimension ins Spiel: das Rennen um Erfolge im All, das für die Staaten zu einem reinen Prestige wurde, während der Nutzen der Weltraumfahrt für die Menschheit keineswegs erwiesen ist.

Das Blutvergießen des Zweiten Weltkrieges hat zu der Überzeugung geführt, daß Krieg und Gewalt um jeden Preis vermieden werden müssen. Zwanzig Jahre lang glaubte man, daß der mühselige Weg von Verhandlungen einem schnellen, aber blutigen Ergebnis auf dem Schlachtfeld vorzuziehen sei. Diese Erkenntnis zeitigte manche halbe Lösung und Fehlentscheidung, auch konnten kriegerische Unternehmungen keineswegs vermieden werden. Die Verbreitung von Wissen und Bildung hat die Menschheit auf ihrem Weg zu einer befriedeten Gesellschaft kaum vorangebracht.

HUGH THOMAS

Ein Flugzeug über Kitty Hawk 1903

Nur ein Junge mit seinem Hund, Wilbur Wright und vier andere Männer waren Zeugen, als Orville Wright den Motor seines zerbrechlich aussehenden Doppeldeckers zu dem ersten erfolgreichen motorgetriebenen Flug in einer Maschine, die schwerer war als Luft, startete. Die Technik schien über die Anziehungskraft der Erde zu triumphieren. Einer der ältesten Träume der Menschheit war Wirklichkeit geworden. Innerhalb weniger Jahrzehnte sollte die Erfindung das Gesicht der Welt verändern.

Nachdem George Cayley 1799 die grundlegenden Gesetze der Aerodynamik und der Flugsteuerung entdeckt hatte, währte es noch ein gutes Jahrhundert, bis das Zeitalter der Luftfahrt wirklich anbrach. In diesen hundert Jahren erweiterten zahlreiche Experimente das theoretische Wissen um die technischen Erfordernisse der Fliegerei. Die meisterlichen Segelgleitflüge Otto Lilienthals in den Jahren 1891 bis 1896 erbrachten die praktische Grundlage für die ersten gesteuerten Motorflüge mit einem Doppeldecker durch Wilbur und Orville Wright, die sie 1903 unternahmen.

Der erste Flug der Brüder revolutionierte letzten Endes das Verkehrswesen ebenso wie die Kriegstechnik und ließ die Welt gleichsam zusammenschrumpfen. Ihnen aber erschien ihr Flug nur als der selbstverständliche Abschluß einer ersten Phase systematischer Experimente, die 1899 mit dem Bau einer Maschine, die verwindbare Tragflächen besaß, begonnen hatte. In den drei folgenden Jahren setzten immer erfolgreichere Gleitflüge die Entwicklung fort.

Schauplatz des ersten Motorfluges war die sandige, dem Wind ausgesetzte Atlantikküste in den Dünen von Kill Devil, sechs oder sieben Kilometer südlich des kleinen Fischerdorfes Kitty Hawk in Nord-Carolina. An einem Donnerstag, dem 17. Dezember 1903, standen Wilbur und Orville Wright früh auf und hißten eine Signalflagge, um den Männern in der Lebensrettungsstation von Kill Devil anzuzeigen, daß sie einen Flugversuch unternehmen wollten. Vier Männer, ein Junge und sein Hund kamen herüber um zuzuschauen. Einer der Männer bediente eine Kamera, mit der das Geschehen festgehalten werden sollte.

Bald nach zehn Uhr, während eine frische Brise von Norden wehte, wurden die letzten Vorbereitungen getroffen. Das Flugzeug, auf den Namen »Flyer« getauft, war ein Doppeldecker, der das Höhenruder vorn und hinten ein doppeltes Seitenruder hatte. Es besaß einen zwölf PS starken Benzinmotor, der auf der unteren Tragfläche montiert war und über verkleidete Fahrradketten zwei Druckschrauben hinter den Flügeln antrieb. Die Tragflächen selbst waren verwindbar, das heißt, man konnte ihnen einen entgegegesetzten Ausschlag geben, so daß sie in unterschiedlichem Winkel zum Luftstrom standen. Diese Konstruktion erlaubte es in Verbindung mit dem Seitenruder, die Maschine zum Kurvenflug nach Belieben in Schräglage zu bringen und bildete die wesentlichste Errungenschaft der Wrightschen Versuche zur Flugsteuerung.

Der zerbrechlich anmutende, in Wirklichkeit jedoch sehr robuste kleine Doppeldecker konnte wegen des sandigen Bodens nicht auf Rädern starten und landen und besaß deshalb Gleitkufen. Die Brüder hatten die Idee gehabt, parallel zur Windrichtung etwa fünfzehn Meter lange hölzerne Schienen zu bauen, über die ein kleines, frei bewegliches Laufwerk rollen konnte, auf das das Flugzeug mit seinen Landekufen gesetzt wurde. Der Pilot lag bäuchlings in der Mitte auf der unteren Tragfläche. Die Maschine wurde durch einen Draht gehalten, bis der Motor auf seine maximale Tourenzahl beschleunigt war. In diesem Augenblick löste der Pilot den Haltedraht, und die »Flyer« sauste die Schiene entlang. Sobald die Geschwindigkeit so groß war, daß die Tragflächen Auftrieb bekamen, hob das Flugzeug vom Laufwerk ab.

Vor dem ersten Flugversuch, der am 14. Dezember 1903 stattfinden sollte, hatten die Brüder eine Münze geworfen, um zu entscheiden, wer von ihnen starten dürfe, und Wilbur gewann. Er bediente die Steuerung jedoch nicht mit dem gebotenen Fingerspitzengefühl, so daß die Maschine absackte und schon kurz hinter der Schiene durch den Sand pflügte.

Am 17. Dezember kam Orville an die Reihe. Gegen 10.30 Uhr war alles zum zweiten Startversuch bereit. Orville Wright brachte den Motor auf höchste Touren; er löste den Haltedraht; die »Flyer« raste über die Schiene; schon erhob sie sich in die Luft und blieb ungefähr zwölf

Modell des Doppeldeckers der Brüder Wright aus dem Jahr 1908

Die Brüder Wilbur und Orville Wright

Modell des ersten motorgetriebenen Flugzeugs der Brüder Wright aus dem Jahr 1903

Erste Kanal-Überquerung mit mit einem motorgetriebenen Flugzeug von Louis Blériot im Jahr 1909

nem Flugzeug zwölf Sekunden in der Luft zu halten. Und erst im November 1907 gelang es jemandem, neunundfünfzig Sekunden lang zu fliegen. Das lag vor allem daran, daß die Brüder Wright erst im Jahr 1908 die praktische Fliegerei wieder aufnahmen.

Am 5. Januar 1904 äußerten die Wrights in einer gemeinsamen Erklärung gegenüber der Presse: »Nur wer mit der Praxis der Luftfahrt vertraut ist, kann ermessen, welche Schwierigkeiten es mit sich bringt, die ersten Startversuche mit einer Flugmaschine bei einer Windgeschwindigkeit von mehr als vierzig Kilometern in der Stunde zu unternehmen. Weil der Winter bereits eingesetzt hatte, hätten wir unsere Experimente eigentlich auf eine günstigere Jahreszeit verschieben müssen, aber wir waren nun einmal fest entschlossen, vor unserer Rückkehr nach Hause herauszufinden, ob die Maschine genug Motorkraft zum Fliegen besäße, stabil genug sei, um die Stöße bei der Landung auszuhalten und über ausreichende Steuerungsfähigkeit verfüge, um sowohl bei kräftigen Böen als auch bei Windstille sicher zu fliegen. Nachdem wir diese Fragen definitiv geklärt hatten, packten wir sofort unsere Sachen und fuhren in dem Bewußtsein nach Hause, daß das Zeitalter der Flugmaschine endlich gekommen war.

Von Anfang an haben wir völlig neue Prinzipien bei der Steuerung angewandt, und weil wir alle Experimente nur aus unseren eigenen Mitteln bestritten haben, ohne Unterstützung von privater Seite oder durch eine Institution, sehen wir uns gegenwärtig nicht in der Lage, irgendwelche Bilder oder detaillierte Beschreibungen der Maschine zu veröffentlichen.«

Sekunden oben. Da sie kräftigen Gegenwind hatte, war sie in Wirklichkeit beträchtlich weiter geflogen als die nur knapp siebzig Meter, die als Entfernung zwischen Start- und Landeplatz über Grund gemessen wurden. Die wenigen Sekunden sollten Geschichte machen. Orville Wright beschrieb das Ereignis:

»Der Flug hat zwar nur zwölf Sekunden gedauert, aber er ist der erste in der Geschichte der Menschheit gewesen, bei dem eine Maschine, die einen Menschen trug, sich aus eigener Kraft und völlig ungebunden in die Luft erhoben hat, ohne an Geschwindigkeit einzubüßen, eine Strecke geflogen und schließlich an einem Punkt gelandet ist, der nicht niedriger lag als der Startplatz.«

Diesem Flug folgten noch weitere Versuche. An jenem Vormittag wurden noch drei Flüge unternommen, bei denen sich die Brüder abwechselten. Der vierte Flug mit Wilbur als Pilot dauerte schon neunundfünfzig Sekunden, in denen eine auf dem Boden gemessene Strecke von knapp zweihundertsechzig Metern zurückgelegt wurde, was mehr als achthundert Metern in der Luft entsprach. Es ist interessant, daß es bis zum November 1906 dauern sollte, bis wieder ein Mensch in der Lage war, sich mit ei-

Vier wesentliche Punkte, die den Erfolg der Forschertätigkeit der Brüder Wright ausmachten, sind oft übersehen worden, was zu vielen Fehleinschätzungen dieser bedeutenden Männer geführt hat. Zum einen gingen ihren ersten motorgetriebenen Flügen drei Jahre unermüdlicher Versuche mit Gleitflügen voran. Bis es ihnen schließlich 1902 gelang, das Problem der Steuerung im dreidimensionalen Raum zu lösen, was entscheidend zum Gelingen ihrer Flüge beitrug. Die Brüder Wright hatten, bevor sie 1903 mit der »Flyer« ihr erstes Motorflugzeug bauten,

Wilbur Wright bei den Vorbereitungen für seine erste Flugvorführung bei Le Mans im Jahr 1908

mit Seglern gelernt, die Flughöhe zu ändern, sowie Kursabweichungen und Schlingerbewegungen auszugleichen.

Zum anderen gab es die naive und oft ausgesprochene Vorstellung, daß die beiden Wrights ihre vier Flüge vom 17. Dezember 1903 als einen endgültigen und nicht mehr zu überbietenden Erfolg angesehen hätten, eine Vorstellung, die keineswegs der Wahrheit entspricht. Tatsächlich hatten diese Flüge nur experimentellen Charakter und sollten einfach den Beweis erbringen, daß die Brüder mit ihren Forschungen und technischen Konstruktionen auf dem richtigen Weg waren. Hätten sie nur jene vier kurzen Flüge unternommen, würden sie zwar einen wichtigen Platz in der Geschichte der Luftfahrt einnehmen, aber auch nicht mehr. Ihr wirklicher Verdienst ist, daß sie mit der »Flyer II« von 1904 ihre Versuche weiter vorantrieben, bis sie mit der »Flyer III« von 1905 eine Maschine besaßen, die sich ohne weiteres eine halbe Stunde in der Luft hielt, die Kurven, Kreise und Achten fliegen konnte. Die »Flyer III« war das erste funktionstüchtige Flugzeug überhaupt. Bis zum September 1908 vermochte kein anderes Flugzeug, sie in bezug auf die Flugdauer zu übertreffen.

Mit dem dritten Punkt hatte es seine eigene Bewandtnis: Über die Brüder lief eine Legende um, die aus einer Eigenschaft des amerikanischen Nationalcharakters entstanden war. Die Amerikaner neigen dazu, jene Vorstellung, die durch die Redensart »aus der Blockhütte ins Weiße Haus« illustriert wird, allzusehr zu strapazieren. Der Glaube, daß für jeden Bürger eine reelle Möglichkeit bestehe, auch das höchste Amt im Staat zu erwerben, führte, bezogen auf die Brüder Wright, zu dem Märchen, sie stammten aus ärmlichen Verhältnissen und seien ziemlich ungebildet gewesen. Als junge Burschen hätten sie ohne die geringsten technischen Kenntnisse irgendeinen verrückten Apparat zusammengezimmert, so lange an ihm herumgebastelt, bis er ihnen flugtüchtig zu sein schien. Dann wären sie eingestiegen und hätten es tatsächlich fertiggebracht, mit mehr Glück als Verstand sich mit ihrem Produkt in die Lüfte zu erheben. Die Wirklichkeit sah völlig anders aus.

Die Wrights waren Junggesellen und Söhne eines verwitweten protestantischen Bischofs, der einer kleinen Sekte, den »United Brethren« vorstand. Zur Familie gehörten noch der verheiratete Bruder Lorin und die von allen innig geliebte Schwester Katharine, die den Wrightschen Haushalt mit Umsicht leitete. Die religiöse Welt des Elternhauses prägte den Charakter der beiden Brüder in zweierlei Hinsicht. Da war zunächst die strenge und patriarchalische Ehrbarkeit des Vaters, der sie Pflichtbewußtsein und Rechtschaffenheit lehrte. Ferner schrieben und sprachen sie, da sie gleichsam mit der Bibel aufgewachsen waren, ein ausgezeichnetes Englisch; einfach, klar und ausdrucksstark. Das kam ihnen sehr zustatten, als sie mit ihren aeronautischen Studien begannen und mit dem großen amerikanischen Luftfahrtpionier Octave Chanute sowie einer im Lauf der Jahre wachsenden Zahl an ihren Projekten interessierter oder beteiligter Männer in briefliche Verbindung traten.

Die Brüder erhielten die zu jener Zeit übliche Erziehung und gingen dann ihrer eigenen Wege. Sie wurden erstklassige Mechaniker. Nachdem sie ein gutgehendes Fahrradgeschäft aufgemacht hatten, konstruierten sie ein hervorragendes Fahrrad und fertigten es in eigener Produktion. Die technischen Kenntnisse, die sie hierbei erwarben, sollten ihnen später von großem Nutzen sein, als sie sich mit

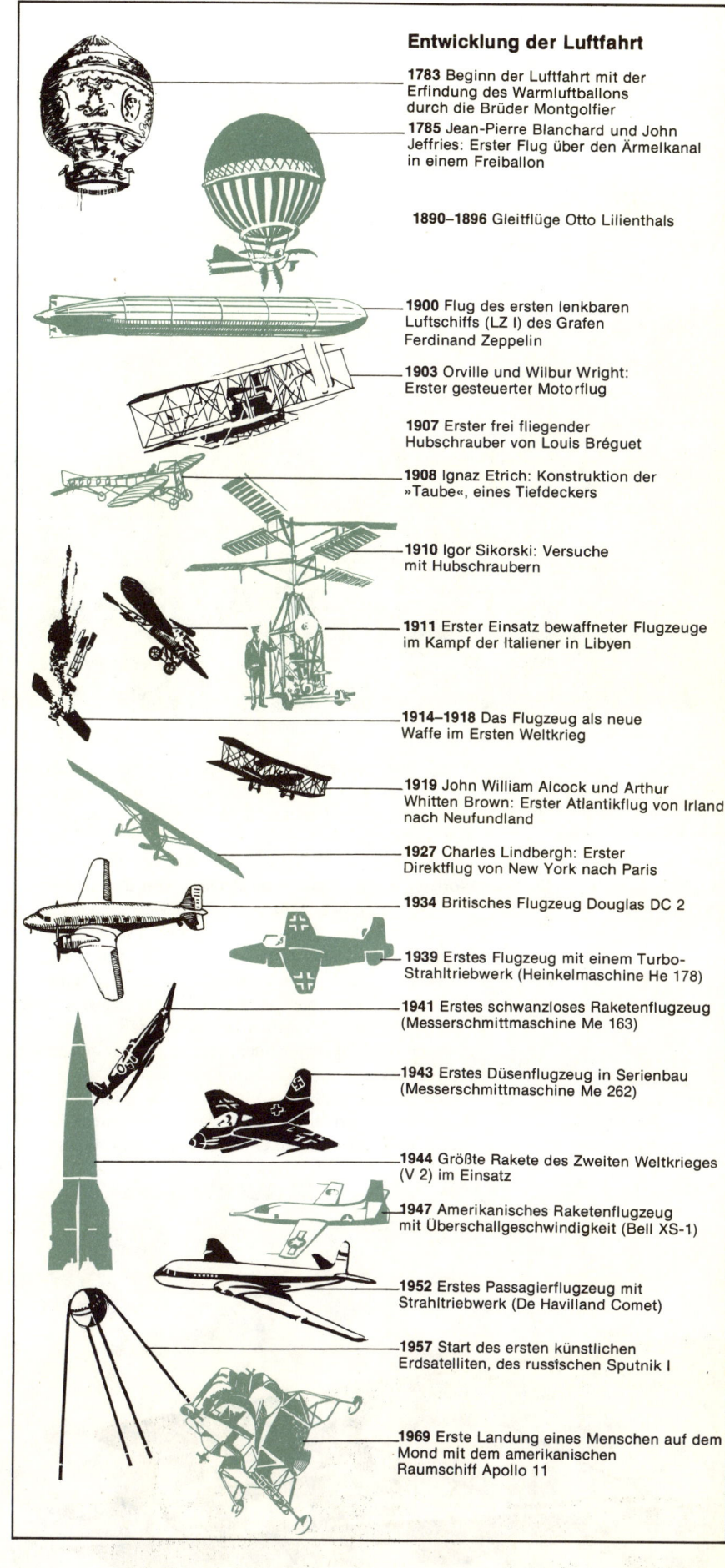

Entwicklung der Luftfahrt

1783 Beginn der Luftfahrt mit der Erfindung des Warmluftballons durch die Brüder Montgolfier

1785 Jean-Pierre Blanchard und John Jeffries: Erster Flug über den Ärmelkanal in einem Freiballon

1890–1896 Gleitflüge Otto Lilienthals

1900 Flug des ersten lenkbaren Luftschiffs (LZ I) des Grafen Ferdinand Zeppelin

1903 Orville und Wilbur Wright: Erster gesteuerter Motorflug

1907 Erster frei fliegender Hubschrauber von Louis Bréguet

1908 Ignaz Etrich: Konstruktion der »Taube«, eines Tiefdeckers

1910 Igor Sikorski: Versuche mit Hubschraubern

1911 Erster Einsatz bewaffneter Flugzeuge im Kampf der Italiener in Libyen

1914–1918 Das Flugzeug als neue Waffe im Ersten Weltkrieg

1919 John William Alcock und Arthur Whitten Brown: Erster Atlantikflug von Irland nach Neufundland

1927 Charles Lindbergh: Erster Direktflug von New York nach Paris

1934 Britisches Flugzeug Douglas DC 2

1939 Erstes Flugzeug mit einem Turbo-Strahltriebwerk (Heinkelmaschine He 178)

1941 Erstes schwanzloses Raketenflugzeug (Messerschmittmaschine Me 163)

1943 Erstes Düsenflugzeug in Serienbau (Messerschmittmaschine Me 262)

1944 Größte Rakete des Zweiten Weltkrieges (V 2) im Einsatz

1947 Amerikanisches Raketenflugzeug mit Überschallgeschwindigkeit (Bell XS-1)

1952 Erstes Passagierflugzeug mit Strahltriebwerk (De Havilland Comet)

1957 Start des ersten künstlichen Erdsatelliten, des russischen Sputnik I

1969 Erste Landung eines Menschen auf dem Mond mit dem amerikanischen Raumschiff Apollo 11

Honoratioren bei der Besichtigung einer Dampfflugmaschine von Hiram Stevens Maxim im Jahr 1894

Doppeldecker der Brüder Gabriel und Charles Voisin aus dem Jahr 1907/08

dem Entwerfen und dem Bauen von Flugzeugen beschäftigten. Ebenso begabt zeigten sie sich bei der Erforschung aerodynamischer Gesetze, deren Ergebnisse auch spätere Physiker und Aerodynamiker, wie den Ungarn Theodor von Kármán, noch in Erstaunen setzten. Tausende von Notizen, Diagrammen und Briefen, von denen viele bis heute veröffentlicht wurden, sind Beweis genug für die Begabung der Brüder Wright. Fast ebenso wichtig war ihr fliegerisches Talent, das beide Brüder in gleichem Maß entwickelten. Sie waren nicht nur die ersten Menschen, die flogen, sondern gleichzeitig auch die ersten wirklichen Piloten. Freunde der beiden äußerten, daß es schwierig gewesen wäre zu entscheiden, wer von ihnen der bessere Flieger war.

Die größten Mißverständnisse hat vielleicht der vierte Punkt hervorgerufen, nämlich die Frage, welche Bedeutung die Wrights für die Geschichte der Luftfahrt gehabt haben. Bedauerlicherweise haben einige voreingenommene Autoren beiderseits des Atlantiks aufzuzeigen versucht, daß das Werk der Wrights isoliert entstanden sei und keinen Einfluß auf andere Flugpioniere ausgeübt habe. Die Ursache für diesen Irrtum lag in der unglücklichen Entscheidung der Brüder, im Jahr 1905 das Fliegen in der Öffentlichkeit einstweilen aufzugeben und es nicht eher wieder zu beginnen, bis ein Käufer ihnen die Abnahme ihrer Maschinen garantierte. Ein solcher fand sich aber erst im Jahr 1908. Die Brüder hatten ihre Flugversuche nur deshalb so lange unterbrochen, weil sie entschlossen waren, ihre Erfindung zu schützen und wirtschaftlich zu nutzen.

Trotzdem übten sie während dieser ganzen Zeit, praktisch seit 1902/03, einen äußerst wichtigen Einfluß auf die Entwicklung der Luftfahrt in Europa aus. Als Illustrationen und Beschreibungen ihrer erfolgreichen Gleitversuche Frankreich erreichten, erwies es sich, daß diese Materialien in Europa erst den Anstoß zu einem Wiedererwachen des Interesses an der Fliegerei gaben. Der große alte Mann der amerikanischen Luftfahrtsforschung, Octave Chanute, hielt im April 1903 vor den französischen Pionieren auf diesem Gebiet Vorträge. Er zeigte ihnen ausgezeichnete Fotografien und berichtete von den meisterhaften Gleitflügen der Wrights. Die Franzosen begannen bald darauf unter der Leitung von Ferdinand Ferber und Ernest Archdeacon, die Wrightschen Segler nachzubauen, und eröffneten damit ein neues Kapitel in der europäischen Luftfahrt.

1908 beschlossen die Brüder, daß Orville in den Vereinigten Staaten bleiben sollte, um in Fort Myer für die Nachrichtentruppe der Armee die vereinbarten Abnahmetests der von ihnen gelieferten Flugzeuge durchzuführen, während Wilbur nach Europa ging. Die finanziellen

Fragen waren Anfang 1908 endgültig geregelt. Wilbur reiste nach Frankreich ab. Im August 1908 unternahm er die ersten Flüge vor der Öffentlichkeit. Einer der Großen unter den Luftschiffpionieren, der Graf Henry de La Vaulx, äußerte damals, Wilburs großartiges neues Flugzeug habe innerhalb weniger Wochen »die Welt des Fliegers revolutioniert«. Bevor Wilbur Wright seine ersten Flüge unternommen hatte, gab es in Europa niemanden, der sich auf eine zuverlässige Flugsteuerung verstand. Niemand vermochte ein Flugzeug wirksam in der Luft zu beherrschen. Besondere Schwierigkeiten bereiteten die Korrektur von Schlingerbewegungen sowie Änderungen des Kurses und der Flughöhe. Das Wrightsche Flugzeug konnte in Schräglage gebracht werden, es konnte Kehren und Kreise fliegen und war überhaupt mit großer Leichtigkeit zu steuern, während die primitiven europäischen Konstruktionen äußerst vorsichtig manövriert werden mußten und nur unter Schwierigkeiten wenden konnten.

Der Jubel über die Flugzeuge aus Amerika kannte keine Grenzen. Während Wilbur Wright einen Triumph nach dem anderen erlebte, erkannten die Pioniere der europäischen Luftfahrt klar, in welchen wesentlichen Punkten sie von ihm zu lernen hatten. Sie folgten seinen theoretischen Ausführungen, die sie abwechselnd verblüfften, bestürzten und, das muß man gerechterweise sagen, auch beschämten, weil sie sechs Jahre lang nur mißtrauisch und skeptisch gewesen waren und sich auf eigene stümperhafte Flugversuche beschränkt hatten. Sie hatten keine Vorstellungskraft vom wirklichen Fliegen besessen, geschweige denn ein wirksames Instrument zur Flugsteuerung in Händen gehalten.

Der Veteran unter den Fliegern, Léon Delagrange, sprach im Namen seiner Landsleute, als er offen eingestand: »Jawohl, wir sind geschlagen! Man könnte sagen, wir existieren gar nicht.« Ein anderer Franzose äußerte: »Niemand kann abschätzen, welche Auswirkungen diese neue Art der Fortbewegung haben wird, deren überwältigende Anfänge wir heute erleben.« »Für die Luftfahrt in Frankreich und in der ganzen Welt hat eine neue Ära begonnen... Es ist phantastisch«, rief der französische Flieger Louis Blériot aus. »Es ist für den Flugzeugbau eine Offenbarung«, sagte René Gasnier, »wer könnte heute noch behaupten, daß die Wrights zuviel versprochen hätten?... Im Vergleich zu ihnen sind wir wie Kinder.«

Die französischen Fachzeitschriften zeigten sich gleichermaßen beschämt und enthusiastisch. Sie nannten die Vorführungen Wilbur Wrights »eines der erregendsten Schauspiele in der Geschichte der angewandten Wissenschaften«.

Die europäischen Flieger erhielten damals zum ersten Mal einen Begriff davon, was Flugzeugsteuerung bedeutete. Das zeitigte eine stürmische Entwicklung, die schließlich zur Eroberung der Luft durch den Menschen führte. Nicht nur Männer der Luftfahrt, sondern auch Politiker und andere einflußreiche Persönlichkeiten stimmten schon bald dem berühmten Ausspruch von Major B. F. S. Baden-Powell, dem ehemaligen Präsidenten der Royal Aeronautical Society, zu, als der gesagte. »Es steht außer Zweifel, daß Wilbur Wright im Besitz einer Macht ist, die über das Schicksal von Nationen entscheidet.«

Die Arbeit der großen Erfinder – besonders jener, die gleichzeitig deren geistige Urheber sind –, bildet den Grundstein, auf dem ihre Nachfolger aufbauen können und der sie zu weiterem Forschen und Entwickeln anspornt. Auf dem Gebiet der Luftfahrt waren es die Brüder

Wilbur und Orville Wright, die in einzigartiger Weise die notwendigen Voraussetzungen von erfolgreichen Vorkämpfern und Pionieren, die neue Maßstäbe schufen, besaßen. Das abschließende Wort mag der große französische Flieger und Historiker Charles Dollfus haben:

»Unzweifelhaft waren es allein die Brüder Wright, die das Problem, wie der Mensch künstlich fliegen könne, in seinem ganzen Umfang gelöst haben... Es war dies die Frucht ihrer Versuche von 1903 bis 1905. Männer von großem schöpferischem Geist, die sie waren, gebildet, exakt im Denken, unermüdlich bei der Arbeit, hervorragende Experimentatoren und selbstlos in ihrem Einsatz, haben die Brüder Wilbur und Orville Wright mehr als nur irgendeiner den Erfolg verdient, den sie errangen. Sie veränderten das Gesicht des Erdballs.«

CHARLES GIBBS-SMITH

Plakat für eine Woche der Luftfahrt in Reims im Jahr 1909

Revolutionen im Osten. Bündnisse im Westen.

Am 30. Juli 1903 versammelte sich in einem übelriechenden, von Ungeziefer heimgesuchten Lagerhaus in Brüssel der zweite Kongreß der Sozialdemokratischen Arbeiterpartei Rußlands. Schon wenige Tage später aber mußten die Delegierten auf Druck der belgischen Behörden ihren Parteitag nach London verlegen. Aus den Auseinandersetzungen auf diesem Kongreß ging die bolschewistische Partei hervor, die dann 1917 in Rußland die Macht ergreifen sollte.

Sozialismus in Rußland

Im Januar 1905 hatten die Niederlagen der russischen Armee im Krieg gegen Japan eine Revolution gegen das autokratische Regiment des Zaren Nikolaus II. zur Folge. In vielerlei Hinsicht war diese Revolution eine Generalprobe für 1917. Zwar gab es keine formale Verbindung zwischen der fehlgeschlagenen Revolution von 1905 und der erfolgreichen von 1917. Dennoch war sie ein Anzeichen für die offene revolutionäre Lage im zaristischen Rußland. Die Ereignisse von 1905 offenbarten die tiefe Unzufriedenheit des russischen Volkes. In London schufen die Bolschewisten die Voraussetzungen für eine Kampfpartei, die auf totale Machtergreifung ausging. Nur sie nutzten die vielschichtige Unzufriedenheit im russischen Reich entschlossen und konsequent für ihre Ziele aus.

Zu Beginn des 20. Jahrhunderts wurde die große Menge der halbfreien Bauern Rußlands von einer autokratischen Monarchie, einem parasitären Adel und einer korrupten Bürokratie ausgebeutet. Der Agitation durch Intellektuelle und durch Studenten begegnete man mit brutalen Polizeimaßnahmen, Bauernaufstände wurden von Kosakenregimentern niedergeschlagen. Unzufriedenheit und Unterdrückung eskaladierten einander. Bauern und Fabrikarbeiter waren gleichermaßen zur Revolution bereit.

Ein großer Teil der besten Felder und des Weidelandes, der Wälder und Gewässer besaß der Adel, der sich nicht mit der wirtschaftlichen Bebauung und der Pflege seines Landes abgab. Kaum ein Bauer hatte die Mittel, um über dem Existenzminimum zu leben, geschweige denn, seine Lage durch Investitionen zu verbessern. Das Elend griff immer weiter um sich. In den größeren Industriegebieten fristete ein unterdrücktes Proletariat ein kümmerliches Leben. Elendsquartiere, ein langer Arbeitstag, Kinderarbeit und niedrige Löhne erzeugten hier weitverbreitete Unzufriedenheit.

Trotz der Geheimpolizei und der permanenten Bedrohung durch drakonische Maßnahmen der Justiz wie Hinrichtungen, Deportationen und körperliche Züchtigungen wuchs die revolutionäre Bewegung ständig an. Zunächst entwickelten sich mehrere Strömungen auf der Basis marxistisch-sozialdemokratischer Ideologien. Die meisten Gruppen waren anarchistisch orientiert und befaßten sich in erster Linie mit den Problemen der Bauern. Dann wurde 1898 in Minsk die Sozialdemokratische Arbeiterpartei Rußlands gegründet. Es erschien der Typus eines neuen Revolutionärs, der die alte Ordnung kompromißlos ablehnte. Von Anfang an erschütterten innere Auseinandersetzungen die Partei. Die älteren Führer glaubten, daß die Hauptaufgabe der Partei darin liege, den Arbeitern ihre Ausbeutung bewußt zu machen. Wladimir Iljitsch Uljanow war anderer Meinung. Ein solches Vorgehen, so sagte er, führe nur zum Reformismus, also zu einer Folge von kleinen Verbesserungen der bestehenden ökonomischen Situation, anstatt zu einer Änderung des Herrschaftssystems. 1902 veröffentlichte Uljanow unter dem Pseudonym Lenin, wie er sich seit 1901 nannte, die Schrift »Was tun?«. Darin vertrat er die Überzeugung, daß die Arbeiterklasse unfähig sei, aus sich allein heraus eine revolutionäre Ideologie zu entwickeln und daß diese Aufgabe von einer Elite von Berufsrevolutionären übernommen werden müsse. Die ideologische Auseinandersetzung zwischen Lenin und den älteren Mitgliedern der Partei erreichte auf dem zweiten Kongreß in London ihren Höhepunkt. Durch geschickte Ausschußarbeit und gerissenes Taktieren verließen Lenin und seine Gruppe den Kongreß als Bolschewiki oder Mehrheitler, während jene, die Anhänger eines gemäßigten demokratischeren Parteibegriffs waren, mit dem Makel der Menschewiki, der Minderheitler, zurückblieben. Das Ergebnis dieses Konflikts sollte für den Verlauf der Revolution entscheidend sein, denn die Bolschewiki hatten sich zur Diktatur entschlossen. Wie folgenschwer dieser Entschluß war, sollte jedoch erst die Zukunft zeigen. Zunächst nahm die Revolution ohne Lenin ihren Fortgang.

Die Revolution von 1905

1903 gab es in St. Petersburg 87 Streiks. Auf dem Land brannten Bauernbanden Gutshäuser nieder und erschlugen ihre Herren. Weil die Regierung hoffte, durch außenpolitische Erfolge die Aufmerksamkeit von den innenpolitischen Schwierigkeiten abzulenken, manövrierte sie Rußland in einen Krieg mit Japan. Statt der erwarteten Siege erlitt das Land jedoch jedoch nur vernichtende Niederlagen. Am 22. Januar 1905 zog eine große Menge zum Winterpalais in St. Petersburg, um Zar Nikolaus II. in einer Petition um Reformen zu bitten. Die Pilger, die friedlich Hymnen sangen und Bilder des Zaren trugen, wurden von der Palastgarde beschossen. Es gab Tote und Verletzte; die Empörung schlug Wellen und verbreitete sich rasch; die Revolution von 1905 hatte begonnen.

Berichte von weiteren katastrophalen Niederlagen, wie der Vernichtung der Ostseeflotte in der Seestraße von Korea bei der Insel Tsuschima, zwangen den Zaren bald, Zugeständnisse an sein Volk zu machen. Eine Verfassung wurde versprochen und ein Parlament, die Duma, konstituiert. Aber alle Einlenkungsversuche der Regierung kamen zu spät. In St. Petersburg schufen sich die Arbeiter spontan eigene Räte, die Sowjets. Unter Führung des jungen Sozialisten Leo Trotzki übten sie einige Macht im Land aus. In panischer Angst vor dem Proletariat schlug sich das Bürgertum auf die Seite der Regierung. Dadurch wurde es dem Zaren möglich, die Kräfte der Reaktion zu mobilisieren und die Revolution aufs grausamste niederzuschlagen. Die einflußlose Duma blieb als verlogene Fassade einer Demokratie, die es nicht gab, bestehen. Lenin urteilte, eine Unterstützung der Duma würde bedeuten, »Über den Leichen der Arbeiter mit dem Zarismus zu feilschen«.

Die Revolution war erstickt. Die Bolschewiki aber lernten aus ihren Fehlern und ergriffen 1917 die Führung des Volkes um so entschlossener.

Der Versuch einer Räteherrschaft fand weit über die Grenzen Rußlands hinaus ein Echo. In den Ländern Asiens und der arabischen Welt, für die der russisch-japanische Krieg den Kampf zwischen unterdrückten Nationen und europäischem Imperialismus verkörperte, sah man die Revolution von 1905 als einen Teil des Kampfes gegen Gewaltherrschaft überhaupt an. Sie entfesselte in Asien eine Welle von Unruhen, die sich vom Mittleren Osten bis Hinterindien ausbreitete.

Indien

Indien erlebte 1905 schwere Unruhen. Als sich die öffentliche Meinung gegen den britischen Kolonialismus zu wenden begann, kam es zu Bauernaufständen im Punjab und Terrorakten in Bengalen. Um das riesige Land verwalten zu können, sahen sich die Eng-

Der russische Panzerkreuzer »Potemkin«

Russische Revolutionäre im Jahr 1905

Konflikt um den Balkan

1900–1911

länder gezwungen, einem Teil der Inder eine Ausbildung zu gewähren. Bis zum Jahr 1900 bestanden in Indien fünf Universitäten. Eine gebildete Mittelklasse wuchs heran, die Kenntnis von dem amerikanischen Unabhängigkeitskrieg, von der Französischen Revolution und den Idealen einer Demokratie erhielt. Bald verlangte sie zu wissen, warum Indien keine autonome Regierung besaß wie etwa Kanada oder Australien. Die Engländer versuchten den Lauf der Entwicklung in ihrem Sinn zu steuern, indem sie 1909 eine Reform durchführten, die vorsah, eine Bevölkerungsschicht heranzuziehen, die »in Blut und Hautfarbe indisch, aber im Fühlen und Denken englisch« war. Die Heranbildung von Orientalen zu Gentlemen im westlichen Sinne konnte nur für kurze Zeit wirksam sein: Die Beteiligung der Inder an der Gesetzgebung für das Land vermochte die Gegensätze nur für wenige Jahre zu übertünchen. Das Urteil über die britische Herrschaft in Indien war bereits gesprochen.

China

Auch in China bereitete sich eine Revolution vor. Sie war jedoch genau wie in Rußland weniger gegen westlichen Imperialismus als gegen die Gewaltherrschaft im eigenen Land gerichtet. Dennoch löste das Eindringen westlichen Handels und westlicher Ideen die Unruhen aus. Wie seit Urzeiten ruhte auch die Macht der Ch'ing-Dynastie der Manchu auf drei Säulen: dem Konfuzianismus, dem Ackerbau und dem Mythos vom universalen Reich. Diese Grundpfeiler gerieten im 19. Jahrhundert ins Wanken, als die Einfuhr von fremdländischen Industrieerzeugnissen und eine ungeheure Bevölkerungsexplosion starke Erregung unter den Bauern hervorriefen. Sie gipfelte in der T'ai-P'ing-Bewegung, die in den Jahren 1850 bis 1864 große Teile des Landes verwüstete. Während dieser Zeit zerstörte in China das Wissen von mächtigen Nationen jenseits der Ozeane den Mythos vom Reich der Mitte.

Die Niederlage im Krieg gegen Japan 1894/95 überzeugte viele chinesische Intellektuelle, daß ihr Land westliche Ideen aufnehmen müsse. Aber die Reformversuche des jungen Kaisers Kuang-hsu (Tai-tien) endeten 1898 durch den Staatsstreich der Reaktion unter Führung der Kaiserinwitwe Ts'e-hi, die den Kaiser bis an sein Lebensende gefangenhielt. Die Unzufriedenheit gegen alle europäischen Einflüsse entlud sich 1900 im Aufstand des Boxer-Geheimbundes, der aber reformfeindlich eingestellt war und nichts mit der aufstrebenden revolutionären Bewegung unter Sun Yat-sen gemein hatte. Um ihn sammelten sich im Exil verantwortungsbewußte Chinesen, die eine Regenerierung Chinas durch den Sturz des Regimes zu erreichen hofften.

Der offene Ausbruch der Revolution erfolgte fast zufällig, als im Oktober 1911 eine Explosion in Hankou der Polizei den Weg zu den Verschwörern wies, was zu sofortigem Losschlagen zwang. Der Bürgerkrieg brachte nicht gleich die Entscheidung. Ende Dezember 1911 rief Sun Yat-sen in Nanking die Republik aus. Zwei Monate später dankte der erst fünfjährige Kaiser ab. Die vierhundertjährige Herrschaft der Söhne des Himmels ging zu Ende. Es folgten jahrelange Kämpfe verschiedener revolutionärer Richtungen.

Die Entwicklungen in Rußland, in Indien und in China zeigten an, daß sich das weltpolitische Gleichgewicht im 20. Jahrhundert auf dramatische Weise zu verschieben begann. Die Tage der Vorherrschaft Europas waren gezählt. Äußerlich erschien die Lage noch ziemlich ruhig: Seit dem deutsch-französischen Krieg von 1870/71 hatte es keine größeren europäischen Auseinandersetzungen gegeben. Die Staatsmänner rühmten sich, ein Zeitalter der friedlichen Beilegung von Konflikten begründet zu haben. Doch bestand immer noch allseitiges Mißtrauen und man hielt sich für den Fall eines Krieges wohlgerüstet.

Europäische Bündnissysteme

Gegen Ende des 19. Jahrhunderts befleißigte sich die europäische Diplomatie, ein immer lückenloseres System von Bündnissen zu errichten. 1879 schloß Bismarck den Zweibund mit Österreich-Ungarn. Diese Übereinkunft ermöglichte es dem deutschen Reichskanzler, die österreichische Politik zu beeinflussen und einen russisch-österreichischen Krieg um den Balkan zu verhindern. Der Zweibund, dem sich 1882 Italien anschloß, zog weitere Bündnisse nach sich. Frankreich, das noch immer unter der Niederlage von 1870/71 litt, schloß 1892 eine 1899 noch erweiterte Militärkonvention mit Rußland ab, die gegenseitige Hilfe bei einem Angriff der Dreibundmächte vorsah. Die Gedanken der deutschen Diplomatie und des Militärs bewegte nun das Problem, wie der Einkreisung und einem Zweifrontenkrieg mit Frankreich und Rußland zu begegnen sei. Die vom deutschen Generalstabschef, Graf Alfred von Schlieffen, seit 1905 entwickelte Lösung sah die blitzartige Besiegung Frankreichs vor, um anschließend freie Hand gegen Rußland zu haben.

In diesen Jahren lag es durchaus im Bereich des Möglichen, der Umklammerung durch eine Verständigung mit England entgegenzutreten. Verschiedene Faktoren aber führten zu einer englischen Entfremdung. Deutschland wurde als Ursache für die Verschlechterung der britischen Stellung auf dem Weltmarkt angesehen. Die Vorstellungen des Kaisers von der Rolle Deutschlands in der Weltpolitik vereinfachten die Lage nicht. Unüberlegte Gesten wie das Sympathietelegramm an den Präsidenten des Transvaal, Paulus Krüger, oder das undiplomatische Verhalten Wilhelms II. während der Krisen um Marokko 1905 und 1911 oder das deutsche Flottenbauprogramm verhinderten ernsthafte Freundschaftsverhandlungen mit England. Das ebnete Frankreich den Weg einer Annäherung an England. Eine erste Entspannung trat hier tatsächlich nach jahrelangen englisch-französischen Auseinandersetzungen um die Kolonialpolitik ein, als 1898 nach dem Zwischenfall bei Faschoda im Sudan England und Frankreich einen Konflikt durch einen Vertrag beilegten. Der triumphale Staatsbesuch König Eduards VII. 1903 in Paris führte 1904 zum Abschluß einer förmlichen Entente, die die Interessensphären festlegte.

Spannungen auf dem Balkan

Nach der Niederlage von 1905 verstärkte Rußland seine Aktivität auf dem Balkan. Das neuerwachte russische Interesse am Balkan führte jedoch unvermeidlich zu Spannungen mit Österreich. Da England bestrebt war, Streitfragen in Asien zu klären,

Präsident Theodore Roosevelt

schloß es 1907 ein Übereinkommen mit Rußland: Persien wurde in Interessensphären aufgeteilt; Rußland verzichtete auf seinen Einfluß in Afghanistan, und England berief seine Militärmissionen aus Tibet ab. Deutschlands Aktivität, einer Umklammerung zu begegnen, führte nur dazu, daß sich in Europa zwei bewaffnete Lager herausbildeten: Das eine hielt die Propaganda von der deutschen Gefahr zusammen, das andere, das in der schwächeren Position stand, besaß nicht das Geschick, den kriegerischen Konflikt wirksam auszuschalten.

Amerika

Die Vereinigten Staaten erlebten in diesen Jahren eine sorglose Prosperität. Unter Präsident Theodore Roosevelt nahm die Industrie großen Aufschwung. Der Außenhandel warf bedeutende finanzielle Gewinne ab. Die Politik Roosevelts charakterisiert sein Ausspruch »Freundlich zu reden und einen dicken Knüppel bei der Hand zu haben«. Mit dieser Taktik erreichte Amerika 1903 auch die Pacht der Landenge von Panama zum Bau eines Kanales zwischen Atlantik und Pazifik. Als Kolumbien, dem das Gebiet ursprünglich gehörte, sich weigerte, es abzutreten, brach unter den Panamesen eine Rebellion aus. Das Gebiet erklärte sich mit Unterstützung der USA für unabhängig und trat die Kanalzone ab.

Roosevelts Nachfolger wurde 1908 William Howard Taft, ein besonnener Mann, der von seinen Befugnissen nur sparsam Gebrauch machte.

Chinesische Soldaten während des Boxer-Aufstandes im Jahr 1900

Ein Automobil für das Volk 1908

Automobil Modell T der Ford-Werke aus dem Jahr 1915

Anfänge der Fließband-Produktion im Ford-Werk in Highland Park, Michigan: Montage von Lichtmaschinen und Einsetzen des Motors (unten)

»Ich will ein Automobil für die große Menge bauen«, sagte Henry Ford einst. »Es wird aus dem besten Material, von den besten Männern, die dafür zu finden sind, und nach den einfachsten Plänen, die die moderne Ingenieurkunst entwerfen kann, gebaut werden. Aber sein Preis wird so niedrig liegen, daß niemand, der einigermaßen gut verdient, es sich leisten kann, es nicht zu besitzen.«

So hochfliegende Pläne sollten dem etwas hinterwäldlerischen Wesen des Farmersohnes aus Michigan eigentlich fremd sein, den nur seine Begeisterung für technische Dinge in den Automobilbau verschlagen hatte. Aber Henry Ford hielt Wort: Im Oktober 1908 rollte das erste Automobil Modell T aus dem Ford-Werk an der Piquette Avenue in Detroit, eine rechteckige, kastenförmige Maschine, die zwar nicht mit Eleganz aufwarten konnte, dafür aber äußerst praktisch gebaut war. Nach einigen kräftigen Drehungen an der Kurbel des Anlassers erwachte der Motor ratternd zum Leben.

»Wenn man Automobile herstellen will, dann muß man sie einander genau gleich machen«, sagte Ford einmal. »So wie eine Stecknadel nicht von der anderen zu unterscheiden ist, wenn sie aus der Fabrik kommt.« Diese Überzeugung wurde bald durch die Wirklichkeit einer Prüfung unterzogen, denn als die Fabrikation des Modells T anlief, stellte Ford die Produktion aller anderen Auto-Typen umgehend ein. Ford wurde gleichbedeutend mit Modell T. Sie alle glichen nicht nur im Jahr 1908 einander, sondern während der ganzen folgenden neunzehn Jahre veränderten sie sich kaum. Abgesehen von gewissen technischen und gelegentlich dem Aussehen sowie der Bequemlichkeit dienenden Korrekturen glich das erste Auto, das man liebevoll Tin Lizzie (Blech-Liese) nannte, demjenigen von 1927, als nach einer Stückzahl von fünfzehn Millionen das Modell T aus der Produktion genommen wurde.

Was machte dieses Auto dermaßen erfolgreich? Vor allem war es erschwinglich. Im ersten Jahrzehnt des 20. Jahrhunderts diente das Automobil lediglich wenigen reichen Leuten als Spielzeug. Die Kosten für einen Wagen übertrafen das Einkommen eines Durchschnittsbürgers. Das erste Modell T, ein zweisitziger Roadster, hingegen konnte, so wie es aus der Fabrik kam, ohne irgendwelches Zubehör schon für achthundertfünfzig Dollar erworben werden. Der hohe Gebrauchswert und die ansprechende Einfachheit dieses Typs übten auf Käufer ganz verschiedener Berufe und Gesellschaftsschichten eine hohe Anziehungskraft aus. Die Maschine war vergleichsweise einfach zu bedienen und für einen Besitzer mit etwas technischer Fingerfertigkeit auch leicht zu warten. Das Auto entsproß einem Traum eines keineswegs auf den ersten Blick faszinierenden Mannes, eines Mechanikers, den sein lückenhaftes Schulwissen und ein offensichtliches Desinteresse an Bildung sagen ließen: »Geschichte ist Unsinn.« – Dabei blieb er, obwohl der Konzern, den er selbst gegründet hatte, Jahr um Jahr Geschichte machte.

Henry Ford wurde im Jahr 1863 auf einer Farm von vierzig Morgen in der Gemeinde Dearborn in Michigan, keine vier Kilometer östlich vom Rouge River, geboren. Auf der Schule zeigte er nur mittelmäßige Leistungen. Aber er war ein begeisterter Bastler und Tüftler. Seinem Vater ging er bei Arbeiten auf der Farm zur Hand. Die Feldarbeit kümmerte ihn nicht, sondern er entfachte das Schmiedefeuer, hämmerte Werkzeuge und richtete Fuhrwerke, Ackergeräte und Pferdegeschirre wieder her. »Mein liebstes Spielzeug waren Werkzeuge«, schrieb er in seinen Lebenserinnerungen.

Im Alter von siebzehn Jahren verließ Ford das Elternhaus und ging nach Detroit, wo er in eine Fabrik eintrat. Während seiner ersten Detroiter Jahre reparierte und bediente er Dampfmaschinen und, wenn man seinen Memoiren glauben darf, baute er sogar selbst eine, die auch funktionierte. Durch die englischen und amerikanischen Fachzeitschriften, die ihm manchmal in die Hände fielen, erfuhr er einiges über die Entwicklung des Verbrennungsmotors. Es war nur noch eine Frage der Zeit und der Gelegenheit, wann er diese vielversprechende Antriebsmaschine kennenlernen würde.

Bald nachdem er die einundzwanzigjährige Clara Bryant im April 1888 geheiratet hatte, machte er sich Gedanken über Möglichkeiten, eine Kutsche ohne Pferde, die sich aus eigener Kraft fortbewegen konnte, zu bauen. Er war nicht der einzige, der darüber nachdachte. Viele amerikanische Erfinder in den letzten Jahren des 19. Jahrhunderts wetteiferten darin, einen selbstfahrenden Wagen zu

entwickeln. Nur wenige von ihnen wußten, welche Erfolge mittlerweile in Europa auf diesem Gebiet erzielt wurden. Besonders Gottlieb Daimler und Carl Benz, die beide unabhängig voneinander 1885 einen von einem Benzinmotor getriebenen Kraftwagen vorstellten, arbeiteten bereits erfolgreich auf diesem Gebiet.

In einer Werkstatt hinter dem Haus in der Bagley Street in Detroit, das er mit seiner Frau und dem kleinen Sohn Edsel bewohnte, versuchte Henry Ford seit Beginn der neunziger Jahre einen Benzinmotor zu bauen. Sein erster Motor war ein bescheidener Einzylinder, den er am Weihnachtsabend 1893 in der Küche seiner Frau ausprobierte. Bald schon arbeitete er an einem mit zwei Zylindern, den er in einen kleinen Wagen einbaute, der auf vier Fahrradrädern rollte. Diesem ersten vierrädrigen Versuchsfahrzeug folgten andere Wagen, deren Bewährung auf der Straße und unter Wettbewerbsbedingungen ihrem Hersteller öffentliche Anerkennung einbrachten und damit auch einen großen Teil der finanziellen Rückendeckung, die er brauchte, um mit der fabrikmäßigen Herstellung von Automobilen beginnen zu können. Die 1903 gegründete Ford Motor Company produzierte vor dem Modell T acht verschiedene Typen. Es handelte sich um Zwei- und Vierzylinderwagen sowie ein Luxusauto mit sechs Zylindern, das eine Tonne wog und eine Geschwindigkeit von achtzig Kilometern in der Stunde erreichte. Es war das einzige Modell der Luxusklasse, das Ford bis 1922 auf den Markt brachte. In jenem Jahr kaufte er die Firma Lincoln auf.

Das Modell T, dessen Produktion die Ford Motor Company bereits im fünften Jahr ihres Bestehens aufnahm, brachte keine technische Sensation. Einzigartig an

Der junge Henry Ford beim Bau seines ersten Motors in der Küche seines Hauses in Detroit

Eine der ersten Tankstellen in Ohio

dem Automobil war wohl nur die Art und Weise, in der es seinen Platz im Leben der Amerikaner errang und behielt. 1908 baute Ford sechstausend dieser Wagen. 1909, dem ersten vollen Produktionsjahr, stieg die Stückzahl auf zehntausend. Von da an kletterten die Produktionszahlen mit wenigen Unterbrechungen in jedem Jahr, bis sie 1923 mit zwei Millionen Einheiten die Spitze erreicht hatten.

Bevor die gewaltige Expansion der Firma einsetzte, ging Ford auf die Suche nach einem geeigneten Standort für neue, größere Fabrikanlagen. 1906 erwarb die Firma ein vierundzwanzig Hektar großes Gelände, den Highland Park im Norden von Detroit. Am Neujahrstag 1910 konnte das neu erbaute Werk bezogen werden. Im Lauf der folgenden vier Jahre wurde es mit technischer Perfektion eingerichtet. Die Werkhallen füllten sich mit Präzisionsmaschinen nach dem neuesten Stand der Technik, die allein einen Wert von drei Millionen Dollar repräsentierten: Drehbänke sowie Abricht-, Fräs-, Bohr- und Schleifmaschinen.

Dieser Maschinenpark zeigte den Fortschritt, den die Fertigungsmethoden der Automontage gemacht hatten. Früher mußten die Kraftfahrzeugmechaniker wahre Alleskönner sein. Ständig pendelten sie durch die Fabrik: vom halbfertigen Produkt zum Materiallager oder zu den Werkzeugkästen. Sie arbeiteten an ein und demselben Wagen von der Herstellung des Rahmens für das Fahrgestell bis zum fahrbereiten Automobil. Mit den steigenden Produktionszahlen erwies sich diese umständliche und zeitraubende, nur wenig durchorganisierte Fertigungsweise als unwirtschaftlich. Bis 1908 hatten Autoproduzenten und am intensivsten von ihnen Henry Ford die Fließbandproduktion erprobt, die sich in anderen Zweigen der Industrie bereits bewährt hatte.

Der Grundgedanke war einfach: Zeit und menschliche Arbeitskraft sollten gespart werden. Vermittels schiefer Ebenen und Förderbänder wurde das jeweilige Werkstück von Arbeiter zu Arbeiter, von Maschine zu Maschine bewegt. Jedermann konnte wirklich an seinem Arbeitsplatz bleiben und führte nur einen bestimmten Produktionsvorgang aus. Verschiedene Teile des Modells T wie der Motor, der Kühler, das Chassis und das Lenkgestänge wurden auf diese rationelle Weise in eigenen, gesonderten Montagegängen zusammengesetzt. Die Endmontage aller Elemente zum fertigen Auto erfolgte noch nach der alten Methode: Viele Arbeitskräfte betreuten ein Objekt und führten verschiedene Arbeitsgänge aus.

Die Produktion am laufenden Transportband war nur auf bestimmten Sektoren erfolgreich, denn einige Bänder mußten schnell, andere langsam laufen, wie unregelmäßig fließender Verkehr auf verschiedenen Fahrbahnen. Die Endmontage ging oft in hektischem Tempo vor sich. Viel von der Zeit, die durch die Arbeit am Band gewonnen war, wurde im Durcheinander der Endmontage wieder vertan. In den Jahren 1912 und 1913 jedoch verfeinerten die Ingenieure der Ford-Werke den Vorgang der Bandmontage umfassend. Ford wurde der erste Automobilhersteller, der sein Werk vollständig auf die Massenproduktion umstellte. Statt der verschiedenen Montagegänge wurde ein einziges durchgehendes Band eingerichtet, das ununterbrochen in Bewegung war. Es begann an einem Ende der Fabrik und lief gleichmäßig schnell; ein Teilstück nach dem andern fügte sich in den Gang der Fertigung ein, bis der vollständige Wagen am anderen Ende aus dem Werkstor rollte. Zum Jahresende 1913 lief ein zweites Band an.

König Georg V. von England vor seinem Automobil der Firma Daimler-Motoren-Gesellschaft während eines Manövers im Jahr 1914

Die Erfolge muteten fast unglaublich an. Wenn es im August 1913 noch zwölfeinhalb Arbeitsstunden gekostet hatte, das Fahrgestell eines Modells T zu montieren, so schrumpfte diese Zeitspanne bis zum Januar des folgenden Jahres auf eine Stunde und dreiunddreißig Minuten zusammen. Die Technik der Massenproduktion trat ihren Siegeszug an.

Trotz äußerster Rationalisierung der Fertigungsmethoden überforderte das Anschwellen der Produktion die Ford Motor Company. Auch die Einstellung der Beschäftigten zu ihrer Arbeit verschlechterte sich zwangsläufig. Mit der Forcierung der Produktion wurden die Arbeitsbedingungen immer unerträglicher. Arbeiter mußten, in enge Lücken eingezwängt, in unbequemer Haltung ihre Handgriffe ausführen. Maschinen standen so dicht nebeneinander, daß Ford sich später selbst erinnerte, sie hätten wie aufeinandergestapelt ausgesehen.

Das Schlimmste aber war das öde und abstumpfende Einerlei des selben Handgriffes, den die Menschen an den Maschinen tagein, tagaus vornehmen mußten. Anstatt jedesmal bei der Montage eines ganzen Autos mitzuhelfen, mußte ein voll ausgebildeter Mechaniker nun an einer großen Zahl von Autos einen Arbeitsvorgang, und zwar immer denselben, mit geisttötender Routine ausführen. Die Eintönigkeit sowie der ständige Druck des wachsenden Arbeitstempos schürten die schwelende Unzufriedenheit unter den Ford-Arbeitern. Die Erbitterung erreichte im Sommer 1913 ihren Höhepunkt, als das Unternehmen seine Gepflogenheit, besondere Einzelleistungen mit Prämien zu vergüten, aufgab. Jetzt wußte der Durchschnittsarbeiter, daß er, wie sehr er sich auch anstrengte, nicht mehr als den Standardlohn von zwei Dollar und vierunddreißig Cent am Tag verdienen konnte. Ihrer Illusionen beraubt, wanderten viele von ihnen in andere Betriebe ab.

Offensichtlich mußte man sich den Arbeitern gegenüber eine andere Politik einfallen lassen. Die Bandarbeit selbst konnte man kaum attraktiver gestalten. Mehr noch,

Ford Modell T aus dem Jahr 1919

Daimler-Automobil aus dem Jahr 1913

seit Kooperation und Präzision wichtiger waren als persönlicher Einsatz, konnte eine Befriedigung in der Arbeit an sich als psychologisches Bindeglied zwischen Arbeiter und Unternehmer nicht mehr hergestellt werden. Ford mußte sich entschließen, einen Teil seines Profits, den er bisher für Investitionen in das Unternehmen hatte fließen lassen, dem inzwischen äußerst wichtigen Produktionsfaktor der menschlichen Arbeitskraft zuzuwenden. Am 5. Januar 1914 verkürzte er den Arbeitstag in seiner Firma von neun auf acht Stunden und hob den Mindestlohn auf fünf Dollar pro Tag an.

Die Reaktion auf diesen sensationellen Entschluß trat unmittelbar und äußerst heftig ein: Am nächsten Morgen erschienen etwa zehntausend Arbeitsuchende vor der Fabrik und drohten in ihrer Erregung, die Tore zu stürmen. Tag für Tag kamen sie wieder und drängten sich in der Kälte eng aneinander. Sie waren eine hungrige, bemitleidenswerte Menge, denn die meisten von ihnen warteten vergeblich. Nur eine Handvoll konnte eingestellt werden. Aber sie lieferten den lebendigen Beweis dafür, daß Fords Lohnpolitik ein triumphaler Erfolg war.

Die Unternehmerwelt reagierte zornig. Ihr Sprachrohr, das »Wall Street Journal«, nannte den Tageslohn von fünf Dollar ein »Verbrechen an der Wirtschaft«. Einflußreiche Bankiers beschimpften Henry Ford als einen Verräter an seiner Klasse. Natürlich hatten sie unrecht, wenn man den Geschäftserfolg der Ford-Werke zum Maßstab nimmt. Die höheren Löhne spornten die Arbeiter an, schneller, fleißiger und, errechnet man die Kosten für die Montage des einzelnen Autos, letztlich sogar für weniger Geld zu produzieren. Die gesteigerten Produktionszahlen machten die Anhebung der Löhne mehr als wett. Außerdem kehrten immer weniger Arbeiter dem Betrieb den Rücken, und die Zahl der Ausfälle am Arbeitsplatz nahm ab.

Allen düsteren Voraussagen zum Trotz hatte der Fünf-Dollar- und Acht-Stunden-Tag keineswegs nachteilige Wirkungen auf die übrige Wirtschaft. Allenthalben stiegen die Profite der Arbeitgeber. Henry Ford erinnerte sich später, daß er es von Anfang an gern gesehen hätte, wenn andere Firmen seinem Beispiel gefolgt wären und die Löhne ihrerseits auf das von ihm bestimmte Niveau angehoben hätten. Hatte er nicht versprochen, ein Auto für die große Menge zu bauen? Je mehr Geld die Arbeiter verdienten, so überlegte er, desto mehr Automobile würde er absetzen können. Um die Verkaufsziffern weiter in die Höhe zu treiben, senkte er in gewissen Abständen die Preise. Einmal versprach er sogar, wenn er innerhalb eines Zeitraumes von zwölf Monaten dreihunderttausend Wagen verkaufe, so werde jeder Käufer fünfzig Dollar von ihm zurückerhalten.

Im zweiten Jahrzehnt des Jahrhunderts schien der Erfolg des Modells T unangreifbar. Der Wagen hatte seine Fehler und Schwächen; aber als er erst einmal zum Alltagsbild Amerikas gehörte, erhielt er geradezu folklorischen Charakter. Die Späße und Witze, die sich um das Auto rankten, wirkten wie eine Gratiswerbung und förderten nur die Legendenbildung.

Die ersten Bestrebungen, dem Modell T einen Hauch von Stromlinie zu geben, setzten 1917 ein, als gefällige Rundungen anstelle der schwerfälligen, eckigen Formen traten, die ihm seit Anbeginn sein unverwechselbares Gepräge gegeben hatten. In jenem Jahr verließen über eine dreiviertel Million Fahrzeuge die Fließbänder. Die Produktionszahlen gingen dann im nächsten Jahr etwas zurück, denn solange die Vereinigten Staaten in Europa Krieg führten, diente ein Teil der Fertigungsanlagen der Herstellung von Sanitätsfahrzeugen, Lastwagen, Flugzeugmotoren, Munitionswagen und Stahlhelmen.

Omnibus der Ford-Werke aus dem Jahr 1921

Am 2. Januar 1919 setzte Henry Ford einen weiteren Meilenstein in der Geschichte seines Unternehmens: Fortan, so verkündete er, werde die Ford Motor Company einen Tageslohn von sechs Dollar zahlen. Zwar hatten die Arbeiter damit nicht gerade das Große Los gezogen, wie manche sie glauben machen wollten, denn die Lebenshaltungskosten hatten sich innerhalb der vergangenen fünf Jahre mehr als verdoppelt. Dennoch setzte die Erhöhung ein unübersehbares Zeichen in der Lohnpolitik. Andere Unternehmer hatten zwar mit Fords Löhnen inzwischen gleichgezogen, aber keiner war über den Satz hinausgegangen.

Fords Erfolgsrezept – höhere Löhne, niedrigere Preise – konnte nur funktionieren, solange der Absatzmarkt praktisch unbegrenzt aufnahmefähig war. Als 1920 eine Wirtschaftskrise das Land heimsuchte und die Zahl der Autoverkäufe allgemein stark zurückging, war die Wirkung auf die Ford Motor Company nahezu vernichtend.

Als auch eine neuerliche Preissenkung die Absatzkrise nicht beheben konnte, griff Henry Ford zu einem kaufmännischen Trick, mit dem er zwar keine Freunde gewann, der ihm aber endgültig den Ruf eines gerissenen Geschäftsmannes einbrachte. Mitte 1921 schickte er dreiundneunzigtausend Autos aus seinen unverkauften Hofbeständen an die Ford-Händler im ganzen Land und verlangte umgehend Barzahlung. Durch diese kühne Aktion gelang es ihm, seine finanzielle Belastung teilweise abzuwälzen. Kein Händler wagte, sich gegen das Geschäft zu sperren, denn er hätte das Alleinverkaufsrecht verloren.

So überlebte Henry Ford mit seinem Modell T die Krise. Aber viele seiner leitenden Angestellten und eine Anzahl vorausschauender Händler nahmen erstmals eine Veränderung des allgemeinen Geschmacks wahr. Sie bemerkten, daß das spartanische, unelegante Modell T in der wachsenden Prosperität der zwanziger Jahre bald nicht mehr in der Lage sein würde, die Bedürfnisse der breiten Käuferschichten, für die es geschaffen worden war, zu befriedigen. Jetzt, im Alter von sechzig Jahren, zeigte sich Henry Ford kompromißfreudiger als früher.

1926 wurden vorsichtig einige Änderungen vorgenommen: Man senkte das Fahrgestell; der Kühler wurde höher und gestreckter; zum ersten Mal seit 1913 konnte man zwischen verschiedenen Farben wählen. Aber nur eine mäßige Verbesserung der Verkaufsergebnisse trat ein. Eine Preissenkung zeigte keine Wirkung. 1926 fiel Fords Marktanteil zum erstenmal seit 1918 unter vierzig Prozent, 1927 drohte er, auf fünfundzwanzig Prozent zurückzugehen.

Überall kursierten Gerüchte, mit der langlebigen Tin Lizzie sei es jetzt vorbei. Aber Henry Ford hielt daran fest: »Der Ford-Wagen wird unverändert weiterproduziert.« Wenige Monate später jedoch gab das Unternehmen bekannt, daß die Produktion des Autos eingestellt werde. Die letzten Modelle T rollten am 26. Mai 1927 vom Band.

»Das ›Modell T‹ war ein Pionier«, sagte Henry Ford rückschauend. »Es gab kein bewußtes Bedürfnis nach Autos auf dem Markt, als wir mit seiner Herstellung begannen. Es gab kaum gute Straßen. Dieser Wagen bahnte der Autoindustrie den Weg, und ihm ist es zu verdanken, daß im ganzen Land gute Straßen gebaut wurden.«

MERVYN KAUFMAN

Henry Ford im Jahr 1909

Europa an der Schwelle des Ersten Weltkrieges.

Geleitschutz für eine Lokomobile während eines Streiks in London im Jahr 1911

Im Sommer 1914, als Europa an der Schwelle zum Ersten Weltkrieg stand, gaben sich Staatsmänner wie Bürger leichtfertigen Visionen vom Krieg hin. In jeder größeren europäischen Stadt blockierten erregte Menschenmengen in ihrer Begeisterung für die Kriegserklärung die Straßen. Andere Weltgeschehnisse traten in den Hintergrund. Die sozialistischen Parteien in Frankreich und in Deutschland vergaßen ihre Pflicht als internationale Gesinnungsgenossen und stimmten enthusiastisch für Kriegskredite. Vor dem Buckingham-Palast in London sang das Volk die Nationalhymne »God save the King«. Da vielen der Krieg als etwas Großartiges und Heroisches galt, erhofften die Menschen ruhmvolle Zeiten für ihre Vaterländer.

Noch tragischer an diesem Krieg war vielleicht, daß er sozialen Spannungen als Ventil diente. Schon lange vor Kriegsausbruch waren die meisten europäischen Länder von innenpolitischen Auseinandersetzungen zerrissen, die ebensoviel zur Krise von 1914 beitrugen wie die Torheit der Diplomaten.

Die Jahre vor Kriegsbeginn brachten ein Ausmaß an Gewalttätigkeit wie nie zuvor in Friedenszeiten. Bombenanschläge und Attentate waren an der Tagesordnung: 1908 erschien das Werk des französischen Sozialkritikers Georges Sorel »Über die Gewalt«. In dem Buch, das bald starken Widerhall in der Arbeiterbewegung fand, vertrat der Verfasser die Ansicht, daß Gewalt eine kalkulierbare, ethische und politische Funktion habe. In ganz Europa wandten sich die Arbeiter dem Revolutionsbegriff des Anarcho-Syndikalismus zu, der den Streik als seine Hauptwaffe ansah. Die Folge war eine Serie von Arbeitskämpfen, die schließlich in jenem Generalstreik gipfelten, der die Russische Revolution auslöste.

Auch in der Kunst herrschte ein Grundton von Aggressivität. Den Futuristen dienten Bewegung und Gewalt als Selbstzweck. Bis zur Besessenheit malten sie Sportwagen und Rennboote. Die Musik nahm die Stimmung der Zeit weniger emphatisch auf, war aber dennoch wirksam. Die wilden Rhythmen und das dröh-

David Lloyd George

nende Stampfen in Mahlers Sechster Symphonie aus dem Jahr 1904 gaben auf seltsame Art eine Vorausschau auf kommende Schrecken. Themen, die das Verhängnis ankündigten, fanden sich auch in so genialen Tonwerken der Vorkriegszeit wie in Igor Strawinskys »Le sacre du printemps«, das phantasiereich wilde und urzeitliche Rhythmen erklingen läßt. Eine trostlose Stimmung vermittelt die Vierte Symphonie von Jean Sibelius. Die wohl ahnungsvollste musikalische Äußerung aus dem Jahr 1914 war jedoch die Suite »The Planets« von Gustav Holst, einem englischen Komponisten schwedischer Abstammung. Der Satz »Mars« scheint die tristen und schonungslosen Grausamkeiten eines Krieges vorwegzunehmen.

Unruhen in Frankreich und England

Fast ganz Europa war vom Anwachsen des Irrationalismus und der Gewalt betroffen. In Frankreich wandte sich die mächtigste Gewerkschaft, die Confédération Général du Travail, als Reaktion auf die steigenden Preise vorbehaltlos dem Anarcho-Syndikalismus zu. Eine Streikwelle, die selbst Staatsbeamte einschloß, ließ Frankreichs Wirtschaft nicht zur Ruhe kommen. Die Krise beschränkte sich jedoch nicht allein auf die Arbeiterklasse. Eine antisemitische und fanatisch nationalistische Organisation, die Action Française, die seit der Dreyfus-Affäre bestand, unternahm mit ihren Straßenbanden, den Stoßtrupps der radikalen Rechten, gewaltsame Übergriffe gegen Juden und Arbeiter. Wie stark die Spannungen waren, zeigte sich wohl am deutlichsten 1914, als Madame Caillaux, die Frau des ehemaligen französischen Ministerpräsidenten, aus Empörung über eine Pressekampagne gegen ihren Mann den Herausgeber des Figaro ermordete.

Die Probleme, denen Frankreich sich gegenübersah, schienen jedoch harmlos im Vergleich zu den englischen. Umfangreiche Streiks und eine Meuterei in der Armee erschütterten die Selbstsicherheit der Liberalen. In ganz Europa sahen die Regierungen sich genötigt, die Massen politisch zu integrieren. Der neuen Massenpresse fiel es leicht, die Stimmung der Arbeiterschaft, die nur wenig Schulbildung genossen hatte, anzuheizen. Mittels sensationell aufgemachter Berichte über Politik, Verbrechen und Ereignisse des täglichen Lebens erzielten die Zeitungen wachsende Erfolge bei ihrer Leserschaft und nahmen direkten Einfluß auf die Meinungsbildung weiter Bevölkerungskreise. In England entstanden Konflikte, die geeignet waren, die Massen auf den Plan zu rufen und die Gefahr eines Bürgerkriegs heraufzubeschwören.

Die bestehende Gesellschaftsordnung wurde von allen Seiten angegriffen. Bei einer Bevölkerung von vierunddreißig Millionen besaß eine Minderheit von fünf Millionen die Hälfte des nationalen Vermögens. Der Überfluß des besitzenden Bürgertums bildete einen skandalösen Kontrast zum Elend der Arbeiterklasse. Der spätere Premierminister der Liberalen, David Lloyd George, versuchte mit dem Haushaltsplan, den er 1909 als Schatzkanzler vorlegte, eine hohe Besteuerung der nicht durch Arbeit erworbenen Einkommen zu erreichen, um mehr soziale Gerechtigkeit herzustellen. Der Entwurf kam jedoch im Oberhaus zu Fall, weil es in ihm einen Angriff auf Privilegien der Aristokraten sah. Es folgte eine Auseinandersetzung, in deren Verlauf der Sieg schließlich an die Liberalen ging. Die Konservativen gaben sich jedoch nicht geschlagen. In der Frage des Budgets hatten sie nachgeben müssen, aber sie waren fest entschlossen, weiterhin gegen die irische Forderung nach einer souveränen Republik (Home-Rule-Bestrebungen) anzukämpfen. Als mi-

Frauenrechtlerinnen als Ehrenwache am Sarg von Emily Davison

Revolutionäre Unruhen. Balkankrise

1908–1911

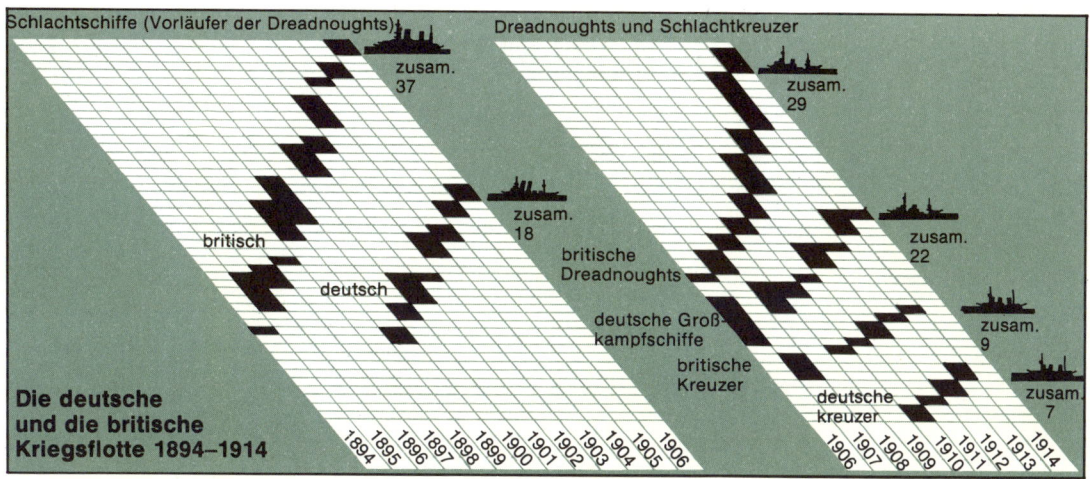

Die deutsche und die britische Kriegsflotte 1894–1914

litante Protestanten sich zur »Ulster Volunteer Force« formierten, um gegen die Home-Rule-Bewegung Widerstand zu leisten, wurden sie von den Konservativen darin unterstützt.

Kampf der Frau um Gleichberechtigung

Die Liberalen sahen sich noch einer weiteren Bedrohung der Staatsordnung gegenüber. Die Frauenrechtlerinnen unter Emmeline Pankhurst lehnten sich gegen die Unterdrückung fortschrittlicher Ideen auf. Mit welchen politischen Strömungen sie sympathisierten, zeigt die Äußerung von Emmeline Pankhurst: »Eingeworfene Fensterscheiben sind in der heutigen Politik das wirkungsvollste Argument.« Die Regierung versäumte es, auf die Forderungen der Frauenbewegung einzugehen. Am 18. November 1910 kam es seitens der Polizei und der Zuschauer zu Übergriffen gegen eine Gruppe weiblicher Demonstranten. Die Frauenrechtlerinnen reagierten militant. Emily Davison warf sich in Epsom vor das Pferd des Königs, um die Aufmerksamkeit auf die Bewegung für Frauenstimmrecht zu lenken. Sie erlag ihren Verletzungen. Im März 1912 zersplitterten im Londoner West End fast alle Fensterscheiben. Inhaftierte Frauen traten in Hungerstreik und wurden gewaltsam und mit Brutalität zur Nahrungsaufnahme gezwungen.

Die liberale Bürokratie meisterte die Schwierigkeiten nicht. Gewalt wurde mit Gewalt beantwortet. Streiks wurden zu einem alltäglichen Ereignis.

Ganz Europa sah sich den gleichen Problemen ausgesetzt. In Spanien wußte die Regierung in Madrid keine bessere Lösung, um mit dem Separatismus in Katalonien fertig zu werden, als Berufsverbrecher zu dingen, die dort Gewalt provozierten, um der Regierung einen Vorwand für die Suspendierung der verfassungsmäßigen Grundrechte zu liefern.

Auch Mexiko erlebte 1910 wieder eine Revolution, die einen heftigen und blutigen Bürgerkrieg einleitete, der zehn Jahre tobte. Emiliano Zapata führte die Bauern gegen das Militär in einen Kampf, der mehr als einer viertel Million Menschen das Leben kostete.

Balkankrise

Zu den gefährlichsten Gewaltausbrüchen kam es auf dem Balkan, der sich am Rand des Chaos befand. Die serbisch-nationalistische Geheimgesellschaft »Schwarze Hand« beging dort zahlreiche politische Morde. Der Verfall des türkischen Reiches und die Schwäche Österreich-Ungarns veranlaßten viele Volksgruppen auf dem Balkan, den Kampf für nationales Selbstbestimmungsrecht aufzunehmen. Ethnische und politische Grenzen fielen auf dem Balkan nur selten zusammen. Die Folge war, daß nationale Minderheiten häufig bei Angehörigen des eigenen Volkes jenseits der Grenze Unterstützung in ihrem Kampf um Unabhängigkeit fanden. Serben und Kroaten in Österreich hatten Verbindung nach Serbien. Die Rumänen im ungarischen Siebenbürgen sympathisierten mit Rumänien. Auf dem ganzen Balkan waren die Slawen entschlossen, sich von der habsburgischen und der türkischen Vorherrschaft zu befreien.

Diese Verhältnisse stellten die österreichische Politik vor unlösbare Probleme: Unterwarf sie jene überwiegend slawisch besiedelten Länder, die durch den Verfall des türkischen Reiches der Herrschaft des Sultans entrannen, so barg dieses das Risiko eines Krieges mit Rußland in sich, da Rußland sich als Schutzmacht aller Slawen und der orthodoxen Christen betrachtete. Gab Österreich aber jene Slawen frei, die noch Untertanen des Kaisers waren, drohte der Vielvölkerstaat auseinanderzubrechen.

In Österreich wie in anderen europäischen Staaten gewannen die Befürworter einer gewaltsamen Lösung von Konflikten immer mehr Einfluß. Die Fraktion der Militärs unter Graf Franz Conrad von Hötzendorf forderte seit 1907 den Präventivkrieg zur Beendigung der latenten Krisen auf dem Balkan. Der österreichische Außenminister Alois Graf Lexa von Aerenthal entwickelte eine unbesonnene kurzsichtige Taktik in der Außenpolitik. Als es 1908 galt, Bosnien und die Herzegowina für Österreich zu gewinnen und dadurch den Druck auf Serbien zu verstärken, schloß er mit dem russischen Außenminister Alexander Iswolskij in Buchlau einen Vertrag über die Meerenge am Bosporus: Österreich annektierte Bosnien und die Herzegowina; Rußland sollte die Dardanellen in Besitz nehmen dürfen. Aber Rußland wartete vergeblich auf die Hilfe seines Partners. Die Besetzung der Meerenge scheiterte schließlich am Widerstand Englands. Nach dieser Niederlage schwenkte Rußland auf einen harten Kurs ein.

Die Kollision der russischen und österreichischen Interessen auf dem Balkan beschwor eine schwere europäische Krise herauf, in die außer England auch Deutschland und Italien verwickelt wurden. Die bosnische Annexionskrise endete 1909, als Deutschland Österreich-Ungarn veranlaßte, finanzielle Zugeständnisse an die Türkei zu machen, und Rußland seine Unterstützung Serbiens, das nach einem österreichisch-ungarischen Ultimatum demobilisierte, aufgab. Im selben Jahr bestimmte der russisch-italienische Geheimvertrag von Racconigi die Erhaltung des Status quo auf dem Balkan und sicherte den Partnern im Fall von Veränderungen gegenseitige Entschädigung.

In diesen Jahren meinte England zu erkennen, daß das Deutsche Reich einem Krieg entgegensteuere, zumal die deutschen Staatsmänner während ihrer ehrlichen Friedensbemühungen kein besonderes diplomatisches Geschick bewiesen.

Das von großem Propagandaaufwand begleitete deutsche Flottenbauprogramm, an dessen Schöpfung und Organisation der Staatssekretär des dem Kaiser unmittelbar unterstehenden Reichsmarineamtes, Admiral Alfred von Tirpitz, maßgeblich beteiligt war, richtete sich ursprünglich nur gegen Frankreich und Rußland. Die Briten aber, die selbst die größte Flotte der Welt besaßen, folgerten, daß die deutsche Rüstung zur See nur gegen sie gerichtet sein könnte und fühlten sich in ihrem Nationalstolz dadurch empfindlich getroffen. Seit etwa 1900 jedoch, als die Annäherung der späteren drei Entente-Mächte immer offensichtlicher wurde, erstrebte Deutschland eine solche Flottenstärke, daß sie bei einer feindlichen Auseinandersetzung für England ein zu großes Risiko bedeutet hätte. Versuche einer Regelung der Flottenfrage scheiterten in den Jahren 1908 bis 1912. Die deutsche Flottenbaunovelle verschüttete jeglichen Weg zu einer Verständigung.

Stapellauf eines englischen Großkampfschiffes »Dreadnought«

Beginn des Ersten Weltkriegs 1914

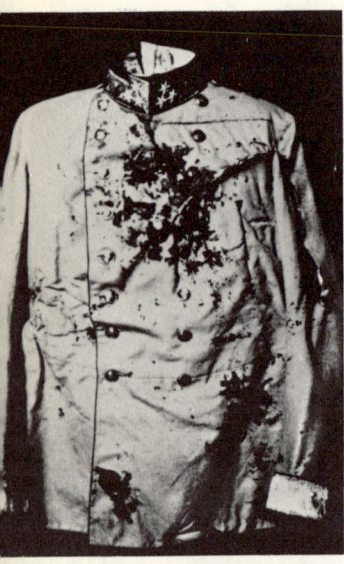

Blutbefleckte Uniform des am 28. Juni 1914 ermordeten österreichisch-ungarischen Thronfolgers, Erzherzog Franz Ferdinand von Habsburg-Este

Wilhelm II. deutscher Kaiser und König von Preußen (Mitte) sowie der Chef des Generalstabs, Graf Helmuth von Moltke (rechts daneben) bei einem Manöver vor dem Ersten Weltkrieg

Am 28. Juni 1914 peitschten Schüsse durch eine enge Straße von Sarajewo, der Landeshauptstadt Bosniens, und lösten eine Kette von Ereignissen aus, die schließlich sechs Wochen später im Beginn des Ersten Weltkriegs kulminierten. Die Schüsse stammten aus der Waffe eines bosnischen Studenten, Gavrilo Princip, der einer von drei jungen bosnischen Nationalisten war, die auf Anweisung der serbischen Geheimorganisation »Schwarze Hand« in Sarajewo weilten. Die Kugeln töteten Erzherzog Franz Ferdinand von Habsburg-Este und seine Gemahlin.

Die serbische Geheimorganisation »Vereinigung oder Tod«, die nach ihrem Symbol auch »Schwarze Hand« genannt wurde, trat für ein slawisches Reich auf dem Balkan ein, in dem Serbien die Rolle des Königreiches Sardinien bei der Einigung Italiens spielen sollte. Das Haupt der Verschwörung war der serbische Offizier Dragutin Dimitrijewić-Apis. Als die Österreicher im Juli 1914 in Bosnien Manöver abhielten, denen auch der Erzherzog-Thronfolger beiwohnte, bereitete Dimitrijewić-Apis das Attentat in Sarajewo vor.

Warum führte gerade dieses Ereignis zum Krieg? Im Oktober 1912 hatten die vier verbündeten Balkanstaaten Serbien, Bulgarien, Griechenland und Montenegro der Türkei ein Ultimatum über Reformen im türkischen Mazedonien gestellt und, als es abschlägig beschieden wurde, einen Krieg begonnen (Erster Balkankrieg).

Wegen der differierenden Interessen Österreich-Ungarns, Italiens und Rußlands auf dem Balkan hätte dieses höchst ernste Ereignis den Frieden in Europa eher gefährden könen als ein einzelner Mord. Als aber eine Verschiebung der Machtverhältnisse in Süd-Ost-Europa eine internationale Krise heraufzubeschwören drohte, bewiesen Deutschland und Großbritannien genügend Einsicht, sich auf diplomatischem Weg zu verständigen. Im Dezember desselben Jahres trat in London eine Botschafterkonferenz unter dem Vorsitz des britischen Außenministers Edward Grey zusammen, um zu sichern, daß Europa durch die Taten der Staaten auf dem Balkan nicht in einen Krieg verwickelt würde. Schließlich, im Mai 1913, wurden die kämpfenden Parteien im Frieden von London geeint.

Zwar gerieten die eben noch verbündeten Balkanstaaten um die Verteilung der türkischen Beute untereinander in Streit, was zum Zweiten Balkankrieg führte, aber auch dieses Mal konnte die Diplomatie eine internationale kriegerische Verwicklung verhüten. Die allgemeine Enttäuschung der Nationalitäten auf dem Balkan aber zeitigte weiterhin labile Zustände.

Zwischen 1912 und dem Frühjahr 1914 versuchte Deutschland eine Verständigung mit England zu erzielen, von der ersteres hoffte, daß sie schließlich zu einer Allianz führen würde. Doch diese Bemühungen zeigten deutlich, daß Deutschlands Ziel ohne eine grundlegende Umstrukturierung der Beziehungen zwischen England, Frankreich und Rußland nicht erreicht werden konnte.

Äußerlich erschien die internationale Lage 1914 gefestigter als die von 1912/13. Denn tatsächlich schien einer der stärksten Antagonismen in den internationalen Beziehungen, die Rivalität zwischen England und Deutschland, abzuklingen. England war einigen von Deutschlands Kolonialforderungen entgegengekommen. Englands Befürchtungen über einen zu starken Einfluß der Deutschen im Osmanischen Reich waren im Frühjahr 1914 überholt, denn beide Mächte hatten sich im Februar über den Ausbau der Eisenbahnlinie nach Bagdad verständigt, indem die Deutschen auf die Endstrecke verzichteten. Im Juni folgte ein gegenseitiges Abkommen über die Interessen in den portugiesischen Kolonien. Mehr noch, jede der beiden Nationen schien die Existenz der anderen Seestreitmacht zu akzeptieren. Dennoch wirkte der Mord von Sarajewo wie ein Funke in einem Pulverfaß. Der Berliner Historiker Hans Herzfeld schreibt:

»Mit der fortschreitenden Ausbildung einer Gruppe selbständiger Nationalstaaten auf dem Balkan, die mit der historischen Tatsache des habsburgischen Vielvölkerstaates im Donauraum unvereinbar war, entstand eine Hochspannung, in der eine friedliche Lösung des Konfliktes nicht mehr möglich schien. Österreich mußte sich wehren und war auch nach dem bestehenden Völkerrecht dazu berechtigt; aber das Empfinden, daß Österreich durch seine in der nationalstaatlichen Welt des 19. Jahrhunderts unzeitgemäße Struktur dieser Aufgabe hilflos gegenüberstand, sprach sich doch in der Abneigung der Ungarn gegen die Angliederung neuer süd-slawischer Bevölkerungsteile mit großer Schärfe aus. Nicht aus Angriffslust,

Erzherzog Franz-Ferdinand von Habsburg-Este

Verhaftung des Studenten Garrilo Princip nach seinem Attentat auf den Erzherzog Franz Ferdinand in Sarajewo am 28. Juni 1914

die höchstens bei dem Generalstabschef Conrad von Hötzendorf mit seinem Drängen auf den rechtzeitigen Präventivkrieg zur Rettung der Monarchie vorwaltete, sondern ganz überwiegend im Gefühl der Auswegslosigkeit der eigenen Lage entschloß sich Wien, den Handschuh aufzunehmen. Trotz lückenhafter Nachweise über die Verbindung der serbischen Regierung mit dem Attentat wollte man den vitalen Gegner in die Schranken zurückweisen und nach Möglichkeit seine Gefährlichkeit nachhaltig brechen.

Indem die österreichisch-ungarische Monarchie diesen Entschluß nur mit der Rückendeckung ihres deutschen Verbündeten zu fassen wagte, setzte sie den Mechanismus von Allianzen ins Spiel, die, seit 1879 und 1894 aus Sicherheitsgründen geschlossen, Europa ähnlich wie den Globus unserer Gegenwart in zwei große Mächteblöcke gespalten hatten. Die theoretische Souveränität der einzelnen Staaten, obwohl im Gefecht der Diplomatie eifersüchtig gewahrt, war bereits zur Fiktion und so das Gleichgewicht der Mächte statt zum Friedensinstrument zur dauernden Gefährdung des Friedens in Europa geworden.«

Wie kaum ein anderer der führenden Köpfe an der Spitze des Staates wußte Erzherzog Franz Ferdinand um die Reformbedürftigkeit des Reiches. Der willensstarke und kluge Neffe des Kaisers, der seit dem Tod des Kronprinzen Rudolf präsumptiver Thronfolger war, hatte längst erkannt, daß nur eine gleichberechtigte Behandlung der Völkerschaften des Reiches ihm dauerhaften Bestand verleihen konnte. Die Monarchie der Habsburger hatte die Erschütterungen durch die Kriege mit Italien und Deutschland in den sechziger Jahren des 19. Jahrhunderts nie überwinden können. Damals, nach der preußisch-österreichischen Auseinandersetzung des Jahres 1866, mußte Österreich seinem Vielvölkerstaat Rechnung tragen und den Ungarn eine eigene Verfassung sowie einen Reichstag zubilligen. Gemeinsam blieben nur Außenpolitik und Heer. Das nun konstituierte Österreich-Ungarn hatte in der Zukunft mit den nationalen Bestrebungen der anderen ihm untertanenen Völker zu kämpfen. Auf der Grundlage der verfassungsmäßigen Struktur der Doppelmonarchie verfocht Franz Ferdinand den Plan einer »Trias«-Lösung: Die slawischen Völker sollten als autonome Partner den Österreichern und Ungarn gleichgestellt werden. Der Vertreter eines solchen Ausgleiches mußte allen extremen Nationalisten als Feind erscheinen, weil sie die völlige Unabhängigkeit erstrebten. Mit seiner Beseitigung gedachten die Verschwörer das österreichisch-ungarische Prestige in den slawisch bevölkerten Reichsteilen zu treffen. Die Regierung der Monarchie aber sah in dem in Sarajewo an Österreich begangenen Verbrechen den willkommenen Anlaß für eine Neuordnung auf dem Balkan und für eine Bereinigung des Panslawismus-Problems. Graf Franz Conrad von Hötzendorf und auch der österreichische Außenminister, Graf Leopold von Berchtold, meinten, daß eine Demonstration gegen Serbien zur Behauptung des österreichischen Ansehens unerläßlich sei.

An diesem Punkt komplizierte sich die Streitfrage beträchtlich. Eine Operation zur Demütigung der Slawen konnte sehr wohl Rußland als ihren Protektor reizen. Daher mußten die Österreicher sich der Hilfe ihrer deutschen Verbündeten versichern, bevor sie gegen Serbien vorgingen. Aber sieben Tage lang unternahm Österreich nichts. Die internen Beratungen der österreich-ungarischen Re-

gierung und des Militärs führten zu keiner klaren Entscheidung. Die unmittelbare Empörung über das Attentat ließ nach. Als dann die außenpolitische Aktivität Österreichs einsetzte, schien es sich weniger um die Sühnung einer Beleidigung als vielmehr um die Unterdrückung der Serben zu kümmern. Am 5. Juli überbrachte der k. und k. Botschafter in Berlin, Graf Ladislaus Szögyény, ein Handschreiben Kaiser Franz Josephs I. an Kaiser Wilhelm II., in dem er darlegte, daß Maßnahmen gegen Serbien unerläßlich seien. Wilhelm II. und sein Kanzler Theobald von Bethmann Hollweg, die sich der Isolierung durch die Triple Entente zwischen England, Frankreich und Rußland bewußt waren, glaubten, rückhaltlos hinter ihrem einzigen Verbündeten, Österreich-Ungarn, stehen zu müssen und verpflichteten sich bereitwillig zur Hilfe. Der Kaiser selbst hatte sich über das Juni-Ereignis so erregt, daß er sich immer wieder zu Äußerungen hinreißen ließ, die Österreich als Aufforderung zum harten Durchgreifen gegenüber Serbien auffassen mußte, auch wenn die Russen intervenieren sollten. Indem Wilhelm II. das tat, ermunterte er die Militärs in Deutschland und Österreich, ihre Ansichten durchzusetzen. Österreich glaubte eine Blankovollmacht für all seine Maßnahmen zu besitzen. Ein Präventivkrieg gegen Serbien und Rußland schien unvermeidbar, und er mußte kommen, bevor die Industrialisierung Rußland zu einem gefährlichen Feind machen würde. Darum auch war der Kaiser überzeugt, daß die Russen einlenken würden, und verkündete, daß es unwahrscheinlich sei, mit dem Ernstfall zu rechnen. Diese Tatsachen und die Aussicht auf eine bedingungslose deutsche Bündnistreue bestärkten die Österreicher in ihrem Entschluß, fest zu bleiben. Die internationale Lage charakterisiert Hans Herzfeld:

»Im Juli 1914 fanden daher Vermittlungsschritte und Ausgleichvorschläge auf allen Seiten kein rechtes Zutrauen. Rußland wollte den serbischen Schützling nicht um den Preis einer erneuten Balkanniederlage im Stich lassen, Frankreich wollte den Zweibund mit dem Zaren erhalten, Deutschland konnte angesichts der Zweideutigkeit des Bündnisses mit Italien das verbündete Österreich nicht im Stich lassen. Selbst bei dem englischen Vermittler bestand noch im Hintergrund der geheime, besorgte Vorbehalt, daß man sich eine Gefährdung der Entente von

1904 und vor allem von 1907 nicht leisten könne, weil ein russischer Sieg ohne englische Kriegsteilnahme in Asien, Indien, Afghanistan und Persien fast ebenso bedrohlich erschien wie eine deutsche Hegemonie auf dem Kontinent Europas. Gewiß ist die englische Öffentlichkeit erst durch den deutschen Einmarsch in Belgien für den Entschluß zum Kriegseintritt reif geworden. Daß der Vermittlungswille durch die innere Zwangsläufigkeit des Bündnissystems gebrochen oder zumindest geschwächt worden ist, hat aber doch auch die englische Politik spürbar beeinflußt.

Als weitere verhängnisvolle Hypothek hat der moderne militärische Massenapparat mit seiner Eigengesetzlichkeit bei Mobilmachung und Aufmarsch am stärksten in Deutschland und Rußland, aber auch in Frankreich gewirkt. Dagegen hat die Unzulänglichkeit der militärischen Vorbereitung Österreichs für den Zweifrontenkrieg gegen Serbien und Rußland, paradox genug, nur beschleunigend zu der überstürzten Kriegserklärung an Serbien am 28. Juli getrieben, obwohl man dann außerstande war, selbst gegen diesen Gegner sofort zu marschieren.«

Zur günstigsten Zeit war die österreichische Politik hinausschiebend und zögernd. Dann wurde sie durch die Kenntnis vom Besuch des französischen Präsidenten Raymond Poincaré in St. Petersburg zurückgehalten. Eine nachdrückliche, unmittelbare Aktion konnte während dieser Tage nicht gegen Serbien durchgeführt werden, da Gefahr bestand, daß die Franzosen sofort Rußlands proslawische Haltung unterstützen könnten.

Nahezu ein Monat verrann und nichts geschah: Europa atmete erleichtert auf. Vielleicht war Sarajewo einer der geringen Vorfälle auf dem Balkan gewesen.

Doch als Poincaré am 23. Juli St. Petersburg verließ, begann ein diplomatischer Wettlauf. Am selben Tag, um 6 Uhr nachmittags, präsentierte Österreich-Ungarn Serbien ein Ultimatum, das einer Usurpation der serbischen Innenpolitik gleichkam. Dieses Ultimatum war auf achtundvierzig Stunden begrenzt. Als es übermittelt wurde, weilte Serbiens Ministerpräsident Nikola Pašić nicht in Belgrad; er kehrte erst am Morgen des 25. Juli zurück. Zu diesem Zeitpunkt betrug die Laufzeit des Ultimatums nur noch elf Stunden. Seit diesem Tag schlug Eward Grey vor, England und Deutschland sollten Österreich bitten, die Frist zu verlängern oder eine Vermittlung durch Frankreich, Italien, England und Deutschland zu akzeptieren. Greys Vorschlag aber überzeugte die Deutschen, daß England so sehr um die Vermeidung von Unruhen bemüht sei, daß es nicht intervenieren würde. Da sie sich frei fühlten, ihre österreichischen Verbündeten zu ermutigen, gingen die Deutschen so lange auf Greys Botschaft nicht ein, bis das Ultimatum abgelaufen war. In der Tat schien Bethmann Hollweg zu dieser Zeit einen Krieg mit Rußland und Frankreich als kalkulierbares Risiko angesehen zu haben. Er war augenscheinlich bereit, mit der Möglichkeit eines Eintritts Englands in den Krieg zu spielen. Falls sich kein Krieg ergeben sollte, wäre der diplomatische Sieg Deutschlands nichtsdestoweniger beträchtlich. Frankreichs Versäumnis, die Russen zu unterstützen, und Rußlands Fehler, den Serben zu helfen, hätte leicht das gesamte Bündnissystem in Frage stellen können.

Die Deutschen bezeichneten das österreichische Ultimatum als vernünftig, und sie drängten die Mächte, jeden Konflikt örtlich einzuschränken. Die Russen erklärten,

Französisches Infanterie-Regiment auf dem Marsch zur Front im Jahr 1914

Kriegsfreiwillige deutsche Soldaten beim Abschied von der Heimat im August 1914

Deutsche Jäger beim Angriff auf einen englischen Luftwaffenverband

Kampf des Ritters St. Georg gegen den Drachen, das Böse, als Propaganda für die »gute Sache«. Plakate aus Österreich (oben) und England

sich nicht in die Auslöschung Serbiens fügen zu können, und die Franzosen kündeten an, sie würden ihre Verpflichtungen gegenüber Rußland erfüllen. Am 25. Juli beantworteten die Serben das österreichische Ultimatum maßvoll und versprachen, alle Wünsche Österreich-Ungarns zu erfüllen. Sie lehnten nur jene beiden Punkte des Ultimatums ab, in denen die Souveränität und Gerichtshoheit des Staates aufgehoben werden sollten. Daraufhin brach der k. und k. Gesandte in Belgrad sofort die diplomatischen Beziehungen ab, ohne mit seiner Regierung Rücksprache zu halten. Am selben Abend befahl Kaiser Franz Joseph die Mobilmachung gegen Serbien. Als aber Kaiser Wilhelm die serbische Antwort las, die ihm bezeichnenderweise nicht der österreichische Botschafter, sondern der serbische Gesandte in Berlin überreichte, sagte er: »Das ist mehr, als man erwarten konnte: Ein großer moralischer Erfolg für Wien; aber damit fällt jeder Kriegsgrund fort... Daraufhin hätte ich niemals die Mobilmachung befohlen!«

Es war eine vernünftige Folgerung. Auch Edward Grey und der deutsche Botschafter in Großbritannien, Fürst Karl Max Lichnowsky, bemühten sich ernsthaft, eine Vermittlung der europäischen Mächte zustande zu bringen. Aber der Kaiser mißtraute der Aufrichtigkeit der englischen Friedensbeteuerungen. Deutschland versuchte nicht, mit England in ein Gespräch zu kommen, und versäumte es auch, auf Österreich mäßigend einzuwirken. Am 28. Juli hatte der Kaiser wirklich Furcht vor der Möglichkeit eines europäischen Krieges und schlug vor, daß die Österreicher ihre Ehre durch eine demonstrative Besetzung der serbischen Hauptstadt Belgrad retten sollten. Denn inzwischen hatten England den Zustand drohender Kriegsgefahr und Rußland die Mobilmachung angeordnet. Das hätte die Österreicher zu reiflicher Überlegung veranlassen müssen, aber sie fühlten sich zu ihrer kriegerischen Haltung durch Deutschland ermutigt.

Die Russen hielten die Bühne im nächsten Akt. Eine Teilmobilmachung hätte die Deutschen aufhalten können; aber ein solcher Schritt war unmöglich. Rußlands Aufmarschpläne waren dergestalt, daß im Fall einer nur gegen Österreich durchgeführten Teilmobilmachung das Chaos auf den Schienenwegen vollständig jede weitere Mobilisierung ausschloß. Um einen deutschen Überraschungsangriff zu verhindern, mußte jede russische Mo-

bilmachung total sein. Aber sie war lediglich als diplomatisches Manöver gedacht, nicht als Entscheidung für einen europäischen Krieg.

Am Mittag des nächsten Tages, am 31. Juli, verkündete Deutschland den Zustand drohender Kriegsgefahr und stellte zwei Ultimaten: das eine galt Rußland, das die Mobilmachung gegen Deutschland und Österreich einstellen sollte; das andere forderte von Frankreich eine Neutralitätserklärung im Fall eines deutsch-russischen Konfliktes. Ein Krieg schien unvermeidlich geworden zu sein.

Von allen Großmächten hatte einzig Deutschland zwei potentielle Feinde, Frankreich und Rußland. Es stand also dem speziellen Problem eines Zweifrontenkrieges gegenüber. Wegen Rußlands enormer Größe und seines riesigen Menschenpotentials, was einen langen, hinausgezogenen Krieg befürchten ließ, während dessen Verlauf die Franzosen vom Westen in Deutschland einfallen konnten, war es nötig, Frankreich zu schlagen, bevor Rußland seinen Aufmarsch vollenden konnte. Das war der von Graf Alfred von Schlieffen, dem deutschen Generalstabschef von 1898 bis 1905, entworfene Schlachtplan. Wohl bedenkend, daß Frankreichs Netz von Grenzfestungen uneinnehmbar war, sollten die deutschen Armeen die französischen Linien durch ein Schwenkmanöver durch Belgien umgehen und einen schnellen und entscheidenden Sieg erringen. Der Schlieffen-Plan entbehrte aber jeder politischen Überlegung, denn die gewaltsame Verletzung der international garantierten belgischen Neutralität mußte Deutschland in jedem Fall zu einem rechtsbrüchigen Aggressor abstempeln.

BRIAN GROGAN

Sturmangriff englischer Truppen

Der Erste Weltkrieg

Im Oktober 1914, kaum vier Monate nach der Tat von Sarajewo, schrieb der Botschafter der Vereinigten Staaten in England, Walter Hines Page, an Präsident Wilson: »Die Welt ist seit dem letzten Juli nicht mehr dieselbe.« Schon in diesen Wochen des Ersten Weltkrieges zeichnete sich das Ende eines Zeitalters ab. Bei Kriegsanfang besaß Europa die Vormachtstellung in der Welt. Deutschland, Österreich-Ungarn und Italien sowie Frankreich und Rußland beherrschten ein Gebiet, das vom Atlantik bis zum Ochotskischen Meer reichte. Großbritannien kontrollierte die Weltmeere. Bei Kriegsende lagen die vier Reiche in Schutt und Asche, und Europa war erschöpft und ausgeblutet. Die politische Struktur der Welt der Gegenwart begann sich zu etablieren.

Strategie im Westen

Die Generalstäbe klammerten sich an eine Strategie, die schon den deutsch-französischen Krieg von 1870/71 bestimmt hatte, und glaubten immer noch an die Erfolge von Frontalangriffen gegen die stärksten Positionen des Feindes. Der Fortschritt der Waffentechnik sowie der Einsatz der Eisenbahn für massenhafte Truppentransporte machten derartige Offensiven zu grausamen Todesfallen. Durch das Zusammenwirken der beiden Faktoren entstand an der Westfront ein schrecklicher Teufelskreis: Die auf dem Schienenweg an die Front geworfenen Truppen mähte kurze Zeit später das konzentrierte Feuer des Gegners nieder. Die Grenzen des Feldbahntransports wurden bei jedem geglückten Durchbruch deutlich, weil eine Armee nach der letzten Eisenbahnstation nicht schneller als im Fußmarschtempo vorrücken konnte.

Bevor genügend Truppen die Breschen in den feindlichen Linien ausfüllten, vermochte der Gegner meistens einen erfolgreichen Gegenstoß einzusetzen. Das Ergebnis war ein unerbittliches Hin- und Herwogen der Schlachten und ein sinnloses Sterben der Männer Europas: Keine Seite errang den durchschlagenden Erfolg.

Für die Feldherren beider Seiten bestand die einzige Möglichkeit, diesem Teufelskreis zu entrinnen, in gigantischen Offensiven, die aber nur in entsetzlichen Gemetzeln erstickten, weil die Angreifer zu Fuß gegen mit allen Vorteilen der Technik ausgerüstete Stellungen anrennen mußten. Zu dem schlimmsten Blutbad kam es 1916, als die Deutschen beschlossen, den Sieg dadurch zu erzwingen, daß sie ihre Angriffe auf die mächtigste französische Festung, Verdun, konzentrierten. Im Februar begann die Schlacht. Für die Franzosen bedeute der Ort ein

Französische Soldaten im Schützengraben

Symbol ihrer nationalen Größe, das um jeden Preis gehalten werden mußte. Der Kampf währte fünf Monate und endete für beide Seiten unentschieden. Frankreich und Deutschland verloren etwa sechshunderttausend Soldaten. Die britisch-französischen Durchbruchsversuche an der Somme im Juni/Juli des Jahres blieben ebenfalls ohne wirklichen Erfolg.

Der Krieg zur See

Die Gefechte auf See hatten keinen wesentlichen Einfluß auf den Ausgang des Ersten Weltkrieges. Nach der erbitterten Rivalität der Flotten in den Vorkriegsjahren blieb die große Auseinandersetzung zur See aus. Die britische Flotte hoffte vergeblich darauf, der vielgerühmten deutschen Hochseeflotte ein zweites Trafalgar zu bereiten. Die Deutschen blieben mit ihrem Gros im Hafen. Die einzige größere Seeschlacht des Krieges fand Ende Mai 1916 am Skagerrak, der Meerenge zwischen Dänemark und Norwegen statt. Der Zusammenstoß endete zwar entscheidungslos, aber die deutsche Flotte behauptete das Schlachtfeld und verhinderte den englischen Durchbruch zur Ostsee. Auch erlitten die Engländer höhere Verluste als die Deutschen. Für den Rest des Krieges blieben die deutschen Überwasserstreitkräfte im Hafen. Die britische Flotte beschränkte sich auf Truppentransporte und die Blockade der Seehandelswege, die Deutschland vom Welthandel ausschloß und zu einer dauernden und schweren Versorgungskrise in Deutschland und Österreich-Ungarn führte.

Die Antwort der Deutschen auf die Blockade der Briten brachte den großen Wendepunkt des Krieges. Die Aussichtslosigkeit auf einen wirksamen Handelskrieg führte zum Einsatz von Unterseebooten. Zum ersten Mal griffen die U-Boote 1915 feindliche Handelsschiffe an. Im Mai dieses Jahres wurde das englische Passagierschiff »Lusitania« versenkt. Auch amerikanische Staatsbürger fanden hier den Tod. Eine Welle der Empörung erschütterte die Vereinigten Staaten. Nach amerikanischen Protesten versicherte Deutschland, daß der U-Boot-Krieg nur nach den Regeln des Kreuzerkrieges geführt werde. Die Marine besaß jedoch nicht genügend U-Boote, um einen totalen Unterwasserkrieg zu führen, und beschränkte die Angriffe auf Schiffe mit Konterbande.

Kriegseintritt Amerikas

In dieser Phase waren die USA noch entschlossen, sich aus dem Krieg herauszuhalten. Sie erfreuten sich einer höchst einträglichen Neutralität, denn sie konnten von dem Krieg in Europa nur profitieren. Anfang 1917 begann die britische Blockade Deutschlands sich auszuwirken. Großadmiral Alfred von Tirpitz verfocht die Ansicht, daß England nur durch U-Boot-Angriffe auf alle – auch neutrale – ein- und auslaufenden Schiffe bezwungen werden könne. Präsident Wilson legte Protest ein, aber Deutschland hoffte, Großbritannien noch vor einer amerikanischen Intervention zu besiegen, und ignorierte den Einspruch. Deutsche Versuche, Mexiko in den Krieg hineinzuziehen, verstärkten die antideutsche Stimmung. Am 3. Februar 1917 brachen die Vereinigten Staaten ihre diplomatischen Beziehungen zum Deutschen Reich ab. Am 15. März wurde ohne vorherige Warnung ein amerikanisches Schiff versenkt; und am 6. April erklärten die USA dem Deutschen Reich den Krieg. Der schlafende Riese Amerika erwachte. Sein Kriegseintritt leitete das Ende der Vorherrschaft Europas in der Welt ein.

Krieg und Kolonialismus

Große Umwälzungen brachte der Krieg in den Kolonialgebieten. Vor 1914 war die Herausforderung an den europäischen Imperialismus kaum zur Kenntnis genommen worden. Spätestens 1917 jedoch zeichnete sich das Ende des Kolonialismus ab. Überall auf der Welt begünstigte der Krieg revolutionäre Bewegungen. Deutschland versorgte die Bolschewisten mit Geld und ermöglichte Lenin die Reise nach Rußland in der Hoffnung, daß eine Belebung der ins Stocken gerate-

Großadmiral Alfred von Tirpitz (mit Bart)

nen Revolution den russischen Krieg beenden werde. Deutsche Gewehre wurden nach Irland geschmuggelt, wo der Kampf um Selbstbestimmung trotz des Krieges unvermindert anhielt. Die Entente nutzte ihre Mittel noch skrupelloser aus. Um die Ölinteressen in Persien zu schützen und den Suez-Kanal vor der Türkei, die auf seiten Deutschlands Krieg führte, zu sichern, unterstützten die Briten den antitürkischen arabischen Nationalismus. Schon 1915 verhandelten sie mit Ibn Ali Hussein, dem Emir von Mekka, um einen arabischen Aufstand gegen die Türken anzuzetteln. Im Verlauf der Verhandlungen versprachen die Engländer Unterstützung bei der Errichtung unabhängiger arabischer Königreiche in Arabien, in Palästina, im Irak und in Syrien. Im Vertrauen auf diese Zusage begannen die Araber ihre Angriffe auf die deutsch-türkischen Linien. Zu diesem Zeitpunkt hatten Engländer und Franzosen bereits hinter dem Rücken der Araber im Sykes-Picot-Abkommen die Aufteilung der Türkei vereinbart.

Wie um dieses üble Doppelspiel auf die Spitze zu treiben, boten die Engländer den Juden Palästina für die Errichtung eines unabhängigen jüdischen Staates an. Das war zu einem großen Teil den Anstrengungen des Führers der englischen zionistischen Bewegung, Chaim Weizmann, zu verdanken. Er erreichte sein Ziel dadurch, daß er den strategischen Vorteil eines jüdischen Staates für die Verteidigung des Suez-Kanals betonte. Geschickt argumentierte er darüber hinaus, wie notwendig eine pro-jüdische Geste sei, um die nachteilige Wirkung, die der russische Antisemitismus auf die alliierte Sache in Amerika habe, auszugleichen. Außenminister Arthur James Balfour bekannte sich im Namen Großbritanniens verbindlich zu einem jüdischen Palästina.

Die Unruhe in den Kolonialgebieten beschränkte sich nicht auf den Nahen Osten. Die Probleme der Engländer in Indien wurden immer drängender. Die bisherigen Reformversuche erwiesen sich als wenig erfolgreich. Im Krieg unterstützten die Inder die Engländer begeistert. Hunterttausende meldeten sich zum Dienst in der britischen Armee. Mit einer Million Pfund beteiligte sich Indien an den Kriegskosten. Dennoch wirkten die Ereignisse zersetzend auf die englische Herrschaft. Um britische Einheiten für Europa freizusetzen, hatte die indische Armee Aufgaben der Kolonialverwaltung übernommen, was den Indern einen ersten Vorgeschmack einer nationalen Unabhängigkeit gab. In Handel und Verwaltung erhielten sie eine wenngleich geringe Chance, sich ihrer eigenen Fähigkeiten bewußt zu werden. Sie erkannten, auf wie schwachen Füßen die englische Herrschaft stand.

Die Wirren der Revolution in Rußland ermöglichten Deutschen und Türken den Vormarsch auf Indien. Die Engländer vermochten diesem Angriff nicht zu begegnen, vor allem, da sie der Loyalität ihrer indischen Untertanen nicht vollkommen sicher sein konnten. Im August 1917 sahen sie sich darum gezwungen, einen Erlaß herauszugeben, der »in wachsendem Maße die Heranziehung von Indern zu allen Bereichen der Verwaltung und die schrittweise Entwicklung einer Selbstverwaltung« zusagte. Die Maßnahme kam gerade noch rechtzeitig, denn extreme Nationalisten hatten die indische Unabhängigkeitsbewegung, den 1880 gegründeten Allindischen Nationalkongreß, unter ihre Kontrolle gebracht. Überdies fand Indien endlich Führer, die fähig waren, die breiten Volksmassen zu mobilisieren. Mohandas Karamchand Gandhi hatte sich nach seinem Rechtsstudium um die Verbesserung der Lage der Inder in Süd-Afrika verdient gemacht. Während dieser Tätigkeit entwickelte Gandhi eine Politik des gewaltlosen Widerstandes, den er, als er 1914 nach Indien kam, auch dort seinen Landsleuten predigte und vorlebte. Jawaharlal Nehru eignete sich in England die Kenntnisse über den Aufbau politischer Organisationen an. Gemeinsam erhoben Gandhi und Nehru den indischen Nationalismus zu einer Massenbewegung. Bis zum endgültigen Triumph sollten noch Jahre vergehen, aber der Schlüssel zum Sieg über die Engländer war gefunden.

Der Erste Weltkrieg glich mehr dem Todeskampf einer alten Ordnung als einem globalen Konflikt; er war eigentlich ein europäischer Krieg. Die Anforderungen eines totalen Krieges setzten das administrative und organisatorische Geschick der Regierungen harten Belastungsproben aus; die europäische Vorstellung von den Funktionen einer Regierung befand sich im Umbruch. Rationierung der Erzeugnisse und Kontrolle der Rohstoffe schufen die Voraussetzungen für Wirtschaftsplanung und Wohlfahrtsstaat. Das Anwachsen des staatlichen Propagandaapparates besonders im liberalen England aber auch in Deutschland zeigte, in wie hohem Maß der Krieg Rücksicht auf die Erfordernisse der Massengesellschaft in Europa erzwungen hatte. Im Februar 1917 konnte die russische Regierung den Belastungen nicht länger standhalten. Der seit 1905 erstickte Kampf der Revolutionäre loderte erneut auf. Rußland stürzte in ein Chaos. Das Regime des Zaren und bürgerlich-Republikaner versuchten vergeblich, ihre Stellungen zu halten. Für kurze Zeit schien die Revolution zu stocken. Da ergriff Lenin mit außergewöhnlicher Energie die Zügel der Macht.

Amerikanische Soldaten auf einem Truppentransporter im Jahr 1917

Dublin während des Osteraufstandes im Jahr 1916

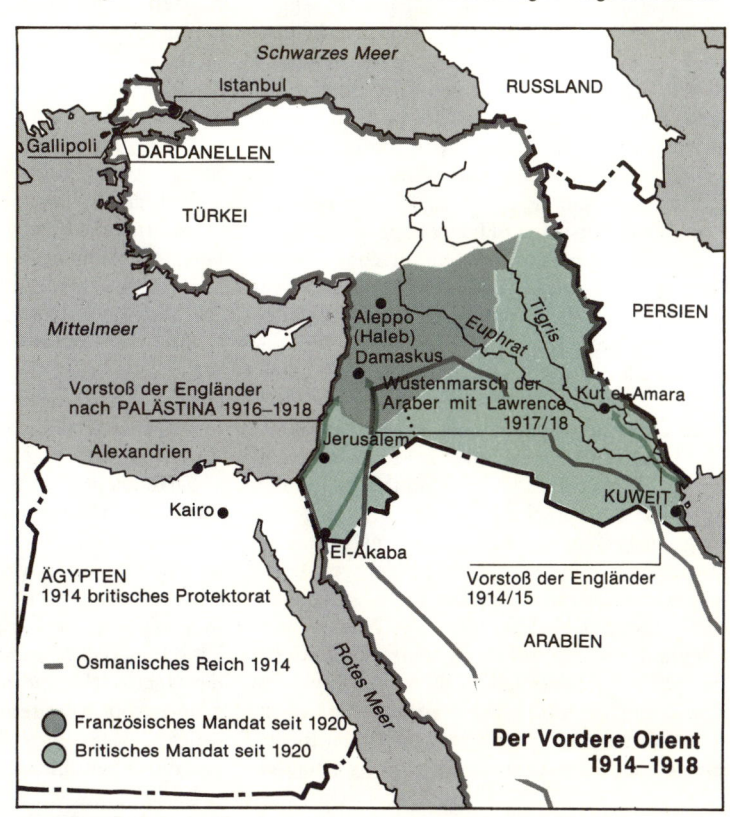

Der Vordere Orient 1914–1918

»Friede, Land und Brot« 1917

Wladimir Iljitsch Lenin

»Petrograd übergeben wir nicht.« Revolutionsplakat der Bolschewisten aus dem Jahr 1917

Am Abend des 10. [23.] Oktober 1917 verschwanden mehrere seltsam und schäbig aussehende Männer, einige waren offensichtlich verkleidet, in einer Bürgerwohnung der Innenstadt von Petrograd, das bis zum Kriegsbeginn St. Petersburg hieß. Der Rahmen der Versammlung besaß keinen formellen Charakter. Zehn Stunden lang konzentrierte sich das Gespräch lediglich auf ein Thema: Sollte die Gruppe die Kontrolle der Regierung Rußlands übernehmen?

In Wirklichkeit bedeutete die Zusammenkunft die Gründung des Politbüros der Bolschewistischen Arbeiterpartei Rußlands. Ihr Führer war seit dem zweiten Londoner Parteitag Wladimir Iljitsch Uljanow, der sich Lenin nannte. Er war siebenundvierzig Jahre alt, von mittlerem Wuchs und kahlköpfig. Die kleinen, tiefliegenden Augen und hohen Backenknochen verliehen dem Gesicht eine suggestive Kraft. Im allgemeinen trug er einen Schnurrbart. Zu dieser Gelegenheit hatte er aus Vorsicht eine Perücke aufgesetzt und seinen Bart geschoren. Unter anderem wohnten der Besprechung Leo Trotzkij (L. D. Bornstein) und Josef Wissarionowitsch Dschugaschwili, der sich später Stalin nannte, bei. Trotzkij war ziemlich groß und trug einen buschigen Haarschopf sowie einen Spitzbart. Er hatte eine mächtige, wohlklingende Stimme und durchdringende blaue Augen hinter starken Brillengläsern. Stalin war sehr klein; sein linker Arm hing leicht herab; aus dem pockennarbigen Gesicht blickten bräunliche Augen, und ein dichter Schnurrbart zierte die Oberlippe.

Lenin hatte die Genossen zusammengerufen, um ihnen den Vorschlag zu machen, daß die Zeit für einen Aufstand gekommen sei. Während der zehn Stunden dauernden Debatte zog er alle jene auf seine Seite, die bisher nicht mit ihm übereingestimmt hatten. Nach der im Sinn Lenins gefällten Entscheidung begannen die Vorbereitungen dafür, die russische Regierung nach vierzehn Tagen zu stürzen. Ein bolschewistisches Kollektiv sollte alle Macht übernehmen; Rußland und schließlich die ganze Welt sollten einer sozialistischen Gesellschaftsordnung unterworfen werden. Eine Gruppe von Menschen erstrebte die Macht, die bewußt versuchte, eine Theorie vom gesellschaftlichen Zusammenleben der Menschheit in die Praxis umzusetzen. Noch trieb nicht persönlicher Ehrgeiz die Revolutionäre an, sondern der feste Wille, das Los der Völker zu bessern.

Die zaristische Regierung befand sich durch ihre lange und erschöpfende Kriegführung während der letzten zweieinhalb Jahre in einer hilflosen Lage. Die Reserven des Landes waren erschöpft. Die Belastungen und Opfer, die der Kampf forderte, erbitterten das Volk, während eine siegreiche Entscheidung immer noch in weiter Ferne zu liegen schien. Aber nicht nur die unzähligen gefallenen sowie verwundeten Soldaten und die wirtschaftliche Not, sondern auch die politischen Zustände förderten den Widerstand des russischen Volkes gegen die herrschende Klasse. Die russische Intelligenz, gebildete Leute aller Klassen, die an eine Besserung der gesellschaftlichen Verhältnisse glaubten, trug zu einer revolutionären Bewegung im letzten Drittel des 19. Jahrhunderts bei. Einige Gruppen glaubten, daß die alte kollektive Organisationsform der Bauernschaft dazu dienen könne, eine neue Gesellschaftsordnung auf sozialistischer Grundlage aufzubauen. Andere hofften, in Rußland ein klassenloses, sozialistisches System zu errichten, in dem die Arbeiter, das Proletariat, die Macht in Gesellschaft und Staat ausübten. Diese Richtung orientierte sich an dem Hauptwerk von Karl Marx »Das Kapital«, das erstmals in einer fremden Sprache, auf Russisch, erschien.

Karl Marx entwickelte die Theorie von der Geschichte der menschlichen Gesellschaft aus dem historischen Materialismus, der jeden geschichtlichen Prozeß auf die wirtschaftlichen Produktionsverhältnisse zurückführte. Das Widerspiel der Produktionskräfte, der Menschen mit ihren Fähigkeiten, und der Produktionsmittel, der Werkzeuge und Maschinen, führte zu verschiedenen Klassen der menschlichen Gesellschaft. Ihr Nebeneinander rief Spannungen und Kämpfe hervor. Die Spätstufe der Klassengesellschaft, der Kapitalismus, schuf die für ihr System unentbehrliche Arbeiterklasse. Die Entwicklung lief dahin, daß eine immer kleiner werdende Minderheit, die stets reicher würde, eine immer größer werdende Masse von Arbeitern, die ständig ärmer würde, bedrückte. Marx sagte voraus, daß das Proletariat schließlich durch sein Elend zur Verzweiflung getrieben würde;

Demonstranten vor einem Kordon der Polizei in St. Petersburg am Beginn der Revolution im Januar 1905

dann würde es dieser Gruppe, unter Führung von Revolutionären, gelingen, den Kapitalismus der bürgerlichen Klassen auszurotten und eine neue klassenlose Gesellschaft auf der Grundlage des Sozialismus zu errichten.

Für die russischen Marxisten verlief die Entwicklung in ihrer Heimat nach diesen Grundsätzen. Als der Kapitalismus in Rußland Wurzeln schlug, entstand folgerichtig eine Arbeiterklasse, die schließlich den Kapitalismus stürzen sollte. Darum begrüßten die Marxisten die Entwicklung des Kapitalismus. Viele Marxisten arbeiteten mit anderen nichtsozialistischen Kritikern der zaristischen Autokratie zusammen. 1905 kam es zu einer ersten dramatischen, allerdings erfolglosen Revolution, die Lenin als »Hauptprobe« für die zwei Revolutionen von 1917 bezeichnete: für die Februar-Revolution, die das Zarentum beseitigte, und für die Oktober-Revolution, die seine eigene, die Bolschewistische Partei, an die Macht brachte. Als das zaristische Regime unerwartet schnell verschwand, war zunächst keine der revolutionären politischen Gruppen auf die Machtübernahme vorbereitet.

Der Vorstoß des Jahres 1905, der erst nach Ausbruch der Unruhen organisierte Formen annahm, war zurückgeschlagen worden. Die revolutionäre Bewegung hatte eine Niederlage einstecken müssen. Vor Ausbruch des Ersten Weltkrieges bestanden nur geringe Aussichten auf einen Umsturz in Rußland. Im Februar 1917 ging wegen der allgemeinen Versorgungslage eine Streikwelle über Petrograd hin; der Generalstreik folgte bald. Die Duma, seit 1905 die russische Volksvertretung, die aber keinen verfassungsmäßigen Einfluß auf das autokratische Regime besaß, vermochte das Volk nicht zu zügeln. Am 27. Februar [12. März], als das Zarentum bereits in der Agonie lag, trat der erste Arbeiter- und Soldatenrat, der Sowjet, zusammen, ohne den fortan weder die Duma noch die aus ihr hervorgegangene provisorische Regierung eine Entscheidung fällen konnte. Während die wichtigsten Führer der revolutionären Bewegung im Ausland oder in der Verbannung weilten, entwickelte der Sowjet keine klare politische Linie. Die revolutionären Richtungen mußten erst die Verhältnisse zueinander regeln. Als jedoch die Führer nach Rußland zurückkehrten, gewann der Rat immer mehr an Einheitlichkeit und Einfluß.

Die Verbindungen zwischen der provisorischen Regierung, der Duma, und den Volksbeauftragten des Arbeiter- und Soldatenrates waren vielfältig und ungeklärt. Die provisorische Regierung hatte theoretisch die Regierungsgewalt inne und wurde als solche auch vom Sowjet respektiert. Die Macht des Sowjet stützte sich fest auf die der Sache der Revolution anhängenden Arbeiter und die Bauern. Der Sowjet repräsentierte etwa neunzig Prozent der Bevölkerung.

Währenddessen übte der auch von der provisorischen Regierung fortgesetzte Krieg einen zermürbenden Druck auf alle Lebensbereiche des Volkes aus. Rußland stand vor einer schweren wirtschaftlichen Krise. Die Moral der Bauern und der Soldaten verschlechterte sich zusehends. Mit der Revolution stieg die Hoffnung auf Reformen und die Lösung aller Probleme. Die Bauern erwarteten Land; die Arbeiter forderten bessere Löhne und erträgliche Arbeitsbedingungen; die nationalen Minderheiten strebten nach Unabhängigkeit. Die provisorische Regierung wollte vor allem aus patriotischen Gründen den Kampf nicht beenden und versuchte, alle Bevölkerungsschichten mit der Aussicht auf Reformen nach dem Sieg zu vertrösten.

Bis zu seiner Rückkehr nach Rußland am 3. [16.] April 1917 hatte Lenin es akzeptiert, daß es für eine sozialistische Partei noch unmöglich sein werde, die Macht zu übernehmen. Der Gegensatz zu den Menschewiken, der gemäßigten demokratischen Fraktion innerhalb der Sozialistischen Arbeiterpartei, lag nicht in der Interpretation von Marx, sondern in Lenins Ansicht von der Bestimmung und der Organisierung einer revolutionären Partei. Lenin wollte die Mitgliedschaft auf Berufsrevolutionäre beschränkt wissen. Die Menschewiken aber hielten die Partei für alle Anhänger offen. Die unterschiedliche Einstellung wurzelte in der Vielfältigkeit des Marxismus selbst.

Marx hatte prophezeit, daß die Umwandlung des Kapitalismus in den Sozialismus zwar unvermeidlich sei, aber auf das bewaffnete Proletariat gestützt werden müsse. Das durch das wachsende Elend der Ausbeutung unter dem Kapitalismus selbstbewußt gewordene Proletariat müßte sich mit Hilfe der revolutionären Partei organisieren, die Waffen ergreifen und die Umwandlung zum Sozialismus herbeiführen. Diese Theorie erlaubte zwei Auslegungen: Die sozialistischen Parteien Europas einschließlich der Menschewiken meinten, daß sie, da der Übergang zum Sozialismus unvermeidlich war, nichts anderes tun konnten, als das Proletariat auf seine zukünftigen Aufgaben vorbereiten. Da das bewaffnete Proletariat die Umwandlung zum Sozialismus herbeiführen mußte, sahen Lenin und die Bolschewisten ihre wichtigste Aufgabe in der Organisation der Arbeiterklasse, um sie zu einem bewaffneten Staatsstreich zu führen.

Lenin rechtfertigte seinen Weg durch eine weiter entwickelte Interpretation der marxistischen Terminologie. Als er im April 1917 nach Rußland heimkehrte, hatte er seine Abweichung vom Marxismus ausgearbeitet und begründet, um seine Meinung von der Wichtigkeit der Organisation zu rechtfertigen. Den Leninschen Marxismus übernahm auch Leo Trotzkij, der jüngere Marxist, der Jahre hindurch den Bolschewisten skeptisch gegenübergestanden hatte. Trotzkij hatte in Zusammenarbeit mit seinem Gefährten aus den Revolutionstagen von 1905, dem kosmopolitischen Sozialdemokraten Parvus (Alexander Helphand), eine eigene Wendung des Marxismus ausgearbeitet: Das Proletariat sollte, da die Bourgeoisie zu schwach war, das Zarentum zu stürzen und den Kapitalismus zu beenden, eine bürgerliche Revolution durchführen. Später würde das Proletariat auf der Basis der Erfahrungen aus der bürgerlichen Revolution fähig sein, den Sozialismus zu errichten. Lenin übernahm die Theorie, um seine fortschrittliche Parteihierarchie zu stützen, und machte sich selbst zu einem Streiter für die Macht. Darum schloß sich Trotzkij, als er im Juli 1917 aus Amerika nach Rußland kam, der bolschewistischen Partei an. Lenin und Trotzkij verbanden Theorie und Praxis zu einem genialen Konzept, das es den Bolschewisten ermöglichte, binnen kurzem die Machtergreifung durchzuführen und die Auseinandersetzung mit ihren sozialistischen Rivalen zu übergehen. Kurz, Lenin besaß die Fähigkeit, den Marxismus für seine revolutionären Ziele umzuformen.

Seither haben alle möglichen kommunistischen Historiker versucht, Lenins Sinnesänderung unter einem Berg von Mythologisierung zu ersticken. Die offizielle Geschichtsschreibung der Sowjetunion huldigt einem Lenin, der seit seinen ersten Schultagen die Marxschen Lehren in der einzig richtigen Weise interpretiert hat. Objektive Betrachter des sowjetischen Marxismus werfen ihm vor, daß

Rote Garden vor dem Winterpalais in Petrograd während der letzten Tage der provisorischen Regierung im Oktober 1917

Kundgebung russischer Revolutionäre in einer Bahnhofshalle im Jahr 1917

»Friede den Hütten, Krieg den Palästen.« Gemälde von Marc Chagall

»Die erste Koalition.« Karikatur auf die russische provisorische Regierung im Jahr 1917

er letztlich nicht die Herrschaft des Proletariats, sondern die Diktatur der Partei erstrebte und erreichte.

Lenins erste Rede über die Aufgaben des Proletariats in der gegenwärtigen Revolution am Tag nach seiner Ankunft in Petrograd verblüffte nicht nur seine Gegner und Rivalen, sondern sogar seine eigenen Anhänger, die meist keine präzise marxistisch-ideologische Schulung erfahren hatten. Als er sagte, daß das Proletariat, das nur die Bolschewisten vertraten, die Macht übernehmen könnte und müßte, verstummten selbst seine Freunde. Die Rechtfertigung seines Planes stützte er mit Trotzkijs Theorie, obwohl dieser kein Bolschewist war.

In jener schicksalhaften Sitzung des Politbüros im Oktober setzte Lenin nochmals seine ganze persönliche Autorität ein und bestach durch seine faszinierende Willenskraft. Die Entscheidung, die schließlich gefällt wurde, stellte das Programm, das Lenin im April verkündet hatte, klar heraus. Der Beschluß war um so folgenschwerer, weil er ein Ereignis einleitete, dessen Bedeutung kaum überschätzt werden kann. Die sich anbahnende Machtübernahme des Bolschewismus veränderte große Teile der Welt.

An diesem Tag setzten sich Lenin und seine Genossen rücksichtslos gegen andere Revolutionäre durch und schlugen Kompromisse mit bürgerlichen Kreisen aus. Die Bolschewisten hatten zwar schon seit April im Sowjet eine radikale Position bezogen, so daß ihr relativer Einfluß gegenüber der provisorischen Regierung im Wachsen war, aber sie hatten sich als Minderheit gefühlt. Lenin versuchte, seine Fraktion aus der erzwungenen Unterordnung zu lösen, und war bestrebt, von der provisorischen Regierung unabhängiger zu werden als der ganze Arbeiter- und Soldatenrat. Diese Taktik verstärkte die Rivalität zwischen dem Sowjet und der provisorischen Regierung, da letztere die Tendenz, sie ganz aus der Macht zu drängen, wohl spürte. Aber Unabhängigkeit konnte nicht wirklich sein, wenn sie nicht gesetzlich verkündet war. Die tatsächliche Macht, die der Sowjet bereits ausübte, konnte keine Staatsmacht werden, solange sie nicht legalisiert war. Die Legalität, die die Autorität der provisorischen Regierung ausmachte, mußte erst durch eine andere ersetzt werden. Lenin und seine Genossen mußten den Staatsapparat übernehmen, um die Macht zu bekommen.

Seine Aprilthesen bewiesen seine realistische Einschätzung der Lage in bezug auf Theorie und Praxis. Scharfsinnig erkannte er die wichtigsten Punkte für den Aufbau eines leistungsfähigen Parteiapparates: Organisation und Propaganda. Die Nöte Rußlands, das Murren der Arbeiter, Bauern und Soldaten bildeten den wirkungsvollen Anlaß für seine Agitation. In seiner straff organisierten, auf das Gemeinwohl und den Fortschritt ausgerichteten Partei stand die in der Theorie bereits festgefügte Ideologie der Bewegung an hervorragender Stelle. In aufrüttelnden und fesselnden Reden erklärte Lenin dem Mann auf der Straße den tiefen Sinn des Schlagwortes »Friede, Land und Brot.« Diese Handlungsweise entsprach keineswegs den Vorstellungen vom klassischen Marxismus.

In der Nacht vom 24. auf den 25. Oktober [6./7. November] nach vierzehn Tagen harter Arbeit verhaftete das militärische revolutionäre Komitee unter Trotzkijs Führung alle Mitglieder der provisorischen Regierung. Gleichzeitig nahm die Miliz der Bolschewisten, die Roten Garden, das Winterpalais, den Sitz der provisorischen Regierung, ein. Ohne großes Aufsehen zu erregen, besetzten sie den Tauridenpalast, Postämter und Bahnhöfe, die Nationalbank, Kraftwerke und wichtige strategische Punkte in der Stadt. Nach wenigen Stunden gab es keine provisorische Regierung mehr; die Verluste auf beiden Seiten waren nur gering. Obwohl die Bolschewisten ihre Absichten bereits vor Wochen öffentlich verkündet hatten, sicherten Verwirrung und Mutlosigkeit ihrer Gegner, die vergeblich auf die Hilfe des Militärs und den Widerstand der sozialistischen Rivalen warteten, den Bolschewisten den Sieg.

Eine neue Regierung, eine neue Staatsform und eine neue Gesellschaftsordnung wurden proklamiert. Der Machtwechsel vollzog sich mit traumartiger Ruhe, verglichen mit den bisherigen Ereignissen, die viel sinnloses Leid verbreitet hatten. Die Begeisterung der Bolschewisten war grenzenlos; sie hatten den Sieg mühelos errungen und sahen sich auf dem Kamm einer Welle, von der sie hofften, daß sie die Welt überfluten werde. Täglich erwarteten sie ähnliche Erhebungen der Arbeiterschaft in Europa, ja in allen Ländern der Erde. In Rußland selbst hatte die Oktober-Revolution zunächst mit bedrohlichen Gegenbewegungen zu kämpfen. Einige Jahre lang tobte ein für beide Seiten ebenso blutiger wie an Greueln reicher Bürgerkrieg. Die Rote Armee, von Leo Trotzkij organisiert und geführt, siegte schließlich über die Konterrevolutionen.

Die bolschewistische Revolution gewann über Rußland hinaus keine Erfolge. Jahrzehntelang ereignete sich nirgendwo eine sozialistische Revolution. Das neue Rußland sah sich in einem ausgebluteten und von der Völkerfamilie der Welt isolierten Land gezwungen, trotz materieller Schwierigkeiten und von einer idealistischen Theorie belastet, ein System aufzubauen, das die Revolution rechtfertigen sollte. Die bolschewistischen Denker hatten geglaubt, daß die Entschlossenheit des Volkes ausreichen müßte, eine neue Gesellschaftsform aufzubauen. In Wirklichkeit setzte bald ein brutaler Druck der Partei ein, der aber der Propaganda nach nur die Übergangsphase des Aufbaues überbrücken helfen sollte. Es entstand ein Staatsapparat des Zwanges, der bis heute überlebt hat.

Als die Weltrevolution ausblieb, konzentrierten die bolschewistischen Revolutionäre ihre Kräfte auf den Aufbau der sozialistischen Gesellschaftsordnung Rußlands, um Energien für die Weltrevolution zu sammeln. Lenin

selbst, der die Hoffnung auf eine Weltrevolution bis zu seinem Tod im Jahr 1924 nicht aufgab, war bedrückt durch die Tatsache, daß der Elan der Revolution dem bürokratischen Alltag erlag. Die Verwaltung des von den Bolschewisten eroberten weiten Landes und die Versorgung des Volkes sowie des Staates mit den Bedürfnissen des täglichen Lebens verwandelten ehemalige Schriftsteller, Redner und Enthusiasten in ein Heer von Aktenmenschen. Während dieses Prozesses konzentrierte sich die Macht in den Händen des Mannes, dem die personellen Entscheidungen oblagen: Josef Stalin, der seit 1922 den Posten des Generalsekretärs des Zentralkomitees bekleidete.

Noch vor Lenins Tod setzte sich Stalin als der wichtigste Mann im Parteiapparat durch. Von 1928 bis zu seinem Tod im Jahr 1953 war er der erste Mann im Land. Er ging erfolgreich aus dem erbitterten Machtkampf hervor, der nach Lenins Tod ausbrach, als die Bolschewistische Partei sich vor das unlösbare Problem gestellt sah, dort einen Sozialismus aufzubauen, wo keiner möglich war. Auch diese Entwicklung wurde in der marxistischen Ideologie begründet. Stalin nutzte seine wachsende Macht innerhalb des Parteiapparates dazu aus, oppositionelle Genossen zu überlisten, auszuschalten und schließlich zu vernichten. Seine sogenannten Säuberungsaktionen begleitete ein fürchterliches Gemetzel unter den Genossen in der Partei, in der Armee und in allen wichtigen Institutionen des Staates. Trotzkij selbst mußte 1928 aus Rußland fliehen. Seit seinem fünfzigsten Geburtstag im Jahr 1929 kontrollierte Stalin durch seine Geheimpolizei nicht nur die sowjetische kommunistische Partei, sondern auch manche andere kommunistische Partei des Auslandes, die der 1917 von Lenin gegründeten Dritten Internationale angehörte. Stalin besaß die absolute Macht in einem riesigen aufstrebenden Reich.

Lenins schicksalhafte Entscheidung, die bolschewistische Revolution mit eiserner Faust durchzuführen, veränderte nicht nur Rußland, sondern zeitigte Folgen für die ganze Welt. Seine Interpretation von Karl Marx griff in die Lebenswege von mehr als einem Drittel der Menschheit ein und machte den Marxismus zu einer der einflußreichsten Kräfte der Geschichte der Neuzeit.

JOEL CARMICHAEL

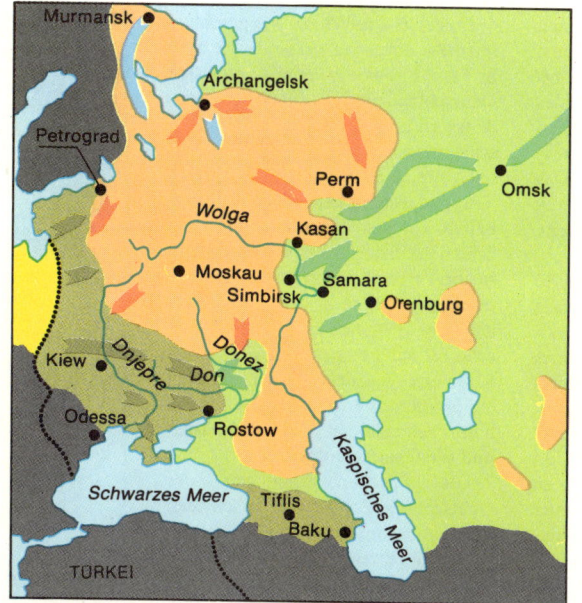

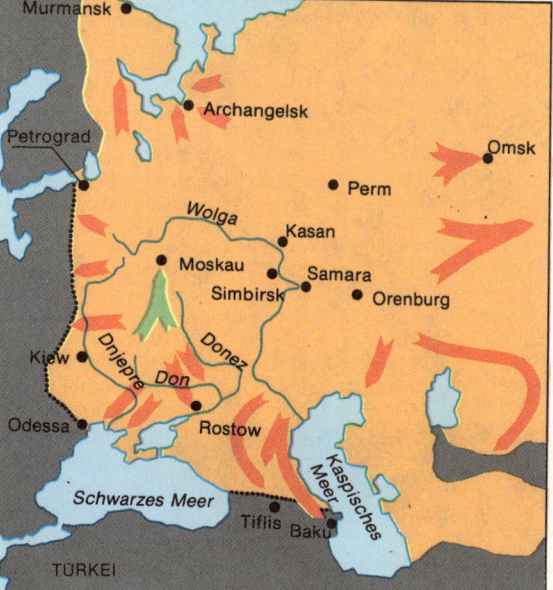

Die bolschewistische Revolution in Rußland

Der Vertrag von Versailles. Ende des Kolonialismus

Während der ersten fünf Jahre nach Kriegsende nahmen drei Probleme Europa in Anspruch, die es noch bis 1945 bewegten. Der Aufstieg des Kommunismus gehört sinngemäß an den Anfang dieser Periode, der Aufstieg des Faschismus an das Ende. Das dritte Problem hatte seinen Ursprung im Versailler Friedensvertrag. Denn dieser Vertrag, der den Krieg abschließen sollte, »um alle Kriege zu beenden«, barg Fehleinschätzungen in sich, die es den neuen radikalen Kräften ermöglichte, innerhalb eines Menschenalters einen zweiten furchtbaren Krieg vom Zaun zu brechen. Der Versailler Vertrag, den die Sieger in Überschätzung ihrer Mission machten, um die Probleme Europas zu lösen, führte letzten Endes zu neuer Verwüstung. Er täuschte darüber hinweg, daß Europa nicht mehr Zentrum der Weltpolitik war. Nur weil Rußland und die Vereinigten Staaten sich in den Isolationismus zurückzogen, blieb der Schein europäischer Vorherrschaft noch einige Zeit bewahrt.

Das letzte Kriegsjahr

Die Zerstörung der alten Gesellschaftsordnung in Rußland durch die Revolution begann 1917 noch während des Krieges. 1918 veröffentlichte die bolschewistische Regierung die Geheimverträge zwischen der zaristischen Regierung und den Alliierten und kündigte sie auf. Sie forderte die Arbeiter der kriegführenden Nationen auf, sich von dem Joch des kriegstreibenden Kapitalismus zu befreien und die eigene Revolution in Angriff zu nehmen. Der Aufruf alarmierte die west-europäischen Regierungen und brachte die Bolschewisten binnen kurzer Zeit um jede ausländische Unterstützung und isolierte Rußland.

Das erste Anzeichen, wie geschlossen diese Isolierung werden sollte, war in Brest-Litowsk erkennbar, wo sich Deutschland und Rußland zu Friedensverhandlungen trafen. Die Bolschewisten waren am Verhandlungstisch im Nachteil, weil sie keine Truppen mehr in den Schützengräben halten konnten. Sie versuchten, ihre Schwäche dadurch auszugleichen, daß sie die Verhandlungen für ihre revolutionäre Propaganda ausnutzten. Als die Deutschen sich schließlich Petrograd bis auf weniger als zweihundert Kilometer genähert hatten, mußten die Bolschewisten Polen, Litauen, die baltischen Länder, Transkaukasien und die Ukraine aufgeben.

Die Friedensbedingungen der Deutschen in Brest-Litowsk schienen für die ungebrochene Stärke des kaiserlichen Deutschland zu sprechen, die in Wirklichkeit jedoch längst ausgehöhlt war. Im Januar 1918 traten über eine Million deutscher Arbeiter in den Streik. In Österreich-Ungarn war die Krise noch ernster. Die Lebensmittelversorgung stockte. In einigen Gegenden folgten den Streiks Arbeiter- und Soldatenräte. Im Februar kam es zu einer Meuterei der Kriegsflotte. Die Unruhen wurden zwar unterdrückt, aber es gab noch mehr Anzeichen für den drohenden Zusammenbruch. Die Lage der Mittelmächte verschlechterte sich bald noch mehr durch die Heimkehr der Kriegsgefangenen, die von den Bolschewisten freigelassen wurden. Die ehemaligen Soldaten, die während ihrer Internierung mit Propaganda gegen Krieg und für Revolution in Berührung gekommen waren, übten einen zersetzenden Einfluß auf die heimatliche Arbeiterschaft und das Militär aus. Eine Serie von Meutereien folgte. Diese Ereignisse beunruhigten die Deutschen und ihre österreichischen Verbündeten derart, daß sie ihre Streitkräfte noch besser koordinierten sowie eine Zollunion schlossen. Der Zusammenbruch aber war nicht aufzuhalten.

Im Januar 1918, dem Monat des Generalstreiks in Deutschland, verkündete Präsident Thomas Woodrow Wilson eine Friedensbotschaft, in der er auf der Grundlage der parlamentarischen Regierungsformen und dem Selbstbestimmungsrecht der Völker einen Verständigungsfrieden forderte. In vierzehn Punkten proklamierte er auch die allgemeine Abrüstung und die Gründung eines Völkerbundes. Das Unabhängigkeitsstreben der Völker Mittel-Europas erhielt starken Auftrieb. Das Ende der Donau-Monarchie stand vor der Tür. In Deutschland waren die Verhältnisse kaum besser. Im März begann das Deutsche Reich mit einer großangelegten Offensive im Westen, bei der alles auf eine Karte gesetzt wurde. Sie brachte die Deutschen bis auf hundert Kilometer vor Paris, aber die Linien der Alliierten hielten stand; im August lief ihre Gegenoffensive an. Aber auch ihnen mißlang der entscheidende Durchbruch. Die deutsche Kriegsmarine meuterte; in München brach die Revolution aus. Die Oberste Heeresleitung entzog sich geschickt der politischen Verantwortung, die sie bisher mit großer Hartnäckigkeit beansprucht und in Verkennung der Kompetenzen auch ausgeübt hatte, dadurch, daß sie die Unterzeichnung des Waffenstillstandes ablehnte und damit das Odium der Niederlage der Reichsregierung aufbürdete.

Der Vertrag von Versailles

Mit der Unterzeichnung des Waffenstillstandes am 11. November 1918 durch die Vertreter des Deutschen Reiches und die der Entente im Wald von Compiègne endete der Krieg. Aber vier Jahre des Hinschlachtens, der Verheerung und der nationalistischen Propaganda hinterließen offene Wunden. Der Friedensvertrag von Versailles, der am 28. Juni 1919 abgeschlossen wurde, vermochte nur wenig zu ihrer Heilung beizutragen. Als diktierte Friedensregelung wurde er den Besiegten von den Siegern ohne Verhandlungen und ohne Kompromisse aufgezwungen. Die Schöpfer des Vertrages verfolgten zwei Ziele. Einmal sollte Europa in einer Weise so geordnet werden, daß ein neuer Krieg ausgeschlossen war; zum anderen galt es, was ein besonderes Anliegen von Präsident Wilson war, die unterdrückten Nationalitäten zu befreien, jene Teile ein und desselben Volkes, die lange Zeit willkürlich getrennt waren, erneut zu vereinen und die Grenzgebung nach ethnischen Gesichtspunkten vorzunehmen. Aber die geistige Haltung der Sieger und Besiegten nach vier Jahren eines totalen Krieges verhinderte einen Frieden ge-

Die großen vier: David Lloyd George, Vittorio Emmanuele Orlando, Goerges Clemenceau und Thomas Woodrow Wilson

genseitiger Achtung und Verständigung. Die Kluft zwischen idealistischen Grundsatzerklärungen und dem machtpolitischen Kalkül war unüberbrückbar. Die Bestimmungen von Versailles bargen den Konfliktstoff der Zukunft.

Die Konferenz fand in einer Atmosphäre der Bitterkeit statt. Großbritannien beklagte eine Million Gefallene und eineinhalb Millionen Verwundete. Frankreich hatte fast zwei Millionen Menschen verloren und war aufs schrecklichste verwüstet. Die englische Massenpresse heulte »Hängt den Kaiser!« und »Die Deutschen sollen bezahlen!« In Frankreich wünschte die Öffentlichkeit unversöhnlich Vergeltung am Feind. Die Diplomaten, die sich in Versailles versammelt hatten, waren die Führer demokratischer Länder und darum abhängig von den Stimmen ihrer Wähler. Selbst jene Staatsmänner, die die Sinnlosigkeit aller Vergeltungsaktionen erkannten, trugen Sorge dafür, daß andere die gewaltige Rechnung dieses Krieges bezahlten. Der französische Ministerpräsident Georges Clemenceau konnte der völligen Zustimmung seiner Landsleute sicher sein, als er sagte: »Wir haben für unseren Sieg doch nicht noch um Verzeihung zu bitten!«

Die allgemein herrschende Meinung machte es nahezu unmöglich, materielle Ziele am Konferenztisch den idealistischen Vorstellungen Wilsons zu opfern. So wirkte die erzielte Regelung auf einen ihrer schärfsten Kritiker, den englischen Wirtschaftswissenschaftler John Maynard Keynes, wie »ein Netzwerk von Spitzfindigkeiten«. Hinter dem Nebel Wilsonscher Phrasen kamen die handfesten Interessen der Alliierten zum Vorschein: Frankreich schränkte Deutschlands industrielles Potential wesentlich ein; der bereits beschlossene Anschluß des deutschsprechenden Österreichs an das Reich wurde untersagt; das Rheinland mußte entmilitarisiert bleiben. Der Grundsatz der nationalen Selbstbestimmung bot einen bequemen Vorwand für die Abtrennung von Randgebieten des Deutschen Reiches. Darüber hinaus machte man dem Deutschen Reich eine gewaltige Rechnung an Reparationsforderungen auf.

Ein Friede der Vergeltung

Die geschlossene Front der Sieger in Versailles verbarg die Uneinigkeit der Alliierten und besonders die Gegensätze, die zwischen England und Frankreich entstanden waren. Nachdem die erste Aggressivität der Nachkriegszeit abgeklungen war, nahmen die Engländer bald eine vernünftigere Haltung als die Franzosen ein; England hatte im großen und ganzen seine Kriegsziele erreicht. Die Kriegsflotte des Deutschen Reiches war ausgeliefert worden, wenn sie sich inzwischen auch selbst versenkt hatte. Deutsche Kolonien gab es nicht mehr. Frankreich jedoch fühlte sich immer noch bedroht. Das besiegte Deutschland erschien den Franzosen immer noch an Bevölkerung und natürlichem Reichtum überlegen zu sein. Darum erstrebte Frankreich eine so vollständige Niederringung seines Gegners, daß er nie wieder gefährlich werden

Spartakisten in Berlin, 1919

konnte. Auch in dieser Frage setzte keiner von beiden seinen Standpunkt ganz durch. Weil die Engländer einer totalen Verstümmelung Deutschlands nicht zustimmten, waren die Bedingungen des Vertrages nicht hart genug, um Deutschland einen Wiederaufbau unmöglich zu machen, andererseits aber waren sie auch nicht milde genug, um Deutschland den Eindruck von Gerechtigkeit zu vermitteln. Schon bei seinem Abschluß wurde der Vertrag als wenig befriedigend angesehen. Ein britischer Diplomat faßte seine Enttäuschung in die Worte: »Wir kamen in der Zuversicht, daß die neue Ordnung kurz vor ihrer Vollendung stünde. Wir gingen in dem Bewußtsein, daß das neue System eine Schande für das alte ist.«

Der Versailler Vertrag basierte auf amerikanischer Unterstützung. Es war ein Anzeichen für die Verschiebung des weltpolitischen Gleichgewichts, daß der Vertrag, als die Hilfe ausblieb, allmählich immer mehr zu einem bloßen Stück Papier hinabsank. Das Ende der europäischen Vorherrschaft in der Welt war schon vor 1914 deutlich sichtbar geworden; der Krieg machte diesen Prozeß unwiderruflich.

Ende des Kolonialismus

Mit Wilsons Formulierung des Grundsatzes der nationalen Selbstbestimmung und Lenins Entlarvung des Imperialismus zerfiel auch die Struktur des europäischen Kolonialismus. Die Kolonialtruppen kehrten von den europäischen Schlachtfeldern mit einem neuen Verständnis von Demokratie, Selbstbestimmung und nationaler Unabhängigkeit nach Hause zurück. Verbunden mit steigendem Selbstbewußtsein bildeten diese Begriffe die Grundlage zur Widerlegung des Mythos von der Minderwertigkeit der kolonialen Völker. Die Erkenntnis, mit welchem Zynismus die Großmächte einst die Kolonien verschachert und ausgebeutet hatten, brachte die Imperialisten um ihr Ansehen und rief gewalttätige Reaktionen hervor.

Die Aufdeckung des englisch-französischen Sykes-Picot-Abkommens über die Aufteilung des Vorderen Orients gab dem Nationalismus in der arabischen Welt jähen Aufschwung. 1919 wurde in Ägypten die Wafd-Partei gegründet. Ihr folgte 1920 in Tunesien die Destur-Bewegung. 1919 versammelte sich in Paris eine panafrikanische Konferenz. Die Bolschewisten hatten sehr schnell das revolutionäre Potential der unterdrückten Kolonialvölker erkannt und versorgten Afrika beständig mit antiimperialistischer Propaganda.

In Asien trugen ganz ähnliche Faktoren zu einem gesteigerten Selbstbewußtsein der Kolonialvölker bei. Das traf besonders auf Indien zu. In Übereinstimmung mit den 1917 gemachten Versprechungen unternahmen die Briten die ersten Schritte in Richtung auf eine indische Selbstverwaltung. 1919 erließen sie die »Government of India Act«, die jedoch nur Alibifunktion besaß, da sie den Engländern weiterhin eine vollständige Kontrolle der Zentralregierung sicherte. Die Legislative sollte zwar aus demokratisch gewählten Indern bestehen. Aber sie durfte keine Kontrollfunktion gegenüber der Regierung ausüben. Die indischen Nationalisten waren bitter enttäuscht. In Anbetracht der Opfer, die Inder während des Krieges für England gebracht hatten, und der Zusage von 1917, hatten sie mehr für ihr Volk erhofft. 1918 gab es das ganze Jahr hindurch Tumulte und Unruhen, die sich noch verschlimmerten, als die Truppen in Europa demobilisiert wurden und heimkehrten.

Zu diesem Zeitpunkt trat Mohanda K. Gandhi als der Führer der indischen Nationalisten auf den Plan. 1919 rief er zu passivem Widerstand auf. Anfänglich beschränkte sich dieser auf die Gebildeten des Landes, aber mit Unterstützung Jawaharlal Nehrus gelang es Gandhi, die nationale Bewegung auch auf die niederen Kasten der indischen Gesellschaft auszudehnen. Die politische Organisation beider erfaßte Dorf nach Dorf, Provinz nach Provinz. Dieser Prozeß bedeutete einen wichtigen Schritt vorwärts für die indische Unabhängigkeitsbewegung. Die Unruhen erreichten 1919 in Amritsar im Pandschab ihren Höhepunkt, als britische Truppen in eine Menge von indischen Aufständischen schossen und dabei weit über dreihundert Menschen töteten und etwa tausend verletzten. Amritsar wurde zum Inbegriff britischer Grausamkeit und trug wesentlich zum Anwachsen der Militanz bei.

Der Widerstand gegen europäische Einflüsse erfaßte auch China, wo die Revolution mit fernöstlicher Langsamkeit voranschritt. Während des Krieges hatten die europäischen Mächte China sich selbst überlassen.

Europa nach Versailles

In Europa führten die Folgen des Krieges zu einer allgemeinen Wirt-

Siegesparade in London, 1919

schaftskrise und Inflation. Der Mittelstand und die Arbeiter litten besonders in Deutschland und in Italien am meisten. In Deutschland verband sich dieses Gefühl mit Haßreaktionen auf den harten Vertrag von Versailles und in Italien mit der Enttäuschung darüber, daß man die angestrebten Kriegsziele nicht hatte erreichen können. Enttäuschter Patriotismus wuchs mit der großen Zahl entlassener Soldaten. Überall in Europa traten Demagogen auf, die den Unmut in der Bevölkerung geschickt ausnutzten, Sozialismus und Demokratie zu diskriminieren sowie aggressive Programme zu propagieren.

Marsch der Schwarzhemden auf Rom 1922

Am Nachmittag des 24. Oktober 1922 versammelten sich Tausende und Abertausende von schwarz behemdeten Faschisten auf der Piazza del Plebiscito in Neapel. Sie standen in starrer Haltung auf dem Platz und lauschten den Worten ihres Führers, Benito Mussolini. »Ich versichere Euch in aller Feierlichkeit, daß die Stunde geschlagen hat«, rief Mussolini mit seiner tiefen, gefühlvollen Stimme. »Entweder wird uns die Regierung Italiens übertragen, oder wir werden uns ihrer durch einen Marsch auf Rom bemächtigen. Es ist eine Sache von Tagen, von Stunden... Ich garantiere, ich schwöre Euch, daß die Befehlsgewalt auf Euch übergeht.« Als Antwort auf die Gewalt von Mussolinis Redekunst nahmen die versammelten Faschisten seinen Ruf auf, indem sie einstimmig schrien: »Roma! Roma! Roma!«

In den Abendstunden dieses Tages trafen sich Mussolini und andere führende Köpfe der faschistischen Partei zu einer Geheimbesprechung im Hotel Vesuvio. Sie diskutierten die von Mussolini für den Marsch auf Rom vorgeschlagenen Maßnahmen. Es wurde beschlossen, daß die faschistische Miliz, sobald die Schwarzhemden vom Parteikongreß in Neapel nach Hause zurückgekehrt seien, mobilisiert werden sollte. Vier Tage später, nach von Faschisten provozierten Aufständen, in deren Verlauf in allen wichtigen Städten die Polizei- und Rundfunkstationen, die Postämter, Präfekturen, Gewerkschaftshäuser und die Büros antifaschistischer Zeitungen besetzt wurden, sollte die faschistische Miliz an verschiedenen ausgewählten Punkten konzentriert werden und sich anschließend der Hauptstadt nähern. Der Marsch sollte von vier führenden Faschisten, den Quadrumviri, wie sie später hießen, geleitet werden, in deren Händen alle Macht liegen sollte: Michele Bianchi war ein neununddreißigjähriger Journalist, Generalsekretär der Partei und ein hingebungsvoller, um nicht zu sagen fanatischer Faschist, der voll Stolz auf seinen Ruf, Parteimitglied »von der ersten Stunde an« zu sein, blickte; der sechsundzwanzigjährige Italo Balbo war der tapfere, gutaussehende und intelligente Held der Squadristi, einer gewalttätigen faschistischen Aktionsgruppe; Cesare Maria de Vecchi, ein Grundbesitzer und Advokat von konservativer und monarchistischer Gesinnung, hatte sich während des Ersten Weltkrieges als Armeeoffizier ausgezeichnet; General Emilio de Bono, ein kleiner, zerbrechlicher, weißbärtiger Mann von achtundfünfzig Jahren, hatte die Führung der faschistischen Miliz übernommen, obwohl er weiterhin in der regulären Armee diente.

Mussolini selbst blieb außerhalb des Quadrumvirates. In der Tat ließ ihn, nach Balbos Meinung, sein unschlüssiger, kapriziöser Charakter für die Organisation und Führung eines präzisen Staatsstreiches gänzlich ungeeignet erscheinen. Balbo bemerkte später, daß Mussolini sich derart schwankend verhielt, daß er ihm resolut gesagt haben will: »Wir gehen jetzt nach Rom, ob mit Dir oder ohne Dich. Es liegt an Dir. Entschließe Dich.«

Vorsichtig kehrte Mussolini nach Mailand zurück, sobald die Entscheidung, auf Rom zu marschieren, in Neapel gefallen war. Er beschloß, dort zu bleiben, bis die Staatskrise durch Gewalt oder durch einen Kompromiß gelöst sei. Er hatte für seine Person noch keine Entscheidung gefällt, ungeachtet seiner offenen Rede an die Schwarzhemden auf der Piazza del Plebiscito, daß eine friedliche Lösung nicht mehr erreicht werden könne.

Es erhebt sich dabei die Frage, ob der Ministerpräsident, der gutmütige und leichtlebige Luigi Facta, zu einem Handel mit den Faschisten willens war, um dadurch den Bestand seiner eigenen Regierung zu verlängern. Drei andere Politiker, Antonio Salandra, Francesco Saverio Nitti und Giovanni Giolitti, die alle schon in der Vergangenheit das Amt des Regierungschefs innegehabt hatten, warteten nur darauf, ein Kabinett zu bilden und hatten bereits direkt oder durch Mittelsmänner Beziehungen zu Mussolini aufgenommen.

In ganz Italien bereiteten die Faschisten die Aktion vor. Die Mobilisierung hatte begonnen: Öffentliche Gebäude waren besetzt, prominente Antifaschisten festgesetzt, Telefonleitungen unterbrochen, Eisenbahnzüge sowie Fahrzeuge requiriert und Schützen eingezogen worden. Die Miliz formierte sich für den bevorstehenden Marsch. Perugia, wo die Quadrumviri ihr Hauptquartier im Hotel Brufani aufgeschlagen hatten, war eine der ganz von den Faschisten kontrollierten Städte. In Rom übergab Luigi Facta um 11 Uhr nachts des 27. Oktobers 1922 seine Rücktrittserklärung dem König.

Plakat der italienischen Faschisten

Benito Mussolini, Italiens »Mann der Vorsehung«, als Herr über Rom

Schwarzhemden beim Einmarsch in Rom im Oktober 1922

Benito Mussolini während einer Schiffsparade in Portofino im Jahr 1926

Da er bis zur Ernennung eines Nachfolgers die Amtsgeschäfte weiterführte, berief Facta für 5 Uhr des folgenden Morgens ein Notstandskabinett ein. Die Mitglieder beschlossen, den Belagerungszustand auszurufen. Die sofort verfaßte Proklamation sollte bis 8.30 Uhr an den Mauern Roms angebracht werden. Der Armee wurde befohlen, dem drohenden Marsch der Faschisten auf die Hauptstadt zuvorzukommen. Alle Unruhestifter sollten inhaftiert werden, um so den Ausbruch von Gewalt zu verhindern.

Facta begab sich unverzüglich in die Villa Savoia, die offizielle Residenz Viktor Emmanuels III., um den König zum Unterschreiben der Proklamation zu veranlassen. Doch in der Nacht war der König davon unterrichtet worden, daß die Armee den Widerstand gegen die Faschisten verweigern würde und daß somit die Gefahr eines Bürgerkriegs bestand. Daher lehnte er zu Factas Bestürzung die Unterschrift ab.

Als Mussolini hörte, daß das Verhalten des Königs die Regierung zur Aufhebung des Belagerungszustandes gezwungen hatte, wußte er, daß er gewonnen hatte. Von allen Seiten gedrängt, sich unverzüglich in die Hauptstadt zu begeben, antwortete er zuversichtlich, das nur zu tun, wenn er eine schriftliche Aufforderung des Königs zur Regierungsbildung erhielte. Als diese schließlich eintraf, begab er sich auf der Stelle zum Bahnhof.

Der Marsch auf Rom, von der konstitutionellen Regierung so sehr gefürchtet, wie er von der späteren Parteipropaganda gepriesen wurde, verlief völlig planlos. Das in Perugia isolierte Hauptquartier der Quadrumviri übte nur eine geringe Kontrolle über die zusammengelaufenen Haufen aus, da die Situation von Stunde zu Stunde verworrener wurde.

Die verschiedenen Gruppen marschierten unabhängig, ohne aufeinander abgestimmt zu sein. Viertausend Mann kamen von Civitavecchia, zweitausend von Monterotondo, über achttausend von Tivoli. Ungefähr dreitausend blieben als Reserve in Foligno in der Nähe von Perugia zurück. Die führenden Männer der einzelnen Abteilungen kannten den Verlauf des Unternehmens bei ihren Kameraden nicht. Es waren keine Nachtquartiere vorbereitet; die meisten Gruppen trugen wenig Nahrung bei sich; einige waren unbewaffnet. Zur Zeit, da sie ihre Treffpunkte im Norden Roms erreichten, ging ein heftiger Regen nieder. Einige von ihnen beschlossen – naß und hungrig, wie sie waren – nach Haus zu gehen. Die Ungewißheit tötete jegliches Interesse.

Aber es waren schon stärkere Regierungen durch die Bedrohung von noch schlechter organisierten Gegnern gestürzt worden. Und als am Tag nach Mussolinis Ankunft in Rom die bis dahin außerhalb der Stadt kampie-

Propagandaplakat der Faschisten an einer Häuserfront

renden Tausende von Squadristi in Sonderzügen in die Stadt gebracht wurden, um im Triumphzug zum Quirinal zu marschieren, zweifelte die Welt nicht länger, daß ein neues Zeitalter in die Geschichte Italiens angebrochen war.

Die meisten Italiener ersehnten seit langem politische Stabilität. Sie sahen in den Faschisten die starke Hand, die Ruhe und Ordnung in Italien herstellen konnte. Italien hatte im Ersten Weltkrieg auf der Seite der Sieger gestanden, doch hatte es nur wenige der Territorien, die ihm die Alliierten versprochen hatten, erlangt. Es besaß einige Inseln in der Ägäis und in der Adria, Teile der dalmatinischen Küste, Süd-Tirol und Triest. Doch erhielt es nichts von den ehemals deutschen Kolonien und auch nicht den jugoslawischen Hafen Fiume. Fiume war von dem nationalistischen Dichter und Flieger Gabriele D'Annunzio 1919 mit dem für ihn charakteristischen theatralischen Aufwand erobert worden. Doch D'Annunzio und seine mit Adlerfedern geschmückten Gefolgsleute mußten nach drei Monaten nationalistischen Gebahrens aus Fiume abrücken.

Geschmäht von enttäuschten Nationalisten, wurde Italiens schwache und unentschlossene parlamentarische Regierung in gleicher Weise von den Werktätigen des Landes verachtet. Streiks und Industrie-Revolten waren im Norden so verbreitet wie im Süden das Räuberwesen. Arbeiterräte organisierten sich in den Fabriken, Sozialisten und Kommunisten marschierten mit Revolutionsparolen auf den Lippen durch die Straßen. Volksmengen, die gegen die zu hohen Lebenshaltungskosten protestierten, attackierten öffentliche Gebäude, Kasernen, Banken und Züge. Die Inflation wurde durch Subsidien verstärkt, die das Elend eines schmerzlich verarmten Landes nicht linderten, denn der Staat hatte Billionen von Lire Schulden, weil die Alliierten ihre Wirtschaftshilfe plötzlich eingestellt hatten. Gleichzeitig wuchs die Zahl der Arbeitslosen durch ebensoviel Deserteure, die an ein abenteuerliches Leben gewöhnt waren.

Unter den Bedingungen der Gewalt, der Not und der Arbeiterunruhen wurde der Faschismus geboren. Im März 1919 hatte sich eine Gruppe von Männern in einem Raum der Mailänder Vereinigung der Kaufleute und Landbesitzer an der Piazza San Sepolcro getroffen. Zu der Gruppe gehörte ein disparater Haufen von unzufriedenen

Gabriele d'Annunzio

Kundgebung auf der Piazza Venezia in Rom im Jahr 1939

Empfang Benito Mussolinis durch König Viktor Emmanuel III. von Italien nach der Machtübernahme der Faschisten

Porto a Vostra Maestà l'Italia di Vittorio Veneto riconsacrata dalla Vittoria

Sozialisten und Gewerkschaftlern, Republikanern, Anarchisten, nichtklassifizierbaren Revolutionären und desertierten Soldaten. Viele von ihnen suchte bereits die Polizei. Zu ihrem Führer schwang sich Benito Mussolini auf, der Sohn eines Hufschmiedes aus der Romagna. Mussolini hatte selbst als Soldat am Krieg teilgenommen und hatte sich vorher als radikaler sozialistischer Journalist betätigt. Schon im Februar 1918 hatte der dynamische Mann mit dem bleichen Gesicht und den starren, dunklen Augen für den Notfall eines Diktators plädiert, »grausam und energisch genug, um reinen Tisch zu machen«. Drei Monate später hatte er in einer weithin verbreiteten Rede in Bologna angedeutet, daß er sich selbst als dieser Mann erweisen könnte.

Bei dem Treffen in Mailand befürwortete er die Bildung eines Fascio di Combattimento, einer Kampfgruppe. Sie wählte die Fasces, Symbol der Gerichtsbarkeit im antiken Rom, zu ihren Insignien: ein Beil, das in einem fest verschnürten Rutenbündel steckte; es war das Zeichen für Stärke und Einheit. Die Bewegung der Faschisten breitete sich schnell aus, da sie immer größeren Zulauf Unzufriedener aus allen Bevölkerungsschichten erhielt. Alle vereinte die patriotischen Gedanken, daß in Italien Ruhe und Ordnung einkehren werde und daß die Bewegung dem Staat zu Ansehen und Macht in Europa verhelfen könnte.

In den Wahlen von 1921 erhielt die Bewegung so große Unterstützung, daß fünfunddreißig ihrer Kandidaten, unter ihnen Mussolini, ins Parlament einzogen. Im folgenden November formten sich die Faschisten zu einer Partei um. In steigendem Maße reagierte der Faschismus arrogant und intolerant. Er beantwortete Gegnerschaft nur noch mit Gewalt. Die faschistischen Mannen hantierten leichtfertig und brutal mit Messern und Knüppeln oder mit aus dem Krieg zurückbehaltenen Waffen. Sie griffen ihre Gegner mit einer solchen Roheit und Regelmäßigkeit an, daß die Lage immer stärker einem Bürgerkrieg gleichkam.

Doch obwohl Mussolini seine Macht durch Gewalt errang, übte er sie anfangs mit Zurückhaltung aus. Seine Politik zielte darauf ab, zu demonstrieren, daß er nicht nur der Führer des Faschismus, sondern das Haupt eines geeinten Italiens sei. Weniger als ein Drittel des Kabinetts waren Mitglieder seiner Partei. Doch stellte er klar, daß er autoritär und in eigener Person regieren wolle. Als Kabinettschef leitete er auch das Innen- und Außenministerium. Er forderte und erhielt durch eine überwältigende Mehrheit im Parlament für ein Jahr diktatorische Gewalt, um die Reformen zu verwirklichen. Diese Zeit genügte ihm, um ein Gesetz durchzudrücken, das der Partei die größte Zahl der Stimmen sicherte, nämlich das Recht, zwei Drittel aller Sitze in der Kammer zu beanspruchen. In den Wahlen von 1924 errangen die Faschisten über fünfundsechzig Prozent der Wählerstimmen; und Mussolini wurde als der jüngste Ministerpräsident Italiens im Amt bestätigt, das er bis 1943 innehaben sollte.

Die ersten Jahre dieser zwei Dekaden waren für Mussolinis Partei vergleichsweise ruhige Zeiten. Die Leute waren der Streiks und Aufstände müde. Sie berauschten sich an dem grellen, choreographischen Pomp des Faschismus. Sie akzeptieren ein diktatorisches System und die ständisch organisierte Gesellschaft, wenn nur die Ehre der Nation wiederhergestellt und die Volkswirtschaft saniert würde. Der Faschismus schien in diesen Friedenszeiten in der Tat ein lohnendes Abenteuer zu sein, auch wenn er niemals die Wunder erwirkte, die seine unermüdlichen Propagandisten versprachen. Einiges geschah, um die

Lage der Arbeiter zu bessern, um die Wirtschaft zu stabilisieren, um ein ehrgeiziges Programm öffentlicher Arbeiten wie die Trockenlegung der Pontinischen Sümpfe einzuleiten, um größere Verwaltungseffizienz zu erreichen und um nationale Interessen durchzusetzen.

So kam es, daß Mussolinis Popularität die Gewalt und den Betrug während der Wahlen von 1924 und die Ermordung des tapferen und begabten Sozialistenführers Giacomo Mateotti durch faschistische Meuchelmörder überlebte. Da Mussolini sich geschickt dem italienischen Volke als Italiens Mann der Vorsehung präsentierte, glaubten die Massen an ihn. Nur wenige Menschen vermochten sich der Suggestion des stolz hervorspringenden Kinns, der schwarzen, weit geöffneten Augen, der wunderbar ausdrucksvollen Gesten zu entziehen. Er wurde ohne eine Spur von Ironie mit Napoleon und Cromwell verglichen und als ein genialer Politiker von nicht wenigen Persönlichkeiten in ganz Europa und in Amerika verehrt. Hatte er nicht sein zerstrittenes und demoralisiertes Land wieder gestärkt? Hatte er nicht, was selbst Cavour mißlungen war, den Staat mit dem Papsttum versöhnt? Hatte er nicht seine sozialen Reformen durchgeführt und öffentliche Arbeiten beschafft, ohne die Interessen der Industriellen und Landbesitzer zu gefährden und ohne ihre Unterstützung zu verlieren? Wer wohl hätte dieses alles erreichen können? Keiner außer Mussolini, der Duce, der, wie überall in Italien verbreitete Mauerparolen verkündeten, »ha sempre ragione« – »immer Recht hat«.

Doch die ganze Zeit über wirkte auch eine antifaschistische Widerstandsbewegung, die an Mitgliedern zunahm, sobald die Gewaltherrschaft drückender und es immer deutlicher wurde, daß hinter der Fassade aus Scheinerfolgen und brillanter Propaganda ein kindischer und unwissender, ein unsteiger und unentschlossener, von Natur aus hinterlistiger und pathologischer Mussolini stand. Bald kam es zutage, daß der Duce kaum eine Vorstellung von der Arbeit einer Regierung besaß, keine Geduld bei schwierigen Unternehmungen zeigte und ohne Entscheidungsfreudigkeit war. Am Ende konnte er nur »gebilligt« auf zwei entgegengesetzte Memoranden aus zwei verschiedenen Ministerien schreiben, um anschließend in einem Nebenraum zu verschwinden und seinem ausschweifenden Leben nachzuhängen. In seiner verhärteten Xenophobie, seinem wilden Stolz und seinem bewußten Unverständnis gegenüber Italiens fundamentalen Nöten führte er Italien zuerst in das abessinische Abenteuer, dann in die Allianz mit Hitler und den Zweiten Weltkrieg, der die Macht des italienischen Faschismus für immer zerstörte.

Im April 1945, als die Alliierten des Zweiten Weltkrieges die Deutschen in einen überstürzten Rückzug trieben, wurde Mussolini von kommunistischen Partisanen erschossen, während er versuchte, in die Berge zu fliehen. Sein Leichnam wurde später im Angesicht einer johlenden Menschenmenge in Mailand an den Füßen aufgehängt, in der Stadt, wo der Faschismus geboren wurde und wo Mussolini seinen Ruf zur Machtübernahme hörte, als die Faschisten auf Rom marschierten.

CHRISTOPHER HIBBERT

Italienisches Propagandaplakat aus dem Zweiten Weltkrieg gegen Winstion Churchill und Franklin D. Roosevelt

Krisen nach dem Krieg. Verständigungsbemühungen.

Zwischen dem Ersten Weltkrieg und der Weltwirtschaftskrise von 1929 beherrschten, einem gängigen Klischee zufolge, Zügellosigkeit und Unmoral das Leben der Menschen. Unbekümmerte Vergnügungssucht, gepaart mit hohen kulturellen Leistungen, übten eine große Faszination aus. Der Versuch, die allgemeine Unsicherheit und wirtschaftliche Not der Nachkriegszeit mit Sorglosigkeit zu überspielen, schuf eine hektische Atmosphäre, wie sie die Gesellschaft in dem schon fast legendären Berlin der Weimarer Republik kennzeichnet.

Hinter der glitzernden Fassade künstlerischer Leistungen und eines vielfältigen kulturellen Lebens hielt sich eine Welt von Gewalt und Angst verborgen. In eben dieses Jahrzehnt fielen die Anfänge des politischen Terrors in der Sowjetunion und die ersten Gewalttaten der Nationalsozialistischen Arbeiterpartei in Deutschland (NSDAP). Die Faschisten machten Italiens konstitutionelle Monarchie zu einer Farce. England erschütterte ein großer Generalstreik. Revolutionen grollten in China und in Indien.

Nachkriegswirtschaft

Der Krieg und die Reparationsforderungen führten nicht nur in Deutschland zu Krisen, die sich in Kreditverknappung und zunehmender Arbeitslosigkeit äußerten. Die internationale Politik brachte im Anschluß an den Vertrag von Versailles erneut das Be-

Die »Goldenen zwanziger Jahre«

»Black Bottom«, Modetanz der zwanziger Jahre

mühen der europäischen Diplomaten um ein größeres Maß an Sicherheit. Dennoch tauchten bereits erste Anzeichen für einen zweiten Krieg auf.

Unter der wirtschaftlichen Ungewißheit litten fast alle Nationen. Der Krieg hatte ein völlig ausgebranntes Europa hinterlassen, das durch seine Armut die Wirtschaft der übrigen Welt ebenfalls beeinträchtigte. In den nüchternen Zahlen der Demographen betrugen die Opfer des Krieges durch Tod und Geburtendefizit etwa zwanzig Millionen Menschen.

Noch verheerender wirkte es sich aus, daß das Wirtschaftsgefüge der Vorkriegszeit zerstört war. Der Krieg hatte autarke Volkswirtschaften und dadurch industrielle und landwirtschaftliche Überexpansion in einem Umfang hervorgebracht, wie sie nach dem Krieg weder gerechtfertigt war noch aufrechterhalten werden konnte. Das schon allein rief Arbeitslosigkeit hervor. Die Regierungen versuchten, die Katastrophe dadurch abzuwenden, daß sie Schutzzölle erhoben, die jedoch weitgehend den Welthandel lahmlegten.

Inflation

Der Krieg hatte das notwendige Vertrauen in die Wirtschaft erschüttert. Häufig mußten die Frachten an den Grenzen Mittel-Europas aus- und wieder eingeladen werden, da man befürchten mußte, daß die Ware einschließlich des ganzen Eisenbahnzuges wegen irgendwelcher Forderungen im Nachbarland beschlagnahmt würde. Die fast unvermeidlich folgende Wirtschaftskrise produzierte zahlreiche Währungskatastrophen, weil die Regierungen die Notenpressen auf Hochtouren laufen ließen, um das Sinken des Realeinkommens zu verschleiern. Die deutsche Mark fiel auf ein milliardstel Teil ihres Vorkriegswertes, der Rubel auf ein Vierhundertmillionstel. Aus der Instabilität der Wirtschaft ging ein politisches Chaos hervor. Die vielen Arbeitslosen und die allgemeine Sorge um das tägliche Brot ermöglichten es radikalen Parteien in Deutschland und in manchen anderen Ländern Europas, mittels vordergründiger Programme und Hetzparolen eine große Anhängerschaft zu gewinnen.

Das Anwachsen der Arbeitslosigkeit wurde Mitte der zwanziger Jahre zeitweilig zum Stillstand gebracht, als die industrielle Produktion in Europa wieder den Stand von 1913 erreichte. Die Entspannung dauerte jedoch nur kurze Zeit. Jeder europäische Staat war bei den Vereinigten Staaten verschuldet. Da Amerikas Wirtschaft autark war, mußte die Rückzahlung der Schulden in Gold erfolgen. Der Abfluß des Goldes machte die europäischen Währungen noch instabiler. In zunehmendem Maß beherrschte amerikanisches Kapital die Märkte in Europa und in anderen Teilen der Welt.

Der ungewissen wirtschaftlichen Situation stand in den zwanziger Jahren eine ähnlich problematische Lage in der internationalen Politik gegenüber. Die beiden bewegenden Momente dieser Epoche – auf der einen Seite der fanatische Wille der Franzosen, sich für immer gegen einen deutschen Angriff zu sichern, auf der anderen Seite die Absicht Deutschlands, die drückenden Vorschriften des Versailler Vertrages zu mildern – konnten sich aus drei Gründen frei entfalten: Erstens entzogen sich die Vereinigten Staaten, die sich in einer Phase kurzfristiger Prosperität befanden, ihren Verpflichtungen als Weltmacht und überließen Europa sich selbst. Zweitens waren sich die Politiker in England, dem Bündnispartner Frankreichs, nicht sicher, ob der Friede von 1919 nicht doch allzusehr von Vergeltung bestimmt war. Der starke Einfluß, den das Buch »Die wirtschaftlichen Folgen des Friedensvertrages« von John Maynard Keynes mit seiner scharfen Kritik an Versailles auf die Öffentlichkeit ausübte, bestimmte letztlich die Verantwortlichen der britischen Außenpolitik, die Franzosen bei dem, was sie Deutschlands Kreuzigung nannten, nicht vorbehaltlos zu unterstützen. Da ein rückhaltloser britischer und amerikanischer Beistand ausblieb, verstärkte sich noch das Sicherheitsbedürfnis der Franzosen und gab darüber hinaus dem Widerstand der Deutschen gegen Versailles Auftrieb. Der dritte Faktor, der die Diplomatie der zwanziger Jahre lenkte, war die unberechenbare Funktion Rußlands, das, obwohl isoliert, versuchte, die internationalen Beziehungen nachhaltig zu stören. Rußland stand ebenso wie sein ehemaliger Gegner Deutschland abseits der Völkerfamilie, weil beide dem 1920 gegründeten Völkerbund nicht angehören durften. Darum fanden sich beide Nationen im Vertrag von Rapallo, der im April 1922 unterzeichnet wurde, zu einer Interessengemeinschaft auf der Basis der Gleichberechtigung zusammen. Die Partner nahmen diplomatische Beziehungen auf, verzichteten gegenseitig auf Reparationen und versprachen künftige wirtschaftliche Zusammenarbeit. Die

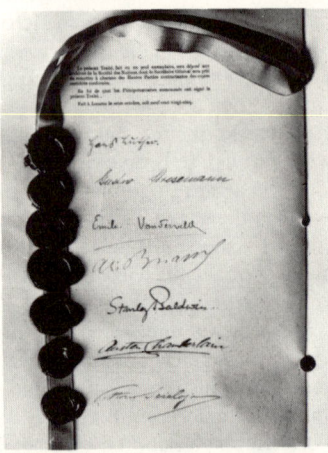

Aus dem Vertragswerk von Locarno, 1926

Verständigung zwischen Rußland und Deutschland stärkte die Position beider in der Weltpolitik merklich.

Frankreichs unversöhnliche Haltung gegenüber Deutschland war weitgehend verständlich. Trotz der siegreichen Beendigung des Krieges fühlte es sich als geschlagene Nation. Vier Jahre lang hatte es Demütigungen hinnehmen müssen, wie sie gewöhnlich nur mit Niederlage und Besetzung einhergehen. Ost-Frankreichs Industrieanlagen waren geplündert, seine Bergwerke zerstört. Nicht ohne Neid blickten die Franzosen nach Deutschland, wo, unberührt von den unmittelbaren Verheerungen des Krieges, eine Großmacht wiederzuerstehen drohte, die dadurch an Stärke gewann, weil die Bedrohung durch Rußland beseitigt war. Darum sah Frankreich im Versailler Vertrag ein Mitel, um die vermeintliche Ungleichheit der Kriegsfolgen zu korrigieren. Unbarmherzig trieb es die Reparationszahlungen ein, nur das eine Ziel vor Augen: Deutschland zu vernichten, sobald sich eine Gelegenheit dazu bot. Als Deutschland 1923 seinen

Aufstieg der Sowjetunion

1919–1929

Verpflichtungen nicht mehr nachzukommen vermochte und die Reparationskommission gegen die Stimme Englands vorsätzliche Vernachlässigung der deutschen Lieferungen feststellte, besetzten französische und belgische Truppen das Ruhrgebiet. Gleichzeitig versuchte Frankreich, Deutschland durch eine Reihe von Bündnissen einzukreisen: Dem Vertrag mit Belgien von 1920 folgten 1921 solche mit Polen, 1924 mit der Tschechoslowakei und 1927 mit Jugoslawien.

Verständigung in Locarno

Die Haltung Frankreichs vergiftete die internationalen Beziehungen, weil Deutschland sowohl in seinem Mißtrauen gegen die Siegermächte als auch in seinem Entschluß, das Abkommen von 1919 zu revidieren, bestärkt wurde. England war jedoch fest entschlossen, die Beziehungen in Europa zu harmonisieren und betrieb deshalb die Reduzierung der Kriegsschulden, um damit den Hauptgrund für die deutsch-französischen Spannungen auszuräumen. Die englischen Bemühungen wurden von Washington gefördert. Die Anstrengungen des Fachberaters der amerikanischen Regierung in der Reparationskommission, Chalres Gates Dawes, um eine erträgliche Regelung der deutschen Reparationszahlungen bildeten die Grundlage des Dawes-Planes von 1924, der die deutschen Abgaben an der Zahlungsbilanz des Reiches orientierte und damit zu einer Entpolitisierung des Problems beitrug. Frankreichs Mißtrauen gegen Deutschland aber war noch nicht beseitigt. Da bot der deutsche Außenminister Gustav Stresemann Frankreich die Garantie seiner Grenzen an, stieß aber bei Edouard Herriot nicht auf Verständnis. Erst dessen Nachfolger Aristide Briand nahm die Verhandlungen auf, die 1925 zur Konferenz von Locarno führten. Ergebnis war ein Bündel von Verständigungsabkommen, deren wichtigstes die von England und Italien mitunterzeichnete Garantie der deutsch-französischen und deutsch-belgischen Grenzen war. Stresemann erreichte von Briand ferner die Zusage der vorfristigen Rheinlandräumung und Deutschlands Aufnahme in den Völkerbund als gleichberechtigte Nation.

Locarno war vielleicht ebenso ein Friede aus Erschöpfung wie ein Triumph der Versöhnung. Aber es hatte bereits zuviel Gewalt und Haß gegeben, als daß die Probleme über Nacht hätten gelöst werden können: Deutschland verwand seine Niederlage nicht. Frankreich sah immer noch ein Erstarken Deutschlands im Bereich des Möglichen. Deutschland glaubte nicht, daß England ihm in einer Krise beistehen würde. So arbeitete Frankreich weiterhin an seinem Bündnissystem, und das Deutsche Reich suchte wirtschaftliche und geheime militärische Verbindungen zur Sowjetunion. Im Lauf der Zeit hätte der Geist von Locarno gewiß eine Basis des Vertrauens geschaffen, wenn nicht die Weltwirtschaftskrise von 1929 den extremistischen Kräften neue Auftriebe verliehen hätte.

Sowjetunion

Während West-Europa unaufhaltsam auf die Katastrophe zusteuerte, kam es in der Sowjetunion zu Ereignissen von großer Tragweite: Die russische Bürokratie bildete jene monolithische Geschlossenheit aus, die sie noch heute kennzeichnet. Da die Bolschewisten ihre Macht angesichts des Bürgerkrieges, der konterrevolutionären Feinde sowie der ausländischen Intervention und der wirtschaftlichen Wirren konsolidieren mußten, begannen sie bald, jede Opposition zu liquidieren, so daß es im frühen Stadium der Revolution zum Aufbau einer terroristischen Partei- und Polizeiorganisation kam. Mit der Begründung, daß sich das riesige russische Territorium nur mit Hilfe einer starken Bürokratie regieren lasse, riß die Partei die absolute Herrschaft an sich.

Die Bolschewisten waren vor allem zur Revolution angetreten, um Unterdrückung, Ungerechtigkeit Terror und alle Symptome einer Autokratie abzuschaffen. Aber schon bald sahen sie sich vor einem unlösbaren Zwiespalt. Dem blutigen Bürgerkrieg und der wirtschaftlichen Not opferten die durchaus idealistischen Revolutionäre die freie Entfaltung der Arbeiterschaft, um den Fortbestand der Revolution zu sichern.

Die Lebensbedingungen verschlechterten sich bis 1921 dermaßen, daß die Matrosen in dem Kriegshafen von Kronstadt, einst die Revolutionäre der ersten Stunde, gegen die Regierung meuterten. Voller Skrupel schlug Trotzkij die Revolte nieder; Lenin ächtete auf dem zehnten Parteikongreß die innerparteiliche Opposition und billigte eine neue Wirt-

Josef W. Stalin

schaftspolitik, die dem privaten Unternehmertum wieder einige Freiheit einräumte. Die Innenpolitik der Sowjetunion war zu dieser Zeit jedoch noch großen Schwankungen unterworfen. Ende 1923 trat Trotzkij für die Ächtung der Opposition ein. Die Wirtschaft des Landes stabilisierte sich deutlich.

Stalins Machtkampf

Am 21. Januar 1924 erlitt die bolschewistische Revolution ihren größten Verlust: Lenin starb. Seinem Tod folgte ein Machtkampf, dessen Ausgang schließlich das heutige Rußland formte. Als Sieger ging Josef W. Stalin, ein kalter, brutaler Georgier, aus den Auseinandersetzungen hervor. Anders als die meisten bolschewistischen Führer, die gebildete Kosmopoliten waren, verfolgte der asiatisch geprägte Stalin, durch keinen Intellekt belastet, verschlagen und zielbewußt seinen Aufstieg in der Partei. Durch seine Fähigkeit und Bereitwilligkeit, lästige administrative Aufgaben zu übernehmen, baute er seine Stellung unbehelligt aus. Seine Mitgliedschaft in den verschiedenen Ausschüssen hatte ihm große Machtbefugnisse verschafft, und er besetzte hohe Parteiämter mit seinen Günstlingen.

Der wichtigste Grundsatz Stalins vom »Sozialismus in einem Land«, wie ihn der vierzehnte Parteikongreß billigte, stand im Gegensatz zu Trotzkijs Begriff von der »Permanenten Revolution« und sprach Tausenden von Parteifunktionären aus dem Herzen, die nach acht Jahren Krieg und Revolution müde wurden. Stalin verzichtete in direkter Aktion darauf, den Marxismus weltweit durchzusetzen, und konzentrierte sich allein auf den Aufbau eines sowjetischen Rußlands. Innenpolitisch begannen jetzt die Fünfjahrespläne für Industrialisierung und die Kollektivierung der Landwirtschaft. Außenpolitisch wurden die Interessen des Weltkommunismus den Bedürfnissen der Sowjetunion geopfert.

China litt als erstes Land unter Stalins subjektivistisch entwickelter Strategie der Weltrevolution. Die chinesischen Kommunisten waren zu dieser Zeit nur eine kleine Gruppe. Die Sowjets unterstützten die Regierung der Kuomintang, der Nationalen Volkspartei Sun Yat-sens. 1925 starb der chinesische Revolutionär. Der in Rußland ausgebildete Chian Kai-shek übernahm die Führung. Seine Bestrebungen führten zum Kampf gegen Fremdherrschaft und Separatismus. Die Bindungen an Rußland lockerten sich und die chinesischen Kommunisten sahen sich bald harten Verfolgungen ausgesetzt. Kaufleute und Grundbesitzer gaben Chian Kai-shek den stärksten Rückhalt. Stalin unterstützte die Kommunisten und andere Linksgerichtete nicht einmal, als 1927 viele von ihnen bei einem Massaker in Shanghai getötet wurden. Die Überlebenden begannen unter der Führung Mao Tse-tungs einen Volkskrieg gegen die Kuomintang.

Noch kurz vor seinem Tod spürte Lenin die Verselbständigung des bürokratischen Apparates und schrieb in seinem geheimen politischen Testa-

Chiang Kai-shek

ment vom Dezember 1923: »Ich schlage den Genossen vor, Stalin aus diesem Amt [des Generalsekretärs des Zentralkomitees] zu entfernen.« Lenins Vorschlag fand kein Gehör.

In Europa hatte das wirtschaftliche Chaos zu politischen Unruhen geführt. Millionen Unzufriedener erlagen der Propaganda gewalttätiger nationalistischer und faschistischer Bewegungen. Nur die Vereinigten Staaten schienen vom Elend der Nachkriegszeit verschont geblieben.

Leo Trotzkij

Der Schwarze Donnerstag 1929

Goldbarren, Grundlage der Währungen mit Goldstandard

Wall Street in New York im Oktober 1929

Die New Yorker Börse an der Wall Street bietet heute noch den gleichen Anblick wie in den zwanziger Jahren. Sie besteht aus drei Gebäuden, die an einem länglichen Platz im Herzen von Amerikas Finanzbezirk liegen. Ihr Haupthandelsraum verbirgt sich hinter einer klassizistisch anmutenden Fassade. Am Donnerstag, dem 24. Oktober 1929 um zehn Uhr, begann der Handel an der Börse ganz normal mit dem An- und Verkauf der Aktien von Amerikas größten Unternehmen. Aber die Ruhe dauerte nur etwa eine Stunde. Plötzlich kaufte keiner mehr Aktien; jedermann verkaufte in steigender Hast und Panik. Als die für die Aktien angebotenen Preise immer tiefer rutschten, konnte nicht einmal der Kursanzeiger mit dem Preissturz Schritt halten. Immer mehr Anweisungen zum Verkauf gingen bei den Börsenmaklern ein. Die steigende Erregung und die Bestürzung innerhalb der Börse griffen auf die lärmende Straße über, auf der sich eine große Menschenmenge eingefunden hatte, die ein rasches Opfer der Gerüchte über einen Zusammenbruch der Aktienmärkte, ja ihren vollständigen Ruin wurde.

Gegen Mittag war das Schlimmste vorüber. Der Markt beruhigte sich durch die Nachricht, daß die führenden Bankiers des Landes ihre Reserven zusammengezogen hätten, um die Kurse der Aktien zu stützen. Aber der Schaden war bereits groß genug, um mit Recht vom 24. Oktober als von einem »Schwarzen Donnerstag« zu sprechen. »Gemessen an der Unruhe, der Furcht und der Verwirrung«, bemerkte der Wirtschaftswissenschaftler J. K. Galbraith, »verdient er so genannt zu werden. An diesem Tag wurden fast dreizehn Millionen Aktien zu Preisen umgesetzt, die die Träume und Hoffnungen ihrer Besitzer zerstörten. Oft fanden sich keine Käufer und erst nach einem Tiefstand der Werte kamen Gebote.«

Es folgten noch viele »schwarze« Tage während der nächsten Wochen im Herbst des Jahres 1929. Warnsignale, daß die Konjunktur an der Börse ins Stocken geraten könnte, waren schon Anfang Oktober zu beobachten: Nach Jahren fast ununterbrochenem Ansteigens begannen die Kurse für die Aktien plötzlich zu fallen. Da die Aktienmärkte nahezu ein Jahrzehnt eines glänzenden wirtschaftlichen und spekulativen Aufschwungs erlebt hatten, erkannten die meisten Leute den Ernst der Lage kaum. Wie so oft in Zeiten drohender wirtschaftlicher Krisen fürchtete die Regierung eine Panikstimmung hervorzurufen, wenn sie die notwendigen Warnungen herausgeben würde, und versicherte der Öffentlichkeit statt dessen, daß die Wirtschaft gesund sei. Einige scharfsinnige Männer verkauften jedoch, während die Geschäfte noch gut gingen. Der Millionär Bernhard Baruch erinnerte sich Jahre später, daß er sich, nachdem er von einer Jagd aus Schottland nach New York zurückgekehrt war, auf der Stelle entschloß, seinen Aktienbesitz abzustoßen, was gerade noch vor dem großen Zusammenbruch geschah.

Einen ersten bedrohlichen Tiefstand erreichten die Kurse am Montag, dem 21. Oktober: Über sechs Millionen Aktien wurden an diesem Tag verkauft. Bis zum 23. Oktober trat ein kurzer Stillstand ein. An jenem Mittwoch erreichte der Umsatz wieder einige Millionen und stieg zusehends, die Preise stürzten, als Tausende ihre Verluste aufzuhalten versuchten. Am Schwarzen Donnerstag selbst erholte sich der Markt dank des Eingreifens der führenden Bankiers am Ende des Tages tatsächlich. Aber obwohl die Preise sich stabilisierten, wechselten am Freitag noch etwa weitere acht Millionen Aktien ihre Besitzer.

Die Stützungsmaßnahmen der Bankhäuser erwiesen sich als wirkungslos. In der folgenden Woche sanken die Kurse unaufhaltsam, als nämlich jene, die spekulativ gekauft hatten, sich nun genötigt sahen, ihre Aktien zu lächerlichen Preisen wieder abzustoßen. Die Panik erfaßte die Reichen und weniger Reichen, Privataktionäre sowie Kapitalgesellschaften und ihre Auftraggeber in allen Teilen der Vereinigten Staaten. Die Börse wurde für mehrere Tage geschlossen. Im Lauf der Woche gab es schwache Anzeichen für eine Erholung, aber der Kursverfall der Aktien, der jetzt in dramatischer Weise die finanzielle Stabilität der ganzen Wirtschaft unterhöhlte, dauerte bis Mitte November an und erholte sich in den nächsten Jahren nur zeitweilig. Der Preisindex für Industrieaktien in den Vereinigten Staaten fiel von ungefähr 200 bis 210 Punkten im Jahr 1929 auf 30 bis 40 im Jahr 1932. In diesen drei Jahren überschattete eine allgemeine wirtschaftliche Depression die Industrienationen der Welt.

Es gibt eine einfache Erklärung für den großen Zusammenbruch von 1929. Viele Amerikaner packte während

Der Großindustrielle Bernhard Baruch

Saal der Börse in New York

der Jahre wirtschaftlicher Prosperität Spekulationsfieber, das sie zu finanziell nicht abgesicherten Investitionen trieb. Ein unheilvolles Ende konnte nicht ausbleiben. Bernard Baruch schrieb das dem »Wahnsinnstreiben an den Börsen zu, das dem Zusammenbruch von 1929 voranging, und das die merkwürdige Psychologie der Massen widerspiegelte, die sich in der Geschichte der Menschheit immer wieder gezeigt hat«. Diejenigen, die die Ereignisse 1929 in New York erlebten, schilderten, wie die Menschen aus allen Bevölkerungsschichten von der Aussicht, durch den Handel mit Aktien über Nacht reich zu werden, besessen zu sein schienen. Die Spekulation wuchs noch auf dem Boden eines freundlichen Optimismus, den Politiker und Finanzmagnaten verbreiteten.

Seit 1927 stiegen die Aktienkurse merklich. Ein Jahr später erreichten sie einen Höchststand und verloren ihren Rückhalt an der industriellen Wirklichkeit. Immer mehr Leute gingen dazu über, nicht nur ihr eigenes Geld in der zuversichtlichen Hoffnung auf raschen Gewinn anzulegen, sondern auch geliehenes Geld zu investieren. Die Praxis, mittels teuer erworbener Aktien auf dem Kapitalmarkt Kredit zu erhalten, um weitere Aktien zu kaufen, wurde allgemein üblich. Diese Aktien wurden wieder beliehen, um den ersten Kredit zurückzuzahlen. Das Spiel wurde mit ungeheurem Leichtsinn fortgesetzt, in der Hoffnung, schon bald Aktien mit genügend Gewinn abzustoßen und als reicher Mann aus dem Handel hervorzugehen. New York entwickelte sich zu einer Metropole für Geldgeschäfte.

Der Rückschlag konnte nicht ausbleiben, als der industrielle Fortschritt in Amerika, der seit einigen Jahren fest in der steigenden Produktivität begründet war, abnahm. Jedermann mit einigen Kenntnissen auf wirtschaftlichem Gebiet wußte, daß der Wert der Aktien auf der Produktivität und den Verdiensten der Unternehmen beruhte, die sie ausgegeben hatten. Als aber die Aktienkurse in den Vereinigten Staaten in den Jahren 1928 und 1929 durch Spekulationen in ungesunde Höhen getrieben wurden, geriet die industrielle Konjunktur ins Stocken.

Zwei Gründe scheinen für die Depression in den Vereinigten Staaten ausschlaggebend gewesen zu sein. Die Übersättigung des Marktes mit Industrieprodukten und die Politik der Wirtschaftsleute, die nur an stabile Preise und Löhne dachten und nicht genügend die Investitionen der Unternehmer förderten. Die ernsten Schwächen in der finanziellen und wirtschaftlichen Struktur des Landes enthüllte bald der allgemeine Zusammenbruch. Die Fehler lagen in der ungleichen Verteilung des Einkommens, das dem Investitionsgeschäft und der überflüssigen Verschwendung finanzieller Mittel zu viel Spielraum gab. Ein korruptes Gefüge der Handelsgesellschaften mit manch bestechlichem Angestellten und betrügerischen Praktiken tat sein übriges. Das veraltete Banksystem war den Anforderungen nicht gewachsen. Der ständige Überschuß in der amerikanischen Handelsbilanz führte dazu, daß Gold nach den Vereinigten Staaten floß und zweifelhaft gesicherte Anleihen hinausgingen. Von all diesen Problemen besaßen die Führungskräfte in Wirtschaft und Staat nur einen oberflächlichen Überblick, was die Depression nur verschlimmerte und verlängerte, nachdem sie einmal eingetreten war.

Ebenso anfällig für Krisen erwies sich die Industrie Europas. Die Ursachen für Europas wirtschaftliche Schwäche, die sich 1929 so deutlich offenbarte, müssen in den Verhältnissen, die der Erste Weltkrieg geschaffen hatte, gesucht werden.

Wirtschaftswissenschaftler verweisen auf eine Reihe von Ereignissen und Fehlern hin, die einen Zusammenbruch nahezu unvermeidlich machten. Der Erste Weltkrieg hatte das gefährliche Vermächtnis eines erschütterten Welthandels und der von Kriegsschulden und Reparationen niedergedrückten Nationen hinterlassen. Während des Kriegs stieg die Produktion von Rohstoffen und Lebensmitteln beträchtlich, was später zu Überschüssen und fallenden Preisen von Konsumgütern führte und in einer geringeren Nachfrage nach Industrieerzeugnissen gipfelte. Die nicht absatzfähige landwirtschaftliche Produktion nahm durch den technischen und wissenschaftlichen Fortschritt weiterhin zu.

Die Finanzsysteme der größeren Industriestaaten erwiesen sich als immer unzureichender. Besonders Deutschland mußte bei den Vereinigten Staaten Anleihen aufnehmen, um seine Reparationen zahlen zu können. Frankreich litt unter einer Kapitalflucht, England kämpfte vergeblich um seine Stellung als bedeutende kapitalexportierende Macht. Eine Zeitlang sicherte amerikanisches Geld die wirtschaftliche Stabilität Europas. Als aber die Hausse an Amerikas Börse einsetzte, ließen die meisten Investoren ihr Geld im Land arbeiten, wo der Gewinn größer war, und der Druck auf die Schuldnerstaaten, die ihre Importe radikal beschränken mußten, um ihre Handelsbilanz ausgeglichen zu halten, wurde unbeschreiblich. Der große Zusammenbruch traf auch Europa völlig unvorbereitet.

1934, wenige Jahre nach dem Bankkrach in New York, versuchte Professor Robbins von der Londoner Wirtschaftsakademie die Schockreaktion auf die große Depression, die noch heute im Verhalten von Millionen von Menschen nachwirkt, wie folgt zu analysieren:

»Die weltweite wirtschaftliche Drepression stellte alle Krisen ähnlicher Art sowohl an Ausmaß wie auch an Intensität in den Schatten... Die Produktion der wichtigsten Industrieländer der Erde schrumpfte durch das Zusammenwirken vieler Komponenten um dreißig bis fünfzig Prozent, und der gesamte Welthandel betrug 1932 nur ein Drittel von dem des Jahres 1929. Das internationale Arbeitsamt hat ausgerechnet, daß im Jahr 1933 in allen Ländern insgesamt dreißig Millionen Menschen arbeitslos waren. Es hat in der neueren Wirtschaftsgeschichte viele Tiefs gegeben, aber ganz sicher keines dem dieser Jahre vergleichbares.«

In Europa wurde die Finanzkrise Anfang 1931 durch den Zusammenbruch von Österreichs größter Bank ausgelöst. Die Bankaktiva fremder Institute, die dort lagerten, wurden plötzlich angegriffen. Besonders deutsche Banken griffen auf ihre ausländischen Reserven zurück, da sie als erste die einsetzende Erschütterung zu spüren bekamen. Trotz englischer und amerikanischer Versuche, den Deutschen kreditpolitisch unter die Arme zu greifen, mußte die Reichsbank den freien Devisenmarkt einschränken und den Wechselkurs ihrer Kontrolle unterwerfen. Das führte dazu, daß panikartig Kapital aus London und aus anderen Finanzzentren Europas abgezogen

Erste Zeitungsmeldung vom Bankkrach in New York. Titelblatt des »Boston Daily Globe« vom Freitag, dem 25. Oktober 1929

Makler in der Börse von New York im Oktober 1929

Herbert Hoover, Präsident der Vereinigten Staaten von Amerika

Menschenauflauf vor der Börse in New York im Oktober 1929

Notverkauf eines Autos wegen der wirtschaftlichen Depression nach dem Bankkrach vom Oktober 1929

wurde. Als das Vertrauen in England, daß es seine Industrie stützen und die Goldwährung halten werde, zerstört war und als die finanziellen Reserven des Landes bedenklich abnahmen, schien nur eine nationale Koalititonsregierung die Lage meistern zu können. Sie verzichtete auf den Goldstandard Grundlage grundlage des englischen Pfundes.

Für Deutschland bedeutete die Depression den endgültigen Verlust der finanziellen Unterstützung Amerikas und ein rasches Ansteigen der Arbeitslosigkeit. Die allgemeine Notlage war einer der Faktoren, die der NSDAP zur Macht verhalfen.

In den Vereinigten Staaten leitete Präsident Franklin D. Roosevelt die Politik des »New Deal« mit Reformen zur Überwindung der Krise ein. In Japan verursachte die Depression zunächst ein Ansteigen der Arbeitslosigkeit. Da Japan noch stark landwirtschaftlich orientiert war und die Industrie größtenteils aus Tausenden kleiner Werkstätten bestand, spornte die Krisensituation die japanische Industrie zu erhöhter Expansion an. Das geschah hauptsächlich durch die Entwicklung der Schwerindustrie und die Steigerung der Exporte. Subventionen der Regierung und niedrige Löhne sicherten Japan den Erfolg auf dem Weltmarkt.

Die weltweiten wirtschaftlichen Maßnahmen und Reformversuche nach dem Zusammenbruch an der Wall Street gestalteten wesentlich die wirtschaftliche und die politische Struktur der Nationen in den dreißiger Jahren. Das verflossene Jahrzehnt kennzeichnete allen Schwierigkeiten zum Trotz eine optimistische Grundstimmung der Menschen. Der Friede auf der Welt schien gesichert zu sein. Die Labilität der Industrie sollte durch eine freiheitliche Ordnung gefestigt werden. Die Sowjetunion mit ihrer neuen Gesellschaftsform stand abseits und ging eigene Wege.

Auf wirtschaftlichem Gebiet hatte besonders England gemeint, die Uhr zurückstellen zu können. 1925 kehrte es zum Goldstandard zurück. Die Entscheidung verkündete Englands Schatzkanzler Winston Churchill. Aber die Orientierung der Währung am Gold leitete eine anwachsende Verwirrung auf dem Gebiet der Geldwirtschaft ein und führte keineswegs zu Ruhe und Wohlstand wie in den Tagen vor dem Ersten Weltkrieg. Denn damals hatte die Goldwährung als wirkungsvoller Stabilisator funktioniert. Sie hatte vor 1914 aufgrund verhältnismäßiger politischer Stabilität, wirtschaftlichen Vertrauens und der laufenden Entdeckung neuer Goldvorkommen mit der wirtschaftlichen Entwicklung Schritt halten können. Ferner hatte es auch darum keine Schwierigkeiten gegeben, weil England als Zentrum eines mit allen wirtschaftlichen Möglichkeiten ausgerüsteten Reichs weitgehend die Führung auf dem industriellen Sektor besaß. In London lag damals der Mittelpunkt des Finanzhandels der Welt. Das englische Pfund galt als internationale Leitwährung.

Die dreißiger Jahre begannen mit Preisverfall, Massenarbeitslosigkeit und einem Wiederaufleben der Schutz-

Franklin D. Roosevelt, Präsident der Vereinigten Staaten von Amerika

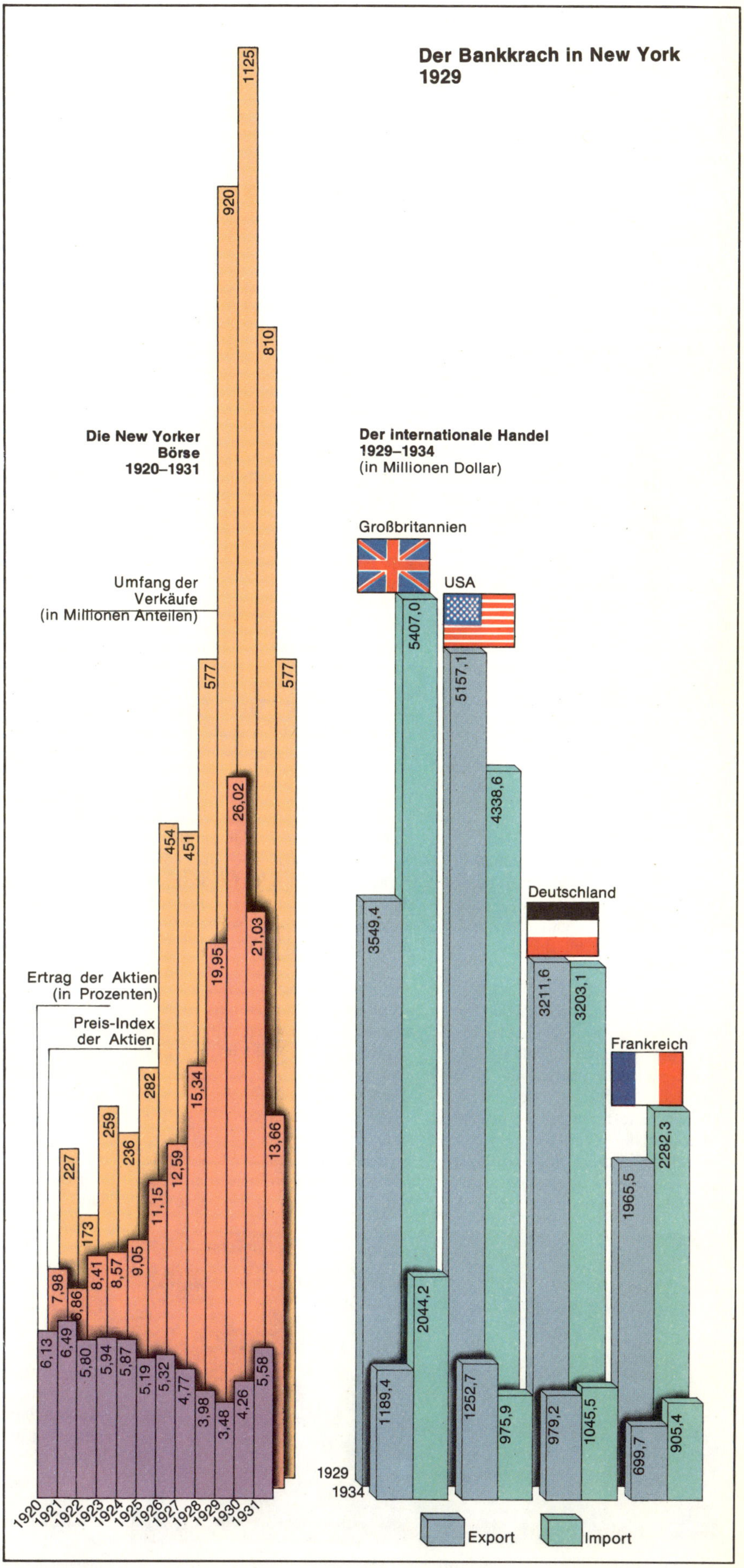

zollpolitik. Diese Komponenten zeitigten einen verschärften Klassenkampf und einen übersteigerten Nationalismus, der die Entwicklung der totalitären Systeme in Italien, Deutschland und Japan begünstigte. Die radikalen Bewegungen erhielten von unzähligen Enttäuschten Zulauf, die der demokratischen Grundordnung nicht mehr trauten. In den zwanziger Jahren glaubten die Menschen noch die in vieler Hinsicht eingebildeten herrlichen Zeiten vor dem Ersten Welkrieg wieder aufleben lassen zu können. Die große Depression ernüchterte: Es wurde deutlich, daß es keinen Weg zurück gab. In den dreißiger Jahren schien es nur eine Wahl zwischen den diktatorischen Systemen des Faschismus oder des Kommunismus zu geben. Erst nach dem Zweiten Weltkrieg kam die Stärke des modernen Kapitalismus im demokratischen und reformierten Wohlfahrtsstaat zum Tragen.

Die Fehlgriffe, die zum Schwarzen Donnerstag führten, wären an den Börsen von heute unmöglich, weil seitdem die Anforderungen an den Kapitalmarkt strenger und auch die wirtschaftlichen Verhältnisse ausgeglichener sind. Die Menschen allerdings würden heute kaum weniger habgierig und leichtgläubig reagieren.

Für die Sozialisten jedoch sind die Fehler im Wirtschaftssystem der zwanziger Jahre ein Symbol für die Schwäche der kapitalistischen Gesellschaftsordnung. Viele andere, die ohne Zweifel dem freien Unternehmertum nicht ablehnend gegenüber stehen, denken ständig und verantwortungsbewußt daran, daß der Preis für den Wohlstand, ebenso wie der für den Frieden, ständige Wachsamkeit sein muß.

GEORGE BULL

Auswirkungen der Wirtschaftskrise in Europa,

Schon vor der großen Depression in Amerika erfuhr Europa wichtige wirtschaftliche und politische Umwälzungen. Soziale und ökonomische Unruhen hatten in Italien Mussolini an die Macht gebracht, der nationalsozialistischen Propaganda in der Weimarer Republik Ansatzpunkte geliefert und in England einen Generalstreik hervorgerufen; doch erst der Kurssturz an der amerikanischen Börse führte zur vollständigen Lähmung der Weltwirtschaft, da die Vereinigten Staaten sowohl als Kapitalmarkt wie auch als Kapitalgeber an erster Stelle standen. Amerika selbst traf der Börsenkrach am härtesten: Das Volkseinkommen fiel in der Zeit von 1929 bis 1932 um achtunddreißig Prozent. Andere Länder litten fast genauso stark unter dem Zusammenbruch des Welthandels. Auf den Rückzug des amerikanischen Kapitals aus dem Ausland reagierten die Schuldnerländer mit drastischer Einschränkung ihrer Importe. Die Preise gerieten ins Rutschen. In den Industrieländern sank die Nachfrage nach Rohstoffen, in den unterentwickelten Ländern die Nachfrage nach Fertigprodukten. Der internationale Handel kam zum Erliegen.

Im Sog der Wirtschaftskrise

Die wichtigsten Ereignisse des folgenden Jahrzehnts, dessen Beginn den Aufstieg der Nationalsozialisten sah und dessen Ende den Ausbruch des Zweiten Weltkriegs brachte, standen in engem Zusammenhang mit dem wirtschaftlichen Zusammenbruch Amerikas. Während der Jahre der Prosperität hatte die Regierung der Vereinigten Staaten jede Wirtschaftsintervention und gesetzliche Einschränkung übermäßiger Spekulation vermieden. Präsident Calvin Coolidge ließ der Inflation freien Lauf. Die industrielle Produktion stieg derartig an, daß eine Strategie für intensive Werbefeldzüge entwickelt werden mußte, um die überschüssigen Waren auf dem Markt abzusetzen. Hinter dem Überfluß verbarg sich jedoch Armut. Während Industrie und Handel einen Boom erlebten, lag die Landwirtschaft darnieder und geriet schnell an den Rand ihrer Existenzfähigkeit. Schon bevor der Börsenkrach seinen Tribut forderte, wurden die kleinen Farmer ruiniert. Nach der Depression setzte sich diese Entwicklung noch verschärft fort. Für die Mehrzahl brachte der Zusammenbruch Hunger und Elend. Nur wenige skrupellose Geschäftsleute machten durch ihn gewaltige Profite.

Deutschland wurde nach Amerika am stärksten von der Depression betroffen. Massenhafte Arbeitslosigkeit und andere Folgen des Zusammenbruchs des Kapitalmarktes schufen einen idealen Nährboden für extremistische Gruppen. Nationalsozialisten und Kommunisten lieferten sich erbitterte Straßenschlachten. Deutsche Großindustrielle unterstützten die NSDAP und ihren Führer, Adolf Hitler, finanziell, da sie hofften, in ihm eine Waffe gegen den Sozialismus zu gewinnen.

Nach Jahren der Depression herrschte wirtschaftliche Instabilität. Deutschland schuldete den Vereinigten Staaten mehr als eine Milliarde Dollar; Australien war mit hunderteinundachtzig, Kanada mit hundertvierundsechzig Millionen verschuldet. Die Beträge liefen als kurzfristige Darlehen. Die Eile, mit der sie nun zurückgefordert wurden, wirkte sich verheerend aus. Australien und Kanada mußten den Zahlungsmittelumlauf einschränken und die Löhne herabsetzen. In beiden Ländern sank der Lebensstandard. Frankreich hatte zwar nicht annähernd so viele Schulden, der Zusammenbruch des Welthandels traf es jedoch fast ebenso schlimm. Wie in anderen Ländern schuf auch hier die wirtschaftliche Unsicherheit ein Klima innenpolitischer Labilität. Während der Jahre von 1929 bis 1933 sah Frankreich dreizehn Regierungswechsel.

Auch Großbritannien litt schwer unter den Folgen der Arbeitslosigkeit. So ruinierten asiatische Konkurrenten die englische Textilindustrie. Durch den Abschluß der Aufbauphase nach dem Krieg und die Steigerung der Leistungsfähigkeit des europäischen Eisenbahnnetzes gerieten Kohlebergbau und Stahlindustrie in Schwierigkeiten. England blieb zwar von den politischen Spannungen, die das übrige Europa erlebte, weitgehend verschont, aber die angespannte wirtschaftliche Lage förderte auch hier radikale Bewegungen wie die der Faschisten Oswald Mosleys.

Wirtschaftsnationalismus in Süd-Amerika

Süd-Amerika traf die Wirtschaftskrise besonders schwer. Hier wirkte sich die höchst bedenkliche Abhängigkeit von fremdem Kapital und Märkten verheerend aus. Viele Regierungen Latein-Amerikas gingen, um die natürlichen Reichtümer ihrer Länder sachgemäß zu verwerten, zu einer Politik des Wirtschaftsnationalismus über, der häufig auf dem von Mussolini geprägten faschistischen Modell eines korporativen Staates beruhte. In kurzer Zeit entstanden zahlreiche autoritäre Regime: In Brasilien propagierte Getulio Dormelles Varga seit 1930 eine »disziplinierte Demokratie«; im selben Jahr errichtete Rafael Leonides Trujillos y Molina in der Dominikanischen Republik eine Diktatur; in Argentinien führte Augustin Justo 1932 eine staatliche Planung der Wirtschaft durch. Eine Ausnahme bildete Mexiko, wo seit 1934 Lazaro Cardenas mit Unterstützung der Arbeiterschaft ein sozialistisches Regime errichtete.

Die Depression brachte Süd-Amerika Massenarbeitslosigkeit und senkte, da die Preise der Exportartikel, hauptsächlich Rohstoffe, fielen, den Lebensstandard des Kleinbürgertums und der Arbeiterklasse. Die dadurch entstandenen Unruhen wurden oft blutig unterdrückt: 1932 in El Salvador durch die faschistische Diktatur des Maximiliano Hernandez Martinez, 1933 in Honduras durch die Militärdiktatur des Tiburcio Carias Andino, 1931 in Guatemala durch eine ähnliche des Jorge Ubico Castañeda. Süd-Amerika konnte seine wirtschaftlichen Schwierigkeiten nicht aus eigener Kraft bewältigen.

Unruhen in Paris im Jahr 1934

Japans Politik in Asien

Der Einfluß Europas und Amerikas war weitgehend wirtschaftlicher Art. Auch dort führte der wirtschaftliche Niedergang zur Einschränkung der Investitionen. Die Aktivität Großbritanniens ging zurück. In die britische Einflußsphäre drang Japan ein, was weitgehend zum Nachteil der Amerikaner geschah, die ihre Präsenz im Fernen Osten für ein lebenswichtiges strategisches Interesse hielten. Japan war seit dem Sieg über China von 1894 und dem über Rußland 1904/05 ein bedeutender Faktor in der fernöstlichen Politik. Es erlebte eine ungeheure Bevölkerungsexplosion. Akuter Rohstoffmangel behinderte die notwendige Industrialisierung. Beides zusammen zwang Japan zu einer expansionistischen Außenpolitik.

Das Inselreich erinnerte sich der traditionellen Ziele japanischer Großmachtpolitik: der Manchurei und Chinas. Bis 1931 hatte es dort westliche Rivalen ausgeschaltet. Das gelang ziemlich mühelos, weil das China Chian Kai-sheks vornehmlich mit der Unterdrückung der immer größer werdenden Bauernarmee Mao Tse-tungs beschäftigt war. Die rücksichtslose japanische Konkurrenz gestand der chinesischen Industrie lange Zeit bestenfalls Zulieferfunktionen zu. Japan fing die schlimmsten Auswirkungen der Depression mittels eines großangelegten Aufrüstungsprogramms ab. Bis zum September 1931 hatte es sich auf den Einmarsch in die Manchurei genügend vorbereitet, um mit großer militärischer Überlegenheit gegen das wirtschaftlich schwache China anzutreten. Die japanische Aggression war der erste schwere Schlag für das in Versailles geschaffene System internationaler Beziehungen. Der Völkerbund konnte Japan nicht zum Rückzug bewegen. Seine Ohnmacht ermutigte später Hitler und Mussolini zu ähnlichen Abenteuern.

Der Widerstand gegenüber dem westlichen Kolonialismus machte sich auch in Indien bemerkbar, wo die militanter werdende Kongreßbewegung immer mehr Boden gewann. Die Bereitwilligkeit der britischen Regie-

Oswald Mosley, Führer der faschistischen Bewegung in England

Amerika und Asien. Die Sowjetunion unter Stalin 1928–1933

rung, den Forderungen der Bewegung entgegenzukommen, entsprang hier weniger der wirtschaftlichen Schwäche Englands als der Furcht, daß die Unzufriedenheit in offenen Aufruhr umschlagen könnte. Die Bemühungen Gandhis und Nehrus, die Kongreßpartei zu einer Massenpartei zu machen, die sowohl von der gebildeten Mittelklasse als auch von den Bauern unterstützt wurde, begannen Früchte zu tragen. Eine Partei, die ein ganzes Volk hinter sich wußte, konnte selbst Großbritannien nicht ignorieren. 1928 setzten die Engländer eine Kommission unter John Simon ein, die prüfen sollte, ob Indien für eine autonome Regierung reif sei. Das Land boykottierte die Arbeit der Kommission, da keine Inder in ihr vertreten waren und sie die Frage, ob sie sich selbst regieren könnten, als Beleidigung empfanden. Motilal Nehru, der Vater Jawaharlals, sagte, die Briten behandelten die Inder wie Schuljungen, die man, wenn sie artig seien, in die nächste Klasse versetze. Die Kommission unterbreitete 1930 Vorschläge für eine indische Verfassung, die eine provinziale Selbstverwaltung und einen föderativen Staatsaufbau vorsah. An der ersten Round-Table-Konferenz in London über die Vorschläge beteiligte sich der indische Nationalkongreß nicht.

Die Führer der Kongreßpartei forderten die sofortige Autonomie Indiens und den rechtlichen Status eines Dominion. Gandhi eröffnete eine neue Bewegung des passiven Widerstandes und zog zum Meer, um Salz zu gewinnen, womit er sich symbolisch gegen das englische Salzmonopol wandte. Blutige Aufstände erschütterten Indien. Gandhi und andere politische Führer wurden verhaftet. Der Mahatma, wie ihn seine Verehrer respektvoll nannten, wurde 1931, nachdem er zum Abbruch der Kämpfe aufgerufen hatte, freigelassen und eingeladen, an der zweiten Round-Table-Konferenz teilzunehmen. Während seines Aufenthaltes in London brachte er bei einer Audienz George V. aus der Fassung, weil er in seiner einfachen indischen Kleidung erschien. Der König verabschiedete Gandhi, den fast religiös verehrten Führer von Millionen, mit den Worten: »Denken Sie daran, daß ich auf das Britische Reich keine Angriffe dulde.« Die Konferenz geriet über die Frage der Vertretung von Minderheitsinteressen ins Stocken. Aber die indische Unabhängigkeitsbewegung orientierte sich fortan an der Politik der Gewaltlosigkeit; Gandhi verhinderte größeres Blutvergießen.

Protestierende Inder in Madras gegen die Simon-Kommission im Jahr 1928

Kollektivierung in der Sowjetunion

In wirtschaftlicher Hinsicht war einzig die Sowjetunion vom Börsenkrach in der Wall Street weit entfernt. Stalin begann, nachdem er den Machtkampf innerhalb der bolschewistischen Partei für sich entschieden hatte, Rußlands Wirtschaft neu aufzubauen. Gegen Ende der zwanziger Jahre erkannten die Bolschewisten, daß die Probleme Rußlands nur mit drastischen Maßnahmen zu lösen waren. Durch die Periode der »Neuen ökonomischen Politik« von 1922 bis 1927 gelang es, den Vorkriegsstand der Produktion wieder zu erreichen. Für einen weiteren Ausbau brauchte Rußland jedoch Kapital. Da die Sowjetunion keine ausländischen Kredite erhielt, mußten alle finanziellen Mittel vom Land selbst aufgebracht werden. Diese Politik erforderte einschneidenden Konsumverzicht. Die bolschewistische Revolution war ursprünglich proletarisch gewesen und von den städtischen Industriearbeitern getragen worden. Ihr Ziel war eine Vergesellschaftung der Industrie und des Landbesitzes. Die Kommunisten hatten sich jedoch, da das Industrieproletariat verhältnismäßig schwach war, in zunehmendem Maß mit den Bauern identifizieren müssen, deren Unzufriedenheit schließlich ausschlaggebend für den Sturz des Zaren wurde. Der Bauer war jedoch im Grund seines Herzens ein Revolutionär wider Willen. Er wollte lediglich für seine Existenz ausreichenden Landbesitz. Die Revolution basierte infolgedessen auf der sozialistischen Revolution in den Städten und der bürgerlichen auf dem Land. Der Aufbau des Sozialismus im bolschewistisch-marxistischen Sinn hing davon ab, daß die Bauern aufhörten, eine konservative, am eigenen Besitz hängende Schicht zu sein. Solange die russische Landwirtschaft in unzählige kleine Besitztümer parzelliert war, konnte die für eine Wirtschaftsexpansion notwendige Produktivitätsrate nicht erzielt werden.

1929 nahm Stalin ein Programm der forcierten Kollektivierung der Landwirtschaft in Angriff, mit dem er zwei Ziele gleichzeitig zu erreichen suchte: die Produktion zu steigern und das bäuerliche Eigentum zu vergesellschaften. Trotzkij und seine Anhänger waren schon lange für eine Kollektivierung der Landwirtschaft eingetreten, die nach ihren Vorschlägen Schritt für Schritt und freiwillig erfolgen sollte, indem zunächst Modell-Kolchosen errichtet wurden, die die Bauern von den Vorteilen dieses Systems überzeugen sollten. Stalin setzte dieses Projekt auf brutale Weise in die Tat um. Die Einwohner der Dörfer und ihr Landbesitz wurden zwangsweise in Kollektive zusammengefaßt, die oft weder über Arbeitskräfte und Maschinen noch über Vieh und Saatgut verfügten.

Das russische Volk bezahlte den Fortschritt der Industrialisierung teuer. Kulturelle Sterilität, Verlust individueller Freiheit und ein karges Alltagsleben kennzeichneten die neue Gesellschaft.

Besessen von dem leidenschaftlichen Wunsch, die Sowjetunion gegen eine feindliche kapitalistische Welt zu schützen, unterwarf Stalin die kommunistischen Parteien des Auslands dem russischen Sicherheitsbedürfnis.

In einer von Wirtschaftskrisen geschwächten kapitalistischen Welt hätten sich der kommunistischen Bewegung viele Möglichkeiten geboten. Stalin fürchtete jedoch, daß eine Weltrevolution den Aufbau Rußlands zu einer Großmacht behindern könnte und weigerte sich, die radikalen Revolutionsstrategien der Parteien der Komintern zu unterstützen. Er erschütterte die Solidarität des Proletariats, indem er die Parole ausgab, nichtkommunistische Arbeiterparteien zu bekämpfen, eine Direktive, die überall in Europa das Anwachsen des Faschismus begünstigte. Statt in Deutschland im Bündnis mit der SPD dem Radikalismus von rechts entgegenzuwirken, bekämpfte die KPD die demokratischen Parteien, gelegentlich im Zusammenwirken mit der NSDAP. Nach der Machtergreifung Hitlers zerschlug der Terror der Nationalsozialisten zuerst die KPD.

Straßendemonstration gegen den japanisch-chinesischen Krieg in London im Jahr 1933

Reichstagsbrand und Nationalismus

1933

Am Abend des 27. Februar 1933 schlugen lodernde Flammen aus der Kuppel des Reichstagsgebäudes in Berlin. Total zerstört wurde der Plenarsaal im Inneren des Bauwerks. Brandspuren und kleinere Brände fanden sich auf den umliegenden Gängen und in einigen Räumen. An der Brandstätte wurde ein junger Niederländer, Marinus van der Lubbe, verhaftet, der die Tat eingestand: Er habe »protestieren« wollen. Im Herbst 1933 begann vor dem Reichsgericht in Leipzig der Prozeß. Neben dem nunmehr völlig apathischen van der Lubbe saßen auf der Anklagebank der kommunistische Reichstagsabgeordnete Ernst Torgler und die bulgarischen Kommunisten Georgi Dimitroff, Blagoi Popoff und Wassil Taneff. Nach einem Gesetz, das den Regeln der Jurisprudenz zuwider rückwirkend angewandt wurde, verurteilte Deutschlands oberstes Gericht van der Lubbe zum Tod. Seine Mitangeklagten mußten freigesprochen werden: Der Beweis für die Mittäterschaft der Kommunistischen Internationale war nicht zu erbringen gewesen, der Schauprozeß mißglückt. Die Sachverständigen hatten übereinstimmend festgestellt, daß die Brandstiftung nicht die Tat eines einzelnen hatte sein können. Wer aber waren van der Lubbes Gehilfen gewesen? Es ist nicht bekannt, daß versucht worden wäre, die Mittäter unter den führenden deutschen Kommunisten zu suchen, die sich damals ja fast alle im Gewahrsam des Staates befanden. Sehr schnell tauchte das Gerücht auf, die Nationalsozialisten selbst hätten den Brand gelegt. In einem »Gegenprozeß« in Paris und London wurde versucht, diese These vor der Weltöffentlichkeit zu beweisen. Wir wissen heute, daß für diese Propagandaaktion »Beweise« gefälscht worden sind. Nach dem Krieg tauchte die Behauptung auf, van der Lubbe sei tatsächlich der Alleintäter gewesen. Dagegen zeigen neuere Forschungen, daß sehr große Mengen von Brandmaterial in das Gebäude eingebracht und daß damals alle Hinweise auf eine nationalsozialistische Täterschaft systematisch unterdrückt worden sind. Der Reichstagsbrand ist also niemals ein bloßer Kriminalfall gewesen. Es ist auch heute noch von eminentem Interesse zu wissen, ob hier die Tat eines Fanatikers von der Staatsführung nur genutzt wurde, oder ob diese bewußt ein Verbrechen inszenierte, um den Vorwand für die Errichtung des Terrors zu finden.

Vergegenwärtigen wir uns die Situation. Am 30. Januar 1933 hatte Reichspräsident Paul von Hindenburg den Führer der stärksten Partei, Adolf Hitler, zum Reichskanzler berufen. Außer Hitler gehörten dem Kabinett nur zwei Nationalsozialisten an: der Innenminister Wilhelm Frick und der Minister ohne Geschäftsbereich Hermann Göring. Hitler hatte auf seine Koalitionspartner, den Deutschnationalen Alfred Hugenberg und den Stahlhelmführer Franz Seldte, auf Franz von Papen, den ihm als Vizekanzler beigegebenen Vertrauten des Reichspräsidenten, und auf die Fachminister Rücksicht zu nehmen. In diesem Kabinett war die Bereitschaft zu Gewaltmaßnahmen gegen politische Gegner nicht groß. Die Nationalsozialisten aber steuerten einen schärferen Kurs: Sie wollten das KPD-Verbot. Eine von Göring, dem kommissarischen Preußischen Innenminister, am 24. Februar inszenierte Polizeiaktion gegen das Karl-Liebknecht-Haus, die kommunistische Parteizentrale, erbrachte nicht das Belastungsmaterial, das man sich erhofft hatte. Der Reichstagsbrand, von Hitler den Kommunisten sofort in die Schuhe geschoben, ließ alle Bedenken dahinschwinden. Zwar wurde ein förmliches KPD-Verbot nicht ausgesprochen, aber das Kabinett stimmte einer viel weiter gehenden Notverordnung »zum Schutz von Volk und Staat« zu, die dann der Reichspräsident ohne Zögern unterschrieb. »Zur Abwehr kommunistischer staatsgefährdender Gewaltakte« wurden »bis auf weiteres« wesentliche Artikel der Verfassung außer Kraft gesetzt: »Es sind daher Beschränkungen der persönlichen Freiheit, des Rechts der freien Meinungsäußerung, einschließlich der Pressefreiheit, des Vereins- und Versammlungsrechts, Eingriffe in das Brief-, Post-, Telegrafen- und Fernsprechgeheimnis, Anordnungen von Haussuchungen und von Beschlagnahmen sowie Beschränkungen des Eigentums, auch außerhalb der sonst hierfür bestimmten gesetzlichen Grenzen, zulässig.« Mit anderen Worten: Der Bürger genoß gegenüber der Staatsgewalt hinfort keinerlei Schutz mehr. Der Polizei waren so gut wie unbegrenzte Befugnisse eingeräumt.

Auch der nun einsetzende Terror brachte der NSDAP nicht den erhofften Erfolg. Nur 43,9 % der Wähler entschieden sich für diese Partei. Zusammen mit den 8 % der

Propagandaplakat für die Hitlerjugend, der Jugendorganisation der NSDAP

Das Reichstagsgebäude zu Berlin in Flammen am 27. Februar 1933

Rede des Reichstagspräsidenten Hermann Göring im Reichstag am 30. August 1932

Georgi Dimitroff, nach 1933 Generalsekretär der Komintern und Führer der bulgarischen Kommunistischen Partei

Deutschnationalen kam im Reichstag eine Mehrheit zustande. Die hart verfolgten Kommunisten gewannen durch 12,3 % der Wahlstimmen einundachtzig Mandate, deren Träger allerdings nie in den Reichstag einziehen konnten.

Die Reichstagsbrandverordnung bestimmte weiter, daß die Reichsregierung das Recht haben sollte, zur Herstellung geordneter Verhältnisse in die Hoheit der Länder einzugreifen. Die geschäftsführende Bayerische Regierung wurde mit Hilfe bewaffneter SA abgesetzt. Hier, wie an anderen Stellen, übernahm ein Reichskommissar die Regierungsgewalt. Der erste Schritt zur Umgestaltung des Reiches war getan.

Wer war nun der Mann, der für zwölf Jahre Deutschlands Geschicke bestimmen sollte? Adolf Hitler wurde am 20. April 1889 im österreichischen Braunau am Inn geboren. Sprunghaft und unstet, hatte der junge Hitler in der Schule wenig Erfolg. Der Tod der Eltern erlöste ihn von Schulsorgen. Eine verhältnismäßig stattliche Waisenrente gestattete es dem Beamtensohn, in den Tag hineinzuleben. Auf Kosten seiner Schwester bezog er seinen Rentenanteil auch über die normale Frist hinaus, indem er sich als Student bezeichnete. Und das war er nicht: Für den erstrebten Besuch der Kunstakademie hatte er zu wenig Talent, für ein Architekturstudium fehlte ihm der Realschulabschluß. So lungerte er in Wien herum, besuchte Theater, las politische Broschüren, arbeitete gelegentlich und diskutierte mit Kollegen oder Mitbewohnern seiner nicht gerade gut beleumdeten Unterkünfte. 1912 siedelte Hitler nach München über. Gründe waren wohl die Einstellung der Rentenzahlung und die drohende Einberufung zum Militärdienst. In der bayerischen Hauptstadt scheint er recht armselig gelebt zu haben. Als ihn der Gestellungsbefehl doch noch erreichte, mußte er das Fahrgeld nach Salzburg vom Konsulat erbitten. Er wurde für untauglich befunden.

1914 meldete sich Hitler freiwillig zum Kriegsdienst in der bayerischen Armee. Das Kriegserlebnis an der Westfront hat einen tiefen Eindruck auf ihn hinterlassen. Hier, im Kameradenkreis, scheint er eine Art Heimatgefühl entwickelt zu haben. Kämpfertum und Rücksichtslosigkeit gegenüber dem Gegner wurden ebenso zur Leitlinie seines Denkens wie militärische Umgangsformen. Das Kriegsende bedeutete für Hitler den Zusammenbruch seiner Welt, deren Ideale er später auf die Politik zu übertragen suchte. Den Weg dorthin ebnete ihm die Reichswehr. Seine Vorgesetzten hatten die Propagandafähigkeiten des Gefreiten Hitler erkannt. Er erhielt eine Rednerausbildung, wurde als Agitator in das Lager Lechfeld geschickt, um dort kommunistischen Einflüssen zu begegnen. Später setzte man ihn in München als Beobachter politischer Parteien und Vereine ein. So lernte er auch die »Deutsche Arbeiterpartei« kennen, die er als NSDAP zur Plattform seines Handelns und Denkens machen sollte.

In seinem Buch »Mein Kampf« schrieb Hitler, in den Wiener Jahren habe er sein politisches Weltbild erworben, so daß er ›fast nichts‹ habe »hinzuzulernen« brauchen. Die Behauptung ist ganz sicher falsch. Zwar hat Hitler in diesen Jahren Eindrücke empfangen, ist er erstmals mit Pamphleten völkischer Phantasten in Berührung gekommen. Die prägende Kraft des Kriegserlebnisses aber, die mannigfachen Einflüsse aus dem politischen Lager der früheren zwanziger Jahre spiegeln sich in der Entwicklung seiner eigenen Agitation. Das außenpolitische Programm schließlich hat er – das ist leicht nachweisbar – zwischen 1925 und 1928 zur endgültigen Form ausgeprägt.

Hitlers Programm läßt sich auf eine verhältnismäßig einfache Formel bringen: Kern ist die Rassentheorie, das heißt die Vorstellung, daß das Menschengeschlecht in Rassen verschiedener Werte zerfalle. Ein besonderer Rang wird nach dieser, auf den französischen Grafen Gobineau zurückgehenden Theorie dem »nordischen Menschen«, speziell den Germanen, zugeschrieben. Niedrige Qualitäten sollen nach dem völkischen Schrifttum jener Jahre die Juden haben. Mit dieser Theorie wird die mißverstandene Lehre des englischen Biologen Charles Darwin verbunden. Danach soll die »bessere« Menschenrasse das Recht haben, sich die Minderguten dienstbar zu machen, sie zu vertreiben, in letzter Konsequenz sie sogar auszurotten. Städte- und industriefeindliche Agrarromantik völkischer Prägung führte weiter zu der Überzeugung, daß die »gute« Rasse zu ihrer Entfaltung ausreichenden Grund und Boden benötige. Dieser »Lebensraum« sei den minderwertigen Rassen abzunehmen, und zwar in immerwährenden Kämpfen, denn der Wert einer Rasse manifestiere sich in ihren militärischen Leistungen. Zielrichtung der Hitlerschen Lebensraumpolitik sind, so nachzulesen in »Mein Kampf«, »Rußland und die ihm untertanen Randstaaten«.

Voraussetzung für die Verwirklichung so weitgesteckter Ziele ist eine Neugestaltung des Deutschen Reiches. Die Nation ist von allem Schädlichen zu befreien, als da sind Kommunismus und Marxismus, aber auch Liberalismus und Parlamentarismus. Denn das alles sind nach völkischer Lehre Mittel des Judentums zur Zersetzung der Völker. Eine Methode zur Erreichung dieses Zieles ist umfassende Beeinflussung der Massen durch Propaganda, wobei Hitler der Rede besonderes Gewicht beimißt. Dort, wo Propaganda nicht zu überzeugen vermag, setzt der Terror ein: die Einschüchterung der Schwankenden, die Bekehrung der Ungläubigen, schließlich gar die Ausmerzung der Unbelehrbaren.

Mittel zur Beherrschung des Volkes ist das Führerprinzip: Ein dem militärischen Bereich entlehnter Gehorsamsmechanismus, demzufolge der von oben eingesetzte Führer nur seinem Vorgesetzten gegenüber für die korrekte Durchführung von Befehlen verantwortlich ist, während die einzige Pflicht des Untergebenen in blindem Gehorsam besteht. Dieses Prinzip ist von Hitler erst 1928 theoretisch erarbeitet worden, zu einem Zeitpunkt, als er sein Führertum in der Partei durchgesetzt hatte. Dieses ist die einzige inhaltliche Änderung in »Mein Kampf«.

Wie erklären sich Hitlers Erfolge? Nach dem Zusammenbruch seines Reiches ist behauptet worden, der Nationalsozialismus sei das unvermeidliche Ergebnis der deutschen Geschichte gewesen. Nach der Auffassung anderer war er eine Art Betriebsunfall derselben. Beide Theorien machen es sich zu einfach. Geschichte ist viel zu komplex, als daß sie unvermeidliche Ergebnisse zeitigen könnte. Man braucht sich nur vorzustellen, daß Hitler früher, vielleicht am 9. November 1923, gestorben wäre. Wäre dann ein Ersatz-Hitler zur Stelle gewesen, um die Logik der Geschichte zu erfüllen? Andererseits aber besteht gerade die Leistung dieses Mannes darin, daß er es verstand, sich zum Sprecher weit verbreiteter Ressentiments, zur Hoffnung dumpfer Sehnsüchte zu machen.

Die in den deutschen Monarchien verbreitete soziale Überschätzung des Militärs erhielt durch den Kriegseinsatz bei gewissen Wandlungen doch eine erhebliche Breitenwirkung, die das Verhalten der Männer – bis hin zum Roten Frontkämpferbund – entscheidend mitprägen sollte. Diese Generation vermochte das Trauma des verlorenen Krieges nicht zu verwinden, dieses um so weniger, als die Siegermächte dem deutschen Volk in kaum entschuldbarer Verblendung unerfüllbare Lasten und verletzende Demütigungen auferlegten. So war es nur allzu leicht, die Regierung der Republik, die als Notlösung akzeptiert, von einem großen Teil des Volkes aber – vor allem von ihren Dienern in Verwaltung, Justiz und Reichswehr – nie innerlich bejaht worden war, zum Sündenbock für alles Unglück zu machen. Das Zusammenwirken außenpolitischen Drucks, übersteigerten Reparationsforderungen, innerer Unruhen und einer verfehlten Finanzpolitik überschatteten die ersten, die Auswirkungen der Weltwirtschaftskrise und wiederum Reparationsfragen die letzten Jahre dieses niemals populären Staates, der so zum Opfer gewissenloser Agitatoren wurde. Hitler verstand es, verschiedenartigsten Ressentiments Ausdruck zu verleihen. Widersprüche oder Richtungskämpfe interessierten ihn nicht, denn Ideologie waren ihm letztlich nur Mittel für die Erringung von Macht.

In der unbedeutenden Deutschen Arbeiterpartei konnte der redegewandte Hitler schnell die entscheidenden Positionen an sich reißen, zunächst als Propagandaleiter, dann als Vorsitzender. Allen Warnungen zum Trotz veranstaltete er mit seinem kleinen Verein Massenkundgebungen, und mit dieser Provokation hatte er Erfolg. Seine Verbindungen zur Münchner Reichswehrführung kamen ihm zustatten, eine Pionierkompanie stellte den ersten Saalschutz, der Hauptmann im Generalkommando, Ernst Röhm, förderte den Aufbau der SA, für die er Ausbildungsoffiziere zur Verfügung stellte. In jenen Jahren bereits entstand der Konflikt um diesen Wehrverband. Hitler wollte die SA als allein ihm ergebene Truppe, seine Gönner dagegen sahen in ihr eine Art illegaler Reichswehrreserve, die man dem Einfluß des Parteipolitikers nach Möglichkeit entziehen sollte. Unbeschadet davon wuchs die Bedeutung der NSDAP (seit 1920 trug die Partei diesen Namen) in der Münchner Politik. Außerhalb der Landeshauptstadt, bald auch außerhalb Bayerns, entstanden die ersten Ortsgruppen.

Das Jahr 1923 brachte mit Ruhrkampf, Inflation, kommunistischer Regierungsbeteiligung in Thüringen und Sachsen erhebliche innere Spannungen, die in Bayern eine besondere Ausprägung erhielten. Das konservativ-nationalistisch regierte Land wollte jetzt seine Eigenständigkeit gegenüber der Reichsgewalt durchsetzen. Röhm hatte die nationalen Verbände Bayerns, die aus Reichswehrbeständen bewaffnet werden sollten, in einem

Der Holländer Marinus van der Lubbe

Ausgebrannter Plenarsaal und ein ebenfalls durch Feuer zerstörter Raum (unten) im Reichstagsgebäude zu Berlin

Adolf Hitler. Gemälde von B. Jacobs, 1933

»Kampfbund« zusammengefaßt; Hitler hatte er, da seine SA den größten Anteil stellte, die politische Betreuung der Organisation zugestehen müssen. Als der Konflikt zwischen Bayern und dem Reich sich zuspitzte, glaubte Hitler, seine Stunde sei gekommen. Er überrumpelte die im Bürgerbräukeller versammelten Vertreter der Landesverwaltung und rief eine nationale deutsche Regierung aus, an deren Spitze er sich selbst stellte. Am nächsten Morgen, am 9. November, zog er mit einem Demonstrationszug durch München. Eine Salve aus Polizeigewehren brachte seinen Putsch zum Zusammenbruch.

Hitler wurde gefaßt und vor Gericht gestellt. Hier zeigte er seine Meisterschaft. Als Putschist war er zwar kläglich gescheitert, als Agitator aber gewann er eine Schlacht. Man wurde auf diesen nationalen Mann, der bis dahin über Bayerns Grenzen hinaus kaum bekannt war, aufmerksam. Während Hitlers Haft entstanden aus den Reihen der NSDAP mehrere Nachfolge-Organisationen, die einander bitter befehdeten. Nach der Entlassung begann er mit der Wiedergründung der Partei. Die verschwommene Ideologie, wie sie in »Mein Kampf« festgelegt war, gestattete es ihm, großzügig über die politischen Glaubensstreitereien seiner Gefolgsleute hinwegzusehen und ihnen allen eine geistige Heimstatt zu bieten. Der gescheiterte Aufstand hatte ihm zwei Erkenntnisse gebracht: Versuche einer gewaltsamen Machtergreifung sind zu vermeiden, die Überwindung des Parlamentarismus kann nur mit Hilfe einer parlamentarischen Massenpartei gelingen. Weiter braucht man zum agitatorischen Erfolg viel Geld; daher sind sozialistische Theorien, die Kapital und Einfluß verärgern könnten, zurückzustellen. Hierüber ist es wiederholt zu Konflikten innerhalb der Partei gekommen, aber Hitler setzte sich durch.

Nach einer Massenpartei sah die NSDAP zunächst nicht aus. Bei der Mai-Wahl von 1924 gewann die »Deutsch-Völkische Freiheitspartei«, eine Tarn-Organisation, 6,5 % der Stimmen und zweiunddreißig Sitze. Bei der Dezember-Wahl des gleichen Jahres ging ihr Anteil auf 2,8 % und zwölf Mandate zurück. 1928 war die NSDAP, nunmehr unter Hitlers Führung, noch erfolgloser: Sie gewann ganze 2,6 % und zwölf Abgeordnete. Eine unbedeutende Splitterpartei also, mit der auseinanderzusetzen es sich nicht lohnte. Dabei wurde übersehen, daß Hitler sich als Führer immer stärker durchsetzte, daß er eine Organisation aufzubauen begonnen hatte, die jederzeit zur Aufnahme größerer Massen fähig war, und daß ihm aus den Reihen ehemaliger Offiziere und Freikorpskämpfer Unterführer zur Verfügung standen, die mit Organisations- und Führungsaufgaben vertraut waren, die außerdem in rücksichtslosem Kampf ihr Element sahen. Geschickt wandte sich die Propaganda in erster Linie an den Mittelstand, die Schicht, die sich durch Kriegsausgang und Kriegsfolgen materiell besonders benachteiligt fühlte und deren Selbstgefühl erheblich verletzt war. Der Ausgang einiger Landtagswahlen im Jahr 1929, als erste Krisenzeiten sich bemerkbar machten, hätten alarmieren können: Die NSDAP wuchs. Dennoch wurde das Reichstags-Wahlergebnis von 1930 zur Überraschung. Die NSDAP wurde zur zweitstärksten Partei: 18,3 % der Stimmen brachten hundertundsieben Abgeordnete. Die Wahl war ein Sieg der Radikalen; auch die Kommunisten hatten einen erheblichen Erfolg erzielen können. Nun begann der rücksichtslose Kampf der Extremisten gegeneinander und beider gegen die politische Vernunft der demokratischen Mitte. Die Kämpfe wurden auf der Straße ausgefochten, wobei die straff geführte SA sich meist überlegen zeigte, der Rote Frontkämpfer-Bund ihr an Brutalität aber nicht nachstand.

Hitlers Rechnung ging auf: Kapitalkräftige Kreise begannen sich für ihn zu interessieren, deren Spenden allerdings vermochten den Finanzbedarf der Partei niemals zu decken. Hitler verstand es, einer Abhängigkeit von diesen Geldgebern zu entgehen. Wichtiger wurde das Bündnis mit dem Pressekonzern Alfred Hugenbergs. Im Kampf gegen den Young-Plan erstrebte er eine Neuregelung der Reparationszahlungen und das Bündnis aller nationalen Kräfte. Hitlers Massenorganisation war hierbei nicht zu übergehen. Wenn auch diese »Harzburger Front« vom 11. Oktober 1931 nur kurzlebig war, so hatte doch die NSDAP bleibenden Vorteil. Über die Presse des größten Zeitungskonzerns hatte sie ihre eigene Propaganda verbreiten können, und das Bündnis mit Adel und Kapital hatte die Partei der kleinen Leute gesellschaftsfähig gemacht. Bei der Reichspräsidentenwahl von 1932 unterlag Hitler zwar dem von den Parteien der linken Mitte aufgestellten Hindenburg, aber er erzielte doch mit zunächst 30,1, dann gar 36,8 % einen erheblichen Achtungserfolg. Den Höhepunkt brachte die Reichstagswahl vom Juli

Reichspräsident Paul von Beneckendorff und von Hindenburg und Adolf Hitler

Truppenparade auf dem Reichsparteitag in Nürnberg im Jahr 1938

1932. 13,75 Millionen NSDAP-Wähler schickten zweihundertdreißig Abgeordnete in das Parlament. Nie zuvor hatte in Deutschland eine Partei einen so hohen Stimmenanteil gewinnen können. Zusammen mit den neunundachtzig Kommunisten bildeten die Nationalsozialisten im Parlament eine negative Mehrheit. Eine sinnvolle Arbeit war im Reichstag nicht mehr möglich. Hitler wurde die Beteiligung an der Regierung angeboten, aber er lehnte ab. Er wollte die ganze Macht haben. Innerhalb der Partei kam es darüber zu Zerwürfnissen, so daß die NSDAP bei der Novemberwahl zwei Millionen Wähler und vierunddreißig Sitze verlor. Dennoch blieb sie mit Abstand die stärkste Partei. Nach dem Zwischenspiel der Kanzlerschaft Kurt von Schleichers wurde ihr Führer zum Reichskanzler ernannt.

Die Wahlkämpfe des Jahres 1932 waren mit allen propagandistischen Mitteln und mit äußerster Härte ausgefochten worden. Erstmals hatte ein Parteiführer ein Flugzeug benutzt, um von Versammlung zu Versammlung zu eilen. Im Heer der Arbeitslosen standen den radikalen Parteien Schlägertrupps zur Verfügung, die für Unterkunft und eine warme Mahlzeit rücksichtslos aufeinander losgingen. Allein in Preußen wurden bei politischen Auseinandersetzungen mehr als hundert Menschen totgeschlagen. Es waren bürgerkriegsähnliche Zustände, die vor der Wahl des 5. März 1933 noch einmal aufleben sollten, diesmal allerdings mit dem Unterschied, daß die Schläger der SA jetzt die Macht des Staates hinter sich wußten, die sie als »Hilfspolizisten« zum Teil sogar verkörperten. Eines der Hauptziele der Reichstagsbrandverordnung war es, die politische Opposition endgültig in die Illegalität zu drängen.

FRIEDRICH ZIPFEL

»Hitler verkündet den Frieden in der Welt.« Französische Karikatur, 1936

Adolf Hitler und die »Reichsleiter« der NSDAP auf dem Reichsparteitag in Nürnberg im Jahr 1933

Mit dem Reichstagsbrand war der Vorwand für die Ausübung eines rücksichtslosen Terrors geschaffen. Erste Opfer waren die Kommunisten. Mit einem Schlag wurden viertausend Funktionäre verhaftet, die Partei damit sozusagen enthauptet. Bald richteten sich die Maßnahmen gegen die Angehörigen anderer Parteien oder Gruppen. Um das leisten zu können, mußte zunächst ein geeignetes Instrument geschaffen werden. In Preußen errichtete Göring aus einer kleinen Abteilung im Berliner Polizeipräsidium das Geheime Staatspolizeiamt; in Bayern bauten, unabhängig davon, Himmler und Heydrich die bayerische politische Polizei zu einer großen Exekutiv-Organisation aus. Dort entstand mit dem Konzentrationslager Dachau das Muster für die später gültige Regelung. Das Lager unterstand der inneren Verwaltung; die politische Polizei hatte Aufsichtsfunktionen; Lager und Polizei wurden von der SS beherrscht. Auch in den anderen Ländern entstanden politische Polizeien und Konzentrationslager, diese vielfach von selbstherrlichen Parteiführern eingerichtet. Seit Ende 1933 erwarb Himmler die Kommandogewalt über die politischen Polizeien, zuletzt auch über die preußische Gestapo. Im Juli 1934 wurden ihm alle Konzentrationslager unterstellt.

Auch für die Justiz gab es einschneidende Änderungen. Zur Aburteilung der Taten, die unter anderem durch die Verordnung vom 28. Februar 1933 mit Strafe bedroht waren, wurden bei den Oberlandesgerichten Sondergerichte geschaffen. Nachdem das Reichsgericht im Reichstagsbrandprozeß seine richterliche Unabhängigkeit wenigstens zum Teil hatte behaupten können und sich damit als unzuverlässig erwiesen hatte, wurde zur Aburteilung schwerer politischer Straftaten der Volksgerichtshof geschaffen, der im August 1934 seine Arbeit aufnahm.

Für die Rechtspflege bedeutete der 30. Juni 1934 einen tiefgreifenden Einschnitt. Hitler ließ den Stabschef der SA, Ernst Röhm, mit einer Reihe anderer hoher SA-Führer, die angeblich einen Putsch gegen ihn geplant hatten, nach einer theatralischen Verhaftungsaktion kurzerhand erschießen. Bei dieser Gelegenheit wurden auch einige andere mißliebige Personen ermordet. Hitler behauptete, er habe in einem Staatsnotstand als »Oberster Gerichtsherr« gehandelt, und er erhielt vom Reichstag die nachträgliche Billigung für diese Usurpierung der »Dritten Gewalt« im Staate. Der zweiten hatte er sich schon vorher bemächtigt: Der am 5. März gewählte Reichstag war zu dem einzigen Zweck zusammengetreten, der Regierung die Ermächtigung für die Ausübung des Gesetzgebungsrechts einschließlich der Verfassungsänderung zu übertragen. Seit dem 24. März 1933 befanden sich also Exekutive und Legislative in Hitlers Hand. Im Juli 1934 kam noch der Anspruch auf die Rechtsprechung hinzu. Doch damit nicht genug. Der Tod Hindenburgs bot die Möglichkeit zu einer weiteren Machtausdehnung. Hitler vereinigte das Amt des Reichspräsidenten mit dem des Kanzlers, wodurch er unter anderem Oberbefehlshaber der Wehrmacht wurde und das unbegrenzte Ernennungsrecht für Beamte erhielt. Die Diktatur war damit verfassungsmäßig vollendet.

Inzwischen war auch die »Gleichschaltung« auf weiteren Gebieten abgeschlossen oder doch sehr weit fortgeschritten. In mehreren Gesetzen wurden zunächst die Parlamente der Länder ohne Neuwahl dem Mehrheitsverhältnis im Reichstag angepaßt, dann den Landesregierungen Reichsstatthalter übergeordnet, schließlich die Länderparlamente aufgelöst, die Länder zu reinen Verwaltungseinheiten degradiert. Am Tag nach dem mit großem Aufwand gefeierten 1. Mai 1933 wurden die Gewerkschaften verboten. Ihr Vermögen verfiel der »Deutschen Arbeitsfront«. Das Verbot der SPD leitete die Beseitigung der politischen Parteien ein. Nachdem die anderen sich selbst aufgelöst hatten, wurde im Gesetz über die Einheit von Staat und Partei die NSDAP zur einzigen politischen Gruppe im Reich. Im Vereins- und Verbandswesen führte die Gleichschaltung ebenfalls zu Verboten oder zu Eingliederungen in entsprechende Organisationen der NSDAP.

Gleichgeschaltet wurden auch Kultur und öffentliche Meinung. Im März 1933 entstand unter Josef Goebbels das Ministerium für Volksaufklärung und Propaganda, dessen Aufgabe es war, das deutsche Volk insgesamt intensiv mit dem nationalsozialistischen Gedankengut zu beeinflussen. Schon vorher hatte sich Goebbels Einfluß auf die Rundfunkanstalten gesichert: Nun konnte er auch der Presse Anweisungen erteilen. Mit der Schaffung der Reichskulturkammer entstand eine berufliche Zwangsorganisation für alle Kulturschaffenden vom Zeitungsvolontär bis hin zum Opernsänger. Juden konnten hier nicht Mitglied werden; das bedeutete für sie Berufsverbot.

Engelbert Dollfuß

Die jüdischen Künstler standen nicht allein. Am 1. April 1933 war ein Boykott gegen jüdische Geschäfte organisiert worden. Wenige Tage darauf schloß ein Gesetz die Juden aus Beamtenschaft und Verwaltung aus. Andere Berufsorganisationen folgten mit der Einführung von »Arier-Paragraphen«. Auch die freiberuflich tätigen Juden wurden immer mehr in ihrer Bewegungsfreiheit eingeschränkt. Mit den »Nürnberger Gesetzen« vom 15. September 1935 wurden die Juden zu Staatsbürgern minderen Ranges degradiert, ihnen wurde die Heirat mit Nichtjuden verboten, andere demütigende Einschränkungen folgten. Nun wirkte sich die jahrelang betriebene Verhetzung aus: Die Bevölkerung empfand kaum noch Mitleid für die Juden.

Auf wirtschaftlichem Gebiet war das Regime offensichtlich erfolgreich. Tatsächlich gelang es, die Arbeitslosigkeit sehr rasch zu vermindern. Vollbeschäftigung wurde erst 1938 erreicht. Große Bauvorhaben zeugten von dem Aufbauwillen. Daß auch diese indirekt den Kriegsvorbereitungen dienten, wie auch die gleichzeitig einsetzende Aufrüstung und damit letztlich die kommende Katastrophe vorbereiteten, konnte der Mann auf der Straße damals nicht durchschauen.

Auch die außenpolitischen Maßnahmen fanden weitgehend Zustimmung, entsprachen sie doch der Sehnsucht nach nationaler Gleichberechtigung. Der Austritt aus dem Völkerbund am 19. Oktober 1933, nach Scheitern der Genfer Abrüstungskonferenz, wurde in einer Volksabstimmung von fünfundneunzig Prozent der gültigen Stimmen gebilligt. Ein Nichtangriffspakt mit Polen leitete die Politik zweiseitiger Verträge ein, die durch eine Annäherung an Italien erweitert werden sollte. Das mißglückte allerdings, nicht zuletzt wegen eines nationalsozialistischen Putsches in Österreich, bei dem Bundeskanzler Engelbert Dollfuß am 25. Juli 1934 ermordet wurde. Die vom Versailler Vertrag vorgeschriebene Abstimmung im Saargebiet am 13. Januar 1935 wurde wegen des Bekenntnisses von einundneunzig Prozent der Saarländer für den Anschluß an Deutschland als Erfolg des neuen Reiches interpretiert. Wenige Wochen darauf führte Deutschland unter offenem Bruch des Versailler Vertrages die allgemeine Wehrpflicht ein. Im Juni 1934 errang das Reich erheblichen außenpolitischen Erfolg durch das Flottenabkommen mit Großbritannien, das die deutsche Aufrüstung sanktionierte und das kurz vorher geschlossene Abkommen von Stresa mit Frankreich und Italien sabotierte. Im März 1936 rückten deutsche Truppen in das entmilitarisierte Rheinland ein: Eine weitere der Versailler »Fesseln« war gesprengt. Italiens Überfall auf Abessinien bot Hitler wegen der Empörung der Weltmeinung die willkommene Gelegenheit, sich Mussolini als Freund anzubieten. Doch erst beider Beteiligung am spanischen Bürgerkrieg ließ die »Achse Berlin–Rom« entstehen.

Politik des Appeasement

Hitlers Taktik der politischen Überrumpelung hätte nicht erfolgreich sein können, wenn sie nicht durch innere Verhältnisse und Mentalität bei den Westmächten begünstigt worden wäre. Auch diese litten unter den Folgen des Krieges, und gerade die deutschen Reparationen wurden ihnen zur wirtschaftlichen Last. Frankreich erhoffte von ihnen eine volle Vergütung der eigenen Schulden und Wiederaufbau der zerstörten Gebiete, handelte aber dafür Produktionsrückgang und Massenarbeitslosigkeit ein. Innere Unruhen bis zum Terror von links und rechts sowie Regierungskrisen – die durchschnittliche Amtszeit dauerte

Diskriminierung der Juden im NS-Staat seit April 1933 (erster allgemeiner Boykott) und 1935 (Nürnberger Rassengesetze)

in Amerika. Terror in Rußland 1933–1936

Robert Vansittart, einer der wenigen Warner vor der Gefährlichkeit Hitlers

weniger als sechs Monate – zeigten die französische Instabilität. Die britische Wirtschaft sah sich außerstande, die während des Krieges vernachlässigten Exportmärkte wiederzuerobern. Zudem erwuchs ihr in der unter Exportzwang stehenden deutschen Industrie ein neuer Konkurrent. Auch in England gehörte Arbeitslosigkeit zum sozialen Alltag, der weiter durch eine archaisch anmutende Arbeitsverfassung belastet wurde.

Während Großbritannien sein Landheer nach Kriegsende abgerüstet und die Flotte auf das zur Sicherung der Seewege notwendige Minimum reduziert hatte, investierte Frankreich Unsummen in die Maginotlinie. Diese technisch perfekte Verteidigungsanlage, die große Teile der Armee band, war Ergebnis einer Defensivmentalität, die jede Vorwärtsstrategie ausschloß. Ein Netz von Bündnissen sollte den deutschen Gegner isolieren und im Zaum halten.

In England entstand dagegen ein Gefühl des Unbehagens über den Versailler Vertrag mit seiner wirtschaftlichen Unvernunft und über Frankreichs starre Haltung. Mit der Kritik an dem Verbündeten wuchs das Verständnis für die politische und psychologische Zwangslage des einstigen Gegners. Als dieser nach Hitlers Machtübernahme energisch seine Forderungen anmeldete, als sich außerdem nach Japans Austritt aus dem Völkerbund die Ohnmacht dieser Organisation erwiesen hatte, meinte die britische Regierung, der neuen deutschen Staatsführung bei der Erfüllung vertretbarer Wünsche nicht in den Weg treten zu dürfen. Die Warnungen Winston Churchills und anderer Politiker vor diesem »Appeasement« wurden überhört. Britische Beschwichtigungspolitik und französische Defensivmentalität machten nicht nur die deutsche Aufrüstung möglich, sondern sie begünstigten auch Hitlers wie Mussolinis erste Schritte über die Grenzen ihrer Staaten hinaus. Höhepunkt dieser Politik war das Münchener Abkommen vom 30. September 1938, durch das mit britischer und französischer Zustimmung die Tschechoslowakei zerstückelt wurde.

Wirtschaftspolitik des New Deal

In den Vereinigten Staaten konsolidierte inzwischen Roosevelts reformistische Wirtschaftspolitik Kapitalismus und Demokratie. Die Schrecken des Nationalsozialismus wurden dort noch mehr als in England und in Frankreich ignoriert. – Amerika hatte genug eigene Probleme zu bewältigen. Franklin D. Roosevelt trat im März 1933 das Präsidentschaftsamt an, zu einer Zeit, da das Nationaleinkommen und das Produktionsvolumen gegenüber dem Jahr 1929 nur die Hälfte betrugen. Schlangen vor den Brotverteilungsstellen, Landstreicherei und Elend in den Vorstädten zeugten von niederdrückender Armut, in der zwölf Millionen Menschen ohne Arbeit lebten. Auch hier bedrohten nationalistische Extremisten die demokratische Grundordnung der Vereinigten Staaten: In Lousiana versuchte der Senator Huey Long eine Art faschistischer Diktatur zu errichten.

Um eine soziale, wirtschaftliche und politische Katastrophe zu verhindern, verpflichtete sich Roosevelt gegenüber dem amerikanischen Volk, »die Karten neu zu verteilen«: New Deal. Zunächst begann er, das Vertrauen in das Bankwesen wiederherzustellen. Nachdem eine Zeitlang alle Kreditinstitute geschlossen waren, eröffnete Roosevelt als erste die Federal Reserve Bank wieder; dann folgten die solventen Privatbanken. Ein umfangreiches Programm von öffentlichen Arbeiten erhöhte das Lohnniveau, schuf mehr Kaufkraft und gab der Wirtschaft neue Impulse. Die landwirtschaftliche Produktion wurde beschränkt, um die Erzeugerpreise anzuheben. Die Popularität des New Deal war so groß, daß Roosevelt 1936 mit überwältigender Mehrheit wiedergewählt wurde.

Ihre größten Erfolge erzielte die wirtschaftliche Reformpolitik während des Kriegs. Maßnahmen, die zunächst ergriffen worden waren, um der Depression entgegenzuwirken, legten die Grundlage für die ungeheuren Industrie-, Landwirtschafts- und Aufrüstungsprogramme der USA während des Zweiten Weltkrieges.

Industrialisierung in Rußland

Stalins Programm der Industrialisierung und Kollektivierung des Landes forderte hohe Tribute von der Bevölkerung. Tausende wurden bei Beginn der totalen Kollektivierung erschossen oder deportiert. Der gigantische Fortschritt der Industrie kostete eine Unzahl von Menschenleben. Ein amerikanischer Ingenieur, der fünf Jahre lang an einem Projekt in Magnitogorsk mitgearbeitet hatte, berichtete: »Nach meinen Schätzungen hat allein der Aufbau der russischen Eisen- und Stahlindustrie mehr Opfer gefordert, als die Marneschlacht.« Das Primat der Schwerindustrie vor der Konsumgüterproduktion, die Priorität der Staatsraison gegenüber den Bedürfnissen des Volkes zeitigte jene furchtbaren Lebensbedingungen, wie sie Arthur Koestler beschrieb: »Überall mußte ich die Rückständigkeit des asiatischen Lebens feststellen: die Apathie der Menschenmassen auf den Straßen, in der Tram und auf den Bahnhöfen, die unglaublichen Wohnverhältnisse, die in den Industriestädten das Aussehen von riesigen Slums gaben – zwei oder drei Ehepaare bewohnten einen Raum, den sie durch aufgehängte Bettücher abteilten.«

Die auf Befehl Stalins beschleunigte Industrialisierung und die dadurch bedingte Senkung des Lebensstandards führten zu einem tiefgehenden Zerwürfnis zwischen den Massen und der Kommunistischen Partei. Seit diese gezwungen war, ihre enormen sozialen und ökonomischen Transformationen gegen die Bevölkerung durchzuführen, wurden verstärkter Zwang und eine Intensivierung der Polizeimethoden notwendig. Zähigkeit bei der Ausführung unpopulärer Anweisungen wurde zur wichtigsten Qualifikation für ein Parteiamt, Männer wie Wjatscheslaw Molotow und Lasar Kaganowitsch gelangten an die Macht. Alte Bolschewisten schauderte es vor den Exzessen des Stalinismus: der zwangsweisen Arbeitszuweisung, den Arbeitslagern, dem Massenterror. Von Zeit zu Zeit, wenn die alte Garde ihre Verantwortung gegenüber dem Bolschewismus zu vergessen schien, wurde sie durch eine einsame Stimme

Leo Kamenew

Trotzkis aus dem Exil daran erinnert, daß sie im Begriff waren, die Revolution zu verraten. Als sogar Mitglieder des engsten Führungszirkels die Befürchtung äußerten, daß der herrschende Terror die Ideale der Revolution begrabe, beschloß Stalin, die alten Kampfgenossen zu liquidieren.

Zu diesem Zeitpunkt trat vor allem das Mitglied des Politbüros Sergej Kirow für eine Liberalisierung des Regimes ein. Im Dezember 1934 fiel er einem mysteriösen Attentat zum Opfer. Mit seinem Tod begannen die Säuberungen der Partei. Erprobte Kampfgenossen der Revolution wurden angeklagt, eine Massenvergiftung von Arbeitern geplant zu haben, Nazi-Agenten zu sein oder den Kapitalismus restaurieren zu wollen. Die absurdesten Beschuldigungen rechtfertigten Stalins Liquidierungs-Programm. Leo Borisowitsch Kamenew, Grigorij Sinowjew, Aleksej Rykow, Nikolai Bucharin, Michail Tuchatschewski und eine große Zahl mehr oder minder bekannter Funktionäre wurden, nachdem man ihnen erniedrigende Geständnisse abgepreßt hatte, erschossen. So schuf Stalin das Rußland des Polizeistaates, in dem freie Meinungsäußerung heute noch unterdrückt wird, in dem schwierige Lebensbedingungen herrschen. Dennoch gelang es auf diese Weise das unterentwickelte Rußland aus seiner feudalen Rückständigkeit herauszureißen.

Arbeiten an einem Staudamm der Tennessee Valley Authority in den USA

Der spanische Bürgerkrieg 1936

Abzeichen der Internationalen Brigaden, der ausländischen Kämpfer auf seiten der Republik, im spanischen Bürgerkrieg

Plakat der Republikaner gegen die reaktionären Verbündeten der aufständischen Nationalisten im spanischen Bürgerkrieg

Die Militärverschwörung gegen die spanische Republik nahm im Februar 1936 konkrete Formen an, wobei sich General Francisco Franco y Bahamonde zunächst abwartend verhielt. Am 23. Juni machte er von seinem militärischen Posten auf den Kanarischen Inseln aus, wohin ihn die aus den Wahlen im Februar hervorgegangene Regierung der linksgerichteten Volksfront verbannt hatte, einen seiner Meinung nach letzten Versuch, die Regierung zur Vernunft zu bringen. In einem langen Brief an den seit Mai amtierenden Ministerpräsidenten Santiago Casares Quiroga wies er ausführlich auf die Mißstände in der Armee hin und warnte vor schwerwiegenden Gefahren, die Spanien bedrohten. Das Schreiben sollte andeuten, daß Franco bereit sei, in einer immer chaotischer werdenden Lage die Ordnung wiederherzustellen, falls er dazu aufgefordert würde.

Casares Quiroga, der an einer schweren Lungentuberkulose litt, wollte sich nicht eingestehen, daß die Republik in Gefahr war, und er beachtete Francos Warnung nicht. Das Schweigen Madrids beendete Francos Zeit des Schwankens zwischen Legalität und Revolte. Als die Verschwörer bereits ohne ihn handeln wollten, entschloß er sich zum Anschluß an die rechtsgerichtete Verschwörung des Militärs. Ihr Haupt, General Emilio Mola, hatte den 14. Juli zum Tag des Losschlagens ausersehen. Er verschob den Aufstand jedoch auf den 17., weil sich in der letzten Minute Auseinandersetzungen über ein gemeinsames Programm ergeben hatten, das auch für andersdenkende Gruppen auf seiten der Nationalisten annehmbar sein sollte. Während dieser drei Tage trafen die Nationalisten Vorkehrungen, um Franco nach Marokko zu holen, wo er das Kommando über die aufständischen Truppen übernehmen sollte. Ein englisches Zivilflugzeug, das die Nationalisten gechartert hatten, nahm den General in Las Palmas an Bord. Die Nachricht, daß der Aufstand bereits begonnen hatte, erreichte Franco noch vor seinem Abflug. Er telegraphierte sofort allen Divisionsgenerälen in Spanisch-Marokko und in Spanien die Aufforderung, sich den Nationalisten anzuschließen.

Außerdem entwarf Franco einen Revolutionsaufruf im alten Stil, das »Manifest von Las Palmas«, mit einigen beachtenswerten Punkten: Das Manifest, wie es von Radio Teneriffa am 18. Juli 1936 gesendet wurde, trug nicht Francos Namen, sondern die Unterschrift »Kommandierender General der Kanarischen Inseln«. Francos Anonymität erklärt sich daraus, daß er sich der Verschwörung erst spät angeschlossen hatte und noch nicht Führer der nationalistischen Bewegung war. Mit Mola als Organisator war zunächst General José Sanjurjo, ein angesehener Offizier, der sich damals im portugiesischen Exil befand, zum Oberbefehlshaber gewählt worden. Dennoch aber ließen Tendenz und Wortlaut des Manifestes keinen Zweifel daran aufkommen, daß Franco sich selbst für den eigentlichen Führer der Rebellen hielt, seit er sich ihnen angeschlossen hatte. Ferner fiel auf, daß die Verfolgung der Kirche durch die Republik ein Hauptargument der Nationalisten gegen die Regierung war, das Manifest von Las Palmas aber, trotz Francos späterem Bekenntnis zum Katholizismus, die Religion überhaupt nicht erwähnte. Statt dessen versprach es Freiheit und Brüderlichkeit ohne Willkür und Tyrannei sowie Arbeit für alle. Soziale Gerechtigkeit sollte ohne Groll und Gewalttätigkeit verwirklicht werden. Der Reichtum sollte gerecht und fortschrittlich verteilt werden, ohne die spanische Wirtschaft zu zerstören oder ihre Stabilität aufs Spiel zu setzen.

Die unmittelbarste Schwierigkeit bestand für Franco darin, wie er die afrikanische Armee über die Straße von Gibraltar befördern sollte. Diese kleine, aber gefürchtete Truppe, die ihre Schlagkräftigkeit Francos unermüdlichem Drill verdankte, war der Schlüssel zu einem Sieg der Nationalisten. Aber in ihren Garnisonen in Spanisch-Marokko konnte sie niemandem nützen. Der größte Teil der spanischen Flotte verhielt sich der Republik gegenüber loyal; die Mannschaften hatten sich ihrer nationalistischen Offiziere entledigt. Die Kriegsschiffe, voran das Schlachtschiff »Jaime I.«, liefen in Richtung des internationalen Hafens von Tanger, wo ihre Anwesenheit jeden Versuch, auf dem Seewege nach dem spanischen Festland zu gelangen, vereiteln sollte.

In dieser Lage fällte Franco die schicksalhafte Entscheidung, Hilfe bei den mit seiner nationalistischen Bewegung sympathisierenden Staaten zu erbitten. Er wandte sich an Mussolini, der sein Ersuchen zunächst ablehnte. Als Mola sich am 25. Juli ein zweites Mal an den Duce wandte, än-

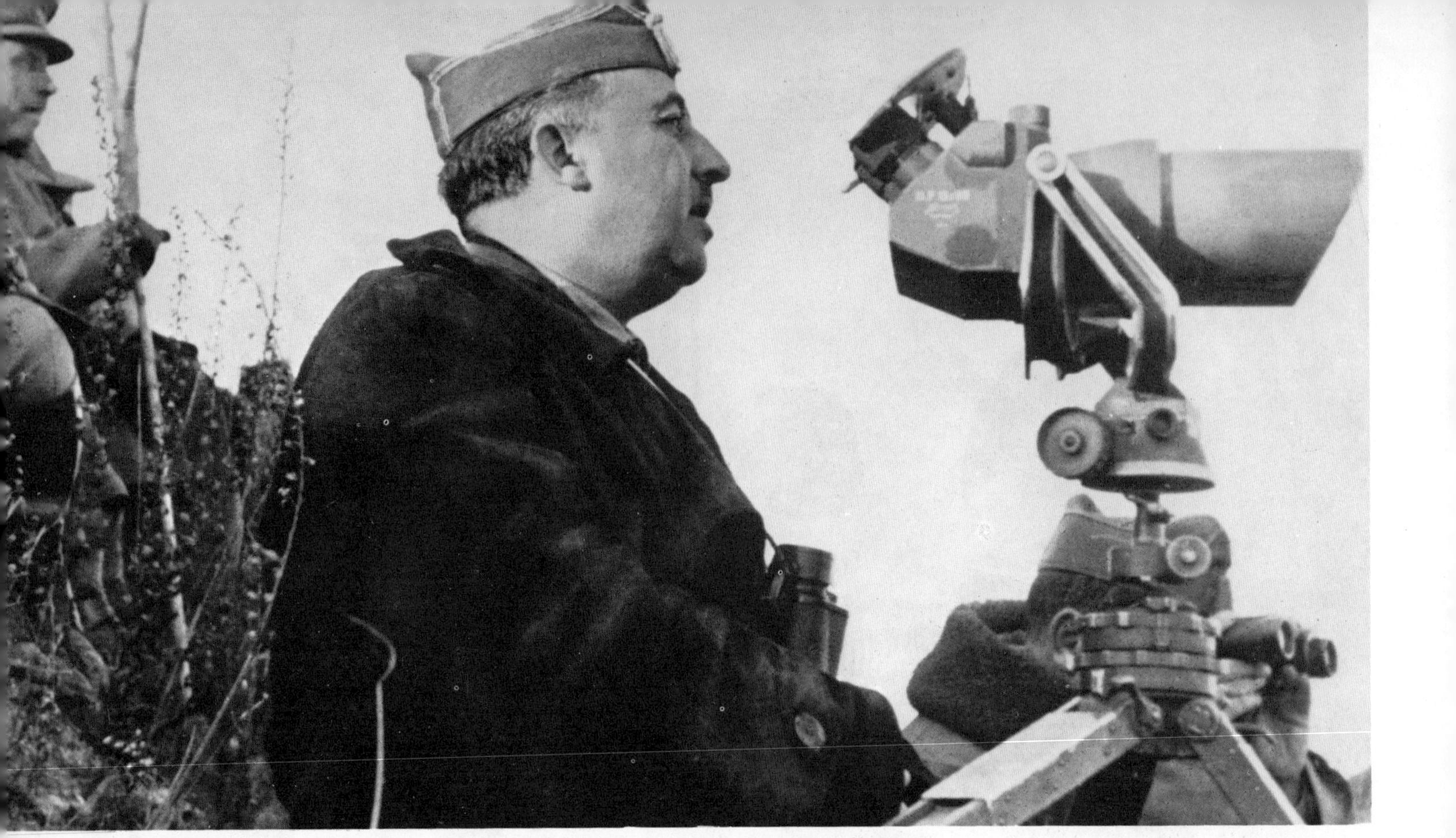

General Francisco Franco y Bahamonde an der Bürgerkriegsfront

derte er seine Meinung. Fünf Tage später starteten zwölf dreimotorige italienische Savoia-Marchetti 81 nach Marokko; nur neun kamen tatsächlich an. Inzwischen trug Franco seine Nöte auch zwei dort anwesenden deutschen Nationalsozialisten vor, die sich am 22. Juli nach Berlin begaben und Hitler am 26. Juli in Bayreuth, wo er die Wagner-Festspiele besuchte, ihre Eindrücke schilderten. Auf Ratschlag von Admiral Wilhelm Canaris hin, dem Chef der deutschen militärischen Abwehr, der den spanischen General hoch schätzte, entschloß Hitler sich, Franco Rückendeckung zu geben. Kurz nachdem die beiden deutschen Mittelsmänner nach Marokko zurückgekehrt waren, trafen auch die ersten deutschen Flugzeuge ein. Die erste Gruppe bestand aus zwanzig Maschinen vom Typ Ju 52, die damals als leistungsfähigste Transporter galten, und sechs Kampfflugzeugen Heinkel 51. Sie setzten sofort spanische Truppen auf das Festland über. Die deutschen und italienischen Flugzeuge transportierten täglich bis zu fünfhundert Mann und etwa fünfzehn Tonnen Material über die Straße von Gibraltar. Nach wenigen Wochen standen an die fünfzehntausend Mann bereit, um gegen die Republik zu kämpfen.

Franco ging inzwischen daran, die republikanische Flotte unschädlich zu machen und eine eigene Seemacht auszurüsten. Er schickte fünf Warntelegramme, um die internationale Kontrollkommission im neutralen Tanger zu veranlassen, der spanischen Flotte die Aufenthaltserlaubnis in der internationalisierten Zone zu entziehen. Am 7. August folgte ein Ultimatum, das der Kommission eine Frist von achtundvierzig Stunden setzte, sich der republikanischen Flotte zu entledigen. In der entscheidenden Abstimmung unterstützte der britische Vertreter den Antrag des Italieners, daß Madrid seine Kriegsschiffe zurückziehen sollte. Zwei Tage später verließen die letzten spanischen Einheiten den Hafen von Tanger.

Obwohl die unmittelbare Gefahr von See nun gebannt war, bestand die See-Blockade der Republikaner fort. Franco verwarf die Bedenken seiner Berater und trieb den Aufbau einer eigenen Transport- und Kriegsflotte energisch voran. Am Nachmittag des 5. August brachten dreitausend Soldaten mit Hilfe des Kanonenbootes »Dato« das Küstenpatrouillenschiff »Uad Kert«, einen Schlepper und drei Handelsschiffe vor Ceuta auf. Die »Dato« wurde bald von der »Alcala Galiano«, einem republikanischen Zerstörer, angegriffen; die »Dato« verwickelte sie in ein ungleiches Artilleriegefecht, das zu ihren Gunsten ausging, als schließlich die Luftstreitkräfte der Nationalisten die »Alcala Galiano« in die Flucht schlugen.

Franco hatte den Kampf um die Straße von Gibraltar

Franco während einer Kundgebung in Burgos anläßlich seiner Wahl zum Oberhaupt der nationalistischen Gegenregierung am 30. Juli 1936

gewonnen und seine Truppen auf das Festland gebracht. Innerhalb von zwei Monaten errang seine schlagkräftige und erfahrene afrikanische Armee eine Reihe von Erfolgen. Am 29. Spetember 1936 wurde Franco zum »Caudillo« ausgerufen und von der »Junta de Defensa Nacionale« zum Generalissimus sowie Oberbefehlshaber der nationalistischen Truppen Spaniens befördert. Seinen einzigen ernsthaften politischen Rivalen, General Mola, ereilte der Tod bei einem Flugzeugabsturz am 3. Juni 1937. In weniger als zwei Jahren war die Republik gestürzt. Und dreiunddreißig Jahre später beherrschte immer noch Generalissimo Francisco Franco y Bahamonde mit diktatorischer Hand das spanische Reich.

Die spanische Republik ging aus den Wahlen vom April 1931 hervor. Eine überwältigende Mehrheit stimmte für die republikanischen Parteien. König Alfons XIII., der den Bürgerkrieg fürchtete, begab sich freiwillig ins Exil, obwohl er nicht abdankte. Diese Tatsache ermöglichte es den Mornachisten, der Republik die Legitimation abzusprechen. Der König selbst und die Monarchisten hatten sich schon seit Jahren ihrer Glaubwürdigkeit begeben, weil Alfons XIII. die Diktatur des Generals Miguel Primo de Rivera, der von 1923 bis 1930 als Ministerpräsident fungierte, geduldet hatte. Diese Diktatur hatte hoffnungsvoll mit Reformversuchen begonnen, endete aber bald in wirtschaftlichen Mißerfolgen und innenpolitischen Schwierigkeiten. Die beherrschende Gestalt der ersten Jahre der Republik war Manuel Azaña y Diez, der erst als Kriegsminister und Ministerpräsident, später von 1936 bis 1939, als Präsident der Republik die Geschicke des Staates lenkte. Azaña, ein begabter Schriftsteller, sah sich dazu gezwungen, sich gegen zwei Stützen des alten Systems durchzusetzen: die Kirche und die Armee. Die dritte, die Monarchie, war schon gestürzt. Azaña schuf mit der Arroganz und Taktlosigkeit, mit der er seine antiklerikalen und antimilitärischen Reformen durchzog, viel Widersprüchlichkeit. Die Konservativen gewannen schon bald wieder an Zulauf durch Azanas erklärte Gleichgültigkeit gegenüber Kirchen- und Klosterbränden sowie Plünderungen in den Anfangstagen der Republik. Zu einem schlecht gewählten Zeitpunkt im August 1932 schlug der mangelhaft organisierte Versuch des Generals Sanjurjo, die Republik zu stürzen, fehl. Der General wurde zum Tod verurteilt, später jedoch begnadigt und verbannt. Sein Verbündeter, Oberst Varela, begeisterte sich während seiner Gefangenschaft für die streng klerikalen und absolutistisch orientierten Karlisten und bildete später den Wehrverband »Requetes«. Die Vereinigten Traditionalisten, wie die Karlisten sich nannten, unterstützten Don Carlos, der seine Ansprüche auf den spanischen Thron aus den blutigen Bürgerkriegen von 1834 bis 1840 und 1872 bis 1876 herleitete. Obwohl sie mit den militärischen Verschwörerkreisen sympathisierten, hielt Franco sich von ihnen zunächst fern.

Die Azaña-Periode der Republik endete, wie sie begonnen hatte, in einer Welle von Streiks und Gewalttätigkeiten, während der die Anarchisten und ihre Gewerkschaftsorganisation, die CNT, besonders hervortraten. Die nächste Phase beherrschte der junge Führer der rechten Katholiken, Gil Robles, dessen Partei, die Accion Popular, bei den allgemeinen Wahlen im November 1933 die meisten Stimmen erhielt. Sie reichten aber nicht für eine absolute Mehrheit; Robles konnte nicht der neuen Regierung beitreten. Die folgenden zwei Jahre der rechten Zentrumsregierung waren bei der spanischen Linken als die

Hitler und Franco beim Abschreiten einer Ehrenformation anläßlich ihres Treffens in Hendaye nahe der französisch-spanischen Grenze am 23. Oktober 1940

»zwei schwarzen Jahre« verschrien. Der Extremismus in Kreisen der radikalen Linken und Rechten wuchs schnell. Der Sohn Primo de Riveras, José Antonio, gründete eine spanische faschistische Partei, die Falange Española, mit einem nationalsozialen Programm, das im Unterschied zum Nationalsozialismus und italienischen Faschismus den Schutz der Religionsausübung garantierte. Auf seiten der Linken kündeten die Anarchisten der Regierung den Kampf an, riefen zu Streiks auf, zündeten Kirchen an und proklamierten in den Dörfern einen allgemeinen Sozialismus. Die kleine kommunistische Partei gewann durch die Verbindung mit den revolutionären Sozialisten, die von Largo Caballero geführt wurden, neue Mitglieder und stärkeren Einfluß.

Die Beteiligung der Accion Popular des Gil Robles an der Regierung im Oktober 1934 rief den aktiven Widerstand der Linken hervor, der die Form eines sozialistisch geleiteten Generalstreiks annahm. In Katalonien, das seit 1932 auf Grund eines Autonomiestatuts eine Sonderregierung besaß, hatten sich die Linken behaupten können und riefen nun die Unabhängigkeit der Provinz aus. Madrid verhängte daraufhin den Belagerungszustand über Katalonien. Ein Aufstand der Bergleute in Asturien, der von Sozialisten, Kommunisten und Anarchisten gemeinsam geleitet wurde, stürzte das Land in bürgerkriegsähnliche Zustände. Franco, inzwischen Chef des Generalstabes, stellte die Ordnung mit brutaler Gewalt und ohne Rücksicht auf Menschen wieder her. Die Zerschlagung der Revolte in Asturien zwang die Armee dazu, die revolutionäre Anarchie aktiv zu bekämpfen. Nur wenige Offiziere, meist Anhänger Azañas, konnten sich dem Kampf entziehen. Spanien begann sich in zwei Lager zu spalten: Die Linken, pauschal als Kommunisten bezeichnet, standen von jetzt an unversöhnlich den Faschisten und ihrer Sammelbewegung, der Falange, gegenüber.

Der Ausgang der Wahlen im Februar 1936 verstärkte

Manuel Azaña y Diez, spanischer Ministerpräsident und während des Bürgerkrieges Präsident der Republik

Francisco Franco y Bahamonde als spanischer Staatschef

Exekution während des Bürgerkrieges

die Neigung zum Extremismus. Azañas linkes Zentrum beherrschte zusammen mit Sozialisten und Kommunisten wieder die Cortes, die spanische Nationalversammlung. Die neue Regierung der Volksfront besaß die absolute Mehrheit im Parlament. Zusammenstöße auf den Straßen wurden immer häufiger, nicht nur zwischen Anhängern der Falange und den Kommunisten, sondern auch zwischen den gemäßigten Sozialisten von Indalecio Prieto und den radikalen von Largo Caballeros. Das auslösende Moment für das Losschlagen der Nationalisten war die Entführung und Ermordung des Führers der Monarchisten, Calco Sotelo.

Zu dieser Zeit hatte sich bereits die Militärverschwörung General Molas gegen die Republik organisiert. Die karlistischen »Requetés« waren eine gut ausgebildete Bürgerwehr. Auch die Falangisten stützten sich auf eine eigene Miliz. Innerhalb der Armee hatte sich die Opposition gegen die Republik um eine halbgeheime Militärunion gruppiert, die 1934 gegründet worden war. Mola gelang es, die rivalisierenden monarchistischen Gruppen, die Karlisten wie auch die Anhänger Alfons' XIII., mit der antimonarchistischen und antikapitalistischen Falange zu vereinigen und außerdem die finanzielle Unterstützung einflußreicher Wirtschaftskreise zu gewinnen.

Die Polarisation in der spanischen Politik traf mit der Errichtung der totalitären Diktaturen in Europa zusammen: Stalin hatte seine Macht in der Sowjetunion etabliert; Hitler verwirklichte bereits seine Pläne in Deutschland. Auch Mussolini hatte in Italien das Regiment fest in der Hand. Im Zeitalter der allseitigen Bemühungen um die Erhaltung des Friedens galt das Hauptinteresse der demokratischen Staaten Europas, besonders das Englands, sich den Verwicklungen der spanischen Innenpolitik fernzuhalten. Sie vertraten eine Politik der Nichteinmischung.

Dennoch wurde der seit Juli 1936 tobende spanische Bürgerkrieg zu einer internationalen Auseinandersetzung: Rußland und Mexiko unterstützten die Republik; die Hilfe Deutschlands und Italiens trug schließlich entscheidend zum Erfolg der Aufständischen unter Franco bei. Die vorherrschende Ansicht, dieser Krieg sei eine Auseinandersetzung zwischen Demokratie und Faschismus gewesen, geht auf diese Umstände zurück. Aber es war im wesentlichen ein wirklicher Bürgerkrieg.

Francos Entschluß, sich der Militärrevolte gegen die Republik anzuschließen, bedeutete einen Wendepunkt in Spaniens zeitgenössischer Geschichte. Bei jedem von Francos Mitverschworenen wären die Chancen der Nationalisten um einiges geringer gewesen. Alle anderen Köpfe der Rebellion hingen mehr oder weniger bestimmten politischen Gruppen an. Franco konnte sich durch seine zögernde Haltung und seine Entscheidung in letzter Minute von allem Parteiengerangel freihalten. Seine persönliche Energie und die allgemeingehaltene Formulierung seiner Ziele vereinigten alle nationalistischen Gegner der legalen Regierung unter seinem Befehl. Auch für die aktive Hilfe Hitlers und Mussolinis dürfte die Person Francos ausschlaggebend gewesen sein.

Die geschichtlichen Konsequenzen des endlichen Sieges Francos, den er seinem unbeugsamen Willen ebenso wie der Unterstützung der Achsenmächte verdankte, waren jedoch mit Ironie beladen. Die öffentliche Meinung, die Franco mit den Diktatoren in Berlin und Rom gleichsetzte, sah in dem Sieg der Nationalisten irrigerweise den Mord der spanischen Demokratie durch den internationalen Faschismus. Es wäre der Wirklichkeit entsprechender gewesen, ihn als den Sieg des traditionellen Spaniens über die revolutionäre Linke und den internationalen Kommunismus anzusehen.

Das Ergebnis des Bürgerkrieges in dieser Weise darzustellen, heißt nicht, den nationalistischen Mythos dem republikanischen vorzuziehen. Was die Nationalisten »Kommunismus« nannten, umfaßte Azañas antikirchlichen Radikalismus ganz genauso wie den revolutionären Anarchismus und die spanische kommunistische Partei mit ihren internationalen Verbündeten. Aber die spanische Demokratie war schon, bevor der Bürgerkrieg begann, einer latenten Gefahr ausgesetzt. Bereits seit Februar 1936 zerfielen Recht und Ordnung in bedenklichem Maß. Während dieser Zeit kennzeichneten zwei Entwicklungen das republikanische Spanien: Einmal herrschen weitgehend anarchistische Zustände mit Bücherverbrennungen, Gefangenenbefreiungen, Beschlagnahmungen von Besitz ohne rechtliche Grundlage, Bränden, Zerstörungen von Kirchen und Klöstern sowie Gewalttätigkeiten und Morden an Geistlichen; zum anderen bereiteten die Kommunisten unter Anleitung von Offizieren und Parteileuten des Komintern sorgfältig und zielbewußt die Übernahme des Staates vor. Eine kommunistische Regierung hätte das Land zweifellos vollständiger erfaßt. Falls die republikanischen Truppen gewonnen hätten, wäre Spanien wahrscheinlich keine parlamentarische Demokratie geblieben, sondern eine kommunistisch kontrollierte Volksdemokratie, ja, ein Vorposten der Sowjetunion geworden.

Die Tatsache, daß Franco seit 1939 unbestritten in Madrid herrschte und nur die Hilfe Hitlers ihn hatte siegen lassen, half Deutschland im Zweiten Weltkrieg nicht viel, denn Franco erklärte Spaniens Neutralität und widersetzte sich Hitlers Drohungen und Überredungsversuchen erfolgreich. Hitler verlor die Geduld und plante, die Halbinsel zu besetzen, gab aber seine Pläne auf, als die Mehrheit seiner Truppen an der russischen Front unterzugehen drohte. Gibraltar blieb in britischen Händen; die Landung der Alliierten in Nord-Afrika im November 1942 konnte Hitler nicht stören; die deutsche Front in Afrika brach zusammen. Am 25. Mai 1944 stellte Winston Churchill vor dem Unterhaus den Beitrag von Francos Spanien zu den Erfolgen der Alliierten im Mittelmeer-Raum besonders heraus.

Spanien galt noch viele Jahre nach der Niederlage der Achsenmächte als verfemt. Von der Wirtschaftshilfe des Marshallplanes blieb es ebenso ausgeschlossen wie von der Mitgliedschaft in den Vereinten Nationen. Mancher betrachtete die internationale Ächtung Francos als eine angemessene Strafe für seine Sünde, die Hilfe der Achsenmächte gesucht zu haben und ein diktatorisches Regiment zu führen. Dennoch verschaffte er Spanien die längste Friedensperiode seit eineinhalb Jahrhunderten.

BRIAN CROZIER

Guernica. Gemälde von Pablo Picasso

Weltpolitische Konstellation am Vorabend des

Zwischen 1936 und 1939 konzentrierte sich das politische Interesse in Europa fast ausschließlich auf den spanischen Bürgerkrieg. In den politischen Positionen, die die europäischen Mächte in diesem Konflikt bezogen, deuteten sich bereits jene Gegensätze an, die sich dann im Zweiten Weltkrieg entluden: Frankreich und England verboten die Lieferung von Kriegsmaterial an die legal gewählte Regierung der Republik in Madrid und beschränkten sich auf eine strikte Nichteinmischungspolitik, während Hitler und Mussolini Franco und den Nationalisten wirksame Unterstützung gaben. Rußland, die einzige Großmacht, die offiziell auf seiten der spanischen Regierung intervenierte, schien mehr Interesse an der Liquidierung von Anarchisten und Trotzkisten als an einer siegreichen Beendigung des Krieges zu haben.

Politik der Neutralität

Die politische Weltlage in der Mitte der dreißiger Jahre machte deutlich, wie konsequent Deutschland und Italien den Ausbau ihrer Machtstellungen betrieben. So hatte 1935 Mussolini das Kaiserreich Äthiopien überfallen. Der Völkerbund wurde jedoch von wirkungsvollen Sanktionen gegen Italien durch die Franzosen abgehalten, die eine neue europäische Katastrophe fürchteten. Diese Angst ergriff auch England und führte schließlich zu einem französisch-englischen Plan zur Aufteilung Abessiniens. Weder Mussolini noch Hitler versäumten es, jede Möglichkeit, um ihre Macht zu erweitern, auszunutzen: Die Faschisten und die Nationalsozialisten waren immer zur Stelle, wenn sie vermuteten, England und Frankreich würden sich nicht einmischen.

Konservative Kräfte in England und in Frankreich sahen in Franco den Ritter des christlichen Abendlandes, während linke Kreise die spanische Republik unterstützten. Diese Spaltung hätte an sich schon genügt, um eine entschiedene Politik der Neutralität beziehungsweise die einer Unterstützung dieser oder jener Seite unmöglich zu machen. Die beiden Staaten gründeten darum eine Kommission, die, die Nichteinmischung aller Staaten durchdrücken sollte. Sie vermochte aber weder die Hilfe Mussolinis und Hitlers für Franco noch die sowjetische Unterstützung der Republik zu unterbinden.

Wie eine Ironie der Geschichte wirkt es, daß ausgerechnet die sowjetische Politik im spanischen Bürgerkrieg nicht im geringsten als revolutionär im marxistisch-leninistischen Sinn betrachtet werden kann. Die Preisgabe der deutschen und chinesischen Kommunisten an Hitler und Chian Kai-shek hatte bereits offen-

Italienische Truppen während des Überfalls auf Äthiopien im Jahr 1935

bart, daß die sowjetische Außenpolitik im Grund konservativ war. Stalins Interesse galt allein der Sicherheit des sowjet-russischen Reiches. Das beweist letztlich auch der 1939 geschlossene Nichtangriffspakt mit dem nationalsozialistischen Deutschland.

Da Hitler dem Separatismus in der Ukraine mit Wohlwollen gegenüberstand, versuchte Stalin noch 1936 eine Annäherung an Frankreich und England. Der Argwohn vor Deutschland und Italien und nicht etwa revolutionäre Solidarität bewog Rußland, den Zusammenbruch der spanischen Republik verhindern zu wollen. Ein faschistisches Regime in Spanien konnte die ständige Furcht Frankreichs vor Deutschland nur noch vergrößern. Stalin war nicht bereit, sich auf einen uneingeschränkten Bürgerkrieg um die spanische Republik einzulassen und damit das Risiko auf sich zu nehmen, die Engländer und Franzosen zu verärgern. Infolgedessen verlief die sowjetische Politik in Spanien widersprüchlich: Einerseits sandte Rußland genügend Waffen, um die Republik am Leben zu erhalten, andererseits wurden die revolutionären Kräfte unbarmherzig dezimiert. Dadurch, daß Stalin den Konflikt in die Länge zog, hoffte er, Hitler in einen Zermürbungskrieg zu verwickeln und so einen deutschen Angriff im Osten zu verhindern. Die Russen betrachteten die Nichteinmischungs-Kommission in London als heuchlerischen Schwindel, während Hitler und Mussolini ihre Handlungsfähigkeit zu ihrem Vorteil nutzten. Für Hitler bedeutete die beschränkte Intervention für die spanischen Nationalisten, daß Frankreich sich weiterhin mit einer faschistischen Bedrohung aus dem Süden zu befassen hatte, daß Rußland in Schwierigkeiten geriet und daß die internationalen Beziehungen des letzteren in der Schwebe blieben. Überdies wollte Hitler sich an der Ausbeutung spanischer Bodenschätze beteiligen, um handfesten wirtschaftlichen Nutzen aus diesem Krieg zu ziehen. Gleichzeitig sammelte die »Legion Condor«, die deutschen »freiwilligen« Mitkämpfer Francos, wertvolle Kampferfahrung. Mussolini gewann weniger Vorteile. Die Ohnmacht des Völkerbundes, mit der Krise um Abessinien fertigzuwerden, hatte seine Neigung, Konflikte gewaltsam zu lösen, noch verstärkt; er wartete nur darauf, die

Dekadenz der Demokratien – so die Meinung der Faschisten – zu entlarven. Spanien diente ihm als Propagandafeld für einen Kreuzzug gegen den Marxismus. Wie Hitler sah er im Krieg eine Gelegenheit für seine Soldaten, praktische Erfahrungen zu sammeln. Die Intervention der Italiener im spanischen Bürgerkrieg zielte auf eine Erschütterung der internationalen Machtverhältnisse ab, die der Duce dann auszunutzen gedachte. Außerdem galt es ihm, eine Art Solidarität des Faschismus zu demonstrieren, was sich als grobe Fehleinschätzung erwies. Italiens demonstrativer Eingriff in die Kämpfe brachte nur wenig Prestigegewinn, zerstörte lediglich die freundschaftlichen Beziehungen zu England sowie Frankreich und zwang Mussolini endgültig an die Seite Hitlers.

Der Krieg selbst wurde auf beiden Seiten mit unbarmherziger Härte geführt. Die Republikaner standen mit ihren anarchistischen Terroranschlägen den aufständischen Nationalisten, deren nord-afrikanische Truppen überall Angst und Schrecken verbreiteten, an Grausamkeit in nichts nach. Der Bürgerkrieg hatte mit der Rebellion im Juli 1936 begonnen und sich mit dem Zerfall des Landes in zwei Teile fortgesetzt. Zur entscheidenden Kraftprobe gestaltete sich der Kampf um die Hauptstadt Madrid, der sich bis 1939 hinzog. Durch Mut und Entschlossenheit der Verteidiger und mit Hilfe russischer Waffen konnte ein übermächtiger Ansturm der Nationalisten abgeschlagen werden. Die besser bewaffneten und ausgebildeten Truppen Francos eroberten allmählich immer mehr republikanisches Gebiet. Ihre größten Siege errangen die Nationalisten im Februar 1939, als sie Katalonien besetzten. Diesen Erfolg verdankten sie zum Teil der Strategie der Kommunisten, die für die Anarchisten der katalanischen Milizen bestimmten Waffenlieferungen abzufangen. Eine genaue Analyse des Krieges würde wahrscheinlich ergeben, daß die ausländische Unterstützung für Francos Sieg ausschlaggebend war. Die intensive Bombardierung der Zivilbevölkerung, wie sie vorher bereits in Abessinien vorkam und später im Bombenkrieg der Alliierten im Zweiten Weltkrieg gipfelte, wurde in Spanien in großem Maßstab betrieben. Den traurigen Höhepunkt bildete der Angriff deutscher Flugzeuge auf die baskische Stadt Guernica am 26. April 1937, bei dem etwa sechzehnhundert Zivilisten ums Leben kamen.

Hitlers Expansionspolitik

Der spanische Bürgerkrieg bewirkte keine grundlegende Verlagerung der wesentlichen Probleme der europäischen Außenpolitik. 1937 stand das Deutschland Adolf Hitlers unbestritten im Kreis der Großmächte. War »des Führers« Politik bis zu diesem Zeitpunkt lediglich darauf ausgerichtet, die Fesseln des Versailler Vertrages zu zerreißen, so begann er jetzt einen riskanten Kurs aktiver Außenpolitik zu steuern. Die in »Mein Kampf« konzipierten Vorhaben soll-

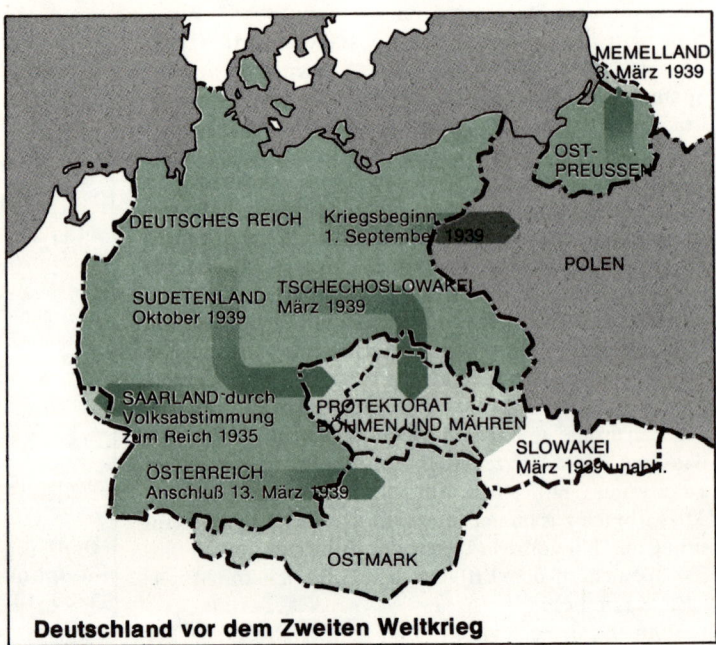
Deutschland vor dem Zweiten Weltkrieg

Zweiten Weltkrieges und Beginn der Kämpfe 1936–1940

Neville Chamberlain und Benito Mussolini

ten in die Tat umgesetzt werden. Vergeblich bemühten sich Engländer und Franzosen, dem Machtstreben Hitlers auf diplomatischem Weg Einhalt zu gebieten. Jedoch ohne Erfolg, denn die deutsche Aggressionspolitik nahm zwischen 1936 und 1939 ungehindert ihren Fortgang. Hitler verfolgte während dieser Zeit konsequent eine Politik der kleinen Schritte in der Hoffnung, daß England und Frankreich es wegen lokaler Konflikte nicht zu internationalen Verwicklungen kommen lassen würden. So entstanden in Österreich und der Tschechoslowakei durch die innenpolitischen Manipulationen der Nationalsozialisten Probleme, die Hitlers »rettende Hand« dann löste. Der Anschluß Österreichs vollzog sich unter dem Vorwand, der diskriminierenden Behandlung österreichischer Nationalisten ein Ende zu setzen. Hitler besaß sogar die Stirn zu erklären, daß er das Prinzip der nationalen Selbstbestimmung verwirkliche. Der Anschluß Österreichs änderte das Gleichgewicht der Kräfte in Mittel-Europa wesentlich und ebnete dem weiteren Expansionsbedürfnis den Weg, denn Wien bedeutete seit jeher das Tor nach Süd-Ost-Europa. Die deutsche Armee stand am Rand der großen ungarischen Tiefebene und auf der Schwelle zum Balkan. Die Tschechoslowakei war auf drei Seiten umzingelt.

Die Begeisterung, die der Anschluß Österreichs in allen deutschen Landen auslöste, und das Fehlen jeglichen Protests der anderen Großmächte verleiteten Hitler, die Zerschlagung der Tschechoslowakei zu betreiben. Sie war 1918 als eine der Nachfolgestaaten Österreich-Ungarns aus den Ländern Böhmen, Mähren, Österreichisch-Schlesien sowie den von Slowenen bewohnten Teilen Ungarns und Galiziens entstanden. Außenpolitisch verband sich die Tschechoslowakei mit Frankreich. Die von überwiegend deutscher Bevölkerung bewohnten Sudetengebiete am Nord-, West- und Süd-Rand Böhmens waren ohne Volksabstimmung dem Staat einverleibt worden. Die Sudetenfrage gab schließlich Hitler den Vorwand zur Zerschlagung der ganzen Tschechoslowakei. Die Übernahme verlief nach einem ähnlichen Schema wie der Anschluß Österreichs: Die Sudetendeutschen begannen, von Nationalsozialisten aufgehetzt, Forderungen zu stellen und Unruhe zu stiften. Hitler intervenierte, um einen Bürgerkrieg und die Unterdrückung einer Minderheit zu verhindern.

Der britische Premierminister Neville Chamberlain glaubte, daß Hitler, wenn man ihm das Sudetenland überließe, dazu gebracht werden könnte, andere drängende Streitfragen auf dem Verhandlungsweg beizulegen. Derweil trieb Hitler mit der Kriegsfurcht der Westmächte ein makabres Spiel. Es gelang ihm, mit England und Frankreich das Münchener Abkommen zu schließen: Die Tschechen mußten das Sudetenland räumen; der Bestand der Rest-Tschechoslowakei wurde von den Großmächten garantiert. Im März 1939 überrannte Hitler dann die Rest-Tschechei und errichtete das Protektorat Böhmen und Mähren. Die Slowakei wurde zu einem äußerlich selbständiger Staat, der aber außenpolitisch und militärisch ins Reich einbezogen war. Dieser letzte Aggressionsakt mußte den Engländern klarmachen, daß Hitlers Worten nicht zu trauen war und seinem Machtstreben nur durch massive Kriegsdrohungen Einhalt geboten werden konnte.

Spannungen in Ost-Asien

Während in Europa der Krieg in greifbare Nähe rückte, braute sich auch im Fernen Osten ein Konflikt zusammen. Die Gefahren, die in Europa das Expansionsbedürfnis Deutschlands heraufbeschworen, brachte für Ost-Asien das Machtstreben Japans. Seine aggressive Politik, die gegen alle Länder mit Interessen in Ost-Asien gerichtet war, wurde dadurch ermutigt und begünstigt, daß die Kolonialmächte England und Frankreich mit der Gefahr, die von Hitler und Mussolini ausging, in Europa beschäftigt waren. Als die Japaner im September 1931 die Manchurei besetzten und den Krieg mit China begannen, wurde lediglich ein Völkerbunds-Ausschuß gebildet, der den Konflikt untersuchen sollte. Japan beendete die Diskussion um seine Politik in China im Völkerbund, indem es 1933 austrat. Das vom Bürgerkrieg zwischen der Kuomintang-Regierung und den Kommunisten erschütterte Land konnte dem militärischen Druck der Japaner nicht begegnen.

Im Juli 1934 forderten die Japaner die Chinesen zum offenen Krieg heraus.

Trotz der Übergriffe der Japaner auf europäischen Besitz in Ost-Asien reagierten die betroffenen Staaten auf die Aggression genauso zurückhaltend wie auf die Politik Hitlers. Die Japaner blockierten den dem britischen Handel vertraglich offenstehenden Hafen von Tientsin. Englische und amerikanische Schiffe wurden angegriffen, und das amerikanische Kanonenboot »Panay« sogar versenkt. Die britische und amerikanische Regierung beschränkten sich lediglich auf Proteste. Inzwischen fielen die reichsten, am dichtesten besiedelten Provinzen, deren Wirtschaft am meisten entwickelt war, in die Hände der Japaner.

Krieg in Europa

In Europa steuerte Hitler einen Kurs, der die Konfrontation mit seinen Nachbarn nach sich ziehen mußte. Die Zerschlagung der Tschechoslowakei bedeutete einen großen Erfolg für die Nationalsozialisten. Hitlers nächste Schritte sollten der Bereinigung der Beziehungen zu Polen dienen. Auch forderte Deutschland wiederholt die Rückgabe Danzigs. Diesmal aber sollte Hitler auch in den Augen Englands und Frankreichs das Maß des Erträglichen überschreiten. In den letzten Tagen des März 1939 unterbreitete Hitler den Polen seine Forderungen: Rückgabe Danzigs und eine exterritoriale Autostraße sowie Eisenbahnlinien durch den Korridor nach Ostpreußen. Daraufhin gab Chamberlain am 31. März eine Garantieerklärung für Polen ab, der im August ein britisch-polnischer Bei-

Evakuierung englischer Truppen bei Dünkirchen im Jahr 1940

standspakt auf Gegenseitigkeit folgte. Unbeeindruckt durch die englisch-französische Beistandsverpflichtung und überzeugt von der Unbesiegbarkeit Deutschlands, wurde Hitlers Haltung immer drohender. In einer Reichstagsrede am 28. April kündigte Hitler sowohl das deutsch-britische Flottenabkommen als auch den 1934 geschlossenen Nichtangriffspakt mit Polen. Im Mai schlossen Deutschland und Italien einen Freundschafts- und Bündnispakt, den »Stahlpakt«, der Hitler darin bestärkte, es wegen Polen notfalls zum Krieg kommen zu lassen. Im August unterzeichneten die Außenminister Joachim von Ribbentrop und Wjatscheslaw Molotow den deutsch-sowjetischen Nichtangriffspakt mit einem geheimen Zusatzprotokoll über die Festlegung der beiderseitigen Interessensphären in Ost-Europa.

Bei Bekanntwerden des Hitler-Stalin-Paktes erklärten Edouard Daladier und Neville Chamberlain in Briefen an Hitler deutlich, daß sie ihre Verpflichtungen genüber Polen erfüllen würden. Letzte britische Vermittlungsversuche scheiterten, da Deutschland ultimativ die Entsendung eines polnischen Unterhändlers forderte und Polen darauf nicht einging. So begann am Morgen des 1. Septembers 1939 mit dem deutschen Angriff auf Polen der Zweite Weltkrieg. Ohne Kriegserklärung fielen deutsche Heeresgruppen von Pommern, Westpreußen und Oberschlesien aus in Polen ein. Zwei Tage später erklärten England und Frankreich Deutschland den Krieg. Polen erlag dem Ansturm der deutschen Panzer- und Luftwaffe nach wenigen Wochen. Hitlers Friedensangebot wiesen England und Frankreich öffentlich zurück. An der West-Front entwickelte sich zunächst ein defensiver Stellungskrieg. Ein »Nervenkrieg« mit gegenseitiger Propaganda sollte die Verteidigungskraft des Gegners schwächen. Als Auftakt der offensiven Kriegführung besetzte Deutschland im April 1940 überfallartig Dänemark und Norwegen, um sich die Zufuhr skandinavischen Erzes zu sichern.

Ein gleichzeitiger englischer Vorstoß nach Norwegen wurde ein katastrophaler Mißerfolg. Während dieser Krise übernahm Winston Churchill das Amt des Premierministers. Im Mai begann die West-Offensive, die die alliierte Front durchbrach, die Niederlande und Belgien überrannte, verbündeten Armeen im Norden einschloß und nach Süden vorstieß.

Belgien und die Niederlande wurden überrannt. Frankreich mußte am 22. Juni einen Waffenstillstand schließen. Die Engländer sahen sich von nun an Deutschland, das Europa von der spanischen Grenze bis zum Nord-Kap beherrschte, allein gegenüber.

Schlacht um England 1942

Winston Churchill. Gemälde von Walter Richard Sickert

Pilot beim Absprung aus einem brennenden Jagdflugzeug vom Typ Messerschmitt 109 während eines Luftkampfes im Zweiten Weltkrieg

Die Schlacht um England entschied sich innerhalb von sechs Wochen im August und September 1940 über dem englischen Kanal und in Süd-Ost-England. Die deutsche und die englische Luftwaffe trugen eine Entscheidungsschlacht des Zweiten Weltkrieges aus. Bisher hatten deutsche Kampfflugzeuge während der Feldzüge in Polen, in Dänemark und Norwegen sowie in Frankreich Panzer- und Artilleriegefechte unterstützt und die Aufmarschwege und Nachschubbasen der Feinde bombardiert. Ferner hatte sie mit ihren Transportmaschinen für einen schnellen Nachschub gesorgt. Während der Schlacht um England wurde der Kampf nur in der Luft ausgetragen. Die Feldtruppen und Seestreitkräfte beider Seiten hielten sich zunächst zurück.

Nach dem einstweiligen Abschluß der Kriege auf dem europäischen Festland, deren letzter Akt im Juni 1940 die Unterzeichnung des Waffenstillstandes mit Frankreich war, stand nur noch Großbritannien dem nationalsozialistischen Imperium als potentieller Feind gegenüber. Erneut gab sich Hitler der Illusion hin, die deutschen Siege und seine Friedensbeteuerungen könnten England an den Verhandlungstisch bringen. Aber der unverbrüchliche Wille der Engländer zum Widerstand, dem ihr Premierminister Winston Churchill so beredten Ausdruck verlieh, forderte konsequenterweise eine Landung auf dem Insel-Reich. Die Operation wurde unter dem Decknamen »Seelöwe« geplant. Das deutsche Heer und die Marine konnten bei ihren Beratungen keine Übereinstimmung erzielen. Wegen der Unterlegenheit der Reichsmarine gegenüber der britischen Home Fleet mußte die Luftwaffe die Invasion vorbereiten und decken. So kam es im Juli 1940 zu ersten Luftangriffen auf England, die im August noch intensiviert wurden. Die »Battle of Britain« begann. Hitler maß ihr so große Bedeutung bei, daß er, als sie verloren war, die Invasionspläne aufschob und nie wieder hervorholen sollte.

Der Sieg der Royal Air Force verhalf England weder dazu, den Krieg in kurzer Zeit zu beenden, noch wurde die Macht Deutschlands dadurch gebrochen. Nur zögernd gestand Hitler seine Niederlage ein, als die Luftherrschaft über England nicht errungen wurde. Die Angriffe auf England wurden schrittweise eingestellt und hörten im Juni 1941 ganz auf. Eine geplante Eroberung Gibraltars, die Englands Lebensnerv, den Weg nach Indien, unterbrechen sollte, blieb unausgeführt. Spanien gestattete den Durchmarsch deutscher Truppen nicht und wahrte weiterhin seine wohlwollende Neutralität.

Der Sieg über Deutschlands Luftwaffe war kein Salamis oder Waterloo. Aber er bewahrte England im Augenblick vor der Niederlage. Es gewann Zeit, seine eigenen Verteidigungsmöglichkeiten gegen eine immer noch drohende Invasion zu stärken und den Krieg auf den Atlantik und das Mittelmeer auszudehnen, wo seine strategischen Vorteile die der Deutschen übertrafen. Hitler hatte den Zenit seiner Erfolge erreicht und seinen ersten Rückschlag einstecken müssen. Obwohl er viele Möglichkeiten gehabt hätte, den Krieg fortzusetzen, wählte er die ungünstigste und begann im Juni 1941 ohne Kriegserklärung die Offensive gegen die Sowjetunion.

Im Juni 1940 blieb Hitler nur noch ein Feind: Großbritannien und das Empire. Deutsche Truppen hielten die französische Atlantik-Küste besetzt und standen an den Küsten der Nordsee bis zum nördlichsten Norwegen hinauf. Sie kontrollierten die ganze Breite des Festlands von der Bretagne bis nach Polen. Mit Italien als aktivem Verbündeten und mit den neutralen Ländern Sowjetunion, Japan, Spanien und den Vereinigten Staaten überwog das Gleichgewicht der Kräfte zugunsten Deutschlands. Auf dem europäischen Festland blieb nur die Festung von Gibraltar in feindlichen Händen. Die deutschen Truppen waren überlegen und ungeschlagen.

Obwohl Hitler diese Situation bewußt herbeigeführt und in der Tat geplant hatte, wußte er nicht, welche Strategie daraus folgen sollte. Er war mit dem Gedankengut des Ersten Weltkriegs aufgewachsen und war für eine Kriegführung über die Grenzen des Festlandes hinaus weder geistig befähigt noch militärisch gerüstet. England zu schlagen, indem er seinen Zugang zum Empire abschnitt und die französischen Provinzen in Nord-Afrika besetzte, war ihm ein fremdes Konzept. Er zögerte noch und hoffte, England durch uneingeschränkten Unterwasserkrieg und Luftangriffe auf seine Häfen auszuhungern und dann die Insel mit Landstreitkräften zu erobern. Er hoffte aber noch immer, daß politische Mittel militärische überflüssig

Die St. Pauls Kathedrale in London, umgeben von Rauch und Flammen während eines deutschen Luftangriffs

Air Chief Marshall Hugh Dowding, Befehlshaber der englischen Luftwaffe während der Kämpfe im Herbst 1940

machen würden. England würde Frieden machen, wenn seine Führer von der Unmöglichkeit eines Sieges überzeugt werden könnten. Hitler meinte, Frieden zu so großzügigen Bedingungen anbieten zu können, daß sogar Churchill sie einer Vernichtung vorziehen würde.

Die Lage Englands war nicht so hoffnungslos, wie Hitler es sich gewünscht hätte. Die Mehrzahl der gut ausgebildeten Truppen Großbritanniens war zwar ohne Waffen und Ausrüstung aus Dünkirchen und Mittel-Frankreich in die Heimat zurückgekehrt und konnte nun aus Reserven und neuer Produktion nach und nach frisch ausgestattet werden. Die Flotte war durch den Feldzug im Westen kaum und bei dem Mißgeschick in Norwegen nur geringfügig getroffen worden; sie besaß immer noch ihre eindeutige Überlegenheit. Die Royal Air Force hatte dank ihrer unnachgiebigen Weigerung, große Verbände in der letzten Phase des Frankreichfeldzugs zu opfern, noch sechzig Geschwader von Jagdflugzeugen einsatzbereit. Das Volk, die Truppen, die Fabrikarbeiter und die Regierung waren bereit, den Kampfesaufrufen eines Churchills zu folgen. England zur Seite standen sein unversehrtes Kolonialreich und die Dominions. Verschiedene der geschlagenen verbündeten Regierungen hatten in England Zuflucht gesucht und mit Schiffen sowie Soldaten die britischen Truppen verstärkt. General Charles de Gaulle bildete in London das provisorische »Nationalkomitee der Freien Franzosen«, dem sich Tausende junger Franzosen anschlossen. Da es den deutschen See- und Luftstreitkräften nie gelang, die Zufahrtswege zu den britischen Inseln abzuschneiden, konnte England mit etwa sechzig Prozent seiner Vorkriegsimporte bei Einschränkung der Konsumgüter eine leistungsfähige Rüstungsindustrie aufbauen.

Großbritannien brauchte nicht aufzugeben. Es konnte überleben. Aber wie sollte es siegen? England antwortete zunächst mit einer Seeblockade Deutschlands und mit Luftangriffen. Noch sprach niemand von einer Invasion. In versteckten Worten deutete Winston Churchill lediglich seine Hoffnung auf die Hilfe Amerikas an: »... bis, so Gott will, die neue Welt mit all ihrer Kraft und Macht zur Rettung und Befreiung der alten hervortreten wird.« Die Vereinigten Staaten leisteten jede Unterstützung, soweit es ihr Status der wohlwollenden Neutralität erlaubte.

Im Sommer 1940 wußten Deutsche wie Engländer, daß der Krieg nur durch eine erfolgreiche Landung in England beendet werden konnte, aber auch, daß sie nur mit etwa dreißig gut gerüsteten Divisionen möglich war. Voraussetzung für das deutsche Unternehmen war ein Luftsieg über die Royal Air Force. Die deutsche Flotte war nicht in der Lage, die Invasionsschiffe gegen die britische Home Fleet zu schützen. Die englischen Häfen aber wurden von der königlichen Luftwaffe gedeckt. Diese schützte auch die Rüstungswerke, die Verkehrswege und die Küstenverteidigung. Britische Flugzeuge mußten ferner daran gehindert werden, Aufklärungs- und Zerstörungsflüge gegen die Bereitstellungen der Landungstruppen zu fliegen. All das war nur zu erreichen, wenn die Royal Air Force in ihren Basen tödlich getroffen wurde. Diese aber wurden von den Jagdstaffeln erbittert verteidigt.

Die Deutschen waren überzeugt davon, daß sie die südlichen Verteidigungslinien der Royal Air Force in ein oder zwei Wochen zerschmettern konnten, wie es der Oberbefehlshaber der Luftwaffe, Hermann Göring, zugesagt hatte. Die Luftwaffe besaß an der vordersten Front tausendundfünfzig Kampfflugzeuge, fünfhundert lagen in Reserve. Die Royal Air Force gebot, seitdem sie vierhundertdreißig Flugzeuge während der Kämpfe in Frankreich verloren hatte, über sechshundertfünfundzwanzig Flugzeuge für den unmittelbaren Einsatz und über zweihundertdreißig in Reserve. Weil die Deutschen jeden Teil Großbritanniens von ihren Stellungen entlang den Küsten Hollands und Frankreichs erreichen konnten, durfte der Oberkommandierende der Royal Air Force, Air Chief Marshall Hugh Dowding, nicht alle Geschwader im äußerst gefährdeten Süd-Osten des Landes konzentrieren. Gezwungenermaßen hielt er die Hälfte seiner Streitmacht zurück, um die Industrieanlagen in Mittel- und Nord-England zu verteidigen, da er befürchten mußte, daß die Deutschen von Stützpunkten entlang der Küste Hollands und Frankreichs operieren würden. Tatsächlich aber drangen deutsche Flugzeuge kaum über Birmingham hinaus vor. Denn wegen der geringen Reichweite der deutschen Jäger mußten die Bombergeschwader schutzlos zu äußerst verlustreichen Langstreckenflügen starten. Im Süden entbrannte der Kampf der Jäger in voller Härte. Am 13. August 1940 begann der Angriff zweier deutscher Luftflotten. Einen Fehlwurf auf London (es war verboten, diese Stadt zu bombardieren) beantwortete Churchill mit einem Vergeltungsangriff auf Berlin. Nun rückte die britische Hauptstadt, die größte und verwundbarste Zielscheibe, in den Mittelpunkt des Kampfgeschehens. In aller Bedrängnis bewahrten die Engländer eine sichere Überlegenheit. Sie kämpften über ihrem eigenen Land und in der Nähe ihrer Küste. Die Piloten wußten sich vor einer Gefangennahme sicher, wenn sie ihre Maschinen verloren. Sie hatten in der Spitfire und dem Hurricane zwei Kampfflugzeuge, die der deutschen Messerschmitt 109 an Wendigkeit, jedoch nicht an Steigfähigkeit überlegen waren.

konnte. Andere Truppenteile wurden nach jungen Piloten durchkämmt, die die Lücken in den Jagdgeschwadern füllen sollten. Als die jungen Flugzeugführer die Cockpits der Veteranen bestiegen, gingen die Leistungen der Jagdflieger zunächst zurück. Die Deutschen rangen mit ähnlichen Schwierigkeiten. Zwar konnten sie mit größeren Reserven in die Schlacht gehen und hatten einen Teil der vierhundert Piloten, die während des Frankreich-Feldzuges abgeschossen worden waren, aus der Gefangenschaft befreit, aber sie hatten einen langen Anflug ins Operationsgebiet, zumal sie die nord-französischen Flugplätze selbst zerstört hatten. Die Abschußquote feindlicher Jagdflugzeuge war also von entscheidender Bedeutung für die Engländer. Ihre Verluste übertrafen während der Krise vom 24. August bis zum 6. September die Ersatzmöglichkeiten um so vieles, daß drei Wochen später die Reserven an Jagdflugzeugen völlig erschöpft gewesen wären. Aber am 7. September sanken die Verlustzahlen unter die Ausstoßziffern neuer Maschinen. Am Ende der Luftschlacht existierten mehr Reserven als an ihrem Beginn.

Die Deutschen begannen mit der Vorbereitung der Luftschlacht am 7. August. Während des Monats Juli hatte die Luftwaffe über dem Kanal Testangriffe auf Handelsschiffe durchgeführt. Dreißigtausend Bruttoregistertonnen Schiffsraum wurden versenkt. Aber das Verhältnis der Verluste beider Gegner an Flugzeugen ließ den späteren Sieger ahnen: Hundertachtundvierzig deutschen Abschüssen standen zweihundertsechsundachtzig der Engländer gegenüber. Mitte August begann der Hauptangriff mit der Bombardierung der Radaranlagen und der südlichen Flughäfen. Göring hoffte, mit großen Bombergeschwadern, die von Jagdstaffeln eskortiert wurden, die sich verteidigenden Engländer in die Luft zu treiben und sich ausbluten zu lassen, während die Stützpunkte sowie das Warnsystem der Royal Air Force zerstört wurden. Das mißlang aus zwei Gründen: Einmal verringerten die Verluste der Deutschen sowohl an Jagdflugzeugen als auch an Bombern die zahlenmäßige Überlegenheit, mit der sie die Schlacht angetreten hatten. Zum andern gelang es den deutschen Piloten nicht, ihre anfänglichen Erfolge konsequent zu Ende zu führen, denn sie gaben bald ihre sieg versprechenden Taktiken auf. Auch unterschätzten sie das Radarsystem. Obwohl fünf Stationen zeitweise außer Gefecht gesetzt waren und die auf der Insel Wight ganz zerstört war, konnten die verbliebenen Stationen weiterhin für die ganze gefährdete Küste arbeiten. Anfang September, in der kritischen Phase, als fünf Feldflugplätze und sechs der sieben Gebietsstellungen außerordentliche Verluste verzeichneten, verlegte Göring seinen Hauptangriffspunkt weiter ins Landesinnere, um Fabriken und

Eine Kette von Radarstationen überwachte die Kanal-Küste und kündigte rechtzeitig Richtung und Höhe eines feindlichen Verbandes an, so daß die englischen Flugzeuge den deutschen unter annähernd gleichen Bedingungen begegnen konnten. Im Anfang mußte die Royal Air Force im allgemeinen gegen einen doppelt so starken Gegner ankämpfen. Die Schlacht konnte nur gewonnen werden, wenn ein britischer Pilot schließlich drei deutsche Flugzeuge abschießen konnte, als Ausgleich für zwei eigene Verluste. Wenn die Produktion neuer Maschinen in England mit den Verlusten Schritt zu halten vermochte, wenn neue Piloten als Ersatz für Gefallene und Verwundete rechtzeitig ausgebildet werden konnten und wenn der Feind strategische Fehler begehen würde, dann durfte mit einem Sieg gerechnet werden.

Am besorgniserregendsten war für die Briten das Problem, wie man zu qualifizierten Ersatzpiloten kommen

Radarstation der Royal Air Force an der Süd-Küste Englands

Deutsche Dornier-Kampfflugzeuge über London

Englische Jagdflugzeuge kurz vor dem Start zum Einsatz. Szene aus einem Film der Nachkriegszeit

Deutsche Jäger Me 109 vor dem Kreidefelsen der englischen Kanalküste bei Dover

Englisches Jagdflugzeug

Ölanlagen anzugreifen. Hätte die deutsche Luftwaffe ihre schweren Angriffe auf die Flugplätze und die Warneinrichtungen fortgesetzt, wäre die Verteidigung der bombengefährdeten Städte durch Jägerkommandos ernsthaft gefährdet worden.

Hier lag der Wendepunkt. Göring glaubte nur allzugern den optimistischen Berichten seiner Piloten, daß die Royal Air Force dem Zusammenbruch nahe sei, darum suchte er nach spektakulären Erfolgen und konzentrierte die Luftwaffe auf die Randgebiete Londons. Gleichzeitig bestand Hitler darauf, daß, weil die Briten Berlin bombardierten, an London Vergeltung geübt werde. Am 7. September, dem Tag, an dem die Engländer verfrüht das Codewort »Cromwell« ausgaben, um vor der bevorstehenden Invasion zu warnen, griffen dreihundert deutsche Bomber, von sechshundert Jägern begleitet, die Docks und Treibstofflager an der unteren Themse an. Eine Woche später flogen deutsche Bomber gegen London selbst und verloren sechzig Flugzeuge, während die Engländer nur sechsundzwanzig Maschinen zu beklagen hatten. Sobald die Luftwaffe sich auf London konzentrierte, begann das empfindlich geschwächte Jägerkommando der Royal Air Force sich wieder zu erholen. Von den noch intakten Gebietsstellungen wich der Druck der Defensive. Weil die Stärke der britischen Luftverteidigung die Angriffe bei Tage zu verlustreich machte, ging die Luftwaffe seit Ende August zu nächtlichen Bombenangriffen auf Flächenziele über, da ohne Tageslicht damals eine Jagdabwehr noch nicht möglich war.

Mitte September mußten die Deutschen sich eingestehen, daß ihr Angriff fehlgeschlagen war. Die Engländer beherrschten den Kanal noch zur See und setzten ihre Luftkämpfe fort. Das Wetter fing an sich zu verschlechtern. Am 14. September unterrichtete Admiral Erich Raeder Hitler, daß die gegenwärtige Situation in der Luft keine günstigen Bedingungen für die Ausführung der Invasion darstelle; das Risiko sei noch zu groß. Hitler fügte sich. Am 17. September verschob er den auf den 21. festgesetzten Landungstermin auf unbestimmte Zeit. Wenige Tage später gab er die Anweisung, die Invasionsflotte aufzulösen. Die britische Führung ebenso wie die deutsche durften annehmen, daß der Plan im Frühjahr 1941 wiederaufleben würde, aber Hitler selbst hatte andere Vorstellungen. Er war bereits zum Angriff gegen die Sowjetunion entschlossen.

Der Sieg der Engländer in der Luft beruhte auf vier Faktoren: Erstens waren die Briten weitsichtig genug, schon in der Mitte der dreißiger Jahre eine Luftflotte mit einer stattlichen Anzahl von Jagdflugzeugen zu entwerfen und zu bauen sowie die Bedeutung des neu entdeckten Radars zu erkennen. Während des Frankreich-Feldzuges hatten sie ihre Luftflotte geschont und den Franzosen die zwanzig Geschwader zur Unterstützung ihrer Kampfhandlungen verweigert, die, nachdem der Zeitpunkt für eine Wende verpaßt war, das Schicksal Frankreichs nicht mehr geändert hätten. Genau diese Geschwader aber reichten aus, den Ausgang der Schlacht um England zwei Monate später zu entscheiden.

Zweitens wußten Regierung und militärische Führung das britische Volk hinter sich. Churchill konnte die Unterstützung seiner Landsleute voraussetzen, als er Hitlers Friedensangebot zurückwies. Er und William M. Aitken Lord Beaverbrook, der Minister für die Luftrüstung, durften von der Flugzeugindustrie unvergleichliche Anstrengungen fordern.

Drittens schätzten die Deutschen ihre Aufgabe, eine gut ausgebildete und überlegene Verteidigung kampfunfähig zu machen, falsch ein. Außerdem verkannten sie das Rüstungspotential Englands.

Viertens und letztens spornte der Geist des Patriotismus, der Abenteuerlust und des Wettstreits unter den Jagdfliegern auf beiden Seiten sie zu Taten von beispielloser Tapferkeit an. Die Gegner unterschieden sich nur dadurch, daß die Männer Dowdings um Englands Überleben kämpften, während Görings Flieger in dem Hochgefühl fochten, einen Krieg zu beenden, von dem sie glaubten, daß er schon gewonnen sei.

Der Kampf in der Luft forderte das Leben von vierhundertvierzehn englischen und verbündeten Piloten. Gemessen an der Bedeutung des Sieges und den Verlusten der Deutschen schien es ein kleines Opfer zu sein. Immerhin betrug die Anzahl der Gefallenen ein Drittel der in die

Schlacht verwickelten Flieger. Die Luftwaffe verlor in der Schlacht um England 2265 Flugzeuge, 3363 Gefallene, 2641 Vermißte und Gefangene, 2117 Verwundete. Von diesem Aderlaß hat sie sich nie wieder erholen können. Vor dem deutschen Volk wurde die Niederlage verheimlicht.

Wieviel verdankte England seinen kämpfenden Männern tatsächlich? Vielleicht hat Churchill es am besten in einer Bemerkung zu de Gaulle im August des Jahres zusammengefaßt: »Früher oder später werden die Amerikaner kommen, aber unter der Bedingung, daß wir hier unseren Mann stehen. Darum kann ich an nichts anderes denken als an die Jagdfliegertruppe.« Ein Stützpunkt, von dem aus eines Tages ein Gegenangriff auf Deutschland beginnen konnte, stand auf dem Spiel.

Aber solange die unbesiegten Deutschen die Invasion mehr oder weniger als ein Spiel betrachteten, hätte sie Hitler nach dem Erfolg seiner Luftwaffe auch riskiert. Im Jahr 1945 sagte Feldmarschall Karl Gerd von Rundstedt, der das Unternehmen leiten sollte: »Wir betrachteten die Invasion als eine Art Spiel.« Dennoch hatten die Anstrengungen der Deutschen einen viel ernsteren Charakter. Sie ließen an der französischen Küste eine große Armee ausbilden und aufmarschieren und fügten der europäischen Wirtschaft Schaden zu, als sie aus Häfen und Kanälen eine große Flotte von Schiffen und Leichtern abzogen.

Die Luftschlacht rettete England vor der Invasion, zumindest aber vor unerträglichen Luftangriffen. Sie bewahrte die Nation wahrscheinlich vor der Niederlage. Die Engländer wußten jetzt, daß sie nicht tollkühn die Herausforderung angenommen hatten. In der freien Welt und vor allem in den Vereinigten Staaten brandete ihnen eine Welle der Bewunderung und der Hoffnung entgegen, die ihnen sofort praktische Hilfe brachte: so die Bewaffnung der improvisierten »Home Guard« mit amerikanischen Gewehren und die Übereignung von fünfzig amerikanischen Zerstörern für die Überlassung britischer Stützpunkte im westlichen Atlantik. Die Vereinigten Staaten vermochten zunächst nicht aktiv in den Krieg einzugreifen, solange Deutschland und seine Verbündeten die Interessen der Amerikaner nicht unmittelbar berührten. Aber nach der erfolgreichen Abwehr der deutschen Luftoffensive verstärkten die Vereinigten Staaten ihre Bemühungen um England wesentlich. Je länger die Engländer ihre Insel unberührt halten konnten, je ehrenhafter und aussichtsreicher ihre Sache zu sein schien, desto wesentlicher wurde ihr Überlegen für die freie Welt. Die Vereinigten Staaten traten nicht in den Krieg ein, um England zu retten. Aber England war der Stützpunkt der Vereinigten Staaten in Europa und wurde ihr nächster Verbündeter. Die Niederlage Deutschlands war nach Präsident Roosevelts Meinung an Bedeutung mit der Niederlage Japans zu vergleichen. Die Ereignisse hätten einen anderen Lauf genommen, wenn England im Sommer 1940 geschlagen worden wäre. Amerika hätte den größten Teil seiner Kriegsbemühungen im Fernen Osten entfaltet und Europa einstweilen der Gnade Hitlers überlassen müssen.

NIGEL NICOLSON

Deutsches Bodenpersonal beim Ausrüsten eines Jägers Me 109 für den Einsatz

Jäger-Staffel einer späteren Version der Me 109. Rekonstruktion für einen Film der Nachkriegszeit

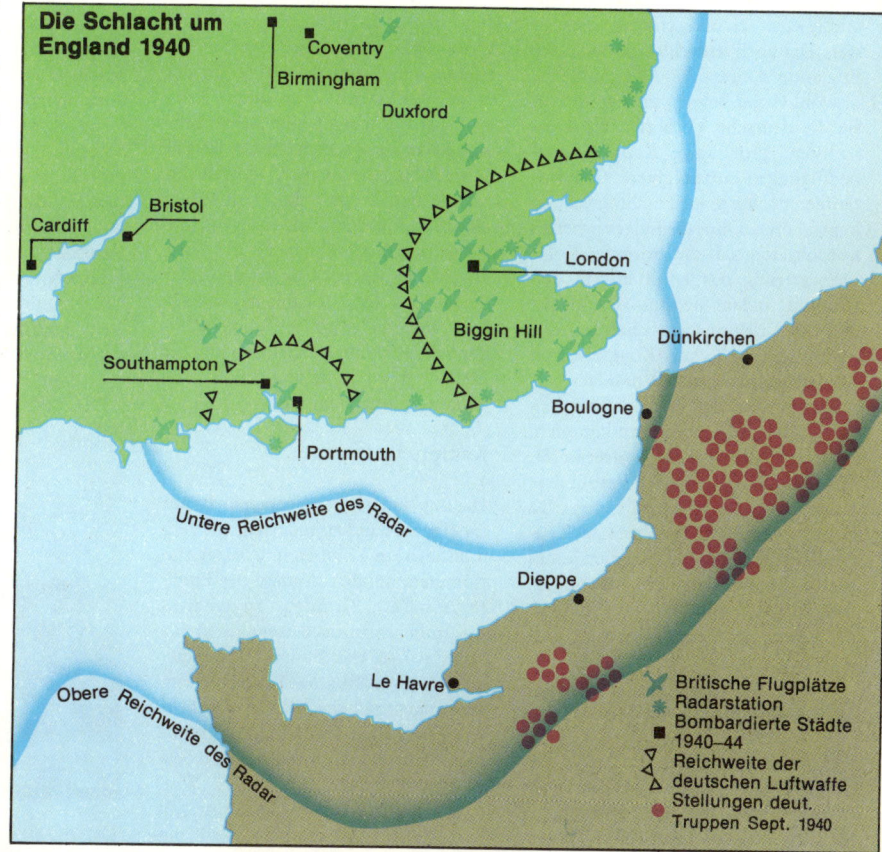

Der Zweite Weltkrieg

Die Schlacht um England hatte den Deutschen gezeigt, daß der Bedrohung ihrer europäischen Herrschaft durch die Briten nicht mit der Eroberung ihres Landes zu begegnen war. Dennoch blieb ein harter Kampf auszufechten. Für den Augenblick hatte Deutschland es nur mit Großbritannien als Gegner zu tun. Das war einer seiner größten Vorteile. Das nationalsozialistische Deutschland stand erst im Begriff, seine wirtschaftliche Stärke voll zu entfalten und konnte sich dabei auf die der eroberten Gebiete Europas sowie die der neutralen Staaten stützen. Die Hilfe dagegen, die Großbritannien von den Exilregierungen der besiegten Nationen Europas erhielt, war naturgemäß von begrenztem Wert. Es konnte zwar auf die reichen Rohstoffquellen seines Empires zurückgreifen, doch stand das damals vor schweren militärischen und politischen Problemen.

Britisch-Indien

Indien befand sich am Rand offener Rebellion. Im Mittleren Osten erinnerten die Verhältnisse in Palästina England an alte Verpflichtungen und zweifelhafte Versprechungen. Die britischen Kolonialtruppen besaßen nur geringen militärischen Wert. Den besten Teil dieser Streitkräfte bildete noch die indische Armee. Aber auch sie war eher auf Polizeiaktionen im eigenen Land als auf einen modernen Krieg eingestellt. Die Truppen des britischen Empire waren überall zahlenmäßig schwach und schlecht ausgerüstet. Dennoch entschlossen sich die Engländer weiterzukämpfen, und das, obwohl Hitler bereit war, ihnen, falls sie die deutsche Vorherrschaft anerkannten, großzügige Kapitulationsbedingungen einzuräumen. Großbritannien dachte jedoch nicht daran, zu kapitulieren. Ohne die Inder vorher zu konsultieren, riß die britische Kolonialregierung das Land mit in den Konflikt, indem sie lapidar erklärte, daß der Krieg ausgebrochen sei. Die Führer der indischen Kongreßpartei bezeichneten dieses Vorgehen als schändlich und demütigend. Sie waren zwar bereit, gegen Hitler zu kämpfen, forderten aber vorher Souveränität, um dann als unabhängige Verbündete Englands in den Krieg zu ziehen. Da Großbritannien sich zu diesem Zeitpunkt einen Aufstand in Indien kaum leisten konnte, war es gezwungen, dem Land Autonomie für die Zeit nach dem Ende des Krieges zu versprechen.

Wirtschaft und Kriegstaktik

Der Krieg brachte es mit sich, daß England seine wirtschaftliche Vormachtstellung an die Vereinigten Staaten verlor, deren Hilfe gegen Deutschland es mit seinen Reserven an Devisen und amerikanischem Aktienbesitz bezahlen mußte. Zudem wurde ein großer Teil englischen Kapitals in den Aufbau und die Einrichtung von Rüstungsbetrieben investiert, da die amerikanische Industrie nicht auf Kriegsproduktion eingestellt war. Dies erleichterte zwar den Vereinigten Staaten ihre Aufrüstung, war aber schwerlich eine kurzfristige Hilfe für England.

Die Briten mußten für eine gewisse Zeit allein kämpfen. Da sie keine Ausgangsbasis für eine Invasion des euro-

Zerstörungen im Unterhaus zu London durch Luftangriffe

päischen Festlandes besaßen und die Deutschen ihrerseits eine Landung in England nicht durchführen konnten, griffen beide Seiten zu einem Zermürbungskrieg, der mit Blockaden und Störungen der Handelsstraßen sowie mit Luftangriffen auf strategische und zivile Ziele ausgetragen wurde. Der Einsatz von Bombern war einer der charakteristischen Züge dieses Krieges. Jedoch scheint man seine Effizienz damals überschätzt zu haben. Sowohl England als auch Deutschland rechtfertigten die Bombardierung feindlicher Gebiete als konsequente Vergeltungsmaßnahme für die Luftangriffe des Gegners. Es wurden zwar Städte und Industrieanlagen verwüstet, aber die erhoffte Beeinträchtigung der Rüstungsproduktion und die Erschütterung der Moral der Zivilbevölkerung trat nicht ein.

Kämpfe in Afrika

Die Engländer hatten jedoch nicht nur ihr eigenes Land zu schützen, sondern mußten auch Truppen in Übersee stationieren, um den Bestand des Empires zu sichern. Bis August 1940 hatten die Italiener Britisch-Somaliland besetzt, waren fast hundert Kilometer aus der Cyrenaika nach Ägypten eingedrungen und machten so das Mittelmeer zu einer wichtigen Kriegszone für England, da sie den wichtigen Seeweg nach Indien gefährdeten. Winston Churchill verlieh der Sorge mit den Worten Nachdruck: »Ich bin nicht Premierminister der Krone geworden, um bei der Zerschlagung des Britischen Empires den Vorsitz zu führen.«

Im November 1940 konnten die Engländer bei der Verteidigung Ägyptens einen wesentlichen Sieg erringen: Im Hafen von Tarent wurden große Teile der italienischen Flotte zerstört; im Dezember begann General Archibald Wavell eine Offensive in der Wüste West-Ägyptens. Zu Beginn des neuen Jahres rollte er die italienische Front bis Tobruk auf und drang im Februar bis Benghasi vor. Diese britischen Erfolge sowie der zunächst durch britische Hilfe erfolgreiche Widerstand Griechenlands gegen die italienische Frühjahrsoffensive zwangen die Deutschen, den Italienern in Nord-Afrika und auf dem Balkan beizuspringen. Für Hitler erwies sich das Bündnis mit Mussolini mehr als Belastung denn als Hilfe.

Im März 1941 begann der Gegenangriff des aus motorisierten Einheiten und Panzertruppen bestehenden deutschen Afrika-Korps unter dem genialen General Erwin Rommel, was zur Rückeroberung der Cyrenaika führte. Die britischen Linien hielten nicht stand. Rommel gelang es, die Streitkräfte Wavells innerhalb von vierzehn Tagen nach Ägypten zurückzutreiben.

Im April begann der deutsche Feldzug auf dem Balkan.

Feldzug auf dem Balkan

Nach der Kapitulation der jugoslawischen Armee setzte von der bulgarischen Grenze aus der Angriff auf Griechenland zur Unterstützung des festgefahrenen italienischen Vormarsches ein. Trotz der Hilfe inzwischen gelandeter britischer Truppen durchbrachen die Deutschen alle Verteidigungsstellungen und zwangen auch Griechenland zu kapitulieren. Die Lage sah für England verzweifelt aus. Viele seiner Schiffe fielen den U-Boot-Angriffen zum Opfer, die Reserven drohten zur Neige zu gehen. Aber auch Hitlers Feldzüge hatten die deutschen Versorgungslinien und Ersatzkräfte über die Maßen beansprucht.

Die Vereinigten Staaten erkannten allmählich, daß ihre Sicherheit vom Überleben Englands abhing. Diese Einsicht kam, als Deutschland 1940 mit Italien und Japan den Dreimächtepakt schloß. Die mächtige Achse Berlin–Rom–Tokyo sollte Amerika einschüchtern und seine Beteiligung am Krieg sowohl in Ost-Asien als auch in Europa verhindern.

Krieg in Ost-Asien

Die von Japan geplante Neuordnung Ost-Asiens lief wesentlichen Grundsätzen der amerikanischen Außenpolitik zuwider. Seit der Niederlage Frankreichs und der Niederlande in Europa waren Französisch-Indochina und Niederländisch-Indien ungeschützt japanischer Infiltration und seinen Eroberungsplänen preisgegeben. Die Japaner hofften, ein ost-asiatisches Großreich schaffen zu können, das Indochina, Burma, Malaya, Borneo, Thailand, Niederländisch-Indien und in ferner Zukunft sogar Australien, Neuseeland und Indien unter ihrer Herrschaft vereinen sollte. Hitler und Mussolini rechneten fest damit, daß die japanischen Absichten auf die europäischen Kolonien in Asien die Vereinigten Staaten von einer wirksamen Hilfe für Großbritannien abhalten könnten. Die Rechnung ging nicht auf, denn die englisch-amerikanische Zusammenarbeit verstärkte sich während dieses Zeitraumes immer mehr. Auf Bitten Churchills ersuchte Präsident Franklin D. Roosevelt im Januar 1941 den Kongreß, der Lieferung von Kriegs- und Versorgungsmaterial nach Großbritannien zuzustimmen. Die Bezahlung sollte nach dem Ende des Krieges in Form von Waren und Dienstleistungen und nicht schon während der Kämpfe durch Barzahlung erfolgen. Aus dieser Idee Roosevelts entstand das Leih-Pacht-System, in dessen Rahmen die Vereinigten Staaten im März dessel-

Explosionen im Hafen von Pearl Harbor während des japanischen Überfalls

1940–1942

Japanische Truppen im Kampf in Malaya

ben Jahres Großbritannien im Austausch für die Verpachtung britischer Stützpunkte im Atlantik für die neunundneunzig Jahre die ersten Zerstörer älterer Bauart lieferten.

Unternehmen Barbarossa

Da Hitler nicht in der Lage war, England auf heimatlichem Boden zu besiegen, beschloß er, seinen langgehegten Plan von der Zerschlagung der »Jüdisch-bolschewistischen Weltverschwörung« in die Tat umzusetzen. Der Gedanke, Lebensraum für die germanische Herrenrasse durch die Vernichtung minderwertiger Völker zu gewinnen, hatte Hitler schon lange beschäftigt. Seine Entscheidung, gegen die Sowjetunion vorzugehen, war bereits im Juli 1940 gefallen. Seit dieser Zeit liefen die Vorbereitungen unter dem Decknamen Unternehmen »Barbarossa«. Wegen des Krieges auf dem Balkan und in Nord-Afrika wurde der Angriff von Mitte Mai 1941 um etwa einen Monat hinausgeschoben. Am 22. Juni 1941 trat Hitler dann im Vertrauen darauf, daß Rußland militärisch und politisch unvorbereitet sei und schnell zusammenbrechen werde, zu einem neuen Blitzkrieg an: Mit drei Heeresgruppen begann Deutschland ohne Kriegserklärung die Offensive gegen die Sowjetunion. Ein Feldzug gegen Rußland war einst Napoleon I. zum Verhängnis geworden; nun sollte auch Hitler an diesem Gegner scheitern. Die mächtigen natürlichen Verbündeten des Landes, der grausame Winter, die ungeheure Weiträumigkeit und das schier unerschöpfliche Reservoir an Menschen überforderten bald die militärische Stärke Deutschlands. Nun war England, das mit der Sowjetunion im Juli einen Vertrag über ein gemeinsames Vorgehen gegen Deutschland schloß, vom stärksten Druck befreit. Churchill unterdrückte sein Mißtrauen gegenüber den Kommunisten und erklärte: »Die Bedrohung Rußlands gilt uns ebenso wie den Vereinigten Staaten... Wenn Hitler Krieg gegen die Hölle führte, würde ich den Teufel wenigstens im Unterhaus meiner Freundschaft versichern.«

Die deutsche Armee drang schnell bis tief nach Rußland ein und brachte den Russen schwere Verluste bei. Die Heeresgruppe Nord schloß die sowjetischen Truppen im Baltikum ab und stieß auf Leningrad vor. Die Heeresgruppe Mitte vernichtete im Zangengriff große sowjetische Streitkräfte im Raum Bialystok-Nowogrodek und hatte Moskau zum Ziel. Ende September begann der Kampf um Moskau. Die Heeresgruppe Süd zielte zusammen mit der rumänischen Armee auf Kiew und operierte bis zum November weit über den Dnjepr hinaus bis in das Becken des Donez hinein. Entlang einer fast 2000 km langen Front wurden die Russen überrumpelt und ihre schlecht ausgebildeten, dürftig ausgerüsteten sowie taktisch ungeschickt geführten Truppen bald überrannt. Die Strategie des Blitzkrieges erwies sich jedoch in Rußland als verhängnisvoll. Das große Land konnte nicht durch einen einzigen Schlag außer Gefecht gesetzt werden. Trotzdem dachte Hitler bereits einen Monat nach dem Angriff daran, seine Truppen zu demobilisieren. Letzten Endes war die Wehrmacht aber nicht stark genug, um die errungenen Erfolge zu halten und auszubauen. Durch den Einbruch des Winters wurde die Offensive schließlich gestoppt. Die deutsche Angriffskraft war erschöpft. Anfang Dezember führte die Rote Armee vor Moskau ihren ersten erfolgreichen Gegenangriff gegen die Heeresgruppe Mitte. Die deutschen Truppen, auch die der anderen beiden Heeresgruppen, wichen vor der sowjetischen Winteroffensive zurück.

Überfall auf Pearl Harbor

Hitlers Angriff auf Rußland hatte die Belastung, der die wirtschaftliche Kapazität Deutschlands ausgesetzt war, noch erhöht und den Wirkungskreis des Krieges erweitert. Die Lage im Fernen Osten, wo die Japaner eine immer aggressivere Außenpolitik verfolgten, entwickelte sich bedrohlich auf einen Krieg mit Amerika hin. Im Juli 1941 drangen die Japaner in Indochina ein und gefährdeten unmittelbar die Malayische Halbinsel, Niederländisch-Indien und die Philippinen. Die Vereinigten Staaten antworteten mit der Sperre japanischer Guthaben in Amerika. Gemeinsam mit Großbritannien und den Niederlanden verhängten sie ein Embargo über wichtige Rohstoffgüter wie Öl, Gummi, Zinn und Schrott. Bis zu einem gewissen Grad wurde Japan hierdurch zum Handeln gezwungen, denn ohne Rohstoffe stand es vor der Alternative zu kapitulieren oder weitere Gebiete zu okkupieren, um seine Bedürfnisse zu decken. Nachdem letzte Verhandlungen mit Amerika gescheitert waren, entschloß Japan sich, ohne Kriegserklärung loszuschlagen. Am Morgen des 7. Dezembers 1941 griffen japanische Flugzeuge von Trägerschiffen aus Pearl Harbor, den amerikanischen Marinehafen auf der Hawaii-Insel Oahu, an und setzten die dort stationierte amerikanische Schlachtflotte außer Gefecht. Zum entscheidenden Kampfmittel im Seekrieg aber sollten die Flugzeugträger werden, von denen aber an jenem Tag keiner in Pearl Harbor lag. Wenn auch der strategische Erfolg der Japaner nur bedingten Wert besaß, so bedeutete der Überfall einen schweren psychologischen Schlag für die Amerikaner. Das amerikanische Volk trat, tief getroffen in seinem Stolz, aber auch in sich geeint, den Kampf gegen Japan an. Hitler, der bereits die massive Unterstützung Englands durch die Vereinigten Staaten spürte und deren gewaltiges Potential fürchtete, stellte die Verbindung zwischen dem Geschehen im atlantischen und im pazifischen Raum her, indem er Amerika den Krieg erklärte.

Die Vereinigten Staaten, Großbritannien mit dem Commonwealth und die Sowjetunion standen nun als verbündete Gegner der Achse Berlin-Rom-Tokyo gegenüber. Der endgültige Sieg war dieser Allianz sicher, obwohl noch große Katastrophen ein jahrelanges Ringen erforderten.
Einen Tag nach Pearl Harbor drangen die Japaner auf die Malayische Halbinsel vor und brachten den Briten, die sich sorglos auf die unzureichenden Verteidigungsanlagen Singapurs verlassen hatten, eine vernichtende Niederlage bei. Sie versuchten, Singapur als Stützpunkt im Fernen Osten zu halten. Die Stadt war jedoch nur auf einen Angriff von der Seeseite her vorbereitet und ergab sich bald den japanischen Truppen, die sich einen Weg durch den Dschungel gebahnt hatten und von Land her angriffen.

Generalfeldmarschall Erwin Ludwig Rommel

Niederlage in Afrika

In Nordafrika hatte die Wüstenoffensive Rommels die Deutschen im Mai 1942 in gefährliche Nähe Kairos gebracht. Doch dieser Erfolg war zu teuer erkauft worden. Generalleutnant Bernard Low Montgomery, der Befehlshaber der britischen Truppen in Afrika, erkannte, daß die Nachschubwege für Rommel zu lang geworden waren. Er verstärkte die englischen Stellungen um El Alamein so, daß die Deutschen an einem Durchbruch scheiterten. Währenddessen baute er eine Offensivtruppe auf. Im November 1942 begann der englische Gegenstoß, der mit großer Panzer- und Luftüberlegenheit zur Besetzung der ganzen Cyrenaika führte.

Gleichzeitig, am 7. und 8. November, entstand eine zweite Front in Nord-Afrika durch die Landung amerikanisch-britischer Truppen unter General Dwight D. Eisenhower in Marokko und Algerien.

General Percival, der englische Befehlshaber von Singapur auf dem Weg zu den Übergabeverhandlungen mit den Japanern am 15. Februar 1942

Entscheidung bei Midway

1942

Das japanische kaiserliche Oberkommando war während der ersten Hälfte des Jahres 1942, wie es einige Mitglieder nach dem Krieg schilderten, von einem dünkelhaften Siegestaumel befallen. Kaum ein anderes Großreich der Geschichte war so schnell und mühelos entstanden. Zwischen 1940 und 1942 wurden die vielen Völker des Fernen Ostens und des westlichen Pazifiks Untertanen Japans, dessen Ziel es war, dort eine neue Ordnung, ein Groß-Ost-Asien, zu schaffen. Die überwältigenden Erfolge ihres Militärs bestärkten die Japaner in ihrem Glauben, daß sie, welchen Schritt sie auch tun würden, den Sieg bereits in der Tasche hätten.

Anfang 1942 schlugen einige Mitglieder des Oberkommandos eine Offensive gegen Indien und Ceylon vor. Andere forderten eine Isolierung Australiens, indem sie dessen Lebensnerv durch Einnahme der Fidschi-Inseln, Neu-Kaledoniens und Samoas durchschneiden wollten. Admiral Isoroku Yamamoto, Oberbefehlshaber der kaiserlich japanischen Marine, war anderer Ansicht.

Yamamoto, der in Harvard studiert und als Marine-Attaché in Washington gedient hatte, besaß eine unauslöschliche Ehrfurcht vor der industriellen Macht Amerikas. Er argumentierte, daß Japan sein neu gewonnenes Imperium nur halten könnte, wenn es einen sofortigen Sieg über die Vereinigten Staaten zur See erringen würde, einen Sieg wie in Pearl Harbor, dem dann ein Verhandlungs-Friede mit Washington folgen sollte.

Yamamotos Einfluß wurde durch den amerikanischen Luftangriff auf Japan im April 1942 gestärkt, der Tokyo und anderen japanischen Städten wenig, dem japanischen Stolz aber schwer zusetzte. Drei Wochen später bewies die Begegnung im Korallen-Meer, die erste Seeschlacht, die nur von Flugzeugträgern ausgefochten wurde, daß die Pazifische Flotte der Vereinigten Staaten ein gefährlicher Feind war. Jetzt wurde Yamamotos Forderung nach einer entscheidenden Seeschlacht ohne Widerspruch angenommen.

Nach seinem Zeitplan sollte sie Anfang Juni stattfinden, beinahe sechs Monate nach Pearl Harbor. Yamamotos Ziel war es, Amerikas Flotte ihrer Versorgungsbasen zu berauben, indem er die Hawaii-Inseln in die Reichweite japanischer Streitkräfte brachte.

Die Operation bestand aus einem Hauptziel und einem Ablenkungsangriff, zu deren Ausführung vier Kampfgruppen bereitgestellt wurden. Yamamoto zog die mächtigste Flotte zusammen, die die Seekriegsgeschichte je gesehen hatte: hundertzweiundsechzig Kampf-Einheiten, darunter acht Flugzeugträger, elf Schlachtschiffe, zweiundzwanzig Kreuzer, siebenundsechzig Zerstörer und einundzwanzig Unterseeboote. Das Ablenkungsmanöver richtete sich auf die Aleuten süd-westlich Alaskas. Das Hauptziel, gegen das der größte Teil der japanischen Flotte eingesetzt wurde, waren die Midway-Inseln, die geographisch den westlichsten Außenposten der Inselkette von Hawaii bilden.

Die Hauptlast des Unternehmens gegen Midway sollte der Flugzeugträgerverband unter Vizeadmiral Chuichi Nagumo mit den Schiffen »Akagi« und »Kaga« sowie »Hiryu« und »Soryu« tragen. Alle vier hatten schon an Nagumos Angriff auf Pearl Harbor teilgenommen. Yamamotos Hauptgeschwader bestand aus mächtigen Überwasserstreitkräften: Sieben Schlachtschiffe, dazu Kreuzer, Zerstörer und Begleitschiffe gaben Nagumo Rückendeckung. Dem Vizeadmiral Nobutake Kondo unterstand der Midway-Invasinonsverband, eine unter schwerem Geleitschutz stehende Gruppe von Transportern, deren Truppen die Midway-Inseln einnehmen sollten.

Die Japaner bauten ihre Operation ebenso wie die gegen Pearl Harbor auf dem Überraschungsmoment auf. Sie hofften, daß die Amerikaner beim Angriff unbesonnen reagieren und in eine der Fallen gehen würden, die bei Midway und in der Nähe der Aleuten gestellt waren. Welchen Kurs auch immer die Amerikaner einschlagen würden, ihre Bewegungen beschatteten japanische Unterseeboote, die auf der Höhe von Pearl Harbor lagen. Es war aber nur insofern die Verhaltensweise der Amerikaner kalkuliert, als die Japaner von deren Reaktion bestimmte Vorstellungen hegten.

Was Yamamoto außerdem nicht wußte, war, daß Admiral Chester W. Nimitz, der Befehlshaber der Flotte der Vereinigten Staaten im Pazifik, den teilweise entschlüsselten Geheimkodex für den Funkverkehr der japanischen Marine besaß. Diese großartige Leistung ihres Geheim-

Admiral Isoroku Yamamoto, Oberbefehlshaber der japanischen Marine im Zweiten Weltkrieg

Amerikanische Matrosen an einem 16-Zoll-Schiffsgeschütz. Farbige Zeichnung von Dwight C. Shepler

Seeschlacht bei den Midway-Inseln vom 4. bis 6. Juni 1942

4. Juni, 4 Uhr 30: Start japanischer Jagdflugzeuge und Bomber des 1. Trägerverbandes zum Angriff auf den amerikanischen Stützpunkt auf Midway; 7 Uhr Angriff amerikanischer Landflugzeuge aus Midway auf den japanischen 1. Trägerverband

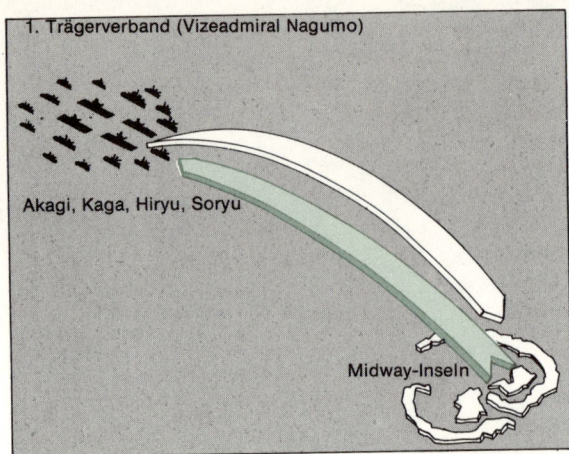

10 Uhr 25: Angriff amerikanischer Kampfflugzeuge (Stukas) der 16. und 17. Trägerkampfgruppe auf den japanischen 1. Trägerverband (Vernichtung der Flugzeugträger Akagi, Soryu und Kaga); 14 Uhr 35: Angriff japanischer Kampfflugzeuge auf die 17. Trägerkampfgruppe (Flugzeugträger Yorktown außer Gefecht)

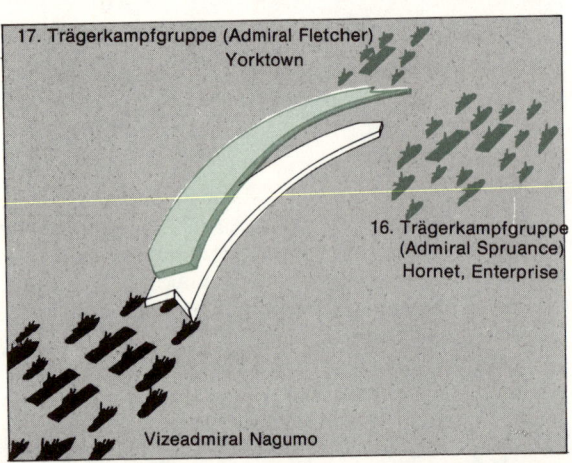

Nach 17 Uhr: Vernichtung des japanischen Flugzeugträgers Hiryu durch Kampfflugzeuge der 16. Kampfgruppe (der japanische 1. Trägerverband außer Gefecht); Aufgabe der Yorktown

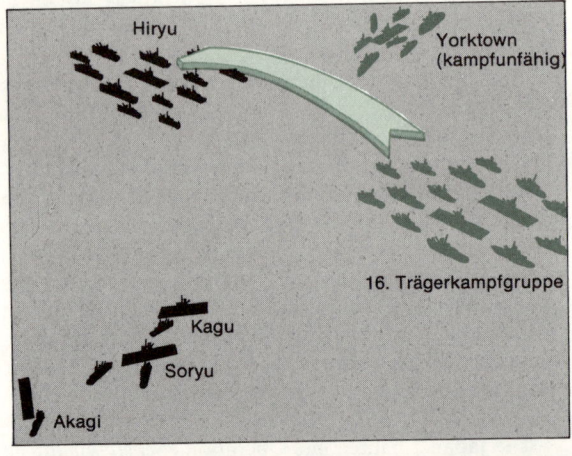

Weitere japanische Verbände:
Hauptflotte unter Admiral Yamamoto;
Midway-Besetzungsgruppe unter Vizeadmiral Kondo;
Kreuzergruppe unter Vizeadmiral Kurita

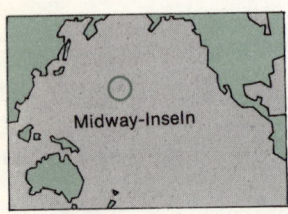

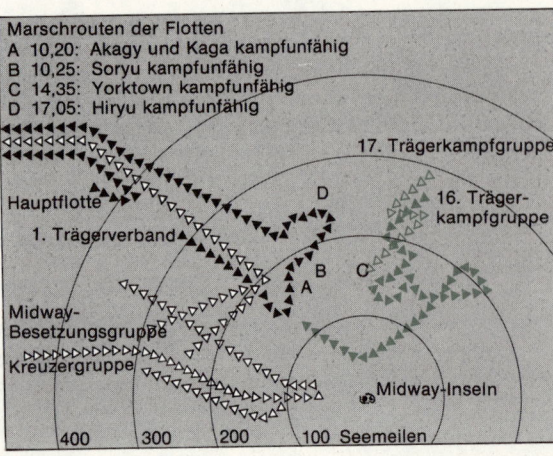

Marschrouten der Flotten
A 10,20: Akagy und Kaga kampfunfähig
B 10,25: Soryu kampfunfähig
C 14,35: Yorktown kampfunfähig
D 17,05: Hiryu kampfunfähig

dienstes nutzten die Amerikaner geschickt aus. Die Aufklärungsanalysen besagten, daß Midway das Ziel der vereinigten japanischen Flotte war; sie hatten deren Zusammensetzung aufs genaueste ermittelt und den Zeitplan mit bewundernswerter Exaktheit berechnet.

Die 16. Kampfgruppe mit den Flugzeugträgern »Enterprise« und »Hornet« unter Admiral Raymond A. Spruance wurde aus dem Süd-Pazifik heranbeordert, in Pearl Harbor mit Munition und Brennstoff versehen und nach Midway geschickt. Die »Yorktown«, die während der Kämpfe im Korallen-Meer durch eine Luftmine schweren Schaden davongetragen hatte, war durch den bewundernswerten Einsatz der Werftarbeiter von Pearl Harbor binnen zwei Tagen wieder gefechtsklar und stach als Kampfgruppe 17 unter Admiral Frank Jack Fletcher ebenfalls in See.

Die beiden Kampfgruppen bestanden aus fünfundzwanzig Schiffen und zweihundertdreiunddreißig Flugzeugen. Admiral Nimitz' Strategie zielte darauf ab, den Vorteil des Wissens um die japanischen Pläne zu wahren, indem er einerseits die amerikanischen Flottenbewegungen zu verschleiern suchte, um den Vorteil des Überraschungsmomentes gegen die Japaner zu kehren. Die Anwesenheit von Trägerflugzeugen wurde bis zum letzten Augenblick geheimgehalten und die Luftaufklärung nur von Landflugzeugen aus Midway durchgeführt. Nagumos Flugzeugträgerflotte war das Hauptziel der Amerikaner.

Die schnellen Maßnahmen durchkreuzten Yamamotos Aufklärungs- und Sicherungsmaßnahmen wirkungsvoll. Die als Wachposten ausgestellten japanischen Unterseeboote bezogen ihre Stellungen vor den Hawaii-Inseln, einen vollen Tag nachdem der Feind aus Pearl Harbor ausgelaufen war. Als sich die Einheiten der vereinigten Flotte mit hoher Fahrt Midway näherten, waren die Japaner völlig ahnungslos, daß die Amerikaner bereits taktische Gegenmaßnahmen getroffen hatten.

Yamamotos Schlachteröffnung begann in der Morgendämmerung des 3. Juni 1942 genau nach Plan. Der Verband vor den Aleuten bombardierte Anlagen bei Dutch Harbor und machte Amphibienstreitkräfte zur Einnahme der Inseln Attu und Kiska am Zipfel der Aleuten-Kette bereit. Nimitz hielt die Kampfgruppen 16 und 17 in Stellung und ließ sich nicht aus seiner Reserve locken. Das japanische Transportgeschwader hielt sich siebenhundert Meilen von Midway entfernt und erwartete die Ausschaltung amerikanischer Abwehrkräfte. Von Nord-Westen schwenkte Nagumos Flugzeugträgerflotte, die noch vierundzwanzig Stunden vom Ausgangspunkt für einen Luftangriff entfernt war, Kurs auf die Insel. Dreihundert Meilen achtern befand sich die Hauptflotte Yamamotos und wartete in Flügelstellung auf die Gelegenheit, die feindliche Flotte zum Gefecht zu stellen.

Am Morgen des 3. Juni funkte ein bei Midway stationiertes Flugboot vom Typ Catalina, daß es japanische Schiffe süd-westlich vor der Insel gesichtet habe. Nimitz mutmaßte, daß es sich um das Transportgeschwader handelte, und entschied, daß es kein Angriffsziel sei, für das es sich lohnte, den kostbaren Vorteil des Überraschungsmoments zu opfern.

Am folgenden Morgen, noch vor Anbruch der Dämmerung, hoben elf Catalinas von der Lagune Midways ab. Von der »Yorktown« aus wurden ebenfalls morgendliche Aufklärungsflüge zur Sicherung nach Norden angesetzt. Alles deutete darauf hin, daß die aus den Flugzeugträgern bestehende Streitmacht sich nord-westlich von Midway befand, und die Flugboote hatten den Auftrag, sie zu lokalisieren. Zur gleichen Zeit schickte Admiral Nagumo die erste Welle von hundertunddrei Flugzeugen nach Midway. Unmittelbar darauf befahl er seinen Kreuzern, sieben Schwimmerflugzeuge zu katapultieren, um den Norden abzusuchen.

Die frühen Morgenstunden vergingen auf den drei amerikanischen Trägern qualvoll langsam. Um 5 Uhr 45 wurde von einer der Catalinas eine Botschaft aufgefangen, die »viele feindliche Flugzeuge im Anflug auf Midway« meldete. Die Spannung wuchs. Dann, achtzehn Minuten später, kam die entscheidende Nachricht. Die Flugzeugträgerflotte war gesichtet und wurde verfolgt. Die Catalinas hatten ihren Auftrag erfüllt. Spruances 16. Kampfgruppe lief schnell mit fünfundzwanzig Knoten auf süd-westlichem Kurs, um ihre Flugzeuge in den Kampfbereich zu bringen. Nachdem die »Yorktown« ihre Aufklärer wieder an Bord genommen hatte, ging Fletcher auf gleichen Kurs.

Auf Midway stieg jedes startklare Flugzeug auf, entweder um die Insel zu verteidigen und den Feind anzugreifen, oder um der Vernichtung zu entgehen. Um 6 Uhr 30 wurde Midway heftig angegriffen. Obwohl die feindlichen Bomber die meisten Anlagen Midways zerstörten, gelang es ihnen nicht, den Flugplatz so mit Kratern zu durchsieben, daß kein Flugzeug mehr landen oder starten konnte. Der Kommandeur des japanischen Bomberverbandes funkte Nagumo, daß ein zweiter Angriff notwendig sei, um die Verteidigung von Midway so auszuschalten, daß eine Landung versucht werden könne.

Zu diesem Zeitpunkt – es war jetzt 7 Uhr 15 – traf Nagumo die erste einer Reihe bedeutungsvoller Entscheidungen. Er hatte klugerweise eine Reserve von hundert mit Torpedos bewaffneten Flugzeugen zurückbehalten, für den Fall, daß amerikanische Schiffe gesichtet wurden. Diese Flugzeuge ließ er nun mit Splitter- und Brandbomben ausrüsten, um sie zu einem zweiten Angriff auf Midway anzusetzen.

In diesen Minuten traf auch Spruance eine bedeutungsvolle Entscheidung. Da er inzwischen von dem Luftangriff auf Midway wußte, wollte er die japanischen Flugzeugträger in dem äußerst kritischen Augenblick fassen, wenn sie ihre zurückkehrenden Kampfflugzeuge erneut munitionierten und betankten. Kurz nach 8 Uhr starteten sämtliche Flugzeuge der Kampfgruppe 16, obwohl die Entfernung zum Feind ihren Aktionsradius noch überstieg. Nach dem Angriff mußten sie nach Midway ausweichen. Spruance zögerte also nicht und setzte alles auf einen einzigen schweren Überraschungsangriff. Fletcher war vorsichtiger und schickte nur einen Teil seiner Einsatzkräfte in die Luft.

Die Japaner mußten sich inzwischen einer Reihe unzusammenhängender Angriffe von Landflugzeugen aus Midway erwehren. Die Amerikaner erlitten starke Verluste; nur eine Handvoll überlebte die Attacken der japanischen Jäger vom Typ Zero und das Feuer der Luftabwehr.

Mitten in diesen Angriffen meldete einer der früher gestarteten japanischen Aufklärer feindliche Schiffe im Nord-Osten. Zur selben Zeit, als die Amerikaner ihren Anflug begannen, meldete ein Flieger des Kreuzers »Tone« mit falscher Ortsangabe, er habe den Verband mit der »Yorktown« ausgemacht und auch den Flugzeugträger identifiziert. Nagumo zögerte. Gegen alle Vorausberechnungen weilten doch feindliche Schiffe in der Kampfzone. Nagumo befahl, die Flugzeuge der Reserve wieder auf Torpedos und Panzerabwehrbomben umzurüsten, um sie gegen Schiffsziele einsetzen zu können.

Zu diesem Zeitpunkt kehrte Nagumos erstes Kampf-

General Douglas MacArthur, Präsident Franklin D. Roosevelt, Admiral Chester Nimitz und Admiral William Lealey (von links nach rechts)

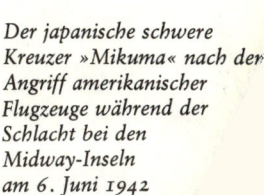

Japanisches Mitsubishi-Jagdflugzeug vom Typ O, »Zero«

Der japanische schwere Kreuzer »Mikuma« nach der Angriff amerikanischer Flugzeuge während der Schlacht bei den Midway-Inseln am 6. Juni 1942

Japanischer Luftangriff auf den amerikanischen Flugzeugträger »Yorktown« am 4. Juni 1942

Amerikanische Luftangriffe auf die japanische Flugzeugträgergruppe am 4. Juni 1942

geschwader aus Midway zurück und drängte, da der Treibstoff zur Neige ging, auf Landung. Der japanische Admiral stand nun vor einer weiteren Entscheidung. Er hatte etwa dreißig Tiefflieger-Bomber und Minenflugzeuge an Deck, alle zu einem sofortigen Angriff auf die amerikanischen Schiffe bereit. Die Jäger aber besaßen zu wenig Treibstoff, um sie eskortieren zu können. Nachdem die störenden Angriffe aus Midway schließlich abgewehrt waren, bestimmte Nagumo, die Reserveflugzeuge unter Deck zu holen, um zunächst die Kampfgruppe aus Midway an Bord zu nehmen. Nachdem seine Kräfte munitioniert hatten und betankt worden waren, würde er einen ausgewogenen Angriff in voller Stärke gegen den gesichteten Flugzeugträger der Vereinigten Staaten vornehmen. Vorsichtshalber befahl er einen Kurswechsel um neunzig Grad nach Nord-Osten und lief nun von Midway weg vermeintlich auf die amerikanische Kampfgruppe zu. Nagumo brauchte eine Stunde Zeit, um seinen Angriff vorzubereiten, und er erwartete, daß sein Kurswechsel alle weiteren feindlichen Attacken vereiteln würde.

Wegen leichter Bewölkung, die mit Dunstschleiern wechselte, und der Notwendigkeit, Treibstoff zu sparen, flogen die amerikanischen Geschwader sehr versprengt. Als sie nacheinander über dem vermutlichen Standort des Gegners ankamen, fanden sie nichts. Der Führer der Tief- und Jagdflieger (Sturzkampfflieger), der »Hornet«, nahm an, daß die Japaner zwar den Kurs eingehalten, aber die Geschwindigkeit erhöht hätten, und flog auf Midway zu. Die Torpedoflugzeuge der »Hornet«, »Enterprise« und »Yorktown« vermuteten richtig eine Kursänderung der Japaner und wandten sich nach Nord-Osten.

Das erste Geschwader, das die verschwundenen Flugzeugträgerverbände sichtete, war das Restgeschwader der »Hornet«. Diese fünfzehn Maschinen unter Oberleutnant John Waldron griffen sofort an, obwohl sie ohne Jagdschutz waren. Sie hatten kaum eine Chance. Die Japaner schossen jedes einzelne von Waldrons Flugzeugen ab, bevor sie Gelegenheit hatten, ihre todbringende Last abzuwerfen. Nur ein Mann überlebte.

Waldrons Angriff fand um 9 Uhr 30 statt. In den nächsten fünfundvierzig Minuten versuchten die Torpedogeschwader von »Enterprise« und »Yorktown« ihr Glück. Keine ihrer Minen ging ins Ziel; zwanzig Flugzeuge stürzten ins Meer. Die Angriffe waren abgewehrt und die Umrüstung der eigenen Flugzeuge beendet. Um 10 Uhr 20 wandten sich »Akagi«, »Kaga«, »Hiryu« und »Soryu« in den Wind, damit die Flugzeuge starten konnten.

Die Japaner erfaßte eine Welle des Hochgefühls auf den bevorstehenden Sieg. Trotz mehr als dreistündiger, ununterbrochener Angriffe, im ganzen waren es acht, hatte nicht eines ihrer Schiffe einen ernsthaften Treffer erhalten. Midway hatte starke Verwüstungen erlitten, und beinahe siebzig Flugzeuge der Amerikaner waren abgeschossen worden. Jetzt sollte eine überwältigende Streitkraft gegen die amerikanische Flotte vorstoßen und sie vernichten, um das Ziel der ganzen Operation, die Besetzung Midways, zu ermöglichen.

Doch Nagumos Augenblick der Siegesgewißheit war kurz. Etwa dreitausend Meter über der Flugzeugträgerflotte gewahrten die Piloten und Schützen der Sturzkampfflieger von der »Enterprise« und der »Yorktown« die Japaner. »Dieses war die Erfüllung unserer Hoffnungen und Träume«, erinnerte sich ein Pilot der »Enterprise«. Als die Amerikaner sorgfältig ihre Ziele anpeilten und zum Sturzflug übergingen, wurden sie von keinem einzigen japanischen Jagdflugzeug gestört. Alle Zeros standen zu tief, noch mit der Abwehr der Torpedo-Bomber beschäftigt. Da sie keine Radaranlage besaßen, kam die erste und einzige Warnung von einem Ausguck viel zu spät für irgendeine Abwehrmaßnahme. Jetzt, während der nächsten sechs Minuten, fügten die siebenundvierzig amerikanischen Sturzkampfflugzeuge den Japanern schreckliche Verluste zu und entschieden die Schlacht.

Die Piloten der »Enterprise« griffen die »Akagi« sowie die »Kaga« an, die der »Yorktown« die »Soryu«; der vierte japanische Flugzeugträger »Hiryu« stand zu weit abseits, um noch eingeholt zu werden.

Drei Bomben schlugen auf »Akagi« ein, zwei von ihnen inmitten von vierzig startbereiten Flugzeugen an Deck.

Die voll bewaffneten und aufgetankten Flugzeuge explodierten in einer Kettenreaktion. Innerhalb von Minuten stand Nagumos Flaggschiff in hellen Flammen.

Ein ähnlich grausames Schicksal erlitt die riesige »Kaga«. Ströme auflodernden Flugzeugtreibstoffs flossen durch das löchrige Flugdeck und entzündeten die Munitionsdepots. Ununterbrochene Explosionen sandten große Flammen- und Rauchstöße in alle Richtungen. Alle Versuche, die Brände unter Kontrolle zu bringen, scheiterten. Den Piloten der »Yorktown« war ein gleicher Erfolg beschieden. Drei Bomben durchschlugen das Flugdeck der »Soryu«, fegten Flugzeuge über Bord und verbreiteten Feuer unter den gestapelten Bomben, die die Mannschaft nach der überstürzten Umrüstung der Flugzeuge am Morgen leichtsinnigerweise nicht unter Deck gebracht hatte. »Soryus« Maschinen fielen aus, das Schiff rollte manövrierunfähig in der See.

Als die Amerikaner ihren Angriff beendet hatten und abdrehten, hinterließen sie eine chaotische Szene. Große Schwaden von schwarzem Rauch von den drei brennenden japanischen Flugzeugträgern verdüsterten den strahlend blauen Himmel. Kreuzer und Zerstörer drehten bei, um den angeschlagenen Schiffen Hilfe zu leisten. Die »Soryu« trieb ziellos dahin; ihre Hauptwasserleitungen waren zerrissen und das Feuer nicht mehr kontrollierbar. Die »Kaga« verlor langsam an Kraft und hielt an, ihr Hangar-Deck war ein weißglühendes Inferno. Die »Akagi« drehte sich mit eingeklemmtem Steuer langsam im Kreis.

Trotz der plötzlichen Wende des Geschehens gaben die Japaner die Schlacht noch nicht verloren. Admiral Nagumos noch unversehrter Träger »Hiryu« startete ein Geschwader, das die »Yorktown« aufspürte. Zwei Wellen von Tieffliegern und Bombern erzielten drei Bomben- und zwei Torpedotreffer. Die »Yorktown« verlor an Fahrt und erlitt schwere Verluste. Admiral Fletcher, der fürchtete, daß sie kentern würde, befahl sie zu räumen.

Zwei Stunden später war die »Yorktown« gerächt. Sobald Spruance seine Flugzeuge erneut betankt und bewaffnet hatte, schickte er fünfundzwanzig von ihnen zum Angriff auf die »Hiryu« ab. Wiederum trafen die amerikanischen Piloten ihr Ziel. Vier Treffer verursachten auch hier vernichtende Brände. Der Flugzeugträger wurde zum Wrack.

Alle vier einst so stolzen Flugzeugträger sanken schließlich. Kurz nach 7 Uhr abends riß eine gewaltige Explosion die »Soryu« in die Tiefe. Zehn Minuten später folgte die »Kaga«. In der Morgendämmerung des 5. Juni wurden die immer noch brennenden Wracks der »Akagi« und der »Hiryu« von eigenen Zerstörern torpediert.

Einen Tag später wurde die geräumte und zerstörte »Yorktown« von einem japanischen Unterseeboot gesichtet, als sie nach Pearl Harbor abgeschleppt wurde. Zwei Torpedos entschieden ihr Schicksal. Am 7. Juni, sechzehn Stunden später, kenterte sie und versank.

Admiral Yamamoto erfuhr am 4. Juni um 11 Uhr von der Katastrophe auf den drei Flugzeugträgern. Er sammelte seine Verbände und hoffte, die Amerikaner noch schlagen zu können. Aber für einen Kampf noch am selben Tag standen die Japaner zu weit von Midway entfernt. Darum befahl er der Kreuzerflotte, die den Invasionsverband deckte, sich auf ein Nacht-Gefecht einzurichten. Aber auch sie kam nicht nah genug an den Feind heran. Schließlich befahl Yamamoto am Morgen des 5. Juni den allgemeinen Rückzug. Am nächsten Tag spürten die Flieger von Spruance den langsamer fahrenden schweren Kreuzer »Mikuma« auf und versenkten ihn.

Nichts hatte die Japaner auf eine Niederlage von so unvorstellbaren Ausmaßen vorbereitet. Yamamoto war völlig verzweifelt, als die vereinigte Flotte auf die heimatlichen Gewässer zusteuerte. Er hatte vier der besten Flugzeugträger, einen schweren Kreuzer, zweihundertdreiundfünfzig Flugzeuge und dreitausendfünfhundert Mann verloren.

Auf der amerikanischen Seite hatten mehrere Umstände an dem entscheidenden Sieg mitgewirkt. Der Vorteil der Nachrichtenentschlüsselung ermöglichte es dem Schwächeren, dennoch mit Siegesaussicht in den Kampf einzutreten. Da man die japanischen Absichten und Pläne kannte, wurde die Schlacht nicht zu einem Duell zwischen zwei Kriegsflotten von ungleicher Stärke, sondern die Kampfgruppen 16 und 17 konnten sich auf Nagumos Trägerverband konzentrieren. Yamamotos schwere Schlachtschiffe liefen ohnmächtig in zu weiter Entfernung.

Zwei Monate nach der Schlacht bei den Midway-Inseln gingen die Vereinigten Staaten auf Guadalcanal, einer der Midway-Inseln, gegen die Japaner zur Offensive über; sechs Monate später lag die Initiative der Kriegführung endgültig in amerikanischen Händen.

STEPHEN W. SEARS

Gedenkfeier für die in der Schlacht bei den Midway-Inseln gefallenen Soldaten

Landung amerikanischer Truppen auf Okinawa, eine der Ryukyu-Inseln am 1. April 1945

Nationalsozialistische Vernichtungspolitik. Krieg und

Bis zum 3. Februar 1943, als Deutschland zugeben mußte, daß es die Schlacht um Stalingrad verloren hatte, waren alle Vorstöße der Achsenmächte im Westen zum Stillstand gekommen. Das Problem für die Alliierten bestand nun darin, die Rückeroberung der von Deutschen und Japanern eingenommenen Gebiete in die Wege zu leiten. Im weiteren Verlauf des Jahres 1943 befanden sich die italienischen und die deutschen Truppen ständig auf dem Rückzug. Bis 1944 waren sie auf allen Kriegsschauplätzen so gut wie besiegt. Im Fernen Osten hatten die Japaner versucht, ihre Niederlage bei den Midway-Inseln dadurch wettzumachen, daß sie die Amerikaner bei der zu den Salomonen zählenden Insel Guadalcanal angriffen. Das Unternehmen führte jedoch zu einer gefährlichen Verlängerung ihrer Nachschublinien, die sie schließlich nicht überbrücken konnten. So wurden sie im November 1942 auf der Höhe der Salomon-Inseln schwer geschlagen.

Vernichtungspolitik

Hitler hatte inzwischen seine Strategie, eine beschränkte Anzahl von Kriegszielen einzeln anzugreifen, aufgegeben. Statt dessen unternahm er den Versuch, die bereits in seinem Buch »Mein Kampf« beschriebenen vagen, unausgereiften Pläne alle auf einmal auszuführen, wodurch er Deutschland vor unlösbare Probleme stellte. Der Rußlandfeldzug war an sich schon ein kaum zu bewältigendes Unternehmen. Die Deutschen erschwerten jedoch ihre Stellung in den besetzten Gebieten zusätzlich dadurch, daß sie die Prinzipien der nationalsozialistischen Ideologie durchzusetzen trachteten. Die Wehrmacht erfuhr bei ihrem Vormarsch nach Osten häufig freundliche Aufnahme bei der Bevölkerung, die sie, teils aus Opportunismus, teils weil sie hoffte, jetzt Stalins repressiver Politik zu entkommen, ungehindert durchziehen ließ. Die deutsche politische Führung verstand es jedoch nicht, sich diese Einstellung zunutze zu machen. Heinrich Himmler und seine SS verfolgten unerbittlich Hitlers Plan, den deutschen Lebensraum nach Osten auszudehnen, und begannen deshalb, die einheimische Bevölkerung der besetzten Gebiete brutal zu liquidieren. Besonders Russen starben zu Tausenden durch Hunger, Erschießungen oder Arbeit um. Diese ...rung der be... ...derstand.

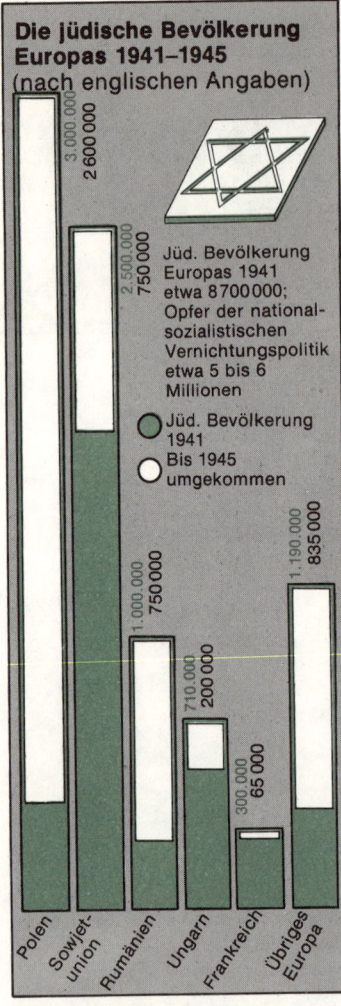

Die jüdische Bevölkerung Europas 1941–1945 (nach englischen Angaben)

Jüd. Bevölkerung Europas 1941 etwa 8 700 000; Opfer der nationalsozialistischen Vernichtungspolitik etwa 5 bis 6 Millionen

○ Jüd. Bevölkerung 1941
○ Bis 1945 umgekommen

Polen: 3 000 000 / 2 600 000
Sowjetunion: 2 500 000 / 750 000
Rumänien: 1 000 000 / 750 000
Ungarn: 710 000 / 200 000
Frankreich: 300 000 / 65 000
Übriges Europa: 1 190 000 / 835 000

sten, ihren schrecklichsten Plan, die »Endlösung der Judenfrage«, zu verwirklichen. Zwischen Juni und Dezember 1941 wurden in Auschwitz, in Chelmno, in Belcec, in Sobibor, in Treblinka und in Maidanek Vernichtungslager eingerichtet. Im Januar 1942 wurde auf der »Wannseekonferenz« in Berlin die planmäßige Vernichtung aller europäischen Juden durch »Deportation« in den Osten vorbereitet. Schon vorher waren sie zur Zwangsarbeit eingesetzt und in Ghettos eingesperrt worden. Nur wenige Glückliche wurden im Sonderlager Theresienstadt interniert. Für die meisten bedeutete der Transport nach dem Osten grausamen Tod in den Gaskammern. Die russischen Juden wurden durch »Einsatzgruppen« der SS »liquidiert«.

Im April 1943 erhoben sich die Juden, die im Warschauer Ghetto zusammengepfercht hausten und nun zur Vergasung abtransportiert werden sollten. In einem letzten heroischen Aufbegehren hofften sie, noch im Untergang ihre Peiniger zu treffen. Ihr Aufstand war von vornherein zum Scheitern verurteilt. Das Ghetto wurde dem Erdboden gleichgemacht. Auch andere Maßnahmen forderten den Widerstandswillen der unterworfenen Völker immer stärker heraus: rücksichtslose wirtschaftliche Ausbeutung, die durch den Mangel in Deutschland bedingt war, entwürdigende Behandlung der »Untermenschen«, drakonische Strafen und Geiselerschießungen sowie eine Reihe von willkürlichen Übergriffen. Hitlers Lebensraumtheorie erwies sich als die stärkste Waffe gegen Deutschland.

Sieg im Pazifik

Als die Alliierten im Juni und Juli 1943 im Süd-Pazifik eine Großoffensive starteten, trat der Krieg gegen Japan in eine entscheidende Phase. Die

Die Leichen Benito Mussolinis und seiner Geliebten Clara Petacci im April 1945 in Mailand

Strategie General Douglas MacArthurs und seiner Verbündeten zielte darauf ab, alle größeren japanischen Inselstützpunkte außer Gefecht zu setzen und die dort kämpfenden Verbände zu isolieren sowie operationsunfähig zu machen. Der Plan machte es sich geschickt zunutze, daß Japan ein viel zu großes Gebiet zu verteidigen hatte. Bereits im Februar 1944 nahmen australische und amerikanische Truppen einen großen Teil Neu-Guineas ein, und ihre Amphibienverbände gewannen bald die Kontrolle über die Salomon- und Marshall-Inseln. Im März schlugen britische und indische Soldaten in Burma einen Angriff der Japaner auf Imphal ab. Für den indischen Subkontinent war die japanische Gefahr gebannt.

Kampf um Italien

Auch in Europa erzielten die Alliierten Erfolge: Am 10. Juli 1943 begann die Eroberung Siziliens. Zwei Wochen später wurde Mussolini vom Faschistischen Großrat gestürzt und vom König verhaftet. Der neue Regierungschef, Marschall Pietro Badoglio, hielt gegenüber Deutschland den Schein der Bündnistreue aufrecht, verhandelte aber gleichzeitig mit den Alliierten um Waffenstillstand und Frontwechsel. Dabei stieß er zunächst auf das Mißtrauen vor allem der Amerikaner, konnte schließlich aber doch eine Vereinbarung erreichen, die bei der alliierten Landung auf dem Festland in Kraft treten sollte. Als der Vertrag nach den Landungen bei Tarent und Salerno am 8. September veröffentlicht wurde, gelang es den Deutschen nicht nur, die in Kalabrien stehenden Truppen zurückzuziehen, sondern auch die italienische Armee zu entwaffnen und nach geschickt geführten Rückzugskämpfen bei Cassino eine Front aufzubauen, die bis zum Mai 1944 standhielt. Erst dann gelang den Alliierten der weitere Vormarsch bis zum Nordrand des Appenin.

Die Eröffnung des Kriegsschauplatzes in Italien stellte die Alliierten vor schwierige politische Probleme. Stalins Enttäuschung war verständlich, denn eine echte »zweite Front« war das in der Tat nicht. Mit geringen Kräften konnten die Deutschen dort ihre Stellungen behaupten. Auf westlicher Seite aber gab es Schwierigkeiten. Der Transportraum war für die Versorgung der Italienfront so belastet, daß die Zahl der für Rußland bestimmten Geleitzüge verringert werden mußten und eine weitere Landung in West-Europa vorerst unterbleiben mußte. Es konnten nun sogar deutsche Truppen aus Frankreich an die Ost-Front geworfen werden. Die Überzeugung der Russen, daß der Sieg über Deutschland fast ausschließlich ihnen zu danken sei, hat ihre Wurzel in dem Unvermögen der Engländer und Amerikaner, frühzeitig eine zweite Front zu errichten.

Aufteilung Europas

Aus diesem Grund sprachen die Russen immer häufiger von der Einteilung der Interessensphären. Das Thema wurde im Oktober 1943 auf der Konferenz der alliierten Außenminister in Moskau diskutiert, wo auch über die Zusammenarbeit bis zum Endsieg sowie über die Begründung einer neuen internationalen Organisation beraten wurde. Noch zu Beginn des Krieges hatten amerikanische Politiker aus Furcht, ihre Wähler ost-europäischer Herkunft zu verärgern, sich nur zögernd dazu verstanden, am Plan einer Aufteilung Mittel- und Ost-Europas mitzuwirken. Der amerikanische Kriegsminister Henry L. Stimson kam aber schon 1942 zu dem Schluß: »Es kann kein Zweifel daran bestehen, daß die sowjetische Regierung im Hinblick auf Europa ungeheuerliche Ziele verfolgt.«

Der russische Vorstoß nach Westen

Der letzte Versuch Hitlers, durch eine

Politik im Pazifik und in Europa

1942–1945

Offensive bei Kursk die Initiative im Osten wieder an sich zu reißen, wurde im Juli 1943 durch eine wuchtige sowjetische Gegenoffensive zerschlagen. Nun folgte Schlag auf Schlag gegen die deutsche Ost-Front. Starrsinnig befahl Hitler das Festhalten der Stellungen um jeden Preis. Starke Verbände mußten sich in »Festen Plätzen« einschließen lassen. Bis zum Frühjahr 1944 war der Stoß bis auf polnisches und rumänisches Gebiet vorgetrieben. Am dritten Jahrestag des deutschen Überfalls auf Rußland zerschlug eine sowjetische Offensive die Heeresgruppe Mitte. Erst an der ostpreußischen Grenze und bei Warschau gelang es, die Rote Armee aufzuhalten. Im Süden stellten sowjetische Truppen die Verbindung zu der jugoslawischen Partisanenarmee her, gleichzeitig wurde die Heeresgruppe Nord in Kurland eingeschlossen.

Die militärischen Erfolge der Sowjets in Mittel-Europa warfen die Frage auf, welche Regierungssysteme die befreiten Länder erhalten sollten. Die Engländer, die eine Bedrohung Europas durch das sowjetische Rußland heraufziehen sahen, gaben einer Aufteilung der besetzten Gebiete in Einflußsphären den Vorzug, die ihrer Ansicht nach einige Länder Ost-Europas vor dem Kommunismus bewahren konnte.

Die Amerikaner zögerten aber, sich auf irgendwelche Vereinbarungen einzulassen, die sie nach dem Krieg hätten hindern können, die sowjetische Herrschaft über die befreiten Gebiete anzufechten. Schließlich traf Churchill mit stillschweigender Duldung Roosevelts ein Abkommen mit Stalin.

Luftkrieg und Invasion

Seit 1942 war die britische Luftwaffe zu wirksamen Angriffen auf das Reichsgebiet befähigt. Im Mai fiel Köln dem ersten Tausend-Bomber-Angriff zum Opfer. Die britischen Nachtangriffe sollten die Industriestädte zerschlagen und die Bevölkerung zermürben. Höhepunkt dieser grausigen und dabei wirkungslosen Taktik war der strategisch unsinnige Angriff auf Dresden im März 1945. Tag-Angriffe amerikanischer Bomber richteten sich gegen Industrieanlagen. Ende 1943 wurde Berlin alliiertes Hauptangriffsziel, im Frühjahr 1944 Hydrieranlagen in Deutschland sowie Luftwaffeneinrichtungen und das Verkehrsnetz im Westen.

Nach dieser systematischen Vorbereitung des Invasionsgebietes überquerte in der Nacht zum 6. Juni eine Flotte von mehr als fünftausend Schiffen den Kanal. Nachdem Luftlandetruppen abgesetzt worden waren, wurden an der Küste der Normandie Landeköpfe gebildet. Zeitpunkt und Ort der Invasion waren eine Überraschung für die deutschen Verteidiger, die anfangs keine Verstärkung erhielten. Als die Alliierten im Landekopf vierhunderttausend Mann und große Mengen Material angesammelt hatten, gelang ihnen der Ausbruch. Gleichzeitig mit den in Süd-Frankreich gelandeten Truppen erreichten sie im September die Reichsgrenze.

Der 20. Juli 1944

Vorher hatte das Regime seinen schwersten Stoß erhalten. Am 20. Juli hatte der Generalstabsoberst Claus Graf Schenk von Stauffenberg versucht, Hitler mit einer Bombe zu töten. Der Anschlag mißglückte, der Aufstand wurde niedergeschlagen, an den Verschwörern grausame Rache geübt.

Nicht die hoffnungslose Kriegslage war die Ursache für den Putsch, sondern die Überzeugung verantwortungsbewußter Männer um Carl Friedrich Goerdeler und den Generaloberst Ludwig Beck, daß die verbrecherische Herrschaft Hitlers beendet werden müsse. Seit 1938 war immer wieder geplant oder versucht worden, Hitler abzusetzen, ihn zu töten. Es ist nie gelungen.

Kapitulation

Um die Niederlage abzuwenden, setzte Hitler am 16. Dezember auf die Ardennen eine Offensive an, die nach Anfangserfolgen scheiterte. Mitte Januar stießen die Russen von der Weichsel aus zur Oder vor. Im März rückten die Westmächte über den Rhein nach Mittel- und Süd-Deutschland vor. Die Russen nahmen am 13. April Wien, am 16. traten sie zum Angriff auf Berlin an. Acht Tage später war die Stadt eingeschlossen. Am 25. begegneten sich bei Torgau amerikanische und russische Truppen. Nachdem Hitler am 30. April im Bunker der Reichskanzlei Selbstmord verübt hatte, brach am 2. Mai in Berlin der Widerstand zusammen. Am 7. und 8. Mai 1945 erfolgte die Gesamtkapitulation der deutschen Wehrmacht und des Reiches. In Europa schwiegen die Waffen.

Winston Churchill, Harry S. Truman und Josef W. Stalin in Potsdam 1945

Für die Alliierten galt es 1945 neben der Besiegung Deutschlands noch zwei Probleme zu lösen: Der Krieg im Fernen Osten war noch nicht gewonnen, und man mußte sich über die Gestaltung der Welt nach den Siegen einigen. Im Februar trafen Roosevelt, Churchill und Stalin in Jalta auf der Krim zusammen und vereinbarten eine »Erklärung über das befreite Europa«. Da Amerika bemüht war, die Russen zum Krieg gegen Japan zu veranlassen, machte es in einigen wesentlichen Streitpunkten Zugeständnisse. Die Teilung Europas in Einflußsphären wurde beschlossen. Die Forderung nach demokratischen Regierungen durch freie Wahlen in allen befreiten Ländern wurde für Ost-Europa durch Kompromisse mit den Kommunisten nicht verwirklicht. Deutschland sollte entwaffnet, entmilitarisiert und unter die Regierungsgewalt der Alliierten gestellt werden. Die Reparationsfrage blieb offen. Da die Sowjets jedoch Ost-Europa militärisch ohnehin fast vollständig beherrschten, glaubte der amerikanische Präsident, den Realitäten Rechnung tragen und ihnen eine unkontrollierbare Besatzungszone zugestehen zu müssen.

Nach Kriegsende bestanden die Russen darauf, das Abkommen von Jalta einzuhalten, während die West-Alliierten versuchten, es zu revidieren, eine Absicht, die sich bereits vor Kriegsende abzeichnete. Die Niederlage Deutschlands und der Tod Rosevelts am 12. April 1945 ermöglichten einen Kurswechsel. Von nun an versuchten die West-Mächte, den Sowjets gegenüber entschlossener aufzutreten. Truman kürzte die Leih-Pacht-Hilfe für Rußland drastisch und lehnte es zunächst ab, seine Truppen in Deutschland hinter die vereinbarte Demarkationslinie zurückzunehmen.

Sorgen über den Verlauf des Krieges im Fernen Osten zwangen die Amerikaner, ihren Druck auf Rußland vorübergehend zu mildern. Aber auf der Potsdamer Konferenz vom 17. Juli bis zum 2. August 1945 versuchten England und Amerika, den Einfluß Rußlands zurückzudrängen. Nachdrücklich, aber erfolglos setzten sie sich für die Räumung der von den Russen besetzten Länder und die Abhaltung freier Wahlen dort ein sowie für die Herstellung der wirtschaftlichen Einheit Deutschlands und die Einsetzung zentraler deutscher Verwaltungsinstanzen. Die Kompromisse dieser Konferenz und die nicht präzisierten Vereinbarungen legten den Grund für die noch heute ungelösten Probleme um Deutschland und Europa.

Im Sommer 1944 drängten Offensiven der Briten, Amerikaner und Chinesen die Japaner bis auf ihr eigenes Inselreich zurück. Doch nur eine neue, schreckliche Waffe konnte die Japaner zur Kapitulation zwingen.

Hissung der sowjetischen Flagge auf dem Reichstag in Berlin, Anfang Mai 1945

Kapitulation in Stalingrad 1943

Josef Wissarionowitsch Stalin

Russische Soldaten im Kampf in den Ruinen von Stalingrad im November 1943

Die Schlacht um Stalingrad war einer der katastrophalsten und folgenreichsten Rückschläge, die das deutsche Militär erlitt. Sie kennzeichnete die Grenze des Vormarsches der Wehrmacht in Rußland und das Ende des langen Rückzugs der Roten Armee. Noch bedeutungsvoller ist, daß sich die Niederlage der deutschen Armee bei Stalingrad als der Wendepunkt nicht nur im Kampf zwischen Hitlers Drittem Reich und der Sowjetunion, sondern auch auf die Kriegsschauplätze in Europa auswirkte, denn Deutschland hatte siebzig Prozent seiner militärischen Macht für den Feldzug im Osten eingesetzt. Nach Stalingrad ging die strategische Initiative auf die russischen Heerführer über, die trotz zweier deutscher Gegenschläge ständig auf das Reich vorwärtsmarschierten.

Im Juni 1942, ein Jahr nach dem Überfall Hitlers auf die Sowjetunion, standen über drei Millionen Soldaten an der über zweitausend Kilometer langen Front, die sich von Leningrad bis zum Asowschen Meer erstreckte; neben Deutschen kämpften Italiener, Rumänen und Ungarn, im Norden außerdem Finnen. Hitler war überzeugt, daß die Russen ihre Reserven bei den Versuchen, verlorene Gebiete wiederzugewinnen, verschlissen hatten. Besonders der Vorstoß der Heeresgruppe Süd während der Sommeroffensive seit Mai 1942 bestärkte Hitler in dieser Meinung. »Die Russen sind fertig«, versicherte der Führer seinen Generälen.

Nach ersten Erfolgen der Roten Armee in der Winterschlacht vor Moskau schien nur wenig den deutschen Marsch nach Osten aufzuhalten. Im Juni erreichten die Deutschen den Don bei Woronesch und eroberten wenige Wochen später Rostow zum zweiten Mal. An beiden Orten sowie westlich von Stalingrad wurden Brückenköpfe gebildet. Welches Ziel aber sollte vorrangig verfolgt werden? Deutsche Truppen konnten Stalingrad einnehmen, sich dann nach Norden wenden und die sowjetischen Streitkräfte, die Moskau, das Herz Rußlands, durch eine Umfassungsbewegung verteidigten, abschneiden. Eine andere Möglichkeit bestand darin, weiter nach Süden vorzudringen und die Ölfelder im Kaukasus zu besetzen. Die Erbeutung dieser Vorräte würde nicht nur Hitlers Engpaß in der Treibstoffversorgung beseitigen, sondern auch die Beweglichkeit der Roten Armee beeinträchtigen.

Somit erwiesen sich die Ölfelder von Maikop, Grozny und Baku als erstrebenswerte Beute. Voraussetzung für ihre Eroberung war eine ausreichende Sicherung der Nord-Flanke der zwischen Schwarzem und Kaspischem Meer angreifenden Heeresgruppe. Natürlichen Schutz bot in gewissem Maß der Don, dessen rechtes Ufer zu besetzen war. Weiter empfahl es sich, den Unterlauf der Wolga einzubeziehen. Auch dafür mußte Stalingrad erobert werden.

Der erfolgreiche Abschluß dieser Operationen war die Voraussetzung für den Stoß auf den Kaukasus. Statt dessen aber beschloß Hitler, beide Ziele gleichzeitig zu verfolgen. Damit überforderte er die Kräfte der Wehrmacht. Der schnelle und siegreiche Vormarsch hatte übermäßiges Selbstvertrauen erweckt, und der unerwartet schnelle Fall von Rostow am 24. Juli 1942 bestärkte den Optimismus. Hitler hatte bereits beschlossen, daß es nicht mehr wesentlich war, Stalingrad zu nehmen, um die Nordflanke zu decken, bevor die Heeresgruppe A unter Generalfeldmarschall Wilhelm List sich nach Süden wandte. Während List nach Süden vordrang, sollte die Heeresgruppe B unter Generaloberst Maximilian von Weichs eine Verteidigungsfront am mittleren Don aufbauen, die schmale Landenge zwischen Don und Wolga abschneiden und nach Stalingrad vordringen.

Die sechste Armee unter General Friedrich Paulus begann Ende August mit dem Kampf um Stalingrad. Ursprünglich sollte die vierte Panzerarmee ihn unterstützen. Aber in letzter Minute wurde sie zurückgerufen, um die Ost-Flanke der Heeresgruppe A jenseits des unteren Don östlich von Rostow zu decken. Erst dann wandte sich die Panzerarmee nordostwärts auf Kotelnikowo zu, das etwa hundert Kilometer von Stalingrad entfernt lag. Infolgedessen rückte die sechste Armee langsamer vor als erwünscht. Die Russen nutzten die Zeit, um die Verteidigung der Stadt auszubauen. Im Jahr 1918, während des Bürgerkrieges, war Josef W. Stalin als Kommissar für die Nahrungsversorgung in Süd-Rußland nach Zarizyn – später »Stalingrad« – entsandt worden. Als die Stadt von weißrussischen Verbänden bedroht wurde, hatte er den Widerstand organisiert und rote Einheiten aufgestellt. Mit Umsicht und Geschick hatte er drei Attacken zurückgeschlagen. Von 1925 bis 1962 trug der Ort seinen Namen,

Russische Geschütze im Einsatz während der Kämpfe um Stalingrad

Andrej Jeremenko und Nikita Sergjejewitsch Chruschtschow

seither heißt er Wolgograd. 1939 war es die drittgrößte Industriestadt der Sowjetunion mit nahezu einer halben Million Einwohner. Sie liegt am Knie der Wolga, an dem die Verbindung zwischen dem großen Schiffahrtsweg und dem west-russischen Verkehrsnetz geknüpft wurde, und war ein wichtiger Binnenhafen für Holz, Öl, Eisen und Stahl. Für die Wirtschaft Rußlands bedeutete sie ein lebenswichtiges Zentrum. Aber es ist zu bezweifeln, ob Hitler so von der Eroberung dieses Ortes besessen gewesen wäre, wenn er noch Zarizyn geheißen hätte.

Die eigentliche Offensive der Deutschen begann am 28. Juni 1942, wobei zwei getrennte Heeresgruppen zwei weit voneinander entfernt liegende Ziele angriffen. In Deutschland herrschte Optimismus: In Nord-Afrika hatte Rommel gerade einen überwältigenden Sieg errungen und drang nach Ägypten ein. In Süd-Rußland deutete sich nun ein Erfolg von weit größerem Ausmaß an. Die sechste Armee, die nach der Überwindung des Don über die offene, beinahe baumlose Steppe zwischen Don und Wolga dahinrollte, stieß auf geringen Widerstand, bis Stalingrad in Sicht kam. Anfang September brachen Vorausabteilungen in die Vororte ein und erreichten die Wolga. In der Nacht bombardierte die Luftwaffe die Stadt systematisch. Zehntausende russischer Zivilisten wurden obdachlos, und Tausende starben unter den Trümmern oder wurden verletzt. Dann übersäten die Deutschen die Wolga mit Minen, womit sie den lebenswichtigen Wasserweg zu schließen und den Strom für jeglichen Schiffsverkehr zu sperren hofften. Die Russen aber versuchten die Minen zu zerstören.

Die Rote Armee bildete eine neue Front unter General Andrej Jeremenko, dessen Militärrat als Vertreter der Partei Nikita Chruschtschow angehörte. Jeremenkos Kommando unterstanden drei Armeen. Die berühmteste unter ihnen, die zweiundsechzigste, führte der zukünftige Marschall Wassilij J. Tschuikow an, der für die unmittelbare Verteidigung Stalingrads die Verantwortung trug.

Die Deutschen, denen es nicht gelungen war, die Stadt im Sturm zu nehmen, versuchten nun, mit Stoßtrupptaktik zum Ziel zu kommen. Um jede Straße, jeden Platz, um jedes Haus, jede Fabrik wurde erbittert gekämpft. Schließlich waren neunzig Prozent der Stadt in deutscher Hand. Die Zerstörungen waren ungeheuer. Am Ende der Schlacht bestand Stalingrad zu fünfundachtzig Prozent aus Ruinen, so daß man von der »Stadt ohne Adressen« sprach.

In den verlustreichen Kämpfen hatten die Angreifer schließlich mehr Truppen in die Schlacht geworfen als die Russen. Seit September wurde für die Verteidiger der Nachschub auf ein Minimum beschränkt, das die Verluste nicht mehr deckte. Für sie war es ein opfervoller Kampf um Zeitgewinn für das sowjetische Oberkommando, das Kräfte einsparen mußte, die für den entscheidenden Gegenschlag benötigt wurden.

Im Zug dieses Aufmarsches wurden nördlich des Don unter dem Kommando von Marschall Georgij Schukow eine Million Soldaten, neunhundert Panzer, elfhundert Flugzeuge und über dreizehnhundert Geschütze bereitgestellt. Die Geheimhaltung dieser Aktion gelang, da Hitler die Warnungen der Feindaufklärung ignorierte. Weil General Paulus es nicht geglückt war, bei seinem Vormarsch auf Stalingrad einige russische Brückenköpfe auf dem rechten Ufer des Don zu beseitigen, blieb seine nördliche Flanke für feindliche Aktionen empfindlich. Die große sowjetische Gegenoffensive begann am 19. November. Ein Stoßkeil der Roten Armee ging vom Kletskaja-Brückenkopf nord-westlich von Stalingrad aus und überrannte die schwache dritte rumänische Armee, die Paulus' linke Flanke decken sollte. In vier Tagen verloren die Rumänen fünfundsiebzigtausend Mann, Zehntausende Pferde und ihre schweren Waffen. Zur gleichen Zeit griff ein zweiter Stoßkeil die im Süden von Stalingrad eingesetzte vierte rumänische Armee an. Die Aufgabe beider Verbände, sich westlich von Stalingrad am Don zu vereinigen, war am 22. November erfüllt. Die sechste Armee wurde im Raum von Stalingrad gänzlich eingeschlossen. Auf dem Landweg gelangte kein Nachschub mehr in den Kessel.

Aufgrund der sowjetischen Umklammerung saßen etwa dreihundertdreißigtausend deutsche und rumänische Soldaten zwischen Don und Wolga in der Falle. Als Hitler die Einkesselung erfuhr und ihm der Plan von Paulus vorgelegt wurde, mit der sechsten Armee nach Westen auszubrechen, entschied er: »Ich bleibe an der Wolga!« Noch am 22. November ernannte Hitler Stalingrad zu einer Festung, die auf alle Fälle gehalten werden müßte, und verbot alle Ausbruchversuche.

Hitler bestellte dann den hervorragenden Generalstabschef der einstigen Heeresgruppe Süd, Erich von Manstein, zum Befehlshaber der neu gebildeten Heeresgruppe Don, die aus der sechsten Armee, der vierten Panzer-Armee und dem Rest der beiden rumänischen Armeen bestand. Elf Divisionen wurden aus Frankreich, Polen, Deutschland und anderen Frontabschnitten Rußlands in Eile abgezogen. Manstein, der glaubte, daß Paulus ohne Unterstützung nicht mehr ausbrechen konnte, plante von Süden her einen Korridor, durch den die sechste Armee mit Nachschub versorgt werden sollte, um durchhalten zu können. Hierzu erhielt er die Zustimmung Hitlers. Aber Manstein wollte auch Paulus den Befehl geben, nach Süden vorzustoßen, um die Operation zu unterstützen. Wenn die Verbindung hergestellt war und die sechste Armee mit Treibstoff, Munition und Versorgungsgütern wieder Bewegungsfreiheit besaß, sollten die Truppen aus dem Kessel von Stalingrad herausgeholt werden. Nach einigen Verzögerungen erkämpften sich die deutschen Panzer einen Weg, bis ihr Vorstoß am 19. Dezember, kaum fünfzig Kilometer von der Süd-Front des Kessels entfernt, erlahmte. Die eingeschlossenen Soldaten wurden hoffnungsvoll, als sie in der Ferne deutsches Geschützfeuer hörten.

Manstein kam zu der Überzeugung, daß Paulus seine Kräfte auf einen kurzen Abschnitt des Kessels konzentrieren und sich einen Weg bahnen mußte, um die Retter von außen zu treffen. Demgemäß befahl er Paulus, auszubrechen. Als Paulus die ihm verbliebenen sechzig Panzer und einige hundert Lastwagen sammelte, stellte er fest, daß sie alle nur für etwa dreißig Kilometer Treibstoff besaßen. Der Raum zwischen den deutschen Fronten betrug aber rund fünfundvierzig Kilometer. Was würde geschehen, wenn es den Panzern nicht gelang, weiter vorzudringen? Was, wenn seine eigene Kolonne auf halbem Weg steckenblieb? Die Risiken waren groß, besonders, da er sich gleichzeitig der Zusammenziehung des Kessels durch die Russen erwehren mußte. Aber auch die geringste Chance ungenutzt lassen, hieße, alle Hoffnung aufgeben.

Wenn aber Hitler nicht die Erlaubnis für einen totalen Ausbruch erteilte, und am 22. Dezember hatte er sie noch nicht gegeben, dann meinte Paulus, dieses Wagnis nicht eingehen zu können. Die letzte Rückzugsgelegenheit schwand dahin. Seit Mitte Dezember durchbrach eine weitere und großangelegte sowjetische Offensive die Linien italienischer Truppen am mittleren Don und stieß gegen Milkrowo und den Donez vor. Diese Erfolge besiegelten das Schicksal der sechsten Armee, weil Manstein gezwungen war, einen Teil seiner Streitkräfte der neuen Bedrohung entgegenzuwerfen und eine Front zur Verteidigung von Rostow aufzubauen. Dadurch wurde die erschöpfte vierte Panzerarmee, der es nicht gelungen war, die Myshkowa-Verteidigungslinie zu durchbrechen, nach

Deutsche Generäle nach der Kapitulation von Stalingrad

Generalfeldmarschall Friedrich Paulus auf dem Weg ins russische Hauptquartier nach der Kapitulation des Kessels von Stalingrad am 31. Januar 1943

Deutsche Gefangene auf dem Marsch durch die Wüste Rußlands

Hissung der Roten Fahne über dem zurückeroberten Stalingrad zwischen dem 31. Januar und 2. Februar 1943

»Vorwärts, der Sieg ist nah.« – »Soldaten der Roten Armee, knüppelt die Feinde rücksichtslos nieder, vertreibt die deutschen faschistischen Schurken von der Heimaterde.« Russische Propagandaplakate aus dem Zweiten Weltkrieg

Kotelnikowo zurückgeschlagen. Am 27. Dezember trat sie den Rückzug an. Der Rettungsversuch war mißlungen.

Der neue russische Durchbruch am Don wurde zur Bedrohung Rostows. Damit waren die Abschnürung und Vernichtung von Lists Heeresgruppe A zu befürchten. Im August hatte diese die zerstörten Ölfelder von Maikop und Pjatigorsk genommen und war bis zum Elbrus vorgedrungen, im Kaukasus aber auf hartnäckigen Widerstand gestoßen. Es war nicht gelungen, durch den West-Kaukasus zum Schwarzen Meer vorzudringen, geschweige denn bei Baku das Kaspische Meer zu erreichen. Die Heeresgruppe A war wegen der Schlacht bei Stalingrad mit Ausrüstung und Verstärkung vernachlässigt worden. Die Hilfsmittel der Wehrmacht reichten nicht aus, um Vorstöße an drei Fronten gleichzeitig zu versorgen. Erst zwei Tage, nachdem die vierte Panzerarmee über Aksai bis zum Don zurückgewichen war, entschloß sich Hitler, die Heeresgruppe A zurückzunehmen.

Innerhalb des völlig isolierten Kessels Stalingrad, den Hitler unter sein persönliches Kommando gestellt hatte, waren die meisten Soldaten ohne Winterkleidung. Die Moral hatte sich seit den Mißerfolgen von Mansteins Entsatzversuchen verschlechtert. Die Männer litten unter Kälte und Hunger. Im Dezember starben beinahe achtzigtausend Soldaten in Gefechten, durch Krankheit oder einfach vor Hunger und Kälte, wodurch Paulus' Streitkraft auf zweihundertfünfzigtausend Mann zusammenschmolz. Für die militärische Führung galt der Kessel bereits als unwiderruflich verloren, nicht so für Hitler, der die Erhaltung Stalingrads zu einer Angelegenheit seines politischen sowie militärischen Prestiges machte. Obwohl man einwenden könnte, daß die sechste Armee eine große Anzahl russischer Truppen band, besaß diese Tatsache fragwürdigen strategischen Wert. Eingebaut in die Verteidigungsfront im Don-Bogen hätten die Reste der eingeschlossenen Armee den ganzen südlichen Frontabschnitt wirksam entlasten können.

Die Russen, die den Sieg in greifbarer Nähe sahen, übersandten Generaloberst Paulus am 8. Januar 1943 die Kapitulationsbedingungen. Die Deutschen wiesen sie zurück, woraufhin die Rote Armee zwei Tage später mit der »Liquidierung« des Kessels begann. Da Schukow beinahe eine halbe Million Männer um Stalingrad herum zur Verfügung hatte, waren Paulus' Truppen zwei zu eins unterlegen. Die deutschen Soldaten litten schwer unter den Entbehrungen und der winterlichen Kälte, ihre Kampfkraft konnte kaum noch die russischen Panzer aufhalten.

Am 24. Januar funkte Paulus dem Führerhauptquartier, daß ein einheitliches Kommando nicht mehr bestehe, daß weitere Verteidigung sinnlos und ein Zusammenbruch unvermeidbar sei. Wie zu erwarten, weigerte sich Hitler immer noch, eine Kapitulation in Erwägung zu ziehen, und bestand darauf, daß die sechste Armee ihre Stellungen zu halten habe. Vier Tage später vollendete die Rote Armee von Westen her die Spaltung des Kessels.

Am 31. Januar endlich kapitulierte der südliche Teil unter dem inzwischen zum Generalfeldmarschall beförderten Paulus. Zwei Tage später folgte der Nord-Kessel in die Gefangenschaft. Etwa neunzigtausend Mann fielen

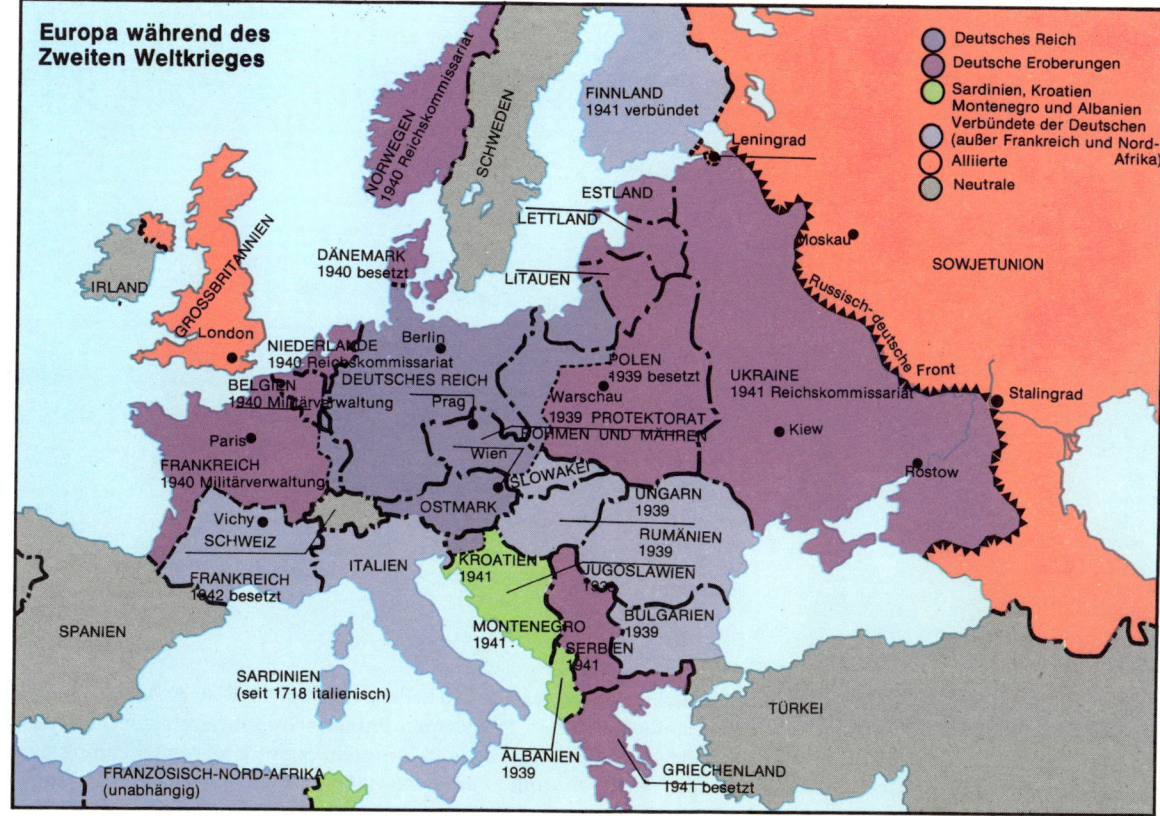

den Russen in die Hände. Nach russischen Angaben waren es hundertdreißigtausend. Beinahe hundertfünfzigtausend deutsche und rumänische Soldaten waren im Kessel zugrunde gegangen.

Als die Kapitulation der sechsten Armee über den Rundfunk verbreitet wurde, fiel ein Schweigen über das deutsche Volk, das noch Tage vorher Plakate gelesen hatte, auf denen Stalingrad als unsterbliches Vorbild deutschen Kämpfertums gepriesen wurde. Vier Tage Nationaltrauer wurden angeordnet; alle Vergnügungsstätten blieben in dieser Zeit geschlossen. Die Katastrophe unterminierte Deutschlands Einfluß in neutralen Ländern, stärkte die Widerstandsbewegungen in den besetzten Ländern und ermutigte die Gegner der nationalsozialistischen Diktatur in Deutschland. Viele intelligente höhere Offiziere sahen zu diesem Zeitpunkt ein, daß der Krieg nur mit einer Niederlage enden konnte. Sie rangen sich zu der Ansicht durch, daß nur der Sturz Hitlers Deutschlands Schicksal wenden könnte.

Auf der Konferenz in Casablanca im Januar 1943 einigten sich Amerikas Präsident Franklin D. Roosevelt und Großbritanniens Premierminister Winston Churchill auf die Forderung einer bedingungslosen Kapitulation Deutschlands. Dieser Grundsatz erschwerte die Arbeit der Verschwörer. Das neue Jahr begann mit dem Unglück bei Stalingrad und den Niederlagen in Nord-Afrika. Auf dem letzteren Kriegsschauplatz erreichten die Engländer am 23. Januar Tripolis. Tunis fiel am 7. Mai. Gleichzeitig bedrohten amerikanische Verbände von Algerien her die Deutschen im Rücken. Am 13. Mai wurde der Zweifrontenkrieg in Tunis durch die Kapitulation der deutsch-italienischen Truppen beendet. Rommel war bereits Anfang März zur Normandie abberufen worden.

Die hier noch einmal bewiesene Schlagkraft des deutschen Heeres wirft die Frage auf, ob unter günstigeren Bedingungen der Feldzug von 1942 nicht doch zu einem durchschlagenden Erfolg hätte führen können. Die Kriegshistoriker verzeichnen eine Reihe von Führungsfehlern in Ansatz und Durchführung der Operationen. Ihre Vermeidung hätte sicher weitere Erfolge möglich gemacht, vielleicht die schnelle Inbesitznahme von Stalingrad, ein weiteres Vordringen im Kaukasus-Gebiet. Dennoch ist die Tatsache nicht aus der Welt zu schaffen, daß das deutsche Heer weit überfordert war. Ziele wie Persien, Irak und Indien gehörten – obwohl ernsthaft erörtert – ins Reich der Phantasie. Die dünn besetzte Linie der Heeresgruppen A und B mit zweitausend Kilometer Länge mußte über eine einzige Bahnlinie versorgt werden, die letzten tausend Kilometer sogar ohne Eisenbahn. Betriebsstoffmangel zwang zur Versorgung von Panzerverbänden durch Kamelkarawanen. Zum Schutz der Nord-Flanke mußten schlecht ausgerüstete verbündete Truppen eingesetzt werden. Ausfälle an Menschen, Waffen und Gerät konnten nur zum Teil ersetzt werden. Überforderung, das aber galt für die gesamte Wehrmacht, eigentlich schon vom ersten Kriegstag an, Überraschung und überlegene Führungskunst auf deutscher Seite, mangelnde Kriegsbereitschaft und Unerfahrenheit bei den Gegnern hatten das bis dahin verdeckt. Der Winter von Stalingrad brachte die Wahrheit an den Tag.

ANTONY BRETT-JAMES

Ehrenmal für die Kämpfer in Stalingrad

Ein Feuerball über Hiroshima 1945

Präsident Harry S. Truman

Explosion einer Atombombe

In den ersten fünftausend Jahren der Kriegsgeschichte beruhte der Fortschritt im Waffenwesen auf einem einfachen Schema von Veränderungen, die durch einzelne Erfahrungen entdeckt und nur dann praktikabel wurden, wenn die begrenzte technische Entwicklung es erlaubte. Die erste der entscheidenden Erfindungen, das Schießpulver, benötigte zweihundert Jahre, um im Krieg wirksam zu werden, und weitere vierhundert Jahre, um den bisherigen Höhepunkt zu erreichen. Dann, in der Mitte des zwanzigsten Jahrhunderts, änderte sich das Schema schlagartig: Am Morgen des 6. August 1945, fünfzehn Minuten nach acht Uhr, klinkte ein amerikanisches Flugzeug eine Bombe über der japanischen Stadt Hiroshima aus; dreiundvierzig Sekunden später war Hiroshima ausgelöscht. Die Natur und Praxis eines gewaltigen Krieges waren auf erschütternde Weise geändert worden. Die Geschichte der Menschheit schritt in ein neues Zeitalter.

Der Augenblick der Entstehung der Atombombe ist nicht genau zu fixieren. Ihre Konzeption mag schon in den Anfängen der Atomphysik gelegen haben. Einer der ersten bedeutenden Fixpunkte in der Entwicklung der neuzeitlichen Atomphysik war die Vervollkommnung des Atommodells durch Ernest Rutherford von der Universität Cambridge in England im Jahr 1911. Die Genauigkeit seiner Experimente und Berechnungen führte die Wissenschaft schließlich immer weiter, bis es Ende des Jahres 1938 Otto Hahn und Fritz Straßmann in Berlin gelang, den Kern eines Uran-Atoms zu spalten.

Die Bedeutung der deutschen Errungenschaft war zwar den Wissenschaftlern, nicht aber den Politikern oder Militärs sofort bewußt. Rutherford warnte den britischen Minister im Kabinett Chamberlain, Maurice Hankey, vor der Tragweite der Experimente Hahns und Straßmanns. In Amerika nahmen mehrere hervorragende Wissenschaftler, die das faschistische Italien und das nationalsozialistische Deutschland verlassen hatten, betroffen von dem Experiment Kenntnis. Enrico Fermi, der italienische Nobel-Preisträger, trat mit dem Marineministerium der Vereinigten Staaten in Verbindung, um die Experimente, die er durchgeführt hatte und die die Arbeit der Deutschen bestätigten, zu erläutern. Im Hochsommer 1939, als Deutschlands Überfall auf Polen bevorstand, baten die Physiker Leo Szilard und Eugen Wigner Albert Einstein, dem Präsidenten Franklin D. Roosevelt und der Regierung dringend zu raten, Schritte zur Entwicklung einer Atombombe einzuleiten. Einstein zögerte; aber im August schrieb er gemeinsam mit Szilard und dem Wissenschaftler Edward Teller an Roosevelt und bat, ein solches Projekt zu fördern.

Roosevelt befahl zwar zu handeln, dennoch erfuhren die anfänglichen Bemühungen Verzögerungen und stießen auf Unverständnis sowie Geldmangel. Erst zwei Jahre später, am 6. Dezember 1941, konnte Vannevar Bush, der Leiter des Amtes für wissenschaftliche Forschung und Entwicklung in Amerika, die Zustimmung für die möglichst schnelle Entwicklung einer Atombombe geben. Einen Tag später flogen die Japaner ihren Angriff auf Pearl Harbor. Im Juni 1942 wurde mit großem Aufwand ein hochgeheimes Programm zur Entwicklung der Atombombe, das Manhattan-Projekt, unter Brigadegeneral Leslie Groves in die Wege geleitet. Im Dezember führte Fermi die erste gesteuerte, nukleare Kettenreaktion auf einem Sportplatz an der Universität von Chicago durch. Gleichzeitig begann J. Robert Oppenheimer seine Forschungen über die explosiven Aspekte einer Bombe. Seit 1943 waren die riesigen Versuchslaboratorien in Los Alamos und das in Oak Ridge in Tennessee in Betrieb. Weitere Industriebetriebe größten Ausmaßes hatten teil an dem Projekt; mehr als eine halbe Million Menschen arbeitete an dieser unbekannten Vernichtungswaffe.

Am 8. Mai 1945, dem Tag der bedingungslosen Kapitulation Deutschlands, stand eine Testvorrichtung kurz vor der Vollendung. Am 16. Juli, einen Tag vor Beginn der Potsdamer Konferenz der großen Drei, wurde in Alamogordo, in der Wüste von Neu-Mexiko, die erste Atombombe mit Erfolg gezündet. Bis zu diesem Zeitpunkt hatte man bereits Milliarden von Dollar in das Projekt investiert. Inzwischen war der Krieg in Europa seit zwei Monaten beendet; allein Japan kämpfte noch mit dem Mut der Verzweiflung.

Seit dem Sommer 1943 besaß das Manhattan-Projekt einen eigenen Langstreckenbomber vom Typ B-29 Superfortress, ein Transportflugzeug und eine Rüstungsabteilung mit eigenem Ausbildungsprogramm nach besonde-

»Enola Gay«, das amerikanische Flugzeug vom Typ B-29 des ersten Atombomben-Abwurfes über Hiroshima am 6. August 1945

Eine Straße in Hiroshima wenige Stunden nach der Atombomben-Explosion, etwa drei Kilometer vom Aufschlagplatz entfernt

Atombombe für Hiroshima mit einem Gewicht von etwa acht Zentnern

ren Regeln in einer Stärke von siebenhundert Offizieren und Mannschaften. Nur der Kommandeur Oberst Paul Tibbets jr. kannte das volle Programm und sein genaues Ziel: Konstruktion und Einsatz einer Atombombe. Im Februar 1945 wurde Admiral Chester Nimitz, der Oberbefehlshaber der amerikanischen Pazifischen Flotte, von dem Plan unterrichtet. General Douglas MacArthur, Oberbefehlshaber der amerikanischen Streitkräfte im Süd-Pazifik, wußte nichts von dem Unternehmen. Tinian Island, eine der Marianen-Inseln, ein sicherer und strategisch günstig gelegener Ort, der einen großen Flugplatz besaß, wurde zum Stützpunkt für die gemischte Einheit des Manhattan-Projekts erwählt.

Die amerikanischen Streitkräfte waren dem japanischen Boden schon gefährlich nahegerückt: Seit Februar 1945 hielten sie die Voldano-Insel in ihrer Hand. Die Ryukyu-Insel Okinawa fiel am 1. April. Damit begannen die vernichtenden Bombenangriffe von Langstreckenmaschinen und Angriffe von Trägerflugzeugen der Marine auf das japanische Mutterland. Anfang April erfuhr Allan Dulles, der Leiter des Geheimdienstes, des Office of Strategic Services, über die Schweiz von ersten Friedensfühlern der Japaner. Der Versuch schlug jedoch fehl, weil die Friedenspartei in Tokyo noch zu schwach war.

Zwei Monate später wandte sich Koichi Kido, ein Mitglied der Regierung, persönlich an Kaiser Hirohito und sicherte sich die Zustimmung für einen Friedensplan, dem der japanische Oberste Rat am 18. Juni zustimmte. Zufällig am gleichen Tag bestätigte Präsident Truman die Disposition für den Eröffnungsangriff auf Japan selbst, der im November beginnen sollte und der die Invasion der Hauptinsel Honshu für März 1946 vorsah.

Die Japaner wandten sich an den russischen Botschafter in Tokyo mit der Bitte um Sondierung von Verhandlungsmöglichkeiten. Als die japanische Armee Einwände erhob, stellte auch der Kaiser seine persönlichen Bemühungen ein. Am 7. Juli befahl Hirohito, über Rußland einen neuen Annäherungsversuch zu unternehmen, der sich teilweise auch mit der Frage der bedingungslosen Kapitulation befaßte; aber auch dieser Versuch schlug fehl.

Zwei Tage zuvor war der Kreuzer »Indianapolis« von San Francisco aus in See gestochen; an Bord trug er die Ladung für die erste nukleare Waffe. Zehn Tage später forderten die alliierten Mächte, die in Potsdam konferierten, Japan zur sofortigen bedingungslosen Kapitulation auf.

Das war indirekt eine Warnung vor der neuen Waffe, aber ihre Natur und Macht wurden nicht angedeutet. Japan antwortete nicht. Gegensätze in der japanischen Regierung, radikale Opposition der Militärs und die Einsichtslosigkeit weiter Kreise gegenüber der Realität verhinderten die einzige, vernünftige Lösung.

Die Waffe entwickelte inzwischen eine eigene Dynamik. Unerbittlich wurde Schritt auf Schritt zu ihrer Anwendung getan. Das Ziel sollte eine wichtige Stadt sein, die noch von Bombenangriffen unberührt war, und sie sollte von eindrucksvoller Größe sein. Kyoto, die einstige Hauptstadt Japans, stand an erster Stelle auf der Auswahlliste, die auch Hiroshima und Kokura verzeichnete. Kyoto wurde verschont, obgleich General Curtis LeMay glaubte, daß die Zerstörung seiner Tempel und Paläste den unvergleichlich stärksten Schock auf alle Japaner ausüben würde. Henry L. Stimson, der Kriegsminister der Vereinigten Staaten, gab demgegenüber zu bedenken, daß die Zerstörung der hervorragenden Kultur- und Kunstdenkmäler übelster Vandalismus wäre. Hiroshima wurde das erste Ziel; Kokura und Nagasaki standen beide an zweiter Stelle.

Die Stadt war ein großer Verkehrsknotenpunkt. Er war Sammelplatz des japanischen Heeres für den Krieg auf dem asiatischen Festland. 1945 residierte hier das südliche Hauptquartier Japans. Wegen der zu erwartenden ameri-

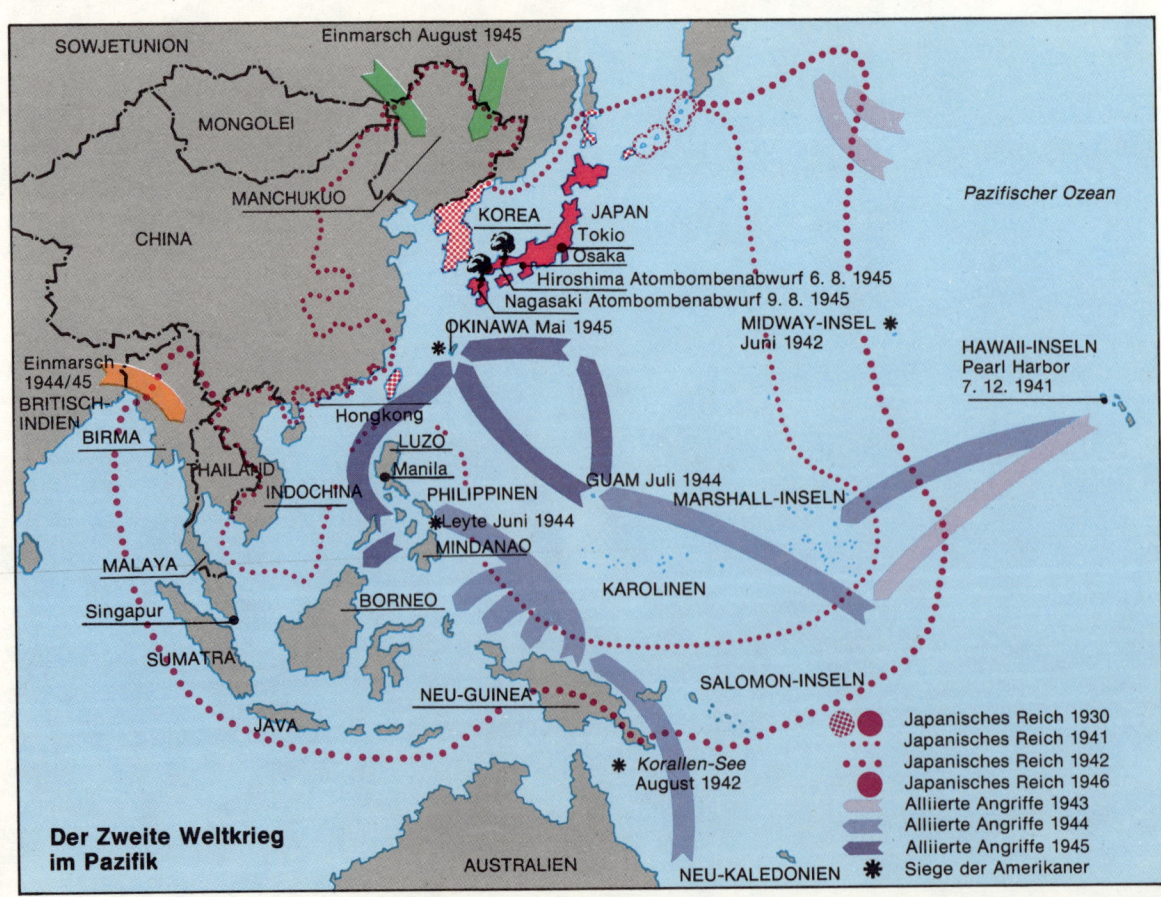

Der Zweite Weltkrieg im Pazifik

kanischen Invasion sollte auch der Kaiser dorthin übersiedeln. Hiroshimas Bevölkerung zählte dreihundertvierzigtausend Einwohner, von denen aber knapp neunzigtausend wegen der drohenden Luftangriffe evakuiert worden waren.

Während sich Präsident Truman auf hoher See befand, als er von der Potsdamer Konferenz heimreiste, wurden die letzten Vorbereitungen für den Bombenabwurf getroffen. Am 6. August um 1 Uhr 37 in der Nacht starteten drei Aufklärungsflugzeuge nach Hiroshima, Nagasaki und Kokura, um zu erkunden, ob in den Zielgebieten bewölktes Wetter herrschte. Um 2 Uhr 45 startete die »Enola Gay«, das Flugzeug, das die Bombe an Bord trug. Der Kommandeur der Maschine, Oberst Tibbets, nutzte die Rollbahn von Tinia bis zum letzten Zentimeter aus. Nach zwei Minuten stiegen die mit Instrumenten, vor allem Photoapparaten, ausgerüsteten Flugzeuge auf. Ihnen folgte ein Reserveflugzeug. Zwei Stunden später starteten zwei weitere Flugzeuge mit Meß- und Aufklärungsinstrumenten.

Der Flug der Aufklärer verlief ruhig. Gegen Morgen war Iwo Jima im Nord-Osten schwach sichtbar, und um 4 Uhr 55 flogen die Begleitflugzeuge in breiter Pfeilformation. Es gab kein Anzeichen einer japanischen Luftaktivität. Alle drei Aufklärungsflugzeuge erreichten ihre Ziele. Kokura war klar, Nagasaki und Hiroshima hingegen von Wolken bedeckt. Um 7 Uhr 45 funkte der Pilot über Hiroshima: »Mitteilung: Bombenziel«, dann kehrte er nach Hause zurück.

Die »Enola Gay« befand sich bereits in Angriffshöhe, etwa neuntausend Meter über dem Pazifik. Zehn Minuten vor 8 Uhr überquerte sie die Küstenlinie von Shikoku. So unerbittlich präzise, wie Start und Flug bisher verlaufen waren, erfolgte die Kontrolle des elektrischen Mechanismus der Bombe. Die Frequenz der Nahzündung wurde von dem japanischen Funkverkehr nicht blockiert. Die Elektronenanlage im Flugzeug arbeitete einwandfrei.

Neun Minuten nach 8 Uhr sagte Tibbets beiläufig: »Wir sind dabei, die Bombe fallen zu lassen. Legt Eure Schutzbrillen an. Wenn Ihr den Signalton hört, zieht sie über die Augen...« Zwei Minuten später erreichte »Enola Gay« den Zielpunkt für den Bombenabwurf mit einer Verspätung von nur siebzehn Sekunden und nach einer Reise von über dreitausend Kilometer. Genau um 8 Uhr 15 und 17 Sekunden öffneten sich die Bombenklappen, die Bombe fiel, richtete sich auf und verschwand zwischen Himmel und Erde. Als die Rumpfspitze des Flugzeuges nach oben schwang, riß Tibbets es herum und drehte ab. Auf der linken Seite senkten die drei Instrumenten-Flugzeuge ihre Fallschirmladungen mit Aufnahme- und Übertragungsgeräten hinab und suchten das Weite. Nur dreiundvierzig Sekunden verblieben, um eine sichere Entfernung zu erreichen.

Der Blitz der Explosion ließ diejenigen, die direkt durch ihre besonders polarisierten Brillen blickten, fast erblinden. Der Feuerball blähte sich auf nahezu fünfhundertfünfundvierzig Meter Durchmesser auf. Die Druckwelle traf die »Enola Gay« eine Minute danach. Später, als sie beidrehte, um den Rand der südlichen Vororte von Hiroshima zu überfliegen, sagte der Co-Pilot erschüttert, als er auf den kochenden Staub und das brodelnde Flammenmeer hinabblickte, das sich bis zu einer nahezu siebentausend Meter hohen Wolke erhob: »Mein Gott, was haben wir getan?«

Es hatte in Hiroshima keinen zweiten Alarm gegeben. Der erste war aufgehoben worden, nachdem der Aufklärer das Gebiet verlassen hatte. Der Flug des Bombers wurde nur für einen weiteren Kundschafter gehalten. Der Alarm hätte kaum einen kleinen Unterschied bedeutet. Ein paar Menschen sahen die Instrumentenfallschirme in der Luft. Niemand ahnte einen Bombentreffer; nur das erblindende, unverständliche Auflodern, das das Bewußtsein versengte, wurde wahrgenommen.

Später war es unmöglich festzustellen, wie viele im

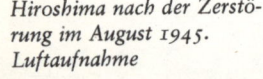

Hiroshima nach der Zerstörung im August 1945. Luftaufnahme

Augenblick der Explosion starben, als das Zentrum Hiroshimas verschlungen wurde. Das Feuer, das folgte, wurde von Tausenden kleiner Holzkohlenkochherde genährt, die in den zerbrechlichen Häusern brannten. In einem Umkreis von fast fünf Kilometern ging die Stadt in Flammen auf. Diejenigen, die unter Trümmern begraben lagen, starben, als der Feuersturm über die Ruinen hinwegfegte. Viele irrten erblindet mit furchtbaren Brandwunden ziellos umher. Die verbrannte Haut löste sich von ihren Körpern und verwandelte ihre Gesichter in klaffende Wunden. Manche, die die erste Welle des Schreckens verschont hatte, starben im Feuer. Im Zentrum tötete allein die gewaltige Druckwelle fast alle Menschen.

Man hat errechnet, daß fast achtzigtausend Einwohner an jenem Morgen umkamen. Wie viele später noch starben, hat niemand gezählt. Noch heute sterben Menschen an den Folgen von Verletzungen durch die Atombombe. Sofortige medizinische Hilfe konnte nicht geleistet werden. Die Mehrzahl der Ärzte der Stadt war tot oder verwundet. Ebenso stand es um das Pflegepersonal. Zehntausend Menschen schleppten sich, ja krochen mühselig zum einzigen noch betriebsfähigen Krankenhaus. Dort aber mangelte es an Arzneien und Verbandszeug. Die Nahrungsmittel in der Stadt waren verbrannt oder ungenießbar, das Wasser war vergiftet. Hilfe von auswärts erreichte nur langsam den Ort des Schreckens und war nicht ausreichend. Denn Japan war bereits ein zerstörtes und ausgehungertes Land.

Hier muß die moralische Fragestellung einsetzen. War die Bombe unmenschlich? Am 13. Februar flogen die Alliierten einen Terrorangriff auf Dresden. Die Zahl der Opfer betrug nach vorsichtigen Schätzungen an die dreihunderttausend. In Tokyo starben in der Nacht vom 9. zum 10. März 1945 über dreiundachtzigtausend Menschen in unkontrollierbaren Feuerbränden. Die Tat in Hiroshima war unmenschlich, dennoch entsprach sie als Kriegsinstrument den konventionellen Zerstörungsmitteln.

War die Bombe notwendig? Die Situation, die in Japan nach dem Abwurf der Bombe entstand, entsprach der allgemeinen verzweifelten Lage der Nation. Trotz des erschütternden Beweises vom Potential der Bombe, wollte die militärische Führung im Obersten Rat, der jetzt vom Kaiser persönlich geleitet wurde, von einem Friedensschluß nichts wissen. Die energische Haltung und persönliche Intervention von Hirohito bewahrten Japan schließlich vor der völligen Vernichtung. Aber rasches Handeln war erforderlich, bevor ein Aufstand der Kriegspartei ausbrach. Hirohito befahl seinen Oberbefehlshabern, der Kapitulation zuzustimmen. Tatsächlich drangen Soldaten in den Kaiserpalast ein, um zu verhindern, daß der Kaiser über den Rundfunk die Kapitulation verkündete.

Hätte die Armee dem Kaiser ihren Willen aufgezwungen, oder hätte der Kaiser entschieden, weiterzukämpfen, die Folgen wären unermeßlich gewesen. Japan war bereits geschlagen, aber es standen noch große Streitkräfte in der Heimat; ausreichende Mengen an Munition und Ausrüstung lagerten in den Arsenalen; die Armee bereitete sich auf den letzten fanatischen Widerstand vor. Wer gesehen hatte, wie die Garnison auf Iwo Jima sich der Vernichtung hingegeben hatte, oder wer bei der Verwüstung Okinawas mitgekämpft hatte, wußte, daß ein Japan unter den amtierenden militärischen Führern und mit der Rückendeckung durch den Kaiser, auch wenn sie erzwungen war, eine der furchtbarsten Verteidigungsschlachten der Geschichte ausgefochten hätte. Um diesen Widerstand zu brechen, hätte es eines Feuersturmes um jede Stadt, jedes Dorf und jeden Acker, ja, der Vernichtung fast der gesamten Bevölkerung bedurft.

Der Schrecken der ersten Atombombe liegt nicht allein in dem Tod und der Verödung von Hiroshima noch in der zwei Tage später erfolgten Zerstörung von Nagasaki, sondern vor allem in dem wissenschaftlichen und technologischen Potential, das für eine Vernichtungstat eingesetzt wurde: Undenkbar Schreckliches wurde möglich.

Aber diese Bombe, deren Kraft etwa dreizehntausend Tonnen herkömmlichen Sprengstoffes entsprach, stand am Beginn der Entwicklung. Der Physiker Edward Teller trieb die wissenschaftliche Forschung voran und entwickelte die Wasserstoffbombe. Um die Explosionsgewalt dieser Superbombe zu messen, mußten die Wissenschaftler eine neue Maßeinheit, die Megatonne, einführen. Um eine solche Bombe zu tragen, wurden neue Abschußsysteme notwendig, denn der Abwurf durch Flugzeuge war überholt. Die militärische Forschung und die Rüstungsindustrie versuchten und versuchen es heute noch, den neuen Ansprüchen einer theoretischen Kriegsplanung gerecht zu werden.

Die Verstrickungen der Weltmächte in die Folgen der nuklearen Physik, ihre philosophischen und humanen Aspekte sowie die Möglichkeit einer totalen Zerstörung der Welt, fordern die moralische Kraft der Menschheit heraus.

DAVID DIVINE

Der japanische Kaiser Hirohito bei der Besichtigung von Bombenschäden in Tokyo

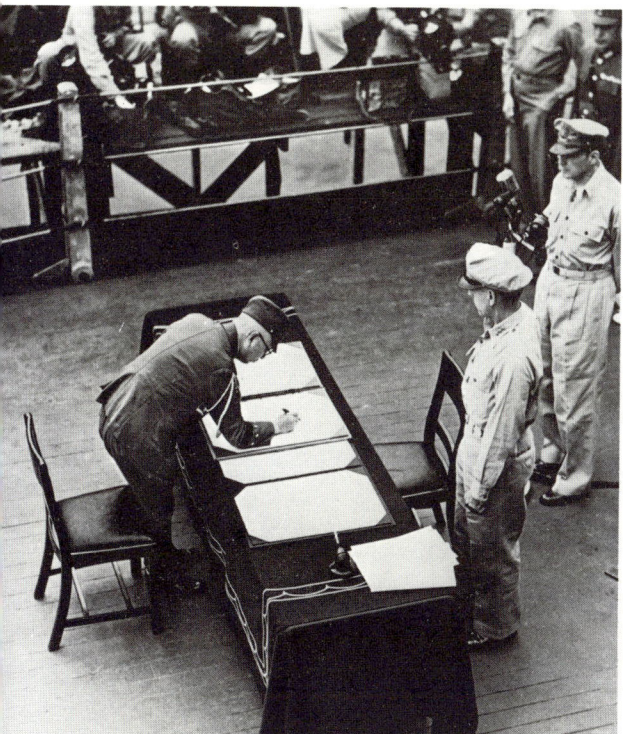

Die bedingungslose Kapitulation Japans auf dem Schlachtschiff »Missouri« in der Bucht von Tokyo am 2. September 1945: General Hirogiro bei der Unterzeichnung und General Douglas MacArthur (rechts außen)

Ende der Allianz der Sieger. Die Welt nach dem Krieg

Nach der Kapitulation Japans galt das ganze Bemühen Rußlands und Amerikas der Stärkung ihrer Macht und der Abgrenzung ihrer Interessensphären. Die verschiedenen Gesellschaftsformen beider wurden bald zum bestimmenden Faktor der Nachkriegspolitik. Die gespannte internationale Lage verschärfte sich durch den Sieg der chinesischen Kommunisten im Bürgerkrieg gegen Chiang Kai-shek. Die Rivalität der Weltmächte in den politisch und wirtschaftlich unterentwickelten Gebieten der Erde zeitigte viele, meist örtlich begrenzte Krisenherde. Da diese neutral gesonnenen Staaten sich von keinem der beiden Machtblöcke integrieren lassen wollten, faßte man sie unter dem Begriff Dritte Welt zusammen. In späteren Jahren sollten auch diese Länder zum Schauplatz der Auseinandersetzungen zwischen den Supermächten werden. Unmittelbar nach Kriegsende blieb der Ost-West-Konflikt jedoch noch weitgehend auf Europa beschränkt.

Niedergang Englands

Bereits in den ersten Monaten nach dem Krieg machten die Vereinigten Staaten es deutlich, daß ihnen die führende Rolle in der westlichen Welt gebühre. Zu dieser Einschätzung waren sie durchaus berechtigt, da sie die Hauptlast des Krieges in Europa und Asien getragen hatten. Der Sieger Großbritannien ging mit völlig zerrütteten Finanzen aus dem Krieg hervor und verlor endgültig seine einstige Weltgeltung. Das für die britische Wirtschaft lebenswichtige, ausbalancierte System von Handelsbeziehungen zu seinen Kolonien und fremden Staaten war zerstört. Das Empire, das wesentlich zum Reichtum Englands beigetragen hatte, wurde zu einer Last, vor allem weil die Kriegspropaganda den Kolonialvölkern einen Begriff von Freiheit und Unabhängigkeit vermittelt hatte. Um den Krieg zu finanzieren, hatten die Engländer überseeische Kapitalbeteiligungen verkaufen müssen und waren bedenklich hohe finanzielle Verpflichtungen eingegangen. Die ihnen verbliebenen Vermögenswerte, das industrielle Potential, die Landwirtschaft und der Handelsbesitz, waren durch Vernachlässigung während der Kriegszeit im Wert gesunken. So konnte es nicht verwundern, daß die Engländer keine eigenständige und aktive Großmachtpolitik zu treiben vermochten. Amerika, das unter der unmittelbaren Kriegsführung der Achsenmächte nicht zu leiden gehabt hatte und auf einem Höhepunkt wirtschaftlicher Expansion stand, zögerte nicht, die von Europa aufgegebene Führerrolle zu übernehmen. Auch die Politik wurde fortan von Washington bestimmt.

Wiederaufbau in der Sowjetunion

Millionen russischer Männer und Frauen waren während des Krieges umgekommen. Viele der Überlebenden waren verstümmelt oder verkrüppelt. Denen, die schließlich 1945 und 1946 von den Fronten heimkehrten, bot sich in der Heimat ein Anblick schrecklichster Verwüstung. Berg-

Marschall Josip Tito, Staatspräsident von Jugoslawien

werke und Anlagen der Schwerindustrie, die mühsam in Fünfjahresplänen aufgebaut worden waren, standen zum Teil unter Wasser, oder sie waren demontiert und zerstört worden. Zahllose Wohnhäuser waren dem Erdboden gleichgemacht worden. Noch Jahre nach Kriegsende hausten die meisten Russen unter primitiveren Umständen als zu Zeiten des Zarentums und in den dreißiger Jahren. Eine Dürrekatastrophe verschlimmerte das Elend noch. Die Nahrungsmittelrationen betrugen nur ein Viertel der Menge des Jahres 1936. Die industrielle Produktion sank um fünfzig Prozent gegenüber dem Vorkriegsstand. Zwischen 1945 und 1947 versuchte die Führung der Sowjetunion dem akuten Mangel an Arbeitskräften durch eilige Demobilisierung der Roten Armee abzuhelfen. Die Zahl der Soldaten verringerte sich in diesen zwei Jahren um etwa zwei Drittel. Zunächst wäre die Sowjetunion entgegen den Befürchtungen westlicher Politiker nicht in der Lage gewesen, gewaltsame Schritte zur Erweiterung ihres Machtbereiches zu unternehmen.

Durch die Unterzeichnung der Abkommen von Jalta und Potsdam hatte Stalin sich verpflichtet, die Vorherrschaft des kapitalistischen Systems in West-Europa zu respektieren; wenigstens anfangs schien er sich geneigt, sich daran zu halten. So arbeiteten auf Weisung Moskaus die kommunistischen Parteien Italiens und Frankreichs sogar mit konservativen Regierungen zusammen. Als ein kommunistisch gelenkter Aufstand in Griechenland 1947 bis 1949 mit westlicher Militärhilfe unterdrückt wurde, griff Rußland nicht direkt ein. Titos Revolution in Jugoslawien wurde im Alleingang durchgeführt. Mit Hilfe seiner kommunistischen Volksbefreiungsfront proklamierte der ehemalige Partisanenführer im November 1945 die Volksrepublik. Zur selben Zeit riet der sowjetische Diktator den chinesischen Kommunisten erneut, sich der Kuomintang-Regierung Chiang Kaisheks zu unterwerfen. Selbst innerhalb der russischen Einflußsphäre in Ost-Europa schritt der Prozeß der Sowjetisierung zunächst langsam voran. Noch konnte Stalin sich den Westen nicht zum Feind zu machen. In Polen und Ungarn mußte er sogar für etwa zwei Jahre antikommunistische Parteien in den Regierungen dulden.

Zwischen 1945 und 1950 nahm Rußland dadurch, daß es die Wirtschaft Ost-Europas seinen Bedürfnissen unterordnete, einen verhältnismäßig stetigen Aufschwung. Der Wiederaufbau kam unmittelbar nach Kriegsende nur zögernd in Gang. Die finanzielle Hauptlast trug in Form von Reparationszahlungen die sowjetisch besetzte Zone Deutschlands, deren Industrieanlagen weitgehend demontiert und konfisziert wurden, um die Maschinen zu ersetzen, die in Rußland während des Krieges zerstört worden waren.

Aber auch die Bevölkerung der Sowjetunion zahlte für den Wiederaufbau ihres Landes einen hohen Preis. Die staatliche Planung konzentrierte sich vor allem auf die Schwerindustrie, auf Kohle, Stahl, Werkzeugmaschinen, Erdöl, Eisenbahnlinien und Kraftwerke. Die Bedürfnisse des Volkes nach Konsumgütern wurden in dieser Phase nicht berücksichtigt.

Eduard Beneš, Staatspräsident der Tschechoslowakei

Sowjetisierung Ost-Europas

Als Reaktion auf die Bedrohung durch diese Wirtschaftspolitik suchten die Russen ihr Heil in der totalen Unterwerfung Ost-Europas unter die politischen und wirtschaftlichen Interessen der Sowjetunion. Im Kreml hatte man erkannt, daß das Eindringen amerikanischen Kapitals und Handels nur durch eine kommunistische Herrschaft zu verhindern war, die zudem eine Barriere gegen ein wiedererstarktes Mittel- und West-Europa bilden sollte.

Die forcierte und bisweilen rücksichtslose Durchführung der Sowjetisierung traf zum erstenmal in der Tschechoslowakei auf energischen Widerstand, wo die sozialdemokratische Partei des Präsidenten Eduard Beneš entschieden ablehnte, sich der kommunistischen Partei integrieren zu lassen. Im Juli 1947 nahm die tschechoslowakische Regierung für

Der russische Vertreter Andrej Gromyko bei der Unterzeichnung der Charta der Vereinten Nationen in San Francisco im Juni 1945

Griechische Soldaten während des Bürgerkrieges 1947 bis 1949

kurze Zeit ein westliches Hilfsangebot an, mußte es dann aber auf massiven Druck Moskaus wieder ausschlagen. Die Tendenzen der Prager Politik beunruhigten die Sowjets dermaßen, daß sie im Februar des folgenden Jahres einen kommunistischen Umsturz inszenierten. Eine von Kommunisten geführte Regierung löste die Koalition unter Präsident Beneš ab. Die demokratische Opposition wurde ausgeschaltet. Das sowjetische Veto im Sicherheitsrat der Vereinten Nationen verhinderte eine Untersuchung der Vorgänge.

In Jugoslawien hatte die einheimische Volksbefreiungsfront das Land fast ohne Hilfe der Roten Armee von deutscher Hilfe befreit. Auch nach der Ausrufung der Volksrepublik erwies sich eine Sowjetisierung als undurchführbar. Der Führer der jugoslawischen Freiheitskämpfer und erster Regierungschef, Josip Broz Tito, zeigte sich zwar bereit, eng mit Stalin zusammenzuarbeiten, nicht jedoch, sein Land in Abhängigkeit der Russen zu geben. Das Verhältnis zwischen ihm und Stalin kühlte im Verlauf des Jahres 1947 immer mehr ab, im Frühjahr 1948 kam es dann zum Bruch. Die Sowjetunion rief ihre technischen Berater zurück. Tito wandte sich dem Westen zu und schloß mehrere Handelsabkommen. Darauf erfolgte in den Ostblockstaaten eine Säuberungswelle gegen alle national-kommunistischen Bestrebungen.

Die Truman-Doktrin

Um dem Druck Stalins auf den Westen entgegenzuwirken, verfolgten die Vereinigten Staaten eine weltweite Politik der Eindämmung. Die bereits im Winter 1946 von dem Kreml-Kenner George F. Kennan formulierten Grundsätze wurden am 12. März 1947 zur offiziellen Außenpolitik Amerikas erhoben. An diesem Tag forderte Präsident Truman den Kongreß auf, umfangreiche Hilfe zur Bekämpfung kommunistischer Umtriebe in Griechenland und der Türkei zu bewilligen.

Der Präsident fügte seinem Ersuchen, das auf den Hilferuf der mit Aufständischen ringenden griechischen Regierung zurückging, eine grundsätzliche Erklärung über die Ziele der amerikanischen Außenpolitik bei. In dieser Doktrin verpflichteten sich die Vereinigten Staaten, »den freien Völkern zu helfen, ihre freien Einrichtungen und ihre nationale Integrität gegenüber aggressiven Bewegungen zu erhalten, die ihnen totalitäre Regimes aufzuzwingen wollen.«

Der Marshallplan

In der Praxis führte die Truman-Doktrin zu umfangreicher Wirtschaftshilfe und zu Militärbündnissen mit den Vereinigten Staaten. Etwa zwei Wochen nach der Rede des Präsidenten wurde der Marshallplan aufgestellt, der das europäische Wiederaufbauprogramm einleitete: »European Recovery Program« (ERP). Innerhalb der nächsten vier Jahre förderte Amerika die Wirtschaft Europas mit Geld und Warenlieferungen im Wert von zwölf Milliarden Dollar, wovon die Hälfte allein nach Großbritannien, Frankreich und Deutschland floß. Die aus den ERP-Mitteln unterstützten Nationen vollbrachten nach dem Krieg einen erstaunlichen Wiederaufbau und hatten bis 1952 die Produktion gegenüber 1938 verdoppelt. Die ost-europäischen Staaten blieben dem Marshallplan fern. Deutschland erhielt seit 1947 Wirtschaftshilfe.

Die NATO

Im März 1948 vereinbarten Großbritannien, Frankreich und die Benelux-Staaten im Brüsseler Pakt, die sozialen und kulturellen Beziehungen zu festigen sowie sich bei jedem Angriff gegenseitig beizustehen. Gemeinsame Beratungen über militärische Fragen führten zu einem ständigen West-Verteidigungsstab.

Hieraus entstand ein Jahr später der Nordatlantikpakt, die »North Atlantic Treaty Organization« (NATO). Am 4. April 1949 in Washington unterzeichneten die Benelux-Staaten, Dänemark, Frankreich, Großbritannien, Island, Italien, Norwegen, Portugal, Kanada und die Vereinigten Staaten den Vertrag. Mit seiner Ratifizierung ging Amerika ein erstes Nachkriegsbündnis ein, und verpflichtete sich, die territoriale Integrität der nicht-kommunistischen Welt zu verteidigen.

Die Vereinten Nationen

Auf der Konferenz von Dumbarton Oaks bei Washington vom August bis Oktober 1944 zwischen den Vereinigten Staaten, Großbritannien, der Sowjetunion und China wurden erstmals Vorschläge für eine internationale Organisation nach dem Krieg ausgearbeitet: Die »Vereinten Nationen« sollten den Völkerbund ablösen. Im Februar 1945 formulierten Stalin, Roosevelt und Churchill in Jalta die Grundsätze der Vereinten Nationen und die Funktion eines ständigen Sicherheitsrats, dem die Großmächte angehören sollten. Im Frühjahr 1945 kamen dann die Vertreter von einundfünfzig Nationen in San Francisco zusammen, um gemeinsam den Wortlaut einer Charta zu beraten. Hierbei zeichneten sich bereits erste Meinungsverschiedenheiten zwischen den westlichen Alliierten und der Sowjetunion ab. In ihrer Satzung steckten sich die Vereinten Nationen hohe Ziele: Erhaltung des Weltfriedens, Schutz der Menschenrechte sowie Besserung der wirtschaftlichen und sozialen Verhältnisse in allen Ländern. Die Handlungsfähigkeit der Organisation beruhte aber weitgehend auf der Loyalität ihrer Mitglieder. Nationale Engstirnigkeit, Egoismus und auf Expansion bedachte Machtpolitik der Großmächte lähmten die Institution der Vereinten Nationen, ohne daß sie wirksame, übernationale Hilfe leisten konnte. Bewaffnete Konflikte verhinderte sie nur selten. Im sozialen und kulturellen Bereich hingegen arbeitet die UN erfolgreich.

Trygve Lie, erster Generalsekretär der Vereinten Nationen

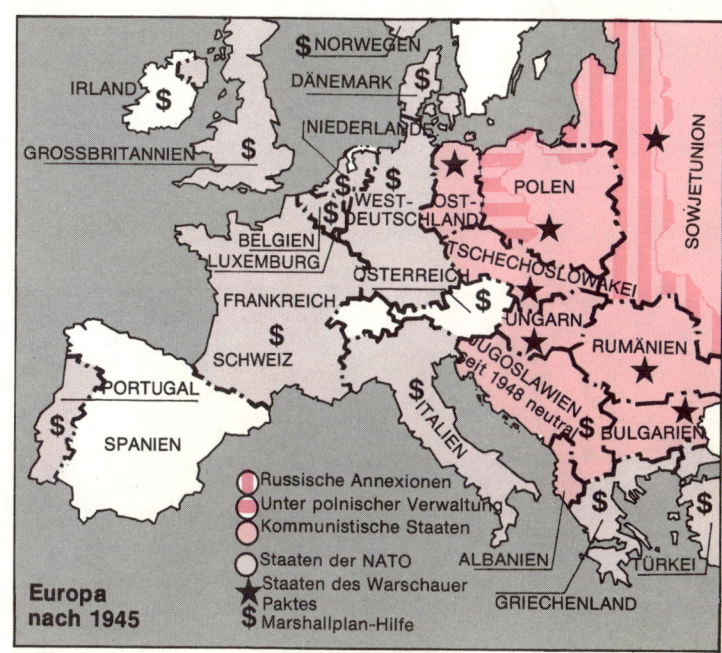

Europa nach 1945
- Russische Annexionen
- Unter polnischer Verwaltung
- Kommunistische Staaten
- Staaten der NATO
- Staaten des Warschauer Paktes
- $ Marshallplan-Hilfe

Die Rückkehr nach Zion

1948

Am frühen Morgen des 14. Mai 1948 strömte eine größere Gruppe von Arbeitern in das schlichte Gebäudes des Museums von Tel Aviv am Boulevard Rothschild. In fieberhafter Arbeit wurden der große Saal umgestaltet, eine Rednertribüne, Tische und Stühle aufgestellt. An den Wänden wurden zwei große Flaggen und in deren Mitte ein Bild von Theodor Herzl aufgehängt. Hastig reihte man auf dem Rang Sessel aneinander, um das philharmonische Orchester unterzubringen. Etliche Kunstwerke wurden in andere Säle gebracht, da aber die Zeit drängte, blieben im großen Saal einige Bilder hängen, darunter der »Jude mit den Gesetzestafeln« von Marc Chagall, das »Exil« von Hirschberg sowie der »Pogrom« von Minkowski. Daß man diese Bilder vergaß zu entfernen, war hintergründig, denn unter diesen Darstellungen der Geschicke des jüdischen Volkes sollte am selben Tage die Gründung des Staates Israel proklamiert werden.

Um vier Uhr nachmittags hielt vor dem Eingang des Museums der Wagen von David Ben Gurion, des Präsidenten des Nationalen Direktoriums. Der kleine Mann mit dem markanten weißen Haarkranz grüßte die Ehrengarde der Kadetten und eilte die Stufen zum Eingangsportal hinauf. Im großen Saal warteten die anderen Mitglieder des Direktoriums, die des Nationalrates sowie mehr als hundert geladene Gäste, Spitzen der Gesellschaft, Journalisten und Reporter. Vor der bewegten Zuhörerschaft erhob sich Ben Gurion und verlas die Unabhängigkeitserklärung:

»Wir, die Mitglieder des Nationalrates, die Repräsentanten des jüdischen Volkes von Palästina und der zionistischen Bewegung der Welt, treten heute, am Tag der Beendigung des britischen Mandates über Palästina, in feierlicher Versammlung zusammen und proklamieren auf Grund des natürlichen und historischen Rechtes des jüdischen Volkes und auf Grund des Beschlusses der Generalversammlung der Vereinten Nationen hiermit die Gründung des jüdischen Staates in Palästina, der Israel genannt zu werden hat...

Der Staat Israel wird der Immigration aller Juden von allen Ländern ihrer Zerstreuung offen sein und wird die Entwicklung des Landes zu ihrem und zum Wohle aller Einwohner fördern; er wird auf den Prinzipien von Freiheit, Gerechtigkeit und Frieden basiert sein, wie sie die hebräischen Propheten lehrten; er wird aufrechterhalten die volle soziale und politische Gleichberechtigung aller Bürger ohne Unterschied der Rasse, des Glaubens oder des Geschlechtes und wird die volle Freiheit des Gewissens, des Glaubens, der Erziehung und der Kultur garantieren. Er wird die Heiligkeit und Unverletzlichkeit der Heiligen Stätten und Plätze aller Religionen schützen und wird die Prinzipien der Charta der Vereinten Nationen achten. Der Staat Israel ist bereit, mit den Organen und Vertretern der Vereinten Nationen in der Verwirklichung der Resolution vom 29. November 1947 zusammenzuarbeiten, und will Schritte zur Errichtung einer ganz Palästina umfassenden wirtschaftlichen Union unternehmen. Inmitten einer mutwilligen Aggression rufen wir die arabischen Einwohner Israels auf, zu den Wegen des Friedens zurückzukehren und teilzuhaben an der Entwicklung des Staates mit vollen und gleichen Bürgerrechten und gebührender Vertretung in allen seinen Institutionen provisorischer oder permanenter Art.

Wir bieten Frieden und Freundschaft allen Nachbarstaaten und ihren Völkern und laden sie ein, mit der unabhängigen Jüdischen Nation zum Wohl aller zusammenzuarbeiten. Der Staat Israel ist bereit, seinen Teil zum friedlichen Fortschritt und zum Wiederaufbau des Mittleren Ostens beizutragen...

Im Vertrauen auf Gott setzen wir unsere Hand an diese Deklaration in dieser Sitzung des provisorischen Staatskonzils auf dem Boden des Heimatlandes in der Stadt Tel Aviv, an dem Vorabend des Sabbath, am Fünften des Monats Iyyâr 5708, dem 14. Mai 1948.«

Nachdem die Proklamation verlesen worden war, wurde sie von den siebenunddreißig Mitgliedern des Nationalrates unterzeichnet und Ben Gurion wurde zum Ministerpräsidenten gewählt. Auffallend war die Abwesenheit des greisen Chaim Weizmann, des künftigen Präsidenten des Staates Israel, der in den Vereinigten Staaten weilte und obwohl krank, mit aller Kraft versuchte, Präsident Truman dazu zu bewegen, daß die Vereinigten Staaten Israel offiziell anerkannten. Er bemühte sich nicht vergeblich. In der Nacht vom 14. zum 15. Mai erreichte Ben Gurion ein Telegramm, daß die USA Israel

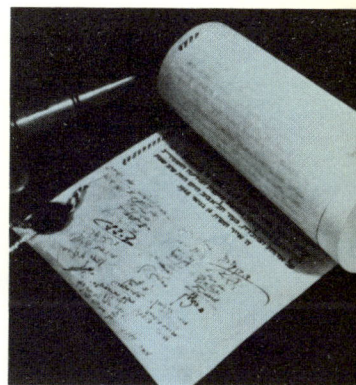

Gründungsurkunde des unabhängigen Staates Israel mit den Unterschriften der siebenunddreißig Mitglieder des Nationalrates der Juden vom 14. Mai 1948

Auswandererschiff »Exodus« der jüdischen Organisation in Palästina Haganah im Jahr 1942

Dorf jüdischer Siedler in Palästina

soeben anerkannt hatten. Wenige Stunden später traf die Nachricht ein, daß auch die UdSSR dazu entschlossen war.

Doch in diesen Tagen entschied nicht die Anerkennung durch die Weltmächte die Zukunft des jüdischen Staates. Die Entscheidung wurde auf dem Schlachtfeld ausgefochten, da Israel von seinen arabischen Nachbarn und Mitbewohnern Palästinas militärisch bedrängt wurde.

Der Judenstaat hätte bereits zehn Jahre früher, vor dem Zweiten Weltkrieg, gegründet werden können. Damals lebten in Palästina noch nicht einmal eine halbe Million Juden, die unter dem Schutz Großbritanniens, das das Mandat über Palästina ausübte, dort siedelten. Die Engländer hielten sich im allgemeinen an die Balfour-Deklaration vom 2. November 1917, in der den Juden eine nationale Heimstätte im Heiligen Land versprochen worden war. Trotz aller Rücksichten auf die Araber begünstigte die englische Politik die Juden. Im Lauf der dreißiger Jahre hatte die jüdische Einwanderung mit über zweihunderttausend Menschen einen Höhepunkt erreicht. 1937 hatte eine britische Palästina-Kommission versucht, eine Lösung im jüdisch-arabischen Konflikt zu finden und die Teilung des Landes in einen jüdischen und einen arabischen Staat vorgeschlagen. Der Plan wurde vom Zionistischen Kongreß in Zürich verworfen, obwohl David Ben Gurion sich für ihn einsetzte. Unter den Opponenten befand sich auch Frau Golda Meirson (Meir), die spätere israelische Ministerpräsidentin.

Das gute Verhältnis zwischen den Zionisten und der britischen Regierung endete im Februar 1939 während der Konferenz von St. James in London. Auf dieser Konferenz zwischen jüdischen, arabischen und britischen Vertretern unter dem Vorsitz von Premierminister Neville Chamberlain beschloß Großbritannien, beunruhigt durch die gespannte internationale Lage, sich wieder den Arabern im Nahen Osten zu nähern. Das konnte nur auf Kosten der Juden in Palästina geschehen. Ein Weißbuch, das »MacDonald White Paper«, wurde veröffentlicht, das drakonische Maßnahmen gegen die Juden vorsah: Beschränkung der Einwanderung, Verbot des Erwerbs neuer Ländereien, Fixierung eines Minderheitsstatuts für die palästinensischen Juden. Von nun an gingen die Führer der Juden im Heiligen Land mehr und mehr den Weg des Widerstandes gegen London, dem sie Verrat vorwarfen. Während des Zweiten Weltkrieges hielt ihre Opposition an, obwohl die Juden Palästinas und die Engländer Seite an Seite gegen ihren gemeinsamen Feind Hitler kämpften. Ben Gurions Lösung lautete: »Wir werden Krieg führen, als gäbe es kein Weißbuch, und wir werden das Weißbuch bekämpfen, als gäbe es keinen Krieg.«

Im Zweiten Weltkrieg fochten mehr als dreißigtausend jüdische Männer und Frauen in den Reihen der britischen Armeen. Doch sie vergaßen auch das Weißbuch nicht. Am 12. Mai 1942 fand in New York ein außerordentlicher Kongreß des amerikanischen Komitees für Angelegenheiten des Zionismus statt, auf dem die sechshundert Delegierten einstimmig bei einer Enthaltung für das Projekt Ben Gurions stimmten, Palästina nach dem Krieg in ein »jüdisches Commonwealth (Gemeinwesen), das in die neue politische Struktur der Welt integriert werden soll«, umzuwandeln.

Der Zionismus war nunmehr einen Schritt weitergegangen. Hatte er bislang nur eine jüdische Heimstatt in Palästina erstrebt, so forderte er jetzt einen eigenen jüdischen Staat.

Der eigentliche Kampf um die Gründung des Staates setzte nach dem Krieg ein. In der neuen politischen Konstellation hatten die palästinensischen Juden gute Verbündete. Der amerikanische Präsident Truman war von der Sache des Zionismus überzeugt. Die Sowjetunion glaubte, daß eine judenfreundliche Politik den britischen Einfluß im Nahen Osten verringern könnte. Die öffentliche Meinung in der Welt sah mit Wohlwollen auf die nationalen Bestrebungen der Juden, die gerade durch die nationalsozialistische Gewaltherrschaft sechs Millionen Menschen verloren hatten.

Großbritannien aber nahm unter der neuen Labour-Regierung eine härtere Position ein und verweigerte jedes Zugeständnis. Die Intransigenz Londons zwang die Juden zu extremen Maßnahmen.

Hartnäckig verweigerte die Regierung unter Clement Attlee hunderttausend Überlebenden aus Hitlers Konzentrationslagern die Einwanderung nach Palästina. Auf Verlangen der Vereinigten Staaten begab sich eine internationale Untersuchungskommission nach Palästina, die im April 1946 empfahl, hunderttausend jüdischen Flüchtlingen die Einwanderung sofort zu gestatten. London lehnte ab. Die zionistischen Organisationen verstärkten daraufhin die illegale Einwanderung. Eine wahre Menschenflut ergoß sich über die Küsten Palästinas. Die Einwanderer kamen auf kaum seetüchtigen Booten, die heimlich gekauft und bewaffnet worden waren. Trotz mancher Erfolge der Engländer bei der Aufbringung solcher Schiffe, deren Passagiere in Lagern auf Cypern interniert wurden, wuchs die Einwanderungsziffer. Die Weltmeinung stand der Entwicklung positiv gegenüber, die in der berühmten Affäre um das auf hoher See 1947 aufgebrachte Schiff »Exodus« kulminierte.

In Palästina nahmen die Gewalttaten zu. Die zionistischen Institutionen antworteten auf die britische Politik mit immer härterem Widerstand. War er anfangs noch passiv, so begann die geheime Verteidigungsorganisation »Haganah« bald mit militärischen Aktionen gegen Einrichtungen der britischen Mandatsverwaltung. Auch andere jüdische Untergrundbewegungen verübten Terrorakte. Einer war der Anschlag auf das Hotel King David in Jerusalem, in dem das Hauptquartier der britischen Besatzungstruppen untergebracht war. Eine Bombenexplosion forderte fast hundert Todesopfer. Die Briten knüpften etliche Extremisten auf; die jüdischen Kämpfer wiederum nahmen englische Soldaten gefangen und richteten sie hin.

Das Leben in Palästina wurde bald zur Hölle. Nicht einmal hunderttausend britische Soldaten vermochten die Lage zu meistern. Ihr stark befestigtes Hauptquartier in Jerusalem mußte zusätzlich von Panzern und von motorisierten Einheiten bewacht werden. Die Juden nannten es nach dem britischen Außenminister Ernest Bevin, »Bevingrad«.

Am 14. Februar 1947 gab Großbritannien sich geschlagen und beschloß, die Angelegenheit vor die Vereinten Nationen zu bringen, die eine gemischte Kommission nach Palästina entsandten, der Vertreter Kanadas, Uruguays, Guatemalas, Perus, Indiens, der Niederlande, Schwedens, Jugoslawiens, der Tschechoslowakei und Australiens angehörten. Im September legte die Kommission die Ergebnisse ihrer Untersuchung vor. Mit acht gegen drei Stimmen schlug sie die Teilung Palästinas in einen jüdischen und einen arabischen Staat vor. Am 29. November nahm die Vollversammlung der Vereinten Nationen mit dreiunddreißig gegen zwölf Stimmen bei zehn Enthaltungen den Teilungsplan an.

Dies Ergebnis löste bei den Juden Palästinas eine Welle der Freude aus, war aber zugleich die Ursache des Krieges zwischen Juden und Arabern, die sich im Heiligen Land bald allein gegenüberstanden.

Das den Juden von den Vereinten Nationen zugedachte Gebiet sollte aus drei Landstrifen bestehen: einem Teil von Galiläa, einem schmalen Gebiet entlang der Küste und der Wüste Negev bis zum Golf von Akaba. Diese drei Gebiete sollten durch enge Korridore miteinander verbunden werden; ähnlich wollte man mit den anderen, den

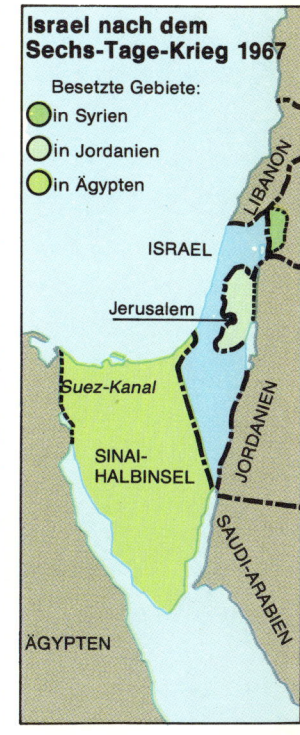

Israelische Truppen in der Wüste Sinai auf dem Vormarsch zum Suez-Kanal während des Krieges im Juni 1967

Zerstörungen in Jaffa während des Unabhängigkeitskrieges im Jahr 1948

Hissung der Flagge Israels in Elath, der Hafenstadt am Golf von Akaba im Jahr 1948

Arabern zugestandenen Gebieten verfahren. Jerusalem sollte internationalisiert werden.

Die Araber lehnten den Teilungsplan ab und schritten schon am 30. November zu Gewalttaten. Arabische Kommandos ermordeten sieben jüdische Reisende auf offener Straße. Die Anwesenheit der britischen Truppen hielt sie von ihren Aktionen nicht ab. So begann der israelische Unabhängigkeitskrieg sechs Monate, bevor der Staat Israel proklamiert wurde.

Am 14. Mai 1948 verließ der britische Hochkommissar Alan Gordon Cunningham Palästina. Die Zeit der britischen Mandatshoheit war beendet. Einen Tag später fielen reguläre Truppen aus Ägypten, Syrien, dem Libanon, Irak und Transjordanien nach Palästina ein, um den neuen Staat auszulöschen. Es gelang der israelischen Armee, die arabische Offensive zum Stehen zu bringen, ja sogar die feindlichen Armeen zurückzuwerfen. Als die Kämpfe im Frühjahr 1949 eingestellt wurden, hatten die Israelis mehr Gebiet erobert, als ihnen der UN-Teilungsplan zugestanden hatte. Auch Jerusalem wurde jetzt geteilt, da die Juden die Neustadt erobert hatten und die Altstadt ebenso wie alles nichtjüdische Gebiet westlich des Jordans im Besitz von Transjordanien verblieb.

1949 endete der Krieg. Der Staat Israel war von nun an eine Tatsache. Dank der Vermittlung des amerikanischen Diplomaten Ralph Bunche wurden Waffenstillstandsabkommen geschlossen. Nur wenige glaubten, daß sie dem Land den endgültigen Frieden bringen würden. Ihre Hoffnungen sollten rasch enttäuscht werden. Die durch die Niederlage gedemütigten Araber weigerten sich, mit Israel Frieden zu schließen. Vor allem zwei Probleme vergifteten die Atmosphäre: einmal die Grenzfrage und zum anderen das tragische Problem der palästinensischen Flüchtlinge. Hunderttausende Araber hatten ihr Heim in dem jetzt jüdischen Gebiet verlassen und wollten zurückkehren. Doch Israel verweigerte ihnen die Einreise aus Furcht vor einem Übergewicht der arabischen Bevölkerung. Aber auch die arabischen Staaten weigerten sich, die Flüchtlinge zu integrieren und ließen sie in jämmerlichen Lagern entlang der israelischen Grenze hausen, um sie als ständig mahnende politische Waffe zu benutzen. Die zaghaften Vermitt-

Judenfeindliche Araber bei der Verbrennung von Gütern im Hafen von Jaffa während der Kämpfe im Jahr 1948

lungsversuche auf den Konferenzen von Lausanne und Paris scheiterten. Die Verhältnisse an der Waffenstillstandslinie blieben immer bedrohlich. Militärische Zwischenfälle zwischen Israelis und Arabern waren an der Tagesordnung. Trotz der Unsicherheit an den Grenzen und einer ungewissen wirtschaftlichen Lage hatte Israel sich auch während des Krieges seiner historischen Aufgabe, der Heimführung der jüdischen Vertriebenen, gewidmet. Der junge Staat öffnete seine Tore der jüdischen Einwanderung. Durch das Niederlassungsgesetz besaß jeder Jude in der Welt das Recht, nach Israel einzuwandern.

Die erste israelische Regierung setzte sich das Ziel, die Bevölkerung Israels innerhalb von vier Jahren zu verdoppeln, was auch gelang. Sie kamen von überall her. Hunderttausende, die wie durch ein Wunder den Schergen Hitlers entronnen waren, flüchteten aus Ost-Europa. Die Operation »Auf Adlerflügeln« holte hundertzwanzigtausend Juden aus dem Irak, die Operation »Fliegender Teppich« einige Zehntausend aus dem Jemen. Der ganze Staat wurde zu einem Schmelztigel, der die Einwanderungsströme aufnehmen und sie zu einer neuen Nation verschmelzen mußte, denn polnische, marokkanische, irakische, ungarische, bulgarische und jemenitische Juden sollten israelische Staatsbürger werden.

Wirtschaftsfachleute sagten eine Katastrophe voraus. Israel, meinten sie, wäre unfähig, so viele Menschen aufzunehmen, da es an Wohnungen und Arbeitsplätzen fehlte. In der Tat lebten die Einwanderer in den ersten Jahren unter entbehrungsreichen Bedingungen. Zelt- und Barackenlager überzogen das Land, Sparsamkeitspolitik war oberstes Gebot; der Staatshaushalt wurde nur dadurch ausgeglichen, daß Spenden ins Land flossen und auswärtige Anleihen aufgenommen wurden. Doch trotz aller Hindernisse konnte das Land die Assimilationsprobleme meistern. Zwischen 1948 und 1969 stieg die jüdische Bevölkerung Israels auf zweieinhalb Millionen Einwohner.

Bereits kurz vor der Gründung des Staates äußerten ausländische wie einheimische Beobachter Zweifel darüber, ob der kleine Staat lebensfähig sei. Aber der Staat Israel hat im Nahen Osten Wurzeln geschlagen und hat eine gleichförmige, produktive Gesellschaft hervorgebracht, deren Lebensstandard dem großer Industrienationen entspricht.

Grundproblem des Staates Israel ist die Verteidigung geblieben. Seit 1948 haben militärische Experten immer wieder daran gezweifelt, daß ein oder zwei Millionen Juden gegen einige Zehnmillionen Araber würden bestehen können. Doch mit den Jahren hat sich der jüdische Staat nicht nur seiner Feinde gewehrt, sondern auch eine militärische Überlegenheit über sie erringen können.

Die im Unabhängigkeitskrieg geschmiedete israelische Armee wurde unter Ben Gurion, der 1948 bis 1953 Ministerpräsident und Verteidigungsminister war, ausgebaut und gefestigt. Ben Gurions Haltung den Arabern gegenüber war von Festigkeit und Aktivität bestimmt.

MICHAEL BAR-ZOHAR

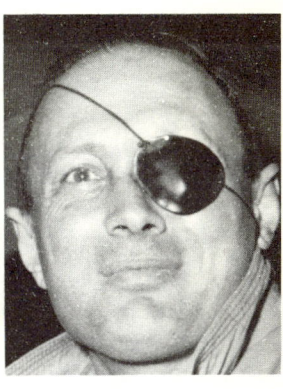

Moshe Dayan, israelischer Generalstabschef und Verteidigungsminister

David Ben Gurion, erster Ministerpräsident des Staates Israel

Mord am Mahatma

1948

Jawaharlal Nehru, der am 15. August 1947, als Indien seine Unabhängigkeit erlangte, der erste Ministerpräsident der Indischen Union wurde, stimmte in vielen Fragen mit Sardar Vallabhai Patel, seinem Stellvertreter und Innenminister, nicht überein. Ihr Streit wurde, wie schon mancher andere, Mohandas Karamchand Gandhi, dem stillen Führer der Unabhängigkeitsbewegung, vorgetragen. Am 30. Januar 1948 hatte Patel mit Gandhi im Birla House in Neu-Delhi eine kontroverse Besprechung. Schließlich zog sich Gandhi zurück. Die Begegnung hatte ihn, der auf äußerste Pünktlichkeit bedacht war, verspätet zu seinem täglichen Gottesdienst erscheinen lassen. Er ging mit großen Schritten auf den Platz vor dem Birla House zu, wo ihn etwa fünfhundert Menschen erwarteten. Als er sich näherte, erhoben sich die meisten Andächtigen. Einige kamen langsam auf ihn zu. Diejenigen, die ihm zunächst standen, beugten sich hinab, um seine Füße zu küssen. Gandhi preßte die Handflächen zum traditionellen Hindu-Gruß zusammen.

In diesem Augenblick trat ein junger Mann Gandhi in den Weg und feuerte drei Schüsse ab. Die zweite Kugel traf; des Mahatmas weißer Schulterumhang und Schal färbten sich rot von Blut. Er murmelte: »Hey, Rama« – »Oh, Gott«. Der dritte Schuß streckte Gandhi tot zu Boden.

Der Leichnam wurde in das Haus zurückgetragen und den Hindu-Riten gemäß gewaschen und gesalbt. Es wurde der Vorschlag laut, den Mahatma einzubalsamieren. Sein Sohn Devadas und seine engsten Anhänger sträubten sich dagegen. Sie wollten keine anbetungswürdige Reliquie aus seinem Körper machen; vielmehr wünschten sie, ihn am nächsten Tag zu verbrennen.

Eine Million Menschen säumten den Weg vom Birla House zu den Ufern des heiligen Jumna, wo der Scheiterhaufen für die Bestattung stand. Eine zweite Million Trauernder scharte sich um den Scheiterhaufen. Der Papst, der Dalai Lama, der Erzbischof von Canterbury, der Ober-Rabbiner Englands, der König von Großbritannien, die Präsidenten der Vereinigten Staaten und der Republik von Frankreich sowie die Regierungen aller großen und kleinen Länder sandten Beileidstelegramme. Die Vereinten Nationen senkten ihre Flaggen auf Halbmast.

Gandhis Leben verlief zunächst in alltäglichen Bahnen. Er war ein wenig begabter Schüler und ein mittelmäßiger Jura-Student in London. Als Anwalt in Bombay scheiterte er. Ihn forderte erst der Kampf, den er in Süd-Afrika aufnahm. Die Schmach, die die Inder dort erdulden mußten, spornte ihn zu seinem Vorgehen gegen Ungleichheit und Vorurteile an. Seine Waffen waren Wahrheit, Vernunft und Friedfertigkeit. Aus diesen Grundsätzen entwickelte er seine Taktik, die er »zivilen Ungehorsam« nannte.

Gandhi war zu Anfang seiner öffentlichen Laufbahn kein eingeschworener Pazifist und kein radikaler Gegner der Kolonialherren. Er trat den englischen Streitkräften in Süd-Afrika bei, um den Verwundeten auf den Schlachtfeldern des Burenkrieges beizustehen, und rekrutierte im Ersten Weltkrieg Inder für die britische Armee. Nach seiner Heimkehr nach Indien im Jahr 1915 stellte er sich ausschließlich in den Dienst der indischen Unabhängigkeitsbewegung.

Die politischen Wirren und die Bestrebungen des indischen Nationalismus machten Gandhis Leben zur Tragödie. Die oktroyierte indische Verfassung aus dem Jahr 1935 trennte Burma von Indien und teilte das übrige Land in elf Provinzen unter je einem von der britischen Krone ernannten Gouverneur mit einem Vizekönig an der Spitze. Es erhielten zwar auch nahezu dreißig Millionen Menschen das Wahlrecht, aber den englischen Verwaltungsspitzen stand in allen Entscheidungen ein Veto-Recht zu. Da ein Gesetz getrennte Wählerschaften für religiöse Gemeinschaften einführte, entstand ein großer Unruheherd, weil Hindus und Moslems nun um politische Macht stritten. Die Wirren veranlaßten Mohammed Ali Jinnah, der in Bombay eine gut gehende Anwaltspraxis besaß und bis 1921 mit der indischen Kongreßpartei Gandhis, Nehrus und Patels zusammenarbeitete, sich ganz den Interessen der indischen Mohammedaner zu widmen. Bei den Wahlen von 1937, den ersten, die nach dem neuen Verfassungsgesetz durchgeführt wurden, gewann die Kongreßpartei eine überwältigende Mehrheit in neun der Provinzen, selbst in der überwiegend mohammedanischen nord-westlichen Provinz. Die Kongreßpartei benutzte diese Siege, ihre Macht auf Kosten der Muslim League, deren Präsident Jinnah seit 1934 war, zu vergrößern. Die

Jawaharlal Nehru, erster Ministerpräsident der Indischen Union

Mohandas Karamchand Gandhi, der »Mahatma«

Mohandas K. Gandhi als junger Rechtsanwalt in Johannesburg in Süd-Afrika um die Jahrhundertwende

Mohandas K. Gandhi mit dem letzten Vizekönig von Britisch-Indien, Louis Viscount Mountbatten of Burma, und Lady Mountbatten im Sommer 1947

Louis Viscount Mountbatten und Mohammed Ali Jinnah, der erste Generalgouverneur des unabhängigen Pakistans im Sommer 1947

Beziehungen zwischen den beiden großen Religionsgemeinschaften verschärften sich zusehends auch durch die soziale Entwicklung. 1940 wurde ein separater, mohammedanischer Staat auf dem indischen Subkontinent zur unabdingbaren Forderung der Mohammedaner. Von nun an nehmen die Auseinandersetzungen zwischen Hindus und Moslems an Schärfe und Grausamkeit zu.

Mahatma Gandhi war ein Mann der Tat. Sein feiner politischer Instinkt sagte ihm, daß der Zweite Weltkrieg der gegebene Zeitpunkt für Indien war, die Unabhängigkeit von Großbritannien zu begehren. Er plante daher eine allgemeine Bewegung des zivilen Ungehorsams für »Quit India« – »Verzicht auf Indien«. Von denen herausgefordert, die glaubten, daß die Engländer jetzt, da die Japaner an die östliche Tür klopften und die Deutschen auf Ägypten zumarschierten, das Land nicht verlassen dürften, sagte Gandhi auch zur Verwunderung seiner engsten Anhänger, daß die britischen Truppen bleiben und auch die Eisenbahnen und Häfen weiterhin verwalten dürften. Im Licht der drei Nachkriegsjahre gesehen, scheint es so, als ob die Verleihung der Unabhängigkeit während des Krieges eine Teilung Indiens verhindert und das Leben von Hunderttausenden von Menschen hätte erhalten können. Im Juni 1942 begann Gandhi mit seiner Quit-India-Bewegung. Sie ging bald in Gewalt über und endete in einem Fiasko. Gandhi und Hunderte von Führern der Kongreßpartei wurden ins Gefängnis geworfen. Nach seiner Freilassung im Jahr 1944 wußte Gandhi, daß ihm nur der verfassungsmäßige, legale Weg zur Unabhängigkeit offenstand, denn Bürgerkrieg lag in der Luft. Er konnte nicht mehr auf die Methoden zurückgreifen, die ihm seine meisten Siege und den größten Einfluß eingetragen hatten.

Gandhi begrüßte daher die Ankündigung des Premierministers der Labour-Regierung, Clement R. Attlee, im Unterhaus am 22. Februar 1947, daß Großbritannien Indien »nicht später als Juni 1948« aufgeben werde. Die Furcht, daß England in seinem geschwächten Nachkriegszustand einem rebellierenden Indien gegenüberstehen könnte, das sich von Gandhis vernunftgetragener Führung frei gemacht hatte, beflügelte den Wunsch der Engländer, ihrer ideologischen Verpflichtung gegenüber der indischen Unabhängigkeit nachzukommen. Aufgrund der Beschlüsse der Engländer kam am 24. März 1946 eine Regierungsdelegation nach Neu-Delhi, um mit allen einheimischen Parteien und ihren bedeutendsten Vertretern zu verhandeln. Am 16. Mai verkündeten Engländer und Inder gemeinsam einen Stufenplan für die indische Unabhängigkeit.

Die Vereinbarung legte dar, daß sie die Möglichkeit einer Teilung Indiens unparteilich und genau überprüft und festgestellt hätte, daß im vorgesehenen West-Pakistan fast achtunddreißig Prozent der Bevölkerung Nicht-Moslems, nämlich Hindus und Sikhs waren, und im voraussichtlichen Ost-Pakistan der Prozentsatz der Nicht-Moslems sogar etwas über achtundvierzig Prozent betrug, während rund zwanzig Millionen Moslems außerhalb Pakistans im Gebiet der zukünftigen Indischen Union lebten. »Diese Zahlen beweisen«, erklärte die englische Regierungsdelegation, »daß die Gründung eines separaten Staates Pakistan nach den von der Moslem-Liga geforderten Richtlinien das kommunale Minoritätsproblem nicht lösen würde.« Daher war es den englischen Vertretern nicht möglich, der britischen Regierung zu empfehlen, die Regierungsgewalt, die augenblicklich in britischen Händen lag, auf zwei getrennte und unabhängige Staaten zu übertragen.

Statt dessen sah ihr Plan ein föderatives Regierungssystem vor, das dem in Provinzen aufgegliederten Indien entsprach. Die Zentralbehörden in Neu-Delhi sollten sich mit Außen-, Handels- und Verkehrspolitik befassen. Indien sollte in drei regionale Föderationen geteilt werden, eine westliche mit einer überwiegenden und eine östliche mit einer knappen mohammedanischen Bevölkerungsmehrheit sowie den zentralen indischen Subkontinent, der hauptsächlich von Hindus bewohnt wurde.

Da ein unabhängiges Pakistan von der Kommission vollkommen abgelehnt wurde, nahm die Moslem-Liga unter Jinnahs Präsidentschaft zunächst die Lösung der dreifachen Föderation an. Die Kongreßpartei zögerte lange. Die Sozialisten, damals noch Mitglieder der Kongreßpartei, lehnten die religiöse Basis des künftigen Staatsgefüges ab. Andere hegten Befürchtungen, daß

Hindu- und Sikh-Gebiete in die westliche und östliche mohammedanische Föderation eingeschlossen werden könnten. Nehru argwöhnte, daß die Engländer nur Teilung vorschlugen, um indirekt weiterherrschen zu können. Gandhi vertraute jedoch der britischen Regierung. Die Gesamt-Indische Kommission stimmte dem Plan am 7. Juli 1946 mit einer Stimmenmehrheit von zweihundert zu einundfünfzig zu.

Nun fand eines der unglücklichen Ereignisse statt, die den Gang der Geschichte der Kontrolle der menschlichen Einsicht und Vernunft entziehen. Am 10. Juli hielt Jawaharlal Nehru in Bombay eine Pressekonferenz ab, in der er die Erklärung abgab, daß die Kongreßpartei der gesetzgebenden Versammlung beiwohnen werde. Sie fühle sich völlig unabhängig vom Abkommen und sei bereit, alle Lagen zu erörtern. Denn die Kongreßpartei habe sich nur damit einverstanden erklärt, der gesetzgebenden Versammlung beizuwohnen und habe sich die Freiheit vorbehalten, den Plan der Gesamtindischen Kommission nach bestem Wissen abzuändern.

Nehrus Verhalten machte Geschichte. Weil Nehru, der Präsident der Kongreßpartei, den Plan der föderativen Lösung verworfen hatte, nutzte Jinnah seinerseits die neue Lage und zog ebenfalls die Zustimmung der Moslem-Liga zu der Vereinbarung zurück. Am 27. Juli schlug er die Gründung Pakistans vor und bestimmte den 16. August zum Tag der Unabhängigkeitserklärung. Kalkutta, die am dichtesten bevölkerte Stadt Indiens, wurde das erste Opfer. Mohammedaner und Hindus gerieten in offenen Streit und ermordeten einander. Die Ausschreitungen währten vier Tage und Nächte; mindestens fünftausend Menschen wurden getötet und dreimal so viele verletzt.

Gandhi ging nach Kalkutta, um dem Haß Einhalt zu gebieten. »Ich werde Bengalen nicht verlassen«, so schwor er, »bis die letzten Funken der Unruhe ausgelöscht sind. Ich kann ein Jahr oder noch länger hier bleiben. Wenn notwendig, werde ich hier sterben.« Von Kalkutta fuhr er nach Noakhali in das von Wasserarmen durchzogene Delta des Ganges und Brahmaputra. Das Land stürzte in einen Bürgerkrieg. Viele Dörfer und Städte sanken in Schutt und Asche.

Gandhi blieb vom 7. November 1946 bis zum 2. März 1947 in Noakhali. In dieser Zeit lebte er in neunundvierzig Dörfern. Als der siebenundsiebzig Jahre alte Führer Noakhali verließ, konnte er beruhigt aufkeimende Zeichen des Friedens unter den Bewohnern der Gemeinden wahrnehmen. Der Mahatma wäre in Bengalen geblieben, wenn ihn nicht aus der angrenzenden Provinz Bihar Berichte erreicht hätten, daß Hindus gewaltsam an den Mohammedanern Vergeltung übten. Er ging nach Bihar, um auch dort Versöhnung zu stiften.

Am 22. März 1947 traf Lord Louis Mountbatten of Burma in Neu-Delhi ein, um das Amt des zwanzigsten und letzten Vizekönigs von Britisch-Indien anzutreten. Einen

Verbrennung der Leiche Gandhis am Ufer des Ganges am 31. Januar 1948

Gandhis persönlicher Besitz bei seinem Tod

Tag später erklärte Jinnah, daß Indien, wenn die Mohammedaner nicht Pakistan erhielten, einem schrecklichen Unglück entgegenginge. Der Vizekönig hätte noch die Macht, das Schlimmste zu verhüten. Mountbatten rief Gandhi aus Bihar zurück. Beide konferierten am 31. März zwei und eine viertel Stunde lang. Fünf weitere Unterredungen folgten während der nächsten zwölf Tage. Jinnah wurde eine gleiche Anzahl von Audienzen gewährt.

Nach Beendigung der Unterredung kehrte Gandhi nach Bihar zurück. Wenn er nicht beweisen konnte, daß die beiden religiösen Gemeinden einträchtig miteinander lebten, behielt Jinnah recht, und ein Pakistan war unvermeidlich. Gandhi sah voraus, daß eine Teilung die Probleme des indischen Subkontinents nicht lösen oder die Gewalttätigkeit verringern würde. Separatismus, so wußte er aus Erfahrung, verstärkte die Feindseligkeit. Daher galt sein ganzer persönlicher Einsatz dem Bau einer Brücke zwischen Hindus und Mohammedanern.

Lord Archibald P. Wavell, der Vorgänger Mountbattens, hatte ein gesamtindisches Interimskabinett gebildet mit Nehru an der Spitze und Beteiligung sowohl der Kongreßpartei als auch der Moslem-Liga. Angesichts der weitverbreiteten Unruhen beging die Kongreßpartei den Fehler, Patel das Innenministerium zu überlassen; das Finanzministerium übernahm Liaqat Ali Khan, Jinnahs rechte Hand. Die Mitglieder der Moslem-Liga im provisorischen Kabinett wandten jeden möglichen Kunstgriff an, um zu beweisen, daß beide Parteien zwar zusammengeschirrt waren, aber in entgegengesetzte Richtungen zogen und Indien so nicht verwaltet werden konnte.

Der für die Teilung Indiens am meisten verantwortliche Mann war Jinnah. Lord Mountbatten erläuterte in seiner Ansprache vor der Royal Empire Society in London am 6. Oktober 1948 wenige Wochen nach seiner Amtsniederlegung in Neu-Delhi, wie sich alles zugetragen hatte: »Jinnah stellte vom ersten Augenblick klar, daß er, solange er lebte, ein vereinigtes Indien nicht akzeptieren würde. Er forderte die Teilung, er bestand auf Pakistan.« Die Führer der Kongreßpartei begünstigten zwar ein ungeteiltes Indien, sie gaben aber zu, daß sie die Teilung annehmen würden, um einen Bürgerkrieg zu verhindern. Mountbatten war »überzeugt, daß die Moslem-Liga gekämpft hätte.« Mit diesem Problem konfrontiert, ging es darum, wie man teilen sollte. Die Kongreßpartei lehnte es ab, nicht-mohammedanische Gebiete Pakistan zu überlassen. »Das bedeutete automatisch eine Teilung der großen Provinzen Punjab und Bengalen«, sagte Mountbatten. Den Punjab bewohnten beinahe zur Hälfte Hindus und Sikhs. In Bengalen lebten noch mehr Hindus. Mountbatten fuhr fort: »Als ich Jinnah sagte, daß ich ihre, der Kongreßpartei, provisorische Zustimmung zur Teilung habe, geriet er außer sich vor Freude. Als ich ihm aber mitteilte, daß die logische Folgerung daraus wäre, daß der Punjab und Bengalen geteilt würden, war er erschrocken. Er brachte die stärksten Argumente vor, warum diese Provinzen nicht geteilt werden dürften. Er sagte, daß sie nationale Charakteristika besäßen und daß eine Teilung nur Unheil bringen müsse. Ich stimmte zu, aber ich wandte ein, wieviel mehr ich jetzt noch fühlte, daß die gleichen Erwägungen auf die Teilung von ganz Indien zuträfen. Das gefiel ihm nicht, und er begann mir zu erklären, warum Indien geteilt werden müßte, und so strichen wir wie Katzen um den heißen Brei, bis er endlich einsah, daß er nur ein vereinigtes Indien mit einem ungeteilten Punjab und Bengalen oder ein geteiltes Indien mit einem geteilten Punjab und Bengalen haben könnte; er akzeptierte schließlich das letztere.«

Jinnah war nicht in der Lage, Mountbattens Logik zu zerstören, aber Gandhi besaß eine Antwort. Er, der Verfechter der indischen Unabhängigkeit, bevorzugte die einheitliche Lösung. Die Briten, so wußte er, konnten der mohammedanischen Minderheit nicht die Macht überantworten. Wenn sie daher das Land zu verlassen wünschten, was sie offensichtlich wollten, dann mußten sie die Macht der Kongreßpartei übergeben, um ein ungeteiltes Indien zu erhalten. Nehru und Krischna Menon teilten Gandhis Überzeugung nicht. Nach dem Prinzip, daß ein halbes Indien besser sei als keines, glaubten sie nehmen zu müssen, was die Briten anboten.

So geschah es, daß am 15. August 1947 Indien zwar frei, aber auch geteilt wurde. Zwei unabhängige Staaten entstanden; die Indische Union und ein Pakistan, dessen beide Landesteile tausendfünfhundert Kilometer voneinander entfernt lagen. Beide Staaten blieben Mitglieder des Commonwealth. Der Tag, der die Krönung von Gandhis Lebenswerk sein sollte, war für ihn ein Tag der Trauer.

Der Dreiteilung Indiens folgte unmittelbar eine Katastrophe. Es begann eine große Wanderung. Fünfzehn Millionen Menschen verließen, von Angst getrieben und durch Massenmorde erschreckt, überstürzt die Heimat ihrer Ahnen: Mohammedaner zogen von Indien nach Pakistan, Hindus und Sikhs verließen in anderer Richtung

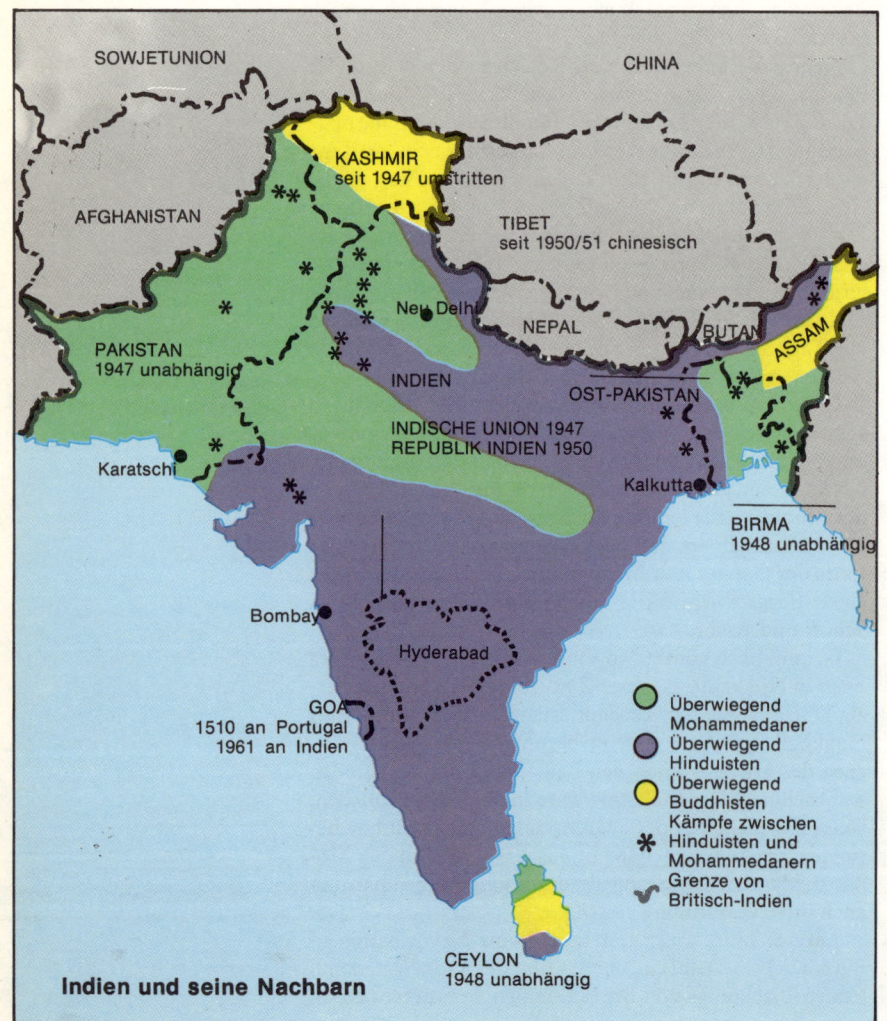

Indien und seine Nachbarn

Pakistan. Der fruchtbare, jetzt geteilte Punjab entließ Scharen halbverhungerter Menschen. Eine Marschkolonne von fast neunzig Kilometer Länge bewegte sich langsam, aber unaufhaltsam auf Neu-Delhi zu. Alle hofften dem Tod zu entrinnen. Geier kreisten hoch in den Lüften und stürzten sich auf die vielen Unglücklichen, die am Wegesrand zusammenbrachen. Die Regierung Nehrus ließ Lager errichten, um die aus dem Punjab kommenden Menschen abzufangen, bevor sie die Hauptstadt erreichen konnten. Aber Tausende durchdrangen die spärlichen Absperrungen. In Neu-Delhi saßen sie auf dem Straßenpflaster, in Eingängen und verlassenen Häusern. Alles, was einem entflohenen oder noch zögernden Moslem gehörte, war Freibeute.

Gandhi stürzte sich mitten in diesen Wirbel des Wahnsinns hinein, entschlossen, die Wogen mit Rufen nach Versöhnung und Frieden zu glätten. Langsam, teils aus Erschöpfung, teils infolge von Gandhis unermüdlichen Reden, schien Delhi eine Oase des Friedens zu werden.

Nach dem Ende seiner Fastentage wurde der Mahatma im Stuhl zum Gebet auf den Platz vor dem Birla House getragen, wo er sich aufgehalten hatte. Während der Gebete wurde eine handgefertigte Bombe auf ihn geschleudert. Gandhi blieb jedoch unverletzt. Der junge Mann, der die Bombe geworfen hatte, Madan Lal, war ein Hindu-Flüchtling aus dem Punjab.

Nach Madan Lals Versagen kam Nathuram Godse von Bombay herauf. Der fünfunddreißigjährige Herausgeber und Verleger der Wochenzeitschrift Hindu Mahasabha war ein Brahmane aus hoher Kaste. Er begann, um das Birla-House herumzulungern. In der Tasche seiner Jacke trug er eine kleine automatische Pistole. Godse sagte später vor Gericht aus, daß er über Indiens hohe Zahlungen an Pakistan erbittert war: »Ich habe tief über die am Hinduismus wiederholt begangenen Grausamkeiten nachgedacht«, bekannte er vor Gericht, »und die dunkle und tödliche Zukunft, wenn man von draußen dem Islam und von innen Gandhi überlassen ist.« Am Nachmittag des 30. Januar tötete er Mohandas Karamchand Gandhi.

Godse und acht weitere Männer, die der Verschwörung gegen Gandhi für schuldig befunden wurden, wurden gehängt. Gandhi, der jede Art von Töten ablehnte, hätte dieses Urteil nicht gebilligt. Gewaltlosigkeit war sein Banner und passiver Ungehorsam war seine schärfste Waffe gewesen. Seine Taten halfen Indien die Unabhängigkeit zu erringen; für ihn war die Freiheit Indiens das Vorspiel für das Emporkommen freier Inder, seiner Landsleute, die frei waren von politischer Korruption und Gandhis Idealen ergeben. Dieses Ziel hat er nicht erreicht. Indien blieb trotz des britischen Vermächtnisses, aber dank Gandhis Erbe und der stürmischen Persönlichkeit Nehrus, eine Demokratie. Obwohl heute noch die verantwortlichen Persönlichkeiten im öffentlichen Leben und viele andere Inder Gandhi ein wohlgesetztes Lippenbekenntnis leisten, ist er in Indien tot. Nur in den Herzen weniger lebt er wirklich weiter. »Kommende Generationen werden kaum glauben«, sagte Albert Einstein, »daß ein Mensch wie er jemals in Fleisch und Blut auf dieser Erde wandelte.«

LOUIS FISCHER

Grabmal Gandhis auf dem Kap Comorin in Süd-Indien

Gedenkstein für Gandhi inmitten des Grabmals

Krisen- und Friedenspolitik der Sowjetunion und

Gegen Ende der vierziger Jahre war die Siedlungskapazität Chinas erschöpft. Da nur knapp fünfzehn Prozent seiner riesigen Fläche landwirtschaftlich nutzbar waren und außerdem die Bevölkerung ständig anwuchs, brauchte es dringend neue Nahrungs- und Rohstoffquellen. Durch die antikommunistische Politik der westlichen Welt vom internationalen Handel ausgeschlossen, wandte sich das China Mao Tse-tungs notgedrungen seinen Nachbarn im Süden, Norden und Westen zu.

Indien

Eines der ersten Länder, das direkt mit der expansiven Außenpolitik Chinas konfrontiert wurde, war Indien. Besonders die Annexion Tibets durch die Volksrepublik China gab immer wieder Anlaß zu Krisen. Indien aber hatte vor allem mit innenpolitischen Problemen zu ringen. Der Aufteilung des Subkontinents zwischen Hindus und Moslems folgten jahrelange blutige Aufstände.

Jawaharlal Nehru, der Mitstreiter Mahatma Gandhis, hatte das Erbe einer zutiefst zerrissenen Nation angetreten, und die ersten Jahre seiner Amtszeit waren fast ausschließlich der Aufgabe gewidmet, die Inder untereinander zu versöhnen. Am 1. Januar 1949 wurden die Kämpfe um die nördliche Provinz Kashmir durch ein Waffenstillstandsabkommen zwischen Indien und Pakistan beendet. Die nun folgende Zeit war aber weiterhin von Spannungen erfüllt. Nehru, der ein realistischer und immer um friedlichen Ausgleich bemühter Staatsman war, führte sein Land fünfzehn Jahre lang. In dieser Zeit kämpfte Indien um seine innere Einheit, verteidigte seine Grenzen und rang um eine gesunde Wirtschaft, die sich noch ständig am Rand des Zusammenbruchs bewegte. Die Politik Nehrus profilierte die Republik der Indischen Union zu einer der führenden neutralen Staaten der Welt. Er selbst wurde zum moralisch gewichtigen Vermittler in internationalen Konflikten. Sein Ansehen und die Ergebenheit, die ihm sein Volk entgegenbrachte, waren so groß, daß sein Prestige noch Jahre über seinen Tod im Jahr 1964 hinaus wirkte.

Blockade Berlins

Aus Protest gegen die Empfehlungen der Londoner Sechsmächtekonferenz im Februar und März 1948 zur wirtschaftlichen Eingliederung der deutschen West-Zonen in West-Europa und zur Konstituierung einer verfassungsgebenden Versammlung für West-Deutschland verließ der sowjetische Militärgouverneur, Marschall Wassilij D. Sokolowskij, am 19. März

Soldaten der Vereinten Nationen in Korea

den Alliierten Kontrollrat, der danach nicht wieder zusammentrat. Die verschiedenen Währungsreformen in den West-Zonen einerseits und der Ost-Zone andererseits, bestimmten die westlichen Alliierten dazu, als die Russen ihre Währung auch für Groß-Berlin einführten, in ihren Sektoren nur die West-Mark zuzulassen. Daraufhin blockierten die Sowjets am 24. Juni West-Berlin und sperrten den Personen- und Güterverkehr über die Land- und Wasserwege nach den westlichen Zonen. Diese Provokation war der Höhepunkt einer Serie von Störmanövern, die das Ziel verfolgten, die Bemühungen der Alliierten um eine effektive gemeinsame Regierung des geteilten Deutschlands zu vereiteln. Am 26. Juni errichteten die West-Mächte eine Luftbrücke zwischen ihren Zonen und ihrem Berliner Besatzungsgebiet, um der isolierten Großstadt mit Versorgungs- und Wirtschaftsgütern die Existenz zu erhalten. Die sowjetische Delegation verließ nun auch die Alliierte Berliner Kommandatur. Demokratische Wahlen konnten nur noch in West-Berlin abgehalten werden, wo im Dezember 1948 der Sozialdemokrat Ernst Reuter Regierender Bürgermeister wurde. Am 12. Mai 1949 brachen die Sowjets ihr erfolgloses Unternehmen ab. Entsprechend der New Yorker Vereinbarung der vier Großmächte wurde der Zugang nach Berlin wieder hergestellt, ohne daß eine rechtliche Grundlage für die Benutzung der Zufahrtswege ausgehandelt wurde.

Der Koreakrieg

Korea erlitt ein ähnliches Schicksal wie Deutschland. Auch hier konnten sich die alliierten Besatzungsmächte nicht einigen, auf welchem Weg sie das Land zur Unabhängigkeit führen sollten. Die getrennten Besatzungszonen ruinierten die Wirtschaft des Landes, denn die in Potsdam beschlossene Teilung trennte den agrarischen Süden, die amerikanische Zone, vom industrialisierten, russisch besetzten Norden. 1948 entstand im sowjetischen Teil eine kommunistische Volksrepublik, während der Süden eine demokratische Regierung westlicher Prägung erhielt. Die Demarkationslinie, der 38. Breitengrad, wurde zur Staatsgrenze. Nachdem Amerikaner und Russen ihre Truppen abgezogen hatten, beanspruchten beide Staaten die Herrschaft über ganz Korea.

Am 25. Juni 1950 überschritten nord-koreanische Truppen an elf verschiedenen Abschnitten den 38. Breitengrad und drangen mit Waffengewalt nach Süd-Korea ein. Die Regierung rief die Vereinten Nationen um Unterstützung an. Der Sicherheitsrat stellte Friedensbruch durch Nord-Korea fest und forderte den Rückzug des Aggressors. Alle Mitgliedstaaten wurden aufgerufen, Süd-Korea zu unterstützen. Die Sowjetunion erklärte die Beschlüsse für ungültig, da ihr Vertreter nicht anwesend gewesen war. Die zur Hilfe nach Korea gesandten Truppen fochten unter der Flagge der Vereinten Nationen. Den Oberbefehl führte der Amerikaner Douglas MacArthur.

Im September begann eine Gegenoffensive der hauptsächlich aus Amerikanern bestehenden UN-Truppen, die die Nord-Koreaner bis an die Demarkationslinie zurückwarfen. Die Sieger überschritten dann im Oktober den 38. Breitengrad und stießen bis an die chinesisch-manchurische Grenze vor. Am 26. November jedoch nahm der Krieg eine entscheidende Wendung, die den UN-Truppen einen schweren Rückschlag versetzte. An diesem Tag griff die Armee der Volksrepublik China auf seiten Nord-Koreas in den Kampf ein. Am 1. Januar 1951 gelang es der so verstärkten Armee, die Linien der UN-Kontingente zu durchbrechen. Sogar Seoul, die Hauptstadt Süd-Koreas, fiel. Zwar gelang es den UN-Truppen, das fast völlig verlorene Süd-Korea wieder zu erobern, aber in der Nähe des 38. Breitengrades blieb die Offensive liegen. Keine der beiden Parteien vermochte einen eindeutigen Sieg zu erringen. Im Juli begonnene Waffenstillstandsgespräche wurden bald wieder abgebrochen, jedoch am 25. Oktober 1951 erneut aufgenommen.

Die Verhandlungen zogen sich über Monate hin; Bemühungen, eine Regelung auszuhandeln, wurden von den Kommunisten wiederholt vereitelt. Auch das sowjetische Veto im Sicherheitsrat belastete oder blockierte die Gespräche. Schließlich, am 26. Juli 1953, unterzeichneten Vertreter der UN-Truppen und der der Nord-Koreaner sowie Chinesen ein Waffenstillstandsabkommen. Einen Tag darauf wurden die Feindseligkeiten offiziell eingestellt. Eine Reihe späterer Zwischenfälle und die Tatsache, daß heute noch fremde Soldaten beiderseits des 38. Breitengrades stationiert sind, deuten darauf hin, daß der Waffenstillstand von 1953 diesen Krisenherd nicht gänzlich entschärfen konnte.

Russische Panzer in Ungarn im Oktober 1956

Freiheitskampf der Ungarn

Die ungarische Katastrophe von 1956 machte die Schwächen der Vereinten Nationen, die sich schon während der Koreakrise gezeigt hatten, vollends deutlich. Im Oktober jenes Jahres entlud sich in Budapest der seit langem angestaute Unmut der unterdrückten

der Vereinigten Staaten 1948–1958

Ablösung britischer Truppen durch Einheiten der Vereinten Nationen am Suez-Kanal im November 1956

Volksmassen in gewaltsamen antisowjetischen Aufständen. Eine Studentenversammlung hatte ein Sechzehn-Punkte-Programm ausgearbeitet, das der seit dem 24. Oktober amtierende Ministerpräsident Imre Nagy zu seiner Regierungsgrundlage machte: Abzug der Roten Armee, Abschaffung der Geheimpolizei, Wiederzulassung politischer Parteien, freie Wahlen und Freiheit des Individuums. Die sowjetischen Truppen zogen sich scheinbar zurück. Neue, starke Panzerverbände überschritten aber fast gleichzeitig die Grenzen. Daraufhin kündigte Ungarn den Warschauer Pakt, erklärte seine Neutralität und hoffte auf westliche Hilfe. Nun griff die Rote Armee Budapest an, führte Scheinverhandlungen, verhaftete die entscheidenden Führer des freien Ungarns, setzte eine Gegenregierung ein und erstickte den Aufstand grausam und blutig. Die Hilferufe der legalen Regierung Ungarns verhallten ungehört. Die Vollversammlung der Vereinten Nationen begnügte sich mit der Forderung nach Abzug der fremden Truppen.

Suez-Konflikt

Als die amerikanische Regierung Ägypten die finanzielle Unterstützung zum Bau des Nil-Staudammes bei Assuan verweigerte, verstaatlicht Präsident Gamal ad-Din Nasser den Suezkanal, um die fehlenden Geldmittel zu erhalten. Alle Anstrengungen der vereinigten Kanalbenutzer, Ägypten durch diplomatischen wie auch wirtschaftlichen Druck zum Nachgeben zu zwingen, scheiterten.

Am 29. Oktober marschierten israelische Truppen in Ägypten ein und eroberten die Sinai-Halbinsel. Unter dem Vorwand, den Kanal zu sichern und die israelisch-ägyptischen Kämpfe zu beenden, unternahmen Engländer und Franzosen Luftangriffe in der Kanal-Zone. Schließlich landeten sie dort mit Fallschirmjägern. Die Vereinigten Staaten verurteilten die Aggression. Die Sowjetunion drohte mit bewaffnetem Eingreifen. Nachdem eine UN-Polizeitruppe die Kanal-Zone besetzt hatte, zogen sich Anfang Dezember Engländer und Franzosen zurück. Dieses Unternehmen versetzte dem moralischen und politischen Prestige der westlichen Großmächte einen schweren Schlag

Gamal ad-Din Nasser, Präsident von Ägypten

und wirkte sich unmittelbar auf die Krise in Ungarn aus, da den Westmächten für ein energisches Eintreten für die Freiheitskämpfer der Boden entzogen war.

Der Vordere Orient blieb weiterhin ein Krisengebiet. Zu den zahlreichen Konflikten der folgenden Jahre gehörten eine Auseinandersetzung zwischen Syrien und den Vereinigten Staaten im Jahr 1957, eine dramatische Ost-West-Konfrontation, die sich aus Grenzstreitigkeiten zwischen der Türkei und Syrien ergeben hatten, immer wieder aufflackernde Feindseligkeiten zwischen Israel und seinen arabischen Nachbarn sowie die Landung amerikanischer Truppen im Libanon und britischer in Jordanien im Jahr 1958.

Alle diese Ereignisse waren Vorboten des blitzartigen, taktisch klugen und erfolgreichen Angriffskrieges, den Israel im Juni 1967 gegen die arabischen Staaten unternahm. Seine Offensive von Luftwaffe und Bodentruppen richtete sich in erster Linie gegen Raketenstützpunkte und Flugzeugbasen in Ägypten.

Süd-Amerika

In der Zeit unmittelbar nach dem Krieg konzentrierte sich die Aufmerksamkeit der Vereinigten Staaten auf West-Europa und den Fernen Osten. Die Beziehungen zu Latein-Amerika wurden weitgehend vernachlässigt. Wenigstens eine Zeitlang schien es dort auch kaum Anlaß zur Besorgnis zu geben: Von der Gefahr einer Machtübernahme durch Kommunisten in der Neuen Welt war noch nichts zu spüren. Die Beziehungen zwischen den Vereinigten Staaten und ihren mittel- und süd-amerikanischen Partnern waren freundschaftlich. 1947 schlossen die Staaten Latein-Amerikas auf der Panamerikanischen Konferenz in Rio de Janeiro einen Vertrag mit dem Versprechen gegenseitiger Hilfe im Fall eines bewaffneten Angriffs. Ein Jahr später entwickelte die Panamerikanische Konferenz in Bogota Pläne für die »Organisation Amerikanischer Staaten« (OAS), ein Bündnis, durch das die Zusammenarbeit auch auf die Wirtschaft ausgedehnt wurde.

Die Ruhe in Süd-Amerika trog jedoch. Hinter der friedlichen Fassade trugen radikale politische Kräfte einen erbitterten Kampf aus. Die Auseinandersetzung zwischen den Rebellen, die in Latein-Amerika demokratische Verhältnisse schaffen wollten, und den herrschenden Militärdiktaturen stärkte zunächst die Position letzterer.

Unter den Diktatoren tat sich besonders Juan Domingo Peron hervor. Im Februar 1946 durch die Unterstützung der Arbeiter und der Gewerkschaften an die Macht gekommen, hatte er in Argentinien, dem reichsten Land des südlichen Kontinents, ein autoritäres Regime errichtet. In den Jahren seiner Herrschaft verfolgte er ein Programm der Pressezensur und der Verstaatlichung der Wirtschaft sowie des Großgrundbesitzes. Im Juni 1955 erreichte die Erbitterung über die Tyrannei des argentinischen Präsidenten ihren Höhepunkt. Rebellierende Offiziere putschten, was schließlich zum Sturz Perons führte.

Im November 1956 – während Peron im Exil weilte, unternahmen auf Kuba bewaffnete Revolutionäre ihre ersten Angriffe auf die grausame Diktatur des Präsidenten Fulgenico Batista, denen bald weitere folgen sollten. Unter Führung des jungen Rechtsanwaltes Fidel Castro schlugen die Rebellen im Osten der Insel, in der Sierra Maestre ihr Lager auf. Sie überlebten wiederholte Angriffe der Regierungstruppen. Der wachsende Terror im Land, der innerhalb von zwei Jahren tausende Opfer forderte, brachte den Gegnern des Systems nur Sympathien

Senator Joseph McCarthy

ein. Im November 1958, zwei Jahre, nachdem sie sich zum erstenmal erhoben hatten, holten die Kämpfer Castros zum vernichtenden Schlag aus.

Innerhalb eines Monats geriet die Macht der Regierung ins Wanken. Als die dreihundert Mann Castros in Santa Clara eine zehnfach überlegene Garnison von Regierungstruppen in die Flucht schlugen, floh Batista. In den folgenden Monaten geriet Kuba sehr schnell unter sowjetischen Einfluß. Im Mai 1961 wurde die Insel zu einem sozialistischen Staat proklamiert.

Die Ereignisse auf Kuba hatten gezeigt, daß die Repräsentanten der alten Ordnung in Latein-Amerika den sozialen Erfordernissen der Nachkriegszeit – wie gerechte Verteilung des Grundbesitzes auf dem Land und wirklich demokratischer Regierung – nicht gewachsen waren.

Roter Sieg in China

1949

Die Kommunisten rückten am 23. April 1949 in Nanking, der Hauptstadt der Kuomintang-Regierung Chinas, ein. Für einige begann die kommunistische Hegemonie auf dem Festland China an diesem Tag, obwohl aufgrund einer anderen Entscheidung der 1. Oktober 1949 als Nationaltag gefeiert wird. Kanton wurde jedoch nicht vor Mitte Oktober dieses Jahres besetzt; die große Insel Hainan im Süd-Chinesischen Meer wurde noch später eingenommen. Am 1. Oktober besaßen die Kuomintang noch immer einen Stützpunkt in Fukien, das der Meerenge von Formosa gegenüberliegt. Die Provinz Yünnan, die an Französisch-Indochina und Burma angrenzt, fiel nicht vor Mitte Dezember, und Ch'eng-tu, die Hauptstadt von Szechwan hielt sich bis zum 27. Dezember. Schon im April 1949 war Nanking nur noch dem Namen nach Hauptstadt. Das Staatsoberhaupt Chiang Kai-shek war am 21. Januar zurückgetreten; sowohl er als auch seine Regierung weilten nicht mehr in Nanking.

Die unverteidigte Stadt fiel nach Übergabeverhandlungen kampflos. Es gab keine Gefechte, obwohl die Kommunisten einige Tage vorher, als sie am Nord-Ufer des Yang-tzu lagen, einige wenige Artillerieschüsse abgaben. Zehntausende von Zivilisten, die vor einem zu erwartenden Massaker entflohen, das nie stattfand, strömten ostwärts in Richtung auf Shanghai zu. Aber die kommunistischen Verbände hatten den Weg abgeschnitten. Die Armeen von Mao Tse-tung marschierten leise, beinahe bescheiden in die Stadt ein, die seit 1928 die Hauptstadt des Kuomintang-China war. Von 1937 bis 1945 hielten die Japaner sie besetzt, und von 1940 bis 1944 residierte dort das Marionetten-Regime von Wang Ching-wei.

Auf den Straßen von Nanking gab es keine Menschenmassen, um die Neuankömmlinge zu verfluchen oder zu begrüßen. Es war seltsam genug, daß die Kommunisten die gleichen Uniformen trugen wie die Kuomintang-Truppen, nur waren die der Kommunisten aus einer gröberen Baumwolle gefertigt und ein wenig grüner eingefärbt. Die Geschäfte hatten die Läden herabgelassen, wie es in China üblich war, wo und wann auch immer Militär einzog. Jeder erwartete das Schlimmste von den Soldaten. Als sie sich nicht traditionsgemäß verhielten, war die erste Reaktion der Bevölkerung mehr Verwirrung als Dankbarkeit. Die kommunistischen Truppen plünderten, raubten oder vergewaltigten nicht. Ihr vorbildliches Verhalten, das mit der Tradition brach, erschien der Bevölkerung beunruhigend. Die psychologische Wirkung war überwältigend und im wahrsten Sinn des Wortes revolutionär.

Die Propagandamaschinerie wurde sofort in Gang gesetzt, als die Künstlerabteilung, die mit der Vorhut eingetroffen war, bunte Bilder auf die Wände zu malen begann. Das beinahe unveränderliche Thema war ein Soldat mit einem roten Stern an der Mütze, der das chinesische Volk von den Imperialisten und Kuomintang-Banditen befreite. Die Zeichnung war meist von primitivem Realismus und erinnerte an russische Revolutionsplakate. Die Lokalzeitung nahm unter einer neuen Redaktion ihr Erscheinen wieder auf. Kaum zwei Stunden nachdem die ersten kommunistischen Soldaten Nanking betreten hatten, strahlte die Rundfunkstation wieder Sendungen aus und gab sogar Einzelheiten über das Programm der ganzen folgenden Woche bekannt. Die Polizei, die größtenteils ihre Posten behielt, schien einer blitzschnellen Gehirnwäsche unterzogen worden zu sein: Über Nacht verwandelten sich ihre Verdrießlichkeit und Arroganz in lächelnde Höflichkeit allen gegenüber.

Die Kommunistische Partei Chinas wurde am 1. Juli 1921 gegründet. Die ersten organisatorischen Maßnahmen leitete ein russischer Delegierter des Komintern, der Funktionär Gregorij Woitinsky. Die ersten Mitglieder erhielten ihre politische Ausbildung in Europa: Chou En-lai und Li Li-san in Frankreich, Chuh T'e in Deutschland, Ch'ü Ch'iu-pai in Rußland. Zu dieser Zeit war es hauptsächlich eine Partei von Intellektuellen, die für die proletarischen Massen wenig Anziehungskraft besaß. Als sie sich im Jahr 1923, um überleben zu können, mit der Nationalen Partei Chinas (Kuomintang) verbündete, zählte sie nicht mehr als dreihundert eingeschriebene Mitglieder.

Die Kuomintang unter Sun Yat-sen, dem »Vater der chinesischen Revolution«, war zu dieser Zeit die einzige organisierte, revolutionäre Kraft im Land. Die kommunistische Partei, die enge Verbindungen mit den Sowjets pflegte und offiziell mit der Kuomintang verbündet war, tat ihr Möglichstes, um sie zu durchdringen und zu unter-

Chiang Kai-shek als junger Offizier und Anhänger der Partei der Kuomintang

Feier des Sieges der Kommunisten über die National-Chinesen anläßlich der Proklamation der Volksrepublik China am 1. Oktober 1949

Beerdigung des Begründers und Präsidenten der Republik China Sun Yat-sen im März 1925

graben. Sun Yat-sen selbst erhoffte sich von den Russen Hilfe, besonders auf dem Gebiet der Parteiorganisation und der Propaganda, die sie dank ihrer Verbindungen zu den chinesischen Kommunisten leisten konnten. Die noch immer weitgehend diskriminierende Politik der westlichen Großmächte gegenüber China trieb Sun Yat-sen konsequenterweise in die Arme der Russen.

Eigentlich waren es die russischen, nicht die chinesischen Kommunisten, mit denen Sun Yat-sen 1923 eine feste politische Partnerschaft einging. Sein Tod im Jahr 1925 änderte zunächst die Situation nicht. Die Vorbereitungen für den Feldzug von 1926 gegen die selbständigen Militärmachthaber, die in Mittel- und Nord-China ganze Regionen kontrollierten, waren in vollem Gang. Der sowjetische Beistand war unentbehrlich, auch wenn die Führer des rechten Flügels der Kuomintang unter Chiang Kai-shek bereits Bedenken gegenüber den Kommunisten hegten. Letztere benutzten damals schon den Parteiapparat der Kuomintang zu eigenen Zwecken und waren so erfolgreich, daß ihre Partei im Jahr 1926 etwa fünfundvierzigtausend Mitglieder zählte.

Im Juli des gleichen Jahres begann die Revolutionsarmee unter Chiang Kai-shek ihren Feldzug nach Norden und machte schnelle Fortschritte. Wuhan wurde erobert und der Sitz der nationalen Regierung dorthin verlegt. Im Frühjahr erreichte Chiang Kai-shek den Yang-tzu, Shanghai und Nanking fielen ihm in die Hände. Jetzt brach die Kuomintang-Regierung mit den Kommunisten. Letztere zogen sich nach Hunon und Kiangsi zurück und gründeten die Rote Armee Chinas. 1928 erreichten die Kuomintang Peking und erhoben Nanking zur offiziellen Hauptstadt Chinas, wo Chiang Kai-shek ein Militärregime etablierte.

Nun war der Drang zum Norden vergessen. Die dortigen separatistischen Machthaber fürchteten den wachsenden Einfluß der Kommunisten mehr als den Nationalismus Chiang Kai-sheks und arrangierten sich mit ihm. 1930 brach der Bürgerkrieg zwischen Kuomintang-Truppen und der kommunistischen Roten Armee aus. Das Glück wandte sich gegen die Kommunisten, die gezwungen wurden, sich nach Süden zurückzuziehen. Die erste chinesische Sowjetrepublik wurde 1931 in der süd-östlichen Provinz Kiangsi gegründet. Die Nationalisten unternahmen fünf Feldzüge, um die Kommunisten zu ver-

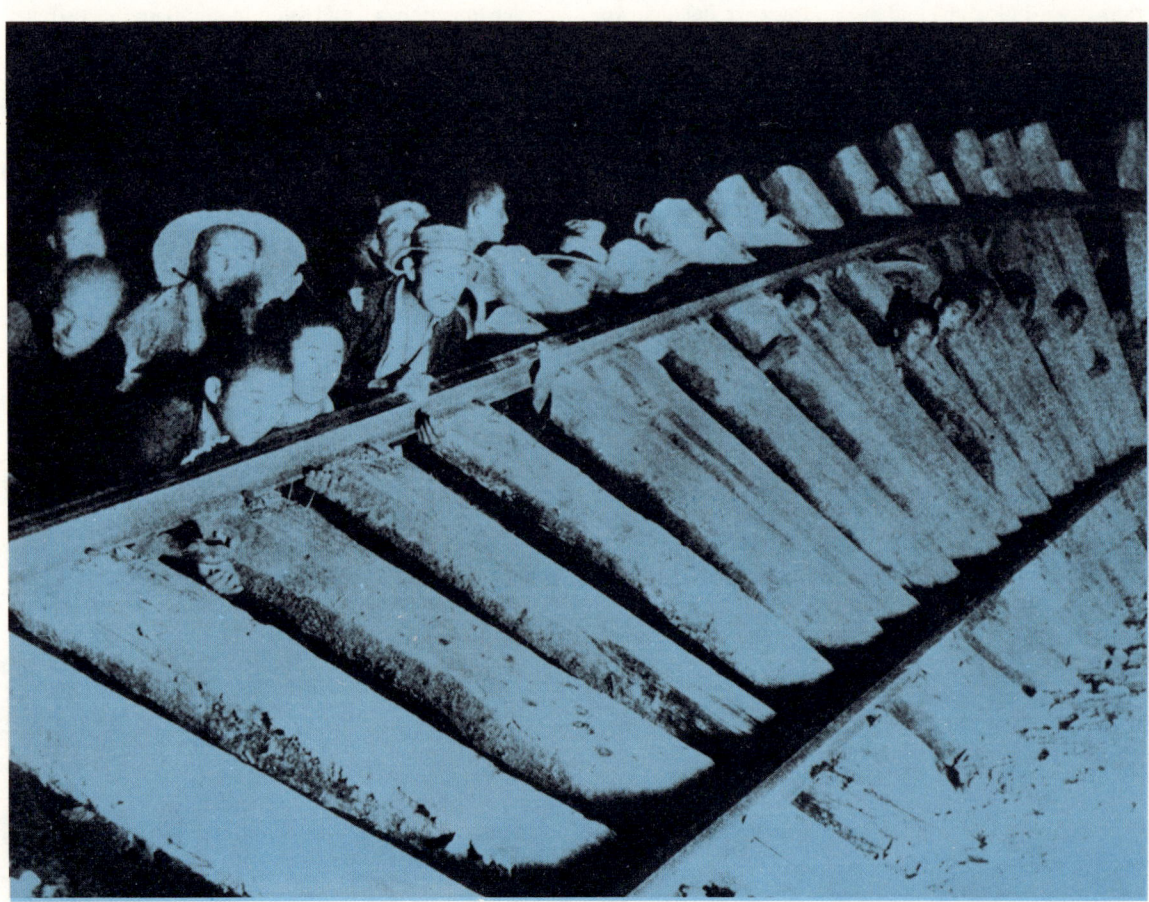

Kommunistische Partisanen bei der Zerstörung einer Eisenbahnlinie

treiben. Erst im Herbst 1934 begann der Exodus der Kommunisten, der berühmte »Lange Marsch«, zuerst nach Westen, dann nach Norden. Auf großen Umwegen erreichten sie die nord-westliche Provinz Shensi. Die Hauptstadt Yenan wurde das Hauptquartier der Kommunistischen Partei Chinas. Ein ganzes Jahr lang hatten Mao Tse-tung und seine Genossen um ihren Weg fechten müssen, der sich mehr an der Peripherie Chinas bewegte. In dieser Zeit festigte sich die politische Führung Mao Tse-tungs.

Während China von inneren Unruhen zerrissen wurde, kam es 1931 zum ersten Zwischenfall mit Japan. Die Japaner besetzten Mukden und schließlich die ganze Manchurei. Im Jahr 1936 drohte eine weitere japanische Invasion, und jedermann in China wußte es. Es wurde allgemein behauptet, daß die Nationalisten damals bereit waren, mit den Japanern gemeinsame Sache zu machen, aber nichts könnte weiter von der Wahrheit entfernt sein. Chiang Kai-shek war sich der neuen japanischen Bedrohung durchaus bewußt und bereit, ihr energisch entgegenzutreten. Jedoch hatte er sehr deutlich gezeigt, daß er vorerst die Kommunisten liquidieren wollte. Ein sechster Feldzug gegen sie war geplant. Der Anführer war der »junge Marschall« Chang Hsueh-liang. Sein Hauptquartier lag ebenfalls in Shensi bei Sian, nahe dem kommunistischen Zentrum. Er besaß genügend Truppen und Ausrüstungsgegenstände, um erfolgreich operieren zu können. Er zögerte jedoch; so flog im Dezember 1936 Chiang Kai-shek persönlich nach Sian, wo ihn Chang Hsueh-liang festnahm.

Die kommunistischen Streitkräfte und ihre Anhänger zählten hundertdreißigtausend Mann, als sie ihre Stützpunkte in Kiangsi Ende 1934 verließen. Kaum dreißigtausend erreichten Yenan. Die erschöpften, wenn auch heroischen Truppen, für die es schwierig war, sich in fremden Gebieten zurechtzufinden, denen es an Waffen mangelte und die sich in schlechtem Allgemeinzustand befanden, waren nicht in der Lage, Chang Hsueh-liang zu widerstehen, hätte er den ihm gegebenen Befehlen gehorcht. Als er zögerte, eroberten die Kommunisten Yenan. Wenige Tage später kam der kommunistische General Chou En-lai nach Sian, um mit Chiang Kai-shek zu verhandeln. Dieser Schritt befreite ihn aus den Händen der Meuterer. Es folgte ein Waffenstillstand zwischen

Studenten in der Roten Armee Chinas beim Singen anti-japanischer Lieder während der japanischen Besatzungszeit

Truppen der Roten Armee beim Einmarsch in Nanking am 23. April 1949

Mao Tse-tung

Kuomintang und Kommunisten und eine vereinigte antijapanische Front, die Mitte 1937 in einem gemeinsamen Manifest zur Zusammenarbeit gegen den äußeren Feind gipfelte.

Wahrscheinlich hätte weder 1923 noch 1936 die Kommunistische Partei Chinas ohne die Partnerschaft mit der Kuomintang überleben können. Während des Krieges mit Japan wurde zwar ein Waffenstillstand aufrechterhalten, wobei aber beide Seiten sich bewußt waren, daß der Kampf um die Macht nur aufgeschoben war. Im Dezember 1941 zogen Japans Überfall auf Pearl Harbor und sein gleichzeitiger Angriff auf Englands Besitzungen im Fernen Osten die gesamte angelsächsische Welt auf Seiten Chinas in den Krieg hinein. Die Ereignisse brachten es mit sich, daß viele amerikanische Militärs und Diplomaten nach Chungking, Chinas Hauptstadt während des Krieges, kamen.

Die japanischen Streitkräfte in Nord-China drangen auf den Hauptstraßen und an den Haupteisenbahnlinien entlang schnell südwärts vor. Aber sie bauten keine ununterbrochene Front auf. Zwischen den Verkehrswegen und dem Hinterland lag ein riesiges militärisches, politisches und administratives Vakuum. Die Kommunisten erkannten bald ihre Chance in der Durchdringung dieses Gebietes. Am Ende des Zweiten Weltkrieges, im Herbst 1945, besaßen sie in vielen Provinzen gesicherte Stützpunkte.

In Chungking widmete Chou En-lai seine Aufmerksamkeit klug und brillant den Amerikanern. Er wirkte so überzeugend, daß Jahre bevor im Kongreß eine Interessengruppe für National-China entstand, eine Fraktion von Anhängern Mao Tse-tungs im Außenministerium existierte, bei der die Meinung vorherrschte, daß die chinesischen Kommunisten demokratisch gesonnen und ihr Ziel liberale Reformen seien.

Darum war, als die Japaner kapitulierten, die Position der Kommunisten äußerst stark, sowohl auf nationaler als auch internationaler Ebene. Sie waren bereit, den Bürgerkrieg wiederaufzunehmen, denn schon während des offiziellen Burgfriedens zwischen Kuomintang und Kommunisten hatten militärische Zusammenstöße stattgefunden. Aber der äußere Schein mußte gewahrt bleiben. Die Nationalisten befanden sich in einer schwierigen Situation: Sie hegten hinsichtlich der Machtbestrebungen der Roten keinerlei Illusionen. Seit 1936 hatten sie viel an Boden verloren, als sie die Kommunisten, praktisch aus Notwehr, kurz vor ihrer Besiegung zu Bündnispartnern machten.

Die Feindseligkeiten brachen gleich nach der japanischen Kapitulation, noch im August 1945, wieder aus, als der kommunistische Oberbefehlshaber seinen Truppen in Nord-China befahl, die Japaner zu entwaffnen. Mit Hilfe einer amerikanischen Luftbrücke schlugen die Nationalisten den Versuch nieder. Immerhin hatte der Waffenstillstand ein spektakuläres Ende gefunden, obwohl beide Seiten weiterhin ihren Wunsch nach Frieden proklamierten.

Die Situation verschärfte sich so, daß Präsident Truman General George Marshall als Vermittler nach China sandte. Seine Bemühungen führten zu einem Waffenstillstandsabkommen, das im Januar 1946 unterzeichnet wurde. Alle Parteien bildeten eine Koalitionsregierung. Aber schon im November mußte die Nationalversammlung gegen kommunistischen Widerstand eröffnet werden. Eine Einigung zwischen Kuomintang und Kommunisten kam nicht mehr zustande. Die Lage verschärfte sich so, daß der Bürgerkrieg erneut ausbrach.

Zunächst waren die Kuomintang unter Chiang Kai-shek erfolgreich. Sie schlugen drei kommunistische, von LinPiao geführte Offensiven zurück und besetzten sogar Yenan. Das unerklärliche Verhalten des Generals Fu Tso-yi, der Chiang Kai-sheks Vertrauen besaß, bei der Kapitulation der Streitkräfte in Nord-China, obwohl sie zahlenmäßig den Kommunisten überlegen waren, verschob die Gewichte. Im August 1948 wurde die Volksfront-Regierung von Nord-China in Hopei errichtet, und der beispiellose Siegeszug der Kommunisten begann.

Die Beziehungen zwischen Washington und der Regierung der Kuomintang waren seit den letzten Kriegsmonaten getrübt, als General Stillwell, der Befehlshaber der amerikanischen Berater und Militärs bei Chiang Kai-shek, die Gewohnheit annahm, ihn in seinem ziemlich weitläufigen Freundeskreis, ja sogar vor der Presse als »Peanut« – »Erdnuß« zu bezeichnen. Auch bewies die Botschaft der Vereinigten Staaten in Chungking allzugroße Sympathie für die Kommunisten in Yenan. Ein beträchtliches gegenseitiges Mißtrauen entwickelte sich.

Nach dem »Victory-Japan-Day« und dem beinahe unmittelbar danach wieder aufflackernden Bürgerkrieg in China unternahmen die Amerikaner verschiedene Vermittlungsversuche und bemühten sich immer wieder, Kompromisse zu erreichen. Sowohl Kuomintang als auch Kommunisten spielten ein undurchsichtiges Spiel. Sie konnten die politische Blindheit und Naivität der Amerikaner nicht fassen. Washington hatte die Roten immer bevorzugt; und es setzte diese Politik fort, nachdem die Vermittlungen Marshalls gescheitert waren.

Die Kommunisten, die nun keinen Grund mehr hatten, den Amerikanern gegenüber ein freundliches Gesicht zu zeigen, griffen sie in ihrer Propaganda sofort an. Zu diesem Zeitpunkt, als die chinesischen Kommunisten offen ihre anti-amerikanische Bewegung starteten, stellte die amerikanische Regierung ihre Hilfslieferungen an Chiang Kai-shek ein, ohne irgend etwas gegen die chinesischen Kommunisten zu unternehmen.

1949, nach der kommunistischen Machtübernahme auf dem Festland und der Beschränkung der Kuomintang auf Taiwan (Formosa), waren die Amerikaner bereit, National-China abzuschreiben. Um die öffentliche Meinung in der Heimat und im Ausland auf eine solche Politik vorzubereiten, veröffentlichte das Außenministerium ein Weißbuch, das auf eine Denunzierung des Kuomintang-Regimes hinauslief und die Kommunisten diskret des amerikanischen Wohlwollens versicherte. Dieses Dokument, das der erste offizielle Hinweis darauf war, sich aus Ost-Asien zurückzuziehen, wurde in Taipei, dem neuen Regierungssitz Chiang Kai-sheks auf Taiwan, mit Unbehagen aufgenommen. Taipei sollte offensichtlich bald allein stehen.

Am 1. März 1950 zog Chiang Kai-shek, der seinen Rücktritt als Präsident der Chinesischen Republik angeboten hatte, diesen Antrag zurück und nahm sein Amt wieder auf. Zu diesem Zeitpunkt konnte diese Handlung als mutig gelten, denn die Stellung Taiwans sah nahezu hoffnungslos aus.

Am 25. Juni drangen Truppen aus dem kommunistisch beherrschten Nord-Korea in die Republik Süd-Korea ein. Die Vereinigten Staaten eilten unter der Flagge der Vereinten Nationen den bedrängten Süd-Koreanern zu Hilfe und hielten schließlich weiterhin ihren militärischen Schild über Chiang Kai-sheks bedrängtes Insel-China. Jahrelang unterstützten die Amerikaner propagandistisch den Großmachtanspruch der Chinesen auf Taiwan, bis 1971 der Ausschluß von den Vereinten Nationen den National-Chinesen entgültig jegliche Illusion von einer Rückkehr auf das Festland nahm.

JACQUES MARCUSE

Truppen der Roten Armee beim Einmarsch in Peking am 31. Januar 1949

Lin Pi-ao mit einem Buch der Aussprüche des Vorsitzenden Mao Tse-tung

Internationale Entspannung. Innenpolitische Unruhen in Amerika

Amerikanisches Spionageflugzeug Lockheed U-2

Der Geist des Friedens, der vom Zweiten Vatikanischen Konzil ausging, schien wenigstens eine Zeitlang auch die Weltpolitik zu beeinflussen. Anfang der sechziger Jahre ließen die Spannungen des Kalten Krieges nach; die Vereinigten Staaten und die Sowjetunion unternahmen Schritte zu einer wirklichen Entspannung. Ministerpräsident Nikita Chruschtschow verfolgte konsequent einen Kurs der friedlichen Koexistenz, wie er ihn 1956 zuerst formuliert und 1959 auf dem 21. Parteitag in Moskau bekräftigt hatte. Nach seinen Vorstellungen sollte diese Haltung dem Westen gegenüber nicht nur, wie zu Zeiten Stalins, ein taktischer, zeitlich begrenzter Kompromiß bleiben, sondern zur außenpolitischen Grundlinie einer neuen, konsumorientierten Sowjetunion werden.

Die Entspannungspolitik schien den Sowjets in den frühen sechziger Jahren besser in ihr ökonomisches und militärisches Konzept zu passen als feindselige Konfrontation. Aktiv und hartnäckig strebte Chruschtschow die Verbesserung der Ost-West-Beziehungen an und stattete den Vereinigten Staaten im September 1959 sogar einen Staatsbesuch ab. Im Juni 1961 trafen der sowjetische Ministerpräsident und Präsident Kennedy in Wien zusammen. Eines ihrer Gesprächsthemen war die ins Stocken geratene Konferenz über atomare Abrüstung. Am 15. Juli 1963 wurden die Genfer Verhandlungen erneut aufgenommen, und am 5. August unterzeichneten Großbritannien, die Vereinigten Staaten und die Sowjetunion ein begrenztes Atomteststoppabkommen.

Im Geist der Entspannung, wie er in der päpstlichen Enzyklika »Pacem in terris« beschworen wurde, fand auch das Treffen zwischen Bundeskanzler Konrad Adenauer und dem französischen Präsidenten Charles de Gaulle in Paris statt. Als Erfolg ihrer Gespräche zeichnete sich eine Verbesserung der Beziehungen zwischen ihren beiden Ländern ab. Man vereinbarte eine noch engere Zusammenarbeit auf wirtschaftlichem und militärischem Gebiet, als es die Europäische Wirtschaftsgemeinschaft und die Nordatlantische Verteidigungs-Organisation bereits vorsahen. Im selben Jahr schlug Präsident Kennedy der Sowjetunion ein gemeinsames Raumfahrtprogramm vor. Ministerpräsident Chruschtschow forderte den Abschluß eines Nichtangriffspaktes zwischen der NATO und den Staaten des Warschauer Paktes.

Marsch auf Washington

Während die internationale Lage sich entspannte, verschärften sich die innenpolitischen Gegensätze in den Vereinigten Staaten. Im Spätsommer 1963, nur wenige Tage nach der Unterzeichnung des Atomteststoppabkommens, kamen etwa zweihunderttausend Amerikaner, Weiße wie Farbige, in Washington am Denkmal George Washingtons zusammen. Man bezeichnete ihre Demonstration als »die größte Versammlung zur Abschaffung von Unrecht«, die die amerikanische Hauptstadt je gesehen hatte. Ein Jahrhundert nach Abraham Lincolns Erklärung zur Befreiung aller Sklaven fanden sich aufgebrachte schwarze Amerikaner und weiße Sympathisanten zusammen, um dagegen zu protestieren, daß die Nation versagt hatte, den Negern jene Rechte zu verschaffen, die ihnen schon von Lincoln zugesagt und durch die Verfassung garantiert worden waren.

Die Demonstration in Washington verlief ruhig; allerdings kam es vorher und nachher in den Süd-Staaten und schließlich im ganzen Land zu »Sit-ins« und »Lie-ins«, die weniger friedlich waren. Immer militanter auftretende Organisationen der Neger forderten die Beendigung der Rassendiskriminierung im öffentlichen Leben, in Verkehrsmitteln, in Schulen und im Beruf sowie die Beseitigung der Rassenschranke in den Parlamenten, den höheren militärischen Rängen und dem Staatsdienst.

Amerikas »Heiße Sommer«

Die Bürgerrechtsbewegung erzielte schließlich Erfolge: 1965 wurde das »Civil Rights Bill« verabschiedet, das Lese- und Schreibkenntnisse sowie andere benachteiligende Kriterien zur Erteilung des Wahlrechts abschaffte. 1969 forderte das Oberste Bundesgericht in einer Entscheidung die sofortige Rassenintegration an öffentlichen Schulen. Doch bevor es hierzu kam, mußte das Land eine Zeit erleben, die vielen wie ein zweiter amerikanischer Bürgerkrieg erschien. Der erste grö-

Martin Luther King

ßere Zusammenstoß ereignete sich im Spätsommer 1965 in Watts, dem Negerghetto von Los Angeles. Der fünf Tage anhaltende Aufruhr verwüstete ein ganzes Stadtviertel mit hundertfünfzig Häuserblocks. Bis zu seiner Niederschlagung starben vierunddreißig Menschen, davon achtundzwanzig Neger, eines gewaltsamen Todes, über tausend wurden verletzt und fast viertausend verhaftet.

Rassenunruhen blieben bis zum Jahr 1967 das beherrschende innenpolitische Problem der Vereinigten Staaten. Damals brachen in Newark in New Jersey und in Detroit in Michigan neue Aufstände aus. Die Auseinandersetzungen in Newark, die am 12. Juli begannen, währten sechs Tage und hatten schließlich beinahe die halbe Stadt erfaßt. Fünf Tage darauf kam es in Detroit zu einer großen Erhebung. Um Aufständen dieser Größenordnung, die in der amerikanischen Geschichte ohne Beispiel waren, Herr zu werden, mußten die örtlichen Polizeibehörden und bewaffnete Bundestruppen gewaltsam einschreiten.

Machtwechsel in der UdSSR

Auch die Sowjetunion war in dieser Zeit nicht gegen Auseinandersetzungen im Innern gefeit. Als die Angebote von Ministerpräsident Chruschtschow an den Westen immer häufiger und im Ton versöhnlicher wurden, wuchs der Widerstand gegen seine Politik der friedlichen Koexistenz in den eigenen Reihen. Mitte Oktober stürzten oppositionelle Mitglieder des Zentralkomitees der KPdSU den siebzigjährigen Ministerpräsidenten und entkleideten ihn seiner Parteiämter. Die Nachfolge traten Alexej N. Kossygin als Regierungschef und Leonid I. Breschnew als Erster Sekretär des ZK der KPdSU an. Beide beteuerten, »keine Änderung in den Grundsätzen der Außenpolitik« vorzunehmen, aber die westlichen Kreml-Experten beurteilten in den folgenden Monaten die Chancen für eine Fortsetzung der Ost-West-Entspannung immer pessimistischer.

Vietnam

Der Sturz Chruschtschows war nur ein Ereignis unter vielen, die in den Jahren 1963 und 1964 die Hoffnungen der Welt auf Frieden ernsthaft gefährdeten. So putschte am 2. November 1963 in Süd-Vietnam eine Offiziersverschwörung erfolgreich gegen Präsident Ngo dinh-Diem und ermordete ihn später. Zwanzig Tage später fiel der amerikanische Präsident John F. Kennedy einem Attentat zum Opfer, als seine Autokolonne gerade durch Dallas in Texas fuhr.

Mao Tse-tung und Nikita Chruschtschow

und Rußland. Krisen um Vietnam und die Tschechoslowakei 1962–1969

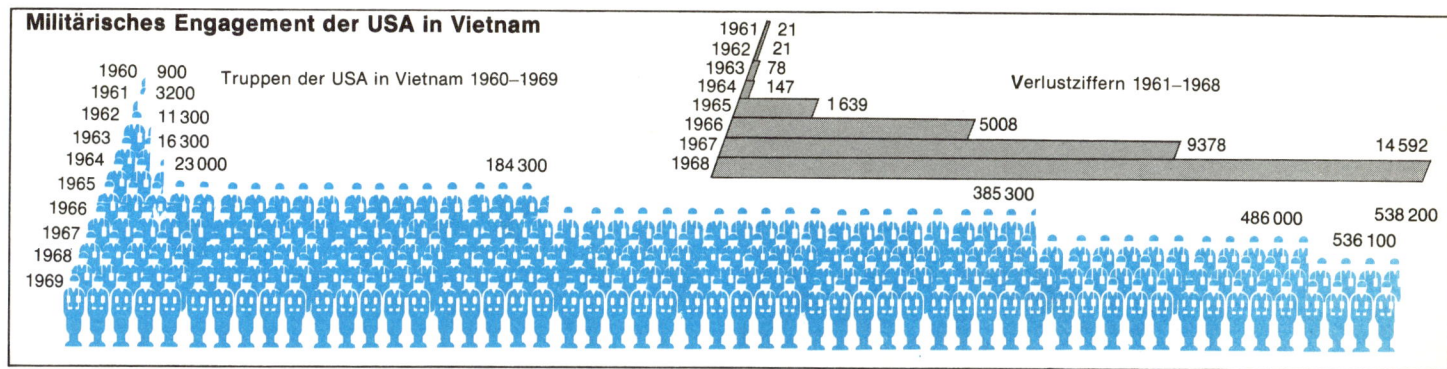

Lyndon B. Johnson, der Vizepräsident und Nachfolger Kennedys, war kaum neun Monate im Amt, als sich im Süd-chinesischen Meer ein Zwischenfall ereignete, der die amerikanische Politik im Fernen Osten radikal ändern und der die Vereinigten Staaten schließlich erneut in einen Landkrieg in Asien verwickeln sollte. Am 2. und noch einmal am 4. August 1964 sollten nord-vietnamesische Torpedoboote zwei amerikanische Zerstörer beschossen haben, die im Golf von Tonking vor Nord-Vietnams Ost-Küste kreuzten. Obgleich keines der beiden amerikanischen Schiffe beschädigt wurde, befahl Präsident Johnson als Vergeltungsmaßnahme einen Bombenangriff auf nord-vietnamesische Küstenstellungen und ein Treibstofflager.

Als Antwort auf die verstärkte Infiltration aus Nord-Vietnam in Süd-Vietnam erhöhten die Amerikaner während der folgenden Monate die Stärke ihrer Truppen im Land beängstigend schnell. Vor dem Zwischenfall im Golf von Tonking betrug dort die Zahl der amerikanischen Soldaten annähernd sechzehntausend Mann. In den folgenden vier Jahren stieg sie auf mehr als eine halbe Million Soldaten.

Die Dominikanische Republik

Präsident Johnson stellte die Bereitschaft, seine Politik auch mit Waffengewalt durchzusetzen, erneut unter Beweis, als er im April 1965 Marineinfanteristen bei Santo Domingo auf Haiti landen ließ. Die Soldaten unterdrückten in der Hauptstadt der Dominikanischen Republik gegen die Regierung gerichtete Unruhen und kamen damit einem drohenden Staatsstreich linker Kräfte zuvor. Am 5. Mai hatte man sich in Verhandlungen auf einen Waffenstillstand geeinigt. Die Interventionstruppen der Vereinigten Staaten räumten die Insel wieder.

Eskalation in Vietnam

Der gleiche Vorgang wiederholte sich bald in Süd-Vietnam, wo regierungsfeindliche Truppen, die in großen Teilen des Landes durch die Bevölkerung unterstützt wurden, kompromißlos und radikal den vereinten Anstrengungen von Amerikanern und Süd-Vietnamesen, sie zu vertreiben oder zu vernichten, weiterhin widerstanden. Wiederholte schwere Bombenangriffe auf Nachschublager und Verbindungswege in Nord- und Süd-Vietnam sowie das angrenzende Laos behinderten wohl die Aktivitäten der Vietcong im Süden, konnten sie jedoch nicht völlig ausschalten. Deshalb bekundete Präsident Johnson seine Absicht, die Bombardierungen des Nordens entscheidend einzuschränken, um die Vorbereitungen für Verhandlungen zu ermöglichen. Außerdem sprach Johnson sich für Friedensgespräche zwischen allen Beteiligten aus, um den Konflikt zu

Alexander Dubček

beenden. Die Regierung im Norden, in Hanoi, ging auf diese Vorschläge ein, und im Mai begannen in Paris die offiziellen Gespräche.

Johnson hielt sich an sein bereits im März 1968 gegebenes Versprechen, im November nicht für eine Wiederwahl zu kandidieren, sondern sich in den noch verbleibenden Monaten auf das Bemühen um eine »ehrenhafte Lösung« des Krieges zu beschränken.

Ausgang des Jahrzehnts

Johnsons alarmierende Ankündigung war nur das erste Ereignis von mehreren, die die amerikanischen Bürger im Frühjahr und im Sommer 1968 überraschten, entmutigten und verwirrten. Im Juni wurde der New Yorker Senator Robert F. Kennedy, ein Bruder des ermordeten Präsidenten und einer der Bewerber um die Nominierung zum Präsidentschaftskandidaten der Demokratischen Partei, erschossen. Der Anschlag geschah am Abend seines ersten Wahlkampferfolges in Kalifornien. Kennedy starb nur wenige Wochen nach der Ermordung des Pastors Martin Luther King jr., des Organisators des Marsches auf Washington 1963, Träger des Friedensnobelpreises und lange Zeit Führer der amerikanischen Bürgerrechtsbewegung. Diese beiden Tragödien beraubten die abseits stehenden gemäßigten und nach friedlichen Reformen strebenden Minderheiten Amerikas sowohl ihrer politischen als auch geistigen Führung. Aus dem nun einsetzenden Wahlkampf um die Präsidentschaft gewann der Kandidat der Republikaner, Richard M. Nixon, knapp vor dem Demokraten und Vizepräsidenten Hubert H. Humphrey.

Im August 1968 hörte die Welt die

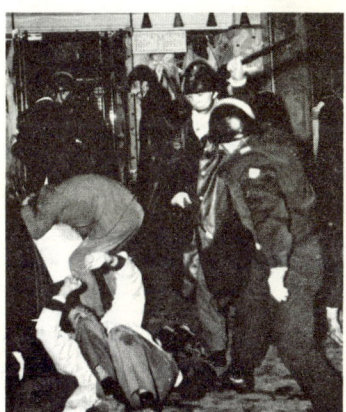

Studentenunruhen in Paris im Jahr 1968

Nachricht, daß russische Panzer nach Prag eingerollt waren, um die liberale Regierung Alexander Dubčeks unter massiven Druck zu setzen. Das Jahrzehnt, das so verheißungsvoll begonnen hatte, schien in Chaos und Verwirrung zu enden. Das traditionelle Zusammengehörigkeitsgefühl der Partner der Großmächte war gelokkert; die Spannungen um Korea hatten sich erneuert; die Gefahr sowjetischer Unterdrückung bedrohte Ost-Europa stärker denn je; England befand sich in einer Periode wirtschaftlicher Schwierigkeiten; Frankreich versuchte nach dem Tod de Gaulles wieder Anschluß an ein vereintes Europa zu bekommen. Die Welt hatte wenig Anlaß zum Optimismus.

Averell Harriman und Nguyen Cao Ky

De Gaulles Rückkehr an die Macht 1958

General Raoul Salan

General Charles de Gaulle

Am 13. Mai 1958 gegen sechs Uhr abends stürmte unter dem Ruf »Es lebe das algerische Frankreich!« eine Menschenmenge algerischer Europäer den Sitz des Generalgouvernements in Algier.

Die Spannung bei den französischen Siedlern Algeriens stieg seit Monaten. Die Aktiven unter ihnen ermunterten zu Demonstrationen, Streiks und blutigen Zwischenfällen, um die Regierung in Paris zu zwingen, am Verhandlungstisch eine Lösung für den Konflikt mit der Nationalen Befreiungsfront der Araber um das Land Algerien zu suchen.

Zum ersten Mal in der Kolonialgeschichte Algeriens erhoben sich Europäer gegen die Autorität der Französischen Republik. Die für die öffentliche Ordnung verantwortlichen örtlichen Behörden leisteten keinen Widerstand. Die Polizei verbarg ihre Sympathie für die Aufständischen nicht; die Armee verhielt sich abwartend.

Doch als die Erregung stieg, bekannte auch die Truppe Farbe. Einer ihrer angesehensten Offiziere, General Jacques Massu, Sieger in der »Schlacht von Algier«, der Reinigung der Stadt von der Befreiungsfront, erschien auf dem Balkon des Hauses und rief der Menge zu: »Die Armee ist mit Euch!«

Kurz vor neun Uhr trat er erneut auf den Balkon und verlas ein Telegramm, das er an den Präsidenten der Republik, René Coty, gesandt hatte: »Setze Sie davon in Kenntnis, daß im Hinblick auf den Ernst der Lage, die Notwendigkeit, die Ordnung aufrechtzuerhalten und Blutvergießen zu vermeiden, ein ziviler und militärischer Wohlfahrtsausschuß unter meinem, General Massus, Vorsitz gebildet worden ist. Fordern die Bildung einer Wohlfahrtsregierung in Paris, die allein Algerien als integralen Bestandteil des französischen Mutterlandes erhalten kann.«

Der Aufstand hatte gesiegt. Die Armee hatte den Rubikon überschritten. Die Vierte Republik lag im Sterben. Tatsächlich hielt sich das gegenwärtige Regime nur noch mit verzweifelten Mitteln am Leben. Hinter einer Fassade der Legalität war das Staatsgebäude bereits morsch geworden. Seit ihrer Gründung 1946, nach der Abdankung Generals Charles de Gaulle, konnte die Vierte Republik nie eine innere Festigkeit gewinnen. Innerhalb von zwölf Jahren hatten in Frankreich fünfundzwanzig Regierungen einander abgelöst.

Das »System«, wie es de Gaulle bezeichnete, hatte sich dem Kräftespiel zwischen den politischen Parteien ausgeliefert. Seit der Befreiung besaß die Kommunistische Partei regelmäßig ein Viertel der Wählerstimmen. In dieser gescheiterten Demokratie schien sie die einzige beständige Kraft. Die Kommunisten bekämpften, ebenso wie die gaullistische Opposition, jede Regierung, außer die von Pierre Mendès-France, der 1954 die Europäische Verteidigungsgemeinschaft scheitern ließ, sowie Guy Mollet, dessen Sozialisten 1956 die KPF aus der Isolierung führen sollten. An den Schaltstellen der Macht war die Politik nur noch eine Sache persönlicher Rivalität. Dabei vollbrachten die Politiker der Vierten Republik oft unter schwierigsten Bedingungen bemerkenswerte Leistungen. Doch niemandem gelang es, sich über die Parteiungen zu erheben, die sogar innerhalb der eigenen Kreise bestanden.

Frankreich ging aus dem Krieg und der deutschen Besatzungszeit zerstört, ausgeplündert und demoralisiert hervor. Mit dem Wiederaufbau waren die verschiedensten Interessengruppen zu Macht und Einfluß gelangt, deren Egoismus das Land in mehrere Lager spaltete. Seit der Besetzung bestand der Gegensatz zwischen den Anhängern der Regierung in Vichy und der Résistance. Die Entwicklung der Weltpolitik hatte zur Auseinandersetzung zwischen den Verteidigern nationaler Unabhängigkeit und denen der europäischen Integration geführt. Endlich bekämpften sich die Verfechter des Kolonialreiches und die, die aus Idealismus oder aus materiellen Interessen wünschten, daß Frankreich sich auf sein Mutterland zurückzog.

Die Dekolonisierung war für viele schmerzlich. Da die Regierung diese Entwicklung nicht rechtzeitig erkannte, mußte sie nun überall unter Zwang weichen. So endete der Krieg in Indochina mit einem schmählichen Rückzug aus Asien, während in Nord-Afrika, Tunesien und dann Marokko nach schweren Erschütterungen ihre Unabhängigkeit erhielten. Seit November 1956 herrschte in Algerien Krieg. Auf das Mutterland übten mehr als eine Million Europäer Druck aus, dem Paris immer wieder nachgab. Auf der anderen Seite standen achteinhalb Millionen Mo-

Siegesfeier der Alliierten in Paris, im Vordergrund Premierminister Winston Churchill und Ministerpräsident Charles de Gaulle, November 1944

hammedaner, die, obwohl sie neun Zehntel der Bevölkerung ausmachten, nur sieben Prozent der Spitzenpositionen innehatten. Lediglich einer von fünfundsiebzig Mohammedanern besuchte die Schule. Diese Massen wandten ihre Blicke mehr und mehr der Dritten Welt zu, aus der sich die alten Kolonialmächte allenthalben zurückzogen.

Der französische Justizminister François Mitterand bezeichnete die Intervention des Mutterlandes gegen die Rebellion der Algerier 1956 noch als »reine Polizeiaktion«. 1958 stand fast die gesamte französische Armee in Algerien. Die in Indochina gedemütigten französischen Offiziere glaubten sich von den verantwortlichen Politikern verraten. Sie sahen die Unentschlossenheit der Politiker als Defätismus an und wollten Algerien als Provinz Frankreichs erhalten. Am 13. März 1958 belagerten die Pariser Polizisten aus Unzufriedenheit über ihre Gehaltsbedingungen die Nationalversammlung, bespuckten und bedrohten die Deputierten. Als die Revolte am 13. Mai in Algier losbrach, besaß die Regierung keine Kontrolle mehr über die Polizei und sah nun auch die Armee gegen sich.

Die Nachricht von dem Aufstand stürzte die politische Führung in Paris in völlige Verwirrung. Die Regierung des Ministerpräsidenten Félix Gaillard, die am 15. April gestürzt worden war, führte noch die Geschäfte. Der designierte Nachfolger Pierre Pflimlin wurde in der Nacht des 13. Mai dank kommunistischer Unterstützung zum neuen Regierungschef gewählt. Unentschlossen, schlecht informiert und zwischen den einzelnen Gruppen hin- und hergerissen, versuchte der neue Ministerpräsident sich an die Macht zu klammern. Er schickte ein Vertrauenstelegramm an die aufständischen Offiziere und suchte zugleich nach Mitteln, ihrer Gehorsamsverweigerung zu begegnen. Das Parlament glich einem Bienenkorb, in dem die widersprüchlichsten Gerüchte hin- und herschwirrten. Das Land aber erfaßte eine gewaltige Strömung. Man begriff, daß das »System« tot war.

Eine Lösung wurde immer öfter vorgeschlagen: der Appell an den General de Gaulle, den einstigen Befreier des Landes, der Frankreich die nationale Souveränität wiedergeschenkt hatte. Am 14. Mai rief Hubert Beuve-Méry, der Chefredakteur von »Le Monde« in seinem Leitartikel aus: »Sprechen Sie, Herr General!« Die Zeitung »L'Aurore«, die für ihre antigaullistische Linie bekannt war, stieß in dasselbe Horn. Sogar der Chefredakteur des »Echo d'Alger«, ein ehemaliger Anhänger Henri Philippe Pétains und eingeschworener Gegner des Generals, schrieb am Abend des 13. Mai: »Ich beschwöre Sie, Herr General, sprechen Sie, sprechen Sie rasch. Ihre Worte werden eine Tat sein!« Den entscheidenden Schritt jedoch tat General Raoul Salan, der Oberkommandierende der französischen Truppen in Algerien, als er am 15. Mai vom Balkon des Gouvernementsgebäudes in Algier im Namen des Militärs und der Zivilgewalten »Es lebe de Gaulle!« ausrief. Das hieß, die Aufständischen wollten sich dem General unterordnen.

Der Mann, an den alle diese Appelle gerichtet wurden, lebte zurückgezogen in dem Dorf Colombey-les-deux-Eglises. 1946 hatte er auf die Macht im Staat verzichtet,

Landung französischer Fallschirmjäger bei dem Stützpunkt der Vietmin, Dien Bien Phu, im Norden Indochinas im Jahr 1953

da er des Gezänkes der Parteien müde war. »Dies ist das Ende meiner Illusionen«, schrieb er damals. »Jetzt heißt es, die Rückkehr vorzubereiten.«

Sein Ziel glaubte er zunächst dadurch zu erreichen, daß er eine eigene Partei, die Sammlungsbewegung des französischen Volkes (Rassemblement du peuple français), gründete. Nachdem dieser Versuch gescheitert war, zog er sich zurück. Es war ein »Gang durch die Wüste«. Am 2. Juli 1955 sagte er vor Journalisten: »Ich verabschiede mich, vielleicht für lange.«

Während dieser Pressekonferenz hatte er trotzdem seiner Überzeugung Ausdruck verliehen, daß das gegenwärtige Regime früher oder später zusammenbrechen werde. Während der Algerienkrise gab er sich keinen Illusionen hin. »Das Regime hat Indochina, Tunesien und Marokko verloren, und es wird auch Algerien verlieren«, vertraute er Besuchern an. Diese Haltung tröstete die Anhänger eines französischen Algeriens: »Wenn also de Gaulle wiederkommt, dann wird er Algerien retten«, meinten sie. Aber sie gaben sich einem reinen Wunschdenken hin. Denn de Gaulle war seit langem davon überzeugt, daß eine Dekolonisierung nicht aufgehalten werden konnte. Schon 1943, mitten im Krieg, hatte er als Haupt des »Freien Frankreich« für die Völker des französischen Kolonialreiches mehr Autonomie vorgesehen. Für Algerien hatte er eine sehr enge Bindung zwischen zwei unabhängigen Staaten ins Auge gefaßt. Nach seiner Machtübernahme 1958 war es dafür zu spät.

Die Verschlechterung der Lage lockte de Gaulle zunächst nicht aus seiner Reserve. Jeder erwartete von ihm ein Zeichen. Aber erst nachdem die Offiziere in Algier sich zu ihm bekannt hatten, brach er sein Schweigen. »... Angesichts der harten Prüfungen, die das Land erfahren hat, möge es wissen, daß ich mich bereithalte, die Regierungsmacht in der Republik zu übernehmen.« So endet ein Kommuniqué des Generals, das er am 15. Mai gegen sechs Uhr abends verbreiten ließ.

Nach dieser Botschaft kannte die Begeisterung seiner Anhänger keine Grenzen mehr. Die Frage lautete jetzt nicht mehr, ob de Gaulle die Macht übernehmen würde, sondern wann und wie. In Regierungskreisen herrschte Verwirrung. Die harten Minister wollten dem General entgegentreten. Innenminister Jules Moch und Verteidigungsminister Pierre de Chevigné verfügten Order und Gegenorder am laufenden Band, aber vergeblich: Niemand gehorchte ihnen. Ebenso vergebens versuchte die Regierung, den Fluß der Nachrichten durch eine Zensur zu hemmen; vergebens wurden die Gegner als Faschisten bezeichnet; vergebens organisierten die Gewerkschafter einen Generalstreik.

Die Nationalversammlung schwebte zwischen Angst und Verzweiflung. Was würde die Rückkehr de Gaulles, der dem Parteispiel so abhold war, bringen? Würden rebellische Truppen aus Algier in Frankreich landen? De Gaulle schien das kleinere Übel zu sein. Die Führer der sozialistischen Partei statten ihm einen geheimen Besuch ab; anschließend waren sie versucht, sich dem Appell an den General anzuschließen. Der gemeinsame Druck von allen Seiten brachte sogar Ministerpräsident Pflimlin dazu, de Gaulle im geheimen aufzusuchen.

Die Zusammenkunft fand am 26. Mai nachts in St. Cloud statt. Noch ehe Pflimlin einen Entschluß fassen konnte, schlug ein neues Kommuniqué des Generals wie eine Bombe ein: »Ich habe die üblichen Verhandlungen aufgenommen, um eine republikanische Regierung aufzustellen.« Man glaubte, de Gaulle habe die Dinge so rasch vorangetrieben, um der drohenden Landung algerischer Insurgenten in Frankreich zuvorzukommen. Jedenfalls konnte das, was er in Gang gebracht hatte, nicht mehr rückgängig gemacht werden. Der Präsident der Republik, Coty, beauftragte offiziell de Gaulle mit der Regierungsbildung. Am 2. Juni wählte ihn die Nationalversammlung mit 329 gegen 224 Stimmen zum Ministerpräsidenten und stattete das neue Kabinett für ein halbes Jahr mit außerordentlichen Vollmachten aus. Es war das Ende der Vierten Republik.

Die Erschütterungen, die die Geburt der Fünften Republik einleiteten, wurden in der ganzen Welt mit Aufmerksamkeit verfolgt. Rußland und seine Verbündeten befanden sich in der Phase der Entstalinisierung. Die neuen Herren im Kreml, vor allem der Ministerpräsident Nikita S. Chruschtschow, leiteten eine Politik der Entspannung ein. Die politischen Schlagworte lauteten: Ende des Kalten Krieges, friedliche Koexistenz, höherer Lebensstandard.

In den Vereinigten Staaten zeichnete sich eine andere Entwicklung ab. Die stärkste Weltmacht nach dem Zwei-

General Jacques Massu

Staatspräsident René Coty im Gespräch mit Ministerpräsident Félix Gaillard

Stimmzettel für die Volksabstimmung um die Unabhängigkeit Algeriens am 1. Juli 1962

Erhebung französischer Truppen und Siedler in Algerien gegen die französische Regierung in Paris im Mai 1958

ten Weltkrieg besaß nicht mehr das Atomwaffenmonopol und drohte den Wettlauf um die Beherrschung des Weltraums ebenfalls zu verlieren. Ihre weltpolitischen Bestrebungen stießen allenthalben auf Hemmnisse. Das eigentliche China stand im kommunistischen Lager. Der Baghdadpakt, der den Status quo im Nahen Osten sichern sollte, war unwirksam geworden. Die Dritte Welt erhob sich gegen den Imperialismus der ehemaligen Kolonialmächte. Und im Innern begannen die Amerikaner daran zu zweifeln, ob die Außenpolitik eines John Foster Dulles nicht einer Revision bedürfe. Darum nahmen die Vereinigten Staaten, sobald sie sich der Bündnistreue der Fünften Republik versichert hatten, die Regierung de Gaulles wohlwollend zur Kenntnis.

Der Wandel in Ost und West zwang die west-europäischen Staaten zu einer politischen Neuorientierung. Das Ideal des Vereinten Europa war ein Mythos geblieben. Am 25. März 1957 hatte Frankreich in Rom die Verträge der Europäischen Wirtschaftsgemeinschaft (EWG) gemeinsam mit den Benelux-Staaten, Deutschland und Italien unterzeichnet. Aber zunächst folgten kaum Taten. Die Vierte Republik war in Algerien gebunden und unfähig, am neuen Europa mitzuwirken. Die französische Wirtschaft stagnierte, die Staatsfinanzen waren zerrüttet.

Die französischen Partner in der EWG hatten es mit der Übernahme einer solchen Last nicht eilig. Das Frankreich der Vierten Republik galt als der »Kranke Mann Europas«. Die Rückkehr de Gaulles, dessen Einstellung zu

Charles de Gaulle in einer Karikatur aus dem Jahr 1958 und als Präsident der Fünften Republik

gebnis einer historischen Leistung. Vor allem aber hatte sich de Gaulle mit einer Anzahl politischer Doktrinen in verschiedenen Ländern identifiziert. Viele Politiker, die für nationale Eigenständigkeit eingetreten waren, wurden als Gaullisten bezeichnet. Am Ende sollte aber auch nicht vergessen werden, daß die Idee von einem eigenständigen Europa, das natürliche Beziehungen zu Amerika einerseits und zu Rußland andererseits unterhält, ohne sich in das politische Spiel des einen oder des anderen hineinziehen zu lassen, nicht von de Gaulle stammt.

EDOURD SABLIER

Charles de Gaulle bei einem Besuch in Nord-Afrika

übernationalen Einrichtungen bekannt war, wurde als Bedrohung für die europäische Idee empfunden.

Mit dem Machtantritt de Gaulles änderte sich Frankreichs Stellung. Man erkannte in ihm den Mann, der einst Frankreich verkörperte, als der Zweite Weltkrieg das Land in den Abgrund stieß. Seit dieser Zeit arbeitete er an der Wiedergeburt seines Landes. Im Innern wurden durch die Verfassung vom 4. September 1958 die Grundlagen für ein stabiles Staatswesen gelegt. Die Finanzen wurden geordnet und auswärtige Schulden sogar vorzeitig getilgt.

Während der ganzen Amtszeit de Gaulles bewegte Regierende und Beobachter in aller Welt die Frage, ob er in Frankreich eine tiefgreifende Wandlung bewirkt hätte und was aus dem Land nach ihm werden würde. Die innere Krise, die Frankreich im Mai 1968 erschütterte, hatte zur Abdankung des Generals im April 1969 wesentlich beigetragen. Doch sie zeigt auch, daß die Fünfte Republik auf soliden Fundamenten ruhte.

Auch das Frankreich nach dem Weggang des Generals zeichnete sich durch die relative Kontinuität aus, die seine Regierung gesichert hatte. De Gaulle führte Frankreich in mehrfacher Hinsicht auf einen Weg, auf dem es keine Umkehr gab. Der Grundsatz der nationalen Eigenständigkeit war nach ihm wohl nicht mehr umstritten. Das politische Kräftespiel zwischen den Parteien, ein Erbteil der Vierten Republik, ist zwar nicht ganz verschwunden, wird aber zunehmend unpopulärer.

De Gaulle ist einer der wenigen Männer, die das 20. Jahrhundert zwar stark geprägt haben, aber er hat auch manche positive Entwicklungen rückläufig werden lassen. Darum auch war sein Rücktritt mehr ein Abdanken eines Herrschers, der sich selbst überlebt hatte.

In der Weltpolitik ist der Bestand eines europäischen Frankreichs nach dem Verlust des Kolonialreiches das Er-

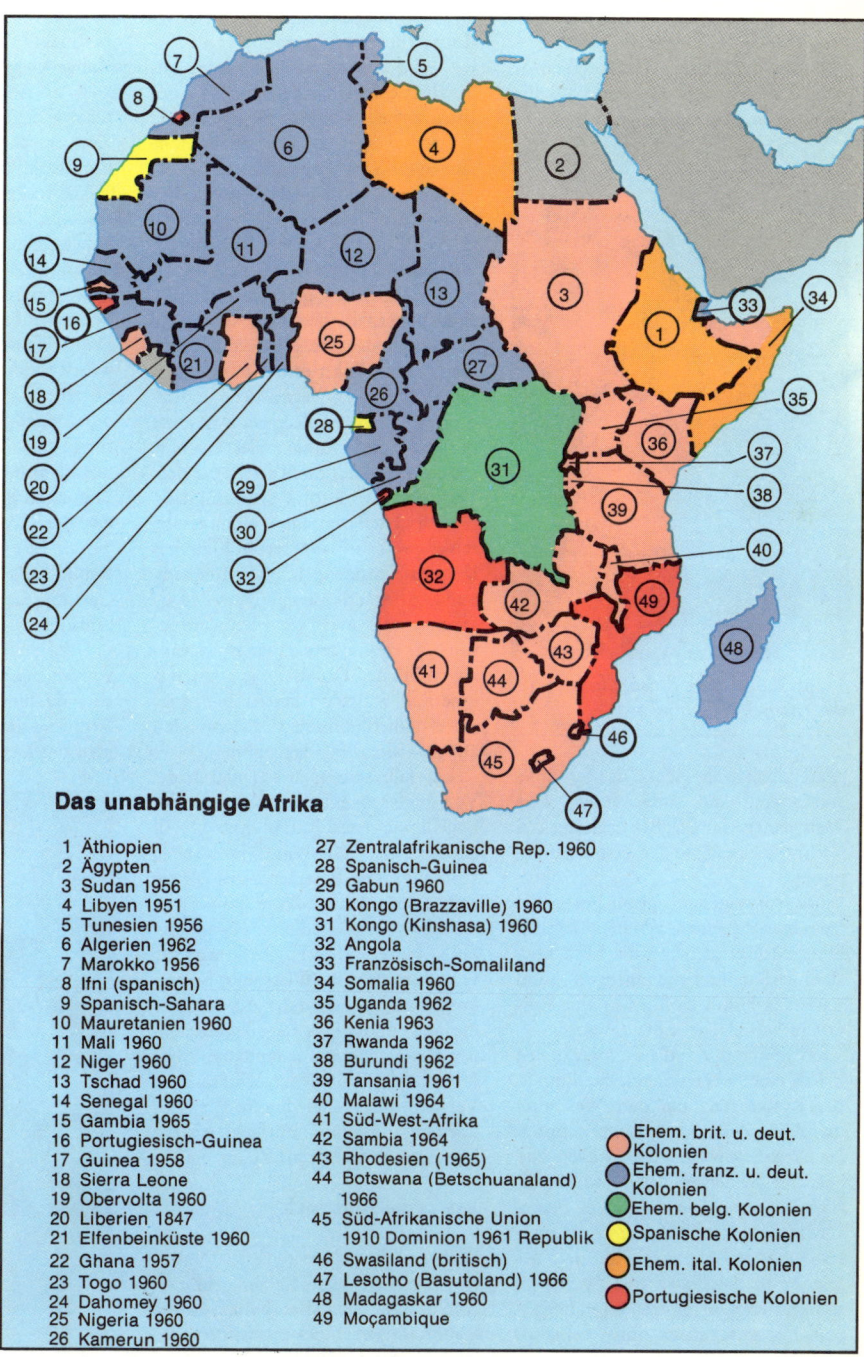

Das unabhängige Afrika

1 Äthiopien
2 Ägypten
3 Sudan 1956
4 Libyen 1951
5 Tunesien 1956
6 Algerien 1962
7 Marokko 1956
8 Ifni (spanisch)
9 Spanisch-Sahara
10 Mauretanien 1960
11 Mali 1960
12 Niger 1960
13 Tschad 1960
14 Senegal 1960
15 Gambia 1965
16 Portugiesisch-Guinea
17 Guinea 1958
18 Sierra Leone
19 Obervolta 1960
20 Liberien 1847
21 Elfenbeinküste 1960
22 Ghana 1957
23 Togo 1960
24 Dahomey 1960
25 Nigeria 1960
26 Kamerun 1960
27 Zentralafrikanische Rep. 1960
28 Spanisch-Guinea
29 Gabun 1960
30 Kongo (Brazzaville) 1960
31 Kongo (Kinshasa) 1960
32 Angola
33 Französisch-Somaliland
34 Somalia 1960
35 Uganda 1962
36 Kenia 1963
37 Rwanda 1962
38 Burundi 1962
39 Tansania 1961
40 Malawi 1964
41 Süd-West-Afrika
42 Sambia 1964
43 Rhodesien (1965)
44 Botswana (Betschuanaland) 1966
45 Süd-Afrikanische Union 1910 Dominion 1961 Republik
46 Swasiland (britisch)
47 Lesotho (Basutoland) 1966
48 Madagaskar 1960
49 Moçambique

Ehem. brit. u. deut. Kolonien
Ehem. franz. u. deut. Kolonien
Ehem. belg. Kolonien
Spanische Kolonien
Ehem. ital. Kolonien
Portugiesische Kolonien

Zeitalter der Weltraumfahrt. Unabhängigkeitskämpfe

Am 5. Oktober 1957 meldete die amtliche sowjetische Nachrichtenagentur TASS einer überraschten und völlig unvorbereiteten Welt, daß es russischen Wissenschaftlern und Technikern gelungen war, einen künstlichen Satelliten in eine Umlaufbahn um die Erde zu schießen. Dieses Ereignis, das überall in der Welt das Erstaunen der Wissenschaftler, aber auch die Phantasie der Nichtfachleute beschäftigte, leitete eine neue Epoche der naturwissenschaftlichen Forschung ein und brachte einen ganz spezifischen Zweig der Technik hervor. Der kugelförmige russische Raumkörper aus Aluminium mit dem Namen Sputnik I funkte nur zweiundzwanzig Tage lang Signale zur Erde, dann verstummte sein einfacher Sender. Aber in diesen drei Wochen konnten Beobachterstationen rund um den Globus das bald allgemein bekannte Piepen des Sputniks empfangen und aufzeichnen. Das Wettrennen um die Erforschung des Weltraumes erlebte den ersten Höhepunkt.

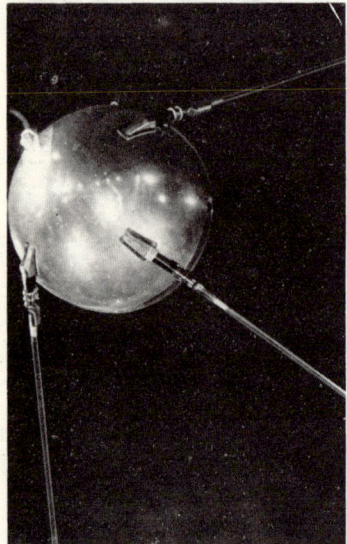

Erster künstlicher Erdsatellit, der russische »Sputnik«

Diesem ersten Triumph ließen die Russen bald einen weiteren folgen: Einen Monat nach Sputnik I brachten sie einen Satelliten mit einem elf Pfund schweren Hund an Bord in eine Erdumlaufbahn. Die Sowjetunion verschaffte sich durch diesen zweifachen Erfolg eine beherrschende Stellung in der Konkurrenz um den Weltraum und einen bedeutenden internationalen Prestigegewinn. Erschrocken und bestürzt forderten hohe amerikanische Regierungsbeamte, dem bisher vernachlässigten Weltraumprogramm höhere Mittel aus dem Haushalt des Staates zu bewilligen und es neu zu strukturieren. Im ganzen Land begannen Wissenschaftler, ihre Lehrprogramme kritisch zu überdenken.

1958 starteten die Vereinigten Staaten fünf kleinere Satelliten, die nur die Aufgabe hatten, Daten zu übermitteln. Sie alle waren wesentlich komplizierter als Sputnik I konstruiert. Es gelang jedoch nicht jeder Start: Acht Versuche in dieser Zeit schlugen fehl. Mit zunehmendem technischen Wissen unternahmen beide Länder immer kühnere Experimente. So schickten die Sowjets 1959 eine Reihe von Sonden zum Mond, um dessen erdabgewandte Seite zu photographieren, während die Vereinigten Staaten den ersten Wettersatelliten der Welt in eine Kreisbahn schossen.

Ein Mensch im Weltraum

Die Hoffnung der Amerikaner, in der Raumfahrt einen Vorsprung zu erzielen, erlitt einen schweren Schlag, als die russischen Konkurrenten im April 1961 mit einer ihrer riesigen, mehrstufigen Trägerraketen, die weitaus mehr Schubkraft entwickelten als die der Vereinigten Staaten, den Kosmonauten Jurij Gagarin in eine Erdumlaufbahn brachten. Der Flug des sowjetischen Raumfahrers, dem es als erstem Menschen gelungen war, die Erde außerhalb der Atmosphäre zu umfliegen, dauerte hundertacht Minuten. Seine Bahn erreichte eine maximale Höhe von etwa dreihundertdreißig Kilometer. Gagarin umkreiste die Erde nur einmal. Vier Monate später erreichten die Russen mit dem Flug German Titows siebzehn Umläufe und lieferten damit einen weiteren Beweis für ihr technologisches Können. Präsident John F. Kennedy und ganz Amerika empfanden das als Demütigung und als Herausforderung. Er verkündete daher ein Zwanzig-Milliarden-Dollar-Programm, das innerhalb von neun Jahren, bis 1970, einen amerikanischen Astronauten auf den Mond bringen sollte.

Ein Jahr später, 1962, waren die Vereinigten Staaten endlich in der Lage, ihren ersten Raumfahrer ins All zu schicken. Bis zum Jahresende konnten sie im Rahmen ihres gerade erst angelaufenen Programms drei technisch einwandfreie bemannte Flüge starten. John H. Glenn war der erste Astronaut im Weltraum. Er umkreiste am 20. Februar 1962 die Erde dreimal. Anders als bei sowjetischen Raumexperimenten wohnte die Weltöffentlichkeit diesem amerikanischen Versuch durch eine direkte Fernsehübertragung vom Countdown bis zur Landung im Ozean als Zeuge bei.

Afrika im Aufbruch

Während die beiden reichsten Nationen der Welt einen immer größeren Anteil ihres Staatshaushalts für die Raumfahrtforschung verwandten, taten die unterentwickelten Völker der Dritten Welt gerade ihre ersten Schritte auf dem Weg zu ihrer Unabhängigkeit. Im März 1957 wurde die westafrikanische Republik Ghana Mitglied der Vereinten Nationen. Innerhalb der nächsten sechs Jahre folgten weitere dreiundzwanzig ehemalige afrikanische Kolonien. Vierzehn dieser in der jüngsten Zeit selbständig gewordenen Staaten traten allein 1960 den Vereinten Nationen bei. Bis 1963 veränderte sich die politische Landkarte Afrikas fast vollständig. Der Prozeß der Entkolonialisierung ging nicht ohne Reibungen vor sich; oft begleiteten ihn gewalttätige Auseinandersetzungen.

Bürgerkrieg im Kongo

Besonders das ehemals belgische Kongo-Gebiet litt, nachdem es schon 1959 zu Aufständen gegen die Kolonialmacht gekommen war, unter einer allzu raschen und unvorbereiteten Entlassung in die Unabhängigkeit.

Die belgische Regierung war über die ständigen Krisen in ihrer Kolonie äußerst beunruhigt und drang darum darauf, die Kongo-Frage auf einer Verfassungs-Konferenz in Brüssel zu beraten, die im Januar 1960 stattfand. Die Unabhängigkeit des Kongos wurde für den 30. Juni desselben Jahres verkündet. Bereits im Mai wählten die Kongolesen Parlament und Regierung. Die nationale Partei (Mouvement National Congolais) von Patrice Lumumba ging eindeutig als Siegerin aus den Wahlen hervor. Lumumba wurde Ministerpräsident der neuen Republik, sein schärfster politischer Gegner, Joseph Kasawubu, Staatspräsident.

Der Frieden in dem unabhängig gewordenen Land dauerte nur eine Woche, da meuterte die kongolesische Armee; Lumumba sah sich gezwungen, gegen eine belgische Intervention die Vereinten Nationen um Hilfe für die Niederwerfung des Aufstandes zu ersuchen. Die Organisation entsandte sogleich Truppen, die sie aber nicht dem Oberbefehl Lumumbas unterstellte. Der kongolesische Ministerpräsident forderte daraufhin sowjetische Hilfe an, die er auch erhielt. Im Verlauf der Wirren erklärte sich die Provinz Katanga im Juli 1960 für unabhängig. Der Führer der separatistischen Bewegung, Moïse Tschombé, erhob sich zum Präsidenten des neuen Staates. Wenige Monate später, als die Lage sich weiterhin zuspitzte, stürzten Präsident Kasawubu und Generalstabschef Joseph Mobuto Lumumba. Sie nahmen Lumumba in Haft und lieferten ihn nach Katanga aus, wo er im Februar 1961 im Gefängnis starb; vermutlich wurde er ermordet.

Biafra

Seit 1967 wiederholte sich in der westafrikanischen Republik Nigeria das aus dem Kongo bekannte Muster von Putsch und Gegenputsch, Sezession und Einigung. Die Unruhen wurden durch das Mißtrauen der Nigerianer gegen den Stamm der Ibos hervorgerufen, der einen verhältnismäßig hohen Bildungsstand besaß, der ihm von den übrigen Nigerianern geneidet wurde. Als ein Ibo, General Aguiyi Ironsi, die Staatsgewalt übernahm, fürchteten sie, von den Ibos unterdrückt zu werden. Es kam zur Ermordung Tausender Ibos, die sich auf ihr Siedlungsgebiet im Süd-Osten Nigerias zurückzogen und unter Oberst Odumegwu Ojukwu die unabhängige Republik Biafra ausriefen. Über einen Zeitraum von zweieinhalb Jahren, bis zum Januar 1970, widerstand das Volk der Ibos den Versuchen der Regierung in Lagos, das zerrissene Land wieder zu vereinigen.

Patrice Lumumba, Ministerpräsident des Kongo

in Afrika. Vietnam 1957–1970

Vom Dezember 1969 an war das Gebiet der Aufständischen von Regierungstruppen eingeschlossen und auf die Versorgung mit Nahrungsmitteln und Medikamenten aus der Luft angewiesen. Die Luftbrücke wurde weitgehend durch eine spontan entstandene weltweite Organisation von Privatleuten unterstützt und durchgeführt, die durch Berichte über die Not und das Sterben von fast einer Million Biafranern, meist Frauen und Kin-

Moïse Tschombé, Präsident der Provinz Katanga

dern, aufgerüttelt worden waren. Anfang 1970 zwang die Hungersnot das dezimierte Volk der Ibos zu kapitulieren. Ojukwu floh ins Ausland, sein Stabschef Philip Effiong ergab sich den Truppen des nigerianischen Regierungschefs Jakubu Gowon.

Befreiungskampf in Indochina

Afrika war nicht der einzige Erdteil, der in den späten fünfziger Jahren unter den letzten verzweifelten Rückzugsgefechten des Kolonialismus zu leiden hatte. Frankreichs starrsinnige Kolonialpolitik in Indochina kam die Franzosen letzten Endes teuer zu stehen, da sie auf das Land um keinen Preis verzichten wollten. Die Kämpfe in Indochina stürzten das Mutterland in ernstere Krisen als die Politik des allmählichen Rückzugs aus Afrika. Auf die Nachricht hin, daß die französische Festung Dien Bien Phu im heutigen Nord-Vietnam Anfang Mai 1954 den Truppen der Vietmin unter Ho Chi Minh in die Hände gefallen war, gaben die Franzosen ihren seit sieben Jahren währenden Kampf auf und einigten sich auf der Genfer Außenministerkonferenz über ein Waffenstillstandsabkommen, um den Krieg zu beenden. Das Land wurde in Süd-Vietnam und Nord-Vietnam geteilt.

Zehn Monate nach der Unterzeichnung des Waffenstillstandsabkommens flammte in Saigon, der Hauptstadt Süd-Vietnams, ein Bürgerkrieg auf, aus dem Ministerpräsident Ngo dinh-Diem siegreich hervorging und der am 26. Oktober 1955 die Gründung der Republik Süd-Vietnam verkündete. Sein Regime stand auf schwachen, autoritären Füßen, was der vorübergehend erfolgreiche Offiziersputsch vom 11. November 1960 bewies. Die Armee brachte ihn zwar schon am nächsten Tag wieder an die Macht, doch hatte die Verschwörung bei Ngo dinh-Diem und seinen politischen und militärischen Beratern aus Amerika große Beunruhigung hervorgerufen.

Um Ngo dinh-Diems Machtposition und politische Zukunft zu sichern, fand 1961 eine dreitägige Konferenz zwischen Vertretern Süd-Vietnams und den Vereinigten Staaten statt, auf der die Amerikaner den Vietnamesen eine Reihe wichtiger Zusagen machten, die unter anderem amerikanische Waffenlieferungen sowie die Finanzierung und Ausbildung der süd-vietnamesischen Armee betrafen. Die Vereinigten Staaten sicherten darüber hinaus zu, die Zahl ihrer nur einige hundert zählenden Militärberater durch die Entsendung ausgebildeter Spezialisten und Experten zu erhöhen; sie sollten eng mit der einheimischen Armee zusammenarbeiten.

Mit dieser materiellen und personellen Unterstützung begann der Kampf gegen die aus der Volksrepublik Nord-Vietnams eingesickerten Vietcong-Rebellen, denen auch manche einheimischen politischen und religiösen Gruppen wohlwollend gegenüberstanden. So brach der Krieg in Süd-Vietnam aus, dessen Eskalation die Vereinigten Staaten in eines der fragwürdigsten Unternehmen ihrer Politik stürzte.

Präsident Ho Chi Minh

Die Entstalinisierung

Die russischen Erfolge in der Raumfahrt gegen Ende der fünfziger Jahre begleitete eine bedeutsame innenpolitische Entwicklung in der Sowjetunion, die das kommende Jahrzehnt mindestens ebenso beeinflussen sollte wie der Wettlauf um die Erforschung des Alls. Im Februar 1956, auf dem 20. Parteitag der KPdSU, erhob Parteichef Nikita S. Chruschtschow schwere Vorwürfe gegen Stalin und verurteilte den Stalin-Kult. Die nun folgende Welle einer »Entstalinisierung«, der auch die Ost-Blockstaaten folgten, führte zu einem ernsten Zerwürfnis zwischen der Sowjetunion und der Volksrepublik China. Ziel des Programms war die Beendigung des Personenkultes, den die Parteispitze seit den vierziger Jahren verfolgte. Die Führer der chinesischen Kommunisten waren jedoch nicht bereit, sich von Stalin loszusagen, und übten scharfe Kritik an dem russischen Vorgehen. Es kam zum ideologischen Bruch mit Moskau.

Im Herbst des Jahres 1960 wurde eine Konferenz der führenden Kommunisten aus aller Welt einberufen. Vertreter von einundachtzig kommunistischen Parteien kamen im November in Moskau zusammen, um die ideologischen Differenzen zu beseitigen. Nach Abschluß des Treffens gaben sich die Delegierten versöhnlich und tauschten Höflichkeiten aus; aber in Wahrheit hatte man den Konflikt nicht lösen können. Er hatte sich nur noch verschlimmert, wie es die Ereignisse vom Oktober 1961 zeigten: Die Russen beschimpften die albanischen Kommunisten öffentlich, weil diese in das Lager der Chinesen überwechselten. Der kleine Balkanstaat wurde Chinas treuester Verbündeter.

Die Gegensätze führten 1962 zur bewaffneten Auseinandersetzung, als nomadisierende Turkstämme in der west-chinesischen Provinz Sinkiang sich gegen die Regierung erhoben, der chinesischen Armee einen schweren Schlag versetzten und dann über die Grenze auf sowjetisches Gebiet flohen. Zwei weitere Vorfälle erhöhten die Spannungen: Chinas Angriff auf die indische Nord-Grenze wurde von der russischen Führung als ein ernster Anschlag auf den Weltfrieden verurteilt; zum anderen zeigten sich die Chinesen erbittert über den Abzug des sowjetischen Raketenkommandos von Kuba.

Die Evakuierung verwundeter französischer Soldaten nach dem Fall der Festung Dien Bien Phu im Mai 1954

Krise um die Raketen auf Kuba 1962

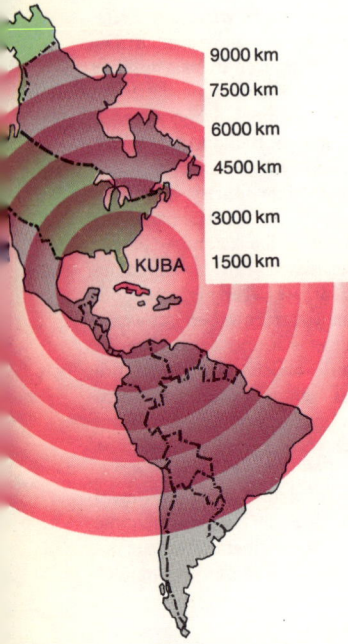

Fidel Castro bei einer Massenkundgebung

Im Atomzeitalter ist der Weltfrieden unter Umständen von einer Sekunde zur anderen bedroht. Die Krise um Kuba von 1962 ist ein Beispiel dafür. Erst am Abend des 22. Oktober erfuhr die Welt, daß sie kurz vor einem atomaren Krieg stand. Am Abend dieses Tages wies Präsident John F. Kennedy in einer Rundfunk- und Fernsehansprache an die amerikanische Nation auf »eine bewußte Herausforderung sowie ungerechtfertigte Veränderung des Status quo, die von unserem Land nicht hingenommen werden kann«, hin.

»Veränderung des Status quo«, das bedeutete in diesem Fall die Errichtung von Raketenbasen durch sowjetische Militärs auf Kuba, wodurch jede beliebige Ortschaft im Süd-Osten der Vereinigten Staaten in die Reichweite eines sowjetischen Angriffs geriet. Der Bau dieser Basen war von Sowjets und Kubanern außerordentlich geschickt geheimgehalten worden. Präsident Kennedy hatte erst sechs Tage vor seiner Ansprache davon erfahren, obwohl die Arbeiten wahrscheinlich schon zwei Monate dauerten. Washington war davon unterrichtet, daß seit Juli besonders viele Schiffe aus der Sowjetunion kubanische Häfen anliefen. Berichte kubanischer Flüchtlinge besagten, daß auf der Insel Lastwagenkolonnen neuerdings lange, röhrenförmige, in Planen gehüllte Gegenstände transportierten. Nach Meinung des amerikanischen Geheimdienstes deutet dieses lediglich auf Verteidigungsmaßnahmen hin. Kaum verwunderte es, daß die Russen diese Auffassung bestärkten. Bei zwei Gelegenheiten wurden dem Präsidenten sogar indirekte Botschaften der sowjetischen Regierung übermittelt, in denen er über ihre Aktivitäten auf der Insel beruhigt werden sollte. Die sowjetische Absicht dabei war, Kennedy während der anstehenden Kongreßwahlen keine politischen Schwierigkeiten zu bereiten.

John McCone, der Chef des militärischen Abwehrdienstes der Vereinigten Staaten, war wohl der einzige Beamte in Washington, der auch diesen Versicherungen gegenüber argwöhnisch blieb und davon überzeugt war, daß das Treiben auf Kuba auch anders ausgelegt werden konnte. Im September befand sich McCone jedoch nicht in seinem Amt, sondern verbrachte Ferien in Süd-Frankreich. Er sandte von dort aus insgesamt vier Telegramme, um die Regierung zu warnen, doch blieben sie unbeachtet.

Zweifellos wurden sie dem Präsidenten nicht vorgelegt. Was Kennedy dann am 16. Oktober über Kuba vernahm, war für ihn ganz neu. Während er noch im Schlafanzug die Morgenzeitungen las, suchte sein Berater für Staatssicherheit, McGeorge Bundy, ihn auf, um ihm die alarmierende Neuigkeit mitzuteilen, daß es jetzt »unbestreitbares photographisches Material« darüber gab, daß die Russen doch Angriffsraketen nach Kuba gebracht hatten. Das Material war das Ergebnis zweier Aufklärungsflüge, die McCone nach seiner Heimkehr angeordnet hatte. Nach den vorliegenden Bildern war jeder Zweifel darüber ausgeschlossen, daß sich auf dem in Frage kommenden Gelände Anlagen derselben Grundrißform befanden, wie man sie aus der Sowjetunion für Raketenbasen kannte. Nun bestanden diese auch etwa hundertfünfzig Kilometer von der amerikanischen Küste entfernt.

Tags zuvor hatte Kennedy eine anstrengende Wahlkampagne im Staat New York unternommen, doch er verlor keine Zeit, die in der Krise erforderlichen Maßnahmen zu ergreifen. Er ordnete eine Geheimkonferenz an, auf der eine für solche Situationen vorgesehene Gruppe höchster politischer und militärischer Berater die Möglichkeiten des Handelns abwägen sollte. Das erste Gespräch fand noch am selben Morgen im Weißen Haus statt. Ungefähr fünfzehn Personen versammelten sich. Nur vier, Vizepräsident Lyndon B. Johnson, Außenminister Dean Rusk, Verteidigungsminister Robert St. McNamara, Generalstabschef Maxwell Taylor, waren wegen des Amtes, das sie bekleideten, hinzugezogen worden. Alle anderen, Robert Kennedy, der Bruder des Präsidenten, drei seiner engsten Mitarbeiter im Weißen Haus sowie Nichtbeamte wie Dean Acheson, gehörten der Gruppe an, weil der Präsident sich von ihrem Rat am meisten versprach.

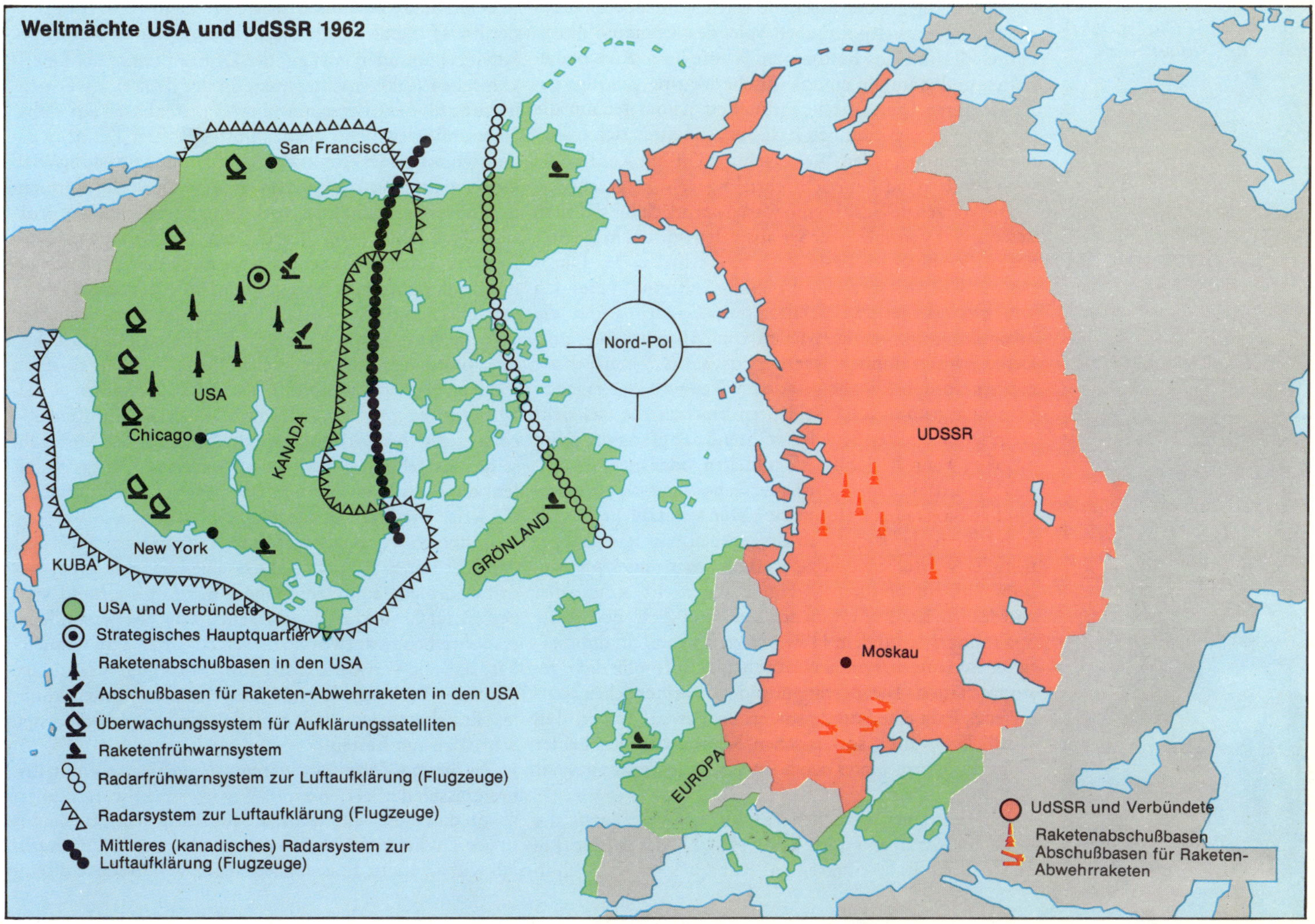

Kubas Hauptstadt Havana

Der sowjetische Ministerpräsident Chruschtschow und der Regierungschef von Kuba, Fidel Castro Ruz, bei der Begrüßung während der UNO-Vollversammlung im Jahr 1960

Ernesto »Che« Guevara, Vertrauter und Stellvertreter Castros

Andrej Gromyko, sowjetischer Außenminister

Fast alle Berichte über die Kubakrise haben später die ruhige und bedachte Art des amerikanischen Entscheidungsprozesses besonders betont. Die Wahrheit scheint aber anders gewesen zu sein. Schwierigkeiten, eine gemeinsame Entscheidung zu treffen, bestanden zumindest zu Beginn dieser ungewöhnlichen und plötzlich einberufenen Konferenz. An ein Übereinkommen war vor dem 20. Oktober nicht zu denken. Doch schon bei der zweiten Zusammenkunft unter dem Vorsitz des Präsidenten faßte man eine Blockade Kubas von der See her ins Auge.

Doch auch hierin sahen die meisten Berater bestenfalls eine Zwischenlösung. Im übrigen war man sich darüber einig, daß die Vereinigten Staaten notfalls auf einen Luftangriff, auch auf eine Invasion der Insel vorbereitet sein müßten, falls die Sowjetunion nicht bereit wäre, die Raketenbasen zu demontieren. Einige befürworteten sogar eine Invasion als Sofortmaßnahme. Sie wurden erst auf der Besprechung vom 20. Oktober im Beisein des Präsidenten überstimmt.

Am 21. Oktober, als die Entscheidung für eine Blockade gefallen war, aber noch bevor es der Präsident der Welt verkündete, verließ der ehemalige Außenminister Dean Acheson, von der Öffentlichkeit unbemerkt, Washington, um die Regierungen in London, Paris und Bonn auf den bevorstehenden Schritt vorzubereiten. Auch der kanadische Premierminister John Diefenbaker wurde unterrichtet.

Unter den Schiffen mit Kurs auf Kuba, die nun von den Amerikanern öffentlich zur Unterbrechung ihrer Fahrt aufgefordert wurden und die sich notfalls auch einer Durchsuchung nach Waffen unterziehen mußten, befanden sich nicht weniger als fünfundzwanzig sowjetische. Die Ankündigung der Blockade war Präsident Kennedys erster Zug im weltpolitischen Spiel des atomaren Bluffs. Hätten die für Kuba bestimmten Schiffe ihren Kurs beibehalten und wäre die amerikanische Marine genötigt gewesen, ihren Sperrgürtel achthundert Kilometer um die Insel zum Tragen kommen zu lassen, so hätten sich früher oder später die beiden Weltmächte nicht am Konferenztisch sondern auf dem Schlachtfeld gegenübergesehen.

Die Spitzen in Washington waren natürlich hinsichtlich dessen, was sich auf hoher See abspielen würde, in größter Sorge. Die Blockade bestand formell seit dem 24. Oktober, 10 Uhr vormittags. Zu diesem Zeitpunkt befanden sich zwei sowjetische Schiffe, die »Gagarin« und die »Komiles«, nur wenige Meilen vom Absperrgebiet entfernt. Zwischen ihnen war ein russisches Unterseeboot geortet worden. Für die gerade im Weißen Haus tagende Beratungsgruppe des Präsidenten brachen die vielleicht atemberaubendsten Stunden während der gesamten Krise an. Wie, wenn die Schiffe nicht hielten, oder noch schlimmer: wenn das sowjetische Unterseeboot auf die amerikanischen Blockadeschiffe feuerte? Man schätzte die Gefahr so hoch ein, daß sogar Befehle gegeben wurden, gegebenenfalls Wasserbomben zu werfen, wenn das Unterseeboot auf ein bestimmtes Signal hin nicht auftauchen würde. Die Konfrontation zur See stand dicht bevor, die Spannung war auf dem Höhepunkt, da kam ein unbestätigter Bericht, daß die sowjetischen Schiffe plötzlich gestoppt hätten. Die Bestätigung des Marinenachrichtendienstes kam eine Stunde später. Sie besagte ferner, daß sämtliche zwanzig sowjetischen Schiffe, die sich in der Nähe des Sperrgebietes befanden, entweder gestoppt oder abgedreht hätten.

Für den amerikanischen Präsidenten war damit die Krise noch nicht endgültig gelöst. Die Blockade bewirkte nur, daß die Raketenbasen auf Kuba keinen Nachschub mehr erhielten, trotzdem aber weiterbestanden. Geheimdienstberichte bestätigten, daß die Arbeiten auf ihnen unvermindert weitergingen.

So war die Blockade Kubas kein geeignetes Mittel, Sowjets und Kubaner daran zu hindern, von den auf der Insel verfügbaren Raketenwaffen Gebrauch zu machen. Diese Gefahr stand noch im Raum. Nicht nur dem Generalstab diente sie als Argument für einen präventiven Luftangriff als einzige Antwort auf die sowjetische Herausforderung. Der Präsident jedoch strebte zuerst nach einer Lösung auf diplomatischem Weg. Seit seiner Ansprache an die Nation stand er mit dem sowjetischen Ministerpräsidenten Chruschtschow im Briefwechsel. Dieser reagierte anfänglich nicht ermutigend. In seinem ersten Brief klagte er Amerika der »offenen Piraterie« an; das zweite Schreiben besagte, alle notwendigen Waffen befänden sich bereits in Kuba. Die Aufrechterhaltung der Blockade seitens der USA sei deshalb sinnlos.

Das zweite Schreiben jedoch, das bisher noch nicht vollständig veröffentlicht worden ist, enthielt auch das erste Anzeichen für eine Bereitschaft, auf dem Verhandlungsweg zu einer Lösung zu kommen. In ihm, das ein späterer Leser als »verworren und fast rührselig« bezeichnete, unterbreitet Chruschtschow den Vorschlag, daß Moskau keine Waffen mehr nach Kuba senden und bereits dort vorhandene demontieren sowie zurückholen werde, falls Washington zur Aufhebung der Blockade bereit sei und feierlich verspräche, Kuba niemals anzugreifen.

Die Erleichterung in Washington war nur von kurzer Dauer. Schon am folgenden Tag, dem 27. Oktober, sah sich der Sicherheitsausschuß mit einem dritten, viel förmlicheren Schreiben aus dem Kreml konfrontiert, in dem der Preis für eine Übereinkunft höhergeschraubt war. Die Sowjets bestanden jetzt auf der Demontierung der amerikanischen Raketenstützpunkte in der Türkei als Gegenleistung für die Rücknahme ihrer Raketenbasen auf Kuba. Dabei blieb es nicht: Justizminister Robert Kennedy erhielt vom Bundeskriminalamt (FBI) die Mitteilung, daß die sowjetischen Diplomaten in New York die Vernichtung ihrer Geheimakten vorbereiteten, die übliche Vorsichtsmaßnahme von Botschaften am Vorabend eines Krieges. Außerdem kam die Nachricht, daß ein amerikanisches Aufklärungsflugzeug vom Typ U-2 über Kuba von sowjetischen Boden-Luft-Raketen abgeschossen worden war. In Washington hatte von Anfang an Einigkeit darüber bestanden, daß ein solcher Vorfall nur durch einen amerikanischen Luftangriff auf die sowjetischen Raketenbasen vergolten werden könne. Präsident Kennedy entschied sich jedoch entgegen der Meinung der Mehrzahl seiner Ratgeber dafür, diese Maßnahme nicht zu ergreifen, ohne zuvor noch ein letztes Mal versucht zu haben, die Krise friedlich beizulegen.

Kennedys Vorgehen war durchaus ungewöhnlich. Auf den Rat seines Bruders hin entschied er sich dazu, das dritte formelle Schreiben unbeachtet zu lassen und statt dessen auf Chruschtschows zweites, sehr viel persönlicheres Schreiben zu antworten. In seinem Brief legte Kennedy dar, daß die von Chruschtschow gemachten Vorschläge durchaus Bestandteile einer Übereinkunft werden könnten. Er beharrte jedoch darauf, daß die Sowjets den ersten Schritt zu tun hätten.

Zu diesem Zeitpunkt waren nur wenige, die mit den Ereignissen der letzten zwölf Tage vertraut waren, überzeugt, daß dieser verzweifelte Schachzug gelingen könne. In der Tat liefen die Vorbereitungen für einen Luftangriff auf Kuba bereits. Präsident Kennedy wollte sogar öffent-

[Luftaufnahme mit Beschriftungen: Raketensprengkopf-Lager, Raketenabschuß-Geräte, Vorbereitungsbaracken, Raketenabschuß-Geräte, Sauerstoff-Tankfahrzeuge, Treibstoff-Tankfahrzeuge]

Sowjetische Raketenbasis auf Kuba. Luftaufnahme eines amerikanischen Aufklärers

lich die Mobilmachung von vierundzwanzig weiteren Luftgeschwadern bekanntgeben. Doch das Wunder geschah. Am nächsten Morgen, am 28. Oktober, traf eine Botschaft Chruschtschows ein, der sich mit Kennedys Bedingungen einverstanden erklärte und ankündigte, daß Moskau »die von den Vereinigten Staaten als offensiv bezeichneten Waffen demontieren, in Kisten verpacken und in die Sowjetunion zurückbringen« werde. Die Krise war damit gemeistert.

In Washington vermutete man, daß Moskau auf einen Handel ausgewesen war. Der vorletzte Brief Chruschtschows, in dem die Zurückziehung der amerikanischen Raketen aus der Türkei gefordert worden war, ließ jedenfalls darauf schließen. Und doch gab die Eile, mit der Moskau diese Forderung fallenließ, Anlaß zu der Vermutung, daß es sich hierbei nicht um ein zentrales Anliegen des Kremls handelte.

Glaubhafter ist die folgende Erklärung: Die Sowjetunion hatte nur getestet, wie weit sie gehen konnte. Ihre Fehlrechnung, wenn man von einer solchen überhaupt sprechen kann, beruhte auf der Annahme, daß Washington sich bei der Krise an die traditionelle diplomatische Verfahrensweise halten werde. Als man im Kreml jedoch erkannte, daß Kennedy, der den Schock des Debakels in der Schweinebucht vom Frühjahr 1961 nie ganz überwunden hatte, eher zur nuklearen Konfrontation als zum Nachgeben entschlossen war, verblieb nur noch der Rückzug. Moskaus Verhalten während der Krise zeigte, daß die Sowjets den Gedanken, daß ihr Abenteuer zu einem Atomkrieg führen könnte, nie in Betracht zogen.

Die Kubakrise veränderte natürlich das weltpolitische Gleichgewicht nicht im geringsten. Dennoch verbesserte sie, wenn auch nur allmählich, die amerikanisch-sowjetischen Beziehungen insgesamt. Was sie alles hätte zeitigen

Sowjetisches Frachtschiff mit Flugzeugen an Deck. Luftaufnahme eines amerikanischen Aufklärers.

Präsident John F. Kennedy und Mitglieder des Vereinigten Generalstabes der Vereinigten Staaten im ovalen Saal des Weißen Hauses in Washington

können, wird für immer unbekannt bleiben. Es war eine Tragik des Schicksals, daß die beiden Männer, die vielleicht am ehesten begriffen hatten, an welchem seidenen Faden das Schicksal der Menschheit in jenen Tagen gehangen hatte, nur noch kurze Zeit auf der weltpolitischen Bühne agieren sollten. Dreizehn Monate nach der dreizehntägigen Krise, die ihn auf den Gipfel seines staatsmännischen Ruhmes geführt hatte, wurde Präsident Kennedy ermordet; kaum ein Jahr später wurde der sowjetische Ministerpräsident in Moskau gestürzt. So stellt sich die Frage, ob es nach der Vermeidung des Atomkrieges um die Raketen auf Kuba nicht zu einer nun ganz anderen Entwicklung der Weltpolitik hätte kommen können.

ANTHONY HOWARD

Am 2. November erläutert der Berliner »Tagesspiegel« die weltpolitische Lage folgendermaßen:

»Was von sowjetischen Versprechungen im allgemeinen zu halten ist, hat sich auf dramatische Weise im Kuba-Konflikt gezeigt. Daß Chruschtschow zunächst das Gegenteil von dem tat, was er vorher dem amerikanischen Präsidenten mitteilen ließ, führte den Kuba-Konflikt überhaupt erst herauf. Anders verhält es sich nun mit den Versprechen, die Chruschtschow in seinem Brief an den amerikanischen Präsidenten zur Beilegung der Krise gemacht hat und die Präsident Kennedy dann in seiner Antwort an Chruschtschow als feste Vereinbarung bezeichnete. Denn die Einhaltung dieser Versprechen können die Vereinigten Staaten im Karibischen Meer erzwingen. Hier liegt die Ursache dafür, daß es nun auch zu einem Übereinkommen zwischen Washington und Moskau gekommen ist, nach dem sich sowjetische Schiffe, die Kuba jetzt verlassen, bei den kontrollierenden Einheiten der amerikanischen Marine anmelden werden, damit sich die Amerikaner durch eigenen Augenschein vom Rücktransport der sowjetischen Raketen überzeugen können... Mit Recht weist die ›Neue Zürcher Zeitung‹ in einem Leitartikel darauf hin, daß die UNO, die sich offenbar unter der Hand des Generalsekretärs U Thant ihren aus den Vereinbarungen der Weltmächte entstehenden Verpflichtungen entziehen will, eine sehr einfache Möglichkeit hat, eine Inspektion durchzusetzen. Der Weltsicherheitsrat kann nach Artikel 40 der Satzung eine solche Inspektion als ›vorläufige Maßnahme‹ anordnen, und Kuba kann sich nach Artikel 25 der Satzung einer solchen Inspektion gar nicht entziehen. Und der Weltsicherheitsrat ist bestimmt beschlußfähig; denn der sowjetische Vertreter wird sich kaum in die Lage bringen, seinen Ministerpräsidenten zu desavouieren und einer solchen Inspektion zu widersprechen...

Es kann durchaus ein Interesse der Vereinigten Staaten sein, bei der Forderung nach Inspektion nicht nur auf die Wirksamkeit zu sehen, sondern auch möglichst maßvoll zu bleiben. Und in der UNO ist zweifellos die Neigung vorhanden, nur gerade das Notwendigste zu tun. Aber es ist sehr darauf zu achten, daß es bei der Beilegung des Konflikts zu einer klaren, geordneten und die Verantwortung aller Beteiligten deutlich festlegenden Regelung kommt. Es widerspräche völlig der politischen Vernunft, Lösungen zuzulassen, die schlechte Präzedenzfälle für die Lösung anderer Krisen liefern – wobei man in Berlin durchaus an Berlin denken darf.« (J. B.)

Denkmal zur Erinnerung an die kubanische Revolution mit dem Standbild José Martis, eines Revolutionärs aus dem 19. Jahrhundert

Vollversammlung der Vereinten Nationen in New York

Krisen lösen Krisen aus

Ohne Öl läuft nichts

Wenn ein Ereignis zu Beginn der siebziger Jahre die Welt verändert hat, so ist dies der am 17. Oktober 1973 begonnene Ölboykott und die berühmten Preiserhöhungen des Rohöls. Insgesamt unter dem Begriff »Ölkrise« bekannt.

Den Ländern zwischen dem Atlantik und dem Persischen Golf mit ihren rund 130 Millionen Einwohnern gab dieses Jahr nach Jahrhunderten der Unterdrückung plötzlich das Gefühl Bedeutung, Weltmacht zu besitzen.

Die Zeit der billigen Energieversorgung war vorbei.

Einige wenige amerikanische Experten hatten den drohenden Konflikt bereits Ende 1972 vorausgesehen. Im April 1973 erfuhr die Weltöffentlichkeit zum ersten Mal davon, was ihr »möglicherweise« bevorstand. In nüchternen Kalkulationen kam man zu der zunächst nicht allzu ernst genommenen Prognose, daß sich der Bedarf an Öl in der Welt von 1970 bis 1980 mehr als verdoppeln würde. Mit diesem Problem glaubte man zum gegebenen Zeitpunkt schon irgendwie fertig werden zu können. Aber der von den Scheichs noch 1972 eingeräumte Ölpreis von rund zweieinhalb Dollar je Barrel (etwa 159 Liter) stieg bis zum Frühjahr 1974 bereits auf über zehn Dollar und sollte in den darauffolgenden Jahren weiter und weiter steigen.

Dies bedeutete nicht nur einen unwahrscheinlichen Goldregen, der sich plötzlich, man kann schon sagen: unerwartet, über die OPEC-Länder ergoß (OPEC = Vereinigung erdölproduzierender Länder), sondern wurde für die gesamten, vom Öl abhängigen Industriestaaten effektiv zu einer Katastrophe, da diese neue Situation sie zu einem völligen Umdenken im Wirtschaftsbereich zwang. Bereits im Winter 73/74 konnte man nahezu überall in der westlichen Welt diesem Alptraum von »Sorry, No Gas«-Schildern und besserenfalls wartenden Autoschlangen an den Tankstellen begegnen.

Bundeskanzler Willy Brandt versuchte es damals in der BRD mit Fahrverboten für private Fahrzeuge an Sonntagen und rigorosen Geschwindigkeitsbegrenzungen. In diesen Monaten mußten sich viele der bisher großen und für unerschütterlich geltenden Ölmultis den Wünschen der Araber beugen und eine teilweise – aber jedesmal mindestens 51% betragende – Verstaat-

Fahrverbot für private Kraftfahrzeuge an Sonntagen während der ›Ölkrise‹

lichung ihrer Ölquellen in Kauf nehmen, wenn sie überhaupt noch welches zu ihren Raffinerien geliefert bekommen wollten. Die führenden Ölkonzerne der Welt (wie Exxon, Texaco, Shell, BP, Gulf usw.) sahen sich gewissermaßen von einem Tag zum anderen entmachtet. Die arabischen Länder wollten nicht länger ausgebeutet werden, sondern mitbestimmen. Diese Bewegung ging vor allem von König Feisal in Saudi-Arabien aus, dessen Land die gewaltigsten Ölquellen der Erde besitzt. Noch 1960 gab es in Saudi-Arabien für kaum mehr als zehntausend Kinder Platz in den Schulen, und noch nicht einmal die Sklaverei war dort richtig abgeschafft. Aber bereits fünfzehn Jahre später gehörte dieses Land zu den modernsten Staaten der Erde mit Tausenden von Schulen und modernsten Gesundheits- und Forschungszentren. König Feisal wurde 1975 ermordet. Arabische Fachleute – auch in den Ländern wie Kuwait, Bahrein, Jeddah oder Jordanien und Tripolis – hatten sich im Jahre 1972 zu einer pan-arabischen Krisenstrategie entschlossen, die sich zum Ziel gesetzt hatte, die brutale Ausbeutung der Ölreserven um jeden Preis zu stoppen. Zweiter Entschluß: Die materiellen Devisenüberschüsse sollten nicht länger – oft sogar völlig ungezielt – auf den Geldmärkten der westlichen Welt eingesetzt, sondern primär innerhalb der arabi-

schen Staaten selbst genutzt werden.

Als es dann ein Jahr später zu den entscheidenden Auseinandersetzungen mit den westlichen Industriestaaten kam, konnte bei deren Außenministern leider keine ähnliche Einigkeit, wie bei den Arabern, erzielt werden. Nach dem Prinzip ›Rette-sich-wer-kann‹ versuchte nahezu jedes einzelne Land Sonderabkommen mit den Arabern zu treffen. Doch diese Uneinigkeit stärkte lediglich die arabische Position. Ihre Gesamteinnahmen für Erdöl von knapp fünfzehn Milliarden Dollar im Jahre 1972 stiegen auf über fünfundachtzig Milliarden im Jahre 1974.

Seitdem mußten die europäischen Länder plötzlich einen erheblich größeren Teil ihres Gesamtprodukts für das unentbehrliche Erdöl ausgeben als bisher.

Dies alles geschah wohlberechneterweise genau zu einem Zeitpunkt, da die USA mit genügend Schwierigkeiten in gänzlich anderen Bereichen zu kämpfen hatten. Endlich war am 27. Januar 1973 in Paris der Abschluß des Vietnam-Krieges unterzeichnet und vereinbart worden, daß die 23 700 amerikanischen Soldaten innerhalb von zwei Monaten Vietnam verlassen würden, da stand schon kurz darauf der Nahost-Krieg Israels gegen die arabischen Staaten vor der Tür, worauf die arabische Liga mit ihrem ersten Embargo gegen die USA reagierte und ihre Erdöllieferungen nach Amerika als engstem Verbündeten Israels ab Oktober 1973 vollständig einstellten. US-Präsident Richard M. Nixon erhielt von seinem Verteidigungsminister die Schreckensmeldung, daß die Ölvorräte für die Armee keine fünf Tage reichen würden.

König Feisal von Saudi-Arabien

1970—1976

Der arabische Ölboykott gegen die USA dauerte bis März 1974, und dieses Exempel löste bei den europäischen Verbündeten der Vereinigten Staaten ein wahres Chaos aus. Ein Chaos, von dem man sich dort bis weit in die achtziger Jahre hinein nicht erholen sollte.

Die künftig immer höher steigenden Arbeitslosenzahlen, die Industriepleiten, die auf ökologischer Basis entstehenden politischen Auseinandersetzungen (›Atomkraft? Nein, danke!‹), all dies wurde in den Jahren 72 bis 74 geboren. Was den von ihren Ölquellen begünstigten Araberstaaten einen unermeßlich hohen Lebensstandard verschaffte, bedeutete für große Teile der westlichen Welt ein Ende des Wohlstandes.

Das Erdölproblem hat das Leben der Menschen nach dem zweiten Weltkrieg verändert, wie sonst nichts auf der Welt.

Ausgenommen vielleicht das Fernsehen.

Der amerikanische Präsident Richard Nixon

Schwarzes Gold

In Südafrika und in Rhodesien löste Mitte der siebziger Jahre eine Wirtschaftskrise die nächste ab, und Terroranschlag folgte auf Terroranschlag.

Die rund eine Viertelmillion Weißer wollte sich von den rund sechs Millionen Schwarzen um keinen Preis die Regierungsgewalt aus der Hand nehmen lassen (trotz des Verhältnisses 1:24).

Im Staat Südafrika sieht das Verhältnis ein wenig anders aus. Hier leben etwas mehr als drei Millionen Weiße neben knapp zwanzig Millionen Schwarzen (Verhältnis 1:6).

Allen Widerständen zum Trotz wird einige Jahre später (im Sommer 1979) das dann ›Simbabwe‹ genannte Rhodesien auch als erstes von den beiden Ländern einen schwarzen Premierminister haben, in dessen Kabinett nur noch zwei weiße Minister neben zwanzig Schwarzen ihr Amt ausüben werden (Verhältnis 1:10), und die Zeiten des weißen Premiers Ian Smith, der dann sein Regime über zwölf Jahre lang trotz UNO-Boykotts über die Runden gebracht haben wird, werden für immer vorbei sein.

Auch sein Amtskollege in Südafrika, Staatspräsident Balthazar Vorster wird 1979 seinen Platz räumen müssen. Jedoch nicht um der schwarzen Mehrheit zu weichen, sondern wegen eines Skandals in seinem Informationsministerium, das mit Steuergeldern eine der großen Tageszeitungen des Landes aufgekauft hatte, um sich eine regierungsfreundliche Presse zu sichern. Aber Mitte der siebziger Jahre wurde im Süden Afrikas mehr mit handgreiflichen Mitteln gekämpft. Da gab es brutalste Gewalt und blutigsten Terror auf beiden Seiten. Die einzige Ebene, worin sich Schwarz und Weiß einander ebenbürtig fühlten. Jahr für Jahr wurden Hunderte von Menschen verurteilt und hingerichtet. Selbst die Hauptstädte Salisbury und Prätoria boten trotz ihres Polizei- und Milizaufgebots nicht mehr genügend Schutz vor den Terror-Attacken der Bantus. Die Waffengeschäfte wurden von diesen derart leergekauft, daß die UNO ein Waffenembargo über ganz Südafrika verhängen mußte. Doch die Grundstückspreise begannen immer mehr zu sinken. Eines der sichersten Zeichen dafür, daß sich die weißen Bewohner ihrer Sache nicht mehr ganz so sicher waren.

Noch suchte man vergeblich nach Verständnis für den Übergang zu einer Mehrheitsherrschaft. Eher prügelte man einen Farbigenführer wie Steve Biko mit weißen Händen tot.

Das einzige, was blieb: Gold und Diamanten haben ihre Spitzenposition als wichtigstes Exportgut Südafrikas bis heute nicht verloren. Gleichgültig, welche Farbe regiert.

Der Präsident der Vereinigten Staaten Richard M. Nixon und sein Außenminister Henry Kissinger hatten nicht allzuviel Glück bei dem Versuch, diese sämtlichen Schwierigkeiten zu meistern. Aber immerhin besuchte er als erster amerikanischer Präsident die Volksrepublik China und ihren Präsidenten Mao Tsetung.

Als die wirtschaftliche Lage noch immer nicht in den Griff zu bekommen war, ordnete er schließlich eine Abwertung des Dollars an, um den Ölscheichs ein gutes Drittel ihres seiner Meinung nach nicht ganz zu Recht erworbenen Gewinns auf diesem indirekten Wege wieder abzunehmen.

Doch kurz darauf fegte ihn der ›Watergate-Skandal‹ von seinem Präsidentensessel.

Nicht viel besser erging es im gleichen Jahr seinem Amtskollegen Willy Brandt, der über seinen persönlichen Referenten Günter Guillaume stolperte, der als DDR-Spion am 24. April 1974 verhaftet wurde. Am 6. Mai 1974 erklärte Willy Brandt seinen ›sofortigen Rücktritt‹. Guillaume wurde zu 13 Jahren Haft verurteilt, kehrte aber – von Bundespräsident Carstens begnadigt – bereits nach 7 Jahren und 5 Monaten am 1. Oktober 1981 in die DDR zurück, wo man ihn als ›Helden der Republik‹ empfing und feierte.

Bundeskanzler Willy Brandt mit seinem persönlichen Referenten Günter Guilleaume

Der Krieg in Vietnam flammte nach dem Abzug der Amerikaner erneut auf. Erst 1975 kam er nach dem Fall von Saigon und der Übernahme der Staatsgewalt auch im südlichen Vietnam durch die kommunistische Führung Hanois im Norden endgültig zum Abschluß.

Der gewaltige Irrtum 1979

Irans religiöses Oberhaupt und seit dem 11. Februar 1979 Regierungschef, Ayatollah Ruhollah Khomeini

Schah Reza Pahlewi auf seinem prunkvollen Pfauenthron; das Kaisertum der Pahlewis dauerte 37 Jahre

Zu den katastrophalsten Fehleinschätzungen des Westens – und derer gibt es im Verlauf der letzten zwanzig Jahre eine ganze Reihe – gehörte zweifellos die der Lage des Iran, als in der Neujahrsnacht 1977/78 US-Präsident Jimmy Carter, in Teheran auf Gegenbesuch weilend (sechs Wochen zuvor war er vom Schah im Weißen Haus in Washington aufgesucht worden, um dort unter anderem 80 F-14-Kampf-Jets zur Abschreckung gegen die UdSSR zu bestellen), in seiner Rede an die Kaiserlichen Majestäten den Iran dank der Führerschaft des Schahs und des daraus resultierenden Respekts und der Bewunderung seines Volkes als eine Insel der Stabilität bezeichnete. Nicht viel anders lautete die Ansprache des Bundespräsidenten Walter Scheel, als er knapp vier Monate später (vom 21. bis zum 24. April 1978) sich gleichfalls in der persischen Hauptstadt aufhielt: »Kaiserliche Majestäten! Wir Deutschen sind stolz darauf, für den in aller Welt bewunderten Aufstieg des Iran einen wirksamen Beitrag zu leisten. Mit bewundernswürdiger Tatkraft und Zielstrebigkeit haben Sie, Kaiserliche Majestät, die wirtschaftliche Entwicklung vorangetrieben. Niemand, der die Geschichte des Iran kennt, kann leugnen, daß es große soziale Fortschritte gibt.«

Es ist eine unbestrittene Tatsache, daß der Schah-in-Schah den Ehrgeiz hatte, sein Land samt seiner 35 Millionen Untertanen bis zum Ende der achtziger Jahre mittels seiner ihm jährlich zwischen zwanzig und fünfundzwanzig Millionen Dollar einbringenden Ölquellen am Persischen Golf zur fünftgrößten Industrienation der Welt zu machen. Daß er bereit war, auf diesem Weg gegebenenfalls rücksichtslos über Leichen zu gehen, war beiden Präsidenten gewiß nicht unbekannt. Zensur, Kerker, Folter und Mord gehörten zum Alltag in seinem Land. Annähernd zweieinhalbtausend politische Gegner befanden sich laut Angaben von Amnesty international in den Staatsgefängnissen des Iran. Reichtum und Luxus der Herrscherfamilie wie der führenden Schicht der Militärs, der Minister, Abgeordneten, Bankleute und der anderen oberen Zehntausend standen in keinem Verhältnis mehr zur Armut der arbeitenden Bevölkerung, wo ein Arbeiter oft mehr als die Hälfte seines monatlichen Einkommens (400,- DM durchschnittlich) allein schon für ein einziges Zimmer (kaum unter 200,- DM) bezahlen mußte. Bereits im Sommer 1977 hatte sich im Iran eine Menschenrechtsbewegung entwickelt, von der man auf westlicher Seite keinerlei Notiz nahm. Ende 1977 war es dann seit nahezu 15 Jahren erstmals wieder zu offenen Konfrontationen mit dem Pfauenthron-Regime gekommen, welche den Beginn eines Volksaufstandes signalisierten. Dies führte als erstes zur Schließung der Polytechnischen Universität in Teheran. Anfang Januar wurden Sympathiemärsche für Khomeini im Religionszentrum Ghom (in dessen Nähe Khomeini 1902 zur Welt gekommen war und an deren Theologischer Universität er von 1933 bis 1963 einen Lehrstuhl hatte) durch Militäreinheiten mit Gewalt aufgelöst. Dabei gab es mindestens hundert Tote und dreihundert Verletzte. Mitte Februar 1978 fand in Täbris, im Norden des Iran, eine Demonstration statt, bei der mehr als tausend Iraner ihr Leben lassen mußten. Doch dies alles galt für die USA lediglich als Beweis, daß der Schah mit den Unruhen in seinem Land schon allein fertig werden würde. Nicht umsonst hatte ihn seine Armee in den vergangenen zwanzig Jahren mehr als 75 Milliarden Mark gekostet.

Im Juni 1978 ließ der Schah dann ja auch die Zügel deutlich ein wenig lockerer. Man sprach allgemein von einem Tauwetter im Iran. Vor allem, weil sich der gefürchtete Geheimdienst SAVAK spürbar zurückzuhalten begann.

Erst als im Verlauf von September/Oktober 1978 144 Mitglieder der persischen Geld- und Machtelite Summen in Höhen von über 2,4 Milliarden Dollar in die Schweiz, nach Israel und in die Vereinigten Staaten transferierten, begann man in den USA aufmerksam zu werden. Schließlich lebten rund 40 000 Amerikaner samt Familien im Iran. Hauptsächlich waren dies Techniker und militärische Berater oder Ausbilder. Doch noch immer hielt man es für unnötig, Angst zu zeigen oder gar zu verbreiten. Aber als Anfang September 1978 die religiöse Führung des Landes zum Generalstreik und zu Demonstrationen aufrief, hätte man deren Einfluß nicht derart unterschätzen dürfen, da immerhin über neunzig Prozent der Bevölkerung der islamischen Schiiten-Sekte angehörten. Am 7. September beteiligten sich dann auch über zwei Millionen Menschen in

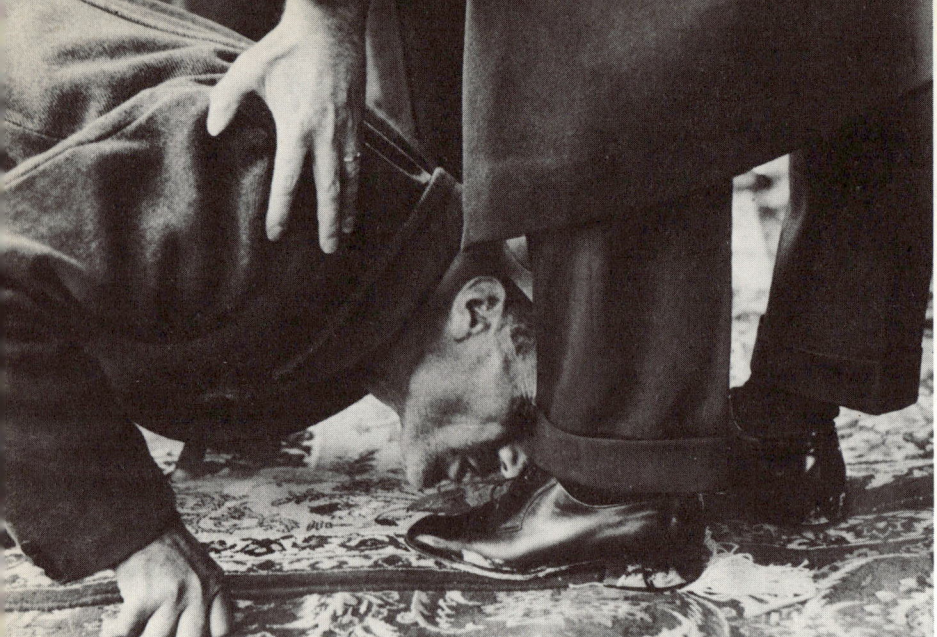

Die Zeit, als Bauern dem Schah für ein Stück Land die Schuhe küßten, ist endgültig vorbei

Bereiche von Wissenschaft und Technik. Doch noch immer hielt man diese Entwicklung im Westen nicht für allzu tragisch. Im Gegenteil. Ende Oktober kam der Wirtschaftsminister der Bundesrepublik, Graf Lambsdorf, nach Teheran, wo über den Bau mehrerer Atomkraftwerke und den Kauf von vier weiteren Kriegsschiffen für die kaiserliche Marine verhandelt wurde.

Kurz darauf begann man auch auf den Erdölfeldern am Persischen Golf zu streiken. Die Förderung sank in kurzer Zeit auf knapp ein Fünftel der üblichen Produktion. Anfang November gingen in Teheran die SAVAK-Zentrale, die britische Botschaft, fünf große Kaufhäuser, über hundert Bankfilialen, drei Büros ausländischer Fluggesellschaften und mehrere Hotels in Flammen auf.

Und genau in diesen Tagen bezeichnete US-Außenminister Vance den Iran noch immer als ›engen und geschätzten Alliierten‹.

Auf die Ausschreitungen des Vortages hin setzte der Schah am 6. November 1978 eine Militärregierung ein. Doch an den religiösen Feiertagen Tasura und Ashura am 10. und 11. November demonstrierte über die Hälfte des gesamten iranischen Volkes gegen die Pahlewi-Dynastie. Immer mehr Menschen starben im Kugelhagel. Doch trotz der Allgegenwart von Armee, Polizei und Geheimdienst gelang es dem Regime nicht, länger Herr der Lage zu bleiben.

Teheran an einer Demonstration, die dem Schah-Regime öffentlich den Kampf bis zum Sieg ansagte. In der kommenden Nacht wurde das Kriegsrecht über Teheran und elf weitere Städte des Iran verhängt. Trotzdem versammelten sich auf dem Jaleh-Platz in Teheran über einhunderttausend Gläubige zu einer Trauerkundgebung, unter denen ein Blutbad mit annähernd viertausend Toten angerichtet wurde. Die Soldaten schossen wahllos von Militärfahrzeugen aus, von den umliegenden Dächern, ja sogar aus Hubschraubern herunter in die Menge. Doch was war dieser »Schwarze Freitag« schon gegen die Widerstandsbewegung von 1963, als nach der Verhaftung des Ajatollah Khomeini am 5. Juni einen Tag später schah- und militärfeindliche Demonstranten durch die Straßen von Teheran zogen und unter ihnen ein Massaker von über fünfzehntausend Toten angerichtet wurde? Khomeini und mehrere andere namhafte Oppositionelle hatte man daraufhin ausgewiesen und in die Türkei und später in den Irak verbannt.

Und es kehrte wieder Ruhe ein im Iran. Fast fünfzehn Jahre lang. Nicht viel anders würde es auch dieses Mal ausgehen, dachte man in Washington. Am 6. Oktober wurde Khomeini aus dem Irak, von wo aus er die Iraner zum Generalstreik aufgerufen hatte, ausgewiesen und fand Zuflucht in Frankreich. Er ließ sich in der Nähe von Paris nieder.

Anfang Oktober 1978 erfaßte dieser Streik als erstes die

Jetzt erst begannen die Großmächte allmählich zu erkennen, daß sich im Iran eine der größten Volksbewegungen der Menschheitsgeschichte erhoben hatte, um diesen im Lande so unsagbar verhaßten Despotismus abzuschütteln.

Weder Ausgangssperre noch Panzer und Karabiner waren weiterhin fähig, diese Bewegung aufzuhalten. In Täbris verweigerten sogar Soldaten den Einsatz gegen die Zivilbevölkerung und verbrüderten sich mit den Demonstranten.

Aber noch ahnte der Westen nicht, wie sehr gerade dieser Aufstand eines Volkes, von dem noch immer Millionen Analphabeten waren, die Politik der gesamten westlichen Welt auf Jahre hinaus beeinflussen, wenn nicht gar bestimmen würde.

Der Schah erkannte, wie sehr sich diese Unruhen von den früheren Ereignissen unterschieden, denn noch nie zuvor hatte es die Monarchie des Pfauenthrones mit solchen Menschenmassen zu tun gehabt. Er wußte, daß es mit den 37 Jahren seines Kaisertums vorbei war. Er fühlte sich müde. Außerdem wußte er, wie es gesundheitlich um

Mit Jubel und Begeisterung wird der Ayatollah Khomeini am 1. Februar 1979 nach 16jährigem Exil von seinen Anhängern und Landsleuten in Teheran empfangen

ihn stand. Lymphdrüsenkrebs. ›Ich gehe in Urlaub‹, erklärte er, als er mit der Kaiserin Farah und dreißig seiner getreuesten Gefolgsleute auf dem Flugplatz in Teheran seine Privat-Boeing 707 bestieg. Er setzte sich selbst ans Steuer und zog noch eine letzte Schleife über der Stadt, die er niemals wieder betreten würde.

Was er jedoch nicht ahnte, war die Tatsache, daß zwischen seiner Ankunft in Ägypten an diesem 16. Januar 1979 und seinem Tod am 27. Juli 1980 im Kairoer Militär-Krankenhaus noch Monate unentwegter Flucht voller Enttäuschungen liegen würden, da plötzlich keiner seiner alten Freunde – ausgenommen Ägyptens Staatspräsident Anwar el-Sadat – ihn, einen der reichsten Männer der Welt, in seinem Lande dulden wollte. Zunächst flog er vom Nil zu König Hassan nach Marokko, dann weiter auf die Bahamas und anschließend nach Mexiko. Bald darauf brachte man ihn durch einen Seiteneingang in die Universitätsklinik von New York, wo er an der Galle operiert wurde. Ein Wiedereinreisevisum nach Mexiko erhielt er jedoch nicht mehr. So wurde er nach Texas in das Lackland-Air-Force-Hospital geschafft, wo man ihn später dann ein Drei-Zimmer-Appartement beziehen ließ, bis ihm dann endlich Ende März in Ägypten Asyl auf Lebenszeit gewährt wurde, wo er ungestört seine letzten vier Lebensmonate verbringen durfte.

Wie groß das Auslandsvermögen des Schahs wirklich war, konnten selbst Fachexperten nach seinem Tod nicht voll und ganz überblicken.

Jubel und Begeisterung kannten nach der Flucht des Schahs auf den Straßen des Iran tagelang keine Grenzen. Die Menschen schrien, tanzten und sangen die Tage und Nächte hindurch. Strahlend nahm die ›Neue Revolution‹ ihren Anfang. Man betrachtete diese Zeit als den ›Frühling der Freiheit‹. Doch dieser Frühling dauerte nicht lange. Nicht einmal volle vier Wochen. Genau vom Dienstag, dem 16. Januar, bis Montag, dem 12. Februar 1979.

In dieser Zeit gab es im Iran ein freies Fernsehen, gab es unzensierte Zeitungen, konnte jedermann denken und aussprechen, was er wollte. Niemand hinderte ihn daran. Und vor allem: Kein Mensch brauchte mehr Angst zu haben.

Am 1. Februar 1979 kehrte Ajatollah Khomeini nach fast fünfzehnjähriger Verbannung in sein Heimatland zurück. Über vier Millionen seiner Landsleute bereiteten ihm einen begeisterten Empfang. Seine Anhänger sahen in ihm einen menschgewordenen Gott.

Am folgenden Tag wurde Mehdi Bazargan von Khomeini beauftragt, eine neue Regierung zu bilden. Bazargan war Vorsitzender der im Sommer 1977 gegründeten oppositionellen Gesellschaft zur Verteidigung der Freiheit und der Menschenrechte gewesen.

Er und Khomeini übernahmen am 11. Februar 1979 offiziell die Amtsgeschäfte der Regierung.

Es dauerte keine 24 Stunden, als die bis dahin selbstverwalteten Rundfunk- und Fernsehstationen von Khomeini-Anhängern übernommen wurden.

Von einem Tag zum anderen verlangte Khomeini, dieser selbst so spartanisch lebende alte Mann, eine völlige Veränderung der Lebensführung aller seiner Landsleute. Die Frauen hatten wieder islamische Kleidung zu tragen, das heißt, der größte Teil des Gesichts mußte unter dem traditionellen Schleier verborgen werden. Alkohol wurde verboten, nicht anders als Coca-Cola oder Musik, wobei der Kirchenfürst keinen Unterschied zwischen klassischer Musik und seichten Schlagern machte, war doch beides für ihn schlimmer als Opium. So wurden sämtliche Diskotheken und Tanzhallen geschlossen, keine heiteren Filme mehr gezeigt. Unverheiratete weibliche Angestellte der staatlichen Banken wurden aufgefordert, sich ihre Jungfräulichkeit attestieren zu lassen. Später sollte dieses Denken sogar zur Wiedereinführung solch alter Gesetze, wie Abhacken der rechten Hand bei Diebstahl und dergleichen, führen.

Die Revolution, die einzig und allein gegen den Despotismus des Pfauenthrons gerichtet war, wurde somit plötzlich zu einer Revolution der Reaktionäre. Die zahllosen Menschen, die im Iran ihr Leben geopfert hatten, hatten dies in der Hoffnung auf ein besseres Leben und die Durchsetzung demokratischer Grundprinzipien getan. An der Religionsausübung und Praktizierung war unter dem Schah niemand gehindert worden. Doch jetzt wurden plötzlich all diese Menschen – jetzt unter Führung der islamischen Geistlichkeit – abermals von einem Geheimdienst bespitzelt, nur daß er diesmal SAVAMA hieß. Und wieder gab es Zensur. Schlimmer denn je. 28 Zeitungen wurden innerhalb von einer einzigen Woche verboten.

Nach der altbewährten Methode des Propheten Mohammed sollten die Massen gewaltsam mit Hilfe des Schwertes zur Lehre Gottes bekehrt werden. Eine einmalige Säuberungswelle begann. In Kurzprozessen mit sogleich daraufolgendem Strafvollzug wurden Tausende von Menschen – zum Teil öffentlich – gehängt. Das ganze Volk stand plötzlich unter einer neuen Diktatur, der des Islam.

Am Freitag, dem 9. 11. 79, verbrennen jugendliche aufgebrachte Perser auf der Mauer der US-Botschaft eine amerikanische Flagge

Blick auf die besetzte US-Botschaft, in der 53 Amerikaner gefangen gehalten werden

Abdolhassan Bani Sadr legt am 4. 2. 80 vor Khomeini seinen Amtseid ab

Schon wenige Monate nach dem ekstatischen Anfang ließen sich die ersten Anzeichen von Enttäuschung erkennen. Als die Kurden im Norden des Landes, die nach dem Sturz des Schahs gehofft hatten, mit Khomeini über ihre Autonomie verhandeln zu können, erleben mußten, wie dieser statt dessen die Armee und seinen obersten Richter und Henker zu ihnen schickte, war ihr ohnmächtiger Zorn grenzenlos. Wieder einmal flossen Ströme von Blut, bevor sich der oberste islamische Führer endlich entschloß, der Kurdenminderheit (etwa dreieinhalb Millionen Bewohner des Iran) ein Statut zuzubilligen, das diesen eine Selbstverwaltung gewährte.

Dann, nachdem immer mehr Massenhinrichtungen den Iran beunruhigten und der Elan der Revolution zu erliegen drohte, ließ Khomeini am 4. November 1979 eine Menge von später als ›Studenten‹ bezeichneten Jugendlichen die amerikanische Botschaft in Teheran stürmen und die Angehörigen der Botschaft in Geiselhaft nehmen. Fünf Frauen und acht schwarze Geiseln ließ er nach zwei Wochen ostentativ frei. Die restlichen 52 mußten jedoch 444 Tage lang als ›Geiseldrama‹ die Welt in Atem halten. Nach einem verunglückten militärischen Befreiungscoup am 25. April 1980 kostete dies den Präsidenten Carter sogar sein Amt. (Aus Protest gegen diese gescheiterte Rettungsaktion trat der US-Außenminister Cyrus Vance am 28. April zurück.) In der Präsidentschaftswahl am 4. November wurde Ronald Reagan zum 40. Präsidenten der Vereinigten Staaten gewählt. Erst am Tag der Amtsübergabe Carters an Reagan, dem 20. Januar 1981, ging dieser wohl demütigendste Abschnitt in der US-Geschichte zu Ende.

Daß am 22. September 1980 während dieses Kampfes um die Befreiung der Geiseln – genaugenommen war es letzten Endes ein Freikauf, der mit der Überweisung von rund 70% der iranischen Guthaben in Amerika in Höhe von 5,5 Milliarden Dollar bezahlt wurde (nachdem erst das gesamte Schahvermögen und 24 Milliarden von Khomeini gefordert worden waren) – ein Krieg zwischen Iran und seinem Erzfeind Irak um die Erdölgebiete längs der Landesgrenzen begann, ging in der Weltpresse neben dem Drama um die Geiseln nahezu unter. Doch wurden in diesem Krieg im Laufe der ersten beiden Jahre nahezu einhunderttausend Menschen getötet und fast die dreifache Anzahl verwundet.

Immer mehr begann der große Mythos des allgewaltigen alten Ajatollah in der Weltöffentlichkeit allmählich zu verblassen. Im Dezember 1980 wurde im Iran bei der ersten freien Wahl Abolhassan Bani Sadr mit 75% der Wählerstimmen zum Staatspräsidenten gewählt. Bani Sadr ist ein absolut klar denkender politischer Technokrat, der der Meinung war, daß die islamischen Prinzipien der modernen Zeit angepaßt werden müßten. Natürlich führte dies zu Konflikten mit Khomeini, die am 22. Juni 1981 zum Sturz Bani Sadres führten, der sein Leben nur durch ein Untertauchen im allerletzten Moment zu retten vermochte. Es gelang ihm, sich am 29. Juli mit Hilfe einer iranischen Militärmaschine nach Frankreich zu retten, wo er, wie einst Khomeini, um Asyl bat. Er hat der Diktatur der Schiiten den Kampf angesagt und versucht nun seinerseits, von Paris aus die oppositionellen neuen Kräfte im Iran zu steuern.

Der Iran befindet sich in einer trostlosen Lage wie nie zuvor. Unter der neuen Führung, welche die Erwartungen und Bedürfnisse der Bevölkerung keineswegs befriedigen kann, wächst die Opposition noch schneller und heftiger als unter dem Despotismus des Schahs. Alles spricht dafür, daß die Herrschaftsperiode des islamischen Klerus lediglich ein Interregnum sein wird. Die Wirtschaft des Landes ist nahezu ruiniert, der Lebensstandard spürbar gesunken. Die Zahl der Arbeitslosen geht in die Millionen. Die Preise für die Grundnahrungsmittel sind um über 40% gestiegen. Kleidung und auch nur der geringste Luxus kosten ein Mehrfaches von früher. Das neue Regime hat deutlich versagt und den Iran gewissermaßen reif für einen Militärputsch gemacht. Eine Militär-Diktatur steht nahezu körperlich spürbar vor der Tür.

Die Welt kann die verzweifelte Lage des Iran schon daran erkennen, daß man dort bereit ist, sein kostbarstes Gut, das Erdöl, gewissermaßen um jeden Preis – also selbst unter Preis – auf den Markt zu bringen, weil man Devisen, das heißt die verfluchten Dollars, dringend benötigt, um die Wirtschaft des Landes nicht gänzlich zum Erliegen zu bringen.

Das Leben in diesem Land ist wieder sehr still geworden. Begeisterung und Freude sind abermals der Angst gewichen. Noch Tag für Tag werden Todesurteile gefällt und sofort vollstreckt. Wer früher als Opponent in die Staatsgefängnisse geschafft worden war, wird heute innerhalb weniger Stunden hingerichtet.

Die Anzahl der Attentate und Bombenanschläge wächst. Es ist, als wolle die Bevölkerung des Iran damit zum Ausdruck bringen, welch gewaltiger Irrtum heute in ihren Augen der Jubel der Befreiung im kurzen Frühling 1979 gewesen sei.

Julius M. Doll

Kriegsschauplatz Iran und Irak – ein irakischer Soldaten-Friedhof in der Nähe der Kharkeh-Brücke/Iran

Das Jahr des Terrors und das Jahr der Päpste

Terror in der Bundesrepublik Deutschland

1977 war eines der an Terror reichsten Jahre. Auch in der Bundesrepublik. Zehn Menschen fielen allein in diesem Jahr in Deutschland dem Wahn zum Opfer, daß mit nackter Gewalt nicht genehme Umweltverhältnisse zu verändern seien. Die berüchtigte RAF (Rote Armee Fraktion), ein Ableger der APO (der deutschen Studentenbewegung der sechziger Jahre) wurde von zumeist ›Unzufriedenen‹ aus bürgerlichem Milieu gegründet wie Andreas Baader, Ulrike Meinhof (daher die Bezeichnung: Baader-Meinhof-Bande), Gudrun Ensslin, Jan-Carl Raspe und Holger Meins. (Baader, Raspe und Gudrun Ensslin verübten am 18. Oktober im Gefängnis Stuttgart-Stammheim Selbstmord, wohin sie auf Grund des Urteils vom 28. April wegen vierfachen Mordes und Mordversuch in dreißig Fällen zu lebenslanger Haft eingeliefert worden waren.)

Kommandeur Ulrich Wegener der Spezialeinsatzgruppe GSG 9

Die gekaperte Lufthansa-Maschine ›Landshut‹ bei ihrem Start auf dem Flugfeld von Dubai

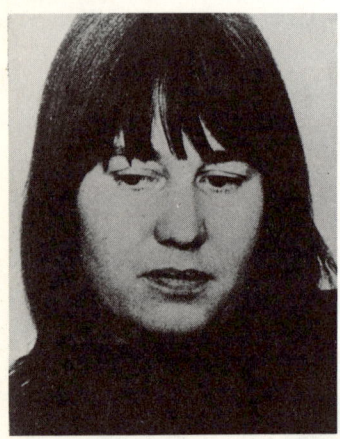
Ulrike Meinhof

Andreas Bader

1977 starben zehn Bürger der BRD:
Am 7. April Generalbundesanwalt Siegfried Buback zusammen mit seinem Fahrer und einem Sicherheitsbeamten auf dem Weg zu seiner Behörde.
Am 30. Juli der Vorstandssprecher der Dresdner Bank Jürgen Ponto in seinem Haus im Taunus.
Am 5. September Arbeitgeberpräsident Hanns-Martin Schleyer nach seiner Entführung. Bei der Entführung selbst wurden sein Fahrer und drei Sicherheitsbeamte erschossen. Hanns-Martin Schleyer wurde nach 45 Tagen Haft durch Genickschüsse umgebracht, weil angeblich die Übergabe des Lösegeldes in Höhe von 35 Millionen Mark gescheitert war.
Dann, *am 13. Oktober*, brachten vier mit der RAF verbündete Araber die Lufthansa-Maschine ›Landshut‹ mit 82 Passagieren und fünf Besatzungsmitgliedern in ihre Gewalt.

Dabei wurde im Laufe eines fünf Tage dauernden Irrfluges der Flugkapitän Jürgen Schumann bei einer Zwischenlandung in Aden erschossen, weil er versucht hatte, auf eigene Faust Hilfe für die Menschen in seiner Maschine herbeizuschaffen.
Am 17. Oktober landete die ›Landshut‹ in Mogadischu. Die Regierung Somalias erlaubte der Bundesregierung den Einflug eines Spezialkommandos des Grenzschutz GSG 9, welches am 18. Oktober um 0.05 Uhr die Lufthansamaschine in einem tollkühnen Einsatz stürmte und sämtliche noch lebenden 86 Geiseln befreite.
Drei der vier Terroristen kamen dabei ums Leben. Darunter auch der Mörder des Flugkapitäns, der, wie sich später herausstellte, bereits mehrere ähnliche Auftragsmorde ausgeführt hatte.

Die drei Päpste

Selten regierten über die katholische Christenheit drei Päpste in ein und demselben Jahr.
Und von noch etwas weiß die Kirchengeschichte bisher nur höchst selten zu berichten: Von einem Papst, der nicht aus Italien stammt. Der letzte war Papst Hadrian VI. aus Deutschland gewesen, welcher dieses Amt jedoch lediglich von 1522 bis 1523 innehatte. Ein Jahr lang.
Am 6. August 1978 war abends gegen 22 Uhr in der päpstlichen Sommerresidenz Castel Gandolfo Papst Paul VI. nach ungewöhnlich langer Amtszeit im Alter von 81 Jahren gestorben. An Herzversagen. Volle fünfzehn Jahre lang hatte er als Papst regiert. Seit dem Ökumenischen Konzil, das sein Vorgänger Johannes XXIII. 1962 ins Leben gerufen hatte. Ein Konzil, wie es letzt-

1977 und 1978

Papst Johannes Paul II. tritt sein Amt an

malig im Jahre 1869/70 stattfand. Eine Zusammenkunft der Bischöfe und Kardinäle, die sich dabei mit den Gegebenheiten der modernen Zeit auseinandersetzen sollten.
Jahrhunderte lang war die Macht der Kirche fest in Händen einer kleinen Gruppe von Italienern gewesen, welche die 700 Millionen Katholiken in aller Welt einzig aus der Sicht Italiens, wenn nicht gar Roms aus führten.
Doch inmitten der Vorbereitungen zur zweiten Sitzungsperiode dieses Konzils starb der 80jährige Papst Johannes XXIII. am 23. Juni 1963. Zum Nachfolger wurde Kardinal Giovanni Montini gewählt, der jedoch in der Weiterführung des Konzils eine spürbar unentschlossene und zögernde Haltung zeigte. Viele der von Johannes XXIII. angestrebten Erneuerungen blieben dadurch in der Entwicklungsphase stecken, weil Papst Paul VI. gleichzeitig die Kirche für die moderne Welt öffnen und ihre Tradition zu wahren suchte. Sein Schwanken war geradezu symbolisch für die Zerrissenheit der heutigen Zeit. Er war zweifellos ein moderner Papst, was ihm jedoch mehr Achtung als Liebe einbrachte. Vor allem seine Weigerung, die Gebote der Empfängnisverhütung oder gar das Zölibat aufzuheben, brachten ihn ins Kreuzfeuer der Kritik. Über das alles

wurde zu oft vergessen, wie sehr er sich für die soziale Gerechtigkeit in der dritten Welt eingesetzt hatte, für Abrüstung und eine ehrliche Entspannung zwischen Ost und West.
Sein Nachfolger wurde der Patriarch von Venedig Albino Luciani, ein einfacher Mann von bescheidenem Wesen. Er wählte den Namen Johannes Paul I. Seine Warmherzigkeit und sein Lächeln gewannen ihm rasch die Herzen der Menschen. Doch er regierte lediglich 33 Tage lang. Mit nur 66 Jahren starb er am 28. September 1978.
Am 16. Oktober wählten die einhundertelf Kardinäle zum Erstaunen der ganzen Welt den 58jährigen Kardinal von Krakau Karol Wojtyla. Innerhalb von drei Monaten waren also zwei Päpste gewählt worden, und zu Ehren seines Vorgängers nahm Karol Wojtyla den Namen Paul Johannes II. an.
Dieser Papst erwies sich als kluger Mann – er beherrscht allein sechs Sprachen – der von Anfang an bemüht war zu zeigen, wie sehr ihm die Probleme gewissermaßen jedes einzelnen Menschen am Herzen lagen. So begann er sie in den verschiedensten Erdteilen der Welt aufzusuchen und persönlich anzusprechen. Er galt schon immer als menschlicher Priester, der während des Krieges in Polen in einer Fabrik

gearbeitet und geholfen hatte, Juden zu verstecken. Ständig hatte er Zeit für die Gläubigen seiner Krakauer Diözese zu der auch Auschwitz gehörte. Vor allem aber besaß er ungewöhnliche Erfahrungen im Umgang mit den östlichen Machthabern, was den Einfluß der katholischen Kirche in Polen, selbst bei den Nichtgläubigen, in den zwei Jahren später ausbrechenden großen politischen Auseinandersetzungen bedeutend zu stärken vermochte. Dies zeigte sich vor allem nach dem Tod des polnischen Kardinal-Primas Stefan Wyszynski am 28. Mai 1981, so daß heute die katholische Kirche (über 85 Prozent der polnischen Bevölkerung ist katholisch) die stärkste geistige und soziale Kraft im Lande darstellt, welche von der autoritären Parteiführung dort auch tatsächlich beachtet und als ernstzunehmender Machtfaktor betrachtet wird.

Rüstung, Rüstung über alles

Seit Beginn der siebziger Jahre – genauer: Seit der Kubakrise im Oktober 1962 steht kaum ein Thema so im Brennpunkt der (westlichen) Meinungen, wie die Rüstungspolitik, die in immer steigenderem Maße von den beiden Weltmächten

betrieben wird. Vierhundert, fünfhundert und noch mehr Milliarden Dollar werden alljährlich von beiden Seiten dafür aufgewendet, um zu demonstrieren, wie friedlich ihrer beiden Absichten seien.
Als Jimmy Carter im Januar 1977 die Amtsgeschäfte als Präsident der Vereinigten Staaten von Amerika übernahm, hatte er zweifellos die ehrliche Absicht, der UdSSR gegenüber einen Modus vivendi zu finden, der zu einer Rüstungsbegrenzung oder noch besser Reduzierung auf beiden Seiten führen möge. Hierbei dachte er an ein SALT II-Abkommen (= Ausschalten interkontinentaler Raketen).
Doch wie von den ersten Tagen gleich nach dem letzten Kriege an, zielte die russische und die amerikanische Führung darauf, das militärische Übergewicht zu haben, was zu fortwährenden Auseinandersetzungen über den richtigen Weg zur Wiederherstellung des militärischen Gleichgewichts hinauslaufen sollte.

Trotz aller Gespräche und Forderungen nach Rüstungskontrolle und Verbot bestimmter Waffengattungen in aller Welt hat es bisher noch so gut wie kein greifbares Ergebnis gegeben. Im Gegenteil, jede neue Auseinandersetzung auf der Welt, gleichgültig ob in Südafrika, im Nahen Osten oder in Mittelamerika artet zu einem ›Sich-aneinander-messen‹ ohnegleichen aus.
Das Jahr 1977 – vor allem auf Grund der Annäherungsversuche von Ägypten und Israel – ließ Hoffnung auf Entspannung aufkommen. Doch dieser Silberstreif am Rüstungshorizont versank rasch wieder hinter den schwarzen Wolken neuer Massenvernichtungswaffen. Auch im darauffolgenden Jahr 1978 wurde kein Ausweg aus diesem Dilemma gefunden, obgleich das seit 1972 bestehende SALT I-Abkommen im Herbst 1977 ausgelaufen war. Schon in SALT I hatte man vergessen, die Entwicklung gänzlich neuer Waffensysteme mit noch gewaltigerer Vernichtungskraft einzuschränken oder gar zu unterbinden. So waren in den Jahren 77/78 völlig neuartige Elektroniksysteme (vor allem für noch genaueres Aufspüren feindlicher Ziele) aufgebaut worden. Größter Fortschritt auf diesem Gebiet: Die Neutronen-Bombe, bei deren Einsatz größtenteils ›nur‹ Menschen umkommen, während sich der Trümmer-Radius hingegen wesentlich verringern würde.

Solidarität begraben durch Soldaten 1980/81

Ministerpräsident Wojcziech Jaruzelski bei einer Rede vor dem polnischen Parlament

Gewerkschaftsführer Lech Walesa spricht zu den Streikenden der Danziger Lenin-Werft

Die Volksrepublik Polen in ihrer heutigen geographischen Gestalt ist etwas mehr als 35 Jahre alt und umfaßt ein Gebiet von genau 312 677 Quadratkilometern. Sie ist der siebtgrößte Staat Europas und hat am Sonntag, dem 13. Dezember 1981, knapp fünfunddreißigeinhalb Millionen Einwohner. Von ihnen sind um diese Zeit etwa zehn Millionen Mitglieder der seit dem 30. August 1980 zugelassenen unabhängigen und freien Gewerkschaft Solidarnošč, zu deutsch: ›Solidarität‹. Ein Begriff, der schon wenige Monate nach diesem für das weitere Schicksal Polens so entscheidenden schwarzen Sonntag samt seiner schnauzbärtigen Galionsfigur Lech Walesa beginnen wird, charismatische Züge anzunehmen.

Der Aufstand der arbeitenden Bevölkerung Polens, auf deren Traum, Sozialismus und Demokratie miteinander verbinden zu können, an diesem 13. Dezember 1981 mit der Verhängung des Kriegsrechts über das Land durch Staats- und Parteichef Wojciech Jaruzelski ein bitteres Erwachen folgen sollte, war nicht der erste in Polen seit seiner neuen Plazierung im Jahre 1945 auf der Landkarte Europas. Fast auf den Tag genau elf Jahre zuvor, am 14. Dezember 1970, legten die Werftarbeiter in Danzig ihre Arbeit nieder, und ein Zug von über zehntausend Menschen zog zum Parteihaus der Stadt, um gegen die von dem damaligen Parteichef Wladyslaw Gomulka kurz vor Weihnachten angeordnete Preiserhöhung der Grundnahrungsmittel zu protestieren. Dies führte am 20. Dezember 1970 zum Sturz Gomulkas, der nach dem Posener Aufstand vom 22. Juni 1956 – gleichfalls der schlechten Lebensbedingungen wegen – mit Hilfe des rücksichtslosen Einsatzes von Militäreinheiten die Macht im Staate übernommen hatte. Mit 48 Toten und 270 Verletzten mußten die Arbeiter damals ihr erstes Aufbegehren bezahlen, und auch die Niederschlagung dieses zweiten Arbeiteraufstandes im Dezember 1970 brachte Verluste: 46 Menschenleben, über 1150 Verletzte und ein Sachschaden von annähernd sechzig Millionen Mark. Damals war befürchtet worden, daß, ähnlich wie zwei Jahre zuvor in der Tschechoslowakei, ein Einmarsch der Truppen Sowjetrußlands zu erwarten sei.

Nachfolger Gomulkas wurde Edward Gierek, und wie sein Vorgänger hatte dieser versichert, daß in Zukunft die Wirtschaftslage Polens sich endlich wesentlich bessern würde. Ein Versuch, seinerseits im Juni 1976 einigermaßen kostendeckende Lebensmittelpreise durchzusetzen scheiterte bereits nach 24 Stunden. Dennoch kamen bei den umgehend darauf einsetzenden Arbeiterprotesten in Radom mindestens zwei Menschen um. Über 75 Polizisten wurden angeblich zum Teil schwer verletzt, der Sachschaden soll über achtzig Millionen Dollar betragen haben. Doch allen Bemühungen zum Trotz wird die Wirtschaftslage Polens von Jahr zu Jahr trostloser. Am 18. Juli 1980 kommt es in Lublin erneut zu einem Streik. Diesmal waren es als erstes alle städtischen Verkehrsbetriebe, Auslieferfirmen und das Elektrizitätswerk, wo die Arbeit niedergelegt wurde. Lediglich Krankenhäuser und Kindergärten wurden noch unterhalten. Man verlangte Lohnerhöhungen und – ähnlich wie für die Angehörigen der Miliz – Familienzulagen sowie Betriebsratsneuwahlen.

Schon am nächsten Tag wurden diese Forderungen erfüllt und der Generalstreik in Lublin beendet.

Doch eine neue Streikwelle hatte begonnen und lief unaufhaltsam weiter, sprang von Stadt zu Stadt.

Polen hat 24 Städte mit mehr als hunderttausend Einwohnern.

Am 14. August 1980 beginnt der Streik in der Lenin-Werft in Danzig. Ausgelöst wurde er wegen der ungerechtfertigten Entlassung einer Kranführerin. Die Werft ist mit ihren rund 17 000 Beschäftigten die größte Polens. Doch diesmal ziehen im Gegensatz zu früher die Arbeiter nicht mehr auf die Straßen, sondern halten ihre Betriebe besetzt, verschanzen sich darin.

Wie in Lublin und den zahlreichen anderen Städten werden ebenfalls zunächst Lohnerhöhungen verlangt, doch zugleich wird der Ruf nach Zulassung der 1976 für illegal erklärten ›Freien Gewerkschaft‹ laut. Der Kampf um bessere Lebensbedingungen wird somit immer mehr zu einer politischen Auseinandersetzung und gipfelt in der Forderung nach Abschaffung von Zensur sowie Zulassung zu den öffentlichen Medien.

Am nächsten Tag schließen sich die öffentlichen Verkehrsbetriebe und andere Werften und Fabriken in Danzig und Gdingen dem Streik an. Auch in Zoppot kommt der Verkehr zum Erliegen. Doch die Zeitungen wie auch

Große Beteiligung der Bevölkerung aus allen Teilen Polens bei der Feier in Danzig zur Enthüllung des Denkmals für die Opfer der niedergeschlagenen Arbeiter-Demonstration von 1970

das Fernsehen und der Rundfunk schweigen zunächst darüber. Die meisten Strandurlauber in Zoppot ahnen noch nicht einmal, was sich in ihrer allernächsten Nähe abspielt.

Am gleichen Tag springt Lech Walesa über einen Zaun auf das Werftgelände. Der sechsunddreißigjährige Elektromonteur war im Jahre 1976 als Gründungsmitglied der illegalen ›Freien Gewerkschaft‹ von der Betriebsleitung der Lenin-Werft entlassen, jedoch auf Druck der Arbeiter wieder eingestellt worden. Er wird zum Vorsitzenden eines mit 23 Belegschaftsvertretern aus den verschiedensten Unternehmen überbetrieblichen Streikkomitees gewählt.

Walesa ist ein einfacher, gläubiger Mann. Mit seiner Familie bewohnt er eine Zweizimmerwohnung. Sein sechstes Kind, eine Tochter, ist noch keine zwei Wochen alt.

Immer mehr verlagert sich der Arbeitskampf von der wirtschaftlichen auf die politische Ebene. Die Streikwelle umfaßt am 18. August über 50 000 Streikende in rund 250 Betrieben. Die Menschenmenge vor dem Eingangstor der Werft wächst von Stunde zu Stunde. Ein Denkmal für die Opfer der Danziger Unruhen von 1970 wird errichtet, die private Lebensmittelversorgung für die Streikenden läuft an. Fast ausnahmslos alle Betriebe der Dreistadt Danzig/Gdingen/Zoppot haben sich inzwischen dem Ausstand angeschlossen.

In Warschau weiß man, ein militärisches Eingreifen würde jetzt gewaltiges Blutvergießen mit sich bringen. Die Parteiführung ist sich zudem nicht einmal ganz sicher, ob sie sich in solch einem Fall auf ihre Armee verlassen kann. Zu große Versprechungen sind in den vergangenen Jahren gemacht worden, ohne daß man sie gehalten hätte. Parteichef Gierek bricht seinen Urlaub auf der Krim ab und kehrt nach Warschau zurück. Als erstes läßt er sämtliche Telefonleitungen nach Danzig blockieren, um die Streikenden dort zu isolieren.

In einer Fernsehansprache gibt Ministerpräsident Edward Babiuch jetzt endlich die wirtschaftlichen Schwierigkeiten zu. Gleichzeitig schaltet sich die katholische Kirche ein. Kardinal Stefan Wyszinski fordert als erstes das Recht auf freie Rede. Eine Parteikommission reist von Warschau nach Danzig, doch ohne dort mit dem überbetrieblichen Streikkomitee Kontakt aufzunehmen. Eine Warnung Giereks im Fernsehen vor einer Politisierung der Streikbewegung bleibt ohne jegliches Echo. Im Gegenteil. Jetzt beginnen auch in Stettin die Arbeiter, die Arbeit niederzulegen.

Jetzt erst, am 23. August 1980, werden durch eine andere Regierungsabordnung unter Leitung des populären stellvertretenden Ministerpräsidenten Miecyslaw Jagielski mit dem Streikkomitee erste Verhandlungen aufgenommen. Dieses überbetriebliche Streikkomitee hat inzwischen 59 Mitglieder und umfaßt über 300 Betriebe. Der Katalog der Forderungen wurde von 16 auf 21 Punkte ausgedehnt.

Gleichzeitig treffen die ersten Sonderzüge ein, um deutsche Urlauber aus Polen abzuholen.

Gierek bietet ein Einfrieren der Fleischpreise an.

Am 24. August wird Ministerpräsident Babiuch seines

Lech Walesa unterzeichnet die Vereinbarung zwischen den Streik-Komitees und der Regierung nach Beendigung des Streiks in Danzig am 31. 8. 80

Amtes enthoben. An seine Stelle tritt der Parteitechnokrat Jozef Pinkowski. Vier weitere Angehörige des Führungsgremiums werden gleichfalls ausgewechselt.

Das erste Gespräch zwischen der Regierungsabordnung und dem Streikkomitee scheitert. Die Atmosphäre ist eisig. Man denkt nicht daran zu verhandeln, bevor nicht als erstes die Telefonblockade aufgehoben ist. Von der Erfüllung sämtlicher 21 Forderungen macht Walesa die Beendigung der Kampfmaßnahmen abhängig.

Mehr als zweihunderttausend Arbeiter stehen allein an der Ostseeküste im Ausstand.

Am 25. August wird die Telefonblockade aufgehoben. Bei einem neuen Gespräch am 26. August sagt Jagielski das Streikrecht zu. Jetzt beginnt ein tagelanges Ringen um die Erfüllung der anderen Punkte. Die polnischen Bischöfe ergreifen in einem Hirtenbrief Partei für die streikenden Arbeiter.

Weitere Säuberungen in der Parteispitze werden vorgenommen.

Dann, als schon kaum noch ein Mensch in Polen daran glaubt, werden in Danzig und Stettin Verträge unterzeichnet, in denen die ›Freie Gewerkschaft‹ zugelassen wird. Sie wird allerdings umbenannt und heißt: ›Unabhängige und selbstverwaltete Gewerkschaft‹. Als ›Abkommen von Danzig‹ wird dies in die polnische Geschichte eingehen.

Einen Tag später wird die Paraphierung der Abkommen sogar im polnischen Fernsehen übertragen. Die zu Beginn des Streiks verhafteten Dissidenten läßt man frei.

Am 1. September nehmen die Arbeiter an der ganzen Ostseeküste wieder ihre Arbeit auf. Zwei Tage später wird auch der Ausstand in den Bergwerken in Oberschlesien beendet.

Tatsächlich sind jetzt in Polen freie und von der Partei unabhängige Gewerkschaften zugelassen.

Die ganze Welt blickt auf Moskau. Was wird man dort zu diesem absoluten Novum im sozialistischen Lager sagen? Nichts sagt man dort. Moskau gewährt Polen sogar Devisenkredite in ungenannter Höhe.

Am 4. September wird unter dem Verdacht der Korruption der Intendant des polnischen Fernsehens abgesetzt.

Am 6. September 1980 erhält Polen einen neuen Parteichef: Stanislaw Kania. Die Ära Gierek hatte keine vollen zehn Jahre gedauert. Als unverzeihlicher Fehler wurde ihm vorgeworfen, nicht rechtzeitig erkannt zu haben, daß es sich bei den Mitte Juli begonnenen Streiks nicht um rein wirtschaftliche – lediglich der Erhöhung der Fleischpreise wegen – Auseinandersetzungen gehandelt hatte, sondern daß daraus politisch-ideologische Kämpfe entstehen könnten. Der Name ›Solidarność‹ war erstmals im August 1980 auf T-Shirts in Danzig aufgetaucht und zunächst rein regional gedacht. So hatte man nach Beendigung der Streikaktion dem Komitee mit seinem Vorsitzenden Lech Walesa auch lediglich die drei Zimmer einer ehemaligen Arztpraxis zugewiesen, in der Meinung, dies würde voll und ganz genügen. Aber bereits vierzehn Tage später mußte ein ganzes Seemannsheim als Sitz für die neue Gewerkschaftszentrale umfunktioniert werden.

Der Begriff ›Solidarität‹ ging um die Welt.

Am 24. September wird in Warschau der Registrierungsantrag für ›Solidarność‹ gestellt. Genau einen Monat später wird in einer Gerichtsverhandlung diese Registrierung vorgenommen. Jedoch nur mit Statuten, welche ›die führende Rolle der Partei‹ ausdrücklichst betonen. Also mit Änderungen. Erst versucht Lech Walesa, mit Protesten dagegen anzugehen. Dann drohen seine Leute am 28. Oktober mit einem Generalstreik, wenn das Ge-

richt diese Statutenänderung nicht zurücknimmt.

Am nächsten Tag lehnt das Oberste Gericht die Registrierung einer Bauerngewerkschaft ab. Am gleichen Tag reisen Kania und Pinkowski nach Moskau, wo sie die Bündnistreue Polens beschwören.

Eine Woche später – am 6. November – verlangt Kania, daß sich ›Solidarność‹ eindeutig zum Sozialismus bekennt. Fast zur selben Zeit werden vom Polnischen Fernsehen Berichte vom großen gemeinsamen brüderlichen Manöver der sowjetischen und polnischen Armee übertragen.

Zwar wird am 10. November die Statutenänderung ›führende Rolle der Partei‹ vom Wojewodschaftsgericht in Warschau gestrichen, aber knapp zwei Wochen später werden zwei engere Mitarbeiter von Walesa wegen angeblicher Veröffentlichung dienstlicher Schreiben festgenommen.

Immer mehr Spannungen im Lande werden deutlich. Zwischen Polen und der ČSSR sowie der DDR werden Reisebeschränkungen eingeführt.

Anfang 1981 beginnt der Kampf von ›Solidarność‹ um die 5-Tage-Woche. Immer heftiger wird Lech Walesa von den Zeitungen der DDR angegriffen.

Auch die wirtschaftliche Lage Polens verschlechtert sich zusehends. Polen hat zu dieser Zeit im westlichen Ausland Schulden von mehr als 23 Milliarden Dollar.

Am 9. Februar 1981 wird Ministerpräsident Pinkowski in einer Sondersitzung des ZK abgelöst. Zum neuen Regierungschef bestellt man den Vier-Sterne-General Wojciech Jaruzelski. Er bleibt gleichzeitig Oberbefehlshaber der Armee. Sogleich stellt er ein 10-Punkte-Pro-

Papst Johannes Paul II. empfängt am 15. 1. 81 im Vatikan den polnischen Arbeiterführer Lech Walesa

Belegschaftsmitglieder des Stahlwerks ›Huta‹ bei Warschau demonstrieren im Juni 1981 für die Freilassung polnischer Häftlinge

gramm zur Gesundung der Wirtschaft auf und fordert als erstes zur Sicherung seiner sozialen Reformen eine Streikpause von 90 Tagen. Den Studenten verspricht er die Bildung eines eigenen unabhängigen Verbandes, und am 19. Februar verkündet die neue Regierung, daß die Bauern ein wertvolles Element in der polnischen Wirtschaft seien und die private Landwirtschaft in der Belieferung mit Ausrüstungsgütern den Staatsbetrieben in Zukunft gleichgestellt würden.

Die Euphorie darüber, daß etwas, was man bisher innerhalb des Ostblocks für absolut unmöglich gehalten hatte, nun doch plötzlich Wirklichkeit zu werden schien, verleitete so manchen der neuen Gewerkschaftsfunktionäre zu vorschnellen Entschlüssen und Entscheidungen. Man begann unvorsichtig zu werden. Mit ›Streik‹ ging man um wie mit einem neuentdeckten Wunderheilmittel, als ob damit auf einen Schlag ein jedes Problem zu lösen sei. Dies führte zu Streit und Ärger auf beiden Seiten. Nicht nur, daß die sozialistischen Brüder in den Nachbarstaaten immer argwöhnischer diese Entwicklung betrachteten, auch innerhalb der Solidarität selbst begannen Zwistigkeiten.

Am 19. März 1981 kam es dann in Bromberg zur ersten blutigen Auseinandersetzung zwischen Gewerkschaftsfunktionären und der Miliz, als diese mit Gewalt einen Sitzungssaal des Wojewodschaftsgerichtes zu räumen versuchten.

Schon in diesen Wochen wurden immer stärkere sowjetische Militärverbände nahe der polnischen Grenze zusammengezogen.

An der Oder-Neiße-Grenze der DDR wurde von einem Tag zum anderen ein vierzig Kilometer breiter Streifen zum militärischen Sperrgebiet, und die Truppen Ungarns und der Tschechoslowakei standen plötzlich in Bereitschaft. Alarmstufe I.

Inmitten dieses Kreises von Gewalt: Lech Walesa.

Der Mut, mit dem dieser kleine, stämmige, aus dem Untergrund mit Explosionsgewalt hochkatapultierte Mann, dessen Name kaum ein einziger ausländischer Rundfunk- oder Nachrichtensprecher richtig auszusprechen verstand, die Kommunisten – und damit Moskau – herausforderte, ließ die Welt den Atem anhalten.

Plötzlich traten in dieser angeblich so klassenlosen Gesellschaft Verfilzung und Korruption offen ans Tageslicht. Vorgänge, von denen man bisher nur hinter vorgehaltenen Händen zu flüstern gewagt hatte. ›Entweder wird Polen endlich so, wie wir es haben wollen, oder wir werden untergehen‹, lautete Walesas Devise.

Und kaum ein anderer bekam das gnadenlose Nebeneinander von Hoch und Tief, von Jubel und Verzweiflung in diesen Monaten wohl stärker zu spüren als er.

Mit einem Minimum von Schlaf schien er auszukommen, konnte sein Mittagessen in Sekundenschnelle herunterschlingen, kurz mal auftanken und war sogleich wieder auf Draht, wie es sich für einen gelernten Elektriker gehört. Mit Ministerpräsidenten und Parteichefs verkehrte er wie mit seinesgleichen. Die Denkmalsenthüllung am 16. Dezember 1980 für die Gefallenen des Aufstands von 1970 in Danzig war einer seiner Höhepunkte. Ebenso seine Audienz beim Papst Mitte Januar 1981. Totale Erneuerung! Darin sah Walesa seine große Aufgabe und wußte dabei nur zu gut, welche Ungeheuerlichkeit seine ›Solidarität‹ vom Blickpunkt des Kremls aus darstellte.

Als General Jaruzelski im Oktober 1981 noch zusätzlich Stanislaw Kanias Amt als Parteichef mitübernahm, wußte Walesa nur zu genau, daß von Moskau aus längst die Weichen gestellt worden waren. Nur im allerhöchsten Notfall würde man das Einmarschspiel wie in der DDR oder der Tschechoslowakei wiederholen. Wozu stand

zum ersten Mal seit der Gründung des neuen Polens ein General an seiner Spitze? Lech Walesa forderte seine Mitstreiter zur Vorsicht auf. Zu Vernunft, Mäßigung und Nachgeben. Vergebens. Man hielt seine Kompromißbereitschaft für nichts anderes als Schwäche. Wochenlang war er unterwegs, um von der Solidaritätsleitung nicht genehmigte Streiks zu verhindern.

Kaum ein Jahr nach der Gewerkschaftsgründung schien ihre Führung bereits heillos zerstritten zu sein.

›Schwäche‹ warf Breschnew auch seinem Genossen Jaruzelski vor. Und für diesen gab es keinen anderen Ausweg. Wollte er verhindern, daß ihm und seinem Volke von außen brüderlicher Beistand geleistet werde, mußte er selbst die letzte Entscheidung treffen.

Am gleichen Tag, an dem Bundeskanzler Helmut Schmidt auf dem Bahnhof von Güstrow nach einem erfolglosen Gipfeltreffen von Erich Honecker sein Abschiedsbonbon erhielt, schlug Wojciech Jaruzelski zu.

Von einer Stunde zur anderen war der Traum von sozialistischer Freiheit in Polen zu Ende.

Am 13. Dezember 1981 wurden die 107 Mitglieder des Landesvorstands der ›Solidarität‹ verhaftet. Ebenso auch Ex-Parteichef Edward Gierek und zahlreiche andere Angehörige des ehemaligen obersten Parteigremiums. In Gierek sah man den Verursacher der schweren wirtschaftlichen Krise Polens und machte ihn außerdem für Amtsmißbrauch zu seinem persönlichen Nutzen verantwortlich.

Lech Walesa wurde nicht verhaftet, sondern lediglich interniert. So jedenfalls lautete die offizielle Version.

Noch viele Monate lang wird dieser Mann, getrennt von Freunden und Familie, in strenger Isolierung – erst in der Nähe von Warschau, dann nahe der russischen Grenze – verbringen müssen. Sein siebtes Kind bekommt er so gut wie überhaupt nicht zu sehen. Angeblich war ein einziger Besuch seiner Ehefrau Pani Danuta gestattet worden. Sie spricht nicht darüber.

Wo er genau festgehalten wird? Die Welt weiß es nicht.

Als zwei Jahre nach der Gründung der ›Freien Gewerkschaft‹ in Danzig – Mitte August 1982 – Tausende von Menschen zum Tor 2 der Lenin-Werft und zum Siegesplatz in Warschau pilgern, werden sie mit Wasserwerfern auseinandergetrieben.

Das Kriegsrecht wird in Kraft gesetzt. Das bedeutet das Rollen von Panzern, monatelange Ausgangssperre, kein Telefon mehr, kein Reiseverkehr.

Der letzte Widerstandswille der Bevölkerung scheint gebrochen zu sein. Was bleibt, ist einzig und allein die Hoffnung.

Nirgendwo ist die Fähigkeit der Polen, die Hoffnung nicht aufzugeben, deutlicher zum Ausdruck gekommen, als in dem Lied, das 1797 in Paris der emigrierte polnische Adlige Joef Sybicki schrieb:

›Noch ist Polen nicht verloren,
solange wir leben.
Was uns die fremde Macht genommen,
holen wir mit dem Schwerte zurück.

Heute ist dies der Text der polnischen Nationalhymne.

Jan Michell

Die polnische Polizei löst wieder einmal eine Demonstration auf

Die beiden unruhigen Jahre

Vor dem Parlamentsgebäude in Ljubljana wird Tito die letzte Ehre erwiesen

Instabilität auf dem Balkan

Am 4. Mai 1980 starb der jugoslawische Staatspräsident und Parteiführer Jozip Broz Tito. Mit ihm verlor nicht nur der südosteuropäische Vielvölkerstaat eine wichtige politische Integrationsfigur, sondern auch die internationale blockfreie Bewegung einen bedeutenden Repräsentanten. Bereits kurz nach dem Sieg der von ihm angeführten Partisanenbewegung über die deutschen Besatzer hatte Tito 1948 mit Stalin, der ihn bisher weitgehend unterstützt hatte, gebrochen und einen eigenständigen Weg zum Sozialismus verfolgt. Das von ihm weniger programmatisch begründete als über einen mühesamen Entwicklungsweg in Jugoslawien errichtete politische und sozialökonomische System stellte eine eigentümliche Verbindung aus autoritärem politischen Monismus mit der von ihm geführten kommunistischen Einheitspartei, Rätedemokratie in den Betrieben, Plan-Markt-Steuerung des Wirtschaftssystems und Gemeineigentum an den Produktionsmitteln dar. Als energischer Vertreter innerer und äußerer Unabhängigkeit und einer »Politik der Koexistenz« hatte er sich vor allem unter den Bündnisfreien Staaten und in der Dritten Welt großes internationales Ansehen erworben.

Mitte der siebziger Jahre war die wirtschaftliche Entwicklung des jugoslawischen »Modells« jedoch weit hinter den Erwartungen zurückgeblieben. Ein überproportionales Handelsbilanzdefizit, Inflationsraten zwischen 15 % und 30 %, Güterknappheit und eine hohe Arbeitslosigkeit setzten die Wirtschaft Jugoslawiens schweren, innerhalb des Systems kaum noch zu bewältigenden Belastungen aus. Da Tito auch in seinem Bemühen um einen Ausgleich zwischen den wirtschaftlich sehr unterschiedlich entwickelten jugoslawischen Nationen nur bedingt erfolgreich war, steht zu befürchten, daß nach seinem Tode nicht nur die ökonomische Situation, sondern auch die zunehmenden Konflikte insbesondere zwischen Serben und Kroaten das Land vor eine gefährliche Zerreißprobe stellen werden.

Militärputsch in der Türkei

In der Türkei riß am 12. September 1980 das Militär unter Generalstabschef Kenan Evren die Macht an sich. Der neugebildete »Nationale Sicherheitsrat« löste das Parlament auf, verbot alle Gewerkschaften und politischen Organisationen und verhängte über das gesamte Land das Kriegsrecht. Der Putsch selbst verlief unblutig, doch kam es anschließend zu Massenverhaftungen, Folter in den Gefängnissen und allein bis zum Juli 1983 zu 47 Hinrichtungen.

Am 16. Oktober 1981 wurden alle noch bestehenden Parteien durch die Militärregierung aufgelöst, zahlreiche Politiker verhaftet, vielen davon nach der Freilassung für zehn Jahre jegliche politische Betätigung verboten. Zur Parlamentswahl am 6. November 1983 wurden nur drei von 18 angemeldeten Parteien zugelassen. Es siegte die Mutterlandspartei/Anap unter Turgut Özal, der als Ministerpräsident zunächst um eine Aufhebung des Kriegsrechts bemüht war.

Zwar leitete er in den folgenden Jahren eine innenpolitische Liberalisierung ein, fortgesetzte Menschenrechtsverletzungen in den Gefängnissen und der mit brutalen Mitteln geführte Kampf gegen die aufständische kurdische Minderheit im Südosten des Landes verbieten es jedoch, die Türkei, die sich um eine Mitgliedschaft in der EG bemüht, als wirkliche Demokratie im westlichen Sinne zu betrachten.

Mittelamerika
Nicaragua und El Salvador

Im Sommer 1979 siegte nach einem über zwei Jahre dauernden Bürgerkrieg in Managua, der Hauptstadt von Nicaragua, endlich die »Befreiungsbewegung« gegen das Regime von Anastasio Somoza Debayle, der das Land über vierzig Jahre lang schamlos ausgebeutet und wie seinen Privatbesitz behandelt hatte. Am 17. Juli mußte er mit seiner Familie und den 43 engsten »Beratern« das Land verlassen.

Er flüchtete zunächst nach Miami in Florida (USA) und fand später Exil in Paraguay mit einem kleinen Vermögensrest von »nur« zwanzig Millionen Dollar, während er das Land in einer wahren Hungersnot zurückgelassen hatte. Am 17. September 1980 wurde er in Asuncion (Paraguay) ermordet.

Von den rund 2,8 Millionen Einwohnern Nicaraguas sind in diesem Kampf mehr als 5000 gefallen. Seitdem liegt die Regierungsgewalt in Händen der »Junta des Nationalen Wiederaufbaus« unter der Führung des Marxisten Daniel Ortega-Saavedras.

Die sich nach dem Freiheitskämpfer Augusto Sandino »Sandinisten« nennenden Freiheitskämpfer zeigten sich nach ihrem Sieg erstaunlich gemäßigt. Selbst gegen Angehörige der Nationalgarde Sandozas verzichteten sie auf die Todesstrafe. Sie lassen auch ausländische Privatinvestitionen zu und zeigen Interesse an guten Beziehungen zum Westen. Aus Nicaragua soll - zunächst bis auf weiteres - kein zweites Kuba werden, obgleich viele der Sandinistas ihre militärische Ausbildung gerade auf Kuba erhalten haben.

Dieser Erfolg Nicaraguas machte gewissermaßen Schule in Mittelamerika, und in El Salvador mit seinen rund 4,8 Millionen Einwohnern nahm der dort aufgrund ähnlicher Verhältnisse schon länger unter der Oberfläche schwelende Bürgerkrieg plötzlich drastische Ausmaße an. Von rechten wie linken Extremisten wurden 1980 eine Reihe brutalster Terrorakte verübt. Nachdem daraufhin die USA ihre Militär- wie auch ihre Wirtschaftshilfe einstellten, entschloß man sich notgedrungen in San Salvador zu einer neuen Militärjunta unter José Napoleón Duarte, dem Vorsitzenden der Christlich-Demokratischen Partei. Seine Versuche, versprochene Reformen in die Tat umzusetzen (wie die Aufteilung von Großgrundbesitz, Verstaatlichung von Banken, Großunternehmen und dgl.) sind ihm bisher noch nicht voll gelungen, was zu immer neuen Angriffen von seiten der linksgerichteten Untergrundguerillas (die angeblich über mehr als 10000 voll ausgebildete Kämpfer verfügen sollen) führte. Dieser Bürgerkrieg hat inzwischen mehr als 20000 Menschenleben gefordert. Einige 100000 Bewohner El Salvadors befinden sich auf der Flucht.

Besonderes Aufsehen erregte im Februar 1980 die Geiselnahme (von insgesamt mehr als 400 Personen) durch Terroristen, sowie das Blutbad, welches auf der Plaza Barrois in San Salvador anläßlich der Totenmesse für den ermordeten Bischof Oscar Romero unter den Regimegegnern angerichtet wurde.

Das Modelo-Gefängnis von Tipitapa in Nicaragua

1979 und 1980

Die letzten US-Truppen verlassen Saigon

Ostasien: China – Vietnam – Kambodscha

Ein Vorgang, der zu Lebzeiten des knapp zweieinhalb Jahre zuvor verstorbenen großen Mao Tse-tung absolut undenkbar gewesen wäre: Am 17. Februar 1979 marschierten chinesische Truppen in Vietnam ein. Dies war die erste kriegerische Auseinandersetzung zwischen zwei kommunistischen Staaten. Und volle zwei Wochen lang hielt es die Welt für möglich, daß es nach dem zwanzigjährigen Krieg Vietnams gegen Frankreich und die USA und der relativ kurzen Pause von knapp vier Jahren hier erneut zu großen Kampfhandlungen, vielleicht sogar zu einem Krieg der Großmächte kommen könnte.

Doch dann erklärte Peking, daß es sich hier lediglich um eine Strafaktion handeln würde, damit die sogenannten »Grenzzwischenfälle«, die schon Monate andauerten und bei denen es angeblich um eine endgültige Festlegung des Grenzverlaufs zwischen diesen beiden Staaten gegangen sei, endlich zu einem Abschluß kämen.

Tatsächlich stoppten die chinesischen Panzer am 5. März ihren Vormarsch vierzig Kilometer nach Überrollen der feindlichen Grenzen, nachdem einen Tag zuvor die vietnamisische Regierung die totale Mobilmachung angeordnet hatte. Jedoch auch beim Rückzug gab es noch immer schwere Kämpfe, und die Leidtragenden waren genau wie früher vor allem unter der vietnamesischen Zivilbevölkerung.

Darüber, daß es China vor allem darum gegangen war, die Truppen Vietnams am weiteren Eindringen in Kambodscha zu hindern, wurde kaum ein Wort verloren. Am 16. März galt die ganze Aktion als beendet. Genau vier Wochen hatte sie gedauert. Die Anzahl von Toten soll auf beiden Seiten in die Zehntausende gegangen sein.

Der Einmarsch in Kambodscha lief indessen planmäßig weiter. Am 5. April meldete Radio Vietnam, das Hauptquartier des Kambodscha-Regimes überrannt und den gestürzten Ministerpräsidenten Pol Pot in die Flucht geschlagen zu haben. Am 18. April nahmen China und Vietnam ihre Friedensverhandlungen auf. Die Kämpfe in Kambodscha dauerten noch über anderthalb Jahre und lösten eine Massenflucht der Bevölkerung Kambodschas vor allem nach Thailand aus. Um den 10. Oktober 1979 sollen innerhalb einer einzigen Woche über 100 000 Menschen geflüchtet sein. Am 14. Oktober 1980 wurde dann die gesamte kambodschanische Regierung, der »Roten Khmer« abgesetzt. Die Zahl der Flüchtlinge hat sich inzwischen um ein Vielfaches vermehrt.

Die Zahl der Flüchtlinge in aller Welt soll nach Angaben des UNO-Flüchtlingskommissars Poul Hartling zwischen zehn bis zwölf Millionen betragen. Dieser Flüchtlingsstrom wird der gesamten westlichen Welt noch schwere Sorgen bereiten und das Flüchtlingsproblem dürfte in absehbarer Zeit nahezu unlösbar werden.

Großbritannien auf der Suche nach einem neuen Gesicht

Zu Beginn des Jahres 1979 sah es in Großbritannien auf der Insel England nicht besonders gut aus.

Das Krankenhauspersonal, die Müllabfuhr und sogar die Feuerwehr traten in Streik. Ihnen schloß sich in relativ kurzer Zeit so ziemlich alles an, was in Streik treten kann: Eisenbahner, Stahlarbeiter, Fluglotsen, Beamte...
Eine schier endlose Liste.

James Callaghan, seit 1976 als Führer der Labour-Partei Premierminister, zeigte sich dieser Lage absolut nicht mehr gewachsen und warf das Handtuch (am 15. Oktober 1980 trat er auch als Führer der Labour-Party zurück).

Aus dieser völlig verfahrenen Lage glaubten nun die Konservativen mit Hilfe ihrer Vorsitzenden Margaret Thatcher (der Nachfolgerin von Edward Heath) einen Ausweg zu finden. Und so wurde nach den vorgezogenen Neuwahlen am 3. Mai 1979 Margaret Hilda Thatcher (geb. Roberts), von Beruf Steueranwältin, britische Premierministerin. Damit stand sie als erste Frau in Europa an der Spitze eines Kabinetts. Das erste Jahr über waren Briten wie Kabinettschefs anderer Länder geteilter Meinung über sie. Wer Wunder erwartet hatte, zeigte sich zunächst enttäuscht. Weder war mit einem Schlag das leidige Arbeitslosenproblem gelöst, noch hatten die Terrorakte in Nord-Irland ein Ende gefunden. Straßenschlachten zwischen Jugendlichen und der Polizei fanden nahezu tagtäglich in London und zahlreichen anderen britischen Städten statt. Auch Streiks gab es noch immer genug, wenn auch nicht mehr so wild und verbittert wie Anfang 1979.

Erdbeben erschüttern die Welt

Im Jahre 1980 bebte die Erde auch innerlich: Am 10. Oktober zerstörte ein schweres Erdbeben in Nordalgerien die Stadt El Asmanam. Es gab mindestens 20 000 Tote. Über 400 000 Menschen wurden obdachlos.

Am 23. November gab es ein gewaltiges Beben in Italien. Die Provinzen Neapel, Salerno, Caserta und Potenza wurden zum Teil schwer verwüstet. Anzahl der Toten: schätzungsweise 20 000.

Wahlsiegerin Margaret Thatcher am 4. 5. 1979 erstmals vor dem Haus Downing Street 10

Der Einmarsch der Roten Armee in Afghanistan

Seit der Schaffung Pakistans 1947, die Teile des afghanischen Gebietes dem neugegründeten Staat zuschlug, hatte die bis dahin pro-westlich orientierte Regierung in Kabul ihre Kontakte zur Sowjetunion so sehr intensiviert, daß diese schließlich Haupthandelspartner des blockfreien Landes geworden war. Die UdSSR unterstützte ihren kleineren Nachbarn mit Millionenkrediten und errichtete, als 1961 der Konflikt Afghanistans mit Pakistan eskalierte und zum Abbruch der diplomatischen Beziehungen und dem Ende des Transits afghanischer Waren durch Pakistan führte, eine spektakuläre Luftbrücke für afghanische Tafeltrauben, ein wichtiges Exportgut des Landes. Nach dem Sturz der Monarchie 1973 blieben die sowjetisch-afghanischen Beziehungen herzlich. Unter anderem arbeiten in der Folgezeit etwa 3000 bis 5000 Militärberater der Roten Armee in Afghanistan.

Als 1978 die militärischen Befehlshaber Staatschef Mohammed Daud stürzten, den sie selbst fünf Jahre zuvor an die Spitze der Republik gebracht hatten, kam es zu einer Koalition nationalistischer Offiziere mit den pro- sowjetischen Fraktionen Khalq und Parcham in der Regierungsführung. Im Dezember 1978 wurde ein Vertrag über Freundschaft, gute Nachbarschaft und Zusammenarbeit mit der Sowjetunion geschlossen, der das bislang neutrale Afghanistan unter den militärischen Schutz Moskaus stellte. In der Folgezeit exportierte Afghanistan mehr als die Hälfte seiner Waren in die UdSSR, ein Drittel der Importe stammte von dort.

Als in Afghanistan, wo über Jahrhunderte hinweg Stammesfehden, Verschwörungen und gewalttätige Machtkämpfe rivalisierender Fürstenklans an der Tagesordnung waren, Unruhen durch den Einfluß des islamischen Fundamentalismus (das Land grenzt im Westen an den Iran) drohten und Teile der Armee unter den Einfluß der chauvinistischen Organisation »Afghanische Nation« gerieten - im Sommer 1979 war es zu einer offenen Meuterei der Garnison von Herat gekommen -, begingen die Sowjets, die nicht nur um ihren Einfluß in Afghanistan, sondern auch ein Überschwappen des moslemischen Fundamentalismus auf ihre eigenen Randrepubliken fürchteten, einen Fehler, der ihrem politischen und militärischen Ansehen schweren Schaden zufügen sollte: Im Dezember marschierten sowjetische Truppen in Afghanistan ein und nahmen am 27. gewaltsam die Hauptstadt Kabul in ihren Besitz. Der moskauhörige Barbak Karmal wurde an die Spitze des Landes gesetzt; 90 000 Soldaten der Roten Armee verteidigten sein Regime gegen Rebellentruppen, die sich überall im Land zu formieren begannen.

Weltweit erhoben sich Proteste gegen die Invasion. Die Vereinten Nationen verurteilten das Geschehen; internationale Konferenzen und Versammlungen forderten den Rückzug der Roten Armee. Es wurden Sanktionen gegen die UdSSR verhängt, die von den westlichen Ländern jedoch nur in lascher Form durchgeführt wurden.

Als problematischer erwies sich für die Sowjetführung jedoch bald die Lage in den umkämpften Gebieten. Das schwere Gerät der Schützenpanzereinheiten war für die Operationen im Gebirge kaum geeignet; die Aufständischen, die die verwinkelten Täler genau kannten, lockten die militärisch überlegenen Besatzungstruppen zudem immer wieder in Fallen. Der größte Fehler bestand jedoch in dem Glauben, daß sowjetische Soldaten, die die gleichen Sprachen und Dialekte wie die Afghanen sprachen, diese von der Gerechtigkeit der sowjetischen Sache überzeugen könnten. Im Gegenteil verstanden die Tadschiken, Turkmenen und Usbeken bald, daß sie nicht, wie man ihnen gesagt hatte, »Imperialisten« und »Reaktionäre« bekämpften, sondern aufständische Bauern, die ihren Glauben, ihre Kultur, ihr Land verteidigten. Die sowjetisch-asiatischen Einheiten mußten durch Soldaten europäischer Nationalität abgelöst werden.

Große Teile der Zivilbevölkerung und die Führung der verschiedenen Wiederstandsparteien flohen nach der ersten sowjetischen Großoffensive im März 1980 ins benachbarte Pakistan. In der Folgezeit erwirkte der gemeinsame Gegner eine Annäherung der zersplitterten Rebellengruppen, die Widerständler kämpften aber bis auf Ausnahmefälle nur in den Gebieten, aus denen sie stammten. Sowjetische Aktionen konnten gegen einzel-

Sowjetische Veteranen des Afghanistan-Krieges vor einem Denkmal in Moskau, das dem Gedenken der in Afghanistan gefallenen Soldaten geweiht ist

Ein afghanischer Rebellenführer macht sich mit seiner Truppe bereit, gegen die sowjetisch beeinflußte afghanische Regierung zu kämpfen

ne Dörfer ablaufen, ohne daß die benachbarten Kämpfer das Bedürfnis verspürten, ihnen zu Hilfe zu kommen. Ein weiterer Faktor, der die Aufständischen zunächst geschwächt hatte, die unzureichende Bewaffnung, konnte dagegen schnell beseitigt werden: Den afghanischen Regierungstruppen oder Sowjeteinheiten konnten moderne Sturmgewehre, Minen und schwere Maschinenpistolen abgenommen werden; zum Teil gelangten sie auch durch Deserteure in die Hände der Rebellen. Schließlich unterstützten auch die USA den Widerstand und lieferten auf dem Umweg über Pakistan hochentwickelte Waffen an die Rebellen u.a. die »Stinger«-Rakete, die sich nach dem Abschuß ihr Ziel selbst sucht. Sie waren besonders für den Einsatz gegen sowjetische Hubschrauber geeignet, die bald zum größten Problem der Aufständischen wurden: Zum einen konnten sie damit aus der Luft besser entdeckt werden, zum anderen war man der Beschießung durch die massiv gepanzerten Mi-24 praktisch wehrlos ausgeliefert. Die »Stinger« führte rasch zur massiven Einschränkung der Hubschrauberoperationen; die Amerikaner zeigten sich jedoch bald beunruhigt darüber, derartige Kriegstechnologie in diesen Teil der Welt gebracht zu haben: Zwei Exemplare der Waffe, die sich auch für den Einsatz gegen Zivilflugzeuge eignet, wurden später in den Händen iranischer Terrororganisationen gefunden, und es besteht die Gefahr, daß islamische Fundamentalisten ihren Glaubensbrüdern nach dem Ende der militärischen Auseinandersetzungen weitere Raketen überlassen.

Die Amerikaner, die schon 1980 die Olympischen Spiele in Moskau ohne ihre Sportler hatten stattfinden lassen, verstärkten auch ihren politischen Druck auf die westlichen Verbündeten, den Handel mit den Staaten der sozialistischen Welt drastisch zu reduzieren; insbesondere das zwischen Moskau und Bonn vereinbarte Erdgas/Röhren-Geschäft führte zu starken Spannungen zwischen den USA und ihren europäischen Alliierten. 1984 erreichten die Vereinigten Staaten, daß die UNO-Menschenrechtskomission erstmals einen Sonderberichterstatter benannte und ihn mit der Unterstützung von Klagen über Menschenrechtsverletzungen in Afghanistan beauftragte.

Im selben Jahr verschärften sich auch die Auseinandersetzungen; die Rote Armee ging im April im Pandjchir-Tal zu einer Großoffensive über, die auf beiden Seiten schwere Verluste forderte; am 1. September verloren bei einem von afghanischen Widerstandskämpfern verübten Anschlag auf den Flughafen von Kabul 42 Menschen ihr

Panzer der Roten Armee patroullieren in der Umgebung von Kabul

Leben; es gab mehr als 100 Verletzte. Dennoch blieb das sowjetische Militärkontingent bei ungefähr der Stärke, zu der es in den Wochen nach dem Einmarsch angewachsen war, bei etwas über 100000 Mann, nur ca. 7% der gesamten Heerestruppen der Roten Armee. Kein Vergleich also zu den amerikanischen Anstrengungen in Vietnam, wo ein Kontingent kämpfte, das der Hälfte der in Friedenszeiten vorgesehenen Truppen von Heer und Marine entsprach. Offenbar genügte es der sowjetischen Führung, die Sicherheit der in Kabul amtierenden Regierung zu gewährleisten. Diese zählte, um ihren Einfluß auszudehnen, im wesentlichen auf die Schlappen ihrer Gegner und die darauf folgende Enttäuschung. Sie konnten eintreten, wenn die internen Rivalitäten der Modjahedin eine Gemeinde bedrohten, wenn die Bevölkerung über ihre Fähigkeiten hinaus zum Wiederstand gedrängt oder nicht beschützt werden konnte. Dann kam es häufig vor, daß Gemeinden die Autorität der Regierung anerkannten oder sogar ihren Schutz anforderten. Das Haupthindernis blieb der völlige persönliche Mißkredit Barbak Karmals, der in großen Teilen der Bevölkerung als atheistischer Handlanger im Dienste des Auslands angesehen wurde. Im Mai 1986 trat Karmal daher »aus gesundheitlichen Gründen« zurück; sein Nachfolger wurde Mohammed Najibullah.

Es scheint, als hätten die Sowjets zu keiner Zeit den Anspruch gehabt, das gesamte Staatsgebiet Afghanistans zu kontrollieren. Sie beschränkten sich auf den Raum, der dem Mittelteil des afghanischen Randes des Beckens des Amou Darya und dem gesamten Becken des Kabulflusses entspricht: Er bedeckt 24 Prozent des Staatsgebietes und umfaßte vor dem durch den Krieg ausgelösten Exodus 55% der Gesamtbevölkerung. Dort befanden sich fast die ganze Industrie und die Gas- und Ölvorkommen des Landes. Außerhalb dieses Hauptraumes versuchten die Sowjets, die Kontrolle über die anderen Großstädte des Landes zu behalten, insbesondere über Herat und Kandahar, die zeitweise von Widerständlern besetzt waren. Ohne Zurückhaltung versuchten sie, aus dem von ihnen besetzten Raum jeden Widerstand zu verbannen, nötigenfalls auch ohne Rücksicht auf die Zivilbevölkerung. So wurden Vergeltungsmaßnahmen gegen Dörfer durchgeführt, die die Modjahedin aufnahmen oder sie aktiv unterstützen. Außerhalb der Besatzungszone versuchten sie, mit dem Widerstand zu einer Art Modus vivendi zu kommen, drangen in bestimmte Regionen nicht ein, und der Widerstand verließ diese nicht für Aktionen in anderen Landesteilen.

Das ursprüngliche Ziel, die Sicherheit der sowjetischen Grenzen und die unbeschränkte Herrschaft der Bruderpartei in Afghanistan, wurde jedoch nie erreicht, und so bahnte sich nach der Machtübernahme Gorbatschows, der zur Verwirklichung seiner wirtschaftlichen Ziele außenpolitische Entspannung und eine Reduzierung der Militärausgaben benötigte, bald eine Änderung in der Haltung der KPdSU an. Ende 1985, zum sechsten Jahrestag des sowjetischen Einmarschs, gab das Parteiorgan »Prawda« in einem ungewöhnlich offenen Leitartikel zu, daß es in Afghanistan nach wie vor Widerstand gäbe, der auf Fehler zurückzuführen sei, die vor allem durch die »Erzwingung sozialer Reformen ohne Berücksichtigung der realen Lage sowie der gesellschaftlichen und nationalen Eigenheiten des Landes« gemacht wor-

Menschen aus Afghanistan und Pakistan im Niemandsland zwischen den beiden Staaten, wo Waren ausgetauscht und Geschäfte abgewickelt werden.

den seien. Im Juli 1986 kündigte Gorbatschow einen Teilabzug sowjetischer Truppen aus Afghanistan bis Ende des Jahres an, Anfang 1987 trat in Afghanistan ein von der Regierung verkündeter einseitiger Waffenstillstand in Kraft, der jedoch nicht zur Beendigung der Kämpfe führte, weil die Widerstandskämpfer ihn ablehnten. Am 14. April 1988 wurde in Genf ein Abkommen zur Beilegung des Afghanistan-Konfliktes durch die Außenminister Afghanistans und Pakistans sowie der Garantiemächte USA und UdSSR getroffen. Der darin vereinbarte Abzug der Truppen der Roten Armee begann am 15. Mai. Die afghanischen Widerstandskämpfer fühlten sich nicht an das Abkommen gebunden, das ohne ihre Mitwirkung zustandegekommen war und setzten ihre Angriffe fort. Der Abzug ging dennoch wie vereinbart vonstatten, und am 15. Februar 1989 verließen die letzten sowjetischen Einheiten Afghanistan. In die folgenden Auseinandersetzungen zwischen Regierung und Rebellen war die Sowjetunion nur noch durch diplomatische Initiativen verwickelt. Einen Vorschlag ihrer Regierung, die Waffenlieferungen der beiden Großmächte an die Bürgerkriegsparteien einzustellen, lehnte der US-Sonderbeauftragte bei der afghanischen Exilregierung, Tomsen, im Sommer 1989 mit der Begründung ab, die Sowjetunion habe seit ihrem Rückzug massiv Waffen ins Land geschafft und die Regierung Najibullah unterstützt.

Die Sowjetunion hat während ihrer unmittelbaren militärischen Verstrickung in den Bürgerkrieg in Afghanistan 15 000 Soldaten verloren, 40 000 wurden verwundet. Viele Soldaten der Roten Armee haben den Glauben an ihre Führung verloren und auch die Rote Armee selbst, die, bis auf eine Niederlage bei dem revolutionären Feldzug gegen Polen 1919/20 unbesiegt geblieben war, hat in der Sowjetunion viel von ihrem Nimbus eingebüßt. Darüber hinaus bedeutet der Sieg der Modjahedin einen spektakulären Erfolg des islamischen Fundamentalismus, der damit möglicherweise auch für die südlichen Sowjetrepubliken weiter an Anziehungskraft gewinnt.

Zwei Jahre der Gewalt und der Rezession

Sicherheitsbeamte beugen sich Sekunden nach dem Attentat auf US-Präsident Ronald Reagan über die verletzt am Boden Liegenden

Anwar El Sadat, Präsident von Ägypten

1981 gab es drei schwere Attentate

Am 29. März 1981 wird US-Präsident Ronald Reagan, als er das Washington-Hilton-Hotel verläßt, durch einen herznahen Lungenschuß des 25jährigen John Hinkley, eines Psychopathen, lebensgefährlich verletzt.
Mit insgesamt sechs Schüssen trifft dieser auch den Pressesprecher des Weißen Hauses sowie zwei Sicherheitsbeamte. Trotzdem kann man auch heute noch in den USA Handfeuerwaffen aller Art frei erwerben. Nur der Präsident soll seitdem bei öffentlichem Auftreten eine kugelsichere Weste tragen.
Am 13. Mai 1981 wird bei einer seiner gewohnten General-Audienzen am Mittwochnachmittag auf dem Petersplatz in Rom Papst Johannes Paul II. durch drei Revolverkugeln schwer verletzt. Attentäter ist ein rechtsradikaler 23jähriger Türke namens Mehmet Ali Agca.
Nachdem dieser nicht bereit war, etwas über die Anstifter zu seiner Tat auszusagen, wurde er noch im Sommer gleichen Jahres zu einer lebenslänglichen Haftstrafe verurteilt.
Am 6. Oktober 1981 wird während einer Militärparade in Kairo Ägyptens Staatspräsident Anwar el-Sadat bei einem von vier fanatischen Moslems ausgeführten Anschlag tödlich getroffen. Durch seine Aussöhnung mit dem Staat Israel war Sadat zum meistgehaßten Staatsoberhaupt der arabischen Welt geworden. Sein Nachfolger wird Vizepräsident Husni Mubarak.

Der verletzte Papst Johannes Paul II. unmittelbar nach dem Anschlag auf dem Petersplatz

Anfang Juni 1982 werden auf der Erde gleichzeitig vier verschiedene Kriege geführt:

Noch immer tobt der am 27. September 1979 durch die Invasion sowjetischer Truppen mit dem Einsatz zahlloser Lufttransportflugzeuge und Panzer ausgelöste Krieg in Afghanistan.
Noch immer der am 22. September 1980 begonnene Krieg zwischen dem Iran und Irak.
Gleichzeitig zeichnet sich ein Ende des am 2. April 1982 mit der Besetzung der Falklandinseln durch argentinische Truppen ausgelösten Krieges zwischen Großbritannien und Argentinien ab.
Gleichzeitig hat am 6. Juni 1982 eine zunächst als »Blitzkrieg« geplante Auseinandersetzung zwischen Israel und den Palästinensern im Libanon begonnen.

Richtungs- und Regierungswechsel

Am 20. Januar 1981 wird als 40. Präsident der Vereinigten Staaten Amerikas der Republikaner Ronald Reagan als Nachfolger des Demokraten Jimmy Carter in Washington in sein neues Amt eingeführt.

1981/1982

Die Weltpresse bezeichnet dies als deutlichen Schwenk nach rechts. Reagan hatte seinen Wählern versprochen, die Lage Amerikas vor allem mit Hilfe von Steuersenkungen völlig »umzukrempeln«.

Doch bereits im Sommer 1982 mußte er dieses Versprechen wieder zurücknehmen und seinen Kurs um nahezu 180 Grad drehen und Steuererhöhungen einführen, da über 100 Milliarden Dollar für den Staatshaushalt fehlten.

Auch Arbeitslosenquote (8,5 Prozent) und Inflationsrate (15 Prozent) sind allen Versprechungen zum Trotz in den ersten achtzehn Monaten seiner Amtszeit nicht gesunken. Die ungewöhnliche Höhe des Zinssatzes (zwischen 14 und 22 Prozent) an den amerikanischen Banken bestimmt das Wirtschaftsleben der gesamten westlichen Welt.

Am 10. Mai 1981 wird in Frankreich François Mitterrand zum Nachfolger des gaullistisch-liberalen Valéry Giscard d'Estaing gewählt. Mitterrand ist der erste sozialistische Präsident der französischen Republik.

Die Weltpresse bezeichnete diesen überraschenden Richtungswechsel als einen deutlichen Schwenk nach links. Über dreißig Großbanken und zehn Industrie-Großunternehmen wurden verstaatlicht, die Steuern der Großverdiener wesentlich angehoben. Er unternimmt auch erste Schritte zur Durchsetzung der 35-Stunden-Woche, um die Zahl der Arbeitslosen in seinem Land zu verringern.

Die Falklands - 75 Tage unter argentinischer Flagge

Am 3. April 1982 besetzen 5000 argentinische Marineinfanteristen die 500 Kilometer vor der argentinischen Küste gelegenen Falkland-Inseln, die seit 1833 britische Kolonie waren. Die 80 Mann starke Falkland-Garnison, die knapp 1800 Zivilisten zu schützen hat, wird innerhalb von drei Stunden überwältigt. Die Aktion, bei der ein Soldat getötet, zwei weitere verwundet werden, dient der argentinischen Militärjunta primär zur Ablenkung von innenpolitischen Schwierigkeiten. Ein außenpolitischer Erfolg soll nationale Begeisterung entfachen und die im Land lauter werdende Kritik angesichts bis zum blanken Terror reichender Übergriffe gegen Oppositionelle und einer ruinösen Wirtschaftspolitik zum Verstummen bringen. Das Vorhaben erweist sich zunächst als erfolgreich. In England jedoch, das zum erstenmal in diesem Jahrhundert eine Kolonie gewaltsam verliert, erhebt sich eine Welle der Empörung. Mehrfach hatten die Briten in diesem Jahrhundert ihre Bereitschaft bewiesen, Länder ohne gewaltsame Auseinandersetzungen in die Unabhängigkeit zu entlassen: Indien, Australien, Kanada und Südafrika sind nur vier von den rund vierzig ehemaligen Kronkolonien, von denen sich die Briten freiwillig getrennt hatten. Einen derartigen Überfall aber ist man nicht bereit, widerstandslos hinzunehmen. So weist die englische Premierministerin Margaret Thatcher das Angebot des argentinischen Staatschefs General Leopoldo Fortunato Galtieri zurück, die gesamte britische Bevölkerung der Inseln samt 650 000 Schafen auf dem Wasserweg nach England zu schaffen und läßt einen Flottenverband der Royal Navy auslaufen, mit dem Auftrag, die Argentinier von den Inseln herunter »in den Atlantik zu befördern«, wie es in der offiziellen Erklärung der Regierung heißt.

Knapp einen Monat nach der argentinischen Besetzung beginnen heftige Luftangriffe auf die Inseln. US-Präsident Reagan schien bis zum ersten Luftangriff der Briten deren Vorgehen lediglich als Taktik betrachtet zu haben, das Gesicht zu wahren und bis zur vorauszusehenden politischen Auseinandersetzung die eigene Position zu stärken. Daß jetzt plötzlich tonnenweise Bomben vom Himmel fallen, überrascht ihn nicht weniger als den Papst, der durch Reisen in beide Länder weiteres Blutvergießen zu verhindern sucht, dabei aber ebenso erfolglos bleibt wie der amerikanische Außenminister General Alexander Haig. Am 2. Mai 1983 sinkt das erste Schiff, der argentinische Kreuzer »General Belgramo«, mit über tausend Mann an Bord, von denen nur knapp zwei Drittel geborgen werden können. Auch als der britische Zerstörer »Sheffield« mittels einer einzigen, aus Frankreich importierten »Exocet«-Rakete versenkt wird, wobei mehr als dreißig Seeleute den Tod finden, bleibt die britische Premierministerin unnachgiebig.

In der Nacht zum 21. Mai beginnt nach zahllosen vorhergehenden Luftangriffen auf Port Stanley, wo sich der Hauptteil der argentinischen Besatzungsmacht verschanzt hat, die Rückeroberung der Falklands. Pfingstsonntag setzt mit dem Vormarsch der Royal Navy auf die Höhen von Mount Kent in Sichtweite von Port Stanley die Entscheidungsschlacht ein. Frau Thatcher bietet General Galtieri an, auf die letzte Schlacht um die Hauptstadt zu verzichten, wenn die Argentinier sich bereit erklären, das annektierte Land innerhalb von zehn Tagen zu verlassen, doch die Generale entscheiden sich für die Fortsetzung der Kämpfe. Erst am 14. Juni um 9 Uhr abends ergeben sich 14 800 argentinische Soldaten in Port Stanley. Englands Union Jack weht wieder über dem Gouverneurspalast. Argentinien verlor während der Auseinandersetzungen über 800, Großbritannien 255 Soldaten.

Auf dem Boden verstreute Helme argentinischer Soldaten nach der Kapitulation der Argentinier am 21. 5. 82 in Goose Green

Beirut – die große Lösung? Sommer 1982

Als der amerikanische Sonderbotschafter Philip Habib in Jerusalem die Forderung der US-Regierung nach sofortiger Beendigung des am 6. Juni begonnenen Blitzkrieges und bedingungslosem Rückzug der israelischen Truppen aus dem Libanon vortrug, versuchte Ministerpräsident Menachim Begin, ihm mit aller Deutlichkeit klarzumachen, daß Israel nicht gegen das libanesische Volk kämpfe, sondern das Nachbarland ein für allemal von der Herrschaft der Palästinensischen Befreiungsorganisation Jassir Arafats befreien wolle.

Waren die ersten Zeitungsseiten nicht ohnehin schon voll genug mit Schreckensmeldungen? Iran/Irak, Falklands, Afghanistan.

Daneben lief gerade zu diesem Zeitpunkt der Besuch des amerikanischen Präsidenten Ronald Reagan in Europa, und die Fußballweltmeisterschaft in Spanien stand gleichfalls vor der Tür.

Man verkannte, daß das Attentat vom Freitag, den 4. Juni, auf den israelischen Botschafter Schlomo Argov nicht einzig und allein der auslösende Funke war (zumal sich die PLO von diesen Schüssen vor dem Dorchester-Hotel am Londoner Hydepark distanzierte – die kleine Palästinensergruppe um Abu Nidal, die nicht unter Arafats Dachverband stand, bekannte sich später dazu), sondern daß Jerusalem schon seit längerer Zeit fest entschlossen war, im Nahen Osten, oder noch genauer gesagt, bei seinem nächsten Nachbarn endlich zu einer Lösung der Ruhe und Ordnung zu gelangen.

In keinem Teil der Welt leben so viele Staaten in wahrer Todfeindschaft nebeneinander wie hier. Ein ewiges Pulverfaß seit über fünfzig Jahren.

Von welchem Standpunkt aus man das Bild des amerikanischen Ex-Präsidenten Jimmy Carter auch betrachten mag, bestehen bleibt die Tatsache, daß es ihm mit dem Camp-David-Abkommen von 1978 gelungen war, zum ersten Mal Frieden zwischen Israel und einem arabischen Nachbarstaat zu schaffen. War doch das einzige, worin sich die arabischen Länder seit ihrer Eigenständigkeit einig waren, die Ablehnung der Gründung des Staates Israel im Jahre 1948.

Ägypten erkannte als erster Araberstaat 1978 die Existenz des Judenstaates an, wofür es einerseits die hart umkämpfte Sinai-Halbinsel zurückerhielt, sich andererseits jedoch eindeutig von allen anderen arabischen Ländern distanzierte.

Der Staat Israel hat etwa vier Millionen Einwohner. Nahezu die gleiche Anzahl Palästinenser lebt im Vorderen Orient, verteilt auf Israel selbst (etwa eine halbe Million), in von Israel besetzten Gebieten, wie der Westbank und dem Gaza-Streifen (etwa 1,2 Millionen), ebensoviel in Jordanien und jeweils rund 300 000 in Syrien, Kuweit und im Libanon.

In den meisten Staaten waren sie nach ihrer Zersplitterung nur geduldet. Lediglich die Syrer erlaubten der in den fünfziger Jahren gegründeten El-Fatah-Guerillabewegung zehn Jahre später von ihrem Gebiet aus kleinere Kampfhandlungen gegen das verhaßte Israel. Dies war die Zeit, in der der Name Arafat begann, innerhalb der Palästinenserbewegung als vorzüglicher Guerillakämpfer populär zu werden, nachdem 1964 in Kairo – erst unter Vorsitz Ahmed Schukeiris – die ›Palästinenser-Befreiungsorganisation‹ (PLO) gegründet worden war. Eine Organisation, die es sich großsprecherisch zur Aufgabe gestellt hatte, »die verfluchten Juden ins Meer zu treiben«. Als sich 1968 in der jordanischen Stadt Karame eine Fedajin-Gruppe unter Arafats Führung tapfer gegen eine israelische Strafexpedition zur Wehr gesetzt hatte, wurde dieser 1969 zum Vorsitzenden der PLO gewählt. Sein kriegerisches Auftreten im romantisch-exotischen Araberlook kam an. Immer öfter und ausführlicher wurde über ihn und sein Anliegen in der Weltpresse geschrieben. Sein Bild als Führer eines von seinem Territorium vertriebenen Volkes machte mit der Zeit eine Art Volksheld aus ihm. Jetzt erwartete man Taten.

Dafür waren unerwartet durch den Ölboom zu Geld gekommene Leute aus dem Orient sogar bereit, finanzielle Unterstützung zu leisten. Und da man im Ostblock in Israel lediglich einen gegen die UdSSR gerichteten Brückenkopf Amerikas zu sehen glaubte, wurde auch von dieser Seite Hilfe zugesagt.

Bald bekam man Arafat nicht nur mit der Waffe in der Hand, sondern auch in einer Mercedes-Limousine (Kennzeichen PLO – 1) zu sehen. Den Ägyptern gefiel dieses Auftreten immer weniger, und so versuchte man, diese

Der israelische Ministerpräsident Menachem Begin bei einer Rede vor der israelischen Volksvertretung, der Knesset

Jassir Arafat, der Führer der Palästinensischen Befreiungsorganisation PLO

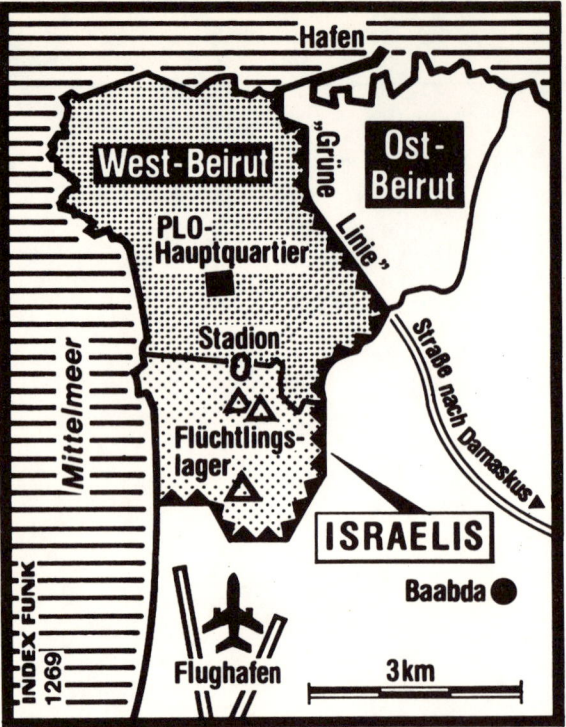

Mit geballter Faust unterstrich Ministerpräsident Menachem Begin am Dienstag, 8. 6. 82, in der Jerusalemer Knesset seine Forderung an Syrien, sich den israelischen Truppen im Libanon nicht in den Weg zu stellen

Bewegung wieder loszuwerden. Die Radiostation der PLO auf ägyptischem Boden wurde 1970 geschlossen.

Der Versuch der Palästinenser, daraufhin in Jordanien Fuß zu fassen, mißlang. König Hussein ließ sie mit Artillerie aus seinem Land treiben. Etwa tausend Leute Arafats mußten diesen Versuch in jenem ›Schwarzen September‹ 1970 mit dem Leben bezahlen.

1971 fanden Arafat und die Seinen endlich Aufnahme im Libanon, nachdem ein ähnlicher Versuch in Syrien gleichfalls fehlgeschlagen war. Das Spiel mit dem Feuer, das hier gegen den Judenstaat gelegt wurde, gefiel zwar den arabischen Feinden Israels, doch wollte man dies nicht vom eigenen Boden aus haben.

Die PLO wurde zu einer Art Dachorganisation, unter der sich über zehn palästinensische Gruppen zusammenfanden. Von hier aus dirigierte man 1972 das Massaker an elf israelischen Spitzensportlern während der Olympischen Spiele in München. 1974 wurden in der Schule von Maalot 30 israelische Kinder und Erwachsene umgebracht. Hier entstand also gewissermaßen eine internationale Zentralstelle zur Ausbildung von Terroristen, wo unter anderem auch die Mitglieder der Baader-Meinhof-Gruppe ihr Handwerk lernten.

Jedenfalls hatte man es im Libanon bis Mitte 1982 zu rund 14000 mit Panzern und Raketen ausgerüsteten Kämpfern gebracht.

Sicherlich ist es mehr als bedauerlich, wenn die Hälfte einer Stadt wie Beirut – früher das ›Paris des Nahen Ostens‹ genannt – in Schutt und Asche sinkt. Aber die drei großen Flüchtlingsströme von Palästinensern (1948 nach Gründung des Staates Israel, 1967 nach dem Sechs-Tage-Krieg und 1970 nach dem Zerschlagen der PLO-Basen in Jordanien) haben das Land völlig verwandelt. 1975 brach der Bürgerkrieg aus, bei dem innerhalb von anderthalb Jahren über 60000 Libanesen umkamen. 1976 marschierten dann 30000 syrische Soldaten ein, um die blutigen Kämpfe im Nachbarland zum Abschluß zu bringen und dort eine Machtübernahme durch die PLO zu verhindern. Doch das politische Durcheinander im Libanon wurde dadurch nur noch größer. Wieder und wieder wurden von libanesischen PLO-Stützpunkten aus Vergeltungsschläge gegen den Erzfeind Israel geführt.

Daraufhin schuf man an der südlibanesischen Grenze eine Art Pufferzone mit 6000 UNO-Soldaten. Doch jetzt fing die PLO an, von Bodenstationen aus Raketen gegen Israel einzusetzen.

Den 9 Millionen Syrern begann der immer stärker werdende Einfluß der Palästinenser im Libanon unangenehm zu werden. Sie wünschten sich alles andere, als einen starken Palästinenser-Staat an ihrer Westgrenze. Trotzdem ließ 1976 Präsident Hafez al Assad sowjetische Flugabwehrraketen in der Bekaa-Ebene in Libyen aufstellen. Angeblich, um die Israelis daran zu hindern, sich frei im libanesischen Luftraum bewegen zu können. 1980 schloß Syrien dann sogar einen Freundschaftsvertrag mit Moskau und holte sich rund zweieinhalbtausend sogenannte russische ›Berater‹ ins Land.

Sogleich nach dem Einmarsch der Israelis setzte Assad dann auch am 7. Juni 1982 eine Panzerdivision, eine Artilleriebrigade und Luftabwehr-Einheiten mit SAM-Raketen in Marsch. Über 40000 Syrer waren so im Libanon präsent, aber die israelischen Einheiten hatten nach offizieller Darstellung der Regierung den Auftrag, jegliche direkte Auseinandersetzung mit den Syrern zunächst zu vermeiden. Zwei Tage später wird jedoch bereits berichtet, daß die syrischen Raketenstellungen in der Bekaa-Ebene vernichtet und 20 syrische Kampfflugzeuge abgeschossen worden seien.

Daraufhin ordnete Damaskus eine Teilmobilmachung an, und die westliche Presse begann ernsthaft, eine weiter um sich greifende kriegerische Auseinandersetzung in Nahost zu befürchten.

An der Straße von Damaskus nach Beirut – der wichtigsten Verbindungslinie zwischen den beiden Ländern – kam der Vormarsch der Israelis dann zunächst zum Stillstand.

Daraus wurde dann am 11. Juni 1982 auf Drängen des amerikanischen Sonderbotschafters Philip Habib ein Waffenstillstand. Die Überlandstraße Syrien-Libanon stand voll und ganz unter israelischer Kontrolle.

Doch kaum vierundzwanzig Stunden später wurde dieser Waffenstillstand – der erste von insgesamt mehr als zehn in den kommenden Wochen – bereits wieder gebrochen, und zwei Tage darauf war der westliche Teil der

Stadt Beirut von den israelischen Truppen umzingelt. Vor der Westküste lagen Kriegsschiffe mit auf die Stadt gerichteten Geschützen. Der Blitzkrieg verwandelte sich in eine klassische Belagerung.

Bei dieser Belagerung – Jassir Arafat hatte sich nicht gescheut, sie sogar mit der Schlacht um Stalingrad zu vergleichen – muß man davon ausgehen, daß Beirut eine geteilte Stadt ist. Durch Beirut zieht die sogenannte ›Grüne Linie‹, die den westlichen (dem moslemischen) vom östlichen (dem christlichen) Teil trennt. Eine Straße, auf der nun von den Israelis Durchgangskontrollen eingerichtet wurden.

Im westlichen Teil befand sich schon seit Jahren der Hauptsitz der PLO. Jetzt hatten sich hier rund sieben bis achttausend schwer bewaffnete Freischärler verschanzt, wozu noch ein- bis zweitausend syrische Soldaten kamen, die auf Arafats Seite kämpften.

Um diesen ›harten Kern‹ ging es dem israelischen Verteidigungsminister Ariel Schorer und seinem Stabschef General Eitan. Ein Großteil der palästinensischen Truppen war auf dem Weg der Israelis nach Beirut bereits gefangengenommen worden. Doch die restlichen paar tausend Mann zeigten sich in Beirut bereit, für Arafat und seine Zentrale, von der aus er jahrelang seine Anhänger gesteuert hatte (dem Staat im Staate) bis aufs Äußerste zu kämpfen.

Dabei wünschten sich die meisten Libanesen nichts sehnlicher, als endlich von dieser Last, die sie seit über sieben Jahren nicht zur Ruhe kommen ließ, befreit zu sein.

Ob zu diesem Zeitpunkt sich zweihundert- oder fünfhunderttausend Moslems im westlichen Teil der Stadt befanden, wußte während der Kämpfe niemand genau zu sagen. Der Fluchtweg nach dem Ostteil der Stadt stand ihnen offen. Doch sie blieben. Dadurch hatte Arafat ein weiteres Druckmittel gegen die Israelis in der Hand, die keinen Krieg gegen die Zivilbevölkerung führen wollten.

unter den Trümmern ihrer Häuser begraben wurden, geschah den Bewohnern jenseits der ›Grünen Linie‹ so gut wie nichts.

Immer enger zogen die Israelis ihren Kreis um die gera-

Der Osten, auf den kaum eine Bombe fiel, erlebte einen Kampf, bei dem Gewinner und Verlierer von Anfang an feststanden. Und während auf der westlichen Seite neben den palästinensischen Soldaten auch zahllose Zivilisten dezu selbstmörderisch weiterkämpfenden Palästinenser. Immer wieder bot Begin Arafat den freien (und zugleich endgültigen) Abzug an. Entweder auf der Straße nach Damaskus oder auf dem Weg über das Mittelmeer. Aber die PLO wollte nichts davon wissen. Sie wollte weiterkämpfen. Sie wußte, daß dieser Kampf längst verloren, daß jegliches Sterben eines Libanesen, einer Mutter, eines Kindes völlig sinnlos war, geopfert blindem Haß und wildem Fanatismus.

Über viertausend Zivilisten sollen diesmal umgekommen sein. Zwar nur ein Bruchteil im Verhältnis zu den weit mehr als 60 000 Toten seit Beginn des Bürgerkrieges 1967, aber trotzdem mehr als viertausend zuviel.

Immer offener wurde nah und fern die Frage gestellt, was Arafat mit dieser Einstellung und dem Kampfesmut seiner Leute zu erringen hoffte. Es ist wahr, kein arabischer Bruderstaat wollte die bewaffneten Palästinenser aufnehmen. Wer schafft sich schon freiwillig solch einen Unruheherd ins eigene Land? Auch der Nahe Osten wollte endlich Frieden haben.

Die israelischen Truppen hatten deutlich erkennbar noch nicht allzu viel Übung in dieser für sie völlig neuen Kampftechnik. Sie waren bisher ausschließlich blitzschnelle Feldzüge gewohnt. 1956 hatte es ganze sieben Tage gedauert. 1967 sechs und 1975 achtzehn. Jetzt mußten sie plötzlich vor Beirut eine langwierige Belagerung aufbauen.

Israel wurde zunächst nahezu von der ganzen Welt einmütig verurteilt. Doch langsam begann man das Einsehen zu haben. Das Verhalten Arafats und seiner Truppe ließ von Woche zu Woche die Zweifel spürbarer werden, ob auf diesem Wege die Probleme des Nahen Ostens gelöst werden können. Da zählte auch plötzlich Stolz nicht mehr, zum ersten Mal diesem Gegner Israel über zweiundeinhalb Monate lang Widerstand geleistet zu haben.

Jassir Arafat hebt die Hand zum Siegeszeichen während der Palästinenser Solidaritäts-Konferenz 1981 in Beirut

Rauchwolken über dem Wohngebiet in West-Beirut, als die Israelis Anfang August 1982 zu Lande, von der See her und aus der Luft angreifen

Israelische Soldaten nehmen im Zentrum von Saida eine Gruppe Palästinenser gefangen

Israelische Bodentruppen nach schweren Kämpfen gegen die Palästinenser im Süd-Libanon

Der amerikanische Nahost-Unterhändler Philip Habib erhält von US-Präsident Ronald Reagan den Auftrag, sich um ein Ende der Kämpfe zu bemühen

Bei den Kämpfen ließ sich das westliche und das östliche Waffensystem gut miteinander vergleichen.

Am Ende stand fest, daß die syrischen Streitkräfte insgesamt 82 Jagdbomber der sowjetischen Typen MiG-21 und MiG-23 verloren hatten, während den Israelis nur 4 aus den USA stammende Maschinen und 2 Hubschrauber abgeschossen wurden. Die gesamte syrische Flugabwehr mit ihren SAM-Batterien (gleichfalls aus der UdSSR stammend) konnte zerstört werden.

Über neun Wochen dauerte diese Belagerung des halben Beirut. Dann, in der letzten Augustwoche, gaben Arafat und seine Leute endlich auf. Ihre Elf-Punkte-Bedingungen waren auf vier zusammengeschrumpft. 15 600 palästinensische Freischärler verließen auf Kriegsschiffen den Libanon. Die meisten zunächst in Richtung Zypern, von wo aus sie anschließend verteilt nach Ägypten (falls man sich dort doch noch bereit erklärt, auch nur einen einzigen PLO-Mann aufzunehmen), Jordanien und dem Irak transportiert werden sollen. Nur ein kleiner Teil gelangt auf direktem Weg nach Damaskus, wo die PLO bereits wieder mit dem Gedanken an ein neues Hauptquartier spielt. Doch die arabische Welt wird lernen müssen umzudenken. Wenigstens ein Positivum nach diesem wochenlangen Gemetzel und all dieser sinnlosen Zerstörung.

Aus dem Abzug in Beirut machten die geschlagenen Palästinenser einen Siegesmarsch. Die ersten zweihundertfünfzig von Zypern nach Jordanien geflogenen Guerilleros empfing König Hussein Mann für Mann mit einem Bruderkuß. Der ›Schwarze September‹ mit seinen tausend Toten schien vergessen. Politischer Charakter ist zweifellos oft unberechenbar und leicht wetterwendisch.

Bestimmt wird die Hamra, der ehemalige Beiruter Prachtboulevard, bald wieder in altem Glanz erstrahlen. Ob Arafats große Zeit – zum Beispiel im November 1974, als er die UNO-Debatte über Palästina mit einer Rede eröffnen durfte, oder die Jahre danach, als er die Regierungspaläste von Tokio bis Wien aufsuchen konnte, wo sich Österreichs Bundeskanzler Bruno Kreisky zusammen mit Willy Brandt einen Vortrag des PLO-Vorsitzenden mit dem schwarzweißen Kopftuch und Stoppelbart anhörten –, ob diese Zeit nochmals für die Palästinensische Befreiungsorganisation wiederkehren wird, scheint fraglich. Nicht nur der Ölreichtum hat im Nahen Osten zu Gewichtsverschiebungen geführt. Das gesamte Denken der Welt beginnt sich spürbar zu verändern. Man wird nicht weiter mit Haß und Terror gegeneinander kämpfen können, sondern lernen müssen, nebeneinander zu leben.

Im gequälten Libanon dürfte wohl eine Israel freundliche Regierung ins Parlament einziehen, und an der Grenze zwischen diesen beiden Ländern wird es gewiß endlich zur Ruhe kommen.

Natürlich ist damit das Palästinenser-Problem noch längst nicht gelöst. Aber das ist nicht nur Schuld Israels, sondern auch der PLO selbst. Seit 1973 wurde mehr als eine Möglichkeit vertan, einen brauchbaren Weg zu finden. Man denke nur an die Zeit des ägyptisch-israelischen Abkommens 1978, wo es für Arafat bestimmt einen Weg gegeben hätte, sich anzuschließen.

Zerbombte Wohnhäuser in Beirut

Jedenfalls ist die Zeit maßloser Forderungen endgültig vorüber und mit Mitteln nackten Terrors kaum noch etwas durchzusetzen. Menachim Begin, der selbst vor der Staatsgründung Israels die jüdische Terrorgruppe Irgun Zvai Leumi angeführt hatte, weiß dies alles nur zu genau. Auch in Zukunft werden ganze Völker als Fremde im fremden Ländern leben müssen. Als ungeliebte Flüchtlinge, wie es derer schon immer und überall welche gab.

Die Juden selbst können wahrlich ein Lied davon singen.

Und auch die Bibel berichtet schon darüber.

Danny Leilah

Angst um Frieden und soziale Sicherheit

Helmut Kohl spricht 1982 als Oppositionsführer im Deutschen Bundestag

Die Bonner »Wende«

SPD und FDP, die aufgrund der gemeinsamen Gegnerschaft zum Kanzlerkandidaten der Unionsparteien, Franz Josef Strauß, nach der Bundestagswahl 1980 schnell zu einer Fortsetzung des sozial-liberalen Regierungsbündnisses gefunden hatten, gerieten schon ein gutes Jahr später über die Wirtschafts- und Sozialpolitik der Regierung sowie über Möglichkeiten zur Konsolidierung der Staatsfinanzen aneinander. Am 3. Februar 1982 stellte der sozialdemokratische Bundeskanzler Helmut Schmidt, der auch in seiner eigenen Partei auf wachsende Widerstände stieß, die Vertrauensfrage über seine Gesamtpolitik. Zwar zogen hier die Freien Demokraten noch mit, doch am 17. September 1982 forderte der Kanzler die FDP-Minister zum Rücktritt auf. Als Grund nannte er die Koalitionsaussage der hessischen Liberalen zugunsten eines Bündnisses mit der CDU und das Memorandum des Bundeswirtschaftsministers Graf Lambsdorff zur Überwindung der Wachstumsschwäche und zur Bekämpfung der Arbeitslosigkeit vom 9. September. Nach den Ereignissen der letzten Tage habe er, so Schmidt, das politische Vertrauen zu einigen Führungspersonen der FDP verlieren müssen. Eine weitere Zusammenarbeit sei weder den sozialdemokratischen Bundesministern noch ihm selbst zuzumuten gewesen. Nach dem Rücktritt der FDP-Minister bildete Schmidt eine Minderheitenregierung und erklärte sich bereit, über die Vertrauensfrage Neuwahlen auszuschreiben. Jedoch einigten sich die Führungen von CDU/CSU und FDP am 28. September auf eine Koalitionsvereinbarung; am 1. Oktober 1982 wählte der Bundestag den CDU-Vorsitzenden Helmut Kohl zum Bundeskanzler.

Doch auch der neue Kanzler stellte bereits am 17. Dezember die Vertrauensfrage. Bei der Abstimmung enthielt sich die Regierungskoalition der Stimme, um nach Auflösung des Bundestages bei Neuwahlen eine für die Koalitionsparteien günstige Ausgangsposition zu bewahren. Dieser verfassungsrechtlich bedenkliche Trick erzielte das gewünschte Resultat, Anhänger der sozial-liberalen Koalition verließen die FDP oder verloren ihre Ämter, die Wahlen am 6. März bestätigten die CDU/CSU-FDP-Koalition.

Der Regierungswechsel, den der neue Bundeskanzler Kohl als Auftakt einer »geistig-moralischen Wende« betrachtete, wurde nicht nur durch die Differenzen innerhalb des bisherigen Regierungsbündnisses, sondern auch aufgrund von Meinungsverschiedenheiten innerhalb der SPD herbeigeführt. Schmidt hatte schon im Mai 1981 sein politisches Schicksal mit der Zustimmung seiner Partei zum Nato-Doppelbeschluß von 1979 verknüpft, der die Stationierung neuer atomarer Mittelstreckenraketen auf dem Boden der Bundesrepublik bei gleichzeitiger Intensivierung der Abrüstungsverhandlungen zwischen NATO und Warschauer Pakt vorsah. Viele Bundesbürger und ein nicht unerheblicher Teil der SPD bezweifelten jedoch den von der Bundesregierung proklamierten Zweck der neuen Raketen, Schutz vor den sowjetischen SS-20 zu bieten. Als der Bundestag am 22. November 1983 die Aufstellung der US-Mittelstreckenraketen billigte, stimmte die SPD dagegen.

Zu diesem Meinungsumschwung hatte vorwiegend das Aufkommen der Friedensbewegung beigetragen. Seit der Einführung der Wehrpflicht 1955 und der Anti-Atomtod-Bewegung Ende der fünfziger Jahre hatte keine militärstrategische Entscheidung die Gemüter in Deutschland so bewegt wie der Doppelbeschluß. Bereits am 10. Oktober 1981 demonstrierten 300 000 Menschen in Bonn gegen die Nachrüstung der in Europa stationierten Mittelstreckenraketen. Bis zum 18. September 1983 hatten über fünf Millionen Bundesbürger den »Krefelder Appell« gegen die Nachrüstung unterschrieben. Am 22. Oktober 1983 bildeten 150 000 Rüstungsgegner eine 108 Kilometer lange Menschenkette von Neu-Ulm bis Stuttgart. Insgesamt beteiligten sich an der Aktionswoche der Friedensbewegung bundesweit mehr als eine Million Menschen, dennoch trafen schon am 26. November die ersten Teile der neuen Pershing II-Raketen in der Bundesrepublik ein.

Anders als die Sozialdemokraten war die am 12./13. Januar auf dem ersten Bundeskongreß der Landesverbände der Grünen gegründete »Bundespartei der Grünen« von Anfang an integraler Bestandteil der Friedensbewegung. Die gegen die Nachrüstung gerichtete Stimmung in der Bevölkerung sowie andere Schwerpunktthemen, Umweltschutz und basisdemokratisches Politikverständnis, verhalfen der jungen Partei zu beachtlichen Anfangserfolgen. War schon 1979 dem Bremer Landesverband der Einzug ins dortige Parlament gelungen, konnten am 16. März 1982 bei den Landtagswahlen in Baden-Württemberg und zum ersten Mal in einem Flächenstaat die Fünf-Prozent-Hürde überwunden und sechs Mandate errungen werden. Im Juni 1982 wurde die Grün-Alternative Liste drittstärkste Kraft bei den Hamburger Bürgerschaftswahlen; es entstanden die sogenannten »Hamburger Verhältnisse«: Ein SPD-Minderheitssenat, der die Regierungsgeschäfte nur aufgrund der Tolerierung durch die Grünen führen konnte. Bei den Wahlen im März 1983 zogen die Grünen mit 5,6% der Wählerstimmen erstmals in den Bundestag ein. Am 12. Dezember 1985 wurde Joschka Fischer im hessischen Landeskabinett als erster Grüner in der Bundesrepublik Minister. Obwohl die Zusammenarbeit mit der SPD-geführten Landesregierung nur 14 Monate Bestand hatte, trug sie weiter dazu bei, die Politikfähigkeit der jungen Partei unter Beweis zu stellen. So kann sie, die anfangs von vielen, darunter auch Bundeskanzler Kohl, als »vorübergehende Protesterscheinung« betrachtet wurde, am Ende des Jahrzehnts ihre Sitze im Bundes- und in fast allen Landesparlamenten halten.

Großkundgebung der Friedensbewegung im Bonner Hofgarten

1983 / 1984

Gewerkschaftsdemonstration in England (oben) und der Bundesrepublik

Arbeit und Arbeitskampf unter neuen Bedingungen

Neue Technologien, Automatisierung und Rationalisierungsmöglichkeiten ersetzen in wachsendem Ausmaß die menschliche Arbeitskraft. Vor allem aufgrund dieses allgemeinen Strukturwandels stiegen seit Ende der siebziger Jahre in ganz Europa die Arbeitslosenzahlen. Die Gewerkschaften versuchten, sich dieser Tendenz durch ganz unterschiedliche Arbeitskampfmaßnahmen entgegenzustellen.
In England rief der Präsident der Bergarbeitergewerkschaft, Arthur Scargill, zum Streik auf gegen den Plan, 20 Zechen zu schließen, der die Entlassung von 20 000 Kumpeln nach sich ziehen würde. Ein Streik, der mit ungewöhnlicher Härte und Zähigkeit geführt wurde: Aufgrund der ungünstigen Beschäftigungssituation in Großbritannien bestand für die Bergarbeiter kaum eine Chance, einen anderen Job zu finden. Es kam zu Übergriffen gegen Streikbrecher und zu Zusammenstößen der Streikenden mit ganzen Hundertschaften Polizisten, die in die Bergarbeiterstädte entsandt wurden. Als die Regierung Thatcher, die der Nationalen Kohlebehörde die »Gesundschrumpfung« des britischen Bergbaus verordnet hatte, auch nach mehr als sechs Monaten unnachgiebig blieb, begann die Streikfront zu bröckeln. Erst nach fast einem Jahr, am 5. März 1985, ging der Streik zu Ende. Er konnte nicht nur das Zechensterben nicht verhindern, sondern kostete auch die bis dahin mächtigen Gewerkschaften erheblichen Einfluß und Ansehen.
In der Bundesrepublik hatten sich die Gewerkschaften angesichts hoher Arbeitsintensität auf der einen, einer Arbeitslosenquote, die von 1982 bis 1983 von 7,5% auf 9,1% gestiegen war, auf der anderen Seite für Arbeitszeitverkürzung entschieden, die, anders als in England, nicht nur bestehende Arbeitsplätze erhalten, sondern neue schaffen und den Strukturwandel beschleunigen sollte. Im Mai begannen Streiks der IG Metall, auf die die Arbeitgeber mit massiven Aussperrungen antworteten. Am 28. Mai 1984 demonstrierten über 100 000 Arbeitnehmer in Bonn für die 35-Stunden-Woche. Als sich die IG Druck und Papier dem Streik anschloß, erschienen im gesamten Bundesgebiet Zeitungen gar nicht oder nur in Notausgaben. Der Arbeitskampf endete im Juni, nachdem man sich auf eine regelmäßige Wochenarbeitszeit von 38,5 Stunden geeinigt hatte. Die schrittweise Verkürzung der Arbeitszeit blieb jedoch weiterhin Ziel der Gewerkschaften.

AIDS

Zum beherrschenden Medienthema wird in diesen Jahren die Immunschwächekrankheit AIDS (Acquired Immune Deficiency Syndrome, zu deutsch: erworbene Abwehrschwäche), die Ende der 70er Jahre in den USA erstmals diagnostiziert wurde und sich nun vor allem in den USA, Europa und Afrika merklich verbreitete. Der Ursprung der Krankheit, die durch bisher unbekannte HIV-Viren ausgelöst und durch den Austausch von Körperseren, insbesondere beim Sexualverkehr übertragen wird, blieb bisher ungeklärt. Zwischen der Infektion und dem Entstehen eines sichtbaren Krankheitsbildes können Jahre vergehen, während derer der Infizierte, wissentlich oder unwissentlich, die Viren weiterverbreiten kann. Nach Ausbruch der Krankheit tritt gewöhnlich innerhalb weniger Jahre der Tod ein; die Medizin hat noch keine Mittel gefunden, die von den HIV-Viren zerstörten Abwehrkräfte der Erkrankten soweit zu stärken, daß diese Krankheitserregern, die von außen kommen, wieder zu begegnen vermögen.
Da von der Krankheit neben Menschen, die auf Bluttransfusionen angewiesen sind, zunächst vor allem Homosexuelle betroffen sind, deren Infektionsrisiko durch häufigen Partnerwechsel und ungeschützten Geschlechtsverkehr besonders hoch ist, sowie Drogensüchtige, die sich Injektonsnadeln teilen, also Angehörige gesellschaftlicher Randgruppen, droht in der Bevölkerung eine gefährliche, vorurteilsbeladene Ausgrenzungsstimmung aufzukommen. Dieser wird jedoch durch systematische Aufklärungsarbeit und, vor allem in den Vereinigten Staaten, durch Protestaktionen betroffener Gruppen, erfolgreich entgegenzutreten versucht. So bekannte sich der populäre amerikanische Filmschauspieler Rock Hudson, der an AIDS erkrankte und der Krankheit 1985 erlag, öffentlich zu seiner Homosexualität.
Zur Versachlichung der Diskussionen trug sicher auch bei, daß die Krankheit sich zumindest in den Industrienationen bei weitem nicht so rapide verbreitete, wie zunächst befürchtet worden war. Die Weltgesundheitsorganisation hat 1989 ihre Schätzungen drastisch nach unten korrigiert; sie geht nun von weltweit knapp 1,5 Millionen HIV-Erkrankten aus. Gemeldet waren bis zur Mitte dieses Jahres 152 000 Infizierte, davon 90 000 alleine in den USA. Aus der DDR werden im Januar 1989 65 Fälle, in der Bundesrepublik drei Monate später 32 000 Infizierte und 1305 Todesfälle gemeldet. Schätzungen über die Verbreitung von AIDS in Ost- und Zentralafrika (dort vor allem auch unter der heterosexuellen Bevölkerung) bleiben jedoch weiterhin alar-

Rock Hudson ertrug seine tödliche Krankheit bis zum Ende mutig und heiter

mierend. Zwar ist die Lebenserwartung von AIDS-Erkrankten am Ende des Jahrzehnts um durchschnittlich fünf Monate gegenüber 1981 gestiegen, weil es infolge neuer Medikamente gelungen ist, Lungenentzündungen, die zumeist den tödlichen Abschluß des Krankheitsverlaufs bilden, in den Griff zu bekommen, Impfstoffe oder Therapiemittel konnten aber bislang nicht entwickelt werden.

»Der zweite Aufbruch einer Weltmacht«

Die Sowjetunion war Anfang des Jahrzehnts in eine schwere Legitimationskrise geraten. Außenpolitisch hatten der Einmarsch in Afghanistan und die Erfolge der oppositionellen Gewerkschaft »Solidarität« in Polen Ansehen und Einfluß gekostet; im Inneren des Riesenreiches hatten katastrophale Versorgungsmängel aufgezeigt, wie marode das Wirtschaftssystem geworden war. Die Versorgung mit Konsum-, aber auch Gebrauchsgütern konnte nur durch einen blühenden Schwarzmarkt aufrechterhalten werden. Auf diesen griffen sogar Wirtschaftsfunktionäre und Farbrikdirektoren zurück, um Ersatzteile und Rohstoffe zu erhalten und den irrealen Zentralplan einhalten zu können. Fehlende Materiallieferungen, die auf das mangelhafte Transportsystem und Fehlplanung zurückzuführen waren, zwangen sie zu diesem Vorgehen. Ursache für den kritischen Zustand der kommunistischen Weltmacht waren ein ausgewucherter Funktionärsapparat, das zentralistische ökonomische und politische System, das jede Initiative lähmte und die hoffnungslose Überalterung der Mitglieder der Führungsgremien: 1980 betrug das Durchschnittsalter der Vollmitglieder des Politbüros der KPdSU 70,1 Jahre. Unter ihnen befand sich jedoch seit dem Herbst ein Mann, der die Sowjetunion und mit ihr die gesamte sozialistische Welt im Laufe des Jahrzehnts bis in ihre Grundfesten erschüttern sollte: Michail Sergejewitsch Gorbatschow.

Gorbatschow, der am 2. März 1931 in Priwolnoje im Kaukasus geboren wurde, war nach erfolgreich absolviertem Jurastudium in Moskau 1962 Parteiorganisator der »Territorialen Produktionsverwaltung aller Kolchosen und Sowchosen« in der Region Stawropol geworden. Um seine Parteifunktionen in der landwirtschaftlich orientierten Region besser erfüllen zu können, nahm er sofort ein Fernstudium am Stawropoler Agrarinstitut auf, das er 1967 als »wissenschaftlicher Agrarökonom« abschloß. Im April 1970 wurde Gorbatschow erster Sekretär der Stawropoler Region. Er erreichte die Verdoppelung der bewässerten Landflächen und führte ein leistungsbezogenes Bonussystem in der Landwirtschaft ein: Arbeitsteams wurden nach ihren Leistungen und den von ihnen eingesparten Betriebsmitteln entlohnt. Ab 1977 wurden mobile Pulks von Ernte- und Transportmaschinen für das ganze Gebiet eingesetzt; die daraus resultierende Erntesteigerung veranlaßte den damaligen Staats- und Parteichef Leonid Breschnew zu einer formalen Gratulation für diese Errungenschaft.

Im November 1978 wurde Gorbatschow Sekretär für Landwirtschaft im ZK der KPdSU. Gefördert hatte diese Berufung der damalige KGB-Chef Juri Andropow. Dieser, der aufgrund seiner Funktion die Schwierigkeiten des Riesenreiches ungeschönt sehen konnte und die unter den Führungskadern grassierende Korruption kannte, hatte im Bestreben, das Sowjetsystem effektiver zu machen, die Zügel des Geheimdienstes gelockert, um der Kritik aus den wissenschaftlichen Instituten mehr Raum zu geben, den Druck der Akademiker gegen die Apparatschiks zu steigern. Im Mai 1982 trat Andropow sein - vor allem im Ausland - verrufenes Amt ab und wurde ZK-Sekretär für Ideologie und Internationale Parteibeziehungen. In dieser Funktion setzte er den Feldzug gegen die Korruption fort, der sich vor allem gegen Breschnews Familienkreis und Parteizirkel richtete. Der greise Parteichef verfügte nicht mehr über die Präsenz, sich vor seine Schützlinge zu stellen. Am 10. November 1982 starb er.

Zwei Tage später wurde Andropow zum Generalsekretär der KPdSU gewählt. Im Wissen um seinen labilen Gesundheitszustand, der ihm nicht viel Zeit für die Verwirklichung seiner Vorstellungen lassen würde, warf er sich auf eine Neuordnung von oben und leitete den Versuch ein, der parasitären Bürokratie eine autoritäre Modernisierung entgegenzusetzen. Eine spektakuläre Kampagne gegen Bummelanten setzte ein; die Miliz besetzte am hellichten Tag Kinos, Kaufhäuser, U-Bahn-Eingänge und griff diejenigen heraus, die sich unerlaubt vom Arbeitsplatz entfernt hatten. Selbst zwei Generäle, die während ihrer Dienstzeit eine öffentliche Sauna aufgesucht hatten, blieben von den Disziplinierungsmaßnahmen nicht verschont. Innenminister Schtscholokow verlor sein Amt; in der gesamten Führung des korrupten Polizeiwesens setzte eine tiefgreifende Säuberung ein. Au-

Nachdenken über den eigenen Staat: Juri Andropow

Der neue Mann im Zentrum der Macht

Die alte Garde tritt ab: Tschernenko, Gromyko

Michail Gorbatschow bei seiner Vereidigung als Staatspräsident

ßenpolitische Lockerungen konnte Andropow jedoch aufgrund der starren Haltung von Armeeführung und Außenminister Gromyko nicht durchsetzen.

Im Oktober 1983 wurde Andropow eine Niere entfernt; danach mußte der erste Mann der Weltmacht Sowjetunion die Regierungsgeschäfte vom Krankenhaus aus weiterführen. Am 9. Februar 1984 erlag er seinem Leiden.

Vier Tage später tagte das Plenum des Zentralkomitees und stimmte dem Vorschlag von Ministerpräsident Tichonow zu, Konstantin Tschernjenko zum Generalsekrätar zu wählen. Für den greisen Breschnew-Vertrauten entschied sich offenbar die altgediente Garde des ZK, die um Privilegien und Pfründe besorgt war und eine Fortsetzung des unsanften Kurses Andropows fürchtete. Mit ihnen stimmten die Provinzfürsten im Politbüro, denen die Säuberungsbefehle der Moskauer Zentrale als Einmischung in ihre regionale Selbstherrlichkeit erschienen war.

Tschernjenko verlegte sich auf eine Beruhigungspolitik, für die er selbst die Formel prägte: »Weiterentwicklung - indem wir uns auf das stützen, was wir früher erreicht haben.« Der KPdSU-Chef, bei der Ausübung seiner Amtsgeschäfte durch eine chronische Lungenerkrankung behindert, erschien am 24. Februar 1985 anläßlich der Wahl der Sowjetparlamente in den Republiken zum letztenmal vor den Fernsehkameras der Öffentlichkeit, als er, begleitet und gestützt vom Vorsitzenden des Moskauer Stadtparteikomitees, Grischin, kaum einer Bewegung mehr fähig, seine Stimme in einem als Wahllokal drapierten Krankenzimmer abgab. Zyniker bezeichneten die makabre Vorstellung später als dramatischsten Fernsehauftritt der Saison: »Konstantin Tschernjenko in ,Der letzte Urnengang'«. Am 10. März erlag der 73jährige seiner Krankheit.

Mit Michail Gorbatschow wurde erstmals in der Sowjetgeschichte das mit Abstand jüngste Mitglied des Politbüros zum Generalsekretär der Partei gewählt; nur vier Stunden nach der Todesmeldung Tschernjenkos unterbrach Radio Moskau die Trauermusik, um die Wahl Gorbatschows zu verkünden. Waren die Neuwahlergebnisse früher erst nach Tagen bekanntgegeben worden, verdrängte der neue Mann diesmal den Verstorbenen auf die zweiten Seiten der Zeitungen. Trotz dieser Umstände, die offenbar demonstrieren sollten, daß nach dem Rückfall in die Ära der Stagnation, die Tschernjenkos Amtszeit bedeutet hatte, nun möglichst rasch ein neuer Anfang gemacht werden sollte, erfolgte die Wahl Gorbatschows im Politbüro nicht einstimmig, sondern »einmütig«: Gorbatschows Rivale Grigorij Romanow hatte Viktor Grischin als neuen Generalsekretär vorgeschlagen; Gorbatschow konnte sich gegen diesen nur aufgrund der Unterstützung von Gromyko und von KGB-Chef Tschebrikow durchsetzen.

Schon bald nach dieser Berufung setzten im gesamten Führungsbereich der Sowjetunion drastische Personalrevirements ein. Mochte es noch als Folge der nach jedem Machtwechsel im Kreml zu beobachtenden Versuche erscheinen, Rivalen zu beseitigen und sich eine sichere Hausmacht zu verschaffen, daß zunächst Romanow seinen ZK-Sekretärsposten und im Dezember auch Viktor Grischin die Position als Moskauer Parteichef verloren, wiesen andere Umbesetzungen auf das Ausmaß der geplanten Veränderungen in Führungsstil und Richtung der KPdSU hin: Der achtzigjährige Ministerpräsident Tichonow wurde durch den 25 Jahre jüngeren Nikolaj Ryshkow ersetzt, der Vorsitzende der Staatlichen Plankommission in Pension geschickt und am 2. Juli 1985 der dienstälteste Außenminister der Welt, Andrej Gromyko, nach achtundzwanzigjähriger Dienstzeit auf das Amt des Staatspräsidenten weggelobt. Seine Funktion übernahm einer der originellsten und reformfreudigsten, dabei aber an Disziplin orientierten Regionalpolitiker der UdSSR, der georgische Parteichef Eduard Schewardnadse. Der mit dieser Berufung verbundene neue Geist wird vielleicht am deutlichsten, wenn man sich vor Augen hält, daß Schewardnadse bereits 1983, noch in seiner alten Funktion, von dem deutliche Einhaltung der Hierarchie und Subordination gewohnten Plenum des ZK der georgischen KP gefordert hatte: »Wie jeder andere Mensch habe ich meine Fehler, und ich möchte, daß die Mitglieder des Zentralkomitees auch auf sie verweisen. Es ist einfach so, daß ich nicht immer alles tun kann, manchmal nicht die nötige Fähigkeit oder Erfahrung besitze. Aber ich möchte auch wissen, wo ich Fehler gemacht habe. Wenn Sie der Meinung sind, daß es möglich ist, das Zentralkomitee zu kritisieren, dann sollten Sie mit dem ersten Sekretär anfangen.«

Allein schon durch seine Persönlichkeit und sein volksnahes Auftreten verkörperte Gorbatschow, der, oft unangekündigt, Krankenhäuser und Betriebe der Leichtindustrie besuchte, dabei spontan das Gespräch mit den Belegschaften suchend, wo seine Vorgänger das von ihnen regierte Volk allenfalls durch die Fenster ihrer Limousinen zu Gesicht bekommen hatten, das Programm der Führungsgeneration zur Erneuerung des Riesenreiches: Liberalisierung nicht nur von Bürokratie und Wirtschaft, sondern des gesamten politischen und gesellschaftlichen Lebens. Ausgerechnet der (von Andropow berufene) Geheimdienstchef Tschebrikow kündigte am 6. November 1985 bei der feierlichen Sitzung am Vorabend des 68. Jahrestages der Oktoberrevolution die »Erweiterung persönlicher Rechte und Freiheiten«, »Raum für direkte und prinzipielle Kritik an Mängeln«, eine »Beschleunigung der sozialökonomischen Entwicklung« und »Glasnost«, Transparenz in der überregionalen und lokalen Führungstätigkeit an.

Diese Bereitschaft zu einer neuen Offenheit zeigte sich schon, als unmittelbar nach dem Machtantritt Gorbatschows die Medien den Hinweis erhielten, daß es künftig weder erforderlich noch wünschenswert sei, jeden Leitartikel mit einem Zitat des Parteichefs zu versehen. In der Folgezeit wurden Gorbatschows internationale Pressekonferenzen - die im Oktober 1985 in Paris gegebene war die erste eines Kreml-Chefs seit 25 Jahren gewesen - im sowjetischen Fernsehen unzensiert, teilweise sogar live übertragen. Kultur und Medien waren die ersten Bereiche, die in geradezu revolutionärer Weise von dem »neuen Geist« erfaßt wurden: Jahrzehntelang in den Archiven verschlossene Spiel- und Dokumentarfilme wurden in Kinos und Fernsehen einer breiten Öffentlichkeit zugänglich gemacht. Bücher, die sich kritisch mit dem Stalinismus auseinandersetzten, erschienen in Auflagen von Hunderttausenden und die Presse emanzipierte sich von ihrer Funktion als bloße Propagandamaschinerie zum Instrument einer kritischen Öffentlichkeit. Die Tageszeitung *Moskauer Nachrichten* vereinbarte und vollzog einen völlig unzensierten Artikelaustausch mit der italienischen *Repubblica*, Journalisten wählten ihre Chefredakteure selbst; im ganzen Land kam es zu einer Flut immer kritischerer Artikel und Leserbriefe. Diese plötzliche Pressefreiheit ging jedoch manchen zu weit; in der DDR wurde mit dem *Sputnik* das Blatt eines »sozialistischen Bruderlandes« verboten, und sogar das Regierungsblatt *Iswestja* mußte durch Zuschriften erfahren, daß die Verbreitung des Blattes durch Provinzfunktionäre heimlich verhindert wurde, weil sie darin angegriffen wurden.

Daß man dennoch vielerorts erst lernen mußte, mit der plötzlichen Liberalisierung der Berichterstattung umzugehen, demonstrierte der Fall des jungen deutschen Sportfliegers Matthias Rust, der am 28. Mai 1987 mit einer Cessna auf dem Roten Platz in Moskau gelandet war: Während sich die amtlichen Stellen tagelang in verlegenem Schweigen wanden und auch danach nur spärliche, ungenaue Auskünfte erteilten, kamen die Redaktionen der Hauptstadt gar nicht auf die Idee, Mitarbeiter zum »Tatort« zu entsenden. Lediglich die *Moskauer Nachrichten* recherchierten vor Ort und konnten Fotos wie Interviews mit Augenzeugen völlig unzensiert und exklusiv drucken.

»Glasnost« griff jedoch nicht nur in den Medien Raum. Bezeichnenderweise legte die neue Kreml-Führung die Eröffnung des XXVII. Parteitages demonstrativ auf den 25. Februar 1986, den 30. Jahrestag der Geheimrede Nikita Chruschtschows über die Verbrechen Stalins. Und auch in einer Rede zum 70. Jahrestag der Oktoberrevolution unterstrich Gorbatschow noch einmal, daß Stalin trotz seiner »unstrittigen Verdienste« mit »Massenrepressalien untilgbare Schuld« auf sich geladen habe. Nach fast vierzigjährigem Schweigen begann in der Sowjetunion der schmerzliche, die gesellschaftliche Identität schwer erschütternde Prozeß der Vergangenheitsbewältigung. Dazu gehörte auch, daß jahrzehntelang verfemte Revolutionäre wie Bucharin oder Trotzkij voll rehabilitiert wurden. Gleichzeitig verringerten die neuen Machthaber ihre Repression gegen Dissidenten; viele wurden auf freien Fuß gesetzt, gegen andere die Überwachungsmaßnahmen gelockert oder eingestellt. Am spektakulärsten war die Aufhebung der Verbannung gegen den Regimekritiker und Nobelpreisträger Andrej Sacharow am 19. Dezember 1986. Von viel größerer Bedeutung waren jedoch die Reformen des politischen Systems. So wurde im Dezember 1988 ein neues Wahlgesetz verabschiedet und ein neues Verfassungsorgan geschaffen, der Rat der Volksdeputierten, dem nicht nur Parteimitglieder, sondern eine breite Schicht anerkannter Repräsentanten der Gesellschaft angehören sollten und der dem Obersten Sowjet vorgeordnet war. Bei den Wahlen zum Kongreß der Volksdeputierten im folgenden Frühjahr bestand erstmals die Möglichkeit der Kandidatenauswahl. Dabei setzten sich größtenteils Vertreter der Reformpolitik durch. Daß in Zukunft nicht mehr am Volk vorbei regiert werden soll, belegt auch die Einführung von Meinungsumfragen in der Sowjetunion.

Die Durchsetzung dieser Maßnahmen bedeutete jedoch nicht, daß Gorbatschow die Demokratievorstellungen des westlichen Liberalismus übernommen hätte. Sein Hauptmotiv ist die Beseitigung der in der sowjetischen Bevölkerung verbreiteten Lethargie, die zu einem Rückzug aus politischer und ökonomischer Initiative ins Private geführt hatte. Die Erfahrung, auf die Entschei-

Freier Markt statt Schwarzmarkt: »Experimentalgeschäfte« dürfen Verkaufspreise unabhängig von den Aufkaufpreisen festsetzen, um ein attraktiveres Angebot schaffen zu können.

dungen des Staats- und Parteiapparates keinerlei Einfluß nehmen zu können, vielmehr durch Kritik möglicherweise Bestrafung zu provozieren, hatte zu einem völligen Desinteresse an Fragen des Gemeinwesens geführt. Hier setzte Gorbatschow an, um vor allem in den wirtschaftlichen Bereich wieder neue Initiative zu bekommen. »Je besser die Menschen informiert sind, desto verantwortungsbewußter handeln sie«, hatte er schon bei seiner Antrittsrede vor dem ZK seinen Standpunkt unterstrichen. Optimale Entscheidungen der Planungs-, Wirtschafts- und Staatsorgane seien »undenkbar ohne sorgfältige Berücksichtigung der gesammelten Erfahrungen, der wissenschaftlichen Empfehlungen und der Gegenüberstellung der verschiedenen Standpunkte, undenkbar ohne weitgehende Publizität in der Arbeit der Leitungsorgane«. Verantwortungsbewußtsein und optimale Entscheidungen sind in der Tat erforderlich, sollen die Forderungen des Ende 1985 im Entwurf veröffentlichten neuen Parteiprogramms realisiert werden: »Verdoppelung des Produktionspotentials bis zum Ende des Jahres 2000« und »technische Rekonstruktion der Volkswirtschaft«. Die Wege, die die neue Führungsgeneration dabei beschreiten will, sind in der Tat revolutionär für die zentralplangewohnte Sowjetgesellschaft: Das Programm forderte die »konsequente Erweiterung der Rechte und Selbständigkeit der wirtschaftlichen Betriebe und Vereinigungen« und hob hervor: »Der Schwerpunkt der gesamten operativen Wirtschaftsarbeit muß vor Ort - in den Arbeitskollektiven - liegen.« Dabei wurde unter dem neuen Mann auch die Gewichtung der einzelnen Industriebereiche verändert. Die alte Bürokratie konnte sich die sowjetische Weltmacht nur auf der Grundlage einer überragenden Schwerindustrie vorstellen. Panzer, Flugzeuge, Kreuzer waren die Insignien des Fortschritts; Konsum- und Verbrauchsgüter mußten dagegen zurückstehen. Gorbatschow strebte die Verbindung von Konsumsteigerung und Verbesserung der Produktivkräfte, die Förderung der Leichtindustrie als Antriebskraft wirtschaftlicher Effektivität und als Rettungsanker an, um die Sowjetbevölkerung aus einem dramatischen technologischen Erfahrungsrückstand ins Zeitalter der Mikroprozessoren befördern zu können. Trotz seines energischen Veränderungswillens konnte Gorbatschows Programm der »Perestrojka« die Schwerkraft des alten Systems nicht überwinden: Eine halbherzige Reform der Eigentumsrechte und begrenzte Zulassung privater unternehmerischer Initiative trieb die Preise in die Höhe ohne die gravierenden Versorgungsprobleme zu beseitigen.

Ein wichtiges Zeichen für das gestiegene Verantwortungsbewußtsein, wie auch eine Entlastung des Gesundheitswesens in der UdSSR - dort war die Lebenserwartung der männlichen Bevölkerung, zum guten Teil wegen häufiger Arbeitsunfälle Betrunkener, aber auch durch direkte alkoholbedingte physische und psychische Schädigungen, von 67 Jahren (1964) auf 62 Jahre (1980) zurückgegangen - stellte die Kampagne gegen den Alkoholismus dar, die Gorbatschow ab Sommer 1985 begann und die ihm den Spitznamen »Mineralsekretär« eingebracht hat. Diese funktionierte über gewaltigen Propagandaaufwand, aber auch durch das Verbot von Alkoholkonsum in Betrieben, Massenbeförderungsmitteln sowie die Beschränkung der Verkaufszeiten für Spirituosen und durch Preiserhöhungen, die bei Wodka und Weinbrand die 30%-Marke überschritten. Ob die von Gorbatschow erhoffte und immer wieder geforderte Disziplin durch diese Maßnahmen zu steigern ist, wird abzuwarten sein. Zumindest gelang damit eine Senkung der Zahl der Schwerverbrechen. Allerdings war die Kampagne bei großen Teilen der sowjetischen Bevölkerung, die ja nicht erst seit Zeiten der sozialistischen Regierung als äußerst trinkfreudig bekannt ist, höchst unpopulär. Überhaupt hat Gorbatschow mit seinem medienwirksamen Auftreten - »Er liest nicht vom Blatt ab, und er nimmt erst recht kein Blatt vor den Mund!«, hatte dies ein Moskauer Bürger umschrieben - zwar Aufbruchsstimmung und Enthusiasmus, aber auch eine gefährliche Erwartungshaltung in der Bevölkerung geweckt, die rasch in Enttäuschung und das Gefühl, betrogen worden zu sein umschlagen kann, wenn sich nicht bald wirkliche Verbesserungen einstellen. Doch wie soll der Führer eines Staates mit weit über 100 Nationalitäten und Sprachen und mit einem in siebzig Jahren fest etablierten direktiven, autoritären System der Gängelung und Bevormundung in kürzester Frist einen angestrebten Modernisierungsprozeß in widerspruchsfreie Regierungspolitik umsetzen können, noch dazu in einem System, in dem alleine die Vokabel »Reform« über Jahrzehnte hinweg aus ideologischen Gründen verpönt gewesen ist? Wenn Jegor Ligatschow, als Chefideologe der KPdSU zweiter Mann im Führungsgremium, in seiner trockeneren Diktion davon spricht, daß die laufenden Experimente für eine erweiterte Selbständigkeit und größere Verantwortung der Betriebe bei der wirtschaftlichen Rechnungsführung »ohne Abstriche vom Sozialprogramm, von der Vollbeschäftigung und vom Interesse an steigendem materiellen Standard« erfolgen sollten, wird erkennbar, welchen Balanceakt die neue Führung zu vollbringen hat - mit den Erfahrungen der sozialen Unruhen in Polen und der sozialen Ungleichheiten durch die ungarischen und jugoslawischen Refor-

Gelingt die »technische Rekonstruktion der Volkswirtschaft«?

Gorbatschow berichtet den verbündeten des Warschauer Paktes vom Washingtoner Gipfeltreffen

men im Nacken, mit dem Widerstand der eigenen Bürokratie und den Versorgungsproblemen an der eigenen Basis vor Augen.

Zur Finanzierung der gewaltigen Umbauvorhaben war in jedem Fall eine Stabilisierung der außenpolitischen Situation und eine Reduzierung der Rüstungsausgaben, die in der UdSSR 11,5% des Bruttosozialprodukts betrugen, erforderlich. So bemühte sich Gorbatschow zunächst um eine wesentliche Besserung des Verhältnisses zu den Vereinigten Staaten, die nach vier Gipfeltreffen schließlich in dem historisch zu nennenden IWF-Vertrag ihren Niederschlag fand, ließ die Rote Armee aus Afghanistan abziehen und bemühte sich um eine Aussöhnung mit der chinesischen Führung. Der Besuch Gorbatschows in Peking im Mai 1989, der allerdings durch das Massaker an den Pekinger Studenten getrübt wurde, war das erste sino-sowjetische Gipfeltreffen nach 30 Jahren. Eine Entspannung zwischen den beiden kommunistischen Riesenreichen würde es Moskau nicht nur ermöglichen, die Truppenpräsenz im Grenzgebiet der beiden Staaten zu reduzieren, sondern könnte auch zur Lösung der Kambodscha-Frage beitragen, die die Sowjetunion jährlich mit mehreren Millionen Dollar an Wirtschafts- und Militärhilfe für die vietnamesischen Besatzer belastet. Auch im Verhältnis zu den EG-Staaten bemühte sich der Kreml-Führer um eine Intensivierung der Bindungen. So verkündete er bei seinem Staatsbesuch in Frankreich 1985 nicht nur die offensichtliche, von der damaligen amerikanischen Führung aber nicht akzeptierte Einsicht, daß Sicherheit im Zeitalter atomarer Massenvernichtungsmittel nicht mehr mit militärischen Mitteln und militärischer Stärke gewährleistet werden könne, sondern äußerte in deutlicher Anspielung auf den innerhalb der EG üblichen Begriff vom »gemeinsamen Haus Europa«: »Wir wohnen in einem Haus, obwohl einige das Haus durch den einen Eingang und andere durch einen anderen Eingang betreten. Wir müssen in diesem Haus zusammenarbeiten«. Sein Konzept scheint darin zu bestehen, die westeuropäischen Staaten zu einer größeren Autonomie gegenüber den Vereinigten Staaten zu ermuntern. Damit will er keinen Keil zwischen die Verbündeten treiben; er hofft offensichtlich, mit den EG-Ländern erfolgreicher über die Lieferung moderner Computer- und Elektrotechnik in die Sowjetunion verhandeln zu können als mit der konservativen amerikanischen Regierung.

Zum Hauptproblem Gorbatschows scheint nicht die Westpolitik zu werden, sondern die Beziehungen zu den bisherigen Staaten des Warschauer Paktes und die Lage in der Sowjetunion selbst. Nach der Abkehr Polens, Ungarns, Rumäniens und der DDR vom bisherigen sozialistischen Wirtschaftsmodell traten ab 1989 separatistische und nationalistische Tendenzen auch innerhalb des eigenen Landes auf. Angesichts der Unruhen in Moldawien, Aserbeidschan und Georgien sah sich Gorbatschow im September zu der Ankündigung gezwungen, einen drohenden Zerfall der Sowjetunion mit allen Mitteln entgegenwirken zu wollen. So verhängte der bislang so liberal auftretende Generalsekretär, der sich Anfang 1990 zum neuen, mit besonderen Vollmachten ausgestatteten Staatspräsidenten hatte wählen lassen, bereits kurz darauf einschneidende Wirtschaftssanktionen gegen die Sowjetrepublik Litauen, die die Unabhängigkeit von Moskau proklamiert hatte.

Die Einheit der Sowjetunion kann in der Tat zur Existenzfrage für Gorbatschow werden. Potentaten, die in früheren Jahrhunderten innenpolitische Reformen im russischen Riesenreich vollzogen, konnten, wie Katharina die Große oder Alexander I., diese einer skeptischen Adelskaste nur durch gleichzeitige Gebietsgewinne für Moskau schmackhaft machen. Gorbatschow hat die durch Stalin gewaltsam errungene Einflußsphäre an den Westgrenzen der Sowjetunion vor den Augen der Funktionärsschicht bereits verloren. Der Verlust sowjetischer Teilrepubliken würde wohl unausweichlich zugleich zum Verlust seiner Ämter führen und die Perestrojka der Sowjetunion um Jahre oder gar Jahrzehnte zurückwerfen.

Probleme der Armen und Ärmsten

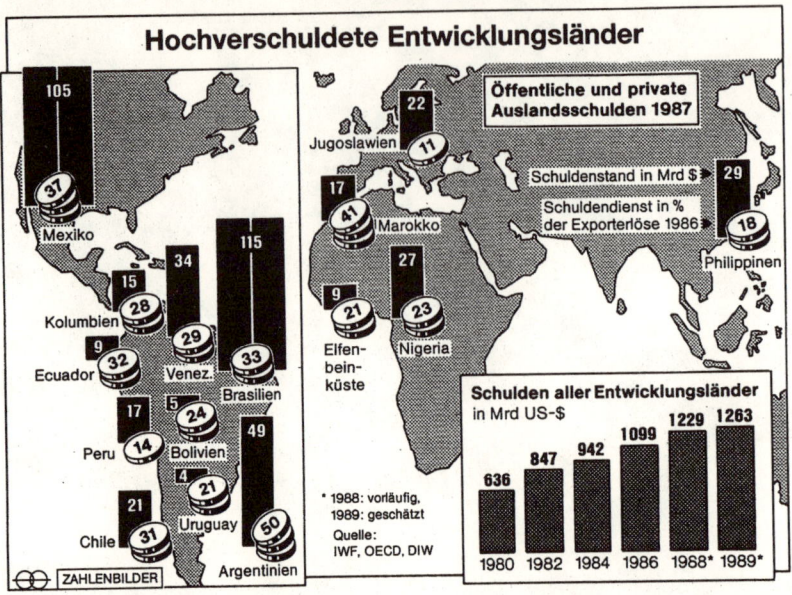

Schuldenkrise der Dritten Welt

Bis Mitte der Achtziger Jahre hatte die Verschuldung der Entwicklungsländer im Ausland einen Stand von über 600 Milliarden US-Dollar erreicht. Eine erste Warnung bezüglich der Konsequenzen dieser Entwicklung, die Verstaatlichung der Privatbanken und die Einführung allgemeiner Devisenkontrollen in Mexico 1982, hatten die Gläubigerländer noch weitgehend ignoriert. Angesichts der Inflationsraten von mehreren Hundert Prozent in einzelnen Ländern und der Einstellung von Zins- und Tilgungszahlungen durch Staaten der Dritten Welt sowie spektakulärer Konkurse von Gläubigerbanken in den USA waren die Industrienationen jedoch bald gezwungen, sich Gedanken über Möglichkeiten zur Bewältigung der internationalen Schuldenkrise zu machen.

Der Ursprung der Schuldenkrise, von der auch einige osteuropäische Länder stark betroffen sind (Polen, Ungarn), reicht weit in die siebziger Jahre zurück. Damals suchten insbesondere die durch den drastischen Anstieg des Rohölpreises auf die internationalen Finanzmärkte geschwemmten »Petro-Dollars« nach neuen Anlagemöglichkeiten außerhalb der stagnierenden europäischen Volkswirtschaften. Die großzügige Kreditvergabe an rohstoffreiche und wachstumsverdächtige Schwellenländer war jedoch nur selten mit einer nationalen Wirtschaftspolitik verbunden, die auf eine konsequente Steigerung der Produktivität, eine strukturelle Anpassung der Wirtschaft an die Bedingungen des Weltmarktes und ein gleichgewichtiges Wachstum gerichtet war. Stattdessen flossen Millionen in unproduktive Bereiche (Rüstung) und sinnlose Prestigeobjekte; große Kapitalsummen wurden zudem von den Wirtschaftseliten dieser Länder wieder reexportiert. Gleichzeitig erschwerten die ständige Verschlechterung der terms of trade (insbesondere für Agrarprodukte) und Handelshemmnisse, mit denen sich die rezessionsgeplagten Länder der Ersten Welt gegen ausländische Konkurrenz abzuschotten versuchten, die Erwirtschaftung der zum Schuldendienst nötigen Devisen.

Viele Entwicklungsländer haben eine externe Schuldenlast in Größenordnungen zwischen 30% und 50% ihres Bruttosozialprodukts akkumuliert, einzelne sogar weit mehr. In Chile waren es 1988 90,3% in Sambia 150,8%. Für Brasilien, wo das Verhältnis der externen Verschuldung zum Bruttosozialprodukt 35,5% beträgt, bedeutete dies, daß das Land zwischen 1986 und 1990 jährlich 9 Milliarden US-Dollar Zinsen sowie 12 Milliarden Dollar Tilgungszahlungen an ausländische Gläubiger hätte abführen müssen. Mit einschneidenden Maßnahmen wurde versucht, die Exporte auszuweiten, die Importe zu senken, um auf diese Weise die Voraussetzungen zur Erfüllung der Zahlungsverpflichtungen zu schaffen. Der Handelsbilanzüberschuß betrug 1985 12,4 Milliarden Dollar. Damit Brasilien aber in den folgenden Jahren seine Außenschuld ganz hätte erfüllen können, wäre es erforderlich gewesen, diesen Exportüberschuß zum nächsten Jahr noch einmal zu verdoppeln. Dabei fehlt, was exportiert wird, im Land selbst, und angesichts scharfer Konkurrenz auf dem Weltmarkt müßten die Erzeugerpreise, folglich auch die Lohnkosten, auf niedrigem Niveau gehalten werden. Weitere Importreduzierungen träfen bald auch lebenswichtige Güter wie Maschinen, Ersatzteile, Nahrungs- und Arzneimittel - das in einem Land, in dem Unternährung und Unterversorgung mit privaten und öffentlichen Dienstleistungen weit verbreitet sind.

In vielen verschuldeten Staaten hat die Investitionsquote in den letzten Jahren stetig abgenommen, da die interne Ersparnis zum guten Teil für den Schuldendienst verwendet werden mußte. Damit vergrößerte sich der Abstand zu den Industrieländern und somit die internationale Wettbewerbsfähigkeit. Für die Entwicklungsländer hat die These vom »positiven Schuldendienst«, die davon ausgeht, daß externe Kredite Produktivität und Wettbewerbsfähigkeit langfristig weit über das zur Schuldentilgung nötige Maß hinaus steigern, keineswegs funktioniert. Das Pro-Kopf-Einkommen ist zwischen 1980 und 1986 in Lateinamerika im Schnitt jährlich um 2,1%, in Afrika südlich der Sahara sogar um 3,4% gesunken.

Wollen die Industrienationen den daraus resultierenden wirtschaftlichen, ökologischen (z.B. Abholzung des Regenwaldes in Brasilien zur Gewinnung von Weideland für zum Export bestimmtes Schlachtvieh) und sozialen Folgen (Landflucht, Slumbildung und, wie Anfang 1989 in Venezuela, Hungerrevolten, aber auch die Herausbildung eines afrikanischen Nationalismus) begegnen, wird der zumindest teilweise Verzicht auf Forderungen unumgänglich sein. Mit der gleichen Selbstverständlichkeit, mit der sich die Industrieländer zu einer »sozialen« Marktwirtschaft bekennen, müßte auch eine »soziale« Weltwirtschaft ordnungspolitisch verankert werden. Dazu bedarf es der Einsicht, daß es nicht nur für die Entwicklungsländer, sondern auch für die Industrienationen besser ist, die Kosten dafür jetzt zu bezahlen, anstatt sie immer weiter vor sich herzuschieben.

Krisenherd Afrika

Auch nach der Einsetzung einer neuen Verfassung, die Mischlingen und Indern bedingte Wahl- und Mitspracherechte zusicherte und im Herbst 1984 in Kraft trat, kam Südafrika nicht zur Ruhe. Die schwarze Bevölkerungsmehrheit, der weiterhin alle Rechte vorenthalten blieben, protestierte und demonstrierte gegen diese Verfassung. Bei Zwischenfällen, die schwersten in Vereeniging, gab es mehr als 30 Tote; besonders rigoros gingen schwarze Polizeieinheiten gegen Demonstranten vor. Im folgenden Jahr verhängte die Regierung Südafrikas ein Verbot aller Film-, Fernseh- und Videoaufzeichnungen, die Unruhen in den Siedlungen der unter Ausnahmezustandsrecht gestellten Schwarzen dokumentierten.

Hunger und Bürgerkrieg zeichnen das Gesicht Äthiopiens

1985 / 1986

Südafrikanische Polizei treibt einen Demonstrationszug auseinander

Im Mai 1986 überschritten südafrikanische Truppen einmal mehr die Grenzen ihres Staates und überfielen Stützpunkte der schwarzen Befreiungsbewegung African National Congress in Botswana, Simbabwe und Sambia. Im Juli traten »Reformgesetze« in Kraft, die die berüchtigten Paßgesetze ablösten, durch die die Bewohner der Homelands in Südafrika zu Ausländern erklärt worden waren. Die Unruhen in und an den Grenzen Südafrikas hielten dennoch an. Am 21. Juli 1986 wurde der Ausnahmezustand auf fast das gesamte Staatsgebiet Südafrikas ausgeweitet. Begründet wurde er mit den anhaltenden blutigen Unruhen, die innerhalb eines Jahres etwa 480 Menschenleben gefordert hatten.

Im Mai 1986 folgten die Commonwealth-Länder Kanada, Australien, Indien, Sambia, Simbabwe und Bahamas einem Aufruf des schwarzen südafrikanischen Bischofs Desmond Tutu und verhängten weitreichende Wirtschaftssanktionen gegen den Apartheid-Staat; Japan stoppte im September die Einfuhr für Eisen und Stahl aus Südafrika und suspendierte die beiderseitigen Landerechte der Fluggesellschaften. Im Oktober schlossen sich auch die USA den wirtschaftlichen Sanktionsmaßnahmen an, ohne daß zunächst wesentliche politische Veränderungen in Südafrika erreicht werden konnten.

In Äthiopien hielten die Kämpfe der seperatistischen Eritreischen Befreiungsfront gegen die von kubanischen Militärberatern unterstützten Truppen der marxistischen Regierung in Addis Abbeba an. Infolgedessen betrug der Rüstungsanteil am Bruttosozialprodukt des krisengeschüttelten Landes zu dieser Zeit über 9% - um ein Drittel mehr als in den USA, ein Dreifaches des in der Bundesrepublik erreichten Wertes. Die Regierungstruppen unterbanden im Folgenden die Lieferung von Hilfsgütern internationaler Organisationen in die umkämpften Gebiete.

Im Februar 1985 kündigte Staatspräsident Haile Mariam angesichts der Hungersnot im Land die Umsiedlung von mehr als 1,5 Millionen Menschen an. Bodenerosion und Kriegsfolgen hatten im Norden des Landes vier Millionen Hektar fruchtbaren Landes in Steinwüsten verwandelt. Verschärft wurde die Situation noch durch die Rück- und Zuwanderung einer halben Million Menschen aus Somalia und dem Sudan, wo die Güterversorgung der Bevölkerung ebenfalls zusammengebrochen war. Im Sudan wurde am 6. April 1985 Staatspräsident Dschaafar el-Numeiri nach Unruhen wegen drastischer Preiserhöhungen in dem ebenfalls vom Bürgerkrieg geschüttelten Land durch die Armee gestürzt, die die Krise jedoch ebensowenig zu bewältigen vermochte.

Angesichts der existenziellen Probleme der Region mögen Aktionen wie die der israelischen Regierung, die Ende 1984 7000 äthiopische Juden durch eine geheimgehaltene Luftbrücke evakuieren ließ, verständlich erscheinen; Elend und Sterben von Millionen Menschen aber könnte nur eine internationale Befriedungs-, Hilfs- und Aufbauaktion verhindern, zu der die Mittel und der politische Wille jedoch nicht vorhanden zu sein scheinen.

Philippinen: Ende der Diktatur des Marcos-Klans

Am 25. Februar 1986 trat der philippinische Staatspräsident Ferdinand Marcos zurück und begab sich nach Hawaii ins Exil. Marcos hatte das Amt seit 1965 innegehabt und mit autoritären Methoden regiert. Statt, wie er angekündigt hatte, die im Lande weit verbreitete Korruption auszumerzen hatte er sich selbst, seine Familie und eine Clique von politischen Anhängern hemmungslos bereichert. Er machte den Weg frei für Corazon Aquino, die Gattin des am 21. August 1983 unter mutmaßlicher Beteiligung regierungsnaher Kräfte ermordeten Oppositionellen Benigno Aquino. Frau Aquino hatte sich bereits vor Marcos' Rücktritt als Staatspräsidentin vereidigen lassen, weil Opposition, Kirche und unabhängige Wahlbeobachter Marcos massiven Betrug bei den Präsidentenwahlen am 7. Februar vorgeworfen und Frau Aquino als eigentliche Wahlsiegerin ermittelt hatten. Bewaffnete Marcos-Anhänger hatten überall im Land Wähler gezwungen, für den Diktator zu stimmen und dabei mindestens fünfzig Regimegegner umgebracht.

Corazon Aquino hatte zunächst mit der Gegnerschaft in Amt und Würden belassener Anhänger der alten Regierung in Verwaltung und Militär zu kämpfen. So entließ sie am 23. November 1986 den langjährigen Verteidigungsminister Juan Ponce Enrile nach anhaltenden Gerüchten über einen bevorstehenden Militärputsch. Dennoch kommt es im darauffolgenden Jahr zweimal, im Januar und im August, zu Putschversuchen, die jedoch niedergeschlagen werden.

Am 2. Februar 1987 fand ein von Frau Aquino initiiertes Referendum über die neue Verfassung der Philippinen statt. Diese wurde mit 76% der Wählerstimmen angenommen und trat am 11. Februar in Kraft. Nach den Wahlen am 11. Mai desselben Jahres, bei denen die Anhänger Frau Aquinos einen überwältigenden Erfolg errangen, erhob die Opposition nun gegen sie selbst den Vorwurf des Wahlbetruges; der Antrag, die Wahlen zu annullieren, wurde aber vom Obersten Gerichtshof zurückgewiesen.

Trotz ihres politischen Stehvermögens gelang es Corazon Aquino nicht, der wirtschaftlichen Probleme des Landes und linker sowie moslemischer Rebellengruppen im Süden des Landes Herr zu werden. Halten konnte sie sich vor allem aufgrund der wirtschaftlichen Unterstützung der USA für ihre Regierung. Eine Rückkehr Ferdinand Marcos', der nach wie vor über eine stille Anhängerschaft verfügte, wurde erst durch dessen Tod am 28. September 1989 auf Hawaii endgültig ausgeschlossen.

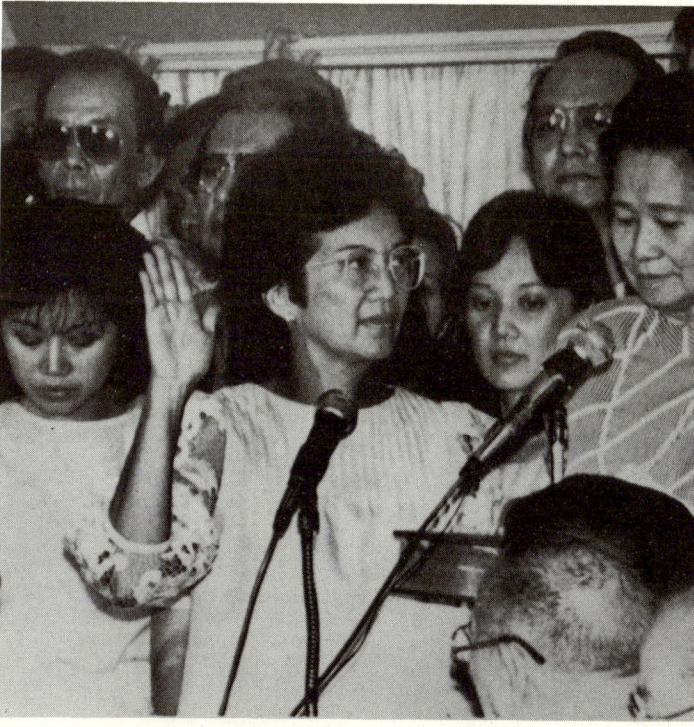
Corazon Aquino bei ihrer Vereidigung als Präsidentin der Phillipinen

Naturbeherrschung – Naturzerstörung

Am 28. April 1986 verlangte das schwedische Außenministerium von der Sowjetunion Aufklärung über die Ursache stark erhöhter Werte radioaktiver Strahlung, die schwedische Wissenschaftler festgestellt hatten. Die Antwort löste in aller Welt Entsetzen aus: In einem Atomkraftwerk nahe der ukrainischen Stadt Tschernobyl war es zu einem Brand gekommen, in dessen Folge der Reaktorkern zu schmelzen begann. Der von der Sowjetunion als »Havarie« bezeichnete Unfall entpuppte sich als Super-GAU. Über 100 000 Menschen, die im Umkreis von 30 Kilometern um den Reaktor lebten, mußten evakuiert werden; die sowjetische Regierung, die von örtlichen Stellen zunächst in beschönigender Weise über das Ausmaß des Unglücks unterrichtet worden war, bat am 29. April im Westen um Unterstützung, um die Katastrophe unter Kontrolle zu bringen. Während russische Feuerwehrleute, verstärkt durch Armee-Einheiten, den Brand bekämpften und schließlich den Reaktorkern in einem Betonsockel einzuhüllen vermochten, kümmerten sich westliche, vor allem amerikanische Ärzte um die Strahlenopfer.

Inzwischen hatten Wolken und Wind aus dem Reaktor ausgetretenes Jod, Strontium, Cäsium und andere radioaktive Substanzen über ganz Europa getragen. Das von der EG am 13. Mai 1986 ausgesprochene Importverbot für Nahrungsmittel aus sieben osteuropäischen Staaten erwies sich rasch als sinnlos: bis in den tiefen Südwesten Europas hinein wurden überall extrem erhöhte Strahlenwerte in der Luft und auf den Böden festgestellt. Eine Ausnahme bildete lediglich Frankreich; die der Atomenergie gegenüber äußerst wohlwollend eingestellte Regierung hatte kurzerhand auf jegliche Messungen verzichtet. Aber auch in anderen Ländern waren die Informationen der staatlichen Stellen oft nur vorsichtig und ungenau veröffentlicht worden. In der Bundesrepublik, die in den Tagen nach dem Reaktorunfall frühsommerliche Temperaturen erlebte, erhob sich Kritik, weil nicht vor dem Liegen auf Wiesen und Kieselstränden, auf denen sich die radioaktiven Elemente in Bodennähe besonders konzentrierten, gewarnt worden war. Noch größere Sorgen bereitete der Bevölkerung jedoch die Verseuchung der Nahrungsmittel. Auf den Verzehr von Wild und Weidevieh mußte man wochenlang verzichten, auf den von Waldpilzen, die aufgrund ihrer Beschaffenheit eine besondere Aufnahmefähigkeit für die radioaktiven Stoffe aufwiesen, noch nach Jahren, wollte man sich nicht bewußt schädigen. Die Milcherträge mehrerer Tage konnten nicht in den Verkauf gelangen, sondern wurden zu Molkepulver umgearbeitet, das auf Giftmülldeponien endgelagert werden mußte. Für diesen Verlust und für den einer kompletten Heuernte, die wegen des Verstrahlungsgrades nicht verfüttert werden konnte, wurden die Landwirte später aus öffentlichen Mitteln entschädigt, die dauerhafte Umweltbelastung aber war irreversibel.

Am drastischsten zeigten sich die möglichen Folgen in der Sowjetunion. Bei der Katastrophe waren 31 Menschen zu Tode gekommen und mehrere Hundert mit Strahlenschäden in Krankenhäuser eingeliefert worden. Unklar und noch beunruhigender bleibt die Frage nach Langzeitfolgen und Spätschäden nicht nur der Betroffenen, sondern auch kommender Generationen. 1989 berichtete die Zeitung *Moscow News*, daß sich die Zahl der Krebserkrankungen in den damals nicht evakuierten Gebieten verdoppelt habe, und 1990 berichtete ein sowjetischer Wissenschaftler in München, daß sich die Zahl der Leukämieerkrankungen von Kindern in der betroffenen Region um 300% gesteigert habe.

Die Reaktorkatastrophe von Tschernobyl machte in erschreckender Weise augenfällig, worüber sich Wissenschaftler und Umweltschützer schon Jahre zuvor im klaren gewesen sind: Die Gefährdung der natürlichen Lebensgrundlagen des Menschen läßt keine Nischen, die Umweltzerstörung als Folge von Übertechnisierung und Übervölkerung hat längst globale Folgen. Waren bei den Unfällen in Bhopal, wo 1984 infolge eines Lecks in einem Tank des amerikanischen Chemiekonzerns Union Carbide giftige Gase austraten, die mindestens 3100 Menschen töteten, bei zahllosen weiteren Lungenverätzungen und Erblindung hervorriefen, und bei dem Brand auf dem Gelände der Schweizer Chemiefirma Sandoz, der den Tod hunderttausender Fische und die

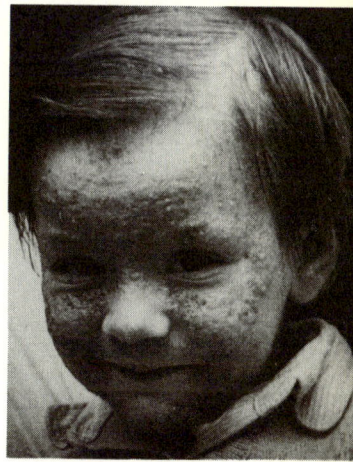

Unseren Kindern gehört die Erde! Die Verantwortung für die Lebensbedingungen der Umwelt tragen wir. Die Zeit drängt: Wie schnell aus einem gesunden Wald eine kahle Bergkuppe wurde, zeigen die beiden Aufnahmen gegenüber: im Harz 1972 und 1983 aufgenommen

Der defekte Reaktor von Tschernobyl wird in einen Betonsockel gehüllt

dauerhafte Vergiftung des nahegelegenen Rheins zur Folge hatte, noch konkrete Verursacher ausfindig und haftbar zu machen, haben andere, die gesamte Menschheit bedrohende Umweltschäden eine Vielzahl von Urhebern. 1988 stellte die NASA anhand wissenschaftlicher Daten fest, daß in diesem Jahrhundert weltweit ein Temperaturanstieg stattgefunden hat; die extremsten Veränderungen, die in diesem Jahrzehnt zu beobachten sind, werden auf den sogenannten »Treibhauseffekt«, der vor allem Folge von CO_2-Emissionen ist, zurückgeführt. Zugleich wurde bekanntgegeben, die Ozonschicht habe sich nicht nur über den Polkappen verdünnt, der Prozeß sei weltweit zu beobachten. Inzwischen beweisen Computerdaten, daß das damals noch unentdeckte Ozonloch 1984 größer war als die Vereinigten Staaten und höher als der Mount Everest.

Nahmen vor allem die Bewohner des nördlichen Europa und anderer, wenig sonnenverwöhnter Regionen diese Feststellungen zunächst mit einem Achselzucken und spaßhaften Bemerkungen hin, etwas mehr und etwas längere Sommer könnten doch nicht schaden, machten Umweltexperten und Klimaforscher bald nachdrücklich auf die ungeheuren Konsequenzen aufmerksam, die sich aus diesen Faktoren ergeben können: In dem Maße, in dem sich Ozon in der oberen Atmosphäre abbaut, erhält die Erde mehr ultraviolette Strahlung. Diese fördert die Entstehung von Hautkrebs und Grauem Star und schwächt ganz allgemein das menschliche Immunsystem. In den USA hat die Zahl der an Melanom-Krebs Erkrankten im Zeitraum von 1981 bis 1988 um 83% zugenommen. Geschädigt wird jedoch nicht nur die Gesundheit des Menschen, auch schlechtere Ernten (als besonders anfällig haben sich beispielsweise die eiweißreichen Sojabohnen erwiesen), Einbußen in der Hochseefischerei, Materialschäden (insbesondere an synthetischen Stoffen) und mehr Smog sind der höheren Strahlenbelastung zuzuschreiben. Die Schädigung der Ozonschicht geht primär auf das Aufsteigen von Fluorchlorkohlenwasserstoffen in die Atmosphäre zurück. Diese FCKW-Stoffe werden vor allem zum Aufschäumen von Isoliermaterial und Verpackungen, in Spraydosen und für Kühlsysteme verwendet. Nachdem man sich ihrer Gefährlichkeit klargeworden war, haben seit September 1987 34 Staaten ein internationales Protokoll unterschrieben, das zum Ziel hat, die FCKW-Emissionen bis 1998 zu halbieren und die Halonenemissionen auf den Werten von 1986 einzufrieren. (Halone, die vor allem als Feuerlöschsubstanz verwendet werden, enthalten Brom, das noch wirksamer als Chlor Ozon zerstören kann.) Diese Zeiträume erscheinen allerdings gefährlich großzügig, bedenkt man, daß die Gase, die in die unteren Atmosphäreschichten aufsteigen, sechs bis acht Jahre benötigen, um die Stratosphäre zu erreichen. Die 1985 festgestellten Schäden sind also noch auf die Emissionen, die Ende der siebziger Jahre frei wurden, zurückzuführen, der FCKW-Verbrauch ist seither stetig weiter gestiegen. Das ganze Ausmaß der Konsequenzen wird sich erst zu Beginn des nächsten Jahrtausends erweisen.

Vermutlich noch gefährlicher als die Schädigung der Ozonschicht ist die globale Klimaveränderung. Für den Zeitraum 2030 bis 2050 wird ein durchschnittlicher Temperaturanstieg von günstigstenfalls 1,5, schlimmstenfalls aber bis zu 4,5 Grad Celsius angenommen. Eine Vorahnung möglicher Konsequenzen bekamen Teile der Weltbevölkerung schon 1988: Extreme Hitze- und Dürreperioden plagten China, die USA und Griechenland. Sie hatten zur Folge, daß die Vereinigten Staaten, sonst Hauptexporteur von Getreide, von dem mehr als 100 Länder der Welt abhängig sind, erstmals in ihrer Geschichte selbst Getreide importieren mußten. Zudem droht ein Abschmelzen der Polkappen, das den Wasserstand der Weltmeere ansteigen ließe. Davor warnte der Bericht des »Worldwatch Institute« für 1989: »Im Zusammenwirken des höheren Meeresspiegels mit dem wärmeren Klima werden die tropischen Stürme häufiger und ihre Folgen schwerwiegender; sie werden mehr Menschenleben fordern, und die Küstenregionen werden immer weniger bewohnbar.« Langfristig könnte sich die gesamte Weltkarte verändern; Belgien und Holland, aber auch norddeutsche Küstenstädte sind von der dauerhaften Überflutung bedroht. Wie konkret diese Gefahr ist, begann auch die breite Bevölkerung zu ahnen, als im Winter 1989 auf 1990 Orkane mehrfach über Europa hinwegzogen, in Großbritannien über ein Dutzend Menschen ums Leben kam und Teile Hamburgs unter Wasser standen.

CO_2-Stoffe, die den »Treibhauseffekt« herbeiführen, werden vor allem in den Industrieländern freigesetzt. Dort wird ein wesentlicher Teil der 400 Millionen Autos gefahren, die jährlich 547 Millionen Tonnen Kohlendioxyd in die Atmosphäre blasen (in China und Indien leben beispielsweise 38% der Weltbevölkerung, die sich aber nur knapp ein halbes Prozent des Pkw-Bestandes teilen). Dort konzentrieren sich auch die Kraftwerke und Produktionsanlagen, deren Schadstoffemissionen die des weltweiten Automobilverkehrs noch um ein Vielfaches übersteigen. Und der tropische Regenwald, die »grüne Lunge«, die auf dem Weg der Photosynthese Kohlendioxyd absorbiert, fällt der Abholzung anheim. 20 Millionen Quadratkilometer war der Regenwald der Erde groß. Der Mensch brauchte nur ein Jahrhundert, dann war diese gewaltige Fläche auf die Hälfte reduziert. Und das Tempo, mit dem dieses Ökosystem zerstört wird, steigert sich noch. Im Jahr 1987 wurden acht Millionen Hektar Urwald allein im brasilianischen Amazonasgebiet zerstört, was der Gesamtfläche von Österreich entspricht.

Das dabei gewonnene Weideland kann jedoch oft nur für wenige Jahre genutzt werden. Die meisten Nährstoffe für die tropischen Regenwälder sind an diese Vegetation gebunden, so daß sie bei Rodungen mit entfernt werden. Die Entwaldung beschleunigt die Bodenerosion und senkt die Speicherkapazität der Böden; zudem wird das Weideland häufig zu intensiv genutzt. Auf die Folgen verweist eine Untersuchung, die ihm Rahmen des UN-Umweltprogramms durchgeführt wurde: Danach sind 35% der Landflächen auf der Erde von Verödung bedroht. Sollte sich diese Entwicklung fortsetzen, werden sich die Hungerregionen global ausbreiten.

Neben den langfristigen Gefahren für Klima und Weideland hat die Entwaldung aber auch Konsequenzen, die heute bereits sichtbar sind: Der Erdrutsch, der 1987 im Veltlin drei Dörfer verschüttete, war auf Waldschäden zurückzuführen, die infolge von Luftverschmutzung und der Abholzung zugunsten des Skipistenbaus auftraten. An den kahlen Hängen strömten Wasser und Erdmassen ungebremst zu Tal; ohne das Wurzelwerk der Bäume hatten die Berghänge keinen Halt mehr. Auch die katastrophalen Überschwemmungen in Bangla Desh, die 1988 1200 Menschen töteten und 25 Millionen obdachlos machten, waren nicht nur in extremen Monsun-Niederschlägen, sondern ebenso in den über Jahre hinweg vorgenommenen Abholzungen im Himalaja-Gebirge begründet. Diese hatten dazu geführt, daß der Boden keine großen Niederschlagsmengen mehr aufnehmen konnte und das Oberflächenwasser ein Ansteigen der Flußwasserstände bewirkte. Die Hälfte der Fläche Bangla Deshs liegt auf einer Höhe von weniger als fünf Metern über dem Meeresspiegel. Steigt dieser an, wie es infolge des Treibhauseffektes bereits jetzt zu beobachten ist, droht der Verlust von mehr als 10% der Gesamtfläche des Landes. Wissenschaftler befürchten, daß die Landverluste bis ins Jahr 2050 so zugenommen haben werden, daß mehr als 15 Millionen Menschen ihre Heimatregion verlassen müssen. Damit würde die Zahl der Umweltflüchtlinge, die schon heute unter den Vertriebenen den größten Teil stellen, in einem unbewältigbaren Maße ansteigen (allein nach der Giftgas-Katastrophe von Bhopal flohen 250 000 Menschen, Addis Abeba meldete 1988, daß mehr als eine Million Menschen das äthiopische Hochland wegen des dort herrschenden Hungers verließen; die Liste läßt sich lange fortsetzen).

Ölpest vor Alaska: Dieser Vogel geriet in den riesigen Ölteppich, der der leckgeschlagenen »Exxon Valdes« entströmt

Ein eher regionales, wenn auch deprimierend augenfälliges Problem war, verglichen mit den Gefahren, die eine endgültige Zerstörung der tropischen Vegetation nach sich ziehen würde, das Waldsterben, das Anfang der achtziger Jahre vor allem in der Bundesrepublik die Bevölkerung beunruhigte. Schwefeldioxidemissionen aus Industrieanlagen, Kraftwerken und Autoabgasen ließen sogenannten »sauren Regen« entstehen, durch den bis 1983 mehr als ein Drittel des Nadelbaumbestandes erkrankte oder abstarb. Die Gehölze im Spessart, Schwarzwald und Bayerischem Wald, im Mittelgebirge und im Harz, bis dahin bevorzugte Naherholungs- und Urlaubsgebiete, wurden teilweise trostloses Ödland. War dieses traurige Szenario auch vielerorts nicht mehr korrigierbar, gelang es doch, durch die Einführung des Katalysators und bleifreien Benzins und durch den Einbau wirksamer Filteranlagen bei Kraftwerken, die Schadensausbreitung bis zur Mitte des Jahrzehnts zu stoppen. Die Waldschadenserhebung des Bundeslandwirtschaftsministeriums stellte 1988 eine Stabilisierung auf allerdings hohem Schädigungsniveau (52% der Waldfläche) fest. Als erfreulich wurde vor allem die Regeneration vieler mittelstark geschädigter Bäume bezeichnet.

Mag auch der Anblick düsterer Baumskelette, mit dem Wanderer und Forstarbeiter sich weiterhin konfrontiert sehen, nicht eben erhebend wirken, zeigt der Stillstand der Schadensausbreitung doch, daß es möglich ist, Umweltproblemen durch angemessene technische Umstellungen zu begegnen. Forschung und Entwicklung werden in den kommenden Jahren immer stärker genötigt sein, umweltfreundlich zu produzieren, aber auch, Verfahren und Materialien anzubieten, die der Bekämpfung der Folgen einer zu lange unkontrollierten Technologisierung dienen. Daß moderne Hochtechnologie und Ökologie einander nicht unvereinbar gegenüberstehen müssen, daß sie einander ergänzen und unterstützen können, zeigt nicht nur das obige Beispiel: Das Ausmaß der Zerstörung des tropischen Regenwaldes, dessen Bekanntwerden zu, wenn auch noch zögerlichen Initiativen geführt hat, ließ sich erst anhand von Satellitenaufnahmen abschätzen; die Einsicht in die Gefährlichkeit von FCKW-Stoffen setzte sich erst durch, als Experten anhand von Computerdaten das Ausmaß der atmosphärischen Schädigungen dokumentieren konnten. Aber nicht nur in der Forschung, auch in der praktischen Umsetzung kann auf moderne Technik nicht verzichtet werden. So funktionieren die Solarzellen eines Sonnenkraftwerkes in Südkalifornien computergesteuert (Sonnenenergie ist eine umweltverträgliche Alternative zu emissionslastigen herkömmlichen Heizkraftwerken ebenso wie zu Atomkraftwerken). Die Phase, in der sich die Menschheit der Gefahren der Zerstörung ihrer natürlichen Lebensgrundlagen bewußt zu werden begann, war zugleich die, in der die technologische Revolution noch einmal einen großen Sprung machte und das Alltagsleben der Bewohner der westlichen Welt sichtbar veränderte. Heimcomputer standen mit einem Mal in den Wohnzimmern, Kinder spielten mit »Joysticks« an Bildschirmen, wo sie noch zehn Jahre zuvor die Griffe von Tischfußballspielen in der Hand gehabt haben mochten und lernten an den Gymnasien die Grundbegriffe der Programmiersprachen noch vor denen der ersten Fremdsprache. Auch die Arbeitswelt veränderte sich radikal; Maschinen und Computer ersetzten die Hand- und Kopfarbeit zahlloser Menschen und führten in zahlreichen Staaten gerade der industrialisierten Welt zu Massenarbeitslosigkeit.

Selbst die existentiellen Grundlagen biologischen Lebens blieben nicht von Forschung und Manipulationen der Wissenschaft verschont. Bereits im Juli 1978 war das erste »Retortenbaby« zur Welt gekommen; seine Zeugung war durch künstliche Befruchtung außerhalb des menschlichen Körpers vollzogen worden. In der Folgezeit kam es wiederholt zu problematischen juristischen Auseinandersetzungen, als »Leihmütter«, die befruchtete Eizellen gebärunfähiger Frauen eingepflanzt bekommen hatten - wofür sie üblicherweise bezahlt wurden -, die Kinder, die sie ausgetragen hatten, nach der Geburt nicht an die Eltern abtreten wollten. Noch bedenklicher erwies sich jedoch die Genforschung, die eine Manipulation der Erbinformationen biologischer Organismen ermöglicht. So kann z.B. Körperzellen der Kern, der die gesamte genetische Information enthält, entnommen und in entkernte Eizellen gepflanzt werden. Dadurch entstehen völlig identische Doppelgänger, sogenannte »Klone«. Dieses Verfahren, das bislang in der Forschung nur an Fröschen erprobt wurde, läßt sich relativ mühelos auch auf Menschen übertragen. Aber auch an den genetischen Informationen innerhalb des Kernes wurde experimentiert. So entstanden etwa Riesenmäuse, als Forscher Mäuse mit dem Gen von Ratten manipulierten, das für die Entstehung des Wachstumshormones verantwortlich ist. Auf diese Art ließe sich beim Menschen bereits kurz nach der Zeugung etwa Geschlecht, Größe, sogar die Augenfarbe künstlich vorprogrammieren.

Bedenklich erscheint auch, daß die Forschung, anstelle sich vollständig auf den Erhalt der Erde als natürlichen Lebensraum der Menschheit zu konzentrieren, massive Energien in die Erschließung des Weltraumes setzt. Die Vereinigten Staaten testeten den Einsatz wiederverwertbarer Raumfähren, die langfristig den Aufbau und die Versorgung dauerhaft bewohnter Stationen im All sichern sollten - und ließen sich dabei auch durch die Explosion der Raumfähre »Challenger«, die im Januar 1986 die gesamte siebenköpfige Besatzung das Leben kostete, nur kurzfristig davon abbringen. Die Sowjetunion erprobte in Langzeittests ihrer Kosmonauten die Fähigkeiten des menschlichen Organismus, den Bedingungen des Lebens tausende Kilometer von ihrem Heimatplaneten entfernt standzuhalten. Währenddessen gab US-Präsident Reagan das SDI-Programm in Auftrag, das sein Land durch ein System im Weltraum stationierter Aufklärungs- und Waffenträgersatelliten, die eventuell an-

Orkanschäden in Bayern 1990

David gegen Goliath: »Greenpeace«-Aktivisten versuchen, einen amerikanischen Flugzeugträger zu stoppen, der Atomwaffen an Bord hat, zu stoppen

greifende Raketen frühzeitig erkennen und durch Laserstrahlen zerstören könnten, unangreifbar machen sollte. Ob aber angesichts der drohenden ökologischen Katastrophe und des millionenfachen Hungers auf der Welt Science-Fiction- Spiele das geeignete Programm darstellen, wird zu bezweifeln sein.

Vordringlich sind wohl die Aufgaben, die der schon erwähnte »Worldwatch Institute« Report zusammenfaßt: Die Entwicklung von Energiestrategien, deren oberstes Ziel die Bewahrung des Klimas ist; die Ausweitung der Waldflächen, um die grundlegenden wirtschaftlichen und ökologischen Bedürfnisse der Dritten Welt zu decken und die weltweite Erwärmung zu bremsen; die Deckung des Nahrungsmittelbedarfs, um einer sinkenden Pro-Kopf-Produktion von Getreide zu begegnen; das Bremsen des Bevölkerungswachstums, das in vielen Gegenden der Welt schon Ausmaße angenommen hat, die die dortigen Lebensverhältnisse in ihrer Substanz bedrohen. Dazu ist unter anderem die Verringerung der Schulden der Dritten Welt (Brasilien wird beispielsweise die Abholzung der Regenwälder nicht einstellen, solange Weideland für exportbestimmtes Vieh benötigt wird) und die Entmilitarisierung der Weltwirtschaft erforderlich. Dazu ist die Entwicklung und der Einsatz neuer Technologien unerläßlich, die die Schädigung der Umwelt durch Produkte der Konsumgesellschaft gering halten, vielleicht aber auch der völlige Verzicht auf einige dieser Produkte: Solange beispielsweise die Anzahl der weltweit produzierten Automobile weiter steigt, kann auch der Einsatz von Katalysatoren nicht mehr als Schadensbegrenzung sein. Das Problem dabei besteht zum einen darin, daß ökologische und wirtschaftliche Interessen einander oft entgegenlaufen - so ist nach Schätzungen jeder sechste Arbeitsplatz in der Bundesrepublik von der Autoindustrie abhängig; die Umweltpolitik wird oft von den Eigeninteressen einzelner Gruppen, Branchen, Organisationen oder Verbände bestimmt, die umweltschädigende Enwicklungen weiter fördern oder mögliche Gegenstrategien wirksam behindern. Zum anderen besteht das Problem auch in der wachsenden Komplexität technologischer und ökologischer Zusammenhänge, der die politisch Verantwortlichen oft nicht mehr gewachsen sind. So legte das Battelle-Institut dem Forschungsausschuß des Deutschen Bundestages im Frühjahr 1989 eine Studie zur Einbeziehung des Parlaments in technologiepolitische Entscheidungsprozesse vor. Darin wurden als »Ursachen der Preisgabe der parlamentarischen Kontrollfunktion in diesem Bereich«, - eine wahrlich herbe Kritik am Fraktionsdruck - Arbeitsüberlastung und vor allem Kompetenzdefizite angeführt.

Angesichts dieser Situation obliegt es vor allem der Initiative engagierter Forscher und verantwortungsbewußter Organisationen, aber auch Einzelner, eine Entwicklung zu stoppen, die innerhalb kürzester Zeit das über Jahrmillionen gewachsene Antlitz der Erde bis zur Unkenntlichkeit zerstören kann. Die Zeit drängt, worauf der amerikanische Wissenschaftler Thomas E. Lovejoy in einem Vortrag an der University of California 1988 trocken und bündig hinwies: »Ich bin zutiefst davon überzeugt, daß die meisten Kämpfe um die Erhaltung der Umwelt in den neunziger Jahren entweder gewonnen oder verloren werden. Im nächsten Jahrtausend wird es zu spät sein.« Er steht mit dieser Auffassung nicht allein.

Globale Entspannung, regionale Gewalt

Lachend lassen sie Raketen verschrotten: Gorbatschow und Reagan in Washington

Entspannung im Verhältnis der Supermächte

Das Jahr 1987 brachte eine wesentliche Verbesserung im Verhältnis der USA zu der Sowjetunion. Hatten Intensität und Breite des Dialogs schon im Vorfeld mit Gipfeltreffen zwischen dem Präsidenten der Vereinigten Staaten und dem Generalsekretär der KPdSU zugenommen (Genf, November 1985 und Rejkavik, Oktober 1986; es folgten die Begegnungen in Washington im Dezember 1987 und Moskau Anfang Juni 1988) verbesserten sich die allgemeinen bilateralen Beziehungen zwischen den USA und der Sowjetunion ebenso wie die Beziehungen zwischen den NATO- und Warschauer-Pakt-Staaten in diesem Jahr außerordentlich. Auch die Gespräche über die Begrenzung von Atomwaffentests wurden im November 1987 nach siebenjähriger Unterbrechung wieder aufgenommen.

Ursachen waren das Drängen der Westeuropäer in den frühen achtziger Jahren unter dem Eindruck der Friedensbewegung, die interne Entwicklung in den USA, wo im November 1987 Verteidigungsminister Weinberger, Verfechter eines harten antikommunistischen Kurses zurückgetreten und infolge des Aufrüstungsprogramms eine massive Steigerung der Staatsverschuldung zu beobachten gewesen war, sowie vor allem die innenpolitische Liberalisierung und der Abzug sowjetischer Truppen aus Afghanistan nach der Machtübernahme Gorbatschows.

Den entscheidenden Schritt zu einer wirklichen Entspannung brachte die Unterzeichnung des INF-Vertrages am 8. Dezember 1987 in Washington. Dieses Abkommen sieht die Beseitigung aller landgestützten amerikanischen und sowjetischen Mittelstreckenraketen in Europa vor; vereinbart wurde dabei auch eine Überprüfung der Vernichtung von Flugkörpersystemen durch Inspektoren an Ort und Stelle. Damit hat die Sowjetunion sich zum ersten Mal zu asymmetrischen quantitativen Rüstungsbeschränkungen bereit erklärt; die UdSSR mußte fast doppelt so viele Nuklearwaffenträger und mehr als dreimal so viele Sprengköpfe außer Dienst stellen wie der Westen. Der INF-Vertrag vollzog zum ersten Mal nach dem Zweiten Weltkrieg den bedeutenden Schritt von der Rüstungskontrolle, also der Aufrüstung nach vereinbarten Obergrenzen, zur realen Abrüstung. Das Abkommen, das beim Besuch Ronald Reagans in Moskau im Juni 1988 durch den Austausch der Ratifizierungsurkunden in Kraft gesetzt wurde, nimmt vor allem den Europäern einen wesentlichen Teil der Furcht vor einem möglichen Atomwaffenkrieg.

Die Europäische Gemeinschaft rückt zusammen

Am 27. und 28. Juni 1988 tagten in Hannover die Staats- bzw. Regierungschefs der Europäischen Gemeinschaft. Die Bedeutung des Treffens lag vor allem darin, daß sich die Länder der Gemeinschaft (zu denen seit Anfang 1986 auch Portugal und Spanien gehören) über einen konkreten Fahrplan für die 1986 in Luxemburg vereinbarte Errichtung eines einheitlichen Binnenmarktes verständigten. Demnach sollen durch den Abbau von Handelshemmnissen, die Schaffung eines einheitlichen Außenzolls und eine Harmonisierung der Steuer- und Wirtschaftsgesetzgebung bis 1992 die Voraussetzungen für einen freien Waren- und Dienstleistungs-, Personen- und Kapitalverkehr geschaffen werden. Zu den angestrebten Zielen gehörten auch ein weiterer Ausbau des europäischen Währungssystems (EWS) und eine engere währungspolitische Zusammenarbeit, die langfristig zur Schaffung einer einheitlichen Währung (bereits 1979 wurde der ECU als europäische Rechnungseinheit eingeführt) und einer gemeinsamen europäischen Zentralbank hinführen sollen.

Die beschlossene Errichtung eines europäischen Binnenmarktes bis 1992 gibt nicht nur der wirtschaftlichen Entwicklung Europas wesentliche neue Impulse, sondern markiert auch eine wichtige Etappe auf dem Weg hin zu einer politischen Einigung Europas. Daß der Wille zu einer solchen Einigung in den Mitgliedsländern sehr unterschiedlich ausgeprägt ist, zeigen insbesondere die Vorbehalte Großbritanniens gegenüber dem EWS und der Einrichtung einer europäischen Zentralbank, durch die der Regierung wichtige wirtschaftspolitische Kompetenzen (Geldpolitik) entzogen und EG-Organen übertragen würden. Weitgehend ungeklärt sind die sozialen Folgen des Binnenmarktes. So haben insbesondere die Gewerkschaften der Bundesrepublik die parallele Verabschiedung einer europäischen Sozialcharta gefordert, durch die in den fortgeschrittenen Mitgliedsländern bestehenden Mitbestimmungs- und sozialen Schutzvorschriften festgeschrieben bzw. vor einer »Vereinheitlichung nach unten« bewahrt werden sollen.

Friede in Zentralamerika?

Im Januar 1987 traten in Mexico City die Außenminister der »Contadora-Gruppe« (Kolumbien, Mexico, Panama und Venezuela) sowie der »Unterstützungsländer« (Argentinien, Brasilien, Peru, Uruguay) zusammen. In einem Kommuniqué forderten die Minister »die direkt oder indirekt in den zentralamerikanischen Konflikt verwickelten Parteien« auf, »sich der Gewaltanwendung und jeder Handlung, die den Prozeß von Friedensverhandlungen erschweren könnte, zu enthalten«. Seine letztendliche Ursache hatte dieser »zentralamerikanische Konflikt« in dem 1979 errungenen Sieg der sandinistischen Befreiungsfront Nicaraguas über den Diktator Somoza. Gegen die Sandinisten, die in Nicaragua eine politisch unabhängige soziali-

EG-Gipfel Juni 1988: Vor der Kulisse von Schloß Fontainebleau sind die 10 Regierungschefs der EG und ihre Außenminister versammelt.

1987 / 1988

Die Präsidenten von Honduras, El Salvador, Costa Rica, Guatemala und Nicaragua

stische Reform von Wirtschaft und Gesellschaft anstrebten, formierten sich Contra-Verbände, die, massiv unterstützt von den USA, vor allem von Honduras aus operierten. Gleichzeitig beförderte die sandinistische Revolution in Nicaragua den ähnlich ausgerichteten Kampf der salvadorianischen Befreiungbewegung, die, mit mutmaßlicher Unterstützung durch die Sandinisten, das dortige autoritäre Regime zu stürzen versuchte. So befanden sich Mitte der achtziger Jahre weite Teile Mittelamerikas in einem grenzüberschreitenden Bürgerkrieg.

Eine erste Folge des Appelles von Mexico City war die Entscheidung Costa Ricas, im März dem Bündnis der antisandinistischen Oppositionsgruppen Nicaraguas die Abhaltung weiterer Versammlungen in Costa Rica zu verbieten. Oscar Arias Sanchez, seit Mai 1986 Präsident Costa Ricas, trat dann mit einem eigenen Verständigungskonzept hervor, mit dem er die Grundlage für den am 7. August 1987 unterzeichneten regionalen Friedensplan fünf mittelamerikanischer Präsidenten schuf. Diese Initiative brachte Arias den Friedensnobelpreis 1987, eine tatsächliche Entspannung war jedoch zunächst nicht zu beobachten. Die USA weigerten sich, die finanzielle Unterstützung für die nicaraguanischen »Contras« einzustellen und entsandten im März 1988 3200 Soldaten nach Honduras, die das Land erst zwei Wochen später wieder verließen. Zur Begründung wurden die Kämpfe im Grenzgebiet zwischen Honduras und Nicaragua angeführt. Auch die Sowjetunion engagierte sich weiterhin in der Region; im April 1988 veröffentlichte das Präsidialamt Costa Ricas einen Antwortbrief Parteichef Gorbatschows an Präsident Arias, in dem es hieß, die Sowjetunion werde die Hilfe für Nicaragua fortsetzen, solange die USA in El Salvador und Honduras das gleiche täten. Die UdSSR habe der US-Regierung einen Plan zum gemeinsamen Verzicht auf Waffenlieferungen an die zentralamerikanischen Staaten unterbreitet, der jedoch ohne positives Echo geblieben sei.

Erst im September 1988 kam es zu sichtbaren Entspannungserfolgen, als Nicaraguas Staatspräsident Ortega die seit mehreren Monaten erklärte Waffenruhe gegenüber den Aufständischen verlängerte und die Aufstellung einer internationalen Friedenstruppe an der Grenze zwischen Honduras und Nicaragua vorschlug, um bewaffnete Zusammenstöße zwischen beiden Ländern zu vermeiden. Präsident Azcona stimmte dem Vorschlag unter der Bedingung zu, daß Nicaragua seine Klage gegen Honduras wegen der Unterstützung der Contras vor dem Internationalen Gerichtshof zurückziehe.

Am 4. Oktober befürwortete der honduranische Außenminister vor den Vereinten Nationen die Entsendung von UN-Truppen in sein Land, um von dort die nicaraguanischen und salvadorianischen Rebellen zu evakuieren.

»Intifada« in Israel

Am 8. Dezember 1987 brach in den von Israel besetzten Gebieten ein gewaltsamer Aufstand vorwiegend jugendlicher Palästinenser los, der nicht auf eine Initiative der PLO, sondern auf die hoffnungslose Lebensperspektive der arabischen Bevölkerung zurückzuführen war. Streiks und ziviler Ungehorsam, begleitet von heftigen Straßenschlachten, stellten die israelische Armee und Regierung vor massive Probleme. Kaum schien an einer Stelle die Ruhe hergestellt, brach der Aufstand an anderer von neuem los. Am 16. Dezember setzte Israel erstmals Panzer im Gazastreifen ein, Ende März 1988 riegelte die Armee die besetzten arabischen Gebiete für drei Tage völlig von der Außenwelt ab. Eine weitere Eskalation des Aufstandes setzte nach der Ermordung des Vizepräsidenten der PLO, Abu Jihad, am 16. April 1988 ein.

Am 31. Juli des gleichen Jahres gab König Hussein von Jordanien den Anspruch auf das seit 1967 von Israel besetzte Westjordanland an die PLO ab. Daraufhin proklamierte der Palästinensische Nationalrat, das »Exilparlament« der palästinensischen Organisationen, am 15. November 1988 in Algier einen unabhängigen Palästinenserstaat mit der Hauptstadt Jerusalem. Gleichzeitig wurde dabei erstmals das Existenzrecht Israels indirekt bestätigt. Der israelische Regierungschef Schamir bezeichnete dies jedoch als »ein weiteres Desinformationsmanöver mit dem Ziel, Illusionen zu verbreiten und die Weltöffentlichkeit zu täuschen«. Einen Monat darauf verkündete US-Präsident Reagan überraschend die Aufnahme offizieller Kontakte zur PLO; die am 16. Dezember begonnenen Gespräche zwischen Vertretern der USA und der PLO in Tunis könnten eine grundlegende Neuorientierung der amerikanischen Nahostpolitik bedeuten.

Währendessen setzen sich die Unruhen fort. Am 15. Mai 1989 verhängte die Militärverwaltung erstmals seit Intifada-Beginn ein unbegrenztes Ausgehverbot für den Gazastreifen mit seinen über 650 000 Bewohnern. Drei Tage später wurde es wieder aufgehoben, die Araber durften jedoch den Gazastreifen weiterhin nicht verlassen. In einer neuen Serie von »Vergeltungsschlägen« israelischer Siedler wurde am 29. Mai eine 16jährige Palästinenserin das 500. palästinensische Todesopfer seit Beginn der Intifada und zugleich das 19. von Aktionen israelischer Siedler. Auf israelischer Seite waren bis dahin 22 Menschen zu Tode gekommen. Im August wurde die mögliche Dauer einer Internierung ohne Prozeß von sechs auf zwölf Monate verlängert. Ob die Fortsetzung der harten Politik Israels, das bereits am 3. November 1988 von der UN-Vollversammlung wegen ständiger Menschenrechtsverletzungen in den besetzten Gebieten verurteilt worden war, zu einer Beilegung des Konfliktes führen wird, bleibt mehr als zweifelhaft.

Junger palästinensischer Demonstrant

»Krieg ohne Fronten: Der internationale Terrorismus«

Die Achtziger Jahre verliehen dem Begriff »Terrorismus« neue Dimensionen. Waren Terrorakte bis dahin meist lokal geplante und lokal durchgeführte Aktionen oppositioneller Gruppen, konnte man in diesem Jahrzehnt über Schottland Opfer der palästinensischen Krise und im rheinischen Mönchengladbach aufgrund des nordirischen Bürgerkrieges getötet werden. Denn nur darin ist der Terrorismus unverändert geblieben: Seine Opfer sind Zivilisten, die meisten davon ohne jeglichen Einfluß auf die umkämpfte Sache. Auftraggeber und Täter operieren international, aber können inzwischen in völkerrechtlich anerkannten Regierungen sitzen oder Armeeuniformen tragen: Der Mordaufruf des iranischen Revolutionsführers Khomeini gegen den britisch-indischen Schriftsteller Salman Rushdie, der in seinem Buch »Satanische Verse« den Propheten Mohammed beleidigt haben soll, ist als blanker Staatsterrorismus zu betrachten. Doch auch das mitten im Frieden verübte Bombardement der libyschen Hauptstadt Tripolis, das die US-Luftwaffe als Vergeltung gegen Staatschef Muammar al-Gadhafi wegen dessen »Unterstützung des internationalen Terrorismus« ausführte, forderte ausschließlich Opfer in der Zivilbevölkerung, 70 Menschen darunter zahlreiche Kinder. Die Abschüsse koreanischer bzw. iranischer Passagierflugzeuge im September 1983 bzw. Juli 1988, beide Folge von Panikreaktionen führender Militärs, kosteten jeweils einige Hundert völlig ahnungsloser Menschen das Leben und waren weder politisch noch militärisch zu rechtfertigen.

Der nahe Osten bestätigte sich als eines der Zentren des internationalen Terrorismus. Der Golfkrieg, in dem sich von 1980 bis 1988 Iran und Irak gegenüberstanden, wurde nicht nur von beiden Seiten mit ungeheurer Brutalität geführt, sondern gefährdete rasch auch die internationale Schiffahrt. Iran wie Irak griffen wiederholt Schiffe an, die unter der Flagge nicht in den Konflikt verwickelter Staaten fuhren, oder verminten die See. Die Vereinigten Staaten, die schon bei Ausbruch des Konfliktes erklärt hatten, sie würden die Ölversorgung der westlichen Welt notfalls mit Gewalt erzwingen, verstärkten ihre Marinepräsenz in der Golfregion und bildeten Geleitzüge für Transportschiffe. Obwohl sich die Aktionen vorwiegend gegen den Iran richteten, griff im Frühsommer 1987 ein irakischer Kampfflieger die amerikanische Fregatte »Stark« an und tötete 37 amerikanische Seeleute. Am 21. September versenkten amerikanische Helikopter ein persisches Schiff, das sie beim Minenlegen beobachtet hatten. Anfang Oktober wurden drei iranische Schnellboote, die amerikanische Kampfhubschrauber angegriffen hatten, von diesen versenkt. Als kurz darauf ein amerikanisches Handelsschiff angegriffen wurde, zerstörten US-Hubschrauber zur Vergeltung eine als Schnellbootbasis genutzte iranische Bohrinsel. Im April 1988 lief ein amerikanisches Kriegsschiff auf iranische Minen, zugleich vermehrten sich die Anzeichen, daß die Perser eine neue größere Minenlegeaktion vorgenommen hatten. Darauf reagierten die USA mit deutlich verschärften Gegenmaßnahmen. Zwei Bohrinseln wurden angegriffen, ein Schnellboot und zwei Fregatten des Iran nach kurzen Feuergefechten versenkt. Eine wirkliche Sicherung des internationalen Handelsverkehrs im persischen Golf vermochten sie jedoch nicht zustandezubringen; diese kehrte erst mit dem Ende des Golfkrieges ein.

Auch in anderen Staaten führte der neuerweckte islamische Fundamentalismus zu Todesopfern. Am 23. Oktober kamen bei Bombenattentaten von Selbstmordkommandos auf die Hauptquartiere der amerikanischen und französischen Friedenstruppen in Beirut fast 300 Soldaten ums Leben; libanesische Anhänger Khomeinis bekannten sich zu den Attentaten. Auch die Entführung einer amerikanischen Verkehrsmaschine nach Beirut im Juni 1985, wo Besatzung und Passagiere 14 Tage festgehalten wurden, ging auf das Konto schiitischer Terroristen. Ein blutiges Ende nahm die Entführung einer ägyptischen Linienmaschine im November des gleichen Jahres; bei der Erstürmung des Flugzeuges auf Malta wurden 59 Menschen getötet. Und im Juli 1987 kamen bei Zusammenstößen zwischen saudischen Sicherheitskräften und iranischen Demonstranten in Mekka, der heiligen Stadt des Islam, mehr als 400 Menschen zu Tode.

Als weiterhin gefährliche Quelle terroristischer Akti-

Oliver North, der an Waffenverkäufen an den Iran beteiligt war. Aus den Gewinnen wurden die nicaraguanischen »Contras« unterstützt

Von den USA in Brand geschossene iranische Ölplattform bei Rashdat im Persischen Golf

Verwüstete Häuser nach dem Jumbo-Absturz auf Lockerbie

vitäten erwies sich die PLO. Im Oktober 1985 brachten vier Palästinenser vor dem ägyptischen Hafen Port Said das mit über 500 Menschen besetzte Kreuzfahrtschiff »Achille Lauro« in ihre Gewalt. Die Entführer forderten die Freilassung von 50 in Israel gefangengehaltenen Palästinensern. Als Israel dieser Forderung nicht nachkam, erschossen die Geiselnehmer einen im Rollstuhl sitzenden jüdischen Geschäftsmann aus New York und warfen die Leiche ins Meer. Nach der Zusicherung freien Geleites gaben die Kaperer auf und gingen in Ägypten an Land. Am 10. Oktober sollten sie zusammen mit zwei PLO-Unterhändlern nach Tunis ausgeflogen werden. Ihr Flugzeug wurde jedoch durch vier amerikanische Kampfmaschinen zur Landung auf Sizilien gezwungen, wo die Terroristen durch italienische Sicherheitskräfte festgenommen wurden.

Im Dezember 1985 fanden bei Terroranschlägen auf die Schalter der israelischen Fluggesellschaft El Al in Rom und Wien 19 Menschen den Tod; es gab über 100 Verletzte. Im April des folgenden Jahres wurden bei einer Bombenexplosion an Bord einer Boing der amerikanischen Fluggesellschaft TWA vier Passagiere getötet. Zu dem Anschlag bekannte sich eine Palästinenserorganisation. Wenige Tage später detonierte in einer vorwiegend von US-Soldaten besuchten Berliner Diskothek eine Bombe, die zwei Menschen tötete und mehr als 200 verletzte. Und im September 1986 wurde dann auch Frankreich Opfer der Internationalisierung des Terrorismus: Aus einem fahrenden Auto wurde am hellen Tag eine Bombe in das Menschengewühl einer Pariser Einkaufsstraße geschleudert. Sechs Menschen kamen ums Leben, über 50 wurden verletzt. Ziel des Anschlages war die Freilassung dreier in Frankreich festgenommener palästinensischer Terroristen.

Palästinensische Täter vermutet man auch hinter dem verheerenden Attentat auf einen amerikanischen Jumbo-Jet im Dezember 1988. Die aus London kommende, mit 259 Menschen besetzte Maschine wurde über der schottischen Ortschaft Lockerbie von einer Bombe zerrissen. Alle Insassen und elf Bewohner Lockerbies, das durch herabstürzende Trümmer und brennendes Kerosin verwüstet wurde, kamen ums Leben.

Nur als grausame Logik mutete die Zusammenarbeit der beiden Haupturheber weltweiter Gewalttaten im September 1985 an: Dem Terroranschlag einer extrem pro-iranischen und einer palästinensischen Gruppe fielen in einer Synagoge in Istanbul 22 Menschen zum Opfer.

Die Aussichten, die Ursachen des anhaltenden Terrors zu beseitigen, sind traurig gering. Der Kampf der PLO wäre vermutlich zu Ende, würde der von ihnen proklamierte Palästinenserstaat international anerkannt und würde Israel, dessen eigenes Existenzrecht die PLO inzwischen eingeräumt hat, die besetzten Gebiete zurückgeben. Eine derartige Lösung scheint jedoch aufgrund der harten Haltung der israelischen Regierung derzeit nahezu ausgeschlossen. Noch hoffnungsloser mutet die Lage im Libanon und in anderen Staaten an, die der Gewalt starker fundamentalistisch-islamischer Strömungen ausgesetzt sind. Der religiöse Wahn, einen »heiligen Krieg« zu führen, wird dort nicht verfliegen, sondern erst mit der weltweiten Verbreitung des moslemischen Glaubens Befriedigung finden. Man kann nur wünschen, daß im Iran und den ihm verbundenen Organisationen möglichst rasch gemäßigtere, aufgeklärtere Köpfe die Führung übernehmen. Ihre Chancen sind allerdings gering: Noch ein knappes Vierteljahr vor seinem eigenen Tod am 4. Juni 1989 ließ Ayatollha Khomeini den Imam für die Benelux-Staaten in Brüssel erschießen: Er hatte als zu liberal gegolten.

Doch auch »hausgemachten« Terrorismus erlebte Europa während der Achtziger Jahre in deprimierendem Ausmaß. Am 2. August 1980 explodierten auf dem Bahnhof der italienischen Stadt Bologna 25 Kilogramm Sprengstoff. Die Druckwelle war so stark, daß ringsum die Wände weggerissen wurden. 85 Menschen starben, über 200 wurden verletzt. Verantwortlich für das Blutbad waren Faschisten, ihr einziges Motiv: In Bologna wurde die Stadtverwaltung von der Kommunistischen Partei Italiens geführt. Ebenfalls die Tat eines Rechtsradikalen war der Bombenanschlag auf das Münchner Oktoberfest nur wenige Wochen darauf. Hier kamen 13 Menschen ums Leben, 219 wurden verletzt. Viele von ihnen werden die Spuren des Attentats ihr Leben lang tragen.

In Spanien setzte die Seperatistenaktion ETA ihren Kampf um die Unabhängigkeit des Baskenlandes fort. Einzelne Polizisten, Politiker und Militärs fielen über die Jahre hinweg Anschlägen zum Opfer. Im Juli 1985 forderte ein Bombenanschlag auf einen Polizeibus in Madrid gleich zehn Menschenleben. Als die französische Regierung daraufhin verstärkt gegen flüchtige ETA-Aktivisten im eigenen Grenzgebiet vorging, rächten sich diese mit Terroranschlägen auf französischem Boden. In Nordirland setzte sich der Bürgerkrieg fort, der 1969 nach der Niederschlagung der friedlichen katholischen Bürgerrechtsbewegung durch protestantische Polizei und britische Militäreinheiten ausgebrochen war. Er forderte in den folgenden Jahren auch außerhalb der Grenzen des Landes Todesopfer: Als die königliche Leibgarde am 20. Juli 1982 durch den Londoner Hyde Park zur Wachablösung ritt, ließ ein hinter einem Baum versteckter Terrorist über Fernsteuerung zwischen den Gardisten eine mit Nägeln gefüllte Bombe in einem

Kleinwagen explodieren. Vier Soldaten erlitten tödliche Verletzungen. Zwei Stunden später ging bei dem öffentlichen Auftritt einer Militärkapelle im Regent's Park eine weitere Bombe hoch und tötete sechs Menschen. Die Verantwortung für die beiden Anschläge, die außer den Toten mehr als 50 Verletzte forderten, übernahm die katholische Untergrundorganisation IRA, die für einen Anschluß Nordirlands an die Republik Irland kämpft. Eine ihrer Splittergruppen, INLA, verübte im Dezember 1983 einen Bombenanschlag vor dem Londoner Luxuskaufhaus Harrods, der fünf Menschen das Leben kostete und 91 verletzte. Schließlich schwappte die Welle der Gewalttätigkeit auch auf das Festland über: Am 23. März 1987 forderte ein Bombenanschlag auf das Hauptquartier der britischen Rheinarmee in Mönchengladbach 31 Verletzte. Bei Attentaten gegen Angehörige der britischen Rheinarmee töteten im Spätherbst 1989 IRA-Heckenschützen zunächst die Frau eines britischen Soldaten in Unna, wenige Wochen darauf in Mönchengladbach einen Soldaten und dessen kleines Kind, das sich mit ihm in dem beschossenen Auto befunden hatte. Die Gewalt in Nordirland geht jedoch keineswegs nur von katholischen Organisationen aus; im Gegensatz zu diesen beschränken sich protestantische Terrororganisationen aber auf Anschläge, die unmittelbar der katholischen Bevölkerungsminderheit gelten. Auch die RAF mordete, wiewohl durch Festnahmen führender Mitglieder geschwächt, in der Bundesrepublik weiter. Am 9. Juli 1986 fielen der Siemens-Manager Karl Heinz Beckurts und sein Fahrer einem Sprengstoffanschlag zum Opfer, einen Monat darauf wurde der Leiter der politischen Abteilung des Auswärtigen Amtes, Gerold von Braunmühl, auf offener Straße erschossen. Im Februar 1989 traten über 50 Straf- und Untersuchungsgefangene der RAF in den Hungerstreik, um eine Zusammenlegung in gemeinsamen Gruppen zu erzwingen. Die Justizminister der Bundesländer konnten sich nicht auf den Vorschlag des Bundesjustizministers einigen, die Gefangenen in fünf Gruppen zusammenzulegen; diese brachen den Hungerstreik daraufhin im Mai ab. Im November desselben Jahres ermordeten Mitglieder der RAF den Vorstandsvorsitzenden der Deutschen Bank, Alfred Herrhausen, durch einen Bombenanschlag, der mit einer derartigen Präzision ausgeführt wurde, daß der Fahrer seiner gepanzerten Limousine mit dem Leben davonkam. Offenbar haben die Bemühungen des Bundespräsidenten Richard von Weizsäcker, der mit der Begnadigung der früheren RAF-Angehörigen Angelika Speitel im März 1989 ein Zeichen der Versöhnungsbereitschaft hatte geben wollen, den aktiven Teil der Terrororganisation nicht beeindruckt.

Welche schleichenden, aber deswegen nicht minder tiefgreifenden Konsequenzen die Bekämpfung des Terrorismus für die zentralen Grundlagen des demokratischen Rechtsstaats haben kann, wurde bereits in den Siebziger Jahren deutlich, als Extremistenbeschlüsse und außerordentliche Sicherheitsgesetze heftige Kontroversen auslösten. Mit der Internationalisierung des Terrorismus hat sich diese Gefahr weiter verschärft. Konfrontiert mit weltweit operierenden, völkerrechtlich nicht greifbaren politischen Terrororganisationen sind die Militärs selbst der Supermächte gezwungen, sich den Guerilla-Taktiken ihrer Gegner anzupassen. Daß dabei die demokratisch-parlamentarische Kontrolle über diese

Der völlig zerstörte Dienstwagen von Alfred Herrhausen. Der Vorstandssprecher selbst kam bei dem Attentat der RAF ums Leben

nicht-erklärte Kriegsführung leicht auf der Strecke bleibt, offenbarten 1987 die Enthüllungen eines Untersuchungsausschusses des US-Kongresses über den Iran-Contra-Skandal: Monatelang hatten führende Militärs und Sicherheitsberater am Kongreß vorbei (und angeblich auch ohne das Wissen Präsident Reagans) Waffen an den Iran verkauft, um mit dem Erlös den gegen die Sandinisten kämpfenden nicaraguanischen Contra-Rebellen über das vom Kongreß bewilligte Maß hinaus Militärhilfe leisten zu können.

Daß dem neuen Terrorismus nicht nur politische, sondern auch handfeste wirtschaftliche Interessen zugrundeliegen können, offenbarte der 1989 von den USA entfachte »war on drugs«, der Kolumbien in einen grausamen Bürgerkrieg zwischen der Regierung und einem mächtigen, mit modernsten Waffen und umfangreichen Söldnertruppen ausgestatteten Drogenkartell stürzte und die USA im Dezember zu einer spektakulären, handstreichartigen Besetzung Panamas verleitete. Daß, trotz derartiger völkerrechtlich kaum zu rechtfertigender Coups, die herkömmlichen Sicherheitskonzepte und Militärdoktrinen dem neuen Terrorismus und international operierenden Verbrechen - ob wirtschaftlich oder politisch motiviert - in keinster Weise gewachsen sind, haben die Erfahrungen der Achtziger Jahre gezeigt. Daß die hochentwickelten Länder der nördlichen Hemisphäre dieser neuen Herausforderung standhalten können, ohne selbst den Strategien ihrer Gegner zu verfallen und dadurch die Grundlage ihrer eigenen politischen und ideologischen Legitimation zu zerstören, bleibt nur zu hoffen.

Bundespräsident Richard von Weizsäcker

Friedliche Revolutionen, gewaltsame Gegenrevolution

Die Staatschefs der massiv von Drogenproblemen betroffenen südamerikanischen Länder Kolumbien, Bolivien und Peru

Ende der Ära der Militärdiktaturen

Hatte der Falklandkrieg den Sturz des Staatspräsidenten und Oberbefehlshabers des Heeres, General Leopoldo Galtieris, und die Rückkehr Argentiniens zur Demokratie 1983 zur Folge und hatte in Brasilien mit der Übernahme der Präsidentschaft durch José Sarney am 21. April 1985 die 21 Jahre währende Militärdiktatur ihr Ende gefunden, entledigte sich auch Chile 1988 seines Militärregimes, das seit 1973 an der Macht gewesen und mit äußerster Brutalität gegen Oppositionelle vorgegangen war. Am 27. August 1988 wurden der seit der Machtübernahme der Militärs geltende Ausnahmezustand und die »Notstandsgesetze für den inneren Frieden« unter dem Druck der Bevölkerung aufgehoben. Bei einer Volksbefragung entschied sich am 5. Oktober die Mehrheit für ein Ende des Militärregimes und den Übergang zur Demokratie: 55% stimmten gegen eine Verlängerung der Amtszeit des Präsidenten Augusto Pinochet Ugarte um acht Jahre. Bei einem Referendum sprachen sich im Juli 1989 mehr als 85% der Wahlberechtigten für eine Verfassungsreform aus, die unter anderem Parteienverbote der Entscheidung des Verfassungsgerichtes überträgt. Im März 1990 lief Pinochets Amtszeit aus; er machte den Platz für den Sieger der im Dezember des Vorjahres abgehaltenen Wahlen, Aylwin, frei. Damit endete auch für 12 Millionen Chilenen die Ära der Militärdiktaturen, die Lateinamerika seit Ende der sechziger Jahre terrorisiert hatten.

In Paraguay kostete im Februar 1989 der Sturz des Präsidenten General Alfredo Stroessner bei einem Putsch über 300 Menschenleben. General Andrés Rodriguez übernahm am 3. Februar das Amt des Präsidenten und Generalstabschefs; Stroessner wurde verhaftet und ins Exil nach Brasilien gebracht. Der Putsch fand bei der Bevölkerung breite Zustimmung, obwohl das neue Kabinett überwiegend aus alten Mitarbeitern Stroessners bestand. Ab März wurden elf Parteien zu den Wahlen zugelassen, die oppositionellen Zeitungen und Rundfunkanstalten durften ihre Tätigkeit wieder aufnehmen. Rodriguez gewann die Präsidentschaftswahlen am 1. Mai 1989 mit 75% der Stimmen. Seine und Stroessners alte Partei, die ANC, siegte auch bei den Parlamentswahlen; die Machtverhältnisse haben sich also nicht wesentlich geändert, wohl aber die Umstände, die sie hervorgerufen haben: Nach über dreißig Jahren hat auch Paraguay wieder eine demokratisch legitimierte Regierung.

Nicaragua: Wahlniederlage der Sandinisten

Seit 1981 hatten in Nicaragua Oppositionsverbände militärisch operiert, die von den Vereinigten Staaten finanziell massiv unterstützt wurden. In den folgenden Jahren steigerte sich ihre Tätigkeit zum offenen Krieg gegen die sandinistische Regierung. Wegen der Hilfe der USA bei der Verminung dreier Häfen des Landes durch die Contras hatte Nicaragua Klage beim Internationalen Gerichtshof in Den Haag eingereicht. Die USA wurden einen Monat später aufgefordert, ihre Aktivitäten einzustellen, erkannten die Entscheidung des Gerichtes jedoch nicht an. 1985 verhängten sie ein Wirtschaftsembargo gegen das mittelamerikanische Land, das ebenso wie der Krieg gegen die Contras zu den wirtschaftlichen Problemen Nicaraguas beitrug.

Die Wahlen des Jahres 1984 hatten die wichtigsten Oppositionsparteien boykottiert, weil sie sich in ihrer Tätigkeit durch die linksgerichtete Regierung behindert fühlten und nicht genügend Zugang zu den Medien erhielten. Es siegte FSLN-Chef Daniel Ortega mit mehr als zwei Dritteln der abgegebenen Stimmen. Die zweifelhaften Umstände dieser Wahl trugen jedoch nicht dazu bei, die Vorbehalte der USA und der Nicaragua benachbarten Staaten gegen die Sandinisten abzubauen. Die Wirtschaftskrise des Landes zwang Ortega am Ende des Jahrzehnts zu einer kompromißbereiten Politik. Auf einer Gipfelkonferenz der fünf mittelamerikanischen Staaten verpflichtete er sich zur Durchführung eines Demokratisierungs- und Versöhnungsprozesses, der in allgemeinen Wahlen im Februar 1990 gipfelte. Bei diesen Wahlen siegte überraschend die Oppositionskandidatin Violeta Chamorro. Hauptursache des Erfolges dürfte Chamorros Ankündigung gewesen sein, im Falle eines Wahlsieges die allgemeine zweijährige Wehrpflicht abzuschaffen. Die Einführung dieses Wehrdienstes im Jahre 1983 war die erste Maßnahme seit dem Ende der Somoza-Diktatur gewesen, die von der gesamten Bevölkerung als unmittelbarer Zwang empfunden wurde. Sie trug den Krieg, der bis dahin nur bestimmte Regionen des Landes betroffen hatte, in fast jede Familie hinein. Die Unerbittlichkeit der Einberufungsbehörden, die selbst zu willkürlichen Ausweiskontrollen auf Überlandbussen griffen, um Jugendliche im wehrpflichtigen Alter aufzuspüren, hatte seit 1984 immer wieder zu Protesten, vor allem von Müttern, geführt. So entschied sich das kriegsmüde und wirtschaftlich schwer angeschlagene Land gegen Ortega, die FSLN blieb jedoch stärkste Partei in der Nationalversammlung. Es steht zu hoffen, daß eine demokratische Zusammenarbeit der Fraktionen im Parlament, die Auflösung der Contras und die Aufhebung des amerikanischen Wirtschaftsembargos Nicaragua eine friedlichere Zukunft verschaffen.

Südafrika: Ende der Apartheid in Sicht?

Staatspräsident Pieter Botha, der am 9. Juni 1989 noch den Ausnahmezustand über die Republik Südafrika um ein weiteres, viertes Jahr

Nelson Mandela nach seiner Freilassung in Natal, wo 75 Jahre zuvor der ANC gebildet worden war

1989 / 1990

verlängert hatte, trat am 14. August auf Drängen seiner eigenen Partei, der National Party, zurück. Sein Nachfolger, Frederik de Klerk, vertritt in Fragen der Apartheidspolitik eine wesentlich gemäßigtere, reformbereite Position und wird damit der nicht nur international, sondern auch im eigenen Land herrschenden Stimmung eher gerecht: Im Februar hatten sich die »National-Demokratische Bewegung« und die »Unabhängige Partei« der liberalen Weißen zur »Demokratischen Partei« zusammengeschlossen, um die Rassentrennungspolitik effektiver bekämpfen zu können, im März verurteilte die größte Religionsgemeinschaft der Buren, die »Nederduitsch Hervormde Kerk«, die Rassentrennung erstmals in ihrer Geschichte als »Sünde«. Im Juli erklärte Außenminister Pik Botha, die seit 26 Jahren andauernde Haft des ANC-Führers Nelson Mandela sei schädlich für das Land. Bei den Wahlen im September 1989, die von blutigen Unruhen und Streiks der von der Stimmenabgabe ausgeschlossenen Schwarzen sowie dem Boykott der Mischlinge und Inder überschattet werden, gewinnen die »Demokratische Partei«, allerdings auch die ultrarechte »Konservative Partei« eine erhebliche Sitzanzahl hinzu. Im Februar 1990 hebt de Klerk den Ausnahmezustand auf und kündigt die Lockerung politischer Repressionen an. Zwar wird nur ein kleiner Teil der politischen Gefangenen, darunter der inzwischen 71jährige Mandela, freigelassen und die Todesstrafe nur »suspendiert«, auch die Sicherheitsgesetze haben weiter Bestand; erste Schritte auf dem Weg zur endgültigen Abkehr vom Apartheidsystem sind jedoch gemacht.

Zur Hoffnung auf eine einsichtigere Politik der weißen Machthaber gibt auch Anlaß, daß Südafrika sich im November 1988 bei Verhandlungen in Genf bereit erklärte, das jahrzehntelang gegen einen eindeutigen UNO-Beschluß besetzt gehaltene Namibia in die Unabhängigkeit zu entlassen. Dieser Entschluß wurde auch nicht zurückgenommen, als es im April 1989 zu den schwersten Zusammenstößen von Kämpfern der schwarzen Befreiungsbewegung SWAPO mit südafrikanischen Truppen seit Beginn des Buschkrieges kam, und die Wahl zur Verfassungsgebenden Versammlung in Namibia der SWAPO 41 von 72 Sitzen brachte. Namibia konnte im März 1990 unter Teilnahme von Spitzenpolitikern aus aller Welt wie vorgesehen seine Unabhängigkeitsfeierlichkeiten abhalten.

China: Massaker in Peking

Die Volksrepublik China hatte sich seit Beginn des Jahrzehnts reformbereit gezeigt und war um bessere Kontakte zum Westen bemüht. 1985 leitete die kommunistische Führung unter Deng Xiaoping umfassende Wirtschaftsreformen ein, die eine teilweise Abkehr von der Planwirtschaft beinhalteten. Landwirtschaft und Handel wurden liberalisiert und auch staatliche Betriebe mußten sich Marktgesetzen anpassen, wenn sie nicht Unrentabilität und infolgedessen ihre Schließung riskieren wollten. Zugleich wurde eine Aussöhnung sowohl mit dem Westen gesucht - am 6. Oktober 1988 wurde in Peking eine Handelsmission der EG eröffnet - als auch engere Wirtschaftsbeziehungen mit der Sowjetunion angestrebt.

Es zeigte sich jedoch bald, daß die Reformen ausschließlich dem ökonomischen Bereich galten und das Warenangebot vergrößern sollten. In innenpolitischen Fragen war die Kommunistische Partei Chinas zu keinerlei Zugeständnissen bereit. Eine Warnung hätte bereits die Verhängung des Kriegsrechts über das besetzte Tibet im März 1990 sein müssen, das den Tod von einem Dutzend und die Verwundung zahlloser weiterer Demonstranten in Lhasa zur Folge hatte.

Dennoch kam es anläßlich des Todes des liberalen KPCh-Generalsekretärs Hu Yaobang am 15. April zu Massendemonstrationen in Peking, Shanghai und mehreren Provinzstädten. Mitte Mai verhinderten mehrere tausend Studenten mit einem Hungerstreik vor der Halle des Volkes die dort geplante offizielle Begrüßung des zu einem Staatsbesuch eingetroffenen sowjetischen Parteichefs Michail Gorbatschow. Drei Tage später kam es auf dem »Platz des Himmlischen Friedens« zur größten Demonstration seit Bestehen der Volksrepublik, bei der über eine Million Teilnehmer vor allem das Ausscheiden Dengs aus der Politik forderten. Daraufhin wurde am 20. Mai das Kriegsrecht über Peking verhängt; Armeeverbände rückten zwar an, machten aber in den Außenbezirken halt. In der Nacht zum 4. Juni schossen sich Armeeverbände den Weg zum seit dem 18. Mai ununterbrochen von Demonstranten besetzt gehaltenen »Platz des Himmlischen Friedens« frei und richteten dort ein Blutbad an: Panzer überrollten Radfahrer, Soldaten erschlugen Demonstranten oder feuerten wahllos in die Menge. Die Zahl der Getöteten konnte nicht ermittelt werden; die KP spricht von Hunderten von Opfern, unter denen sich größtenteils von Demonstranten gelynchte Soldaten befänden; ausländische Beobachter gehen von mindestens 3000 Toten aus.

Am 6. Juni begann das Chinesische Fernsehen mit der Ausstrahlung der Steckbriefe von 23 Studentenführern und unverhüllten Aufforderungen zu Denunziation. Vier Tage später wies der Oberste Gerichtshof alle Gerichte an, angeklagte „konterrevolutionäre Elemente" hart zu bestrafen. Am 21. Juni 1989 wurden in Shanghai drei und in Jinan 17 Menschen »wegen schwerwiegender Gefährdung der öffentlichen Ordnung« in öffentlichen Schauverhandlungen zum Tode verurteilt und am selben Tag exekutiert; das gleiche geschah am 22. Juni mit sieben Menschen in Peking. Der Polizeiterror verstärkte sich, die Propagandakampagne zur Rechtfertigung des Vorgehens der Staatsorgane nahm massive Formen an. Sie kann aber nicht darüber hinwegtäuschen, daß die Volksrepublik China als eines der letzten sozialistischen Regimes zu einer politischen Liberalisierung nicht bereit ist und ihre unbeschränkte Macht auch mit brutalsten Methoden aufrecht zu erhalten weiß.

Sie setzen ihr Wissen gegen die Parteipropaganda

Ende der Geschichte?

Der Weg in eine andere Zukunft: DDR-Flüchtlinge in Ungarn

Menschenmassen strömen durch das wiedergeöffnete Brandenburger Tor

Im Sommer 1953 war der Aufstand unzufriedener Arbeiter in der noch jungen DDR blutig niedergeschlagen worden. Bertolt Brecht, der sich nach seiner Rückkehr aus langjährigem Exil, in das er durch den Naziterror gezwungen worden war, für das Leben im kommunistisch regierten Teil Deutschlands entschieden hatte, schrieb damals sein berühmtes Gedicht »Die Lösung«: »Nach dem Aufstand des 17. Juni / Ließ der Sekretär des Schriftstellerverbands / In der Stalinallee Flugblätter verteilen / Auf denen zu lesen war, daß das Volk / Das Vertrauen der Regierung verscherzt habe / Und es nur durch verdoppelte Arbeit / Zurückerobern könne. Wäre es da / Nicht doch einfacher, die Regierung / Löste das Volk auf und / Wählte ein anderes?«.

Drei Jahrzehnte später stellte die Bevölkerung der DDR den sarkastischen Vorschlag des Poems vom Kopf auf die Füße. Seit Juli 1989 hatten sich immer mehr Bürger der DDR in die bundesdeutsche Botschaft in Budapest geflüchtet und sich geweigert, diese wieder zu verlassen, ehe ihnen nicht die Ausreise in die BRD zugesichert würde. Am 19. August kam es im Verlauf eines ungarisch-österreichischen Festes an der gemeinsamen Grenze zu einer Massenflucht von über 500 Deutschen aus der DDR; daraufhin konnten mit Duldung der Regierung und mit Hilfe des Roten Kreuzes sechs Tage später die 108 DDR-Bürger, die bis dahin in der Botschaft ausgeharrt hatten, über Wien in die Bundesrepublik reisen. Kurze Zeit darauf öffnete Ungarn die Grenzen zu Österreich auch für Ostdeutsche; innerhalb weniger Wochen flohen mehr als 10 000, die in Ungarn Urlaub gemacht hatten, in den Westen.

Diese Entwicklung war möglich geworden, nachdem Ungarn als erstes Land des kommunistischen Machtbereiches Liberalisierung und Demokratisierung in Dimensionen vorangetrieben hatte, die über das Vorbild Gorbatschows noch deutlich hinausgingen. Bereits im Oktober 1988 hatte der Präsidentschaftsrat eine Amnestie für Personen, die im Zusammenhang mit dem Volksaufstand 1956 abgeurteilt worden waren, erlassen. Das sozialistische Parlament änderte im Januar 1989 nahezu einmütig die Verfassung; neue Gesetze über die Bildung von Vereinigungen und die Versammlungsfreiheit legalisierten in den Vormonaten gegründete unabhängige Parteien und stellten das Demonstrationsrecht sicher; im März wurde auch das Streikrecht gesetzlich verankert. Noch deutlicher wurde der Umbruch, als am 16. Juni die sterblichen Überreste des Führers der Freiheitsbewegung von 1956, Imre Nagy, sowie seiner Mitstreiter in Anwesenheit der höchsten Vertreter von Staat und Partei auf dem Budapester Zentralfriedhof feierlich neu beigesetzt wurden. An den Zeremonien nahmen mehr als 600 000 Menschen teil. Drei Wochen später kam der Oberste Gerichtshof Ungarns in einem Rehabilitierungsverfahren zu der Entscheidung, daß auch nach der Rechtslage der damaligen Zeit das Urteil gegen Nagy und seine Mitglieder ungesetzlich war. Alle wurden wegen »Fehlens einer Straftat« völlig entlastet und postum freigesprochen. Im Sommer zogen bei Neuwahlen zum Parlament drei Kandidaten des »Ungarischen Demokratischen Forums«, der größten Oppositionsbewegung des

Landes, als erste Oppositionspolitiker seit 1947 ins Parlament ein. Im Oktober löste sich die USAP als sozialistische Einheitspartei auf; Reformpolitiker bildeten die USP als demokratische Nachfolgeorganisation. Am 23. desselben Monats verkündete Parlamentspräsident Szürös in einer Feier vor dem Budapester Abgeordnetenhaus das Ende der »Diktatur des Proletariats« und rief unter dem Jubel von über 100 000 Menschen die Republik Ungarn aus. Diese strebt langfristig die Neutralität und einen Austritt aus dem Warschauer Pakt an; als erster Schritt dorthin sollen ab 1991 die Angriffswaffen (Panzer, Artillerie, taktische Raketen) der ungarischen Armee um 35 Prozent verringert, der Wehrdienst um ein halbes Jahr auf zwölf Monate verkürzt werden. Diese Entwicklung wird durch den Sieg des national-konservativen Demokratischen Forums, das bei den Parlamentswahlen im April 1990 164 von 386 Sitzen erlangte, wohl noch beschleunigt werden.

Das ungarische Beispiel machte rasch Schule. In Prag, das 1968 ebenfalls nur durch den Einsatz sowjetischer Panzer auf der Linie der KPdSU hatte gehalten werden können, konnten Demonstrationen anläßlich des 21. Jahrestages dieses Einmarsches und kurz darauf anläßlich des 71. Jahrestages der Republikgründung noch niedergeknüppelt und bei beiden Gelegenheiten über 300 Menschen verhaftet werden; im Spätherbst aber zwangen Massendemonstrationen in Prag, Bratislava, Brünn und Ostrau die bisherigen Machthaber zum Rückzug. Im November traten mehrere führende Mitglieder des Politbüros zurück. Anfang Dezember wählte das ZK der Kommunistischen Partei den Parteichef, alle 13 Mitglieder des Parteipräsidiums und das zwölfköpfige ZK-Sekretariat ab - so radikal war die alte KP-Garde bis dahin in keinem der Blockstaaten aus ihrer Machtposition gedrängt worden. Zugleich wurde der Parteichef von 1968, Alexander Dubček, bei öffentlichen Auftritten in Prag und Bratislava von Hunderttausenden gefeiert; Staatspräsident Gustav Husak, der Dubček beim Einmarsch der Roten Armee im Stich gelassen hatte und seither ununterbrochen an den Schalthebeln der Macht geblieben war, mußte im Dezember 1989 von seinem Amt als Staatspräsident zurücktreten. Am 19. Dezember stellte der Vorsitzende der Regierung der CSSR, Marian Calfa, eine programmatische Erklärung der »Regierung der Nationalen Verständigung« vor, die auf der Grundlage von Verhandlungen der in der sozialistischen »Nationalen Front« zusammengeschlossenen Kräfte und der bedeutendsten Bürgerinitiativen zustandegekommen war. Nach dieser sind die künftigen Hauptaufgaben die juristische Liberalisierung des Staatswesens, der Übergang zur Marktwirtschaft, soziale Gerechtigkeit und außenpolitische Öffnung. Zehn Tage später wählte die Föderative Versammlung der CSSR den Dramatiker Vaclav Havel zum Präsidenten der Tschechoslowakei. Diese Wahl symbolisierte das Ausmaß des Umbruchs in doppelter Hinsicht: Havel war wegen seines Eintretens für die Menschenrechte von den alten Machthabern mehrfach unter Hausarrest gestellt und mit Gefängnisstrafen belegt worden; den Vorsitz der Versammlung hatte der am Tag zuvor zum Parlamentspräsidenten gewählte Alexander Dubček inne.

In Bulgarien setzte die Nationalversammlung am 17. November 1989 Todor Schiwkow nach fast fünfunddreißigjähriger, stalinistischer Alleinherrschaft ab. Sein Nachfolger als Staatspräsident wurde der bisherige Außenminister Petar Mladenow, der sich zu den Prinzipien der russischen Perestrojka, zu Reformen und freien Wahlen bekannte. In der Folgezeit entstanden neue, unabhängige Parteien; das Land blieb jedoch und bleibt mindestens bis zu den Wahlen im Mai 1990 unter der Herrschaft einer allerdings wesentlich gewandelten KP.

Verliefen die Umbrüche in diesen Staaten weitestgehend friedlich und gewaltlos, ging Rumäniens Parteichef Nicolae Ceausescu seinen traurigen Sonderweg bis in die letzte Konsequenz. Er hatte das Land 24 Jahre lang in nepotistischer Weise geführt, seine Frau Elena zu seiner Stellvertreterin gemacht und seinem Sohn die Verwaltung einer ganzen Provinz übertragen. Die Nahrungsmittelversorgung im Lande war weitgehend zusammengebrochen, elektrischer Strom und Heizwärme waren streng rationiert und durften nur zu bestimmten Tageszeiten beansprucht werden. Der Besitz von Schreibmaschinen war nur mit behördlicher Genehmigung erlaubt, um die Verbreitung oppositioneller Schriften auszuschließen; Tausende von Dissidenten standen unter Hausarrest oder waren verhaftet worden. An einem dieser Fälle, dem des Pfarrers Laszlo Tökes, entzündete sich der Widerstand, der bald zum Zusammenbruch der Familiendiktatur führte. Als der Geistliche, der der ungarischen Minderheit in Rumänien angehörte, am 15. Dezember aus seiner Heimatstadt Temesvar deportiert werden sollte, umstellten mehr als 1000 Zivilisten sein Haus, um Tökes zu schützen. Am folgenden Tag formierte sich von dort ein Demonstrationszug, der in der Stadtmitte Halt machte und den Opernplatz vier Tage lang besetzt hielt, bis Armee und Securitate, die rumänische Geheimpolizei, blindlings in die Menge schossen und mehrere Hundert Menschen töteten. Daraufhin griffen die Unruhen auf andere Städte des Landes und auf die Hauptstadt über und waren auch durch brutalen

Ein neuer Prager Frühling: Dubček (links) und Havel werden von begeisterten Tschechen gefeiert

Leipzig, zu der sich Woche für Woche mehr Menschen zusammenfanden (8000 Mitte September 1989, 120 000 schon am 16. Oktober) zu grundlegenden Veränderungen in der Politik der herrschenden SED genötigt. Am 17. Oktober wurde die Abberufung von Generalsekretär Erich Honecker und seiner Kollegen Günter Mittag (Wirtschaft) sowie Joachim Herrmann (Propaganda) beschlossen; einen Tag darauf übernahm Egon Krenz die Parteiführung. Dieser, von Oppositionellen aufgrund seiner Parteivergangenheit schon seit dem Tag seines Amtsantritts heftig attackiert, kündigte am 27. Oktober ein Amnestiegesetz für Ausgereiste und ein neues Reisegesetz an, konnte damit aber das Übergreifen der Demonstrationen auf Erfurt, Halle, Schwerin und andere Städte nicht verhindern. Am 3. November stimmte die DDR-Regierung der freien Ausreise über die CSSR zu. Innerhalb von vier Tagen machten 48 000 Menschen davon Gebrauch und die Zahl der Ausgereisten im Jahre

Nicolae Ceausescu

Waffeneinsatz nicht mehr zu kontrollieren. Ceausescu, noch immer im wahnhaften Glauben gefangen, der vom Volk geliebte Führer zu sein, hielt zur Rettung der Situation am 21. Dezember eine Großkundgebung vor dem Bukarester Regierungspalast ab, zu der den Arbeitern aller Betriebe freigegeben worden war. Die zum Jubel befohlene Masse allerdings hörte sich Ceausescus Lügen und Verdrehungen nur wenigen Minuten an, dann unterbrachen Protestrufe und Sprechchöre den Redner. Noch ehe das rumänische Staatsfernsehen, das die Veranstaltung live übertrug, Bild und Ton abschalteten konnte, hatte sich auf dem fassungs- und verständnislosen Gesicht Ceausescus der endgültige Zerfall seiner Gewaltherrschaft offenbart. Er und seine Frau ließen sich von einem Armeehubschrauber ausfliegen, nur kurz bevor die Menge seinen Palast stürmte. Teile der Armee liefen zu den Demonstranten über, es kam zu blutigen Straßenschlachten. Wenige Tage darauf wurde Ceausescu mit seiner Frau gefaßt und vor ein Kriegsgericht gestellt, zum Tode verurteilt und sofort, vor laufenden Kameras, hingerichtet.

Der kurze Prozeß und die unbarmherzigen Bilder wurden von der Regierung in Washington als »unnötig und unmenschlich« kritisiert; die Voraussetzungen dazu waren allerdings von Ceausescu durch die Verhängung des Kriegsrechtes selbst geschaffen worden. Eine schnelle Ausschaltung des Diktators war notwendig gewesen, da dessen Geheimdienst und Teile der Armee weiterhin im Lande operierten. Ihren Massakern fielen bis zu ihrem endgültigen Rückzug an die 7000 Menschen zum Opfer. Diese Ereignisse und die vorausgegangene Politik Ceausescus dürften dazu führen, daß Rumänien auf unabsehbare Zeit für die kommunistische Idee verloren ist. Zwar gehört der Chef des »Provisorischen Rates der Nationalen Einheit« Ion Iliescu, noch der Partei an, er dürfte die Wahlen im Mai 1990 jedoch ebensowenig überstehen wie die gesamte kommunistische Partei Rumäniens, der Umfrageergebnisse nicht einmal mehr 2 % der Stimmen zubilligen; tatsächlich gibt es in Rumänien eine starke Strömung, die die Organisation völlig verbieten will.

Die DDR sah sich durch die anhaltende Ausreisewelle von Bürgern ihres Staates über Ungarn sowie das Einsetzen der regelmäßigen »Montagsdemonstrationen« in

1989 stieg auf 180 000. Am folgenden Tag demonstrierten in Ost-Berlin mehr als eine Million Menschen für Demokratie; in zehn weiteren Städten fanden ebenfalls Demonstrationen statt. Am 7. November trat der Ministerrat zurück, nachdem der Entwurf des neuen Reisegesetzes wegen viel zu beschränkter Liberalisierung heftiger öffentlicher Kritik ausgesetzt gewesen war. Zwei Tage darauf strömten nach Bekanntgabe einer geplanten neuen Ausreiseregelung Zehntausende in Berlin an die Grenzübergänge. Die Grenzbeamten versuchten die Massen zunächst abzudrängen, angesichts der Vergeblichkeit ihrer Bemühungen wurden jedoch schließlich die Grenzen geöffnet. In den folgenden Tagen besuchten über drei Millionen Ostdeutsche West-Berlin; das Leben der über vierzig Jahre lang geteilten Stadt glich einem einzigen, mehrtägigen Straßenfest. Die Aufhebung des »Schießbefehls« an der innerdeutschen Grenze am 12. November, der seit 1961 191 Menschenleben gefordert hatte, war nur noch die Beseitigung eines bedrückenden Anachronismus.

Einen Tag darauf wählte die Volkskammer der DDR Hans Modrow zum Ministerpräsidenten, der am 17. November ein neues Kabinett vorstellte. Zwei Wochen später änderte die Volkskammer den § 1 der DDR-Ver-

Bergarbeiter aus Prokopjevsk im Kusnezker Kohlebecken streiken für eine Verbesserung der Arbeits- und Lebensbedingungen

Kolonne des DDR-Automodells »Trabant« am innerberliner Grenzübergang

fassung und strich den Führungsanspruch der SED ersatzlos. Am 3. Dezember traten ZK und Politbüro der Einheitspartei geschlossen zurück. Egon Krenz verlor alle Parteiämter, Honecker wurde aus der Partei ausgeschlossen, die Funktionäre Mittag, Gerhard Müller und Harry Tisch verhaftet. In der Zwischenzeit hatte Bundeskanzler Helmut Kohl einen »10-Punkte-Plan« zur Schaffung einer Konföderation zwischen der DDR und BRD vorgestellt; auf den anhaltenden Demonstrationen im Ostteil Deutschlands wurden die Rufe nach einer Wiedervereinigung lauter. Sie führten am 11. Dezember erstmals zu Auseinandersetzungen zwischen Gegnern und Anhängern dieser Idee bei den Leipziger Kundgebungen.

In Ost-Berlin waren am 7. Dezember erstmals 15 Vertreter von SED und mit dieser zusammengeschlossenen Blockparteien mit 15 Vertretern der Oppositionsgruppen an einem »Runden Tisch« zusammengekommen. Dieses Gremium, das in den folgenden Wochen die eigentliche Regierung der DDR stellte, beschloß zunächst einen Termin für die ersten freien Wahlen in der Geschichte der DDR, die Auflösung des »Amtes für Nationale Sicherheit« (»Stasi«) und die Ausarbeitung einer neuen Verfassung, über die nach den Wahlen per Volksentscheid abgestimmt werden sollte.

Am 22. Dezember 1989 wurde mit dem Brandenburger Tor das Symbol deutscher Teilung für den Grenzverkehr geöffnet. Dies und die Einführung des visumfreien Grenzverkehrs in der ersten Stunde des 24. Dezembers löste eine gigantische Reisewelle aus, nunmehr in beide Richtungen. Zugleich stieg die Zahl der Übersiedler aus der DDR dramatisch; täglich wechselten 2000 Menschen in die BRD. Diese Entwicklung, durch die nicht nur die Produktion und Versorgung der DDR, insbesondere im Gesundheitswesen, sondern auch der ohnehin problematische Arbeits- und Wohnungsmarkt in Westdeutschland bedroht wurde, zwang die Regierenden zu rascherem Handeln. In der BRD wurden die finanziellen Hilfen für Übersiedler drastisch gekürzt, in der DDR die geplanten Volkskammerwahlen auf den 18. März vorverlegt. Im folgenden Wahlkampf wurden die innerlich reformierten oder neugegründeten Parteien der DDR wie CDU, DSU, FDP, aber auch die wieder ins Leben gerufene SPD von ihren Parallelorganisationen im Westen durch materielle Hilfen und Gastredner massiv unterstützt. Der sowjetische Parteichef Gorbatschow kommentierte dies in einem Fernsehinterview mit der Feststellung, man benähme sich, als wäre die DDR »längst kein souveräner Staat mehr«. Das Ergebnis der Wahlen allerdings schien dieser Auffassung recht zu geben; deutlich siegte die konservative »Allianz für Deutschland«, die sich in der Vorwahlzeit für einen Beitritt zum bundesdeutschen Grundgesetz zum frühestmöglichen Zeitpunkt ausgesprochen hatte, während die Ost-SPD, die eine Wiedervereinigung nach der Schaffung einer gesamtdeutschen Verfassung, die auch den sozialen Interessen der Bürger der DDR gerecht würde, gefordert hatte, kaum mehr als 20 % der Stimmen erlangte. Da die Konservativen unter Lothar de Maizière im April dennoch eine große Koalition bildeten, die die Ost-SPD und die liberalen Parteien einbezog, ist die genaue Weise, auf der eine deutsche Einheit erzielt werden soll, noch nicht abzusehen: In jedem Falle aber hat sich die heutige DDR für den Weg des demokratischen Pluralismus entschieden.

Mit dem Zusammenbruch des »real existierenden« Sozialismus ist sicher eine Ära, eine Epoche zu Ende gegangen. Doch ist in dem Niedergang des Sozialismus als Idee und als politisches System, in der Kapitulation seiner Repräsentanten, die zu Beginn dieses Jahrhunderts noch die Vision einer von Ausbeutung und Unterdrückung befreiten Menschheit proklamierten, am Ende dieses Jahrhunderts aber nicht einmal die eigene Bevölkerung mit den elementarsten Gütern und Lebensmitteln in ausreichendem Maße versorgen konnten, in der friedlichen Einigung Europas und dem Ende des Ost-West-Konflikts, in der weltweit zu beobachtenden Ablösung von Militärdiktatoren und autoritären Regime durch demokratisch gewählte Präsidenten und Regierungen tatsächlich schon ein »Ende der Geschichte« auszumachen, wie der amerikanische Wissenschaftler Francis Fukuyama behauptet? Läßt sich tatsächlich ein »Ende der ideologischen Entwicklung der Menschheit« ausmachen und der Sieg »der westlichen liberalen Demokratie als finaler Regierungsform«, wenn auch nur als eine der realen Welt noch nicht vollständig verwirklichte Menschheitsidee, vorhersagen?

Wenn schon nicht das Schicksal einer anderen sich als endgültig apostrophierenden Ideologie, der des Kommunismus, Zweifel an der These Fukuyamas aufkommen läßt, so sollte uns ein Blick in weiter zurückliegende Kapitel dieses Buches Zurückhaltung auflegen. Propheten oder Politiker, die das »Ende« der Vergangenheit und den Anfang eines immerwährenden Gleichen proklamierten - ob als »Goldene Zeitalter« oder als »Tausendjährige Reiche« - hat die Geschichte vielfach erlebt - und überlebt. Und oftmals hatte das wirkliche Ende - nicht der Geschichte, aber einer Epoche, einer Dynastie oder eines Regimes - ganz andere Ursachen und vollzog sich in ganz anderen Entwicklungen, als sie von den jeweiligen Zeitgenossen wahrgenommen wurden.

Aber auch schon ein genauerer Blick auf unsere Gegenwart läßt den Optimismus Fukuyamas fragwürdig erscheinen. Droht der Geschichte durch den Siegeszug des Liberalismus - nicht nur als politischer, sondern gerade auch als wirtschaftlicher Idee - nicht ein ganz anderes Ende, als das von Fukuyama vorhergesagte, nämlich eines der ökologischen Katastrophe und der globalen Zerstörung aller menschlichen Lebensgrundlagen? Steckt im Nord-Süd-Konflikt und in der immer größeren Ungleichheit des Wohlstands der Nationen nicht ein viel gefährlicherer Sprengstoff als in der atomaren Konfrontation der Supermächte? Und stellen heute nicht vielleicht andere, neue Ideologien (oder die alten in neuem Gewande) eine viel größere Bedrohung des westlichen Liberalismus dar, als sie der kommunistische Totalitarismus jemals gewesen ist? Allein schon das aktuelle weltweite Erstarken des islamischen Fundamentalismus und radikal-nationalistischer Strömungen bezeugen, daß Skepsis nur allzu berechtigt ist.

In Aserbeidschan kam es im Februar 1988 zu Pogromen gegen die armenische Minderheit; ein erneutes Aufflammen des Konfliktes im Januar 1989 kostete 28 Menschenleben und machte Massenevakuierungen notwendig. In Sofia beantworteten Anfang 1990 Massendemonstrationen den Beschluß der neuen Parteiführung, die diskriminierenden Maßnahmen gegenüber rund einer Million türkischstämmiger Bulgaren zu »korrigieren«. Mitgeführte Spruchbänder verlangten »Bulgarien den Bulgaren!«; Ministerpräsident Atanasoff, der die Massen vor dem Parlament in Sofia beruhigen wollte, wurde ausgebuht und niedergeschrien, als er seinen Landsleuten zu bedenken gab: »Wenn wir als Bulgaren frei sein wollen, dann muß das ganze Volk frei sein«. In Rumänien kam es im Februar 1990 zu offenen Zusammenstößen zwischen Nationalisten und Angehörigen der ungarischen Minderheit im Lande, die ihre Rechte einforderten; dabei wurden acht Menschen erschlagen, mehr als 50 verletzt. Ohne Blutvergießen breiteten sich nationalistische und separatistische Strömungen in den Sowjetrepubliken Tadschikistan und denen des Baltikums aus; für den Bestand der UdSSR aber stellen sie weiterhin eine erhebliche Gefährdung dar.

Daß auch die westeuropäischen Staaten von nationalistischen Strömungen nicht völlig unberührt bleiben, zeigen die grassierende Ausländerfeindlichkeit in Frankreich, beiden Teilen Deutschlands, Italien und Großbritannien, wo sich vor allem Einwanderer aus den früheren Kolonien täglicher Diskriminierung ausgesetzt sehen. Deutlich wird dies auch an den Wahlerfolgen der ultrarechten »Nationalen Front« Le Pens in Frankreich und der »Republikaner« in der Bundesrepublik. Nicht vergessen sollte man auch, daß die ersten Großdemonstrationen der chinesischen Studenten, die sich nach dem Massaker auf dem Pekinger »Platz des Himmlischen Friedens« internationaler Sympathie sicher sein konnten, nicht der Demokratisierung des Landes galten, sondern schon Ende 1988 stattfanden: Damals richteten sie sich gegen die Anwesenheit von ca. 1500 schwarzafrikanischen Studenten in der Volksrepublik, die daraufhin die »Apartheid« in China kritisierten.

Ein »Ende der Geschichte« (selbst nur verstanden als ein Ende des Kampfes der Ideologien), ein »Endsieg« (Fukuyama) der westlichen liberalen Demokratien ist noch lange nicht in Sicht. Nationalismus und religiöser Fantismus, alte und neue Ideologien werden die Geschichte wohl auch im kommenden Jahrzehnt in Bewegung halten.

Demontage eines Ideals: In Bukarest wird eine riesige Lenin-Statue von ihrem Sockel geholt

Der 3. Oktober 1990:
Ein echter Tag der Deutschen Einheit

Der Weg zur deutschen Einheit erwies sich nach der Einsetzung der ersten frei gewählten DDR-Regierung als weit weniger langwierig, als geglaubt worden war. Bereits im Februar 1990 hatte die sowjetische Führung Bundeskanzler Kohl und Außenminister Genscher bei deren Besuch in Moskau wissen lassen, daß das Selbstbestimmungsrecht der Völker auch für den ehemaligen Kriegsgegner akzeptiert werde; lediglich die Modalitäten sollten mit den Siegermächten des Zweiten Weltkriegs abgestimmt werden. Bei einem weiteren Zusammentreffen mit Kohl im Juli stimmte Gorbatschow auch der NATO-Mitgliedschaft eines vereinten Deutschlands zu. Gefordert wurde nur noch eine Obergrenze bezüglich des gesamtdeutschen Truppenkontingents – hier legte Kohl sich vor Ort auf 370 000 Mann fest – sowie deutsche Finanzhilfe beim Abzug der in der DDR stationierten Sowjeteinheiten. Beigetragen zu diesem außergewöhnlichen Entgegenkommen hatte vielleicht die am Vorabend der Abreise Kohls bekanntgegebene Verkürzung der Wehrdienstzeit in der Bundesrepublik auf 12 Monate, die zu einem Abbau der Bundeswehr um 35 000 Mann schon im Spätsommer führte.

Schwieriger gestalteten sich die innerdeutschen Gespräche bezüglich der Vereinigung. Zwar hatten Versorgungsprobleme und wachsende Arbeitslosigkeit in der DDR – vor allem nach der Währungsunion am 1. Juli 1990, die auch eine vorübergehende Superteuerung nach sich zog – zu einer Atmosphäre geführt, die die zeitaufwendige, gleichberechtigte Ausarbeitung einer neuen gesamtdeutschen Verfassung, wie sie von vielen gerne gesehen worden wäre, ausschloß; über den Modus der ersten gemeinsamen Parlamentswahl am 2. Dezember brach jedoch ein heftiger Streit besonders in der DDR-Regierungskoalition aus. Ministerpräsident de Maizière beharrte auf einem Beitritt erst unmittelbar nach der Wahl; die Ablehnung des Antrags des Bund Freier Demokraten in der Volkskammer, zum 1. Dezember beizutreten, führte zum Austritt der Liberalen aus der Regierungskoalition.

Als offensichtlich wurde, daß Bonn einen Beitritt schon im Herbst bevorzugte, brachten die Liberalen in Ost und West den 14. Oktober, SPD und DSU einen Termin noch im August ins Spiel. Zusätzliche Unruhe schaffte der aus einem Treffen Kohls und de Maizières am 3. August resultierende Vorschlag, die Wahl auf den 14. Oktober vorzulegen. Dieser scheiterte an der Weigerung der ein wahltaktisches Manöver vermutenden SPD, ohne die die notwendige Zweidrittelmehrheit für eine Verfassungsänderung nicht zu erlangen war. Daraufhin erklärte die Volkskammer der DDR am 23. August den Beitritt zum Geltungsbereich des Grundgesetzes zum 3. Oktober; Wahltermin blieb der 2. Dezember.

Am 30. August 1990 wurde der Einigungsvertrag unterzeichnet. Er beinhaltete u.a. den Verzicht Deutschlands auf weiterreichende Gebietsansprüche (z.B. Ostpreußen und Schlesien), die Festsetzung Berlins als Hauptstadt, nicht aber unbedingt als Regierungssitz sowie einen Kompromiß in der umstrittenen Frage des Schwangerschaftsabbruchs.

Am 12. September verzichteten die Siegermächte im sogenannten 2+4-Vertrag auf ihre Besatzungsrechte und akzeptierten die volle Souveränität für Deutschland. Stichtag wurde der 3. Oktober, der neue „Tag der deutschen Einheit". Er löst den 17. Juni, den Jahrestag des mißglückten Aufstandes in der DDR 1953, als nationaler Feiertag ab.

Seit dem 3. Oktober ist Berlin wieder eine ungeteilte Stadt.

Synchronoptische Übersicht

v. Chr. 3000	Mesopotamien Gilgamesch-Epos	
2900	Ägypten Altes Reich Gründung von Memphis Hieroglyphenschrift	
	um 2900 Narmer Pharao	
2700	Ägypten 365-Tage-Kalender Pyramiden des Cheops und des Chephren, der Sphinx in Gizeh	
	um 2700 Imhotep Ägyptischer Baumeister	
	nach 2700–2675 Cheops (Chufu) Pharao, IV. Dynastie	
	um 2650 Chephren Pharao, IV. Dynastie	
2500	Mesopotamien Sumerische Könige von Lagasch	
	China Shantung-Kultur	
	Mesopotamien Standarte von Ur	
2400	Ägypten Pyramiden von Abusir	

2300	China Shun-Dynastie	
2270	Ägypten Pyramiden von Sakkara	
2255	Mesopotamien Stele des Naramsu'en	
2225	Troia Schatz des Priamos	
2205	China Hsia-Dynastie	
2100	Ägypten Mittleres Reich	
2000	China Yang-shao-Kultur	
	Kleinasien Reich der Hethiter	
	Kreta Mittelminoische Kultur Bauten in Knossos und Phyistos	
1850	England Stonehenge	
	1728–1686 Hammurapi König von Babylon	
1700	Ägypten Einfälle der Hyksos Ende des Mittleren Reiches	

	Griechenland Bauten in Mykene und Tiryns	
	um 1700 Minos Sagenhafter Herrscher auf Kreta	
1570	Ägypten Vertreibung der Hyksos Neues Reich Bauten im Tal der Könige	
	China Shang-Kultur	
	um 1570–1515 Thutmosis I. Pharao, XVIII. Dynastie	
	1557–1530 Amenhotep Pharao, XVIII. Dynastie	
	1511–1480 Hatschepsut Pharaonin, XVIII. Dynastie	
	1504–1447 Thutmosis III. Pharao, XVIII. Dynastie	
	Spanien Mykener	
	Süd-Griechenland Ionier und Archäer	
	Nord-Griechenland Dorer	
	Mexiko Olmeken-Kultur	

1480	Palästina Schlacht bei Megiddo		um 1004/03-965/64 David König von Israel		um 580-496 Pythagoras Griechischer Philosoph
	1450-um 1425 Amenhotep II. Pharao, XVIII. Dynastie		960-925 Salomon König von Israel		569-529 Kyros II. König von Persien
	um 1425-1408 Thutmosis IV. Pharao, XVIII. Dynastie	810	Nord-Afrika Gründung Karthagos		um 551 - um 479 Buddha Indischer Religionsstifter
	1408-1372 Amenhotep III. Pharao, XVIII. Dynastie	800	Italien Siedlung der Etrusker		um 551 - um 479 Konfuzius Chinesischer Philosoph
1385	Ägypten Amarna-Zeit Amenophis IV. (Achenaton) Tutanchamun verlegt die Hauptstadt nach Theben		um 800 Homer Griechischer Dichter (Epen Ilias und Odyssee)		um 550-480 Heraklit Griechischer Philosoph
		753	Sagenhafte Gründung Roms		um 528-459 Themistokles Griechischer Staatsmann
	um 1380-1358 Amenophis VI. (Echnaton) Pharao, XVIII. Dynastie	750	Südliches Mittel-Europa Hallstatt-Kultur	525	Griechenland Apollo von Piombino
		718/17	Persien Gründung von Persepolis durch Darius I.		525/24-456/55 Aischylos Griechischer Dramatiker
	um 1380-1358 Nofretete Pharaonin, XVIII. Dynastie	700	Kleinasien Münzprägung in Lydien		522-486 Darius I. König von Persien
	um 1380-1349 Tutanchamun Pharao, XVIII. Dynastie		um 700 Hesidot Griechischer Dichter		522/418-nach 446 Pindar Griechischer Dichter
1370	Mexiko Sonnenpyramide in Teotihuacan		669-627 Assurbanaplu König von Assyrien		519-465 Xerxes König von Persien
	1301-1235 Ramses II. Pharao, XIX. Dynastie	660	Griechenland Erste Olympische Spiele		um 510 Kleistenes Griechischer Staatsmann
	um 1250 Moses Führer der Israeliten		Thrakien Gründung von Byzanz		um 500 Äsop Griechischer Dichter
	um 1210 Agamemnon Sagenhafter König von Mykene	650	Mesopotamien Bibliothek des Assurbanaplu in Nineweh		um 500 Anakreon Griechischer Dichter
1200	Palästina Israeliten im Gelobten Land		um 640-604 Nabopolassar König von Babylon		497/96-406/05 Sophokles Griechischer Dramatiker
	um 1200 Priamos Sagenhafter König von Troia		640-560 Solon Griechischer Staatsmann		um 495-429 Perikles Athenischer Staatsmann
	1198-1166 Ramses III. Pharao, XX. Dynastie	625	Griechenland Hera-Tempel in Olympia		488-480 Leonidas König von Sparta
	um 1100 Samuel Israelitischer Richter und Prophet	605	Mesopotamien Schlacht bei Karkemisch		um 485/84-407/06 Euripides Griechischer Dramatiker
1050	China Chou-Dynastie		605-562 Nebukadnezar II. König von Babylon		484-425 Herodot Geschichtsschreiber
1000	Kleinasien Griechische Städte an der ionischen Küste		um 600 Sappho Griechische Dichterin		um 470-404 Darius II. König von Persien
	um 1000 Saul Erster König von Israel		599-522 Zarathustra Persischer Religionsstifter		um 470-399 Sokrates Griechischer Philosoph
					um 468-438 Phidias Griechischer Bildhauer

	465–424 Artaxerxes I. König von Persien	264	Erster Punischer Krieg		70–19 Vergil Römischer Dichter
	um 460–390 Diogenes Griechischer Philosoph		247–183 Hannibal Karthagischer Feldherr		68–30 Kleopatra Königin von Ägypten
449	Griechenland Apollo-Tempel in Korinth		236–184 Scipio Römischer Feldherr und Staatsmann		65–8 Horaz Römischer Dichter
	um 445–um 385 Aristophanes Griechischer Komödiendichter		234–149 Cato Römischer Staatsmann und Schriftsteller		63–12 Agrippa Römischer Staatsmann und Feldherr
439	Rom Auszug der Plebejer		221 Shih Huang-ti Erster Kaiser von China		63–14 n. Chr. Octavian Imperator Caesar Augustus seit 27
	436/35–338 Isokrates Griechischer Redner	219	Zweiter Punischer Krieg	60	Erstes Triumvirat
	um 430–354 Xenophon Griechischer Historiker	202	China Gründung der Han-Dynastie		Caesar, Pompeius und Crassus
	427–348/47 Platon Griechischer Philosoph		193–160 Judas Makkabäus Jüdischer Heerführer	49	Bürgerkrieg in Italien Caesars Zug über den Rubikon
401	Griechenland Anabasis des Xenophon	167	Palästina Erster Makkabäer-Aufstand	46	Einführung des julianischen Kalenders
	vor 400–um 330 Praxiteles Griechischer Bildhauer	157–86	Marius Römischer Feldherr und Staatsmann		46–9 n. Chr. Varus Römischer Feldherr
	384–322 Aristoteles Griechischer Philosoph	149	Dritter Punischer Krieg	43	Zweites Triumvirat Marcus Antonius, Octavian und Lepidus
	384–322 Demosthenes Griechischer Redner		137–78 Sulla Römischer Staatsmann		43–um 17 n. Chr. Ovid Römischer Dichter
	382–336 Philipp II. König von Makedonien		114–53 Crassus Römischer Staatsmann und Feldherr		38–37 n. Chr. Tiberius Römischer Kaiser
356	Kleinasien Zerstörung des Tempels der Diana in Ephesus durch Herostrat		109–71 Spartacus Sklaven-Führer		um 18–19 n. Chr. Arminius Fürst der Cherusker
	356–323 Alexander der Große König von Makedonien		106–48 Pompeius Römischer Feldherr und Staatsmann		um 15–19 n. Chr. Germanicus Römischer Feldherr
	307–272 Pyrrhus König von Epirus		106–43 Cicero Römischer Staatsmann und Schriftsteller		um 10–79 n. Chr. Vespasian Römischer Kaiser
	zw. 306 und 283 wirkte Euklid Griechischer Mathematiker	100	Palästina Schriftrollen aus den Höhlen von Qumran am Toten Meer		10–54 n. Chr. Claudius Römischer Kaiser
	um 300 Theokrit Griechischer Dichter				7–30/33 n. Chr. Jesus Christus
	287–212 Archimedes Griechischer Mathematiker		100–44 Julius Caesar Römischer Staatsmann		7–29 n. Chr. Johannes der Täufer Jüdischer Prediger
286	Ägypten Gründung der Bibliotheken in Alexandrien		82–30 Marcus Antonius Römischer Staatsmann		4–46 n. Chr. Pontius Pilatus Prokurator von Judaea
	282–229 Amilkar Karthagischer Feldherr		73–4 Herodes I. König der Juden	n. Chr. 17	Markomannischer Krieg des Königs Marobod
					23–79 Plinius der Ältere Römischer Schriftsteller und Naturforscher

30	Italien Kochbuch des Apicus	270	Abwehr von Germanen- stämmen (bis 290) in Italien, am Rhein und an der Donau		um 385-450/51 Nestorios Patriarch von Konstantinopel (428-431)
	um 30-81 Titus Römischer Kaiser	280	Allgemeine Christenverfolgung im Römischen Reich		390-477 Geiserich König der Wandalen
	37/38-95 Josephus Jüdischer Geschichtsschreiber		288-337 Konstantin der Große Römischer Kaiser	391	Brand der Bibliothek in Alexandrien
	37-68 Nero Römischer Kaiser	292	Reichsreformen des Kaisers Diokletian	403	Ravenna Hauptstadt des Westreiches
45	Missionsreisen des Apostels Paulus	296	Sieg der Perser über die Römer bei Karrhae	405	Vollendung der Bibel- übersetzung des Hieronymus
	um 46-um 120 Plutarch Griechischer Schriftsteller		um 311-381 Wulfila Westgotischer Bischof	407	Gründung eines Avaren-Reiches
	50-92/93 oder 100 Herodes Agrippa II. König in Nord-Palästina	312	Erhebung Konstantins zum Augustus im Westen des Reiches		408/14-450 Theodosius II. Oströmischer Kaiser
	um 55-nach 115 Tacitus Römischer Geschichtsschreiber	324	Sieg Konstantins über Licinius	410	Alarichs Eroberung Roms
79	Italien Zerstörung von Pompeji und Herculaneum	325	Konzil von Nicäa		412-453 Attila König der Hunnen
80	Rom Vollendung des Colosseums	330	Konstantinopel Hauptstadt des Reiches		418-451 Theoderich I. König der Westgoten
	176-217 Caracalla Römischer Kaiser		um 330-um 375 Ermanarich König der Ostgoten	429	Nord-Afrika Gründung des Wandalen-Reiches
	202-258 Cyprian Kirchenvater		337-361 Constantius II. Römischer Kaiser		440-461 Leo I. der Große Papst
	204-270 Plotin Griechischer Philosoph		339-397 Ambrosius Lateinischer Kirchenvater		448-491 Zenon Oströmischer Kaiser
212	Volles Bürgerrecht für alle freien Bewohner des Römischen Reiches		340-420 Hieronymus Lateinischer Kirchenvater	449	Siedlung der Angeln, Sachsen und Jüten in Britannien
	214-275 Aurelianus Römischer Kaiser		347-395 Theodosius I. Römischer Kaiser	450	Indien Zurückschlagung der Hunnen
	247-316 Diokletian Römischer Kaiser		354-430 Augustinus Kirchenvater		451-526 Theoderich der Große König der Ostgoten
250	Erster Gotenkrieg (bis 269) unter Kaiser Claudius II.		370-410 Alarich König der Westgoten		453-498 Romulus Augustulus Weströmischer Kaiser (bis 476)
	251-um 356 Antonius Einsiedler in Ägypten	375	Hunneneinfall in Europa	455	Plünderung Roms durch die Wandalen
	um 258-336 Arius Nordafrikanischer Theologe	378	Schlacht bei Adrianopel	476	Absetzung des letzten Kaisers im Westen
	263-339 Eusebius Kirchengeschichtsschreiber		um 380-444 Cyrillos Patriarch von Alexandrien		um 478-567 Narses Römischer Feldherr
		384	Teilung Armeniens zwischen Rom und Persien		481-511 Chlodwig Fränkischer König
265	China Tsin-Dynastie	385	China Ausbreitung des Buddhismus		483-565 Justinian I. Oströmischer Kaiser

486 — Chlodwigs Sieg über Syagrius bei Soissons	597 — Bekehrung König Aethelberts durch Augustin von Canterbury	756 — Pippinische Schenkung Errichtung des Kirchenstaates
493 — Theoderich Sieger in Italien	604 — Augustinus Erzbischof von Canterbury	762 — Bagdad Hauptstadt des Abbasiden-Kalifen
500 — Endgültige Fassung des Talmud in Babylon	605–652 Rothari König der Langobarden	765–809 Harun al-Raschid Kalif des Islam
507 — Chlodwigs Sieg über die Westgoten bei Vouillé	606 — China Prüfungssystem für Beamte	774 — Karl der Große König der Langobarden
508–548 Theodora Oströmische Kaiserin	610–680 Moawija Kalif des Islam, Begründer der Omaijaden-Dynastie	778 — Spanien Niederlage der Franken bei Roncesvalles durch die Araber
512–552 Totila König der Ostgoten	614 — Erbeutung des Kreuzes Christi in Jerusalem durch die Perser	778–840 Ludwig der Fromme Fränkischer König, Kaiser
534 — Corpus iuris civilis des Kaisers Justinian I.	616 — Zwangstaufe spanischer Juden	787 — Beginn der Überfälle der Wikinger auf England und Irland
Nord-Afrika Ende des Wandalen-Reiches	618–636 Li Yüan Begründer der T'ang-Dynastie	788 — Marokko Unabhängigkeit des Schiiten-Kalifats
538/39–594/95 Gregor von Tours Abt und Geschichtsschreiber der Merowinger	627 — Sieg Heraklios I. über die Perser	um 790–855 Lothar I. Fränkischer König, Kaiser
540–604 Gregor I. der Große Papst	630 — Mohammed in Mekka	
	um 635–714 Pippin der Mittlere Fränkischer Hausmeier	794 — Synode von Frankfurt
um 545–615 Kolumban der Jüngere Abt von Luxeuil und Bobbio	638–672 Tenji Tenno Herrscher in Japan	799 — Papst Leo III. bei Karl dem Großen
546 — Verwüstung Roms durch König Totila	649–672 Rekkeswind König der Westgoten	804–876 Ludwig der Deutsche Ostfränkischer König
um 560–641 Herakleios Byzantinischer Kaiser	658 — Begründung des Kalifates der Omaijaden in Damaskus	816 — Kaiserkrönung Ludwig des Frommen in Rom
um 560–636 Isidor von Sevilla Spanischer Kirchenlehrer	664 — Synode von Whitby	829–877 Karl der Kahle Westfränkischer König, Kaiser
563 — Weihe der Hagia Sophia in Konstantinopel	670–741 Karl Martell Fränkischer Hausmeier	837–907 Arpad Führer der Ungarn
565–572 Alboin König der Langobarden	672/75–754 Winfrid Bonifatius Angelsächsischer Missionar	839–888 Karl III. der Dicke Westfränkischer König, Kaiser
um 570–634 Abu Bekr Erster Kalif des Islam	712–768 Pippin der Jüngere Fränkischer Hausmeier und König	843 — Vertrag von Verdun
um 570–632 Mohammed Prophet des Islam	712–744 Liutprand König der Langobarden	850–899 Arnulf von Kärnten Ostfränkischer König, Kaiser
581–618 Yang Chien Gründer der Siu-Dynastie	720 — Vorstoß der Araber nach Aquitanien	865 — Angriffe der Wikinger auf Ostanglien
585 — Reise Kolumbans von Irland nach Gallien	732 — Schlacht bei Tours und Poitiers Sieg Karl Martells über die Araber	870 — Vertrag von Mersen Aufteilung Lotharingiens
586–601 Rekkared I. König der Westgoten	742–814 Karl der Große Fränkischer König, Kaiser	872–936 Heinrich I. Deutscher König

	873–933 Rollo (Robert I.) Herzog von der Normandie		1017–1056 Heinrich III. Deutscher König, Kaiser		1148–1193 Saladin Sultan von Ägypten 1171–1193
um 875	Raubzüge der Wikinger in ganz Europa		1027–1087 Wilhelm I. der Eroberer König von England		1148–1189 Heinrich II. König von England 1154–1189
	875–923 Karl III. der Einfältige König von Frankreich		1040–1099 Urban II. Papst		1157–1199 Richard I. Löwenherz König von England 1189–1199
878	Friede von Wedmore Teilung Englands in das Gebiet des Danelag und das Königreich Alfreds des Großen	1042	England Ende der Dänen-Herrschaft		um 1160–1227 Dschingis Khan Begründer des Mongolenreiches
			1048–1118 Alexios I. Komnenos Byzantinischer Kaiser		1161–1216 Innozenz III. Papst 1198–1216
889	Vertreibung der Ungarn aus Atelkuz durch die Petschenegen		1050–1106 Heinrich IV. Deutscher König, Kaiser		1165–1197 Heinrich VI. Deutscher König, Kaiser 1190–1197
907	China Ende der T'ang-Dynastie		1060–1108 Philipp I. König von Frankreich	1167	Gründung der Universität Oxford
	Deutschland Beutezüge der Ungarn (bis 954)		1064–1135 Heinrich I. König von England		1169–1241 Gregor IX. Papst 1227–1241
910	Gründung von Cluny	1071	Schlacht von Manzikert Sieg der türkischen Seldschuken über Byzanz		1170–1221 Dominikus Spanischer Ordensstifter
911	Siedlung der Normannen in der Normandie				
	912–973 Otto I. der Große Deutscher König, Kaiser		1079–1142 Peter Abaelard Französischer Gelehrter		1181/82–1226 Franz von Assisi Italienischer Ordensstifter
	924–998 Widukind von Corvey Geschichtsschreiber		1081–1137 Ludwig VI. der Dicke König von Frankreich		1184–1283 Saadi Persischer Dichter
	938–996 Hugo Capet König von Frankreich	1085	Eroberung Toledos durch die Christen		1184–1239 Hermann von Salza Hochmeister des Deutschen Ritterordens
960	China Begründung der Sung-Dynastie	seit 1086	Spanien Herrschaft der Maurischen Almoraviden		um 1185–1254 Innozenz IV. Papst 1243–1254
962	Kaiserkrönung Ottos I. des Großen	1099	Erster Kreuzzug Eroberung Jerusalems		um 1186–1255 Batu Führer der mongolischen Goldenen Horde
968	Synode von Ravenna		1115–1180 Johannes von Salisbury Englischer Philosoph	1187	Schlacht bei Hattin Sieg Saladins über die Kreuzfahrer
987	Frankreich Beginn der Herrschaft der Kapetinger		1118–1170 Thomas Becket Erzbischof von Canterbury		um 1187–1226 Ludwig der VIII. König von Frankreich 1223–1226
995	Ungarn Taufe des Vajk-Stephan Beginn des Königreiches Ungarn		1121–1180 Ludwig VII. König von Frankreich		1194–1250 Friedrich II. Deutscher König, Kaiser 1198–1250
	997–1038 Stephan I. der Heilige König von Ungarn		1122–1190 Friedrich I. Barbarossa, Deutscher König, Kaiser 1152–1190	um 1200	Gründung der Universität Prag
1000	Gründung des Erzbistums Gnesen			1208	Beginn der Albigenserkriege
	um 1000 Leif Erikson Norwegischer Seefahrer		um 1123–1204 Eleonore von Aquitanien, Gemahlin Ludwigs VII. von Frankreich und Heinrich II. von England	1214	Schlacht bei Bouvines Niederlage Kaiser Ottos IV.
	1002–1054 Leo IX. Papst	1145	Eroberung des maurischen Spaniens durch die Almohaden		1214–1270 Ludwig IX., der Heilige König von Frankreich 1226–1270

1215	Viertes Laterankonzil Eroberung Pekings durch Dschingis Khan	1254-1323	Marco Polo Venezianischer Weltreisender	1304-1374	Francesco Petrarca Italienischer Dichter
1215-1294	Kublai Khan Mongolenkaiser in China	1258	Plünderung Bagdads durch die Mongolen Hülägüs	1307	Verlegung der päpstlichen Residenz nach Avignon
1216-1272	Heinrich III. König von England	1259-1326	Osman I. Türkischer Sultan 1281-1326	1312-1377	Eduard III. König von England 1327-1377
1218-1292	Rudolf von Habsburg Deutscher König 1273-1292	1260-1327	Meister Eckhart Deutscher Mystiker	1313-1375	Giovanni Boccaccio Italienischer Schriftsteller
1221	Eroberung des Indus-Tals und Afghanistans durch die Mongolen	1264	England Krieg der Barone gegen Heinrich III. (bis 1265)	1315	Schlacht bei Morgarten Anerkennung der schweizerischen Eidgenossenschaften durch Kaiser Ludwig den Bayern
1221-1284	Alfons X., der Weise Kastilischer und Deutscher König 1252-1284	1265	Simon von Montfort »Großes Parlament«	1317	Erste venezianische Handelsexpedition nach Flandern
1225-1287	Niccolo Pisano Italienischer Bildhauer	1265-1321	Dante Alighieri Italienischer Dichter		
		1265-1314	Clemens V. Papst 1305-1314	1319-1364	Johann II., der Gute König von Frankreich 1350-1364
1225-1274	Thomas von Aquin Kirchenlehrer, Scholastiker	1266	Schlacht bei Benevent	1325	Errichtung des Aztekenreiches in Mexiko
1226	Goldene Bulle von Rimini für den Deutschen Ritterorden	1266-1337	Giotto di Bondone Florentinischer Maler	1326-1382	Ludwig I., der Große König von Ungarn und Polen 1342-1382
1226-1285	Karl von Anjou König von Neapel und Sizilien 1263-1285	1267	1267-1273 Thomas von Aquin »Summa Theologica«	1330-1398	Chu Yüan-chang Gründer der chinesischen Ming-Dynastie (1368-1398)
1228-1254	Konrad IV. Deutscher König 1250-1254	1268	Niederlage Konradins bei Tagliacozzo		
1230-1278	Ottokar II. König von Böhmen 1253-1278	1268-1314	Philipp IV., der Schöne König von Frankreich 1285-1314	1332-1378	Gregor XI. Papst 1370-1378
1232-1303	Bonifaz VIII. Papst 1294-1303	um 1270-1305	William Wallace Schottischer Nationalheld	1332-1376	Eduard der Schwarze Prinz Prinz von Wales
1239-1307	Eduard I. König von England 1272-1307	1273	Ende des Interregnums Rudolf von Habsburg Deutscher König	1333-1387	Karl II., der Böse König von Navarra 1349-1387
1241	Sieg der Tataren bei Liegnitz in Schlesien	1276	Italien Papierherstellung	1337	Beginn des Hundertjährigen Krieges zwischen England und Frankreich
1244	Einnahme Jerusalems durch die ägyptischen Moslems	1280	Yüan-Dynastie (Mongolen) in Peking	1337-1380	Karl V., der Weise König von Frankreich 1364-1380
1245-1285	Philipp III., der Kühne König von Frankreich 1270-1285	1282	Sizilianische Vesper Vertreibung der Franzosen	1340	Eroberung Kleinasiens durch die Türken
1248	Siebenter Kreuzzug unter Ludwig IX., dem Heiligen	1287-1347	Ludwig der Bayer Deutscher König, Kaiser 1314-1347	1340-100	Geoffrey Chaucer Englischer Dichter
1252	Erste Prägung eines Florins (Gulden)	1293-1350	Philipp VI. König von Frankreich 1328-1350	1340-1382	Philipp von Artevelde Führer der flämischen Weber
1253	Kampf Genuas und Venedigs um den Levante- und Schwarzmeer-Handel (bis 1299)	1297	Steuerbewilligungsrecht für das englische Parlament	1344	Gründung des Bundes der Hanse
				1346	Schlacht bei Crécy

	1350–1381 John Ball Englischer Prediger	1389	Eroberung Serbiens und des Balkans durch die Türken nach der Schlacht bei Kossovo		1415–1493 Friedrich III. Deutscher König, Kaiser 1452–1493
1356	Goldene Bulle Karls IV.		1389–1464 Cosimo de Medici Herrscher von Florenz 1434–1464	1419	Hussitenkriege (bis 1435)
1358	Bauernaufstand der Jacquerie in Frankreich			1420	Vertrag von Troyes
1360	Adrianopel Hauptstadt des türkischen Sultans		1390–1448 Johannes VIII. Palaiologos Kaiser von Byzanz 1425–1448		1421–1461 Heinrich VI. König von England 1422–1461
	1361–1437 Sigismund Deutscher König, Kaiser 1410–1437		1390–1439 Albrecht II. Deutscher König 1438–1439		1423–1483 Ludwig XI. König von Frankreich 1461–1483
	1361–1419 Wenzel Deutscher König 1376–1400	1391	Sieg Timurs über die Goldene Horde		1426–1515 Ludwig XII. König von Frankreich 1498–1515
	1367–1413 Heinrich IV. König von England 1399–1413		1394–1460 Heinrich der Seefahrer Infant von Portugal	1431	Konzil von Basel (bis 1435)
	1367–1400 Richard II. König von England 1377–1400	1396	Kalmarer Union Skandinavien unter dänischer Herrschaft		1432–1481 Mohammed II. Osmanischer Sultan
1368	China Gründung der Ming-Dynastie		1396–1467 Philipp der Gute Herzog von Burgund 1419–1467		1433–1477 Karl der Kühne Herzog von Burgund 1467–1477
	1368–1431 Martin V. Papst 1417–1431		1397–1455 Nikolaus V. Papst 1447–1455	1434	(zwischen 1434–1444) Gutenbergs Erfindung der Buchdruckerkunst mit beweglichen Lettern
	1368–1422 Karl VI. König von Frankreich 1380–1422	1399	Absetzung Richard II. durch Bolinbroke		1434–1503 Alexander VI. Papst 1492–1503
1369	Wiederaufnahme des Hundertjährigen Krieges		um 1400–1468 Johann Gutenberg Deutscher Drucker	1435	Vertrag von Arras Bündnis Karls VII. und Philipps von Burgund
	1370–1415 Jan Hus Böhmischer Reformator	1402	Sieg Timurs über die Türken bei Ankara	1439	Konzil von Florenz Unionsversuche mit der Ostkirche
	1371–1435 Isabella von Bayern Königin von Frankreich		1403–1461 Karl VII. König von Frankreich 1422–1461		1440–1506 Iwan III. der Große Großfürst von Moskau 1462–1506
	1371–1419 Johann Ohnefurcht Herzog von Burgund 1404–1419		1404–1453 Konstantin XI. Palaiologos Byzantinischer Kaiser 1448–1453		1443–1483 Eduard IV. König von England 1461–1483
1378	Das Große Schisma		1405–1464 Pius II. Papst 1458–1464		1444–1513 Julius II. Papst 1503–1513
1380	Endgültiger Sieg Venedigs über Genua Sieg der Russen über die Mongolen bei Kulikowo	1410	Einnahme Bagdads durch die Türken		um 1445–1510 Sandro Botticelli Florentinischer Maler
1381	Dalmatien an Ludwig I. von Ungarn		um 1412–1431 Jeanne d'Arc Französische Nationalheldin		1448–1510 Francisco d'Almeida Portugiesischer Vizekönig von Indien 1505–1510
	1383–1447 Eugen IV. Papst 1431–1447	1414	Konzil von Konstanz (bis 1417) Ende des Großen Schisma		um 1450–1500 Bartolomeu Diaz Portugiesischer Seefahrer
1385	Schlacht bei Aljubarrota Unabhängigkeit Portugals		1414–1484 Sixtus IV. Papst 1471–1484		um 1450–1499 John Cabot Italienischer Entdecker in englischen Diensten
	1387–1422 Heinrich V. König von England	1415	Schlacht bei Azincourt Verbrennung des Reformators Jan Hus		

	um 1451–1506 Christoph Kolumbus Entdecker Amerikas		1470–1498 Karl VIII. König von Frankreich 1483–1498		1485–1547 Hernando Cortes Spanischer Conquistador
	1452–1519 Leonardo da Vinci Italienischer Künstler und Erfinder		1471–1530 Albrecht Dürer Maler		um 1485–1540 Thomas Cromwell Englischer Staatsmann
	1452–1498 Girolamo Savonarola Italienischer Reformprediger		1471–1528 Francisco Pizarro Spanischer Conquistador	1487/88	Umschiffung des Kaps der Guten Hoffnung durch Diaz
	1452–1485 Richard III. König von England 1483–1485		1472–1553 Lukas Cranach der Ältere Maler		1488–1523 Ulrich von Hutten Humanist
1453	Eroberung Konstantinopels durch die Türken		1473–1543 Nikolaus Kopernikus Astronom	1489	Besetzung Zyperns durch Venedig
	1454–1515 Alfonso d'Albuquerque Portugiesischer Vizekönig von Indien 1509–1515		1475–1564 Michelangelo Buonarotti Italienischer Bildhauer und Maler		um 1490–1533 Atahualpa Herrscher der Inka in Peru
			1475–1521 Leo X. Papst 1513–1521		1491–1556 Ignatius von Loyola Stifter der Gesellschaft Jesu
	1454–1512 Amerigo Vespucci Italienischer Entdecker		1475–1507 Cesare Borgia Italienischer Kardinal		1491–1547 Heinrich VIII. König von England 1509–1547
1455	Rosenkriege in England (bis 1485)	1477	Schlacht bei Nancy	1492	Entdeckung Amerikas Eroberung Granadas
1456	Sieg der Ungarn bei Belgrad über die Türken		1477–1576 Tizian Venezianischer Maler		um 1493–1541 Paracelsus Schweizer Arzt
	1457–1509 Heinrich VII. König von England 1485–1509	1478	Spanien Einrichtung der Inquisition	1494	Vergleich von Tordesillas Teilung der Welt zwischen Spanien und Portugal
	1459–1525 Jakob Fugger Augsburger Bankier und Kaufherr		1478–1535 Thomas Morus Englischer Humanist und Staatsmann		1494–1566 Suleiman II. der Prächtige Osmanischer Sultan 1520–1566
	1459–1519 Maximilian I. Deutscher König, Kaiser 1486–1519		1478–1534 Clemens VII. Papst 1523–1534		1494–1547 Franz I. König von Frankreich 1515–1547
	um 1460/70–1528 Matthias Grünewald Maler	1479	Venezianisch-türkischer Friedensvertrag	1495	Reichstag zu Worms
	1463–1494 Pico della Mirandola Italienischer Humanist	1480	Rußland Ende der Türkenherrschaft		1496–1560 Gustav I. Wasa König von Schweden 1523–1560
	um 1466–1536 Desiderius Erasmus von Rotterdamm Humanist		1480–1521 Ferdinand Magellan Portugiesischer Seefahrer	1497	Entdeckung Neufundlands durch Cabot
	1466–1520 Selim I. Osmanischer Sultan 1512–1520		um 1480–1520 Montezuma Herrscher über die Azteken		1497–1560 Philipp Melanchthon Humanist, Reformator
	1467–1549 Paul III. Papst 1534–1549		1483–1546 Martin Luther Reformator		1497–1553 Hans Holbein der Jüngere Maler
			1483–1530 Babur Gründer des Mogulreiches in Indien		1500–1558 Karl V. Spanischer und deutscher König, Kaiser 1516–1558
	1469–1527 Niccolo Macchiavelli Florentinischer Staatsmann		1483–1520 Raffael Italienischer Maler		
	um 1469–1524 Vasco da Gama Portugiesischer Seefahrer		1484–1531 Huldrych Zwingli Schweizer Reformator		1503–1564 Ferdinand I. Römisch-Deutscher Kaiser 1526–1564

	1504–1572 Pius V. Papst 1566–1572	1527–1598 Philipp II. König von Spanien 1556–1598
	1506–1552 Franz Xavier Jesuit, Missionar	1527–1576 Maximilian II. Römisch-Deutscher Kaiser 1562–1576
	1507–1582 Fernando von Alba Spanischer Feldherr, Statthalter der Niederlande	

- **1508** Maximilian I. »Erwählter Römischer Kaiser«
- 1509–1564 Johann Calvin, Schweizer Reformator
- 1512–1594 Gerhard Mercator, Flämischer Geograph
- **1515** Schlacht bei Marignano; Eroberung Syriens und Ägyptens durch die Türken (bis 1517)
- 1516–1558 Maria I. Tudor, die Katholische, Königin von England 1553–1558
- **1517** Beginn der Reformation
- **1519** Magellans Weltumseglung
- 1519–1589 Katharina von Medici, Königin von Frankreich
- 1519–1572 Gaspard de Coligny, Admiral, Hugenottenführer
- 1519–1559 Heinrich II., König von Frankreich 1547–1559
- 1520–1572 Sigismund II., König von Polen 1548–1572
- **1521** Luther vor dem Reichstag zu Worms; Krieg zwischen Frankreich und Spanien (bis 1529)
- 1522–1590 Sixtus V., Papst 1585–1590
- 1522–1568 Lamoral von Egmont, Niederländischer Freiheitskämpfer
- **1525** Schlacht bei Pavia
- 1525–1594 Giovanni Palestrina, Italienischer Komponist
- 1525–1571 Ali Pascha, Osmanischer Heerführer
- **1526** Nord-Indien, Errichtung des Mogulreiches; Schlacht bei Mohacs

- 1527–1598 Philipp II., König von Spanien 1556–1598
- 1527–1576 Maximilian II., Römisch-Deutscher Kaiser 1562–1576
- **1530** Börse in Antwerpen, Finanzzentrum Europas
- 1530–1569 Ludwig von Condé, Französischer Hugenottenführer
- 1533–1603 Elisabeth I., Königin von England 1558–1603
- 1533–1584 Iwan IV. der Schreckliche, Zar von Rußland
- **1534** Gründung der Gesellschaft Jesu
- **1541** Errichtung eines theokratischen Regiments in Genf durch Calvin
- Ungarn, Türkischer Überfall
- **1542** Errichtung der Inquisition in Rom
- 1542–1605 Akbar der Große, Großmogul
- 1542–1587 Maria Stuart, Königin von Schottland
- 1543–1596 Francis Drake, Englischer Admiral
- **1545** Peru, Entdeckung der Silberminen bei Potosi
- Konzil von Trient (bis 1563), Reform der katholischen Kirche
- 1546–1601 Tycho Brahe, Dänischer Astronom
- 1547–1616 Miguel de Cervantes, Spanischer Dichter
- um 1547–1614 El Greco, Griechischer Maler in Spanien
- 1550–1615 Medina Sidonia, Oberbefehlshaber der spanischen Armada
- 1550–1588 Heinrich von Guise, Führer der französischen Katholiken

Dritte Spalte

- 1550–1574 Karl IX., König von Frankreich 1560–1574
- 1551–1625 Boris Godunow, Zar von Rußland 1598–1605
- 1551–1589 Heinrich III., König von Frankreich 1574–1589
- 1552–1618 Sir Walter Raleigh, Englischer Staatsmann
- 1552–1612 Rudolf II., Römisch-Deutscher Kaiser 1576–1611
- 1553–1610 Heinrich IV., König von Frankreich 1589–1610
- 1554–1585 Gregor XII., Papst 1572–1585
- **1555** Augsburger Religionsfriede, Anerkennung der Lutheraner
- **1557** Russisch-livländischer Krieg (bis 1582)
- **1559** Friede von Cateau-Cambrésis zwischen Spanien und Frankreich
- 1559–1632 Johann Graf von Tilly, Feldherr
- 1561–1626 Francis Bacon, Englischer Philosoph und Politiker
- **1562** Errichtung der Anglikanischen Kirche; Französische Religionskriege (bis 1580)
- 1562–1635 Felix Lope de Vega, Spanischer Dichter
- 1564–1642 Galileo Galilei, Italienischer Naturwissenschaftler
- 1564–1616 William Shakespeare, Englischer Dichter
- 1566–1625 Jakob I., König von Schottland und England 1603–1625
- 1567–1643 Claudio Monteverdi, Italienischer Komponist
- 1567–1625 Moritz von Oranien, Statthalter der Niederlande
- 1570–1621 Philipp III., König von Spanien 1598–1621

	1571–1630 Johannes Kepler Astronom		1599–1660 Diego Velasquez Spanischer Maler	1618	Fenstersturz zu Prag Beginn des Dreißigjährigen Krieges
1572	Bartholomäusnacht in Paris		1599–1658 Oliver Cromwell Lordprotector 1653–1658	1619	Nord-Amerika Erste Ankunft afrikanischer Sklaven
	1573–1642 Maria von Medici Gemahlin Heinrichs IV. von Frankreich		1599–1657 Robert Blake Englischer Admiral		1619–1683 Jean Baptiste Colbert Französischer Minister
	1577–1648 Christian IV. König von Dänemark und Norwegen 1588–1648		1599–1641 Anthonis von Dyck Flämischer Maler		1620–1688 Friedrich Wilhelm der Große Kurfürst Kurfürst von Brandenburg 1640–1688
	1577–1640 Peter Paul Rubens Flämischer Maler	1600	1600–1681 Pedro Calderon Spanischer Dramatiker		
	1581–1666 Frans Hals Holländischer Maler		1600–1649 Karl I. König von England 1625–1649	1621	Österreich Gesetz über die Unteilbarkeit
	1583–1643 John Pym Englischer Parlamentarier		1601–1643 Ludwig XIII. König von Frankreich 1610–1643		1621–1695 Jean de La Fontaine Französischer Dichter
	1583–1637 Ferdinand II. Römisch-Deutscher Kaiser 1619–1637	1602	Persisch-türkischer Krieg (bis 1618)		1621–1660 Karl X. König von Schweden 1654–1660
	1583–1634 Albrecht von Wallenstein Feldherr		1602–1661 Jules Mazarin Kardinal, französischer Staatsmann	1622	Schlachten bei Wiesloch, Wimpfen und Höchst
	1584–1647 Friedrich Heinrich von Oranien Statthalter der Niederlande		um 1603–1659 Abel Tasman Niederländischer Entdecker		1622–1647 Masaniello (Tommaso Aniello) Führer im neapolitanischen Aufstand von 1647
1585	Französischer Erbfolgekrieg (bis 1595)	1605	England Pulverturmverschwörung		1622–1673 Jean Baptiste Poquelin (Molière) Französischer Komödiendichter
	1585–1642 Louis François Richelieu Kardinal, französischer Staatsmann		1605–1665 Philipp IV. König von Spanien 1621–1665	1623	Pfälzische Kurwürde an Maximilian I. von Bayern
	1587–1645 Michael Romanow Zar von Rußland 1613–1645		1606–1684 Pierre Corneille Französischer Dramatiker		1623–1662 Blaise Pascal Französischer Mathematiker, Philosoph und Theologe
	1588–1679 Thomas Hobbes Englischer Philosoph		1606–1669 Rembrandt van Rijn Niederländischer Maler	1624	Gründung von Neu-Amsterdam (später New York) Gründung der Kronkolonie Virginia
	1594–1632 Gottfried Graf zu Pappenheim Reitergeneral		1607–1666 Anna von Österreich Gemahlin König Ludwigs XIII.		1625–1691 George Fox Begründer der Glaubensgemeinschaft der Quäker
	1594–1632 Gustav II. Adolf König von Schweden 1611–1632		1608–1674 John Milton Englischer Dichter		
	1559–1640 Georg Wilhelm Kurfürst von Brandenburg 1619–1640	1609	Erfindung des Mikroskopes (1590?)		1626–1696 Marie de Sévigné Französische Schriftstellerin
	1596–1650 René Descartes Französischer Philosoph		1609–1672 Johann Kasimir König von Polen 1648–1668		1626–1689 Christine Königin von Schweden 1632–1654
1598	Edikt von Nantes	1610	Ermordung Heinrichs IV. von Frankreich	1630	Regensburger Kurfürstentag
	1598–1680 Giovanni Bernini Italienischer Bildhauer	1611	Herzogtum Preußen durch Erbvertrag an Kurbrandenburg		1630–1685 Karl II. König von England 1660–1685
			1615–1680 Nicolas Fouquet Französischer Politiker		

1631	Vertrag von Bärwalde zwischen Frankreich und Schweden	1645	Türkisch-venezianischer Krieg (bis 1664)	1667	Friede zu Breda
	1632–1723 Christopher Wren Englischer Baumeister und Mathematiker		1646–1716 Gottfried Wilhelm Leibnitz Philosoph und Mathematiker		1667–1745 Jonathan Swift Englischer Satiriker
	1632–1704 John Locke Englischer Philosoph	1648	Westfälischer Friede Niederlande Teilung im Vertrag von Münster	1670	Vertrag zwischen Karl II. und Ludwig XIV. gegen Holland
	1632–1702 Wilhelm III. von Oranien Statthalter der Niederlande und König von England		Frankreich Aufstand der Fronde (bis 1653)		1670–1733 Friedrich August der Starke Kurfürst von Sachsen, König von Polen, 1694–1733
	1632–1677 Baruch Spinoza Philosoph	1651	Krieg zwischen Holland und England (bis 1659)		1671–1729 John Law Schottischer Spekulant, Kontrolleur der französischen Finanzen
	1632–1675 Jan Vermeer van Delft Holländischer Maler		1651–1715 François de la Mothe Fénelon Französischer Priester und Schriftsteller	1672–1729	Peter I. der Große Zar von Rußland 1682–1729
1633	Verurteilung Galileis durch die Inquisition	1655	Schwedisch-polnischer Krieg (bis 1657)	1673	Sonderfriede zu Vossem zwischen Brandenburg und Frankreich
	1633–1701 Jakob II. König von England 1685–1688		1655–1697 Karl XI. König von Schweden 1660–1697		Innozenz XI. Papst 1676–1689
	1635–1719 Françoise Marquise de Maintenon Zweite Gemahlin Ludwigs XIV.	1657	Gründung Kapstadts		1677–1766 Stanislaus Leszscynski König von Polen und Herzog von Lothringen
	1638–1715 Ludwig XIV. König von Frankreich		1657–1713 Friedrich I. Kurfürst von Brandenburg 1688 Erster König von Preußen 1701–1713	1678	Friede zu Nimwegen zwischen Frankreich, Holland und Spanien
	1639–1699 Jean Racine Französischer Tragödiendichter	1658	Schlacht in den Dünen von Niewpoort		1678–1711 Joseph I. Römisch-Deutscher Kaiser 1705–1711
	1639–1683 Maria Theresia Erste Gemahlin Ludwigs XIV.	1659	Pyrenäenfriede zwischen Spanien und Frankreich	1679	Friede zu St. Germain-en-Laye zwischen Brandenburg und Schweden
1640	Portugal Unabhängigkeit	1660	Friedensschlüsse zu Oliva und Kopenhagen		1682–1718 Karl XII. König von Schweden 1697–1718
	1640–1705 Leopold I. Römisch-Deutscher Kaiser 1657–1705		England Restauration der Stuart-Dynastie Sieg der Engländer bei Teneriffa über die Spanier		1683–1760 Georg II. König von Großbritannien 1727–1760
	1641–1727 Isaac Newton Englischer Naturwissenschaftler		1660–1727 Georg I. Kurfürst von Hannover 1698 König von Großbritannien 1714–1727		1683–1746 Philipp V. König von Spanien 1701/1714–1746
	1643–1690 Karl V., Herzog von Lothringen Feldherr		1661–1700 Karl II. König von Spanien 1665–1700		
1644	China Mandschu-Dynastie		1663–1736 Prinz Eugen von Savoyen Feldherr	1685	Aufhebung des Edikts von Nantes Frankreich Hugenottenverfolgung
	1644–1709 Abraham a Santa Clara Mönch und Theologe	1664	Vertrag zu Eisenburg		
	Innozenz X. Papst 1644–1655		1665–1714 Anna Stuart Königin von Großbritannien 1702–1714		1685–1759 Georg Friedrich Händel Komponist

	1685-1750 Johann Sebastian Bach Komponist	1703	Methuen-Vertrag zwischen England und Portugal		1717-1780 Maria Theresia Erzherzogin von Österreich, Königin von Böhmen und Ungarn 1740-1780
	1685-1740 Karl VI. Römisch-Deutscher Kaiser 1711-1740		1706-1790 Benjamin Franklin Amerikanischer Politiker	1718	Friede zu Passarowitz zwischen Österreich, Venedig und der Türkei
1686	Augsburger Allianz gegen Frankreich	1707	Vereinigung Englands und Schottlands zu Großbritannien	1721	Friede zu Nystad zwischen Rußland und Schweden
1688	England »Glorious Revolution«		1707-1788 Georges Buffon Französischer Naturforscher		England Errichtung der Kabinettsregierung
	1688-1740 Friedrich Wilhelm I. König von Preußen 1713-1740		1707-1778 Karl von Linné Schwedischer Botaniker		1721-1764 Antoinette de Pompadour Mätresse Ludwigs XV. von Frankreich
1689	Verwüstung der Pfalz durch Ludwig XIV.		1708-1765 Franz I. Römisch-Deutscher Kaiser 1745-1765 Gemahl Maria Theresias	1722	Krieg zwischen Persien und Afghanistan (bis 1730)
	1689-1755 Charles de Montesquieu Französischer Staatstheoretiker		1709-1762 Elisabeth I. Zarin von Rußland 1741-1762		1723-1792 Joshua Reynolds Englischer Maler
1690	Irland Schlacht am Boynefluß Sieg Wilhelms III. über Jakob II.		1710-1774 Ludwig XV. König von Frankreich 1715-1774	1724	Bündnis zwischen Preußen, Österreich und Rußland gegen Polen
1694	Süd-Brasilien Goldfunde in Minas Gerais		1712-1786 Friedrich II. der Große König von Preußen 1740-1786		1724-1804 Immanuel Kant Philosoph
	Gründung der Bank von England		1712-1778 Jean Jacques Rousseau Französischer Philosoph		1724-1803 Friedrich Gottlieb Klopstock Dichter
	1694-1778 François Marie Voltaire Französischer Philosoph		1712-1758 Louis-Joseph de Montcalm Französischer General		1727-1788 Thomas Gainsborough Englischer Maler
	1696-1750 Moritz Herzog von Sachsen Feldherr	1713	Asiento-Vertrag Monopol Englands für den Transport afrikanischer Sklaven in spanisch-amerikanischen Kolonien Pragmatische Sanktion		1728-1779 James Cook Englischer Seekapitän und Entdecker
1697	Friedensschlüsse Frankreichs zu Ryswijk mit England, Holland, Spanien und dem Reich				1729-1796 Katharina II. die Große Zarin von Rußland 1762-1796
	1697-1768 Antonio Canaletto Italienischer Maler		Weibliche Erbfolge in den Habsburgischen Landen		1729-1781 Gotthold Ephraim Lessing Dichter
1699	Friede der Türkei zu Karlowitz mit Österreich, Venedig und Polen		1713-1784 Denis Diderot Französischer Philosoph		1732-1809 Joseph Haydn Komponist
1700	Nordischer Krieg (bis 1721)		1714-1787 Christoph von Gluck Komponist		1732-1799 George Washington Erster Präsident der Vereinigten Staaten 1789-1797
1701	Krönung des Kurfürsten von Brandenburg zum König in Preußen	1717	Frankreich Aufbau und Zusammenbruch von John Laws Finanzsystem (bis 1720)		1733-1804 Joseph Priestley Englischer Chemiker
	Spanien Erbfolgekrieg (bis 1714)				1736-1819 James Watt Schottischer Naturwissenschaftler
	1701-1744 Anders Celsius Schwedischer Astronom		1717-1787 Charles Vergennes Französischer Politiker		

1737–1809 Thomas Paine
Englischer Schriftsteller

1737–1793 Luigi Galvani
Italienischer
Naturwissenschaftler

1738–1820 Georg III.
König von Großbritannien
1760–1820

1738–1811 Karl Friedrich
Markgraf von Baden

1739 Sieg Nadir Schahs von Persien
über die Afghanen

Englisch-spanischer
Kolonialkrieg (bis 1741)

Benedikt XIV.
Papst 1740–1758

1741–1790 Joseph II.
Römisch-Deutscher Kaiser
1765–1790

1743–1820 Joseph Banks
Englischer Naturwissenschaftler

1743–1794 Antoine Lavoisier
Französischer Chemiker

1743–1793 Jean Paul Marat
Französischer Revolutionär

1744–1803 Johann Gottfried
Herder
Dichter und Philosoph

1745 Friede von Dresden
Preußen behält Schlesien

1746 Eroberung von Madras
1746–1828 Francisco Goya
Spanischer Maler

1746–1817 Thadeus Kościusko
Polnischer Freiheitskämpfer

1749–1832 Johann Wolfgang von
Goethe
Dichter

1749–1791 Honoré Mirabeau
Französischer Staatsmann

1750 Portugal
Reformen (bis 1777)

1750–1822 Karl August von
Hardenberg
Staatsmann

1751–1836 James Madison
Präsident der Vereinigten
Staaten 1809–1817

1752–1814 Johann Friedrich
Reichardt
Komponist und Schriftsteller

1754–1838 Charles de Talleyrand
Französischer Staatsmann

1754–1801 Paul I.
Zar von Rußland 1796–1801

1754–1793 Ludwig XVI.
König von Frankreich 1774–1793

1755–1813 Gerhard von
Scharnhorst
General

1756 Siebenjähriger Krieg (bis 1763)

1756–1791 Wolfgang Amadeus
Mozart
Komponist

1757 Schlacht bei Roßbach
Bengalen
Schlacht bei Plassy

1757–1832 Marie Joseph de
Lafayette
Französischer General und
Staatsmann

1757–1831 Friedrich Karl vom
und zum Stein
Staatsmann

1757–1822 Antonio Canova
Italienischer Bildhauer

1758–1831 James Monroe
Präsident der USA 1817–1825

1758–1805 Horatio Nelson
Englischer Admiral

1758–1794 Maximilian
Robespierre
Französischer Revolutionär

1759–1805 Friedrich von Schiller
Dichter

1759–1794 Georges Danton
Französischer Revolutionär

1760–1731 Neidhart von
Gneisenau
Feldmarschall

1760–1826 Johann Peter Hebel
Dichter

1760–1825 Claude Saint-Simon
Französischer Sozialphilosoph

1761–1819 August von Kotzebue
Schriftsteller

1761–1818 Michael Barclay de
Tolly
Russischer Feldmarschall

1762–1814 Johann Gottlieb
Fichte
Philosoph

1763 Friede zu Hubertusberg

1763–1835 William Cobbett
Englischer Schriftsteller und
Sozialkritiker

1763–1825 Jean Paul (Richter)
Dichter

1764–1850 Johann Gottfried
Schadow
Bildhauer

1767–1845 Andrew Jackson
Präsident der USA 1829–1837

1767–1835 Wilhelm von
Humboldt
Staatsmann

1767–1815 Joachim Murat
Marschall von Frankreich und
König von Neapel (1808)

1768–1848 François René
Chateaubriand
Französischer Schriftsteller und
Staatsmann

1768–1844 Bertel Thorvaldsen
Dänischer Bildhauer

1768–1835 Franz II.
Römisch-Deutscher Kaiser
1792–1806
Kaiser von Österreich 1804–1835

1768–1834 Friedrich Daniel
Schleiermacher
Theologe und Philosph

1769–1859 Alexander von
Humboldt
Naturforscher und Gelehrter

1769–1852 Arthur Wellesley,
Herzog von Wellington
Englischer Feldherr und
Staatsmann

	1769-1821 Napoleon I. Kaiser der Franzosen 1804-1815	1775	Erfindung der Dampfmaschine durch James Watt		1783-1842 Henri Stendhal (Beyle) Französischer Dichter
	1770-1859 George Canning Englischer Staatsmann		Amerikanischer Unabhängigkeitskrieg (bis 1783)		1783-1830 Simon Bolivar Südamerikanischer Freiheitskämpfer
	1770-1831 Georg Wilhelm Friedrich Hegel Philosoph		1775-1851 William Turner Englischer Maler	1784	1784-1865 Henry Lord Palmerston Englischer Staatsmann
	1770-1828 Robert Earl of Liverpool Englischer Staatsmann		1775-1817 Jane Austen Englische Schriftstellerin		1785-1873 Alessandro Manzoni Italienischer Dichter
	1770-1827 Ludwig van Beethoven Komponist		1776-1831 Barthold Georg Niebuhr Geschichtswissenschaftler	1787	Verfassung der Vereinigten Staaten
	1771-1847 Karl Erzherzog von Österreich Feldherr		1776-1822 Ernst Th. A. Hoffmann Dichter, Komponist, Maler		Zweiter russisch-türkischer Krieg (bis 1792)
	1771-1834 Aloys Senefelder Erfinder des Steindruckes		1776-1810 Luise von Mecklenburg Königin von Preußen	1788	Einberufung der Generalstände nach Paris
	1771-1832 Walter Scott Schottischer Dichter		1777-1825 Alexander I. Zar von Rußland 1801-1825		Dreibund von Preußen, Großbritannien und Holland
	1771-1820 Karl Philipp von Schwarzenburg Feldherr		1777-1811 Heinrich von Kleist Dichter		1788-1824 George Lord Byron Englischer Dichter
1772	Schweden Staatsstreich Gustavs III.	1778	Bayerischer Erbfolgekrieg (bis 1779)	1789	Ausbruch der Französischen Revolution (14. Juli)
	Polen Erste Teilung		1778-1842 Clemens Brentano Dichter		Erklärung der Menschen- und Bürgerrechte (26. Aug.)
	1772-1829 Friedrich von Schlegel Philosoph und Dichter		1779-1861 Karl Friedrich von Savigny Rechtswissenschaftler		1789-1851 Louis Jacques Daguerre Französischer Maler und Physiker
1773	»Tea-Party« in Boston		1779-1840 Friedrich Wilhelm III. König von Preußen 1797-1840		1791-1813 Theodor Körner Dichter
	1773-1859 James Mill Englischer Philosoph		1780-1867 Jean Ingres Französischer Maler	1792	Ausrufung der Französischen Republik
	1773-1853 Klemens Wenzel von Metternich Staatsmann		1780-1862 Karl Robert von Nesselrode Russischer Staatsmann		Erster Koalitionskrieg gegen Frankreich (bis 1797)
	1773-1853 Johann Ludwig Tieck Dichter		1780-1831 Karl von Clausewitz General und Heeresreformer		Regierungsantritt des letzten römisch-deutschen Kaisers Franz II.
1774	Friede zu Kütschük-Kainardschi zwischen Rußland und der Türkei		1781-1848 George Stephenson Englischer Ingenieur		1792-1822 Percy Bysshe Shelley Englischer Dichter
	Loyalitätserklärung Kanadas gegenüber England	1783	1781-1841 Karl Friedrich Schinkel Baumeister	1793	Frankreich Schreckensherrschaft des Wohlfahrtsausschusses
	1774-1855 Salomon Rothschild Bankier in Wien		Friede zu Paris Anerkennung der amerikanischen Republik Verzicht Frankreichs auf Indien		Polen Zweite Teilung

1795	Friede zu Basel zwischen Frankreich und Preußen	
	Polen Dritte Teilung	
	1795–1886 Leopold von Ranke Geschichtswissenschaftler	
	1795–1821 John Keats Englischer Dichter	
1796	General Napoleon Buonapartes Feldzug in Ober-Italien (bis 1797)	
	1796–1855 Nikolaus I. Zar von Rußland 1825–1855	
1797	Friede zu Campo Formio Regierungsantritt Friedrich Wilhelms III.	
	1797–1888 Wilhelm I. König von Preußen 1858, Deutscher Kaiser 1871–1888	
	1797–1877 Louis Adolph Thiers Französischer Staatsmann	
	1797–1856 Heinrich Heine Dichter	
	1797–1828 Franz Schubert Komponist	
1798	Napoleon Buonapartes Feldzug in Ägypten (bis 1799)	
	1798–1857 Auguste Comte Französischer Philosoph	
1799	Staatsstreich vom 18. Brumaire Napoleon Buonaparte Erster Konsul der Republik	
	1799–1850 Honoré de Balzac Französischer Romanschriftsteller	
	1799–1837 Alexander S. Puschkin Russischer Dichter	
	1800–1891 Helmut von Moltke Preußischer Feldmarschall	
	1800–1882 Friedrich Wöhler Chemiker	
	1800–1852 Felix von Schwarzenberg Staatsmann	

1801	Friede zu Lunéville Ende der französischen Revolutionskriege	
	1802–1894 Ludwig von Kossuth Ungarischer Freiheitskämpfer	
	1802–1885 Victor Hugo Französischer Schriftsteller	
1803	Reichsdeputations-Hauptbeschluß zu Regensburg Säkularisation der meisten geistlichen Fürstentümer	
	1803–1882 Ralph Waldo Emerson Amerikanischer Philosoph und Dichter	
	1803–1879 Albrecht von Roon Preußischer Kriegsminister	
	1803–1879 Gottfried Semper Baumeister	
	1803–1873 Justus Liebig Chemiker	
1804	Krönung Napoleons zum erblichen Kaiser der Franzosen	
	1804–1881 Benjamin Disraeli Englischer Staatsmann	
1805	Seeschlacht bei Trafalgar	
	Dreikaiserschlacht bei Austerlitz	
	1805–1904 Ferdinand de Lesseps Französischer Ingenieur und Diplomat	
	1805–1872 Giuseppe Mazzini Italienischer Staatsmann	
1806	Gründung des Rhein-Bundes durch Napoleon I. Auflösung des Heiligen Römischen Reiches Deutscher Nation	
	1806–1872 Benito Juarez Mexikanischer Staatsmann	
1807	Friede zu Tilsit Beginn der Reformen in Preußen unter Friedrich Karl vom und zum Stein	
	1807–1882 Guiseppe Garibaldi Italienischer Patriot	
	1807–1870 Robert L. Lee Amerikanischer Feldherr	

	1808–1879 Honoré Daumier Französischer Maler und Graphiker	
1809	Erhebung der Österreicher gegen Napoleon I.	
	1809–1898 William Ewart Gladstone Englischer Staatsmann	
	1809–1882 Charles Darwin Englischer Naturforscher	
	1809–1865 Abraham Lincoln Präsident der USA 1861–1865	
	1809–1865 Pierre Joseph Proudhon Französischer Sozialist	
	1809–1849 Edgar Allan Poe Amerikanischer Dichter	
	1809–1847 Felix Mendelssohn-Bartholdy Komponist	
1810	Fortsetzung der Reformen in Preußen unter Staatskanzler Karl August von Hardenberg	
	Gründung der Berliner Universität durch den Kultusminister Wilhelm von Humboldt	
	1810–1890 John Henry Newman Englischer Theologe	
	1810–1861 Camillo Cavour Italienischer Staatsmann	
	1811–1863 William Thackeray Englischer Schriftsteller	
1812	Konvention von Tauroggen	
	1812–1891 Iwan A. Gontscharow Russischer Dichter	
	1812–1887 Alfred Krupp Industrieller	
	1812–1870 Charles Dickens Englischer Schriftsteller	
	1812–1870 Alexander Herzen Russischer Sozialist	
1813	Völkerschlacht bei Leipzig	
	1813–1901 Guiseppe Verdi Italienischer Komponist	

	1813–1883 Richard Wagner Komponist		1819–1861 Albert von Sachsen-Coburg Prinzgemahl der Königin Viktoria		1826–1900 Wilhelm Liebknecht Sozialdemokrat
	1813–1873 David Livingstone Schottischer Naturforscher			1828	Russisch-türkischer Krieg (bis (bis 1829)
	1813–1855 Sören Kierkegaard Dänischer Philosoph	1820	Wiener Schlußakte gegen die Verfassungsversprechungen von 1815		1828–1910 Leo N. Tolstoi Russischer Schriftsteller
1814	Friede zu Paris Verbannung Napoleons I. auf die Insel Elba		1820–1903 Herbert Spencer Englischer Philosoph		1828–1906 Henrik Ibsen Norwegischer Dramatiker
	Wiener Kongreß (bis 1815)		1820–1895 Friedrich Engels Sozialistischer Schriftsteller	1830	Juli-Revolution in Paris
	1814–1876 Michael A. Bakunin Russischer Anarchist		1820–1887 Jenny Lind »Schwedische Nachtigall« Sopranistin		Belgien unabhängig
1815	Rückkehr Napoleons I. Schlacht bei Waterloo				Revolutionäre Erhebung in Deutschland, Österreich, Polen und Italien (bis 1831)
	»Heilige Allianz« zwischen Österreich, Preußen und Rußland		1820–1878 Viktor Emanuel II. König von Italien 1861–1878		1830–1916 Franz Joseph I. Kaiser von Österreich 1848–1916
	Gründung des Deutschen Bundes		1821–1881 Feodor M. Dostojewskij Russischer Schriftsteller		1831–1888 Friedrich III. Deutscher Kaiser 1888
	1815–1905 Adolf von Menzel Maler		1821–1880 Gustave Flaubert Französischer Schriftsteller		1832–1908 Wilhelm Busch Zeichner und Dichter
	1815–1898 Otto von Bismarck Staatsmann		1821–1867 Charles Baudelaire Französischer Dichter		1832–1891 Nikolaus Otto Ingenieur
	1816–1892 Werner von Siemens Ingenieur	1822	Verkündung der griechischen Unabhängigkeit		1832–1883 Edouard Manet Französischer Maler
1817	Wartburgfest der deutschen Burschenschaften		1822–1911 Francis Galton Englischer Naturwissenschaftler	1833	Begründung des Deutschen Zollvereins durch Preußen
	1817–1895 Heinrich von Sybel Geschichtswissenschaftler		1822–1895 Louis Pasteur Französischer Chemiker und Bakteriologe		1833–1911 Wilhelm Dilthey Philosoph
	1818–1897 Jakob Burckhardt Kulturhistoriker		1822–1890 Heinrich Schliemann Archäologe		1833–1897 Johannes Brahms Komponist
	1818–1883 Karl Marx Begründer des materialistischen Sozialismus		1822–1884 Gregor Mendel Begründer der Vererbungslehre		1833–1896 Alfred Nobel Schwedischer Chemiker
	1818–1881 Alexander II. Zar von Rußland 1855–1881	1823	Amerika Verkündung der »Monroe-Doktrin«	1834	China Schließung der Häfen für den europäischen Handel
1819	»Karlsbader Beschlüsse« Beginn der Restauration in Österreich und Preußen		1824 William Thomson Englischer Physiker		1834–1919 Ernst Haeckel Naturwissenschaftler und Philosoph
	1819–1901 Viktoria König von Großbritannien 1837–1901		1824–1896 Anton Bruckner Komponist		1834–1917 Edgar Degas Französischer Maler
	1819–1898 Theodor Fontane Dichter	1825	Dekabristenaufstand für eine russische Verfassung	1835	England Neue Städteordnung
	1819–1897 Gustave Courbet Französischer Maler		1825–1864 Ferdinand Lasalle Sozialist	1837	Einspruch von sieben Göttinger Professoren gegen die Aufhebung der Verfassung in Hannover

	1837–1887 Hans von Marées Maler	
	1838–1882 Leon Gambetta Französischer Staatsmann	
1839	Londoner Protokoll über die Unabhängigkeit und Neutralität Belgiens	
1839	»Opium-Krieg« Englands gegen China (bis 1842)	
	1839–1906 Paul Cézanne Französischer Maler	
1840	Frankreich Zweiter Putschversuch von Louis Napoleon Buonaparte	
	1840–1917 Auguste Rodin Französischer Bildhauer	
	1840–1902 Emile Zola Französischer Schriftsteller	
1841	Londoner Meerengenvertrag um den Bosporus und die Dardanellen	
	Südafrika Gründung des Freistaates Oranje durch die Buren	
	1841–1919 P. Auguste Renoir Französischer Maler	
	1841–1904 Anton Dvořák Tschechischer Komponist	
	1842–1919 John William Rayleigh Englischer Physiker	
	1842–1906 Heinrich Seidel Dichter und Ingenieur	
	1843–1916 Henry James Amerikanischer Schriftsteller	
	1843–1910 Robert Koch Mediziner und Bakteriologe	
1844	Schlesien Aufstand der Weber	
	1844–1900 Friedrich Nietzsche Philosoph	
	1845–1923 Wilhelm Röntgen Physiker	
1846	Krieg zwischen USA und Mexiko (bis 1848)	

	1846–1926 Rudolf Eucken Philosoph	
	1846–1904 Wjatscheslaw Plehwe Russischer Politiker	
1847	Berufung des Vereinigten Landtages durch den König von Preußen	
	1847–1935 Max Liebermann Maler	
	1847–1934 Paul von Hindenburg Feldmarschall	
	1847–1931 Thomas Edison Amerikanischer Erfinder	
1848	Februar-Revolution in Paris Deutschland und Österreich	
	März-Revolution	
	1848–1896 Otto Lilienthal Flugingenieur	
1849	Auflösung der Nationalversammlung in Frankfurt	
	1849–1936 Iwan P. Pawlow Russischer Physiologe und Pathologe	
	1850–1924 Henry Cabot Lodge Amerikanischer Politiker	
	1851–1930 Adolf von Harnack Theologe	
	1851–1929 Ferdinand Foch Marschall von Frankreich	
1852	Napoleon III. Kaiser der Franzosen	
	1852–1931 Joseph Joffre Marschall von Frankreich	
1853	Krimkrieg (bis 1856)	
	1853–1902 Cecil Rhodes Englischer Kolonial-Politiker	
	1854–1917 Emil von Behring Mediziner	
	1854–1915 Paul Ehrlich Mediziner	
	1855–1934 Oskar von Miller Ingenieur	
	1856–1950 George Bernard Shaw Englisch-irischer Schriftsteller	

	1856–1939 Siegmund Freud Österreichischer Neuropathologe	
	1856–1921 Theobald von Bethmann-Hollweg Politiker	
	1856–1900 Oscar Wilde Englischer Dichter	
	1857–1894 Heinrich Hertz Physiker	
	1858–1948 Max Planck Physiker	
1859	Krieg Sardinien-Piemonts und Frankreichs gegen Österreich	
	1859–1952 Knut Hamsun Norwegischer Dichter	
	1859–1941 Wilhelm II. Deutscher Kaiser 1888–1918	
	1859–1935 Alfred Dreyfus Französischer Offizier	
1860	Einigung Italiens (bis 1861) unter Viktor Emanuel III. von Sardinien-Piemont	
	1860–1934 Raymond Poincaré Französischer Staatsmann	
	1860–1919 Friedrich Naumann Christlich-sozialer Politiker	
	1860–1911 Gustav Mahler Komponist	
	1860–1904 Theodor Herzl Schriftsteller und Führer der Zionisten	
	1860–1904 Anton Tschechow Russischer Schriftsteller	
1861	Rußland Aufhebung der Leibeigenschaft	
	1861–1941 Rabindranath Tagore Indischer Dichter und Philosoph	
1862	Verfassungsstreit in Preußen Ernennung Otto von Bismarcks zum preußischen Ministerpräsidenten	
	1863–1947 Henry Ford Amerikanischer Industrieller	
	1863–1945 David Lloyd George Englischer Staatsmann	

1866–1944 Romain Rolland
Französischer Dichter

1866–1926 Sun Yat-sen
Chinesischer Revolutionär

1867–1947 Stanley Baldwin
Englischer Staatsmann

1867–1947 Marie Curie
Französische Chemikerin und Physikerin

1867–1922 Walter Rathenau
Staatsmann

1867–1912 Wilbur Wright
Amerikanischer Flugzeugingenieur

1868–1936 Maxim Gorki
Russischer Schriftsteller

1869–1959 Frank Lloyd Wright
Amerikanischer Architekt

1869–1954 Henri Matisse
Französischer Maler

1869–1951 André Gide
Französischer Schriftsteller

1869–1948 Mohandas Gandhi
Führer der indischen Freiheitsbewegung

1869–1940 Neville Chamberlain
Englischer Politiker

1870–1924 Wladimir I. Lenin (Uljanow)
Russischer Revolutionär

1871–1948 Orville Wright
Amerikanischer Flugzeugingenieur

1871–1937 Ernest Rutherford
Englischer Physiker

1871–1922 Marcel Proust
Französischer Schriftsteller

1871–1914 Christian Morgenstern
Dichter

1873–1921 Enrico Caruso
Italienischer Tenor

1874–1965 Winston Churchill
Englischer Staatsmann

1874–1952 Chaim Weizmann
Russisch-englischer Zionistenführer

1874–1951 Arnold Schönberg
Komponist

1875–1980 Rosa Albach-Retty
Österreichische Hofschauspielerin

1875–1965 Albert Schweitzer
Theologe, Arzt, Musiker und Schriftsteller

1875–1961 Carl Gustav Jung
Schweizerischer Psychiater

1875–1955 Thomas Mann
Dichter

1875–1926 Rainer Maria Rilke
Lyriker

1876–1967 Konrad Adenauer
Staatsmann

1877–1962 Hermann Hesse
Dichter

1878–1965 Martin Buber
Philosoph und Dichter

1878–1929 Gustav Stresemann
Staatsmann

1879–1968 Otto Hahn
Chemiker

1879–1955 Albert Einstein
Physiker

1879–1953 Josef W. Stalin
Sowjetrussischer Diktator

1879–1940 Leo D. Trotzki
Russischer Revolutionär

1880–1975 Robert Stolz
Komponist und Dirigent

1880–1916 Franz Marc
Maler

1881 Rußland
Antijüdische Pogrome (bis 1882)
Erneuerung des Dreikaiser-Bündnisses

1881–1973 Pablo Ruiz Picasso
Spanisch-französischer Maler

1881–1970 Alexander Kerenskij
Russischer Politiker

1881–1945 Béla Bartók
Ungarischer Komponist

1882 Ägypten
Besetzung durch die Engländer

Geheimvertrag zwischen Deutschland, Österreich und Italien (Dreibund)

1882–1977 Leopold Stokowski
Amerikanischer Dirigent

1882–1971 Igor Strawinsky
Russischer Komponist

1882–1963 Georges Braque
Französischer Maler

1882–1941 James Joyce
Irischer Schriftsteller

1883–1969 Walther Gropius
Architekt

1883–1969 Karl Jaspers
Philosoph

1883–1945 Pierre Laval
Französischer Politiker

1883–1924 Franz Kafka
Dichter

1884–1963 Theodor Heuss
Bundespräsident und Schriftsteller

1884–1973 Ismet Inönü
Türkischer Staatspräsident

1885 Russifizierung der baltischen Länder Estland, Livland und Kurland

1885–1978 Umberto Nobile
Italienischer Arktis-Pionier

1885–1977 Ernst Bloch
Philosoph

1885–1976 Karl Schmidt-Rotluff
Maler

1885–1962 Niels Bohr
Dänischer Physiker

1886–1981 Oskar Kokoschka
Maler

1886–1978 Salvador de Madariaga
Spanischer Schriftsteller, Diplomat und Historiker

1886–1973 David Ben Gurion
Israelischer Staatsmann

1887	Geheimer Rückversicherungsvertrag zwischen Deutschland und Rußland	
	1888–1978 Giorgio de Chirico Italienischer Maler	
	1888–1978 André François-Poncet Französischer Diplomat	
	1888–1976 Viscount Montgomery of Alamein Britischer Feldmarschall und Armeeführer	
	1888–1975 Avery Brundage Ehrenpräsident des Internationalen Olympischen Komitees	
	1888–1975 Tschiang Kai-schek Generalissimus und Staatspräsident des nationalchinesischen Regimes Taiwan	
	1888–1959 John Foster Dulles Amerikanischer Politiker	
	1888–1953 Eugen O'Neill Amerikanischer Dramatiker	
1889	Gründung der sozialdemokratischen Zweiten Internationale in Paris	
	Brasilien Aufhebung der Sklaverei	
	1889–1979 Hans Nachtsheim Wissenschaftler	
	1889–1979 Jean Monnet Französischer »Vater Europas«	
	1889–1977 Charlie Chaplin Englischer Filmschauspieler und Regisseur	
	1889–1976 Martin Heidegger Philosoph	
	1889–1975 Arnold Toynbee Britischer Historiker	
	1889–1964 Jawaharlal Nehru Indischer Politiker	
	1889–1963 Jean Cocteau Französischer Dichter, Maler und Schauspieler	
	1889–1945 Adolf Hitler	

1890	Bismarcks Entlassung als preußischer Ministerpräsident und Reichskanzler	
	1890–1980 Katherine Anne Porter Amerikanische Schriftstellerin	
	1890–1970 Charles de Gaulle Französischer Staatspräsident	
	1890–1966 Kasimir Edschmid Schriftsteller	
	1890–1960 Boris Pasternak Russischer Schriftsteller	
	1890–1945 Franz Werfel Dichter	
	1891–1980 Henry Miller Amerikanischer Schriftsteller	
	1891–1979 Henrich Focke Flugzeug-Konstrukteur	
	1891–1977 Groucho Marx Amerikanischer Komiker	
	1891–1976 Agatha Christie Englische Kriminalschriftstellerin	
	1891–1976 Max Ernst Maler	
	1891–1976 Fritz Lang Filmpionier	
	1891–1953 Serge Prokofieff Russischer Komponist	
	1891–1944 Erwin Rommel Generalfeldmarschall	
1892	Russisch-französische Militärkonvention	
	1892–1980 Henry Miller Amerikanischer Schriftsteller	
	1892–1980 Pietro Nenni Italienischer Politiker	
	1892–1980 Josip Broz Tito Jugoslawischer Staats- und Parteichef	
	1892–1980 Mae West Amerikanische Filmschauspielerin	
	1892–1975 Haile Selassie Kaiser von Äthiopien	

1892–1975 Jószef Mindszenty Kardinal, Primas von Ungarn

1892–1929 Louis de Broglie Belgisch-französischer Physiker

1893–1976 Mao Tse-tung Chinesischer Staatsmann

1893–1976 Paul Getty Amerikanischer Milliardär

1893–1974 Darius Milhaud Französischer Komponist

1894–1981 Karl Böhm Dirigent

1894–1979 Ludvik Svoboda Tschechoslowakischer General und Staatspräsident

1894–1977 Sergej W. Iljuschin Sowjetischer Flugzeug-Konstrukteur

1894–1976 »Roy« Herbert Thomson Britischer Zeitungskönig

1894–1971 Nikita S. Chruschtschow Russischer Staatsmann

1894–1964 Aldous Huxley Englischer Schriftsteller

1895–1981 Nico Dostal Operettenkomponist

1895–1981 Paul Hörbiger Österreichischer Volksschauspieler

1895–1979 Arthur Fiedler Amerikanischer Dirigent

1895–1979 Jean Renoir Französischer Filmregisseur und Autor

1895–1977 Tibor Déry Ungarischer Schriftsteller

1895–1976 Werner March Architekt

1895–1963 Paul Hindemith Komponist

1896–1981 Walter Mehring Dadaist und politischer Chansonnier

1896–1980 Walter Dornberger
Deutsch-amerikanischer
Raketenexperte

1896–1980 Jean Piaget
Schweizer Wissenschaftler

1896–1979 Richard Friedenthal
Deutsch-britischer Schriftsteller
und Anthropologe

1896–1979 Carlo Schmid
Politiker, Philosoph und
Schriftsteller

1896–1978 Anastas Mikojan
Sowjetisches Staatsoberhaupt

1896–1977 Howard Hawks
Amerikanischer Filmregisseur
und Produzent

1896–1977 Carl Zuckmayer
Dramatiker

1896–1975 Nikolai Bulganin
Sowjetischer Ministerpräsident
1955–1958

1896–1974 Juan Domingo Perón
Argentinischer Staatspräsident

1896–1968 Trygve Lie
Generalsekretär der UN

1897

Griechisch-türkischer Krieg

1897–1981 Archibald Joseph
Cronin
Englischer Romancier

1897–1980 Ludwig Erhard
Bundeskanzler und
Wirtschaftsminister

1897–1980 George Meany
Amerikanischer Gewerkschafter

1897–1977 Kurt von Schuschnigg
Österreichischer Bundeskanzler

1897–1976 Enrico Mainardi
Italienischer Cellist

1897–1976 Max Tau
Schriftsteller

1897–1975 Friedrich Hollaender
Schriftsteller und Komponist

1897–1975 Thornton Wilder
Amerikanischer Dramatiker und
Erzähler

1897–1974 Georgij
Konstantinowitsch Schukow
Sowjetischer Marschall

1898

Spanisch-amerikanischer Krieg

1898–1979 Herbert Marcuse
Deutsch-amerikanischer
Philosoph

1898–1978 Jomo Kenyatta
Präsident von Kenia

1898–1978 Golda Meïr
Israelische Ministerpräsidentin

1898–1978 Willy Messerschmitt
Luftfahrt-Pionier

1898–1977 Anthony Eden
Britischer Außen- und
Premierminister

1898–1976 Alvar Aalto
Finnischer Architekt

1898–1976 Alexander
Lernet-Holenia
Österreichischer Schriftsteller

1898–1974 Georgios Grivas
Griechisch-zyprischer General

1898–1976 Tschu En-lai
Ministerpräsident der
Volksrepublik China 1949–1976

1898–1961 Ernest Hemingway
Amerikanischer Dichter

1898–1956 Bertolt Brecht
Dichter

1899

Erste Haager Friedenskonferenz

Süd-Afrika
Krieg Großbritanniens gegen die
Buren (bis 1902)

1899–1981 René Clair
Französischer Filmautor und
Regisseur

1899–1978 Charles Herbert Best
Mitentdecker des Insulins

1899–1978 Charles Boyer
Amerikanischer Schauspieler

1899–1977 Vladimir Nabokov
Russisch-amerikanischer
Schriftsteller

1899–1974 Edward Kennedy
»Duke« Ellington
Amerikanischer Jazz-Musiker

1899–1974 Franz Joseph Jonas
Österreichischer
Bundespräsident

1899–1974 Erich Kästner
Schriftsteller

1899–1957 Humphrey Bogart
Amerikanischer Schauspieler

1900

China
Aufstand des
Boxer-Geheimbundes
Quantentheorie von Max Planck

1900–1980 Alfred Hitchcock
Amerikanischer Filmregisseur

1900–1979 Alfred Kantorowicz
Literaturhistoriker und
Schriftsteller

1900–1978 Ignazio Silone
Italienischer Schriftsteller

1900–1977 Jacques Prévert
Französischer Lyriker und
Drehbuchautor

1900–1976 Gustav Heinemann
Bundespräsident

1900–1975 Julius Hay
Ungarischer Dramatiker

1900–1969 Wassilij I. Tschuikow
Russischer Marschall

1901

Ende der deutsch-britischen
Bündnisverhandlungen
(seit 1898)

1901–1981 Melvyn Douglas
Amerikanischer Schauspieler

1901–1981 Jacques Lacan
Französischer Psychoanalytiker

1901–1980 Erich Fromm
Deutsch-amerikanischer
Psychoanalytiker

1901–1980 Marino Marini
Italienischer Maler und
Bildhauer

1901–1979 Dennis Gabor
Ungarischer Physiker

1901–1978 Hans Stuck
Autorennfahrer

1901–1976 André Malraux
Französischer Schriftsteller und
Politiker

1901–1975 Walter Felsenstein
Opernregisseur

1901–1975 Eisaku Sato
Japanischer Ministerpräsident
1964–1972

1901–1974 Marie Luise
Kaschnitz
Schriftstellerin

1901–1960 Clark Gable
Amerikanischer Filmschauspieler

1902 Bündnis zwischen England und
Japan

1902–1981 William Wyler
Amerikanischer Regisseur

1902–1981 Stefan Wyszyński
Polnischer Kardinal

1902–1980 Fritz Straßmann
Chemiker und Mitentdecker der
Urankernspaltung

1902–1979 Darryl F. Zanuck
Amerikanischer Filmproduzent

1902–1978 Margaret Mead
Amerikanische Anthropologin

1902–1976 Carlo Gambino
Chef der amerikanischen Mafia

1902–1976 Werner Heisenberg
Atomphysiker

1902–1974 Charles Augustus
Lindbergh
Amerikanischer Pilot

1902–1974 Vittorio de Sica
Italienischer Filmregisseur und
Schauspieler

1903–1980 Pascual Jordan
Atomphysiker

1903–1976 Fritz Remond
Theaterregisseur

1904 Entente zwischen England und
Frankreich

Russisch-japanischer Krieg (seit
1905)

1904–1980 Alexej N. Kossygin
Sowjetischer Ministerpräsident

1904–1980 Graham Sutherland
Britischer Maler

1904–1979 Sefton Delmer
Britischer Journalist

1904–1978 Aram Chatschaturjan
Sowjetischer Komponist

1904–1977 Bing Crosby
Amerikanischer Sänger und
Filmschauspieler

1904–1976 Jean Gabin
Französischer Filmschauspieler

1904–1976 Arnold Gehlen
Philosoph und Soziologe

1904–1975 Luigi Dallapiccola
Italienischer Komponist

1904–1967 J. Robert
Oppenheimer
Amerikanischer Physiker

1905 Rußland
Revolution

Spezielle Relativitätstheorie von
Albert Einstein

1905–1980 Jean-Paul Sartre
Französischer Schriftsteller und
Philosoph

1905–1975 Antonin Novotny
Tschechoslowakischer Staats-
und Parteichef,
Reformpolitiker

1906–1981 Peter Kreuder
Film- und Schlagerkomponist

1906–1978 Victor Hasselblad
Schwedischer Erfinder

1906–1977 Peter Goldmark
Erfinder

1906–1977 Roberto Rosselini
Italienischer Regisseur

1906–1976 Howard Hughes
Amerikanischer Milliardär

1906–1975 Aristoteles Sokrates
Onassis
Griechischer Reeder

1906–1961 Dag Hammerskjöld
Generalsekretär der UN

1907 Englisch-russischer Vertrag über
Persien,
Afghanistan und Tibet

Erweiterung der Entente mit
Rußland zur Triple-Entente

1907–1981 Zarah Leander
Schwedische Filmschauspielerin
und Sängerin

1907–1979 Ernst Boris Chain
Britischer Biochemiker

1907–1979 Werner Forßmann
Mediziner

1907–1979 John Wayne
Amerikanischer Filmschauspieler

1907–1976 Luchino Visconti
Italienischer Film- und
Opernregisseur

1907–1975 Josephine Baker
Französische Tänzerin und
Sängerin

1907–1975 Dimitrij
Schostakowitsch
Sowjetischer Komponist

1907–1974 Mohammed Ajub
Khan
Pakistanischer Präsident

1908–1977 Joan Crawford
Amerikanische
Filmschauspielerin

1908–1974 David Fedorowitsch
Oistrach
Sowjetischer Violonist und
Dirigent

1908–1970 Arthur Adamow
Russisch-französischer
Dramatiker

1908–1957 Joseph McCarthy
Amerikanischer Senator

1909 Erhaltung des Status quo auf
dem Balkan durch
russisch-italienischen
Geheimvertrag

1909–1974 U Thant
Generalsekretär der UN
(1961–1971)

1910 Gründung der Union von
Süd-Afrika

1910–1980 Masayoshi Ohira
Japanischer Ministerpräsident

	1910–1974 Josef Smrkovsky Tschechoslowakischer Parlamentspräsident, Reformpolitiker	1918 Friedensbemühungen des Präsidenten Wilson aufgrund seines 14-Punkte-Programms
1911	China Revolution und Ausrufung der Republik	Zusammenbruch der Mittelmächte Waffenstillstand auf der Basis der 14 Punkte
	1911–1974 Georges Pompidou Französischer Staatspräsident	1918–1981 Friederike Luise Königin von Griechenland bis 1967
1912	Erster und Zweiter Balkankrieg (bis 1913)	1918–1981 Anwar al-Sadat Ägyptischer Staatspräsident 1970–1981
	1912–1977 Wernher von Braun Deutsch-amerikanischer Raketenspezialist	1918–1970 Gamal Abd an-Násir »Nasser« Ägyptischer Staatspräsident bis 1970
	1912–1976 Iwan Jakubowski Sowjetischer Marschall und Oberkommandierender der Warschauer-Pakt-Streitkräfte	1919 Vertrag von Versailles Gründung des Völkerbundes Republikanische Verfassung für das Deutsche Reich
1913	1913–1978 Jean Améry Österreichischer Schriftsteller	1919–1980 Jigal Allon Israelischer Politiker
	1913–1960 Albert Camus Französischer Dichter	1919–1980 Reza Pahlewi Iranischer Schah 1950–1979
	1913–1976 Benjamin Britten Englischer Komponist	1920 Indien Gandhis waffenloser Kampf gegen die englische Herrschaft
1914	Erste Phase des Weltkrieges (bis 1916) Auf beiden Seiten keine entscheidenden Erfolge Stabilisierung der Fronten zum Stellungskrieg	1922 Deutsch-russischer Vertrag von Rapallo
	1914–1980 Jesse Owens Amerikanischer Sportler	1922–1979 Agostinho Neto Angolanischer Staatspräsident
	1914–1977 Makarios III. Erzbischof und Präsident von Zypern	1922–1977 James Jones Amerikanischer Schriftsteller
	1915–1981 Mosche Dajan Israelischer Generalstabschef und Minister	1923 Kemal Pascha Atatürk Erster Präsident der türkischen Republik
	1915–1978 Jens Otto Krag Dänischer Ministerpräsident	Besetzung des Ruhrgebietes (bis 1925) durch Frankreich und Belgien
1917	Eintritt Amerikas in den Krieg auf seiten der Alliierten	Inflation und Währungsreform in Deutschland
	1917–1979 Robert B. Woodward Amerikanischer Chemiker	1924 Internationale Anerkennung der Sowjetunion
	1917–1963 John F. Kennedy Amerikanischer Präsident 1961–1963	Vergeblicher Versuch des Völkerbundes zur Schaffung eines internationalen Beistandspaktes

Regelung der deutschen Reparationszahlungen durch den Dawes-Plan

1924–1980 Franco Basaglia
Italienischer Psychiater

1924–1980 Bert Kaempfert
Orchesterchef, Komponist und Arrangeur

1924–1977 Maria Callas
Griechische Sopranistin

1924–1977 Erroll Garner
Amerikanischer Jazzpianist

1925 Konferenz und Vertrag von Locarno
zwischen Deutschland und den Alliierten

1925–1981 Joe Louis
Amerikanischer Boxer

1925–1978 Houari Boumedienne
Algerischer Staatschef

1926 Gründung der Paneuropa-Bewegung durch Coudenhove-Kalergi

Aufnahme Deutschlands in den Völkerbund

1926–1981 Jurij Trifonow
Sowjetischer Schriftsteller

1926–1980 Peter Sellers
Britischer Filmkomiker

1926–1962 Marilyn Monroe
Amerikanische Filmschauspielerin

1927 Sowjetunion
Endgültige Alleinherrschaft Stalins

1928 Sowjetunion
Erster Fünfjahresplan zur Verstärkung der Industrialisierung

1928–1981 Bill Haley
Amerikanischer Rock'n'Roll-König

1929 Höhepunkt der Weltwirtschaftskrise (bis 1931)

1929–1980 Andrej Amalrik
Sowjetischer Historiker und Publizist

	1929–1978 Jacques Brel Belgischer Chansonnier	Beginn des Zweiten Weltkrieges Deutscher Einmarsch in Polen	Auflösung Preußens durch Kontrollratsgesetz

1929–1978 Jacques Brel
Belgischer Chansonnier

1929–1968 Martin Luther King jr.
Amerikanischer Bürgerrechtler

1930–1980 Steve McQueen
Amerikanischer Schauspieler

1931 Beginn des chinesisch-japanischen Krieges

1932–1976 Orlando Letelier
Chilenischer Außen- und Verteidigungsminister

1933 Deutschland
Machtergreifung der Nationalsozialisten
Hitler Reichskanzler

Amerika
»New Deal«-Reformgesetz zur Stabilisierung der Wirtschaft

1934 Österreich
Nationalsozialistischer Putschversuch
Ermordung des Bundeskanzlers Engelbert Dollfuß

Inszenierung des Röhm-Putsches durch die Nationalsozialisten

1935 Deutschland
Diskriminierung der Juden durch die »Nürnberger Gesetze«

1935–1977 Elvis Presley
Amerikanischer Sänger

1936 Besetzung der entmilitarisierten Zone des Rheinlandes
Vereinbarung zwischen Deutschland und Italien
(Achse Rom–Berlin)

1937 Chinesisch-japanischer Krieg

1938 Anschluß Österreichs an Deutschland
Münchner Abkommen

Zerschlagung der Tschechoslowakei

Nachweis der Spaltbarkeit des Urankerns
durch Otto Hahn und Fritz Straßmann

1939 Deutsch-sowjetischer Nichtangriffspakt

Beginn des Zweiten Weltkrieges
Deutscher Einmarsch in Polen

1941 Pacht- und Leihgesetz als Grundlage
für die Unterstützung Englands durch Amerika

Deutscher Angriff gegen die Sowjetunion

Japanischer Angriff bei Pearl Harbor
Beginn des japanisch-amerikanischen Krieges

1944 Attentat vom 20. Juli auf Hitler

1945 Konferenz von Jalta
Einigung zwischen Stalin, Roosevelt und Churchill über europäische Nachkriegs-Einflußzonen

Potsdamer Abkommen über die Politik im besetzten Deutschland

Verluste des Zweiten Weltkrieges:
etwa 40 Millionen Tote
Gesamtkosten:
etwa 2 Billionen Dollar
In Europa fast 20 Millionen Heimatlose und Flüchtlinge

1946 Nürnberger Prozesse zur Verurteilung von Kriegsverbrechen

Konrad Adenauer Vorsitzender der CDU

Kurt Schumacher Vorsitzender der SPD

Gründung der SED in der sowjetischen Besatzungszone
Bildung volkseigener Betriebe und landwirtschaftlicher Produktionsgenossenschaften in Ostdeutschland

Deutschland
Entnazifizierungsgesetze durch die Alliierten
Beginn der Massenproduktion des »Volkswagens«

Italien
Republik

1947 Marshallplan
Wirtschaftliche Hilfe Amerikas für Europa

Auflösung Preußens durch Kontrollratsgesetz

Unabhängigkeit Indiens und Pakistans

Griechenland
Bürgerkrieg (bis 1950)

Außenministerkonferenz in Moskau und London
Erste Differenzen zwischen den Westmächten
und der UdSSR über das Deutschland-Problem

Palästina
Teilung durch die UN in einen jüdischen und einen arabischen Teil

Überschreitung der Schallgeschwindigkeit mit Düsenflugzeug

1948 Tschechoslowakei
Kommunistischer Putsch

Sowjetische Blockade des freien Berlins (bis 1949)
Zusammenschluß der britischen und der amerikanischen Zone in Deutschland (Bizone)

1949 Gründung der Bundesrepublik Deutschland

Amerikanisch-europäisches Verteidigungsbündnis
Nord-Atlantik-Pakt

Gründung der DDR in Ost-Deutschland
durch die sowjetischen Machthaber

Besatzungsstatut für Westdeutschland

Erstes Handelsabkommen zwischen West- und Ostdeutschland

Abschaffung der Todesstrafe in der BRD

Gründung des Europarates in Straßburg

Griechenland
Ende des Bürgerkrieges durch Sieg der Monarchisten

China
Ende des Bürgerkrieges
Ausrufung der Volksrepublik unter Mao Tse-tung

	Chinesische Nationalregierung in Formosa unter Tschiang Kai-scheck	
	USA-Rakete erreicht 402 km Höhe Beginn des atomaren Wettrüstens	
1950	Korea Krieg der Vereinten Nationen (bis 1953)	
	Wirtschaftsabkommen zwischen den USA und der Bundesrepublik	
	Ost-Deutschland Anerkennung der Oder-Neiße-Linie	
	Indochina Kämpfe französischer Truppen gegen Vietnamesen	
1951	Iran Verstaatlichung der Erdöl-Industrie	
	Friedensvertrag von San Francisco zwischen Japan, den USA und 47 anderen Staaten	
	Vereinigte Staaten Erstes Farbfernsehen	
1952	Ägypten Revolution	
	Erste amerikanische Wasserstoffbombe	
	Montanunion (Europäische Gemeinschaft für Kohle und Stahl)	
1953	Ost-Deutschland Aufstand gegen das Regime der DDR	
	Sowjetunion Tod Stalins Chruschtschow wird Generalsekretär der KPdSU	
1954	Berliner Außenministerkonferenz Keine Lösung des Deutschland-Problems	
	Unabhängigkeitskämpfe der französischen Kolonien Marokko, Tunesien und Algerien (bis 1962)	

	SEATO (Südostasien-Vertrag) zwischen den Westmächten und Australien, Neuseeland, Pakistan und den Philippinen	
	Vereinigte Staaten Erstes Atom-U-Boot	
1955	Volle Unabhängigkeit Österreichs durch Staatsvertrag mit Amerika, England, Frankreich und der Sowjetunion	
	Warschauer Pakt der osteuropäischen Länder unter sowjetischem Einfluß	
	Bandung-Konferenz der blockfreien asiatischen und afrikanischen Länder	
	Pariser Verträge (u. a. Beitritt der Bundesrepublik zur NATO)	
1956	20. Parteitag der KPdSU Verurteilung des Stalinkultes	
	Internationale Suez-Krise	
	Krieg Israels gegen Ägypten	
	Ungarn Aufstand gegen die sowjetische Unterdrückungspolitik	
	Londoner Abrüstungsverhandlungen	
	Bundesrepublik Verbot der KPD Aufbau der Bundeswehr	
	DDR Aufbau der Nationalen Volksarmee	
	Polen Demokratisierung unter Gomulka	
	Israel Besetzung der Sinai-Halbinsel	
1957	Gründung der Europäischen Wirtschaftsgemeinschaft und Euratom	
	Rapacki-Plan einer atomwaffenfreien Zone in Mittel-Europa	
	Saarland zehntes Land der Bundesrepublik	

	England Dritte Atommacht	
	Erfindung des Drehkolbenmotors durch Wankel	
	Sowjetunion Start der ersten künstlichen Erdsatelliten	
1958	Krise um Berlin durch einseitiges Vorgehen der Sowjetunion	
	Erstmaliger Zusammentritt des Europäischen Parlamentes in Straßburg	
	Kuba Revolution	
	Frankreich Charles de Gaulles Präsident der 5. Republik	
	Vereinigte Staaten Erster künstlicher Erdsatellit gestartet	
1959	Algerien selbständig	
	Kuba Fidel Castro Ministerpräsident	
1960	Unabhängigkeit für Belgisch-Kongo	
	Offene Feindseligkeiten zwischen China und der UdSSR über Fragen der friedlichen Koexistenz	
	Abrüstungsgespräche in Genf	
	Frankreich Vierte Atommacht	
	Ägypten Baubeginn des Assuan-Staudammes	
1961	Errichtung einer Mauer im geteilten Berlin	
	Sowjetunion Erster bemannter Raumflug	
1962	Unabhängigkeit für Algerien	
	Kuba-Krise	
	Erste Erdumkreisung durch amerikanische Astronauten	

1963
Erste Fernsehübertragungen von Amerika nach Europa durch Nachrichten-Satellit

Vietnam
Erweitertes amerikanisches Eingreifen

Vertrag über die Einstellung überirdischer Atomwaffenversuche

Deutsch-französischer Freundschaftsvertrag

Vereinigte Staaten
Ermordung Präsident John F. Kennedys

1964
Sowjetunion
Machtwechsel
(Chruschtschow wird abgelöst)

China
Explosion der ersten Atombombe

Frankreich
Aufnahme diplomatischer Beziehungen zu Peking

1965
Rhodesien
Einseitige Unabhängigkeitserklärung

Indonesien
Kommunistenverfolgungen

Südvietnam
Verkündung des Kriegszustandes

Vereinigte Staaten
Erste Rendevouz-Manöver von Raumschiffen
Erster Aufenthalt im freien Weltraum
Erste Bilder von der Mondoberfläche

1966
China
Kultur-Revolution

Frankreich
Lösung aus der NATO

Vereinigte Staaten
Rassenunruhen

1967
Treffen Präsident Johnsons mit Ministerpräsident Kossygin
Keine Annäherung der Standpunkte

Griechenland
Militärputsch

6-Tage-Krieg
zwischen Israel und Ägypten

Erste Herzübertragung in Kapstadt

1968
Tschechoslowakei
Unterdrückung der liberalen kommunistischen Regierung durch die Sowjetunion

Nordvietnam
Einstellung der amerikanischen Luftangriffe

Erste Mondumkreisung durch amerikanische Astronauten

1969
Bundesrepublik Deutschland
Neue Wege der Ostpolitik

Schwere Grenzzwischenfälle zwischen der UdSSR und der Volksrepublik China

Frankreich
De Gaulle Staatspräsident

Nigeria
Bürgerkrieg

Die amerikanischen Astronauten Armstrong und Aldrin betreten als erste Menschen die Mondoberfläche

1970
Moskauer und Warschauer Verträge

Erste Linienflüge der »Jumbo-Jets«

1971
Viermächteverhandlungen über den Status West-Berlins

Konflikt zwischen West- und Ostpakistan

Krieg zwischen Indien und Pakistan

Vierte Mondlandung amerikanischer Astronauten

1972
Bangladesh
Scheich Mujibur Rahman Regierungschef

Reise Präsident Nixons nach Peking

Nordirland
Bürgerkrieg zwischen Protestanten und Katholiken

Bundesrepublik
Terrorakt anläßlich der XX. Olympischen Sommerspiele in München

Start einer amerikanischen Jupiter-Sonde

1973
Krieg zwischen Israel und den arabischen Staaten

Vietnam-Abkommen in Paris
Rückzug der USA aus Vietnam

Griechenland
Republik

Chile
Militärputsch

Grundvertrag zwischen der BRD und der DDR

BRD und DDR werden Mitglieder der UNO

1974
Indien
Erste eigene Atombombe

Vereinigte Staaten
»Watergate«-Affäre
Rücktritt Präsident Nixons

Zypern
Landung von türkischen Truppen

Griechenland
Ende der Militärdiktatur

Portugal
Militärputsch und Demokratisierung

Abessinien
Militärputsch
Sturz Kaiser Haile Selassies

»Ölkrise« in Europa und Amerika

1975
Libanon
Bürgerkrieg

China
Tschiang Kai-schek stirbt

Vietnam
Ende des Krieges
Machtübernahme durch Hanoi und den Vietkong

Kambodscha
Machtübernahme durch die Roten Khmer

Saudi Arabien
Ermordung König Feisals

Terroranschlag auf die deutsche Botschaft in Stockholm

1976

Bangladesch
Ermordung Mujibur Rahmans

Spanien
Staatschef Francisco Franco stirbt
Proklamation Juan Carlos I. zum König

Gemeinsames Projekt eines Kopplungsmanövers im Weltall durch die USA und die UdSSR

Ecuador
Machtübernahme durch Militärjunta

Westsahara
Auseinandersetzungen zwischen Marokko und Algerien

Fischereistreit zwischen Island und Großbritannien

Ägypten
Kündigung des Freundschafts- und Beistandsvertrages mit der Sowjetunion

Argentinien
Sturz der Präsidentin Perón

Rhodesien-Konflikt

Südafrika
Schwere Rassenunruhen in Soweto

Zentralafrikanische Republik
Proklamation zum Kaiserreich unter Kaiser Bokassa I.

China
Tschu En-lai stirbt

Schweden
Trauung König Carls XVI. Gustav mit Silvia Sommerlath

Italien
Umweltkatastrophe in Seveso

1977

Tschechoslowakei
Gründung der Charta 77 für die Einhaltung der Menschenrechte

Vereinigte Staaten
Jimmy Carter 39. Präsident

Israel
Menachem Begin Ministerpräsident

Libyen
Ausrufung zur Volksrepublik

Indien
Rücktritt der Ministerpräsidentin Indira Ghandi

Teneriffa
583 Tote bei dem schwersten Unglück der zivilen Luftfahrt

Kongo
Militärausschuß übernimmt die Macht

Spanien
Legalisierung der Kommunistischen Partei

Sowjetunion
Leonid Breschnew neues Staatsoberhaupt als Nachfolger von Nikolai Podgorny

Pakistan
Machtübernahme durch die Armee

Somalia
Geiselbefreiung auf dem Flugplatz von Mogadischu

Ägypten/Israel
Reise des ägyptischen Staatspräsidenten Anwar el-Sadat nach Israel

An der Devisenbörse in Frankfurt sinkt der US-Dollar auf den tiefsten Mittelkurs seit dem Krieg: DM 2,249

1978

Ratifizierung des Panamakanal-Vertrages

Afghanistan
Staatsstreich und Machtübernahme durch einen prosowjetischen Revolutionsrat

Spanien
150 Tote bei der Explosion eines Tanklastzuges auf einem Campingplatz

Großbritannien
Geburt des ersten sogenannten »Retortenbabys«

Nicaragua
Bürgerkriegsähnliche Zustände

Iran
Mindestens 20 000 Tote bei einem Erdbeben

Italien
Papst Johannes Paul I. stirbt nach nur 33tägigem Pontifikat
Karol Kardinal Wojtyla, Erzbischof von Krakau, wird als Papst Johannes Paul II. Nachfolger (seit 455 Jahren der erste Nichtitaliener)

Südamerika
900 Mitglieder einer Sekte in Guayana begehen kollektiv Selbstmord

1979

Aufnahme diplomatischer Beziehungen zwischen den Vereinigten Staaten und der Volksrepublik China

Kambodscha
Sturz des Pol-Pot-Regimes

Iran
Schah Reza Pahlewi geht ins Exil
Ankunft Ajatollah Khomenis in Teheran

China/Vietnam
Grenzkrieg

Vereinigte Staaten
Unterzeichnung des Friedensvertrages, der den über 30jährigen Kriegszustand zwischen Israel und Ägypten beendet

Atomreaktor-Unglück in Harrisburg

Uganda
Sturz Diktator Idi Amins

Großbritannien
Margaret Thatcher Premierministerin

Rhodesien
Josiah Gumede und Bischof Muzorewa erste schwarze Staats- und Regierungschefs

Nicaragua
Flucht Somozas ins Exil

Äquatorial-Guinea
Sturz des Diktators Nquema

Bolivien
Zivilregierung nach 15jähriger Militärdiktatur

1980

Zentralafrika
Sturz Kaiser Bokassas

Ghana
Zivilregierung nach 13jähriger Militärdiktatur

El Salvador
Sturz des Diktators Romero

Iran
Besetzung der Teheraner US-Botschaft

Saudi-Arabien
Besetzung der Heiligen Stätten des Islams in Mekka

Afghanistan
Erbitterter Widerstand der islamischen Rebellen gegen die Sowjettruppen

Indien
Indira Gandhi wieder Ministerpräsidentin

Zimbabwe
Robert Mugabe erster Regierungschef

El Salvador
Ermordung Erzbischof Romeros

Kuba
Flucht von 10 000 asylsuchenden Kubanern auf das Missionsgelände der peruanischen Botschaft in Havanna

Niederlande
Abdankung Königin Julianas zugunsten ihrer Tochter Beatrix

Jugoslawien
Staats- und Parteichef Tito stirbt

Uganda
Militärputsch
Rückkehr Präsident Obotes

Peru
Erste freie Wahlen nach 17 Jahren

1981

Bolivien
Militärputsch
Rücktritt der Präsidentin Lidia Gueiler

Sowjetunion
Eröffnung der boykottbelasteten Olympischen Sommerspiele

Ägypten
Schah Reza Pahlewi stirbt

Polen
Streikwelle

Türkei
Machtübernahme durch das Militär

Krieg zwischen Irak und Iran

China
Prozeß gegen die »Viererbande« in Peking

Sowjetunion
185tägiger Rekordaufenthalt in einer Raumstation

Italien
Schweres Erdbeben in Süditalien

Norwegen
Wahl der ersten weiblichen Regierungschefin

Spanien
Niedergeschlagener Militärputsch

Vereinigte Staaten
Ronald Reagan 40. Präsident der USA

Iran
Freilassung der amerikanischen Geiseln

Vereinigte Staaten
Attentat auf Präsident Reagan

Frankreich
François Mitterrand sozialistischer Staatschef der 5. Republik

1982

Italien
Attentat auf Papst Johannes II.

Großbritannien
Trauung des britischen Thronfolgers Prinz Charles mit Lady Diana Spencer

Schwere Unruhen jugendlicher Arbeitsloser

Iran
Flucht Banisadrs nach seiner Entmachtung ins Exil

Bolivien
Militärputsch

Vereinigte Staaten
Präsident Reagan ordnet den Bau der umstrittenen Neutronenbombe an

Ägypten
Ermordung Präsident Sadats

Griechenland
Regierung aus Sozialisten

Schweden
Vor Karlskrona läuft in einer militärischen Sperrzone ein sowjetisches U-Boot auf Grund

Polen
Machtübernahme durch das Militär

Falklandinseln
Krieg zwischen Argentinien und Großbritannien

Libanon
Einmarsch der israelischen Armee, Abzug der PLO

Bundesrepublik Deutschland
Regierungswechsel in Bonn, neue Koalition CDU/CSU–FDP

Sowjetunion
Tod des sowjetischen Staats- und Parteichefs Leonid Breschnew

1983

Sowjetunion
Vorschlag der Staaten des Warschauer Paktes an die Nato über gegenseitigen Gewaltverzicht

Libanon
Sprengstoffanschlag auf die amerikanische Botschaft in Beirut

Syrien
Ausweisung des PLO-Chefs Jassir Arafat

USA
Entsendung von Kriegsschiffen in die Gewässer um Nicaragua

Polen
Aufhebung des Kriegsrechts

Sri Lanka
Blutige Auseinandersetzungen zwischen buddhistischen Singhalesen und hinduistischen Tamilen

Bundesrepublik Deutschland
Wahlen zum 10. Deutschen Bundestag. Die Grünen ziehen mit 5,6 % ins Parlament ein.

Guatemala
Sturz des Staatspräsidenten General Efrain Rion Montt

Philippinen
Benigno Aquino wird ermordet

Grenada
Landung von Truppen der USA auf der Insel

Bundesrepublik Deutschland
Erste Teile der neuen Pershing-II-Raketen treffen in der Bundesrepublik ein

Türkei
Turgut Özal wird Regierungschef
Der Nordteil Zyperns wird zur unabhänigen Türkischen Republik Nordzypern

1984

Sowjetunion
Der sowjetische Staats- und Parteichef Jurij Andropow stirbt

El Salvador
Wahlsieg des Christdemokraten José Napoléon Duarte

Indien
Die indische Armee stürmt den Goldenen Tempel von Amritsar

Frankreich
Laurent Fabius wird Premierminister

USA
Olympische Sommerspiele in Los Angeles

Hongkong
Abkommen zwischen Großbritannien und der Volksrepublik China über die Rückgabe Hongkongs

Chile
Generalstreik gegen die Militärdiktatur unter Pinochet

Indien
Ermordung der Ministerpräsidentin Indira Gandhi
Rajiv Gandhi wird neuer Regierungschef

Nicaragua
Wahlsieg des Chefs der linksgerichteten Regierungsjunta Daniel Ortega

Bundesrepublik Deutschland
Richard von Weizsäcker wird Bundespräsident

USA
Wahlsieg Ronald Reagans

Uruguay
Bei den ersten freien Wahlen siegt der Sozialdemokrat Julio Maria Sanguinetti

Indien
Giftgaskatastrophe in Bhopal mit mehr als 8000 Opfern

1985

China
Einleitung von Wirtschaftsreformen

Äthiopien
»Umsiedlung« von mehr als 1.5 Millionen Menschen angesichts der Hungersnot

Sowjetunion
Der sowjetische Staats- und Parteichef Konstantin Tschernenko stirbt. Sein Nachfolger wird Michail Gorbatschow

Brasilien
Beendigung der Militärdiktatur und Übernahme der Präsidentschaft durch José Sarney

Sudan
Sturz des Staatspräsidenten Dschaafar el Numeiri durch die Armee

Sowjetunion
Michail Gorbatschow verkündet das sowjetische Moratorium für die Aufstellung atomarer Mittelstreckenraketen in Europa

Belgien
Krawalle zwischen englischen und italienischen Fußballfans im Brüsseler Heysel-Stadion: 30 Tote, Hunderte Verletzte

Bundesrepublik Deutschland
Terroristern der RAF erschießen den Vorstandsvorsitzenden der MTU Ernst Zimmermann

Südafrika
Verhängung des Ausnahmezustandes nach langen, blutigen Unruhen

Mexiko
Verheerendes Erdbeben fordert ca. 5200 Menschenleben

Israel
Luftangriffe auf das Hauptquartier der PLO in Tunesien

Kolumbien
Der Ausbruch des Vulkans Nevado del Ruiz kostete 22500 Menschenleben

USA/UDSSR
Amerikanisch-sowjetische Gipfelkonferenz in Genf

Großbritannien
Britisch-irisches Abkommen über Ulster

1986

Sowjetunion
Drei-Stufen-Plan Gorbatschows

USA
Explosion der amerikanischen Raumfähre Challenger

1987

Uganda
Yowerie Museveni wird Staatspräsident

Haiti
Verhängung des Ausnahmezustandes. Präsident Jean-Claude Duvalier flieht

Philippinen
Ende der Marcos-Herrschaft. Corazon Aquino wird neue Präsidentin

Schweden
Ministerpräsident Olof Palme wird erschossen. Nachfolger wird Ingwar Carlsson

Bundesrepublik Deutschland
Anschläge der RAF auf Karl-Heinz Beckurts und Gerold von Braunmühl

Frankreich
Jaques Chirac wird neuer Regierungschef

Libyen
US-Bomber bombadieren die Städte Tripolis und Bengasi

Sowjetunion
Reaktorunfall in Tschernobyl

USA/UDSSR
Gipfelgespräche in Reykjavik zwischen Reagan und Gorbatschow

USA
Iran-Contra Affäre

Sowjetunion
Rückkehr des verbannten Friedensnobelpreisträgers Andrej Sacharow nach Moskau

Österreich
Kurt Waldheim wird Präsident

China
Rücktritt des Generalsekretärs der KP Hu Yaobang. Nachfolger ist Ministerpäsident Zhao Ziyang

Philippinen
Putschversuch gegen Präsidentin Aquino

Argentinien
Offiziere der Argentinischen Armee meutern gegen Staatspräsident Alfonsin

1988

Libanon
Ermordung des Ministerpräsidenten Rashid Karamé

Großbritannien
Margaret Thatcher erzielt bei den Unterhauswahlen die absolute Mehrheit

Panama
Ausnahmezustand nach Generalstreik

USA
Börsenkrach in New York

Bundesrepublik Deutschland
Bei den Wahlen zum 11. Bundestag wird die konservativ-liberale Regierung bestätigt

USA/UDSSR
Abkommen über die Vernichtung aller langgestützten atomaren Mittelstreckenraketen in Europa

Südkorea
Protestdemonstrationen in Seoul

Sowjetunion
Nationalitätenkonflikte entfachen

Afghanistan
Der Abzug der sowjetischen Truppen beginnt

Israel
Schwere Unruhen in den israelisch besetzten Gebieten nach dem Mord am Militärchef der PLO Abu Dschibad in Tunis

Sowjetunion
US-Präsident Reagan und Parteichef Gorbatschow setzen das INF Abkommen in Kraft

Iran/Irak
Waffenstillstand nach acht Jahren Krieg

Portugal
Ein Großbrand verwüstet einen Teil der Altstadt von Lissabon

Chile
Aufhebung des Ausnahmezustandes und der Notstandsgesetze

1989

Südkorea
Eröffnung der Olympischen Sommerspiele in Seoul

Brasilien
Rückkehr zur Demokratie

USA
Georg Bush wird 41. Präsident der USA

Algerien
Ein unabhängiger Palästinenserstaat wird ausgerufen

Pakistan
Bei den ersten freien Parlamentswahlen siegt die Oppositonsführerin Benazir Bhutto

Armenien
Ein schweres Erdbeben kostet rund 25000 Menschen das Leben

Bundesrepublik Deutschland
Der bayerische Ministerpräsident Franz Josef Strauß stirbt

Japan
Der japanische Kaiser Hirohito stirbt

Paraguay
Putsch gegen Diktator Alfredo Stroessner

Iran
Der iranische Revolutionsführer Khomeini ruft zur Ermordung des Schriftstellers Salman Rushdie auf

Afghanistan
Beendigung des sowjetischen Truppenabzuges

China
Demonstrationen in Tibet

El Salvador
Der rechtsextreme Kandidat Alfredo Christiani gewinnt die Wahl

Alaska
Verpestung des Meeres durch den Öltanker der Firma Exxon

Jugoslawien
Schwere Unruhen in der Provinz Kosovo

Panama
General Noriega annulliert die
Parlamentswahlen

Argentinien
Der Peronist Carlos Menem
wird neuer Staatspräsident

Sowjetunion
Michail Gorbatschow wird
zum Staatspräsidenten gewählt

Ungarn
Imre Nagy wird rehabilitiert
und in allen Ehren beigestetzt

China
Demonstrationen auf dem Platz
des Himmlischen Friedens
werden durch das Militär blutig
zerschlagen

Iran
Revolutionsführer Khomeini
stirbt

Kambodscha
Internationale
Friedenskonferenz

Ungarn
Demontage des »Eisernen
Vorhangs«

DDR/Bundesrepublik
Flucht vieler DDR-Bürger über
Ungarn in den Westen

Ungarn
Ungarn wird zur Republik
ernannt

Tschechoslowakei
Staatspräsident Husak tritt
zurück

DDR
Demonstrationen erzwingen
Rücktritt der Regierung

DDR/Bundesrepublik
Fall der Berliner Mauer

Rumänien
Ceausescu wird gestürzt und
hingerichtet

1990 Attentat auf den
SPD-Kanzlerkandidaten
Oskar Lafontaine

Sturz Bhuttos in Pakistan

Irakischer Einmarsch in Kuwait

Vereinigung Deutschlands

Register

Aachen 166, 181, 182, 314
Abaelard, Peter 226
Abdalonymos von Sidon 76
Abendmahl, heiliges 129
Abessinien 648, 656
Absolute Herrscher 357
Absolutismus 381-384
-, Zeitalter 357
Abu Simbel, Tempel 46
Abusir 26
Abydos, ägyptisches Grab 22
Achämeniden 55, 63, 76, 78
Acheson, Dean 719, 720
Achetaton, Familie 39
-, Mutter 39
Achilleus und Patroklos 72
Achmed I., Sultan 370
Achse Berlin-Rom-Tokyo 665
Achsenmächte 654, 655
Adalbert, der Slawenapostel 201
Adams, John Quincey 483, 485-487, 487
Adenauer, Konrad 708
Addis Abbeba 763
Adrianopel, osmanische Hauptstadt 289, 290
Aethelred, König von Wessex 188
Aëtius, röm. Feldherr 157, 159
Afghanistan 29, 743, 745, 746, 761
Afrika, politische Einteilung um 1900, 584
-, 24 selbständige Staaten
Afrika 755, 762
  aus Kolonien 716
-, unabhängiges 715
Afrikafeldzug 1940/43, 664, 665, 679
Afrikakorps, Deutsches 664
Agesilaos II., Spartanerkönig 75
Agilulf, König der Langobarden, Helmzier 161
Agrippa I. und II., Könige von Judaea 131, 132
Agrippa in einer Prozession, Marmorfries 118

Ägypten 21-28, 38 ff.
-, Großmacht 38, 39
-, Handelsniederlassungen 27
-, neolithische Stämme 23
Ägypten
-, römische Provinz 113
-, Routen der Seevölker 53
-, Schiffsbau 38
-, Tempel 23
Ägyptenfeldzug Napoleons 469
Ägyptens Vereinigung 24
Ägypter bei der Jagd, Relief 24
- im Libanon 38
- und Libyer, Kampfszene, Relief 49
Ägyptische Beamte 26, 27
- Götter 53
- Holzmodelle: Bäcker, Pflügendes Ochsengespann 25
- Kolonien 26
- Kultur an die Griechen 27
- Mumienbildnisse 123
Ägyptisches Reich 15. Jh. 53
Äthiopien 763
Ahura Masda 55
AIDS 755
Aischylos 70, 73
Akbar, indischer Kaiser 526
- und die Jesuiten 301
Akkad(e) 28, 29, 33
Akropolis 62, 64, 65, 66, 68, 70
-, Parthenon 479
Aktium, Schlacht bei 109-111, 111
Alba, Fernando Alvares, Herzog 339, 365, 366
Albaniens Anlehnung an Rotchina 717
Albi, Kathedrale 226
Albigenser 255, 327
Alboin, König der Langobarden 178
Albrecht I., deutscher König 263

Abbrecht von Brandenburg, Erzbischof 372
Albrecht Alkibiades, Markgraf von Brandenburg-Bayreuth 339
Alcock, John William 597
d'Alembert, Jean Le Rond 414, 415, 416, 418
Alexander I 761
Alexander III., der Große, König von Makedonien 36, 55, 72, 73, 75, 76 ff.
- in Ägypten 76
- in Babylon 78
-, Eroberungen in Asien 76 ff.
-, Eroberungszüge 79, 80
-, geplanter Zug nach Arabien 78, 79
- in Indien 77
- zu Roß, Mosaik 74
Alexander-Sarkophag aus Sidon 76, 77
-, Tod 75, 79, 81
-, Unterwerfung der Perser 76, 77
Alexander IV., König von Makedonien 81
Alexander I., Zar 460, 469, 474, 475
-, Zusammenkunft mit Napoleon I. 460
Alexander II., Zar 563, 566
-, Ermordung und Folgen 562-567, 564
Alexander III., Zar 567
Alexander Newskij, russischer herrscher 248-253
-, Kampf gegen Schweden und Mongolen 250-253
Alexander III., König von Schottland 270
Alexander VI. Borgia, Papst 306
Alexandrien 143
-, Gründung 76
Alexios I., oströmischer Kaiser 235, 239, 241

Alexios III., Kaiser 236
Alexios IV., Kaiser 236, 243
Alfons XIII., König von Spanien 653, 654
Alfred der Große, König von England 144, 187, 190, 192
- auf Silbermünze 189
-, Zepterbekrönung 188
Algerien 679, 710-715, 741
-, Aufstand für algerisches Frankreich 710-715, 714
-, Krieg um Unabhängigkeit 710-715
Algerier, Rebellion 712, 714, 715
Aliso, römisches Kastell an der Lippe 120, 121
Alphabet, griechisches 63
-, lateiisches 63
-, phönikisches 63
Altes Testament 44
Ambronen, germanischer Stamm 116
Amenophis II., Pharao 39
Amenophis III., Pharao 39
Amenophis IV., Pharao 39
Amiens, Kathedrale Notre Dame 233
Amerika 437-442
- s. a. unter Vereinigte Staaten, USA
-, Einwanderungswelle 1848, 508
-, Goldfunde 508
-, Mormonen 508
- von Wikingern erreicht 205, 207
Amerikaner, Engagement in Vietnam 709
Amerikanische Kolonien 437-441, 442
-, Auseinandersetzungen der Europäer 442, 443
Amerikanischer Bürgerkrieg 1861-1865, 542-548, 551
Amerikanisches Schiff in Japan

1853, 551, 510
Amerikas Entdeckung 297
Amoriter 29
Amos, Prophet 43
Amun, ägyptischer Gott 39
Amun-Tempel, Relief 42
››Anabasis‹‹ 75
Anastasius I., Kaiser 170
Anatolien 28
Andrea Doria von Genua 343
Andropow, Juri 757, 758
Äneas, Opfer 91
Anna, Königin von England 406, 426
Anna von Kleve 338
Anna von Österreich, Regentin Frankreichs 377, 380
d'Annunzio, Gabriele 629
Anschlag vom 20. Juli 1944, 673
Antigonos, Diadochen-Herrscher in Makedonien 81
Antiochos III., König von Syrien 98
Antwerpen 367
Apartheid 776
Apollo von Aktium, Silbermünze 109
Aquino, Corazon 763
Araber in Spanien 194
Arafat 751, 753, 751-755
Aramäer 41
Arbeiter in einer Baumwollfabrik 462
Arbeiterunruhen in England 463-465
Areopag 63
Argentinien 746, 770, 776
Argentinien auf den Falklands 743-746
- unter Peron 701
Argov, Sohlomo 751
Arias Sanches, Oscar 771
Aristophanes 73
Arminius, Cherusker 119-122
Armoriter, Königreich 48
Armreif, Oxus in Turkestan 80
Arnold von Brescia, Paterier 226
Artaxerxes II., Perserkönig 75
Aserbeidschan 783
Assad, Hafez al 752
Assurbanaplu (Assurbanipal), Großkönig von Assyrien 54, 55
Assyrer 29, 43, 54, 55
Astrolabium 336
Astrologen, Miniatur 334
Astronauten 716
-, erste Fußspur auf dem Mond 731
Athaulf, König der Westgoten 160
Athelney, Somerset, Kirchenruine 192
Athen, Stadtstaat 62, 63 ff.
Athena 72
Athene im Kampf mit Giganten 98
Äthiopien 656
Atombombe 680, 681, 682-685
-, Einsatz über Hiroshima 681, 684

-, Explosion 683
Atomteststoppabkommen 708
Atomzeitalter 718
Aton, Sonnengott 39
Attentat von Sarajewo 610, 612
Attika 62, 66, 68
Attila, Hunnenkönig 157 ff.
- in Gallien 157
- in Italien 159
Attischer Seebund 72
Aufklärungsflugzeug U-2, 708, 720
Aufklärungszeit 412 ff.
- in Frankreich, England 426, 427
Aufstand der Kommune, Paris 1871, 507
Aufstände vor 1789, 443
-, Newgate-Gefängnis London 443
Aufteilung Europas in Interessen-sphären 1943, 672, 673
Augsburger Religionsfriede 339
Augustus und die Göttin Roma 114
-, Kameen 113
Augustus, Kaiser, für Octavian 114-117, 120-122
-, Baumeister des Römischen Reichs 115
- auf einer Kamme 117
- auf Rückseite einer Münze 116
-, Stellung des Heeres 115
August III., Kurfürst von Sachsen 434
Austen, Jane 461
Austerlitz, Schlacht bei 460
Australien 747, 763
Australien, Jagd nach Gold 524
Australiens Entdeckung 429-433
Auswanderungswelle nach Amerika 524
Automobile 602-607
-, Daimler 605, 606
-, Ford 602-607
Azana y Diez, Manuel 653
Azincourt, Schlacht bei, 1415 282
Azteken 317-321

Babiuch, Edward 736, 737
Babylon 33, 34, 36
-, Eroberung 36, 38
-, Terrakottaplatten 36
Babylonier 29, 43
Babylonische Gefangenschaft der Juden 43, 44
Babylonisches Reich 30
Bacon, Francis 414
Bäcker, ägyptischer 25
Baden 557, 558
Badoglio, Pietro 672
Bagdadpakt 714
Bahamas 763
Bahrain (Tilmun) 29
Balfour, Arthur James 590
Balkan, Spannungen 1905/07, 601, 740
Balkanfeldzug 1941, 664
Balkankrise 609
Balkanunruhen 561
Bangla Desh 767

Bani Sadr, Abolhassan 730, 730
Bankenkrach New York 1929 634-639
-, Auswirkungen für Europa 640, 641
Banks, Joseph 431
Barabbas 127, 128
Barbar mit Feldzeichen, Münze 117
Barbaren bei Belagerung, Marmorfries 120
-, Gefangene vor dem Kaiser 130
Bärenjagd, Wandmalerei, Klathedrale Kiew 252
Barkidenreich in Spanien 93 ff.
Barrow, Issaak 394
Baruch, Bernard 636
Baseler Konzil 287
Bassa, Atti, Kommandant von Buda 398
Bastille von Paris 445, 446, 447, 449, 450
-, Place 1871, 507
Bauernkriege in Deutschland 323
Bayern 557, 558
Bayeux, Wandteppich 211, 214, 215
Bazargan, Mehdi 729
Beauharnais, Eugène 470
Beaumarchais, Pierre Augustin Caron de 415, 443
Bebel, August 560
Beckurts, Karl-Heinz 775
Beethoven, Ludwig van 455-459, 457
-, Geburtshaus Bonn 457
-, Totenmaske 459
Beethovens Kompositionen 443, 454, 455-460
Befreiungskriege 472
Begin, Menachin 751, 752, 751-755
Beirut 752, 753, 755, 751-755, 773
Beit, Alfred 580
Bekaa-Ebene 752
Belgica, römische Provinz 159
Belgien 767
Belgiens Unabhängigkeit 1831, 491
Belgrad, Belagerung durch Suleiman II. 400
Ben Gurion, David 591, 689, 690, 693
Benedetti, Graf Vincent 557
Benedict, Stifter, Heiliger 164, 165, 166
-, ››Regula‹‹ in St. Gallen 164, 166, 169
-, Tod 168
Benediktiner 164 ff.
Benediktiner-Kloster, karolin-gisch, Modell 167
Benediktinerorden 222
Benelux-Staaten 714
Benesch, Eduard 686, 687
Bengalen 698
Bentham, Jeremy 500
Berlin 781, 782
Berlin, Einnahme durch die Rote Armee 673

Berlinblockade 1948/49, 700
Berliner Kongreß und Südost-europa 561
Bernadotte, Jean Baptiste, franz. Marschall 469
Bethlehem, Glockenturm 126
Bethmann, Simon Moritz 556
Bethmann Hollweg, Theobald von 612
Betterton, Thomas 363
Bhikkus, buddhistische Bettel-mönche 60, 61
Bhopal 765, 767
Biafra 716
Bibelübersetzung Luthers 325-329, 330
Bildungsstand 576, 577
Bismarck, Otto von 552, 554, 556-559, 560, 577
-, Außenpolitik 560, 561
-, Kanzlerschaft 556
Blenheim, Schloß 409
Blériot, Louis 596
Blockhäuser, amerikanische 484
Blomberg, Barbara 340
Blücher, Gebhard Leberecht 474, 475
Boccaccio, Giovanni 279
Bodhi, Baumverehrung 57, 60
Bodhisattva 154
Boerhave, Hermann 369
Boethius als Konsul 163
Boghasköy 47
Boleyn, Anna 338
Bolivar, Simon 482, 484
Bolschewistische Revolution in Rußland 618-623, 623
Bonifatius, Heiliger 187
Bonifaz VIII., Papst 264, 267, 268
Bonn 754, 755
Borgia-Herrschaft 306
Boris, russischer Heiliger, Ikone 249
Borodino, Schlacht 470, 473
Börsensturz in Manhattan 634-639
Boso von Burgund 184
Boston, Gemetzel 1770, 441
Botha, Pik 777
Botha, Pieter 776
Botswana 763
Bourbon und Habsburg 407
Bourbonen, Sturz der Dynastie 490, 491
Bourgeoisie und Proletariat 502
Bradford-on-Avon, Kirche 191
Bradshaw, Georg 496
Brahe, Tycho 245 389
Brahmanen 59, 61
Brahms, Johannes 459, 560
Brandenburg-Preußen 1640-1795, Karte 418
Brandenburger Tor 782
Brasilien 762, 769, 770
BRD 782, siehe auch Bundesrepublik
Brecht, Bertold 779
Bréguet, Louis 597
Breschnew, Leonid I. 739, 757
Bretonen, Heimkehr nach England 216

Briand, Aristide 633
Bright, John 501
Bristol, Brand in 500
Britische Inseln, Siedlungs-
  bewegungen 187
Britisches Museum 506
Bromberg 738
Bront,e, Charlotte 463
Bronzemünzen, jüdische, Zeit der
  Römerherrschaft 135
Brotfruchtbaum 431
Brown, Arthur Whitten 597
Bruckner, Anton 560
Brügge, Sammlung Historien von
  Troyes 307
Brunel, Isambord 496
Brustpanzer, Bronze 95
Buchdruckerkunst, Johann
  Gutenberg 295
Buddha, Prophet 57-61, 58,
  59, 60, 176, 177
-, Lehre 59, 60
Buddhas Jünger 60
- Tod 60, 61
Buddha-Dharma 59, 60
Buddha-Reliefs 58, 59, 60
Buddha-Sangha, Mönche 60, 61
Buddhismus, Ausbrei ung 58
- in Japan 177
Buddhisten 57-61
Buddhistische Tempel 61
Buddhistischer Nonnenorden 60
Bukarest 783
Bulgaren 235
Bulgarien 783
Bulle Pius IV. 1560, 338
Bund der Gerechten 505, 507
Bund der Kommunisten 507
Bundeslade 131
Bundesrepublik 755, 763, 783, siehe
  auch BRD
Bundy, McGeorge 719
Burbage, Richard 362
Buren 579-583
Burenkrieg 582, 583
Bürgerkrieg, spanischer 651-656
Burgos 651, 652
Burgund 286
- unter Karl dem Kühnen 295
Burgunder 158-160, 179
Byblos 38
Byron, Lord, englischer Dichter
  477, 478-481
- und Marianne 478
-, Marmorsitzbild 481
- in Missolunghi 479
-, Namenszug am Poseidontem-
  pel Kap Sunion 476
Byron, Anna Isabella 478
Byzanz 170, 171, 234, 235
  236 ff.
Byzantinisches Reich 235, 236 ff.

Caballero, Largo 653, 654
Caboto (Cabot), Giovanni 300,
  306
Cabral, Pedro Alvarez 300, 306
Cadiz, Karte, Angriff der Englän-
  der 350
Caen, Abteikirche St. Etienne
  215
Caesarea, Theater 136

Calais, Bürger vor Eduard III.
  von England 270
Calfa, Marian 780
Caligula, Kaiser, Münzen 131
Caligulas Standbilder 131
Callaghan, James 741
Calvin, Johann 330
Cambrai 365
Cambrai, Friede von 322
Cambridge, College, Universität
  389, 392, 394
-, Kings College, Kapelle 286
Campanella, Tommaso 395
Campanien 96
Camp-David Abkommen 751
Canaris, Wilhelm 652
Cannae, Schlacht 216 v. Chr. 96
Canning, George 483
Canossa, Bußgang König Hein-
  richs IV., 220, 221, 225, 226
Canterbury, Kathedrale 218
Cape Kennedy, Raumfahrtzen-
  trum 726, 728
Capitalis, Musteralphabet,
  um 836, 182
Carnegie, Andrew 577
Carter, Jimmy 746
Casablanca, Konferenz 1943 679
Castro, Fidel 718-723, 721
Caudebec 365
Cacour, Graf 519, 520, 521
  523, 524
Caxton, William, englischer
  Drucker 295
Ceausescu, Nikolae 780 ff.
Censor, römischer, und Bürger
  106
- beim Opfern 107
Cervantes, Miquel de 364
-, „Don Quijote" 364
Cesitus Gallus, röm. Legat 135
Chagall, Marc 689
-, Rabbiner, Gemälde 587
Chamberlain, Joseph 582
-, Neville 657, 690
Chammurabi, Gesetzesstele 33
- siehe Hammurapis Codex
Chang Hsueh-liang 705
Charta der Vereinten Nationen,
  Unterzeichnung 686
Chartres, Kathedrale Notre
  Dame 228, 229, 230
  233, 229-233
Chattusili III., hethitischer König
  46
Chaucer, Geoffrey, und Wiclif 279
- bei der Lesung seiner Werke
  279
Cheops, Pharao 26
Cherusker, germanischer Stamm
  119
Chevigné, Pierre de 713
Chiang Kai-schek 633, 703,
  704
Chile 482, 762, 776
China 84-89, 257-261, 295-298,
  703-707, 717, 741, 767, 777
- siehe auch Nationalchina und
  Rotchina
-, Ahnenkult 82
-, altes Reich 3. Jh. v. Chr., 88
-, Boxeraufstand 1905 601

-, Chiang Kai-schek 633,
  703, 704
-, Ch'in-Dynastie 82, 84-88
-, Chou-Dynastie 82, 83
-, Drei Reiche 154
-, Entdeckungen und Handel
  257, 258, 259-261, 295, 297
  298, 301
-, erste Sowjetrepublik 704
-, goldenes Zeitalter 202
-, Hunneneinfall 88, 89
-, Kommunismus in 703-707,
  706
- unter Kublai Khan 257-261
-, kultische Bilder 82, 83
-, Kultur 82
-, Kuomintang und Kommuni-
  sten 633
-, Nationale Partei (Kuomintang)
  703-707
-, Orakel-Knochen 82
-, prähistorisches 82
-, Sieg der Kommunistischen Par-
  tei 703-707
-, Sung-Dynastie 202, 203
-, Sung-Reich 210
-, Yin und Yang 82, 83
Ch'in-Dynastie 82, 84-88
Chinesische Landschaft 89
Chinesische Große Mauer 84
  85, 86-89
Chinesischer Wachtturm 84, 89
Chios, Gemetzel von 1824 481
Chlodwig, König der Merowin-
  ger 160, 161, 179
Chomorro, Violeta 776
Chou En-lai 705, 706
Chou-Zeit, Bronze-Stücke 86, 88
Christen, frühe 125
-, erste Gemeinden 128
Christentum 125 ff.
-, Ausbreitung 128
-, Erlösungsreligion 129
-, Lehre des Paulus 129
- bei Tacitus 125
Christi Kreuzigung 155
- -, Elfenbein-Platte, England
  193
- -, Kamee aus Constanza 124
Christian IV., König von Däne-
  mark 372, 176
Christian Wilhelm, Markgraf von
  Brandenburg 372
Christliches römisches Reich 153,
  154 ff.
Christliches Zeitalter, Anfänge
  143 ff.
Christus mit kaiserlichem Stifter
  200
- mit6 Maria, dem hl. Mauritius
  und deutschen Kaisern 197
-, oströmische Darstellung 235
Chruschtschow, Nikita 676, 708,
  713, 717, 720-723, 721, 759
Chufu (Cheops), Pharao 26
Churchill, John 405, 409
Churchill, Winston 655, 658,
  660, 673, 679, 687, 712
Claudius, römischer Kaiser 131
Clausewitz, Karl von 470
Clemenceau, Georges 569
Clemens V., Papst 268

Clemens VI., Papst 271, 278
Clemens VII., Papst 322
Clemens VII., Gegen-Papst 278
Cluny, Abtei 195
-, Reform von 222
Cochrane, Thomas 482
Code civil in Europa 471
Colbert, Jean Baptiste 384
Computer 768
Condé, Ludwig Prinz 378, 383
Congrave, William 411
Contadora Gruppe 770
Contras 771, 775
Cook, James, Kapitän 428
Cooks Forschungsreisen
  429-433, 433
- Ermordung auf Hawaii 433
Cooks Reisebüro 532
Corneille, Pierre 410
Cornelius Scipio Africanus,
  röm. Feldherr 97, 106
Cortes, Hernando 300, 302,
  317-321
Coty, René 710, 713
Cranach, Lukas 325
-, Gemälde 327, 328
Cranner, Thomas, englischer
  Erzbischof 330
Crassus, römischer Feldherr 102
Crécy, Schlacht bei 270, 271
Crixus, Gallier 100
Cromwell, Thomas 331
ČSSR 709, 734, 737, 738, 780, 781
Culloden, Schlacht bei 1746 427

Daimler, Gottlieb 560
Daimler-Automobil 605, 606
Daladier, Edouard 657
Damaskus 54, 241, 753
Dämon, babylonischer 54
Dänen in England, Friesland,
  Holland, Frankreich im Mittel-
  alter 207
Däneneinfall in Ost-Anglien
  187, 188, 190
Danegeld, englische Steuer 211
Dänemark 361, 435, 442
-, Besetzung durch Deutschland
  1940 657
Dante Alighieri 264, 265,
  266, 267
-, Beburtshaus 269
Dantes »Göttliche Komödie«
  264, 265, 266, 269
Danziger Unruhen 734, 736
Dardanellen 278
Darius I., Perserkönig 64, 75
- auf der Löwenjagd, Siegelab-
  rollung 66
Darius III., Perserkönig 67, 75
  76
Darwin, Charles Robert 534,
  535
-, Erasmus 536
Darwins Abstammungslehre
  535-540
-, Daten 537
Darwinismus, Weiterentwicklung
  540
Daschur 26
David, König von Israel 43, 44

David, Jacques Louis 456
Dawes, Charles Gates 633
Dawes-Plan 633
DDR 737-739, 759, 779, 781 ff.
Delft, Bürgermeister, Gemälde 368
Delphi 68
-, Marmorfries 69
Delphischer Wagenlenker 73
Deng Xiaoping 777
Demeter und Kore 72
Descartes, René 390
Deutsch-dänischer Krieg 1864 536
Deutsche Einheitsbestrebungen der Liberalen 509
- Luftwaffe 658-664, 676
- Sechste Armee, Stalingrad 674-679
- Wehrmacht, Überforderung 674-679
Deutscher Angriff auf die Sowjetunion 665
- Bund 474, 556
- Feldzug auf dem Balkan 664
- Nationalverein 1859 509
Deutscher Orden 199, 255, 271, 334
Deutscher Zollverein 557
Deutsches Afrikakorps 664
Deutsches Reich nach 1870/71 560, 561
- Zollparlament 557
Deutsch-französischer Krieg 1870/71 553, 555-559, 557
Deutschland 271, 273, 276, 339, 347, 372, 374, 376, 474, 490, 508, 558, 783
- und Frankreich nach dem 1. Weltkrieg 633
-, Kapitulation 1945 673
- vor dem 2. Weltkrieg 656
-, Zollbeschränkungen 491
Deutschlands Einigung im 19. Jh. 555-559, 557
Deutsch-Österreichischer Krieg 1866 557
Devereux, Robert 360
Dharma, Buddhas Lehre 59, 60
Diadochen-Könige 81
Diadochen-Reiche 80, 81
Diaz, Bartolom‚eu 300, 306
Diderot, Denis 413, 414-417, 427, 434, 443
Diderots »Encyclopédie« 412-417, 415, 427, 434
Dien Bien Phu 712, 714
Diktatur des Proletariats 504
Diktatur in Spanien 650-656
- in Südamerika 701
Dimitroff, Georgi 644
Dio Cassius. griech. Geschichtsschreiber 118
Diodor 27
Diokletian, römischer Soldatenkaiser 147
Dionysios II. von Syrakus, Tyrann 73
Diptychon, Oberitalien 156
-, Vorderdeckel, Mailand 5. Jh. 141

Djenghis (= Dschingis) Khan 251, 257, 259
- in China 89
Djoser, Pharao 21, 26
Dollfuß, Engelbert 648
Dominikanerorden 254
Dominikanische Republik 709
Don Carlos, spanischer Kronprätendent 653
Donne, John, englischer Dichter 363
Dorer 62
Doria, Andrea, Genueser 343
-, Luciano, Genueser 278
Dowding, Hugh, Air Chief Marshall 660
Drache, stilisiert, am Schiffsbug 205
Drake, Francis, Kaperfahrten 347, 348, 350, 352, 353
-, Navigationsinstrument 351
Dreißigjähriger Krieg 372-376
-, Karten 376
-, Friede zu Münster und Osnabrück 376
Dresden, Luftangriff 1945 685
Dritte Welt 762, 769
Druckorte, frühe, in Europa 326
Dryden, John 411
Dschingis Khan 251, 257, 259,
- in China 89
Duarte, José Napoléon 740
Dubček, Alexander 709, 780
Dulles, John Foster 714
Durham, Kathedrale 218
Dynamitherstellung in Südafrika 581

Eckermann, Johann Peter 481
Edelmetallhandel 302
Edikt von Nantes, Aufhebung 403, 404
Edisons Vitaskop 550
Eduard der Bekenner, König von England 211, 212, 214
-, Siegel 211
- auf dem Thron, Wandteppich Bayeux 211
Eduard I., König von England 270
Eduard II., König von England 270
Eduard III., König von England 270, 271
-, Bürger von Calais vor dem König 270
Eduard IV., König von England 294
Eduard VI., König von England 295
Eduard VII., König von England 679
Eduard, Prince of Wales, Schwarzer Prinz 270, 271
Edwin, König von Nordhumbrien 187
EG 777
Egbert, König von Wessex 187
Egmont, Graf 366
Einstein, Albert 680, 699
Eisenbahnen in Amerika 497, 499
- in Europa 497, 499

Eisenbahnabteil, Viktorianische Zeit 499
Eisenbahnbrücke über den Bridgewater-Kanal 496
Eisenbahntunnel 1831 497
Eisenbahnzüge, erste 492 493, 494
Eitan, General 753
Eleonore, Königin von Aquitanien 211
Elisabeth I., Königin von England 346-348, 349, 350, 353, 360
Elisabeth von Rußland, Zarin 419
Elisabeth von York 295
El-Fatah 751
El Salvador 740, 771
Emerson, Ralph Waldo 541
Emery, Walter, Ägyptologe 24
Empire Napoleons, Zusammenbruch 1812/13 471, 472
Emser Depesche 558
Engels, Friedrich 502, 505, 506, 507
England 747, 755, siehe auch Großbritannien
England, angelsächsisches Reich 144, 187, 188, 190, 192
England, Arbeiterunruhen 463-465
- und Frankreichs Krieg wegen der amerikanischen Kolonien 442, 443
- und Holland, Kriege 387
-, Hundertjähriger Krieg gegen Frankreich 270, 271, 286
-, Innenpolitik, irische Frage 568
England
- im Kampf gegen Schottland 270
-, Liberalismus 427
-, neues Regierungssystem durch Walpole 426
- vor der normannischen Eroberung 211
-, Parlamentsreform 500
-, Reaktion und Reform 461
-, Reformen, Ende der Tory-Herrschaft 491
- nach Utrechter Friede 404 ff.
-, Viktorianische Zeit 532, 533
- unter Wilhelm von der Normandie 212 ff.
- zur Zeit Napoleons 461
- im Zweiten Weltkrieg 658-663
-, Zurückeroberung der Falklands 743-746
Englands Kolonien in Amerika 437-441, 442
-, Anerkennung der Unabhängigkeit 442
Englands Krieg mit Amerika 466, 467
Englands Niedergang nach 1945 686
- Seekrieg 460, 461
- wirtschaftliche Lage 461-465, 466
Englische Flotte 351, 352 743-746
-, Kampf gegen spanische Armada 355

Englische Kolonien, wirtschaftliche Entwicklung 524, 525
Enrile, Juan Ponce 763
Entdeckung Amerikas 297
Entdeckungen, Zeitalter der 245 ff.
- und Überseehandel 297-303
Entdeckungsfahrten 300, 306
-, Landung der spanischen Flotte 318
Entspannungspolitik 708
Entstalinisierung 717
Enzyklika, päpstliche 708
Enzyklopädisten 415, 417
Epileptischer Anfall eines Mönchs 276
Erasmus von Rotterdam 315
Erbfeindschaft zwischen England und Frankreich 270, 271, 286
Erdbeben von Lissabon 1755 420-425, 423, 425
Erdsatelliten 716
Erik der Rote, Wikinger 203, 205
Erster Weltkrieg 610-617, 624
Erzengel Michael, georgische Ikone 248
Erzpriester der Kybele 114
Escorial bei Madrid 365
-, Kirche San Lorenzo 342
Eskimos 206, 207
Esra, führender jüdischer Priester 45
ETA 774
Etheldreda, Heilige 211
Etrich, Ignaz 597
Etrusker 63, 90, 93
-, Ehepaar 90
-, Gott 90
-, städte 102
Eugen, Prinz von Savoyen 404, 407
Eunuchen-Priester 148
Euphrat 28-31, 38
Euripides 73
Europa und Asien, Karte 370
-, Auswirkungen der Wirtschaftskrise Amerikas 1929, 640, 641
Europa
- vor den Ersten Weltkrieg 608, 609
- nach dem Ersten Weltkrieg 624
- während des Zweiten Weltkriegs, Karte 679
- nach 1945, 687
-, Gleichgewicht der Kräfte 584
-, Soziale Unruhen 585
Europas Neuordnung 474
Europäische Besitzungen in Amerika 442
-, Auseinandersetzungen 442, 443
Europäische Bündnisse 615
- Bündnissysteme 601
Europäische Gemeinschaft 770, siehe auch EG
Europäische Wirtschaftsgemeinschaft (EWG) 714
Eurybiades, Spartaner 66, 68, 69
Evangeliar, Codex Aureus, Canterbury 185

-, Regensburg 221
-, der Theodolinde 178
Evangelien 126, 127, 128
Evangelisten Lukas, Markus 126
Evangelium des Paulus 129
Evren, Kenan 740
Exocet-Rakete 745
Expeditionsschiff ›Endeavour‹ James Cooks 429, 430, 432

Fabritius, Carel 410
Fahrkarten 19. JH., 499
Falkenberg, Dietrich von 372, 373
Falkland Inseln 746, 747, 776
Falkland-Krieg 1982, 743-746
Farnese, Alexander, Herzog von Parma 343, 346, 347, 348, 366
Faschismus in Italien 627-631
Fayence-Kachel, Zeit Ramses III. 43
FCKW-Stoffe 766, 768
Feldarbeit, Mosaik aus Tunesien 104
Ferdinand I., König von Böhmen und Ungarn, Kaiser 339
Ferdinand III., deutscher König, kaiser 372, 375
Ferdinand, Herzog von Braunschweig 419
Ferdinand, Erzherzog von Österreich 397
Ferdinand und Isabella, katholische Könige Spaniens 297, 304
Ferdinand I., König von Neapel 294
Fermi, Enrico 680
Ferner Osten, Entdeckungen und Handel 257-261, 295, 297-303
-, neuerwachtes Interesse am Handel 509
-, Auseinandersetzungen, Opiumkrieg 509
Festmahl, sumerisches Relief 29
Finanzsystem John Laws 411
Fische, frühchristliche Grabinschrift 149
Fischer, Joschka 754
Flaggschiff, englisches 351
Flamen und Wallonen 443
Flämische Malerschule 287
- Mystik 287
Flamsteed, John, Astronom 392, 394
Flandern 367, 368
Flavius Josephus, jüdischer Historiker 130-132, 136, 137
-, Bericht über Pilatus und Zeit Christi 130
Florenz 266-269, 310
Fletcher, amerikanischer Admiral 671
Florida 726
Flugboote, Typ Catalina 668, 669
Flugzeuge der Pionierzeit 595-599
Fontainebleau, Revokationsedikt 403
Franco, Francisco 650, 652 653, 654, 655
Franken 158, 160, 162

-, Reich in Gallien 179
- im 9. Jahrhundert 186
Fränkisches Reich 179, 181
-, Hausmeister 179
-, Verträge und Teilungen 184
Frankreich 765
Frankreich und Algerien 710-715
-, Dritte Republik 569
- und England 234, 235, 270, 271, 280-286, 442, 443
-, Fünfte Republik 713-715
-, De Gaulles Rückkehr an die Macht 710-715
- und Johanna von Orléans 280-286
-, Juli-Revolution 1830 in Paris 490
-, Kanzlerernennung 1699, 382
- unter Ludwig IX., 262
- unter Ludwig XI., 295
- unter Ludwig XIV., 402, 404
- nach Utrechter Friede 404 ff.
- Vierte Republik 714
Frankreichs klassische Zeit, Kultur, Kunst 410
- Krieg mit Spanien 378
- politische Einteilung 1420, 1453, 281
- Vorherrschaft 210, 211
- Weg zur zentralistischen Monarchie 377
Franz I., König von Frankreich 314, 322
Franz II., König von Frankreich 399
Franz I., Kaiser von Österreich 474
Franz II., König beider Sizilien 521, 522, 523
Franz von Assisi, Reliquiar 254
Franz, Herzog von Anjou 346
Franz Ferdinand, Erzherzog von Habsburg 612
Franz Joseph I., Kaiser von Österreich 508, 520
Franz Stephan, Herzog von Lothringen 395
Franzikanerorden 254
Französische Monarchie 210, 262, 295, 378, 402, 404
Französische Revolution 1789 444-451
-, Sturm auf die Bastille 445, 446
Französisches Kaiserreich 1862-1870, 553
Frauenköpfe, antike 63
Freigelassene, griechische 99
Friedensvertrag zu Utrecht 1713 404-405, 408
Friederike Wilhelmine von Preußen 443
Friedland, Schlacht bei 460
Friedrich I. Barbarossa, deutscher König, Kaiser 199
- als Kreuzfahrer 238, 243
-, tod 243
Friedrich II., deutscher König, Kaiser 245, 255
-, König von Jerusalem 255
Friedrich III., deutscher König, Kaiser 287
Friedrich V. von der Pfalz, Kurfürst, »Winterkönig« 372, 376

Friedrich I., König von Preußen (Friedrich III., Kurfürst von Brandenburg) 418
Friedrich II., der Große, König von Preußen 418, 419, 434, 435
-, Treffen mit Kaiser Joseph II. 419
Friedrich August III., Kurfürst von Sachsen 434
Friedrich Karl, Prinz von Preußen 557
Friedrich Wilhelm, Großer Kurfürst von Brandenburg 418
Friedrich Wilhelm I., König von Preußen 406
Friedrich Wilhelm II., König von Preußen 443
Friedrich Wilhelm III., König von Preußen 460, 474, 475
Friedrich Wilhelm IV., König von Preußen 508
Friedrich der Weise, Kurfürst von Sachsen 325, 326
Friedrich Heinrich von Oranien 367
Friesland 208, 209
Fronde-Aufstand in Frankreich 377, 378
Fuller-Brosche, England 189

Gabriel, Jacques Ange 443
Gadhafi, Muammar al 773
Gagarin, Jurij 716, 729
Gaillard, Felix 712, 713
Galba, römischer Kaiser 136
Gallere, phönizische 91
Galla Placidia 160
Gallien 193-198
Gallier 95
Gallipoli, Halbinsel 278
Galtieri, Fortunato 743, 744, 746, 747, 776
Gambetta, Léon 559
Gandhi, Mahatma 694, 695-699, 696
-, Ermordung 695
-, Verbrennung der Leiche 697
Garibaldi, Giuseppe 518, 519, 521, 522, 523, 524
Gaulle, Charles de 708-715, 711, 712, 714, 715
Gautama 57, 60
Gefangener, asiatischer 43
Gegenreformation 338, 378
Gelobtes Land = Palästina 26, 38, 41, 43, 44
Genua 278
Genueser Handschrift 303
Georg, Heiliger, Drachenwunder, Wandmalerei 253
Georg I., König von England (Georg Ludwig, Kurfürst von Hannover) 406, 426
Georg III., König von England 437, 439, 440, 441, 443
Georg IV., König von England 491
Georg Wilhelm, Kurfürst von Brandenburg 372, 374
Germanen 116, 118
Germanensturm in Gallien 157
Germaneneinfälle ins Römerreich 104

Germanien 116, 118 ff.
Germanischer Krieger zu Pferd 162
Germanisches Paar 122
Gesetze Yahwehs = Zehn Gebote 42
Gesetzes-Codex des Hammurapi 30, 31, 32
Gesetzesstele Hammurapis 31, 32, 33
Gewehr Mitte 17. Jh. 375
Gewerkschaft Solidarität 734, 736-739
Gewerkschaften 465, 648
Gewürzhandel 301, 302
Ghana Republik 716
Gibraltar 650, 652, 655
- an England 406, 408, 443
Gierek, Edward 734, 736-739
Giotto, Wandmalerei Allegorie des Glaubens 267
Giscard d'Estaing, Valéry 747
Gladiatoren 99, 100, 101 102
Gladstone, William 561
Glasnost 759
Gleb, russischer Heiliger 249
Glenn, John H. 716
Gluck, Christoph Willibald 443
Godse, Nathuram 699
Godunow, Boris 370
Goethe, Johann Wolfgang von 481
Goldene Bulle 255, 278
Goldene zwanziger Jahre 632
Goldfieber, Kalifornien 524
Goldgräber in Kalifornien 524
- in Transvaal 579-581
Golfkrieg 773
Gomarus, Franciscus 367
Gomulka, Wladyslaw 734
Gorbatschow, Michail 745, 757 ff. 770, 771, 777, 782
Gordon, Lord George 443
Göring, Hermann 643, 644, 648, 660-662
Goten 235
Gotische Architektur 229-233
Gotische Kathedralen 229-233, 231-233
Gotischer Wandaufbau 231
Götter im Boot, Plastik 29
Gottfried II., der Bärtige, Herzog von Lothringen 223
Gottfried V. von Anjou-Plantagenet 219
Grabbeigaben 45
Grabmal bei Rom, Relief 103
Grabstein eines Centurion 122
Grant, Ulysses Sidney 545
Gregor, Bischof von Tours 160
Gregor I., der Große, Papst 155
Gregor VII., Papst 221, 222, 223, 225, 226
-, Priorität des Papsttums 224
Gregor XI., Papst 278
Grey, Charles 500
Griechen und Ägypter 27
Griechen Alexanders des Großen und Perserinnen 80
Griechenland, Freiheitskampf 478, 479, 767
-, politische Organisation 63

-, Stadt-Staaten 62 ff.
-, »Sterbendes Griechenland«, Gemälde von Delacroix 481
-, Tyrannenherrschaft 63
Griechische Kolonisation 62, 63, 90
- Kultur 62
- Philosophie, Sophisten 72, 73
- Städte 63
- Städte in Italien 102
- Städte in Süditalien 62, 63
Griechisches Kriegsschiff, Scarabäoid 68
- Theater des Dionysos 70
Griechisch-persische Schlachten 63-72, 68
Gromyko, Andrej 686, 720, 758
Grönland unter den Wikingern 205-207
Großbritannien 741, 746, 747, 767, 783 siehe auch England
Großmachtpolitik Rußlands 434, 435
Grünen, Die 754
Gudea, Herrscher von Lagasch 34
Guernica, Gemälde Pablo Picassos 655
Guevara, Ernesto »Che« 720
Guizot, Francois 505
Gustav Adolf, König von Schweden 372, 373-376
Gustav III., König von Schweden 435
Gutäer-Herrschaft 29
Gutenberg, Johann Gensfleisch 295
Gutenberg-Bibel 42zeilige 329

Haager, Maifest 1581 346
Habib, Philip 754, 751, 753
Habsburger Herrscher 404, 407
Habsburgisches Kaiserreich 295
Hadrian VI., Papst 322
Haeckel, Ernst 560
Haganah 688, 689, 691
Hagia Sophia, Konstantinopel 170
Hahn, Otto 680
Haig, Alexander 744, 745, 746, 747
Haiti 709
Halfdan, König von Mercien 188
Halley, Edmond 392, 393
Hamilkar Barkas, karthagischer Feldherr 94
Hammurapi, König von Babylon 30-36
Hammurapis Gesetzes-Codex 30-36, 31, 32
-, Brief auf Tontafel 30
- Reich 30-36
Handel mit Asien und der Neuen Welt 297-303
Handelsbeziehungen zwischen Amerika und Japan 511-515, 512, 513, 514
Handelssperre auf dem europäischen Festland 471, 472
Han-Dynasie 88, 154
-, Zerfall 88
Han-Zeit, Tonfiguren 87
Hannibal, karthagischer Feldherr 91, 93 ff.
- in Italien 93, 95, 96
- in Spanien 93-95, 96

- über die Alpen 91, 93
- als Reformer Karthagos 98
Hannover, Kurfürst Georg von 406, 407, 426
Harald Blauzahn, König von Dänemark 203
Harald Godwinsson, König von England 212, 214, 215
- auf dem Wandteppich von Bayeux 213
Harald I. Schönhaar, König von Norwegen 203
Harald III. Hardrada, König von Norwegen 214
Hardouin-Mansard, Jules 411
Hartling, Poul 741
Hasdrubal, Karthager 94
Hassan, König 729
Hastings, Schlacht bei 212-217
Hauskarls, englische Leibwache 212, 214
Havanna 719
Havel, Vaclav 780
Haydn, Joseph 443, 456, 458 459
Heath, Edward 741
»Hebräer« 41
Heilige 178
-, Wandmalerei 149
Heilige Allianz der Monarchen 474, 475
Heilige Drei Könige 163
heilige Lanze 198
Heilige Schrift 129, 329
Heiliges Römisches Reich Deutscher Nation 198, 278, 376, 556
Heinkel He 178 mit Turbo-Strahltriebwerk 597
Heinrich I., deutscher König 195
Heinrich II., deutscher König, Kaiser 219
Heinrich III., deutscher König, Kaiser 222-225
-, Maria mit König, Pergament, Speyer 225
Heinrich IV., deutscher König, Kaiser 219, 221, 223, 225, 221-226
-, Gang nach Canossa 221, 225
- mit Abt Hugo von Cluny und Gräfin Mathilde auf Canossa 220
- Grabbeigaben 222
Heinrich V., deutscher König, Kaiser 225, 226
Heinrich VI., deutscher König, Kaiser 255
Heinrich VII., deutscher König, Kaiser 268
Heinrich VI. oder VII., Belagerung Neapels 234
Heinrich I., König von England 218
Heinrich II. Plantegenet, König von England 219
Heinrich III., König von England 254, 255
Heinrich IV., König von England (Bollingbroke) 282
Heinrich V., König von England 282-284

Heinrich VI., König von Frankreich (1431) und England 284, 286, 294
Heinrich VII. Tudor, König von England 294, 295, 307
Heinrich VIII., König von England 322, 338, 339
- und die Reformation 330, 331
Heinrich I., König von Frankreich 210
Heinrich II., König von Frankreich 347
Heinrich III., König von Frankreich 346
Heinrich IV. (Heinrich von Navarra), König von Frankreich 365, 371, 376
-, Einzug in Paris 346
Heinrich XXIII., Fürst zu Reuß 559
Heinrich der Seefahrer 287
Heinrich der Zänker, Herzog von Bayern 195, 198
Hellenenbund 64, 66
Hellinismus 81
Hendaye 653
Herodes Agrippa, König von Judaea 131, 132
Herodes Antipas, Tetrarch von Galilaea 130
Herodes der Große, König von Judaea 122, 123
-, Münze 123, 135
-, Politik 123
-, Tempel 123
-, Tod 130
Herodot 27, 73
Herrhausen, Alfred 775
Herriot, Edouard 633
Hertfordshire, Abteikirche St. Alban 216
Hertz, Heinrich 560
Hessen 558
Hethiter 38, 46, 47, 50, 62
Hethitische Götter 46, 47
- Hieroglyphen 54
Heuydrich, Reinhard 648
Herzl, Theodor 586, 588-591, 689
Hierakonpolis 21, 22
Hieroglyphen 22, 24, 26, 27, 54
Hieronymus, Heiliger 327
Himmelsglobus 337
Himmler, Heinrich 648
Hindenburg, Paul von 643, 646, 648
Hinduismus 699
Hirohito, Kaiser von Japan 682, 685
Hiroshima nach der Zerstörung 681, 684
Hitler, Adolf 643-648, 646, 647, 652, 653, 654-658, 677-679
-, Selbstmord 1945 673
Hitlers Expansionspolitik 656, 657
Ho Chi Minh 717
Hobson, J. A. 582
Hohe Priester 126, 127, 130, 132
Höhlenkirche, Eingang, Wandmalerei 129

Holland 767
Honduras 771
Honecker, Erich 739, 781 ff.
Hongkong, Straßenszene 509
Hooke, Robert 392
Hoover, Herbert 638
Hor Aha, Pharao 21-24, 26, 27
Horeb = Berg Sinai 42
Howard, Charles, Lord 348, 350, 351
Hu Yaobang 777
Hugenottenbekämpfung 402, 403
Hugenottenkriege 403
Hugo Capet, König von Frankreich 210
Huberts Revolutionsbericht 444-449
Humphrey, Hubert H. 709
Hundertjähriger Krieg England-Frankreich 270, 271, 286
Hungersnot in Irland 501
Hunneneinfall in China 88, 89
- im Westen Europas 157 ff.
Hunnen-Schlachten 143
Hurriter 38
Hus, Jan 245
-, Verbrennung 329
Husak, Gustav 780
Hussein, König 752, 755, 771
Huskisson, William 496
Hutton, James 537
Huyghens, Christian 369
Hyksos, Hirtenkönige 26, 38

Ianus-Tempel, Münze 114
Iberische Halbinsel 93-95, 97
Ignatius von Loyola 338
Indien 747, 763, 767
Indien, Aufruhr 56-531, 527 528, 531
- und seine Nachbarn 698, 700
-, Seefahrt und Handel 297-303
Indien, Reformprogramm 525, 528-531
-, Karte 528
Indiens Teilung 695-699
Indochina 710, 712, 717
Industal, Kultur 29
Industrialisierungsfolgen 576
Industrielle Revolution in England 495 ff.
Industrielles Zeitalter 462-465
- in England 463-465
Inflation 632
Inkunabelzeit, Druckorte 326
Innozenz II., Papst 218
Innozenz III., Papst 326, 243, 254
Innozenz IV., Papst 182
Innozenz VI., Papst 271
Innozenz VIII., Papst 306
Innozenz IX., Papst 401
Inquisition, Sitzung 425
Inschrift der X. Legion 130
-, Grabstein der X. Legion 132
Internationale Arbeiterassoziation 507
Internationale Brigaden 650
Internationale, Erste und Zweite 507
Internationalismus 585

Interregnum des Heiligen
  Römischen Reiches 263
Intifada 771
Invasion am Atlantik 1944 673
Investiturstreit 218, 219
Ionier 62
IRA 775
Irak, früher Mesopotamien 28, 746,
  773
Iran 726-731, 746, 773
Irgun Zvai Leumi 755
Irland 207-209
-, Hungersnot 501
Isaak II. Angelos, Kaiser 236
Isabella, Königin von England
  270
Isabella von Frankreich 284
Isabella, Königin von Kastilien
  297, 304
Isis-Kult, Prozession 114
Islam, Mohammed 143, 144
- in Spanien 226, 227, 365
-, Vordringen 239
Island unter den Wikingern
  205-207
Isokrates, attischer Rhetoriker 75
Israel 41 ff., 774
-, alte Geschichte (biblische)
  41 ff.
-, Königreich 43
Israel 1948 als neuer Staat
  689-693, 751-755
-, Karte 1949-1967 690
- nach dem Sechs-Tage-Krieg
  1967 691
Israeliten 41 ff.
-, ägyptische Gefangenschaft 41
-, Altes Testament 44
- unter Assyrern und Babyloniern gefangen 43, 44
-, Auszug aus Ägypten 41-43, 46
-, Gesetze (Zehn Gebote) 42
- in Palästina 43, 44
-, Passahfest 41
-, Propheten 43
-, Rückkehr aus dem Exil 45
-, Siedlung in Ägypten 44
-, Wanderung 43, 44
- und Yahweh (Jehova) 41-43
-, Zwölfstämmeverband 41, 43
Israel Tal 754
Issos, Paß 77
-, Schlacht bei 76
Italien 741, 783
Italien unter dem Faschismus
  627-631
-, Machtkämpfe 314
-, Medici 287, 294, 306
Italiens Einigung und Kriege
  1859-1870 520
- ›Risorgimento‹ = Weg zur
  Einheit 519-523
Italienische Staaten 395
-, Aufstände 395
-, Nord-Italien 395
-, Venedigs Niedergang 396
Iulius Caesar 106, 107
-, Ermordung 114
- in Gallien 116
- und Kleopatra 112
-, Münze 107
Iulius Caesar Germanicus 119,
  121
Iupiter (Zeus) 115, 122
Ivar Knochenlos, dänischer
  Invasor in England 188
Iwan der Schreckliche, Zar 370

Jackson, Andrew 485-489, 485
-, Karikatur auf ihn 486, 488,
  487
-, Landhaus 484
-, Rachel (Rachel Hobards)
  486
Jacquerie, französische Anarchisten 14. Jh. 271
Jagdflugzeuge 659, 661,
  662, 663, 669
Jagielski, Miecyslaw 736, 737
Jakob I. (Jakob VI. König von
  Schottland), König von England 360, 363, 365, 370
Jakob II., König von England 402,
  404
- und Ludwig XIV. von Frankreich, Treffen 402
Jakob V., König von Schottland
Jakob VI., König von Schottland
Jalta-Abkommen 673, 687
Jameson, Leander Starr 582
Janitscharen 278, 401
Janus, Julius, Jupiter siehe vorher
  unter I
Japan 172 ff., 763
-, Buddha, Bronzelaterne 176
-, Fujiwara 172, 174, 178
-, Geschichte, Herrscher 172
-, Heian-Periode 178
-, Klostertempel Byodoin 174
-, Malereien, Zeichnungen 174
-, Schriftzeichen Fujiwara-Zeit
  175
-, Temper-Tonfigur 172
-, Todaji-Tempel, Nara 176
-, Torstraße zum Schrein, Heian
  (Kyoto) 173
Japan in der Mandschurei 705
- und doe Vereinigten Staaten
  511-515, 512
Japaner im Kampf gegen Chinesen 1894/95 515
Japaner in Nordchina 705-707
-, Kapitulation 706
Jaruzelski, Wojciech 734,
  737-739
Jeanne D'Arc siehe Johanna von
  Orléans
Jefferson, Thomas 436,
  437-441, 485, 486
Jehova 41-43
Jena und Auerstedt, Schlacht bei
  460
Jeremenko, Andrej 676
Jérôme Bounaparte 470
Jerusalem 43
-, Heilige Stätten 242
-, König von (Kaiser
  Friedrich II.) 255
-, Königreich 234, 235
-, Mauerwerk der Tempel-
  Plattform 138
Jerusalem
- und der Ölberg 133
-, Stadt, Detail eines Mosaiks
  134
-, Vorhof der Zitadelle 137
Jerusalem, Zerstörung 70 n. Chr.
  126, 129, 132 ff.
-, Tempel 131, 138, 139
- und Ende des jüdischen Staates
  139
Jesaja, Prophet 129
Jesu Jünger 126-129
Jesuiten-Orden 338
-, Verbot 424, 425
Jesus Christus 730
- siehe auch unter Christus
-, Auferstehung 129
- als Gekreuzigter mit Eselskopf
  128
-, Grablegung 128
-, Hinrichtung, Kreuzigung
  125-127, 128
- als historische Persönlichkeit
  125, 126
-, Passion 127, 128
- im Tempel 127
Jihad, Abu 771
Johann »ohne Land«, König von
  England, Grabplastik 247
Johann II., König von Frankreich
  271
Johann III. Sobieski, König von
  Polen 396, 398, 400, 401
Johann III., König von Portugal
  338
Johann IV., König von Portugal
  365
Johann V., König von Portugal
  422
Johann, Herzog von Bedford
  282, 284
Johann Georg, Kurfürst von
  Sachsen 372, 376
Johann Kasimir von der Pfalz 346
Johann Ohnefurcht, Herzog von
  Burgund 282, 284
Johanna von Orléans 280-286,
  280, 281
-, Brief an die Stadt Reims 282
-, Erstürmung von St. Honoré
  vor Paris 283
-, Gefangennahme 283
-, Verbrennung 285
-, Zug durch Frankreich 281
Johannes, Evangelist 127
Johannes der Täufer 126
Johannes II. Komnenos, oströmischer Kaiser 235, 236
Johannes VIII. Palaiogos,
  Kaiser 287
Johannes XIII., Papst 199
Johannes XXII., Papst 271
Johannes Paul II., Papst 738
Johannesburg 579-583
Johnson, Lyndon B. 709, 719
Joseph I., deutscher König, Kaiser
  404
Joseph II., deutscher König
  Kaiser 435
Joseph I., König von Portugal
  424
Joseph von Arimathaea 128
Joséphine, französische Kaiserin
  456
Josephus Flavius 130-132, 136,
  137
Juan d'Austria 340, 343, 345,
  346, 366
Juarez, Benito, mexikanischer
  Präsident 553
Judaea 125-129
-, trauernde, Münze 135
Judah (Juda), Königreich 43
Judas von Galilaea, Priester 130
Judas Ischariot 128
Judas Makkabäus 135
Judendiskriminierung seit
  1933, 648
Judenfrage, »Endlösung« 672
Jüdische Bevölkerung Europas
  1941-1945, 672
Jüdische Münzen 135
Jüdischer Aufstand gegen Rom
  126, 130, 132, 135, 136
Jüdischer Krieg 132 ff.
-, Ende 70 n. Chr. 138, 139
Jüdischer Staat Israel entsteht
  1948, 689-693
-, Karte 1949-1967, 690
Jüdisches Beinhaus 131, 133
Jüdisches Volk unter römischer
  Herrschaft 122, 130 ff.
-, König Herodes Politik 122, 123
-, Volkszählung 130
Jugoslawien 740
Jugoslawien befreit, unter Tito
  686, 687
Julian Apostata, Kaiser 153, 154
Juli-Revolution 1830 in Paris 490
Junius-Handschrift, England
  10. Jh., 190
Justin I., Kaiser 170
Justinian I., Kaiser 153, 161,
  170, 179, 235

Kabul 744
Kahlenberg, Schlacht um 400
Kairo 21, 22, 23
Kaiser und Papst, Investiturstreit
  218, 219
Kaiser, Vergöttlichung 155
Kaiserproklamation in Versailles
  1971, 555, 556, 559
Kakao, Verbreitung 303
Kalabrien 178
Kalenderreform Papst
  Gregors XIII. 347
Kalifornien, Goldentdeckung 508
Kalixt III., Papst 285
Kallisthenes 79
Kalter Krieg nach 1945, 708
Kambodscha 741
Kambyses II., Perserkönig 63
Kamelreiter, Relief 55
Kampfflugzeuge 661, 681
Kanaan 41, 47
Kanada, Selbstverwaltung 525, 747,
  763
Kanarische Inseln 650
Känguruh 429
Kania, Stanislaw 737, 738
Kanischka I., König, Münze 55
Kap der Guten Hoffnung 306
Kapetinger 210
Kapitolinische Wölfin 90
Kapitulation Deutschlands 1945
  673

Kapkolonie, Buren 525
Karawane unterwegs nach dem Fernen Osten 260
Karl der Große, Fränkischer König, Kaiser 143, 144, 169, 179, 180, 181, 186, 191
-, Kaiserkrönung 182-184
-, Münzbild 182
- und seine Nachfolger 184
-, Thron Münster zu Aachen 181
Karmal, Barbak 743, 745
Karl II., der Kahle, westfränkischer König, Kaiser 179, 184, 186, 193
Karl III., der Dicke, westfränkischer Krieg, Kaiser 186, 191, 192, 193
Karl IV., deutscher König, Kaiser 278
Karl V., deutscher König, Kaiser 300, 301, 314, 322, 340, 366
-, sein Reich 339
Karl VI., deutscher König, Kaiser 404, 418
Karl I., König von England 370, 375
Karl II., König von England 387, 402
Karl III., der Einfältige, König von Frankreich 209
Karl IV., der Schöne, König von Frankreich 270
Karl V., König von Frankreich 271, 279
karl VI., König von Frankreich 282-284
Karl VII., König von Frankreich 284-286
Karl VIII., König von Frankreich 307
Karl X., König von Frankreich 490
Karl IV., Leopold, Herzog von Lothringen 399, 400
Karl IX., König von Schweden 370
Karl XII., König von Schweden 407, 470
Karl XIV., König von Schweden (Jean Baptiste Bernadotte) 469
Karl II., König von Spanien 404
Karl IV., König von Württemberg 557
Karl von Anjou 262
Karl Emanuel II., Herzog von Savoyen 395
Karl Martell, fränkischer Hausmeier 179, 196
Karlisten 653, 654
Karlmann, Ostfrankenkönig 184
Karnak, Tempel-Relief 42, 46, 48, 50
Karolinger 180-185, 186, 193
Karolingische Kultur 143
- Minuskel, Schrift 183
Karthagisches Schiff, Marmorstele 96
Karthago 63, 90 ff.
-, heutige Ruinen der Stadt 97
Kasawubu 716
Kasimir II., König von Polen 271

Kassander, Statthalter 81
Katalaunische Felder, Schlacht auf den 157, 162
Katanga 716 ,717
Katharina die Große, Zarin 434, 435, 761
Katharina von Aragon 323
Katharina von Medici 347
Katholische Liga 372, 376
Katte, Hans Hermann von 418
Kaufleute iin Nowgorod 234
Kavallerist im 30jährigen Krieg 374
Keilschrift der Sumerer 28
- auf Codex des Hammurapi 31, 32, 33
Kelten 94, 95, 100, 116
Kennedy, John F. 708, 709, 718-723
-, Attentat 708
Kennedy, Robert 719, 720
Kepler, Johannes 390
Keplersche Gesetze 390
Kettenreaktion, nukleare 680
Khomeini, Ajatollah 728, 731, 726-731, 773
Kiew, Kathedrale, Wandmalerei 252
Kimbern, germanischer Stamm 116
Kimmerier 54, 55
King, Martin Luther 708, 709
Kirche und Klöster 194, 195
Kirchenreform in Europa 194
Kirkuk 38
Kleisthenes 63
Kleitos 79
Kleopatra VII., ägyptische Königin 109-112
-, Bronzemünze 108
Klerk, Frederik de 777
Kloster, Einteilung, Modell 167
Klöster 194, 195
- bei Subiaco 166
Klosterreform 195, 222, 224, 225
Klostersiedlungen 6. bis 11. Jh. 167
Knopfmacherei 414
Knossos 47, 62
Knut der Große, König von Dänemark 203, 209
Koexistenz, friedliche 708, 709
Kohl, Helmut 754, 782
Kohlegruben und Eisengießerei in England 465
Kolin, Schlacht bei 419
Kolonialismus 577
-, Ende 625
Kolumbien 770
Kolumbus, Christoph 205, 207, 245, 296, 297-300, 302, 303
-, Flaggschiff Santa Maria 297
-, Landung auf der Insel Hispaniola (Haiti) 298
-, Wappen 303
Kommandokapsel 728
Kommunismus in China 703-707, 706
-, Lehre 504-506, 655
Kommunistisches Manifest 502, 504, 507
Konfuzianismus 83
Konfuzius 83, 83

Kongo, Bürgerkrieg 716
Kongreßpartei Indiens 695-699
König und Mitherrscher 210
Königgrätz, Schlacht bei 557
Konrad I., deutscher König, Kaiser 195
Konrad II., deutscher König, Kaiser 291
Konrad III., deutscher König, Kaiser 242
Konrad, Frankenherzog, deutscher König 186
Konstantin der Große, Kaiser 143, 146, 147 ff., 238
-, Bekehrung zum Christentum 150, 151
- auf goldenem Solidus 152
-, Gründung von Byzanz 152
-, Kampf um Rom 149
-, Sieg an der Milvischen Brücke 150, 154
-, Tod 153
-, Vision des Kreuzes 148
Konstantin VIII. Palaiologos, Kaiser von Byzanz 293
Konstantin-Bogen, Opfer des Kaisers 151
- in Rom 152
Konstantinopel 143, 289-294, 288, 289, 290, 291
-, Eroberung in Kreuzzügen 236 ff.
-, Eroberung durch die Türken und Fall 1453, 293
-, Erzengel Michael, goldene Platte 241
-, Goldenes Tor 240
-, Hagia Sophia 236, 517
-, Kirche der hl. Irene 153
-, Silbermünze 241
Konstanze, Kaiserin, und Friedrich II. 219
Konstanzer Konzil 278
Kontinentalsperre 471, 472
Konzil zu Basel 287
Konzil von Nic‚aa 153, 155
Konzil von Trient 327
Kopernikus, Nikolaus 332, 332-337
-, Arbeitsraum in Frauenburg 333
-, Theorie 336
-, Werk »De revolutionibus orbis« 336
Kopernikanisches Sonnensystem 335
Korea 707
Koreakrieg 700
Korinth, Isthmus 66, 68, 69, 70
Kornspeicher in Ostia 98
Kosaken- und Bauernaufstand in Rußland 434
Kosciuszko, Thadd‚aus 435
Kossuth, Kajos 508
Kossygin, Alexej N. 708
KPdSU 757, 758, 760
Kraft, Christopher 726
Kranz, Eugene 726
Krakau, Freistaat 476
Krenz, Egon 781
Kreta 62
Krieg in Europa 1939-1945, 657-664

-, Kampf um Italien 672
-, russischer Vorstoß nach Westen 672, 673
-, Schlacht um England 1940 658-663
Krieg in Ostasien 1940-1945, 664, 667-671, 682, 685
-, Entscheidung: Seeschlacht bei den Midways 667-671
-, Kapitulation Japans 685
-, Okinawa 682
- im Pazifik, Karte 682
-, Sieg im Pazifik 672
Krieger, antike 94, 95
Kriegselefanten 91, 92
Kriegsflotten, britische, deutsche 1894-1914, 609
Kriegsschiffe 2. Weltkrieg 666, 668, 669, 670, 671
Kreuzfahrer 227, 227, 234, 235, 236, 237, 238-243, 239, 255
-, Burganlage in Libanon 242
-, Mosaik in Ravenna 243
Kreuzzüge 227, 234, 235, 235, 236 ff., 255
-, Belagerung, Eroberung Konstantinopels 236, 238-243
- nach dem Morgenland 240
Kreuzzugsritter 227, 235, 237, 239
-, Grabmal Abtei Dorchester 243
Krimkrieg 1853, 516, 517
-, Pariser Friede 517
Krüger, Paulus 582
Ktesiphon, Palastruine 171
Kuba 298, 717, 718-723
- unter Fidel Castro 701, 718-723
Kubakrise 718-723
Kublai Khan, chinesischer Kaiser 257, 259-261, 261
Kulturkampf Bismarcks 568, 569
Kulturzentren, frühe 21-27, 28, 29-31
K'ung Fu-tzu = Konfuzius 83
Kyoto, ursprünglich Ziel der Atombombe 682
Kyros I., König von Parsua 55
Kyros II., Perserkönig 43, 44, 55, 63, 75

Lachisch, Einwohner, Relief 54
Lafayette, Marie-Joseph 490
Lafitte, Jacques 490
Lagasch, Urnansche 28
Lagos 716
Lamarck, Jean Baptiste de 537
Lamb, Caroline 480
-, William, Viscount Melbourne
Lambert von Hersfeld, Chronist 221
Lambsdorff, Graf 754
Lancashire 464, 500
Lancaster 282, 286, 294
Langobarden 161, 169
- in Italien 178, 179, 181
-, Eiserne Krone 179
Laotse, Lao-tzu 83
Las Palmas, Manifest 650

Latein-Amerika, Aufstand Kämpfe 482, 483
Laterankonzil 338
Latium 90, 93, 96
Law, John of Lauriston 411
Lawrence, John Mair, Vizekönig 526
Lealey, William 669
Lechfeld, Schlacht gegen die Ungarn 196, 198, 199, 202
Lee, Robert Edward 544
Leeuwenhoek, Antony van 369
Leibniz, Gottfried Wilhelm 394
Leicester, Graf Robert Dudley 347, 348, 352
-, Heer 354
Leif Erikson 205-208
Leipzig 1813, 470
-, Völkerschlacht bei 472, 556
Lenin, Wladimir Iljitsch 618, 621-623
Leningrad (Petersburg) 469, 471, 490, 516
Leo I., Kaiser 162
Leo VI., Kaiser 183
Leo I., der Große, Papst 159, 166
Leo III., Papst 181-185
Leo IX., Papst 219, 224
Leo X., Medici, Papst 314
Leo XIII., Papst 569
Leonardo da Vinci 307
-, Skizze 307
Leonidas, Spartanerkönig 66, 67, 71, 72
Leopold I., deutscher König, Kaiser 398
Leopold I., König der Belgier (Leopold von Sachsen-Coburg) 491
Leopold von Hohenzollern-Sigmaringen, spanischer Kronprätendent 557
Lepanto, Seeschlacht 1571 340-345, 341, 344, 345
Le Prestre, Sebastian 402
Lesseps, Ferdinand 540
Lessing, Gotthold Ephraim 406
Libanon 26, 30, 38, 751-755
-, Burganlage der Kreuzfahrer 242
Libanon-Krieg 751-755, 754
Liberalismus 568
Lichnowsky, Fürst Karl Max 614
Lie, Trygve 687
Liebknecht, Wilhelm 560
Liegnitz, Schlacht bei 419
Ligatschow, Jegor 760
Lilienthal, Otto 597
Lin Pi-ao 706, 707
Lincoln, Abraham 543
Lindbergh, Charles 597
Lindisfarne-Evangeliar 187
Linné, Carl von 537
Linsenfernrohr 1673, 391
Lissabon, Erdbeben 1755 420-425, 422, 423, 425
-, Kirche Unserer lieben Frau 421
-, alter Königlicher Palast 424
List, Friedrich, fordert einheitliches Zollgebiet 491
-, Plan eines deutschen Eisenbahnnetzes 496
List, Wilhelm 674, 678
Liszt, Franz 560
Liutprand, Langobardenkönig 178, 179
Liverpool, Hafen 466
Locarno-Vertrag 1926, 632, 633
Locke, John 427
Lokomotive »The Rocket« 1830 495
Lollarden-Bibel 279
London-Globe-Theater 359
-U04-, Kristallpalast 1851, 509
-, Newgate-Gefängnis 427
-, Regent Street 491
-, St. Pauls Kathedrale 386
-, White Tower 217
Londoner Elendsviertel 506
Longfellow, Henry 541
Lorenzetti, Gemälde Allegorie des Guten 268
Lothar I., fränkischer König, Kaiser 186, 193
Lotter, Melchior, Drucker Luthers 325, 327
Louis Philippe, französischer Bürgerkönig 490
Löwenjagd, Relief 54
Lublin 734
Luddismus in England 463-465
Ludwig der Bayer, deutscher König, Kaiser 271
Ludwig I., der Fromme, fränkischer König 169, 184, 186, 192
Ludwig der Deutsche, König von Ostfranken 184, 186
Ludwig III., der Jüngere, König von Ostfranken 184, 186, 193
Ludwig das Kind, König von Ostfranken 186
Ludwig III., König von Westfranken 193
Ludwig V., König von Frankreich 186
Ludwig VI., der Dicke, König von Frankreich 210, 211
Ludwig VII., König von Frankreich 211
Ludwig IX., der Heilige, König von Frankreich 262
-, seine Kreuzzüge 262
Ludwig XI., König von Frankreich 295
Ludwig XII. Valois, König von Frankreich 307
Ludwig XIII., König von Frankreich 371, 376, 377, 382
Ludwig XIV., König von Frankreich 357, 365, 371, 379, 380, 380-384, 381, 404, 406-409, 408, 417, 426
- und die absolute Monarchie 379
-, Familie 384
Ludwig XV., König von Frankreich 426
Ludwig XVI., König von Frankreich 439, 444, 449, 450
-, Gefangennahme der Familie 449
- im Gefängnis 444
Ludwig XVII., Dauphin von Frankreich 450
Ludwig XVIII., König von Frankreich 474, 490
Ludwig, Prinz von Condé, Herzog von Bourbon 379
Ludwig, Herzog von Orléans 282
Ludwig II., König von Bayern 558, 559
Ludwig I., König von Ungarn und Polen 271
Ludwig II., König von Ungarn 396
Ludwig der Stammler 184
Luftfahrt, Entwicklung 595-599
Luftherrschaft über England nicht errungen 658-663
Luftkrieg gegen das Reich seit 1942, 673
Luftwaffe, deutsche 658-664, 676
Luitpold, Prinzregent von Bayern 559
Lukas-Evangelium 126
Lumumba, Patrice 716
Lunar Exkursion Module (LEM) 728
Lunéville, Friede von 453
Luther, Martin 315, 324, 325-329, 327
Luther und die Reformation 315, 323
- und die Bibel 325-329
Lutter am Barenberg, Schlacht bei 372
Lützen, Schlacht bei 376
Luxemburg 770
Luxeuil, Klosterhandschrift 194
Lyell, Charles 537
Lysimachos, Diadochenkönig 81

Maas und Rhein 367
Macao 301
MacArthur, Douglas 669, 672, 682, 685, 700
Macchiavelli, Niccolo 306
Mac Mahon, Patrice Maurice 520, 522
Madison, James 466
Madrid 653, 655
- wird Hauptstadt Spaniens 339, 364
Magdeburg, Belagerung, Plünderung 372, 373, 374, 375, 376
Magdeburg, Erzbistum 199, 200
Magellan, Ferdinand 300, 306
Magna Charta von 1215, 245, 246
Magyaren 196, 198, 201, 202
-, Vordringen nach Mitteleuropa 199
Mahayama, buddhistische Richtung 61
Mailand, Herzogtum 339
Maillet, B. de 557
Maintenon, Francoise, Marquise 403
Mais, Verbreitung 302
Maizière, Lothar de 782
Makedonien 73 ff.
Makkan, persische Küste 29
Malerei und Baukunst, europäische 410, 411
Malesherbes, Chrétien de 417
Malthus, Thomas R. 538
Malvinas = Falklands-Inseln 743-746
Manchu-Reich 89
Manfred, König von Sizilien 263
Mandela, Nelson 777
Manhatten-Projekt 680, 682
Manila-Handel 301
Manstein, Erich von 677
Manuel I. Komnenos, Kaiser 235
Manuel I., König von Portugal 506
Manuzio (Manutius), Aldo, ital. Drucker 307
Mao Tse-tung 702, 703-707, 706, 708, 741
Mara, der Böse, Verführer 57, 58
Marathon, Schlacht bei 64, 66
Marcel, Etienne 271
Marconi, Guglielmo 560
Marcos, Ferdinand 763
Marcus Antonius 109-113, 111
-, Tod 114
Mari, Euphrat 28
Maria, Beschützerin der Seefahrt 302, 305
Maria Theresia, Königin von Böhmen und Ungarn, Kaiserin 418, 419
Maria I. Tudor, Königin von England 339, 348
- mit Philipp II. von Spanien 339, 348
Maria Stuart, Königin von Schottland 338, 339, 347, 348
Maria von Burgund 295
Maria von England, Tochter Jakobs II. 402, 403
Mariam Haile 763
Marie-Antoinette, Königin von Frankreich 449, 450
Marienburg, Hochmeisterpalast 255
Marignano, Schlacht bei 314
Marmorgefäß, ägyptisches 24
Marobod, König der Markomannen 118, 121
Marquise de Pompadour 416, 417, 419
Marokko 710
Marshall, George 706
Marshallplan 655, 687
Marx, Karl 503, 504-507, 618
-, Das Kapital 507, 618
Marxsche Lehre 502-507
Masada, Felsen 136
Massaniello aus Amalfi, Aufständischenführer 395
Massilier 95
Massu, Jacques 710, 713
Mastaba 21
Matthias der Gerechte, König von Ungarn 295
Mauren 226, 227, 365
Maxentius, römischer Kaiser 149, 152
Maximianus, römischer Kaiser 147

Maximilian I., deutscher König, Kaiser 307, 314
Maximilian I., Herzog von Bayern 375, 376
Maximilian, Erzherzog von Österreich, Kaiser von Mexiko, Hinrichtung 553
Maximinius Daia, Kaiser 149
Maya, Königin, Mutter Buddhas 58
Maya, Königin, auf graeco-indischem Relief 81
Mazarin, Jules, Kardinal 377, 378, 380
-, Karikaturen 378
Mazzini, Guiseppe 519, 522, 524
McCarthy, Joseph 701
McCone, John 718, 719
McNamara, Robert St. 719
Meder 55
Medici 287, 294
-, Katharina von 347
-, Lorenzo il Magnifico 294
-, Leo X., Papst 314
-, Maria, mit Sohn Ludwig XIII. von Frankreich 371
Medina Sidonia, span. Admiral 348, 350-353
Medinet Habu, Totentempel, Relief 50, 51, 52
Meir, Golda (Meirson) 690
Melanchthon, Philipp 327
Memphis 22, 23
Menahem, Führer jüdischer Zeloten 132
Menander, Diadochenkönig im Pandjab 81
Mendès-France, Pierre 710
Menes, Pharao 21
Menoah, siebenarmiger Leuchter 131
Mensch, Proportionsstudie Leonardos 311
Mercien, Königreich in England 187
Metenptah, Pharao 41, 48, 50
Merowinger 179
Merriman, John Mavier 580
Mesopotamien 24, 26, 28, 36
-o4-, Geschichte 30
-, Hochkultur 31
-, Schriftsystem 31
-, Siegelabrollungen 35
Messerschmitt Me 163 und Me 262, 597
Messias 126, 129
Metternich, Fürst 473
Mettalfiguren, Syrien 2. Jahrtsd. v. Chr. 43
Mexiko 770
Mexiko, Kaiserreich 553
Mexikos Eroberung 317-321
Michelangelo Buonaroti 309-313
-, Pietà 312
-, Sixtinische Kapelle 309-313, 308, 312, 313
Milner, Alfred 582, 583,
Minamoto Yoritomo 178
Ming-Dynastie 84, 88
Minoer 39

Miranda, Francisco de 482
Mitanni 38, 39
Mittelalterliche Schriften 182
Mittelmeerkulturen 62 ff.
Mittelmeergebiete zur Zeit Schlacht bei Atikum 111
Mitterrand, François 712-752, 747
Mladenow, Petar 780
Mobuto, Joseph 716
Moçambique 579
Moch, Jules 713
Modernes Zeitalter, Beginn 453
Modrow, Hans 781
Mohammed, Prophet 143,144 145
Mohammed Najibullah 745
Mohammed II., Sultan 292-294
Mohammed IV., Sultan 397
Mola, Emilio 650-654
Molière 410
Mollet, Guy 710
Molotow, Wjatscheslaw Michailowitsch (Skrjabin) 657
Moltke, Graf Helmuth von 552, 611
Monarchien Europas 357
Mondkrater Goclenius 729
Mongolen in China 257-261, 259
- in Rußland 250-253
Monroe, James 467, 483
Monroe-Doktrin 483
Montagu, Charles 394
Monte Cassino, Benediktiner-Abtei 164, 166, 169
-, Pergamentmalerei, Handschrift 11. Jh. 169
Montesquieu, Charles de 426, 427, 537
- und Voltaire 426
Montezuma, König der Azteken 317-320, 321
Montgolfier, Gebrüder, Ballons 417, 443
More, Thomas 331
Moriskos (spanische Mauren) 365
Moritz, Herzog von Sachsen 339
Moses 41, 42
-, Offenbarung 42
Moshe Dayan 693
Moskau 403, 434, 469, 720-723, 759, 761
Moskaus Brand 1812 470
Moslem-Liga 698
Mosley, Oswald 640
Mountbatten, Louis 696
Mozart, Wolfgang Amadeus 443, 458, 459
Mukden 705
Mumienbildnisse, äayptische 123
Münchner Abkommen 657
Münze, königlich englische 390
Murat, Joachim 471, 472
Murdock, William 495
Musketier im 30jährigen Krieg 372
Mussolini, Benito 523, 626, 627-631, 650, 654, 656, 672
Mustafa Pascha, Großwesir 397,

399, 400, 401
Mutter und Kind, Terrakotta, Ägypten 22
Muttergottes, Äbte von Citeaux 227
Mykene 62
-, Kriegerkopf 62
Mykener 47

Nachkriegswirtschaft 632
Naevius, lateinischer Dichter 97
Nagumo, Japan. Admiral 667, 669, 670
Nagy, Imre 779
Naher Osten 751-755
Namibia 777
Nanking 703-705
Nantes, Edikt von 403, 404
Napoleon I. Bonaparte, Kaiser der Franzosen 453, 455, 467, 468, 469-475,
-, Regiment der hundert Tage 474
- auf St. Helena 472, 474
-, Sturz und Verbannung 472, 474
-, Zusammenkunft mit Zar Alexander I. 460
Napoleons Kriege 460, 461, 469-475, 472
- Rußlandfeldzug 467-473
- Siegeszug 460 ff., 472
-, Zusammenbruch des Empires 1812/13 471, 472
Napoleon III., Kaiser der Franzosen 516, 519, 520, 522, 523, 553, 556, 558
Naquadah, ägyptisches Grab 22
Naramsu'en, König von Akkade 29, 33
-, Sansteinstele 33
Narbonne-Lara, Louis 469
Narmer, Pharao 21, 22, 23, 26, 27
NASA 766
Nashville, Blockhäuser 484
Nasser, Gamal ad-Din 701
National-China 703-707
Nationalsozialismus 643-648
NATO 708
NATO-Pakt 1949 687
Natur- und Geisteswissenschaften, Entwicklung 540, 541
Navigationsinstrument 18. Jh. 432
Neapel 474, 521
Nebukadnezar II., Palast 34
Negev-Wüste, Boden 40
Nehru, Jawaharlal 695
Neithotep, ägyptische Königin 22
Nelson, Horatio 461
Neolithische Stämme in Ägypten 23
Nepal 57, 60
Nero, Kaiser 125, 135, 136
Neu-Delhi 695-699
Neue Welt = Amerika, Entdeckungen und Handel 297-306
Neues Testament Luthers 325-329
Neufundland 306, 406
Neuseeland 430, 432, 433, 525

Neu-Süd-Wales 432, 525
Newton, Isaak 389-394, 390, 393
-, Geburtshaus 393
-, Haus 392-, Spiegelteleskop 1671 391
Ngo dinh-Diem 717
Nicaragua 740, 771, 776
Nicäa, Konzil von 153, 155
Nichtangriffspakt Deutschland-Sowjetunion 656
Nidal, Abu 751
Niederlande 472
-, Friedensvertrag mit Spanien 1648 369
-, Republik 1648 368
-, Unabhängigkeitskampf 346, 366-369
Nietzsche, Friedrich 585
Nigeria 716
Nightingale, Florence 517
Nikolaus I., Papst 192
Nikolaus II., Papst 224
Nikolaus V., Papst 287, 295
Nikolaus I., Zar 490
Nikolaus II., Zar 567, 585
Nikolaus (Nikita) von Montenegro 553
Nil 21, 23, 24
-, ägyptischer Tempel am 52
Nil-Delta 21, 24
Nimitz, Chester W. 667, 668, 669, 682
Nimwegen, Frieden von (1678) 396
Ninive, Fall von 55
Nirvana 58, 59, 60
Nixon, Richard M. 709, 729, 730
Nofretete, ägyptische Königin 39
Nordafrika, Landung der Alliierten 1942 655
Nordamerika 485-490
Norddeutscher Bund 557
Nordirland 741, 774
Nord-Korea 707
Nordländer-Invasion in Europa 209
Nord-Vietnam, Krieg 709
Normannen 209
-, Eroberungen 210-219, 213, 215
- in Sizilien und Süditalien 219, 221
- im Oströmischen Reich 235
Norweger in Nordengland 207
Nowograd 251, 253
-, Kaufleute 234
NSDAP im Dritten Reich 632, 643-647
Nubien 38, 39
Nubier, Bogenschützen 38
-, Relief 48
Numeiri, Dschaafar el 763

Oberschlesien, Ausstand in Bergwerken 737
Octavian 107, 109-114
-, Schlacht bei Aktium und Sieg 109-111
-, Münze 115, 111
- mit dem Titel »Augustus« 114

Oder-Neiße-Grenze 738
Odo, französischer König 186, 193
Odo, Bischof von Bayeux 212, 215
Odoaker, Herulerkönig 160, 163
Offa II., König von Mercien 187
-, Münzen 187
Offenbarung des Mose 42
Okinawa, Truppenlandung der Amerikaner 671
Olaf Tryggvason, König von Norwegen 206
Oldenbarneveldt, Jan van 367
Ölförderung, Ölhandel 570-575
Oligarchie 63
Olympische Spiele, Erste (1896) 585
Oanger, Wagen 28
Oper, ihr Aufkommen 410
Opfertiere und Soldaten 106
Opiumkrieg 509
Oppenheimer, Robert J. 680
Oranien, Prinzen von 367
Oranje-Freistaat 525, 580
Ortega Saavedras, Daniel 740, 776
Orthodoxe Kirche 287
Oseberg, Wikingerschiff, Tierköpfe 206, 209
Osiander, Andreas 335
Osman I., Sultan 289
Osmanenreich 278, 289-293, 293
-, Aufteilung 469
-, Machtverlust 407
Ostasien-Handel 297-303
Österreich 556, 557, 609 ff., 779
-, Anschluß an die deutschen Länder 657
Ostexpansion der Deutschen 199
Ostgoten, Wanderung 160, 170
- in Italien 162, 163
Ostpreußen 435
Oströmisches Reich 170, 171, 235, 239, 395
-, Byzanz 234, 235, 236 ff.
Ostsiedlung seit 10. Jh. 199
Oswald, Oswin, Könige von England 187
Otho, römischer Kaiser 136
Otto I., der Große, deutscher König, Kaiser 144, 195, 196, 198-201
-, Kampf gegen die Slawen 199
-, Siegelabdruck 199
Otto II., deutscher König, Kaiser 196, 197, 198
Otto III., deutscher König, Kaiser 196, 197, 201
-, Huldigung 201
Otto IV., deutscher König, Welfenkaiser 255
Otto I., König von Bayern 559
Otto, Nikolaus 560
Ottokar II., König von Böhmen 263
Oxenstierna, Axel, schwed. Graf 372
Oxford, Merton College 262
-, Universitäts-Bibliothek 286
Özal, Turgut 740
Ozonloch 766

Paddington, Bahnhof 1863 498
Pahlewi, Reza, Schah 727, 728, 726-731
Pahlewi-Dynastie 728
Paine, Thomas 439, 442
Pakistan 696-699, 743
Palästina 26, 38, 41, 43, 44, 689-693, 690
- 1920-1948 690, 691-693
Palästinenser 754, 751
Palestrina, Giovanni 338
Palmerston, Lord 508, 509
Palmyra 81
Panama 770, 775
Pannonien, Aufstand 118
Panslawismus 561
Pappenheim, Graf Gottfried Heinrich 372, 373, 374
Papst Johannes Paul II. 746
Päpste, Einfluß in Europa 226
Papsttum in Avignon und Rom 278
Papyrus Harris 51, 53
Paracelsus Theophrastus 331
Paraguay 776
Paraquay, Krieg 1865 552, 553
Paris 1789 447
-, Sainte-Chapelle 233
-, Stiftung von Notre Dame 255
-, zweiter Friede 1815 475
Pariser Friede, Karikatur 419
Parlamentarische Verfassungen 568
Parlamentsreform in England 500
Parr, Katharina 338
Parthenon, Marmorfries 70
Paschalis II., Papst 225
Passah-Fest 41, 127, 138
Passionsszenen, Reliquienschrein aus Brescia 127
Pasteur, Louis 540
Patarier, religiöse Bewegung, Lombardei 226
Patrizier in Rom 90, 91, 91
Paul III., Papst 337
Paul VI., Papst 729
Paul I., Zar 565
Paulus, Apostel 129
-, Evangelium 129
-, Lehre 129
Paulus, Friedrich 674, 676, 677, 678
Pausanias, Spartaner 71, 72
Pearl Harbor, Überfall der Japaner 1941 664, 665
Peel, Robert 501
Peking 741, 777
Peking-Mensch 82
-, Schädel 82
Peleponnesischer Krieg Athen-Sparta 73
Penda, König in England 187
Pennsylvanien 437, 440
Perceval, Spencer 466
Perejaslaw, Kathedrale 252
Perestrojka 760, 780
Pergament-malerei im Codex Amiatinus 168
Pergamon, römische Provinz 113
Perikles 72, 76
Perlenfischerei, Miniatur 261
Persepolis 76, 77

-, Kalksteinrelief 78
-, Ruinen 78
Perser 55, 63 ff.
Perserkriege 63-72, 75 ff.
Persien, Entstehung 55
-, Herrschaft 36
Persisch-griechische Schlachten 63-71, 68
Persische Großkönige 63, 64
- Tempelruinen 171
Persischer Golf 727
Persischer Kalksteinfries, Apadana 67
Persisches Reich, Ende 171
Peru 482, 770
Pest, der Schwarze Tod (um 1350) 272, 273-277, 275
-, Verbreitung in Europa 274
Pétain, Henri Philippe 712
Peter I., der Große, Zar 253, 434
Peter III., Zar 434
Petersburg 469, 471, 490, 516
Petrarca, Franscesco 278, 279
Petrus, Apostel, Bronzebild peterskirche Rom 267
Petrus mit Kaiser und Papst, Mosaik, Rom 142
Pfälzischer Krieg 402
Pflimlin, Pierre 712, 713
Pharao = König von Ober- und Unterägypten 27
Pharaonen, Städtebau 44
Pharisäerorden 127
Phillip I., König von Frankreich 210
Phillip II., August, König von Frankreich 235
-, Siegel 255
Phillip IV., der Schöne, König von Frankreich 267, 268, 270
Phillip VI., König von Frankreich 270, 271
Phillip II., makedonischer König 72, 73, 75, 76
Phillip V., makedonischer König 96-98
Phillip II., König von Spanien 339, 342, 346, 348, 364, 365-367
Phillip III., König von Spanien 365
Phillip IV., König von Spanien 378
Phillip V., König von Spanien (Phillip von Anjou) 404, 426
Phillip der Gute, Herzog von Burgund 284, 286
Phillip der Kühne, Herzog von Burgund 287
Phillip II., Herzog von Orléans, Regent von Frankreich 406
Phillipa, Königin von England 271
Philippinen 763
Philips, Samuel I., 726
Philister vor dem Pharao, Relief 50
Phoinike, Frieden von 96
Phönikier 63
-, Alphabet 63
-, Handel im Mittelmeerraum 96

- in karthago 91
-, Kolonien 90
Picasso, Guernica, Gemälde 655
Pinkowski, Jozef 737
Pinochet Ugarte, Augusto 776
Pippin der Jüngere, fränkischer Hausmeier und König 179
Piräus 68
Pisano, Vittorio 278
Pitt, William der Ältere 419
Pitt, William der Jüngere 482
Pius II., Papst (Enea Silvio di Piccolomini) 287
Pius IV., Papst 338
Pius V., Papst 342
Pius VII., Papst 460
Pius IX., Papst 519, 523
Pizarro, Francisco 330
Platon 73
Plebejer 90
PLO (Paläsinenser Befreiungsorganisation 751-755, 771, 774
Plutarch 67
Poincaré, Raymond 613
Pol Pot 741
Polen 762
Polen, Machtverlust 407, 434
-, Teilungen 435
Polen 1980/82 734-739
-, Kriegsrecht 734
-, Solidarnosc, freie Gewerkschaft 734-739
-, Streiks 734, 736, 737
Polnischer Korridor 657
Polo, Marco, in China 257, 258, 259-261
-, Reise nach Asien 258
-, Reiseberichte 295
Pombal, Sebastio Hosé de Carvalho, Marquis de 420, 422-425
Pompeii, Amphitheater 101, 105
Pompeius magnus, Marmorkopf 100, 102
Pontius Pilatus, Porkurator 125-128, 130
-, Inschrift 125
Pope, Alexander 419
Port Said 774
Port Stanley 743, 746
Portugal 304, 355, 420-425, 770
Portugiesische Seefahrt 298-306
Posener Aufstand 1956 734
Potsdamer Konferenz 673, 680, 684
Prag, älteste Universität 278
-, Einmarsch der Sowjetrussen 709, 734
Prawda 745
Pretoria 579, 582, 583
Preußen 552, 556 ff.
Preußens Aufstieg 418
- Ringen um die deutsche Einheit 552
Priester-Skulpturen, Nekropole
Primo de Rivvera, José Antonio 653
-, Miguel 653
Propagandaplakate, sowjetrussische 619, 678

Propheten 43
Proudhon, Pierre Joseph 505, 506, 507
Proxima centauri 730
Ptolemäus, Diadochenkönig in Ägypten 81
Ptolemäus, System 335
Ptolemäer-zeit 26
Pugatschow, Jemeljan Kosakenanführer 434
Punische Kriege 91, 93 ff., 96
Punjab 698, 699
Purcell, Edward 730
Pyramiden 21, 24, 25, 26, 52
Pyrrhus I. von Epirus, König 91, 98
Pyrrhus-Sieg 91

Quedlinburg, Krypta der Stifts-Kirche 201
Queenborough, Hafen 350
Queensland 525
Queiros, Pedro de, portugiesischer Seefahrer 429
Quetzalcoatl 317 f.
Quiroga, Santiago Casares 650
Quito (Ecuador) 482
Qumran 137

Raab, ungarische Festung 398, 399
Racine, Jean 410
Radarfrühwarnsystem 719
Radarstationen in England 661
Radarsystem 719
Radom 734
Raeder, Erich 662
RAF 775
Raffael 314
Ragnar, Lodbrok 188
Raketen 597
Raketenabschußbasen in den USA 719
Raketenbasen, sowjetrussische auf Kuba 718-723
-, Luftaufnahme 722
Raketenflugzeuge 597
Raleigh, Walter 360
Ramses II., Pharao 41, 46, 47, 48
-, Regierung 46
Ramses III., Pharao 48, 50, 51, 52, 53
Ranke, Leopold von 560
Rapallo, Vertrag von 632
Rassengesetze 648
Rassenunruhen 1965/67 in den USA 708
Raumfahrtprogramm 708
Raumschiff Apollo 11 726, 728
Raumschiff Wostock 729
Raumschiffe Apollo 8 und 10 728
Ravaillac, Francois, Mörder Heinrichs IV., Hinrichtung 371
Reagan, Ronald 744, 746 ff., 768, 771, 775
Reconquista in Spanien 227
Red Republican 1850 504
Reformation 315, 323
-, Ausbreitung 323

- in England 330, 331
- in Skandinavien 323
Reformbestrebungen in Europa 501
Regensburger Kurfürstentag 372
Regenwald 767
Reichskirche Kaiser Konstantins 143
Reichsparteitag 1938 647
Reichstagsbrand 643, 645
Reims, Kathedrale 232
Renaissance 307, 310
Reparationskommission, -zahlungen 633
Requêtes 653, 654
Réstistance 710
Restauration in Europa 475
Retortenbaby 768
Revolte der Algerierfranzosen 710, 712-715, 714
Revolution 443
-, Französische 1789 444-451
Revolution 1848 501, 508
-, Ergebnisse 508
-, Ende der Revolution 508
Revolution, russische 1905 618-620
-, Februarrevolution 620
-, Oktoberrevolution 620-623
Revolutionierung des Verkehrswesens ab 1830 492-500
Revolutionstribunal nach 1789 451
Rheinlandräumung 633
Rhodes, Cecil John 579, 580 582
Rhodesien 582
Ribbentrop, Joachim von 657
Richard I. Löwenherz, König von England 235
-, Grabmal Abtei Fontevrault 238
Richard II. Plantagenet, König von England 279, 282
Richard III., König von England 295
Richard, Graf von Cornwall 263
Richelieu, Armand-Jean du Plessis, Herzog von, Kardinal 377, 407
Rienzo, Cola di 271
Rissik, Johannes 580
Rittertum 235, 236, 237
Robert Guiscard, Herzog von Apulien, Kalabrien, Sizilien 219
Robert Kurzhose, Herzog von der Normandie 218
Robert, Bruder Heinrichs I. von England 218
Robert von Sizilien 270
Robert der Tapfere, Markgraf, Kapetinger 193
Robles, Gil 653
Rochus, Heiliger, Nothelfer gegen die Pest 277
Rockefeller, John D. 570
Rocroi, Schlacht bei 383
Rodriguez, Andrés 776
Roger I., Graf von Sizilien 219
Roger II., König von Sizilien 219
Roger Bacon 245, 263
Röhm, Ernst 648

Rollo, der Normanne 186, 209
Rom, Ansicht auf einer Münze 271
-, Aufstand 1347 271
- und Karthago 91, 93 ff.
-, Kriege 91, 93 ff.
-, Milvische Brücke 150
- und der Osten 98
Roms Anfänge 90 ff.
- Kampf um die Weltherrschaft 98 ff.
Römer und Germanen 116, 119
Römer in Germanien 116 ff.
-, Schlacht im Teutoburger Wald 116, 119-121
Römische Alltagsszenen 99
- Krieger 120, 130
- provinz, Allegorie 147
- Römische Republik, Verfall 106 ff.
- Soldaten 106, 107
Römischer Kaiser mit Gottheiten, Prunkteller 140
- Legionär 123
- Senat 106
- Staat 90 ff., 106
- Steuereinnehmer 123
Römisches Heer 113
- Kriegsschiff 110
Römisches Reich 90 ff., 106 ff., 114 ff.
-, Reform des Heeres 106
-, innere Reformen 107
-, Verfall 106 ff.
Römisches Reich unter Augustus 114 ff.
- Ende der Bürgerkriege 114
-, Kaiserkult 115
-, Reformen 114
Römisches Reich um und nach der Zeitwende
-, Feinde und Rebellen, Karte 134
-, jüdisches Volk und König Herodes 122
-, der Osten, Christentum 122 ff.
-, spätes Kaiserreich 115
-, Teilung 151
Romantik in Deutschland 460
Romero, Oscar 740
Rommel, Erwin 664, 665, 676, 679
Romsey, Hampshire, Abteikirche 214
Roosevelt, Franklin D. 639 649, 669, 687, 673, 679
Roosevelt, Theodore 601
Rosenkriege, englische Bürger-Kriege 294
Rotchina 703-708
-, erste Sowjetrepublik 704
-, Kommunismus, kommunistische Partei 703-707
-, Mao Tse-tung 702, 703-707
-, Sieg der Partei 703, 704
Rote Armee Chinas 703-707, 705
Rote Armee der Sowjetunion 674-679, 700, 701, 761, 780
- in Prag 709
Rote Khmer 741
Rousseau, Jean Jacques 412 414, 416, 424, 443, 453

Royal Air Force 658-664
Royal Society, Sitzung mit Newton 390
Roxane, Frau Alexander des Großen 80, 81
Rudolf II., deutscher König, Kaiser 347
Rudolf, Erzherzog von Habsburg 612
Rugila, Hunnenkönig 158, 159
Ruhrgebietsbesetzung 633
Rumänien 780, 783
Rundstedt, Gerd von 663
Rusk, Dean 719
Ruskins, John 532
Russell, John 508
Rußland im 13. Jahrhundert 248 ff., 250
Rußland, Aufstieg zur Großmacht 434, 435
-, autokratisch regiert 490
- unter Großfürsten 234
- unter Iwan dem Schrecklichen 370
Rußland als Großmacht 516, 517
-, Eroberung Sibiriens 516
-, Krieg auf der Krim 516, 517
-, Pariser Friede 517
Rußland im 19. Jahrhundert 561-567
Rußland, Revolution von 1905 600
-, Sozialismus 600
Rußland als Sowjetstaat siehe unter Sowjetunion
Rußlandfeldzug der Deutschen Wehrmacht 665 ff.
-, Unternehmen Barbarossa 1941 665
-, Schlacht um Stalingrad 672, 674-679
-, Kapitulation von Stalingrad 677-679
Russisches Lazarett im Krieg 1904/05 514
Rutherford, Ernest 680
Ryshkow, Nikolaj 758

Sacharow, Andrej 759
Sachsen 556, 557
Sächsische Herrscher 195
Sadat, Anwar el- 729
Sadduzäer 127
Saigon 717
Sambia 763
Saint-Denis, Abteikirche 229
Sakkara, Friedhof in Memphis 21, 23, 26
Sakrament der Taufe 129
Sakya, indischer Stamm 58
Saladin, Sultan 238, 241
Salamis 63 ff., 68
-, Marmorstele 69
-, Seeschlacht 63-72, 68
Salan, Raoul 710, 712
Salisbury, Kathedrale 262
Salmanassar III., König von Assyrien 55
Salomon, König von Israel 43
Salomon-Insel 671, 672
Samana 59
Samaria 43

-, Ruinen des römischen Augustus-Tempels 136
Samaritaner, strenge Lehre 131
San Francisco 1850 524
San Martin, José de 482
San Yuste, Kloster 339
Sangha, Bettlerorden 60, 61
Sankt Gallen, Stiftsbibliothek 166
Saragossa, Vertrag von 301, 303
Sarajewo, Attentat von 610, 612, 616
Sarazenen 192, 196
Sardinien 48, 93-95, 170
Sargon, König von Akkad 28, 29
Sarkophage, anthropoide 98
Sarney, José 776
Saturn-Rakete 726, 728
Saussatattar, Mitanni-König 38
SAVAMA 729
SAVAK 726, 727
Savonarola, Girolamo 306
Savoyen 159, 342, 371, 378
Sayn-Wittgenstein, Graf Peter zu 470
Scargill, Arthur 755
Schah, Reza Pahlewi 727, 728, 726-731
Schewardnadse, Eduard 758
Schiffbauer, ägyptischer, Granit-Sitzbild 24
Schiffe, antike 68, 91, 96, 98, 110
Schiffsbau 38
Schiiten 726, 730
Schiller, Friedrich von 443, 460
Schisma der katholischen Kirche 278
Schlacht um England 1940 658-663
-, Karte 663
Schlacht um Stalingrad 672, 674-679
Schlesische Kriege 418, 419
Schlieffen, Alfred von 601
Schlieffenplan 601
Schliemann, Heinrich, Ausgrabungen 62, 560
Schmalkaldischer Bund 339
Schmidt, Helmut 739, 754
Scholastik 262
Schorer, Ariel 753
Schottland, Aufstand 270
Schrift, aramäische 62
-, bildartige 28, 29, 62
-, Erfindung bei den Sumerern 28, 29
- der Kreter 63
-, Linearschrift aus Knossos 62
Schtscholokow 757
Schukeiris, Ahmed 751
Schukow, Georgij 676, 678
Schutruknahhunte, elamischer König 36
Schwarz-Rot-Gold 472
Schweden unter karl IX. 370
- keine Großmacht mehr 407, 435
- in Rußland 250-252
Schweinebuchtunternehmen 1961 722
Schweiz selbständig, proklamiert ihre Neutralität 1813 472

Schwertbrüderorden in Livland 250, 251
Scipio Africanus 106
Scott, Walter 460
SDI 768
Sebastian I., König von Portugal 347
SED 781 ff.
Sedan, Schlacht bei 556
Seefahrer 302
- unter dem Schutz der hl. Maria 302, 305
Seeschlacht Nelsons 442
- von Salamis 63-72, 68
Seesieg, Gedenkmünze 102
Seevölker, Einfälle im Mittelmeerraum 48, 50, 51, 53
Segestes, Cherusker 119, 121
Seleukos, Diadochenherrscher in Mesopotamien 81
Semiten 28, 29, 33, 36
Setos I., Pharao 42, 48
Sevigné, Marquise Marie de 403
Sevilla, Alkazar 279
Sewastopol, Belagerung 517
Sforza, Ludovico, Herzog 307
Shakespeare, William 358, 359-364
Shakespeares Theater 359-363
-, Hamlet-Titelblatt 362
-, Titelblatt ›Predigten‹ 363
Shamir, Jitzhak 771
Shanghai 704, 777
Shapur II., Perserkönig 154
Shays, Daniel 443
Shelley, Percy 480
Shih Huang-ti, Ch'in-kaiser 84, 86, 87
Shinto-Göttin 176
Shinto-Kult 177
Siddharta 57, 58
Siebenjähriger Krieg 419, 435
Siegelabrollungen 35
Sigismund II. August, König von Polen 347
Sikorski, Igor 597
Silberhandel 301, 302
Silvester II., Papst 202
Simbabwe 763
Sinai, Berg 41, 42
-, Wüste 41, 42
Sinanthropus pekinensis, Schädel 82
Sizilien 93-95, 102-105, 234, 271, 273, 521
-, Sklavenaufstand 103-105
Sklaven in Rom 99, 100, 102, 102, 103
Sklavenaufseher 103
Sklavenaufstände 100-105
Sklavenhandel 439
Sklaverei, Abschaffung 543-545
- in Amerika 439
Skythen 54, 55
Slawenaufstände 199, 200
Slawenverdrängung nach Osten 199
Smith, William 537
Sokrates 72, 73
Somalia 763
Somoza Debayle, Anastasio 740, 771, 776

Sonnengott, ägyptischer 39
-, mexikanischer 318
Sophokles 73
Sotelo, Calco 654
Soult, Nicolas Jean 490
Sowjetische Frachtschiffe Kurs Kuba 722
Sowjetisierung Osteuropas nach 1945 686
Sowjetunion 757, 761, 765, 770, 771, 777, siehe auch UDSSR
Sowjetunion unter Lenin, danach Stalin 633, 641, 649
-, Entspannungspolitik unter Chruschstschow 708
-, Entstalinisierung 717
-, Machtwechsel 708
-, Rote Armee 674-679, 700, 701
- und Tschechoslowakei 1968 709, 734
- und Ungarn 1956 700, 701
-, Wiederaufbau nach 1945 686
Sozialismus und seine Vorläufer 502-507
Spanien 770, 774
Spanien, Bürgerkrieg (14. Jh.) 279
-, Barkidenreich 93 ff.
-, Islam 226, 227
- unter den Karthagern 94
-, Reconquista 227
- nach Utrechter Friede 404 ff.
- und Portugal unter Philipp II. 364
Spanien unter Francos Diktatur 650-656
-, Bürgerkrieg 651-656
Spaniens Armada 318, 340-345, 348-355
-, Angriff vpr Plymouth 354
-, Kampf gegen englische Flotte 355
-, Route 355
-, Niederlage 355, 364, 365
Spaniens goldenes Zeitalter 364
Spaniens Neutralität im Zweiten Weltkrieg 655
Spanisch-Amerika 330
Spanisch-Marokko 650
Spanische Besitzungen 1588 352
- Erbfolge 404
- Thronfolgerechte 404
Spanischer Bürgerkrieg 650-656
- Erbfolgekrieg 406, 407
Spannungen in Ostasien 657
Sparta 63, 64, 68, 71, 72
Spartakus, Thraker 100, 102
Spartakusaufstand, römischer 100, 102
Spartaner unter Leonidas 66, 67, 71
SPD, Verbot 648
Speyer, Dom 222
-, Evangeliar 224
Spionageflugzeug Lockheed U-2 708, 720
Sport, Entwicklung 577
Spruance, Raymond A. 668, 669, 671
Sputnik I 716
Städtewesen 234
Stadt-Staaten 62 ff.

»Stahlpakt« Deutschland-Italien 657
Stalin, Josef W. 633, 654, 673, 674, 687, 717, 740
-, Stalin-Kult 717
Stalins Machtkampf 633
Stalingrad, Schlacht um 672, 674-679
-, Kapitulation 677-679
Stanislaus I. Leszczynski, König von Polen 395
Stanislaus II. Poniatowski, König von Polen 434
Stanley, Henry 577
Starhemberg, Ernst Rüdiger Graf von 399, 401
Stephan I., heiliger, König von Ungarn, Krone 202
Stephenson, George 493, 494, 495
Stevin, Simon 369
Stierkopf, goldener aus Ur 37
Stillwell, Joseph W. 707
Stimson, Henry L. 682
Straßmann, Fritz 680
Strauß, Franz Josef 754
Streikbewegung in England 465
Stresemann, Gustav 633
Stroessner, Alfredo 776
Studentenunruhen in Prag 709
Stufenpyramiden 21
Stupa, buddhistische Denkmäler 60, 61
Südafrika 747, 762 ff., 776 ff.
Südafrika als Kolonie wenig beliebt 525
Südamerika, Aufstand, Kämpfe um Unabhängigkeit 482, 483, 483
Sudan 763
Süd-Korea 707
Südosteuropa nach 1800 475
Süd-Vietnam, Krieg 709
Suez-Kanal im Bau 541
Suez-Konflikt 701
Suleiman II., Sultan 397
Sumer = Mesopotamien 28
Sumerer 28, 29, 31, 33
-, Götterwelt 29
-, Gutäer-herrschaft 29
-, Keilschrift 28
-, Kultur 28, 29
-, Tributbringer 29
Sumerische frühe Schrift 28, 29
Sun Yat-sen 703, 704
Sung-Dynastie 202, 203
Sung-Vase 202
Susa, Wohnstadt, antike 36, 78, 79
Suworow, Alexander 469
Sven Gabelbart, König von Dänemark 203
SWAPO 777
Swedenborg, Emanuel 435
Sydney 1860 525
Syrakus 96
Syrien 26, 28, 38, 751-755
-, Wettergott 43
Szilard, Leo 680

Tabak, Verbreitung 303
Tabris 726

Tacitus 113, 119, 120, 121, 125
-, Annalen 125
Taipei 707
Taiwan (Formosa) 707
Tanger 650, 652
Tao, chinesischer Gott 83
Taoismus 83
Taoistische Stele 154
Tasmania 430
Tassilo, Herzog von Bayern, Kelch 186
Taylor, Maxwell 719
Teheran 726-731
Teilungen Polens 1772-1795 435
Teller, Edward 680, 685
Tempel, ägyptischer 23
- am Nil 52
Tempelturm der Sumerer 28, 29
Tempelzerstörung in Jerusalem 138, 139
Terrakottaplatten aus Babylon 36
Tetrarchen an San Marco, Venedig 148
Teutoburger Wald, Schlacht im 116, 119-121
Teutonen, germanischer Stamm 116
Textilfabrik in Leeds 465
Thailand 741
Thatcher, Margaret 743-746, 741, 747, 755
Theater in Frankreich und England 410
Theben 38, 39
-, Vorherrschaft 73
-, Zerstörung 76
Themistokles 64, 65-71
Theodora, Kaiserin 170
Theoderich der Große, König der Ostgoten 160, 163, 170
-, Grabmal in Ravenna 161
-, Palast in Ravenna, Mosaik 161
- auf einer Münze 163
Theodorius II., Kaiser von Byzanz 291
Theodosius I. der Große, Kaiser, Münzbild 155
-, Silber-Missorium 157
Theodosius II., Kaiser 158
Theophanu, Kaiserin 196, 197
Thermopylen-Paß 66, 67
-, Kampf der Spartaner 66, 67
Thesenanschlag Luthers in Wittenberg 339
Thiers, Adolphe 491
Thomas von Aquin 262, 263
Thutmosis I., Pharao 38
Thutmosis III., Pharao 38, 39
Thutmosis IV., Pharao 39
Tiberius Caesar Julius, Kaiser 131
Tiberius, Statthalter von Germanien 118-121
-, Inschrift 125
- auf Silbermünzen 126
Tibet 777
Tichonow 758
T'ien, chinesischer Gott 83
Tilly, Johann Tserclaes Graf von 372, 373, 374, 374, 375, 376

Tilmun = Bahrain 29
Tilsit, Frieden von 1807 460, 469
Tirpitz, Alfred von 616
Tiryns 62
Tito, Josip 686, 687, 740
Titus Flavius Vespasianus, Kaiser 137-139
Tizian 314
Tökes, Laszlo 780
Toledo 194
Tolstoj, Graf Leo 552
Torgau, Schlacht bei 419
Tory-Herrschaft in England 491
Trafalgar, Seeschlacht bei 461
Traian, Kaiser 115, 133
Transvaal, Goldgräber 579-583
Treibhauseffekt 766
Tributbringer aus Syrien 39
Triumphbogen des Titus 139
- in Orange 121
Troia, Eroberung 47
Troia, hölzernes Pferd 62
Trotzkij, Leo 633
Troubadoure 255
Truman, Harry S. 673, 680, 684, 689, 706
Truman-Doktrin 687
Tschebrikow 758, 759
Tschechoslowakei 657, 737, 738
-, Aufstand 1968 709, 734
Tschernjenko, Konstantin 758
Tschernobyl 765
Tschombé, Mo,ise 716, 717
Tschuikow, Wassilij J. 676
Tugendbund, patriotischer Verein 471
Tunesien 710
Tunis 679
Turenne, Henri de 378
Türkei 740
Türken am Bosporus 278, 289-293, 294
-, Osmanen, Seldschuken im Oströmischen Reich 235, 239
-, Wiedererstarkung 395
Türkenkriege in Südosteuropa 400, 401
Tutanchamun, Pharao 39
Tutchaliya, hethitischer König 47
Tutu, Desmond 763
Tyndale, William 331, 327

Überseeische Entdeckungen 297-304
Überseehandel 297-302
UdSSR 743, 760, 761, 770, 771, 783, siehe auch Sowjetunion
UdSSR und Verbündete 719
- siehe auch unter Sowjetunion
Ulrich von Augsburg, Bischof 196
Umberto I., König von Italien 588
Unabhängigkeitserklärung der USA 1776 437, 438
Unabhängigkeitskrieg in Nordamerika 1775-1783 440, 442
Ungarn 198-202, 294, 339, 762, 779
-, Bürgerkrieg 1848 508
-, Vasall der Habsburger 407
-, Vordringen nach Mitteleuropa 196, 198, 199, 202
Ungarnaufstand 1956 700, 701

Ungarn-Kriege 196, 199, 202
Ungarnschlacht auf dem Lechfeld 196, 198, 199, 202
Universitäten 262
UNO 687, 723, 741, 777
Unruhen in Europa 490, 491
Unternehmen Apollo II 726-730
-, Flug des Raumschiffs 728
Unternehmen Barbarossa 1941 665
Ur 28, 29
Uruguay 770
Uruk 28
Urartu 54
Urban II., Papst 227
Urban VI., Papst 278
Urban VIII., Papst 377
USA 437-441, 744, 746, 755, 762, 763, 767, 770, 771, 773, 776
- siehe auch Vereinigte Staaten von Amerika
-, Unabhängigkeitserklärung 437
-, Unabhängigkeitskrieg 440, 442
- und Verbündete 719
U Thant, Sithu 723
Utrecht 407
Utrechter Friede 404, 405, 407, 408

Val d'Or, Treffen der Könige 314, 315
Valentinian III., Kaiser 158, 159, 162
Varus, P. Quinctilius 118-120, 122, 130
- auf der Bronzemünze 118
Vasco da Gama 300, 306
Vasco, Nunez de Balboa 306
Vasenmalerei, griechische 65
Vatikanisches Konzil, zweites 708
Venedig 276
-, Miniatur um 1400 256
-, Republik und Kreuzfahrer 236
Venedigs Herrschaft um 1570 343
Venezuela 762, 770
Vereinigte Staaten von Amerika 437-441, 442, 766, 767, 770, siehe auch Amerika, Nordamerika, USA
-, Abwehr sowjetruss. Einflusses auf Kuba 718-723
-, Krieg in Vietnam 709
-, Standarte auf dem Mond 731
-, Unabhängigkeitserklärung 437
-, Unabhängigkeitskrieg 440, 442
Vereinte Nationen 686, 687, 723
Verkehrsmittel in England 19. Jh. 492, 493
Verkehrswesen, Revolutionierung seit 1830 492-500
Vernichtungspolitik Hitlers 672
Versailles, Schloßsalon 383
-, Trianon 448
-, Revolutionsmarsch 448
Vertrag von Locarno 633
Vertrag von Versailles 624, 625
Vespasianus Titus Flavius, Kaiser 135-137
Vesta-Tempel 115
Vespucci, Amerigo 299, 300, 303, 306
Vietcong 717
Vietmin 712, 717
Vietnam 708, 709, 714, 741
-, Engagement der Amerikaner 709
-, Krieg der USA in 709
Viktor Emanuel II., König von Italien 519-523, 521
Viktor Emanuel III., König von Italien 630
Viktor, Herzog von Savoyen 393
Viktoria, Königin von England, und Prinzgemahl Albert 532
Viktorianisches England 532
Vinci, Leonardo da 307
-, Skizze 307
Virchow, Rudolf 533
Vitellus, Kaiser 131, 136
Vivaldi, Antonio 458
Völkerbund 633, 656
Völkerschlacht bei Leipzig 472, 556
Völkerwanderung 160
Voltaire (Francois-Marie Arouet) 382, 424, 426, 427, 434, 443, 450
-, Candide 423
- ind Montespuieu 426
-, Mienenspiel, Porträtskizzen 414
Vorderasien 38 ff.
-, fruchtbare Gebiete 33
-, Handelswege 33
-, Rohstoffe 33
Vorderer Orient 1914-1918 617
Votivkrone des Westgotenkönigs Rekkeswind 161

Waffen, Zeit der Völkerwanderung 158
Wagner Richard 560
Wahlrechtsreform 568
Waldemar I., König von Dänemark 203
Waldenser 327
Waldschaden 768
Waldsterben 767
Walesa, Lech 734-739
Wallace, Alfred Russel 537, 539
Wallenstein, Albrecht von, Herzog von Friedland 372, 373
-, Ermordung 1634 373
Wallonen und Flamen 443
Walpole 426, 427
Wandalen in Spanien und Afrika 157, 160, 170
-, Plünderung Roms 162
Wandmalerei, ägyptische 45
Wandteppich von Bayeux 211, 214
Waräger 203
Warka, Uruk 28
Warschau 736, 737, 739
-, Großherzogtum 469, 474
Warschauer Pakt 780
Washington, George 467, 485
-, Weißes Haus 1814 467

Waterloo, Schlacht bei 474, 475
Watt, James 496
Watzelrode, Lukas (Lukas Waczenrode) 332, 334
Wearmouth, Jarrow, englische Benediktinerabtei 187
-, Handschrift 187
Weberaufstände in England 1811/12 463-465
Weichs, Maximilian von 674
Wei-Dynastie 154
Weinberger, Caspar 770
Weißer Berg, Schlacht am 372
Weitling, Wilhelm, Schneidergeselle 505, 506
Weizman, Chaim 590, 591, 689
Weizsäcker, Richard von 775
Wellington, Herzog von 471, 474, 475
Weltausstellung London 1851 509
Weltkarte des Paolo del Pozzo Toscanelli 1457 304
Weltkrieg, Erster 610-617, 624
-, Zweiter 655-686, 696
Weltmächte USA und UdSSR 1962 719
Weltraumfahrt 708, 716, 726-731
-, Apollo II 726-730
-, Sputnik I 716
Weltrevolution 623
Wenzel, deutscher König 278
Wernher, Julius 580
Wessex, Herrschaft 187
Westgoten 157, 159, 160, 170
- in Gallien und Spanien 162
Westgotische Inschrift 162
Wettersatelliten 716
Wiclif, John 327
- und Geoffrey Chaucer 279
Widukind von Corvey, Historiker 196, 198
Wiedertäufer in Münster 330
Wien, Belagerung durch die Türken 1683 396-401, 398, 399
Wien, »Burg«, altes Hoftheater 458
Wiener Kongreß 473, 474, 475
-, Friedensordnung 474
Wigner, Eugen 680
Wikinger, Beutezüge 208
- in England 187, 188
-, Entdeckungsfahrten 203, 205-209
- in Frankreich 207, 208
- in Grönland 205-207
- in Italien, Spanien 208
-, Schiffsgrab 204
Wikinger-Kopf 203
Wikinger-Schiffe 205, 206, 207
Wikingerschwert 190
Wilhelm I., König von Preußen, deutscher Kaiser 555, 556, 558, 559
Wilhelm II., König von Preußen, deutscher Kaiser 611
Wilhelm der Eroberer 210, 212-217, 218
- auf Siegelabdruck 217
- auf dem Wandteppich von Bayeux 213
Wilhelm II. der Rote, König von England 218
Wilhelm III., König von England, und Gemahlin 403
Wilhelm von Nassau-Oranien, der Schweiger, Statthalter der Niederlande 346, 366, 367
Wilhelm III. von Oranien, Statthalter der Niederlande, König von England 402
Wilhelm V. von Oranien, Statthalter der Niederlande 443
Willibrord, Heiliger 187
Wilson, Thomas Woodrow 616, 624
Wirtschaft im 10./11. Jh. 227
Wirtschaftskrise, Bankenkrach New York, Wallstreet 1929 634-639
-, Auswirkungen auf Europa 640, 641
Wissenschaft, erste Hälfte 16. Jahrhundert 331
-, klassische Wiedergeburt (Renaissance) 307
Witwatersrand, Südafrika 579
Wladimir, St. Demetrius 234
Wolsey, Thomas, Kardinal 322, 323
Woodward, John Forster 744
Wormser Konkordat 226
Wren, Christopher 392, 394
Wright, Brüder 595, 596, 597-599
Wriothesley, Heinrich 361
Württemberg 557, 558
Wundt, Wilhelm 560
Wyszinski, Stefan, Kardinal 736

Xavier, Franz 338
Xenophon 75
Xerxes, Kronprinz, Kalksteinfries 68
Xerxes I., Perserkönig 63, 64, 66, 67, 69, 70, 75

Yahweh (Jehova) 41-43
Yamamoto, Isoroku, Admiral 667, 671
Yehudah, israelitischer Stamm 43
Yehudahiten, Yehudim = Juden 43
Yin und Yang 82, 83
Yorkshire, Tuchhalle 464

Zarathustra, Zarathuschtra /Zoroastres) 55
Zehn Gebote 42
Zehnte römische Legion 130
-, Grabstein 132
Zeitalter des Absolutismus 357
- der Entdeckungen 245 ff.
- des Fortschritts 443
- der Maschine 533
Zeitrechnung, christliche 129
-, Kalenderreform Papst Gregors XIII. 347
Zeloten 127, 132, 137-139
Zenon, oströmischer Kaiser 163, 170
Zeppelin, Graf Ferdinand 597
-, Luftschiff 597
Zikkurrat, Tempelturm der Sumerer 28, 29
Zionismus 586-591, 689-693
Zionistenkongresse in Basel 586, 589
Zionistischer Kongreß in Zürich 690
Zollbeschränkungen in Deutschland 491
Zollgebiet, einheitliches, Forderung Friedrich Lists 491
Zollverein, Deutscher 557
Zoppot 734
Zweigespann auf silberner Münze 105
Zweiter Weltkrieg 655-686
Zwingli, Huldrych 323
Zwölfstämmeverband der Israeliten 41, 43

Bildnachweis für die Ergänzungen 1980-1990

dpa, Frankfurt: 742, 744 unten, 755 rechts, 758 unten, 772, 773, 775 rechts, 776, 779, 781 oben, 782 · Erich Schmidt Verlag: 764, Graphik · Greenpeace, Hamburg: 769 · Harzfoto Berke, Clausthal-Zellerfeld: 764 oben · Keystone Pressedienst, Hamburg: 755 Mitte, 756, 757, 758 oben, 759, 760, 761, 766, 767, 770 oben, 771 oben, 777, 780, 783 Stern, Hamburg: 764 unten · Süddeutscher Verlag, München: 744 oben, 745, 748 oben links, 748 unten, 754, 755 oben, 762 rechts, 763 oben, 765, 768, 770 unten, 771 unten, 775 oben, 781 Mitte · Ullstein Bilderdienst, Berlin: 763 unten 778 ·

Quellenverzeichnis der Abbildungen

Vom Bau der ersten Pyramiden bis zum Fall von Jerusalem

Das Copyright der Abbildungen liegt bei dem Verlag Weidenfeld & Nicolson Ltd., der die Vorlagen beschafft und ausgewählt hat. Er verdankt sie folgenden Instituten und Personen: Aleppo, Musées Nationaux d' Alep (1) · Ankara, Archaeological Museum (3) · Athen, Archaeological Museum (4); Deutsches Archäologisches Institut (1); Musée de l'Acropole (2) · Bagdad, Iraq Museum (3) · Bamberg, Staatsbibliothek Bamberg (1) · Bayeux, Musée de Peinture (5) · Beirut, Musée National (1) · Berlin, Staatliche Museen Preußischer Kulturbesitz (3) · Berlin, Deutsche Staatsbibliothek (1); Staatliche Museen (10); Staatliche Museen, Münzkabinett (Bode-Museum) (2) · Bern, Stadt- und Universitätsbibliothek Bern und Bürgerbibliothek Bern (2) · Boston, Museum of Fine Arts (2) · Brescia, Civico Museo Romano (1); Musei Civici (4) · Cambrai, Bibliothèque Municipale (2) · Cambridge, Clare College (1); Gonville and Caius College (1) · Cambridge (Massachusetts), Fogg Art Museum, Havard University (1) · Chantilly, Musée Condé (1) · Chicago, Oriental Institute Museum of the University of Chicago (3) · Damaskus, Musée National de Damas (1) · Delphi, Archaeological Museum (1); · Dijon, Bibliothèque Municipale (1) · Dublin, National Museum of Ireland (2); Trinity College Library (1) · Durham, Gulbenkian Museum of Oriental Art (2) · Edinburgh, Ministry of Public Building and Works (Copyright by Crown) (1); University Library (2) · Épernay, Bibliothèque Municipale (1) · Florenz, Biblioteca Medicea Laurenzina (1); Galleria degli Uffizi (1); Museo Archeologico di Firenze (1); Museo Nazionale del Bargello (2) · Gloucester, City Museum & Art Gallery (1) · Halle, Landesmuseum für Vorgeschichte (1) · Heraclion (Kreta), Archaeological Museum (The Candia Museum) (4) · Istanbul, Archaeological Museums of Istanbul (2) · Jena, Universitätsbibliothek (1) · Jerusalem, Israel Museum (8) · Kairo, Egyptian Museum (7); United Arab Republic, Ministry of Information (1) · Karachi, National Museum of Pakistan (3) · Kibbutz Sedot Yam, Caesarea Museum (1) · Kopenhagen, Nationalmuseet (1); Ny Carlsberg Glyptotek (3) · Krakau, Wawel, Biblioteka Kapitularna (1) · Kremsmünster, Kunstsammlungen Stift Kremsmünster (1) · Le Mans, Musée Archéologique (1) · London, British Museum (97); Courtauld Institute Galleries (1); London Museum (1); Public Record Office (1); Turkish Embassy (1); University of London, Courtauld Institute of Art (9); Warburg Institute (1); Victoria & Albert Museum (3) · Madrid, Real Academía de la Historia (1); Biblioteca Nacional (2); El Escorial, Colleciones del Real Monasterio (1); Museo Arqueologico Nacional (2) · Mailand, Amministrazione della Fabrica del Duomo di Milano (1); Musei Castello Sforzesco (3) · Montecassino, Biblioteca (1) · Monza, Tesoro del Duomo (Museo Filippo Serpero) (3) · München, Bayerische Staatsbibliothek (2) · Neapel, Museo Archeologico Nazionale (4) · New York, Metropolitan Museum of Art (2) · Oslo, Universitetets Oldsaksamling (3) · Oxford, Ashmolean Museum of Art and Archaeology (4); Bodleian Library (5) · Paris, Archives Nationales (1); Bibliothèque Nationale (7); Musée National du Louvre (12); Musée de Cluny (2); Musée Guimet (3) · Prag, Privatsammlung (4) · Reims, Bibliothèque Municipale (1) · Rom, Commune di Roma (1); Deutsches Archäologisches Institut (1); Museo Capitolino (5); Museo Nazionale Romano (Thermenmuseum) (4); Museo Nazionale di Villa Giulia (4); Museo Ostia (1) · Sparta, Museo Archeologico di Sparta (1) · St. Gallen, Stiftsbibliothek (2) · Stockholm, Antikvarsk-Topografiska Arkivet (1); Kungliga Biblioteket (1) · Teheran, Archaeological Museum (2) · Tokio, Tokyo National Museum (3) · Tortosa-Tarragona, Coll. Joan Lamotte (1) · Trier, Rheinisches Landesmuseum Trier (3) · Troyes, Musée des Beaux-Arts et d'Archéologie (1) · Tunis, Musée National du Bardo (1) · USA, Medieval Academy of America (1) · Utrecht, Bibliotheek der Rijksuniversiteit te Utrecht (3) · Vatikan, Archivo Segreto Vaticano (2); Biblioteca Apostolica Vaticana (5); Musei Vaticani (8); Pontifici Musei Lateranensi (2); Pont. Comm. di Arch. Sacra (1) · Washington (D. C.), Smithsonian Institute, Freer Gallery of Art (1) · Wien, Kunsthistorisches Museum (4); Antikensammlung (1); Niederösterreichisches Landesmuseum (1); Österreichische Landesbibliothek (3).

Fratelli Alinari, Florenz (43) · Anderson, Rom (5) · De Antonis (2) · Archives Photographiques, Paris (2) · Adrian Arthaud (4) · Paul Ronald Arthaud (1) · Lala Aufsberg, Sonthofen/Allgäu (1) · James Austin, Cambridge (5) · I. Bandy (5) · Benrido Company Ltd., Kyoto (3) · Bildarchiv Foto Marburg (7) · Boudot-Lamotte (5) · Ann Bredol-Lepper, Aachen (1) · British Travel Association (4) · Brogi (1) · Byzantine Institute, Dumbarton Oaks Field Committee (1) · Abe Čapek (8) · J. Allan Cash, F.J.J.P., F.R.P.S., London (1) · Maurice Chuzeville, Paris (1) · Franco Cianetti, Paris (2) · Commissioners of Public Works for Ireland (1) · Kenneth John Conant (mit Erlaubnis der Medieval Academy of America) (1) · J. E. Dayton (1); · Douet D'Arcq (1) · Douglas Dickins (3) · Éditions Robert Laffont, Paris (1) · Egyptian State Tourist Administration (1) · Elek Books Ltd., London (8) · Françoise Foliot (4) · Werner Forman, Prag (61) · John R. Freeman & Co. Ltd., London (9) · Gabinetto Fotografico Nazionale, Florenz (9) · Photographie Giraudon, Paris (15) · Ian Graham (9) · Greek National Tourist Office (1) · Green Studio Ltd., Dublin (4) · Dimitrios Harissiadis, über George Rainbird Ltd., Athen (1) · David Harris (16) · André Held, Ecublens/Lausanne (1) · Hirmer Fotoarchiv, München (24) · Michael Holford (21) · Michael Holroyd (1) · Étienne Hubert (4) · Irish Tourist Board (7) · Jordon Ministry of Information (3) · Inge Karlewski (1) · A. F. Kersting, London (1) · Franz Klimm (2) · Lehnert & Landrock, Kairo (2) · Bernd Lohse, Frankfurt (1) · Mansell Collection, London (2) · John Marmaras (2) · Foto J. Mas, Barcelona (2) · Leonard von Matt, Buochs (7) · Ann Münchow, Aachen (7) · Janine Niepce (1) · Northern Ireland Tourist Board (1) · Curtis G. Pepper (1) · Roger Percheron (5) · A. et J. Picard Éditions, Paris (4) · Paul Popper Ltd., London (2) · Josephine Powell, Rom (14) · Prestel-Verlag, München (1) · Pritchard (1) · C. Raeburn, London (3) · Agence Rapho, Paris (2) · Réalités (J. Guillot, J. L. Swiners) (2) · Jean Roubier, Paris (2) · Scala Istituto Fotografice Editoriale, Florenz (25) · Helga Schmitt-Glassner, über Cotta'sche Buchhandlung GmbH, Stuttgart (1) · Norma Schwitter (8) · Secas – B. Vilerbue (2) · Ronald Sheridan (1) · Edwin Smith, Saffron Waldon/Essex (2) · Wim Swaan (7) · The Times, London (1) · Penny Tweedie (1) · Fototeca Unione, Rom (1) · H. Viollet-Roger, Paris (2) · Wellcome Foundation (2) · Sir Mortimer Wheeler, London (6) · A. Wierzda (1) · Reece Winstonce (1) · Zauho-Press-Ziolo (1) · Zentrale Farbbild Agentur, Düsseldorf (1).

Die Zitate aus antiken Schriftstellern wurden folgenden Werken entnommen: Aischylos, Die Perser (Vers 419–428), München: Heimeran 1941, Tusculum-Bücherei (Seite 92). Dio Cassius nach H. Delbrück, Geschichte der Kriegskunst, 1911 (Seite 142f.). Tacitus, Annalen (I, 61f. und XV, 44), München: Heimeran 1954, Tusculum-Bücherei (Seite 143f. und 149). Vergil-Horaz, Deutsch von R. A. Schröder (Seite 366f. und 670), Berlin – Frankfurt a. M.: Suhrkamp 1952 (Seite 133 und 134). H. Graßmann, Der Rgveda (I, 53), 1881 (S. 53f.).

Das Zeitalter der großen Entdeckungen

Amsterdam, Rijksmuseum (3) · Berlin, Märkisches Museum (1) · Brunswick (Main), Bowdoin College Museum of Art (1) · Bruxelles, Bibliothèque Royale Albert Ier (1); Musée Royaux des Beaux-

Arts de Belgique (1) · Cambridge, Corpus Christi College (1) · Como, Museo Civico Storico Risorgimentale »G. Garibaldi« (1) · Dublin, Chester Beatty Library (1) · Edinburgh, National Museum of Antiquities of Scotland (1); Scottish National Gallery of Modern Art, Leihgabe Lord Roseberry (1); University Library (2) · El Escorial Colecciones del Real Monasterio (1); · Florenz, Museo Nazionale del Bargello (1); Biblioteca Medicea Laurenziana (3); Dom (1); Horne Collection (1); Museo dell'Opera del Duomo (1); Museo di San Marco dell'Angelico (1); Orfanotrionfo Bigallo (1); Palazzo Pitti a Giardino di Boboli (2); Raccolta (1); Cenacolo di Santa Apollonia (2); Chiostri Monumentali di Santa Maria Novella (2); Galleria degli Uffizi (3) · Genf, Bibliothèque Nationale et Universitaire (1) · Leningrad, Staatliche »Eremitage« (2) · Lissabon, Archivio de Indias (1); Tourist Board (4) · Lille, Bibliothèque Municipale (1) · London, Admiralty (1); British Museum (35); Dulwich College Picture Gallery (1); Guildhall Museum (1); Hudson's Bay Company (1); National Gallery (3); National Maritime Museum (9); National Portrait Gallery (24); Natural History Museum (1); Parker Gallery (1); Royal Society (6); Science Museum (2); Talbot Collection (1); Victoria and Albert Museum (7); Wallace Collection (1); India Office Library (2); Lambeth Palace Library (2); Public Record Office (1); Royal Academy of Arts (1); Society of Antiquaries of London Library (1); Westminster Abbey (1) · Longford Castle, Earl of Radnor (1) · Madrid, Biblioteca Nacional (1); Museo Nacional del Prado (1) · Mexico City, Museo Nacional de Antropologia (1) · München, Bayerische Staatsbibliothek (1) · Nantes, Bibliothèque (1) · New York, Metropolitan Museum of Art (1); Public Library (1); American Museum of Natural History (1); Frick Collection (2) · Oxford, Bodleian Library (5); Campion Hall (1); Hertford College (1); Museum of the History of Science (1); New College (1) · Palermo, Galleria Nazionale (1) · Paris, Archives Nationales (2); Bibliothèque Nationale (8); Musée de Cluny (1); Musée National du Louvre (5); War Office (1) · Pegli, Naval Museum (3) · Philadelphia, Collection of the Library Company of Philadelphia (1) · Pisa, Camposanto (2) · Plymouth (Mass.), Pilgrim Hall Museum (1); Plymouth Plantation (1) · Prinsenhof, Het Stadelik Museum (1) · Rom, Ambroziana (1); Pecci Blunt Collection (1); Istituto di Studi Romani (2); Palazzo Medici-Riccardi (1); Palazzo Roma (1) · Rouen, Bibliothèque Municipale (1); · Siena, Museo Civico, Palazzo Publico (1); Pinacoteca Nazionale di Siena (1) · Stockholm, Nationalmuseum (1); · Subiaco, Sacro Spaco (1) · Toledo, Museo de la Catedral (1) · Città del Vaticano, Biblioteca Apostolica Vaticana (1) · Versailles, Musée National de Versailles et des Trianons (4) · Washington, National Gallery of Art (1) · Wien, Österreichische Nationalbibliothek (2); Kunsthistorisches Museum (1) · Windsor, Royal Library (1).

Aerofilms (1) · Aldus Books (2) · Fratelli Alinari, Florenz (12) · Anderson, Rom (6) · Anglesey, Marquess of (1) · Jean Arland (1) · Blainel (2) · British Travel Association (2) · Ets. J. E. Bulloz, Paris (10) · Richard Burn (1) · Elea Buchall (1) · J. Allan Cash, F.J.P., F.R.P.S., London (1) · Centre Cultural Portugaise (1) · Connaissance des Arts (R. Bonnefoy), Paris (1) · The Courtauld Institute of Art, London (1) · A. Dingjam (1) · Kerry Dundals (1) · Mary Evans, Pictures Library (40) · R. B. Fleming (6) · Françoise Foliot (2) · John R. Freeman & Co., Ltd., London (27) · Gabinetto Fotografico Nazionale, Florenz (5) · Photographie Giraudon, Paris (23) · E. P. Goldschmidt (1) · Ian Graham (1) · Sonia Halliday (4) · André Held, Ecublens/Lausanne (4) · Michael Holford (10) · Königsegg, Graf von (1) · Mansell Collection, London (80) · Bildarchiv Foto Marburg, Marburg (3) · Foto J. Mas, Barcelona (4) · Frederico Arborio Mella (1) · Ministry of Public Buildings and Works (1) · Musées Nationaux (1) · Novosti (8) · Picturepoint (2) · Portland, Duke of (1) · Josephine Powell, Rom (1) · Privatsammlungen (3) · Radio Times Hulton Picture Library (30) · Rizzoli-Editore (1) · Rex Roberts (1) · Colin Ronan, Picture Library (3) · Scala Istituto Fotografico Editoriale, Florenz (11) · Society for Cultural Relations with the U.S.S.R. (1) · Swedish Institute for Cultural Relations (1) · Thomas Photos (1) · Ullstein Bilderdienst, Berlin (3) · H. Viollet-Roger, Paris (2) · Vitto, Baron (1) · Derrick Witty (1).

Das moderne Zeitalter beginnt

Beaulieu (Hampshire), Mantagu Motor Museum (4) · Berlin, Staatsbibliothek der Stiftung Preußischer Kulturbesitz (1) · Bordeaux, Musée des Beaux-Arts (1) · Cambridge, Trinity College (1) · Gettysburg (Pennsylvania), Gettysburg National Military Park Visitor Center and Cyclorama (1) · Hermitage (Tennessee), Ladies Hermitage Association (2) · Jerusalem, Central Archives for the History of the Jewish People (3); Israel Defense Department (2); Israel Museum (1) · Johannesburg (Transvaal), Africana Museum (5) · Liège, Musée des Beaux-Arts (1) · Liverpool, Walker Art Gallery (1) · London, British Museum (15); British Railways Board (1); Imperial War Museum (11); India High Commission (2); India Office (2); Japan Information Center (1); Jew's College Library (1); Jewish National Fund (1); Karl Marx Memorial Library (3); National Maritime Museum (1); Nation Gallery (1); National Portrait Gallery (34); Royal College of Surgeons (1); Royal Holloway College (1); Science Museum (9); South African Embassy (3); Tate Gallery (1); Victoria and Albert Museum (4); Wiener Library (2) · Louisville, Standard Oil of New Jersey Collection, University of Louisville (3) · Mailand, Musei del Risorgimente e die Storia Contemporanea (2); Pinacoteca di Brera (1) · München, Bayerisches Nationalmuseum (1) · Neapel, Pinacoteca di Capodimonte (1) · New York, Drake Well Museum (1); Museum of Modern Art (1); Copyright by S.P.A.D.E.M. Paris · Paris, Bibliothèque Nationale (2); Musée de l'Armée (2); Musée d'Art Moderne de la Ville de Paris (1); Musée Carnavalet (1); Musée National du Louvre (2) · Rom, Istituto di Risorgimento (1); Museo Aeronautico Caproni di Taliedo (1) · Tokyo, University of Tokyo (1) · Versailles, Musée National de Versailles et de Trianons (5) · Washington (D. C.), Combat Art Section, U. S. Navy (1); Department of Defense (1); Department of Navy (2); Smithsonian Institute (5); U.S. Signal Corps (Brady Collection) (3); U. S. War Department (1) · Wien, Bildarchiv der Österreichischen Nationalbibliothek (2); Gesellschaft der Musikfreunde (1).

American Stock Exchange (1) · Anderson, Rom – Giraudon, Paris (1) · Barnaby's Picture Library (4) · Bertarelli (1) · Bildarchiv Foto Marburg (1) · British Printing Corporation (13) · Brown Brothers (2) · Camera-Press, London British Printing Corporation (13) · Brown Brothers (2) · Camera-Press, London (9) · Culver Pictures (4) · Deutsche Presse-Agentur GmbH (42) · Editions Rencontre (1) · Mary Evans, Picture Library (19) · Felici (3) · R. B. Fleming (2) · Ford Motor Company (2) · Foto Italia (2) · Fox Photos (2) · John R. Freeman & Co. Ltd., London (19) · Photographie Giraudon, Paris (13) · Hsinhua News Agency (3) · Index, Hamburg (1) · Jewish National Fund (1) · Keystone Press Agency (46) · Magnum Photos (1) · Mansell Collection, London (74) · Morison History Project (1) · Moro, Mailand/Rom (3) · Louis Mountbatten (1) · Newsweek (1) · Novosti (24) · Paul Popper Ltd., London (22) · Putnam and Co Ltd. aus: Japanese Aircraft of the Pacific War von R. J. Francillon · Radio Times Hulton Picture Library (18) · Scala Istituto Fotografico Editoriale, Florenz (5) · Search (2) · William Sewell (2) · Snark International (2) · Sohio New Service (2) · St. John Nixon (1) · Standard Oil of New Jersey (1) · Stern, Hamburg (8) · Transworld Feature Syndicate (2) · United Press International (10) · United States Air Force (1) · United States Information Service (18) · Wickman, London (1) · Clare Winsten (2).

Die Zitate wurden folgenden Werken entnommen: Ferdinand Ries (S. 456/57) aus Stephan Ley, Beethoven. Berlin 1939, S. 128, S. 145 und S. 159 · „Der Freimütige" (S. 456) ebd. S. 129 · 'Heilige Allianz (S. 475) aus Gerhard Geißler, Europäische Dokumente aus fünf Jahrhunderten. Leipzig 1939, S. 488 und S. 492 f.) · Monroe Doktrin (S. 483) ebd. S. 512 · Friedrich List (S. 491 und S. 496) ebd. S. 488 und 492/93 · Programm des Deutschen Nationalvereins (S. 509) ebd. S. 656 f. · Leo Tolstoij (S. 517) ebd. S. 637 f. · Émile Zola (S. 553) ebd. S. 681 · Henry M. Stanley (S. 757) ebd. 751 f. · A. R. L. Gurland (S. 462 und S. 464) aus Propyläen Weltgeschichte. Band 8, Berlin 1960, S. 280 bis S. 283 · Hans Herzfeld (S. 612/13) ebd. Band 9, Berlin 1960, S. 79 · Emser Depesche (S. 557/58) aus Propyläen Weltgeschichte. Band 8, Berlin 1930, S. 248 · Walter Götz (S. 569) ebd. S. 313 · Martin Winkler (S. 747) ebd. Band 9, Berlin 1933, S. 415 f. · Otto von Bismarck (S. 561) aus seinen Gedanken und Erinnerungen. Band 2, Stuttgart 1898, S. 249 f. und S. 258 f.